Deutschland
2012

✗✗

Inhaltsverzeichnis
Contents

EINLEITUNG

DEUTSCH

Hinweise zur Benutzung	4
Grundsätze	6
Lieber Leser	7
Kategorien & Auszeichnungen	8
Einrichtungen & Service	10
Preise	11
Informationen zu den Orten	12
Legende der Stadtpläne	13

→ INTRODUCTION

ENGLISH

How to use this guide	14
Commitments	16
Dear reader	17
Classification & awards	18
Facilities & services	20
Prices	21
Information on localities	22
Plan key	23

AUSZEICHNUNGEN 2012

Sterne-Restaurants	26
Bib Gourmand	32
Bib Hotel	38
Angenehme Hotels	41
Angenehme Restaurants	44
Liste der Wellness-Hotels	47

→ AWARDS 2012

Starred establishments	26
Bib Gourmand	32
Bib Hotel	38
Particularly pleasant hotels	41
Particularly pleasant restaurants	44
List of Spas	47

DIE GEHEIMNISSE DER
GROSSEN KÖCHE ZU ERFAHREN,
IST GAR NICHT SO SCHWER.
ES GENÜGT, AN IHREM TISCH
PLATZ ZU NEHMEN.

THE FINE DINING WATERS

GUT ZU WISSEN

Wein in Deutschland	56
Ferientermine	1363
Telefon-Vorwahlnummern international	1364

➜ FURTHER INFORMATION

The vineyards of Germany	58
School holidays	1363
International Dialling Codes	1364

STÄDTE von A bis Z 67

➜ TOWNS from A to Z 67

DEUTSCHLAND IN 67 KARTEN 1367

Entfernungen	1368
Atlas mit allen Orten	1370

➜ GERMANY IN 67 MAPS 1367

Distances	1368
Maps of listed towns	1370

Hinweise zur Benutzung

TOURISTISCHE INFORMATIONEN

Entfernungen zu größeren Städten, Informationsstellen, Sehenswürdigkeiten, Golfplätze und lokale Veranstaltungen...

DIE HOTELS

Von 🏨🏨🏨🏨 bis 🏠: Komfortkategorien.
Besonders angenehme Häuser: in Rot.

DIE BESTEN PREISWERTEN ADRESSEN

- 🏨 Bib Hotel.
- 😊 Bib Gourmand.

DIE STERNE-RESTAURANTS

- ✾✾✾ Eine Reise wert.
- ✾✾ Verdient einen Umweg.
- ✾ Eine sehr gute Küche.

DIE RESTAURANTS

Von 𝕏𝕏𝕏𝕏𝕏 bis 𝕏: Komfortkategorien
Besonders angenehme Häuser: in Rot.

ALBSTADT – Baden-Württemberg – **545** – 50 000 Ew – Höh
Wintersport: 930 m ⚡ 6 ⛷
▶ Berlin 721 – Stuttgart 98 – Konstanz 99 – Ulm (Donau) 97
🖂 72458, ✆ (07431) 1 60 12 04, ww
🛈 Marktstr. 35 (Ebingen)
🌲 Raichberg★ ≤★, Nord: 11 km

Bären
Flandernstr. 95 🖂 57439 – ✆ (07431) 2 66 00
– www.baren-hotel.com – geschl. Januar
12 Zim ☐ – †44/55 € ††80/90 € – **Rest** (gesch
und Montag)– Menü 30 € – Karte 25/33 €
♦ Ein tadellos geführtes kleines Hotel in einem
und besonders im Anbau ganz modernen un

Burghotel ⅋
🖂 57439 – ✆ (06542) 9 83 10 – geschl. Janu
10 Zim ☐ – †38/45 € ††76/82 € – ½ P 13
Rest – (geschl. Mittwoch) Menü 22/34 €
♦ Einsam auf einer Bergkuppe liegt die
wohnlichen, geschmackvollen Zimmer
zum Haus. Ritterrüstungen zieren das

Weinhaus
Georg-Glock-Str. 12 🖂 57439– ✆ (0
– geschl. Sonntag-Montag
Rest – (nur Abendessen, Tischbe
– Karte 45/52 €
Spez. Allerlei von der Gäns
Champagnersauce. Dessertt
♦ In einem kleinen historisc
tikal-elegante Restaurant n
Mittag speisen Sie im neuz

Alte Post
Schleidener Str. 412 🖂
Rest – (nur Abendesser
♦ Auch wenn man e
Italia. Rustikal-stilv
Spezialitäten.

Windmüller
Valdhäuser Str. 9
– geschl. Sonnt
4 Zim ☐ – †3
♦ Genießen S
Service und

MICHELIN-KARTE

Angabe der Michelin-Karte, auf der der Ort zu finden ist.

22 S4

730 m

LAGE DER STADT

Markierung des Ortes auf der Karte am Ende des Buchs (Nr. der Karte und Koordinaten).

w.albstadt.de

AU**z**

LAGE DES HAUSES

Markierung auf dem Stadtplan (Planquadrat und Koordinate).

ug. 3 Wochen Samstagmittag

ohngebiet mit freundlichem Service
ehr wohnlich gestalteten Zimmern.

BF**n**

RUHIGE HOTELS

ruhiges Hotel.
sehr ruhiges Hotel.

März

arte 19/28 €
g von 1938, die das kleine Hotel mit seinen
erherbergt. Auch ein kleines Museum gehört
tikale Restaurant. Kreative Regionalküche.

CY**a**

BESCHREIBUNG DES HAUSES

Atmosphäre, Stil, Charakter und Spezialitäten.

) 9 00 70 – wwww.weinhaus.com

ung erforderlich) Menü 48/68 €

pfleber. Steinbutt unter der Pinienkruste mit
«Weinhaus».
tadthause führt Familie Kreus dieses gemütliche rus-
ngenehmer Atmosphäre und klassischer Küche. Am
chen Bistro oder auf der Terrasse vor dem Haus.

EINRICHTUNGEN UND SERVICE

BU**g**

PREISE

– ℘ (07431) 5 83 70 – geschl. Montag
hbestellung ratsam) – Menü 55/70 € – Karte 36/40 €
n außen nicht vermutet: Hier erwartet Sie ein Stück Bella
Ambiente, herzliche Atmosphäre und natürlich typische

CS**e**

7439– ℘ (07431) 9 91 20 – www.windmuller.com

ontag
€ 58/65 €– **Rest** – Menü 22 € – Karte 12/23 €
traditionsreiche Ambiente des Gewölberestaurants, den geschulten
egional und saisonal beeinflusste Küche.

DS**c**

57439– ℘ (07431) 9 91 41 – www.adler-albstadt.com

mittag
Klosterguts befindet sich dieses neo-rustikal
ngebot.

Grundsätze

Die Grundsätze des MICHELIN-Führers:
Erfahrung im Dienste der Qualität

Ob in Japan, in den Vereinigten Staaten, in China oder in Europa, die Inspektoren des MICHELIN-Führers respektieren weltweit exakt dieselben Kriterien, um die Qualität eines Restaurants oder eines Hotels zu überprüfen. Dass der MICHELIN-Führer heute weltweit bekannt und geachtet ist, verdankt er der Beständigkeit seiner Kriterien und der Achtung gegenüber seinen Lesern. Diese Grundsätze möchten wir hier bekräftigen:

Der anonyme Besuch – die oberste Regel. Die Inspektoren testen anonym und regelmäßig die Restaurants und Hotels, um das Leistungsniveau in seiner Gesamtheit zu beurteilen. Sie bezahlen alle in Anspruch genommene Leistungen und geben sich nur zu erkennen, um ergänzende Auskünfte zu erhalten. Die Zuschriften unserer Leser stellen darüber hinaus wertvolle Erfahrungsberichte für uns dar und wir benutzen diese Hinweise, um unsere Besuche vorzubereiten.

Die Unabhängigkeit – Um einen objektiven Standpunkt zu bewahren, der einzig und allein dem Interesse des Lesers dient, wird die Auswahl der Häuser in kompletter Unabhängigkeit erstellt. Die Empfehlung im MICHELIN-Führer ist daher kostenlos. Die Entscheidungen werden vom Chefredakteur und seinen Inspektoren gemeinsam gefällt. Für die höchste Auszeichnung wird zusätzlich auf europäischer Ebene entschieden.

Die Auswahl der Besten – Der MICHELIN-Führer ist weit davon entfernt, ein reines Adressbuch darzustellen, er konzentriert sich vielmehr auf eine Auswahl der besten Hotels und Restaurants in allen Komfort- und Preiskategorien. Eine einzigartige Auswahl, die auf ein und derselben Methode aller Inspektoren weltweit basiert.

Die jährliche Aktualisierung – Alle praktischen Hinweise, alle Klassifizierungen und Auszeichnungen werden jährlich aktualisiert, um die genauestmögliche Information zu bieten.

Die Einheitlichkeit der Auswahl – Die Kriterien für die Klassifizierung im MICHELIN-Führer sind weltweit identisch. Jede Kultur hat ihren eigenen Küchenstil, aber gute Qualität muss der einheitliche Grundsatz bleiben.

Denn unser einziges Ziel ist es, Ihnen bei Ihren Reisen behilflich zu sein. Mobilität im Zeichen von Vergnügen und Sicherheit ist die Mission von Michelin.

Lieber Leser

Lieber Leser,

Wir freuen uns, Ihnen die neue Ausgabe des MICHELIN-Führers vorzustellen, die wieder aktualisiert und um zahlreiche gute Restaurants und Hotels bereichert wurde.

Seine Aufgabe ist in all den Jahren seit der ersten Ausgabe unverändert geblieben: Sie auf all Ihren Reisen zu begleiten, mit einer Auswahl der besten Adressen in allen Komfortkategorien und Preisklassen.

Dafür stützt sich der MICHELIN-Führer auf ein bewährtes „Fahrtenbuch", dessen Hauptmerkmal die Kontrolle vor Ort ist: Alle ausgewählten Hotels und Restaurants werden von unseren professionellen Inspektoren aufs Genaueste überprüft. Sie entdecken ständig neue Adressen und kontrollieren die Leistung derer, die bereits empfohlen sind.

Innerhalb dieser Auswahl werden jedes Jahr die besten Restaurants durch die Verleihung unserer Sterne – einer ✤, zwei ✤✤ oder drei ✤✤✤ – ausgezeichnet. Sie werden an die Häuser mit der besten Küchenqualität vergeben, unabhängig vom Küchenstil. Die Kriterien für die Sternvergabe sind die Qualität der Produkte, die fachgerechte Zubereitung, der Geschmack der Gerichte, die persönliche Note, das Preis-Leistungs-Verhältnis und die Beständigkeit der Küchenleistung. Jedes Jahr kommen zahlreiche Restaurants hinzu, die uns durch die Entwicklung Ihrer Küche aufgefallen sind – Sie können sie auf den Seiten dieses Buches entdecken… und auf Ihren Reisen.

Weitere Symbole, denen Sie unbedingt Beachtung schenken sollten: der Bib Gourmand ☺ und der Bib Hotel 🏨. Mit ihnen markieren wir besonders gute und günstige Adressen. Sie garantieren gute Leistung zu moderaten Preisen.

Denn wir bleiben unverändert aufmerksam bezüglich der aktuellen Entwicklungen - und der Ansprüche unserer Leser, nicht nur hinsichtlich der Qualität, sondern auch in Bezug auf das Budget.

Ihre Meinung zu den von uns ausgewählten Hotels und Restaurants interessiert uns sehr! Zögern Sie daher nicht, uns zu schreiben; Ihre Mitarbeit ist für die Planung unserer Besuche und für die ständige Verbesserung des MICHELIN-Führers von großer Bedeutung.

Danke für Ihre Treue, und gute Fahrt mit dem MICHELIN-Führer 2012!

Den MICHELIN-Führer finden Sie auch im Internet unter
www.ViaMichelin.com
oder schreiben Sie uns eine E-mail:
dermichelinfuehrer-deutschland@de.michelin.com

Kategorien & Auszeichnungen

KOMFORTKATEGORIEN

Der MICHELIN-Führer bietet in seiner Auswahl die besten Adressen jeder Komfort- und Preiskategorie. Die ausgewählten Häuser sind nach dem gebotenen Komfort geordnet; die Reihenfolge innerhalb jeder Kategorie drückt eine weitere Rangordnung aus.

🏨🏨🏨	XXXXX	Großer Luxus und Tradition
🏨🏨	XXXX	Großer Komfort
🏨🏨	XXX	Sehr komfortabel
🏨	XX	Mit gutem Komfort
🏠	X	Mit Standard-Komfort
garni		Hotel ohne Restaurant
mit Zim		Restaurant vermietet auch Zimmer

AUSZEICHNUNGEN

Um Ihnen behilflich zu sein, die bestmögliche Wahl zu treffen, haben einige besonders bemerkenswerte Adressen dieses Jahr eine Auszeichnung erhalten. Die Sterne bzw. „Bib Gourmand" sind durch das entsprechende Symbol ✿ bzw. ☺ gekennzeichnet.

DIE STERNE: DIE BESTEN RESTAURANTS

Die Häuser, die eine überdurchschnittlich gute Küche bieten, wobei alle Stilrichtungen vertreten sind, wurden mit einem Stern ausgezeichnet. Die Kriterien sind: die Qualität der Produkte, die persönliche Note, die fachgerechte Zubereitung und der Geschmack sowie das Preis-Leistungs-Verhältnis und die immer gleich bleibende Qualität.
In jedem Sterne-Restaurant werden drei Spezialitäten angegeben, die den Küchenstil widerspiegeln. Nicht immer finden sich diese Gerichte auf der Karte, werden aber durch andere repräsentative Speisen ersetzt.

✿✿✿ **Eine der besten Küchen: eine Reise wert**
Man isst hier immer sehr gut, oft auch exzellent.

✿✿ **Eine hervorragende Küche: verdient einen Umweg**

✿ **Ein sehr gutes Restaurant in seiner Kategorie**

In manchen Jahren sind in der Liste der Sterne-Restaurants auch „Hoffnungsträger" für die nächsthöhere Kategorie aufgeführt. Sie verweisen auf die besten Häuser innerhalb einer Kategorie, die die nächsthöhere Auszeichnung erreichen können, wenn sich die Beständigkeit ihrer Leistung bestätigt - auf die gesamte Karte bezogen und über längere Zeit betrachtet. Mit dieser besonderen Kennzeichnung möchten wir Ihnen die Restaurants vorstellen, die in unseren Augen die „Hoffnungsträger" der Gastronomie von morgen sind.

DIE BESTEN PREISWERTEN HÄUSER

☺ **Bib Gourmand**
Häuser, die eine gute Küche bis 35 € bieten (Preis für eine dreigängige Mahlzeit ohne Getränke). In den meisten Fällen handelt es sich um eine regional geprägte Küche.

🏨 **Bib Hotel**
Häuser, die eine Mehrzahl ihrer komfortablen Zimmer bis 90 € anbieten (Preis für 2 Personen inkl. Frühstück).

DIE ANGENEHMSTEN ADRESSEN

Die rote Kennzeichnung weist auf besonders angenehme Häuser hin. Dies kann sich auf den besonderen Charakter des Gebäudes, die nicht alltägliche Einrichtung, die Lage, den Empfang oder den gebotenen Service beziehen.

🏠 bis 🏠🏠🏠🏠 **Angenehme Hotels**
X bis XXXXX **Angenehme Restaurants**

BESONDERE ANGABEN

Neben den Auszeichnungen, die den Häusern verliehen werden, legen die Michelin-Inspektoren auch Wert auf andere Kriterien, die bei der Wahl einer Adresse oft von Bedeutung sind.

LAGE
Wenn Sie eine ruhige Adresse oder ein Haus mit einer schönen Aussicht suchen, achten Sie auf diese Symbole:

🐿 **Ruhiges Hotel**
🐿 **Sehr ruhiges Hotel**
< **Interessante Sicht**
< **Besonders schöne Aussicht**

WEINKARTE
Wenn Sie ein Restaurant mit einer besonders interessanten Weinauswahl suchen, achten Sie auf dieses Symbol:

🍇 **Weinkarte mit besonders attraktivem Angebot**
Aber vergleichen Sie bitte nicht die Weinkarte, die Ihnen vom Sommelier eines großen Hauses präsentiert wird, mit der Auswahl eines Gasthauses, dessen Besitzer die Weine der Region mit Sorgfalt zusammenstellt.

Einrichtungen & Service

30 Zim	Anzahl der Zimmer
🛗	Fahrstuhl
A/C	Klimaanlage (im ganzen Haus bzw. in den Zimmern oder im Restaurant)
📶	Internetzugang mit DSL (High-speed) in den Zimmern möglich
📡	Internetzugang mit W-LAN in den Zimmern möglich
♿	Für Körperbehinderte leicht zugängliches Haus
🧒	Spezielle Angebote für Kinder
	Terrasse mit Speisenservice, Biergarten
spa	Wellnessbereich
	Freibad oder Hallenbad
	Badeabteilung, Thermalkur
	Sauna – Fitnessraum
	Tennis
18	Golfplatz und Lochzahl
	Garten, Liegewiese – Park
	Konferenzraum (übliche Tagungstechnik vorhanden)
	Veranstaltungsraum (bei Restaurants)
	Hotelgarage (wird gewöhnlich berechnet)
P	Parkplatz reserviert für Gäste
	Hunde sind unerwünscht (im ganzen Haus bzw. in den Zimmern oder im Restaurant)
U	Nächstgelegene U-Bahnstation (in Berlin)

NICHTRAUCHER
Aufgrund des Nichtraucherschutzgesetzes ist das Rauchen in öffentlichen Gebäuden und Restaurants verboten. Die genauen Bestimmungen variieren je nach Bundesland.
In den meisten Hotels werden Nichtraucherzimmer angeboten.

Preise

Die in diesem Führer genannten Preise wurden uns im Sommer 2011 angegeben. Bedienung und MwSt. sind enthalten. Es sind Inklusivpreise, die sich nur noch durch die evtl. zu zahlende Kurtaxe erhöhen können. Sie können sich mit den Preisen von Waren und Dienstleistungen ändern.
Der erste Preis ist der Mindestpreis in der Nebensaison, der zweite Preis der Höchstpreis in der Hauptsaison. Die Häuser haben sich verpflichtet, den Kunden die von den Hoteliers selbst angegebenen Preise zu berechnen.
Anlässlich größerer Veranstaltungen, Messen und Ausstellungen werden von den Hotels in manchen Städten und deren Umgebung erhöhte Preise verlangt.
Erkundigen Sie sich bei den Hoteliers nach eventuellen Sonderbedingungen.

RESERVIERUNG UND ANZAHLUNG

Einige Hoteliers verlangen zur Bestätigung der Reservierung eine Anzahlung oder die Nennung der Kreditkartennummer. Dies ist als Garantie sowohl für den Hotelier als auch für den Gast anzusehen. Bitten Sie den Hotelier, Ihnen in seinem Bestätigungsschreiben alle Bedingungen mitzuteilen.

KREDITKARTEN

Akzeptierte Kreditkarten:
VISA – Mastercard (Eurocard) – American Express – Diners Club

ZIMMER

25 Zim	Anzahl der Zimmer
Zim - ♂ 60/75 €	Mindest- und Höchstpreis für ein Einzelzimmer
♂♂ 70/120 €	Mindest- und Höchstpreis für ein Doppelzimmer
Zim ⌑ -	Zimmerpreis inkl. Frühstück
⌑ 10 €	Preis des Frühstücks
Suiten	Preise auf Anfrage

HALBPENSION

½ P 10 €	Aufschlag zum Zimmerpreis für Halbpension pro Person
(inkl. ½ P.)	Zimmerpreis inkl. Halbpension

RESTAURANT

Menü 20/42 €	**Menüpreise:** mindestens 20 €, höchstens 42 €
Karte 30/41 €	**Der erste Preis** entspricht einer einfachen Mahlzeit mit Suppe, Hauptgericht, Dessert. **Der zweite Preis** entspricht einer reichlicheren Mahlzeit aus Vorspeise, Hauptgericht und Dessert (Getränke nicht inbegriffen).

Informationen zu den Orten

ALLGEMEINES

✉ 38100	Postleitzahl
L	Landeshauptstadt
545	Nummer der Michelin-Karte
24 000 Ew	Einwohnerzahl
Höhe 175 m	Höhe
Heilbad Kneippkurort Heilklimatischer Kurort-Luftkurort Seebad Erholungsort	Art des Ortes
Wintersport	
1 000 m	Maximal-Höhe des Wintersportgeländes, die mit Kabinenbahn oder Lift erreicht werden kann
🚠 2	Anzahl der Kabinenbahnen
🚡 4	Anzahl der Schlepp- oder Sessellifte
🎿	Langlaufloipen
AX A	Markierung auf dem Stadtplan
⁂ ≼	Rundblick, Aussichtspunkt
⛳18 ✈	Golfplatz mit Lochzahl – Flughafen
🚗	Ladestelle für Autoreisezüge – Nähere Auskünfte bei allen Fahrkartenausgaben
⛴ ⛵	Autofähre, Personenfähre
🛈	Informationsstelle
ADAC	Allgemeiner Deutscher Automobilclub

SEHENSWÜRDIGKEITEN

BEWERTUNG

★★★	Eine Reise wert
★★	Verdient einen Umweg
★	Sehenswert

LAGE

👁	In der Stadt
◐	In der Umgebung der Stadt
6 km	Entfernung in Kilometern

AUTOMOBIL CLUBS

ADAC : Adressen im jeweiligen Ortstext
... (01805) 10 11 12, Service
... (0180) 2 22 22 22, Notruf
AvD : Lyoner Str. 16, 60528 Frankfurt – Niederrad
... (069) 6 60 66 00, Service
... (0800) 9 90 99 09, Notruf (gebührenfrei)

Legende der Stadtpläne

- ☐ ● Hotels
- ■ ● Restaurants

SEHENSWÜRDIGKEITEN

Interessantes Gebäude
Interessantes Gotteshaus: Katholisch – Protestantisch

STRASSEN

Autobahn, Schnellstraße
Numerierte Ausfahrten
Hauptverkehrsstraße
Einbahnstraße – Gesperrte Straße, mit Verkehrsbeschränkungen
Fußgängerzone – Straßenbahn
Einkaufsstraße – Parkplatz – Parkhaus, Tiefgarage
Park-and-Ride-Plätze
Tor – Passage – Tunnel
Bahnhof und Bahnlinie
Standseilbahn – Seilschwebebahn
Bewegliche Brücke – Autofähre

SONSTIGE ZEICHEN

Informationsstelle
Moschee – Synagoge
Turm – Ruine – Windmühle – Wasserturm
Garten, Park, Wäldchen – Friedhof – Bildstock
Stadion – Golfplatz – Pferderennbahn – Eisbahn
Freibad – Hallenbad
Aussicht – Rundblick
Denkmal – Brunnen – Fabrik – Leuchtturm
Jachthafen – Autobusbahnhof
Flughafen – U-Bahnstation, S-Bahnhof
Schiffsverbindungen: Autofähre – Personenfähre
Hauptpostamt (postlagernde Sendungen) und Telefon
Krankenhaus – Markthalle
Öffentliches Gebäude, durch einen Buchstaben gekennzeichnet

L R - Sitz der Landesregierung – Rathaus
J - Gerichtsgebäude
M T U - Museum – Theater – Universität, Hochschule
POL. - Polizei (in größeren Städten Polizeipräsidium)
ADAC Automobilclub

How to use this guide

TOURIST INFORMATION
Distances from the main towns, tourist offices, local tourist attractions, means of transport, golf courses and leisure activities...

HOTELS
From 🏨🏨🏨🏨🏨 to 🏠: categories of comfort.
The most pleasant: in red.

GOOD FOOD AND ACCOMMODATION AT MODERATE PRICES
🛏️ Bib Hotel.
😊 Bib Gourmand.

STARS
❀❀❀ Worth a special journey.
❀❀ Worth a detour.
❀ A very good restaurant.

RESTAURANTS
From 🍴🍴🍴🍴🍴 to 🍴: categories of comfort
The most pleasant: in red.

MICHELIN MAPPING

References for the Michelin map which covers the area.

22 S4

30 m

LOCATING THE TOWN

Locate the town on the map at the end of the guide (map number and coordinates).

albstadt.de

🌿 P 🍴 ⚡ & AK 📶
🛋 🚗 ⓜ VISA

AUz

LOCATING THE ESTABLISHMENT

Located on the town plan (coordinates and letters giving the location).

g. 3 Wochen Samstagmittag

ngebiet mit freundlichem Service
hr wohnlich gestalteten Zimmern.
← 🌿 P VISA ⓜ

BFn

QUIET HOTELS

🍃 quiet hotel.
🍃 very quiet hotel.

ärz

rte 19/28 €
von 1938, die das kleine Hotel mit seinen
nerbergt. Auch ein kleines Museum gehört
kale Restaurant. Kreative Regionalküche.
🍴 🛋 VISA ⓜ

CYa

9 00 70 – wwww.weinhaus.com

DESCRIPTION OF THE ESTABLISHMENT

Atmosphere, style, character and specialities.

ung erforderlich) Menü 48/68 €

ofleber. Steinbutt unter der Pinienkruste mit
Weinhaus».
adthause führt Familie Kreus dieses gemütliche rus-
genehmer Atmosphäre und klassischer Küche. Am
en Bistro oder auf der Terrasse vor dem Haus.
P 🍴 VISA ⓜ

BUg

FACILITIES AND SERVICES

𝒞 (07431) 5 83 70 – geschl. Montag
bestellung ratsam) – Menü 55/70 € – Karte 36/40 €
außen nicht vermutet: Hier erwartet Sie ein Stück Bella
mbiente, herzliche Atmosphäre und natürlich typische
🌿 P VISA AE ⓪

CSe

PRICES

439– 𝒞 (07431) 9 91 20 – www.windmuller.com
ontag
†† 58/65 €– **Rest** – Menü 22 € – Karte 12/23 €
raditionsreiche Ambiente des Gewölberestaurants, den geschulten
gional und saisonal beeinflusste Küche.
🍴 P VISA ⓜ ⓪

DSc

57439– 𝒞 (07431) 9 91 41 – www.adler-albstadt.com
mittag   Klosterguts befindet sich dieses neo-rustikal
                        ebot.

Commitments

The MICHELIN guide's commitments
Experienced in quality

Whether it is in Japan, the USA, China or Europe our inspectors use the same criteria to judge the quality of the hotels and restaurants and use the same methods of visiting. The guide can only boast this worldwide reputation thanks to its commitment to the readers and we would like to stress these here:

Anonymous inspections – our inspectors make regular and anonymous visits to hotels and restaurants to gauge the quality of products and services offered to an ordinary customer. They settle their own bill and may then introduce themselves and ask for more information about the establishment. Our readers' comments are also a valuable source of information, which we can then follow up with another visit of our own.

Independence – To remain totally objective for our readers, the selection is made with complete independence. Entry into the guide is free. All decisions are discussed with the Editor and our highest awards are considered at a European level.

Selection and choice – The Guide offers a selection of the best hotels and restaurants in every category of comfort and price. This is only possible because all the inspectors rigorously apply the same methods.

Annual updates – All the practical information, the classifications and awards are revised and updated every single year to give the most reliable information possible.

Consistency – The criteria for the classifications are the same in every country covered by he MICHELIN guide.

The sole intention of Michelin is to make your travels both safe and enjoyable.

Classification & awards

CATEGORIES OF COMFORT

The MICHELIN Guide selection lists the best hotels and restaurants in each category of comfort and price. The establishments we choose are classified according to their levels of comfort and, within each category, are listed in order of preference.

🏨🏨🏨	XXXXX	Luxury in the traditional style
🏨🏨	XXXX	Top class comfort
🏨🏨	XXX	Very comfortable
🏨	XX	Comfortable
🏠	X	Quite comfortable
garni		This hotel has no restaurant
mit Zim		This restaurant also offers accommodation

THE AWARDS

To help you make the best choice, some exceptional establishments have been given an award in this year's Guide. They are marked ✿ or 🍴.

THE STARS: THE BEST CUISINE

MICHELIN stars are awarded to establishments serving cuisine, of whatever style, which is of the highest quality. The cuisine is judged on the quality of ingredients, the flair and skill in their preparation, the combination of flavours, the value for money and the consistency of culinary standards.
For every restaurant awarded a star we include 3 specialities that are typical of their cooking style.
These specific dishes may not always be available.

✿✿✿	**Exceptional cuisine, worth a special journey** One always eats extremely well here, sometimes superbly.
✿✿	**Excellent cooking, worth a detour**
✿	**A very good restaurant in its category**

Occasionally « Rising Stars » for promotion feature. These are the best in their category that may achieve a higher award if we can confirm the consistent quality of the whole menu over time. By this special mention we just want to let you know who we think may be future stars.

Dear reader

Dear reader,

Having kept up-to-date with the latest developments in the hotel and restaurant scenes, we are pleased to present this new, improved and updated edition of the Michelin Guide.

Since the very beginning, our ambition has remained the same each year: to accompany you on all of your journeys and to help you choose the best establishments to both stay and eat in, across all categories of comfort and price; whether that's a friendly guesthouse or luxury hotel, a lively gastropub or fine dining restaurant.

To this end, the Michelin Guide is a tried-and-tested travel planner, its primary objective being to provide first-hand experience for you, our readers. All of the establishments selected have been rigorously tested by our team of professional inspectors, who are constantly seeking out new places and continually assessing those already listed.

Every year the guide recognises the best places to eat, by awarding them one ✪, two ✪✪ or three ✪✪✪ stars. These lie at the heart of the selection and highlight the establishments producing the best quality cuisine – in all styles – taking into account the quality of ingredients, creativity, mastery of techniques and flavours, value for money and consistency.

Other symbols to look out for are the Bib Gourmand 🅱 and the Bib Hotel 🅱, which point out establishments that represent particularly good value; here you'll be guaranteed excellence but at moderate prices.

We are committed to remaining at the forefront of the culinary world and to meeting the demands of our readers. As such, we are very interested to hear your opinions on the establishments listed in our guide. Please don't hesitate to contact us, as your contributions are invaluable in directing our work and improving the quality of our information.

We continually strive to help you on your journeys.

Thank you for your loyalty and happy travelling with the 2012 edition of the Michelin Guide.

Consult the MICHELIN guide at
www.ViaMichelin.com
and write to us at:
dermichelinfuehrer-deutschland@de.michelin.com

GOOD FOOD AND ACCOMMODATION AT MODERATE PRICES

Bib Gourmand
Establishment offering good quality cuisine, often with a regional flavour, up to € 35 (Price of a three-course-meal, not including drinks).

Bib Hotel
Establishment offering good levels of comfort and service, with most rooms priced up to € 90. Price of a room for 2 people, in cluding breakfast.

PLEASANT HOTELS AND RESTAURANTS

Symbols shown in red indicate particularly pleasant or restful establishments: the character of the building, its décor, the setting, the welcome and services offered may all contribute to this special appeal.

- to **Pleasant hotels**
- to **Pleasant restaurants**

OTHER SPECIAL FEATURES

As well as the categories and awards given to the establishment, Michelin inspectors also make special note of other criteria which can be important when choosing an establishment.

LOCATION

If you are looking for a particularly restful establishment, or one with a special view, look out for the following symbols:

- **Quiet hotel**
- **Very quiet hotel**
- **Interesting view**
- **Exceptional view**

WINE LIST

If you are looking for an establishment with a particularly interesting wine list, look out for the following symbol:

Particularly interesting wine list
This symbol might cover the list presented by a sommelier in a luxury restaurant or that of a simple inn where the owner has a passion for wine. The two lists will offer something exceptional but very different, so beware of comparing them by each other's standards.

Facilities & services

30 Zim	Number of rooms
	Lift (elevator)
A/C	Air conditioning (in all or part of the establishment)
	High-speed internet access
	Wireless Lan internet access in bedrooms
	Establishment at least partly accessible to those of restricted mobility
	Special facilities for children
	Meals served in garden or on terrace
Spa	Spa : an extensive facility for relaxation and well-being
	Swimming pool: outdoor or indoor
	Hydrotherapy
	Sauna – Exercise room
	Tennis
18	Golf course and number of holes
	Garden - Park
	Equipped conference room
	Private dining room (in restaurants)
	Hotel garage (additional charge in most cases)
P	Car park for customers only
	Dogs are excluded from all or part of the establishment
U	Nearest metro station (in Berlin)

NON-SMOKERS
By law, smoking is neither allowed in public areas nor in restaurants.
This law may differ from one "Land" to another.
Most hotels have bedrooms for non-smokers.

Prices

Prices quoted in this Guide were supplied in summer 2011. They are subject to alteration if goods and service costs are revised. The rates include tax and service charge.

The first price is the minimum rate in low season, the second price the maximum rate in high season. By supplying the information, hotels and restaurants have undertaken to maintain these rates for our readers.

In some towns, when commercial, cultural or sporting events are taking place the hotel rates are likely to be considerably higher.

RESERVATION AND DEPOSITS
Some hotels will ask you to confirm your reservation by giving your credit card number or require a deposit which confirms the commitment of both the customer and the hotelier. Ask the hotelier to provide you with all the terms and conditions applicable to your reservation in their written confirmation.

CREDIT CARDS

VISA *MC* *AE* *DC* Credit cards accepted by the establishment:
Visa – Mastercard (Eurocard) – American Express – Diners Club.

ROOMS

25 Zim	Number of rooms
Zim - 60/75 €	Lowest price/highest price
70/120 €	for a single and a double or twin room
Zim -	Breakfast included
10 €	Breakfast supplement
Suiten	Suites: check with the hotelier for prices

HALF BOARD

½ P 10 €	This supplement per person should be added to the cost of the room in order to obtain the half board price.
(inkl. ½ P.)	Price of the room including half board

RESTAURANT

Menü 20/42 €	**Set meals:** Lowest € 20 and highest € 42
Karte 30/41 €	**A la carte meals:**
	The first figure is for a plain meal and includes soup, main dish of the day with vegetables and dessert. The second figure is for a fuller meal and includes hors d'œuvre, main course and dessert.

Information on localities

GENERAL INFORMATION

✉ 38100	Postal code
L	Capital of "Land"
545	Michelin map number
24 000 Ew	Population
Höhe 175 m	Altitude (in metres)
Heilbad	Spa
Kneippkurort	Health resort (Kneipp)
Heilklimatischer	Health resort
Kurort-Luftkurort	Health resort
Seebad	Seaside resort
Erholungsort	Holiday resort
Wintersport	Winter sports
1 000 m	Altitude (in metres) of highest point reached by lifts
🚠 2	Number of cable cars
🎿 4	Number of ski and chair lifts
⛷	Cross-country skiing
AX A	Letters giving the location of a place on the town plan
✻ ‹	Panoramic view, view
⛳18 ✈	Golf course and number of holes – Airport
🚗	Place with a romotorail connection, further information from ticket office
🚢	Shipping line (passengers & cars)
⛴	Passenger transport only
🛈	Tourist Information Centre
ADAC	German Automobile Club

SIGHTS

STAR RATING

★★★	Highly recommended
★★	Recommended
★	Interesting

LOCATION

👁	Sights in town
⟳	On the outskirts
6 km	Distance in kilometres.

AUTOMOBILE CLUBS

ADAC :
... (01805) 10 11 12, Service
... (0180) 2 22 22 22, Breakdown assistance
AvD : Lyoner Str. 16, 60528 Frankfurt – Niederrad
... (069) 6 60 66 00, Service
... (0800) 9 90 99 09, Breakdown assistance

Plan key

□ ● Hotels
■ ● Restaurants

SIGHTS

Place of interest
Interesting place of worship – catholic – protestant

ROADS

Motorway, Dual carriageway
Numbered junctions:
complete, limited
Major thoroughfare
One-way street – Unsuitable for traffic,
street subject to restrictions
Area subject to restrictions
Pedestrian street – Tramway
Shopping street – Low headroom – Car park
Park and Ride
Gateway – Street passing under arch – Tunnel
Low headroom (16'6" max.) on major through routes
Station and railway
Funicular – Cable-car
Lever bridge – Car ferry

VARIOUS SIGNS

Tourist Information Centre
Mosque – Synagogue
Tower – Ruins – Windmill – Water Tower
Garden, park, wood – Cemetery – Cross
Stadium – Golf course – Racecourse – Skating rink
Outdoor or indoor swimming pool
View – Panorama
Monument – Fountain – Factory - Lighthouse
Pleasure boat harbour - Coach station
Airport – Underground station
Ferry services:
passengers and cars, passengers only
Main post office
Hospital – Covered market
Public buildings located by letter:
- Provincial Government office – Town Hall
- Law Courts
- Museum – Theatre – University - College
- Police (in large towns police headquarters)
Automobile Club

Seit 1600 – der Botschafter guten Weines

Über 410 Jahre Weinqualität

Fordern Sie kostenlos das über 170-seitige Weinbuch an! Feinste Weine aus Deutschland, Europa und Übersee. Sie erfahren alles über den unbeschwerten Genuss unserer Weine und Sekte.

Brogsitter Weingüter
Privat-Sektkellerei • Exklusiv-Importe
Max-Planck-Str. 1 • 53501 Grafschaft-Gelsdorf
Tel 0 22 25-918 111 – Fax 0 22 25-918 112
info@brogsitter.de • www.brogsitter.de

DAS WEINBUCH
2011/2012

Auszeichnungen 2012

Awards 2012

Die Sterne 2012

Dreis	✻✻✻	Ort mit mindestens einem 3-Sterne-Restaurant
München	✻✻	Ort mit mindestens einem 2-Sterne-Restaurant
Bonn	✻	Ort mit mindestens einem 1-Stern-Restaurant

Sterne-Restaurants
Starred restaurants

❁❁❁ 2012

Baiersbronn	Restaurant Bareiss
Baiersbronn	Schwarzwaldstube
Bergisch Gladbach	Vendôme
Mannheim	Amador **N**
Osnabrück	La Vie **N**
Perl	Victor's Gourmet Restaurant Schloss Berg
Saarbrücken	GästeHaus
Wittlich / Dreis	Waldhotel Sonnora
Wolfsburg	Aqua

❁❁ 2012

Aschau im Chiemgau	Restaurant Heinz Winkler	Königstein im Taunus	Villa Rothschild Kempinski
Augsburg	August	Leipzig	Falco
Baden-Baden	Brenners Park-Restaurant	Lübeck	Buddenbrooks **N**
Bergisch Gladbach	Gourmetrestaurant Lerbach	Lübeck	La Belle Epoque
Berlin	Fischers Fritz	München	Dallmayr
Berlin	Lorenz Adlon **N**	München	Tantris
Berlin	reinstoff **N**	Neuenahr-Ahrweiler, Bad	Steinheuers Restaurant Zur Alten Post
Bernried	Schwingshackl ESSKULTUR **N**	Nürnberg	Essigbrätlein
Cuxhaven	Sterneck	Peterstal-Griesbach, Bad	Le Pavillon
Dorsten	Rosin **N**	Rottach-Egern	Gourmetrestaurant Überfahrt
Düsseldorf	Im Schiffchen	Sylt / Munkmarsch	Fährhaus
Essen	Résidence	Sylt / List	La Mer **N**
Glücksburg	Meierei Dirk Luther	Sylt / Rantum	Söl'ring Hof
Hamburg	Haerlin **N**	Trier	BECKER'S
Hamburg	Jacobs Restaurant **N**	Wernberg-Köblitz	Kastell **N**
Köln	La Vision **N**		
Köln	Le Moissonnier		

N → Neu → New

✤ 2012

→ **In rot** die Hoffnungsträger 2012 für ✤✤ → **In red** the 2012 Rising Stars for ✤✤

Aachen	La Bécasse
Aachen	St. Benedikt **N**
Aerzen	Gourmet Restaurant im Schlosshotel Münchhausen
Amorbach	Der Schafhof - Abt- und Schäferstube
Asperg	Schwabenstube
Backnang	Backnanger Stuben **N**
Baden-Baden	Le Jardin de France
Baden-Baden	Röttele's Restaurant und Residenz im Schloss Neuweier
Baiersbronn	Schlossberg
Balduinstein	Landhotel Zum Bären
Bellheim / Knittelsheim	Steverding's Isenhof
Bentheim, Bad	Keilings Restaurant **N**
Berchtesgaden	LE CIEL
Bergzabern, Bad	Walram **N**
Berlin	Die Quadriga
Berlin	FACIL
Berlin	First Floor
Berlin	Hartmanns
Berlin	Horváth **N**
Berlin	Hugos
Berlin	Margaux **N**
Berlin	Rutz
Berlin	Tim Raue **N**
Berlin	VAU
Blieskastel	Hämmerle's Restaurant - Barrique **N**
Bonn	Halbedel's Gasthaus
Bremen	La Terrasse
Burg (Spreewald)	17 fuffzig
Burgwedel	Ole Deele **N**
Celle	Endtenfang
Coburg	Esszimmer
Deidesheim	Freundstück
Deidesheim	Schwarzer Hahn
Doberan, Bad	Friedrich Franz
Dorsten	Goldener Anker
Dresden	Caroussel
Dresden	bean&beluga
Düsseldorf	Berens am Kai
Düsseldorf	Hummer-Stübchen
Düsseldorf	Jean-Claude
Düsseldorf	Nagaya
Düsseldorf	Tafelspitz 1876
Düsseldorf	Victorian
Durbach	Wilder Ritter
Efringen-Kirchen	Traube
Eggenstein-Leopoldshafen	Zum Löwen
Ehningen	Landhaus Feckl
Eltville am Rhein	Kronenschlösschen
Endingen am Kaiserstuhl	Merkle's Rebstock
Erftstadt	Husarenquartier
Essen	Nero
Essen	Schote **N**
Essenheim	Domherrenhof - Restaurant Dirk Maus
Feldberger Seenlandschaft	Alte Schule **N**
Frankenberg an der Eder	Philipp Soldan
Frankfurt am Main	Carmelo Greco **N**
Frankfurt am Main	Ernos Bistro
Frankfurt am Main	Français
Frankfurt am Main	Silk
Frankfurt am Main	Tiger-Restaurant
Frankfurt am Main	Villa Merton
Freiburg im Breisgau	Zirbelstube
Freinsheim	Luther
Friedberg (Hessen)	Grossfeld
Geisenheim	Gourmet Restaurant Schwarzenstein
Gernsbach	Schloss Eberstein
Grevenbroich	Zur Traube
Griesbach, Bad	Il Giardino
Grünstadt / Neuleiningen	Alte Pfarrey
Häusern	Adler
Hamburg	Küchenwerkstatt
Hamburg	Landhaus Scherrer
Hamburg	Le Canard nouveau
Hamburg	Piment
Hamburg	Prinz Frederik
Hamburg	Sgroi
Hamburg	Süllberg - Seven Seas
Heidelberg	schwarz Das Restaurant
Heinsberg	Burgstuben Residenz - St. Jacques
Herleshausen	Hohenhaus
Hermeskeil / Neuhütten	Le temple
Hersfeld, Bad	L'étable
Herxheim	Kronen-Restaurant
Homburg vor der Höhe, Bad	Schellers
Ilsenburg	Forellenstube
Kaisersbach	Ernst Karl
Karlsruhe	Oberländer Weinstube
Kerpen	Schloss Loersfeld
Ketsch	Die Ente **N**
Kirchdorf (Krs. Mühldorf)	Christian's Restaurant - Gasthof Grainer
Kirchheim u. Teck / Ohmden	Landgasthof am Königsweg

N → Neu → New

Kissingen, Bad	Gourmetrestaurant
Klingenberg am Main	Zum Alten Rentamt
Köln	Alfredo
Köln	L'escalier
Köln	La Société
Köln	Maître im Landhaus Kuckuck
Köln	taku **N**
Königswinter	Villa Leonhart
Konstanz	Ophelia **N**
Kordel / Zemmer	Landhaus Mühlenberg
Krakow am See	Ich weiß ein Haus am See
Krozingen, Bad	Zum Storchen
Krün	Luce d'Oro
Laasphe, Bad	Ars Vivendi
Lahr	Adler
Langenau / Rammingen	Landgasthof Adler
Leipzig	Stadtpfeiffer
Lindau im Bodensee	Villino
Ludwigsburg	Alte Sonne
Lübeck	Wullenwever
Lüneburg	Zum Heidkrug
Maintal	Hessler
Mainz	Buchholz
Mainz	Favorite
Mannheim	Da Gianni
Mannheim	Doblers
Meersburg	Casala
Mergentheim, Bad	Zirbelstube
München	181 - First
München	Acquarello
München	Atelier
München	Königshof
München	Mark's
München	Schuhbecks in den Südtiroler Stuben
München	Schweiger² im Showroom
München	Terrine
München	Tramin **N**
Mulfingen	Altes Amtshaus
Murnau	Reiterzimmer
Nenndorf, Bad	La Forge
Neuenahr-Ahrweiler, Bad	Brogsitter
Neunburg vorm Wald	Obendorfer's Eisvogel
Neuwied	Coquille St. Jacques im Parkrestaurant Nodhausen
Nördlingen	Meyers Keller - Joachim Kaiser
Oberstdorf	ESS ATELIER STRAUSS **N**
Oberstdorf	Maximilians Restaurant - Landhaus Freiberg
Odenthal	Zur Post
Öhningen	Falconera
Öhringen / Friedrichsruhe	Wald und Schlosshotel Friedrichsruhe - Gourmet Restaurant
Paderborn	Balthasar
Pfinztal	Villa Hammerschmiede
Piesport	schanz. restaurant. **N**
Pliezhausen	Landgasthaus zur Linde
Plön	Stolz
Potsdam	Friedrich-Wilhelm
Prien am Chiemsee	Mühlberger
Pulheim	Gut Lärchenhof
Regensburg	Historisches Eck
Remscheid	Concordia - Heldmann's Restaurant
Rendsburg / Alt Duvenstedt	Gourmetrestaurant Töpferhaus
Rötz	Gregor's **N**
Rosenberg	Landgasthof Adler
Rostock	Der Butt
Rothenburg o.d. Tauber	Villa Mittermeier
Rottach-Egern	Dichterstub'n
Rügen / Binz	niXe
Rügen / Göhren	Berliner Salon **N**
Rüsselsheim	NAVETTE
Saarbrücken	Le noir **N**
Salach	Burgrestaurant Staufeneck
Sankt Wendel	Kunz
Sasbachwalden	Fallert
Schandau, Bad	Sendig
Scharbeutz	DiVa
Schriesheim	Strahlenberger Hof
Schwäbisch Hall	Eisenbahn
Schwäbisch Hall	Rebers Pflug
Selzen	Kaupers Restaurant im Kapellenhof **N**
Singen	Flohr's
Sobernheim, Bad	Passione Rossa
Sommerhausen	Philipp
Sondershausen	Schlossrestaurant
Sonnenbühl	Hirsch
Sonthofen / Ofterschwang	Silberdistel
Stolpe	Gutshaus Stolpe
Stromberg	Le Val d'Or
Stuttgart	Breitenbach
Stuttgart	Délice
Stuttgart	OLIVO
Stuttgart	Speisemeisterei
Stuttgart	Wielandshöhe
Stuttgart	Zirbelstube
Stuttgart	top air
Stuttgart / Fellbach	Gourmet Restaurant avui
-Sulzburg	Hirschen
Sylt / Hörnum	KAI3 **N**
Sylt / Tinnum	Bodendorf's
Sylt / Westerland	Jörg Müller
Tegernsee	Villa am See
Timmendorfer Strand	Orangerie
Trittenheim	Wein- und Tafelhaus

N → Neu → New

Trittenheim / Naurath	Rüssel's Landhaus St. Urban
Tübingen	Waldhorn
Vogtsburg	Schwarzer Adler
Wadersloh	Bomke
Wartenberg-Rohrbach	Wartenberger Mühle
Weikersheim	Laurentius
Weimar	Anna Amalia
Weingarten	Walk'sches Haus - Gourmet-Restaurant **N**
Wermelskirchen	Clara von Krüger im Spatzenhof **N**
Wiesbaden	Ente
Wilhelmshaven	Marco Polo
Wirsberg	Herrmann's Restaurant
Wolfsburg	La Fontaine
Würselen	Alte Feuerwache - Podobnik's Gourmet Restaurant
Xanten	Landhaus Köpp
Zwischenahn, Bad	Apicius

DIE HOFFNUNGSTRÄGER 2012 FÜR ✲
The 2012 Rising Stars for ✲

Düsseldorf	Monkey's West **N**
Greifswald	Le Croy
Leer	Perior
Schalksmühle	Landhaus Steinbeisser

N ➜ Neu ➜ New

Bib Gourmand 2012

- Orte mit mindestens einem Bib Gourmand-Haus.

Hessen, Baden-Württemberg

Baden-Württemberg

Baden-Württemberg

Bib Gourmand

Gute Küche zu moderaten Preisen
Good food at moderate prices

Aachen	Schloss Schönau - Schänke
Abbach, Bad	Gasthof Schwögler
Achern	Chez Georges
Adelsdorf	Landgasthof Niebler
Alpirsbach	Rössle
Altenahr	Gasthaus Assenmacher - Gaststube **N**
Amberg	Schön Kilian
Amorbach	Benediktinerstube
Andernach	Alte Kanzlei **N**
Andernach	Kaufmann's
Ansbach	La Corona
Arnsberg	Menge
Aschaffenburg / Johannesberg	Rückersbacher Schlucht
Aue	Tausendgüldenstube
Auenwald	Landgasthof Waldhorn
Auerbach (Vogtland)	Renoir
Augsburg	Augsburger Hof
Augsburg	Haupt im Prinz Karl Palais
Augsburg	Magnolia **N**
Aying	Brauereigasthof Aying
Baden-Baden	Heiligenstein
Baden-Baden	Traube
Baiersbronn	Bauernstube
Baiersbronn	Dorfstuben
Baiersbronn	Meierei im Waldknechtshof
Balduinstein	Landhotel Zum Bären - Weinstube
Barsinghausen	Gasthaus Müller **N**
Bayreuth / Bindlach	Landhaus Gräfenthal
Bellingen, Bad	Berghofstüble
Bendorf	Villa Sayn
Berlin	Alpenstück
Berlin	Bieberbau
Berlin	Die Spindel
Berlin	dos palillos
Berlin	Neu
Berlin	Ottenthal
Berlin	Renger-Patzsch **N**
Bernried	Kaminstube **N**
Bielefeld	1550 Restaurant
Billerbeck	Domschenke
Birkenau	Drei Birken
Birkweiler	Keschdebusch
Bisingen	Gasthof Adler
Blieskastel	Hämmerle's Restaurant - Landgenuss
Böblingen	Zum Reussenstein
Bogen / Niederwinkling	Landgasthof Buchner
Bonndorf	Sommerau
Brackenheim	Adler
Brandenburg an der Havel	Inspektorenhaus **N**
Braunschweig	Das Alte Haus
Bretten	à la table de Guy Graessel
Bretzfeld	Landhaus Rössle
Brilon	Wiegelmanns am Wall **N**
Brühl (Baden)	KRONE das gasthaus
Bühl	Lamm
Bühl	Pospisil's Gasthof Krone
Bühlertal	Bergfriedel
Bühlertal	Rebstock
Bürgstadt	Weinhaus Stern
Burbach	Fiester-Hannes
Burgrieden	Ebbinghaus
Buxtehude	Hoddow's Gastwerk
Cadolzburg	Bauhof
Castell	Gasthaus zum Schwan
Castell	Weinstall
Celle	Allerkrug
Celle	Schaper
Cham	Am Ödenturm
Chemnitz	Villa Esche
Chemnitz	alexxanders
Coesfeld	Freiberger im Gasthaus Schnieder-Bauland **N**
Deidesheim	Gasthaus zur Kanne
Denzlingen	Rebstock-Stube
Dernbach	Schneider
Dessau	Pächterhaus
Dierhagen	Strandhotel Fischland - Das Hotelrestaurant **N**
Dillingen an der Donau	Stark
Doberan, Bad	Zum weissen Schwan
Dörscheid	Landgasthaus Blücher
Dornum	Fährhaus
Dresden	Landhaus Lockwitzgrund
Dresden	Lesage
Dresden	Schmidt's
Dresden	Vitalis
Dürkheim, Bad	Philip's Brasserie **N**
Düsseldorf	Dorfstube **N**
Düsseldorf	La Piazzetta di Positano
Düsseldorf	Parlin **N**

N → Neu   → New

Düsseldorf	Spoerl Fabrik N	Hamburg	Casse-Croûte
Duisburg	Brendel - Bistro N	Hamburg	Cox
Duisburg	Friederichs - Bistro NT	Hamburg	Henssler Henssler
Durbach	Rebstock	Hamburg	Le Plat du Jour
Edenkoben	Alte Feuerwache	Hamburg	Lenz
Eichwalde	Carmens Restaurant	Hamburg	Nil
Eisenach	Weinrestaurant Turmschänke	Hamburg	Ono by Steffen Henssler
Eltville am Rhein	Zum Krug	Hamburg	Rive Bistro
Elzach	Schäck's Adler	Hamburg	Speisewirtschaft Wattkorn
Emmerich am Rhein	Zu den drei Linden - Lindenblüte N	Hamburg	Trific N
Ems, Bad	Estragon N	Hamburg	Tschebull N
Emsdetten	Lindenhof	Hamburg	Weinwirtschaft Kleines Jacob
Endingen am Kaiserstuhl	Dutters Stube	Hann. Münden	Biorestaurant Werratal
Engelskirchen	Alte Schlosserei N	Hannover	Neue Zeiten
Erlangen	Altmann's Stube	Hannover	Röhrbein
Erlangen	Polster Stube	Harxheim	Restaurant im Weingut der Stadt Mainz N
Essen	Hugenpöttchen	Hauzenberg	Landgasthaus Gidibauer-Hof
Essenheim	Domherrenhof N	Heidelberg	Backmulde
Ettlingen	Weinstube Sibylla	Heidelberg	Roter Ochsen N
Feldberg im Schwarzwald	Sommerberg	Heilbronn	Bachmaier N
Feuchtwangen	Greifen-Post	Heilbronn	Rebstock N
Feuchtwangen	Landgasthof Zum Ross	Heiligenberg	Baader
Finsterwalde	Goldener Hahn N	Heiligenberg	Hack
Flensburg / Oeversee	Krugwirtschaft	Heitersheim	Landhotel Krone
Flonheim	Landhotel Espenhof	Hennef	Sängerheim - Das Restaurant
Forchheim	Zöllner's Weinstube	Herford	Am Osterfeuer
Frammersbach	Schwarzkopf	Hersbruck / Engelthal	Grüner Baum
Frankfurt am Main	Zarges	Herxheim	Pfälzer Stube
Frankweiler	Weinstube Brand	Heßheim	Ellenbergs N
Freiamt	Zur Krone	Heubach	Harr's Langhaus
Freiberg	Le Bambou	Hinterzarten	Zur Esche
Freiburg im Breisgau	Hirschen N	Hirschberg	Krone N
Freiburg im Breisgau	Kühler Krug N	Höchst im Odenwald	Zur Krone - Wirtschaft
Frickingen	Löwen N	Hövelhof	Gasthof Brink
Friedrichshafen	Goldenes Rad	Horben	Gasthaus zum Raben
Friesenheim	Mühlenhof	Hüfingen	Landgasthof Hirschen
Füssing, Bad	Holzapfel	Iburg, Bad	Engels im Jagdschlösschen
Fulda	Goldener Karpfen	Ihringen	Bräutigam N
Garmisch-Partenkirchen	Reindl's Partenkirchner Hof	Ihringen	Holzöfele
Gengenbach	Die Reichsstadt	Illertissen	Gasthof Krone
Gengenbach / Berghaupten	Hirsch	Illschwang	Weißes Roß
Gießen	Restaurant Tandreas	Immenstaad am Bodensee	Heinzler
Gifhorn	Ratsweinkeller	Immenstaad am Bodensee	Seehof
Glottertal	Hirschen	Ingelheim am Rhein	Millenium - Weinstube Weingeist N
Glottertal	Zum Goldenen Engel	Iphofen	Deutscher Hof N
Görlitz	Tuchmacher	Iphofen	Zehntkeller
Göttingen	Gauß am Theater	Jugenheim	Weedenhof N
Grafenau	Säumerhof N	Kaisersbach	Flößerstub
Grönenbach, Bad	Badische Weinstube	Kappeln	Speicher No. 5
Groß Grönau	Zum fabelhaften Hirschen	Kappelrodeck	Zum Rebstock
Großheubach	Zur Krone	Karben	Neidharts Küche
Gütersloh	Medium	Karlsruhe	Hammer's Restaurant
Guldental	Der Kaiserhof	Kassel	Zum Steinernen Schweinchen - Santé
Gummersbach	Die Mühlenhelle - Bistro	Kaub	Zum Turm
Häusern	Chämi-Hüsle N	Kehl	Grieshaber's Rebstock
Hamberge	Landhaus Hamberge N	Kehl	Hirsch
Hamburg	Amadée	Kenzingen	Scheidels Restaurant zum Kranz
Hamburg	Brook	Kiel / Molfsee	Bärenkrug

N → Neu 😊 → New 😊

Kirchzarten	Schlegelhof
Kleinwalsertal / Riezlern	Alpenhof Jäger
Kleinwalsertal / Riezlern	Scharnagl's Alpenhof
Klettgau	Landgasthof Mange
Klingenberg am Main	Schöne Aussicht **N**
Köln	Bistrot B **N**
Köln	Hütter's Piccolo
Köln	Sorgenfrei **N**
Köngen	Schwanen
Köngen	Tafelhaus
Krefeld	Chopelin im Casino
Kreuznach, Bad	Im Kittchen
Kronach / Stockheim	Landgasthof Detsch
Kronberg im Taunus	Villa Philippe **N**
Kürten	Zur Mühle
Lahr	Grüner Baum
Landau in der Pfalz	Beat Lutz
Landau in der Pfalz	Weinkontor
Langenargen	Landhaus Malereck **N**
Langenargen	Schuppen 13 **N**
Langenau	Zum Bad
Laubach	Landgasthaus Waldschenke
Lauf an der Pegnitz	Waldgasthof Am Letten
Lauffen am Neckar	Elefanten
Laumersheim	Zum Weißen Lamm
Leer	Zur Waage und Börse
Leimen	Weinstube Jägerlust
Leinfelden-Echterdingen	Am Park
Leipzig	Drogerie
Lenggries	Schweizer Wirt
Lich	Zum Heiligen Stein **N**
Lindau im Bodensee	Schachener Hof
Lingen	Hutmachers Deele
Ludwigsburg	's Laurent Bistro
Lübeck	Weinwirtschaft
Lütjenburg / Panker	Forsthaus Hessenstein
Lütjensee	Fischerklause **N**
Magdeburg	Landhaus Hadrys
Mainz	Gänsthaler's Kuchlmasterei
Mainz	Geberts Weinstuben **N**
Maisach	Gasthof Widmann
Marktbreit	Michels Stern **N**
Marktheidenfeld	Weinhaus Anker
Mayen	Zum Alten Fritz
Meiningen	Posthalterei
Mengen	Rebstock
Meschede	Landhotel Donner
Metzingen	Schwanen
Michelstadt	Geiersmühle
Miltenberg	Kristinas Esszimmer **N**
Mintraching	Zum Goldenen Krug
Mittenwald	Das Marktrestaurant **N**
Mössingen	Zum Ochsen **N**
Monschau	Hubertusklause
Mülheim an der Ruhr	Mölleckens Altes Zollhaus
München	Atelier Gourmet
München	Freisinger Hof
München	Le Barestovino **N**
München	M Belleville **N**
Münsing	Gasthaus Limm
Muggensturm	Lamm
Mulfingen	Jagstmühle
Nauheim, Bad	Brunnenwärterhaus
Neckargemünd	Zum Rössl
Nenndorf, Bad	Schmiede-Restaurant
Nettetal	Sonneck
Neubeuern	Auers Schlosswirtschaft
Neubrandenburg / Groß Nemerow	Lisette
Neuburg an der Donau	Zum Klosterbräu - Gaststube
Neuenahr-Ahrweiler, Bad	Restauration Idille
Neuendorf bei Wilster	Zum Dückerstieg **N**
Neuffen	Traube
Neunburg vorm Wald	Landhotel Birkenhof - Turmstube
Neupotz	Zum Lamm
Nördlingen	Stüble
Nonnweiler	Landgasthof Paulus
Northeim	Seeger's Gasthof
Nürnberg	Landgasthof Gentner
Nürnberg	Würzhaus
Nürnberg	Zirbelstube
Nuthetal	Philippsthal
Oberboihingen	Zur Linde
Oberkirch	Haus am Berg
Oberried	Die Halde
Oberried	Gasthaus Sternen Post
Oberstenfeld	Zum Ochsen
Oberursel	Kraftwerk
Odenthal	Postschänke
Öhringen / Friedrichsruhe	Jägerstube
Ötisheim	Sternenschanz
Offenburg	Blume
Offenburg / Ortenberg	Edy's Restaurant im Glattfelder
Ostrach	Landhotel zum Hirsch
Pattensen	Das kleine Restaurant
Peterstal-Griesbach, Bad	Kamin- und Bauernstube
Pfinztal	Die Guten Stuben
Pfronten	Berghotel Schlossanger-Alp
Piding	Lohmayr Stub'n
Plochingen	Stumpenhof
Polle	Graf Everstein
Potsdam	Speckers Landhaus
Presseck	Gasthof Berghof - Ursprung **N**
Pullach	Hofer's Restaurant
Quedlinburg	Theophano im Palais Salfeldt
Radolfzell / Moos	Gottfried
Ramberg	Landhaus St. Laurentius
Ransbach-Baumbach	Gala
Rauhenebrach	Gasthaus Hofmann
Regensburg / Donaustauf	Forsters Gasthof Zur Post
Regensburg / Neutraubling	Am See
Reichelsheim	O de vie
Reichenwalde	Alte Schule
Remchingen	Zum Hirsch

N → Neu → New

Remscheid	Concordia - Fifty Six **N**
Remshalden	Weinstube zur Traube
Rengsdorf / Hardert	Corona
Rheda-Wiedenbrück	Reuter - Bistro
Rheine	Beesten
Ringsheim	Heckenrose **N**
Rippoldsau-Schapbach, Bad	Klösterle Hof
Rötz	Spiegelstube **N**
Rosshaupten	Kaufmann
Rot am See	Landhaus Hohenlohe
Rothenburg o.d. Tauber	Die blaue Sau
Rothenburg o.d. Tauber / Windelsbach	
	Landhaus Lebert
Rottach-Egern	Lois
Rudersberg	Gasthaus Stern
Saalfeld	Güldene Gans **N**
Saarbrücken	Schlachthof Brasserie
Saarbrücken	Weismüller
Salem	Reck
Salem	Salmannsweiler Hof **N**
Sankt Ingbert	Die Alte Brauerei
Sankt Peter	Zur Sonne **N**
Sankt Wendel	Kaminzimmer
Sasbachwalden	Badische Stuben
Sasbachwalden	Engel
Saulgau, Bad	Vinum **N**
Schalkham	Sebastianihof
Scharbeutz	Muschel
Scheeßel	Rauchfang
Schmallenberg	Gasthof Schütte
Schneverdingen	Ramster
Schöppingen	Landhaus Penz
Schopfheim	Metropole **N**
Schorndorf	Pfauen **N**
Schorndorf / Winterbach	Landgasthaus Hirsch
Schramberg	Gasthof Hirsch
Schriesheim	Weinhaus Bartsch **N**
Schwäbisch Gmünd	Fuggerei
Schwäbisch Hall	Landhaus Zum Rössle
Schwaikheim	Zum Riesling
Schwarzach am Main	Schwab's Landgasthof
Schweinfurt	Kings und Queens
Schwendi	Oberschwäbischer Hof
Schwenningen	Schloss Kalteneck
Schwerte	Unter'm Kran
Simbach am Inn / Stubenberg	Poststube
Simonswald	Hugenhof
Sobernheim, Bad / Meddersheim	
	Landgasthof zur Traube
Sonnenbühl	Dorfstube **N**
Spalt	Gasthof Blumenthal
Sprockhövel	Eggers
Stadthagen / Nienstädt	Sülbecker Krug **N**
Staufen	Die Krone
Staufen	Kreuz-Post **N**
Steben, Bad / Lichtenberg	Harmonie
Stralsund	Esszimmer
Stühlingen	Gasthaus Schwanen
Stuttgart	Fässle
Stuttgart	Vetter **N**
Stuttgart / Fellbach	Aldinger's Germania
Stuttgart / Fellbach	Gasthaus zum Hirschen
Sulzburg	La Vigna
Sulzburg	Landgasthof Rebstock
Sylt / Keitum	Karsten Wulff
Sylt / Morsum	Morsum Kliff
Sylt / Westerland	Bistro Stadt Hamburg
Taufkirchen	Landgasthof Forster
Tettnang	Lamm im Kau
Tiefenbronn	Bauernstuben
Tölz, Bad	Jägerwirt
Triefenstein	Weinhaus Zum Ritter
Tröstau	Schmankerl Restaurant Bauer
Tübingen	Basilikum
Tuntenhausen	Schlosswirtschaft Maxlrain **N**
Twist	Gasthof Backers - Zum alten Dorfkrug
Überlingen	Landgasthof zum Adler
Uelzen	Holdenstedter Hof
Ürzig	Moselschild
Uhldingen-Mühlhofen	Seehalde
Vaihingen an der Enz	Lamm Rosswag
Vallendar	Die Traube
Vaterstetten	Gutsgasthof Stangl
Velbert	Haus Stemberg
Verden (Aller)	Pades Restaurant
Versmold	Alte Schenke **N**
Villingendorf	Gasthof Linde
Villingen-Schwenningen	Rindenmühle
Vöhrenbach	Zum Engel
Vöhringen	Speisemeisterei Burgthalschenke
Waging am See	Landhaus Tanner
Waldsee, Bad	Scala
Waltrop	Gasthaus Stromberg
Wangen im Allgäu	Adler
Wasserburg am Inn	Herrenhaus
Wasserburg am Inn	Weisses Rössl
Weikersheim	Laurentius - Bistro
Weimar	Anastasia **N**
Weinstadt	Weinstube Muz
Weisenheim am Berg	Admiral **N**
Weissenstadt	Gashaus Egertal - Prinz-Rupprecht Stube
Wertheim	Bestenheider Stuben
Wesel	ART
Wesel / Hamminkeln	Carpe díem
Wiessee, Bad	Freihaus Brenner
Wildberg	Talblick
Wilthen	Erbgericht Tautewalde
Wörishofen, Bad	Sonnenbüchl
Worpswede	Kaffee Worpswede
Wremen	Gasthaus Wolters - Zur Börse
Würzburg	Gambero Rosso
Würzburg	Reisers Restaurant
Wurzach, Bad	Adler
Wustrow	Schimmel's
Zeiskam	Zeiskamer Mühle **N**
Zweibrücken	Landhaus

N ➔ *Neu* 😊   ➔ *New* 😊

Bib Hotel

Hier übernachten Sie gut und preiswert
Good accommodation at moderate prices

Achern	Schwarzwälder Hof
Adelsdorf	Landgasthof Niebler
Ahaus	Haus im Flör
Albstadt	In der Breite
Aldersbach	Mayerhofer
Alf	Bömer's Mosellandhotel
Alfeld (Leine)	Grüner Wald
Altenberg	Zum Bären
Altensteig	Hirsch
Arnsberg	Menge
Aschau im Chiemgau	Edeltraud
Auggen	Zur Krone
Bautzen	Dom Eck
Bayrischzell	Postgasthof Rote Wand
Beilngries	Der Millipp
Beilngries	Die Gams
Beilngries	Fuchsbräu
Bernau im Schwarzwald	Schwarzwaldhaus
Bernkastel-Kues	burgblickhotel
Bestwig	Waldhaus
Biberach an der Riß	Landhotel zur Pfanne
Billerbeck	Domschenke
Bischofswiesen	Alpenhotel Hundsreitlehen
Bispingen	Das kleine Hotel am Park
Bispingen	Heidehotel Rieckmann
Blindheim	Breisachmühle
Bönnigheim	Adler am Schloss
Boll, Bad	Rosa Zeiten
Brandenburg an der Havel	Havelfloß N
Braunlage	Vitalhotel Sonneneck
Brilon	Rech
Bückeburg	Große Klus
Bühlertal	Bergfriedel
Bürgstadt	Weinhaus Stern
Burgthann	Burghotel
Chemnitz	alexxanders
Clausthal-Zellerfeld	Harzhotel Zum Prinzen
Cloppenburg	Schäfers Hotel N
Crailsheim	Zum Hirsch
Dahn / Bruchweiler-Bärenbach	Landhaus Felsengarten
Deggenhausertal	Mohren N
Dettingen an der Erms	Rößle
Dieblich	Halferschenke N
Doberan, Bad	Villa Sommer
Dörscheid	Landgasthaus Blücher
Donauwörth	Viktoria
Dresden	Privat
Egling	Hanfstingl
Ehekirchen	Strixner Hof
Emmendingen	Park-Hotel Krone
Erfurt	Villa am Park
Feldberger Seenlandschaft	Alte Schule N
Flörsheim-Dalsheim	Weingut und Gästehaus Peth
Forst an der Weinstraße	Landhotel Lucashof N
Freital / Rabenau	Rabenauer Mühle
Friedberg	Park Ambiente
Fürstenzell	Zur Platte
Gengenbach / Berghaupten	Hirsch
Glottertal	Zum Goldenen Engel N
Gotha	Landhaus Hotel Romantik
Gottleuba, Bad	Berghotel Augustusburg
Großschönau	Quirle-Häusl
Grünberg	Villa Emilia
Hamburg	Ökotel
Hameln	Bellevue
Hammelburg	Deutsches Haus N
Haslach im Kinzigtal	Gasthaus zur Blume
Heigenbrücken	Hochspessart
Heilbrunn, Bad	Kilian
Heiligenberg	Hack N
Heitersheim	OX Hotel
Herrenalb, Bad	Sonnenhof
Hersbruck	Grüner Baum
Hersbruck / Kirchensittenbach	Landpension Postwirt
Heßheim	Ellenbergs N

N → Neu → New

Hilpoltstein	Brauereigasthof Zum schwarzen Roß
Hinterzarten	Gasthaus Engel
Hirschaid	Gasthaus Wurm
Höchst im Odenwald	Zur Krone
Hövelhof	Gasthaus Spieker
Hohnstein	LuK - Das Kleine Landhotel
Hornberg	Adler
Hügelsheim	Hirsch
Ibbenbüren	Hubertushof
Idar-Oberstein	Berghotel Kristall
Iphofen	Bausewein
Iphofen	Huhn das kleine Hotel
Isernhagen	Engel
Kallstadt	Kallstadter Hof
Kamenz	Villa Weiße
Kappelrodeck	Zum Rebstock
Kehl	Grieshaber's Rebstock
Kell am See	Fronhof
Kenzingen	Schieble
Kipfenberg	Zur Linde
Kirchberg an der Jagst	Landhotel Kirchberg
Kirchzarten	Sonne
Kleinwalsertal / Mittelberg	Ingeborg
Klingenthal	Berggasthaus Schöne Aussicht
Köln	Ihr Hotel
Königsbronn	Widmann's Löwen
Kronach / Stockheim	Landgasthof Detsch
Krozingen, Bad	Zum Storchen
Kuddewörde	Grander Mühle
Lage (Lippe)	Haus Berkenkamp
Landau an der Isar	Gästehaus Numberger
Landsberg am Lech	Landhotel Endhart
Langenargen	Im Winkel
Langenau	Zum Bad
Lauffen am Neckar	Gästehaus Kraft
Leimen	Seipel N
Leun	Landhotel Adler
Lüchow	Am Glockenturm
Maintal	Irmchen
Malente-Gremsmühlen, Bad	See-Villa N
Memmelsdorf	Brauerei-Gasthof Drei Kronen
Mergentheim, Bad	Gästehaus Birgit
Meschede	Landhotel Donner
Meyenburg	Germania Hotel am Schlosspark
Mülheim (Mosel)	Domizil Schiffmann
Nenndorf, Bad	Schmiedegasthaus Gehrke
Neubrandenburg / Burg Stargard	Zur Burg
Neuendettelsau	Sonne
Neuendorf bei Wilster	Zum Dückerstieg
Neumarkt in der Oberpfalz	Mehl
Neustrelitz	Schlossgarten
Nidderau	Alte Bäckerei
Nidderau	Zum Adler
Nordhorn	Am Stadtring
Northeim	Seeger's Gasthof
Nürnberg	Park-Hotel
Oberaula	Zum Stern
Oberried	Gasthaus Sternen Post
Oberstdorf	Haus Wiese
Östringen	Kreuzberghof
Offenbach	Graf
Olsberg	Schinkenwirt N
Olzheim	Haus Feldmaus N
Palling	Michlwirt
Pasewalk	Villa Knobelsdorff
Passau	Passauer Wolf
Penzberg	Hoisl-Bräu
Petershagen-Eggersdorf	Landgasthof zum Mühlenteich
Piesport	schanz. hotel.
Planegg	Asemann Planegg
Pleisweiler-Oberhofen	Landhaus Wilker
Poppenhausen	Hof Wasserkuppe
Pottenstein	Bruckmayers Gästehaus
Pottenstein	Schwan
Preetz / Lehmkuhlen	Neeth
Pritzwalk	Waldhotel Forsthaus Hainholz N
Ramsau	Nutzkaser
Randersacker	Bären
Rastede	Zum Zollhaus
Reichenhall, Bad	Erika
Riethnordhausen	Landvogt
Rimsting	Landhotel beim Has'n
Rostock / Sievershagen	Atrium Hotel Krüger
Rothenburg o.d. Tauber	Hornburg
Rothenburg o.d. Tauber / Steinsfeld	Landwehrbräu
Rügen / Baabe	Villa Granitz
Rügen / Göhren	Inselhotel
Rügen / Göhren	Stranddistel
Saalfelder Höhe	Schlosshotel Eyba
Saarbrücken	Bayrischer Hof
Salem	Reck
Salzgitter	Golfhotel
Samerberg	Berggasthof Duftbräu N
Sankt Oswald-Riedlhütte	Wieshof N
Sankt Peter	Jägerhaus
Saulgau, Bad	Oberamer Hof
Schenkenzell	Waldblick
Schiltach	Zum weyßen Rössle
Schleswig	Hahn
Schmallenberg	Schäferhof
Schönau am Königssee	Georgenhof
Schopfheim	City Hotel
Schopfheim	Mühle zu Gersbach
Schorndorf	Gruber
Schwarzach am Main	Schwab's Landgasthof

N → Neu 🏨 → New 🏨

Schwerin	De Schün	**Villingen-Schwenningen**	Rindenmühle
Seiffen	Seiffener Hof	**Wangen im Allgäu**	Engelberg **N**
Siegen	Pfeffermühle	**Wangerland**	Bendiks
Sigmaringen / Scheer	Donaublick	**Wardenburg**	Wardenburger Hof
Spalt	Zum Schnapsbrenner	**Wasserburg am Bodensee**	Walserhof
Staffelstein, Bad	Landromantikhotel Augustin	**Weimar**	Villa Hentzel **N**
Staufen	Die Krone	**Weinheim**	Goldener Pflug **N**
Steben, Bad	Am Rosengarten	**Weißenfels**	Parkhotel Güldene Berge
Steinhagen	Ententurm	**Werdau**	In der Mühle
Steinheim	Germanenhof	**Wernigerode**	Am Anger
Steinkirchen	Windmüller	**Wernigerode**	Johannishof
Sülzetal	Landhotel Schwarzer Adler **N**	**Wertheim / Kreuzwertheim**	Herrnwiesen
Sundern	Klöckener	**Westerstede**	Altes Stadthaus
Taufkirchen	Am Hof	**Willingen (Upland)**	Upländer Hof
Tölz, Bad	Lindenhof	**Wilthen**	Erbgericht Tautewalde
Trostberg	Auf Wolke 8	**Wingerode**	Keppler's Ecke
Überlingen	Landgasthof zum Adler	**Wurzach, Bad**	Adler
Unterwössen	Astrid	**Zorneding**	Neuwirt
Usedom / Karlshagen	Strandhotel	**Zwiesel**	GlasHotel

N → *Neu* 🏨   → *New* 🏨

Angenehme Hotels
Particularly pleasant hotels

Baden-Baden	Brenners Park-Hotel und Spa	**Berlin**	The Ritz-Carlton
Bergisch Gladbach	Grandhotel Schloss Bensberg	**Düsseldorf**	Breidenbacher Hof
Berlin	Adlon Kempinski	**Hamburg**	Fairmont Hotel Vier Jahreszeiten
Berlin	The Regent	**München**	Mandarin Oriental
		Sonthofen / Ofterschwang	Sonnenalp

Aerzen	Schlosshotel Münchhausen	**Königstein im Taunus**	Falkenstein Grand Kempinski
Baden-Baden	Belle Epoque	**Krün**	Schloss Elmau
Baiersbronn	Bareiss	**Lübeck**	A-ROSA
Baiersbronn	Traube Tonbach	**München**	Königshof
Berchtesgaden	InterContinental Berchtesgaden Resort	**Öhringen / Friedrichsruhe**	Wald und Schlosshotel Friedrichsruhe
Bergisch Gladbach	Schlosshotel Lerbach	**Peterstal-Griesbach, Bad**	Dollenberg
Berlin	Schlosshotel im Grunewald	**Sylt / Hörnum**	Budersand Hotel - Golf und Spa
Essen	Schloss Hugenpoet		
Frankfurt am Main	Hessischer Hof	**Sylt / List**	A-ROSA
Freiburg im Breisgau	Colombi-Hotel	**Wolfsburg**	The Ritz-Carlton
Hamburg	Louis C. Jacob		

Aschau im Chiemgau	Residenz Heinz Winkler	**Glücksburg**	Alter Meierhof Vitalhotel
		Häusern	Adler
Badenweiler	Schwarzmatt	**Hammelburg / Wartmannsroth**	Neumühle
Baiersbronn	Engel Obertal	**Heidelberg**	Die Hirschgasse
Berlin	Brandenburger Hof	**Heidelberg**	Heidelberg Suites
Burg (Spreewald)	Zur Bleiche Resort und Spa	**Herleshausen**	Hohenhaus
Celle	Fürstenhof	**Herxheim**	Krone
Cuxhaven	Badhotel Sternhagen	**Hornbach**	Kloster Hornbach
Deidesheim	Ketschauer Hof	**Hornbach**	Lösch für Freunde
Dierhagen	Dünenmeer	**Ilsenburg**	Landhaus Zu den Rothen Forellen
Dresden	Bülow Palais und Residenz	**Isselburg**	Parkhotel Wasserburg Anholt
Dresden	Pattis	**Juist**	Achterdiek
Durbach	Ritter	**Kalkhorst**	Schlossgut Gross Schwansee
Frankfurt am Main	Roomers	**Kirschau**	Bei Schumann
Freiamt	Ludinmühle	**Königstein im Taunus**	Villa Rothschild Kempinski
Geisenheim	Burg Schwarzenstein	**Konstanz**	RIVA

Krün	Das Kranzbach
Laaspe, Bad	Jagdhof Glashütte
Lübeck	COLUMBIA
Madlitz-Wilmersdorf	Gut Klostermühle
München	Palace
Münster	Hof zur Linde
Neuhardenberg	Schloss Neuhardenberg
Oberammergau	Maximilian
Oberstdorf	Parkhotel Frank
Pfinztal	Villa Hammerschmiede
Potsdam	Bayrisches Haus
Rotenburg (Wümme)	Landhaus Wachtelhof
Rothenburg o.d. Tauber	Herrnschlösschen
Rügen / Binz	CERÊS
Rügen / Sellin	ROEWERS Privathotel - The Spa Concept
Sachsa, Bad	Romantischer Winkel
Sankt Englmar	Angerhof
Stolpe	Gutshaus Stolpe
Stromberg	Johann Lafer's Stromburg
Stuttgart	Am Schlossgarten
Sylt / Keitum	Aarnhoog
Sylt / Keitum	Benen-Diken-Hof
Sylt / Munkmarsch	Fährhaus
Sylt / Rantum	Söl'ring Hof
Sylt / Westerland	Jörg Müller
Sylt / Westerland	Stadt Hamburg
Sylt / Tinnum	Landhaus Stricker
Titisee-Neustadt	Treschers Schwarzwaldhotel
Wernberg-Köblitz	Burg Wernberg
Wernigerode	Travel Charme Gothisches Haus
Winterberg	Berghotel Astenkrone
Wörishofen, Bad	Fontenay
Zingst	Meerlust
Zweibrücken	Landschloss Fasanerie

Ahrenshoop	Künstlerquartier Seezeichen
Amorbach	Der Schafhof
Aurich	Hochzeitshaus
Aying	Brauereigasthof Aying
Bacharach	Landhaus Delle
Baden-Baden	Der Kleine Prinz
Baiersbronn	Forsthaus Auerhahn
Bamberg	Villa Geyerswörth
Bayreuth	Goldener Anker
Bederkesa, Bad	Bösehof
Bendestorf	Landhaus Meinsbur
Bergisch Gladbach	Malerwinkel
Berleburg, Bad	Alte Schule
Bernried	Reblinger Hof
Bevensen, Bad	Grüning
Bienenbüttel	Gut Bardenhagen
Blankenburg	Viktoria Luise
Bonn	Villa Godesberg
Bruchhausen-Vilsen	Forsthaus Heiligenberg
Coburg	Stadtvilla
Crimmitschau	Villa Vier Jahreszeiten
Deidesheim	Deidesheimer Hof
Dettighofen	Hofgut Albführen
Dresden	Villa Weißer Hirsch
Düsseldorf	Windsor
Durbach	Rebstock
Eisenach	Auf der Wartburg
Feuchtwangen	Greifen-Post
Frankenberg an der Eder	Die Sonne Frankenberg
Frankfurt am Main	25hours by Levi's
Frankfurt am Main	Goldman 25hours
Freising / Hallbergmoos	Daniels
Garmisch-Partenkirchen	Staudacherhof
Gernsbach	Schloss Eberstein
Gleisweiler	Landhotel Herrenhaus Barthélemy
Grünstadt / Neuleiningen	Alte Pfarrey
Güstrow	Kurhaus am Inselsee
Hagnau	Villa am See
Hamburg	Abtei
Hamburg	Eilenau
Hartenstein	Jagdhaus Waldidyll
Heidelberg	Arthotel
Heidelberg	Astoria
Heitersheim	Landhotel Krone
Hinterzarten	Erfurths Bergfried
Hinterzarten	Reppert
Kehl	Grieshaber's Rebstock
Kissingen, Bad	Laudensacks Parkhotel
Langeoog	Kolb
Lindau im Bodensee	Villino
Lohmar	Schloss Auel
Lütjenburg / Panker	Ole Liese
Magdeburg	Residenz Joop
Malchow	Rosendomizil
Meersburg	Residenz am See
Meersburg	Villa Seeschau
Mönchengladbach	Palace St. George
Mülheim (Mosel)	Weinromantikhotel Richtershof
Nachrodt-Wiblingwerde	Schloss Hotel Holzrichter
Neuburg an der Donau	Zum Klosterbräu
Neuenahr-Ahrweiler, Bad	Sanct Peter
Norderney	Seesteg
Nürnberg	Rottner

Oberried	Die Halde
Oberwesel	Burghotel Auf Schönburg
Oy-Mittelberg	Die Mittelburg
Pfronten	Berghotel Schlossanger-Alp
Pullach	Seitner Hof
Quedlinburg	Hotel Am Brühl
Radebeul	Villa Sorgenfrei
Radolfzell	Art Villa am See
Ratekau	Landhaus Töpferhof
Regensburg	Orphée Großes Haus
Rothenburg o.d. Tauber	Villa Mittermeier
Rottach-Egern / Kreuth	Villa Sonnwend
Rügen / Binz	niXe
Saarow, Bad	Palais am See
Saarow, Bad	Villa Contessa
Sankt Englmar	Gut Schmelmerhof
Sankt Englmar	Maibrunn
Sankt Peter-Ording	Landhaus an de Dün
Schönwald	Zum Ochsen
Sobernheim, Bad	BollAnt's im Park
Stuttgart	Der Zauberlehrling
Sylt / Kampen	Golf- und Landhaus Kampen
Sylt / Kampen	Village
Tegernsee	Leeberghof
Thannhausen	Schreiegg's Post
Trier	BECKER'S Hotel
Trier	Villa Hügel
Tübingen	Hospederia La Casa
Uhldingen-Mühlhofen	Landhotel Fischerhaus
Usedom / Heringsdorf	Strandhotel Ostseeblick
Werne	Sim-Jú
Wesel / Hamminkeln	Haus Elmer
Wiesbaden	De France
Wolfsburg	einschlaf

Bonn	Venusberghotel
Boppard	Park Hotel
Ehningen	Landhotel Alte Mühle
Erkrath	Wahnenmühle
Gotha	Landhaus Hotel Romantik
Hamburg	Mittelweg
Heidelberg	Das Lamm
Heidelberg	Weißer Bock
Horbruch	Historische Schlossmühle
Kirchzarten	Schlegelhof
Kitzingen / Sulzfeld am Main	Vinotel Augustin
Kleinwalsertal / Hirschegg	Sonnenberg
Kressbronn	Pension am Bodensee
Kronach	Stadthotels Pfarrhof und Am Pförtchen
Langenlonsheim	Jugendstil-Hof
Lübeck	Landhaus Bode
Mainz	QUARTIER 65
Michendorf	Gasthof Zur Linde
Neukloster / Nakenstorf	Seehotel am Neuklostersee
Norderney	Haus Norderney
Rastede	Am Ellernteich
Regensburg	Landhaus Andreasstadel
Rheine	Zum Alten Brunnen
Schleswig	Hahn
Schönwald	Dorer
Sittensen / Groß Meckelsen	Zur Kloster-Mühle
Wackersberg	Benediktenhof
Waldenburg	Villa Blum

Angenehme Restaurants
Particularly pleasant restaurants

Aschau im Chiemgau	Restaurant Heinz Winkler
Baiersbronn	Restaurant Bareiss
Baiersbronn	Schwarzwaldstube
Bergisch Gladbach	Gourmetrestaurant Lerbach
Bergisch Gladbach	Vendôme
Berlin	First Floor
Berlin	Hugos
Berlin	Lorenz Adlon
Hamburg	Haerlin
Hamburg	Jacobs Restaurant
Hamburg	Süllberg - Seven Seas
München	Tantris
Osnabrück	La Vie
Perl	Victor's Gourmet Restaurant Schloss Berg
Wolfsburg	Aqua

Aerzen	Gourmet Restaurant im Schlosshotel Münchhausen
Berchtesgaden	LE CIEL
Berlin	FACIL
Bernried	Schwingshackl ESSKULTUR
Bonn	Halbedel's Gasthaus
Celle	Endtenfang
Cuxhaven	Sterneck
Deidesheim	Freundstück
Dresden	Carousel
Durbach	Wilder Ritter
Essen	Nero
Essen	Résidence
Glücksburg	Meierei Dirk Luther
Griesbach, Bad	Il Giardino
Köln	La Vision
Königstein im Taunus	Villa Rothschild Kempinski
Konstanz	Ophelia
Krün	Luce d'Oro
Leipzig	Falco
Lindau im Bodensee	Villino
Lübeck	Buddenbrooks

Lübeck	La Belle Epoque
Meersburg	Casala
München	Atelier
Neuenahr-Ahrweiler, Bad	Steinheuers Restaurant Zur Alten Post
Öhringen / Friedrichsruhe	Wald und Schlosshotel Friedrichsruhe - Gourmet Restaurant
Peterstal-Griesbach, Bad	Le Pavillon
Pfinztal	Villa Hammerschmiede
Saarbrücken	GästeHaus
Sankt Wendel	Kunz
Sonthofen / Ofterschwang	Silberdistel
Stromberg	Le Val d'Or
Sylt / Munkmarsch	Fährhaus
Sylt / List	La Mer
Sylt / Rantum	Söl'ring Hof
Sylt / Westerland	Jörg Müller
Sylt / Tinnum	Bodendorf's
Tegernsee	Villa am See
Trittenheim / Naurath	Rüssel's Landhaus St. Urban
Vogtsburg	Schwarzer Adler

Aachen	St. Benedikt
Aerzen	Schlosskeller
Amöneburg	Dombäcker
Amorbach	Der Schafhof - Abt- und Schäferstube
Arnstadt / Holzhausen	Veste Wachsenburg - Restaurant Patrick Wagner
Auenwald	Landgasthof Waldhorn
Aying	Brauereigasthof Aying
Badenweiler	Schwarzmatt
Baiersbronn	Andrea-Stube
Balduinstein	Landhotel Zum Bären
Bayreuth	Restaurant 1927
Bellheim / Knittelsheim	Steverding's Isenhof
Bergisch Gladbach	Das Fachwerkhaus
Berlin	Ana e Bruno
Berlin	reinstoff
Bietigheim-Bissingen	Friedrich von Schiller
Bonn	Le Petit Poisson
Bretzfeld	Landhaus Rössle
Bühl	Grüne Bettlad
Burbach	Fiester-Hannes
Celle	Köllner's Landhaus
Dieblich	Halferschenke
Dießen am Ammersee	Seehaus
Dorsten	Goldener Anker
Dorsten	Rosin
Dresden	beanundbeluga
Düsseldorf	Tafelspitz 1876
Efringen-Kirchen	Traube
Eggenstein-Leopoldshafen	Zum Löwen
Essenheim	Domherrenhof - Restaurant Dirk Maus
Eurasburg	Elbacher Gütel
Euskirchen	Bembergs Häuschen "Das Restaurant"
Feuchtwangen	Greifen-Post
Frankfurt am Main	Silk
Freinsheim	Freinsheimer Hof
Freyung	Landgasthaus Schuster
Friedberg (Hessen)	Grossfeld
Garmisch-Partenkirchen	Staudacherhof
Glinde	San Lorenzo
Göttingen	Gauß am Theater
Groß-Umstadt	Farmerhaus
Grünstadt / Neuleiningen	Alte Pfarrey
Gummersbach	Die Mühlenhelle
Häusern	Adler
Hamburg	Prinz Frederik
Herrsching am Ammersee	Chalet am Kiental
Ilsenburg	Forellenstube
Kappelrodeck	Zum Rebstock
Kehl	Grieshaber's Rebstock
Keltern	Rübenackers Kaiser
Kempfeld / Asbacherhütte	Harfenmühle
Kernen im Remstal	Malathounis
Kirchdorf (Krs. Mühldorf)	Christian's Restaurant - Gasthof Grainer
Kissingen, Bad	Gourmetrestaurant
Köln	taku
Kordel / Zemmer	Landhaus Mühlenberg
Krakow am See	Ich weiß ein Haus am See
Kreuznach, Bad	Im Gütchen
Langenau / Rammingen	Landgasthof Adler
Lautenbach (Ortenaukreis)	Bordeaux-Stube
Leipzig	Stadtpfeiffer

Lütjenburg / Panker	Restaurant 1797
Madlitz-Wilmersdorf	Klostermühle
Mainz	Buchholz
Markgröningen	Strifflers Herrenküferei
Meerbusch	Regalido
Mülheim (Mosel)	Culinarium R
München	181 - First
Neuss	Herzog von Burgund
Neu Ulm	Stephans-Stuben
Nonnweiler	Landgasthof Paulus
Nordenham	Neues Landhaus Tettens
Norderney	Seesteg
Nürnberg	Gasthaus Rottner
Oberstdorf	Maximilians Restaurant - Landhaus Freiberg
Pfinztal	Die Guten Stuben
Plön	Stolz
Radebeul	Villa Sorgenfrei
Ratshausen	Adler
Regensburg	Historisches Eck
Rosenberg	Landgasthof Adler
Rothenburg o.d. Tauber	Villa Mittermeier
Rügen / Göhren	Knoblochs Kräuterküche - Villa mit Sonnenhof
Rügen / Sehlen	Gutshaus Kubbelkow
Saarow, Bad	Villa Contessa
Schramberg	Gasthof Hirsch
Selzen	Kaupers Restaurant im Kapellenhof
Siegen	Schwarzbrenner
Simonswald	Hugenhof
Sommerhausen	Philipp
Sonnenbühl	Hirsch
Stolpe	Gutshaus Stolpe
Stuttgart	Breitenbach
Stuttgart	Délice
Stuttgart	Kern's Pastetchen
Stuttgart / Fellbach	Gourmet Restaurant avui
Sylt / Keitum	KÖKKEN
Sylt / Tinnum	Landhaus Stricker
Tegernsee	Leeberghof
Trittenheim	Wein- und Tafelhaus
Tübingen	Hospederia La Casa
Velbert	Haus Stemberg
Verden (Aller)	Pades Restaurant
Wangen im Allgäu	Adler
Weikersheim	Laurentius
Winterberg	Berghotel Astenkrone
Würzburg	Reisers Restaurant

Baiersbronn	Dorfstuben
Baiersbronn	Forsthaus Auerhahn
Berchtesgaden	Lockstein 1
Berlin	Bieberbau
Berlin	Rutz
Berlin	dos palillos
Bielefeld	3 A
Bienenbüttel	TafelGUT
Cadolzburg	Bauhof
Düsseldorf	Dorfstube
Düsseldorf	Fehrenbach
Düsseldorf	Monkey's West
Forchheim	Zöllner's Weinstube
Frankfurt am Main	Ernos Bistro
Frankfurt am Main	Weinsinn
Freiburg im Breisgau	Wolfshöhle
Glonn	Wirtshaus zum Schweinsbräu
Hamburg	Weinwirtschaft Kleines Jacob
Horben	Gasthaus zum Raben
Kandern	Pfaffenkeller
Kirchzarten	Schlegelhof
Kobern-Gondorf	Alte Mühle Thomas Höreth
Köln	Haus Töller
Köln	Le Moissonnier
Kressbronn	Meersalz
Lörrach	Burgschenke Rötteln
Meißen	Lippe'sches Gutshaus
München	Acetaia
München	Huber
Neustadt an der Weinstraße	Spinne
Ötisheim	Sternenschanz
Penzberg	Troadstadl
Pliezhausen	Landgasthaus zur Linde
Potsdam	Juliette
Pullach	Hofer's Restaurant
Quedlinburg	Weinstube
Sankt Wendel	Kaminzimmer
Schalkham	Sebastianihof
Sonnenbühl	Dorfstube
Stühlingen	Gasthaus Schwanen
Stuttgart	Der Zauberlehrling
Sulzburg	La Maison Eric
Sylt / Keitum	Florian's ess.zimmer
Sylt / Rantum	Sansibar
Tettnang	Lamm im Kau
Thumby	Schlie-Krog
Trittenheim	Weinstube Stefan-Andres
Veldenz	Ritstersturz
Vöhrenbach	Zum Engel
Weinstadt	Weinstube Muz
Würzburg	Weinhaus zum Stachel

Wellness-Hotels

Extensive facility for relaxation and well-being

Aachen	Pullman Quellenhof	
Aerzen	Schlosshotel Münchhausen	
Ahrenshoop	Kurhaus Grand Hotel und Spa	
Aschaffenburg / Sailauf	Schlosshotel Weyberhöfe	
Baden-Baden	Brenners Park-Hotel und Spa	
Baden-Baden	Dorint Maison Messmer	
Baiersbronn	Bareiss	
Baiersbronn	Engel Obertal	
Baiersbronn	Forsthaus Auerhahn	
Baiersbronn	Lamm	
Baiersbronn	Sackmann	
Baiersbronn	Schliffkopf	
Baiersbronn	Sonne	
Baiersbronn	Tanne	
Baiersbronn	Traube Tonbach	
Bayersoien, Bad	Parkhotel Bayersoien	
Bayrischzell	Der Alpenhof	
Bederkesa, Bad	Bösehof	
Berchtesgaden	Edelweiss	
Berchtesgaden	InterContinental Berchtesgaden Resort	
Berchtesgaden	Neuhäusl	
Berg	Seehotel Leoni	
Bergisch Gladbach	Grandhotel Schloss Bensberg	
Berlin	Adlon Kempinski	
Berlin	Centrovital	
Berlin	Grand Hotel Esplanade	
Berlin	Grand Hyatt	
Berlin	H10 Ku'damm	
Berlin	Hilton	
Berlin	InterContinental	
Berlin	Palace	
Berlin	Pullman Schweizerhof	
Berlin	Ramada Alexanderplatz	
Berlin	The Mandala	
Berlin	The Westin Grand	
Bernried	Reblinger Hof	
Bertrich, Bad	Kurhotel Fürstenhof	
Bevensen, Bad	Kieferneck	
Bevensen, Bad	Zur Amtsheide	

Birnbach, Bad	Sonnengut	🏠🏠🏠
Birnbach, Bad	Vitalhotel	🏠🏠
Bischofswiesen	Reissenlehen	🏠🏠
Bitburg	Dorint Seehotel und Resort	🏠🏠🏠
Bodenmais	Bayerwaldhotel Hofbräuhaus	🏠🏠
Bodenmais	Böhmhof	🏠🏠
Bodenmais	Hammerhof	🏠🏠🏠
Bodenmais	Mooshof	🏠🏠🏠
Bodenmais	Neue Post	🏠🏠
Bodenmais	Riederin	🏠🏠🏠
Boltenhagen	Iberotel	🏠🏠🏠
Bonn	Kameha Grand	🏠🏠🏠
Bonndorf	Möhringers Schwarzwaldhotel	🏠🏠
Braunlage	Residenz Hohenzollern	🏠🏠🏠
Bremen	Park Hotel	🏠🏠🏠🏠
Brückenau, Bad	Dorint Resort und Spa	🏠🏠🏠
Brühl	Ling Bao	🏠🏠🏠
Burg (Spreewald)	Zur Bleiche Resort und Spa	🏠🏠🏠
Cham	Randsberger Hof	🏠
Chieming	Gut Ising	🏠🏠🏠
Cochem	Keßler-Meyer	🏠🏠
Cuxhaven	Badhotel Sternhagen	🏠🏠🏠
Cuxhaven	Strandhotel Duhnen	🏠🏠🏠
Cuxhaven	Strandperle	🏠🏠🏠
Dahn	Pfalzblick	🏠🏠🏠
Datteln	Jammertal Golf und SPA-Resort	🏠🏠🏠
Daun	Kurfürstliches Amtshaus Dauner Burg	🏠🏠🏠
Daun	Panorama	🏠🏠
Daun / Schalkenmehren	Landgasthof Michels	🏠🏠
Deggenhausertal	Mohren	🍽 🏠
Delbrück	Waldkrug	🏠🏠
Dierhagen	Dünenmeer	🏠🏠🏠
Dierhagen	Ostseehotel	🏠🏠
Dierhagen	Strandhotel Fischland	🏠🏠🏠
Dinklage	Vila Vita Burghotel	🏠🏠🏠
Ditzenbach, Bad	Kurhotel Sanct Bernhard	🏠🏠
Doberan, Bad	Grand Hotel Heiligendamm	🏠🏠🏠🏠
Donaueschingen	Öschberghof	🏠🏠🏠
Drachselsried	Riedlberg	🏠🏠
Dresden	Pattis	🏠🏠🏠
Driburg, Bad	Gräflicher Park	🏠🏠🏠
Düsseldorf	Hyatt Regency	🏠🏠🏠
Durbach	Ritter	🏠🏠🏠
Eisenschmitt	Molitors Mühle	🏠🏠
Ems, Bad	Häcker's Kurhotel	🏠🏠🏠
Enzklösterle	Enztalhotel	🏠🏠🏠
Ettlingen	Erbprinz	🏠🏠🏠
Euskirchen	Parkhotel	🏠🏠🏠

Feldberg im Schwarzwald	Schlehdorn	🏠🏠
Fichtenau	Vitalhotel Meiser	🏠🏠🏠
Fischen im Allgäu	Sonnenbichl Hotel am Rotfischbach	🏠🏠
Fischen im Allgäu	Tanneck	🏠🏠🏠
Frankenberg an der Eder	Die Sonne Frankenberg	🏠🏠
Frankfurt am Main	Lindner Hotel und Residence Main Plaza	🏠🏠🏠🏠
Frankfurt am Main	The Westin Grand	🏠🏠🏠🏠
Frankfurt am Main	Villa Kennedy	🏠🏠🏠🏠🏠
Freiamt	Ludinmühle	🏠🏠🏠
Freiburg im Breisgau	Colombi-Hotel	🏠🏠🏠🏠
Freudenstadt	Langenwaldsee	🏠🏠
Freudenstadt	Lauterbad	🏠🏠
Freudenstadt	Palmenwald Schwarzwaldhof	🏠🏠🏠
Friedewald	Göbels Schlosshotel Prinz von Hessen	🏠🏠🏠🏠
Friedrichroda	Ramada	🏠🏠
Friedrichshafen	Krone	🏠🏠🏠
Friedrichshafen	Traube am See	🏠🏠🏠
Füssen	Sommer	🏠🏠
Füssing, Bad	Am Mühlbach	🏠🏠🏠
Füssing, Bad	Holzapfel	🏠🏠🏠
Füssing, Bad	Parkhotel	🏠🏠🏠
Gaienhofen	Höri am Bodensee	🏠🏠🏠
Gangelt	Mercator	🏠🏠
Garmisch-Partenkirchen	Staudacherhof	🏠🏠
Geldern	See Park Janssen	🏠🏠
Glücksburg	Alter Meierhof Vitalhotel	🏠🏠🏠
Göhren-Lebbin	Iberotel Fleesensee	🏠🏠🏠
Göhren-Lebbin	Radisson BLU Resort Schloss Fleesensee	🏠🏠🏠🏠
Göttingen	Freizeit In	🏠🏠🏠
Graal-Müritz	IFA	🏠🏠🏠
Grafenwiesen	Birkenhof	🏠🏠
Griesbach, Bad	COLUMBIA	🏠🏠🏠
Griesbach, Bad	Das Ludwig	🏠🏠🏠
Griesbach, Bad	Fürstenhof	🏠🏠
Griesbach, Bad	Maximilian	🏠🏠🏠🏠
Griesbach, Bad	Parkhotel	🏠🏠🏠
Häusern	Adler	🏠🏠🏠
Haidmühle	Haidmühler Hof	🏠🏠
Halberstadt	Villa Heine	🏠🏠🏠
Halle	Atlas	🏠
Halle in Westfalen	Gerry Weber Sportpark Hotel	🏠🏠🏠
Hallenberg	Diedrich	🏠🏠🏠
Hamburg	Europäischer Hof	🏠🏠🏠
Hamburg	Grand Elysée	🏠🏠🏠🏠
Hamburg	Le Royal Méridien	🏠🏠🏠🏠
Hamburg	Park Hyatt	🏠🏠🏠🏠🏠
Hamburg	Sofitel Alter Wall	🏠🏠🏠🏠

Hamburg	Steigenberger	🏨🏨🏨
Hamburg	Steigenberger Hotel Treudelberg	🏨🏨🏨
Hammelburg	Neumühle	🏨🏨🏨
Hannover	Crowne Plaza	🏨🏨🏨
Hanstedt	Sellhorn	🏨🏨
Harsewinkel	Klosterpforte	🏨🏨🏨
Heimbuchenthal	Lamm	🏨🏨
Herrenberg	Aramis	🏨🏨
Hindelang, Bad	Lanig	🏨🏨
Hinterzarten	Erfurths Bergfried	🏨🏨
Hinterzarten	Kesslermühle	🏨🏨🏨
Hinterzarten	Parkhotel Adler	🏨🏨🏨
Hinterzarten	Reppert	🏨🏨
Hinterzarten	Thomahof	🏨🏨🏨
Höchenschwand	Alpenblick	🏨🏨
Höhr-Grenzhausen	Heinz	🏨🏨🏨
Höhr-Grenzhausen	Zugbrücke	🏨🏨
Hohenstein	Hofgut Georgenthal	🏨🏨🏨
Husum	Altes Gymnasium	🏨🏨🏨
Illschwang	Weißes Roß	🏨🏨
Juist	Achterdiek	🏨🏨🏨
Juist	Pabst	🏨🏨🏨
Juist	Strandhotel Kurhaus Juist	🏨🏨🏨
Kiel	Birke	🏨🏨
Kirschau	Bei Schumann	🏨🏨🏨
Kissingen, Bad	Frankenland	🏨🏨🏨
Kissingen, Bad	Laudensacks Parkhotel	🏨🏨
Kleinwalsertal / Hirschegg	Birkenhöhe	🏨🏨
Kleinwalsertal / Hirschegg	Naturhotel Chesa Valisa	🏨🏨
Kleinwalsertal / Hirschegg	Travel Charme Ifen Hotel	🏨🏨🏨
Kleinwalsertal / Hirschegg	Walserhof	🏨🏨🏨
Kleinwalsertal / Mittelberg	Leitner	🏨🏨
Kleinwalsertal / Mittelberg	IFA-Hotel Alpenhof Wildental	🏨🏨🏨
Köln	Dorint An der Messe	🏨🏨🏨
Köln	Savoy	🏨🏨🏨
Königstein im Taunus	Falkenstein Grand Kempinski	🏨🏨🏨
Kötzting	Bayerwaldhof	🏨🏨🏨
Kremmen	Sommerfeld	🏨🏨🏨
Kressbronn	Sonnenhof	🏨🏨🏨
Krün	Das Kranzbach	🏨🏨🏨
Krün	Schloss Elmau	🏨🏨🏨
Kühlungsborn	Travel Charme Ostseehotel	🏨🏨🏨
Kühlungsborn	Upstalsboom	🏨🏨🏨
Laasphe, Bad	Landhotel Doerr	🏨🏨🏨
Lam	Sonnenhof	🏨🏨🏨
Lauterberg, Bad	Revita	🏨🏨🏨
Lauterberg, Bad	Vital Resort Mühl	🏨🏨🏨
Leimen	Villa Toskana	🏨🏨🏨

Lenzkirch	Saigerhöh	🏨
Lindau im Bodensee	Bad Schachen	🏨
Lindau im Bodensee	Helvetia	🏨
Lindau im Bodensee	Villino	🏨
Lippspringe, Bad	Premier Park Hotel	🏨
Loßburg	park-hill	🏨
Lübeck	A-ROSA	🏨
Lübeck	COLUMBIA	🏨
Lübeck	Hanseatischer Hof	🏨
Lüneburg / Adendorf	Castanea Resort	🏨
Madlitz-Wilmersdorf	Gut Klostermühle	🏨
Mainz	Hyatt Regency	🏨
Malente-Gremsmühlen, Bad	Weisser Hof	🏨
Marburg	VILA VITA Hotel Rosenpark	🏨
Mayschoß	Lochmühle	🏨
Mettmann	Gut Höhne	🏨
Mossautal	Zentlinde	🏨
München	Bayerischer Hof	🏨
München	Le Méridien	🏨
München	Sofitel Munich Bayerpost	🏨
München	The Charles	🏨
München	The Westin Grand	🏨
Münster	Kaiserhof	🏨
Murnau	Alpenhof Murnau	🏨
Nauheim, Bad	Dolce	🏨
Neubrandenburg / Groß Nemerow	Bornmühle	🏨
Neuenahr-Ahrweiler, Bad	Weyer	🏨
Neukloster / Nakenstorf	Seehotel am Neuklostersee	🏨
Neunburg vorm Wald	Landhotel Birkenhof	🏨
Neunkirchen	Stumpf	🏨
Neustadt an der Donau	Marc Aurel	🏨
Norden	Fährhaus	🏨
Norden	Reichshof	🏨
Norderney	Haus am Meer	🏨
Norderney	Seesteg	🏨
Norderney	Strandhotel an der Georgshöhe	🏨
Oberaudorf	Feuriger Tatzlwurm	🏨
Oberaula	Zum Stern 🍴	🏨
Oberried	Die Halde	🏨
Oberstaufen	Allgäu Sonne	🏨
Oberstaufen	Alpenkönig	🏨
Oberstaufen	Bergkristall	🏨
Oberstaufen	Concordia	🏨
Oberstaufen	König Ludwig	🏨
Oberstaufen	Lindner Parkhotel	🏨
Oberstaufen	Rosenalp	🏨
Oberstdorf	Alpenhof	🏨
Oberstdorf	Alpenhotel Tiefenbach	🏨

Oberstdorf	Filser	🏠
Oberstdorf	Parkhotel Frank	🏠
Oberstdorf	Schüle's Gesundheitsresort und Spa	🏠
Oberuckersee	Panorama Hotel am Oberuckersee	🏠
Öhringen / Friedrichsruhe	Wald und Schlosshotel Friedrichsruhe	🏠
Ottobeuren	Parkhotel Maximilian	🏠
Perl	Victor's Residenz - Hotel Schloss Berg	🏠
Peterstal-Griesbach, Bad	Dollenberg	🏠
Pfalzgrafenweiler	Schwanen	🏠
Pfalzgrafenweiler	Waldsägmühle	🏠
Pirmasens	Kunz	🏠
Potsdam	Bayrisches Haus	🏠
Prerow / Wiek a. Darß	Haferland	🏠
Pyrmont, Bad	Steigenberger	🏠
Radebeul	Radisson BLU Parkhotel	🏠
Ramsau	Berghotel Rehlegg	🏠
Rattenberg	Posthotel	🏠
Regensburg	das Götzfried	🏠
Reit im Winkl	Unterwirt	🏠
Röhrnbach	Jagdhof	🏠
Rötz	Die Wutzschleife	🏠
Rosshaupten	Kaufmann	🏠
Rostock	Trihotel am Schweizer Wald	🏠
Rostock	Yachthafenresidenz Hohe Düne	🏠
Rotenburg (Wümme)	Landhaus Wachtelhof	🏠
Rottach-Egern	Bachmair Weissach	🏠
Rottach-Egern	Haltmair am See	🏠
Rottach-Egern	Park-Hotel Egerner Höfe	🏠
Rottach-Egern	Seehotel Überfahrt	🏠
Rügen / Baabe	Solthus am See	🏠
Rügen / Binz	AM MEER	🏠
Rügen / Binz	CERÊS	🏠
Rügen / Binz	Grand Hotel Binz	🏠
Rügen / Binz	Rugard Strandhotel	🏠
Rügen / Binz	Seehotel Binz-Therme	🏠
Rügen / Binz	Travel Charme Kurhaus Binz	🏠
Rügen / Göhren	Hanseatic	🏠
Rügen / Göhren	Travel Charme Nordperd	🏠
Rügen / Putbus	Badehaus Goor	🏠
Rügen / Sellin	Cliff Hotel	🏠
Rügen / Sellin	ROEWERS Privathotel - The Spa Concept	🏠
Ruhpolding	Ortnerhof	🏠
Ruhstorf an der Rott	Antoniushof	🏠
Saarow, Bad	A-ROSA Scharmützelsee	🏠
Saarow, Bad	Esplanade Resort und Spa	🏠
Sachsa, Bad	Romantischer Winkel	🏠
Sankt Englmar	Angerhof	🏠

Sankt Englmar	Maibrunn	🏠
Sankt Englmar	Reiner-Hof	🏠
Sankt Goar	Schloss Rheinfels	🏠🏠
Sankt Peter-Ording	Landhaus an de Dün	🏠
Sankt Martin	Wiedemann's Weinhotel	🏠
Schandau, Bad	Elbresidenz	🏠🏠🏠
Schermbeck	Landhotel Voshövel	🏠🏠
Schliersee	ArabellaSheraton Alpenhotel	🏠🏠
Schluchsee	Auerhahn	🏠
Schluchsee	Vier Jahreszeiten	🏠🏠
Schmallenberg	Deimann	🏠🏠
Schmallenberg	Waldhaus	🏠🏠
Schönau am Königssee	Alpenhof	🏠
Schönau am Königssee	Alpenhotel Zechmeisterlehen	🏠🏠
Schönwald	Zum Ochsen	🏠
Schwäbisch Hall	Hohenlohe	🏠🏠🏠
Schwangau	Rübezahl	🏠🏠
Schwarmstedt / Essel	Heide-Kröpke	🏠🏠
Seewald	Oberwiesenhof	🏠🏠
Segeberg, Bad	Vitalia Seehotel	🏠🏠
Senftenberg	Seeschlößchen	🏠
Simmerath	Eifelgold Rooding	🏠
Sobernheim, Bad	BollAnt's im Park	🏠
Sobernheim, Bad	Maasberg Therme	🏠
Sonthofen	Allgäu Stern	🏠🏠
Sonthofen / Ofterschwang	Sonnenalp	🏠🏠🏠🏠
Speyer	Lindner Hotel und Spa Binshof	🏠🏠🏠
Stadtroda	Hammermühle	🏠
Steben, Bad	relexa	🏠🏠
Stromberg	Land und Golf Hotel Stromberg	🏠🏠
Stuttgart	Le Méridien	🏠🏠🏠
Stuttgart	Pullman Fontana	🏠🏠
Stuttgart	Steigenberger Graf Zeppelin	🏠🏠🏠
Südharz	Schindelbruch	🏠🏠
Sylt / Hörnum	Budersand Hotel - Golf und Spa	🏠🏠🏠
Sylt / Keitum	Benen-Diken-Hof	🏠🏠
Sylt / Munkmarsch	Fährhaus	🏠🏠
Sylt / Kampen	Rungholt	🏠🏠
Sylt / List	A-ROSA	🏠🏠🏠
Sylt / Wenningstedt	Strandhörn	🏠
Sylt / Westerland	Stadt Hamburg	🏠🏠
Sylt / Tinnum	Landhaus Stricker	🏠🏠
Tangermünde	Schloss Tangermünde	🏠🏠
Tecklenburg	Teutoburger Wald	🏠🏠
Tegernsee	Das Tegernsee	🏠🏠
Teinach-Zavelstein, Bad	Berlin's KroneLamm	🏠
Teisnach	Oswald	🏠
Teistungen	Victor's Residenz-Hotel Teistungenburg	🏠🏠

Thyrnau	Parkschlössl	🏠🏠
Timmendorfer Strand	Grand Hotel Seeschlösschen	🏠🏠🏠
Titisee-Neustadt	Seehotel Wiesler	🏠🏠
Titisee-Neustadt	Treschers Schwarzwaldhotel	🏠🏠
Titting	Dirsch	🏠🏠
Todtnau	Mangler	🏠🏠
Triberg im Schwarzwald	Parkhotel Wehrle	🏠🏠
Unterschleißheim	Dolce Munich	🏠🏠
Usedom / Ahlbeck	Seehotel Ahlbecker Hof	🏠🏠
Usedom / Bansin	Kaiser Spa Zur Post	🏠🏠
Usedom / Bansin	Travel Charme Strandhotel	🏠🏠
Usedom / Heringsdorf	Maritim Hotel Kaiserhof	🏠🏠
Usedom / Heringsdorf	Pommerscher Hof	🏠🏠
Usedom / Heringsdorf	Steigenberger Grandhotel und Spa	🏠🏠🏠
Usedom / Heringsdorf	Strandhotel	🏠🏠
Usedom / Heringsdorf	Strandhotel Ostseeblick	🏠🏠
Usedom / Heringsdorf	Travel Charme Strandidyll	🏠🏠🏠
Usedom / Loddin	Strandhotel Seerose	🏠🏠
Viechtach	Burghotel Sterr	🏠🏠
Wallgau	Parkhotel	🏠🏠
Wangerooge	Upstalsboom Strandhotel	🏠🏠
Waren (Müritz) / Groß Plasten	Schloss Groß Plasten	🏠🏠
Wasserburg am Bodensee	Gierer	🏠🏠
Weiler-Simmerberg	Tannenhof	🏠🏠
Werder	Resort Schwielowsee - Hotel Seaside Garden	🏠🏠
Wernigerode	Travel Charme Gothisches Haus	🏠🏠
Westerburg	Lindner Hotel und Sporting Club Wiesensee	🏠🏠
Wiesbaden	Nassauer Hof	🏠🏠🏠🏠
Wildungen, Bad	Maritim Badehotel	🏠🏠
Wilgartswiesen	Landhaus Am Hirschhorn	🏠🏠
Wilhelmshaven	COLUMBIA	🏠🏠🏠
Willingen (Upland)	Göbel's Landhotel	🏠🏠
Willingen (Upland)	Stryckhaus	🏠🏠
Winden	Elztalhotel	🏠🏠🏠
Windhagen	Dorint	🏠🏠
Winterberg	Berghotel Astenkrone	🏠🏠
Wirsberg	Reiterhof Wirsberg	🏠🏠
Wörishofen, Bad	Angerhof	🏠🏠
Wörishofen, Bad	Edelweiß	🏠🏠
Wörishofen, Bad	Fontenay	🏠🏠
Wörishofen, Bad	Steigenberger Hotel Der Sonnenhof	🏠🏠🏠
Wolfach	Adler	🏠🏠
Wolfsburg	The Ritz-Carlton	🏠🏠🏠
Wustrow	DorintResorts	🏠🏠
Zingst	Meerlust	🏠🏠
Zingst	Steigenberger Strandhotel	🏠🏠
Zwiesel	GlasHotel	🏠🏠
Zwischenahn, Bad	Jagdhaus Eiden	🏠🏠

Gut zu wissen
Further information

Wein in Deutschland

In Deutschland sind ca. 100 000 Hektar mit Weinreben bepflanzt. Das Land ist in 13 Weinanbaugebiete unterteilt. Bei Qualitätsweinen wird die Herkunft aus einer dieser Regionen immer angegeben.

1. Ahr
2. Baden
3. Franken
4. Hessische Bergstraße
5. Mittelrhein
6. Mosel-Saar-Ruwer
7. Nahe
8. Pfalz
9. Rheingau
10. Rheinhessen
11. Saale-Unstrut
12. Sachsen
13. Württemberg

DIE WICHTIGSTEN WEISSWEINSORTEN :

Chardonnay: wird in den letzten Jahren zunehmend auch in Deutschland angebaut, vor allem in Baden, der Pfalz und in Rheinhessen. Hochwertige Weine werden oft auch in Barrique ausgebaut.

Grauburgunder (Ruländer) : wird inzwischen vor allem trocken ausgebaut. Meist buttrig-nussiges Bukett mit fruchtigen Aromen. Spätlesen passen durchaus auch zu kräftigen Fleischgerichten.

Gutedel : wächst fast ausschließlich im badischen Markgräflerland und ist eine der ältesten Rebsorten überhaupt. Meist wird die Traube zu leichten, süffigen Weinen ausgebaut, die jung getrunken werden sollten.

Kerner: Diese Kreuzung aus Riesling und Trollinger ergibt aromatische, säurebetonte Weine.

Müller-Thurgau (Rivaner) : leichter, unkomplizierter Wein. Nach dem Riesling die am zweithäufigsten angebaute Traube in Deutschland.

Riesling : die bedeutendste deutsche Rebe mit über 20 % der gesamten Rebfläche. Rieslingtrauben liefern ausgewogene, rassige Weine. Typisch für den Riesling ist sein Duft nach Aprikosen und die oft kräftige Säure.

Silvaner : Die Rebsorte wird insbesondere in Rheinhessen, Franken und in der Pfalz angebaut. Die Weine sind füllig, stoffig, teils wuchtig.

Weißburgunder : hat derzeit die größten Zuwachsraten in Deutschland. Diese Weine besitzen meist eine angenehme, fruchtige Säure und ein dezentes Aroma.

DIE WICHTIGSTEN ROTWEINSORTEN:

Dornfelder : Aus der ertragreichen Traube gehen fruchtige, körperreiche Weine hervor. Er wird hauptsächlich in der Pfalz, in Rheinhessen und in Württemberg angebaut.

Lemberger : Die Rebsorte ist in Österreich als Blaufränkisch bekannt. Der körperreiche Wein hat eine kräftige Farbe und eine dominante Tanninnote.

Portugieser : ist nach dem Spätburgunder die zweitwichtigste Rotweinsorte in Deutschland. Er wird gerne als leichter, fruchtiger Sommerwein getrunken.

Regent : ist die jüngste unter den deutschen Rotweinreben. Die oft sehr duftigen und samtigen Weine erfreuen sich immer größerer Beliebtheit.

Sankt Laurent : Aus dieser Traube, die vor allem in der Pfalz angebaut wird, werden fleischige, samtige Weine mit viel Substanz erzeugt.

Schwarzriesling : Die Ursorte der Burgunderfamilie ist nicht mit dem Riesling verwandt und wird vor allem in Württemberg zu fruchtigen, leichten Weinen verarbeitet.

Spätburgunder (Pinot noir) : ist die meistangebaute Rotweinsorte in Deutschland. Vollmundige Rotweine mit feiner Säure und meist wenig Gerbstoffen.

Trollinger : Die Württemberger Hausrebe. Trollinger sind süffige Trinkweine von überwiegend heller Farbe und mit feinen Fruchtaromen.

GÜTEKLASSEN UND QUALITÄTSSTUFEN:

Es gibt vier Güteklassen für deutschen Wein: Deutscher Tafelwein, Landwein, Qualitätswein und Qualitätswein mit Prädikat. Auf dem Etikett eines Prädikatsweins findet sich außerdem seine Qualitätsstufe:

1. Kabinett
2. Spätlese
3. Auslese
4. Beerenauslese
5. Trockenbeerenauslese (oder Eiswein)

Die Bezeichnungen „Großes Gewächs" oder „Erstes Gewächs" entsprechen Lagenbezeichnungen, die besondere Qualitätsanforderungen erfüllen müssen.

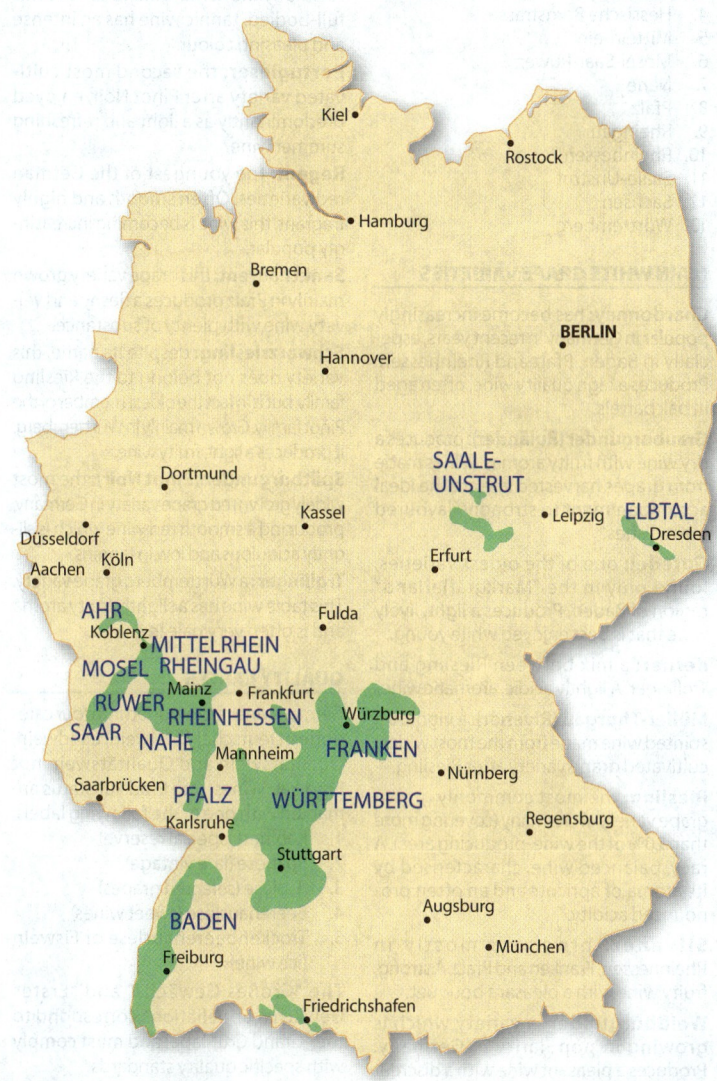

The vineyards of Germany

The vineyards of Germany cover an area of 100 000 ha/247 100 acres divided into 13 wine-producing regions. The production area is always specified for high quality wines.

1. Ahr
2. Baden
3. Franken
4. Hessische Bergstrasse
5. Mittelrhein
6. Mosel-Saar-Ruwer
7. Nahe
8. Pfalz
9. Rheingau
10. Rheinhessen
11. Saale-Unstrut
12. Sachsen
13. Württemberg

MAIN WHITE GRAPE VARIETIES

Chardonnay: has become increasingly popular in Germany in recent years, especially in Baden, Pfalz and Rheinhessen. Produces a high quality wine, often aged in oak barrels.

Grauburgunder (Ruländer): produces a dry wine with fruity aromas. Wines made from grapes harvested late are the ideal accompaniment to strongly flavoured meat dishes.

Gutedel: one of the oldest varieties, found only in the "Markgräflerland" region of Baden. Produces a light, lively wine that is best enjoyed while young.

Kerner: a mix between Riesling and Trollinger. A lightly acidic, aromatic wine.

Müller-Thurgau (Rivaner): a vigorous, spirited wine made from the most widely cultivated grape variety after Riesling.

Riesling: the most commonly grown grape variety in Germany (covering more than 20% of the wine-producing area). A racy, balanced wine, characterised by its aroma of apricots and an often pronounced acidity.

Silvaner: produced mostly in Rheinhessen, Franken and Pfalz. A strong, fruity wine with a pleasant bouquet.

Weißburgunder: a variety which is growing in popularity in Germany. Produces a pleasant wine with a discreet aroma and slightly fruity acidity.

MAIN RED GRAPE VARIETIES

Dornfelder: this highly productive grape gives a fruity, heady wine. Grown mainly in Pfalz, Rheinhessen and Württemberg.

Lemberger: a grape variety known in Austria by the name "Blaufränkisch". This full-bodied, tannic wine has an intense and pleasing colour.

Portugieser: the second most cultivated variety after Pinot Noir, enjoyed predominantly as a light and refreshing summer wine.

Regent: the youngest of the German red varieties. Often smooth and highly fragrant, this wine is becoming increasingly popular.

Sankt Laurent: this grape variety grown mainly in Pfalz produces a fleshy and velvety wine with plenty of substance.

Schwarzriesling: despite its name, this variety does not belong to the Riesling family, but is in fact the oldest member of the Pinot family. Grown mainly in Württemberg, it produces a light, fruity wine.

Spätburgunder (Pinot Noir): the most widely grown red grape variety in Germany, producing a smooth red wine which is slightly acidulous and low in tannins.

Trollinger: a Württemberg grape variety. This table wine has a slightly fruity aroma and is often very pale in colour.

QUALITY LABELS

German wines are grouped into four categories: Deutscher Tafelwein, Landwein, Qualitätswein and Qualitätswein mit Prädikat. Wines with Prädikat status are marked with one of the following labels:

1. Kabinett (special reserve)
2. Spätlese (late vintage)
3. Auslese (selected grapes)
4. Beerenauslese (sweet wines)
5. Trockenbeerenauslese or Eiswein (ice wine)

The "Großes Gewächs" and "Erstes Gewächs" appellations correspond to the "Grand Cru" label and must comply with specific quality standards.

SIE KENNEN DEN MICHELIN-FÜHRER, ENTDECKEN SIE HEUTE DIE MICHELIN-GRUPPE

Das Abenteuer Michelin

Die Geschichte begann mit Kautschuk-Bällen, die das kleine Familienunternehmen aus Clermont um 1880 produzierte als André und Édouard Michelin die Leitung übernahmen. Die Brüder begriffen sehr schnell, dass die neuen Verkehrsmittel neue Geschäftschancen boten. Die Erfindung des montierbaren Fahrradreifens war ihr erster Erfolg. Mit dem Autoreifen kam ihre Kreativität dann richtig zur Entfaltung. Im 20. Jahrhundert verbesserte Michelin permanent die Leistung und Sicherheit der Reifen – vom Lkw über die Metro und Flugzeuge bis zur Formel 1.

Sehr früh schon bot Michelin seinen Kunden Hilfen und Serviceleistungen an, um das Autofahren einfacher und angenehmer zu gestalten… damit die Kunden ihr Fahrzeug häufiger nutzen. Bereits im Jahr 1900 lieferte der Michelin-Führer Autofahrern nützliche Informationen über die Instandhaltung ihres Fahrzeugs sowie Adressen von Unterkünften und Restaurants. Später wurde der Rote Michelin-Führer zum weltweit führenden Gastronomie-Führer. Gleichzeitig bot das Bureau des itinéraires den Reisenden individuelle Ratschläge und Streckenvorschläge.

Die Straßenkarten waren bei ihrer ersten Veröffentlichung im Jahr 1910 sofort ein großer Erfolg! 1926 lud der erste Regionale Reiseführer zum Entdecken der schönsten Sehenswürdigkeiten in der Bretagne ein. Wenig später gab es einen Grünen Reiseführer für alle Regionen Frankreichs. Anschließend kamen weitere Ziele hinzu (1968 New York und … 2011 Taiwan).

Mit der digitalen Entwicklung des 21. Jahrhunderts stehen die Sparten der Straßenkarten und Reiseführer wieder vor neuen Herausforderungen und sind weiterhin eine wertvolle Ergänzung der Reifensparte. Die Aufgabe von Michelin besteht heute wie damals darin, die Mobilität im Dienste der Reisenden zu unterstützen.

MICHELIN HEUTE

WELTWEIT FÜHRENDER REIFENHERSTELLER
- 70 Produktionsstätten in 18 Ländern
- 111.000 Beschäftigte verschiedener Kulturen auf allen Kontinenten
- 6.000 Mitarbeiter in den Forschungs- und Entwicklungszentren

Gemeinsam
für eine Welt, in der die

Besser vorankommen bedeutet in erster Linie Innovation, um Reifen mit kürzerem Bremsweg und besserer Straßenhaftung bei jedem Wetter zu entwickeln.
Es bedeutet auch, die Autofahrer dabei

DER RICHTIGE REIFENDRUCK

RICHTIGER DRUCK

- Sicherheit
- Lange Lebensdauer
- Optimaler Kraftstoffverbrauch

-0,5 bar

- Lebensdauer der Reifen um 20 % reduziert (-8000 km)

-1 bar

- Risiko des Reifenplatzens
- Erhöhter Kraftstoffverbrauch
- Verlängerter Bremsweg auf nasser Fahrbahn

vorankommen
Mobilität mehr Sicherheit bietet

zu unterstützen, sich um ihre Sicherheit und ihre Reifen zu kümmern. Mit den weltweit organisierten Aktionen „Wir machen Druck" will Michelin daran erinnern, dass der richtige Reifendruck lebenswichtig ist.

ABNUTZUNG

WIE ERKENNT MAN DIE REIFENABNUTZUNG?

Die Mindesttiefe des Profils ist gesetzlich auf 1,6 mm festgelegt. Die Reifenhersteller haben die Reifen mit Verschleißindikatoren ausgestattet:
Es handelt sich um erhöhte Stellen im unteren Bereich der Hauptprofilrillen, die genau dem gesetzlichen Grenzwert von 1,6 mm entsprechen.

Die Reifen bilden die einzige Kontaktfläche zwischen dem Fahrzeug und der Straße.

Die Fotos zeigen die reale Kontaktfläche der Reifen

NEUER REIFEN

ABGENUTZTER REIFEN (1,6 MM PROFILTIEFE)

Unter diesem Grenzwert gelten die Reifen als glatt und für Fahrten auf nasser Fahrbahn gefährlich.

Besser vorankommen
bedeutet, eine nachhaltige Mobilität entwickeln

INNOVATION UND UMWELTSCHUTZ

Michelin entwickelt täglich neue Ideen, um die Menge der bei der Reifenherstellung verwendeten Rohstoffe bis 2050 um die Hälfte zu reduzieren, und setzt in seinen Produktionswerken vermehrt erneuerbare Energien ein. Durch die Konzeption der MICHELIN-Reifen werden bereits mehrere Milliarden Liter Kraftstoff eingespart und die CO2-Emissionen um mehrere Milliarden Tonnen gesenkt.

Gleichzeitig hat Michelin beschlossen, die Straßenkarten und Reiseführer auf „Papier aus nachhaltiger Forstwirtschaft" zu drucken. Die ISO 14001-Zertifizierung ist ein Zeichen seines Engagements für eine umweltverträgliche Konzeption im Arbeitsalltag.

Michelin bestätigt sein Engagement durch die Diversifizierung der Publikationsmedien und das Angebot digitaler Lösungen für eine einfache Routenplanung und einen optimierten Kraftstoffverbrauch … damit Sie das Reisen noch mehr genießen!

Weil Michelin sich wie Sie für die Erhaltung unserer Erde einsetzt.

Mit dem Bibendum chatten

Besuchen Sie uns unter:
www.michelin.com/corporate/fr
Entdecken Sie die Geschichte
und aktuelle Informationen der
Michelin-Gruppe.

QUIZ

Michelin entwickelt Reifen für alle Fahrzeugtypen.
Suchen Sie den passenden Reifen …

ERGEBNIS: A-6 / B-4 / C-2 / D-1 / E-3 / F-7 / G-5

Städte

in alphabetischer Reihenfolge
(ä = ae, ö = oe, ü = ue)

Towns

in alphabetical order
(but ä = ae, ö = oe, ü = ue)

AACHEN – Nordrhein-Westfalen – **543** – 258 380 Ew – Höhe 173 m — **35** A12
– Heilbad

▶ Berlin 637 – Düsseldorf 81 – Antwerpen 140 – Köln 69
ADAC Strangenhäuschen 16
🛈 Friedrich-Wilhelm-Platz BZ, ✉ 52062, ☏ (0241) 1 80 29 60, www.aachen-tourist.de
⛳ Aachen-Seffent, Schurzelter Str. 300, ☏ (0241) 1 25 01
◉ Dom★★ (Domschatzkammer★★★, Karlsschrein★★★) BZ
◉ Kornelimünster★ über B 258: 10 km

Pullman Quellenhof
Monheimsallee 52 ✉ 52062 – ☏ (0241) 9 13 20
– www.pullmanhotels.com
CYa
185 Zim – †139/195 € ††154/229 €, ⊊ 22 € – 3 Suiten
Rest – Menü 49/75 € – Karte 57/85 €

◆ In dem exklusiven Grandhotel erwarten Sie das schicke moderne Royal Spa auf 1000 qm und gute Tagungsmöglichkeiten durch das angeschlossene Kongresszentrum. Im OG: Blick auf Aachen. Klassisch-stilvolles Restaurant La Brasserie und Terrasse mit Aussicht.

Regence
Peterstr. 71 ✉ 52062 – ☏ (0241) 4 78 70 – www.regence.bestwestern.de
60 Zim – †95/125 € ††105/135 €, ⊊ 16 €
CYe
Rest *Edo* – siehe Restaurantauswahl

◆ Ein engagiert geführter Familienbetrieb in der Innenstadt mit zeitgemäßen, komfortablen Gästezimmern, die nach den Feng-Shui-Elementen gestaltet sind.

Royal garni
Jülicher Str. 1 ✉ 52070 – ☏ (0241) 18 22 80 – www.royal.bestwestern.de – geschl. 22. - 31. Dezember
CYz
35 Zim – †67/127 € ††77/167 €, ⊊ 15 € – 1 Suite

◆ Das Hotel in verkehrsgünstiger Lage ist zeitgemäß und funktional. Komfortabler und geräumiger sind die Zimmer in dem durch einen Wintergarten erreichbaren Anbau.

Aquis Grana Cityhotel garni
Büchel 32 ✉ 52062 – ☏ (0241) 44 30 – www.hotel-aquisgrana.com
98 Zim ⊊ – †100/295 € ††145/455 € – 2 Suiten
BYa

◆ Ein auf den Businessgast zugeschnittenes Hotel in der Innenstadt, dessen moderne Zimmer guten Komfort bieten. Der Frühstücksbereich ist geradlinig in Schwarz und Weiß design.

Brülls am Dom garni
Rommelsgasse 2 , (Hühnermarkt) ✉ 52062 – ☏ (0241) 3 17 04 – geschl. 20. Dezember - 6. Januar
10 Zim ⊊ – †75/90 € ††100/135 €
BYc

◆ Das charmante familiäre Haus in der Altstadt besticht durch liebevolle Dekoration, ein kleines Schmuckstück ist der stilvolle Frühstücksraum. Eines der Zimmer mit Himmelbett.

Benelux garni
Franzstr. 21 ✉ 52064 – ☏ (0241) 40 00 30 – www.hotel-benelux.de – geschl. 23. Dezember - 7. Januar
BZf
33 Zim ⊊ – †80/109 € ††120/154 €

◆ Das privat geführte Hotel in Altstadtnähe verbindet Wohnlichkeit mit Funktionalität. In neuzeitlichem Ambiente frühstückt man à la carte. Schöner Dachgarten zum Hinterhof.

La Bécasse (Christof Lang)
Hanbrucher Str. 1 ✉ 52064 – ☏ (0241) 7 44 44 – www.labecasse.de – geschl. über Karneval 1 Woche und Samstagmittag, Sonntag - Montagmittag
Rest – Menü 35 € (mittags)/78 € – Karte 53/83 €
AZs
Spez. Gänselebercarpaccio mit Langostinos. Steinbutt mit Lauch und Trüffeln. Ente aus dem Ofen.

◆ Die Speisen in diesem modernen Restaurant basieren auf der klassischen Küche und zeichnen sich durch exzellente Produkte aus. Auf der Weinkarte sind französische Weine zahlreich vertreten.

AACHEN

Kohlibri
Sonnenscheinstr. 80, (Ecke Neuenhofstraße) (über Adalbertsteinweg DZ) ✉ *52078* – ℰ *(0241) 5 68 85 00 – www.kohl.de – geschl. Samstagmittag, Sonntagabend - Montag*
Rest – Menü 33 € (mittags)/58 € – Karte 42/67 €
♦ In der 6. Etage des Auto- und Motorradhauses genießt man dank Komplettverglasung den Blick auf Aachen, ebenso von den zwei Terrassen. Internationale Küche mit französischem Einfluss.

Edo – Hotel Regence
Peterstr. 71 ✉ *52062* – ℰ *(0241) 4 78 70 – www.regence.bestwestern.de – geschl. Sonntag*
CYe
Rest – Menü 29/79 € – Karte 27/50 €
♦ Wer an japanisches Essen denkt, kommt automatisch auf Sushi. Aber der Küchenmeister (Japaner) bietet Ihnen in diesem ungezwungenen Ambiente, das durch fernöstliche Elemente unterstrichen wird, weitaus mehr!

Petit Charlemagne
Hartmannstr. 12 ✉ *52062* – ℰ *(0241) 51 56 07 85 – www.petit-charlemagne.de – geschl. Sonntag*
BZc
Rest – Menü 30 € – Karte 32/52 €
♦ Das Restaurant - früher Bäckerei und Printenbackstube - liegt etwas versteckt nahe der Fußgängerzone. Unten Bistro-Charakter, oben klassisch-gediegenes Ambiente. Tagesempfehlungen.

In Aachen-Burtscheid über Friedrich-Ebert-Allee **CZ**: 4 km

Art Hotel Superior
Am Brandnerhof 101 ✉ *52066* – ℰ *(0241) 6 09 70 – www.art-hotel-superior.de*
54 Zim – †80/220 € ††90/240 €, ⊒ 15 € – 4 Suiten
Rest – *(geschl. Sonntagabend)* Karte 22/43 €
♦ Das Businesshotel liegt zentrumsnah und bietet neuzeitlich-funktionelle Zimmer mit Küchenzeile sowie einen modernen Sauna- und Anwendungsbereich. Mediterranes Angebot im Restaurant.

Art Hotel
Adenauerallee 209 ✉ *52066* – ℰ *(0241) 60 83 60 – www.art-hotel-aachen.de*
38 Zim – †65/130 € ††70/170 €, ⊒ 13 €
Rest – *(geschl. Freitag - Sonntag) (nur Abendessen)* Karte 23/43 €
♦ Das Hotel in einem südlichen Stadtteil von Aachen ist in ein Wohngebäude integriert. Es stehen funktionelle Zimmer bereit, Komfort- und Superior-Zimmer sind geräumiger. Restaurant mit Wintergarten-Charakter.

In Aachen-Kornelimünster über B 258 **DZ**: 10 km

St. Benedikt (Maximilian Kreus)
Benediktusplatz 12 ✉ *52076* – ℰ *(02408) 28 88 – www.stbenedikt.de – geschl. Mitte Januar - Anfang Februar, Mitte Juli - Anfang August und Samstagmittag, Sonntag - Montag*
Rest – *(Tischbestellung erforderlich)* Menü 59/89 € – Karte 59/68 €
Spez. Terrine der Gänsestopfleber / Matchatee / Portwein. Seeteufel / 2 x Paella / Safranreduktion. Rehrücken / Spitzkohl / Rehjus.
♦ Elegant und mit Respekt vor der Historie wurde hier saniert. Geschulter Service, runde Weinempfehlungen! Und was sich in der Küche abspielt, ist nicht weniger erwähnenswert: Unterstützt von seinen Eltern bietet Maximilian Kreus klassischzeitgemäße Küche.

In Aachen-Richterich über Roermonder Straße **AY**: 5 km

Schloss Schönau
Schönauer Allee 20 ✉ *52072* – ℰ *(0241) 17 35 77 – www.schloss-schoenau.de – geschl. Montag*
Rest – *(Dienstag - Samstag nur Abendessen)* Menü 66/69 € – Karte 42/65 €
Rest *Schänke* – siehe Restaurantauswahl
♦ In dem stilvollen historischen Herrenhaus besticht das festliche Ambiente. Blickfang ist die kunstvoll gearbeitete hohe Stuckdecke.

AACHEN

Adalbertstr.		CYZ
Alexanderstr.		CY 2
Bergdriesch		BY 3
Blondelstr.		CY 4
Buchkremerstr.		BZ 5
Büchel		BY 6
Burtscheider Str.		BZ 7
Drieschen Gäßchen		BY 8
Friedrich-Ebert-Allee		CZ 9
Friedrich-Wilhelm-Pl.		BZ 10
Großkölnstr.		BY
Hansemannpl.		CY 12
Hartmannstr.		BZ 13
Kaiserpl.		CZ
Kapuzinergraben		BZ 17
Karmeliterstr.		BZ 19
Katschhof		BY 20
Kleinkölnstr.		BY 22
Kleinmarschierstr.		BZ 23
Kockerellstr.		BY 24
Königstr.		AZ 27
Komphausbadstr.		BZ 28
Krugenofen		BY 29
Kurhausstr.		CY 32
Lagerhausstr.		BCZ 34
Markt		BY 35
Peterstr.		CY
Ursulinerstr.		BZ 36

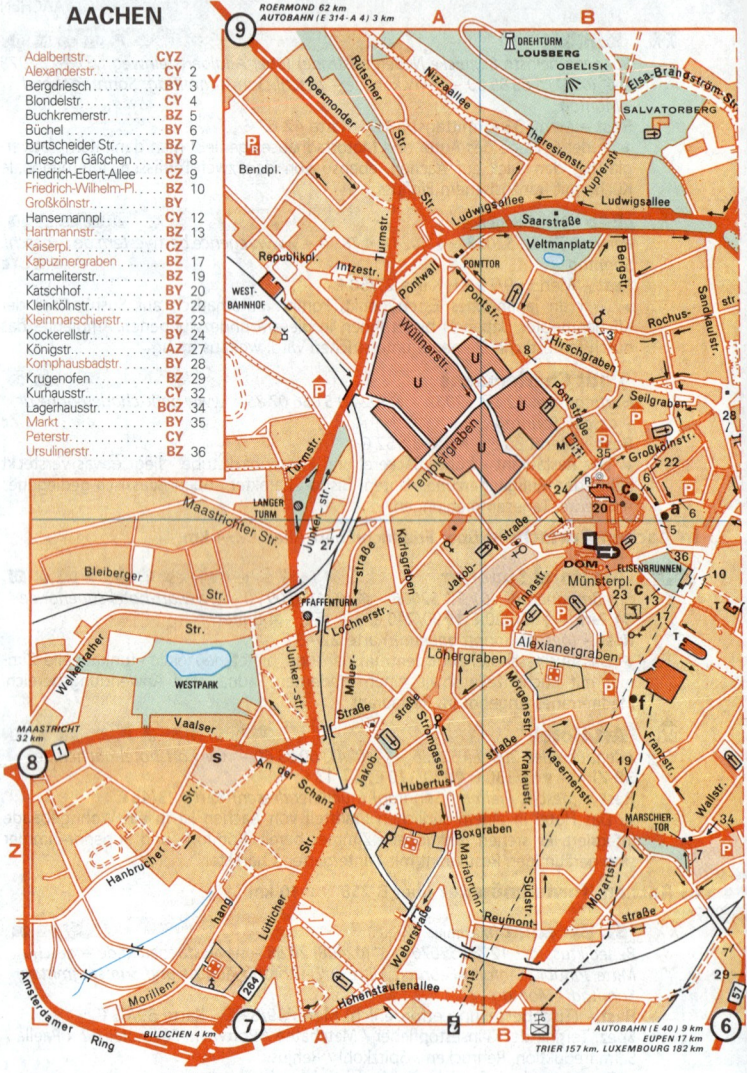

✂ **Schänke** – Restaurant Schloss Schönau 🌿 ♨ VISA ⓞ AE ①
Schönauer Allee 20 ✉ 52072 – ℰ (0241) 17 35 77
– www.schloss-schoenau.de
– geschl. Montag
Rest – (Dienstag - Samstag nur Abendessen) (Tischbestellung ratsam)
Menü 27 € – Karte 25/39 €
♦ Ein ländliches Ambiente wie aus einem Heimatfilm erwartet den Gast in der gemütlichen Schänke. Unterstrichen wird das Ganze noch durch den freundlich-familiären Service.

An der Straße Verlautenheide-Stolberg über A 544 DY: 9 km

%% **Gut Schwarzenbruch** 🌳 P VISA ⊕ AE
Schwarzenbruch 1 ✉ *52222 Stolberg*
– ✆ *(02402) 2 22 75*
– *www.schwarzenbruch.de*
Rest – Menü 24 € (mittags)/78 € – Karte 36/61 €
♦ Ein gediegenes Restaurant mit internationaler Küche auf einem 250 Jahre alten Gut etwas außerhalb von Aachen. Schöne überdachte Terrasse, Sonntagsbrunch in den alten Stallungen.

AALEN – Baden-Württemberg – **545** – 66 200 Ew – Höhe 429 m — 56 |18
– Wintersport: 720 m ⛷2 ⛸
▶ Berlin 560 – Stuttgart 78 – Augsburg 119 – Nürnberg 132
ADAC Südlicher Stadtgraben 11
🛈 Marktplatz 2, ✉ 73430, ☏ (07361) 52 23 58, www.aalen.de

Ramada Hotel Limes-Thermen
Osterbucher Platz 1 ✉ *73431 –* ☏ *(07361) 94 40*
– www.ramada.de
146 Zim – †103/142 € ††118/157 € **Rest** – Karte 26/54 €
♦ Das Hotel liegt ruhig oberhalb der Stadt, angeschlossen an die Limes-Thermen. Zeitgemäß-funktionelle Zimmer (teils mit Balkon), Massage und Kosmetik sowie Bar mit offenem Kamin. Internationale Küche im klassischen Restaurant. Terrasse mit Blick über die Region.

City Hotel Antik
Stuttgarter Str. 45 ✉ *73430 –* ☏ *(07361) 5 71 60 – www.hotel-antik.de*
50 Zim – †78/108 € ††88/128 €
Rest – *(geschl. Samstagmittag, Sonntag - Montagmittag)* Karte 16/31 €
♦ Wohnliche Zimmer, teils mit mediterranem Touch, sowie ein heller Frühstücksraum mit gutem Buffet und Blick in den Innenhof sprechen für dieses Hotel in zentraler Lage. In klassischem Stil gehaltenes Restaurant mit italienischer Küche.

Eichenhof mit Zim
Stadionweg 1 ✉ *73430 –* ☏ *(07361) 4 10 20 – www.eichenhof-aalen.de – geschl. 29. Mai - 12. Juni und Montag*
9 Zim – †54/68 € ††84/98 € **Rest** – Menü 32/40 € – Karte 21/45 €
♦ Familie Tschepljakow kümmert sich hier schon seit vielen Jahren um ihre Gäste. Die Speisen in dem hübschen Landhaus sind bürgerlich und international. Nette Terrasse. Zum Übernachten bietet man solide, gepflegte Zimmer.

In Aalen-Ebnat Süd-Ost: 8 km über B 19, in Unterkochen Richtung Neresheim

Landgasthof Lamm mit Zim
Unterkochener Str. 16 ✉ *73432 –* ☏ *(07367) 24 12 – www.lamm-ebnat.de*
– geschl. über Fasching
6 Zim – †58/63 € ††95/99 € **Rest** – Karte 22/52 €
♦ Der ländliche Gasthof ist ein gepflegter Familienbetrieb, in dem man Ihnen freundlich eine bürgerlich ausgerichtete Küche serviert. Ein Teil der Gästezimmer ist besonders hübsch und neuzeitlich gestaltet.

In Aalen-Unterkochen Süd-Ost: 4 km über B 19, Richtung Heidenheim

Das Goldene Lamm
Kocherstr. 8 ✉ *73432 –* ☏ *(07361) 9 86 80 – www.das-goldene-lamm.de*
50 Zim – †65/129 € ††99/149 € **Rest** – Menü 25/49 € – Karte 36/49 €
♦ Das Hotel ist aus einem traditionsreichen Gasthaus a. d. 17. Jh. gewachsen. Man bietet behagliche, individuelle Zimmer und Maisonetten. Auch für Tagungen gut geeignet. Das Restaurant teilt sich in gemütliche Stuben.

Scholz
Aalener Str. 80 ✉ *73432 –* ☏ *(07361) 56 70 – www.hotel-scholz.de – geschl. 24. Dezember - 6. Januar*
49 Zim – †65/92 € ††92/120 € – 1 Suite
Rest – *(geschl. Freitag)* Karte 23/51 €
♦ In diesem Haus erwarten Sie eine gediegene kleine Halle, angenehm hell gestaltete Zimmer in modernem Design und eine ständige Bilderausstellung. Einladend: der Garten am Haus.

Läuterhäusle mit Zim
Waldhäuser Str. 109 ✉ *73432 –* ☏ *(07361) 9 88 90 – www.laeuterhaeusle.de*
– geschl. Montag
12 Zim – †45/62 € ††63/76 €, ⛌ 6 €
Rest – *(Dienstag - Samstag nur Abendessen)* Menü 27 € – Karte 23/47 €
♦ Überwiegend regional kocht man in dem familiär geleiteten Haus, interessant ist das schwäbische Probiermenü. Die Gäste nehmen in ländlichem Ambiente oder im Garten Platz.

AALEN

In Aalen-Waldhausen Ost: 9,5 km über Ziegelstraße

Adler
Deutschordenstr. 8 ✉ *73432* – ✆ *(07367) 95 00* – *www.adler-aalen.de*
38 Zim – †70/84 € ††80/98 €
Rest – *(geschl. Montagmittag, Freitagmittag)* Menü 18/35 € – Karte 24/52 €
◆ Zeitgemäß, wohnlich und meist recht großzügig sind die Zimmer in dem gewachsenen Hotel bei der Kirche. Zum Freizeitangebot gehören auch Massage- und Kosmetikanwendungen. Restaurant mit gemütlichem elegant-rustikalem Ambiente.

Alte Linde
Albstr. 121 ✉ *73432* – ✆ *(07367) 20 01* – *www.hotel-altelinde.de*
25 Zim – †56/75 € ††75/95 €
Rest – *(geschl. Montagmittag, Dienstagmittag, Mittwochmittag)* Karte 16/36 €
◆ Der gut geführte Landgasthof ist ein sehr gepflegter, zeitgemäßer Familienbetrieb. Im Nebenhaus hat man komfortablere, modern-elegante Zimmer und Appartements. Restaurant in behaglich-ländlichem Stil.

ABBACH, BAD – Bayern – **546** – 11 190 Ew – Höhe 371 m – Heilbad   58 M18
▶ Berlin 496 – München 109 – Regensburg 15 – Ingolstadt 62
🛈 Kaiser-Karl V.-Allee 5, ✉ 93077, ✆ (09405) 9 59 90, www.bad-abbach.de
Deutenhof, Gut Deutenhof, ✆ (09405) 9 53 20

Elisabeth garni
Ratsdienerweg 4 ✉ *93077* – ✆ *(09405) 9 50 90* – *www.hotel-elisabeth.net*
34 Zim – †56/75 € ††90/130 €
◆ Aus einer Pension beim Kurpark entstand über die Jahre ein gepflegtes Landhotel mit individuellen Zimmern, W-Lan ist hier kostenfrei. Heller Frühstücksraum mit gutem Buffet.

Gasthof Schwögler
Stinkelbrunnstr. 18 ✉ *93077* – ✆ *(09405) 96 23 00* – *www.schwoegler.de*
– *geschl. Sonn- und Feiertage abends, Montagmittag*
Rest – *(Tischbestellung ratsam)* Menü 29/57 € – Karte 24/45 €
◆ Familie Schwögler hat aus einem einfachen Kegellokal diesen freundlichen Landgasthof gemacht, in dem eine schmackhafte und interessante Küche von regional bis kreativ geboten wird - und das zu einem sehr guten Preis-Leistungs-Verhältnis.

ABENSBERG – Bayern – **546** – 12 660 Ew – Höhe 370 m   58 M18
▶ Berlin 521 – München 89 – Regensburg 39 – Ingolstadt 39
🛈 Dollingerstr. 18, ✉ 93326, ✆ (09443) 91 03 59, www.stadtmuseum-abensberg.de

Altstadt Hotel Kneitinger garni
Stadtplatz 5 (Eingang Osterriedergasse) ✉ *93326* – ✆ *(09443) 9 15 40*
– *www.hotel-kneitinger.de* – *geschl. 24. Dezember - 6. Januar*
24 Zim – †49/54 € ††78/88 € – 1 Suite
◆ Das Hotel überzeugt durch seine sehr zentrale Lage sowie die zeitgemäßen und unterschiedlich geschnittenen Gästezimmer. Man hat auch ein eigenes Café mit im Haus.

Jungbräu
Weinbergstr. 6 ✉ *93326* – ✆ *(09443) 9 10 70* – *www.hotel-jungbraeu.de* – *geschl. 27. Dezember - 4. Januar*
17 Zim – †43/55 € ††85/120 € – 1 Suite
Rest – *(geschl. Montag)* Karte 16/47 €
◆ Im Herzen der kleinen Stadt steht der über 400 Jahre alte Gasthof, der familiär geleitet wird und über recht individuelle Gästezimmer verfügt. Im gemütlichen Gaststüberl speist man bürgerlich.

ABSTATT – Baden-Württemberg – **545** – 4 510 Ew – Höhe 241 m　　　　**55** G17
▶ Berlin 602 – Stuttgart 40 – Heilbronn 11 – Schwäbisch Hall 40

Ludwig Eins
Heilbronner Str. 16 ⊠ 74232 – ℰ (07062) 97 80 – www.ludwig-eins.de
34 Zim – †89/119 € ††149 € – 2 Suiten
Rest *Ludwig* – siehe Restaurantauswahl
- Der zeitgemäße Stil dieses am Ortsrand gelegenen Businesshotels begleitet Sie von der Fassade bis in die geradlinig eingerichteten Gästezimmer.

Ludwig – Hotel Ludwig Eins
Heilbronner Str. 16 ⊠ 74232 – ℰ (07062) 97 80 – www.ludwig-eins.de
Rest – Menü 39/60 € – Karte 30/41 €
- Ein Hauch von Vintage, im Stil der frühen 60er Jahre und deshalb "up to date", durchzieht das Restaurant. Offeriert wird ein gutes Essen, zubereitet aus Produkten der Region.

ACHERN – Baden-Württemberg – **545** – 24 950 Ew – Höhe 145 m　　　　**54** E19
▶ Berlin 725 – Stuttgart 127 – Karlsruhe 54 – Offenburg 26
🛈 Zum Klauskirchl 4, ⊠ 77855, ℰ (07841) 6 42 19 00, www.achern-tourist.de

Sonne-Eintracht
Hauptstr. 112 ⊠ 77855 – ℰ (07841) 64 50 – www.hotel-sonne-eintracht.com
65 Zim – †61/95 € ††103/145 €　　**Rest** – Menü 22/39 € – Karte 17/46 €
- Der erweiterte Gasthof unter familiärer Leitung bietet zeitgemäße Zimmer, die im Anbau besonders geräumig sind. Vom Frühstücksraum schaut man über die Stadt.

Schwarzwälder Hof
Kirchstr. 38 ⊠ 77855 – ℰ (07841) 6 96 80 – www.hotel-sha.de – *geschl. Ende Dezember - 8. Januar*
20 Zim – †50/72 € ††79/120 € – ½ P 25 €
Rest *Chez Georges* – siehe Restaurantauswahl
- In dem langjährigen Familienbetrieb am Rande der Innenstadt stehen die Zimmerkategorien Standard, Komfort und Exclusiv zur Wahl, letztere ist die geräumigste. Das Haus ist wohnlich eingerichtet und wird sehr gut geführt. Leger gibt sich die Weinstube Kächele.

Chez Georges – Hotel Schwarzwälder Hof
Kirchstr. 38 ⊠ 77855 – ℰ (07841) 6 96 80 – www.hotel-sha.de – *geschl. Ende Dezember - 8. Januar, 31. Juni - 15. Juli und Sonntagabend - Montag*
Rest – Menü 40 € – Karte 25/57 €
- Die schönen französischen Holzmöbel zeigen, dass die Grenze zum Elsass nicht weit ist. Besonders auffallend sind die aufwändigen Wandmalereien. Patron Jean-Georges Friedmann verwöhnt Sie mit leckeren regionalen Spezialitäten, wie z. B. seinem Schneckenrahmsüpple.

In Achern-Oberachern Süd-Ost: 1,5 km über Illenauer Allee

Kiningers Hirsch mit Zim
Oberacherner Str. 26 ⊠ 77855 – ℰ (07841) 2 15 79 – www.kiningers-hirsch.de
– *geschl. Montag - Dienstagmittag, November - April: Montag - Dienstag*
5 Zim – †49/54 € ††85/95 €　　**Rest** – Menü 28/35 € – Karte 28/45 €
- Freundlich und aufmerksam serviert man in dem Haus mit der markanten orangefarbenen Fassade regionale und internationale Küche. Schön ist im Sommer die begrünte Terrasse im Innenhof. Gepflegte Gästezimmer.

In Achern-Önsbach Süd-West: 4 km über B 3, Richtung Offenburg

Adler
Rathausstr. 5 ⊠ 77855 – ℰ (07841) 41 04 – www.adler-oensbach.de – *geschl. Mittwoch - Donnerstag*
Rest – Menü 30/42 € – Karte 26/55 €
- In dem 1724 erbauten Gasthaus mit netter Fachwerkfassade bietet man internationale Küche. Im Innenhof befindet sich eine kleine Terrasse.

ADELSDORF – Bayern – 546 – 7 180 Ew – Höhe 264 m 50 K16
▶ Berlin 426 – München 210 – Nürnberg 41 – Bamberg 34

Drei Kronen
Hauptstr. 8 ✉ *91325 –* ℰ *(09195) 92 00 – www.3kronen.de – geschl. 22.*
- 28. Dezember
48 Zim – †55/125 € ††75/175 €   **Rest** – Karte 23/46 €
♦ Das gepflegte und gut geführte Haus mit 300-jähriger Familientradition liegt im Ortskern neben Kirche und Schloss. Unterschiedliche Zimmerkategorien, darunter geräumige Juniorsuiten. Zum Restaurant gehört ein schöner Biergarten. Saal für kulturelle Events.

In Adelsdorf-Neuhaus Süd-West: 4 km

Zum Löwenbräu
Neuhauser Hauptstr. 3 ✉ *91325 –* ℰ *(09195) 72 21 – www.zum-loewenbraeu.de*
25 Zim – †58/95 € ††80/120 €
Rest – *(geschl. Montagmittag, Dienstagmittag)* Karte 16/38 €
♦ Ein gestandener Brauereigasthof, der bereits seit 1747 als Familienbetrieb geführt wird. Die Zimmer sind wohnlich-solide eingerichtet, in einem Anbau hat man neuere Zimmer. Nettes rustikales Restaurant - Bier und Brände aus eigener Herstellung.

Landgasthof Niebler mit Zim
Neuhauser Hauptstr. 30 ✉ *91325 –* ℰ *(09195) 86 82*
– www.landgasthof-niebler.de – geschl. 29. Mai - 7. Juni und Mittwoch
11 Zim – †49/55 € ††78/85 € – ½ P 15 €
Rest – *(Montag - Donnerstag nur Abendessen)* Menü 16 € – Karte 15/30 €
♦ In dem seit mehreren Generationen von der Familie geleiteten Haus bereitet Chef Frank Niebler für seine Gäste schmackhafte regionale und internationale Speisen, die in ländlichem Ambiente serviert werden. Zum Übernachten stehen gepflegte, zeitgemäße Zimmer zur Verfügung.

ADELSHOFEN – Bayern – 546 – 930 Ew – Höhe 429 m 49 I16
▶ Berlin 502 – München 264 – Ansbach 41 – Würzburg 58

In Adelshofen-Tauberzell Nord-West: 5 km Richtung Creglingen

Landhaus Zum Falken
Tauberzell 41 ✉ *91587 –* ℰ *(09865) 94 19 40 – www.landhaus-zum-falken.de*
– geschl. 29. Januar - 22. Februar, 4. - 14. November
10 Zim – †52/62 € ††72/82 €   **Rest** – *(geschl. Dienstag)* Karte 19/30 €
♦ Ruhig liegt das nette kleine Landhaus im Ortsteil Tauberzell. Viel Holz erzeugt in den Gästezimmern eine warme, wohnliche Atmosphäre. Gemütlich-rustikale Gaststuben mit regionaler Küche. Marmeladen, Würste und Brände aus eigener Herstellung.

ADENAU – Rheinland-Pfalz – 543 – 2 850 Ew – Höhe 330 m 36 C14
▶ Berlin 644 – Mainz 163 – Aachen 125 – Bonn 48
🛈 Kirchstr. 15, ✉ 53518, ℰ (02691) 3 05 16, www.hocheifel-nuerburgring.de

Landhaus Sonnenhof
Sonnenberg 10 (Zufahrt über Hirzensteinstraße) ✉ *53518*
– ℰ *(02691) 9 22 70 – www.sonnenhof-nuerburgring.de – geschl. 10. Januar*
- 10. Februar
37 Zim – †60/108 € ††100/136 € – 1 Suite   **Rest** – Karte 28/42 €
♦ Ein freundlich-familiär geführtes Landhotel mit unterschiedlich eingerichteten, wohnlich-soliden Zimmern. Die Lage oberhalb des Ortes ist ruhig, mit Blick auf die Hohe Acht. Nettes Restaurant mit alpenländischer Note, dazu die sonnige Gartenterrasse.

Historisches Haus - Blaue Ecke
Markt 5, (B 257) ✉ *53518 –* ℰ *(02691) 20 05 – www.blaueecke.de*
28 Zim – †59/90 € ††89/125 €   **Rest** – Karte 22/42 €
♦ Das Hotel mit schmuckem Fachwerkhaus von 1578 liegt ideal für Rennsportbegeisterte. Sie wählen zwischen den Zimmerkategorien Standard, Superior und Nostalgie. Das Restaurant vereint rustikale und moderne Elemente. Mit Bar-Lounge.

ADENDORF – Niedersachsen – siehe Lüneburg

AERZEN – Niedersachsen – **541** – 11 350 Ew – Höhe 99 m   **28** H9
▶ Berlin 349 – Hannover 58 – Detmold 41

In Aerzen-Schwöbber Nord-West: 5 km

Schlosshotel Münchhausen
Schwöbber 9 ⊠ 31855 – ℰ (05154) 7 06 00
– www.schlosshotel-muenchhausen.com – geschl. Februar
68 Zim – †110/195 € ††140/270 €, ⊋ 24 € – 9 Suiten
Rest *Gourmet Restaurant im Schlosshotel Münchhausen* ⊛ **Rest**
Schlosskeller – siehe Restaurantauswahl
♦ Mit stilgerechtem, edlem Interieur und traumhaft schönem Rahmen lässt Sie das im 16. Jh. erbaute Schloss Historie spüren und gleichzeitig modernen Komfort genießen. Der Service ist beispielhaft. Geschmackvoller, großzügiger Spa.

Gourmet Restaurant im Schlosshotel Münchhausen
Schwöbber 9 ⊠ 31855 – ℰ (05154) 7 06 00
– www.schlosshotel-muenchhausen.com – geschl. Februar; April - Oktober: Sonntag - Montag und November - März: Sonntag - Dienstag
Rest – *(nur Abendessen)* Menü 98/155 €
Spez. Scholle XXL, Speck / Stielmus / Champignons. Challans Ente à la mode de Dubarry / nouveau. Limousin Lamm, Ziegenkäsecannelloni/ Saubohnen / Misoschaum.
♦ In diesem Restaurant darf man sich auf die feinen und zeitgemäß interpretierten Klassiker von Achim Schwekendiek freuen. Mit dem stilvollen Interieur, der hochwertigen Tischkultur und dem sehr aufmerksamen Service ist für ein stimmiges Umfeld gesorgt.

Schlosskeller – Schlosshotel Münchhausen
Schwöbber 9 ⊠ 31855 – ℰ (05154) 7 06 00
– www.schlosshotel-muenchhausen.com – geschl. Februar; November - März: Montag - Dienstag
Rest – Menü 32/54 € – Karte 38/63 €
♦ Ein kuscheliger Ort, der keine Wünsche offen lässt. So präsentiert sich der liebevoll dekorierte Schlosskeller. Rot-weiß karierte Hussenstühle sorgen für rustikale Eleganz!

AHAUS – Nordrhein-Westfalen – **543** – 38 880 Ew – Höhe 50 m   **26** C9
▶ Berlin 522 – Düsseldorf 116 – Nordhorn 51 – Bocholt 49
🛈 Oldenkottplatz 2, ⊠ 48683, ℰ (02561) 44 44 44, www.ahaus.de
Ahaus-Alstätte, Schmäinghook 36, ℰ (02567) 4 05

In Ahaus-Alstätte Nord-West: 10 km

Hampshire Golfhotel Ahaus
Schmäinghook 36 ⊠ 48683 – ℰ (02567) 3 80
– www.hampshire-hotels.com
49 Zim ⊋ – †69/119 € ††89/170 € – ½ P 27 € – 16 Suiten
Rest – Karte 29/50 €
♦ Die angenehm ruhige Lage direkt am Golfplatz und großzügig geschnittene Gästezimmer sprechen für dieses neuzeitliche Hotel. Freundliches, lichtdurchflutetes Restaurant mit Blick auf den Golfplatz.

In Ahaus-Ottenstein West: 7 km

Haus im Flör
Hörsteloe 49 (Nord: 2 km Richtung Alstätte) ⊠ 48683 – ℰ (02567) 93 99 90
– www.haus-im-floer.de – geschl. über Weihnachten
25 Zim ⊋ – †50/60 € ††82 €
Rest – *(geschl. Montagmittag, Samstagmittag)* Karte 24/61 €
♦ In dem ruhig gelegenen Haus der Familie Bonato stehen wohnlich und zeitgemäß ausgestattete Zimmer mit kostenfreiem W-Lan bereit, einige neuere Einzelzimmer sind sehr modern. Hübscher Garten mit Teich. Man speist im gemütlich-eleganten Restaurant oder im schönen Gartenpavillon.

AHLBECK – Mecklenburg-Vorpommern – siehe Usedom (Insel)

AHLEN – Nordrhein-Westfalen – **543** – 53 520 Ew – Höhe 75 m   **27** E10
▶ Berlin 447 – Düsseldorf 124 – Bielefeld 69 – Hamm in Westfalen 13

In Ahlen-Vorhelm Nord-Ost: 8 km, Richtung Warendorf, dann rechts ab

Witte
Hauptstr. 32 ⊠ 59227 – ℰ (02528) 9 29 52 90 – www.hotel-witte.de
27 Zim – †57/67 € ††89/99 € – 1 Suite
Rest – (nur Abendessen, außer an Sonn- und Feiertagen) Karte 16/39 €
♦ Ein solide geführtes Haus, das bereits seit 1878 als Familienbetrieb besteht. Die Gästezimmer sind eher schlicht eingerichtet, aber gut gepflegt. Das rustikale Restaurant wird ergänzt durch einen neuzeitlicheren Raum sowie den netten Biergarten.

AHORNTAL – Bayern – **546** – 2 240 Ew   **50** L15
▶ Berlin 387 – München 226 – Bayreuth 30 – Erlangen 49

Burg Rabenstein
Rabenstein 33 ⊠ 95491 – ℰ (09202) 9 70 04 40 – www.burg-rabenstein.de
22 Zim – †117/175 € ††158/236 € – 1 Suite   **Rest** – Karte 13/42 €
♦ Auf einem Felsvorsprung am Waldrand thront die über 800 Jahre alte Burg. Auf 64 ha erwarten Sie schöne Zimmer und historische Säle sowie eine Tropfsteinhöhle und eine Falknerei.

AHRENSBURG – Schleswig-Holstein – **541** – 30 860 Ew – Höhe 46 m   **10** J5
▶ Berlin 276 – Kiel 79 – Hamburg 36 – Lübeck 47
🖭 Ahrensburg, Am Haidschlag 39, ℰ (04102) 5 13 09
🖭 Ammersbek, Schevenbarg, ℰ (040) 6 05 13 37

Park Hotel
Lübecker Str. 10a ⊠ 22926 – ℰ (04102) 23 00 – www.parkhotel-ahrensburg.de
109 Zim – †105/145 € ††115/165 €, ⊇ 14 € – 8 Suiten
Rest Le Marron – siehe Restaurantauswahl
♦ Das Hotel befindet sich in direkter Nachbarschaft zum Schloss Ahrensburg und überzeugt mit zeitgemäßen Gästezimmern in warmen mediterranen Tönen.

Ahrensburg garni
Ahrensfelder Weg 48 ⊠ 22926 – ℰ (04102) 5 15 60
– www.ringhotel-ahrensburg.de – geschl. Weihnachten – Neujahr
24 Zim ⊇ – †87/95 € ††108/122 €
♦ Eine freundliche und gepflegte Einrichtung bietet dieses Haus vom Eingangsbereich über die Gästezimmer bis zum Frühstücksraum. Nett ist auch der kleine Garten.

XX Le Marron – Park Hotel
Lübecker Str. 10a ⊠ 22926 – ℰ (04102) 23 04 00 – www.parkhotel-ahrensburg.de
Rest – Menü 35/47 € – Karte 29/61 €
♦ "It's showtime" lautet die Devise: Schauen Sie zu, wenn in der offenen Küche gekocht wird. Gelungen ist das Ambiente: die schicken schwarzen Korbsessel, die Lamellenjalousien und dazu moderne Kunst an den Wänden - das hat was!

AHRENSHOOP – Mecklenburg-Vorpommern – **542** – 730 Ew   **5** N3
– Höhe 3 m – Seebad
▶ Berlin 259 – Schwerin 130 – Rostock 46 – Stralsund 65
🛈 Kirchnersgang 2, ⊠ 18347, ℰ (038220) 66 66 10, www.ostseebad-ahrenshoop.de

Kurhaus Grand Hotel & Spa
Schifferberg 24 ⊠ 18347
– ℰ (038220) 67 80 – www.kurhaus-ahrenshoop.de
80 Zim – †120/180 € ††180/230 € – 8 Suiten
Rest – Menü 32/70 € – Karte 36/52 €
♦ An der Stelle des alten Kurhauses und fast direkt am Strand steht nun diese sehr moderne und puristische Neuinterpretation! Großzügigkeit und Komfort sind einem Grandhotel absolut würdig - die Einrichtung ist allerdings alles andere als klassisch! Spa-Vielfalt auf rund 3000 qm.

AHRENSHOOP

Namenlos & Fischerwiege (mit Gästehäusern)
Schifferberg 2 ⊠ 18347 – *𝒞 (038220) 60 60 – www.hotel-namenlos.de*
– *geschl. Anfang Dezember 2 Wochen*
50 Zim – †95/150 € ††130/200 € – ½ P 28 € – 20 Suiten
Rest – Menü 28 € (mittags)/79 € – Karte 29/67 €
♦ Ein Ensemble aus vier hübschen regionstypischen Landhäusern in schöner meernaher Lage im Grünen. Die Zimmer und Suiten sind z. T. sehr komfortabel und geschmackvoll. Das Restaurant verfügt über eine Sonnenterrasse mit Meerblick. Regionale Küche.

Künstlerquartier Seezeichen (mit Gästehäusern)
Dorfstr. 22 ⊠ 18347 – 𝒞 (038220) 6 79 70
– *www.seezeichen-hotel.de – geschl. 5. - 28. Januar*
32 Zim – †100/250 € ††110/260 € – ½ P 45 € – 3 Suiten
Rest – Menü 35/55 € – Karte 38/61 €
♦ Direkt hinterm Deich steht das kleine Hotel mit persönlichem Service, hochwertig-modernen Zimmern und schönem Garten- und Saunabereich. Jeder Gast hat einen eigenen Strandkorb am Meer. Kleiner Fitnessraum und Massage-Angebot. Freundliches, geradlinig gestaltetes Restaurant mit Terrasse ums Haus, Café und Dachterrasse.

Der Fischländer
Dorfstr. 47e ⊠ 18347 – 𝒞 (038220) 69 50 – www.hotelderfischlaender.de
29 Zim – †95/165 € ††140/200 € – 3 Suiten   **Rest** – Karte 25/52 €
♦ Unter dem reetgedeckten Dach dieses familiengeführten Hauses erwartet Sie ein sehr wohnliches und schönes Landhausambiente. Die Zimmer bieten teilweise Balkon und Meerblick. International-mediterrane Küche und gute Weinkarte im Café-Restaurant mit Ostseeblick.

Haus Antje
Althäger Str. 2 ⊠ 18347 – 𝒞 (038220) 69 80 – www.ostseehotel-hausantje.de
– *geschl. 12. - 26. Dezember*
22 Zim – †55/85 € ††79/130 € – ½ P 28 € – 4 Suiten
Rest – *(geschl. Sonntag) (nur Abendessen)* Karte 24/54 €
♦ Eine behagliche und frische maritime Atmosphäre herrscht in diesem Haus. Nette Bibliothek und hübscher Frühstücksraum mit gutem Buffet. Auch Kosmetik wird angeboten. Im Restaurant serviert man regionale Speisen.

In Ahrenshoop-Niehagen Süd: 2,5 km

Landhaus Morgensünn & Susewind
Bauernreihe 4d ⊠ 18347 – 𝒞 (038220) 64 10 – www.landhaus-morgensuenn.de
25 Zim – †65/95 € ††75/140 € – ½ P 20 € – 2 Suiten
Rest *Am Kiel* – siehe Restaurantauswahl
♦ Verschiedene hübsche Reetdachhäuser beherbergen wohnliche Zimmer und Appartements im Landhausstil - hier und da Antiquitäten. Hallenbad im Haus Morgensünn (50 m vom Haus Susewind).

Am Kiel – Hotel Landhaus Morgensünn & Susewind
Bauernreihe 4d ⊠ 18347 – 𝒞 (038220) 66 97 21
– *www.landhaus-morgensuenn.de – geschl. November - April: Montag - Dienstag*
Rest – *(Mittwoch - Freitag nur Abendessen)* Karte 22/41 €
♦ Besonders gemütlich wird es in der Gaststube, wenn die Einheimischen um den Stammtisch sitzen. Holzdielen und rustikales Holz tragen ihren Teil dazu bei. Nett: Veranda im Fischländer Stil!

AIBLING, BAD – Bayern – **546** – 18 130 Ew – Höhe 501 m – Kurort   **66** M21
und Heilbad
▶ Berlin 636 – München 61 – Garmisch-Partenkirchen 98 – Rosenheim 12
🅱 Wilhelm-Leibl-Platz 3, ⊠ 83043, 𝒞 (08061) 9 08 00, www.bad-aibling.de
🄵 Schloss Maxlrain, Freiung 14, 𝒞 (08061) 14 03

AIBLING, BAD

St. Georg
Ghersburgstr. 18 ⊠ 83043 – ℘ (08061) 49 70
– www.sanktgeorg.com
220 Zim (inkl. ½ P.) – †79/89 € ††126/158 €   **Rest** – Karte 21/47 €
♦ Tagungsgäste schätzen die Funktionalität von Zimmern und Seminarräumen, Familien die Kinderbetreuung. Auch für Entspannung bei Massage und Kosmetikbehandlungen ist gesorgt. Wer es rustikal mag, isst in der Bauernstube, freundlich und licht ist der Wintergartenanbau.

In Bad Aibling-Mietraching Nord-West: 2,5 km

B & O Parkhotel garni (mit Gästehäusern)
Dietrich-Bonhoeffer-Str. 1 ⊠ 83043 – ℘ (08061) 38 99 90
– www.bo-parkhotel.de
70 Zim ⌧ – †79/139 € ††99/199 € – 2 Suiten
♦ Umweltbewusste wird das innovative Energiekonzept des einstigen US-Militär-Stützpunktes überzeugen. Zwei Wellness-Suiten bieten Sauna, eine davon zudem Fitnessgeräte. Schwimmteich im Park.

AICHACH – Bayern – **546** – 20 890 Ew – Höhe 446 m   **57** K19
▶ Berlin 565 – München 68 – Augsburg 24 – Ingolstadt 53

Gasthof Specht
Stadtplatz 43 ⊠ 86551 – ℘ (08251) 8 75 20 – www.hotel-specht.de – geschl. 31. August - 16. September
37 Zim ⌧ – †48/50 € ††72/75 € – 1 Suite
Rest – (geschl. Samstag, Sonn- und Feiertage abends) Karte 13/23 €
♦ Freundlich leitet Familie Specht ihren Gasthof im historischen Stadtkern, bereits in der 4. Generation sorgt man dafür, dass es hier tipptopp gepflegt ist! In den ländlichen Gaststuben gibt es deftige bayerische Küche, im Sommer etwas Kühles im Biergarten.

In Aichach-Sulzbach Süd-West: 5 km Richtung Augsburg, nach 3,5 km rechts

Zum Tavernwirt
Tränkstr. 6 ⊠ 86551 – ℘ (08251) 71 54 – www.tavernwirt.de – geschl. September - Mai: Montag - Dienstag
Rest – (September - Mai: Mittwoch - Samstag nur Abendessen, Juni - August: Montag - Samstag nur Abendessen) (Tischbestellung ratsam) Menü 35/55 € – Karte 28/52 €
♦ Das passt genau in das Bild eines traditionsreichen Gasthauses: rustikaler Charme und ein Biergarten unter Kastanien. Der Keller birgt einige Trouvaillen - fragen Sie den Chef und Weinliebhaber Martin Wastl!

AITERN – Baden-Württemberg – siehe Schönau im Schwarzwald

ALBERSWEILER – Rheinland-Pfalz – **543** – 1 950 Ew – Höhe 165 m   **54** E17
▶ Berlin 668 – Mainz 110 – Mannheim 51 – Karlsruhe 48

Traube garni
Trifelsring 11 ⊠ 76857 – ℘ (06345) 95 95 10 – www.hotel-garni-traube.de – 21. Dezember - 3. Januar
11 Zim ⌧ – †50/55 € ††76/85 € – 1 Suite
♦ Gastgeberin Friederike Betzer leitet eine sehr gepflegte kleine Pension in einem Wohngebiet in Hanglage; Zimmer meist mit Balkon und Aussicht, W-Lan gratis. Die Kunst im Haus ist ein Faible der Chefin.

ALBSTADT – Baden-Württemberg – **545** – 45 330 Ew – Höhe 731 m   **63** G20
– Wintersport: 980 m ⚐6
▶ Berlin 721 – Stuttgart 98 – Konstanz 99 – Ulm (Donau) 97
🛈 Marktstr. 35, ⊠ 72458, ℘ (07431) 1 60 12 04, www.albstadt.de
◉ Raichberg ★ (≤ ★), Nord: 11 km

ALBSTADT

In Albstadt-Ebingen Süd-Ost: 1 km

Linde
Untere Vorstadt 1 ⊠ 72458 – ℰ (07431) 13 41 40 – www.hotel-linde.eu
39 Zim ⊆ – †79/101 € ††99/123 €
Rest – (geschl. Sonntag) Menü 30 € – Karte 19/52 €
• Sehr schön anzusehen ist die Fachwerkfassade dieses komplett sanierten historischen Hauses im Ortskern. Die Zimmer sind zeitgemäß und wohnlich, charmant die Räume unterm Dach. Stilvoll-elegantes Restaurant.

Zum süßen Grund
Bitzer Berg 1 (Nord 1,5 km über Bitzer Steige) ⊠ 72458 – ℰ (07431) 1 36 60
– www.hotel-suessergrund.de – geschl. Februar 2 Wochen
12 Zim – †60 € ††90 €
Rest – (geschl. Montag) Menü 22/25 € – Karte 19/36 €
• Wandern, radfahren oder einfach nur die ruhige Lage mitten im Grünen genießen - der benachbarte Reiterhof passt optimal ins Bild! Einige der wohnlichen Zimmer haben einen eigenen Balkon. Zum Essen sollten Sie auf der schönen Terrasse Platz nehmen.

In der Breite

Flanderstr. 97 ⊠ 72458 – ℰ (07431) 9 00 70 – www.hotel-breite.com
14 Zim ⊆ – †53/68 € ††80/95 € **Rest** – (geschl. August 3 Wochen und Montag - Dienstag) (Mittwoch - Samstag nur Abendessen) Karte 15/44 €
• Man spürt das Engagement, mit dem Familie Conzelmann (inzwischen ist auch der Sohn mit dabei) ihr Haus betreibt: Alles ist gepflegt, man renoviert und verbessert immer wieder. Ein Hingucker ist der hübsche Garten - hier lässt es sich wunderbar auf der Terrasse verweilen!

ALDERSBACH – Bayern – **546** – 4 330 Ew – Höhe 328 m   **59** P19
▶ Berlin 594 – München 158 – Passau 32 – Regensburg 111

Mayerhofer
Ritter-Tuschl-Str. 2 ⊠ 94501 – ℰ (08543) 9 63 90 – www.mayerhofer.org
– geschl. Mitte August 2 Wochen, über Weihnachten
30 Zim ⊆ – †50/65 € ††72/85 €
Rest – (geschl. Montag, Freitag) Karte 13/27 €
• Neben dem Rathaus steht der gepflegte Gasthof, der seit 1905 als Familienbetrieb geleitet wird. Die Zimmer sind wohnlich und funktional, zudem hat man einen netten Saunabereich. In der Gaststube mit Gewölbe und einsehbarer Küche reicht man eine bayerisch geprägte Karte mit Produkten aus der eigenen Metzgerei.

ALEXANDERSBAD, BAD – Bayern – **546** – 1 200 Ew – Höhe 578 m   **51** M15
– Heilbad
▶ Berlin 356 – München 262 – Weiden in der Oberpfalz 53 – Bayreuth 46
🛈 Markgrafenstr. 28, ⊠ 95680, ℰ (09232) 9 92 50, www.badalexandersbad.de

Alexandersbad
Markgrafenstr. 24 ⊠ 95680 – ℰ (09232) 88 90 – www.hotel-alexandersbad.de
116 Zim ⊆ – †66 € ††98 € – ½ P 19 € **Rest** – Karte 17/41 €
• Geräumige Zimmer und Appartements mit Komfort bietet dieses Haus mitten im Fichtelgebirge. Besonders für Kurgäste interessant ist die hauseigene Badeabteilung. In hellem, freundlichem Ambiente serviert man Internationales.

ALF – Rheinland-Pfalz – **543** – 890 Ew – Höhe 95 m   **46** C15
▶ Berlin 671 – Mainz 108 – Trier 61 – Koblenz 84
◎ Marienburg (≤★★) Süd: 2 km

Burg Arras

⊠ 56859 – ℰ (06542) 2 22 75 – www.arras.de – geschl. Januar
10 Zim ⊆ – †108/180 € ††140/235 € **Rest** – Karte 27/52 €
• Allein liegt die Burg a. d. J. 938 auf einer Bergkuppe, die Aussicht ist grandios - vor allem vom begehbaren Turm. Man bietet schöne wohnliche Zimmer und ein kleines Museum. Rustikales Burgflair im Restaurant - Terrasse mit traumhaftem Blick auf Höllen- und Moseltal.

ANDERNACH

Am Helmwartsturm
Am Helmwartsturm 4 ⊠ 56626 – ℰ (02632) 95 84 60
– www.hotel-am-helmwartsturm.de
18 Zim – †70/75 € ††100/105 € – ½ P 25 € – 1 Suite
Rest *Kaufmann's* – siehe Restaurantauswahl
Rest *Kaufmann's Keller* – (geschl. Sonntag) Karte 20/35 €
• Bei der engagierten Familie Kaufmann überzeugen zeitgemäßes Design in ruhigen Farben und ein gutes Preis-Leistungs-Verhältnis. 100-qm-Suiten mit Sauna im DG. Parkhaus Stadtgraben gratis. Bürgerlich isst man im gemütlichen Gewölbekeller.

Parkhotel Am Schänzchen
Konrad-Adenauer-Allee 1 ⊠ 56626 – ℰ (02632) 92 05 00
– www.parkhotel-andernach.de
28 Zim – †62/90 € ††104/115 € **Rest** – Karte 37/50 €
• Das Hotel liegt direkt am Rhein, den man von vielen der zeitgemäß und funktional ausgestatteten Gästezimmer sehen kann - alle mit Balkon. Sie speisen im rustikal-gemütlichen Restaurant oder im modernen Wintergarten mit Flussblick.

Meder garni
Konrad-Adenauer-Allee 36 ⊠ 56626 – ℰ (02632) 4 26 32 – www.hotel-meder.de
10 Zim – †59/69 € ††79/89 €
• Die sympathische Familie Schauss bietet in dem historischen Haus mit der leuchtend gelben Fassade wohnliche Zimmer mit Bauernmöbeln. Nebenan: das Geysir-Erlebniszentrum.

XX Kaufmann's – Hotel Am Helmwartsturm
Am Helmwartsturm 4 ⊠ 56626 – ℰ (02632) 95 84 60
– www.hotel-am-helmwartsturm.de – geschl. Sonntag
Rest – (Ende Februar - Mitte Juni nur Abendessen) Menü 28/62 € – Karte 33/51 €
• Hell und luftig präsentiert sich dieses Restaurant. Die internationalen Speisen werden aus frischen Produkten schmackhaft zubereitet und freundlich serviert. Hübsch ist auch die moderne Terrasse zum Markt hin.

X Alte Kanzlei
Steinweg 30 ⊠ 56626 – ℰ (02632) 9 66 60 – www.alte-kanzlei.de – geschl. über Karneval und Sonntag
Rest – (nur Abendessen) Menü 26/65 € – Karte 26/47 €
• In dem 1677 erbauten denkmalgeschützten Haus in der Altstadt sitzt man im gemütlichen Gewölberestaurant oder auf der lauschigen weinberankten Terrasse. Geboten wird eine gute international geprägte Küche.

ANGELBACHTAL – Baden-Württemberg – **545** – 5 000 Ew **55** F17
– Höhe 159 m
▶ Berlin 625 – Stuttgart 91 – Karlsruhe 55 – Heilbronn 40

In Angelbachtal-Michelfeld

Schlosshotel Michelfeld
Friedrichstr. 2 ⊠ 74918 – ℰ (07265) 91 99 00 – www.schlosshotelmichelfeld.de
18 Zim – †65/82 € ††93/120 €
Rest *Lachers Restaurant* – siehe Restaurantauswahl
• Das historische Schlossgebäude mit großem Hof und angrenzendem Park beherbergt wohnliche, stilvoll eingerichtete Gästezimmer. Kulturscheune für Veranstaltungen.

XX Lachers Restaurant – Schlosshotel Michelfeld
Friedrichstr. 2 ⊠ 74918 – ℰ (07265) 91 99 00 – www.schlosshotelmichelfeld.de
– geschl. Montag
Rest – Menü 42/72 € – Karte 28/62 €
• Erstmals erwähnt wurde das Schloss in Schriften a. d. J. 1522. Seit 2006 führt Familie Lacher es als Stätte der Gastlichkeit. Es entstand ein elegantes, helles Restaurant mit schöner Terrasse und Blick auf den Schlosspark.

ANGER – Bayern – **546** – 4 270 Ew – Höhe 558 m – **Luftkurort** **67** O21
▶ Berlin 716 – München 122 – Bad Reichenhall 13 – Rosenheim 75
🛈 Dortplatz 4, ⊠ 83454, ℰ (08656) 98 89 22, www.anger.de

AMORBACH

✗ **Benediktinerstube** – Hotel Der Schafhof ⇐ 🐴 **P** VISA ⓪ AE ①
😊 *Schafhof 1 ⊠ 63916 Amorbach – ℰ (09373) 9 73 30 – www.schafhof.de – geschl. 1. Januar - 27. Februar und Mittwoch - Donnerstag*
Rest – Menü 35 € (mittags)/50 € – Karte 29/45 €
♦ Anders als in der Abt- und Schäferstube steht hier - im gemütlichen ehemaligen Kelterhaus des Schafhofs - Ralf Stang am Herd. Er kocht mit mediterranen Akzenten und experimentiert gerne mit fernöstlichen Gewürzen!

AMRUM (INSEL) Schleswig-Holstein – **541** – Insel der Nordfriesischen Inselgruppe – Seeheilbad **1 F2**
▶ Berlin 469 – Kiel 131 – Sylt (Westerland) 22 – Flensburg 62
🚢 von Dagebüll (ca. 2 Std.). Für PKW Voranmeldung bei Wyker Dampfschiffs-Reederei GmbH in Wyk auf Föhr, ℰ (01805) 08 01 40
🅖 Die Halligen★ (per Schiff)

NORDDORF – 640 Ew

🛈 Ual Saarepswai 7, ⊠ 25946, ℰ (04682) 9 47 00, www.amrum.de

🏠 **Hüttmann** ⚘ ⇐ 🚗 🐴 🐎 ♨ ✂ Rest, 🛋 **P**
Ual Saarepswai 2 ⊠ 25946 – ℰ (04682) 92 20 – www.hotel-Huettmann.com
59 Zim ☕ – ♦70/150 € ♦♦110/175 € – ½ P 35 € – 11 Suiten
Rest – Menü 23/55 € – Karte 33/70 €
♦ Die gut geführte und attraktive Hotelanlage beherbergt in mehreren Häusern individuelle, geräumige Zimmer mit nordischem Charme. Auch kleinere Standardzimmer. Beauty/Massage. Zum Restaurant gehören ein Café/Bistro und eine Terrasse mit Strandkörben.

🏠 **Ual Öömrang Wiartshüs** ⚘ 🚗 🐴 🐎 **P**
Brääṭlun 4 ⊠ 25946 – ℰ (04682) 9 61 45 00 – www.ual-oeoemrang-wiartshues.de – geschl. 10. Januar - 17. Februar
10 Zim ☕ – ♦53 € ♦♦106 € – 2 Suiten
Rest – (geschl. 15. - 26. Dezember, 10. Januar - 17. Februar und November - Ende April: Dienstag) (nur Abendessen) Karte 30/60 €
♦ Sehr persönlich und familiär ist die Atmosphäre in diesem Haus etwas abseits der Touristenpfade. Eine schöne Friesenkate mit wohnlichen Zimmern und hübschem Garten. Ganz regionstypisch und gemütlich präsentiert sich das Restaurant.

WITTDÜN – 720 Ew

🛈 Inselstraße 14b, ⊠ 25946, ℰ (04682) 9 40 30, www.amrum.de

🏠 **Weiße Düne** 🚗 🖥 🐎 ✂ Zim, 🍽 **P** VISA ⓪
Achtern Strand 6 ⊠ 25946 – ℰ (04682) 94 00 00 – www.weisse-duene.de
13 Zim ☕ – ♦95 € ♦♦140/165 € – ½ P 27 € – 2 Suiten
Rest – Menü 27/40 € – Karte 21/40 €
♦ Ein familiengeführtes kleines Inselhotel mit zeitlos eingerichteten Zimmern, die teilweise über Balkon oder Terrasse verfügen. In einem Gästehaus befinden sich Ferienwohnungen. Rustikales, im traditionellen Stil ausgestattetes Restaurant.

AMTZELL – Baden-Württemberg – **545** – 3 800 Ew – Höhe 556 m **63 H21**
▶ Berlin 715 – Stuttgart 193 – Tübingen 136 – Appenzell 80

✗ **Akademie** 🐴 ⇔ **P** VISA ⓪
Schattbucher Str. 10 ⊠ 88279 – ℰ (07520) 95 37 88 – www.akademie-amtzell.de – geschl. Samstagmittag, Sonntag - Montag
Rest – Menü 26 € (mittags)/98 € – Karte 39/76 €
♦ Restaurant in einer Maschinenbauhalle im Gewerbegebiet, von der Bar schaut man in den Fertigungsbereich. Modernes Ambiente und ambitionierte zeitgemäß-internationale Küche. Günstiger Mittagstisch.

ANDERNACH – Rheinland-Pfalz – **543** – 29 590 Ew – Höhe 70 m **36 D14**
▶ Berlin 608 – Mainz 120 – Koblenz 19 – Bonn 43
🛈 Konrad-Adenauer-Allee 40, ⊠ 56626, ℰ (02632) 9 87 94 80, www.andernach.net

AMMERBUCH – Baden-Württemberg – **545** – 11 720 Ew – Höhe 384 m
55 G19

▶ Berlin 668 – Stuttgart 40 – Freudenstadt 51 – Pforzheim 67

In Ammerbuch-Entringen

XX **Im Gärtle**
Bebenhauser Str. 44 ⊠ 72119 – ℰ (07073) 64 35 – www.imgaertle.de – geschl.
Montag - Dienstagmittag
Rest – Menü 34/40 € – Karte 18/49 €
♦ Der Familienbetrieb besteht aus Malerstube, Gartenzimmer, Kaminraum und dem lichten Pavillon sowie der schönen Terrasse "im Gärtle". Regionale Küche. Eigenes kleines Kunstmuseum.

AMÖNEBURG – Hessen – **543** – 5 210 Ew – Höhe 364 m – Erholungsort
38 G13

▶ Berlin 464 – Wiesbaden 125 – Marburg 14 – Kassel 81

XX **Dombäcker** mit Zim
Markt 18 ⊠ 35287 – ℰ (06422) 9 40 90 – www.dombaecker.de
– geschl. 1. - 14. Januar, Mitte Oktober 1 Woche und Montag - Dienstagmittag
5 Zim ⊇ – †70 € ††120 €   **Rest** – Menü 38/64 € – Karte 40/60 €
♦ Außen ein schmuckes Fachwerkhaus von 1725, drinnen herzliche und engagierte Gastgeber, ein geschmackvoll dekoriertes Restaurant und gute klassische Küche. Die Terrasse liegt schön am Marktplatz. Die Gästezimmer sind liebenswert, wohnlich und recht individuell gestaltet.

AMORBACH – Bayern – **546** – 3 960 Ew – Höhe 165 m – Luftkurort
48 G16

▶ Berlin 569 – München 353 – Würzburg 73 – Aschaffenburg 47
🛈 Marktplatz 1, ⊠ 63916, ℰ (09373) 2 09 40, www.amorbach.de
🏌 Amorbach-Sansenhof, ℰ (09373) 21 80

X **Brauerei Burkarth**
Marktplatz 4 ⊠ 63916 – ℰ (09373) 48 63 – www.brauerei-burkarth.de – geschl.
über Fasching 1 Woche, Ende August 2 Wochen und Montag - Dienstagmittag,
Januar - Fasching: Montag - Dienstag
Rest – Menü 26/46 € – Karte 22/43 €
♦ Dieses nette Lokal unter der Leitung von Familie Kriegler liegt direkt am Marktplatz. Hübsches Dekor unterstreicht den gemütlichen Charakter.

Im Otterbachtal West: 3 km über Amorsbrunner Straße

🏨 **Der Schafhof**
Schafhof 1 ⊠ 63916 Amorbach – ℰ (09373) 9 73 30 – www.schafhof.de
24 Zim – †110/155 € ††110/155 €, ⊇ 15 € – ½ P 42 € – 1 Suite
Rest *Abt- und Schäferstube* ✿ **Rest** *Benediktinerstube* – siehe Restaurantauswahl
♦ Ein Privatweg führt zu diesem wahrhaft idyllischen und einsamen Ort, an dem die Historie des einstigen Klostergutes Sie einfängt! Was Sie hier erwartet? Zimmer von elegant bis gemütlich-rustikal, Beauty und Massage, Kutschfahrten sowie Weinproben im Gewölbekeller und eine eigene Brennerei!

XX **Abt- und Schäferstube** – Hotel Der Schafhof
Schafhof 1 ⊠ 63916 Amorbach – ℰ (09373) 9 73 30 – www.schafhof.de – geschl.
Montag - Dienstag
Rest – Menü 56/98 € – Karte 56/73 €
Spez. Seezungenfilet mit Spargel-Kapernragout und Kalbsglace. Lammrücken und -Carrée mit Wildkräutern gratiniert, Majorangnocchi und Knoblauchjus. Mosaik von dreierlei Schokoladen mit Waldfruchtsorbet und Orangencracker.
♦ Das Ambiente ist gelungen! Die Räume sind elegant, dennoch zeugen rustikale Elemente (man beachte die alte Holzdecke!) vom ursprünglichen Charakter des Anwesens. Nicht weniger trefflich ist die Küche von Achim Krutsch - klassisch-gut ist seine Devise!

AMBERG

Bahnhofstr. . . . . **BZ**	Marktpl. . . . . **BZ**	Schloßgraben . . . . **AZ** 50
Fleurystr. . . . . **AZ** 12	Nabburger Torpl. . . . . **BZ** 32	Schrannenpl. . . . . **AZ** 52
Franziskanergasse . . . . **AZ** 14	Obere Nabburger Str. . . . **BZ** 36	Seminargasse . . . . **AZ** 56
Georgenstr. . . . . **BZ**	Rathausstr. . . . . **BZ** 40	Steinhofgasse . . . . **AZ** 58
Kasernstr. . . . . **BZ** 17	Regierungsstr. . . . . **AZ** 42	Untere Nabburger Str. . . . . **BZ**
Malteserpl. . . . . **AZ** 29	Roßmarkt . . . . **AA** 44	Viehmarktgasse . . . . **AZ** 60
	Salzstadelpl. . . . . **BZ** 45	Vilstorpl. . . . . **AZ** 61
	Schlachthausstr. . . . . **BZ** 48	Ziegeltorpl. . . . . **BZ** 69

In Ursensollen-Oberleinsiedl Süd-West: 7 km über Haager Weg **AY**

Kleindienst garni
Oberleinsiedl 3b ✉ 92289 – ✆ (09628) 9 20 00 – www.hotel-kleindienst.de
22 Zim – †43/45 € ††66/70 €, ⚏ 4 €
♦ Das familiär geleitete Haus mit praktischen, freundlichen Zimmern und netter Frühstücksterrasse liegt recht ruhig und bietet dennoch eine gute Verkehrsanbindung. Massageangebot.

AMELINGHAUSEN – Niedersachsen – **541** – 3 770 Ew – Höhe 66 m **19** J6
– Erholungsort
▶ Berlin 294 – Hannover 104 – Hamburg 67 – Lüneburg 26
🛈 Marktstr. 1, ✉ 21385, ✆ (04132) 92 09 43, www.amelinghausen.de

Schenck's Gasthaus (mit Gästehaus)
Lüneberger Str. 48 (B 209) ✉ 21385 – ✆ (04132) 31 40
– www.schencks.de – geschl. 5. - 19. Februar
30 Zim ⚏ – †52/69 € ††82/112 € – ½ P 18 €
Rest – (geschl. Januar - März: Montag - Dienstagmittag) Menü 19/38 €
– Karte 20/33 €
♦ Zu diesem traditionsreichen Familienbetrieb gehört ein ruhig gelegenes Gästehaus ca. 200 m vom Stammhaus entfernt, in dem Sie wohnliche Zimmer im Landhausstil erwarten. Restaurantträume mit rustikalem Ambiente.

AMERDINGEN – Bayern – **546** – 860 Ew – Höhe 525 m **56** J18
▶ Berlin 535 – München 132 – Augsburg 63 – Nördlingen 17

Landhotel Kesseltaler Hof
Graf-Stauffenberg-Str. 21 ✉ 86735 – ✆ (09089) 6 16 – geschl. 31. Januar
- 25. Februar, Mitte August 2 Wochen
14 Zim ⚏ – †40/50 € ††60/70 € **Rest** – (geschl. Montag - Dienstag) Karte 16/36 €
♦ Kein Fernseher stört hier die Ruhe, stattdessen sitzt man gemütlich auf der Terrasse und schaut in den wunderschönen Rosengarten! Bei Familie Eger fühlen sich Urlauber ebenso wohl wie Radler, und auch für Feierlichkeiten ist der Rahmen ideal.

AMBERG

Äußere Raigeringer Str.	BY 2	Fleurystr.	AY 12	Nürnberger Str.	AY 34
Barbarastr.	BY 4	Hallstätterstr.	BY 15	Pfistermeisterstr.	BY 37
Berliner Str.	BY 5	Kastler Str.	AY 18	Raigeringer Str.	BY 39
Bruno-Hofer-Str.	BY 6	Katharinenfriedhofstr.	AY 19	Schießstätteweg	AY 47
Drahthammerstr.	BY 9	Kleinraigering	BY 21	Schlachthausstr.	AY 48
Dr.-Filchner-Str.	BY 7	Kochkellerstr.	AY 23	Sebastianstr.	AY 53
		Kümmersbrucker Str.	BY 26	Sechserstr.	AY 55
		Langangerweg	AY 28	Werner-von-Siemens-Str.	AY 63
		Merianstr.	BY 31	Wingershofer Str.	AY 64

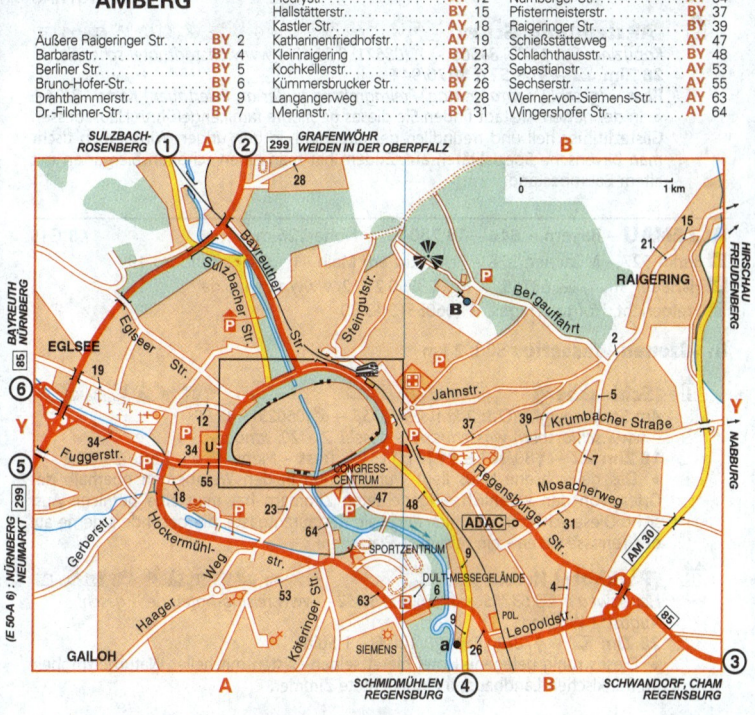

🏨 Drahthammer Schlößl
Drahthammerstr. 30 ⊠ *92224* – ✆ *(09621) 70 30* – www.drahthammerschloessl.de
43 Zim – †52/125 € ††95/145 € – 1 Suite **BYa**
Rest – Karte 31/47 €

♦ In dem an der Vils gelegenen erweiterten Hammerschloss von 1820 bietet Familie Trettenbach individuelle, hübsch dekorierte Zimmer. Ein stilvoller Mix aus Historischem und Modernem. In den Stuben und im Wintergarten serviert man internationale Speisen.

🏨 Allee Parkhotel Maximilian garni
Pfalzgrafenring 1 ⊠ *92224* – ✆ *(09621) 33 00* – www.allee-parkhotel-maximilian.de
47 Zim ⊇ – †70/86 € ††88/104 € **AZs**

♦ Komfortabel und modern wohnt man in dem ovalen Hotelbau. Ruhiger sind die Zimmer zum Stadtgraben, eine der schönen Maisonetten bietet eine Whirlwanne. Nette Frühstücksterrasse.

🏠 Brunner garni
Batteriegasse 3, (Zufahrt über Ziegelgasse) ⊠ *92224* – ✆ *(09621) 49 70*
– www.hotel-brunner.de **BZe**
39 Zim ⊇ – †55/80 € ††85/120 € – 1 Suite

♦ Freundlich leitet Familie Schatz seit vielen Jahren dieses ruhig in der Altstadt gelegene Hotel mit funktionellen Zimmern, Wintergarten-Lounge und weinberankter Innenhofterrasse.

🍴 Schön Kilian
Ziegelgasse 12 (in der Grammerpassage) ⊠ *92224* – ✆ *(09621) 30 84 04*
– www.schoen-kilian.de – *geschl. Montag* **BZk**
Rest – Menü 41/57 € – Karte 29/48 €

♦ Das moderne Restaurant der sympathischen Familie Schön liegt etwas versteckt in der Grammerpassage. Serviert wird schmackhafte internationale Küche. Aus der eigenen Konditorei kommen hausgemachte Torten und Pralinen.

ALTÖTTING

Altstadthotel Schex
Kapuziner Str. 11 ⊠ 84503 – ℰ (08671) 9 26 40 – www.altstadthotel-schex.de
28 Zim ⊇ – †48/52 € ††70/94 €
Rest – *(geschl. Montagmittag, Freitagmittag außer an Feiertagen)* Karte 13/24 €
♦ In der netten Altstadt finden Sie dieses gepflegte familiengeführte Haus, dessen Gästezimmer hell und freundlich gestaltet sind. In den urigen Wirtsstuben tischt man bayerische Spezialitäten auf. Zudem hat man einen schönen Biergarten mit altem Baumbestand.

ALZENAU – Bayern – **546** – 18 780 Ew – Höhe 126 m   48 G15
▶ Berlin 527 – München 378 – Frankfurt am Main 41 – Aschaffenburg 19
🛈 Hanauer Str. 1, ⊠ 63755, ℰ (06023) 50 21 12, www.alzenau.de
⛳ Freigericht, Hofgut Trages, ℰ (06055) 9 13 80

In Alzenau-Wasserlos Süd: 2 km

Schlossberg
Am Schlossberg 2 (Ost: 2 km) ⊠ 63755 – ℰ (06023) 9 48 80
– www.schlossberg-wasserlos.de – geschl. 2. - 20. Januar
18 Zim ⊇ – †80/101 € ††101/113 €   **Rest** – Menü 45 € – Karte 30/57 €
♦ Das gewachsene Haus liegt wunderschön in den Weinbergen oberhalb des Ortes, von den wohnlich eingerichteten Zimmern hat man eine herrliche Aussicht. Diese schätzen natürlich auch die Restaurantgäste, die besonders gerne auf der Terrasse sitzen - ein reizvolles Plätzchen!

Parkhotel Krone garni
Hellersweg 1 ⊠ 63755 – ℰ (06023) 60 52 – www.reising-hotels.de – geschl. August 2 Wochen
28 Zim ⊇ – †78/90 € ††98/108 € – 1 Suite
♦ Dieses ruhig gelegene Hotel bietet seinen Gästen mit hellen Naturholzmöbeln im fränkischen Landhausstil eingerichtete Zimmer.

ALZEY – Rheinland-Pfalz – **543** – 17 740 Ew – Höhe 192 m   47 E16
▶ Berlin 600 – Mainz 34 – Bad Kreuznach 34 – Mannheim 52
🛈 Antoniterstr. 41, ⊠ 55232, ℰ (06731) 49 93 64, www.alzeyer-land.de

Am Schloss
Amtgasse 39 ⊠ 55232 – ℰ (06731) 9 4 2 24 – www.hotelamschloss-alzey.de
25 Zim ⊇ – †65/68 € ††85/90 €   **Rest** – Karte 19/36 €
♦ In einer ruhigen Seitenstraße in der Altstadt liegt das a. d. 18. Jh. stammende Haus mit seinen solide und zeitgemäß ausgestatteten Gästezimmern. Das Restaurant bietet internationale Küche. Nett ist die Terrasse an einem historischen Tor.

In Lonsheim über Heimersheim, Nord-West: 5 km, jenseits der A 63

Landhotel Ellernhof garni
Ellerngasse 5 ⊠ 55237 – ℰ (06734) 2 60 – www.landhotel-ellernhof.de – geschl. 20. Dezember - 3. Januar
13 Zim ⊇ – †49/55 € ††72/78 €
♦ Diese familiäre Adresse ist ein Weingut mit kleinem Hotel, in dem praktische Zimmer zur Verfügung stehen. Im Gewölbelokal bietet man zeitweise Kleinigkeiten für die Hausgäste.

AMBERG – Bayern – **546** – 43 720 Ew – Höhe 374 m   51 M16
▶ Berlin 434 – München 204 – Weiden in der Oberpfalz 53 – Nürnberg 61
ADAC Regensburger Str. 70 BY
🛈 Hallplatz 2 BZ, ⊠ 92224, ℰ (09621) 1 02 39, www.amberg.de
⛳ Lauterhofen, Ruppertslohe 18, ℰ (09186) 15 74

Stadtpläne siehe nächste Seiten

ALTENMARKT an der ALZ

In **Altenmarkt-Grassach** Süd: 1 km

Im Trauntal

Grassacher Str. 2 (B304) ⊠ *83352* – ℘ *(08621) 40 05* – *www.trauntalhotel.de*
18 Zim – †48/65 € ††78/88 €
Rest – *(geschl. Samstagmittag)* Karte 23/41 €

♦ In dem schon seit vielen Jahren vom Inhaber selbst geleiteten kleinen Hotel stehen funktionell eingerichtete Gästezimmer bereit, die teilweise über einen Balkon verfügen. Das nette helle Restaurant wird ergänzt durch die gemütliche Bauernstube.

ALTENMEDINGEN – Niedersachsen – siehe Bevensen, Bad

ALTENSTEIG – Baden-Württemberg – **545** – 11 020 Ew – Höhe 504 m — 54 F19
– Wintersport: 584 m ⊀1 ⊀ – Luftkurort
▶ Berlin 689 – Stuttgart 68 – Karlsruhe 79 – Tübingen 48

In **Altensteig-Überberg** Nord-West: 2 km

Hirsch (mit Gästehaus)

Simmersfelder Str. 24 ⊠ *72213* – ℘ *(07453) 82 90* – *www.hirsch-ueberberg.de*
– *geschl. Januar 2 Wochen*
20 Zim – †35/49 € ††78/92 € – ½ P 20 € **Rest** – Karte 25/42 €

♦ Die Familien Kirn und Kaufmann bieten in dem gewachsenen traditionsreichen Landgasthof sehr gepflegte und wohnliche Zimmer, die teilweise mit Bauernmöbeln eingerichtet sind - die im Gästehaus verfügen über einen Balkon. Bürgerlich-regional speist man in der gemütlichen Gaststube oder auf der netten Gartenterrasse.

In **Altensteig-Wart** Nord-Ost: 7 km über B 28, Richtung Calw

Sonnenbühl

Wildbader Str. 44 ⊠ *72213* – ℘ *(07458) 77 10*
– *www.hotel-sonnenbuehl.de* – *(Eröffnung Gourmet-Restaurant ESS Zimmer nach Redaktionsschluss)*
148 Zim – †80/99 € ††135/168 € – ½ P 21 €
Rest – Menü 23/28 € – Karte 25/38 €

♦ Das am Waldrand gelegene Tagungshotel bietet funktionale Zimmer und etwas komfortablere Juniorsuiten mit kleiner Küche sowie ein eigenes Kongresszentrum ca. 500 m entfernt. Kosmetik. Zum ländlich-rustikalen Restaurant gehört eine hübsche Terrasse.

ALTENTREPTOW – Mecklenburg-Vorpommern – **542** – 5 900 Ew — 13 P5
– Höhe 15 m
▶ Berlin 158 – Schwerin 140 – Neubrandenburg 17 – Greifswald 51

Am Markt

Marktplatz 1 ⊠ *17087* – ℘ *(03961) 2 58 20* – *www.ferienhotel-vorpommern.de*
29 Zim – †50/65 € ††75/92 € – 1 Suite
Rest – *(geschl. November - Februar: Samstag)* Karte 15/33 €

♦ Mitten in Altentreptow liegt das familiär geführte Hotel mit seinen wohnlichen Gästezimmern, die mit italienischen Stilmöbeln eingerichtet sind. Gemütlich ist das im Bistrostil gehaltene Restaurant. Auch eine Eisdiele befindet sich im Haus.

ALTÖTTING – Bayern – **546** – 12 600 Ew – Höhe 403 m — 67 O20
▶ Berlin 625 – München 93 – Bad Reichenhall 75 – Passau 83
🛈 Kapellplatz 2a, ⊠ 84503, ℘ (08671) 50 62 19, www.altoetting.de

Zur Post (mit Gästehaus)

Kapellplatz 2 ⊠ *84503* – ℘ *(08671) 50 40* – *www.zurpostaltoetting.de*
93 Zim – †52/120 € ††89/159 €
Rest *Poststuben* – Menü 15 € – Karte 19/48 €
Rest *Postkeller* – *(geschl. Sonntag - Montag) (nur Abendessen)* Karte 17/39 €

♦ Ein schmucker Gasthof mitten im Ort, der 1280 erstmals erwähnt wurde. Die Juniorsuiten liegen teilweise schön zum Kapellplatz hin. Poststuben: gemütlich-rustikal bis klassisch-elegant. Mit Wintergarten und Terrasse. Italienische Küche im Postkeller mit Gewölbe. Innenhof.

ALTENAHR – Rheinland-Pfalz – 543 – 1 630 Ew – Höhe 200 m   36 C13
▶ Berlin 624 – Mainz 163 – Bonn 31 – Aachen 105
🛈 Altenburger Str. 1a, ✉ 53505, ☎ (02643) 84 48, www.altenahr-ahr.de

Ruland
Brückenstr. 6, (B 257) ✉ 53505 – ☎ (02643) 83 18 – www.hotel-ruland.de
30 Zim 🍽 – †45/60 € ††70/110 €   **Rest** – Karte 24/39 €
♦ Im Zentrum befindet sich das seit mehreren Generationen von der Familie geführte Hotel mit zeitgemäßen, teilweise zur Ahr hin gelegenen Zimmern. Zum Restaurant gehören eine Terrasse und ein schöner kleiner Biergarten nur wenige Schritte vom Fluss.

Gasthaus Assenmacher mit Zim
Brückenstr. 12, (B 257) ✉ 53505 – ☎ (02643) 18 48
– www.gasthaus-assenmacher.de – geschl. 23. Januar - 9. Februar, 25. Juni
- 5. Juli und Montag - Dienstag, außer an Feiertagen
7 Zim 🍽 – †38/42 € ††68/78 € – ½ P 18 €
Rest *Gaststube* – siehe Restaurantauswahl
Rest – *(nur Abendessen)* Menü 50/99 € – Karte 58/68 €
♦ Ein helles elegantes Restaurant mit hübsch nach hinten gelegener Terrasse. Christian Storch kocht hier klassisch und international, seine Frau Christa leitet freundlich den Service. Praktische Gästezimmer.

Gaststube – Restaurant Gasthaus Assenmacher
Brückenstr. 12 ✉ 53505 – ☎ (02643) 18 48 – www.gasthaus-assenmacher.de
– geschl. 23. Januar - 9. Februar, 25. Juni - 5. Juli und Montag, außer an Feiertagen
Rest – Menü 35/47 € – Karte 23/41 €
♦ Wenn Ihnen schmackhafte Gerichte wie "kross gebratener Spanferkelrücken mit Schwarzbierjus, geschmortem Spitzkohl und Risoléekartoffeln" Appetit machen, sind Sie in der bürgerlichen Gaststube mit ihren gemütlichen Sitzbänken richtig!

ALTENBERG – Sachsen – 544 – 8 840 Ew – Höhe 750 m   43 Q13
– Wintersport: 827 m ⛷2 ⛸ – Kneippkurort
▶ Berlin 233 – Dresden 42 – Chemnitz 74 – Leipzig 154
🛈 Am Bahnhof 1, ✉ 01773, ☎ (035056) 2 39 93, www.altenberg.de

In Altenberg-Oberbärenburg Nord-West: 6 km über B 170 Richtung Dresden, nach 4 km rechts

Zum Bären
Talblick 6 ✉ 01773 – ☎ (035052) 6 10 – www.zum-baeren.de
36 Zim 🍽 – †57/60 € ††80/90 € – ½ P 18 €   **Rest** – Karte 16/43 €
♦ Recht ruhig liegt das gut geführte und mit sehr freundlichen Gästezimmern ausgestattete Ferienhotel, in dem auch das Preis-Leistungs-Verhältnis stimmt. Das helle, neuzeitliche Restaurant bietet auch eine Terrasse.

ALTENBERGE – Nordrhein-Westfalen – 543 – 10 210 Ew – Höhe 105 m   26 D9
▶ Berlin 482 – Düsseldorf 135 – Münster 16 – Zwolle 159

Prachtstück
Kirchstr. 13 ✉ 48341 – ☎ (02505) 9 37 88 45 – www.prachtstueck-altenberge.de
– geschl. Montag
Rest – Menü 29 € (mittags)/69 € – Karte 35/56 €
♦ Ein ehemaliges Privathaus a. d. 19. Jh. mit Schönem von einst (auffallend die alte Holzdecke) und Geradlinig-Modernem von heute. Schmackhaft ist z. B. der Weidelammrücken! Samstags und sonntags selbstgebackener Kuchen.

ALTENKUNSTADT – Bayern – siehe Burgkunstadt

ALTENMARKT an der ALZ – Bayern – 546 – 4 300 Ew   67 N20
– Höhe 499 m
▶ Berlin 657 – München 82 – Bad Reichenhall 52 – Rosenheim 44

ALPIRSBACH – Baden-Württemberg – **545** – 6 620 Ew – Höhe 441 m **54** E19
– Wintersport: 700 m ⚡ 3 ⚡ – Luftkurort

▶ Berlin 726 – Stuttgart 99 – Freiburg im Breisgau 78 – Schramberg 19
🛈 Krähenbadstr. 2, ✉ 72275, ☏ (07444) 9 51 62 81, www.stadt-alpirsbach.de
🅘 Alpirsbach-Peterzell, Fluorner Str. 3, ☏ (07444) 46 65

Rössle
Aischbachstr. 5 ✉ 72275 – ☏ (07444) 95 60 40 – www.roessle-alpirsbach.de
– geschl. 15. November - 10. Dezember
26 Zim ⌂ – †45/47 € ††75/80 € – ½ P 13 €
Rest *Rössle* – siehe Restaurantauswahl
♦ Der persönliche Service und behagliche, mit rustikaler Eiche eingerichtete Zimmer sprechen für diesen familiär geführten Schwarzwaldgasthof.

Rössle – Hotel Rössle
Aischbachstr. 5 ✉ 72275 – ☏ (07444) 95 60 40 – www.roessle-alpirsbach.de
– geschl. 15. November - 10. Dezember und Mittwoch
Rest – Menü 31 € – Karte 23/35 €
♦ Das traditionsreiche Gasthaus ist gut zu empfehlen! Denn: Hier schwingen schon seit über 100 Jahren die "Rössle Wirte" das Zepter - gekocht wird mit Geschmack und Liebe.

ALSFELD – Hessen – **543** – 16 750 Ew – Höhe 268 m **38** H13
▶ Berlin 442 – Wiesbaden 128 – Fulda 43 – Frankfurt am Main 107
🛈 Markt 3, ✉ 36304, ☏ (06631) 18 21 65, www.tca-alsfeld.de

In Alsfeld-Eudorf Nord-Ost: 3 km über B 254, Richtung Schwalmstadt

Zum Schäferhof
Ziegenhainer Str. 30 (B 254) ✉ 36304 – ☏ (06631) 9 66 00
– www.hotel-zum-schaeferhof.de
23 Zim – †51/64 € ††78 €, ⌂ 3 € **Rest** – Karte 18/35 €
♦ Der Familienbetrieb ist ein Gasthof mit Fachwerkfassade, der um einen Hotelanbau ergänzt wurde. Gepflegte Zimmer (teils mit Balkon), heller Frühstücksraum und netter Sauna- und Fitnessbereich. Bürgerliche Küche im ländlich-rustikalen Restaurant.

Zur Schmiede (mit Gästehaus)
Ziegenhainer Str. 26 (B 254) ✉ 36304 – ☏ (06631) 79 38 30
– www.zur-schmiede.de
53 Zim – †47/60 € ††74 €, ⌂ 5 € **Rest** – Karte 19/31 €
♦ Die Familientradition dieses erweiterten Gasthofs mit soliden Zimmern und neuzeitlichen Seminarräumen reicht bis ins Jahr 1874 zurück. Freizeitbereich im Gästehaus nebenan.

ALTDORF – Bayern – **546** – 15 390 Ew – Höhe 444 m **50** L17
▶ Berlin 436 – München 176 – Nürnberg 29 – Regensburg 80

Alte Nagelschmiede
Oberer Markt 13 ✉ 90518 – ☏ (09187) 9 52 70 – www.alte-nagelschmiede.com
– geschl. 1. - 20. August
24 Zim ⌂ – †49/55 € ††75/90 € **Rest** – *(geschl. Sonntag)* Karte 17/39 €
♦ Am Marktplatz steht das schmucke historische Haus a. d. 18. Jh., das von der Familie geführt wird und behaglich gestaltet ist. In gemütlichen Stuben bietet man bürgerliche Speisen. Originell: Als Garderobe dient ein alter Beichtstuhl.

Rotes Ross
Oberer Markt 5 ✉ 90518 – ☏ (09187) 52 72 – www.rotes-ross-altdorf.de
– geschl. über Pfingsten 1 Woche, Mitte August - Anfang September und Montag, Donnerstagabend
Rest – (Tischbestellung ratsam) Menü 15/29 € – Karte 20/41 €
♦ Eine ganz gut besuchte Adresse mit rustikalem Charme und gutem Preis-Leistungs-Verhältnis. Der historische Gasthof mit langer Familientradition bietet fränkische Küche.

ALTDORF – Rheinland-Pfalz – siehe Edenkoben

ALF

Bömer's Mosellandhotel
Ferdinand-Remy-Str. 27 ⌧ *56859* – ℘ *(06542) 23 10* – *www.boemershotel.de*
geschl. 9. Januar - 15. Februar, 22. Februar - 31. März, 12. November - 14. Dezember
35 Zim – †49/69 € ††75/110 € – 3 Suiten
Rest – *(nur Abendessen für Hausgäste)* Menü 27 € – Karte 25/34 €

♦ Hier dürfen Sie sich auf freundlichen Service, wohnliche Zimmer und ein gutes Frühstück freuen, zudem können Sie auf der hübschen Liegewiese relaxen. Im Haus "Veranda" nebenan befinden sich etwas kleinere Zimmer. Zum Restaurant gehören eine nette Bier- und Weinstube sowie eine schöne Terrasse.

ALFDORF – Baden-Württemberg – **545** – 7 140 Ew – Höhe 487 m   56 H18
▶ Berlin 594 – Stuttgart 54 – Schwäbisch Gmünd 12 – Schwäbisch Hall 40
 Alfdorf-Haghof, Haghof 6, ℘ (07182) 9 27 60

In Alfdorf-Haghof West: 5 km

Golf- und Landhotel Haghof
Haghof 3 ⌧ *73553* – ℘ *(07182) 9 28 00* – *www.hotelhaghof.de*
36 Zim – †69/95 € ††99/139 € – ½ P 25 € – 6 Suiten
Rest – *(geschl. Montagmittag)* Karte 28/42 €

♦ Der Bauernhof von 1827 ist ein familiengeführtes Hotel mit wohnlichen Zimmern, das auch Massage und Kosmetik bietet. Reiterhof am Haus, Golfplatz wenige Schritte entfernt. Rustikales Restaurant und hübscher Biergarten gleich neben den Pferdeboxen.

ALFELD (LEINE) – Niedersachsen – **541** – 20 340 Ew – Höhe 160 m   29 I9
▶ Berlin 312 – Hannover 46 – Göttingen 66 – Hildesheim 26
🛈 Marktplatz 12, ⌧ 31061, ℘ (05181) 70 31 11, www.alfeld.de
Rheden-Gronau, Schloßstr. 1a, ℘ (05182) 5 23 36

In Alfeld-Warzen West: 2,5 km über Hannoversche Straße

Grüner Wald (mit Gästehaus)
Am Knick 7 ⌧ *31061* – ℘ *(05181) 2 42 48* – *www.hotel-gasthof-gruener-wald.de*
17 Zim – †53/60 € ††81/91 € – ½ P 18 €
Rest – *(geschl. Donnerstag - Samstag nur Abendessen)* Karte 21/43 €

♦ Freundlich führt Familie Ruhland das recht ruhig gelegene kleine Hotel mit geräumigen, wohnlich gestalteten Gästezimmern - die meisten haben einen Balkon. Radwanderwege in der Umgebung. In Gaststube und Kachelofenzimmer serviert man regionale Speisen aus guten Produkten.

ALLERSHAUSEN – Bayern – **546** – 4 990 Ew – Höhe 442 m   58 L19
▶ Berlin 556 – München 37 – Landshut 65 – Augsburg 86

Zum Fuchswirt
Ampertalstr. 4 ⌧ *85391* – ℘ *(08166) 99 19 90* – *www.fuchswirt.de*
15 Zim – †59/75 € ††78/95 €   **Rest** – Karte 18/37 €

♦ Ein ländlich-solider Gasthof, der familiär geführt wird und mit geräumigen, wohnlich und freundlich eingerichteten Zimmern überzeugt. Die verschiedenen Gaststuben sind mit viel Holz sehr gemütlich gestaltet. Geboten wird bayerisch-bürgerliche Küche.

ALLMANNSHOFEN – Bayern – **546** – 830 Ew – Höhe 440 m   57 K19
▶ Berlin 538 – München 89 – Augsburg 31 – Donauwörth 15

In Allmannshofen-Holzen Süd: 2 km

Kloster-Gasthof Holzen
Klosterstr. 1 ⌧ *86695* – ℘ *(08273) 9 95 90* – *www.kloster-holzen.de*
– *(Erweiterung um 37 Zimmer nach Redaktionsschluß)*
20 Zim – †54/93 € ††75/108 €   **Rest** – Karte 22/37 €

♦ Ein hübscher alter Klostergasthof neben der barocken Kirche, der um zwei rückwärtige Gebäude erweitert wurde. Die Zimmer sind freundlich, zeitgemäß und wohnlich. Restaurant mit imposantem, von Säulen getragenem Kreuzgewölbe und rustikales Jägerstüble.

ANGER

In Anger-Aufham Süd: 3 km jenseits der A 8

Landhotel Prinz
Dorfstr. 5 ⊠ 83454 – ℰ (08656) 10 84 – www.landhotel-prinz.de
22 Zim – †49/66 € ††78/108 € – ½ P 14 €
Rest – *(geschl. Sonntag) (nur Abendessen für Hausgäste)*
♦ Das familiär geführte Hotel bietet wohnliche Zimmer, meist mit Balkon. Juniorsuiten im Nebenhaus mit Whirlwanne, besonders schön sind die unterm Dach.

ANKLAM – Mecklenburg-Vorpommern – **542** – 13 540 Ew – Höhe 5 m **14** P4
▶ Berlin 179 – Schwerin 182 – Neubrandenburg 49 – Rügen (Bergen) 94
ℹ Markt 3, ⊠ 17389, ℰ (03971) 83 51 54, www.anklam.de

Pommernland
Friedländer Landstr. 20c (B 197) ⊠ 17389 – ℰ (03971) 2 91 80
– www.hotel-pommernland.de – geschl. 23. Dezember - 2. Januar
29 Zim ⊇ – †59/64 € ††75/85 €
Rest – *(geschl. 23. Dezember - 3. Januar und Freitag - Sonntag) (nur Abendessen)*
Karte 11/25 €
♦ Ein tipptopp gepflegtes und schon viele Jahre familiär geführtes Haus mit funktionellen und zugleich wohnlichen Zimmern, auch Mehrbettzimmer. Für Raucher Frühstück im Wintergarten. Im Restaurant bietet man bürgerliche Küche.

In Rubkow-Bömitz Nord: 12 km über B 109 Richtung Rubkow

Rittergut Bömitz
Dorfstr. 14 ⊠ 17390 – ℰ (039724) 2 25 40 – www.rittergut-boemitz.de
20 Zim ⊇ – †65/72 € ††80/98 € – 1 Suite
Rest *Jägerstube* – *(geschl. 9. Januar - 2. März)* Menü 28 € (mittags)/72 €
– Karte 23/50 €
♦ Die freundlichen Gastgeber bieten in dem Gutshaus von 1750 individuelle, klassische Zimmer. Einsame Lage, schöner Park und liebenswertes Interieur vermitteln romantisches Flair. Gemütliche Jägerstube mit regional-internationalem Angebot. Durchgehend warme Küche.

ANNABERG-BUCHHOLZ – Sachsen – **544** – 22 080 Ew **42** O13
– Höhe 600 m – Wintersport: 720 m ⚡ 1 ⚡
▶ Berlin 295 – Dresden 94 – Chemnitz 31 – Leipzig 108
ℹ Buchholzer Str. 2, ⊠ 09456, ℰ (03733) 1 94 33, www.annaberg-buchholz.de
◉ St. Annen-Kirche ★★

Wilder Mann
Markt 13 ⊠ 09456 – ℰ (03733) 14 40 – www.hotel-wildermann.de
71 Zim ⊇ – †59/90 € ††79/138 € – ½ P 20 € – 6 Suiten
Rest *Silberbaum* – Karte 19/31 €
♦ Das schöne Hotel ist eines der ältesten Bürgerhäuser der Stadt, von dessen Historie u. a. ein original Zellsterngewölbe im Foyer zeugt. Zeitgemäß-gediegene Zimmer und Beauty-Angebot. Silberbaum mit sehenswerter spätgotischer Holzdecke. Kartoffelgerichte im "Kartoffelkeller".

Goldene Sonne
Adam-Ries-Str. 11 ⊠ 09456 – ℰ (03733) 2 21 83 – www.hotel-goldene-sonne.de
26 Zim ⊇ – †49/58 € ††69/88 € – ½ P 13 €
Rest – *(geschl. Sonntagmittag, außer an Feiertagen)* Karte 15/27 €
♦ Ein traditionsreicher Familienbetrieb in einem Stadthaus a. d. 19. Jh. Hübsch hat man den Frühstücksraum mit altem Kaffee- und Teeporzellan sowie einer beachtlichen Nussknackersammlung dekoriert.

ANSBACH – Bayern – **546** – 40 420 Ew – Höhe 405 m **49** J17
▶ Berlin 481 – München 202 – Nürnberg 61 – Stuttgart 162
ADAC Residenzstr. 2
ℹ Johann-Sebastian-Bach-Platz 1, ⊠ 91522, ℰ (0981) 5 12 43, www.ansbach.de
⛳ Colmberg, Rothenburger Str. 35, ℰ (09803) 6 00
⛳ Lichtenau, Weickershof 1, ℰ (09827) 9 20 40

ANSBACH

Am DrechselsGarten
Am Drechselsgarten 1 ⊠ 91522 – ℰ (0981) 8 90 20
– www.drechselsgarten.bestwestern.de – geschl. 1. - 6. Januar
51 Zim – †90/106 € ††105/130 € – 1 Suite   **Rest** – Karte 29/48 €
♦ Das gut geführte Hotel liegt ruhig oberhalb der Stadt und verfügt über zeitgemäße, freundliche Gästezimmer - die Zimmer zur Südseite mit schöner Sicht auf Ansbach. Panoramarestaurant mit überdachter Terrasse.

Windmühle
Rummelsberger Str. 1 (B 14) ⊠ 91522 – ℰ (0981) 97 20 00
– www.hotel-windmuehle.de – geschl. Anfang Januar 1 Woche
34 Zim – †50/72 € ††88/108 €
Rest – (geschl. Samstagmittag, Sonntagabend) Karte 15/37 €
♦ Die Geschichte dieses traditionsreichen Gasthofs reicht bis ins Jahr 1735 zurück - Blickfang ist die Windmühle. Das familiengeführte Haus bietet zeitgemäße Zimmer. Bürgerlich speist man im regionstypischen Restaurant.

La Corona
Johann-Sebastian-Bach-Platz 20 ⊠ 91522 – ℰ (0981) 9 09 01 30
– www.lacorona.de – geschl. Sonntag - Mittwoch
Rest – (nur Abendessen) Karte 33/52 €
♦ Etwas versteckt liegt das mediterran gestaltete Restaurant in einem Hof in der Innenstadt nahe Residenz und Gumbertuskirche. Schmackhaft ist die saisonale Küche der Chefin, sehr gut sind Weinauswahl und -beratung durch den Chef.

In Ansbach-Brodswinden Süd-Ost: 7 km über B 13 nach Höfstetten

Landgasthof Käßer (mit Gästehaus)
Brodswinden 102 ⊠ 91522 – ℰ (0981) 97 01 80 – www.landgasthof-kaesser.de
– geschl. 1. - 8. Januar
19 Zim – †58/90 € ††90/130 € – 2 Suiten
Rest – (geschl. Samstag) Karte 16/35 €
♦ Der familiengeführte kleine Landgasthof mit Gästehaus befindet sich in ruhiger Lage und verfügt über geräumige Zimmer, teils mit Balkon oder Dachschräge. Im Restaurant und auf der Terrasse serviert man fränkische Speisen - eigene Hausschlachtung.

APFELSTÄDT – Thüringen – siehe Erfurt

APPEL – Niedersachsen – **541** – 1 920 Ew – Höhe 29 m   **10 I6**
▶ Berlin 319 – Hannover 134 – Hamburg 46

In Appel - Eversen-Heide Nord-Ost: 3,5 km über Grauen Richtung B 3, in Eversen links ab

Ferien auf der Heid
Karlsteinweg 45 (Eversen) ⊠ 21279 – ℰ (04165) 9 72 30 – www.ferienaufderheid.de
19 Zim – †55/75 € ††85/125 € – 1 Suite
Rest – (geschl. Montag) Karte 18/60 €
♦ Der erweiterte regionstypische Gasthof wird bereits in der 4. Generation als Familienbetrieb geführt und bietet wohnliche Zimmer. Entspannen kann man auf der Liegewiese zum Wald. Sehenswert: die Goldfasan-Zucht. Rustikales Restaurant mit Wintergarten.

APPENWEIER – Baden-Württemberg – **545** – 9 800 Ew – Höhe 152 m   **54 E19**
▶ Berlin 737 – Stuttgart 143 – Karlsruhe 67 – Freudenstadt 50
🗺 Appenweier-Urloffen, Golfplatz 1, ℰ (07843) 99 32 40

Hanauer Hof
Ortenauer Str. 50, (B 3) ⊠ 77767 – ℰ (07805) 9 56 60 – www.hanauer-hof.de
28 Zim – †53/65 € ††75/85 €
Rest – (geschl. Freitagmittag, Samstagmittag) Karte 22/39 €
♦ Im Ortskern steht der familiengeführte historische Gasthof, dessen Zimmer praktisch und freundlich gestaltet sind, teilweise mit Balkon. Gute Anbindung nach Straßburg. Gemütliches Restaurant im Landhausstil, dazu eine Bar im Gewölbekeller.

ARENDSEE – Sachsen-Anhalt – 542 – 7 480 Ew – Höhe 33 m 21 L7
– Luftkurort
▶ Berlin 162 – Magdeburg 116 – Schwerin 119
🛈 Töbelmannstr. 1, ✉ 39619, ✆ (039384) 9 86 57, www.arendsee.de

Deutsches Haus
Friedensstr. 91 ✉ 39619 – ✆ (039384) 97 30 – www.dh-arendsee.de
26 Zim – †58/68 € ††91/106 € – ½ P 15 € – 1 Suite
Rest – Menü 24 € – Karte 21/40 €
♦ In dem gewachsenen Familienbetrieb sind einige Zimmer besonders modern und klar gestaltet, in einem Nachbarhaus wird Massage angeboten. Finnische Sauna und Strandbad am nahen Arendsee.

ARNSBERG – Nordrhein-Westfalen – 543 – 74 810 Ew – Höhe 200 m 27 E11
▶ Berlin 482 – Düsseldorf 129 – Dortmund 62 – Meschede 22
ADAC Graf-Gottfried-Str. 20 (Neheim-Hüsten)
🛈 Neumarkt 6, ✉ 59821, ✆ (02931) 40 55, www.arnsberginfo.de
⛳ Neheim-Hüsten, Zum Golfplatz 19, ✆ (02932) 3 15 46

Menge
Ruhrstr. 60 ✉ 59821 – ✆ (02931) 5 25 20 – www.hotel-menge.de
– geschl. Januar - Februar 2 Wochen, Juli - August 1 Woche, 23. - 26. Dezember
18 Zim – †60/78 € ††84/120 € – ½ P 25 €
Rest *Menge* – siehe Restaurantauswahl
♦ Der Familienbetrieb von 1833 überzeugt mit persönlicher Führung, gutem Service und modernen Zimmern, die individuell geschnitten sind. W-Lan bietet man kostenfrei. Schöner Garten am Haus.

Menge – Hotel Menge
Ruhrstr. 60 ✉ 59821 – ✆ (02931) 5 25 20 – www.hotel-menge.de
– geschl. Januar - Februar 2 Wochen, Juli - August 1 Woche, 23. - 26. Dezember und Sonntag - Montag
Rest – (nur Abendessen) Menü 37/56 € – Karte 27/57 €
♦ Mit feinen Gerichten lockt man hier die Gäste an! Modernes Innendesign mit sonnigen Gelbtönen und netten Dekorationen unterstreicht die gepflegte Atmosphäre.

Ratskeller
Alter Markt 36 ✉ 59821 – ✆ (02931) 36 72 – www.ratskeller-arnsberg.de
– geschl. 20. - 27. Februar und Montag
Rest – (September - März: Dienstag - Samstag nur Abendessen) Karte 16/42 €
♦ Ein engagiertes Betreiberpaar leitet das mit Bedacht modernisierte Gasthaus mit dem ältesten Stammtisch der Stadt. Eleganter ist das Restaurant im hinteren Bereich. Internationale Küche.

In Arnsberg-Hüsten

Gesellenhaus
Heinrich-Lübke-Str. 25 ✉ 59759 – ✆ (02932) 89 02 22
– www.restaurant-gesellenhaus.de – geschl. Dienstag - Mittwoch
Rest – (Montag - Samstag nur Abendessen außer an Feiertagen) Menü 27 € (mittags) – Karte 25/45 €
♦ In dem denkmalgeschützten Backsteinhaus von 1886 hat man ein nettes und stilvoll-modernes Restaurant eingerichtet, in dem eine solide saionale Küche geboten wird.

ARNSTADT – Thüringen – 544 – 25 090 Ew – Höhe 280 m 40 K13
▶ Berlin 311 – Erfurt 20 – Coburg 89 – Eisenach 63
🛈 Markt 1, ✉ 99310, ✆ (03628) 60 20 49, www.arnstadt.de
◉ Neues Palais (Puppensammlung "Mon Plaisir" ★)

ARNSTADT

In Holzhausen Nord-West: 5 km

Veste Wachsenburg - Restaurant Patrick Wagner mit Zim
Veste Wachsenburg 91 ✉ *99310*
– ℘ *(03628) 7 42 40* – *www.wachsenburg.com*
15 Zim – †60/90 € ††120/140 € – 2 Suiten
Rest – *(geschl. 31. Dezember - 19. März und Sonntag - Montag) (nur Abendessen)* (Tischbestellung ratsam) Menü 39/130 €
Rest *Burgverlies* – *(geschl. Sonntagabend - Montag)* Menü 21/43 €
– Karte 22/67 €
 • In romantischer und exponierter Lage bietet man in den ehrwürdigen Mauern einer der "Drei Gleichen" ein modern-elegantes Abendrestaurant. Klassische Küche wird hier zeitgemäß interpretiert und persönlich-charmant als Menü serviert. Rustikal: Burgverlies mit Kreuzgewölbe und bürgerlichem Angebot. Rittersaal und Burgmuseum.

ARNSTORF – Bayern – **546** – 6 590 Ew – Höhe 397 m 59 O19
▶ Berlin 588 – München 144 – Landshut 69 – Braunau am Inn 61

In Arnstorf-Mariakirchen Nord-Ost: 4 km

Schlossparkhotel
Obere Hofmark 3 ✉ *94424* – ℘ *(08723) 97 87 10* – *www.schloss-mariakirchen.de*
36 Zim – †69/71 € ††106 € – 1 Suite
Rest – *(Mai - September: Montag - Freitag nur Abendessen, Oktober - April: Montag - Samstag nur Abendessen)* Karte 12/20 €
 • Historisches und Modernes vereint: Im Park des Wasserschlosses wohnt man im klar designten Glasbau und frühstückt im liebenswerten Gartenhaus von 1810. Suite im Schloss. Selbstgebrautes Bier im Schlossbräu mit böhmischem Gewölbe und Sudkesseln. Biergarten unter Kastanien.

AROLSEN, BAD – Hessen – **543** – 16 280 Ew – Höhe 290 m – Heilbad 28 G11
▶ Berlin 428 – Wiesbaden 205 – Kassel 45 – Marburg 85
🛈 Große Allee 24, ✉ 34454, ℘(05691) 80 12 40, www.bad-arolsen.de
Bad Arolsen, Zum Wiggenberg 33, ℘(05691) 62 84 44

Brauhaus-Hotel
Kaulbachstr. 33 ✉ *34454* – ℘ *(05691) 8 98 60* – *www.brauhaus-hotel.de* – *geschl. 2. - 16. Januar, Juli 2 Wochen*
13 Zim – †58/65 € ††80/90 € – ½ P 15 €
Rest – *(geschl. Montagmittag, Mittwochmittag)* Karte 16/28 €
 • Das kleine Hotel befindet sich in einem denkmalgeschützten historischen Sandsteingebäude und bietet seinen Gästen zeitgemäße Zimmer. Bürgerliche Küche im Restaurant.

Schäfer's Restaurant
Schloßstr. 15 ✉ *34454* – ℘ *(05691) 76 52* – *www.schaefers-restaurant.de*
– *geschl. Dienstag - Mittwochmittag*
Rest – Menü 25/36 € – Karte 24/50 €
 • Ein nettes, freundliches Restaurant, in dem der Inhaber selbst die internationalen Gerichte zubereitet. Vor dem Haus, zur Straße hin, liegt der kleine Terrassenbereich.

Im Ortsteil Mengeringhausen Süd: 4,5 km – Erholungsort

Luisen-Mühle
Luisenmühler Weg 1 ✉ *34454* – ℘ *(05691) 30 21* – *www.luisen-muehle.de*
25 Zim – †47/65 € ††79/110 € – ½ P 20 €
Rest – *(geschl. Freitag)* Karte 21/36 €
 • Am Ortsrand steht die ehemalige Getreidemühle, die heute als familiengeführtes Hotel gepflegte Gästezimmer bietet - die meisten mit Balkon zum Garten.

AROLSEN, BAD

Im Ortsteil Schmillinghausen Nord: 6 km über B 252 Richtung Diemelstadt-Rhoden

Landgasthof Teuteberg
Rhoder Str. 8, 34454 – ℰ (05691) 59 61 – www.landgasthof-teuteberg.de
– geschl. 3. - 28. Januar
22 Zim – †44/49 € ††64/80 € – ½ P 13 €
Rest – (geschl. Dienstagmittag, Sonntagabend, November - April: Dienstag, Sonntagabend) Karte 17/23 €

♦ Mitten im Dorf liegt das schmucke Fachwerkhaus, das seit 1871 im Familienbesitz ist und freundlich geleitet wird. Es erwarten Sie wohnliche Zimmer (teils mit Balkon) und ein schöner Garten. Gaststube in bürgerlich-rustikalem Stil.

ASBACHERHÜTTE – Rheinland-Pfalz – siehe Kempfeld

ASCHAFFENBURG – Bayern – 546 – 68 730 Ew – Höhe 138 m   48 G15
▶ Berlin 552 – München 354 – Frankfurt am Main 45 – Darmstadt 40
ADAC Wermbachstr. 10 Z
🛈 Schlossplatz 1 Z, 63739, ℰ (06021) 39 58 00, www.info-aschaffenburg.de
✈ Hösbach-Feldkahl, Am Heigenberg 30, ℰ (06024) 6 34 00

Stadtplan auf der nächsten Seite

Post
Goldbacher Str. 19 (B 26), 63739 – ℰ (06021) 334 0 – www.post-ab.de
62 Zim – †85/109 € ††113/166 €, ☐ 8 €   Yp
Rest *Bistro Oscar* – ℰ (06021) 334 1 13 – Karte 12/33 €

♦ Das Hotel in verkehrsgünstiger zentrumsnaher Lage bietet überwiegend helle, freundliche Zimmer und ein Hallenbad mit beachtlichem Wandbild des Malers Siegfried Rischar. Das Ambiente im Oscar erinnert an den berühmten Filmpreis.

Wilder Mann
Löherstr. 51, 63739 – ℰ (06021) 30 20 – www.hotel-wilder-mann.de – geschl. 22. Dezember - 6. Januar
73 Zim ☐ – †68/81 € ††98/114 € – ½ P 15 €   Ze
Rest – (geschl. an Sonn- und Feiertagen mittags) Karte 21/54 €

♦ In dem Gasthof a. d. 16. Jh. erwarten Sie individuelle Zimmer (darunter auch Appartements mit Kitchenette) sowie ein mediterran gestalteter Saunabereich. Fahrradverleih. Restaurant im rustikalem Stil.

City Hotel garni
Frohsinnstr. 23, 63739 – ℰ (06021) 2 15 15 – www.city-hotel-ab.de – geschl. Weihnachten - 8. Januar
30 Zim ☐ – †79/99 € ††106/136 € – 2 Suiten   Ye

♦ Das Hotel ist eine freundlich geführte und praktische Adresse im Zentrum nahe dem Bahnhof mit funktionell ausgestatteten Gästezimmern; sehr geräumig sind die Maisonetten.

Zum Goldenen Ochsen
Karlstr. 16, (Zufahrt über Friedrichstraße), 63739 – ℰ (06021) 2 31 32
– www.zumgoldenenochsen.de   Yb
38 Zim ☐ – †54/85 € ††75/95 €
Rest – (geschl. 1. - 20. August) Karte 18/45 €

♦ Der Gasthof a. d. 16. Jh. wurde zum Hotel erweitert, seine schöne denkmalgeschützte Fassade existiert heute noch! Der Mainradweg ist ca. 300 m entfernt, zum Bahnhof sind es fünf Gehminuten.

In Aschaffenburg-Nilkheim über Darmstädter Straße Z: 4 km

Classico garni
Geschwister-Scholl-Platz 10, (Zufahrt über Stauffenbergstraße), 63741
– ℰ (06021) 8 49 00 – www.hotel-classico.de – geschl. 20. Dezember - 3. Januar
24 Zim ☐ – †70 € ††90 €

♦ In dem zeitgemäßen Hotel an der Fußgängerzone stehen funktional eingerichtete Zimmer zur Verfügung, die teilweise einen Balkon bieten.

ASCHAFFENBURG

Bodelschwinghstr.	Y 2	Glattbacher Überfahrt	Y 8	Schloßberg	YZ 18
Dalbergstr.	Z 3	Heinsestr.	Y 9	Schloßgasse	Z 20
Darmstädter-		Herstallstr.	Y 10	Schloßpl.	Z 21
Str.	Z 4	Karlstr.	Y 12	Südbahnhofstr.	Z 24
Erthalstr.	Y 5	Kolpingstr.	Y 13	Weißenburger	
Frohsinnstr.	Y 6	Luitpoldstr.	Z 15	Str.	Y 25
Glattbacher-Str.	Y 7	Roßmarkt	Z	Willigisbrücke	Z 26

In Haibach über Würzburger Straße **Z**: 4,5 km

Spessartstuben
Jahnstr. 7 ⊠ 63808 – ℰ (06021) 6 36 60 – www.hotel-spessartstuben.de
30 Zim ⌓ – †61 € ††84 €
Rest – *(geschl. über Fasching 2 Wochen, August 3 Wochen und Freitagmittag, Samstag sowie Juni - Juli: Freitagmittag, Samstag und Sonntagabend)*
Karte 25/50 €
♦ Ein familiengeführtes Haus mit gepflegten und zweckmäßig ausgestatteten Gästezimmern, die mit freundlichen Farben aufgefrischt wurden. Ein schöner Kachelofen, gemütliche Eckbänke sowie teilweise bemalte Decken prägen das Restaurant.

Edel garni
Zum Stadion 17 ⊠ 63808 – ℰ (06021) 6 30 30
– www.hotel-edel.de
10 Zim ⌓ – †48/56 € ††70/79 €
♦ Diese Pension mit privatem Charakter gefällt mit wohnlich eingerichteten und sehr gepflegten Zimmern sowie persönlicher Atmosphäre.

ASCHAFFENBURG

In Johannesberg-Rückersbach über Müllerstraße Y: 8 km

Rückersbacher Schlucht
Hörsteiner Str. 33 – 63867 – ℰ (06029) 9 98 80
– www.rueckersbacher-schlucht.com
12 Zim – †45/60 € ††62/80 €, ⊒ 4 €
Rest *Rückersbacher Schlucht* – siehe Restaurantauswahl
♦ Während ihrer Ausbildung im Glottertal lernten sie sich kennen, heute bieten die freundlichen Betreiber in ihrem eigenen kleinen Hotel familiäre Atmosphäre und wohnliche Zimmer in warmen Tönen.

Rückersbacher Schlucht – Hotel Rückersbacher Schlucht
Hörsteiner Str. 33 – 63867 – ℰ (06029) 9 98 80
– www.rueckersbacher-schlucht.com – geschl. Montag - Dienstagmittag und Freitagmittag
Rest – Menü 35 € – Karte 21/33 €
♦ In seinem Restaurant steht Chef Manfred Hock selbst am Herd (bisweilen ist er auch mit im Service) und kocht für seine Gäste Regionales; die Spezialität ist empfehlenswert: Lammfilet mit Kräuterkruste.

In Sailauf Nord-Ost: 8 km über B 26

Schlosshotel Weyberhöfe
✉ 63877 – ℰ (06093) 94 00 – www.weyberhoefe.de
40 Zim ⊒ – †165/205 € ††245/265 € – 2 Suiten
Rest *Schlossrestaurant* **Rest** *Carême* – siehe Restaurantauswahl
♦ Der ehemalige Gutshof von 1265 ist mit seinem historischen Charme der perfekte Ort für Hochzeiten - Kapelle und Standesamt inklusive! Schön: das hochwertige Vital Resort. Neben dem Schlossrestaurant hat man noch das Carême (hier klassische Menüs), die Vinothek und eine Brauerei.

Carême – Schlosshotel Weyberhöfe
✉ 63877 – ℰ (06093) 94 00 – www.weyberhoefe.de – geschl. Sonntag - Dienstag
Rest – (nur Abendessen) (Tischbestellung erforderlich) Menü 89/119 €
– Karte 44/65 €
♦ Das festliche Ambiente mit Spiegel und Gemälde in goldenen Barockrahmen, schimmernden Ornament-Tapeten, opulenten Kronleuchtern passt zum historischen Schloss.

Schlossrestaurant – Schlosshotel Weyberhöfe
✉ 63877 – ℰ (06093) 94 00 – www.weyberhoefe.de
Rest – Menü 24 € – Karte 42/54 €
♦ Trotz des historischen Schloss-Ambientes (freigelegte Sandsteinwände) ist dieses Lokal modern eingerichtet. Besonders angenehm ist es an wärmeren Tagen im imposanten Schloss-Innenhof. Kaffee und Kuchen, sonntags Brunch!

ASCHAU im CHIEMGAU – Bayern – 546 – 5 720 Ew – Höhe 615 m   66 N21
– Wintersport: 1 470 m ⇄1 ⇄8 ⇄ – Luftkurort
▶ Berlin 671 – München 82 – Bad Reichenhall 60 – Salzburg 64
ℹ Kampenwandstr. 38, ✉ 83229, ℰ (08052) 90 49 37, www.aschau.de

Residenz Heinz Winkler
Kirchplatz 1 – ✉ 83229 – ℰ (08052) 1 79 90 – www.residenz-heinz-winkler.de
33 Zim – †225/305 € ††250/330 € – 13 Suiten
Rest *Restaurant Heinz Winkler* ✿✿ – siehe Restaurantauswahl
♦ Rund 20 Jahre ist es her, dass Heinz Winkler das über 500-jährige Anwesen vor eindrucksvoller Bergkulisse zu seiner Residenz machte, die Luxus und Tradition vereint. Damals wie heute steht das Wohl des Gastes an erster Stelle.

Edeltraud garni
Narzissenweg 15 ✉ 83229 – ℰ (08052) 9 06 70 – www.hotel-edeltraud.de
16 Zim ⊒ – †39/83 € ††58/90 € – 1 Suite
♦ Ein nettes und sehr gepflegtes kleines Hotel. Im Sommer kann man beim Frühstück auf der Terrasse den Blick auf die Kampenwand genießen. Ein schöner Ausflug ist z. D. eine Radtour zum 6 km entfernten Chiemsee.

ASCHAU im CHIEMGAU

Alpengasthof Brucker
Schlossbergstr. 12 ✉ 83229 – ℰ (08052) 49 87 – www.gasthofbrucker.de
– geschl. 16. Januar - 18. Februar, 22. Oktober - 17. November
12 Zim ☐ – †30/38 € ††58/70 € – 1 Suite
Rest – *(geschl. Mittwoch - Donnerstag außer Feiertage)* Karte 13/24 €
♦ Traditionell bayerisch präsentiert sich der alteingesessene Gasthof mit seinen bis ins 17. Jh. zurückreichenden Wurzeln. Zu einem guten Preis bietet man solide und behagliche Zimmer. Ein schöner Biergarten vor dem Haus ergänzt die gemütlich-rustikalen Gaststuben.

Restaurant Heinz Winkler
Kirchplatz 1 ✉ 83229 – ℰ (08052) 1 79 90 – www.residenz-heinz-winkler.de
Rest – Menü 95/168 € – Karte 70/164 €
Spez. Parfait von Entenleber und Ingwer mit jungem Spinat in Himbeervinaigrette. Bresse Taubenbrust in Mandelöl gegart auf Artischockenmousseline mit Zitronenmelisse. Variation von Desserts „à la Residenz".
♦ Ihn als Galionsfigur zu bezeichnen, ist nicht zu hoch gegriffen, denn nur wenige haben sich so um die deutsche Gastronomie verdient gemacht wie Heinz Winkler! Gemeinsam mit Stefan Brandl pflegt er hier die klassische Küche. Der Service stimmig, traumhaft der Blick von der Terrasse.

ASCHEBERG – Nordrhein-Westfalen – 543 – 14 950 Ew – Höhe 63 m — 26 D10
▶ Berlin 470 – Düsseldorf 115 – Dortmund 50 – Hamm in Westfalen 24
🛈 Katharinenplatz 1, ✉ 59387, ℰ (02593) 63 24, www.ascheberg-marketing.de
⛳ Ascheberg-Herbern, Horn-Westerwinkel 7, ℰ (02599) 92 22
⛳ Nordkirchen-Piekenbrock, Am Golfplatz 6, ℰ (02596) 91 90

Goldener Stern
Appelhofstr. 5 ✉ 59387 – ℰ (02593) 9 57 60 – www.hotelgoldenerstern.de
– geschl. 20. Dezember - 4. Januar
19 Zim ☐ – †43/47 € ††70/75 €
Rest – *(geschl. Sonntag) (nur Abendessen)* Karte 21/33 €
♦ Ein kleines Hotel mit Familientradition, das gepflegte und funktional ausgestattete Gästezimmer zu fairen Preisen bietet. Praktisch ist die gute Autobahnanbindung. Nettes Restaurant mit ländlichem Charakter.

ASCHEBERG (HOLSTEIN) – Schleswig-Holstein – 541 – 3 230 Ew — 10 J3
– Höhe 36 m – Erholungsort
▶ Berlin 331 – Kiel 28 – Lübeck 62 – Neumünster 32

Seehotel Dreiklang (mit Gästehäusern)
Plöner Chaussee 21 (B 430) ✉ 24326
– ℰ (04526) 3 39 00 – www.seehotel-dreiklang.de
56 Zim ☐ – †93/140 € ††135/229 € – ½ P 21 €
Rest – Menü 25/54 € – Karte 24/36 €
♦ Das aus drei Gebäuden bestehende Hotel liegt direkt am See und bietet wohnliche, mit Pinienholzmöbeln eingerichtete Appartements, meist mit Seeblick, sowie ein eigenes Strandbad. Neuzeitlich gestaltetes Restaurant mit Wintergarten und Sicht zum See.

ASCHHEIM – Bayern – 546 – 7 460 Ew – Höhe 512 m — 66 M20
▶ Berlin 588 – München 14 – Kufstein 98 – Augsburg 79

Schreiberhof
Erdinger Str. 2 ✉ 85609 – ℰ (089) 90 00 60 – www.schreiberhof.de
87 Zim ☐ – †95/115 € ††115 €   **Rest** – *(geschl. August)* Karte 33/46 €
♦ Aus einem ehemaligen Gasthof ist das mit funktionellen Zimmern ausgestattete Hotel im Zentrum gewachsen. Als Tagungsraum dient u. a. ein lichtdurchfluteter Wintergarten. Verschiedene Restaurantstuben von gemütlich-rustikal bis stilvoll. Biergarten unter alten Bäumen.

ASCHHEIM

Gasthof zur Post
Ismaninger Str. 11 (B 471) ⊠ 85609 – ℰ (089) 9 00 48 00
– www.gasthofpost-aschheim.de
66 Zim ⌑ – †79/85 € ††99/105 € **Rest** – Karte 18/27 €
♦ Hier hat man den noch erhaltenen Teil eines früheren Gasthofs durch einen neuzeitlichen Hotelanbau ergänzt. Die Zimmer sind wohnlich und zeitgemäß ausgestattet. Regionale Küche im modern-rustikalen Restaurant.

In Aschheim-Dornach Süd-West: 2,5 km

Innside München Neue Messe
Humboldtstr. 12 (Gewerbegebiet-West) ⊠ 85609
– ℰ (089) 94 00 50 – www.innside.de
134 Zim ⌑ – †170/190 € ††199/220 € – 8 Suiten **Rest** – Karte 27/50 €
♦ Modernes Design begleitet Sie vom lichten Hallenbereich im Atriumstil bis in die freundlichen Gästezimmer - originell sind die frei stehenden Glasduschen. Bistroartiges Restaurant mit internationaler Küche.

ASPACH – Baden-Württemberg – siehe Backnang

ASPERG – Baden-Württemberg – 545 – 13 030 Ew – Höhe 270 m   55 G18
▶ Berlin 617 – Stuttgart 21 – Heilbronn 38 – Ludwigsburg 5

Adler
Stuttgarter Str. 2 ⊠ 71679 – ℰ (07141) 2 66 00 – www.adler-asperg.de
70 Zim – †105/135 € ††121/151 €, ⌑ 14 € – ½ P 27 €
Rest *Schwabenstube* ✿ **Rest** *Aguila* – siehe Restaurantauswahl
♦ Seit mehreren Generationen wird das erweiterte historische Fachwerkhaus von Familie Ottenbacher geleitet. Drei Themenzimmer hat man Daimler, Bosch und Porsche gewidmet.

Schwabenstube – Hotel Adler
Stuttgarter Str. 2 ⊠ 71679 – ℰ (07141) 2 66 00 – www.adler-asperg.de – geschl. Anfang Januar 1 Woche, 29. Mai - 9. Juni, August und Sonntag - Montag
Rest – Menü 29 € (mittags)/82 € – Karte 52/64 €
Spez. Gänseleberterrine mit Zimtblüten-Tuile, Entenschinken, Birnen-Tapioka und Mandelbrioche. Tranche vom Steinbutt mit Tomaten-Mangochutney, Muscheln, Purple-Curry, Lauch und Cannelloni. Aprikosenkompott unter der Blätterteighaube mit kaltem Grand Marnier-Schaum und Vanilleeiscreme.
♦ Klassisch, aber dennoch sehr modern gibt sich das Ambiente dieser feinen schwäbischen Adresse. Harald Derfuß bietet Ihnen eine Küche voller regionaler und internationaler Aromen. Ein aufmerksamer Service und eine gute Weinberatung runden das Ausgeh-Erlebnis ab.

Aguila – Hotel Adler
Stuttgarter Str. 2 ⊠ 71679 – ℰ (07141) 2 66 00 – www.adler-asperg.de – geschl. August und Samstag - Sonntagmittag sowie an Feiertagen
Rest – Karte 28/35 €
♦ Was hat Spanien mit Schwaben gemeinsam? Im "Aguila" das Essen! Denn hier gibt es entweder das eine oder das andere oder das Ganze als "Schwabbas" gemixt.

In Tamm Nord-West: 2,5 km

Historik Hotel Ochsen
Hauptstr. 40 ⊠ 71732 – ℰ (07141) 2 99 95 55 – www.ochsen-tamm.de
17 Zim ⌑ – †75/88 € ††98/106 € **Rest** – Menü 30/46 € – Karte 30/45 €
♦ Eine ansprechende weiß-graue Fachwerkfassade ziert den historischen Gasthof. Die Zimmer sind mit hellem Naturholz wohnlich eingerichtet, in einigen sind alte Holzbalken freigelegt. Regional speist man in der behaglichen Gaststube.

ATTENDORN – Nordrhein-Westfalen – 543 – 24 780 Ew – Höhe 255 m   37 E12
▶ Berlin 539 – Düsseldorf 131 – Siegen 41 – Lüdenscheid 37
🛈 Rathauspassage, ⊠ 57439, ℰ (02722) 48 97, www.attendorn.de
⛳ Attendorn-Niederhelden, Repetalstr. 220, ℰ (02721) 71 80 32
◉ Attahöhle ★

ATTENDORN

Rauch garni
Wasserstr. 6 ⊠ 57439 – ℰ (02722) 9 24 20 – www.hotel-rauch.de – geschl. 23. Dezember - 3. Januar
13 Zim ⌑ – †76/85 € ††96/106 € – 1 Suite
• In der Altstadt finden Sie das freundlich und engagiert geleitete kleine Hotel. Ein Stadthaus a. d. 17. Jh. mit individuellen Zimmern und nettem Frühstücksraum mit hübschem Balkon.

In Attendorn-Niederhelden Ost: 8 km über Helden

Landhotel Struck (mit Gästehaus)
Repetalstr. 245 ⊠ 57439 – ℰ (02721) 1 39 40 – www.landhotel-struck.de – geschl. 21. - 26. Dezember
49 Zim ⌑ – †49/83 € ††87/127 €   **Rest** – Karte 25/37 €
• Ein gemütlich-rustikaler Familienbetrieb mit individuell geschnittenen Zimmern; einfacher, aber ebenso gepflegt wohnt man im Gästehaus Margarete. Vital-Dampfdusche und Whirlwanne zum Entspannen. Gediegenes Restaurant und zwei gemütliche Stuben.

An der Straße nach Helden Ost: 3,5 km

Burghotel Schnellenberg
⊠ 57439 Attendorn – ℰ (02722) 69 40 – www.burg-schnellenberg.de – geschl. 2. - 6. Januar, 22. - 25. Dezember
42 Zim ⌑ – †95/165 € ††120/200 €   **Rest** – Menü 28/65 € – Karte 34/59 €
• Die imposante Burg über der Stadt ist eine ideale Tagungs- und Veranstaltungsadresse. Die Zimmer sind unterschiedlich geschnitten, geräumiger die schönen Turmzimmer. Saunabereich im Gewölbe. Einstiger Rittersaal als Restaurant, dazu die reizvolle Terrasse auf drei Ebenen.

AUE – Sachsen – **544** – 17 540 Ew – Höhe 350 m   **42** O13
▶ Berlin 295 – Dresden 122 – Chemnitz 35 – Zwickau 23
🛈 Goethestr. 5, ⊠ 08280, ℰ (03771) 28 11 25, www.aue.de

Blauer Engel
Altmarkt 1 ⊠ 08280 – ℰ (03771) 59 20 – www.hotel-blauerengel.de
39 Zim ⌑ – †65 € ††90/110 € – ½ P 25 € – 4 Suiten
Rest *Tausendgüldenstube* – **Rest** *St. Andreas* – siehe Restaurantauswahl
Rest *Lotters Wirtschaft* – Karte 13/24 €
• Hier hat man viel investiert und was das Haus mit der wiederhergestellten Gründerzeitfassade zu bieten hat, kann sich sehen lassen: Bei Familie Unger können Sie sich auf Zimmer in warmen Farben und modernen Formen freuen! Für Entspannung sorgen Beauty- und Massage-Behandlungen. Lotters Wirtschaft: Hausbrauerei mit Kupferkesseln und Backsteingewölbe.

XXX **St. Andreas** – Hotel Blauer Engel
Altmarkt 1 ⊠ 08280 – ℰ (03771) 59 20 – www.hotel-blauerengel.de – geschl. Januar 3 Wochen und an Sonn- und Feiertagen abends
Rest – (Montag - Samstag nur Abendessen) Menü 46/69 € – Karte 30/51 €
• Viel Aufwand wird für die ambitionierte Küche im Haus der Ungers betrieben! Sohn Benjamin steht am Herd, sein jüngerer Bruder Claudius ist im Service. Kerzenschein unterstreicht das festlich-elegante Ambiente des Restaurants.

X **Tausendgüldenstube** – Hotel Blauer Engel
Altmarkt 1 ⊠ 08280 – ℰ (03771) 59 20 – www.hotel-blauerengel.de – geschl. Januar 3 Wochen und an Sonn- und Feiertagen abends
Rest – (nur Abendessen) Karte 23/38 €
• Schon seit über 340 Jahren kehren hier die Gäste ein. Dank Kachelofen und Holzvertäfelung sowie persönlichem Service ist es heute ein gemütlicher Ort, an dem man zudem gut isst - nämlich sächsisch-regionale Spezialitäten!

AUENWALD – Baden-Württemberg – **545** – 6 930 Ew – Höhe 500 m 55 H18
▶ Berlin 601 – Stuttgart 39 – Heilbronn 53 – Esslingen am Neckar 42

In Auenwald-Däfern

%% **Landgasthof Waldhorn**
Hohnweilerstr. 10 ⊠ 71549 – ✆ (07191) 31 23 12 – www.waldhorn-daefern.de
– geschl. Mitte - Ende Januar, Ende September - Anfang Oktober und Dienstag
- Mittwoch
Rest – Menü 30/45 € – Karte 32/49 €
◆ Ländlich-eleganten Charme versprühen die Restauranträume, in denen man die Gäste freundlich und aufmerksam umsorgt. Aus guten, frischen Produkten bereitet man eine international beeinflusste klassische Küche. Hübsche Gartenterrasse.

AUERBACH (VOGTLAND) – Sachsen – **544** – 20 220 Ew 42 N13
– Höhe 460 m
▶ Berlin 305 – Dresden 147 – Gera 58 – Plauen 24
ℹ Schlossstr. 10, ⊠ 08209, ✆ (03744) 8 14 50

In Auerbach-Schnarrtanne Ost: 6 km Richtung Schönheide

%% **Renoir**
Schönheider Str. 235 ⊠ 08209 – ✆ (03744) 21 51 19 – www.restaurant-renoir.de
– geschl. Anfang Januar 1 Woche, Juli 2 Wochen und Sonntagabend - Montag
Rest – (Dienstag - Samstag nur Abendessen) (Tischbestellung ratsam)
Menü 31/36 € – Karte 26/44 €
◆ Der Familienbetrieb - inzwischen unter der Leitung des Sohnes - bietet saisonale Küche und eine gute Weinkarte. Das elegante Restaurant ist mit Gemälden nach dem Vorbild Renoirs geschmückt.

AUEROSE – Mecklenburg-Vorpommern – siehe Anklam

AUGGEN – Baden-Württemberg – **545** – 2 480 Ew – Höhe 264 m 61 D21
▶ Berlin 833 – Stuttgart 240 – Freiburg im Breisgau 35 – Basel 31

Zur Krone garni
Hauptstr. 6 ⊠ 79424 – ✆ (07631) 60 75 – www.hotelkroneauggen.de
32 Zim – †60/77 € ††84/129 €
◆ Vier Häuser und ein wunderschöner Garten mit Teich und alten Bäumen bilden dieses Anwesen. Die Zimmer in den Gartenhäusern sind geräumiger und teilweise mit offenem Holzgiebel besonders gemütlich. Behaglich ist das Kaminzimmer mit Bar im Kutscherhaus.

AUGSBURG – Bayern – **546** – 263 650 Ew – Höhe 494 m 57 K19
▶ Berlin 560 – München 68 – Ulm (Donau) 80
ADAC Fuggerstr. 11 Y
ℹ Rathausplatz 1 Z, ⊠ 86150, ✆ (0821) 50 20 70, www.augsburg-tourismus.de
⛳ Bobingen-Burgwalden, Engelshofer Str. 2, ✆ (08234) 56 21
⛳ Leitershofen, Deuringer Str. 20, ✆ (0821) 43 72 42
⛳ Gessertshausen, Weiherhof 4, ✆ (08238) 96 51 19
⛳ Lindauer Str. 56, ✆ (0821) 90 65 00

Veranstaltungen
14.-15. Januar: Moto Technica
19.-22. Januar: Jagen und Fischen
7.-9. Februar: RegioAgrar Bayern
10.-12. Februar: Baumesse
10.-12. Februar: Immobilientage
2.-10. April: AFA - Augsburger-Frühjahrs-Austellung
8.-10. Mai: Deutsche Baumpflegetage

◉ St. Anna-Kirche (Fuggerkapelle★) **B** - Fuggerei★ Y – Maximilianstraße★ –
St. Ulrich- und Afra-Kirche★ – Städtische Kunstsammlungen★ (Festsaal★★) **M¹** Z

Stadtplan auf der nächsten Seite

AUGSBURG

Amagasaki-Allee	X	2
Annastr.	Y	
Bahnhofstr.	YZ	
Bgm.-Ackermann-Str.	X	4
Bgm.-Fischer-Str.	Y	5
Dieselstr.	X	
Dominikanergasse	Z	8
Donauwörther Str.	X	10
Frauentorstr.	XY	12
Fuggerstr.	Y	13
Georg.-Haindl-Str.	X	14
Gesundbrunnenstr.	Y	15
Grottenau	Y	16
Hans-Böckler-Str.	X	17
Haunstetter Str.	Z	18
Hoher Weg	Y	
Karlstr.	Y	
Karolinenstr.	Y	22
Lechhauser Str.	XY	23
Leonhardsberg	Y	24
Margaretenstr.	Y	25
Maximilianstr.	Z	
Mittlerer Graben	X	27
Müllerstr.	X	28
Nagahama-Allee	X	29
Perlachberg	Y	32
Predigerberg	Y	33
Rathauspl.	Y	34
Sebastianstr.	X	35
Stadtbachstr.	X	36
Stephingerberg	Y	37
Unterer Graben	XY	39
Viktoriastr.	X	40
Vorderer Lech	Z	43
Wintergasse	Y	44

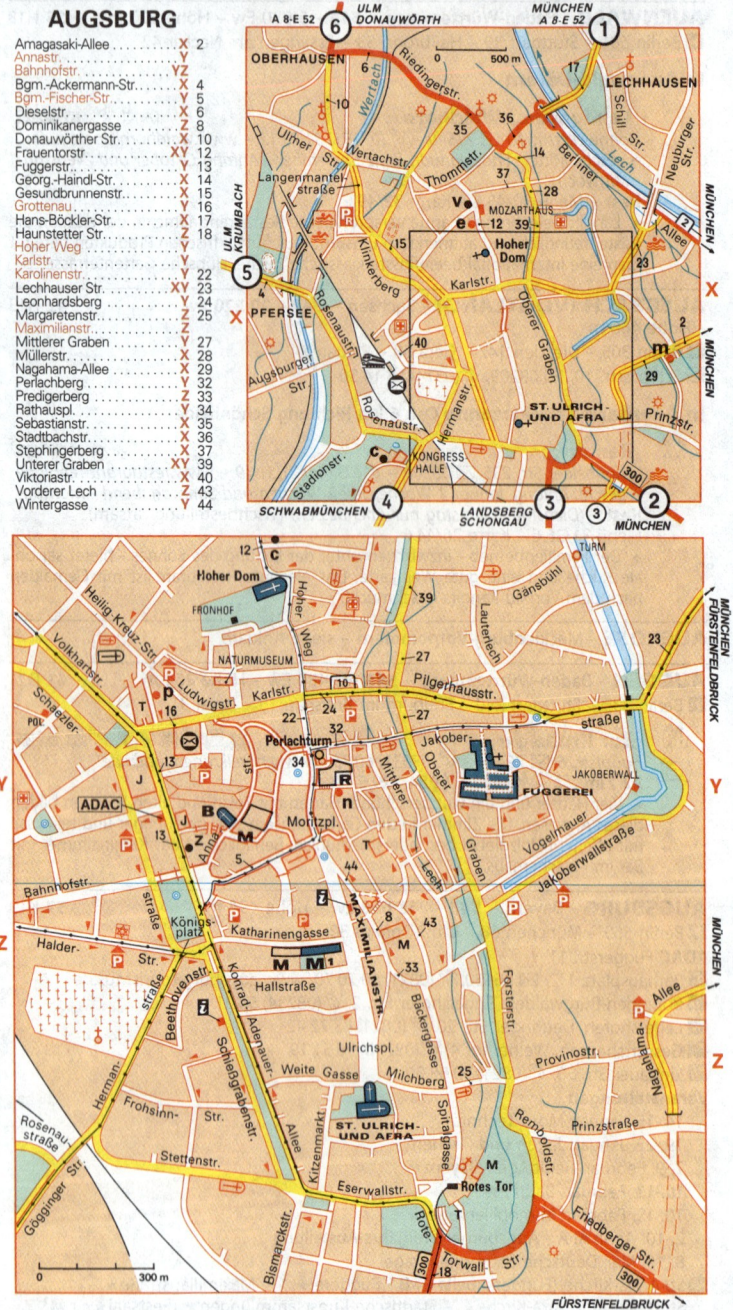

AUGSBURG

Dorint
Imhofstr. 12 ⊠ 86159 – ℰ (0821) 5 97 40 – www.dorint.com   **Xc**
184 Zim – †99/119 € ††119/150 €, ⊇ 18 € – ½ P 24 € – 1 Suite
Rest – Menü 25 € (mittags)/50 € – Karte 23/58 €

◆ Unmittelbar am Wittelsbacher Park liegt dieses als Turm erbaute Businesshotel mit modernem Wohnkomfort und direktem Zugang zur angrenzenden Kongresshalle. Internationales Speiseangebot im Restaurant.

Augsburger Hof
Auf dem Kreuz 2 ⊠ 86152 – ℰ (0821) 34 30 50 – www.augsburger-hof.de
36 Zim ⊇ – †95/115 € ††99/150 €   **Xv**
Rest *Augsburger Hof* – siehe Restaurantauswahl

◆ Eines der ältesten Gasthäuser Augsburgs ist dieses persönlich geführte Hotel, das seit über 30 Jahren von Familie Meder geleitet wird. Sehr schön und wohnlich sind die Romantikzimmer.

Dom-Hotel garni
Frauentorstr. 8 ⊠ 86152 – ℰ (0821) 34 39 30 – www.domhotel-augsburg.de
– geschl. Weihnachten - 10. Januar   **Yc**
57 Zim ⊇ – †73/83 € ††125/155 € – 9 Suiten

◆ In dem historischen Stadthaus beim Dom gelangt man über eine schöne schmiedeeiserne Treppe zu den Zimmern, Appartements und Maisonetten. Im Sommer Frühstück unter Kastanienbäumen.

Ost am Kö garni
Fuggerstr. 4 (Ecke Königsplatz) ⊠ 86150 – ℰ (0821) 50 20 40
– www.ostamkoe.de   **Yz**
49 Zim ⊇ – †79/119 € ††99/148 €

◆ In dem tipptopp gepflegten Familienbetrieb in der Innenstadt darf man sich auf freundliche Mitarbeiter und ein appetitliches Frühstück freuen. Parken können Sie günstig im Parkhaus Annahof.

August (Christian Grünwald)
Frauentorstr. 27 ⊠ 86152 – ℰ (0821) 3 52 79 – geschl. Januar 1 Woche, über Ostern 1 Woche, Ende August - Anfang September und Sonntag - Dienstag
Rest – (nur Abendessen) (Tischbestellung erforderlich)   **Xe**
Menü 115/129 €
Spez. Hummer / Grünes Olivenpraliné / Joghurtcrisp / Schwarzer Knoblauchrahm / Rosenblüte / Frische Mandel. Gemüsesaftblätterkrokant / Foie Gras Imitation / Gegrillter Zander von hier / Limonenkaviar. "CAT ICE" / Waldmeisterschnee / Geeister schwarzer Sesam-Nougat / Paprika-Konfekt.

◆ Lassen Sie sich ein auf ein kreatives, innovatives, spannendes und fast schon gewagtes Spiel mit Texturen und Aromen, das bei Christian Grünwald - wie wohl bei keinem Zweiten - eine wahrhaft künstlerische Form annimmt! Ein Highlight ganz anderer Art: die Dachterrasse.

Haupt im Prinz Karl Palais
Schertlinstr. 23, (Zufahrt über Gögginger Straße Z und Max-Gutmann-Straße)
⊠ *86159 – ℰ (0821) 5 89 84 75 – www.restaurant-haupt.de*
– geschl. Sonntagabend
Rest – Menü 23 € (mittags)/77 € – Karte 24/50 €

◆ Vielfältig ist hier das Angebot: von bürgerlich bis zum Degustationsmenü, vom Milchkalb bis zum Wolfsbarsch mit Holzkohleöl und Auberginenkaviar! Schön hat man es dabei unter dem tollen Kreuzgewölbe oder auf der Gartenterrasse mit Blick ins Grüne. Mittagstisch auch zum Abholen.

Magnolia
Beim Glaspalast 1 ⊠ 86153 – ℰ (0821) 3 19 99 99
– www.restaurant-magnolia.de – geschl. Samstagmittag   **Xm**
Rest – Menü 17 € (mittags)/83 € – Karte 32/51 €

◆ Ein Essen hier (man kocht mit mediterranem Einschlag - und es schmeckt!) lässt sich wunderbar mit dem Besuch des Kunstmuseums oder des "tim" verbinden. Empfangen wird man vom "fleischigen Lieschen", einer imposanten Holzstatue! Beliebt: der Mittagslunch.

AUGSBURG

XX Papageno VISA ⊙⊙ ①
Theaterstr. 8 ⊠ 86152 – ℰ (0821) 9 07 64 64 – www.papageno-restaurant.de
– geschl. Montag **Yp**
Rest – Menü 27 € (mittags)/35 € – Karte 23/37 €
Rest *Papageno's Gourmet* – *(nur Abendessen)* Menü 39/69 € – Karte 45/57 €
♦ Sie finden dieses Restaurant in der Innenstadt direkt neben dem Theater. In freundlichem Ambiente reicht man eine bürgerlich und international ausgelegte Karte. Papageno's Gourmet im Wintergarten mit modern beeinflusster klassischer Küche.

XX Die Ecke 🌞 ⇔ VISA ⊙⊙ AE ①
Elias-Holl-Platz 2 ⊠ 86150 – ℰ (0821) 51 06 00 – www.restaurant-die-ecke.de
Rest – Menü 35/68 € – Karte 42/77 € **Yn**
♦ Das "Eckehaus" von 1577 ist eine Institution in Augsburg. Klassische Einrichtung und moderne Bilder bestimmen das Ambiente. Lauschig ist die kleine Terrasse hinter dem Haus.

XX Augsburger Hof – Hotel Augsburger Hof 🌞 VISA ⊙⊙ AE ①
Auf dem Kreuz 2 ⊠ 86152 – ℰ (0821) 34 30 50 – www.augsburger-hof.de
– geschl. 1. - 5. Januar **Xv**
Rest – Menü 24 € – Karte 24/48 €
♦ Beim Betreten des Restaurants fällt gleich die gelungene Melange aus Tradition und Moderne auf. Besonders begehrt ist im Sommer die mediterrane Terrasse im kleinen überdachten Innenhof. Drinnen wie draußen serviert man gute regionale Küche!

In Augsburg-Göggingen über Gögginger Straße Z: 4 km

🏨 Villa Arborea garni 🚗 🐾 ⚙ ⁽¹⁾ P VISA ⊙⊙ AE ①
Gögginger Str. 124 ⊠ 86199 – ℰ (0821) 90 73 90 – www.hotel-villa-arborea.de
– geschl. 24. Dezember - 6. Januar
20 Zim ⛳ – †73/89 € ††93/108 € – 1 Suite
♦ Der Name der 1935 erbauten Villa (lat. "arbor" = "Baum") nimmt Bezug auf den wunderschönen Garten - wer möchte hier nicht frühstücken? Man spürt im Haus das Engagement der Familie Dey!

XX Walter's 🌞 VISA ⊙⊙ ①
Klausenberg 6, (1. Etage) ⊠ 86199 – ℰ (0821) 8 10 88 10
– www.waltersrestaurant.de – geschl. August und Montag - Dienstag
Rest – *(nur Abendessen)* Menü 32/79 € – Karte 36/47 €
♦ Ein schön restauriertes historisches Gebäude mit klassischem Interieur, nebenan Theater und Kurhaus. Zwei Menüs: österreichisch beeinflusst oder "nach Laune" ("cuisine d'envie").

In Augsburg-Oberhausen über Dieselstraße X: 2,5 km

🏠 Alpenhof (mit Gästehaus) 🚗 🌞 🔳 🐾 🍴 ♨ P VISA ⊙⊙ AE
Donauwörther Str. 233 ⊠ 86154 – ℰ (0821) 4 20 40 – www.alpenhof-hotel.de
130 Zim ⛳ – †78/120 € ††109/174 € **Rest** – Menü 18/45 € – Karte 25/58 €
♦ Gerne wird die aus drei Gebäuden bestehende Hotelanlage mit guter Verkehrsanbindung für Tagungen genutzt. Die Zimmer sind recht unterschiedlich, die modernsten sind die "Burgfeuer"-Zimmer. Speisen kann man international oder regional.

AUGUSTUSBURG – Sachsen – 544 – 4 990 Ew – Höhe 460 m 42 O13
▶ Berlin 260 – Dresden 96 – Chemnitz 21 – Zwickau 52
🛈 Marienberger Str. 24, ⊠ 09573, ℰ (037291) 3 95 50, www.augustusburg.de
◉ Schloss Augustusburg ★★

🏠 Café Friedrich ⚘ 🌞 ⁽¹⁾ P 🍽 VISA ⊙⊙ ①
Hans-Planer-Str. 1 ⊠ 09573 – ℰ (037291) 66 66 – www.cafe-friedrich.de – geschl.
7. Februar - 2. März und 22. Juli - 8. August
11 Zim ⛳ – †44/49 € ††60/75 € **Rest** – Karte 12/29 €
♦ Stattliches Villengebäude in hübscher ruhiger Lage, das seit 100 Jahren in Familienbesitz ist. Die Zimmer sind nach Orten der Region benannt - Tipp: Zimmer "Scharfenstein". Restaurant im Café-Stil mit bürgerlicher Küche. Eigene Konditorei.

AUMÜHLE – Schleswig-Holstein – 541 – 3 030 Ew – Höhe 30 m 10 J5
▶ Berlin 266 – Kiel 104 – Hamburg 33 – Lübeck 57

Waldesruh am See
Am Mühlenteich 2 ⊠ 21521 – ℘ (04104) 6 95 30 – www.waldesruh-am-see.de
12 Zim ⊇ – †62/74 € ††90/115 €
Rest – *(geschl. Dienstag)* Menü 27/42 € – Karte 27/46 €
♦ Das hübsche Haus an dem kleinen See diente bereits 1763 als Jagdschloss. Heute finden sich hier individuelle Gästezimmer, die mit diversen Antiquitäten versehen sind. Das Restaurant: gemütlich-historisches Jagdzimmer und verschiedene schöne Räume für Feierlichkeiten.

XX Fürst Bismarck Mühle mit Zim
Mühlenweg 3 ⊠ 21521 – ℘ (04104) 20 28 – www.bismarckmuehle.de – geschl. Mittwoch, außer an Feiertagen
7 Zim ⊇ – †65/75 € ††99 € **Rest** – Menü 59 € – Karte 24/59 €
♦ Ein geschmackvoll, leicht rustikal eingerichtetes Restaurant mit reizvoller Gartenterrasse erwartet Sie in der ehemaligen Mühle an einem kleinen See. Individuell gestaltete Gästezimmer.

AURICH (OSTFRIESLAND) – Niedersachsen – 541 – 40 500 Ew 7 D5
– Höhe 6 m
▶ Berlin 506 – Hannover 241 – Emden 26 – Oldenburg 70
ADAC Esenser Str. 122a
🛈 Norderstr. 32, ⊠ 26603, ℘ (04941) 44 64, www.aurich-tourismus.de

Hochzeitshaus garni
Bahnhofstr. 4 ⊠ 26603 – ℘ (04941) 60 44 60 – www.hochzeitshaus-aurich.de
14 Zim ⊇ – †80/95 € ††105/155 €
♦ Die im 19. Jh. als Bürgermeisterhaus erbaute Villa mit der weißen Fassade befindet sich beim Stadtwall. Die Zimmer sind individuell und sehr geschmackvoll, einige davon im Kutscherhaus.

In Aurich-Wallinghausen Ost: 3 km

Köhlers Forsthaus
Hoheberger Weg 192 ⊠ 26605 – ℘ (04941) 1 79 20 – www.koehlers-forsthaus.de
50 Zim ⊇ – †69/99 € ††109/199 € – 1 Suite **Rest** – Karte 29/63 €
♦ In dem familiengeführten Hotel stehen unterschiedlich gestaltete Zimmer, ein schöner Garten sowie ein ansprechender Sauna- und Ruhebereich mit Kosmetik und Massage zur Verfügung. Von den Gasträumen blicken Sie ins Grüne. Mit kleiner Bar und Kaminzimmer.

In Aurich-Ogenbargen Nord-Ost: 13 km über B 210 Richtung Wilhelmshaven

Landgasthof Alte Post
Esenser Str. 299 (B 210) ⊠ 26607 – ℘ (04947) 50 97 90
– www.landgasthof-alte-post.de
61 Zim ⊇ – †50 € ††90 € **Rest** – Karte 13/33 €
♦ Die Zimmer in dem regionstypischen Hotel mit Reetdach sind wohnlich und zeitgemäß eingerichtet, darunter einige mit Balkon sowie fünf Themenzimmer. Auch Beauty und Massage werden angeboten. Bürgerliche Gaststube mit elegant-rustikalen Nebenräumen.

AYING – Bayern – 546 – 4 400 Ew – Höhe 610 m – Wintersport: ⛷ 66 M20
▶ Berlin 613 – München 29 – Rosenheim 34
🛈 Schloss Egmating, Schlossstr. 15, ℘ (08095) 9 08 60

Brauereigasthof Aying
Zornedinger Str. 2 ⊠ 85653 – ℘ (08095) 90 65 0 – www.ayinger.de
48 Zim ⊇ – †98/250 € ††150/280 € – 2 Suiten
Rest *Brauereigasthof Aying* ⊛ – siehe Restaurantauswahl
♦ Dem Gast präsentiert sich ein liebevolles Zusammenspiel aus jahrhundertealter bayerischer Tradition und Gegenwart, feinfühlig im ganzen Haus inszeniert. Die Zimmer im denkmalgeschützten Herrenhaus sind im exklusiven Landhausstil eingerichtet, hier hat man zudem eine Bibliothek.

AYING

Brauereigasthof Aying – Hotel Brauereigasthof Aying
Zornedinger Str. 2 ⌂ 85653 – ℰ (08095) 9 06 50 – www.ayinger.de
Rest – Karte 32/53 €
* Sofort erliegt man hier dem herrlichen bayerischen Wirtshauscharme! Mit viel Gespür für schöne Dinge schuf man vor den Toren Münchens dieses Refugium der Gastlichkeit. Bestellen Sie doch mal den Rücken vom Rehbock mit Schwammerlsauce.

BAABE – Mecklenburg-Vorpommern – siehe Rügen (Insel)

BACHARACH – Rheinland-Pfalz – 543 – 1 990 Ew – Höhe 70 m   46 D15
▶ Berlin 615 – Mainz 50 – Bad Kreuznach 35 – Koblenz 50
🄸 Oberstr. 45, ⌂ 55422, ℰ (06743) 91 93 03
 Lage ★

Altkölnischer Hof
Blücherstr. 2 ⌂ 55422 – ℰ (06743) 13 39 – www.altkoelnischer-hof.de – geschl. November - März
19 Zim – †50/85 € ††78/130 €   **Rest** – Menü 14/23 € – Karte 21/42 €
* Ein restauriertes historisches Fachwerkhaus beherbergt diesen gut geführten Familienbetrieb. Sehr gepflegt sind die mit Naturholzmöbeln wohnlich eingerichteten Zimmer. Rustikales Restaurant mit bürgerlichem Angebot.

In Bacharach-Henschhausen Nord-West: 4 km

Landhaus Delle
Gutenfelsstr. 16 ⌂ 55422 – ℰ (06743) 17 65 – www.landhaus-delle-hotel.com – geschl. November - April
8 Zim – †120/130 € ††165/185 € – 1 Suite
Rest – (geschl. Sonntag - Montag) (nur Abendessen) (Tischbestellung erforderlich) Menü 59/75 €
* Der kleine Familienbetrieb oberhalb des Rheins hat keinen typischen Hotelcharakter, er besticht vielmehr durch seine private Atmosphäre und die persönliche Gästebetreuung sowie geräumige wohnliche Zimmer und eine schöne Gartenanlage. Klassische Küche und eine bemerkenswerte Weinauswahl erwarten Sie im Restaurant.

Ein wichtiges Geschäftsessen oder ein Essen mit Freunden? Das Symbol ⇔ weist auf Veranstaltungsräume hin.

BACKNANG – Baden-Württemberg – 546 – 35 420 Ew – Höhe 271 m   55 H18
▶ Berlin 589 – Stuttgart 36 – Heilbronn 36 – Schwäbisch Hall 37
🄸 Am Rathaus 1, ⌂ 71522, ℰ (07191) 89 42 56, www.backnang.de

Gerberhof garni
Wilhelmstr. 16 ⌂ 71522 – ℰ (07191) 97 70 – www.gerberhof-backnang.com
42 Zim – †65/75 € ††89/95 €
* Das Businesshotel mit zeitgemäßen Zimmern liegt nicht weit von der Innenstadt. Hübsch ist der ruhige begrünte Innenhof, in dem man im Sommer auch frühstücken kann.

Bitzer garni
Eugen-Adolff-Str. 29 ⌂ 71522 – ℰ (07191) 9 63 35 – www.hotel-bitzer.de
32 Zim – †55/69 € ††82/92 €
* In dem gut gepflegten Hotel unter familiärer Leitung wohnt man in freundlichen, funktionalen Zimmern. Der Frühstücksraum wird im Sommer durch eine kleine Terrasse ergänzt.

BACKNANG

XX **Backnanger Stuben** (Sascha Wolter) 🈯 ♿ AC ⇔ P VISA ⓒ
❀ *Bahnhofstr. 7 ⊠ 71522 – ℰ (07191) 9 12 79 37*
– *www.backnanger-stuben.de*
– *geschl. 1. - 8. Januar und Dienstag*
Rest – Menü 34/39 € – Karte 33/62 €
Spez. Tatar vom hausgemachten Thunfischschinken mit Apfel, geeistem Koriander und Sauerkrautgelee. Zander mit angeräuchertem Wurzelgemüse, Meerrettichsauce und Bratkartoffelcannelloni. Reh im Sud exotischer Gewürze, mit Mango, Pfefferrübchen und Amaranth.
♦ Hier spiegelt sich die Vielfalt der Gäste wider: Zum einen der gestalterische Mix aus Tradition und einem Hauch Moderne, zum anderen mischt Sascha Wolter kreative und klassische Küche, lässt aber auch Bewährtes aus Schwaben nicht vermissen! Letzteres am Abend auch in der Weinbar.

XX **Schürers Restaurant Tafelhaus** 🈯 VISA ⓒ AE
Schillerstr. 6 ⊠ 71522 – ℰ (07191) 90 27 77
– *www.restaurant-tafelhaus.de*
– *geschl. Ende August - Anfang September 2 Wochen und Sonntag sowie an Feiertagen*
Rest – Menü 33 € (mittags)/99 € – Karte 34/81 €
♦ Ein Restaurant mit schönem Gewölbekeller, hübscher Stube und moderner Lounge in einem schmucken Fachwerkhaus a. d. 18. Jh. Mittags: ein Menü und Tagesessen zu fairen Preisen.

In Aspach-Großaspach Nord-West: 4 km, jenseits der B 14

XX **Lamm** ⇔ P VISA ⓒ
Hauptstr. 23 ⊠ 71546 – ℰ (07191) 2 02 71 – www.lamm-aspach.de
– *geschl. Sonntagabend - Montag*
Rest – Menü 35 € (mittags)/60 € – Karte 33/57 €
♦ Der Gasthof in der Ortsmitte beherbergt im 1. Stock eine behagliche rustikale Stube mit Holztäfelung, in der man Ihnen schmackhafte regionale Speisen bietet.

BAD...

siehe unter dem Eigennamen des Ortes (z. B. Bad Orb siehe Orb, Bad)
see under second part of town name (e.g. for Bad Orb see under Orb, Bad)

BADEN-BADEN – Baden-Württemberg – **545** – 54 500 Ew   **54** E18
– Höhe 181 m – Heilbad

▶ Berlin 709 – Stuttgart 112 – Karlsruhe 38 – Freiburg 112
ADAC Gewerbepark Cité 22 (über Europastraße AX)
🛈 Kaiserallee 3 BY, ⊠ 76530, ℰ (07221) 27 52 00, www.baden-baden.com
🛈 Schwarzwaldstr. 52 AX, ⊠ 76530, ℰ (07221) 27 52 00
⛳ Baden-Baden, Fremersbergstr. 127, ℰ (07221) 2 35 79
Veranstaltungen
19.-25. Mai: Frühjahrsmeeting
25. August-2. September: Große Woche
19.-21. Oktober: Sales & Racing Festival
🔵 Lichtentaler Allee★★ BZ – Kurhaus★ BZ – Museum Frieder Burda★★ (Stadtmuseum★) BZ – Stiftskirche (Sandsteinkruzifix★) CY – Römische Badruinen (Friedrichsbad)★ CY
🟢 Ruine Yburg★ ※★★ über Fremersbergstraße AX – Merkur ≼★ AX – Badische Weinstraße★★ – Schwarzwaldhochstraße★★★ (Höhenstraße von Baden-Baden bis Freudenstadt)

Stadtplan auf der nächsten Seite

107

BADEN-BADEN

Bertholdstr.	**AX** 4
Beuerner Str.	**AX** 2
Burgstr.	**BY** 3
Eichstr.	**CZ** 6
Europastr.	**AX** 7
Gernsbacher Str.	**BCY** 8
Geroldsauer Str.	**AX** 9
Goethepl.	**BZ** 10
Gunzenbachstr.	**AX** 13
Hauptstr.	**AX** 15
Herchenbachstr.	**AX** 16
Hirschstr.	**BY** 18
Kaiser-Wilhelm-Str.	**AX, BZ** 19
Katzensteinstr.	**AX** 22
Konrad-Adenauer-Pl.	**BZ** 23
Kreuzstr.	**BZ** 24
Lange Str.	**AX, BY** 25
Leopoldstr.	**AX** 26
Lichtentaler Str.	**AX, CZ** 28
Ludwig-Wilhelm-Pl.	**CZ** 30
Luisenstr.	**BY**
Markgrafenstr.	**CZ** 32
Marktpl.	**CY** 33
Merkurstr.	**CZ** 35
Moltkestr.	**AX** 36
Prinz-Weimar-Str.	**CY** 38
Rheinstr.	**AX** 39
Sonnenpl.	**CY** 42
Sophienstr.	**CY**
Steinstr.	**CY** 43
Werderstr.	**AX** 45
Willy-Brandt-Pl.	**CY** 47

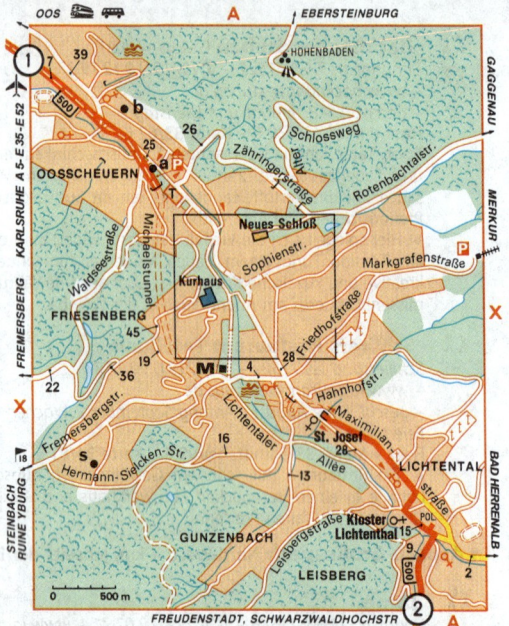

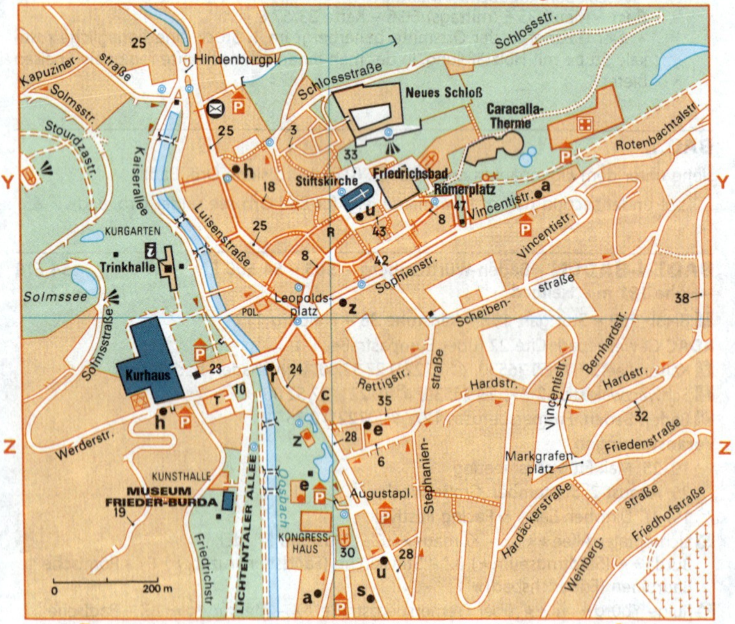

BADEN-BADEN

Brenners Park-Hotel & Spa
Schillerstr. 4 ⊠ 76530 – ℰ (07221) 90 00
– www.brenners.com BZ**a**
100 Zim – †245/395 € ††355/590 €, ⊆ 30 € – 12 Suiten
Rest *Brenners Park-Restaurant* ❀❀ **Rest** *Wintergarten* – siehe
Restaurantauswahl
♦ Ein klassisches Grandhotel mit stilvoll-luxuriöser Einrichtung in unterschiedlichen Zimmerkategorien sowie repräsentativen Veranstaltungsräumen. Edel ist der Spa mit japanisch inspiriertem "Kanebo Harmonising & Care" und exklusiver Spa Suite.

Dorint Maison Messmer
Werderstr. 1 ⊠ 76530 – ℰ (07221) 3 01 20
– www.dorint.com/baden-baden BZ**h**
156 Zim ⊆ – †183/373 € ††237/427 € – ½ P 36 € – 10 Suiten
Rest *J.B. Messmer* – siehe Restaurantauswahl
Rest *Theaterkeller* – Karte 31/49 €
♦ Das Hotel neben Theater und Kasino/Kurhaus vereint Tradition und Moderne. Schöne elegante Zimmer in Pastelltönen, dazu hochwertige Wellness-Anwendungen in geschmackvollem Ambiente.

Belle Epoque garni
Maria-Viktoria-Str. 2c ⊠ 76530 – ℰ (07221) 30 06 60
– www.hotel-belle-epoque.de CZ**s**
20 Zim ⊆ – †170/235 € ††225/299 € – 3 Suiten
♦ Eine Villa von 1874 mit Nebengebäude und hübschem kleinem Park. In den liebevoll, individuell und mit persönlicher Note gestalteten Zimmern finden sich wunderschöne antike Einzelstücke. Ebenso stilvoll: der Frühstücksraum mit Kamin. Sehr guter Service.

Aqua Aurelia Suitenhotel
Vincentistr. 1 ⊠ 76530 – ℰ (07221) 1 83 30 – www.aquaaurelia.de CY**a**
46 Zim – †170/290 € ††170/290 €, ⊆ 16 € – 31 Suiten
Rest – Karte 21/43 €
♦ Das Hotel am Altstadtrand ist unterirdisch mit der gegenüberliegenden Caracalla-Therme verbunden. Die Juniorsuiten und Suiten sind modern-elegant und technisch hochwertig ausgestattet.

Am Sophienpark
Sophienstr. 14 ⊠ 76530 – ℰ (07221) 35 60 – www.hotel-am-sophienpark.de
73 Zim ⊆ – †99/195 € ††160/270 € – 5 Suiten CY**z**
Rest – *(nur Abendessen für Hausgäste)*
♦ In einem 4000 qm großen Park mitten im Zentrum steht das Hotel a. d. J. 1733 mit seinem sehenswerten denkmalgeschützten Treppenhaus. Wohnliche Zimmer in angenehmen Tönen.

Atlantic Parkhotel
Goetheplatz 3 ⊠ 76530 – ℰ (07221) 36 10 – www.atlantic-parkhotel.de
53 Zim ⊆ – †105/142 € ††159/240 € – ½ P 25 € BZ**r**
Rest – Karte 34/44 €
♦ Klassische Zimmer, farblich angenehm warm gestaltet, bietet das Hotel an der Oos vis-à-vis der Lichtentaler Allee. In der stilvollen Kaminhalle spürt man die lange Tradition des Hauses a. d. J. 1836. Restaurant mit mediterranem Touch und Terrasse am Flussufer mit Blick ins Grüne.

Batschari Suite Hotel
Mozartstr. 8 ⊠ 76530 – ℰ (07221) 97 39 90 – www.batschari-hotel.de
69 Zim – †79/119 € ††99/149 €, ⊆ 10 € – ½ P 22 € – 44 Suiten AX**b**
Rest – *(nur Abendessen für Hausgäste)*
♦ In dem imposanten denkmalgeschützten Gebäude der ersten Zigarettenfabrik Europas befinden sich heute moderne, wertige Suiten und Juniorsuiten. Lounge-Bar in klarem Stil.

BADEN-BADEN

Der Kleine Prinz
Lichtentaler Str. 36 ⊠ 76530 – ℰ (07221) 34 66 00 – www.derkleineprinz.de
40 Zim ⊇ – †139/199 € ††199/299 € – ½ P 50 € – 8 Suiten   CZu
Rest *Der Kleine Prinz* – siehe Restaurantauswahl

♦ Ein Haus mit ganz persönlicher Note, das mit vielen Antiquitäten äußerst wohnlich und geschmackvoll eingerichtet ist. Die namengebende Erzählung von Antoine de Saint-Exupéry findet sich in zahlreichen Motiven wieder.

Merkur
Merkurstr. 8 ⊠ 76530 – ℰ (07221) 30 30 – www.hotel-merkur.com   CZe
32 Zim ⊇ – †79/129 € ††109/199 € – ½ P 21 € – 2 Suiten
Rest *Sterntaler* – ℰ (07221) 30 33 00 *(geschl. Montag) (nur Abendessen)*
Menü 21/46 € – Karte 25/47 €

♦ Das zentral gelegene Hotel überzeugt mit sehr modernen und wohnlichen Gästezimmern in warmen Farben. Zur guten technischen Ausstattung zählt auch kostenfreies W-Lan. Freundlich und geradlinig hat man das Restaurant Sterntaler gestaltet.

Bad-Hotel Zum Hirsch
Hirschstr. 1 ⊠ 76530 – ℰ (07221) 93 90 – www.heliopark-hirsch.de   BYh
71 Zim ⊇ – †95/175 € ††135/245 € – ½ P 30 € – 1 Suite
Rest *Cristal* – *(nur Mittagessen)* Karte 20/42 €

♦ In dem traditionsreichen Haus in der Fußgängerzone erwarten Sie individuell und teils recht aufwändig eingerichtete Zimmer - in einigen Bädern fließt Thermalwasser. Restaurant Cristal mit beeindruckender Stuckdecke.

Tannenhof
Hans-Bredow-Str. 20 ⊠ 76530 – ℰ (07221) 30 09 90
– www.hotel-tannenhof-baden-baden.de   AXs
27 Zim ⊇ – †84/108 € ††118/158 € – ½ P 20 €
Rest *Piemonte* – *(geschl. 30. Juli - 12. August und Samstagmittag,*
Sonntag sowie an Feiertagen) Karte 24/43 €

♦ Die ruhige Lage auf dem Gelände des SWR sowie gepflegte Zimmer in den Kategorien Standard und Komfort (teilweise mit Balkon und schöner Aussicht) sprechen für dieses Hotel. Italienisches Speiseangebot im Restaurant Piemonte mit netter Terrasse.

Holiday Inn Express garni
Lange Str. 93 ⊠ 76530 – ℰ (07221) 9 73 50 – www.hiexpress.com/baden-baden
108 Zim ⊇ – †95/180 € ††95/180 €   AXa

♦ Das Hotel nahe der Innenstadt ist mit seinen modern gestalteten und technisch funktionell ausgestatteten Zimmern besonders auf Businessgäste ausgelegt.

Am Markt garni
Marktplatz 18 ⊠ 76530 – ℰ (07221) 2 70 40 – www.hotel-am-markt-baden.de
– geschl. 14. - 26. Dezember   CYu
23 Zim ⊇ – †46/75 € ††85/90 €

♦ In dem etwas oberhalb der Fußgängerzone gelegenen Altstadthaus, das schon im 18. Jh. als Gasthaus genutzt wurde, bieten zwei sympathische Schwestern sehr individuelle Zimmer.

Brenners Park-Restaurant – Brenners Park-Hotel
ඡඡ *Schillerstr. 4 ⊠ 76530 – ℰ (07221) 90 00*
– www.brenners.com – geschl. 23 Januar - 22 Februar und Montag - Dienstag
Rest – *(nur Abendessen)* Menü 95/120 € – Karte 93/131 €   BZa
Spez. Brust, Essenz und Praliné von der Etouffée - Taube mit Olive, Orange und weißer Bohnencreme. Tranche vom Pfälzer Lammrücken mit Fenchel-Kräuterkruste, Salzzitronenjus, Paprika, Zucchini, Aubergine. Filet vom geangelten Steinbutt, Kalbsschwanzjus mit Salzzitrone, Lauch, Hanfsamen und Bulgur.

♦ Schnörkel und Schnickschnack sind nicht seine Welt, vielmehr setzt Andreas Krolik mit bemerkenswertem handwerklichem Können auf Geradlinigkeit und das Produkt an sich - und er bleibt dabei seiner klassischen Küche treu. Sollten Sie einen der begehrten Fensterplätze haben, ist der Genuss dank Parkblick nochmal so groß.

BADEN-BADEN

XXX Le Jardin de France (Stéphan Bernhard)
Lichtentaler Str. 13 ✉ *76530* – ✆ *(07221) 3 00 78 60* – *www.lejardindefrance.de*
– geschl. 1. - 8. Januar, 19. - 27. Februar, August 1 Woche und Sonntag - Montag, außer an Feiertagen **BZc**
Rest – (Tischbestellung ratsam) Menü 32/90 € – Karte 59/90 €
Spez. Tatar vom Irish Beef nach Art des Hauses. Suprême vom Atlantik Steinbutt, Artischocken Poivrade, Taggiasca Oliven und Lorbeerbouillon. Warmes Soufflé mit Früchten der Jahreszeit.
• In bester Lage finden Sie, etwas versteckt im Innenhof eines prächtigen Gründerzeitgebäudes, diese Stätte kulinarischer Freuden. Der Patron (er ist Franzose), bezieht fast alle Produkte aus seiner Heimat und kreiert daraus klassische Finessen, die er zeitgemäß interpretiert.

XXX J.B. Messmer – Hotel Dorint Maison Messmer
Werderstr. 1 ✉ *76530* – ✆ *(07221) 3 01 20* – *www.dorint.com/baden-baden*
– geschl. Sonntag - Montag **BZh**
Rest – (nur Abendessen) Menü 35/85 € – Karte 42/64 €
• Über eine große Treppe im Foyer erreicht man das Restaurant des Hauses, in dem man die Vorliebe für zeitlose, schlichte Eleganz nicht nur an dem Schachbrettboden oder dem Stierporträt von Alexander Danov erkennt.

XX Medici
Augustaplatz 8 ✉ *76530* – ✆ *(07221) 20 06* – *www.medici.de* **BZe**
Rest – (nur Abendessen) (Tischbestellung ratsam) Menü 55/89 € – Karte 51/78 €
• Hier sind Restaurant, Wintergarten und Sushi-Raum sowie Bar, Zigarrenkabinett und Internet-Lounge unter einem Dach vereint. Geboten wird ambitionierte internationale Küche.

XX Wintergarten – Brenners Park-Hotel & Spa
Schillerstr. 4 ✉ *76530* – ✆ *(07221) 90 00* – *www.brenners.com* **BZa**
Rest – Karte 46/69 €
• Die Mischung aus Klassik und Moderne macht den Stil des viktorianischen Wintergartens lebendig. Einzigartig berauschend der freie Blick auf die weltberühmte Lichtentaler Allee.

XX Der Kleine Prinz – Hotel Der Kleine Prinz
Lichtentaler Str. 36 ✉ *76530* – ✆ *(07221) 34 66 00* – *www.derkleineprinz.de*
Rest – Menü 64/79 € – Karte 59/66 € **CZu**
• Ein Blick in das kleine intime Restaurant erinnert spontan an eine Puppenstube. Klassisch-elegantes Mobiliar, barocke Spiegel, Skizzen vom "Kleinen Prinzen" an den Wänden unterstreichen den Eindruck.

X Rizzi
Augustaplatz 1 ✉ *76530* – ✆ *(07221) 2 58 38* – *www.rizzi-baden-baden.de*
Rest – Karte 27/55 € **BZz**
• Im 1865 erbauten Palais Gagarin mitten in Baden-Baden hat man dieses trendig-moderne Restaurant eingerichtet. Hübsch ist die zum Kurpark gelegene Terrasse mit Loungebereich.

X Klosterschänke
(an der Straße nach Steinbach) (über Fremersbergstraße **AX***)* ✉ *76530*
– ✆ *(07221) 2 58 54* – geschl. Mitte Dezember bis Anfang Januar, Ende Juli - Anfang August und Montag - Dienstagmittag
Rest – Karte 32/47 €
• Ein sympathisch-familiär geleitetes Restaurant mit sehr schöner Terrasse und herrlichem Rheintalblick. Die regionale Küche der Chefin wird in gemütlich-rustikalem Ambiente serviert.

Im Stadtteil Geroldsau Süd-Ost: 5 km über B 500 **AX**

🏠 Auerhahn
Geroldsauer Str. 160 (B 500) ✉ *76534* – ✆ *(07221) 74 35*
– *www.gasthaus-auerhahn.de*
18 Zim – †54/65 € ††79/98 € – ½ P 18 €
Rest *Auerhahn* – siehe Restaurantauswahl
• In dem gewachsenen familiengeführten Gasthof stehen wohnliche Zimmer zur Verfügung, die in behaglich-ländlichem Stil eingerichtet sind.

BADEN-BADEN

XX Auerhahn – Hotel Auerhahn
*Geroldsauer Str. 160 (B 500) ⌂ 76534 – ℰ (07221) 74 35
– www.gasthaus-auerhahn.de*
Rest – Karte 24/40 €
♦ Wirklich nett sind die beiden Galsträume, wobei der mit dem großen Kachelofen besondere Gemütlichkeit und Heimeligkeit ausstrahlt. Klar, dass auch fast nur badische Gerichte auf der Karte zu finden sind.

Im Stadtteil Neuweier Süd-West: 10 km über Fremersbergstraße AX

Heiligenstein
Heiligensteinstr. 19a ⌂ 76534 – ℰ (07223) 9 61 40 – www.hotel-heiligenstein.de
30 Zim – †78/115 € ††113/170 € – ½ P 35 € – 1 Suite
Rest *Heiligenstein* – siehe Restaurantauswahl
♦ Der recht ruhig und etwas erhöht gelegene Landgasthof besticht durch schöne moderne Zimmer - einige hat man aufwändig nach Themen wie "Weineslust" oder "Château M." gestaltet.

Rebenhof
Weinstr. 58 ⌂ 76534 – ℰ (07223) 9 63 10 – www.hotel-rebenhof.de
25 Zim – †70/105 € ††96/158 € – ½ P 25 €
Rest *Rebenhof* – siehe Restaurantauswahl
♦ Dieses familiengeführte Haus in ruhiger Lage mitten in den Weinbergen verfügt über behagliche Gästezimmer, die meist eine fantastische Aussicht bieten.

XXX Röttele's Restaurant & Residenz im Schloss Neuweier mit Zim
Mauerbergstr. 21 ⌂ 76534   Zim, Zim,
– ℰ (07223) 80 08 70 – www.armin-roettele.de – geschl. 6. Februar - 2. März und Dienstag
10 Zim – †100 € ††135/150 € – 2 Suiten
Rest – Menü 30/95 € – Karte 65/95 €
Spez. Atlantik Seezunge mit Zitrusfruchtkruste auf Limonencremespinat und geschmorten Kartoffeln. Elztäler Rinderfilet mit orientalischen Gewürzen auf Sellerie und geschmorten Ochsenschwanzravioli. Glasierter Schokoladencrêpe mit Ananaskompott und Kirschwassercreme-Eis.
♦ Aus dem im 12. Jh. ursprünglich als Wasserburg erbauten Schloss ist ein gastfreundliches Refugium geworden. Sie erleben architektonisch eine Symbiose aus Modernem und Historischem sowie eine kulinarische Reise, die durch die Einflüsse des Mittelmeerraumes geprägt ist. Ansprechende Gästezimmer!

XX Zum Alde Gott
Weinstr. 10 ⌂ 76534 – ℰ (07223) 55 13 – www.zum-alde-gott.de – geschl. Donnerstag - Freitagmittag
Rest – (Tischbestellung ratsam) Menü 35 € (mittags)/98 € – Karte 52/96 €
♦ Wilfried Serr bietet in dem gediegenen Restaurant gute regional beeinflusste Küche auf klassischer Basis. Von der Terrasse blickt man auf die Weinberge.

XX Heiligenstein – Hotel Heiligenstein
*Heiligensteinstr. 19a ⌂ 76534 – ℰ (07223) 9 61 40 – www.hotel-heiligenstein.de
– geschl. Donnerstag*
Rest – Menü 48 € – Karte 32/51 €
♦ Überschreitet man die Schwelle dieses von außen gediegen wirkenden Landgasthofs, präsentiert sich ein ganz klarer, moderner Einrichtungsstil, den man nicht erwartet. Auch Sie werden angetan sein von der schmackhaften Küche!

XX Traube mit Zim
Mauerbergstr. 107 ⌂ 76534 – ℰ (07223) 9 68 20 – www.traube-neuweier.de
17 Zim – †69 € ††115 € – ½ P 30 € – 3 Suiten
Rest – Menü 25/49 € – Karte 30/52 €
♦ Ein familiär geleiteter Gasthof mit regionstypischem Charme. Man bietet sowohl traditionelle badische als auch klassische Küche, die auf frischen Produkten basiert. Die Gäste speisen in der gemütlichen Gaststube oder in der blauen Stube. Zum Übernachten: nette Zimmer, die meist im Landhausstil gehalten sind. Besonders nett sind die Wohlfühlsuiten!

BADEN-BADEN

XX **Rebenhof** – Hotel Rebenhof
Weinstr. 58 ⌧ 76534 – ℰ (07223) 9 63 10 – www.hotel-rebenhof.de – geschl. Sonntag
Rest – Menü 19/28 € – Karte 28/41 €
♦ Bis ins benachbarte Frankreich reicht der Blick aus den Panoramafenstern dieses gastlichen Kleinods. Ein Traum: im Sommer auf der großen Terrasse den Sonnenuntergang zu genießen.

BADENWEILER – Baden-Württemberg – 545 – 3 910 Ew — 61 D21
– Höhe 425 m – Heilbad
▶ Berlin 834 – Stuttgart 242 – Freiburg im Breisgau 36 – Basel 45
🛈 Ernst-Eisenlohr-Str. 4, ⌧ 79410, ℰ (07632) 79 93 00, www.badenweiler.de
◉ Kurpark★★ – Burgruine ≤★

Grandhotel Römerbad
Schlossplatz 1 ⌧ 79410 – ℰ (07632) 7 00 – www.hotel-roemerbad.de
75 Zim ⌧ – ♦88/110 € ♦♦152/190 € – ½ P 39 € – 11 Suiten
Rest – *(nur Abendessen)* Menü 29/69 € – Karte 56/75 €
♦ Das stattliche Grandhotel von 1825 mit sehr wohnlicher gediegener Einrichtung steht in einem wunderschönen Park. Thermalwasser im gesamten Haus. Prächtig der Hofsaal. Klassischer Speisesaal mit sehenswerter Holzdecke und gemütlicher Römerkeller mit Räucherspezialitäten.

Schwarzmatt ❦
Schwarzmattstr. 6a ⌧ 79410 – ℰ (07632) 8 20 10 – www.schwarzmatt.de
38 Zim ⌧ – ♦130/150 € ♦♦180/306 € – ½ P 20 € – 5 Suiten
Rest *Schwarzmatt* – siehe Restaurantauswahl
♦ Die liebevolle gediegen-elegante Einrichtung und der aufmerksame Service, der Saunabereich "Sano e Salvo" sowie Kosmetik- und Massage-Anwendungen versprechen Erholung in dem familiengeführten Ferienhotel in ruhiger Lage.

Zur Sonne ❦
Moltkestr. 4 ⌧ 79410 – ℰ (07632) 7 50 80 – www.zur-sonne.de
35 Zim ⌧ – ♦59/110 € ♦♦118/160 € – ½ P 25 € – 3 Suiten
Rest *Zur Sonne* – siehe Restaurantauswahl
Rest *La Cantinella* – ℰ (07632) 75 08 75 *(geschl. Montag - Dienstag) (nur Abendessen)* Karte 23/42 €
♦ Das hübsche Fachwerkhaus der herzlichen Gastgeberfamilie liegt zentral und doch ruhig. Zimmer teils zum Garten oder zum Innenhof, einige mit Balkon. Charmant: Halle und Frühstücksraum. Rustikal-italienisch: La Cantinella.

Anna ❦
Oberer Kirchweg 2 ⌧ 79410 – ℰ (07632) 79 70 – www.hotel-anna.de – geschl. Mitte November - Mitte Februar
36 Zim ⌧ – ♦60/80 € ♦♦120/150 € – ½ P 18 €
Rest – *(nur Abendessen für Hausgäste)*
♦ In dem freundlich geführten Familienbetrieb wohnt man in klassisch gehaltenen Zimmern, meist mit Balkon. Zum Angebot gehören eine Panorama-Liegeterrasse sowie Kosmetik und Massage.

Am Park ❦
Römerstr. 8 ⌧ 79410 – ℰ (07632) 75 80 – www.hotel-am-park.biz – geschl. 4. Januar - 1. März, 15. November - 20. Dezember
35 Zim ⌧ – ♦63/93 € ♦♦126/145 € – ½ P 20 € **Rest** – Karte 26/36 €
♦ Das familiär geleitete Hotel liegt ruhig am Kurpark und bietet wohnliche, zeitgemäße Zimmer. Im Haus sind Bilder und Keramiken ausgestellt, darunter auch Exponate des Chefs.

 Schnepple ❦
Hebelweg 15 ⌧ 79410 – ℰ (07632) 8 28 30 – www.hotel-schnepple.de
18 Zim ⌧ – ♦48/52 € ♦♦84/100 € – ½ P 16 €
Rest – *(nur Abendessen für Hausgäste)*
♦ Ein wohnlich eingerichteter kleiner Familienbetrieb in ruhiger Lage. Gemütlich sitzt man in der Kamin-Lobby, bei gutem Wetter lockt der wunderschön angelegte Garten.

BADENWEILER

XX Schwarzmatt – Hotel Schwarzmatt
Schwarzmattstr. 6a ⊠ *79410* – ℰ *(07632) 8 20 10* – *www.schwarzmatt.de*
Rest – Menü 30/62 € – Karte 42/58 €

♦ Kariertes und Florales in Kombination, dazu üppige Dekorationen - so präsentiert sich das elegante Interieur. Nicht weniger reizvoll ist der herrliche Garten. Wer Süßes mag: feine Kuchen und Torten nach altem Rezept von Hermine Bareiss!

XX Zur Sonne – Hotel Zur Sonne
Moltkestr. 4 ⊠ *79410* – ℰ *(07632) 7 50 80* – *www.zur-sonne.de* – *geschl. Montag - Dienstagmittag*
Rest – Menü 15 € (vegetarisch)/68 € – Karte 31/57 €

♦ Dass man hier gut isst, weiß man im ganzen Ort! Außerdem macht sich die Leidenschaft von Gastgeberfamilie Esposito zu ihrem Beruf überall bemerkbar. An warmen Tagen können Sie draußen unter Zitronenbäumchen sitzen!

BAIERSBRONN – Baden-Württemberg – 545 – 15 730 Ew – Höhe 584 m – Wintersport: 1 100 m – Luftkurort
54 E19

▶ Berlin 720 – Stuttgart 100 – Karlsruhe 70 – Freudenstadt 7
🛈 Rosenplatz 3 AX, ⊠ 72270, ℰ (07442) 8 41 40, www.baiersbronn.de

Rose
Bildstöckleweg 2 ⊠ *72270* – ℰ *(07442) 8 49 40* – *www.hotelrose.de*
34 Zim – †54/96 € ††96/134 € – ½ P 16 € – 7 Suiten   AXh
Rest – Karte 19/32 €

♦ Das ursprünglich a. d. J. 1805 stammende Gasthaus ist heute ein Ferienhotel mit wohnlichen Zimmern sowie einem netten Freizeitbereich unterm Dach. Restaurant in rustikalem Stil. Vor dem Haus hat man eine kleine Terrasse.

Rosengarten
Bildstöckleweg 35 ⊠ *72270* – ℰ *(07442) 8 43 40*
– *www.rosengarten-baiersbronn.de* – *geschl. 4. November - 14. Dezember*
27 Zim – †53/59 € ††94/126 € – ½ P 11 €   AXa
Rest – *(geschl. Mittwoch - Donnerstagmittag)* Menü 18 € (mittags)/50 € – Karte 20/44 €

♦ Eine tipptopp gepflegte Adresse, die freundlich und familiär geleitet wird. Hier wohnt man in zeitgemäßen Zimmern und genießt ein leckeres Frühstück. Sehr gemütlich: "Träumerei"-Zimmer. Naturmaterialien wie Holz und Stein bestimmen das Ambiente im Restaurant.

Falken
Oberdorfstr. 95 ⊠ *72270* – ℰ *(07442) 8 40 70* – *www.hotel-falken.de*
21 Zim – †45/65 € ††84/94 € – ½ P 15 €   AYs
Rest – *(geschl. Januar 2 Wochen, November 3 Wochen und Dienstag)* Menü 16/25 € – Karte 19/42 €

♦ Das regionstypische Ferienhotel in leicht erhöhter Lage am Ortsrand bietet unterschiedlich geschnittene Zimmer, meist mit Balkon. Zum Saunabereich gehört ein Ruheraum mit netter Aussicht. Behaglich ist das ländlich-rustikal gestaltete Restaurant.

In Baiersbronn-Tonbach Nord: 2 km

Traube Tonbach
Tonbachstr. 237 ⊠ *72270* – ℰ *(07442) 49 20*
– *www.traube-tonbach.de*   BZn
155 Zim – †158/212 € ††270/366 € – ½ P 25 € – 16 Suiten
Rest *Schwarzwaldstube* ❀❀❀ **Rest** *Bauernstube* ❀ **Rest** *Köhlerstube* – siehe Restaurantauswahl

♦ Als eine der Top-Adressen in Deutschland steht das schön gelegene Traditionshaus der Familie Finkbeiner für besten Service und luxuriöse Ausstattung sowie ein umfassendes Angebot im "Traube Spa". Im UG befindet sich eine Vinothek.

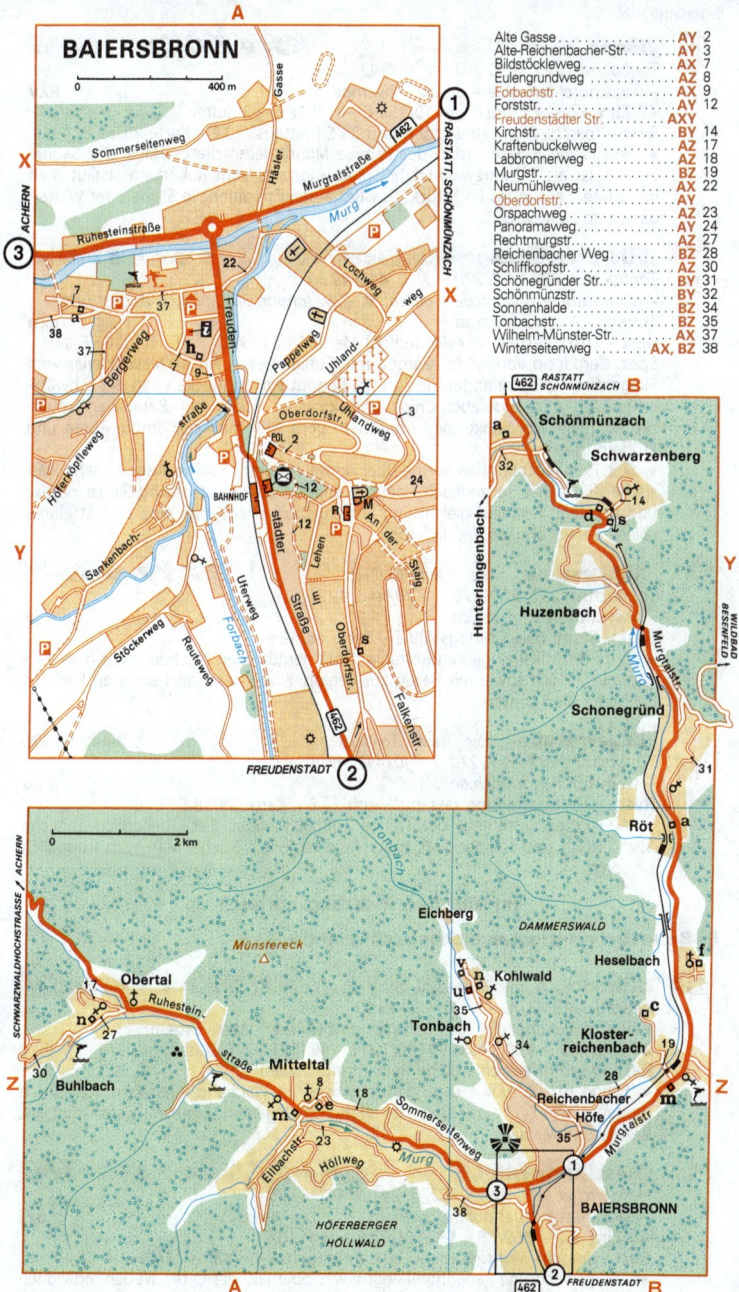

BAIERSBRONN

Tanne
Tonbachstr. 243 ⊠ 72270 – ⌀ (07442) 83 30
– www.hotel-tanne.de – geschl. November
BZv
47 Zim – †57/80 € ††110/150 € – ½ P 18 € – 2 Suiten
Rest – (geschl. Montagmittag) Menü 23 € (mittags)/40 € – Karte 23/39 €
♦ Bereits die 5. Generation der Familie Möhrle leitet dieses Haus. Der Saunabereich ist als Schwarzwald-Erlebnispfad angelegt, vom Ruheraum schaut man ins Grüne. Sehr gutes Frühstück. Das Restaurant: traditionelle Stube oder Wintergarten im Landhausstil.

Schwarzwaldstube – Hotel Traube Tonbach
Tonbachstr. 237 ⊠ 72270 – ⌀ (07442) 49 20
– www.traube-tonbach.de – geschl. 9. - 29. Januar, 30. Juli - 23. August und Montag - Mittwochmittag
BZu
Rest – (Tischbestellung erforderlich) Menü 140/185 € – Karte 100/166 €
Spez. Carpaccio von wilder Gamba mit Gurken-Gelee, Affila-Kresse, Kaviar vom Fliegenfisch und Koriander-Vinaigrette. Ragout von Schnecken von der schwäbischen Alb mit Knoblauch-Chips und krossem Speck auf Petersilien-Emulsion. Rondelle von Sankt-Jakobsmuscheln vom Grill mit Topinambur-Püree und Trüffelbutter.
♦ Seit 1993 leuchten drei Sterne über dem Restaurant - seine ausgewogene klassische Küche hat Spitzenkoch Harald Wohlfahrt so weit gebracht: Sie ist präzise und überlegt, fein und gleichzeitig ehrlich! Dazu erlebt man eine perfekt eingespielte Servicebrigade, fachlich top.

Köhlerstube – Hotel Traube Tonbach
Tonbachstr. 237 ⊠ 72270 – ⌀ (07442) 49 20
– www.traube-tonbach.de
BZu
Rest – Menü 65 € (mittags)/89 € – Karte 46/69 €
♦ In dem rustikal-eleganten Restaurant mit gemütlichen Nischen kocht man zeitgemäß-klassisch sowie mit Bezug zur Region. Einen besonders schönen Blick ins Tal bietet die Terrasse.

Bauernstube – Hotel Traube Tonbach
Tonbachstr. 237 ⊠ 72270 – ⌀ (07442) 49 20
– www.traube-tonbach.de
BZu
Rest – (Tischbestellung ratsam) Menü 29 € – Karte 33/38 €
♦ Als drittes Restaurant der Traube Tonbach bietet diese behaglich-ländliche Stube frisch und schmackhaft zubereitete regionale Küche. Man wird freundlich umsorgt.

Im Murgtal, Richtung Forbach

In Baiersbronn-Klosterreichenbach Nord-Ost: 3 km

Ailwaldhof (mit Gästehaus)
Ailwald 3 ⊠ 72270 – ⌀ (07442) 83 60
– www.ailwaldhof.de – geschl. Anfang November - Mitte Dezember
24 Zim – †80/140 € ††150/190 € – ½ P 22 € – 5 Suiten
BZc
Rest *Jakob-Friedrich* – siehe Restaurantauswahl
♦ Schön ist die ruhige Lage dieses Hauses am Waldrand, umgeben von einem großen Garten. Die meisten der wohnlich-eleganten Zimmer bieten Talblick. Beauty und Massage.

Heselbacher Hof
Heselbacher Weg 72 ⊠ 72270 – ⌀ (07442) 83 80
– www.heselbacher-hof.de
BZf
43 Zim – †69/78 € ††110/172 € – ½ P 16 €
Rest – (geschl. Montag) Menü 20 € (mittags)/23 € – Karte 25/46 €
♦ Das gewachsene Ferienhotel liegt etwas oberhalb des Ortes. Neben individuellen, teils besonders geräumigen Zimmern bietet man einen Sauna-, Ruhe- und Liegebereich mit 1500 qm. Regionale Küche im freundlichen Restaurant oder auf der schönen Sonnenterrasse.

BAIERSBRONN

XX Meierei im Waldknechtshof mit Zim
Baiersbronner Str. 4 ⌂ 72270 – ✆ (07442) 8 48 40
– www.waldknechtshof.de – geschl. Dienstag - Mittwoch
12 Zim – †95/145 € ††115/165 € – 6 Suiten
Rest *Hofscheuer* – siehe Restaurantauswahl
Rest – (Montag - Samstag nur Abendessen) Menü 26/70 € – Karte 28/58 €
BZm
♦ Schön gemütlich ist es in dem Gutshof von 1769, dafür sorgen Gebälk, Natursteinwände und hübscher Zierrat. Was Bert Beuthan kocht (z. B. gebeiztes Schwarzwälder Milchkalb oder Saiblingsfilet von der Lohmühle), ist eine anspruchsvolle regionale Landküche! Sie können auch übernachten: geräumige Zimmer und Appartements.

XX Jakob-Friedrich – Hotel Ailwaldhof (mit Gästehaus)
Ailwald 3 ⌂ 72270 – ✆ (07442) 83 62 15
– www.ailwaldhof.de – geschl. Anfang November - Mitte Dezember
Rest – Menü 22 € (mittags)/45 € – Karte 27/77 €
BZc
♦ Ein ansprechendes Restaurant, in Blau und Gelb gehalten - ein Farbduett, das Leichtigkeit ausstrahlt. Im gut sortierten Weinkeller ist bestimmt auch ein besonderer Tropfen für Sie dabei!

X Hofscheuer – Restaurant Meierei im Waldknechtshof
Baiersbronner Str. 4 ⌂ 72270 – ✆ (07442) 8 48 40
– www.waldknechtshof.de – geschl. Dienstag - Mittwoch
Rest – Menü 27 € (mittags) – Karte 22/41 €
BZm
♦ Appetit auf was Bodenständiges? Mit Zwiebelrostbraten und Rahmschnitzel oder auch Flammkuchen und Vespertreller (ideal für Wanderer) ist das Angebot etwas rustikaler als in der Meierei.

Eine preiswerte und komfortable Übernachtung? Folgen Sie dem Bib Hotel 🏨.

In Baiersbronn-Röt Nord-Ost: 7 km

Sonne
Murgtalstr. 323 (B 462) ⌂ 72270 – ✆ (07442) 18 01 50
– www.sonne-roet.de – geschl. 13. November - 18. Dezember
27 Zim – †73/81 € ††136/178 € – ½ P 17 € – 3 Suiten
Rest – Karte 20/45 €
BZa
♦ Der engagiert geführte Familienbetrieb ist eine wohnliche Adresse mit zeitgemäßem Saunabereich, Liegeterrasse, Kosmetik und Massage sowie schönem, zur Murg hin gelegenem Garten. Mit viel hellem Holz hat man das Restaurant behaglich gestaltet.

In Baiersbronn-Schwarzenberg Nord: 13 km

Sackmann
Murgtalstr. 602, (B 462) ⌂ 72270 – ✆ (07447) 28 90
– www.hotel-sackmann.de
65 Zim – †71/116 € ††136/220 € – ½ P 25 €
BYs
Rest *Schlossberg* **Rest** *Anita Stube* – siehe Restaurantauswahl
♦ Familie Sackmann bietet hier komfortable Zimmer, teils zur Murg, sowie einen wertigen und modernen Spa um die Themen Holz, Licht, Aromen und Kräuter. Spa Suite und Panoramaterrasse.

Müllers Löwen
Murgtalstr. 604 ⌂ 72270 – ✆ (07447) 93 20 – www.loewen-schwarzenberg.de
25 Zim – †60/66 € ††96/118 € – ½ P 17 € – 1 Suite
Rest – Karte 27/41 €
BYd
♦ Eine freundlich-familiäre Adresse mit wohnlichen, teilweise zur Murg hin gelegenen Zimmern - etwas einfacher und rustikaler unterm Dach. Wanderhütte mit Panoramasicht. Restaurant mit regionaler Küche, ergänzt durch die rustikale Gaststube.

BAIERSBRONN

XXX **Schlossberg** (Jörg Sackmann) – Hotel Sackmann
✿ Murgtalstr. 602, (B 462) ✉ 72270 – ℰ (07447) 28 90 – www.hotel-sackmann.de
– geschl. 4. - 22. Januar, 18. Juli - 5. August und Montag - Dienstag
Rest – (nur Abendessen) (Tischbestellung ratsam) Menü 98/148 € BYs
– Karte 98/144 €
Spez. Wachtel und Kohlrabi mit Gänseleberravioli, Nussbuttercreme, Kohlrabisud, Prelibatoessig. Saibling im Muskatblütenrauch mit Pimentojus, Leisalinsen, Oliven-Kartoffeln. Erdbeer-Rhabarber-Würfel mit Galgantwurzel, Quinoa Waffel, Grenadine-Rhabarber-Gelee.
♦ Genussfreudige, geschmackvolle und in jedem Fall kreative Bodenständigkeit ist das Credo von Patron Jörg Sackmann, der ohne Zweifel über Talent und Begabung verfügt. Überzeugen Sie sich in seinem netten Restaurant im schönen Murgtal doch selbst davon!

XX **Anita Stube** – Hotel Sackmann
Murgtalstr. 602, (B 462) ✉ 72270 – ℰ (07447) 28 90 – www.hotel-sackmann.de
Rest – Karte 42/61 € BYs
♦ Schweres dunkelbraunes Holz, gepolsterte Bänke mit weichen Kissen und ein freundlicher Service verbreiten Schwarzwälder Charme. Geboten werden passend dazu natürlich regionale Spezialitäten.

In Baiersbronn-Schönmünzach Nord: 14,5 km – Kneippkurort

🏠 **Sonnenhof**
Schifferstr. 36 ✉ 72270 – ℰ (07447) 93 00 – www.hotel-sonnenhof.de
40 Zim – †59/105 € ††100/170 € – ½ P 20 € – 1 Suite BYa
Rest – Karte 19/42 €
♦ Ein sehr gepflegtes, familiär geleitetes Hotel in einem schmalen Seitental an einem Bach. Zimmer meist mit Balkon, die neueren Superior sind besonders schön. Kosmetik und kleine Salzlounge. Ländlich gestaltetes Restaurant im 1. Stock, daneben eine moderne Bar.

In Baiersbronn-Hinterlangenbach West: 10,5 km ab Schönmünzach BY

🏠 **Forsthaus Auerhahn** (mit Gästehaus)
Hinterlangenbach 108 ✉ 72270 – ℰ (07447) 93 40
– www.forsthaus-auerhahn.de – geschl. Ende November - Mitte Dezember
30 Zim – †76/120 € ††155/180 € – ½ P 19 € – 10 Suiten
Rest Forsthaus Auerhahn – siehe Restaurantauswahl
♦ In idyllischer Lage am Talende leitet Familie Zepf persönlich und engagiert dieses ansprechende Traditionshaus, das Ruhe und Erholung verspricht. Schöner Spa und wohnliche Zimmer, ein ausgezeichnetes Frühstück und aufmerksamer Service.

X **Forsthaus Auerhahn** – Hotel Forsthaus Auerhahn
Hinterlangenbach 108 ✉ 72270 – ℰ (07447) 93 40
– www.forsthaus-auerhahn.de – geschl. Ende November - Mitte Dezember und Dienstag
Rest – (Mitte Mai - Oktober nur Abendessen) Menü 39 € – Karte 25/47 €
♦ Ganz am Ende eines langen romantischen Tals, völlig allein, mitten im Wald finden Sie diesen heimeligen Ort der Gastlichkeit! Alles passt zur perfekten Schwarzwaldkulisse: holzvertäfelte Wände, Kachelofen... und das leckere Essen (z. B. Wild)!

Im Murgtal, Richtung Schwarzwaldhochstraße

In Baiersbronn-Mitteltal West: 4 km

🏨 **Bareiss**
Gärtenbühlweg 14 ✉ 72270 – ℰ (07442) 4 70 – www.bareiss.com
99 Zim – †202/272 € ††326/462 € – 10 Suiten AZe
Rest Restaurant Bareiss ✿✿✿ **Rest** Dorfstuben ✿ **Rest** Kaminstube – siehe Restaurantauswahl
♦ Das Ferienhotel der Familie Bareiss glänzt mit hochwertiger Ausstattung, zuvorkommender Gästebetreuung sowie Wellnessvielfalt und Freizeitangeboten, bei denen auch Kinder nicht zu kurz kommen. Mit bewirtschafteter uriger Wanderhütte.

BAIERSBRONN

Lamm
Ellbachstr. 4 ⌂ 72270 – ℰ (07442) 49 80
– www.lamm-mitteltal.de   AZm
46 Zim – †41/90 € ††90/180 € – ½ P 20 €
Rest – Menü 20 € (mittags)/26 € – Karte 24/39 €
• Ein gewachsenes Ferienhotel unter familiärer Leitung. Zum Spa auf 1500 qm gehört ein kleines "Schwarzwald-Wellnessdorf" mit vier Blockhäusern aus heimischem Holz. Gemütlich-ländlich ist das Ambiente im Restaurant.

Restaurant Bareiss
Gärtenbühlweg 14 ⌂ 72270 – ℰ (07442) 4 70
– www.bareiss.com – geschl. 26. Februar - 30. März, 29. Juli - 24. August und Montag - Dienstag   AZe
Rest – (Tischbestellung erforderlich) Menü 159/189 € – Karte 120/175 €
Spez. Variation von Gänsestopfleber. Lamm von der Älbler Wacholderheide. Erdbeeren und Cheesecake mit Litschisorbet.
• Mit Präzision und Sorgfalt perfektioniert Claus-Peter Lumpp hier seine klassische Küche. Ein ausgezeichneter Sommelier macht das professionelle Team komplett. Das Interieur vermittelt Eleganz und Luxus.

Kaminstube
Gärtenbühlweg 14 ⌂ 72270 – ℰ (07442) 4 70
– www.bareiss.com   AZe
Rest – (Montag - Freitag nur Abendessen) Menü 54/65 € – Karte 41/61 €
• Was bei einem Haus wie diesem zählt, ist vor allem Qualität. Dieser Anspruch reicht bis ins kleinste Detail. Vom Essen (z. B. saisonales "Kaminstubenmenü") bis zu edlen Textilien in traditioneller Art (Damast).

Dorfstuben – Hotel Bareiss
Gärtenbühlweg 14 ⌂ 72270 – ℰ (07442) 4 70
– www.bareiss.com   AZe
Rest – Karte 25/48 €
• Die Uhren-Stube und die Förster-Jakob-Stube sind liebenswert gestaltete Bauernstuben a. d. 19. Jh., die charmanter und behaglicher kaum sein könnten. Geboten wird eine regionale Küche, die schmeckt. Auch die Preise sind fair und der Service ist freundlich.

In Baiersbronn-Obertal Nord-West: 7 km – Heilklimatischer Kurort

Engel Obertal
Rechtmurgstr. 28 ⌂ 72270 – ℰ (07449) 8 50
– www.engel-obertal.de   AZn
70 Zim – †103/196 € ††202/312 € – ½ P 27 € – 10 Suiten
Rest *Andrea-Stube* – siehe Restaurantauswahl
Rest – Menü 35 € – Karte 33/49 €
• Das Engagement der Familie Möhrle ist ungebrochen, wie man an der stetigen Erweiterung des Ferienhotels sieht: So freuen sich die Gäste nun über eine gewachsene "Wolke 7" mit neuen Ruhezonen und Vital-Center - das bedeutet Spa-Vergnügen auf rund 5000 qm! In verschiedenen hübsch dekorierten Restauranträumen umsorgt man Sie freundlich und geschult.

Andrea-Stube – Hotel Engel Obertal
Rechtmurgstr. 28 ⌂ 72270 – ℰ (07449) 8 50
– www.engel-obertal.de – geschl. 18. Dezember - 12. Januar, 30. Juli - 23. August und Mittwoch - Donnerstag   AZn
Rest – (nur Abendessen) (Tischbestellung ratsam) Menü 92/140 €
– Karte 62/74 €
• Die elegante Andrea-Stube überzeugt mit zeitgemäßer Küche auf klassischer Basis, zu der man eine gute Weinauswahl bietet. Der Service ist aufmerksam und kompetent.

119

BAIERSBRONN

An der Schwarzwaldhochstraße Nord-West: 18 km, Richtung Achern, ab B 500 Richtung Freudenstadt

Schliffkopf
Rest,
Schwarzwaldhochstr. 1 ⌧ 72270 Baiersbronn – ℰ (07449) 92 00
– www.schliffkopf.de
73 Zim – †129/137 € ††174/252 € – ½ P 20 € – 4 Suiten
Rest – Menü 16/29 € – Karte 36/47 €
♦ Hier oben auf einer Bergkuppe an der Schwarzwaldhochstraße genießt man einen herrlichen Ausblick. Wellness-Juniorsuiten mit Dampfdusche und Whirlwanne. Gutes Spa- und Fitnessangebot. Verschiedene Restaurantbereiche von ländlich-rustikal bis elegant.

BALDUINSTEIN – Rheinland-Pfalz – **543** – 540 Ew – Höhe 160 m   37 E14
▶ Berlin 557 – Mainz 69 – Koblenz 54 – Limburg an der Lahn 10

Landhotel Zum Bären (Joachim Buggle) mit Zim
Rest,
Bahnhofstr. 24 ⌧ 65558 – ℰ (06432) 80 07 80
– www.landhotel-zum-baeren.de – geschl. 21. Februar - 15. März und Montag - Dienstag, Sonntagmittag, an Feiertagen mittags
10 Zim – †82/145 € ††154/198 €
Rest *Weinstube* – siehe Restaurantauswahl
Rest – (Tischbestellung ratsam) Menü 79/98 € – Karte 75/89 €
Spez. Variation von der Gänseleber mit Baumkuchen, Hibiskusblüte und Gelee von Gewürztraminer. Seezungenfilet mit Champagnersauce, Babyspinat und Risotto Piemonteser Art. Taubenkotelette mit Spätburgundersauce und dreierlei Sellerie.
♦ Das Traditionshaus wird von Familie Buggle und ihrem Team engagiert und herzlich geführt. In der sogenannten Bibliothek genießt man das geschmackvoll-gediegene Ambiente, während man mit saisonaler klassischer Küche verwöhnt wird - auch auf der Terrasse! Wunderschön sind die wohnlich-eleganten Gästezimmer.

Weinstube – Landhotel Zum Bären
Bahnhofstr. 24 ⌧ 65558 – ℰ (06432) 80 07 80 – www.landhotel-zum-baeren.de
– geschl. 21. Februar - 15. März und Dienstag
Rest – Menü 30 € – Karte 35/54 €
♦ Als etwas ländlichere Alternative zum Gourmetrestaurant bietet die sympathische Weinstube gute regionale Küche in behaglicher Atmosphäre. Serviert wird auch auf der hübschen Terrasse unter Linden.

BALLENSTEDT – Sachsen-Anhalt – **542** – 7 950 Ew – Höhe 225 m   30 L10
▶ Berlin 220 – Magdeburg 66 – Halle 71 – Nordhausen 58
🛈 Anhaltiner Platz 11, ⌧ 06493, ℰ (039483) 2 63, www.ballenstedt-information.de
Meisdorf, Petersberger Trift 33, ℰ (034743) 9 84 50

Van der Valk Schlosshotel Großer Gasthof
Schlossplatz 1 ⌧ 06493   Rest,
– ℰ (039483) 5 10 – www.vandervalk.de
46 Zim – †79/139 € ††99/159 € – 3 Suiten
Rest – Menü 24/35 € – Karte 22/46 €
♦ Der schöne klassische Bau ist Teil der Schlossanlage - vis-à-vis das historische Theater. Geschäftsreisende schätzen das Hotel ebenso wie Wellnessgäste. Komfortabler wohnt man in der "Business Class". Zum Restaurant und dem Pavillon gehört eine Terrasse zum Schlossplatz.

BALTRUM (INSEL) Niedersachsen – **541** – 490 Ew – Insel der   7 D4
Ostfriesischen Inselgruppe – Nordseeheilbad
▶ Berlin 536 – Hannover 269 – Emden 50 – Norden 17
Autos nicht zugelassen
⛴ von Neßmersiel (ca. 30 min.), ℰ (04939) 9 13 00
🛈 Haus Nr. 130, ⌧ 26579, ℰ (04939) 8 00, www.baltrum.de

BALTRUM (INSEL)

Strandhof 🍃   🚗 🏡 🛏 🍽 ఉ Zim,
Nr. 123 ✉ *26579 – ℰ (04939) 8 90 – www.strandhofbaltrum.de – geschl. Januar - März*
30 Zim 🍴 – †50/68 € ††100/133 € – ½ P 18 € – 3 Suiten
Rest – *(geschl. Mittwoch)* Karte 18/40 €
• Die strandnahe Lage inmitten von Dünen sowie neuzeitliche und funktionelle Zimmer, teilweise mit großem Balkon, machen das Haus zu einer interessanten Urlaubsadresse. Zeitgemäßes Hotelrestaurant mit bürgerlicher und internationaler Küche.

Dünenschlößchen 🍃   🚗 🏡 🖼 🛏 🍽 ⛔
Ostdorf 48 ✉ *26579 – ℰ (04939) 9 12 30 – www.duenenschloesschen.de – geschl. Ende Oktober - Mitte März*
35 Zim 🍴 – †60/70 € ††120/140 € – ½ P 15 €
Rest – *(geschl. Montag)* Karte 18/35 €
• Idyllisch liegt das Ferienhotel auf der Südseite der Insel mit Blick auf den Nationalpark Wattenmeer und die Küste. Nett sind die familiäre Atmosphäre und die praktischen Zimmer. Regional-bürgerliches Speiseangebot im Restaurant.

BALVE – Nordrhein-Westfalen – **543** – 11 990 Ew – Höhe 250 m   **27** E11
▶ Berlin 510 – Düsseldorf 101 – Arnsberg 20 – Hagen 38

In Balve-Eisborn Nord: 9 km, Richtung Menden, hinter Binolen rechts

Antoniushütte (mit Gästehaus) 🍃   🏡 🛏 ఉ 🍽 🅿 VISA ⦿ AE
Eisborner Dorfstr. 10 ✉ *58802 – ℰ (02379) 91 50 – www.hotel-antoniushuette.de*
54 Zim 🍴 – †55/139 € ††85/210 € – 4 Suiten   **Rest** – Karte 27/54 €
• Hier bietet man sehr unterschiedliche, teilweise als Maisonetten angelegte Gästezimmer vom schlichteren Landhauszimmer bis zum schicken Designerzimmer. Das geradlinig gehaltene Restaurant wird durch die modern-rustikale Bauernstube ergänzt.

BAMBERG – Bayern – **546** – 69 830 Ew – Höhe 262 m   **50** K15
▶ Berlin 406 – München 232 – Coburg 53 – Nürnberg 61
ADAC Schützenstr. 4a (Parkhaus) **CZ**
🛈 Geyerswörthstr. 5 **CZ**, ✉ 96047, ℰ (0951) 2 97 62 00, www.bamberg.info
⛳ Breitengüßbach, Gut Leimershof 5, ℰ (09547) 71 09
🅿 Bamberg, Äußere Zollnerstr., ℰ (0951) 9 68 43 31
◉ Kaiserdom ★★ (Bamberger Reiter ★★★, St.-Heinrichs-Grab ★★★) **BZ** – Altes Rathaus ★ **BCZ**
🌳 Schloss Pommersfelden ★, Süd: 21 km

Stadtplan auf der nächsten Seite

Welcome Hotel Residenzschloss   🏡 🛏 🧖 ఉ 🍽 Rest, 🍴 🚗
Untere Sandstr. 32 ✉ *96049 – ℰ (0951) 6 09 10*   VISA ⦿ AE ⓞ
– www.welcome-hotels.com   **BYr**
180 Zim 🍴 – †149/179 € ††179/209 € – 4 Suiten   **Rest** – Karte 31/44 €
• Ein ansprechendes historisches Anwesen nahe der Staatsphilharmonie, das modern erweitert wurde. Schöne hohe Decken im klassisch-elegant gehaltenen Altbau. Fürstbischof von Erthal heißt das gediegene A-la-carte-Restaurant.

Bamberger Hof - Bellevue garni   🛏 🍽 🍴 🚗 VISA ⦿ AE ⓞ
Schönleinsplatz 4 ✉ *96047 – ℰ (0951) 9 85 50 – www.bambergerhof.de*
50 Zim 🍴 – †95/125 € ††130/165 € – 2 Suiten   **CZe**
• Das 100 Jahre alte Sandsteinhaus im Zentrum beherbergt individuelle Zimmer, Dach-Suite mit Blick auf Bamberg und Kaiserdom. Hübsch: original Jugendstilfenster im Frühstücksraum.

BAMBERG

Äußere Löwenstr.	**CY**	2
Am Kranen	**BZ**	3
Bischofsmühlbrücke	**BCZ**	5
Buger Str.	**AX**	7
Dominikanerstr.	**BZ**	8
Domstr.	**BZ**	9
Geyerswörthstr.	**CZ**	12
Grüner Markt	**CZ**	13
Hauptwachstr.	**CY**	15
Heiliggrabstr.	**AX**	17
Herrenstr.	**BZ**	18
Judenstr.	**BZ**	20
Karolinenstr.	**BZ**	23
Lange Str.	**CZ**	
Ludwigstr.	**CY**	24
Luitpoldbrücke	**CY**	26
Luitpoldstr.	**CY**	
Magazinstr.	**CY**	27
Marienstr.	**AX**	29
Maximilianspl.	**CY**	
Mittlerer Kaulberg	**BZ**	30
Nonnenbrücke	**CZ**	32
Oberer Kaulberg	**AX**	33
Obere Karolinenstr.	**AX**	33
Obere Königstr.	**CY**	34
Obere Sandstr.	**BZ**	36
Regensburger Ring	**AX**	38
Residenzstr.	**BZ**	40
Rhein-Main-Donau-Damm	**AX**	42
Richard-Wagner-Str.	**CZ**	44
Schillerpl.	**CZ**	47
Schönleinspl.	**CZ**	48
Sodenstr.	**AX**	50
St-Getreu-Str.	**AX**	45
Unterer Kaulberg	**BZ**	55
Untere Brücke	**BZ**	52
Untere Königstr.	**CY**	54

122

BAMBERG

Villa Geyerswörth
Geyerswörthstr. 15 ✉ *96047 –* ☏ *(0951) 9 17 40 – www.villageyerswoerth.de*
40 Zim – †110/134 € ††149/169 €, ⊇ 15 € – 1 Suite
Rest *La Villa* – siehe Restaurantauswahl
CZm
♦ Eine sehr attraktive Anlage nahe der Altstadt an einem Arm der Regnitz. Gelungen hat man zwei historische Villen mit stilgerechten Neubauten zu einem schönen Gebäudeensemble erweitert. Der Tag beginnt mit einem reichhaltigen Frühstücksbuffet.

Weinhaus Messerschmitt
Lange Str. 41 ✉ *96047 –* ☏ *(0951) 29 78 00*
– www.hotel-messerschmitt.de
CZx
67 Zim ⊇ – †90/125 € ††145/210 € – ½ P 30 € – 3 Suiten
Rest *– (geschl. Januar - März: Sonntag)* Menü 34/58 € – Karte 37/51 €
♦ Das historische Haus mit der schmucken gelb-weißen Fassade kann auf eine lange Familientradition zurückblicken. Besonders wohnlich sind die neueren Zimmer in warmen Tönen. Gediegen-rustikal ist das Ambiente im Restaurant, hübsch die Brunnenhofterrasse.

Welcome Hotel
Mußstr. 7 ✉ *96047 –* ☏ *(0951) 7 00 00 – www.welcome-hotels.com*
171 Zim ⊇ – †119/139 € ††139/159 €
BYv
Rest – Menü 30 € (mittags) – Karte 21/35 €
♦ Das Hotel neben der Kongresshalle besteht aus einem alten Ziegelgebäude (hier befindet sich der Tagungsbereich) und einem Neubau mit freundlichen funktionellen Zimmern. Restaurant in rustikalem Stil.

Bamberg garni
Luitpoldstr. 7 ✉ *96052 –* ☏ *(0951) 51 09 00 – www.bwhotel-bamberg.de*
96 Zim ⊇ – †95/120 € ††95/120 € – 2 Suiten
CYb
♦ Das Hotel mit den neuzeitlich-funktionellen, gut schallisolierten Zimmern ist eine ideale Businessadresse. Nebenan befindet sich ein öffentliches Parkhaus.

Nepomuk
Obere Mühlbrücke 9 ✉ *96049 –* ☏ *(0951) 9 84 20 – www.hotel-nepomuk.de*
24 Zim – †80/95 € ††130/150 €, ⊇ 15 € – 1 Suite
CZa
Rest – Menü 49/69 € – Karte 33/48 €
♦ Das hübsche Fachwerkhaus und das durch einen Verbindungsgang angeschlossene Nebengebäude liegen direkt an der Regnitz und bieten moderne Zimmer, teils allergikergerecht. Zum Restaurant gehört eine wunderschöne Terrasse mit Flussblick.

Brudermühle
Schranne 1 ✉ *96049 –* ☏ *(0951) 95 52 20 – www.brudermuehle.de*
BZb
23 Zim ⊇ – †88/98 € ††125/150 € – ½ P 18 € **Rest** – Karte 26/41 €
♦ Das denkmalgeschützte ehemalige Wasserwerk ist ein gepflegtes kleines Hotel unter familiärer Leitung. Vier besonders schöne moderne Zimmer (teils zur Regnitz) im Haus Mehlwaage. Gemütlich ist das auf zwei Ebenen angelegte Restaurant.

Tandem garni
Untere Sandstr. 20 ✉ *96049 –* ☏ *(0951) 51 93 58 55 – www.tandem-hotel.de*
8 Zim ⊇ – †89/110 € ††98/120 €
BYt
♦ Ein sorgsam saniertes Haus am Regnitz-Radweg beherbergt puristisch-zeitgemäße Zimmer mit Blick auf "Klein Venedig". Im EG: Café mit leckerem Kuchen. Fahrradraum und Leihfahrräder.

La Villa – Hotel Villa Geyerswörth
Geyerswörthstr. 15 ✉ *96047 –* ☏ *(0951) 9 17 40 – www.villageyerswoerth.de*
– geschl. 1. - 8. Januar und Sonntag - Montagmittag, Freitagmittag,
Samstagmittag
CZm
Rest – Karte 29/40 €
♦ Das Ambiente einer der nettesten Adressen Bambergs schlägt eine Brücke zwischen Bistro und Restaurant. Eignet sich auch bestens für Geschäftsessen!

BAMBERG

Hoffmanns
Schillerplatz 7 ✉ 96047 – ℰ (0951) 7 00 08 85 – www.hoffmanns-bamberg.de
– geschl. Samstagmittag und Sonntag   **CZc**
Rest – Karte 21/47 €
♦ Das Restaurant im Bistrostil ist ins städtische Theater integriert und bietet eine nette Terrasse zum Schillerplatz. Internationale Küche, Montag bis Freitag günstigere Mittagskarte.

In Hallstadt über Hallstadter Straße AX: 4 km

Goldener Adler
Lichtenfelser Str. 35 ✉ 96103 – ℰ (0951) 9 72 70 – www.hotel-goldeneradler.de
49 Zim – †84/86 € ††105/125 €
Rest – *(geschl. Samstagmittag)* Karte 17/38 €
♦ Die wohnlichen und funktionellen Zimmer verteilen sich auf den historischen Gasthof und den neuzeitlichen Hotelanbau. Man bietet auch zwei großzügige Maisonetten. Fränkische Küche im Restaurant. Im Sommer mit Biergarten beim hübschen Kräuter- und Rosengarten.

In Stegaurach Süd-West: 5 km über B22 AX

Der Krug
Mühlendorfer Str. 4, (Zufahrt über Schulstraße) ✉ 96135 – ℰ (0951) 99 49 90
– www.der-krug.de – geschl. über Weihnachten und über Fasching
26 Zim – †67 € ††98 € – ½ P 19 €
Rest – *(geschl. Montagmittag, Dienstag, Donnerstagmittag)* Menü 18 €
– Karte 14/33 €
♦ Der um einen Anbau erweiterte Gasthof im Ortskern ist eine tipptopp gepflegte und wohnlich eingerichtete Adresse, die herzlich-familiär geleitet wird. Im Stammhaus befindet sich das gemütlich-rustikale Restaurant mit guter Auswahl an regionalen Fischgerichten.

BANSIN – Mecklenburg-Vorpommern – siehe Usedom (Insel)

BARGUM – Schleswig-Holstein – 541 – 600 Ew – Höhe 4 m   1 G2
▶ Berlin 451 – Kiel 111 – Sylt (Westerland) 41 – Flensburg 37

Andresen's Gasthof mit Zim
Dörpstraat 63 , (B 5) ✉ 25842 – ℰ (04672) 10 98 – www.andresensgasthof.de
– geschl. Mitte Januar - Mitte Februar und Montag - Dienstag, außer an Feiertagen
6 Zim – †50/60 € ††80/90 €
Rest – *(Mittwoch - Donnerstag nur Abendessen)* (Tischbestellung erforderlich)
Menü 45/75 € – Karte 37/65 €
♦ Ein Klassiker der norddeutschen Gastronomie - seit über 30 Jahren von der engagierten Gastgeberin Elke Andresen geführt. Gute und frische Küche in friesisch-eleganten Stuben.

BARLEBEN – Sachsen-Anhalt – siehe Magdeburg

BARNSTORF – Niedersachsen – 541 – 5 890 Ew – Höhe 31 m   17 F7
▶ Berlin 395 – Hannover 105 – Bremen 59 – Osnabrück 67

Roshop
Am Markt 6 ✉ 49406 – ℰ (05442) 98 00 – www.hotel-roshop.de
63 Zim – †74/99 € ††94/130 € – 2 Suiten   **Rest** – Karte 26/55 €
♦ Das Business- und Tagungshotel liegt zentral am Marktplatz und verfügt über gut ausgestattete Gästezimmer mit individuellem Touch. Einige Zimmer sind ganz modern gestaltet. Unterteilter Restaurantbereich mit zeitgemäßem Ambiente.

BARSINGHAUSEN – Niedersachsen – 541 – 33 670 Ew – Höhe 112 m   18 H9
▶ Berlin 315 – Hannover 25 – Bielefeld 87 – Hameln 42
🛈 Deisterplatz 2, ✉ 30890, ℰ (05105) 77 42 63, www.barsinghausen-info.de

BARSINGHAUSEN

※※ **Marmite**
*Egestorfer Str. 36a ⊠ 30890 – ℰ (05105) 6 18 18 – www.restaurant-marmite.de
– geschl. Montag*
Rest – *(Dienstag - Samstag nur Abendessen)* Menü 28 € (mittags)/46 €
– Karte 33/46 €
♦ Freundlich-mediterranes Restaurant mit saisonal-internationaler Küche und guter Weinkarte, dazu Bistrot mit Kleinigkeiten und Biergarten mit Teich. Angeschlossen: Tennishalle.

In Barsinghausen-Göxe Nord-Ost: 6 km, an der B 65

※※ **Gasthaus Müller**
Goltener Str. 2 ⊠ 30890 – ℰ (05108) 21 63 – www.gasthausmueller.de – geschl. Montag
Rest – *(Dienstag - Samstag nur Abendessen)* Menü 35/45 € – Karte 26/47 €
♦ Familie Müller leitet das Gasthaus an der Ortsdurchfahrt bereits in der 5. Generation. Auf der Karte finden sich frische saisonale Gerichte, die vorwiegend aus regionalen Produkten zubereitet werden - z. B. geschmorte Kalbsbäckchen als Spezialität. Gute Weinkarte.

BARTH – Mecklenburg-Vorpommern – **542** – 8 770 Ew – Höhe 2 m   **5** N3
▶ Berlin 272 – Schwerin 155 – Rostock 59 – Stralsund 33
🛈 Lange Str. 13, ⊠ 18356, ℰ (038231) 24 64, www.stadt-barth.de

🏨 **Speicher Barth**
Am Osthafen 2 ⊠ 18356 – ℰ (038231) 6 33 00 – www.speicher-barth.de
44 Zim ⊑ – †65/130 € ††90/160 € – 8 Suiten
Rest – *(November - April: nur Abendessen)* Menü 42 € – Karte 27/44 €
♦ Das aus einem historischen Getreidespeicher entstandene Hotel liegt sehr schön direkt am Hafen - mit eigenem Bootsanleger. Einige der Zimmer sind Maisonetten und Appartements. Eine offene Balkenkonstruktion prägt das Restaurant - Wintergarten zum Barther Bodden.

🏨 **Pommernhotel Barth**
Divitzer Weg 2 ⊠ 18356 – ℰ (038231) 4 55 80 – www.pommernhotel.de
31 Zim ⊑ – †52/70 € ††72/95 € – ½ P 15 € – 4 Suiten
Rest – *(November - April nur Abendessen)* Menü 15/25 € – Karte 17/32 €
♦ Am Ortsrand finden Sie das Hotel der Familie Splettstößer. Die gepflegten und praktischen Gästezimmer sind in zeitlosem Stil eingerichtet.

BARTHOLOMÄ – Baden-Württemberg – **545** – 2 150 Ew   **56** I18
– Höhe 642 m – Wintersport: ⛷
▶ Berlin 573 – Stuttgart 75 – Aalen 16 – Schwäbisch Gmünd 21

An der Straße nach Steinheim Süd-Ost: 3 km

🏨 **Landhotel Wental**
*Wental 1 ⊠ 73566 – ℰ (07173) 97 81 90 – www.wental.de
– geschl. 20. - 25. Dezember*
35 Zim ⊑ – †55/60 € ††87/97 €
Rest – *(geschl. Sonntagabend - Montag)* Karte 24/32 €
♦ Ein gestandener Gasthof auf der Schwäbischen Alb, wie er typischer nicht sein könnte. Auch ein Saunabereich gehört zum Angebot. Nebenan: eine Kletter-Anlage. Rustikales Restaurant mit Kamin und Kachelofen.

BAUNACH – Bayern – **546** – 3 990 Ew – Höhe 238 m   **50** K15
▶ Berlin 414 – München 243 – Bayreuth 69 – Würzburg 106

※※ **Rocus**
*Bahnhofstr. 16 ⊠ 96149 – ℰ (09544) 2 06 40 – www.restaurant-rocus.de
– geschl. 20. August - 10. September und Montag - Dienstagmittag*
Rest – Menü 46/56 € – Karte 37/76 €
♦ In dem hübschen ehemaligen Bahnhofsgebäude von 1904 bietet man in geradlinigem neuzeitlichem Ambiente gute internationale Küche und ausgesuchte spanische Weine. Terrasse im schönen Innenhof oder zur Bahnlinie, Table d'hôte im Weinkeller.

BAUTZEN – Sachsen – 544 – 40 740 Ew – Höhe 220 m   44 R12
▶ Berlin 200 – Dresden 65 – Görlitz 47 – Cottbus 75
ADAC Steinstr. 26
🛈 Hauptmarkt 1, ✉ 02625, ✆ (03591) 4 20 16, www.bautzen.de
◉ Dom St. Peter★ – Alte Wasserkunst★

Holiday Inn
Wendischer Graben 20 ✉ 02625 – ✆ (03591) 49 20
– www.bautzen.holiday-inn.com
157 Zim – †80/106 € ††95/121 € – 5 Suiten   **Rest** – Karte 24/38 €
♦ Die zeitgemäßen und funktionellen Zimmer machen das Hotel gegenüber der historischen Altstadt besonders für Businessgäste interessant.

Dom Eck garni
Breitengasse 2 ✉ 02625 – ✆ (03591) 50 13 30 – www.wjelbik.de
12 Zim – †60/70 € ††76/79 €
♦ Die Gästezimmer dieses kleinen Familienbetriebs in zentraler Lage beim Dom sind hell und freundlich gestaltet. Sorbische und deutsche Künstler haben das Haus dekoriert.

Villa Antonia
Lessingstr. 1 ✉ 02625 – ✆ (03591) 50 10 20 – www.hotel-villa-antonia.de
16 Zim – †55/60 € ††79/89 € – ½ P 15 € – 2 Suiten
Rest *Tiroler Stuben* – ✆ (03591) 46 08 88 – Karte 14/29 €
♦ Hier handelt es sich um eine Ende des 19. Jh. erbaute Villa, die etwas außerhalb gelegen ist (ins Zentrum sind es ca. 10 Gehminuten). Hingucker im Frühstücksraum ist die restaurierte Stuckdecke, im Restaurant die "Südtiroler Alpenstube" von 1854.

BAYERISCH GMAIN – Bayern – siehe Reichenhall, Bad

BAYERSOIEN, BAD – Bayern – 546 – 1 170 Ew – Höhe 812 m   65 K21
– Luftkurort und Moorheilbad
▶ Berlin 642 – München 102 – Garmisch-Partenkirchen 35 – Weilheim 38
🛈 Dorfstr. 45, ✉ 82435, ✆ (08845) 7 03 06 20, www.bad-bayersoien.de
◉ Echelsbacher Brücke★ Nord: 3 km

Parkhotel Bayersoien
Am Kurpark 1 ✉ 82435 – ✆ (08845) 1 20
– www.parkhotel-bayersoien.de
66 Zim (inkl. ½ P.) – †124/178 € ††208/228 € – 5 Suiten
Rest *Jahreszeiten* – Menü 29/69 € – Karte 35/44 €
Rest *African Lounge* – ✆ (08845) 1 21 04 (nur Abendessen) (Tischbestellung erforderlich) Menü 33/56 €
♦ In dem komfortablen Wellnesshotel hat Familie Fehle-Friedel in zahlreichen Details ihr Faible für Afrika einfließen lassen. Die geräumigen Zimmer sind meist Juniorsuiten. Rustikal-elegant ist das Restaurant Jahreszeiten, afrikanisch sind Ambiente und Küche in der African Lounge.

BAYREUTH – Bayern – 546 – 72 580 Ew – Höhe 340 m   51 L15
▶ Berlin 358 – München 231 – Coburg 67 – Nürnberg 80
ADAC Hohenzollernring 64 **Y**
🛈 Opernstraße 22 **Y**, ✉ 95444, ✆ (0921) 8 85 88, www.bayreuth-tourismus.de
🚉 Bayreuth, Rodersberg 43, ✆ (0921) 97 07 04
Veranstaltungen
   25. Juli-28. August: Wagner-Festspiele
◉ Markgräfliches Opernhaus★ **Y** – Richard-Wagner-Museum★ **Z**
◉ Schloss Eremitage★ über B22 **Z**: 4 km

BAYREUTH

Am Mühltürlein	Y	3
Bahnhofstr.	Y	4
Balthasar-Neumann-Str.	Z	5
Bürgerreuther Str.	Y	7
Erlanger Str.	Y	8
Friedrich-von-Schiller-Str.	Y	10
Josephspl.	Y	14
Kanalstr.	Y	15
Kanzleistr.	YZ	17
Karl-Marx-Str.	Y	18
Ludwigstr.	Z	20
Luitpoldpl.	Y	22
Markgrafenallee	Y	24
Maximilianstr.	Y	
Muncker Str.	Y	26
Nürnberger Str.	Z	28
Opernstr.	Z	30
Richard-Wagner-Str.	YZ	32
Schulstr.	Y	33
Sophienstr.	Y	35
Wieland-Wagner-Str.	Y	36
Wilhelminenstr.	Y	38
Wittelsbacherring	Z	39
Wölfelstr.	Y	40

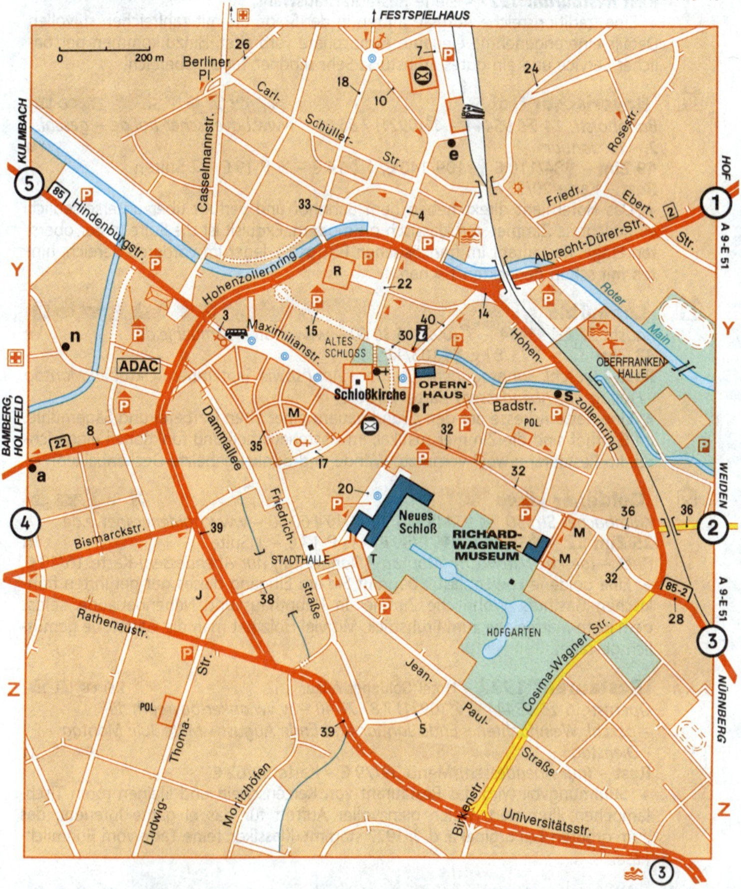

Ramada Hotel Residenzschloss
Erlanger Str. 37 ✉ *95444 –* ☏ *(0921) 7 58 50*
– www.ramada.de/bayreuth

104 Zim – †79 € ††94 €, ☐ 14 € – ½ P 18 € – 3 Suiten
Rest – Menü 68 € – Karte 19/56 €

♦ Am Rande der Innenstadt erwartet Sie das aus dem ehemaligen Sudhaus einer Brauerei entstandene Hotel. Die Gästezimmer sind neuzeitlich und funktionell eingerichtet. Restaurant im denkmalgeschützten historischen Teil, mit Wintergarten und Bar.

Erwarten Sie in einem 🗙 oder 🏠 nicht den gleichen Service wie in einem 🗙🗙🗙🗙🗙 oder 🏠🏠🏠.

BAYREUTH

🏠 Goldener Anker
Opernstr. 6 ⊠ 95444 – ℰ (0921) 7 87 77 40 – www.anker-bayreuth.de – geschl. Weihnachten - Mitte Januar Yr
35 Zim – †98/128 € ††148/218 € – 2 Suiten
Rest *Restaurant 1927* – siehe Restaurantauswahl
♦ Eine traditionsreiche Adresse mitten in der Stadt, die mit zahlreichen stilvollen Details eine angenehme elegante Atmosphäre verbreitet. Hinzu kommen persönlicher Service und ein gutes Frühstück. Sehr schöner Tagungsbereich!

🏠 Bayerischer Hof
Bahnhofstr. 14 ⊠ 95444 – ℰ (0921) 7 86 00 – www.bayerischer-hof.de – geschl. 2. - 11. Januar Ye
49 Zim – †84/110 € ††109/140 €, ⊇ 14 € – ½ P 19 € – 2 Suiten
Rest – Karte 20/55 €
♦ Das Hotel liegt direkt neben dem Bahnhof und verfügt über unterschiedlich eingerichtete Zimmer von klassisch bis modern. Exquisit ist die Suite in der obersten Etage. Restaurant im französischen Bistrostil - leger im vorderen Bereich, hinten mit schön gedeckten Tischen.

🏠 Lohmühle
Badstr. 37 ⊠ 95444 – ℰ (0921) 5 30 60 – www.hotel-lohmuehle.de Ys
43 Zim ⊇ – †71/81 € ††105/115 €
Rest – *(geschl. Sonntagabend, Januar - April sowie September - Oktober: Montag - Freitag nur Abendessen)* Karte 19/30 €
♦ Eine nette Adresse auf den Grundmauern einer alten Gerberei und Sägemühle. Im Gasthof sind die Zimmer rustikal, im Gästehaus hell und funktionell eingerichtet. Im Restaurant: weiß verputzte Wände und dunkel gebeizte Deckenbalken.

🏠 Goldener Löwe
Kulmbacher Str. 30 ⊠ 95445 – ℰ (0921) 74 60 60 – www.goldener-loewe.de
25 Zim ⊇ – †39/55 € ††70/89 € – ½ P 17 € – 1 Suite Yn
Rest – *(geschl. Mittwoch) (Montag - Donnerstag nur Abendessen)* Karte 16/40 €
♦ Eine goldene Löwenplastik begrüßt Sie am Eingang dieses gut geführten fränkischen Gasthofs. Wohnliche Zimmer in Haupthaus und Nebengebäude, selbst gemachte Marmelade zum Frühstück. Mit viel Holz hat man die Gaststube gemütlich gestaltet.

✕✕ Restaurant 1927 – Hotel Goldener Anker
Opernstr. 6 ⊠ 95444 – ℰ (0921) 7 87 77 40 – www.anker-bayreuth.de – geschl. Weihnachten - Ende Januar und Ende August - Mitte Juli: Montag - Dienstag Yr
Rest – *(nur Abendessen)* Menü 39/79 € – Karte 50/62 €
♦ Stimmungsvoll wird das Restaurant von Kerzenschein und kleinen roten Tischlämpchen illuminiert: welch glanzvoller Auftritt für das elegante Interieur, das zum größten Teil orginal a. d. J. 1927 stammt. Klassiker: feine Tarte vom Rohmilchkäse.

✕✕ Bürgerreuth Ristorante italiano mit Zim
An der Bürgerreuth 20 (über Bürgerreuther Straße Y) ⊠ 95445 – ℰ (0921) 7 84 00 – www.buergerreuth.de
8 Zim ⊇ – †49/69 € ††70/90 €   **Rest** – Karte 27/54 €
♦ Oberhalb des Festspielhauses befindet sich das familiär geleitete Restaurant mit klassisch-italienischer Küche. Im Wintergarten hat man eine Grill-Station eingerichtet. Auch einige wohnlich-gediegene Gästezimmer stehen zur Verfügung.

In Bayreuth-Oberkonnersreuth über B 85-2 **Z**: 3 km

✕✕ Zur Sudpfanne
Oberkonnersreuther Str. 6 ⊠ 95448 – ℰ (0921) 5 28 83 – www.sudpfanne.com
Rest – Menü 27 € (mittags)/58 € – Karte 20/47 €
♦ Behaglich-rustikal ist das Ambiente im hübschen ehemaligen Brauereigebäude. Mit Zigarrenlounge und Biergarten. Für Veranstaltungen wird neben dem Saal auch die Brasserie genutzt.

BAYREUTH

In Bindlach-Obergräfenthal über B 85 Y: 10 km, in Heinersreuth Richtung Cottenbach, nach Theta links

Landhaus Gräfenthal
Obergräfenthal 7 ⊠ 95463 – ℰ (09208) 2 89
– www.landhaus-graefenthal.de – geschl. Dienstag, Juli - August: nur Dienstagmittag
Rest – Karte 23/40 €
♦ Gemütlich sitzt man in den mit Bildern dekorierten Räumen dieses freundlich-familiär geleiteten Restaurants und lässt sich zeitgemäße regionale Küche mit saisonalem Bezug schmecken.

BAYRISCHZELL – Bayern – 546 – 1 580 Ew – Höhe 800 m   66 M21
– Wintersport: 1 650 m ⫽23 ⫽ – Luftkurort
▶ Berlin 664 – München 77 – Rosenheim 37 – Miesbach 23
ℹ Kirchplatz 2, ⊠ 83735, ℰ (08023) 6 48, www.bayrischzell.de
◉ Wendelstein★★ (mit Zahnradbahn ab Bayrischzell-Osterhofen)

In Bayrischzell-Geitau Nord-West: 5 km über B 307, Richtung Miesbach

Postgasthof Rote Wand
Geitau 15 ⊠ 83735 – ℰ (08023) 90 50
– www.gasthofrotewand.de – geschl. 8. November - 18. Dezember
29 Zim – †39/48 € ††70/90 €
Rest – *(geschl. Dienstag)* Karte 14/35 €
♦ Ein Traditionsgasthof in der Ortsmitte, der sehr sympathisch und familiär geführt wird. Die Zimmer sind tipptopp gepflegt und wohnlich im Landhausstil eingerichtet. Das Restaurant ist in rustikale Gaststuben unterteilt und wird im Sommer durch einen netten Biergarten unter alten Kastanien ergänzt. Regionale Küche.

In Bayrischzell-Osterhofen Nord-West: 3 km über B 307, Richtung Miesbach

Der Alpenhof
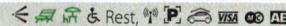
Osterhofen 1 ⊠ 83735 – ℰ (08023) 9 06 50
– www.der-alpenhof.com
39 Zim – †65/85 € ††95/115 €, ⊊ 15 € – ½ P 23 € – 8 Suiten
Rest *Bauernstube* – siehe Restaurantauswahl
♦ Geschmackvolles Ambiente von der eleganten kleinen Lobby bis zum Spa macht das Hotel zu einer nicht alltäglichen Adresse. Highlight: aufwändige Themensuiten wie "Franz Josef" oder "Mikado".

Bauernstube – Hotel Der Alpenhof
Osterhofen 1 ⊠ 83735 – ℰ (08023) 9 06 50
– www.der-alpenhof.com
Rest – Menü 68 € – Karte 24/54 €
♦ Gemütlich, wie man es in Bayern erwartet, empfängt Sie die "Bauernstube". Mit viel Geschick und Geschmack entstand eine Behaglichkeit, die ihresgleichen sucht.

BEBRA – Hessen – 543 – 13 910 Ew – Höhe 205 m   39 I12
▶ Berlin 395 – Wiesbaden 182 – Kassel 60 – Bad Hersfeld 15

Röse
Hersfelder Str. 1 ⊠ 36179 – ℰ (06622) 93 90
– www.hotel-roese.de – geschl. 9. - 23. Juli
40 Zim ⊊ – †54/70 € ††78/108 € – 2 Suiten
Rest – *(geschl. Samstag, Sonntagabend)* Karte 20/40 €
♦ Ein gewachsenes Hotel mit Stammhaus a. d. J. 1799. Die Zimmer sind funktional ausgestattet, auch Komfortzimmer sind vorhanden. Tagungsmöglichkeiten und eigenes Kino.

BECKINGEN – Saarland – 543 – 15 410 Ew – Höhe 300 m   45 B16
▶ Berlin 754 – Saarbrücken 36 – Merzig 9 – Luxemburg 67

In Beckingen-Düppenweiler Nord-Ost: 8 km

※ **Margrets Bauernstube**
Litermont 22 ⌂ 66701 – ℰ (06832) 80 08 04 – www.margrets-bauernstube.de
– geschl. 9. Januar - 13. März, Juni 1 Woche, Mitte September 2 Wochen,
November 2 Wochen und Montag - Dienstag, Samstagmittag, September - Mai:
Montag - Dienstag, Mittwochabend, Donnerstagabend, Samstagmittag
Rest – Karte 29/49 €

♦ 500 m vom Gipfelkreuz entfernt steht das nette Landhaus mit zwei liebenswerten, wohnlichen Stuben. Das Angebot ist regional gehalten - viele Tagesempfehlungen auf einer Tafel.

BECKUM – Nordrhein-Westfalen – 543 – 36 770 Ew – Höhe 105 m   27 E10
▶ Berlin 438 – Düsseldorf 130 – Bielefeld 58 – Hamm in Westfalen 20
Lippetal-Lippborg, Ebbeckeweg 3, ℰ (02527) 81 91

Am Höxberg Süd: 2,5 km, Richtung Lippborger

※※ **Zur Windmühle** mit Zim
Unterberg II/33 ⌂ 59269 – ℰ (02521) 8 60 30 – www.zur-windmuehle.de
– geschl. Montag
8 Zim – †45 € ††80 €
Rest – (Dienstag - Samstag nur Abendessen) Menü 30 € (mittags)/74 €
– Karte 43/56 €

♦ Das seit 150 Jahren familiengeführte Restaurant ist benannt nach der benachbarten Windmühle von 1853. Man bietet saisonal-internationale Küche. Schöne Terrasse zur Mühle.

In Beckum-Vellern Nord-Ost: 4 km

🏨 **Alt Vellern** (mit Gästehaus)
Dorfstr. 21 ⌂ 59269 – ℰ (02521) 8 71 70 – www.alt-vellern.de – geschl.
23. Dezember - 5. Januar, über Ostern
33 Zim – †80/98 € ††105/150 €
Rest – (geschl. Sonntagmittag, Freitagabend - Samstagmittag) Menü 44 €
– Karte 22/51 €

♦ Das aus einem westfälischen Gasthof entstandene Hotel ist ein sympathischer Familienbetrieb mit wohnlichen Zimmern, die im Gästehaus teilweise sehr geräumig sind. Nett ist die Atmosphäre in dem rustikalen, hübsch dekorierten Restaurant mit saisonaler Küche.

BEDERKESA, BAD – Niedersachsen – 541 – 4 950 Ew – Höhe 9 m   9 G5
– Moorheilbad
▶ Berlin 400 – Hannover 198 – Cuxhaven 42 – Bremerhaven 25
🛈 Amtsstr. 8, ⌂ 27624, ℰ (04745) 9 43 35, www.bad-bederkesa.de
Ringstedt, Gut Hainmühlen, ℰ (04708) 92 00 36

🏨 **Bösehof**
Hauptmann-Böse-Str. 19 ⌂ 27624 – ℰ (04745) 94 80 – www.boesehof.de
48 Zim ⌷ – †56/160 € ††124/160 € – ½ P 24 € – 10 Suiten
Rest – Menü 28/65 € – Karte 30/55 €

♦ Schön und recht ruhig liegt dieser Familienbetrieb. Einige Zimmer mit Blick in den reizvollen Garten, geräumiger im Haus "Jan Bohls". Das Haus "Hermann Allmers" beherbergt einen kleinen Spa-Bereich. Sehr gutes Frühstück, im Sommer auf der Terrasse. Internationale und regionale Küche im elegant-rustikalen Restaurant.

※※ **C'est la vie**
Bahnhofstr. 13 ⌂ 27624 – ℰ (04745) 78 24 02 – www.cestlavie-bederkesa.de
– geschl. Januar 2 Wochen, Juni 2 Wochen und Montag
Rest – (Dienstag - Freitag nur Abendessen) Menü 26/38 € – Karte 26/40 €

♦ Ein helles, neuzeitlich-elegantes Restaurant in einer hübschen Gründerzeitvilla mit gelber Fassade. Familie Tizzano bietet hier mediterrane Küche. Schön ist auch die Terrasse.

BEILNGRIES – Bayern – 546 – 8 680 Ew – Höhe 368 m
– Wintersport: ⛷ – Erholungsort 58 L18
▶ Berlin 482 – München 108 – Nürnberg 76 – Ingolstadt 35
🛈 Berghorn 13, ✉ 92339, ☎ (08461) 84 35, www.beilngries.de

Der Millipp
Hauptstr. 9 ✉ 92339 – ☎ (08461) 12 03 – www.der.millipp.de
22 Zim – †74/90 € ††90/115 € – ½ P 20 €
Rest – Menü 25/30 € – Karte 21/50 €
♦ Ein traditionsreicher Metzgereigasthof, in dessen Zimmern man gelungen die historische Bausubstanz mit wohnlich-elegantem Landhausstil kombiniert hat. Rustikal-gediegen zeigen sich die Gaststuben mit regionaler Küche.

Fuchsbräu (mit Gästehäusern)
Hauptstr. 23 ✉ 92339 – ☎ (08461) 65 20 – www.fuchsbraeu.de
75 Zim – †72/89 € ††89/109 € – ½ P 18 € – 2 Suiten
Rest – Menü 15/25 € – Karte 17/38 €
♦ Der zum Hotel erweiterte ehemalige Brauereigasthof bietet geschmackvoll-wohnliche Zimmer und einen hübschen kleinen Sauna-, Bade- und Ruhebereich. Einige Zimmer befinden sich in einem sanierten Fachwerkhaus a. d. 16. Jh. Im Restaurant serviert man überwiegend regionale Speisen mit vielen Bioprodukten.

Die Gams (mit Gästehaus)
Hauptstr. 16 ✉ 92339 – ☎ (08461) 61 00 – www.hotel-gams.de
62 Zim – †64/94 € ††84/138 € – ½ P 17 €
Rest – Menü 15 € (mittags) – Karte 20/50 €
♦ Mit Engagement leitet die Familie bereits in der 7. Generation dieses Haus im Zentrum. Für die Gäste stehen wohnlich-individuelle Zimmer oder moderne Kreativzimmer bereit. Guter Tagungsbereich sowie Massage und Kosmetik. Gemütliche Restauranträume, darunter die hübsche Zirbelstube. Die Küche ist vorwiegend regional.

Braugasthof Hotel Schattenhofer
Hauptstr. 44 ✉ 92339 – ☎ (08461) 6 41 30 – www.schattenhofer-beilngries.de
49 Zim – †49/60 € ††69/80 € – ½ P 16 € **Rest** – Karte 14/29 €
♦ Das Haus mit jahrhundertelanger Familientradition bietet in der Wodansburg und im Alten Bräuhaus solide, teils geräumige und neuzeitliche Zimmer; einige allergikergerecht. Das Restaurant ist rustikal gehalten. Die eigene Brauerei ist die letzte im Ort.

In Beilngries-Hirschberg West: 3 km

Zum Hirschen
Hirschberg 25 ✉ 92339 – ☎ (08461) 5 20 – www.zumhirschen-hirschberg.de
– geschl. 4. - 20. Januar
34 Zim – †44 € ††66 € – ½ P 14 € **Rest** – (geschl. Montagmittag) Karte 12/26 €
♦ Diese sympathische ländliche Adresse - seit 5 Generationen im Familienbesitz - überzeugt mit gepflegten Zimmern. Schön ist das Naturschwimmbad. Regionales Speiseangebot im rustikalen Restaurant.

BEILSTEIN – Rheinland-Pfalz – 543 – 150 Ew – Höhe 90 m 46 C14
▶ Berlin 655 – Mainz 111 – Koblenz 48 – Trier 102

Haus Lipmann (mit Gästehaus)
Marktplatz 3 ✉ 56814 – ☎ (02673) 15 73 – www.hotel-haus-lipmann.de – geschl. November - 15. April
12 Zim – †90/110 € ††100/120 € – ½ P 15 € **Rest** – Karte 22/40 €
♦ Mitten im Ort steht das tipptopp gepflegte Gasthaus a. d. 18. Jh. Besonders hübsch ist Zimmer Nr. 4 mit Balkon zur Mosel. Etwas geräumigere Zimmer im Gästehaus. Rustikales Restaurant mit weinberankter Terrasse zum Fluss. Schön ist der Rittersaal mit großem Kamin.

BELLHEIM – Rheinland-Pfalz – 543 – 8 470 Ew – Höhe 117 m 54 E17
▶ Berlin 659 – Mainz 126 – Karlsruhe 33 – Landau in der Pfalz 13

Lindner's garni
Postgrabenstr. 52 ✉ 76756 – ☎ (07272) 97 20 60 – www.lindner-hotel.de
21 Zim – †55/60 € ††77/86 €
♦ Eine familiäre Adresse am Dorfrand; gleich am Haus können Sie zu schönen Radtouren starten. Die moderneren Zimmer sind die der Kategorie II.

BELLHEIM

In Knittelsheim West: 2 km Richtung Landau

XX Steverding's Isenhof
Hauptstr. 15a ⌧ 76879 – ℰ (06348) 57 00 – www.isenhof.de
– geschl. Januar 3 Wochen und Dienstag - Donnerstag
Rest – *(Freitag, Samstag und Montag nur Abendessen, Sonntag nur Mittagessen)* (Tischbestellung erforderlich) Menü 86/98 €
Spez. Gänseleber auf Bohnencreme, Ihr Gewürzparfait mit Mispel und Roulade vom Kalbstafelspitz. Wilder Loup de Mer auf warmem Möhrensalat, Steinpilzpolenta. Baumtomatensorbet mit Pinien im geliertem Basilikum-Sud.
• Peter Steverding ist bereits seit 1992 am Platze. Das 500 Jahre alte Fachwerkhaus ist schon von außen ein kleines Schmuckstück; innen: Gemütlichkeit durch rustikale Holzbalken und den alten Ofen gepaart mit gepflegter Tischkultur. Die Gerichte werden fein zubereitet und ohne große Schnörkel präsentiert.

BELLINGEN, BAD – Baden-Württemberg – 545 – 3 870 Ew   61 D21
– Höhe 257 m – Heilbad

▶ Berlin 841 – Stuttgart 247 – Freiburg im Breisgau 44 – Müllheim 12
🛈 Badstr. 14, ⌧ 79415, ℰ (07635) 80 82 20, www.bad-bellingen.de
⛳ Bad Bellingen, Am Golfplatz 3, ℰ (07635) 82 44 90

Landgasthof Schwanen (mit Gästehaus)
Rheinstr. 50 ⌧ 79415 – ℰ (07635) 81 18 11 – www.schwanen-bad-bellingen.de
– geschl. 9. Januar - 2. Februar
24 Zim ⌑ – †55/70 € ††83/92 € – ½ P 17 €
Rest – *(Montag - Mittwoch nur Abendessen)* Menü 28/35 € – Karte 30/56 €
• Das Traditionshaus - seit 1887 in Familienbesitz - bietet wohnliche Zimmer, im Haupthaus mit W-Lan. 400 m entferntes Gästehaus mit Appartements und Liegewiese. Restaurant im regionstypischen Stil, kleiner Wintergarten und nette Terrasse.

Ambiente garni
Akazienweg 1 ⌧ 79415 – ℰ (07635) 8 10 40 – www.hotel-ambiente.de
22 Zim ⌑ – †56/69 € ††98/128 €
• Das tipptopp gepflegte kleine Hotel in einer Seitenstraße im Kurgebiet wird freundlich von Familie Silcher geleitet. Heller Frühstücksraum mit elegantem Touch, netter Garten.

Birkenhof
Rheinstr. 76 ⌧ 79415 – ℰ (07635) 6 23 – www.birkenhof-bad-bellingen.de
– geschl. Dezember - Mitte Januar
13 Zim ⌑ – †48/60 € ††79/82 € – ½ P 15 €
Rest – *(geschl. Sonntag) (nur für Hausgäste)*
• Der kleine Familienbetrieb am Ortsrand ist ein eher schlichtes, aber sehr gepflegtes Haus mit hell möblierten Zimmern und zwei wohnlichen Suiten, alle mit Balkon.

X Berghofstüble
(Nord-Ost: 1,5 km, über Markus-Ruf-Straße) ⌧ 79415 – ℰ (07635) 12 93
– www.berghofstueble-bad-bellingen.de – geschl. Januar 2 Wochen und Montag - Dienstag
Rest – Menü 38/61 € – Karte 26/56 €
• In der rustikalen Stube und im hellen Wintergarten nimmt man an gut eingedeckten Tischen Platz. Dank der erhöhten Lage des ehemaligen Bauernhofs genießt man von der schönen Terrasse im Garten die Sicht aufs Rheintal. Frische regionale Küche und gute Weine.

In Bad Bellingen-Hertingen West: 3 km

Hebelhof
Bellinger Str. 5 ⌧ 79415 – ℰ (07635) 8 24 49 35 – www.drei-thermen-golfresort.de
26 Zim ⌑ – †50/70 € ††120/140 € – ½ P 20 €
Rest – *(nur Abendessen)* Karte 15/39 €
• Das Hotel liegt in der Nähe des Golfplatzes und bietet den Gästen wohnliche Zimmer, einen Freizeitbereich mit Kosmetik und Massage sowie einen Garten mit kleinem Putting Green. Gediegenes Ambiente im Restaurant.

BELM – Niedersachsen – siehe Osnabrück

BELZIG, BAD – Brandenburg – 542 – 11 230 Ew – Höhe 88 m — 32 N9
– Luftkurort
▶ Berlin 87 – Potsdam 57 – Brandenburg 35 – Magdeburg 72
🛈 Marktplatz 1, ✉ 14806, ✆ (033841) 3 87 99 10, www.bad-belzig.com

Springbach-Mühle (mit Gästehäusern)
Mühlenweg 2 (Nord: 2 km, nahe der B 102) ✉ 14806
– ✆ (033841) 62 10 – www.springbachmuehle.de
56 Zim – †55/75 € ††78/86 € – ½ P 15 €   **Rest** – Karte 23/36 €
◆ Eine sehr idyllische Adresse am Waldrand ist das 1749 als Öhlmühle gebaute und zum Hotel umfunktionierte Anwesen. Der Springbach durchläuft das weitläufige Gartengrundstück. Ländlich-rustikales Ambiente im Restaurant.

BEMPFLINGEN – Baden-Württemberg – 545 – 3 350 Ew – Höhe 336 m — 55 G19
▶ Berlin 667 – Stuttgart 30 – Reutlingen 13 – Tübingen 21

XXX Krone
Brunnenweg 40 ✉ 72658 – ✆ (07123) 3 10 83 – www.kronebempflingen.de
– geschl. Anfang Januar 1 Woche, über Fasching, über Ostern, Juni 1 Woche, Anfang - Mitte August und Sonntag - Dienstagmittag, Mittwochmittag
Rest – Menü 16 € (mittags)/49 € – Karte 31/67 €
◆ Im Restaurant der Familie Veit erwarten Sie eine zeitlose Atmosphäre sowie schmackhafte klassische und regionale Speisen aus frischen Produkten.

BENDESTORF – Niedersachsen – 541 – 2 370 Ew – Höhe 36 m — 10 I6
– Luftkurort
▶ Berlin 306 – Hannover 130 – Hamburg 39 – Lüneburg 40

Landhaus Meinsbur
Gartenstr. 2 ✉ 21227 – ✆ (04183) 7 79 90 – www.meinsbur.de
12 Zim – †85 € ††140 € – 2 Suiten
Rest *Landhaus Meinsbur* – siehe Restaurantauswahl
◆ Das charmante historische Bauernhaus steht auf einem herrlichen Gartengrundstück und besticht zudem mit geschmackvollen Zimmern und freundlichem Service. Die beiden Suiten befinden sich in zwei kleinen Nebengebäuden. Auch Trauungen sind möglich.

XX Landhaus Meinsbur – Hotel Landhaus Meinsbur
Gartenstr. 2 ✉ 21227 – ✆ (04183) 7 79 90 – www.meinsbur.de
Rest – Menü 43/56 € – Karte 27/56 €
◆ Wie für alte niedersächsische Bauernhäuser typisch, bildet der ausladende Kamin den Mittelpunkt in den Gaststuben. Mit Gobelins, Posamenten und wertvollen Bildern präsentiert sich der Gesamteindruck äußerst erlesen. Zauberhafter Garten!

BENDORF – Rheinland-Pfalz – 543 – 17 130 Ew – Höhe 80 m — 36 D14
▶ Berlin 593 – Mainz 101 – Koblenz 12 – Bonn 63

Berghotel Rheinblick
Remystr. 79 ✉ 56170 – ✆ (02622) 12 71 27 – www.berghotel-rheinblick.de
34 Zim – †50/87 € ††90/120 € – ½ P 23 €   **Rest** – Karte 25/37 €
◆ In erhöhter Lage über dem Rheintal finden Sie den langjährigen Familienbetrieb mit funktional eingerichteten Gästezimmern, die überwiegend Flussblick bieten. Eigener Tennisplatz. Vom Restaurant und der Panoramaterrasse schaut man auf Bendorf und den Rhein.

XX Weinhaus Syré
Engersstr. 12 ✉ 56170 – ✆ (02622) 25 81 – www.weinhaus-syre.de
– geschl. Ende Januar 2 Wochen, Ende September 2 Wochen und Montag - Dienstag
Rest – Menü 32/57 € – Karte 30/49 €
◆ Gastgeber Hans-Dieter Syré bietet in gediegenem Rahmen internationale Küche mit günstigem Mittagsangebot. Mittwochabends: zwei Menüs zum Preis von einem. Freundlicher Service.

BENDORF

In Bendorf-Sayn Nord-West: 1,5 km

Villa Sayn
Koblenz-Olper-Str. 111 ✉ *56170 – ℰ (02622) 9 44 90 – www.villasayn.de*
17 Zim – †75 € ††110 € – ½ P 22 €
Rest *Villa Sayn* – siehe Restaurantauswahl
• Hier wohnt man in schönen, freundlichen Zimmern, die im Anbau der schmucken historischen Villa untergebracht sind. Eine toskanische Note bestimmt das Ambiente.

Villa Sayn – Hotel Villa Sayn
Koblenz-Olper-Str. 111 ✉ *56170 – ℰ (02622) 9 44 90 – www.villasayn.de*
– geschl. über Karneval 1 Woche, Juli - August 2 Wochen, Mitte Oktober 1 Woche und Montag
Rest – *(Dienstag - Samstag nur Abendessen)* Menü 36/56 € – Karte 30/56 €
• "Villa Sayn"- ein herrschaftliches Anwesen, das nicht zu übersehen ist! Das Restaurant sowie das rustikale Bistro bieten jedem Gast einen Grund, zu bleiben. Die saisonale Karte ist überall gleich. Lecker ist z. B. die halbe Ente aus dem Ofen mit Apfelrotkohl.

BENSHEIM an der BERGSTRASSE – Hessen – **543** – 39 590 Ew   **47** F16
– Höhe 115 m

▶ Berlin 593 – Wiesbaden 66 – Mannheim 37 – Darmstadt 26
ADAC Bahnhofstr. 9
🛈 Hauptstr. 39, ✉ 64625, ℰ (06251) 5 82 63 14, www.bensheim.de
⛳ Bensheim, Außerhalb 56, ℰ (06251) 6 77 32
◉ Staatspark Fürstenlager★★ Nord: 3 km

Alleehotel Europa - Residenz
Europa-Allee 45 ✉ *64625 – ℰ (06251) 10 50*
– www.alleehotel-europa.de
168 Zim – †74/105 € ††74/105 €, ⟂ 10 €
Rest – Karte 23/44 €
Rest *Vinothek* – Karte 18/31 €
• Ein Business- und Tagungshotel mit großzügiger Lobby sowie funktionellen Zimmern, die sich auf Haupthaus, Residenz und Boarding House verteilen. Das Restaurant Sankt Georg bietet internationale Küche. Bürgerliches Angebot in der urig-rustikalen Vinothek.

Felix
Dammstr. 46 ✉ *64625 – ℰ (06251) 8 00 60 – www.hotelfelix.de*
37 Zim ⟂ – †87/95 € ††108/120 €   **Rest** – Karte 22/44 €
• Der Familienbetrieb in Zentrumsnähe verfügt über freundliche Zimmer mit unterschiedlichen Wandmalereien, darunter auch Allergikerzimmer. Netter Saunabereich und kleiner Fitnessraum. Restaurant mit Wintergarten.

In Bensheim-Auerbach Nord: 1 km – Luftkurort

Parkhotel Herrenhaus
Im Staatspark Fürstenlager, (über Bachgasse) (Ost: 1 km) ✉ *64625*
– ℰ (06251) 7 09 00 – www.parkhotel-herrenhaus.de
9 Zim ⟂ – †90/136 € ††125/145 € – 4 Suiten
Rest – Menü 32 € (mittags)/65 € – Karte 26/53 €
• Die ruhige Lage in dem schön angelegten Park sowie das historische Flair machen dieses Hotel interessant. In den Gästezimmern finden sich Stilmöbel und Antiquitäten. Klassisch-elegantes Ambiente im Restaurant.

Poststuben (mit Gästehaus)
Schloßstr. 28 ✉ *64625 – ℰ (06251) 5 96 20 – www.poststuben.de – geschl. Anfang Juli - Mitte August 2 Wochen*
24 Zim ⟂ – †55/85 € ††75/110 € – ½ P 15 € – 2 Suiten
Rest – *(geschl. Sonntagabend - Montag)* Karte 21/64 €
• Ein erweiterter familiengeführter Gasthof mit Gästehaus und angrenzender Villa. Es erwarten Sie gut ausgestattete und wohnlich gestaltete Zimmer. Ein interessantes Angebot im gemütlichen Restaurant ist "Dinner in the Dark".

BENTHEIM, BAD – Niedersachsen – **541** – 15 610 Ew – Höhe 62 m — 16 C8
– Heilbad

▶ Berlin 491 – Hannover 207 – Nordhorn 19 – Enschede 29
🛈 Schlossstr. 18, ✉ 48455, ✆ (05922) 9 83 30, www.badbentheim.de
🅱 Bad Bentheim-Sieringhoek, Am Hauptdiek 8, ✆ (05922) 7 77 60

Grossfeld (mit 6 Gästehäusern)
Schlossstr. 6 ✉ 48455 – ✆ (05922) 7 77 70
– www.grossfeld.de
150 Zim – †79 € ††119 € – 13 Suiten **Rest** – *(nur für Hausgäste)*
◆ Aus mehreren Häusern besteht das Hotel im Zentrum, nahe der Burg. Komfortabler sind die Zimmer im "Spa 7". Hier auch der Freizeitbereich mit Außensauna im Blockhausstil.

Keilings Restaurant
Wilhelmstr. 9a ✉ 48455 – ✆ (05922) 77 66 33 – www.keilings.de – *geschl. Januar 2 Wochen, September 2 Wochen und Montag - Dienstag*
Rest – *(Januar - März nur Abendessen)* Menü 39/89 € – Karte 44/72 €
Spez. Ochsenschwanzraviolo mit Gänseleberroyale und Saft vom Granny Smith Apfel. Brunnenkressesuppe mit Kabeljau, Pata Negra und Melonen-Vanillesalsa. Tafelspitz vom US-Beef mit Maiskuchen, dicken Bohnen und Chorizo.
◆ Hier kocht Lars Keiling für Sie, und zwar fein, zeitgemäß und richtig gut! Mit von der Partie ist Lebensgefährtin Gina Duesmann im Service. Das Restaurant an sich: Parkettboden, Bilder und ebenso dekorative Weinregale - die Glasfront macht alles schön hell.

In Bad Bentheim-Gildehaus West: 4 km – Erholungsort

Waldseiter Hof
An der Waldseite 7 (Nord: 2,5 km) ✉ 48455 – ✆ (05924) 7 85 50
– www.waldseiterhof.de – *geschl. 3. - 9. Januar*
18 Zim – †54/64 € ††96/106 € – ½ P 18 € – 1 Suite
Rest – *(Montag - Samstag nur Abendessen)* Karte 30/37 €
◆ Sehr schön liegt der sorgsam modernisierte Gutshof in einer Parkanlage mit eigenem 9-Loch-Golfplatz! Hier bezieht man wohnliche Landhauszimmer mit Kiefernmöbeln und speist im gemütlichen rustikalen Restaurant.

BENZ – Mecklenburg-Vorpommern – **542** – 630 Ew – Höhe 40 m — 12 L4
▶ Berlin 249 – Schwerin 45 – Grevesmühlen 36

In Benz-Gamehl Nord-Ost: 5 km über B 105

Schloss Gamehl
✉ 23970 – ✆ (038426) 2 20 00 – www.schloss-gamehl.de – *geschl. Mitte Januar - Mitte Februar*
19 Zim – †79/159 € ††99/179 € – 3 Suiten
Rest – *(Montag - Freitag nur Abendessen)* Menü 30 € – Karte 33/54 €
◆ Das herrschaftliche Anwesen in ruhiger Lage - 1860 im neugotischen Stil erbaut - besticht durch sein geschmackvolles und wertiges Interieur. Wunderschöne, in hellen Tönen gehaltene Zimmer mit Landhausflair. Restaurant in einem historischen Saal mit altem Parkett, Lüstern und schönen hohen Fenstern.

BERCHING – Bayern – **546** – 8 580 Ew – Höhe 385 m – Erholungsort — 57 L17
▶ Berlin 474 – München 114 – Nürnberg 60 – Ingolstadt 41

Gewürzmühle (mit Gästehaus)
Gredinger Str. 2 ✉ 92334 – ✆ (08462) 20 00 50
– www.gewuerzmuehle-berching.de
44 Zim – †55/70 € ††75/90 € – ½ P 15 €
Rest – *(geschl. Montagmittag)* Karte 18/39 €
◆ Sie finden das aus einer ehemaligen Mühle entstandene Hotel mit individuellen und freundlichen Zimmern etwas außerhalb des Ortskerns. Whirlpoolbereich im historischen Gewölbe. Internationale Küche in modern-eleganten Restaurantstuben mit ländlicher Note.

BERCHING

Stampfermühle
Schwimmbadweg 4 ⊠ *92334 – ℰ (08462) 20 00 10 – www.stampfermuehle.de*
11 Zim – †45 € ††72 € – ½ P 15 € **Rest** – *(geschl. Montag)* Karte 13/30 €
• Die Mühle von 1628 ist heute ein schönes, tipptopp gepflegtes kleines Hotel unter familiärer Leitung. Historische Details wie z. B. das originale Mühlwerk hat man bewusst bewahrt. Eine der charmanten Gaststuben ist die Mühlenstube mit altem Kachelofen.

Altstadthotel Winkler
Reichenauplatz 22 ⊠ *92334 – ℰ (08462) 13 27 – www.brauereigasthof-winkler.de*
– geschl. 10. - 22. Januar
21 Zim – †45 € ††64 € – ½ P 13 € **Rest** – *(geschl. Dienstagabend)* Karte 17/24 €
• Der solide Gasthof mit eigener Brauerei wurde um einen Hotelanbau mit zeitgemäßen und geräumigen Zimmern erweitert. Für Tagungen hat man einen hübschen Innenhof. Rustikales Ambiente und bürgerliche Küche im Restaurant. Terrasse vor dem Haus.

BERCHTESGADEN – Bayern – 546 – 7 540 Ew – Höhe 572 m 67 P21
– Wintersport: 1 680 m ≰5 ≰ – Heilklimatischer Kurort
▶ Berlin 744 – München 154 – Bad Reichenhall 20 – Kitzbühel 77
🛈 Maximilianstr. 9, ⊠ 83471, ℰ (08652) 9 44 53 00, www.berchtesgaden.de
🛈 Berchtesgaden, Salzbergstr. 33, ℰ (08652) 21 00
◉ Schlossplatz★ – Schloss (Dormitorium★) – Salzbergwerk★
◉ Deutsche Alpenstraße★★★ (von Berchtesgaden bis Lindau) – Kehlsteinstraße★★★
– Kehlstein★★ (nur mit RVO-Bus ab Obersalzberg) - Obersalzberg★★ – Königssee★★

Edelweiss
Maximilianstr. 2 ⊠ *83471 – ℰ (08652) 9 79 90 – www.edelweiss-berchtesgaden.de*
119 Zim (inkl. ½ P.) – †114/158 € ††174/210 € – 3 Suiten **Rest** – Karte 27/51 €
• Ein ansprechender Neubau mitten im Ort, der mit wohnlich-modernen Zimmern und einem schönen großen Spa mit Dachterrasse überzeugt. Man speist in den Bayerischen Stuben, dem Panorama-Restaurant im OG (mit separatem Bereich für Wellnessgäste) oder in den der Pizzeria.

Alpenhotel Kronprinz
Am Brandholz ⊠ *83471 – ℰ (08652) 60 70*
– www.alpenhotel-kronprinz.de
66 Zim – †57/115 € ††84/230 € – ½ P 15 € – 3 Suiten **Rest** – Karte 22/38 €
• Die ruhige, leicht erhöhte Lage am Dorfrand sowie zeitgemäße, freundlich gestaltete Zimmer mit gutem Platzangebot machen dieses Ferienhotel aus. Panoramarestaurant mit bayerischem Stüberl, ergänzt durch die Bier- und Weinstube Zum Faß'l mit regionaler Küche.

Alpenhotel Weiherbach garni
Weiherbachweg 6 ⊠ *83471 – ℰ (08652) 97 88 80*
– www.weiherbach.de – geschl. 8. November - 17. Dezember
28 Zim – †30/80 € ††60/110 €
• Ein von der Inhaberfamilie gut geführtes Urlaubshotel in ruhiger Lage am Ortsrand. Es erwarten Sie wohnlich eingerichtete Gästezimmer und ein netter Gartenbereich.

Krone
Am Rad 5 ⊠ *83471 – ℰ (08652) 9 46 00 – www.hotel-krone-berchtesgaden.de*
– geschl. November - 20. Dezember
19 Zim – †40/54 € ††74/108 €
Rest – *(geschl. Montag) (nur Abendessen für Hausgäste)*
• Etwas oberhalb am Ortsrand befindet sich das alpenländische Haus mit seinen behaglich-rustikalen, teils talseitigen Zimmern. Bergpanorama auch von der Liegewiese und der Terrasse.

Lockstein 1
Locksteinstr. 1 ⊠ *83471 – ℰ (08652) 98 00 – www.biohotel-kurz.de*
Rest – *(nur Abendessen)* (Tischbestellung erforderlich) Menü 35 €
• Frau Kurz kocht täglich ein frisches und schmackhaftes vegetarisches Menü. Beliebt ist sie bei ihren Gästen auch wegen ihrer sehr herzlichen und persönlichen Art. In dem charmanten über 500 Jahre alten Bauernhaus gibt es zudem zwei Zimmer zum Übernachten (Bad auf dem Flur).

BERCHTESGADEN

An der Rossfeld-Ringstraße

Neuhäusl
*Wildmoos 45 ⌂ 83471 Berchtesgaden – ℰ (08652) 94 00 – www.neuhaeusl.de
– geschl. 8. November - 12. Dezember*
29 Zim – †73/80 € ††140/160 € – ½ P 15 €   **Rest** – *(geschl. Dienstag)* Karte 16/28 €
♦ Der gewachsene Berggasthof direkt an der Grenze zu Österreich bietet u. a. einige hübsche große Studios und einen schönen Wellnessbereich. Zum gemütlichen Restaurant gehören ein Wintergarten und eine Terrasse - mit toller Sicht auf Untersberg oder Kehlstein.

Auf dem Obersalzberg

InterContinental Berchtesgaden Resort
*Hintereck 1
⌂ 83471 Berchtesgaden – ℰ (08652) 9 75 50 – www.berchtesgaden.intercontinental.com*
126 Zim – †229/404 € ††244/469 € – 12 Suiten
Rest *LE CIEL* ✿   **Rest *3'60°*** – siehe Restaurantauswahl
Rest *Bayernstube* – *(geschl. Sonntag - Donnerstag) (nur Abendessen)* Karte 33/47 €
♦ In 1000 m Höhe begeistern stimmiges modernes Ambiente und sensationelle Aussicht. Sehr schön sind die Penthouse-Maisonette-Suiten mit Dachterrasse sowie "The Mountain Spa". Gemütlich-rustikal: die Bayernstube. Vinothek.

LE CIEL – Hotel InterContinental Berchtesgaden Resort
✿
*Hintereck 1 ⌂ 83471 Berchtesgaden – ℰ (08652) 9 75 50
– www.berchtesgaden.intercontinental.com – geschl. Januar 2 Wochen, März 1 Woche, September 1 Woche, November 2 Wochen und Sonntag - Montag*
Rest – *(nur Abendessen)* (Tischbestellung ratsam) Menü 109/129 € – Karte 60/106 €
Spez. Foie Gras und Sardine, Rhabarber und Brioche. Seezunge an der Gräte gebraten, Rucola – Fregola und Olivennage. Berchtesgadener Rehbock im Fichtennadelsud, Kirschen und Zwiebelpüree.
♦ Wer hier speist, den erwarten moderne Eleganz, eingespielter Service (das Metier von Beate Barbisch) und ein Traum von Terrasse, aber vor allem eines: die feine Küche von Ulrich Heimann! Man erkennt die Region wieder, entdeckt aber auch kulinarische Eindrücke seiner Stationen.

3'60° – Hotel InterContinental Berchtesgaden Resort
*Hintereck 1 ⌂ 83471 Berchtesgaden – ℰ (08652) 9 75 50
– www.berchtesgaden.intercontinental.com*
Rest – Menü 45 € (abends) – Karte 41/61 €
♦ Auf einer unglaublichen Höhe von 1000 Metern bietet das 3'60° eine Panoramaussicht, die Gänsehaut-Feeling erzeugt. Mit modernem Ambiente und Front Cooking.

BERG – Bayern – **546** – 8 180 Ew – Höhe 639 m   65 L20
▶ Berlin 616 – München 30 – Garmisch-Partenkirchen 69 – Starnberg 6

In Berg-Leoni Süd: 1 km

Seehotel Leoni
Assenbucher Str. 44 ⌂ 82335 – ℰ (08151) 50 60 – www.seehotel-leoni.com
69 Zim – †100/160 € ††125/210 € – ½ P 33 € – 2 Suiten   **Rest** – Karte 29/44 €
♦ In dem Hotel direkt am Starnberger See erwarten Sie helle, geradlinig-elegante Zimmer, meist mit Balkon, und der schöne moderne Leoni-Spa. Zudem hat man ein eigenes Strandbad. Restaurant und Seeterrasse bieten eine fantastische Aussicht.

BERG bei NEUMARKT (OBERPFALZ) – Bayern – **546** – 7 540 Ew   50 L17
– Höhe 406 m
▶ Berlin 445 – München 145 – Nürnberg 38 – Amberg 50

Lindenhof
Rosenbergstr. 13 ⌂ 92348 – ℰ (09189) 41 00 – www.lindenhof-berg.de – geschl. 22. Dezember - 05. Januar
49 Zim – †40/46 € ††60/66 €   **Rest** – *(geschl. Montagmittag)* Karte 13/22 €
♦ Der Gasthof mit Hotelanbau ist ein tipptopp gepflegter Familienbetrieb im Zentrum. Einige der Zimmer liegen ruhiger nach hinten, teilweise sind sie besonders modern. Restaurant in bürgerlich-rustikalem Stil.

BERGEN – Mecklenburg-Vorpommern – siehe Rügen (Insel)

BERGEN – Niedersachsen – siehe Celle

BERGHAUPTEN – Baden-Württemberg – siehe Gengenbach

BERGHEIM – Nordrhein-Westfalen – **543** – 62 150 Ew – Höhe 70 m   **35** B12
▶ Berlin 590 – Düsseldorf 56 – Aachen 58 – Bonn 53

Ambiente garni
Kirchstr. 54 ⊠ 50126 – ℰ (02271) 4 99 40 – www.ambiente-hotel-bergheim.de
16 Zim ⊇ – †68/81 € ††90/117 €
♦ Das kleine Hotel mit den soliden, hell eingerichteten Zimmern und gutem Frühstücksbuffet befindet sich in einem Wohn- und Bürogebäude. Die Tiefgarage ist im Preis inbegriffen.

BERGHÜLEN – Baden-Württemberg – siehe Merklingen

BERGISCH GLADBACH – Nordrhein-Westfalen – **543** – 105 700 Ew   **36** C12
– Höhe 100 m
▶ Berlin 571 – Düsseldorf 46 – Bonn 40 – Köln 17
ADAC Kürtener Str. 5a B
🏌 Bergisch Gladbach-Refrath, Golfplatz 2, ℰ (02204) 9 27 60
🏌 Overath-Steinenbrück, Am Golfplatz 1, ℰ (02204) 9 76 00

Schlosshotel Lerbach
Lerbacher Weg ⊠ 51465 – ℰ (02202) 20 40
– www.schlosshotel-lerbach.com – geschl. 2. - 15. Januar   Ba
52 Zim ⊇ – †175/390 € ††225/420 € – 7 Suiten
Rest Gourmetrestaurant Lerbach ❀❀ **Rest Coq au vin** – siehe Restaurantauswahl
♦ Das traumhafte herrschaftliche Anwesen steht für individuellen Charme, den jeder der wohnlichen, klassisch-stilvollen Räume versprüht. Ein wunderschöner Park umgibt das schmucke historische Gebäude, in dem man auch Kosmetik- und Massageanwendungen bietet.

Privathotel Bremer garni
Dombach-Sander-Str. 72 ⊠ 51465 – ℰ (02202) 9 35 00 – www.privathotel-bremer.com
22 Zim ⊇ – †85/160 € ††120/190 €   Bc
♦ Zentrumsnah gelegenes Hotel mit zeitgemäßen, funktionellen Zimmern - einige mit behindertenfreundlichem Zugang. Praktisch sind Hotelomat und Shuttle-Service.

Gourmetrestaurant Lerbach – Schlosshotel Lerbach
❀❀ Lerbacher Weg ⊠ 51465 – ℰ (02202) 20 40
– www.schlosshotel-lerbach.com – geschl. 2. - 15. Januar, 9. - 31. Juli und
Sonntag - Montag   Ba
Rest – (Tischbestellung ratsam) Menü 110 € (mittags)/195 € – Karte 84/134 €
Spez. Entenleberschnitte, Himbeeren, Macadamianüsse, grüner Pfeffer. Kaisergranat aus Island, Kreuzkümmel, violette Möhren, Pistazienpüree. Filet vom Simmenthaler Rind, Zweigelt-Essigjus, Wurzelgemüse, Kräuter-Markbällchen.
♦ Kulinarisch bringt Nils Henkel sein Naturkonzept als "Pure Nature Cuisine" auf den Punkt (elementare Bestandteile sind hier nicht zuletzt unterschiedlichste Kräuter und Gemüse), in Sachen Design geben natürliche Farben und Materialien dieser Philosophie eine stimmig-moderne Gestalt und untermalen dezent einen gewissen Retro-Touch.

Coq au vin – Schlosshotel Lerbach
Lerbacher Weg ⊠ 51465 – ℰ (02202) 20 40 – www.schlosshotel-lerbach.com
– geschl. 2. - 15. Januar   Ba
Rest – Menü 20 € (mittags)/75 € – Karte 35/64 €
♦ Elegante Brasserie-Atmosphäre, dazu eine authentische französische Küche, die aus frischen Produkten sorgfältig zubereitet wird. Im Sommer speist man auch auf der Terrasse mit Blick zum Park.

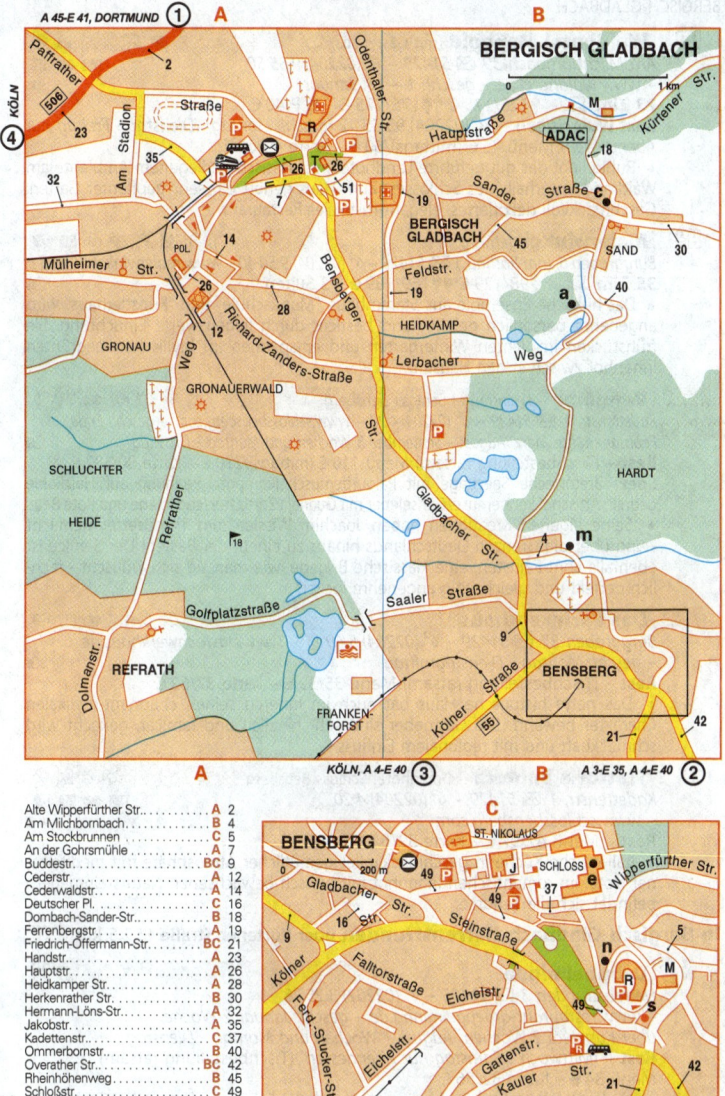

Alte Wipperfürther Str.	A 2
Am Milchbornbach	B 4
Am Stockbrunnen	A 5
An der Gohrsmühle	A 7
Buddestr.	BC 9
Cederstr.	A 12
Cederwaldstr.	A 14
Deutscher Pl.	C 16
Dombach-Sander-Str.	B 18
Ferrenbergstr.	A 19
Friedrich-Offermann-Str.	BC 21
Handstr.	A 23
Hauptstr.	A 26
Heidkamper Str.	A 28
Herkenrather Str.	B 30
Hermann-Löns-Str.	A 32
Jakobstr.	A 35
Kadettstr.	C 37
Ommerbornstr.	B 40
Overather Str.	BC 42
Rheinhöhenweg	B 45
Schloßstr.	C 49
Schnabelsmühle	A 51

In Bergisch Gladbach-Bensberg

Grandhotel Schloss Bensberg
Kadettenstr.1 ✉ 51429 – ✆ (02204) 4 20
– www.schlossbensberg.com
120 Zim – 🛏 175/275 € 🛏🛏 225/380 €, 🍽 28 € – 36 Suiten
Rest *Vendôme* ❀❀❀ **Rest** *Trattoria Enoteca* – siehe Restaurantauswahl
♦ Die jahrhundertealten Mauern des imposanten Schlosses bilden einen wunderschönen klassischen Rahmen für das ausgesuchte, edle Interieur und den professionellen Service. Fantastisch ist die exponierte Lage über Köln mit Blick auf den Dom.

BERGISCH GLADBACH

Waldhotel Mangold (mit Gästehaus)
Am Milchbornbach 39 ⊠ 51429 – ℰ (02204) 9 55 50
– www.waldhotel.de – geschl. 1. - 13. Januar
Bm
23 Zim ⊊ – †125/175 € ††175/275 € – ½ P 40 €
Rest *Waldstuben* – ℰ (02204) 95 55 42 *(geschl. Montag) (Dienstag - Freitag nur Abendessen)* Menü 45 € (mittags)/60 € – Karte 40/66 €
♦ Ruhig liegt das gut geführte Landhotel mit klassisch-gediegenem Ambiente am Waldrand unterhalb des Schlosses. Zum Haus gehört ein sehr gepflegter Garten. Geschmackvoll dekoriertes, elegant-rustikales Restaurant.

Malerwinkel garni
Burggraben 6, (am Rathaus) ⊠ 51429 – ℰ (02204) 9 50 40 – www.malerwinkel-hotel.de
35 Zim ⊊ – †98/129 € ††169/189 € – 3 Suiten
Cn
♦ Das hübsche Ensemble aus Stammhaus, "Musikschule" und "Künstlerhaus" wird angenehm persönlich geleitet und besticht durch liebenswerte Einrichtung. Sie frühstücken im lichten Wintergarten und entspannen im idyllischen begrünten Innenhof zwischen den Häusern.

Vendôme – Grandhotel Schloss Bensberg
Kadettenstr. 1 ⊠ 51429 – ℰ (02204) 4 20 – www.schlossbensberg.com – geschl. Ende Februar - Mitte März, August - September 3 Wochen und Montag - Dienstag
Ce
Rest – *(Tischbestellung ratsam)* Menü 110 € (mittags)/230 € – Karte 80/182 €
Spez. Bretonische Seezunge mit Palourdemuschelkompott. Perlhuhn auf Holzkohle gegrillt, Artischockengemüse. Gänseleber mit Guanaja Zartbitterschokolade und Rote Bete.
♦ Seine eigenen Kreationen haben Joachim Wissler zum Trendsetter gemacht - und über die Grenzen Deutschlands hinaus zu einem der Besten! Der Service ist ebenfalls vom Feinsten: eine klassische Brigade, wie man sie sich wünscht - fachlich perfekt und gleichzeitig angenehm locker!

Das Fachwerkhaus
Burggraben 37 ⊠ 51429 – ℰ (02204) 5 49 11 – www.dasfachwerkhaus.de
– geschl. Montag - Dienstagmittag
Cs
Rest – *(Tischbestellung ratsam)* Menü 35/39 € – Karte 37/62 €
♦ Das nette historische Haus hat auch im Inneren seinen charmant-rustikalen Charakter bewahrt. Die Gastgeber sind sehr herzlich und familiär, gekocht wird schmackhaft und mit regionalem Einfluss.

Trattoria Enoteca – Grandhotel Schloss Bensberg
Kadettenstr. 1 ⊠ 51429 – ℰ (02204) 4 20
– www.schlossbensberg.com
Ce
Rest – Menü 47/97 € – Karte 32/64 €
♦ Italienische Küche in geschmackvoller gemütlicher Atmosphäre mit mediterraner Note. Im romantischen Innenhof mit hübsch bewachsenen Natursteinmauern befindet sich die Terrasse.

In Bergisch Gladbach-Herrenstrunden über Kürtener Straße B: 2,5 km

Dröppelminna
Herrenstrunden 3 ⊠ 51465 – ℰ (02202) 3 25 28
– www.restaurant-droeppelminna.de – geschl. Januar 2 Woche,
über Karneval 2 Wochen, August 1 Wochen und Montag - Dienstag
Rest – *(Mittwoch - Samstag nur Abendessen) (Tischbestellung ratsam)*
Menü 34 € – Karte 32/56 €
♦ In dem kleinen Fachwerkhaus sorgen allerlei liebevolle Details für Gemütlichkeit. Gerne sitzen die Gäste hier bei französischer Küche mit internationalem Einfluss. Hübsche Terrasse.

In Bergisch Gladbach-Refrath

Kult
Wickenpfädchen 9, (über Dolmanstraße A) ⊠ 51427 – ℰ (02204) 96 46 27
– www.kult-restaurant.de – geschl. Februar 2 Wochen, Mitte Juli - August
3 Wochen und Sonntag - Montag, Samstagmittag
Rest – Menü 20 € (mittags)/65 € – Karte 51/67 €
♦ Die sympathischen Gastgeber bieten in ihrem modern, hell und freundlich gestalteten Restaurant euro-orientalische Kräuterküche aus frischen Produkten.

BERGKIRCHEN – Bayern – siehe Dachau

BERGLEN – Baden-Württemberg – siehe Winnenden

BERGNEUSTADT – Nordrhein-Westfalen – 543 – 19 780 Ew — 36 D12
– Höhe 240 m
▶ Berlin 558 – Düsseldorf 89 – Köln 57 – Olpe 20

Feste Neustadt
Hauptstr. 19 , (Altstadt) ✉ 51702 – ℰ (02261) 4 17 95 – www.feste-neustadt.de
– geschl. 23. Dezember – 5. Januar, Juli – August 3 Wochen
16 Zim – †39/48 € ††80/90 €
Rest – (geschl. Sonntagabend – Montag) Karte 26/40 €
• Das gepflegte Haus ist ein langjähriger Familienbetrieb, der von zwei Brüdern geleitet wird. Die Zimmer sind eher etwas kleiner, gemütlich und unterschiedlich eingerichtet. Das Restaurant teilt sich in behagliche Räume mit rustikalem Flair.

In Bergneustadt-Niederrengse Nord-Ost: 7 km über B 55, in Pernze links

Rengser Mühle mit Zim
Niederrengse 4 ✉ 51702 – ℰ (02763) 9 14 50 – www.rengser-muehle.de – geschl. Montag – Dienstag
4 Zim – †65 € ††90 € **Rest** – Karte 30/48 €
• In der 6. Generation betreibt Familie Vormstein das schön gelegene Haus mit heimeligen Stuben. Bürgerliche Küche mit regionalem Einfluss, Bergische Kaffeetafel auf Vorbestellung.

BERGZABERN, BAD – Rheinland-Pfalz – 543 – 7 660 Ew — 54 E17
– Höhe 170 m – Heilklimatischer Kurort und Kneippheilbad
▶ Berlin 683 – Mainz 127 – Karlsruhe 39 – Landau/Pfalz 15
🛈 Kurtalstr. 27, ✉ 76887, ℰ (06343) 98 96 60, www.bad-bergzaberner-land.de
◉ Gasthaus zum Engel ★

Schlosshotel Bergzaberner Hof
Königstr. 55 ✉ 76887 – ℰ (06343) 93 65 90 – www.bergzaberner-hof.de
21 Zim – †80/90 € ††153/163 € – 1 Suite
Rest *Walram* ✽ – siehe Restaurantauswahl
Rest *Markthalle* – (geschl. Sonntag) Karte 30/38 €
• Das historische Haus ist ein dreiflügeliges Anwesen neben dem Schloss. In den Zimmern wertige moderne Möbel und hübsche Stoffe, teilweise auch Deckenbalken oder eine Sandsteinwand. Preisgünstige Alternative zum Restaurant Walram ist die legere Markthalle: sorgfältig zubereitete klassische Gerichte, zudem Verkauf von Delikatessen und Hausgemachtem.

Walram – Schlosshotel Bergzaberner Hof ✽
Königstr. 55 ✉ 76887 – ℰ (06343) 93 65 90 – www.bergzaberner-hof.de – geschl. Montag – Dienstag
Rest – Menü 58/98 € – Karte 55/75 €
Spez. Marinierte Gänsestopfleber mit Ingwer-Rhabarber. Bretonischer Steinbutt und Lachs mit Pfälzer Spargel und Estragonmousseline. Variation von Café Arabica.
• Klare Linien und schönes Gedeck schaffen hier zurückhaltende Eleganz, die angenehme Geradlinigkeit findet sich auch in der klassisch verwurzelten Küche von Carsten Neutmann. Zum Schloss hin liegt die große, z. T. überdachte Terrasse.

BERKHEIM – Baden-Württemberg – 545 – 2 700 Ew – Höhe 569 m — 64 I20
▶ Berlin 657 – Stuttgart 138 – Kempten 53 – Memmingen 11

Ochsen
Alte Steige 1 ✉ 88450 – ℰ (08395) 9 29 29 – www.ochsenberkheim.de
24 Zim – †44/48 € ††72/84 € **Rest** – (geschl. Sonntag) Karte 13/36 €
• Der erweiterte Gasthof am Ortsrand ist ein gut geführter Familienbetrieb. Fragen Sie nach den neuzeitlich eingerichteten Zimmern im Anbau. Die bürgerliche Küche ist geprägt von der hauseigenen Metzgerei.

BERLEBURG, BAD – Nordrhein-Westfalen – **543** – 20 000 Ew **37** F12
– Höhe 420 m – Wintersport: 565 m ⛷1 ⛸ – Kneippheilbad
▶ Berlin 494 – Düsseldorf 174 – Siegen 42 – Meschede 56
🛈 Poststr. 44, ✉ 57319, ✆ (02751) 9 36 33, www.wunderwelt-am-rothaarsteig.de

Alte Schule   🛜 ¶¹ ♨ VISA ⓪
Goetheplatz 1 ✉ 57319 – ✆ (02751) 9 20 47 80 – www.hotel-alteschule.de
13 Zim ⌂ – †57/82 € ††120/150 €
Rest – *(Montag - Freitag nur Abendessen)* Karte 30/50 €
♦ Ein geschmackvolles und elegantes kleines Hotel, das sich dem Thema Schule verschrieben hat. Individuelle Einrichtungsdetails, wertiges Mobiliar und freundlicher Service machen dieses Haus sehr angenehm. Das Restaurant in dem alten Schulraum ist behaglich gestaltet, die Küche ist regional und international.

In Bad Berleburg-Wingeshausen West: 14 km

✕ **Weber** mit Zim 🌿   🛜 ⁂ Zim, ⇔ P ⓪
Inselweg 5 ✉ 57319 – ✆ (02759) 4 12 – www.landgasthof-weber.de
– geschl. 9. - 18. Januar, 10. - 28. Juli und Montag - Dienstag
3 Zim ⌂ – †38 € ††70 € – ½ P 12 € **Rest** – Menü 25 € – Karte 22/47 €
♦ Freundlich und engagiert leitet Familie Weber das traditionsreiche schieferverkleidete Gasthaus mit gemütlichen Stuben und überwiegend regionaler Küche. Schöne Gartenterrasse.

Berliner Residenz Konzerte
GROSSE ORANGERIE SCHLOSS CHARLOTTENBURG

Preußens Musenhof lädt ein

Erstaunlicherweise sind sie immer noch ein Geheimtipp, die Konzertabende des **Berliner Residenz Orchesters** in der **Großen Orangerie von Schloss Charlottenburg**. Dabei erwartet den Gast ein künstlerisches Gesamterlebnis für alle Sinne. Kulinarische Genüsse verbinden sich mit musikalischen Kostbarkeiten, die von barocker Kammermusik bis zu Konzertprogrammen mit Werken Friedrich II. und seiner Hofkompositeure reichen. Und immer Mittwochs lädt die Große Orangerie zum „Preußischen Amusement", einer kurzweiligen Abendunterhaltung mit Spiel und Tanz, die Preußens Lustbarkeiten entdecken lässt.

TICKETS & INFO: www.konzerte-berlin.com | Tel.: 030 - 526 81 96 96

BERMERSHEIM – Rheinland-Pfalz – 543 – 310 Ew – Höhe 175 m — 47 E16
▶ Berlin 628 – Mainz 45 – Neustadt an der Weinstraße 51 – Darmstadt 61

Weingewölbe mit Zim
Alzeyer Str. 2 ✉ 67593 – ℰ (06244) 52 42 – www.weingewoelbe.com – geschl. Montag - Dienstag
4 Zim ⊏⊐ – †58 € ††88/95 €
Rest – *(Mittwoch - Samstag nur Abendessen)* Menü 35/52 € – Karte 33/54 €
♦ Auf dem 120 Jahre alten Hofgut lässt man sich in einem geschmackvoll dekorierten Raum mit Gewölbedecke von der charmanten Chefin mit französischer Küche umsorgen. Zum Übernachten stehen hübsche, ländlich-mediterrane Gästezimmer bereit.

BERNAU am CHIEMSEE – Bayern – 546 – 7 110 Ew – Höhe 544 m — 66 N21
▶ Berlin 673 – München 84 – Salzburg 59 – Rosenheim 25
ℹ Aschauer Str. 10, ✉ 83233, ℰ (08051) 9 86 80, www.bernau-am-chiemsee.de

In Bernau-Reit Süd-West: 3,5 km, Richtung Aschau – Höhe 700 m

Seiserhof und Seiseralm
Reit 4 ✉ 83233 – ℰ (08051) 98 90 – www.seiserhof.de
25 Zim ⊏⊐ – †45/60 € ††68/100 € – ½ P 17 € – 2 Suiten   **Rest** – Karte 20/37 €
♦ Ruhe, Abgeschiedenheit und eine wunderbare Landschaft direkt vor der Tür. Die zwei rustikalen Gasthöfe über dem Chiemsee (herrlich der Blick!) werden seit Generationen familiär geführt. Restaurant mit bürgerlicher Kost. Bei gutem Wetter ist die Terrasse der Renner.

BERNAU im SCHWARZWALD – Baden-Württemberg – 545 — 61 E21
– 1 890 Ew – Höhe 915 m – Wintersport: 1 145 m ❄ 5 ⛷ – Luftkurort
▶ Berlin 818 – Stuttgart 198 – Freiburg im Breisgau 56 – Basel 59
ℹ Rathausstr.18, ✉ 79872, ℰ (07675) 16 00 30, www.bernau-schwarzwald.de

In Bernau-Dorf

Bergblick
Hasenbuckweg 1 ✉ 79872 – ℰ (07675) 2 73 – www.bergblick-bernau.de – geschl. 19. November - 11. Dezember
12 Zim ⊏⊐ – †55/65 € ††110/170 € – ½ P 25 € – 3 Suiten
Rest – Menü 15 € (mittags)/50 € – Karte 26/50 €
♦ Das kleine Hotel wird seit 1910 als Familienbetrieb geführt. Wohnliche Zimmer mit heimischem Naturholz und schöne Suiten mit Kamin. Frisches Obst und eigenes Quellwasser gratis. Gemütlich ist die holzgetäfelte Gaststube mit Kachelofen.

In Bernau-Innerlehen

Schwarzwaldhaus
Am Kurpark 26 ✉ 79872 – ℰ (07675) 3 65 – www.schwarzwaldhaus-bernau.de
– geschl. 5. März - 24. Mai, 29. Oktober - 20. Dezember (Erweiterung auf 28 Zimmer bis Ende 2012)
13 Zim ⊏⊐ – †38/45 € ††68/98 € – 1 Suite
Rest – (geschl. 29. Oktober - 20. Dezember) Karte 21/47 €
♦ Der freundlich und engagiert geführte Familienbetrieb ist ein schwarzwaldtypisch mit Holzschindeln verkleidetes Haus mit Gästezimmern im Bauern- oder Landhausstil. Rustikales Restaurant mit regionaler Küche.

In Bernau-Oberlehen

Schwanen
Todtmooser Str. 17 ✉ 79872 – ℰ (07675) 3 48 – www.schwanen-bernau.de
45 Zim ⊏⊐ – †99/140 € ††158/240 € – 3 Suiten
Rest – Menü 21 € – Karte 15/39 €
♦ In dem seit mehreren Generationen familiengeführten Schwarzwälder Gasthof legt man Wert auf Tradition, bleibt aber trotzdem nicht stehen: So hat man nun einige neuere Zimmer und einen 700 qm großen Freizeitbereich mit Saunalandschaft, Pool und Wellnessabteilung! Im Restaurant serviert man regionale Speisen.

BERNBURG – Sachsen-Anhalt – 542 – 35 900 Ew – Höhe 80 m — 31 M10
▶ Berlin 161 – Magdeburg 45 – Leipzig 80
ℹ Lindenplatz 9, ✉ 06406, ℰ (03471) 3 46 93 11, www.bernburger-freizeit.de

BERNBURG

Parkhotel Bernburg
Aderstedter Str. 1 ⊠ 06406 – ℰ (03471) 36 20 – www.parkhotel-bernburg.de
101 Zim ⊆ – †72 € ††111 € – ½ P 23 € – 2 Suiten
Rest – Menü 21/30 € – Karte 20/52 €
• Engagiert leitet Familie Gather das Parforce-Haus a. d. 18. Jh. - benannt nach der Parforce-/Hetzjagd. Die Zimmer sind freundlich und mit eleganter Note gestaltet, einige zum Park. Schönes Restaurant mit ansprechender regional-internationaler Küche. Terrasse im Innenhof.

BERNE – Niedersachsen – 541 – 6 920 Ew – Höhe 1 m   17 F6
▶ Berlin 425 – Hannover 140 – Bremen 39 – Bremerhaven 47

Weserblick
Juliusplate 6 (Nord-Ost: 2 km, an der Fähre nach Farge) ⊠ 27804 – ℰ (04406) 9 28 20 – www.hotel-weserblick.de – geschl. 2. - 13. Januar
12 Zim ⊆ – †75/95 € ††100/130 € – 1 Suite
Rest – (geschl. Montag) Karte 22/62 €
• Die Lage an einem natürlichen Weserstrand mit Fährverbindung sowie gemütliche Zimmer (teils zum Fluss hin gelegen) sprechen für dieses familiär geleitete Haus. Auch das Restaurant und die schöne Terrasse bieten den namengebenden Weserblick.

BERNECK im FICHTELGEBIRGE, BAD – Bayern – 546 – 4 580 Ew   51 M15
– Höhe 393 m – Kneippheilbad und Luftkurort
▶ Berlin 343 – München 244 – Weiden in der Oberpfalz 85 – Bayreuth 15
ℹ Bahnhofstr. 77, ⊠ 95460, ℰ (09273) 57 43 74, www.badberneck.de

Lindenmühle
Kolonnadenweg 1 ⊠ 95460 – ℰ (09273) 50 06 50 – www.lindenmuehle.de
21 Zim ⊆ – †54/65 € ††89/119 € – ½ P 15 € – 1 Suite
Rest – (geschl. Sonntagabend) (Montag - Samstag ab 14 Uhr geöffnet) Karte 20/41 €
• Die ehemalige Mühle liegt ruhig am Ortsrand und empfängt Sie mit leicht mediterranem Flair. Helle, hübsch eingerichtete Zimmer mit wohnlicher Atmosphäre. Im Restaurant bietet man internationale Küche.

Merkel
Marktplatz 13 ⊠ 95460 – ℰ (09273) 99 30 – www.merkelhotel.de
21 Zim ⊆ – †44/68 € ††69/98 € – ½ P 11 €
Rest – (geschl. Montag) (Dienstag - Freitag nur Abendessen) Karte 16/38 €
• Ein traditionsreiches Haus in zentraler Lage, das seit 1632 im Familienbesitz ist. Die gepflegten Gästezimmer verfügen teilweise über einen Balkon. Gemütliche Gaststuben.

In Bad Berneck-Goldmühl Süd-Ost: 3 km über B 303

Schwarzes Roß (mit Gästehäusern)
Goldmühler Str. 10 ⊠ 95460 – ℰ (09273) 3 64 – www.schwarzesross.de
21 Zim ⊆ – †30/45 € ††55/75 € – ½ P 9 €
Rest – (geschl. Sonntagabend - Montagmittag) Karte 13/33 €
• In diesem netten Familienbetrieb stehen wohnlich und funktionell mit Naturholzmöbeln ausgestattete Gästezimmer sowie einige Ferienwohnungen zur Verfügung. Im Restaurant bietet man regional-bürgerliche Küche, mittags ist das Angebot etwas kleiner.

BERNKASTEL-KUES – Rheinland-Pfalz – 543 – 6 550 Ew – Höhe 110 m   46 C15
– Erholungsort
▶ Berlin 675 – Mainz 113 – Trier 50 – Koblenz 103
ℹ Gestade 6, ⊠ 54470, ℰ (06531) 50 01 90, www.bernkastel.de
◉ Markt ★
◉ Burg Landshut ※ ★★, Süd: 3 km

Im Ortsteil Bernkastel

Römischer Kaiser garni
Markt 2, (1. Etage) (B 53) ⊠ 54470 – ℰ (06531) 91 90 04 – www.roemischer-kaiser-bernkastel.de
22 Zim ⊆ – †55/65 € ††85/105 €
• Das traditionsreiche Haus im Zentrum ist ein sehr nettes kleines Hotel mit Moselblick und wohnlichen modernen Zimmern. Die Gäste frühstücken im Café im Erdgeschoss.

BERNKASTEL-KUES

Bären garni (mit Gästehaus)
Schanzstr. 9, (B 53) ✉ 54470 – ☏ (06531) 95 04 40 – www.hotel-baeren.de
27 Zim ⌑ – †58/125 € ††89/140 €
♦ Die Zimmer im Gästehaus des familiengeführten Gasthofs bieten z. T. eine schöne Sicht zur Mosel, drei mit Dampfdusche. Im Haupthaus etwas kleinere und recht individuelle Zimmer.

Binz
Markt 1 ✉ 54470 – ☏ (06531) 22 25 – www.hotel-binz.de – geschl. Mitte Dezember - Mitte März
10 Zim ⌑ – †55/65 € ††72/98 € **Rest** – *(nur Mittagessen)* Karte 14/27 €
♦ Das Haus liegt in einer schmalen Gasse im Ortskern. Die Zimmer sind sehr gepflegt, teils mit kleinem Wintergarten. Das "Deluxe-Zimmer": modern, in warmen Erdtönen.

Rotisserie Royale mit Zim
Burgstr. 19 ✉ 54470 – ☏ (06531) 65 72 – www.rotisserie-royale.de
– geschl. 1. - 10. Januar und Mittwoch
7 Zim ⌑ – †35/50 € ††47/70 € **Rest** – Menü 22 € (mittags)/40 € – Karte 26/42 €
♦ Gemütlich ist die Atmosphäre in dem denkmalgeschützten Fachwerkhaus im historischen Ortskern. Serviert wird internationale Küche mit regionalen Einflüssen. Freundliche, sehr unterschiedlich geschnittene Gästezimmer.

Im Ortsteil Kues

Christiana's WeinArtHotel
Lindenweg 18 ✉ 54470 – ☏ (06531) 66 27 – www.weinarthotel.de
17 Zim ⌑ – †55/70 € ††80/130 € – ½ P 20 €
Rest – *(geschl. Montag außer an Feiertagen)* Karte 23/48 €
♦ Kaum etwas erinnert noch an das einstige Hotel aus den 60ern: Gemeinsam mit ihrem Mann hat Chefin Christiana Linden den elterlichen Betrieb geradlinig-modern umdesignt und dem Thema Wein gewidmet - und das Konzept kommt an! Steak-Fans werden das Haus ebenfalls mögen.

burgblickhotel garni
Goethestr. 29 ✉ 54470 – ☏ (06531) 9 72 27 70 – www.burgblickhotel.de – geschl. 23. Dezember - 23. Januar
15 Zim ⌑ – †56/69 € ††79/98 €
♦ Ein sympathisches Haus, das mit seiner modern-puristischen Einrichtung besticht. Die Zimmer sind technisch sehr gut ausgestattet, W-Lan bietet man kostenfrei. Zum Frühstück gibt es hausgemachte Marmeladen.

BERNRIED am STARNBERGER SEE – Bayern – **546** – 2 220 Ew   65 L21
– Höhe 600 m – Erholungsort
▶ Berlin 632 – München 45 – Weilheim 18 – Starnberg 20
🛈 Bahnhofstr. 4, ✉ 82347, ☏ (08158) 80 40, www.bernried.de
◉ Buchheim Museum ★

Marina (mit Gästehäusern)
Am Yachthafen 1 ✉ 82347 – ☏ (08158) 93 20 – www.marina.hotel.de – geschl. 2. - 15. Januar
87 Zim ⌑ – †95/130 € ††115/150 € – ½ P 20 € **Rest** – Karte 27/47 €
♦ Eine ansprechende Hotelanlage mit Blick auf See und Yachthafen sowie schönem großem Garten und Strandbad. Die Zimmer sind unterschiedlich gestaltet, überwiegend seeseitig und meist mit Balkon. Rustikale Restauranträume mit Seeterrasse.

Seeblick (mit Gästehaus)
Tutzinger Str. 9 ✉ 82347 – ☏ (08158) 25 40 – www.hotel-seeblick-bernried.de
101 Zim ⌑ – †65/125 € ††88/145 € – ½ P 16 € – 1 Suite
Rest – Menü 16/24 € – Karte 17/38 €
♦ Das zum Hotel gewachsene Gasthaus von 1891 ist seit vielen Jahren ein Familienbetrieb und wird gerne für Tagungen und Hochzeiten genutzt. Einige Zimmer sind schöne Juniorsuiten. Hell gestaltetes, in verschiedene Räume unterteiltes Restaurant.

BERNRIED KREIS DEGGENDORF – Bayern – **546** – 4 890 Ew   59 O18
– Höhe 401 m – Wintersport: 1 100 m ✸3 ✦ – Erholungsort
▶ Berlin 554 – München 160 – Passau 57 – Regensburg 65
🛈 Engerlgasse 25a, ✉ 94505, ☏ (09905) 2 17, www.bernrieder-winkel.de

BERNRIED KREIS DEGGENDORF

Bernrieder Hof
Bogener Str. 9, 94505 – ℰ (09905) 7 40 90 – www.bernrieder-hof.de
33 Zim – †46/54 € ††84/92 € – ½ P 15 € **Rest** – Karte 12/43 €
♦ Ein gepflegtes familiengeführtes Ferienhotel mit großzügigen Zimmern (teilweise mit Balkon) und nettem Sauna- und Badebereich mit Kosmetik- und Massageangebot. W-Lan kostenfrei. Das Restaurant ist in ländlichem Stil gehalten.

In Bernried-Rebling Nord-Ost: 8 km, Richtung Egg

Reblinger Hof
Rebling 3, 94505 – ℰ (09905) 5 55 – www.reblingerhof.de
33 Zim – †60/68 € ††106/144 € – ½ P 18 €
Rest *Schwingshackl ESSKULTUR* ✿✿ **Rest** *Kaminstube* – siehe Restaurantauswahl
♦ Dank des großen Engagements der Familie ist das ruhig gelegene Hotel zu dieser schönen Ferienadresse inmitten einer idyllischen Landschaft gewachsen. Geschmackvoll sind die individuellen Zimmer sowie der hochwertige Santai-Spa.

XXX Schwingshackl ESSKULTUR – Hotel Reblinger Hof
✿✿
Rebling 3, 94505 – ℰ (09905) 5 55 – www.reblingerhof.de
– geschl. 30. Januar - 14. Februar, 5. - 20. November und Montag - Dienstag
Rest – (nur Abendessen) (Tischbestellung ratsam) Menü 68/98 €
Spez. Gänseleber mit Räucheraal, Lauch, grünem Apfel und Apfelblüten. Saint Pierre mit Passe-Pierre, Tomaten und Balsamicosauce. Schokolade-Zitrone-Erdnüsse.
♦ In dem eleganten kleinen Restaurant stellt Erich Schwingshackl mit klassisch orientierter Küche sein Können unter Beweis. Man wählt das Menü oder einzelne Gänge daraus. Sommelière Katharina Krauß präsentiert die Weinkarte mit 450 Positionen, darunter viele Österreicher.

XX Kaminstube – Hotel Reblinger Hof
Rebling 3, 94505 – ℰ (09905) 5 55 – www.reblingerhof.de
Rest – Karte 21/47 €
♦ Beeindruckend ist der Blick durch die großen Panoramafenster in die Weiten des Donautals. Dazu noch die Aromen feiner Zutaten, eingefangen in Spezialitäten, die das Bayerische zu bieten hat - einfach gut!

BERTRICH, BAD – Rheinland-Pfalz – **543** – 930 Ew – Höhe 150 m – Heilbad   46 C15
▶ Berlin 659 – Mainz 118 – Trier 60 – Koblenz 93
🛈 Kurfürstenstr. 32, 56864, ℰ (02674) 93 22 22, www.bad-bertrich.de

Kurhotel Fürstenhof
Kurfürstenstr. 36, 56864 – ℰ (02674) 93 40 – www.kurhotel-fuerstenhof.com
65 Zim – †102/137 € ††184 € – ½ P 20 € **Rest** – Karte 38/55 €
♦ Das Hotel in einer verkehrsberuhigten Zone direkt am Kurpark ist ein klassisch-elegantes und komfortables Haus. Ansprechend sind das Schwimmbad und die Saunalandschaft. Eine stilvolle Atmosphäre herrscht in den Restauranträumen.

Bertricher Hof
Am Schwanenteich 7, 56864 – ℰ (02674) 9 36 20 – www.bertricher-hof.de – geschl. 30. Juni - 14. Juli, 2. Dezember - 7. Januar
15 Zim – †50/54 € ††86/108 € – ½ P 15 €
Rest – Menü 15/24 € – Karte 22/37 €
♦ Der persönlich geführte Familienbetrieb am kleinen Schwanenteich bietet sehr gepflegte Zimmer, die im Haupthaus nett und wohnlich sind, im Anbau etwas einfacher. Im Restaurant steht der Chef selbst am Herd und bereitet saisonal und regional geprägte Speisen.

BERTSDORF-HÖRNITZ – Sachsen – siehe Zittau

BESCHEID – Rheinland-Pfalz – siehe Trittenheim

BESTWIG – Nordrhein-Westfalen – **543** – 11 370 Ew – Höhe 300 m   27 F11
– Wintersport: 730 m ≤2 🎿 – Erholungsort
▶ Berlin 481 – Düsseldorf 156 – Arnsberg 29 – Brilon 14
🛈 Bundesstr. 139, 59909, ℰ (02904) 71 28 10, www.hennesee-tourismus.de

BESTWIG

In Bestwig-Föckinghausen Nord: 5 km über B 7 Richtung Meschede, in Velmede rechts ab

 Waldhaus
Föckinghausen 23 ⊠ 59909 – ℰ (02904) 9 77 60 – www.hotel-waldhaus.com
– geschl. Mitte - Ende November
17 Zim – †56 € ††90/99 € – ½ P 19 €   **Rest** – (geschl. Montag) Karte 27/38 €
♦ Ein sympathisches kleines Landhotel unter familiärer Leitung. Die Gäste schätzen hier die reizvolle und ruhige Lage am Wald sowie die wohnlich eingerichteten Zimmer. Gemütlich ist das im ländlichen Stil gehaltene Restaurant, nett die Terrasse zum schönen Garten.

BETZDORF – Rheinland-Pfalz – **543** – 10 140 Ew – Höhe 220 m   **37** E13
▶ Berlin 576 – Mainz 120 – Siegen 18 – Köln 99

Breidenbacher Hof
Klosterhof 7 ⊠ 57518 – ℰ (02741) 9 77 90 – www.hotel-breidenbacher-hof.de
– geschl. 1. - 9. Januar
19 Zim – †68/73 € ††92/97 €
Rest *Maigrot* – (geschl. Samstagmittag, Sonntag) Menü 31/39 € – Karte 15/51 €
♦ Das Gasthaus von 1893 ist ein langjähriger Familienbetrieb mit recht unterschiedlichen, wohnlichen Zimmern, die teilweise mit Stilmöbeln und Antiquitäten eingerichtet sind. Regionale Küche im gemütlich-eleganten Restaurant, rustikaler ist das Raucherzimmer.

In Kirchen-Katzenbach Nord-Ost: 5 km über B 62 Richtung Siegen

 Zum weißen Stein (mit Gästehaus)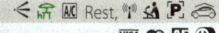
Dorfstr. 50 ⊠ 57548 – ℰ (02741) 9 59 50
– www.zum-weissen-stein.de
39 Zim – †68/82 € ††96/118 €   **Rest** – Karte 23/45 €
♦ Dieser sehr gepflegte erweiterte Gasthof ist ein engagiert geführter Betrieb mit wohnlichen Zimmern. Zum Garten mit Koikarpfenteich liegen die schönen Juniorsuiten im Gästehaus. Ländlich-elegantes Restaurant mit mediterraner Note.

BEVENSEN, BAD – Niedersachsen – **541** – 8 620 Ew – Höhe 33 m – Heilbad   **19** J6
▶ Berlin 264 – Hannover 113 – Hamburg 86 – Celle 70
🛈 Dahlenburger Str. 1, ⊠ 29549, ℰ (05821) 5 70, www.bad-bevensen-tourismus.de
Bad Bevensen-Secklendorf, Dorfstr. 22, ℰ (05821) 9 82 50

Grüning
Haberkamp 2 ⊠ 29549 – ℰ (05821) 9 84 00 – www.hotel-gruening.de – geschl.
28. November - 18. Dezember, 4. - 24. Januar
24 Zim – †83/99 € ††124/182 € – ½ P 19 €
Rest *Grüning* – siehe Restaurantauswahl
♦ Das Haus der Familie Grüning steht ruhig am Ortsrand. Wohnlicher, elegant-gediegener Landhausstil und aufmerksamer Service sorgen für eine angenehme Atmosphäre. Alle Zimmer mit Balkon.

Zur Amtsheide (mit Gästehaus)
Zur Amtsheide 5 ⊠ 29549 – ℰ (05821) 8 51
– www.amtsheide.de
88 Zim – †54/78 € ††98/126 € – ½ P 21 € – 8 Suiten
Rest – (nur Abendessen) Karte 24/41 €
♦ Zwei sich gegenüberliegende Häuser bilden das Hotel mit modernem Hallenbereich und individuellen Zimmern. Wellness im Golfhotel vis-à-vis dem Haupthaus. Klassisch-gediegen ist das Ambiente im Restaurant.

 Kieferneck
Lerchenweg 1 ⊠ 29549 – ℰ (05821) 5 60 – www.hotelkieferneck.com
51 Zim – †51/70 € ††104/140 € – ½ P 19 € – 1 Suite
Rest – Menü 20 € – Karte 19/44 €
♦ Das ruhig im begrünten Kurgebiet gelegene Hotel verfügt über moderne Gästezimmer in wohnlichen Farben und einen großzügigen Spabereich. W-Lan bietet man kostenfrei. Helles, freundliches Restaurant - am Mittag mit kleiner Bistrokarte.

BEVENSEN, BAD

XX **Grüning** – Hotel Grüning 🛎 P
*Haberkamp 2 ⊠ 29549 – 𝒞 (05821) 9 84 00 – www.hotel-gruening.de – geschl.
28. November - 18. Dezember, 4. - 24. Januar und Montag - Dienstag*
Rest – (Tischbestellung ratsam) Menü 30/44 € – Karte 30/37 €
♦ Die Kombination von Naturtönen und -materialien erzeugt eine Leichtigkeit in den Gasträumen. Ein Konzept, das Familie Grüning mit viel Liebe im ganzen Haus verwirklicht.

In Altenmedingen Nord: 6 km

🏠 **Hof Rose** 🍴 🛏 🌐 🛁 🌀 🐾 🛎 P 🏊
Niendorfer Weg 12 ⊠ 29575 – 𝒞 (05807) 9 89 60 – www.hofrose.de – geschl. November - Februar
16 Zim ⊇ – †59 € ††94/102 € – ½ P 22 €   **Rest** – (nur Abendessen für Hausgäste)
♦ Der einstige Gutshof in einem kleinen Park ist eine sehr gepflegte Anlage unter familiärer Leitung. Neben individuellen Zimmern bietet man auch wohnliche geräumige Ferienhäuser. Reitplatz.

BEVERUNGEN – Nordrhein-Westfalen – **543** – 14 280 Ew – Höhe 100 m   **28** H10
▶ Berlin 376 – Düsseldorf 226 – Kassel 60 – Hannover 115
🛈 Weserstr. 10, ⊠ 37688, 𝒞 (05273) 39 22 21, www.beverungen-tourismus.de

In Beverungen-Würgassen Süd-Ost: 7 km über B 83

🏠 **Forsthof** 🛎 🛏 🛁 🌀 🐾 🛎 P VISA ⓪ AE
Alter Postweg 1 ⊠ 37688 – 𝒞 (05273) 3 89 70 – www.forsthof.com
21 Zim ⊇ – †52/61 € ††75/89 €
Rest – (geschl. Januar - März; Sonntag) (Montag - Samstag nur Abendessen) Karte 16/38 €
♦ Das bereits 1535 urkundlich erwähnte ehemalige Forsthaus liegt unweit der Weser und beherbergt heute mit hellen Holzmöbeln solide eingerichtete Gästezimmer. Restaurant mit rustikalem Ambiente.

BEXBACH – Saarland – **543** – 18 250 Ew – Höhe 249 m   **46** C17
▶ Berlin 683 – Saarbrücken 35 – Homburg/Saar 7 – Neunkirchen/Saar 7

🏨 **Hochwiesmühle** (mit Gästehäusern) 🍴 🛎 🛎 🛏 🌀 🛌 🛎 P
Hochwiesmühle 50 (Nord: 1,5 km) ⊠ 66450 – 𝒞 (06826) 81 90   VISA ⓪ AE
– www.hochwiesmuehle.de
96 Zim ⊇ – †69/99 € ††98/134 € – 1 Suite
Rest – (geschl. Sonntagabend) Menü 40 € – Karte 22/42 €
♦ Das Hotel in einer ruhigen Wohngegend ist eine recht großzügige Anlage mit individuellen und zeitgemäßen Zimmern sowie einem komfortablen Wellnessbereich. Gediegenes Restaurant.

🏠 **Klein** garni 🐾 VISA ⓪ AE
Rathausstr. 35 ⊠ 66450 – 𝒞 (06826) 9 21 60 – www.hotel-klein-garni.de
13 Zim ⊇ – †46 € ††65 €
♦ Der tipptopp gepflegte kleine Familienbetrieb mitten in Bexbach bietet seinen Gästen freundliche Zimmer, die funktionell eingerichtet sind.

BIBERACH an der RISS – Baden-Württemberg – **545** – 32 430 Ew – Höhe 533 m   **63** H20
▶ Berlin 653 – Stuttgart 134 – Konstanz 119 – Ulm (Donau) 42
ADAC Zeppelinring 7
🛈 Museumsstr. 6, ⊠ 88400, 𝒞 (07351) 5 11 65, www.biberach-tourismus.de

🏨 **Parkhotel Jordanbad** 🍴 🛁 🛎 🛌 🐾 🛎 P 🏊 VISA ⓪ AE ⓪
Im Jordanbad 7 ⊠ 88400 – 𝒞 (07351) 34 33 00 – www.parkhotel.jordanbad.de
119 Zim ⊇ – †90 € ††133 € – 2 Suiten   **Rest** – Karte 31/48 €
♦ Das Kurhotel von 1905 ist ein zeitgemäßes Hotel mit direktem Zugang zum Jordanbad. Im Neubau stehen ganz modern designte Zimmer bereit. Frühstück im lichten verglasten Gartenzimmer. Zum Restaurant gehört eine Terrasse mit Parkblick.

🏨 **Kapuzinerhof** 🛎 🛌 🐾 🛎 Rest, 🌀 🛎 P 🏊 VISA ⓪ AE ⓪
*Kapuzinerstr. 17 ⊠ 88400 – 𝒞 (07351) 50 60 – www.hotel-kapuzinerhof.de
– geschl. 1. - 7. Januar*
75 Zim ⊇ – †82/92 € ††110/120 €
Rest – (geschl. Freitagmittag, Samstag - Sonntagmittag sowie an Feiertagen) Karte 18/31 €
♦ Das Hotel befindet sich am Rande der Innenstadt auf dem ehemaligen Gelände eines Kapuzinerklosters und ist mit seinen funktionellen Zimmern eine ideale Businessadresse.

BIBERACH an der RISS

In Biberach-Rindenmoos Süd: 3,5 km

Landhotel zur Pfanne (mit Gaststätte zur Pfanne)
Auwiesenstr. 24, ⊠ 88400 – ℰ (07351) 3 40 30
– www.landhotel-pfanne.de
20 Zim ⊇ – †59/64 € ††75/85 €   **Rest** – Karte 19/27 €
♦ Die ruhige Lage, sehr gepflegte und zeitgemäße Zimmer sowie ein gutes Frühstück sprechen für dieses Hotel, einen Landgasthof mit gegenüberliegendem Gästehaus. Rustikales Restaurant mit hübscher Gartenterrasse.

BIBERACH im KINZIGTAL – Baden-Württemberg – **545** – 3 350 Ew   54 E19
– Höhe 188 m – Erholungsort

▶ Berlin 766 – Stuttgart 164 – Karlsruhe 96 – Freudenstadt 47
🛈 Hauptstr. 27, ⊠ 77781, ℰ (07835) 63 65 11, www.biberach-baden.de

Landgasthof Kinzigstrand
Reiherwald 1 (Süd-West: 2 km) ⊠ 77781 – ℰ (07835) 6 39 90
– www.kinzigstrand.de – geschl. 2. - 7. Januar
8 Zim ⊇ – †33/39 € ††58/70 € – ½ P 13 €
Rest – (geschl. Dienstag) Menü 12/35 € – Karte 15/44 €
♦ Der Schwarzwald-Gasthof wird seit vielen Jahren als Familienbetrieb geführt. Es stehen freundlich eingerichtete Gästezimmer bereit, teilweise mit Balkon. Eigene Landwirtschaft. Gaststube mit Wintergarten und hübscher Gartenterrasse. Spezialität sind Forellengerichte.

In Biberach-Prinzbach Süd-West: 4 km, Richtung Lahr

Badischer Hof (mit Gästehäusern)
Dörfle 20 ⊠ 77781 – ℰ (07835) 63 60
– www.badischer-hof.de
60 Zim ⊇ – †55/90 € ††110/160 € – ½ P 20 € – 4 Suiten
Rest – Menü 20 € (mittags)/40 € – Karte 30/42 €
♦ Ein gewachsener Familienbetrieb in idyllischer Dorfrandlage, der auch von Tagungsgästen geschätzt wird. Die Zimmer sind wohnlich und teilweise sehr geräumig. Rustikal-gediegenes Restaurant.

Landgasthaus Zum Kreuz
Untertal 7 (Ost: 1 km) ⊠ 77781 – ℰ (07835) 13 03
– www.kreuz-prinzbach.de – geschl. 14. - 26. Februar und Montag
Rest – Karte 15/45 €
♦ Ein sympathischer Familienbetrieb mit behaglichem Ambiente in recht ruhiger Lage. Man bietet u. a. "Genussschmankerl" zum Probieren vieler verschiedener kleiner Gerichte. Hübsche Terrasse.

BIEBELRIED – Bayern – siehe Würzburg

BIEDENKOPF – Hessen – **543** – 13 280 Ew – Höhe 305 m   37 F12
– Wintersport: 674 m ⩘1 ⩘ – Luftkurort

▶ Berlin 482 – Wiesbaden 152 – Marburg 23 – Kassel 101
🛈 Hainstr. 63, ⊠ 35216, ℰ (06461) 9 50 10, www.biedenkopf.de

Park-Hotel
Auf dem Radeköppel 2 ⊠ 35216 – ℰ (06461) 78 80
– www.park-hotel.de
40 Zim ⊇ – †68/78 € ††96/106 € – ½ P 16 €   **Rest** – Karte 20/49 €
♦ Das Tagungs- und Businesshotel liegt oberhalb der Stadt und bietet funktionale Zimmer, teilweise mit Balkon sowie Blick auf Biedenkopf und Schloss. Kosmetik und Massage auf Anfrage. Zum Restaurant gehört eine Terrasse mit Aussicht.

BIEDERBACH – Baden-Württemberg – **545** – 1 760 Ew – Höhe 470 m **61** E20
▶ Berlin 771 – Stuttgart 141 – Freiburg 34 – Freudenstadt 99

In Biederbach-Dorf

Hirschen-Dorfmühle
Dorfstr. 19 ⊠ 79215 – ℰ (07682) 3 27 – www.hirschen-dorfmuehle.de – geschl. Mitte Februar - Anfang März, Ende Oktober - Anfang November
10 Zim – †31/35 € ††61/70 € – ½ P 14 € – 1 Suite
Rest – *(geschl. Dienstag)* Karte 14/36 €
• Eine recht einfache, aber sehr gepflegte, ländlich-solide Adresse im Dorfkern. Das Gasthaus stammt a. d. 18. Jh. und wird von Familie Burger freundlich geführt. Gemütlicher Gastraum mit Kachelofen.

BIELEFELD – Nordrhein-Westfalen – **543** – 323 090 Ew – Höhe 118 m **27** F9
▶ Berlin 394 – Düsseldorf 182 – Dortmund 114 – Hannover 108
ADAC Stapenhorststr. 131 BT
🛈 Niederwall 23 EZ, ⊠ 33602, ℰ (0521) 51 69 99, www.bielefeld.de
⛳ Bielefeld, Dornberger Str. 377, ℰ (0521) 10 51 03

Veranstaltungen
11.-12. Februar: handmade

Stadtpläne siehe nächste Seiten

Ravensberger Hof garni
Güsenstr. 4 ⊠ 33602 – ℰ (0521) 9 62 11 – www.hotel-ravensberger-hof.de
51 Zim – †85/125 € ††85/159 €, ⊇ 15 € – 1 Suite   **EZc**
• Das relativ ruhig in der Altstadt gelegene Hotel beherbergt eine hübsche elegante Halle in warmen Tönen und zeitgemäß eingerichtete Zimmer.

Comfort Stadt Bremen garni
Bahnhofstr. 32 ⊠ 33602 – ℰ (0521) 52 19 80 – www.comfort-garni.de
46 Zim ⊇ – †78/89 € ††98/108 €   **EYb**
• Ein praktisches Stadthotel mitten in der Fußgängerzone. Die Gästezimmer sind mit hellen zeitgemäßen Möbeln funktionell ausgestattet.

Glück und Seligkeit - Glückskind
Arthur-Ladebeck-Str. 57 ⊠ 33617 – ℰ (0521) 5 57 65 00 – www.glueckundseligkeit.de – geschl. Sonntag - Montag   **DZb**
Rest – *(nur Abendessen)* Menü 44/52 € – Karte 32/42 €
Rest *Bistro* – siehe Restaurantauswahl
• Das Restaurant Glückskind befindet sich auf der Empore der schönen umgebauten Kirche a. d. 19. Jh. Geradlinig-modernes Ambiente und gute zeitgemäße Küche. Zwei Lounges und Terrasse unter Bäumen.

3 A
Oberntorwall 3a ⊠ 33602 – ℰ (0521) 7 70 95 31 – www.weinbar3a.de – geschl. Sonntag - Montag   **DZa**
Rest – *(nur Abendessen)* Karte 29/53 €
• Mit warmen Tönen, angenehmem Licht und geschmackvollem stimmigen Dekor hat man hier ein besonderes Flair geschaffen. Die mediterrane Küche wird begleitet von einer internationalen Weinauswahl. Charmante Terrasse vor dem Haus.

Klötzer's Kleines Restaurant
Ritterstr. 33 ⊠ 33602 – ℰ (0521) 9 67 75 20 – www.kloetzer-delikatessen.de – geschl. Sonntag - Montag sowie an Feiertagen   **EZe**
Rest – Menü 33/49 € – Karte 23/60 €
• In dem ganz modernen kleinen Restaurant bei der Fußgängerzone serviert man auf zwei Etagen an gut eingedeckten Tischen internationale Speisen. Man hat auch einen Feinkostladen im Haus.

Noodles
Hagenbruchstr. 3, (1. Etage) ⊠ 33602 – ℰ (0521) 17 68 88 – www.noodles-bielefeld.de – geschl. Sonntag   **EZm**
Rest – Menü 43 € (mittags) – Karte 29/64 €
• Zeitgemäß isst man in diesem Restaurant mit Bistro-Atmosphäre und beliebter Dachterrasse. Auch das Angebot der im EG eingerichteten Sushibar wird hier serviert.

BIELEFELD

Adenauerpl.	DZ	2
Altstädter Kirchpl.	EZ	9
Altstädter Kirchstr.	EZ	12
Am Güterbahnhof	EY	15
Am Sparrenberg	DZ	21
Bahnhofstr.	EY	
Breite Str.	EZ	35
Bunnemannpl.	DZ	38
Elsa-Brändström-Str.	DYZ	48
Feilenstr.	EY	
Friedenstr.	EY	51
Friedrich-Ebert-Str.	EY	53
Friedrich-Verleger-Str.	EZ	56
Gehrenberg	EZ	
Heeper-Str.	EZ	62
Herbert-Hinnendahl-Str.	EY	63
Jahnpl.	EY	69
Klosterpl.	DZ	77
Mauerstr.	DZ	86
Mindener Str.	DY	87
Moltkestr.	DZ	88
Nebelswall	DZ	89
Neustädter Str.	EZ	91
Niedernstr.	EZ	92
Notpfortenstr.	DZ	94
Obernstr.	DEZ	
Oelmühlenstr.	EZ	96
Rathausstr.	EZ	109
Renteistr.	EZ	112
Richard-Wagner-Str.	EZ	113
Ritterstr.	DEZ	114
Schildescher Str.	EY	116
Spiegelstr.	EZ	123
Steinstr.	EZ	128
Stresemannstr.	EY	132
Waldhof	DZ	145
Werner-Bock-Str.	DZ	146
Willy-Brandt-Pl.	EY	147

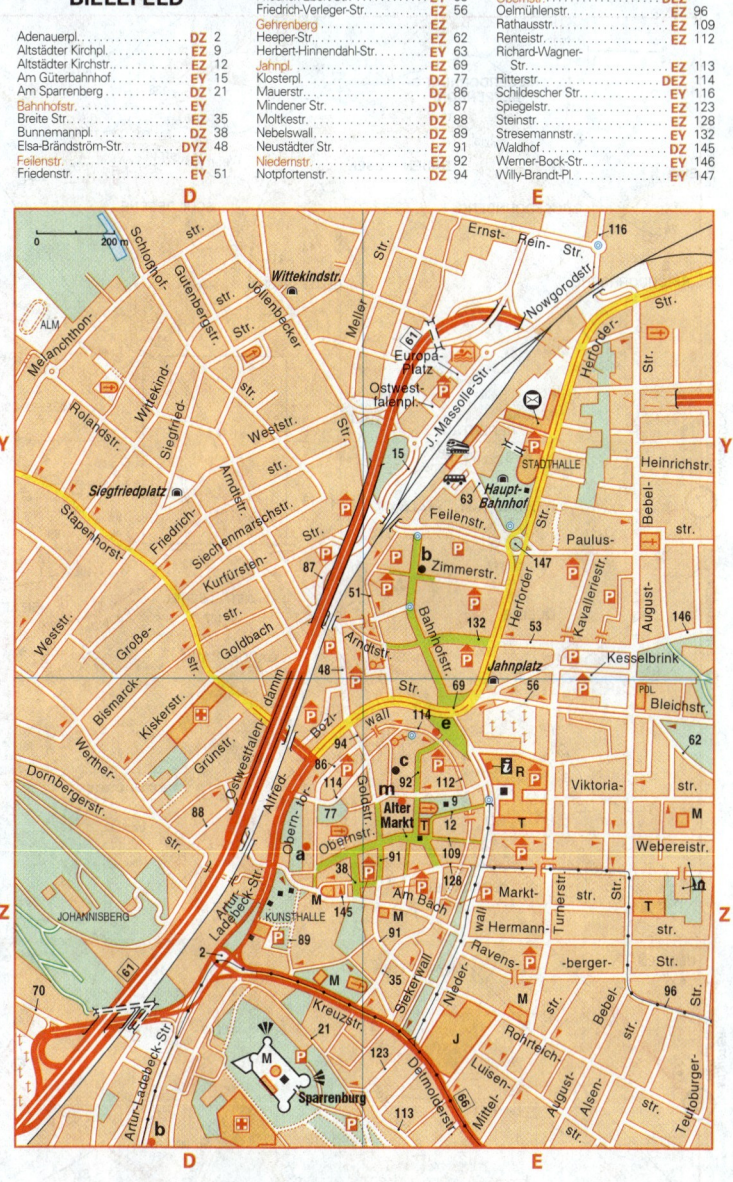

✂ **Bistro** – Restaurant Glück und Seligkeit
Arthur-Ladebeck-Str. 57 ✉ 33617 – ☎ (0521) 5 57 65 00 – www.glueckundseligkeit.de
– geschl. Sonntag - Montag DZ **b**
Rest – Karte 26/45 €
   ♦ Hier wird das Essengehen zum Erlebnis! Die außergewöhnliche Location (im Hauptschiff einer ehemaligen Kirche) sorgt für Aufsehen. Riesige Bar und tolle Terrasse! Das kulinarische Konzept: asiatisch-mediterran!

BIELEFELD

Street	Grid	No.
Amtmann-Bullrich-Str.	CT	24
Am Brodhagen	BT	14
Am Preßwerk	AU	18
Am Stadtholz	BT	23
Am Waldbad	BV	26
Am Wellbach	CT	
Apfelstr.	BT	
Artur-Ladebeck-Str.	ABU	
Babenhauser Str.	AT	
Beckhausstr.	BT	27
Bergstr.	AU	
Berliner Str.	ABU	31
Bielefelder Str. (GROSSDORNBERG)	AT	
Bielefelder Str. (STEINHAGEN)	AU	32
Bodelschwinghstr.	BU	
Brackweder Str. (BRACKWEDE)	BUV	34
Brackweder Str. (FRIEDRICHSDORF)	AV	
Braker Str.	CT	
Brinkstr.	BV	36
Brockhagener Str.	AUV	
Buschkampstr.	ABV	
Cheruskerstr.	AU	39
Deppendorfer Str.	AT	41
Detmolder Str.	BCU	
Dornberger Str.	ATU	
Eckendorfer Str.	BCT	
Eggweg	BU	46
Elbeallee	CV	
Engersche Str.	BCT	
Friedrichsdorfer Str.	ABV	
Gütersloher Str.	AUV	
Hallerweg	AU	62
Hauptstr.	BU	
Heeper Str.	BCTU	
Herforder Str.	BCT	
Hillegosserstr.	CU	
Jöllenbecker	BT	
Johannistal	BU	70
Kirchdornbreger Str.	AT	74
Krackser Str.	BV	
Kusenweg	CT	
Lämershagener Str.	CV	81
Magdalenen Str.	AU	84
Oelmühlenstr.	BU	96
Oerlinghauser Str.	CUV	97
Oldentruper Str.	BCU	99
Osnabrücker Str.	AU	
Osningstr.	BUV	
Oststr.	BU	101
Ostwestfalendamm	ABU	104
Otto-Brenner-Str.	BU	
Paderborner Str.	BCV	
Potsdamer Str.	CTU	
Prießallee	BU	106
Quellenhofweg	BU	107
Queller Str.	AU	
Regerstr.	BU	110
Salzufler Str.	CTU	
Schelpsheide	BT	115
Schildescher Str.	BT	116
Schlingen Str.	AU	117
Selhausenstr.	CU	
Senner Hellweg	CV	
Senner Str.	AVBU	
Sennestadtring	CV	121
Severing Str.	AU	
Stadtring	ABU	124
Stapenhorststr.	BT	125
Steinhagener Str.	AV	126
Stieghorster Str.	CU	131
Südring	ABUV	134
Talbrücken Str.	BCT	
Theesener Str.	BT	136
Tiepl.	CT	137
Twellbachtal.	AT	139
Ummelner Str.	AV	
Verler Str.	BCV	
Vilsendorfer Str.	BT	141
Vogteistr.	CT	143
Voltmannstr.	ABT	
Wertherstr.	AT	
Westerfeldstr.	BT	
Windelsbleicher Str.	BV	
Ziegelstr.	BCT	148

BIELEFELD

In Bielefeld-Brackwede

Brackweder Hof
Gütersloher Str. 236 ⊠ 33649 – ✆ (0521) 94 26 60
– www.brackweder-hof.de   AUu
40 Zim ⊇ – †65/80 € ††75/90 € – ½ P 15 €
Rest – Menü 23 € (mittags)/36 € – Karte 27/45 €

♦ Das Hotel in verkehrsgünstiger Lage südwestlich des Zentrums bietet funktionale, teilweise mit freundlichen JAB-Anstoetz-Stoffen ausgestattete Zimmer - nach hinten ruhiger gelegen. Die Küche ist international - mit wechselndem Mittagstisch.

XX **1550 Restaurant**
Hauptstr. 27 ⊠ 33647 – ✆ (0521) 4 17 41 17
– www.1550restaurant.de   BUr
Rest – (Montag - Samstag nur Abendessen) (Tischbestellung ratsam) Menü 35/40 €
– Karte 29/43 €

♦ Gute saisonale Küche und legerer Service in einem ehemaligen Gehöft von 1550. Das alte Fachwerk der einstigen Tenne wurde hier ansprechend mit modernen Formen und kräftigen Farben kombiniert. Mittig ein dekoratives Weinregal.

In Bielefeld-Kirchdornberg

XX **Tomatissimo**
Am Tie 15 ⊠ 33619 – ✆ (0521) 16 33 33
– www.tomatissimo.de – geschl. Montag - Dienstag   ATa
Rest – (Mittwoch - Samstag nur Abendessen) Menü 39/65 € – Karte 36/76 €

♦ Bernhard Grubmüller kocht in dem eleganten Restaurant schmackhafte mediterran geprägte wie auch klassische Speisen. Schön sitzt man im Sommer auf dem kleinen Platz mit Brunnen.

In Bielefeld-Quelle

Büscher
Carl-Severing-Str. 136 ⊠ 33649 – ✆ (0521) 94 61 40
– www.hotel-buescher.de   AUk
32 Zim ⊇ – †50/70 € ††78/85 € – ½ P 25 €
Rest – (geschl. Sonntag) Karte 24/49 €

♦ Ein gepflegtes Haus mit 120-jähriger Familientradition, in dem zeitgemäße, praktisch ausgestattete Gästezimmer zur Verfügung stehen. In netten kleinen Stuben serviert man internationale Küche mit zeitgemäß-regionalen Elementen. Terrasse zum Garten hin.

In Bielefeld-Senne

X **Gasthaus Buschkamp**
Buschkampstr. 75 ⊠ 33659 – ✆ (0521) 49 28 00
– www.museumshof-senne.de – geschl. Mitte Januar 2 Wochen und Montag
Rest – Menü 35/56 € – Karte 20/52 €   BVb

♦ Ein romantisches Museumsdorf aus alten Fachwerkhäusern. Die Küche in dem charmant-historischen Gasthaus ist überwiegend traditionell. Für Gruppen: Buschkamp-Keller und Auberge le Concarneau.

In Bielefeld-Sennestadt

Quality Hotel
Alte Verler Str. 2 ⊠ 33689 – ✆ (05205) 93 60
– www.quality-hotel-bielefeld.de – geschl. 23. Dezember - 2. Januar   CVa
102 Zim ⊇ – †82/90 € ††99/110 € – ½ P 18 €
Rest *Eickelmann's* – ✆ (05205) 2 20 06 (geschl. 25. Dezember - 2. Januar und Sonntag sowie an Feiertagen) Karte 27/40 €

♦ Nahe der Autobahn gelegenes Hotel, das mit seinen zeitgemäßen und funktionellen Zimmern vor allem auf Geschäftsleute und Tagungsgäste ausgelegt ist. Im Restaurant isst man bürgerlich.

Wintersmühle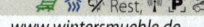

Sender Str. 6 ✉ 33689 – ☏ (05205) 9 82 50 – www.wintersmuehle.de
15 Zim ⚏ – †59/69 € ††79/89 €
BV**r**
Rest – *(geschl. 17. Dezember - 9. Januar und Freitag - Sonntag) (nur Abendessen)*
Karte 20/27 €
- Freundlich kümmert man sich in der ehemaligen Wassermühle um seine Gäste. Das gut geführte kleine Hotel verfügt über individuelle Gästezimmer und eine Holzhaussauna im Garten.

BIENENBÜTTEL-BARDENHAGEN – Niedersachsen – **541** – 6 670 Ew 19 J6
– Höhe 30 m

▶ Berlin 300 – Hannover 141 – Lüneburg 15 – Hamburg 72

Im Ortsteil Bardenhagen Ost: 8 km

Gut Bardenhagen

Bardenhagener Str. 3 ✉ 29553 – ☏ (05823) 9 53 99 60
– www.gut-bardenhagen.de
29 Zim – †100/120 € ††120/150 €, ⚏ 15 € – 3 Suiten
Rest *TafelGUT* – siehe Restaurantauswahl
- Die sehr schöne Gutsanlage mit großem Festsaal ist wie gemacht für Hochzeiten. Sie wohnen in hochwertigen, ansprechend-modernen Zimmern (verteilt auf verschiedene Häuser) und auch der Service stimmt!

✗ TafelGUT – Hotel Gut Bardenhagen

Bardenhagener Str. 3 ✉ 29553 – ☏ (05823) 9 53 99 60 – www.gut-bardenhagen.de
– geschl. Montag - Mittwoch
Rest – *(Donnerstag - Samstag nur Abendessen)* Menü 45/65 € – Karte 35/52 €
- Geschmackvolle Einkehr in einem ehemaligen Trabergestüt. Die zeitgemäße Küche von Tim Matthiesen bietet Schmackhaftes wie z. B. "Geschmortes Kalbsbäckchen mit asiatischen Aromen und Kartoffeltarte".

BIETIGHEIM-BISSINGEN – Baden-Württemberg – **545** – 42 800 Ew 55 G18
– Höhe 200 m

▶ Berlin 611 – Stuttgart 25 – Heilbronn 25 – Ludwigsburg 9
ℹ Hauptstr. 65, ✉ 74321, ☏ (07142) 7 42 27, www.bietigheim-bissingen.de

Im Stadtteil Bietigheim

Eberhards

Holzgartenstr. 31 ✉ 74321 – ☏ (07142) 78 75 60
– www.eberhards-hotel-restaurant.de
19 Zim ⚏ – †95/135 € ††135/165 € **Rest** – Menü 49/84 € – Karte 31/53 €
- Das Hotel liegt gegenüber dem Solebad, nahe der Altstadt. Die Zimmer: hochwertig und modern in Design und Technik, einige mit Blick zur Enz. Diese Sicht hat man auch von der tollen Terrasse, die direkt an - teilweise auch über - der Enz liegt! Die Küche bietet Internationales und "Ebi-Tapas".

✗✗ Friedrich von Schiller mit Zim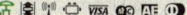

Marktplatz 5 ✉ 74321 – ☏ (07142) 9 02 00 – www.friedrich-von-schiller.com
– geschl. 1. - 7. Januar, Juli - August 2 Wochen sowie Sonntag - Montagmittag und an Feiertagen
15 Zim ⚏ – †90/125 € ††125/148 €
Rest – Menü 30 € (mittags)/89 € – Karte 35/79 € 🍷
- Mitten in der malerischen Altstadt führt Familie Schork mit viel Engagement ihr gemütliches Restaurant. Die Gäste wählen von der Gourmetkarte oder aus dem kleinen schwäbischen Speiseangebot. Die sehr schönen, liebevoll gestalteten Zimmer in dem Gebäude a. d. 17. Jh. sind nach Stücken von Schiller benannt.

BIETIGHEIM-BISSINGEN

Im Stadtteil Bissingen

Otterbach (mit Gästehaus)
Bahnhofstr. 153 ⊠ 74321 – 𝒞 (07142) 58 40
– www.hotel-otterbach.de – geschl. 27. Dezember - 5. Januar
90 Zim ⊑ – †80/115 € ††105/145 € – ½ P 25 €
Rest *– (geschl. Juli - August 2 Wochen und Samstagmittag)* Karte 25/45 €
♦ Ein gut geführter Familienbetrieb nicht weit vom Bahnhof, in dessen Neubau sich besonders komfortable und chic-moderne Zimmer befinden. Lichter Frühstücksraum mit Wintergartenatmosphäre. Helles, elegantes Restaurant in Cremetönen, ergänzt durch einen Bistrobereich.

BILLERBECK – Nordrhein-Westfalen – 543 – 11 550 Ew – Höhe 115 m   26 D9
– Erholungsort

▶ Berlin 510 – Düsseldorf 110 – Enschede 56 – Münster (Westfalen) 32
🛈 Markt 1, ⊠ 48727, 𝒞 (02543) 73 73, www.billerbeck.de

Weissenburg
Gantweg 18 (Nord: 2 km, Richtung Steinfurt) ⊠ 48727 – 𝒞 (02543) 7 50
– www.hotel-weissenburg.de
75 Zim ⊑ – †80/90 € ††115/125 € – ½ P 22 €   **Rest** – Karte 24/54 €
♦ Ein langjähriger Familienbetrieb in schöner Lage mit wohnlichen, sehr individuell geschnittenen Zimmern. Park mit Wildgehege. Das Haus ist gut geeignet für Tagungen und Veranstaltungen. Restaurant im rustikalen Stil mit netter Terrasse und Aussicht.

Domschenke
Markt 6 ⊠ 48727 – 𝒞 (02543) 9 32 00
– www.domschenke-billerbeck.de
30 Zim ⊑ – †51/70 € ††75/120 € – ½ P 18 € – 1 Suite
Rest *Domschenke* – siehe Restaurantauswahl
♦ Die engagierte Familie Groll leitet seit mehreren Generationen dieses sympathische und wohnliche Hotel im Herzen der kleinen Stadt. Die Zimmer sind überwiegend rustikal gestaltet, teilweise auch etwas moderner.

XX **Domschenke** – Hotel Domschenke
Markt 6 ⊠ 48727 – 𝒞 (02543) 9 32 00
– www.domschenke-billerbeck.de
Rest – Menü 13 € (mittags)/43 € – Karte 21/48 €
♦ Sie möchten im Münsterland gut und gepflegt essen? Dann sind Sie hier gut aufgehoben. Der Juniorchef des Hauses, Frank Groll, zeichnet sich für die Küche verantwortlich und bekocht Sie mit regionalen Spezialitäten.

BINDLACH – Bayern – siehe Bayreuth

BINGEN – Rheinland-Pfalz – 543 – 24 140 Ew – Höhe 100 m   47 E15

▶ Berlin 600 – Mainz 31 – Bad Kreuznach 20 – Koblenz 66
🛈 Rheinkai 21 Y, ⊠ 55411, 𝒞 (06721) 18 42 00, www.bingen.de
◉ Burg Klopp ≤ ★
◉ Burg Rheinstein ≤ ★★ – Rheintal ★★★ (von Bingen bis Koblenz)

Weinhotel Michel garni
Mainzer Str. 74 (über Espenschiedstraße Y) ⊠ 55411 – 𝒞 (06721) 9 15 10
– www.weinhotel-michel.de – geschl. 20. Dezember - 7. Januar
28 Zim ⊑ – †85/99 € ††135/145 €
♦ Bei Familie Michel wohnen Sie in gut gepflegten Zimmern, die nach Rebsorten bzw. Weinlagen benannt sind. Auch Allergikerzimmer mit Holzfußboden stehen zur Verfügung.

Amtsstr.	Y 5	Martinstr.	Y 18
Am Burggraben	Z 2	Nahebrücke	Y 9
Am Rupertsberg	Y 4	Pfarrer-Römheld-	
Basilikastr.	Y	Str.	Z 19
Beuchergasse	YZ 7	Rathausstr.	Y 20
Drususbrücke	Z 8	Rheinkai	Y 21
Espenschiedstr.	Y 10	Rheinstr.	Y 22
Freidhof	Y 12	Rupertusstr.	Y 24
Gerbhausstr.	Y 13	Saarlandstr.	Y 25
Hasengasse	Y 14	Salzstr.	Y 26
Hospitalstr.	Y 15	Schmittstr.	YZ
Kapuzinerstr.	Y 16	Speisemarkt	Y 28
Laurenzigasse	Y 17	Stromberger Str.	Z 29

In Münster-Sarmsheim über Drususstraße Z: 4 km

X **Weinstube Kruger-Rumpf**
Rheinstr. 47 ⊠ 55424 – ℰ (06721) 4 50 50 – www.kruger-rumpf.com – geschl. Montag
Rest – *(nur Abendessen)* Karte 26/38 €
◆ Sehr nett ist die gemütlich-ländliche Weinstube des bekannten Weinguts. Für Veranstaltungen nutzt man das Kreuzgewölbe (ehemaliger Kuhstall) und den Tafelraum. Hübsche Terrasse.

BINZ – Mecklenburg-Vorpommern – siehe Rügen (Insel)

BINZEN – Baden-Württemberg – **545** – 2 880 Ew – Höhe 284 m   **61** D21
▶ Berlin 858 – Stuttgart 260 – Freiburg im Breisgau 65 – Basel 11

Mühle (mit Gästehaus)
Mühlenstr. 26 ⊠ 79589 – ℰ (07621) 9 40 84 90 – www.muehlebinzen.de
32 Zim – †115/275 € ††140/400 €
Rest – Menü 29 € (mittags)/81 € – Karte 35/89 €
◆ Das aus einer Mühle von 1725 hervorgegangene Hotel in ruhiger Lage ist ein familiär geleitetes Haus mit wohnlich-eleganten Zimmern, im Gästehaus mit Klimaanlage. Zum Restaurant gehören eine holzgetäfelte Stube und ein hübscher gediegener Raum. Schöne Terrasse.

Ochsen
Hauptstr. 42 ⊠ 79589 – ℰ (07621) 4 22 08 88 – www.ochsen-binzen.de
24 Zim – †65/85 € ††85/100 € – 1 Suite
Rest – *(Montag - Samstag nur Abendessen)* Menü 44/75 € – Karte 20/72 €
◆ Direkt am Rathaus steht dieses Landgasthaus mit freundlichen und zeitgemäßen Zimmern. Sehr ansprechend ist die modern-elegante Suite. Restaurant in rustikalem Stil mit international-klassischer Küche. Beizle sowie nette Terrasse vor dem Haus.

BINZEN

In Schallbach Nord: 4 km Richtung Kandern, in Rümmingen links ab

Alte Post
Zim, P VISA
Alte Poststr. 19 ⊠ 79597 – ℰ (07621) 9 40 94 90 – www.gasthof-altepost.de
16 Zim – †55/65 € ††88/95 €
Rest – ℰ (07621) 16 91 13 *(geschl. Donnerstag) (Montag - Freitag nur Abendessen)*
Karte 18/33 €
♦ Die freundliche Gastgeberin Birgit Schneider bietet in ihrem kleinen Hotel am Ortsrand solide und funktionell eingerichtete Zimmer, die teilweise über einen Balkon verfügen. In der Küche setzt man auf Produkte aus der Region, ein Klassiker ist z. B. Eglifilet auf Gemüsebett.

BIRKENAU – Hessen – **543** – 9 980 Ew – Höhe 147 m – Erholungsort 47 F16
▶ Berlin 611 – Wiesbaden 97 – Mannheim 30 – Darmstadt 44
🛈 Hauptstr. 119, ⊠ 69488, ℰ (06201) 39 70, www.birkenau.de

XX Drei Birken
P VISA
Hauptstr. 170 ⊠ 69488 – ℰ (06201) 3 23 68 – www.restaurant-drei-birken.de
– *geschl. Februar 2 Wochen, Juli - August 2 Wochen und Montag - Dienstag*
Rest – Menü 50/53 € – Karte 30/55 €
♦ Karl und Christine Gassen betreiben hier ein helles, freundliches Restaurant, in dem eine schmackhafte zeitgemäße Saisonküche auf regionaler Basis überzeugt.

BIRKENFELD (MAIN-SPESSART-KREIS) – Bayern – **546** – 2 140 Ew 49 H15
– Höhe 206 m
▶ Berlin 517 – München 312 – Würzburg 29 – Frankfurt am Main 100

In Birkenfeld-Billingshausen Nord-Ost: 2 km, Richtung Zellingen

X Goldenes Lamm
P VISA
Untertorstr. 13 ⊠ 97834 – ℰ (09398) 3 52 – www.goldenes-lamm-billingshausen.de
– *geschl. Montag - Dienstag*
Rest – Menü 32/42 € – Karte 18/38 €
♦ In dem ansprechenden alten Steinhaus leitet Familie Hüsam schon seit Generationen dieses ländlich-rustikale Restaurant. Im Sommer hat man im Hof eine nette kleine Terrasse.

BIRKWEILER – Rheinland-Pfalz – **543** – 740 Ew – Höhe 189 m 54 E17
▶ Berlin 682 – Mainz 114 – Neustadt a.d. Weinstraße 27 – Karlsruhe 45

X Keschdebusch
Hauptstr. 1 ⊠ 76831 – ℰ (06345) 94 99 88 – www.keschdebusch-weinstube.de
– *geschl. Januar 1 Woche, Juni 1 Woche und Dienstag - Mittwoch*
Rest – *(nur Abendessen)* Menü 23/33 € – Karte 26/46 €
♦ Sandra Bernhard und Jochen Sitter sind sympathische Gastgeber, bei denen man gerne isst - unkompliziert und doch anspruchsvoll, so z. B. Bratwurst mit Saumagen und Sauerkraut oder Wildbret aus heimischer Jagd. Ein wirklich nettes Lokal mit charmantem Innenhof.

BIRNBACH, BAD – Bayern – **546** – 5 490 Ew – Höhe 376 m – Heilbad 59 P19
▶ Berlin 618 – München 147 – Passau 41 – Landshut 82
🛈 Kurallee 7, ⊠ 84364, ℰ (08563) 96 30 46, www.badbirnbach.de

Sonnengut
P VISA AE
Am Aunhamer Berg 2 ⊠ 84364 – ℰ (08563) 30 50 – www.sonnengut.de
88 Zim – †87/106 € ††180/212 € – ½ P 14 € – 6 Suiten
Rest *Hirschstuben* – siehe Restaurantauswahl
♦ Ein Vierseithof der neuzeitlichen Art. Die Zimmer sind freundlich und komfortabel, der Wellnessbereich ist großzügig, aufwändig gestaltet und bietet vielfältige Anwendungen.

BIRNBACH, BAD

Vitalhotel
Brunnaderstr. 27 ⊠ 84364 – ℰ (08563) 30 80 – www.vitalhotel-badbirnbach.de
108 Zim – †66/71 € ††102/138 € – ½ P 15 € – 5 Suiten
Rest – (nur Abendessen für Hausgäste)
• Das Hotel am Rande des Kurgebiets verfügt über wohnliche Zimmer in warmen Farben und überzeugt mit einem umfangreichen Wellnessangebot in geschmackvollem Ambiente.

Sammareier Gutshof
Pfarrkirchner Str. 20 ⊠ 84364 – ℰ (08563) 29 70 – www.sammareier.de
44 Zim – †56 € ††100/146 € – ½ P 21 € **Rest** – Karte 23/65 €
• Der ehemalige Gutshof ist eine familiäre Adresse mit wohnlichen, meist als Appartement angelegten Zimmern. Eine Spezialität des Hauses ist der Gugelhupf im eigenen Café. Das Restaurant ist in gemütliche Stuben unterteilt.

Hirschstuben – Hotel Sonnengut
Am Aunhamer Berg 2 ⊠ 84364 – ℰ (08563) 30 50 – www.sonnengut.de
Rest – Menü 20/49 € – Karte 23/38 €
• Mit Zirbelholz getäfelte Wände, Holzdielen, ein gemauerter Ofen, hübsche rotgemusterte Stoffe - all das sind Attribute für bayerische Behaglichkeit. Zur Krönung: einen Kaiserschmarrn mit Zwetgenröster direkt aus der Pfanne!

BISCHOFSWERDA – Sachsen – **544** – 12 240 Ew – Höhe 280 m   43 R12
▶ Berlin 213 – Dresden 32 – Cottbus 91 – Görlitz 62
🛈 Rammenau, Oberammenauer Str. 27, ℰ (03591) 60 77 84

In Bischofswerda-Belmsdorf Süd-Ost: 2 km Richtung Oppach

L'Auberge Gutshof mit Zim
Alte Belmsdorfer Str. 33 ⊠ 01877 – ℰ (03594) 70 52 00 – www.auberge-gutshof.eu
– geschl. Donnerstag
10 Zim – †39/44 € ††66/68 €
Rest – (Montag - Samstag nur Abendessen) Karte 22/40 €
• Ein Stück Frankreich mitten in Sachsen. Man sitzt unter einer schönen Gewölbedecke. Es gibt Klassiker der französischen Küche - natürlich auch frischen Flammkuchen aus dem Holzofen.

BISCHOFSWIESEN – Bayern – **546** – 7 500 Ew – Höhe 610 m   67 O21
– Wintersport: 1 307 m ≰4 ≰ – Heilklimatischer Kurort
▶ Berlin 736 – München 148 – Bad Reichenhall 13 – Berchtesgaden 5
🛈 Hauptstr. 40, ⊠ 83483, ℰ (08652) 97 72 20, www.bischofswiesen.de

Reissenlehen (mit Gästehaus)
Reissenpoint 11 ⊠ 83483 – ℰ (08652) 97 72 00
– www.reissenlehen.de – geschl. 31. Oktober - 25. Dezember
22 Zim – †50/120 € ††80/150 € – ½ P 14 € – 4 Suiten
Rest – (geschl. Sonntag) (nur Abendessen) Karte 14/57 €
• Wohnlich ist das von Familie Irlinger freundlich geführte kleine Hotel. Hallenbad und Naturbadeteich mit fantastischem Bergblick. Gutes Kosmetik- und Massageangebot. Physiotherapie.

Alpenhotel Hundsreitlehen
Quellenweg 11 ⊠ 83483 – ℰ (08652) 98 60 – www.hundsreitlehen.de – geschl. Ende Oktober - 20. Dezember
29 Zim – †45/55 € ††90/140 € – ½ P 14 € – 5 Suiten
Rest – (geschl. Montag) (nur Abendessen für Hausgäste) Karte 16/30 €
• Seit über 100 Jahren ist das 1387 erstmals erwähnte Haus in 750 m Höhe bereits im Familienbesitz. Von der Liegewiese kann man schön die Panoramasicht genießen. Geräumige Kuschel- und Romantikzimmer sowie Familiennester.

BISINGEN – Baden-Württemberg – **545** – 9 310 Ew – Höhe 561 m   **55** G19
▶ Berlin 710 – Stuttgart 71 – Konstanz 120 – Reutlingen 35

In Bisingen-Zimmern Nord-Ost: 2 km

XX **Gasthof Adler**
Schloss-Str. 1 ⊠ 72406 – ℰ (07471) 1 69 75 – geschl. August 3 Wochen und Dienstag - Mittwoch
Rest – Karte 27/42 €
♦ Bereits seit mehreren Generationen ist dieses Haus im Familienbesitz. Am Herd steht Chef Hartwin Löffler, frisch und schmackhaft ist seine regionale Küche. Sie sollten unbedingt die hausgemachten Maultaschen probieren!

BISPINGEN – Niedersachsen – **541** – 6 180 Ew – Höhe 74 m – Luftkurort   **19** I6
▶ Berlin 335 – Hannover 94 – Hamburg 71 – Lüneburg 45
🛈 Borsteler Str. 6, ⊠ 29646, ℰ (05194) 3 98 50, www.bispingen-touristik.de

Heidehotel Rieckmann
Kirchweg 1 ⊠ 29646 – ℰ (05194) 95 10 – www.hotel-rieckmann.de
21 Zim – †59/69 € ††84/94 € – ½ P 19 € – 2 Suiten
Rest – *(geschl. 16. Januar - 10. Februar, im Winter: Montag) (November - Juni: Dienstag - Freitag nur Abendessen)* Menü 20 € (mittags)/35 € – Karte 19/37 €
♦ Persönlich und individuell kümmert sich die Inhaberfamilie hier um ihre Gäste. Die Zimmer sind solide und zeitgemäß ausgestattet. Restaurant mit neuzeitlichem Ambiente. Schön ist die teils überdachte Terrasse mit Blick in den Garten bzw. auf die alte Kirche.

Das kleine Hotel am Park garni
Am Park 2c (Borstel, Nord-West: 1,5 km) ⊠ 29646 – ℰ (05194) 68 44 – www.daskleinehotel.de
10 Zim – †58 € ††85 €
♦ Eine sympathische familiäre Adresse in recht ruhiger Waldrandlage. Es stehen wohnlich-individuelle Zimmer bereit, die nach Monaten benannt sind. Zum gepflegten Garten hin liegt der charmante Frühstücksraum mit Terrasse.

BISTENSEE – Schleswig-Holstein – siehe Rendsburg

BITBURG – Rheinland-Pfalz – **543** – 12 780 Ew – Höhe 320 m   **45** B15
▶ Berlin 705 – Mainz 165 – Trier 23 – Wittlich 36
🛈 Römermauer 6, ⊠ 54634, ℰ (06561) 9 43 40, www.eifel-direkt.de
⛳ Wissmannsdorf-Hermesdorf, Zur Weilershecke 1, ℰ (06527) 9 27 20
⛳ Baustert, Auf Kinnscheid 1, ℰ (06527) 93 49 77
⛳ Burbach, Lietzenhof, ℰ (06553) 20 07

X **Zum Simonbräu** mit Zim
Am Markt 7 ⊠ 54634 – ℰ (06561) 33 33 – www.simonbraeu.de
5 Zim – †69 € ††89 €   **Rest** – Karte 20/50 €
♦ Im Brauerei-Ausschank von "Bitburger" speist man bürgerlich-rustikal in der neuzeitlich-schlichten Gaststube oder international im gediegen-eleganten Restaurant.

In Rittersdorf Nord-West: 4 km, jenseits der B 51 – Höhe 285 m

XX **Herrmann's**
Bitburger Str. 30, (in der Burg Rittersdorf) ⊠ 54636 – ℰ (06561) 9 65 70 – www.burg-rittersdorf.de – geschl. Januar 3 Wochen und Montag - Dienstag
Rest – Menü 30 € (mittags)/58 € – Karte 35/55 €
♦ In gemütlich-rustikalen Räumen einer romantischen Wasserburg a. d. 13. Jh. bietet man internationale und regionale Speisen aus frischen Produkten. Hübsche Terrasse.

Am Stausee Bitburg Nord-West: 11 km über B 50, dann rechts ab Richtung Biersdorf am See

Dorint Seehotel & Resort
Seeuferstr. 1 ⊠ 54636 Biersdorf – ℰ (06569) 9 90 – www.dorint.com/bitburg
100 Zim – †70/145 € ††98/244 € – ½ P 26 €   **Rest** – Karte 27/59 €
♦ Das Sport- und Tagungshotel am Waldrand oberhalb des Stausees bietet funktionelle Zimmer sowie ein vielfältiges Freizeitangebot, u. a. Kletterpark, Squash, Bowling.

BLANKENBACH – Bayern – 546 – 1 570 Ew – Höhe 190 m — 48 G15
▶ Berlin 538 – München 356 – Aschaffenburg 15 – Frankfurt am Main 48

Behl
Krombacher Str. 2 ⊠ 63825 – ℰ (06024) 47 66 – www.behl.de
18 Zim – †69/79 € ††94/98 €
Rest – *(geschl. Montagmittag)* Menü 24/40 € – Karte 31/49 €
♦ Seit über 25 Jahren wird das Brennhaus Behl von der Familie geführt. Moderne, nach Früchten benannte Zimmer und ein gutes Frühstück zu fairen Preisen. Internationale Küche im ländlich-eleganten Restaurant. Eine Besonderheit sind die Brennabende in der Destille.

BLANKENBURG – Sachsen-Anhalt – 542 – 22 130 Ew – Höhe 200 m — 30 K10
▶ Berlin 222 – Magdeburg 71 – Göttingen 124 – Halle 88
🛈 Markt 3, ⊠ 38889, ℰ (03944) 28 98, www.blankenburg.de

Schlosshotel
Schnappelberg 5 ⊠ 38889 – ℰ (03944) 3 61 90 – www.schlosshotel-blankenburg.de
68 Zim – †70/85 € ††90/130 € **Rest** – Karte 25/34 €
♦ Das herrschaftlich anmutende Sandsteingebäude ist die ehemalige Schlosskaserne von 1871, an die sich der schöne öffentliche Schlosspark anschließt. Die Zimmer sind meist großzügig geschnitten. Saisonale Küche im Restaurant. Die Terrasse liegt zum Innenhof.

Viktoria Luise
Hasselfelder Str. 8 ⊠ 38889 – ℰ (03944) 9 11 70 – www.viktoria-luise.de
– geschl. 12. - 25. November
14 Zim – †60/90 € ††120/140 € – ½ P 21 €
Rest – *(geschl. Sonntag - Montag) (nur Abendessen)* Karte 23/30 €
♦ Wer etwas Individualität sucht, findet diese in der Jugendstilvilla von 1893 - in Zimmern wie Beatrix II., Christine Luise oder Schlossblick. Gastgeberin Andrea Heres sorgt für privat-familiäre Atmosphäre. Am Morgen erfüllt sie Ihnen Ihre Frühstückswünsche à la carte.

Gut Voigtländer
Am Thie 2 ⊠ 38889 – ℰ (03944) 3 66 10 – www.gut-voigtlaender.de
21 Zim – †68/80 € ††90/123 € **Rest** – Karte 21/37 €
♦ Der Gutshof von 1848 ist mit seinem Fachwerk-Charme, dem Innenhof mit Teich und dem Kosmetikangebot ein liebenswertes Feriendomizil. Geräumig sind die Komfortzimmer mit Balkon. Originell: In das rustikale Restaurant hat man einen 15 m tiefen alten Brunnen integriert.

BLANKENFELDE-MAHLOW – Brandenburg – 542 – 25 820 Ew — 23 P8
– Höhe 47 m
▶ Berlin 19 – Potsdam 30 – Frankfurt/Oder 86 – Dresden 178
🛈 Mahlow, Kiefernweg, ℰ (03379) 37 05 95

Im Ortsteil Dahlewitz Süd-Ost: 5 km
🛈 Groß Kienitz, An der Straße nach Dahlewitz, ℰ (033708) 53 70

Van der Valk Hotel Berliner Ring
Eschenweg 18 (Gewerbegebiet, nahe der A 10) ⊠ 15827
– ℰ (033708) 5 80 – www.vandervalk.com
265 Zim – †90/110 € ††130/150 € **Rest** – Karte 19/53 €
♦ Neuzeitliches Hotel mit großzügiger Atriumhalle und eleganten Zimmern - jedes verfügt über einen Balkon. Schönes Hallenbad. Kongresszentrum nebenan.

BLAUBACH – Rheinland-Pfalz – siehe Kusel

BLAUBEUREN – Baden-Württemberg – 545 – 11 910 Ew – Höhe 516 m   56 H19
▶ Berlin 633 – Stuttgart 81 – Reutlingen 57 – Ulm (Donau) 18

Ochsen
Marktstr. 4 ⊠ 89143 – ℰ (07344) 96 98 90 – www.ochsen-blaubeuren.de – geschl. 24. Dezember - 6. Januar
38 Zim – †63/85 € ††89/110 € – 1 Suite
Rest – *(geschl. Sonntag)* Karte 22/46 €

• Bis ins 15. Jh. reicht die Geschichte des Ochsen zurück. Das Haus mit der ansprechenden Fachwerkfassade verfügt über funktionell ausgestattete Zimmer mit gutem Platzangebot. Ländlich-gediegene Gaststuben mit bürgerlicher Küche und schönem Biergarten.

In Blaubeuren-Weiler West: 2 km über B 492

Forellen-Fischer
Aachtalstr. 6 ⊠ 89143 – ℰ (07344) 65 45 – www.forellenfischer.de – geschl. 2. - 22. Januar und Sonntagabend - Montag
Rest – Menü 43 € – Karte 30/51 €

• Gemütlich-rustikal, wie man sich ein Fachwerkhaus vorstellt. Im Sommer lockt die lauschige Terrasse, im Winter der offene Kamin! Seit über 40 Jahren sind Horst und Marga Rau hier im Haus und bieten regionale Küche mit Forellen aus der Aach.

BLAUFELDEN – Baden-Württemberg – 545 – 5 260 Ew – Höhe 460 m   49 I17
▶ Berlin 539 – Stuttgart 123 – Würzburg 71 – Nürnberg 122

Zum Hirschen mit Zim
Hauptstr. 15 ⊠ 74572 – ℰ (07953) 10 41 – www.hirschen-blaufelden.de – geschl. 1. - 7. Januar, August 3 Wochen und Sonntagabend - Donnerstag
12 Zim – †55/110 € ††78/120 € – 2 Suiten
Rest – *(Tischbestellung ratsam)* Menü 28/80 € – Karte 25/70 €

• Gegenüber der Kirche liegt der Gasthof a. d. J. 1520, der in einen ländlich-rustikalen und einen eleganteren Bereich unterteilt ist. Die Küche ist klassisch und regional. Ein Teil der Gästezimmer ist recht komfortabel, mit Bauhausstil-Elementen eingerichtet.

BLIESCHENDORF – Schleswig-Holstein – siehe Fehmarn (Insel)

BLIESKASTEL – Saarland – 543 – 22 100 Ew – Höhe 213 m   46 C17
– Kneippkurort
▶ Berlin 693 – Saarbrücken 30 – Neunkirchen/Saar 16 – Zweibrücken 12
🛈 Zweibrücker Str. 1, ⊠ 66440, ℰ (06842) 9 26 13 14, www.blieskastel.de

Hämmerle's Restaurant - Barrique
Bliestalstr. 110 a ⊠ 66440 – ℰ (06842) 5 21 42 – www.haemmerles-restaurant.com – geschl. über Fasching 1 Woche, Juli 1 Woche, nach Weihnachten 1 Woche und Sonntag - Montag
Rest – *(nur Abendessen)* Menü 49/68 €
Rest *Landgenuss* – siehe Restaurantauswahl
Spez. Bretonischer Steinbutt in Lakritz confiert mit Artischocke und Sud von Meeresfrüchten. Blieswiesen Lamm mit Aubergine, Salzzitrone und Raz el Hanout. Délices von Valrhona "Grand Cru" Schokolade mit Ananas und Rosa Ingwer.

• Was man in diesem angenehm komfortablen und geschmackvollen, modern-eleganten Restaurant wohl nicht erwarten würde, ist das wirklich ausgezeichnete Preis-Leistungs-Verhältnis! Gastgeber Cliff Hämmerle bietet zwei Menüs: "Barrique" und "à votre façon".

Landgenuss – Hämmerle's Restaurant
Bliestalstr. 110 a ⊠ 66440 – ℰ (06842) 5 21 42 – www.haemmerles-restaurant.com – geschl. über Fasching 1 Woche, Juli 1 Woche, nach Weihnachten 1 Woche, Samstagmittag und Sonntag, Montagabend, Samstagmittag
Rest – *(Tischbestellung ratsam)* Menü 30/37 € – Karte 28/49 €

• "Landgenuss" - das bedeutet mediterranes Landhausflair und einen Tick mehr Bodenständigkeit als im Barrique. So bieten die Hämmerles hier u. a. Klassiker wie Original Wiener Schnitzel oder Rückensteak vom Angusrind.

BLINDHEIM – Bayern – **546** – 1 690 Ew – Höhe 415 m   57 J19
▶ Berlin 554 – München 129 – Augsburg 59 – Ansbach 117

Breisachmühle garni
Nebelbachstr. 15 ✉ *89434 –* ✆ *(09074) 61 66 – www.breisachmuehle.de*
6 Zim – †32 € ††50 €
- In dem Klosterbauernhof a. d. 13. Jh. - ideal die Lage am Donauradweg! - schläft man in gemütlichen ländlichen Zimmern. Das Frühstück wird einem in der urigen Gaststube im Mühlentrakt serviert.

BLOMBERG – Nordrhein-Westfalen – **543** – 16 270 Ew – Höhe 185 m   28 G10
▶ Berlin 357 – Düsseldorf 208 – Hannover 75 – Detmold 21
🛈 Am Martiniturm 1, ✉ 32825, ✆ (05235) 50 44 44
⛳ Blomberg-Cappel, Huxoll 14, ✆ (05236) 4 59

Burghotel Blomberg
Burg 1 ✉ *32825 –* ✆ *(05235) 5 00 10 – www.burghotel-blomberg.de*
53 Zim ⚃ – †89/109 € ††110/149 € – ½ P 30 €   **Rest** – Karte 31/49 €
- Eine mittelalterliche Burganlage verleiht diesem Hotel seinen ansprechenden Rahmen. Neben wohnlichen und funktionellen Zimmern bietet man auch sehenswerte Themensuiten. Stilvoll ist das Ambiente im Kaminrestaurant - Bruchsteinmauern erzeugen eine urige Note.

BLUNK – Schleswig-Holstein – siehe Segeberg, Bad

BOCHOLT – Nordrhein-Westfalen – **543** – 73 280 Ew – Höhe 25 m   25 B10
▶ Berlin 575 – Düsseldorf 81 – Arnhem 57 – Enschede 58
🛈 Europaplatz 26, ✉ 46399, ✆ (02871) 50 44, www.bocholt.de

Residenz
Kaiser-Wilhelm-Str. 32 ✉ *46395 –* ✆ *(02871) 9 97 50 – www.hotelresidenz.de*
48 Zim – †76/110 € ††110/145 €, ⚃ 13 € – 4 Suiten
Rest – *(geschl. Sonntag)* Karte 36/59 €
- Ein stilvolles und komfortables Hotel, das ganz auf Businessgäste und Hochzeiten zugeschnitten ist. Sehr wohnliche, elegante Zimmer und besonders hochwertige Juniorsuiten. "Hochzeitsgarten". Restaurant mit klassischem Ambiente.

Am Erzengel
Münsterstr. 250 ✉ *46397 –* ✆ *(02871) 24 77 00 – www.am-erzengel.de*
60 Zim ⚃ – †85/115 € ††116/150 €
Rest – *(geschl. Ende Juli - Anfang August 3 Wochen und Montagmittag)* Menü 28 €
– Karte 28/71 €
- Das gewachsene Hotel verfügt über großzügige und wohnliche Zimmer, die auch dem Businessgast alles Notwendige bieten. Frühstück auch auf der Terrasse. Gediegenes Restaurant und netter Bistrobereich.

Maestral
Bahnhofstr. 24 ✉ *46395 –* ✆ *(02871) 21 83 60 – www.hotel-maestral.de*
21 Zim ⚃ – †60/70 € ††95/105 €   **Rest** – Karte 22/57 €
- Das gepflegte Haus befindet sich in relativ ruhiger Lage in Bahnhofsnähe und wird familiär geführt. Es beherbergt hell, zeitgemäß und funktionell eingerichtete Zimmer. Restaurant mit mediterranem Touch. Geboten wird internationale Küche mit Grillgerichten.

BOCHUM – Nordrhein-Westfalen – **543** – 376 320 Ew – Höhe 100 m   26 C11
▶ Berlin 518 – Düsseldorf 47 – Dortmund 21 – Essen 17
ADAC Ferdinandstr. 17
🛈 Huestr. 9 Z, ✉ 44787, ✆ (0234) 96 30 20, www.bochum-tourismus.de
⛳ Bochum-Stiepel, Im Mailand 127, ✆ (0234) 79 98 32
◉ Deutsches Bergbaumuseum★★ Y – Eisenbahnmuseum★ X

Stadtplan auf der nächsten Seite

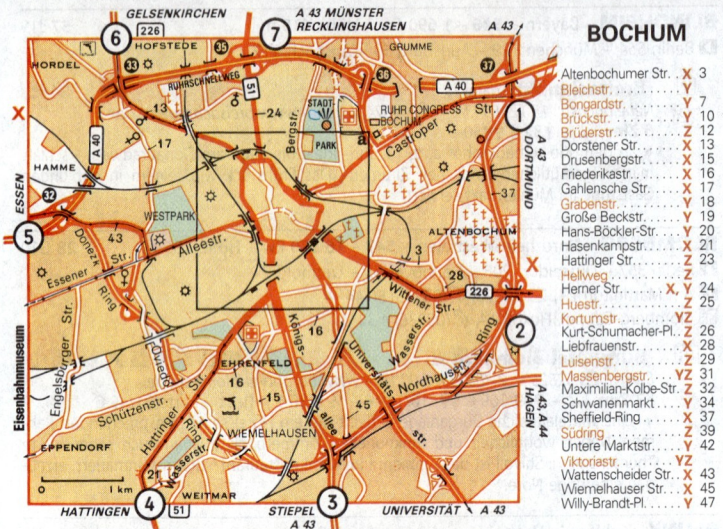

BOCHUM

Altenbochumer Str.	X	3
Bleichstr.	Y	
Bongardstr.	Y	7
Brückstr.	Y	10
Brüderstr.	Z	12
Dorstener Str.	X	13
Drusenbergstr.	X	15
Friederikastr.	X	16
Gahlensche Str.	X	17
Grabenstr.	Y	18
Große Beckstr.	Y	19
Hans-Böckler-Str.	Y	20
Hasenkampstr.	X	21
Hattinger Str.	Z	23
Hellweg	Y	
Herner Str.	X, Y	24
Huestr.	Y	25
Kortumstr.	YZ	
Kurt-Schumacher-Pl.	Y	26
Liebfrauenstr.	X	28
Luisenstr.	Z	29
Massenbergstr.	YZ	31
Maximilian-Kolbe-Str.	Y	32
Schwanenmarkt	Y	34
Sheffield-Ring	X	37
Südring	Z	39
Untere Marktstr.	Y	42
Viktoriastr.	YZ	
Wattenscheider Str.	X	43
Wiemelhauser Str.	X	45
Willy-Brandt-Pl.	Y	47

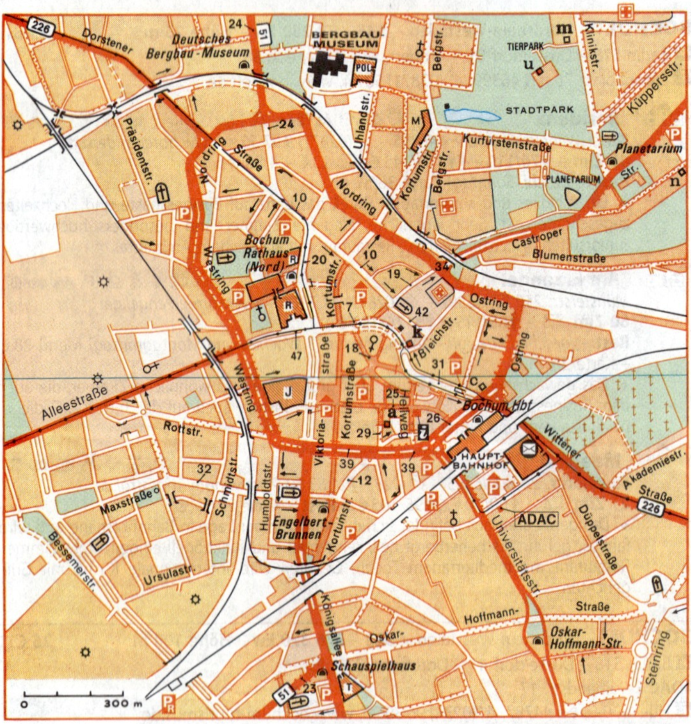

BOCHUM

Renaissance
Stadionring 18 ✉ 44791 – ℰ (0234) 6 10 10
– www.renaissancebochum.de   **Xa**
177 Zim – ♦123/173 € ♦♦123/173 €, ⌑ 17 € – 3 Suiten   **Rest** – Karte 28/70 €
♦ Ein modernes Businesshotel in verkehrsgünstiger Lage neben Stadion und Starlight-Express-Theater; es bietet direkten Zugang zum Kongresszentrum. Günstige Wochenendangebote. Zur Halle hin offen angelegtes Restaurant mit internationaler Küche.

Courtyard by Marriott
Klinikstr. 43 ✉ 44791 – ℰ (0234) 6 10 00
– www.courtyardbochum.de   **Ym**
106 Zim – ♦103/153 € ♦♦103/153 €, ⌑ 17 € – 2 Suiten
Rest – *(nur Abendessen)* Karte 31/48 €
♦ Schön liegt das auf Geschäftsleute ausgerichtete u-förmige Hotel beim Stadtpark. Die Gästezimmer sind neuzeitlich-gediegen und technisch gut ausgestattet. Internationales Angebot im hell gestalteten Restaurant.

Park Inn by Radisson
Massenbergstr. 19 ✉ 44787 – ℰ (0234) 96 90
– www.bochum.parkinn.de   **Zc**
160 Zim – ♦85/161 € ♦♦95/171 €, ⌑ 17 € – 2 Suiten
Rest – *(geschl. 24. Dezember - 1. Januar)* Karte 24/53 €
♦ Das Hochhaus-Hotel gegenüber dem Bahnhof ist ganz in sachlichem Design gehalten und spricht mit seiner funktionellen Art besonders Businessgäste an.

Excelsior
Max-Greve-Str. 32 ✉ 44791 – ℰ (0234) 9 55 50
– www.hotel-excelsior-bochum.de   **Yn**
32 Zim ⌑ – ♦66/74 € ♦♦86/96 €
Rest *Raffaello* – siehe Restaurantauswahl
♦ Die verkehrsgünstige Lage nicht weit vom Starlight-Express-Musicaltheater sowie funktionell eingerichtete Zimmer machen dieses Hotel aus.

Orangerie im Stadtpark
Klinikstr. 41 ✉ 44791 – ℰ (0234) 50 70 90
– www.stadtpark-gastronomie.de – geschl. Sonntagabend - Montag   **Yu**
Rest – Menü 48/78 € – Karte 33/57 €
♦ Bis ins Jahr 1877 reicht die Geschichte der Gastronomie im schönen Stadtpark zurück. Ambitionierte internationale Küche in modern-elegantem Ambiente. Tapas in der Bodega La Escalera.

Livingroom
Luisenstr. 9 ✉ 44787 – ℰ (0234) 9 53 56 85
– www.livingroom-bochum.de – geschl. Sonntag   **Za**
Rest – Menü 25 € (mittags)/55 € – Karte 35/60 €
♦ Ein Lifestyle-Restaurant in puristisch-modernem Stil, das freundlich-legeren Service und eine zeitgemäße saisonale Küche bietet. Bistro-Bar im vorderen Teil.

Raffaello – Hotel Excelsior
Max-Greve-Str. 32 ✉ 44791 – ℰ (0234) 9 50 42 47
– www.hotel-excelsior-bochum.de – geschl. 1. - 4. Januar und Sonntag
Rest – *(nur Abendessen)* Karte 34/55 €   **Yn**
♦ Bewusst ausgewählt: Hier harmoniert einfach alles - honigfarbener Parkettboden mit farblich abgestimmter Bestuhlung, schön dazu die weiße Tischwäsche. Auf den Tellern: Kompositionen aus Italien.

Mutter Wittig
Bongardstr. 35 ✉ 44787 – ℰ (0234) 1 21 41
– www.mutterwittig.de   **Yk**
Rest – Karte 15/45 €
♦ Das in der 4. Generation von der Familie geführte Restaurant ist eine Institution. Gemütlich-rustikal sind die drei Stuben im EG, elegant die beiden im OG. Bürgerliche Küche.

BOCHUM

In Bochum-Weitmar über Hattinger Straße X: 4 km

Zum Neuling
Neulingstr. 42 – 44795 – ℰ *(0234) 94 69 80* – www.zumneuling.de
16 Zim – †69/89 € ††89/115 €
Rest – *(geschl. Anfang Juli - Mitte August 2 Wochen und Mittwoch)* Karte 22/56 €
• Das freundlich geführte kleine Hotel befindet sich seit 1900 im Besitz der Familie Schmidt. Die Gästezimmer sind mit solidem Holzmobiliar gemütlich eingerichtet. Westfälisch ist das Angebot in den behaglich-rustikalen Gaststuben.

BODENHEIM – Rheinland-Pfalz – 543 – 7 120 Ew – Höhe 100 m   47 E15
▶ Berlin 592 – Mainz 19 – Neustadt an der Weinstraße 87 – Darmstadt 42

Landhotel Battenheimer Hof
Rheinstr. 2 – 55294 – ℰ *(06135) 70 90* – www.battenheimerhof.com – geschl. 20. Dezember - 10. Januar
22 Zim – †55/65 € ††76/92 €
Rest – *(geschl. Montag) (nur Abendessen)* Karte 24/40 €
• In dem schmucken Gutshof erwarten Sie in ländlichem Stil eingerichtete Zimmer und ein freundlicher kleiner Frühstücksraum. Hübsch sind die vier großen Maisonetten. Die rustikalen Kellerräume der Gutsschänke dienen als Restaurant.

BODENMAIS – Bayern – 546 – 3 330 Ew – Höhe 689 m – Wintersport: 59 P17
1 450 m ⛷1 ⛷1 ⛷, am Arber: ⛷1 ⛷6 ⛷ – Heilklimatischer Kurort
▶ Berlin 521 – München 178 – Passau 72 – Cham 51
🛈 Bahnhofstr. 56, 94249, ℰ (09924) 77 81 35, www.bodenmais.de
Großer Arber★★ (≤★★) Nord-Ost: 11 km und Sessellift – Großer Arbersee★ (≤★) Nord-Ost: 8 km

Riederin
Riederin 1 – 94249 – ℰ *(09924) 77 60* – www.riederin.de
75 Zim *(inkl. ½ P.)* – †81/100 € ††142/212 € – 4 Suiten   **Rest** – Karte 20/35 €
• Die Gäste schätzen hier die ruhige Lage mit Blick auf Bodenmais, ein gutes Sport- und Freizeitangebot sowie schöne, wohnliche Zimmer, individuell in Einrichtung und Zuschnitt. Der Restaurantbereich teilt sich in verschiedene behagliche Räume.

Neue Post
Kötztinger Str. 25 – 94249 – ℰ *(09924) 95 80* – www.hotel-neue-post.de – geschl. 15. November - 10. Dezember
63 Zim – †50/90 € ††100/150 € – ½ P 15 € – 3 Suiten   **Rest** – Karte 22/39 €
• Freundlich-familiär geleitetes Ferienhotel mit unterschiedlich geschnittenen Zimmern, die teils sehr großzügig und mit luxuriöser Note eingerichtet sind; dazu ein ansprechender Spabereich. Restaurant im regionstypischen Landhausstil.

Bayerwaldhotel Hofbräuhaus
Marktplatz 5 – 94245 – ℰ *(09924) 77 70*
– www.hotel-hofbraeuhaus.de – geschl. Mitte November - Mitte Dezember
65 Zim – †57/85 € ††104/140 € – ½ P 12 € – 2 Suiten   **Rest** – Karte 20/34 €
• Das bei der Kirche gelegene Hotel ist ein traditionsreiches Haus unter familiärer Leitung, das seinen Gästen ländlich-wohnliche Zimmer und einen großzügigen Wellnessbereich bietet. Restauranträume mit rustikalem Ambiente.

In Bodenmais-Böhmhof Süd-Ost: 1 km Richtung Zwiesel

Böhmhof
Böhmhof 1 – 94249 – ℰ *(09924) 9 43 00* – www.boehmhof.de
– geschl. 18. - 25. Dezember
35 Zim *(inkl. ½ P.)* – †71/88 € ††127/164 €   **Rest** – Karte 15/38 €
• Eine charmante Ferienadresse in schöner Waldrandlage. Die Atmosphäre in dem einstigen Gutshof ist sehr familiär, die Zimmer sind wohnlich. Gutes Freizeit- und Wellnessangebot. Restaurant im regionalen Stil.

BODENMAIS

In Bodenmais-Kothinghammer Süd-West: 2,5 km Richtung Deggendorf

Hammerhof
Kothinghammer 1 ⊠ 94249 – ℰ (09924) 95 70 – www.hammerhof.de – geschl.
4. November - 25. Dezember
40 Zim ☐ – †68/72 € ††118/132 € – ½ P 12 € – 18 Suiten
Rest – (geschl. 15. - 29. April) Karte 23/31 €
◆ Ein Familienbetrieb in Alleinlage mit großzügigem Rahmen und wohnlichen Zimmern im Landhausstil. Im Haus Sommerland befindet sich der hübsche und vielfältige Wellnessbereich. Geschmackvoll gestaltete Restaurantstuben.

In Bodenmais-Mooshof Nord-West: 1 km Richtung Drachselsried

Mooshof
Mooshof 7 ⊠ 94249 – ℰ (09924) 77 50
– www.hotel-mooshof.de – geschl. 28. November - 16. Dezember
82 Zim ☐ – †75/125 € ††150/240 € – ½ P 25 € – 24 Suiten
Rest – Menü 22 € (mittags)/48 € – Karte 23/50 €
◆ In dem gewachsenen Traditionshaus werden dem Gast wohnliche kleinere Zimmer, aber auch viele luxuriöse Suiten und Juniorsuiten geboten. Großer Hallenbereich und Spa auf 2400 qm. Gaststuben mit gediegen-rustikalem Charakter.

BODENWÖHR – Bayern – **546** – 4 030 Ew – Höhe 374 m **51** N17
▶ Berlin 466 – München 168 – Regensburg 55 – Cham 34

Brauerei-Hotel Jacob
Ludwigsheide 2 ⊠ 92439 – ℰ (09434) 9 41 00 – www.brauerei-jacob.de
22 Zim ☐ – †46/65 € ††67/85 € **Rest** – Karte 15/31 €
◆ In dem gut gepflegten familiengeführten Gasthof am Hammersee wohnt man in soliden, rustikal eingerichteten Zimmern, viele mit Balkon und Seeblick. Man hat ein eigenes Strandbad. Seit 1758 bietet man in der gemütlichen Gaststube selbst gebrautes Bier.

BODMAN-LUDWIGSHAFEN – Baden-Württemberg – **545** – 4 420 Ew **63** G21
– Höhe 408 m – Erholungsort
▶ Berlin 741 – Stuttgart 165 – Konstanz 31 – Bregenz 74
🛈 Hafenstr. 5, ⊠ 78351, ℰ (07773) 93 00 40, www.bodman-ludwigshafen.de

Im Ortsteil Ludwigshafen

Bodenseehotel Immengarten
Überlingerstr. 28 ⊠ 78351 – ℰ (07773) 93 74 20
– www.bodenseehotel-immengarten.de
28 Zim ☐ – †75/90 € ††110/140 € – ½ P 19 € – 1 Suite
Rest *Rosmarin* – ℰ (07773) 93 74 25 55 – Menü 30/90 € – Karte 25/61 €
◆ Das Hotel liegt ganz in der Nähe des Sees und überzeugt zudem mit geräumigen, freundlichen Zimmern, seeseitig mit Balkon. Auch Familienzimmer stehen zur Verfügung. Helles trendiges Restaurant mit zeitgemäßer Küche.

Krone
Hauptstr. 25 (B 31) ⊠ 78351 – ℰ (07773) 9 31 30 – www.bodenseehotelkrone.de
– geschl. 10. - 22. Januar
20 Zim ☐ – †45/60 € ††66/90 € – ½ P 16 €
Rest – (geschl. Mittwoch - Donnerstagmittag) Karte 17/28 €
◆ Seit 1871 betreibt die Familie den Gasthof in der Ortsmitte. Die Zimmer sind recht unterschiedlich und gut gepflegt, teils nach Themen gestaltet (z. B. indisch oder mediterran). Bürgerliches Angebot im Restaurant mit Terrasse zur Straße.

BÖBLINGEN – Baden-Württemberg – **545** – 46 200 Ew – Höhe 464 m **55** G18
▶ Berlin 647 – Stuttgart 21 – Karlsruhe 80 – Reutlingen 36

Stadtpläne siehe nächste Seiten

BÖBLINGEN

Achalmstr.	**BTU**	8
Dornierstr.	**AT**	20
Freiburger Allee	**BU**	24
Friedrich-Gerstlacher-Str.	**BT**	25
Hanns-Klemm-Str.	**ATU**	28
Kremser Str.	**AU**	34
Leibnizstr.	**BT**	38
Maurener Weg	**ABU**	48
Pontoiser Str.	**ABU**	53
Schickardstr.	**ATU**	58
Schönbuchstr.	**BU**	60
Schwabstr.	**BT**	62
Silberweg	**BT**	63
Sindelfinger Str.	**BT**	64

SINDELFINGEN

Arthur-Gruber-Str.	**BS**	9
Benzstr.	**AT**	13
Berliner Str.	**AS**	14
Böblinger Str.	**BT**	17
Dresdener Str.	**BT**	21
Eschenbrünnlestr.	**BST**	22
Fronäckerstr.	**AS**	26
Hohenzollernstr.	**BS**	31
Käsbrünnlestr.	**AT**	33
Leipziger Str.	**BT**	39
Mahdentalstr.	**BS**	43
Neckarstr.	**BS**	49
Obere Vorstadt.	**AS**	50
Rudolf-Diesel-Str.	**BT**	57
Talstr.	**AS**	68
Wilhelm-Haspel-Str.	**BS**	74

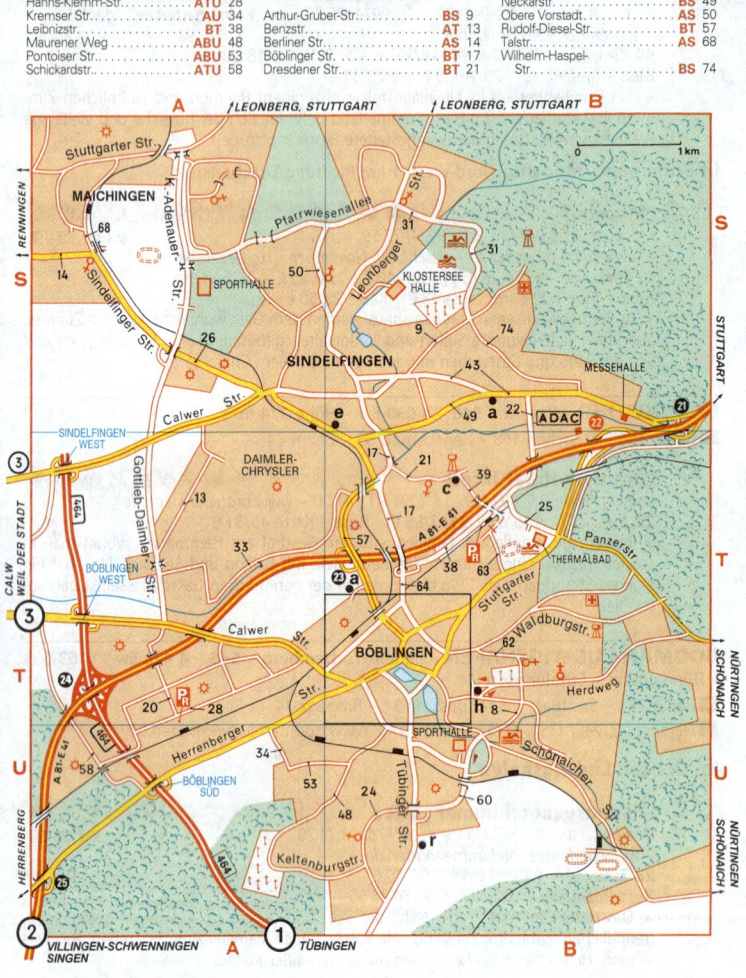

V8 Hotel garni
Graf-Zeppelin-Platz, (im Meilenwerk) ✉ 71034 – ☎ (07031) 3 06 98 80 – www.v8hotel.de
34 Zim – †125/140 € ††140/180 €, ⌑ 15 € – 1 Suite   BT**a**
♦ Das einstige Flughafengebäude beherbergt schöne geräumige Zimmer - im Bauhausstil oder originelle Themenzimmer, teils mit Blick in die Oldtimer-Halle. Frühstück im Café Reimann.

Zum Reussenstein
Kalkofenstr. 20 ✉ 71032 – ☎ (07031) 6 60 00 – www.reussenstein.com
45 Zim ⌑ – †90/110 € ††120/150 €   BT**h**
Rest *Zum Reussenstein* – siehe Restaurantauswahl
♦ Das von den Geschwistern Böckle geführte Haus verfügt über zeitgemäß und individuell gestaltete Zimmer. Das gute Frühstück bietet man auch im netten Wildkräutergarten.

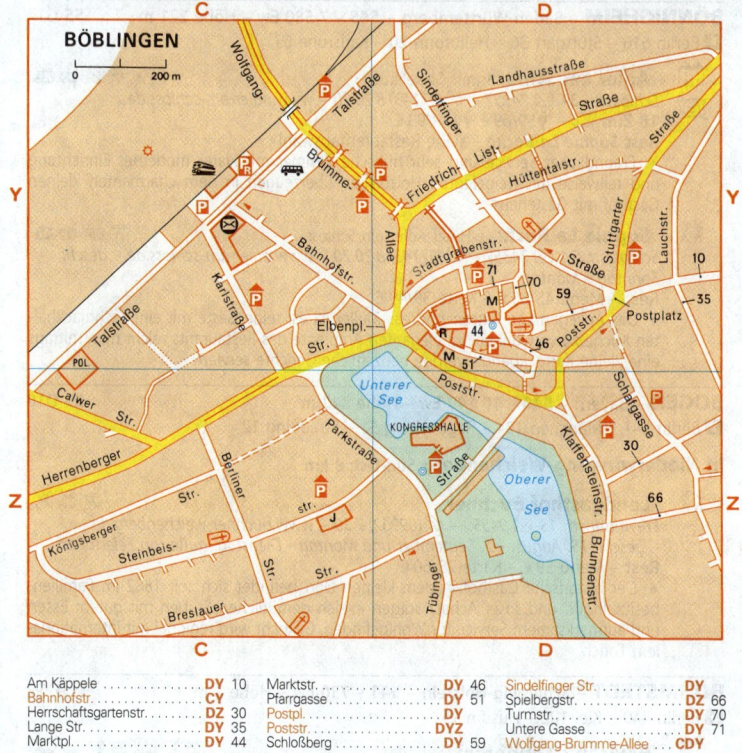

Am Käppele .... **DY** 10	Marktstr. .... **DY** 46	Sindelfinger Str. .... **DY**
Bahnhofstr. .... **CY**	Pfarrgasse .... **DY** 51	Spielbergstr. .... **DZ** 66
Herrschaftsgartenstr. ..... **DZ** 30	Postpl. .... **DY**	Turmstr. .... **DY** 70
Lange Str. .... **DY** 35	Poststr. .... **DYZ**	Untere Gasse .... **DY** 71
Marktpl. .... **DY** 44	Schloßberg .... **DY** 59	Wolfgang-Brumme-Allee ... **CDY**

🏠 **Rieth**

Tübinger Str. 157, (B 464) ⊠ 71032 – ℰ (07031) 72 30 – www.hotel-rieth.de – geschl. 20. Dezember - 4. Januar **BUr**

46 Zim ⊒ – †79/96 € ††98/128 € – 2 Suiten

Rest – *(geschl. Freitag - Sonntag und an Feiertagen)* Karte 21/45 €

♦ Eine zeitgemäße Geschäftsadresse in verkehrsgünstiger Lage am Stadtrand. Die Zimmer liegen ruhig auf der straßenabgewandten Seite. Auch ein netter Garten steht zur Verfügung. Bürgerliche Küche im Restaurant. Raucherlounge.

✂ **Zum Reussenstein** – Hotel Zum Reussenstein

Kalkofenstr. 20 ⊠ 71032 – ℰ (07031) 6 60 00 – www.reussenstein.com – geschl. Sonntagabend - Montagmittag **BTh**

Rest – Karte 16/38 €

♦ Liebhaber der schwäbischen Küche kommen in diesem Restaurant auf ihre Kosten. Schmackhafte Speisen aus Produkten der Region zu einem sehr guten Preis-Leistungs-Verhältnis.

In Schönaich Süd-Ost: 6 km über Schönaicher Straße **BU**

🏠 **Waldhotel Sulzbachtal** garni

im Sulzbachtal 2 (Nord-Ost: 2 km, Richtung Steinenbronn) ⊠ 71101 – ℰ (07031) 7 57 80 – www.sulzbachtal.com – geschl. 17. Dezember - 11. Januar

20 Zim ⊒ – †72/89 € ††96/125 €

♦ Idyllisch und ruhig liegt das tipptopp gepflegte Haus umgeben von Wald, Wiesen und Feldern. Am Morgen erwartet Sie ein hübscher Frühstücksraum. Restaurant in der Nachbarschaft.

BÖNNIGHEIM – Baden-Württemberg – 545 – 7 580 Ew – Höhe 221 m   55 G17
▶ Berlin 616 – Stuttgart 36 – Heilbronn 20 – Karlsruhe 65

Adler am Schloss (mit Gästehaus)
Schlossstr. 34 ⊠ 74357 – ℰ (07143) 8 20 20 – www.adler-am-schloss.de
18 Zim – †59/69 € ††79/93 €
Rest *Sophie La Roche* – siehe Restaurantauswahl
• Freundlicher Service und sehr hübsche Zimmer mit klarer moderner Einrichtung und teilweise mit freigelegten Holzbalken überzeugen in dem charmanten kleinen Gasthof mit Gästehaus.

Sophie La Roche – Hotel Adler am Schloss
Schlossstr. 34 ⊠ 74357 – ℰ (07143) 8 20 20 – www.adler-am-schloss.de – geschl. Sonntag - Montag
Rest – Menü 45/65 € – Karte 39/49 €
• Das Anliegen von Patron Andreas Müller ist es, seine Gäste mit einer schmackhaften Küche zu verwöhnen. Im eleganten Ambiente des Restaurants reicht man mittags eine kleine Karte, abends werden neuzeitliche Gerichte serviert.

BOGEN – Bayern – 546 – 10 140 Ew – Höhe 322 m   59 O18
▶ Berlin 541 – München 134 – Regensburg 51 – Straubing 12

In Niederwinkling-Welchenberg Süd-Ost: 8 km

Landgasthof Buchner
Freymannstr. 15 ⊠ 94559 – ℰ (09962) 7 30 – www.buchner-welchenberg.de
– geschl. 15. August - 2. September und Montag - Dienstag, außer an Feiertagen
Rest – Menü 59 € – Karte 28/60 €
• Der historische Gasthof in dem kleinen Dorf befindet sich seit 1882 im Familienbesitz. Ingrid und Josef Achatz sorgen in den gemütlichen Stuben mit gutem Essen und aufmerksamem Service für Wohlbefinden. Gekocht wird regional mit internationalem Touch.

BOHMSTEDT – Schleswig-Holstein – 541 – 730 Ew – Höhe 2 m   1 G2
▶ Berlin 449 – Kiel 102 – Husum 15

Paulsen's Landhotel
Norderende 8 ⊠ 25853 – ℰ (04671) 15 60 – www.paulsens-hotel.de – geschl. 10. Januar - 11. Februar
29 Zim – †58/62 € ††84/88 €   **Rest** – *(geschl. Dienstag)* Karte 17/38 €
• Im hübschen roten Anbau des Landhauses befinden sich schöne moderne Zimmer in frischen Tönen, die zu fairen Preisen angeboten werden. Freundlich gestalteter Frühstücksraum. Zum Restaurant gehört ein sehr netter Terrassenbereich.

BOKEL – Schleswig-Holstein – 541 – 650 Ew – Höhe 8 m   10 I4
▶ Berlin 343 – Kiel 73 – Hamburg 55 – Itzehoe 29

Bokel-Mühle am See
Neel-Greve-Str.2 ⊠ 25362 – ℰ (04127) 9 42 00 – www.bokelmuehle.de
24 Zim – †79/95 € ††92/110 €   **Rest** – Menü 20/30 € – Karte 29/50 €
• Die ehemalige Wassermühle ist seit 1880 familiengeführtes Hotel in herrlicher Seelage, mit Strandbad. Freundliche Zimmer und Frühstücksraum mit Mühlen-Flair. Bürgerliche Küche im Kaminzimmer mit Seeterrasse. Ideale Adresse für Feiern wie Hochzeiten.

BOLL, BAD – Baden-Württemberg – 545 – 5 200 Ew – Höhe 427 m   55 H19
▶ Berlin 613 – Stuttgart 52 – Göppingen 9 – Ulm (Donau) 49
🛈 Hauptstr. 94, ⊠ 73087, ℰ (07164) 8 08 28, www.bad-boll.de

Seminaris
Michael-Hörauf-Weg 2 ⊠ 73087 – ℰ (07164) 80 50 – www.seminaris.de/badboll
161 Zim – †106/118 € ††144/174 € – ½ P 21 €   **Rest** – Karte 25/46 €
• Ein zeitgemäßes und funktionelles Hotel, das sowohl auf Tagungen als auch auf Urlauber ausgelegt ist. Interessant sind die Maisonetten. Am Haus: Ballspielfeld und Hochseilgarten. Gemütlich-rustikale Stube und Tagungsrestaurant mit Buffet.

BOLL, BAD

Badhotel Stauferland
Gruibinger Str. 32 ✉ 73087 – ✆ (07164) 80 16 80 – www.badhotel-stauferland.de
36 Zim – †63/112 € ††104/131 €, ⌧ 7 € – ½ P 15 €
Rest – Menü 24/50 € – Karte 26/53 €
♦ Neuzeitlich präsentieren sich Lobby und Zimmer dieses vor allem auf Tagungsgäste zugeschnittenen Hotels. Gepflegter Freizeitbereich, Zimmer teils allergikerfreundlich. Eine Terrasse mit schöner Aussicht ergänzt das Restaurant mit eleganter Note.

Rosa Zeiten garni
Bahnhofsallee 7 ✉ 73087 – ✆ (07164) 20 22 – www.rosa-zeiten.de
9 Zim ⌧ – †55/58 € ††85 €
♦ Wo früher ein ländlicher Bahnhof Reisende empfing, bietet heute ein persönlich geleitetes kleines Haus zeitgemäße und wohnliche Gästezimmer.

BOLSTERLANG – Bayern – siehe Fischen im Allgäu

BOLTENHAGEN – Mecklenburg-Vorpommern – **542** – 2 540 Ew — 11 L4
– Höhe 5 m – Seebad
▶ Berlin 250 – Schwerin 47 – Lübeck 41 – Wismar 26
ℹ Ostseeallee 4, ✉ 23946, ✆ (038825) 36 00, www.boltenhagen.de

In Boltenhagen-Redewisch West: 2 km

Gutshaus Redewisch
Dorfstr. 46 ✉ 23946 – ✆ (038825) 37 60 – www.gutshaus-redewisch.de
– geschl. 4. Januar - 18. Februar
21 Zim ⌧ – †55/80 € ††85/150 € – ½ P 18 € – 1 Suite
Rest – (geschl. März und November - Dezember: Montag - Dienstag) Karte 18/26 €
♦ Das ehemalige Gutshaus liegt ruhig am Dorfende. Einige der Zimmer verfügen über einen Balkon, teilweise sind sie mit schönem altem Holzfußboden ausgestattet. Hübsches Restaurant in einem hohen Raum mit Parkett. Terrasse zum Garten mit Teich.

In Boltenhagen-Tarnewitz Süd-Ost: 2 km

Iberotel
Baltische Allee 1, (Hafen) ✉ 23946 – ✆ (038825) 38 40 – www.iberotel.de
191 Zim ⌧ – †86/150 € ††142/232 € – ½ P 30 € – 9 Suiten
Rest – Karte 32/47 €
♦ Die neuzeitliche Hotelanlage in ruhiger Lage am Hafen bietet helle moderne Zimmer mit Balkon/Terrasse und Spa auf 1000 qm. Auch ein Appartementdorf gehört zu dieser Ferienadresse. Internationale Küche im Restaurant.

BONN – Nordrhein-Westfalen – **543** – 319 850 Ew – Höhe 60 m — 36 C13
▶ Berlin 593 – Düsseldorf 73 – Aachen 91 – Köln 28
✈ Köln-Bonn in Wahn (über A 565 **AV**: 27 km), ✆ (02203) 40 40 01
ADAC Godesberger Allee 127 (Bad Godesberg)
ℹ Windeckstr. 1 **BZ**, ✉ 53111, ✆ (0228) 77 50 00, www.bonn.de
 St. Augustin, Gut Großbusch, Konrad-Adenauer Str. 100, ✆ (02241) 3 98 80
 Bornheim, Römerhofweg, ✆ (02222) 93 19 40
◉ **In Bonn:** Schwarz-Rheindorf-Kirche ★ **AV** – Haus der Geschichte der Bundesrepublik Deutschland ★ – Kunstmuseum Bonn ★ **M²** **AX** – Münster ★ **BCZ** – Rheinisches Landesmuseum ★ **M¹** **BZ** – Alter Zoll ≤ ★ **CZ**– **In Bonn-Bad Godesberg:** Godesburg ※★

Stadtpläne siehe nächste Seiten

Ameron Hotel Königshof
Adenauerallee 9 ✉ 53111 – ✆ (0228) 2 60 10 – www.hotel-koenigshof-bonn.de
129 Zim ⌧ – †99/225 € ††129/255 €   **CZa**
Rest *Oliveto* – siehe Restaurantauswahl
♦ Das Stadthotel in toller Lage am Rhein verfügt über moderne, technisch gut ausgestattete Zimmer, teilweise mit Flussblick. Ein besonderes Highlight ist die "Beethoven"-Suite.

BONN

An der Josefshöhe........ **AV** 5	Friedrich-Breuer-Str......... **AV** 13	Kaiser-Karl-Ring............ **AV** 19
Augustusring............ **AV** 6	Friedrich-Ebert-Allee........ **AX** 14	Meckenheimer Allee........ **AX** 25
	Hausdorffstr.............. **AX** 17	Poppelsdorfer Allee........ **AX** 32
	Heinrich-Böll-Ring......... **AX** 21	Provinzialstr............. **AX** 35
	Hermann-Wandersleb-Ring... **AX** 18	St. Augustiner Str.......... **AV** 42

Günnewig Hotel Bristol
Prinz-Albert-Str. 2 ✉ *53113* – ✆ *(0228) 2 69 80*
– www.guennewig.de
CZv
116 Zim – †124/159 € ††152/184 € – 2 Suiten
Rest *Majestic* – *(geschl. Samstag - Sonntag und an Feiertagen)* Karte 25/54 €
Rest *Kupferklause* – *(geschl. Sonntag und an Feiertagen) (nur Abendessen)*
Karte 20/39 €

♦ Schön ist die Lage dieses Hauses zwischen Poppelsdorfer Schloss und einstiger Kurfürstenresidenz. Es erwarten Sie ein eleganter Rahmen und Zimmer in klassischem Stil. Gediegenes Ambiente im Majestic. Im Untergeschoss: die rustikale Kupferklause.

Hilton
Berliner Freiheit 2 (Zufahrt über Doetschstraße) ✉ *53111* – ✆ *(0228) 7 26 90*
– www.hilton.de/bonn
CYm
252 Zim – †119/330 € ††139/380 €, ⊇ 22 € – ½ P 30 € – 8 Suiten
Rest – Karte 24/48 €

♦ Ein ganz auf Businessgäste ausgelegtes Hotel mit klassisch-gediegenen Zimmern (teils mit Rheinblick), einem gepflegten Freizeitbereich und modernen Tagungsräumen. Das Buffetrestaurant Seasons wird am Abend ergänzt durch das mediterrane L'Oliva.

BONN

Am Alten Friedhof	**BZ** 2
Am Hof	**CZ**
Am Neutor	**CZ** 3
Belderberg	**CY** 7
Bertha-von-Suttner-Pl.	**CY** 9
Bottlerpl.	**BZ** 10
Brüdergasse	**CY** 12
Budapester Str.	**BYZ** 14
Fritz-Schroeder-Ufer	**CY** 15
Gerhard-von-Are-Str.	**BZ** 16
Kasernenstr.	**BY** 20
Markt	**CZ** 23
Martinspl.	**CZ** 24
Mülheimer Pl.	**BZ** 27
Münsterpl.	**BZ** 28
Münsterstr.	**BZ** 29
Oxfordstr.	**BY** 31
Poppelsdorfer Allee	**BZ** 32
Poststr.	**BZ** 34
Rathausgasse	**CZ** 36
Remigiuspl.	**CZ** 38
Remigiusstr.	**CZ** 40
Sternstr.	**BCZ** 43
Sterntorbrücke	**BY** 45
Thomas-Mann-Str.	**BYZ** 46
Welschnonnenstr.	**CY** 48
Wenzelgasse	**CY** 49
Wilhelmstr.	**BY** 50

Galerie Design Hotel

Kölnstr. 360 ✉ 53117 – ☏ (0228) 1 84 80
– www.galerie-design-hotel.de
– geschl. 24. Dezember – 8. Januar

AVc

53 Zim – †101/121 € ††111/136 €, ⊠ 17 € – 1 Suite
Rest – *(geschl. Sonntag) (nur Abendessen)* Karte 35/58 €

♦ Modernes Design und Kunst bestimmen hier das Ambiente. Die Zimmer bieten eine sehr gute Technik, einige der Superior-Zimmer sind mit Whirlwanne ausgestattet. Internationale Küche im Restaurant Atelier mit schöner Sicht in den Garten.

Collegium Leoninum

Noeggerathstr. 34 ✉ 53111 – ☏ (0228) 6 29 80
– www.leoninum-bonn.de

BZc

80 Zim ⊠ – †132/152 € ††158/178 €
Rest – *(geschl. Sonntag)* Menü 26/40 € – Karte 27/50 €

♦ Das denkmalgeschützte Backsteingemäuer eines ehemaligen Priesterseminars beherbergt heute ein modernes Hotel. Als Tagungsbereich dient u. a. die Alte Kirche. Helles, neuzeitliches Bistro mit netter Terrasse zum kleinen Innenhof.

BONN

Consul garni
Oxfordstr. 12 ⌧ 53111 – ⌀ (0228) 7 29 20 – www.consul-bonn.de – geschl.
20. Dezember - 3. Januar
95 Zim – †120 € ††150 € – 1 Suite **BYt**
• Die Lage im Zentrum und die funktionelle Ausstattung machen dieses Hotel aus. Ein großer Teil der Zimmer ist klimatisiert. Gut ausgestatteter Tagungsraum und kleiner Barbereich.

Oliveto – Ameron Hotel Königshof
Adenauerallee 9 ⌧ 53111 – ⌀ (0228) 2 60 10 – www.hotel-koenigshof-bonn.de
Rest – Menü 43 € – Karte 39/50 € **CZa**
• In dem eleganten Restaurant mit mediterraner Note sitzt man besonders schön an einem der Fenstertische oder auf der Rheinterrasse. Schmackhaft und ambitioniert ist die italienische Küche mit klassischen Elementen.

Le Petit Poisson
Wilhelmstr. 23a ⌧ 53111 – ⌀ (0228) 63 38 83 – www.lepetitpoisson.de – geschl.
Sonntag - Montag **BYx**
Rest – (nur Abendessen) (Tischbestellung ratsam) Menü 45/65 € – Karte 60/73 €
• Herzlich betreut Frau Reinarz ihre Gäste in diesem Restaurant im charmanten französischen Bistrostil. Zur ambitionierten klassischen Küche reicht man eine gute Weinkarte, die so manche Rarität bereithält.

Auf dem Venusberg Süd-West: 4 km über Trierer Straße **AX** und Im Wingert

Dorint Hotel Venusberg
An der Casselsruhe 1 ⌧ 53127 Bonn – ⌀ (0228) 28 80
– www.dorint.com/bonn
85 Zim – †140/200 € ††140/200 €, ⌧ 20 € – 4 Suiten
Rest *Basilico* – Menü 40 € – Karte 36/51 €
• Das gediegen-elegant eingerichtete Hotel befindet sich in reizvoller Lage über der Stadt. Eine besonders schöne Sicht auf das Umland bieten die Deluxe-Zimmer. Internationales Angebot im Restaurant Basilico.

Venusberghotel garni
Haager Weg 83 ⌧ 53127 Bonn – ⌀ (0228) 91 02 30 – www.venusberghotel.de
– geschl. 23. Dezember - 3. Januar
23 Zim – †105/125 € ††135/155 €
• Ein individuelles kleines Hotel, das mit hochwertigem modern-elegantem Interieur in klaren Linien sowie persönlicher Gästebetreuung überzeugt. Eine Flasche Wasser steht täglich gratis für Sie im Zimmer.

In Bonn-Beuel

Schlosshotel Kommende Ramersdorf
Oberkasseler Str. 10, (Ramersdorf) (Süd-Ost: 5 km, über
Friedrich-Ebert-Allee **AX** und die A 562 Richtung Stildorf, bis zum Autobahnende,
dann links ab) ⌧ 53227 – ⌀ (0228) 44 07 34
– www.schlosshotel-kommende-ramersdorf.de – geschl. Ende Dezember - Anfang
Januar 2 Wochen
18 Zim ⌧ – †55/80 € ††85/105 €
Rest – (Montag - Samstag nur Abendessen) Karte 28/45 €
• Eine Einrichtung mit Stilmöbeln und Antiquitäten erwartet Sie in dem ehemaligen Ritterordensschloss - eine außergewöhnliche und wohnliche Adresse. Bankett- und Tagungsräume. Im Restaurant La Tourelle serviert man französische Küche.

In Bonn-Endenich

Altes Treppchen mit Zim
Endenicher Str. 308 ⌧ 53121 – ⌀ (0228) 62 50 04 – www.treppchen.de – geschl.
23. Dezember - 3. Januar, über Karneval, Samstagmittag und Sonntag **AXp**
9 Zim ⌧ – †71 € ††99 € **Rest** – Karte 33/52 €
• Freundlich kümmern sich die Brüder Dung in den gemütlich-rustikalen Stuben um ihre Gäste - der eine leitet den Service, der andere bereitet die vorwiegend regionalen Speisen zu.

In Bonn-Bad Godesberg

Maritim
Godesberger Allee (über Bonner Straße **Z**, *Zufahrt über Kurt-Georg-Kiesinger-Allee 1)*
✉ 53175 – ℰ (0228) 8 10 80 – www.maritim.de
410 Zim – ♦85/185 € ♦♦100/200 €, ⌑ 17 € – ½ P 26 € – 20 Suiten
Rest *Rôtisserie* – ℰ (0228) 8 10 88 65 – Menü 30 € (mittags)/34 € (abends)
Rest *La Marée* – ℰ (0228) 8 10 88 60 *(geschl. Samstag - Sonntag und an Feiertagen) (nur Abendessen)* Karte 40/47 €
♦ Im ehemaligen Regierungsviertel gelegenes Hotel mit großzügigem Rahmen. Gläserne Aufzüge bringen Sie in die klassisch-gediegenen Zimmer. Für Golfer: die Rooftop-Driving-Range.

Insel Hotel
Theaterplatz 5 (Zufahrt über Am Kurpark 3) ✉ 53177 – ℰ (0228) 3 50 00
– www.inselhotel.com   **Zv**
67 Zim ⌑ – ♦95/120 € ♦♦110/140 € – ½ P 25 € – 2 Suiten
Rest – *(geschl. Sonntagabend und an Feiertagen abends)* Karte 19/41 €
♦ Das Hotel im Zentrum verfügt über neuzeitliche Zimmer verschiedener Kategorien, teils mit Blick auf die Godesburg; einige neuere sind eleganter und besonders komfortabel. Modernes Restaurant mit Cocktailbar. Tagsüber hausgemachte Kuchen.

Villa Godesberg garni
Mirbachstr. 2a ✉ 53173 – ℰ (0228) 83 00 60 – www.villa-godesberg.de
14 Zim ⌑ – ♦110/135 € ♦♦140/170 € – 1 Suite   **Zd**
♦ Schön hat man die im Jahre 1905 erbaute Jugendstilvilla saniert und chic in modern-elegantem Stil eingerichtet. Eine persönliche und sehr individuelle Adresse in einer angenehmen Wohngegend.

BONN - BAD GODESBERG

Alte Bahnhofstr. . . . . **Z** 2	Brunnenallee . . . . **Z** 5	Moltkepl. . . . . **Z** 13
Am Kurpark . . . . **Z** 3	Friedrichallee . . . . **Z** 6	Moltkestr. . . . . **Z** 15
Am Michaelshof . . . . **Z** 4	Koblenzer Str. . . . . **Z**	Nikolaus-Becker-Str. . . . . **Z** 16
	Kurfürstenallee . . . . **Z** 7	Rheinstr. . . . . **Z** 21
	Löbestr. **Z** 9	Schwertberger Str. . . . . **Z** 22
	Marienforster Str. . . . . **Z** 10	Theaterpl. . . . . **Z** 23
	Marktpl. . . . . **Z** 12	Von-Groote-Pl. . . . . **Z** 24

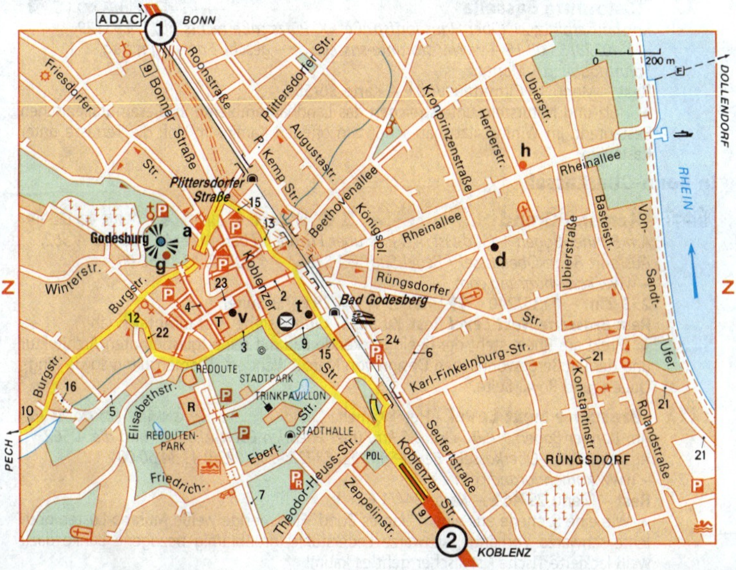

BONN

Kaiserhof garni
Moltkestr. 64 ⊠ 53173 – ℰ (0228) 95 70 50 – www.kaiserhof.bestwestern.de
50 Zim – †89/120 € ††111/134 €   Z**t**
- Gegenüber dem Bahnhof befindet sich das restaurierte denkmalgeschützte Gebäude aus der Jahrhundertwende. Reservieren Sie ein Zimmer mit Blick auf den Drachenfels.

Halbedel's Gasthaus
Rheinallee 47 ⊠ 53173 – ℰ (0228) 35 42 53 – www.halbedels-gasthaus.de – geschl. über Karneval 1 Woche, 10. Juli - 10. August und Montag   Z**h**
Rest – *(nur Abendessen)* (Tischbestellung ratsam) Menü 65 € (vegetarisch)/112 € – Karte 79/93 €
Spez. Hummer auf Blumenkohl-Cous Cous mit gebackener Korianderwurzel. Filet und Tatar vom Simmenthaler Ochsen, Pinienvinaigrette. Caramelltörtchen, Kirschen, Mandeleis.
- Blickt man hinter die Mauern der Gründerzeitvilla, spürt man trotz moderner Elemente die elegante Aura der Vergangenheit. Hier verwöhnt Sie Rainer-Maria Halbedel mit Finessen, die er klassisch zeitgemäß zubereitet und die teils von seinem eigenen Bauernhof stammen.

Godesburg
Auf dem Godesberg 5 ⊠ 53177 – ℰ (0228) 31 60 71 – www.godesburg-bonn.de – geschl. Montag   Z**g**
Rest – Karte 40/47 €
- Einen traumhaften Blick bietet das rundum verglaste Restaurant, das man an die alte Burg über der Stadt angebaut hat. Internationale Küche. Großer Rittersaal für Feierlichkeiten.

Zur Lindenwirtin Aennchen
Aennchenplatz 2 ⊠ 53173 – ℰ (0228) 31 20 51 – www.aennchen.de – geschl. 1. - 6. Januar und Sonntag   Z**a**
Rest – *(nur Abendessen)* Menü 40/45 € – Karte 34/49 €
- Wo einst Wirtin Aennchen Schumacher als "Studentenmutter" bekannt wurde, erlebt man charmant-nostalgisches Flair. Salon für Veranstaltungen im schönen Kellergewölbe.

In Bonn-Kessenich – Höhe 500 m

Ristorante Sassella
Karthäuserplatz 21 (über Hausdorffstraße AX, Pützstraße rechts ab) ⊠ 53129 – ℰ (0228) 53 08 15 – www.ristorante-sassella.de – geschl. Samstagmittag, Sonntagabend - Montag
Rest – Menü 14 € (mittags)/60 € – Karte 36/55 €
- Holz und Naturstein unterstreichen das Landhausambiente in diesem italienischen Restaurant. Im Winter sitzt man schön am offenen Kamin. Im Hof: die Terrasse unter Kastanien.

In Bonn-Oberkassel

Kameha Grand
Am Bonner Bogen 1 (Süd-Ost: 4,5 km, über Friedrich-Ebert-Allee AX und die A 562, Ausfahrt Bonn-Oberkassel / Beuel-Süd) ⊠ 53227 – ℰ (0228) 43 34 50 00 – www.kamehagrand.com
253 Zim – †135/240 € ††145/269 €, ⊑ 29 € – 3 Suiten
Rest *Brasserie Next Level* **Rest** *Yu Sushi Club* – siehe Restaurantauswahl
- Direkt am Rhein steht der beeindruckende Bau mit seiner glasbetonten Architektur und dem außergewöhnlichen Design von Marcel Wanders. Themensuiten sowie King-, Queen- und Royal Suite.

Brasserie Next Level – Hotel Kameha Grand
Am Bonner Bogen 1 (Süd-Ost: 4,5 km, über Friedrich-Ebert-Allee AX und die A 562, Ausfahrt Bonn-Oberkassel / Beuel-Süd) ⊠ 53227 – ℰ (0228) 43 34 50 00 – www.kamehagrand.com
Rest – Menü 29/46 € – Karte 34/71 €
- Wie eine Szenerie aus einem "James Bond"-Film: riesige weiße Murano-Lüster, opulente schwarze Vorhänge, schwarze Lederstühle, großblumig bezogene Bänke dazu weiß-lackierte Tische - stylischer geht es kaum!

BONN

✕✕ **Yu Sushi Club** – Hotel Kameha Grand
Am Bonner Bogen 1 (Süd-Ost: 4,5 km, über Friedrich-Ebert-Allee AX und die A 562, Ausfahrt Bonn-Oberkassel / Beuel-Süd) ⊠ 53227 – ℰ (0228) 43 34 50 00 – www.kamehagrand.com – geschl. Sonntag - Montag
Rest – *(nur Abendessen)* Menü 120/199 € – Karte 37/78 €
◆ "Hipp" und zugleich luxuriös-elegant präsentiert sich das tolle Penthouse-Restaurant mit fantastischem Rheinblick. Das kulinarische Angebot der beiden Sushi-Meister: kreative Interpretationen asiatischer Gerichte!

BONNDORF – Baden-Württemberg – **545** – 6 900 Ew – Höhe 845 m   **62** E21
– Luftkurort
▶ Berlin 773 – Stuttgart 151 – Freiburg im Breisgau 55 – Donaueschingen 25
🛈 Martinstr. 5, ⊠ 79848, ℰ (07703) 76 07, www.bonndorf.de

Möhringers Schwarzwaldhotel
Rothausstr. 7 ⊠ 79848 – ℰ (07703) 9 32 10
– www.schwarzwaldhotel.com
80 Zim ⊇ – †70/95 € ††130/180 € – ½ P 25 €   **Rest** – Karte 20/49 €
◆ Das familiengeführte Hotel in zentraler Lage besteht aus einem hübschen Haupthaus von 1904/05 sowie zwei angebundenen Nebenhäusern. Ansprechender Spa, besonders schöne Superior-Zimmer. Internationale und regionale Küche bietet man im Restaurant.

Sommerau ⅃
Im Steinatal (West: 9 km, Richtung Grafenhausen, nach Steinasäge rechts ab)
⊠ 79848 – ℰ (07703) 6 70 – www.sommerau.de – geschl. Mitte Februar - Anfang April 4 Wochen
13 Zim ⊇ – †80/90 € ††110/125 € – ½ P 30 €
Rest *Sommerau* – siehe Restaurantauswahl
◆ Romantisch und absolut ruhig liegt das nach ökologischen Aspekten erbaute Holzhaus in einem Seitental. Die Zimmer sind schlicht, aber gepflegt. Weder TV noch Handy stören die Schwarzwaldidylle.

✕ **Sommerau** – Hotel Sommerau
Im Steinatal (West: 9 km, Richtung Grafenhausen, nach Steinasäge rechts ab)
⊠ 79848 – ℰ (07703) 6 70 – www.sommerau.de – geschl. Mitte Februar - Anfang April 4 Wochen und Montag - Dienstag
Rest – Menü 32/51 € – Karte 31/51 €
◆ Tauchen Sie ein in dieses von der Natur verwöhnte Fleckchen: Es ist geradezu geschaffen für Erholung und Genuss. Die Küche legt Wert auf jahreszeitentypische Gerichte. Verlockend: Frischlingsnüssle mit Honig-Knoblauchsößle, Brotknöpfle und Wirsinggemüse.

BOPPARD – Rheinland-Pfalz – **543** – 15 890 Ew – Höhe 67 m   **46** D14
▶ Berlin 612 – Mainz 89 – Koblenz 21 – Bingen 42
🛈 Marktplatz, ⊠ 56154, ℰ (06742) 38 88, www.boppard-tourismus.de
🏌 Bopppard, Im Tal der Loreley, ℰ (06742) 80 84 91

Bellevue Rheinhotel
Rheinallee 41 ⊠ 56154 – ℰ (06742) 10 20 – www.bellevue-boppard.de
93 Zim – †70/110 € ††84/150 €, ⊇ 12 € – ½ P 26 € – 1 Suite
Rest *Le Chopin* **Rest** *Bristol* – siehe Restaurantauswahl
◆ Das Jugendstilhotel von 1887 ist eine schöne klassische Adresse mit langer Familientradition. Die Zimmer bieten teilweise Flussblick. Hübsch ist der alte Treppenaufgang im Haus.

Günther garni
Rheinallee 40 ⊠ 56154 – ℰ (06742) 8 90 90 – www.hotelguenther.de – geschl. Ende Dezember - Ende Februar
19 Zim ⊇ – †35/89 € ††59/118 €
◆ Schön liegt das freundlich geführte Hotel am Rhein - von den meisten Zimmern schaut man zum Fluss. In einem Nebengebäude befindet sich ein neuzeitlicher Fitnessraum.

BOPPARD

✕✕✕ Le Chopin – Hotel Bellevue
Rheinallee 41 ✉ *56154* – ✆ *(06742) 10 20* – *www.bellevue-boppard.de* – *geschl. Januar 2 Wochen, August 2 Wochen und Dienstag - Mittwoch*
Rest – *(nur Abendessen)* Menü 31/65 € – Karte 47/56 €
• Stilvoll-elegant präsentiert sich dieses Restaurant. Bei gehobener Tischkultur nimmt man klassische Speisen zu sich und genießt die Aussicht auf den Rhein.

✕✕ Bristol – Bellevue Rheinhotel
Rheinallee 41 ✉ *56154* – ✆ *(06742) 10 20* – *www.bellevue-boppard.de*
Rest – Karte 30/44 €
• Ein Plätzchen mit Geschichte: Das alte Grammofon und die Möbel könnten so manches aus ihrer Epoche, der Gründerzeit, erzählen. Diesem Stil wurden Vorhänge und Leuchter angepasst.

In Boppard-Weiler Süd: 6,5 km über Buchenau

Landgasthof Eiserner Ritter
Zur Peterskirche 10 ✉ *56154* – ✆ *(06742) 9 30 00* – *www.eiserner-ritter.de* – *geschl. 30. Januar - 8. März, 8. - 25. Oktober*
15 Zim ☐ – †37/56 € ††70/88 €
Rest – *(geschl. Mittwoch)* Menü 18/32 € – Karte 21/43 €
• Hier wohnt man in einem soliden und gepflegten Familienbetrieb. Die Gästezimmer sind teilweise mit Balkon ausgestattet, einige bieten auch eine gute Sicht ins Rheintal. Das Angebot im Restaurant ist bürgerlich-regional ausgerichtet.

In Boppard-Buchholz West: 6,5 km, jenseits der A 61 – Höhe 406 m

Tannenheim garni
Bahnhof Buchholz 3 (B 327) ✉ *56154* – ✆ *(06742) 22 81* – *www.hotel-tannenheim.de* – *geschl. Weihnachten - Neujahr*
9 Zim ☐ – †50/65 € ††80/100 €
• In dem seit 1908 als Familienbetrieb geführten Hotel stehen für Sie freundliche und wohnlich gestaltete Gästezimmer bereit. Wenn Sie eine Veranstaltung planen, können Sie sich im Haus auch bekochen lassen.

In Boppard-Bad Salzig Süd: 3 km über B 9, Richtung St. Goar – Mineralheilbad

Park Hotel
Römerstr. 38, (am Kurpark) ✉ *56154* – ✆ *(06742) 9 39 30* – *www.park-villa.de* – *geschl. 15. Dezember - 1. Februar*
18 Zim – †85/105 € ††130/160 € – ½ P 29 € – 3 Suiten
Rest – *(geschl. 15. Dezember - 1. März und Sonntag - Montag) (nur Abendessen)* Menü 32/50 € – Karte 31/44 €
• Schöne Holzbalkone zieren das 1907/1908 erbaute Hotel in ruhiger Lage. Die individuellen Themenzimmer sind teils recht klein, aber aufwändig eingerichtet und - wie alle Bereiche im Haus - mit Lüftlmalereien geschmückt. Helles Wintergartenrestaurant mit reizvoller Terrasse.

BORCHEN – Nordrhein-Westfalen – siehe Paderborn

BORKEN – Nordrhein-Westfalen – **543** – 41 220 Ew – Höhe 50 m   **26** C10

▶ Berlin 537 – Düsseldorf 83 – Bocholt 18 – Enschede 57

🅘 Bahnhofstr. 22, ✉ 46325, ✆ (02861) 93 92 52, www.borken.de

Lindenhof
Raesfelder Str. 2 ✉ *46325* – ✆ *(02861) 92 50* – *www.lindenhof-borken.de* – *geschl. 22. - 28. Dezember*
57 Zim ☐ – †64/74 € ††88/109 €
Rest – Karte 22/45 €
Rest *Kleine Linde* – *(Montag - Samstag nur Abendessen)* Karte 17/30 €
• Ein Businesshotel in zentraler Lage mit funktionellen, unterschiedlich geschnittenen und eingerichteten Zimmern sowie guten Tagungsmöglichkeiten. Angenehm hell und neuzeitlich: Wintergartenrestaurant mit internationaler Küche. Freundlich ist auch die Kleine Linde.

BORKEN

In Borken-Rhedebrügge West: 6 km über B 67 Richtung Bocholt

XX **Landhaus Grüneklee** mit Zim
Rhedebrügger Str. 16 ⊠ 46325 – ℰ (02872) 18 18 – www.landhaus-grueneklee.de
– geschl. Januar 1 Woche, Oktober 1 Woche und Dienstag
5 Zim – †43 € ††75 €
Rest – *(Montag - Samstag nur Abendessen)* Karte 22/44 €
♦ Familie Grüneklee führt das Haus bereits in der 6. Generation. Im Restaurant, in der Bauernstube oder auf der hübschen Gartenterrasse bietet man internationale und regionale Speisen.

BORKUM (INSEL) Niedersachsen – **541** – 5 190 Ew – Höhe 2 m – Größte **7** C5
Insel der Ostfriesischen Inselgruppe – Nordseeheilbad
▶ Berlin 523 – Hannover 253 – Emden 50
 von Emden-Außenhafen (ca. 2h 30min) - Katamaran (ca. 60 Min.) Voranmeldung erforderlich, ℰ (01805) 18 01 82
🛈 Am Georg-Schütte-Platz 5, ⊠ 26757, ℰ (04922) 93 30, www.borkum.de

 Strandhotel Hohenzollern
Jann-Berghaus-Str. 63 ⊠ 26757 – ℰ (04922) 9 23 30
– www.strandhotel-hohenzollern.com – geschl. 8. Januar - 8. Februar
22 Zim – †80/140 € ††110/170 € – ½ P 28 € – 12 Suiten
Rest *Palée* – Karte 20/43 €
♦ An der Promenade liegt das Haus von 1895 - die Fassade sowie Säulen im Inneren sind original. Zimmer mit neuzeitlicher Einrichtung und gutem Komfort, teils zur Seeseite. Das mediterran gestaltete Palée ist offen zur Lobby hin und bietet Meerblick.

 Strandhotel Ostfriesenhof
Jann-Berghaus Str. 23 ⊠ 26757 – ℰ (04922) 70 70 – www.ostfriesenhof.de
30 Zim – †85/145 € ††95/155 € – ½ P 26 € **Rest** – Karte 27/48 €
♦ Die Lage direkt an der Strandpromenade und hübsche, teilweise zum Meer hin gelegene Gästezimmer sprechen für dieses historische Haus. Restaurant mit klassischem Ambiente und großer Fensterfront zur See.

BORNHEIM – Rheinland-Pfalz – **543** – 1 320 Ew – Höhe 139 m **54** E17
▶ Berlin 676 – Mainz 105 – Neustadt an der Weinstraße 19 – Saarbrücken 111

Zur Weinlaube - Villa Toskana garni (mit Gästehaus)
Wiesenstr. 31 ⊠ 76879 – ℰ (06348) 15 84
– www.pension-zur-weinlaube.de
35 Zim – †58/78 € ††80/140 € – 1 Suite
♦ Familienbetrieb in ruhiger Lage. Wohnlich-mediterran sind die Zimmer in der Villa Toskana am Rand des kleinen Winzerdorfes, einfacher in der Weinlaube. Netter Garten.

BOSAU – Schleswig-Holstein – **541** – 3 450 Ew – Höhe 25 m – Luftkurort **10** J4
▶ Berlin 315 – Kiel 45 – Lübeck 37 – Eutin 16
🛈 Bischof-Vicelin-Damm 11, ⊠ 23715, ℰ (04527) 9 70 44, www.luftkurort-bosau.de
⛳ Thürk, Bergstr. 3, ℰ (04527) 18 42
⛳ Bösdorf, Gut Waldshagen, ℰ (04522) 76 67 66

 Strauers Hotel am See
Gerold Damm 2 ⊠ 23715 – ℰ (04527) 99 40 – www.strauer.de – geschl. Januar - Februar
42 Zim – †78/108 € ††118/150 € – ½ P 18 € – 7 Suiten
Rest – *(geschl. Montagabend)* Menü 22 € – Karte 28/66 €
♦ So richtig abschalten vom Alltag: gleich vor der Tür der Plöner See, zu dem man direkt von der Liegewiese über den eigenen Badesteg Zugang hat! Aber auch schöne Zimmer, wohltuende Massagen und ein gemütliches Essen auf der Seeterrasse sorgen für Erholung.

BOTTROP – Nordrhein-Westfalen – **543** – 117 250 Ew – Höhe 55 m 26 C11
▶ Berlin 530 – Düsseldorf 44 – Essen 11 – Oberhausen 8
ADAC Schützenstr. 3
🛈 Osterfelder Str. 13, ✉ 46236, ✆ (02041) 76 69 50, www.bottrop.de
⛳ Bottrop-Kirchhellen, Gahlener Str. 44, ✆ (02045) 8 24 88
◉ Movie Park Germany ★ Nord-West: 9 km

Rhein-Ruhr garni
Essener Str. 140 ✉ 46242 – ✆ (02041) 77 98 60 – www.hotel-rhein-ruhr.de – geschl. 24. - 27. Dezember
50 Zim – †69/169 € ††89/199 € – 2 Suiten
• Das Hotel im Südringcenter gegenüber dem Hauptbahnhof verfügt über freundlich und modern eingerichtete Zimmer. Für Gäste ist das Fitnesscenter nebenan kostenlos.

Brauhaus garni
Gladbecker Str. 78 ✉ 46236 – ✆ (02041) 77 44 60 – www.brauhaus-bottrop.de
23 Zim – †58/62 € ††69/82 €
• Funktional und gepflegt sind die Zimmer in diesem Haus - W-Lan bietet man kostenfrei. Nebenan befinden sich die namengebende kleine Brauerei und ein Sportcenter.

✕✕ Bahnhof Nord
Am Vorthbach 10 ✉ 46240 – ✆ (02041) 98 89 44 – www.bahnhofnord.de – geschl. Montag - Dienstag
Rest – *(nur Abendessen)* (Tischbestellung ratsam) Menü 30/59 € – Karte 22/66 €
• In einem sanierten historischen Bahnhofsgebäude ist dieses trendige Restaurant mit Wintergarten und Terrasse untergebracht. Man kocht mit leicht mediterranem Einfluss.

In Bottrop-Kirchhellen Nord-West: 9 km über B 223 Richtung Dorsten

Up de Schmudde
Dorfheide 48 ✉ 46244 – ✆ (02045) 9 55 20 – www.up-de-schmudde.de
9 Zim – †50 € ††75 € – ½ P 15 €   **Rest** – *(geschl. Montag)* Karte 16/40 €
• Das schon viele Jahre familiär geleitete Haus ist ein gepflegtes und solide ausgestattetes kleines Hotel in einer relativ ruhigen Seitenstraße. Bürgerliches Speisenangebot im rustikalen Restaurant.

BRACKENHEIM – Baden-Württemberg – **545** – 15 280 Ew – Höhe 192 m 55 G17
▶ Berlin 604 – Stuttgart 41 – Heilbronn 15 – Karlsruhe 58
🛈 Heilbronner Str. 36, ✉ 74336, ✆ (07135) 93 35 25, www.brackenheim.de

In Brackenheim-Botenheim Süd: 1,5 km

Adler
Hindenburgstr. 4 ✉ 74336 – ✆ (07135) 9 81 10 – www.adlerbotenheim.de – geschl. 3. - 24. August
15 Zim – †65/75 € ††95/105 € – ½ P 20 €
Rest *Adler* – siehe Restaurantauswahl
• Seit über 30 Jahren wird das Gasthaus im Ortskern von der Familie geleitet. Im Hotelbereich stehen helle und funktionale Zimmer zur Verfügung.

✕✕ Adler – Hotel Adler
Hindenburgstr. 4 ✉ 74336 – ✆ (07135) 9 81 10 – www.adlerbotenheim.de – geschl. 3. - 24. August und Dienstag
Rest – Menü 30/50 € – Karte 33/44 €
• Hier beglückt man Einkehrende in gemütlichen Stuben mit bürgerlich-regionalen Spezialitäten. Viele, viele Stammgäste halten dem Haus deshalb stets die Treue - das spricht für sich.

BRAKE – Niedersachsen – 541 – 15 740 Ew – Höhe 2 m   8 F6
▶ Berlin 463 – Hannover 196 – Oldenburg 35 – Bremen 59

Ambiente garni
Hinrich-Schnitger-Str. 6 ☒ 26919 – ℰ (04401) 79 80 20
– www.hotel-ambiente-brake.de
6 Zim ⏡ – ♦64 € ♦♦89 €
♦ In dem ehemaligen Kapitänshaus von 1912 kümmert sich die Inhaberfamilie herzlich um ihre Gäste. Die Zimmer sind klassisch-gediegen und mit norddeutschem Charme eingerichtet.

BRAMBACH, BAD – Sachsen – 544 – 2 090 Ew – Höhe 550 m   51 N14
▶ Berlin 362 – Dresden 188 – Chemnitz 107 – Cheb 20
🛈 Badstr. 47, ☒ 08648, ℰ (037438) 8 81 00, www.badbrambach.de

Ramada
Badstr. 45 ☒ 08648 – ℰ (037438) 21 00 – www.vogtland-resort.de
108 Zim – ♦79/89 € ♦♦99/109 €, ⏡ 10 € – ½ P 19 € – 8 Suiten
Rest – Karte 26/35 €
♦ Das Hotel ist aus einem ehemaligen Kurhotel von 1928 entstanden und befindet sich in ruhiger Lage. Man bietet zeitgemäße Zimmer und einen hauseigenen Park mit Liegewiese. Zum Restaurant gehört eine Terrasse mit Blick in den Kurpark.

BRAMSCHE – Niedersachsen – 541 – 31 040 Ew – Höhe 48 m   17 E8
▶ Berlin 440 – Hannover 167 – Bielefeld 81 – Lingen 56

Idingshof
Bührener Esch 1 (Ecke Malgartener Straße) ☒ 49565 – ℰ (05461) 88 90
– www.idingshof.de
73 Zim ⏡ – ♦69/89 € ♦♦89/109 €   **Rest** – Karte 16/47 €
♦ Auf dem ehemaligen Gutshof a. d. 15. Jh. können Sie sich u. a. beim Squash auspowern, im Garten entspannen oder Sie gehen ins Hase Bad gegenüber (Eintritt ist frei). In den Zimmern W-Lan gratis. Im Restaurant bietet man jeden 1. Sonntag im Monat Brunch.

In Bramsche-Hesepe Nord: 2,5 km

Surendorff
Dinglingsweg 1 (an der Kreisstraße nach Hesepe) ☒ 49565 – ℰ (05461) 9 30 20
– www.surendorff.de
33 Zim ⏡ – ♦72/79 € ♦♦93/110 €   **Rest** – Karte 23/56 €
♦ Wochenendgäste starten von hier zu einer Radtour oder besuchen das Tuchmacher Museum. W-Lan nutzt man kostenlos. Die neueren Zimmer im Haupthaus sind modern-elegant. Restaurant mit Kaminzimmer, Wintergarten und Terrasse.

BRANDENBURG an der HAVEL – Brandenburg – 542 – 72 270 Ew – Höhe 32 m   22 N8
▶ Berlin 84 – Cottbus 178 – Dessau 82 – Magdeburg 83
ADAC Ritterstr. 102
🛈 Neustädtischer Markt 3, ☒ 14776, ℰ (03381) 79 63 60, www.stadt-brandenburg.de
◉ Kloster Lehnin ★ (Süd-Ost: 20 km)

Havelfloß garni
Altstädtische Fischerstr. 2 ☒ 14770 – ℰ (03381) 26 90 22
– www.pension-havelfloss.de
9 Zim ⏡ – ♦60/80 € ♦♦80 €
♦ Direkt an der Havel gelegenes Haus mit hochwertig in modernem Stil eingerichteten Zimmern und lichtem Frühstücksraum, zu dem eine hübsche Terrasse am Fluss gehört. Besonderheit: Man vermietet einige Flöße an die Gäste.

Am Humboldthain
Plauer Str. 1 ☒ 14770 – ℰ (03381) 33 47 67 – www.am-humboldthain.de – geschl. Januar und Montag - Dienstag
Rest – (Mittwoch - Samstag nur Abendessen) Menü 29 € – Karte 25/44 €
♦ Hier hat man ein klassisches Stadthaus im Zentrum schön saniert und mit Geschmack in elegantem Stil eingerichtet. Das Restaurant bietet internationale Speisen an.

BRANDENBURG an der HAVEL

Inspektorenhaus
Altstädtischer Markt 9 ⌧ 14770 – ℰ (03381) 32 74 74 – www.inspektorenhaus.de
– geschl. Sonntagabend
Rest – Karte 30/42 €

• Das charmante Restaurant befindet sich im denkmalgeschützten Inspektorenhaus neben dem schönen Rathaus. Geboten wird eine schmackhafte saisonale Küche mit internationalen Einflüssen. Im Sommer hat man im Hofgarten eine hübsche Terrasse.

BRAND-ERBISDORF – Sachsen – 544 – 10 720 Ew – Höhe 460 m 43 P12
▶ Berlin 234 – Dresden 55 – Chemnitz 40 – Freiberg 6

Brander Hof
Am Markt 4 (B 101) ⌧ 09618 – ℰ (037322) 5 50 – www.hotel-brander-hof.de
37 Zim ⌑ – †50/55 € ††85/95 € **Rest** – Karte 13/28 €

• Der stattliche Gasthof ist ein sehr gepflegtes Hotel mit recht unterschiedlichen Zimmern vom kleinen "Kuschelzimmer" unterm Dach bis zur Juniorsuite. Restaurant mit gediegenem Ambiente. Für Veranstaltungen dient das schöne Gewölbe des Bergmannskellers.

BRANNENBURG – Bayern – 546 – 5 730 Ew – Höhe 509 m 66 N21
– Wintersport: 1 720 m ⚡2 ⚡ – Luftkurort
▶ Berlin 660 – München 72 – Bad Reichenhall 83 – Rosenheim 17
ℹ Rosenheimer Str. 5, ⌧ 83098, ℰ (08034) 45 15, www.brannenburg.de
◎ Wendelstein★★ (※★★) mit Zahnradbahn, 25 Min.

Schlosswirt
Kirchplatz 1 ⌧ 83098 – ℰ (08034) 7 07 10 – www.schlosswirt.de
17 Zim ⌑ – †48/58 € ††85/95 € – ½ P 14 €
Rest – *(geschl. Mittwoch)* Karte 19/37 €

• Mutter und Tochter bieten in dem seit 1447 existierenden Gasthaus teilweise kürzlich renovierte Zimmer - sie sind nach Künstlern benannt, für die das Haus im 19. Jh. als Treffpunkt diente. Besonders heimelig ist das Künstlerstüberl des Restaurants, lauschig der Biergarten unter Linden.

BRAUBACH – Rheinland-Pfalz – 543 – 3 050 Ew – Höhe 65 m 36 D14
▶ Berlin 600 – Mainz 87 – Koblenz 13
ℹ Rathausstr. 8, ⌧ 56338, ℰ (02627) 97 60 01, www.braubach.de
◎ Lage★★ der Marksburg★ Süd: 2 km

Zum weißen Schwanen (mit Gästehäusern)
Brunnenstr. 4 ⌧ 56338 – ℰ (02627) 98 20 – www.zum-weissen-schwanen.de
27 Zim ⌑ – †55/80 € ††75/130 € – ½ P 25 € – 4 Suiten
Rest – *(geschl. Januar- Februar, August 2 Wochen und Mittwoch) (Montag - Samstag nur Abendessen)* (Tischbestellung ratsam) Menü 36/49 € – Karte 38/54 €

• Eine charmante Adresse mit individuellen Zimmern in mehreren Gebäuden - darunter schöne zeitgemäß-wohnliche Appartements mit Küchenzeile. Besonderheit: Kunst von Karl Heidelbach. Sehr gemütlich ist das rustikale Restaurant, reizvoll die Terrasse im Innenhof.

BRAUNEBERG – Rheinland-Pfalz – 543 – 1 180 Ew – Höhe 120 m 45 C15
▶ Berlin 683 – Mainz 123 – Trier 47 – Bernkastel-Kues 10

Brauneberger Hof
Moselweinstr. 136 (B 53) ⌧ 54472 – ℰ (06534) 14 00 – www.brauneberger-hof.de
– geschl. 12. Januar - 12. Februar
16 Zim ⌑ – †65/95 € ††90/120 €
Rest – *(geschl. Donnerstag) (nur Abendessen)* Karte 25/49 €

• Der nette kleine Familienbetrieb bietet wohnlich-gediegene Zimmer (teils mit Balkon), die sich auf das alte Fachwerkhaus und den Anbau verteilen. Gemütlich sitzt man in den hübschen Restaurantstuben mit rustikaler Note. Spezialität sind hauseigene Rieslingweine.

BRAUNFELS – Hessen – 543 – 11 000 Ew – Höhe 236 m – Luftkurort 37 F13
▶ Berlin 518 – Wiesbaden 84 – Frankfurt am Main 77 – Gießen 28
🛈 Am Kurpark 11, ✉ 35619, ✆ (06442) 9 34 40, www.braunfels.de
▣ Braunfels, Homburger Hof, ✆ (06442) 45 30

Schloss-Hotel
Hubertusstr. 2 ✉ 35619 – ✆ (06442) 30 50
– www.schloss-hotel-braunfels.de – geschl. 20. Dezember - Anfang Januar (Hotel)
30 Zim ⌑ – †62/75 € ††88/140 €
Rest – (geschl. Mittwoch) Karte 21/45 €
♦ Mitten im historischen Kern des Städtchens befindet sich das schlossähnliche Traditionshaus mit schönem Garten. Fragen Sie nach den besonders attraktiven Turmzimmern.

Geranio
Am Kurpark 2 ✉ 35619 – ✆ (06442) 93 19 90
– www.ristorante-geranio.de – geschl. Mitte Juli - Mitte August und Dienstag
Rest – Menü 46/59 € – Karte 38/55 €
♦ Am Marktplatz unterhalb der Burg leiten die Geschwister Geranio das freundliche Restaurant in dem über 300 Jahre alten Fachwerkhaus. Küche und Weinkarte sind italienisch geprägt.

BRAUNLAGE – Niedersachsen – 541 – 4 790 Ew – Höhe 560 m 30 J10
– Wintersport: 950 m ⛷ 1 ⛸ 8 – Heilklimatischer Kurort
▶ Berlin 252 – Hannover 119 – Braunschweig 69 – Göttingen 67
🛈 Elbingeröder Str. 17, ✉ 38700, ✆ (05520) 9 30 70, www.braunlage.de
🛈 Kirchstr. 15 a, ✉ 38700, ✆ (05583) 2 41, www.hohegeiss.de

Residenz Hohenzollern

Dr.-Barner-Str. 11 ✉ 38700 – ✆ (05520) 9 32 10
– www.residenz-hohenzollern.de
25 Zim ⌑ – †95/150 € ††110/195 € – ½ P 32 € – 14 Suiten
Rest *Victoria-Luise* – siehe Restaurantauswahl
♦ Ein schönes und gut geführtes Hotel, das oberhalb des Ortes liegt. Die Zimmer sind wohnlich-elegant eingerichtet, die Suiten (mit Küchenzeile) bieten eine herrliche Aussicht. Restaurant mit mediterraner Note, dazu eine hübsche Terrasse.

relexa Hotel Harz-Wald

Karl-Röhrig-Str. 5a ✉ 38700 – ✆ (05520) 80 70
– www.relexa-hotels.de
120 Zim ⌑ – †69/105 € ††96/149 € – ½ P 20 € – 5 Suiten
Rest – Karte 17/32 €
♦ Auf Tagungen und Urlauber ist das angenehm ruhig gelegene Hotel mit funktionell ausgestatteten Gästezimmern zugeschnitten - alle Zimmer verfügen über einen Balkon. Restaurant mit großem Buffetbereich und internationalem Angebot.

Zur Tanne
Herzog-Wilhelm-Str. 8 ✉ 38700 – ✆ (05520) 9 31 20
– www.tanne-braunlage.de – geschl. November
21 Zim ⌑ – †52/99 € ††80/149 € – ½ P 22 € – 3 Suiten
Rest *Gourmetrestaurant* – siehe Restaurantauswahl
Rest *Bierstube* – (geschl. Montag außer an Feiertagen) (nur Mittagessen) Karte 24/35 €
♦ Der Familienbetrieb mitten im Zentrum ist ein erweitertes historisches Haus mit wohnlichen Zimmern, die im sogenannten Bachhaus besonders neuzeitlich sind. Rustikal ist das Ambiente in der Bierstube.

In den Ortsblöcken finden Sie geografische Angaben wie Bundesland, Michelin-Karte, Einwohnerzahl und Höhe des Ortes sowie Entfernungen zu größeren Städten. Zudem wird auf Informationsstellen, Messen, Golfplätze und Sehenswürdigkeiten hingewiesen.

BRAUNLAGE

Landhaus Foresta
Am Jermerstein 1 ⌧ *38700 –* ℰ *(05520) 9 32 20*
– www.landhaus-foresta.de
22 Zim ⌑ *–* ✦*35/65 €* ✦✦*65/86 € –* ½ P 14 € – 3 Suiten
Rest – *(geschl. Mittwoch) (nur Abendessen für Hausgäste)*
♦ In den Zimmern dieses im Harzer Stil gebauten Hauses mit Holzfassade verbreiten Naturholz und liebevolle Dekorationen rustikale Gemütlichkeit. Kaminhalle im Landhausstil.

Gourmetrestaurant – Hotel Zur Tanne
Herzog-Wilhelm-Str. 8 ⌧ *38700 –* ℰ *(05520) 9 31 20*
– www.tanne-braunlage.de – geschl. November und Montag, außer an Feiertagen
Rest – *(nur Abendessen)* (Tischbestellung ratsam) Menü 40/55 €
– Karte 44/73 €
♦ Das elegante Restaurant befindet sich im Stammhaus mit schöner Holzfassade. Die Küche ist zeitgemäß-international ausgelegt und wird auch in der Bierstube serviert. Gute Weinkarte.

Victoria-Luise – Hotel Residenz Hohenzollern
Dr.-Barner-Str. 11 ⌧ *38700 –* ℰ *(05520) 9 32 10*
– www.residenz-hohenzollern.de – geschl. Montag
Rest – *(Dienstag - Freitag nur Abendessen)* Menü 31/59 € – Karte 29/48 €
♦ Mediterrane Einflüsse bestimmen den Stil der Einrichtung. Als verbindende Elemente dienen immer Motive in Rot- und Gelbgoldtönen. Die Küche ist international.

In Braunlage-Hohegeiß Süd-Ost: 12 km über B 4 Richtung Nordhausen
– Höhe 642 m – Heilklimatischer Kurort

Vitalhotel Sonneneck
Hindenburgstr. 24 ⌧ *38700 –* ℰ *(05583) 9 48 00*
– www.vitalhotel-sonneneck.de
18 Zim ⌑ *–* ✦*49/59 €* ✦✦*78/144 € –* ½ P 15 € – 9 Suiten
Rest – *(geschl. Mittwoch) (nur Abendessen für Hausgäste)* Karte 18/40 €
♦ Das familiär geleitete Ferienhotel liegt schön am Ortsrand und bietet zeitgemäße Zimmer sowie ein Hallenbad mit Blick auf die Harzer Berge. Zudem hat man eine kleine Kosmetikabteilung.

Rust
Am Brande 5 ⌧ *38700 –* ℰ *(05583) 8 31*
– www.hotelrust.harz.de
22 Zim ⌑ *–* ✦*55/95 €* ✦✦*95/120 € –* ½ P 15 € – 2 Suiten
Rest – *(nur Abendessen für Hausgäste)*
♦ Das regionstypische Haus in ruhiger Lage ist ein solider Familienbetrieb mit gepflegten Zimmern - im Gästehaus stehen auch einige Appartements zur Verfügung. Bürgerliches Speiseangebot im Restaurant.

BRAUNSCHWEIG – Niedersachsen – 541 – 247 400 Ew – Höhe 74 m   30 J9
▶ Berlin 228 – Hannover 66 – Magdeburg 92
✈ Lilienthalplatz 5 (über Sommer Straße BX: 9 km), ℰ (0531) 35 44 00
ADAC Lange Str. 63
🛈 Vor der Burg 1, ⌧ 38100, ℰ (0531) 4 70 20 40, www.braunschweig.de
🏌 Braunschweig, Schwartzkopffstr. 10, ℰ (0531) 26 42 40

Stadtpläne siehe nächste Seiten

Mövenpick
Jöddenstr. 3 (Welfenhof) ⌧ *38100 –* ℰ *(0531) 4 81 70*
– www.moevenpick-braunschweig.com   BYz
148 Zim *–* ✦*135 €* ✦✦*135 €,* ⌑ 17 € – 1 Suite   **Rest** – Karte 17/40 €
♦ Ein Businesshotel in zentraler Lage mit großzügiger Lobby und hellen, zeitgemäßen Gästezimmern. Die Zimmer zum Innenhof liegen etwas ruhiger. Das neuzeitliche Restaurant bietet internationale Küche.

BRAUNSCHWEIG

🏨 Haus zur Hanse
Güldenstr. 7 ⊠ 38100 – ℰ (0531) 24 39 00
– www.oxsteakhouse.de AYs
16 Zim ⊆ – †95 € ††120 €
Rest OX – siehe Restaurantauswahl
• Das Hotel mit wohnlichem Ambiente befindet sich in einem sehenswerten historischen Fachwerkhaus a. d. 15. Jh., das zentral am Innenstadtring liegt. Geräumigere Zimmer im DG.

🏨 pentahotel
Auguststr. 6 ⊠ 38100 – ℰ (0531) 4 81 40 – www.pentahotels.com BYw
139 Zim – †79 € ††79 €, ⊆ 16 € **Rest** – Karte 23/57 €
• Trendig und ungezwungen präsentiert sich dieses Businesshotel. Die Gästezimmer sind modern designt und technisch gut ausgestattet, zum Hof hin recht ruhig. Im Restaurant werden Kleinigkeiten angeboten.

🏨 Wartburg garni
Rennelbergstr. 12 ⊠ 38114 – ℰ (0531) 590 1 70 – www.hotelwartburg.de
20 Zim ⊆ – †62/72 € ††82/92 € AXz
• Funktionell ausgestattete Gästezimmer und die gute Autobahnanbindung sprechen für das gepflegte Stadthaus, das bereits seit vielen Jahren als Familienbetrieb geführt wird.

✕✕ Das Alte Haus
Alte Knochenhauerstr.11 ⊠ 38100 – ℰ (0531) 6 18 01 00
– www.altehaus.de – geschl. 1. - 15. Januar, über Ostern 1 Woche, Juli - August 2 Wochen und Sonntag - Montag AYg
Rest – *(nur Abendessen)* Menü 32/52 € – Karte 30/56 €
• In dem alten Stadthaus mit sehr freundlicher moderner Atmosphäre bietet der Gastgeber Enrico Dunkel eine schmackhafte zeitgemäß und saisonal ausgerichtete Küche. Die große Fensterfront lässt sich zur schönen Terrasse hin öffnen.

✕✕ OX – Hotel Haus zur Hanse
Güldenstr. 7 ⊠ 38100 – ℰ (0531) 24 39 00
– www.oxsteakhouse.de AYs
Rest – Karte 29/113 €
• Ansprechendes, gut durchdachtes Ambiente! Die Farben Rot, Weiß und Schwarz geben den Ton an. Das Essen: typisch Steakhouse - saftiges Fleisch auf amerikanische Art.

✕ Zucker
Frankfurter Str. 2 , (im ARTmax) ⊠ 38122 – ℰ (0531) 28 19 80
– www.zucker-restaurant.de – geschl. Sonntag AZr
Rest – Menü 28/59 € – Karte 22/52 €
• Modern-legeres Restaurant mit Loft-Charakter in einer ehemaligen Zuckerfabrik. Das ambitionierte Speiseangebot ist saisonal-international, mittags reicht man eine einfachere Kost.

In Braunschweig-Mascherode über ④ Salzdahlumer Str. BZ Süd: 6km

✕ Da Piero
Salzdahlumerstr. 301 ⊠ 38127 – ℰ (0531) 4 35 98
– www.da-piero-bs.de – geschl. Ende Juli - August 3 Wochen, 24. Dezember
- 5. Januar und Montag
Rest – Menü 20 € (mittags)/35 € – Karte 25/60 €
• Das gemütliche Restaurant mit rustikalem Touch ist eine sympathische, ungezwungene Adresse mit typisch italienischer Küche und ebensolcher Weinkarte.

In Braunschweig-Riddagshausen über Kastanienallee BY:

🏨 Landhaus Seela
Messeweg 41 ⊠ 38104 – ℰ (0531) 37 00 10
– www.hotel-landhaus-seela.de
55 Zim ⊆ – †82/92 € ††102/110 € **Rest** – Menü 16/20 € – Karte 18/44 €
• In der Nähe eines kleinen Sees liegt dieses gut gepflegte Hotel, das Ihnen solide, mit Kirschholzmöbeln ausgestattete Gästezimmer bietet. Gediegenes Restaurant mit schöner Holztäfelung.

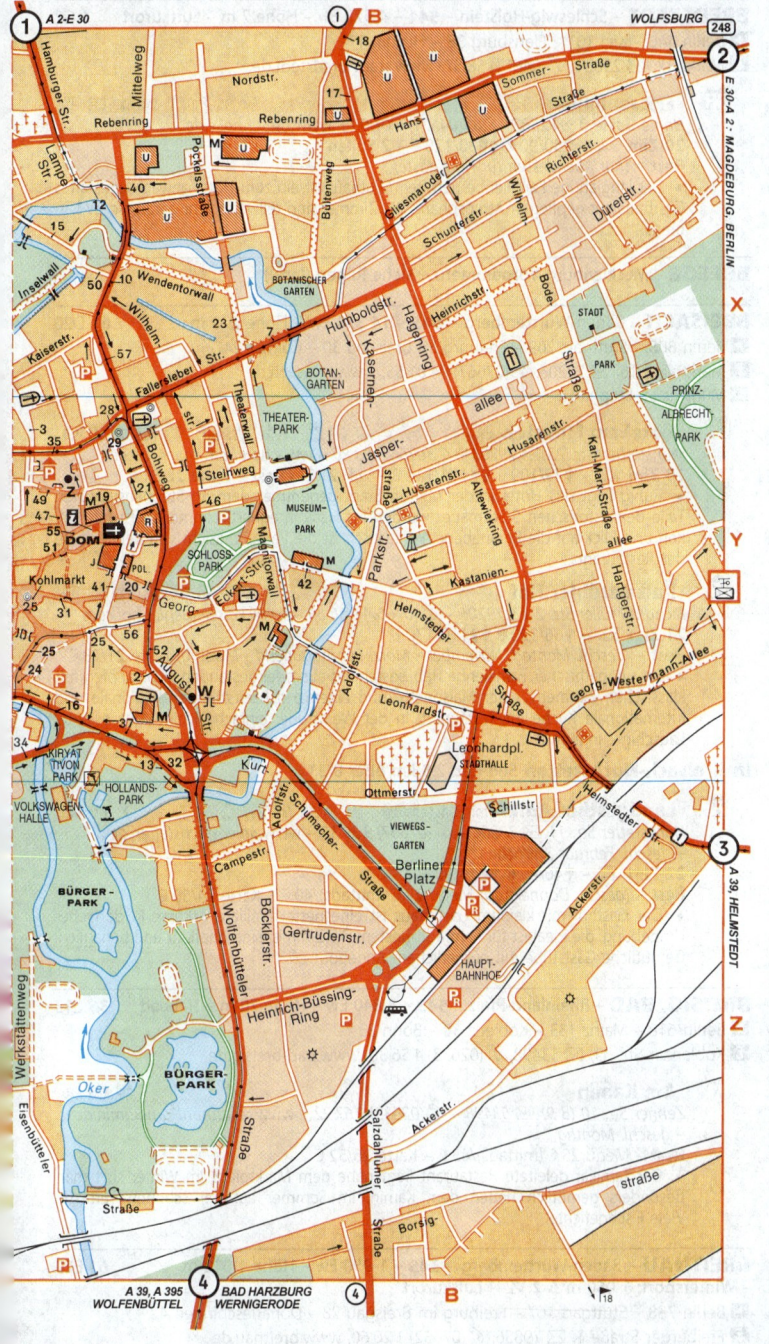

BREDSTEDT – Schleswig-Holstein – **541** – 4 970 Ew – Höhe 7 m – Luftkurort 1 G2
▶ Berlin 440 – Kiel 101 – Flensburg 38 – Husum 17
🛈 Markt 37, ✉ 25821, ✆ (04671) 58 57, www.stadt-bredstedt.de

Friesenhalle
Hohle Gasse 2 ✉ 25821 – ✆ (04671) 6 01 00 – www.friesenhalle.de
20 Zim – †50/90 € ††90/120 € – 2 Suiten
Rest – *(nur Abendessen für Hausgäste)*
◆ Der langjährige Familienbetrieb beim Rathaus ist ein zum Hotel gewachsenes altes Gasthaus mit gepflegter Atmosphäre. Die Zimmer sind teilweise sehr geräumig, W-Lan gratis.

BREEGE – Mecklenburg-Vorpommern – siehe Rügen (Insel)

BREISACH – Baden-Württemberg – **545** – 14 370 Ew – Höhe 225 m 61 D20
▶ Berlin 808 – Stuttgart 209 – Freiburg im Breisgau 30 – Colmar 24
🛈 Marktplatz 16, ✉ 79206, ✆ (07667) 94 01 55, www.breisach.de
◉ Münster St. Stephan ★

Hotel am Münster
Münsterbergstr. 23 ✉ 79206 – ✆ (07667) 83 80 – www.hotel-am-muenster.de
70 Zim – †79/109 € ††114/144 € – ½ P 21 € **Rest** – Karte 22/51 €
◆ Ruhig liegt das Hotel in der oberen Stadt gegenüber dem St. Stephansmünster. Teile der historischen Stadtmauer wurden ins Haus integriert. Zimmer meist mit Balkon und Blick auf die Rheinebene. Fantastisch ist die Panoramasicht von der Terrasse des Restaurants.

Kaiserstühler Hof
Richard-Müller-Str. 2 ✉ 79206 – ✆ (07667) 8 30 60 – www.kaiserstuehler-hof.com
21 Zim – †66/120 € ††110/170 €
Rest – *(geschl. Montag, November - März: Sonntagabend - Montag)* Karte 21/78 €
◆ Ein sympathischer Familienbetrieb bestehend aus zwei gestandenen Gasthöfen mit klassischen Zimmern, einer Maisonette und einem Hochzeitszimmer. Regionale und internationale Küche im Restaurant. In der Weinstube: einfache kleine Mittagskarte. Lauschiger Innenhof.

In Breisach-Hochstetten Süd-Ost, 2,5 km über B 31

Landgasthof Adler (mit Gästehaus)
Hochstetter Str. 11 ✉ 79206 – ✆ (07667) 9 39 30 – www.adler-hochstetten.de
– *geschl. Februar 3 Wochen*
22 Zim – †46/49 € ††74/90 €
Rest – *(geschl. Donnerstag)* Menü 22 € (mittags)/40 € – Karte 24/50 €
◆ Der Gasthof mit kleinem Gästehaus ist eine nette familiäre Adresse in dörflicher Umgebung, die ideal ist für Fahrradtouristen. Die Zimmer sind gepflegt und behaglich. Gemütliche Gaststube mit bürgerlichem Angebot.

BREISIG, BAD – Rheinland-Pfalz – **543** – 8 840 Ew – Höhe 70 m – Heilbad 36 C13
▶ Berlin 618 – Mainz 133 – Koblenz 30 – Bonn 33
🛈 Koblenzer Str. 39, ✉ 53498, ✆ (02633) 4 56 30, www.bad-breisig.de

Am Kamin
Zehner Str. 10 (B 9) ✉ 53498 – ✆ (02633) 9 67 22 – www.restaurant-am-kamin.de
– *geschl. Montag*
Rest – Menü 25 € (mittags)/45 € – Karte 26/52 €
◆ Das familiär geleitete Restaurant liegt nahe dem Marktplatz. Im Winter sitzt man besonders gemütlich neben dem Kamin, im Sommer auf der schönen Terrasse. Viele Fischgerichte.

BREITNAU – Baden-Württemberg – **545** – 1 950 Ew – Höhe 1 018 m 61 E20
– Wintersport: 1 050 m ⟨2 ⟨ – Luftkurort
▶ Berlin 788 – Stuttgart 167 – Freiburg im Breisgau 28 – Donaueschingen 42
🛈 Freiburger Straße 1, ✉ 79856, ✆ (07652) 1 20 60, www.breitnau.de

BREITNAU

Kaisers Tanne
Am Wirbstein 27 (B 500, Süd-Ost: 2 km) ✉ 79874 – ☏ (07652) 1 20 10
– www.kaisers-tanne.de
34 Zim – †75/90 € ††150/210 € – ½ P 10 € – 4 Suiten
Rest – *(ab 13 Uhr geöffnet)* Menü 29 € (mittags) – Karte 30/50 €
♦ Ein von Wiesen umgebener Gasthof im Schwarzwälder Stil. Einige Zimmer mit Ausblick auf Loipe, Skilift und Schanze. Besonders komfortabel wohnt man in der Deluxe-Kategorie. Kosmetik und Massage. Bauernstube und Kaminstube verbreiten Gemütlichkeit. Hübsche Terrasse.

Faller
Im Ödenbach 5 (B 500, Süd-Ost: 2 km) ✉ 79874 – ☏ (07652) 91 94 90
– www.hotel-faller.de – geschl. Ende November - Anfang Dezember
24 Zim – †48/80 € ††80/150 € – ½ P 16 € – 1 Suite
Rest – *(geschl. Mittwochabend, Donnerstagabend)* Menü 14/36 € – Karte 19/42 €
♦ Hier erwarten Sie eine reizvolle Landschaft, funktionelle Gästezimmer mit gutem Platzangebot und meist mit Balkon sowie eine nette Blockhaussauna im Garten. Behaglich-ländliche Atmosphäre und bürgerliche Karte im Restaurant.

BREITSCHEID – Hessen – siehe Herborn

BREMEN L – Bremen – **541** – 547 690 Ew – Höhe 3 m 18 G6
▶ Berlin 390 – Hamburg 120 – Hannover 123
✈ Bremen-Neustadt (Süd: 6 km) X, ☏ (0421) 5 59 50
ADAC Bennigsenstr. 2 X
ADAC Bremen-Vegesack, Weserstr. 81
🛈 Findorffstr. 105, ✉ 28215, ☏ (0421) 3 08 00 10, www.bremen-tourismus.de
🛈 Bahnhofplatz 15, ✉ 28195, ☏ (01805) 10 10 30
⛳ Bremen-Vahr, Bgm.-Spitta-Allee 34, ☏ (0421) 23 00 41
⛳ Garlstedt, Am Golfplatz 10, ☏ (04795) 95 33 16
⛳ Bremen-Oberneuland, Heinrich-Baden-Weg 25, ☏ (0421) 25 92 21
⛳ Bremen-Burg, Lesumbroker Landstr. 70, ☏ (0421) 9 49 34 44
◉ Focke-Museum★★ Y M³ – Marktplatz★ – Rathaus★ R – St. Petri Dom★
– Böttcherstraße★ E – Schnoorviertel★ – Kunsthalle★ Z

Stadtpläne siehe nächste Seiten

Park Hotel
Im Bürgerpark ✉ 28209 – ☏ (0421) 3 40 80 – www.park-hotel-bremen.de
175 Zim – †125/295 € ††175/345 €, ⛛ 25 € – 13 Suiten Vf
Rest *La Terrasse* ❃ **Rest** *Park Restaurant* – siehe Restaurantauswahl
♦ Das Luxushotel wurde im Stil eines fürstlichen Landsitzes im 200 ha großen Bürgerpark am Hollersee erbaut. Schön und wertig sind die sehr individuellen Zimmer und der Spabereich auf 1200 qm. Smoker's Lounge La Fumadora.

Maritim
Hollerallee 99 ✉ 28215 – ☏ (0421) 3 78 90 – www.maritim.de Vn
261 Zim – †99/205 € ††109/215 €, ⛛ 20 € – 5 Suiten
Rest *L'Echalote* – ☏ (0421) 3 78 96 27 *(geschl. Juli - August 6 Wochen und Sonntag - Montag) (nur Abendessen)* Karte 36/52 €
Rest *Brasserie* – ☏ (0421) 38 96 21 *(Dienstag - Samstag nur Mittagessen)*
Menü 25 € – Karte 30/42 €
♦ Eine komfortable Businessadresse. Das Hotel mit klassisch-gediegenen Zimmern liegt am Bürgerpark und ist an das Congress Centrum Bremen angeschlossen. Abends speist man im stilvollen L'Echalote mit Parkblick.

ÜberFluss garni
Langenstr. 72 ✉ 28195 – ☏ (0421) 32 28 60 – www.hotel-ueberfluss.de
51 Zim – †139/169 € ††184/199 € – 1 Suite Ya
♦ In der Innenstadt direkt an der Weser steht das schicke Designhotel mit seinen technisch modern ausgestatteten Zimmern, viele mit Flussblick. Suite mit Sauna und Whirlpool.

BREMEN

Am Stadtwald .... **V** 8	H.-H.-Meier-Allee .... **V** 35	Ritterhuder Heerstr. .... **V** 60
Beneckendorffallee .... **X** 15	Kirchbachstr. .... **V** 42	Schwachhauser
Bismarckstr. .... **X** 16	Konrad-Adenauer-Allee ...... **V** 45	Heerstr. .... **V** 68
Bremerhavener Str. .... **V** 18	Malerstr. .... **V** 46	Sebaldsbrücker Heerstr. ..... **X** 69
Buntentorsteinweg .... **X** 20	Marcusallee .... **V** 48	Stapelfeldtstr. .... **V** 72
Duckwitzstr. .... **X** 26	Oslebshauser Heerstr. .... **V** 50	Stresemannstr. .... **V** 74
Franz-Schütte-Allee .... **X** 28	Osterfeuerberger Ring .... **V** 53	Utbremer Str. .... **V** 76
Hastedter Osterdeich .... **X** 33	Richard-Boljahn-Allee .... **VX** 54	Waller Heerstr. .... **V** 82

Atlantic Grand Hotel
Bredenstr. 2 ✉ *28195* – ℘ *(0421) 62 06 20* – *www.atlantic-hotels.de*
Zc
138 Zim – ♦125/195 € ♦♦155/215 €, ⌧ 20 € – 8 Suiten
Rest *ALTO* – Menü 39 € (mittags) – Karte 27/78 €

♦ Modernes Businesshotel im Zentrum nahe dem Marktplatz. Klare Linien und warme Töne bestimmen das Interieur. Dachterrasse mit Blick auf Altstadt und Weser. Internationales und Grillspezialitäten im Restaurant ALTO mit Showküche. Wintergarten und Innenhofterrasse.

Hilton
Böttcherstr. 2 , (Eingang Wachtstraße) ✉ *28195* – ℘ *(0421) 3 69 60*
– *www.hilton.de/bremen*
Zx
235 Zim – ♦129/195 € ♦♦145/225 €, ⌧ 23 € – 2 Suiten **Rest** – Karte 32/54 €

♦ In dem Hotel mitten in der Altstadt erwarten Sie eine schöne bepflanzte Atriumhalle mit Bar sowie Zimmer mit guter Technik. Sehenswert: der historische Himmelsaal unter der Kuppel des Stammhauses. Restaurant mit mediterraner Note.

Atlantic Hotel Universum
Wiener Str. 4 ✉ *28359* – ℘ *(0421) 2 46 70* – *www.atlantic-hotels.de*
Vt
150 Zim ⌧ – ♦109/124 € ♦♦144/164 €
Rest *Campus* – ℘ *(0421) 2 46 75 33* – Karte 33/54 €

♦ Das Hotel hinter dem Universum Science Center Bremen, nahe dem Stadtwald, ist geprägt von klarem modernen Design. Man bietet beste Veranstaltungsmöglichkeiten. Restaurant Campus mit internationalem Angebot.

BREMEN

Am Brill	Y 2
Am Dom	Z 4
Am Landherrnamt	Z 7
Ansgaritorstr.	Y 9
Ansgaritorwallstr.	Y 10
Balgebrückstr.	Z 12
Böttcherstr.	Z
Dechanatstr.	Z 23
Domsheide	Z 24
Friedrich-Ebert-Str.	Z 29
Goethepl.	Z 32
Herdentorwallstr.	Y 36
Hermann-Böse-Str.	Y 37
Hutfilterstr.	Z 38
Katharinenstr.	YZ 40
Knochenhauerstr.	Z
Komturstr.	Z 43
Marktpl.	Z
Martinistr.	YZ
Obernstr.	YZ
Osterdeich	Z 52
Ostertorstr.	Z 55
Ostertorswallstr.	Z 56
Papenstr.	Y 57
Pelzerstr.	Y 58
Pieperstr.	Y 59
Sandstr.	Z 62
Schnoor	Z 63
Schüsselkorb	Y 64
Schüttingstr.	Z 67
Sögestr.	Z 71
Stavendamm	Z 73
Violenstr.	Z 78
Wachtstr.	Z 79
Wandschneiderstr.	Y 83
Wegesende	Y 85

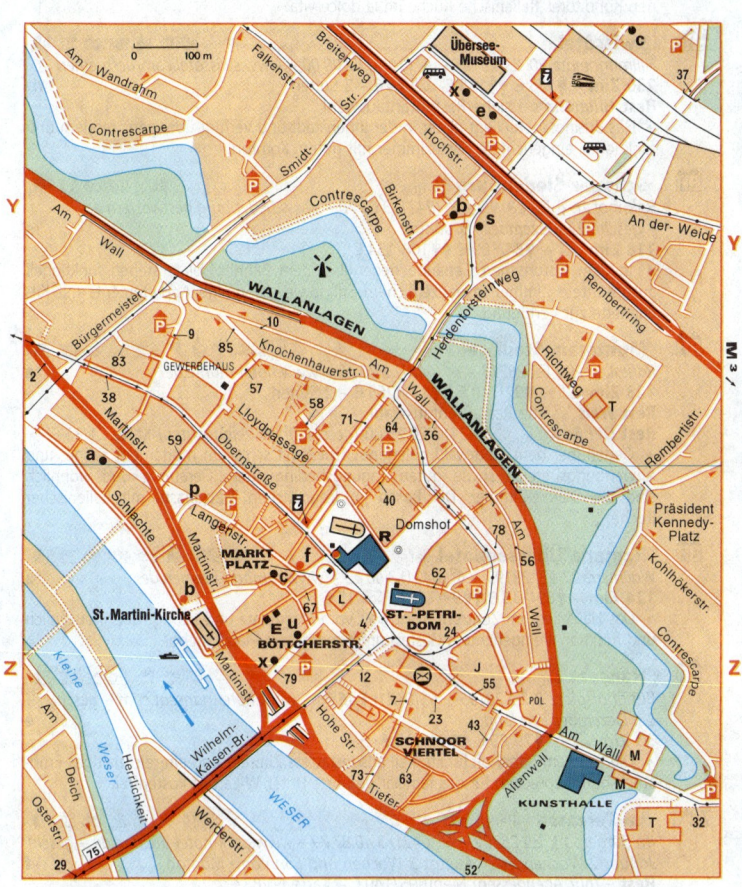

Courtyard by Marriott
Theodor-Heuss-Allee 2 ✉ 28215 – ✆ (0421) 69 64 00
– www.marriott.de/brecy
Yc
155 Zim – ♦85/95 € ♦♦85/95 €, ☐ 16 € – 3 Suiten
Rest *Lloyd* – Karte 21/42 €

♦ Die Geschichte in Kurz: Der historische Bau (1913) am Hauptbahnhof war für Auswanderer einst Ausgangspunkt zu den Schiffen der Lloyd-Reederei. Heute (modern erweitert) ist das Haus in Stil und Technik "up to date". Die Küche bietet Bremer Spezialitäten und Burger.

229

BREMEN

Zur Post
Bahnhofsplatz 11 ⊠ 28195 – ℰ (0421) 3 05 90 – www.zurpost.bestwestern.de
174 Zim – †84/126 € ††104/180 € Yx
Rest *la dolce vita* – ℰ (0421) 3 05 98 06 *(geschl. Samstagmittag, Sonntagmittag)* Karte 26/46 €

♦ Die zentrale Lage in Bahnhofsnähe, gediegene Zimmer und ein Freizeitbereich mit Fitnesscenter und Kosmetik machen das Stadthotel aus. Café mit Kuchen aus der eigenen Konditorei. Italienische Küche im la dolce vita.

Swissôtel
Hillmannplatz 20 ⊠ 28195 – ℰ (0421) 62 00 00 – www.swissotel.com/de/bremen
230 Zim – †155 € ††185 €, ⊇ 24 € – 2 Suiten Yb
Rest *Hillmann's* – siehe Restaurantauswahl

♦ Das Businesshotel liegt direkt in der Innenstadt und verfügt über ganz modern und funktionell eingerichtete Gästezimmer mit gutem Komfort.

Schaper-Siedenburg garni
Bahnhofstr. 8 ⊠ 28195 – ℰ (0421) 3 08 70 – www.siedenburg.bestwestern.de – geschl. 22. Dezember - 3. Januar Ys
118 Zim – †84/109 € ††108/134 €

♦ In dem historischen Gebäude gegenüber dem Bahnhofsplatz stehen funktionell ausgestattete Zimmer in neuzeitlichem Stil sowie geräumige Appartements mit Kitchenette zur Verfügung.

Munte am Stadtwald
Parkallee 299 ⊠ 28213 – ℰ (0421) 2 20 20 – www.hotel-munte.de Ve
128 Zim ⊇ – †97/240 € ††119/255 €, – 2 Suiten
Rest *Wels* – siehe Restaurantauswahl
Rest *Del Bosco* – ℰ (0421) 2 20 25 00 *(geschl. über Weihnachten)* Karte 21/35 €

♦ Gegenüber dem Stadtwald gelegenes Hotel mit schickem modernem Sauna- und Anwendungsbereich sowie guten Tagungsbedingungen. Geräumig und wohnlich sind die Deluxe-Zimmer. Del Bosco im freundlichen Trattoriastil mit italienischer Küche.

Ramada Überseehotel garni
Wachtstr. 27 ⊠ 28195 – ℰ (0421) 3 60 10 – www.ramada-bremen.de Zu
124 Zim – †89/135 € ††99/135 €, ⊇ 15 €

♦ Das Haus liegt im Zentrum nicht weit vom Marktplatz und verfügt über neuzeitlich und funktional eingerichtete Gästezimmer mit gutem Platzangebot.

Hanseat garni
Bahnhofsplatz 8 ⊠ 28195 – ℰ (0421) 1 46 88 – www.hotel-hanseat.com – geschl. 23. Dezember - 6. Januar Ye
33 Zim ⊇ – †79/89 € ††99/110 €

♦ Die Lage am Bahnhof, funktionell ausgestattete Zimmer und ein reichhaltiges Frühstücksbuffet sprechen für das familiär geführte Hotel. W-Lan ist kostenfrei.

XXXX La Terrasse – Park Hotel
✧
Im Bürgerpark ⊠ 28209 – ℰ (0421) 3 40 87 79 – www.park-hotel-bremen.de – geschl. Januar 2 Wochen, Juli - August 3 Wochen und Sonntag - Montag Vf
Rest – *(nur Abendessen)* Menü 95/140 € – Karte 66/88 € ❀
Spez. Gemüse – Gemüse – Gemüse. Gamba Carabinero mit Tomate und Ananas. Kotelett vom Hällischen Jungschwein mit angeräuchertem Kaisergranat.

♦ Der Name kommt nicht von ungefähr: Der Blick in den Park ist der einer Terrasse ebenbürtig! Hier genießt es sich vortrefflich, nämlich die international inspirierte Küche von Heiko Schulz und die passenden Weine (sehr gut die Auswahl aus Deutschland und Frankreich).

XXX Park Restaurant – Park Hotel
Im Bürgerpark ⊠ 28209 – ℰ (0421) 3 40 85 13 – www.park-hotel-bremen.de
Rest – Menü 48/76 € – Karte 45/83 € ❀ Vf

♦ Mondän, wie man sich ein Restaurant in einem Grandhotel mit Klasse vorstellt. Prachtvolle Kristallleuchter mit eleganten Seidenschirmchen, gestreifte Bestuhlung und üppige Stoffdekorationen an den Fenstern erfreuen den Betrachter.

BREMEN

XX Al Pappagallo
Außer der Schleifmühle 73 ✉ *28203 – ℰ (0421) 32 79 63 – www.al-pappagallo.de*
– geschl. Samstagabend, Sonntag **Xp**
Rest – Menü 15 € (mittags)/45 € – Karte 37/61 €

♦ Klassische italienische Küche und freundlichen Service bietet das moderne Restaurant mit lichtem Wintergarten. Im schönen begrünten Innenhof hat man eine Terrasse angelegt.

XX Hillmann's – Hotel Swissôtel
Hillmannplatz 20 ✉ *28195 – ℰ (0421) 62 00 01 29 – www.swissotel.com/de/bremen*
– geschl. Sonntag **Yb**
Rest – (Tischbestellung ratsam) Karte 31/54 €

♦ Nur der dunkelbraune Schiffsboden hebt sich gekonnt elegant von der ecru-farbenen Einrichtung (die absolut den Zeitgeist trifft) ab. Zusätzliche Wirkung hat die große Fensterfront mit Blick ins Grüne.

XX Meierei
Im Bürgerpark ✉ *28209 – ℰ (0421) 3 40 86 19 – www.meierei-bremen.de – geschl.*
Montag, Januar und Februar sowie November: Sonntagabend - Montag
Rest – Karte 34/53 € **Vc**

♦ Das Schweizer Chalet von 1881 beherbergt ein elegantes Restaurant mit gemütlichem Kaminzimmer und sehr schöner Terrasse mit Parkblick. Internationale Küche mit mediterranem Einfluss.

XX Jürgenshof
Pauliner Marsch 1, (Nähe Weserstadion) ✉ *28205 – ℰ (0421) 44 10 37*
– www.juergenshof.com **Xz**
Rest – (Tischbestellung ratsam) Menü 28 € (mittags)/53 € – Karte 42/58 €

♦ Hübsche gemütlich-gediegene Räume erwarten Sie in dem reetgedeckten ehemaligen Bauernhof. Die regional-internationale Küche serviert man auch auf der reizvollen Gartenterrasse.

XX Wels – Hotel Munte am Stadtwald
Parkallee 299 ✉ *28213 – ℰ (0421) 2 20 26 66 – www.hotel-munte.de – geschl. über*
Weihnachten und Sonntag **Ve**
Rest – (nur Abendessen) Menü 39/45 € – Karte 34/43 €

♦ Rund um das imposante Süßwasseraquarium (natürlich mit Welsen) servieren die Gastgeber internationale Gerichte, wobei Fisch- und Wildkreationen im Vordergrund stehen.

X Grashoff's Bistro
Contrescarpe 80, (neben der Hillmann-Passage) ✉ *28195 – ℰ (0421) 1 47 40*
– www.grashoff.de – geschl. Sonntag und an Feiertagen **Yn**
Rest – (Tischbestellung ratsam) Karte 42/69 €

♦ Das Restaurant ist eine sympathische Bistroadresse im französischen Stil, die geschickt in den gut sortierten Feinkostladen integriert wurde. Geboten wird eine gehobene klassische Küche.

X Presse Bar Cuisine
Langenstr. 31, (im Parkhaus am Pressehaus) ✉ *28195 – ℰ (0421) 3 36 28 22*
– www.presse-bremen.de – geschl. Sonntag und an Feiertagen **Zp**
Rest – Menü 15/30 € – Karte 24/50 €

♦ In zentraler Lage nur wenige Schritte vom Marktplatz finden Sie das auf zwei Etagen angelegte Restaurant mit Bistrocharakter, in dem man frische internationale Küche serviert.

X Topaz
Langenstr. 2, (Kontorhaus am Markt) ✉ *28195 – ℰ (0421) 7 76 25*
– www.topaz-bremen.de – geschl. Samstagabend, Sonntag und an Feiertagen
Rest – (Tischbestellung ratsam) Karte 25/50 € **Zf**

♦ In der einsehbaren Küche dieses freundlichen Bistros nahe Rathaus und Dom werden internationale Gerichte zubereitet. Kleineres Speiseangebot im dazugehörigen Laden Deli & Wein.

BREMEN

Das Kleine Lokal
Besselstr. 40 ⊠ 28203 – ℰ (0421) 7 94 90 84 – www.das-kleine-lokal.de – geschl. Juli - August 3 Wochen und Sonntag - Montag **Xb**
Rest – (nur Abendessen) Karte 47/54 €
• Gemütlich ist die Atmosphäre in dem kleinen Restaurant in einer Wohngegend. Der aufmerksame Service bringt frische kreativ-internationale Küche an den Tisch.

Bremer Ratskeller
Am Markt , (im alten Rathaus) ⊠ 28195 – ℰ (0421) 32 16 76 – www.ratskeller-bremen.de **ZR**
Rest – Karte 20/39 €
• Historisch-rustikales Flair verbreitet der traditionsreiche Ratskeller mit imposanter Gewölbedecke, antiken Schmuckfässern und gemütlichen Nischen. Große Auswahl an deutschen Weinen.

Osteria
Schlachte 1 ⊠ 28195 – ℰ (0421) 3 39 82 07 – www.osteria-bremen.de **Zb**
Rest – Menü 28/51 € – Karte 26/39 €
• Das mediterran inspirierte Restaurant liegt an der Weser gegenüber der St. Martini Kirche und bietet traditionelle italienische Speisen, die aus der offenen Küche kommen.

Esszellent
Sankt-Jürgen-Str. 88 ⊠ 28203 – ℰ (0421) 79 03 35 98 – www.esszellent.com – geschl. Montag **Xe**
Rest – Karte 28/40 €
• International und innovativ kann man bei Timo Richter essen. Die Produkte holt man täglich frisch, außerdem macht man so ziemlich alles selbst. Der Rahmen: ein schlicht-modernes Bistro, in dem Schwarz und Hellgrau den Ton angeben.

In Bremen-Gröpelingen

Innside Premium
Sternentor 6 ⊠ 28237 – ℰ (0421) 2 42 70 – www.innside.de **Vs**
162 Zim – †99 € ††124 € – ½ P 25 €
Rest – (geschl. Samstagmittag, Sonntagmittag) Karte 28/47 €
• Eine moderne Businessadresse ist das technisch gut ausgestattete Hotel auf einem ehemaligen Werftsgelände. Der Lobby- und Barbereich überrascht mit futuristischem Design. Helles Restaurant mit großer Fensterfront zur Weser.

In Bremen-Hemelingen 8 km über E 22 X Richtung Hamburg

Montana garni
Europaallee 1 (im Gewerbegebiet Hansalinie, nahe der BAB-Ausfahrt) ⊠ 28309 – ℰ (0421) 45 85 70 – www.montana-hotels.de
75 Zim – †56/66 € ††66 €, ⊇ 8 €
• Die direkte Autobahnanbindung und funktionelle Zimmer machen das an einem Autohof im Gewerbegebiet gelegene Hotel vor allem für Geschäftsreisende interessant.

In Bremen-Horn-Lehe

Landgut Horn
Leher Heerstr. 140 ⊠ 28357 – ℰ (0421) 2 58 90 – www.landgut-horn.de **Vu**
106 Zim ⊇ – †80/120 € ††100/150 € – ½ P 19 € – 2 Suiten
Rest – Menü 38/56 € – Karte 38/72 €
• Behaglich-gediegen sind die im Landhausstil gehaltenen Zimmer, nett ist die kleine Atriumhalle. Die Gäste schätzen zudem die verkehrsgünstige Lage etwas außerhalb. Restaurant mit elegantem Touch. Bistro-Bar.

Horner Eiche garni
Im Hollergrund 1 ⊠ 28357 – ℰ (0421) 2 78 20 – www.hotel-horner-eiche.de – geschl. 23. Dezember - 3. Januar **Va**
67 Zim ⊇ – †60/85 € ††70/95 €
• Eine funktionale Ausstattung bietet das überwiegend auf Businessgäste ausgelegte Hotel. Man offeriert rund um die Uhr einen Service für Getränke und Snacks.

BREMEN

In Bremen-Neue Vahr

Atlantic Hotel an der Galopprennbahn
Ludwig-Roselius-Allee 2 ⊠ 28329 – ℰ (0421) 33 30 00
– www.atlantic-hotels.de/galopprennbahn Xa
121 Zim – †99/134 € ††120/174 € – ½ P 26 € – 1 Suite **Rest** – Karte 23/52 €
♦ Modern-funktionelle Gästezimmer und eine gute Verkehrsanbindung sprechen für dieses Hotel. Einige Zimmer mit Blick auf die namengebende Galopprennbahn. Auch vom geradlinig gestalteten Restaurant hat man eine schöne Aussicht.

In Bremen-Vegesack 22 km über A 27 V Richtung Bremerhaven

Strandlust Vegesack
Rohrstr. 11 ⊠ 28757 – ℰ (0421) 6 60 90 – www.strandlust.de
55 Zim – †83/103 € ††117/143 € **Rest** – Menü 39 € – Karte 29/57 €
♦ Das Hotel mit maritimem Ambiente liegt an einem Fähranleger, umgeben von den hiesigen Werften. Die Zimmer bieten teilweise einen schönen Ausblick auf die Weser. Internationale Küche im angenehm hellen Restaurant. Biergarten und Terrasse zum Fluss.

BREMERHAVEN – Bremen – 541 – 114 040 Ew – Höhe 2 m   9 F5
▶ Berlin 410 – Bremen 58 – Cuxhaven 43 – Hamburg 134
ADAC Deichstr. 91d BY
🛈 Am Längengrad AZ, ⊠ 27568, ℰ (0471) 94 64 65 30, www.bremerhaven.de
🛈 H.-H.-Meier-Str. 6 - Hafeninsel AZ, ⊠ 27568, ℰ (0471) 94 64 61 20
◉ Deutsches Schifffahrtsmuseum★★ AZ

Stadtpläne siehe nächste Seiten

Atlantic Hotel Sail City
Am Strom 1 ⊠ 27568 – ℰ (0471) 30 99 00
– www.atlantic-hotels.de AZa
120 Zim – †111/140 € ††141/170 € – ½ P 32 € – 1 Suite
Rest *Strom* – Karte 33/54 €
♦ Ein Blickfang ist dieses modern designte Businesshotel mit seiner außergewöhnlichen Architektur in Segelform. Zimmer mit Blick auf die Außenweser. Ganz oben: Besucherplattform. Vom Restaurant schaut man zur Deichpromenade.

Haverkamp
Prager Str. 34 ⊠ 27568 – ℰ (0471) 4 83 30 – www.hotel-haverkamp.de BZd
85 Zim – †89/129 € ††119/198 € – ½ P 30 € **Rest** – Karte 31/59 €
♦ Ein komfortables Hotel in der Innenstadt, das mit modern und funktionell ausgestatteten Gästezimmern überzeugt. Die Bäder verfügen teilweise über eine Whirlwanne. Nettes Restaurant mit gediegenem Ambiente.

Comfort Hotel garni
Am Schaufenster 7 (über Georgstr. BZ) ⊠ 27572 – ℰ (0471) 9 32 00
– www.comfort-hotel-bremerhaven.de
120 Zim – †81/131 € ††96/146 €
♦ Ein besonders auf Geschäftsleute ausgelegtes Hotel mit modernen und freundlichen, technisch gut ausgestatteten Gästezimmern. Vom Frühstücksraum blicken Sie auf den Hafen.

XX Natusch Fischereihafen-Restaurant
Am Fischbahnhof 1 (über Georgstr. BZ) ⊠ 27572 – ℰ (0471) 7 10 21
– www.natusch.de – geschl. Montag, außer an Feiertagen
Rest – Menü 25 € (mittags)/45 € – Karte 37/65 €
♦ Gemütlich ist die rustikale Fischerstube mit Original-Schiffsaccessoires, gediegen das Restaurant Captain Morgan. Serviert werden ausschließlich Fischgerichte.

X Seute Deern
Hans Scharoun Platz, (Schifffahrtsmuseum) ⊠ 27568 – ℰ (0471) 41 62 64
– www.seutedeern.de AZr
Rest – Karte 13/34 €
♦ Ein einmaliges maritimes Ambiente bietet das Fischrestaurant im Rumpf der Dreimast-Bark von 1919. Der Speiseraum ist mit vielen historischen Schiffsmodellen dekoriert.

BREMERHAVEN

Street	Grid	No.
Am Alten Hafen	AZ	2
Am Klint	CZ	3
Am Strom	AZ	
Am Wischacker	CY	
An der Geeste	BZ	4
An der Mühle	CZ	5
Auf dem Reuterhamm	CY	6
Auf der Brigg	CYZ	
Barkhausenstr.	AY	
Berliner Pl.	BZ	
Bismarckstr.	BCZ	
Bogenstr.	AY	
Borriesstr.	BZ	
Bülowstr.	BZ	
Bürgmeister-Smidt-Str.	AYZ	
Buschkämpen	CY	
Bussestr.	ABZ	
Columbusstr.	ABZ	8
Deichstr.	BYZ	
Dresdener Str.	AY	
Elbestr.	BZ	
Elbinger Pl.	BZ	
Emslandstr.	AY	12
Eupener Str.	ABY	
Fährstr.	BZ	
Frenssenstr.	ABY	
Friedrich-Ebert-Str.	BCZ	
Frühlingstr.	CZ	
Geestheller Damm	BY	
Georgstr.	BZ	15
Gildemeisterstr.	AY	
Goethestr.	BY	
Grashoffstr.	BZ	
Grimsbystr.	CY	
Hafenstr.	BY	
Hartwigstr.	CZ	
Hermann-Heinrich-Meier-Str.	AZ	18
Hinrich-Schmalfeldt-Str.	BY	22
Johann-Wichels-Weg	CZ	26
Kaistr.	BZ	28
Kammerweg	CZ	
Karlsburg	BZ	29
Keilstr.	AYZ	32
Kistnerstr.	ABY	
Klußmannstr.	BZ	
Lloydstr.	AY	
Löningstr.	BZ	36
Lohmannstr.	AY	
Ludwigstr.	BZ	
Melchior-Schwoon-Str.	BY	43
Mittelstr.	BZ	
Mozartstr.	BCZ	38
Neuelandstr.	BY	
Obere Bürger	AZ	39
Pestalozzistr.	AY	
Prager Str.	BZ	40
Rampenstr.	ABY	
Rheinstr.	BCZ	
Rickmersstr.	ABY	
Rudloffstr.	AY	
Schifforfer Chaussee	CZ	42
Schifferstr.	AYZ	
Schillerstr.	BZ	
Schlachthofstr.	CY	
Schleusenstr.	AY	45
Stresemannstr.	BY	
Theodor-Heuss-Pl.	BZ	48
Van-Ronzelen-Str.	ABZ	50
Vierhöfen	CZ	52
Virchowstr.	CZ	
Walter-Delius-Str.	CZ	
Weißenburger Str.	CZ	56
Werftstr.	BY	
Wiener Str.	AY	
Wiesenstr.	CY	
Zur Hexenbrücke	CY	

235

BREMERHAVEN

In Bremerhaven-Lehe Nord: 4,5 km über Hafenstraße **BY** und Brookstraße

Atlantic Hotel am Floetenkiel garni
Nordstr. 80 ⊠ 27580 – ℰ (0471) 80 62 60 – www.atlantic-hotel-amfloetenkiel.de
84 Zim – †56/59 € ††73/78 €
• Das in modernem Stil gebaute Hotel verfügt über neuzeitlich-schlicht eingerichtete Zimmer und einen lichtdurchfluteten Frühstücksraum. Nachts checken Sie per Hotelomat ein.

BRETTEN – Baden-Württemberg – 545 – 28 440 Ew – Höhe 176 m   54 F17
▶ Berlin 634 – Stuttgart 54 – Karlsruhe 28 – Heilbronn 47
◉ Kloster Maulbronn★★, Süd-Ost: 11km

Krone
Marktplatz 2 ⊠ 75015 – ℰ (07252) 9 78 90 – www.krone-bretten.de
55 Zim – †71/78 € ††89/102 €, ⊇ 12 €
Rest *à la table de Guy Graessel* – siehe Restaurantauswahl
• Mitten in Bretten steht das im 15. Jh. erbaute Fachwerkhaus mit gepflegter Atmosphäre und zeitgemäßen, wohnlichen Zimmern, einige in kräftigen Farben. W-Lan kostenfrei.

Eulenspiegel
Marktplatz 8 ⊠ 75015 – ℰ (07252) 9 49 80 – www.hotel-eulenspiegel.de
8 Zim ⊇ – †65/90 € ††95/110 €   **Rest** – ℰ (07252) 94 98 20 – Karte 10/14 €
• Ein kleines Hotel am Marktplatz, dessen Zimmer liebenswert und wohnlich mit Antiquitäten eingerichtet sind. Ganz in der Nähe befindet sich ein großer öffentlicher Parkplatz. Das Restaurant ist ein Bistro mit hübscher Galerie. Zudem hat man ein Straßencafé.

à la table de Guy Graessel – Hotel Krone
Marktplatz 2 ⊠ 75015 – ℰ (07252) 71 38 – www.krone-bretten.de – geschl. Februar - März 2 Wochen, Juli - August 3 Wochen und Donnerstag
Rest – Menü 54/60 € – Karte 28/50 €
• Zeitgemäßes Ambiente in traditionell-rustikalem Rahmen. Der freundliche Service wird von der Chefin geleitet, der Patron kocht schmackhafte saisonale Gerichte.

BRETZENHEIM – Rheinland-Pfalz – 543 – 2 440 Ew – Höhe 105 m   47 E15
▶ Berlin 606 – Mainz 38 – Bad Kreuznach 6 – Koblenz 75

Grüner Baum
Kreuznacher Str. 33 ⊠ 55559 – ℰ (0671) 83 63 40
– www.gruener-baum-bretzenheim.de – geschl. 18. März - 4. April
31 Zim ⊇ – †43/60 € ††78/88 €
Rest – *(geschl. Freitag, Sonntag) (nur Abendessen)* Karte 17/33 €
• Bereits seit 1779 existiert das hübsche Fachwerkhaus in dem historischen Weinörtchen an der Nahe. Eine familiär geführte Adresse mit soliden Gästezimmern. Restaurant in rustikalem Stil und netter Weingarten im Innenhof.

BRETZFELD – Baden-Württemberg – 545 – 12 110 Ew – Höhe 210 m   55 H17
▶ Berlin 575 – Stuttgart 61 – Heilbronn 20 – Nürnberg 145

In Bretzfeld-Bitzfeld Nord: 2 km

Zur Rose (mit Gästehaus)
Weißlensburger Str. 12 ⊠ 74626 – ℰ (07946) 77 50
– www.rose-bitzfeld.de
64 Zim ⊇ – †65/87 € ††95/119 € – ½ P 18 € – 1 Suite
Rest – Menü 22 € (mittags)/28 € – Karte 25/48 €
• Ein von Tagungsgästen geschätzter gewachsener Gasthof mit kleiner Metzgerei, der von der Familie gut geführt wird. Im Neubau hat man besonders moderne und geräumige Zimmer. Das bürgerliche Restaurant teilt sich in drei Stuben und eine Terrasse im Innenhof.

BRETZFELD

In Bretzfeld-Brettach Süd-Ost: 9 km, Richtung Mainhardt

XX **Landhaus Rössle** mit Zim
*Mainhardter Str. 26 ⊠ 74626 – ℰ (07945) 9 11 10 – www.roessle-brettach.de
– geschl. Januar 3 Wochen, Ende September 10 Tage und Montag - Dienstag*
5 Zim – †60/70 € ††90/100 € – 1 Suite   **Rest** – Menü 45/60 € – Karte 33/46 €
♦ Hier erwartet Sie schmackhafte internationale Küche, begleitet von einer guten Weinauswahl und dem charmanten, geschulten Service durch die Chefin. Das Ambiente ist angenehm modern-elegant, beliebt sind im Winter die Plätze am Kamin ein paar Stufen tiefer. Für Übernachtungsgäste stehen hübsche Zimmer bereit.

BRIETLINGEN – Niedersachsen – siehe Lüneburg

BRILON – Nordrhein-Westfalen – **543** – 26 500 Ew – Höhe 450 m   **27** F11
– Wintersport: 600 m ⛷1 ⛸ – Kneippkurort

▶ Berlin 469 – Düsseldorf 168 – Arnsberg 42 – Lippstadt 47

🛈 Derkere Str. 10a, ⊠ 59929, ℰ (02961) 9 69 90, www.brilon-tourismus.de

🛈 Brilon, Hölsterloh 7, ℰ (02961) 5 35 50

Rech
Hoppecker Str. 1 ⊠ 59929 – ℰ (02961) 9 75 40 – www.hotel-rech.de
26 Zim – †51/65 € ††80/95 €   **Rest** – (geschl. Montagabend) Karte 19/41 €
♦ In dem von Familie Rech-Dietz engagiert geführten Hotel erwarten Sie geschmackvolle Zimmer, die von Etage zu Etage farblich unterschiedlich gestaltet sind. Zudem bietet man Massage und Kosmetik. Restaurant mit eleganter Note.

Wiegelmanns am Wallgraben (mit Gästehaus)
*Strackestr. 23 ⊠ 59929 – ℰ (02961) 40 44
– www.hotel-am-wallgraben.de – geschl. 23. - 25. Dezember*
20 Zim – †57/65 € ††79/90 € – ½ P 15 €
Rest *Wiegelmanns am Wall* – siehe Restaurantauswahl
Rest *Deele* – (geschl. Sonntag - Montag) (nur Abendessen) Karte 17/43 €
♦ Ein sehr schönes und stimmiges Interieur macht das am einstigen Stadtgraben gelegene Hotel aus, das von Familie Wiegelmann freundlich geleitet wird. Rustikales Ambiente im Restaurant "Deele".

XX **Wiegelmanns am Wall** – Hotel Wiegelmanns am Wallgraben
*Strackestr. 23 ⊠ 59929 – ℰ (02961) 40 44
– www.hotel-am-wallgraben.de – geschl. 23. - 25. Dezember und Sonntag*
Rest – Menü 48/58 € – Karte 34/54 €
♦ Das Gebäude aus der Gründerzeit wurde von den Wiegelmanns umgebaut und renoviert. Das Ergebnis ist ein modernes, helles Restaurant am Puls der Zeit mit abwechslungsreicher, ambitionierter Küche, z. B. Seezunge mit Apfel-Sellerie-Gemüse.

BROTTERODE – Thüringen – **544** – 2 800 Ew – Höhe 560 m   **39** J13
– Wintersport: 705 m ⛷1 ⛸ – Erholungsort

▶ Berlin 353 – Erfurt 62 – Bad Hersfeld 97 – Coburg 96

🛈 Bad-Vilbeler-Platz 4, ⊠ 98599, ℰ (036840) 33 33, www.brotterode.com

Zur guten Quelle
Schmalkalder Str. 27 ⊠ 98599 – ℰ (036840) 3 40 – www.hotel-quelle.de
44 Zim – †40/54 € ††60/88 € – ½ P 12 €   **Rest** – Karte 14/26 €
♦ Ein familiengeführtes Hotel nur wenige Kilometer vom Rennsteig des Thüringer Waldes. Die Zimmer sind zeitgemäß-funktional, im Freizeitbereich bietet man auch Massage und Kosmetik.

BRUCHHAUSEN-VILSEN – Niedersachsen – **541** – 5 950 Ew   **18** G7
– Höhe 13 m – Luftkurort

▶ Berlin 369 – Hannover 87 – Bremen 49 – Minden 83

BRUCHHAUSEN-VILSEN

Forsthaus Heiligenberg (mit Gästehaus)
Heiligenberg 3 (in Homfeld, Süd-West: 4 km) ⌧ 27305
– ℰ (04252) 9 32 00 – www.forsthaus-heiligenberg.de
19 Zim – †69/79 € ††127 € – ½ P 25 € – 2 Suiten
Rest *Forsthaus Heiligenberg* – siehe Restaurantauswahl
♦ Ein charmantes und mit Geschmack eingerichtetes ehemaliges Forsthaus in angenehm ruhiger Lage auf einer Waldlichtung. Zum Wohlfühlen sind die behaglichen Zimmer mit hübschen individuellen Bädern. Guter Service!

Forsthaus Heiligenberg – Hotel Forsthaus Heiligenberg
Heiligenberg 3 (in Homfeld, Süd-West: 4 km) ⌧ 27305
– ℰ (04252) 9 32 00 – www.forsthaus-heiligenberg.de
Rest – Menü 29/48 € – Karte 31/48 €
♦ Das jahrhundertealte ehemalige Forsthaus wird gehegt und gepflegt und konnte somit sein wunderbares ursprüngliches Flair bewahren. Besonders imposant ist ein riesiger offener Kamin in der Mitte des Restaurants.

BRUCHSAL – Baden-Württemberg – 545 – 43 190 Ew – Höhe 114 m — 54 F17
▶ Berlin 646 – Stuttgart 68 – Karlsruhe 29 – Heidelberg 37
ADAC Moltkestr. 38
🅸 Am Alten Schloss 2, ⌧ 76646, ℰ (07251) 5 05 94 60, www.bruchsal-erleben.de
🅿 Bruchsal, Langental 2, ℰ (07251) 30 22 70
◉ Schloss Bruchsal ★★ (Deutsches Musikautomatenmuseum ★★)

Scheffelhöhe
Adolf-Bieringer-Str. 20 ⌧ 76646 – ℰ (07251) 80 20 – www.scheffelhoehe.de
94 Zim – †90/110 € ††120/140 € – 2 Suiten
Rest *Belvedere* – ℰ (07251) 30 03 73 (geschl. 1. - 6. Januar und Freitagmittag)
Menü 35 € – Karte 25/50 €
♦ Ein modernes Businesshotel in schöner Panoramalage am Park des Belvedere. Highlight sind zwei chic designte 80-qm-Suiten in einer denkmalgeschützten Villa nebenan. W-Lan kostenfrei. An warmen Tagen speist man natürlich auf der Sonnenterrasse des Restaurants mit Blick über die Stadt!

Zum Bären
Schönbornstr. 28 ⌧ 76646 – ℰ (07251) 8 86 27 – www.baeren-bruchsal.de – geschl. Montag
Rest – Menü 30 € (mittags)/50 € – Karte 23/49 €
♦ In dem denkmalgeschützten Stadthaus von 1780 - ehemals Schlosswirtschaft für das Gesinde - erwartet Sie eine saisonale, überwiegend traditionelle Küche. Netter Biergarten.

In Bruchsal-Büchenau Süd-West: 7 km über B 3, in Untergrombach rechts

Ritter (mit Gästehaus)
Au in den Buchen 92 ⌧ 76646 – ℰ (07257) 8 80 – www.ritterbruchsal.de
98 Zim – †75/110 € ††89/120 € – 4 Suiten
Rest – Karte 22/46 €
Rest *Brasserie* – ℰ (07257) 8 82 22 (geschl. Sonntag, Donnerstag) (nur Abendessen)
Menü 35/50 € – Karte 42/52 €
♦ Der gut geführte Familienbetrieb bietet in den Häusern Domizil und Residenz neuzeitlich und wohnlich gestaltete Gästezimmer. Im Stammhaus befindet sich das Restaurant mit bürgerlicher Küche. Biergarten und Spielplatz. Zeitgemäße Karte in der Brasserie.

In Forst Nord-West: 5 km

Zum Löwen
Kirchstr. 8 ⌧ 76694 – ℰ (07251) 30 08 96 – www.loewen-forst.de
– geschl. Sonntagabend - Montag
Rest – (Dienstag - Samstag nur Abendessen) Karte 20/34 €
♦ Ein äußerst gepflegtes Gasthaus mit markanter roter Fassade und einladendem Innenhof. Die freundliche Familie Geissler bietet bürgerliche Küche und einige Schweizer Gerichte.

BRUCHWEILER-BÄRENBACH – Rheinland-Pfalz – siehe Dahn

BRÜCKENAU, BAD – Bayern – **546** – 6 860 Ew – Höhe 300 m – Heilbad   39 I14
▶ Berlin 478 – München 345 – Fulda 32 – Frankfurt am Main 97
🛈 Alter Rathausplatz 1, ✉ 97769, ✆ (09741) 8 04 11, www.bad-brueckenau.de

In Bad Brückenau Stadtmitte

Zur Mühle
Ernst-Putz-Str. 17 ✉ 97769 – ✆ (09741) 9 16 10
– www.hotel-zur-muehle.com
42 Zim ⊇ – †54/61 € ††84/95 € – ½ P 15 € – 2 Suiten
Rest – Menü 15/32 € – Karte 17/58 €
♦ Das Hotel liegt ruhig und doch zentrumsnah auf einem schönen Gartengrundstück am Georgi Kurpark. Die Gästezimmer sind funktionell ausgestattet, mit Balkon oder Loggia. Bürgerliches Restaurant.

In Bad Brückenau-Staatsbad

Dorint Resort & Spa (mit Gästehäusern)
Heinrich-von-Bibra-Str. 13 ✉ 97769
– ✆ (09741) 8 50 – www.dorint.com/bad-brueckenau
156 Zim ⊇ – †119/174 € ††139/214 € – ½ P 29 € – 14 Suiten
Rest – Karte 27/50 €
♦ Das herrschaftlich anmutende Anwesen mit seinen schönen Gebäuden liegt inmitten des Kurparks. Die modernsten Zimmern befinden sich im Haupthaus. Gut auch der Spa- und Fitnessbereich. Im Restaurant steht Regionalität im Vordergrund.

BRÜHL – Nordrhein-Westfalen – **543** – 44 260 Ew – Höhe 62 m   36 C12
▶ Berlin 589 – Düsseldorf 61 – Bonn 25 – Aachen 76
🛈 Uhlstr. 1, ✉ 50321, ✆ (02232) 7 93 45, www.bruehl.de
◉ Schloss Augustusburg★★ – Phantasialand★

Ling Bao
Berggeisstr. 31 ✉ 50321 – ✆ (02232) 36 66 60
– www.phantasialand.de
175 Zim ⊇ – †120/140 € ††126/191 € – 10 Suiten
Rest *Lu Chi* – (geschl. Sonntag - Montag) (nur Abendessen) Karte 33/52 €
♦ Dieses Hotel ist ganz dem Thema "China" gewidmet. Es ist auf Familien ausgerichtet und bietet direkten Zugang zum Freizeitpark. Asiatisches Spa-Angebot und beste Autobahnanbindung. Mit authentischem Ambiente und fernöstlichen Spezialitäten kommt das Lu Chi daher. Alternativ speist man im Restaurant Bamboo.

MATAMBA
Berggeiststr. 31 ✉ 50321 – ✆ (02232) 36 66 60
– www.phantasialand.de
120 Zim ⊇ – †100/125 € ††103/171 € – 3 Suiten
Rest *Bantu* – ✆ (02232) 3 69 15 10 *(geschl. Dienstag - Mittwoch) (nur Abendessen)* Karte 27/44 €
♦ Ideal für Familien: Ein Themenhotel im afrikanischen Stil mit schönen, authentisch eingerichteten Zimmern, unmittelbar am "Phantasialand" gelegen. Neben der Busch-Lodge Bantu im Garten (hier serviert man Spezialitäten aus Afrika) hat man noch das Restaurant Zambesi mit internationalem Buffet.

Glaewe's Restaurant
Balthasar-Neumann-Platz 2 ✉ 50321 – ✆ (02232) 1 35 91
– www.glaewesrestaurant.de – geschl. Montag - Dienstag
Rest – *(Mittwoch - Samstag nur Abendessen)* Karte 36/54 €
♦ Sie finden das Restaurant des sympathischen Gastgeber-Ehepaars in einer Geschäftspassage. Die Atmosphäre ist freundlich, mit elegantem Touch. Internationale Küche.

BRÜHL (BADEN) – Baden-Württemberg – 545 – 14 220 Ew – Höhe 102 m   47 F16
▶ Berlin 635 – Stuttgart 121 – Karlsruhe 55 – Neustadt an der Weinstraße 54

✕ KRONE das gasthaus
Ketscher Str. 17 ⊠ 68782 – ℰ (06202) 6 07 02 52
– www.krone-dasgasthaus.de – geschl. 3. - 11. September und Montag
Rest *– (Dienstag - Samstag nur Abendessen)* Menü 38 € (vegetarisch)/62 €
– Karte 26/56 €
♦ In dem quirligen Restaurant geht es bei fröhlichem und aufmerksamem Service locker und ungezwungen zu. Auf der Karte stehen Schaumsuppe von Berglinsen und Kalbskotelett ebenso wie Hummer und Wolfsbarsch! Schöner, teilweise überdachter Hofgarten.

BRUSCHIED – Rheinland-Pfalz – siehe Kirn

BUCHEN (ODENWALD) – Baden-Württemberg – 545 – 18 340 Ew   48 H16
– Höhe 337 m – Erholungsort
▶ Berlin 560 – Stuttgart 113 – Würzburg 65 – Heidelberg 87
🛈 Hochstadtstr. 2, ⊠ 74722, ℰ (06281) 27 80, www.buchen.de
⛳ Mudau, Donebacher Str. 41, ℰ (06284) 84 08

Prinz Carl (mit Gästehaus)
Hochstadtstr. 1 ⊠ 74722 – ℰ (06281) 5 26 90
– www.prinz-carl.de – geschl. 1. - 12. Januar
31 Zim ⚌ – †59/75 € ††87/125 € – ½ P 26 €
Rest *Prinz Carl* – siehe Restaurantauswahl
Rest *Goldene Kanne* – *(geschl. Sonntag - Montag) (nur Abendessen)* Karte 24/48 €
♦ Für jeden Geschmack das Passende: klassische Zimmer im historischen Stammhaus, geradlinig-moderne im Egon-Eiermann-Bau oder mediterrane im Gästehaus (dies sind die schönsten Zimmer!). In der Goldenen Kanne: Steakhouse-Angebot.

Reichsadler (mit Gästehaus)
Walldürner Str. 1 ⊠ 74722 – ℰ (06281) 5 22 60
– www.hotel-reichsadler.de
20 Zim ⚌ – †54/59 € ††78/85 € – ½ P 17 €   **Rest** – Karte 17/41 €
♦ Hier wird ständig renoviert und verbessert! Bei Peter Reinhardt ist man in einem tipptopp gepflegten Haus untergebracht, das sich auch als Ausgangspunkt für Radtouren anbietet. 10 Autominuten zur Eberstadter Tropfsteinhöhle.

✕✕ Prinz Carl – Hotel Prinz Carl
Hochstadtstr. 1 ⊠ 74722 – ℰ (06281) 5 26 90 – www.prinz-carl.de
– geschl. 1. - 12. Januar
Rest – Menü 26 € (mittags)/60 € – Karte 32/53 €
♦ Nettes Restaurant im Herzen der Stadt, das sich auch auch mal für ein schnelles Mittagessen anbietet, da man ständig wechselnde Tagesgerichte auf der Karte hat.

BUCHENBACH – Baden-Württemberg – 545 – 3 200 Ew – Höhe 447 m   61 E20
▶ Berlin 807 – Stuttgart 173 – Freiburg im Breisgau 14

In Buchenbach-Himmelreich

Hofgut Himmelreich
Himmelreich 37 ⊠ 79199 Kirchzarten – ℰ (07661) 9 86 20
– www.hofgut-himmelreich.de
16 Zim ⚌ – †38/65 € ††70/100 €
Rest – *(geschl. Montagmittag)* Karte 15/36 €
♦ Am Eingang des Höllentals steht das Gasthaus von 1560. Es ist ein Integrationsbetrieb für Mitarbeiter mit Behinderung, der auch für körperlich behinderte Gäste gut geeignet ist. Nette Himmelbettzimmer. Bürgerliche Küche in der gemütlich-rustikalen Stube.

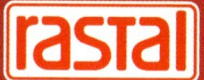

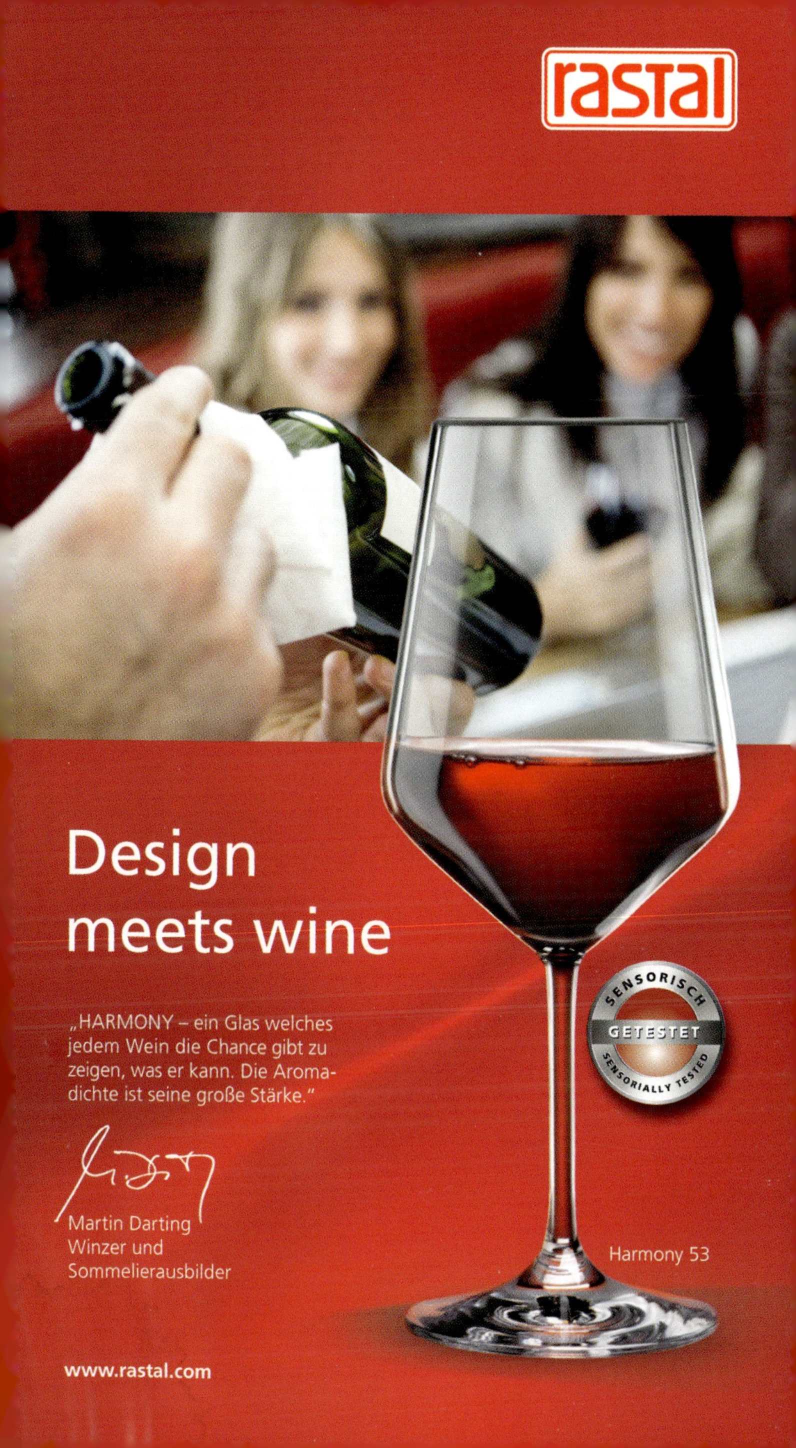
rastal
Design
meets wine
„HARMONY – ein Glas welches
jedem Wein die Chance gibt zu
zeigen, was er kann. Die Aroma-
dichte ist seine große Stärke."
Martin Darting
Winzer und
Sommelierausbilder
SENSORISCH
GETESTET
SENSORIALLY TESTED
Harmony 53
www.rastal.com

BUCHHOLZ in der NORDHEIDE – Niedersachsen – **541** – 38 520 Ew — **10** I6
– Höhe 72 m

▶ Berlin 312 – Hannover 124 – Hamburg 40 – Bremen 96

🛈 Kirchenstr. 6, ✉ 21244, ✆ (04181) 28 28 10, www.ferienregion-nordheide.de

🏌 Buchholz-Seppensen, An der Rehm 25, ✆ (04181) 3 62 00

×× **Ristorante Il Sole**
   Lohbergenstr. 51 ✉ 21244 – ✆ (04181) 9 77 08 – www.ilsole-buchholz.de – geschl.
   Montag
   Rest – (Dienstag - Samstag nur Abendessen) (Tischbestellung erforderlich)
   Karte 25/50 €
   ♦ Im Grünen liegt das sympathische Haus der Familie Salerno. Die italienische Küche wird auf einer Tafel präsentiert, dazu eine kleine, aber gute Weinauswahl. Terrasse zum Teich.

BUCHLOE – Bayern – **546** – 12 120 Ew – Höhe 627 m — **65** K20
▶ Berlin 606 – München 68 – Augsburg 48 – Kempten (Allgäu) 59

🏨 **Stadthotel**
   Bahnhofstr. 47 ✉ 86807 – ✆ (08241) 50 60 – www.stadthotel-buchloe.de
   44 Zim – †60/70 € ††90/100 €, ♁ 5 € **Rest** – Karte 18/32 €
   ♦ Das Hotel befindet sich in der Ortsmitte gegenüber dem Bahnhof und verfügt über freundlich und funktionell eingerichtete Gästezimmer. Hell gestaltetes Restaurant im ersten Stock.

BÜCKEBURG – Niedersachsen – **541** – 20 540 Ew – Höhe 61 m — **28** G9
▶ Berlin 340 – Hannover 64 – Bielefeld 63 – Bremen 106

🛈 Schlossplatz 5, ✉ 31675, ✆ (05722) 89 31 81, www.bueckeburg.de

🏌 Obernkirchen, Röserheide 2, ✆ (05724) 46 70

🏌 Bad Eilsen, Am Bruch 12, ✆ (05722) 9 05 49 00

◉ Schloss★ – Hubschraubermuseum★ – Stadtkirche★

🏨 **Ambiente**
   Herminenstr. 11 ✉ 31675 – ✆ (05722) 96 70 – www.ambiente-hotel.de
   34 Zim ♁ – †86/126 € ††118/188 € **Rest** – Karte 22/50 €
   ♦ Das Hotel liegt nahe dem Zentrum, wird familiär geführt und bietet seinen Gästen eine helle, freundliche und zeitgemäße Einrichtung. Restaurant im Bistrostil und nette Gartenterrasse.

🏠 **Am Schlosstor** garni
   Lange Str. 31 ✉ 31675 – ✆ (05722) 95 99 0 – www.schlosstor.de
   28 Zim ♁ – †65/95 € ††85/125 €
   ♦ In dem gepflegten Hotel in der Fußgängerzone erwarten Sie neuzeitlich und funktionell ausgestattete Zimmer und ein freundlicher Frühstücksraum.

In Bückeburg-Röcke West: 5 km

🏨 **Große Klus**
   Am Klusbrink 19 ✉ 31675 – ✆ (05722) 9 51 20 – www.klus.de
   31 Zim ♁ – †68/74 € ††84/126 € **Rest** – Karte 27/64 € 🍃
   ♦ Der historische Gasthof mit Hotelbau ist eine sehr gepflegte Adresse, die sympathisch-familiär geleitet wird. Die Zimmer sind wohnlich gestaltet, W-Lan steht kostenfrei zur Verfügung. Kamin und Fachwerk schaffen im Restaurant eine gemütliche Atmosphäre.

BÜCKEN – Niedersachsen – **541** – 2 160 Ew – Höhe 19 m — **18** G7
▶ Berlin 355 – Hannover 72 – Bremen 63 – Hamburg 122

🏠 **Thöles Hotel** (mit Gästehaus)
   Hoyaer Str. 33 ✉ 27333 – ✆ (04251) 9 30 00 – www.thoeles.de
   30 Zim ♁ – †35/49 € ††55/69 € **Rest** – (geschl. Sonntagabend) Karte 13/35 €
   ♦ Ein solides familiengeführtes Haus, das auch gerne von Radwanderern genutzt wird. Zum guten Freizeitangebot gehört eine Reitanlage mit Gastboxen. Gästehaus im Nachbarort Hoya. Restaurant in ländlichem Stil.

BÜDELSDORF – Schleswig-Holstein – siehe Rendsburg

241

BÜHL – Baden-Württemberg – **545** – 29 480 Ew – Höhe 138 m 54 E18
– Wintersport: 1 025 m ⛷ 10 ⛷

▶ Berlin 716 – Stuttgart 117 – Karlsruhe 45 – Offenburg 41
🛈 Hauptstr. 92, ✉ 77815, ☎ (07223) 93 53 32, www.buehl.de
🏁 Rheinmünster, Cabot Trail G208, ☎ (07229) 18 51 00

✕✕ Grüne Bettlad mit Zim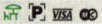
Blumenstr. 4 ✉ 77815 – ☎ (07223) 9 31 30 – www.gruenebettlad.de – geschl.
24. Dezember - 15. Januar, Juli 2 Wochen und Sonntag - Montag
5 Zim ⌂ – ♦80/90 € ♦♦100/140 € – 1 Suite
Rest – Menü 38/55 € – Karte 34/62 €
◆ Ein 400 Jahre altes Haus beherbergt dieses charmante Restaurant, zu dessen heimeliger Atmosphäre nicht zuletzt der herzliche und familiäre Service unter der Leitung von Sabine Günthner beiträgt. Der Patron sorgt für die klassische und regionale Küche. Die Gästezimmer sind mit Bauernmöbeln gemütlich eingerichtet.

✕✕ Lamm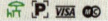
Kappelwindeckstr. 15 ✉ 77815 – ☎ (07223) 90 01 80
– www.ludwig-bechters-lamm.de – geschl. 13. Februar - 2. März und Dienstag
Rest – *(Montag - Samstag nur Abendessen)* Menü 35/47 € – Karte 33/46 €
◆ Ludwig Bechter bietet hier in ländlich-gemütlichem Ambiente eine schmackhafte regionale und internationale Küche. Im Sommer ist die Terrasse sehr reizvoll.

✕✕ Gude Stub Casa Antica
Dreherstr. 9 ✉ 77815 – ☎ (07223) 3 06 06 – www.gudestub-casantica.de
– geschl. 8. - 22. August und Dienstag
Rest – Menü 25/45 € – Karte 26/51 €
◆ Engagiert leitet Familie Alesi das nette Haus mit seinen sechs gemütlichen kleinen Stuben auf zwei Etagen. Die ambitionierte Küche ist überwiegend sizilianisch geprägt.

In Bühl-Kappelwindeck Süd-Ost: 2 km über Rungsstraße und Kappelwindeckstraße

🏠 Rebstock
Kappelwindeckstr. 85 ✉ 77815 – ☎ (07223) 2 21 09
– www.rebstock-kappelwindeck.de
8 Zim ⌂ – ♦49/59 € ♦♦78/84 €
Rest – *(geschl. Februar 3 Wochen und Mittwoch)* Menü 22/29 € – Karte 14/36 €
◆ Oberhalb des Ortes liegt der tipptopp gepflegte, familiengeführte kleine Gasthof mit neuzeitlichen Zimmern und nettem Garten. Sie frühstücken im wintergartenähnlichen Anbau. Im Restaurant serviert man badische Küche.

In Bühl-Oberbruch Nord-West: 4 km, jenseits der A 5

✕ Pospisil's Gasthof Krone mit Zim
Seestr. 6 ✉ 77815 – ☎ (07223) 9 36 00 – www.pospisilskrone.de – geschl. Montag
- Dienstagmittag, Freitagmittag
6 Zim ⌂ – ♦45 € ♦♦78 € – ½ P 15 €   **Rest** – Menü 29/48 € – Karte 31/48 €
◆ In dem familiengeführten Haus bietet Pavel Pospisil einen Mix aus schmackhaften regionalen, internationalen und auch böhmischen Gerichten. Auf einer Tafel präsentiert man Tagesempfehlungen. Zum Übernachten stehen zeitgemäße, hell möblierte Gästezimmer zur Verfügung.

An der Burgruine Altwindeck Süd-Ost: 4 km über Kappelwindeck

🏨 Burg Windeck
Kappelwindeckstr. 104 ✉ 77815 Bühl – ☎ (07223) 9 49 20 – www.burg-windeck.de
– geschl. 2. - 15. Januar
21 Zim ⌂ – ♦79/89 € ♦♦118/159 € – ½ P 26 € – 2 Suiten
Rest *Panorama Restaurant* – siehe Restaurantauswahl
◆ Umgeben von Weinbergen liegt die Burg wunderschön über dem Tal. In dem Hotel mit der charmanten Atmosphäre wohnt man in hübschen Landhauszimmern, darunter zwei Maisonetten.

BÜHL

XX **Panorama Restaurant** – Hotel Burg Windeck ← 🛎 🛠 VISA ⦿ AE ①
Kappelwindeckstr. 104 ⊠ *77815 Bühl –* ℘ *(07223) 9 49 20 – www.burg-windeck.de*
– geschl. 2. - 15. Januar und Sonntagabend
Rest – Menü 34/52 € – Karte 39/51 €
♦ Als grandios kann man - ohne Übertreibung - die Aussicht sowohl vom Restaurant als auch von der Terrasse bezeichnen. Rheinebene und bei klarer Sicht sogar das Straßburger Münster liegen Ihnen zu Füßen.

BÜHLERTAL – Baden-Württemberg – **545** – 8 020 Ew – Höhe 194 m 54 E18
– Wintersport: 900 m ≰6 🛷 – **Luftkurort**
▶ Berlin 721 – Stuttgart 120 – Karlsruhe 50 – Strasbourg 51
🛈 Hauptstr. 92, ⊠ 77830, ℘ (07223) 9 96 70, www.buehlertal.de

🏠 **Rebstock** 🚗 🛎 ¶¶ 🛠 **P** VISA ⦿
Hauptstr. 110 , (Obertal) ⊠ *77830 –* ℘ *(07223) 9 97 40 – www.rebstock-buehlertal.de*
– geschl. November 2 Wochen
21 Zim ⊇ – ♦59/75 € ♦♦85/120 € – ½ P 18 €
Rest *Rebstock* 🌼 – siehe Restaurantauswahl
♦ Schon seit vielen Jahren wird das Hotel mit Engagement von der Familie geleitet. Man bietet seinen Gästen wohnliche Zimmer, ein gutes Frühstück und freundlichen Service.

XX **Bergfriedel** mit Zim ← 🛎 ¶¶ **P** VISA ⦿ AE
☺ *Haabergstr. 23 , (Obertal)* ⊠ *77830 –* ℘ *(07223) 7 22 70 – www.bergfriedel.de*
– geschl. Montagmittag und Dienstagmittag
🛏 **10 Zim** ⊇ – ♦45/69 € ♦♦86/130 € – ½ P 25 € – 2 Suiten
Rest – Menü 33/55 € – Karte 25/55 € 🌼
♦ Im Haus der Familie Schäuble erwartet Sie ein interessanter Mix aus klassischen und regionalen Gerichten, die der Chef schmackhaft zubereitet. Vom gemütlichen Restaurant und der Terrasse blickt man auf Bühlertal und den Schwarzwald. Hübsche und behagliche Gästezimmer im Landhausstil, teilweise mit schöner Sicht.

XX **Rebstock** – Hotel Rebstock 🛎 **P** VISA ⦿
☺ *Hauptstr. 110 , (Obertal)* ⊠ *77830 –* ℘ *(07223) 9 97 40 – www.rebstock-buehlertal.de*
– geschl. November 2 Wochen und Donnerstag
Rest – Menü 26/29 € – Karte 24/45 €
♦ Eine traditionsreiche Adresse inmitten der kleinen Ortschaft gelegen. Die Gastgeber (man merkt, sie sind es aus Leidenschaft) bekochen Sie mit leckeren badischen Spezialitäten wie Bühlertäler Sauerbraten in kräftigem Spätburgundersößle.

BÜLOW – Mecklenburg-Vorpommern – **542** – 1 000 Ew – Höhe 24 m 13 N5
▶ Berlin 174 – Schwerin 106 – Neubrandenburg 55 – Güstrow 44

In Bülow-Schorssow Süd-West: 2 km

🏠 **Schloss Schorssow** (mit Gästehaus) 🌼 ← 🚗 🎻 🛎 🛠 ¶¶ ♿
Am Haussee 3 (über B 109 Richtung Waren, AC Rest, 🛠 **P** VISA ⦿ AE
in Ziddorf links ab) ⊠ *17166 –* ℘ *(039933) 7 90 – www.schloss-schorssow.de*
43 Zim ⊇ – ♦63/178 € ♦♦75/190 € – ½ P 34 € – 4 Suiten
Rest *Hofjägermeister von Moltke* – siehe Restaurantauswahl
Rest *Weinkeller* – *(nur Abendessen)* Menü 34/42 € – Karte 24/49 €
♦ Ein klassizistischer Dreiflügelbau in einem herrlichen Park am eigenen See mit Strandbad. Die Zimmer im Schloss sind komfortabler. Schön ist die Bibliothek. Rustikale Alternative zum Restaurant: Weinkeller mit saisonaler Küche.

XXX **Hofjägermeister von Moltke** – Hotel Schloss Schorssow 🎻 🛎 ♿ AC
Am Haussee 3 (über B 109 Richtung Waren, in Ziddorf links 🛠 **P** VISA ⦿ AE
ab) ⊠ *17166 –* ℘ *(039933) 7 90 – www.schloss-schorssow.de*
Rest – *(nur Abendessen)* (Tischbestellung erforderlich) Menü 34/95 €
– Karte 46/57 €
♦ Ein Hauch Geschichte huscht durch die Räume des ehemaligen Adelssitzes: Gewolltes Understatement wird kombiniert mit kostbaren Unikaten. Spezialität sind Wildvariationen aus heimischen Wäldern!

BÜREN – Nordrhein-Westfalen – 543 – 21 540 Ew – Höhe 230 m   27 F11
▶ Berlin 450 – Düsseldorf 152 – Arnsberg 56 – Kassel 92
🛈 Königstr.16, ✉ 33142, ℰ (02951) 97 01 24, www.tourismus-in-bueren.de

Kretzer
Wilhelmstr. 2 ✉ 33142 – ℰ (02951) 98 49 80 – www.hotel-kretzer.de
– geschl. 1. - 6. April, 8. - 25. Juli
10 Zim – †40 € ††74 €   **Rest** – *(geschl. Mittwoch)* Menü 19 € – Karte 15/28 €
◆ Der in einer Seitenstraße im Zentrum gelegene Familienbetrieb ist ein gepflegtes kleines Hotel, in dem solide und zeitgemäße Gästezimmer bereitstehen. Bürgerlich ist das Speiseangebot im Restaurant.

In Büren-Ahden Nord: 11 km, jenseits der A 44

Airport Hotel
Kötterweg 10 (am Flughafen) ✉ 33142 – ℰ (02955) 7 47 40
– www.airporthotel-paderborn.com
49 Zim – †73/101 € ††89/115 €   **Rest** – Karte 27/41 €
◆ Die günstige Lage am Flughafen und nahe der A 44 sowie funktionelle, technisch gut ausgestattete Zimmer machen das Hotel aus. Ein Teil der Zimmer mit schöner Aussicht. Auch vom Restaurant und der Terrasse schaut man aufs Almetal. Internationale Küche.

BÜRGSTADT – Bayern – 546 – 4 230 Ew – Höhe 150 m   48 G16
▶ Berlin 566 – München 352 – Würzburg 69 – Aschaffenburg 43
🛈 Engelplatz 69, ✉ 63897, ℰ (09371) 40 41 19, www.buergstadt.info

Adler (mit Gästehäusern)
Hauptstr. 30 ✉ 63927 – ℰ (09371) 9 78 80 – www.adler-landhotel.de
27 Zim – †48/80 € ††88/120 €
Rest – *(geschl. Montagmittag, Dienstagmittag)* Menü 12 € (mittags)/38 €
– Karte 22/46 €
◆ Hier nur ein kleiner Eindruck vom Haus der Bachmanns: freundliche, warme Farben von der Rezeption bis in die Zimmer (fragen Sie nach den neueren!), ein schöner Garten mit lauschigem Biergarten, dazu das gemütliche Restaurant mit nettem "Höfchen", eigene Brennerei.

Weinhaus Stern
Hauptstr. 23 ✉ 63927 – ℰ (09371) 4 03 50 – www.hotel-weinhaus-stern.de
11 Zim – †45/69 € ††79/115 € – ½ P 25 €
Rest *Weinhaus Stern* – siehe Restaurantauswahl
◆ Ihre Gastgeber bieten in dem hübschen Sandstein-/Fachwerkhaus behagliche Zimmer, Garten- sowie Dachterrasse, gutes Essen und einen Spezialitäten-Shop (die hausgemachte Marmelade gibt's auch zum Frühstück!). Tipp: Freskenmalereien a. d. 16. Jh. in der örtlichen Kapelle.

Weinhaus Stern – Hotel Weinhaus Stern
Hauptstr. 23 ✉ 63927 – ℰ (09371) 4 03 50 – www.hotel-weinhaus-stern.de – geschl. Mittwoch - Freitagmittag
Rest – (Tischbestellung ratsam) Menü 29 € – Karte 34/50 €
◆ Der eine mag's lieber bodenständig, der andere eher gehoben... – Küchenchef Klaus Markert wird beidem gerecht! Zu den Klassikern gehört z. B. gebratene Kalbsleber auf Kartoffelpüree. Ein Gedicht: gratinierter Ziegenquark mit Rosmarineis!

BÜSINGEN – Baden-Württemberg – 545 – 1 440 Ew – Höhe 421 m   62 F21
– Deutsche Exklave im Schweizer Hoheitsgebiet, Schweizer Währung (CHF)
▶ Berlin 802 – Stuttgart 169 – Freiburg im Breisgau 96 – Zürich 58

Alte Rheinmühle
Junkerstr. 93 ✉ 78266 – ℰ (07734) 93 19 90 – www.alte-rheinmuehle.ch
16 Zim – †115/154 € ††162/182 €
Rest *Alte Rheinmühle* – siehe Restaurantauswahl
◆ Malerisch schmiegt sich die a. d. J. 1674 stammende Mühle an das Ufer des Hochrheins. Sie beherbergt individuelle, wohnliche Zimmer, teilweise mit Antiquitäten und freigelegtem altem Fachwerk.

BÜSINGEN

XX Alte Rheinmühle – Hotel Alte Rheinmühle
Junkerstr. 93 ⊠ 78266 – ℰ (07734) 93 19 90 – www.alte-rheinmuehle.ch – geschl. Mitte Januar - Mitte Februar
Rest – Karte 34/47 €
♦ Am schönsten speist man in dieser tollen Lage natürlich auf der Terrasse! Bei teilweise traditioneller Küche genießen Sie den pittoresken Blick auf vorbeifahrende Schiffe.

BÜSUM – Schleswig-Holstein – **541** – 4 990 Ew – Höhe 2 m – Nordseeheilbad   9 G3
▶ Berlin 406 – Kiel 102 – Cuxhaven 131 – Flensburg 103
🛈 Südstrand 11, ⊠ 25761, ℰ (04834) 90 90, www.buesum.de
🏌 Warwerort, Zwischen den Deichen, ℰ (04834) 96 04 60

Friesenhof
Nordseestr. 66 ⊠ 25761 – ℰ (04834) 95 51 20 – www.nordicahotel-buesum.de
44 Zim – †55/120 € ††119/169 €   **Rest** – Menü 20/38 € – Karte 17/52 €
♦ Die Lage direkt hinter dem Deich sowie zeitgemäß ausgestattete Gästezimmer machen dieses Hotel aus. Ein Teil der Zimmer liegt zur Seeseite, mit Balkon. Restaurant mit Wintergarten.

Windjammer
Dithmarscher Str. 17 ⊠ 25761 – ℰ (04834) 96 04 30 – www.hotel-windjammer.de – geschl. Ende November - Februar
16 Zim – †49/79 € ††70/98 € – ½ P 14 €
Rest – *(geschl. November - Februar) (nur Abendessen)* Menü 14/19 € – Karte 18/29 €
♦ Die Gäste dieses gut geführten Familienbetriebs wohnen in sehr gepflegten Zimmern, die teilweise einen Balkon bieten. Auch ein hübsch beleuchteter kleiner Garten steht zur Verfügung.

Büsum garni (mit Gästehaus)
Blauort 18 ⊠ 25761 – ℰ (04834) 6 01 40 – www.hotel-buesum.de – geschl. November - März
33 Zim – †32/55 € ††74/94 € – 1 Suite
♦ Die ruhige Lage in einem Wohngebiet und gepflegte Gästezimmer sprechen für dieses familiengeführte Haus mit Pensionscharakter. Gutes Frühstücksbuffet.

BÜTTELBORN – Hessen – **543** – 13 570 Ew – Höhe 90 m   47 F15
▶ Berlin 567 – Wiesbaden 35 – Frankfurt am Main 38 – Darmstadt 12

Monika
Im Mehlsee 1 (B 42, Ost: 1 km) ⊠ 64572 – ℰ (06152) 18 10 – www.hotelmonika.de – geschl. 24. Dezember - 6. Januar
38 Zim – †58/72 € ††85/105 €
Rest – *(geschl. Samstag, Sonntagabend)* Menü 19/65 € – Karte 29/56 €
♦ Ein gut geführtes Hotel mit hellem Empfangsbereich im Wintergartenstil sowie zeitgemäßen, funktionellen Gästezimmern. In der Schirmbar vor dem Haus darf geraucht werden. Internationales im freundlichen Restaurant mit rustikaler Note.

BURBACH – Nordrhein-Westfalen – **543** – 14 490 Ew – Höhe 380 m   37 E13
▶ Berlin 556 – Düsseldorf 137 – Siegen 19 – Limburg an der Lahn 45

Snorrenburg
Römer 8 ⊠ 57299 – ℰ (02736) 4 49 30 – www.snorrenburg.de
16 Zim – †85 € ††100 €   **Rest** – *(geschl. Samstagmittag)* Karte 27/45 €
♦ Ein ehemaliges Schulhaus auf dem Gelände einer einstigen Burg beherbergt geschmackvolle, individuell nach Themen gestaltete Zimmer. Frühstück im Jugendstil-Wintergarten. Gemütlich-ländlich: das Restaurant in einem kleinen Fachwerkhaus gegenüber dem Hotel.

BURBACH

In Burbach-Holzhausen Süd-Ost: 8,5 km über Würgendorf, dann rechts

Fiester-Hannes mit Zim
Flammersbacher Str. 7 ✉ *57299 –* ℰ *(02736) 2 95 90 – www.fiesterhannes.de*
– geschl. Januar - Februar 2 Wochen und Montag - Dienstagmittag sowie Samstagmittag
6 Zim – †65/80 € ††100/125 € **Rest** – Menü 55 € – Karte 28/53 €
 ◆ Hinter der historischen Fachwerkfassade finden Sie ein behagliches und liebenswertes Umfeld für ein gutes Essen. Michael Debus kocht international und regional, Karoline Steinhoff leitet den herzlichen Service. In einem der hübschen und ausgesprochen wohnlichen Gästezimmer bleibt man gerne über Nacht.

BURG – Schleswig-Holstein – siehe Fehmarn (Insel)

BURG bei MAGDEBURG – Sachsen-Anhalt – **542** – 24 370 Ew   **31** M9
– Höhe 54 m
▶ Berlin 130 – Magdeburg 26 – Brandenburg 55
ℹ Markt 1, ✉ 39288, ℰ (03921) 4 84 49 13, www.stadt-burg.de

Wittekind
An den Krähenbergen 2 (im Gewerbegebiet Ost, Süd-Ost: 3 km) ✉ *39288*
– ℰ *(03921) 9 23 90 – www.hotel-wittekind-burg.de*
47 Zim – †79 € ††120 €, ⊑ 5 €
Rest – *(geschl. Samstagabend - Sonntag)* Karte 19/27 €
 ◆ Das gepflegte Hotel ist ideal für alle, die zwischen Braunschweig und Berlin auf der A2 unterwegs sind. Hier überzeugt Funktionalität. Bürgerliche und internationale Küche im Restaurant, das dank der großen Fensterfront angenehm hell ist.

BURG (SPREEWALD) – Brandenburg – **542** – 4 460 Ew – Höhe 57 m   **33** R10
– Erholungsort
▶ Berlin 113 – Potsdam 144 – Cottbus 19 – Frankfurt (Oder) 98
ℹ Am Hafen 6, ✉ 03096, ℰ (035603) 75 01 60, www.burg-spreewald-tourismus.de
🟢 Spreewald ★★

Zur Bleiche Resort & Spa
Bleichestr. 16 (West: 2 km) ✉ *03096 –* ℰ *(035603) 6 20 – www.hotel-zur-bleiche.com*
90 Zim (inkl. ½ P.) – †180/350 € ††280/500 € – 19 Suiten
Rest *17 fuffzig* – siehe Restaurantauswahl
Rest *Bios* – Karte 34/73 €
 ◆ Sie gelangen über eine private Zufahrt auf das weitläufige Anwesen - schon alleine die Gartenanlage ist ein kleines Paradies! Wer pure Entspannung sucht, findet sie in der wohltuenden Landhaus-Atmosphäre, die sich bis in den großen Spabereich zieht. In den verschiedenen Restaurants geht es nicht weniger angenehm zu. Outdoor: z. B. Reiten oder Kahnfahrten.

Spree Balance
Ringchaussee 154 ✉ *03096 –* ℰ *(035603) 75 94 90 – www.spreebalance.de*
20 Zim ⊑ – †80/99 € ††104/154 € – ½ P 30 €
Rest *Konrad's* – *(November - März: nur Abendessen)* Karte 24/43 €
 ◆ Alles in diesem Ferienhotel ist schön frisch und neuzeitlich gestaltet. Zur Therme ist es nicht weit - man kann es sich aber auch bei Anwendungen gleich hier im Haus gut gehen lassen! Das Restaurant Konrad's bietet internationale Klassiker und Saisonales.

Seehotel
Willischzaweg 69 (Nord: 3,5 km, Richtung Byhleguhre, dann links ab) ✉ *03096*
– ℰ *(035603) 6 50 – www.seehotel-burg-spreewald.de*
49 Zim ⊑ – †60/70 € ††89/109 € – ½ P 18 € – 2 Suiten   **Rest** – Karte 23/39 €
 ◆ Reizvoll liegt das Ferienhotel mit Landhauszimmern im Biosphärenreservat. Im Garten hat man einen Naturbadeteich sowie verschiedene Blockhäuschen mit Sauna bzw. Anwendungen.

BURG (SPREEWALD)

XXX **17 fuffzig** – Hotel Zur Bleiche Resort & Spa
※ *Bleichestr. 16 (West: 2 km) ⊠ 03096 – ℰ (035603) 6 20 – www.hotel-zur-bleiche.com
– geschl. Ende Januar - Anfang Februar 2 Wochen, Juli - Mitte August 3 Wochen und
Sonntag - Montag*
Rest – *(nur Abendessen)* Menü 45 € (vegetarisch)/150 €
Spez. Liebelei vom Kalbsbries mit Hummer, Kohlrabispaghetti mit Corail. Junge Erbsen
in Kopfsalat-Sojamilch, Möhrenstroh. Weidelamm von Müritzer Kräuterwiesen, junger
Spinat, geräucherte Kartoffeln in weißer Butter.
♦ Das Gründungsjahr des Gasthauses Zur Bleiche (1750) war hier namengebend. In
der Küche hat Oliver Heilmeyer das Sagen: Für ihn sind regionale Produkte das A und
O, daher hat man sogar einen eigenen Bauernhof!

In Burg-Kauper Nord-West: 9 km

Landhotel Burg im Spreewald
Ringchaussee 125 ⊠ 03096 – ℰ (035603) 6 46 – www.landhotel-burg.de
69 Zim – †81/102 € ††104/134 € – ½ P 19 €   **Rest** – Karte 22/49 €
♦ Diese Urlaubsadresse verfügt über modern eingerichtete Gästezimmer. Hinzu kom-
men ein schöner Außenpool, eine Blockhaussauna und ein Streichelzoo. Hell und
freundlich gestaltetes Restaurant.

Waldhotel Eiche
*Eicheweg ⊠ 03096 – ℰ (035603) 6 70 00 – www.waldhotel-eiche.de
– geschl. 2. - 20. Januar*
61 Zim – †45/106 € ††59/139 € – ½ P 19 € – 8 Suiten   **Rest** – Karte 19/31 €
♦ Das wohnliche Hotel überzeugt mit der ruhigen Einzellage am Spreekanal. Zum
Freizeitangebot zählen der Fitnessraum im Turm mit Blick auf das Anwesen, ein Fahr-
radverleih und Kahnfahrten. Das Restaurant Fontane ist gediegen-elegant, etwas ein-
facher das Restaurant Burg.

In Werben Süd-Ost: 3 km Richtung Cottbus

Zum Stern
Burger Str. 1 ⊠ 03096 – ℰ (035603) 6 60 – www.hotel-stern-werben.de
33 Zim – †46/51 € ††61/79 € – ½ P 14 €   **Rest** – Karte 15/34 €
♦ In dem Haus mit langjähriger Familientradition erwarten den Gast zeitgemäße und
freundlich mit hellem Naturholzmobiliar eingerichtete Räume. Im Restaurant wählen
Sie aus einem preiswerten gutbürgerlichen Speisenangebot.

BURG STARGARD – Mecklenburg-Vorpommern – siehe Neubrandenburg

BURGDORF – Niedersachsen – 541 – 29 960 Ew – Höhe 53 m   19 I8
▶ Berlin 274 – Hannover 31 – Braunschweig 52 – Celle 24
🏌 Burgdorf-Ehlershausen, Waldstr. 27, ℰ (05085) 76 28

Am Försterberg
Immenser Str. 10 ⊠ 31303 – ℰ (05136) 8 80 80 – www.hotel-am-foersterberg.de
24 Zim – †44/54 € ††77/87 €
Rest – *(geschl. August 3 Wochen und Montag)* Menü 25 € (mittags)/50 €
– Karte 17/47 €
♦ Der langjährige Familienbetrieb bietet gepflegte und solide eingerichtete Gästezim-
mer zu einem guten Preis-Leistungs-Verhältnis. Bürgerliches Restaurant.

BURGHAUSEN – Bayern – 546 – 18 180 Ew – Höhe 421 m   67 O20
▶ Berlin 639 – München 110 – Bad Reichenhall 67 – Passau 81
🛈 Stadtplatz 112, ⊠ 84489, ℰ (08677) 88 71 40, www.tourismus.burghausen.de
🏌 Markt, Falkenhof 1, ℰ (08678) 98 69 03
🏌 Haiming, Piesing 4, ℰ (08678) 98 69 03
◉ Burg ★★
◉ Klosterkirche Raitenhaslach ★ Süd-West: 5 km

247

BURGHAUSEN

Glöcklhofer
Ludwigsberg 4 ⊠ 84489 – ℰ (08677) 91 64 00
– www.hotel-gloecklhofer.de
82 Zim ⊇ – †89/99 € ††125/135 € **Rest** – Menü 29/39 € – Karte 17/43 €
♦ Ein Buisnesshotel in zentraler Lage mit sehr gut ausgestatteten, neuzeitlichen Zimmern, darunter Juniorsuiten mit Sauna. Auch einfachere Zimmer. Massage- und Kosmetikangebot. Gemütlich ist das bayerische Wirtshaus mit modernem Wintergartenanbau.

Lindacher Hof garni
Mehringer Str. 47 ⊠ 84489 – ℰ (08677) 98 60
– www.lindacher-hof.de – geschl. 24. Dezember - 1. Januar
50 Zim ⊇ – †85/89 € ††115/135 €
♦ Unweit des Zentrums gelegenes Hotel, dessen Zimmer und Appartements (mit kleiner Küche) zeitgemäß-funktional eingerichtet sind. Im UG hat man einen netten modernen Saunabereich.

Post (mit Gästehaus)
Stadtplatz 39 ⊠ 84489 – ℰ (08677) 96 50
– www.altstadthotels.net
24 Zim ⊇ – †78/86 € ††105/125 € **Rest** – Karte 18/49 €
♦ Das traditionsreiche Haus steht in der Altstadt, direkt an der Salzach. Die Zimmer sind wohnlich und recht unterschiedlich geschnitten. Gemütlich sitzt man in den Gaststuben mit Kreuzgewölbe bei bürgerlich-regionaler Küche. Terrasse am schönen Marktplatz.

Bayerische Alm
Robert-Koch-Str. 211 ⊠ 84489 – ℰ (08677) 98 20
– www.bayerischealm.de
23 Zim ⊇ – †70/94 € ††98/118 € **Rest** – Menü 30/35 € – Karte 24/36 €
♦ Recht ruhig liegt der Familienbetrieb oberhalb des Ortes. Die Zimmer sind unterschiedlich möbliert und funktionell ausgestattet, einige mit Balkon. Das Restaurant bietet regionale Küche. Terrasse und Biergarten mit toller Sicht auf die längste Burg der Welt.

BURGKUNSTADT – Bayern – **546** – 6 680 Ew – Höhe 304 m   **50** L15
▶ Berlin 366 – München 273 – Coburg 31 – Bayreuth 38

In Altenkunstadt Süd: 2 km

Gondel
Marktplatz 7 ⊠ 96264 – ℰ (09572) 36 61
– www.hotelgondel.de – geschl. 2. - 15. Januar
36 Zim ⊇ – †49/65 € ††60/110 €
Rest – (geschl. Samstagmittag) Menü 16 € (mittags)/35 € – Karte 18/58 €
♦ Das Haus der Familie Jahn befindet sich mitten im Ort und bietet seinen Gästen wohnliche Zimmer wie "Rustico", "Romantico" oder "Landhaus modern". Im Restaurant erwarten Sie rustikaler Charme und bürgerliche Küche.

BURGRIEDEN – Baden-Württemberg – **545** – 3 620 Ew – Höhe 541 m   **64** I20
▶ Berlin 637 – Stuttgart 115 – Konstanz 150 – Ulm (Donau) 24

Ebbinghaus
Bahnhofplatz 2 ⊠ 88483 – ℰ (07392) 60 41
– www.restaurant-ebbinghaus.de – geschl. 1. - 6. Januar, 28. August
- 11. September und Montag - Dienstag
Rest – (Mittwoch - Samstag nur Abendessen) Menü 36/69 € – Karte 29/56 €
♦ Ein freundliches und modernes Ambiente erwartet Sie in dem Restaurant gegenüber dem Rathaus. Die zeitgemäßen Speisen werden sorgfältig aus guten Produkten zubereitet. Probieren Sie z. B. Lammkeule oder Lammrücken mit kräutrigen Perlgraupen.

BURGTHANN – Bayern – 546 – 11 230 Ew – Höhe 400 m
50 L17
▶ Berlin 439 – München 159 – Nürnberg 29 – Regensburg 79

Burghotel (mit Gästehaus) Zim,
Burgstr. 2 ⊠ 90559 – ℰ (09183) 9 32 10 – www.goldener-hirsch-burgthann.de
32 Zim – †59/67 € ††79/118 €
Rest *Zum Goldenen Hirschen* – (geschl. Montag) Karte 12/34 €
• Das Haus liegt im oberen Teil des Ortes, nahe der namengebenden Burg. Die Zimmer sind gepflegt und solide - etwas einfacher im ca. 150 m entfernten Gästehaus Traudl. Gasthof Zum Goldenen Hirschen mit eigener Metzgerei und ländlichem Ambiente.

Blaue Traube mit Zim
Schwarzachstr. 7 ⊠ 90559 – ℰ (09183) 75 55 – www.landgasthof-blauetraube.de
– geschl. Montag - Dienstag
8 Zim – †42/55 € ††75/90 € **Rest** – Karte 15/34 €
• Das Gasthaus beherbergt eine rustikale Stube, die liebenswert dekoriert ist. Gekocht wird fränkisch-bürgerlich. Ergänzt wird das Restaurant durch eine Terrasse unter Kastanien.

BURGWALD – Hessen – 543 – 4 910 Ew – Höhe 305 m
38 F12
▶ Berlin 462 – Wiesbaden 145 – Marburg 27 – Kassel 90

In Burgwald-Ernsthausen

Oertel Burgwald-Stuben
Marburger Str. 25 (B 252) ⊠ 35099 – ℰ (06457) 80 66
– www.restaurant-burgwaldstuben.de – geschl. August 3 Wochen und Montag - Mittwoch
Rest – (Donnerstag - Samstag nur Abendessen) Menü 31 € – Karte 35/57 €
• Dunkles Holz, geschmackvolles Dekor und schön gedeckte Tische bestimmen in dem familiär geleiteten Restaurant das Ambiente. Die Chefin bereitet internationale Küche.

BURGWEDEL – Niedersachsen – 541 – 20 440 Ew – Höhe 53 m
19 I8
▶ Berlin 283 – Hannover 30 – Bremen 107 – Celle 28
Burgwedel-Engensen, Wettmarer Str. 13, ℰ (05139) 89 44 94

In Burgwedel-Großburgwedel

Kokenhof
Isernhägener Str. 3 ⊠ 30938 – ℰ (05139) 80 30 – www.kokenhof.com
44 Zim – †119 € ††159 €
Rest *Kokenhof* – siehe Restaurantauswahl
• Sie wohnen und tagen in regionstypisch rekonstruierten Fachwerkhäusern. Überall im Hotel begegnen Ihnen Bilder von Künstlern aus der Region, die auch käuflich zu erwerben sind. Kleines Bistro und Terrasse im Innenhof.

Ole Deele mit Zim
Heinrich-Wöhler-Str. 14 ⊠ 30938 – ℰ (05139) 9 98 30 – www.ole-deele.de – geschl. Samstagmittag, Sonntagabend
14 Zim – †65/89 € ††145 € **Rest** – Karte 37/68 €
Spez. Frühlingsbeet, Mairübchen, Radieschen, Blutampfer, Vogelmiere, Blattsalatemulsion, Tomatensorbet. Waller 59°, Schneckenkruste, Nussbutter, Estragon, Ringelbete, Kartoffelschaum. Erdbeere, Sorbet, Schokomandeln, Rosenblätter, Vanilleganache.
• Hier ist hier die ganze Straße denkmalgeschützt, so auch der einstige Bauernhof von 1828. Ein stilvoll-elegantes Restaurant, die historisch-rustikale Note hat man bewusst erhalten. Andreas Tuffentsammer kocht saisonal, teils auch kreativ. Kleinigkeiten bekommt man im Bistro. Einige der Gästezimmer sind neuer renoviert und geräumiger.

Kokenhof – Hotel Kokenhof
Isernhägener Str. 3 ⊠ 30938 – ℰ (05139) 80 30 – www.kokenhof.com
Rest – Menü 37/67 € – Karte 41/55 €
• Moderne Leichtigkeit durchzieht die Räume ebenso wie das Sonnenlicht, das durch die großen Fenster hereinscheint. Auf der Karte findet man nach internationalen Rezepten zubereitete Gerichte.

BURGWEDEL

In Burgwedel-Thönse

XX **Gasthaus Lege**
Engenser Str. 2 ⊠ 30938 – ℰ (05139) 82 33 – www.gasthaus-lege.de – geschl. Mitte Juli - Mitte August 3 Wochen und Montag - Dienstag
Rest – *(Mittwoch - Freitag nur Abendessen, außer an Feiertagen)* Menü 31/54 €
– Karte 40/52 €
♦ Sehr freundlich wird man im Restaurant von Hinrich und Claudia Schulze betreut. Der Chef kocht seine überwiegend international ausgerichteten Speisen mit Sorgfalt und achtet auf Qualität. Kleine Bilderausstellung.

BURRWEILER – Rheinland-Pfalz – **543** – 830 Ew – Höhe 246 m   **47** E17
▶ Berlin 673 – Mainz 109 – Neustadt an der Weinstraße 16 – Mannheim 49

XX **Ritterhof zur Rose**
Weinstr. 6 ⊠ 76835 – ℰ (06345) 40 73 28 – www.ritterhof-zur-rose.de – geschl. Anfang Januar 3 Wochen und Dienstag
Rest – *(April- Oktober: Montag - Donnerstag nur Abendessen, November- März: Montag - Freitag nur Abendessen)* Menü 25/59 € – Karte 26/50 €
♦ Das sorgsam sanierte Anwesen von 1650 beherbergt hübsche, charmante Restauranträume. Dazu die Vinothek des Weinguts Meßmer und ein schöner Garten.

BURSCHEID – Nordrhein-Westfalen – **543** – 18 780 Ew – Höhe 195 m   **36** C12
▶ Berlin 554 – Düsseldorf 46 – Köln 31 – Arnsberg 110

In Burscheid-Sträßchen Süd-Ost: 2 km, jenseits der A 1

XX **Zum Schmuck-Kastl**
Sträßchen 26 (B 51) ⊠ 51399 – ℰ (02174) 89 45 41 – www.schmuck-kastl.de – geschl. Montag
Rest – Menü 15 € (mittags)/43 € – Karte 32/58 €
♦ Die Gastgeber haben hier mit viel Liebe zum Detail ein ländlich-charmantes Restaurant geschaffen, in dem Sie eine von ihrer österreichischen Heimat beeinflusste Küche bieten.

BUTTENHEIM – Bayern – siehe Hirschaid

BUXTEHUDE – Niedersachsen – **541** – 39 550 Ew – Höhe 2 m   **10** I5
▶ Berlin 326 – Hannover 158 – Hamburg 37 – Cuxhaven 93
🛈 Viverstr. 1 ⊠ 21614, ℰ(04161) 5 01 23 45, www.buxtehude.de
🏌 Buxtehude, Zum Lehmfeld 1, ℰ(04161) 8 13 33
🏌 Gut Immenbeck, Ardestorfer Weg 1, ℰ(04161) 8 76 99

Navigare
Harburger Str. 4 ⊠ 21614 – ℰ (04161) 7 49 00 – www.hotel-navigare.com
32 Zim – †110/130 € ††130/170 €, ⊇ 15 €
Rest *Seabreeze* – siehe Restaurantauswahl
♦ Das schmucke Gebäude aus der Kaiserzeit - ehemals Hauptsitz der Reederei NSB - beherbergt auf seinen "Decks" zeitgemäß und wertig ausgestattete Zimmer, Minibar inklusive. Lighthouse Bar und schöne Terrasse.

An der Linah garni
Harburger Str. 44 ⊠ 21614 – ℰ (04161) 6 00 90 – www.hotelanderlinah.de
30 Zim ⊇ – †59/75 € ††79/95 €
♦ Hotel mit freundlichem Service. Einige der Gästezimmer sind modern und hübsch in hellen, warmen Tönen gehalten. Ein Teil der Zimmer liegt ruhiger nach hinten.

XX **Seabreeze** – Hotel Navigare
Harburger Str. 4 ⊠ 21614 – ℰ (04161) 7 49 00 – www.hotel-navigare.com – geschl. Sonntag
Rest – Menü 25 € (mittags)/42 € – Karte 35/46 €
♦ Freigelegte Backsteinwände im Gewölbekeller treffen auf elegantes Interieur mit weißen Polsterbänken und weiß bezogenen Stuhlsesseln. Sorgfältige Tischkultur verleiht einen vornehmen Touch.

BUXTEHUDE

Hoddow's Gastwerk
Westfleth 35, (Westfleth-Passage) ⊠ 21614 – ℰ (04161) 50 39 01
– www.hoddows-gastwerk.de – geschl. Montag - Dienstag
Rest – Menü 35 € – Karte 33/43 €
♦ Das Restaurant der Familie Hoddow ist modern gestaltet und liegt zentral. Schmackhaft und frisch sind sowohl die regionalen und internationalen Speisen als auch das leckere Eis. Gute Weine, zusätzliche kleine Mittagskarte.

CADOLZBURG – Bayern – 546 – 10 230 Ew – Höhe 352 m   50 K16
▶ Berlin 470 – München 184 – Ansbach 37 – Bayreuth 113

Bauhof
Bauhof 1 ⊠ 90556 – ℰ (09103) 71 34 44 – www.restaurant-bauhof.de
– geschl. Anfang Januar 1 Woche, über Fasching 1 Woche sowie Montag - Dienstag und an Feiertagen
Rest – Karte 29/37 €
♦ In dem historischen Landhaus wird in gemütlichen und charmant-rustikalen Räumen eine frische und schmackhafte zeitgemäß-saisonale Küche geboten. Am Mittag ist das Speiseangebot etwas reduziert. Nebenan: restaurierte Scheune für Feierlichkeiten.

CALW – Baden-Württemberg – 545 – 23 280 Ew – Höhe 347 m   54 F18
▶ Berlin 659 – Stuttgart 47 – Karlsruhe 54 – Pforzheim 26
i Sparkassenplatz 2, ⊠ 75365, ℰ (07051) 16 73 99, www.calw.de

In Calw-Hirsau Nord: 2,5 km über B 463 – Luftkurort

Kloster Hirsau
Wildbader Str. 2 ⊠ 75365 – ℰ (07051) 9 67 40 – www.hotel-kloster-hirsau.de
40 Zim – †79/89 € ††119/129 € – ½ P 18 €
Rest – Menü 30 € (mittags) – Karte 34/54 €
♦ Die ehemalige Klosterherberge von 1450 wird von Familie Schuy als Hotel geführt. Wohnliche Zimmer, ein heller Frühstücksraum und ein kleiner Beautybereich erwarten Sie. Restaurant in ländlich-elegantem Stil. Vor dem Haus die hübsche Terrasse mit Brunnen.

CASTELL – Bayern – 546 – 810 Ew – Höhe 317 m   49 J16
▶ Berlin 472 – München 238 – Würzburg 42 – Bamberg 69

Gasthaus zum Schwan mit Zim
Birklinger Str. 2 (B 286) ⊠ 97355 – ℰ (09325) 9 01 33 – www.schwan-castell.de
– geschl. Januar 3 Wochen, August 2 Wochen und Dienstag - Mittwoch
9 Zim – †45/49 € ††65/69 €   **Rest** – Karte 25/40 €
♦ Die ehemalige Poststelle und Brauerei ist ein traditionsreicher Familienbetrieb, in dessen gemütlichen holzgetäfelten Gaststuben schmackhafte regionale Gerichte und z. T. hauseigene Weine serviert werden. Zum Übernachten stehen solide, gepflegte Zimmer bereit.

Weinstall
Schlossplatz 3 ⊠ 97355 – ℰ (09325) 90 25 61 – www.weinstall-castell.de
– geschl. Montag - Dienstag, November - April: Montag - Donnerstag
Rest – Menü 32/49 € – Karte 29/53 €
♦ Im einstigen Pferdestall des Schlosses Castell (1668) isst man heute schmackhaft-regional, umsorgt von einem freundlichen Service. Verwendet werden ausschließlich Produkte aus einem Umkreis von 100 km. Im Sommer lockt die hübsche Weinlaube vor dem Haus.

CASTROP-RAUXEL – Nordrhein-Westfalen – 543 – 75 770 Ew   26 D11
– Höhe 55 m
▶ Berlin 498 – Düsseldorf 63 – Bochum 12 – Dortmund 12
36 Castrop-Rauxel, Dortmunder Str. 222, ℰ (02305) 6 20 27

CASTROP-RAUXEL

 Arcadia Hotel Goldschmieding
Dortmunder Str. 55 ✉ 44575 – ℰ (02305) 30 10 – www.arcadia-hotel.de
84 Zim – †69/169 € ††89/189 €, ⌑ 15 € – 1 Suite
Rest *Kaminzimmer* – (geschl. Sonntag) Menü 47/69 € – Karte 39/53 €
Rest *Westfalenstube* – (geschl. Sonntag) Karte 18/40 €
  ♦ Ein sehr schönes historisches Gebäude und ein neuzeitlicher Hotelbau bilden diese auch für Tagungen bestens geeignete Adresse mit zeitgemäßen Zimmern und hübschem Park. Blickfang im klassisch gehaltenen Kaminzimmer ist ein Sandsteinkamin von 1597.

 Raj Mahal
Europaplatz 3 ✉ 44575 – ℰ (02305) 44 55 1 00 – www.raj-mahal.de
56 Zim ⌑ – †82/98 € ††107/123 € – 4 Suiten   **Rest** – Karte 22/39 €
  ♦ Ein komfortabler Rahmen mit exotischem Touch und wohnlich-moderne Zimmer mit handgearbeiteten Möbelstücken aus Indien machen dieses Hotel aus. Ayurvedische Kuren. Das Restaurant bietet deutsche, indische und vegetarische Speisen.

 Eurostar
Bahnhofstr. 60 ✉ 44575 – ℰ (02305) 3 58 20 – www.eurostar-hotel.de – geschl. 24. Dezember - 1. Januar
50 Zim – †72/82 € ††85/96 €, ⌑ 9 €
Rest *Olivo* – ℰ (02305) 35 82 90 (geschl. Sonntagabend) (Montag - Samstag nur Abendesssen) Karte 30/48 €
  ♦ Eine familiengeführte Businessadresse, die neben neuzeitlich-funktioneller Einrichtung auch eine gute Verkehrsanbindung bietet. Die Zimmer sind teilweise klimatisiert. Das Restaurant Olivo ist in mediterranem Stil gehalten.

In Castrop-Rauxel-Schwerin

 Selle garni
Cottenburgschlucht 41 ✉ 44577 – ℰ (02305) 94 10 – www.hotelselle.de
30 Zim ⌑ – †45/56 € ††60/76 €
  ♦ In dem Familienbetrieb in einer ruhigen Seitenstraße am Wald erwarten Sie individuell eingerichtete Zimmer zu fairen Preisen und ein wohnlicher Frühstücksraum mit Wintergarten.

CELLE – Niedersachsen – **541** – 70 450 Ew – Höhe 40 m   **19** I8
▶ Berlin 276 – Hannover 51 – Bremen 112 – Hamburg 117
ADAC Hannoversche Str. 34 Z
🛈 Markt 14 Y, ✉ 29221, ℰ (05141) 12 12, www.celle-tourismus.de
⛳ Celle-Garssen, Beuckenbusch 1, ℰ (05086) 3 95
⛳ Hambühren, Ericaweg 22, ℰ (05084) 9 24 30
◉ Altstadt★★ – Schloss★ - Bomann-Museum★ – Stadtkirche★ Y
◉ Kloster Wienhausen★ über B 214 Y: 12 km

 Fürstenhof
Hannoversche Str. 55 ✉ 29221 – ℰ (05141) 20 10 – www.fuerstenhof-celle.com
73 Zim ⌑ – †145/240 € ††165/295 € – 3 Suiten   Z e
Rest *Endtenfang* • **Rest** *Palio* – siehe Restaurantauswahl
  ♦ Äußerst behaglich und stilvolles Landhausambiente begleitet Sie von der Lobby bis auf die Themenetagen dieses schmucken Palais a. d. 17. Jh. Man kümmert sich zuvorkommend um die Gäste. Ansprechend sind der Freizeitbereich und die Veranstaltungsräume.

 Caroline Mathilde (mit Gästehaus)
Alter Bremer Weg 37 ✉ 29223 – ℰ (05141) 98 07 80 – www.caroline-mathilde.de
53 Zim – †75/95 € ††120/145 € – 2 Suiten   Y e
Rest – Karte 23/32 €
  ♦ Zwei Häuser im neuzeitlichen Villenstil beherbergen individuelle und wohnliche, teils ganz moderne Zimmer, hübsch ist der freundliche Frühstücksraum. Gute Parkmöglichkeiten. Das Bistro Kanapé bietet eine kleine internationale Speisenauswahl.

CELLE

Am Heiligen Kreuz	Y	3
Bergstr.	Y	4
Brandpl.	Y	5
Braunhirschstr.	Y	6
Großer Plan	Y	8
Hehlentorstr.	Y	9
Kalandgasse	Y	12
Kanzleistr.	Y	13
Kleiner Plan	Y	14
Magnusstr.	Z	17
Markt	Y	18
Mauernstr.	Y	19
Mühlenstr.	Y	20
Neue Str.	Y	22
Neumarkt	Y	23
Ohagenstr.	Z	24
Poststr.	Y	27
Rabengasse	Y	28
Rundestr.	Y	29
Schloßpl.	Y	32
Schuhstr.	Y	33
Steintor	Y	34
Thaerpl.	Y	37
Torpl.	Y	38
Westcellertorstr.	Y	39
Zöllnerstr.	Y	42

Borchers garni
Schuhstr. 52, (Passage) ⊠ 29221 – ☏ (05141) 91 19 20 – www.hotelborchers.com
19 Zim – †55/78 € ††75/110 € Yf
- Das Hotel in der Fußgängerzone ist die einfachere, aber gepflegte und funktionelle Dependance des Fürstenhofs, dessen Freizeitbereich man mitbenutzen kann. Schöne Innenhofterrasse.

Blumlage garni
Blumlage 87 ⊠ 29221 – ☏ (05141) 97 44 70 – www.blumlage.de
32 Zim – †65 € ††99 € Zd
- Das Hotel mit den drei markanten Giebeln liegt am Rande der Altstadt, dennoch kann man hier gut parken. Zeitgemäß-funktionale Zimmer und netter Frühstücksraum.

Am Hehlentor garni (mit Gästehaus)
Nordwall 62 ⊠ 29221 – ☏ (05141) 8 85 69 00 – www.hotel-am-hehlentor.de
16 Zim – †70/105 € ††94/120 € Yu
- Das hübsche Fachwerkhaus wird freundlich von Frau Hohmann geführt. Hier und im ca. 50 m entfernten Altstadthotel bietet man funktionelle, ganz unterschiedlich geschnittene Zimmer.

CELLE

XXX Endtenfang – Hotel Fürstenhof
Hannoversche Str. 55 ⊠ 29221 – ℰ (05141) 20 10 – www.fuerstenhof-celle.com
– geschl. 2. - 19. Januar und Montag - Donnerstagmittag   Z e
Rest – Menü 79/118 € – Karte 77/96 €
Spez. Gänseleber / Mango-Teegelee / Ginger Ale. Steinbutt / andalusische Tomaten / Schalotten / weiße Gazpacho. Pyrenäen-Lamm / Zitruskruste / Süßholz-Bulgur / geräucherte Auberginen.
♦ Edle Stoffe, feines Porzellan, Gobelins an den Wänden und stilvolle Tischkultur - dieser noble Ort kann nur begeistern. Dabei versteht es Hans Sobotka exzellent, seine Gäste mit seiner sehr guten klassischen, modern inspirierten Küche zu erfreuen.

XX Historischer Ratskeller
Markt 14 ⊠ 29221 – ℰ (05141) 2 90 99 – www.ratskeller-celle.de – geschl.
Sonntagabend und an Feiertagen abends   Y z
Rest – Menü 30/36 € – Karte 21/42 €
♦ Im historischen Keller des Rathauses bestimmen das schöne Kreuzgewölbe und gepflegte Tischkultur die Atmosphäre der Restauranträume. Bürgerliche Küche mit internationalem Einfluss.

XX Schaper mit Zim
Heese 6 (über Wiesenstraße Z) ⊠ 29225 – ℰ (05141) 9 48 80 – www.hotel-schaper.de
– geschl. Sonntagabend - Montag
15 Zim – †62/75 € ††86/95 €
Rest – (Dienstag - Freitag nur Abendessen) Menü 29/39 € – Karte 32/49 €
♦ Das seit vier Generationen als Familienbetrieb geleitete Haus beherbergt ein nettes Restaurant mit gemütlicher Atmosphäre, gepflegter Tischkultur und persönlichem Service. Die schmackhafte internationale Küche richtet sich nach der Saison. Praktisch ausgestattete Gästezimmer, die sich auf zwei Häuser verteilen.

X Weinkeller Postmeister von Hinüber
Zöllnerstr. 25 ⊠ 29221 – ℰ (05141) 2 84 44 – www.weinkeller-celle.de – geschl. über Ostern, August 2 Wochen und Sonntag - Montag   Y g
Rest – (nur Abendessen) Karte 21/43 €
♦ Das behagliche Restaurant in dem Backsteinkeller a. d. 17. Jh. wird familiär geleitet und bietet eine ambitionierte internationale Küche. Im Sommer sitzt man schön im Innenhof.

X Palio – Hotel Fürstenhof
Hannoversche Str. 55 ⊠ 29221 – ℰ (05141) 20 10 – www.fuerstenhof-celle.com
– geschl. 23. - 29. Januar   Z e
Rest – Menü 47 € – Karte 38/52 €
♦ Sehr nett und recht lebhaft geht es in dieser Trattoria zu, die eine ambitionierte Cucina Casalinga bietet. Serviert wird auch im Freien unter einer alten Kastanie.

In Celle-Altencelle Süd-Ost: 3 km über B 214 Z

Schaperkrug
Braunschweiger Heerstr. 85, (B 214) ⊠ 29227 – ℰ (05141) 9 85 10
– www.schaperkrug.de
36 Zim – †52/67 € ††84/94 €
Rest – (geschl. Sonntagabend - Montagmittag) Karte 22/34 €
♦ Das traditionsreiche Haus bietet in seinem Anbau ruhig nach hinten gelegene Zimmer. Einfacher ist das Stammhaus, ein älterer Gasthof. Gediegenes Restaurant mit Kamin.

XX Allerkrug
Alte Dorfstr. 14 ⊠ 29227 – ℰ (05141) 8 48 94 – www.allerkrug.de – geschl.
Anfang Juli - Mitte August 2 Wochen und Montag - Dienstag
Rest – Menü 30/62 € – Karte 31/49 €
♦ Der Service durch die charmante Chefin und die gute zeitgemäße Küche des Patrons Sven Hütten kennzeichnen das nette Restaurant in einem traditionellen Fachwerkhaus. Probieren Sie die leckeren Desserts wie das Schokoladensoufflé mit Dreierlei von Orangen.

CELLE

In Celle-Boye über John-Busch-Straße Y: 4 km

Köllner's Landhaus mit Zim
Im Dorfe 1 ⊠ 29223 – ℰ (05141) 95 19 50 – www.koellners-landhaus.de – geschl. 1. - 7. Januar und Montagmittag
6 Zim – †95/125 € ††130/160 € **Rest** – Menü 30 € – Karte 35/53 €
♦ Das sorgsam sanierte Fachwerkhaus von 1589 liegt idyllisch auf einem 11000 qm großen Gartengrundstück an der Aller. Unter dem regionstypischen Reetdach bietet Familie Köllner in dem hellen, freundlichen Restaurant schmackhafte Speisen aus frischen Produkten. Sehr wohnlich und geschmackvoll gestaltete Gästezimmer.

In Celle-Groß Hehlen über B 3 Y: 4 km

Celler Tor
Scheuener Str. 2 (an der B 3) ⊠ 29229 – ℰ (05141) 59 00 – www.celler-tor.de – geschl. 23. - 26. Dezember
73 Zim – †85/145 € ††125/180 € – 2 Suiten
Rest – Menü 27/52 € – Karte 28/53 €
♦ Ein gut geführtes Hotel mit wohnlich-zeitgemäßen Zimmern in vier Kategorien, 14 variablen Tagungsräumen sowie einem netten, lebendigen Barbereich. Kosmetik und Massageangebot. Restaurant mit klassisch-gediegenem Ambiente.

CHAM – Bayern – **546** – 17 020 Ew – Höhe 370 m   59 O17

▶ Berlin 481 – München 178 – Regensburg 73 – Amberg 73
🛈 Propsteistr. 46, ⊠ 93413, ℰ (09971) 80 34 93, www.cham.de

Randsberger Hof
Randsbergerhofstr. 15 ⊠ 93413 – ℰ (09971) 8 57 70 – www.randsbergerhof.de
85 Zim – †48/52 € ††95/104 € **Rest** – Karte 18/32 €
♦ Das Hotel bietet funktionelle Zimmer - teils mit Balkon und Blick auf die Stadt. Hübsch sind der Kosmetikbereich und der Panoramaruheraum, ein Highlight ist der Dachpool. Restauranträume mit rustikalem Charakter, teils mit Ritterdekor. Regionale Küche.

Bräu-Pfandl
Lucknerstr. 11 ⊠ 93413 – ℰ (09971) 2 07 87 – www.braeupfandl.de – geschl. August und Sonntag - Montag, außer an Feiertagen
Rest – Menü 27 € (mittags) – Karte 13/49 €
♦ In den gemütlich-rustikalen, hübsch dekorierten Stuben leitet die Chefin freundlich den Service, geboten wird internationale Küche. Im 1. Stock: schöne kleine Gesellschaftsräume.

In Cham-Chammünster Süd-Ost: 3 km über B 85 in Richtung Viechtach

Am Ödenturm mit Zim
Am Ödenturm 11 ⊠ 93413 – ℰ (09971) 8 92 70 – www.oedenturm.de – geschl. 3. Oktober - 24. November und Sonntagabend - Montag
12 Zim – †28/35 € ††56/70 € **Rest** – Menü 27/34 € – Karte 16/31 €
♦ Das familiär geleitete Gasthaus am Waldrand bietet eine schmackhafte bürgerliche Küche, die in gemütlichen Stuben serviert wird. Empfehlenswert: Filet vom heimischen Saibling auf Graupenrisotto in Speckschaum.

CHEMNITZ – Sachsen – **544** – 243 090 Ew – Höhe 296 m   42 O13

▶ Berlin 257 – Dresden 70 – Leipzig 78 – Praha 163
ADAC Am Rathaus 8 EU
🛈 Markt 1 EU, ⊠ 09111, ℰ (0371) 69 06 80, www.chemnitz-tourismus.de
⛳ Klaffenbach, Wasserschlossweg 6, ℰ (0371) 2 62 18 40
⛳ Gahlenz, Am Golfplatz 1, ℰ (037292) 6 06 66
◉ Schloss Augustusburg★★, Ost: 15 km

Stadtpläne siehe Seiten 256, 257, 258, 259

CHEMNITZ

Agricolastr.	DV
Altchemnitzer Str.	EV 3
Andrépl.	DU
Annaberger Str.	EV
Annenstr.	EV
Augsburger Str.	FU
August-Bebel-Str.	FT
Bahnhofstr.	EFU
Barbarossastr.	DUV
Bergstr.	DT
Bernhardstr.	FV
Bernsdorfer Str.	DT
Beyerstr.	DT 6
Blankenauer Str.	FT 9
Brückenstr.	EU
Brühl	ET
Carolastr.	EFU 12
Charlottenstr.	FV 13
Deubners Weg	EV 15
Dresdner Str.	FTU
Elisenstr.	EFT
Enzmannstr.	DV
Festpl.	DU
Fürstenstr.	FU
Georgstr.	EFT
Gerhart-Hauptmann-Pl.	DV
Goethestr.	DV
Goethe-Pl.	DV
Gustav-Freytag-Str.	EV
Hainstr.	FTU
Hans-Sachs-Str.	FV
Hartmannstr.	DEU
Hechlerstr.	DT
Henriettenstr.	DU
Innere Klosterstr.	EU 22
Kanzlerstr.	DU
Karl-Liebknecht-Str.	EFT
Kaßbergauffahrt	EU 27
Kaßbergstr.	DU
Küchwaldring	DT
Leipziger Str.	DT
Limbacher Str.	DU
Lohrstr.	EU
Luisenpl.	DT
Luisenstr.	DT
Lutherstr.	FV
Markt	EU
Markusstr.	FU
Martinstr.	FU
Moritzstr.	EUV
Mühlenstr.	ET
Müllerstr.	EFT
Neefestr.	DV
Neumarkt	EU 28
Nordstr.	ET
Palmstr.	FT
Paul-Jäkel-Str.	DT
Peterstr.	ET
Promenadenstr.	ET
Rathausstr.	EU 29
Reichenhainer Str.	EFV 30
Reichsstr.	DUV
Reitbahnstr.	EV
Rembrandtstr.	FV
Ritterstr.	EFV
Rosenhof	EU
Salzstr.	DET
Schillerpl.	ET
Schloßteichstr.	DET
Sonnenstr.	FU
Stollberger Str.	DEV
Straße der Nationen	EU
Theaterpl.	EU 33
Theaterstr.	ETU
Theodor-Körner-Pl.	FU
Waisenstr.	EFU 37
Weststr.	DU
Winklerstr.	DU
Zieschestr.	FUV
Zietenstr.	FU
Zöllnerpl.	ET
Zschopauer Str.	EFV
Zum Luisenpl.	DT 49
Zwickauer Str.	DEV

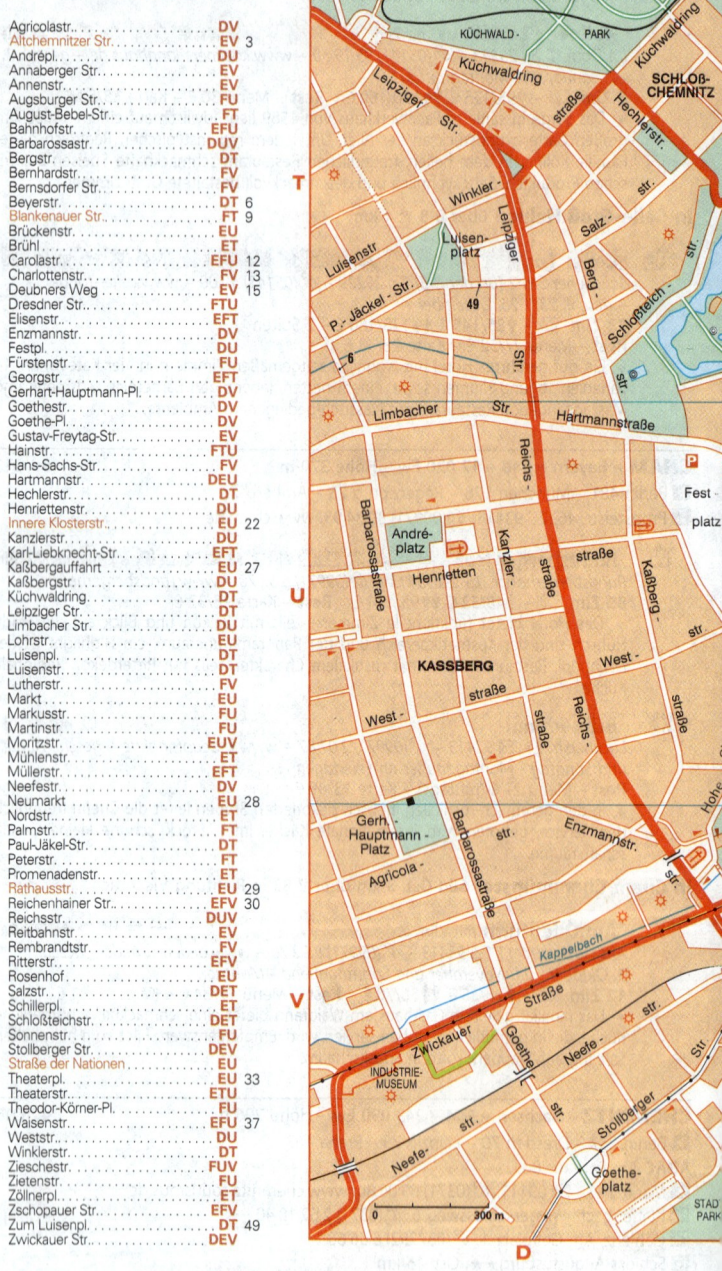

CHEMNITZ

Adelsbergstr.	**CY**
Annaberger Str.	**BY**
Augustusburger Str.	**CY**
Bernsdorfer Str.	**CY** 4
Blankenauer Str.	**BX** 9
Bornaer Str.	**BX**
Carl-von-Ossietzky-Str.	**CY** 10
Chemnitzer Str. (RÖHRSDORF)	**AX**
Chemnitzalstr.	**BX**
Dresdner Str.	**CX**
Erfenschlager Str.	**BCY** 16
Eubaer Str.	**CY**
Frankenberger Str.	**CX**
Geibelstr.	**CY**
Glösaer Str.	**BCX**
Gornauer Str.	**CY**
Grenzweg	**CXY**
Grünaer Str.	**AY** 18
Haardt Str.	**AX**
Heinrich-Schütz-Str.	**CX** 19
Hohensteiner Str.	**AY** 21
Jägerschlößenstr.	**AY** 25
Jagdschänkenstr.	**AY** 24
Leipziger Str.	**BX**
Leipziger Str. (RÖHRSDORF)	**AX**
Limbacher Str.	**ABY**
Limbacher Str. (RÖHRSDORF)	**AX**
Max-Saupe-Str.	**CX**
Neefestr.	**ABY**
Neefestr. (GRÜNA)	**AY**
Oberfrohnaer Str.	**AXY**
Reichenhainer Str.	**BCY**
Stelzendorfer Str.	**AY** 31
Stollberger Str.	**BY**
Südring	**BY**
Trützschlerstr.	**BY**
Unritzstr.	**AY** 34
Waldenburger Str.	**AY** 36
Wartburgstr.	**AY** 39
Wasserschänkenstr.	**CY** 40
Werner-Seelenbinder-Str.	**AX** 41
Weststr.	**BY** 42
Wilhelm-Busch-Str.	**BY**
Wittgensdorfer Str.	**BX** 43
Wladimir-Sagorski-Str.	**AY** 45
Yorckstr.	**CY** 46
Zschopauer Str.	**CY** 48
Zwickauer Str.	**ABY**

penta
Salzstr. 56 ⊠ *09113* – ℰ *(0371) 3 34 10* – www.pentahotels.com **ETs**
226 Zim – †59/149 € ††69/169 €, ⊇ 16 € – 16 Suiten
Rest Glashaus – ℰ *(0371) 3 34 11 22* – Karte 26/62 €

♦ Das Hotel bei einem kleinen Park bietet einen großzügigen Hallenbereich, gediegene Gästezimmer mit funktioneller Ausstattung sowie gute Tagungsmöglichkeiten. Blickfang im Restaurant ist die offene Showküche. Die Terrasse liegt schön zur Grünanlage.

Günnewig Hotel Chemnitzer Hof
Theaterplatz 4 ⊠ *09111* – ℰ *(0371) 68 40* – www.guennewig.de
92 Zim ⊇ – †89/129 € ††99/149 € – 1 Suite **EUb**
Rest Opera – Karte 29/47 €

♦ Hier überzeugen die Lage direkt neben der Oper sowie die klassisch-gediegene Einrichtung. Von einigen Zimmern dieses 1929/30 erbauten Hotels blickt man auf den Schillerpark. Das Restaurant ist elegant gestaltet und bietet internationale Küche.

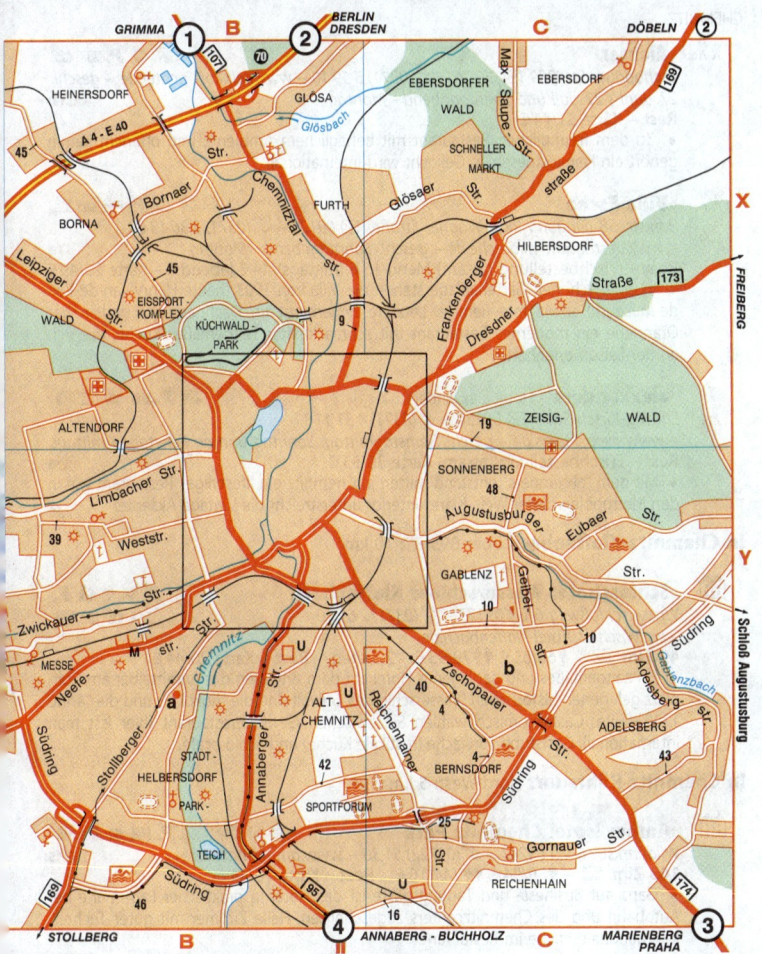

An der Oper
Straße der Nationen 56 ✉ *09111* – ✆ *(0371) 68 10*
– *www.hoteloper-chemnitz.de*

EUf

91 Zim – †59/109 € ††114/124 €
Rest *Scala* – Karte 39/66 €

◆ Ein modernes und hochwertig eingerichtetes Businesshotel in bester Innenstadtlage. Die Gästezimmer sind in Stil und Technik "up to date". Restaurant Scala in geradlinigem Design, zeitgemäß und international ist das Speiseangebot.

alexxanders
Ludwig-Kirsch-Str. 9 ✉ *09130* – ✆ *(0371) 4 31 11 11*
– *www.alexxanders.de*

FUa

33 Zim – †61/68 € ††85/90 €
Rest *alexxanders* – siehe Restaurantauswahl

◆ Ein Stadthaus am Rande des Zentrums mit gepflegten Zimmern, die teils über einen Balkon mit Sicht auf den begrünten Innenhof verfügen.

CHEMNITZ

XX Richter
Zschopauer Str. 259 ⌂ 09126 – ℰ (0371) 5 59 10 – www.feinkost-richter.de – geschl. 27. Juni - 22. Juli und Sonntagabend - Montag CYb
Rest – Karte 31/44 €
- Zu dem freundlichen Restaurant mit behaglichem Ambiente und offenem Kamin gehört ein Feinkostgeschäft. Gekocht wird international.

XX Villa Esche
Parkstr. 58 (Eingang Rich.-Wagner-Straße) ⌂ 09120 – ℰ (0371) 2 36 13 63 – www.restaurant-villaesche.de – geschl. Sonntagabend - Montag BYa
Rest – (Tischbestellung ratsam) Menü 15 € (mittags)/44 € (abends) – Karte 26/49 €
- In einer schönen Gartenanlage stehen die Villa von 1903 (heute Henry-van-de-Velde-Museum) sowie ihre Remise. Letztere beherbergt im Dachgeschoss und in der Orangerie ein modernes Restaurant mit schmackhafter zeitgemäßer Küche, die sich an der Saison orientiert.

X alexxanders – Hotel alexxanders
Ludwig-Kirsch-Str. 9 ⌂ 09130 – ℰ (0371) 4 31 11 11 – www.alexxanders.de – geschl. Samstagmittag, Sonntag und an Feiertagen mittags FUa
Rest – (Tischbestellung ratsam) Karte 30/55 €
- Mit dem "alxxanders" entstand mitten in Chemnitz ein lifestyliges Restaurant wie in den Metropolen dieser Welt. Klares Interior unterstreicht die Vintage-Akzente!

In Chemnitz-Klaffenbach über B95 BY: 10 km

🏨 Schlosshotel Wasserschloss Klaffenbach
Wasserschloßweg 6 ⌂ 09123 – ℰ (0371) 2 61 10 – www.schlosshotel-klaffenbach.de
49 Zim – †60/85 € ††79/95 € – 2 Suiten **Rest** – Karte 20/44 €
- Ein zeitgemäßes und gediegenes Hotel auf dem Anwesen des unmittelbar am Golfplatz gelegenen historischen Wasserschlosses. Stilvoll sind die "Rokoko"- und die "Anno 1700"-Suite. Gastronomisch wählen Sie zwischen Gewölberestaurant (hier isst man international), Gaststube Torwache (rustikale Küche) und Schlosscafé.

In Chemnitz-Röhrsdorf Nord-West: 5 km

🏨 Amber Hotel Chemnitz Park
Wildparkstr. 6 ⌂ 09247 – ℰ (03722) 51 30 – www.amber-hotels.de AXs
103 Zim – †59/94 € ††74/116 € **Rest** – Karte 16/44 €
- Ganz auf Business- und Tagungsgäste ist das Hotel in praktischer Lage nahe der Autobahn und des Chemnitzcenters zugeschnitten. Helle Zimmer mit guter Technik. Internationale Küche im Restaurant.

In Chemnitz-Siegmar Süd-West: 5 km

🏨 Alte Mühle
An der alten Mühle 10 ⌂ 09117 – ℰ (0371) 8 14 40 – www.hotel-alte-muehle.de
36 Zim – †52/69 € ††67/89 € – 2 Suiten **Rest** – Karte 19/28 € AYr
- Aus einer ehemaligen Mühle in ruhiger Lage ist dieses familär geleitete Hotel entstanden, das zeitgemäß, wohnlich und funktionell eingerichtet ist. Zusätzlich zum hellen, neuzeitlichen Restaurant bietet man einen gemütlichen Gewölbekeller mit speziellem Flair.

CHIEMING – Bayern – 546 – 4 520 Ew – Höhe 537 m – Erholungsort 67 N21

▶ Berlin 666 – München 104 – Bad Reichenhall 43 – Traunstein 12
ℹ Hauptstr. 20b, ⌂ 83339, ℰ (08664) 98 86 47, www.chieming.de
⛳ Chieming-Hart, Kötzing 1, ℰ (08669) 8 73 30
⛳ Chieming-Ising, Kirchberg 3, ℰ (08667) 7 93 58
◉ Chiemsee ★ – Schloss Herrenchiemsee ★★

CHIEMING

Unterwirt zu Chieming mit Zim
*Hauptstr. 32 ⊠ 83339 – ℰ (08664) 9 84 60 – www.unterwirt-chieming.de – geschl.
9. Januar - 5. Februar, 5. - 25. November; Oktober - Mai: Montag - Dienstag, Juni: Montag*
12 Zim ⊇ – †48 € ††68 € – ½ P 19 € – 1 Suite **Rest** – Karte 15/41 €
♦ Wirtshausflair! Holzgetäfelte Stuben, die mit Jagddekor, Musikinstrumenten oder Uhren liebenswert geschmückt sind, dazu ein großer Biergarten unter Kastanien. Bayrische Küche und frischer Fisch aus dem Chiemsee. Die Gästezimmer sind recht schlicht, aber gemütlich.

In Chieming-Ising Nord-West: 7 km – Luftkurort

Gut Ising (ehem. Gutshofanlage mit 7 Gästehäusern)
*Kirchberg 3 ⊠ 83339
– ℰ (08667) 7 90 – www.gut-ising.de*
105 Zim ⊇ – †112/150 € ††183/250 € – 4 Suiten **Rest** – Karte 30/62 €
♦ Auf dem 160 ha großen Areal mit Gutshof-Charme kann man golfen, reiten, tagen oder bei Beautybehandlungen entspannen. Auch Hunde sind gerne gesehen. Seehaus wenige Gehminuten entfernt. Das Restaurant: verschiedene "Traditionsstuben" und Terrassenbereiche.

CHIEMSEE – Bayern – **546** – Höhe 518 m 67 N21
▶ Berlin 660 – München 94 – Bad Reichenhall 57 – Traunstein 27
◉ See★ – Schloss Herrenchiemsee★★

Auf der Fraueninsel – Autos nicht zugelassen

⛴ von Gstadt (ca. 10 min) und von Prien (ca. 20 min) ℰ (08051) 60 90

Zur Linde
⊠ *83256 Chiemsee – ℰ (08054) 9 03 66 – www.linde-frauenchiemsee.de
– geschl. Anfang Januar - Mitte März*
14 Zim ⊇ – †62/95 € ††112/122 €
Rest *Zur Linde* – siehe Restaurantauswahl
♦ Ein Wirtshaus wie aus dem Bilderbuch und mit über 600 Jahren eines der ältesten in Bayern. Perfekter Rahmen für Hochzeiten. Nebenan das Benediktinerinnenkloster.

Zur Linde – Hotel Zur Linde
⊠ *83256 Chiemsee – ℰ (08054) 9 03 66 – www.linde-frauenchiemsee.de
– geschl. Anfang Januar - Mitte März*
Rest – Karte 25/40 €
♦ Schon Ludwig Thoma und Erich Kästner schätzten die bayerische Gasthaus-Atmosphäre. Seitdem hat sich hier kaum etwas verändert, auch die 1000-jährige Linde steht noch im Biergarten.

CHORIN – Brandenburg – **542** – 2 430 Ew – Höhe 55 m 23 Q7
▶ Berlin 71 – Potsdam 95 – Frankfurt (Oder) 96 – Neubrandenburg 108

Haus Chorin (mit Gästehäusern)
Neue Klosterallee 10 ⊠ 16230 – ℰ (033366) 5 00 – www.hotel-chorin.de
63 Zim – †39/69 € ††59/89 € **Rest** – Karte 19/29 €
♦ Recht ruhig liegt das Hotel am Waldrand, unterhalb befindet sich das Kloster Chorin am kleinen Amtssee. Zeitgemäß wohnt man im Haupthaus, etwas einfacher in den Gästehäusern. In der Küche der netten Immenstube spielt Honig eine große Rolle.

CLAUSTHAL-ZELLERFELD – Niedersachsen – **541** – 14 540 Ew 29 J10
– Höhe 560 m – Wintersport: 700 m ⛷1 ⛸ – Heilklimatischer Kurort
▶ Berlin 270 – Hannover 99 – Braunschweig 62 – Göttingen 59
🛈 Bergstr. 31, ⊠ 38678, ℰ (05323) 8 10 24, www.oberharz.de

Harzhotel Zum Prinzen garni
Goslarsche Str. 20 (Zellerfeld) ⊠ 38678 – ℰ (05323) 9 66 10 – www.zum-prinzen.de
19 Zim – †49/65 € ††70/84 € – 2 Suiten
♦ Im Jahre 1847 wurde das denkmalgeschützte holzverkleidete Haus erbaut. Die Gäste schätzen die sympathische Atmosphäre und die wohnlichen Zimmer in dem freundlich und familiär geführten kleinen Hotel.

CLAUSTHAL-ZELLERFELD

Zum Harzer
Treuerstr. 6 (Zellerfeld) ⊠ *38678* – ℰ *(05323) 95 00* – www.zum-harzer.de
33 Zim – †59/75 € ††79/99 € – ½ P 15 € – 1 Suite
Rest – *(nur Abendessen)* Menü 15/35 € – Karte 22/47 €
• In dem relativ ruhig in einer Nebenstraße gelegenen Hotel erwarten Sie freundlich und behaglich gestaltete Zimmer in rustikalem Stil. Im alten Gewölbekeller hat man eine Bar.

Goldene Krone
Kronenplatz 3 (Clausthal) ⊠ *38678* – ℰ *(05323) 93 00* – www.goldenekrone-harz.de
24 Zim – †60/65 € ††86/89 € – 2 Suiten **Rest** – Karte 16/30 €
• Eine auffallend rote Fassade ziert das familiengeführte Hotel im Zentrum. Es stehen funktional ausgestattete Gästezimmer und zwei schöne moderne Suiten bereit. Internationale Küche im zeitgemäßen Restaurant. Terrasse zum Marktplatz.

CLOPPENBURG – Niedersachsen – 541 – 32 460 Ew – Höhe 38 m   17 E7
▶ Berlin 444 – Hannover 178 – Bremen 65 – Lingen 68
🛈 Eschstr. 29, ⊠ 49661, ℰ (04471) 1 52 56, www.cloppenburg.de
Resthausen - Thülsfelder Talsperre, Mühlenweg 9, ℰ (04474) 79 95

Schäfers Hotel
Lange Str. 66 ⊠ *49661* – ℰ *(04471) 24 84* – www.schaefers-hotel-cloppenburg.de
15 Zim – †55/65 € ††84/99 €
Rest *Margaux* – siehe Restaurantauswahl
Rest *Bistro* – Karte 21/44 €
• In dem kleinen Hotel in der Innenstadt ist ein Geschwistertrio mit Engagement im Einsatz. Überall im Haus hübsche Dekoration wie Stoffe, warme Farben oder Bilder. Im Sommer hat man eine nette Gartenlounge. Ausflugstipp: das Freilichtmuseum in Cloppenburg. Steaks, Pasta und Snacks im locker-legeren Bistro.

Margaux – Schäfers Hotel
Lange Str. 66 ⊠ *49661* – ℰ *(04471) 24 84* – www.schaefers-hotel-cloppenburg.de
– geschl. 1. - 13. Januar, 3. - 14. September und Montag - Dienstag
Rest – *(nur Abendessen)* Menü 32/69 € – Karte 41/68 €
• Bernd Höne, Chef des "Schäfers", kocht in dem modern-eleganten Restaurant klassisch-international. Fürs Ambiente: Weinflaschen, Kissen, Kerzen und schöne Gemälde. Weinkarte mit 250 Positionen.

COBURG – Bayern – 546 – 41 180 Ew – Höhe 292 m   50 K14
▶ Berlin 383 – München 279 – Bamberg 47 – Bayreuth 74
ADAC Mauer 9 Y
🛈 Herrngasse 4 Z, ⊠ 96450, ℰ (09561) 89 80 00, www.coburg-tourist.de
Weitramsdorf-Schloss Tambach, Schlossallee, ℰ (09567) 9 81 15 80
👁 Gymnasium Casimirianum ★ Z – Kunstsammlungen ★ (Veste Coburg) X

Stadtpläne siehe nächste Seiten

Goldene Traube
Am Viktoriabrunnen 2 ⊠ *96450* – ℰ *(09561) 87 60* – www.goldenetraube.com
72 Zim – †99/119 € ††149/165 € – 1 Suite   Zt
Rest *Esszimmer* **Rest** *Victoria Grill* – siehe Restaurantauswahl
• Am Altstadtrand liegt das familiengeführte Hotel mit wohnlichen Zimmern, die überwiegend in kräftigen Farben gehalten sind. Zudem verfügt man über eine Smoker's Lounge mit Vinothek.

Stadtvilla garni
Seifartshofstr. 10 ⊠ *96450* – ℰ *(09561) 2 39 93 70* – www.stadtvilla-coburg.de
– geschl. 23. Dezember - 5. Januar   Ys
10 Zim – †89/99 € ††120/138 €
• Das hübsche Stadthaus von 1906 liegt in einer kleinen Seitenstraße direkt am Flüsschen Itz und nur wenige Gehminuten vom Zentrum. Die Gästezimmer sind klar und modern gestaltet, Frühstück gibt's im lichten Wintergarten.

COBURG

Bamberger Str. . . . . X 6
Bergstr. . . . . X 8
Festungsstr. . . . . X 9
Fr.-Rückert-Str. . . . . X 11
Gustav-Freytag-Weg . . . . . X 12
Heckenweg X
Hutstr. X
Judenberg X
Kanonenweg X
Kasernenstr. . . . . X 19
Ketschendorfer Str. X
Kürengrund X
Lauterer Str. X
Marschberg X
Neustadter Str. X
Obere Klinge . . . . X 23
Pilgramsroth X
Rodacher Str. X
Rosenauer Str. X
Seidmannsdorfer Str. X
Weichengereuth X

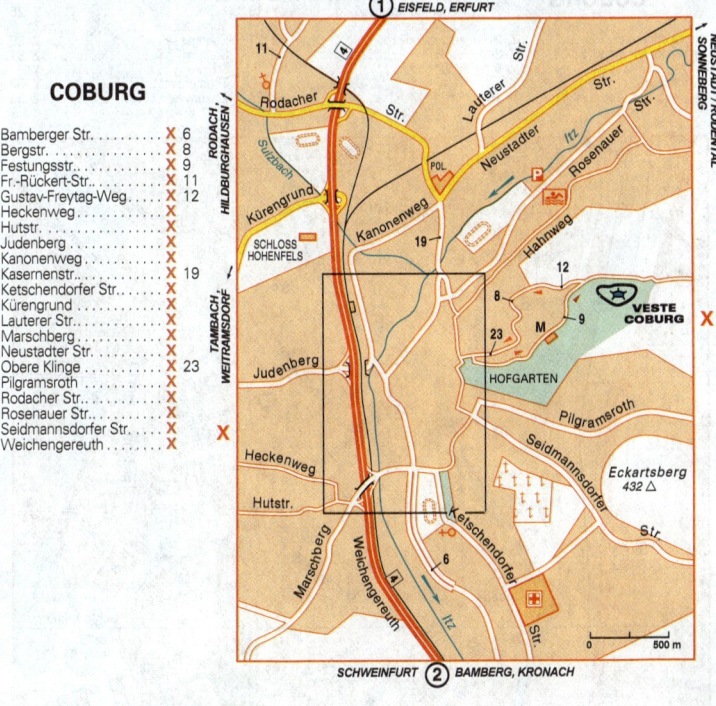

Stadt Coburg
Lossaustr. 12 ✉ *96450* – ✆ *(09561) 87 40*
– *www.hotel-stadt-coburg.de*
36 Zim ⌑ – †89/105 € ††108/128 € – 2 Suiten
Rest *Stadt Coburg* – siehe Restaurantauswahl
♦ Mit Engagement leitet Gastgeberin Gisela Gutwill den langjährigen Familienbetrieb nahe dem Bahnhof. Die Zimmer sind nun zurückhaltend modern und elegant.

Ye

Esszimmer – Hotel Goldene Traube
Am Viktoriabrunnen 2 ✉ *96450*
– ✆ *(09561) 87 60* – *www.goldenetraube.com*
– geschl. 9. - 30. Januar, 25. - 29. Mai, 21. August - 10. September und Sonntag - Montag
Rest – (nur Abendessen) (Tischbestellung ratsam) Menü 72/128 €
Spez. Gänseleber, Räucheraal, Pumpernickel und grüner Apfel. Lammrücken und Bries, Zwiebeln, Pinienkerne. Zitrone, Rote Bete und Kreuzkümmel.
♦ Flammende Rottöne dominieren das nette Restaurant und verleihen ihm einen eleganten Touch. Kreativ, dabei klassisch und puristisch ist der Kochstil von Stefan Beiter, wobei moderne Elemente und eine gute Auswahl an fränkischen Weinen das Ganze zu einer runden Sache machen.

Zt

Stadt Coburg – Hotel Stadt Coburg
Lossaustr. 12 ✉ *96450* – ✆ *(09561) 87 40*
– *www.hotel-stadt-coburg.de* – geschl. 1. - 6. Januar und Sonntag
Rest – Karte 23/38 €
♦ Den Gastraum, auch "Backstüble" genannt, schmückt neben heimeliger Zirbelholzverkleidung ein imposanter Ofen, auf dem gegrillt wird. Im Sommer lockt die begrünte Oase unter freiem Himmel.

Ye

COBURG

Alexandrinenstr.	Z 2
Am Viktoriabrunnen	Z 3
Badergasse	Y 5
Bahnhofstr.	Y
Heiligkreuzstr.	Y 15
Herrngasse	Z 16
Hintere Kreuzgasse	Y 18
Judengasse	YZ
Ketschengasse	Z 21
Marktpl.	Z
Mauer	YZ
Mohrenstr.	YZ
Rosengasse	Z 24
Sally-Ehrlich-Str.	Z 26
Spitalgasse	YZ
Steingasse	Z 29
Steintor	Z 31
Steinweg	Y
Theaterplatz	Y 32
Zinkenwehr	Z 33

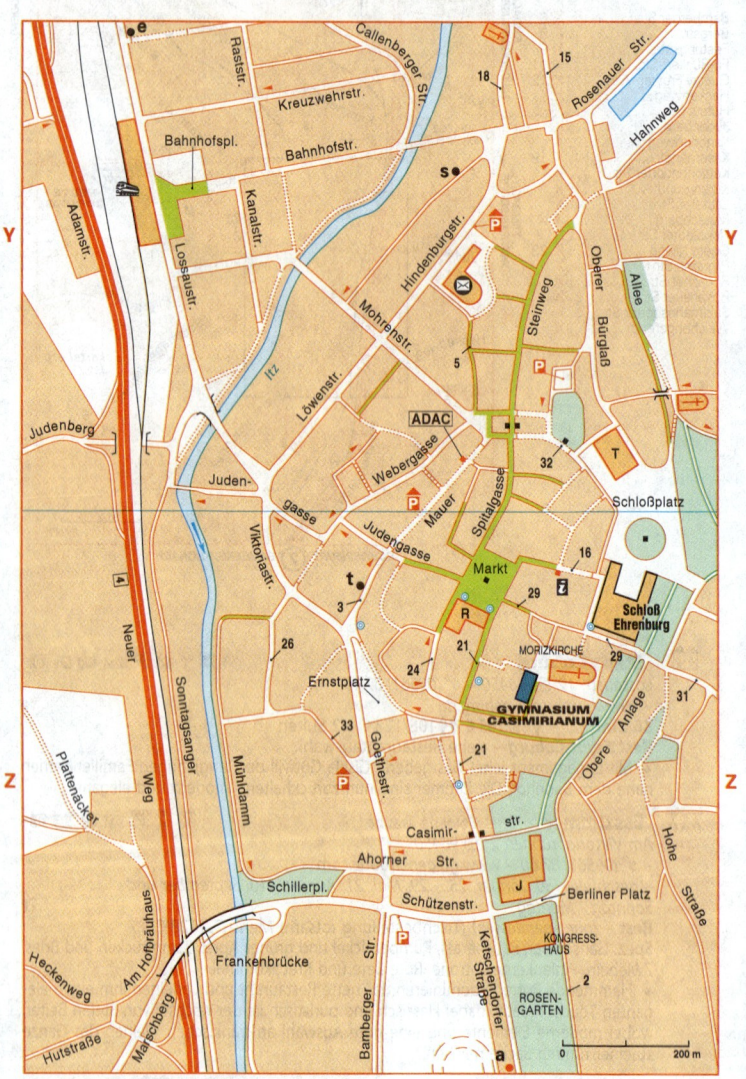

COBURG

Victoria Grill – Hotel Goldene Traube
Am Viktoriabrunnen 2 ✉ *96450* – ✆ *(09551) 87 60* – *www.goldenetraube.com*
– *geschl. Sonntagmittag*   Zt
Rest – Karte 33/61 €

◆ Puristisch eingerichtet mit Grau-, Braun- und Ecru-Tönen bildet der Grill den Rahmen für ein genussvolles Essen. Geboten werden Steaks aus USA, Irland und Pommern sowie Seafood aus den Weltmeeren.

In Coburg-Lützelbuch Ost: 5 km über Seidmannsdorfer Straße X

Gasthof und Landhaus Fink
Lützelbucher Str. 22 ✉ *96450* – ✆ *(09561) 2 49 43* – *www.gasthof-fink.de*
34 Zim – †33/50 € ††54/75 €   **Rest** – *(geschl. Montag)* Karte 19/36 €

◆ Der Gasthof mit recht einfachen Zimmern wurde um das neuzeitliche Landhaus gegenüber erweitert. Hier sind die Zimmer wohnlich und komfortabel, alle mit Balkon nach Süden. Bürgerlich-rustikales Ambiente im Restaurant.

In Rödental-Oeslau Nord-Ost: 7 km über Neustadter Straße X

Grosch
Oeslauer Str. 115 ✉ *96472* – ✆ *(09563) 75 00* – *www.der-grosch.de*
44 Zim – †69/80 € ††99/120 €   **Rest** – Karte 14/43 €

◆ Der Brauereigasthof von 1425 ist ein sympathischer Familienbetrieb, der nicht stehenbleibt: ganz zeitgemäße Zimmer im neuen Anbau! Gemütliche historische Gaststube, in der man Bier aus der eigenen Brauerei ausschenkt.

In Rödental-Oberwohlsbach Nord-Ost: 10 km über Neustadter Straße X

Alte Mühle
Mühlgarten 5 ✉ *96472* – ✆ *(09563) 7 23 80* – *www.alte-muehle-hotel.com*
24 Zim – †59/70 € ††98/105 €
Rest – *(geschl. Sonntagabend) (Montag - Samstag nur Abendessen)* Karte 20/41 €

◆ Das 1902 auf den Fundamenten einer ehemaligen Getreidemühle entstandene Haus wird herzlich von der sympathischen Familie Knorr geleitet und bietet sehr gepflegte zeitgemäße Zimmer. Internationales Angebot im Restaurant mit reizvoller Terrasse direkt am Bach.

In Ahorn-Hohenstein Süd-West: 9 km über Weichengereuth X und B 303

Dittrichs im Schloss Hohenstein mit Zim
Hohenstein 1 ✉ *96482* – ✆ *(09565) 5 42 95 60*
– *www.schloss-hohenstein.de* – *geschl. Sonntag*
15 Zim – †69/109 € ††99/129 € – 3 Suiten
Rest – Menü 50/95 € – Karte 41/61 €
Rest *Schlossschänke* – Menü 20/26 € – Karte 25/37 €

◆ Eine Burganlage a. d. 16. Jh., ein romantisch kleiner Park, ein lichter Wintergarten zum Innenhof - der Rahmen überzeugt schonmal! In der Küche steht ein junger Koch, der bereits diverse große Adressen hinter sich hat und nun das Dittrichs klassisch bekocht. In der Schlossschänke isst man dagegen Regionales und Grillgerichte. In dieser ruhigen Lage schläft es sich auch angenehm in individuellen Zimmern.

COCHEM – Rheinland-Pfalz – **543** – 4 940 Ew – Höhe 90 m   46 C14

▶ Berlin 645 – Mainz 139 – Koblenz 51 – Trier 93
ℹ Endertplatz 1, ✉ 56812, ✆ (02671) 6 00 40, www.ferienland-cochem.de
◉ Lage★★

Karl Müller
Moselpromenade 9 ✉ *56812* – ✆ *(02671) 13 33* – *www.hotel-karl-mueller.de*
44 Zim – †69/85 € ††88/176 €
Rest – *(geschl. Ende November - Ende März: Montag)* Karte 24/41 €

◆ An der Moselpromenade gelegenes Hotel mit funktionellen Zimmern (teils mit Balkon). Rückwärtig: Saunaterrasse mit Blick über die Dächer. Hauseigene Parkplätze in der Oberstadt. Restaurant im 1. Stock mit Terrasse zum Fluss, im EG Bar-Lounge und Eisdiele.

COCHEM

Cochemer Jung
🍽 📶 ♿ Rest, 📞 VISA ⓪

Moselpromenade 2 ⊠ 56812 – ℰ (02671) 60 52 20 – www.cochemer-jung.de
31 Zim ⌂ – †63/89 € ††88/152 € **Rest** – *(geschl. Dienstag)* Karte 22/30 €

♦ Das Niedrigenergiehaus - gleich neben dem Schwesterhotel Karl Müller - bietet moderne Zimmer in frischem Grün oder Rot (letztere zur Mosel hin!). Im Bistro bekommt man internationale Gerichte, auf der Café-Terrasse beobachtet man das Treiben auf der Promenade.

XX Lohspeicher mit Zim 🌿
🍽 📶 ☕ VISA ⓪

Obergasse 1 ⊠ 56812 – ℰ (02671) 39 76 – www.lohspeicher.de – geschl. Februar - Anfang März und Mittwoch
9 Zim ⌂ – †70/90 € ††90/120 €
Rest – Menü 45 € (mittags)/85 € – Karte 44/72 €

♦ Über eine schmale Gasse am Rathaus erreicht man das ehemalige Speichergebäude von 1832. Gemütliches Ambiente, freundlicher Service und zeitgemäß-saisonale Küche. Tiefgarage 200 m oberhalb. Recht individuell und geschmackvoll sind die Gästezimmer.

In Cochem-Cond

Thul 🌿
≤ 🍽 🛏 📶 🐕 ♨ P VISA ⓪

Brauselaystr. 27 ⊠ 56812 – ℰ (02671) 91 41 50 – www.hotel-thul.de – geschl. Dezember - Februar
23 Zim ⌂ – †49/67 € ††86/146 €
Rest – *(nur Abendessen für Hausgäste)* Menü 19 €

♦ Ein tipptopp gepflegtes Haus mit wohnlich gestalteten Gästezimmern, das dank seiner erhöhten Lage eine wunderschöne Aussicht auf Cochem und Mosel bietet.

Brixiade
≤ 🍽 📶 AC Zim, 🐕 Rest, 🛁 P ☕ VISA ⓪

Uferstr. 13 ⊠ 56812 – ℰ (02671) 98 10 – www.moselstern.de – geschl. 2. - 20. Januar
57 Zim ⌂ – †65/100 € ††104/130 € **Rest** – Karte 16/32 €

♦ In dem Hotel an der Mosel erwarten Sie funktionelle Zimmer und ein reizvoller Blick auf Cochem und den Fluss. Die größten und komfortabelsten Zimmer befinden sich im 4. Stock. Restaurant mit Wintergarten und Terrasse zur Mosel.

Am Hafen
≤ 🍽 🐕 ♨ P VISA ⓪ AE ①

Uferstr. 3 ⊠ 56812 – ℰ (02671) 9 77 20 – www.hotel-am-hafen.de – geschl. Januar
16 Zim ⌂ – †60/80 € ††80/110 € – 4 Suiten
Rest – Menü 16/26 € – Karte 22/50 €

♦ Das kleine Hotel liegt am Flussufer, ganz in der Nähe der malerischen Altstadt. Viele der gepflegten, praktisch ausgestatteten Gästezimmer verfügen über einen Balkon. Zum Restaurant gehört eine schöne Terrasse.

In Cochem-Sehl

Keßler-Meyer (mit Gästehaus)
≤ 🚗 🍽 🔲 🌊 🐕 Fᴓ 📶 🐕 Rest, 📞 🛁 P

Am Reilsbach 10 ⊠ 56812 – ℰ (02671) 9 78 80 – www.hotel-kessler-meyer.de
46 Zim ⌂ – †80/140 € ††100/190 € – 2 Suiten
Rest – ℰ (02671) 46 00 – Karte 29/60 €

♦ Die relativ ruhige Lage oberhalb der Mosel sowie behagliche Zimmer (darunter zwei Turm-Maisonetten) sprechen für dieses Hotel. Kosmetik und Massage in der "WellnessVilla". Hübsche Restauranträume von "Klostergarten" über "Schmandelecker" bis zum Wintergarten.

Klasen
🍽 📶 P

Sehler Anlagen 8 ⊠ 56812 – ℰ (02671) 76 01 – www.weinhaus-klasen.de – geschl. 15. November - 1. April
11 Zim ⌂ – †42/50 € ††76/88 €
Rest – *(geschl. Mittwoch) (nur Abendessen)* Karte 13/24 €

♦ Direkt an der Mosel finden Sie dieses familiengeführte Hotel mit seinen gepflegten und praktischen Gästezimmern, die alle über einen Balkon verfügen. Restaurant mit bürgerlichem Angebot.

COCHEM

🏠 **Haus Erholung** garni 🔲 🛁 ✂ 🅿 VISA ⓪
Moselpromenade 64 ✉ *56812 – ℰ (02671) 75 99 – www.haus-erholung.de – geschl. 15. November - 1. März*
12 Zim ⌂ – †40/65 € ††74/90 € – 2 Suiten
♦ Ein kleiner Familienbetrieb mit funktionalen Zimmern, die sich im rückwärtig gelegenen Haus befinden - alle mit Balkon. Frühstücken kann man u. a. im Wintergarten mit Moselblick.

CÖLBE – Hessen – siehe Marburg

COESFELD – Nordrhein-Westfalen – **543** – 36 480 Ew – Höhe 80 m   **26** C9
▶ Berlin 513 – Düsseldorf 105 – Nordhorn 73 – Münster (Westfalen) 38
ℹ Markt 8, ✉ 48653, ℰ (02541) 9 39 10 09, www.coesfeld.de
⛳ Coesfeld, Stevede 8a, ℰ (02541) 59 57

XX ✂ **Freiberger im Gasthaus Schnieder-Bauland**   🛜 ⇔ 🅿
😊 *Sirksfeld 10 (Nord-West: 2 km)* ✉ *48653 – ℰ (02541) 39 30*   VISA ⓪ AE
– www.restaurant-freiberger.de – geschl. Januar 1 Woche, Anfang August 2 Wochen und Montag - Dienstag
Rest – Menü 26 € (mittags)/58 € – Karte 25/55 €
♦ Etwas außerhalb von Coesfeld in einer Bauernschaft liegt dieser sympathische Münsterländer Gasthof. Geboten wird gute regionale und internationale Küche unter der Regie von Benedikt Freiberger, der ein Spektrum vom Kalbstörtchen bis zum soufflierten Steinbutt anbietet.

COLMBERG – Bayern – **546** – 2 030 Ew – Höhe 450 m   **49** J17
▶ Berlin 498 – München 225 – Nürnberg 64 – Rothenburg o.d. Tauber 18
⛳ Colmberg, Rothenburger Str. 35, ℰ (09803) 6 00

🏛 **Burg Colmberg** 🌿   ⇐ 🛜 🛁 ♨ 🅿 VISA ⓪ AE
Burg 1 ✉ *91598 – ℰ (09803) 9 19 20 – www.burg-colmberg.de*
– geschl. Februar
26 Zim ⌂ – †42/125 € ††79/135 € – 1 Suite
Rest – *(geschl. Dienstagmittag)* Karte 22/44 €
♦ Der Charme vergangener Zeiten erwartet Sie in der hübschen Burganlage mit eigener Hauskapelle und Wildpark. Schön ist die Aussicht auf die Umgebung. Sie speisen in den Burgstuben, im Restaurant Zur Remise oder auf der sonnigen Terrasse.

CORNBERG – Hessen – **543** – 1 550 Ew – Höhe 275 m   **39** I12
▶ Berlin 399 – Wiesbaden 190 – Kassel 62 – Fulda 71

🏠 **Kloster Cornberg**   🛜 ✂ Zim, ♨ 🛁 🅿 VISA ⓪
Am Steinbruch 1 (an der B 27) ✉ *36219 – ℰ (05650) 9 69 60*
– www.kloster-cornberg.de
9 Zim – †52/58 € ††74/84 €, ⌂ 12 €
Rest – *(geschl. Sonntagabend - Montag)* Karte 18/41 €
♦ Das sorgsam sanierte jahrhundertealte Benediktinerinnen-Kloster bietet einen schönen Rahmen für das familiär geführte kleine Hotel mit gepflegten, zeitgemäßen Zimmern. Internationale und regionale Küche im Restaurant mit historischem Gewölbe.

COTTBUS – Brandenburg – **542** – 101 680 Ew – Höhe 70 m   **34** R10
▶ Berlin 129 – Potsdam 146 – Dresden 104 – Frankfurt (Oder) 80
ADAC Spremberger Str. 5 AY
ℹ Berliner Platz 6 AY, ✉ 03046, ℰ (0355) 7 54 20, www.cmt-cottbus.de
⛳ Drieschnitz-Kahsel, Am Golfplatz 3, ℰ (035605) 4 23 32
◉ Schloss Branitz ★★ T

Stadtpläne siehe nächste Seiten

267

COTTBUS

Street	Grid	No.
Adolph-Kolping-Str.	AZ	3
Altmarkt	AY	
Am Spreeufer	BY	6
August-Bebel-Str.	AY	
Bahnhofstr.	AYZ	
Bautzener Str.	ABZ	
Berliner Pl.	AY	8
Berliner Str.	AY	
Blechenstr.	ABZ	
Bodelschwinghstr.	CY	
Brandenburger Pl.	AY	9
Burgstr.	AY	10
Curt-Möbius-Str.	CY	
Dissenchener Str.	CY	
Dreiferstr.	AY	
Elisabeth-Wolf-Str.	BCX	
Ewald-Haase-Str.	BX	
Forster Str.	CZ	
Franz-Mehring-Str.	BCY	
Friedrich-Ebert-Str.	AY	13
Friedrich-Ludwig-Jahn-Str.	BY	15
Gerhart-Hauptmann-Str.	BX	19
Gustav-Hauptmann-Str.	CZ	
Hainstr.	BY	
Hubertstr.	AX	
Hüfner Str.	CY	
Inselstr.	BZ	
Juri-Gagarin-Str.	AX	24
Käthe-Kollwitz-Ufer	BX	
Kahrener Str.	CY	
Karlstr.	AX	
Karl-Liebknecht-Str.	AY	
Karl-Marx-Str.	AXY	
Kiekebuscher Str.	CZ	
Klosterstr.	AY	27
Lobedanstr.	BZ	
Ludwig-Leichhardt-Allee	BYZ	
Merzdorfer Weg	CX	
Mühlenstr.	ABY	31
Muskauer Str.	CY	
Neustädter Pl.	BY	34
Nordring	ACX	
Oberkirchpl.	BY	36
Ostrower Damm	BYZ	
Ostrower Pl.	BYZ	
Parzellenstr.	ABZ	
Peitzer Str.	CXY	
Puschkinpromenade	ABY	
Pyramidenstr.	CZ	
Sandower Hauptstr.	BCY	40
Sandower Str.	BY	
Schillerpl.	AY	
Schillerstr.	AYZ	
Schlachthofstr.	BX	
Schloßkirchpl.	AY	
Sielower Landstr.	AX	
Sielower Str.	AX	
Spremberger Str.	AY	41
Stadtpromenade	AY	42
Stadtring	ACZ	
Straße der Jugend	AZ	
Taubenstr.	AZ	
Universitäts Pl.	AX	
Vetschauer Str.	AZ	48
Vorparkstr.	CZ	
Warschauer Str.	CY	
Wasserstr.	BZ	49
Webschulallee	BX	
Wernerstr.	AYZ	
Wilhelmstr.	AZ	54
Wilhelm-Külz-Str.	AZ	51
Wilhelm-Riedel-Str.	BY	
Willy-Brandt-Str.	BYZ	
Zimmerstr.	ABX	

COTTBUS

Street	Ref
Am Nordrand	S 4
Bautzener Str.	T 7
Drachhausener Str.	S 12
Gaglower Landstr.	U 16
Gerhart-Hauptmann-Str.	S 18
Hermann-Löns-Str.	T 21
Juri-Gagarin-Str.	S 24
Kiekebuscher Str.	T 25
Kolkwitzer Str.	T 28
Marjana-Domáskojc-Str.	S 30
Neue Chausseestr. (GROSS GAGLOW)	U 33
Sachsendorfer Str.	T 37
Sachsendorfer Str. (GROSS GAGLOW)	U 39
Straße der Jugend	T 43
Ströbitzer Hauptstr.	ST 45
Tierparkstr.	T 46
Wilhelm-Külz-Str.	T 51
Zielona-Gora-Str.	U 55

COTTBUS

Radisson Blu
Vetschauer Str. 12 ⌧ 03048 – ☏ (0355) 4 76 10 – www.radissonblu.de/hotel-cottbus
241 Zim – ♦59/84 € ♦♦59/84 €, ⌕ 15 € – 11 Suiten AZa
Rest – (geschl. Sonntag) Karte 24/48 €
♦ In ein Geschäftszentrum integriertes Hotel mit gediegener Atmosphäre, der Bahnhof praktischerweise gleich vis-à-vis. Einige Zimmer sowie der Freizeitbereich in der 9. Etage bieten eine schöne Sicht.

Dorotheenhof
Waisenstr. 19 ⌧ 03046 – ☏ (0355) 7 83 80 – www.cottbus-dorotheenhof.de
62 Zim – ♦50/70 € ♦♦60/105 €, ⌕ 10 € Te
Rest – (geschl. Sonntag) (nur Abendessen) Karte 19/46 €
♦ In dem Hotel am Rande der Innenstadt übernachtet man in gepflegten, zeitgemäßen Zimmern. Wer lieber etwas mehr Platz hat, sollte nach den Doppel- oder French-Zimmern fragen.

CRAILSHEIM – Baden-Württemberg – **545** – 33 050 Ew – Höhe 414 m   56 I17
▶ Berlin 528 – Stuttgart 114 – Nürnberg 102 – Würzburg 112
ℹ Marktplatz 1, ⌧ 74564, ☏ (07951) 40 33 00, www.crailsheim.de

Post-Faber
Lange Str. 2 ⌧ 74564 – ☏ (07951) 96 50 – www.postfaber.de
57 Zim ⌕ – ♦78/88 € ♦♦98/108 € – 1 Suite
Rest – (geschl. Freitagabend - Samstagmittag) Menü 23/60 € – Karte 34/48 €
♦ Das Stadthaus am Anfang der Fußgängerzone ist ein familiär geleitetes Hotel, das über komfortable und auch einige einfachere Gästezimmer verfügt. Bürgerlich-regional ist das Angebot im Restaurant und im Post-Stüble.

Stadthotel Crailsheim garni
Worthingtonstr. 39 ⌧ 74564 – ☏ (07951) 2 96 00 – www.stadthotel-crailsheim.de
– geschl. Ende Dezember - Anfang Januar, über Ostern
36 Zim ⌕ – ♦67/73 € ♦♦90/100 € – 2 Suiten
♦ Ein ansprechendes, hell und geradlinig-modern gehaltenes Hotel an einer Grünzone am Zentrumsrand. Lichter Frühstücksraum mit Terrasse unter einer schönen alten Trauerweide.

In Crailsheim-Westgartshausen Süd-Ost: 5 km

Zum Hirsch
Westgartshausener Hauptstr. 16 ⌧ 74564 – ☏ (07951) 9 72 00 – www.stirn-hotel.de
24 Zim ⌕ – ♦48/50 € ♦♦75/80 € Rest – (nur Abendessen) Karte 16/32 €
♦ Das freundlich-familiär geführte Hotel liegt relativ ruhig im Dorf und bietet praktisch und zeitgemäß ausgestattete Gästezimmer sowie ein gutes Frühstück. Regionale Küche in einem gegenüberliegenden Gasthof a. d. J. 1862, davor die nett gestaltete Terrasse.

CREUSSEN – Bayern – **546** – 4 700 Ew – Höhe 442 m   51 L15
▶ Berlin 367 – München 222 – Coburg 83 – Bayreuth 13

Im Gärtlein
Im Gärtlein 1 ⌧ 95473 – ☏ (09270) 6 50 – www.im-gaertlein.de
11 Zim ⌕ – ♦33/36 € ♦♦54/58 €
Rest – (geschl. Montagmittag) Menü 13 € – Karte 14/32 €
♦ Das Gästehaus einer beim Sportplatz am Ortsrand gelegenen Gaststätte überzeugt mit zeitgemäßen, hell möblierten und funktionell ausgestatteten Zimmern.

CRIMMITSCHAU – Sachsen – **544** – 21 170 Ew – Höhe 238 m   42 N13
▶ Berlin 262 – Dresden 114 – Gera 39 – Leipzig 72
ℹ Markt 1, ⌧ 08451, ☏ (03762) 90 10 18, www.crimmitschau.de

CRIMMITSCHAU

Villa Vier Jahreszeiten
Gabelsbergerstr. 12 ⊠ 08451 – ℰ (03762) 7 59 81 10 – www.villa-vierjahreszeiten.de
10 Zim – †90/100 € ††120/140 €, ⌑ 12 € – 1 Suite
Rest – *(geschl. Dienstag)* Menü 25/50 € – Karte 22/45 €
- Wer das stilvolle Flair der aufwändig restaurierten Fabrikantenvilla (1903-1906 erbaut) für sich entdeckt hat, wird gerne wieder herkommen. Das Anwesen ist schon ein Schmuckstück und alles andere als "von der Stange"! Im öffentlichen Vital Center (1 Gehminute entfernt und ebenfalls von den Hotelbesitzern geleitet) kann man Körper und Seele etwas Gutes tun.

CRIVITZ – Mecklenburg-Vorpommern – 542 – 5 110 Ew – Höhe 40 m   12 L5
▶ Berlin 194 – Schwerin 20 – Parchim 24 – Wismar 61

Waldschlösschen
Schweriner Chaussee 8 (West: 5 km, über B 321 Richtung Schwerin) ⊠ 19089 – ℰ (03863) 5 43 00 – www.waldschloesschen-mv.de
20 Zim – †65/78 € ††80/90 € – 2 Suiten   **Rest** – Karte 22/32 €
- Das familiär geleitete kleine Hotel steht am Waldrand in verkehrsgünstiger Lage nahe Schwerin. Hübsch ist das Hochzeitszimmer. Auch Kosmetikanwendungen werden angeboten. Restaurant mit Wintergarten und Terrasse zum Garten mit Teich.

CUXHAVEN – Niedersachsen – 541 – 50 850 Ew – Höhe 2 m   9 G4
– Nordseeheilbad
▶ Berlin 421 – Hannover 222 – Bremerhaven 43 – Hamburg 130
🛈 Lichtenbergplatz Y, ⊠ 27472, ℰ (04721) 3 60 46, www.cuxhaven.de
⛳ Cuxhaven-Oxstedt, Hohe Klint 32, ℰ (04723) 27 37

In Cuxhaven-Duhnen Nord-West: 6 km über Strichweg Y

Strandperle (mit Appartementhäusern)
Duhner Strandstr. 15, (Zufahrt über Am Wattenweg)
⊠ 27476 – ℰ (04721) 4 00 60 – www.strandperle-hotels.de
82 Zim ⌑ – †101/135 € ††145/195 € – ½ P 24 € – 17 Suiten
Rest – Menü 30/49 € – Karte 32/56 €
- Das Hotel bietet von einigen Zimmern sowie vom Ruhebereich des Spa einen schönen Blick zum Meer. Am komfortabelsten ist der Admiralsflügel, hier auch die schöne Suite Queen Mary. Internationale Küche in den Restauranträumen. Terrasse an der Promenade.

Badhotel Sternhagen
Cuxhavener Str. 86 ⊠ 27476 – ℰ (04721) 43 40 – www.badhotel-sternhagen.de – geschl. 18. November - 20. Dezember
48 Zim ⌑ – †190/205 € ††220/260 € – ½ P 30 € – 9 Suiten
Rest *Sterneck* ✾✾ **Rest** *Panorama-Restaurant Schaarhörn* **Rest** *Ekendöns*
– siehe Restaurantauswahl
- Das überaus freundliche Personal ist nur einer der Vorzüge des seit über 50 Jahren bestehenden Familienbetriebs. Hinzu kommen die tolle Lage mit Seeblick sowie das klassisch-elegante Interieur. Auch der weitläufige Liegebereich wird sehr geschätzt.

Strandhotel Duhnen (mit Aparthotel Kamp)
Duhner Strandstr. 5
⊠ 27476 – ℰ (04721) 40 30 – www.kamp-hotels.de
95 Zim ⌑ – †64/168 € ††116/183 € – ½ P 22 € – 9 Suiten
Rest – Menü 32/42 € – Karte 27/66 €
- Das traditionsreiche Hotel überzeugt mit seiner Lage an der Strandpromenade und der komfortablen, neuzeitlich-eleganten Ausstattung. Gönnen Sie sich das volle Beauty- und Wohlfühlprogramm des "Levitas WELLSPA"! Klassisches Restaurant im 1. Stock mit großer Fensterfront, dazu Bistro und gediegene Lido Bar.

Annenstr.	**Y** 4
Bahnhofstr.	**Z** 6
Blohmstr.	**Y** 7
Fährstr.	**Y** 8
Friedrich-Carl-Str.	**Z** 10
Grodener Chaussee	**Z** 12
Helgoländer Str.	**Y** 14
Kaemmererpl.	**Z** 16
Konrad-Adenauer-Allee	**Z** 17
Nordersteinstr.	**Z**
Schillerpl.	**Z** 18
Schillerstr.	**Y** 20
Stresemannpl.	**Y** 21
Werner-Kammann-Str.	**YZ** 23
Westerreihe	**Z** 24
Zollkaje	**Y** 27

XXX **Sterneck** – Badhotel Sternhagen
※※ Cuxhavener Str. 86 ✉ 27476 – ☎ (04721) 43 40 – www.badhotel-sternhagen.de
– geschl. Ende Juli - Mitte August, 18. November - 20. Dezember und Montag
- Mittwoch
Rest – (ab 13 Uhr geöffnet) Menü 50 € (vegetarisch)/130 € – Karte 78/90 €
Spez. Kabeljau in Kräuteröl pochiert, mit Spargel und Pfifferlingen. Seehecht mit Krustentierjus, Petersiliengraupen und Labskaus. Bio-Poularde vom Hof Hasselbring mit Morchelcrêpes, Zitronenjus und Spargel.
♦ In fein-maritimem Ambiente nehmen Sie an einem der hochwertig eingedeckten Tische Platz und schauen durch große Panoramafenster auf die Nordsee. Aus 540 Gewächsen empfiehlt man Ihnen den passenden Wein. Küchenchef Markus Kebschull kocht klassisch.

CUXHAVEN

XXX Panorama-Restaurant Schaarhörn – Badhotel Sternhagen
Cuxhavener Str. 86 ⊠ 27476 – ℰ (04721) 43 40
– www.badhotel-sternhagen.de – geschl. 18. November - 20. Dezember
Rest – Menü 40/56 € – Karte 50/63 €
♦ Ganz im Stil hanseatischer Eleganz eingerichtet, bietet man Ihnen hier einen Ausblick, der unbezahlbar ist: auf die unberührte Natur des Weltnaturerbes Niedersächsisches Wattenmeer.

X Ekendöns – Badhotel Sternhagen
Cuxhavener Str. 86 ⊠ 27476 – ℰ (04721) 43 40 – www.badhotel-sternhagen.de
– geschl. 18. November - 20. Dezember
Rest – (nur Abendessen) Karte 38/51 €
♦ Ein Blick in die Stube lässt sofort ein Gefühl der Gemütlichkeit aufsteigen - dafür sorgen 300 Jahre alte Eichenbalken eines norddeutschen Bauernhauses, ein schmucker Kaminofen und eine herzhafte Küche.

In Cuxhaven-Sahlenburg West: 10 km über Westerwischweg Z

Wattenkieker
Am Sahlenburger Strand 27 ⊠ 27476 – ℰ (04721) 20 00 – www.wattenkieker.de
– geschl. Ende November - Mitte Februar
22 Zim – †59/89 € ††69/155 €
Rest – (Februar - März: Montag - Donnerstag nur Abendessen) Karte 18/32 €
♦ Das familiengeführte Hotel hat einen Logenplatz am Strand. Jedes der Gästezimmer verfügt über einen Balkon, die meisten bieten direkten Meerblick. Restaurantterrasse zur See.

Muschelgrund garni
Muschelgrund 1 ⊠ 27476 – ℰ (04721) 20 90 – www.muschelgrund.de – geschl.
31. Oktober - 1. März
17 Zim – †49/91 € ††70/128 €
♦ Sympathisch leitet Familie Finck das kleine Hotel mit gutem Preis-Leistungs-Verhältnis. Tipptopp gepflegte Zimmer, eine moderne Lounge in warmen Tönen und ein leckeres Frühstück.

DACHAU – Bayern – 546 – 42 120 Ew – Höhe 505 m 65 L20
▶ Berlin 583 – München 19 – Augsburg 54 – Landshut 72
ADAC Münchner Str. 46 a
🛈 Konrad-Adenauer-Str. 1, 85221, ℰ (08131) 7 52 87, www.dachau.de
🏌 Dachau, An der Floßlände 1, ℰ (08131) 1 08 79
🏌18 Eschenried, Am Kurfürstenweg 13, ℰ (08131) 56 74 56
🏌18 Markt Indersdorf, ℰ (08131) 5 67 40

Central garni
Münchner Str. 46a ⊠ 85221 – ℰ (08131) 56 40 – www.hotel-central-dachau.de
46 Zim – †81/135 € ††95/181 €
♦ In diesem Hotel erwarten Sie ein netter Empfangsbereich mit kleinem Salon und zeitgemäße, wohnliche Gästezimmer. Nachmittags: Café-Angebot.

XX Schwarzberghof mit Zim
Augsburger Str. 105 ⊠ 85221 – ℰ (08131) 33 80 60 – www.schwarzberghof.eu
– geschl. Montag
8 Zim – †67/87 € ††87/127 € **Rest** – Karte 19/54 €
♦ Etwas außerhalb liegt der typische Gasthof, der mit hellem Holz freundlich im bayerischen Stil eingerichtet ist. Geboten werden bürgerlich-regionale Speisen.

In Dachau-Ost

Aurora
Roßwachtstr. 1 ⊠ 85221 – ℰ (08131) 5 15 30 – www.aurorahoteldachau.de
14 Zim – †88 € ††129 € – 1 Suite **Rest** – (nur Abendessen für Hausgäste)
♦ In einem Wohngebiet befindet sich dieses gut geführte Hotel mit hell möblierten, gediegenen Zimmern und einem ansprechenden Saunabereich mit Massage. Das Restaurant mit eleganter Note wird ergänzt durch einen kleinen Wintergarten und eine begrünte Terrasse.

DACHAU

Huber garni
Josef-Seliger-Str. 7 ⊠ 85221 – ℰ (08131) 5 15 20 – www.hotelhuber-garni.de – geschl. 23. Dezember - 9. Januar
15 Zim ⊇ – †68/110 € ††88/135 €
◆ Das in einer recht ruhigen Wohngegend gelegene Hotel bietet zeitgemäße, praktisch ausgestattete Gästezimmer sowie ein gutes Frühstück.

In Bergkirchen-Günding West: 3 km, Richtung Fürstenfeldbruck

Forelle garni
Brucker Str. 16 ⊠ 85232 – ℰ (08131) 5 67 30 – www.hotel-forelle-dachau.de – geschl. Weihnachten - 6. Januar
20 Zim ⊇ – †69/98 € ††79/145 € – 1 Suite
◆ In diesem Haus stehen individuelle Gästezimmer zur Verfügung. Die Chefin hat ein Faible für schöne Betten, die in allen Räumen unterschiedlich sind. Spielzimmer für Kinder.

DAHN – Rheinland-Pfalz – **543** – 4 560 Ew – Höhe 210 m – Luftkurort   53 D17
▶ Berlin 698 – Mainz 143 – Karlsruhe 57 – Saarbrücken 82
🛈 Schulstr. 29, ⊠ 66994, ℰ (06391) 9 19 62 22, www.dahner-felsenland.net
◉ Dahner Felsenland★★
◉ Burg Berwartstein★, Süd-Ost: 11 km

Pfalzblick
Goethestr. 1 ⊠ 66994 – ℰ (06391) 40 40 – www.pfalzblick.de
71 Zim ⊇ – †80/99 € ††139/179 € – ½ P 28 € – 1 Suite
Rest – Menü 30/65 € – Karte 33/52 €
◆ "Wandern, Wein & Wellness" lautet das Motto. Die ruhige Waldrandlage ist ideal für Wanderungen. Im Spa entspannt man auf über 1000 qm u. a. bei Beauty-Behandlungen oder im Panorama-Ruheraum. Gute Weinkarte im Restaurant; das Ambiente: in elegantem Rot oder eher ländlich, dazu eine herrliche Terrasse mit Pfalzblick.

In Bruchweiler-Bärenbach Süd-Ost: 6 km über B 427 Richtung Bad Bergzabern, dann rechts ab

Landhaus Felsengarten garni
Gartenstr. 78 ⊠ 76891 – ℰ (06394) 16 61 – www.gaestehaus-felsengarten.de
10 Zim ⊇ – †42/50 € ††62/75 € – 1 Suite
◆ Das tipptopp gepflegte Haus der Familie Becker liegt ruhig am Ortsrand, Rad- und Wanderwege direkt vor der Tür. Wer es weniger aktiv mag, macht es sich im schönen Garten gemütlich. Die freundlichen Zimmer sind nach Bergen und Felsen der Umgebung benannt.

DAMME – Niedersachsen – **541** – 16 430 Ew – Höhe 63 m   17 E8
▶ Berlin 416 – Hannover 114 – Bielefeld 89 – Bremen 98
🛈 Mühlenstr. 12, ⊠ 49401, ℰ (05491) 99 66 67, www.dammer-berge.de

Lindenhof Hotel Tepe
Osterdammer Str. 51 ⊠ 49401 – ℰ (05491) 9 71 70 – www.lindenhof-hotel-tepe.de
37 Zim ⊇ – †85/99 € ††140/150 € – 2 Suiten
Rest *Lindenhof Hotel Tepe* – siehe Restaurantauswahl
◆ Der Sohn der Gastgeber, Innenarchitekt und Künstler, hat beim Interieur des Hauses mitgewirkt. Zimmer teils mit Balkon, ganz modern sind die im Neubau. Gratis W-Lan im öffentlichen Bereich.

XX Lindenhof Hotel Tepe – Lindenhof Hotel Tepe
Osterdammer Str. 51 ⊠ 49401 – ℰ (05491) 9 71 70 – www.lindenhof-hotel-tepe.de – geschl. Januar 1 Woche, August 1 Woche und Sonntagabend
Rest – Menü 23/65 € – Karte 27/53 €
◆ Ein altes Sofa aus Omas Zeiten fügt sich wunderbar in ein Sammelsurium, welches davon lebt, dass Dinge unterschiedlichster Art trotzdem ein stimmiges Gesamtbild ergeben.

DAMSHAGEN – Mecklenburg-Vorpommern – 542 – 910 Ew – Höhe 20 m   11 K4
▶ Berlin 241 – Schwerin 38 – Lübeck 35 – Rostock 87

In Damshagen-Parin Süd-Ost: 5 km

Gutshaus Parin (mit Gästehaus)
Am Wirtschaftshof 1 ✉ *23948 –* ✆ *(03881) 75 68 90 – www.gutshaus-parin.de*
30 Zim – †69/115 € ††88/180 €   **Rest** – *(nur Abendessen für Hausgäste)*
◆ Schön ruhig liegt das sorgsam sanierte Gutshaus in dörflicher Umgebung. Eine charmante Adresse mit wohnlichen Zimmern, die auf ökologischer Basis hochwertig eingerichtet wurden. Tagungsmöglichkeiten. Restaurant im Gewölbekeller.

DANNENBERG – Niedersachsen – 541 – 8 210 Ew – Höhe 12 m   20 K6
▶ Berlin 223 – Hannover 137 – Schwerin 80 – Lüneburg 51
ℹ Am Markt 5, ✉ 29451, ✆ (05861) 80 85 45, www.luechow-dannenberg.de
Zernien, Braasche 3, ✆ (05863) 5 56

Marschtor garni
Marschtorstr. 43 ✉ *29451 –* ✆ *(05861) 98 36 10 – www.daasch.de*
7 Zim – †44/54 € ††59/69 €, ⚏ 5 €
◆ Die freundlichen Gastgeber schaffen in ihrem kleinen Hotel in einer Häuserzeile in der Altstadt eine sehr persönliche Atmosphäre. Es stehen nette helle Zimmer bereit.

DANNENFELS – Rheinland-Pfalz – siehe Kirchheimbolanden

DARMSTADT – Hessen – 543 – 143 340 Ew – Höhe 144 m   47 F15
▶ Berlin 569 – Wiesbaden 44 – Frankfurt am Main 36 – Mannheim 50
ADAC Marktplatz 4 X
ℹ Luisenplatz 5 X, ✉ 64283, ✆ (06151) 13 45 13, www.darmstadt-marketing.de
Mühltal-Traisa, Am Dippelshof 19, ✆ (06151) 14 65 43
Worfelden, Im Bachgrund 1, ✆ (06152) 5 18 01
Riedstadt-Leeheim, Landgut Hof Hayna, ✆ (06158) 74 73 85
◉ Hessisches Landesmuseum ★ M¹ – Prinz-Georg-Palais (Porzellansammlung★) M² X

WELCOME
Karolinenplatz 4 ✉ *64289 –* ✆ *(06151) 3 91 40 – www.welcome-hotels.com*
208 Zim – †135 € ††135 €, ⚏ 17 € – 10 Suiten   Xc
Rest *Herrngarten –* ✆ *(06151) 3 91 43 93 (geschl. Samstag und Sonntag)*
Menü 49 € – Karte 30/100 €
Rest *Moller –* ✆ *(06151) 3 91 43 90 – Karte 18/28 €*
◆ Eine zeitgemäße Businessadresse neben Kongresszentrum und Schloss. Man bietet eine großzügige Lobby und teilweise besonders komfortable Zimmer. Eine Terrasse mit Blick ins Grüne ergänzt das Restaurant Herrngarten. Bistro Moller mit Empore und Bar.

friends Darmstadt Mathildenhöhe garni
Spessartring 53 ✉ *64287 –* ✆ *(06151) 39 15 50 – www.hotel-friends-darmstadt.de*
– geschl. Weihnachten - 6. Januar   Yf
22 Zim – †111 € ††121 €, ⚏ 13 €
◆ Das Hotelgebäude ist nicht sonderlich schön, muss es aber auch nicht sein, denn hier geht es um innere Werte! Die Philosphie lautet "Freunde gewinnen und behalten" - und das geht am besten mit Individualität: im Design, aber vor allem durch zahlreiche kleine Liebenswürdigkeiten!

Ramada
Eschollbrücker Str.16 ✉ *64295 –* ✆ *(06151) 38 50 – www.ramada.de/darmstadt*
166 Zim – †116/136 € ††121/141 €, ⚏ 14 €   **Rest** – Karte 29/55 €   Zs
◆ Das Hotel ist ganz auf Geschäftsreisende ausgelegt und verfügt über funktionelle Zimmer, die im Rundbau großzügiger geschnitten sind.

Darmstadt garni
Grafenstr. 31 ✉ *64283 –* ✆ *(06151) 2 81 00 – www.hotel-darmstadt.bestwestern.de*
– geschl. 21. Dezember - 1. Januar   Xe
77 Zim ⚏ – †112/124 € ††132/144 €
◆ Engagiert leiten Vater und Sohn dieses mit zeitgemäßen Zimmern ausgestattete Hotel, das in ein Parkhaus mitten im Zentrum integriert ist.

DARMSTADT

Arheilger Str.	Y	2
Elisabethenstr.	X	3
Ernst-Ludwig-Str.	X, Y	4
Feldbergstr.	Y	5
Gräfenhauser Str.	Y	6
Gutenbergstr.	Y	7
Heidenreichstr.	Y	8
Hobrechtstr.	Z	9
Hölgesstr.	X	10
Hohler Weg	Y	12
Holzstr.	X	13
Kirchstr.	X	14
Klappacher Str.	Z	15
Landgraf-Georg-Str.	X	16
Lautenschlägerstr.	X	17
Liebfrauenstr.	X	
Ludwigstr.	X	
Luisenpl.	X	
Marktpl.	X	19
Mollerstr.	Y	21
Olbrichweg	Y	22
Pädagogstr.	X	24
Pützerstr.	Y	
Rheinstr.	Y	
Riedeselstr.	Z	25
Schloßgartenstr.	X, Y	26
Schützenstr.	X	30
Steubenpl.	X	31
Teichhausstr.	X	32
Wilhelminenstr.	X, Y	34
Wilhelm-Leuschner-Str.	X	35
Zeughausstr.	X	36

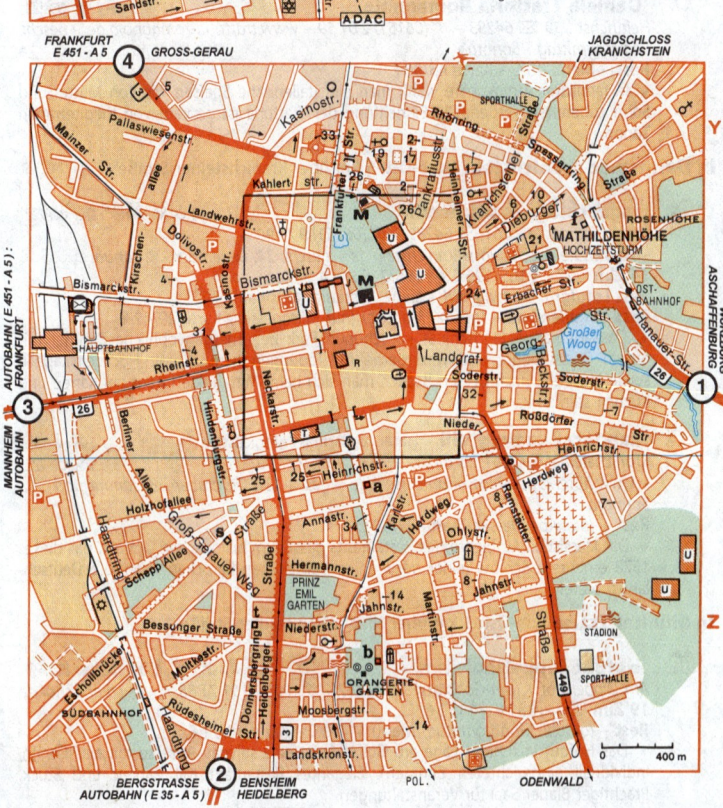

DARMSTADT

Weißer Schwan
Frankfurter Landstr. 190 (über Frankfurter Straße) Y – ✉ 64291 – ✆ (06151) 37 17 02
– www.weisser-schwan-darmstadt.de
20 Zim – †59/79 € ††89/109 €   **Rest** – Karte 22/41 €
♦ In dem gepflegten Hotel stehen praktische und zeitgemäße Gästezimmer zur Verfügung, die teilweise auch für Familien geeignet sind. Das Restaurant mit nettem freundlich-ländlichem Ambiente bietet frische bürgerliche Küche.

Donnersberg garni
Donnersbergring 38 – ✉ 64295 – ✆ (06151) 3 10 40 – www.hotel-donnersberg.de
– geschl. 1. - 8. Januar und 21. - 31. Dezember   Zt
18 Zim – †54/94 € ††73/110 €, ⌑ 5 €
♦ Am Donnersbergring nahe der Innenstadt finden Sie das kleine Hotel, das individuell geleitet wird und gepflegte, solide Zimmer bietet. Aufenthaltsraum mit Kaffee-/Teebar.

Orangerie
Bessunger Str. 44 – ✉ 64285 – ✆ (06151) 3 96 64 46 – www.orangerie-darmstadt.de
Rest – Menü 35/60 € – Karte 46/75 €   Zb
♦ Im schönen Orangerie-Park in der Innenstadt steht das historische Gebäude mit lichtem, elegantem Interieur. Geboten wird mediterrane Küche aus guten Produkten.

Daniela Trattoria Romagnola
Heinrichstr. 39 – ✉ 64283 – ✆ (06151) 2 01 59 – www.trattoria-romagnola.de – geschl. Samstagmittag - Sonntag   Za
Rest – Menü 48 € – Karte 45/96 €
♦ In familiärer Atmosphäre wählt man hier italienische Speisen, die von Mutter und Sohn zubereitet werden. Die Einrichtung der Trattoria ist geprägt von mediterranen Tönen.

In Darmstadt-Kranichstein Nord-Ost: 5 km über Kranichsteiner Straße Y

Jagdschloss Kranichstein
Kranichsteiner Str. 261 – ✉ 64289 – ✆ (06151) 9 77 90
– www.hotel-jagdschloss-kranichstein.de – geschl. 24. Dezember - 3. Januar
14 Zim – †165/195 € ††185/215 € – 4 Suiten
Rest *Landgraf Ludwig VIII* – siehe Restaurantauswahl
Rest *Kavaliersbau* – (geschl. Montag) (nur Mittagessen) Karte 29/42 €
♦ Das ehemalige Jagdschloss im schönen Park beherbergt wohnliche Zimmer mit gutem Platzangebot und wird gerne für Tagungen genutzt. Mit Hochzeitskapelle sowie Museum, nach dessen Besuch man sich beim Mittagessen oder bei Kaffee und Kuchen stärken kann.

Landgraf Ludwig VIII – Hotel Jagdschloss Kranichstein
Kranichsteiner Str. 261 – ✉ 64289 – ✆ (06151) 9 77 90
– www.hotel-jagdschloss-kranichstein.de – geschl. 24. Dezember - 3. Januar und Sonntag
Rest – (nur Abendessen) Karte 37/59 €
♦ Das klassische Ambiente des Restaurants passt zum historischen Umfeld, das dieses 1578 errichtete Schloss (einer der wenigen erhaltenen barocken Jägerhöfe Deutschlands) bietet.

In Mühltal-Traisa Süd-Ost: 5 km über Nieder-Ramstädter-Straße Z

Hofgut Dippelshof
Am Dippelshof 1 (am Golfplatz) – ✉ 64367 – ✆ (06151) 91 71 88 – www.dippelshof.de
19 Zim ⌑ – †89 € ††132 €
Rest – (geschl. Montagmittag) Menü 41/70 € – Karte 38/71 €
♦ Das Hofgut in ruhiger Lage am Golfplatz ist eine stilvolle Adresse mit klassischen, individuell eingerichteten Zimmern. Elegantes Restaurant mit Parkett und Stuck. Prächtiger Blauer Saal für Veranstaltungen.

DARSCHEID – Rheinland-Pfalz – siehe Daun

DATTELN – Nordrhein-Westfalen – **543** – 35 760 Ew – Höhe 52 m　　　　**26** D10
▶ Berlin 500 – Düsseldorf 73 – Dortmund 20 – Recklinghausen 12

In Datteln-Ahsen Nord-West: 7 km über Westring

Jammertal Golf & SPA-Resort
Redderstr. 421 ⌧ 45711 – ℰ (02363) 37 70
– www.jammertal.de
105 Zim ⊇ – †95/248 € ††160/260 € – 10 Suiten
Rest – Menü 35/55 € – Karte 36/50 €
• Das gewachsene Landhotel in einer Waldlichtung ist ideal für Wellnessgäste und Golfer. Wohnliche, sehr unterschiedlich geschnittene Zimmer sowie Spa auf über 3000 qm. Schwimmteich. Elegant-rustikales Restaurant mit hübschem Glaspavillon.

DAUN – Rheinland-Pfalz – **545** – 8 220 Ew – Höhe 410 m – Heilklimatischer　**45** B14
Kurort, Kneippkurort und Mineralheilbad
▶ Berlin 666 – Mainz 161 – Trier 76 – Bonn 79
🛈 Leopoldstr. 5, ⌧ 54550, ℰ (06592) 9 51 30, www.ferienregion-daun.de

Kurfürstliches Amtshaus Dauner Burg
Burgfriedstr. 28 ⌧ 54550 – ℰ (06592) 92 50
– www.daunerburg.de – geschl. 3. – 26. Januar
28 Zim ⊇ – †70/85 € ††135/145 € – ½ P 30 € – 1 Suite
Rest *Kurfürstliches Amtshaus Dauner Burg* – siehe Restaurantauswahl
• In der einstigen Burg auf einem vulkanischen Berg im Zentrum wohnt man in stilvollen individuellen Zimmern mit moderner Technik und entspannt im hübschen kleinen Spa.

Panorama
Rosenbergstr. 26 ⌧ 54550 – ℰ (06592) 93 40 – www.hotelpanorama.de – geschl. 22. Februar – 16. März
26 Zim ⊇ – †66/77 € ††118/136 € – ½ P 17 €
Rest – (geschl. Montag - Dienstagmittag) Karte 30/52 €
• Die sehr schöne Lage am Hang, behagliche moderne Gästezimmer im Landhausstil und ein gutes Wellnessangebot machen diesen Familienbetrieb aus. Ambitionierte Küche und freundlicher Service im Restaurant. Kleiner Wintergarten und Terrasse mit Blick auf Daun.

Kurfürstliches Amtshaus Dauner Burg – Hotel Kurfürstliches Amtshaus Dauner Burg
Burgfriedstr. 28 ⌧ 54550 – ℰ (06592) 92 50
– www.daunerburg.de – geschl. 3. – 26. Januar
Rest – (Montag - Samstag nur Abendessen) Menü 28/70 € – Karte 55/65 €
• Aus Tradition ist von der Tapete über das Interieur bis zur Tischwäsche alles elegant und klassisch - ein ansprechendes Umfeld für die ambitioniert und saisonal zubereiteten Speisen, die z. B. in Form des Menüs "Graf Leopold" angeboten werden.

In Schalkenmehren Süd-Ost: 6 km, in Gemünden links ab – Erholungsort

Landgasthof Michels
St.-Martin-Str. 9 ⌧ 54552 – ℰ (06592) 92 80 – www.landgasthof-michels.de
49 Zim ⊇ – †71/95 € ††120/170 € – ½ P 25 € – 2 Suiten　**Rest** – Karte 25/47 €
• Ein ansprechendes gewachsenes Landhotel unter familiärer Leitung mit wohnlichen Zimmern unterschiedlicher Kategorien und vielfältigem Spabereich. Sympathisch-ländlich ist das Ambiente im Restaurant.

Schneider am Maar
Maarstr. 22 ⌧ 54552 – ℰ (06592) 9 55 10 – www.hotelschneider.de
– geschl. 20. - 25. Dezember
25 Zim ⊇ – †38/75 € ††72/138 € – ½ P 17 € – 4 Suiten　**Rest** – Karte 15/49 €
• Das familiengeführte Haus ist eine gepflegte ländliche Adresse mit funktionellen Zimmern, recht großzügigem Saunabereich und netter Liegewiese am Maar. Internationale Küche und eine Saisonkarte mit kleinem Vitalangebot im Restaurant mit schöner Terrasse.

DAUN

In Darscheid Nord-Ost: 6 km über B 257 – Erholungsort

※※ **Kucher's Gourmet** mit Zim   Rest, P VISA ⦿ AE
Karl-Kaufmann-Str. 2 ⊠ *54552* – ℰ *(06592) 6 29*
– *www.kucherslandhotel.de* – *geschl. 3. - 25. Januar und Montag - Dienstag*
14 Zim ⊡ – †48/75 € ††96/100 € – ½ P 22 €
Rest *Weinwirtschaft kleines Kucher* – siehe Restaurantauswahl
Rest – *(Mittwoch - Samstag nur Abendessen)* Menü 64/82 € – Karte 39/72 €
♦ Ein helles elegantes Restaurant mit sehr guter Tischkultur und klassischer Küche. Die beeindruckende Weinauswahl zählt zu einer der besten des Landes. Wohnlich und individuell sind die hübschen Gästezimmer.

※ **Weinwirtschaft kleines Kucher** – Restaurant Kucher's Gourmet
Karl-Kaufmann-Str. 2 ⊠ *54552* – ℰ *(06592) 6 29*   P VISA ⦿ AE
– *www.kucherslandhotel.de* – *geschl. 3. - 25. Januar und Montag - Dienstagmittag*
Rest – Karte 25/64 €
♦ Ungewöhnliche Stücke verschiedener Stilrichtungen und viele dekorative Kleinigkeiten machen den Charme der rustikalen Weinwirtschaft aus.

DEDELEBEN – Sachsen-Anhalt – **542** – 7 990 Ew – Höhe 98 m   **30** K9
▶ Berlin 223 – Magdeburg 79 – Braunschweig 45

🏨 **Wasserschloß Westerburg**   Zim,
Westerburg 34 ⊠ *38836* – ℰ *(039422) 95 50*   P VISA ⦿ AE
– *www.hotel-westerburg.de*
58 Zim ⊡ – †90/150 € ††140/260 € – 2 Suiten
Rest – Menü 29 € – Karte 30/58 €
♦ Einzigartig, romantisch und wie gemacht für Hochzeiten! In der ältesten Wasserburg Deutschlands (im 8. Jh. Stützpunkt von Karl dem Großen) finden sich natürlich hier und da auch Antiquitäten. Eindrucksvolles gotisches Gewölbe im Restaurant. Terrasse am Wassergraben mit Blick in den Park.

DEDELSTORF – Niedersachsen – siehe Hankensbüttel

DEGGENDORF – Bayern – **546** – 31 540 Ew – Höhe 314 m   **59** O18
– Wintersport: 800 m ⸝3
▶ Berlin 563 – München 144 – Passau 51 – Landshut 74
ADAC Graflinger Str. 2
🛈 Oberer Stadtplatz 1, ⊠ 94469, ℰ (0991) 2 96 05 35, www.deggendorf.de
⛳ Schaufling, Rusel 123, ℰ (09920) 89 11

🏨 **Donauhof**   Rest, P VISA ⦿ AE
Hafenstr. 1 ⊠ *94469* – ℰ *(0991) 3 89 90*
– *www.hotel-donauhof.de*
60 Zim ⊡ – †56/68 € ††81/93 € – 3 Suiten
Rest – *(geschl. August 2 Wochen und Sonntag) (nur Abendessen)* Karte 20/28 €
♦ Das aus einem alten Lagerhaus a. d. 19. Jh. entstandene Hotel beherbergt Zimmer in drei Stilrichtungen: funktional, toskanisch oder ganz modern. Elegante Tagungsräume. Wintergarten und urige Weinstube ergänzen das Restaurant.

🏨 **Höttl**   P VISA ⦿
Luitpoldplatz 22, (Zufahrt über Lateinschulgasse) ⊠ *94469* – ℰ *(0991) 3 71 99 60*
– *www.hoettl.de*
42 Zim ⊡ – †53/65 € ††83 € – ½ P 15 € – 3 Suiten
Rest – Karte 15/32 €
♦ In dem gepflegten historischen Stadthaus in zentraler Lage stehen wohnliche Zimmer mit mediterranem Touch bereit. W-Lan bietet man kostenlos. Rustikale Gaststube mit Terrasse vor dem Haus und im Hinterhof.

DEGGENDORF

※※ La padella
Rosengasse 7 ⊠ 94469 – ℰ (0991) 55 41
– www.la-padella.de – geschl. Montag
Rest – (nur Abendessen) (Tischbestellung ratsam) Menü 35/60 € – Karte 27/48 €
♦ In der Innenstadt findet man das recht intim wirkende Restaurant mit vorgelagerter Terrasse. Bei gepflegter Tischkultur und persönlicher Atmosphäre serviert man saisonal beeinflusste Küche.

※ Grauer Hase
Untere Vorstadt 12 ⊠ 94469 – ℰ (0991) 37 12 70
– www.grauer-hase.net
Rest – Karte 22/47 €
♦ Ein über 200 Jahre alter Gasthof mit schönem Biergarten und sieben hübschen, individuellen Stuben auf zwei Etagen. Traditionelle und internationale Küche - mittags einfache Zusatzkarte.

In Deggendorf-Natternberg Süd-West: 6 km, jenseits der A 3

Burgwirt (mit Gästehaus)
Deggendorfer Str. 7 ⊠ 94469 – ℰ (0991) 3 00 45
– www.hotel-burgwirt.de – geschl. August
30 Zim – †52/55 € ††75/80 € – ½ P 15 € – 3 Suiten
Rest – (geschl. Sonntagabend - Montagmittag) Karte 15/28 €
♦ Das Hotel der Familie Bornschlegl liegt (praktisch für alle, die es aktiv mögen) am Donau-Radweg. Alle Zimmer haben die freundliche und warme Gestaltung gemeinsam - im Gästehaus in klaren, modernen Formen, im Haupthaus etwas klassischer. Auch das Restaurant zeigt verschiedene Facetten, von ländlich mit Kachelofen bis neuzeitlich-gediegen im Wintergarten.

DEGGENHAUSERTAL – Baden-Württemberg – 545 – 4 260 Ew 63 H21
– Höhe 544 m
▶ Berlin 728 – Stuttgart 144 – Konstanz 33 – Ravensburg 20
▣ Deggenhausertal, Unterhomberg 4, ℰ (07555) 91 96 30

In Deggenhausertal-Limpach

Mohren
Kirchgasse 1 ⊠ 88693 – ℰ (07555) 93 00
– www.naturhotel-mohren.de – geschl. 8. Januar - 3. Februar
32 Zim – †60/100 € ††80/160 € – 1 Suite
Rest *Mohren* – siehe Restaurantauswahl
♦ Ein erweiterter Gutsgasthof in ruhiger Lage. Die Zimmer sind überwiegend in ansprechendem modern-ländlichem Stil gehalten, schön ist auch der hochwertige Spabereich.

※ Mohren – Hotel Mohren
Kirchgasse 1 ⊠ 88693 – ℰ (07555) 93 00
– www.naturhotel-mohren.de – geschl. 8. Januar - 3. Februar und Montag - Dienstag
Rest – Karte 21/47 €
♦ Patron Jürgen Weizenegger versteht sein Handwerk! Als gelernter Landwirt und Koch weiß er genau, was er für seine Gäste will - alle Produkte stammen vom eigenen Bio-Hof.

In Deggenhausertal-Roggenbeuren

Landhotel Krone
Lindenplatz 2 ⊠ 88693 – ℰ (07555) 9 22 90
– www.hotel-krone-roggenbeuren.de
46 Zim – †55/67 € ††94/106 € **Rest** – Karte 18/31 €
♦ Ein familiär geführtes Haus mit soliden, praktisch und freundlich gestalteten Gästezimmern. Zur Entspannung werden auch Massage- und Kosmetikbehandlungen angeboten. Zum Restaurant gehört eine hübsche Terrasse hinterm Haus.

DEGGENHAUSERTAL

In Deggenhausertal-Wittenhofen

Landhotel Adler
Roggenbeurer Str. 2 ⊠ 88693 – ☏ (07555) 2 02
– www.landhotel-adler.de – geschl. 7. Februar - 25. März
23 Zim – †53 € ††85 €
Rest – (geschl. Mittwoch - Donnerstagmittag) Karte 29/41 €
♦ Der traditionsreiche Landgasthof im Zentrum ist ein sehr gepflegtes Haus, das je nach Etage unterschiedlich eingerichtete Zimmer bietet. Nette Gaststuben mit lauschiger Terrasse. Zum regionalen Angebot gehören selbst gezüchtete Enten und Wild aus eigener Jagd.

DEIDESHEIM – Rheinland-Pfalz – 543 – 3 750 Ew – Höhe 117 m 47 E16
– Luftkurort

 Berlin 645 – Mainz 88 – Mannheim 31 – Kaiserslautern 39
ℹ Bahnhofstr. 5, ⊠ 67146, ☏ (06326) 9 67 70, www.deidesheim.de

Ketschauer Hof
Ketschauerhofstr. 1 ⊠ 67146 – ☏ (06326) 7 00 00
– www.ketschauer-hof.com
18 Zim – †130/160 € ††200/230 €, ⊇ 25 € – 1 Suite
Rest *Freundstück* ❀ **Rest** *Weinbistro Bassermännchen* – siehe Restaurantauswahl
♦ Auf dem ehemaligen Anwesen des Weinguts Bassermann-Jordan hat man ein überaus gelungenes Ensemble aus Hotel, Restaurants und Eventlocation geschaffen. Sehr zeitgemäß und exklusiv ist das Design im alten Herrenhaus. Perfekt für Veranstaltungen ist das Kelterhaus, neu das Kochatelier, in dem Kochkurse stattfinden.

Deidesheimer Hof
Am Marktplatz 1 ⊠ 67146 – ☏ (06326) 9 68 70
– www.deidesheimerhof.de – geschl. 9. - 13. Januar
28 Zim – †95/150 € ††150/200 €, ⊇ 20 € – ½ P 35 € – 3 Suiten
Rest *Schwarzer Hahn* ❀ **Rest** *St. Urban* – siehe Restaurantauswahl
♦ Traditionshaus mitten in Deidesheim. Unter der langjährigen Leitung von Familie Hahn steht das Hotel für beispielhaften Service und eine angenehme Mischung aus klassischem Stil und zeitgemäßem Komfort. Die Zimmer sind individuell, vom Businesszimmer bis zur Suite.

Steigenberger
Am Paradiesgarten 1 ⊠ 67146 – ☏ (06326) 97 00
– www.deidesheim.steigenberger.de
123 Zim ⊇ – †75/165 € ††105/195 € – ½ P 27 €
Rest – Karte 26/46 €
♦ Das Hotel liegt am Ortsrand, die Weinberge schließen sich direkt an. Zahlreiche Accessoires im angloamerikanischen Stil der 30er bis 50er Jahre sind charakteristisch für das Haus. Warme Farben in den Zimmern, Restaurant mit legerem Bistro-Ambiente.

Freundstück – Hotel Ketschauer Hof
❀
Ketschauerhofstr. 1 ⊠ 67146 – ☏ (06326) 7 00 00
– www.ketschauer-hof.com – geschl. Januar 3 Wochen und Samstagmittag, Sonntag
- Montag, außer an Feiertagen
Rest – Menü 85/139 € – Karte 78/91 €
Spez. Tatar vom Kalbsfilet auf gelierter Kalbsschwanzessenz, schwarzer Knoblauch und junge Erbsen. St. Pierre mit Spitzmorcheln, Kopfsalatemulsion und Apfeltortellini. Makrele und Sepia mit Gartengurke, Sesamcreme und Cedri-Zitrone.
♦ Geradlinigkeit und Eleganz beschreiben das Ambiente wie auch die saisonalen Speisen von Jens Fischer, zubereitet in einer teils einsehbaren Küche. Rieslingliebhaber haben ihre wahre Freude an der Weinkarte; hier finden sich viele Weine aus dem Hause Bassermann-Jordan.

DEIDESHEIM

XXX Schwarzer Hahn – Hotel Deidesheimer Hof
Am Marktplatz 1 ⊠ *67146* – ℰ *(06326) 9 68 70*
– *www.deidesheimerhof.de* – *geschl. 1. Januar - 2. Februar, Juli 3 Wochen und Sonntag - Montag, außer an Feiertagen*
Rest – *(nur Abendessen)* (Tischbestellung ratsam) Menü 58/118 €
– Karte 64/94 €
Spez. Saiblingsfilet mit Kartoffelhaus und Essenz von Kartoffeln. Milchkalbsfilet mit Sojabohnen, Roggenmayonnaise und Pak Choi. Topfensoufflé mit Tahiti Vanille, Rhabarber und sanftes Himbeeressig Eis.
♦ Das schöne weiße Gewölbe hat man mit zeitgemäß-eleganten Elementen gemischt. Die professionelle Brigade um Maître Andreas Weber serviert Ihnen ein kreatives oder ein klassisches Menü von Stefan Neugebauer und überzeugt mit versierter Weinberatung.

XX St. Urban – Hotel Deidesheimer Hof
Am Marktplatz 1 ⊠ *67146* – ℰ *(06326) 9 68 70*
– *www.deidesheimerhof.de* – *geschl. 9. - 13. Januar*
Rest – Menü 35/55 € – Karte 33/51 €
♦ In den behaglichen Restaurantstuben spürt man den traditionellen Charme eines Pfälzer Landgasthofs, trinkt heimische Weine und lässt sich gut zubereitete Klassiker servieren, darunter "Grosse Pièce".

XX Gasthaus zur Kanne
Weinstr. 31 ⊠ *67146* – ℰ *(06326) 9 66 00*
– *www.gasthauszurkanne.de* – *geschl. Montag - Dienstag*
Rest – Menü 30/62 € – Karte 28/49 €
♦ Gemütliche Stuben, ein hübscher Innenhof und gutes Essen aus der Region. Dieses Gasthaus gilt mit seinen 850 Jahren als ältestes der Pfalz. Man bietet eine sehr große Auswahl an Bürklin-Wolf-Weinen. Versuchen Sie unbedingt Pfälzer Haggis!

X Leopold
Weinstr. 10 ⊠ *67146* – ℰ *(06326) 9 66 88 88*
– *www.von-winning.de* – *geschl. Anfang Januar 3 Wochen und Mittwoch*
Rest – Karte 26/49 €
♦ Das Restaurant im Weingut von Winning kommt gut bei den Gästen an. In den einstigen Stallungen mit ihrem groben Mauerwerk und dicken Säulen ist alles klar, modern und wertig designt.

X Weinbistro Bassermännchen – Hotel Ketschauer Hof
Ketschauerhofstr. 1 ⊠ *67146* – ℰ *(06326) 7 00 00*
– *www.ketschauer-hof.com*
Rest – Menü 37/44 € – Karte 38/44 €
♦ Eine trendige und legere Alternative zum Restaurant Freundstück ist das Weinbistro Bassermännchen, in dem man zeitgemäße regionale Küche serviert.

DELBRÜCK – Nordrhein-Westfalen – **543** – 30 100 Ew – Höhe 100 m   **27 F10**
▶ Berlin 432 – Düsseldorf 171 – Bielefeld 52 – Paderborn 16

Waldkrug
Graf-Sporck-Str. 34 ⊠ *33129* – ℰ *(05250) 9 88 80*
– *www.waldkrug.de*
49 Zim – †77/92 € ††106/144 €   **Rest** – Karte 30/56 €
♦ Seit 1901 wird das Hotel von der Familie geführt. Die Zimmer sind teilweise besonders wohnlich gestaltet und mit Parkettboden ausgestattet. Englisches Flair in der Kamin-Lobby. Im Stammhaus befindet sich das gemütlich-gediegene Restaurant.

DELITZSCH – Sachsen – **544** – 26 540 Ew – Höhe 96 m   **31 N11**
▶ Berlin 162 – Dresden 116 – Leipzig 23
🛈 Schlossstr. 31, ⊠ 04509, ℰ (034202) 6 72 37, www.delitzsch.de

DELITZSCH

In Delitzsch-Schenkenberg Nord-West: 2,5 km

Schenkenberger Hof
Hofegasse 3 ⌂ 04509 – ℰ (034202) 73 00
– www.schenkenberger-hof.de – geschl. 20. - 27. Dezember
26 Zim – †46/50 € ††64/68 €
Rest – (geschl. Sonntag) (nur Abendessen) Karte 12/21 €
◆ Eine persönlich-familiäre Adresse in ruhiger Ortsrandlage, umgeben von Gärten. Man bietet freundliche, praktische Zimmer sowie die kostenfreie Nutzung des nahegelegenen Fitnessstudios.

DELMENHORST – Niedersachsen – 541 – 74 520 Ew – Höhe 7 m   17 F6
▶ Berlin 403 – Hannover 136 – Bremen 17 – Oldenburg 37
ADAC Reinersweg 34
🛈 Rathausplatz 1, ⌂ 27749, ℰ (04221) 99 22 99, www.stadtmarketing-delmenhorst.de
🚗 Hude, Hurreler Str./Lehmweg 1, ℰ (04408) 92 90 90

Thomsen (mit Gästehaus)
Bremer Str. 186 ⌂ 27751 – ℰ (04221) 97 00
– www.hotel-thomsen.de
79 Zim – †55/89 € ††76/149 € – 1 Suite
Rest – (geschl. 24. - 30. Dezember und Samstagmittag) Karte 15/41 €
◆ Ein gewachsenes Hotel etwas außerhalb des Zentrums mit Gästehaus vis-à-vis (hier der Freizeitbereich). Am besten sind die Komfortzimmer (Saunanutzung gratis), einfacher die Standardzimmer. Restaurant mit internationalem Angebot.

DENZLINGEN – Baden-Württemberg – 545 – 13 520 Ew – Höhe 234 m   61 D20
▶ Berlin 802 – Stuttgart 203 – Freiburg im Breisgau 19 – Offenburg 61

Rebstock-Stube mit Zim
Hauptstr. 74 ⌂ 79211 – ℰ (07666) 20 71
– www.rebstock-stube.de – geschl. 1. - 15. August und Sonntag - Montag, außer an Feiertagen
8 Zim – †40/65 € ††70/90 €
Rest – Menü 22 € (mittags)/55 € – Karte 29/63 €
◆ Der sympathische Familienbetrieb ist ein 800 Jahre alter Gasthof mit gemütlicher Atmosphäre und netter Gartenterrasse. Geboten werden schmackhafte regionale und klassisch-französische Gerichte. Nebenan der Storchenturm, das Wahrzeichen von Denzlingen.

In Vörstetten West: 3 km

Sonne mit Zim
Freiburger Str. 4 ⌂ 79279 – ℰ (07666) 23 26
– www.sonne-voerstetten.de – geschl. Montag, Samstagmittag
11 Zim – †33/50 € ††49/68 €
Rest – Menü 25/39 € – Karte 20/47 €
◆ Ein Gasthof mit langer Familientradition. Das schöne Fachwerkhaus beherbergt gemütlich-rustikale Stuben mit Kachelofen. Unter einer großen alten Kastanie hat man die Terrasse angelegt. Die Gästezimmer sind sehr gepflegt.

DERNAU – Rheinland-Pfalz – 543 – 1 850 Ew – Höhe 125 m   36 C13
▶ Berlin 628 – Mainz 153 – Koblenz 55 – Bonn 31

Hofgarten
Bachstr. 26 ⌂ 53507 – ℰ (02643) 15 40
– www.hofgarten-dernau.de
Rest – Karte 24/43 €
◆ Das hübsche Fachwerkhaus beherbergt ein charmant mit saisonalem Zierrat dekoriertes Restaurant. Seit Jahren gehört der Hauskater zum Inventar. Rustikale Weinstube und lauschiger Innenhof.

DERNBACH (KREIS SÜDLICHE WEINSTRASSE) – Rheinland-Pfalz 47 E17
– **543** – 450 Ew – Höhe 219 m
▶ Berlin 671 – Mainz 112 – Mannheim 53 – Landau in der Pfalz 14

Dernbachtal garni
Am Berg 3a ⊠ 76857 – ℰ (06345) 9 54 40 – www.schneider-dernbachtal.de
12 Zim – †65 € ††96 €
♦ In ruhiger Hanglage leiten Frank und Sabine Roth ihr tipptopp gepflegtes Haus. Große Zimmer mit Balkon oder Terrasse, Telefonieren ins dt. Festnetz gratis. Zum Frühstück hausgemachte Marmeladen.

Schneider
Hauptstr. 88 ⊠ 76857 – ℰ (06345) 83 48 – www.schneider-dernbachtal.de
– geschl. Montag - Dienstag, September - Oktober: Montag
Rest – (Tischbestellung ratsam) Menü 26/58 € – Karte 27/51 €
♦ Ein Familienbetrieb seit über 125 Jahren. Die sympathische Chefin Petra Roth-Püngeler steht selbst am Herd - Spezialitäten sind heimisches Wild und Innereien, dazu Pfälzer Weine. Übernachten können Sie beim Bruder im Hotel Dernbachtal.

DERSAU – Schleswig-Holstein – **541** – 890 Ew – Höhe 32 m – Luftkurort 10 J4
▶ Berlin 332 – Kiel 32 – Lübeck 70 – Hamburg 92
🛈 Dorfstr. 67, ⊠ 24326, ℰ (04526) 6 80, www.dersau.de

Zur Mühle am See (mit Gästehäusern)
Dorfstr. 47 ⊠ 24326 – ℰ (04526) 30 50 – www.dersauer-muehle.de
30 Zim – †45/65 € ††75/95 € – ½ P 18 €
Rest – (geschl. November - Februar: Sonntagabend) Karte 19/37 €
♦ Schon seit 1912 ist das Hotel am Plöner See ein Familienbetrieb. Die Zimmer verteilen sich auf Haupthaus und Gästehäuser, einige bieten Seeblick. Mit eigenem Strandbad. Im Restaurant serviert man bürgerliche Küche.

DESSAU – Sachsen-Anhalt – **542** – 87 770 Ew – Höhe 61 m 31 N10
▶ Berlin 122 – Magdeburg 64 – Leipzig 74 – Nordhausen 140
ADAC Kavalierstr. 20 CX
🛈 Zerbster Str. 4 CY, ⊠ 06844, ℰ (0340) 2 04 14 42, www.dessau-rosslau-tourismus.de
◎ Schloss Mosigkau★ über Altener Straße AY
◎ Wörlitz: Wörlitzer Park★★, Schloss Wörlitz★, Gotisches Haus★ Ost: 13 km

Stadtpläne siehe nächste Seiten

Radisson BLU Fürst Leopold
Friedensplatz ⊠ 06844 – ℰ (0340) 2 51 50
– www.hotel-dessau-city.de BXa
204 Zim – †70 € ††80 €, ⊋ 16 € – 2 Suiten **Rest** – Karte 24/35 €
♦ Hinter der Fassade im Bauhausstil bietet das an einer Grünfläche gelegene Businesshotel eine klare, moderne und funktionelle Ausstattung. Massage- und Kosmetikabteilung. Neuzeitlich gestaltetes Restaurant mit großer Fensterfront.

NH Dessau
Zerbster Str. 29 ⊠ 06844 – ℰ (0340) 2 51 40 – www.nh-hotels.com CXe
152 Zim – †69/99 € ††69/99 €, ⊋ 16 € **Rest** – Karte 18/31 €
♦ Die zentrale Lage und die zeitgemäß-funktionale Einrichtung machen dieses auf Businessgäste zugeschnittene Hotel aus. Die Zimmer liegen teilweise recht ruhig zum Innenhof. Restaurant im Bistrostil.

In Dessau-Ziebigk Nord-West: 1 km über Kornhausstraße AX

An den 7 Säulen garni
Ebertallee 66 ⊠ 06846 – ℰ (0340) 6 40 09 00 – www.pension7saeulen.de
21 Zim – †50 € ††70 € AXf
♦ Direkt gegenüber den von Walter Gropius entworfenen Meisterhäusern finden Sie dieses mit persönlicher Note geführte Hotel mit seinen einfachen, aber soliden Zimmern.

DESSAU

Akazienwäldchen	**BY** 2
Bertolt-Brecht-Str.	**CX** 3
Carl-Maria-von-Weber-Str.	**CX** 5
Eisenbahnstr.	**BY** 8
Erdmannsdorffstr.	**BY** 10
Ferdinand-von-Schill-Str.	**BCX** 12
Flössergasse	**CX** 14
Friedrich-Naumann-Str.	**CY** 15
Friedrich-Schneider-Str.	**CX** 16
Hausmannstr.	**BX** 18
Humboldtstr.	**CX** 20
Johannisstr.	**CX**
Kleiststr.	**BX** 21
Kornhausstr.	**AX** 23
Liebknechtstr.	**ABX** 25
Marktstr.	**CY** 26
Mendelssohnstr.	**CX** 28
Mozartstr.	**CX** 29
Richard-Wagner-Str.	**CX** 30
Schwabestr.	**BX** 32
Steinstr.	**CX** 33
Wallstr.	**CY** 34
Wörlitzer Str.	**CX** 37
Zerbster Str.	**CXY**

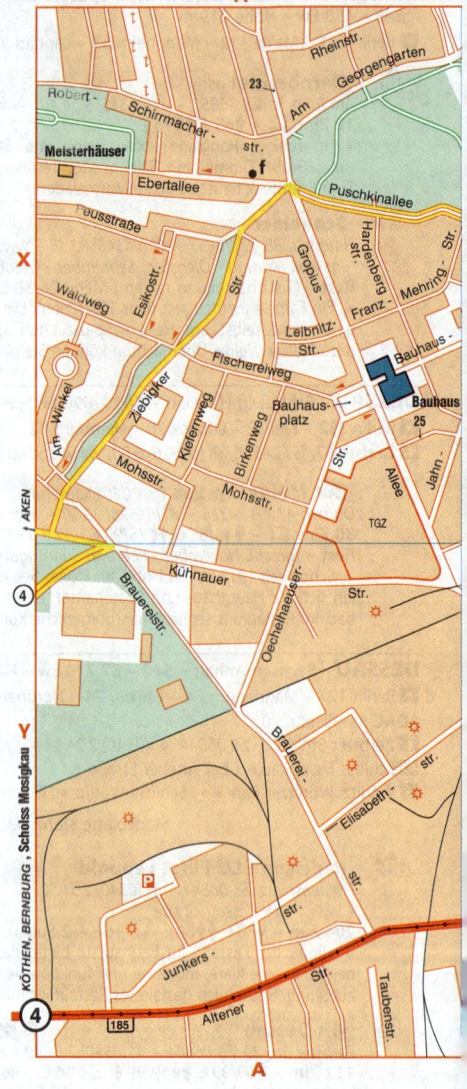

✕✕ Pächterhaus
Kirchstr. 1 ⊠ 06846 – ℘ (0340) 6 50 14 47
– www.paechterhaus-dessau.de – geschl. Montag
Rest – Menü 34 € – Karte 27/43 €

♦ Das älteste Haus des Stadtteils Ziebigk beherbergt hinter seiner hellen Fachwerkfassade drei hübsche, freundliche Stuben. Hier wie auch auf der reizvollen weinberankten Terrasse hinterm Haus lässt man sich Saisonales schmecken.

DETMOLD – Nordrhein-Westfalen – **543** – 73 010 Ew – Höhe 130 m   28 G10
▶ Berlin 384 – Düsseldorf 197 – Bielefeld 27 – Hannover 95
ADAC Paulinenstr. 64 Y
🛈 Rathaus am Markt Z, ✉ 32756, ✆ (05231) 97 73 28, www.detmold.de

Stadtplan auf der nächsten Seite

Street	Grid	No.
Auguststr.	AZ	4
Barntruper Str.	BU	6
Benekestr.	AZ	7
Bielefelder Str.	AZ	9
Blomberger Str.	AYZ	12
Bruchmauerstr.	AZ	13
Bruchstr.	AZ	
Doktorweg	AY	14
Elisabethstr.	AY	15
Ernst-Hilker-Str.	BU	16
Exterstr.	AZ	17
Georgstr.	BU	19
Grabbestr.	AYZ	20
Hans-Hinrichs-Str.	AZ, BU	22
Hindenburgstr.	AU	25
Kaiser-Wilhelm-Pl.	AY	27
Karlstr.	AZ	28
Krohnstr.	AZ	29
Krumme Str.	AZ	
Lange Str.	AZ	30
Lortzingstr.	AY	32
Niewaldstr.	AU	35
Palaisstr.	AZ	37
Paulinenstr.	AYZ	
Pivitsheider Str.	AU	38
Rosental	AZ	39
Schubertpl.	AZ	40
Schülerstr.	AZ	41
Seminarstr.	AZ	42
Sylbeckestr.	AZ	43
Theodor-Heuss-Str.	AU	44
Wiesenstr.	AY	45
Wittekindstr.	BU	48

DETMOLD

Residenz Hotel garni
Paulinenstr. 19 ⌂ 32756 – ℰ (05231) 93 70 – www.residenz-detmold.bestwestern.de
78 Zim – †104/122 € ††146/167 € – 1 Suite   AZa
♦ Das nahe dem Residenzschloss in der Innenstadt gelegene Hotel ist mit seinen funktionellen Gästezimmern besonders auf Geschäftsleute und Tagungen zugeschnitten.

Elisabeth garni
Elisabethstr. 5 ⌂ 32756 – ℰ (05231) 94 88 20 – www.elisabethhotel-detmold.de
– geschl. 24. Dezember - 8. Januar   AYb
16 Zim – †66/75 € ††79/98 €
♦ Das kleine Hotel im Zentrum, ein Integrationsbetrieb für behinderte Menschen, verfügt über helle, freundliche Gästezimmer. Visuelle Reize bietet eine wechselnde Bilderausstellung.

DETTIGHOFEN – Baden-Württemberg – 545 – 1 100 Ew – Höhe 488 m   62 F21
▶ Berlin 819 – Stuttgart 185 – Freiburg im Breisgau 105 – Schaffhausen 17

Hofgut Albführen (mit Gästehäusern)
(Nord: 2 km, Richtung Albführen) ⌂ 79802 – ℰ (07742) 92 96 90
– www.albfuehren.de – geschl. 27. Dezember - 3. Januar
15 Zim – †90 € ††170 €   **Rest** – Karte 33/52 €
♦ Ein Hofgut mit Pferdezentrum in ruhiger und einsamer Lage. Eleganter englischer Stil prägt das in die Anlage integrierte Hotel. Die Zimmer sind behaglich, hübsch ist die Terrasse, auf der man im Sommer frühstücken kann. Im Restaurant Clubhaus mit hoher, offener Decke bietet man überwiegend internationale Küche.

DETTINGEN an der ERMS – Baden-Württemberg – 545 – 9 310 Ew   55 H19
– Höhe 398 m
▶ Berlin 678 – Stuttgart 39 – Reutlingen 13 – Ulm (Donau) 61

Rößle
Uracher Str. 30 ⌂ 72581 – ℰ (07123) 9 78 00 – www.hotel-metzgerei-roessle.de
– geschl. 24. - 28. Dezember
24 Zim – †39/85 € ††88/120 €
Rest – (geschl. Montag) Menü 28/36 € – Karte 18/39 €
♦ Seit 1864 als Familienbetrieb geführt - und das sehr freundlich! Die Gäste übernachten im Fachwerk-Stammhaus oder im Hotelanbau, das gute Frühstücksbuffet bietet u. a. Produkte aus der eigenen Metzgerei - auf der Innenhofterrasse sitzt es sich auch am Morgen besonders schön. Das Restaurant ist gemütlich-rustikal, die Küche regional.

DEUDESFELD – Rheinland-Pfalz – 543 – 400 Ew – Höhe 440 m   45 B14
– Erholungsort
▶ Berlin 688 – Mainz 181 – Trier 57 – Bitburg 28

Zur Post
Hauptstr. 8 ⌂ 54570 – ℰ (06599) 8 66 – www.hotelzurpost-deudesfeld.de
25 Zim – †33/36 € ††59/71 € – ½ P 8 €
Rest – (geschl. November - Februar: Donnerstag) Karte 14/28 €
♦ Bereits in der 3. Generation wird der erweiterte ländliche Gasthof als Familienbetrieb geleitet. Man bietet zeitgemäße, wohnliche Zimmer und einen großen Garten. Rustikales Restaurant und urige Bierstube.

DIEBLICH – Rheinland-Pfalz – 543 – 2 350 Ew – Höhe 72 m   36 D14
▶ Berlin 616 – Mainz 96 – Koblenz 15 – Cochem 39

Halferschenke mit Zim
Hauptstr. 63 ⌂ 56332 – ℰ (02607) 10 08 – www.halferschenke.de – geschl. über Karneval, Oktober 2 Wochen und Montag
4 Zim – †65/80 € ††90/110 €
Rest – (Dienstag - Samstag nur Abendessen) Menü 32/39 € – Karte 40/56 €
♦ In dem schmucken historischen Bruchsteinhaus führt die herzliche und engagierte Familie Balmes seit 20 Jahren ein gemütliches Restaurant mit internationaler Küche. Hübsche Terrasse. Übernachtungsgäste überzeugt man mit schönen, wohnlichen Zimmern und einem sehr guten Frühstück.

DIEKHOLZEN – Niedersachsen – siehe Hildesheim

DIERDORF – Rheinland-Pfalz – **543** – 5 850 Ew – Höhe 240 m **36** D13
▶ Berlin 584 – Mainz 106 – Koblenz 48 – Bonn 60

In Isenburg Süd-West: 11 km über B 413 Richtung Koblenz

Haus Maria
Caaner Str. 6 ✉ *56271* – ⌂ *(02601) 29 80* – *www.hotel-haus-maria.de*
12 Zim – †45 € ††75 €   **Rest** – *(geschl. Montag)* Karte 16/26 €
• Die beiden sympathischen Schwestern leiten das kleine Hotel schon von Anfang an, inzwischen über 45 Jahre. Ein tipptopp gepflegtes Haus, für dessen Gäste die friedliche und ruhige Umgebung im Vordergrund steht. Man hat auch ein Lesezimmer mit Hausbibliothek.

DIERHAGEN – Mecklenburg-Vorpommern – **542** – 1 610 Ew – Höhe 1 m **5** N3
– Seebad
▶ Berlin 248 – Schwerin 122 – Rostock 35 – Stralsund 57
ℹ Ernst-Moritz-Arndt-Str. 2, ✉ 18347, ⌂ (038226) 2 01, www.ostseebad-dierhagen.de

In Dierhagen-Strand West: 2 km

Strandhotel Fischland (mit Gästehäusern)
Ernst-Moritz-Arndt-Str. 6 ✉ *18347*
– ⌂ *(038226) 5 20* – *www.strandhotel-ostsee.de*
155 Zim – †80/165 € ††105/225 € – ½ P 29 € – 7 Suiten
Rest *Das Hotelrestaurant* – siehe Restaurantauswahl
Rest *Gourmet* – *(geschl. Montag - Dienstag) (nur Abendessen)* Menü 45/85 €
• Diese Anlage am Meer hinter den Dünen ist ein engagiert geführtes Ferienhotel mit Appartementhäusern. Wohnlich-elegante Zimmer, meist mit Seesicht, sowie großer Spa und Dachterrasse. Das Gourmet bietet kreative Küche in Menüform, mediterran beeinflusst und mit regionalen Produkten zubereitet.

Ostseehotel
Wiesenweg 1 ✉ *18347* – ⌂ *(038226) 5 10* – *www.ostseehotel-dierhagen.de*
162 Zim – †49/89 € ††76/122 € – ½ P 16 €   **Rest** – Karte 26/30 €
• Vor allem die ruhige Lage nur ca. 200 Meter vom Strand entfernt spricht für dieses mit neuzeitlichen Gästezimmern ausgestattete Hotel.

XX Das Hotelrestaurant – Strandhotel Fischland
Ernst-Moritz-Arndt-Str. 6 ✉ *18347* – ⌂ *(038226) 5 20* – *www.strandhotel-fischland.de*
Rest – Menü 34/59 € – Karte 31/53 €
• Abends nach einem herrlichen Strandtag oder mittags zum Lunch ist das lichtdurchflutete Restaurant mit Wintergarten die ideale Rückzugsinsel. Serviert werden Kompositionen mit mediterranen Anleihen.

In Dierhagen-Ost Nord: 1,5 km

Blinkfüer
An der Schwedenschanze 20 ✉ *18347* – ⌂ *(038226) 5 35 70*
– *www.hotel-blinkfueer.de* – *geschl 7. - 21. Januar*
30 Zim – †70/100 € ††110/145 € – ½ P 26 € – 2 Suiten   **Rest** – Karte 27/50 €
• Zwischen Bodden und Meer liegt dieser gut geführte Familienbetrieb mit zeitgemäßen Zimmern und Maisonetten. Ein separates Haus im schönen Garten beherbergt zwei tolle Suiten. Restaurant mit überwiegend internationalem Angebot. Hübscher Wintergarten.

In Dierhagen-Neuhaus West: 1,5 km

Dünenmeer
Birkenallee 20 (über Ernst-Moritz-Arndt Straße) ✉ *18347* – ⌂ *(038226) 50 10*
– *www.strandhotel-ostsee.de*
65 Zim (inkl. ½ P.) – †110/210 € ††220/335 € – 13 Suiten
Rest *Strandläufer* – siehe Restaurantauswahl
• Komfortabel und elegant wohnt man in dem Hotel direkt am Strand. Geräumige, moderne Zimmer und schöne Suiten, dazu sehr guter Service mit diversen Aufmerksamkeiten. Top ist auch der Spabereich mit Meerblick und hübscher Außensauna zum Strand.

DIERHAGEN

XXX **Strandläufer** – Hotel Dünenmeer
Birkenallee 20 (über Ernst-Moritz-Arndt Straße) ⊠ 18347 – ℰ *(038226) 50 10*
– *www.strandhotel-ostsee.de*
Rest – Menü 55 € – Karte 34/62 €
• Besonders gut gefällt in dem modernen Restaurant die große Fensterfront mit Blick auf das Meer. Neben Speisen aus der international ausgelegten Karte sollten Sie die hausgemachte Patisserie in der "Open Air"-Lounge probieren.

DIESSEN am AMMERSEE – Bayern – **546** – 10 240 Ew – Höhe 544 m 65 K21
– Luftkurort

▶ Berlin 635 – München 55 – Garmisch-Partenkirchen 62 – Landsberg am Lech 22
ℹ Bahnhofstr. 12, ⊠ 86911, ℰ (08807) 10 48, www.tourist-info-diessen.de
◉ Marienmünster ★ – Ammersee ★

Strand-Hotel
Jahnstr. 10 ⊠ 86911 – ℰ *(08807) 9 22 20*
– *www.diessen.net/strandhotel* – geschl. 20. Dezember - 3. Januar, 20. Januar - 20. Februar
17 Zim – †54/95 € ††79/140 €
Rest – (geschl. Montag - Dienstag) (nur Mittagessen) Karte 23/42 €
• Ein familiär geleitetes kleines Hotel in schöner Lage am See. Die Zimmer bieten Balkon oder Terrasse, teils seeseitig. Dazu hat man ein eigenes Strandbad mit Badesteg. Restaurant mit Seeterrasse, auf der man nachmittags angenehm bei Kaffee und Kuchen sitzt.

Seefelder Hof
Alexander-Koester-Weg 6 ⊠ 86911 – ℰ *(08807) 10 22*
– *www.seefelder-hof.de*
25 Zim – †65/130 € ††85/145 € – ½ P 21 €
Rest – (geschl. im Sommer: Donnerstag, im Winter: Donnerstag - Freitag) Karte 18/43 €
• Nicht weit vom See liegt dieser Familienbetrieb mit unterschiedlich gestalteten Zimmern: freundlich und neuzeitlich oder etwas einfacher und rustikaler. Helle, behaglich-bürgerliche Gaststube.

In Dießen-Riederau Nord: 4 km

XX **Seehaus**
Seeweg-Süd 22 ⊠ 86911 – ℰ *(08807) 73 00*
– *www.seehaus.de*
Rest – Menü 30/43 € – Karte 27/49 €
• Sehr schön sitzt man in dem gemütlichen Restaurant, in dem sich Familie Houillot und ihr Team freundlich um die Gäste kümmern. Die traumhafte Lage am See genießt man am besten auf der Terrasse. Zeitgemäße internationale Küche.

DIETENHOFEN – Bayern – **546** – 5 570 Ew – Höhe 353 m 50 J17

▶ Berlin 473 – München 201 – Nürnberg 37 – Ansbach 17

Moosmühle
Mühlstr. 12 ⊠ 90599 – ℰ *(09824) 95 90*
– *www.hotel-moosmuehle.de*
30 Zim – †55/68 € ††81/90 €
Rest – (geschl. Sonntagabend - Montagmittag und Dienstagmittag) Menü 25 € (mittags) – Karte 20/29 €
• Tipptopp gepflegte, wohnliche Gästezimmer stehen in diesem von der Inhaberfamilie sehr gut geführten Hotel bereit. Schön ist die ruhige Lage im Grünen. Im Restaurant und auf der sonnigen Terrasse bietet man saisonale und regionale Küche.

DIETERSHEIM – Bayern – siehe Neustadt an der Aisch

DIETMANNSRIED – Bayern – 546 – 7 870 Ew – Höhe 682 m 64 J21
▶ Berlin 684 – München 112 – Kempten (Allgäu) 14 – Memmingen 25

In Probstried Nord-Ost: 4 km, jenseits der A 7

XX **Landhaus Weller** mit Zim
Wohlmutser Weg 2 ⌧ 87463 – ℰ (08374) 2 32 40 90 – www.landhaus-weller.de
– geschl. Montag - Dienstag, außer an Feiertagen
9 Zim – †50/90 € ††99/110 €
Rest – (Tischbestellung ratsam) Menü 35 € (mittags)/79 € – Karte 38/56 €
♦ In dem familiär geleiteten Restaurant mit ländlich-gediegener Atmosphäre wird eine zeitgemäße internationale Küche geboten. Schön bepflanzte Terrasse mit Blick auf das Allgäuer Tor. Die Gästezimmer sind sehr gepflegt und wohnlich.

DIETZENBACH – Hessen – 543 – 33 230 Ew – Höhe 150 m 47 F15
▶ Berlin 556 – Wiesbaden 47 – Frankfurt am Main 17 – Darmstadt 33

Sonnenhof
Otto-Hahn-Str. 7 (Ost: 2 km, im Gewerbegebiet) ⌧ 63128 – ℰ (06074) 48 90
– www.sonnenhof-dtz.de – geschl. 27. Dezember - 4. Januar
110 Zim – †85/120 € ††120/130 € **Rest** – Karte 14/75 €
♦ Dieses besonders auf Tagungen und Messebesucher ausgelegte Hotel verfügt über zeitgemäß und funktionell eingerichteten Zimmer (teils mit Balkon) sowie variable Konferenzräume. Vielfältiger Restaurantbereich.

DILLINGEN an der DONAU – Bayern – 546 – 18 260 Ew – Höhe 433 m 56 J19
▶ Berlin 545 – München 108 – Augsburg 51 – Nürnberg 121
i Königstr. 37, ⌧ 89407, ℰ (09071) 5 41 08, www.dillingen-donau.de

Convikt
Konviktstr. 9 ⌧ 89407 – ℰ (09071) 7 91 30 – www.stadthotel-convikt.de
41 Zim – †59/114 € ††83/124 € **Rest** – Menü 34/39 € – Karte 22/51 €
♦ In der Altstadt liegt der ehemalige Brauereigasthof mit Hotelanbau. Die Zimmer in Alt- und Neubau sind unterschiedlich in der Größe und zeitgemäß eingerichtet. Restaurant mit regionaler und internationaler Küche und gut sortierter Weinkarte. Rustikale Weinstube.

XX **Stark**
Weberstr. 1 1/2, (im Hinterhof) ⌧ 89407 – ℰ (09071) 79 59 69 – geschl. Sonntag - Dienstag und an Feiertagen
Rest – (nur Abendessen) (Tischbestellung erforderlich) Menü 34/48 €
♦ Die vielen Gäste sind der beste Beweis für frische und gute Küche! Zum Menü gibt es von der Chefin Weinempfehlungen, denen Sie folgen sollten! Das kleine Restaurant liegt etwas versteckt: Zwischen den roten Pfeilern durch, gelangen Sie in den begrünten Hof.

In Dillingen-Fristingen Süd-Ost: 6 km Richtung Wertingen

XX **Storchennest**
Demleitnerstr. 6 ⌧ 89407 – ℰ (09071) 45 69 – www.storchen-nest.de – geschl. Montag - Dienstag
Rest – Menü 39 € – Karte 27/47 €
♦ Der von Familie Schneider freundlich geführte Landgasthof ist eine gemütliche Adresse, die internationale Küche mit regionalen Einflüssen bietet. Zum Haus gehört auch eine schöne Terrasse unter schattenspendenden Kastanien.

DINGELSDORF – Baden-Württemberg – siehe Konstanz

DINGOLFING – Bayern – 546 – 18 100 Ew – Höhe 365 m 59 N19
▶ Berlin 582 – München 101 – Regensburg 91 – Landshut 32

Max Zwo garni
Gobener Weg 30 ⌧ 84130 – ℰ (08731) 3 94 70 – www.garni-maximilian.de
41 Zim – †58 € ††84 €
♦ In einem Gewerbegebiet nahe dem BMW-Werk befindet sich dieses Hotel mit neuzeitlich-funktionellen Zimmern und freundlichem Frühstücksraum. Nachmittags Kuchenbuffet gratis.

DINGOLFING

Ambient Hotel Tassilo garni (mit Gästehaus)
Mühlbachgasse 2 ⊠ *84130* – ℰ *(08731) 31 98 90* – *www.hotel-tassilo.de*
15 Zim – †56/71 € ††75 €
• In dem Hotel in Zentrumsnähe stehen wohnlich-funktionelle Zimmer bereit, im Haus Othello gegenüber moderne Appartements mit Küchenzeile. Frühstücksraum in italienischem Design.

Palko garni
Hans-Sachs-Str. 1, (Ecke Schiller Straße) ⊠ *84130* – ℰ *(08731) 3 79 90*
– *www.hotel-palko.de*
28 Zim – †48/52 € ††67/75 €
• Ein familiengeführtes Haus am Ortsrand, das über praktische neuzeitliche Gästezimmer verfügt. Am Morgen kann man ganz gemütlich am Kaminofen frühstücken.

DINKELSBÜHL – Bayern – **546** – 11 450 Ew – Höhe 442 m 56 J17

▶ Berlin 520 – München 159 – Stuttgart 117 – Nürnberg 93
ℹ Altrathausplatz 14, ⊠ 91550, ℰ (09851) 90 24 40, www.dinkelsbuehl.de
⛳ Dinkelsbühl, Seidelsdorf 65, ℰ (09851) 58 22 59
◉ Münster St.-Georg-Kirche ★ – Deutsches Haus ★

Deutsches Haus
Weinmarkt 3 ⊠ *91550* – ℰ *(09851) 60 58* – *www.deutsches-haus-dkb.de* – *geschl. 10. Januar - 28. Februar*
10 Zim – †79/99 € ††129/159 €
Rest – Menü 20 € (mittags)/45 € – Karte 28/46 €
• Das a. d. J. 1440 stammende Haus mit der aufwändig gearbeiteten Fachwerkfassade ist ein seit über 30 Jahren familiengeführtes Hotel mit individuellen Zimmern direkt im Zentrum. Im altdeutschen Stil gehaltenes Restaurant.

Hezelhof garni
Segringer Str. 7 ⊠ *91550* – ℰ *(09851) 55 54 20* – *www.hezelhof.com*
23 Zim – †99/129 € ††128/188 €
• Auf ganz individuelle Art vereint das Ensemble von alten Patrizierhäusern Historie und modernes Design. Alle Zimmer sind Appartements mit kleiner Küche. Frühstück im Feinkostladen gegenüber.

Haus Appelberg
Nördlinger Str. 40 ⊠ *91550* – ℰ *(09851) 58 28 38* – *www.haus-appelberg.de*
16 Zim – †55/65 € ††78/85 € – 1 Suite
Rest – *(geschl. Sonntag) (nur Abendessen)* Karte 14/28 €
• Aus einem historischen Bauernhaus ist das kleine Hotel mit seinen wohnlichen Zimmern entstanden - einige davon sind "Königlich bayerische Schlafstuben". Gemütliche Weinstube mit Laube und Biergarten. Man bietet eine gute Weinauswahl.

Kunst-Stuben garni
Segringer Str. 52 ⊠ *91550* – ℰ *(09851) 67 50* – *www.kunst-stuben.de*
6 Zim – †60/65 € ††80/85 € – 1 Suite
• Künstler Arthur Appelberg leitet hier gemeinsam mit seiner Frau ein charmantes kleines Hotel mit persönlicher Note. Eines der Zimmer ist eine Suite. Mit im Haus: das eigene Atelier.

In Dürrwangen Nord-Ost: 8 km

Gasthof Zum Hirschen
Hauptstr. 13 ⊠ *91602* – ℰ *(09856) 2 60* – *www.gasthof-zumhirschen.de* – *geschl. 15. Juli - 3. August*
30 Zim – †36/38 € ††58/60 € **Rest** – *(geschl. Dienstag)* Karte 14/34 €
• Der Gasthof mit der auffallenden Fassade in Orange und Rot wird schon viele Jahre als Familienbetrieb geführt und bietet gepflegte, solide Zimmer, teilweise mit Balkon. Gaststube mit rustikalem Charakter und bürgerlicher Küche.

DINKLAGE – Niedersachsen – 541 – 12 760 Ew – Höhe 27 m 17 E7
▶ Berlin 417 – Hannover 131 – Bremen 78 – Oldenburg 59

Vila Vita Burghotel
Burgallee 1 ⊠ 49413 – ✆ (04443) 89 70
– www.vilavitaburghotel.de
55 Zim – †99/140 € ††118/195 €
Rest *Kaminstube* – siehe Restaurantauswahl
• Das mehrflügelige Fachwerkgebäude im norddeutschen Stil steht in einem schönen Park mit eigenem Wildgehege. Komfortable Landhauszimmer und Spabereich mit markanter Glaspyramide.

Kaminstube – Vila Vita Burghotel
Burgallee 1 ⊠ 49413 – ✆ (04443) 89 70 – www.vilavitaburghotel.de
Rest – Karte 33/57 €
• Der offene Kamin, Fachwerk, Bilder und diverser Zierrat sorgen hier für Gemütlichkeit. Trotz des rustikalen Rahmens wird die klassisch-internationale Küche an gut eingedeckten Tischen serviert.

DINSLAKEN – Nordrhein-Westfalen – 543 – 69 690 Ew – Höhe 30 m 25 B10
▶ Berlin 545 – Düsseldorf 46 – Duisburg 16 – Oberhausen 20
🛈 Friedrich-Ebert-Str. 44, ⊠ 46535, ✆ (02064) 60 53 04, www.dinslaken.de
🏌 Hünxe-Bruckhausen, An den Höfen 7, ✆ (02064) 3 30 43
🏌 Hünxe, Hardtbergweg 16, ✆ (02858) 64 80

Am Park garni
Althoffstr. 16 ⊠ 46535 – ✆ (02064) 60 10 70 – www.niederrhein-hotels.com
24 Zim – †83 € ††111 €
• Eine sympathische familiäre Adresse am Zentrumsrand, die mit freundlichem Service, kleinen Aufmerksamkeiten und gepflegtem Frühstück überzeugt. W-Lan bietet man kostenfrei.

In Dinslaken-Hiesfeld Süd-Ost: 3 km

Haus Hiesfeld
Kirchstr. 125 ⊠ 46539 – ✆ (02064) 4 37 50 41 – www.haushiesfeld.de – *geschl. Montag, außer an Feiertagen*
Rest – Karte 23/49 €
• Zwei Brüder leiten das freundliche, zeitgemäße Restaurant - der eine kocht, der andere serviert. Die italienische Küche bietet alle beliebten Klassiker. Schöne Terrasse.

DIPPOLDISWALDE – Sachsen – 544 – 10 330 Ew – Höhe 355 m 43 Q12
▶ Berlin 213 – Dresden 22 – Chemnitz 65 – Marienberg 64

Landhaus Heidehof
Hohe Str. 2 (Nord-Ost: 1,5 km Richtung Malter) ⊠ 01744 – ✆ (03504) 6 48 70
– www.landhaus-heidehof.de
34 Zim – †58/65 € ††78/85 € **Rest** – Karte 18/45 €
• Bis ins Jahr 1894 reicht die Geschichte dieses gewachsenen Gasthofs auf der Dippoldhöhe zurück. Das von zwei Familien geleitete Haus bietet wohnliche Zimmer im Landhausstil. Biergarten und Terrasse ergänzen das Restaurant.

Am Schloss
Rosengasse 12 ⊠ 01744 – ✆ (03504) 61 79 47 – www.hotel-am-schloss.eu
12 Zim – †46/51 € ††63/73 € **Rest** – *(geschl. Donnerstag)* Karte 14/27 €
• Das kleine Hotel in einer netten gepflasterten Altstadtgasse beim Schloss wird von den Inhabern selbst geführt. Die Zimmer sind gepflegt und funktionell, nach hinten mit Balkon. Restaurant mit bürgerlichem Angebot.

DITZENBACH, BAD – Baden-Württemberg – 545 – 3 690 Ew 56 H19
– Höhe 509 m – Heilbad
▶ Berlin 607 – Stuttgart 61 – Göppingen 19 – Reutlingen 51
🛈 Helfensteinstr. 20, ⊠ 73342, ✆ (07334) 69 11, www.badditzenbach.de

Kurhotel Sanct Bernhard
Sonnenbühl 1 ⊠ 73342 – ℰ (07334) 9 64 10 – www.energie-kurhotel.de
27 Zim ⊇ – †70/84 € ††112/140 € – ½ P 27 € – 4 Suiten
Rest – *(nur Abendessen für Hausgäste)*
• Vor allem auf Kur- und Wellnessgäste ist das ruhig gelegene Hotel mit zeitgemäßen, wohnlichen Zimmern und hübschem Bade-, Sauna- und Wohlfühlbereich ausgerichtet.

Zum Lamm mit Zim
Hauptstr. 30 ⊠ 73342 – ℰ (07334) 43 21 – www.lamm-badditzenbach.de – geschl. Sonntag - Montag
16 Zim ⊇ – †40/70 € ††70/90 € – ½ P 25 €
Rest – *(nur Abendessen)* Karte 30/67 €
• Der familiär geleitete Gasthof in dörflicher Umgebung bietet regionale Küche, die in nettem rustikalem Ambiente serviert wird. Im ruhigen Gästehaus etwas oberhalb befinden sich wohnliche, recht geräumige Zimmer.

DITZINGEN – Baden-Württemberg – 545 – 24 540 Ew – Höhe 303 m   55 G18
▶ Berlin 626 – Stuttgart 18 – Pforzheim 33

Blankenburg
Gerlinger Str. 27 ⊠ 71254 – ℰ (07156) 93 20 – www.blankenburghotel.de
72 Zim ⊇ – †65/110 € ††70/130 €
Rest – *(geschl. Sonntag) (nur Abendessen)* Karte 25/36 €
• Die solide Businessadresse in zentraler Lage - auch in die Landeshauptstadt Stuttgart ist es nicht weit - verfügt über funktionell ausgestattete Gästezimmer.

DOBEL – Baden-Württemberg – 545 – 2 270 Ew – Höhe 689 m   54 F18
– Wintersport: 720 m ⛷2 ⛷ – Heilklimatischer Kurort
▶ Berlin 686 – Stuttgart 74 – Karlsruhe 36 – Baden-Baden 28
🛈 Neue Herrenalber Str. 11, ⊠ 75335, ℰ (07083) 7 45 13, www.dobel.info

Wagnerstüble mit Zim
Wildbaderstr. 45 ⊠ 75335 – ℰ (07083) 87 58 – www.roykieferle.de – geschl. Montagabend - Dienstag
5 Zim ⊇ – †48 € ††98 € – ½ P 28 €   **Rest** – Menü 24/68 € – Karte 36/54 €
• Das seit 35 Jahren von Familie Kieferle geführte Restaurant mit rustikalem Ambiente ist auf Naturkost ausgerichtet. Am Mittag ist das Speisenangebot kleiner.

DOBERAN, BAD – Mecklenburg-Vorpommern – 542 – 11 280 Ew   12 M4
– Höhe 15 m – Heilbad
▶ Berlin 239 – Schwerin 79 – Rostock 17 – Wismar 44
🛈 Severinstr. 6, ⊠ 18209, ℰ (038203) 6 21 54, www.bad-doebaran.de
◉ Münster ★★

Prinzenpalais
Alexandrinenplatz 8 ⊠ 18209 – ℰ (038203) 7 31 60 – www.prinzen-palais.de
30 Zim ⊇ – †75/100 € ††100/180 € – ½ P 25 €   **Rest** – Karte 34/44 €
• Das stilvolle Anwesen besteht aus zwei wunderschönen historischen Gebäuden. Die Gäste wohnen in großzügigen Zimmern - die ruhigeren befinden sich im Kleinen Palais. Zum Innenhof hin liegt das lichtdurchflutete Restaurant Orangerie.

Villa Sommer garni
Friedrich-Franz-Str. 23 ⊠ 18209 – ℰ (038203) 7 34 30 – www.hotel-villa-sommer.de
12 Zim ⊇ – †50/80 € ††65/99 € – 2 Suiten
• Die sorgsam restaurierte Villa von 1904, eine ehemalige Sommerresidenz, beherbergt helle, geräumige Zimmer mit schönen Holzböden, teils mit Balkon. Zwei Suiten mit Kitchenette.

DOBERAN, BAD

Zum weissen Schwan
Am Markt 9, 18209 – ℘ (038203) 7 78 20 – www.zumweissenschwan.de – geschl. Januar - März und Montag
Rest – (Oktober - April: nur Abendessen) Menü 36 € – Karte 32/49 €
• Ein ansprechendes Restaurant in geradlinig-modernem Stil mit Terrasse am Marktplatz. Die guten internationalen Speisen werden sorgfältig zubereitet und von einem aufmerksamen Team serviert. Mittags kleineres Angebot. Hübsches Ferienhaus zum Übernachten.

In Bad Doberan-Heiligendamm Nord-West: 7 km – Seeheilbad

Grand Hotel Heiligendamm
Prof.-Dr.-Vogel-Str. 6, 18209 – ℘ (038203) 74 00
– www.grandhotel-heiligendamm.de
222 Zim – †180/430 € ††220/470 € – 78 Suiten
Rest *Friedrich Franz* • **Rest** *Kurhaus* **Rest** *Medini's* – siehe Restaurantauswahl
• Mit seinen sechs edel eingerichteten Gebäuden im klassizistischen Stil prägt das eindrucksvolle und luxuriöse Anwesen die "Weiße Stadt am Meer". Spa auf 3000 qm, separate Kindervilla sowie diverse Restaurants und Bars, darunter eine Strandbar.

Friedrich Franz – Grand Hotel Heiligendamm
Prof.-Dr.-Vogel-Str. 6, 18209 – ℘ (038203) 7 40 62 10
– www.grandhotel-heiligendamm.de – geschl. 2. Januar - 1. März und Montag - Dienstag
Rest – (nur Abendessen) (Tischbestellung ratsam) Menü 96/145 €
Spez. Atlantik Steinbutt, Allerlei von der Erbse, Steinpilze und Creme von getrockneten Aprikosen. Mecklenburger Rehrücken, Cassis-Ingwer-Birne, Pfifferlinge und Petersilienwurzel. Dessert "Pfirsich Melba".
• Wertvolle handbemalte Tapeten, schöne Stilmöbel, opulente Kronleuchter und feine Tischkultur - das steht für royale Eleganz. Ronny Siewert bietet Ihrem Gaumen eine klassisch-französische Küche, wobei er sich saisonal beeinflussen lässt.

Kurhaus – Grand Hotel Heiligendamm
Prof.-Dr.-Vogel-Str. 6, 18209 – ℘ (038203) 74 00
– www.grandhotel-heiligendamm.de
Rest – Menü 59 € – Karte 46/72 €
• Losgelöst von moderner Hektik taucht man ein in einen Raum voller Noblesse: vornehme Pastelltöne und das Flair eines bemerkenswerten Grandhotels.

Medini's – Grand Hotel Heiligendamm
Prof.-Dr.-Vogel-Str. 6, 18209 – ℘ (038203) 74 00
– www.grandhotel-heiligendamm.de – geschl. 2. Januar - 1. März und Juli - September: Mittwoch, Oktober - Juni: Dienstag - Mittwoch
Rest – Karte 42/58 €
• Alles passt perfekt zusammen: Das virtuos aufeinander abgestimmte Farbenspiel, basierend auf den Tönen Grau, Weiß und Schwarz, gibt dem italienischen Restaurant sein Flair.

DÖBELN – Sachsen – **544** – 20 340 Ew – Höhe 168 m   42 P12
▶ Berlin 234 – Dresden 55 – Leipzig 68
ℹ Obermarkt 1, 04720, ℘ (03431) 57 91 61, www.doebeln.de

In Großweitzschen-Obergoseln Nord-West: 5 km, in Zschepplitz rechts

Zum Nicolaner (mit Gästehaus)
Obergoseln 4, 04720 – ℘ (03431) 6 62 10 – www.nicolaner.de
13 Zim – †49/59 € ††75/85 €
Rest – (Montag - Freitag nur Abendessen) Karte 19/30 €
• Das kleine Hotel mit gepflegten und funktionellen Zimmern erinnert in seiner Bauweise etwas an ein Landgut, wodurch es sich schön in die ruhige dörfliche Umgebung einfügt.

DÖRSCHEID – Rheinland-Pfalz – **543** – 410 Ew – Höhe 340 m 46 D15
▶ Berlin 627 – Mainz 66 – Koblenz 50

Landgasthaus Blücher (mit Gästehaus)
Oberstr. 19 ✉ 56348 – ℰ (06774) 2 67 – www.landgasthaus-bluecher.de – geschl. Februar 3 Wochen
24 Zim – †53/67 € ††75/97 € – ½ P 26 €
Rest *Landgasthaus Blücher* – siehe Restaurantauswahl
• Seit drei Generationen leitet Familie Fetz das ruhig gelegene Haus mit Blick über das Rheintal. Gemütlich sind die "Landhaus"-Zimmer, geräumiger die "Komfort"-Zimmer und besonders modern die "LebensArt"-Zimmer.

Landgasthaus Blücher – Hotel Landgasthaus Blücher
Oberstr. 19 ✉ 56348 – ℰ (06774) 2 67 – www.landgasthaus-bluecher.de – geschl. Februar 3 Wochen, Dienstagmittag, November - April: Dienstag
Rest – Menü 26/29 € – Karte 22/41 €
• Gepflegte Tafelfreuden stehen im Fokus der Gastgeber. So kredenzt man neben schmackhaften Gerichten sogar eigene Weine und prämierte Edelbrände. Probieren sollten Sie unbedingt das Zweierlei vom heimischen Hirsch!

DOLLE – Sachsen-Anhalt – **542** – 560 Ew – Höhe 69 m 21 L8
▶ Berlin 170 – Magdeburg 32 – Gardelegen 44 – Stendal 29

Deutsches Haus
Magdeburger Str. 25 (B189) ✉ 39517 – ℰ (039364) 93 60
– www.deutsches-haus-dolle.de
24 Zim – †40/44 € ††58/68 € **Rest** – Karte 15/29 €
• Der familiengeführte Gasthof mit Hotelanbau liegt am Ortseingang und bietet neben zeitgemäß ausgestatteten Zimmern einen Shuttle-Service zum Flughafen und zum Bahnhof. Zum bürgerlichen Restaurant gehört eine Terrasse mit kleinem Springbrunnen.

DONAUESCHINGEN – Baden-Württemberg – **545** – 21 130 Ew 62 F20
– Höhe 686 m – Wintersport:
▶ Berlin 747 – Stuttgart 131 – Freiburg im Breisgau 64 – Konstanz 67
🛈 Karlstr. 58, ✉ 78166, ℰ (0771) 85 72 21, www.donaueschingen.de
Donaueschingen, Öschberghof, ℰ (0771) 8 45 25
⊙ Fürstenberg-Sammlungen: Gemäldegalerie ★

Öschberghof (mit Gästehaus)
Golfplatz 1 (Nord-Ost: 4 km) ✉ 78166 – ℰ (0771) 8 40
– www.oeschberghof.com
72 Zim – †177/197 € ††284/304 € – 3 Suiten
Rest *Öschberghof* – siehe Restaurantauswahl
• Das Tagungs- und Golfhotel in schöner Lage ist von den geräumigen, technisch sehr gut ausgestatteten Zimmern bis zum Spa auf über 2500 qm geschmackvoll und topmodern gestaltet.

Öschberghof – Hotel Öschberghof
Golfplatz 1 (Nord-Ost: 4 km) ✉ 78166 – ℰ (0771) 8 40 – www.oeschberghof.com
Rest – Menü 27 € (vegetarisch)/42 € – Karte 39/61 €
• Das Konzept der Einrichtung ist auf den ersten Blick zu erkennen: klare Linien, keine Schnörkel, gekonnt platzierte Accessoires - ein Stil, der auch konsequent auf der Terrasse durchgezogen wurde.

DONAUSTAUF – Bayern – siehe Regensburg

DONAUWÖRTH – Bayern – **546** – 18 170 Ew – Höhe 410 m 57 K18
– Wintersport:
▶ Berlin 518 – München 100 – Augsburg 44 – Ingolstadt 56
🛈 Rathausgasse 1, ✉ 86609, ℰ (0906) 78 91 51, www.donauwoerth.de
Donauwörth, Lederstatt 1, ℰ (0906) 40 44
Eggelstetten-Oberndorf, Gut Maierhof, Hauptstr. 4, ℰ (09090) 9 02 50

DONAUWÖRTH

Viktoria garni
Artur-Proeller-Str. 4 (nahe dem Gewerbegebiet Riedlingen) ✉ 86609
– ℰ (0906) 7 05 70 80 – www.hotel-viktoria-donauwoerth.de – geschl. 22. Dezember
– 10. Januar
18 Zim ☐ – ✝45/59 € ✝✝86 €
• Bei Familie Moll können Sie in einem kleinen Hotel zu fairen Preisen wirklich gut
übernachten (sehr gepflegte Zimmer mit Parkettboden) und bekommen am Morgen
ein reichhaltiges Frühstück! Tipp: Der Donau-Radweg ist ca. 5 Minuten entfernt.

Donau garni
Augsburger Str. 6 ✉ 86609 – ℰ (0906) 7 00 60 42 – www.hoteldonau.de – geschl.
21. Dezember - 10. Januar
16 Zim ☐ – ✝68/76 € ✝✝89/96 €
• Das kleine Hotel mit modernen Zimmern liegt nur wenige Schritte von der Donau.
Mit Radler- und Bikerservice, Lounge-Kaminbar sowie Wein und Snacks am Abend.

In Donauwörth-Parkstadt

Parkhotel

Sternschanzenstr. 1 ✉ 86609 – ℰ (0906) 70 65 10 – www.parkhotel-donauwoerth.de
– geschl. 27. Dezember - 7. Januar
51 Zim ☐ – ✝79/93 € ✝✝99/128 € – ½ P 20 €
Rest – Menü 26/38 € – Karte 34/49 €
• In dem bestens gepflegten Hotel mit tollem Blick auf Donauwörth erwarten Sie sehr
freundliche Mitarbeiter und wohnliche Zimmer, die teils mit mediterraner Note einge-
richtet sind. Restaurant in geradlinigem neuzeitlichem Stil mit Panoramasicht.

DONZDORF – Baden-Württemberg – **545** – 10 830 Ew – Höhe 407 m   56 I18
▶ Berlin 594 – Stuttgart 54 – Göppingen 13 – Schwäbisch Gmünd 17
🛈 Donzdorf, Unter dem Ramsberg, ℰ (07162) 2 71 71

XXX Schloss-Restaurant Castello
Im Schloss 1 ✉ 73072 – ℰ (07162) 92 97 00 – www.schlossrestaurant-castello.de
– geschl. Dienstag
Rest – Menü 45/75 € – Karte 34/61 €
• Das Schloss von 1568 beherbergt in einem Seitenflügel das elegante Restaurant mit
mediterran beeinflusster klassischer Küche und fachkundiger Weinberatung. Terrasse
zum Schlosspark.

DORMAGEN – Nordrhein-Westfalen – **543** – 62 930 Ew – Höhe 40 m   36 C12
▶ Berlin 571 – Düsseldorf 17 – Aachen 85 – Köln 24

In Dormagen-Zons Nord: 6 km über B 9 Richtung Neuss

Schloss Friedestrom (mit Gästehaus)

Parkstr. 2 ✉ 41541 – ℰ (02133) 50 30 – www.friedestrom.de
– geschl. 26. Dezember - 3. Januar
44 Zim ☐ – ✝108/185 € ✝✝128/205 €
Rest *Zum Volksgarten* – (geschl. Samstagmittag) Menü 20/28 € – Karte 29/61 €
• Komfortabel wohnt man in dem familiär geleiteten Haus, das schön am Rhein liegt.
Von einigen Gästezimmern schaut man zum Fluss, teilweise sind sie klimatisiert.
Freundliches Ambiente und internationale Küche im Restaurant. Rheinblick von der
Terrasse unter Linden.

DORNUM – Niedersachsen – **541** – 4 760 Ew – Höhe 2 m – Seebad   7 D5
▶ Berlin 530 – Hannover 242 – Emden 44 – Oldenburg 94
🛈 Hafenstr. 3, ✉ 26553, ℰ (04933) 9 11 00, www.dornum.de

DORNUM

In Dornum-Nessmersiel Nord-West: 8 km über Schatthauser Straße

🏠 **Fährhaus** ♿ 📶 🅿️
Dorfstr. 42 ✉ *26553 –* 📞 *(04933) 3 03 – www.faehrhaus-nessmersiel.de – geschl.
8. Januar - 16. Februar, 26. Februar - 15. März, 4. November - 25. Dezember*
19 Zim 🍴 – ♦45/55 € ♦♦70/110 €
Rest *Fährhaus* 😊 – siehe Restaurantauswahl
• So ein Inselurlaub ist nochmal so schön, wenn man bei sympathischen Gastgebern wohnt! Hier ist es Familie Eberleh, die sich in ihrem wohnlich gestalteten kleinen Landhotel seit über 25 Jahren das Wohl des Gastes zur Aufgabe macht!

✕ **Fährhaus** – Hotel Fährhaus 🍽️ 🅿️
😊 *Dorfstr. 42* ✉ *26553 –* 📞 *(04933) 3 03 – www.faehrhaus-nessmersiel.de – geschl.
8. Januar - 16. Februar, 26. Februar - 15. März, 4. November - 25. Dezember*
Rest – Karte 23/43 €
• Die viel gelobte Küche ist das Herz des gemütlichen, persönlich geführten alten Fährhauses. Nach Tradition der Gastgeber wird regional gekocht, z. B. Gerichte vom Deichlamm oder auch Seltenheiten wie Kuttersteinbutt mit Bärlauchbutter!

DORSTEN – Nordrhein-Westfalen – **543** – 77 310 Ew – Höhe 31 m   **26** C10
▶ Berlin 529 – Düsseldorf 61 – Bottrop 17 – Essen 29
🟩 Wasserschloss Lembeck ★ (Nord-Ost: 10 km)

✕✕ **Goldener Anker** (Björn Freitag) 🍽️ 🅿️ 💳 ⊙ AE
😊 *Lippetor 4, (Zufahrt über Ursulastraße)* ✉ *46282 –* 📞 *(02362) 2 25 53
– www.bjoern-freitag.de – geschl. Montag - Dienstag*
Rest – *(nur Abendessen)* (Tischbestellung ratsam) Menü 54/96 € – Karte 56/84 €
Spez. Tandoori Thunfisch mit Kadaifi-Gamba. Schollenfilet mit Rosapfeffer-Grapefruit. Passionsfrucht-Calamansi Törtchen.
• Das im Zentrum gelegene Restaurant der Familie Freitag existiert seit 1911. Für einen angenehmen Aufenthalt sorgen modernes Interieur in warmen Tönen, hochwertige Tischkultur, geschulter Service und nicht zuletzt eine gute klassische Küche mit eigenen Ideen.

✕✕ **Henschel** AC 🚭 🅿️ 💳 ⊙ AE
Borkener Str. 47 (B 224) ✉ *46284 –* 📞 *(02362) 6 26 70 – www.restaurant-henschel.de
– geschl. 1. - 19. Januar und Sonntag - Montag*
Rest – *(nur Abendessen)* Menü 50/72 € – Karte 51/68 €
• Familie Henschel betreibt hier ein sehr nettes und gemütliches Restaurant mit elegantem Touch. In der Küche führt seit Jahrzehnten Leonore Henschel Regie und bereitet klassische Speisen.

In Dorsten-Holsterhausen Nord-West: 4 km über B 224 Richtung Borken

🏨 **Albert** (mit Gästehaus) 🍽️ 🚭 📶 Zim, 📶 🛋 🅿️ 🍳 💳 ⊙ AE
Borkener Str. 199 (B 224) ✉ *46284 –* 📞 *(02362) 9 47 90 – www.hotel-albert.de*
35 Zim 🍴 – ♦65/75 € ♦♦89/98 € – 1 Suite
Rest – *(geschl. Freitag - Samstagmittag)* Karte 25/49 €
• Das freundlich-familiär geleitete Hotel bietet Ihnen neuzeitliche und individuell gestaltete Zimmer mit guter Technik. Im Gästehaus befinden sich vier Appartements mit Küche. Bürgerlich-regionale Karte im Restaurant mit schöner Terrasse nach hinten.

In Dorsten-Wulfen Nord-Ost: 7 km

✕✕ **Rosin** 🍽️ 🚭 🅿️ 💳 ⊙ AE ①
😊😊 *Herveste Str. 18* ✉ *46286 –* 📞 *(02369) 43 22 – www.frankrosin.de – geschl. Anfang
Januar 1 Woche, Juli - August 2 Wochen und Sonntag - Montag*
Rest – *(nur Abendessen)* Menü 69/129 € 🍷
Spez. Marinierter Thunfisch mit Brillat-Savarin und Imperial Caviar. Maibockrücken mit Kürbis und Ingwer, Vakuumfrüchte und Luftbrot. Ananascannelloni, Papayamaultasche und Mangolasagne.
• Ein elegantes Restaurant mit modernen Akzenten. In der Küche setzt Frank Rosin auf intensive Aromen und kräftige Würze. Jochen Bauer sorgt für umsichtigen Service, Sommelière Susanne Spies für sehr gute Weinempfehlungen. Vinothek.

DORTMUND – Nordrhein-Westfalen – **543** – 581 310 Ew – Höhe 76 m 26 D11
▶ Berlin 492 – Düsseldorf 78 – Bremen 236 – Frankfurt am Main 224
✈ Dortmund-Wickede, Flughafenring 11 (über B 1, Richtung Kassel: 11 km), ℰ (0231) 92 13 01
ADAC Freie-Vogel-Str. 393 R
ADAC Ruhrallee 98 BZ
🛈 Königswall 18a AY, ✉ 44137, ℰ (0231) 18 99 90, www.dortmund-tourismus.de
⛳ Dortmund-Reichsmark, Reichsmarkstr. 12, ℰ (0231) 77 41 33
⛳ Dortmund-Brackel, Heßlingsweg, ℰ (0231) 2 00 80 21
⛳ Dortmund, Rennweg 70, ℰ (0231) 9 81 29 50

Veranstaltungen
   31. Januar-5. Februar: Jagd & Hund
   1.-4. März: Motorräder
   14.-18. März: Creativa
   23.-25. März: BauMesse
   18.-22. April: Intermodellbau
   7.-9. Juli: INNOVA
   3.-7. Oktober: Dortmunder Herbst
   Messegelände: Ausstellungsgelände Westfalenhallen, Strobelallee 45 AZ, ✉ 44139, ℰ (0231) 1 20 40

🔎 Fernsehturm ✵ ★ CZ – Westfalenpark ★ BCZ – Reinoldikirche ★ A BY

Stadtpläne siehe nächste Seiten

Pullman
Lindemannstr. 88 ✉ 44137 – ℰ (0231) 9 11 30 – www.pullmanhotels.com
217 Zim – †85/200 € ††85/200 €, ⌑ 19 € – 2 Suiten   AZa
Rest *George* – siehe Restaurantauswahl
Rest *Davidis* – Karte 22/56 €
♦ Neben der Westfalenhalle befindet sich das mit zeitgemäß-komfortablen Zimmern ausgestattete Businesshotel. Der Rahmen des Hauses ist großzügig und elegant. Im kleinen Restaurant Davidis bietet man eine internationale Karte.

Hilton
An der Buschmühle 1 ✉ 44139 – ℰ (0231) 1 08 60 – www.hilton.de/dortmund
190 Zim – †94/194 € ††94/194 €, ⌑ 21 € – 5 Suiten   BZr
Rest – Karte 30/47 €
♦ Hier überzeugen die verkehrsgünstige Lage und neuzeitliche Zimmer mit guter Technik. Schön ist das große Hallenbad mit Sauna- und Fitnessbereich. Kleines Hotelrestaurant in elegantem Stil.

Esplanade
Burgwall 3 ✉ 44135 – ℰ (0231) 5 85 30 – www.esplanade-dortmund.de – geschl. 22. Dezember - 4. Januar
83 Zim ⌑ – †88/148 € ††98/188 €   BYe
Rest – (geschl. Samstag - Sonntag) (nur Abendessen)
♦ Ein zeitgemäß und funktional ausgestattetes Hotel in verkehrsgünstiger Lage nicht weit vom Bahnhof. Die neueren Zimmer sind besonders großzügig und modern. Klare Linien und nettes Nashorndekor im Bistro Nashörnchen.

Parkhotel Westfalenhallen
Strobelallee 41 ✉ 44139 – ℰ (0231) 1 20 42 45
– www.westfalenhallen.de   AZm
142 Zim ⌑ – †102/202 € ††122/222 €   **Rest** – Karte 16/39 €
♦ Günstig ist die Lage dieses Businesshotels direkt neben den Westfalenhallen, mit guter Autobahnanbindung. Die Zimmer sind komfortabel, neuzeitlich und funktionell.

Parkhotel Wittekindshof
Westfalendamm 270 (B 1) ✉ 44141 – ℰ (0231) 5 19 30 – www.parkhotel-wittekindshof.de
65 Zim – †99 € ††112 €, ⌑ 15 € – 1 Suite   Rv
Rest – (geschl. Samstagmittag und Sonntagabend) Karte 22/44 €
♦ Das Hotel liegt verkehrsgünstig und bietet funktionale, gut ausgestattete Gästezimmer. Die Halle ist ansprechend im Landhausstil gehalten. Mit reichlich schmiedeeisernem Dekor gediegen-rustikal gestaltetes Restaurant. In der Stube mit Theke geht es gemütlich zu.

DORTMUND

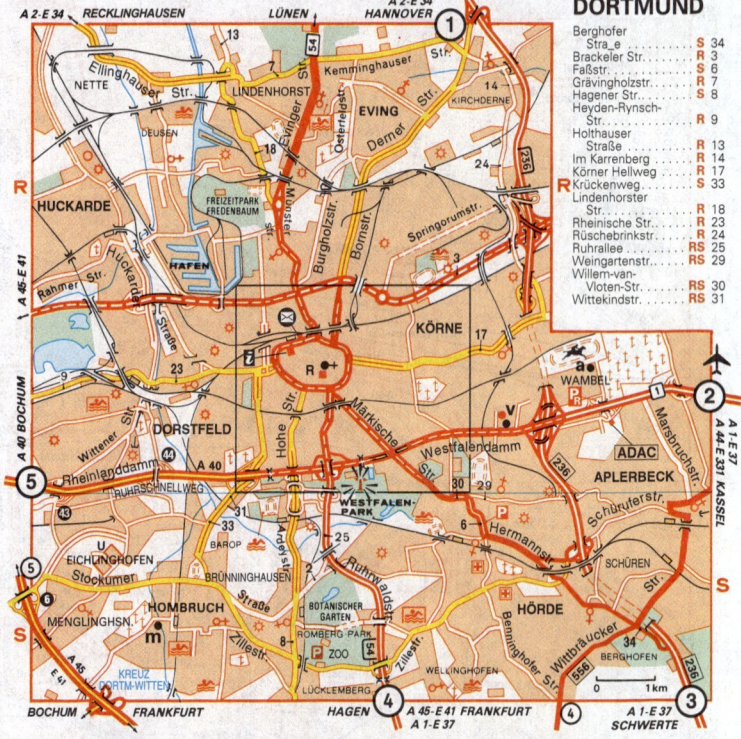

Berghofer Stra_e	**S** 34
Brackeler Str.	**R** 3
Faßstr.	**R** 6
Grävingholzstr.	**R** 7
Hagener Str.	**RS** 8
Heyden-Rynsch-Str.	**R** 9
Holthauser Straße	**R** 13
Im Karrenberg	**R** 14
Körner Hellweg	**R** 17
Krückenweg	**S** 33
Lindenhorster Str.	**R** 18
Rheinische Str.	**R** 23
Rüschebrinkstr.	**R** 24
Ruhrallee	**RS** 25
Weingartenstr.	**RS** 29
Willem-van-Vloten-Str.	**RS** 30
Wittekindstr.	**RS** 31

Steigenberger 🍴 ♨ & ❄ Rest, 📶 🛌 🅿 🚗 VISA ⦿ AE ①

Berswordtstr. 2 ✉ 44139 – ✆ (0231) 9 02 10 – www.dortmund-steigenberger.de
166 Zim – †98 € ††116 €, ⊇ 16 € – 4 Suiten   AZa
Rest – *(geschl. Sonntagabend)* Karte 25/48 €

♦ Nostalgisches Ambiente im US-amerikanischen Clubstil mit dunklem Holz und Leder prägt die Einrichtung dieses Hauses. Deckenventilatoren dürfen da natürlich nicht fehlen. American style auch im Restaurant mit internationaler Küche.

XXX La Cuisine Mario Kalweit   🍴 ⇔ 🅿

Lübkestr. 21, (1. Etage) ✉ 44141 – ✆ (0231) 5 31 61 98 – www.mariokalweit.de
– geschl. 1. - 15. Januar, Juli - August 2 Wochen und Sonntag - Montag
Rest – *(nur Abendessen)* Menü 63/99 € – Karte 61/73 €   **Rv**

♦ Das helle, modern-elegante Restaurant in dem schön restaurierten Haus bietet drei Menüs von klassisch über regional bis zeitgemäß. Der Service ist freundlich und geschult.

XX George – Hotel Pullman   & AK ❄ VISA ⦿ AE ①

Lindemannstr. 88 ✉ 44137 – ✆ (0231) 9 11 30 – www.pullmanhotels.com – geschl. Sonntag - Montag   AZa
Rest – *(nur Abendessen)* (Tischbestellung ratsam) Menü 58/120 €

♦ Das Ambiente trifft den Geist der Zeit: Die Töne Braun, Ecru und Gold, feine Tischwäsche und edle Blumen verleihen einen edlen Touch. Kreativer Küchenstil!

In Dortmund-Barop

🏠 der Lennhof 🌿   🚗 AK 📶 🛌 🅿 VISA ⦿ AE ①

Menglinghauser Str. 20 ✉ 44227 – ✆ (0231) 75 81 90 – www.der-lennhof.de – geschl. 27. Dezember - 5. Januar   **Sm**
37 Zim ⊇ – †105 € ††145 € – 4 Suiten
Rest *der Lennhof* – siehe Restaurantauswahl

♦ Gelungen hat man hier moderne und traditionelle Architektur kombiniert, geradlinig das Interieur. In jedem Zimmer ein großes Bild der Dortmunder Champions-League-Gewinner.

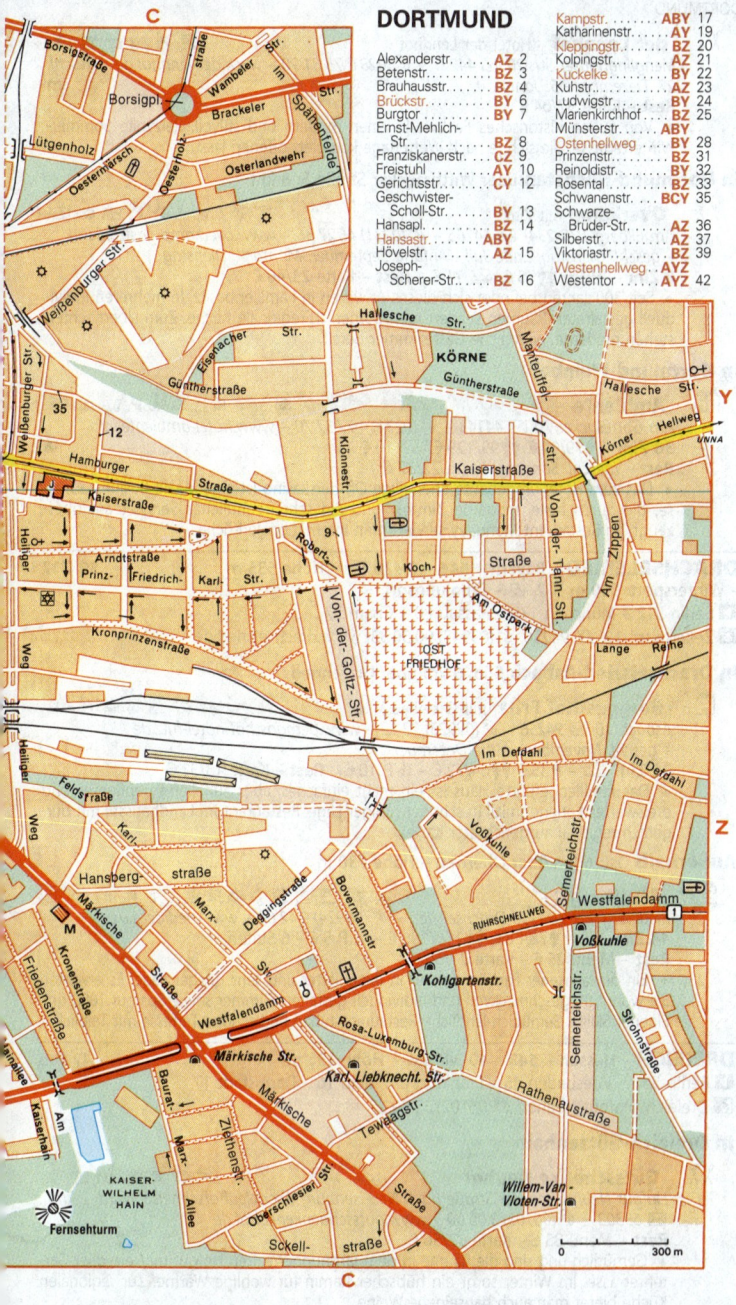

DORTMUND

XX **der Lennhof** – Hotel der Lennhof
Menglinghauser Str. 20 ⊠ *44227 –* ℘ *(0231) 75 81 90 – www.der-lennhof.de – geschl. 27. Dezember - 5. Januar* **Sm**
Rest – Karte 37/64 €
• Von außen historisches Fachwerk, innen modern und stilvoll. Reizvolle Sommer-Winterterrasse, die sich je nach Wetterlage komplett öffnen lässt!

In Dortmund-Höchsten über Wittbräucker Straße **S**: 8 km

XX **Overkamp** mit Zim
Am Ellberg 1 (B 234) ⊠ *44265 –* ℘ *(0231) 46 27 36 – www.overkamp-gastro.de – geschl. Dienstag, Ende Juli - Anfang September: Montag - Dienstag*
8 Zim – †55 € ††75 €, ⊆ 11 € **Rest** – Karte 23/46 €
• Seit 300 Jahren befindet sich dieses Anwesen in Familienbesitz. In mehreren individuell gestalteten Räumen serviert man bürgerlich-regionale Küche. Zum Übernachten stehen moderne, wohnliche Gästezimmer bereit.

In Dortmund-Wambel

🏨 **Ambiente**
Am Gottesacker 70 ⊠ *44143 –* ℘ *(0231) 4 77 37 70 – www.hotel-ambiente.info*
36 Zim – †79/99 € ††99/129 €, ⊆ 10 € **Ra**
Rest – (geschl. Sonntag) Karte 22/37 €
• Das zum Hotel umgebaute ehemalige Offizierskasino ist eine ideale Businessadresse, die durch helle, moderne Zimmer und ein sehr freundliches Serviceteam überzeugt. Im Restaurant Mondavy serviert man internationale Küche.

DRACHSELSRIED – Bayern – **546** – 2 410 Ew – Höhe 535 m **59 O17**
– Wintersport: 900 m ⛷2 ⛸ – Erholungsort
▶ Berlin 512 – München 178 – Passau 80 – Cham 37
🛈 Zellertalstr. 12, ⊠ 94256, ℘ (09945) 90 50 33, www.drachselsried.de

In Drachselsried-Asbach Süd: 6 km über Grafenried

🏨 **Berggasthof Fritz** (mit Gästehaus)
Asbach 10 ⊠ *94256 –* ℘ *(09923) 22 12 – www.berggasthof-hotel-fritz.de – geschl. November - Mitte Dezember*
35 Zim ⊆ – †35 € ††64/72 € – ½ P 10 € **Rest** – Karte 13/31 €
• Das familiengeführte Haus ist ein recht einfaches, aber auffallend gepflegtes und preiswertes Feriendomizil in schöner ruhiger Lage. Restaurant im Landhausstil mit bürgerlich-regional ausgerichteter Karte.

Außerhalb Ost: 6 km über Oberried – Höhe 730 m

🏨 **Riedlberg**
Riedlberg 1 ⊠ *94256 Drachselsried –* ℘ *(09924) 9 42 60 – www.riedlberg.de*
44 Zim ⊆ – †78/88 € ††156/196 € – ½ P 5 € – 6 Suiten
Rest – Menü 25 € – Karte 21/36 €
• Ein gewachsener Familienbetrieb in exponierter und sehr ruhiger Lage. Es erwarten Sie wohnlich, geschmackvoll und individuell gestaltete Zimmer sowie Spa auf 1000 qm. Eigener Skilift. Gemütlich-ländliche Restaurantstuben und schöne Terrasse mit Talblick.

DREIEICH – Hessen – **543** – 40 340 Ew – Höhe 135 m **47 F15**
▶ Berlin 557 – Wiesbaden 45 – Frankfurt am Main 16 – Darmstadt 17
🛈 Dreieich, Hofgut Neuhof, ℘ (06102) 32 79 27

In Dreieich-Götzenhain

XX **Gutsschänke Neuhof**
Hofgut Neuhof (an der Straße nach Neu-Isenburg über Neuhofschneise, Nord: 2 km)
⊠ *63303 –* ℘ *(06102) 3 00 00 – www.gutsschaenkeneuhof.de*
Rest – Menü 33 € – Karte 32/56 €
• Gemütlich-urig sind die Räume in dem jahrhundertealten Hofgut mit reizvoller Gartenterrasse. Im Winter sorgt ein hübscher Kamin für wohlige Wärme. Zur regionalen Küche bietet man auch passende Weine.

DREIS (KREIS BERNKASTEL-WITTLICH) – Rheinland-Pfalz – siehe Wittlich

DRESDEN

Stadtpläne siehe nächste Seiten

43 Q12

Sachsen – 517 060 Ew – Höhe 113 m – 544 M25

▶ Berlin 193 – Chemnitz 75 – Görlitz 110 – Leipzig 113

Tourist-Informationen

Schloßstr. 2, Kulturpalast BY, ✉ 01067, ✆ (0351) 50 16 01 60, www.dresden.de

Automobilclub - ADAC

Striesener Str. 37 DY

Flughafen

✈ Dresden-Klotzsche, Flughafenstraße (über Königsbrücker Straße U), ✆ (0351) 88 10
Deutsche Lufthansa City Center, Zellescher Weg 3, ✉ 01069, ✆ (0351) 4 99 88 77
Messe Dresden, Messering 6 (über Magdeburger Straße AX), ✉ 01067, ✆ (0351) 4 45 81 05

Messen

6.-8. Januar: room+style
13.-15. Januar: SachsenKrad
27.-29. Januar: Dresdner ReiseMarkt
11.-19. Februar: Handwerksmesse
1.-4. März: HAUS
16.-18. März: Jagen Fischen Reiten
23.-25. März: auto mobil
25.-28. Oktober: Dresdner Herbst

Golfplätze

⛳ Possendorf, Ferdinand-von-Schill-Str. 4a, ✆ (035206) 24 30
⛳ Ullersdorf, Am Golfplatz 1, ✆ (03528) 4 80 60

ⓘ SEHENSWÜRDIGKEITEN

Historisches Zentrum (Altstadt): Zwinger★★★ · Gemäldegalerie Alte Meister★★★ Porzellansammlung★★ Rüstkammer★★ Mathematisch-Physikalischer Salon★★ · Semperoper★★ AY · Hofkirche★★ · Schloss★★★ · Brühlsche Terrasse★ · Frauenkirche★★ · Stadtmuseum★ M⁴ · Kreuzkirche★ BY
Neustadt: Japanisches Palais★ · Museum für Sächsische Volkskunst★ M² BX
Umgebung: Schloss Moritzburg★(Nord-West: 14 km) · Schloss Pillnitz★(Süd-Ost: 15 km)

Wir lassen uns ungern an Kleinigkeiten messen.
Es sei denn, sie steigern die Präzision.

GLASHÜTTE I/SA

Gleich vier außergewöhnliche Konstruktionen, die die Präzision erhöhen, finden sich in der RICHARD LANGE TOURBILLON „Pour le Mérite": der winzige Antrieb über Kette und Schnecke, das filigrane Tourbillon, die hauchdünne Lange-Spirale – und nicht zuletzt der patentierte Tourbillon-Sekundenstopp, der das sekundengenaue Einstellen der Uhr überhaupt erst ermöglicht. Nie zuvor wurde eine A. Lange & Söhne Uhr mit so vielen Komplikationen ausgestattet, um Ganggenauigkeit, Einstellbarkeit und Ablesbarkeit gleichzeitig zu perfektionieren.

Entdecken Sie die RICHARD LANGE TOURBILLON „Pour le Mérite" bei:

A. Lange & Söhne Dresden • Quartier an der Frauenkirche

Töpferstraße 8 • 01067 Dresden • Tel. +49 (0)351 4818 5050 • www.lange-soehne.de

DRESDEN

🏨🏨🏨🏨 Taschenbergpalais Kempinski

Taschenberg 3 ✉ *01067* – ☎ *(0351) 4 91 20*
– *www.kempinski.com/dresden*

BYa

214 Zim – ♦159/289 € ♦♦159/289 €, 🍴 26 €
– 18 Suiten
Rest *Intermezzo* – siehe Restaurantauswahl
Rest *Palais Bistro* – ☎ (0351) 4 91 27 10 – Menü 22/29 € – Karte 22/65 €

♦ Der eindrucksvolle Bau nahe Zwinger und Semperoper ist ein rekonstruiertes Barockpalais (ursprünglich von 1705). Luxus und Eleganz in großzügigen Zimmern. Gediegene Karl May Bar mit Live-Musik am Wochenende.

🏨🏨🏨 Maritim

Devrientstr. 10 ✉ *01067* – ☎ *(0351) 21 60*
– *www.maritim.de*

AXm

328 Zim – ♦85/220 € ♦♦100/235 €, 🍴 19 €
– 31 Suiten
Rest – Karte 25/43 €

♦ In dem ehemaligen Speichergebäude direkt neben dem Kongresszentrum empfängt Sie eine imposante Atriumhalle. Die Hälfte der geräumigen Zimmer bietet Elbblick. Kosmetikanwendungen. Klassisches Restaurant mit kleiner Showküche.

DRESDEN

Alttolkewitz	**V** 57
Borsbergstr.	**V** 58
Emerich-Ambros-Ufer	**U** 60
Flügelwegbrücke	**UV** 61
Fritz-Löffler-Str.	**V** 62
Gerhart-Hauptmann-Str.	**V** 63
Hamburger Str.	**U** 64
Innsbrucker Straße	**V** 84
Lommatzscher Str.	**U** 69
Moritzburger Landstr.	**U** 74
Moritzburger Weg	**U** 75
Naumannstr.	**V** 78
Nossener Brücke	**V** 71
Nürnberger Str.	**V** 72
Washingtonstr.	**U** 79
Wehlener Str.	**V** 81
Zellescher Weg	**V** 83

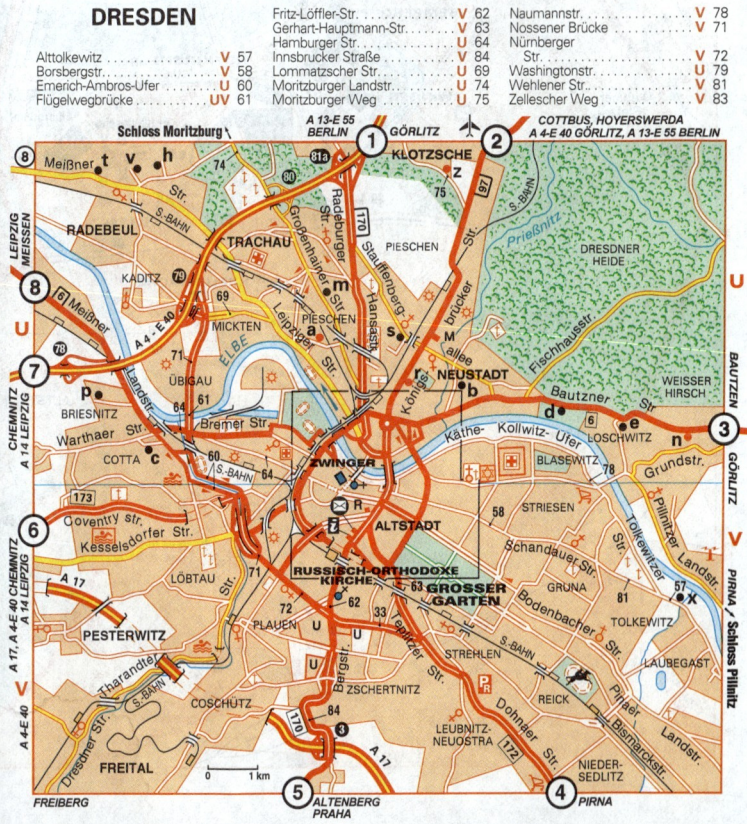

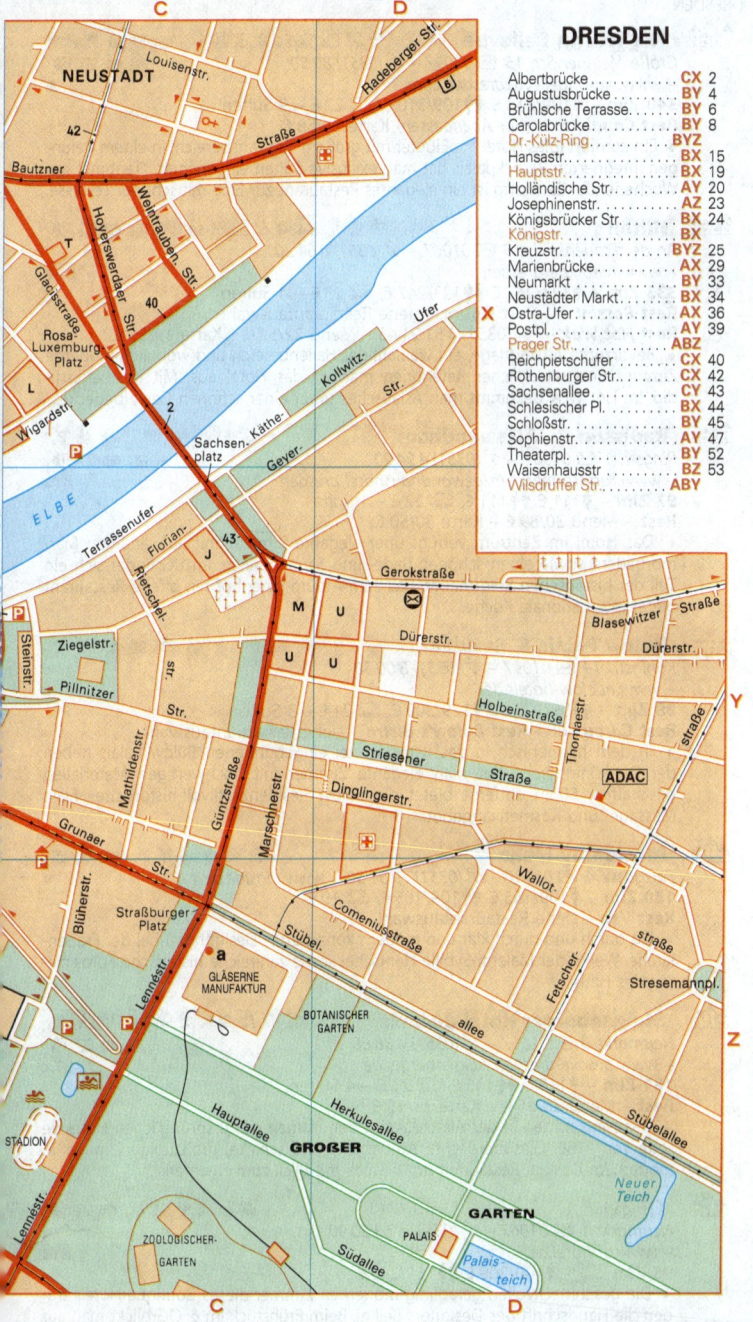

DRESDEN

The Westin Bellevue
Große Meißner Str. 15 ⊠ 01097 – ℰ (0351) 80 50
– www.westinbellevuedresden.com
BXa
340 Zim – †109/310 € ††109/310 €, ⊇ 22 € – 9 Suiten
Rest *Canaletto* – (nur Abendessen) Karte 36/58 €

♦ Ein komfortables Hotel am Elbufer mit großem Tagungsbereich. In einem gelungen integrierten Barockpalais hat man exklusive Suiten eingerichtet. "Teatime" am Wochenende. Canaletto ist ein elegantes Restaurant zur Elbe mit schöner Terrasse.

Hilton
An der Frauenkirche 5 ⊠ 01067 – ℰ (0351) 8 64 20
– www.hilton.de/dresden
BYe
333 Zim – †123/247 € ††123/247 €, ⊇ 23 € – 4 Suiten
Rest *Rossini* **Rest** *Ogura* – siehe Restaurantauswahl
Rest *Hot Wok* – ℰ (0351) 4 51 91 45 – Menü 22/59 € – Karte 19/55 €

♦ Bevorzugte Altstadtlage, ein weitläufiger Hallenbereich und wohnlich-moderne Zimmer unterschiedlicher Kategorien machen das Hotel aus. Mit Kosmetikstudio. Im Hot Wok bekommt man Asiatisches unter einer schönen Gewölbedecke.

Radisson BLU Gewandhaus
Ringstr. 1 ⊠ 01067 – ℰ (0351) 4 94 90
– www.radissonblu.com/gewandhaushotel-dresden
BYs
97 Zim – †111 € ††111 €, ⊇ 22 € – 1 Suite
Rest – Menü 30/89 € – Karte 30/50 €

♦ Das Hotel im Zentrum verfügt über elegante Zimmer mit aufwändigen Marmorbädern sowie einen schönen Bade- und Saunabereich. Im UG findet sich ein Teil der historischen Stadtmauer. Das zum Atrium-Innenhof hin offene Restaurant bietet internationale Küche.

Bülow Palais & Residenz
Königstr. 14 ⊠ 01097 – ℰ (0351) 8 00 30
– www.buelow-hotels.de
BXc
88 Zim – †109/195 € ††129/300 €, ⊇ 21 € – 3 Suiten
Rest *Carousself* **Rest** *Bülow's Bistro* – siehe Restaurantauswahl

♦ In dem harmonisch in das Barockviertel eingebundenen Bülow Palais neben der Dreikönigskirche hat man elegante Zimmer mit hochwertigen Materialien geschaffen. 50 m entfernt bietet die Bülow Residenz stilvoll-historisches Flair. Massage- und Kosmetikangebot.

Innside by Melia
Salzgasse 4 ⊠ 01067 – ℰ (0351) 79 51 50 – www.innside.de
BYv
180 Zim – †109/165 € ††109/165 €, ⊇ 19 €
Rest *Ven* – siehe Restaurantauswahl

♦ Ein durch und durch klar und modern konzipiertes Designhotel bei der Frauenkirche. Werke der Malerin Sybille Hentschel sowie zahlreiche historische Fotos zieren das Haus.

Steigenberger Hotel de Saxe
Neumarkt 9 ⊠ 01067 – ℰ (0351) 4 38 60
– www.desaxe-dresden.steigenberger.de
BYx
181 Zim – †115 € ††135 €, ⊇ 21 € – 4 Suiten
Rest – Menü 28/55 € – Karte 33/55 €

♦ Das Haus mitten in der Altstadt trägt den Namen des ursprünglichen Hotel de Saxe von 1786. Glasüberdachte Atriumhalle und schicke, großzügige Zimmer in modernem Design. Restaurant im 1. Stock mit Blick zum Neumarkt.

QF garni
Neumarkt 1 ⊠ 01067 – ℰ (0351) 5 63 30 90
– www.qf-hotel.de
BYc
95 Zim ⊇ – †149/209 € ††169/249 €

♦ Die geschmackvollen geradlinig-modernen Zimmer dieses Boutique-Hotels tragen die Handschrift des Designers Bellini. Beim Frühstück im 6. OG blickt man auf die Kuppel der Frauenkirche.

DRESDEN

Pullman Dresden Newa
Prager Str. 2c ⊠ 01069 – ℰ (0351) 4 81 41 09
– www.pullman-dresden-newa.com **BZn**
319 Zim – †89/189 € ††99/199 €, ⊇ 18 € **Rest** – Karte 25/50 €
♦ Das Hotel überzeugt durch die gute Shopping-Lage unweit des Bahnhofs und die schöne Einrichtung in klaren Linien. Blick über Dresden von den oberen Etagen. Geräumigere Deluxe-Zimmer.

NH Altmarkt
An der Kreuzkirche 2 ⊠ 01067 – ℰ (0351) 50 15 50
– www.nh-hotels.de **BYz**
240 Zim – †95/329 € ††95/329 €, ⊇ 19 € – 11 Suiten **Rest** – Karte 30/43 €
♦ Ein modernes und sehr zentrales Geschäftshotel am Altmarkt - nutzen Sie die Tiefgarage direkt am Platz. Hinter der großen Glasfront die weitläufige Halle mit Lounge. Klares Design und aktuelle Technik im ganzen Haus.

Holiday Inn
Stauffenbergallee 25a ⊠ 01099 – ℰ (0351) 8 15 10
– www.holiday-inn-dresden.de **Us**
120 Zim – †92/167 € ††119/194 € **Rest** – Karte 21/42 €
♦ Eine ideale Adresse für Businessgäste in verkehrsgünstiger Lage etwas außerhalb des Zentrums, ausgestattet mit zeitgemäßen, wohnlich-funktionellen Zimmer. Executive-Etage im 4. Stock. Restaurant in modernem Stil.

Bayerischer Hof
Antonstr. 33 ⊠ 01097 – ℰ (0351) 82 93 70
– www.bayerischer-hof-dresden.de **BXr**
50 Zim ⊇ – †75/99 € ††99/138 € – 4 Suiten
Rest – *(geschl. Sonntag)* Menü 23/30 € – Karte 19/40 €
♦ Das Hotel liegt praktisch in der Nähe des Neustädter Bahnhofs und ist zeitlosgediegen gestaltet. Ruhiger sind die rückwärtigen Juniorsuiten. Elegante Tagungssäle. Restaurant Patrizierstube in klassischem Stil. Im Sommer Biergarten im Hof.

Martha Hospiz
Nieritzstr. 11 ⊠ 01097 – ℰ (0351) 8 17 60
– www.hotel-martha-hospiz.de – geschl. 22. - 26. Dezember **BXs**
50 Zim ⊇ – †79/86 € ††113/121 €
Rest *Kartoffelkeller* – Karte 14/27 €
♦ In den miteinander verbundenen Häusern Martha und Maria erwarten Sie behagliche Zimmer (teils im Biedermeierstil), ein hübscher Frühstücksraum mit Terrasse sowie freundlicher Service. Das gemütliche Restaurant ist ein ehemaliger Kohle- und Kartoffelkeller.

Amadeus
Großenhainer Str. 118 ⊠ 01129 – ℰ (0351) 8 41 80
– www.hotel-amadeus-dresden.de **Um**
80 Zim ⊇ – †75/79 € ††99/120 €
Rest – *(geschl. Januar - März: Sonntagabend)* Karte 19/26 €
♦ Das Stadthaus aus der Gründerzeit beherbergt funktionelle Zimmer sowie Appartements mit Kitchenette im Nebenhaus. Ruhiger liegen die rückwärtigen Zimmer. Gute Autobahnanbindung.

Privat
Forststr. 22 ⊠ 01099 – ℰ (0351) 81 17 70
– www.das-nichtraucher-hotel.de **Ub**
30 Zim ⊇ – †56/69 € ††72/93 € – 1 Suite
Rest – Menü 16/25 € – Karte 19/28 €
♦ Die engagierten Gastgeber leiten hier ein sehr gepflegtes Nichtraucherhotel in einer ruhigen Wohngegend nicht weit von der Innenstadt. Der Service ist freundlich, die Zimmer sind zeitgemäß und funktional ausgestattet. Restaurant Maron mit Wintergarten und netter kleiner Terrasse. Zusatzkarte nach Hildegard von Bingen.

DRESDEN

XXX Carousel – Hotel Bülow Palais & Residenz
Königstr. 14 ⊠ 01097 – ℘ (0351) 8 00 30 – www.buelow-hotels.de
– geschl. Sonntag - Montag BXc
Rest – (nur Abendessen) (Tischbestellung ratsam) Karte 68/94 €
Spez. Gelbflossenmakrele in Sojasauce mariniert, Gurke, Mango und Seidentofu-Creme. Entrecôte mit Markklößchen, Zwiebeln und Pilz-Ketchup. Dessert aus Karotte, Orange und Ingwer.
• Sicher eine der feinsten Adressen der Stadt. Herrliche Gemälde und goldverzierte Spiegel zieren die pastellgelben Wände. An der Decke hängen wertvolle Leuchter aus Dresdner Porzellan. Ein aufmerksamer Service kredenzt Ihnen Dirk Schröers klassisch-saisonale Kompositionen.

XXX Intermezzo – Hotel Taschenbergpalais Kempinski
Taschenberg 3 ⊠ 01067 – ℘ (0351) 4 91 27 12
– www.kempinski.com/dresden BYa
Rest – Menü 56/98 € – Karte 32/70 €
• Wahrlich ein Intermezzo – nämlich für luxuriöse Lebenskultur. Hochwertigster Parkett, glänzende Hölzer, feine Stoffe und edles Silber verwöhnen das Auge, die klassisch-internationale Küche den Gaumen.

XXX Rossini – Hotel Hilton
An der Frauenkirche 5 ⊠ 01067 – ℘ (0351) 8 64 28 55 – www.hilton.de/dresden
– geschl. Sonntag BYe
Rest – (nur Abendessen) Menü 39 € (mittags)/44 € – Karte 31/56 €
• In der ersten Etage, zu Füßen der Frauenkirche, serviert man Ihnen in einem erstklassigen Rahmen internationale Spezialitäten.

XX Lesage
Lennéstr. 1 ⊠ 01069 – ℘ (0351) 4 20 42 50 – www.lesage.de – geschl.
Sonntagabend und Montagabend CZa
Rest – Karte 33/45 €
• Ein Restaurant in klarem modernem Stil, integriert in die Gläserne Manufaktur von Volkswagen. Man schaut in den Fertigungsbereich mit seiner transparenten Architektur. Geboten wird eine schmackhafte internationale Küche. Sonntags nur Brunch-Buffet.

XX Italienisches Dörfchen - Bellotto
Theaterplatz 3 ⊠ 01067 – ℘ (0351) 49 81 60 – www.italienisches-doerfchen.de
Rest – Karte 33/44 € BYn
Rest Wein- und Kurfürstenzimmer – siehe Restaurantauswahl
• Bellotto ist ein mediterranes Restaurant mit zwei Terrassen in der 1. Etage des schmucken Palais nahe Oper und Theater. Zudem: Biergarten und Elbterrassen sowie das kleine Basteischlösschen.

XX Kurfürstenschänke
An der Frauenkirche 13 ⊠ 01067 – ℘ (0351) 42 44 82 80
– www.kurfuerstenschaenke-dresden.de BYk
Rest – Karte 24/36 €
• Schöne Details wie Stuck und der hochwertige Lüster aus Dresdner Porzellan zieren das elegante Restaurant. Café, rustikaler "Zechkeller" und Terrasse direkt vor der Frauenkirche.

XX Coselpalais
An der Frauenkirche 12 ⊠ 01067 – ℘ (0351) 4 96 24 44 – www.coselpalais-dresden.de
Rest – Menü 22 € (mittags)/48 € – Karte 24/40 € BYb
• Gegenüber der Frauenkirche liegt das rekonstruierte Palais von 1763 mit hübschem Innenhof. In einem der klassischen Räume speist man von Meissener Porzellan. Eigene Konditorei.

XX Petit Frank
Bürgerstr. 14 ⊠ 01127 – ℘ (0351) 8 21 19 00 – www.petit-frank.de – geschl.
Sonntag - Montag Ua
Rest – (nur Abendessen) Menü 25/30 € – Karte 33/35 €
• Französisch inspirierte Küche und freundlichen Service bietet das kleine Kellerrestaurant, in dem Sandsteinwände und angenehmes Licht die gemütlich-intime Atmosphäre unterstreichen.

DRESDEN

XX Wein- und Kurfürstenzimmer – Restaurant Italienisches Dörfchen - Bellotto
Theaterplatz 3 ⊠ 01067 – ℰ (0351) 49 81 60
– www.italienisches-doerfchen.de
Rest – Karte 24/39 € BY**n**
• Jedes einzelne Motiv der aufwändig bemalten und verzierten Wände und Decken erzählt eine Geschichte. Lassen Sie sich nieder in diesen historischen Räumen, Sie werden beeindruckt sein. Regionale Küche.

XX Ven – Hotel Innside by Melia
Salzgasse 4 ⊠ 01067 – ℰ (0351) 79 51 50 – www.innside.de
Rest – Karte 35/51 € BY**v**
• In einer perfekt komponierten Umgebung aus avantgardistischem Design mit grandioser Raumhöhe und bodentiefen Glaselementen mundet das international orientierte Essen besonders gut.

X Ogura – Hotel Hilton
An der Frauenkirche 5 ⊠ 01067 – ℰ (0351) 8 64 29 75 – www.hilton.de/dresden
Rest – *(Sonntag - Mittwoch nur Abendessen)* Menü 35/160 € BY**e**
– Karte 25/43 €
• Dank japanischer Stilelemente findet man fernöstliches Flair mitten in Dresden. Schon seit 1998 bringt Patron Yukio Ogura den Gästen die Küche seiner Heimat nahe.

X Alte Meister
Theaterplatz 1a ⊠ 01067 – ℰ (0351) 4 81 04 26 – www.altemeister.net
Rest – Menü 21/40 € – Karte 21/42 € AY**e**
• Im ehemaligen Braun'schen Atelier in einem Seitenflügel des Zwingers speist man in einem angenehm hellen hohen Raum. Mittags kleinere Karte. Direkter Zugang zur Kunstausstellung.

X Bülow's Bistro – Hotel Bülow Palais & Residenz
Königstr. 14 ⊠ 01097 – ℰ (0351) 8 00 30 – www.buelow-hotels.de BX**c**
Rest – Karte 25/38 €
• Eleganter und trotzdem unprätentiöser Treff an der Königstraße - ob für einen kleinen Snack zwischendurch, zum Lunch oder zum Dinner! Saisonale Bistro-Karte.

X Villandry
Jordanstr. 8 ⊠ 01099 – ℰ (0351) 8 99 67 24 – www.villandry.de – geschl. Sonntag
Rest – *(nur Abendessen)* (Tischbestellung ratsam) Karte 26/40 € U**r**
• Legere Bistro-Atmosphäre herrscht in diesem Restaurant mit ständig wechselndem Angebot auf einer großen Schiefertafel. In der dazugehörigen Atelierküche bietet man Kochkurse an.

X Henricus
Neumarkt 12 ⊠ 01067 – ℰ (0351) 26 35 96 20 – www.restaurant-henricus.de
Rest – Menü 31 € – Karte 20/50 € BY**r**
• Modernes Restaurant mit Blick auf die Frauenkirche im originalgetreu rekonstruierten Heinrich-Schütz-Haus. Aus der einsehbaren Küche kommen internationale und regionale Gerichte. Mittags nur kleines Angebot.

In Dresden-Briesnitz

Pattis
Merbitzer Str. 53 ⊠ 01157 – ℰ (0351) 4 25 50 – www.pattis.net U**p**
46 Zim – †90/130 € ††100/140 €, ⊇ 20 € – 3 Suiten
Rest *Vitalis* – **Rest** *Gourmet-Lounge* – siehe Restaurantauswahl
• Engagierter Service und geräumige, klassisch-elegante Zimmer mit Jugendstilelementen zeichnen das Haus der Familie Pattis aus. Schön ruhig liegen die Parkzimmer.

XXX Gourmet-Lounge – Hotel Pattis
Merbitzer Str. 53 ⊠ 01157 – ℰ (0351) 4 25 50 – www.pattis.net U**p**
Rest – *(nur Abendessen)* Menü 48/72 € – Karte 33/44 €
• Passend, das Restaurant "Gourmet-Lounge" zu nennen: Cremefarbene, dickgepolsterte Sessel, runde Tische, effektvolle Beleuchtung verbunden mit kulinarischen Raffinessen laden geradezu zum Entspannen und Genießen ein.

DRESDEN

✕✕ Vitalis – Hotel Pattis
Merbitzer Str. 53 ✉ 01157 – ℰ (0351) 4 25 50
– www.pattis.net **Up**
Rest – *(nur Mittagessen)* Menü 27/33 € – Karte 33/42 €
♦ Blickt man hinter die großflächigen Fensterfronten des runden Pavillons, setzt elegantes Interior gekonnt Akzente. Schmackhafte Gerichte mit regionalen Produkten runden die Gaumenfreuden ab - kosten Sie mal die Maispoularde in Tandoorisauce!

In Dresden-Cotta

Residenz Alt Dresden
Mobschatzer Str. 29 ✉ 01157 – ℰ (0351) 4 28 10
– www.residenz-alt-dresden.de **Uc**
123 Zim – †76/120 € ††92/148 € – 1 Suite
Rest – Menü 22/48 € – Karte 28/38 €
♦ In einem Wohngebiet gelegenes Hotel mit funktionell ausgestatteten Zimmern in zeitlosem Stil sowie Appartements im angegliederten Boardinghaus. Ideal für Geschäftsreisende. Restaurant mit Wintergarten und zwei Terrassen, eine davon rückwärtig gelegen.

In Dresden-Hellerau

✕ Schmidt's
Moritzburger Weg 67 , (in den Hellerauer Werkstätten) ✉ 01109
– ℰ (0351) 8 04 48 83 – www.koenig-albert.de – geschl. Samstagmittag und Sonntag **Uz**
Rest – (Tischbestellung ratsam) Karte 28/42 €
♦ In dem 1909 vom Unternehmer Karl Schmidt erbauten Gebäude-Ensemble der Hellerauer Werkstätten für Handwerkskunst hat man dieses geradlinige Restaurant eingerichtet, in dem kreative internationale Küche geboten wird, wie z. B. Curry vom Ruppiner Weiderind.

In Dresden-Klotzsche Nord-Ost: 9 km über Königsbrücker Straße U

GOLD INN Hotel Dresdner Heide
Karl-Marx-Str. 25 ✉ 01109 – ℰ (0351) 8 83 30
– www.gold-inn.de
100 Zim – †49/189 € ††59/199 €, ⊇ 13 € – 7 Suiten
Rest – *(geschl. Sonntag) (nur Abendessen)* Karte 27/40 €
♦ In verkehrsgünstiger Lage ca. 1 km vom Flughafen entfernt befindet sich dieses Hotel mit zeitgemäß und funktional eingerichteten Gästezimmern.

In Dresden-Lockwitz Süd-Ost: 11 km über Dohnaer Straße V

Landhaus Lockwitzgrund
Lockwitzgrund 100 ✉ 01257 – ℰ (0351) 2 71 00 10
– www.landhaus-lockwitzgrund.de
12 Zim ⊇ – †55 € ††75 € – 1 Suite
Rest *Landhaus Lockwitzgrund* – siehe Restaurantauswahl
♦ Sie finden das nette kleine Landhotel außerhalb am Waldrand. Es stehen praktische Zimmer bereit, die wohnlich mit Naturholzmöbeln eingerichtet sind.

✕ Landhaus Lockwitzgrund – Hotel Landhaus Lockwitzgrund
Lockwitzgrund 100 ✉ 01257 – ℰ (0351) 2 71 00 10
– www.landhaus-lockwitzgrund.de – geschl. 3. - 20. Januar und Montag, außer an Feiertagen
Rest – Karte 19/40 €
♦ Das historische Ambiente der alten "Makkaroni-Fabrik" und die direkte Lage am Lockwitzgrund stehen für ländliche Lebensart unweit von Dresden. Im ehemaligen Stallgebäude genießt man unter Kreuzgewölbe internationale Spezialitäten.

DRESDEN

In Dresden-Loschwitz

Schloss Eckberg (mit Kavaliershaus)
Bautzner Str. 134 ✉ *01099*
– ℰ *(0351) 8 09 90* – *www.schloss-eckberg.de*
Ud
84 Zim – ✝85/150 € ✝✝118/195 € – 3 Suiten
Rest – Menü 39/59 € – Karte 41/61 €
• In einem herrlichen Park steht das Schloss von 1859 mit geschmackvollen Zimmern; moderner sind die Zimmer im Kavaliershaus. Die Gäste werden mit Golfkarts über die Anlage gefahren. Klassisch-stilvolles Restaurant und Terrasse mit Blick auf Dresden und Elbe.

In Dresden-Marsdorf Nord-Ost: 13 km über A 13 U, Ausfahrt Marsdorf

Landhaus Marsdorf
Marsdorfer Hauptstr. 15 ✉ *01108* – ℰ *(0351) 8 80 81 01*
– *www.landhaus-marsdorf.de* – geschl. 21. - 26. Dezember
23 Zim – ✝72/82 € ✝✝97/99 € **Rest** – Karte 16/37 €
• In ruhiger Lage außerhalb von Dresden erwartet Sie dieser gepflegte Familienbetrieb mit zeitgemäßen Zimmern im Landhausstil, im EG mit Zugang zum schönen Garten. Im ursprünglichen historischen Gasthof hat man das Restaurant eingerichtet. Biergarten im Hof.

In Dresden-Niedersedlitz Süd-Ost: 10 km über Bismarckstraße V

AMBIENTE garni
Meusegaster Str. 23 ✉ *01259* – ℰ *(0351) 20 78 80* – *www.hotel-ambiente.de*
– geschl. 19. - 27. Dezember
20 Zim – ✝74/108 € ✝✝88/138 €
• Das ruhig in einem Wohngebiet gelegene Haus wird persönlich und engagiert geleitet. Die Zimmer sind zeitgemäß und wohnlich, hübsch die Superior-Gaubenzimmer.

In Dresden-Pillnitz Süd-Ost: 13 km über Pillnitzer Landstraße V

Schloss Hotel Dresden-Pillnitz
August-Böckstiegel-Str. 10 ✉ *01326* – ℰ *(0351) 2 61 40*
– *www.schlosshotel-pillnitz.de*
45 Zim – ✝89/114 € ✝✝117/150 € – 1 Suite
Rest *Kaminrestaurant* – siehe Restaurantauswahl
Rest – Menü 20/49 € – Karte 27/36 €
• Geschmackvoll und gemütlich sind die Zimmer in dem ansprechenden Nebengebäude des Schlosses, zwei Juniorsuiten mit Wasserbett. Reizvolle Lage am Park. Modernes Café-Restaurant im Bistrostil, mit Wintergarten.

XX **Kaminrestaurant** – Schloss Hotel Dresden-Pillnitz
August-Böckstiegel-Str. 10 ✉ *01326* – ℰ *(0351) 2 61 40*
– *www.schlosshotel-pillnitz.de* – geschl. Sonntag, außer an Feiertagen
Rest – (nur Abendessen) Menü 35/69 € – Karte 51/60 €
• Rustikal, aber dennoch mit eleganten Akzenten versehen, gibt sich das Restaurant sehr charmant. Besonders romantisch ist die schöne Terrasse mit Schloss- und Parkkulisse. Auf der Karte findet sich ein Mix aus sächsischer und französischer Küche.

In Dresden-Tolkewitz

Alttolkewitzer Hof (mit Gästehaus)
Alttolkewitz 7 ✉ *01279* – ℰ *(0351) 2 51 04 31* – *www.alttolkewitzer-hof.de*
24 Zim – ✝69 € ✝✝90 €
Vx
Rest – (Montag - Freitag nur Abendessen) Karte 13/27 €
• Ein sehr gepflegtes Hotel mit wohnlichen Zimmern im Landhausstil (teils zum Garten und zur Elbe hin) und freundlichem Service. Der Elbe-Radweg führt am Haus vorbei. Restaurant mit bürgerlicher Küche. Nette Terrasse unter einer 100 Jahre alten Linde.

DRESDEN

In Dresden-Weißer Hirsch

Villa Weißer Hirsch garni
Hermann Prell Str. 6 ⊠ 01324 – ℰ (0351) 64 24 13 – www.villa-weisser-hirsch.de
10 Zim – †80/95 € ††90/150 €　　　　　　　　　　　　　　　　Ue
• In einer schönen Gartenanlage mit alten Bäumen steht dieses familiär geführte Haus mit persönlicher Gästebetreuung und individuellen Zimmern. Auch kostenfreies Wasser auf dem Zimmer gehört zu den Annehmlichkeiten.

bean&beluga (Stefan Hermann)
Bautzner Landstr. 32 ⊠ 01324 – ℰ (0351) 44 00 88 00
– www.bean-and-beluga.de – geschl. 31. Dezember - 2. Januar, 21. Februar
- 3. März, 31. Juli - 11. August und Sonntag - Montag　　　　Un
Rest – *(nur Abendessen)* (Tischbestellung ratsam) Menü 75/122 €
– Karte 76/99 €
Rest *bean&beluga Tagesbar* – siehe Restaurantauswahl
Spez. Gänsestopfleber, Kaffee, Joghurt, Walnuss-Schmarrn. Kabeljau, Gewürzgurke, Senfsaat, Speck. Taube, Mais, Süßholz.
• Früher war in dem schmucken Jugendstilanwesen das traditionsreiche Café Binneberg untergebracht. Heute spannt der Gastgeber hier seinen kulinarischen Bogen: "Bohnen & Kaviar". Kreativ und klassisch der Küchenstil, versiert und zuvorkommend die Servicecrew.

bean&beluga Tagesbar – Restaurant bean&beluga
Bautzner Landstr. 32 ⊠ 01324 – ℰ (0351) 44 00 88 00
– www.bean-and-beluga.de – geschl. 31. Dezember - 2. Januar, 21. Februar
- 3. März, 31. Juli - 11. August und Sonntag - Montag　　　　Un
Rest – Menü 38/46 € – Karte 37/46 €
• Schlemmen und shoppen, beides ist in diesem stylischen Bistro möglich. Patron Stefan Hermann (Kunstfan) tischt internationale Gerichte auf und verkauft seine Feinkost auch im hauseigenen Shop.

DRIBURG, BAD – Nordrhein-Westfalen – **543** – 19 100 Ew　　28 G10
– Höhe 220 m – Wintersport: ⛷ – Heilbad
▶ Berlin 390 – Düsseldorf 190 – Hannover 108 – Kassel 86
🛈 Lange Str. 140, ⊠ 33014, ℰ (05253) 9 89 40, www.bad-driburg.com
🗺 Bad Driburg, Georg-Nave-Str. 24a, ℰ (05253) 71 04

Gräflicher Park (mit Gästehäusern)
Brunnenallee 1 ⊠ 33014 – ℰ (05253) 9 52 30
– www.graeflicher-park.de
135 Zim – †109/219 € ††149/269 € – ½ P 40 €
Rest *Caspar's Rest Pferdestall* – siehe Restaurantauswahl
• Auf dem schönen weitläufigen Anwesen a. d. 18. Jh. bietet man wohnliche, recht individuelle Zimmer, schöne Spa-Einrichtungen sowie gute Tagungsmöglichkeiten.

Schwallenhof
Brunnenstr. 34 ⊠ 33014 – ℰ (05253) 98 13 00 – www.schwallenhof.de
45 Zim – †66/86 € ††89/126 € – ½ P 20 € – 2 Suiten
Rest – *(geschl. Montag - Dienstagmittag)* Karte 24/54 €
• Aus dem ehemaligen Bauernhof ist ein familiengeführtes Hotel geworden, in dem wohnlich eingerichtete Zimmer zur Verfügung stehen. Ein Kamin und einige Nischen machen das Restaurant gemütlich.

Caspar's – Hotel Gräflicher Park
Brunnenallee 1 ⊠ 33014 – ℰ (05253) 9 52 30 – www.graeflicher-park.de
– geschl. Montag - Dienstag
Rest – Menü 65/95 € – Karte 51/78 €
• Helle Schleiflackmöbel, raumhohe Bücherregale mit Raritäten aus der gräflichen Bibliothek, edle Tischwäsche und ausgesuchte Stoffe zeugen von einer harmonischen Verbindung aus Eleganz und Heiterkeit.

DRIBURG, BAD

✗ **Pferdestall** – Hotel Gräflicher Park
Brunnenallee 1 ✉ 33014 – ℰ (05253) 9 52 30
– www.graeflicher-park.de
Rest – Menü 25/30 € – Karte 25/46 €
♦ Boxen, Marmortränke,... - in dem 1860 vom Grafen von Oeynhausen erbauten Pferdestall erinnert noch viel an das Ursprüngliche! Orginelles, rustikales Ambiente mit Showküche!

DROLSHAGEN – Nordrhein-Westfalen – **543** – 12 160 Ew   **37** D12
– Höhe 340 m
▶ Berlin 555 – Düsseldorf 114 – Siegen 31 – Hagen 59
🛈 Am Mühlenteich 1, ✉ 57489, ℰ (02761) 97 01 81, www.drolshagen.de

Zur Brücke
Hagener Str. 12 (B 54/55) ✉ 57489 – ℰ (02761) 75 48
– www.hotelzurbruecke.de – geschl. Juli - August 2 Wochen
19 Zim – †53/58 € ††82/88 €
Rest – (geschl. Dienstagmittag) Menü 27 € – Karte 22/36 €
♦ Der kleine Familienbetrieb ist ein 200 Jahre altes Gasthaus, das über sehr gepflegte, individuell gestaltete Zimmer verfügt. Auch ein großes und wohnliches Appartement ist vorhanden. Bürgerliche Küche bietet das behaglich-rustikale Restaurant.

DUDENHOFEN – Rheinland-Pfalz – **543** – 5 710 Ew – Höhe 104 m   **47** F17
▶ Berlin 654 – Mainz 95 – Neustadt a.d. Weinstraße 22 – Karlsruhe 51

Zum Goldenen Lamm
Landauer Str. 2 ✉ 67373 – ℰ (06232) 9 50 01
– www.zumgoldenenlamm.de
26 Zim – †50/70 € ††70/90 €, ⊡ 5 € – 3 Suiten
Rest – (geschl. Montagmittag, Dienstagmittag) Menü 20/50 € – Karte 41/89 €
♦ Aus einem hübsch sanierten Fachwerkgasthof in der Ortsmitte ist dieses mit wohnlichen Zimmern ausgestattete Hotel entstanden. Freundlich gestaltetes Restaurant in ländlich-elegantem Stil.

DUDERSTADT – Niedersachsen – **541** – 21 840 Ew – Höhe 170 m   **29** J11
– Erholungsort
▶ Berlin 350 – Hannover 131 – Erfurt 98 – Göttingen 32
🛈 Marktstr. 66, ✉ 37115, ℰ (05527) 84 12 00, www.duderstadt.de
🛈 Duderstadt, Rothenberger Haus, ℰ (05529) 89 92

Zum Löwen
Marktstr. 30 ✉ 37115 – ℰ (05527) 84 90 00
– www.hotelzumloewen.de
42 Zim – †75/90 € ††125/145 € – ½ P 20 € – 1 Suite
Rest – Karte 20/45 €
♦ Das hübsche Altstadthotel mit Tradition liegt zentral am Marktplatz und bietet seinen Gästen wohnlich gestaltete Zimmer mit elegantem Touch. Das gediegene Restaurant wird ergänzt durch die rustikale Stube Alt-Duderstadt.

In Duderstadt-Fuhrbach Nord-Ost: 6 km

   Zum Kronprinzen
Fuhrbacher Str. 31 ✉ 37115 – ℰ (05527) 91 00
– www.hotelzumkronprinzen.de
50 Zim – †60/75 € ††80/95 € – ½ P 18 € – 2 Suiten
Rest – Karte 17/36 €
♦ Seit Generationen wird das gewachsene Gasthaus als Familienbetrieb geführt. Ein sehr gepflegtes und funktionell ausgestattetes Hotel, das auch für Tagungen gut geeignet ist. Das Restaurant: rustikale Gaststube und "Blauer Salon".

DÜBEN, BAD – Sachsen – **544** – 8 360 Ew – Höhe 91 m   **32** N10
– Moorheilbad

▶ Berlin 140 – Dresden 137 – Leipzig 33 – Halle 56
🛈 Paradeplatz 19, ✉ 04849, ✆ (034243) 5 28 86, www.bad-dueben.de

HEIDE SPA
Bitterfelder Str. 42 ✉ 04849 – ✆ (034243) 3 36 60 – www.heidespa.de
75 Zim – †70/103 € ††116/188 € – ½ P 21 € – 2 Suiten
Rest – Karte 14/40 €
♦ Das Hotel bietet direkten Zugang zum umfassenden "Heide Spa", dessen Badebereich die Hausgäste kostenfrei nutzen können (Fitnessstudio und Anwendungen gegen Gebühr). Moderne Zimmer. Die A-la-carte-Restaurants LebensArt und Mühlenstube befinden sich im Spa-Gebäude.

Kurhaus mit Zim
Parkstr. 25 ✉ 04849 – ✆ (034243) 5 25 70 – www.kurhaus-baddueben.de
– *geschl. Dienstag*
5 Zim – †41/44 € ††65/69 €, ⌧ 5 € – ½ P 12 €   **Rest** – Karte 21/37 €
♦ Schön liegt dieses nette Restaurant im Kurpark; in diesem reizvollen Umfeld speist man international. Zum Haus gehören auch eine Terrasse sowie ein großer, nach hinten gelegener Biergarten mit altem Baumbestand.

DÜRKHEIM, BAD – Rheinland-Pfalz – **543** – 18 850 Ew   **47** E16
– Höhe 132 m – Heilbad

▶ Berlin 639 – Mainz 82 – Mannheim 25 – Kaiserslautern 33
🛈 Kurbrunnenstr. 14, ✉ 67098, ✆ (06322) 93 51 40, www.bad-duerkheim.com
🚗 Dackenheim, Kirchheimer Str. 40, ✆ (06353) 98 92 12

Veranstaltungen

7.-16. September: Dürkheimer Wurstmarkt

Kurpark-Hotel
Schloßplatz 1 ✉ 67098 – ✆ (06322) 79 70 – www.kurpark-hotel.de
113 Zim – †124/146 € ††158/190 € – ½ P 15 €   **Rest** – Karte 27/48 €
♦ Das einstige Kurhaus ist für Tagungen und Privatgäste gleichermaßen geeignet. Man hat überwiegend moderne Komfortzimmer in warmen Tönen, zudem einen Kosmetikbereich. Im Sommer ist die Restaurantterrasse zum schönen Park beliebt. Eintritt in die Spielbank für Hotelgäste gratis.

Gartenhotel Heusser
Seebacher Str. 50 ✉ 67098 – ✆ (06322) 93 00
– *www.hotel-heusser.de*
92 Zim – †88/93 € ††129/168 € – ½ P 20 € – 5 Suiten
Rest – Karte 23/52 €
♦ Wirklich einzigartig ist der japanische Garten mit Teehaus und Koiteich, der zu dieser weitläufigen Anlage gehört. Sie können Kosmetik- und Massageanwendungen buchen oder nutzen das Hotel als Tagungsadresse. Restaurant mit Gartenblick, dazu das "Grillhaisel".

Weingarten garni
Triftweg 11a ✉ 67098 – ✆ (06322) 9 40 10 – www.hotelweingarten.de – geschl. 21. Dezember - 23. Januar
18 Zim – †61/73 € ††93/112 €
♦ Mutter und Tochter leiten das sehr gepflegte kleine Hotel, auch das gegenüberliegende Weingut gehört der Familie. Der schöne Garten mit Pinien und Rebstöcken dient als Liegewiese.

An den Salinen garni
Salinenstr. 40 ✉ 67098 – ✆ (06322) 9 40 40 – www.hotel-an-den-salinen.de
– *geschl. 17. Dezember - 13. Januar*
16 Zim – †54/75 € ††84/92 €
♦ Das Haus aus den 30er Jahren ist auffallend gut gepflegt und wird von der sympathischen Inhaberin engagiert geführt. Die Zimmer sind zeitgemäß und freundlich gestaltet.

DÜRKHEIM, BAD

※※ **Philip's Brasserie**
Römerplatz 3 ⌧ 67098 – ✆ (06322) 6 88 08 – www.philips-brasserie.de – geschl. September 2 Wochen und Dienstag - Mittwoch, Samstagmittag
Rest – Menü 30/42 € – Karte 25/50 €
• Der mediterrane Stil findet sich sowohl in der Einrichtung als auch auf der Speisekarte - letztere macht mit Gerichten wie "Lammschulter aus dem Ofen mit Couscous" oder "Maispoulardenbrust mit Polenta" Appetit! Dazu vorwiegend Pfälzer Weine. Unter der Woche kleines Mittagsangebot.

※ **Weinstube Bach-Mayer**
Gerberstr. 13 ⌧ 67098 – ✆ (06322) 9 21 20 – www.bach-mayer.de
Rest – *(Montag - Freitag nur Abendessen)* Karte 26/40 €
• Viele Stammgäste zieht es in die gemütliche Weinstube; hier sitzt man nett auf der Eckbank am grünen Kachelofen. Man kocht regional, bietet aber auch Internationales. Toller Innenhof.

※ **Weinrefugium**
Schlachthausstr. 1a ⌧ 67098 – ✆ (06322) 7 91 09 80
– www.weinrefugium-bad-duerkheim.de – geschl. Dienstag, jeder 1. Montag im Monat
Rest – *(Montag - Samstag nur Abendessen)* Menü 32 € – Karte 16/44 €
• Durch den Torbogen aus Sandstein gelangt man in den schönen Innenhof oder in den heimeligen Gastraum. Die Atmosphäre ist freundlich und familiär. Sonntags gibt es Lunchbuffet.

Nahe der Straße nach Leistadt Nord: 3,5 km

Annaberg
Annabergstr. 1 ⌧ 67098 Bad Dürkheim – ✆ (06322) 9 40 00
– www.hotel-annaberg.com – geschl. 2. - 15. Januar
35 Zim – ♦80 € ♦♦90 €, ⌇ 10 € – ½ P 25 €
Rest – Menü 25/62 € – Karte 32/44 €
• Das ehemalige Weingut in den Weinbergen über der Stadt ist eine schöne Kulisse für Hochzeitsfeiern (auch Trauungen möglich). Individuelle Zimmer, teils mit Balkon, einige schöne Winzerzimmer. Zum Restaurant gehören die Terrasse und die rustikale Weinstube.

DÜRRWANGEN – Bayern – siehe Dinkelsbühl

DÜSSELDORF

Stadtpläne siehe nächste Seiten

25 B11

© Mauritius / Photononstop

Nordrhein-Westfalen – 586 220 Ew – Höhe 36 m – 543 M4

▶ Berlin 564 – Köln 39 – Essen 38 – Amsterdam 236

🛈 Tourist-Informationen

Immermannstr. 65b, am Hauptbahnhof BV, ✉ 40210, ✆ (0211) 17 20 28 44, www.düsseldorf.de Marktplatz 6 DY, ✉ 40212, ✆ (0211) 17 20 28 40

Automobilclub - ADAC

Höherweg 101 CV

Autoreisezug

🚆 Hauptbahnhof, Schlägelstraße BV, ✆ (01805) 24 12 24 (Gebühr)

Flughafen

✈ Düsseldorf-Lohausen, Flughafenstr. 120 S, ✆ (0211) 42 10

Messen

Zu Messezeiten verlangen viele Hotels erhöhte Messepreise
17.-20. Januar: IMA
21.-29. Januar: boot-Düsseldorf
4.-6. Februar: CPD
8.-12. Februar: kunstmesse
28. Februar-3. März: METAV
4.-6. März: ProWein
9.-11. März: Beauty International
10.-12. März: Top Hair International
14.-16. März: GDS (Frühjahr)
23.-25. März: ElectronicPartner
26.-30. März: Tube
3-16. Mai: drupa
24. August-2. September: Caravan Salon
23.-26. September: InterCool
9.-11. Oktober: ALUMINIUM
10.-13. Oktober: REHACARE
23.-26. Oktober: hogatec
14.-17. November: MEDICA
27.-29. November: Valve World Expo

DÜSSELDORF

Messegelände
Messe Düsseldorf, Stockumer Kirchstr. 61 S, ✉ 40474, ✆ (0211) 45 60 01

Golfplätze
- Düsseldorf-Grafenberg, Rennbahnstr. 26, ✆ (0211) 96 49 50
- Düsseldorf-Hafen, Auf der Lausward 51, ✆ (0211) 41 05 29
- Gut Rommeljans, Rommeljansweg 12, ✆ (02102) 8 10 92
- Düsseldorf-Hubbelrath, Bergische Landstr. 700, ✆ (02104) 7 21 78
- Düsseldorf-Hubbelrath - KOSAIDO, Am Schmidtberg 11, ✆ (02104) 7 70 60
- Meerbusch, Badendonker Str. 15, ✆ (02132) 9 32 50

SEHENSWÜRDIGKEITEN
Königsallee★EZ · Hofgarten und Schloss Jägerhof★ (Goethemuseum★)M¹EY - Museum Kunst Palast★ (Glassammlung★★)M² · Kunstsammlung am Grabbeplatz★ M³DY]

Alphabetische Liste der Hotels
Alphabetical index of hotels

A		Seite
ASAHI		329
Astoria		330
Avidon		337

B		Seite
Barbarossa		334
Breidenbacher Hof		327
Burns Art Hotel		329

C - D		Seite
Carat Hotel		329
Doria		330

F - G		Seite
Fischerhaus		335
Flora		330
Günnewig Hotel Uebachs		329

H		Seite
Hanseat		336
Haus am Zoo		330
Haus Litzbrück		334
Hilton		334
Holiday Inn City Centre-Königsallee		328
The Homy Inn		335
Hyatt Regency		328

I		Seite
Innside Derendorf		328
Innside Seestern		336
InterContinental		327

L - M		Seite
Lindner Hotel Rhein Residence		328
Maritim		335
Meliá		329

N - O		Seite
Nikko		328
Nordic Hotel Majestic		329
Orangerie		330

R		Seite
Radisson BLU Media Harbour		328
Renaissance		336

S		Seite
Stadt München		329
Stage 47		329
Steigenberger Parkhotel		328

V		Seite
Van der Valk Airporthotel		337
Villa im Park		336
Villa Viktoria		328
Am Volksgarten		330

W		Seite
Windsor		329

Alphabetische Liste der Restaurants
Alphabetical index of restaurants

B		Seite
Benkay	XX	332
Berens am Kai	XX ✿	331
Bistro im Victorian	X	332
Brasserie 1806	XxX	330
Brasserie Hülsmann	X	337

C		Seite
Le Cheval Blanc im Gut Mydlinghoven	XX	334

D		Seite
D'VINE	X	333
Dorfstube	X ⊕	337
DOX	XX	331

F		Seite
Fehrenbach	X	332

H		Seite
Hummer-Stübchen	XxX ✿	335

J		Seite
Jean-Claude	XX ✿	335

K		Seite
Kitzbüheler Stuben	X	337

L		Seite
Lido	X	332

M		Seite
Monkey's South	X	333
Monkey's West	X	332
Münstermanns Kontor	X	333

N		Seite
Nagaya	X ✿	332

O		Seite
Osteria Saitta am Nussbaum	X	336

P		Seite
Parlin	X ⊕	333
Patrick's Seafood N°1	X	333
La Piazzetta di Positano	X ⊕	333
Piazza Saitta	XX	336

R		Seite
Rosati	XX	334
Rossini	XX	331

S		Seite
Im Schiffchen	XxX ✿✿	335
Zum Schiffchen	X	334
Schorn	XX	331
Sila Thai	X	333
Spoerl Fabrik	X ⊕	333

T		Seite
Tafelspitz 1876	XX ✿	331
La Terrazza	XX	331
Trattoria Baccalà	X	336
Tristan	X	334

V		Seite
Ven	XX	332
Victorian	XxX ✿	330

W		Seite
Weinhaus Tante Anna	XX	331

Z		Seite
Zin-Zin	XX	331

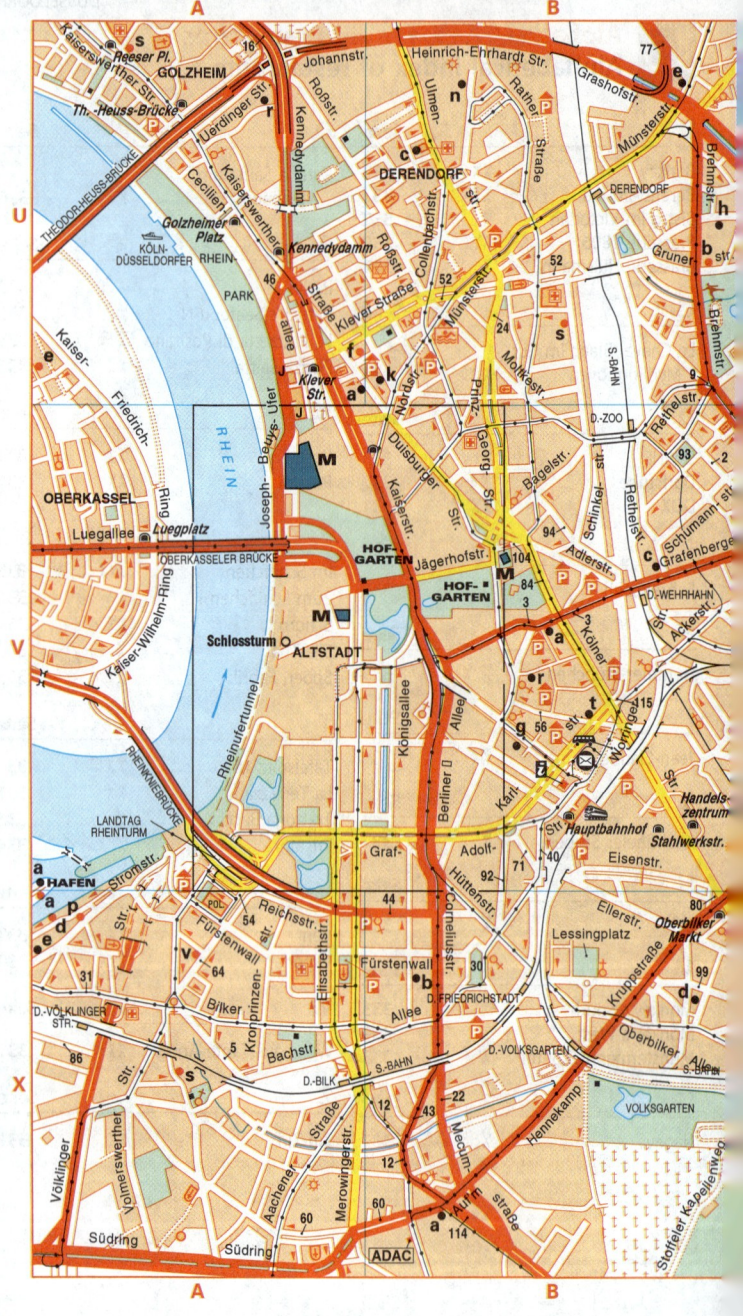

STRASSENVERZEICHNIS DÜSSELDORF

Straße	Feld	Nr.
Aachener Str.	AX	
Achenbachstr.	BV	2
Ackerstr.	BV	
Adlerstr.	BV	
Am Wehrhahn	EY	3
Auf'm Hennekamp	BX	
Bachstr.	AX	
Bagelstr.	BV	
Bastionstr.	DZ	
Benrather Str.	DZ	
Benzenbergstr.	AX	5
Berger Allee	DZ	
Berliner Allee	EZ	
Bilker Allee	AX	
Bilker Str.	DZ	
Birkenstr.	CV	
Bismarckstr.	EZ	
Blumenstr.	EZ	7
Bolkerstr.	DY	8
Brehmpl.	BU	9
Brehmstr.	BU	
Breite Str.	EZ	
Brunnenstr.	BX	12
Burgpl.	DY	
Cecilienallee	AU	
Citadellstr.	DZ	13
Collenbachstr.	BU	
Corneliusstr.	EZ	15
Cranachstr.	CV	
Danziger Str.	AU	16
Dorotheenstr.	CV	
Duisburger Str.	EY	
Eisenstr.	BV	
Elberfelder Str.	EY	21
Elisabethstr.	DZ	
Ellerstr.	BX	
Erasmusstr.	BX	22
Erkrather Str.	CV	
Ernst-Reuter-Pl.	EZ	23
Eulerstr.	BU	24
Fischerstr.	EY	27
Flinger Str.	DY	28
Friedrichstr.	EZ	
Friedrich-Ebert-Str.	EZ	29
Fritz-Roeber-Str.	DY	
Fürstenpl.	BX	30
Fürstenwall	AX	
Gartenstr.	EY	
Gladbacher Str.	AX	31
Grabbepl.	DY	32
Grafenberger Allee	BV	
Graf-Adolf-Pl.	EZ	
Graf-Adolf-Str.	EZ	
Graf-Recke-Str.	CU	
Grashofstr.	BU	
Grunerstr.	BU	
Hans-Sachs-Str.	CV	39
Harkortstr.	BV	40
Haroldstr.	DZ	
Heinrichstr.	CU	
Heinr.-Ehrhardt-Str.	BU	
Heinr.-Heine-Allee	EY	42
Hellweg	CV	
Heresbachstr.	BX	43
Herzogstr.	BX	44
Höherweg	CV	
Hofgartenrampe	DY	45
Homberger Str.	AU	46
Hubertusstr.	DZ	
Hüttenstr.	BX	
Immermannstr.	EY	
Inselstr.	DY	
Jacobistr.	EY	
Jägerhofstr.	EY	
Jan-Wellem-Pl.	EY	51
Johannstr.	AU	
Joseph-Beuys-Ufer	DY	
Jülicher Str.	BU	52
Jürgenspl.	AX	54
Kaiserstr.	EY	
Kaiserwerther Str.	AU	
Kaiser-Friedrich-Ring	AU	
Kaiser-Wilhelm-Ring	AV	
Karlpl.	DZ	
Karlstr.	BV	
Karl-Geusen-Str.	CX	
Kasernenstr.	DZ	
Kavalleriestr.	DZ	
Kennedydamm	AU	
Kettwiger Str.	CV	
Klever Str.	AU	
Klosterstr.	BV	56
Kölner Str.	BV	
Königsallee	EZ	
Königsberger	CV	58
Kopernikusstr.	AX	60
Kronprinzenstr.	AX	
Kruppstr.	BX	
Lenaustr.	CU	
Lessingpl.	BX	
Lichtstr.	CV	62
Lindemannstr.	CV	
Lorettostr.	AX	64
Luegallee	AV	
Luisenstr.	EZ	
Marktpl.	DY	68
Martin-Luther-Pl.	EZ	69
Max.-Weyhe-Allee	EY	70
Mecumstr.	BX	
Merowingerstr.	AX	
Mintropstr.	BV	71
Mörsenbroicher Weg	CU	
Moltkestr.	BU	
Mühlenstr.	DY	73
Münsterstr.	BU	
Nördl.Zubringer	BU	77
Nordstr.	EY	
Oberbilker Allee	BX	
Oberbilker Markt	BX	80
Oberkasseler Br.	DY	
Oststr.	EZ	
Pempelforter Str.	BV	84
Plockstr.	AX	86
Poststr.	DZ	
Prinz-Georg-Str.	EY	
Rather Str.	BU	
Ratinger Str.	DY	88
Reichsstr.	AX	
Rethelstr.	BV	
Ronsdorfer Str.	CX	
Roßstr.	BU	
Schadowpl.	EY	90
Schadowstr.	EY	91
Scheurenstr.	BV	92
Schillerpl.	BV	93
Schinkelstr.	BV	
Schirmerstr.	BV	94
Schneider-Wibbel-Gasse	DY	95
Schulstr.	DZ	96
Schumannstr.	BV	
Schwanenmarkt	DZ	97
Siegburger Str.	CX	
Simrockstr.	CU	98
Sonnenstr.	BX	99
Steinstr.	EZ	
Sternstr.	EY	
Stoffeler Kapellenweg	BX	
Stoffeler Str.	CX	100
Stresemannstr.	EZ	
Stromstr.	AV	
Südring	AX	
Th.-Heuss-Br.	AU	
Tiergartenstr.	CU	
Tonhallenstr.	EY	101
Uerdinger Str.	AU	
Ulmenstr.	BU	
Vagedesstr.	EY	104
Vautierstr.	CU	
Venloer Str.	EY	105
Victoriapl.	DY	
Völklinger Str.	AX	
Volmerswerther Str.	AX	
Werdener Str.	CV	
Witzelstr.	BX	114
Worringer Pl.	BV	115
Worringer Str.	BV	

DÜSSELDORF

Am Wehrhahn	**EY**	3
Berliner Allee	**EZ**	
Blumenstr.	**EZ**	7
Bolkerstr.	**DY**	8
Citadellstr.	**DZ**	13
Corneliusstr.	**EZ**	15
Elberfelder Str.	**EY**	21
Ernst-Reuter-Pl.	**EZ**	23
Fischerstr.	**EY**	27
Flinger Str.	**DY**	28
Friedrich-Ebert-Str.	**EZ**	29
Grabbepl.	**DY**	32
Graf-Adolf-Str.	**EZ**	
Heinr.-Heine-Allee	**DY**	42
Hofgartenrampe	**DY**	45
Jan-Wellem-Pl.	**EY**	51
Königsallee	**EZ**	
Marktpl.	**DY**	68
Martin-Luther-Pl.	**EZ**	69
Max.-Weyhe-Allee	**EY**	70
Mühlenstr.	**DY**	73
Ratinger Str.	**DY**	88
Schadowpl.	**EY**	90
Schadowstr.	**EY**	91
Schneider-Wibbel-Gasse	**DY**	95
Schulstr.	**DZ**	96
Schwanenmarkt	**DZ**	97
Tonhallenstr.	**EY**	101
Vagedesstr.	**EY**	104
Venloer Str.	**EY**	105

326

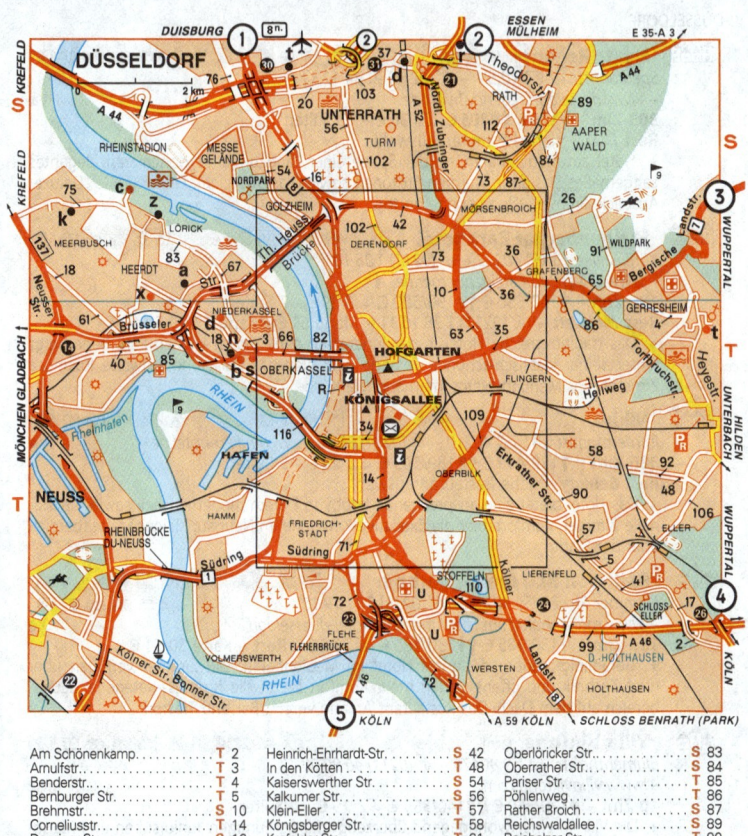

Am Schönenkamp......... **T** 2	Heinrich-Ehrhardt-Str...... **S** 42	Oberlöricker Str............ **S** 83
Arnulfstr.................. **T** 3	In den Kötten............. **T** 48	Oberrather Str............. **S** 84
Benderstr................. **T** 4	Kaiserswerther Str......... **S** 54	Pariser Str................ **T** 85
Bernburger Str............ **T** 5	Kalkumer Str.............. **S** 56	Pöhlenweg............... **T** 86
Brehmstr................. **S** 10	Klein-Eller................ **T** 57	Rather Broich............. **S** 87
Corneliusstr............... **T** 14	Königsalleer Str........... **S** 58	Reichswaldallee........... **S** 89
Danziger Str.............. **S** 16	Krefelder Str.............. **T** 61	Reisholzer Str............. **T** 90
Deutzer Str............... **T** 17	Lindemannstr.............. **T** 63	Rennbahnstr.............. **S** 91
Düsseldorfer Str........... **ST** 18	Ludenberger Str........... **S** 65	Rheinkniebrücke.......... **S** 116
Eckenerstr................ **S** 20	Luegallee................. **T** 66	Sandträgerweg........... **S** 92
Fahneburgstr.............. **S** 26	Lütticher Str............... **T** 67	Südlicher Zubringer....... **T** 99
Grafenberger Allee......... **T** 35	Merowingerstr............. **T** 71	Ulmenstr................. **S** 102
Graf-Adolf-Str.............. **T** 34	Münchener Str............. **T** 72	Unterrather Str............ **S** 103
Graf-Recke-Str............. **S** 36	Münsterstr................ **T** 73	Vennhauser Allee.......... **T** 106
Hamborner Str............. **S** 37	Niederlöricker Str.......... **S** 75	Werdener Str.............. **T** 109
Heerdter Landstr........... **T** 40	Niederrheinstr............. **T** 76	Werstener Str.............. **T** 110
Heidelberger Str........... **T** 41	Oberkasseler Brücke....... **T** 82	Westfalenstr............... **S** 112

🏨🏨🏨🏨 Breidenbacher Hof

Königsallee 11 ✉ *40212* – ✆ *(0211) 16 09 00* – *www.breidenbacherhofcapella.de*
95 Zim – †275/650 € ††275/650 €, ⊋ 35 € – 16 Suiten   EY**m**
Rest *Brasserie 1806* – siehe Restaurantauswahl

♦ Klassik und Moderne vereint in einem traditionsreichen Haus mit individuellem Service, der keine Wünsche offenlässt: Livingroom nur für Hausgäste, Personal Assistant, Luxusautos mit oder ohne Chauffeur sowie Tea-Time und bestes Frühstück.

🏨🏨🏨 InterContinental

Königsallee 59 ✉ *40215* – ✆ *(0211) 8 28 50* – *www.duesseldorf.intercontinental.com*
287 Zim – †169/600 € ††169/600 €, ⊋ 31 € – 33 Suiten   EZ**b**
Rest *Péga* – Menü 45/55 € – Karte 49/77 €

♦ Ein luxuriöses Businesshotel mit 40 m hoher Atriumhalle, gehoben-funktionalem Wohnkomfort und dem professionellen Service eines Grandhotels. Direkter Zugang zum Holmes Place Health Club. Dem internationalen Publikum wird auch das stylische Ambiente des Restaurants gerecht.

DÜSSELDORF

Hyatt Regency
Speditionstr.19 ⌧ 40221 – ☏ (0211) 91 34 12 34
– www.dusseldorf.regency.hyatt.de
HVa
303 Zim – †175 € ††205 €, ⌧ 30 € – 13 Suiten
Rest *DOX* – siehe Restaurantauswahl
• Hotel am Medienhafen, an der Spitze einer Landzunge. Es dominieren elegantes zeitgemäßes Design in warmen Erdtönen sowie Glas und Licht. Einige große "Deluxe-Ausblick-Zimmer". Club-Lounge on top.

Steigenberger Parkhotel
Königsallee 1a ⌧ 40212 – ☏ (0211) 1 38 10
– www.duesseldorf.steigenberger.de
EYp
130 Zim – †160/550 € ††190/580 €, ⌧ 29 € – 7 Suiten
Rest *Menuett* – ☏ (0211) 1 38 16 11 – Menü 61 € – Karte 53/70 €
• Das traditionsreiche Hotel in der Innenstadt nahe einem kleinen Park beherbergt hinter seiner klassisch-schönen Fassade eine elegante Halle und teilweise luxuriöse Zimmer. Das Menuett bietet internationale Küche.

Nikko
Immermannstr. 41 ⌧ 40210 – ☏ (0211) 83 40 – www.nikko-hotel.de
BVg
386 Zim – †159/499 € ††189/549 €, ⌧ 23 € – 5 Suiten
Rest *Benkay* – siehe Restaurantauswahl
• Das Hotel bietet eine ansprechende Lobby in klarem modernem Stil sowie funktionelle Zimmer. Komfortabler die Executive-Kategorie im Neubau. Kleiner Freizeitbereich über der Stadt.

Radisson BLU Media Harbour
Hammer Str. 23 ⌧ 40219 – ☏ (0211) 3 11 19 10
– www.radissonblu.com/mediaharbourhotel-duesseldorf
AXe
135 Zim – †130/185 € ††130/185 €, ⌧ 24 €   **Rest** – Karte 30/51 €
• Geradlinig-modern designtes Hotel im Medienhafen. Die Zimmer verfügen über gute Technik und offene Bäder; mehr Komfort bietet die Business-Kategorie. Saunabereich auf dem Dach. Das Restaurant Amano vereint Bar und Trattoria.

Villa Viktoria garni
Blumenthalstr. 12 ⌧ 40476 – ☏ (0211) 46 90 00
– www.villaviktoria.com
BUc
40 Zim – †120/350 € ††140/355 €, ⌧ 19 € – 2 Suiten
• Die Villa in einer Wohngegend überzeugt mit geräumigen Juniorsuiten und Maisonetten. Zum Frühstück: diverse hauseigene Konfitüren sowie Blick in den schönen ruhigen Garten.

Innside Derendorf
Derendorfer Allee 8 ⌧ 40476 – ☏ (0211) 17 54 60 – www.innside.de
BUn
160 Zim ⌧ – †179/380 € ††228/415 €
Rest *Ven* – siehe Restaurantauswahl
• Auf dem ehemaligen Rheinmetall-Gelände steht das Hotel in puristisch-modernem Style. Geräumige Zimmer mit guter Technik, Juniorsuiten mit kleiner Kitchenette.

Holiday Inn City Centre-Königsallee
Graf-Adolf-Platz 8 ⌧ 40213 – ☏ (0211) 3 84 80
– www.duesseldorf-citycentre-hi-hotel.de
EZt
253 Zim – †130/450 € ††140/460 €, **Rest** – Karte 20/55 €
• Eine in frischen Farben gehaltene Halle mit moderner Bar empfängt Sie in dem Hotel in zentraler Lage. Neuzeitlich-funktionale Standard-, Superior- und Executive-Zimmer sowie Juniorsuiten. Restaurant mit großem Buffetbereich.

Lindner Hotel Rhein Residence
Kaiserswerther Str. 20 ⌧ 40477 – ☏ (0211) 4 99 90
– www.lindner.de
AUa
126 Zim – †89/549 € ††119/579 €, ⌧ 20 € – 2 Suiten
Rest – Menü 35 € – Karte 28/44 €
• Nicht weit von der Altstadt liegt das besonders auf Geschäftsreisende zugeschnittene Hotel. Die Zimmer - "Business" oder "First Class" - sind technisch gut ausgestattet. Neuzeitliches, in Rottönen gehaltenes Restaurant mit internationalem Angebot.

DÜSSELDORF

Meliá
Inselstr. 2 ⊠ *40479* – ⌀ *(0211) 52 28 40* – *www.melia-duesseldorf.com*
201 Zim – †150/255 € ††150/295 €, ☐ 20 € – 3 Suiten
Rest AQUA – Karte 29/59 €
EYa

♦ Modern in Design und Technik ist das Businesshotel in zentraler und doch relativ ruhiger Lage am Hofgarten. Chic: der Sauna - und Anwendungsbereich auf 300 qm. Aussicht von den oberen Etagen. Geradliniges Ambiente und internationale Küche im Restaurant AQUA.

Stage 47 garni
Graf-Adolf-Str. 47 ⊠ *40210* – ⌀ *(0211) 38 80 30* – *www.stage47.de*
27 Zim – †128/588 € ††143/603 €, ☐ 18 €
EZq

♦ Ein sehr spezielles, trendig-elegantes Hotel unter einem Dach mit dem Savoy Theater und dem Atelier Kinotheater. Jedes Zimmer mit dem Portrait eines Film- oder Theaterstars.

Nordic Hotel Majestic garni
Cantadorstr. 4 ⊠ *40211* – ⌀ *(0211) 36 70 30* – *www.nordic-hotels.com*
52 Zim – †85/150 € ††105/190 €, ☐ 14 €
BVa

♦ Sie finden das Hotel mit neuzeitlich-funktionell ausgestatteten Gästezimmern und gepflegtem Saunabereich im UG nur ca. 10 Gehminuten von der Altstadt entfernt.

Stadt München garni
Pionierstr. 6 ⊠ *40215* – ⌀ *(0211) 38 65 50* – *www.hotel-stadt-muenchen.de*
90 Zim ☐ – †79/230 € ††114/380 €
EZm

♦ Zwischen Hauptbahnhof und Kö wohnt man in zeitgemäßen Zimmern mit gutem Platzangebot. Vielseitiges Frühstücksbuffet, schöner Saunabereich sowie Tagungsmöglichkeiten.

Windsor garni
Grafenberger Allee 36 ⊠ *40237* – ⌀ *(0211) 91 46 80* – *www.windsorhotel.de*
18 Zim ☐ – †84/119 € ††104/250 €
BVc

♦ Der englische Stil in dem kleinen Hotel unweit der Altstadt verbreitet eine gemütlich-elegante Atmosphäre. Das Interieur ist nobel, geschmackvoll und stimmig bis ins Detail. Hübsch sind auch der Frühstückssalon und die alte Treppe.

Burns Art Hotel
Bahnstr. 76 ⊠ *40210* – ⌀ *(0211) 7 79 29 10* – *www.hotel-burns.de*
– *geschl. 20. - 30. Dezember*
35 Zim – †55/336 € ††80/372 €, ☐ 14 € – 4 Suiten
Rest Sila Thai – siehe Restaurantauswahl
EZe

♦ Rund 300 Kunstobjekte schmücken das Stadthaus a. d. J. 1898. Die Zimmer sind puristisch designt, schöne Natursteinböden im ganzen Haus. Toller Frühstücksraum im Gewölbekeller.

Günnewig Hotel Uebachs garni
Leopoldstr. 3 ⊠ *40211* – ⌀ *(0211) 17 37 10* – *www.guennewig.de*
82 Zim ☐ – †95/325 € ††115/428 € – 1 Suite
BVr

♦ Relativ ruhig liegt das gediegene Hotel in einer Seitenstraße in der Innenstadt. Mit dem vielseitigen Frühstücksbuffet ist man auf internationale Gäste eingestellt.

Carat Hotel garni
Benrather Str. 7a ⊠ *40213* – ⌀ *(0211) 1 30 50*
– *www.carat-hotel-duesseldorf.de*
73 Zim ☐ – †95/440 € ††130/440 € – 1 Suite
DZr

♦ Hier überzeugt vor allem die Lage in der Altstadt mit guter Straßenbahnanbindung. Die Zimmer sind funktionell und zeitlos, die Komfortzimmer liegen ruhiger zum Innenhof.

ASAHI garni
Kurfürstenstr. 30 ⊠ *40211* – ⌀ *(0211) 3 61 20* – *www.hotel-asahi.de*
73 Zim – †105/480 € ††115/505 €, ☐ 18 €
BVt

♦ Hotel in klarem modernem Design. Die geräumigeren Zimmer sind Juniorsuiten und Appartements (mit Kitchenette), meist in der obersten Etage mit Blick über die Stadt.

Haus am Zoo garni (mit Gästehaus)
Sybelstr. 21 ✉ 40239 – ℘ (0211) 6 16 96 10 – www.hotel-haus-am-zoo.de
26 Zim – †82/235 € ††102/320 € BUh
• Im attraktiven Zooviertel bieten die hundefreundlichen Gastgeber zeitgemäße Zimmer, die im Gästehaus besonders ruhig und geräumig sind. Hübscher Garten mit Pool. Kleine Speisekarte für Hausgäste.

Astoria garni
Jahnstr. 72 ✉ 40215 – ℘ (0211) 38 51 30 – www.hotel-astoria-duesseldorf.de
26 Zim – †89/98 € ††114 € BXb
• Das Hotel des engagierten jungen Betreibers liegt in einer relativ ruhigen Seitenstraße und beherbergt wohnliche Zimmer sowie einen hellen, freundlichen Frühstücksraum.

Orangerie garni
Bäckergasse 1 ✉ 40213 – ℘ (0211) 86 68 00 – www.hotel-orangerie-mcs.de
27 Zim – †110/165 € ††130/210 € DZn
• Mitten in der Altstadt und dennoch recht ruhig gelegen. Ein hübsches Haus mit modernen, nach Künstlern der Stadt benannten Zimmern. Frische Atmosphäre im Frühstücksraum.

Am Volksgarten garni
Flügelstr. 46 ✉ 40227 – ℘ (0211) 72 50 50 – www.hotel-am-volksgarten.de – geschl. 20. Dezember - 6. Januar BXd
14 Zim – †69/99 € ††99/125 €
• Das kleine Hotel im Zentrum wird sympathisch und engagiert geführt. Mit Sinn fürs Detail hat man liebenswerte und ganz individuelle Themenzimmer geschaffen.

Flora garni
Auf'm Hennekamp 37 ✉ 40225 – ℘ (0211) 93 49 80
– www.hotel-flora.info BXa
36 Zim – †62/77 € ††72/87 €, ☐ 12 €
• Das familiär geleitete Hotel an einer belebten Straße bietet die Zimmerkategorien "Standard", "Trend" und "Klassik", zum Hof hin meist mit Balkon. Außerdem drei Appartements.

Doria garni (mit Gästehaus)
Duisburger Str. 1a ✉ 40477 – ℘ (0211) 49 91 92 – www.doria.de
– geschl. Weihnachten - Anfang Januar EYs
41 Zim – †69/204 € ††89/224 €
• In dem gut geführten Hotel erwarten Sie gepflegte, zeitgemäße Zimmer, die im 50 m entfernten Gästehaus etwas großzügiger sind. Öffentliche Verkehrsmittel ganz in der Nähe.

Victorian
Königstr. 3a , (1. Etage) ✉ 40212 – ℘ (0211) 86 55 00
– www.restaurant-victorian.de
– geschl. Sonntag und an Feiertagen, außer an Messen EZc
Rest – (Tischbestellung ratsam) Menü 46 € (mittags)/142 € – Karte 62/106 €
Rest *Bistro im Victorian* – siehe Restaurantauswahl
Spez. Terrine von der Gänseleber. Rotbarbe, Basilikum, Spitzkohl, geräucherte Mandel und Merguez. Sellerie und Eifler Reh, Rücken, Grüner Apfel und Schwarze Nüsse.
• Volker Drkosch bietet innovative Küche in Form zweier Menüs: zum einen das moderne "Victorian Menü", zum anderen die "Kulinarischen Impressionen", mit denen er seiner Kreativität Ausdruck verleiht. Auch die Victorian "Classics" finden ihre Liebhaber.

Brasserie 1806 – Hotel Breidenbacher Hof
Königsallee 11 ✉ 40212 – ℘ (0211) 16 09 00 – www.breidenbacherhofcapella.de
Rest – Menü 32 € (mittags)/87 € – Karte 42/93 € EYm
• Die Eleganz ergibt sich aus dem Interior im "Louis-Seize"-Stil, Kristalllüstern, feinsten Accessoires, einem Séparée für "privat dining", einem begehbaren Humidor und der angeschlossenen umwerfend schicken "Capella Bar".

DÜSSELDORF

XX Rossini
Kaiserstr. 5 ⊠ 40479 – ℰ (0211) 49 49 94 – www.rossini-gruppe.de
– geschl. Sonntag und an Feiertagen, außer an Messen **EYr**
Rest – Menü 55/62 € (abends) – Karte 50/73 €
• Italienisch sind Küche, Service und die gute Weinauswahl in dem seit 1978 bestehenden Restaurant, das in Grau und Rot gehalten ist. Das Parkhaus nebenan ist für die Gäste gratis.

XX Berens am Kai
ॐ
Kaistr. 16 ⊠ 40221 – ℰ (0211) 3 00 67 50 – www.berensamkai.de – geschl.
Anfang Januar 1 Woche und Samstagmittag, Sonntag, Feiertage **AXd**
Rest – Menü 95/125 € – Karte 76/100 €
Spez. Bodenseefelchen / Pistazie / Eigelbvinaigrette / Kräuter. Gänseleber / Dörrpflaume / Banyuls / Kartoffelknusper. Milch-Lamm / Avocado / Kopfsalat / Zitrone.
• Feine saisonale Speisen von Holger Berens, klassisch in der Zubereitung und ansprechend in der Präsentation. Der Rahmen ist modern und klar. Kompetent berät man Sie bei der Wahl einer der 500 Weine.

XX Tafelspitz 1876 (Daniel Dal-Ben)
ॐ
Grunerstr. 42a ⊠ 40239 – ℰ (0211) 1 71 73 61 – www.tafelspitz1876.de
– geschl. Ende Dezember - Anfang Januar 2 Wochen und Sonntag - Montag
Rest – (nur Abendessen) (Tischbestellung ratsam) Menü 55/122 € **BUb**
Spez. Gänseleberterrine mit Melone, Schnittlauchbaumkuchen und Banyulszwiebeln. Düsseldorfer Hummersuppe mit Hummerbrot. Geschmorte Lammschulter 20/67 mit Bohnenkernen, Parmesanravioli gefüllt mit halbflüssigem Eigelb.
• Das recht kleine Restaurant beim Zoopark verbindet eleganten Stil mit Gemütlichkeit. Bei der kreativen Küche setzt man auf Geschmack und Harmonie der Produkte. Auf persönliche und zuvorkommende Art sorgt der Service für die passende Weinbegleitung.

XX DOX – Hotel Hyatt Regency
Speditionstr.19 ⊠ 40221 – ℰ (0211) 91 34 12 34 – www.duesseldorf.regency.hyatt.de
Rest – Karte 38/112 € **HVa**
• Die Eleganz dieses 2010 eröffneten Restaurants ergibt sich aus dem bewusst puristisch gestalteten Design. Die stilvolle Sushibar, die offene Showküche und der Rheinblick bringen zusätzliche Faszination.

XX Zin-Zin
Königsallee 59 ⊠ 40215 – ℰ (0211) 86 39 99 24 – www.zin-zin.de – geschl. Sonntag
Rest – Menü 89/109 € – Karte 40/95 € **EZb**
• Ambitionierte internationale Küche wird in diesem modern gestalteten Restaurant am Anfang der Kö geboten. Mittags stehen preiswertere Gerichte zur Wahl.

XX Schorn mit Zim
Martinstr. 46a ⊠ 40223 – ℰ (0211) 3 98 19 72 – www.restaurant-schorn.de
– geschl. 8. - 22. August und Sonntag - Montag **AXs**
3 Zim – †60/65 € ††80 €, ⊇ 15 €
Rest – (nur Abendessen) (Tischbestellung ratsam) Menü 35/80 € – Karte 32/58 €
• Unter der jungen, engagierten Leitung wird in dem behaglichen Restaurant bei der St. Martin Kirche klassisch-international gekocht. Gut sortierte Weinkarte. Terrasse im Hof. Zum Übernachten stehen solide Gästezimmer im Landhausstil bereit.

XX Weinhaus Tante Anna
Andreasstr. 2 ⊠ 40213 – ℰ (0211) 13 11 63 – www.tanteanna.de – geschl. über
Weihnachten und Sonntag sowie an Feiertagen, außer an Messen **DYc**
Rest – (nur Abendessen) (Tischbestellung ratsam) Menü 42/78 € – Karte 51/65 €
• Die im 16. Jh. erbaute Hauskapelle des Jesuitenklosters wird seit 1820 als Familienbetrieb geführt. Ein gemütliches Restaurant in der Altstadt, das historischen Charme versprüht.

XX La Terrazza
Königsallee 30 , (2. Etage) ⊠ 40212 – ℰ (0211) 32 75 40
– www.restaurantlaterrazza.de – geschl. Feiertage, außer an Messen **EZv**
Rest – (Tischbestellung ratsam) Karte 37/85 €
• Das mediterran inspirierte Restaurant befindet sich über einer Boutique in bester Lage. Zum Essen reicht man eine gute Weinkarte mit italienischem Schwerpunkt.

DÜSSELDORF

XX Benkay – Hotel Nikko
Immermannstr. 41 ✉ 40210 – ✆ (0211) 8 34 26 20
– www.nikko-hotel.de
Rest – Menü 64/139 € (abends) – Karte 29/90 €   **BVg**
• Die Karte dieses nach modernem japanischem Konzept gestalteten Restaurants zeigt sich vielfältig: Zum einen serviert man Sushi, zum anderen Teppanyaki. Interessant: separater Tatami-Raum.

XX Ven – Hotel Innside Derendorf
Derendorfer Allee 8 ✉ 40476 – ✆ (0211) 1 75 46 40 40 – www.innside.de – geschl.
Sonntag, außer an Messen   **BUn**
Rest – Menü 68/79 € (abends) – Karte 47/64 €
• Weiß ist die dominierende Farbe in dem hohen Raum, der durch viel Lichteinfall und geradlinigen Style noch heller wirkt. Sind Sie Restaurantgast, parken Sie auf Kosten des Hauses!

X Monkey's West
Graf-Adolf-Platz 15 ✉ 40213 – ✆ (0211) 64 96 37 26 – www.monkeysplaza.com
– geschl. Sonntag - Montag, außer an Messen   **EZk**
Rest – (Tischbestellung ratsam) Menü 30 € (mittags)/89 € – Karte 65/74 €
Rest *Monkey's South* – siehe Restaurantauswahl
• Schickes Design und die markanten Affen-Skulpturen von Jörg Immendorff. Mit den Menüs "Kunstwerk", "Handwerk" und "Blattwerk" vereint Christian Penzhorn Kreatives, Klassisches und auch Vegetarisches. Gute Rieslingauswahl. Angeschlossen: Bar/Lounge.

X Lido
Am Handelshafen 15 (im Mediahafen) ✉ 40221 – ✆ (0211) 15 76 87 30
– www.lido1960.de – geschl. 22. Dezember - 5. Januar, Samstagmittag - Sonntag
Rest – Menü 43 € (vegetarisch)/55 € – Karte 43/62 €   **AXa**
• In einem puristisch designten Glaskubus auf einer Brücke direkt über dem Hafenbecken bietet man produktbezogene klassisch-französische Küche. Terrasse auf dem Wasser!

X Fehrenbach
Schweinstr. 40 ✉ 40477 – ✆ (0211) 9 89 45 87 – www.restaurant-fehrenbach.de
– geschl. Weihnachten - 7. Januar, 9. - 30. Juli und Sonntag - Montag   **AUf**
Rest – (nur Abendessen) (Tischbestellung ratsam) Menü 48/68 €
– Karte 52/58 €
• Ein Ambiente zum Wohlfühlen und angenehmen Service bieten Julia und Jürgen Fehrenbach in dem Restaurant mit Bistro-Charme. Die Menüs tragen die Namen der Gastgeber, dazu gibt's eine feine Weinauswahl. Vor dem Haus einige Tische auf dem Gehweg.

X Bistro im Victorian – Restaurant Victorian
Königstr. 3a ✉ 40212 – ✆ (0211) 8 65 50 20 – www.restaurant-victorian.de
– geschl. Sonntag und an Feiertagen, außer an Messen   **EZc**
Rest – (Tischbestellung ratsam) Menü 25 € (mittags)/62 € – Karte 40/62 €
• In unmittelbarer Nähe zur "Kö" befindet sich das trendige Lifestyle-Bistro. Eine Showküche, in der Sie sich kleine Tricks der Küchencrew abschauen können, versprüht lebendiges und urbanes Flair!

X Nagaya
Klosterstr. 42 ✉ 40211 – ✆ (0211) 8 63 96 36 – www.nagaya.de
– geschl. 24. Dezember - Anfang Januar, Ende Juli - Anfang August und
Samstagmittag, Sonntag - Montagmittag sowie an Feiertagen   **EYn**
Rest – (Tischbestellung ratsam) Menü 45/98 € – Karte 60/95 €
Spez. Rolle aus der Gänsestopfleberterrine mit Rote Bete-Krokant und Haselnuss-Puder. Gebratener, in Miso marinierter kanadischer schwarzer Kabeljau mit Honig Miso Sauce. Leicht angegartes Sashimi vom neuseeländischen Wagyu-Rind mit Yuzu-Sojasauce.
• Yoshizumi Nagaya setzt seine fundierten Kenntnisse der japanische Esskunst gekonnt um und verleiht seiner authentischen Küche europäische Einflüsse. Die Mittagskarte ist einfacher. Das Ambiente: klar und puristisch.

DÜSSELDORF

D'VINE
🍴 🛇 VISA ⦿ AE
Lorettostr. 23 ✉ 40219 – 📞 (0211) 54 35 74 28 – www.d-vine.de – geschl. Sonntag
Rest – *(Feiertage nur Abendessen)* Menü 45/77 € – Karte 47/61 € 🍷   AXv
♦ Abends bietet man gehobene internationale Küche, mittags reicht man eine kleinere Karte. Zudem hat man eine schöne offene Weinauswahl und Weinverkauf. Moderne Einrichtung und wechselnde Kunst.

Parlin
🍴 🌼
Altestadt 12 ✉ 40213 – 📞 (0211) 87 74 45 95 – www.parlin-weinbar.de
– geschl. Montag   DYa
Rest – *(Tischbestellung ratsam)* Karte 29/63 €
♦ Unter der sehenswerten Original-Stuckdecke a. d. 17. Jh. geht es sympathisch-lebendig zu. Der Service ist freundlich, die internationale Küche schmackhaft, das Weinangebot gut.

Spoerl Fabrik
🍴 🌼 VISA ⦿
Tussmannstr. 70 ✉ 40477 – 📞 (0211) 44 03 73 91 – www.restaurant-spoerl-fabrik.de
– geschl. Montag   BUs
Rest – Menü 30/50 € (abends) – Karte 28/46 €
♦ Ein eher einfaches, aber (oder vielleicht gerade deshalb) sympathisches Restaurant - etwas versteckt im ehemaligen Pförtnerhaus der Spoerl-Fabrik gelegen! Der Service freundlich und leger, die Küche schmackhaft, international und preislich fair. Kleine Mittagskarte.

Münstermanns Kontor
VISA ⦿ AE
Hohe Str. 11 ✉ 40213 – 📞 (0211) 1 30 04 16 – www.muenstermann-delikatessen.de
– geschl. Samstagabend - Montag und an Feiertagen   DZa
Rest – Karte 19/52 €
♦ Familie Münstermann betreibt hier einen Delikatessenladen und dieses legere Bistro mit Traiteur-Charme. International-regionale Küche mit saisonalem Einfluss. Beliebter Mittagstisch.

Monkey's South – Restaurant Monkey's West
🍴 AC VISA ⦿ AE ①
Graf-Adolf-Platz 15 ✉ 40213 – 📞 (0211) 64 96 37 28 – www.monkeysplaza.com
– geschl. Sonntag, außer an Messen   EZk
Rest – Menü 29 € – Karte 30/49 €
♦ Dunkles Holz, schwarze Lederbänke, auffallende Murano-Lüster gepaart mit einer legeren Linie bestimmen das Ambiente dieses urbanen Treffs in Kö-Nähe. Auf den Tellern: Kompositionen mit mediterranen Anleihen.

La Piazzetta di Positano
🍴 AC 🛇 VISA ⦿ AE ①
Kaiserstr. 5 ✉ 40479 – 📞 (0211) 4 98 28 03 – www.rossini-gruppe.de   EYr
Rest – Karte 30/49 € 🍷
♦ In dem gut geführten Restaurant mit sympathischer Atmosphäre erwarten den Gast italienische Speisen und ein kleines Antipasti-Buffet. Nebenraum für Kochkurse und Weinlager. Parkhaus kostenfrei.

Sila Thai – Burns Art Hotel
🛇 VISA ⦿ AE
Bahnstr. 76 ✉ 40210 – 📞 (0211) 8 60 44 27 – www.hotel-burns.de
– geschl. 20. - 30. Dezember   EZe
Rest – Karte 24/41 €
♦ Das fernöstliche Interieur umhüllt die Gäste schon beim Hereinkommen mit einem gewissen Zauber. Aufwändige Steinreliefs an den Wänden, Löwen-Statuen und vieles mehr sind alles thailändische Orginale.

Patrick's Seafood N°1
🍴 VISA ⦿
Kaistr. 17, (im Haus der Architekten) ✉ 40221 – 📞 (0211) 617 99 88
– www.seafood1.de – geschl. Samstagmittag, Sonntagmittag   AXp
Rest – Karte 46/76 €
♦ Ein Fischrestaurant am Medienhafen mit guter Austern- und Krustentierauswahl sowie wechselnden Plats du jour. Klare Linien und peppige Farben bestimmen das Ambiente. Offene Küche.

333

DÜSSELDORF

✗ Zum Schiffchen
Hafenstr. 5 ⊠ 40213 – ℰ (0211) 13 24 21 – www.brauerei-zum-schiffchen.de
– geschl. Weihnachten - 1. Januar; Juli - August: Sonntag, außer an Messen
Rest – Karte 22/49 € **DZf**

♦ Rheinisch-bürgerliche Küche in einem urig-gemütlichen Gasthaus mit über 380-jähriger Tradition als Schankwirtschaft. 1811 war hier sogar Napoleon zu Gast. Schöner Biergarten.

In Düsseldorf-Angermund Nord-West: 8 km über Danziger Straße S

🏨 Haus Litzbrück
Bahnhofstr. 33 ⊠ 40489 – ℰ (0203) 99 79 60 – www.haus-litzbrueck.de
19 Zim ⊇ – †78 € ††98 € – 1 Suite **Rest** – *(geschl. 1. - 7. Januar)* Karte 28/53 €

♦ Das familiär geleitete Hotel in Bahnhofsnähe verfügt über wohnliche und individuelle Zimmer (auch Maisonette-Appartements) sowie einen hübschen Garten. Stilvollrustikales Restaurant mit sehr netter Stube im Haus Litzbrück von 1909. Schöne Gartenterrasse.

In Düsseldorf-Gerresheim

✗ Tristan
Kölner Tor 11 ⊠ 40625 – ℰ (0211) 2 92 66 56 – www.tristan-duesseldorf.de – geschl.
Sonntag **Tt**
Rest – *(nur Abendessen)* Menü 30/50 € – Karte 38/51 €

♦ In dem alten Stadthaus an der Ecke verbirgt sich ein liebevoll eingerichtetes Restaurant mit gediegenem Bistroflair, klassisch-internationaler Küche und freundlichem Service.

In Düsseldorf-Golzheim

🏨 Hilton
Georg-Glock-Str. 20 ⊠ 40474 – ℰ (0211) 4 37 70 – www.hilton.de/duesseldorf
375 Zim – †109/349 € ††109/349 €, ⊇ 26 € – 2 Suiten
Rest – Karte 33/56 € **AUr**

♦ Ein modernes Businesshotel mit sehr guten Tagungsmöglichkeiten. Die Zimmer sind hell und neuzeitlich gestaltet, Executive-Zimmer mit eigener Lounge und separatem Check-in.

✗✗ Rosati
Felix-Klein-Str. 1 ⊠ 40474 – ℰ (0211) 4 36 05 03 – www.rosati.de – geschl.
Samstagmittag und Sonntag, außer an Messen und Feiertagen **AUs**
Rest – (Tischbestellung ratsam) Menü 53 € – Karte 39/59 €
Rest *Rosatidue* – ℰ (0211) 4 36 00 80 – Karte 31/43 €

♦ Das elegante Restaurant wird seit über 30 Jahren von Familie Rosati geführt. Zum klassischen italienischen Angebot zählen auch wechselnde Tagesgerichte mit saisonalem Bezug. Das Rosatidue ist eine legere Trattoria mit Showküche und Antipasti-Buffet.

In Düsseldorf-Hubbelrath Ost: 12 km über Bergische Landstraße S

✗✗ Le Cheval Blanc im Gut Mydlinghoven mit Zim
Mydlinghoven 4 ⊠ 40629 – ℰ (0211) 40 13 00
– www.gutmydlinghoven.com – geschl. 1. - 8. Januar und Montag
23 Zim ⊇ – †95/130 € ††120/250 € – 6 Suiten
Rest – *(Dienstag - Samstag nur Abendessen)* Menü 40/75 € – Karte 34/68 €

♦ Das wunderschöne historische Gut in idyllischer Lage ist ein ehemaliges Gestüt. Die klassische Küche serviert man in hellen, eleganten Räumen (darunter ein Wintergarten) oder im tollen Innenhof. Geschmackvoll und großzügig sind die Gästezimmer und Suiten.

In Düsseldorf-Kaiserswerth über Niederrheinstraße S

🏨 Barbarossa garni
Niederrheinstr. 365 ⊠ 40489 – ℰ (0211) 4 08 09 20 – www.hotel-barbarossa.com
45 Zim – †65/299 € ††65/399 €, ⊇ 16 €

♦ Die verkehrsgünstige Lage in Flughafennähe sowie neuzeitlich-wohnliche Zimmer mit mediterraner Note sprechen für dieses Hotel. Freundlicher Frühstücksraum und nette kleine Bar.

DÜSSELDORF

The Homy Inn garni
Friedrich-von-Spee Str. 44 ⌧ 40489 – ℰ (0211) 94 00 50 – www.thehomyinn.com
10 Zim ⌂ – †75/90 € ††90/100 €
♦ Ein wertig und zeitgemäß eingerichtetes Hotel, das ruhig in einer Sackgasse liegt, fußnah zum netten Altstadtkern. Einige Zimmer mit Balkon. Gutes Frühstück und "Homy Hour" inklusive.

Im Schiffchen (Jean-Claude Bourgueil)
Kaiserswerther Markt 9 , (1. Etage) ⌧ 40489 – ℰ (0211) 40 10 50
– www.im-schiffchen.com – geschl. über Ostern 1 Woche, August 1 Woche und Sonntag - Montag
Rest – *(nur Abendessen) (Tischbestellung erforderlich)* Menü 112/149 €
– Karte 99/140 €
Spez. Schachbrett vom Perigord Trüffel und Jakobsmuscheln. Gegrillter Kaisergranat in Yuzu- und Piments d'Espelette-Marinade mit Trüffelremoulade. Pure Schokolade "Guanaja Grand-Cru" mit Sorbet und karamellisierte Williams-Birne.
♦ Das schmucke barocke Backsteinhaus mitten in der Altstadt ist seit 1977 die Wirkungsstätte von Jean-Claude Bourgueil, dessen Leidenschaft nach wie vor die klassisch-französische Küche ist. Sein Können ist unumstritten, ebenso die ausgezeichnete Qualität der Produkte.

Jean-Claude (Jean-Claude Bourgueil)
Kaiserswerther Markt 9 ⌧ 40489 – ℰ (0211) 40 10 50 – www.im-schiffchen.com
– geschl. über Ostern 1 Woche, August 1 Woche und Sonntag - Montag
Rest – *(nur Abendessen) (Tischbestellung erforderlich)* Karte 55/72 €
Spez. Mosaik von Kaninchen und Gänseleber, rote Zwiebelmarmelade. Feine Schnitte von der baskischen Milchlammkeule auf Steinpilzcappuccino. Der erste Rhabarber mit Granolo und Ingwergeist.
♦ Ganz im Stil Bourgueils hat sich auch dieses Restaurant der klassischen Küche verschrieben. Passend zur "cuisine spontanée" ist das Ambiente hier frischer und legerer, der Raum erinnert an einen Schiffsrumpf.

In Düsseldorf-Lörick

Fischerhaus
Bonifatiusstr. 35 ⌧ 40547 – ℰ (0211) 59 79 79 – www.fischerhaus-hotel.de – geschl. 23. Dezember - 3. Januar   **Sz**
39 Zim – †69/99 € ††99/105 €, ⌂ 12 €
Rest *Hummer-Stübchen* – siehe Restaurantauswahl
♦ Peter Nöthel bietet in einer ruhigen Wohngegend am Rhein behagliche, teils recht moderne Zimmer mit guter Technik. Kleine Gerichte in der hübschen Lounge, Frühstück im Hummer-Stübchen.

Hummer-Stübchen (Peter Nöthel) – Hotel Fischerhaus
Bonifatiusstr. 35 ⌧ 40547 – ℰ (0211) 59 44 02 – www.hummerstuebchen.de
– geschl. Juli - August 2 Wochen und Sonntag, Donnerstag sowie an Feiertagen, außer an Messen   **Sz**
Rest – *(nur Abendessen) (Tischbestellung ratsam)* Menü 75/139 € – Karte 72/93 €
Spez. Hummersuppe mit Champagner. Variation von der Périgord-Gänseleber. Hummer Thermidor mit feinen Nudeln und einer Senfsauce.
♦ Die Speisen klassisch, die Produkte ausgesucht, der Service freundlich. Zweifelsohne sind Gourmets in dem modern-eleganten Restaurant an der richtigen Adresse!

In Düsseldorf-Lohausen

Maritim
Maritim-Platz 1, (am Flughafen) ⌧ 40474 – ℰ (0211) 5 20 90 – www.maritim.de
533 Zim – †109/159 € ††109/159 €, ⌂ 23 € – 11 Suiten   **St**
Rest *Bottaccio* – ℰ (0211) 52 09 11 70 *(geschl. Samstagmittag, Sonntagmittag)*
Menü 35 € – Karte 38/64 €
Rest *Rheinische Stov* – ℰ (0211) 52 09 11 70 – Karte 23/36 €
Rest *SushiSho* – ℰ (0211) 52 09 11 70 *(geschl. Samstag - Sonntag)* Karte 28/43 €
♦ Diese Businessadresse mit direktem Zugang zum Flughafen-Terminal ist das größte Kongresshotel Nordrhein-Westfalens. Moderne, geräumige Zimmer und Freizeitbereich auf über 400 qm. Mediterranes im Bottaccio. Regional: Rheinische Stov. Sushibar namens SushiSho.

DÜSSELDORF

 Villa im Park garni
Nagelsweg 6 (über Niederrheinstraße S und Dorfstraße) ⊠ 40474 – ℰ (0211) 43 62 60
– www.hotel-villa-im-park.de – geschl. 23. Dezember - 2. Januar
10 Zim ⊇ – †85/115 € ††115/145 € – 1 Suite
♦ Mit privater, familiärer Atmosphäre besticht die schön in einem parkähnlichen Garten gelegene Villa. Freundlicher Service und zeitgemäße, gediegen-elegante Zimmer erwarten Sie.

In Düsseldorf-Mörsenbroich

 Renaissance
Nördlicher Zubringer 6 ⊠ 40470 – ℰ (0211) 6 21 60
– www.renaissanceduesseldorf.com **BUe**
244 Zim – †151/181 € ††151/181 €, ⊇ 24 € – 3 Suiten
Rest – Menü 24 € – Karte 28/58 €
♦ Das komfortable Businesshotel bietet eine großzügige gediegene Lobby nach amerikanischem Vorbild, klassische Zimmer und gute Veranstaltungsräume. Panoramaschwimmbad im 7. Stock. Auf einer Empore im Hallenbereich befindet sich das Restaurant.

✕ **Trattoria Baccalà**
Heinrichstr. 83 ⊠ 40239 – ℰ (0211) 6 18 26 42 – www.baccala.de – geschl.
Samstagmittag **CUb**
Rest – Karte 34/47 €
♦ Ein geradlinig-modern gehaltenes Restaurant mit Trattoria-Flair und freundlichlegerem Service. In der offenen Küche werden klassisch italienische Speisen zubereitet.

In Düsseldorf-Niederkassel

✕ **Osteria Saitta am Nussbaum**
Alt Niederkassel 32 ⊠ 40547 – ℰ (0211) 57 49 34 – www.saitta.de
– geschl. Weihnachten - 3. Januar und Samstagmittag - Sonntag **AUe**
Rest – (Tischbestellung ratsam) Karte 36/55 €
♦ Wirklich gemütlich sitzt man in dem netten kleinen Haus, in dem es während der Mittagszeit recht lebendig zugeht. Die Gäste schätzen die ungezwungen-italienische Atmosphäre.

In Düsseldorf-Oberkassel

 Innside Seestern
Niederkasseler Lohweg 18a ⊠ 40547 – ℰ (0211) 52 29 90 – www.innside.de
126 Zim – †150/175 € ††180/205 €, ⊇ 19 € **Sa**
Rest – (geschl. Samstagmittag, Sonntag und an Feiertagen) Menü 47 €
– Karte 34/55 €
♦ Das Hotel in verkehrsgünstiger Lage ist durch und durch in klarem modernem Design gehalten. Die geräumigeren Gästezimmer verfügen über eine Kitchenette. DADO nennt sich das trendige Restaurant mit integrierter Bar.

Hanseat garni
Belsenstr. 6 ⊠ 40545 – ℰ (0211) 5 50 27 20 – www.hotel-hanseat.de **Tn**
37 Zim ⊇ – †89/105 € ††125/135 €
♦ Ein schönes Stadthaus mit individuellen Zimmern von schottisch bis Kolonialstil - buchen Sie eines nach hinten, hier schläft man ruhiger! Das Frühstück, und zwar ein appetitliches und reichhaltiges, gibt es in zwei charmant-gediegenen kleinen Räumen oder im hübschen Innenhof.

✕✕ **Piazza Saitta**
Barbarossaplatz 3 ⊠ 40545 – ℰ (0211) 1 71 51 91 – www.saitta.de – geschl. Sonntag,
Dienstagmittag **Ts**
Rest – Karte 30/53 €
♦ In modernem Bistro-Ambiente wird man freundlich mit frischer italienischer Küche und ebensolchen Weinen umsorgt. Beliebt ist die Terrasse auf dem kleinen Platz vor dem Haus.

DÜSSELDORF

Dorfstube
Lanker Str. 2 ⊠ 40545 – ℰ (0211) 17 15 25 40 – www.dorfstube.de
– geschl. 2. - 9. April, Montag **Td**
Rest – (Tischbestellung ratsam) Karte 25/48 €
• Wenn Sie das alles an den Schwarzwald erinnert, ist das nicht verwunderlich: Christian Bareiss hat die Dorfstube des renommierten Familienbetriebs in Baiersbronn optisch hierher verlegt! Das Dekor ist typisch bis ins kleinste Detail und die Küche (durchgehend geöffnet) natürlich badisch!

Kitzbüheler Stuben
Hansaallee 165 ⊠ 40549 – ℰ (0211) 59 11 44 – www.kitzbueheler-stuben.com
– geschl. Anfang Januar 2 Wochen und Samstagmittag - Sonntag, außer an Messen
Rest – Menü 22 € (mittags)/68 € – Karte 25/50 € **Sx**
• In dem freundlichen, recht schlicht gehaltenen Restaurant kocht man saisonal und mit österreichischem Einfluss. Die nette Terrasse liegt zur Straße hin.

Brasserie Hülsmann
Belsenplatz 1 ⊠ 40545 – ℰ (0211) 86 39 93 30 – www.brasserie-huelsmann.de
– geschl. 15. - 29. Juli, 23. Dezember - 3. Januar und Sonntag - Montag
Rest – Karte 20/48 € **Tb**
• Das Konzept hat Erfolg, wie die zahlreichen Gäste zeigen: legere Brasserie-Atmosphäre, faire Preise und frische Küche. Würste und Terrinen produziert man selbst. Gut zu wissen: Bezahlen kann man hier nur bar. Hinter dem Haus hat man eine kleine Terrasse.

In Düsseldorf-Rath

Van der Valk Airporthotel
Am Hülserhof 57 ⊠ 40472 – ℰ (0211) 20 06 30
– www.airporthotelduesseldorf.de **Sr**
194 Zim – †79/409 € ††79/409 €, ⊇ 17 €
Rest – (nur Abendessen) Karte 27/56 €
• Modern-komfortables Hotel nahe ISS Dome mit guter Anbindung an A44 und A52. Fitness und Panorama-Sauna im 15. Stock. Besonders groß: Themenzimmer mit Whirlwanne. Ideal für Tagungen und Business. Mittags ergänzt die Brasserie mit internationaler Küche das Abendrestaurant ZenZi.

In Düsseldorf-Unterrath

Avidon garni
Unterrather Str. 42 ⊠ 40468 – ℰ (0211) 95 19 50 – www.avidon.de **Sd**
34 Zim – †80/90 € ††90 €, ⊇ 16 €
• In dem modernen Hotel in Flughafennähe bestimmen Kunstgegenstände das Ambiente. Eines der Zimmer ist der originelle "Art Room". Nette Bar mit großer nostalgischer Kaffeemaschine.

DUISBURG – Nordrhein-Westfalen – **543** – 491 940 Ew – Höhe 33 m   **25** B11
▶ Berlin 547 – Düsseldorf 33 – Essen 20 – Nijmegen 107
ADAC Claubergstr. 4 **CY**
🛈 Königstr.39 **CY**, ⊠ 47051, ℰ (0203) 28 54 40, www.duisburgnonstop.de
🐾 Duisburg, Großbaumer Allee 240, ℰ (0203) 72 14 69
⛳ Golf u. More Huckingen, Altenbrucher Damm 92a, ℰ (0203) 7 38 62 86
◉ Wilhelm-Lehmbruck-Museum ★★ **CZ M**¹ – Museum der Deutschen Binnenschifffahrt ★ AY **M**²

Stadtpläne siehe nächste Seiten

Conti garni (mit Gästehaus)
Düsseldorfer Str. 131 ⊠ 47051 – ℰ (0203) 28 70 05 – www.contihotels.de
56 Zim ⊇ – †114/299 € ††141/326 € **CZa**
• Ein Stadthotel, das sich von der angenehm hellen Lobby über die trendig-geradlinigen Zimmer bis zum Frühstücksraum ganz modern präsentiert. Sehr gute Technik mit W-Lan gratis.

337

DUISBURG

Aldenrader Str.	AV 2	Essenberger Str.	AX 20	Neue Krefelder Str.	AX 55
Am Nordhafen	AV 5	Friedrich-Ebert-Brücke	AV 21	Obermeidericher Str.	AV 57
Asterlager Str.	AX 6	Friedrich-Ebert-Str.	AX 22	Papiermühlenstr.	AV 60
Borgschenweg	AX 8	Großenbaumer Allee	AX 25	Ruhrorter Str.	AX 65
Burgermeister-Pütz-Str.	AV 9	Hohenbudberger		Schwarzenberger	
Düsseldorfer Str.	AX 15	Str.	AX 28	Str.	AX 68
Eisenbahnstr.	AVX 16	Honigstr.	AX 29	Schweizer Str.	AX 69
Emmericher Str.	AVX 17	Kaiser-Wilhelm-Str.	AV 30	Sittardsberger Allee	AX 70
		Krefelder Str.	AX 36	Stockholmer Str.	AV 78
		Kreuzacker	AX 37	Wanheimer Str.	AX 83
		Lauerstr.	AX 42	Wedauer Str.	AX 84

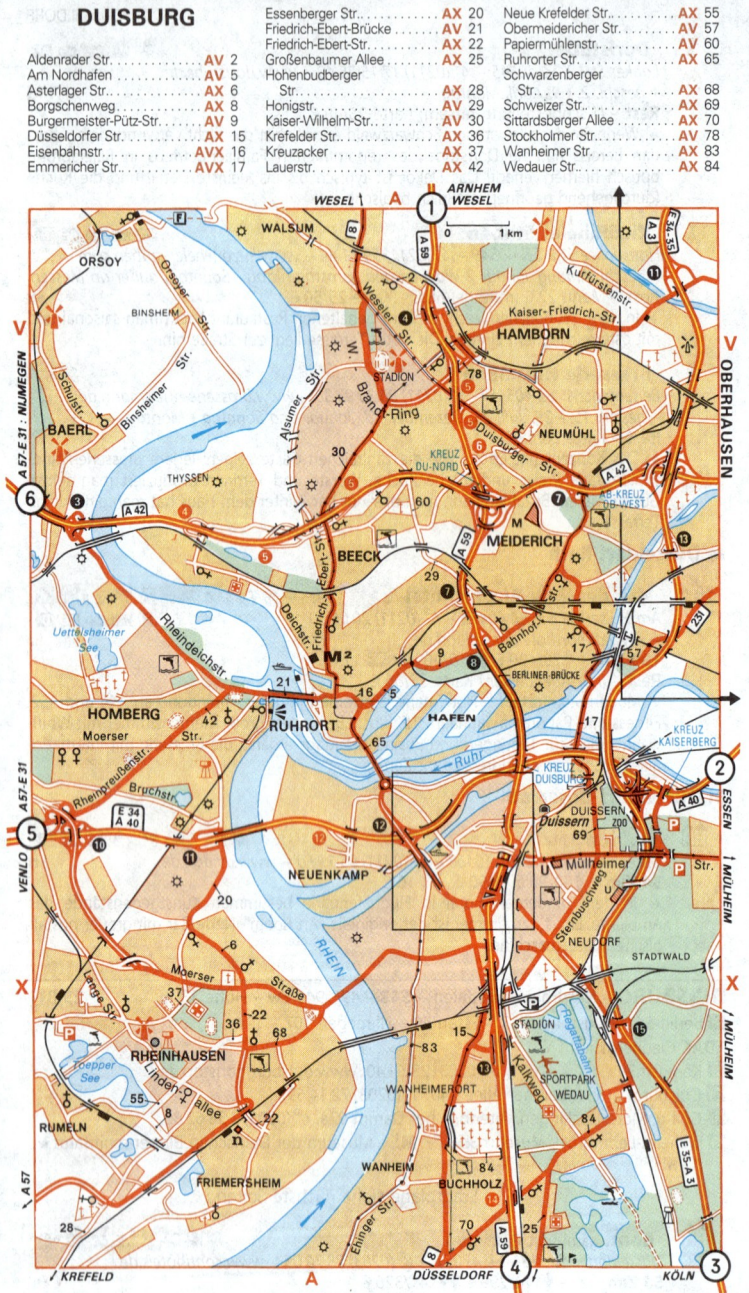

Alter Markt . . . . **BY** 3	Köhnenstr. . . . . **CY** 31	Musfeldstr. . . . . **BZ** 52
Am Buchenbaum . . . . **CY** 4	Königstr. **CY**	Neckarstr. . . . . **CY** 53
Averdunkpl. . . . . **CY** 7	König-Heinrich-Pl. . . . . **CY** 32	Neue Marktstr. . . . . **CZ** 56
Beekstr. **BY**	Kuhlenwall . . . . **CY** 35	Papendelle . . . . **BZ** 59
Burgpl. . . . . **BY** 10	Kuhstr. . . . . **BCY** 38	Peterstal . . . . **BY** 61
Calaispl. . . . . **BY** 12	Kuhtor . . . . **CY**	Philosophenweg . . . . **CY** 62
Claubergstr. . . . . **CY** 13	Landfermannstr. . . . . **CY** 40	Portsmouthpl. . . . . **CZ** 63
Dellpl. . . . . **BZ** 14	Marientor . . . . **BYZ** 44	Schwanenstr. . . . . **BY** 66
Düsseldorfer Str. . . . . **CYZ** 15	Marientorbrücke . . . . **BY** 45	Schwanentorbrücke . . . . **BY** 67
Essenberger Str. . . . . **BY** 19	Menzelstr. . . . . **BCZ** 48	Sonnenwall . . . . **BY** 74
Friedrich-Wilhelm-Str. . . . . **CYZ** 23	Mülheimer Str. . . . . **CY** 50	Steinsche Gasse . . . . **BY** 75
Gutenbergstr. . . . . **CY** 27	Münzstr. . . . . **BY**	Universitätsstr. . . . . **BY** 79

 Plaza garni

Düsseldorfer Str. 54 ✉ 47051 – ⌀ (0203) 2 82 20
– www.hotel-plaza.de

CZe

100 Zim – †89/118 € ††118/138 €, ⊇ 16 € – 1 Suite

♦ In dem mit funktionellen Zimmern ausgestatteten Hotel im Zentrum empfängt Sie ein großzügiger Hallenbereich. Superiorzimmer mit zusätzlichen Annehmlichkeiten, geräumige Suite.

Mercure

Landfermannstr. 20 ✉ 47051 – ⌀ (0203) 30 00 30
– www.mercure.com

CYw

162 Zim – †73/284 € ††90/301 €, ⊇ 16 € **Rest** – Karte 23/42 €

♦ Das Tagungshotel in der Innenstadt bietet funktionelle Zimmer in modernem Stil. Businesszimmer in den beiden obersten Etagen, "Privilege"-Zimmer mit Zusatzleistungen.

DUISBURG

ferrotel garni
Düsseldorfer Str. 122 ⊠ *47051 –* ℰ *(0203) 28 70 85 – www.ferrotel.de*
30 Zim – †99/269 € ††124/296 € CZn
* Im klaren Design dieses Hotels finden sich viele kleine Details zum Thema Industriegeschichte. Sehr unterschiedlich geschnittene Zimmer, teils recht kleine Einzelzimmer.

inside
Königstr. 55, (Casino Duisburg im CityPalais) ⊠ *47051 –* ℰ *(0203) 71 39 25 00*
– www.inside-restaurant.de – geschl. Montag CYa
Rest *– (nur Abendessen)* Menü 50 € – Karte 43/57 €
* Gute saisonale Küche in stylischem Ambiente, dazu freundlicher Service und ein Weinangebot mit einigen interessanten Raritäten. Lang gezogene Bartheke.

In Duisburg-Ehingen über Ehinger Straße AX

Im Eichwäldchen
Im Eichwäldchen 15c ⊠ *47259 –* ℰ *(0203) 78 73 46 – www.imeichwaeldchen.de*
– geschl. Montag, Samstagmittag
Rest – Menü 48/69 € – Karte 31/54 €
* In angenehmer Waldlage erwartet Sie ein elegantes Restaurant im Landhausstil, ergänzt durch die gemütliche Eichenstube Quercus. Internationale Küche und einfacheres Zusatzangebot.

In Duisburg-Friemersheim

Brendel
Kaiserstr. 81 ⊠ *47051 –* ℰ *(02065) 4 70 16 – www.brendel-gastronomie.de*
– geschl. Samstagmittag - Montag AXn
Rest – Menü 54/68 € – Karte 44/62 €
Rest *Bistro* – siehe Restaurantauswahl
* Im Haus der Familie Brendel serviert man zeitgemäße Speisen. Das hübsche, mit modernen Bildern dekorierte Restaurant bietet auch eine Terrasse mit Kräutergarten.

Bistro – Restaurant Brendel
Kaiserstr. 81 ⊠ *47051 –* ℰ *(02065) 4 70 16 – www.brendel-gastronomie.de – geschl. Samstagmittag - Montag* AXn
Rest – Karte 25/35 €
* "Mix & Match" könnte man denken, wenn man sich die Karte des netten Bistros ansieht. Da gibt es Currywurst, sogar Pommes aus der Tüte, aber auch Dorade mit Hummersauce. Sie haben die Wahl!

In Duisburg-Huckingen über Düsseldorfer Straße AX

Landhaus Milser
Zur Sandmühle 2 (an der B 8) ⊠ *47259 –* ℰ *(0203) 7 58 00 – www.landhausmilser.de*
60 Zim – †120/155 € ††155/366 €, ⊇ 8 € – 3 Suiten
Rest *Da Vinci* – ℰ *(0203) 7 58 04 71* – Karte 31/62 €
* Die Zimmer und Suiten in dem Landhaus an einem kleinen See sind wohnlich, elegant und mit mediterraner Note eingerichtet. Unterm Dach relaxt man im hübschen Saunabereich. Italienische Küche im Restaurant Da Vinci.

In Duisburg-Neudorf

Friederichs
Neudorfer Str. 33 ⊠ *47057 –* ℰ *(0203) 31 86 50 – www.hotel-friederichs.de – geschl. Weihnachten - Neujahr* CZb
38 Zim – †96/216 € ††132/280 €, ⊇ 10 €
Rest *Bistro NT* – siehe Restaurantauswahl
* Die engagierte Familie Friederichs bietet in ihrem Hotel gegenüber dem Hauptbahnhof neuzeitlich gestaltete Gästezimmer mit kostenfreiem W-Lan.

Bistro NT – Hotel Friederichs
Neudorfer Str. 33 ⊠ *47057 –* ℰ *(0203) 3 18 65 50 – www.hotel-friederichs.de – geschl. Weihnachten - Neujahr, 28. März - 11. April, Samstagmittag, Sonntag und an Feiertagen*
Rest – Karte 34/51 € CZb
* In dem gut geführten Familienbetrieb kommt in modernem Bistro-Ambiente eine schmackhafte internationale Küche mit regionalen Einflüssen auf den Tisch - im Sommer auch auf der mediterranen Terrasse. Der Service ist sehr freundlich.

DURBACH – Baden-Württemberg – 545 – 3 820 Ew – Höhe 217 m — 54 E19
– Erholungsort

▶ Berlin 752 – Stuttgart 148 – Karlsruhe 80 – Freudenstadt 51

🛈 Tal 36, ✉ 77770, ✆ (0781) 4 21 53, www.durbach-info.de

Ritter
Tal 1 ✉ 77770 – ✆ (0781) 9 32 30 – www.ritter-durbach.de
60 Zim – †120/180 € ††160/240 € – ½ P 39 € – 6 Suiten
Rest *Wilder Ritter* ❀ **Rest** *Ritter Stube* – siehe Restaurantauswahl
• Wohnlich und stimmig ist das geradlinig-moderne Interieur in diesem Haus. Überall hat man dezent das Thema Wein mit eingebunden. In den meisten Zimmern findet sich neueste Technik. Hauseigener Oldtimer zum Mieten.

Rebstock
Halbgütle 30 ✉ 77770 – ✆ (0781) 48 20 – www.rebstock-durbach.de
40 Zim – †78/110 € ††130/190 € – ½ P 33 € – 2 Suiten
Rest *Rebstock* – siehe Restaurantauswahl
• Das Hotel der Baumanns ist ein ideales Urlaubsdomizil in reizvoller Schwarzwaldlandschaft. Die Zimmer sind sehr wohnlich und hochwertig ausgestattet. Ein Highlight ist der wunderschön angelegte Garten mit Ruheinseln.

Wilder Ritter – Hotel Ritter
Tal 1 ✉ 77770 – ✆ (0781) 9 32 30 – www.ritter-durbach.de – geschl. Januar, August und Sonntag - Montag
Rest – (nur Abendessen) Menü 69/115 € – Karte 64/85 €
Spez. Operaschnitte von der Gänseleber mit Trüffelbrioche und confierte Entenleber mit grünem Pfeffer. Glacierter Glattbutt mit Sauerkrautravioli, Nougatlinsen und Haselnuss, Topinamburchips. Spagatkrapfen mit Sanddorn, Schokoladenpraline und Eis von karamellisierten Sonnenblumenkernen.
• Essen ist Kultur - gemäß dieser Philosophie besticht Christian Baurs Kulinarik durch beste Qualität. Die Gäste werden in einem modern-eleganten Ambiente mit klassischen, aber auch fernöstlichen Aromen verwöhnt. Den passenden Tropfen finden Sie in der umfangreichen Weinkarte.

Rebstock – Hotel Rebstock
Halbgütle 30 ✉ 77770 – ✆ (0781) 48 20 – www.rebstock-durbach.de – geschl. 9. - 22. Januar und Montag
Rest – (Tischbestellung ratsam) Menü 29/64 € – Karte 32/54 €
• "Wenn der Vater mit dem Sohne...", was schon in dem alten Film ein Erfolg war, klappt auch bei Baumanns: Die regionale Küche ist ihr Metier! Ob in der hübschen Gaststube oder auf der herrlichen Gartenterrasse - einfach ein Genuss!

Ritter Stube – Hotel Ritter
Tal 1 ✉ 77770 – ✆ (0781) 9 32 30 – www.ritter-durbach.de
Rest – Menü 39/44 € – Karte 37/65 €
• Niedere Decken, die Wände holzvertäfelt, Sprossenfenster und ein offener Kamin - das spricht für die wohlige Heimeligkeit in der über 150 Jahre alten Stube. Dazu passend: die regionalen Schmankerln!

EBELSBACH – Bayern – 546 – 3 820 Ew – Höhe 228 m — 50 J15
▶ Berlin 427 – München 254 – Würzburg 80 – Bayreuth 82

Klosterhof
Georg-Schäfer-Str. 11 ✉ 97500 – ✆ (09522) 70 82 82 – www.klosterhof-ebelsbach.de
14 Zim – †33 € ††59 €
Rest – (geschl. November 2 Wochen und Montag) (Dienstag - Freitag ab 16:00 Uhr geöffnet) Karte 13/24 €
• Das Gasthaus - ehemals Stiftskloster und Brauerei - liegt verkehrsgünstig ganz in der Nähe der A 70. Die Zimmer sind zeitgemäß und wohnlich gestaltet; auch Familienzimmer. Bürgerliches Angebot in rustikalen Gaststuben. Im Hof: Biergarten unter Kastanien.

EBENSFELD – Bayern – 546 – 5 690 Ew – Höhe 255 m 50 K15
▶ Berlin 384 – München 251 – Coburg 29 – Bayreuth 67

Pension Veitsberg garni
Prächtinger Str. 14 ⊠ 96250 – ℰ (09573) 64 00 – www.pension-veitsberg.de
21 Zim – †30/40 € ††54/60 €
• Seit über 30 Jahren wird die gepflegte Pension von Familie Will geführt, die hier im Haus auch ein Café mit guter Tortenauswahl aus eigener Herstellung bietet.

EBERBACH am NECKAR – Baden-Württemberg – 545 – 15 060 Ew 48 G16
– Höhe 134 m
▶ Berlin 611 – Stuttgart 107 – Mannheim 56 – Heidelberg 33
🛈 Leopoldsplatz 1, ⊠ 69412, ℰ (06271) 8 72 42, www.eberbach.de

Krone-Post
Hauptstr. 1 ⊠ 69412 – ℰ (06271) 80 66 20 – www.hotel-krone-post.de
– geschl. 1. - 8. Januar
27 Zim – †75/110 € ††98/135 € – 1 Suite
Rest – (geschl. jeweils November, Januar - Februar: Freitagabend - Samstagmittag) Karte 32/58 €
Rest Kutscherstube – (geschl. jeweils November, Januar - Februar: Freitagabend - Samstagmittag) Menü 21 € – Karte 23/41 €
• Ein familiengeführtes Haus in der Altstadt, nur durch die Straße vom Neckar getrennt. Solide, funktionelle Zimmer und hübscher zeitgemäßer Saunabereich. Während man im Kronenstübchen klassisch speist (besonders schön auf der Terrasse zum Fluss), wird in der Kutscherstube Regionales aufgetischt. Orginell: An den Wänden erzählen drei Farben-Graffitis die lange Geschichte des Lokals.

Karpfen
Alter Markt 1 ⊠ 69412 – ℰ (06271) 80 66 00 – www.hotel-karpfen.com
49 Zim – †57/85 € ††89/130 €
Rest – (geschl. Mitte Januar - Ende Februar und Dienstag) Karte 24/48 €
• Fresken der Stadtgeschichte zieren die Fassade dieses engagiert geführten Hauses. Man bietet schöne, wohnlich eingerichtete Gästezimmer. Gemütliches Hotelrestaurant im Landhausstil.

EBERMANNSTADT – Bayern – 546 – 6 830 Ew – Höhe 292 m 50 L15
– Erholungsort
▶ Berlin 406 – München 219 – Nürnberg 50 – Bayreuth 61
🛈 Bahnhofstr. 5, ⊠ 91320, ℰ (09194) 5 06 40, www.ebermannstadt.de
Ebermannstadt, Kanndorf 8, ℰ (09194) 48 27

Schwanenbräu (mit Gästehaus)
Marktplatz 2 ⊠ 91320 – ℰ (09194) 2 09 – www.schwanenbraeu.de
– geschl. 7. - 17. Januar
13 Zim – †47 € ††68 € – 2 Suiten
Rest – (geschl. Sonntagabend) Karte 12/31 €
• Die zeitgemäßen Zimmer dieses Familienbetriebs verteilen sich auf den historischen Brauereigasthof direkt am Marktplatz und das nahe gelegene Gästehaus. Das rustikale Restaurant bietet auch Biere aus der Privatbrauerei und selbstgebrannte Obstschnäpse.

EBERSBERG – Bayern – 546 – 11 370 Ew – Höhe 558 m – Erholungsort 66 M20
▶ Berlin 610 – München 35 – Landshut 69 – Rosenheim 31
Steinhöring, Zaißing 6, ℰ (08094) 81 06
Steinhöring, Gut Thailing 4, ℰ (08094) 9 05 50 88

Hölzerbräu (mit Gästehaus)
Sieghartstr. 1 ⊠ 85560 – ℰ (08092) 8 52 58 90 – www.hoelzerbraeu.de
46 Zim – †70/92 € ††94/130 € – 1 Suite **Rest** – Karte 19/32 €
• Schon seit mehreren Generationen wird der erweiterte Gasthof im Zentrum als Familienbetrieb geführt. Man bietet wohnlich-alpenländische Zimmer und einige Familienzimmer. Freundliches Restaurant in rustikalem Stil.

EBNISEE – Baden-Württemberg – siehe Kaisersbach

EBSDORFERGRUND – Hessen – 543 – 8 940 Ew – Höhe 250 m 38 G13
▶ Berlin 482 – Wiesbaden 116 – Gießen 30

In Ebsdorfergrund-Frauenberg

Seebode Zim, 🍴 P VISA ⓪
Burgweg 2 ⌧ 35085 – ☎ (06424) 68 96 – www.hotel-seebode.de
15 Zim ⌷ – †60 € ††95 € **Rest** – (geschl. Dienstag) Karte 16/46 €
◆ Das ruhig am Hang gelegene Fachwerkhaus aus der Jahrhundertwende gefällt mit stuckverzierten hohen Räumen im Jugendstil und einem schönen Treppenhaus.

ECHING – Bayern – 546 – 13 110 Ew – Höhe 469 m 58 L20
▶ Berlin 567 – München 21 – Regensburg 104 – Ingolstadt 59

Olymp Rest, 🍴 P VISA ⓪ AE ①
Wielandstr. 3 ⌧ 85386 – ☎ (089) 32 71 00 – www.goldentulipolymp.de
96 Zim ⌷ – †79/99 € ††79/99 € – 28 Suiten
Rest – (geschl. Samstagmittag und Sonntagmittag) Karte 26/51 €
◆ Das ganz auf Businessgäste zugeschnittene Hotel mit mediterraner Note bietet zeitgemäße Zimmer und Appartements für Langzeitgäste sowie eine kostenfreie Tiefgarage. Sie speisen in der gemütlich-alpenländischen Stube oder im eleganteren Restaurant.

ECHING (KREIS LANDSHUT) – Bayern – siehe Landshut

ECKERNFÖRDE – Schleswig-Holstein – 541 – 22 760 Ew – Höhe 3 m 2 I3
– Seebad
▶ Berlin 376 – Kiel 30 – Rendsburg 30 – Schleswig 24
ℹ Am Exer 1, ⌧ 24340, ☎ (04351) 7 17 90, www.ostseebad-eckernfoerde.de
🏌18 Altenhof, ☎ (04351) 4 12 27

Stadthotel garni 🍴 P VISA ⓪ AE
Am Exer 3 ⌧ 24340 – ☎ (04351) 7 27 80 – www.stadthotel-eckernfoerde.de
65 Zim ⌷ – †87/180 € ††111/208 € – 2 Suiten
◆ Das Hotel befindet sich am Strand, nicht weit vom Zentrum. Man empfängt Sie in einer großen Halle mit Springbrunnen, zudem hat man eine Hotelbar mit Blick auf die Ostsee.

Seelust garni ≤ 🍴 P VISA ⓪ AE
Preußerstr. 3 ⌧ 24340 – ☎ (04351) 7 27 90 – www.seelust-hotel.de – geschl. Januar - Ende Februar
32 Zim ⌷ – †72/123 € ††103/151 €
◆ Hier überzeugen die Lage direkt am Strand und die hübsche Terrasse zum Meer. Die Zimmer bieten meist Ostseeblick. Schön ist der Frühstückssaal aus den 30er Jahren.

Alte Fischereischule garni ≤ 🍴 P VISA ⓪
Sehestedter Str. 77 ⌧ 24340 – ☎ (04351) 7 16 60 – www.hotel-alte-fischereischule.de – geschl. 15. - 26. Dezember
13 Zim ⌷ – †55/65 € ††75/105 €
◆ Das von einem Wohlfahrtsverband geleitete, freundlich eingerichtete Haus oberhalb der Eckernförder Bucht war früher eine Fischereischule. Die Stadt erreicht man in 15 Gehminuten.

EDENKOBEN – Rheinland-Pfalz – 543 – 6 620 Ew – Höhe 149 m 47 E17
– Luftkurort
▶ Berlin 655 – Mainz 101 – Mannheim 40 – Landau in der Pfalz 11
ℹ Poststr. 23, ⌧ 67480, ☎ (06323) 95 92 22, www.garten-eden-pfalz.com
◉ Schloss Villa Ludwigshöhe ★ West: 2 km

Gutshof Ziegelhütte (mit Gästehäusern) 🍴 P VISA ⓪ AE ①
Luitpoldstr. 79 ⌧ 67480 – ☎ (06323) 9 49 80 – www.gutshof-ziegelhuette.de
27 Zim ⌷ – †62/69 € ††98/108 € – ½ P 18 € **Rest** – Karte 21/38 €
◆ Das Haus ist nicht nur ein CO^2-neutrales Klimahotel, sondern auch Bücherhotel mit Leih- und Tauschmöglichkeit. Ruhiger liegen die Zimmer im Burghaus. Beliebt: das Kuschelzimmer mit drehbarem Wasserbett sowie die Rosensuite. Rustikales Ambiente im Restaurant.

EDENKOBEN

Pfälzer Hof
Weinstr. 85 ⌧ 67480 – ℰ (06323) 93 89 10
– www.pfaelzerhof-edenkoben.de
26 Zim – †55/70 € ††85/140 € – ½ P 18 €
Rest – Menü 34 € – Karte 16/43 €
• Sie haben die Wahl zwischen modernen Zimmern in gedeckten Erdtönen und Zimmern in ländlichem Stil; am schönsten - und mit Blick aufs Hambacher Schloss und die Villa Ludwigshöhe - sind die drei Giebelzimmer! Der verglaste Innenhof trägt den vielversprechenden Namen "Garten Eden", im Winter mit Kamin. Pfälzer Küche!

Prinzregent
Unter dem Kloster 1 ⌧ 67480 – ℰ (06323) 95 20 – www.prinzregent-edenkoben.de
44 Zim – †50/70 € ††100/130 €   **Rest** – Karte 24/42 €
• Hier wohnt man ruhig und schön etwas außerhalb in den Weinbergen, am Morgen ein gutes Frühstück. Die rustikale Alternative zum Restaurant ist die Weinstube im Untergeschoss, schöne Plätze im Freien bieten Terrasse und Biergarten.

Alte Feuerwache mit Zim
Ludigsplatz 23 ⌧ 67480 – ℰ (06323) 94 99 80
– www.alte-feuerwache-edenkoben.de – geschl. Februar und Sonntagabend - Dienstag
9 Zim – †65/75 € ††85/95 € – ½ P 25 €
Rest – *(Mittwoch - Freitag nur Abendessen)* Menü 39/46 € – Karte 29/41 €
• Die Alte Feuerwache bietet gute internationale Küche in einem freundlichen Raum mit hellem Dielenboden und roten Polstern. Im Sommer sitzt man auch schön bei Kaffee und Kuchen auf der kleinen Terrasse oder im lauschigen Innenhof. Übernachten kann man in gepflegten, wohnlichen Zimmern.

In Rhodt unter Rietburg Süd-West: 2 km

Wohlfühlhotel Alte Rebschule
Theresienstr. 200 ⌧ 76835 – ℰ (06323) 7 04 40
– www.alte-rebschule.de
37 Zim – †97/109 € ††162/186 € – ½ P 16 € – 3 Suiten
Rest – Karte 25/47 €
Rest *Gasthaus Sesel* – ℰ (06323) 7 044 56 – Karte 20/38 €
• Das Hotel liegt schön ruhig oberhalb von Rhodt, toll der Blick auf das Rebenmeer - auch von der Restaurantterrasse. Man hat erweitert: moderne "Wein"-Suiten, Hallenbad, Whirlpool und Fitnessraum. Alternative zum Restaurant: Gasthaus Sesel mit bürgerlicher Küche.

Rhodter Adler
Weinstr. 10 ⌧ 76835 – ℰ (06323) 9 49 27 70
– www.rhodter-adler.de – geschl. 19. Dezember - 1. März
10 Zim – †45/80 € ††60/95 €
Rest – *(geschl. Montag - Dienstag, November - Dezember: Montag - Mittwoch) (nur Abendessen)* Menü 17/23 € – Karte 24/34 € (vegetarisch)
• In dem liebevoll sanierten denkmalgeschützten Haus kann man sich wohlfühlen: charmante Zimmer (Nr. 7 und Nr. 10 sind am größten), überall frische Blumen, Obst und Wasser gratis, ein lauschiger Innenhof,... Da ist schnell vergessen, dass man nicht direkt am Haus parken kann (sondern ca. 400 m oberhalb). Zu essen gibt's Bürgerliches.

In Altdorf Ost: 6 km über B 38 Richtung Speyer, jenseits der A 65

Gästehaus Vinetum garni
Raiffeisenstr. 4 ⌧ 67482 – ℰ (06327) 29 07
– www.gaestehausvinetum.de – geschl. Dezember - Januar
7 Zim – †45/50 € ††65/75 €
• Ein tipptopp gepflegtes Haus mit privater Atmosphäre. Toskanisches Flair in den Zimmern - meist mit Balkon und schönem Blick zum Pfälzer Wald - und im Frühstücksraum mit Terrasse.

EDESHEIM – Rheinland-Pfalz – **543** – 2 240 Ew – Höhe 151 m 47 E17
▶ Berlin 657 – Mainz 101 – Mannheim 42 – Kaiserslautern 48

   Schloss Edesheim (mit Residenz)
Luitpoldstr. 9 ⊠ 67483 – ℰ (06323) 9 42 40
– *www.schloss-edesheim.de – geschl. 23. - 27. Dezember, 2. - 8. Januar*
39 Zim – †83/122 € ††137/170 € – 9 Suiten
Rest *Gourmetrestaurant* – siehe Restaurantauswahl
♦ Eine schöne historische Adresse ist das herrschaftliche Anwesen in der Ortsmitte auf einem 5 ha großen Grundstück voller Weinreben. Individuelle, elegante Zimmer. Schlossfestspiele im Freilichttheater.

Wein-Castell
Staatsstr. 21 (B 38) ⊠ 67483 – ℰ (06323) 93 89 40
– *www.wein-castell.de – geschl. Februar 1 Woche, Juli 1 Woche*
11 Zim – †60 € ††90 € – ½ P 18 €
Rest – (geschl. Montag - Dienstag) Karte 15/52 €
♦ Rosemarie und Frank Diehl sind seit über 25 Jahren Gastgeber in dem netten Winzerhof, in dem man neben gepflegten Zimmern auch ein gemütliches Restaurant und einen charmanten Innenhof bietet. Natürlich schenkt man u. a. auch die eigenen Weine aus.

XX **Gourmetrestaurant** – Hotel Schloss Edesheim
Luitpoldstr. 9 ⊠ 67483 – ℰ (06323) 9 42 40
– *www.schloss-edesheim.de – geschl. 2. - 8. Januar, 23. - 27. Dezember und Sonntag - Montag*
Rest – Menü 35 € (mittags)/66 € – Karte 43/60 €
♦ Empire-Kronleuchter, Wandmalerei, klassisches Mobilar - dieses Bild erwartet Sie im Restaurant. Serviert wird eine gehobene mediterrane Küche. Im Sommer kommt die Terrasse einer Oase gleich!

EDIGER-ELLER – Rheinland-Pfalz – **543** – 1 050 Ew – Höhe 99 m 46 C14
▶ Berlin 666 – Mainz 118 – Koblenz 61 – Trier 75
🛈 Pelzerstr. 1, ⊠ 56814, ℰ (02675) 13 44, www.ediger-eller.de

Im Ortsteil Eller

   Mosel-Landhaus Oster
Moselweinstr. 61 ⊠ 56814 – ℰ (02675) 2 32
– *www.mosellandhaus-hotel-oster.de*
– *geschl. 2. Januar - 30. März, 2. - 26. Dezember*
19 Zim – †45/72 € ††74/110 € – 1 Suite
Rest – (geschl. Dienstagmittag) (nur Abendessen) Karte 18/37 €
♦ Das erweiterte historische Fachwerkhaus wird als Familienbetrieb geführt und bietet recht unterschiedliche, wohnlich gestaltete Zimmer, darunter auch zwei Maisonetten. Freundliches Restaurant mit Terrasse zur Mosel.

EFRINGEN-KIRCHEN – Baden-Württemberg – **545** – 8 250 Ew 61 D21
– Höhe 258 m
▶ Berlin 852 – Stuttgart 254 – Freiburg im Breisgau 59 – Basel 15

XX **Walsers** mit Zim
Bahnhofstr. 34 ⊠ 79588 – ℰ (07628) 8 05 52 44
– *www.walser-hotel.de – geschl. Mittwoch*
9 Zim – †70 € ††95 € – 2 Suiten
Rest – Menü 40 € – Karte 26/53 €
♦ Der Gasthof existiert schon 140 Jahre, hat aber seither einen angenehm modernen Touch bekommen - und einen hübschen lichten Wintergarten. Chef Hans-Dieter Walser kocht wenn möglich mit regionalen Produkten, so z. B. Spargel! Die Gästezimmer: frisch und hell.

EFRINGEN-KIRCHEN

Im Ortsteil Blansingen Nord-West: 5 km über B 3

XX **Traube** mit Zim   🏠 🐕 & AC Zim, ¶ ⇔ P VISA ⦾
❀ *Alemannenstr. 19 ⊠ 79588 – ℰ (07628) 9 42 37 80 – www.traube-blansingen.de*
   – geschl. Ende Januar - Anfang Februar 2 Wochen, August 3 Wochen und Montag
   - Dienstag
   9 Zim ⊇ – †110/120 € ††131/141 € – 1 Suite
   Rest – Menü 84 € (mittags)/123 €
   Spez. Marinierte Langostinos mit Schnittlauchfumet und Kaviar. Etouffée-Taubenbrust
   in Taubenlebersauce mit Sellerie und eingelegten Perlzwiebeln. Pochierter Rhabarber
   mit Gariguette-Erdbeeren, Mandelcrumble und Ingwereis.
   ♦ Mitten im Ort steht das Markgräfler Bauernhaus von 1811, dem die Bezeichnung
   "Schmuckkästle" nur gerecht wird. Die Lektüre von Henrik Weisers Speisekarte macht
   Lust auf seine ambitionierte klassische Küche, in der Qualität, Finesse und Geschmack
   harmonieren. Ambiente und Service stimmen auch im Hotelbereich mit Rotwein- und
   Weißweinzimmern.

Im Ortsteil Egringen Nord-Ost: 3 km, jenseits der B 3

X **Gasthaus Rebstock** mit Zim   🏠 AC Zim, ¶ ⇔ P VISA ⦾
   Kanderner Str. 21 ⊠ 79588 – ℰ (07628) 9 03 70 – www.rebstock-egringen.de
   – geschl. Montag - Dienstag
   10 Zim – †38/61 € ††51/86 €, ⊇ 7 € – 1 Suite **Rest** – Karte 23/56 €
   ♦ Der badische Gasthof wird in der 6. Generation von der Familie geleitet. Ein ländli-
   ches Restaurant mit Wintergarten zur Terrasse. Regionale, teils internationale Küche,
   dazu Markgräfler Weine. Zum Übernachten stehen wohnliche Gästezimmer bereit.

EGESTORF – Niedersachsen – **541** – 2 380 Ew – Höhe 101 m – Erholungsort   **19 I6**
▶ Berlin 322 – Hannover 107 – Hamburg 57 – Lüneburg 29
🛈 Im Sande 1, ⊠ 21272, ℰ (04175) 15 16, www.egestorf.de

🏠 **Acht Linden** (mit Gästehaus)   🏠 🐕 ✻ Rest, ¶ ⇔ P VISA ⦾ ⓪
   Alte Dorfstr. 1 ⊠ 21272 – ℰ (04175) 8 43 33 – www.hotel-acht-linden.de
   36 Zim ⊇ – †65/85 € ††95/135 € – ½ P 15 € **Rest** – Karte 24/37 €
   ♦ In dem Hotel in regionstypisch-charmanter Bauweise bietet die Inhaberfamilie
   wohnliche Zimmer mit eleganter Note. Das Haus ist mit reichlich Blumen hübsch
   dekoriert. Zum Restaurant gehört eine Terrasse, die sich z. T. im Innenhof befindet.
   Pub im irischen Stil.

🏠 **Egestorfer Hof** (mit Gästehäusern)   🏠 ¶ ⅊ P VISA ⦾ AE
   Lübberstedter Str. 1 ⊠ 21272 – ℰ (04175) 4 80 – www.egestorferhof.de
   29 Zim ⊇ – †60/75 € ††88/150 € – 3 Suiten **Rest** – Menü 35 € – Karte 19/41 €
   ♦ Der gepflegte Familienbetrieb verfügt über unterschiedliche, freundlich gestaltete
   Zimmer, darunter die zwei wohnlich-modernen Themenzimmer "Wein" und "Wohl-
   ness" (in frischem Grün). Restaurant mit rustikalem Flair.

EGGENSTEIN-LEOPOLDSHAFEN – Baden-Württemberg – **545**   **54 F17**
– 15 640 Ew – Höhe 112 m
▶ Berlin 660 – Stuttgart 97 – Karlsruhe 12 – Mannheim 63

Im Ortsteil Eggenstein

🏠 **Zum Goldenen Anker**   🏠 ⇔ ✻ ¶ P VISA ⦾
   Hauptstr. 20 ⊠ 76344 – ℰ (0721) 70 60 29
   – www.hotel-anker-eggenstein.de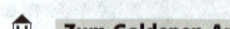
   32 Zim ⊇ – †55/70 € ††85/95 € **Rest** – (geschl. Samstag) Karte 24/47 €
   ♦ Der erweiterte Gasthof mit auffallend grüner Fassade ist ein netter Familienbetrieb
   mit zeitgemäßen, teilweise auch ganz modern gestalteten Zimmern. Ansprechend ist
   das in klaren Linien und warmen Tönen gehaltene Restaurant. Frische und kreative
   badische Küche.

Zum Löwen (Markus Nagy) mit Zim
*Hauptstr. 51 ⌧ 76344 – ℰ (0721) 78 00 70 – www.restaurant-zum-loewen.de
– geschl. Anfang Januar 2 Wochen, August 2 Wochen und Sonntag -
Montag*
11 Zim ⌧ – †58/75 € ††95 €
Rest – (Tischbestellung ratsam) Menü 29 € (mittags)/99 € – Karte 45/71 €
Spez. Warm geräuchertes und pochiertes Rinderfilet in mediterraner Kräuterjus. Steak Bourgignon mit gebräuntem Kartoffelpüree und glasiertem Gemüse. Knusprig gebratener Wolfsbarsch im Bouillabaisse-Sud.
♦ Wer das seit 1827 existierende Landgasthaus besucht, den erwartet ein Interieur aus ländlicher Eleganz mit Holvertäfelung und bemalter Kassettendecke. Markus Nagy bietet Ihnen eine feine klassische Küche, regional und mediterran inspiriert. Mittags einfachere Zusatzkarte. Wenn Sie nach so viel Genuss übernachten wollen: nette, wohnliche Zimmer!

EGGESIN – Mecklenburg-Vorpommern – **542** – 5 240 Ew – Höhe 8 m **14** Q5
▶ Berlin 160 – Schwerin 208 – Neubrandenburg 69 – Greifswald 74

Waldidyll
Luckower Str. 14 ⌧ 17367 – ℰ (039779) 2 05 31 – www.waldidyll-hotel.de
12 Zim ⌧ – †48 € ††70 €
Rest – *(Oktober - März: nur Abendessen)* Karte 20/22 €
♦ Die relativ ruhige Lage in einem Wohngebiet und gepflegte Gästezimmer sprechen für dieses persönlich geführte Haus, zu dem auch ein kleines Kosmetikstudio gehört.

EGLING – Bayern – **546** – 5 280 Ew – Höhe 609 m **65** L21
▶ Berlin 627 – München 36 – Garmisch-Partenkirchen 65 – Bad Tölz 21

In Egling-Neufahrn Süd-West: 2 km

Hanfstingl garni
Kirchstr. 7 ⌧ 82544 – ℰ (08171) 3 46 70 – www.hotel-hanfstingl.de
27 Zim ⌧ – †45/53 € ††72 € – 4 Suiten
♦ Das familiär geleitete Hotel ist aus einem ehemaligen Bauernhof entstanden. Die Gäste wohnen in hellen, zeitgemäßen Zimmern und werden freundlich umsorgt. Nachmittags Kaffee und Kuchen.

Landhaus Vogelbauer mit Zim
Schanzenstr. 4 ⌧ 82544 – ℰ (08171) 2 90 63 – www.vogelbauer.com – geschl. Montag
7 Zim ⌧ – †75/95 € ††135 €
Rest – *(Dienstag - Samstag nur Abendessen)* (Tischbestellung ratsam) Menü 65 € – Karte 48/73 €
♦ In den ehemaligen Stallungen des einstigen Bauernhofs a. d. J. 1630 hat man ein bayerisch-charmantes Restaurant eingerichtet, in dem man internationale Küche aus guten Produkten serviert.

EHEKIRCHEN – Bayern – **546** – 3 720 Ew – Höhe 415 m **57** K19
▶ Berlin 553 – München 54 – Augsburg 43 – Ingolstadt 35

Strixner Hof
*Am Leitenweg 5 (Schönesberg) ⌧ 86676 – ℰ (08435) 18 77 – www.strixner-hof.de
– geschl. Februar 3 Wochen, Juli-August 2 Wochen*
7 Zim ⌧ – †55 € ††75 € – 1 Suite
Rest – *(geschl. Donnerstag)* Karte 16/31 €
♦ Sehr persönlich und individuell wird der nette kleine Gasthof in dörflicher Lage geleitet. Die Zimmer sind gut gepflegt und rustikal eingerichtet, das Frühstück wird serviert. Ein Wintergartenanbau ergänzt das freundliche, in ländlichem Stil gehaltene Restaurant, in dem man regional isst.

EHINGEN – Baden-Württemberg – **545** – 25 710 Ew – Höhe 515 m 63 H20
▶ Berlin 644 – Stuttgart 101 – Konstanz 119 – Ulm (Donau) 26

Adler
Hauptstr. 116 ⌂ 89584 – ℰ (07391) 7 06 60 – www.adlerehingen.de
38 Zim – †59/80 € ††80/120 €
Rest – (geschl. August 2 Wochen und Sonntagabend - Montag) Karte 21/48 €
• Das Hotel im Zentrum ist ein solide geführter Familienbetrieb. Die zeitgemäß eingerichteten Zimmer sind meist recht geräumig und bieten eine gute technische Ausstattung. Restaurant mit regionaler und internationaler Küche.

Ehinger Hof garni
Lindenstr. 28 ⌂ 89584 – ℰ (07391) 7 70 70 – www.ehingerhof.de
15 Zim – †55/69 € ††85/90 €
• Das kleine Hotel ist in ein Geschäftshaus im Zentrum integriert. Es erwarten Sie wohnliche Zimmer (die zum Innenhof hin sind ruhiger) und ein hübscher Frühstücksraum in neuzeitlichem Stil.

In Ehingen-Kirchen West: 7,5 km

Zum Hirsch
Osterstr. 3 ⌂ 89584 – ℰ (07393) 9 50 10 – www.hirsch-ehingen.de
21 Zim – †56/70 € ††80/90 € – 2 Suiten
Rest – (geschl. Montag) Karte 17/46 €
• Der familiengeführte Gasthof mit Fachwerkfassade ist eine ehemalige Kornkammer und hat seinen Ursprung im 13. Jh. Die Zimmer sind solide und funktionell möbliert. In den Gaststuben werden bürgerliche Gerichte serviert.

In Ehingen-Nasgenstadt Ost: 3 km über B 311

Panorama garni
Karpfenweg 7 ⌂ 89584 – ℰ (07391) 7 74 60 – www.panorama-ehingen.de – geschl. 24. Dezember - 5. Januar
32 Zim – †50/55 € ††80/88 €
• Mit seinen zeitgemäß und praktisch eingerichteten Gästezimmern ist das in neuzeitlichem Stil gebaute Hotel gut für Geschäftsreisende geeignet.

EHNINGEN – Baden-Württemberg – **545** – 8 010 Ew – Höhe 444 m 55 G19
▶ Berlin 655 – Stuttgart 25 – Freudenstadt 65 – Karlsruhe 81

Landhaus Feckl
Keltenweg 1 ⌂ 71139 – ℰ (07034) 2 37 70 – www.landhausfeckl.de
21 Zim – †69/119 € ††89/129 €
Rest Landhaus Feckl ❀ – siehe Restaurantauswahl
• Sehr engagiert wird das Haus mit den überaus wohnlichen Landhauszimmern von der Familie geleitet. Zimmer z. T. mit Balkon oder Zugang zur kleinen Dachterrasse.

Feckl's Apart garni
Altdorfer Weg 2 ⌂ 71139 – ℰ (07034) 2 37 70 – www.landhausfeckl.de
28 Zim – †105/115 € ††116/126 €, ⌑ 14 €
• Familie Feckl bietet hier ein ideale Businessadresse mit modern-komfortablen Zimmern. Snacks aus dem Automaten. Frühstück im wenige hundert Meter entfernten Landhaus (Shuttle-Service).

Landhaus Feckl – Hotel Landhaus Feckl
Keltenweg 1 ⌂ 71139 – ℰ (07034) 2 37 70 – www.landhausfeckl.de – geschl. Anfang Januar 1 Woche sowie an Sonn-und Feiertagen
Rest – Menü 40 € (mittags)/88 € – Karte 51/72 €
Spez. Chartreuse von Gänseleber mit Himbeer-Kaviar und Panchetta. Rochenflügel auf sizilianischem Gemüsefond. US-Flanc-Steak mit Whiskey-Schaum und Maiskörnern.
• Die lichtdurchfluteten Räume der "Gewölbestube," der Saal "Sonnenaue" oder der gemütliche Wintergarten sind Orte für Menschen, die das Besondere lieben. Das Prinzip von Patron Franz Feckl: klassische Kulinarik!

In Ehningen-Mauren Süd: 2 km

Landhotel Alte Mühle garni
Mauren 2 ✉ *71139 –* ✆ *(07034) 2 37 89 10 – www.landhotel-alte-muehle.de*
4 Zim ☐ – †107/157 € ††107/157 €
• Auf ganz individuelle und liebenswerte Weise hat man aus der Mühle von 1822 ein sehr kleines, familiäres Hotel geschaffen. Die Zimmer verbinden modernen Stil mit Fachwerk-Charme. Am Morgen lässt man sich ein hochwertiges Frühstück schmecken.

EHRENBERG (RHÖN) – Hessen – 543 – 2 680 Ew – Höhe 575 m — 39 I13
– Wintersport: 900 m ⛷ 4 ⛸

▶ Berlin 432 – Wiesbaden 168 – Fulda 29 – Frankfurt am Main 124
🛈 Röhnstr. 26, ✉ 36115, ✆ (06683) 96 01 16, www.ehrenberg-rhoen.de

In Ehrenberg-Seiferts Nord: 4,5 km

Rhönschaf-Hotel Krone
Eisenacher Str. 24 (B 278) ✉ *36115 –* ✆ *(06683) 9 63 40 – www.rhoenerlebnis.de*
20 Zim ☐ – †49/59 € ††68/88 € – ½ P 16 € **Rest** – Karte 21/43 €
• In dem familiengeführten Hotel erwarten Sie freundliche Zimmer mit Apfel- und Schaf-Dekor. Spezialität sind hausgemachter Apfelwein und Apfel-Sherry. Mit Schau-Kelterei. Rhönschaf und Apfel finden sich auch auf der Karte des Restaurants.

EHRENFRIEDERSDORF – Sachsen – 544 – 5 100 Ew – Höhe 530 m — 42 O13
▶ Berlin 290 – Dresden 105 – Chemnitz 24 – Annaberg-Buchholz 9

Nussknacker-Hotel
Annaberger Str. 30 ✉ *09427 –* ✆ *(037341) 1 40 – www.nussknacker-hotel.de*
35 Zim ☐ – †55/90 € ††81/125 € – 2 Suiten
Rest – *(Montag - Freitag nur Abendessen)* Karte 15/36 €
• In der Nähe des Gewerbegebietes findet man das moderne und freundliche Hotel, von dessen Gästezimmern aus man den See sehen kann. Bürgerliches Speisenangebot im hellen Restaurant.

EICHSTÄTT – Bayern – 546 – 13 840 Ew – Höhe 391 m — 57 L18
▶ Berlin 501 – München 107 – Augsburg 73 – Ingolstadt 27
🛈 Domplatz 8, ✉ 85072, ✆ (08421) 6 00 14 00, www.eichstaett.info

Adler garni
Marktplatz 22 ✉ *85072 –* ✆ *(08421) 67 67 – www.adler-eichstaett.de – geschl.*
23. Dezember - 15. Januar, November 1 Woche
27 Zim ☐ – †67/75 € ††95/115 €
• Das schön restaurierte Barockhaus ist ein persönlich geführtes Hotel mit teils recht geräumigen Zimmern und sehr hell gestaltetem Frühstücksraum mit gutem Buffet.

Gästehaus Abtei St. Walburg garni
Walburgiberg 6 ✉ *85072 –* ✆ *(08421) 9 88 70 – www.abtei-st-walburg.de – geschl.*
23. Dezember - 2. Januar
19 Zim ☐ – †40 € ††68 €
• Herzlich leiten die Benediktinerinnen die Klosteranlage a. d. 11. Jh. Die Zimmer sind schlicht, aber freundlich und tipptopp gepflegt. Frühstück im Klosterladen, schöner Klostergarten.

Schießstätte garni
Schießstättberg 8 ✉ *85072 –* ✆ *(08421) 9 82 00 – www.hsg-ei.de*
26 Zim ☐ – †62/75 € ††79/94 €
• Eine familiäre Adresse in ruhiger Lage über der Stadt. Kunst und frische Farben dienen als Dekor. Frühstücken kann man im Sommer auch auf der Terrasse mit alter Kastanie.

EICHSTÄTT

XX **Domherrnhof**
Domplatz 5, (1. Etage) ⊠ 85072 – ℰ (08421) 61 26 – www.domherrnhof.de – geschl. Mitte Januar - Mitte Februar 3 Wochen und Montag
Rest – Menü 21/64 € – Karte 34/57 €
♦ Das hübsch sanierte bischöfliche Palais von einst beherbergt hohe elegante Räume im Rokokostil, in denen man klassische Küche bietet. Einfachere Gerichte in der rustikalen Schänke.

An der B 13 Nord-West: 9 km

Waldgasthof Geländer (mit Gästehaus)
Geländer 1 ⊠ 85132 Schernfeld-Geländer – ℰ (08421) 93 77 70 – www.waldgasthof-gelaender.de – geschl. 17. Januar - 17. Februar
30 Zim – †45/60 € ††66/80 €   **Rest** – Karte 17/32 €
♦ Ideal für Wanderer ist der schön am Waldrand gelegene Gasthof mit Naturlehrpfad, Tiermuseum und Wildgehege sowie Kinderspielplatz. Funktionale, teils modern gestaltete Zimmer. Regionale Küche mit Lamm- und Wildspezialitäten im rustikalen Restaurant.

EICHWALDE – Brandenburg – **542** – 6 120 Ew – Höhe 35 m   **23** P8
▶ Berlin 31 – Potsdam 65 – Cottbus 115 – Frankfurt (Oder) 79

X **Carmens Restaurant**
Bahnhofstr. 9 ⊠ 15732 – ℰ (030) 6 75 84 23 – geschl. 2. - 12. Januar, 16. August - 9. September sowie Oktober - April: Sonntagabend - Dienstag und Mai - September: Montag - Dienstag, Sonntagmittag
Rest – (Mittwoch - Freitag nur Abendessen) (Tischbestellung ratsam) Menü 42/52 € – Karte 30/40 €
♦ In dem sympathischen kleinen Restaurant steht Chefin Carmen Krüger selbst am Herd. Was sie kocht (z. B. Maishähnchen mit Kartoffelpüree), schmeckt gut und hat einen regionalen und saisonalen Bezug. Ihr Mann managt den Service.

EIGELTINGEN – Baden-Württemberg – **545** – 3 600 Ew – Höhe 483 m   **62** G21
▶ Berlin 740 – Stuttgart 148 – Konstanz 40 – Freiburg im Breisgau 104

Zur Lochmühle (mit 2 Gästehäusern)
Hinterdorfstr. 44 ⊠ 78253 – ℰ (07774) 9 39 30 – www.lochmuehle-eigeltingen.de
45 Zim – †55/85 € ††90/140 €   **Rest** – Karte 10/38 €
♦ Eine schöne Ferienadresse, gewachsen aus einem Bauernhof. Die Tiere bewegen sich frei auf dem weitläufigen Gelände. Zahlreiche Aktivitäten erwarten Sie. Auch Familienzimmer. Urige, liebenswert dekorierte Stube - ergänzt durch eine Gartenterrasse.

EILSEN, BAD – Niedersachsen – **541** – 2 260 Ew – Höhe 95 m – Heilbad   **28** G9
▶ Berlin 342 – Hannover 60 – Hameln 27 – Minden 15
🛈 Bückeburger Str. 2, ⊠ 31707, ℰ (05722) 8 86 50, www.bad-eilsen.info
⛳ Golfclub am Harrl, Am Bruch 12, ℰ (05722) 9 05 49 00

Landhaus Lahmann garni
Harrlallee 3 ⊠ 31707 – ℰ (05722) 83 33 – www.landhaus-lahmann.de – geschl. 23. - 27. Dezember, Juli 1 Woche
19 Zim – †50/55 € ††76/80 € – 1 Suite
♦ Das ruhig an einem Waldstück gelegene kleine Hotel ist ein netter Familienbetrieb mit freundlicher, wohnlicher Einrichtung und schönem Garten. Zum Haus gehört ein Reiterhof.

EIMELDINGEN – Baden-Württemberg – **545** – 2 470 Ew – Höhe 266 m   **61** D21
▶ Berlin 857 – Stuttgart 260 – Freiburg im Breisgau 64 – Basel 11

X **Zum Löwen**
Hauptstr. 23 (B 3) ⊠ 79591 – ℰ (07621) 6 25 88 – www.loewen-eimeldingen.de – geschl. Januar - Februar 1 Woche, Ende August 2 Wochen und Dienstag - Mittwoch
Rest – Menü 16/35 € – Karte 18/47 €
♦ Regional-bürgerlich speist man in dem badischen Gasthof unter familiärer Leitung. Die Restauranträume sind ländlich gehalten, nett ist die Gartenterrasse.

EINBECK – Niedersachsen – 541 – 26 730 Ew – Höhe 112 m   29 I10
▶ Berlin 326 – Hannover 72 – Braunschweig 94 – Göttingen 41
🛈 Marktplatz 13, ✉ 37574, ✆ (05561) 3 13 19 10, www.einbeck.de
⛳ Einbeck-Immensen, Am Holzgrund, ✆ (05561) 98 23 05
◉ Marktplatz★★ – Marktstraße 13 (Eickesches Haus★★) – Tiedexerstraße★★

Panorama
Mozartstr. 2 ✉ 37574 – ✆ (05561) 9 37 70 – www.panorama-einbeck.de
41 Zim ☕ – †78/85 € ††103/125 €   **Rest** – Karte 29/51 €
♦ Das Hotel in einer Wohngegend etwas oberhalb der historischen Altstadt wird seit vielen Jahren familiär geführt und verfügt über individuelle und funktionale Zimmer. Klassisch gestaltetes Restaurant und ländliche Bierstube.

Hasenjäger
Hubeweg 119 ✉ 37574 – ✆ (05561) 9 30 20 – www.hotel-hasenjaeger.de
19 Zim ☕ – †68 € ††72/98 €   **Rest** – Karte 23/43 €
♦ Ein gepflegter kleiner Familienbetrieb in ruhiger erhöhter Lage, dessen Gästezimmer mit ihren bemalten Bauernmöbeln in rustikalem Stil gehalten sind. Sie speisen im Salzburger Stüberl oder in der Zirbelstube mit Kachelofen.

Der Schwan mit Zim
Tiedexer Str. 1 ✉ 37574 – ✆ (05561) 46 09 – www.schwan-einbeck.de – geschl. Sonntag
12 Zim ☕ – †58/78 € ††80/109 €   **Rest** – (nur Abendessen) Karte 24/43 €
♦ Umgeben von schmucken Fachwerkfassaden liegt das historische Haus nahe dem Marktplatz und der Fußgängerzone. Rosatöne und allerlei Zierrat bestimmen das Ambiente.

EISENACH – Thüringen – 544 – 42 850 Ew – Höhe 220 m   39 J12
▶ Berlin 353 – Erfurt 62 – Kassel 92 – Nordhausen 130
ADAC Bahnhofstr. 1 CY
🛈 Markt 24 BY, ✉ 99817, ✆ (03691) 7 92 30, www.eisenach.de
⛳ Wenigenlupnitz, Am Röderweg 3, ✆ (036920) 7 18 71
◉ Wartburg★★ AZ
◉ Thüringer Wald ★★

Stadtpläne siehe nächste Seiten

Steigenberger Hotel Thüringer Hof
Karlsplatz 11 ✉ 99817 – ✆ (03691) 2 80
– www.eisenach.steigenberger.de   BYe
127 Zim ☕ – †82/119 € ††112/149 € – ½ P 25 € – 1 Suite
Rest – Karte 12/36 €
♦ Eine ansprechende Halle empfängt Sie hinter der schönen historischen Fassade dieses zentral gelegenen Hotels. Wohnliche, zeitgemäße Zimmer und Sauna im obersten Stock mit Zugang nach draußen. Restaurant im Bistrostil mit offener Showküche.

Göbel's Sophien Hotel
Sophienstr. 41 ✉ 99817 – ✆ (03691) 25 10 – www.sophienhotel.de   BYf
65 Zim ☕ – †69/79 € ††99/118 €
Rest – (nur Abendessen) Karte 19/25 €
♦ In dem Hotel wenige Schritte von der Altstadt erwarten Sie zeitgemäße, teils besonders moderne Zimmer, ein gut ausgestatteter Beautysalon sowie eine hübsche kleine Bar im Eingangsbereich. In klaren Linien und warmen Tönen gehaltenes Restaurant.

Villa Anna garni
Fritz-Koch-Str. 12 ✉ 99817 – ✆ (03691) 2 39 50
– www.hotel-villa-anna.de   BZr
15 Zim ☕ – †75/95 € ††95/115 €
♦ In der Jugendstilvilla in ruhiger Lage oberhalb der Stadt wohnt man in neuzeitlich ausgestatteten Gästezimmern. Abends werden in der Lobby kleine Snacks serviert. Eine freundliche Adresse, die gut für Geschäftsleute geeignet ist.

EISENACH

Alexanderstr.	BY
Altstadtstr.	CY 4
Am Hainstein	BZ 5
Am Klosterholz	AY 7
Am Roten Bach	AY 9
August-Bebel-Str.	ABY 12
Barfüßerstr.	BZ 13
Burgstr.	BZ 14
Christianstr.	AY 15
Clemdastr.	BY 18
Ernst-Böckel-Str.	BCZ 19
Frauenberg	BZ 21
Gabelsbergerstr.	CY 22
Georgenstr.	BY 25
Goldschmiedenstr.	BY 26
Grimmelgasse	BZ 28
Hainweg	BYZ 27
Heinrich-Ehrardt-Pl.	BY 29
Hinter der Mauer	BY 30
Johannisstr.	BY 31
Johann-Sebastian-Bach-Str.	CZ 33
Karlstr.	BY
Klostenweg	BZ 35
Kupferhammer	BY 34
Langensalzaer Str.	CY 37
Luisenstr.	CZ 36
Markt.	BY 38
Naumannstr.	BY 39
Nicolaistr.	BY 41
Querstr.	BY 40
Reuterweg	BZ 42
Schmelzerstr.	BY 43
Sommerstr.	BY 44
Stedtfelder Str.	AY 45
Theaterpl.	BY 46
Waisenstr.	BCZ 47
Werneburgstr.	BY 48
Werrastr.	AY 50
Wilhelm-Rinkens-Str.	BY 51

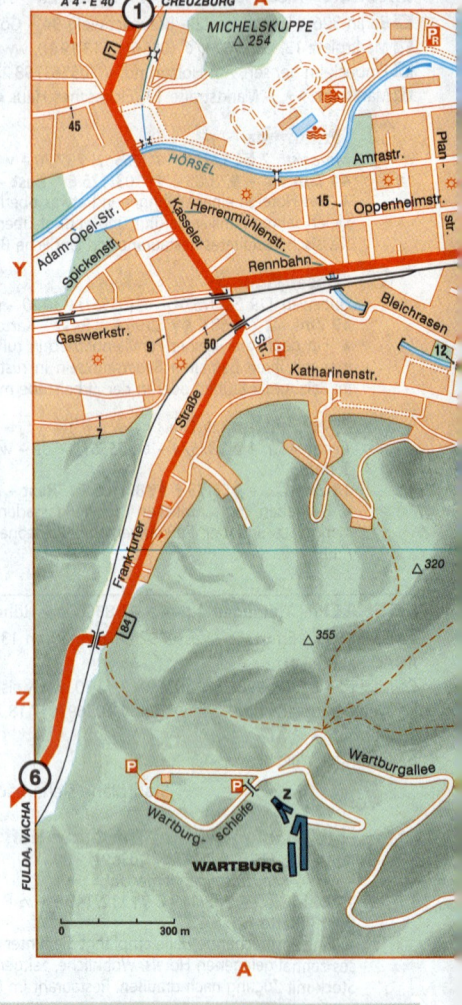

🏨 **Kaiserhof** 🛎 🎐 🍴 📶 🅿 🆓 VISA ⦿ AE
Wartburgallee 2 ✉ 99817 – 🕿 (03691) 8 88 90 – www.kaiserhof-eisenach.de
49 Zim 🍽 – †65/86 € ††96/131 € BYa
Rest *Weinrestaurant Turmschänke* 🍴 – siehe Restaurantauswahl
Rest *Der Zwinger* – 🕿 (03691) 20 33 43 *(geschl. Montag)* Menü 16 € – Karte 21/35 €
♦ Sie finden das traditionsreiche Hotel mit wohnlich-klassischen Zimmern in der Innenstadt beim Nicolaitor. Unterm Dach hat man einen kleinen Beautybereich mit Kosmetik und Massageangebot. Restaurant Zwinger mit schöner Gewölbedecke.

🏠 **Berghotel** 🛎 ⬅ 🌳 🛎 🎐 AC 🍴 📶 🅿 🆓 VISA ⦿ AE ①
An der Göpelskuppe 1 ✉ 99817 – 🕿 (03691) 2 26 60 – www.berghotel-eisenach.de
16 Zim 🍽 – †61/74 € ††99/112 € **Rest** – Karte 16/35 € CZc
♦ Eine herrliche Aussicht auf die Wartburg genießt man von dem 1923 erbauten Natursteinhaus unterhalb des Burschenschaftsdenkmals. Behagliche Zimmer unterschiedlicher Größe. Das Restaurant mit Kamin wird ergänzt durch die Orangerie und die Panoramaterrasse.

Weinrestaurant Turmschänke – Hotel Kaiserhof
Karlsplatz 28 ✉ *99817 –* ✆ *(03691) 21 35 33*
– www.turmschaenke-eisenach.de – geschl. Januar 3 Wochen, August 2 Wochen und Sonntag

BYa

Rest – *(nur Abendessen)* Menü 29/35 € – Karte 30/47 €

♦ In diesem Restaurant im Nicolaiturm schaffen schöne historische Details wie Gemälde oder original Mobiliar von 1912 eine rustikal-elegante Atmosphäre. Ulrich Rösch kocht zeitgemäße regionale Speisen mit Geschmack.

Villa Antik
Wartburgallee 55 ✉ *99817 –* ✆ *(03691) 72 09 91*
– www.villa-antik.de

BZv

Rest – Menü 29/34 € – Karte 22/45 €

♦ Die um 1900 errichtete Villa hat ihr historisches Flair bewahrt. In schönen Räumen mit hohen Stuckdecken und Anitquitäten serviert man regionale Küche mit internationalem Einschlag.

EISENACH

Auf der Wartburg Süd-Ost: 4 km – Höhe 416 m

Auf der Wartburg
Auf der Wartburg 2 (Shuttle-Bus zum Hotel) ✉ 99817 Eisenach – ℘ (03691) 79 70
– www.wartburghotel.de
AZz
37 Zim – †140/240 € ††235/355 €
Rest *Landgrafenstube* – siehe Restaurantauswahl
• Einmalig ist die sehr ruhige und exponierte Lage über der Stadt. Die Gäste werden hier zuvorkommend betreut und schätzen das angenehme Landhausambiente sowie den wunderbaren Blick. Hübsch sind auch das Kaminzimmer und der Saunabereich.

Landgrafenstube – Hotel Auf der Wartburg
Auf der Wartburg 2 (Shuttle-Bus zum Hotel) ✉ 99817 Eisenach – ℘ (03691) 79 71 19
– www.wartburghotel.de
AZz
Rest – *(November - März: Montag - Freitag nur Abendessen)* Menü 15 € (mittags)/ 30 € – Karte 31/52 €
• Beim Anblick des gelungenen eleganten Ambientes bedarf es gar keiner großen Fantasie, um sich die vergangenen Jahrhunderte der Wartburg vorzustellen. Grandios: die Aussicht vom Restaurant und der Terrasse!

EISENHÜTTENSTADT – Brandenburg – **542** – 31 690 Ew – Höhe 42 m   34 R9
▶ Berlin 123 – Potsdam 141 – Frankfurt (Oder) 24 – Cottbus 64
🛈 Lindenallee 25, ✉ 15890, ℘ (03364) 41 36 90, www.tor-eisenhuettenstadt.de

In Eisenhüttenstadt-Fürstenberg

Fürstenberg
Gubener Str. 12 ✉ 15890 – ℘ (03364) 7 54 40 – www.hotel-fuerstenberg-oder.de
24 Zim – †59/82 € ††69/90 €, ⊇ 7 €   **Rest** – Karte 18/36 €
• Das am Rande der Altstadt gelegene Hotel verfügt über praktisch ausgestattete Zimmer und geräumige Appartements mit Kochgelegenheit.

EISENSCHMITT – Rheinland-Pfalz – **543** – 300 Ew – Höhe 350 m   45 B15
– Erholungsort
▶ Berlin 691 – Mainz 146 – Trier 50 – Kyllburg 13

In Eisenschmitt-Eichelhütte

Molitors Mühle
Eichelhütte 15 ✉ 54533 – ℘ (06567) 96 60 – www.molitorsmuehle.com
39 Zim ⊇ – †60/85 € ††106/148 € – ½ P 23 € – 2 Suiten   **Rest** – Karte 25/46 €
• Eine charmante Adresse in wunderschöner Waldrandlage. Die Zimmer sind sehr individuell, der Spabereich ist hübsch und recht modern, mit Außensauna und Zugang zum eigenen See. Internationale Küche im Restaurant mit Kaminzimmer, Wintergarten und Terrasse am Wasser.

EISLEBEN (LUTHERSTADT) – Sachsen-Anhalt – **542** – 25 710 Ew   31 L11
– Höhe 150 m
▶ Berlin 179 – Magdeburg 85 – Erfurt 94 – Leipzig 66
🛈 Hallesche Str. 4, ✉ 06295, ℘ (03475) 60 21 24, www.eisleben-tourist.de

Graf von Mansfeld
Markt 56 ✉ 06295 – ℘ (03475) 6 63 00 – www.hotel-eisleben.de
50 Zim ⊇ – †65/85 € ††95 € – 4 Suiten
Rest – *(Montag - Freitag sowie an Feiertagen nur Abendessen)* Karte 20/42 €
• Mit liebevoller klassisch-eleganter Einrichtung hat man in dem ehemaligen Stadtschloss a. d. 15. Jh. ein stilgerechtes Ambiente geschaffen. Juniorsuiten und Suiten zum Marktplatz. Ein Wintergarten ergänzt das Restaurant mit sehr schönem Kreuzgewölbe.

ELEND – Sachsen-Anhalt – siehe Schierke

ELFERSHAUSEN – Bayern – **546** – 2 920 Ew – Höhe 198 m — 49 I14
▶ Berlin 484 – München 318 – Würzburg 54 – Fulda 69

Ullrich
August-Ullrich-Str. 40 ✉ *97725 –* ℰ *(09704) 9 13 00 – www.hotel-ullrich.de*
63 Zim – †72/82 € ††109/119 €   **Rest** – Karte 19/44 €
♦ Ein funktionelles Tagungshotel mit guter Verkehrsanbindung. Im Turmhaus hat man einige sehr moderne Designzimmer in frischem Rot, Gelb oder Grün. Schöner Garten und rustikales Restaurant mit Terrasse sowie Vinarium.

ELLERBEK – Schleswig-Holstein – **541** – 4 250 Ew – Höhe 9 m — 10 I5
▶ Berlin 305 – Kiel 86 – Hamburg 17 – Lübeck 73

Heinsen's
Hauptstr. 1 ✉ *25474 –* ℰ *(04101) 3 77 70 – www.heinsens.de – geschl. 1. - 12. Januar; Samstagmittag, Juni - Anfang November: Mittwoch und Samstagmittag*
Rest – Menü 18 € (mittags)/37 € – Karte 30/44 €
♦ Ein liebevoll sanierter Gasthof von 1900 mit gemütlich-historischem Flair. Internationale und regionale Küche, mittags kleine einfachere Karte. Hausgemachter Kuchen, auch im schönen Garten.

ELLWANGEN – Baden-Württemberg – **545** – 24 750 Ew – Höhe 440 m — 56 I18
– Erholungsort
▶ Berlin 547 – Stuttgart 97 – Ansbach 65 – Augsburg 132
🛈 Spitalstr. 4, ✉ 73479, ℰ (07961) 8 43 03, www.ellwangen.de
⛳ Bühlerzell, Hinterwald 4, ℰ (07963) 84 14 71

In Ellwangen-Eggenrot Nord-West: 4 km, Richtung Schwäbisch Hall

Klozbücher
Rosenberger Str. 47 ✉ *73479 –* ℰ *(07961) 9 24 91 90 – www.klozbuecher.com*
13 Zim – †60/65 € ††87/92 €   **Rest** – (nur für Hausgäste)
♦ Das Landhotel mit freundlicher gelber Fassade wird familiär geführt und bietet zeitgemäße Zimmer mit gutem Komfort. Angeschlossen: die eigene Metzgerei. Kleines Speisenangebot für Hausgäste!

An der A 7 Ausfahrt Ellwangen Ost: 4 km, Richtung Nördlingen

Montana garni
Max-Eyth-Str. 44 (Gewerbegebiet Neunstadt 2) ✉ *73479 Ellwangen*
– ℰ *(07961) 93 38 10 – www.montana-hotels.de*
48 Zim – †61 € ††84 € – 2 Suiten
♦ Funktionell und modern eingerichtete Zimmer sowie die verkehrsgünstige Lage nahe der A7 machen dieses Hotel aus. W-Lan ist für die Gäste kostenfrei.

ELMAU – Bayern – siehe Krün

ELSTER, BAD – Sachsen – **544** – 3 850 Ew – Höhe 495 m – Heilbad — 41 N14
▶ Berlin 331 – Dresden 176 – Hof 50 – Plauen 27
🛈 Königliches Kurhaus, ✉ 08645, ℰ (037437) 7 11 11, www.bad-elster.de

Parkhotel Helene
Parkstr. 33 ✉ *08645 –* ℰ *(037437) 5 00 – www.parkhotel-helene.de*
– geschl. 6. - 23. Januar
25 Zim – †48/74 € ††76/128 € – ½ P 12 €   **Rest** – Karte 18/29 €
♦ Das familiär geleitete Hotel ist in einer Villa von 1889 untergebracht, die ruhig im Kurgebiet liegt. Die etwas unterschiedlichen Gästezimmer sind alle funktionell ausgestattet. Sie speisen in Albert's Parkrestaurant oder im netten Vogtlandstübl.

Quellenpark
Ascher Str. 20 ✉ *08645 –* ℰ *(037437) 56 00 – www.quellenpark.de*
– geschl. 15. - 30. November
20 Zim – †49/76 € ††82/135 € – ½ P 16 € – 1 Suite   **Rest** – Karte 15/25 €
♦ Der kleine Familienbetrieb mit zeitgemäßen Zimmern steht auf einem sehr schön angelegten Gartengrundstück mit reichlich Rosen. Hier befindet sich auch ein Naturbadeteich. Das klassische Restaurant bietet eine tolle sonnige Terrasse.

ELSTERHEIDE – Sachsen – siehe Hoyerswerda

ELTMANN – Bayern – **546** – 5 240 Ew – Höhe 237 m   **50** J15
▶ Berlin 421 – München 254 – Coburg 64 – Schweinfurt 35
🛈 Ebelsbach-Steinbach, Neue Laube 1, ℰ (09522) 7 08 55 00

In Oberaurach-Oberschleichach Süd-West: 7 km

Landhaus Oberaurach
Steigerwaldstr. 23 ⊠ 97514 – ℰ (09529) 9 22 00
– www.landhaus-oberaurach.de
17 Zim – †45/65 € ††72/80 €
Rest – *(geschl. Montag)* Karte 21/37 €
♦ Der Familienbetrieb befindet sich am Rand des Naturparks Steigerwald und bietet seinen Gästen wohnliche Zimmer mit rustikalem Touch; die meisten verfügen über einen Balkon. Restaurant in fränkisch-ländlichem Stil.

ELTVILLE am RHEIN – Hessen – **543** – 17 510 Ew – Höhe 90 m   **47** E15
▶ Berlin 576 – Wiesbaden 14 – Bad Kreuznach 52 – Limburg an der Lahn 51
🛈 Rheingauer Str. 28, ⊠ 65343, ℰ (06123) 9 09 80, www.eltville.de
◉ Kloster Eberbach★★, Nord-West: 9 km

Parkhotel Sonnenberg garni
Friedrichstr. 65 ⊠ 65343 – ℰ (06123) 6 05 50 – www.parkhotel-sonnenberg.com
– geschl. 23. – 28. Dezember
30 Zim – †79/107 € ††109/135 €
♦ Die Lage in einem ruhigen Wohngebiet sowie wohnliche, teilweise gartenseitige Zimmer mit Balkon sprechen für dieses Haus. Zur Entspannung steht ein netter Saunabereich bereit.

Frankenbach - Mainzer Hof garni (mit Café und Weinstube Zum Wülfen)
Wilhelmstr. 13 ⊠ 65343 – ℰ (06123) 90 40
– www.hotel-frankenbach.de – geschl. 24. - 30. Dezember
37 Zim – †75/95 € ††105/135 €
♦ Freundlich und behaglich sind die Gästezimmer in diesem gewachsenen Familienbetrieb beim Bahnhof. Zum Haus gehört ein Café mit Konditorei im Wiener Kaffeehausstil.

In Eltville-Erbach West: 2 km über B 42

Schloss Reinhartshausen Kempinski
Hauptstr. 41 ⊠ 65346
– ℰ (06123) 67 60 – www.schloss-hotel.de – geschl. 2. - 13. Januar
63 Zim – †195/395 € ††195/395 €, ⊆ 27 € – 10 Suiten
Rest – Menü 60/80 € – Karte 31/101 €
♦ Das Schloss von 1801 hat dank seines stilgerechten klassischen Interieurs den Charme von einst bewahrt. Äußerst gelungen ist der Mix aus Historie und Moderne im "Herrenhaus". Das Restaurant teilt sich in den Wintergarten und das elegante Prinzess von Erbach.

In Eltville-Hattenheim West: 4 km über B 42

Kronenschlösschen
Rheinallee ⊠ 65347 – ℰ (06723) 6 40 – www.kronenschloesschen.de
18 Zim – †130/150 € ††150/180 €, ⊆ 20 € – 4 Suiten
Rest *Kronenschlösschen* ✿ – siehe Restaurantauswahl
Rest *Bistro* – Menü 32/38 € – Karte 46/69 € ❀
♦ Direkt am Rhein liegt das sorgsam sanierte Haus von 1894. Bewusst hat man Historisches bewahrt und so ein elegantes und wertig eingerichtetes Domizil geschaffen. Sympathische Atmosphäre im Bistro.

ELTVILLE am RHEIN

Kronenschlösschen (Patrik Kimpel) – Hotel Kronenschlösschen
Rheinallee ⊠ 65347 – ℰ (06723) 6 40
– www.kronenschloesschen.de – geschl. Anfang Januar 2 Wochen und Montag, außer an Feiertagen
Rest – *(Dienstag - Samstag nur Abendessen)* Menü 90/105 € – Karte 66/87 €
Spez. Taube / Avocado / Rettich / Apfel / Vadouvan. Sot l'y laisse / Junger Spinat / Morchelnage / Sherrygelee. Seezunge / Petersilienpüree / Nussbutter / Bratkartoffeln / Büsumer Krabben.
• Patrik Kimpel kocht mit klassischer Basis und stellt dabei das Produkt in den Mittelpunkt. Dazu reicht man eine sehr schöne internationale Weinkarte, die auch viele deutsche Rieslinge umfasst. Man sitzt im stilvollen Restaurant oder auf der Terrasse zum Garten.

Zum Krug mit Zim
Hauptstr. 34 ⊠ 65347 – ℰ (06723) 9 96 80 – www.hotel-zum-krug.de – geschl. 22. Juli - 5. August und Sonntagabend - Dienstagmittag
15 Zim – †75/90 € ††115/155 € – 1 Suite
Rest – Menü 22 € (mittags)/65 € – Karte 33/56 €
• In dem hübschen Fachwerkhaus bietet man in gemütlichem Ambiente schmackhafte Regionalküche, abends kocht man auch kreativer. Exzellente Rheingau-Weinkarte mit vielen Raritäten. Die Gästezimmer sind wohnlich-rustikal eingerichtet.

Adler Wirtschaft
Hauptstr. 31 ⊠ 65347 – ℰ (06723) 79 82 – www.franzkeller.de – geschl. Ende Februar - Anfang März, Dienstag - Mittwoch
Rest – *(Montag - Freitag nur Abendessen)* (Tischbestellung ratsam) Menü 41/63 €
• In dem kleinen Fachwerkhaus schaffen Kamin und nettes Dekor aus zahlreichen Weinflaschen und Bildern Gemütlichkeit, während Sie die produktbezogene und aromenreiche Küche genießen. Für Fleischliebhaber ein Muss: doppeltes Charolais Steak vom eigenen Falkenhof mit Bohnengemüse und Bratkartoffeln. Am Wochenende ab 13 Uhr durchgehend geöffnet.

In Eltville-Kloster Eberbach Nord-West: 6 km

Gästehaus Kloster Eberbach
⊠ 65346 – ℰ (06723) 99 30 – www.klostereberbach.com
30 Zim – †85 € ††139 € **Rest** – Karte 23/33 €
• Im ehemaligen Wirtschaftsgebäude des ruhig gelegenen Klosters befinden sich die meisten der nach zisterziensischem Vorbild schlicht und funktionell gestalteten Gästezimmer. Bürgerliche Küche unter dem schönen Kreuzgewölbe der Klosterschänke a. d. 17. Jh.

ELZACH – Baden-Württemberg – **545** – 7 010 Ew – Höhe 361 m   **61** E20
– Luftkurort
▶ Berlin 764 – Stuttgart 189 – Freiburg im Breisgau 39 – Offenburg 43
🛈 Schulstr. 8, ⊠ 79215, ℰ (07682) 1 94 33, www.elzach.de

Gasthaus Rössle
Hauptstr. 19 ⊠ 79215 – ℰ (07682) 2 12 – www.roessleelzach.de – geschl. 11. Januar - 3. Februar, 7. - 30. Juni und Dienstag - Mittwoch
Rest – Menü 20 € (mittags)/40 € – Karte 16/46 €
• Der sanierte alte Gasthof im Ortskern ist ein langjähriger Familienbetrieb mit regionaler Landhausküche. Die Einrichtung verbindet mediterrane Töne mit badischem Flair.

In Elzach-Oberprechtal Nord-Ost: 7,5 km über B 294, am Ortsausgang
rechts Richtung Hornberg – Höhe 459 m

Hirschen (mit Gästehaus)
Triberger Str. 8 ⊠ 79215 – ℰ (07682) 9 20 00 – www.happy-hirsch.de
30 Zim – †39/45 € ††70/90 €
Rest – *(geschl. Montag - Dienstagmittag)* Menü 31 € – Karte 18/46 €
• Der zum Hotel erweiterte Gasthof ist gut für Familien geeignet. In Haupt- und Gästehaus erwarten Sie wohnlich und funktionell eingerichtete Zimmer, meist mit Balkon. Saisonale Küche im neuzeitlich-ländlichen Restaurant mit separatem Kinderzimmer.

ELZACH

XX Schäck's Adler mit Zim
Waldkircher Str. 2 ⌂ 79215 – ℰ (07682) 12 91 – www.schaeks-adler.de – geschl. Mitte Januar - Mitte Februar und Montag - Dienstag
9 Zim ⌸ – †58 € ††96 € – ½ P 20 € **Rest** – Menü 27/39 € – Karte 24/49 €
♦ In gemütlichem Ambiente mit rustikalem Charme bietet man regionale und internationale Speisen. Die Stuben sind mit Holzfußboden und teilweise mit Holztäfelung ausgestattet. Recht geräumige, behagliche Gästezimmer in ländlichem Stil.

ELZE – Niedersachsen – **541** – 9 090 Ew – Höhe 83 m   **29** I9
▶ Berlin 294 – Hannover 30 – Göttingen 82 – Hameln 31

In Elze-Mehle Süd-West: 3 km über B 1

XX Schökel's mit Zim
Alte Poststr. 35 ⌂ 31008 – ℰ (05068) 30 66 – www.hotel-schoekel.de – geschl. 1. - 6. Januar und Montag - Dienstag
9 Zim ⌸ – †65/105 € ††90/130 €
Rest – *(nur Abendessen)* Menü 34 € – Karte 27/48 €
♦ Das elegant-rustikale Restaurant befindet sich im ursprünglichen Gasthaus a. d. 19. Jh. Geboten wird saisonal-internationale Küche. Geschmackvoll hat man das Haus mit allerlei dekorativem Zierrat versehen. Fragen Sie nach den renovierten Gästezimmern.

EMMELSHAUSEN – Rheinland-Pfalz – **543** – 4 750 Ew – Höhe 460 m   **46** D14
– Luftkurort
▶ Berlin 621 – Mainz 76 – Koblenz 30 – Bad Kreuznach 57
🛈 Rhein-Mosel-Str. 45, ⌂ 56281, ℰ (06747) 9 32 20, www.rhein-mosel-dreieck.de

Münster garni
Waldstr. 3a ⌂ 56281 – ℰ (06747) 9 39 40 – www.hotel-muenster.de – geschl. 18. Dezember - 6. Januar
18 Zim ⌸ – †45/49 € ††67/74 €
♦ Ein von der Inhaberfamilie gut geführtes Haus in einer Seitenstraße. Den Gästen stehen geräumige und solide Zimmer sowie ein gepflegter Garten zur Verfügung.

EMMENDINGEN – Baden-Württemberg – **545** – 26 700 Ew – Höhe 201 m   **61** D20
▶ Berlin 794 – Stuttgart 193 – Freiburg im Breisgau 23 – Offenburg 51
🛈 Bahnhofstr. 8, ⌂ 79312, ℰ (07641) 1 94 33, www.emmendingen.de

Markgraf garni
Markgrafenstr. 53 ⌂ 79312 – ℰ (07641) 93 06 80 – www.hotel-galerie-markgraf.de
16 Zim ⌸ – †65/70 € ††85/90 €
♦ In dem Hotel im Zentrum wohnt man in zeitlos und funktionell ausgestatteten Zimmern - allergikerfreundlich und barrierefrei. Eine Terrasse zum Park ergänzt den hellen Frühstücksraum.

In Emmendingen-Maleck Nord-Ost: 4 km über Tennenbacher Straße

Park-Hotel Krone
Brandelweg 1 ⌂ 79312 – ℰ (07641) 9 30 96 90 – www.kronemaleck.de
27 Zim ⌸ – †49/98 € ††90/130 € – ½ P 23 €
Rest *Park-Hotel Krone* – siehe Restaurantauswahl
♦ Die Flamingos im hübschen Garten sind das Wahrzeichen dieses Hauses. Die freundliche und engagierte Betreiberfamilie bietet hier teils recht großzügige Zimmer. Überdachte PKW-Stellplätze.

XX Park-Hotel Krone – Park-Hotel Krone
Brandelweg 1 ⌂ 79312 – ℰ (07641) 9 30 96 90 – www.kronemaleck.de
Rest – Karte 35/63 €
♦ Ein Tête-à-Tête aus klassischem und rustikalem Ambiente. Je nach Belieben lassen Sie sich im Restaurant oder in der Kronenstube nieder und genießen regionale oder internationale Spezialitäten.

EMMENDINGEN

In Emmendingen-Windenreute Ost: 3,5 km über Hochburger Straße

Windenreuter Hof
Rathausweg 19 ⊠ 79312 – ℰ (07641) 93 08 30 – www.windenreuter-hof.de
63 Zim – †54/77 € ††98/128 € – ½ P 17 € – 3 Suiten
Rest – *(Montag - Freitag nur Abendessen)* Menü 20 € (vegetarisch)/35 €
– Karte 25/42 €
• Reizvoll sind die ruhige Lage und die Aussicht von diesem Hotel. Die Zimmer überzeugen durch gutes Platzangebot, meist mit Balkon. Kurzurlauber und Tagungsgäste schätzen das Haus gleichermaßen. Restaurant und Terrasse bieten einen schönen Blick.

EMMERICH am RHEIN – Nordrhein-Westfalen – **543** – 29 660 Ew **25** A10
– Höhe 18 m

▶ Berlin 598 – Düsseldorf 103 – Arnhem 32 – Maastricht 158
🛈 Rheinpromenade 27, ⊠ 46446, ℰ (02822) 93 10 40, www.emmerich.de
🏌 Emmerich-Hüthum, Abergsweg 30, ℰ (02822) 9 27 10

In Emmerich-Praest Ost: 6,5 km über B8, Richtung Rees

Zu den drei Linden - Lindenblüte
Reeser Str. 545 ⊠ 46446 – ℰ (02822) 88 00 – www.zu-den-3-linden.de – geschl. Dienstag - Mittwoch
Rest – *(Montag - Samstag nur Abendessen)* Menü 30/39 € – Karte 33/44 €
• In 5. Generation leitet Familie Siemes dieses gepflegte Landgasthaus. In dem freundlichen Restaurant mit eleganter Note wird zeitgemäß und saisonal gekocht, so z. B. gebratene Taube mit Variation vom Spargel und Bärlauchpüree.

EMPFINGEN – Baden-Württemberg – **545** – 4 170 Ew – Höhe 499 m **54** F19
▶ Berlin 698 – Stuttgart 65 – Karlsruhe 120 – Freiburg im Breisgau 123

Empfinger Hof
Im Auchtert 12 ⊠ 72186 – ℰ (07485) 9 98 30 – www.empfingerhof.de
40 Zim – †69/99 € ††89/129 € – ½ P 19 €
Rest – Karte 30/47 €
• Vor allem auf Tagungen ist das verkehrsgünstig gelegene Hotel zugeschnitten. Die Zimmer sind sachlich-funktionell ausgestattet, auch große Appartements stehen zur Verfügung. Das Restaurant mit nettem Wintergarten bietet schwäbische sowie italienische Küche.

EMS, BAD – Rheinland-Pfalz – **543** – 9 180 Ew – Höhe 85 m – Heilbad **36** D14
▶ Berlin 590 – Mainz 66 – Koblenz 19 – Limburg an der Lahn 40
🛈 Bahnhofplatz 1, ⊠ 56130, ℰ (02603) 94 15 10, www.bad-ems.info
🏌 Bad Ems, Denzerheide, ℰ (02603) 65 41

Häcker's Kurhotel
Römerstr. 1 ⊠ 56130 – ℰ (02603) 79 90 – www.haeckers-kurhotel.de
105 Zim – †104/139 € ††184/190 € – ½ P 20 €
Rest – Karte 32/84 €
• Der stattliche Barockbau von 1711 liegt im Zentrum an der Lahn. Ein traditionsreiches Kurhotel mit elegant und hochwertig ausgestatteten Zimmern. Kleiner Außenbereich mit Sauna und Whirlpool hinter dem Haus. Klassisches Ambiente und internationale Küche im Restaurant.

Bad Emser Hof
Lahnstr. 6 ⊠ 56130 – ℰ (02603) 9 18 10 – www.bad-emser-hof.de
26 Zim – †69/90 € ††94/135 € – ½ P 19 € – 1 Suite
Rest *Estragon* – siehe Restaurantauswahl
• Moderne Gästezimmer mit Balkon erwarten Sie in diesem Hotel, das nur durch die Straße von der Lahn getrennt ist. Einige Zimmer liegen recht ruhig nach hinten.

EMS, BAD

※※ Schweizerhaus mit Zim
Malbergstr. 21 ✉ 56130 – ℰ (02603) 9 36 30 – www.hotel-schweizerhaus.com
– geschl. Mitte Oktober - Mitte November und Donnerstag
10 Zim ⌑ – †48/65 € ††90/95 € – ½ P 19 €
Rest – (Montag - Samstag nur Abendessen) Menü 42 € – Karte 39/62 €
• In exponierter Lage thront man hier über Bad Ems. In dem klassischen Restaurant mit der charmanten und aufmerksamen Chefin im Service fühlt man sich wie in der guten Stube. Der Chef steht selbst am Herd. Gepflegte Gästezimmer.

※※ Estragon – Hotel Bad Emser Hof
Lahnstr. 6 ✉ 56130 – ℰ (02603) 34 24 – www.restaurant-estragon.de – geschl.
2. - 16. Januar, Samstagmittag; November - März: Samstagmittag und Sonntag
Rest – Karte 25/49 €
• Freundlicher Service und schmackhafte internationale Küche zu einem guten Preis-Leistungs-Verhältnis. Abends gehobeneres Angebot, mittags separate Karte.

EMSDETTEN – Nordrhein-Westfalen – 543 – 35 610 Ew – Höhe 38 m   26 D9
▶ Berlin 466 – Düsseldorf 152 – Nordhorn 54 – Enschede 50
🛈 Friedrichstr. 1, ✉ 48282, ℰ (02572) 9 30 70, www.vvemsdetten.de

🏨 Lindenhof (mit Gästehäusern)
Alte Emsstr. 7 ✉ 48282 – ℰ (02572) 92 60 – www.lindenhof-emsdetten.de – geschl.
20. Dezember - 6. Januar
45 Zim ⌑ – †59/69 € ††85/95 € – ½ P 18 €
Rest *Lindenhof* – siehe Restaurantauswahl
• Das aus verschiedenen Häusern bestehende Hotel wird als Familienbetrieb geführt und verfügt über individuelle, technisch gut ausgestattete Zimmer, teilweise sehr modern und komfortabel.

※※ Lindenhof – Hotel Lindenhof
Alte Emsstr. 7 ✉ 48282 – ℰ (02572) 92 60 – www.lindenhof-emsdetten.de – geschl.
20. Dezember - 6. Januar und Sonntag sowie an Feiertagen
Rest – (Tischbestellung ratsam) Menü 25/39 € – Karte 22/44 €
• Hausherrin Christine Hankh kümmert sich professionell und charmant um den Service dieses familiär geleiteten Restaurants. Ehemann Udo Hankh hält die Küche auf Kurs und beglückt seine Gäste mit schmackhaften internationalen Speisen.

In Emsdetten-Veltrup Nord-Ost: 4 km über B 475 Richtung Riesenbeck

🏠 Waldhotel Schipp-Hummert
Veltrup 17 ✉ 48282 – ℰ (02572) 96 01 60 – www.waldhotel-schipp-hummert.de
– geschl. Anfang November 2 Wochen
15 Zim ⌑ – †55 € ††85 €   **Rest** – (geschl. Montag) Karte 20/34 €
• Angenehme Ruhe erwartet die Gäste in dem einsam gelegenen kleinen Familienbetrieb. Die Zimmer sind zeitgemäß, funktional und technisch gut ausgestattet, W-Lan gratis. Teil des Restaurants ist das rustikale Kaminzimmer. Sehr schöner Biergarten.

EMSTAL, BAD – Hessen – 543 – 6 110 Ew – Höhe 320 m – Heilbad   38 H11
- Luftkurort
▶ Berlin 416 – Wiesbaden 212 – Kassel 34 – Frankfurt am Main 203
🛈 Karlsbader Str. 4, ✉ 34308, ℰ (05624) 9 21 89 69, www.bad-emstal.de

In Bad Emstal-Sand

🏠 Grischäfer (mit Gästehaus)
Kasseler Str. 78 ✉ 34308 – ℰ (05624) 9 98 50 – www.grischaefer.de
17 Zim – †50/80 € ††70/100 €, ⌑ 5 €   **Rest** – Karte 20/42 €
• Ein familiengeführtes Haus mit rustikalem Fachwerk-Charme, dessen Gästezimmer gemütlich gestaltet sind. Eines der Zimmer ist eine Maisonette. Das Restaurant befindet sich in der ehemaligen Scheune. Lauschig ist der Biergarten.

EMSTEK – Niedersachsen – 541 – 11 380 Ew – Höhe 56 m 17 E7
▶ Berlin 443 – Hannover 114 – Bremen 62

In Emstek-Hoheging Nord: 8 km über Halener Straße

Waldesruh
Am Baumweg 2, (B 213) ⊠ 49685 – ℰ (04471) 9 48 50 – www.waldesruhhotel.de
23 Zim – †49 € ††69 €
Rest – (geschl. Donnerstag) (Montag - Samstag nur Abendessen) Karte 16/24 €
♦ Der Familienbetrieb liegt verkehrsgünstig am Wald, nach hinten wohnt man etwas ruhiger. Einige Zimmer sind modern in klaren Linien gehalten, so auch das Restaurant mit schönem Wintergarten.

ENDINGEN am KAISERSTUHL – Baden-Württemberg – 545 61 D20
– 9 100 Ew – Höhe 186 m – Erholungsort
▶ Berlin 789 – Stuttgart 189 – Freiburg im Breisgau 28 – Offenburg 47
🛈 Adelshof 20, ⊠ 79346, ℰ (07642) 68 99 90, www.endingen.de

Pfauen garni (mit Gästehaus)
Hauptstr. 78 ⊠ 79346 – ℰ (07642) 9 02 30 – www.endingen-pfauen.de
– geschl. 7. - 19. Januar, 3. - 10. März
35 Zim – †48/65 € ††63/85 €
♦ In dem Hotel in der Altstadt erwarten Sie funktionelle Zimmer, einige geräumiger und recht ruhig zum Hof mit Kastaniengarten gelegen. Einfacher sind die Zimmer im Gästehaus.

Merkle's Rebstock mit Zim
Hauptstr. 2 ⊠ 79346 – ℰ (07642) 79 00 – www.merkles-restaurant.de – geschl. über Fastnacht 3 Wochen und Sonntagabend - Montag
13 Zim ⊇ – †50/90 € ††73/149 € – 1 Suite
Rest – Menü 25 € (mittags)/99 € – Karte 42/63 €
Spez. Hausgemachte Gänsemastleber an Ruländergelee mit Quittenkompott. Zanderfilet an Brennesselgraupen und Rotweinbutter. Zweierlei von der Elsässer Taube auf Bohnen-Artischocken-Ragout und Blinis.
♦ Was früher ein Pfarrhaus war, ist inzwischen wohlbekannt für gehobene Gastronomie - dafür sorgen Thomas Merkle und seine Frau Simone mit kreativ-zeitgemäßen, aber auch badischen Gerichten. Der geschmackvolle Mix aus modern und rustikal findet in den Zollhaus-Zimmern vis-à-vis seine Vollendung, weitere Zimmer im Gästehaus.

Schindler's Ratsstube
Marktplatz 10 ⊠ 79346 – ℰ (07642) 34 58 – www.schindlers-ratsstube.de – geschl. Sonntagabend - Montag
Rest – Menü 17 € (mittags)/34 € – Karte 26/44 €
♦ Das kleine Restaurant mit breitgefächertem Speiseangebot liegt neben dem Rathaus hinter einer markanten roten Fassade. Sehr nett ist auch die Terrasse vor dem Haus.

In Endingen-Kiechlinsbergen Süd-West: 5,5 km über Königschaffhausen

Dutters Stube mit Zim
Winterstr. 28 ⊠ 79346 – ℰ (07642) 17 86 – www.dutters-stube.de – geschl. Juli - August 2 Wochen und Montag - Dienstag
4 Zim ⊇ – †50 € ††70/75 €
Rest – (Mittwoch - Freitag nur Abendessen) Menü 39/49 € – Karte 33/49 €
♦ Ein behagliches Restaurant in einem schönen Fachwerkhaus a. d. 16. Jh. mit freundlichem Service unter der Leitung der Chefin. Die gute Küche und die Weinkarte haben einen regionalen Schwerpunkt. Moderne Bilder und Skulpturen dienen als Deko. Einfacher ist das Speisenangebot in der rustikalen Weinstube.

ENGELSKIRCHEN – Nordrhein-Westfalen – 543 – 20 050 Ew 36 D12
– Höhe 130 m
▶ Berlin 597 – Düsseldorf 81 – Köln 42 – Arnsberg 153

ENGELSKIRCHEN

Alte Schlosserei
Engels-Platz 7 ⌂ 51766 – ℰ (02263) 9 29 02 77 – www.diealteschlosserei.de
– geschl. Samstagmittag und Montag
Rest – Menü 38/88 € – Karte 31/60 €
• Das nette Natursteinhaus nahe dem Rathaus ist eine ehemalige Schlosserei, in der man heute in gemütlich-rustikaler Atmosphäre internationale Küche bietet.

ENGELTHAL – Bayern – siehe Hersbruck

ENGE-SANDE – Schleswig-Holstein – siehe Leck

ENKENBACH-ALSENBORN – Rheinland-Pfalz – 543 – 7 010 Ew 47 E16
– Höhe 289 m
▶ Berlin 632 – Mainz 80 – Mannheim 54 – Kaiserslautern 10

Im Ortsteil Enkenbach

Schläfer
Hauptstr. 3 ⌂ 67677 – ℰ (06303) 30 71 – www.hotel-schlaefer.de
13 Zim – †55 € ††85 €
Rest – (geschl. Montag - Dienstagmittag, Samstagmittag) Menü 22/48 € – Karte 22/46 €
• Der familiengeführte Gasthof mit Fachwerkfassade und Anbau bietet zeitgemäß und wohnlich eingerichtete Zimmer und eine hübsche Hofterrasse. In netten Gaststuben wird regionale und internationale Küche serviert.

ENKERING – Bayern – siehe Kinding

ENNIGERLOH – Nordrhein-Westfalen – 543 – 19 950 Ew – Höhe 107 m 27 E10
▶ Berlin 443 – Düsseldorf 134 – Bielefeld 66 – Beckum 10
🏌 Ennigerloh-Ostenfelde, Schloss Vornholz, ℰ (02524) 57 99
◨ Wasserburg Vornholz ★ Nord-Ost: 5 km

In Ennigerloh-Ostenfelde Nord-Ost: 5 km

Kröger
Hessenknapp 17 ⌂ 59320 – ℰ (02524) 9 31 90 – www.kroeger-hotel.de
15 Zim – †44 € ††72 €
Rest – (geschl. Freitag) (nur Abendessen) Karte 18/37 €
• In dem familiengeführten kleinen Landhotel stehen gepflegte und praktisch ausgestattete Zimmer zur Verfügung. Zudem bietet man gute Veranstaltungsmöglichkeiten. Bürgerliche Küche im rustikalen Restaurant. Nett ist der komplett überdachbare Biergarten.

ENZKLÖSTERLE – Baden-Württemberg – 545 – 1 210 Ew – Höhe 538 m 54 F18
– Wintersport: 880 m ✰2 ✦ – Luftkurort
▶ Berlin 693 – Stuttgart 89 – Karlsruhe 64 – Pforzheim 39
ℹ Friedenstr. 16, ⌂ 75337, ℰ (07085) 75 16, www.enzkloesterle.de

Enztalhotel (mit Gästehäusern)
Freudenstädter Str. 67 ⌂ 75337 – ℰ (07085) 1 80 – www.enztalhotel.de
48 Zim – †94/105 € ††164/228 € – ½ P 12 € – 2 Suiten **Rest** – Karte 26/47 €
• Ein wohnliches Urlaubshotel, zu dessen zeitgemäßem Freizeitbereich auch eine kleine Kosmetik- und Massageabteilung gehört. Am komfortabelsten sind die Suiten und Deluxe-Zimmer. Mit rustikal-eleganter Note hat man das Restaurant gestaltet.

Schwarzwaldschäfer
Am Dietersberg 2 ⌂ 75337 – ℰ (07085) 9 23 70 – www.schwarzwaldschaefer.de
– geschl. Mitte November - Mitte Dezember
24 Zim – †60/75 € ††96/102 € – ½ P 14 € **Rest** – Karte 25/47 €
• Der Familienbetrieb liegt recht ruhig in einem Wohngebiet und verfügt über gepflegte Zimmer in rustikalem Stil. Mit im Haus befindet sich eine von den Inhabern geleitete Tanzschule.

ENZKLÖSTERLE

Hirsch - Café Klösterle (mit Gästehaus)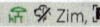
Freudenstädter Str. 2 ✉ *75337* – ✆ *(07085) 72 61* – *www.hirsch-enztal.de* – *geschl. 10. Januar - 14. März, 25. Oktober - 6. Dezember*
45 Zim – ☗37/54 € ☗☗62/96 € – ½ P 14 €   **Rest** – Karte 20/48 €
♦ Ein solides familiengeführtes Hotel in günstiger Lage im Zentrum, direkt am Kurpark. Man bietet auch eine Pauschale mit Abholung von Zuhause und Rückfahrt. Das Restaurant wird ergänzt durch ein Café mit Konditorei - Schwarzwälder Kirschtorte ist hier Spezialität.

EPPELBORN – Saarland – 543 – 17 360 Ew – Höhe 240 m — 45 C16

▶ Berlin 716 – Saarbrücken 29 – Neunkirchen 29 – Saarlouis 21

König
Dirminger Str. 51 ✉ *66571* – ✆ *(06881) 71 60* – *www.restaurantkoenig.de* – *geschl. Dienstag*
Rest – Karte 38/52 €
♦ Das Ambiente in diesem Restaurant ist geprägt von der klassisch-gediegenen Einrichtung und allerlei stilvollen Accessoires. Geboten wird international ausgerichtete Küche.

EPPENBRUNN – Rheinland-Pfalz – 543 – 1 420 Ew – Höhe 285 m — 53 D17
– Luftkurort

▶ Berlin 698 – Mainz 135 – Saarbrücken 76 – Pirmasens 14

Kupper
Himbaumstr. 22 ✉ *66957* – ✆ *(06335) 91 30* – *www.hotelkupper.de* – *geschl. Januar*
22 Zim – ☗47/49 € ☗☗74/78 € – ½ P 12 €
Rest – *(geschl. Mittwoch, Sonntagabend) (Montag - Samstag nur Abendessen)* Karte 19/29 €
♦ Der gepflegte Familienbetrieb am Waldrand nicht weit von der französischen Grenze ist ideal für einen Wanderurlaub. Zur Entspannung: Massage. Die komfortableren Zimmer liegen im Anbau. Zum bürgerlichen Restaurant gehört ein beliebter großer Biergarten.

EPPINGEN – Baden-Württemberg – 545 – 21 370 Ew – Höhe 199 m — 55 G17

▶ Berlin 615 – Stuttgart 71 – Heilbronn 26 – Karlsruhe 48
Schwaigern-Stetten, Pfullinger Hof 1, ✆ (07138) 6 74 42

Villa Waldeck
Waldstr. 80 ✉ *75031* – ✆ *(07262) 6 18 00* – *www.villa-waldeck.de*
49 Zim – ☗60/74 € ☗☗91/102 € – 1 Suite   **Rest** – Karte 25/39 €
♦ Recht ruhig liegt das Familotel am Ortsrand. Neben wohnlichen Zimmern bietet man einen netten Schwimmteich im Garten sowie Streichelzoo und Spielplatz für Kinder. In verschiedene Bereiche unterteiltes Restaurant mit Wintergarten.

Altstadthotel Wilde Rose
Kirchgasse 29 ✉ *75031* – ✆ *(07262) 9 14 00* – *www.altstadthotel-wilde-rose.de*
– *geschl. 23. Dezember - 7. Januar (Hotel)*
10 Zim – ☗68/75 € ☗☗90/100 €
Rest *Wirtskeller St. Georg* – ✆ *(07262) 20 77 33 (geschl. Montagmittag, Samstagmittag)* Menü 20 € – Karte 23/38 €
♦ Das im 16. Jh. im Fachwerkstil erbaute Baumannsche Haus wurde zum Hotel erweitert und verfügt über hübsche Landhauszimmer, teilweise mit Balkon oder Terrasse. Im historischen Teil befindet sich der Wirtskeller mit Tonnengewölbe. Geboten wird italienische Küche.

ERBACH (ALB-DONAU-KREIS) – Baden-Württemberg – 545 — 56 I19
– 13 220 Ew – Höhe 529 m

▶ Berlin 630 – Stuttgart 104 – Konstanz 133 – Ulm (Donau) 12

ERBACH (ALB-DONAU-KREIS)

Zur Linde
Bahnhofstr. 8 ⊠ 89155 – ⌂ (07305) 93 11 00 – www.linde-erbach.de
15 Zim – †62/75 € ††80/96 €
Rest – (geschl. August 3 Wochen und Sonntag) Karte 16/31 €
♦ Das seit 1913 von Familie Birk geleitete Haus mit der markanten grünen Fassade liegt direkt am Bahnhof. Die Zimmer sind tipptopp gepflegt, behaglich ist das in bürgerlich-rustikalem Stil gehaltene Restaurant. Freizeittipp: Baggersee in der Nähe.

ERBENHAUSEN – Thüringen – 544 – 600 Ew – Höhe 510 m — 39 I13
▶ Berlin 432 – Erfurt 136 – Meiningen 28 – Wiesbaden 184

Berghotel Eisenacher Haus
Frankenheimer Str. 38 (West: 7 km) ⊠ 98634 – ⌂ (036946) 36 00
– www.eisenacher-haus.de
42 Zim – †39/50 € ††68/90 € **Rest** – Karte 18/30 €
♦ Absolut ruhig liegt das familiengeführte Hotel auf dem Berg Ellenbogen in der Rhön. Ein gewachsenes Haus a. d. J. 1928 mit soliden Standard- und Komfortzimmern. Im Restaurant bietet man regional-internationale Küche.

ERDING – Bayern – 546 – 34 410 Ew – Höhe 463 m — 58 M20
▶ Berlin 597 – München 40 – Regensburg 107 – Landshut 39
ADAC Dorfenerstr. 17
Grünbach, Am Kellerberg, ⌂ (08122) 4 96 50

Henry
Dachauer Str. 1 ⊠ 85435 – ⌂ (08122) 90 99 30 – www.hotel-henry.de
50 Zim – †84/104 € ††104/124 €, ⊇ 7 € – 1 Suite **Rest** – Karte 12/40 €
♦ Das Hotel überzeugt mit sehr schönen, individuellen Zimmern, die verschiedenen Städten rund um den Globus gewidmet sind und mit Liebe zum Detail eingerichtet wurden. Neuzeitliches Bistro.

Parkhotel
Am Bahnhof 3 ⊠ 85435 – ⌂ (08122) 49 90 – www.parkhotel-erding.de
67 Zim – †75/95 € ††99/119 €, ⊇ 15 €
Rest – (geschl. Samstag - Sonntag) Karte 18/38 €
♦ Das Business- und Tagungshotel liegt zentral gegenüber dem Bahnhof und verfügt über praktisch ausgestattete Zimmer mit Balkon oder Terrasse. In der Halle befindet sich eine kleine Bar. Das zeitlos gehaltene Restaurant bietet internationale Küche.

Stocker
Pferdeschwemmgasse 1 ⊠ 84345 – ⌂ (08122) 96 60 60 – www.hotelstocker.de
31 Zim ⊇ – †79/84 € ††94/99 € **Rest** – Karte 23/55 €
♦ Zur Therme ist es nur ein Katzensprung, Flughafen und Messe München sind 20 Minuten entfernt. Praktisch: der Shuttle-Service. Die Zimmer sind modern in Stil und Technik (Internet und Telefon gratis) - hier wie auch im Restaurant mit frischen Farbakzenten. Die Küche bietet Internationales.

ERFTSTADT – Nordrhein-Westfalen – 543 – 50 760 Ew – Höhe 100 m — 35 B13
▶ Berlin 593 – Düsseldorf 64 – Bonn 41 – Köln 18
Erftstadt-Konradsheim, Am Golfplatz 1, ⌂ (02235) 95 56 60

In Erftstadt-Lechenich

Husarenquartier (Herbert Brockel)
Schloßstr. 10 ⊠ 50374 – ⌂ (02235) 50 96 – www.husarenquartier.de – geschl. Montag - Dienstag, außer an Feiertagen
Rest – (Tischbestellung ratsam) Menü 34 € (mittags)/99 € – Karte 62/93 €
Rest *Bistro* – siehe Restaurantauswahl
Spez. Seezunge mit Bärlauch, Kalbskopf und Chorizo. Eifeler Rehrücken mit Sauerkirschen und Sellerie. Schnitte und Sorbet von der Yuzu-Limette mit Schokoladensoufflé und Shake von weißer Schokolade.
♦ Eine markante rote Fassade ziert das schöne Stadthaus von 1722. Im Inneren hat man mit Stil und Geschmack ein modernes Interieur geschaffen - ein passender Rahmen für die zeitgemäße Küche und die zahlreichen heimischen Weine. Raucherlounge.

Haus Bosen

Herriger Str. 2 ✉ 50374 – ☎ (02235) 69 16 18 – geschl. Anfang Januar 1 Woche, Juli - August 2 Wochen und Montag
Rest – Karte 25/42 €

◆ Das Fachwerkhaus mitten im Ort wird bereits seit 120 Jahren gastronomisch genutzt. Es erwarten Sie ein gemütlich-bürgerliches Ambiente und saisonal-internationale Speisen.

Bistro – Restaurant Husarenquartier

Schloßstr. 10 ✉ 50374 – ☎ (02235) 50 96 – www.husarenquartier.de – geschl. Montag - Dienstag, außer an Feiertagen
Rest – Menü 28 € – Karte 21/59 €

◆ Die preiswertere Alternative zum Restaurant! In lockerer Bistro-Atmosphäre lädt Sie Patron Herbert Brockel zu einer saisonalen Reise durch seine Rezeptbücher ein! Köstlich: Dorade Royale mit Artischocken.

ERFURT – Thüringen – **544** – 203 830 Ew – Höhe 195 m   40 K12

▶ Berlin 304 – Chemnitz 154 – Leipzig 130 – Nordhausen 77

✈ Erfurt-Bindersleben, Bindersleberer Landstr. 100 (West: 4 km) **Y**, ☎ (0361) 6 56 22 00
ADAC Johannesstr. 176 **B**

🛈 Benediktsplatz 1 A, ✉ 99084, ☎ (0361) 6 64 00, www.erfurt-tourismus.de
⛳ Erfurt-Schaderode, Im Schaderoder Grund, ☎ (036208) 8 07 12
◉ Dom St. Marien ★★ – Severi-Kirche★ **A** – Krämerbrücke★ - Angermuseum★**M¹ B**

Stadtpläne siehe nächste Seiten

Pullman am Dom

Theaterplatz 2 ✉ 99084 – ☎ (0361) 6 44 50 – www.pullmanhotels.com
160 Zim – †79/149 € ††89/159 €, ⯇ 18 € – 8 Suiten   **Ag**
Rest – Menü 28 € – Karte 27/48 €

◆ Gegenüber dem Theater, in Altstadtnähe, steht das Hotel mit schönen modernen Zimmern in Erdtönen. Eine große, luftig-hohe Lobby mit Bar-Lounge verbindet die beiden Gebäude. Internationale Küche im hellen geradlinig gestalteten Restaurant.

Radisson BLU

Juri-Gagarin-Ring 127 ✉ 99084 – ☎ (0361) 5 51 00 – www.radisson-erfurt.de
282 Zim – †95/121 € ††105/171 €, ⯇ 18 € – 3 Suiten   **Be**
Rest – Karte 24/46 €

◆ Das Tagungshotel am Stadtring überzeugt durch gut ausgestattete, teilweise besonders schöne und moderne Zimmer sowie einen Sauna- und Fitnessbereich im 17. Stock mit Blick über Erfurt. Restaurant mit internationaler Küche, amerikanische Snacks in der Sportsbar.

Victor's Residenz-Hotel

Häßlerstr. 17 ✉ 99096 – ☎ (0361) 6 53 30 – www.victors.de   **Ya**
68 Zim ⯇ – †92/150 € ††112/170 € – 3 Suiten
Rest – Menü 26/50 € – Karte 15/32 €

◆ Ein elegantes Tagungs- und Businesshotel nahe dem Landtag, in dem Sie freundlicher Service und geräumige Gästezimmer erwarten - im 4. Stock mit Dachterrasse. Neben dem gediegenen Hotelrestaurant steht auch eine gemütlich-rustikale Stube bereit.

IBB Hotel

Gotthardtstr. 27 ✉ 99084 – ☎ (0361) 6 74 00 – www.ibbhotels.de
91 Zim ⯇ – †78/155 € ††98/172 €   **Ba**
Rest *Zum Alten Schwan* – (geschl. Sonntagabend) Karte 23/51 €

◆ Toll ist die Lage des hübschen modernern Hotels, ruhig und doch ganz in der Nähe der Fußgängerzone. Sechs charmant-individuelle Zimmer liegen auf der historischen Krämerbrücke. Restaurant Zum Alten Schwan mit Terrasse zur Gera und internationalem Angebot.

ERFURT

Albrechtstr.	X 3
Am Schwemmbach	Y 4
Arndtstr.	Y 5
Biereyestr.	X 6
Binderslebener Landstr.	Y 7
Bonifaciusstr.	Y 9
Cyriakstr.	Y 12
Gothaer Pl.	Y 18
Gutenbergstr.	Y 19
Käthe-Kollwitz-Str.	Y 20
Kranichfelder Str.	Y 21
Martin-Andersen-Nexö-Str.	Y 25
Mühlhäuser Str.	X 30
Paul-Schäfer-Str.	X 31
Pförtchenstr.	Y 33
Steigerstr.	Y 39
Straße des Friedens	Y 41
Werner-Seelenbinder-Str.	Y 44

Zumnorde am Anger garni
Anger 50 (Eingang Weitergasse) ⊠ 99084 – ℰ (0361) 5 68 00
– www.hotel-zumnorde.de – geschl. 21. - 30. Dezember Bs
54 Zim ⊇ – ✝100/130 € ✝✝120/160 € – 5 Suiten
♦ Das Hotel befindet sich mitten in der Stadt und bietet seinen Gästen klassisch-elegante Zimmer mit extralangen Betten (2,20 m) sowie einen ruhigen begrünten Innenhof.

Excelsior
Bahnhofstr. 35 ⊠ 99084 – ℰ (0361) 5 67 00 – www.excelsior.bestwestern.de
77 Zim ⊇ – ✝105/135 € ✝✝125/145 € – 3 Suiten Bc
Rest – *(nur Abendessen)* Karte 16/29 €
♦ Sie finden das Stadthaus mit der schmucken Jugendstilfassade und soliden, funktionell ausgestatteten Zimmern zwischen Bahnhof und Angermuseum.

ERFURT

Anger	B	Fischmarkt	A	Regierungsstr.	A 34
Bahnhofstr.	B	Löberstr.	B 22	Schlösserstr.	AB 36
Dalbergsweg	A 13	Mainzerhofstr.	A 24	Schlüterstr.	A 37
Domstr.	A 15	Marktstr.	B	Walkmühlstr.	A 40
		Meienbergstr.	B 27	Wenigemarkt	B 42
		Moritzwallstr.	A 28	Willy-Brandt-Pl.	B 43

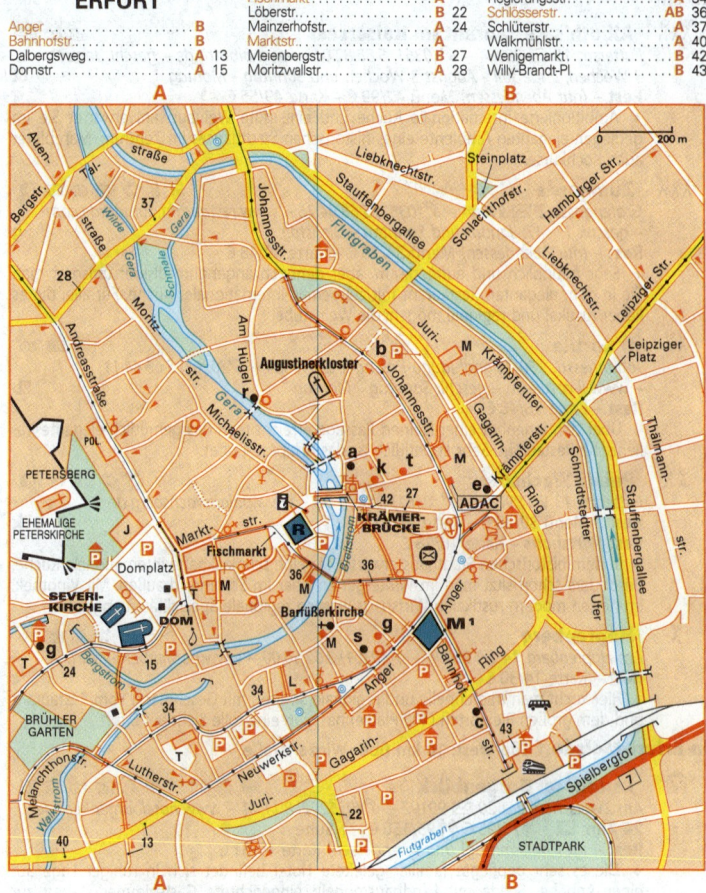

🏠 **Erfurtblick** garni (mit Gästehaus) ≤ 🛇 ⁽ᵢ⁾ 🅿 🆅🅸🆂🅰 ⓜ 🅰🅴
  Nibelungenweg 20 ✉ 99092 – 𝒞 (0361) 22 06 60
  – www.hotel-erfurtblick.de **Ym**
  10 Zim ⛌ – ♦60/65 € ♦♦80/90 €
  ♦ Eine familiäre kleine Adresse, die in einem Wohngebiet liegt und einen schönen Blick auf die Stadt bietet. Die Zimmer sind tipptopp gepflegt und funktional. Netter Garten.

🏠 **Nikolai** garni ⁽ᵢ⁾ 🛆 🅿
  Augustinerstr. 30 ✉ 99084 – 𝒞 (0361) 59 81 70
  – www.gaestehaus-nikolai.de **Ar**
  17 Zim ⛌ – ♦64/69 € ♦♦88/94 €
  ♦ Das charmante kleine Hotel in der Altstadt beherbergt stilvolle Zimmer. Das ehemalige Frauenstift dient auch als Gästehaus für das nahe gelegene Augustinerkloster.

🏠 **Villa am Park** garni 🚗 🛇 ⁽ᵢ⁾
  Tettaustr. 5 ✉ 99094 – 𝒞 (0361) 7 89 48 60 – www.villa-am-park-erfurt.de
  5 Zim – ♦35/50 € ♦♦45/65 €, ⛌ 7 € **Yb**
  ♦ Sehr schön sind die individuellen und geräumigen Zimmer in der ehemaligen Pfarrersvilla - dekoriert mit Bildern der Chefin. Ein persönlich-familiär geleitetes Haus, zu dem auch ein hübscher kleiner Garten gehört.

ERFURT

XXX Alboth's Restaurant im Kaisersaal   VISA ⓔ AE
Futterstr. 15 ✉ 99084 – ☎ (0361) 5 68 82 04 – www.alboths.de – geschl. Januar 3 Wochen, Ende Juli - August 3 Wochen und Sonntag - Montag   **Bt**
Rest – *(nur Abendessen)* Menü 42/99 € – Karte 49/55 € 🌿
♦ Ambitionierte internationale Küche und eine gute Weinauswahl erwartet Sie im gediegen-eleganten Ambiente eines historischen Stadthauses im Zentrum. Man bietet auch Kochkurse.

XXX Zumnorde   🏠 ♿ ⇔ VISA ⓔ AE ①
Grafengasse 2 ✉ 99084 – ☎ (0361) 5 68 04 26 – www.restaurant-zumnorde.com – geschl. 1. - 17. Januar und Sonntag - Dienstag   **Bg**
Rest – *(nur Abendessen)* Menü 34/78 € – Karte 40/48 €
♦ Sehr freundlich und aufmerksam, aber dennoch angenehm diskret umsorgt man Sie in dem eleganten Restaurant mit zeitgemäß-internationaler Küche. Für alle, die es lieber rustikal und regional mögen: die Weinstube!

XX Il Cortile   🏠 VISA ⓔ
Johannesstr. 150, (Signal-Iduna-Passage) ✉ 99084 – ☎ (0361) 5 66 44 11 – www.il-cortile.de – geschl. Sonntag - Montag   **Bb**
Rest – Karte 28/48 €
♦ Über den Innenhof einer kleinen Passage erreicht man das gemütlich-elegante italienische Restaurant. Sehr appetitlich ist das Antipasti-Buffet.

XX Palais Wachsberg   🏠 ⇔ VISA ⓔ ①
Futterstr. 13 ✉ 99084 – ☎ (0361) 6 54 77 99 – www.palaiswachsberg.de
Rest – Menü 30/38 € – Karte 33/42 €   **Bk**
Rest *Wirtshaus* – Karte 16/28 €
♦ In dem historischen Stadthaus erwartet Sie eine schmackhafte internationale Küche. Besonders schön sitzt man im Wintergarten oder im Sommer draußen. Mit Vinothek. Im netten modern-rustikalen Wirtshaus werden regionale Spezialitäten angeboten.

X Hopfenberg   ≤ 🏠 ♿ P VISA ⓔ
Am Hopfenberg 14 ✉ 99096 – ☎ (0361) 2 62 50 00 – www.hopfenberg-erfurt.de
Rest – Karte 14/30 €   **Yc**
♦ Hier kocht man traditionelle und regionale Speisen mit Geschmack. Vom Restaurant und dem großen Biergarten (400 Plätze) hat man eine tolle Sicht auf Erfurt.

In Erfurt-Molsdorf Süd-West: 10 km über Winzerstraße **Y**

🏨 Landhotel Burgenblick 🌿   🚗 🏠 🐾 ♿ ⓥ P VISA ⓔ AE ①
Am Zwetschenberg 20 ✉ 99192 – ☎ (036202) 8 11 11 – www.hotelburgenblick.de
24 Zim ⌑ – †75/95 € ††95/150 € – 1 Suite
Rest – *(geschl. Sonntag) (nur Abendessen)* Karte 19/31 €
♦ Dieses sehr gepflegte familiär geleitete Hotel befindet sich in ruhiger Lage auf einer Anhöhe. Solide mit Landhausmöbeln eingerichtete Gästezimmer stehen zur Verfügung. Im rustikalen Restaurant mit Kamin serviert man bürgerlich-regionale Speisen.

In Apfelstädt Süd-West: 12 km über Winzerstraße **Y**

🏨 Park Inn by Radisson   🚗 🏠 🐾 🍽 ♿ ⓥ Rest, ⓥ 🎾 P VISA ⓔ AE ①
Riedweg 1 ✉ 99192 – ☎ (036202) 8 50 – www.parkinn.de/hotel-erfurtapfelstadt
96 Zim ⌑ – †69/84 € ††77/92 € – 2 Suiten
Rest – *(geschl. Samstagmittag, Sonntag)* Menü 17/42 € – Karte 18/45 €
♦ Eine ideale Businessadresse ist das nahe der Autobahn gelegene Hotel mit funktionellen Zimmern in zwei Kategorien (alle mit Kaffeemaschine). Gemütliche Lobby-Bar und Beauty-Angebot. Restaurant mit internationaler Küche.

ERKELENZ – Nordrhein-Westfalen – **543** – 44 590 Ew – Höhe 95 m   **35** A12
▶ Berlin 597 – Düsseldorf 45 – Aachen 38 – Mönchengladbach 15

🏨 Rheinischer Hof garni   🏠 🛁 🐾 ⓥ VISA ⓔ
Kölner Str. 18 ✉ 41812 – ☎ (02431) 22 94 – www.hotelrheinischerhof.de
10 Zim ⌑ – †65/99 € ††89/109 €
♦ Ein Traditionshaus a. d. J. 1925, im Zentrum gelegen und nur 5 Gehminuten vom Bahnhof entfernt. Individuelle Zimmer mit klassischer Einrichtung und gutem Platzangebot.

ERKHEIM – Bayern – 546 – 2 950 Ew – Höhe 595 m   64 J20
▶ Berlin 646 – München 105 – Kempten 55 – Augsburg 78

Erkheimer Landhaus
Färberstr. 37 ⊠ 87746 – ℰ (08336) 81 39 70 – www.erkheimer-landhaus.de
11 Zim – †47/62 € ††66/88 €
Rest *Erkheimer Landhaus* – siehe Restaurantauswahl
• Diese gepflegte familiäre Adresse befindet sich in einer ruhigen Wohngegend, bietet aber dennoch eine gute Autobahnanbindung. Zimmer meist mit Bauernmöbeln, teils mit Balkon.

Erkheimer Landhaus – Hotel Erkheimer Landhaus
Färberstr. 37 ⊠ 87746 – ℰ (08336) 81 39 70 – www.erkheimer-landhaus.de – geschl. Donnerstag, Oktober - April: Mittwoch - Donnerstag
Rest – Menü 55 € – Karte 24/60 €
• Herzlich begrüßt Familie Wörle seit vielen Jahren ihre Gäste und bietet in gepflegter Umgebung stets eine frische Küche. Bei seinen Kreationen lässt sich Küchenchef Jürgen Wörle saisonal beeinflussen.

ERKRATH – Nordrhein-Westfalen – 543 – 46 090 Ew – Höhe 60 m   26 C11
▶ Berlin 552 – Düsseldorf 6 – Wuppertal 26

Arcadia garni
Neanderstr. 2 ⊠ 40699 – ℰ (0211) 9 27 50 – www.arcadia-hotel.de
81 Zim – †56/129 € ††76/149 €, ⊇ 16 € – 17 Suiten
• Die verkehrsgünstige Lage nahe Düsseldorf sowie die freundliche und funktionelle Einrichtung machen das Businesshotel aus. Kosmetik und Massage. Restaurant mit Kleinigkeiten.

In Erkrath-Hochdahl Ost: 3 km, jenseits der Autobahn

Wahnenmühle garni
Wahnenmühle 1 ⊠ 40699 – ℰ (02104) 1 39 93 32 – www.wahnenmuehle.de
– geschl. 20. Dezember - 3. Januar, Juli - August 3 Wochen
4 Zim ⊇ – †120/153 € ††130/163 €
• Ein charmanter Ort auf einer großen Waldlichtung. Hier wohnt man individuell, die Namen der Zimmer (reizvolle Städte und Regionen) machen Lust, gleich einzuziehen. Die Chefin kümmert sich persönlich um ihre Gäste und schafft so eine herzliche und familiäre Atmosphäre.

Hopmanns Olive
Ziegeleiweg 1 ⊠ 40699 – ℰ (02104) 80 36 32 – www.hopmannsolive.de
– geschl. 1. - 11. Januar und Dienstag, Samstagmittag
Rest – Menü 22/75 € – Karte 33/63 €
• Hell, modern und in angenehm warmen Tönen präsentiert sich das Ambiente im Restaurant, mediterran beeinflusst die Küche. Durch die Glasfront hat man Zugang zur begrünten Terrasse. Historischer Lokschuppen für Events.

ERLABRUNN – Bayern – siehe Würzburg

ERLANGEN – Bayern – 546 – 105 560 Ew – Höhe 280 m   50 K16
▶ Berlin 444 – München 191 – Nürnberg 19 – Bamberg 40
ADAC Henkestr. 26 Z
🛈 Rathausplatz 3 Z, ⊠ 91052, ℰ (09131) 8 95 10, www.erlangen.de/tourismus
Kleinsendelbach, Am Schleinhof, ℰ (09126) 50 04

Stadtplan auf der nächsten Seite

Bayerischer Hof
Schuhstr. 31 ⊠ 91052 – ℰ (09131) 78 50 – www.bayerischer-hof-erlangen.de
159 Zim ⊇ – †105/230 € ††155/255 € – 1 Suite   Zq
Rest *Rosmarin* – siehe Restaurantauswahl
• In dem freundlich geführten Stadthotel erwarten Sie komfortable Zimmer und ein Frühstücksraum mit schönem Kreuzgewölbe. Besonders geräumig ist die Royal Suite mit Dampfdusche.

ERLANGEN

Äussere-Brucker-Str.	X	2
Bahnhofpl.	Y	4
Bayreuther Str.	V	6
Bismarckstr.	X	8
Breslauer Str.	X	10
Büchenbacher Damm	X	13
Essenbacher Str.	V	14
Fließbachstr.	X	16
Fürther Str.	Y	18
Glockenstr.	Y	20
Glückstr.	Y	21
Günther-Scharowsky-Str.	X	22
Güterhallenstr.	Z	24
Hauptstr.	YZ	
Heuwaagstr.	Y	26
Hindenburgstr.	X	28
Hugenottenpl.	Y	29
Jahnstr.	X	30
Karl-Zucker-Str.	X	32
Koldestr.	X	33
Komotauer Str.	X	34
Kuttlerstr.	X	35
Langemarckpl.	Z	36
Lorlebergpl.	Z	38
Loschgestr.	X	39
Marktpl.	Y	40
Martinsbühler Str.	Y	41
Maximilianspl.	Y	42
Münchener Str.	YZ	43
Nägelsbachstr.	X	44
Neckarstr.	X	45
Nürnberger Str.	Z	
Östliche Stadtmauerstr.	Y	46
Palmsanlage	Y	47
Palmstr.	V	48
Pfälzer Str.	X	49
Rathauspl.	Z	50
Resenscheckstr.	X	51
Schillerstr.	Y	52
Schloßpl.	X	53
Sieboldstr.	X	57
Sophienstr.	X	58
Theaterpl.	Y	62
Wasserturmstr.	Y	65
Westliche Stadtmauerstr.	YZ	66
Wöhrstr.	Y	67

ERLANGEN

🏨 Creativhotel Luise garni
Sophienstr. 10 ⊠ 91052 – ℰ (09131) 12 20 – www.hotel-luise.de   **Xp**
96 Zim – †79/99 € ††99/109 € – 1 Suite
• Ein Hotel auf Bio-Basis, in dem viele Zimmer nach Feng Shui gestaltet sind. Dazu ein schöner Saunabereich und ein gutes Frühstück. Hübsche Fotografien und Kunst im Haus.

🏨 Novotel
Hofmannstr. 34 ⊠ 91052 – ℰ (09131) 9 74 70 – www.novotel.com   **Zf**
170 Zim – †59/187 € ††69/197 €, ⊇ 16 €   **Rest** – Karte 19/51 €
• Eine geradlinige moderne Einrichtung und die sehr gute technische Ausstattung kennzeichnen dieses zentrumsnah gelegene Hotel. Eine große Fensterfront macht das Restaurant angenehm licht. Internationales Angebot.

🏨 Altmann's Stube
Theaterplatz 9 ⊠ 91054 – ℰ (09131) 8 91 60 – www.altmanns-stube.de
23 Zim – †68/84 € ††96/110 €
Rest *Altmann's Stube* 😊 – siehe Restaurantauswahl   **Yv**
• In dem Hotel in der Altstadt kümmert sich Familie Altmann sehr freundlich um die Gäste. Im Anbau wohnt man neuzeitlich, im Haupthaus etwas einfacher und preisgünstiger.

🏨 Mercure garni
Bayreuther Str. 53 ⊠ 91054 – ℰ (09131) 87 60 – www.mercure-erlangen.de
117 Zim – †55/168 € ††71/210 €, ⊇ 10 €   **Ve**
• Das besonders auf Businessgäste und Tagungen ausgelegte Hotel bietet neuzeitlich und funktionell eingerichtete Zimmer - auch Maisonetten stehen zur Verfügung.

🏨 König Otto garni
Henkestr. 56 ⊠ 91054 – ℰ (09131) 87 80 – www.koenig-otto.de   **Ze**
57 Zim ⊇ – †89/99 € ††116/126 €
• Aus dem einstigen Gasthof am Zentrumsrand ist ein gepflegtes Stadthotel entstanden, das über funktionell ausgestattete und schallisolierte Gästezimmer verfügt.

XX Altmann's Stube – Hotel Altmann's Stube 😊
Theaterplatz 9 ⊠ 91054 – ℰ (09131) 8 91 60 – www.altmanns-stube.de
– geschl. nach Weihnachten - 9. Januar, an Sonn-und Feiertagen sowie August - Mitte September: Samstag - Sonntag   **Yv**
Rest – Menü 32/57 € – Karte 28/45 €
• Unkomplizierter Genuss ist die Stärke des Hauses im Herzen der Altstadt. Gekonnt kreiert der Küchenchef internationale Gerichte, ohne dabei die fränkische Heimat außer Acht zu lassen. Probieren Sie z. B. Schwertfisch mit Pfirsich und Gorgonzola, Zitronen Thymiansauce und Wildreis.

XX Da Pippo
Paulistr. 12 ⊠ 91054 – ℰ (09131) 20 73 94 – www.dapippo.net – geschl. 5. - 10. April, 20. August - 1. September und Sonntag   **Ye**
Rest – (nur Abendessen) Menü 57 € – Karte 36/46 €
• Die frische italienische Küche der Chefin wird vom herzlichen Service unter der Leitung des Chefs mündlich empfohlen. Samstags speist man bei klassischer Musik. Schöner Innenhof.

XX Rosmarin – Hotel Bayerischer Hof
Schuhstr. 31 ⊠ 91052 – ℰ (09131) 78 50 – www.bayerischer-hof-erlangen.de
Rest – Menü 29/69 € – Karte 29/54 €   **Zq**
• Ein Restaurant mit eleganter Note, in dem man eine mediterrane Küche mit asiatischen Einflüssen bietet. Auch Gerichte der Region finden sich auf der Karte.

In Erlangen-Büchenbach über Büchenbacher Damm **X**

🏨 Zur Einkehr
Dorfstr. 14 ⊠ 91056 – ℰ (09131) 79 20 – www.gasthof-guethlein.de
41 Zim – †62/76 € ††94/109 €   **Rest** – Karte 11/33 €
• Dieser Familienbetrieb ist ein erweiterter ländlicher Metzgereigasthof, der über etwas einfachere sowie auch neuzeitlich-komfortablere Gästezimmer verfügt. Das Restaurant bietet fränkische Küche zu moderaten Preisen. Biergarten unter Kastanienbäumen.

ERLANGEN

In Erlangen-Eltersdorf Süd: 5 km über Fürther Straße X

Rotes Ross garni
Eltersdorfer Str. 15a ⊠ 91058 – ℰ (09131) 69 08 10 – www.hotelrotesross.de – geschl. 23. Dezember - 9. Januar
22 Zim – †74 € ††89 €
♦ Helle, funktional gestaltete Zimmer und einen netten Frühstücksraum bietet Familie Bankel in ihrem Hotel. Im Sommer kann man beim Pool hinterm Haus auch grillen.

In Erlangen-Frauenaurach Süd-West: 5 km über X

Schwarzer Adler
Herdegenplatz 1 ⊠ 91056 – ℰ (09131) 99 20 51 – www.hotel-schwarzer-adler.de – geschl. 6. - 28. August, 18. Dezember - 9. Januar
14 Zim – †75/90 € ††100/110 €
Rest – *(geschl. Samstag - Sonntag) (nur Abendessen)* Karte 16/36 €
♦ Aus einem charmanten Fachwerkhaus von 1702 ist das familiengeführte kleine Hotel entstanden. In den behaglichen Zimmern sorgen z. T. freiliegende Balken für ein nettes Ambiente. Fränkische Küche in der gemütlichen Weinstube und im Sommer im lauschigen Innenhof.

In Erlangen-Kosbach West: 6 km über Büchenbacher Damm X

Gasthaus Polster
Am Deckersweiher 26 ⊠ 91056 – ℰ (09131) 7 55 40 – www.gasthaus-polster.de
13 Zim – †90 € ††120/130 €
Rest *Polster Stube* – siehe Restaurantauswahl
Rest – (Tischbestellung ratsam) Menü 40 € (mittags)/89 € – Karte 38/67 €
♦ In einem kleinen Dorf finden Sie dieses gewachsene Gasthaus mit langer Familientradition. Die Zimmer sind hübsch und wohnlich eingerichtet, einige sind als Maisonetten angelegt. Klassische Küche im ländlich-eleganten Restaurant.

Polster Stube – Hotel Gasthaus Polster
Am Deckersweiher 26 ⊠ 91056 – ℰ (09131) 7 55 40 – www.gasthaus-polster.de
Rest – Karte 21/39 €
♦ Hier versteht man sein Handwerk: Seit mehr als 160 Jahren, bereits in der achten Generation, ist das "Polster" mit seiner idyllischen Hofterrasse ein beliebter Einkehrtreff für Freunde fränkischer Spezialitäten, wie z. B. den gekochten Tafelspitz an Cremespinat und Röstkartoffeln.

ERLENSEE – Hessen – **543** – 12 950 Ew – Höhe 112 m — 48 G14
▶ Berlin 525 – Wiesbaden 65 – Frankfurt am Main 26 – Fulda 81

In Neuberg-Ravolzhausen Nord: 2 km

Bei den Tongruben garni
Unterfeld 19 ⊠ 63543 – ℰ (06183) 2 04 00 – www.hotel-tongruben.de – geschl. 17. Dezember - 8. Januar
28 Zim – †85/155 € ††99/180 €
♦ Das Haus der engagierten Familie Kremhöller liegt recht ruhig und ist durchweg liebevoll eingerichtet. Besonders hübsch: die Zimmer mit Dachschräge. Zeitgemäßer Fitnessraum.

ERWITTE – Nordrhein-Westfalen – **543** – 15 780 Ew – Höhe 100 m — 27 F10
– Heilbad
▶ Berlin 443 – Düsseldorf 135 – Arnsberg 39 – Lippstadt 7
ℹ Weringhauser Str. 17, ⊠ 59597, ℰ (02943) 80 91 25, www.badwesternkotten.de

Schlosshotel
Schlossallee 14 ⊠ 59597 – ℰ (02943) 9 76 00 – www.schlosshotel-erwitte.de
22 Zim – †79/89 € ††105/110 € – 5 Suiten
Rest – *(geschl. Samstagmittag)* Karte 17/41 €
♦ Das schöne Wasserschloss im Stil der Weserrenaissance beherbergt recht individuell geschnittene wohnliche Gästezimmer. Auch kulturelle Veranstaltungen finden hier statt. Hübsch ist das Restaurant im Gewölbekeller.

ERWITTE

Büker
Am Markt 14 ⊠ 59597 – ℰ (02943) 23 36 – www.hotel-bueker.de
– geschl. 1. - 10. Januar
19 Zim ⊇ – †40/53 € ††65/79 €
Rest – *(geschl. Sonntagabend - Montagmittag)* Karte 13/35 €
♦ Ein familiär geleitetes kleines Hotel in der Ortsmitte, entstanden aus einem historischen Gasthaus mit Fachwerkfassade. Die Zimmer sind sehr gepflegt und praktisch eingerichtet. Gemütlich sind die rustikalen Gaststuben. Die Küche ist bürgerlich.

In Erwitte-Bad Westernkotten Nord-Ost: 3 km – Heilbad

Ringhotel Bad Westernkotten
Weringhauser Str. 9 ⊠ 59597 – ℰ (02943) 9 70 00 – www.ringhotel.ws
32 Zim ⊇ – †60/95 € ††85/115 € – 1 Suite
Rest – *(Montag - Freitag nur Abendessen)* Karte 17/29 €
♦ In dem kleinen Kurort erwarten Sie in verkehrsberuhigter Lage zeitgemäß ausgestattete, teilweise recht geräumige Zimmer. Hübsch hat man den Sauna- und Anwendungsbereich gestaltet. Restaurant Taverne mit Weinstubencharakter und bürgerlicher Karte.

ESCHBORN – Hessen – siehe Frankfurt am Main

ESCHEDE – Niedersachsen – 541 – 3 760 Ew – Höhe 71 m
19 J7
▶ Berlin 293 – Hannover 62 – Celle 17 – Lüneburg 69

Deutsches Haus
Albert-König-Str. 8 ⊠ 29348 – ℰ (05142) 22 36 – www.hotel-eschede.de – geschl.
9. Februar - 8. März
11 Zim ⊇ – †49 € ††78 € **Rest** – *(geschl. Montag)* Karte 15/36 €
♦ Der familiengeführte Gasthof am Rande der Lüneburger Heide erwartet seine Gäste mit gepflegten und praktischen Zimmern, die teilweise über einen Balkon verfügen. Gemütliches Restaurant mit Wohnzimmeratmosphäre.

ESCHENBACH in der OBERPFALZ – Bayern – 546 – 4 180 Ew
51 M16
– Höhe 440 m
▶ Berlin 416 – München 229 – Regensburg 110 – Bayreuth 59

Glutschaufel
Obersee 1 ⊠ 92676 – ℰ (09645) 60 29 00 – www.glutschaufel.de
13 Zim – †75 € ††98 €
Rest – *(geschl. Dienstag) (Montag - Freitag nur Abendessen)* Karte 22/38 €
♦ Der ökologische Aspekt war Gabriela und Georg Weber bei der Sanierung ihres Hauses sehr wichtig: So kommt zum modernen Stil in Hotel und Restaurant auch noch moderne Energieversorgung per Erdwärme und Photovoltaik! Die Umgebung bietet Ruhe und die Schönheit des Naturschutzgebietes "Großer Rußweiher".

ESCHENLOHE – Bayern – 546 – 1 550 Ew – Höhe 640 m – Erholungsort
65 L21
▶ Berlin 661 – München 74 – Garmisch-Partenkirchen 15 – Weilheim 30
🛈 Murnauer Str. 1, ⊠ 82438, ℰ (08824) 82 28, www.eschenlohe.de

In Eschenlohe-Wengen Süd-Ost: 1 km

Alpenhotel Wengererhof garni
Wengen 1 ⊠ 82438 – ℰ (08824) 9 20 30 – www.alpenhotel-wengererhof.de
23 Zim ⊇ – †50/55 € ††80/82 €
♦ Ruhig liegt das familiengeführte Haus am Rand des Dorfes. Es erwarten Sie sehr gepflegte Gästezimmer und ein freundlicher Aufenthaltsraum.

ESCHWEILER – Nordrhein-Westfalen – **543** – 55 390 Ew – Höhe 135 m　　　**35** A12
▶ Berlin 630 – Düsseldorf 77 – Köln 58 – Mönchengladbach 56

%%　**Schemme's Schloss Restaurant im Haus Kambach**
Kambachstr. 9 ✉ 52249 – ℰ (02403) 2 30 80
– www.schemmes-restaurant.de – geschl. Januar, über Karneval und Sonntag
- Dienstag sowie an Feiertagen außer Ostern, Weihnachten
Rest – (Tischbestellung ratsam) Menü 52 € – Karte 38/51 €
  ♦ Das am Golfplatz gelegene historische kleine Schlösschen beherbergt ein elegantes Restaurant mit klassischer Küche. Im Wassergraben wachen zwei Schwäne.

ESENS – Niedersachsen – **541** – 6 950 Ew – Höhe 3 m – Nordseeheilbad　　　**7** D5
▶ Berlin 520 – Hannover 261 – Emden 72 – Oldenburg 91
🛈 Am Strand 8, ✉ 26427, ℰ (04971) 91 71 16, www.benserseil.de

In Esens-Bensersiel Nord-West: 4 km

　Benser Hof
Hauptstr. 9 ✉ 26427 – ℰ (04971) 9 27 40 – www.benserhof.de – geschl. Mitte Dezember 2 Wochen, Mitte Januar 2 Wochen
21 Zim ⊇ – †60/120 € ††100/140 € – ½ P 19 €　**Rest** – Karte 20/30 €
  ♦ Ein mit viel Glas und Stahl erbautes Hotel in halbrunder Form, in dem Sie sehr geräumige und freundliche Zimmer mit Balkon und Blick auf Hafen und Bense erwarten. Helles, im Bistrostil gehaltenes Restaurant mit Wintergarten.

　Hörn van Diek garni
Lammertshörn 1 ✉ 26427 – ℰ (04971) 24 29 – www.hoern-van-diek.de – geschl. 15. November - 15. März
20 Zim ⊇ – †65/75 € ††88/110 € – 6 Suiten
  ♦ Wenige Minuten entfernt von Strand und Hafen finden Sie dieses Hotel im Landhausstil mit Appartements, die über einen kleinen Küchen- und Wohnbereich verfügen.

　Störtebeker garni
Am Wattenmeer 4 ✉ 26427 – ℰ (04971) 9 19 00 – www.bensersiel-stoertebeker.de – geschl. November - Februar
32 Zim ⊇ – †39/42 € ††62/84 €
  ♦ Das gut geführte Haus mit persönlich-familiärer Atmosphäre bietet gepflegte und funktionelle Zimmer, überwiegend mit Korkfußboden, sowie einen schönen Garten mit Ruhezone.

ESLOHE – Nordrhein-Westfalen – **543** – 9 160 Ew – Höhe 310 m　　　**37** E11
– Luftkurort
▶ Berlin 502 – Düsseldorf 159 – Arnsberg 31 – Meschede 20

In Eslohe-Cobbenrode Süd: 7,5 km über B 55

　Hennemann
Olper Str. 28 (B 55) ✉ 59889 – ℰ (02973) 9 75 10 – www.hotel-hennemann.de
– geschl. Anfang Juli 2 Wochen
24 Zim ⊇ – †50/65 € ††110/126 € – ½ P 18 € – 3 Suiten
Rest – (geschl. Montag) Menü 14/26 € – Karte 19/37 €
  ♦ Ein familiär geleitetes Ferienhotel mit soliden Zimmern in wohnlich-ländlichem Stil sowie Kosmetikangebot. In unmittelbarer Nähe befindet sich der hauseigene Tennisplatz. Restaurant mit bürgerlicher Küche.

ESPELKAMP – Nordrhein-Westfalen – **543** – 25 240 Ew – Höhe 50 m　　　**17** F8
▶ Berlin 375 – Düsseldorf 223 – Bielefeld 52 – Bremen 99

　Mittwald
Ostlandstr. 23 ✉ 32339 – ℰ (05772) 9 77 80 – www.mittwaldhotel.de
44 Zim ⊇ – †69/85 € ††99/120 €
Rest – (geschl. Samstag) Menü 13/25 € – Karte 20/53 €
  ♦ Das Hotel mit den unterschiedlichen, funktionell ausgestatteten Gästezimmern ist eine tipptopp gepflegte Adresse, die von der Familie seit vielen Jahren gut geführt wird.

ESSEL – Niedersachsen – siehe Schwarmstedt

ESSEN – Nordrhein-Westfalen – **543** – 576 260 Ew – Höhe 76 m 26 C11
▶ Berlin 528 – Düsseldorf 37 – Amsterdam 204 – Arnhem 108
ADAC Bamlerstr. 61 R
🅘 Am Hauptbahnhof 2 Z, ✉ 45127, ✆ (0201) 8 8723 33, www.essen.de/tourismus
⓻ Essen-Heidhausen, Preutenborbeckstr. 36, ✆ (0201) 40 41 11
⓲ Essen-Kettwig, Laupendahler Landstraße, ✆ (02054) 8 39 11
⓽ Essen-Hügel, Frh.-vom-Stein-Str. 92, ✆ (0201) 44 46 00

Veranstaltungen
10.-14. Januar: Deubau
7.-9. Februar: E-world energy & water
8.-12. Februar: Haus Garten Genuss
22.-26. Februar: Reise+Camping
22.-25. März: Techno-Classica
19.-22. April: FIBO
5.-8. Juni: Reifen
23.-26. Juni: Modatex Fashion Fair
2.-5. September: hogatec
25.-28. September: Security
3.-11. November: Mode Heim Handwerk
1.-9. Dezember: Motor Show
Messegelände und Grugahalle, Norberstraße **AZ**, ✉ 45131, ✆ (0201) 7 24 40

◉ Domschatzkammer★★ **M¹** DZ – Museum Folkwang★★ ABV – Ruhrlandmuseum★ AV
- Villa Hügel★ S

Stadtpläne siehe nächste Seiten

🏨🏨🏨 **Sheraton**   🈴 🛁 🏋 🛗 ♿ 🅰🅲 💱 Rest, 🍽 🧖 🅿 🛋 💳 ⦿ 🅰🅴 🆁
Huyssenallee 55 ✉ 45128 – ✆ (0201) 1 00 70
– www.sheratonessen.com   BVe
206 Zim – †130/350 € ††150/350 €, ⌂ 28 € – 12 Suiten
Rest *Restaurant am Park* – Menü 19 € (mittags)/40 € – Karte 51/77 €
♦ Das Hotel neben der Philharmonie bietet einen modernen Tagungsbereich, eine trendige Bar sowie einen freundlichen Saunabereich und Massage. Einige Zimmer liegen schön zum Park, so auch das Restaurant in schickem geradlinigem Stil - durch bodentiefe Fenster schaut man ins Grüne.

  Welcome Hotel   🈴 🛗 ♿ 🅰🅲 💱 Rest, 🍽 🧖 🛋 💳 ⦿ 🅰🅴
Schützenbahn 58 ✉ 45127 – ✆ (0201) 1 77 90
– www.welcome-hotel-essen.de   DYw
176 Zim – †79/219 € ††99/239 €, ⌂ 17 € – 5 Suiten
Rest – Menü 40/60 € – Karte 31/46 €
♦ Das Hotel in der Innenstadt ist im modernen Stil gehalten, überall im Haus setzen Rottöne angenehme Farbakzente. Komfortable Superiorzimmer und schöne unterschiedliche Suiten. Frisches Ambiente im Restaurant mit großer Glasfront zum Innenhof.

  Mercure Plaza garni   🈴 🛁 🛗 ♿ 🅰🅲 🍽 🛋 💳 ⦿ 🅰🅴 🆁
Bismarckstr. 48 ✉ 45128 – ✆ (0201) 87 85 80 – www.mercure.com   BVa
132 Zim – †130/299 € ††140/299 €, ⌂ 17 € – 1 Suite
♦ Ein komfortables, zeitgemäß-funktionelles Businesshotel in günstiger Lage nahe der Messe. In der modernen Bar bietet man Snacks an. "Privilege"-Zimmer mit Extras.

  Essener Hof   🛗 ♿ 💱 🍽 🧖 🛋 💳 ⦿ 🅰🅴 🆁
Am Handelshof 5 ✉ 45127 – ✆ (0201) 2 42 50 – www.essener-hof.com – geschl.
24. Dezember - 1. Januar   DZc
123 Zim – †65/145 € ††80/245 €, ⌂ 15 € – 4 Suiten
Rest – (geschl. 24. Dezember - 9. Januar und Samstag - Sonntag) Menü 21/49 €
– Karte 18/55 €
♦ Individuell eingerichtete und geschnittene Zimmer finden Sie im ältesten Hotel Essens. Interessant: die Wellnesszimmer mit Dampfdusche. Ideale Lage zum Erkunden der Stadt. Freundliches Restaurant in friesischem Weiß-Blau.

ESSEN

Aktienstr.	R 2
Altenessener Str.	R 3
Am Kreyenkrop	R 4
Borbecker Str.	R 6
Brückstr.	S 9
Burggrafenstr.	R 13
Essener Str.	R 16
Freiherr-vom-Stein-Str.	S 17
Gladbecker Str.	R 20
Grillostr.	R 21
Hachestr.	R 23
Hammer Str.	R 27
Hausackerstr.	R 30
Heidhauser Str.	R 31
Helenenstr.	R 34
Hirtsieferstr.	R 37
Hobeisenstr.	R 39
Hohenzollernstr.	R 40
Holsterhauser Str.	R 42
Hufelandstr.	R 43
Humboldtstr.	S 45
Huttropstr.	R 46
Huyssenallee	R 47
Kaulbachstr.	R 56
Klemensborn	S 58
Laupendahler Landstr.	S 65
Leimgardtsfeld	R 66
Lührmannstr.	R 72
Martin-Luther-Str.	R 74
Mülheimer Str.	R 76
Onckenstr.	R 77
Pastoratsberg	S 80
Pferdebahnstr.	R 82
Rubensstr.	R 87
Ruhrallee	R 88
Segerothstr.	R 92
Velberter Str.	S 95
Wittekindstr.	S 103
Wuppertaler Str.	S 104
Zeunerstr.	S 108

Mövenpick

Am Hauptbahnhof 2 ✉ *45127* – ✆ *(0201) 1 70 80* – *www.moevenpick-essen.com*
198 Zim – †99/158 € ††109/158 €, 🍴 18 € – 1 Suite   DZ**n**
Rest – *(geschl. Sonntag)* Karte 23/52 €

♦ Hotel in einem schönen Jugendstilbau namens Handelshof. Das Haus liegt perfekt: Bahnhof und Fußgängerzone direkt vor der Tür. Zimmer teilweise zum kleinen Innenhof. Modern-elegant ist das Restaurant in der 1. Etage.

ESSEN

Bernestr.	**DZ**	5
Brandstr.	**DZ**	8
Brunnenstr.	**BV**	12
Friederikenstr.	**BV**	18
Haumannpl.	**AX**	28
Helbingstr.	**DZ**	33
Hirschlandpl.	**DZ**	36
Holsterhauser Str.	**AV**	42
Huttropstr.	**CV**	46
Huyssenallee	**BV**	
I. Hagen.	**DZ**	48
I. Weberstr.	**DY**	98
Karolinenstr.	**CX**	52
Karolingerstr.	**BT**	53
Katzenbruchstr.	**BCT**	55
Kennedypl.	**DZ**	57
Kettwiger Str.	**DZ**	
Klosterstr.	**DY**	60
Kopstadtpl.	**DY**	62
Limbecker Pl.	**DY**	69
Limbecker Str.	**DY**	
Martinstr.	**AX**	73
Ostfeldstr.	**DY**	78
Ottilienstr.	**DY**	79
Porschepl.	**DZ**	83
Rathenaustr.	**DY**	84
Rheinischer Pl.	**DY**	86
Rottstr.	**DY**	
Rüttenscheider Str.	**ABX**	
Schützenbahn.	**DY**	90
Segerothstr.	**DY**	92
Steeler Str.	**DZ**	94
Viehofer Str.	**DY**	96
Vöcklinghauser Str.	**BV**	97
Zwölfling	**DZ**	110

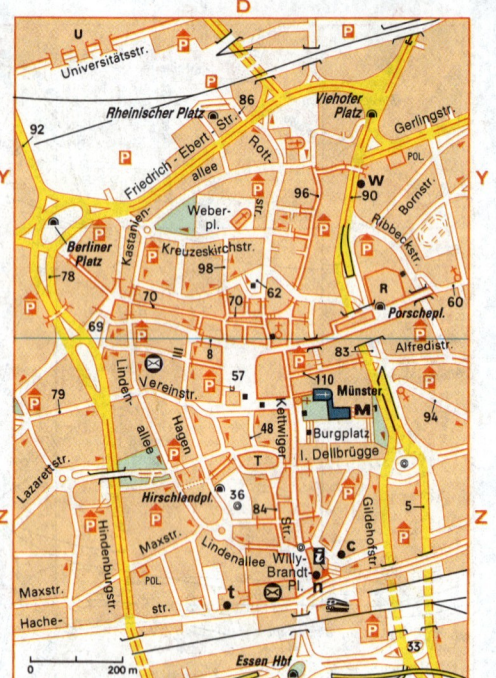

🏨 InterCityHotel 🛜 🎯 🏧 🍽 Rest, 🎵 🆂 💳 ⊘ AE
*Hachestr. 10 ✉ 45127 – 📞 (0201) 8 21 84 10
– www.intercityhotel.de*
168 Zim – †77/250 € ††92/275 €, 🍴 15 € **DZt**
Rest – *(nur Abendessen)* Karte 20/22 €
• Klarer moderner Stil und funktionelle Ausstattung bestimmen dieses Businesshotel. Hauptbahnhof und Stadtzentrum sind bequem zu Fuß erreichbar.

✕✕ Vincent & Paul 🍽 🏧 🔄 💳 ⊘ AE
*Museumsplatz 1, (im Museum Folkwang) ✉ 45128 – 📞 (0201) 8 84 58 88
– www.vincentpaul-folkwang.de – geschl. Montag* **BVn**
Rest – Karte 41/71 €
• Gute zeitgemäße Küche mit asiatischen Einflüssen bietet das in puristischem Stil gehaltene Restaurant im Neubau des Museums. Die Mittagskarte ist einfacher.

✕✕ La Grappa 💳 ⊘ AE ⊙
*Rellinghauser Str. 4 ✉ 45128 – 📞 (0201) 23 17 66 – www.la-grappa.de – geschl.
Samstagmittag, Sonntag* **BVv**
Rest – (Tischbestellung ratsam) Menü 38 € (mittags)/145 € – Karte 50/88 € 🍷
• Umgeben von allerlei nettem Dekor wählt man bei Rino Frattesi von einer klassisch italienischen Karte - dazu eine ausgezeichnete Weinauswahl und ein beachtliches Grappa-Angebot.

✕✕ Gallo 🏧 💳 ⊘ AE ⊙
Huyssenallee 7 ✉ 45128 – 📞 (0201) 7 47 47 53 – www.gallo-essen.de **BVg**
Rest – Menü 39 € (mittags)/57 € – Karte 41/92 €
• Ein modernes, in hellen Tönen gehaltenes Restaurant mit angenehm legerer Atmosphäre, freundlichem Service und einer zeitgemäßen italienischen Küche.

ESSEN

Wallberg
Huyssenallee 53, (in der Philharmonie Essen) ✉ 45128 – ℰ (0201) 81 22 86 10
– www.wallberg-essen.de – geschl. Samstagmittag BVy
Rest – Karte 35/48 €
• In dem elegant-rustikalen Fine-Dining-Restaurant bietet man seinen Gästen internationale Küche, die im Sommer auch im schönen großen Garten serviert wird.

In Essen-Bredeney

Parkhaus Hügel mit Zim
Freiherr-vom-Stein-Str. 209 ✉ 45133 – ℰ (0201) 47 10 91 – www.parkhaus-huegel.de
– geschl. 27. Dezember - 6. Januar Sr
13 Zim – †70/95 € ††95/130 €, ⊇ 13 €   **Rest** – Karte 36/50 €
• 1870 wurde dieses Haus von Alfred Krupp als Kasino seiner Villa Hügel errichtet. Heute speist man in modernem Ambiente internationale Gerichte und schaut auf den Baldeneysee. Die Gästezimmer sind zeitgemäß und wohnlich eingerichtet.

In Essen-Burgaltendorf Süd-Ost: 12 km, über Wuppertaler Straße B 227 S

Mintrops Land Hotel Burgaltendorf
Schwarzensteinweg 81 ✉ 45289 – ℰ (0201) 57 17 10
– www.mintrops.mm-hotels.de
52 Zim – †99/139 € ††116/160 €, ⊇ 10 €   **Rest** – Karte 33/46 €
• Modernes und farbenfroh gestaltetes Landhotel, das aus einem ehemaligen Gut hervorging. Schicke, individuelle und sehr wohnliche Zimmer mit W-Lan gratis. Schöner Garten mit "Merlins-Pfad". Neuzeitlich ist die Atmosphäre im Restaurant.

In Essen-Frohnhausen

Kölner Hof
Duisburger Str. 20 ✉ 45145 – ℰ (0201) 76 34 30 – www.restaurant-koelner-hof.de
– geschl. 8. - 23. August und Montag - Dienstag, Samstagmittag Ra
Rest – (Tischbestellung ratsam) Menü 33 € (mittags)/75 € – Karte 40/69 €
• Seit 1919 kümmert sich Familie Furtmann in diesem Haus um ihre Gäste. In dem eleganten Restaurant mit netter kleiner Gartenterrasse wird schmackhafte klassische Küche geboten.

In Essen-Horst über Steeler Straße 3 km R

Hannappel
Dahlhauser Str. 173 ✉ 45279 – ℰ (0201) 53 45 06 – www.restaurant-hannappel.de
– geschl. Juli - August 3 Wochen und Dienstag
Rest – Menü 39/75 € – Karte 41/53 €
• Knut Hannappel bietet hier eine gute, zeitgemäß interpretierte klassische Küche in geschmackvollem Rahmen. Der Service ist freundlich und aufmerksam.

In Essen-Katernberg

Casino Zollverein
Gelsenkirchener Str. 181 ✉ 45309 – ℰ (0201) 83 02 40 – www.casino-zollverein.de
– geschl. Ende Dezember - Anfang Januar 2 Wochen und Montag Rb
Rest – Menü 34/46 € – Karte 32/69 €
• In der Kompressorenhalle der Zeche Zollverein - Weltkulturerbe der UNESCO - hat man eindrucksvolle Industriearchitektur mit modernem Stil kombiniert. Internationale Küche.

In Essen-Kettwig über Ruhrtalstraße 11 km S

Schloss Hugenpoet
August-Thyssen-Str. 51 (West: 2,5 km) ✉ 45219 – ℰ (02054) 1 20 40
– www.hugenpoet.de
26 Zim – ††170/255 € ††215/325 €, ⊇ 15 € – 2 Suiten
Rest *Nero* **Rest** *Hugenpöttchen* – siehe Restaurantauswahl
• Ein architektonisches Schmuckstück ist das herrschaftliche Wasserschloss a. d. 17. Jh. Ausgesprochen stilvoll sind die historische Halle sowie die individuellen Zimmer und Suiten. Dazu der sehr gute Service. Separat: die Villa "Türmchen".

ESSEN

Landhaus Knappmann
Ringstr. 198 ⊠ 45219 – ℰ (02054) 78 09
– www.hotel-knappmann.de – geschl. 22. Dezember - 3. Januar
18 Zim – †75/79 € ††99/105 €   **Rest** – Karte 17/29 €
♦ Familie Knappmann bietet hier wohnliche Zimmer und Juniorsuiten, teilweise mit Marmorbad und Whirlwanne. Besonders nett sind die beiden Landhäuschen-Suiten mit eigenem Garten. Gemütliches Restaurant mit Brauhaus-Flair und regional-bürgerlicher Küche. Biergarten.

Sengelmannshof
Sengelmannsweg 35 ⊠ 45219 – ℰ (02054) 9 59 70
– www.sengelmannshof.de – geschl. 24. Dezember - 3. Januar
27 Zim – †82/94 € ††119/135 €
Rest – *(geschl. 27. - 30. Dezember, 1. - 3. Januar und Samstagmittag)* Karte 25/49 €
♦ Das ruhig gelegene Gasthaus a. d. J. 1817 ist sehr gepflegt und wird gut geführt. Es erwarten Sie funktional ausgestattete Zimmer (darunter ein Hochzeitszimmer). Gemütlich-rustikale Stuben mit bürgerlichem Angebot.

Résidence (Berthold Bühler) mit Zim
Auf der Forst 1 ⊠ 45219 – ℰ (02054) 9 55 90
– www.hotel-residence.de – geschl. Anfang Januar 1 Woche, Juli - August 3 Wochen und Sonntag - Montag
17 Zim – †95/175 € ††125/265 €, ⊇ 18 € – 1 Suite
Rest – *(nur Abendessen)* (Tischbestellung ratsam) Menü 118/138 €
Spez. Tatar und kurz gebratenes Filet vom Kingfish mit Kokosspaghettini, Papayarelish und Pak Choi. Rochenflügel mit Poweraden und Blumenkohlpüree in Sesamjus. Geschmortes und rosa gebratenes Schaufelstück vom Angus Rind mit Kohlrabitarte und Zwiebelmarmelade.
♦ Berthold Bühler und Henri Bach bereiten sehr detailgenau zeitgemäße Gerichte mit klassischer Basis zu. Der Service ist freundlich, aufmerksam und kompetent und sorgt zusammen mit dem eleganten Interieur für ein überaus angenehmes Umfeld. Geschmackvoll und individuell sind die Gästezimmer.

Nero – Hotel Schloss Hugenpoet
August-Thyssen-Str. 51 (West: 2,5 km) ⊠ 45219 – ℰ (02054) 1 20 40
– www.hugenpoet.de – geschl. 1. - 10. Januar, 13. - 27. Februar, 9. - 16. April, 31. Juli - 21. August und Sonntag - Montag
Rest – *(nur Abendessen)* (Tischbestellung ratsam) Menü 89/119 € – Karte 58/92 €
Spez. Carabinero mit Tomate, Falafel und Verbene. Gebratener Hummerschwanz mit Nudelrisotto und Finger Limes. Eifeler Rehrücken mit Kardamomkirschen, Macadamianüssen, Mangold und Physalis.
♦ Ein exklusives und modern-elegantes Restaurant, in dem die Farben Schwarz und Rot dominieren. Die feine klassische Küche von Erika Bergheim und ihrem Team wird sehr freundlich und geschult serviert - auch auf der reizvollen Terrasse zum Park.

Ange d'or Junior
Ruhrtalstr. 326 ⊠ 45219 – ℰ (02054) 23 07
– www.ange-dor.de – geschl. 1. - 8. Januar, über Ostern 1 Woche, Anfang - Mitte Oktober und Sonntag - Montag
Rest – *(nur Abendessen)* Karte 40/68 €
♦ Eine individuelle Adresse mit Bistro-Charakter. Poppige und witzige Werke von Norbert von Padberg schaffen hier eine besondere Note. Gut und schmackhaft ist die internationale Küche.

Hugenpöttchen – Hotel Schloss Hugenpoet
August-Thyssen-Str. 51 (West: 2,5 km) ⊠ 45219 – ℰ (02054) 12 04 36
– www.hugenpoet.de
Rest – (Tischbestellung ratsam) Menü 34/57 € – Karte 33/44 €
♦ Alternativ zum Restaurant Nero isst man auch gut in dem behaglichen Restaurant in der ehemaligen Remise des Schlosses. Die Speisen sind zeitgemäß, oft auch regional ausgerichtet und schmackhaft zubereitet. Terrasse zum Schlosshof.

In Essen-Margarethenhöhe

Mintrops Stadt Hotel Margarethenhöhe
Steile Str. 46 ✉ 45149 – ℰ (0201) 4 38 60 – www.mmhotels.de
30 Zim – †135/145 € ††166/175 € – 1 Suite **Rf**
Rest – Karte 28/43 €

• Das nette kleine Hotel liegt in der historischen Krupp-Siedlung nahe Grugapark und Messe. Die Zimmer sind ansprechend in neuzeitlichem Stil eingerichtet. Schöne Veranstaltungsräume. Freundlich und geradlinig ist das Ambiente im Restaurant.

In Essen-Rüttenscheid

Atlantic Congress Hotel
Norbertstr. 2a ✉ 45131 – ℰ (0201) 94 62 80
– www.atlantic-essen.de **AXb**
248 Zim – †109/169 € ††109/169 €, ⊇ 22 € – 19 Suiten **Rest** – Karte 33/49 €

• In direkter Nachbarschaft zu Grugahalle, Grugapark und Messe steht dieses modern designte Businesshotel. Schöner Stadtblick von der Dachterrasse des Freizeitbereichs. Helles, freundliches Restaurant mit internationalem Angebot.

An der Gruga garni
Eduard-Lucas-Str. 17 ✉ 45131 – ℰ (0201) 84 11 80 – www.wbw-hotels.de
40 Zim ⊇ – †82/195 € ††102/225 € **AXa**

• Das Hotel liegt günstig gegenüber der Messe. Besonders komfortabel wohnt man in den Businesszimmern. Im netten modernen Frühstücksraum bietet man ein gutes Buffet. Kleiner Fitnessbereich.

Maximilians garni
Manfredstr. 10 ✉ 45131 – ℰ (0201) 45 01 70 – www.wbw-hotels.de **St**
30 Zim ⊇ – †82/195 € ††102/225 €

• Eine wohnliche Adresse in Messenähe, die persönlich und engagiert geführt wird. Es erwarten Sie ein helle, geradlinig-moderne Einrichtung und ein gutes Frühstücksbuffet.

Ypsilon
Müller-Breslau-Str. 18 ✉ 45130 – ℰ (0201) 8 96 90 – www.ypsilon-hotel.de
101 Zim ⊇ – †116/240 € ††150/260 € – 2 Suiten **BXe**
Rest – Karte 27/39 €

• Das in Y-Form erbaute Hotel ist eine neuzeitlich-funktionelle Businessadresse nahe der Autobahnausfahrt. U. a. Allergikerzimmer und ein Wasserbettzimmer. Fahrradverleih gratis. Internationale Küche im Restaurant mit Wintergartenanbau.

Ruhr-Hotel garni
Krawehlstr. 42 ✉ 45130 – ℰ (0201) 77 80 53 – www.ruhrhotel.de – geschl.
18. Dezember - 3. Januar **AVe**
29 Zim – †69/89 € ††89/108 €

• Mit Engagement leitet Familie Köhler ihr Hotel. Es stehen sehr gepflegte Zimmer und eine nette kleine Frühstücksterrasse zur Verfügung.

Schote (Nelson Müller)
Emmastr. 25 ✉ 45130 – ℰ (0201) 78 01 07 – www.restaurant-schote.de
– geschl. Anfang Januar 1 Woche, Ende Juli - Anfang August 3 Wochen und Sonntag
- Montag **BXa**
Rest – (nur Abendessen) Menü 54/89 € – Karte 68/78 €
Spez. Carpaccio von Jakobsmuscheln und Gänseleber mit grünem Apfel und gerösteten Macadamianüssen. Carabinero im Hühnchenflügel mit Blumenkohl-Couscous, Kaffeekrokant und Yuzu. Short Rib vom Black Angus mit braisiertem Chicorée und schwarzem Knoblauch, geschmorte Ochsenbäckchen.

• Zeitgemäß, elegant und lebendig ist hier die Atmosphäre. Nelson Müller, bekannt aus TV-Sendungen, kocht schmackhafte klassische Speisen, in die er geschickt mediterrane und moderne Elemente miteinbezieht.

BISTECCA
Rüttenscheiderstr. 2, (im Glückaufhaus) ✉ 45130 – ℰ (0201) 24 22 22 44 – geschl.
Weihnachten und Samstagmittag, Sonntag sowie an Feiertagen Mittags
Rest – Karte 43/78 € **BVb**

• In dem modern designten Restaurant reicht man eine internationale Karte mit Steaks und Seafood. Dazu eine gute Weinauswahl mit einigen Raritäten.

ESSEN

Rotisserie du Sommelier
Wegenerstr. 3 ✉ *45131 – ℰ (0201) 9 59 69 30 – www.rotisserie-ruettenscheid.de
– geschl. 2. - 14. April und Sonntag - Montag* **AXs**
Rest – *(Tischbestellung ratsam)* Menü 42/48 € – Karte 40/61 €
• In behaglich-moderner Bistro-Atmosphäre bietet man weitgehend französische Küche mit internationalem Einfluss. Man wählt zwischen den Menüs "Heimat" und "Frankreich" sowie Tagesgerichten.

In Essen-Kupferdreh Süd: 13 km, über Wuppertaler Straße B 227, nach Kupferdreh rechts ab, Richtung Dilldorf und Werden S

Villa Kunterbunt
Hammer Str. 116 ✉ *45257 – ℰ (0201) 8 48 50 77 – www.essensfreude.de – geschl. Ende Januar 1 Woche, September 1 Woche und Montag*
Rest – *(nur Abendessen)* *(Tischbestellung ratsam)* Menü 36 € – Karte 26/43 €
• Familie Schmitz leitet das Gasthaus von 1916 engagiert und mit persönlicher Note. Ein liebenswert gestaltetes Restaurant mit schöner Terrasse zum Wald. Gekocht wird international.

ESSEN, BAD – Niedersachsen – **541** – 15 710 Ew – Höhe 62 m – Sole-Kurort **17** F8
▶ Berlin 396 – Hannover 133 – Bielefeld 71 – Osnabrück 24
🛈 Lindenstr. 39, ✉ 49152, ℰ (05472) 9 49 20, www.badessen.info

Landhotel Buchenhof garni
Bergstr. 22 ✉ *49152 – ℰ (05472) 93 90 – www.landhotel-buchenhof.de*
26 Zim ☑ – †65/75 € ††95/105 € – 1 Suite
• Das schöne Anwesen versprüht mit seinen verschiedenen Fachwerkbauernhäusern (eines von 1703) außen wie innen ländlichen Charme. Auch Maisonetten. Hübsche Gartenanlage.

Höger's Hotel
Kirchplatz 25, (Zufahrt über Nikolaistr. 11) ✉ *49152 – ℰ (05472) 9 46 40
– www.hoegers.de – geschl. 2. - 16. Januar, 29. Oktober - 9. November*
17 Zim ☑ – †65/90 € ††100/110 € – ½ P 20 € – 1 Suite **Rest** – Karte 23/46 €
• Das Haus liegt verkehrsberuhigt bei der Kirche. Die beiden Gastgeberinnen haben ein Händchen für geschmackvolle Einrichtung, zu sehen u. a. in den eleganten und geräumigen Komfortzimmern oder in der Lounge. Veranda zum Marktplatz und Terrasse unter Buchen. Eigene Konditorei.

ESSENHEIM – Rheinland-Pfalz – **543** – 3 400 Ew – Höhe 220 m **47** E15
▶ Berlin 594 – Mainz 13 – Neustadt an der Weinstraße 92 – Wiesbaden 22

Domherrenhof - Restaurant Dirk Maus
✿✿
Straße der Champagne 1 ✉ *55270 – ℰ (06136) 76 19 01 – www.dirk-maus.de
– geschl. über Fastnacht 1 Woche, Juli - August 2 Wochen und Montag - Dienstag*
Rest – *(nur Abendessen)* Menü 85/120 €
Rest *Domherrenhof* – siehe Restaurantauswahl
Spez. Taube in Brot, Birne, Morchel, Trüffel. Reh, Wirsing, Spargel, Schwarzer Knoblauch. Himbeere, Manjari, Waldmeister.
• In dem Haus a. d. 18. Jh. verwöhnt Sie Dirk Maus mit zeitgemäß-kreativer Küche auf klassischer Basis, seine Lebensgefährtin kümmert sich engagiert und angenehm leger um den Service. Das Interieur: ein schöner Mix aus historischem Natursteingewölbe und klarem modernem Stil.

Domherrenhof – Domherrenhof - Restaurant Dirk Maus
Straße der Champagne 1 ✉ *55270 – ℰ (06136) 76 19 01 – www.dirk-maus.de
– geschl. über Fastnacht 1 Woche, Juli - August 2 Wochen und Montag - Dienstag*
Rest – *(Mittwoch - Freitag nur Abendessen)* Menü 32 € – Karte 34/52 €
• Im zweiten Restaurant des Domherrenhofs erwartet die Gäste saisonal-regionale Küche. Nett ist die Terrasse auf dem "Dalles" (Ortsmittelpunkt auf Rheinhessisch!).

ESSLINGEN am NECKAR – Baden-Württemberg – **545** – 91 470 Ew **55** G18
– Höhe 401 m
▶ Berlin 641 – Stuttgart 17 – Reutlingen 40 – Ulm (Donau) 80
ADAC Plochingerstr. 21
🛈 Marktplatz 2 Y, ✉ 73728, ℰ (0711) 39 69 39 69, www.tourist.esslingen.de

ESSLINGEN am NECKAR

Park Consul
Grabbrunnenstr. 19 ⊠ *73728* – ℰ *(0711) 41 11 10* – *www.pcesslingen.consul-hotels.com*
150 Zim – †142 € ††167 € – 4 Suiten **Rest** – Karte 26/45 € **Za**

♦ Das Businesshotel bietet ein freundliches und modernes Ambiente von der Lobby mit Atrium-Bar und Lounge bis zu den gut ausgestatteten Zimmern. Restaurant im Bistrostil. Auf der Dachterrasse mit traumhaftem Panoramablick auf Stadt und Burg wird im Sommer gegrillt.

Am Schillerpark
Neckarstr. 60 ⊠ *73728* – ℰ *(0711) 93 13 30* – *www.hotel-am-schillerpark.de*
51 Zim – †68/145 € ††95/165 € **Zr**
Rest *per voi* – ℰ *(0711) 75 87 89 18 (geschl. Freitagmittag, Samstagmittag, Sonntag)* Karte 27/51 €

♦ In dem zentrumsnah gelegenen Hotel stehen zeitgemäß-funktionale Zimmer und ein heller Frühstücksraum mit Gartenterrasse bereit. Die hübschen Maisonetten sind ideal für Familien. Im eleganten Restaurant und auf der mediterranen Terrasse kredenzt man italienische Küche.

Rosenau garni
Plochinger Str. 65 (über Z) ⊠ *73730* – ℰ *(0711) 3 15 45 60*
– *www.hotel-rosenau.de*
57 Zim – †79/119 € ††109/139 €

♦ Ein gut geführtes Hotel mit zeitgemäß eingerichteten Gästezimmern. Einige Zimmer liegen zur Sonnenseite und verfügen über eine Klimaanlage.

Bahnhofpl. . . . . **Z** 2	Im Heppächer . . . . **Z** 16	Pliensaustr. . . . . **Z**
Bahnhofstr. . . . . **Z**	Küferstr. **Z**	Plochinger
Blarerpl. **Z** 5	Kurt-Schumacher-	Str. **Z** 29
Brückenstr. . . . . **Z** 6	Str. . . . . **Z** 17	Rathauspl. . . . . **Y** 30
Charlottenpl. . . . . **Z** 7	Landolinspl. . . . . **Y** 21	Roßmarkt . . . . **Z** 31
Entengrabenstr. . . . . **Z** 10	Marktpl. . . . . **Y** 22	Strohstr. . . . . **Z** 33
Franziskanergasse . . . . **Z** 12	Milchstr. . . . . **Z** 23	Unterer Metzgerbach . . . . **Z** 36
Hafenmarkt . . . . **Y** 13	Mühlstr. . . . . **Z** 24	Vogelsangbrücke . . . . **Z** 39
Heugasse . . . . **Y** 14	Oberer Metzgerbach . . . . **Z** 26	Wielandstr. . . . . **YZ** 40

ESSLINGEN am NECKAR

XX Reichsstadt
*Rathausplatz 5 ⊠ 73728 – ⌀ (0711) 35 36 20 – www.ristorante-reichsstadt.de
– geschl. Sonntag - Montag* **Yd**
Rest – Menü 45 € – Karte 36/70 €
• In einem historischen Stadthaus direkt gegenüber dem Rathaus bietet man seinen Gästen eine frische italienische Küche. Das Ambiente ist modern und doch klassisch.

X Blum's Öxle
*Marktplatz 4 ⊠ 73728 – ⌀ (0711) 91 27 47 71 – www.blums-oexle.de – geschl.
Sonntag - Dienstagmittag* **Ya**
Rest – (Tischbestellung ratsam) Karte 32/50 €
• Das sehr individuell und gemütlich eingerichtete kleine Restaurant mit nur sechs Tischen wird angenehm persönlich geführt. Man bietet eine regional-saisonale Küche.

ETTENHEIM Baden-Württemberg – **545** – 12 200 Ew – Höhe 193 m **53** D20

▶ Berlin 779 – Stuttgart 174 – Freiburg im Breisgau 42 – Strasbourg 53

XX Weber
*Im Offental 1 ⊠ 77955 – ⌀ (07822) 8 94 80 – www.weingut-weber.de – geschl.
Februar 2 Wochen, Juli 10 Tage, November 1 Woche und Montag - Dienstag*
Rest – Menü 25 € (vegetarisch)/37 € – Karte 24/47 €
• Ein Weingut in Hanglage etwas außerhalb des Ortes. Im ehemaligen Gutsausschank bieten die Juniorchefin und ihr Lebensgefährte eine ambitionierte Küche, die stark in der Region verankert ist. Das rustikale Flair des Restaurants ist sehr nett, dennoch kommt man im Sommer nicht an der Terrasse mit ihrer traumhaften Aussicht vorbei! Gute Eigenbauweine.

ETTLINGEN – Baden-Württemberg – **545** – 38 620 Ew – Höhe 133 m **54** F18

▶ Berlin 678 – Stuttgart 79 – Karlsruhe 10 – Baden-Baden 36
ℹ Schlossplatz 3, ⊠ 76275, ⌀ (07243) 10 13 80, www.ettlingen.de

Erbprinz
Rheinstr. 1 ⊠ 76275 – ⌀ (07243) 32 20 – www.erbprinz.de
120 Zim – †165/185 € ††215/235 € – ½ P 45 € – 7 Suiten
Rest *Weinstube Sibylla* – **Rest** *Erbprinz* – siehe Restaurantauswahl
• Die Einrichtung in diesem gewachsenen Hotel mit Ursprung im Jahre 1780 reicht von klassisch-gediegen im Stammhaus bis hin zu modern-elegant in den Neubauten. Großzügiger und hochwertiger Spabereich.

Watthalden
Pforzheimer Str. 67a ⊠ 76275 – ⌀ (07243) 71 40 – www.watthalden.de
83 Zim – †98/110 € ††120/130 €
Rest *Hartmaier's Villa* – siehe Restaurantauswahl
• Das neben einem kleinen Park gelegene Hotel ist vor allem auf Tagungen und Geschäftsreisende ausgelegt und hat moderne Gästezimmer zu bieten.

Stadthotel Engel garni (mit Gästehaus)
*Kronenstr. 13 ⊠ 76275 – ⌀ (07243) 33 00 – www.stadthotel-engel.de – geschl.
24. Dezember - 10. Januar*
93 Zim – †80/105 € ††110/140 €
• Das Hotel liegt in der Altstadt und verfügt über zeitgemäße, unterschiedlich geschnittene Zimmer, die farblich teilweise recht lebendig gestaltet sind. Kostenfreies W-Lan.

Holder garni
*Lindenweg 16 (Umgebungsplan Karlsruhe) ⊠ 76275 – ⌀ (07243) 1 60 08
– www.hotel-holder.de – geschl. Weihnachten - Neujahr* **AVb**
28 Zim – †60/89 € ††79/98 €
• Die verkehrsgünstige Lage am Rande von Ettlingen und funktionell ausgestattete Zimmer sprechen für dieses Hotel. W-Lan bietet man gratis, gut sind auch die Parkmöglichkeiten.

ETTLINGEN

XXX **Erbprinz** – Hotel Erbprinz
Rheinstr. 1 ⊠ 76275 – ℰ (07243) 32 20 – www.erbprinz.de – geschl. 8. - 24. Januar, 28. Mai - 12. Juni und Sonntag - Montag sowie an Feiertagen
Rest – Menü 85/108 € – Karte 72/93 €
• Mit rostroten Ledersesseln, hellen Stuckarbeiten, lebendiger Kunst an den Wänden und sanfter Beleuchtung wurde im "Erbprinz" ein Rahmen für einen eleganten, aber unprätentiösen Lifestyle geschaffen. Stilvoll serviert man gute klassische Spezialitäten.

XX **Hartmaier's Villa** – Hotel Watthalden
Pforzheimer Str. 67 ⊠ 76275 – ℰ (07243) 76 17 20 – www.hartmaiers.de
Rest – Menü 44 € – Karte 28/56 €
• In der schönen Villa Watthalden von 1818 bietet man schmackhafte klassische Küche mit regionalen und mediterranen Einflüssen. Serviert wird in modernen Räumen - elegant im Restaurant, leger im Bistro. Im Sommer ist die Terrasse sehr nett. Weinhandlung.

XX **Weinstube Sibylla** – Hotel Erbprinz
Rheinstr. 1 ⊠ 76275 – ℰ (07243) 32 20 – www.erbprinz.de
Rest – Menü 33 € – Karte 29/46 €
• Das Stammhaus des Hotels, der ursprüngliche Erbprinz, beherbergt dieses Restaurant mit guter regionaler Küche. Holztäfelung, Parkett und Dekor erzeugen eine gemütliche Atmosphäre. Probieren sollte man unbedingt regionale Klassiker wie Hechtklößchen mit Rieslingsauce, feinen Nudeln und Spinat.

An der Autobahn A 5 Nord-West: 2 km, Ausfahrt Karlsruhe-Süd

Radisson BLU
Am Hardtwald 10 , (Industriegebiet) (Umgebungsplan Karlsruhe) ⊠ 76275 Ettlingen – ℰ (07243) 38 00 – www.radissonblu.com/hotel-karlsruhe AVe
199 Zim – †85/125 € ††85/234 €, ⊊ 19 € – 4 Suiten
Rest – Menü 25 € (mittags)/55 € – Karte 28/42 €
• Hier überzeugen großzügige öffentliche Bereiche, gute Tagungsmöglichkeiten in 19 verschiedenen Räumen sowie zeitgemäße Zimmer mit kostenfreiem W-Lan. Lage an der Autobahnausfahrt.

EURASBURG – Bayern – **546** – 4 300 Ew – Höhe 600 m   65 L21
▶ Berlin 632 – München 44 – Innsbruck 113 – Kufstein 103

XX **Elbacher Gütel** mit Zim
Birkenallee 1 ⊠ 82547 – ℰ (08179) 9 43 14 70
3 Zim ⊊ – †65/70 € ††90/95 €   **Rest** – Menü 39 € – Karte 37/68 €
• Die Hofmanns haben das historische Bauernhaus (das 450 Jahre alte Obergeschoss stammt vom Nachbargehöft!) mit viel Liebe zum Detail saniert und führen es heute mit genauso viel Engagement als Restaurant mit unverwechselbarem Charakter. Probieren Sie schmackhafte Gerichte wie "Ganze Seezunge in Zitronenbutter"!

EUSKIRCHEN – Nordrhein-Westfalen – **543** – 55 880 Ew – Höhe 160 m   35 B13
▶ Berlin 611 – Düsseldorf 78 – Bonn 32 – Aachen 87
ADAC Eifelring 45

Parkhotel
Alleestr. 1 ⊠ 53879 – ℰ (02251) 77 50 – www.parkhotel-euskirchen.de
92 Zim ⊊ – †132/219 € ††145/239 € – 2 Suiten   **Rest** – Karte 29/65 €
• Modern-gediegenes Hotel im Zentrum gegenüber dem Bahnhof. Zimmer mit wertiger, geschmackvoller Einrichtung und sehr guter Technik, dazu ein hübscher Spa und gute Tagungsmöglichkeiten. Restaurant mit einsehbarer Küche und internationalen Gerichten.

XX **Stadtwald Vinum**
Münstereifeler Str. 148 ⊠ 53879 – ℰ (02251) 6 33 13 – www.stadtwaldvinum.de – geschl. Montag, Samstagmittag
Rest – (Tischbestellung ratsam) Menü 25/65 € – Karte 29/62 €
• Dieses Haus versprüht mediterranes Flair von der liebenswerten, gemütlich-stilvollen Einrichtung über das Speiseangebot bis zur Gartenterrasse. Verkauf von Wein und Terrakotta.

EUSKIRCHEN

XX Tögel's Restaurant Loft34
Gerberstr. 3 ⌧ 53879 – ℰ (02251) 43 85 – www.toegelsrestaurant.de – geschl. Januar 2 Wochen, Ende Juli 2 Wochen, Anfang August 1 Woche und Sonntag - Montag
Rest – *(nur Abendessen)* Menü 30/62 € – Karte 42/63 €
♦ Ein helles, modernes Restaurant mit luftiger Atmosphäre in einem denkmalgeschützten Backsteingebäude a. d. 19. Jh. Geboten wird internationale Küche.

In Euskirchen-Flamersheim Süd-Ost: 7,5 km

XX Bembergs Häuschen "Das Restaurant"
Burg Flamersheim, (Zufahrt über Sperberstraße) ⌧ 53881 – ℰ (02255) 94 57 52 – www.burgflamersheim.de – geschl. 1.-14. Januar, Juli und Montag - Dienstag
Rest – *(Mittwoch - Samstag nur Abendessen)* Menü 48/85 € Karte 48/76 €
Rest *Eiflers Zeiten "Das Gasthaus"* – *(Mittwoch - Donnerstag nur Abendessen)* Karte 23/39 €
♦ Auf dem schönen historischen "Landlust"-Anwesen sind zwei Gastromomiekonzepte zuhause, die sich wunderbar ergänzen: elegant in Bembergs Häuschen mit zeitgemäßen Gerichten wie "Steinbutt Müllerin" oder "Langostino, Avocado, Erdnuss", etwas bodenständiger im Gasthaus Eiflers Zeiten mit Regionalem wie z. B. "Lammhaxe vom Pützhof, im Holzofen geschmort".

EUTIN – Schleswig-Holstein – **541** – 17 190 Ew – Höhe 33 m — 11 J4
– Heilklimatischer Kurort
▶ Berlin 299 – Kiel 44 – Lübeck 48 – Oldenburg in Holstein 29
🛈 Markt 19, ⌧ 23701, ℰ (04521) 7 09 70, www.eutin.de
🏌 Waldshagen, Gut Waldshagen, ℰ (04522) 76 67 66

EUT-IN
Lübecker Landstr. 53 ⌧ 23701 – ℰ (04521) 77 88 10 – www.eut-in-hotel.de
14 Zim ⌦ – †59/89 € ††98/118 € – ½ P 16 € – 1 Suite
Rest – *(geschl. Anfang Januar 3 Wochen)* Menü 22/59 € – Karte 20/44 €
♦ Das kleine Hotel in den Gebäuden der einstigen Straßenmeisterei ist ideal für Ausflüge an die 10 km entfernte Ostsee. Aber auch im Strandkorb am eigenen Badeteich lässt es sich wunderbar relaxen! Im Restaurant mit separater Stube isst man bürgerlich-saisonal.

In Eutin-Sielbeck Nord: 5,5 km über Plöner Straße und Fissau

Uklei-Fährhaus (mit Gästehaus)
Eutiner Str. 7 (am Kellersee) ⌧ 23701 – ℰ (04521) 24 58 – www.uklei-faehrhaus.de – geschl. Dezember - Januar
22 Zim ⌦ – †44/59 € ††72/80 € – ½ P 15 €
Rest – *(geschl. Februar - April und im November: Donnerstag)* Karte 18/62 €
♦ Das familiär geleitete Hotel bietet neben funktionellen Gästezimmern auch einen schönen Garten mit Zugang zum See. Bootsanlegesteg direkt am Haus. Das Restaurant ist in einem roten Holzhaus von 1913 untergebracht - Highlight ist die Terrasse zum See!

EVERSWINKEL – Nordrhein-Westfalen – **543** – 9 460 Ew – Höhe 66 m — 27 E10
▶ Berlin 454 – Düsseldorf 141 – Bielefeld 60 – Münster (Westfalen) 18

In Everswinkel-Alverskirchen Süd-West: 2,5 km

Landhaus Bisping
St.-Agatha-Platz 8 ⌧ 48351 – ℰ (02582) 70 01 – www.landhaus-bisping.de – geschl. 1. - 21. Januar
14 Zim ⌦ – †68 € ††98/110 € **Rest** – *(geschl. Mittwoch) (nur Abendessen)*
♦ Die Gästezimmer dieses familiären kleinen Hotels sind wohnlich und mit persönlicher Note eingerichtet. Auch Räume für Tagungen und Festlichkeiten sind vorhanden. Rustikales Restaurant mit zeitlos gestaltetem Nebenzimmer.

EYBA – Thüringen – siehe Saalfelder Höhe

FAHRENZHAUSEN – Bayern – 546 – 4 580 Ew – Höhe 465 m 58 L19
▶ Berlin 562 – München 25 – Freising 26 – Augsburg 72

In Fahrenzhausen-Großnöbach Süd-Ost: 2 km über B 13 Richtung München

AmperVilla
Gewerbering 1 (B 13) ✉ *85777* – ✆ *(08133) 9 96 30* – *www.ampervilla.de*
– geschl. 20. - 26. Dezember
40 Zim – †69/149 € ††79/159 € – 2 Suiten
Rest – *(nur Abendessen)* Karte 19/45 €
• Ein Haus mit mediterranem Landhausflair. Mit hübschen Stoffen und warmen Farben hat man die Zimmer geschmackvoll und wohnlich gestaltet. Ebenso schön: Frühstücksraum und kleine Bibliothek.

FALKENSTEIN (VOGTLAND) – Sachsen – 544 – 8 830 Ew – Höhe 520 m 42 N14
▶ Berlin 310 – Dresden 151 – Gera 63 – Plauen 20
ℹ Willy-Rudert-Platz 1, ✉ 08223, ✆ (03745) 74 10, www.stadt-falkenstein.de

Falkenstein
Amtsstr. 1 ✉ *08223* – ✆ *(03745) 74 20* – *www.hotelfalkenstein.de*
50 Zim – †65 € ††77 € **Rest** – Karte 19/26 €
• Ein zeitgemäß und funktionell eingerichtetes Hotel im Zentrum, das von Geschäftsreisenden und Reisegruppen gleichermaßen geschätzt wird. Restaurant im Bistrostil.

FALLINGBOSTEL, BAD – Niedersachsen – 541 – 11 490 Ew – Höhe 40 m 19 I7
– Kneippheilbad
▶ Berlin 329 – Hannover 69 – Bremen 70 – Hamburg 95
ℹ Sebastian-Kneipp-Platz 1, ✉ 29683, ✆ (05162) 40 00, www.tourismus-badfallingbostel.de
⛳ Fallingbostel, Tietlingen 6c, ✆ (05162) 38 89

Park Hotel Berlin
Düshorner Str. 7 ✉ *29683* – ✆ *(05162) 90 00 60* – *www.hotel-berlin-online.de*
20 Zim – †69/80 € ††89/109 € – ½ P 15 €
Rest – *(geschl. Sonntag - Montag) (nur Abendessen)* Karte 20/40 €
• Ein vom Inhaber freundlich und familiär geführtes Hotel mit zeitgemäßen und funktionellen, teilweise recht geräumigen Zimmern, einige mit Balkon. Restaurant-Café Leonard mit kleinem internationalem Angebot.

Haus Petersen garni
Schlüterberg 1 ✉ *29683* – ✆ *(05162) 59 66* – *www.haus-petersen.com*
15 Zim – †59/79 € ††85/99 €
• Eine sehr nette Adresse mit wohnlich-familiärer Atmosphäre, geschmackvollen Zimmern und einer hübschen Terrasse im gepflegten Garten, auf der man im Sommer frühstücken kann.

FASSBERG – Niedersachsen – 541 – 6 920 Ew – Höhe 71 m – Erholungsort 19 I7
▶ Berlin 308 – Hannover 90 – Celle 44 – Munster 14
ℹ Unterlüßer Str. 5, ✉ 29328, ✆ (05053) 98 92 22, www.touristinformation-mueden.de

In Faßberg-Müden Süd-West: 4 km

Niemeyer's Posthotel
Hauptstr. 7 ✉ *29328* – ✆ *(05053) 9 89 00* – *www.niemeyers-posthotel.de*
35 Zim – †90/120 € ††140/160 € – ½ P 28 € – 2 Suiten
Rest *Schäferstube* – siehe Restaurantauswahl
• Aus dem 19. Jh. stammt dieser traditionsreiche Familienbetrieb mit behaglichem gediegenem Ambiente und einem hübschen modernen Sauna- und Ruhebereich.

Landhotel Bauernwald
Alte Dorfstr. 8 ✉ *29328* – ✆ *(05053) 9 89 90* – *www.bauernwald.de*
– geschl. 22. - 27. Dezember
35 Zim – †68/86 € ††92/118 € – ½ P 21 € – 1 Suite **Rest** – Karte 19/49 €
• Ein schönes ländliches Anwesen mit reizvollem Garten. Die Gästezimmer verteilen sich auf zwei Häuser, komfortabler sind die geschmackvoll-individuellen Zimmer im alten Bauernhaus. Gemütlich-rustikales Restaurant mit Terrasse.

FASSBERG

✕✕ Schäferstube – Niemeyer's Posthotel
*Hauptstr. 7 ⊠ 29328 – ℰ (05053) 9 89 00 – www.niemeyers-posthotel.de
– geschl. 3. - 30. Januar*
Rest – Menü 27/98 € – Karte 27/75 €
♦ Die "Schäferstube"- mit ihrer netten, ländlichen Atmosphäre - serviert ihren Gästen eine klassische Küche mit regionalen Einflüssen. Ein Grund, warum viele immer wieder kommen!

FEHMARN (INSEL) Schleswig-Holstein – 541 – Ostseeinsel, durch die Fehmarnsundbrücke★ mit dem Festland verbunden   4 K3
▶ Berlin 350 – Kiel 86 – Lübeck 83 – Oldenburg in Holstein 31
▣ von Puttgarden nach Rodbyhavn/Dänemark, ℰ (01805) 11 66 88
▣ Landkirchener Weg 46, ⊠ 23769, ℰ (04371) 50 63 00, www.fehmarn.de
▣ Südstrandpromenade 1, ⊠ 23769, ℰ (04371) 50 63 33, www.fehmarn.de
▣ Burg-Wulfen, Am Golfplatz 1, ℰ (04371) 69 69

BLIESCHENDORF

✕✕ Hoffmann's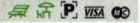
Blieschendorf 1 ⊠ 23769 – ℰ (04371) 18 11 – www.hoffmanns-fehmarn.de – geschl. Anfang - Mitte November und Dienstag, November - Ostern: Montag - Mittwoch
Rest – Karte 32/64 €
♦ Das über 100 Jahre alte Bauernhaus mit herrlicher Terrasse zum Garten beherbergt geschmackvoll dekorierte Räume mit nordischem Flair. Die Küche ist international. Café und Hofbutik.

BURG – Ostseeheilbad

In Burg-Burgstaaken

Schützenhof
*Menzelweg 2 ⊠ 23769 – ℰ (04371) 5 00 80 – www.hotel-restaurant-schuetzenhof.de
– geschl. 3. Januar - 14. Februar*
30 Zim ⊇ – †49/73 € ††88/105 € – ½ P 17 €
Rest – (geschl. Dienstag, 15. März - 15. Oktober: Dienstagmittag) Menü 17 €
– Karte 18/33 €
♦ Ein gut gepflegtes Hotel unter familiärer Leitung, in dem funktional ausgestattete Gästezimmer bereitstehen; fragen Sie nach den neueren. Teil des Restaurants ist eine gemütlich-ländliche Stube. Serviert werden bürgerliche Speisen.

NEUE TIEFE

Strandhotel garni
*Am Binnensee 2 (Nähe Südstrand) ⊠ 23769 – ℰ (04371) 31 42
– www.strandhotel-fehmarn.de*
22 Zim ⊇ – †38/43 € ††66/76 € – 2 Suiten
♦ Die Zimmer in diesem Ferienhotel beim Binnensee sind recht schlicht, aber sehr gepflegt. In wenigen Gehminuten erreicht man den 600 m entfernten Südstrand.

FEILNBACH, BAD – Bayern – 546 – 7 490 Ew – Höhe 512 m   66 M21
– Wintersport: 600 m ⛷ 1 ⛷ – Moorheilbad
▶ Berlin 650 – München 62 – Garmisch-Partenkirchen 99 – Rosenheim 19
▣ Bahnhofstr. 5, ⊠ 83075, ℰ (08066) 8 87 11, www.bad-feilnbach.de

Nahe der BAB-Ausfahrt Bad Aibling Nord: 4,5 km

Maximilian
*Torfwerk 2 ⊠ 83075 Bad Feilnbach – ℰ (08064) 9 05 70
– www.landgasthof-maximilian.de – geschl. 20. Dezember - 10. Januar*
38 Zim ⊇ – †70/120 € ††110/130 € – ½ P 29 €
Rest – (nur Abendessen) Menü 19/30 € – Karte 25/39 €
♦ Ideal für alle auf der Durchreise: Von hier aus sind es nur ca. 800 m bis zur Autobahnauffahrt (A8). In den Zimmern helles Naturholz und frische Farben. Restaurant mit freundlichem Wirtshaus-Ambiente und ansprechendem Terrassenbereich.

FELDAFING – Bayern – 546 – 4 340 Ew – Höhe 646 m – Erholungsort 65 L21
▶ Berlin 621 – München 35 – Garmisch-Partenkirchen 65 – Weilheim 19
🛈 Feldafing, Tutzinger Str. 15, ✆ (08157) 9 33 40

In Feldafing-Wieling West: 2 km, Richtung Traubing, dann rechts über B 2

Alte Linde (mit Gästehaus)
Wieling 5 (an der B 2) ✉ 82340 – ✆ (08157) 93 31 80
– www.linde-wieling.de
40 Zim – †85/125 € ††116/155 € – ½ P 19 €
Rest – (geschl. Montagmittag, Dienstagmittag) Karte 28/47 €
◆ Ein familiär geführter Gasthof, der über zeitgemäße und wohnliche, teilweise recht geräumige Zimmer verfügt - die zur Straße hin sind gut schallisoliert. Restaurantstuben mit ländlich-gemütlichem Ambiente.

FELDBERG im SCHWARZWALD – Baden-Württemberg – 545 61 E21
– 1 860 Ew – Höhe 1 277 m – Wintersport: 1 450 m ⛷ 15 ⛷ – Luftkurort
▶ Berlin 791 – Stuttgart 170 – Freiburg im Breisgau 38 – Basel 60
🛈 Kirchgasse 1, ✉ 79868, ✆ (07655) 12 06 83 00, www.hochschwarzwald.de
◉ Gipfel ✳✳✳ – Bismarck-Denkmal ≤✳

In Feldberg-Altglashütten – Höhe 991 m

Schlehdorn
Sommerberg 1 (an der B 500) ✉ 79868 – ✆ (07655) 9 10 50
– www.schlehdorn.de – geschl. 15. - 22. April, 24. Juni - 1. Juli, 11. November - 14. Dezember
20 Zim – †70/115 € ††110/170 € – ½ P 18 € – 14 Suiten
Rest – (geschl. Dienstag) (nur Abendessen für Hausgäste)
◆ Familie Dünnebacke hat ihr Haus ganz im Stil der Region eingerichtet. Besonders reizender Mix aus rustikal und modern in den neueren Zimmern. Geräumige Appartements/Maisonetten. Gutes Spa-Angebot. Zum Restaurant gehört die heimelige Feldbergstube mit Kachelofen.

Schwarzwälder Hof
Windfällstr. 4 ✉ 79868 – ✆ (07655) 9 10 60
– www.hotel-feldberg.de
20 Zim – †65/110 € ††90/120 € – ½ P 25 €
Rest – (nur Abendessen) Karte 26/44 €
◆ Das Hotel befindet sich im Ortskern und wird familiär geführt. Die gepflegten und wohnlichen Gästezimmer verfügen über einen Balkon.

Sommerberg mit Zim
Am Sommerberg 14 ✉ 79868 – ✆ (07655) 14 11
– www.sommerberg.com – geschl. 16. - 26. April, 12. November - 11. Dezember und Montag - Dienstagmittag
10 Zim – †46/60 € ††90/124 € – ½ P 25 € – 2 Suiten
Rest – Menü 34/76 € – Karte 25/59 €
◆ Die engagierten Gastgeber Jürgen und Birgit Gauwitz bieten in frischer, freundlicher Atmosphäre eine gehobene internationale und regionale Küche sowie saisonale Speisen und auch eine einfachere Karte. Balkonterrasse mit Talblick. Für Übernachtungsgäste: hübsche, helle Zimmer und eine kleine Panoramasauna.

Florian'S mit Zim
Windfällstr. 19 ✉ 79868 – ✆ (07655) 9 10 30
– www.hotelwaldeck.com – geschl. 23. April - 11. Mai, Mitte November - Mitte Dezember und Mittwoch
16 Zim – †49/58 € ††87/116 € – ½ P 16 € – 1 Suite
Rest – (nur Abendessen) Menü 26/36 € – Karte 26/47 €
◆ Am Rand des Dorfes liegt dieses familiengeführte Haus, in dessen rustikalem Restaurant Gastgeber Florian Stoll eine regional und international beeinflusste Küche bietet. Das Hotel Waldeck mit seinen gepflegten Zimmern ist ein guter Ausgangspunkt für Wanderungen im nahen Wald.

FELDBERG im SCHWARZWALD

In Feldberg-Bärental – Höhe 980 m

Adler 📶 P VISA ⦿
Feldbergstr. 4 (B 317) ⊠ 79868 – ℰ (07655) 93 39 33 – www.adler-feldberg.de
16 Zim ⊇ – †66/98 € ††104/122 € – ½ P 25 €
Rest *Adler* – siehe Restaurantauswahl
♦ Das Haus ist außen wie innen im regionstypischen Stil gehalten. Hinter der Holzschindelfassade verbergen sich gemütliche, nach Wildkräutern benannte Zimmer, Maisonetten und Appartements - ruhiger nach Westen hin.

XX **Adler** – Hotel Adler 🍴 P VISA ⦿
Feldbergstr. 4 (B 317) ⊠ 79868 – ℰ (07655) 93 39 33 – www.adler-feldberg.de
– geschl. Dienstag; März - April und November - Ende Dezember: Dienstag - Mittwoch
Rest – Menü 18/39 € – Karte 24/47 €
♦ Schwarzwälder Gemütlichkeit, wie man sie von früher kennt - das können Sie in den netten Gaststuben erleben. Selbstverständlich stehen auf der Karte fast ausschließlich badische Spezialitäten.

In Feldberg-Falkau – Höhe 950 m

Peterle ⟨ 🌿 🍴 ⌘ P 🚗 VISA ⦿
Schuppenhörnlestr. 18 ⊠ 79868 – ℰ (07655) 6 77 – www.hotel-peterle.de – geschl. 16. - 27. April, 12. November - 7. Dezember
14 Zim ⊇ – †31/40 € ††70/80 € – ½ P 18 €
Rest – *(geschl. Donnerstag)* Karte 18/36 €
♦ Ein sympathisches und sehr gepflegtes Haus in sonniger Lage am Ortsrand. Man hält individuelle Gästezimmer für Sie bereit, manche mit Holzboden, teilweise mit Balkon oder Terrasse zum netten Garten. Liebenswert-rustikal ist das Ambiente im Restaurant.

FELDBERGER SEENLANDSCHAFT – Mecklenburg-Vorpommern – **542** **14** P6
– 4 710 Ew – Höhe 90 m
▶ Berlin 143 – Schwerin 184 – Neustrelitz 35 – Neubrandenburg 35

Im Ortsteil Fürstenhagen

XX **Alte Schule** (Daniel Schmidthaler) mit Zim 🍴 ⌘ P
Zur Alten Schule 5 ⊠ 17258 – ℰ (039831) 2 20 23 – www.hotelalteschule.de – geschl. 10. Januar - 1. März und Montag - Dienstag
18 Zim ⊇ – †50/60 € ††75/115 €
Rest – *(nur Abendessen)* Menü 40/56 € – Karte 44/51 €
Spez. Saibling mit Brennesseltascherln, Erbsen und brauner Butter. Hackepeter vom Maibock, Holunderblütengelee und Rhabarber. Ziegentopfenknödel, Löwenzahngelee und Erdbeeren.
♦ Im ehemaligen Klassenzimmer der früheren Dorfschule erteilt Ihnen Daniel Schmidthaler einige Genuss-Stunden! Er kocht schlicht, modern und überwiegend aus regionalen Produkten - auch seine österreichische Heimat fließt hier mit ein. Zum "Nachsitzen" hat man geschmackvolle Gästezimmer.

FELDKIRCHEN – Bayern – **546** – 6 230 Ew – Höhe 523 m **66** M20
▶ Berlin 591 – München 16 – Kufstein 95 – Augsburg 82

 Bauer 🍴 ▢ ⌘ 📶 ⚑ ⚐ P 🚗 VISA ⦿ AE ⓪
Münchner Str. 6 ⊠ 85622 – ℰ (089) 9 09 80 – www.bauerhotel.de
99 Zim ⊇ – †118/138 € ††148/168 € – ½ P 26 € – 1 Suite **Rest** – Karte 24/45 €
♦ Der zum Hotel erweiterte historische Gasthof ist ein gut geführter Familienbetrieb, in dem freundliche, wohnliche Zimmer bereitstehen. Schön sitzt man in den gemütlichen Restaurantstuben und im Wintergarten bei regionaler Küche.

FELDKIRCHEN-WESTERHAM – Bayern – **546** – 10 200 Ew **66** M21
– Höhe 551 m
▶ Berlin 623 – München 39 – Rosenheim 24
ℹ Feldkirchen-Westerham, Oed 1, ℰ (08063) 63 00

FELDKIRCHEN-WESTERHAM

Im Ortsteil Aschbach Nord-West: 3 km ab Feldkirchen in Richtung München

Berghotel Aschbach
Aschbach 3 ⊠ *83620* – ℰ *(08063) 8 06 60* – *www.berghotel-aschbach.de* – *geschl. 9. Januar - 12. Februar*
20 Zim – †69/84 € ††95/115 € – ½ P 27 €
Rest – Menü 21/42 € – Karte 21/44 €
♦ Das bayerisch-gemütliche kleine Hotel ist von der Autobahn aus gut erreichbar und liegt dennoch schön umgeben von Wiesen. In der Nähe: Golfplatz, Bergtierpark sowie Wander- und Radwege. Tipp für warme Tage: hausgemachter Kuchen auf der Terrasse bei toller Sicht auf die Alpen.

FELLBACH – Baden-Württemberg – siehe Stuttgart

FENSTERBACH – Bayern – siehe Schwarzenfeld

FEUCHTWANGEN – Bayern – **546** – 12 180 Ew – Höhe 452 m   56 J17
– Erholungsort

▶ Berlin 509 – München 171 – Stuttgart 131 – Schwäbisch Hall 52

🛈 Marktplatz 1, ⊠ 91555, ℰ (09852) 9 04 55, www.feuchtwangen.de

Greifen-Post
Marktplatz 8 ⊠ *91555* – ℰ *(09852) 68 00* – *www.hotel-greifen.de* – *geschl. 1. - 9. Januar*
33 Zim – †77/113 € ††89/154 € – ½ P 26 € – 2 Suiten
Rest *Greifen-Post* – siehe Restaurantauswahl
♦ Das Gasthaus von 1369 wird von Dirk und Birgit Becker-Plaha freundlich-familiär, traditionsbewusst und mit Engagement geleitet. In den Zimmern sorgt Renaissance-, Romantik-, Biedermeier- oder Landhausstil für Behaglichkeit.

Greifen-Post – Hotel Greifen-Post
Marktplatz 8 ⊠ *91555* – ℰ *(09852) 68 00* – *www.hotel-greifen.de*
– *geschl. 1. - 9. Januar und Sonntagabend - Montag*
Rest – Menü 29/57 € – Karte 31/43 €
♦ Über 600 Jahre im Dienste des Gastes - das spricht für sich! In den historischen Räumen, die eine elegante Handschrift widerspiegeln, werden Sie mit sorgfältig zubereiteten Gerichten verwöhnt, so z. B. gefüllte Wachtel mit Pfifferlingen und Semmelkrapfen.

In Feuchtwangen-Dorfgütingen Nord: 6 km über B 25

Landgasthof Zum Ross mit Zim
Dorfgütingen 37 (B 25) ⊠ *91555* – ℰ *(09852) 6 74 30* – *www.zum-ross.de*
– *geschl. Weihnachten - 10. Januar, über Fasching, 3. - 9. September, 27. Oktober - 5. November und Sonntagabend - Dienstagmittag*
12 Zim – †41/45 € ††61/67 € – ½ P 14 €
Rest – Menü 30/37 € – Karte 15/32 €
♦ Zwei Brüder führen den Gasthof von 1851 in der 3. Generation als Familienbetrieb. Der eine bereitet schmackhafte regionale Gerichte (z. B. geschmorte Kalbsbacke in Lemberger), der andere leitet in dem heimeligen Restaurant den Service. Eigene Brände und Liköre, gute Weinberatung. Für Übernachtungsgäste: wohnlich-solide Zimmer und Tennisplatz.

FICHTELBERG – Bayern – **546** – 1 940 Ew – Höhe 684 m   51 M15
– Wintersport: 801 m ≤1 ≰ – Luftkurort

▶ Berlin 366 – München 259 – Weiden in der Oberpfalz 67 – Bayreuth 30

🛈 Gablonzer Str. 11, ⊠ 95686, ℰ (09272) 9 70 33, www.fichtelberg.de

Schönblick (mit Ferienwohnanlage)
Gustav-Leutelt-Str. 18 ⊠ *95686* – ℰ *(09272) 9 78 00*
– *www.hotel-schoenblick.de*
46 Zim – †55/75 € ††78/112 € – ½ P 19 €
Rest – (geschl. Sonntagabend - Montag) (März - April und November - 20. Dezember: Dienstag - Freitag nur Abendessen) Menü 38/48 € – Karte 23/40 €
♦ Das gewachsene Anwesen am Ortsende wird familiär geleitet und verfügt über wohnlich gestaltete Gästezimmer, meist mit Balkon. Auch Ferienwohnungen sind vorhanden. Rustikal-elegant ist das Ambiente im Restaurant Eulenstube.

FICHTENAU – Baden-Württemberg – **545** – 4 530 Ew – Höhe 517 m — 56 I17
▶ Berlin 531 – Stuttgart 119 – Schwäbisch Hall 43 – Aalen 41

In Fichtenau-Neustädtlein

Vitalhotel Meiser
Veitswender Str. 10 ⌧ 74579 – ℰ (07962) 71 19 40 – www.vitalhotel-meiser.de
30 Zim – †90/120 € ††138/158 € – ½ P 22 € – 3 Suiten
Rest – Menü 29 € (mittags)/78 € – Karte 32/65 €
• Ein Familienbetrieb im alpenländischen Stil mit südseitigen Zimmern (darunter wohnliche Maisonetten) sowie schönem Spa. Am Wochenende beliebt: das eigene Tanzlokal im Ort. Behagliches Restaurant mit regionstypischem Ambiente und hübscher Terrasse.

FIEFBERGEN – Schleswig-Holstein – **541** – 600 Ew – Höhe 26 m — 3 J3
▶ Berlin 348 – Kiel 20 – Lübeck 89 – Lütjenburg 27

Der Alte Auf
Am Dorfteich 15 ⌧ 24217 – ℰ (04344) 41 55 25 – www.der-alte-auf.de – geschl. 22. Januar - 8. Februar und Montag - Dienstag
Rest – (nur Abendessen außer an Feiertagen) (Tischbestellung ratsam) Menü 33/36 € – Karte 25/45 €
• Regionale Küche bietet man in dem historischen Bauernhaus, das freundlich-familiär geführt wird. Den charmant-rustikalen Stil hat man bewusst erhalten. Sehr schön ist der Garten.

FILDERSTADT – Baden-Württemberg – **545** – 44 100 Ew – Höhe 371 m — 55 G19
▶ Berlin 656 – Stuttgart 19 – Reutlingen 25 – Ulm (Donau) 80

In Filderstadt-Bernhausen

Schwanen
Obere Bachstr. 1 ⌧ 70794 – ℰ (0711) 7 87 82 50 – www.filderstadt.qualityhotels.de
100 Zim – †96/178 € ††126/222 € – 6 Suiten
Rest *La Fortuna* – ℰ (0711) 7 26 94 46 (geschl. Samstag - Sonntagmittag) Karte 28/40 €
Rest *Schwanenbräu* – ℰ (0711) 70 69 54 – Karte 20/39 €
• Das aus Alt- und Neubau bestehende Hotel ist eine praktische Businessadresse. Etwas geräumiger sind die Zimmer im neueren Teil. Italienische Küche im La Fortuna.

Am Hirschgarten
Rosenstr. 27 ⌧ 70794 – ℰ (0711) 9 07 74 43 00 – www.hotel-am-hirschgarten.de
18 Zim – †82/106 € ††106/168 €
Rest – (geschl. 8. - 22. August) (nur Abendessen) Karte 23/48 €
• Die Lage in einer verkehrsberuhigten Zone nicht weit vom Flughafen sowie modern-funktionelle Zimmer sprechen für dieses kleine Hotel. Restaurant mit bürgerlich-rustikalem Ambiente und regionaler Küche.

In Filderstadt-Bonlanden

Da Tonino
Metzinger Str. 17 ⌧ 70794 – ℰ (0711) 7 77 51 72 – www.da-tonino.com – geschl. Montag, Samstagmittag
Rest – Menü 43/69 € – Karte 44/57 €
• Zahlreiche Stammgäste schätzen die gute italienische Küche von Chefin Giovanna Di Tommaso. Ihr Bruder Bartolomeo leitet sehr freundlich den Service und empfiehlt die Weine.

FINCKEN – Mecklenburg-Vorpommern – **542** – 600 Ew – Höhe 75 m — 13 N6
▶ Berlin 142 – Schwerin 110 – Waren 44

Kavaliershaus garni
Hofstr. 12 ⌧ 17209 – ℰ (039922) 8 27 00 – www.kavaliershaus-finckenersee.de
12 Suiten – †50/90 € ††50/160 €, ⌧ 12 €
• Das Architektenehepaar Nalbach hat in dem Kavaliershaus a. d. 18. Jh. geräumige Suiten in geschmackvoll-puristischem Design geschaffen (teils mit Küchenzeile). Wenige Meter zum See.

FINNENTROP – Nordrhein-Westfalen – **543** – 17 710 Ew – Höhe 250 m   37 E12
▶ Berlin 529 – Düsseldorf 130 – Arnsberg 39 – Lüdenscheid 43

In Finnentrop-Rönkhausen Nord: 7 km über B 236

Im Stillen Winkel
Kapellenstr. 11 ⊠ 57413 – ℰ (02395) 9 16 90 – www.hotel-im-stillen-winkel.de
– geschl. 1. - 21. August
12 Zim – †50/55 € ††75/80 €   **Rest** – *(geschl. Donnerstag)* Karte 17/39 €
♦ Eine nette familiäre Adresse ist das hübsche, ruhig gelegene Fachwerkhaus, das für seine Gäste neuzeitlich-freundliche oder rustikalere Zimmer bereithält. Im Restaurant serviert man bürgerliche Küche. Zudem hat man noch eine einfache Gaststube.

FINSTERBERGEN – Thüringen – siehe Friedrichroda

FINSTERWALDE – Brandenburg – **542** – 17 520 Ew – Höhe 108 m   33 Q10
▶ Berlin 120 – Potsdam 144 – Cottbus 55 – Dresden 93
🛈 Markt 1, ⊠ 03238, ℰ (03531) 71 78 30, www.finsterwalde-touristinfo.de

Zum Vetter
Lange Str. 15, (Eingang Große Ringstraße) ⊠ 03238 – ℰ (03531) 22 69
– www.hotel-zum-vetter.de
17 Zim – †47/59 € ††71/89 € – 1 Suite
Rest – *(geschl. Sonntag) (nur Abendessen)* Karte 16/29 €
♦ Von der Seitenstraße aus gelangt man über den Innenhof zu diesem gepflegten und praktisch ausgestatteten kleinen Hotel, das bereits seit 1919 als Familienbetrieb geleitet wird.

Goldener Hahn mit Zim
Bahnhofstr. 3 ⊠ 03238 – ℰ (03531) 22 14 – www.goldenerhahn.com – geschl.
Sonntag - Montagmittag
12 Zim – †40/55 € ††65/85 €, ⊇ 5 € – 1 Suite
Rest – Menü 25/80 € – Karte 27/53 €
♦ Das Restaurant der Familie Schreiber ist aus einem Gasthof von 1862 entstanden und bietet in elegantem Ambiente klassische Küche mit regionalen und modernen Einflüssen, probieren sollte man Gerichte wie Seesaibling in warmer Kräutervinaigrette. Gute Weinauswahl!

FISCHEN im ALLGÄU – Bayern – **546** – 3 050 Ew – Höhe 761 m   64 J22
– Wintersport: 860 m ⚡2 ⚡ – Heilklimatischer Kurort
▶ Berlin 731 – München 157 – Kempten (Allgäu) 34 – Oberstdorf 6
🛈 Am Anger 15, ⊠ 87538, ℰ (08326) 3 64 60, www.fischen.de

Tanneck
Maderhalm 20 ⊠ 87538 – ℰ (08326) 99 90 – www.hotel-tanneck.de – geschl.
27. März - 29. Mai
62 Zim ⊇ – †88/145 € ††158/268 € – ½ P 14 € – 3 Suiten
Rest – *(Tischbestellung erforderlich)* Karte 31/46 €
♦ Der Familienbetrieb über dem Ort bietet einen tollen Blick aufs Tal. Neben behaglichen zeitgemäßen Zimmern hat man den hübschen Spabereich "Milchwell" mit "Kuhstall"-Sauna. Drei Restaurants: einmal Zirbelholz-Gemütlichkeit, dann klassische Gediegenheit oder mit einem Hauch Jugendstil. Vinothek.

Rosenstock
Berger Weg 14 ⊠ 87538 – ℰ (08326) 36 45 60 – www.hotel-rosenstock.de – geschl.
2. November - 15. Dezember
48 Zim ⊇ – †55/83 € ††100/195 € – ½ P 10 €   **Rest** – *(nur für Hausgäste)*
♦ Das familiär geleitete Hotel verfügt über gediegen eingerichtete Zimmer unterschiedlicher Kategorien, meist mit Balkon. Zum Haus gehört auch ein schöner Garten mit Teich.

FISCHEN im ALLGÄU

Alpenblick (mit Gästehaus)
Maderhalmer Weg 10 ⌂ 87538 – ☏ (08326) 97 91 – www.hotel-alpenblick.de
– geschl. 7. November - 16. Dezember
27 Zim – †41/61 € ††86/120 € – ½ P 16 € – 8 Suiten
Rest – (geschl. Mittwoch) Karte 19/40 €
♦ Ein Familienbetrieb oberhalb des Ortes mit reizvoller Aussicht. Hell und zeitgemäß sind die Zimmer im Haupthaus, einfacher und rustikaler im Gästehaus. Dem Restaurant vorgelagert ist eine nette Terrasse mit Blick auf Fischen.

In Fischen-Langenwang Süd: 3 km

Sonnenbichl Hotel am Rotfischbach
Sägestr. 19 ⌂ 87538 – ☏ (08326) 99 40
– www.hotel-sonnenbichl.com
54 Zim – †54/125 € ††55/98 € – ½ P 19 € **Rest** – Karte 25/40 €
♦ Diese ruhig gelegene Ferienadresse bietet freundlichen Service, wohnliche Zimmer (besonders groß die Südbalkon-Zimmer) sowie das "Vitaldörfle" im Blockhaus mit originellem Kräuterdampfbad. Rustikal gestaltetes Restaurant mit luftigem Wintergarten.

In Bolsterlang West: 3,5 km über Beslerstraße

XX **Kulinarischer Kitzebichl**
Flurstr. 5 ⌂ 87538 – ☏ (08326) 96 09 – www.kitzebichl.de – geschl. Dienstag, außer Saison Dienstag - Mittwoch
Rest – (Tischbestellung ratsam) Menü 35/75 € – Karte 28/61 €
♦ In diesem Restaurant nehmen die Gäste in hellem rustikalen Ambiente, im modernen Wintergarten oder auf der Terrasse mit Alpenpanorama Platz. Die gute Küche basiert auf frischen regionalen Produkten.

FLADUNGEN – Bayern – **546** – 2 190 Ew – Höhe 414 m   **39** I13
▶ Berlin 405 – Wiesbaden 183 – Fulda 52 – Bad Neustadt 32

Sonnentau
Wurmbergstr. 1 (Nord-Ost: 1,5 km) ⌂ 97650 – ☏ (09778) 9 12 20
– www.sonnentau.com
49 Zim – †38/60 € ††66/95 € – ½ P 17 € **Rest** – Karte 15/27 €
♦ Das am Südhang gelegene Ferienhotel mit Blick auf Fladungen bietet wahlweise Standard- oder Komfortzimmer. Zum Freizeitbereich gehören Anwendungen, Außensauna und Salzstollen. Rustikal sind die Restauranträume.

FLEIN – Baden-Württemberg – siehe Heilbronn

FLENSBURG – Schleswig-Holstein – **541** – 88 510 Ew – Höhe 12 m   **2** H2
▶ Berlin 426 – Kiel 88 – Hamburg 158
ADAC Schleswiger Str. 130 (Förde Park)
🅘 Rathausstr. 1 Y, ⌂ 24937, ☏ (0461) 9 09 09 20, www.flensburg-tourismus.de

In Harrislee-Wassersleben über Werftstraße Y: 5 km

Wassersleben
Wassersleben 4 ⌂ 24955 – ☏ (0461) 7 74 20 – www.hotel-wassersleben.de
25 Zim – †56/109 € ††125/177 € – ½ P 32 €
Rest – Menü 20 € (mittags)/42 € – Karte 32/50 €
♦ Das Hotel liegt schön in direkter Nachbarschaft zu Dänemark. Von den meisten der funktionell eingerichteten Zimmer blickt man auf die Ostsee. Zeitloses Restaurant mit Blick zur Förde, davor die Terrasse.

In Oeversee 9 km über Husumer Straße und B 76 Z

Historischer Krug (mit Gästehäusern)
Grazer Platz 1 (B 76) ⌂ 24988 – ☏ (04630) 94 00 – www.historischer-krug.de
50 Zim – †69/109 € ††109/119 € – 9 Suiten
Rest *Krugwirtschaft* **Rest** *Privileg* – siehe Restaurantauswahl
♦ Ein traditionsreicher gewachsener Familienbetrieb an der Landstraße mit individuellen Zimmern in mehreren Häusern, darunter ein Reetdachhaus von 1519. "Krugtherme" heißt der Freizeitbereich mit Ayurveda.

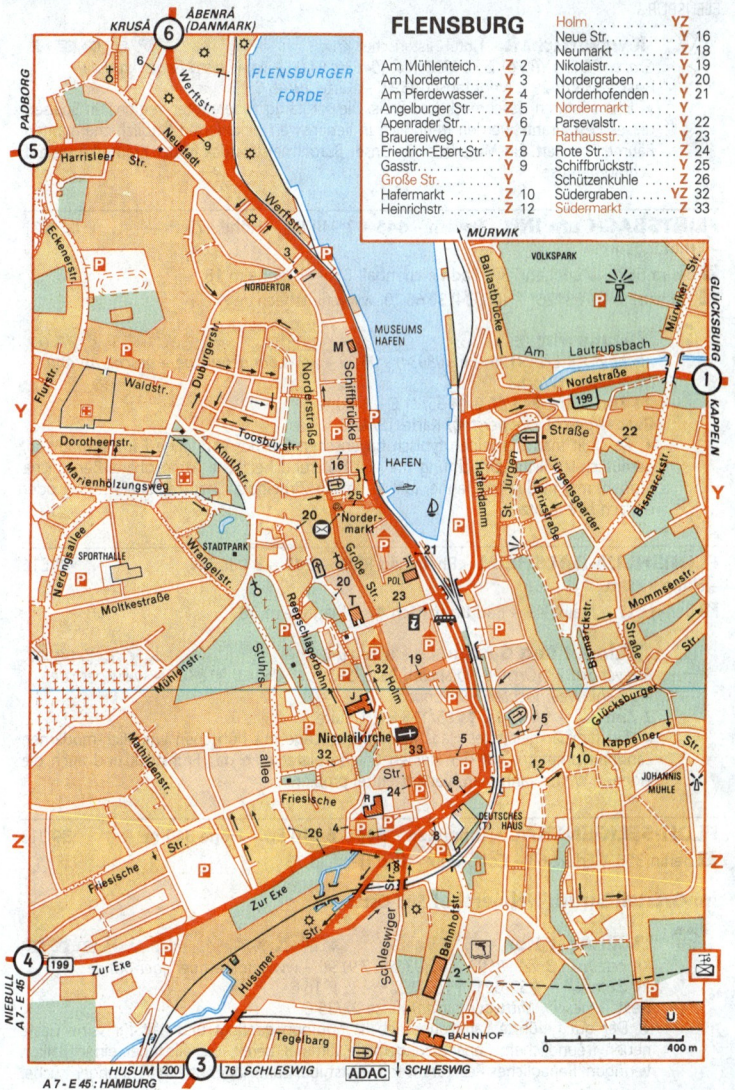

Privileg – Hotel Historischer Krug
Grazer Platz 1 (B 76) ✉ 24988 – ✆ (04630) 94 00
– www.historischer-krug.de – geschl. Mitte Januar - Mitte Februar und Dienstag
- Donnerstag
Rest – (nur Abendessen) Menü 54/90 €
◆ Sie sind Meister ihres Fachs: Seit über 190 Jahren ist das Haus im Besitz der Familie Hansen-Mörck, die Ihnen in elegantem Rahmen eine zeitgemäße Küche anbietet, z. B. zwei kreative Menüs, die die Jahreszeiten widerspiegeln.

FLENSBURG

Krugwirtschaft – Hotel Historischer Krug
Grazer Platz 1 (B 76) ✉ *24988* – ☏ *(04630) 94 00* – *www.historischer-krug.de*
Rest – Menü 29 € (vegetarisch)/39 € – Karte 29/46 €
♦ Hier stimmen Geschmack und Preis. Die sorgfältig zubereiteten regionalen Speisen dieses Restaurants werden freundlich in liebenswert dekorierten ländlich-charmanten Räumen serviert. Ein Muss ist z. B. "Unser Bürgermeisterstück in der Kräuterkruste auf Schmorgemüse".

FLINTSBACH am INN – Bayern – 546 – 2 940 Ew – Höhe 479 m — 66 N21
– Erholungsort

▶ Berlin 662 – München 73 – Bad Reichenhall 85 – Rosenheim 18
ℹ Kirchstr. 9, ✉ 83126, ☏ (08034) 30 66 20, www.flintsbach.de

Dannerwirt
Kirchplatz 4 ✉ *83126* – ☏ *(08034) 9 06 00* – *www.dannerwirt.de* – *geschl. Anfang November 1 Woche*
24 Zim – †43/46 € ††65/71 € – 1 Suite
Rest – *(geschl. Donnerstag)* Karte 18/42 €
♦ So stellt man sich einen typisch bayerischen Gasthof vor: lange Familientradition, gemütlich-ländliche Einrichtung mit viel Holz und herzliche Atmosphäre. Behagliche Stuben, mal in dunkler Tanne, mal in hellem Zirbelholz. Dazu regionale Küche oder einfach eine Brotzeit.

FLÖRSHEIM-DALSHEIM – Rheinland-Pfalz – 543 – 3 080 Ew — 47 E16
– Höhe 175 m

▶ Berlin 617 – Mainz 49 – Bad Kreuznach 47 – Mannheim 38

Weingut und Gästehaus Peth garni
Alzeyer Str. 28 (Ortsteil Flörsheim) ✉ *67592* – ☏ *(06243) 90 88 00* – *www.peth.de* – *geschl. Weihnachten - 9. Januar*
7 Zim – †65/90 € ††85/115 € – 1 Suite
♦ Ein familiär geleitetes Haus in dörflicher Lage mit hübschen wohnlich-modernen Landhauszimmern. Auf der kleinen Galerie bietet man das Frühstück und auch die eigenen Weine kann man hier kostenfrei probieren.

FLOH-SELIGENTHAL – Thüringen – 544 – 6 410 Ew – Höhe 360 m — 39 J13
▶ Berlin 355 – Erfurt 63 – Coburg 87 – Bad Hersfeld 73

Im Ortsteil Struth-Helmershof Süd-Ost: 3 km

Thüringer Hof
Kronsteinstr. 3 ✉ *98593* – ☏ *(03683) 7 91 90* – *www.hotel-thueringer-hof.de*
20 Zim – †52/62 € ††82/102 € – ½ P 16 €
Rest – *(geschl. Mittwochmittag)* Karte 22/35 €
♦ Der gut geführte Familienbetrieb ist tipptopp gepflegt und hält für seine Gäste neben freundlichem Service zeitgemäße Zimmer bereit, die alle über einen Balkon verfügen. Behagliches Restaurant mit Gaststube. Zum Angebot zählt Thüringer Küche.

FLONHEIM – Rheinland-Pfalz – 543 – 2 650 Ew – Höhe 145 m — 47 E15
▶ Berlin 616 – Mainz 36 – Neustadt a.d. Weinstraße 71 – Darmstadt 70

In Flonheim-Uffhofen Süd-West: 1 km

Landhotel Espenhof (mit Gästehaus)
Poststr. 1 ✉ *55237* – ☏ *(06734) 96 27 30* – *www.espenhof.de*
9 Zim – †69/75 € ††94/125 € – 4 Suiten
Rest *Landhotel Espenhof* – siehe Restaurantauswahl
♦ Das von einer Winzerfamilie geführte Hotel - einst Bauernhof und Post - bietet geschmackvolle, wohnliche Zimmer sowie vier Appartements im Weingut.

FLONHEIM

X **Landhotel Espenhof** – Landhotel Espenhof 🏡 ⌘ P VISA ⓒⓑ
Poststr. 1 ✉ 55237 – ℰ (06734) 96 27 30 – www.espenhof.de
– geschl. 2. - 10. Januar, über Fastnacht und Montag
Rest – *(Dienstag - Samstag nur Abendessen)* Menü 29/77 € – Karte 31/47 €
♦ Viel freigelegter Sandstein und ein ansprechender Einrichtungs- und Dekorationsstil bestimmen das Bild. Kehren Sie ein und genießen Sie z. B. immer sonntags mit der ganzen Familie die wechselnden Schmorbratengerichte mit Besonderem aus Großmutters Kochbuch.

Gute Küche zu moderatem Preis? Folgen Sie dem Bib Gourmand 🙂.

FÖHR (INSEL) Schleswig-Holstein – **541** – Insel der Nordfriesischen Inselgruppe – Seebad **1** F2

▶ Berlin 466 – Kiel 126 – Sylt (Westerland) 14 – Flensburg 57
⛴ von Dagebüll (ca. 45 min). Für PKW Voranmeldung bei Wyker Dampfschiffs-Reederei GmbH in Wyk, ℰ (01805) 08 01 40
🏌 Nieblum-Greveling, Grevelinstieg 6, ℰ (04681) 58 04 55
◉ Die Halligen ★ (per Schiff)

NIEBLUM – 630 Ew

XX **Villa Witt** mit Zim 🏡 🛁 ⌘ Zim, ¶ P VISA ⓒⓑ
Alkersumstieg 4 ✉ 25938 – ℰ (04681) 5 87 70 – www.hotel-witt.de
– geschl. 4. Januar - 19. Februar und Montag, November - April: Montag - Mittwoch
7 Zim ⌑ – †128/157 € ††173/210 € – ½ P 35 € – 3 Suiten
Rest – *(nur Abendessen)* Karte 35/76 €
♦ Ein elegantes, mit Antiquitäten eingerichtetes Restaurant, das zum schönen Garten hin liegt. Zeitgemäße Küche mit friesischen und internationalen Akzenten. Hübsche Terrasse. Die Gästezimmer sind geschmackvoll, wohnlich und mit persönlicher Note gestaltet.

OEVENUM – 480 Ew

🏨 **Landhaus Laura**
Buurnstrat 49 ✉ 25938 – ℰ (04681) 5 97 90 – www.landhaus-laura.de – geschl.
15. November - 15. März
14 Zim ⌑ – †60/120 € ††100/160 € – ½ P 31 € – 2 Suiten
Rest – *(geschl. Dienstag) (nur Abendessen)* Karte 28/47 €
♦ Das charmante kleine Hotel in einem 300 Jahre alten Reethof hält für seine Gäste behagliche Zimmer bereit, die individuell geschnitten und eingerichtet sind. Das Restaurant ist gemütlich-rustikal, reizvoll die Terrasse im Innenhof.

🏨 **Rackmers Hof** garni ℅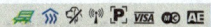
Buurnstrat 1 ✉ 25938 – ℰ (04681) 74 63 77 – www.rackmers.de
12 Suiten ⌑ – †77/133 € ††116/196 €
♦ In dem netten kleinen Ferienhotel, bestehend aus drei reetgedeckten Landhäusern, wohnt man in sehr schönen, modern und hochwertig ausgestatteten Maisonetten mit Kitchenette.

SÜDERENDE – 180 Ew

🏨 **Landhaus Altes Pastorat**
Haus Nr. 45 ✉ 25938 – ℰ (04683) 2 26 – www.landhaus-altes-pastorat.de – geschl.
November - Mitte Dezember
7 Zim ⌑ – †70/120 € ††140/160 € – ½ P 26 € – 4 Suiten
Rest – *(nur Abendessen für Hausgäste)*
♦ Ein denkmalgeschütztes ehemaliges Pastorat, das mit heimeligen Räumen in liebenswertem friesischem Stil besticht. Hier und da dienen schöne alte Kacheln als Dekor. Ambitioniert zubereitete Halbpension für Hausgäste.

FÖHR (INSEL)

WYK – 4 400 Ew – Heilbad

ℹ Am Fähranleger 1, ✉ 25938, ✆ (04681) 3 00, www.foehr.de

🏠 Duus-Hotel
Hafenstr. 40 ✉ 25938 – ✆ (04681) 5 98 10 – www.duus-hotel.de – geschl. 27. November - 16. Februar
21 Zim – †50/69 € ††80/110 €
Rest *Austernfischer* – *(geschl. Donnerstag) (nur Abendessen)* Karte 26/50 €
• In idealer Lage am Anfang der Fußgängerzone und ganz in der Nähe des Hafens findet man diesen sehr gepflegten langjährigen Familienbetrieb mit zeitgemäßen Zimmern. International und nordfriesisch speist man im Restaurant Austernfischer.

✕✕ Alt Wyk
Große Str. 4 ✉ 25938 – ✆ (04681) 32 12 – www.alt-wyk.de – geschl. 7. Januar - Mitte Februar, November und Montagmittag, Dienstagmittag, Nebensaison: Montag - Dienstag
Rest – Menü 42/75 € – Karte 44/63 €
• Daniela und René Dittrich haben diese Insel-Institution in der Fußgängerzone übernommen und sorgen hier nun für frischen Wind - mit ambitionierter zeitgemäßer Küche.

FORCHHEIM – Bayern – 546 – 30 460 Ew – Höhe 266 m   50 K16

▶ Berlin 429 – München 206 – Nürnberg 38 – Bamberg 25

ℹ Hauptstr. 24, ✉ 91301, ✆ (09191) 71 43 38, www.forchheim.de

🏨 Plaza garni (mit Gästehäusern)
Nürnberger Str. 13 ✉ 91301 – ✆ (09191) 97 77 90 – www.plaza-forchheim.de
36 Zim – †75/115 € ††85/145 €, ⊂ 12 €
• Das Hotel mit den beiden wenige Gehminuten entfernten Gästehäusern ("Das kleine Hotel" und "Stadtvilla") verfügt über individuelle, hell und freundlich eingerichtete Zimmer.

🏠 Franken (mit Gästehaus)
Ziegeleistr. 17 ✉ 91301 – ✆ (09191) 62 40 – www.hotelfranken.de
40 Zim – †59 € ††75 €
Rest *Bobby's* – ✆ (09191) 6 24 44 *(geschl. Sonntag) (nur Abendessen)* Karte 26/34 €
• Recht ruhig liegt dieses Hotel am Ortsausgang. Haupt- und Gästehaus beherbergen tipptopp gepflegte und solide ausgestattete Zimmer. Einige hochwertige Antiquitäten zieren das Restaurant Bobby's in unmittelbarer Nähe des Hotels. Mit Wintergarten.

🏠 Am Kronengarten garni
Bamberger Str. 6a ✉ 91301 – ✆ (09191) 7 25 00 – www.hotel-am-kronengarten.de
23 Zim – †69 € ††84 €
• Das Hotel in der Altstadt, in einen Innenhof versetzt, verfügt über praktisch eingerichtete Gästezimmer und wird vom Eigentümer persönlich geführt.

✕ Altes Zollhaus
Hauptstr. 4 ✉ 91301 – ✆ (09191) 97 09 90 – www.zollhaus-forchheim.de – geschl. Anfang August 1 Woche und Dienstag
Rest – Menü 35 € – Karte 23/39 €
• Bistroambiente und ein internationales Speiseangebot erwarten Sie in diesem Restaurant im Zentrum. Schön sitzt man im Biergarten an der Wiesent.

In Forchheim-Sigritzau Süd-Ost: 3 km in Richtung Erlangen und Pretzfeld

✕ Zöllner's Weinstube
Sigritzau 1 ✉ 91301 – ✆ (09191) 1 38 86 – geschl. 1. - 7. Januar, Mitte August - Anfang September 3 Wochen und Montag - Dienstag
Rest – *(nur Abendessen)* Karte 27/48 €
• Herzlich bewirtet Familie Zöllner ihre Gäste in dem charmanten Bauernhaus von 1780. Ein Kreuzgewölbe unterstreicht die gemütliche Atmosphäre. Klassiker findet man ebenso auf der Karte wie zeitgemäße saisonale Gerichte. Gute Auswahl an Weinen aus Franken.

FORCHHEIM

In Kunreuth-Regensberg Süd-Ost: 15 km über B 470, in Reuth rechts ab, dann über Gosberg, Kunreuth und Weingarts

Berg-Gasthof Hötzelein
Regensberg 10 ✉ 91358 – ℰ (09199) 80 90 – www.berg-gasthof.de – geschl. 24. November - 24. Dezember
28 Zim – †54/58 € ††70/88 €
Rest – (geschl. Dienstag) Karte 15/38 €
• Angenehm ruhig und ländlich liegt der Familienbetrieb mit behaglichen Zimmern auf dem Regensberg. Genießen Sie den wunderschönen Blick aufs Forchheimer Tal. Im Restaurant serviert man überwiegend regionale Küche.

FORCHTENBERG – Baden-Württemberg – 545 – 5 010 Ew   48 H17
– Höhe 223 m
▶ Berlin 573 – Stuttgart 83 – Würzburg 82 – Heilbronn 41

In Forchtenberg-Sindringen West: 6 km Richtung Neuenstadt

Krone (mit Gästehaus)
Untere Str. 2 ✉ 74670 – ℰ (07948) 9 10 00 – www.krone-sindringen.de
27 Zim – †49/55 € ††70/90 €   **Rest** – (geschl. Dienstagmittag) Karte 15/41 €
• Ein sympathisches, von den Gastgebern freundlich geleitetes Haus im Kochertal mit zeitgemäßer Ausstattung. Fragen Sie nach den neueren Zimmern. Das Restaurant teilt sich in verschiedene Stuben und eine nette Terrasse mit Blick zum Kocher.

FORST – Baden-Württemberg – siehe Bruchsal

FORST an der WEINSTRASSE – Rheinland-Pfalz – 543 – 840 Ew   47 E16
– Höhe 120 m
▶ Berlin 656 – Mainz 85 – Neustadt an der Weinstraße 15 – Saarbrücken 122

Gästehaus Oswald garni
Pfarracker 1 ✉ 67147 – ℰ (06326) 67 75 – www.gaestehaus-pfalz.de
11 Zim – †58/63 € ††68/73 €
• Bei den freundlichen Gastgebern Klaus und Angelika Oswald wohnt man in zeitgemäßen Zimmern mit farbenfrohen Bädern, eines davon mit Wasserbett. Auch Hunde sind willkommen.

Landhotel Lucashof garni
Wiesenweg 1a ✉ 67147 – ℰ (06326) 3 36 – www.lucashof.de
7 Zim – †60/65 € ††82/89 €
• Schön ist die Einheit von Weingut, Hotel und Natur, die Familie Lucas hier bietet. Die Lage ist ruhig, das Haus tipptopp gepflegt und das Frühstück frisch und appetitlich. Die wohnlichen Zimmer hat man nach Forster Weinlagen benannt, einige mit Balkon.

FORSTINNING – Bayern – 546 – 3 500 Ew – Höhe 512 m   66 M20
▶ Berlin 600 – München 27 – Ebersberg 13 – Erding 19

In Forstinning-Schwaberwegen Süd-West: 1 km Richtung Anzing

Zum Vaas
Münchner Str. 88 ✉ 85661 – ℰ (08121) 55 62 – www.gasthof-vaas.de
20 Zim – †50/70 € ††80/100 €
Rest – (geschl. Montag - Dienstag) Karte 18/40 €
• Freundlich leitet Familie Bauer diesen regionstypischen Landgasthof. Es stehen moderne oder wohnlich-rustikale Zimmer zur Verfügung. Gemütlich-ländliche Gaststube mit regionaler Wirtshausküche.

FRAMMERSBACH – Bayern – **546** – 4 600 Ew – Höhe 246 m 48 H15
– Wintersport: 530 m ≤1 ✦ – Erholungsort
▶ Berlin 527 – München 332 – Würzburg 55 – Frankfurt am Main 71
🛈 Marktplatz 3, ✉ 97833, ℰ (09355) 48 00, www.frammersbach.de

Landgasthof Kessler
Orber Str. 23 ✉ *97833* – ℰ *(09355) 12 36* – *www.landgasthof-kessler.de*
15 Zim – †35/55 € ††58/80 € – ½ P 13 €
Rest – *(geschl. Mittwoch)* Karte 15/31 €
♦ Seit rund 50 Jahren sorgt Familie Kessler hier schon für das Wohlbefinden ihrer Gäste - und sie verbessern ständig weiter! So sind die Zimmer zeitgemäß und hell, und auch im Restaurant setzen kleine Details frische Akzente.

Schwarzkopf mit Zim
Lohrer Str. 80 (B 276) ✉ *97833* – ℰ *(09355) 3 07* – *www.gasthaus-schwarzkopf.de*
– *geschl. 14. Februar - 8. März, 31. August - 21. September und Montag - Dienstag*
5 Zim ⌑ – †38/50 € ††70/90 € – ½ P 20 €
Rest – Menü 20/52 € – Karte 16/40 €
♦ Seine Erfahrungen in namhaften Betrieben in ganz Deutschland setzt Chef Dieter Schwarzkopf nun im eigenen Lokal schmackhaft um - eine besondere Vorliebe hat er für Piemonteser Gerichte! Während er kocht, kümmert sich seine Frau freundlich um die Gäste. Lauschig: die Gartenwirtschaft.

In Frammersbach-Habichsthal West: 10 km über Wiesener Straße und Spessartstraße, im Frammersbacher Forst links ab

Zur frischen Quelle
Dorfstr. 10 ✉ *97833* – ℰ *(06020) 13 93* – *www.diefrischequelle.de* – *geschl. 27. Februar - 23. März*
20 Zim ⌑ – †28/32 € ††50/58 € – ½ P 13 €
Rest – *(geschl. Mittwoch)* Menü 12 € (mittags)/20 € – Karte 16/33 €
♦ Eingebettet in den Naturpark Spessart liegt dieser einfache, aber gut unterhaltene Gasthof mit gepflegten, zweckmäßig eingerichteten Gästezimmern. Ländliche Gaststuben mit großem bürgerlichem Angebot.

FRANKENAU – Hessen – **543** – 3 400 Ew – Höhe 430 m 38 G12
▶ Berlin 449 – Wiesbaden 167 – Kassel 66 – Düsseldorf 230

Außerhalb Süd: 3 km, über Ellershausen, Lengeltalstraße

Landhaus Bährenmühle
✉ *35110 Frankenau* – ℰ *(06455) 75 90 40* – *www.baerenmuehle.de* – *geschl. Ende Januar 2 Wochen*
15 Zim (inkl. ½ P.) – †121/139 € ††192/202 € – 3 Suiten
Rest – Menü 36 € – Karte 26/39 €
♦ Das hübsch sanierte alte Anwesen am Ende des in seiner Ursprünglichkeit unversehrten Tales entpuppt sich als wahres Idyll. Man wohnt sehr charmant und ebenso individuell, das Abendessen ist wie die herrliche Ruhe und Einsamkeit im Preis inbegriffen! Badeteich und Saunahaus.

FRANKENBERG an der EDER – Hessen – **543** – 18 900 Ew – Höhe 296 m 38 G12
▶ Berlin 451 – Wiesbaden 156 – Marburg 39 – Kassel 78
🛈 Untermarkt 12, ✉ 35066, ℰ (06451) 71 76 72, www.ederbergland-touristik.de

Die Sonne Frankenberg
Marktplatz 2 ✉ *35066* – ℰ *(06451) 75 00*
– *www.sonne-frankenberg.de*
60 Zim ⌑ – †118/148 € ††170/200 € – 2 Suiten
Rest *Philipp Soldan*  **Rest** *Sonne-Stuben* – siehe Restaurantauswahl
Rest *Philippo* – Karte 26/42 €
♦ Mehrere liebenswert restaurierte historische Gebäude beim schönen Rathaus bilden dieses Hotel mit großem Spa auf drei Etagen und freundlichen, wohnlichen Zimmern. Neben Weinproben im Stadtweinkeller bietet man drei Restaurants, eines davon ist das Philippo mit italienischer Küche.

FRANKENBERG an der EDER

Rats-Schänke

Marktplatz 7 ⊠ 35066 – ℰ (06451) 7 26 60 – www.rats-schaenke.de – geschl. Anfang Januar 2 Wochen , Anfang Juli 2 Wochen
35 Zim ⊇ – †53/85 € ††99/145 € – 3 Suiten
Rest – *(geschl. Donnerstag)* Karte 17/34 €

♦ Der langjährige Familienbetrieb neben dem sehenswerten Rathaus a. d. 15. Jh. verfügt über sehr gepflegte und praktische Zimmer, darunter drei geräumige Appartements im Nebengebäude. Rustikales Restaurant mit Terrasse zum Obermarkt.

Philipp Soldan – Hotel Die Sonne Frankenberg

Marktplatz 2 ⊠ 35066 – ℰ (06451) 75 00 – www.sonne-frankenberg.de
– geschl. Januar 3 Wochen, Juli - August 4 Wochen und Sonntag - Montag
Rest – *(nur Abendessen)* Menü 65/99 € – Karte 74/94 €

Spez. Gebeizter Eismeersaibling, Morchelcreme, Minimöhren und Erbsensprossen. Frühjahrsküken aus dem eigenen Sud, gestockte Ingwermilch und Einkornkeimlinge. Niedertemperaturgegarte Oberschale vom Goldlabel Kalb, weißer Pfirsich, Pfifferlinge und Creme von jungen Mandeln.

♦ Am Abend hat Florain C. Hartmann im Keller des Hauses seinen Auftritt und beweist mit durchdachter zeitgemäßer Küche sein Können! Bei eleganter Tischkultur und begleitet von einer bemerkenswerten Auswahl an deutschen Weinen überzeugen sich die Gäste gerne davon.

Sonne-Stuben – Hotel Die Sonne Frankenberg

Marktplatz 2 ⊠ 35066 – ℰ (06451) 75 00 – www.sonne-frankenberg.de
Rest – Karte 29/56 €

♦ Sie mögen es regional? Auf der Speisekarte werden Sie einiges aus der Gegend entdecken und in den gemütlichen Stuben nehmen diverse Dekorationen Bezug zu Alt-Frankenberg. Terrasse zum Marktplatz!

FRANKENHAUSEN, BAD – Thüringen – 544 – 9 000 Ew – Höhe 135 m 30 K11
– Soleheilbad

▶ Berlin 246 – Erfurt 57 – Göttingen 110 – Halle 81

🛈 Anger 14, ⊠ 06567, ℰ (034671) 7 17 17, www.bad-frankenhausen.de

◉ Panorama-Museum ★★

Residenz

Am Schlachtberg 3 ⊠ 06567 – ℰ (034671) 7 50
– www.residenz-frankenhausen.de
85 Zim ⊇ – †85/95 € ††109/119 € – ½ P 19 €
Rest – Karte 18/36 €

♦ Das komfortable Hotel befindet sich in Hanglage am Kyffhäuser, wunderbar ist der Blick auf den Ort. Einige der gut ausgestatteten Zimmer sind geräumigere Juniorsuiten. Zeitlos gestaltetes Restaurant mit großer Fensterfront.

Alte Hämmelei (mit Gästehaus)

Bornstr. 33 ⊠ 06567 – ℰ (034671) 51 20 – www.alte-haemmelei.de
10 Zim ⊇ – †42/44 € ††64/74 € – ½ P 12 €
Rest – *(Montag - Donnerstag nur Abendessen)* Karte 13/38 €

♦ An der alten Stadtmauer steht das historische Fachwerkhaus mit seinen tipptopp gepflegten, gemütlichen Zimmern. Besonderheit: das Turm-Zimmer auf zwei Etagen im Wieckhaus. Charmant-rustikale Gaststube, im Sommer mit hübschem kleinem Biergarten im Hof.

FRANKENTHAL in der PFALZ – Rheinland-Pfalz – 543 – 46 880 Ew 47 E16
– Höhe 96 m

▶ Berlin 618 – Mainz 66 – Mannheim 18 – Kaiserslautern 47

Siehe auch Mannheim-Ludwigshafen (Umgebungsplan)

Stadtplan auf der nächsten Seite

FRANKENTHAL IN DER PFALZ

Am Kanal 2
August-Bebel-Str. 3
Bahnhofstr. 4
Erzberger Str. 5
Europaring 6
Friedrich-Ebert-Str. 7
Heinrich-Haine-Str. 10
Heßheimer Str. 12
Karolinenstr. 13
Mahlastr. 14
Mühlstr. 16
Nürnberger Str. 17
Philipp-Karcher-Str. 18
Rathauspl. 19
Speyerer Str.
Wallonenstr. 21
Westliche Ringstr. 23
Willy-Brandt-Anlage 25
Wormser Str. 28
Zuckerfabrikstr. 30

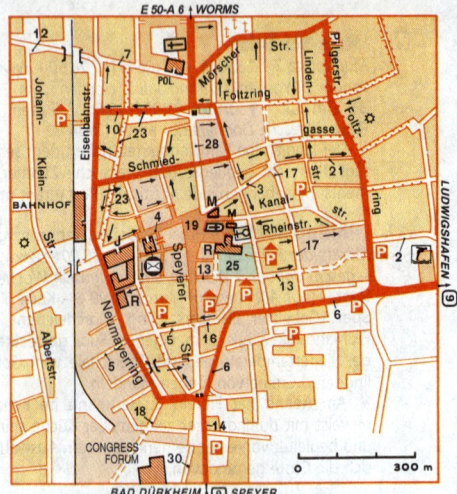

Weinhotel Wagner
Schlachthausweg 14 (Umgebungsplan Mannheim-Ludwigshafen) ✉ 67227
– ℰ (06233) 3 68 80 – www.weinhotel-wagner.de   AUe
11 Zim – †53 € ††76 €
Rest – *(geschl. Montagmittag, Mittwochmittag, Donnerstagmittag, Samstagmittag)*
Karte 16/32 €
◆ Das kleine Hotel der Familie Wagner liegt recht ruhig am Friedhof in einer Seitenstraße. Zimmer mit gutem Platzangebot, meist auch mit Balkon. Bürgerlich-internațional speist man im gemütlichen Restaurant, nachmittags Kaffee und Kuchen.

FRANKFURT am MAIN

Stadtpläne siehe nächste Seiten

Hessen – 671 930 Ew – Höhe 98 m – 543 P10
▶ Berlin 549 – Wiesbaden 41 – Bonn 174 – Nürnberg 226

🛈 Tourist-Informationen

Römerberg 27 HZ, ✉ 60311, ✆ (069) 21 23 88 00, www.frankfurt-tourismus.de
im Hauptbahnhof CX, ✉ 60329, ✆ (069) 21 23 88 00

Automobilclub - ADAC

Schillerstr. 12 GY
Lyoner Str. 22 BT
Wiesbadener Straße AS

Autoreisezug

🚆 In Neu-Isenburg, Bahnhofstraße, ✆ (01805) 24 12 24 (Gebühr)

Flughafen

✈ Hugo-Eckener-Ring AU, ✆ (069) 69 00

Messegelände

Messe Frankfurt, Ludwig-Erhard-Anlage 1 CX, ✉ 60327, ✆ (069) 7 57 50

Messen

Zu Messezeiten verlangen viele Hotels erhöhte Messepreise
11.-14. Januar: Heimtextil
28.-31. Januar: paperworld
10.-14. Februar: Ambiente
21.-24. März: Musikmesse
15.-20. April: ACS
5.-9. Mai: Texcare
13.-14. Mai: Hair & Beauty
31.August-4. September: tendence
11.-16. September: Automechanika
29.-30. September: domicil
10.-14. Oktober: Frankfurter Buchmesse

FRANKFURT am MAIN

Golfplätze

- Frankfurt-Niederrad, Golfstr. 1, ✆ (069) 66 62 31 80
- Frankfurt-Niederrad, Schwarzwaldstr. 127, ✆ (069) 96 74 13 53
- Hanau-Wilhelmsbad, Wilhelmsbader Allee 32, ✆ (06181) 8 20 71
- Dreieich, Hofgut Neuhof, ✆ (06102) 32 70 10
- Bad Vilbel-Dorteweil, Lindenhof, ✆ (06101) 5 24 52 00

◉ SEHENSWÜRDIGKEITEN

Die Altstadt: Dom★ · Dommuseum★HZ · Museum für Moderne Kunst★M^{10}HY · Goethe-Haus - Frankfurter Goethe-Museum★M^2GZ

Linkes Mainufer: Städtelsches Kunstinstitut★★GZ · Museum für Angewandte Kunst★HZ · Deutsches Filmmuseum★M^7 · Museum für Kommunikation★M^3GZ

Weitere Sehenswürdigkeiten: Zoo★★FV · Naturmuseum Senckenberg★M^9CV · Palmengarten★CV]

Alphabetische Liste der Hotels
Alphabetical index of hotels

A		Seite
Adina	🏠	413
Alexander am Zoo	🏠	413
Amadeus	🏠	419
Astoria	🏠	414
B		**Seite**
Bommersheim	🏠	423
Borger	🏠	419
Bristol	🏠	413
F		**Seite**
Fleming's Deluxe	🏠	412
Fleming's Hamburger Allee	🏠	413
Fleming's Hotel Neue Börse	🏠	420
Friedberger Warte	🏠	421
friendly Cityhotel	🏠	423
G		**Seite**
Gerbermühle	🏠	420
Goldman 25hours	🏠	413
H - I		**Seite**
Hessischer Hof	🏠	411
Hilton	🏠	411
Holiday Inn Express (Elbestraße)	🏠	414
Holiday Inn Express (Gutleutstraße)	🏠	414
Ibis City Messe	🏠	414
Innside by Melia Niederrad	🏠	420
InterContinental	🏠	412
iO	🏠	422

J - K - L		Seite
Jumeirah	🏠	411
Kempinski Hotel Gravenbruch	🏠	423
Landhaus Alte Scheune	🏠	420
Lindner Hotel and Sports Academy	🏠	420
Lindner Hotel und Residence Main Plaza	🏠	421
M - N		**Seite**
Maritim	🏠	411
Marriott	🏠	411
Memphis	🏠	414
Le Méridien Parkhotel	🏠	412
Miramar Golden Mile	🏠	414
Mövenpick	🏠	412
NH Frankfurt-City	🏠	412
P		**Seite**
Palmenhof	🏠	414
Pearl	🏠	413
Plaza	🏠	414
The Pure	🏠	412
R		**Seite**
Radisson BLU	🏠	411
relexa	🏠	420
Roomers	🏠	412
S		**Seite**
Scala	🏠	414
Sheraton Frankfurt Airport Hotel and Conference Center	🏠	424
Steigenberger Airport	🏠	424

FRANKFURT am MAIN

| Steigenberger Frankfurter Hof | 🏨🏨🏨 | 411 |
| Steigenberger Metropolitan | 🏨🏨 | 412 |

| **T** | | Seite |
| 25hours by Levi's (twenty-five) | 🏨 | 413 |

V - W		Seite
Villa Kennedy	🏨🏨🏨	421
Villa Orange	🏨🏨	413
Villa Oriental	🏨	414
Welcome Hotel	🏨🏨	413
Wessinger	🏨🏨	423
The Westin Grand	🏨🏨🏨	411

Alphabetische Liste der Restaurants
Alphabetical index of restaurants

B - C - D		Seite
Biancalani-Cucina	X	422
Brighella	XX	419
Caracol	X	422
Carmelo Greco	XX ✿	421
DÖPFNER'S im Maingau	XX	421

E		Seite
Emma Metzler	XX	422
Ernos Bistro	X ✿	416
Estragon	X	418

F		Seite
Faces	XX	424
Forsthaus	XxX	423
Français	XxxX ✿	415

G		Seite
Gambero Rosso	XX	423
Gargantua	X	417
Goldman	X	417
Grand Cru Weinrestaurant	X	422
Gusto	XX	422

H		Seite
Hafez	X	418
Heimat	X	417
Holbein's	X	422

I - K - L		Seite
Iroha	X	417
Kameha Suite - Next Level	XX	416
Klaane Sachsehäuser	X	418
Leon	X	417
Lohninger	XX	421

M		Seite
MAIN TOWER Restaurant und Bar	XX	416
Max on One	XxX	415
Medici	XX	416
Meyer's	X	417
Micro Fine Dining	X	420

N		Seite
Neuer Haferkasten	X	423
New Brick	XX	422

O		Seite
Opéra	XX	416
Oscar's	X	418
Osteria Enoteca	XX	421

P		Seite
Palast-Bistrot	X	418
Pearl by Mirko Reeh	XX	416

R - S - T		Seite
Roomers	XX	415
san san	X	418
La Scuderia	X	417
Sèvres	XxX	415
Silk	XX ✿	419
Sushimoto	X	418
Tiger-Restaurant	XxX ✿	415

V - W		Seite
Villa Merton	XxX ✿	415
Wagner	X	419
Weinsinn	X	417

Z		Seite
Zarges	XX ⊛	416
Zenzakan	XX	416
Zum gemalten Haus	X	419
Zum Rad	X	418
Zur Buchscheer	X	419

STRASSENVERZEICHNIS
FRANKFURT AM MAIN

Straße	Feld
Adalbertstr.	CV
Adickesallee	EV
Alfred-Brehm-Pl.	FV 2
Allerheiligenstr.	HY 3
Altebergsweg	FX
Alte Brücke	HZ
Alte Gasse	HY
Am Tiergarten	FV
An der Hauptwache	GHY
Arnsburger Str.	FV 4
Bärenstr.	FV 6
Baseler Str.	CX
Battonnstr.	HY
Beethovenstr.	CV
Berger Str.	FV
Berliner Str.	GHZ
Bethmannstr.	GZ 7
Biebergasse	GY
Bleichstr.	HY
Bleidenstr.	HY 9
Bockenheimer Anlage	GY
Bockenheimer Landstr.	GY 10
Börsenstr.	HZ
Braubachstr.	HZ
Bremer Str.	DV 12
Brückenstr.	HZ
Burgstr.	FV
Danziger Pl.	FV
Darmstädter Landstr.	EFX
Deutschherrnufer	HZ
Diesterwegstr.	HZ
Domstr.	HZ 13
Dreieichstr.	FX
Dürerstr.	GZ
Düsseldorfer Str.	CX 14
Eckenheimer Landstr.	EV 15
Elisabethenstr.	HZ 16
Eschenheimer Anlage	HY
Eschersheimer Landstr.	GY
Eyseneckstr.	DV
Fahrgasse	HYZ
Flößerbrücke	FX 17
Frankenallee	CX
Franz-Rücker-Allee	CV
Frauenlobstr.	CV
Friedberger Anlage	HY 20
Friedberger Landstr.	HY 22
Friedensbrücke	CX
Friedensstr.	GZ 24
Friedrich-Ebert-Anlage	CVX
Fürstenberger Str.	CDV
Gallusanlage	GZ
Gartenstr.	GHZ
Gerbermühlstr.	FX
Gießener Str.	BR
Goethepl.	GY
Goethestr.	GY
Goldbergweg	CV
Gräfstr.	CV
Großer Hirschgraben	GZ 30
Große Eschenheimer Str.	GY
Große Friedbergerstr.	HY 29
Große Gallusstr.	GYZ
Grüneburgweg	CDV
Gr. Bockenheimer Str.	GY 27
Günthersburgallee	FV
Guiolettstr.	CV
Gutleutstr.	GZ
Gutzkowstr.	HZ
Habsburgerallee	FV
Hafenstr.	CX
Hamburger Allee	CV
Hanauer Landstr.	FX
Hans-Thoma-Str.	GZ
Hasengasse	HY
Heerstr.	AR
Hemmerichsweg	FV
Henschelstr.	FV
Hochstr.	GY
Höhenstr.	FV
Holbeinstr.	GZ
Holzhausenstr.	BR
Homburger Landstr.	BR
Ignatz-Bubis-Brücke	FX 45
Im Prüfling	FV
Isenburger Schneise	BT
Junghofstr.	GY
Kaiserstr.	GZ
Kalbächer Gasse	GY 32
Karlstr.	CX 33
Kennedy-allee	GZ
Kleiner Hirschgraben	GY 35
Konrad-Adenauer-Str.	HY
Kurt-Schumacher-Str.	HYZ
Lange Str.	FX
Liebigstr.	CV
Limpurgergasse	HZ 36
Mainkai	HZ
Mainzer Landstr.	CVX
Markt	HZ
Miquelallee	CV
Mörfelder Landstr.	EX
Münchener Str.	GZ
Münzgasse	GZ 40
Neebstr.	GZ 42
Neue Mainzer Str.	GYZ
Nibelungenallee	EFV 43
Nizza Anlage	GZ
Nordendstr.	EV
Obermainanlage	FX 44
Oeder Weg	GY
Offenbacher Landstr.	FX
Oppenheimer Landstr.	HZ
Oskar-von-Miller-Str.	FX
Ostendstr.	HZ
Paradiesgasse	HY
Petersstr.	FV 47
Pfingstweidstr.	FV
Platz der Republik	CX
Rechneigrabenstr.	HZ 50
Reuterweg	GY
Rhönstr.	FV
Röderbergweg	FV
Römerberg	HZ
Roßmarkt	GY
Rothschildallee	FV
Saalburgallee	FV
Saalburgstr.	FV
Sachsenhäuser Ufer	HZ
Sandweg	FV
Schäfergasse	HY
Schaumainkai (Museumsufer)	GHZ
Scheffelstr.	EV
Schifferstr.	HZ
Schillerstr.	GY 54
Schloßstr.	CV
Schöne Aussicht	HZ
Schwanheimer Ufer	AT
Schweizer Pl.	HZ
Schweizer Str.	GHZ
Seehofstr.	FX 55
Seilerstr.	HY
Senckenberganlage	CV
Siemensstr.	FX 56
Siesmayerstr.	CV
Sonnemannstr.	FX
Sophienstr.	CV
Sprendlinger Landstr.	BU
Stegstr.	HZ
Stiftstr.	HY
Stoltzestr.	HY 58
Stresemannallee	DX
Taunusanlage	GY
Taunusstr.	GZ 62
Taunustor	HZ
Textorstr.	HZ
Theodor-Heuss-Allee	CV
Töngesgasse	HY
Untermainanlage	GZ 65
Untermainbrücke	GZ
Untermainkai	GZ
Vilbeler Str.	HY
Walter-Kolb-Str.	HZ
Wasserweg	FX 67
Weißfrauenstr.	GZ 68
Wendelsweg	FX
Weserstr.	GZ 69
Westendstr.	CV
Wilhelm-Leuschner-Str.	GZ
Windeckstr.	FX 74
Wittelsbacherallee	FV
Zeil	HY

406

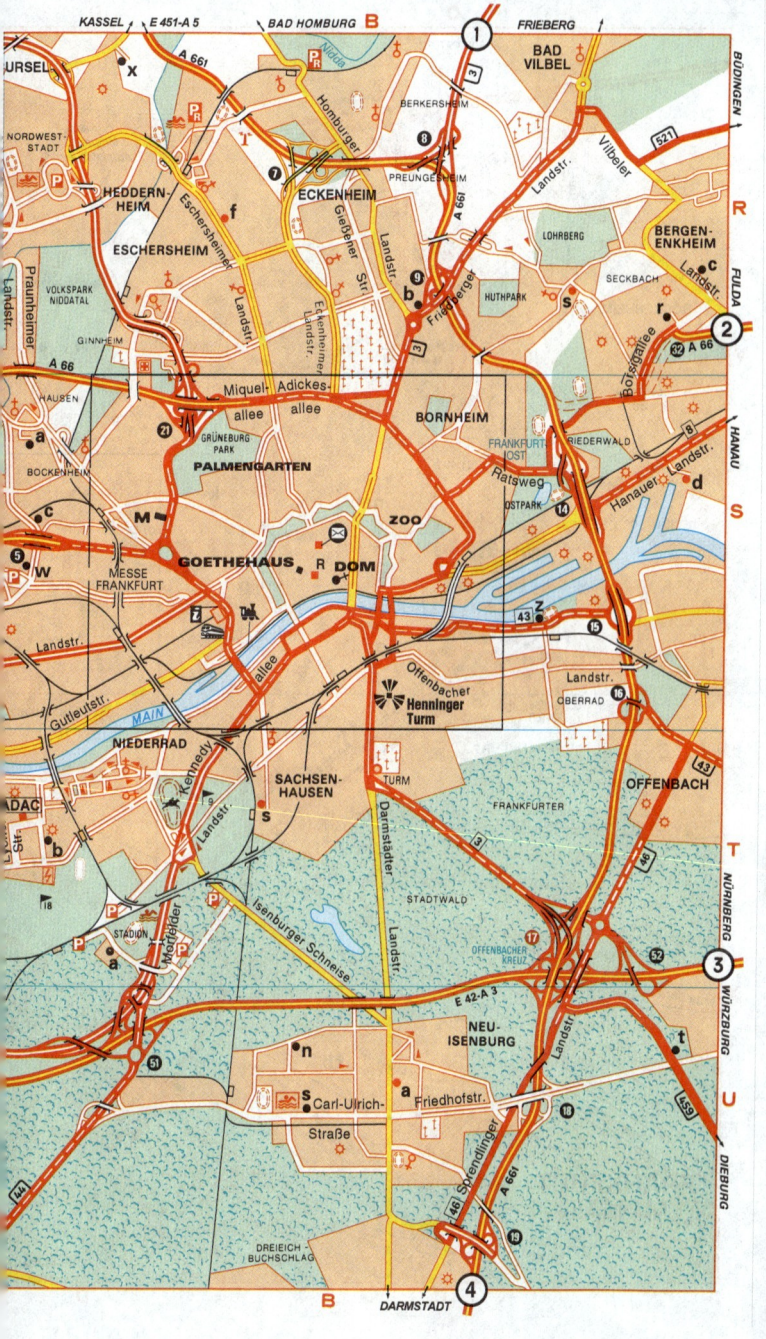

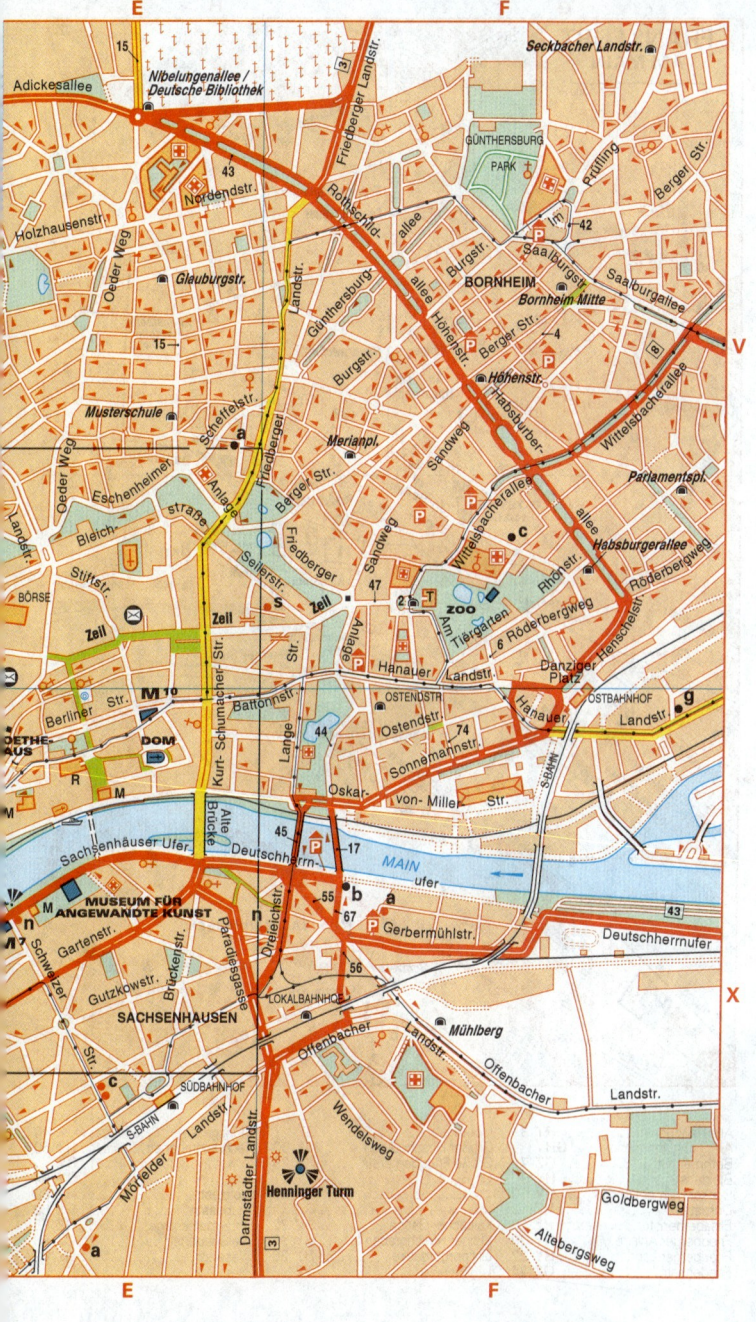

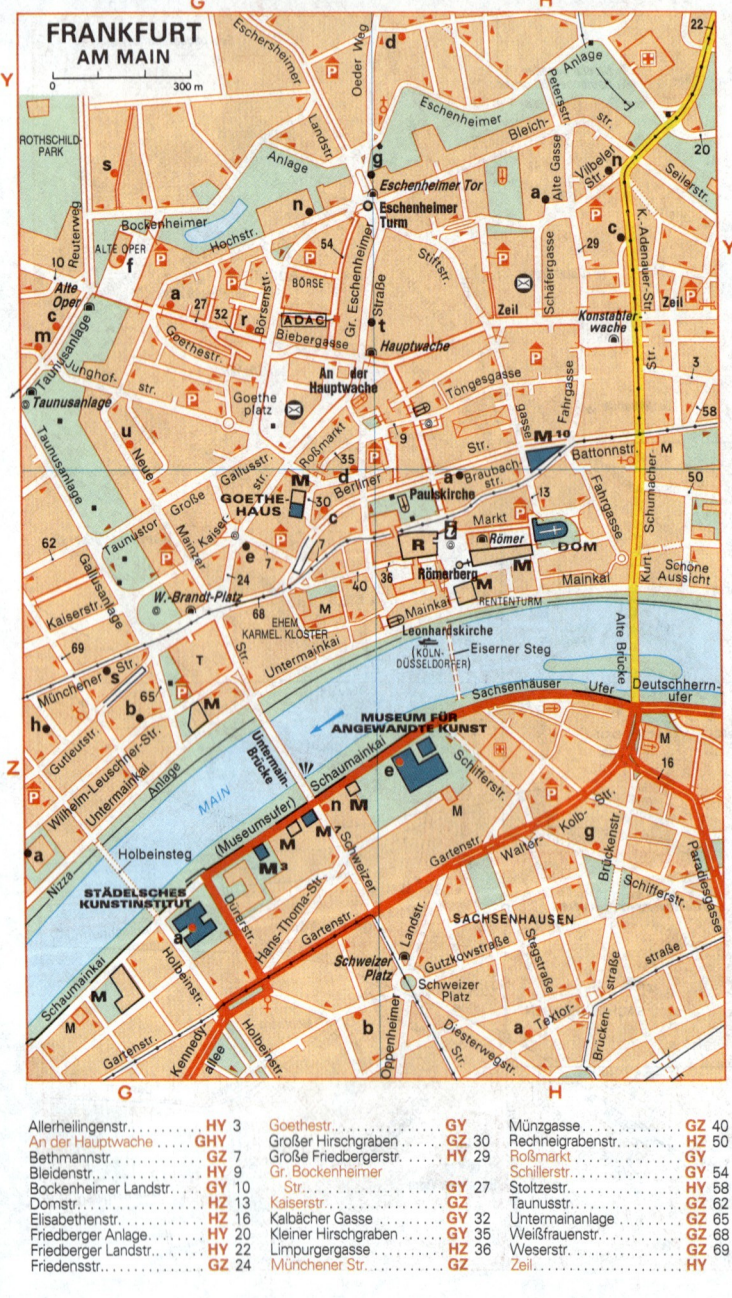

Allerheiligenstr.	HY 3	Goethestr.	GY	Münzgasse	GZ 40
An der Hauptwache	GHY	Großer Hirschgraben	GZ 30	Rechneigrabenstr.	HZ 50
Bethmannstr.	GZ 7	Große Friedbergerstr.	HY 29	Roßmarkt	GY
Bleidenstr.	HY 9	Gr. Bockenheimer		Schillerstr.	GY 54
Bockenheimer Landstr.	GY 10	Str.	GY 27	Stoltzestr.	HY 58
Domstr.	HZ 13	Kaiserstr.	GZ	Taunusstr.	GZ 62
Elisabethenstr.	HZ 16	Kalbächer Gasse	GZ 32	Untermainanlage	GZ 65
Friedberger Anlage	HY 20	Kleiner Hirschgraben	GY 35	Weißfrauenstr.	GZ 68
Friedberger Landstr.	HY 22	Limpurgergasse	HZ 36	Weserstr.	GZ 69
Friedensstr.	GZ 24	Münchener Str.	GZ	Zeil	HY

FRANKFURT am MAIN

Steigenberger Frankfurter Hof
Am Kaiserplatz ✉ 60311 – ✆ (069) 2 15 02 – www.frankfurter-hof.steigenberger.de
321 Zim – †199/587 € ††199/587 €, ⊑ 32 € – 20 Suiten
Rest *Français* ✿ **Rest** *Oscar's* **Rest** *Iroha* – siehe Restaurantauswahl
GZe
♦ Die Tradition dieses Luxushotels reicht bis ins Jahr 1876 zurück. Eine eindrucksvolle historische Fassade ziert das Haus und stimmt Sie auf das klassische Ambiente ein. Empfangen werden Sie in einem feudalen Eingangsbereich!

Jumeirah
Thurn-und-Taxis-Platz 2, (Zufahrt über Große Eschenheimer Str. 8) ✉ 60313
– ✆ (069) 2 97 23 70 – www.jumeirah.com/frankfurt
218 Zim – †290/370 € ††290/370 €, ⊑ 32 € – 19 Suiten
Rest *Max on One* – siehe Restaurantauswahl
Rest *Le Petit Palais* – Karte 21/53 €
GHYt
♦ Top Komfort, neueste Technik und wertigste Materialien sprechen eine deutliche Sprache! Für die Präsidentensuite (220 qm!) ist kein Superlativ zu hoch gegriffen, zur eigenen Massage- und Kosmetikabteilung "Talise-Spa" kommt noch der direkte Zugang zum Freizeit-Center nebenan. Frühstück und Snacks gibt's im Le Petit Palais, angeschlossen an die Shopping-Mall "MyZeil".

The Westin Grand
Konrad-Adenauer-Str. 7 ✉ 60313 – ✆ (069) 2 98 10 – www.westingrandfrankfurt.com
371 Zim – †189/729 € ††189/729 €, ⊑ 31 € – 17 Suiten
Rest *san san* **Rest** *Sushimoto* – siehe Restaurantauswahl
HYc
♦ Eine großzügige internationale Businessadresse in zentraler Lage. Man bietet zeitgemäße, wohnliche Zimmer und zahlreiche Tagungsräume. Executive-Club in der 1. Etage. Pool mit tollem Ausblick auf die Stadt.

Hessischer Hof
Friedrich-Ebert-Anlage 40 ✉ 60325 – ✆ (069) 7 54 00 – www.hessischer-hof.de
117 Zim – †170/465 € ††200/525 €, ⊑ 26 € – 7 Suiten
Rest *Sèvres* – siehe Restaurantauswahl
CXp
♦ Dank des ausgezeichneten Service fühlen sich die Gäste hier sehr gut umsorgt, vom Willkommensgetränk über die kostenfreie Minibar bis zum hochwertigen Frühstück. Schön sind die neuen Executive-Zimmer in klassisch-elegantem Stil.

Hilton
Hochstr. 4 ✉ 60313 – ✆ (069) 13 38 00 – www.hilton.de/frankfurt
342 Zim – †199/499 € ††199/499 €, ⊑ 33 € – 3 Suiten   **Rest** – Karte 32/72 €
GYn
♦ Das Haus an der Bockenheimer Anlage empfängt Sie mit einer großen, beeindruckend hohen Atriumhalle. Das 25-m-Hallenbad, einstiges Stadtbad, ist das größte Hotelschwimmbad Frankfurts. Restaurant mit internationalem und amerikanischem Angebot.

Marriott
Hamburger Allee 2 ✉ 60486 – ✆ (069) 7 95 50 – www.frankfurt-marriott.de
588 Zim – †159/390 € ††159/390 €, ⊑ 27 € – 11 Suiten
Rest – (geschl. Samstag - Sonntag) Karte 33/58 €
CVa
♦ Gegenüber der Messe gelegenes Hotel mit technisch gut ausgestatteten, in klassischem Stil gehaltenen Zimmern mit Stadtblick. Mehr Privatsphäre bietet die Executive Etage. Restaurant mit schönem Brasserie-Ambiente und französischer Küche.

Radisson BLU
Franklinstr. 65 ✉ 60486 – ✆ (069) 7 70 15 50 – www.radissonblu.com/hotel-frankfurt
428 Zim – †99/199 € ††99/199 €, ⊑ 26 €
Rest *Gaia* – ✆ (069) 77 01 55 22 00 – Karte 31/59 €
BSc
♦ Der moderne Style dieses nicht alltäglichen Hotels stammt von Matteo Thun und Adam Tihany. Die Zimmer sind nach ihrem Einrichtungsstil benannt: "At home", "Chic", "Fashion" und "Fresh". Gaia mit mediterraner Küche.

Maritim
Theodor-Heuss-Allee 3 ✉ 60486 – ✆ (069) 7 57 80 – www.maritim.de
543 Zim – †89/518 € ††119/576 €, ⊑ 28 € – 24 Suiten
Rest – Menü 36 € (mittags)/46 € – Karte 45/57 €
CVXc
♦ Direkt mit dem Messe- und Kongressgelände verbunden, ist das Hotel eine ideale Tagungsadresse mit zeitlosen Zimmern, die in den oberen Etagen eine besonders schöne Sicht bieten. International speist man in den Restaurants Classico und SushiSho.

FRANKFURT am MAIN

Le Méridien Parkhotel
Wiesenhüttenplatz 28 ⊠ 60329 – ℰ (069) 2 69 70
– www.lemeridienparkhotelfrankfurt.com **CXk**
297 Zim – †145/499 € ††145/519 €, ⊆ 27 € – 2 Suiten   **Rest** – Karte 32/66 €
♦ Im historischen Teil dieses Hotels, einem herrschaftlichen Palais, erwarten Sie stilvolle Zimmer mit hohen Decken und ein sehenswertes Treppenhaus. Modern-funktionell: der Anbau. Restaurant Le Parc im Bistrostil. Gartenlokal vor dem Haus.

InterContinental
Wilhelm-Leuschner-Str. 43 ⊠ 60329 – ℰ (069) 2 60 50
– www.frankfurt.intercontinental.com **GZa**
770 Zim – †149/426 € ††149/426 €, ⊆ 31 € – 35 Suiten
Rest *Signatures* – Karte 37/58 €
♦ Das Hotel am Main bietet in den beiden Gebäuden City Wing und River Wing Gästezimmer in klassischem Stil. Beste Aussicht von der Club-Etage im 21. Stock. Internationale Küche (hauptsächlich in Buffetform) im Restaurant Signatures mit modernem Wintergarten.

Roomers

Gutleutstr. 85 ⊠ 60329 – ℰ (069) 2 71 34 20 – www.roomers.eu **CXs**
117 Zim – †180/450 € ††180/450 €, ⊆ 29 € – 1 Suite
Rest *Roomers* – siehe Restaurantauswahl
♦ Diese Trend-Adresse beeindruckt durch stimmiges, wertiges und geschmackvolles Interieur in dunklen Tönen. Gedämpftes Licht und Musik vermitteln Lounge-Atmosphäre in der angesagten Bar. Man bietet eine sehr gute Gästebetreuung. Tolles Design im Sauna- und Fitnessbereich.

Steigenberger Metropolitan
Poststr. 6 ⊠ 60329 – ℰ (069) 5 06 07 00
– www.steigenberger.com **CXm**
131 Zim ⊆ – †119/296 € ††139/316 € – 3 Suiten   **Rest** – Karte 34/69 €
♦ Zurückhaltende Eleganz und moderne Funktionalität vereinen sich in dem Stadtpalais a. d. 19. Jh., das direkt neben dem Hauptbahnhof liegt. Art-déco-Elemente zieren Fassade und Interieur. Neuzeitliches Ambiente im Restaurant Brasserie.

Fleming's Deluxe

Eschenheimer Tor 2 ⊠ 60318 – ℰ (069) 4 27 23 20 – www.flemings-hotels.com
106 Zim ⊆ – †128/299 € ††148/319 € – 6 Suiten **GHYg**
Rest – Karte 43/71 €
♦ An der Eschenheimer Anlage steht das denkmalgeschützte ehemalige Bürogebäude a. d. 50er Jahren mit funktionstüchtigem Original-Paternoster und moderner Einrichtung. Bar und Lounge im 7. Stock. Vom Dachrestaurant mit Showküche blickt man auf die Skyline.

Mövenpick
Den Haager Str. 5, (neben dem Tor Ost, Halle III) (Zufahrt über Platz der Einheit)
⊠ 60327 – ℰ (069) 7 88 07 50 – www.moevenpick-frankfurt-city.com **CXx**
288 Zim – †75/455 € ††95/475 €, ⊆ 24 €   **Rest** – Karte 27/54 €
♦ Businesshotel mit auffallender rot-grauer Fassade direkt am Messegelände. Die Zimmer: geradlinig-modern und funktionell. Fitnessbereich mit Dachterrasse. Restaurant im Bistrostil mit internationalem Angebot.

The Pure garni
Niddastr. 86 ⊠ 60329 – ℰ (069) 7 10 45 70 – www.the-pure.de **CXr**
50 Zim ⊆ – †80/360 € ††100/440 €
♦ Puristisches Design in Weiß dominiert in diesem Hotel in Bahnhofsnähe. Die ansprechenden modern-eleganten Zimmer sind zum Teil nicht sehr großzügig geschnitten.

NH Frankfurt-City

Vilbeler Str. 2 ⊠ 60313 – ℰ (069) 9 28 85 90 – www.nh-hotels.com **HYn**
256 Zim – †119/179 € ††119/179 €, ⊆ 24 € – 8 Suiten   **Rest** – Karte 29/53 €
♦ Modern und funktional ist die Ausstattung dieses auf Geschäftsleute zugeschnittenen Hotels. Zu den Annehmlichkeiten zählt die zentrale Lage ganz in der Nähe der Fußgängerzone. Restaurant mit großem Buffetbereich in der 1. Etage.

FRANKFURT am MAIN

Adina
Wilhelm-Leuschner-Str. 6 ⌧ 60329 – ℰ (069) 2 47 47 40 – www.adina.eu
134 Zim – †149/199 € ††149/199 €, ⌑ 19 € – 75 Suiten
Rest – (nur Abendessen) Karte 32/50 € **GZb**

• Apartment-Hotel nahe Main und City mit klassisch-moderner Einrichtung in klaren Linien und kräftigen Farben. Alle Zimmer mit Küchenzeile, Suiten zudem mit Waschmaschine und Trockner. Im Restaurant: internationale Küche und Tapas.

Alexander am Zoo garni
Waldschmidtstr. 59 ⌧ 60316 – ℰ (069) 94 96 00 – www.alexanderamzoo.de
66 Zim ⌑ – †77/250 € ††97/250 € – 9 Suiten **FVc**

• In dem Hotel nahe dem Zoo wohnt man in zeitlos gestalteten Zimmern, die großzügig geschnitten sind. Von der Konferenzetage hat man Zugang zur Dachterrasse mit Stadtblick.

Welcome Hotel
Leonardo da Vinci Allee 2 ⌧ 60486 – ℰ (069) 7 70 67 00 – www.welcome-hotels.com
173 Zim – †98/129 € ††118/399 €, ⌑ 17 € **Rest** – Karte 19/65 € **BSw**

• Hell, geradlinig und technisch auf dem neuesten Stand - so bieten die Zimmer einen guten Arbeitsplatz für Businessgäste und eine angenehm moderne Übernachtungsmöglichkeit für einen Stadttrip.

Goldman 25hours
Hanauer Landstr. 127 ⌧ 60314 – ℰ (069) 40 58 68 90 – www.25hours-hotels.com
49 Zim – †107/127 € ††107/127 €, ⌑ 14 € **FXg**
Rest *Goldman* – siehe Restaurantauswahl

• Hier hat man mit allerlei liebenswertem und teilweise recht stylischem Dekor in Form von Lampen, Stoffen, Farben etc. sehr schöne moderne Wohnräume geschaffen, die individueller kaum sein könnten.

Fleming's Hamburger Allee
Hamburger Allee 47 ⌧ 60486 – ℰ (069) 2 01 74 10 – www.flemings-hotels.com
45 Zim – †75/425 € ††75/460 €, ⌑ 16 € – 2 Suiten **CVf**
Rest – (geschl. Weihnachten - 2. Januar) Karte 23/48 €

• Die unmittelbare Nähe zur Messe und geradlinig-modern designte Zimmer mit offenen Bädern machen das freundlich geführte Businesshotel aus. Die Straßenbahn hält vor dem Haus. Nettes Restaurant im zeitgemäßen Bistrostil.

25hours by Levi's
Niddastr. 58 ⌧ 60329 – ℰ (069) 2 56 67 70 – www.25hours-hotels.com
76 Zim – †112/132 € ††112/132 €, ⌑ 15 € **CXh**
Rest – (geschl. Sonntag) Karte 17/51 €

• Beim Hauptbahnhof gelegenes "Levi's"-Designhotel. In Anlehnung an den Jeans-Look der 30er bis 80er Jahre sind die Etagen individuell gestaltet. "Gibson Music Room" im Keller. Das gemütliche Restaurant ist bunt, trendig und lebendig.

Pearl garni
Gutleutstr. 173 ⌧ 60327 – ℰ (069) 27 13 66 90 – www.pearlhotel.de **CXb**
55 Zim ⌑ – †120/300 € ††140/350 €

• Das Businesshotel liegt etwas außerhalb des Zentrums, nicht weit vom Hauptbahnhof. Moderne Zimmer in apartem puristischem Stil stehen hier zur Verfügung.

Villa Orange garni
Hebelstr. 1 ⌧ 60318 – ℰ (069) 40 58 40 – www.villa-orange.de
38 Zim – †118/215 € ††148/255 €, ⌑ 10 € **EVa**

• Das schön eingerichtete Stadthaus im Villenstil gehört zu den Bio-Hotels. Moderner Stil und warme Töne vom Foyer über die Bibliothek bis in die Zimmer. Frühstück in Bio-Qualität.

Bristol garni
Ludwigstr. 15 ⌧ 60327 – ℰ (069) 24 23 90 – www.bristol-hotel.de
145 Zim ⌑ – †80/210 € ††100/260 € **CXa**

• Ein günstig gelegenes Hotel mit modernem Interieur in warmen Tönen. Zum Frühstücksraum gehört eine nette Terrasse. Zudem hat man eine gemütliche Bar, in der man Snacks anbietet.

FRANKFURT am MAIN

Palmenhof garni
*Bockenheimer Landstr. 89 ⊠ 60325 – ℰ (069) 7 53 00 60 – www.palmenhof.com
– geschl. Weihnachten - 2. Januar* CVm
45 Zim – †122/205 € ††162/240 €, ⊇ 16 €

• Das privat geführte, 1890 erbaute Haus im Bankenviertel beherbergt hinter seiner Gründerzeitfassade hübsche Zimmer, die mit Antiquitäten verschiedener Epochen eingerichtet sind.

Holiday Inn Express garni
Elbestr. 7 ⊠ 60329 – ℰ (069) 87 00 38 83 – www.hiexpress.com
116 Zim ⊇ – †79/99 € ††79/99 € GZh

• Klarer Vorteil dieser modernen Adresse im Bahnhofsviertel: Die Zimmer sind hier geräumiger als es für Holiday Inn Express üblich ist! Die Ausstattung ist die neueste Generation dieser Hotelkette.

Plaza garni
Esslinger Str. 8 ⊠ 60329 – ℰ (069) 2 71 37 80 – www.plaza-frankfurt.bestwestern.de
45 Zim – †55/119 € ††59/129 €, ⊇ 14 € CXv

• Relativ ruhig liegt dieses gepflegte Hotel unweit des Bahnhofs. Die Gästezimmer sind großzügig geschnitten und neuzeitlich-funktional ausgestattet.

Holiday Inn Express garni
Gutleutstr. 296 ⊠ 60327 – ℰ (069) 50 69 60 – www.hiexpress.com/exfrankfurtmes
175 Zim ⊇ – †85/119 € ††85/119 € CXf

• Die funktionelle Ausstattung und die gute Anbindung an die A5 machen das Hotel zu einer idealen Businessadresse. Heller, zeitgemäßer Frühstücksraum im Lobbybereich.

Miramar Golden Mile garni
Berliner Str. 31 ⊠ 60311 – ℰ (069) 9 20 39 70 – www.miramar-frankfurt.de – geschl. 23. - 31. Dezember HZa
39 Zim ⊇ – †82/120 € ††92/140 €

• Sie finden dieses gepflegte und freundlich geführte Hotel in ganz zentraler Lage zwischen Zeil und Römer. Die Gästezimmer sind zeitlos und funktional eingerichtet.

Memphis garni
Münchener Str. 15 ⊠ 60329 – ℰ (069) 2 42 60 90 – www.memphis-hotel.de
42 Zim – †50/250 € ††60/290 € GZs

• Das Hotel liegt nur ca. fünf Gehminuten vom Bahnhof entfernt. Die Zimmer sind nicht sehr groß, aber zeitgemäß und funktional in der Ausstattung; zum Innenhof hin ruhiger.

Scala garni
Schäfergasse 31 ⊠ 60313 – ℰ (069) 1 38 11 10 – www.scala.bestwestern.de
40 Zim – †59/109 € ††69/144 €, ⊇ 14 € HYa

• Eine zentrale Adresse ganz in der Nähe von Frankfurts Zeil. Die nicht allzu geräumigen Zimmer überzeugen mit Funktionalität. Empfang und Getränkeservice rund um die Uhr.

Astoria garni
*Rheinstr. 25 ⊠ 60325 – ℰ (069) 97 56 00 – www.astoria-hotels.com
– geschl. Weihnachten - 3. Januar* CXn
60 Zim ⊇ – †69/200 € ††89/240 €

• Günstig liegt dieses familiäre Hotel zwischen Messe, Hauptbahnhof und Fußgängerzone. Man bietet hier unterschiedlich gestaltete Zimmer mit praktischer Ausstattung.

Ibis City Messe
Leonardo da Vinci Allee 40 ⊠ 60486 – ℰ (069) 28 60 70 – www.ibishotel.com/3682
264 Zim – †39/239 € ††39/259 €, ⊇ 10 € ASm
Rest – *(nur Abendessen)* Karte 18/33 €

• Modern und sachlich-funktionell ist die für Ibis typische Einrichtung. Vor den Toren der Stadt gelegen, bietet das gepflegte Hotel eine gute Autobahnanbindung.

Villa Oriental
Baseler Str. 21 ⊠ 60329 – ℰ (069) 27 10 89 50 – www.villa-oriental.com
24 Zim ⊇ – †81/351 € ††91/371 € CXe
Rest *Hafez* – siehe Restaurantauswahl

• Das Hotel in dem schmucken Stadthaus bringt ein Stück Orient nach Frankfurt. Zum schönen authentischen Interieur zählen u. a. rund 15 000 sehr dekorative Fliesen aus Marokko. Ambiente und Küche im Restaurant Hafez sind persisch inspiriert.

FRANKFURT am MAIN

Français – Hotel Steigenberger Frankfurter Hof
Am Kaiserplatz ✉ *60311 –* ✆ *(069) 21 51 38*
*– www.frankfurter-hof.steigenberger.de – geschl. April 2 Wochen, Juli - August
5 Wochen und Samstag - Sonntag sowie an Feiertagen* GZ**e**
Rest – (Tischbestellung ratsam) Menü 59 € (mittags)/129 € (abends)
– Karte 90/120 €
Spez. Elsässer Gänseleber, Bircher Müsli, Joghurt, Brioche. Saibling aus Island, Junge Rübchen, Crème Fraîche, Birkenrauchöl. Onglet vom US-Beef, Romanasalat, Kartoffeln.
♦ Produktbezogen, klassisch und zeitgemäß beeinflusst ist die Küche von Patrick Bittner. Hell, stimmig und elegant sind Kaminzimmer und Wintergarten, dazu der reizvolle Ehrenhof als Terrasse.

Villa Merton
Am Leonhardsbrunn 12, (Ecke Ditmarstraße) ✉ *60487 –* ✆ *(069) 70 30 33*
*– www.koflerkompanie.com – geschl. 23. Dezember - 16. Januar und Samstag
- Sonntag sowie an Feiertagen* CV**n**
Rest – (Tischbestellung ratsam) Menü 85/117 €
Spez. Flusskrebse / Bucheckern, mariniert und Gelee mit Schmand und Hundsrosen. Lamm / Karotte, Sattel, mariniert mit Knoblauchsrauke und Joghurt. Felsenblümchen / Sanddorn, Sorbet und Emulsion mit Sonnenblumenkernen.
♦ Die hübsche Villa im repräsentativen Diplomatenviertel steht für kreative Küche in stilvollen und eleganten Räumen. Das Küchenteam wird von Matthias Schmidt geleitet. Schöne Plätze bietet auch die kleine Terrasse zum Garten hin.

Max on One – Hotel Jumeirah
Thurn-und-Taxis-Platz 2, (Zufahrt über Große Eschenheimer Str. 8, 1. Etage) ✉ *60313*
– ✆ *(069) 2 97 23 70 – www.jumeirah.com/frankfurt* GHY**t**
Rest – (Tischbestellung ratsam) Menü 36 € (mittags) – Karte 38/73 €
♦ Martin Steiner - er hat bekannte Adressen ("Jagdhof Glashütte" und "Johann Lafer's Stromburg") hinter sich - bietet hier Frankfurter Klassiker, Grillgerichte und bezieht auch seine österreichische Heimat mit ein. Das schicke Design stammt vom Innenarchitekten Takashi Sugimoto.

Tiger-Restaurant
Heiligkreuzgasse 20 ✉ *60313 –* ✆ *(069) 92 00 22 25*
*– www.tigerpalast.de – geschl. 10. - 13. Februar, 16. Juni - 21. August und Sonntag
- Montag* FV**s**
Rest – (nur Abendessen) (Tischbestellung erforderlich) Menü 106/137 €
– Karte 81/109 €
Rest Palast-Bistrot – siehe Restaurantauswahl
Spez. Salat vom Rochenflügel mit Fluganas, Erdnüssen und Jamaika Rum. Crêpinette vom Kalbsfilet mit Kalbsbries, grünem Spargel und Buddhas Hand. Schnitte von Mango und jungen Karotten mit Tomaten-Vanille Sorbet.
♦ Sehr gute Produkte werden hier präzise zu schmackhaften Gerichten verarbeitet. In dem modernen Restaurant - integriert in den Tigerpalast mit seinem Varieté-Theater - herrscht eine freundlich-lebendige Atmosphäre.

Sèvres – Hotel Hessischer Hof
Friedrich-Ebert-Anlage 40 ✉ *60325 –* ✆ *(069) 7 54 00*
– www.hessischer-hof.de CX**p**
Rest – Menü 51/65 € – Karte 33/68 €
♦ Prachtvolle Eleganz auf der ganzen Linie! Gekonnt wurde eine wertvolle Sèvres-Porzellan-Ausstellung mit dem erlesenen Interieur des Restaurants in Einklang gebracht. Preislich attraktiv: "All-inclusive-Menü" zum Lunch.

Roomers – Hotel Roomers
Gutleutstr. 85 ✉ *60329 –* ✆ *(069) 2 71 34 20*
– www.roomers.eu – geschl. Samstag - Sonntag und an Feiertagen mittags
Rest – Menü 75 € (abends) – Karte 44/92 € CX**s**
♦ Eine trendige Adresse inmitten von "Mainhatten". Sandfarbene kapitonierte Polstersofas, indirekte Beleuchtung, edle Stoffe kombiniert mit schwarzen Accessoires - ein Interieur, einfach top!

FRANKFURT am MAIN

Zenzakan
Taunusanlage 15, 60325 – ℘ (069) 97 08 69 08 – www.zenzakan.de – geschl. Weihnachten - Neujahr und Sonntag
Rest – (nur Abendessen) Menü 90 € – Karte 44/85 €

GYm

• Ein schickes und sehr internationales Restaurant in apartem Schwarz mit Bar-Lounge. Geboten werden zeitgemäß-asiatische Speisen, darunter moderne Sushi-Interpretationen.

Opéra
Opernplatz 1, 60313 – ℘ (069) 1 34 02 15 – www.opera-restauration.de
Rest – Karte 38/64 €

GYf

• Restaurant im einstigen Foyer der Alten Oper mit aufwändiger Deckenmalerei und Original-Jugendstilleuchtern. Terrasse mit schöner Aussicht. Samstagsjause/Sonntagsbrunch.

MAIN TOWER Restaurant & Bar
Neue Mainzer Str. 52, (53. Etage, Gebühr), 60311 – ℘ (069) 36 50 47 77 – www.maintower-restaurant.de – geschl. Samstagmittag, Sonntag - Montag
Rest – (Tischbestellung erforderlich) Menü 28 € (mittags)/94 € (abends) – Karte 29/44 €

GYu

• Einen beeindruckenden Blick über Frankfurt hat man hier oben in 187 m Höhe, während man sich in modernem Ambiente eine ambitionierte internationale Küche servieren lässt - abends nur als Menü.

Kameha Suite - Next Level
Taunusanlage 20, 60235 – ℘ (069) 4 80 03 70 – www.kamehasuite.com – geschl. 2. - 7. Januar und Samstagmittag, Sonntag
Rest – Menü 45 € – Karte 53/62 €

GYc

• Mittags ist das trendige Restaurant in dem imposanten historischen Prachtbau ideal für einen "Quick-Lunch", am Abend wird eine zeitgemäß-internationale Karte gereicht (ein Klassiker ist z. B. Rinderfilet Rossini, moderner dagegen Jakobsmuscheln auf Karotten-Ingwer-Püree).

Medici
Weißadlergasse 2, 60311 – ℘ (069) 21 99 07 94 – www.restaurantmedici.de – geschl. Sonntag und an Feiertagen
Rest – Menü 37/62 € – Karte 35/61 €

GYZd

• Gastgeber in dem Restaurant mitten in der Innenstadt sind zwei Brüder, die in neuem Ambiente internationale Küche mit mediterranem Einfluss bieten.

Zarges
Kalbächer Gasse 10, 60311 – ℘ (069) 29 90 30 – www.zarges-frankfurt.com – geschl. Sonn- und Feiertage, außer an Messen
Rest – Menü 35 € – Karte 37/68 €

GYz

• Das in Frankfurts Fressgass' gelegene Stadthaus beherbergt eine Confiserie mit allerlei feinen Leckereien sowie ein gemütlich-klassisches Restaurant auf 3 Etagen. Zu den schmackhaften französisch inspirierten Speisen (probieren Sie die fair kalkulierten variablen Menüs) wählt man aus ca. 500 offen ausgeschenkten Weinen.

Pearl by Mirko Reeh
Kettenhofweg 64, 60325 – ℘ (069) 71 40 20 46 – www.pearl-frankfurt.de – geschl. Samstagmittag, Sonntag und an Feiertagen
Rest – Menü 39/63 € – Karte 39/50 €

CVp

• Eine gute zeitgemäße Küche bietet man in dem modernen, in warmen Tönen gehaltenen Restaurant in einer Wohngegend. Hübsch ist auch die kleine Terrasse.

Ernos Bistro
Liebigstr. 15, 60323 – ℘ (069) 72 19 97 – www.ernosbistro.de – geschl. Ende Dezember - Anfang Januar 2 Wochen, Juli - August 3 Wochen und Samstag - Sonntag sowie an Feiertagen
Rest – (Tischbestellung ratsam) Menü 36 € (mittags)/125 € – Karte 67/113 €

CVk

Spez. Hausgemachte Gänsestopfleber mit Ananas-Zitronen-Chutney und Brioche. Rotbarbe mit Auberginenkaviar und Panisse, Basilikumcannelloni und roter Paprikajus. Milchlammkeule und geschmorte Schulter „Tian provençal", Thymianjus.

• Sehr gute französische Speisen in einem authentischen Bistro mit sympathisch-lebendiger Atmosphäre, zu der nicht zuletzt der freundliche Service beiträgt. Das Küchenteam wird von Valéry Mathis geleitet.

FRANKFURT am MAIN

Heimat
Berliner Str. 70 ⊠ 60311 – ℰ (069) 29 72 59 94 – www.restaurant-heimat.de
– geschl. über Pfingsten GZc
Rest *– (nur Abendessen) (Tischbestellung ratsam) Menü 39/52 € – Karte 38/56 €*
♦ Lebhaft und angenehm ungezwungen ist dieses Restaurant in einem ehemaligen Tram-Wartehaus mit Kiosk in zentraler Lage beim Goethe-Haus. Zur schmackhaften saisonalen Küche bietet man eine umfangreiche Weinauswahl.

Weinsinn
Fürstenbergerstr. 179 ⊠ 60322 – ℰ (069) 56 99 80 80 – www.weinsinn-frankfurt.de
– geschl. 2. - 15. April, 16. Juli - 4. August und Sonntag – Montag sowie an Feiertagen
Rest *– (nur Abendessen) Menü 44/54 € – Karte 47/57 €* DVw
♦ Mit Stilgefühl schufen die herzlichen Gastgeber aus klaren Formen, warmem Parkettboden und zurückhaltendem Dekor ein stimmiges Gesamtbild. Damit auch alle Sinne angesprochen werden: zeitgemäß-kreative Speisen von einem Küchenchef mit Talent und Ambitionen, dazu gute Weine.

Gargantua
An der Welle 3 ⊠ 60322 – ℰ (069) 72 07 18 – www.gargantua.de
– geschl. Weihnachten - 1. Jan., 9. - 22. Juli und Samstag - Sonntag sowie an Feiertagen GYs
Rest *– (Tischbestellung ratsam) Menü 39/62 € (abends) – Karte 36/64 €*
♦ Helles, modernes Restaurant in einem Gebäudekomplex bei der Alten Oper - von der Terrasse hat man sie im Blick! Dazu Galerie und Außenbereich in einem Atrium. Mediterran geprägte Küche und einige regionale Gerichte.

Goldman – Hotel Goldman 25hours
Hanauer Landstr. 127 ⊠ 60314 – ℰ (069) 40 58 68 98 06
– www.Goldman-Restaurant.com – geschl. Samstagmittag, Sonntag und an Feiertagen FXg
Rest *– Menü 72 € – Karte 28/62 €*
♦ Man sitzt hier gemütlich in einem schicken modernen Restaurant mit offener Küche und großer Fensterfront. Serviert werden mediterrane Speisen, die zeitgemäß ausgelegt sind.

Iroha – Hotel Steigenberger Frankfurter Hof
Bethmannstr. 35 ⊠ 60311 – ℰ (069) 21 99 49 30 – www.iroha-frankfurt.de – geschl. Sonntag und an Feiertagen GZe
Rest *– Menü 50/120 €*
♦ Japanisches Restaurant im Untergeschoss des Hotels. Im Teppanyaki-Raum werden die Speisen an typischen "heißen Tischen" vor Ihren Augen zubereitet, zudem hat man eine Sushi-Bar.

Meyer's
Große Bockenheimer Str. 54 ⊠ 60313 – ℰ (069) 91 39 70 70
– www.meyer-frankfurt.de – geschl. Sonntag und an Feiertagen GYa
Rest *– (Tischbestellung ratsam) Karte 34/43 €*
♦ Am Anfang der Fußgängerzone, ganz in der Nähe der Alten Oper, finden Sie dieses nette moderne Bistro mit Feinkostgeschäft. Die Speisekarte ist international geprägt.

La Scuderia
Feuerbachstr. 23 ⊠ 60325 – ℰ (069) 72 54 80 – www.la-scuderia.de – geschl. Sonntag außer an Messen CVs
Rest *– Karte 38/73 €*
♦ Italienische Küche aus guten, frischen Produkten sowie freundlicher Service erwarten die Gäste in diesem behaglichen Ristorante im Westend zwischen Alter Oper und Messe.

Leon
Feuerbachstr. 5 ⊠ 60325 – ℰ (069) 15 34 48 50 – www.leon-restaurant.de – geschl. Samstagmittag, Sonntag und an Feiertagen CVr
Rest *– Karte 36/54 €*
♦ Das sympathische Kellerlokal mit kleiner Terrasse vor dem Haus ist ein netter Zwei-Mann-Betrieb, der internationale Küche bietet. Mittagslunch.

FRANKFURT am MAIN

Estragon
Jahnstr. 49 ⊠ 60318 – ℰ (069) 5 97 80 38 – www.estragon-ffm.de – geschl. Anfang Juni 3 Wochen und Sonntag HY**d**
Rest – *(nur Abendessen)* Menü 45/53 € – Karte 29/52 €
♦ Das freundliche Restaurant in einer kleinen Seitenstraße wird seit über zehn Jahren familiär geleitet und bietet internationale Saisonküche sowie eine gute Weinauswahl.

Hafez – Hotel Villa Oriental
Baseler Str. 21 ⊠ 60329 – ℰ (069) 23 23 01 – www.villa-oriental.com CX**e**
Rest – Karte 17/45 €
♦ Bunte Lampen, bestickte Kissen, bewusstes Spiel mit Farben und orientalische Accessoires erinnern hier an die Märchen aus "1001 Nacht". Tauchen Sie ein und kosten Sie die persische Kulinarik.

Palast-Bistrot – Tiger-Restaurant
Heiligkreuzgasse 20 ⊠ 60313 – ℰ (069) 92 00 22 92 – www.tigerpalast.de – geschl. 10. - 13. Februar, 16. Juni - 21. August und Sonntag - Montag
Rest – *(nur Abendessen)* Menü 49/54 € – Karte 39/54 € FV**s**
♦ Bequeme dickgepolsterte Bänke aus schwarzem Leder, beeindruckendes Backsteingewölbe, effektvolle Beleuchtung - hier heißt es sehen und gesehen werden!

Oscar's – Hotel Steigenberger Frankfurter Hof
Am Kaiserplatz ⊠ 60311 – ℰ (069) 2 15 02 – www.frankfurter-hof.steigenberger.de
Rest – *(Tischbestellung ratsam)* Menü 30 € (mittags) – Karte 43/76 € GZ**e**
♦ Ungezwungen, wie man es von einem typischen Bistro erwartet! Beliebter Treff für Banker und Businessleute - deshalb Tisch bestellen! Tipp: Wiener Schnitzel mit Gurkensalat und Preiselbeeren.

san san – Hotel The Westin Grand
Konrad-Adenauer-Str. 7 ⊠ 60313 – ℰ (069) 91 39 90 50 – www.westingrandfrankfurt.com – geschl. Samstagmittag HY**c**
Rest – Karte 28/48 €
♦ "Bamboo Lounge", "Shanghai Suite" oder ein intimes Separee, so stellt sich das "san san" auf seine Gäste ein, um ihnen die typische chinesische Wohn- und Lebenskultur zu präsentieren.

Sushimoto – Hotel The Westin Grand
Konrad-Adenauer-Str. 7 ⊠ 60313 – ℰ (069) 1 31 00 57 – www.westingrandfrankfurt.com – geschl. Montag, Sonntagmittag, außer an Messen HY**c**
Rest – *(Tischbestellung ratsam)* Menü 35 € (vegetarisch)/105 € – Karte 44/74 €
♦ Das Ambiente ist authentisch schlicht, wie man es von einem japanischen Restaurant erwartet. Man führt Sie u. a. mit Sushi und Teppanyaki durch die facettenreiche Küche des fernöstlichen Landes.

> **FRANKFURTER ÄPPELWOILOKALE:** *Apfelwein und regionale Frankfurter Speisen in typischem, gemütlichem Ambiente.*

Zum Rad
Leonhardsgasse 2 (Seckbach) ⊠ 60389 – ℰ (069) 47 91 28 – www.zum-rad.de – geschl. Dienstag BR**s**
Rest – *(Montag - Samstag nur Abendessen)* Karte 14/40 €
♦ In dem rustikalen Gasthaus von 1806 wird das "Stöffche" aus eigener Herstellung ausgeschenkt, dazu gibt's regionale Kost. Der schöne Innenhof dient als Terrasse.

Klaane Sachsehäuser
Neuer Wall 11 (Sachsenhausen) ⊠ 60594 – ℰ (069) 61 59 83 – www.klaanesachsehaeuser.de – geschl. Weihnachten - Anfang Jan. und Sonntag
Rest – *(ab 16 Uhr geöffnet)* Karte 15/32 € FX**n**
♦ Über den Innenhof erreicht man die urige Wirtschaft, in der seit 1886 das selbst gekelterte "Stöffche" fließt und Frankfurter Küche aufgetischt wird. Hier sitzt keiner allein!

FRANKFURT am MAIN

Zum gemalten Haus
Schweizer Str. 67 (Sachsenhausen) ⊠ 60594 – ℰ (069) 61 45 59
– www.zumgemaltenhaus.de – geschl. Montag
Rest – Karte 13/24 €

EX**c**

♦ Zwischen bemalten Wänden und Relikten vergangener Zeit wird zusammengerückt, "Schoppe gepetzt" und "schläächtgebabbelt" - Hauptsache der "Bembel" bleibt immer gut gefüllt!

Zur Buchscheer
Schwarzsteinkautweg 17 (Sachsenhausen) ⊠ 60598 – ℰ (069) 63 51 21
– www.buchscheer.de – geschl. Dienstag
Rest – (Montag - Freitag ab 16 Uhr geöffnet) Karte 11/29 €

BT**s**

♦ Bereits seit 1876 wird diese gemütlich-rustikale Adresse am Ortsrand familiär geleitet. Zur bodenständigen Küche trinkt man hauseigenen Apfelwein. Nett ist auch der Sommergarten.

Wagner
Schweizer Str. 71 (Sachsenhausen) ⊠ 60594 – ℰ (069) 61 25 65
– www.apfelwein-wagner.com
Rest – Karte 13/27 €

EX**c**

♦ Der Weg zu "Rippche" und Äppelwoi führt durch einen Torbogen und den sich anschließenden Innenhof. Wer's besonders gesellig mag, sitzt auf einer langen Holzbank.

In Frankfurt - Bergen-Enkheim

Amadeus
Röntgenstr. 5 ⊠ 60388 – ℰ (06109) 37 00 – www.hotel-amadeus-frankfurt.de
160 Zim – †52/184 € ††68/216 €, ⊑ 17 €   **Rest** – Karte 28/48 €

BR**r**

♦ Modernes Tagungshotel in Sternform im Osten Frankfurts mit neuzeitlichen Art-déco-Zimmern. Für den längeren Aufenthalt bieten sich die Boarding-Zimmer mit Kitchenette an.

Borger garni
Triebstr. 51 ⊠ 60388 – ℰ (06109) 3 09 00 – www.hotelborger.de – geschl.
23. Dezember - 2. Januar
34 Zim – †54/70 € ††66/82 €, ⊑ 8 €

BR**c**

♦ Seit 1893 befindet sich dieses Hotel in Familienbesitz. Der Gast bezieht hier geräumige, funktionell eingerichtete Zimmer und wird freundlich betreut. Gute Parkmöglichkeiten.

In Frankfurt-Eschersheim

Brighella mit Zim
Eschersheimer Landstr. 442 ⊠ 60433 – ℰ (069) 53 39 92 – www.brighella.de
14 Zim ⊑ – †68/90 € ††105/140 €
Rest – Menü 52 € (abends) – Karte 38/66 €

BR**f**

♦ Einer Theaterfigur aus der Commedia dell' Arte hat man dieses hübsche Restaurant mit italienischer Küche und freundlichem Service gewidmet. U-Bahn-Station ganz in der Nähe.

In Frankfurt-Fechenheim

Silk (Mario Lohninger)
Carl-Benz-Str. 21 ⊠ 60386 – ℰ (069) 90 02 00 – www.mariolohninger.de – geschl.
1. - 10. Januar, 1. - 9. April, 24. Juli - 18. August und Sonntag - Mittwoch
Rest – (nur Abendessen) Menü 119 €

BS**d**

Rest Micro Fine Dining – siehe Restaurantauswahl
Spez. Carabinero und Frankfurter Grüne Kräuter. Seewolf, Eischwammerl und Vanille Sud. Bison, Süßkartoffeln und Enoki.

♦ Eine interessante Club-Location mit innovativem Konzept, das alle Sinne anspricht: Lounge-Atmosphäre, angenehmes Lichtdesign und dezente Klänge sowie kreative Küche, die auf weißen Polsterliegen in mundgerechten Portionen serviert wird. Nebenan: der Cocoon Muslk-Club.

FRANKFURT am MAIN

Micro Fine Dining – Restaurant Silk VISA ⊙⊙ AE
Carl-Benz-Str. 21 ✉ 60386 – ℰ (069) 90 02 00 – www.mariolohninger.de – geschl.
1. - 10. Januar, 1. - 9. April, 24. Juli - 18. August und Sonntag - Mittwoch
Rest – *(nur Abendessen)* Menü 49/88 € – Karte 39/56 € **BSd**
♦ Ein eminentes Kunstobjekt mit unterschiedlichen Raumkonzepten - tauchen Sie ein in eine Erlebniswelt mit Lichtprojektionen, Klangimpressionen und Gaumenkompositionen (gebratene Foie gras), die ihresgleichen sucht.

In Frankfurt-Hausen

Fleming's Hotel Neue Börse
Elbinger Str. 1 ✉ 60487 – ℰ (069) 5 06 04 00 – www.flemings-hotels.com
152 Zim ⊇ – †95/145 € ††108/158 € – 6 Suiten **BSa**
Rest – Karte 26/49 €
♦ Gästezimmer im modernen Stil sowie ein technisch gut ausgestatteter Tagungsbereich machen dieses Hotel aus. Für kleinere Besprechungen stehen auch Business-Suiten zur Verfügung. Das in klaren Linien gehaltene Restaurant bietet internationale Küche.

In Frankfurt-Heddernheim

relexa
Lurgiallee 2 (Mertonviertel) ✉ 60439 – ℰ (069) 95 77 80 – www.relexa-hotels.de
163 Zim ⊇ – †70/335 € ††86/365 € **Rest** – Karte 32/48 € **BRx**
♦ Eine ideale Tagungs- und Businessadresse in verkehrsgünstiger Lage. Die Zimmer sind in mediterranen Farben gehalten, Blickfang ist der Teppich im Zebra-Design. Internationales Angebot im Restaurant.

In Frankfurt - Nieder-Erlenbach Nord: 14 km über Homburger Landstraße BR

Landhaus Alte Scheune
Alt Erlenbach 44 ✉ 60437 – ℰ (06101) 54 40 00 – www.alte-scheune.de
25 Zim – †72/115 € ††86/144 €
Rest – *(geschl. Sonntag) (nur Abendessen)* (Tischbestellung ratsam) Karte 32/57 €
♦ Hier hat man drei historische Höfe zu einem Hotel umgebaut, der ursprüngliche Charme der Gebäude wurde dabei bewahrt. Zimmer im Landhausstil sowie Appartements mit Kitchenette. Hübsch dekoriertes Restaurant mit Backsteingewölbe und idyllischer Innenhofterrasse.

In Frankfurt-Niederrad

Innside by Melia Niederrad
Herriotstr. 2 ✉ 60528 – ℰ (069) 67 73 20 – www.innside.de
– geschl. 23. Dezember - 2. Januar **BTb**
146 Zim – †120/140 € ††150/170 €, ⊇ 19 € **Rest** – Karte 28/50 €
♦ Businesshotel mit schönem Interieur in puristisch-modernem Stil. Die Zimmer sind stimmig in Form- und Farbgebung, in der luftigen Atrium-Lobby das Lichtkonzept eines Künstlers. Das Restaurant mit integrierter Bar bietet internationale Küche.

Lindner Hotel & Sports Academy
Otto-Fleck-Schneise 8 ✉ 60528 – ℰ (069) 3 39 96 80
– www.lindner.de **BTa**
111 Zim – †109/329 € ††129/349 €, ⊇ 17 € **Rest** – Karte 19/58 €
♦ Initiator ist der Deutsche Turner Bund, zur Commerzbank-Arena ist es nur ein Katzensprung und auch das Interieur (Materialien, Bilder) hat Bezug zur Welt des Sports. Das frische Design, die Lage im Stadtwald und die gute Verkehrsanbindung sind aber nicht nur für Sportler interessant. Internationales Speiseangebot.

In Frankfurt-Oberrad

Gerbermühle
Gerbermühlstr. 105 ✉ 60594 – ℰ (069) 68 97 77 90 – www.gerbermuehle.de
18 Zim ⊇ – †155/175 € ††195 € – 2 Suiten **Rest** – Karte 26/55 € **BSz**
♦ Die a. d. 14. Jh. stammende Mühle direkt am Main wurde zu einem schönen kleinen Hotel umgebaut, das wertig und stimmig in geschmackvoll-modernem Stil eingerichtet ist. Puristisch und mit zurückhaltender Eleganz kommt das Restaurant daher. An den lichten Wintergarten schließt sich die Terrasse an, um's Eck der Biergarten zum Fluss!

FRANKFURT am MAIN

In Frankfurt-Preungesheim

Friedberger Warte
Homburger Landstr. 4 ⊠ 60389 – ℰ (069) 7 68 06 40
– www.ibhotel-frankfurt.bestwestern.de **BRb**
131 Zim – †55/280 € ††60/310 € **Rest** – Karte 30/44 €

♦ Mit seiner zentralen Lage und modern-funktionellen, teilweise besonders geräumigen Zimmern ist das Hotel für geschäftlich und privat Reisende gleichermaßen interessant. Im Restaurant bietet man internationale Küche, gegenüber befindet sich das Bier- & Apfelweinlokal Friedberger Warte.

In Frankfurt-Rödelheim

XX Osteria Enoteca
Arnoldshainer Str. 2 (Ecke Lorscher Straße) ⊠ 60489 – ℰ (069) 7 89 22 16
– www.osteria-enoteca.de – geschl. Weihnachten - Anfang Januar und
Samstagmittag, Sonntag - Montagmittag **ASv**
Rest – Menü 68/118 €

♦ In freundlicher Landhaus-Atmosphäre werden die Gäste von Roland Brzezinski von einem aufmerksamen Service-Team umsorgt. Geboten werden die italienischen Speisen eines jungen Küchenchefs.

In Frankfurt-Sachsenhausen

Villa Kennedy
Kennedyallee 70 ⊠ 60596 – ℰ (069) 71 71 20 – www.villakennedyhotel.de
163 Zim – †235/645 € ††235/645 €, ⊊ 32 € – 26 Suiten **DXa**
Rest *Gusto* – siehe Restaurantauswahl

♦ Architektonisch gelungen wurde die Villa Speyer von 1904 zu einem eindrucksvollen Luxushotel erweitert. Das Interieur: klassisch und modern zugleich. Exquisiter Spa mit "Éminence"-Beauty-Behandlungen (einmalig in Deutschland)!

Lindner Hotel & Residence Main Plaza
Walther-von-Cronberg Platz 1 ⊠ 60594
– ℰ (069) 6 64 01 40 00 – www.lindner.de **FXb**
118 Zim – †199/599 € ††229/629 €, ⊊ 23 € – 7 Suiten
Rest *New Brick* – siehe Restaurantauswahl

♦ Ein markantes Hochhaus aus rotem Backstein direkt am Main. Großzügige, geschmackvoll-elegante Zimmer, meist mit schönem Blick über die Stadt. Beauty & Spa auf 450 qm. Im New Brick bietet man kalifornische Speisen aus der Showküche.

XX Carmelo Greco 🕸
Ziegelhüttenweg 1 ⊠ 60598 – ℰ (069) 60 60 89 67 – www.carmelo-greco.de – geschl.
Samstagmittag, Sonntag **EXa**
Rest – Menü 29 € (mittags)/79 € – Karte 55/78 €
Spez. Jakobsmuscheln, Spargel, Parmesan-Zabaione. Wildfang Steinbutt, Erbsen, Amalfi Zitrone und Calamaretti. Sizilianisches Zitronengelee, Vanille-Espuma, Pfirsichsorbet.

♦ Carmelo Greco hat das etwas versteckt liegende ehemalige Bistro 77 wieder zum Leben erweckt. Man fühlt sich sofort wohl in dem geschmackvollen modern-eleganten Restaurant. Ausgezeichnete italienische Küche und umsichtiger Service. Sehr preiswertes Mittagsmenü.

XX Lohninger
Schweizer Str. 1 ⊠ 60594 – ℰ (069) 2 47 55 78 60 – www.mariolohninger.de
Rest – (Tischbestellung ratsam) Menü 88 € – Karte 41/69 € **GZn**

♦ Das modern-puristische Restaurant ist in den schönen hohen Räumen eines klassischen Stadthauses untergebracht und bietet österreichische Küche mit internationalen Einflüssen.

XX DÖPFNER'S im Maingau
Schifferstr. 38 ⊠ 60594 – ℰ (069) 61 07 52 – www.maingau.de
– geschl. Samstagmittag, Sonntagabend - Montag **HZg**
Rest – Menü 36 € (vegetarisch)/60 € – Karte 34/56 €

♦ Unweit des Mains liegt das familiengeführte Haus, das ein ansprechendes neuzeitlich-elegantes Ambiente sowie internationale, teils klassische Küche bietet - günstiger Lunch.

FRANKFURT am MAIN

✖✖ Emma Metzler 🍴 ⇔ P VISA ⦿ AE
Schaumainkai 17 ✉ *60594* – ✆ *(069) 61 99 59 06* – *www.emma-metzler.com*
– geschl. Sonntagabend - Montag, außer an Messen **HZe**
Rest – Menü 27 € (mittags)/58 € – Karte 51/61 €
◆ Das Restaurant im Museum für Angewandte Kunst ist hell und modern in klaren Linien gehalten, schön ist die Terrasse zum Park. Gute saisonale Küche und geschulter Service.

✖✖ New Brick – Lindner Hotel & Residence Main Plaza 🍴 AK 🍽 VISA ⦿ AE
Walther-von-Cronberg Platz 1 ✉ *60594* – ✆ *(069) 6 64 01 44 03* – *www.lindner.de*
Rest – Karte 37/72 € **FXb**
◆ "Unter der Sonne Kaliforniens" sitzen und genießen. Nicht ganz! Aber im "New Brick" serviert man Ihnen in einem angenehmen Ambiente ein bisschen amerikanische Lebensart und kalifornische Spezialitäten.

✖✖ Gusto – Hotel Villa Kennedy 🍴 ♿ AK 🍽 VISA ⦿ AE ⓪
Kennedyallee 70 ✉ *60596* – ✆ *(069) 71 71 20* – *www.villakennedyhotel.de*
Rest – Menü 65/85 € – Karte 46/63 € **DXa**
◆ Geschmackvolles Design mit einem Gespür für Trends und Stil, vereint mit dem ehrwürdigen Gemäuer der Villa. Erleben Sie Freude bei italienischen Genüssen und netten Begegnungen - besonders schön im imposanten Innenhof.

✖ Biancalani-Cucina 🍴 VISA ⦿ AE
Walther-von-Cronberg-Platz 7 ✉ *60594* – ✆ *(069) 68 97 76 15* – *www.biancalani.de*
– geschl. Samstagmittag, Sonntagmittag **FXa**
Rest – Menü 13/48 € – Karte 25/47 €
◆ Nahe dem Main gelegenes Restaurant in geradlinig-modernem Bistrostil, dazu Bar-Lounge und Weinladen. Die Küche ist mediterran. Terrasse unter Arkaden zum Platz hin.

✖ Holbein's 🍴 VISA ⦿ AE
Holbeinstr.1, (im Städel) ✉ *60596* – ✆ *(069) 66 05 66 66* – *www.meyer-frankfurt.de*
– geschl. Montagmittag **GZa**
Rest – Karte 35/67 €
◆ Das moderne Restaurant befindet sich nur einen Katzensprung vom Main entfernt, in einem Glasbau, der an das historische Kunstmuseum angeschlossen ist. Bistro und Café im UG.

✖ Grand Cru Weinrestaurant 🍴 AK 🍽
Textorstr. 56 ✉ *60594* – ✆ *(069) 62 62 60* – *www.grand-cru-weinrestaurant.de*
Rest – (nur Abendessen) Menü 30/50 € – Karte 30/57 € 🍷 **HZa**
◆ Gut isst man in diesem sympathischen Restaurant. Die frische saisonale Küche bietet "Tradition" und "Innovation". Der Service ist herzlich, geschult und überzeugt durch treffliche Weinberatung.

✖ Caracol 🍽 VISA ⦿
Schneckenhofstr. 11 ✉ *60596* – ✆ *(069) 97 69 16 76* – *www.restaurantcaracol.com*
– geschl. Weihnachten - Mitte Januar, über Ostern, Juli - August 2 Wochen und Sonntag - Montag **GZb**
Rest – (Dienstag - Freitag nur Abendessen) Menü 39/54 € – Karte 39/57 €
◆ Ein nettes kleines Lokal mit gemütlicher Atmosphäre und frischer zeitgemäßer Küche, die aus regionalen Produkten zubereitet wird.

In Eschborn Nord-West : 12 km :

🏨 iO 🍴 🛗 🛎 AK Rest, 🍽 🧖 P 🅿 VISA ⦿ AE
Graf-Zeppelin-Str. 2 ✉ *65760* – ✆ *(06196) 99 95 90* – *www.io-hotel.de* – *geschl. Weihnachten - 2. Januar*
291 Zim – ♦129 € ♦♦149 €, ⊇ 15 €
Rest – (geschl. Freitagabend - Sonntag) Karte 28/44 €
◆ Die Lage ist zwar nicht die schönste, dafür aber äußerst praktisch (nämlich autobahnnah in einem Gewerbegebiet)! Auch die Ausstattung überzeugt: guter Komfort, geradliniger Stil, moderne Technik.

FRANKFURT am MAIN

In Eschborn-Niederhöchstadt Nord-West: 2 km ab Eschborn AR

Bommersheim
Hauptstr. 418 ⌂ *65760* – ℰ *(06173) 60 08 00* – *www.hotel-bommersheim.de*
– *geschl. über Ostern, Pfingsten und Weihnachten - Neujahr*
35 Zim – †104/110 € ††130/136 €
Rest – *(geschl. Samstag - Sonntag und an Feiertagen)* Karte 16/40 €
♦ Ein gut geführter Familienbetrieb, in dem wohnliche Gästezimmer zur Verfügung stehen, teils im Tiroler Stil. Ein Zimmer sogar mit Sauna. Gemütlich sitzt man in dem alpenländisch gehaltenen Restaurant. Kleine Mittagskarte. Auch eine Raucherstube ist vorhanden.

In Neu-Isenburg Süd: 7 km

Wessinger
Alicestr. 2 ⌂ *63263* – ℰ *(06102) 80 80* – *www.wessinger.com* BUn
60 Zim – †99/125 € ††122/144 € **Rest** – Menü 25/37 € – Karte 25/50 €
♦ Seit über 100 Jahren ist das neuzeitlich eingerichtete Hotel am Rande des Frankfurter Stadtwaldes in Familienbesitz. Die größten Zimmer befinden sich im Anbau. Restaurant mit schöner Gartenterrasse. Leckere Kuchen und Torten aus der eigenen Konditorei.

friendly Cityhotel garni
Carl-Ulrich-Str. 161 ⌂ *63263* – ℰ *(06102) 88 28 60* – *www.friendly-cityhotel.de*
87 Zim – †82 € ††100 €, ⌂ 12 € BUs
♦ Funktional ausgestattete Zimmer in wohnlichen Farben stehen in diesem freundlich gestalteten Hotel zu Verfügung. Gute Verkehrsanbindung zum Flughafen.

Neuer Haferkasten
Frankfurter Str. 118 ⌂ *63263* – ℰ *(06102) 3 53 29* – *www.neuerhaferkasten.de*
Rest – Karte 28/75 € BUa
♦ Das im Zentrum gelegene Restaurant mit netter Terrasse bietet italienische Küche mit günstigem Lunch - Pasta und Brot sind hausgemacht. Zahlreiche Fotos dienen als Dekor.

In Neu-Isenburg-Gravenbruch Süd-Ost: 11 km

Kempinski Hotel Gravenbruch
Graf zu Ysenburg und Büdingen-Platz 1
⌂ *63263* – ℰ *(069) 38 98 80* – *www.kempinski.com/frankfurt* BUt
284 Zim – †119/299 € ††119/299 € – 25 Suiten
Rest *Forsthaus* – siehe Restaurantauswahl
Rest *Schoppenhof* – ℰ *(069) 38 98 86 60* *(Montag - Freitag nur Abendessen)*
Karte 23/61 €
♦ In einem hübschen Park mit hauseigenem See steht das Hotel. Die Zimmer sind im klassischen Landhausstil oder in klarem modernem Design gehalten. Entspannen kann man bei Kosmetik- und Massageanwendungen. Wer hessische und bayerische Küche mag, isst im Schoppenhof - mit Biergarten.

Forsthaus – Kempinski Hotel Gravenbruch
Graf zu Ysenburg und Büdingen-Platz 1 ⌂ *63263*
– ℰ *(069) 38 98 86 60* – *www.kempinski-frankfurt.com* BUt
Rest – Menü 28/49 € – Karte 43/60 €
♦ Inspiriert von luxuriöser, kunstvoller Einrichtungskunst verwöhnt man die Sinne mit klassischer Kulinarik und dank einer imposanten Rundumverglasung mit einem Blick auf das herrliche Grün des Parks.

In Neu-Isenburg-Zeppelinheim Süd-West: 9 km

Gambero Rosso
Flughafenstr. 20, (Zufahrt über Forsthausweg) ⌂ *63263* – ℰ *(069) 69 76 49 87*
– *www.gambero-rosso.it* – *geschl. Samstagmittag, Sonntag und an Feiertagen*
Rest – Karte 44/78 € AUg
♦ Herzlich leiten die sympathischen Gastgeber Maria und Nino Lauda dieses zeitgemäße Restaurant. Die Chefin kocht italienisch - folgen Sie dem mündlich annoncierten Tagesangebot.

FRANKFURT am MAIN

Beim Flughafen Frankfurt Main Süd-West: 12 km

Steigenberger Airport
Unterschweinstiege 16 ⊠ 60549 – ℰ (069) 6 97 50
– www.airporthotel.steigenberger.de
VISA ⦿ AE ①
AUn
570 Zim – ♦139/249 € ♦♦139/249 €, ⌒ 28 € – 10 Suiten
Rest *Faces* – siehe Restaurantauswahl
Rest *Unterschweinstiege* – ℰ (069) 69 75 25 00 – Karte 35/69 €

• Die elegante Halle, komfortable Gästezimmer - darunter die besonders modernen Tower-Zimmer - und der Freizeitbereich "Open Sky" mit schöner Sicht machen dieses Hotel aus. Gemütlich ist die historische Unterschweinstiege.

Sheraton Frankfurt Airport Hotel & Conference Center
Hugo-Eckener-Ring 15,
(Terminal 1) ⊠ 60549 Frankfurt – ℰ (069) 6 97 70 – www.sheraton.com/frankfurt
AUa
1008 Zim – ♦199/529 € ♦♦229/559 €, ⌒ 32 € – 21 Suiten
Rest *Flavors* – ℰ (069) 69 77 12 46 – Karte 43/72 €
Rest *Taverne* – ℰ (069) 69 77 12 59 *(geschl. Samstag - Sonntag)* Karte 39/57 €

• Für Flugreisende könnte die Lage nicht besser sein: Unmittelbar gegenüber Terminal 1 nächtigen Sie in einem der größten Hotels in Deutschland! Wer vor oder nach dem Flug Bewegung braucht, bekommt diese im 24-h-Fitnesscenter. Gastronomisch wählt man zwischen modern ("Flavors") oder ländlich ("Taverne").

Faces – Hotel Steigenberger Airport
Unterschweinstiege 16 ⊠ 60549 – ℰ (069) 69 75 24 00
– www.airporthotel.steigenberger.de – *geschl. 21. Dezember - 6. Januar, 2. - 14. April, 2. Juli - 10. August, 15. - 27. Oktober und Samstag - Sonntag*
AUn
Rest – *(nur Abendessen)* Menü 52/128 € – Karte 38/85 €

• Hinter einer Glasfront sitzt man in schickem modernem Ambiente mit interessantem Lichtdesign. Zeitgemäße internationale Küche, bei der das Produkt im Mittelpunkt steht. Mit Bar.

FRANKWEILER – Rheinland-Pfalz – **543** – 910 Ew – Höhe 243 m **54** E17
▶ Berlin 664 – Mainz 113 – Mannheim 49 – Landau / Pfalz 11

Robichon
Orensfelsstr. 31 ⊠ 76833 – ℰ (06345) 32 68 – www.restaurant-robichon.de
– *geschl. 1. - 12. Januar, Ende August - Anfang September 2 Wochen und Montagabend - Dienstag*
Rest – Menü 20 € *(mittags)*/48 € – Karte 31/49 €

• Zahlreiche Stammgäste schätzen die Küche und den persönlichen Service bei Bruno Robichon und seiner Frau Hannelore, die das nette Restaurant in dem Winzerdorf schon viele Jahre betreiben.

Weinstube Brand
Weinstr. 19 ⊠ 76833 – ℰ (06345) 95 94 90 – *geschl. Ende Januar - Anfang Februar 2 Wochen, Juni 3 Wochen und Sonntag - Dienstagmittag*
Rest – *(Tischbestellung ratsam)* Karte 29/46 €

• Ungezwungen und gemütlich ist es bei Familie Knefler. In ihrer liebenswerten Weinstube mit schönem Innenhof gibt es frische Gerichte wie Ochsenschulter mit Püree und Wirsing, zu finden auf der kleinen Karte oder als Tagesempfehlung auf der Tafel.

FRASDORF – Bayern – **546** – 2 970 Ew – Höhe 598 m – Erholungsort **66** N21
▶ Berlin 667 – München 78 – Bad Reichenhall 60 – Salzburg 64
🛈 Hauptstr. 32, ⊠ 83112, ℰ (08052) 17 96 25, www.frasdorf.de

Karner
Nussbaumstr. 6 ⊠ 83112 – ℰ (08052) 1 79 70 – www.karneronline.de
35 Zim – ♦72/122 € ♦♦94/194 € – ½ P 35 € – 4 Suiten
Rest – Menü 33 € *(mittags)*/79 € – Karte 35/61 €

• Lange Tradition vermittelt die schön sanierte denkmalgeschützte Fassade des Hauses - einst Bauernhof, Bäckerei und Gastwirtschaft. Elegantere Zimmer im Anbau. In charmanten Stuben mit Gewölbedecke oder Kachelofen speist man bürgerlich und regional, mittags kleinere Karte.

FRASDORF

In Frasdorf-Wildenwart Nord-Ost: 3 km, jenseits der A 8

✗ **Schloßwirtschaft Wildenwart** 🍴 ⟲ **P**
Ludwigstr. 8 ⊠ 83112 – ℰ (08051) 27 56 – www.schlosswirtschaft-wildenwart.de
– geschl. 29. August - 16. September und Montag - Dienstag
Rest – Karte 20/40 €
♦ Die historische Schlosswirtschaft mit ihren beiden (meist gut besuchten) Stuben hat schon etwas Uriges! Da passt auch der Biergarten perfekt dazu. Wirtshausklassiker wie Schweinsbraten oder Haxn sollte man probiert haben!

FRAUENAU – Bayern – **546** – 2 790 Ew – Höhe 616 m   **60** P18
– Wintersport: 800 m ≰1 ⛷ – **Erholungsort**
▶ Berlin 482 – München 187 – Passau 56 – Cham 66
ℹ Am Museumspark 1, ⊠ 94258, ℰ (09926) 9 41 00, www.frauenau.de
◉ Glasmuseum ★

🏨 **St. Florian** 🚗 🍴 🔲 🛏 ♨ ⁽¹⁾ **P** VISA ⓒ⓪
Althüttenstr. 22 ⊠ 94258 – ℰ (09926) 95 20 – www.st-florian.de
– geschl. März 2 Wochen
32 Zim ⊆ – †52/65 € ††104/114 € – ½ P 21 € – 6 Suiten   **Rest** – Karte 26/40 €
♦ Diese Ferienadresse ist ein freundlich geführtes und wohnlich gestaltetes Hotel, in dem Sie auch ein gutes Freizeit- und Beauty-Angebot erwartet. Zimmer teilweise mit Balkon. Gediegen-elegantes Restaurant mit behaglicher Gaststube.

FRAUENSTEIN – Sachsen – **544** – 3 120 Ew – Höhe 655 m – **Erholungsort**   **43** P13
▶ Berlin 231 – Dresden 40 – Chemnitz 51
ℹ Markt 28, ⊠ 09623, ℰ (037326) 93 35, www.frauenstein-erzgebirge.de

In Frauenstein-Nassau Süd: 7 km – **Luftkurort**

🏠 **Conrad** ⌘ 🚗 🍴 ⊆ Zim, **P** ⓒ⓪
Dorfstr. 116 ⊠ 09623 – ℰ (037327) 71 25 – www.hotel-conrad.de – geschl.
21. Dezember - 3. Januar
15 Zim ⊆ – †40/46 € ††59/67 € – ½ P 12 €
Rest – (nur Abendessen) Karte 17/21 €
♦ Ein familiär geführter Gasthof in ruhiger Lage mit Liegewiese im Grünen sowie wohnlich eingerichteten und gepflegten Gästezimmern. Bürgerliche Gaststube mit sächsischer Küche.

FRAUENWALD – Thüringen – **544** – 1 020 Ew – Höhe 750 m   **40** K13
– Wintersport: ⛷ – **Erholungsort**
▶ Berlin 345 – Erfurt 62 – Coburg 56 – Suhl 17
ℹ Nordstr. 96, ⊠ 98711, ℰ (036782) 6 19 25, www.frauenwald.info

🏠 **Drei Kronen** 🍴 ♨ ⁽¹⁾ **P** 🚗 VISA ⓒ⓪
Südstr. 18 ⊠ 98711 – ℰ (036782) 68 00 – www.gasthaus-dreikronen.de
– geschl. 5. - 30. November
21 Zim ⊆ – †39 € ††58 € – ½ P 9 €   **Rest** – Karte 14/32 €
♦ Gelungener Architektur-Mix aus Alt und Neu: Der schiefergetäfelte Gasthof aus dem 18. Jh. wurde um einen modernen Anbau mit zeitgemäß eingerichteten Zimmern erweitert. Breites bürgerliches Angebot in der einfachen Gaststube.

FRECHEN – Nordrhein-Westfalen – **543** – 49 760 Ew – Höhe 75 m   **35** B12
▶ Berlin 579 – Düsseldorf 47 – Bonn 39 – Aachen 65

🏨 **Frechener Hof** 🍴 ⊫ AK Rest, ⁄ Rest, ⁽¹⁾ ṡẢ **P** 🚗 VISA ⓒ⓪ AE
Johann-Schmitz-Platz 22 ⊠ 50226 – ℰ (02234) 95 70 00 – www.frechener-hof.de
39 Zim ⊆ – †89 € ††136 €   **Rest** – (geschl. Montag) Karte 18/44 €
♦ Das ehemalige Schützenhaus im Zentrum an einem kleinen Platz ist ein langjähriger Familienbetrieb, in dem zeitlos und praktisch ausgestattete Zimmer bereitstehen. Bürgerlich-rustikales Restaurant.

FREIAMT – Baden-Württemberg – **545** – 4 220 Ew – Höhe 305 m   **61** D20
– **Erholungsort**
▶ Berlin 790 – Stuttgart 195 – Freiburg im Breisgau 40 – Offenburg 53
ℹ Badstr. 1, ⊠ 79348, ℰ (07645) 9 10 30, www.freiamt.de

FREIAMT

In Freiamt-Brettental

Ludinmühle (mit Gästehaus)
Brettental 31, 79348 – ℘ (07645) 9 11 90
– www.Ludinmuehle.de
63 Zim – †95/142 € ††170/258 € – ½ P 24 € – 4 Suiten
Rest Ludinmühle – siehe Restaurantauswahl
♦ Eine über die Jahre gewachsene Hotelanlage mit wohnlich-komfortablen Zimmern und Spa-Vielfalt, einschließlich Blockhaussauna im Garten. Die Gäste schätzen die individuelle Betreuung durch das freundliche und sehr gut besetzte Team.

Ludinmühle – Hotel Ludinmühle
Brettental 31, 79348 – ℘ (07645) 9 11 90 – www.Ludinmuehle.de
Rest – Menü 15/36 € – Karte 26/71 €
♦ Hübsche Stoffe mit Karo- oder Blumenmuster schaffen eine einzigartige, gemütliche Atmosphäre, die wie ein frischer Wind durch die Räume weht. Serviert wird regionale Küche, z. B. Zander und Reh.

In Freiamt-Mussbach

Zur Krone mit Zim
Mussbach 6, 79348 – ℘ (07645) 2 27 – www.krone-freiamt.de
– geschl. Januar 2 Wochen, August 2 Wochen und Mittwoch
8 Zim – †40/50 € ††70/76 €
Rest – (Tischbestellung ratsam) Menü 31/35 € – Karte 23/36 €
♦ Ein ländlich-charmantes Gasthaus mit langer Familientradition, in dem eine regionale und internationale Küche aus guten Produkten überzeugt. Bewusst bietet man auch selten gewordene traditionelle Gerichte, wie z. B. jungen Hahn in Rotwein geschmort. Von der Terrasse schaut man in den Garten. Zum Übernachten stehen wohnliche Gästezimmer zur Verfügung.

FREIBERG – Sachsen – **544** – 41 710 Ew – Höhe 410 m   43 P12
▶ Berlin 228 – Dresden 49 – Chemnitz 35 – Leipzig 98
🛈 Burgstr. 1, 09599, ℘ (03731) 4 19 51 90, www.freiberg-service.de
👁 Dom ★★

Silberhof
Silberhofstr. 1, 09599 – ℘ (03731) 2 68 80 – www.silberhof.de
30 Zim – †60/75 € ††65/95 €
Rest – (geschl. Februar 2 Wochen, Ende Juli 2 Wochen und Sonntag) (nur Abendessen) Karte 16/30 €
♦ Passend zur rosafarbenen Jugendstilfassade bietet das Hotel eine klassisch-elegante Einrichtung in warmen Pastelltönen. Nicht weit entfernt befindet sich der Altstadtkern. Behaglich-stilvolles Restaurant mit bürgerlichem Angebot.

Le Bambou mit Zim
Obergasse 1, 09599 – ℘ (03731) 35 39 70 – www.weinparadies.de – geschl. Sonntagabend
9 Zim – †67/99 € ††87/135 €
Rest – Menü 17 € (mittags)/36 € – Karte 30/45 €
♦ Allerlei ausgefallenes afrikanisches Dekor schafft hier einen recht speziellen Rahmen. Das schmackhafte zeitgemäße Speisenangebot des Koch-Duos richtet sich nach der Saison und wird begleitet von einer außergewöhnlich guten Weinauswahl. Charmant und individuell sind die Gästezimmer in der "Auberge Mistral".

Genuss im Schloss
Schlossplatz 4, 09599 – ℘ (03731) 77 41 74 – www.genuss-im-schloss.de – geschl. Januar
Rest – Menü 24/42 € – Karte 23/36 €
♦ Ob legere Bistro-Atmosphäre in der Vinothek oder etwas eleganter im Salon Heinrich, überall ist die hohe Gewölbedecke ein echter Blickfang! Den ganzen Tag über bekommt man hier frische saisonale Küche.

FREIBERG am NECKAR – Baden-Württemberg – siehe Ludwigsburg

FREIBURG (ELBE) – Niedersachsen – **541** – 1 800 Ew – Höhe 2 m — 9 H4
– Erholungsort

▶ Berlin 381 – Hannover 197 – Cuxhaven 51 – Bremerhaven 76

 Gut Schöneworth
Landesbrücker Str. 42 ⊠ 21729 – ℰ (04779) 9 23 50 – www.gutschoeneworth.de
– geschl. 22. Oktober - 3. November
15 Zim – †50/65 € ††75/95 €, ⊡ 10 € – ½ P 25 € – 2 Suiten
Rest – *(geschl. Montag - Dienstag) (nur Abendessen für Hausgäste)* Karte 18/41 €
♦ Auf einem schönen Gartengrundstück stehen die charmanten Häuser dieses historischen Gutshofs. Besonders reizend: die ganz in Holz gehaltenen Blockhauszimmer mit Blick ins Grüne.

FREIBURG im BREISGAU – Baden-Württemberg – **545** – 221 930 Ew — 61 D20
– Höhe 278 m

▶ Berlin 805 – Stuttgart 208 – Basel 71 – Karlsruhe 134
ADAC Am Karlsplatz 1 Y
ADAC Haslacher Str. 199
🛈 Rathausplatz 2 Y, ⊠ 79098, ℰ (0761) 3 88 18 80, www.fwtm.freiburg.de
⛳ Freiburg-Munzingen, Großer Brühl 1, ℰ (07664) 93 06 10
⛳ Kirchzarten, Krüttweg 1, ℰ (07661) 9 84 70

Veranstaltungen
3.-5. Februar: Automobil
2.-4. März: GETEC
9.-11. März: CFT - Die Freizeitmessen
9.-11. Mai: INTER BRUSH
17.-28. Mai: Frühjahrsmess
8.-16. September: Baden Messe
19.-29 Oktober: Herbstmess
2.-4. November: Antique & Art
Messegelände an der Stadthalle, Hermann-Mitsch-Str. 3 (über B31 **X**), ⊠ 79108, ℰ (0761) 7 03 70

◉ Münster★★ Y - Rathausplatz★ und Neues Rathaus★ Y R¹ – Augustiner-Museum★★ (mittelalterliche Kunst★★) Z M¹
◉ Schlossberg★ (mit ⛰) Z – Schauinsland (≤ ★), über Günterstalstraße X 21 km

Stadtplan auf der nächsten Seite

 Colombi-Hotel
Rotteckring 16 ⊠ 79098 – ℰ (0761) 2 10 60 – www.colombi.de   Yr
114 Zim – †198/240 € ††250/275 €, ⊡ 20 € – 20 Suiten
Rest *Zirbelstube* ✿ **Rest** *Hans-Thoma-Stube und Falkenstube* – siehe Restaurantauswahl
♦ Gleich beim Empfang in dem klassisch-eleganten Haus beginnt der professionelle Service. Die Einrichtung ist sehr hochwertig, luxuriös sind Juniorsuiten und Suiten. Dem Reiz von Kuchen und Pralinen im Café Graf Anton kann sich wohl keiner entziehen!

 Novotel am Konzerthaus
Konrad-Adenauer-Platz 2 ⊠ 79098 – ℰ (0761) 3 88 90 – www.novotel.com
219 Zim – †81/161 € ††91/171 €, ⊡ 18 € – 7 Suiten   Xe
Rest – Karte 32/50 €
♦ Ein modernes Geschäftshotel mit elegantem Flair, das direkt mit dem Konzerthaus verbunden ist. Zeitgemäße und funktionelle Ausstattung kennzeichnet die Zimmer. Im Restaurant wählt man die internationalen Speisen als kleine, mittlere oder große Portionen.

 Stadt Freiburg
Breisacher Str. 84 ⊠ 79110 – ℰ (0761) 8 96 80 – www.hotel-stadt-freiburg.de
210 Zim ⊡ – †129/169 € ††149/189 € – 3 Suiten   Xa
Rest – Menü 42 € – Karte 25/49 €
♦ Das Hotel liegt bei der Universitätsklinik. Besonders elegant sind die Juniorsuiten und Suiten (teils mit Panorama-Dachterrasse). Im Neubau: modernere Zimmer. Geradliniges Restaurant im großzügigen Hallenbereich. Sonntags mit kleinerer Karte.

FREIBURG IM BREISGAU

Auf der Zinnen	Y 2
Augustinerpl.	Z 3
Bertoldstr.	Z
Eisenbahnstr.	Y 7
Eisenstr.	Y 9
Europapl.	Y 12
Fahnenbergpl.	Y 13
Franziskanerstr.	Y 14
Friedrichring	Y 16
Gerberau	Z
Grieffeneggring	Z 19
Habsburgerstr.	Y 20
Heiliggeiststr.	X 22
Herrenstr.	YZ
Hohenzollernstr.	X 25
Holzmarkt	Z 26
Kaiser-Joseph-Str.	YZ
Ludwigstr.	X 29
Münsterstr.	Y 30
Oberlinden	Z 31
Platz der Alten Synagoge	Y 32
Rathausgasse	Y 33
Richard-Wagner-Str.	Y 34
Salzstr.	YZ 38
Schiffstr.	Y 40
Schnewlinstr.	Y 42
Schusterstr.	Z 43
Schwabentorpl.	Z 45
Schwabentorrig	Z 47
Schwarzwaldstr.	Z 49
Stadtstr.	Y 50
Sundgauallee	Y 52
Turmstr.	Y 54
Universitätsstr.	Y 55
Unterlinden	Z 57
Waldkircher Str.	Y
Werthmannpl.	Z 59
Wintererstr.	Y 62
Zähringer Str.	X 64

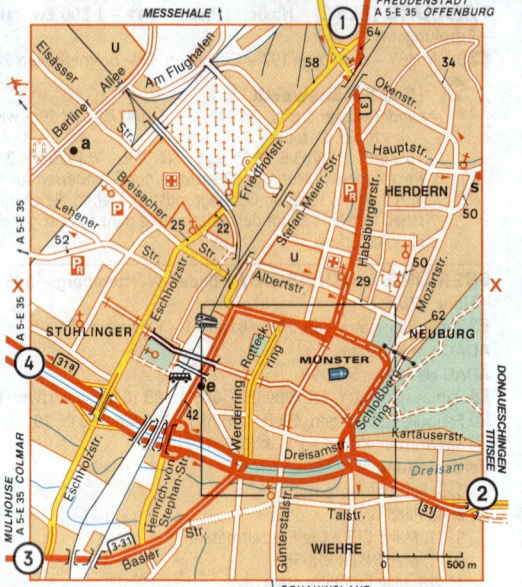

428

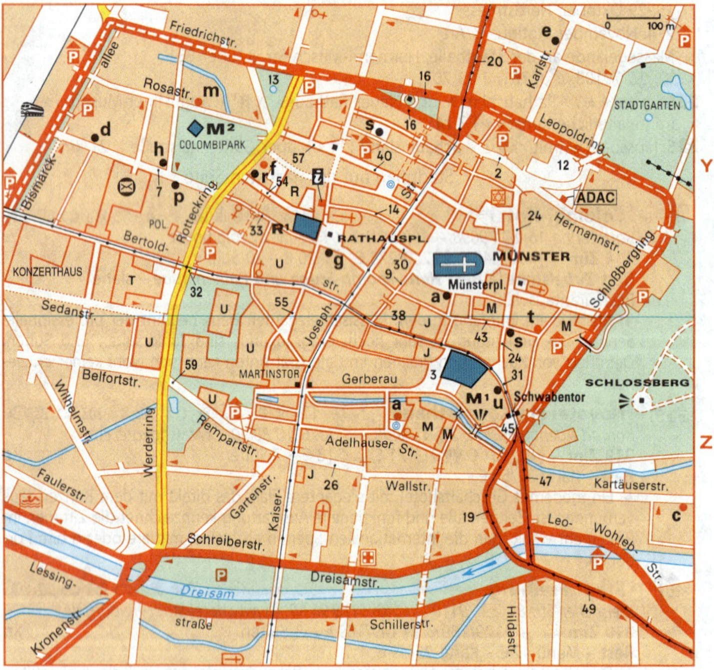

FREIBURG im BREISGAU

Zum Roten Bären
Oberlinden 12 ⊠ 79098 – ℰ (0761) 38 78 70 – www.roter-baeren.de Zu
25 Zim ⌷ – †95/128 € ††135/198 € – ½ P 25 € – 1 Suite
Rest *Zum Roten Bären* – siehe Restaurantauswahl
♦ Ein engagiert geführtes Haus am Schwabentor mit 700-jähriger Tradition als Gasthaus. Die Zimmer liegen teils zum Platz Oberlinden oder zum Innengarten, einige sind moderner. Gemütliche "Alemannische Gaststuben" mit regional-saisonalem Angebot.

Oberkirchs Weinstuben (mit Gästehaus)
Münsterplatz 22 ⊠ 79098 – ℰ (0761) 2 02 68 68 – www.hotel-oberkirch.de – geschl. 31. Dezember - 2. Januar Ya
26 Zim ⌷ – †96/174 € ††140/186 € – 3 Suiten
Rest *Oberkirchs Weinstuben* – siehe Restaurantauswahl
♦ Sie wohnen in der Fußgängerzone direkt am Münster in einem Haus von 1738 (hier hat man von einigen Zimmern eine schöne Sicht) oder im Gästehaus in einer Nebenstraße. Klassischer Stil. Gemütliches Restaurant mit Täfelung und Kachelofen. Terrasse zum Münsterplatz.

Park Hotel Post garni
Eisenbahnstr. 35 ⊠ 79098 – ℰ (0761) 38 54 80 – www.park-hotel-post.de
45 Zim – †99/159 € ††129/189 € Yh
♦ Zentral neben dem Colombipark steht das Jugendstilhaus a. d. J. 1884. Einge Zimmer sind etwas moderner im Stil. Der Frühstücksraum ist angenehm freundlich gestaltet, gutes Buffet.

Am Stadtgarten garni
Karlstr. 12 ⊠ 79104 – ℰ (0761) 2 82 90 02 – www.hotelamstadtgarten.de
34 Zim – †89/194 € ††109/214 €, ⌷ 14 € Ye
♦ Von hier aus ist man in wenigen Gehminuten in der Altstadt. Das Hotel ist durch und durch geradlinig-modern designt. Großzügiger sind die Superiorzimmer. Snacks in der Bar-Lounge.

Victoria garni
Eisenbahnstr. 54 ⊠ 79098 – ℰ (0761) 20 73 40 – www.hotel-victoria.de
66 Zim – †95/137 € ††114/180 €, ⌷ 14 € – 1 Suite Yp
♦ Zentrales Hotel von 1875 mit ökologischen Prinzipien. Schöne neuzeitliche Zimmer und moderner kleiner Saunabereich. Dazu die Bar "Hemingway" und die Smoker Lounge im Gewölbe.

Rheingold
Eisenbahnstr. 47 ⊠ 79098 – ℰ (0761) 2 82 10 – www.rheingold-freiburg.de
49 Zim ⌷ – †92/129 € ††129/179 € – ½ P 23 € – 2 Suiten Yd
Rest – *(geschl. Sonntag - Montag und an Feiertagen)* Karte 26/44 €
♦ Praktisch ist die bahnhofsnahe Lage nur wenige Gehminuten von der Fußgängerzone. In den Zimmern bestimmen Art-déco- und Bauhausstil das Ambiente. Kleines Präsent bei Abreise. Eine Bar mit kleiner Galerie und ein Wintergarten ergänzen das Restaurant.

Am Rathaus garni
Rathausgasse 4, (1. Etage) ⊠ 79098 – ℰ (0761) 29 61 60 – www.am-rathaus.de – geschl. 22. Dezember - 5. Januar
39 Zim ⌷ – †79/98 € ††98/139 € Yg
♦ Über eine kleine Geschäftspassage erreicht man das Nichtraucherhotel in der Altstadt. Neuzeitliche Zimmer (auch Familien- und Allergikerzimmer), alle mit DVD-Player und W-Lan gratis.

Schwarzwälder Hof
Herrenstr. 43 ⊠ 79098 – ℰ (0761) 3 80 30 – www.shof.de
40 Zim ⌷ – †65/80 € ††95/125 € – ½ P 15 € Zs
Rest – *(geschl. August 2 Wochen und Sonntag)* Karte 24/36 €
♦ In der oberen Altstadt leitet Familie Engler freundlich und engagiert ihr Hotel. Ein Teil der Zimmer ist chic in puristischem Stil gehalten. Gemütlich ist die holzgetäfelte Gaststube.

FREIBURG im BREISGAU

Central garni
Wasserstr. 6 ⊠ 79098 – ℰ (0761) 3 19 70 – www.central-freiburg.de
– geschl. 23. - 27. Dezember Ys
49 Zim – †95/129 € ††129/169 €

♦ Eine ideale Adresse für Stadttouristen ist dieses Hotel am Rande der Fußgängerzone mit seinen funktionellen Gästezimmern. Klassisches Ambiente im Frühstücksraum.

Zirbelstube – Colombi-Hotel
Rotteckring 16 ⊠ 79098 – ℰ (0761) 2 10 60 – www.colombi.de – geschl. Sonntag
Rest – *(nur Abendessen)* (Tischbestellung ratsam) Menü 55/110 € Yr
– Karte 55/92 €

Spez. Wachtelbrust, Gänseleber und gebackene Confitpraline mit grünem Apfel und Petersilienwurzel. Atlantik Lottemedaillons mit Spitzmorcheln, Kerbelblätter-Erbsenpüree und Gemüsetagliatelle. Lammrücken mit konfierten Schalotten, Oliven, Gewürztomaten Ziegenkäseravioli und Chorizopolenta.

♦ Seit 1983 können die Gäste die Sterne-Küche von Alfred Klink genießen, der seinem klassischen Stil stets treu geblieben ist. Ebenso klassisch ist der gut besetzte Service. Schönes Zirbelholz an Wänden und Decke gibt der eleganten Stube Wärme.

Hans-Thoma-Stube und Falkenstube – Colombi-Hotel
Rotteckring 16 ⊠ 79098 – ℰ (0761) 2 10 60 – www.colombi.de
Rest – Karte 44/66 € Yr

♦ Mit Heimeligkeit und auf elegante Art und Weise lädt man hier zur gemütlichen Tafelrunde. Kachelofen, antike Holzvertäfelungen sowie regionale Köstlichkeiten tragen ihr Übriges dazu bei.

Oberkirchs Weinstuben – Hotel Oberkirchs Weinstuben
Münsterplatz 22 ⊠ 79098 – ℰ (0761) 2 02 68 68 – www.hotel-oberkirch.de – geschl.
31. Dezember - 2. Januar, Februar 2 Wochen und Sonntag Ya
Rest – Karte 28/63 €

♦ Schon die schmucke Fassade des Lokals wirkt auf den Betrachter sofort einladend. In den netten Galtsräumen serviert man vorwiegend Badisches wie Schwarzwaldforelle oder Kalbszüngle.

Zum Roten Bären – Hotel Zum Roten Bären
Oberlinden 12 ⊠ 79098 – ℰ (0761) 38 78 70 – www.roter-baeren.de Zu
Rest – Menü 34/53 € – Karte 30/49 €

♦ Mitten in der Stadt bieten sich die gemütlichen alemannischen Gaststuben (sie spiegeln die Historie des Hauses wider) als ideale Einkehr an für alle, die gerne badisch essen.

Wolfshöhle
Konviktstr. 8 ⊠ 79098 – ℰ (0761) 3 03 03 – www.wolfshoehle-freiburg.de
– geschl. Februar 2 Wochen, August 2 Wochen, November 2 Wochen
und Dienstagabend - Mittwoch Zt
Rest – Menü 26/50 € – Karte 34/67 €

♦ Der Service in diesem Restaurant ist freundlich und leger, gekocht wird schmackhaft, zeitgemäß und mit mediterranen Akzenten. Klare Linien, eine elegante Holzvertäfelung und Parkettboden bilden das hochwertige Interieur. Weinkeller für Degustationen.

Drexlers
Rosastr. 9 ⊠ 79098 – ℰ (0761) 5 95 72 03 – www.drexlers-restaurant.de – geschl.
Samstagmittag, Sonntag und an Feiertagen Ym
Rest – Menü 26/38 € – Karte 28/47 €

♦ Günstiger und einfacher Mittagstisch oder aufwändigere zeitgemäß-saisonale Küche am Abend? Trendig, modern und angenehm ungezwungen ist das Restaurant nahe dem Colombipark.

Basho-An
Am Predigertor 1 ⊠ 79098 – ℰ (0761) 2 85 34 05 – www.bashoan.com – geschl.
Montag, Sonntagmittag und an Feiertagen mittags Yf
Rest – Karte 18/49 €

♦ In dem puristischen Restaurant wird klassische japanische Küche geboten. Am Mittag kleinere Karte und beliebte Sushi-Bar, für das abendliche Teppanyaki sollte man reservieren.

FREIBURG im BREISGAU

✗ **Chezfine**   🏠 P VISA ⦿
Kartäuserstr. 54 ⊠ 79102 – ℰ (0761) 38 84 59 88 – www.chezfine.de   **Zc**
Rest – *(Montag - Donnerstag nur Abendessen)* Menü 30/44 €
♦ Das Konzept in dem schlicht-legeren Kellerlokal: abends ein vegetarisches Menü, aus dem man auch à la carte wählen kann (auf Wunsch Hauptgang mit Fleisch oder Fisch). Im Sommer mittags nur ein Gericht.

In Freiburg-Günterstal Süd: 2 km über Günterstalstraße X

✗✗ **Kühler Krug** mit Zim   🏠 ᵗⁱ ⇔ P VISA ⦿
😊 *Torplatz 1 ⊠ 79100 – ℰ (0761) 2 91 03 – www.kuehlerkrug.de – geschl. Mittwoch*
7 Zim ☐ – †60/70 € ††85/95 €   **Rest** – Menü 17/46 € – Karte 24/56 €
♦ In dem alten Gasthof vor dem Torbogen kocht Georg Fehrenbach Klassisches, aber auch Badisches; Spezialität sind Fischgerichte. Alternativ kann man auch von einer kleinen Vesperkarte wählen. Oder Sie probieren leckere Süßspeisen wie die Schokoladen-Ravioli mit geeistem Erdbeer-Mark. Tanja Fehrenbach leitet charmant den Service.

In Freiburg-Herdern

 Panorama Hotel Mercure ⬥
Wintererstr. 89 (über Stadtstraße X) ⊠ 79104
– ℰ (0761) 5 10 30 – www.mercure.com
84 Zim ☐ – †97/147 € ††134/234 € – 1 Suite
Rest *Chez Eric* – Menü 42/64 € – Karte 47/98 €
♦ Hier genießt man die Lage am Waldrand und den fantastischen Blick über Freiburg. Ansprechende Lobby mit Kamin und wohnliche Zimmer mit Balkon. Kosmetikangebot und Leihfahrräder. Im Restaurant Chez Eric reicht die Auswahl von Fischspezialitäten bis zur mediterranen Küche. Panoramaterrasse.

✗✗ **Eichhalde**   🏠 VISA ⦿
Stadtstr. 91 ⊠ 79104 – ℰ (0761) 5 48 17 – www.restaurant-eichhalde.de – geschl.
25. August - 8. September und Montag - Dienstag   **Xs**
Rest – Menü 27/59 € – Karte 33/62 €
♦ Gastgeber Matthias Dahlinger kocht schmackhafte, zeitgemäße und mediterran inspirierte Speisen. Mittags bietet man günstigere Gerichte und ein Tagesmenü.

In Freiburg-Kappel Süd-Ost: 7 km über B 31 X

 Zum Kreuz (mit Gästehaus)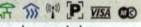
Großtalstr. 28 ⊠ 79117 – ℰ (0761) 62 05 50 – www.gasthaus-kreuz-kappel.de
– geschl. Januar 2 Wochen
15 Zim – †55/70 € ††75/100 €
Rest – *(geschl. Montag - Dienstag)* Menü 21/38 € – Karte 23/47 €
♦ In dem seit mehreren Generationen familiengeführten Gasthof a. d. 18. Jh. wohnen Sie in soliden Zimmern, teilweise mit Balkon, und frühstücken im lichten Wintergarten. Die heimelig-rustikale Bauernstube von 1755 bietet bürgerliche Küche.

In Freiburg-Lehen West: 3 km über B 31a X

 Hirschen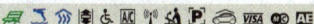
Breisgauer Str. 47 ⊠ 79110 – ℰ (0761) 8 97 76 90 – www.clarion-hotel-freiburg.de
70 Zim – †104/144 € ††130/181 €, ☐ 15 € – ½ P 27 €
Rest *Hirschen* 😊 – siehe Restaurantauswahl
♦ Geschmackvolle Wohnräume mit toskanischer bzw. provenzalischer Note in einem gewachsenen Gasthof von 1698. Tolle Penthouse-Juniorsuite. Schön frühstückt man im Sommer auf der Gartenterrasse.

 Bierhäusle   🏠 🛏 ᵗⁱ ♨ P VISA ⦿
Breisgauer Str. 41 ⊠ 79110 – ℰ (0761) 8 83 00 – www.bierhaeusle.de
46 Zim ☐ – †68/75 € ††90/105 €
Rest – *(geschl. Sonntagabend - Montag)* Menü 55 € (abends) – Karte 15/51 €
♦ Früher wurde in dem seit 1842 familiengeführten Haus eigenes Bier gebraut, heute bietet man seinen Gästen funktionelle, unterschiedlich eingerichtete Zimmer. Regionstypisches Restaurant.

Hirschengarten garni
Breisgauer Str. 51 ✉ *79110* – ✆ *(0761) 8 03 03*
– *www.hirschengarten.de*
20 Zim – †56/63 € ††76/83 €
♦ Ein kleines Hotel mit tipptopp gepflegten und funktionalen Zimmern, gut geeignet für Ausflüge in und um Freiburg. Mit der Straßenbahn ist man in ca. 10 Minuten in der Innenstadt, Neue Messe und Kongresszentrum sind auch nicht weit.

Hirschen – Hotel Hirschen
Breisgauer Str. 47 ✉ *79110* – ✆ *(0761) 8 97 76 90*
– *www.clarion-hotel-freiburg.de*
Rest – (Tischbestellung ratsam) Menü 54 € – Karte 25/58 €
♦ Die beiden Restaurants des Hirschen: das eine gemütlich-badisch mit viel Holz und kleinen Nischen, das andere hell und freundlich mit einem Wintergarten. Christian Laberer kocht international und regional, eine Besonderheit sind seine Gänse-Essen.

In Freiburg-Munzingen Süd-West: 13 km über Basler Straße A, jenseits der A 5

Schloss Reinach
St. Erentrudis-Str. 12 (B 31) ✉ *79112* – ✆ *(07664) 40 70*
– *www.schlossreinach.de*
80 Zim – †69/89 € ††99/135 € – 3 Suiten
**Rest *sBadische Wirtshus*   Rest *sHerrehus* – siehe Restaurantauswahl
Rest *Limoncello* – (geschl. im Winter: Donnerstag) Karte 24/36 €
♦ Der ansprechende Gutshof-Charakter und der wunderschöne Innenhof bieten einen besonderen Rahmen. Einige Zimmer mit Terrasse, Suiten und Juniorsuiten mit Infrarotsauna. Gutes Frühstücksbuffet. Bistro-Bar Limoncello.

sHerrehus – Hotel Schloss Reinach
St. Erentrudis-Str. 12 (B 31) ✉ *79112* – ✆ *(07664) 40 70*
– *www.schlossreinach.de* – *geschl. Januar, Anfang August 2 Wochen und Samstagmittag, Sonntag - Montag*
Rest – Menü 64/85 € – Karte 62/73 €
♦ Ein hübsches Gutsherrenhaus mit stilvoll-elegantem Interieur. Oliver Rausch interpretiert internationale Küche auf zeitgemäße Art. Ein alter Kachelofen schmückt einen der beiden Räume. Tolle Innenhofterrasse.

sBadische Wirtshus – Hotel Schloss Reinach
St. Erentrudis-Str. 12 (B 31) ✉ *79112* – ✆ *(07664) 40 70*
– *www.schlossreinach.de* – *geschl. über Fasching 1 Woche, Januar - Ostern: Mittwoch*
Rest – Menü 30 € (mittags)/47 € – Karte 31/45 €
♦ Moderne trifft auf Tradition! Das Lokal besticht durch Natursteinboden, Wirtshaustische und einen Bartresen aus dunklem Holz. Auf den Tellern: z. B. Kalbsnierle oder Lammhäxle.

In Freiburg-Opfingen West: 10 km über Eschholzstraße X, jenseits der A 5

Blume garni
Freiburger Str. 1 ✉ *79112* – ✆ *(07664) 93 97 90*
– *www.hotel-blume-freiburg.de*
25 Zim – †45/65 € ††65/85 €, ⊇ 5 €
♦ Eine gepflegte Übernachtungsadresse im Ortszentrum, die ihren Gästen zweckmäßig und solide eingerichtete Zimmer und einen hellen Frühstücksraum mit kleiner Terrasse bietet.

Zur Tanne mit Zim
Altgasse 2 ✉ *79112* – ✆ *(07664) 18 10* – *www.tanne-opfingen.de*
– *geschl. Mitte Januar - Mitte Februar, Ende Juni 2 Wochen und Montag - Dienstag*
10 Zim – †35/59 € ††52/91 €   **Rest** – Menü 27/33 € – Karte 26/45 €
♦ Ein gemütliches Gasthaus, seit 1951 als Familienbetrieb geführt. Eine der beiden holzgetäfelten Stuben stammt a. d. J. 1912. Die Küche ist bürgerlich; günstiges Mittagsangebot. Im Sommer serviert man im Innenhof. Gästezimmer von einfach bis wohnlich-komfortabel.

FREIBURG im BREISGAU

In Freiburg-St. Georgen Süd: 5 km über Basler Straße X

Zum Schiff
Basler Landstr. 35 ✉ *79111 –* ✆ *(0761) 40 07 50 – www.hotel-zumschiff.de*
80 Zim – †89/110 € ††100/130 € **Rest** – Karte 20/49 €
♦ Seit 1821 ist das gewachsene Haus im Familienbesitz. Die Zimmer sind teilweise klimatisiert, auch allergikergerechte Zimmer. Einige mit besonders guter Technik. Restaurant im ursprünglichen Stammhaus. Nett ist die Terrasse mit Kastanienbäumen. Eigene Weine.

Beim Thermalbad 9 km über Basler Straße X

Dorint An den Thermen
An den Heilquellen 8 ✉ *79111 –* ✆ *(0761) 4 90 80*
– www.dorint.com/freiburg
70 Zim – †105/140 € ††143/213 € **Rest** – Menü 33/47 € – Karte 34/51 €
♦ Das Hotel liegt ruhig am Waldrand. Ein Teil der Zimmer in schönem modernem Design, komfortabler die Kategorien Superior und Deluxe. Kosmetik im Verbindungsgang zum Thermalbad nebenan. Das freundlich gestaltete Restaurant bietet u. a. Bio-Gerichte.

FREILASSING – Bayern – 546 – 15 890 Ew – Höhe 422 m – Luftkurort 67 O21
▶ Berlin 729 – München 139 – Bad Reichenhall 20 – Salzburg 7
🏌 Ainring, Weng 12, ✆ (08654) 6 90 20

Moosleitner (mit Gästehaus)
Wasserburger Str. 52 (West: 2,5 km) ✉ *83395 –* ✆ *(08654) 6 30 60*
– www.moosleitner.com
60 Zim – †59/85 € ††105/130 € – ½ P 18 € – 1 Suite
Rest – *(geschl. 2. - 10. Januar und Samstagmittag, Sonntag)* Menü 16/28 €
– Karte 19/47 €
♦ Im 13. Jh. wurde der gewachsene Gasthof erstmals erwähnt und wird nun in der 4. Generation familiär geleitet. Wohnliche Zimmer und freundlicher Service. Gemütliches Restaurant in ländlichem Stil mit netter Terrasse hinter dem Haus.

Krone garni
Hauptstr. 26 ✉ *83395 –* ✆ *(08654) 6 01 70 – www.hotel-krone-freilassing.de*
32 Zim – †58/60 € ††94 €
♦ In dem Hotel mitten in der Fußgängerzone erwarten Sie praktisch und zeitgemäß ausgestattete Gästezimmer und ein appetitliches Frühstücksbuffet.

FREINSHEIM – Rheinland-Pfalz – 543 – 5 000 Ew – Höhe 132 m 47 E16
▶ Berlin 630 – Mainz 79 – Mannheim 31 – Kaiserslautern 42
ℹ Hauptstr. 2, ✉ 67251, ✆ (06353) 98 92 94, www.freinsheim.de
🏌 Dackenheim, Kirchheimer Str. 40, ✆ (06353) 98 92 12

Landhotel Altes Wasserwerk garni (mit Gästehaus)
Burgstr. 9 ✉ *67251 –* ✆ *(06353) 93 25 20*
– www.landhotel-altes-wasserwerk.de – geschl. 23. - 28. Dezember
33 Zim – †61/77 € ††85/128 €
♦ Ein schönes Hotel bestehend aus dem alten Fachwerkhaus (einst Wasserwerk) und zwei weiteren Gebäuden. Zimmer teils klimatisiert; zum kleinen Park hin ruhiger. Im Sommer Frühstück im Freien.

Luther
Hauptstr. 29 ✉ *67251 –* ✆ *(06353) 9 34 80 – www.luther-freinsheim.de – geschl. Januar - Februar*
20 Zim – †60/90 € ††90/160 €
Rest *Luther* ✿ – siehe Restaurantauswahl
♦ Das Hotel von Gisela und Dieter Luther ist ein stilvolles ehemaliges Herrenhaus mit romantischem Innenhof. Einige Zimmer ganz modern und stimmig in klarem Design und warmen Erdtönen.

433

FREINSHEIM

Altstadthof garni
Hauptstr. 27 ⊠ 67251 – ℰ (06353) 93 22 50 – www.altstadthof-freinsheim.de
– geschl. 1. - 18. Januar
15 Zim ☐ – †69/79 € ††107/117 €

• Das schmucke Haus mischt gelungen Gründerzeitarchitektur mit moderner Geradlinigkeit; Zimmer als Comfort oder Deluxe. Donnerstags öffnet die Weinbar, hier kleine Gerichte. Parken in der Friedhofstraße.

Luther – Hotel Luther
Hauptstr. 29 ⊠ 67251 – ℰ (06353) 9 34 80 – www.luther-freinsheim.de – geschl. Januar - Februar, Sonntag und an Feiertagen
Rest – (nur Abendessen) (Tischbestellung ratsam) Menü 85/90 € – Karte 63/86 €
Spez. Taubenblutwurstravioli mit Anis-Apfelkompott und roter Portweinbutter. Gegrilltes Sommergemüse mit Hummercroustillants auf geliertem Kalbskopf und confierten Zitronen. Milchkalbsfilet mit Lardo auf geschmortem Ochsenschwanz und Wiesenkräutergremolata.

• Sofort sticht das hübsche Herrenhaus ins Auge! Fortsetzung folgt hinter den dicken Mauern: Elegante Räumlichkeiten mit Kreuzgewölbe, dominiert durch die Farben Gelb und Weiß, dazu klassische Spezialitäten auf hohem Niveau.

Freinsheimer Hof mit Zim
Breitestr. 7 ⊠ 67251 – ℰ (06353) 5 08 04 10 – www.restaurant-freinsheimer-hof.de
– geschl. 2. - 12. Januar, über Fasching, Juli 2 Wochen und Mittwoch - Donnerstag
4 Zim ☐ – †80/100 € ††100/120 €
Rest – (nur Abendessen) Menü 32/49 € – Karte 38/56 €

• Mitten in der Altstadt liegt der spätbarocke Winzer- und Bauernhof a. d. 18. Jh. Im einstigen Pferdestall mit Kreuzgewölbe und Säulen hat man mediterranes Flair geschaffen, durch große Fenster schaut man in den lauschigen Innenhof. Die Küche ist international, der Service freundlich. Nette Gästezimmer mit Dielenboden.

Von-Busch-Hof
Von-Busch-Hof 5 ⊠ 67251 – ℰ (06353) 77 05 – www.von-busch-hof.de
– geschl. Februar und Montag - Dienstag
Rest – (Mittwoch - Samstag nur Abendessen) Menü 42/58 € – Karte 27/45 €

• Hinter ehrwürdigen Klostermauern verbirgt sich ein klassisches Restaurant mit schönem Weinkeller und Terrasse in den herrlichen Innenhof. Internationale Küche mit mediterranem Touch.

FREINSING – Bayern – 546 – 45 120 Ew – Höhe 448 m   58 M19
▶ Berlin 564 – München 37 – Regensburg 86 – Ingolstadt 56
ADAC Untere Hauptstr. 21
🛈 Marienplatz 7, ⊠ 85354, ℰ (08161) 5 44 41 01, www.freising.de

München Airport Marriott
Alois-Steinecker-Str. 20 ⊠ 85354 – ℰ (08161) 96 60 – www.marriott.com/muefr
252 Zim – †109/149 € ††109/149 €, ☐ 24 €   **Rest** – Karte 18/40 €

• Zeitgemäß, wohnlich und funktional sind die Zimmer in dem Businesshotel am Altstadtrand. Frühstück bietet man in der hellen, freundlichen "Molkerei". Rustikal präsentiert sich das Restaurant Stub'n, die Küche ist regional und international.

Mercure Hotel München Airport
Dr.-von-Daller-Str. 1 (B11) ⊠ 85356 – ℰ (08161) 53 20
– www.mercure.com
140 Zim – †99/279 € ††119/299 €, ☐ 19 € – 6 Suiten   **Rest** – Karte 18/34 €

• Hier hat man einen schön restaurierten alten Gasthof zu einem modernen und technisch gut ausgestatteten Businesshotel in geradlinigem Stil erweitert. Urige Bar mit Kreuzgewölbe. Das Restaurant im historischen Teil des Hauses bietet internationale Küche.

Corbin garni
Wippenhauser Str. 7 ⊠ 85354 – ℰ (08161) 8 86 90 – www.corbin-hotel.de
46 Zim ☐ – †129/185 € ††145/215 €

• Feng-Shui-Prinzipien und klarer moderner Stil bestimmen das Hotel. Die Zimmer zur Straße bieten Klimaanlage, die Minibar ist inklusive. Am Morgen erwartet Sie ein gutes Frühstück.

In Freising-Haindlfing Nord-West: 5 km über B 301, in Erlau links

Gasthaus Landbrecht
Freisinger Str. 1 ⊠ 85354 – ℰ (08167) 89 26
– www.gasthaus-landbrecht.de – geschl. 9. - 16. April, 28. Mai - 3. Juni, 15. August
- 1. September und Montag - Dienstag
Rest – *(Mittwoch - Freitag nur Abendessen)* Menü 25 € – Karte 24/35 €

♦ Regional und international speist man in dem netten Landgasthaus. Ein Kachelofen sorgt im Winter für gemütliche Wärme und unterstreicht den bayerisch-rustikalen Charme.

Im Flughafen Franz-Josef-Strauß Süd-Ost: 8 km, jenseits der A 92

Kempinski Airport München
Terminalstraße Mitte 20 ⊠ 85356 München
– ℰ (089) 9 78 20 – www.kempinski-airport.de
389 Zim – †165/465 € ††165/465 €, ⊇ 31 € – 46 Suiten
Rest *charles lindbergh* – ℰ (089) 97 82 45 00 – Karte 34/54 €

♦ Das Businesshotel beeindruckt mit einer beachtlichen verglasten Atriumhalle mit 18 m hohen Palmen. Zimmer in zeitgemäß-klassischem Stil und ansprechender Freizeitbereich. Internationales Angebot im zeitlos gehaltenen Restaurant charles lindbergh.

Novotel
Nordallee 29 ⊠ 85356 München – ℰ (089) 9 70 51 30
– www.novotel.com/6711
257 Zim – †89/399 € ††109/419 €, ⊇ 19 € **Rest** – Karte 25/53 €

♦ Ein Businesshotel in idealer Lage direkt auf dem Flughafengelände mit großzügiger Lobby in modernem Design und geradlinig-funktionellen Zimmern. Das Restaurant bietet internationale Küche.

In Hallbergmoos-Goldach Süd-Ost: 15 km über B 11, jenseits der A 92

Daniel's garni
Hauptstr. 11 ⊠ 85399 – ℰ (0811) 5 51 20
– www.hotel-daniels.de – geschl. 23. Dezember - 6. Januar
26 Zim ⊇ – †69/230 € ††89/320 €

♦ Vom Empfang bis zur Abreise erfährt man hier Herzlichkeit und persönlichen, zuvorkommenden Service. Für das sehr angenehme Umfeld sorgen auch die stilvollen, individuellen Zimmer und der elegante Frühstücksraum mit kleiner Terrasse.

Alter Wirt
Hauptstr. 66 ⊠ 85399 – ℰ (0811) 5 51 40
– www.alterwirt-goldach.de – geschl. 23. Dezember - 1. Januar
14 Zim ⊇ – †66/86 € ††76/96 €
Rest – *(geschl. 24. Dezember - 6. Januar und Mittwoch - Donnerstagmittag, Freitagmittag)* Karte 15/35 €

♦ Der Landgasthof in der Nähe des Flughafens stammt a. d. J. 1865 und wird familiär geführt. Im Gästehaus stehen zeitgemäß ausgestattete Zimmer bereit. Regionale und bürgerliche Küche bietet man im rustikalen Restaurant.

In Oberding-Notzing Süd-Ost: 20 km über B 11, jenseits der A 92

Kandler
Erdinger Moosstr. 11 ⊠ 85445 – ℰ (08122) 28 26
– www.hotelkandler.de – geschl. 1. - 6. Januar, 1. - 19. August
47 Zim – †84/109 € ††109/120 €, ⊇ 12 € – 3 Suiten **Rest** – Karte 19/45 €

♦ Der gewachsene Gasthof von 1860 ist ein sehr gepflegtes Hotel mit langer Familientradition. Die Zimmer sind wohnlich und teils im eleganten Landhausstil eingerichtet. Regionale und saisonale Gerichte in gemütlichen Gaststuben. Schöne Terrasse mit Springbrunnen.

FREISING

In Oberding-Schwaig Süd-Ost: 20 km über B 11, jenseits der A 92

Sheraton Airport
Freisinger Str. 80 ⊠ 85445 – ℰ (089) 92 72 20 – www.sheraton.com/airportmunich
170 Zim – †139/295 € ††139/295 €, ⊇ 22 € – 1 Suite **Rest** – Karte 19/45 €
◆ Die Lage nahe dem Flughafen, wohnlich-komfortable Zimmer im Landhausstil sowie zahlreiche Tagungsräume machen die moderne Hotelanlage aus. Mit Shuttle-Service. Elegant-rustikal ist das Ambiente im Hotelrestaurant.

Holiday Inn Express Munich Airport garni
Freisinger St. 94 ⊠ 85445 – ℰ (08122) 9 58 80
– www.hiexpress.com
150 Zim ⊇ – †80/129 € ††80/129 €
◆ Zeitgemäß und funktional sind die Gästezimmer in diesem Hotel, praktisch ist die Lage mit Shuttle-Service zum Flughafen. Snacks in der Bar.

FREITAL – Sachsen – 544 – 39 200 Ew – Höhe 180 m   43 Q12

▶ Berlin 205 – Dresden 14 – Freiberg 22 – Chemnitz 70
🛈 Dresdner Str. 212, ⊠ 01705, ℰ (0351) 6 47 60, www.freital.de
⛳ Possendorf, Ferdinand-von-Schill-Str. 4a, ℰ (035206) 24 30

Zum Rabenauer Grund
Somsdorfer Str. 6 ⊠ 01705 – ℰ (0351) 6 44 49 99 – www.rabenauergrund.de
– geschl. Montag - Dienstag
Rest – *(nur Abendessen)* (Tischbestellung ratsam) Karte 19/29 €
◆ In dem Gasthof von 1863 sorgen viel Holz, Bilder und charmante Details wie alte Kaffeemühlen und Töpfergeschirr für Atmosphäre. Gekocht wird regional, aus heimischen Bioprodukten.

In Rabenau Süd-Ost: 5 km

Rabenauer Mühle
Bahnhofstr. 23 ⊠ 01734 – ℰ (0351) 4 60 20 61 – www.hotel-rabenauer-muehle.de
17 Zim ⊇ – †55/60 € ††78/88 € – ½ P 18 €
Rest – *(Montag - Freitag nur Abendessen)* Karte 19/35 €
◆ Die einstige Mühle in ruhiger Waldlage wurde nach einem Brand im 19. Jh. als Gasthaus wieder aufgebaut. Heute bietet das familiengeführte Hotel hübsche Zimmer mit guter Technik. Internetzugang gratis. Bürgerliche Küche im gemütlichen Restaurant mit Biergarten und Terrasse. Am Haus verläuft eine Dampfeisenbahnstrecke.

FREUDENSTADT – Baden-Württemberg – 545 – 23 700 Ew   54 F19
– Höhe 728 m – Wintersport: 950 m ✼3 ⛷ – Heilklimatischer Kurort und Kneippkurort

▶ Berlin 713 – Stuttgart 88 – Karlsruhe 77 – Freiburg im Breisgau 96
🛈 Marktplatz 64 A, ⊠ 72250, ℰ (07441) 86 40, www.freudenstadt-tourismus.de
⛳ Freudenstadt, Ziegelwäldle 3, ℰ (07441) 30 60
◉ Marktplatz ★ A
⊙ Schwarzwaldhochstraße (Höhenstraße ★★★ von Freudenstadt bis Baden-Baden) über B 28 B

Palmenwald Schwarzwaldhof
Lauterbadstr. 56 ⊠ 72250 – ℰ (07441) 8 88 70
– www.palmenwald.de   Bs
83 Zim ⊇ – †94/101 € ††174/188 € – ½ P 26 €, 22 Suiten **Rest** – Karte 41/86 €
◆ Das denkmalgeschützte Jugendstilhaus wenige Gehminuten vom Zentrum wurde sorgsam saniert und beherbergt wertig und wohnlich-elegant eingerichtete Zimmer sowie einen kleinen Spa. Stilvolles Ambiente und internationale Küche im Restaurant.

Adler
Forststr. 17 ⊠ 72250 – ℰ (07441) 9 15 20 – www.adler-fds.de – geschl. 28. Oktober
- 17. November   At
15 Zim ⊇ – †48/56 € ††76/98 € – ½ P 16 €
Rest – *(geschl. Mittwoch)* Karte 19/29 €
◆ Ruhig und zentrumsnah liegt das tipptopp gepflegte und sehr freundlich von Familie Gaiser geleitete Hotel mit sonnengelber Fassade. Die modernsten Zimmer befinden sich im 2. OG. Rustikale Restaurantstuben mit Flammkuchen als Spezialität.

FREUDENSTADT

Alfredstr.	**AB**
Bahnhofstr.	**A**
Bismarckstr.	**B**
Blaicherstr.	**A** 2
Christophstaler Steige	**AB** 3
Forststr.	**A** 4
Friedrichstr.	**A** 8
Friedrich-Ebert-Str.	**B** 5
Goethestr.	**A**
Hartranftstr.	**B**
Herrenfelder Str.	**B** 9
Herzog-Friedrich-Str.	**B** 10
Hirschkopfstr.	**A** 11
Karl-von-Hahn Str.	**A** 12
Kasernenstr.	**A** 15
Katharinenstr.	**A** 16
Kleinrheinstr.	**A** 17
Landhausstr.	**B**
Lange Str.	**A**
Lauterbadstr.	**B**
Loßburger Str.	**AB** 18
Ludwig-Jahn-Str.	**A** 19
Marktpl.	**A**
Martin-Luther-Str.	**A** 21
Moosstr.	**A** 22
Murgtalstr.	**A**
Musbacher Str.	**A**
Palmenwaldstr.	**B**
Rappenstr.	**AB**
Reichsstr.	**AB** 23
Ringstr.	**A**
Straßburger Str.	**B**
Stumpengartenweg	**B** 25
Stuttgarter Str.	**A**
Tannenstr.	**AB**
Turnhallenstr.	**A**
Wildbader Str.	**A** 26
Wölperwiesenweg	**B** 27

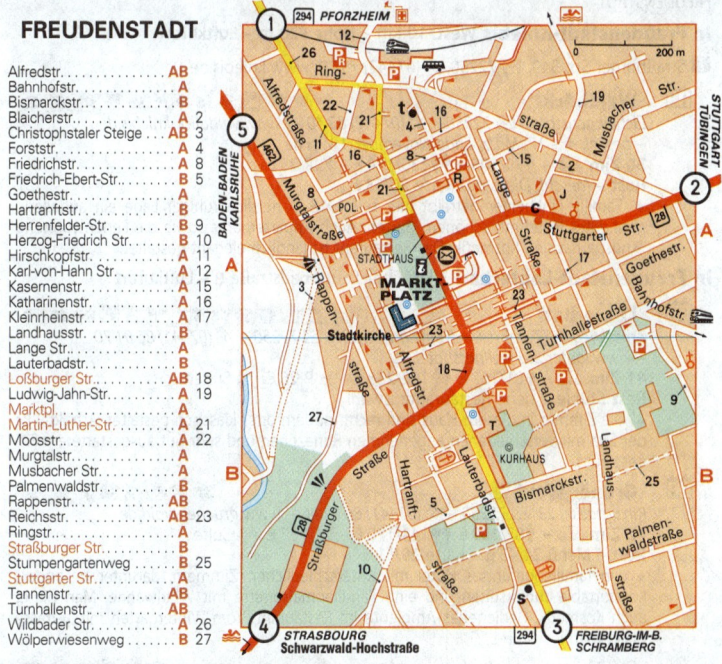

✗✗ **Warteck** mit Zim

Stuttgarter Str. 14 ✉ *72250* – ☏ *(07441) 9 19 20*
– *www.warteck-freudenstadt.de*
Ac
13 Zim – †55/70 € ††88/105 € **Rest** – Menü 34/40 € – Karte 32/74 €
♦ Im Haus der sympathischen und engagierten Familie Gläßel bietet man schmackhafte regionale und klassische Küche. Ansprechend ist auch die Weinkarte - ein Faible des Chefs. Die Gästezimmer sind behaglich und sehr gepflegt.

An der B 28 2 km über Straßburger Straße B

Langenwaldsee
Straßburger Str. 99 ✉ *72250* – ☏ *(07441) 8 89 30* – *www.langenwaldsee.de* – *geschl. 6. - 22. Dezember*
35 Zim – †68/100 € ††95/170 € – ½ P 32 € – 6 Suiten
Rest – Menü 45 € – Karte 25/58 €
♦ Das Ferienhotel liegt direkt an einem kleinen See und wird freundlich von Familie Kaltenbach geführt. Sehr wohnlich sind die Juniorsuiten. Guter Ruhe- und Anwendungsbereich. Das A-la-carte-Restaurant ist in rustikalem Stil gehalten.

In Freudenstadt-Igelsberg 11 km über Wildbader Straße A – Erholungsort

Krone
Hauptstr. 8 ✉ *72250* – ☏ *(07442) 8 42 80* – *www.krone-igelsberg.de* – *geschl. 29. November - 20. Dezember*
21 Zim – †74/94 € ††124/148 € – ½ P 26 €
Rest – *(geschl. Montag - Dienstag) (nur Abendessen)* Karte 30/54 €
♦ Nette, wohnliche Zimmer, ein hübscher Garten sowie Kosmetikangebote sprechen für dieses Hotel. Nordisch-gemütlich ist der mit Delfter Fliesen dekorierte Frühstücksraum. Rustikal ist das Ambiente im Restaurant.

FREUDENSTADT

In Freudenstadt-Kniebis West: 10 km – Höhe 920 m – Luftkurort

🛈 Straßburger Str. 349, ⌂ 72250, ✆ (07442) 75 70, www.kniebis.de

Waldblick
Eichelbachstr. 47 ⌂ *72250 –* ✆ *(07442) 83 40 – www.waldblick-kniebis.de*
– geschl. 4. - 17. März, Ende November 1 Woche
30 Zim – †79/105 € ††135/174 € – ½ P 25 €
Rest – *(geschl. Dienstag)* Karte 30/53 €
• Familie Finkbeiner betreibt hier seit 1918 in herrlich ruhiger Lage ein auffallend gepflegtes Hotel mit schönem Garten. Auch Appartements sowie die Ferienwohnung "Knusperhäusle". Kosmetik. Das Restaurant ist ländlich-elegant gestaltet.

In Freudenstadt-Lauterbad 3 km über Lauterbadstraße B – Luftkurort

Lauterbad
Amselweg 5, (Zufahrt über Kinzigtalstraße) ⌂ *72250 –* ✆ *(07441) 86 01 70*
– www.lauterbad-wellnesshotel.de
41 Zim – †81/167 € ††162/238 € – ½ P 26 € – 4 Suiten
Rest *Stüble* – siehe Restaurantauswahl
• Die Zimmer in diesem Haus sind recht modern oder klassisch gestaltet. Attraktiv ist der Spa mit verschiedenen angenehmen Ruhezonen und sehr gut ausgestattetem Fitnessraum.

Grüner Wald
Kinzigtalstr. 23 ⌂ *72250 –* ✆ *(07441) 86 05 40 – www.gruener-wald.de*
42 Zim – †82/109 € ††144/170 € – ½ P 27 € – 1 Suite
Rest – Menü 24/43 € – Karte 29/51 €
• Ein familiengeführtes Hotel mit unterschiedlichen Zimmern, darunter besonders komfortable Juniorsuiten und eine Familienmaisonette mit Whirlwanne. Man bietet auch Kosmetik. Gediegenes Ambiente im Restaurant. Vom Wintergarten mit Terrasse blickt man ins Grüne.

Stüble – Hotel Lauterbad
Amselweg 5, (Zufahrt über Kinzigtalstraße) ⌂ *72250 –* ✆ *(07441) 86 01 70*
– www.lauterbad-wellnesshotel.de
Rest – (Tischbestellung ratsam) Menü 46 € – Karte 35/44 €
• Eine Steintreppe empfängt die Gäste und führt sie hinein ins urgemütliche "Stüble". Dank Holzvertäfelungen, ausgesuchten Stoffen und liebevollen Dekorationen fühlt man sich hier sofort daheim.

FREYBURG (UNSTRUT) – Sachsen-Anhalt – 542 – 5 090 Ew   41 M12
– Höhe 110 m – Erholungsort

▶ Berlin 213 – Magdeburg 130 – Leipzig 52 – Halle 41
🛈 Markt 2, ⌂ 06632, ✆ (034464) 2 72 60, www.freyburg-tourismus.de

Berghotel zum Edelacker
Schloss 25 ⌂ *06632 –* ✆ *(034464) 3 50 – www.edelacker.de*
– geschl. Anfang Januar 2 Wochen
83 Zim – †60/65 € ††85/93 € – ½ P 18 €   **Rest** – Karte 24/37 €
• In herrlicher Lage über dem Winzerstädtchen erwarten Sie gepflegte, funktionale Zimmer, darunter besonders geräumige und schön gelegene Panoramazimmer. Zum Restaurant gehört eine Sonnenterrasse mit toller Aussicht.

Alter Speicher
Schützenstr. 9 ⌂ *06632 –* ✆ *(034464) 3 69 00 – www.fahrradhotel-alter-speicher.de*
26 Zim – †60/68 € ††75/89 €   **Rest** – Karte 16/33 €
• Wo herrliche Radwanderwege in direkter Nähe liegen, sollte es doch auch ein Fahrradhotel geben - das dachte sich auch der Gastgeber und bietet in dem alten Speichergebäude neben freundlichen Zimmern auch Fahrradboxen, -verleih, geführte Touren,...! Zum Essen geht's in das Tonnengewölbe mit rustikalem Flair.

FREYUNG – Bayern – 546 – 7 000 Ew – Höhe 655 m – Wintersport: 800 m   60 Q18
⛷3 ⛸ – Luftkurort

▶ Berlin 529 – München 205 – Passau 36 – Grafenau 15
🛈 Rathausplatz 2, ⌂ 94078, ✆ (08551) 58 81 50, www.freyungurlaub.de

FREYUNG

Landhotel Brodinger
Zuppinger Str. 3 ⊠ 94078 – ℰ (08551) 43 42 – www.brodinger.de – geschl. Ende November 1 Woche
22 Zim – †56/64 € ††88/106 € – ½ P 15 € – 1 Suite
Rest – *(geschl. Montag, September - Juni: Sonntagabend - Montag)* Karte 22/46 €
♦ Ein gepflegtes Landhotel am Ortsrand beim Freibad. Man bietet wohnliche Zimmer mit individuellem Touch sowie einen kleinen, aber hübschen neuzeitlichen Wohlfühlbereich. Gemütlich-bayerisch ist das Ambiente im Restaurant.

Zur Post
Stadtplatz 2 ⊠ 94078 – ℰ (08551) 5 79 60 – www.posthotel-freyung.de – geschl. 15. - 24. April, 4. - 25. November
30 Zim – †38/48 € ††76/96 € – ½ P 13 €
Rest – *(geschl. Montag)* Karte 12/25 €
♦ Mitten in der kleinen Stadt finden Sie diesen sehr gut geführten Familienbetrieb. Die Gästezimmer liegen zum Garten und sind teilweise geräumiger geschnitten. Restaurant in ländlichem Stil.

In Freyung-Ort Süd-West: 1 km

Landgasthaus Schuster
Ort 19 ⊠ 94078 – ℰ (08551) 71 84 – www.landgasthaus-schuster.de – geschl. Mitte März 1 Woche und Sonntagabend - Montag
Rest – Menü 35/70 € – Karte 39/57 €
♦ Sehr nett ist das freundlich und mit eleganter Note eingerichtete Restaurant von Bärbel und Leopold Schuster. Die Chefin leitet den Service mit badischem Charme, der Patron bereitet eine gute, schmackhafte Küche aus frischen Produkten.

FRICKENHAUSEN – Bayern – 546 – 1 260 Ew – Höhe 180 m   49 I16
▶ Berlin 495 – München 277 – Würzburg 23 – Ansbach 61

Meintzinger garni
Babenbergplatz 4 ⊠ 97252 – ℰ (09331) 8 71 10 – www.hotel-meintzinger.de – geschl. 24. Dezember - 6. Januar
26 Zim – †65/100 € ††95/110 €
♦ Weinhandel mit Familientradition seit 1790. Die Chefin kümmert sich freundlich um die Gäste, mit Geschmack hat sie die Zimmer (auch Maisonetten) wertig und modern eingerichtet.

Ehrbar Fränkische Weinstube
Hauptstr. 17 ⊠ 97252 – ℰ (09331) 6 51 – www.ehrbar-weinstube.de – geschl. 1. - 24. Januar, 25. Juni - 11. Juli und Montag - Dienstag
Rest – Karte 24/35 €
♦ Ein langjähriger Familienbetrieb ist das nette alte Fachwerkhaus mit gemütlich-rustikalen Stuben und schöner Hofterrasse. Überwiegend regionale Küche - Spezialität ist Ente.

FRICKINGEN – Baden-Württemberg – 545 – 2 770 Ew – Höhe 473 m   63 G21
▶ Berlin 721 – Stuttgart 142 – Konstanz 34 – Sigmaringen 41

In Frickingen-Altheim Nord-West: 2 km über Leustetter Straße

Löwen
Hauptstr. 41 ⊠ 88699 – ℰ (07554) 86 31 – www.loewen.pfaff-altheim.de – geschl. 23. Dezember - 2. Januar, nach Fastnacht 3 Wochen und Sonntagabend - Montag
Rest – *(Tischbestellung ratsam)* Karte 22/43 €
♦ Bei Autodidaktin Isolde Pfaff kommen schmackhafte Speisen auf den Tisch, die aus frischen regionalen Produkten zubereitet werden. Gerichte wie z. B. Lammfilet im Portweinsößle, Blattspinat und Kartoffelgratin sollten Sie sich nicht entgehen lassen. Ein schlichtes Gasthaus mit gemütlich-rustikaler Atmosphäre.

FRIDINGEN an der DONAU – Baden-Württemberg – 545 – 3 140 Ew   62 G20
– Höhe 626 m – Erholungsort
▶ Berlin 748 – Stuttgart 118 – Konstanz 70 – Freiburg im Breisgau 107
◉ Knopfmacherfelsen ★ (≤ ★), Ost: 3 km

439

FRIDINGEN an der DONAU

In Fridingen-Bergsteig Süd-West: 2 km Richtung Mühlheim – Höhe 670 m

Landhaus Donautal mit Zim
Bergsteig 1 ⊠ 78567 – ℰ (07463) 4 69 – www.landhaus-donautal.de – geschl. 16. Januar - 24. Februar und Montag, Freitag
8 Zim – †62/65 € ††85/90 € – 1 Suite **Rest** – Karte 27/45 €
♦ In dem etwas außerhalb gelegenen Landhaus herrscht eine gemütlich-rustikale Atmosphäre. Zum Restaurant gehört eine nette Terrasse. Das Speiseangebot ist bürgerlich ausgelegt. Übernachten kann man in schönen wohnlichen Zimmern.

FRIEDBERG – Bayern – 546 – 29 060 Ew – Höhe 514 m 57 K19
▶ Berlin 583 – München 75 – Augsburg 8 – Ulm (Donau) 87

Brauereigasthof St. Afra im Felde
Afrastr. 144 (St. Afra Süd: 2 km) ⊠ 86316 – ℰ (0821) 6 08 91 50 – www.sankt-afra.eu
28 Zim – †58 € ††85 € **Rest** – Karte 25/34 €
♦ Der Familienbetrieb direkt neben der Wallfahrtskirche verfügt über geräumige Gästezimmer mit Vollholzmöbeln und Parkettboden. Die kleine Hausbrauerei ist ein Hobby des Chefs. Ein sehr schöner Biergarten ergänzt die gemütlichen Restaurantstuben.

Park Ambiente garni
Probststr. 14 ⊠ 86316 – ℰ (0821) 44 82 34 97 – www.park-ambiente.de
7 Zim – †57 € ††75 €
♦ Sehr gut schläft man bei Familie Seidl an der Romantischen Straße: private Atmosphäre, gepflegte zeitgemäße Zimmer, frisches Frühstück - und drum herum ein schöner Park. Der Chef verrät Ihnen gerne, wo man in der Gegend gut golfen kann!

FRIEDBERG (HESSEN) – Hessen – 543 – 27 930 Ew – Höhe 159 m 38 F14
▶ Berlin 510 – Wiesbaden 61 – Frankfurt am Main 28 – Gießen 36
🛈 Am Seebach 2, ⊠ 61169, ℰ (06031) 7 24 60, www.fiedberg-hessen.de
Friedberg, Am Golfplatz, ℰ (06031) 1 61 99 80
Judenbad ★ – Stauferburg (Adolfsturm ★) – Stadtkirche (Sakramentshäuschen ★)

In Friedberg-Dorheim Nord-Ost: 3 km über B 455

Grossfeld (André Großfeld)
Erbsengasse 16 ⊠ 61169 – ℰ (06031) 7 91 89 09 – www.andre-grossfeld.de – geschl. 7. - 14. April, 11. - 28. Juli und Sonntag - Montag
Rest – (nur Abendessen) (Tischbestellung ratsam) Menü 69/109 € – Karte 46/86 €
Spez. Sülze von Edelfischen mit Safranpüree und Edelkrebsen. Rosa gebratener Rehrücken mit grünem Spargel, Mispeln und Schupfnudeln. Dessert von Mango und Nougat.
♦ Mit dem Restaurant verwirklichte André Großfeld ein Konzept, wie es nicht typischer für eine schicke Location sein kann: Das schlichte Interieur untermalt seine innovativen und kreativen kulinarischen Darbietungen, die er à la carte und auch auf einer Tafel präsentiert.

In Rosbach vor der Höhe Süd-West: 7 km über B 455, in Ober-Rosbach links

Garni garni
Homburger Str. 84 (B 455) ⊠ 61191 – ℰ (06003) 9 12 20 – www.hotel-rosbach.de
22 Zim – †52/71 € ††76/98 €, ⊇ 4 €
♦ Verkehrsgünstig liegt dieses neuzeitliche Hotel in direkter Nähe zur A5. Die Gästezimmer sind sehr gepflegt und funktionell ausgestattet.

Grüner Baum
Frankenstr. 24, (Zufahrt über Bäckergasse) (Nieder-Rosbach) ⊠ 61191
– ℰ (06003) 70 28 – www.landgasthof-gruener-baum.de – geschl. Juli 1 Woche, Oktober 2 Wochen und Dienstag - Mittwoch
Rest – Karte 25/48 €
♦ Ein traditionsreicher Familienbetrieb mit bürgerlich-internationaler Küche und beliebtem Mittagstisch. Das Ambiente: Rustikales kombiniert mit modernem warmem Rot. Kochschule.

FRIEDEWALD – Hessen – 543 – 2 440 Ew – Höhe 387 m   39 I12
▶ Berlin 395 – Wiesbaden 179 – Kassel 87 – Fulda 58

Göbels Schlosshotel Prinz von Hessen
Schlossplatz 1 ✉ 36289
– ✆ (06674) 9 22 40 – www.goebels-schlosshotel.de
92 Zim – ✝101/125 € ✝✝170/188 € – 12 Suiten   **Rest** – Karte 28/37 €
♦ Ideal für Wellness, Tagung oder Festlichkeiten ist das aus einer Wasserburg a. d. 16. Jh. entstandene Hotel. Die wohnlich-modernen Zimmer und Themensuiten sind wertig ausgestattet. Das Restaurant ist unterteilt in die Prinzenstube und den lichten Schlossgarten.

FRIEDLAND – Niedersachsen – siehe Göttingen

FRIEDRICHRODA – Thüringen – 544 – 7 480 Ew – Höhe 430 m   40 J13
– Wintersport: – Luftkurort
▶ Berlin 345 – Erfurt 54 – Bad Hersfeld 97 – Coburg 96
ℹ Marktstr. 13, ✉ 99894, ✆ (03623) 3 32 00, www.friedrichroda.de

Ramada
Burchardtsweg 1 ✉ 99894 – ✆ (03623) 35 20 – www.ramada-friedrichroda.de
154 Zim – ✝89 € ✝✝145 € – ½ P 22 € – 12 Suiten   **Rest** – Karte 17/67 €
♦ Das Hotel am Kurpark bietet freundliche, neuzeitliche Gästezimmer und einen großzügigen Freizeitbereich, zu dessen Angebot auch klassische Kuren zählen. Das helle Panorama-Restaurant wird ergänzt durch eine nette Bierstube.

In Friedrichroda-Finsterbergen

Hüllrod
Am Hüllrod 11 ✉ 99894 – ✆ (03623) 30 61 75 – www.huellrod.de
– geschl. Ende Januar - Anfang Februar 2 Wochen, Ende Oktober - Anfang November 3 Wochen und Montag - Dienstag
Rest – Karte 22/43 €
♦ In dem Haus am Waldrand direkt im Naturschutzgebiet kocht man international und thüringisch. Ein freundliches, gemütliches Restaurant mit schöner Terrasse. Freilichtbühne nebenan.

FRIEDRICHSHAFEN – Baden-Württemberg – 545 – 58 730 Ew   63 H21
– Höhe 400 m
▶ Berlin 721 – Stuttgart 167 – Konstanz 31 – Freiburg im Breisgau 161
✈ Friedrichshafen-Löwental, Am Flugplatz 64 (über Ravensburger Straße BY: 2 km), ✆ (07541) 28 40
ℹ Bahnhofplatz 2 AZ, ✉ 88045, ✆ (07541) 3 00 10, www.friedrichshafen.info

Veranstaltungen

21.-25. März: IBO - Internationale Bodensee-Messe
28. April-1. Mai: Tuning World
17.-20. Mai: Klassikwelt
22.-30. September: Interboot
Messegelände: in Friedrichshafen-Allmannsweiler (über Ailinger Straße BY), Neue Messe 1, ✉ 88046, ✆ (07541) 70 80

Stadtplan auf der nächsten Seite

Buchhorner Hof
Friedrichstr. 33 ✉ 88045 – ✆ (07541) 20 50 – www.buchhorn.de   AZ**a**
98 Zim – ✝82/210 € ✝✝100/260 € – 1 Suite
Rest – Menü 38 € – Karte 30/69 €
♦ Eine wohnliche Adresse mit aufmerksamem Service ist das an der Hauptstraße gelegene Hotel. Von einigen Zimmern hat man einen schönen Blick auf den nahen Bodensee und die Alpen. Rustikal ist das Ambiente im Restaurant.

FRIEDRICHSHAFEN

Adenauerpl.	AY 2		Maybachstr.	AZ 23
Albrechtstr.	AZ 3		Meistershofener Str.	BY 25
Buchhornpl.	AY 4		Montfortstr.	AY 26
Charlottenstr.	BZ 5		Olgastr.	AZ 29
Dammstr.	AY 6		Östliche Uferstr.	BZ 28
Eugen-Bolz-Str.	AY 8		Paulinenstr.	AY 30
Flugplatzstr.	BY 9		Ravensburger Str.	BZ 32
Franziskus-Pl.	AZ 10		Romanshorner Pl.	AY 33
Friedrichstr.			Schanzstr.	AY 34
Gebhardstr.	BZ 12		Scheffelstr.	BZ 35
Goldschmiedstr.	AY 13		Schloßstr.	AY 36
Hofener Str.	AY 18		Wendelgardstr.	BZ 39
Karlstr.	AY		Wilhelmstr.	AY 41
Katharinenstr.	BZ 21		Zeppelinstr.	AZ 42
Klosterstr.	AZ 22			

Goldenes Rad (mit Gästehaus)
Karlstr. 43 ⊠ 88045 – ℰ (07541) 28 50
– www.goldenes-rad.de AYn
77 Zim – †59/179 € ††89/259 € – ½ P 19 €
Rest *Goldenes Rad* – siehe Restaurantauswahl
♦ Das in 3. Generation familiengeführte Hotel liegt sehr zentral und ganz in der Nähe des Sees. Durch und durch modern wohnt man in den klimatisierten Seaside-Zimmern im Haus gegenüber an der Uferpromenade.

City-Krone
Schanzstr. 7 ⊠ 88045 – ℰ (07541) 70 50
– www.hotel-city-krone.de AYc
106 Zim – †75/139 € ††99/199 € – ½ P 21 €
Rest – (geschl. 5. - 30. Januar) (nur Abendessen) Karte 19/55 €
♦ Ein Stadthotel im Zentrum mit hübschem, nach hinten gelegenem Garten und toller kleiner Dachterrasse im 5. OG. Fragen Sie nach den neueren Zimmern im modernen Stil. Im ersten Stock befindet sich das klassisch gehaltene Restaurant.

Goldenes Rad – Hotel Goldenes Rad
Karlstr. 43 ⊠ 88045 – ℰ (07541) 28 50
– www.goldenes-rad.de – geschl. 1. - 7. Januar und Sonntag AYn
Rest – Karte 32/47 €
♦ Mit Sorgfalt bereitet man hier die zeitgemäßen Speisen zu und achtet stets auf frische Produkte! Dazu passt die - dank großer Fensterfronten - angenehm helle Atmosphäre. Verpassen sollte man in keinem Fall z. B. das Filet vom Bodenseefelchen mit Tomaten-Avocadobutter. Weißburgunder aus eigenem Anbau!

In Friedrichshafen-Fischbach West: 5 km über Zeppelinstraße AZ

Traube am See
Meersburger Str. 11 ⊠ 88048 – ℰ (07541) 95 80 – www.traubeamsee.de
– geschl. 20. - 28. Dezember
91 Zim ⊇ – †72/140 € ††95/160 €
Rest – (geschl. 20. - 24. Dezember) Karte 21/51 €
♦ Der gewachsene Gasthof ganz in der Nähe des Sees verfügt über unterschiedliche Zimmertypen von wohnlich-gediegen bis modern sowie einen schönen Wellnessbereich. Zum Restaurant gehören ein Wintergarten und eine rustikale Stube.

Maier
Poststr. 1 ⊠ 88048 – ℰ (07541) 40 40 – www.hotel-maier.de
49 Zim ⊇ – †68/135 € ††95/185 €
Rest – (geschl. Freitagmittag) Menü 14/23 € – Karte 36/50 €
♦ Der Familienbetrieb liegt an der Durchgangsstraße und bietet wohnliche, überwiegend moderne Zimmer, ein gutes Frühstück und einen hübschen Saunabereich im OG mit Dachterrasse. Restaurant mit internationaler und bürgerlicher Küche.

In Friedrichshafen-Schnetzenhausen Nord-West: 4 km über Hochstraße AZ

Krone

Untere Mühlbachstr. 1 ⊠ 88045 – ℰ (07541) 40 80 – www.ringhotel-krone.de
– geschl. 20. - 25. Dezember
135 Zim ⊇ – †89/130 € ††126/250 € – 3 Suiten
Rest – Menü 15/35 € – Karte 24/43 €
♦ Ein sehr komfortables Hotel mit individuellen Zimmern. Auf dem großzügigen Anwesen steht auch eine Brennerei, in der Obst von der eigenen Plantage zu Schnaps gebrannt wird. Verschiedene behagliche Stuben und eine nette Terrasse bilden das Restaurant.

FRIEDRICHSHALL, BAD – Baden-Württemberg – **545** – 18 840 Ew   55 G17
– Höhe 167 m
▶ Berlin 594 – Stuttgart 62 – Heilbronn 10 – Mannheim 83

In Bad Friedrichshall-Jagstfeld

Sonne

Deutschordenstr. 16 ⊠ 74177 – ℰ (07136) 9 56 10 – www.sonne-badfriedrichshall.de
19 Zim ⊇ – †52/60 € ††90 € **Rest** – (geschl. Montag) Karte 19/44 €
♦ Das familiär geleitete kleine Hotel verfügt über funktionell ausgestattete Gästezimmer, von denen einige etwas größer und moderner sind. Eine Terrasse mit Blick auf den Neckar ergänzt das nette ländlich-rustikale Restaurant.

In Bad Friedrichshall-Kochendorf

Schloss Lehen

Hauptstr. 2 ⊠ 74177 – ℰ (07136) 9 89 70 – www.schlosslehen.de
20 Zim ⊇ – †99/119 € ††135/145 €
Rest – (geschl. Sonntag) (nur Abendessen) Menü 42/55 € – Karte 40/55 €
♦ Mit Stil und Geschmack hat man das schön in einem Park gelegene Renaissanceschloss von 1553 eingerichtet. Auch zum Speisen bietet man dem Gast ein Ambiente, welches zu dem altehrwürdigen Gemäuer passt: elegant mit weißen Hussenstühlen. Im Haus befindet sich auch eine gemütliche Zigarren-Lounge.

FRIEDRICHSKOOG – Schleswig-Holstein – **541** – 2 450 Ew – Höhe 2 m   9 G4
▶ Berlin 402 – Kiel 114 – Heide 41 – Cuxhaven 119

Möven-Kieker

Strandweg 6 ⊠ 25718 – ℰ (04854) 9 04 98 70 – www.moeven-kieker.de – geschl. Januar
12 Zim ⊇ – †65/75 € ††95/105 € – 1 Suite
Rest – (geschl. 6. Januar - 15. Februar, Februar - März: Mittwoch - Donnerstag, April: Donnerstag außer an Feiertagen) (nur Abendessen) Karte 15/56 €
♦ Ein kleines Hotel hinter dem Deich unter sympathisch-familiärer Leitung. Man wohnt hier in individuellen Zimmern (z. T. mit Meerblick), darunter charmante Alkovenzimmer unterm Dach. Neuzeitliches Restaurant mit Café und Terrasse.

FRIEDRICHSRUHE – Baden-Württemberg – siehe Öhringen

FRIEDRICHSTADT – Schleswig-Holstein – 541 – 2 410 Ew – Höhe 2 m — 1 G3
– Luftkurort

▶ Berlin 408 – Kiel 82 – Sylt (Westerland) 62 – Heide 25

🛈 Am Markt 9, ✉ 25840, ✆ (04881) 9 39 30, www.friedrichstadt.de

Aquarium
Am Mittelburgwall 4 ✉ 25840 – ✆ (04881) 9 30 50 – www.hotel-aquarium.de
36 Zim – †81/96 € ††116/140 € – ½ P 23 € – 1 Suite **Rest** – Karte 30/52 €
• Das familiengeführte Hotel am Mittelburggraben, nicht weit vom Marktplatz, beherbergt unterschiedlich geschnittene Zimmer mit wohnlicher Einrichtung, teils mit alten Deckenbalken. Im stilvollen Restaurant bietet man internationale Küche mit regionalem Einfluss.

FRIESENHEIM – Baden-Württemberg – 545 – 12 700 Ew – Höhe 161 m — 53 D19
▶ Berlin 759 – Stuttgart 158 – Karlsruhe 88 – Offenburg 12

In Friesenheim-Oberweier

Mühlenhof
Oberweierer Hauptstr. 33 ✉ 77948 – ✆ (07821) 63 20 – www.landhotel-muehlenhof.de
32 Zim – †34/45 € ††58/78 €
Rest *Mühlenhof* – siehe Restaurantauswahl
• In dem familiengeführten Landgasthof stehen wohnliche, teilweise auch etwas einfachere Zimmer bereit, die technisch gut ausgestattet sind. Eine tadellos gepflegte Adresse!

XX Mühlenhof – Hotel Mühlenhof
Oberweierer Hauptstr. 33 ✉ 77948 – ✆ (07821) 63 20
– www.landhotel-muehlenhof.de – geschl. Februar 2 Wochen, August 2 Wochen und Dienstag
Rest – Menü 26/36 € – Karte 20/36 €
• Wer wissen möchte, wie gute badische Regionalküche schmeckt, fährt zu Familie Rottler. Produkte aus heimischer Jagd lassen Gerichte wie Ortenauer Reh auf zwei Arten entstehen. Der weit gelobte Landgasthof mit seinem gemütlichen Ambiente lädt zum Wohlfühlen ein.

FRITZLAR – Hessen – 543 – 14 460 Ew – Höhe 220 m — 38 H12
▶ Berlin 409 – Wiesbaden 201 – Kassel 25 – Bad Hersfeld 48

🛈 Zwischen den Krämen 5, ✉ 34560, ✆ (05622) 98 86 43, www.fritzlar.de

In Fritzlar-Ungedanken Süd-West: 8 km über B 450 und B 253 Richtung Bad Wildungen

Zum Büraberg
Bahnhofstr. 5 (B 253) ✉ 34560 – ✆ (05622) 99 80 – www.hotel-bueraberg.de
34 Zim – †54/65 € ††78/100 €
Rest – *(geschl. Sonntagabend - Montagmittag)* Karte 17/36 €
• Ein gewachsenes Haus unter familiärer Leitung, das über solide und funktional eingerichtete, teilweise mit Balkon ausgestattete Gästezimmer verfügt. Gemütlich-rustikal ist die Gaststube.

FÜRSTENFELDBRUCK – Bayern – 546 – 34 070 Ew – Höhe 517 m — 65 L20
▶ Berlin 605 – München 35 – Augsburg 46 – Garmisch-Partenkirchen 97

ADAC Am Leonhardsplatz 4a

🛈 Rottbach, Weiherhaus 5, ✆ (08135) 9 32 90

Fürstenfelder garni
Mühlanger 5 ✉ 82256 – ✆ (08141) 88 87 50 – www.fuerstenfelder.com – geschl. 23. Dezember - 6. Januar
70 Zim – †115/120 € ††145 €
• Die ruhige Lage in einer Sackgasse (drei Minuten vom Kloster Fürstenfeld) dürfte jeden freuen, ebenso das schöne schlichte Design: in den Zimmern helles Eichenholz in klaren Linien, viel Licht und moderne Farbakzente in Grün oder Violett. Schlossgastronomie unter gleicher Leitung!

444

Zur Post

Hauptstr. 7 ⊠ 82256 – ℰ (08141) 3 14 20 – www.hotelpost-ffb.de – geschl.
22. Dezember - 7. Januar
41 Zim – †80/110 € ††95/140 €
Rest – *(geschl. Samstag, Sonntagabend)* Karte 32/54 €
♦ Ein stattlicher Gasthof mit 390-jähriger Familientradition. Die wohnlichen Zimmer sind unterschiedlich gestaltet, darunter einige sehr schöne Biedermeierzimmer. Neben gemütlichen Restaurantstuben bietet man auch eine hübsche Terrasse im historischen Posthof.

FÜRSTENWALDE – Brandenburg – 542 – 32 580 Ew – Höhe 43 m 23 Q8

▶ Berlin 59 – Potsdam 88 – Frankfurt (Oder) 36
🛈 Rathausstr. 7, ⊠ 15517, ℰ (03361) 76 06 00, www.fuerstenwalde-tourismus.de

Haus am Spreebogen

Altstadt 27 ⊠ 15517 – ℰ (03361) 59 63 40 – www.haus-am-spreebogen.de
13 Zim – †65/90 € ††79/90 € **Rest** – Karte 21/39 €
♦ Ein sehr gepflegtes kleines Hotel in ruhiger Lage an der Spree, in dem Sie zeitgemäß und funktional gestaltete Gästezimmer erwarten. Eine nette Terrasse und ein Biergarten zur Spree ergänzen das freundliche, mit eleganter Note eingerichtete Restaurant.

In Steinhöfel Nord-Ost: 9 km

Schloss Steinhöfel

Schlossweg 4 ⊠ 15518 – ℰ (033636) 27 70 – www.schloss-steinhoefel.de
31 Zim – †95/115 € ††130/220 € **Rest** – Karte 25/47 €
♦ Ein klassizistisches Schloss aus dem 18. Jh. mit englischer Parkanlage. Die Zimmer sind wohnlich, sehr geschmackvoll und individuell. Elegantes Ambiente im Restaurant.

FÜRSTENZELL – Bayern – 546 – 7 730 Ew – Höhe 358 m 60 P19

▶ Berlin 604 – München 169 – Passau 15 – Linz 92

In Fürstenzell-Altenmarkt Nord-Ost: 4,5 km über Passauer Straße, am Ortsende links

Zur Platte

Altenmarkt 10 ⊠ 94081 – ℰ (08502) 2 00 – www.gasthaus-zur-platte.de – geschl.
Mitte Januar - Ende Februar
12 Zim – †40/45 € ††68/72 €
Rest – *(geschl. Montag - Dienstag, außer an Feiertagen)* Karte 16/33 €
♦ Ein sympathischer Familienbetrieb mit freundlicher Atmosphäre. Das kleine Hotel liegt ruhig auf einer Anhöhe am Ortsrand mit Blick auf Neuburger- und Bayerischen Wald, Passau erreicht man mit dem Auto in ca. 10 Minuten.

FÜRTH – Bayern – 546 – 114 050 Ew – Höhe 295 m 50 K16

▶ Berlin 453 – München 172 – Nürnberg 7
ADAC Theresienstr. 5
🛈 Bahnhofplatz 2 Z, ⊠ 90762, ℰ (0911) 2 39 58 70, www.fuerth.de
⛳ Fürth, Am Golfplatz 10, ℰ (0911) 75 75 22

Siehe auch Nürnberg (Umgebungsplan)

Stadtplan auf der nächsten Seite

Werners Hotel

Friedrichstr. 20 ⊠ 90762 – ℰ (0911) 74 05 60 – www.werners-hotel.de Zc
34 Zim – †70/149 € ††99/199 € – 1 Suite
Rest – Karte 22/59 €
♦ Das Hotel befindet sich mitten in der Stadt. Ein Großteil der Zimmer liegt zum relativ ruhigen Innenhof, teils im Landhausstil eingerichtet, teils in modernem Design. Im Restaurant stechen Kunst, knallige Farben und extravagante Muster ins Auge! Dazu das nette Tapas-Lokal und die schöne Terrasse im Hof.

FÜRTH

Alexanderstr.	Z	2
Bäumenstr.	Y	4
Brandenburger Str.	Y	7
Denglerstr.	Z	12
Friedrichstr.	Z	14
Fürther Freiheit	Z	15
Gustav-Schickedanz-Str.	Z	17
Heiligenstr.	Y	18
Helmpl.	Y	19
Henri-Dunant-Str.	Y	20
Hornschuchpromenade	Z	22
Königspl.	Y	27
Königswarterstr.	Y	28
Kohlenmarkt	Y	29
Marienstr.	Z	31
Mathildenstr.	Z	30
Obstmarkt	Z	32
Ottostr.	Z	34
Poppenreuther Str.	Y	35
Rudolf-Breitscheid-Str.	Z	39
Schwabacher Str.	Z	
Uferstr.	Y	41
Würzburger Str.	Y	45

Bavaria
Nürnberger Str. 54 ✉ 90762 – ☎ (0911) 74 31 90 – www.bavariahotel-fuerth.de
– geschl. 23. - 27. Dezember (Hotel)   Ze
47 Zim ⊡ – †44/95 € ††64/115 € – ½ P 10 €
Rest – (geschl. 1. - 15. August und Freitag - Sonntag) (nur Abendessen)
Karte 22/39 €

♦ Das alte fränkische Sandsteinhaus unweit des Zentrums ist ein familiengeführtes Hotel, in dem wohnlich-funktionale Zimmer bereitstehen, darunter zwei Maisonette-Suiten. Zum Restaurant gehört eine Terrasse im Innenhof.

Neubauers Schwarzes Kreuz
Königstr. 81 ✉ 90762 – ☎ (0911) 74 09 10 – www.neubauers-schwarzes-kreuz.de
– geschl. 2. - 8. Januar und 30. Juli - 12. August   Ya
22 Zim ⊡ – †65/75 € ††80/95 €
Rest – (geschl. Sonntag) Menü 25 € – Karte 43/59 €

♦ Das 1768 erbaute Haus mit der schönen Sandsteinfassade liegt mitten im Zentrum gegenüber dem Rathaus. Die Zimmer sind freundlich gestaltet und funktional ausgestattet. Das Restaurant bietet zeitgemäße und saisonale Küche.

FÜRTH

XX Kupferpfanne
Königstr. 85 ⊠ *90762* – ℰ *(0911) 77 12 77* – *www.ew-kupferpfanne.de* – geschl. Sonntag und an Feiertagen **Yn**
Rest – (Tischbestellung ratsam) Menü 30/70 € – Karte 42/76 €
• Ein gemütliches Restaurant beim Rathaus, ganz in der Nähe der Fußgängerzone. In einem von viel Holz geprägten Ambiente serviert man gute internationale Saisonküche.

XX La Palma
Karlstr. 22 (siehe Stadtplan Nürnberg) ⊠ *90763* – ℰ *(0911) 74 75 00*
– *www.ristorante-lapalma.de* – geschl. Montag **ASb**
Rest – (Tischbestellung ratsam) Menü 29/55 € – Karte 32/46 €
• Seit vielen Jahren leitet Familie Minneci das mediterran-elegante Restaurant und umsorgt ihre Gäste freundlich mit frischer italienischer Küche.

In Fürth-Dambach

 NH Forsthaus Fürth
Zum Vogelsang 20 (siehe Stadtplan Nürnberg) ⊠ *90768* – ℰ *(0911) 77 98 80*
– *www.nh-hotels.com* **ASf**
111 Zim – †95/249 € ††95/249 €, ⊇ 17 € **Rest** – Karte 31/46 €
• Das Hotel liegt ruhig am Waldrand. Gästezimmer teils in modernem Design, neuzeitlicher Freizeitbereich. Ein Tagungsraum befindet sich in der ehemaligen Grundig-Wohnung. Man bietet ein klassisches Restaurant, rustikale Stuben und einen Biergarten.

In Fürth-Poppenreuth

Mercure
Laubenweg 6 (siehe Stadtplan Nürnberg) ⊠ *90765* – ℰ *(0911) 9 76 00*
– *www.mercure.com* **ASn**
129 Zim – †69/159 € ††69/159 €, ⊇ 16 € – ½ P 18 € **Rest** – Karte 23/36 €
• Die sehr verkehrsgünstige Lage an der Autobahnausfahrt, moderne Zimmer in freundlichen Farben und gute Tagungsmöglichkeiten sprechen für diese Businessadresse. Das Restaurant ist mit Fotografien bedeutender Fürther Persönlichkeiten dekoriert. Mit Bar.

FÜSSEN – Bayern – **546** – 14 250 Ew – Höhe 808 m – Wintersport: 64 J22
1 720 m ❄1 ⛷3 ⚑ – Kneippkurort

▶ Berlin 659 – München 120 – Kempten (Allgäu) 44 – Landsberg am Lech 63
🛈 Kaiser-Maximilian-Platz 1, ⊠ 87629, ℰ (08362) 9 38 50, www.fuessen.de
◉ St.-Anna-Kapelle (Totentanz★) **B**
◉ Schloss Neuschwanstein★★★ – Schloss Hohenschwangau★ – Alpsee★ (über B 17: 4 km) – Romantische Straße★★ (von Füssen bis Würzburg)

Stadtplan auf der nächsten Seite

 Luitpoldpark
Bahnhofstr. 1 ⊠ *87629* – ℰ *(08362) 90 40* – *www.luitpoldpark-hotel.de*
131 Zim ⊇ – †87/127 € ††124/204 € – ½ P 24 € – 7 Suiten **r**
Rest – Karte 30/42 €
• Ein modernes Hotel in der Innenstadt mit großzügiger Atriumhalle und hellen Zimmern mit gutem Platzangebot. Gäste nutzen den angrenzenden Fitness- und Wellnesspark kostenlos. Wiener Café und El Bandito ergänzen das Restaurant und die rustikale Stube.

Sommer
Weidachstr. 74 ⊠ *87629* – ℰ *(08362) 9 14 70* – *www.hotel-sommer.de*
70 Zim ⊇ – †90/121 € ††144/192 € – ½ P 28 € – 13 Suiten
Rest – Karte 28/49 €
• Die Lage etwas außerhalb nahe dem Forggensee, Sport- und Wellnessangebote sowie wohnliche, zeitgemäße Zimmer machen dieses gut geführte Hotel aus. Einer der verschiedenen netten Restauranträume ist der mediterran gestaltete Wintergarten.

Hirsch

Kaiser-Maximilian-Platz 7 ⊠ 87629 – ℰ (08362) 9 39 80 – www.hotelfuessen.de
– geschl. 7. - 27. Januar **u**
52 Zim ⌂ – †65/115 € ††90/185 € – ½ P 20 € **Rest** – Karte 20/41 €

♦ Ein historisches Haus nur wenige Schritte von der Fußgängerzone entfernt. Schön sind die Themenzimmer im Anbau sowie der Blick von der Dachterrasse. Gemütliches Restaurant und Bierstüberl.

Sonne

Prinzregentenplatz 1 ⊠ 87629 – ℰ (08362) 90 80 – www.hotel-sonne.de
50 Zim ⌂ – †79/99 € ††109/195 € – ½ P 25 € **b**
Rest – (nur Abendessen) Karte 26/42 €

♦ Ein gut geführtes Hotel mit Familientradition. Man bietet u. a. schöne Themenzimmer von "Romantica" über "Ludwig" und "Sissi" bis "Fantasia" oder "Poesia". Das Restaurant ist in rustikalem Stil gehalten - im Sommer mit nettem Biergarten.

Schlosskrone

Prinzregentenplatz 4 ⊠ 87629 – ℰ (08362) 93 01 80 – www.schlosskrone.de
64 Zim ⌂ – †89/141 € ††109/229 € – ½ P 19 € – 4 Suiten **a**
Rest – Karte 19/30 €

♦ Das zentral gelegene Hotel unter familiärer Leitung verfügt nach umfangreichem Umbau über modern eingerichtete Gästezimmer (auch klimatisiert) - besonders schön sind die Suiten im neugebauten Ostflügel. Restaurant und Café mit geschichtsträchtiger eigener Konditorei.

Christine garni

Weidachstr. 31 ⊠ 87629 – ℰ (08362) 72 29 – www.hotel-christine-fuessen.de
13 Zim ⌂ – †75/85 € ††115/140 € **z**

♦ Der langjährige kleine Familienbetrieb in einer ruhigen Wohngegend ist eine eher einfache, aber tipptopp gepflegte Adresse mit soliden Gästezimmern und gutem Frühstück.

In Füssen-Bad Faulenbach – Kneippkurort, Mineral- und Moorbad

Wiedemann

Am Anger 3 (Zufahrt über Schwärzerweg) ⊠ 87629 – ℰ (08362) 9 13 00
– www.hotel-wiedemann.de – geschl. 14. November - 19. Dezember **n**
36 Zim ⌂ – †55/75 € ††100/130 € – ½ P 19 € **Rest** – Karte 19/36 €

♦ Das seit über 100 Jahren von der Familie geleitete Hotel befindet sich in ruhiger Lage und bietet helle Zimmer (teils mit Balkon) sowie diverse Kur- und Kosmetikanwendungen.

FÜSSEN

In Füssen-Hopfen am See Nord: 5 km über Augsburger Straße – Luft- und Kneippkurort

Geiger
Uferstr. 18 ⊠ 87629 – ℘ (08362) 70 74 – www.hotel-geiger.de
30 Zim – †41/85 € ††82/188 € – ½ P 17 €   **Rest** – Karte 25/44 €
♦ Die Lage direkt an der Uferpromenade sowie geräumige, zeitgemäß und wohnlich eingerichtete Zimmer machen das gut geführte Hotel aus. Sehr schön ist der Blick auf die Alpen. Regional und international speist man im gemütlich-rustikalen Restaurant.

FÜSSING, BAD – Bayern – 546 – 6 760 Ew – Höhe 320 m – Heilbad   60 P19
▶ Berlin 636 – München 147 – Passau 31 – Salzburg 110
▸ Rathausstr. 8, ⊠ 94072, ℘ (08531) 97 55 80, www.badfuessing.de
▸ Bad Füssing-Kirchham, Tierham 3, ℘ (08537) 9 19 90

Holzapfel
Thermalbadstr. 4 ⊠ 94072 – ℘ (08531) 95 70 – www.hotel-holzapfel.de
111 Zim – †89/98 € ††168/228 € – ½ P 16 € – 12 Suiten
Rest *Holzapfel* – siehe Restaurantauswahl
♦ Ein engagiert geführter Familienbetrieb mit Alchemia Medica Spa und Zen Spa. Exklusivere Zimmer im unterirdisch angeschlossenen Neubau. Bademantelgang zur "Therme I" (für Hausgäste kostenfrei).

Parkhotel
Waldstr. 16 ⊠ 94072 – ℘ (08531) 92 80 – www.parkhotel.stopp.de
– geschl. 20. - 26. Dezember, 4. Januar - 20. Februar
99 Zim – †81/102 € ††158/224 € – ½ P 13 € – 1 Suite   **Rest** – Karte 20/48 €
♦ Ruhig liegt die gewachsene Hotelanlage im Grünen und doch zentrumsnah. Der Hallenbereich und die wohnlichen Gästezimmer sind im klassischen Stil gehalten. Restaurant mit traditioneller und italienischer Küche.

Wittelsbach
Beethovenstr. 8 ⊠ 94072 – ℘ (08531) 95 20 – www.kurhotel-wittelsbach.de
69 Zim – †80/90 € ††140/160 € – ½ P 10 €   **Rest** – (nur für Hausgäste)
♦ Wohnlich-gediegenes Ambiente, ein gesundheitsorientierter Freizeitbereich und die verkehrsberuhigte Lage im Kurgebiet machen dieses Hotel aus.

Am Mühlbach
Bachstr.15 (Safferstetten, Süd: 1 km) ⊠ 94072 – ℘ (08531) 27 80
– www.muehlbach.de – geschl. 8. - 20. Januar
61 Zim – †112/142 € ††198/248 € – ½ P 17 € – 5 Suiten
Rest – Karte 20/38 €
♦ Eine gemütliche familiäre Adresse mit freundlichem Service ist das gewachsene Kurhotel am namengebenden Mühlbach. Spabereich mit Arztpraxis und Wellnesssuiten. Kleine Kapelle. Charmant-rustikal: das Restaurant Kirchawirt.

Bayerischer Hof
Kurallee 18 ⊠ 94072 – ℘ (08531) 95 66 – www.hotel-bayerischer-hof.de – geschl. 8. Januar - 15. Februar
59 Zim – †68/73 € ††122/132 € – ½ P 20 €   **Rest** – Menü 27/29 € – Karte 19/34 €
♦ In zentraler Lage am Kurpark unweit der Thermen findet man das regionstypische Hotel mit seinen gepflegten wohnlichen Gästezimmern. Hallenbad mit Thermalwasser. Bürgerliches Angebot im Restaurant mit schönem Blick ins Grüne.

Kurhotel Diana garni
Kurallee 12 ⊠ 94072 – ℘ (08531) 2 90 60 – www.diana-kurhotel.de
– geschl. 6. - 31. Januar
40 Zim – †43/53 € ††80/95 € – 3 Suiten
♦ In dem sympathischen Familienbetrieb in der Ortsmitte erwarten die Gäste behagliche Zimmer und ein hübscher heller Frühstücksraum mit gutem Buffet.

Holzapfel – Hotel Holzapfel
Thermalbadstr. 4 ⊠ 94072 – ℘ (08531) 95 70 – www.hotel-holzapfel.de
Rest – Menü 39/65 € – Karte 28/53 €
♦ Helle, freundliche Farben wie Himbeerrot, Lindgrün und Ecru beherrschen das Ambiente der modernen Einkehradresse. Verschiedene Räumlichkeiten, darunter ein Wintergarten, stehen zur Wahl. Probieren Sie "Stubenküken in zwei Gängen"!

FULDA – Hessen – **543** – 64 180 Ew – Höhe 257 m 39 H13
▶ Berlin 448 – Wiesbaden 141 – Frankfurt am Main 99 – Gießen 109
ADAC Karlstr. 19 Z
🛈 Bonifatiusplatz 1 Y, ✉ 36037, ☏ (0661) 1 02 18 14, www.tourismus-fulda.de
🏌 Hofbieber, Am Golfplatz, ☏ (06657) 13 34
◉ Dom (Bonifatiusaltar★) Y – Michaelkirche★ Y B

Esperanto
Esperantoplatz ✉ *36037 – ☏ (0661) 24 29 10 – www.hotel-esperanto.de*
327 Zim – †132/142 € ††152/172 € – 6 Suiten Ya
Rest – Karte 26/36 €
♦ Das besonders auf Tagungen und Businessgäste zugeschnittene Hotel gegenüber dem Bahnhof bietet einen komfortablen Rahmen, moderne Zimmer und einen attraktiven Freizeitbereich. Internationales in verschiedenen Restaurants: von Tapas bis zum Grillspieß.

Maritim Hotel Am Schlossgarten
Pauluspromenade 2 ✉ *36037 – ☏ (0661) 28 20*
– www.maritim.de Yc
112 Zim – †94/152 € ††104/178 €, 🍽 16 € – 1 Suite **Rest** – Karte 18/55 €
♦ Eine große Atriumlobby und moderne Zimmer erwarten Sie in dem Hotel direkt am Schlossgarten. Sehenswert sind die festlichen Säle in der historischen Orangerie. Restaurant in einem Gewölbekeller aus dem 17. Jh.

Goldener Karpfen
Simpliziusbrunnen 1 ✉ *36037 – ☏ (0661) 8 68 00 – www.hotel-goldener-karpfen.de*
50 Zim – †95/195 € ††135/220 € – ½ P 35 € – 5 Suiten Zf
Rest *Goldener Karpfen* – siehe Restaurantauswahl
♦ Das Stadthaus im Zentrum beherbergt hinter seiner über 300 Jahre alten Fassade eine schön dekorierte Lobby mit Kamin sowie wohnliche Zimmer von stilvoll-gediegen bis chic-modern.

Zum Ritter
Kanalstr. 18 ✉ *36037 – ☏ (0661) 25 08 00 – www.hotel-ritter.de* Za
33 Zim – †89/99 € ††105/115 € **Rest** – Karte 17/34 €
♦ Das Hotel in der Innenstadt blickt auf eine 150-jährige Tradition zurück. Eine sehr gepflegte Adresse mit neuzeitlich eingerichteten Gästezimmern. Holzvertäfelung und historische Deckengemälde bestimmen das Ambiente im Restaurant.

Am Dom garni
Wiesenmühlenstr. 6 ✉ *36037 – ☏ (0661) 9 79 80 – www.hotel-am-dom.de* – geschl. 23. Dezember - 1. Januar Zd
45 Zim – †68 € ††94 €
♦ Die Lage am Altstadtrand und zeitgemäße, funktionell ausgestattete Zimmer sprechen für diesen Familienbetrieb. Im Empfangsbereich hat man eine kleine Hotelbar.

Peterchens Mondfahrt garni
Rabanusstr. 7 ✉ *36037 – ☏ (0661) 90 23 50 – www.hotel-peterchens-mondfahrt.de*
49 Zim – †62/78 € ††76/100 € Ye
♦ Das Hotel bietet u. a. Allergiker- und Familienzimmer, auch Zimmer mit Küchenzeile vorhanden. Nach hinten liegen die Zimmer ruhiger. Rezeption und Frühstücksraum im 4. Stock.

Ibis garni
Kurfürstenstr. 3 ✉ *36037 – ☏ (0661) 25 05 60 – www.ibishotel.com* Yd
75 Zim – †57/69 € ††67/89 €, 🍽 10 €
♦ Nicht weit vom Zentrum liegt das Hotel mit neuzeitlichen, sachlich-funktionellen Gästezimmern und angenehm hellem, zur Halle hin offenem Frühstücksraum.

CityHotel Hessischer Hof garni
Nikolausstr. 22 ✉ *36037 – ☏ (0661) 7 80 11 – www.hessischerhof.de* Ys
27 Zim – †60/70 € ††75/85 €, 🍽 5 € – 1 Suite
♦ Die zentrale Lage am Bahnhof sowie freundlich und funktionell gestaltete, teils recht großzügige Gästezimmer machen dieses gepflegte Hotel aus.

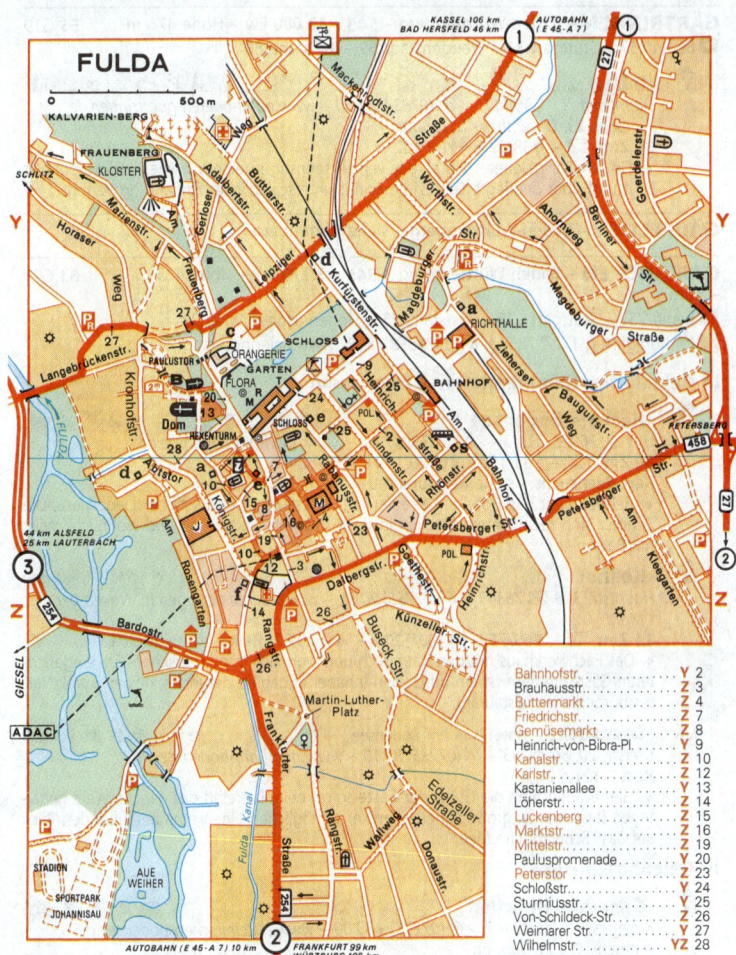

Bahnhofstr.	**Y** 2
Brauhausstr.	**Z** 3
Buttermarkt	**Z** 4
Friedrichstr.	**Z** 7
Gemüsemarkt	**Z** 8
Heinrich-von-Bibra-Pl.	**Y** 9
Kanalstr.	**Z** 10
Karlstr.	**Z** 12
Kastanienallee	**Z** 13
Löherstr.	**Z** 14
Luckenberg	**Z** 15
Marktstr.	**Z** 16
Mittelstr.	**Z** 19
Pauluspromenade	**Y** 20
Peterstor	**Z** 23
Schloßstr.	**Y** 24
Sturmiusstr.	**Y** 25
Von-Schildeck-Str.	**Z** 26
Weimarer Str.	**Y** 27
Wilhelmstr.	**YZ** 28

✕✕ **Dachsbau**   🛋 VISA ⦿ AE
Pfandhausstr. 8 ✉ *36037 –* 📞 *(0661) 7 41 12*
– www.dachsbau-fulda.de – geschl. März 2 Wochen und Sonntagabend - Montag
Rest *– (Dienstag - Mittwoch nur Abendessen)* Menü 22/50 €   **Ze**
– Karte 35/52 €
♦ Hinter einer hübsch bemalten Fassade in einer Häuserreihe in der Altstadt bietet man liebenswertes Ambiente, gute Küche und aufmerksamen Service durch den Chef.

✕✕ **Goldener Karpfen** – Hotel Goldener Karpfen   🛋 AC P VISA ⦿ AE ⓘ
Simpliziusbrunnen 1 ✉ *36037 –* 📞 *(0661) 8 68 00*
– www.hotel-goldener-karpfen.de   **Zf**
Rest – Menü 24 € (mittags)/48 € – Karte 27/55 €
♦ In gemütlicher und eleganter Atmosphäre werden die Gäste von einem freundlichen Team umsorgt, das schmackhafte saisonal-internationale Speisen serviert. Probieren sollte man Klassiker wie die Hummerbisque oder die typische Rhönforelle.

GÄRTRINGEN – Baden-Württemberg – **545** – 12 080 Ew – Höhe 476 m   55 G19
▶ Berlin 657 – Stuttgart 31 – Freudenstadt 59 – Karlsruhe 88

Bären garni
Daimlerstr. 11 ⊠ 71116 – ℰ (07034) 27 60 – www.hotel-baeren-gaertringen.de
– geschl. 23. Dezember - 8. Januar
30 Zim – †68/82 € ††88/102 €
♦ Ein familiär geleitetes Hotel, das verkehrsgünstig in einem kleinen Industriegebiet liegt und über gepflegte Gästezimmer mit unterschiedlicher Einrichtung verfügt.

GÄUFELDEN – Baden-Württemberg – siehe Herrenberg

GAIENHOFEN – Baden-Württemberg – **545** – 3 270 Ew – Höhe 425 m   63 G21
– Kurort
▶ Berlin 757 – Stuttgart 175 – Konstanz 33 – Singen (Hohentwiel) 23
🛈 Im Kohlgarten 1, ⊠ 78343, ℰ (07735) 8 18 23, www.gaienhofen.de

In Gaienhofen-Hemmenhofen – Erholungsort

Höri am Bodensee
Uferstr. 20 ⊠ 78343 – ℰ (07735) 81 10 – www.hoeri-am-bodensee.de
80 Zim – †85/150 € ††120/199 € – ½ P 24 €
Rest *Seensucht* – siehe Restaurantauswahl
♦ Reizvoll liegt das Hotel am Seeufer mit Bootsanleger und schöner Liegewiese. Die Zimmer sind recht unterschiedlich in der Größe, alle zeitgemäß und wohnlich, meist mit Balkon.

Kellhof
Hauptstr. 318 ⊠ 78343 – ℰ (07735) 20 35 – www.kellhof.de – geschl. November - März
14 Zim – †65/75 € ††100/120 € – ½ P 20 €   **Rest** – Karte 28/36 €
♦ Das Fachwerkhaus mit den freundlich und wohnlich in neuzeitlichem Stil eingerichteten Gästezimmern ist ein durch den Inhaber engagiert geführtes kleines Hotel. Nettes bürgerliches Restaurant.

Seensucht – Hotel Höri am Bodensee
Uferstr. 20 ⊠ 78343 – ℰ (07735) 81 10 – www.hoeri-am-bodensee.de
Rest – Karte 38/48 €
♦ Hier erobert man die Gunst der Gäste sofort beim Betreten des ganz in Weiß gehaltenen Restaurants: große Panoramfenster ermöglichen einen atemberaubenden Blick auf das "Schwäbische Meer"!

In Gaienhofen-Horn

Gasthaus Hirschen
Kirchgasse 1 ⊠ 78343 – ℰ (07735) 9 33 80 – www.hotelhirschen-bodensee.de
– geschl. 9. - 27. Januar
30 Zim – †48/65 € ††82/120 € – ½ P 20 € – 4 Suiten   **Rest** – Karte 22/51 €
♦ Der erweiterte familiengeführte Gasthof befindet sich im Ortskern bei der Kirche. Besonderen Komfort bietet die Villa Maria mit Ihren wunderschönen Landhaussuiten. Mit viel Holz gemütlich gestaltetes Restaurant. Hinter dem Haus lockt der hübsche Biergarten.

GAILDORF – Baden-Württemberg – **545** – 12 420 Ew – Höhe 329 m   56 H18
▶ Berlin 557 – Stuttgart 69 – Aalen 43 – Schwäbisch Gmünd 29

In Gaildorf-Unterrot Süd: 3 km über B 298

Kocherbähnle
Schönberger Str. 8 ⊠ 74405 – ℰ (07971) 26 09 50 – www.kocherbaehnle.de
– geschl. August 3 Wochen
16 Zim – †39/50 € ††69/86 €
Rest – *(geschl. Sonntagabend - Montag)* Menü 18/40 € – Karte 18/38 €
♦ Das Klinkerhaus gegenüber den Bahngleisen ist ein familiengeführtes kleines Hotel, in dem wohnliche Gästezimmer zur Verfügung stehen. Gemütlich sind die zwei rustikalen Restauranträume.

GALLMERSGARTEN – Bayern – **546** – 790 Ew – Höhe 356 m   49 J16
▶ Berlin 486 – München 208 – Würzburg 59 – Ansbach 34

In Gallmersgarten-Steinach

Landgasthof Sämann
Bahnhofstr. 18 ⊠ 91605 – ℰ (09843) 93 70 – www.landgasthof-saemann.de
– geschl. 24. - 31. Dezember
26 Zim – †44/48 € ††58/72 €   **Rest** – Karte 16/28 €
♦ Der langjährige Familienbetrieb befindet sich beim Bahnhof. Für die Gäste stehen wohnlich-funktionelle Zimmer bereit, zwei davon mit Wasserbetten. Regional und bürgerlich ist das Angebot im Restaurant. Fleisch und Wurst stammen aus der eigenen Metzgerei.

GANDERKESEE – Niedersachsen – **541** – 30 900 Ew – Höhe 27 m   17 F6
– Erholungsort
▶ Berlin 409 – Hannover 140 – Bremen 22 – Oldenburg 31

In Ganderkesee-Stenum Nord: 6 km, jenseits der A 28

Backenköhler (mit Gästehaus)
Dorfring 40 ⊠ 27777 – ℰ (04223) 7 30 – www.hotel-backenkoehler.de
50 Zim – †65/73 € ††98/113 € – ½ P 21 € – 1 Suite
Rest – (Montag - Donnerstag nur Abendessen) Menü 26 € – Karte 24/40 €
♦ Sie wohnen im Gästehaus des reetgedeckten Landhauses. Wohltuende warme Töne in den Zimmern und im Kosmetikbereich. Aufwändig die Wellness-Juniorsuite, zudem Romantik-Juniorsuite und -Suite. Biergarten und Terrasse ergänzen das Restaurant.

GANGELT – Nordrhein-Westfalen – **543** – 11 700 Ew – Höhe 72 m   35 A12
▶ Berlin 634 – Düsseldorf 76 – Köln 92 – Mönchengladbach 55

Mercator
Burgstr. 6 ⊠ 52538 – ℰ (02454) 9 35 50 – www.mercator-hotel.de
17 Zim – †95/109 € ††159/189 € – 2 Suiten
Rest – (geschl. Montag) Menü 35 € – Karte 32/50 €
♦ Das Gebäude der einstigen Volksschule von 1908 wurde um einen Anbau erweitert und ist heute ein kleines Hotel mit zeitgemäßen, wohnlich-eleganten Zimmern und reizvollem Spabereich. Angenehm licht ist das Wintergartenrestaurant mit Bar und schöner Terrasse.

GARBSEN – Niedersachsen – **541** – 61 820 Ew – Höhe 54 m   18 H8
▶ Berlin 304 – Hannover 17

In Garbsen-Berenbostel

Landhaus am See (mit Gästehaus)
Seeweg 27 ⊠ 30827 – ℰ (05131) 4 68 60
– www.landhausamsee.de
45 Zim – †90/125 € ††115/150 €
Rest *Landhaus am See* – siehe Restaurantauswahl
♦ Wie gemalt liegt die Villa auf einem herrlichen Gartengrundstück am See. Die im Landhausstil gehaltenen Zimmer, teilweise mit Balkon, sind modern und elegant - auch Maisonetten.

XX **Landhaus am See** – Hotel Landhaus am See
Seeweg 27 ⊠ 30827 – ℰ (05131) 4 68 60 – www.landhausamsee.de – geschl. Sonntag und an Feiertagen
Rest – Menü 33 € (mittags)/75 € – Karte 39/54 €
♦ Wenn das Wetter es zulässt, sollten Sie unbedingt auf der Terrasse den Blick in den Garten und auf den See genießen! Schön ist auch der Biergarten am Haus. Es wird frisch gekocht - mittags kann man preiswerter, aber ebenso schmackhaft essen.

GARBSEN

In Garbsen-Frielingen

Bullerdieck (mit Gästehaus)
Bgm.-Wehrmann-Str. 21 ⊠ *30826 –* ℰ *(05131) 45 80 – www.bullerdieck.de*
48 Zim ⊑ – †75/85 € ††95/105 € – 3 Suiten **Rest** – Karte 15/41 €
• Bei der 4. Generation der Familie Bullerdieck erwarten Sie unterschiedliche, teilweise besonders geräumige Zimmer. Das Haus wird auch gerne für Tagungen und Veranstaltungen genutzt. Bürgerliche Küche und monatlich wechselndes "Jahreszeitenmenü" im Restaurant. Biergarten.

GARCHING – Bayern – 546 – 15 460 Ew – Höhe 482 m 66 M20
▶ Berlin 573 – München 15 – Regensburg 112 – Landshut 64

Hoyacker Hof garni
Freisinger Landstr. 9a (B 11) ⊠ *85748 –* ℰ *(089) 3 26 99 00 – www.hoyackerhof.de*
– geschl. Weihnachten - 6. Januar
62 Zim ⊑ – †80 € ††109 €
• In behaglichem regionstypischem Stil zeigt sich der Familienbetrieb im Zentrum. Die Zimmer sind solide mit hellem Holz ausgestattet, der Frühstücksraum ist liebenswert dekoriert.

Coro garni
Heideweg 1 ⊠ *85748 –* ℰ *(089) 3 26 81 60 – www.hotelcoro.de – geschl.*
Weihnachten - 5. Januar
22 Zim ⊑ – †53/75 € ††85/99 €
• Die Lage am Ortsrand unweit der Autobahn macht das familiengeführte Haus mit den neuzeitlichen, wohnlichen Gästezimmern auch für Geschäftsreisende interessant.

GARMISCH-PARTENKIRCHEN – Bayern – 546 – 25 960 Ew 65 K22
– Höhe 708 m – Wintersport: 2 962 m ⛷ 9⛷24 ⛷ – Heilklimatischer Kurort
▶ Berlin 675 – München 89 – Augsburg 117 – Innsbruck 60
🛈 Richard-Strauss-Platz 2 Y, ⊠ 82467, ℰ(08821) 18 07 00, www.gapa.de
🏌 Werdenfels, Schwaigwang 3, ℰ (08821) 94 56 70
🏌18 Oberau, Gut Buchwies, ℰ (08824) 83 44
◉ St.-Anton-Anlagen ≤ ★ X - St. Martin Alte Kirche ★ Y
◉ Wank ※★★ Ost: 2 km und ⛷ – Partnachklamm★★ 25 min zu Fuß (ab Skistadion) – Zugspitzgipfel★★★ (※★★★) mit Zahnradbahn (Fahrzeit 75 min) oder mit ⛷ ab Eibsee (Fahrzeit 10 min) – Eibsee★

Reindl's Partenkirchner Hof
Bahnhofstr. 15 ⊠ *82467 –* ℰ *(08821) 94 38 70 – www.reindls.de – geschl. November*
62 Zim ⊑ – †80/180 € ††120/210 € – ½ P 26 € – 13 Suiten Zr
Rest *Reindl's Partenkirchner Hof* – siehe Restaurantauswahl
• Mit Engagement leitet die Inhaberfamilie dieses gewachsene Hotel mit tollem Blick aufs Wettersteingebirge. Die Gästezimmer sind wohnlich und teilweise recht aufwändig gestaltet, modern ist der Saunabereich.

Staudacherhof ⬩
Höllentalstr. 48 ⊠ *82467 –* ℰ *(08821) 92 90 – www.staudacherhof.de*
41 Zim (inkl. ½ P.) – †95/130 € ††180/230 € – 2 Suiten Zv
Rest *Staudacherhof* – siehe Restaurantauswahl
• Persönliche Atmosphäre, ein schöner Wellnessbereich und wohnliche Landhauszimmer vom kleinen Einzelzimmer bis hin zu Familienzimmern oder Suiten zeichnen das sympathische und intensiv geführte Hotel aus.

Rheinischer Hof (mit Gästehaus)
Zugspitzstr. 76 ⊠ *82467 –* ℰ *(08821) 91 20 – www.rheinischerhof-garmisch.de*
38 Zim ⊑ – †69/115 € ††98/145 € – ½ P 14 € – 4 Suiten Xz
Rest – Karte 17/35 €
• Ein seit vielen Jahren von der Inhaberfamilie geleitetes Ferienhotel mit wohnlichen Zimmern, die im Gästehaus neuzeitlicher gestaltet sind. Kosmetik und Massage auf Anfrage.

GARMISCH-PARTENKIRCHEN

Street	Grid	No.
Achenfeldstr.	Z	2
Alleestr.	Y	3
Am Eisstadion	Z	5
Am Holzhof	Y	6
Am Kurpark	X	7
Badgasse	Z	9
Bahnhofstr.	X	10
Chamonixstr.	Y	11
Enzianstr.	Y	13
Ferdinand-Barth-Str.	X	15
Fürstenstr.	Y	16
Gernackerstr.	X	17
Hauptstr.		
Hindenburgstr.	X	18
Kramerstr.	Y	19
Krottenkopfstr.	X	23
Ludwigstr.	YZ	
Marienpl.	X	26
Mittenwalder Str.	X	27
Münchner Str.	X	30
Parkstr.	X	32
Partnachstr.	Y	33
Promenadestr.	Y	35
Rathauspl.	X	36
Richard-Strauß-Pl.	Y	37
Rießerseestr.	X	38
Schnitzschulstr.	Y	39
Sonnenbergstr.	Y	42
St-Anton-Str.	Y	43
St-Joseph-Pl.	Z	45
Von-Burg-Str.	X	46
Wildenauer Str.		
Zugspitzstr.	X	48

GARMISCH-PARTENKIRCHEN

ATLAS Grand Hotel Partenkirchen
Ludwigstr. 49 ⊠ 82467 – ⌀ (08821) 9 36 30 – www.atlas-grandhotel.com Yg
79 Zim – †72/105 € ††144/184 € – ½ P 24 € – 2 Suiten
Rest *Taverne* – (geschl. Montag) (nur Abendessen) Karte 28/57 €
♦ Die restaurierte ehemalige Posthalterei in der Altstadt ist das älteste Hotel Garmisch-Partenkirchens - und das historische Flair ist nicht zu spüren: In einigen Zimmern stehen schöne alte Möbeln, die gemütliche Taverne (hier isst man international und regional) ist komplett mit Holz vertäfelt. Sauna und Hamam sowie Badeteich im Garten.

Gasthof Fraundorfer (mit Gästehaus)
Ludwigstr. 24 ⊠ 82467 – ⌀ (08821) 92 70 – www.gasthof-fraundorfer.de – geschl. 5. November - 5. Dezember Zx
31 Zim – †46/66 € ††86/98 € – ½ P 16 € – 4 Suiten
Rest – (geschl. 13. - 21. April, 5. November - 5. Dezember und Dienstag - Mittwochmittag) Karte 16/34 €
♦ Der traditionelle Gasthof mit bemalter Fassade ist ein sehr netter Familienbetrieb mit regionstypischen Zimmern, darunter einige originelle "Themenzimmer". Urigregionale Gaststube mit blanken Tischen und viel Holz. Bayerische Abende mit Musik und Schuhplattler.

Gasthof Schatten
Sonnenbergstr. 10 ⊠ 82467 – ⌀ (08821) 9 43 08 90 – www.hotel-schatten.de – geschl. November Yc
22 Zim – †70/85 € ††90/118 € – ½ P 17 €
Rest – (geschl. Mittwoch) Karte 13/36 €
♦ Ein engagiert geleitetes Haus nach dem Vorbild des ursprünglichen Gasthofs von 1867. Die Zimmer sind neuzeitlich und recht großzügig, meist nach Süden und mit schöner Aussicht. Restaurant mit rustikalem Charakter.

Staudacherhof – Hotel Staudacherhof
Höllentalstr. 48 ⊠ 82467 – ⌀ (08821) 92 90 – www.staudacherhof.de Zv
Rest – (nur Abendessen) Menü 27/45 € – Karte 29/56 €
♦ Eine gelungene moderne Interpretation eines alpenländisch-noblen Einrichtungsstils - so präsentiert sich das Restaurant seinen Gästen. Sehr nett sitzt es sich auf den schön gepolsterten Bänken an den runden Nischentischen. Mittags bietet man nur eine einfache Speiseauswahl!

Husar
Fürstenstr. 25 ⊠ 82467 – ⌀ (08821) 9 67 79 22 – www.restauranthusar.de – geschl. Montag Ya
Rest – (Dienstag - Samstag nur Abendessen) (Tischbestellung ratsam) Menü 31/80 € – Karte 27/76 €
♦ Die denkmalgeschützte Fassade mit Lüftlmalerei sticht sofort ins Auge. In zwei liebenswerten Räumen serviert man Internationales und Regionales, dazu eine gute Weinauswahl.

Reindl's Partenkirchner Hof – Hotel Reindl's Partenkirchner Hof
Bahnhofstr. 15 ⊠ 82467 – ⌀ (08821) 94 38 70 – www.reindls.de – geschl. November Zr
Rest – Menü 25/30 € – Karte 27/44 €
♦ Ein gelungener Mix aus stylish-modern, Antiquitäten und klassischer Alpeneleganz. Hausherrin Marianne Holzinger schwingt selbst den Kochlöffel! Die Küche ist klassisch, probieren Sie in jedem Fall den Werdenfelser Rehrücken auf Holundersauce mit Gröstel von Pfifferlingen und Steinpilzen.

GARREL – Niedersachsen – **541** – 13 090 Ew – Höhe 20 m 17 E7
▶ Berlin 449 – Hannover 190 – Bremen 73 – Lingen 80
Thülsfelder Talsperre, Mühlenweg 9, ⌀ (04474) 79 95

Auehof

Nikolausdorfer Str. 21 (Nord-Ost: 1,5 km) ⊠ *49681* – ℰ *(04474) 9 48 40*
– *www.der-auehof.de*
20 Zim ⌚ – †48/58 € ††78/88 €
Rest – *(geschl. Dienstagmittag, Samstagmittag)* Karte 16/42 €

◆ Das kleine Hotel befindet sich etwas außerhalb des Ortes und verfügt über freundliche Zimmer zu einem guten Preis-Leistungs-Verhältnis, W-Lan ist kostenfrei. Im Restaurant serviert man eine modernisierte bürgerlich-regionale Küche.

Zur Post (mit Gästehaus)

Hauptstr. 34 ⊠ *49681* – ℰ *(04474) 80 00* – *www.hotelpost-garrel.de*
30 Zim ⌚ – †60/79 € ††89/110 €   **Rest** – Karte 26/47 €

◆ Der Inhaber bietet in seinem Hotel in der Ortsmitte hell, wohnlich und neuzeitlich gestaltete Zimmer, im Gästehaus sind sie großzügiger geschnitten. W-Lan gratis. Frisch ist auch das Ambiente in Frühstücksraum und Restaurant, ergänzt durch die Poststube.

GAU-BISCHOFSHEIM – Rheinland-Pfalz – 543 – 1 920 Ew – Höhe 133 m   47 E15

▶ Berlin 594 – Mainz 13 – Neustadt an der Weinstraße 89 – Frankfurt am Main 49

Weingut Nack

Pfarrstr. 13 ⊠ *55296* – ℰ *(06135) 30 43* – *www.restaurant-nack.de* – *geschl. Montag - Dienstag*
Rest – *(Mittwoch - Freitag nur Abendessen)* Menü 25/58 € – Karte 33/54 €

◆ In dem historischen Weingut bietet man die Menüs "Classic" oder "Selection" sowie internationale Gerichte. Serviert wird im eleganten Tonnengewölbe und in der Weinstube mit rustikaler Note.

GEDERN – Hessen – 543 – 7 580 Ew – Höhe 315 m   38 G14

▶ Berlin 505 – Wiesbaden 100 – Darmstadt 99 – Gießen 59

Schlosshotel

Schlossberg 5 ⊠ *63688* – ℰ *(06045) 9 61 50* – *www.schlosshotel-gedern.de*
12 Zim ⌚ – †54/74 € ††74/99 €   **Rest** – Menü 29/60 € – Karte 27/49 €

◆ In dem hübschen Schloss a. d. 13. Jh. wohnen die Gäste in gepflegten, behaglich eingerichteten Zimmern mit Parkettboden und Altbau-Flair. Das Restaurant: Eleonore- und Ritterstube sowie das "Gefängnis". Bemerkenswert sind der Wappen- und der Gartensaal.

GEESTHACHT – Schleswig-Holstein – 541 – 29 250 Ew – Höhe 27 m   10 J5

▶ Berlin 265 – Kiel 118 – Hamburg 30 – Hannover 167

🕮 Escheburg, Am Soll 3, ℰ (04152) 8 32 04

Lindenhof

Johannes-Ritter-Str. 38 ⊠ *21502* – ℰ *(04152) 8 46 70* – *www.lindenhof-geesthacht.de*
25 Zim ⌚ – †42/68 € ††68/82 €
Rest – *(geschl. Sonntag und an Feiertagen)* Karte 17/26 €

◆ Gemütlich und charmant hat man diesen Familienbetrieb eingerichtet. Kein Zimmer gleicht hier dem anderen, viele sind Themenzimmer, wie z. B. Frosch oder Werft. Das liebenswert maritim gestaltete Restaurant Brasserie bietet internationale und regionale Speisen.

GEHRDEN – Niedersachsen – 541 – 14 590 Ew – Höhe 76 m   18 H9

▶ Berlin 300 – Hannover 14 – Bielefeld 96 – Osnabrück 125

Stadt Gehrden garni

Schulstr. 18 ⊠ *30989* – ℰ *(05108) 92 20* – *www.hotel-gehrden.de*
44 Zim ⌚ – †60/65 € ††80/85 €

◆ Eine sehr gepflegte Adresse mit guter Verkehrsanbindung. Zimmer in der 2. Etage mit Dachschräge. Beim Frühstücken sitzt man besonders angenehm im lichten Wintergartenanbau.

GEHRDEN

✕✕ **Berggasthaus Niedersachsen**

Köthnerberg 4 (über Gartenstraße, Süd-West: 1 km) ✉ 30989 – ✆ (05108) 31 01
– www.berggasthaus-niedersachsen.de – geschl. Montag - Dienstag, außer
an Feiertagen
Rest – *(Mittwoch - Freitag nur Abendessen)* (Tischbestellung ratsam) Menü 30/48 €
– Karte 30/72 €

♦ Viele Stammgäste besuchen diese historische Adresse auf dem Gehrdener Berg und lassen sich in der ehemaligen Stuhlremise saisonale Speisen servieren. Herrliche Terrasse zum Park.

GEILENKIRCHEN – Nordrhein-Westfalen – 543 – 28 090 Ew – Höhe 80 m   35 A12

▶ Berlin 622 – Düsseldorf 69 – Aachen 38 – Mönchengladbach 40

City Hotel garni

Theodor-Heuss-Ring 15 ✉ 52511 – ✆ (02451) 62 70 – www.cityhotel-geilenkirchen.de
48 Zim – †66/73 € ††85 €, ⊊ 8 €

♦ In dem zentral gelegenen Hotel erwarten Sie funktionelle, mit Rattanmobiliar eingerichtete Zimmer sowie Appartements mit kleiner Küche. In der Halle hat man eine Internetstation.

GEISELWIND – Bayern – 546 – 2 420 Ew – Höhe 345 m   49 J16

▶ Berlin 458 – München 237 – Nürnberg 70 – Bamberg 55
🅸 Geiselwind, Friedrichstr. 10, ✆ (09556) 14 84

Landhotel Geiselwind

Friedrichstr. 10 ✉ 96160 – ✆ (09556) 9 22 50 – www.landhotel-geiselwind.de
30 Zim ⊊ – †49/80 € ††88/100 €   **Rest** – Karte 16/40 €

♦ Das Businesshotel liegt nur wenige Minuten von der Autobahn entfernt, aber dennoch relativ ruhig neben einem Golfplatz. Die Zimmer sind funktionell ausgestattet, meist mit Wohnecke. Bürgerliches Angebot im Restaurant mit Bistro.

Krone

Kirchplatz 2 ✉ 96160 – ✆ (09556) 92 38 00 – www.krone-hotel.net
25 Zim ⊊ – †45/58 € ††58/72 €   **Rest** – Karte 12/29 €

♦ In dem gewachsenen Gasthof unter familiärer Leitung stehen hell und zeitgemäß eingerichtete Zimmer bereit, einige mit Balkon. Einfachere Zimmer in einem Gästehaus nicht weit vom Hotel. Gaststube mit bürgerlichem Speiseangebot.

GEISENHEIM – Hessen – 543 – 11 600 Ew – Höhe 88 m   47 E15

▶ Berlin 590 – Wiesbaden 28 – Bad Kreuznach 68 – Koblenz 68

Beim Kloster Marienthal Nord: 4 km

Waldhotel Rheingau ⌇

Marienthaler Str. 20 ✉ 65366 Geisenheim – ✆ (06722) 9 96 00
– www.waldhotel-rheingau.de
60 Zim ⊊ – †88/98 € ††115/155 €   **Rest** – Karte 23/41 €

♦ Ein traditionsreicher Familienbetrieb ist dieses gewachsene Hotel mit Konferenzzentrum. Schön liegt das Haus beim Kloster. Auch Massage- und Beauty-Anwendungen werden angeboten. Bürgerliches Restaurant mit überdachter Terrasse zum Tal.

In Geisenheim-Johannisberg Nord: 4,5 km in Richtung Presberg

Burg Schwarzenstein

Rosengasse 32 ✉ 65366 – ✆ (06722) 9 95 00 – www.burg-schwarzenstein.de
– geschl. 1. - 15. Januar
38 Zim – †140/280 € ††220/380 €, ⊊ 25 € – 2 Suiten
Rest *Gourmet Restaurant Schwarzenstein* ✿ **Rest** *Burgrestaurant* – siehe
Restaurantauswahl

♦ Mit schickem Design in klaren Linien und warmen Tönen besticht die moderne Parkresidenz, ein überaus wohnlich gestaltetes Hotel. Tolle Lage über dem Rheingau, sehr aufmerksamer Service.

GEISENHEIM

Haus Neugebauer
Haus Neugebauer 1 (Nahe der Straße nach Presberg, Nord-West: 2,5 km)
✉ 65366 – ℰ (06722) 9 60 50 – www.hotel-neugebauer.de
– geschl. Januar
21 Zim ⊆ – †75/90 € ††105/115 €
Rest – (geschl. November - März: Montag - Dienstag) Karte 22/48 €
♦ Eine ansprechende Fassade aus Naturstein ziert das einstige Schulhaus von 1850. Hier und im Anbau erwarten Sie gepflegte, wohnliche Zimmer. Schön ist die ruhige Lage im Wald. Restaurant mit Wintergartenanbau und Terrasse mit Blick ins Grüne.

Gourmet Restaurant Schwarzenstein – Hotel Burg Schwarzenstein
Rosengasse 32 ✉ 65366
– ℰ (06722) 9 95 00 – www.burg-schwarzenstein.de
– geschl. 1. - 24. Januar und Montag - Dienstag
Rest – (Mittwoch - Samstag nur Abendessen) Menü 90/115 € – Karte 89/103 €
Spez. Bretonischer Glattbutt, Petersilie und Zitrone. Feines vom Landschwein, Bohnen und Gewürzgurke. Muscovado Brownie und Mango.
♦ Die Küche von Sven Messerschmidt ist zeitgemäß-international und gut durchdacht. Das Ambiente ist elegant, Service und Weinberatung sind beispielhaft. Der rundum verglaste Pavillon wird im Sommer zum Freiluft-Restaurant.

Burgrestaurant – Hotel Burg Schwarzenstein
Rosengasse 32 ✉ 65366 – ℰ (06722) 9 95 00 – www.burg-schwarzenstein.de
– geschl. 1. - 15. Januar
Rest – Menü 38 € – Karte 36/50 €
♦ Das Lokal befindet sich im historischen Teil der Burg. Genießen Sie auf der Terrasse unter Weinlaub sitzend oder von einem der Fensterplätze bei schmackhaftem Essen die unglaublich schöne Aussicht.

GEISINGEN – Baden-Württemberg – 545 – 6 060 Ew – Höhe 667 m   62 F21
▶ Berlin 754 – Stuttgart 128 – Konstanz 56 – Singen (Hohentwiel) 30

Zum Hecht mit Zim
Hauptstr. 41 ✉ 78187 – ℰ (07704) 2 81 – www.zumhecht.de
– geschl. 13. - 22. Februar und Montag - Dienstag, Samstagmittag
6 Zim ⊆ – †36 € ††68/78 €
Rest – Menü 28 € (mittags)/68 € – Karte 31/58 €
♦ In dem Gasthof a. d. 19. Jh. mit markant roter Fassade sitzt man in einem modernen, liebevoll gestalteten Raum. Der Chef selbst bereitet die klassisch-mediterranen Speisen zu. Zum Übernachten stehen einfache, aber gepflegte Zimmer bereit.

GEISLINGEN an der STEIGE – Baden-Württemberg – 545 – 26 930 Ew   56 I19
– Höhe 464 m
▶ Berlin 594 – Stuttgart 58 – Göppingen 18 – Heidenheim an der Brenz 30
ℹ Schlossgasse 3, ✉ 73312, ℰ (07331) 2 42 79, www.geislingen.de

In Geislingen-Weiler ob Helfenstein Ost: 3 km – Höhe 640 m

Burghotel garni
Schalkstetterstr. 1 ✉ 73312 – ℰ (07331) 9 32 60 – www.burghotel-schiehle.de
– geschl. 23. Dezember - 8. Januar
23 Zim ⊆ – †69/119 € ††105/169 €
♦ Mutter und Töchter Schiehle betreiben freundlich dieses sehr gepflegte Hotel in ruhiger Lage. Wohnliche Zimmer, teilweise mit Balkon, und eine hübsche Frühstücksterrasse.

GELDERN – Nordrhein-Westfalen – 543 – 33 790 Ew – Höhe 25 m   25 B10
▶ Berlin 580 – Düsseldorf 64 – Duisburg 43 – Krefeld 30
⛳ Issum, Pauenweg 68, ℰ (02835) 9 23 10
⛳ Schloss Haag, Bartelter Weg 8, ℰ (02831) 92 44 20

459

GELDERN

See Park Janssen
Danziger Str. 5 ⊠ 47608 – ℰ (02831) 92 90 – www.seepark.de
64 Zim – †79/95 € ††115/184 € – 1 Suite
Rest – Menü 27/69 € – Karte 24/56 €
- Das Hotel hat neben seiner Lage am See und den hellen, freundlichen Zimmern mit kostenfreiem W-Lan einen sehr vielfältigen Spa zu bieten. Golfplatz direkt nebenan. Restaurant und Terrasse liegen zum See hin. Das Ambiente ist geradlinig-modern.

In Geldern-Walbeck Süd-West: 6 km

Alte Bürgermeisterei
Walbecker Str. 2 ⊠ 47608 – ℰ (02831) 8 99 33 – geschl. Juli; August - März: Montag - Dienstag
Rest – Menü 55/78 € – Karte 42/65 €
Rest *Enoteka* – *(geschl. April - Juli und Montag - Dienstag)* Karte 25/36 €
- Gemütlich-elegantes Restaurant in dem einstigen Gutshof und Amtshaus. Schön ist der Mix aus historischen Elementen und modernen Bildern. Klassische Küche und gute Auswahl an offenen Weinen. Italienisch-mediterranes Angebot in der Enoteka.

GELNHAUSEN – Hessen – 543 – 21 500 Ew – Höhe 159 m 48 G14
▶ Berlin 508 – Wiesbaden 84 – Fulda 59 – Frankfurt am Main 42
🛈 Hinter Haus 24, ⊠ 63571, ℰ (06051) 83 03 00, www.gelnhausen.de
⛳ Gründau, Gut Hühnerhof, ℰ (06058) 9 19 71 00

Altstadthotel
Untermarkt 17 ⊠ 63571 – ℰ (06051) 97 79 80 – www.altstadthotel-gelnhausen.de
14 Zim – †54/66 € ††78/98 € – 3 Suiten
Rest *Altes Weinkellerchen* – ℰ (06051) 9 77 98 13 *(nur Abendessen)* Menü 28/45 € – Karte 20/60 €
- Das kleine Hotel ist ein schmuckes Fachwerkhaus in zentraler Lage am Marktplatz. Die Zimmer und Studios sind individuell, wertig und technisch gut ausgestattet. Urig und gemütlich ist das Alte Weinkellerchen im historischen Gewölbe - viele Stammgäste kehren immer wieder hier ein.

Bergschlösschen
Am Schlößchen 4 ⊠ 63571 – ℰ (06051) 47 26 47
– www.restaurant-bergschloesschen.de – geschl. Oktober und Dienstag, Samstagmittag
Rest – Menü 35/55 € – Karte 38/50 €
- Im Stil eines Schlösschens wurde das Haus um 1870 oberhalb des Ortes erbaut. In klassischem Ambiente serviert man italienische Küche. Terrasse mit herrlicher Aussicht.

In Linsengericht-Eidengesäß Süd-Ost: 3 km, jenseits der A 66

Der Löwe
Hauptstr. 20 ⊠ 63589 – ℰ (06051) 7 13 43 – www.derloewe.com
– geschl. Januar 2 Wochen, Juli 2 Wochen und Montag - Dienstag
Rest – Menü 35 € – Karte 34/59 €
- Seit über zehn Jahren führt das Ehepaar Sauter das gediegene Restaurant: Er bereitet schmackhafte regionale und internationale Küche, sie leitet freundlich den Service. Sonntags Brunch.

GELSENKIRCHEN – Nordrhein-Westfalen – 543 – 259 750 Ew 26 C11
– Höhe 52 m
▶ Berlin 516 – Düsseldorf 44 – Dortmund 32 – Essen 11
ADAC Daimlerstr. 1 (Ecke Emscherstraße) Y
⛳ Gelsenkirchen-Buer, Middelicher Str. 72, ℰ (0209) 70 11 00
⛳ Schloss Horst, An der Rennbahn 11, ℰ (0209) 50 30 20
⛳ Herten-Westerholt, Schloßstr. 1, ℰ (0209) 16 58 40

Stadtpläne siehe nächste Seiten

An der Rennbahn	Z 2
Bleckstr.	Y 4
Cranger Str.	Y 6
De-la-Chevallerie-Str.	Y 7
Emil-Zimmermann-Allee	Y 8
Feldmarkstr.	Z 9
Fersenbruch	Z 10
Freiheit	Y 28
Gewerkenstr.	Z 12
Goldbergstr.	Z 13
Grenzstr.	Z 14
Hans-Böckler-Allee	Z 15
Hattinger Str.	Z 16
Herzogstr.	Z 17
Hohenzollernstr.	Z 18
Kärntener Ring	Y 19
Königswiese	Y 20
Magdeburger Str.	Z 23
Münsterstr.	Y 24
Nordring	Z 26
Ostring	Z 27
Rotthauser Str.	Z 29
Trinenkamp	Z 33
Turfstr.	Y 34
Uechtingstr.	Y 35
Ückendorfer Str.	Z 36
Uferstr.	Z 37
Vinckestr.	Y 38
Vom-Stein-Str.	Y 39
Wiesmannstr.	Y 44
Wilhelminenstr.	Z 45

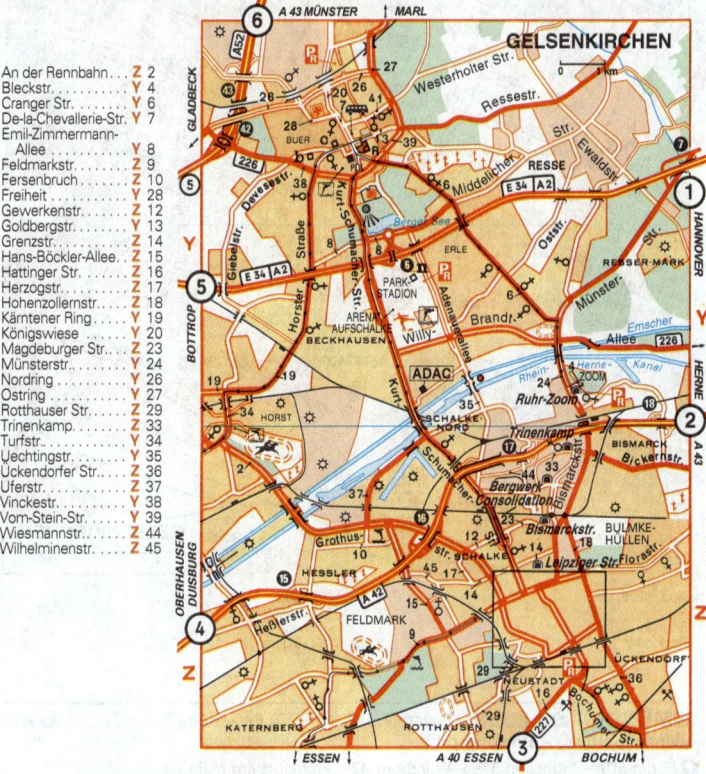

In Gelsenkirchen-Buer

Courtyard by Marriott
Parkallee 3 – 45891 – ℰ (0209) 86 00
– www.courtyardgelsenkirchen.de
Yn
198 Zim – †115/165 € ††115/165 €, ⌑ 17 € – 5 Suiten
Rest – Karte 25/59 €
♦ Ein modern-komfortables Hotel neben der Veltins-Arena mit technisch sehr gut ausgestatteten Zimmern und schönen Suiten. Direkter Zugang zum "medicos. Auf Schalke"-Gesundheitszentrum. Neuzeitliches Restaurant mit mediterraner Küche.

Buerer Hof garni
Hagenstr. 4 – 45894 – ℰ (0209) 93 34 30
– www.buerer-hof.de
Yc
24 Zim ⌑ – †69/94 € ††89/120 €
♦ Das persönlich geführte Hotel liegt nahe der Fußgängerzone und bietet wohnliche Zimmer mit kostenfreiem W-Lan und einen netten Frühstücksraum mit guter Buffetauswahl.

Ambient-Hotel Zum Schwan
Urbanusstr. 40 – 45894 – ℰ (0209) 31 83 30
– www.schwanhotel.de
Yb
15 Zim – †75/109 € ††95/145 € – 1 Suite
Rest – (geschl. Freitag - Sonntag) (nur Abendessen für Hausgäste) Karte 16/26 €
♦ Mit Engagement und Herzlichkeit schafft Familie Hiltrop hier eine angenehme Atmosphäre. Wohnliche Zimmer mit guter Technik. Am Morgen überzeugt das leckere Frühstück in freundlichem Ambiente. Restaurant im Bistrostil.

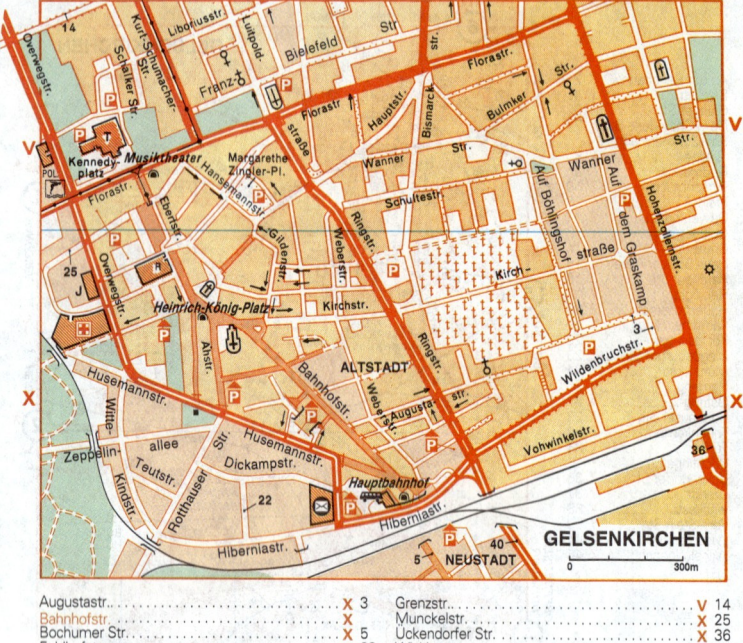

Augustastr.	X 3	Grenzstr.	V 14
Bahnhofstr.	X	Munckelstr.	X 25
Bochumer Str.	X 5	Uckendorfer Str.	X 36
Feldhofstr.	X 22	Wickingstr.	X 40

GEMÜNDEN am MAIN – Bayern – 546 – 10 720 Ew – Höhe 160 m   49 H15
– Wintersport: ✵ – Erholungsort

▶ Berlin 507 – München 319 – Würzburg 42 – Frankfurt am Main 88

🛈 Scherenbergstr. 4, ✉ 97737, ✆ (09351) 80 01 70, www.stadt-gemuenden.de

Zum Koppen
Obertorstr. 22, (Anfahrt über Mainstraße) ✉ 97737 – ✆ (09351) 9 75 00
– www.hotel-koppen.de – geschl. 1. - 28. Februar, 1. - 15. November
10 Zim – †50/60 € ††80/90 € – ½ P 19 €
Rest – (geschl. Montag) Karte 24/41 €

◆ Im Laufe von 500 Jahren Beherbergungsbetrieb hat sich einiges verändert. Heute wohnt man in dem hübschen alten Sandsteinhaus schön modern - das erfahren auch viele Radwanderer (Main-Radweg)! Die Gaststuben ländlich-rustikal, das Vitrum frisch und licht.

In Gemünden-Langenprozelten West: 2 km

Imhof
Frankenstr. 1 ✉ 97737 – ✆ (09351) 9 71 10 – www.zum-letzten-hieb.de
33 Zim – †49/55 € ††69/81 €   **Rest** – Karte 16/32 €

◆ Der zum Hotel erweiterte Gasthof wird familiär geführt und verfügt über funktionell eingerichtete Zimmer; im Stammhaus unterstreichen frische Farben die moderne Note. Bürgerliches Restaurant; zudem hat man Räume für Feierlichkeiten.

GENGENBACH – Baden-Württemberg – 545 – 11 130 Ew – Höhe 175 m   54 E19
– Erholungsort

▶ Berlin 756 – Stuttgart 160 – Karlsruhe 90 – Villingen-Schwenningen 68

🛈 Höllengasse 2, ✉ 77723, ✆ (07803) 93 01 43, www.stadt-gengenbach.de

◉ Altstadt ★

GENGENBACH

Schwarzwaldhotel Gengenbach
In der Börsiglache 4 ⌧ 77723 – ℰ (07803) 9 39 00
– www.schwarzwaldhotel-gengenbach.de
59 Zim ⌑ – †76/108 € ††101/133 € – ½ P 18 € – 3 Suiten
Rest – Menü 25 € – Karte 27/37 €
♦ Ein neuzeitliches Hotel direkt an der Kinzig mit geräumigen und funktional ausgestatteten Zimmern sowie guten Tagungsmöglichkeiten. Auch Appartements sind vorhanden. Zeitlos gestaltetes Restaurant mit internationaler Karte.

Stadthotel Pfeffermühle
Oberdorfstr. 24 ⌧ 77723 – ℰ (07803) 9 33 50 – www.pfeffermuehle-gengenbach.de
25 Zim ⌑ – †48/52 € ††78/82 € – ½ P 19 €
Rest – (geschl. Donnerstag) Menü 33/42 € – Karte 23/43 €
♦ Nur wenige Schritte von der historischen Altstadt stehen in diesem familiär geleiteten Hotel wohnlich-funktionell eingerichtete Gästezimmer bereit. Außerdem serviert man im Restaurant (350 m vom Hotel entfernt) regionale Küche mit südlichem Touch.

Pfeffer & Salz
Mattenhofweg 3 ⌧ 77723 – ℰ (07803) 9 34 80 – www.pfefferundsalz-gengenbach.de
12 Zim ⌑ – †48/54 € ††70/76 € – ½ P 18 €
Rest – (geschl. Februar 2 Wochen und Mittwoch) (Montag - Freitag nur Abendessen) Menü 10/22 € – Karte 22/43 €
♦ Eine freundlich-familiäre Adresse, die ruhig am Ortsrand liegt und über sehr gepflegte, zeitgemäße und wohnliche Gästezimmer verfügt, meist mit Balkon. Im Restaurant bietet man internationale und regionale Speisen.

Die Reichsstadt mit Zim
Engelgasse 33 ⌧ 77723 – ℰ (07803) 9 66 30 – www.die-reichsstadt.de – geschl. Montag - Dienstagmittag (Erweiterung auf 23 Zimmer bis Sommer 2012)
10 Zim ⌑ – †65/105 € ††96/125 € – ½ P 22 € – 3 Suiten
Rest – Menü 28/43 € – Karte 27/63 €
♦ Das charmante historische Haus beherbergt behagliche Restauranträume, in denen man schmackhafte regionale und internationale Küche serviert (probieren sollte man in jedem Fall die Variation vom Milchkalb). Hübsch ist die schön bepflanzte Terrasse an der alten Stadtmauer. Die Gästezimmer präsentieren sich in schickem modernen Design.

In Berghaupten West: 2,5 km – Erholungsort

Hirsch
Dorfstr. 9 ⌧ 77791 – ℰ (07803) 9 39 70 – www.hirsch-berghaupten.de
22 Zim – †54/59 € ††74/86 €, ⌑ 6 € – ½ P 21 € – 3 Suiten
Rest *Hirsch* – siehe Restaurantauswahl
♦ Familie Faißt bietet in dem zum Hotel gewachsenen Gasthof neben der Kirche schöne, hell und wohnlich gestaltete Zimmer sowie freundliche Gästebetreuung.

Hirsch – Hotel Hirsch
Dorfstr. 9 ⌧ 77791 – ℰ (07803) 9 39 70 – www.hirsch-berghaupten.de – geschl. über Fastnacht, August 2 Wochen und Montag - Dienstagmittag
Rest – Menü 44 € – Karte 27/47 €
♦ Ein stattlicher Gasthof etwas abseits der Hauptstraße lädt zur Einkehr ein. Nehmen Sie Platz in den ländlich-eleganten Räumen oder im Sommer auf der herrlichen Terrasse und lassen sich mit Badischem verköstigen.

GERA – Thüringen – **544** – 99 990 Ew – Höhe 203 m   **41** M12
▶ Berlin 238 – Erfurt 88 – Bayreuth 127 – Chemnitz 69
ADAC Bachgasse 4 BZ
🛈 Heinrichstr. 35 BZ, ⌧ 07545, ℰ (0365) 8 30 44 80, www.gera-tourismus.de

Stadtpläne siehe nächste Seiten

penta
Gutenbergstr. 2a ⌧ 07548 – ℰ (0365) 2 90 90 – www.pentahotels.com
165 Zim ⌑ – †78 € ††91 € – 1 Suite **Rest** – Karte 18/57 €   AYs
♦ Ein zeitgemäßes Hotel, das besonders auf den Businessgast ausgelegt ist und recht geräumige, wohnlich eingerichtete Zimmer bietet. Freundlich gestaltetes Restaurant mit internationaler Küche.

GERA

Am Fuhrpark	BZ	2
Bielitzstr.	BY	4
Biermannpl.	AY	5
Breitscheidstr.	BYZ	6
Burgstr.	BZ	8
Calvinstr.	CY	9
Christian-Schmidt-Str.	BZ	12
Dr. Eckener Straße	BY	62
Eisenbahnstr.	BZ	13
Elsterdamm	BZ	14
Enzianstr.	BZ	15
Erich-Weinert-Str.	CX	16
Ernst-Toller-Str.	BY	19
Ernst-Weber-Str.	BZ	17
Fichtestr.	AX	18
Friedrich-Engels-Str.	BCY	20
Greizer Str.	CZ	22
Große Kirchstr.	BZ	23
Gutenbergstr.	AY	24
Heinrichstr.	BZ	27
Heinrich-Schütz-Str.	BZ	26
Hinter der Mauer	BYZ	28
Johanes-R.-Becher-Str.	BCX	29
Johannisstr.	BYZ	30
Joliot-Curie-Str.	ABY	31
Kantstr.	AY	32
Karl-Marx-Allee	ABZ	33
Kleiststr.	CZ	35
Küchengartenallee	ABY	36
Leipziger Str.	BY	38
Loreystr.	CY	39
Louis-Schlutter-Str.	BZ	41
Ludwig-Jahn-Str.	CYZ	42
Maler-Reinhold-Str.	AX	44
Markt	BZ	
Mohrenpl.	AY	45
Museumsplatz	BZ	46
Neue Str.	BY	48
Nicolaistr.	CZ	49
Paul-Felix-Str.	BY	51
Richterstr.	CZ	52
Rudolf-Diener-Str.	BY	55
Schellingstr.	AY	58
Schillerstr.	CZ	59
Schloßstr.	BY	60
Sorge	BCY	
Stadtgraben	BCZ	65
Tobias-Hoppe-Str.	ABY	68
Zschochernstr.	CY	70

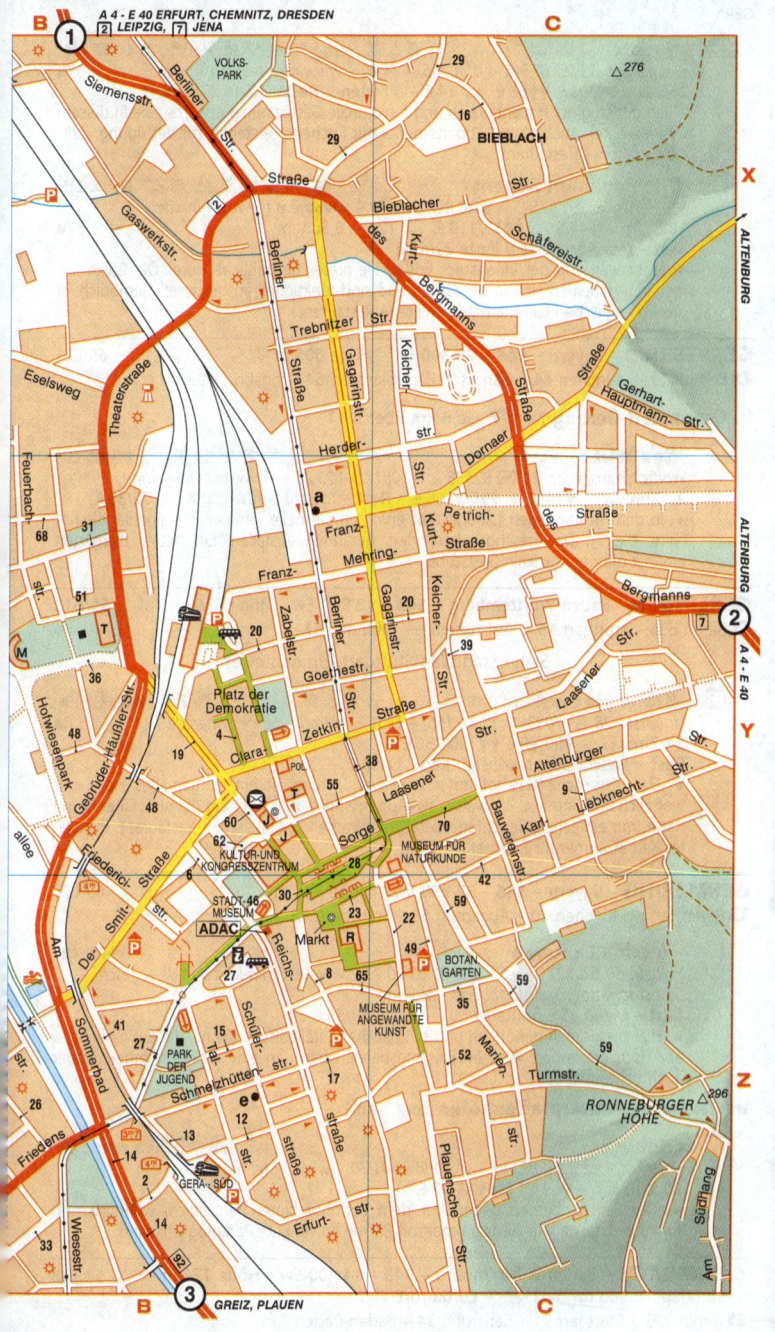

GERA

Novotel
Berliner Str. 38 ⊠ 07545 – ℰ (0365) 4 34 40 – www.novotel.com BYa
260 Zim – †62 € ††68 €, ⌑ 14 € – 4 Suiten **Rest** – Karte 22/48 €
♦ Ein großzügiger Hallenbereich und funktionale Gästezimmer erwarten Sie in diesem Businesshotel. Auch einige Appartements mit Kitchenette stehen zur Verfügung. Zeitlos gehaltenes Restaurant.

The Royal Inn Regent
Schülerstr. 22 ⊠ 07545 – ℰ (0365) 9 18 10 – www.gera.the-royal-inn.de
102 Zim – †44/99 € ††55/119 € – 6 Suiten, ⌑ 12 € BZe
Rest – (nur Abendessen) Karte 22/42 €
♦ Nicht weit von der Innenstadt finden Sie dieses neuzeitliche Hotel. Die Gästezimmer unterscheiden sich in der Größe und sind funktionell ausgestattet. Gemütlich ist das im englischen Landhausstil gehaltene Restaurant.

GERETSRIED – Bayern – **546** – 23 300 Ew – Höhe 605 m **65** L21
▶ Berlin 629 – München 44 – Garmisch-Partenkirchen 64 – Innsbruck 99

In Geretsried-Gelting Nord-West: 6 km über B 11

Neu Wirt
Wolfratshauser Str. 24 ⊠ 82538 – ℰ (08171) 4 25 20 – www.neuwirt-gelting.de
29 Zim ⌑ – †74/85 € ††96/106 € **Rest** – (geschl. Mittwoch) Karte 22/38 €
♦ In dem gestandenen Landgasthof erwarten Sie helle Zimmer mit alpenländischer Note, die im Dachgeschoss besonders geräumig ausfallen. Ein netter Biergarten ergänzt die neo-rustikale Gaststube.

GERLINGEN – Baden-Württemberg – **545** – 18 960 Ew – Höhe 336 m **55** G18
▶ Berlin 635 – Stuttgart 15 – Karlsruhe 69 – Tübingen 57

Siehe Stadtplan Stuttgart (Umgebungsplan)

Krone (mit Gästehaus)
Hauptstr. 28 ⊠ 70839 – ℰ (07156) 4 31 10 – www.krone-gerlingen.de BRe
54 Zim ⌑ – †90/98 € ††120/136 €
Rest – (geschl. Sonntagabend) Karte 17/34 €
♦ Der historische Gasthof unter familiärer Leitung ist ein zeitgemäßes Hotel mit wohnlichen Zimmern, teilweise als Appartement mit offenem Kamin. Eine kleine Karte (mit einfachen Gerichten) bietet man im hellen, klassischen Restaurant. Rustikales Kaminzimmer für Raucher.

GERMERING – Bayern – **546** – 37 290 Ew – Höhe 525 m **65** L20
▶ Berlin 605 – München 20 – Augsburg 53 – Starnberg 18

Vecchia Lanterna
Hartstr. 50 ⊠ 82110 – ℰ (089) 81 89 20 96 – www.vecchia-lanterna.de – geschl. Samstagmittag, Sonntagabend - Montag
Rest – Menü 25 € (mittags)/50 € – Karte 39/59 €
♦ Hier bietet man gehobene und schmackhafte italienische Küche, die auf einer Tafel am Tisch präsentiert wird. Im Eingangsbereich hat man eine kleine Vinothek, in der auch serviert wird.

In Germering-Unterpfaffenhofen Süd: 1 km

Huber garni
Bahnhofplatz 8 ⊠ 82110 – ℰ (089) 89 41 70 – www.hotel-huber.de
35 Zim ⌑ – †59/71 € ††83/92 €
♦ Der Familienbetrieb gegenüber dem Bahnhof bietet neuzeitlich, wohnlich und funktionell gestaltete Gästezimmer mit Balkon sowie gute Parkmöglichkeiten.

GERNSBACH – Baden-Württemberg – **545** – 14 400 Ew – Höhe 174 m **54** E18
– Wintersport: 960 m ⚐ 2 ⚐ – Luftkurort
▶ Berlin 705 – Stuttgart 91 – Karlsruhe 34 – Baden-Baden 11
ℹ Igelbachstr. 11, ⊠ 76593, ℰ (07224) 6 44 44, www.gernsbach.de

GERNSBACH

Schloss Eberstein
Schloss Eberstein 1, 76593 – ℰ (07224) 99 59 50 – www.schlosseberstein.com
16 Zim – †115/135 € ††158/175 € – 2 Suiten
Rest *Schloss Eberstein* • **Rest** *Schloss-Schänke* – siehe Restaurantauswahl
• Das Schloss in wunderbarer Aussichtslage am hauseigenen Weinberg hat Charme und Atmosphäre. Moderne und sehr wohnliche Zimmer, dazu eine reizvolle kleine Liegewiese zwischen historischen Mauern.

Romantikhaus Hazienda
Pflasteräcker 26, (Langer Weg), 76593 – ℰ (07224) 98 93 04
– www.romantiklandhaus.de
10 Zim – †85/98 € ††130/149 €
Rest – (geschl. Sonntag) (nur Abendessen) Karte 16/29 €
• Ein kleines Hotel im mediterranen Hazienda-Stil mit liebevoll und individuell eingerichteten Juniorsuiten (Appartements mit Küchenzeile). Hallenbad und Sauna im Nebenhaus. Warme und kalte Tapas in südländisch-rustikalem Ambiente. Terrasse zum schönen Garten.

XXX Schloss Eberstein (Bernd Werner) – Hotel Schloss Eberstein
Schloss Eberstein 1, 76593 – ℰ (07224) 99 59 50
– www.schlosseberstein.com – geschl. über Fastnacht 1 Woche, Ende Oktober
- Anfang November 1 Woche und November - März: Montag - Freitagmittag und Samstagmittag; April - Oktober: Montag - Dienstag, Samstagmittag
Rest – Menü 59/98 € – Karte 70/80 €
Spez. Marinierte Scheiben vom Pulpo mit Safranvinaigrette und gebratener Jakobsmuschel mit Kaviarsauerrahm. Seeteufelmedaillon mit Chorizo gebraten auf Frühlingslauch-Kartoffelpüree. Schnitte von Tahitivanille-Bisquit mit Pralinenganache, Eierlikör, marinierten Erdbeeren und Schoko.
• Mit Engagement, Herzblut und dem Streben, die Gäste zu verwöhnen, lockt Bernd Werner Gourmets ins Schloss. Sein Kochstil ist klassisch und die Produkte, die er für seine Kreationen verwendet, sind von guter Qualität. Alternative zum eleganten Restaurant ist die herrliche Terrasse.

X Schloss-Schänke – Hotel Schloss Eberstein
Schloss Eberstein 1, 76593 – ℰ (07224) 99 59 50 – www.schlosseberstein.com
– geschl. Januar - Mitte März: Montag - Dienstag
Rest – Menü 38 € – Karte 26/43 €
• In der gemütlich-rustikalen Schloss-Schänke bietet man badische und internationale Küche. Im Sommer sitzt man schön auf der Platanen-Terrasse und genießt die Aussicht.

In Gernsbach-Staufenberg West: 2,5 km

Sternen
Staufenberger Str. 111, 76593 – ℰ (07224) 33 08 – www.sternen-staufenberg.de
14 Zim – †52/82 € ††67/93 €, ⌑ 5 € – ½ P 20 €
Rest – (geschl. Donnerstag) Menü 28 € – Karte 21/40 €
• Dieser familiär geführte und sehr gepflegte Landgasthof hält für Sie sowohl neuzeitlich-komfortable als auch etwas einfacher eingerichtete Zimmer bereit. Das Restaurant besteht aus verschiedenen Stuben, zum Teil mit schöner Holztäfelung.

GEROLSBACH – Bayern – **546** – 3 310 Ew – Höhe 459 m   57 L19
▶ Berlin 559 – München 65 – Augsburg 57 – Ingolstadt 44
🛈 Gerolsbach, Hof 1, ℰ (08445) 7 99

XX Zur Post
St.-Andreas-Str. 3, 85302 – ℰ (08445) 5 02 – geschl. Montag - Dienstag
Rest – (Mittwoch - Samstag nur Abendessen) (Tischbestellung ratsam) Menü 50 €
– Karte 34/61 €
• In dem über 300 Jahre alten Gasthaus mit nettem rustikalem Ambiente kocht man international. Kunstobjekte der Familie dienen als Dekoration. Sommerterrasse hinter dem Haus.

GEROLSTEIN – Rheinland-Pfalz – **543** – 7 500 Ew – Höhe 358 m   35 B14
– Luftkurort
▶ Berlin 678 – Mainz 182 – Trier 73 – Bonn 90
🛈 Brunnenstraße 10, 54568, ℰ (06591) 94 99 10, www.gerolsteiner-land.de

467

GEROLSTEIN

Calluna
Zur Büschkapelle 5 ⊠ 54568 – ℰ (06591) 9 43 90 – www.callunahotel.de
50 Zim – †85/99 € ††124/144 € – ½ P 23 €
Rest – Menü 23/26 € – Karte 23/47 €

• Das Business- und Urlaubshotel überzeugt mit seiner schönen Lage oberhalb der Stadt und freundlichen mediterranen Zimmern. Auch Kosmetik und Massage werden angeboten. Helles, elegantes Restaurant mit Panoramaterrasse. Rustikale Zusatzkarte in Leo's Brasserie.

Am Brunnenplatz garni
Raderstr. 7 ⊠ 54568 – ℰ (06591) 98 08 98 – www.brunnenplatzhotel-molitor.de
– geschl. Anfang Januar 2 Wochen
9 Zim – †35/55 € ††70/82 €

• Am Zentrumsrand findet man das persönlich und familiär geführte Haus mit sehr gepflegten, geräumigen und funktionellen Zimmern zu fairen Preisen. Gute Parkmöglichkeiten.

In Gerolstein-Müllenborn Nord-West: 4,5 km

Landhaus Müllenborn (mit Gästehaus)
Auf dem Sand 45 ⊠ 54568 – ℰ (06591) 9 58 80 – www.landhaus-muellenborn.de
18 Zim – †54/80 € ††98/120 € – ½ P 23 € – 3 Suiten
Rest – (geschl. 27. Februar. - 11. März und Montagmittag, Dienstagmittag)
Menü 27/49 € – Karte 20/37 €

• Das Hotel in ruhiger erhöhter Lage verfügt über wohnliche Zimmer, teils auch Maisonette-Studios. Im Gästehaus sind die Zimmer neuzeitlicher und im Landhausstil gehalten. Zum gediegen-rustikalen Restaurant gehört eine Terrasse mit reizvoller Sicht auf das Umland.

GERSFELD – Hessen – **543** – 5 970 Ew – Höhe 486 m – Wintersport: 950 m **39** I14
⛷8 ⁂ – Kneippheilbad
▶ Berlin 431 – Wiesbaden 160 – Fulda 28 – Würzburg 96
🛈 Brückenstr. 1, ⊠ 36129, ℰ (06654) 17 80, www.gersfeld.de

Gersfelder Hof (mit Appartementhaus)
Auf der Wacht 14 ⊠ 36129 – ℰ (06654) 18 90
– www.gersfelder-hof.de
80 Zim – †62/77 € ††99/114 € – ½ P 19 € **Rest** – Karte 20/38 €

• Relativ ruhig liegt das gewachsene Hotel am Ortsrand neben dem öffentlichen Thermalbad. Man bietet funktionelle Zimmer sowie besonders geräumige Appartements im Gästehaus. Restaurant in rustikalem Stil.

Sonne
Amelungstr. 1 ⊠ 36129 – ℰ (06654) 9 62 70 – www.sonniges.de – geschl. 11. - 28. Januar
30 Zim – †38 € ††65 € – ½ P 13 € **Rest** – Karte 18/30 €

• Ein modernisierter Gasthof im Ortskern, der für Sie gut gepflegte, teils recht neuzeitliche Zimmer bereithält. Auch Appartements für Langzeitgäste sind vorhanden. Freundlich gestaltetes Restaurant.

GERSTHOFEN – Bayern – **546** – 20 570 Ew – Höhe 469 m **57** K19
▶ Berlin 552 – München 65 – Augsburg 10 – Ulm (Donau) 76

Stadthotel Gersthofen
Bahnhofstr. 6 ⊠ 86368 – ℰ (0821) 4 40 19 20 – www.stadthotelgersthofen.de
– geschl. Mitte Dezember - 2. Januar
46 Zim – †57/79 € ††77/99 €
Rest – (geschl. Sonntag und an Feiertagen) (nur Abendessen) Karte 18/36 €

• Vor allem auf Businessgäste ist das Hotel mit zeitgemäß-funktionellen Zimmern und gutem Frühstücksbuffet zugeschnitten. Internationale Küche im modernen Restaurant mit Bistro und loungiger Terrasse.

Gersthofer Auszeit
Schulstr. 16 ⊠ 86368 – ℰ (0821) 29 79 30 – www.gersthofer-auszeit.de
12 Zim – †72/74 € ††79/89 € **Rest** – (geschl. Samstag - Sonntag) Karte 21/52 €

• In dem kleinen Hotel unter familiärer Leitung stehen gepflegte, in modernem Stil eingerichtete Gästezimmer zur Verfügung. Die gutbürgerlichen Speisen werden im Sommer auch auf der Terrasse serviert.

GERSWALDE – Brandenburg – 542 – 1 680 Ew – Höhe 52 m 23 Q6
▶ Berlin 100 – Potsdam 137 – Neubrandenburg 76 – Prenzlau 24

In Gerswalde-Herrenstein West: 3 km

Schloss Herrenstein
Herrenstein 6 ⊠ 17268 – 𝒞 (039887) 7 10 – www.herrenstein.com
54 Zim – †65/79 € ††89/129 € **Rest** – Menü 33/36 € – Karte 24/42 €
♦ Ein ehemaliges Herrenhaus und drei Fachwerkhäuser bilden dieses hübsche Anlage. Die Zimmer sind wohnlich-gediegen, zudem bietet man Massage und Kosmetik. Gute Reitmöglichkeiten. Im Schloss befindet sich das zeitlos gehaltene Restaurant mit reizvoller Terrasse.

GEVELSBERG – Nordrhein-Westfalen – 543 – 31 660 Ew – Höhe 170 m 26 D11
▶ Berlin 516 – Düsseldorf 55 – Hagen 9 – Köln 62
⛳ Gevelsberg Gut Berge, Berkenberg 1, 𝒞 (02332) 91 37 55

Alte Redaktion
Hochstr. 10 ⊠ 58285 – 𝒞 (02332) 7 09 70 – www.alte-redaktion.com
42 Zim – †69/99 € ††89/129 €, ⊇ 8 €
Rest – *(geschl. Sonntag) (nur Abendessen)* Karte 21/37 €
♦ In dem ehemaligen Zeitungsverlag im Zentrum stehen zeitgemäß und praktisch eingerichtete Gästezimmer unterschiedlicher Größe bereit. Freundliches Hotelteam. Das Restaurant im Pavillonstil bietet Snacks. Nett ist der kleine Biergarten.

GIENGEN an der BRENZ – Baden-Württemberg – 545 – 19 490 Ew 56 I19
– Höhe 464 m
▶ Berlin 588 – Stuttgart 95 – Augsburg 88 – Heidenheim an der Brenz 12

Salzburger Hof
Richard-Wagner-Str. 5 ⊠ 89537 – 𝒞 (07322) 9 68 80 – www.salzburger-hof.de
27 Zim ⊇ – †65/69 € ††87/95 €
Rest – *(geschl. Anfang August 2 Wochen, 27. - 30. Dezember)* Menü 16/25 € – Karte 23/47 €
♦ In dem familiengeführten Hotel stehen zeitgemäß-funktionale Gästezimmer bereit. Die neueren sind etwas eleganter und verfügen über modern verglaste Bäder. Liebenswert ist der altösterreichische Charme der Gaststube.

GIESSEN – Hessen – 543 – 76 090 Ew – Höhe 159 m 37 F13
▶ Berlin 495 – Wiesbaden 89 – Frankfurt am Main 63 – Kassel 139
ADAC Bahnhofstr. 15 **Y**
🛈 Berliner Platz 2 **Z**, ⊠ 35390, 𝒞 (0641) 3 06 18 90, www.giessen-tourismus.de
⛳ Lich, Hofgut Kolnhausen, 𝒞 (06404) 9 10 71
⛳ Reiskirchen-Winnerod, Parkstr. 22, 𝒞 (06408) 9 51 30

Stadtplan auf der nächsten Seite

Tandreas
Licher Str. 55 (über Z) ⊠ 35394 – 𝒞 (0641) 9 40 70 – www.tandreas.de
32 Zim ⊇ – †99/115 € ††125/135 €
Rest Restaurant Tandreas – siehe Restaurantauswahl
♦ Tanja Gerlach leitet mit Engagement dieses Hotel am Rande von Gießen. Schon der Empfangsbereich ist wohnlich gestaltet, ebenso die hübschen Zimmer, darunter ein Appartement und eine Juniorsuite.

Steinsgarten
Hein-Heckroth-Str. 20 ⊠ 35390 – 𝒞 (0641) 3 89 90 – www.hotel-steinsgarten.de
122 Zim ⊇ – †125/140 € ††155/165 € **Rest** – Karte 19/47 € **Za**
♦ In dem besonders auf Tagungen zugeschnittenen Hotel wählen die Gäste zwischen Business- und Executive-Zimmern; einige sind geräumiger, mit Balkon und kleinem Wohnbereich. Hell und freundlich ist das Ambiente im Restaurant.

Köhler
Westanlage 33 ⊠ 35390 – 𝒞 (0641) 97 99 90 – www.hotel-koehler.de **Zt**
45 Zim – †70/85 € ††80/130 €, ⊇ 10 € – 2 Suiten **Rest** – Karte 23/47 €
♦ Das Hotel im Zentrum verfügt über zeitgemäß-funktionelle Gästezimmer, gute Tagungsmöglichkeiten und eine Dachterrasse. Auch ein Café mit Konditorei ist vorhanden. Restaurant mit internationaler Küche.

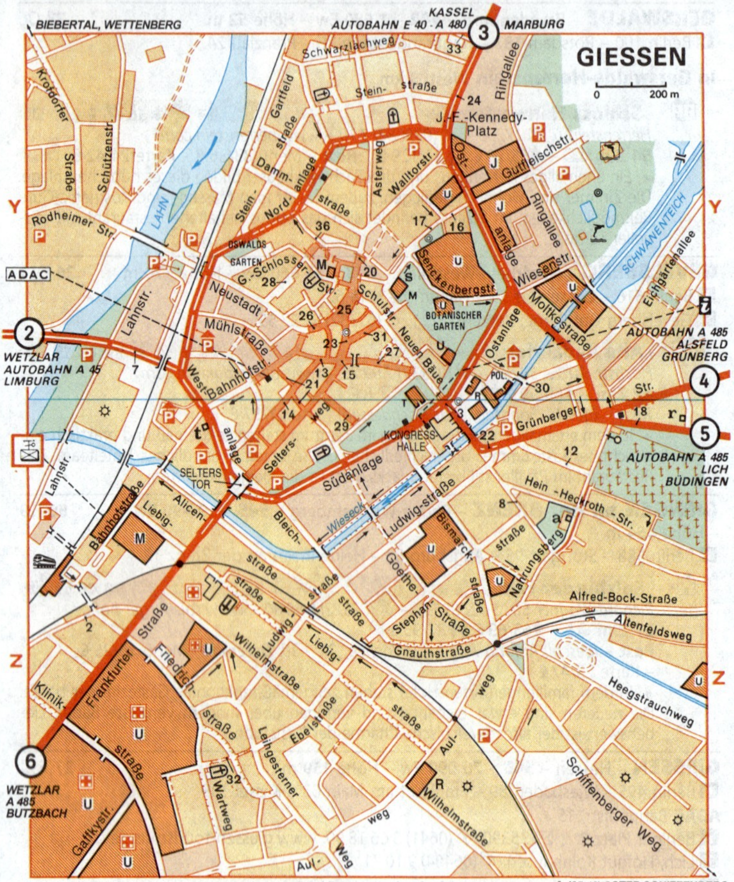

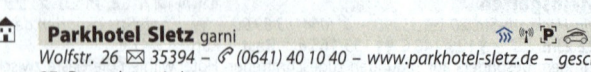

Alter-Wetzlarer-Weg....Z 2	Landgraf-Philipp-Pl.....Y 17	Neuenweg................Y 27
Berliner Pl.............Z 3	Licher Str..............Z 18	Neuen Bäue..............Y
Gabelsbergerstr.........Y 7	Lindenpl................Y 20	Pfarrgarten.............Y 28
Gartenstr...............Z 8	Löwengasse..............Y 21	Plockstr................Z 29
Gutenbergstr............Z 12	Ludwigspl...............Y 22	Roonstr.................Y 30
Kaplansgasse............Y 13	Mäusburg................Y 23	Sonnenstr...............Y 31
Katharinengasse.........Z 14	Marburger Str...........Y 24	Studentensteg...........Y 32
Kreuzpl.................Y 15	Marktpl.................Y 25	Sudetenlandstr..........Z 33
Landgrafenstr...........Y 16	Marktstr................Y 26	Wetzsteinstr............Y 36

Parkhotel Sletz garni
Wolfstr. 26 ⊠ 35394 – ☎ (0641) 40 10 40 – www.parkhotel-sletz.de – geschl. 27. Dezember - 4. Januar Zr
20 Zim ⊇ – †68/75 € ††92/95 €

◆ In dem freundlichen und sehr gepflegten Familienbetrieb am Stadtrand erwarten Sie wohnliche, unterschiedlich große Zimmer mit schönen zeitgemäßen Bädern. Sauna gegen Gebühr.

GIESSEN

※※ **Restaurant Tandreas** – Hotel Tandreas
Licher Str. 55 (über Z) ✉ *35394* – ⌀ *(0641) 9 40 70*
– *www.tandreas.de* – *geschl. 1. - 10. Januar, Juli - August 2 Wochen und Sonntag - Montagmittag*
Rest – Menü 28 € (mittags)/82 € – Karte 29/48 €
 ♦ Ein elegantes Restaurant mit Bistrobereich, in dem ein aufmerksames Team die schmackhafte zeitgemäße Küche von Markus Leidner serviert. Abendmenü mit 3 bis 6 Gängen.

In Pohlheim-Watzenborn - Steinberg Süd-Ost: 7,5 km über Schiffenberger Weg Z

🏠 **Goldener Stern**
Kreuzplatz 6 ✉ *35415* – ⌀ *(06403) 6 16 24* – *www.hotelgoldenerstern.com* – *geschl. 30. Dezember - 5. Januar*
13 Zim – †47/55 € ††70/80 €
Rest – *(geschl. Montag, Samstagmittag)* Karte 26/32 €
 ♦ In der 6. Generation ist das aus einem Gasthof gewachsene kleine Hotel mit zeitlos eingerichteten Zimmern schon in Familienhand. Das bürgerliche Lokal verfügt im Sommer über einen Biergarten.

GIFHORN – Niedersachsen – **541** – 41 620 Ew – Höhe 53 m   19 J8
▶ Berlin 247 – Hannover 82 – Braunschweig 28 – Lüneburg 88
ℹ Marktplatz 1, ✉ 38518, ⌀ (05371) 8 81 75, www.suedheide-gifhorn.de
⛳ Gifhorn, Wilscher Weg 69, ⌀ (05371) 1 67 37
◉ Wind- und Wassermühlenmuseum ★★

※※ **Ratsweinkeller**
Cardenap 1 ✉ *38518* – ⌀ *(05371) 5 91 11* – *geschl. Montag*
Rest – *(Tischbestellung ratsam)* Menü 33 € – Karte 29/41 €
 ♦ In den behaglichen Räumen des schmucken historischen Fachwerkhauses, dem einstigen Rathaus, erwarten Sie zeitgemäße Gerichte, die mit Sorgfalt und Geschmack zubereitet werden. Unter der Woche bietet man einen günstigen Mittagstisch.

GILCHING – Bayern – **546** – 17 340 Ew – Höhe 588 m   65 L20
▶ Berlin 610 – München 26 – Augsburg 49 – Garmisch-Partenkirchen 84

🏠 **Thalmeier** garni
Sonnenstr. 55 ✉ *82205* – ⌀ *(08105) 50 41* – *www.hotel-thalmeier.com* – *geschl. Weihnachten - 6. Januar*
16 Zim – †75/90 € ††100/115 €
 ♦ Das kleine Hotel ist ein langjähriger Familienbetrieb mit sehr gepflegten Gästezimmern, die mit massivem Holz ausgestattet sind. Gemütlicher Frühstücksraum.

GINSHEIM-GUSTAVSBURG – Hessen – **543** – 15 980 Ew – Höhe 87 m   47 F15
▶ Berlin 582 – Wiesbaden 20 – Darmstadt 32

🏠 **Schäfer's Landhaus** garni
Bouguenais-Allee 1 (Ginsheim) ✉ *65462* – ⌀ *(06144) 9 35 30*
– *www.schaefers-landhaus.de* – *geschl. Ende Dezember 2 Wochen*
20 Zim – †87/102 € ††114/130 €
 ♦ Ein freundlich geführtes kleines Hotel mit persönlicher Atmosphäre. Die Zimmer sind hell und wohnlich eingerichtet, hübsch ist auch der gemütlich gestaltete Frühstücksraum.

GLASHÜTTEN – Hessen – **543** – 5 310 Ew – Höhe 510 m   47 F14
▶ Berlin 549 – Wiesbaden 34 – Frankfurt am Main 31 – Limburg an der Lahn 33

※※ **Glashüttener Hof** mit Zim
Limburger Str. 86 (B 8) ✉ *61479* – ⌀ *(06174) 69 22* – *www.glashuettenerhof.com*
– *geschl. Sonntagabend - Montag*
9 Zim – †60 € ††110 €, ⌑ 7 €   **Rest** – Menü 17/36 € – Karte 28/62 €
 ♦ Die sympathische Familie Götzen bietet in dem Haus mit der lila Fassade internationale und bürgerliche Küche, die in freundlichen Räumen an gut eingedeckten Tischen serviert wird. Sie übernachten in tipptopp gepflegten, wohnlichen Zimmern. Appetitliches Frühstück.

GLASHÜTTEN

In Glashütten-Schlossborn Süd-West: 3,5 km

XX Schützenhof
Langstr. 13 ⊠ 61479 – ℰ (06174) 6 10 74 – www.schuetzenhof-mohr.de – geschl. Montag
Rest – *(Dienstag, Mittwoch, Sonntag nur Abendessen)* Karte 49/71 €
♦ In dem langjährigen Familienbetrieb neben der Kirche kocht die Chefin kreativ und zeitgemäß auf klassischer Basis. Passend dazu empfiehlt der Chef die Weine. Schöne Terrasse.

GLAUCHAU – Sachsen – 544 – 24 690 Ew – Höhe 255 m 42 N13
▶ Berlin 256 – Dresden 97 – Chemnitz 37 – Gera 47
ℹ Markt 1, ⊠ 08371, ℰ (03763) 25 55, www.glauchau.de

In Waldenburg-Oberwinkel Nord-Ost: 6 km

Glänzelmühle
Am Park 9b ⊠ 08396 – ℰ (037608) 2 24 47 – www.glaenzelmuehle.de
– geschl. Januar 3 Wochen
16 Zim – †47/52 € ††63/70 € – 1 Suite
Rest – *(geschl. Montag)* Karte 13/27 €
♦ Im Grünefelder Park abseits des Verkehrslärms befindet sich der idyllische Gasthof mit gepflegten Zimmern, vier Hütten mit Unterkünften und einem Ziegengehege für Kinder. Gutbürgerliche Küche wird in den rustikalen Gaststuben serviert.

GLEISWEILER – Rheinland-Pfalz – 600 Ew – Höhe 285 m – Luftkurort 54 E17
▶ Berlin 666 – Mainz 107 – Mannheim 49 – Landau in der Pfalz 8

Landhotel Herrenhaus Barthélemy garni
Bergstr. 4 ⊠ 76835 – ℰ (06345) 95 30 22 – www.herrenhaus-barthelemy.de
4 Zim – †90/120 € ††110/140 € – 2 Suiten
♦ Mit den "Chambres d'hôtes" der Provence als Vorbild sanierten Clemens und Rosemarie Eifler-Bollen das alte Herrenhaus. Überall Dielenböden, antike Stücke gemischt mit Modernem, dazu geschmackvolle Accessoires. Romantischer Garten. Samstags auf Wunsch Abendessen.

GLEISZELLEN-GLEISHORBACH – Rheinland-Pfalz – 543 – 740 Ew – Höhe 216 m 54 E17
▶ Berlin 698 – Mainz 127 – Neustadt an der Weinstraße 41 – Saarbrücken 108

Südpfalz-Terrassen (mit Gästehäusern)
Winzergasse 42 (Gleiszellen) ⊠ 76889
– ℰ (06343) 7 00 00 – www.suedpfalz-terrassen.de
– geschl. 3. - 29. Januar, 1. - 15. Juli, 18. - 25. Dezember
86 Zim – †49/74 € ††75/140 € – ½ P 18 €   **Rest** – *(nur für Hausgäste)*
♦ Feriengäste schätzen das ruhige, beschauliche Weindörfchen, den Blick auf die Rheineben (von einigen Südbalkonen) und das Massageangebot, Tagungsgäste die gut ausgestatteten Räume im separaten Haus; hier sind die Zimmer etwas moderner.

GLINDE – Schleswig-Holstein – 541 – 16 270 Ew – Höhe 24 m 10 J5
▶ Berlin 275 – Kiel 108 – Hamburg 16
🏨 Gut Glinde, In der Trift 4, ℰ (040) 7 10 05 06

XX San Lorenzo
Kupfermühlenweg 2 ⊠ 21509 – ℰ (040) 7 11 24 24 – geschl. Montag
Rest – *(Dienstag - Samstag nur Abendessen)* (Tischbestellung ratsam) Menü 31/49 €
– Karte 47/72 €
♦ Das Engagement des Ehepaars Dellavecchia merkt man am freundlichen Service und an der frischen italienischen Küche aus sehr guten Produkten. Der Rahmen: klassische hohe Räume in einer schmucken alten Villa. Mit dem Wintergarten hat man einen ebenso schönen Ort geschaffen!

GLONN – Bayern – 546 – 4 350 Ew – Höhe 536 m – Erholungsort

▶ Berlin 610 – München 32 – Landshut 99 – Rosenheim 33

Schwaiger garni (mit Gästehaus)
Feldkirchner Str. 3 ⊠ 85625 – ℰ (08093) 9 08 80 – www.hotel-schwaiger.de
80 Zim – †59/119 € ††115/159 €
• Ein Familienbetrieb mit recht unterschiedlichen Zimmern sowie schönem Saunabereich mit Bäder- und Massageangebot. Dazu ein Café (hier Mo. - Fr. kleines Mittagsbuffet) und eine Bar mit kleiner Abendkarte.

In Glonn-Herrmannsdorf Nord-Ost: 3 km über Rotter Straße, nach Mecking links

Wirtshaus zum Schweinsbräu
Herrmannsdorf 7 ⊠ 85625 – ℰ (08093) 90 94 45 – www.schweinsbraeu.de – geschl. Anfang Januar 1 Woche und Montag - Dienstag
Rest – Menü 58 € – Karte 34/54 €
• Auf diesem Hofgut stehen regionale Produkte aus eigenem Anbau im Mittelpunkt, zu finden in guten Gerichten wie z. B. dem glasierten Lammschäuferl mit Zitronensauce. Neben dem gemütlichen Wirtshaus mit sehr ansprechendem modern-rustikalem Charakter hat man hier auch Bäckerei, Brauerei und Metzgerei.

GLOTTERTAL – Baden-Württemberg – 545 – 3 040 Ew – Höhe 306 m – Erholungsort

▶ Berlin 810 – Stuttgart 208 – Freiburg im Breisgau 27 – Waldkirch 11
ℹ Rathausweg 12, ⊠ 79286, ℰ (07684) 9 10 40, www.glottertal.de

Hirschen (mit Gästehaus Rebenhof)
Rathausweg 2 ⊠ 79286 – ℰ (07684) 8 10
– www.hirschen-glottertal.de
49 Zim – †61/99 € ††119/166 € – ½ P 26 €
Rest *Hirschen* ⊙ – siehe Restaurantauswahl
• Familienbetrieb mit schönem Park und recht unterschiedlichen Zimmern, darunter die ganz modernen Komfort-Plus-Zimmer sowie sehr wohnliche Zimmer im Gästehaus Rebenhof gegenüber. Massage und Kosmetik. Vesper in der Winzerstube.

Zum Kreuz
Landstr. 14 ⊠ 79286 – ℰ (07684) 8 00 80 – www.zum-kreuz.com
35 Zim – †53/80 € ††98/120 € – ½ P 20 €
Rest – Menü 25/51 € – Karte 27/51 €
• Am Eingang des Glottertals empfängt Sie seit Generationen familiäre Atmosphäre. Besonders komfortabel: Superior-Zimmer sowie Zimmer "St. Peter" zum Wald hin. Badische Spezialitäten im gemütlichen Gasthof mit Fachwerkfassade. Auch Gluten- und laktosefreie Küche.

Schlossmühle
Talstr. 22 ⊠ 79286 – ℰ (07684) 2 29 – www.schlossmuehle-glottertal.de
12 Zim – †43/49 € ††78/82 € – ½ P 16 €
Rest – *(geschl. Mittwoch)* Menü 19 € (mittags)/36 € – Karte 20/48 €
• Die einstige Mühle ist ein sehr gepflegter Familienbetrieb mit recht geräumigen Zimmern. Nach hinten wohnt man etwas ruhiger, hier haben die Zimmer auch einen Balkon. Heimelige Gaststuben mit bürgerlicher Küche und Terrasse zum alten Mühlrad an der Glotter.

Schwarzenberg
Talstr. 24 ⊠ 79286 – ℰ (07684) 13 24 – www.hotel-schwarzenberg.de
23 Zim (inkl. ½ P.) – †49/58 € ††88/120 € **Rest** – *(nur Abendessen für Hausgäste)*
• Das regionstypische Haus ist eine nette und überaus gepflegte Adresse unter familiärer Leitung. Alle Zimmer mit Balkon, einige Bäder sind ganz modern. Hinter dem Haus fließt die Glotter.

Pension Faller garni
Talstr. 9 ⊠ 79286 – ℰ (07684) 2 26 – www.pension-faller.de
11 Zim – †39/55 € ††63/85 €
• Eine Pension mit privater Atmosphäre und unterschiedlichen Zimmern mit Balkon. Sie frühstücken im behaglich getäfelten Stübchen oder auf der kleinen Terrasse zum Garten.

GLOTTERTAL

XX Hirschen – Hotel Hirschen
Rathausweg 2 ⊠ 79286 – ℰ (07684) 8 10 – www.hirschen-glottertal.de – geschl. Montag
Rest – Menü 35/72 € – Karte 30/61 €
• Familie Strecker heißt Sie in ihrem typischen Schwarzwaldgasthof gerne willkommen. Sie bietet Ihnen neben einem netten, gemütlichen Ambiente auch gute Küche - schmackhafte badische Gerichte und Klassiker wie die Kalbsniere im eigenen Fettmantel.

XX Zum Goldenen Engel mit Zim
Friedhofweg 2 ⊠ 79286 – ℰ (07684) 2 50 – www.goldener-engel-glottertal.de – geschl. nach Fastnacht 1 Woche, November 1 Woche und Mittwoch
14 Zim ⊑ – †49/68 € ††80/100 € – ½ P 20 €
Rest – Menü 26/55 € – Karte 24/53 €
• Gasthaus mit 500 Jahren Tradition. Von außen verspricht einen gleich die Holzfassade an, innen ebenfalls ländlicher Charme. Schmackhafte regionale und internationale Küche, von der Sie das Entrecôte vom Schwarzwaldrind mit Schalottensauce versuchen sollten. Einige der Gästezimmer sind im Schwarzwälder Stil eingerichtet, andere moderner.

XX Adler mit Zim
Talstr. 11 ⊠ 79286 – ℰ (07684) 9 08 70 – www.adler-glottertal.de – geschl. Dienstagmittag
16 Zim ⊑ – †60/70 € ††85/115 € – ½ P 24 € – 1 Suite
Rest – Menü 26/42 € – Karte 28/62 €
• Herzlich umsorgt Stephanie Kleber die Gäste in den urig-gemütlichen Schwarzwaldstuben dieses historischen Gasthofs. Regional-saisonale Küche auf klassischer Basis. Zum Übernachten bietet man wohnliche Gästezimmer.

X Wirtshaus zur Sonne
Talstr. 103 ⊠ 79286 – ℰ (07684) 2 42 – www.sonne-glottertal.de – geschl. über Fastnacht 2 Wochen und Mittwoch - Donnerstagmittag
Rest – Karte 23/48 €
• Der 350 Jahre alte Gasthof bietet in seiner liebenswerten holzgetäfelten Stube freundlich-familiäre Atmosphäre und regional-saisonale Küche. Im Ort hat man zwei sehr nette Ferienwohnungen.

GLÜCKSBURG – Schleswig-Holstein – **541** – 5 920 Ew – Höhe 17 m **2 H2**
– Seeheilbad

▶ Berlin 437 – Kiel 100 – Flensburg 10 – Kappeln 40
ℹ Glücksburg, Bockholm 23, ℰ (04631) 25 47

Strandhotel
Kirstenstr. 6 ⊠ 24960 – ℰ (04631) 6 14 10 – www.strandhotel-gluecksburg.de
45 Zim (inkl. ½ P.) – †89/159 € ††139/259 € – 3 Suiten
Rest – Menü 30 € (mittags)/89 € – Karte 33/70 €
• Schön ist das 1880 im Jugendstil erbaute Haus direkt am Strand mit seinen hellen, skandinavisch-charmanten Zimmern. Man bietet auch kosmetik und Massage sowie einen Tagungsbereich. Neuzeitlich-nordisches Restaurant mit internationaler Küche und Meerblick.

In Glücksburg-Meierwik Süd-West: 3 km

Alter Meierhof Vitalhotel
Uferstr. 1 ⊠ 24960 – ℰ (04631) 6 19 90 – www.alter-meierhof.de
54 Zim ⊑ – †179/294 € ††266/408 € – ½ P 41 € – 2 Suiten
Rest *Meierei Dirk Luther* ❀❀ **Rest** *Brasserie* – siehe Restaurantauswahl
• Unmittelbar an der Förde wohnt man in einem sehr behaglich gestalteten Hotel, dessen ansprechende Architektur Gutshof-Flair vermittelt. Fast von jedem Zimmer hat man Meerblick! Spa in der Hof-Therme nach orientalischem Vorbild.

XXX Meierei Dirk Luther – Alter Meierhof Vitalhotel ❀❀
Uferstr. 1 ⊠ 24960 – ℰ (04631) 6 19 94 11 – www.alter-meierhof.de
– geschl. 2. - 16. Januar, 2. - 30. Juli, 8. - 15. Oktober und Sonntag - Montag
Rest – (nur Abendessen) (Tischbestellung erforderlich) Menü 105/168 €
Spez. Gänseleber / Sellerie / Mango. Ostsee Aal / Broccoli / Zitrone. Lammrücken / Zucchini / Aubergine.
• Die Küche von Dirk Luther hat beides: moderne Texturen und Aromen, aber auch klassische Momente. Hierfür hat der gebürtige Hamburger ein eingespieltes Team hinter sich, auch im Service! Visuellen Genuss bringt der Blick auf die Flensburger Förde.

GLÜCKSBURG

XX **Brasserie** – Alter Meierhof Vitalhotel
Uferstr. 1 ⊠ 24960 – ℰ (04631) 6 19 90 – www.alter-meierhof.de
Rest – Menü 32/58 € – Karte 46/74 €
♦ Die Gourmetküche der Meierei ist zwar eigentlich ein Muss, wer es aber dennoch etwas legerer mag, bekommt hier in Brasserie-Atmosphäre frische internationale Speisen oder auch einfach ein Stück hausgemachten Kuchen!

GMUND am TEGERNSEE – Bayern – 546 – 6 070 Ew – Höhe 740 m — 66 M21
– Wintersport: 900 m ⅗3 ⛷ – Erholungsort
▶ Berlin 637 – München 48 – Garmisch-Partenkirchen 70 – Bad Tölz 14
🛈 Kirchenweg 6, ⊠ 83703, ℰ (08022) 75 05 27, www.gmund.de
Marienstein-Waakirchen, Gut Steinberg 1, ℰ (08022) 7 50 60

In Waakirchen-Marienstein West: 8 km über Tölzer Straße, in Hauserdörfl links

Margarethenhof
Gut Steinberg 1 ⊠ 83666 – ℰ (08022) 7 50 60 – www.margarethenhof.com – geschl. Dezember - März
38 Zim – †115/235 € ††150/265 € – ½ P 30 € – 15 Suiten
Rest *Steinberg* – Menü 30/45 € – Karte 23/49 €
♦ Abseits von Lärm und Alltagsstress kann man auf den schönen Anwesen in großzügigen Landhauszimmern, im hübschen Saunabereich oder auf dem reizvoll gelegenen Golfplatz entspannen. Zum ländlich-eleganten Restaurant gehört eine ansprechende Terrasse mit Aussicht.

GOCH – Nordrhein-Westfalen – 543 – 34 040 Ew – Höhe 18 m — 25 A10
▶ Berlin 592 – Düsseldorf 82 – Krefeld 54 – Nijmegen 31
🛈 Markt 2, ⊠ 47574, ℰ (02823) 32 01 48, www.goch.de

De Poort
Jahnstr. 6 ⊠ 47574 – ℰ (02823) 96 00 – www.depoort.de
73 Zim – †59/79 € ††89/109 € – 1 Suite
Rest – Menü 20 € (mittags) – Karte 21/40 €
♦ Das Hotel ist eine ideale Tagungsadresse und bietet zudem vielfältige Sport- und Freizeitmöglichkeiten. Die Zimmer sind teilweise sehr modern und geradlinig.

Am Kastell garni
Kastellstr. 6 ⊠ 47574 – ℰ (02823) 96 20 – www.hotel-am-kastell.de
23 Zim – †65/75 € ††90/105 €
♦ Gut ausgestattete, hell und freundlich gestaltete Zimmer stehen in dem Ende des 18. Jh. erbauten Haus in zentraler Lage bereit. Im Sommer kann man auch im kleinen Innenhof frühstücken.

GÖHREN – Mecklenburg-Vorpommern – siehe Rügen (Insel)

GÖHREN-LEBBIN – Mecklenburg-Vorpommern – 542 – 630 Ew — 13 N5
– Höhe 89 m
▶ Berlin 153 – Schwerin 85 – Neubrandenburg 65 – Rostock 86
Göhren-Lebbin, Fleesensee, Tannenweg 1, ℰ (039932) 8 04 00

Radisson BLU Resort Schloss Fleesensee
Schlossstr. 1 ⊠ 17213
– ℰ (039932) 8 01 00 – www.radissonblu.com/resort-fleesensee
178 Zim – †105/225 € ††125/245 € – 19 Suiten
Rest *Frédéric* – siehe Restaurantauswahl
Rest *Orangerie* – ℰ (039932) 80 10 34 54 – Menü 29 € (abends) – Karte 31/37 €
Rest *Vinothek* – ℰ (039932) 80 10 34 44 (geschl. Dienstag - Mittwoch) (nur Abendessen) Karte 31/45 €
♦ Das luxuriöse Anwesen besteht aus einem stilvollen Schloss von 1842 und verschiedenen Dependancen mit überaus wohnlichen Zimmern. Der hoteleigene Shuttle bringt Sie zum See. Lichtdurchflutet ist die Orangerie.

GÖHREN-LEBBIN

Frédéric – Hotel Radisson BLU Resort Schloss Fleesensee
Schlossstr. 1 ⊠ 17213 – ℰ (039932) 80 10 34 50
– www.radissonblu.com/resort-fleesensee – geschl. Sonntag - Montag
Rest – (nur Abendessen) (Tischbestellung erforderlich) Karte 36/43 €
♦ Stattlich ruht das Schloss in einem Park und empfängt die Gäste herrschaftlich: stuckverzierte Wände in vornehmem Gelb, offener Marmorkamin und klassisches Mobiliar sprechen für Eleganz.

In Göhren-Lebbin - Untergöhren

Iberotel Fleesensee
Seeblick 30 ⊠ 17213 – ℰ (039932) 47 00 – www.iberotel.de
– geschl. 8. Januar - 23. Februar
156 Zim – †90/130 € ††138/220 € – 12 Suiten **Rest** – Karte 32/46 €
♦ Unmittelbar am Fleesensee liegt dieses modern ausgestattete Hotel mit Spabereich auf 950 qm und eigenem Uferabschnitt mit Badeplattform.

GÖNNHEIM – Rheinland-Pfalz – siehe Wachenheim

GÖPPINGEN – Baden-Württemberg – **545** – 57 070 Ew – Höhe 323 m   **55 H18**
▶ Berlin 601 – Stuttgart 43 – Reutlingen 49 – Schwäbisch Gmünd 26
ADAC Willi Bleicher Str. 3 (Schillerbau II) Y
🛈 Hauptstr. 1 Z, ⊠ 73033, ℰ (07161) 65 02 92, www.goeppingen.de
Göppingen, Fraunhoferstr. 2, ℰ (07161) 96 41 40

GÖPPINGEN

Am Fischbergel	Z 2	Marktpl. ... Z 10
Geislinger Str.	Z 3	Oberhofenstr. ... Z 14
Grabenstr.	Z	Pfarrstr. ... Z 16
Hauptstr.	Z	Poststr. ... Z
Heininger Str.	Z 4	Rosenpl. ... Y 18
Hohenstaufenstr.	Z 6	Rosenstr. ... Y 19
Kellereistr.	Z 7	Schloßstr. ... Z 21
Kronengasse	Z 8	Spitalstr. ... Z 22
Lange Str.	Z 9	Theodor-Heuss-Str. ... Z 23
		Willi-Bleicher-Str. ... Z 24
		Wühlestr. ... Z 26

GÖPPINGEN

🏨 Hohenstaufen (mit Gästehaus) 🛜 🆘 🅿 🍽 VISA ⓒ AE ①
Freihofstr. 64 ⊠ 73033 – ℰ (07161) 67 00 – www.hotel-hohenstaufen.de
50 Zim ⌑ – †88/110 € ††113/130 € **Yb**
Rest – *(geschl. 24. - 30. Dezember und Samstagmittag)* Menü 25/49 €
– Karte 27/52 €

◆ Das Hotel in einem Wohngebiet außerhalb des Stadtzentrums bietet funktionelle Zimmer, die im Gästehaus gegenüber etwas eleganter in klassisch-gediegenem Stil eingerichtet sind. Rustikales Restaurant mit Wintergarten. Gemütlich ist die ganz in Holz gehaltene Bar.

🏨 Drei Kaiserberge garni (mit Gästehaus) 🛜 VISA ⓒ AE ①
Schillerplatz 4 ⊠ 73033 – ℰ (07161) 9 74 60 – www.drei-kaiserberge.de
36 Zim ⌑ – †55/65 € ††65/85 € – 1 Suite **Zs**

◆ Die zentrale Lage in der Innenstadt, zeitgemäß-funktionale Zimmer und ein heller Frühstücksbereich, z. T. in einem kleinen Wintergarten, machen dieses Hotel aus.

> Die „Hoffnungsträger" sind Restaurants, deren Küche wir für die nächste
> Ausgabe besonders sorgfältig auf eine höhere Auszeichnung hin testen.
> Die Namen dieser Häuser sind in Rot gedruckt und zudem auf der
> Sterne-Liste am Anfang des Buches zu finden.

GÖRLITZ – Sachsen – **544** – 55 960 Ew – Höhe 208 m   44 S12
▶ Berlin 215 – Dresden 98 – Cottbus 90
ADAC Wilhelmsplatz 8 BY
🛈 Obermarkt 32 BX, ⊠ 02826, ℰ (03581) 4 75 70, www.goerlitz.de
◉ Untermarkt ★ BCX – St. Peterskirche ★ CX – Reichenbacher Turm ≤ ★ BY
◉ Ostritz: St. Marienthal ★ (Süd: 15 km)

Stadtpläne siehe nächste Seiten

🏨 Tuchmacher 🛜 🕸 🅿 VISA ⓒ AE ①
Peterstr. 8 ⊠ 02826 – ℰ (03581) 4 73 10 – www.tuchmacher.de **BCXn**
60 Zim ⌑ – †102/116 € ††132/155 €
Rest *Tuchmacher* – siehe Restaurantauswahl

◆ Schon von außen sind die fünf Renaissance-Bürgerhäuser schön anzuschauen, innen stilgerecht-elegant. Wahre Kunstwerke sind die bemalten Holzbalkendecken in manchen Zimmern.

🏨 Börse garni (mit Gästehaus) 🛜 VISA ⓒ AE
Untermarkt 16, (in der Alten Börse) ⊠ 02826 – ℰ (03581) 7 64 20
– www.boerse-goerlitz.de **BXa**
15 Zim ⌑ – †70/85 € ††109/129 €

◆ An einem kleinen Platz im Zentrum steht das schmucke Barockhaus a. d. J. 1714. Hier wie auch im Gästehaus Flüsterbogen stehen sehr geschmackvolle Zimmer bereit.

🏨 Europa garni 🛜 ♿ VISA ⓒ AE
Berliner Str. 2 ⊠ 02826 – ℰ (03581) 4 23 50 – www.hotel-europa-goerlitz.de
31 Zim ⌑ – †45/65 € ††85/95 € **BYe**

◆ Die Lage in der Fußgängerzone sowie unterschiedlich geschnittene, zeitgemäß ausgestattete Gästezimmer sprechen für dieses freundlich geführte Etagenhotel.

🍴 Tuchmacher – Hotel Tuchmacher 🅿 VISA ⓒ AE ①
Peterstr. 8 ⊠ 02826 – ℰ (03581) 4 73 10 – www.tuchmacher.de – geschl.
Montagmittag **BCXn**
Rest – Menü 25/63 € – Karte 27/44 €

◆ Gute regionale Küche in einem Denkmal des frühen 16. Jh. zu genießen - das hat Charme! Verschiedene Restauranträume mit Kreuzgewölbe oder alten Holzdecken stehen zur Wahl. Besonders imposant: der Innenhof!

GÖRLITZ

Am Brautwiesentunnel	**AY**	3
Am Hirschwinkel	**CX**	4
Am Stadtpark	**CY**	
Am Stockborn	**CX**	6
An der Frauenkirche	**BY**	7
An der Weißen Mauer	**AY**	9
Augustastr.	**BZ**	
Bahnhofstr.	**ABYZ**	
Bautzener Str.	**ABY**	
Berliner Str.	**BY**	
Biesnitzer Str.	**ABZ**	
Bismarckstr.	**BY**	
Blockhausstr.	**BZ**	10
Brautwiesenpl.	**AY**	12
Brautwiesenstr.	**AY**	
Brückenstr.	**CZ**	
Brüderstr.	**BX**	13
Büttnerstr.	**BX**	15
Carl-von-Ossietzky-Str.	**BZ**	
Christoph-Lüders-Str.	**AX**	
Cottbuser Str.	**AY**	
Demianipl.	**BY**	16
Dresdener Str.	**BY**	18
Dr-Kahlbaum-Allee	**CYZ**	
Elisabethstr.	**BY**	19
Emmerichstr.	**BCZ**	
Fleischerstr.	**BX**	21
Friedhofstr.	**AY**	
Girbigdorfer Str.	**AX**	22
Goethestr.	**BZ**	24
Große Wallstr.	**BX**	25
Grüner Graben	**BX**	
Hainwal	**CX**	27
Hartmannstr.	**BY**	28
Heilige-Grab-Str.	**AX**	
Hildegard-Burjan-Pl.	**BX**	30
Hilgerstr.	**AY**	
Hoche Str.	**BX**	
Hospitalstr.	**BY**	
Hugo-Keller-Str.	**BX**	
Jahnstr.	**AX**	
Jakobstr.	**BYZ**	
James-von-Moltke-Str.	**BYZ**	
Jauernicker Str.	**AZ**	
Johannes-Wüsten-Str.	**CY**	31
Joliot-Curie-Str.	**CY**	33
Klosterpl.	**BY**	34
Konsulstr.	**BYZ**	
Kränzelstr.	**CX**	36
Krölstr.	**BY**	
Landeskronstr.	**AY**	
Langenstr.	**BX**	
Leipziger Str.	**CY**	
Lindenweg	**CY**	
Löbauer Str.	**AY**	
Luisenstr.	**BY**	
Lunitz	**BX**	
Lutherpl.	**AY**	
Luthersteig	**BX**	
Lutherstr.	**AZ**	
Marienpl.	**BY**	
Melanchthonstr.	**AZ**	
Mittelstr.	**BY**	37
Mühlweg	**CY**	
Nicolaigraben	**BX**	
Obermarkt	**BXY**	39
Otto-Buchwitz-Pl.	**BY**	40
Pontestr.	**BX**	
Postpl.	**BY**	42
Rauschwalder Str.	**AY**	
Reichertstr.	**AZ**	
Rothenburger Str.	**BX**	43
Salomonstr.	**AY**	
Sattigstr.	**ABZ**	
Schanze	**BX**	45
Schillerstr.	**BZ**	
Schützenstr.	**BCY**	
Schützenweg	**CY**	

Sonnenstr.	**BX**	46	Untermarkt	**BCX**	48
Steinweg	**BX**		Wilhelmspl.	**BY**	
Struvestr.	**BY**		Zeppelinstr.	**AX**	
Uferstr.	**CXY**		Zittauer Str.	**ABZ**	

 Eine preiswerte und komfortable Übernachtung? Folgen Sie dem Bib Hotel 🛏.

478

GÖSSWEINSTEIN – Bayern – **546** – 4 060 Ew – Höhe 457 m
– Luftkurort

▶ Berlin 401 – München 219 – Nürnberg 50 – Bayreuth 46

🛈 Burgstr. 6, ✉ 91327, ✆ (09242) 4 56, www.ferienzentrum-goessweinstein.de

⊙ Marienfelsen ≤ ★★
⊙ Fränkische Schweiz ★★

GÖSSWEINSTEIN

Stempferhof
Badangerstr. 33 ⊠ 91327 – ℰ (09242) 7 41 50 – www.stempferhof.de
37 Zim ☐ – †73/104 € ††94/129 € – ½ P 25 € – 1 Suite
Rest – Menü 25/35 € – Karte 18/50 €
• Hier wohnt man recht ruhig nur wenige Gehminuten vom Ortskern entfernt. Die technisch gut ausgestatteten Zimmer sind geradlinig-modern eingerichtet, ebenso die Lobby mit Kamin. Helles neuzeitliches Restaurant.

Fränkischer Hahn garni
Badangerstr. 35 ⊠ 91327 – ℰ (09242) 4 02 – www.fraenkischer-hahn.de
10 Zim – †49/54 € ††56/66 €
• Die wohnliche Einrichtung im Landhausstil und gute Technik machen dieses gepflegte kleine Haus zu einer behaglichen und funktionellen Adresse.

Zur Post
Balthasar-Neumann-Str. 10 ⊠ 91327 – ℰ (09242) 2 78
– www.zur-post-goessweinstein.de – geschl. November 1 Woche, Mitte Januar - Mitte Februar
14 Zim – †31/34 € ††56/62 € – ½ P 15 €
Rest – *(geschl. Montag, außer an Feiertagen)* Menü 15/32 € – Karte 20/33 €
• Ein typischer Familienbetrieb ist der freundlich geführte Gasthof in der Ortsmitte. Die Zimmer sind gepflegt und in rustikalem Stil gehalten. Das Speisenangebot im Restaurant ist bürgerlich und der Saison angepasst.

Schönblick mit Zim
August-Sieghardt-Str. 8 ⊠ 91327 – ℰ (09242) 3 77 – www.schoenblick-web.de
– geschl. 1. Februar - 16. März, 9. Oktober - 4. November und Dienstag
8 Zim ☐ – †42/48 € ††58/68 € – ½ P 14 €
Rest – *(Montag - Freitag nur Abendessen)* Karte 18/31 €
• Das kleine Restaurant liegt am Ortsrand etwas "ab vom Schuss". Es ist mit warmen Farben hell und freundlich gestaltet. Gekocht wird vorwiegend regional.

GÖTTINGEN – Niedersachsen – 541 – 121 460 Ew – Höhe 150 m   29 I11
▶ Berlin 340 – Hannover 122 – Kassel 47 – Braunschweig 109
ADAC Am Kauf Park 4
🛈 Markt 9 Z, ⊠ 37073, ℰ (0551) 49 98 00, www.goettingen-tourismus.de
⛳ Northeim, Gut Levershausen, ℰ (05551) 90 83 80
◉ Fachwerkhäuser (Junkernschänke★) YZ **B**

Gebhards
Goethe-Allee 22 ⊠ 37073 – ℰ (0551) 4 96 80 – www.romantikhotels.com/goettingen
50 Zim ☐ – †98/165 € ††150/240 €   Y**e**
Rest *Georgia-Augusta-Stuben* – siehe Restaurantauswahl
• Zwischen Hauptbahnhof und Innenstadt liegt das komfortable Hotel - ein erweitertes historisches Sandsteingebäude. Die engagierten Gastgeber bieten hier wohnlich-elegante Zimmer.

Stadt Hannover garni
Goethe-Allee 21 ⊠ 37073 – ℰ (0551) 54 79 60 – www.hotelstadthannover.de
32 Zim ☐ – †81/98 € ††112/124 €   Y**a**
• Am Rande der historischen Altstadt finden Sie das über 300 Jahre alte Stadthaus. Die Zimmer verbinden Wohnlichkeit und Funktionalität.

Eden
Reinhäuser Landstr. 22a ⊠ 37083 – ℰ (0551) 50 72 00 – www.eden-hotel.de
100 Zim ☐ – †78/158 € ††98/178 €   Z**d**
Rest *La Locanda* – ℰ (0551) 5 07 21 30 *(geschl. Sonntagmittag)* Karte 16/55 €
• Das von der Inhaberfamilie geleitete Hotel befindet sich nahe dem Zentrum und verfügt über komfortable Gästezimmer unterschiedlicher Kategorien. Im Restaurant La Locanda bietet man italienische Speisen.

GÖTTINGEN

Albanikirchhof	YZ	2
Albanipl.	Y	3
Barfüßerstr.	YZ	6
Friedrichstr.	Y	8
Goethe-Allee	Y	
Groner Landstr.	YZ	9
Groner Str.	Z	
Groner-Tor-Str.	Z	10
Herzberger Landstr.	Y	11
Johannisstr.	Y	12
Jüdenstr.	Y	13
Kornmarkt	Y	14
Kurze-Geismar-Str.	Z	15
Markt	Z	15
Obere-Masch-Str.	Y	16
Papendiek	YZ	17
Prinzenstr.	Y	19
Ritterplan	Y	20
Rote Str.	Z	22
Theaterstr.	Y	
Untere Karspüle	Y	23
Weender Str.	Y	
Wilhelmspl.	Y	25

GÖTTINGEN

Gauß am Theater
Obere Karspüle 22 ✉ 37073 – ℰ (0551) 5 66 16 – www.restaurant-gauss.de – geschl. Sonntag - Montag
Rest – Menü 30 € (vegetarisch)/59 € – Karte 34/51 € **Ys**
- Gewölbe und freigelegtes Mauerwerk machen dieses Restaurant gemütlich. Gut sind die frischen internationalen Speisen von Chefin Jacqueline Amirfallah, die auch orientalische Akzente bieten, wie die Suppe von arabischen Salzzitronen mit Sesam. Im Garten befinden sich weitere schöne Plätze.

Georgia-Augusta-Stuben – Hotel Gebhards
Goethe-Allee 22 ✉ 37073 – ℰ (0551) 4 96 80 – www.romantikhotels.com/goettingen
Rest – Menü 36/64 € – Karte 42/75 € **Ye**
- Mit dunklen Regency-Stühlen und kapitonierten Ledersofas hat man hier den Charme englischen Stils einfließen lassen, ganz ohne dabei plüschig zu wirken. Geboten wird internationale Küche.

Gaudi
Rote Str. 16, (Passage im Börner-Viertel) ✉ 37073 – ℰ (0551) 5 31 30 01 – www.restaurant-gaudi.de – geschl. 1. - 6. Januar **Za**
Rest – (Tischbestellung ratsam) Karte 34/47 €
- In Anlehnung an den spanischen Architekten Antoni Gaudí hat man hier einen ganz individuellen und detailverliebten Farb- und Stilmix geschaffen. Herrliche Innenhofterrasse.

In Göttingen-Grone über Groner Landstraße **Y**: 3 km

Rennschuh garni
Kasseler Landstr. 93 ✉ 37081 – ℰ (0551) 9 00 90 – www.rennschuh.de – geschl. 23. Dezember- 1. Januar
104 Zim – †44/54 € ††64/74 €
- Eine recht einfache, aber gepflegte und funktionelle Adresse mit guter Autobahnanbindung und fairen Preisen. Fragen Sie nach den neueren, zeitgemäßeren Gästezimmern.

In Göttingen - Groß-Ellershausen über Groner Landstraße **Y**: 4 km

Freizeit In
Dransfelder Str. 3 (B 3) ✉ 37079 – ℰ (0551) 9 00 10 – www.freizeit-in.de
212 Zim – †104/134 € ††144/174 € – 2 Suiten **Rest** – Karte 20/47 €
- Das zeitgemäß-funktionale Tagungs- und Businesshotel bietet Wellness auf 8800 qm. Auch eine Kinder-Villa mit Betreuung gehört zum Haus. Orient Lounge für Events.

In Göttingen-Weende über Weender Landstraße **Y**: 2,5 km

Weender Hof
Hannoversche Str. 150 ✉ 37077 – ℰ (0551) 50 37 50 – www.weenderhof.de – geschl. 1. - 16. Januar, 22. Juli - 10. August, 27. - 31. Dezember
20 Zim – †45/50 € ††70 €
Rest – (geschl. Sonntagabend) (Montag - Samstag nur Abendessen) Karte 15/37 €
- Ein gepflegtes Haus unter familiärer Leitung. Die Gästezimmer sind funktional in zeitlosem Stil eingerichtet und liegen teilweise zum Innenhof. In gemütlich-rustikalen Stuben serviert man bürgerliche Küche.

In Friedland über Reinhäuser Landstraße **Z**: 11 km

Biewald mit Zim
Weghausstr. 20 ✉ 37133 – ℰ (05504) 9 35 00 – www.biewald-friedland.de – geschl. Februar 2 Wochen, November 2 Wochen und Montag - Dienstag
7 Zim – †45 € ††65 € – ½ P 15 € **Rest** – Menü 25/110 € – Karte 42/68 €
- In diesem Familienbetrieb sorgt die 3. Generation für eine ambitionierte zeitgemäße Küche. Die Stuben sind behaglich und rustikal, der Wintergarten ist eleganter. Schöne Gartenterrasse. Einfache, gepflegte Gästezimmer.

GÖTTINGEN

In Friedland - Groß-Schneen über Reinhäuser Landstraße **Z: 10 km**

✗✗ Schillingshof mit Zim
Lappstr. 14 ✉ 37133 – ☏ (05504) 2 28 – www.schillingshof.de
– geschl. 1. - 14. Januar, Juli - August 3 Wochen und Montag - Dienstag
6 Zim – †75 € ††140 € **Rest** – Menü 38/105 € – Karte 40/75 €
♦ Das Fachwerkhaus von 1648 liegt in einer relativ ruhigen Nebenstraße und beherbergt ein Restaurant mit leicht kreativ beeinflusster internationaler Küche. Die Gäste können in schönen modernen Zimmern übernachten.

GOMADINGEN – Baden-Württemberg – **545** – 2 200 Ew – Höhe 675 m **55 H19**
– Wintersport: 800 m – **Luftkurort**
▶ Berlin 665 – Stuttgart 64 – Reutlingen 23 – Ulm (Donau) 60
🛈 Marktplatz 2, ✉ 72532, ☏ (07385) 96 96 33, www.gomadingen.de

✗ Zum Lamm mit Zim
Hauptstr. 3 ✉ 72532 – ☏ (07385) 9 61 50 – www.lamm-gomadingen.de – geschl. Montag
6 Zim – †40/48 € ††60/76 € – ½ P 14 € **Rest** – Karte 16/34 €
♦ Ein ländlich-schlichter Gasthof, der auf eine lange Familientradition zurückblicken kann und bürgerliche Speisen für Sie bereithält. Zum Übernachten stehen gepflegte und zeitgemäße Zimmer zur Verfügung.

GOSLAR – Niedersachsen – **541** – 41 460 Ew – Höhe 255 m **29 J10**
▶ Berlin 252 – Hannover 84 – Braunschweig 43 – Göttingen 80
🛈 Markt 7 Y, ✉ 38640, ☏ (05321) 7 80 60, www.goslar.de
◉ Klosterkirche Neuwerk★ – Mönchehaus★ M^1 Y – Rathaus★(Huldigungssaal★★) **R** YZ – Marktplatz★ – Kaiserpfalz★ **F** Z

Stadtplan auf der nächsten Seite

🏨 Der Achtermann
Rosentorstr. 20 ✉ 38640 – ☏ (05321) 7 00 00 – www.der-achtermann.de
154 Zim – †84/94 € ††104/159 € – 2 Suiten **Yr**
Rest – (Montag - Freitag nur Abendessen) Karte 21/42 €
♦ Das Businesshotel am Rande der Fußgängerzone, nicht weit vom Bahnhof, bietet funktionelle Zimmer und einige zeitgemäße "Designerzimmer". Chic: die zwei modernen Turm-Suiten. Restaurant mit internationaler Küche im Wehrturm der ehemaligen Stadtbefestigung.

🏨 Niedersächsischer Hof
Klubgartenstr. 1 ✉ 38640 – ☏ (05321) 31 60 – www.niedersaechsischerhof-goslar.de
63 Zim – †69/91 € ††79/117 € **Rest** – Karte 22/39 € **Ya**
♦ Neben gepflegten neuzeitlichen Zimmern hält das Hotel ein besonderes Extra für Sie bereit: eine Ausstellung zeitgenössischer Gemälde. Restaurant mit stilvoller Note.

🏨 Kaiserworth
Markt 3 ✉ 38640 – ☏ (05321) 70 90 – www.kaiserworth.de **Zx**
65 Zim – †81/101 € ††122/207 € **Rest** – Karte 23/46 €
♦ Eine schöne Adresse mit historischem Rahmen ist das einstige Zunfthaus der Tuchmacher. Die Zimmer sind recht unterschiedlich eingerichtet. Zeitgemäßes Café im Haus. Ein sehenswertes gotisches Gewölbe schmückt das Restaurant. Internationale Küche.

In Goslar-Hahnenklee Süd-West: 16 km über Clausthaler Straße **X** – Höhe 560 m
– Wintersport: 726 m – **Heilklimatischer Kurort**
🛈 Kurhausweg 7, ✉ 38644, ☏ (05325) 5 10 40, www.hahnenklee.de

🏨 Njord
Parkstr. 2 ✉ 38644 – ☏ (05325) 5 28 93 70 – www.hotelnjord.com
25 Zim – †70/85 € ††105/135 € – ½ P 27 € – 1 Suite
Rest *Madhus* – Karte 30/44 €
♦ Ein freundlich geführtes Hotel mit schönen modernen Zimmern (meist mit Balkon) und Bibliothek unterm Dach mit Blick auf den Kranichsee. Kosmetikangebot, kostenloser Fahrradverleih. In klaren Linien gehaltenes Restaurant.

GOSLAR

Astfelder Str.	Y 2
Berliner Allee	X 5
Breite Str.	Y
Brüggemannstr.	Y 8
Clausthaler Str.	X 10
Danziger Str.	X 14
Dörpkestieg	X 17
Fischemäkerstr.	Y 19
Fleischscharren	Y 23
Grauhöfer Landwhr.	X 26
Heinrich-Pieper-Str.	X 32
Hildesheimer Str.	X 34
Hoher Weg	Y 37
Hokenstr.	Y
Im Schleeke	Y 39
Kaiserbleek	Y 42
Königstr.	Y 45
Köppelsbleek	X 47
Marienburger Str.	X 50
Marktstr.	Z
Münzstr.	Y 52
Nonnenweg	X 55
Obere Kirchstr.	Y 58
Petersilienstr.	Y 61
Rammelsberger Str.	Z 63
Rosenortstr.	Y 66
Schielenstr.	Y 71
Schreiberstr.	Y 74
Schuhhof	Y 76
St-Annenhöhe	Y 69
Vienenburger Str.	X 79
Worthstr.	Z 82

Am Kranichsee
Parkstr. 4 ✉ 38644 – ℘ (05325) 70 30 – www.kranichsee.de
50 Zim – †64/77 € ††112 € – ½ P 17 € – 14 Suiten   **Rest** – Karte 16/36 €
♦ Die Zimmer dieses Hotels sind auf drei Häuser verteilt und wohnlich eingerichtet - mal neuzeitlich in hellem Naturholz, mal im soliden Landhausstil. Bürgerlich speist man im rustikalen Restaurant mit hübscher Holzdecke.

GOSLAR

Haus am Hochwald garni
Langeliethstr 14c – 38644 – ℰ (05325) 5 16 20 – www.hausamhochwald.de
16 Zim – †39/48 € ††68/98 € – 1 Suite
♦ Ein gut geführter kleiner Familienbetrieb in ruhiger Lage an einem Wanderweg, in dem gepflegte, hell und zeitgemäß gestaltete Zimmer zur Verfügung stehen.

GOTHA – Thüringen – 544 – 45 740 Ew – Höhe 300 m   40 K12
▶ Berlin 326 – Erfurt 22 – Gera 114 – Nordhausen 76
🛈 Hauptmarkt 33 CY, ⌂ 99867, ℰ (03621) 50 78 57 12, www.kultourstadt.de
Mühlberg, Gut Ringhofen, ℰ (036256) 8 69 83

Am Schlosspark
Lindenauallee 20 – 99867 – ℰ (03621) 44 20 – www.hotel-am-schlosspark.de
95 Zim – †77/95 € ††98/120 €   **Rest** – Karte 21/32 €   CZ**a**
♦ Die recht ruhige Lage beim Schlosspark oberhalb des Zentrums sowie wohnliches, klassisch-elegantes Ambiente machen dieses Hotel aus. Auch Kosmetikanwendungen werden angeboten. Das Restaurant: lichter Wintergarten und schöne Stube, daneben die gemütliche Bar.

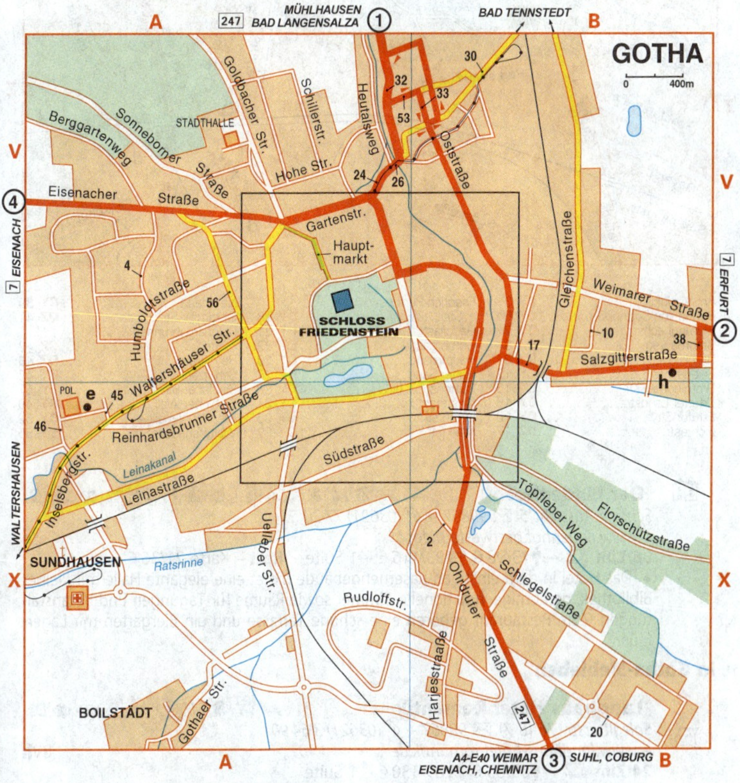

Am Steinkreuz . . . . **BX** 2	Hersdorfpl. . . . . **AV** 26	Mönchallee . . . . **BV** 38
August-Creutzburg-Str. . . . . **AV** 4	Hersdorfstr. . . . . **AV** 24	Schöne Aussicht . . . . **AX** 45
Clara-Zetkin-Str. . . . . **AV** 10	Kindleber Str. . . . . **BV** 30	Schubertstr. . . . . **AX** 46
Firnhestr. . . . . **BV** 17	Langensalzaer Str. . . . . **AV** 32	Steinstr. . . . . **ABV** 53
Günthersleber Str. . . . . **BX** 20	Lassallestr. **BV** 33	18.-März-Str. . . . . **AV** 56

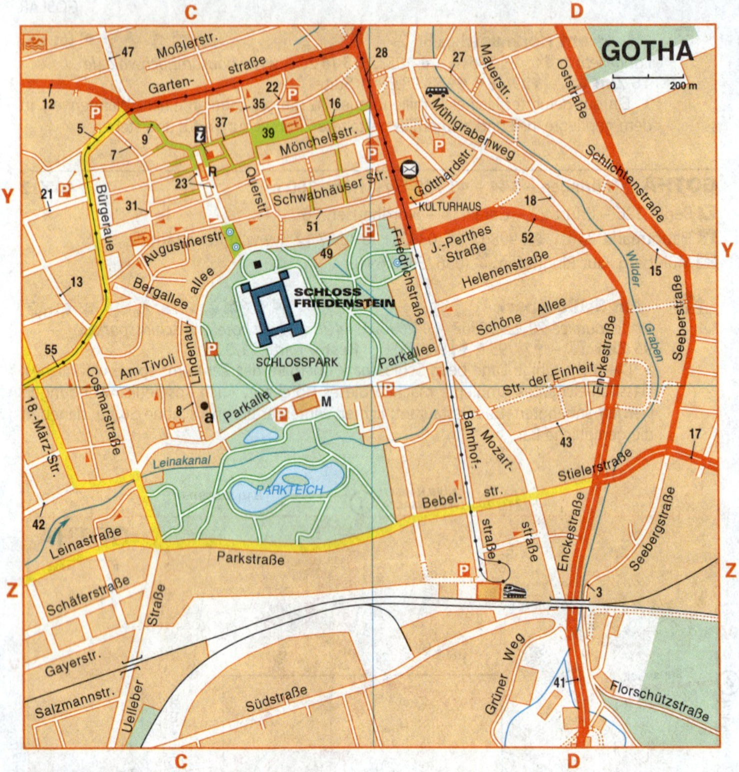

Am Viadukt	**DZ** 3	Friedrich-Perthes-		Neumarkt ... **CY** 39
Bertha-von-Suttner-Str.	**CY** 5	Str. ... **DY** 18		Ohrdrufer Str. ... **DZ** 41
Blumenbachstr.	**CY** 7	Gadollastr. ... **CY** 21		Reinhardsbrunner
Brahmsweg.	**CZ** 8	Gerbergasse ... **CY** 22		Str. ... **DZ** 42
Brühl	**CY** 9	Hauptmarkt ... **CY** 23		Reyherstr. ... **DZ** 43
Eisenacher Str.	**CY** 12	Hoher Sand ... **DY** 27		Schützenberg ... **CY** 47
Emminghausstr.	**CY** 13	Huttenstr. ... **CDY** 28		Siebleber-Str. ... **CY** 51
Erfurter Landstr.	**DY** 15	Klosterstr. ... **CY** 31		Siebleber Wall ... **CY** 49
Erfurter Str.	**CY** 16	Lutherstr. ... **CY** 35		Steinmühlenallee ... **DY** 52
Fichtestr.	**DZ** 17	Marktstr. ... **CY** 37		Waltershäuser Str. ... **CY** 55

Der Lindenhof 🚗 🍴 🌿 ♨ 🛗 ♿ 🍽 Rest, 📶 🏢 🅿 🚬 VISA 💳 AE ①

Schöne Aussicht 5 ✉ *99867 –* ☎ *(03621) 77 20*
– www.lindenhof.bestwestern.de   AX**e**
88 Zim 🍽 – †73/98 € ††93/116 € – 1 Suite **Rest** – Karte 21/36 €
 ♦ Das Hotel in dem einstigen Kasernengebäude bietet eine elegante Halle mit kleiner Bibliothek, geräumige, funktionelle Zimmer sowie Räume für Tagungen und Veranstaltungen. Zum Restaurant gehören eine schöne Terrasse und ein Biergarten mit Lagerfeuer.

In Gotha-Siebleben

Landhaus Hotel Romantik 🚗 🍴 🌿 ♨ Rest, 📞 🅿 VISA 💳 AE

Salzgitterstr. 76 (B 7) ✉ *99867 –* ☎ *(03621) 3 64 90*
– www.landhaus-hotel-romantik.de   BV**h**
24 Zim 🍽 – †65/85 € ††89/130 € – 1 Suite
Rest – *(geschl. Sonntag) (nur Abendessen)* Karte 17/30 €
 ♦ Ein Familienbetrieb zum Wohlfühlen. Sehr individuell und mit Liebe zum Detail hat man das gesamte Haus eingerichtet. Im Winter sorgt ein Kamin im Frühstücksraum für Behaglichkeit. Kleiner Biergarten im Innenhof.

GOTTENHEIM – Baden-Württemberg – 2 580 Ew – Höhe 194 m   61 D20
▶ Berlin 810 – Stuttgart 204 – Freiburg i. Breisgau 15 – Strasbourg 84

XX **Gasthaus Adler**
Hauptstr. 58 ⊠ 79288 – ℰ (07665) 9 32 43 66 – www.adler-gottenheim.de – geschl. Montag- Dienstag, Samstagmittag
Rest – (Tischbestellung ratsam) Menü 30 € (mittags)/79 € – Karte 40/74 €
♦ In dem traditionsreichen Gasthaus mit elegantem Interieur kocht Gastgeber Christoph Fischer zeitgemäße Speisen auf klassischer Basis, seine Frau Claudia berät die Gäste im Service. Schöner Innenhof.

GOTTLEUBA, BAD-BERGGIESSHÜBEL – Sachsen – 544 – 5 890 Ew   43 Q12
– Höhe 290 m – Kneippkurort
▶ Berlin 224 – Dresden 31 – Chemnitz 106

In Bad Gottleuba-Augustusberg Süd-Ost: 2 km ab Bad Gottleuba

Berghotel Augustusberg
Augustusberg 15 ⊠ 01816 – ℰ (035023) 6 25 04 – www.augustusberg.de – geschl. Weihnachten
23 Zim – †48/58 € ††68/91 € – ½ P 16 € – 1 Suite   **Rest** – Karte 20/28 €
♦ Hier in herrlicher Alleinlage möchte man immerzu den Blick schweifen lassen - sogar bis nach Dresden kann man schauen. Die Aussicht genießt man am besten vom Restaurant-Pavillon und von der Terrasse, aber auch von einigen Zimmern.

GOTTMADINGEN – Baden-Württemberg – 545 – 10 270 Ew   62 F21
– Höhe 426 m
▶ Berlin 789 – Stuttgart 159 – Konstanz 47 – Singen (Hohentwiel) 7

Kranz (mit Gästehaus)
Hauptstr. 37 (B 34) ⊠ 78244 – ℰ (07731) 70 61 – www.hotelkranz.de
32 Zim – †48/55 € ††80/85 €
Rest – *(geschl. Sonntag und an Feiertagen)* Karte 14/29 €
♦ Mitten im Ort liegt der Familienbetrieb mit Metzgerei und zeitgemäßen, freundlichen Zimmern zu einem guten Preis-Leistungs-Verhältnis. Etwas moderner ist das Gästehaus gegenüber. Bürgerlich-schlichte Gaststube.

GRAAL-MÜRITZ – Mecklenburg-Vorpommern – 542 – 4 270 Ew   12 N3
– Höhe 5 m – Seeheilbad
▶ Berlin 241 – Schwerin 109 – Rostock 28 – Stralsund 59
🛈 Rostocker Str. 3, ⊠ 18181, ℰ (038206) 70 30, www.gemeinde-graalmueritz.de

IFA
Waldstr. 1 ⊠ 18181 – ℰ (038206) 7 30 – www.ifa-graal-mueritz-hotel.com
150 Zim – †110/144 € ††126/192 € – ½ P 27 € – 8 Suiten
Rest – Karte 23/50 €
♦ Ferienhotel nur wenige Schritte vom Meer mit freundlichen Zimmern zur Land- oder Seeseite. Auch Bungalowzimmer mit Kitchenette. Auf der Empore der Lobby hat man eine Bibliothek mit Internetecke. Neuzeitliches Restaurant und Terrasse zum Garten.

Strandhotel Deichgraf
Strandstr. 61 ⊠ 18181 – ℰ (038206) 13 84 13 – www.strandhoteldeichgraf.com
24 Zim – †65/105 € ††95/185 € – ½ P 23 € – 9 Suiten   **Rest** – Karte 23/38 €
♦ Das Haus mit der roten Fassade überzeugt durch seine Lage direkt hinter den Dünen und die schönen wohnlichen Zimmer in warmen Farben. Im Sommer frühstückt man auf der Terrasse. Das Ambiente im Restaurant erinnert an das Interieur eines Segelschiffes.

Villa Strandkorb garni
Strandstr. 10 ⊠ 18181 – ℰ (038206) 70 00 – www.villa-strandkorb.de – geschl. November - Februar
13 Zim ⊇ – †59/111 € ††69/124 €
♦ In dem gepflegten kleinen Hotel unter familiärer Leitung stehen die wohnlichen "Kajüten-" und "Muschelzimmer" sowie die besonders großzügigen "Leuchtturmsuiten" bereit.

GRAAL-MÜRITZ

Haus am Meer
Zur Seebrücke 36 ✉ *18181 –* ✆ *(038206) 73 90 – www.ham-ostsee.de*
– geschl. 19. - 25. Dezember
34 Zim – †44/65 € ††70/99 € – ½ P 14 € **Rest** – Karte 17/30 €
♦ Vor allem die attraktive strandnahe Lage macht dieses persönlich geführte Hotel aus. Man hat unterschiedlich möblierte, funktionelle Zimmer und ein freundliches, zeitlos gestaltetes Restaurant.

GRÄFENBERG – Bayern – **546** – 4 050 Ew – Höhe 433 m **50** L16
▶ Berlin 409 – München 190 – Nürnberg 28 – Bamberg 42

In Gräfenberg-Haidhof Nord: 7,5 km über Hohenschwärz und Thuisbrunn

Schlossberg (mit Gästehäusern)
Haidhof 5 ✉ *91322 –* ✆ *(09197) 6 28 40 – www.hotel-schlossberg.com – geschl. Januar*
38 Zim – †42/45 € ††69/74 €
Rest – *(geschl. Montag, außer an Feiertagen)* Karte 12/31 €
♦ In ländlicher Umgebung befindet sich dieses familiengeführte Hotel mit hübsch angelegtem Park. Die Zimmer sind teils mit Bauernmobiliar, teils im Landhausstil eingerichtet. Gemütliche Restauranträume.

GRAFENAU – Bayern – **546** – 8 610 Ew – Höhe 609 m **60** P18
– Wintersport: 700m ✦3 ✦ – **Luftkurort**
▶ Berlin 505 – München 190 – Passau 38 – Deggendorf 46
🛈 Rathausgasse 1, ✉ 94481, ✆ (08552) 96 23 43, www.grafenau.de

Säumerhof mit Zim
Steinberg 32 ✉ *94481 –* ✆ *(08552) 40 89 90 – www.saeumerhof.de – geschl. Montag, außer an Feiertagen*
9 Zim – †45/55 € ††80/100 € – ½ P 20 € – 1 Suite
Rest – *(Dienstag - Samstag nur Abendessen)* Menü 25/53 € – Karte 27/44 €
♦ Eine Institution im Bayerischen Wald ist dieses gut geführte Haus der Familie Endl. Die freundlich-charmante Chefin serviert in dem eleganten Restaurant schmackhafte internationale und regionale Küche, wie z. B. Donauwaller mit Meerrettichkruste auf jungem Blattspinat.

GRAFENBERG – Baden-Württemberg – siehe Metzingen

GRAFENHAUSEN – Baden-Württemberg – **545** – 2 260 Ew – Höhe 895 m **62** E21
– Wintersport: 970 m ✦2 ✦ – **Luftkurort**
▶ Berlin 788 – Stuttgart 174 – Freiburg im Breisgau 50 – Donaueschingen 41
🛈 Schulstr. 1, ✉ 79865, ✆ (07748) 5 20 41, www.rothauserland.de
◉ Rothaus : Heimatmuseum "Hüsli" ★

Tannenmühle
Tannenmühleweg 5 (Süd-Ost: 3 km) ✉ *79865 –* ✆ *(07748) 2 15 – www.tannenmuehle.de*
15 Zim ⌒ – †45/50 € ††85/115 €
Rest – *(geschl. November - April: Montag - Dienstag)* Karte 21/43 €
♦ Ein kleiner Erlebnispark an einem Bach am Waldrand mit Mühlenmuseum, Tiergehege und Forellenzucht. Zimmer meist mit Balkon und Küchenzeile, auch Maisonetten sind vorhanden. Der gemütlich-rustikale Schwarzwaldgasthof ist eine beliebte Ausflugsadresse.

In Grafenhausen-Rothaus Nord: 3 km über Rothauser Straße

Brauerei Gasthof Rothaus
Rothaus 2 ✉ *79865 –* ✆ *(07748) 5 22 96 00 – www.brauereigasthof-rothaus.de*
– geschl. 25. Februar - 8. März
17 Zim ⌒ – †57 € ††92 € – ½ P 19 €
Rest – Menü 20 € (mittags)/27 € – Karte 17/33 €
♦ Hier wohnt man in unterschiedlichen, teils recht geräumigen Zimmern. Besichtigungen der gleichnamigen Brauerei direkt nebenan sind möglich. Brauerei-Shop und Multimedia-Show. Gemütlich sitzt man in den rustikalen Restaurantstuben. Terrasse und Biergarten.

GRAFENWIESEN – Bayern – 546 – 1 620 Ew – Höhe 439 m – Erholungsort, Luftkurort

59 O17

▶ Berlin 501 – München 191 – Passau 98 – Cham 26
🛈 Rathausplatz 6, ✉ 93479, ☏ (09941) 94 03 17, www.grafenwiesen.de

Birkenhof
Auf der Rast 7 ✉ 93479 – ☏ (09941) 4 00 40 – www.hotel-birkenhof.de
80 Zim (inkl. ½ P.) – †74/114 € ††162/220 € – 3 Suiten   **Rest** – Karte 18/33 €
♦ Das tipptopp gepflegte Hotel ist seit über 40 Jahren in Familienbesitz. Schön ist das Sonnendeck mit Terrasse und Außenpool auf dem Dach von "Neptuns Reich". Schicke Bar.

GRAFING – Bayern – 546 – 12 770 Ew – Höhe 522 m

66 M20

▶ Berlin 614 – München 39 – Landshut 80 – Rosenheim 35
🛈 Oberelkofen, Hochreiterweg 14, ☏ (08092) 74 94

Hasi's Hotel garni
Griesstr. 5 ✉ 85567 – ☏ (08092) 7 00 70 – www.hotelhasi.de
23 Zim – †45/65 € ††85/99 €
♦ Freundlich, neuzeitlich und funktional ist der Familienbetrieb im Zentrum gestaltet. Man hat auch ein eigenes Café mit kleinem Snack-Angebot - hier bietet man auch das Frühstück.

GRAINAU – Bayern – 546 – 3 590 Ew – Höhe 758 m – Wintersport: 2 962 m ★2 ≤9 ★ – Luftkurort

65 K22

▶ Berlin 682 – München 94 – Garmisch-Partenkirchen 11 – Kempten 94
🛈 Parkweg 8, ✉ 82491, ☏ (08821) 98 18 50, www.grainau.de
◉ Eibsee★ (Süd-West: 3 km)
◉ Zugspitzgipfel★★★ (❄ ★★★) mit Zahnradbahn (45 min) oder ⛷ ab Eibsee (10 min)

Waxenstein
Höhenrainweg 3 ✉ 82491 – ☏ (08821) 98 40 – www.waxenstein.de
40 Zim – †90/140 € ††125/180 € – 6 Suiten
Rest *Toedt's Restaurant* – siehe Restaurantauswahl
♦ Von dem komfortablen Ferien- und Tagungshotel mit 100-jähriger Tradition blickt man auf Waxenstein und Zugspitze. Zimmer im geschmackvoll-eleganten französischen Landhausstil.

Alpenhof
Alpspitzstr. 34 ✉ 82491 – ☏ (08821) 98 70 – www.alpenhof-grainau.de
36 Zim – †44/90 € ††98/189 € – ½ P 20 €
Rest – Menü 25 € (mittags)/80 € – Karte 17/45 €
♦ Wohnlich und gediegen-regional sind die Zimmer in dem Familienbetrieb in ruhiger Ortsrandlage. Der gepflegte Freizeitbereich verfügt über ein recht großes Hallenbad, Garten auf 7000 qm. Mit Holz verkleidetes rustikal-elegantes Restaurant.

Eibsee-Hotel
Am Eibsee 1 (Süd-West: 3 km) ✉ 82491 – ☏ (08821) 9 88 10
– www.eibsee-hotel.de
123 Zim (inkl. ½ P.) – †121/129 € ††149/224 € – 6 Suiten
Rest – Menü 18 € (mittags)/55 € – Karte 23/37 €
Rest *Taverne* – ☏ (08821) 9 88 14 00 (geschl. April, November und Sonntag - Montag) (nur Abendessen) Menü 23 € – Karte 33/45 €
♦ Das Tagungshotel besticht durch seine traumhafte Lage am Eibsee mit eigenem Strandbad. Die zeitgemäßen Zimmer bieten See- oder Bergblick. Kleine "Hochzeitsinsel". Im Restaurant erwartet Sie klassisches Ambiente. Rustikale Taverne mit euroasiatischer Küche.

Längenfelder Hof garni
Längenfelderstr. 8 ✉ 82491 – ☏ (08821) 98 58 80 – www.laengenfelder-hof.de
– geschl. 6. November - 7. Dezember
19 Zim – †49/58 € ††82/118 €
♦ Die sehr persönliche Führung, liebevolle Dekorationen im ganzen Haus und ein netter Garten zählen hier zu den Annehmlichkeiten. Alle Zimmer mit Balkon oder Terrasse.

GRAINAU

✕✕ Toedt's Restaurant – Hotel Waxenstein
Höhenrainweg 3 ⌧ 82491 – ℰ (08821) 98 40 – www.waxenstein.de – geschl. November
Rest – Menü 25 € (mittags)/46 € – Karte 27/56 €
• Die Gäste kommen vor allem wegen der herrlichen Natur ringsum, aber auch die Einkehr in dieses familiär geführte Restaurant lohnt sich, denn man fühlt sich gleich wohl. Gekocht wird regional und immer nach der Saison, so stehen auf der Karte z. B. heimische Forelle oder Wild.

✕ Gasthaus am Zierwald mit Zim
Zierwaldweg 2 ⌧ 82491 – ℰ (08821) 9 82 80 – www.zierwald.de
– geschl. 10. - 20. Januar, 24. Oktober - 4. November und Mittwoch
5 Zim – †46/49 € ††80/86 € – ½ P 16 €   **Rest** – Karte 19/34 €
• Die Inhaberfamilie bietet badisch-schwäbische Gastlichkeit in alpenländischer Umgebung. Man sitzt in behaglichen Stuben oder auf der hübschen kleinen Terrasse vor dem Haus.

GRASELLENBACH – Hessen – 543 – 3 740 Ew – Höhe 389 m   48 G16
– Kneippheilbad

▶ Berlin 592 – Wiesbaden 95 – Mannheim 55 – Beerfelden 21
🛈 Am Kurpark 1, ⌧ 64689, ℰ (06207) 25 54, www.grasellenbach.de

🏨 Siegfriedbrunnen
Hammelbacher Str. 7 ⌧ 64689 – ℰ (06207) 60 80 – www.siegfriedbrunnen.com
58 Zim – †89/108 € ††142/149 € – ½ P 12 € – 1 Suite
Rest – Menü 27 € – Karte 21/58 €
• Ein ruhig gelegenes Hotel mit wohnlichen Zimmern und Tagungszentrum. Zum Freizeitangebot gehört ein neuzeitlich gestalteter Saunabereich. Gediegen oder leicht rustikal sind die auf zwei Ebenen angelegten Restauranträume.

🏠 Gassbachtal
Hammelbacher Str. 16 ⌧ 64689 – ℰ (06207) 9 40 00 – www.hotel-gassbachtal.de
– geschl. 17. Januar - 11. Februar
22 Zim – †45/48 € ††80/88 € – ½ P 13 €
Rest – (geschl. Montag) (nur Mittagessen) Karte 19/33 €
• In diesem gepflegten und gut geführten Familienbetrieb stehen solide, rustikal eingerichtete Gästezimmer zur Verfügung, meist mit Balkon. Das Nibelungen-Café mit eigener Konditorei dient auch als Restaurant.

GREBENSTEIN – Hessen – 543 – 6 000 Ew – Höhe 193 m   28 H11
▶ Berlin 405 – Wiesbaden 238 – Kassel 19 – Detmold 95

✕ Deutsche Eiche mit Zim
Untere Schnurstr. 3 ⌧ 34393 – ℰ (05674) 92 33 77
– www.deutsche-eiche-grebenstein.com – geschl. 3. - 11. Januar, 25. Juni - 8. Juli und Sonntagabend - Montag
10 Zim – †44/48 € ††68/72 €   **Rest** – Menü 45 € – Karte 29/42 €
• Das Haus liegt im Zentrum des beschaulichen kleines Ortes. Ein in mehrere Räume unterteiltes Restaurant mit rustikalem Charakter und bürgerlichem Speiseangebot. Im Hotelbereich bietet man meist recht geräumige und zeitgemäße Zimmer.

GREETSIEL – Niedersachsen – siehe Krummhörn

GREIFSWALD – Mecklenburg-Vorpommern – 542 – 54 370 Ew – Höhe 5 m   13 P4
▶ Berlin 214 – Schwerin 178 – Rügen (Bergen) 60 – Rostock 103
ADAC Anklamer Str. 85 B
🛈 Rathaus am Markt D, ⌧ 17489, ℰ (03834) 52 13 80, www.greifswald.de
◉ Marktplatz★ (Haus Nr. 11★) – Marienkirche★ D – Dom St. Nikolai★ C – Klosterruine Eldena★ – Fischerdorf Wieck★ (Zugbrücke★)

Stadtpläne siehe nächste Seiten

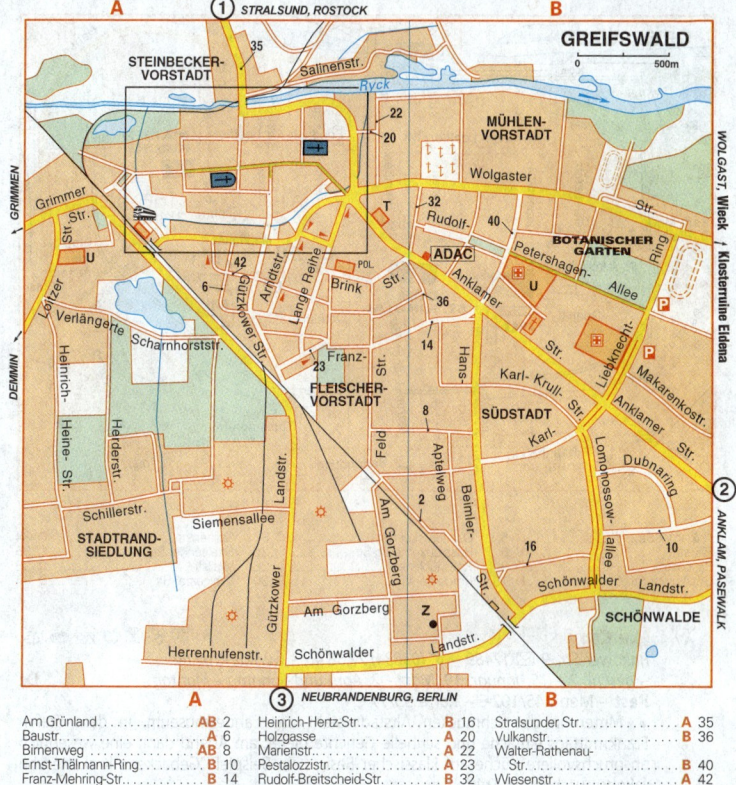

GREIFSWALD

Am Grünland	**AB** 2
Baustr.	**A** 6
Birnenweg	**AB** 8
Ernst-Thälmann-Ring	**B** 10
Franz-Mehring-Str.	**B** 14
Heinrich-Hertz-Str.	**B** 16
Holzgasse	**B** 20
Marienstr.	**A** 22
Pestalozzistr.	**A** 23
Rudolf-Breitscheid-Str.	**B** 32
Stralsunder Str.	**A** 35
Vulkanstr.	**B** 36
Walter-Rathenau-Str.	**B** 40
Wiesenstr.	**A** 42

Mercure
Am Gorzberg ✉ 17489 – ℰ (03834) 54 40
– www.mercure.com   **Bz**
113 Zim – †76/85 € ††85/96 €   **Rest** – Karte 25/39 €
♦ Das Hotel ist eine praktische Tagungs- und Businessadresse am Stadtrand. Es stehen zeitgemäße und funktionale Zimmer bereit, kleine Extras in der Komfort-Kategorie.

Kronprinz
Lange Straße 22 ✉ 17489 – ℰ (03834) 79 00
– www.hotelkronprinz.de   **Ca**
31 Zim – †83/96 € ††104/120 € – 1 Suite   **Rest** – Karte 24/44 €
♦ Das aus Alt- und Neubau bestehende Hotel befindet sich in der Innenstadt bei der Fußgängerzone und bietet funktional ausgestattete Zimmer in klassischem Stil. Restaurant mit Brasserie-Ambiente und bürgerlich-internationaler Karte.

Galerie garni
Mühlenstr. 10 ✉ 17489 – ℰ (03834) 7 73 78 30
– www.hotelgalerie.de   **Db**
13 Zim – †70/78 € ††88/98 €
♦ Ein modernes, freundlich geführtes kleines Hotel nahe dem Marktplatz, in dem sich viel zeitgenössische Originalkunst findet. Im OG: zwei Zimmer mit Kitchenette und Dachterrasse.

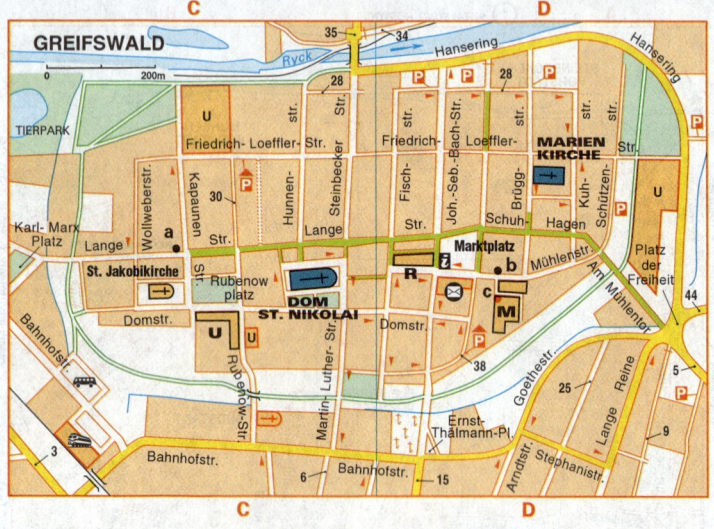

Anklamer Str.	D 5	Osnabrücker Str.	C 3	Salinenstr.	D 34
Baustr.	C 6	Rosa-Luxemburg-Str.	D 25	Stralsunder Str.	C 35
Bleichstr.	D 9	Roßmühlenstr.	D 28	Wallstr.	D 38
Gützkower Str.	D 15	Rotgerberstr.	C 30	Wolgaster Str.	D 44

Le Croy

Rakower Str. 9 ⌧ 17489 – ℰ (03834) 77 58 46 – www.le-croy.de
– geschl. 2. - 15. Januar, 19. März - 2. April und Sonntag - Montag Dc
Rest – Menü 45/102 € – Karte 35/77 €

♦ Mitten in der schmucken Altstadt steht das Landesmuseum, in dem Stefan Frank mittags einfache und schnelle Gerichte bietet, am Abend dann eine wesentlich anspruchsvollere Küche auf klassischer Basis - ein Beispiel: "Gebackene Krokette von Jakobsmuschel und Trüffel"!

In Greifswald-Wieck Ost : 4 km über Wolgaster Straße C

Fischer-Hütte

An der Mühle 12 ⌧ 17489 – ℰ (03834) 83 96 54 – www.fischer-huette.de
Rest – Karte 22/42 €

♦ Am Fischereihafen finden Sie dieses nette Restaurant mit rustikal-maritimem Flair und frischer saisonaler Fischküche. Von den Fensterplätzen schaut man auf die alte Klappbrücke.

In Neuenkirchen Nord: 3 km über Stralsunder Straße A

Stettiner Hof

Theodor-Körner-Str. 20 ⌧ 17498 – ℰ (03834) 89 96 24 – www.hotel-stettiner-hof.de
24 Zim ⌧ – †62 € ††82 €
Rest – (Montag - Freitag nur Abendessen) Karte 14/37 €

♦ Eine Besonderheit dieses Familienbetriebs ist die Ausstellung restaurierter alter Maschinen - ein Hobby des Chefs. Eines der komfortableren Giebelzimmer ist eine Maisonette. Im Bistrostil gehaltenes Restaurant mit Wintergarten, davor der Garten mit Terrasse.

GREMSDORF – Bayern – siehe Höchstadt an der Aisch

GRENZACH-WYHLEN – Baden-Württemberg – **545** – 13 980 Ew   61 D21
– Höhe 272 m

▶ Berlin 868 – Stuttgart 271 – Freiburg im Breisgau 87 – Bad Säckingen 25

GRENZACH-WYHLEN

Im Ortsteil Grenzach

Eckert
Basler Str. 20, (B 34) ⊠ 79639 – ℰ (07624) 9 17 20 – www.hotel-eckert.de – geschl.
27. Dezember - 2. Januar
29 Zim – †69/78 € ††99/108 €
Rest *Restaurant Eckert* – siehe Restaurantauswahl
♦ Das in der 3. Generation familiär geführte Haus bietet im rückwärtigen Gästehaus funktional ausgestattete Zimmer mit Balkon, darunter zwei geräumige Juniorsuiten.

Restaurant Eckert – Hotel Eckert
Basler Str. 20, (B 34) ⊠ 79639 – ℰ (07624) 9 17 20 – www.hotel-eckert.de – geschl.
27. Dezember - 2. Januar und Donnerstagmittag, Freitag - Samstagmittag
Rest – (Tischbestellung ratsam) Menü 30/53 € – Karte 32/58 €
♦ Im gediegenen Restaurant des gleichnamigen Hotels serviert man traditionelle und internationale Küche. Eine Täfelung von 1930 ziert einen der Räume.

GREVEN – Nordrhein-Westfalen – **543** – 35 890 Ew – Höhe 45 m   26 D9
▶ Berlin 465 – Düsseldorf 141 – Nordhorn 76 – Enschede 59
🛈 Alte Münsterstr. 23, ⊠ 48268, ℰ (02571) 13 00, www.greven-tourismus.de
⛳ Greven, Aldruper Oberesch 12, ℰ (02571) 9 70 95

Eichenhof
Hansaring 70 ⊠ 48268 – ℰ (02571) 9 97 96 00 – www.eichenhof.com
29 Zim – †62 € ††88 €
Rest – (geschl. Samstagmittag, Sonntag und an Feiertagen) Menü 26/33 €
– Karte 21/40 €
♦ Das Hotel ist aus einem schönen historischen Bauernhof entstanden. Die Zimmer sind unterschiedlich geschnitten und zeitgemäß eingerichtet, teils auch mit Antiquitäten. W-Lan gratis. Von einer Künstlerin freundlich dekoriertes Restaurant mit ländlichem Charme.

Altdeutsche Gaststätte Wauligmann
Schifffahrter Damm 22 (Süd-Ost: 4 km über B 481 in Richtung Münster, jenseits der A 1)
⊠ 48268 – ℰ (02571) 23 88 – www.gaststaette-wauligmann.de – geschl. 24. Dezember
- 3. Januar, 30. Juli - 21. August und Montag - Dienstag
Rest – Karte 19/44 €
♦ In diesem rustikalen Familienbetrieb mit Klinker-Fachwerkfassade wird typische Münsterländer Gastlichkeit gepflegt. Auf den Tisch kommen regionale Spezialitäten.

In Greven-Gimbte Süd: 4,5 km über B 219, jenseits der A 1

Altdeutsche Schänke
Dorfstr. 18 ⊠ 48268 – ℰ (02571) 22 61 – www.altdeutsche-schaenke.de
– geschl. nach Karneval 2 Wochen, September - Oktober 2 Wochen und Dienstag
Rest – Karte 20/54 €
♦ Ein historisches Haus mit schönen Dekorationen und altem Kamin. Geboten wird bürgerliche Küche mit zeitgemäßen internationalen Einflüssen. Reizvoll ist die Gartenterrasse.

GREVENBROICH – Nordrhein-Westfalen – **543** – 64 040 Ew – Höhe 50 m   35 B12
▶ Berlin 581 – Düsseldorf 28 – Aachen 59 – Köln 31
⛳ Grevenbroich, Zur Mühlenerft 1, ℰ (02181) 28 06 37

Zur Traube (Dieter L. Kaufmann) mit Zim
Bahnstr. 47 ⊠ 41515 – ℰ (02181) 6 87 67 – www.zur-traube-grevenbroich.de – geschl.
24. Dezember - 6. Januar, 3. - 16. April, Ende Juli - Anfang August und Sonntag - Montag
6 Zim – †125/155 € ††158/195 € – 2 Suiten
Rest – (Tischbestellung ratsam) Menü 55/128 € – Karte 74/111 €
Spez. Parfait vom Stör mit Imperial Caviar. Gefüllte Wachtel mit Kalbsbries und schwarzen Trüffeln. Gratinierter Limonenflan auf Ananascarpaccio und Mandeleis.
♦ Dieter L. Kaufmann hat das schmucke weiße Haus von 1893 mit seiner traditionellen klassischen Küche als Gourmetadresse bekannt gemacht. Seit nunmehr 50 Jahren sind er und seine Frau Elvira die engagierten Gastgeber in dem eleganten Restaurant. Beachtliche Weinauswahl. Zum Übernachten stehen stilvolle Zimmer bereit.

GREVENBROICH

In Grevenbroich-Kapellen Nord-Ost: 6 km, Richtung Neuss über A 46

XX **Drei Könige** mit Zim

Neusser Str. 49 ⌧ 41516 – ℰ (02182) 81 21 53 – www.drei-koenige.net – geschl. Montag, Samstagmittag
6 Zim – †73/105 € ††95/105 €, ⌑ 5 € **Rest** – Menü 39 € – Karte 32/57 €
♦ Die einstige Postrelaisstation a. d. 18. Jh. ist heute ein familiengeführtes Restaurant, das rustikale und klassische Elemente kombiniert. Saisonal beeinflusste Küche. Helle, freundliche Gästezimmer mit italienischen Möbeln.

GRIESBACH im ROTTAL, BAD – Bayern – **546** – 8 450 Ew **59** P19
– Höhe 453 m – Thermalbad und Luftkurort

▶ Berlin 606 – München 153 – Passau 38 – Landshut 95
🛈 Stadtplatz 1, ⌧ 94086, ℰ (08532) 7 92 40, www.badgriesbach.de
🏠 Brunnwies, ℰ (08535) 9 60 10
🏠 Lederbach Holzhäuser 8, ℰ (08535) 31 35
🏠 Uttlau, ℰ (08535) 1 89 49
🏠 Sagmühle, ℰ (08532) 20 38

🏨 **COLUMBIA**

Passauer Str. 39a ⌧ 94086 – ℰ (08532) 30 90 – www.columbia-hotels.com
65 Zim ⌑ – †109/149 € ††198/218 € – ½ P 32 € – 2 Suiten
Rest *Il Giardino* ✿ **Rest** *Galleria* **Rest** *El Sotano* – siehe Restaurantauswahl
♦ Eine Hotelanlage in ansprechender Hufeisenform mit freundlichem Service, vielseitigem Wellnessangebot und gutem Tagungsbereich. Highlight: die zwei Il-Giardino-Suiten in der Gartenvilla.

🏨 **Das Ludwig**

Am Kurwald 2 ⌧ 94086 – ℰ (08532) 79 90 – www.hartl.de – geschl.
8. Januar - 17. März
180 Zim ⌑ – †102/122 € ††174/214 € – 7 Suiten
Rest – (nur Abendessen) Menü 25 € (Buffet)/29 € – Karte 21/46 €
♦ Das Konzept (Freizeit, Familien, Urlaub) kommt an! Mit Soccer Camp, Geocaching, Golfer-Service, einer Thermenlandschaft auf rund 1800 qm und vielem mehr gibt's für Groß und Klein die passende Aktivität. Im Restaurant bietet man regelmäßig Buffets, wer's rustikal mag, geht in den "Heurigen".

XXX **Il Giardino** – Hotel COLUMBIA
✿
Passauer Str. 39a ⌧ 94086 – ℰ (08532) 30 94 71 – www.columbia-hotels.com
– geschl. 15. Januar - 1. Februar, 10. - 25. Juni, 4. - 20. November und Sonntag - Montag
Rest – (nur Abendessen) Menü 75/98 € – Karte 60/69 € 🍷
Spez. Kalbsfilet "Sandwich" / Kaviar / Zitronenthymian. Kaisergranat / Quinoa "Salat" / Avocado. Rottaler Reh / Erbsen / Neusetzer "Klassik".
♦ Inmitten des herrlichen Hotelgartens und landschaftlich eingebettet in die bayerische Toskana ist die elegante Villa ein Magnet für Feinschmecker. Die klassische Karte von Denis Feix verkündet Feines und Kreatives, zubereitet aus frischen Produkten der Region.

XX **Galleria** – Hotel COLUMBIA
Passauer Str. 39a ⌧ 94086 – ℰ (08532) 30 91 09 – www.columbia-hotels.com
Rest – Menü 38 € – Karte 30/45 €
♦ Beeindruckend, was Farbe alles kann: Warme Rottöne und naturbelassene Korbsessel harmonieren miteinander und schaffen behagliche Atmosphäre in dem großzügigen Raum.

X **El Sotano** – Hotel COLUMBIA
Passauer Str. 39a ⌧ 94086 – ℰ (08532) 30 91 62 – www.columbia-hotels.com
– geschl. Montag - Dienstag
Rest – (nur Abendessen) Karte 19/34 €
♦ Nach unverkennbar mexikanischer Folklore eingerichtetes Lokal - tauchen Sie ein in die prächtige Farbenvielfalt des fernen Landes und genießen die mit typischen Gewürzen gespickten Speisen.

GRIESBACH im ROTTAL, BAD

In Bad Griesbach-Therme Süd: 3 km Richtung Bad Füssing

🛈 Stadtplatz 1, ⌂ 94086, ✆ (08532) 7 92 40, www.badgriesbach.de

Maximilian
Kurallee 1 ⌂ 94086 - ✆ (08532) 79 50 – www.hartl.de/maximillian
221 Zim ⌂ – †105/140 € ††170/320 € – ½ P 30 € – 11 Suiten
Rest *Ferrara* – siehe Restaurantauswahl
♦ In dem komfortablen Hotel stehen Wellness und Golf im Vordergrund. Man bietet Spa auf 2500 qm und einen Shuttle-Service zu den Plätzen des Hartl-Resorts. Verschiedene Boutiquen im Haus.

Parkhotel
Am Kurwald 10 ⌂ 94086 – ✆ (08532) 2 80
– www.parkhotel-badgriesbach.de
159 Zim (inkl. ½ P.) – †101/116 € ††212/252 € – 5 Suiten **Rest** – Karte 22/46 €
♦ Diese ruhig am Ortsrand gelegene Ferienadresse verfügt über einen geschmackvollen Spabereich und Medical Wellness mit Therapieangebot. Besonders wohnlich: die Galeriezimmer. Teil des Restaurants ist das gemütliche Stüberl mit regionaler Karte.

Fürstenhof
Thermalbadstr. 28 ⌂ 94086 – ✆ (08532) 98 10 – www.hartl.de
148 Zim ⌂ – †89/108 € ††166/200 € – ½ P 15 € – 8 Suiten
Rest – Karte 32/48 €
♦ Behagliche Landhauszimmer (viele mit Balkon und auch einige Galeriezimmer) sowie ein weitläufiger Wellnessbereich mit schön angelegter Sonnenterrasse erwarten Sie hier. Verschiedene Restaurantstuben von stilvoll bis ländlich.

Drei Quellen Therme
Thermalbadstr. 3 ⌂ 94086 – ✆ (08532) 79 80
– www.hotel-dreiquellen.de
103 Zim (inkl. ½ P.) – †84/103 € ††160/176 € – 5 Suiten **Rest** – Karte 19/34 €
♦ In dem zentral gelegenen Hotel trifft bayerischer Landhausstil auf zeitgemäßen Komfort. Im Garten hat man einen hübschen "Saunastadl", erreichbar durch einen Bademantelgang. Die Restauranträume sind gemütlich, teils mit mediterranem Touch gestaltet.

Ferrara – Hotel Maximilian
Kurallee 1 ⌂ 94086 – ✆ (08532) 79 55 20 – www.hartl.de/maximillian – geschl. Montag
Rest – *(nur Abendessen)* Menü 38/59 € – Karte 43/56 €
♦ Wenn Traditionelles, Ländliches und Klassisches zusammenkommen, dann entsteht eine solch gelungene und elegante Atmosphäre. Spezialität ist u. a. Fisch aus heimischen Gewässern!

GRIESHEIM – Hessen – **543** – 26 170 Ew – Höhe 96 m   **47** F15
▶ Berlin 573 – Wiesbaden 43 – Frankfurt am Main 40 – Darmstadt 7
🛧 Riedstadt-Leeheim, Hof Hayna, ✆ (06158) 74 73 85

Café Nothnagel garni
Wilhelm-Leuschner-Str. 67 ⌂ 64347 – ✆ (06155) 8 37 00 – www.hotel-nothnagel.de
– geschl. Weihnachten - 4. Januar
31 Zim ⌂ – †75/85 € ††105/115 €
♦ Das sehr gepflegte und gut geführte Hotel wird schon viele Jahre familiär geleitet und bietet unterschiedlich eingerichtete Zimmer. Mit im Haus: Bäckerei, Konditorei und Café.

GRÖBENZELL – Bayern – **546** – 19 380 Ew – Höhe 506 m   **65** L20
▶ Berlin 589 – München 24 – Augsburg 54 – Dachau 14

Zur Alten Schule
Rathausstr. 3 ⌂ 82194 – ✆ (08142) 50 46 60 – www.gasthaus-zur-alten-schule.de
– geschl. Montag
Rest – Karte 20/43 €
♦ Ein 1924 als Schule erbautes Haus beherbergt heute dieses freundlich von Familie Pflug geleitete Restaurant. Blanke Tische und allerlei alte Schulutensilien zieren die Räume.

GRÖDITZ – Sachsen – **544** – 7 250 Ew – Höhe 97 m   **33** P11
▶ Berlin 175 – Dresden 52 – Cottbus 89 – Leipzig 92

Spanischer Hof
Hauptstr. 15a ✉ 01609 – ✆ (035263) 4 40 – www.spanischer-hof.de
45 Zim – †84 € ††104/114 €
Rest – *(geschl. 2. - 8. Januar) (Montag - Freitag nur Abendessen)* Karte 26/48 €
♦ Von der Architektur bis zu den Zimmernamen begleitet Sie ein Hauch Spanien durch das Hotel. Schön sind die zwei aufwändig gestalteten Turm-Maisonetten. Kosmetik- und Massageangebot. Spanische Küche bieten die ländlich gehaltenen Restaurants El Dorado und Bodega.

GRÖMITZ – Schleswig-Holstein – **541** – 7 750 Ew – Höhe 14 m – Seeheilbad   **11** K3
▶ Berlin 309 – Kiel 72 – Lübeck 54 – Neustadt in Holstein 12
🛈 Kurpromenade 58, ✉ 23743, ✆ (04562) 25 60, www.groemitz.de
Grömitz, Am Schoor 46, ✆ (04562) 22 26 50

Strandidyll
Uferstr. 26 ✉ 23743 – ✆ (04562) 18 90 – www.strandidyll.de – *geschl. 25. November - 24. Dezember*
26 Zim – †65/125 € ††95/148 € – ½ P 18 € – 13 Suiten
Rest – *(nur Abendessen)* Karte 24/38 €
♦ Vor allem die Lage unmittelbar am Strand macht das Hotel zu einer schönen Ferienadresse! Ganz in der Nähe befindet sich auch der Yachthafen. Sie speisen mit Blick auf die Ostsee (nachmittags bietet man eine reduzierte Karte). Terrasse zur Promenade.

GRÖNENBACH, BAD – Bayern – **546** – 5 280 Ew – Höhe 718 m   **64** I21
▶ Berlin 682 – München 135 – Augsburg 110 – Kempten 28

Badische Weinstube
Marktplatz 8 ✉ 87730 – ✆ (08334) 25 97 25 – www.badische.com – *geschl. Montag - Dienstagmittag*
Rest – Menü 34/45 € – Karte 28/65 €
♦ In dem hübschen, ländlich-gediegenen Restaurant mitten im Ort wird eine zeitgemäß-saisonale Küche angeboten, die sich in Form eines Island Saiblingsfilets vom Grill mit Broccoli und Kürbisrisotto schmecken lässt. Die Terrasse liegt sehr nett direkt auf dem Marktplatz.

GRONAU in WESTFALEN – Nordrhein-Westfalen – **543** – 46 550 Ew – Höhe 38 m   **26** C9
▶ Berlin 509 – Düsseldorf 133 – Nordhorn 35 – Enschede 10
🛈 Bahnhofstr. 45, ✉ 48599, ✆ (02562) 9 90 06, www.gronau.de

Bergesbuer
Ochtruper Str. 161 ✉ 48599 – ✆ (02562) 9 82 33 – www.bergesbuer.de
29 Zim – †59/73 € ††90 € – ½ P 12 € – 1 Suite
Rest – Karte 11/44 €
♦ Modern und wohnlich in warmen Tönen präsentieren sich die Gästezimmer in dem Hotel mit Klinkerfassade. Praktisch ist die gute Verkehrsanbindung. Helles, in geradlinigem Stil gehaltenes Restaurant.

Driland
Gildehauser Str. 350 (Nord-Ost: 4,5 km Richtung Nordhorn) ✉ 48599 – ✆ (02562) 36 00 – www.driland.de – *geschl. Weihnachten - 1. Januar*
24 Zim – †62/77 € ††90/99 €
Rest – *(geschl. Dienstagmittag)* Menü 30 € – Karte 19/43 €
♦ Ein netter gewachsener Gasthof mit über 150-jähriger Familientradition. Es stehen wohnlich-moderne Zimmer in verschiedenen Kategorien zur Verfügung. Zum unterteilten Restaurant gehört eine hübsche Terrasse mit Blick auf den Teich.

GRONAU in WESTFALEN

In Gronau-Epe Süd: 3,5 km über B 474

Schepers
Ahauser Str. 1 ⌂ 48599 – ⌀ (02565) 9 33 20 – www.hotel-schepers.de
43 Zim – †70/95 € ††98/130 € – 2 Suiten
Rest – *(geschl. Samstagmittag, Sonntagmittag)* Karte 23/47 €
• In dem Familienbetrieb erwarten Sie etwas individuelle, aber immer modern eingerichtete Zimmer mit kostenfreiem W-Lan. Dazu die nette "Wellness-Lounge" mit Sauna, Kosmetik und Massage. Klassisch-stilvolles Restaurant, ergänzt durch eine Gaststube mit rustikaler Note.

Heidehof
Amtsvenn 1 (West: 4 km, Richtung Alstätte) ⌂ 48599 – ⌀ (02565) 13 30
– www.restaurant-heidehof.de – geschl. Mitte Juli - Ende August 2 Wochen und Montag, Samstagmittag
Rest – Karte 31/55 €
• Auf einem schönen Gartengrundstück steht das reetgedeckte Haus. Die klassische internationale Küche serviert man im Restaurant mit Kamin, im Wintergarten oder auf der Terrasse.

GROSS DÖLLN – Brandenburg – siehe Templin

GROSS GRÖNAU – Schleswig-Holstein – **541** – 3 540 Ew – Höhe 7 m   **11** K4
▶ Berlin 270 – Kiel 85 – Lübeck 8 – Schwerin 74

Zum fabelhaften Hirschen
St. Hubertus 1 ⌂ 23627 – ⌀ (04509) 87 78 66 – www.zum-fabelhaften-hirschen.de
– geschl. Dienstag
Rest – Karte 22/47 €
• Klassisch-elegant oder lieber leger? Hier gibt es ein Restaurant und ein Bistro, und dazu zwei Speisekarten. Was Sie wo essen möchten, bleibt aber ganz Ihnen überlassen! Spezialität von Gastgeber und Küchenchef Marc Grotkopp ist Wild - im Winter Gans.

GROSS MECKELSEN – Niedersachsen – siehe Sittensen

GROSS NEMEROW – Mecklenburg-Vorpommern – siehe Neubrandenburg

---

GROSS PLASTEN – Mecklenburg-Vorpommern – siehe Waren (Müritz)

GROSS WITTENSEE – Schleswig-Holstein – siehe Eckernförde

GROSSALMERODE – Hessen – **543** – 6 940 Ew – Höhe 354 m   **39** I11
– Erholungsort
▶ Berlin 379 – Wiesbaden 255 – Kassel 24 – Göttingen 39

Pempel
In den Steinen 2 ⌂ 37247 – ⌀ (05604) 9 34 60 – www.pempel.de – geschl.
30. Dezember - 12. Januar
9 Zim – †45/65 € ††75/85 €
Rest – *(geschl. Samstagmittag, Sonntagabend)* Karte 21/60 €
• Das Stadthaus im Zentrum ist ein gepflegter kleiner Familienbetrieb, der über zeitgemäß und funktionell ausgestattete Gästezimmer verfügt. Im bürgerlich-rustikalen Restaurant bietet man u. a. einige erlesene französische Weine.

GROSSBOTTWAR – Baden-Württemberg – **545** – 8 200 Ew   **55** G18
– Höhe 215 m
▶ Berlin 605 – Stuttgart 38 – Heilbronn 23 – Ludwigsburg 19

Bruker garni (mit Gästehaus)
Kleinaspacher Str. 18 ⌂ 71723 – ⌀ (07148) 92 10 50 – www.hotel-bruker.de
27 Zim – †44 € ††72 €
• Das an ein Weingut angeschlossene Hotel bietet mit hellem Naturholz eingerichtete, teils recht geräumige Zimmer. Einige Wochen im Jahr hat das Wengerterstüble mit Vesperkarte geöffnet.

GROSSENLÜDER – Hessen – 543 – 8 570 Ew – Höhe 254 m 38 H13
▶ Berlin 456 – Wiesbaden 164 – Fulda 12 – Alsfeld 30

Landhotel Kleine Mühle (mit Gästehaus)
St.-Georg-Str. 21 ⊠ 36137 – ℰ (06648) 9 51 00
– www.hotel-kleine-muehle-fulda.de
16 Zim – †60/80 € ††100/140 €
Rest – *(nur für Hausgäste)* Menü 38 €
♦ Ein ehemaliges Mühlenanwesen ist dieses hübsche kleine Hotel, das seinen Gästen unterschiedlich eingerichtete, zeitlos gehaltene Zimmer bietet.

GROSSHARTHAU – Sachsen – 544 – 3 180 Ew – Höhe 275 m 43 R12
▶ Berlin 194 – Dresden 30 – Bautzen 25 – Kamenz 22

Kyffhäuser
Dresdner Str. 3 (B 6) ⊠ 01909 – ℰ (035954) 58 00 – www.kyffhaeuser-hotel.de
– geschl. 2. - 6. Januar
26 Zim – †39/42 € ††68 € **Rest** – Karte 15/30 €
♦ Das bei einem kleinen Schloss gelegene Hotel ist tipptopp gepflegt und wird familiär geführt. Vergnügliche Stunden versprechen diverse Veranstaltungen von Tanzparty über Modenschau bis Comedy. Im Restaurant: bürgerliche Küche und Aktionen wie z. B. Schnitzelwochen.

GROSSHEUBACH – Bayern – 546 – 5 080 Ew – Höhe 132 m 48 G16
– Erholungsort
▶ Berlin 570 – München 354 – Würzburg 73 – Aschaffenburg 38

Weinklause Rosenbusch
Engelbergweg 6 ⊠ 63920 – ℰ (09371) 65 04 00 – www.hotel-rosenbusch.de
20 Zim – †48 € ††69/94 € – ½ P 17 €
Rest – *(Montag - Samstag nur Abendessen)* Karte 17/31 €
♦ Das relativ ruhig etwas abseits gelegene Haus wird in der 4. Generation als Familienbetrieb geführt. Die Zimmer sind gepflegt und funktional, teils mit Balkon. Nettes, gemütliches Restaurant mit Kachelofen.

Zur Krone mit Zim
Miltenberger Str. 1 ⊠ 63920 – ℰ (09371) 26 63 – www.gasthauskrone.de – geschl. 18. - 26. Februar, Montag und Freitagmittag
9 Zim – †50/55 € ††80/90 € – ½ P 25 €
Rest – Menü 38/48 € – Karte 25/53 €
♦ Familie Restel hat ihr Gasthaus mitten im Ort! Und dort schmeckt es, dafür sorgt der Gastgeber mit seiner ehrlichen regionalen und internationalen Küche, wie z. B. in Rotwein geschmorte Kalbsbacken auf breiten Nudeln und knackigem Gemüse. Teilweise überdachte Terrasse.

GROSSKARLBACH – Rheinland-Pfalz – 543 – 1 140 Ew – Höhe 118 m 47 E16
▶ Berlin 637 – Mainz 76 – Mannheim 24 – Kaiserslautern 39

Gebrüder Meurer
Hauptstr. 67 ⊠ 67229 – ℰ (06238) 6 78 – www.restaurant-meurer.de
15 Zim – †87/130 € ††120/130 € – 1 Suite
Rest *Gebrüder Meurer* – siehe Restaurantauswahl
♦ Ein reizendes Anwesen mit toskanischem Charme - wie gemalt! Im traumhaften Garten haben Wolfgang und Christian Meurer ein schönes Badehaus mit exklusiver Juniorsuite und Kosmetikbereich entstehen lassen.

Gebrüder Meurer – Hotel Gebrüder Meurer
Hauptstr. 67 ⊠ 67229 – ℰ (06238) 6 78 – www.restaurant-meurer.de
Rest – *(Tischbestellung ratsam)* Karte 41/61 €
♦ Man fühlt sich hier ein bisschen wie im Urlaub: Der elegant-rustikale Landhausstil mit ausgewählten Farben erinnert an den Süden. Auf dem weitläufigen Gelände öffnet zeitweise noch ein Tagesrestaurant mit kleinem Angebot. Sonntags Lunchbuffet.

GROSSKARLBACH

XX **Karlbacher - L'Herbe de Provence** ⚡ 🅿 VISA ⊕ ⓘ
Hauptstr. 57 ✉ *67229 –* 📞 *(06238) 37 37 – www.karlbacher.info*
– geschl. 2. - 12. Januar und Montag - Dienstag
Rest *– (nur Abendessen)* (Tischbestellung ratsam) Menü 42/98 € – Karte 38/69 €
Rest *Weinstube* – siehe Restaurantauswahl
♦ Im OG des historischen Fachwerkhauses bietet man in charmant-eleganten Stuben gehobene Küche in Form zweier Menüs. Im Sommer hat man für die Gourmet-Gäste das schöne Kreuzgewölbe.

X **Weinstube** – Restaurant Karlbacher - L'Herbe de Provence 🅿 VISA ⊕
Hauptstr. 57 ✉ *67229 –* 📞 *(06238) 37 37 – www.karlbacher.info*
– geschl. 2. - 12. Januar und Montag - Dienstag
Rest – Menü 25 € (mittags) – Karte 31/48 €
♦ Im "Karlbacher", einem ehemaligen Winzerbetrieb a. d. 17. Jh., offeriert Christian Rubert in der rustikalen Stube oder im glasüberdachten, romantischen Innenhof bürgerliche Pfälzer Gerichte.

GROSSSCHÖNAU – Sachsen – **544** – 6 140 Ew – Höhe 310 m   44 S12
– Wintersport: 640 m ⚡ 4 ⚡ – Erholungsort
▶ Berlin 243 – Dresden 87 – Zittau 11
🛈 Hauptstr. 28, ✉ 02799, 📞 (035841) 21 46, www.grossschoenau.de

In Großschönau-Waltersdorf Süd: 2,5 km – Erholungsort

🏠 **Quirle-Häusl** (mit Gästehaus) 🚗 📶 📺 🛁 🅿 VISA ⊕ AE ⓘ
Hauptstr. 51 ✉ *02799 –* 📞 *(035841) 60 60 60 – www.quirle.de*
21 Zim ⌂ – †55 € ††79/89 € – ½ P 15 €   **Rest** – Karte 19/27 €
♦ Die Gastgeber Kathrin und Peter Kunze sind im der Volksmusik ein bekanntes Duett. So leidenschaftlich wie sie singen, leiten sie auch das historische Oberlausitzer Umgebindehaus mit dem Kaiserlichen Postamt von 1900 als Gästehaus. Gemütliche Atmosphäre im rustikalen Restaurant Blockstube. Biergarten im Innenhof.

GROSS-UMSTADT – Hessen – **543** – 21 380 Ew – Höhe 160 m   48 G15
▶ Berlin 568 – Wiesbaden 67 – Frankfurt am Main 51 – Darmstadt 22

🏠 **Jakob** 🌿 ← 🚗 📶 📺 🛁 🅿 VISA ⊕ AE
Zimmerstr. 43 ✉ *64823 –* 📞 *(06078) 7 80 00 – www.hotel-jakob.de*
– geschl. 23. - 27. Dezember
40 Zim – †55/69 € ††72/115 €, ⌂ 5 €
Rest – (geschl. 23. Dezember - 7. Januar und Sonntag) (nur Abendessen)
Karte 21/41 €
♦ Das familiengeführte Haus liegt am Rande der Stadt und grenzt an das Naturschutzgebiet. Einige modernere Zimmer sind besonders schön. Nette kleine Sauna im UG. Internationales Angebot im neuzeitlichen Bistro-Restaurant.

XX **Farmerhaus** 🌿 🅿 VISA ⊕ AE ⓘ
Am Farmerhaus 1, (auf dem Hainrich) ✉ *64823 –* 📞 *(06078) 91 11 91*
– www.farmerhaus.de – geschl. 1. - 20. Januar und Sonntag - Montag
Rest *– (nur Abendessen)* Karte 51/76 €
♦ Die gelungene Umsetzung des Themas Afrika macht diese Adresse einzigartig: Authentisch sind sowohl die Speisen als auch die schöne, stimmige Dekoration mit zahlreichen Jagdtrophäen. Im Innenhof hat man eine hübsche Gartenterrasse.

GROSSWEITZSCHEN – Sachsen – siehe Döbeln

GRÜNBERG – Hessen – **543** – 13 900 Ew – Höhe 273 m – Luftkurort   38 G13
▶ Berlin 476 – Wiesbaden 102 – Frankfurt am Main 72 – Gießen 22
🛈 Rabegasse 1, ✉ 35305, 📞 (06401) 80 41 14, www.gruenberg.de

GRÜNBERG

Villa Emilia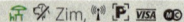
Gießener Str. 42 (B 49) ⊠ 35305 – ℰ (06401) 64 47 – www.hotel-villa-emilia.de
– geschl. Juli - Anfang August 2 Wochen
12 Zim – †68 € ††90 €
Rest – *(geschl. Donnerstag, Sonntag) (nur Abendessen)* Menü 38 € – Karte 34/49 €
♦ Im Hof hinter der netten alten Villa schließen sich der Hotelanbau sowie der Garten an. Zeitgemäße, helle Zimmer im Landhausstil stehen in dem freundlich geführten Haus bereit. Das im Stammhaus untergebrachte Restaurant bietet saisonale Küche.

GRÜNSTADT – Rheinland-Pfalz – **543** – 13 030 Ew – Höhe 169 m   **47** E16
▶ Berlin 632 – Mainz 59 – Mannheim 31 – Kaiserslautern 36
🗓 Dackenheim, Kirchheimer Str. 40, ℰ (06353) 98 92 12

In Grünstadt-Asselheim Nord: 2 km

Pfalzhotel Asselheim
Holzweg 6 ⊠ 67269 – ℰ (06359) 8 00 30
– www.pfalzhotel.de
68 Zim – †85/92 € ††99/136 €   **Rest** – Karte 22/44 €
♦ Das gewachsene Landhotel mit Anbau bietet wohnliche, neuzeitliche Zimmer und ist auch auf Tagungen eingestellt. Schöner Sinnesgarten hinter dem Haus. Im gemütlichen Restaurant serviert man u. a. Schneckenspezialitäten aus der eigenen Zucht "Pfalzschnecke".

In Grünstadt-Sausenheim Süd: 2,5 km, jenseits der A 6

Am Bienenbrunnen
Hintergasse 2 ⊠ 67269 – ℰ (06359) 81 09 25 – www.bienenbrunnen.de – geschl. Anfang März 2 Wochen und Montag
Rest – *(nur Abendessen)* Menü 35/45 € – Karte 24/51 €
♦ Ein hübsches kleines Gutsrestaurant mit Natursteinwänden und Gewölbedecke. Der Chef ist Franzose - entsprechend französisch geprägt ist die Küche. Gemütliche Terrasse.

In Neuleiningen Süd-West: 3 km über Sausenheim, jenseits der A 6

Alte Pfarrey
Untergasse 54 ⊠ 67271 – ℰ (06359) 8 60 66 – www.altepfarrey.de – geschl. Februar 2 Wochen
9 Zim – †80/95 € ††125/180 €
Rest *Alte Pfarrey* ❀ – siehe Restaurantauswahl
♦ Versteckt liegt das Schmuckstück in einer kleinen Gasse nahe der Burg. Hübsche individuelle Zimmer mit dem historischen Charme des alten Pfarrhauses, dazu die freundliche Führung.

Alte Pfarrey (Silvio Lange) – Hotel Alte Pfarrey
Untergasse 54 ⊠ 67271 – ℰ (06359) 8 60 66 – www.altepfarrey.de – geschl. Februar 2 Wochen und Dienstag - Mittwoch
Rest – Menü 62/92 € – Karte 67/85 €
Spez. Gebratener Atlantikhummer mit Ananas und Limonengelee. Filet vom Hereford Rind mit Ochsenbackenragout, Blumenkohl und Schalottenjus. Komposition von Rhabarber und Vanille.
♦ Ein wirklich schöner Ort: Da ist der lichtdurchflutete Wintergarten mit freigelegtem altem Gemäuer, der bezaubernde Innenhof und natürlich die fantastische klassische Küche!

GRÜNWALD – Bayern – **546** – 11 040 Ew – Höhe 581 m   **65** L20
▶ Berlin 619 – München 21 – Innsbruck 161 – Augsburg 86

Schlosshotel
Zeillerstr. 1 ⊠ 82031 – ℰ (089) 6 49 62 60 – www.schlosshotelgruenwald.de
19 Zim – †90/130 € ††140/160 €   **Rest** – Karte 34/52 €
♦ Das kleine Hotel neben der Burg Grünwald geht zurück auf das ehemalige Jägerhaus des Schlosses. In historischem Rahmen erwarten Sie schöne wohnliche Zimmer. Das Restaurant bietet italienische Küche. Hübsch ist die Terrasse mit Blick auf das Isartal.

GRÜNWALD

Alter Wirt
Marktplatz 1 ⌂ 82031 – ℰ (089) 6 41 93 40 – www.alterwirt.de
50 Zim – †73/125 € ††110/155 €
Rest *Alter Wirt* – siehe Restaurantauswahl
♦ Ein gestandener bayerischer Landgasthof, der nach ökologischen Aspekten geführt wird. Die Zimmer sind meist allergikergerecht mit Naturholzmöbeln und Parkett ausgestattet.

Alter Wirt – Hotel Alter Wirt
Marktplatz 1 ⌂ 82031 – ℰ (089) 6 41 93 40 – www.alterwirt.de
Rest – Karte 23/52 €
♦ Natürlich wird in diesem regionalen Gasthaus Bayerisches aufgetischt - in der Küche verwendet man nur Bioprodukte! Lecker: Schweinsbraten mit Dunkelbier glasiert.

GÜNZBURG – Bayern – 546 – 19 560 Ew – Höhe 446 m 56 J19
▶ Berlin 569 – München 112 – Augsburg 53 – Stuttgart 110
ℹ Schlossplatz 1, ⌂ 89312, ℰ (08221) 20 04 44, www.leipheim.de
🏌 Jettingen-Scheppach, Schloss Klingenburg, ℰ (08225) 30 30

Zettler
Ichenhauser Str. 26a ⌂ 89312 – ℰ (08221) 3 64 80 – www.hotel-zettler.de
– geschl. 1. - 6. Januar, 22. - 31. Dezember
49 Zim ⌑ – †85/95 € ††99/139 € – ½ P 26 €
Rest – (geschl. Sonntag und an Feiertagen) (August: nur Abendessen) Menü 29 € – Karte 36/66 €
♦ Funktionelle Zimmer und zwei schöne Juniorsuiten stehen in dem gut geführten Familienbetrieb bereit. Zum Frühstücken nehmen Sie im hübschen Wintergarten Platz. Das Restaurant ist klassisch gehalten, von der Terrasse schaut man in den Garten.

Römer garni (mit Gästehaus)
Ulmer Str. 26 (B 10) ⌂ 89312 – ℰ (08221) 36 73 80 – www.hotel-roemer.de – geschl. 23. Dezember - 6. Januar
24 Zim ⌑ – †70/80 € ††98/105 €
♦ In dem Hotel mit wohnlichen, freundlichen Zimmern setzen hier und da Details im Hundertwasserstil interessante Akzente. Originell: Mauerreste aus der Römerzeit im Frühstücksraum.

In Günzburg-Deffingen Süd-Ost: 4 km über B 16 Richtung Kaufbeuren, dann links

Euro Hotel garni
Spielplatzstr. 6 ⌂ 89312 – ℰ (08221) 2 06 66 00 – www.eurohotelguenzburg.de
60 Zim – †60/90 € ††80/120 €, ⌑ 9 €
♦ Ein funktionell ausgestattetes Hotel in verkehrsgünstiger Lage nahe Autobahn und Legoland. Moderne Bilder zieren den geräumigen hohen Hallenbereich.

GÜSTROW – Mecklenburg-Vorpommern – 542 – 30 160 Ew – Höhe 14 m 12 M4
▶ Berlin 192 – Schwerin 63 – Rostock 38 – Neubrandenburg 87
ℹ Franz-Parr-Platz 10, ⌂ 18273, ℰ (03843) 68 10 23, www.guestrow-tourismus.de
◉ Schloss ★ – Dom ★ – Ernst-Barlach-Stiftung ★

Kurhaus am Inselsee
Heidberg 1 (Süd-Ost: 4 km) ⌂ 18273 – ℰ (03843) 85 00
– www.kurhaus-guestrow.de
45 Zim ⌑ – †78/108 € ††115/145 € – 3 Suiten **Rest** – Karte 15/48 €
♦ In ruhiger Lage am Inselsee wohnen die Gäste in stilvoll-klassischen Zimmern, die zur Seeseite hin über einen Balkon verfügen. Annehmlichkeiten sind auch der aufmerksame Service und das vielseitige Frühstück. Das Restaurant mit Brasserie-Flair wird ergänzt durch eine Terrasse zum schönen Park mit alten Bäumen.

Stadt Güstrow
Markt 2 ⌂ 18273 – ℰ (03843) 78 00 – www.reisen-mecklenburg.de
70 Zim ⌑ – †54/74 € ††78/118 € **Rest** – Karte 22/40 €
♦ Das Hotel am Marktplatz ist eine modern-funktionelle Adresse, die auch von Tagungsgästen geschätzt wird. Frühstück bietet man im 250 Jahre alten Ballsaal. Restaurant mit bürgerlicher Küche.

GÜSTROW

Altstadt garni
Baustr. 8 ⊠ 18273 – ℰ (03843) 78 00 – www.reisen-mecklenburg.de
46 Zim ⌁ – †54/64 € ††78/98 €
♦ Im historischen Zentrum befindet sich dieses mit gepflegten und praktischen Gästezimmern ausgestattete Hotel. Sehenswürdigkeiten der Stadt erreichen Sie bequem zu Fuß.

Weinberg
Bölkower Str. 8 ⊠ 18273 – ℰ (03843) 8 33 30 – www.weinberg-hotel.de
23 Zim ⌁ – †60/69 € ††80/89 €   **Rest** – Karte 20/34 €
♦ Das Hotel in einem Wohngebiet wird von den Gastgebern freundlich-familiär geleitet und bietet sehr gepflegte, praktisch eingerichtete Zimmer, teilweise mit Dachschräge.

In Lalendorf Süd-Ost: 16 km Richtung Neubrandenburg, jenseits der A 19

Im Wiesengrund
Hauptstr. 3 (B 104) ⊠ 18279 – ℰ (038452) 2 05 42
– www.imwiesengrund.com
20 Zim ⌁ – †36/40 € ††62 €
Rest – *(geschl. Sonntagabend)* Karte 20/34 €
♦ Der seit über 20 Jahren bestehende Familienbetrieb liegt umgeben von Grün und dennoch verkehrsgünstig. Mit wohnlichen Zimmern und schöner Gartenanlage mit Teich und Pavillon. Im Restaurant mit Wintergarten bietet man bürgerliche Küche.

In Lalendorf-Gremmelin Ost: 15 km über B 104

Gut Gremmelin
Am Hofsee 33 ⊠ 18279 – ℰ (038452) 51 10 – www.gutgremmelin.de
30 Zim ⌁ – †65/85 € ††99/125 €
Rest – *(geschl. Sonntag) (nur Abendessen)* Karte 20/42 €
♦ Die historische Gutsanlage bietet freundliche Alt- und Neubau-Zimmer in klarem zeitgemäßem Stil. Traumhaft ist die Lage am See in einem schönen Park. Reetdachhaus mit Juniorsuite. Geradlinig-modernes Restaurant mit Gewölbekeller für Veranstaltungen.

GÜTERSLOH – Nordrhein-Westfalen – 543 – 96 320 Ew – Höhe 75 m   27 F10

▶ Berlin 412 – Düsseldorf 156 – Bielefeld 18 – Münster (Westfalen) 57
🛈 Berliner Str. 63 BY, ⊠ 33330, ℰ (05241) 21 13 60, www.guetersloh-marketing.de
⛳ Rietberg-Varensell, Gütersloher Str. 127, ℰ (05244) 23 40

Parkhotel
Kirchstr. 27 ⊠ 33330 – ℰ (05241) 87 70 – www.parkhotel-gt.de   BZ**n**
103 Zim – †69/199 € ††69/199 €, ⌁ 16 € – 4 Suiten
Rest *ParkRestaurant* **Rest** *Bellini* – siehe Restaurantauswahl
♦ Ein elegantes Hotel im Zentrum mit großzügigem Rahmen. Es empfängt Sie eine repräsentative Halle mit Piano und Kamin sowie klassischer Bar.

Appelbaum
Neuenkirchener Str. 59 ⊠ 33332 – ℰ (05241) 9 55 10 – www.hotel-appelbaum.de
66 Zim ⌁ – †69/98 € ††150/220 €   AZ**s**
Rest – *(geschl. Samstagmittag)* Karte 23/43 €
♦ Das aus einem Gasthof entstandene Hotel wird bereits in der 3. Generation familiär geführt. Die neueren Zimmer sind besonders freundlich gestaltet und mit Klimaanlage ausgestattet. Im Restaurant bietet man eine ständig wechselnde Aktionskarte.

Holiday Inn Express garni
Berliner Str. 106 ⊠ 33330 – ℰ (05241) 1 79 30 – www.hiexpress.de
126 Zim ⌁ – †89/129 € ††89/129 €   BY**a**
♦ Hier überzeugen moderne Zimmer mit zeitgemäßer Technik und guter Arbeitsfläche. Zwei Kinder bis 18 Jahre übernachten kostenlos bei den Eltern. "Coffee to go".

GÜTERSLOH

Berliner Str.	**AZ**	Eickhoffstr.	**BYZ** 11	Lindenstr.	**BZ** 21
Brockhäger Str.	**AY** 3	Feuerbornstr.	**AZ** 13	Moltkestr.	**AY** 22
Carl-Miele-Str.	**BY** 4	Herzebrocker Str.	**AZ** 15	Münsterstr.	**AZ** 23
Dalkestr.	**AZ** 7	Kahlertstr.	**BY** 16	Schulstr.	**AY** 27
Daltropstr.	**AZ** 8	Kökerstr.	**BZ** 19	Strengerstr.	**BY** 28
		Königstr.	**AZ**	Theodor-Heuss-Pl.	**AZ** 30
		Kolbepl.	**BZ** 20	Willy-Brandt-Pl.	**BY** 32

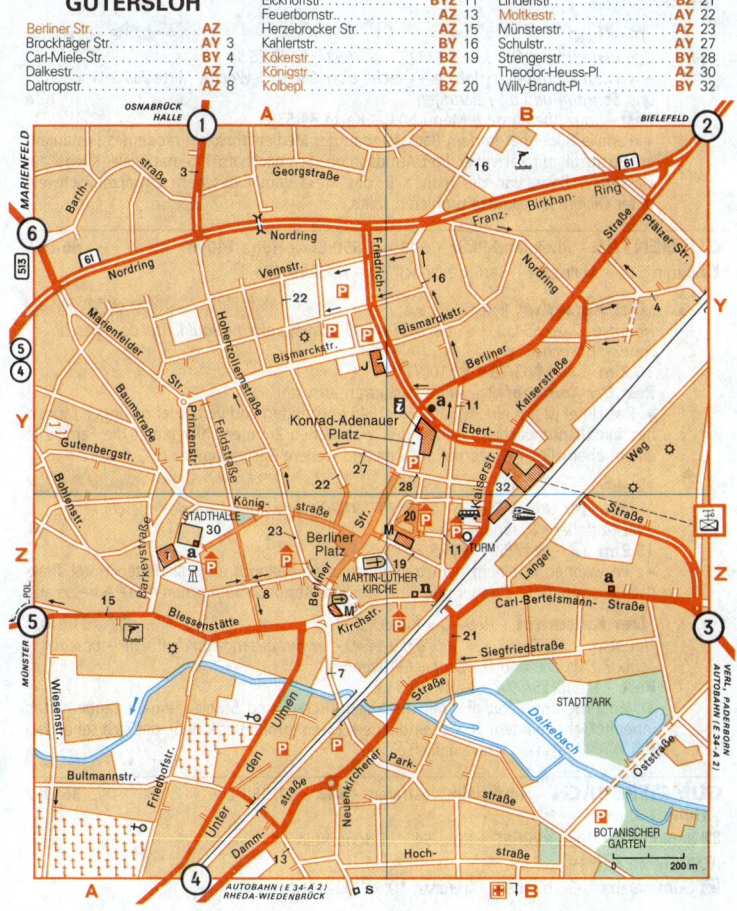

ParkRestaurant – Parkhotel Gütersloh
Kirchstr. 27 ✉ 33330 – ✆ (05241) 87 70 – www.parkhotel-gt.de
Rest – Menü 27/30 € – Karte 31/40 €
BZ**n**
• Ganz nach der Tradition eines klassischen Hotels ist man umgeben von elegantem Mobiliar. Besonders beliebt ist der überdachte Terrassenbereich mit Lounge.

Sinfonie
Friedrichstr. 10, (Stadthalle) ✉ 33330 – ✆ (05241) 86 42 69 – www.sinfonie-gt.de
– geschl. Montag, Samstagmittag
AZ**a**
Rest – Menü 20/35 € – Karte 22/53 €
• Das in die Stadthalle integrierte Restaurant mit eleganter Note bietet eine große Auswahl an internationalen Speisen, die auch auf der netten Terrasse serviert werden.

Bellini – Parkhotel
Kirchstr. 27 ✉ 33330 – ✆ (05241) 87 70 – www.parkhotel-gt.de
Rest – (geschl. Sonntag an Feiertagen) (nur Abendessen) Karte 32/51 €
BZ**n**
• Frische mediterrane Küche gibt es im zweiten Restaurant des Parkhotels. Beim Lesen der Karte machen Gerichte wie "Filets von der Mittelmeerdorade auf Bohnen-Paprikagemüse" Appetit.

GÜTERSLOH

Medium
Carl-Bertelsmann-Str. 33 ⊠ 33332 – ⌀ (05241) 2 12 16 36
– www.medium-guetersloh.de – geschl. über Ostern 1 Woche, Mitte Juli 2 Wochen
und Sonntag und an Feiertagen **BZa**
Rest – (nur Abendessen) Menü 50 € – Karte 34/53 €

◆ Familie Büdel hat in dem Backsteinbau der Medienfabrik ein modernes Restaurant im Bistrostil mit reizvoller Loft-Atmosphäre. Schmackhaft: internationale Küche auf klassischer Basis, von der man z. B. das Presa vom iberischen schwarzen Schwein unter Oliven-Salbeikruste probieren sollte.

GULDENTAL – Rheinland-Pfalz – 543 – 2 550 Ew – Höhe 140 m   46 D15
▶ Berlin 612 – Mainz 44 – Bad Kreuznach 12 – Koblenz 67

Der Kaiserhof (mit Gästehaus)
Hauptstr. 2 ⊠ 55452 – ⌀ (06707) 9 44 40 – www.kaiserhof-guldental.de – geschl.
Januar 1 Woche
10 Zim ⊇ – †63/73 € ††100/110 €
Rest *Der Kaiserhof* – siehe Restaurantauswahl

◆ Das Hotel ist aus einem Haus von 1846 entstanden und verbindet gelungen Modernes mit Ursprünglichem. Neben den wohnlichen Zimmern hier bietet die Familie in einem ehemaligen Winzerhof am Ortsrand weitere Gästezimmer.

Enk garni
Naheweinstr. 36 ⊠ 55452 – ⌀ (06707) 91 20 – www.hotel-enk.de – geschl.
19. Dezember - 8. Januar
15 Zim ⊇ – †47/50 € ††75/80 €

◆ Sie wohnen in einem dem traditionsreichen Weingut angegliederten Hotel. Praktisch ausgestattete Zimmer und eine familiäre Atmosphäre machen diese Adresse aus.

Der Kaiserhof – Hotel Der Kaiserhof
Hauptstr. 2 ⊠ 55452 – ⌀ (06707) 9 44 40 – www.kaiserhof-guldental.de – geschl.
Januar 1 Woche und Dienstag - Mittwoch
Rest – Menü 35/59 € – Karte 30/51 €

◆ Moderne im Landidyll - mit rustikalen Tischen und Stühlen, einem zauberhaften Innenhof, charmantem Service und einem Essen (große Portionen), das sich sehen lassen kann! Klassiker: Schweinefiletspitzen.

GUMMERSBACH – Nordrhein-Westfalen – 543 – 51 550 Ew   36 D12
– Höhe 250 m
▶ Berlin 557 – Düsseldorf 86 – Köln 54 – Lüdenscheid 44
ADAC Moltkestr. 19
Gummersbach-Berghausen, Kreuzstr. 10, ⌀ (02266) 44 04 47

In Gummersbach-Dieringhausen Süd: 7 km über B 55

Die Mühlenhelle mit Zim
Hohler Str. 1 ⊠ 51645 – ⌀ (02261) 29 00 00 – www.muehlenhelle.de
– geschl. 13. - 29. Februar, 16. Juli - 16. August und Montag - Dienstag
4 Zim ⊇ – †80/100 € ††100/140 €
Rest *Bistro* – siehe Restaurantauswahl
Rest – (Mittwoch - Samstag nur Abendessen) (Tischbestellung ratsam)
Menü 56/95 € – Karte 56/61 €

◆ Hübsch anzuschauen ist die denkmalgeschützte Villa, hinter deren Sprossenfenstern sich das helle klassisch-elegante Restaurant mit ambitionierter moderner Küche befindet. Für Übernachtungsgäste stehen sehr schöne, hochwertig eingerichtete Zimmer mit exklusiven Bädern bereit.

Bistro – Restaurant Die Mühlenhelle
Hohler Str. 1 ⊠ 51645 – ⌀ (02261) 29 00 00 – www.muehlenhelle.de
– geschl. 13. - 29. Februar, 16. Juli - 16. August und Montag - Dienstag
Rest – Menü 33 € – Karte 30/50 €

◆ Dunkelrote Hussensessel, honigfarbener Parkettboden, gelbe Wände und Fenster bis zum Boden - hier fühlt man sich auf Anhieb wohl! Deshalb entspannen Sie sich und lassen Sie sich mit saisonalen Raffinessen verwöhnen.

GUMMERSBACH

In Gummersbach-Hülsenbusch West: 7 km über Steinenbrück und Strombach

XX **Schwarzenberger Hof**
Schwarzenberger Str. 48 ⊠ 51647 – ℰ (02261) 2 21 75
– www.schwarzenbergerhof.com – geschl. Montag
Rest – Karte 28/49 €
◆ Das gemütliche Gasthaus bei der Kirche wird von Alexandra Höpfner herzlich geführt. Man bietet Internationales mit regionalem Einfluss, am Wochenende nachmittags auch Waffeln.

GUNDELFINGEN – Baden-Württemberg – **545** – 11 600 Ew   61 D20
– Höhe 232 m
▶ Berlin 806 – Stuttgart 200 – Freiburg i. Breisgau 7 – Strasbourg 80

X **Bahnhöfle**
Bahnhofstr. 16 ⊠ 79194 – ℰ (0761) 5 89 99 49 – www.bahnhoeflegundelfingen.de
– geschl. Mittwoch
Rest – *(Montag - Freitag nur Abendessen)* Karte 26/57 €
◆ Der freundliche Gastgeber kocht hier französisch und international. Das von seiner Frau hübsch dekorierte Restaurant versprüht ländlichen Charme. Schöne Terrasse vor dem Haus.

GUNDELFINGEN an der DONAU – Bayern – **546** – 7 720 Ew   56 J19
– Höhe 438 m
▶ Berlin 604 – München 138 – Augsburg 69 – Tübingen 146

Außerhalb Süd-West: 6 km, über B 16 Richtung Günzburg, dann rechts ab

XX **neuhof am see**
Äußere Günzburger Str. 1, (Zufahrt über Haldenweg) ⊠ 89423 Gundelfingen an der Donau – ℰ (09073) 95 86 90 – www.neuhof.de – geschl. Anfang Januar 3 Wochen; Oktober - April: Montag - Dienstag; Oktober - April: Mittwoch - Freitag nur Abendessen; Mai - September: Montag - Freitag nur Abendessen (außer an Feiertagen)
Rest – Menü 32/39 € – Karte 31/36 €
◆ Reizend ist die versteckte Lage, im Sommer kann man dem kühlen Nass des Sees kaum widerstehen! Am besten isst man auf der Terrasse mit Seeblick oder sitzt gemütlich im Biergarten unter Bäumen.

GUNDELSHEIM – Baden-Württemberg – **545** – 7 230 Ew – Höhe 154 m   48 G17
▶ Berlin 604 – Stuttgart 75 – Mannheim 80 – Heidelberg 50

⌂ **Zum Lamm** (mit Gästehaus)
Schloßstr. 25 ⊠ 74831 – ℰ (06269) 4 20 20 – www.lamm-gundelsheim.de
32 Zim ⊂ – †45/90 € ††65/95 €
Rest – *(geschl. Donnerstag, außer Feiertage)* Menü 21/55 € – Karte 19/42 €
◆ Ein hübsches Fachwerkhaus a. d. 16. Jh. mit recht kleinen, teils gemütlich mit Bauernmobiliar eingerichteten Zimmern. Das Faible des Chefs für Oldtimer sieht man im ganzen Haus. Urige, liebevoll dekorierte Gaststube.

GUNZENHAUSEN – Bayern – **546** – 16 180 Ew – Höhe 416 m   57 K17
– Erholungsort
▶ Berlin 478 – München 152 – Nürnberg 54 – Ingolstadt 73
ℹ Marktplatz 25, ⊠ 91710, ℰ (09831) 50 83 00, www.gunzenhausen.de

⌂ **Parkhotel Altmühltal**
Zum Schießwasen 15 ⊠ 91710 – ℰ (09831) 50 40
– www.aktiv-parkhotel.de
67 Zim ⊂ – †85/95 € ††132/148 € – ½ P 21 € – 5 Suiten   **Rest** – Karte 14/45 €
◆ Ein Tagungs- und Ferienhotel direkt am Radwanderweg mit schönem Freizeitbereich auf 400 qm und recht individuell eingerichteten Gästezimmern. Zur Terrasse hin ergänzt ein kleiner Wintergartenanbau das Restaurant Chicorée.

GUNZENHAUSEN

Blauer Wolf
Marktplatz 9 ⊠ 91710 – ℰ (09831) 89 00 – www.blauerwolf.de – geschl.
24. Dezember - 8. Januar
24 Zim – †72 € ††99 € – ½ P 19 € – 1 Suite
Rest – (geschl. Sonntagabend - Montag) Karte 19/32 €
♦ Der historische Gasthof im Zentrum wurde komplett entkernt und um einen neuzeitlichen Anbau erweitert. Entstanden ist ein hochwertig und modern eingerichtetes Hotel.

In Pfofeld-Langlau Ost: 10 km Richtung Pleinfeld

Strandhotel Seehof
Seestr. 33 ⊠ 91738 – ℰ (09834) 98 80 – www.strandhotel-seehof.de
85 Zim – †90/107 € ††135/165 € – ½ P 25 € – 3 Suiten **Rest** – Karte 25/46 €
♦ Für Tagungs- und Feriengäste gleichermaßen geeignet ist dieses Hotel mit gemütlichen Zimmern im alpenländischen Stil. Reizvoll ist die ruhige Lage am kleinen Brombachsee. Vom Restaurant hat man einen schönen Blick auf den See.

GUTACH im BREISGAU – Baden-Württemberg – 545 – 4 480 Ew 61 E20
– Höhe 293 m – Erholungsort
▶ Berlin 774 – Stuttgart 208 – Freiburg im Breisgau 31 – Offenburg 66
🛈 Bahnhofstr. 1, ⊠ 79261, ℰ (07685) 1 94 33, www.gutach.de
⛳ Gutach, Golfstraße 16, ℰ (07681) 2 31 51

In Gutach-Bleibach Nord-Ost: 2 km über B 294

Silberkönig
Silberwaldstr. 24 (Nord-Ost: 1 km) ⊠ 79261 – ℰ (07685) 70 10 – www.silberkoenig.de
41 Zim – †69/77 € ††110/124 € – ½ P 20 € – 2 Suiten
Rest St. Georgs Stube – Menü 43 € – Karte 19/47 €
♦ Der langjährige Familienbetrieb in recht ruhiger Lage etwas außerhalb des Ortes verfügt über funktional ausgestattete Zimmer und wird auch von Tagungsgästen geschätzt. In den behaglichen Stuben speist man bürgerlich-regional. Nette Terrasse.

GUTENZELL-HÜRBEL – Baden-Württemberg – siehe Ochsenhausen

GYHUM – Niedersachsen – siehe Zeven

HAAN – Nordrhein-Westfalen – 543 – 29 160 Ew – Höhe 160 m 36 C11
▶ Berlin 547 – Düsseldorf 29 – Maastricht 140 – Köln 47
⛳ Haan, Pannschoppen 2, ℰ (02104) 17 03 07

AMIDA
Elberfelder Str. 221 ⊠ 42781 – ℰ (02129) 3 47 47 95 – www.amida-restaurant.de
– geschl. Samstagmittag, Dienstag
Rest – Menü 22 € (mittags)/75 € – Karte 35/64 €
♦ Im ganzen Restaurant unterstreichen Deko-Elemente in frischem hellem Grün den klaren zeitgemäßen Stil. Internationale Küche mit günstigem Mittagsangebot. Terrasse mit Blick ins Grüne.

Fritz Essensart
Bachstr. 141 ⊠ 42781 – ℰ (02129) 37 79 21 – www.fritzessensart.de
– geschl. 1. - 15. Januar und Freitag - Samstagmittag
Rest – Menü 55 € – Karte 34/55 €
♦ Ein helles, freundliches Restaurant, davor eine lauschige, begrünte Terrasse mit Pergola (sehr nett!) und ein Preis-Leistungs-Verhältnis, das sich sehen lassen kann! Die Küche bietet Internationales und einige Klassiker.

HABICHTSWALD – Hessen – siehe Kassel

HACHENBURG – Rheinland-Pfalz – 543 – 5 700 Ew – Höhe 350 m 37 E13
▶ Berlin 569 – Mainz 106 – Siegen 37 – Koblenz 54
🛈 Perlengasse 2, ⊠ 57627, ℰ (02662) 95 83 39, www.hachenburg-vg.de
⛳ Dreifelden, Steinebacher Str., ℰ (02666) 82 20

HACHENBURG

In Limbach Nord: 6,5 km über B 414 Richtung Altenkirchen, nach 2 km rechts Richtung Streithausen – Erholungsort

X **Peter Hilger**
Hardtweg 5 ⊠ 57629 – ℰ (02662) 71 06 – www.restaurant-peter-hilger.de – geschl. Montag - Dienstag
Rest – *(Mittwoch - Samstag nur Abendessen)* Karte 24/45 €
♦ Bei Peter und Silvia Hilger wird international und saisonal gekocht. Naturstein-Dekor und Kamin schaffen ein gemütliches Ambiente. Terrasse vor dem Haus.

HADAMAR – Hessen – 543 – 12 190 Ew – Höhe 130 m — 37 E14
▶ Berlin 550 – Wiesbaden 60 – Koblenz 63 – Limburg an der Lahn 8

Nassau-Oranien
Am Elbbachufer 12 ⊠ 65589 – ℰ (06433) 91 90 – www.nassau-oranien.de
61 Zim – †79/109 € ††99/125 € **Rest** – Menü 27/33 € – Karte 25/38 €
♦ Ein hübsches denkmalgeschütztes Fachwerkhaus von 1690, das um einen neuzeitlichen Anbau erweitert wurde. Neben wohnlichen Zimmern bietet man auch einen schönen Kosmetik- und Massagebereich. Die behaglichen Restaurants nennen sich Grand Mère und Gud Stubb.

HÄUSERN – Baden-Württemberg – 545 – 1 270 Ew – Höhe 889 m — 62 E21
– Wintersport: 1 200 m ✦ 1 ✦ – Luftkurort
▶ Berlin 806 – Stuttgart 186 – Freiburg im Breisgau 58
ℹ St.-Fridolin-Str. 5, ⊠ 79837, ℰ (07672) 93 14 15, www.haeusern.de

Adler
St.-Fridolin-Str. 15 ⊠ 79837 – ℰ (07672) 41 70 – www.adler-schwarzwald.de – geschl. Mitte November - Mitte Dezember
44 Zim – †85/160 € ††130/200 € – ½ P 31 € – 4 Suiten
Rest *Adler* ✸ – siehe Restaurantauswahl
♦ Seit 1850 erfahren die Gäste bei Familie Zumkeller Behaglichkeit und Herzlichkeit. Ländlich-elegante Zimmer und schöne Suiten sowie ein ansprechender Wellnessbereich.

Albtalblick
St. Blasier Str. 9 (West: 1 km, Richtung St. Blasien) ⊠ 79837 – ℰ (07672) 9 30 00 – www.albtalblick.de
36 Zim – †53/76 € ††96/126 € – ½ P 21 € – 5 Suiten **Rest** – Karte 17/43 €
♦ Das familiär geführte Haus bietet unterschiedlich eingerichtete Zimmer und einen schönen modernen Freizeitbereich. Panoramahallenbad mit Blick auf das Albtal mit Albsee. Gemütlich sind die rustikalen Restaurantstuben, toll ist die Aussicht von der Terrasse.

XX **Adler** (Florian Zumkeller) – Hotel Adler
✸ *St.-Fridolin-Str. 15 ⊠ 79837 – ℰ (07672) 41 70 – www.adler-schwarzwald.de – geschl. Mitte November - Mitte Dezember und Montag - Dienstag*
Rest – Menü 39/90 € – Karte 43/73 €
Spez. Carpaccio und Tatar vom Loup de Mer mit Orangen-Limonenvinaigrette. Geschmorter Rinderbug in Spätburgunder mit knusprigem Kartoffelpüree und Gemüse der Saison. Rehrücken mit Quittensauce, Wirsingflan und Spätzle vom Brett.
♦ Seit 1966 wird das traditionsreiche Haus als einziges Restaurant in Deutschland ununterbrochen mit einem Stern ausgezeichnet! Mit großem Eifer bemüht man sich, die Gäste mit klassisch-mediterranen Gaumenfreuden zu verwöhnen.

X **Chämi-Hüsle**
St.-Fridolin-Str. 1 ⊠ 79837 – ℰ (07672) 41 73 33 – www.zumkellers-bistro.de – geschl. Mittwoch - Freitagmittag
Rest – Menü 29 € (mittags) – Karte 25/46 €
♦ Ein schöner Kamin (alemannisch "Chämi") und rustikale Holzbalken sorgen hier für Gemütlichkeit; dazu eine hübsche Terrasse. Man serviert gute internationale Küche mit regionalen Einflüssen - probieren sollte man z. B. das Brasato in Rotweinsauce mit Polenta.

HAGEN – Nordrhein-Westfalen – **543** – 190 130 Ew – Höhe 106 m — 26 D11

▶ Berlin 505 – Düsseldorf 62 – Dortmund 27 – Kassel 178
ADAC Körnerstr. 62 Y
🛈 Rathausstr. 13 Y, ✉ 58095, ☏ (02331) 2 07 58 90, www.hagen.de
🏌 Hagen-Berchum, Tiefendorfer Str 48, ☏ (02334) 5 17 78
🏌 Gevelsberg Gut Berge, Berkenberg 1, ☏ (02332) 91 37 55
◉ Westf. Freilichtmuseum ★★ (Süd-Ost: 4 km über Eilper Straße Z)

Mercure 🛜 📺 🐕 🍽 AC Rest, 🚭 Zim, ⫶ 🛋 P VISA ◎ AE ①
Wasserloses Tal 4 ✉ 58093 – ☏ (02331) 39 10
– www.mercure.com — **Zb**
146 Zim ⌑ – ♦79/99 € ♦♦79/99 € – ½ P 17 € – 1 Suite
Rest – Karte 17/43 €

♦ In dem zeitgemäßen Tagungshotel bei der Stadthalle stehen funktionell ausgestattete Gästezimmer mit gutem Arbeitsplatz zur Verfügung. Restaurant mit internationaler Karte.

HAGEN

Alexanderstr. . . . . Y 2	Badstr. . . . . Y 5	Elberfelder Str. . . . . YZ
Am Hauptbahnhof . . . . Y 3	Bahnhofstr. . . . . Y 4	Gertrudstr. . . . . Y 12
	Bülowstr. . . . . Y 6	Kampstr. . . . . Z
	Eduard-Müller-Str. . . . . Y 7	Körnerstr. . . . . Y
	Eilper Str. . . . . Z 8	Mittelstr. . . . . Z 15

HAGEN

✕✕ Milius
Eilper Str. 71, (Wippermann Passage) (Süd-Ost: 1 km über Eilper Straße) Z) ⊠ 58091
– ℘ (02331) 3 48 38 38 – www.restaurant-milius.de – geschl. über Karneval und
Samstagmittag - Sonntag
Rest – Menü 30/60 € – Karte 21/51 €
♦ Ein helles, modernes Restaurant mit internationaler Küche, integriert in ein ehemaliges Fabrikgebäude, das auch das Stadtmuseum beherbergt. Im Sommer mit überdachtem Innenhof.

In Hagen-Rummenohl Süd: 13 km über Volmestraße Z

Dresel
Rummenohler Str. 31 , (B 54) ⊠ 58091 – ℘ (02337) 13 18 – www.hotel-dresel.de
23 Zim – †55/95 € ††98/119 € – 1 Suite **Rest** – Karte 21/58 €
♦ Seit 1901 existiert die einstige Poststation als Familienbetrieb. Die Zimmer sind wohnlich in schönem modernem Stil oder auch mit Bauernmöbeln eingerichtet. Das Restaurant bietet regionale und internationale Küche. Mit hübschem Wintergarten, Bar und Terrasse.

HAGNAU – Baden-Württemberg – **545** – 1 440 Ew – Höhe 409 m – Erholungsort 63 G21
▶ Berlin 731 – Stuttgart 196 – Konstanz 17 – Ravensburg 29
🛈 Im Hof 1, ⊠ 88709, ℘ (07532) 43 43 43, www.hagnau

Villa am See garni
Meersburger Str. 4 ⊠ 88709 – ℘ (07532) 4 31 30 – www.villa-am-see.de
– geschl. November - März
6 Zim – †90/240 € ††120/240 €
♦ Ein reizendes kleines Hotel auf einem schönen Gartengrundstück am See. Die Zimmer sind charmant eingerichtet, am Morgen erwartet Sie ein gutes Frühstück mit aufmerksamem Service. Man bietet auch ein Appartement im Haus gegenüber, ein weiteres im Dorf.

Bodenseehotel Renn
Hansjakobstr. 4 ⊠ 88709 – ℘ (07532) 49 47 80 – www.bodenseehotel-renn.de
30 Zim – †68/88 € ††84/144 € – ½ P 21 € **Rest** – Karte 22/41 €
♦ Wohnlich und modern ist das Ambiente in diesem Hotel mit sehr nettem Garten. Im Gasthaus vis-à-vis befinden sich etwas kleinere Zimmer. Appetitliches Frühstücksbuffet. Das Restaurant ist in ansprechend geradlinigem Stil gehalten, dazu eine hübsche Terrasse.

Burgunderhof garni
Am Sonnenbühl 70 ⊠ 88709 – ℘ (07532) 80 76 80 – www.burgunderhof.de – geschl. 25. Oktober - April
12 Zim – †160/268 € ††180/288 €
♦ Hier wohnt man umgeben von Weinbergen und Obstwiesen mitten im alltäglichen Weingut- und Destilleriebetrieb. Luxuriös: Superiorzimmer und Spa-Suiten. Keine Kinder. Mindestaufenthalt 3 Nächte.

Zur Winzerstube
Seestr. 1 ⊠ 88709 – ℘ (07532) 49 48 60 – www.zurwinzerstube.de – geschl. Januar - 19. März
13 Zim – †89/210 € ††99/220 € – ½ P 19 €
Rest – (geschl. Januar - 25. März) Karte 22/60 €
♦ Überzeugend sind die ruhige Lage am Bodensee, geräumige Zimmer mit Balkon sowie viele kleine Annehmlichkeiten und ein freundliches Serviceteam. Im Haus wird auch Massage angeboten. Zum Restaurant gehört eine begrünte Terrasse zum See.

Der Löwen
Hansjakobstr. 2 ⊠ 88709 – ℘ (07532) 43 39 80 – www.loewen-hagnau.de
– geschl. November - Dezember
16 Zim – †45/105 € ††90/131 € – ½ P 19 € – 2 Suiten
Rest – (geschl. Mittwoch) (Montag - Samstag nur Abendessen) Menü 27 € – Karte 23/40 €
♦ In dem alten Fachwerkhaus kann man u. a. in zwei schmucken Altbau-Suiten wohnen. Die Einzelzimmer sind recht klein. Zum Frühstück: Produkte aus der eigenen Bäckerei. Toller japanischer Garten mit Teichen. Gemütliche Gaststuben mit Kreuzgewölbe und hübsche Terrasse.

HAGNAU

Strandhaus Hagnau garni
Seestr. 19, ✉ 88709 – ℰ (07532) 4 33 40 – www.strandhaus-hagnau.de – geschl. November - Februar
14 Zim – †45/60 € ††70/110 € – 2 Suiten
• Eine familiär geführte Ferienadresse, in der klassisch-gediegen eingerichtete Gästezimmer bereitstehen. Durch den reizvollen Garten gelangt man direkt zum See.

HAIBACH – Bayern – siehe Aschaffenburg

HAIDMÜHLE – Bayern – 546 – 1 410 Ew – Höhe 831 m – Wintersport: 1 300 m ⛷3 ⛸ – Erholungsort
60 Q18

▶ Berlin 524 – München 241 – Passau 52 – Freyung 25

🛈 Schulstr. 39, ✉ 94145, ℰ (08556) 1 94 33, www.haidmuehle.de

Haidmühler Hof
Max-Pangerl-Str. 11, ✉ 94145 – ℰ (08556) 97 00 – www.haidmuehler-hof.de
30 Zim – †60/86 € ††100/152 € – ½ P 10 € – 4 Suiten **Rest** – Karte 15/32 €
• Das Hotel mit der rot-gelben Fassade verfügt über wohnliche Zimmer und nette, nach Themen gestaltete Suiten. Zudem bietet man einen hübschen Spabereich. Freundliches Restaurant, ergänzt durch einen Pavillon mit Bar.

In Haidmühle-Bischofsreut Nord-West: 7 km – Höhe 982 m

Märchenwald
Langreut 42 (Nord-Ost: 1 km), ✉ 94145 – ℰ (08550) 92 19 70 – www.hotel-maerchenwald.de oder www.bischofsreut.de – geschl. 12. - 30. März, 16. - 27. April, 5. November - 20. Dezember
18 Zim – †34/47 € ††67/83 € – ½ P 10 € – 3 Suiten
Rest – (geschl. Montag, außer an Feiertagen) Karte 17/25 €
• In schöner und sehr ruhiger Lage (5 km zur tschechischen Grenze) erwartet Sie dieses gepflegte kleine Hotel mit geräumigen Zimmern, die mit Küchenzeile ausgestattet sind. Ländliche Gaststube.

HAIGERLOCH – Baden-Württemberg – 545 – 10 760 Ew – Höhe 492 m
55 F19

▶ Berlin 697 – Stuttgart 70 – Karlsruhe 126 – Reutlingen 48

🛈 Oberstadtstr. 11, ✉ 72401, ℰ (07474) 6 97 27, www.haigerloch.de

Gastschloss Haigerloch
Schlossstr. 3 (Nord: 2,5 km, im Schloss), ✉ 72401 – ℰ (07474) 69 30
– www.schloss-haigerloch.de – geschl. Januar 1 Woche, August 3 Wochen
30 Zim – †72/79 € ††118/135 €, ⊇ 10 €
Rest – (geschl. Sonntag) Menü 52/66 € – Karte 35/69 €
• In schöner Aussichtslage im Grünen thront das Schloss über der kleinen Stadt. Das Hotel ist ideal für Tagungen: Man hat gute Räumlichkeiten in einem separaten Gebäude. Zum Restaurant (hier kann man Kunstobjekte und Gemälde bestaunen) gehört eine schöne Terrasse im Schlosshof.

Schwanen (mit Gästehaus)
Marktplatz 5 (Unterstadt), ✉ 72401 – ℰ (07474) 9 54 60 – www.micosita.de – geschl. Anfang Januar 1 Woche, über Pfingsten 2 Wochen, Ende August - Anfang September 2 Wochen
25 Zim – †60/69 € ††98/115 € – 1 Suite
Rest Cosita – (geschl. Dienstag, Samstagmittag) Menü 43/55 € – Karte 33/52 €
• Wer ein bisschen historischen Charme sucht, der wohnt im schmucken Gasthaus a. d. 17. Jh. - am besten in einem der Zimmer mit freigelegten Holzbalken! Etwas komfortabler ist das Haus Leda. Spanische Küche und Tapas im Restaurant Cosita mit Terrasse an der Eyach.

HAINFELD – Rheinland-Pfalz – 543 – 770 Ew – Höhe 182 m
47 E17

▶ Berlin 676 – Mainz 105 – Neustadt an der Weinstraße 14 – Saarbrücken 110

Weingalerie
Weinstr. 68, ✉ 76835 – ℰ (06323) 9 88 41 05 – www.weingalerie-hainfeld.de – geschl. Mittwoch - Donnerstag
Rest – (November - März: Montag - Samstag nur Abendessen) (Tischbestellung ratsam) Menü 32/45 € – Karte 32/45 €
• Restaurant im Weingut Hundemer; viel Holz und Terrakotta-Fliesen machen es gemütlich. Die internationale Küche schmeckt so gut wie sich die Karte liest; da lohnt es sich, etwas zu warten - der Chef steht nämlich alleine am Herd. Im Sommer kleinere Mittagskarte.

HALBERSTADT – Sachsen-Anhalt – 542 – 42 800 Ew – Höhe 122 m 30 K10
▶ Berlin 206 – Magdeburg 55 – Halle 90
🛈 Hinter dem Rathause 6, ✉ 38820, ✆ (03941) 55 18 15, www.halberstadt.de
◉ Dom St. Stephanus ★★

Villa Heine
Kehrstr. 1 ✉ 38820 – ✆ (03941) 3 14 00 – www.hotel-heine.de
61 Zim ⊇ – ♂74/84 € ♂♂129/139 € – 1 Suite
Rest *Brauhaus Heine Bräu* – ✆ (03941) 3 18 00 – Karte 17/35 €
♦ Eine ehemalige Fabrikantenvilla mit Anbau und Tagungszentrum, in der Mitte der kleine Park mit seltenen Rotbuchen – hierhin sind die großzügigen Zimmer ausgerichtet. Das eigene Bier ist ein Muss im Brauhaus mit seinen Kupferkesseln. Auch Produkte der Wurstfabrik nebenan.

Parkhotel Unter den Linden
Klamrothstr. 2 ✉ 38820 – ✆ (03941) 6 25 40 – www.pudl.de
45 Zim ⊇ – ♂67/77 € ♂♂88/108 € **Rest** – Menü 23/49 € – Karte 27/42 €
♦ Die ansprechende Sandsteinvilla wurde 1911 von der Halberstädter Kaufmannsfamilie Klamroth erbaut und beherbergt heute komfortable klassische Zimmer; im Anbau etwas einfacher. Einer der Restauranträume ist der Saal mit schöner gewölbter Stuckdecke.

Am Grudenberg garni
Grudenberg 10 ✉ 38820 – ✆ (03941) 6 91 20 – www.hotel-grudenberg.de
22 Zim – ♂50/69 € ♂♂80/105 €
♦ Ein hübsches altes Fachwerkhaus, dem die freundliche Inhaberin mit dekorativen Details eine persönliche Note gegeben hat. Zimmer zum Innenhof ruhiger; hier kann man auch schön frühstücken.

HALDENSLEBEN – Sachsen-Anhalt – 542 – 19 020 Ew – Höhe 53 m 20 L9
▶ Berlin 168 – Magdeburg 29 – Brandenburg 117 – Stendal 68
🛈 Hagenstr. 21, ✉ 39340, ✆ (03904) 4 04 11, www.haldensleben-dig.de

Behrens
Bahnhofstr. 28 ✉ 39340 – ✆ (03904) 34 21 – www.hotel-behrens.de
19 Zim ⊇ – ♂55/68 € ♂♂89 € **Rest** – (geschl. Sonntag) Karte 16/36 €
♦ Beim Brüderpaar Behrens wohnen Sie in zwei miteinander verbundenen Villen von 1892. Dahinter schließt sich der schöne Garten mit Liegewiese und Kräutergarten an. Zeitlos-klassisch ist das Ambiente im Restaurant. Die Bar bietet eine gute Auswahl an Malt-Whisky.

Alte Ziegelei (mit Gästehaus)
Klausort 1, (B 245) ✉ 39340 – ✆ (03904) 4 32 29 – www.waldhotel-alteziegelei.de
26 Zim ⊇ – ♂55/65 € ♂♂75/85 € **Rest** – (geschl. Montagmittag) Karte 16/36 €
♦ Seit mehr als 40 Jahren leitet Familie Poege das gewachsene Gasthaus. Zimmer teils mit freigelegtem altem Gebälk. Auch Massage wird angeboten. In der Nähe ein Erlebnisbad. Die Gaststuben (mit interessanter Schreibmaschinensammlung) werden durch einen lichten Wintergarten ergänzt.

HALLBERGMOOS – Bayern – siehe Freising

HALLE (SAALE) – Sachsen-Anhalt – 542 – 232 330 Ew – Höhe 100 m 31 M11
▶ Berlin 170 – Magdeburg 86 – Leipzig 42 – Gera 74
ADAC Herrenstr. 20 DZ
🛈 Marktplatz 13, ✉ 06108, ✆ (0345) 1 22 79 84, www.stadtmarketing-halle.de
◉ Händel Haus ★ – Staatl. Galerie Moritzburg ★★ DY – Marktplatz ★ – Marktkirche ★ EY – Moritzkirche (Werke ★ von Conrad v. Einbeck) DZ

Stadtpläne siehe nächste Seiten

Dormero Hotel Rotes Ross
Leipziger Str. 76 (über Franckestr. 1) ✉ 06110 – ✆ (0345) 23 34 30 – www.dormero.de
89 Zim – ♂65/185 € ♂♂75/195 €, ⊇ 17 € – 2 Suiten **EZs**
Rest – (geschl. Sonntag) Karte 30/46 €
♦ Klassisch-eleganter Stil bestimmt in dem historischen Haus das Bild. Neben komfortablen Zimmern bietet man einen ansprechenden Saunabereich. Fußgängerzone direkt vor der Tür. Im Restaurant serviert man internationale Küche.

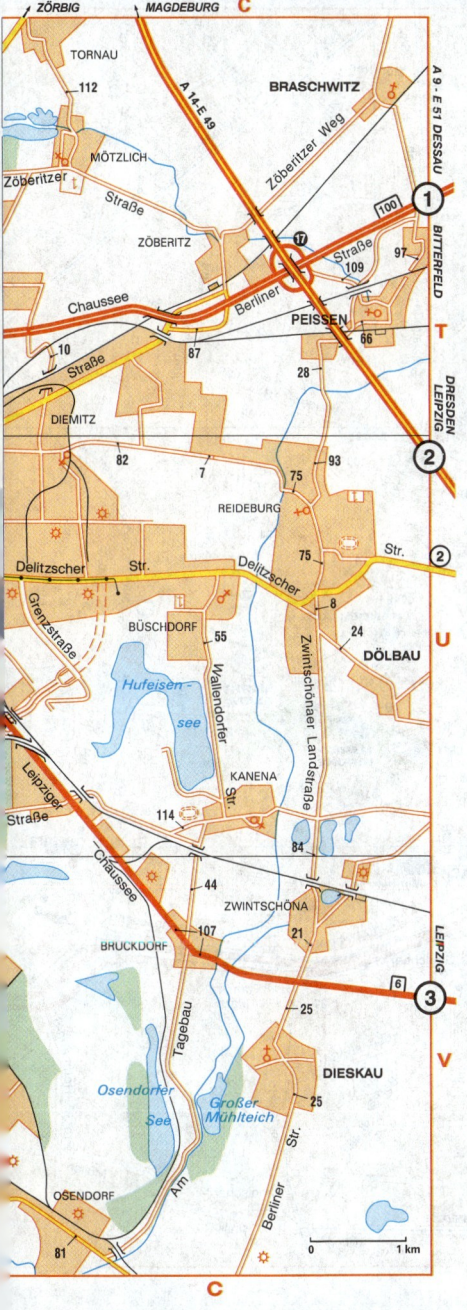

HALLE

Street	Grid	No.
Äußere Diemitzer Str.	CU	7
Äußere Leipziger Str.	CU	8
Birkhahnweg	CT	10
Blumenauweg	AT	12
Burgstr.	BT	16
Damaschkestr.	BU	19
Dieskauer Str. (DIESKAU)	CV	21
Diesterwegstr.	BU	22
Dölbauer Landstr.	CU	24
Döllnitzer Str. (DIESKAU)	CV	25
Dorfstr. (PEISSEN)	CT	28
Freiimfelder Str.	BU	30
Fritz-Hoffmann-Str.	BU	33
Georgi-Dimitroff-Str.	BV	34
Geschwister-Scholl-Str.	BT	36
Gimritzer Damm	BU	37
Große Brunnenstr.	BT	40
Grubenstr.	CV	44
Heideallee	AT	46
Heidestr.	AU	48
Helmut-Just-Str.	BT	49
Hubertuspl.	AT	54
Käthe-Kollwitz-Str.	CU	55
Kröllwitzer Str.	ABT	61
Kurt-Wüsteneck-Str.	BV	63
Lindenring (PEISSEN)	CT	66
Nietlebener Str.	AU	72
Paul-Singer-Str.	CU	75
Raffineriestr.	BU	76
Regensburger Str.	BCV	81
Reideburger Landstr.	CU	82
Reideburger Str. (ZWINTSCHONA)	CUV	84
Richard-Wagner-Str.	BT	85
Rosenfelder Str.	CT	87
Salzmünder Str.	AT	90
Schneeberger Str.	CU	93
Straße der Republik	BU	96
Straße des Friedens (PEISSEN)	CT	97
Vogelweide	BU	102
Weststr.	AU	103
Wörmlitzer Str.	BU	105
Wolfensteinstr.	BT	106
Zieglerstr.	CV	107
Zöberitzer Str. (PEISSEN)	CT	109
Zörbiger Str.	CT	112
Zum Planetarium	CU	114

HALLE

Street	Grid	No.
Adam-Kuckhoff-Str.	EXY	
Alter Markt	EZ	3
Am Kirchtor	DX	
Am Steintor	EFX	
Anhalter Str.	FY	6
An der Waisenhausmauer	DEZ	4
August-Bebel-Str.	EXY	
Berliner Str.	FX	
Bernburger Str.	DX	
Bertramstr.	DEZ	
Böllberger Weg	DZ	13
Bornknechtstr.	DYZ	14
Breite Str.	DX	
Brüderstr.	EY	15
Carl-von-Ossietzky-Str.	EX	
Dachritzstr.	DEY	18
Delitzscher Str.	FZ	
Domstr.	DY	27
Dorotheenstr.	FYZ	
Emil-Abderhalden-Str.	EX	
Ernst-Kamieth-Str.	FZ	
Franckepl.	EZ	
Franckestr.	FZ	
Franzosenweg	EY	
Friedemann-Bach-Pl.	DY	31
Geiststr.	DX	
Gerberstr.	DY	35
Glauchaer Pl.	DZ	
Glauchaer Str.	DZ	
Große Brauhausstr.	EY	39
Große Märkerstr.	EYZ	42
Große Nikolaistr.	DEY	43
Große Steinstr.	DEY	
Große Ulrichstr.	DEY	
Große Wallstr.	DXY	
Hallorenring	DYZ	
Hansering	EY	
Herrenstr.	DYZ	
Joliot-Curie-Pl.	EY	
Julius-Kühn-Str.	FX	
Karl-Liebknecht-Str.	DX	
Kellnerstr.	DY	56
Klausbrücke	DY	
Kleine Brauhausstr.	EYZ	57
Kleine Steinstr.	EY	58
Kleine Ulrichstr.	DY	
Kleinschmieden	EY	60
Krausenstr.	EFY	
Lange Str.	DZ	
Leipziger Str.	EFYZ	
Lerchenfeldstr.	DZ	64
Lessingstr.	EFX	
Ludwig-Wucherer-Str.	EX	
Magdeburger Str.	FY	
Mansfelder Str.	DY	
Marktpl.	EY	
Martha-Brautzsch-Str.	EX	67
Matthias-Claudius-Str.	FX	
Mauerstr.	EZ	69
Merseburger Str.	FZ	
Mittelstr.	EY	70
Moritzburgring	DY	
Moritzzwinger	DEZ	
Mühlweg	DEX	
Neuwerk	DY	
Oleariusstr.	DY	73
Paracelsusstr.	FX	
Philipp-Müller-Str.	EFZ	
Puschkinstr.	DEX	
Rannische Pl.	EZ	
Rannische Str.	EZ	78
Rathausstr.	FZ	79
Riebeckpl.	FZ	
Robert-Franz-Ring	DY	86
Rudolf-Breitscheid-Str.	EFZ	88
Rudolf-Ernst-Weise-Str.	FZ	89
Schimmelstr.	EY	
Schmeerstr.	EY	91
Schülershof	EY	
Schulstr.	EY	94
Steinweg	EZ	
Talamtstr.	DY	99
Taubenstr.	DEZ	
Torstr.	DZ	
Turmstr.	FZ	
Universitätsring	DEY	100
Volkmannstr.	FXY	
Waisenhausring	EZ	
Weidenplan	EX	
Wilhelm-Külz-Str.	EY	
Willy-Lohmann-Str.	EX	
Wörmlitzer Str.	EZ	105

HALLE (SAALE)

Dorint Charlottenhof
Dorotheenstr. 12 – ⌧ 06108 – ℰ (0345) 2 92 30 – www.dorint.com/halle
166 Zim – †67/114 € ††134/208 €, ⌸ 15 € – 2 Suiten **Rest** – Karte 31/48 €   FZc
- In dem Hotel in der Stadtmitte erwarten Sie wohnliche, klassisch gehaltene Gästezimmer. Im obersten Stock befindet sich der "Vital-Club" mit Außenwhirlpool als Highlight. Direkt an die Lobby angeschlossenes Restaurant.

Atlas
Delitzscher Str. 32a – ⌧ 06112 – ℰ (0345) 6 85 36 30 – www.atlas-halle.com
37 Zim – †42 € ††52 €, ⌸ 5 €   BUa
Rest – (geschl. Sonntag) (Montag - Samstag nur Abendessen) Karte 19/28 €
- Mit modern-funktionaler Einrichtung und warmen Tönen hat man dieses Hotel gestaltet. W-Lan bietet man kostenfrei. Auch vier Appartements mit Küche stehen zur Verfügung. Restaurant mit italienischem Angebot.

Mönchshof
Talamtstr. 6 – ⌧ 06108 – ℰ (0345) 2 02 17 26 – www.moenchshof-halle.de
– geschl. Juli - August 2 Wochen und Sonntagabend   DYe
Rest – Karte 15/32 €
- Eine gemütlich-rustikale Atmosphäre herrscht in dem holzgetäfelten Restaurant am Dom. Auf der bürgerlichen Karte finden sich auch vegetarische Gerichte.

HALLE (WESTFALEN) – Nordrhein-Westfalen – **543** – 21 060 Ew – Höhe 125 m   **27** F9
▶ Berlin 399 – Düsseldorf 176 – Bielefeld 15 – Münster (Westfalen) 60
▣ Halle, Eggeberger Str. 13, ℰ (05201) 62 79

Gerry Weber Sportpark Hotel
Weststr. 16 – ⌧ 33790 – ℰ (05201) 89 90
– www.gerryweber-sportparkhotel.de
106 Zim ⌸ – †118/128 € ††158/168 € – 5 Suiten **Rest** – Karte 32/53 €
- Das Hotel neben der bekannten Tennisarena überzeugt mit freundlichen, neuzeitlichen Zimmern und einem umfangreichen Freizeitangebot u. a. mit Badmintonfeldern und großem Fitnessbereich. La Fontana nennt sich das mediterran gestaltete Restaurant mit Wintergarten.

Hollmann
Alleestr. 20 – ⌧ 33790 – ℰ (05201) 8 11 80 – www.hotelhollmann.de
37 Zim ⌸ – †51/59 € ††78/95 € – 2 Suiten
Rest *Sauerzapfes* – ℰ (05201) 7 35 62 50 (geschl. Samstagmittag) Karte 22/44 €
- In diesem gut geführten Hotel wohnt man in zeitgemäßen Gästezimmern mit kostenfreiem W-Lan; nach hinten liegen die Zimmer ruhiger. Regional-internationale Küche im modern-eleganten Restaurant mit Lounge und netter Terrasse. Etwas einfacher ist die Bierstube.

St. Georg garni
Winnebrockstr. 2 – ⌧ 33790 – ℰ (05201) 8 10 40 – www.sanktgeorghotel.de – geschl. 23. Dezember - 8. Januar
28 Zim ⌸ – †44 € ††70 € – 1 Suite
- Das in einer Wohngegend gelegene Hotel unter freundlich-familiärer Leitung hat gepflegte, unterschiedlich gestaltete Zimmer zu bieten, die z. T. ruhiger zum Garten hin liegen.

Rossini
Eggebergstr. 11 (am Golfplatz) – ⌧ 33790 – ℰ (05201) 97 17 10 – www.rossini-halle.de
– geschl. November - Februar: Montag
Rest – Karte 19/48 €
- Hier erwarten Sie Landhausambiente mit südländischem Touch sowie mediterrane und regionale Gerichte, die auch auf der sehr schönen Terrasse zum Golfplatz serviert werden.

HALLENBERG – Nordrhein-Westfalen – **543** – 4 440 Ew – Höhe 420 m   **37** F12
– Wintersport:
▶ Berlin 467 – Düsseldorf 200 – Marburg 45 – Kassel 86
▣ Petrusstr. 2, ⌧ 59969, ℰ (02984) 82 03, www.hallenberg-tourismus.de

Diedrich
Nuhnestr. 2 (B 236) – ⌧ 59969 – ℰ (02984) 93 30 – www.hotel-diedrich.de
62 Zim – †75/120 € ††118/170 € – ½ P 30 € **Rest** – Karte 24/56 €
- Das Hotel wird seit 1898 von Familie Diedrich geführt. Sehr schön ist der geradlinig-moderne Stil im Lichtflügel mit einigen komfortableren Zimmern, Lobby und Spa auf 1000 qm.

HALLENBERG

🏠 Sauerländer Hof (mit Gästehaus) 🚗 🛎 🛗 📶 🧖 🅿️ 🚭 VISA ⓪ ①
Merklinghauser Str. 27, (B 236) ✉ *59969 –* 📞 *(02984) 4 21 – www.sauerlaender-hof.de*
30 Zim 🍽 – †52/72 € ††79/119 € – ½ P 20 € **Rest** – Menü 29 € – Karte 21/45 €
♦ Ein sehr nettes familiär geführtes Landhotel mit gemütlich-wohnlichen Zimmern, die teilweise rustikaler oder auch eleganter im Landhausstil eingerichtet sind. Zum Restaurant gehören eine Terrasse und eine separate Bierstube.

HALLERNDORF – Bayern – 546 – 3 980 Ew – Höhe 282 m   50 K16
▶ Berlin 426 – München 223 – Nürnberg 47 – Bamberg 22

In Hallerndorf-Willersdorf Süd-West: 3 km

🏠 Landgasthof Rittmayer (mit Gästehaus) 🌿   🛎 🍴 Rest, 🧖 🅿️
Willersdorf 108 ✉ *91352 –* 📞 *(09195) 9 47 30 – www.rittmayer.com*   VISA ⓪
– geschl. 30. Juli - 16. August
15 Zim 🍽 – †42/45 € ††62 €
Rest – *(geschl. Montagmittag und Dienstagmittag)* Karte 13/23 €
♦ Eine tipptopp gepflegte Adresse ist der familiengeführte traditionsreiche Landgasthof mit neuzeitlichem Gästehaus. Es stehen solide und zeitgemäße Zimmer bereit. In gemütlich-rustikalen Stuben bietet man fränkische Küche mit Karpfen und Waller aus eigener Zucht.

HALLSTADT – Bayern – siehe Bamberg

HALSENBACH – Rheinland-Pfalz – siehe Emmelshausen

HALTE – Niedersachsen – siehe Papenburg

HALTERN am SEE – Nordrhein-Westfalen – 543 – 37 970 Ew – Höhe 40 m 26 C10
▶ Berlin 500 – Düsseldorf 77 – Münster (Westfalen) 46 – Recklinghausen 15
ℹ Markt 1, ✉ 45721, 📞 (02364) 93 33 65, www.haltern-am-see.de

🏠 Am Turm   🍴 Zim, 🧖 VISA ⓪ AE
Turmstr. 4 ✉ *45721 –* 📞 *(02364) 9 60 10 – www.hotel-amturm.de*
12 Zim 🍽 – †65 € ††94 € **Rest** – *(geschl. Donnerstag)* Karte 19/46 €
♦ Ein gepflegtes kleines Hotel unter familiärer Leitung mit zeitgemäßen Zimmern (teilweise mit Parkett). Das Haus liegt zentrumsnah, praktisch ist der öffentliche Parkplatz gegenüber. Das Restaurant bietet internationale Küche und Balkangerichte.

HALVER – Nordrhein-Westfalen – 543 – 16 940 Ew – Höhe 410 m 36 D12
▶ Berlin 534 – Düsseldorf 64 – Hagen 23 – Köln 63

In Halver-Carthausen Nord-Ost: 4 km über B 229 Richtung Lüdenscheid

🏠 Haus Frommann   🚗 🛎 🧖 🅿️ VISA ⓪ AE
Carthausen 14 ✉ *58553 –* 📞 *(02353) 9 14 55 – www.haus-frommann.de – geschl. 22. Dezember - 4. Januar*
21 Zim – †45/55 € ††60/84 €, 🍽 13 €
Rest – *(geschl. Freitag, Samstagmittag)* Karte 22/47 €
♦ In dörflicher Umgebung am Ortseingang gelegenes Hotel mit gepflegten Zimmern, von denen einige schön nach hinten liegen; teilweise verfügen sie über Balkon oder Terrasse. Zum Restaurant gehört eine idyllische Terrasse auf zwei Ebenen zum benachbarten Weiher hin.

HAMBERGE – Schleswig-Holstein – 541 – 1 460 Ew – Höhe 7 m 11 J4
▶ Berlin 306 – Kiel 90 – Bad Oldesloe 16 – Hamburg 57

✕✕ Landhaus Hamberge   🛎 ✤ 🅿️ VISA ⓪
Stormarnstr. 14 ✉ *23619 –* 📞 *(0451) 8 99 71 10 – www.restaurant-hamberge.de*
– geschl. Dienstag und Mittwoch
Rest – *(Montag - Freitag nur Abendessen)* Menü 28 € – Karte 30/45 €
♦ Modern-eleganter Stil und dekorativer Blumenschmuck, die große Glasfront vermittelt Wintergarten-Flair - so präsentiert sich das Restaurant von Thorsten und Cornelia Hauch. Zu den "Landhaus-Klassikern" zählen Kotelett vom Freilandschwein oder Sauerfleisch im Glas.

HAMBURG

Stadtpläne siehe nächste Seiten

10 I5

© Tibor Bognar / Photononstop

Hamburg – 1 774 230 Ew – Höhe 6 m – 541 F14
▶ Berlin 291 – Bremen 121 – Hannover 159

🛈 Tourist-Informationen

Im Hauptbahnhof, Wandelhalle-Kirchenallee KY, ✉ 20099, ✆ (040) 30 05 13 00, www.hamburg-tourism.de
Rathausmarkt, in der Rathauspassage JZ, ✉ 20095, ✆ (040) 3 69 00 97
Landungsbrücke 4 GZ, ✉ 20459, ✆ (040) 30 05 12 03

Automobilclub - ADAC

Amsinckstr. 39 FU
Großmoordamm 69 S

Autoreisezug

🚆 Hamburg-Altona, Präsident-Krahn-Straße, ✆ (01805) 24 12 24 (Gebühr)

Flughafen

✈ Hamburg-Fuhlsbüttel, Flughafenstr. 1 R (Nord: 15 km), ✆ (040) 5 07 50

Messegelände

Messe Hamburg, St. Petersburger Str. 1 GHX, ✉ 20355, ✆ (040) 3 56 90

Messen und Veranstaltungen

25.-28. Januar: Nortec
27.-29. Januar: HMT - Hamburger Motorrad Tage
8.-12. Februar: Reisen Hamburg
9.-14. März: INTERNORGA
27.-29. März: Aircraft Interiors Expo
11.-13. Mai: Hafengeburtstag Hamburg
12.-14. Juni: transfairlog
4.-7. September: SMM
27. Oktober-4. November: hanseboot
22.-24. November: GET Nord

HAMBURG

Golfplätze

- Hamburg-Blankenese, Falkenstein, In de Bargen 59, ℰ (040) 81 21 77
- Wendlohe, Oldesloer Str. 251, ℰ (040) 5 52 89 66
- Hamburg-Lemsahl, Treudelberg, Lemsahler Landstr. 45, ℰ (040) 6 08 22 88 77
- Ammersbeck, Walddörfer, Schevenbarg, ℰ (040) 6 05 13 37
- Wentorf-Reinbek, Golfstr. 2, ℰ (040) 72 97 80 68
- Prisdorf, Peiner Hag, ℰ (04101) 7 37 90
- Holm, Haverkamp 1, ℰ (04103) 9 13 30
- Seevetal-Hittfeld, Am Golfplatz 24, ℰ (04105) 23 31
- Escheburg, Am Soll 3, ℰ (04152) 8 32 04

◉ SEHENSWÜRDIGKEITEN

Stadtzentrum: Binnenalster★★★JY · Außenalster★★★JKX · Jungfernstieg★JY · Miniatur Wunderland★ · St.-Michaelis-Kirche★(❄★)HZ · Hamburger Kunsthalle★★M¹ · Museum für Kunst und Gewerbe★M²KY · Museum für Hamburgische Geschichte★M³GYZ · Speicherstadt★★ · Dialog im Dunkeln★JZ

Entlang der Elbe: Hafen★★GZ · Altonaer Museum★★M⁶BU · Altonaer Balkon (≤★)SBU · Elbchaussee★AU

Weitere Sehenswürdigkeit: Tierpark Hagenbeck★★R]

Alphabetische Liste der Hotels
Alphabetical index of hotels

A		Seite
Abtei	🏨	531
Adina	🏨	531
Alster-Hof	🏨	533
Alsterkrug Hotel	🏨	537
Alt Lohbrügger Hof	🏨	543
Ambassador	🏨	533
Amedia	🏨	532
Ausspann	🏨	545

B - C		Seite
Baseler Hof	🏨	532
Böttcherhof	🏨	540
Boston	🏨	537
City-House	🏨	533
Courtyard by Marriott	🏨	542

E		Seite
East	🏨	544
Eilenau	🏨	531
Am Elbufer	🏨	541
Empire Riverside Hotel	🏨	544
Entrée	🏨	542
Europäischer Hof	🏨	531

F - G		Seite
Fairmont Hotel Vier Jahreszeiten	🏨	529
Gastwerk	🏨	539
The George	🏨	530
Grand Elysée	🏨	529

H		Seite
Hafen Hamburg	🏨	531
Holiday Inn	🏨	544
Holiday Inn Express City Centre	🏨	532
Hotel du Nord	🏨	545

I		Seite
Ibis Airport	🏨	542
Ibis St. Pauli Messe	🏨	544
InterContinental	🏨	530

L		Seite
Landhaus Flottbek	🏨	542
Lindner Hotel Am Michel	🏨	531
Lindner Park-Hotel Hagenbeck	🏨	546
Lindtner	🏨	542
Louis C. Jacob	🏨	543

M		Seite
Marriott	🏨	530
Mercure City	🏨	532
Mittelweg	🏨	532
My Place	🏨	538
Mövenpick	🏨	530

N - O - P		Seite
Nippon	🏨	533
Novotel Hamburg Alster	🏨	530
Ökotel	🏨	545
Park Hyatt	🏨	529

HAMBURG

R		Seite
Radisson BLU	🏨🏨	530
Radisson BLU Airport	🏨🏨	542
Raphael Hotel Altona	🏨	538
relexa Hotel Bellevue	🏨	531
The Rilano	🏨🏨	541
Rosengarten	🏨	546
Le Royal Méridien	🏨🏨🏨	529

S		Seite
Senator	🏨	532
SIDE	🏨🏨🏨	530

		Seite
Sofitel Alter Wall	🏨🏨🏨	529
Steigenberger	🏨🏨🏨	529
Steigenberger Hotel Treudelberg	🏨🏨	543
Strandhotel	🏨	540
Suite Novotel Hamburg City	🏨	532

T - W		Seite
25hours (twenty-five hours)	🏨	539
Wedina	🏨	532

🍴 Alphabetische Liste der Restaurants
Alphabetical index of restaurants

A		Seite
Amadée	🍴 😊	539
Artisan	🍴	545
Atlas	🍴	540

B		Seite
Die Bank	🍴	535
Bistro am Fleet	🍴	537
Bistro Le jardin de la maison Pommey	🍴	537
Bistro Süllbergterassen	🍴🍴	540
Brook	🍴🍴 😊	534
Butcher's American Steakhouse	🍴	536

C		Seite
Calla	🍴🍴🍴	533
Le Canard nouveau	🍴🍴🍴 ✿	538
CARLS	🍴	535
Casse-Croûte	🍴 😊	536
Cölln's	🍴🍴	534
Cornelia Poletto	🍴	541
Cox	🍴 😊	537

D - E		Seite
Doc Cheng's	🍴🍴	534
Dorfkrug	🍴🍴	546
East	🍴🍴	545

F		Seite
La Fayette	🍴🍴	534
Finkenwerder Elbblick	🍴🍴	542
Fischereihafen Restaurant	🍴🍴🍴	538
Die Fischküche	🍴🍴	534
Fischmarkt	🍴	536

G - H - I - J - K		Seite
Goldfisch	🍴	541
Gusto Fino	🍴	536
Haerlin	🍴🍴🍴🍴 ✿✿	533
Henssler Henssler	🍴 😊	539
IndoChine	🍴🍴	538
Jacobs Restaurant	🍴🍴🍴 ✿✿	543
Jahreszeiten Grill	🍴🍴🍴	533
Küchenwerkstatt	🍴 ✿	535

L		Seite
Lambert	🍴	544
Landhaus Scherrer	🍴🍴🍴 ✿	538
Lenz	🍴🍴 😊	540
Leuchtturm	🍴	542

M		Seite
Marseille	🍴	539
Matsumi	🍴	537
(m)eatery	🍴	537
Memory	🍴🍴	545
La Mirabelle	🍴	535

N - O		Seite
Ni Hao	🍴	546
Nil	🍴 😊	545
Nippon	🍴	537
Ono by Steffen Henssler	🍴 😊	541

P		Seite
Petit Délice	🍴	536
Piazza Romana	🍴🍴	535
Piment	🍴🍴 ✿	541
Le Plat du Jour	🍴 😊	536
Portomarin	🍴🍴	546
Prinz Frederik	🍴🍴 ✿	534

Q - R		Seite
Au Quai	🍴🍴	538
Rach und Ritchy	🍴	540

Rive Bistro	X ⊛	539
S		**Seite**
San Michele	XX	546
Sgroi	XX ✿	534
Il Sole	X	544
Speisewirtschaft Wattkorn	X ⊛	543
Stock's Fischrestaurant	XX	543
Süllberg - Seven Seas	XXXX ✿	540
T		**Seite**
Tarantella	X	535
Trader Vic's	XX	535
Trific	X	541
Tschebull	X ⊛	536
V - W		**Seite**
La Vela	X	539
VLET	X	536
Wehmann's Bistro	X	539
Weinwirtschaft Kleines Jacob	X ⊛	544
Windows	XxX	533
Witthüs	XX	543

Restaurants sonntags geöffnet
Restaurants open on Sunday

Amadée	X ⊛	539
Atlas	X	540
Bistro am Fleet	X	537
Bistro Süllbergterassen	XX	540
Butcher's American Steakhouse	X	536
CARLS	X	535
Casse-Croûte	X ⊛	536
Cornelia Poletto	X	541
Dorfkrug	XX	546
East	XX	545
Finkenwerder Elbblick	XX	542
Fischereihafen Restaurant	XxX	538
Goldfisch	X	541
IndoChine	XX	538
Jacobs Restaurant	XxxX ✿✿	543
Jahreszeiten Grill	XxX	533
Lambert	X	544
Lenz	XX ⊛	540
Leuchtturm	X	542
Memory	XX	545
Ni Hao	X	546
Nil	X ⊛	545
Nippon	X	537
Piazza Romana	XX	535
Le Plat du Jour	X ⊛	536
Rach und Ritchy	X	540
Rive Bistro	X ⊛	539
Il Sole	X	544
Speisewirtschaft Wattkorn	X ⊛	543
Stock's Fischrestaurant	XX	543
Süllberg - Seven Seas	XxxX ✿	540
Tarantella	X	535
Trader Vic's	XX	535
La Vela	X	539
Weinwirtschaft Kleines Jacob	X ⊛	544
Witthüs	XX	543

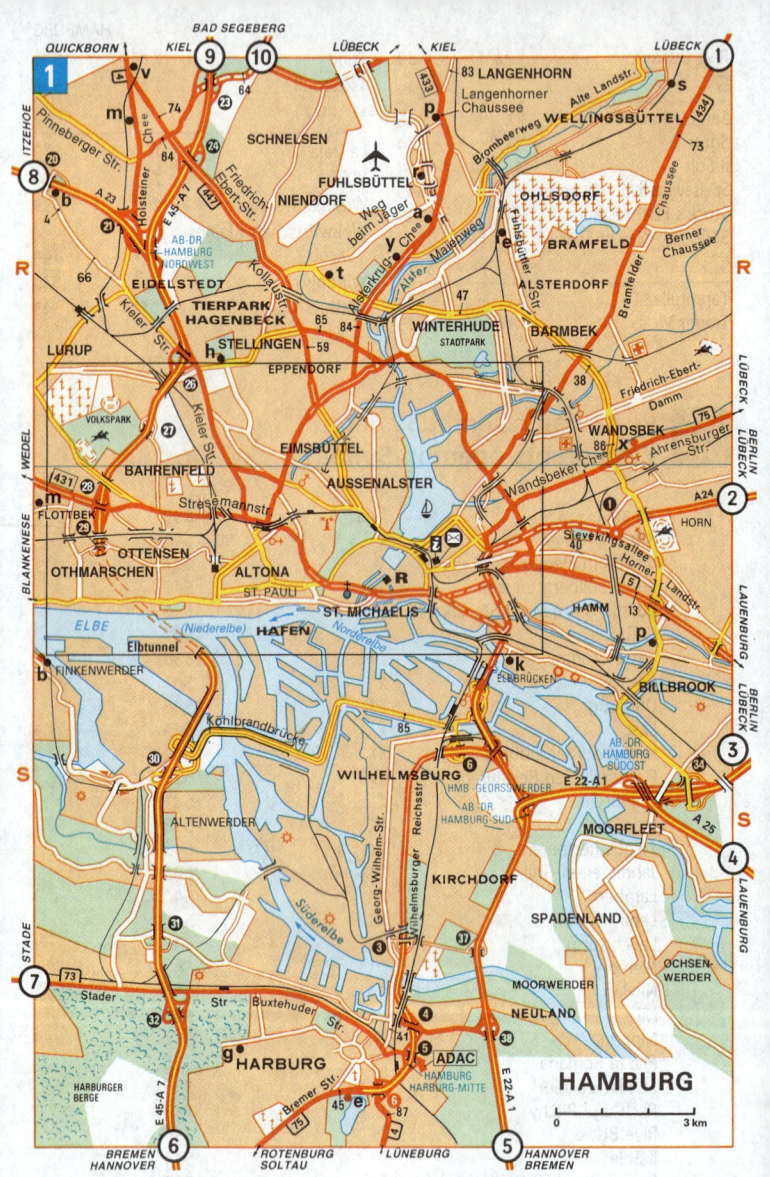

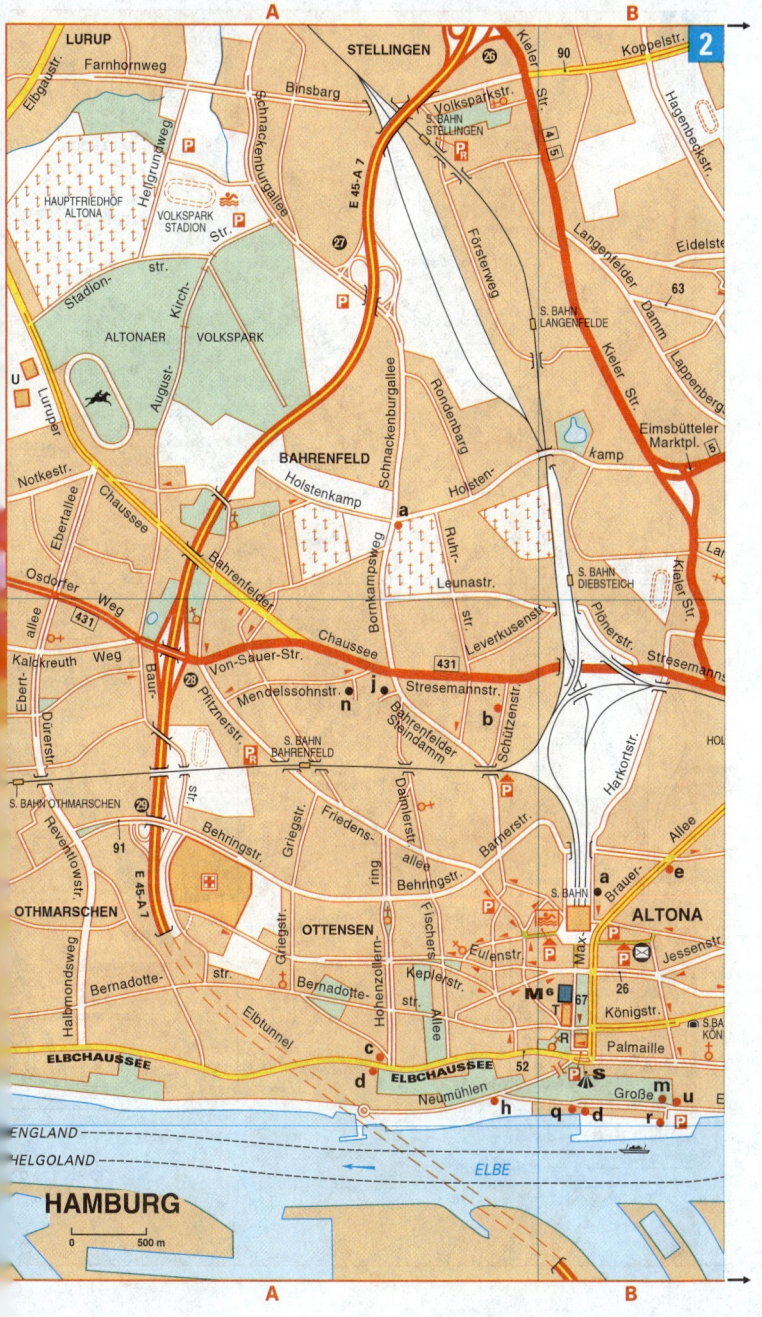

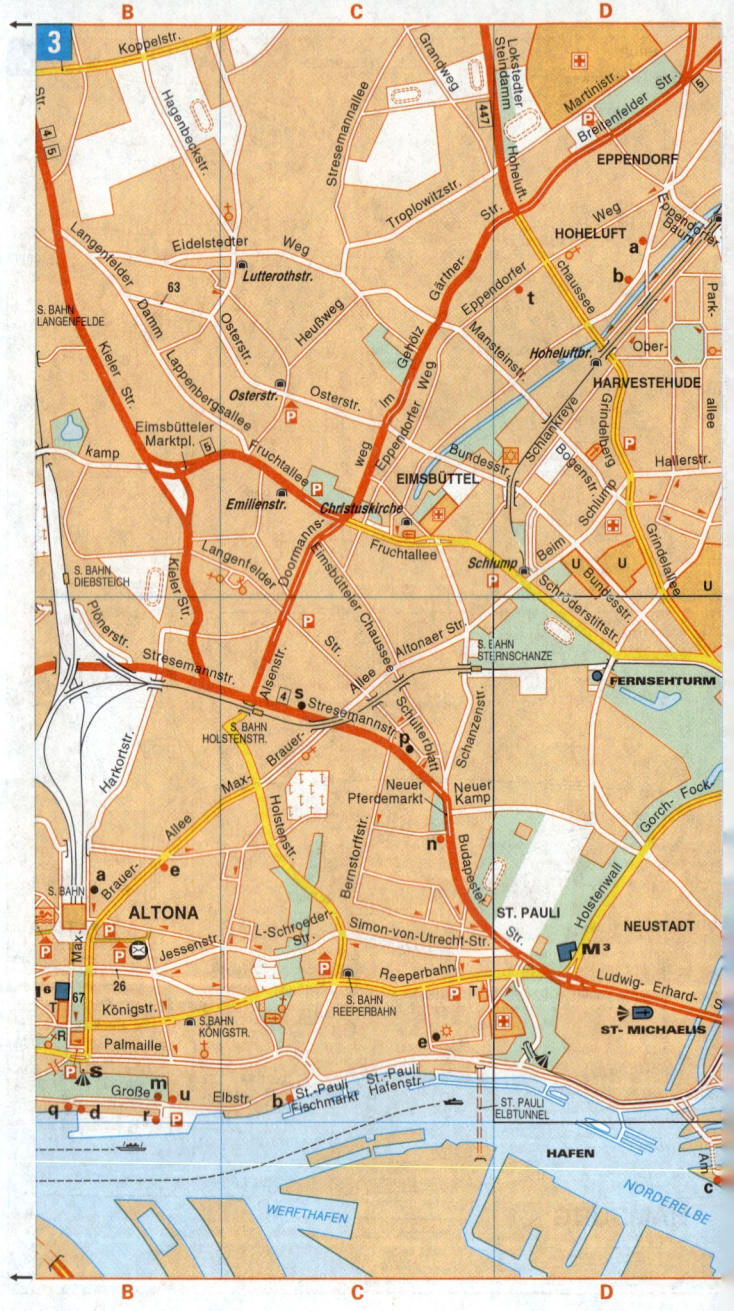

STRASSENVERZEICHNIS HAMBURG

- ABC Str. .. **HY**
- Adenauerallee .. **KY** 2
- Ahrensburger Str. .. **R**
- Alsenstr. .. **CU**
- Alsterarkaden .. **JY** 3
- Alsterglacis .. **JX**
- Alsterkrugchaussee .. **R**
- Alsterufer .. **JX**
- Alter Steinweg .. **HZ**
- Alter Wall .. **HZ**
- Alte Landstr. .. **R**
- Alte Rabenstr. .. **ET**
- Altmannbrücke .. **KYZ**
- Altonaer Str. .. **CU**
- Altonaer Str. (RELLINGEN) .. **R** 4
- Amsinckstr. .. **KZ**
- Am Dalmannkai .. **EV**
- Am Kaiserkai .. **DEV**
- Am Sandtorkai .. **JZ**
- Anckelmannstr. .. **FU** 6
- An der Alster .. **KY**
- An der Verbindungsbahn. .. **GHX**
- August-Kirch-Str. .. **AT**
- Ausschläger Weg .. **FU**
- Bahrenfelder Chaussee .. **ATU**
- Bahrenfelder Steindamm .. **ATU**
- Ballindamm .. **JY**
- Barcastr. .. **EFU**
- Barmbeker Str. .. **EFT**
- Barnerstr. .. **AU**
- Baurstr. .. **AU**
- Beethovenstr. .. **FT**
- Behringstr. .. **AU**
- Beim Schlurnp .. **DT**
- Beim Strohhause .. **FU** 12
- Bei dem Neuen Krahn. .. **HZ** 9
- Bei den Kirchhöfen .. **HX**
- Bei den Mühren .. **JZ**
- Bei den St-Pauli-Landungsbrücken .. **GZ** 10
- Bergedorfer Str. .. **S** 13
- Bergstr. .. **JY**
- Berliner Tor. .. **FU** 14
- Bernadottestr. .. **AU**
- Berner Chaussee .. **R**
- Bernstorffstr. .. **CU**
- Biedermannpl. .. **FT**
- Billhorner Brückenstr. .. **FV** 15
- Binsbarg .. **AT**
- Böhmkenstr. .. **GZ** 16
- Börsenbrücke .. **JZ** 18
- Bogenstr. .. **DT**
- Borgfelder Str. .. **FU**
- Bornkampsweg .. **ATU**
- Bramfelder Chaussee .. **R**
- Breitenfelder Str. .. **DT**
- Bremer Str. .. **S**
- Brombeerweg .. **R**
- Brooktorkai .. **JZ**
- Budapester Str. .. **GY**
- Bürgerweide .. **HX**
- Bundesstr. .. **HX**
- Burchardpl. .. **JZ**
- Burgstr. .. **FU**
- Buxtehuder Str. .. **S**
- Colonnaden .. **HY**
- Cremon .. **HZ** 21
- Daimlerstr. .. **AU**
- Dammtordamm .. **HX** 23
- Dammtorstr. .. **HY**
- Dammtorwall .. **HY**
- Deichstr. .. **HZ**
- Deichtorpl. .. **KZ**
- Ditmar-Koel-Str. .. **JZ**
- Domstr. .. **JZ**
- Doormannsweg .. **CT**
- Dorotheenstr. .. **ET**
- Dovenfleet .. **JZ**
- Dürerstr. .. **AU**
- Ebertallee .. **ATU**
- Edmund-Siemers-Allee .. **HX**
- Ehrenbergstr. .. **BU** 26
- Eidelstedter Weg .. **BCT**
- Eiffestr. .. **FU**
- Eilenau .. **FTU**
- Eimsbütteler Chaussee .. **CTU**
- Eimsbütteler Marktpl. .. **BT**
- Elbchaussee .. **S**
- Elbgaustr. .. **AU**
- Elbtunnel .. **AU**
- Eppendorfer Baum .. **DT**
- Eppendorfer Landstr. .. **ET**
- Eppendorfer Weg .. **CDT**
- Esplanade .. **JY**

- Eulenstr. .. **AU**
- Farnhornweg .. **AT**
- Feldstr. .. **GY**
- Ferdinandstr. .. **JY**
- Fernsicht .. **ET**
- Fischers Allee .. **AU**
- Försterweg .. **AT**
- Fontenay .. **JX**
- Friedenallee .. **AU**
- Friedrich-Ebert-Damm .. **R**
- Friedrich-Ebert-Str. .. **R**
- Fruchtallee .. **CT**
- Fuhlsbüttler Str. .. **R**
- Gänsemarkt .. **HY**
- Gärtnerstr. .. **CT**
- Gellerstr. .. **ET**
- Georg-Wilhelm-Str. .. **S**
- Gerhofstr. .. **HY** 29
- Gertigstr. .. **EFT**
- Glacischaussee .. **GY**
- Glockengießerwall .. **JKY**
- Gorch-Fock-Wall .. **HY**
- Grabenstr. .. **GX**
- Grandweg .. **CT**
- Graskeller .. **HZ** 31
- Grevenweg .. **FU**
- Griegstr. .. **AU**
- Grindelallee .. **HX**
- Grindelberg .. **DT**
- Große Bleichen .. **HY** 33
- Große Burstah .. **HZ** 35
- Große Elbstr. .. **BCU**
- Große Johannisstr. .. **JZ** 34
- Große Reichenstr. .. **JZ** 37
- Habichtstr. .. **R** 38
- Hachmannpl. .. **KY** 39
- Hagenbeckstr. .. **BT**
- Halbmondsweg .. **AU**
- Hallerstr. .. **DT**
- Hamburger Str. .. **FT**
- Hammer Landstr. .. **S** 40
- Hannoversche Str. .. **S** 41
- Hansapl. .. **GY**
- Harkortstr. .. **BU**
- Harvestehuder Weg .. **ET**
- Heidenkampsweg .. **FU**
- Heilwigstr. .. **ET**
- Heimhuder Str. .. **JX**
- Helgoländer Allee .. **GZ** 43
- Hellgrundweg .. **AT**
- Herbert-Weichmann-Str. .. **ET** 44
- Herderstr. .. **FT**
- Hermannstr. .. **JY**
- Heußweg .. **CT**
- Högerdamm .. **KZ**
- Hofweg .. **FT**
- Hoheluftchaussee .. **DT**
- Hohenzollernring .. **AU**
- Hohe Bleichen .. **HY**
- Hohe Brücke .. **HZ**
- Hohe Str. .. **S** 45
- Holsteiner Chaussee .. **R**
- Holstenglacis .. **GY** 46
- Holstenkamp .. **ABT**
- Holstenstr. .. **CU**
- Holstenwall .. **GY**
- Holzdamm .. **KY**
- Horner Landstr. .. **S**
- Hütten .. **GY**
- Im Gehölz .. **CT**
- Jahnring .. **R** 47
- Jarrestr. .. **FT**
- Jessenstr. .. **BU**
- Johannisbollwerk .. **GZ**
- Johnsallee .. **HX**
- Jungfernstieg .. **JY**
- Kaiser-Wilhelm-Str. .. **HY**
- Kajen .. **HZ**
- Kalckreuth Weg .. **AU**
- Karolinenstr. .. **GX**
- Kennedybrücke .. **JY**
- Keplerstr. .. **AU**
- Kieler Str. .. **ABT**
- Kirchenallee .. **KY**
- Kleine Reichenstr. .. **JZ** 50
- Klingberg .. **JZ** 51
- Klopstockstr. .. **AU** 52
- Klosterwall .. **KZ**
- Köhlbrandbrücke .. **S**
- Königstr. .. **BU**
- Kollaustr. .. **R**
- Koppel .. **KX**
- Koppelstr. .. **BT**
- Krayenkamp .. **HZ** 54

- Kreuzweg .. **KY**
- Krugkoppel .. **ET** 55
- Kuhmühle .. **FU** 56
- Kurt-Schumacher-Allee .. **KY**
- Lagerstr. .. **GX**
- Landwehr .. **FU**
- Langenfelder Damm .. **BT**
- Langenfelder Str. .. **BCT**
- Langenhorner Ch. .. **R**
- Lange Reihe .. **KY**
- Lappenbergsallee .. **BCT**
- Lerchenfeld .. **FT**
- Leunastr. .. **AU**
- Leverkusenstr. .. **AU**
- Lokstedter Steindamm .. **R** 59
- Lombardsbrücke .. **JY**
- Louise-Schroeder-Str. .. **CU**
- Ludwig-Erhard-Str. .. **GHZ**
- Lübecker Str. .. **FU**
- Lübecker Tordamm .. **FU** 61
- Luruper Chaussee .. **AT**
- Maienweg .. **R**
- Mansteinstr. .. **CDT**
- Maria-Louisen-Str. .. **ET**
- Marktstr. .. **GY**
- Marseiller Str. .. **HX**
- Martinistr. .. **DT**
- Max-Brauer-Allee .. **BCU**
- Mendelssohnstr. .. **AU**
- Millerntordamm .. **GZ** 62
- Mittelweg .. **JX**
- Mönckebergstr. .. **JKY**
- Moorweidenstr. .. **HX**
- Müggenkampstr. .. **BT** 63
- Mühlendamm .. **DFU**
- Mundsburger Damm .. **FTU**
- Neß .. **JZ**
- Neuer Jungfernstieg .. **JY**
- Neuer Kamp .. **CU**
- Neuer Pferdemarkt .. **CU**
- Neuer Steinweg .. **GZ**
- Neuer Wall .. **HYZ**
- Neumühlen .. **AU**
- Nordkanalstr. .. **FU**
- Notkestr. .. **AT**
- Oberbaumbrücke .. **KZ**
- Oberstr. .. **DET**
- Oldesloer Str. .. **R** 64
- Osakaallee .. **JZ**
- Osdorfer Weg .. **ATU**
- Osterfeldstr. .. **R** 65
- Osterstr. .. **C**
- Palmaille .. **BU**
- Parkallee .. **DT**
- Pfitznerstr. .. **AU**
- Pilatuspool .. **GHY**
- Pinneberger Chaussee .. **R** 66
- Pinneberger Str. .. **R**
- Platz der Republik .. **BU** 67
- Plönerstr. .. **BU**
- Poolstr. .. **HY**
- Poststr. .. **HY**
- Pumpen .. **KZ** 68
- Rathausmarkt .. **JYZ**
- Rathausstr. .. **JZ** 69
- Reeperbahn .. **GZ** 70
- Reesendamm .. **JY** 71
- Rentzelstr. .. **GX**
- Reventlowstr. .. **AU**
- Rondenbarg .. **AT**
- Rothenbaumchaussee .. **HX** 72
- Ruhrstr. .. **ATU**
- Saarlandstr. .. **FT**
- Saseler Chausee .. **R** 73
- Schaarmarkt .. **GHZ**
- Schäferkampsallee .. **CDT**
- Schanzenstr. .. **CU**
- Schlankreye .. **DT**
- Schleswiger Damm .. **R** 74
- Schleusenbrücke .. **JY** 75
- Schmiedestr. .. **JZ** 76
- Schnackenburgallee .. **AT**
- Schöne Aussicht .. **ET**
- Schröderstift Str. .. **GX**
- Schützenstr. .. **AU**
- Schulterblatt .. **CU**
- Schvanenwik .. **FTU**
- Sechslingspforte .. **FU**
- Seewartenstr. .. **GZ**
- Semperstr. .. **EFT**
- Sierichstr. .. **ET**
- Sievekingpl. .. **GY**
- Sievekingsallee .. **S**
- Simon-von-Utrecht-Str. .. **CU**

Spaldingstr. . . . . **FU**	St-Pauli-Fischmarkt. . . . . **CU**	Walderseestr. . . . . **AU** 91
Speersort . . . . **JZ**	St-Pauli-Hafenstr. . . . . **CU**	Wallstr. . . . . **FU**
Spitalerstr. . . . . **JKY**	St-Petersburger Str. . . . . **GHX**	Wandsbeker Allee . . . . **R** 86
Sportplatzring . . . . **BT** 90	Süderstr. . . . . **FU**	Wandsbeker Chaussee . . . . **FTU**
Stader Str. . . . . **S**	Tangstedter Landstr. . . . . **R** 83	Warburgstr. . . . . **JX**
Stadionstr. **AT**	Tarpenbekstr. . . . . **R** 84	Wartenau . . . . **FU**
Stadthausbrücke . . . . **HY** 77	Theodor-Heuss-	Weg beim Jäger. . . . . **R**
Steindamm . . . . **KY**	Pl. . . . . **HX**	Weidestr. . . . . **FT**
Steinhauerdamm . . . . **FU** 78	Thielbek . . . . **HY**	Wendenstr. . . . . **FU**
Steinstr. . . . . **KZ**	Tiergartenstr. . . . . **HX**	Wexstr. . . . . **HY**
Steintordamm . . . . **KY** 79	Troplowitzstr. . . . . **CT**	Wiesendamm . . . . **FT**
Steintorpl. . . . . **KY** 80	Überseeallee . . . . **EV**	Wilhelmsburger
Steintorwall . . . . **KYZ**	Valentinskamp . . . . **HY**	Reichsstr. . . . . **S**
Sternschanze . . . . **GX**	Veddeler Damm. . . . . **S** 85	Willy-Brandt-Str.. . . . . **HJZ**
Stresemannallee . . . . **CT**	Volksparkstr. . . . . **AT**	Winsener Str. . . . . **S** 87
Stresemannstr.. . . . . **ACU**	Von-Sauer-Str.. . . . . **AU**	Winterhuder Weg . . . . **FT**
St-Benedict-Str. . . . . **ET**	Vorsetzen . . . . **GHZ**	Zippelhaus. . . . . **JZ** 88

Fairmont Hotel Vier Jahreszeiten
Neuer Jungfernstieg 9 ✉ *20354* – ℰ *(040) 3 49 40*
– *www.fairmont-hvj.de*
6JYv
156 Zim – †260/310 € ††315/450 €, ⊇ 36 € – 17 Suiten
Rest *Haerlin* ✿✿ **Rest** *Jahreszeiten Grill* **Rest** *Doc Cheng's* – siehe Restaurantauswahl

♦ Das Grandhotel schlechthin. Die Lage könnte wohl kaum repräsentativer sein, ebenso Führung und Service! Stilmöbel und Antiquitäten mischen sich mit frischen, jungen Details in Form von individuellen Stoffen und aktueller Technik. In der Bar nimmt man auf echten Rolls-Royce-Sitzen Platz.

Park Hyatt
Bugenhagenstr. 8, (im Levantehaus) ✉ *20095* – ℰ *(040) 33 32 12 34*
– *www.hamburg.park.hyatt.de*
6KYZt
283 Zim – †180/360 € ††210/385 €, ⊇ 31 € – 21 Suiten
Rest *Apples* – ℰ (040) 33 32 17 11 – Menü 59 € – Karte 35/65 €

♦ Im 1. Stock empfängt das einstige Kontorhaus seine Gäste, die es sich hier in der geschmackvollen Lounge gemütlich machen können. Mit Wertigkeit und moderner Eleganz sucht das Luxushotel seinesgleichen. Restaurant "Apples" lädt mit seiner Showküche zum Zuschauen ein.

Le Royal Méridien
An der Alster 52 ✉ *20099* – ℰ *(040) 2 10 00*
– *www.leroyalmeridienhamburg.com*
6KYd
284 Zim – †169/399 € ††189/419 €, ⊇ 28 € – 12 Suiten
Rest – Karte 46/62 €

♦ Ein modernes Hotel, dessen ansprechender klarer Stil sich von den hell möblierten Zimmern mit speziell entworfenen therapeutischen Betten bis in den Wellnessbereich zieht. Vom Restaurant im 9. Stock blickt man sehr schön auf die Außenalster.

Grand Elysée
Rothenbaumchaussee 10 ✉ *20148* – ℰ *(040) 41 41 20* – *www.grand-elysee.com*
511 Zim – †140/350 € ††160/370 €, ⊇ 20 € – 13 Suiten **5HXm**
Rest *Piazza Romana* – siehe Restaurantauswahl
Rest *Brasserie Flum* – ℰ (040) 41 41 27 23 – Karte 25/47 €

♦ Boulevard-Charakter erwartet Sie in der großzügigen Hotelhalle mit Café. Klassisch-elegante Zimmer, darunter ruhig gelegene Gartenhofzimmer sowie Südzimmer zum Moorweidenpark. Brasserie und Oyster-Bar mit Seafood.

Sofitel Alter Wall
Alter Wall 40 ✉ *20457* – ℰ *(040) 36 95 00* – *www.sofitel.com*
5HZg
241 Zim – †165/345 € ††165/345 €, ⊇ 26 € – 10 Suiten **Rest** – Karte 40/69 €

♦ Puristisch und luxuriös zugleich ist der klare moderne Style. Das Alsterfleet hat man gleich vor dem Haus - das genießt man am besten auf der Terrasse direkt über dem Wasser! Hier auch der eigene Bootsanleger. Mittags können Sie im Bistro essen, Sushibar ab 16 Uhr.

Steigenberger
Heiligengeistbrücke 4 ✉ *20459* – ℰ *(040) 36 80 60* – *www.hamburg.steigenberger.de*
233 Zim – †139/249 € ††159/269 €, ⊇ 24 € – 6 Suiten **5HZs**
Rest *Calla* **Rest** *Bistro am Fleet* – siehe Restaurantauswahl

♦ Direkt am Alsterfleet steht das gut geführte und elegante Hotel in Schiffsform. Von der Dachterrasse des Fitnessbereichs hat man einen tollen Blick über die Stadt.

InterContinental

Fontenay 10 ⊠ 20354 – ℰ (040) 4 14 20
– www.hamburg.intercontinental.com

281 Zim – †130/400 € ††130/400 €, ⊆ 27 € – 9 Suiten
Rest *Windows* – siehe Restaurantauswahl
Rest *Signatures* – ℰ (040) 41 42 25 20 – Menü 20 € (mittags) – Karte 34/50 €

♦ Schon die Halle beeindruckt mit Großzügigkeit und internationalem Flair. Und dazu noch die wunderschöne Lage an der Außenalster - Sportbegeisterte werden die nahe Laufstrecke lieben. Klasse Aussicht vom Freizeitbereich und vom Wintergartenrestaurant!

6JXr

SIDE

Drehbahn 49 ⊠ 20354 – ℰ (040) 30 99 90 – www.side-hamburg.de
178 Zim – †150/225 € ††150/225 €, ⊆ 23 € – 10 Suiten
Rest *(m)eatery* – siehe Restaurantauswahl

♦ Hier (zwischen Gänsemarkt und Staatsoper) waren Designer am Werk: die Glas-Natursteinfassade von Jan Störmer, das Lichtkonzept in der Lobby mit ihren eindrucksvollen 30 Metern Höhe von Robert Wilson, der schicke Style der Zimmer von Matteo Thun.

5HYh

Marriott

ABC-Str. 52 ⊠ 20354 – ℰ (040) 3 50 50 – www.hamburgmarriott.de
278 Zim – †179/239 € ††189/239 €, ⊆ 26 € – 3 Suiten
Rest – Karte 21/55 €

♦ Nahe dem Gänsemarkt befindet sich dieses Hotel mit gediegenem Ambiente in Lobby und Gästezimmern sowie einem ansprechenden Bade-, Sauna- und Kosmetikbereich. Freundlich und modern präsentiert sich das Restaurant Speicher 52.

5HYb

Radisson BLU

Marseiller Str. 2 ⊠ 20355 – ℰ (040) 3 50 20
– www.radissonblu.com/hotel-hamburg
556 Zim – †119/399 € ††119/399 €, ⊆ 22 € – 9 Suiten
Rest *Trader Vic's* – siehe Restaurantauswahl
Rest *Filini* – Karte 28/51 €

♦ Business leicht gemacht: Das Kongresszentrum ist direkt an das Hotel angeschlossen! Außerdem profitiert man von der guten Bahnanbindung. Interessant die Zimmerstile "Natural", "Urban" und "New York Mansion", einzigartig der Blick auf die Stadt! Filini mit internationalem Angebot. Polynesische Küche im Trader Vic's.

5HXa

The George

Barcastr. 3 ⊠ 22087 – ℰ (040) 2 80 03 00 – www.thegeorge-hotel.de
125 Zim – †139/189 € ††139/189 €, ⊆ 20 € – 2 Suiten
Rest – (geschl. Samstagmittag - Sonntag) Menü 57 € – Karte 39/58 €

♦ Elegant-britischer Stil trifft auf junges Design! Ob in Bibliothek, Bar oder Zimmern - überall gedeckte Töne und Details wie Bilder, Bezüge oder Tapeten. Highlights: Dachterrasse mit Blick über Hamburg sowie der Garten hinterm Haus. Mediterran-italienische Küche im Restaurant.

4FUg

Mövenpick

Sternschanze 6 ⊠ 20357 – ℰ (040) 3 34 41 10
– www.moevenpick-hamburg.com
226 Zim – †120/250 € ††140/270 €, ⊆ 21 € – 2 Suiten **Rest** – Karte 25/51 €

♦ Modern in Stil und Technik sind die Zimmer in dem aparten Wasserturm a. d. 19. Jh., sehr chic die Dach-Suiten - hier ist der Blick über die Stadt besonders eindrucksvoll. Internationale Küche im Restaurant und auf der Terrasse zum Schanzenpark hin.

5GXb

Novotel Hamburg Alster

Lübecker Str. 3 ⊠ 22087 – ℰ (040) 39 19 00 – www.novotel.com
210 Zim – †99/179 € ††99/179 €, ⊆ 19 € – 2 Suiten **Rest** – Karte 17/47 €

♦ Vor allem Geschäftsleute schätzen die modern-funktionelle Ausstattung und die guten Tagungsmöglichkeiten, an den Wochenenden zählen aber auch Hamburgbesucher zu den Gästen. Von der nahen U-Bahn-Station ist man schnell in der ca. 2 km entfernten City.

4FUn

HAMBURG

Europäischer Hof
Kirchenallee 45 ⊠ 20099 – ℰ (040) 24 82 48
– www.europaeischer-hof.de
275 Zim – †115/195 € ††145/232 €
6KYe
Rest *Paulaner's* – Karte 21/34 €

• In dem Hotel gegenüber dem Hauptbahnhof erwarten Sie u. a. eine gediegen-elegante Halle und die siebengeschossige "Euro-Therme" mit 150-m-Wasserrutsche über sechs Ebenen. Die Atmosphäre im Paulaner's ist rustikal und ungezwungen.

Lindner Hotel Am Michel
Neanderstr. 20 ⊠ 20459 – ℰ (040) 3 07 06 70
– www.lindner.de
259 Zim – †109/509 € ††129/529 € – 8 Suiten
5GZa
Rest – (geschl. Sonntag) Menü 34 € – Karte 31/46 €

• Relativ ruhig wohnt man in dem Backsteinbau nahe dem "Michel" in modernen, mit warmen Tönen und klaren Linien eingerichteten Zimmern. Vom Saunabereich schaut man über die Stadt. Restaurant Sonnin mit internationalem Angebot.

Adina
Neuer Steinweg 26 ⊠ 20549 – ℰ (040) 2 26 35 00
– www.adina.eu
5GZd
128 Zim – †149/259 € ††149/259 €, ⊇ 19 € – 100 Suiten
Rest – (nur Abendessen) Karte 28/41 €

• Das Konzept: Businesshotel. Die Zimmer sind geräumig und haben Apartment-Charakter (kleine Küche vorhanden). Das Design ist klar, die Technik aktuell. "Michel" und Reeperbahn ganz in der Nähe.

Abtei
Abteistr. 14 ⊠ 20149 – ℰ (040) 44 29 05 – www.abtei-hotel.de – geschl. über Weihnachten
11 Zim – †155/220 € ††190/280 €
4ETv
Rest *Prinz Frederik* **Rest** *Bistro Le jardin de la maison Pommey* – siehe Restaurantauswahl

• Kaum hat man die exklusive Villa (1897) in ebenso repräsentativer Lage betreten, ist man gefangen von all den stilvollen und individuellen Details, die Petra und Fritz Lay so liebevoll arrangiert haben – und von dem Gefühl, willkommen zu sein!

Eilenau garni
Eilenau 36 ⊠ 22089 – ℰ (040) 2 36 01 30 – www.eilenau.de
17 Zim – †126/160 € ††165/190 € – 5 Suiten
4FTe

• Eine Atmosphäre, wie sie wohl nur in einem historischen Stadthaus zu finden ist! In diesem Fall sind es sogar zwei, erbaut im Jahre 1890 und aufwändig saniert. Antiquitäten, Stuck und altes Parkett, dazu Modernes. Im ruhigen kleinen Garten wird im Sommer gefrühstückt.

relexa Hotel Bellevue
An der Alster 14 (Zufahrt über Koppel) ⊠ 20099 – ℰ (040) 28 44 40
– www.relexa-hotels.de
83 Zim – †79/129 € ††112/169 € – 2 Suiten
6KXd
Rest – Karte 23/42 €

• Ein klassisches Stadthaus zur Alster hin und zwei weitere Gebäude beherbergen individuelle wohnliche Zimmer sowie kleine, aber moderne Einzelzimmer. Nett ist die Kellerbar. Mittagsrestaurant mit Alsterblick, gemütlich-maritimes Abendrestaurant im UG.

Hafen Hamburg
Seewartenstr. 9 ⊠ 20459 – ℰ (040) 31 11 30 – www.hotel-hamburg.de
353 Zim – †60/270 € ††90/270 €, ⊇ 18 €
5GZy
Rest – Menü 38 € (abends) – Karte 28/62 €

• Direkt oberhalb der Landungsbrücken liegen das schöne Gebäude von 1864 und die neuere komfortablere "Residenz". Die Zimmer sind sehr unterschiedlich gestaltet. Im Restaurant genießt man die Aussicht auf den Hafen. In 62 m Höhe befindet sich die beliebte Tower Bar.

HAMBURG

Mercure City
Amsinckstr. 53 ⊠ 20097 – ⌀ (040) 23 63 80
– www.mercure.com
4FUm
187 Zim – †79/239 € ††79/239 €, ⊑ 19 €   **Rest** – Karte 25/46 €
• Das Hotel ist eine modern-funktionelle Businessadresse am Rande der Innenstadt. Das Thema Presse zieht sich in Form zahlreicher Bilder durchs Haus.

Senator garni
Lange Reihe 18 ⊠ 20099 – ⌀ (040) 24 19 30
– www.hotel-senator-hamburg.de
6KYu
56 Zim ⊑ – †99/139 € ††109/159 €
• Mitten im Szeneviertel St. Georg mit seinen Straßencafés und Boutiquen! Zum Hauptbahnhof sind es nur wenige Gehminuten. Einige "Wellnesszimmer" mit Dampf-Massagedusche und/oder Wasserbett.

Baseler Hof
Esplanade 11 ⊠ 20354 – ⌀ (040) 35 90 60 – www.baselerhof.de
6JYx
168 Zim ⊑ – †89/125 € ††145/155 € – 5 Suiten
Rest *Kleinhuis* – ⌀ (040) 35 33 99 – Menü 26 € – Karte 24/43 €
• Eine gepflegte Adresse zwischen Außenalster und Botanischem Garten. Einige Zimmer sind etwas einfacher, die im Zwischenbau liegen recht ruhig. Gute Auswahl an offenen Weinen im Restaurant Kleinhuis! Etwas für Liebhaber: die jährliche Oldtimer Rallye.

Suite Novotel Hamburg City garni
Lübeckertordamm 2 ⊠ 20099 – ⌀ (040) 27 14 00
– www.suitenovotel.com
4FUd
186 Zim – †89/119 € ††89/119 €, ⊑ 13 €
• Recht geräumig und sachlich-funktional sind die Gästezimmer in diesem Hotel. Internet und Telefon können kostenfrei genutzt werden. Snacks zum Mitnehmen in der Lobby.

Holiday Inn Express City Centre garni
Lübecker Str. 109 ⊠ 22087 – ⌀ (040) 7 34 45 10
– www.fmhos.com
4FUc
179 Zim ⊑ – †79/139 € ††79/139 €
• Eine ideale Businessadresse in Zentrumsnähe. Zimmer mit moderner Technik; Kinder bis 18 Jahre schlafen kostenfrei mit im Elternzimmer. Mit Bus & Bahn sind es ca. 10 Minuten in die City.

Amedia
Alsterdorfer Str. 575a ⊠ 22337 – ⌀ (040) 2 26 36 60
– www.amediahotels.com
1Re
165 Zim – †99/299 € ††109/349 €, ⊑ 12 €   **Rest** – Karte 27/52 €
• Ideal für Zug und Flug: modern, direkt beim Bahnhof Ohlsdorf gelegen und nur 5 S-Bahn-Minuten vom Airport entfernt (fragen Sie nach "Park, Sleep & Fly"). Mit im Haus: das Restaurant "Ribling".

Mittelweg garni
Mittelweg 59 ⊠ 20149 – ⌀ (040) 4 14 10 10
– www.hotel-mittelweg-hamburg.de
4ETc
30 Zim ⊑ – †95/125 € ††145 €
• Der Charme der Jahrhundertwende ist in der Villa von 1890 allgegenwärtig: vom Treppenhaus über die Stuckdecke im stilvollen Frühstücksraum bis hin zu liebenswert arrangierten Farben, Mustern und klassischen Möbeln in den Zimmern. Lauschiger kleiner Garten.

Wedina garni (mit Gästehäusern)
Gurlittstr. 23 ⊠ 20099 – ⌀ (040) 2 80 89 00 – www.hotelwedina.de
– geschl. 22. - 27. Dezember
6KYb
59 Zim ⊑ – †118/175 € ††138/195 € – 13 Suiten
• Gelbes Haus, Grünes Haus, Blaues Haus... - mal sonnig, frisch und mit mediterraner Note, mal puristisch oder mit literarischen Werken. Tipp: Frühstück im Garten und Stadterkundung per Leihfahrrad!

HAMBURG

Ambassador
Heidenkampsweg 34 ⊠ 20097 – ℰ (040) 2 38 82 30 – www.ambassador-hamburg.de
124 Zim – †89/149 € ††129/169 €, ⊊ 14 €   **Rest** – Karte 27/41 €   **4FUe**
• Gepflegt und zentrumsnah: Wenige Geminuten sind es von hier zur U-/S-Bahn, mit der Sie bequem zum Hauptbahnhof oder in die Innenstadt gelangen. Entspannung bieten Schwimmbad und Sauna.

Nippon
Hofweg 75 ⊠ 22085 – ℰ (040) 2 27 11 40 – www.nipponhotel.de
– geschl. Weihnachten - 1. Januar   **4FTd**
42 Zim – †104/127 € ††122/158 €, ⊊ 15 €
Rest *Nippon* – siehe Restaurantauswahl
• Ganz nach fernöstlichem Vorbild sind die Zimmer in klarem puristischem Stil eingerichtet, mit Tatami-Fußboden, Shoji-Wänden und Futons.

Alster-Hof garni
Esplanade 12 ⊠ 20354 – ℰ (040) 35 00 70 – www.alster-hof.de – geschl.
23. Dezember - 2. Januar   **6JYx**
111 Zim ⊊ – †85/115 € ††125/165 € – 3 Suiten
• In dem gepflegten Hotel im Zentrum nahe der Alster stehen funktionelle, überwiegend in wohnlichen Farben gehaltene Gästezimmer bereit, darunter teils recht kleine Einzelzimmer.

City-House garni
Pulverteich 25 ⊠ 20099 – ℰ (040) 2 80 08 10 – www.cityhouse.de   **4EFUh**
30 Zim – †99/124 € ††119/144 €, ⊊ 11 €
• Alte Kaufmannsvilla in einer Seitenstraße nahe dem Bahnhof - sofort spricht einen der englische Stil von Rezeption und Lounge/Bibliothek an! Die Zimmer: gehobenwohnlich, teils etwas einfacher.

Haerlin – Fairmont Hotel Vier Jahreszeiten
Neuer Jungfernstieg 9 ⊠ 20354 – ℰ (040) 34 94 33 10 – www.fairmont-hvj.de
– geschl. nach Ostern 1 Woche, Juni - Juli 4 Wochen und Sonntag - Montag
Rest – *(nur Abendessen)* Menü 85/132 €   **6JYv**
Spez. Büsumer Nordseekrabben mit Blumenkohl in Strukturen und knusprige Kartoffelwürfel. Cordon Bleu von Kalbsbries und Gänseleber, gebratener Spargel und Paprika-Curryvinaigrette. Gänseleberparfait mit Holunderblütengelée und Kaisergranat mit karamellisierter Grapefruit.
• Das Auge isst mit: Was Christoph Rüffer in dem eleganten Restaurant auf den Teller zaubert, ist nicht nur eine äußerst interessante und harmonische Kombination von Aromen, sondern auch optisch Spitzenklasse! Noch ein visuelles Highlight: der Blick auf die Binnenalster.

Windows – Hotel InterContinental
Fontenay 10 ⊠ 20354 – ℰ (040) 4 14 20 – www.hamburg.intercontinental.com
– geschl. Januar 3 Wochen, Ende Juli - Ende August und Sonntag - Montag
Rest – *(nur Abendessen)* Karte 48/68 €   **6JXr**
• Neben internationaler Küche erwartet Sie in diesem Restaurant hoch über der Stadt ein elegantes Ambiente und eine traumhafte Sicht auf Hamburg und die Alster.

Calla – Hotel Steigenberger
Heiligengeistbrücke 4 ⊠ 20459 – ℰ (040) 36 80 60 – www.calla.steigenberger.de
– geschl. Weihnachten - 2. Januar, 21. Juni - 1. August und Sonntag - Montag sowie
an Feiertagen   **5HZs**
Rest – *(nur Abendessen)* Menü 42/79 € – Karte 55/71 €
• Das junge Küchenteam bittet unterhalb der Hotelhalle zu Tisch: Fensterfront zum Fleet, Pianomusik, eleganter Rahmen und auf Ihrem Teller zeitgemäß-saisonale Speisen. Preislich interessant: das Menü inklusive Getränke!

Jahreszeiten Grill – Fairmont Hotel Vier Jahreszeiten
Neuer Jungfernstieg 9 ⊠ 20354 – ℰ (040) 34 94 33 12
– www.fairmont-hvj.de   **6JYv**
Rest – Karte 34/69 €
• An Eleganz kaum zu überbieten, ist das Restaurant eine Hommage an den Artdéco-Stil der 20er Jahre. Mit original Antiquitäten bittet man die Gäste in ein Ambiente für gehobene Ansprüche.

HAMBURG

XX Prinz Frederik – Hotel Abtei
Abteistr. 14 ⊠ 20149 – ℰ (040) 44 29 05 – www.abtei-hotel.de
– geschl. über Weihnachten und Sonntag - Montag **4ETv**
Rest – *(nur Abendessen)* (Tischbestellung erforderlich) Menü 69/100 €
Spez. Suprême von der Artischocke in Olivenölsud, mit Rucola und Mimolette. Rosa gebratenes Kalbsfilet mit Pistaziencreme und Chicorée-Terrine. Schokoladenbeignet mit Fichtensprossen, Kirschwasser-Eiscreme und Pumpernickel.
♦ Den Aperitif nimmt man im noblen Roten Salon ein, zum Dinner begibt man sich in das nicht minder stilvolle kleine Restaurant nebenan: Alles hier atmet Geschichte, Könige blicken von großen Gemälden. Jochen Kempf bietet drei klassische Menüs, gute Weinberatung.

XX Sgroi
Lange Reihe 40 ⊠ 20099 – ℰ (040) 28 00 39 30 – www.sgroi.de
– geschl. Samstagmittag, an Feiertagen mittags und Sonntag - Montag
Rest – Menü 35 € (mittags)/85 € – Karte 68/80 € **6KYf**
Spez. Marinierte Langostinos mit Salat von Butternut-Kürbis, grüner Mango und Zuckerschoten mit Limonenvinaigrette. Panzotti von Brennnesseln und Büffelricotta. Tajine von der Etouffée-Taube.
♦ Wer gut italienisch essen will, kommt zu Anna Sgroi! Man merkt ihr die Freude am Kochen an, ihre Küche ist klar, schnörkellos und lebt von den Zutaten. Das Serviceteam ist wie sie selbst: herzlich und angenehm ungezwungen. Günstigeres und einfacheres Mittagsmenü.

XX La Fayette
Zimmerstr. 30 ⊠ 22085 – ℰ (040) 22 56 30 – www.la-fayette-hamburg.de – geschl. Sonntag **4FTs**
Rest – *(nur Abendessen)* Menü 38 € – Karte 37/52 €
♦ In markantem Rot sticht die Restaurantfront aus der weißen Fassade des Eckhauses hervor. Gastgeber ist seit 1979 Richard Röhrich, seine Frau Nathalie kocht mit mediterranem Einfluss. Gute Weine.

XX Brook
Bei den Mühren 91 ⊠ 20457 – ℰ (040) 37 50 31 28 – www.restaurant-brook.de
– geschl. Sonntag **6JZf**
Rest – Menü 31/35 € – Karte 35/49 €
♦ Der Rahmen modern-leger, die Küche frisch und saisonal. Immer beliebt sind Klassiker wie Rumpsteak oder geschmortes Kalbsbäckchen, und auch das günstige Mittagsmenü! Was fürs Auge: der Blick auf die Speicherstadt vis-à-vis - am Abend wird sie schön angestrahlt.

XX Die Fischküche
Kajen 12 ⊠ 20459 – ℰ (040) 36 56 31 – www.die-fischkueche.de
– geschl. Samstagmittag, Sonntag und an Feiertagen **5HZc**
Rest – (Tischbestellung ratsam) Menü 40/70 € – Karte 26/77 €
♦ Der Name sagt eigentlich schon alles! Zahlreiche Stammgäste kommen wegen der Fischgerichte (aus der Showküche), aber auch wegen der freundlichen Bistro-Atmosphäre hier am Hafen.

XX Doc Cheng's – Fairmont Hotel Vier Jahreszeiten
Neuer Jungfernstieg 9 ⊠ 20354 – ℰ (040) 3 49 43 33 – www.fairmont-hvj.de – geschl. Sonntag **6JYv**
Rest – *(nur Abendessen)* Karte 35/49 €
♦ Fernöstlich inspiriert sind sowohl das Design als auch die Küche dieses Restaurants. Serviert werden euro-asiatische Speisen.

XX Cölln's
Brodschrangen 1 ⊠ 20457 – ℰ (040) 36 41 53 – www.coellns-restaurant.de
– geschl. Sonntag und an Feiertagen **6JZc**
Rest – (Tischbestellung ratsam) Karte 43/72 €
♦ Seit 1760 stehen Fisch und Austern hier hoch im Kurs: Einst gingen sie über die Ladentheke, heute kommen sie neben Hummer und Kaviar als Spezialitäten auf den Teller. Das Ambiente: Historie pur in 13 reizenden kleinen Stuben!

HAMBURG

XX Piazza Romana – Hotel Grand Elysée
Rothenbaumchaussee 10 ⌧ 20148 – ℰ (040) 41 41 27 34
– www.grand-elysee.com **5HXm**
Rest – Menü 36 € – Karte 35/58 €
♦ Wenn Ihnen nach Carpaccio di Vitello, Linguine oder Tiramisu ist, offeriert Ihnen die italienische Küche dieses Restaurants die richtige Karte.

XX Trader Vic's – Hotel Radisson BLU
Marseiller Str. 2 ⌧ 20355 – ℰ (040) 3 50 20
– www.radissonblu.com/hotel-hamburg **5HXa**
Rest – (nur Abendessen) Karte 32/63 €
♦ In exotisch-eleganter Umgebung lädt man Sie ein auf eine kulinarische Reise durch die facettenreichen Aromen der polynesischen Küche – ein Hauch Südsee inmitten der Hansestadt.

X Tarantella
Stephansplatz 10, (Casino Esplanade) ⌧ 20354 – ℰ (040) 65 06 77 90
– www.tarantella.cc **5HYt**
Rest – Karte 34/84 €
♦ Die Lage macht's: Ganz in der Nähe der Staatsoper geben klare Linien dem historischen Gebäude der Spielbank ein modernes Interieur. Mit Bistrobereich und Terrasse im Grünen. Spezialität ist trocken gereiftes Fleisch.

X Die Bank
Hohe Bleichen 17 ⌧ 20354 – ℰ (040) 2 38 00 30
– www.diebank-brasserie.de
– geschl. Sonntag und an Feiertagen **5HYd**
Rest – Menü 53/69 € – Karte 45/64 €
♦ Die Brasserie mit Bar zählt zu den Hotspots der Stadt. Die Kassenhalle im 1. OG des einstigen Bankgebäudes von 1897 ist eine beeindruckende Location für diese trendige Adresse.

X CARLS
Am Kaiserkai 69 ⌧ 20457 – ℰ (040) 3 00 32 24 00
– www.carls-brasserie.de **3DVc**
Rest – Menü 38 € – Karte 31/75 €
♦ Die elegante Brasserie an der neuen Elbphilharmonie bietet französische Küche mit norddeutschem Einschlag nebst Hafenblick. Tartes und Kleinigkeiten im Bistro, Gewürze und Feinkost im Laden.

X Küchenwerkstatt (Gerald Zogbaum) ✿
Hans-Henny-Jahnn-Weg 1, (Eingang Hofweg) ⌧ 22085
– ℰ (040) 22 92 75 88 – www.kuechenwerkstatt-hamburg.de
– geschl. 1. - 16. Januar und Sonntag - Dienstagmittag, Samstagmittag
Rest – Menü 32 € (mittags)/121 € **4ETg**
– Karte 60/92 €
Spez. Grüner Spargel / gelierter Schinkensud / Eis von schwarzem Trüffel und Eiche. Wildente / Jus mit altem Sherryessig / Walderdbeeren / Pfefferbiskuit. Schokolade warm und kalt / Salzkaramell / Kakaobohneneis / Confit von roten Früchten.
♦ Man kann auch zu (für Hamburger Verhältnisse) moderaten Preisen ausgezeichnet essen! Gerald Zogbaum beweist es - kreativ und ohne viel Schnickschnack. Mittags einen Auszug aus dem Abendmenü oder günstige Lunch-Gerichte. Kulisse ist das historische Fährhaus am Osterbekkanal.

X La Mirabelle
Bundesstr. 15 ⌧ 20146 – ℰ (040) 4 10 75 85
– www.la-mirabelle-hamburg.de – geschl. Sonntag **5HXn**
Rest – (nur Abendessen) Menü 39/49 €
– Karte 42/55 €
♦ Was könnte ein Patron mit dem wohlklingenden Namen Pierre Moissonnier seinen Gästen anderes bieten als Eindrücke aus seiner französischen Heimat? Er lässt es sich auch nicht nehmen, Sie im Service selbst zu beraten.

HAMBURG

Tschebull
Mönckebergstr. 7, (im Levantehaus) ⌧ 20095 – ℰ (040) 32 96 47 96
– www.tschebull.de – geschl. Sonntag und an Feiertagen
Rest – Menü 26 € (mittags)/85 € (abends) – Karte 30/60 €   **6KYt**

◆ Modernes, geradliniges Ambiente mit alpenländischem Touch und die österreichische Küche (z. B. Milchzicklein auf rahmigem Bärlauch-Kohlrabigemüse) des gebürtigen Kärntners erwarten die Gäste im 1. OG der schicken Einkaufspassage.

VLET
Sandtorkai 23, (1. Etage der Markthalle) ⌧ 20457 – ℰ (040) 3 34 75 37 50
– www.vlet.de – geschl. Samstagmittag, Sonntag
Rest – Menü 53/67 € (abends) – Karte 40/60 €   **6JZs**

◆ Der Lagerhaus-Charakter ist gewollt, ganz typisch für die Speicherstadt und eine ideale Location für trendige Gastronomie! Am besten parken Sie im "Contipark", dann über die Kibbelstegbrücke zum Restaurant.

Fischmarkt
Ditmar-Koel-Str. 1 ⌧ 20459 – ℰ (040) 36 38 09 – www.restaurant-fischmarkt.de
– geschl. Sonntag   **5GZr**
Rest – (Tischbestellung ratsam) Menü 31/49 € – Karte 31/68 €

◆ Hier am Schaarmarkt nahe Michel und Hafen gibt es reichlich Fisch - ganz nach Saison und Einkauf! Das Bistro hat zwei Ebenen, eine offene Küche und eine Fischauslage, die Appetit macht.

Le Plat du Jour
Dornbusch 4 ⌧ 20095 – ℰ (040) 32 14 14 – www.leplatdujour.de   **6JZv**
Rest – (Tischbestellung ratsam) Karte 27/38 €

◆ Lebendig und einfach authentisch - ganz so, wie man es in einem französischen Bistro erwartet. Schwarz-Weiß-Fotos, etwas eng gestellte Tische, an denen man sich unbeschwert unterhält, dazu frische, unkomplizierte Speisen, z. B. gefüllte Hähnchenkeule mit Estragonsauce.

Casse-Croûte
Büschstr. 2 ⌧ 20354 – ℰ (040) 34 33 73 – www.cassecroute.de – geschl. über
Weihnachten sowie an Sonn- und Feiertagen mittags   **5HYs**
Rest – (Tischbestellung ratsam) Menü 30 € – Karte 27/57 €

◆ Schön ungezwungen sitzt man nahe dem Gänsemarkt in einem sympathischen Bistro, hin und wieder geht der Blick neugierig Richtung Küche - von einem der Räume kann man nämlich sehen, wie "gebratener Kalbstafelspitz" oder "Bouillabaisse des Nordens" entstehen!

Gusto Fino
Papenhuder Str. 49 ⌧ 22087 – ℰ (040) 30 03 69 31 – www.gustofino-hamburg.de
– geschl. Samstagmittag, Sonntag   **4FTa**
Rest – Menü 37 € – Karte 35/45 €

◆ Eine kleine Treppe führt ins Souterrain eines ca. 100 Jahre alten Stadthauses. Hier serviert man in geschmackvollem Ambiente italienische und japanische Speisen. Günstiges Mittagsangebot.

Petit Délice
Große Bleichen 21 ⌧ 20354 – ℰ (040) 34 34 70 – geschl. Sonntag und an Feiertagen
Rest – (Tischbestellung ratsam) Menü 25 € (mittags) – Karte 31/93 €   **5HYp**
Rest Traiteur – ℰ (040) 33 44 19 80 – Karte 22/44 €

◆ Das helle kleine Restaurant befindet sich in der Passage eines Einkaufszentrums. Geboten werden frische französische Speisen. Bistro-Ambiente und bürgerlich-internationale Küche sowie Kaffee und Kuchen im Traiteur.

Butcher's American Steakhouse
Milchstr. 19 ⌧ 20148 – ℰ (040) 44 60 82 – www.butchers-steakhouse.de – geschl.
Samstagmittag, Sonntagmittag und an Feiertagen mittags   **4ETa**
Rest – Karte 54/106 €

◆ Hier kann man sich sehr gutes Nebraska-Beef schmecken lassen, das der Chef am Tisch präsentiert. Ein gemütliches Lokal, in dem dunkles Holz und warme Töne dominieren.

HAMBURG

✕ **Cox** · AE
Lange Reihe 68 ✉ 20099 – ℰ (040) 24 94 22 – www.restaurant-cox.de – geschl.
Samstagmittag, Sonntagmittag und an Feiertagen mittags **6KYv**
Rest – Karte 34/40 €

♦ Unterbrechen Sie Ihren Bummel durch die lebhaften Straßen des Szeneviertels St. Georg für ein gutes Essen (so z. B. gegrilltes Schwertfischfilet oder Königsberger Klopse) in sympathischer Bistro-Atmosphäre! Das Mittagsangebot ist kleiner.

✕ **Matsumi** · 🍴 VISA ⓪ AE
Colonnaden 96, (1. Etage) ✉ 20354 – ℰ (040) 34 31 25 – www.matsumi.de
– geschl. Weihnachten - Anfang Januar, Ende Juli - Anfang August 2 Wochen und
Sonntag - Montag sowie an Feiertagen mittags **5HYr**
Rest – Menü 59 € – Karte 24/73 €

♦ Nur einen Steinwurf von Staatsoper und Alster kommt man in den Genuss authentischer japanischer Küche. Serviert wird am Tisch, an der Sushi-Bar oder (für Gruppen) im Tatami-Zimmer.

✕ **(m)eatery** – Hotel SIDE · ♿ AC VISA ⓪ AE ⓪
Drehbahn 49 ✉ 20354 – ℰ (040) 30 99 90 – www.side-hamburg.de – geschl.
Samstag - Sonntag sowie an Feiertagen **5HYh**
Rest – *(nur Abendessen)* Karte 22/99 €

♦ Manchen mag die kräftige Akzentfarbe schocken - denn Möbel und Wände kleiden sich in dieser trendigen Location in leuchtende Grüntöne. Steakhouse mit einsehbarem Fleisch-Reifeschrank!

✕ **Bistro am Fleet** – Hotel Steigenberger · 🍴 ♿ AC VISA ⓪ AE ⓪
Heiligengeistbrücke 4 ✉ 20459 – ℰ (040) 36 80 60 – www.hamburg.steigenberger.de
Rest – Karte 25/53 € **5HZs**

♦ Zum frischen Ambiente des Restaurants gehört ganz klar der Wintergarten - so verläuft der Übergang zwischen drinnen und draußen fast fließend. Internationales Speisenangebot.

✕ **Nippon** – Hotel Nippon · AC ✂ VISA ⓪ AE ⓪
Hofweg 75 ✉ 22085 – ℰ (040) 2 27 11 40 – www.nipponhotel.de
– geschl. Weihnachten - 1. Januar und Montag **4FTd**
Rest – Karte 27/43 €

♦ Das Einrichtungskonzept ist das gleiche wie das kulinarische: japanisch! Es muss sich um eine gute Adresse handeln, denn viele Gäste aus dem Land der aufgehenden Sonne kehren hier ein.

✕ **Bistro Le jardin de la maison Pommey** – Hotel Abtei · ✂
Abteistr. 14 ✉ 20149 – ℰ (040) 44 29 05 – www.abtei-hotel.de · VISA ⓪ AE
– geschl. über Weihnachten und Sonntag - Montag **4ETv**
Rest – *(nur Abendessen)* Karte 38/41 €

♦ Eine Treppe führt Sie hinunter in das wunderschön gestaltete Restaurant mit dem wohlklingenden Namen "Le jardin de la maison Pommey". Hier werden Bistrogerichte serviert.

In Hamburg-Alsterdorf

🏨 **Alsterkrug Hotel** · 🍴 🛋 🛗 ♿ Rest, AC 🛜 👔 🅿 🚗 VISA ⓪ AE ⓪
Alsterkrugchaussee 277 ✉ 22297 – ℰ (040) 51 30 30 – www.alsterkrug-hotel.de
105 Zim – †115/220 € ††115/220 €, ⊇ 17 € **1Ry**
Rest – Menü 29/55 € – Karte 30/55 €

♦ Das Business- und Tagungshotel ist durchweg im mediterranen Stil gehalten und verfügt über wohnliche Zimmer in warmen Tönen, zur Straße hin mit Klimaanlage. Neuzeitlich-freundliches Ambiente im Restaurant.

In Hamburg-Altona

🏨 **Boston** · 🛜 🏋 🛗 AC 🛜 👔 🚗 VISA ⓪ AE
Missundestr. 2 ✉ 22769 – ℰ (040) 5 89 66 67 00 – www.boston-hamburg.de
46 Zim – †140/160 € ††160/180 €, ⊇ 16 € **Rest** – Karte 29/65 € **3CUs**

♦ Eine moderne Geschäftsadresse mit geschmackvoller geradliniger Einrichtung. Geräumige Zimmer der Kategorien Design und Business - letztere mit Küchenzeile. Trendiges Restaurant mit angeschlossener Lounge und Bar.

HAMBURG

🏠 Raphael Hotel Altona garni
Präsident-Krahn-Str. 13 ✉ 22765 – ℰ (040) 38 02 40 – www.altona.bestwestern.de
– geschl. 23. - 28. Dezember **2BUa**
39 Zim – †79/119 € ††79/139 €, ☕ 11 €
• Das beispielhaft geführte und sehr gepflegte Haus liegt direkt am Hauptbahnhof Altona und bietet seinen Gästen funktionale Zimmer in zeitgemäßem Design.

🏠 My Place garni
Lippmannstr. 5 ✉ 22769 – ℰ (040) 28 57 18 74 – www.myplace-hamburg.de
18 Zim – †59/74 € ††80/94 €, ☕ 8 € – 5 Suiten **3CUp**
• Die engagierte Gastgeberin führt nahe dem Szeneviertel Schanze ein kleines Hotel mit individuellen, charmant-modernen Zimmern, benannt nach Stadtteilen Hamburgs.

🍽🍽🍽 Landhaus Scherrer (Heinz O. Wehmann)
Elbchaussee 130 ✉ 22763 – ℰ (040) 8 83 07 00 30 – www.landhausscherrer.de
– geschl. Sonntag **2AUc**
Rest – Menü 89/119 € – Karte 54/104 €
Rest *Wehmann's Bistro* – siehe Restaurantauswahl
Spez. Steinbuttrücken im Stück gekocht mit Wasabi-Meerrettich, Meerrettichwurzel und zerlassener Butter. Gebratener Skrei auf Grünkohl mit einer Senf-Vinaigrette. Kabeljau-Zungen mit Chicorée, rosa Grapefruits und Haselnuss-Marinade.
• Das klassische Konzept von Emmi Scherrer und Heinz O. Wehmann hat Erfolg - über 30 Jahre Teamarbeit lassen keine Zweifel aufkommen! Die Weinkarte: ein Fundus toller Jahrgänge! Raumprägendes Element im eleganten Restaurant ist das große erotische Ölgemälde von Otto Bachmann.

🍽🍽🍽 Le Canard nouveau (Ali Güngörmüs)
Elbchaussee 139 ✉ 22763 – ℰ (040) 88 12 95 31 – www.lecanard-hamburg.de
– geschl. Anfang Januar 1 Woche, Mitte März 1 Woche, Anfang - Mitte Oktober
1 Woche und Sonntag - Montag **2AUd**
Rest – Menü 39 € (mittags)/115 € – Karte 75/86 €
Spez. Süppchen und Crostini vom Räucheraal mit confierter Rote Bete, Apfel und Meerrettich. Geschmortes und Rücken vom Reh mit weißem Zwiebelkraut, Sellerietasche und Pfeffermelone. Dessert "Mezze".
• Trotz Lob und Anerkennung ist der sympathische Küchenchef auf dem Boden geblieben! Nicht nur sein Name, auch dezente orientalische Aromen hier und da verraten seine türkische Herkunft. Das Restaurant: hell und puristisch, der Blick Richtung Elbe und Hafen.

🍽🍽🍽 Fischereihafen Restaurant
Große Elbstr. 143 ✉ 22767 – ℰ (040) 38 18 16 – www.fischereihafenrestaurant.de
Rest – (Tischbestellung ratsam) Menü 65 € – Karte 33/75 € **2BUd**
• Eine Institution in Hamburg, die überwiegend Fischgerichte bietet. Man speist mit Blick auf den Hafen, umsorgt vom geschulten klassischen Service. Günstiges Mittagsmenü.

🍽🍽 Au Quai
Große Elbstr. 145 b ✉ 22767 – ℰ (040) 38 03 77 30 – www.au-quai.com
– geschl. Samstagmittag, Sonntag **2BUq**
Rest – Menü 39/69 € (abends) – Karte 37/64 €
• Direkt am Hafen finden Sie diese Trendadresse mit Terrasse zum Wasser. Die Einrichtung ist modern mit Designerstücken und holographischen Lichtobjekten ergänzt worden.

🍽🍽 IndoChine
Neumühlen 11 ✉ 22763 – ℰ (040) 39 80 78 80 – www.indochine.de – geschl.
Samstagmittag **2AUh**
Rest – Menü 40 € – Karte 36/67 €
• Sie speisen in modern-elegantem Ambiente mit Blick auf die Elbe. Die von kambodschanischen, laotischen und vietnamesischen Elementen geprägte Küche ist schmackhaft und authentisch. Sehens- und fühlenswert: IceBar (gegen Eintrittsgebühr).

HAMBURG

La Vela
Große Elbstr. 27 ⊠ 22767 – ℰ (040) 38 69 93 93 – www.la-vela.de
3CUb
Rest – Menü 20 € (mittags)/46 € – Karte 35/52 €
- In dem ehemaligen Speicher direkt neben dem Fischmarkt bietet man italienische Küche. Von den Fensterplätzen blickt man auf die berühmten Docks von Blohm + Voss Shipyards.

Henssler Henssler
Große Elbstr. 160 ⊠ 22767 – ℰ (040) 38 69 90 00 – www.hensslerhenssler.de
– geschl. Sonntag
2BUu
Rest – (Tischbestellung ratsam) Karte 28/48 €
- Ein puristisches Restaurant in einer alten Fischverkaufshalle. Für die kalifornisch beeinflusste japanische Küche verwendet man frische Fischprodukte vom benachbarten Lieferanten. Probieren sollten Sie in jedem Fall Steffen Hensslers Sushi-Variationen oder den gebratenen Heilbutt im Kartoffelmantel mit scharf gewürztem Spinat.

Rive Bistro
Van-der-Smissen-Str. 1, (Kreuzfahrt-Center) ⊠ 22767 – ℰ (040) 3 80 59 19
– www.rive.de
2BUr
Rest – (Tischbestellung ratsam) Menü 50 € – Karte 31/50 €
- Sie finden dieses Bistro mit tollem Elbblick unmittelbar am Hafen, nahe dem Fischmarkt. Es wird eine schmackhafte internationale Küche geboten, zu der auch Austern von der Bar sowie Sushi und Sashimi gehören.

Wehmann's Bistro – Restaurant Landhaus Scherrer
Elbchaussee 130 ⊠ 22763 – ℰ (040) 8 83 07 00 50 – www.landhausscherrer.de
– geschl. Sonntag
2AUc
Rest – Menü 33 € – Karte 30/57 €
- Mit seiner Ausstattung vermittelt das Bistro einen liebenswerten, klassischen und auch wohnlichen Eindruck. Gaumenschmaus zubereitet vom Patron Heinz O. Wehmann.

Amadée
Max-Brauer-Allee 80 ⊠ 22765 – ℰ (040) 98 23 93 30 – www.restaurant-amadee.de
– geschl. Montag
2BUe
Rest – (nur Abendessen) Menü 33 € – Karte 28/41 €
- Schmackhafte österreichische Küche in der ehemaligen Bühnenbildnerwerkstatt des Alleetheaters. Hier sollten Sie sich das Wiener Schnitzel mit Kartoffel-Gurkensalat ebenso wenig entgehen lassen wie den Kaiserschmarrn.

Marseille
Große Elbstr. 164 ⊠ 22767 – ℰ (040) 41 30 72 21 – www.restaurant-marseille.de
– geschl. Sonntag
3BUm
Rest – Karte 28/45 €
- Französischer Bistrostil bestimmt sowohl die Einrichtung als auch die frische, ambitionierte Küche dieses schlichten, aber sympathischen Lokals am Hafen.

In Hamburg-Bahrenfeld

Gastwerk
Beim Alten Gaswerk 3 (Ecke Daimlerstraße) ⊠ 22761 – ℰ (040) 89 06 20
– www.gastwerk.com
2AUj
141 Zim – †120/180 € ††120/180 €, ⊇ 18 € – 3 Suiten
Rest – (geschl. Samstagmittag, Sonntagmittag) Karte 35/80 €
- Hier hat man imposante Industriearchitektur gelungen mit modernem Design kombiniert. Entstanden sind schöne Zimmer, Lofts und Suiten - zwei der Suiten mit Dachterrasse. Im Restaurant Mangold bietet man internationale Küche.

25hours
Paul-Dessau-Str. 2 ⊠ 22761 – ℰ (040) 85 50 70 – www.25hours-hotels.com
128 Zim – †95/125 € ††95/125 €, ⊇ 14 €
2AUn
Rest – (geschl. Sonntag) Karte 21/42 €
- Das Hotel nahe dem Gastwerk ist ein erweitertes ehemaliges Lagerhaus. Modernes Retro-Design schafft eine trendige Atmosphäre. Internationales Speisenangebot im Restaurant.

HAMBURG

Atlas
Schützenstr. 9a (Eingang Phoenixhof) ✉ *22761* – ✆ *(040) 8 51 78 10* – *www.atlas.at*
– *geschl. Samstagmittag, Sonntagabend* **2AUb**
Rest – Menü 18 € (mittags)/45 € (abends) – Karte 25/43 €
♦ Die einstige Fischräucherei ist heute ein Restaurant in neuzeitlichem Bistrostil. Am Mittag bietet man eine kleine Karte. Nette efeuberankte Terrasse.

Rach & Ritchy
Holstenkamp 71 ✉ *22525* – ✆ *(040) 89 72 61 70* – *www.rach-ritchy.de*
– *geschl. Samstagmittag, Sonntagmittag* **2ATa**
Rest – (Tischbestellung ratsam) Menü 39/85 € – Karte 32/63 €
♦ Der Name Rach ist wohl jedem ein Begriff; der Zweite im Bunde ist Richard "Ritchy" Mayer, Küchenchef in diesem trendig-modernen "Grillhaus". Spezialität sind zarte Steaks aus dem einsehbaren Reifeschrank!

In Hamburg-Billbrook

Böttcherhof
Wöhlerstr. 2 ✉ *22113* – ✆ *(040) 73 18 70* – *www.boettcherhof.com* **1Sp**
155 Zim – †86/500 € ††86/500 €, ⊇ 16 € **Rest** – Menü 21/40 € – Karte 29/53 €
♦ In diesem Businesshotel stehen gut ausgestattete Gästezimmer in wohnlich-klassischem Stil zu Verfügung sowie neuere mit moderner Einrichtung. Internationales im freundlich gestalteten Restaurant.

In Hamburg-Blankenese West: 16 km über Elbchaussee S

Strandhotel
Strandweg 13 ✉ *22587* – ✆ *(040) 86 13 44* – *www.strandhotel-blankenese.de*
– *geschl. 28. Dezember -30. Januar*
14 Zim – †75/95 € ††100/205 €, ⊇ 9 € – 2 Suiten **Rest** – (nur für Hausgäste)
♦ Modernes Design gepaart mit klassisch-historischem Flair. Die weiße Jugendstilvilla a. d. 19. Jh. befindet sich direkt am Elbstrand mit Blick auf die vorbeiziehenden Schiffe. Restaurant mit kleinem Angebot und attraktiver Terrasse.

Süllberg - Seven Seas (Karlheinz Hauser) mit Zim
Süllbergsterrasse 12 ✉ *22587* – ✆ *(040) 8 66 25 20*
– *www.suellberg-hamburg.de* – *geschl. 2. Januar - 1. Februar und Montag - Dienstag*
10 Zim – †170/190 € ††190/230 €, ⊇ 17 € – 1 Suite
Rest *Bistro Süllbergterassen* – siehe Restaurantauswahl
Rest – (Mittwoch - Samstag nur Abendessen) Menü 89/128 € – Karte 86/96 €
Spez. Variation vom Kaisergranat mit gegrillter Melone, Avocado und Tomate. Lauwarmer Espuma von der Grenaille Kartoffel und Nussbutter mit Bachsaibling und Jamón Jabugo. Filet vom Iberico Schwein mit Perlzwiebeln, Pak Choi, Schwarzbrot und Safran.
♦ Ein kleines Gourmetrestaurant mit ganz großem Rahmen – nämlich dem des herrschaftlich anmutenden und für Events geradezu prädestinierten Süllberg-Anwesens a. d. 19. Jh. Hoch über Blankenese und der Elbe eröffnet sich dem Besucher ein grandioser Blick! Hier heißt es vortrefflich speisen und nobel übernachten!

Bistro Süllbergterassen – Restaurant Süllberg - Seven Seas
Süllbergsterrasse 12 ✉ *22587* – ✆ *(040) 86 62 52 77*
– *www.suellberg-hamburg.de* – *geschl. 2. Januar - 1. Februar*
Rest – Menü 30/42 € – Karte 41/66 €
♦ Ungeachtet vieler oftmals kurzlebiger Trends hat man hier mit schicken braunen lederbezogenen Stuhlsesseln und elegantem Schiffsboden die facettenreiche Kunst des klassischen, dennoch modernen Einrichtens getroffen. Im Sommer: Open-Air-Kulinarik mit grandiosem Elbblick!

In Hamburg-Duvenstedt Nord-Ost: 21 km über Langhorner Chaussee R

Lenz
Poppenbütteler Chaussee 3 ✉ *22397* – ✆ *(040) 60 55 88 87* – *www.restaurant-lenz.de*
– *geschl. Dienstag, außer Dezember*
Rest – Karte 27/52 €
♦ Geglückt ist die moderne Gestaltung des Restaurants mit schönem Dielenboden und dezenten, hellen Farben. Hier nur zwei Beispiele für die wohlschmeckenden Gerichte: Kalbstafelspitz in Senfkruste oder Duvenstedter Dickmilch mit Erdbeeren und Zimt! Appetit?

HAMBURG

In Hamburg-Eppendorf

XX Piment (Wahabi Nouri) 🛜 VISA ⦿ AE
❀ *Lehmweg 29 ⊠ 20251 – ℘ (040) 42 93 77 88 – www.restaurant-piment.de*
– geschl. Sonntag **3DTa**
Rest – *(nur Abendessen)* (Tischbestellung ratsam) Menü 75/95 € – Karte 68/88 €
Spez. Gâteau von der Gänseleber mit Quitten-Variation und Rindertatar. Sot l'y laisse mit Karotten-Törtchen und Safran-Nage. Geschmortes und rosa gebratenes vom Irischen Lamm mit Aubergine und Couscous.
• Hier macht es Spaß, zu essen! In Casablanca geboren, macht Wahabi Nouri seine marokkanischen Wurzeln zum Markenzeichen seiner Küche: Gewürze und Aromen sind auf kreative Weise in die beiden Menüs eingebunden - sehr harmonisch und nicht zu exotisch.

X Ono by Steffen Henssler 🛜 P VISA
☺ *Lehmweg 17 ⊠ 20251 – ℘ (040) 88 17 18 42 – www.onobysh.de – geschl.*
Weihnachten - 5. Januar und Sonntag **3DTb**
Rest – (Tischbestellung ratsam) Karte 23/45 €
• Lebendige Bistro-Atmosphäre und gutes asiatisches Essen, das erschwinglich ist! Probieren sollte man u. a. das Teriyaki vom Zander. Authentisch: In der Showküche sind Asiaten für das Sushi zuständig. Als günstiges Mittagsmenü bekommt man zwei Gänge, einschließlich Wasser.

X Goldfisch 🛜 AE
Isekai 1 ⊠ 20249 – ℘ (040) 57 00 96 90 – www.goldfisch.de – geschl. Samstagmittag
Rest – Menü 33/64 € – Karte 34/58 € **4ETb**
• Modern sind die internationale Küche sowie das Ambiente in dem Restaurant mit offener Küche und großer Fensterfront. Bar und Terrasse zum Kanal, Weinbar im UG. Bootsverleih.

X Cornelia Poletto 🚫
Eppendorfer Landstr. 80 ⊠ 20251 – ℘ (040) 4 80 21 59 – www.cornelia-poletto.de
– geschl. Januar 1 Woche und an Feiertagen, Ostern - September: Sonntag
Rest – (Tischbestellung ratsam) Karte 31/59 € **4ETp**
• Cornelia Poletto (wer sie nicht aus ihrem früheren Restaurant kennt, kennt sie aus dem Fernsehen) bietet hier Italien auf 100 qm - nicht nur auf dem Teller, auch im Laden in Form von Gewürzen, Wein, Pasta, Käse,... Hier ist man fast jeden Tag ausgebucht!

X Trific 🛜 VISA ⦿ AE
☺ *Eppendorfer Weg 170 ⊠ 20253 – ℘ (040) 21 99 69 27 – www.trific.de – geschl.*
Sonntag **3DTt**
Rest – *(nur Abendessen)* (Tischbestellung ratsam) Karte 28/40 €
• Ein heller, hoher Raum, klar und modern, mittig eine Säule. In der Küche Oliver Trific (seines Zeichens Foodstylist), im Service seine charmante Frau Tanja, auf der Karte saisonale Gerichte von frischem Fisch bis zum Backhendl.

In Hamburg-Finkenwerder

🏨 The Rilano ⇐ 🛜 📶 Fó ♨ ⚓ Rest, 🅺 📞 🛎 P VISA ⦿ AE
Hein-Saß-Weg 40 (über Finkenwerder Norddeich S) ⊠ 21129 – ℘ (040) 3 00 84 90
– www.rilano.com
170 Zim – †104/214 € ††124/234 €, ⊇ 19 € **Rest** – Karte 29/52 €
• Modernes Hotel an der Elbe, ganz in der Nähe des Airbus-Centers. Zimmer meist mit Elbblick, geräumiger sind die Executive-Zimmer. Vom eigenen Fähranleger in 30 Minuten ins Zentrum.

🏨 Am Elbufer garni ☯ ⇐ 🚫 📞 P VISA ⦿ AE ⓞ
Focksweg 40a ⊠ 21129 – ℘ (040) 7 42 19 10 – www.hotel-am-elbufer.de
– geschl. Mitte Dezember - 2. Januar **1Sb**
15 Zim ⊇ – †78/95 € ††110/135 € – 1 Suite
• Engagiert und familiär leiten die Gastgeber das freundlich eingerichtete kleine Hotel nahe der Fährverbindung ins Zentrum. Elbblick vom Frühstücksraum und einigen Zimmern.

541

HAMBURG

XX Finkenwerder Elbblick
Focksweg 42 ⊠ 21129 – ℰ (040) 7 42 70 95 – www.finkenwerder-elbblick.de
Rest – Menü 28 € – Karte 30/68 € **1Sb**
• Klassische Fischküche in gepflegtem Ambiente bietet das familiengeführte Restaurant, dazu eine wunderbare Aussicht - diese genießt man ebenso von der schönen Elbterrasse.

In Hamburg-Flottbek

Landhaus Flottbek
Baron-Voght-Str. 179 ⊠ 22607 – ℰ (040) 8 22 74 10 – www.landhaus-flottbek.de
25 Zim – †99/120 € ††120/150 €, ☐ 16 € **1Sm**
Rest – *(geschl. Samstagmittag, Sonntagmittag)* Karte 26/56 €
• Mehrere Bauernhäuser a. d. 18. Jh. mit schönem Garten. Zimmer im Landhausstil - individuell, geschmackvoll-elegant. Zwei Zimmer mit Terrasse bzw. Wintergarten. Behagliches Restaurant mit saisonalem Angebot. Die schöne Terrasse liegt zum Garten.

In Hamburg-Fuhlsbüttel

Radisson BLU Airport
Flughafenstr. 1 ⊠ 22355 – ℰ (040) 3 00 30 00
– www.radissonblu.com/hotel-hamburgairport
266 Zim – †114/248 € ††114/248 €, ☐ 20 € – 1 Suite **Rest** – Karte 19/43 € **1Rr**
• Ein moderner runder Hotelkomplex mit Zugang zu den Terminals 1 und 2. Überall puristisches Design, Zimmer in den Stilrichtungen "Ocean" und "Urban", darunter große Businesszimmer. Helles, stylishes Restaurant mit integrierter Bar.

Courtyard by Marriott
Flughafenstr. 47 ⊠ 22415 – ℰ (040) 53 10 20 – www.courtyardhamburgairport.de
159 Zim – †129/149 € ††129/149 €, ☐ 18 € – 2 Suiten **1Rp**
Rest – Karte 30/47 €
• Das im Landhausstil erbaute Hotel liegt nur 500 m vom Flughafen entfernt und überzeugt mit einer funktionellen und dennoch klassisch-eleganten Einrichtung. Restaurant mit internationalem Angebot.

Ibis Airport
Alsterkrugchaussee 445 ⊠ 22335 – ℰ (040) 21 98 90 – www.ibishotel.com
157 Zim – †59/99 € ††69/119 €, ☐ 10 € **Rest** – Karte 22/34 € **1Ra**
• Das sehr gepflegte, verkehrsgünstig gelegene Hotel mit praktischen Zimmern in sachlichem Stil wird freundlich und engagiert geleitet. Shuttle-Service zum nahen Flughafen.

In Hamburg-Groß-Borstel

Entrée garni
Borsteler Chaussee 168 ⊠ 22453 – ℰ (040) 5 57 78 80 – www.entree-hotel.de
20 Zim ☐ – †85/110 € ††95/125 € **1Rt**
• Ideal die Lage: auf halbem Weg zwischen Flughafen und Zentrum, und auch der Alsterwanderweg ist nur wenige Gehminuten entfernt. Die Zimmer bieten teilweise Balkon oder Erker.

In Hamburg-Harburg

Lindtner
Heimfelder Str. 123 ⊠ 21075 – ℰ (040) 79 00 90 – www.lindtner.com
128 Zim – †139/239 € ††159/259 €, ☐ 18 € – 9 Suiten **1Sg**
Rest – Menü 53 € – Karte 47/65 €
• Ein wohnlich-komfortables Privathotel unter engagierter Leitung. Im Neubau: schöner geradlinig-moderner Stil in Zimmern und Freizeit-/Beautybereich. Zeitgenössische Kunst im Haus. Das Restaurant ist hell und elegant gestaltet.

X Leuchtturm
Außenmühlendamm 2 ⊠ 21077 – ℰ (040) 70 29 97 77 – www.leuchtturm-harburg.de
Rest – Menü 35 € (mittags)/59 € – Karte 35/59 € **1Se**
• Mediterranes Flair und zeitgemäße Fischgerichte aus der Showküche erwarten Sie in dem Restaurant an der Außenmühle - mit hübschem Aquarium. Angenehme Terrasse zum Wasser.

In Hamburg-Langenhorn Nord: 15 km über Langenhorner Chaussee R

Speisewirtschaft Wattkorn mit Zim
Tangstedter Landstr. 230 ✉ *22417 – ℰ (040) 5 20 37 97 – www.wattkorn.de*
12 Zim – †45/70 € ††90/120 €
Rest – (Tischbestellung ratsam) Menü 18 € (mittags)/29 € – Karte 25/62 €
♦ Bei Gastgeber Michael Wollenberg wird eine sehr schmackhafte regional-saisonale Küche mit Wildspezialitäten geboten. Klassiker ist die geschmorte Rinderroulade! Behagliches rustikales Ambiente und freundlicher Service. Schöner Terrassen- und Gartenbereich. Für Übernachtungsgäste stehen Zimmer im Landhausstil bereit.

In Hamburg-Lemsahl-Mellingstedt Nord: 20 km über Alte Landstraße R

Steigenberger Hotel Treudelberg
Lemsahler Landstr. 45 ✉ *22397*
– ℰ (040) 60 82 20 – www.treudelberg.com
225 Zim – †142/201 € ††142/201 €, ⊆ 19 € **Rest** – Karte 41/59 €
♦ Eine weitläufige Hotelanlage mit schönem Golfplatz, Spa auf 500 qm und Privatklinik. Wohnlich sind die Zimmer im Landhaus, besonders geschmackvoll und modern im Atrium. Klassisches Restaurant mit Wintergarten und hübscher Terrasse. Dazu "Bistro im Atrium" am Abend.

Stock's Fischrestaurant
An der Alsterschleife 3 ✉ *22399 – ℰ (040) 6 11 36 20 – www.stocks.de – geschl. Montag und Samstagmittag - Sonntagmittag*
Rest – (Tischbestellung ratsam) Menü 23 € (mittags) – Karte 25/69 €
♦ Unter dem Reetdach des charmanten Fachwerkhauses serviert man in gemütlicher Atmosphäre internationale Küche mit viel Fisch sowie Sushi. Im Sommer ist die Terrasse beliebt.

In Hamburg-Lohbrügge Süd-Ost: 15 km über B 5 S

Alt Lohbrügger Hof
Leuschnerstr. 76 ✉ *21031 – ℰ (040) 7 39 60 00 – www.altlohbrueggerhof.de*
67 Zim ⊆ – †107 € ††135 € **Rest** – Karte 23/39 €
♦ Hinter der aparten Backsteinfassade erwarten Sie schöne, mit Stilmobiliar ländlich-elegant eingerichtete Gästezimmer sowie ein gutes Frühstücksbuffet. Hoteleigene Kegelbahn. Restaurant mit rustikalem Touch.

In Hamburg-Nienstedten West: 13 km über Elbchaussee S

Louis C. Jacob
Elbchaussee 401 ✉ *22609 – ℰ (040) 82 25 50 – www.hotel-jacob.de*
85 Zim – †205/265 € ††265/455 €, ⊆ 30 € – 10 Suiten
Rest *Jacobs Restaurant* ❀❀ **Rest** *Weinwirtschaft Kleines Jacob* – siehe Restaurantauswahl
♦ Das elegante Hotel an der Elbe wird erstklassig geführt und überzeugt mit exzellentem Service. Ebenso angenehm ist die klassische Einrichtung der Zimmer, die teils als geräumige Juniorsuiten angelegt sind.

Jacobs Restaurant – Hotel Louis C. Jacob
Elbchaussee 401 ✉ *22609 – ℰ (040) 82 25 54 07 – www.hotel-jacob.de – geschl. Montag - Dienstag*
Rest – (Tischbestellung ratsam) Menü 76 € (mittags)/155 € – Karte 76/106 €
Spez. Salat vom Hummer mit Avocado, Papaya, Koriander. Ochsenschulter 'sous vide', Schmorjus, Karotten, Selleriepüree. Araguani-Schokolade mit Pistazieneis.
♦ Die Verbindung von hanseatischer Eleganz, erstklassigen Menüs und der eingespielten Servicebrigade (einschließlich Weinberatung!) sucht ihresgleichen. Thomas Martin kocht "Bewährt", "Zeitgenössisch" oder "Natürlich". Unvergesslich: Elbblick von der Lindenterrasse!

Witthüs
Elbchaussee 499a ✉ *22587 – ℰ (040) 86 01 73 – www.witthues.com – geschl. Montag*
Rest – (nur Abendessen) Menü 30/33 € – Karte 34/45 €
♦ Ein historisches Bauernhaus in idyllischer Lage nahe der Elbe. Internationale Küche und geschulter Service in klassisch-elegantem Rahmen mit nordischem Flair. Terrasse im Grünen.

HAMBURG

Il Sole
Nienstedtener Str. 2d ✉ 22609 – ✆ (040) 82 31 03 30 – www.il-sole.de – geschl. Montag
Rest – Menü 46/55 € – Karte 34/49 €
• Beim Marktplatz liegt das helle, freundliche Restaurant, dessen frische Küche international ausgerichtet ist und mediterrane Einflüsse bietet. Unter der Woche kleinere Mittagskarte.

Weinwirtschaft Kleines Jacob – Hotel Louis C. Jacob
Elbchaussee 404 ✉ 22609 – ✆ (040) 82 25 55 10
– www.kleines-jacob.de
Rest – *(Montag - Samstag nur Abendessen)* Menü 32 € – Karte 32/50 €
• Die Weinwirtschaft gegenüber dem Hotel ist eine optimale Adresse für "einfach mal so"! Hier ist es schlichter als in Jacob's Restaurant, richtig gut essen kann man im "kleinen Bruder" aber allemal (gekocht wird mediterran) - und man sitzt sehr gemütlich!

In Hamburg-Osdorf West: 12 km über B 431 S

Lambert
Osdorfer Landstr. 239 (B 431) ✉ 22549 – ✆ (040) 87 87 89 80
– www.lambert-hamburg.de – geschl. Montag, Samstagmittag
Rest – Menü 19/39 € – Karte 21/61 €
• Die Küche in dem gemütlichen Fachwerkhaus von 1828 ist mediterran und international geprägt. Im Winter sorgt ein Kamin für wohlige Wärme, im Sommer sitzt man im Freien.

In Hamburg-Rothenburgsort

Holiday Inn
Billwerder Neuer Deich 14 ✉ 20539 – ✆ (040) 7 88 40
– www.hi-hamburg.de **1Sk**
385 Zim – †79/229 € ††79/229 €, ⌑ 17 €   **Rest** – Karte 26/38 €
• Das Businesshotel liegt direkt an den Elbbrücken und bietet eine gute Autobahnanbindung. Die Gästezimmer sind funktionell, besonders schön ist die Sicht vom Executive-Bereich. Restaurant mit internationalem Angebot.

In Hamburg-St. Pauli

Empire Riverside Hotel
Bernhard-Nocht-Str. 97 (über Davidstraße) ✉ 20359 – ✆ (040) 31 11 90
– www.empire-riverside.de **3CUe**
327 Zim – †129/289 € ††129/289 €, ⌑ 18 €
Rest *Waterkant* – ✆ (040) 31 11 97 04 80 – Karte 31/69 €
• Puristisches Design von David Chipperfield bestimmt das Hotel nahe den Landungsbrücken. Zimmer mit Fluss- oder Stadtblick. Highlight: Panorama-Bar "20 up" im 20. Stock. Internationale Küche im geradlinigen Restaurant Waterkant mit Sicht auf Hamburgs Werften.

East
Simon-von-Utrecht-Str. 31 ✉ 20359 – ✆ (040) 30 99 30
– www.east-hamburg.de **5GYn**
127 Zim – †155/240 € ††155/240 €, ⌑ 19 € – 3 Suiten
Rest *East* – siehe Restaurantauswahl
• Trendiges Design in einer ehemaligen Eisengießerei, von den Zimmern über die Bar-Lounge bis hin zum Freizeit- und Beautybereich mit professionell betreutem Fitness-Club.

Ibis St. Pauli Messe garni
Simon-von-Utrecht-Str. 63 ✉ 20359 – ✆ (040) 65 04 60
– www.ibishotel.com **5GZb**
162 Zim – †69/89 € ††79/99 €, ⌑ 10 €
• In einer Parallelstraße zur Reeperbahn liegt dieses Hotel mit funktionellen, sachlich gestalteten Zimmern und freundlichem Frühstücksraum.

HAMBURG

※※ East – Hotel East
Simon-von-Utrecht-Str. 31 ⊠ 20359 – ℰ (040) 30 99 30
– www.east-hamburg.de – geschl. Samstagmittag und Sonntagmittag **5GYn**
Rest – Karte 24/70 €
♦ Das Ambiente der einstigen Werkshalle zieht alle stylischen Register - Thema: fernöstlicher Charme mischt sich gekonnt mit westlicher Industriegeschichte. Sollte man gesehen haben!

※ Artisan
Kampstr. 27 ⊠ 20357 – ℰ (040) 42 10 29 15 – www.artisan-hamburg.com
– geschl. 1. - 13. August und Sonntag - Montag sowie an Feiertagen **5GXa**
Rest – Menü 45 € (mittags)
♦ Puristisch-modernes Restaurant in der Nähe des Schlachthofs. Am Abend stellt der Chef am Tisch ein Menü vor, mittags bietet man unter dem Namen "Bude 1" eine einfachere Küche.

※ Nil
Neuer Pferdemarkt 5 ⊠ 20359 – ℰ (040) 4 39 78 23 – www.restaurant-nil.de – geschl. Dienstag außer im Dezember **3CUn**
Rest – (nur Abendessen) Menü 39 € – Karte 31/44 €
♦ Ein bisschen eng, aber gemütlich sitzt man auf den drei Ebenen. Das Lokal ist beliebt - man isst hier eben gut! Gekocht wird international, sehr interessant das fair kalkulierte 4-Gänge-Menü. Ein Tipp für warme Tage: die nach hinten gelegene Gartenterrasse. Kochschule nebenan.

In Hamburg-Schnelsen

🏨 Ökotel
Holsteiner Chaussee 347 ⊠ 22457 – ℰ (040) 5 59 73 00 – www.oekotel.de
20 Zim – †65/95 € ††80/109 € – 3 Suiten **1Rm**
Rest – (geschl. Samstag - Sonntag) (nur Abendessen für Hausgäste) Karte 21/27 €
♦ Hier wohnt man in einem nach ökologischen Aspekten gebauten Haus in geräumigen Zimmern mit geölten Massivholzmöbeln und lässt sich am Morgen ein Frühstück mit Bio-Produkten schmecken. Nach hinten liegen die Zimmer ruhiger.

🏠 Ausspann
Holsteiner Chaussee 428 ⊠ 22457 – ℰ (040) 5 59 87 00
– www.hotel-ausspann.de **1Rv**
30 Zim – †67/75 € ††99 € **Rest** – Karte 24/42 €
♦ Der Ausspann von 1894 wurde vom Wirtshaus mit Stall zu einem persönlich und familiär geleiteten Hotel, in dem gepflegte, funktionale Zimmer und ein schöner Garten bereitstehen. Internationale Küche bietet das gediegene Restaurant mit netter Terrasse.

In Hamburg-Sülldorf West: 15 km über Osdorfer Weg S

※※ Memory
Sülldorfer Landstr. 222 (B 431) ⊠ 22589 – ℰ (040) 86 62 69 38
– www.memory-hamburg.de – geschl. 5. - 16. März, Juli 3 Wochen und Dienstag, Samstagmittag, Sonntagmittag
Rest – Menü 49/69 € – Karte 43/80 €
♦ Ein helles, leicht elegant gestaltetes Restaurant in mediterranen Tönen mit netter Terrasse zum kleinen Garten hin. Geboten wird internationale Küche.

In Hamburg-Volksdorf Nord-Ost: 16 km über Ahrensburger Straße (B 75) R

🏨 Hotel du Nord
Im alten Dorfe 40 ⊠ 22359 – ℰ (040) 63 85 69 60 – www.hotel-dunord.de
25 Zim – †110/130 € ††140 € **Rest** – Karte 19/59 €
♦ Geschmackvoll hat man die recht großzügigen Zimmer in dem kleinen Designhotel in klarem modernem Stil eingerichtet. Den Gästen steht ein hauseigenes Auto zur Verfügung. Geradlinig-zeitgemäßes Ambiente und italienische Küche im Restaurant.

HAMBURG

Dorfkrug ✕✕
Im Alten Dorfe 44 , (Museumsdorf) ⊠ 22359 – ℰ (040) 6 03 92 94
– www.dorfkrug-volksdorf.com – geschl. Montag
Rest – *(Dienstag - Freitag nur Abendessen)* Karte 24/55 €
• Der engagiert geleitete Familienbetrieb ist ein historisches Bauernhaus, das in ein kleines Museumsdorf integriert ist. Gemütliche Stuben, begrünte Terrasse, freundlicher Service.

In Hamburg-Wandsbek

Ni Hao ✕
Wandsbeker Zollstr. 25 ⊠ 22041 – ℰ (040) 6 52 08 88 – www.ni-hao.de
Rest – Menü 28/49 € – Karte 21/37 €   **1Rx**
• Hier bietet man frische, authentische Küche nach Kanton- oder Szechuan-Art. Ein Teil des Restaurants ist klassisch eingerichtet, der andere im Bistrostil. Terrasse auf dem Vorplatz.

In Hamburg-Wellingsbüttel

Rosengarten garni
Poppenbüttler Landstr. 10b ⊠ 22391 – ℰ (040) 6 08 71 40
– www.hotel-rosengarten-hamburg.de – geschl. 23. Dezember - 5. Januar
10 Zim – †69/89 € ††100/110 €   **1Rs**
• Das gepflegte kleine Hotel befindet sich im Nordosten der Stadt und wird von Familie Randel sehr freundlich geführt. Die Zimmer liegen teilweise recht ruhig zum Garten.

In Hamburg-Winterhude

Portomarin ✕✕
Doroteenstr. 180 ⊠ 22299 – ℰ (040) 46 96 15 47 – www.portomarin.de – geschl. Ende Juni - Juli 4 Wochen und Sonntag - Montag   **4ETn**
Rest – *(nur Abendessen)* (Tischbestellung ratsam) Menü 33/46 € – Karte 33/47 €
• Gemütlich ist dieses in warmen Tönen gehaltene Restaurant, benannt nach dem Geburtsort des Gastgebers. Gemeinsam mit seiner Frau empfiehlt er spanische Gerichte und Weine.

San Michele ✕✕
Jarréstr. 27 ⊠ 22303 – ℰ (040) 37 11 27 – www.san-michele.de – geschl. Samstagmittag, Sonntag   **4FTm**
Rest – Menü 21 € (mittags)/65 € – Karte 32/45 €
• Ein schön saniertes Stadthaus mit modernem Interieur. In dem familiengeführten Restaurant serviert man frische italienische Küche. Günstiges Mittagsangebot.

Am Tierpark Hagenbeck

Lindner Park-Hotel Hagenbeck
Hagenbeckstr. 150 ⊠ 22527 – ℰ (040) 8 00 80 81 00
– www.lindner.de/de/parkhotel_hagenbeck_hamburg   **1Rh**
158 Zim – †129/329 € ††149/349 €, ⊇ 17 € – 4 Suiten **Rest** – Karte 31/48 €
• Geschmackvoller Kolonialstil zieht sich wie ein roter Faden durch das Haus. Mit ausgesuchten authentischen Details spiegeln die Themenetagen die Exotik Afrikas und Asiens wider. Das koloniale Ambiente des Hotels setzt sich im Restaurant fort. Hübsche Terrasse.

HAMELN – Niedersachsen – **541** – 57 910 Ew – Höhe 62 m   **28 H9**
▶ Berlin 327 – Hannover 45 – Bielefeld 80 – Hildesheim 48
ℹ Deisterallee 1, ⊠ 31785, ℰ (05151) 95 78 23, www.hameln.de
🏌 Aerzen, Schwöbber 8, ℰ (05154) 98 70
◉ Rattenfängerhaus★ **N** – Hochzeitshaus★ **B**
◉ Hämelschenburg★ über die B 83: 11 km

Mercure
164er Ring 3 ⊠ 31785 – ℰ (05151) 79 20 – www.mercure.com   **s**
105 Zim ⊇ – †99/125 € ††134/154 € **Rest** – Menü 30/40 € – Karte 30/40 €
• Ein zeitgemäßes Tagungshotel am Bürgergarten, nur wenige Minuten vom historischen Stadtkern entfernt. Von der Sauna im 9. Stock schaut man auf die Altstadt. Neuzeitliches Restaurant mit eleganter Note.

Alte Marktstr.	2
Bäckerstr.	3
Bahnhofstr.	
Brückenkopf	6
Deisterallee	8
Deisterstr.	
Emmernstr.	9
Fischpfortenstr.	12
Mertenspl.	13
Mühlenstr.	14
Münsterkirchhof	15
Neuetorstr.	18
Neue Marktstr.	16
Osterstr.	19
Pferdemarkt	21
Ritterstr.	22
Thietorstr.	24
Wendenstr.	25
Wilhelmstr.	27

Jugendstil garni

Wettorstr. 15 ✉ 31785 – ℰ (05151) 9 55 80 – www.hotel-jugendstil.de – geschl. Ende Dezember - Anfang Januar 3 Wochen **e**

22 Zim ⌑ – †82/85 € ††111/118 € – 1 Suite

♦ Die Gründerzeitvilla von 1903 bietet ihren Gästen einen schönen historischen Rahmen und ansprechende, wohnlich gestaltete Zimmer. Suite in der oberen Etage mit kleinem Wintergarten.

Bellevue garni

Klütstr. 34 ✉ 31787 – ℰ (05151) 9 89 10
– www.hotel-bellevue-hameln.de

18 Zim ⌑ – †70/100 € ††90/120 €

♦ In der familiär geführten Villa a. d. J. 1910 wohnt man in freundlichen, funktionellen Gästezimmern mit kostenfreiem W-Lan und sitzt am Morgen im angenehm hellen Frühstücksraum oder auf der kleinen Gartenterrasse.

An der Altstadt garni

Deisterallee 16 ✉ 31785 – ℰ (05151) 4 02 40 – www.hotel-hameln.de – geschl. 20. Dezember - 3. Januar **a**

20 Zim ⌑ – †65/80 € ††85/120 €

♦ Die Lage im Zentrum und die gepflegten Zimmer in hellen, wohnlichen Tönen sprechen für dieses hübsche 1901 erbaute Jugendstilhaus. W-Lan steht gratis zur Verfügung.

HAMM in WESTFALEN – Nordrhein-Westfalen – 543 – 181 750 Ew – Höhe 63 m

27 E10

▶ Berlin 459 – Düsseldorf 111 – Bielefeld 72 – Dortmund 44
ADAC Sternstr. 4
🛈 Willy-Brandt-Platz Z, ✉ 59065, ✆ (02381) 2 34 00, www.hamm.de
⛳ Hamm-Drechen, Drei-Eichen-Weg 5, ✆ (02385) 91 35 00

In Hamm-Wiescherhöfen über Hafenstraße Y und Kamener Straße

XXX **Wieland-Stuben**
Wielandstr. 84 ✉ 59077
– ✆ (02381) 40 12 17
– www.wielandstuben.de
– geschl. 1. - 15. Januar, 9. - 22. Juli, Samstagmittag, Montag - Dienstag
Rest – Menü 40/61 € – Karte 38/63 €

♦ Bei klassischer Küche sitzt man in ganz individuellen, aber stets elegant und stimmig eingerichteten Räumen mit sehr schöner Blumendekoration. Dazu eine romantische Terrasse.

HAMM IN WESTFALEN

Bahnhofstr. ... Z 2	Heinrich-Lübke-Str. ... Z 20	Otto-Brenner-Str. ... Z 36
Bismarckstr. ... Z 4	Luisenstr. ... Z 25	Otto-Kraft-Pl. ... Z 37
Gustav-Heinemann-Str. ... Y 18	Marktpl. ... Z 22	Richard-Matthaei-Pl. ... Z 39
Hafenstr. ... Y 19	Martin-Luther-Pl. ... Y 27	Schillerpl. ... Z 42
	Martin-Luther-Str. ... Z 29	Theodor-Heuss-Pl. ... Z 45
	Münsterstr. ... Z 30	Westentor ... Y 46
	Neue Bahnhofstr. ... Z 32	**Weststr.**
	Nordstr. ... Z 34	Wilhelmstr. ... Z 52
	Oststr. ... Y	Willy-Brandt-Pl. ... Y 53

548

HAMM (SIEG) – Rheinland-Pfalz – 543 – 3 300 Ew – Höhe 220 m 36 D13
▶ Berlin 593 – Mainz 124 – Bonn 65 – Limburg an der Lahn 64

Alte Vogtei
Lindenallee 3 , (B 256) ⊠ 57577 – ℰ (02682) 2 59 – www.altevogtei.de – geschl. 11. Juli - 2. August
15 Zim – †39/64 € ††72/107 €, ⊐ 8 €
Rest – *(geschl. Mittwoch - Donnerstagmittag)* Menü 22/52 € – Karte 21/40 €
♦ Der traditionsreiche Familienbetrieb mit Fachwerkhaus von 1753 bietet hübsche, individuelle Zimmer - z. T. mit schönen Originalmöbeln. Wellnesszimmer mit eigener Infrarot-Sauna. In gemütlichen Räumen serviert man solide regionale und internationale Küche.

HAMMELBURG – Bayern – 546 – 11 600 Ew – Höhe 182 m 49 I15
▶ Berlin 487 – München 319 – Würzburg 57 – Bamberg 94
🛈 Kirchgasse 4, ⊠ 97762, ℰ (09732) 90 24 30, www.hammelburg.de

Deutsches Haus garni
Kissingerstr. 24 ⊠ 97762 – ℰ (09732) 7 88 66 70
– www.hotel-deutsches-haus-hammelburg.de
28 Zim – †49/55 € ††75/80 €
♦ Familie Rösser hat mit Dekorationen und selbst gefertigten Möbeln (Chef ist Schreiner) dem sanierten alten Fachwerkhaus ihre eigene Handschrift verpasst! Im schönen Gewölbekeller mixt Ihnen die Tochter - ihres Zeichens Barkeeperin - leckere Cocktails.

In Hammelburg-Obererthal Nord: 5 km über B 27, in Untererthal rechts

Zum Stern (mit Gästehaus)
Obererthaler Str. 23 ⊠ 97762 – ℰ (09732) 47 07 – www.landgasthof-stern.com
22 Zim ⊐ – †35 € ††60 € – 1 Suite
Rest – *(geschl. 1. - 15. August und Dienstag)* Karte 13/28 €
♦ Ein echter Familienbetrieb ist der tipptopp gepflegte Landgasthof in der Ortsmitte, in dem solide und praktische Zimmer bereitstehen. Zum Angebot des bürgerlich-ländlichen Restaurants zählen auch eigene Weine und Schnäpse.

In Wartmannsroth-Neumühle West: 6 km über Hammelburg-Diebach

Neumühle
Neumühle 54 ⊠ 97797 – ℰ (09732) 80 30 – www.romantikhotel-neumuehle.de
– geschl. 2. Januar - 9. Februar
28 Zim ⊐ – †120 € ††180/220 € – 2 Suiten
Rest *Scheune* – siehe Restaurantauswahl
♦ Frisch Verliebte werden diesen romantischen Ort nicht vergessen: schönste Fachwerkidylle in Form einer historischen Mühle! Ländlicher Charme, ein freundliches Lächeln in den Gesichtern der Mitarbeiter, im hauseigenen Boot auf der Saale zum Picknick,...! Auch ganz modern ist möglich: in den zwei Kaminsuiten.

Scheune – Hotel Neumühle
Neumühle 54 ⊠ 97797 – ℰ (09732) 80 30 – www.romantikhotel-neumuehle.de
– geschl. 2. Januar - 9. Februar
Rest – Karte 47/62 €
♦ Freigelegte Holzbalken, rustikales Mobiliar, passendes Dekor - das schafft eine sehr gemütliche Atmosphäre! Bei gepflegter Tischkultur speist man international und regional.

HAMMINKELN – Nordrhein-Westfalen – siehe Wesel

HANAU – Hessen – 543 – 88 360 Ew – Höhe 104 m 48 G14
▶ Berlin 531 – Wiesbaden 59 – Frankfurt am Main 20 – Fulda 89
ADAC Am Markt 1 Y
🛈 Am Markt 14 Y, ⊠ 63450, ℰ (06181) 29 59 50, www.hanau.de
🛈 Hanau-Wilhelmsbad, Franz-Ludwig-von-Cancrin-Weg 2, ℰ (06181) 18 01 90

Stadtplan auf der nächsten Seite

HANAU

Am Markt	YZ 3
Am Pedro-Jung-Park	Z 5
Bangertstr.	Y 4
Fischerstr.	Z 7
Französische Allee	Z 9
Graf-Philipp-Ludwig-Str.	Y 10
Hafenpl.	Z 12
Hammerstr.	Y 13
Hanauer Vorstadt	Y 14
Heinrich-Bott-Str.	Z 15
Heraeusstr.	Z 17
Kanaltorpl.	YZ 18
Kleine Hainstr.	Y 20
Langstr.	Y 22
Leimenstr.	Z 23
Lindenstr.	Z 24
Lothringer Str.	Z 24
Louise-Schroeder-Str.	Y 25
Nordstr.	Y 26
Nürnberger Str.	Z 27
Philippsruher Allee	Y 29
Ramsaystr.	Y 30
Römerstr.	Y
Rosenstr.	Z 32
Schnurstr.	Y 35
Thomas-Münzer-Str.	Y 37
Vor dem Kanaltor	Z 39

HANAU

Zum Riesen garni
Heumarkt 8 ⊠ 63450 – ⌖ (06181) 25 02 50 – www.hanauhotel.de – geschl. über Weihnachten Yc
48 Zim ⌂ – †99/150 € ††125/195 € – 4 Suiten
♦ Das a. d. 17. Jh. stammende Gasthaus im Zentrum - 1898 das erste Haus in Hanau mit elektrischem Licht - ist seit 1912 ein Familienbetrieb. Die Zimmer sind zeitgemäß und funktional.

In Hanau-Steinheim Süd: 4 km über Westerburgstraße und Ludwigstraße Z

Villa Stokkum
Steinheimer Vorstadt 70 ⊠ 63456 – ⌖ (06181) 66 40 – www.villastokkum.de
135 Zim – †132/162 € ††160/180 €, ⌂ 17 € – 2 Suiten
Rest – (geschl. 27. Dezember - 31. Januar und Sonntag) (nur Abendessen) Karte 30/44 €
♦ Das Businesshotel in guter Verkehrslage ist eine historische Zigarrenfabrik mit Villa und zwei modernen Anbauten. Großzügige Lobby und technisch gut ausgestattete Zimmer. Helles Restaurant in geradlinig-zeitgemäßem Stil. Sehenswerter Gewölbekeller von 1665.

Birkenhof (mit Gästehaus)
Von-Eiff-Str. 37 ⊠ 63456 – ⌖ (06181) 6 48 80 – www.hotelbirkenhof.de
49 Zim ⌂ – †88/128 € ††108/148 € – 4 Suiten
Rest – (geschl. Sonntagabend) Karte 18/45 €
♦ Das gewachsene Hotel mit gepflegtem Garten wird seit vielen Jahren familiär geleitet. Fragen Sie nach den neuzeitlicheren Gästezimmern, die hochwertiger eingerichtet sind. Freundliches Restaurant und Terrasse mit Blick ins Grüne.

Zur Linde garni (mit Gästehäusern)
Steinheimer Vorstadt 31 ⊠ 63456 – ⌖ (06181) 96 43 20
– www.hotel-zur-linde-hanau.de – geschl. 22. Dezember - 10. Januar
32 Zim ⌂ – †78 € ††125 € – 2 Suiten
♦ Auf drei Häuser verteilen sich die individuellen Zimmer dieses tipptopp gepflegten Hotels, einige besonders freundlich in wohnlich-warmen Farben. Nette Terrasse an der Stadtmauer.

HANDORF – Niedersachsen – **541** – 2 030 Ew – Höhe 6 m **10** J6
▶ Berlin 298 – Hannover 145 – Hamburg 49 – Bremen 131

Schwabenstüble
Cluesweg 22a ⊠ 21447 – ⌖ (04133) 21 02 51 – www.schwabenstueble-handorf.de
– geschl. Oktober 1 Woche und Montag - Dienstag
Rest – Menü 15/37 € – Karte 23/40 €
♦ Familie Stoll leitet hier ein sympathisch-ländliches Restaurant mit Terrasse und Biergarten. Der Chef, ein echter Schwabe, bereitet Spätzle, Maultaschen, Schupfnudeln & Co.

HANN. MÜNDEN – Niedersachsen – **541** – 24 510 Ew – Höhe 127 m **29** H11
– Erholungsort
▶ Berlin 364 – Hannover 151 – Kassel 23 – Göttingen 34
 Lotzestr. 2 Y, ⊠ 34346, ⌖ (05541) 7 53 13, www.hann.muenden-tourismus.de
Staufenberg-Speele, Gut Wissmannshof, ⌖ (05543) 91 03 30
◉ Fachwerkhäuser★★ Y – Rathaus★ **R** Y – Altstadt★ YZ
◉ Wesertal★ (von Hann. Münden bis Höxter)

Stadtplan auf der nächsten Seite

Alter Packhof
Bremer Schlagd 10 ⊠ 34346 – ⌖ (05541) 9 88 90 – www.packhof.com
25 Zim ⌂ – †82/121 € ††125/135 € – ½ P 25 € Yb
Rest – Karte 28/42 €
♦ In der Altstadt, am Zusammenfluss von Fulda und Werra, steht das einstige Lagerhaus von 1837, in dem wohnliche Zimmer bereitstehen. Zwei Juniorsuiten mit eigener Sauna. Das Restaurant ist im Landhausstil gehalten.

HANN. MÜNDEN

Bremer Schlagd.	Y 3	Hedemündener Str.	Y 12	Rosenstr.	Z 20
Burgstr.	Z 6	Kasseler Schlagd.	Y 13	Tanzwerderstr.	Y 22
Friedrich-Ludwig-Jahn-Str.	Y 8	Kattenbühl	Z 14	Vogelsangweg	Z 24
Fuldabrückenstr.	Z 9	Lange Str.	YZ 16	Wallstr.	Z 26
		Markt	Y 17	Wanfrieder Schlagd	Y 27
		Marktstr.	Y 19	Ziegelstr.	Z 30

✂ **Die Reblaus** mit Zim 📶 📡 🅿 VISA ⦿ AE
Ziegelstr. 32 , (Kirchplatz) ✉ 34346 – ☏ (05541) 95 46 10 – www.die-reblaus.com
3 Zim ☕ – †48/50 € ††68/70 €   Z**d**
Rest – Menü 26/30 € – Karte 22/39 €

● Ein Fachwerkhaus mitten in der Innenstadt beherbergt dieses kleine Restaurant mit gemütlichem modernem Ambiente, in dem man eine mediterran geprägte Küche bietet. Zum Übernachten stehen drei nette schlichte Zimmer bereit.

In Hann. Münden-Gimte Nord: 3 km über Göttinger Straße Y

🏨 **Freizeit Auefeld** 📶 🏊 ♨ ✂ 🍴 ♿ AC Rest, 📡 🅿 🚗 VISA ⦿ AE
Hallenbadstr. 33 (nahe der B 3) ✉ 34346 – ☏ (05541) 70 50 – www.freizeit-auefeld.de
93 Zim ☕ – †65/75 € ††85/95 € – ½ P 16 €   **Rest** – Karte 18/34 €

● Ein solide und funktionell ausgestattetes Tagungs- und Geschäftshotel mit Sportanlage, die u. a. Squash, Bowling und einen großen Fitnessbereich bietet. Restaurant mit Fensterfront zur Tennishalle. Die Küche ist bürgerlich-international.

In Hann. Münden-Laubach Süd-Ost: 6 km über Hedemündener Straße Y

🏨 **Biohotel Werratal** (mit Gästehaus) 🏊 ♿ ♨ 📡 🅿 VISA ⦿
Buschweg 40 ✉ 34346 – ☏ (05541) 99 80 – www.biohotel-werratal.de – geschl. Januar 1 Woche
40 Zim ☕ – †69/79 € ††89/110 € – ½ P 25 €
Rest *Biorestaurant Werratal* ⓥ – siehe Restaurantauswahl

● Der Familienbetrieb an der Werra bietet helle, wohnliche Zimmer, die im Haupthaus besonders freundlich und neuzeitlich sind. Guter Ausgangspunkt für Wanderungen, Radtouren und Kanufahrten. Morgens starten Sie mit einem Frühstück aus Bio-Produkten in den Tag.

HANN. MÜNDEN

XX **Biorestaurant Werratal** – Biohotel Werratal 🚗 ⅋ ⇔ P VISA ⓒ
Buschweg 40 ⊠ *34346 – ℰ (05541) 99 80 – www.biohotel-werratal.de – geschl.*
Januar 1 Woche und Oktober - März: Sonntagabend - Montag
Rest – Menü 21 € (vegetarisch)/32 € – Karte 29/38 €
• Für Patron Jörg Treichel muss alles Bio sein, wie z. B. die geschmorte Lammschulter mit mediterranem Gemüse - damit, und mit seinen geschmackvoll gestalteten Restauranträumen sowie einer idyllischen Gartenterrasse lockt er seine Gäste an.

X **Letzter Heller** mit Zim 🚗 ⁽¹⁾ ⇔ P VISA ⓒ AE
Letzter Heller 7 (über B 80 Y*: 4 km)* ⊠ *34346 – ℰ (05541) 64 46*
– www.heller-und-batzen.de – geschl. 1. - 7. Januar und Donnerstag
8 Zim ⊇ – †60/70 € ††90/105 €   **Rest** – Menü 24/35 € – Karte 26/42 €
• Ein seit mehreren Generationen familiengeführtes Gasthaus mit gemütlichen Räumen, einer lauschigen Terrasse und saisonalem Speiseangebot. Es stehen auch hübsche Gästezimmer zur Verfügung.

HANNOVER

Stadtpläne siehe nächste Seiten

19 |8

Niedersachsen – 520 970 Ew – Höhe 55 m – 541 I13

🚗 Berlin 290 – Bremen 132 – Hamburg 161
🛈 Tourist-Information

Ernst-August-Platz 8 EX, ✉ 30159, ✆ (0511) 12 34 51 11, www.hannover.de
Automobilclub - ADAC

Nordmannpassage 4 DX
Lübecker Str. 17 (Laatzen)
Flughafen

✈ Hannover-Langenhagen, Petzelstr. 84 (über Vahrenwalder Straße B: 11 km), ✆ (0511) 97 70
Messegelände

Messe Hannover, Laatzener Straße (Süd-Ost: über Messe-Schnellweg B und B 6), ✉ 30521 ✆ (0511) 8 90
Messen

Zu Messezeiten verlangen viele Hotels erhöhte Messepreise
14.-17. Januar: Domotex
28. Januar-5. Februar: ABF - Freizeit- und Einkaufsmesse
28. Januar-5. Februar: Autosalon
28. Januar-5. Februar: bauen+wohnen
6.-10. März: CeBIT
23.-27. April: Hannover Messe
20.-27. September: IAA-Nutzfahrzeuge
13.-21. Oktober: bauen
13.-21. Oktober: Lebensart
23.-27. Oktober: Euro-Blech
13.-16. November: BioEnergy
Golfplätze

⛳ Garbsen, Am Blauen See 120, ✆ (05137) 7 30 68
⛳ Isernhagen, Gut Lohne 22, ✆ (05139) 89 31 85
⛳ Langenhagen, Hainhaus 2, ✆ (0511) 73 68 32
⛳ Laatzen-Gleidingen, Am Golfplatz 1, ✆ (05102) 73 90 00
⛳ Sehnde-Rethmar, Seufzerallee 10, ✆ (05138) 70 05 30

◎ SEHENSWÜRDIGKEITEN

Herrenhäuser Gärten★★A · Marktkirche (Schnitzaltar★★)DY · Niedersächsisches Landesmuseum★M² · Sprengel-MuseumEZ

HANNOVER

Kastens Hotel Luisenhof
Luisenstr. 1 ⌧ 30159 – ℰ (0511) 3 04 40
– www.kastens-luisenhof.de   EXb
143 Zim – †127/239 € ††137/289 €, ⌂ 18 € – 5 Suiten
Rest – (geschl. Juli - August: Sonntag) Menü 32/44 € – Karte 41/64 €
♦ Hannovers ältestes Hotel - gegründet im Jahre 1856 und seither im Familienbesitz! Man bietet einen klassischen Rahmen sowie Fitness und Sauna über den Dächern der Stadt. Die Fußgängerzone liegt praktisch vor der Tür, zum Bahnhof sind es nur wenige Gehminuten.

Crowne Plaza
Hinüberstr. 6 ⌧ 30175 – ℰ (0511) 3 49 50 – www.cphannover.de   EXd
201 Zim – †138 € ††138 €, ⌂ 20 € – 4 Suiten
Rest *Bistro im Schweizerhof* – siehe Restaurantauswahl
♦ Ein zeitgemäßes Businesshotel nahe dem Bahnhof mit heller moderner Halle, gediegenen Zimmern und schönem Spabereich mit Kosmetikangebot.

Courtyard by Marriott
Arthur-Menge-Ufer 3 ⌧ 30169 – ℰ (0511) 36 60 00 – www.courtyardhannover.de
144 Zim – †147/165 € ††147/165 €, ⌂ 19 € – 5 Suiten   DZb
Rest *Julian's* – ℰ (0511) 36 60 08 23 – Karte 16/49 €
♦ Teil dieses gut geführten Geschäftshotels ist das einstige Kasino. Von den wohnlich-funktionellen Zimmern schaut man zum Maschsee direkt am Haus oder auf die City bzw. die AWD-Arena nebenan. Viele Bilder zieren das Restaurant Julian's. Mit Glasfront zum See und Showküche.

Sheraton Pelikan
Pelikanplatz 31 ⌧ 30177 – ℰ (0511) 9 09 30
– www.sheratonpelikanhannover.com – geschl. 23. Dezember - 2. Januar
147 Zim ⌂ – †99/149 € ††119/169 € – 9 Suiten   Bp
Rest *5th Avenue* – siehe Restaurantauswahl
♦ Das schöne Fabrikgebäude von einst besticht durch moderne Zimmer, die mit klarem Stil, hohen Decken und ansprechenden Details ein nicht alltägliches Ambiente bieten. Sehenswerte klassische Bar.

Grand Hotel Mussmann garni
Ernst-August-Platz 7 ⌧ 30159 – ℰ (0511) 3 65 60 – www.grandhotel.de
101 Zim ⌂ – †119/149 € ††169/179 € – 5 Suiten   EXv
♦ Zum begrünten Innenhof oder zum Bahnhofsvorplatz liegen die klassischen und doch sehr zeitgemäßen Zimmer, jedes mit einem dekorativen Deckenbild und entsprechendem Namen.

Dormero
Hildesheimer Str. 34 ⌧ 30169 – ℰ (0511) 54 42 00
– www.dormero-hotel-hannover.de   EZb
293 Zim – †59/164 € ††69/174 €, ⌂ 18 € – ½ P 25 €   **Rest** – Karte 22/46 €
♦ Klares, puristisches Design in Weiß, Grau und Rot, dazu ganz moderne Technik. Das Hotel liegt nahe dem Maschsee und nicht weit von der Innenstadt. Der geradlinige Stil setzt sich im Restaurant fort.

Novotel
Podbielskistr. 21 ⌧ 30163 – ℰ (0511) 3 90 40 – www.novotel.com   Bu
206 Zim – †89/149 € ††99/159 €, ⌂ 19 € – ½ P 25 € – 4 Suiten
Rest – Menü 30 € (mittags) – Karte 20/50 €
♦ Funktionales Businesshotel auf dem Gelände der ehemaligen Bahlsen-Keksfabrik. Mittelpunkt des gut ausgestatteten Tagungsbereichs ist eine Halle mit historischen Dampfmaschinen.

Savoy
Schloßwender Str. 10 ⌧ 30159 – ℰ (0511) 1 67 48 70 – www.hotel-savoy.de
22 Zim ⌂ – †99/299 € ††129/349 € – 4 Suiten   CVe
Rest – (nur für Hausgäste) Karte 19/26 €
♦ Das im Stadtzentrum gelegene, gut geführte Hotel überzeugt mit schönen hohen Zimmern, die technisch zeitgemäß ausgestattet sind. Hübscher heller Frühstücksraum.

Street	Ref
Adenaueralle	B 2
Altenauer Weg	A 3
Clausewitzstr.	B 5
Friedrichswall	B 6
Friedrich-Ebert-Str.	B 8
Goethestr.	B 9
Gustav-Bratke-Allee	B 10
Humboldtstr.	B 13
Kirchröder Str.	B 16
Lavesallee	B 17
Leibnizufer	B 18
Ritter-Brüning-Str.	B 20
Scheidestr.	B 21
Schloßwender St.	B 22
Stöckner Str.	A 23
Stresemannallee	B 25

Am Rathaus garni
Friedrichswall 21 ⊠ 30159 – ℰ (0511) 32 62 68
– www.hotelamrathaus.de EYy
40 Zim ⊑ – †89 € ††120 €

♦ Privates Stadthotel gegenüber dem schönen Rathauspark, die Fußgängerzone befindet sich ganz in der Nähe. In den Zimmern und der Lounge nutzt man W-Lan gratis. Frühstück im Preis inklusive.

City Hotel garni
Limburgstr. 3 ⊠ 30159 – ℰ (0511) 3 60 70
– www.cityhotelhannover.de
– geschl. 23. Dezember - 4. Januar, 5. - 10. April DXc
47 Zim ⊑ – †72/175 € ††80/250 €

♦ Eine gepflegte Übernachtungsadresse mitten in der Fußgängerzone mit funktionellen Gästezimmern; die Einzelzimmer sind teilweise recht klein. Man bietet drei Allergiker-Etagen.

🏨 Ibis City   🛗 ♿ 🅰🅲 📶 🅿 VISA ✱ AE ①

Vahrenwalder Str. 113 ✉ *30165 –* ✆ *(0511) 38 81 10*
– www.ibishotel.com   **Bd**
125 Zim – †60/65 €, ††60/65 €, ⌾ 10 €
Rest – *(nur Abendessen)* Karte 17/38 €

♦ Die verkehrsgünstige Lage sowie eine neuzeitliche, sachlich-funktionelle Zimmerausstattung sprechen für dieses Hotel. Vom Hauptbahnhof aus gut mit der U-Bahn erreichbar.

🍴 Clichy   VISA ✱ AE

Weißekreuzstr. 31 ✉ *30161 –* ✆ *(0511) 31 24 47 – www.clichy.de – geschl.*
Sonntag   **EVd**
Rest – *(nur Abendessen)* Menü 44/92 € – Karte 40/67 € 🍷

♦ In dem Eckhaus neben einem kleinen Park etwas außerhalb des Zentrums sorgt Ekkehard Reimann seit 1979 für klassische Küche, noch heute schmeckt er selbst die Soßen ab. Hübsche Details machen das Restaurant charmant-elegant.

Darum nennt man es Braukunst.

Gebraut mit erlesenen Zutaten, gereift auf Buchenholz. Erst dadurch entfaltet unsere obergärige Bierspezialität ihr komplexes Aroma und die klare, rotblonde Farbe. Der Kenner genießt sein Duckstein aus dem eigens für das Bier entwickelten Sommelierglas und weiß: Darum nennt man es Braukunst.

www.duckstein.de

HANNOVER

Röhrbein
Joachimstr. 6 ⊠ 30159 – ℰ (0511) 93 66 17 12 00 – www.clichy.de – geschl. Sonntag
Rest – (Tischbestellung ratsam) Menü 26 € – Karte 23/38 €   EXr
• Diese nette moderne Adresse (eines der Reimann-Restaurants) in der Luisenpassage bietet lebendige Bistro-Atmosphäre, guten und angenehm ungezwungenen Service sowie eine regional-internationale und auch saisonale Küche, die schmeckt.

da Vinci
Hildesheimer Str. 228 ⊠ 30519 – ℰ (0511) 8 43 65 56 – www.rist-da-vinci.de – geschl. 23. Juli - 7. August, über Weihnachten und Sonntag   Bs
Rest – Karte 26/61 €
• Die beiden Gastgeber - Vater und Sohn - stellen ein breites Angebot an italienischen Gerichten zur Wahl: vom Vorspeisenbuffet über Pizza und hausgemachte Nudeln bis hin zu Fleisch und Fisch.

In Hannover-Bothfeld Nord-Ost: 9 km über Podbielskistraße B

Viva Creativo (mit Gästehaus)
Im Heidkampe 80 ⊠ 30659 – ℰ (0511) 64 75 50 – www.viva-creativo.de – geschl. 22. Dezember - 2. Januar
64 Zim – †65/99 € ††89/139 €
Rest – *(geschl. Samstag - Sonntag)* Karte 17/37 €
• Einige Themenzimmer in diesem Haus machen mit Namen wie "Space", "Mozart", "Arc d'or" oder "Provence" neugierig. Auch Kosmetikanwendungen sind buchbar. Minibar und Kaffee kostenfrei. Frische Atmosphäre und italienische Küche im Restaurant.

In Hannover-Buchholz Nord-Ost: 8 km

Mercure Atrium
Karl-Wiechert-Allee 68 ⊠ 30625 – ℰ (0511) 5 40 70 – www.hotelatriumhannover.de
222 Zim – †74/99 € ††74/99 €, ⊑ 18 € – ½ P 24 € – 7 Suiten   Bv
Rest – Karte 26/49 €
• Mit gläsernen Liften gelangt man von der Atriumhalle in die wohnlich-gediegenen Zimmer. Im Hotel stehen auch gute Tagungsmöglichkeiten und ein netter Saunabereich zur Verfügung. Elegantes A-la-carte-Restaurant mit kleinem Gourmetbereich.

MGM garni
Baumschulenallee 6 (über Kirchröder Straße und Karl-Wiechert-Allee B) ⊠ 30625
ℰ (0511) 54 05 46 – www.mgm-hotel-hannover.de – geschl. 22. Dezember - 1. Januar
28 Zim ⊑ – †60/70 € ††70/90 €
• Eine zeitgemäße und funktionelle Adresse ist das Hotel nahe der Medizinischen Hochschule und dem Messe-Schnellweg. Am Morgen erwartet Sie ein vielfältiges Frühstücksbuffet.

Gallo Nero
Groß-Buchholzer Kirchweg 72b (über Podbielskistraße B) ⊠ 30655
– ℰ (0511) 5 46 34 34 – www.gallo-nero-hannover.de – geschl. Januar 1 Woche, Juli - August 1 Woche, über Weihnachten und Samstagmittag - Sonntag, sowie an Feiertagen, außer an Messen
Rest – Menü 35/69 € – Karte 42/57 €
• Außen der regionstypische Charme eines 1631 erbauten Bauernhauses, im Inneren ein gemütlicher Mix aus freigelegtem Fachwerk und modern-elegantem Stil. Kunstausstellung in der "Galleria". Vinothek.

In Hannover-Flughafen Nord: 11 km über Vahrenwalder Straße B

Maritim Airport Hotel
Flughafenstr. 5 ⊠ 30669 – ℰ (0511) 9 73 70 – www.maritim.de
527 Zim – †89/265 € ††109/285 €, ⊑ 19 € – 30 Suiten
Rest – Menü 25 € (Buffet) – Karte 37/52 €
Rest *Bistro Bottaccio* – ℰ (0511) 97 37 56 29 *(geschl. Sonntag - Montag)*
Karte 43/60 €
• Das elegant-komfortable Hotel wurde nach dem Vorbild eines Flugzeuges konstruiert. Club Lounge mit Blick auf Start- und Landebahnen sowie ein Businesscenter im Atrium. Gediegenes Hotelrestaurant mit Buffet-Angebot. Mediterrane Küche im Bistro Bottaccio.

561

HANNOVER

🏨 Holiday Inn Airport
Petzelstr. 60 ✉ 30669 – ☏ (0511) 7 70 70 – www.hannover-hi-hotel.de
211 Zim – †99/115 € ††109/125 €, ☐ 18 € – 2 Suiten   **Rest** – Karte 27/50 €
♦ In unmittelbarer Nähe zum Flughafen (Bustransfer-Service) beziehen Sie hier komfortable und funktionelle Zimmer oder tagen in modernen Konferenzräumen.

In Hannover-Herrenhausen Nord-Ost: 4 km

🏨 Mercure am Entenfang garni
Eichsfelder Str. 4 (über Stöckener Straße und Fuhsestraße A) ✉ 30419
– ☏ (0511) 9 79 50 – www.hotel-am-entenfang.de
81 Zim ☐ – †115 € ††120 €
♦ Schöne Lage: ein Businesshotel inmitten eines 100-jährigen Baumbestandes in einer recht ruhigen Wohngegend nahe der berühmten Gärten. Die zeitgemäßen Zimmer sind teils sehr geräumig.

In Hannover-Lahe Nord-Ost: 10 km über Podbielskistraße B

🏨 Der Föhrenhof
Kirchhorster Str. 22 ✉ 30659 – ☏ (0511) 6 15 40
– www.hotel-foehrenhof-hannover.de
78 Zim – †71/84 € ††92/109 €, ☐ 15 €   **Rest** – Karte 18/49 €
♦ Zeitgemäße Ausstattung und die verkehrsgünstige Lage nahe der Autobahn sprechen für dieses Hotel. Am Haus verläuft ein Jogging-Parcours, zudem verleiht man kostenfrei Fahrräder. Restaurant mit mediterranem Touch.

In Hannover-Messe Süd-Ost: 10 km über Messe-Schnellweg B

🏨 Radisson BLU
Expo Plaza 5 , (am Messegelände) ✉ 30539 – ☏ (0511) 38 38 30
– www.radissonblu.de/hotel-hannover
250 Zim – †84/97 € ††84/97 €, ☐ 19 € – 1 Suite   **Rest** – Karte 20/45 €
♦ Dank seines optimalen Zugangs zur Messe ist das Hotel für Businessgäste ideal. Modern-funktionale und wohnliche Zimmer in den Varianten Hightech, Italian, Maritim oder Scandinavian. Restaurant in der Lobby mit Buffet- und A-la-carte-Bereich sowie kleiner Terrasse auf der Expo Plaza.

🏨 Parkhotel Kronsberg (mit Gästehaus)
Gut Kronsberg 1 , (am Messegelände) ✉ 30539
– ☏ (0511) 8 74 00 – www.parkhotel-kronsberg.de
200 Zim – †75/94 € ††112/140 €, ☐ 18 € – 2 Suiten   **Rest** – Karte 23/49 €
♦ Eine komfortable Adresse für Tagungen und Messebesucher. Interessant sind die 12 Designerzimmer - jedes einem Sternzeichen entsprechend dekoriert. Bar, TV-Lounge und Raucherlounge. Das Restaurant: "Gutsherrenstube", "Bierstube" sowie "Hofgarten" fürs Frühstück.

In Hemmingen-Westerfeld Süd: 8 km über Frankfurter Allee A

🏨 Landhaus Artischocke
Dorfstr. 30 ✉ 30966 – ☏ (0511) 94 26 46 30 – www.artischocke.com
21 Zim ☐ – †60 € ††90 € – 1 Suite
Rest – (geschl. 1. - 5. Januar und Montag, außer an Messen und Feiertagen) (nur Abendessen) Karte 30/52 €
♦ Das hübsche Fachwerkhaus mit seinen behaglichen Landhauszimmern steht in dörflicher Umgebung südlich von Hannover - zur Messe sind es ca. 5 km. Gemütliches Restaurant mit internationalem Angebot.

In Laatzen Süd-Ost: 9 km über Hildesheimer Straße B

🏨 Copthorne
Würzburger Str. 21 ✉ 30880 – ☏ (0511) 9 83 60 – www.copthorne-hannover.de
222 Zim – †78/173 € ††78/173 €, ☐ 18 € – 1 Suite   **Rest** – Karte 28/46 €
♦ Klassisch-gediegen wohnt man in diesem Businesshotel mit schöner großer Lobby. Praktisch ist die verkehrsgünstige Lage in unmittelbarer Nähe des Messegeländes. Restaurant mit Wintergarten-Pyramide. Sehr nett und gesellig geht es im authentischen Irish Pub zu.

Haase
Am Thie 4 (Ortsteil Grasdorf) ⊠ 30880 – ℰ (0511) 82 01 60 – www.hotel-haase.de
– geschl. 2. - 5. Januar, 23. Juli - 19. August, Ende Dezember 2 Wochen
43 Zim ⊇ – ✝55/62 € ✝✝75/95 €
Rest – *(Montag - Freitag nur Abendessen)* Karte 17/30 €
♦ Seit 1698 leitet Familie Haase nun in 8. Generation ihr gepflegtes Hotel. Die Zimmer sind etwas unterschiedlich möbliert, aber alle funktionell in der Ausstattung. Rustikales Restaurant mit bürgerlicher Küche.

In Langenhagen Nord: 12 km über Vahrenwalder Straße B

 Achat garni
Walsroder Str. 105 ⊠ 30853 – ℰ (0511) 7 71 96 10
– www.hannover.achat-hotels.com
74 Zim – ✝55/99 € ✝✝65/109 €, ⊇ 10 € – 1 Suite
♦ Zeitgemäßes Hotel mit Zimmern im englischen, mexikanischen, maurischen oder mediterranen Stil. Appartements sowie Bar/Restaurant im angeschlossenen Veranstaltungszentrum "Forum".

In Ronnenberg-Benthe Süd-West: 10 km über Bückeburger Allee A und B 65

 Benther Berg
Vogelsangstr. 18 ⊠ 30952 – ℰ (05108) 6 40 60 – www.hotel-benther-berg.de
70 Zim ⊇ – ✝65/155 € ✝✝88/175 €   **Rest** – Menü 25/49 € – Karte 37/50 €
♦ Schön ist die Lage in einem Park am Waldrand oberhalb des Ortes. Man wohnt hier in unterschiedlichen Zimmern, verteilt auf Altes Haus (1894 als Herrenhaus erbaut), Neues Haus und Landhaus. Elegantes Restaurant mit internationalem Angebot.

HANSTEDT – Niedersachsen – **541** – 5 060 Ew – Höhe 40 m – Erholungsort   **19 I6**
▶ Berlin 321 – Hannover 118 – Hamburg 56 – Lüneburg 31
ℹ Am Steinberg 2, ⊠ 21271, ℰ (04184) 5 25, www.hamstedt-nordherde.de

 Sellhorn
Winsener Str. 23 ⊠ 21271 – ℰ (04184) 80 10 – www.hotel-sellhorn.de
51 Zim ⊇ – ✝94/117 € ✝✝127/163 € – ½ P 24 € – 3 Suiten
Rest – Menü 25 € – Karte 30/56 €
♦ Eine wohnliche Ferienadresse unter familiärer Leitung, zu der auch ein zeitgemäßer Spabereich mit Friseur gehört. Zimmer teils mit Gartenblick. Im Restaurant bietet man eine schöne Weinauswahl - ein Faible des Chefs. Hübsche Innenhofterrasse zum Garten.

HAPPURG-KAINSBACH – Bayern – siehe Hersbruck

HARDEGSEN – Niedersachsen – **541** – 8 230 Ew – Höhe 215 m   **29 I10**
– Luftkurort
▶ Berlin 335 – Hannover 115 – Kassel 64 – Göttingen 21
ℹ Vor dem Tore 1, ⊠ 37181, ℰ (05505) 50 30, www.hardegsen.de

In Hardegsen-Goseplack Süd-West: 5 km

 Altes Forsthaus
Goseplack 8 (an der B 241) ⊠ 37181 – ℰ (05505) 94 00
– www.altes-forsthaus-goseplack.info – geschl. 3. - 15. Januar
15 Zim ⊇ – ✝61 € ✝✝98 € – ½ P 25 € – 3 Suiten
Rest – Menü 36 € – Karte 21/41 €
♦ Das aus einem ehemaligen Forsthaus entstandene kleine Hotel bietet wohnliche Zimmer und einen schönen Garten mit Kinderspielplatz. Hinterm Haus beginnen Radwege und Waldlehrpfade. Restaurant mit bürgerlicher Küche. Dazu ein netter Biergarten.

HARDERT – Rheinland-Pfalz – siehe Rengsdorf

HAREN (EMS) – Niedersachsen – **541** – 23 000 Ew – Höhe 9 m 16 D7
– Erholungsort
- Berlin 541 – Hannover 252 – Oldenburg 124 – Groningen 85
- Neuer Markt 3, ⌧ 49733, ℘ (05932) 7 13 13, www.haren.de
- Gut Düneburg, ℘ (05932) 7 27 40

Zur Ems
Emmelerstr. 2 ⌧ 49733 – ℘ (05932) 64 03 – www.zur-ems.de – geschl. Montag, Samstagmittag, außer an Feiertagen
Rest – Karte 25/51 €
• Der Chef ist ein wahrer Wein- und Spirituosen-Kenner und nimmt seine Gäste gerne mit in den Keller oder den Cognacraum! Wer auf der Terrasse speist (gekocht wird übrigens regional-saisonal), genießt den Blick auf die Ems.

HARRISLEE – Schleswig-Holstein – siehe Flensburg

HARSEWINKEL – Nordrhein-Westfalen – **543** – 24 110 Ew – Höhe 65 m 27 F9
- Berlin 424 – Düsseldorf 158 – Bielefeld 30 – Münster (Westfalen) 46
- Marienfeld, Remse 27, ℘ (05247) 88 80

Poppenborg mit Zim
Brockhäger Str. 9 ⌧ 33428 – ℘ (05247) 22 41 – www.poppenborg.com – geschl. Mittwoch
18 Zim – †59/79 € ††89/99 €
Rest *Poppenborg's Stübchen* – siehe Restaurantauswahl
Rest – Menü 59/119 € – Karte 59/100 €
• In dem hellen, eleganten Restaurant der Familie Poppenborg wird klassische Küche geboten, der Service ist stets präsent und aufmerksam. Im Sommer mit schöner Gartenterrasse und Biergarten. Solide Zimmer für Übernachtungsgäste.

Poppenborg's Stübchen – Restaurant Poppenborg
Brockhäger Str. 9 ⌧ 33428 – ℘ (05247) 22 41
– www.poppenborg.com – geschl. Mittwoch
Rest – Karte 14/39 €
• In den 80er Jahren übernahm Heinz Poppenborg den Betrieb von seinen Eltern - das spricht für seine Erfahrung. Die Gäste schätzen die bürgerliche Küche und das gute Preis-Leistungs-Verhältnis.

In Harsewinkel-Marienfeld Süd-Ost: 4 km über B 513

Klosterpforte (mit Gästehaus)
Klosterhof 2 ⌧ 33428 – ℘ (05247) 70 80 – www.klosterpforte.de
153 Zim – †90/140 € ††120/170 €, ⌑ 13 € – 5 Suiten
Rest *Rincklake's* – siehe Restaurantauswahl
Rest *Klosterstübchen* – Menü 35 € – Karte 35/50 €
• Ein 140 000 qm großes Areal mit historischem Flair. Individuelle Zimmer von klassisch-elegant bis zum modernen "Sporthotel"-Zimmer. Kleiner See, zwei eigene Fußballplätze. Regionales Angebot im gemütlichen Klosterstübchen.

Rincklake's – Hotel Klosterpforte
Klosterhof 2 ⌧ 33428 – ℘ (05247) 70 80 – www.klosterpforte.de – geschl. Montag - Mittwoch
Rest – (nur Abendessen) Menü 36/46 € – Karte 37/50 €
• In den ehrwürdigen Gemäuern des früheren Wohnhauses von Johann Christoph Rincklake (Maler der Romantik) speisen Sie in liebevoll restauriertem Fachwerk-Ambiente.

HARTENSTEIN – Sachsen – **544** – 4 890 Ew – Höhe 360 m 42 O13
- Berlin 304 – Dresden 109 – Chemnitz 32 – Gera 66

Gästehaus Wolfsbrunn
Stein 8, (Zufahrt über Wildbacherstraße) ⌧ 08118 – ℘ (037605) 7 60
– www.gaestehaus-wolfsbrunn.de
24 Zim – †70/85 € ††100/140 €, ⌑ 10 €
Rest *Pavillon* – siehe Restaurantauswahl
• Stilvolle Salons und elegante Gästezimmer, nicht zu vergessen der wunderbare Park - das Schloss a. d. J. 1912 hat sich sein herrschaftliches Flair bewahrt!

HARTENSTEIN

Jagdhaus Waldidyll
Talstr. 1 ⊠ 08118 – ☏ (037605) 8 40 – www.romantikhotel-waldidyll.de
28 Zim – †88/98 € ††118/138 € – ½ P 29 € – 4 Suiten
Rest *Der Feengarten* – siehe Restaurantauswahl
• Der liebenswerte Charakter dieses Hauses zeigt sich in vielen Details, so z. B. in der behaglichen kleinen Lobby mit Kamin, den eleganten Zimmern und dem guten Frühstück, dem freundlichen Service und natürlich der romantischen Lage im Wald - in einem herrlich angelegten und perfekt gepflegten Garten!

Pavillon – Hotel Schloss Wolfsbrunn
Stein 8, (Zufahrt über Wildbacherstraße) ⊠ 08118 – ☏ (037605) 7 60
– www.schloss-wolfsbrunn.de
Rest – (Montag - Freitag nur Abendessen) Menü 25/60 € – Karte 24/47 €
• Von dem vornehmen lichten Pavillon - vor allem aber von der einzigartigen Terrasse! - blickt man ins Grüne und genießt dabei klassische Küche mit internationalem Einfluss. Gekocht wird saisonal, aber auch erzgebirgische Spezialitäten wie Würzfleisch und Schneeberger Rinderroulade.

Der Feengarten – Hotel Jagdhaus Waldidyll
Talstr. 1 ⊠ 08118 – ☏ (037605) 8 40 – www.romantikhotel-waldidyll.de
Rest – Menü 28/65 € – Karte 27/50 €
• Zu Recht steht der Name "Waldidyll"! Am Besten kann man das Grün ringsum natürlich auf der tollen Terrasse zum Park genießen - aber auch in den holzvertäfelten Räumlichkeiten schmecken die saisonalen Speisen.

HARTHA (KURORT) – Sachsen – **544** – 5 490 Ew – Höhe 350 m — 43 P12
▶ Berlin 216 – Dresden 25 – Freiberg 19 – Pirna 44

Parkhotel Forsthaus
Am Kurplatz 13 ⊠ 01737 – ☏ (035203) 3 40 – www.parkhotel-forsthaus.de
36 Zim – †45/65 € ††65/85 € – ½ P 15 € – 1 Suite **Rest** – Karte 18/28 €
• Solide und gepflegt zeigt sich das einstige Forsthaus nahe dem Kurpark mit seinen rustikal eingerichteten Gästezimmern. Restaurant in gediegenem Stil.

HARTH-PÖLLNITZ – Thüringen – **544** – 3 120 Ew – Höhe 320 m — 41 M13
▶ Berlin 254 – Erfurt 84 – Gera 18 – Greiz 28

In Harth-Pöllnitz - Großebersdorf

Adler - Golf- und Tagungshotel
Großebersdorf 22, (B 2) ⊠ 07570 – ☏ (036607) 50 00 – www.logis-adler.de
41 Zim – †65 € ††85 € – 1 Suite **Rest** – Menü 32/45 € – Karte 28/43 €
• Der um einen Hotelanbau erweiterte Gasthof ist ein familiengeführtes Haus mit wohnlichen, recht unterschiedlich möblierten Zimmern. Restaurant mit gediegen-rustikalem Ambiente.

HARXHEIM – Rheinland-Pfalz – **543** – 2 170 Ew – Höhe 160 m — 47 E15
▶ Berlin 594 – Mainz 14 – Neustadt a.d. Weinstraße 88 – Wiesbaden 27

Restaurant im Weingut der Stadt Mainz
Obergasse 3 ⊠ 55296 – ☏ (06138) 98 06 60 – www.weingut-mainz.de – geschl. Mittwoch
Rest – (nur Abendessen) Menü 39 € – Karte 30/42 €
• Mit Sorgfalt bereitet man in dem Weingut von 1725 saisonal beeinflusste Speisen zu, die regional und international ausgerichtet sind. Probieren Sie mal den kleinen Bratapfel mit Blut- und Leberwurst von der Harxheimer Sau. Der Rahmen ist stilvollrustikal, schön der Innenhof.

HARZBURG, BAD – Niedersachsen – **541** – 22 040 Ew – Höhe 261 m — 30 J10
– Heilklimatischer Kurort
▶ Berlin 253 – Hannover 96 – Braunschweig 46 – Göttingen 90
🛈 Nordhäuser Str. 4, ⊠ 38667, ☏ (05322) 7 53 30, www.bad-harzburg.de
⛳ Bad Harzburg, Am Breitenberg 107, ☏ (05322) 67 37

HARZBURG, BAD

Braunschweiger Hof
Herzog-Wilhelm-Str. 54 ✉ *38667* – ✆ *(05322) 78 80*
– www.hotel-braunschweiger-hof.de
80 Zim – †78/98 € ††102/138 € – ½ P 28 € – 12 Suiten **Rest** – Karte 30/63 €
♦ Eine wohnliche Ferienadresse mit freundlichem Service ist aus dem seit 1894 familiengeführten Haus entstanden. Ansprechend ist auch der Anwendungs- und Saunabereich. Im Restaurant wird eine solide regionale Küche geboten.

HASELAU – Schleswig-Holstein – **541** – 1 110 Ew – Höhe 1 m   10 H5
▶ Berlin 315 – Kiel 96 – Hamburg 39 – Itzehoe 47

Haselauer Landhaus (mit Gästehaus)
Dorfstr. 10 ✉ *25489* – ✆ *(04122) 9 87 10* – www.haselauer-landhaus.de
12 Zim – †48/68 € ††68/97 € **Rest** – *(geschl. Mittwoch)* Karte 15/32 €
♦ Diese gepflegte Adresse ist ein traditionsreicher Familienbetrieb in einer ruhigen Nebenstraße. Topmodern, frisch und schön hell sind die vier Zimmer im ehemaligen Küsterhaus (hier gibt es auch einen Aufzug!). Im reetgedeckten Haupthaus kann man regional essen.

HASELÜNNE – Niedersachsen – **541** – 12 870 Ew – Höhe 21 m   16 D7
– Erholungsort
▶ Berlin 490 – Hannover 224 – Nordhorn 47 – Bremen 113
ℹ Rathausplatz 1, ✉ 49740, ✆ (05961) 50 93 20, www.haseluenne.de

Burghotel garni
Steintorstr. 7 ✉ *49740* – ✆ *(05961) 9 43 30* – www.burghotel-haseluenne.de
30 Zim – †59/74 € ††85/99 € – 1 Suite
♦ Sie mögen historisches Flair? Dann werden Ihnen das alte Stadtpalais und der ehemalige Burgmannshof gefallen: schöne Fassaden, stilvolle Zimmer (im Gästehaus teils rustikaler), Frühstück unter einer verzierten Glaskuppel.

✕✕ Jagdhaus Wiedehage
Steintorstr. 9 ✉ *49740* – ✆ *(05961) 79 22* – www.jagdhaus-wiedehage.de – geschl. Dienstag
Rest – Karte 29/44 €
♦ Bis ins 16. Jh. reicht die Geschichte dieses ansprechenden Hauses zurück, das mit vielen Jagdtrophäen dekoriert ist. Ein klassisch-rustikales Restaurant mit lauschiger Terrasse.

HASLACH im KINZIGTAL – Baden-Württemberg – **545** – 7 000 Ew   54 E20
– Höhe 220 m – Erholungsort
▶ Berlin 774 – Stuttgart 174 – Freiburg im Breisgau 54 – Freudenstadt 50
ℹ Klosterstr. 1, ✉ 77716, ✆ (07832) 70 61 72, www.haslach.de

In Haslach-Schnellingen Nord: 2 km über B 33

Gasthaus zur Blume
Schnellinger Str. 56 ✉ *77716* – ✆ *(07832) 9 12 50* – www.zur-blume.de
27 Zim – †42/65 € ††68/111 € – ½ P 18 € **Rest** – Karte 14/43 €
♦ Bereits in der 4. Generation kümmert sich Familie Moser hier engagiert um ihre Gäste. Die Zimmer sind wohnlich-komfortabel und teilweise ganz modern. Kinder freuen sich auf Spielplatz und Streichelzoo. Holztäfelung und Kachelofen verbreiten im Restaurant ländliches Flair.

HASSLOCH – Rheinland-Pfalz – **543** – 20 450 Ew – Höhe 115 m   47 E17
▶ Berlin 642 – Mainz 89 – Mannheim 27 – Neustadt an der Weinstraße 9

Sägmühle
Sägmühlweg 140 ✉ *67454* – ✆ *(06324) 9 29 10* – www.saegmuehle-pfalz.de
– *geschl. 2. - 15. Januar*
27 Zim – †69/89 € ††99/139 € **Rest** – Menü 35/53 € – Karte 35/49 €
♦ Schön liegt die einstige Mühle im Grünen auf einem idyllischen Grundstück mit Wasserlauf. Im Sommer ergänzt der lauschige Innenhof mit Kirschbaum das Restaurant. Brunch am 1. Sonntag im Monat. Ein nahes Ausflugsziel ist z. B. der Holiday Park in Hassloch.

HATTERSHEIM – Hessen – 543 – 25 500 Ew – Höhe 103 m   47 F15
▶ Berlin 548 – Wiesbaden 20 – Frankfurt am Main 21 – Mainz 20

Am Schwimmbad
Staufenstr. 35 ✉ 65795 – ✆ (06190) 9 90 50 – www.hotel-am-schwimmbad.de
24 Zim – †78/95 € ††89/125 € – 1 Suite
Rest – (nur Abendessen für Hausgäste) Karte 17/83 €
• Das sehr gut geführte Haus überzeugt mit gepflegten, unterschiedlich eingerichteten Zimmern, die alle wohnlich gestaltet sind. Nett sind auch der freundliche Frühstücksraum und der Saunabereich.

HATTINGEN – Nordrhein-Westfalen – 543 – 55 820 Ew – Höhe 90 m   26 C11
▶ Berlin 524 – Düsseldorf 50 – Bochum 10 – Wuppertal 24
ℹ Langenberger Str. 2, ✉ 45525, ✆ (02324) 95 13 95, www.hattingen.de

Diergardts Kühler Grund
Am Büchsenschütz 15 ✉ 45527 – ✆ (02324) 9 60 30 – www.diergardt.com – geschl. Donnerstag
Rest – Karte 20/57 €
• In dem langjährigen Familienbetrieb der Diergardts bietet man schmackhafte internationale Küche sowie Saison-Aktionen. Besonders schön ist die Zirbelstube. "Szenario" für Feiern.

Landhaus Wegermann mit Zim
Wodantal 62 (Süd: 3 km über Schulenbergstraße) ✉ 45529 – ✆ (02324) 39 50 10 – www.landhaus-wegermann.de – geschl. Mittwoch
8 Zim – †55/80 € ††102/130 €   **Rest** – Menü 20/35 € – Karte 29/44 €
• Die Küche in dem freundlich-familiär geleiteten Restaurant in einem historischen Fachwerkhaus ist regional und international - man verwendet fast ausschließlich Bio-Produkte. Zum Übernachten stehen schöne individuelle Landhauszimmer bereit.

In Hattingen-Bredenscheid Süd: 5,5 km über B 51

Zum Hackstück
Hackstückstr. 123 (Ost: 3 km) ✉ 45527 – ✆ (02324) 9 06 60 – www.hackstueck.de
27 Zim – †75/77 € ††110/140 €, ⚌ 5 €   **Rest** – (geschl. Dienstag) Karte 25/45 €
• Ein sympathisches, gut geführtes und tipptopp gepflegtes Haus in einsamer Lage in einem kleinen Weiler. Die Gästezimmer sind wohnlich im Landhausstil gehalten. Bürgerlich-international speist man in den hübschen behaglichen Stuben. Nett auch die Gartenterrasse.

HATTSTEDTERMARSCH – Schleswig-Holstein – siehe Husum

HAUENSTEIN – Rheinland-Pfalz – 543 – 4 010 Ew – Höhe 250 m   53 D17
– Luftkurort
▶ Berlin 686 – Mainz 124 – Karlsruhe 66 – Pirmasens 24
ℹ Turnstr. 5, ✉ 76846, ✆ (06392) 9 23 33 40, www.hauenstein-pfalz.de

Felsentor
Bahnhofstr. 88 ✉ 76846 – ✆ (06392) 40 50 – www.hotel-felsentor.de
27 Zim – †58/99 € ††80/124 € – ½ P 23 € – 2 Suiten
Rest – (geschl. Montag außer an Feiertagen) Menü 25/50 € – Karte 20/62 €
• Ein langjähriger Familienbetrieb. Einige Zimmer schön modern in warmem Rot. Restaurant mit gediegen-rustikalem oder mediterranem Ambiente. Etwas ganz Charmantes ist der "Krämersladen mit Omas Küche" - hier kann man sehenswerte alte Stücke entdecken.

HAUSEN ob VERENA – Baden-Württemberg – siehe Spaichingen

HAUZENBERG – Bayern – 546 – 12 060 Ew – Höhe 546 m   60 Q19
– Wintersport: 950 m ✦4 ✦ – Luftkurort
▶ Berlin 625 – München 195 – Passau 18
ℹ Marktplatz 10, ✉ 94051, ✆ (08586) 30 30, www.hauzenberg.de

HAUZENBERG

Landgasthaus Gidibauer-Hof
Grub 7 (Süd: 0,5 km) ⊠ 94051 – ℰ (08586) 9 64 40 – www.gidibauer.de – geschl. vor Ostern 1 Woche
19 Zim – †39/55 € ††60/88 € – ½ P 16 € – 2 Suiten
Rest *Landgasthaus Gidibauer-Hof* – siehe Restaurantauswahl
♦ Der ruhig gelegene ehemalige Bauernhof von 1816 ist ein sympathischer Familienbetrieb. Einige Zimmer mit sehr geschmackvollem Mix aus viel Holz und geradlinig-modernem Stil.

Landgasthaus Gidibauer-Hof – Hotel Landgasthaus Gidibauer-Hof
Grub 7 (Süd: 0,5 km) ⊠ 94051 – ℰ (08586) 9 64 40
– www.gidibauer.de – geschl. vor Ostern 1 Woche und Montag
Rest – Menü 32 € – Karte 20/35 €
♦ Familiär unkompliziert geht's bei "Ertels'" in ihrem besonderen Granit-Vierseithof zu. Interessant: Der Chef betreibt eine eigene Charolais-Rinderzucht! Überzeugen Sie sich selbst von der Qualität und probieren Sie die geschmorte Rinderwadl mit Kartoffelstrudel und Schwarzwurzeln.

HAVIXBECK – Nordrhein-Westfalen – 543 – 11 750 Ew – Höhe 90 m — 26 D9
▶ Berlin 496 – Düsseldorf 123 – Nordhorn 69 – Enschede 57

Beumer
Bestensee-Platz 2 ⊠ 48329 – ℰ (02507) 9 85 40 – www.hotel-beumer.de
– geschl. 20. - 27. Dezember
21 Zim – †60/70 € ††87/95 €
Rest – *(geschl. Montag)* Menü 30 € – Karte 25/43 €
♦ Das Fachwerkhaus am Rande der Fußgängerzone beherbergt einen langjährigen Familienbetrieb mit gepflegten und solide ausgestatteten Gästezimmern. Das Restaurant ist hell und freundlich im Landhausstil gehalten.

HECHINGEN – Baden-Württemberg – 545 – 19 170 Ew – Höhe 528 m — 55 G19
▶ Berlin 701 – Stuttgart 67 – Konstanz 123 – Freiburg im Breisgau 131
🛈 Kirchplatz 12, ⊠ 72379, ℰ (07471) 94 02 11, www.hechingen.de
⛳ Hechingen, Hagelwasen, ℰ (07471) 9 84 99 30
◉ Burg Hohenzollern★ (Lage★★★) Süd: 6 km

In Hechingen-Stein Nord-West: 2,5 km

Lamm
Römerstr. 29 ⊠ 72379 – ℰ (07471) 92 50 – www.hotel-lamm-hechingen.de
30 Zim – †65/80 € ††92/108 €
Rest – *(geschl. Samstagmittag)* Menü 25/35 € – Karte 23/48 €
♦ Der gewachsene Gasthof unter familiärer Leitung verfügt über gepflegte Zimmer in den Kategorien Standard und Komfort - letztere sind größer und wohnlicher. Gemütliches Restaurant mit internationalem und regionalem Angebot.

HEIDE – Schleswig-Holstein – 541 – 20 750 Ew – Höhe 13 m — 9 G3
▶ Berlin 389 – Kiel 81 – Cuxhaven 120 – Husum 40
🛈 Markt 28, ⊠ 25746, ℰ (0481) 2 12 21 60, www.heide.de

nordica Hotel Berlin
Österstr. 18 ⊠ 25746 – ℰ (0481) 8 54 50 – www.nordicahotel-heide.de
70 Zim – †59/113 € ††110/165 €, ⊇ 5 €
Rest *Österegg* – *(nur Abendessen)* Karte 20/53 €
♦ Ein Hotel in ruhiger Ortsrandlage. Die Gästezimmer, darunter auch einige neuere, verteilen sich auf Stammhaus und Anbau. Zudem bietet man Massage und Kosmetik. Das Restaurant Österegg ist eine unkomplizierte Adresse mit internationaler Küche - reservieren Sie einen Fensterplatz!

HEIDELBERG – Baden-Württemberg – 545 – 146 470 Ew – Höhe 114 m   47 F16
▶ Berlin 627 – Stuttgart 122 – Mannheim 21 – Darmstadt 59
ADAC Pleikartsförster Str. 116
- Willy-Brandt-Platz 1 X, ⌨ 69115, ✆ (06221) 1 94 33, www.heidelberg-marketing.de
- Oftersheim, an der B 291, ✆ (06202) 5 63 90
- Wiesloch-Baiertal, Hohenhardter Hof, ✆ (06222) 78 81 10
- Lobbach-Lobenfeld, Am Biddersbacher Hof, ✆ (06226) 95 21 10
- Schloss★★★ (Rondell ≤★, Gärten★, Friedrichsbau★★, Großes Fass★, Deutsches Apothekenmuseum★) M¹ – Kurpfälzisches Museum★ M² – Haus zum Ritter★ N Z – Alte Brücke★ - Philosophenweg★ Y

Stadtplan auf der nächsten Seite

Der Europäische Hof - Hotel Europa
Friedrich-Ebert-Anlage 1 ⌨ 69117 – ✆ (06221) 51 50
– www.europaeischerhof.com   Vu
118 Zim – †139/367 € ††168/384 €, ⌑ 22 € – ½ P 45 € – 3 Suiten
Rest *Kurfürstenstube* – siehe Restaurantauswahl
♦ Das Haus von 1865 hat ihn noch, den Charme eines Traditionshotels! Es ist eine Luxusadresse, die bereits in 3. Generation als Privathotel geführt wird. Zimmer teils zum hübschen Innenhof. Liegeterrasse auf dem Dach mit Blick über die Stadt.

Marriott
Vangerowstr. 16 ⌨ 69115 – ✆ (06221) 90 80 – www.heidelberg-marriott.com
248 Zim – †153 € ††153 €, ⌑ 21 € – 3 Suiten   Vd
Rest – Karte 30/44 €
♦ Das terrassenförmig angelegte Hotel mit klassischem Interieur überzeugt mit seiner bevorzugten Lage unmittelbar am Neckar. Hallenbad mit Flussblick und eigener Bootsanleger. Internationale Küche im hellen Restaurant. Terrasse zum Neckar.

Crowne Plaza
Kurfürstenanlage 1 ⌨ 69115 – ✆ (06221) 91 70 – www.crowneplaza.de
232 Zim – †109/189 € ††109/189 €, ⌑ 22 € – 4 Suiten   Xs
Rest – Menü 27/43 € – Karte 25/46 €
♦ Optimal ausgestattet für den internationalen Geschäftsgast! Business Center, Sekretariatsservice, Tagungsräume. 100 m zur S-Bahn-Station, 1 km zum Hauptbahnhof. Hingucker im Restaurant: das pyramidenförmige Glasdach und das große Aquarium. Weinstube und Bar Gaudeamus.

Heidelberg Suites
Neuenheimer Landstr. 12 ⌨ 69120 – ✆ (06221) 65 56 50 – www.heidelbergsuites.com
24 Suiten – †195/495 € ††235/680 €, ⌑ 15 €   Yr
Rest *Restaurantschiff Patria* – (geschl. Sonntag-Dienstag) (nur Abendessen) Karte 42/64 €
♦ Wenn hochwertiges Design auf top Service trifft, wenn der Blick von der Dachterrasse über die Altstadt schweift, dann ist man zu Gast in diesem edlen Boutique-Hotel! Auf der restaurierten historischen "Patria" (sie legt um 20 Uhr ab) serviert man gehobene italienische Küche.

Die Hirschgasse
Hirschgasse 3 ⌨ 69120 – ✆ (06221) 45 40 – www.hirschgasse.de
20 Zim – †140/195 € ††185/285 €, ⌑ 21 € – 18 Suiten   Ys
Rest *Le Gourmet* – siehe Restaurantauswahl
Rest *Mensurstube* – (geschl. Anfang Januar 2 Wochen und Sonntag) (nur Abendessen) Menü 39 € – Karte 37/64 €
♦ Stil und Eleganz repräsentiert das historische Gasthaus (1472) in Hanglage gegenüber der Altstadt. Kein Zimmer (meist Suiten) gleicht dem anderen; sie sind so individuell wie wohnlich. In der Mensurstube mit Museumscharakter leben alte Studentenzeiten wieder auf; hier isst man z. B. Blutwurstrudel oder Sauerbraten.

Leonardo
Bergheimer Str. 63 ⌨ 69115 – ✆ (06221) 50 80 – www.leonardo-hotels.com
128 Zim – †89/159 € ††89/159 €, ⌑ 18 €   VXr
Rest – (nur Abendessen) Karte 28/40 €
♦ Das Stadthotel ist in einem modernen Hochhaus untergebracht. Im Kontrast zur sachlichen Architektur sind die Zimmer wohnlich gestaltet. Freundliches Restaurant mit rustikaler Note.

HEIDELBERG

Street	Ref		Street	Ref		Street	Ref
Bahnhofstr.	X 2		Gaiberger Weg	X 34		Montpellierbrücke	X 71
Bauamtsgasse	Z 5		Grabengasse	Z 36		Neue Schlossstr.	Z 74
Bismarckpl.	V 10		Graimbergweg	Z 39		Quinckestr.	V 76
Bismarcksäulenweg	V 13		Häusserstr.	X 41		Ringstr.	X 79
Bismarckstr.	V 16		Hauptstr.	YZ		Rohrbacher Str.	X 81
Brückenstr.	V		Heiliggeiststr.	Y 44		Schlossberg	Z 84
Burgweg	Z 19		Jubiläumspl.	YZ 47		Schurmanstr.	V 86
Carl-Benz-Str.	X 20		Kaiserstr.	Y 49		Sofienstr.	V 88
Czernyring	X 22		Karlspl.	YZ 55		Speyerer Str.	X 90
Eppelheimer Str.	X 25		Klingenteichstr.	Z 56		Steingasse	Y 92
Ernst-Walz-Brücke	X 28		Kornmarkt	Z 57		Universitätspl.	Z 94
Franz-Knauff-Str.	X 31		Kurfürsten-Anlage	X 60		Vangerowstr.	V 96
			Marktpl.	Y 63		Zähringerstr.	V 97
			Marstallstr.	Y 66		Zwingerstr.	Z 99
			Mittermaierstr.	X 69			

HEIDELBERG

Arthotel
Grabengasse 7 ⊠ 69117 – ℰ (06221) 65 00 60 – www.arthotel.de **Ze**
24 Zim – †109/189 € ††115/209 €, ⊑ 12 € – 1 Suite
Rest *Romer* – siehe Restaurantauswahl
♦ Nur wenige Hotels so nah an der Altstadt bieten eine eigene Tiefgarage - dies ist eines davon - und dazu noch ein sehr schönes, das Alt und Neu gelungen verbindet! Zimmer in klarem Design und mit guter Technik. Der geradlinig-moderne Stil findet sich auch im Restaurant wieder. Reizvolle Terrasse im Hof.

Qube
Bergheimer Str. 74 ⊠ 69115 – ℰ (06221) 18 79 90 – www.qube-heidelberg.de **Vq**
44 Zim – †138/168 € ††148/199 €, ⊑ 15 €
Rest *Qube* – siehe Restaurantauswahl
♦ Klar, puristisch und wertig ist das Design in dem nach ökologischen Aspekten gestalteten Hotel in Zentrumsnähe. Die innenliegenden Zimmer sind ruhiger. Schöne Dachterrasse.

Astoria garni
Rahmengasse 30 ⊠ 69120 – ℰ (06221) 7 29 03 50 – www.heidelberg-astoria.de
– geschl. Ende Dezember - Ende Januar, August 2 Wochen **Va**
6 Zim – †95/145 € ††150/190 €
♦ Die Villa von 1907 ist ein stilvolles kleines Hotel mit privater Atmosphäre, in dessen historischem Rahmen man mit Liebe zum Detail helle, moderne Räume geschaffen hat.

Panorama garni
Bismarckstr. 19 ⊠ 69115 – ℰ (06221) 1 85 21 00 – www.panorama-heidelberg.de
32 Zim ⊑ – †85/115 € ††100/150 € **Vk**
♦ Nahe der Fußgängerzone, der Neckar direkt vor der Tür, liegt das Haus an einer Hauptverkehrsstraße - sie schlafen dennoch ruhig, der stilvoll sanierte Altbau hat top schallisolierte Fenster!

Bayerischer Hof garni
Rohrbacher Str. 2 ⊠ 69115 – ℰ (06221) 87 28 80 – www.bayrischer-hof-heidelberg.com
38 Zim ⊑ – †65/95 € ††79/120 € **Ve**
♦ Eines der ältesten Gebäude am Platz! Es liegt zwar an einer vielbefahrenen Straße, dafür aber sehr zentral. Hier wird der Hotellerie-Nachwuchs unter professioneller Leitung ausgebildet.

Holländer Hof garni
Neckarstaden 66 ⊠ 69117 – ℰ (06221) 6 05 00 – www.hollaender-hof.de
39 Zim – †85/123 € ††108/164 €, ⊑ 12 € – 1 Suite **Yv**
♦ Das hübsche historische Stadthaus liegt nur wenige Schritte von Marktplatz, unmittelbar an der Alten Brücke. Das Ambiente im Haus ist wohnlich-gediegen.

Zur Alten Brücke
Obere Neckarstr. 2 ⊠ 69117 – ℰ (06221) 73 91 30 – www.altebruecke.com
16 Zim – †119/129 € ††149 €, ⊑ 10 € **Yc**
Rest *Wirtshaus zum Nepomuk* – siehe Restaurantauswahl
♦ Wenn man im Sommer in dem reizenden Innenhof beim Frühstück sitzt, spürt man den Charme des historischen Hauses! Die Zimmer sind modern designt, darunter Dach- und Maisonette-Juniorsuiten.

Zum Ritter St. Georg
Hauptstr. 178 ⊠ 69117 – ℰ (06221) 13 50 – www.ritter-heidelberg.de **ZN**
36 Zim – †124/139 € ††144/206 €, ⊑ 12 € – 1 Suite **Rest** – Karte 32/47 €
♦ Der Drachentöter stand Pate bei der Taufe des Hotels in dem schmucken Renaissancehaus von 1592. Hinter der Sandsteinfassade umgibt Sie Tradition und Historie. Der gastronomische Bereich teilt sich in das Restaurant Belier und die Rittestube.

Weißer Bock
Große Mantelgasse 24 ⊠ 69117 – ℰ (06221) 9 00 00 – www.weisserbock.de
23 Zim – †70/100 € ††100/115 €, ⊑ 10 € **Yg**
Rest *Weißer Bock* – siehe Restaurantauswahl
♦ In einer Häuserzeile mitten in der Altstadt wohnt man in gemütlich und individuell eingerichteten Zimmern, die wohltuende Wärme ausstrahlen. Man kümmert sich sehr freundlich um seine Gäste.

HEIDELBERG

🏠 Backmulde 🐦
Schiffgasse 11 ⊠ 69117 – ℰ (06221) 5 36 60 – www.gasthaus-backmulde.de
25 Zim ⊒ – †85/97 € ††115/135 €
YZa
Rest *Backmulde* 😊 – siehe Restaurantauswahl
♦ Ein historisches Gasthaus in einer Seitenstraße mitten in der beschaulichen Altstadt! Die wohnlichen Zimmer liegen alle zum ruhigen Innenhof, einige wurden sehr schön renoviert.

🏠 Goldene Rose garni
St. Annagasse 7 ⊠ 69117 – ℰ (06221) 90 54 90 – www.hotel-goldene-rose.de
37 Zim ⊒ – †79/119 € ††99/149 €
Vc
♦ Nur ein paar Schritte durch die kleine Altstadtgasse und Sie stehen mitten in der Fußgängerzone! Besonders modern sind die Zimmer Richtung Hauptstraße im Stammhaus. Reservieren Sie Ihren Parkplatz!

🏠 Monpti garni
Friedrich-Ebert-Anlage 57 ⊠ 69117 – ℰ (06221) 60 45 60 – www.hotel-monpti.de
14 Zim ⊒ – †95 € ††115 €
Zc
♦ Die Zimmer des in einem alten Stadthaus untergebrachten kleinen Hotels wurden von einem chilenischen Innenarchitekten jedes auf seine Art in modernem Design entworfen.

🏠 Perkeo garni
Hauptstr. 75 ⊠ 69117 – ℰ (06221) 1 41 30 – www.hotels-in-heidelberg.de – geschl. 24. Dezember - 7. Januar
Zd
24 Zim ⊒ – †92/120 € ††118/170 €
♦ In einem Altstadthaus in der Fußgängerzone ist dieses familiengeführte Hotel mit seinen gut gepflegten und funktional ausgestatteten Zimmern untergebracht.

🏠 Am Schloss garni
Zwingerstr. 20 (Parkhaus Kornmarkt) ⊠ 69117 – ℰ (06221) 1 41 70 – www.hotels-in-heidelberg.de – geschl. 24. Dezember - 10. Januar
Zr
24 Zim ⊒ – †98/105 € ††125/150 €
♦ Parkplatzprobleme gibt es hier nicht, denn unter dem Hotel befindet sich ein Parkhaus. Von einigen Zimmern und der schönen Terrasse schaut man aufs Schloss!

🏠 Nassauer Hof garni
Plöck 1 ⊠ 69117 – ℰ (06221) 90 57 00 – www.hotel-nassauer-hof.de – geschl. 22. Dezember - 13. Januar
Vc
23 Zim ⊒ – †88/128 € ††118/148 €
♦ Mediterraner Stil und angenehme warme Farben ziehen sich durch das ganze Haus. Mit hellem Holz wohnlich eingerichtete Zimmer und freundlicher Frühstücksraum mit gutem Buffet.

🏠 Kohler garni
Goethestr. 2 ⊠ 69115 – ℰ (06221) 97 00 97 – www.hotel-kohler.de – geschl. Mitte Dezember - Mitte Januar
Xd
41 Zim ⊒ – †69/90 € ††84/109 €
♦ In einem denkmalgeschützten Wohngebiet steht das 1906 erbaute Gebäude mit dem markanten Eckturm. Ein Familienbetrieb mit solide und praktisch ausgestatteten Zimmern.

XXX schwarz Das Restaurant
❄
Kurfürsten-Anlage 60 , (12. Etage) ⊠ 69115 – ℰ (06221) 75 70 30 – www.schwarzdasrestaurant.com – geschl. 27. - 30. Dezember, 1. - 9. Januar und Sonntag - Montag
Xa
Rest – (Tischbestellung ratsam) Menü 33 € (mittags)/105 € – Karte 63/79 €
Spez. Gegrillte Gillardeau Auster auf marmoriertem Stopfleberparfait und Petro Ximenez. Quartett vom Milchzicklein an jungem Lauch, Spargel und gefüllten Zucchini. Schokoladen-Himbeertörtchen an Brombeerrahmeis und Zitronenextrakt.
♦ Vom 12. Stock der gläsernen Print Media Academy eröffnet sich dem Gast eine fantastische Aussicht auf Heidelberg und Umgebung! Saisonale Küche, mittags einfacheres Angebot.

HEIDELBERG

XXX Le Gourmet – Hotel Die Hirschgasse
Hirschgasse 3 ⊠ 69120 – ℰ (06221) 45 40 – www.hirschgasse.de – geschl. Anfang Januar 3 Wochen, August 2 Wochen und Sonntag - Montag **Ys**
Rest – *(nur Abendessen)* Menü 39/112 € – Karte 39/64 €
♦ Opulenz soweit das Auge reicht: Dunkelrote Stoffbespannungen, Laura-Ashley-Vorhänge, silberne Kandelaber, dazu freigelegte jahrhundertealte Sandsteinwände gepaart mit einer feinen kreativen Küche.

XXX Kurfürstenstube – Der Europäische Hof - Hotel Europa
Friedrich-Ebert-Anlage 1 ⊠ 69117 – ℰ (06221) 51 50
– www.europaeischerhof.com – geschl. Juli - August, im Sommer Grillrestaurant im Innenhofgarten **Vu**
Rest – Menü 32 € (mittags)/92 € – Karte 45/92 €
♦ Klassische Speisen in eleganter Atmosphäre. Die mächtige Kassettendecke und Wandmalereien mit schönen Intarsien schaffen ein besonderes Ambiente.

XX Herrenmühle
Hauptstr. 239 ⊠ 69117 – ℰ (06221) 60 29 09 – www.herrenmuehle-heidelberg.de
– geschl. Sonntag **Ye**
Rest – *(nur Abendessen)* (Tischbestellung ratsam) Menü 29/56 € – Karte 26/56 €
♦ Das historische Gasthaus in der Altstadt beherbergt ein hübsches rustikales Restaurant, in dem man regionale sowie mediterran beeinflusste Speisen serviert. Glyzinienberankte Terrasse.

X Weißer Bock – Hotel Weißer Bock
Große Mantelgasse 24 ⊠ 69117 – ℰ (06221) 9 00 00 – www.weisserbock.de
Rest – Menü 20 € (mittags)/99 € – Karte 41/78 € **Yg**
♦ Nonchalanter Stil mit einem chamanten Mix aus französischer Bistro-Atmosphäre und gediegener Klassik. Passend: der nette, aufmerksame Service!

X Piccolo Mondo
Klingenteichstr. 6 ⊠ 69117 – ℰ (06221) 60 29 99 – www.piccolomondo-hd.de
– geschl. Montag **Za**
Rest – Karte 32/49 €
♦ Seit rund 35 Jahren wird hier - ganz altstadtnah am Fuße des Königstuhls - italienische Küche geboten. Man kann à la carte bestellen oder eines der Tagesgerichte von der Tafel.

X Backmulde – Hotel Backmulde
Schiffgasse 11 ⊠ 69117 – ℰ (06221) 5 36 60 – www.gasthaus-backmulde.de
– geschl. Sonntag - Montagmittag **YZa**
Rest – Karte 27/46 €
♦ Im 17. Jh. als Schifferherberge bereits erwähnt, ist die "Backmulde" im Herzen von Heidelberg eine nette Einkehrmöglichkeit mit schmackhafter Küche, die Ihnen z. B. gebratene Kaninchenkeule mit Gemüsecouscous serviert.

X Romer – Arthotel
Grabengasse 7 ⊠ 69117 – ℰ (06221) 65 00 61 50 – www.arthotel.de **Ze**
Rest – Menü 23 € (mittags)/45 € – Karte 34/67 €
♦ Edles und doch ungezwungenes Ambiente, aufmerksamer und doch unaufdringlicher Service: Im "Romer" kennt man den goldenen Mittelweg. Während des Sommers zieht es viele auf die herrliche Terrasse.

X Qube – Hotel Qube
Bergheimer Str. 74 ⊠ 69115 – ℰ (06221) 18 79 90 – www.qube-heidelberg.de
Rest – Karte 27/55 € **Vq**
♦ Das Lokal mit Bistro und Lounge ist mittags oder abends ein idealer Treff. Das saisonale, regionale und auch internationale Angebot reicht von Sülze mit Bratkartoffeln bis Carpaccio vom Kalbsfilet, von Wiener Schnitzel bis Ikarimi-Lachs. So manch Heidelberger frühstückt hier auch gerne.

X Wirtshaus zum Nepomuk – Hotel Zur Alten Brücke
Obere Neckarstr. 2 ⊠ 69117 – ℰ (06221) 73 91 30 – www.altebruecke.com
Rest – *(Montag - Freitag nur Abendessen)* Karte 26/48 € **Yc**
♦ Viel dunkles Holz verleiht dem Lokal die typische Wirtshausatmosphäre. Karomuster und florale Stoffe setzen dabei lebendige Akzente. Besonders gut gefällt es den Gästen in dem schönen Innenhof.

HEIDELBERG

In Heidelberg-Grenzhof Nord-West: 8 km über B 37 V

Grenzhof (mit Gästehaus)
Grenzhof 9 ⊠ 69123 – ℰ (06202) 94 30 – www.grenzhof.de
36 Zim – †90/108 € ††130/138 € – 1 Suite
Rest *Grenzhof* – siehe Restaurantauswahl
♦ Ein charmanter alter Gutshof mit lauschigem Innenhof - perfekt für laue Sommerabende! Ein ganz besonderes Wohnvergnügen versprechen sechs Themenzimmer: "Provence", "Apfelblüte", "Herrenzimmer"...

Grenzhof – Hotel Grenzhof
Grenzhof 9 ⊠ 69123 – ℰ (06202) 94 30 – www.grenzhof.de – geschl. Sonntag
Rest – *(nur Abendessen)* Menü 43/67 € – Karte 37/53 €
♦ Sehr nett sitzt man in diesem sympathischen Lokal mit seinen bis zum Boden reichenden Sprossenfenstern und dem Blick auf die herrlich angelegte Terrasse, die dem Gast das Gefühl gibt, für ein paar Stunden im Urlaub zu sein.

In Heidelberg-Handschuhsheim Nord: 3 km über Brückenstraße V

Das Lamm
Pfarrgasse 3 ⊠ 69121 – ℰ (06221) 4 79 30 – www.lamm-heidelberg.de
13 Zim – †118/148 € ††128/185 €, ⊇ 15 €
Rest – *(geschl. Montag - Dienstag)* (Mittwoch - Freitag nur Abendessen) (Tischbestellung ratsam) Menü 39/69 € – Karte 36/70 €
Rest *Lämmchen* – *(geschl. Samstagmittag, Sonntagmittag)* Karte 27/52 €
♦ Das Gasthaus ist inzwischen 350 Jahre alt. Die Atmosphäre ist liebenswert, nicht zuletzt dank der persönlichen Betreuung der Gastgeber. Es gibt hausgemachte Marmeladen zum Frühstück! So manch antikes Stück (hier ein altes Porträt, da eine Kommode oder eine Wanduhr aus Urgroßmutters Zeiten) ziert das Restaurant, ebenso zum Wohlfühlen ist das legere Wirtshausflair im Lämmchen (der Stammtisch trifft sich seit 1960) - draußen Hofgarten und Biergarten.

Cesarino
Handschuhsheimer Landstr. 118 ⊠ 69121 – ℰ (06221) 43 44 41
– geschl. 1. - 14. Januar und Sonntag - Montag
Rest – *(nur Abendessen)* Karte 37/54 €
♦ Wer unkomplizierte und authentische italienische Küche schätzt, sollte dieses etwas versteckt liegende Restaurant kennen. Man wählt von der Tafel - und zwar gute hausgemachte Pastagerichte!

Roter Ochsen
Mühltalstr. 11 ⊠ 69121 – ℰ (06221) 9 14 53 54 – www.roter-ochsen.com – geschl. Montag
Rest – *(Dienstag - Samstag nur Abendessen)* (Tischbestellung ratsam) Menü 29/34 € – Karte 28/40 €
♦ Schön, was man aus einem 600 Jahre alten Gasthaus machen kann - nämlich eine liebenswerte kleine Stube mit Dielenboden, Bildern von einst, Kachelofen und altem Stammtisch! Aus der Küche von Thorsten Bernt kommt Schmackhaftes wie gebratener Pulpo mit Staudensellerie und Tomate. Draußen hat man sicher eine der nettesten Terrassen in der Umgebung - bei Bedarf zu überdachen.

Ai Portici
Rottmannstr. 2 (Eingang Steubenstraße) ⊠ 69121 – ℰ (06221) 47 28 17
– www.ai-portici.de – geschl. Anfang Januar 1 Woche, Anfang August 2 Wochen und Dienstag
Rest – Menü 30/40 € – Karte 26/53 €
♦ Hier bekommen Sie frische italienische Küche, die schmeckt. Und auch der Rahmen stimmt: Das Ambiente ist südländisch-rustikal und der Gastgeber natürlich Italiener.

In Heidelberg-Kirchheim Süd-West: 3 km über Speyerer Straße X

Pleikartsförster Hof
Pleikartsförster Hof 5 (über Speyerer Straße **X**) ⊠ 69124 – ℰ (06221) 77 60 39
– www.pleikartsfoersterhof-heidelberg.de – geschl. 29. August - 11. September und Montag - Dienstag, Samstagmittag
Rest – Menü 36/72 € – Karte 27/57 €
♦ Ein freundlich geführtes Restaurant mit schöner schattiger Innenhofterrasse in einem ehemaligen Aussiedlerhof. Man kocht zeitgemäß, mit hochwertigen Produkten und Finesse.

In Heidelberg-Pfaffengrund West: 3,5 km über Eppelheimer Straße X

Neu Heidelberg
%% Zim, P VISA ⦿ AE
Kranichweg 15 ⊠ 69123 – ℰ (06221) 7 38 20 – www.neu-heidelberg.de
– (Erweiterung um 22 Zimmer bis Ostern 2012)
22 Zim – †67/129 € ††89/149 €   **Rest** – *(geschl. Sonntag)* Karte 18/39 €
♦ Ein gepflegtes Haus, das inzwischen in der 3. Generation als Familienbetrieb geführt wird. Praktisch: Von hier aus ist man schnell auf der Autobahn, auch der Bahnhof ist gut zu erreichen. Das behagliche Restaurant nennt sich Brunnenstube.

HEIDENHEIM an der BRENZ – Baden-Württemberg – **545** – 48 510 Ew — 56 I19
– Höhe 504 m – Wintersport: 770 m
▶ Berlin 583 – Stuttgart 82 – Augsburg 90 – Nürnberg 132
🛈 Hauptstr. 34, ⊠ 89522, ℰ (07321) 3 27 49 10, www.heidenheim.de

Schlosshotel Park Consul
Hugo-Rupf-Platz 2 ⊠ 89522 – ℰ (07321) 3 05 30
– www.pcheidenheim.consul-hotels.com   VISA ⦿ AE ⦿
115 Zim – †139/154 € ††159/174 € – 8 Suiten
Rest *Brasserie Saison* – siehe Restaurantauswahl
Rest *SchlossWirtschaft* – Karte 24/41 €
♦ Ein modernes Hotel neben dem Schloss. Schlosssuiten mit Balkon und Schlossblick. Alle Zimmer mit Stepper, teils zur Stadt hin gelegen. Kosmetik und gute Tagungsmöglichkeiten. Brasserie Saison mit internationaler Küche. Regionales in der SchlossWirtschaft.

XX Brasserie Saison – Schlosshotel Park Consul
Hugo-Rupf-Platz 2 ⊠ 89522 – ℰ (07321) 3 05 30 – www.pcheidenheim.consul-hotels.com
Rest – *(nur Abendessen)* Menü 46/57 € – Karte 36/58 €
♦ Angrenzend an die Halle finden Sie hier (ob privat oder zu einem Geschäftstreffen) ein im Bistro-Stil eingerichtetes Restaurant, das dank großzügiger Verglasung hell und freundlich wirkt.

In Steinheim am Albuch West: 6 km über B 466

Zum Kreuz
Hauptstr. 26 ⊠ 89555 – ℰ (07329) 9 61 50 – www.kreuz-steinheim.de
45 Zim – †81/101 € ††99/132 €, ½ P 22 €   **Rest** – Menü 22 € – Karte 21/48 €
♦ Ein gewachsenes Hotel unter familiärer Leitung, in dem funktionelle sowie komfortablere neuere Zimmer in modern-elegantem Stil bereitstehen. Netter Saunabereich auf 120 qm. Das Ambiente im Restaurant ist rustikal oder neuzeitlich, die Küche regional.

In Steinheim-Sontheim i. St. West: 7 km über B 466

Sontheimer Wirtshäusle
P 🕮 VISA ⦿
Wirtshäusle 1 (an der B 466) ⊠ 89555 – ℰ (07329) 50 41 – www.sontheimer-wirtshaeusle.de
– geschl. 30. Dezember - 17. Januar, 16. August - 5. September
11 Zim – †58/62 € ††89/92 €
Rest – *(geschl. Samstag)* Menü 41 € – Karte 24/51 €
♦ Seit vielen Jahren leitet Hannelore Bosch diesen gepflegten und solide eingerichteten Gasthof in einer geologisch interessanten Landschaft mit Wanderwegen und Naturdenkmälern. Regional-bürgerliche Küche im hellen Gastraum oder in der rustikalen Stube.

HEIGENBRÜCKEN – Bayern – **546** – 2 240 Ew – Höhe 274 m — 48 H15
– Wintersport: 500 m – Luftkurort
▶ Berlin 542 – München 350 – Würzburg 71 – Aschaffenburg 26
🛈 Hauptstr. 7, ⊠ 63869, ℰ (06020) 9 71 00, www.heigenbruecken.de

Villa Marburg im Park (mit Gästehaus)
Werner-Wenzelstr. 1 ⊠ 63869 – ℰ (06020) 97 99 90
P 🕮 VISA ⦿ AE ⦿
– www.villa-marburg.de
39 Zim – †95/100 € ††125/130 € – ½ P 25 € – 4 Suiten
Rest – *(geschl. Anfang Januar 2 Wochen, Anfang August 2 Wochen und Sonntagabend)* Menü 42 €   Karte 28/48 €
♦ Das Hotel im Ortskern besteht aus einer Villa a. d. 19. Jh. und einem modernen Anbau. Die Zimmer sind wohnlich und mit eleganter Note eingerichtet, zeitgemäß ist der Saunabereich. Zum Restaurant gehört die gemütlich-rustikale Weinstube mit Sandsteingewölbe.

HEIGENBRÜCKEN

Hochspessart
Lindenallee 40 ✉ *63869 –* ✆ *(06020) 9 72 00 – www.hochspessart.de*
34 Zim ⊑ – †49/59 € ††78/94 € – ½ P 16 €
Rest – Menü 19 € (mittags)/24 € – Karte 17/33 €
♦ Sie wandern im Naturschutzgebiet Spessartwiesen, radeln auf hauseigenen Fahrrädern durch herrliche Wälder oder besuchen den Kletterpark im Ort. Zurück im Hotel warten sehr gepflegte, wohnliche Zimmer, ein gutes Frühstück und regionale Küche auf Sie - und ein Chef mit einem Faible für Wein!

HEILBRONN – Baden-Württemberg – **545** – 122 420 Ew – Höhe 157 m   **55** G17
▶ Berlin 591 – Stuttgart 60 – Heidelberg 68 – Karlsruhe 94
ADAC Bahnhofstr. 19 AY
🛈 Kaiserstr. 17 AY, ✉ 74072, ✆ (07131) 56 22 70, www.heilbronn-tourist.de

Stadtpläne siehe nächste Seiten

Insel-Hotel
Willy-Mayer-Brücke (über Kranenstraße) ✉ *74072 –* ✆ *(07131) 63 00*
– www.insel-hotel.de   AYr
125 Zim ⊑ – †128/158 € ††158/198 € – 6 Suiten
Rest *Schwäbisches Restaurant* – siehe Restaurantauswahl
♦ An ein Schiff erinnert das Inselgrundstück im Neckar, auf dem das im klassischen Stil gehaltene Hotel mit seinen unterschiedlichen Gästezimmern und einem beliebten Restaurant liegt. Die Gastgeber sind bereits in der 3. Generation Gastronomen.

Park-Villa garni (mit Gästehaus)
Gutenbergstr. 30 ✉ *74074 –* ✆ *(07131) 9 57 00 – www.hotel-parkvilla.de – geschl.*
24. Dezember - 3. Januar   BZp
25 Zim ⊑ – †94/99 € ††125/145 €
♦ In einer Wohngegend stehen die schmucke Villa von 1912 und die hübsche Dependance mit individuellen Zimmern. Zum besonderen Flair trägt auch der Gepard im Garten bei.

Stadthotel garni
Neckarsulmer Str. 36 (über Paulinenstraße AY) ✉ *74076 –* ✆ *(07131) 9 52 20*
– www.akzent-stadthotel-heilbronn.de
44 Zim ⊑ – †75/85 € ††85/95 €
♦ Das mit zeitgemäßen Gästezimmern ausgestattete Hotel ist eine praktische Übernachtungsadresse in verkehrsgünstiger Lage etwas außerhalb der Innenstadt.

XX Allegro da Umberto
Kranenstr. 14 ✉ *74072 –* ✆ *(07131) 9 19 99 03 – www.da-umberto.de – geschl.*
Sonntag - Montag   AYb
Rest *– (nur Abendessen)* (Tischbestellung ratsam) Menü 28/78 € – Karte 30/59 €
♦ Im EG des am Neckar gelegenen Science Centers "experimenta" finden Sie das freundlich geführte Restaurant mit modernem Ambiente. Aus der Showküche kommen italienische Speisen.

XX Schwäbisches Restaurant – Insel-Hotel
Willy-Mayer-Brücke (über Kranenstraße) ✉ *74072 –* ✆ *(07131) 63 00*
– www.insel-hotel.de   AYr
Rest – Karte 27/61 €
♦ Familie Mayer betreibt ihr Restaurant persönlich und mit Engagement - einer der Gründe, warum es in der Umgebung sehr geschätzt ist. Auf der Karte finden sich regionale und internationale Speisen, vor dem Haus eine schöne Terrasse unter Palmen.

XX Sperber Grill
Gottlieb-Daimler-Str. 9, (Kaiser's Turm) ✉ *74076 –* ✆ *(07131) 7 45 86 81*
– www.sperber-lounge.de – geschl. Anfang - Mitte Januar, August und Sonntag -
Montag
Rest *– (nur Abendessen)* Menü 29 € – Karte 38/76 €
♦ In luftiger Höhe hat die stylish-urbane "Sperber-Lounge" (Restaurant, Cocktailbar und Zigarren-Lounge) ihren Logenplatz - schon allein der Blick ist einen Besuch wert! Der aus einer Gastronomenfamilie stammende Jürgen Sperber bietet Internationales, darunter Steaks vom Grill.

HEILBRONN

✗ Bachmaier 🈯 VISA ⓞ
Untere Neckarstr. 40 ✉ *74072 –* ✆ *(07131) 6 42 05 60 – geschl. Ende Dezember
- Anfang Januar 3 Wochen, Ende Mai - Anfang Juni 2 Wochen; Sonntag
- Dienstagmittag, Samstagmittag und an Feiertagen* AYc
Rest – (Tischbestellung ratsam) Menü 33/65 €
♦ Ein sehr nettes und modern in warmen Farben gestaltetes Restaurant, in dem der oberbayerische Patron die schmackhafte zeitgemäße Küche kompetent von seiner Frau servieren lässt. Mittags wie abends variabel gestaltetes Menü. Gute offene Weinbegleitung.

✗ Trattoria da Umberto 🈯 ⓞ
Schellengasse 16 ✉ *74072 –* ✆ *(07131) 7 24 76 55 – www.da-umberto.de
– geschl. 1. - 30. August und Montag* AYa
Rest – (nur Abendessen) Karte 17/38 €
♦ Etwas versteckt in einer Seitengasse liegt die nette Trattoria mit hübscher begrünter Terrasse. Geboten wird italienische Küche à la Mamma - am Herd steht die sympathische Mutter des Chefs.

In Heilbronn-Böckingen über Karlsruher Straße und B 293 **AZ: 2 km**

✗✗ Rebstock 🈯 ⓞ
Eppinger Str. 43 (Ecke Ludwigsburger Straße) ✉ *74080 –* ✆ *(07131) 4 05 43 51
– www.rebstock-provence.de – geschl. Anfang Januar 2 Wochen, Juli 2 Wochen und Sonntag - Montag*
Rest – (nur Abendessen) Menü 30/38 € – Karte 33/44 €
♦ Erst kürzlich zog der Burgunder Dominique Champroux von der Provence in die deutsche Heimat seiner Frau und übernahm dieses nette kleine Restaurant. Hier beglückt er die Gäste mit einer schmackhaften, unkomplizierten französischen Küche, wie z. B. Lammrückenfilet mit Pain Perdu, konfierte Tomaten und Knoblauch Safranjus.

In Heilbronn-Sontheim über Wilhelmstraße **AZ** und Sontheimer Straße

✗✗ Piccolo Mondo 🈯 AK ⇔ VISA ⓞ AE ①
Hauptstr. 9 ✉ *74081 –* ✆ *(07131) 25 11 33 – www.piccolo-mondo.org
– geschl. 15. - 21. Februar, 16. - 30. August und Montag, Samstagmittag*
Rest – Karte 25/49 €
♦ Ein netter Familienbetrieb mit einfachem italienischem Angebot und einer gehobeneren Tageskarte. Terrasse unter Weinlauben sowie Gewölbekeller für Degustationen und kleine Gesellschaften.

In Flein über Wilhelmstraße und Charlottenstraße: 5,5 km

🏨 Wo der Hahn kräht ⇐ 🈯 ⁽⁾ 🛁 P VISA ⓞ AE
Altenbergweg 11 ✉ *74223 –* ✆ *(07131) 5 08 10 – www.wo-der-hahn-kraeht.de*
40 Zim ⌒ – †75/85 € ††90/110 €
Rest *Felix's* – siehe Restaurantauswahl
Rest *Gaststube* – Karte 24/37 €
♦ Mitten in den Weinbergen befindet sich das gewachsene Hotel mit Weingut. Die Gästezimmer sind wohnlich in ländlich-rustikalem Stil eingerichtet. Neben dem Felix's hat man noch die Gaststube mit bürgerlichem Angebot.

✗✗ Reiners Rosine 🈯 ✗ ⇔ P
Bildstr. 6 ✉ *74223 –* ✆ *(07131) 3 09 09 – www.reiners-rosine.de
– geschl. 1. - 10. Januar, über Fasching 1 Woche, August - September 2 Wochen, 24. - 31. Dezember und Montag - Dienstag sowie an Feiertagen*
Rest – (Mittwoch - Samstag nur Abendessen) Menü 34/49 € – Karte 28/50 €
♦ Ein charmantes Restaurant in einem alten Dorfhaus, geradlinig-modernes Ambiente im Anbau. Der Chef kocht frisch, produktbezogen und mit regionalem Einfluss. Eigene Brauerei.

✗✗ Felix's – Hotel Wo der Hahn kräht ⇐ 🈯 P VISA ⓞ AE
Altenbergweg 11 ✉ *74223 –* ✆ *(07131) 5 08 10 – www.wo-der-hahn-kraeht.de*
Rest – Karte 28/46 €
♦ Unkomplizierter Genuss ist Stärke und Philosophie der Gebrüder Schick. Aus der ehemaligen Hühnerfarm ihrer Eltern haben die beiden diesen Ort der Gastlichkeit geschaffen und bieten hier mediterran-regionale Küche.

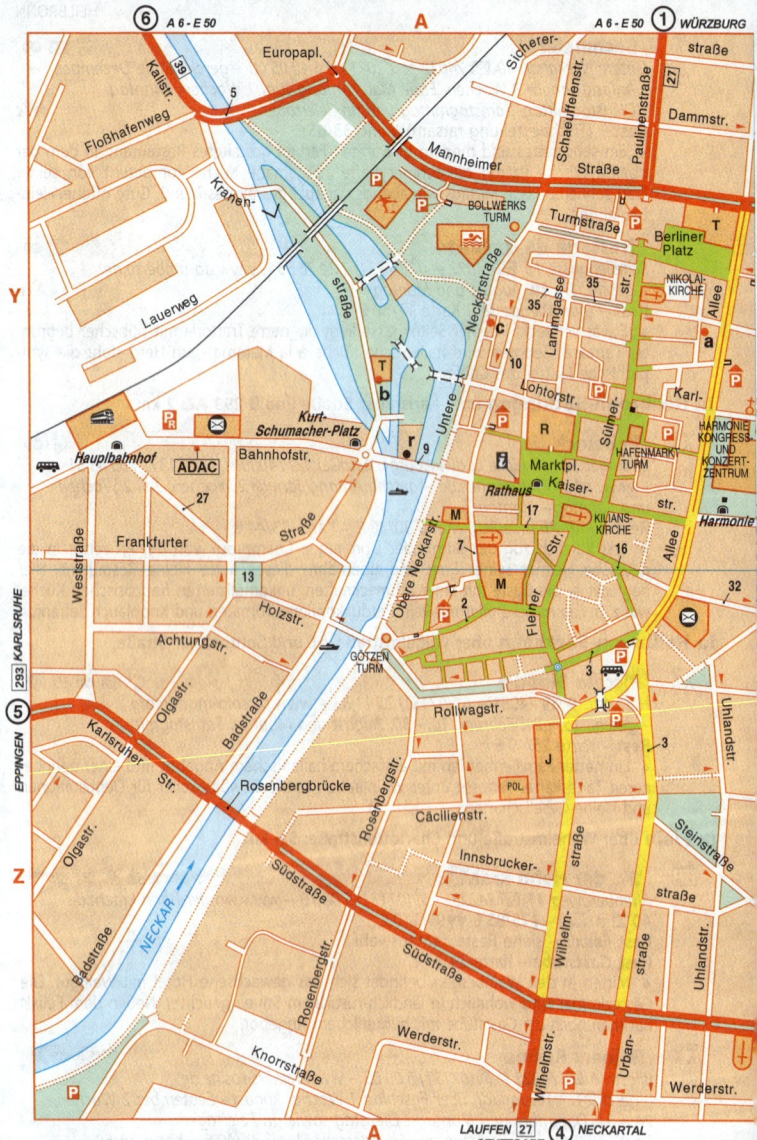

In Leingarten über Karlsruher Straße AZ: 7 km

XX **Löwen**
Heilbronner Str. 43 ⊠ 74211 – ℰ (07131) 40 36 78 – www.uwe-straub.de – geschl.
Sonntag - Montag
Rest – *(nur Abendessen)* (Tischbestellung ratsam) Menü 60 € – Karte 51/70 €
Rest *Dorfkrug* – siehe Restaurantauswahl

♦ Klassische Küche bietet Familie Straub in dem gemütlichen, freundlich gestalteten Gasthaus gegenüber der Kirche. Dazu empfiehlt der Chef kompetent die passenden Weine. Preiswerter ist das bürgerlich-regionale Angebot im rustikalen Dorfkrug.

HEILBRONN

Street	Ref
Achtungstr.	AZ
Alexanderstr.	BZ
Allee	AY
Allerheiligenstr.	AZ 2
Am Wollhaus	AZ 3
Badstr.	AZ
Bahnhofstr.	AY
Berliner Pl.	AY
Bismarckstr.	BZ
Bleichinselbrücke	AZ 5
Cäcilienstr.	AZ
Dammstr.	ABY
Deutschhofstr.	AY 7
Dittmarstr.	BZ
Europapl.	AY
Fleiner Str.	AY
Floßhafenweg	AY
Frankfurter Str.	AY
Friedrich-Ebert-Brücke	AY 9
Gartenstr.	BY
Gerberstr.	AY 10
Gutenbergstr.	BZ
Gymnasium Str.	BYZ
Holzstr.	AZ
Innsbruckerstr.	AZ
Kaiserstr.	AY
Kaiser-Friedrich-Pl.	AZ 13
Kalistr.	AY
Karlsruher Str.	AZ
Karlstr.	ABY
Kernerstr.	BY
Kilianstr.	AY 16
Kirchbrunnenstr.	AY 17
Knorrstr.	AZ
Kranenstr.	AY
Lammgasse	AY
Lauerweg	AY
Lerchenstr.	BZ
Lohtorstr.	AY
Mannheimer Str.	AY
Marktpl.	AY
Mönchseestr.	BZ
Moltkestr.	BY
Obere Neckarstr.	AYZ
Olgastr.	AZ
Oststr.	BYZ
Paulinenstr.	AY
Paul-Göbel-Str.	BY
Rollwagstr.	AZ
Rosenbergbrücke	AZ
Rosenbergstr.	AZ
Roßkampfstr.	AY 27
Schaeuffelenstr.	AY
Schillerstr.	BY
Sichererstr.	ABY
Silcherpl.	AY
Steinstr.	ABZ
Stuttgarter Str.	BZ 29
Südstr.	ABZ
Sülmerstr.	AY
Titotstr.	AZ 32
Turmstr.	AY
Uhlandstr.	AZ
Untere Neckarstr.	AY
Urbanstr.	AZ
Weinsbergerstr.	BY
Werderstr.	AZ
Weststr.	AYZ
Wilhelmstr.	AZ
Wollhausstr.	BZ
Zehentgasse	AY 35

✕ **Dorfkrug** – Restaurant Löwen
Heilbronner Str. 43 ✉ 74211
– ℘ (07131) 40 36 78
– www.uwe-straub.de
– geschl. Montag, Samstagmittag
Rest – Karte 26/47 €

♦ Uwe Straub ist Gastronom aus Leidenschaft! Im Dorfkrug verwöhnt er Einkehrende mit schwäbisch geprägtem Schmaus: saure Nierle, Wurstsalat und Rostbraten.

HEILBRUNN, BAD – Bayern – 546 – 3 770 Ew – Höhe 682 m 65 L21
– Heilklimatischer Kurort
▶ Berlin 650 – München 63 – Garmisch-Partenkirchen 46 – Bad Tölz 8
🛈 Wörnerweg 4, ✉ 83670, ✆ (08046) 3 23, www.bad-heilbrunn.de

Kilian garni
St.-Kilians-Platz 5 ✉ 83670 – ✆ (08046) 91 69 01 – www.hotelkilian.de
8 Zim ☕ – ✝48/55 € ✝✝78/110 €
♦ Gleich neben dem idyllischen Adelheid-Park befindet sich dieser kleine Familienbetrieb, dessen Gästezimmer sehr gepflegt und recht geräumig sind.

HEILIGENBERG – Baden-Württemberg – 545 – 2 850 Ew – Höhe 726 m 63 G21
– Luftkurort
▶ Berlin 718 – Stuttgart 139 – Konstanz 36 – Sigmaringen 38
🛈 Schulstr. 5, ✉ 88633, ✆ (07554) 9 98 30, www.heiligenberg.de

Baader mit Zim
Salemer Str. 5 ✉ 88633 – ✆ (07554) 80 20 – www.hotel-baader.de – geschl. Dienstag
15 Zim ☕ – ✝50/65 € ✝✝85/105 € – ½ P 29 €
Rest – Menü 35/105 € – Karte 28/74 €
♦ Freundlich leiten Emma und Clemens Baader das gediegene Restaurant. Das Angebot teilt sich auf in "Frische Landküche" und "Baaders feine Küche". Probieren Sie geschmolzenen Heiligenberger Saibling an badischem Gurkengemüse. Gästezimmer teils mit Balkon.

In Heiligenberg-Steigen West: 2 km

Hack (mit Gästehaus)
Am Bühl 11 ✉ 88633 – ✆ (07554) 86 86 – www.hotel-hack.de – geschl. 9. Januar - 7. Februar, 5. - 22. November
15 Zim ☕ – ✝46/82 € ✝✝76/98 € – ½ P 19 €
Rest *Hack* – siehe Restaurantauswahl
♦ Tipptopp gepflegt und überwiegend modern gestaltet sind die Zimmer dieses erweiterten Gasthofs, der von Familie Hügle persönlich und mit Engagement geführt wird.

Hack – Hotel Hack
Am Bühl 11 ✉ 88633 – ✆ (07554) 86 86 – www.hotel-hack.de – geschl. 9. Januar - 7. Februar, 5. - 22. November und Montag - Dienstag
Rest – Menü 28/30 € – Karte 19/37 €
♦ Ein freundliches Gasthaus mit hübscher, von Rosen eingerahmter Terrasse. Aufgetischt werden schmackhafte bürgerliche Gerichte, die auch dem großen Hunger gerecht werden. Wild aus heimischer Jagd - z. B. Rehnüsschen in Rotwein-Cassis-Sauce.

HEILIGENDAMM – Mecklenburg-Vorpommern – siehe Doberan, Bad

HEILIGENHAFEN – Schleswig-Holstein – 541 – 9 200 Ew – Höhe 7 m 3 K3
– Ostseeheilbad
▶ Berlin 331 – Kiel 67 – Lübeck 77 – Puttgarden 24
🛈 Bergstr. 43, ✉ 23774, ✆ (04362) 9 07 20, www.heiligenhafen-touristik.de

Stadt Hamburg garni
Hafenstr. 17 ✉ 23774 – ✆ (04362) 9 02 70 – www.hotelstadthamburg.net – geschl. 30. Oktober - 30. März
11 Zim ☕ – ✝65/79 € ✝✝89/120 €
♦ Das schmucke denkmalgeschützte Haus ist ein sympathisches und angenehm kleines Hotel für schöne Sommertage im Ostseeheilbad! Drei Zimmer mit Balkon, frühstücken kann man auch auf der Terrasse.

Weberhaus
Kirchenstr. 4 ✉ 23774 – ✆ (04362) 28 40 – www.restaurant-weberhaus.de – geschl. Februar und Montag
Rest – (nur Abendessen) (April - Oktober: Dienstag - Freitag nur Abendessen) Karte 30/38 €
♦ In dem hübsch eingerichteten historischen kleinen Stadthaus bei der Kirche steht der Inhaber selbst in der Küche, die Chefin leitet den Service. Das Angebot ist zumeist bürgerlich.

HEILIGENHAUS – Nordrhein-Westfalen – **543** – 26 820 Ew – Höhe 190 m 26 C11
▶ Berlin 549 – Düsseldorf 30 – Essen 22 – Wuppertal 25
Höseler Str. 147, ℰ (02056) 9 33 70

Waldhotel
Parkstr. 38 ✉ 42579 – ℰ (02056) 59 70 – www.wald-hotel.de
91 Zim – †114/173 € ††142/234 €, ☑ 15 € – 3 Suiten
Rest – Menü 30/83 € – Karte 36/52 €
♦ Recht ruhig liegt das komfortable Hotel mit kleinem Tagungszentrum am Waldrand. Die Gästezimmer sind klassisch oder auch ganz modern gestaltet. Vom angenehm hellen Restaurant blickt man in den Garten, in dem sich die Terrasse und ein Pavillon befinden.

Kuhs-Deutscher Hof
Velberter Str. 146 (Ost: 2 km) ✉ 42579
– ℰ (02056) 65 28 – www.gasthof-kuhs.de
– geschl. Mitte Juli - Mitte August 2 Wochen und Montag - Dienstag
Rest – Karte 23/41 €
♦ Bereits seit 1875 ist dieses ländlich gehaltene Restaurant im Familienbesitz. Die breit gefächerte Karte bietet Bürgerliches und Internationales.

HEILIGENSTADT – Thüringen – 16 770 Ew – Höhe 260 m 29 I11
▶ Berlin 334 – Erfurt 126 – Kassel 63 – Braunschweig 142

Am Vitalpark
In der Leineaue 2 ✉ 37308 – ℰ (03606) 6 63 70
– www.hotel-am-vitalpark.de
130 Zim ☑ – †79/90 € ††109/120 € – 4 Suiten
Rest *Theodor Storm* – (Montag - Samstag nur Abendessen) Karte 28/43 €
♦ Ein modernes Hotel mit Zimmern in mediterranen Farben und großzügiger Halle mit Lounge auf zwei Ebenen. Direkter Zugang zur Bade- und Wellnesslandschaft auf 4000 qm (Sauna kostenpflichtig). Internationales Angebot im Restaurant Theodor Storm mit Wintergarten.

HEILIGENSTADT in OBERFRANKEN – Bayern – **546** – 3 690 Ew 50 K15
– Höhe 304 m
▶ Berlin 394 – München 231 – Coburg 70 – Bayreuth 36

Heiligenstadter Hof
Marktplatz 9 ✉ 91332 – ℰ (09198) 7 81
– www.hotel-heiligenstadter-hof.de
24 Zim ☑ – †34/39 € ††54/64 € **Rest** – Karte 18/32 €
♦ Das hübsche alte Fachwerkhaus beherbergt wohnliche Zimmer, teils mit sehenswertem Gebälk, funktionelle und größere Zimmer im Anbau. Schöne Lage an der Leinleiter. Gemütlich sitzt man im Restaurant mit Kachelofen. Nette Terrasse direkt am Bach.

In Heiligenstadt-Veilbronn Süd-Ost: 3 km – Erholungsort

Landhaus Sponsel-Regus
Veilbronn 9 ✉ 91332 – ℰ (09198) 9 29 70 – www.sponsel-regus.de – geschl. 10. Januar - 12. Februar
50 Zim ☑ – †44/61 € ††88/106 € – 2 Suiten **Rest** – Karte 22/31 €
♦ Seit 250 Jahren befindet sich dieser gepflegte Gasthof in Familienbesitz. Im Stammhaus sowie in den Häusern Mattstein und Sonneck erwarten Sie wohnliche Zimmer. Nettes rustikales Ambiente in der Gaststube mit Kachelofen.

HEILIGKREUZSTEINACH – Baden-Württemberg – **545** – 3 020 Ew 47 F16
– Höhe 261 m – Erholungsort
▶ Berlin 632 – Stuttgart 119 – Mannheim 40 – Heidelberg 21

HEILIGKREUZSTEINACH

In Heiligkreuzsteinach-Eiterbach Nord: 3 km

Goldener Pflug mit Zim
Ortsstr. 40 ⊠ 69253 – ℰ (06220) 85 09 – www.goldenerpflug.com
– geschl. Januar 1 Woche, Ende Mai - Anfang Juni 1 Woche und Montag - Dienstag
5 Zim – †55/75 € ††75/95 €
Rest – (Mittwoch - Freitag nur Abendessen) (Tischbestellung ratsam) Menü 72/95 €
– Karte 54/74 €
Rest Weinstube – (Mittwoch - Freitag nur Abendessen) Menü 32/45 €
– Karte 26/47 €
• Die beiden Brüder bieten hier anspruchsvolle und aufwändige Küche mit Einflüssen aus Übersee, in der Weinstube isst man regional (z. B. Ochsenmaulsalat). Daneben hat man noch den Weinhandel und im Haus Ruth vier Gästezimmer (benannt nach Familienmitgliedern).

HEIMBACH – Nordrhein-Westfalen – 543 – 4 480 Ew – Höhe 206 m   35 B13

▶ Berlin 634 – Düsseldorf 91 – Aachen 64 – Düren 26
🛈 An der Laag 4, ⊠ 52396, ℰ (02446) 8 05 79 14, www.rureifel-tourismus.de

Klostermühle
Hengebachstr. 106a ⊠ 52396 – ℰ (02446) 8 06 00 – www.hotel-klostermuehle.de
– geschl. Januar
50 Zim – †51/87 € ††70/98 € – ½ P 16 €   **Rest** – Karte 25/51 €
• Die einstige Wassermühle ist eine ideale Adresse für Besucher des Nationalparks Eifel und des Rursees. Ein familiär geführtes Haus mit wohnlichen Zimmern, teils Maisonetten.

In Heimbach-Hasenfeld West: 1,5 km

Landhaus Weber mit Zim
Schwammenaueler Str. 8 ⊠ 52396 – ℰ (02446) 2 22 – www.landhaus-weber-eifel.de
– geschl. Januar 2 Wochen, Juli 2 Wochen und Montag - Mittwoch
11 Zim – †52/60 € ††90/100 € – ½ P 24 €
Rest – (Donnerstag - Samstag nur Abendessen) Karte 36/53 €
• Ein familiär geleitetes Restaurant im gemütlichen Landhausstil - hübsch dekoriert und mit nettem Ausblick ins Grüne. Man kann hier nicht nur essen (international-saisonal), sondern auch komfortabel und behaglich übernachten.

In Heimbach-Schwammenauel West: 4,5 km

Seehof
Schwammenauel 1 (Am Rursee) ⊠ 52396 – ℰ (02446) 5 44 – www.derseehof.com
33 Zim – †65/105 € ††100/140 € – ½ P 19 € – 8 Suiten
Rest – (geschl. Montag) (Dienstag - Samstag nur Abendessen) Karte 28/44 €
• Hier überzeugen die ruhige Lage am Rursee sowie komfortable, technisch gut ausgestattete Zimmer in geradlinig-modernem Design. Schiffsanleger in unmittelbarer Nähe.

HEIMBUCHENTHAL – Bayern – 546 – 2 160 Ew – Höhe 234 m   48 H15
– Erholungsort

▶ Berlin 565 – München 346 – Würzburg 66 – Aschaffenburg 19
🛈 Hauptstr. 16, ⊠ 63872, ℰ (06092) 15 15, www.spessartraeuberland.de

Lamm (mit Gästehäusern)
St.-Martinus-Str. 1 ⊠ 63872 – ℰ (06092) 94 40
– www.hotel-lamm.de
75 Zim – †75/100 € ††98/148 € – ½ P 20 €
Rest – Menü 14 € (mittags)/42 € – Karte 23/49 €
• Im Ortskern neben der Kirche steht der zu einem zeitgemäßen Hotel gewachsene Gasthof. Sehr hübsch sind die Palais-Zimmer mit klassisch-elegantem Ambiente. Neuzeitlicher Spa und Restauranträume in rustikalem Stil.

HEIMBUCHENTHAL

Panorama Hotel
Am Eichenberg 1 ⌂ 63872 – ℘ (06092) 60 70
– www.panoramahotel.de
35 Zim – †64/74 € ††110/120 € – ½ P 12 €
Rest – Menü 11/15 € – Karte 18/39 €
♦ Die erhöhte Lage beschert den Gästen eine schöne Aussicht - von den meisten Zimmern (auch Appartements), vom Wintergarten und der Terrasse oder auch vom hübschen Ruheraum. Jede Menge Action bringen der nahe Hochseilgarten für Gruppen oder Segway-Touren!

Zum Wiesengrund
Elsavastr. 9 ⌂ 63872 – ℘ (06092) 15 64 – www.hotel-zum-wiesengrund.eu
– geschl. 7. - 31. Januar
24 Zim – †45/53 € ††90/105 €
Rest – ℘ (06092) 8 22 60 – Karte 24/35 €
♦ Wohnlich und sehr gepflegt sind die Gästezimmer in diesem familiär geleiteten Haus in einer Seitenstraße an der Elsava. Nett ist der moderne kleine Saunabereich. Behaglich-rustikale Gaststuben und eigene Konditorei.

In Heimbuchenthal-Heimathen Süd-West: 1,5 km

Heimathenhof (mit Gästehaus)
Heimathenhof 2 ⌂ 63872 – ℘ (06092) 9 71 50
– www.heimathenhof.com
45 Zim – †69/85 € ††120/140 € – ½ P 8 € **Rest** – Karte 23/39 €
♦ In ruhiger Lage, umgeben von einer schönen waldreichen Landschaft erwarten Sie freundliche und engagierte Gastgeber, komfortable Zimmer und ein moderner Sauna- und Badebereich. Zum Restaurant gehört eine Terrasse mit toller Aussicht.

HEINSBERG – Nordrhein-Westfalen – **543** – 41 000 Ew – Höhe 38 m   35 A12
▶ Berlin 617 – Düsseldorf 69 – Aachen 36 – Mönchengladbach 33

In Heinsberg-Randerath Süd-Ost: 8 km, jenseits der A 46

Burgstuben Residenz - St. Jacques (Rainer Hensen)
Feldstr. 50 ⌂ 52525 – ℘ (02453) 8 02 – www.burgstuben-residenz.de – geschl.
Montag - Dienstag
Rest – (Mittwoch - Samstag nur Abendessen) (Tischbestellung ratsam)
Menü 59/129 €
Rest *Brasserie WIR* – siehe Restaurantauswahl
Spez. Langustino mit sous-vide gegartem Duroc-Schweinebäckchen an jungem Erbsengemüse und Schinkenfumée. Bretonischer Steinbutt mit cremiger Polenta und Lauchgemüse an Beurre Rouge und Vin Blanc. Trilogie vom Bio-Angus mit Trüffelbutter an getrüffelten Kartoffelblinis.
♦ St. Jacques ist ein helles, elegantes Restaurant in einem Wintergarten, dekorativ sind die einsehbaren Weinschränke. Es stehen zwei Menüs zur Wahl, die von einem sehr freundlichen, geschulten und eingespielten Team serviert werden. Schöner Innenhof.

Brasserie WIR – Restaurant Burgstuben Residenz
Feldstr. 50 ⌂ 52525 – ℘ (02453) 8 02 – www.burgstuben-residenz.de – geschl.
Montag - Dienstag
Rest – (Mittwoch - Samstag nur Abendessen) Menü 31/42 € – Karte 27/62 €
♦ Patron Rainer Hensen verwöhnt Sie in der ungezwungenen Atmosphäre der Brasserie mit internationaler Küche (z. B. Boeuf Bourgignon mit buntem Gemüse). Zusätzliche Tagesempfehlungen auf der Tafel. Beliebt: die Champagner- und Cocktailbar.

HEITERSHEIM – Baden-Württemberg – **545** – 6 070 Ew – Höhe 254 m   61 D21
▶ Berlin 821 – Stuttgart 223 – Freiburg im Breisgau 23 – Basel 48
🛈 Hauptstr. 9, ⌂ 79423, ℘ (07634) 4 02 12, www.heitersheim.de

HEITERSHEIM

Landhotel Krone
Hauptstr. 12 ⊠ 79423 – ℰ (07634) 5 10 70 – www.landhotel-krone.de
27 Zim – †69/95 € ††94/136 € – ½ P 25 € – 3 Suiten
Rest *Landhotel Krone* – siehe Restaurantauswahl
• Zuvorkommende Gästebetreuung wird bei Familie Rottmann-Thoma groß geschrieben. Die Zimmer in dem liebevoll eingerichteten historischen Gasthaus sind wohnlich-elegant, ein ansprechender Kontrast dazu die geradlinig-modernen Appartements im Wellnesshaus.

OX Hotel
Im Stühlinger 10 ⊠ 79423 – ℰ (07634) 6 95 58 55 – www.oxhotel.de
16 Zim – †66 € ††88 € **Rest** – Karte 15/41 €
• Vor allem junges Publikum spricht die gelungene Kombination von historischem Rahmen und modernem Interieur an. Die Zimmer sind trendig und klar im Design, W-Lan bietet man kostenfrei. Restaurant im Bistrostil.

Löwen
Hauptstr. 3 ⊠ 79423 – ℰ (07634) 55 04 90 – www.loewen-heitersheim.de
23 Zim – †62/80 € ††85/100 €
Rest – *(geschl. 17. - 28. Februar und Freitagmittag, Sonntagabend - Montag)*
Menü 21/40 € – Karte 23/46 €
• Der 400 Jahre alte Gasthof wird in der 7. Generation von der Familie geführt und ist sehr gepflegt. Im Anbau sind die Zimmer neuzeitlich-wohnlich, im Stammhaus etwas einfacher. Bürgerlich-saisonale Kost in der Gaststube, im Sommer auch auf der Gartenterrasse.

Landhotel Krone – Landhotel Krone
Hauptstr. 12 ⊠ 79423 – ℰ (07634) 5 10 70 – www.landhotel-krone.de – *geschl. Dienstag - Mittwochmittag*
Rest – Menü 20 € (mittags)/50 € – Karte 27/55 €
• Naturfarbene geflochtene Sessel, Sprossenfenster - rote Lampenschirmchen setzen intensive Nuancen. Liebevoller Tafelchic und Küchenkunst gehen hier Hand in Hand. Leckeres aus der Region, wie z. B. Badische Ochsenbrust in Meerrettich.

HELGOLAND (INSEL) Schleswig-Holstein – 541 – 1 180 Ew – Höhe 40 m   8 E3
– Zollfreies Gebiet – Seebad

▶ Berlin 419 – Hannover 223 – Cuxhaven 2

Autos nicht zugelassen

🚢 von Cuxhaven, Bremerhaven, Wilhelmshaven, Bensersiel, Büsum und Ausflugsfahrten von den Ost- und Nordfriesischen Inseln. Auskünfte über Schiffs- und Flugverbindungen ℰ (0461) 80 70 91 02

🛈 Lung Wai 28, ⊠ 27498, ℰ (04725) 20 67 99, www.helgoland.de

Auf dem Unterland

atoll ocean resort
Lung Wai 27 ⊠ 27498 – ℰ (04725) 80 00 – www.atoll.de
49 Zim – †140/210 € ††170/240 € – ½ P 35 €
Rest *Seafood* – siehe Restaurantauswahl
• Das moderne Hotel bietet Klassik- und Design-Zimmer sowie geräumige Juniorsuiten. Atolltypisch sind Farben, Formen und Licht im ganzen Haus. Mit Kosmetikbereich.

Rickmers Insulaner
Am Südstrand 2 ⊠ 27498 – ℰ (04725) 8 14 10 – www.insulaner.com
50 Zim – †68/145 € ††109/165 € – ½ P 23 € – 3 Suiten
Rest *Galerie* – ℰ (04725) 81 41 25 *(geschl. November - April: Dienstag) (außer Saison nur Abendessen)* Karte 28/49 €
• An der Promenade liegt das Hotel mit hübschem Garten und wohnlichen, nach Inseln benannten Zimmern. Suiten mit Kitchenette. Nett ist der Private Spa im UG. Galerie nennt sich das mit Gemälden und Skulpturen dekorierte Restaurant.

Hanseat garni
Am Südstrand 21 ⊠ 27498 – ℰ (04725) 6 63 – www.hanseat-nickels.de
22 Zim – †55/75 € ††90/135 € – 4 Suiten
• In der 3. Generation wird das gepflegte Hotel an der Landungsbrücke als Familienbetrieb geführt. Auch Appartements werden angeboten. Hausgemachter Kuchen. Nette kleine Terrasse.

HELGOLAND (INSEL)

🏨 **Strandhotel Helgoland** garni
Am Südstrand 16 ⌧ 27498 – ℰ (04725) 8 15 30 – www.strandhotel-helgoland.de
– geschl. November - Anfang März
34 Zim – †62/75 € ††98/130 €
• Wohnlich und zeitgemäß sind die meist seeseitigen Zimmer dieses an der Promande gelegenen Hotels, teilweise mit Balkon. Auch Appartements mit Kitchenette sind vorhanden.

✕✕ **Seafood** – Hotel atoll ocean resort
Lung Wai 27 ⌧ 27498 – ℰ (04725) 80 00 – www.atoll.de
Rest – Menü 38 € – Karte 38/65 €
• Weich gepolsterte Lederbänke und geöltes Stabparkett geben dem Raum Klarheit und Struktur. Der moderne Stil zieht die Blicke auf sich. Reservieren Sie einen Tisch mit Meerblick und lassen Sie sich mit internationaler Küche verwöhnen.

HELLENTHAL – Nordrhein-Westfalen – **543** – 8 360 Ew – Höhe 400 m **35** B13
– Wintersport: 690 m ⛷1
▶ Berlin 645 – Düsseldorf 109 – Aachen 56 – Düren 44
🛈 Rathausstr. 2, ⌧ 53940, ℰ (02482) 8 51 15, www.hellenthal-eifel.com

🏨 **Pension Haus Berghof**
Bauesfeld 16 ⌧ 53940 – ℰ (02482) 71 54 – www.hotel-berghof-hellenthal.de
10 Zim – †45/55 € ††70/73 € – ½ P 13 €
Rest – (geschl. Sonntag) (nur Abendessen für Hausgäste)
• Ein kleiner Familienbetrieb mit behaglichen Zimmern, die teilweise über Balkon oder Terrasse verfügen. Sie frühstücken in gemütlicher Wohnzimmer-Atmosphäre.

HELLWEGE – Niedersachsen – siehe Rotenburg (Wümme)

HELMBRECHTS – Bayern – **546** – 8 980 Ew – Höhe 616 m **51** M14
– Wintersport: 725 m
▶ Berlin 320 – München 277 – Hof 25 – Bayreuth 43

🏨 **Deutsches Haus**
Friedrichstr. 6 ⌧ 95233 – ℰ (09252) 10 68 – www.deutsches-haus-helmbrechts.de
13 Zim – †43/49 € ††65/69 €
Rest – (geschl. Montagmittag, Samstagmittag) Karte 14/30 €
• Sie finden dieses Haus in einer relativ ruhigen Seitenstraße am Ortsrand. Man bietet eher kleine, aber gut ausgestattete Zimmer und freundlichen Service. Bürgerlich-regionale Küche im Restaurant mit wintergartenähnlichem Anbau.

In Helmbrechts-Edlendorf Ost: 3,5 km Richtung Reuthlas

✕✕ **Ostermaier's Waldeck** mit Zim
Edlendorf 12 ⌧ 95233 – ℰ (09252) 72 73 – www.ostermeiers-waldeck.de
6 Zim – †45 € ††70 €   **Rest** – Karte 19/42 €
• Das von Grün umgebene Gasthaus beherbergt liebenswert, mit viel Holz und kräftigen Farben liebenswert gestaltete Räume. Regionale und saisonale Küche sowie Internationales. Die Gästezimmer sind hübsch und individuell gestaltet, schöne Bäder.

In Helmbrechts-Oberbrumberg West: 7 km

🏨 **Landhaus Oberbrumberg**
Oberbrumberg 6 ⌧ 95233 – ℰ (09222) 99 00 30 – www.landhaus-oberbrumberg.de
12 Zim – †45/50 € ††65/70 € – ½ P 15 €
Rest – (Montag - Freitag nur Abendessen) Karte 17/48 €
• Angenehm ruhig liegt dieses kleine Hotel am Ortsrand. Die Gästezimmer sind mit Naturholzmöbeln wohnlich und zeitgemäß eingerichtet. Nettes, in ländlichem Stil gehaltenes Restaurant.

HELMSTADT – Bayern – 546 – 2 620 Ew – Höhe 301 m — 49 H16
▶ Berlin 519 – München 299 – Würzburg 23 – Bamberg 117

Gasthof Krone
Würzburger Str. 23 ✉ *97264* – ℘ *(09369) 9 06 40* – *www.gasthof-krone.de*
26 Zim – †55/70 € ††72/92 €
Rest – *(Montag - Freitag nur Abendessen)* Karte 14/40 €
• Dieser von der Inhaberfamilie gut geführte Landgasthof von 1736 ist eine sehr gepflegte Adresse mit netten, wohnlich eingerichteten Zimmern. Das Restaurant mit gemütlicher Prinz-Ludwig-Stube bietet regional-bürgerliche Küche.

HEMMINGEN – Niedersachsen – siehe Hannover

HENNEF (SIEG) – Nordrhein-Westfalen – 543 – 45 880 Ew – Höhe 67 m — 36 C13
▶ Berlin 606 – Düsseldorf 79 – Köln 42 – Mainz 153
🛈 Frankfurter Str. 97, ✉ 53773, ℘ (02242) 1 94 33, www.hennef.de
Hennef, Haus Dürresbach, ℘ (02242) 65 01
Eitorf, Heckerhof 5, ℘ (02243) 9 23 20

In Hennef-Heisterschoß Nord-Ost: 7 km, über B 478 Richtung Waldbröhl, in Bröl links nach Happerschloss abbiegen

Sängerheim - Das Restaurant
Teichstr. 9 ✉ *53773* – ℘ *(02242) 34 80* – *www.das-saengerheim.de* – *geschl. Februar 1 Woche und Mittwoch*
Rest – Menü 30/43 € – Karte 27/40 €
• Im Gasthaus des Gesangsvereins serviert man zeitgemäße Küche sowie bürgerliche Klassiker, wie z. B. Zweierlei vom heimischen Maibock mit jungem Wirsing und Berberitzen-Schupfnudeln. Wechselnde Kunstausstellungen zieren das Restaurant mit teils glasüberdachter Terrasse.

HENNIGSDORF – Brandenburg – 542 – 25 900 Ew – Höhe 33 m — 22 P8
▶ Berlin 20 – Potsdam 42 – Oranienburg 20
Stolpe, Am Golfplatz 1, ℘ (03303) 54 92 14

Mercure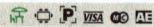
Fontanestr. 110 ✉ *16761* – ℘ *(03302) 87 50* – *www.mercure.com*
112 Zim – †49/129 € ††49/129 €, ⌑ 16 € **Rest** – Karte 19/40 €
• Eine ideale Businessadresse ist das am Stadtrand gelegene Hotel mit seinen zeitgemäß und funktionell ausgestatteten Gästezimmern. Klassisch gehaltenes Restaurant, dazu eine Bar und einen Wintergarten.

HEPPENHEIM an der BERGSTRASSE – Hessen – 543 – 25 280 Ew — 47 F16
– Höhe 106 m
▶ Berlin 596 – Wiesbaden 69 – Mannheim 29 – Darmstadt 33
🛈 Großer Markt 9, ✉ 64646, ℘ (06252) 13 11 71, www.heppenheim.de
◉ Marktplatz ★

Villa Boddin garni
Großer Markt 3 ✉ *64646* – ℘ *(06252) 6 89 70* – *www.villa-boddin.de*
10 Zim ⌑ – †75/85 € ††125 €
• Schön liegt das kleine Hotel direkt am Marktplatz. Gelungen hat man Mauerwerk und Holzbalken des alten Fachwerkhauses mit elegant-mediterraner Einrichtung kombiniert.

Goldener Engel (mit Gästehaus)
Großer Markt 2 ✉ *64646* – ℘ *(06252) 25 63* – *www.goldener-engel-heppenheim.de*
– *geschl. 20. Dezember - 17. Januar*
28 Zim ⌑ – †60 € ††85 €
Rest – *(geschl. November - März: Sonntagabend - Montagmittag)* Karte 19/42 €
• Das Hotel besteht aus einem Fachwerkhaus mitten in der Altstadt und einem Gästehaus ganz in der Nähe. Ein Teil der Zimmer ist sehr zeitgemäß und wohnlich gestaltet. Restaurant in neuzeitlichem Stil.

HERBOLZHEIM – Baden-Württemberg – **545** – 9 940 Ew – Höhe 177 m **61** D20
▶ Berlin 777 – Stuttgart 178 – Freiburg im Breisgau 32 – Offenburg 36

Highway-Hotel garni
Breisgauallee 6 (nahe der BAB, im Autohof) ⊠ 79336 – ℰ (07643) 93 50
– www.highway-hotel.com
76 Zim – †51/73 € ††70/98 €
• Eine funktionelle Adresse ist das verkehrsgünstig in einem Autohof an der A 5 gelegene Hotel. Von hier bietet sich ein Ausflug zum nahen Europa-Park in Rust an.

HERBORN (LAHN-DILL-KREIS) – Hessen – **543** – 20 820 Ew **37** F13
– Höhe 223 m
▶ Berlin 531 – Wiesbaden 118 – Siegen 68 – Gießen 38
🛈 Hauptstr. 39, ⊠ 35745, ℰ (02772) 7 08 19 00, www.herborn.de

Schloss-Hotel
Schloßstr. 4 ⊠ 35745 – ℰ (02772) 70 60 – www.schlosshotel-herborn.de
57 Zim – †81/125 € ††125/142 € – 1 Suite
Rest – (geschl. Ende Juli - Anfang August 2 Wochen und Samstag - Sonntag)
Karte 26/40 €
• Die zentrale Lage nahe der Fußgängerzone sowie wohnlich und funktional eingerichtete Zimmer machen den Familienbetrieb aus. Zudem hat man einen kleinen Saunabereich im mediterranen Stil. Restaurant Le Bistro mit Bar und Innenhofterrasse.

Gutshof
Austr. 81 ⊠ 35745 – ℰ (02772) 5 75 57 40 – www.gutshof-herborn.de
42 Zim – †85/95 € ††105/142 € **Rest** – (geschl. 2. - 12. Januar) Karte 16/43 €
• Der behutsam restaurierte ehemalige Bauernhof vereint heute modernen Hotelkomfort mit dem ansprechenden, bewusst erhaltenen Gutshofcharakter der Anlage. Rustikales Lokal mit Brauerei im einstigen Stall gegenüber dem Hotel. Großer Biergarten und Kinderspielplatz.

In Breitscheid-Gusternhain Süd-West: 10 km über B 255 Richtung Montabaur

Ströhmann
Gusternhainer Str. 11 ⊠ 35767 – ℰ (02777) 3 04 – www.hotel-stroehmann.de
12 Zim – †43/53 € ††70 € **Rest** – (geschl. Mittwoch) Karte 11/36 €
• Ein kleines Hotel in ländlicher Umgebung, in dem Sie gepflegte, neuzeitlich eingerichtete Gästezimmer und ein hübsch mit Stuck verzierter Frühstücksraum erwarten. In der Küche der rustikalen Gaststube verwendet man Produkte aus der hauseigenen Metzgerei.

HERDECKE – Nordrhein-Westfalen – **543** – 24 800 Ew – Höhe 150 m **26** D11
▶ Berlin 504 – Düsseldorf 61 – Dortmund 16 – Hagen 6
🛈 Kirchplatz 3, ⊠ 58313, ℰ (02330) 61 13 25, www.herdecke.de

Zweibrücker Hof
Zweibrücker Hof 4 ⊠ 58313 – ℰ (02330) 60 50 – www.zweibrueckerhof.de
96 Zim – †108/123 € ††128/143 € **Rest** – Menü 21/42 € – Karte 29/53 €
• Am Ruhrtalradweg gelegenes Hotel mit gutem Tagungs- und Veranstaltungsbereich. Besonders komfortabel sind die Exklusiv-Zimmer mit Parkblick. Restaurant mit zwei Wintergärten und schönem Biergarten zur Ruhr.

HERFORD – Nordrhein-Westfalen – **543** – 64 470 Ew – Höhe 65 m **28** F9
▶ Berlin 373 – Düsseldorf 192 – Bielefeld 18 – Hannover 91
🛈 Bäckerstr. 30 Z, ⊠ 32052, ℰ (05221) 1 89 15 26, www.proherford.de
✈ Exter, Finnebachstr. 31, ℰ (05228) 75 07
✈ Enger-Pödinghausen, Südstr. 96, ℰ (05224) 7 97 51

Stadtplan auf der nächsten Seite

Zur Fürstabtei garni
Elisabethstr. 9 ⊠ 32052 – ℰ (05221) 2 75 50 – www.fuerstabtei.de   Z**d**
20 Zim ⊇ – †85/95 € ††115 €
• Das a. d. 17. Jh. stammende Fachwerkhaus beherbergt heute hübsche, wohnliche Gästezimmer, teilweise mit hohen Decken. Stilvolles Ambiente erwartet Sie im Frühstücksraum.

HERFORD

Abteistr.	Y 2
Ahmser Str.	Z 3
Alter Markt	Z 4
Auf der Freiheit	Y 6
Bäckerstr.	Z
Bahnhofstr.	Y 8
Bergertorstr.	Z 9
Bielefelder Str.	X 10
Deichtorwall	YZ 13
Diebrocker Str.	X 14
Gänsemarkt	Z 15
Gehrenberg	Z 16
Goebenstr.	X 17
Hämelinger Str.	X 18
Herforder Str.	Y 19
Höckerstr.	Y 20
Lübberstr.	Y 21
Mausefalle	Z 26
Münsterkirchpl.	Z 28
Neuer Markt	Z 29
Radewiger Str.	Z 32
Schillerstr.	Y 33
Schleife	Y 34
Schützenstr.	Z 36
Schwarzenmoorstr.	X 35
Steintorwall	Z 37
Stephanspl.	Y 38
Stiftbergstr.	Y 40
Werrestr.	X 42

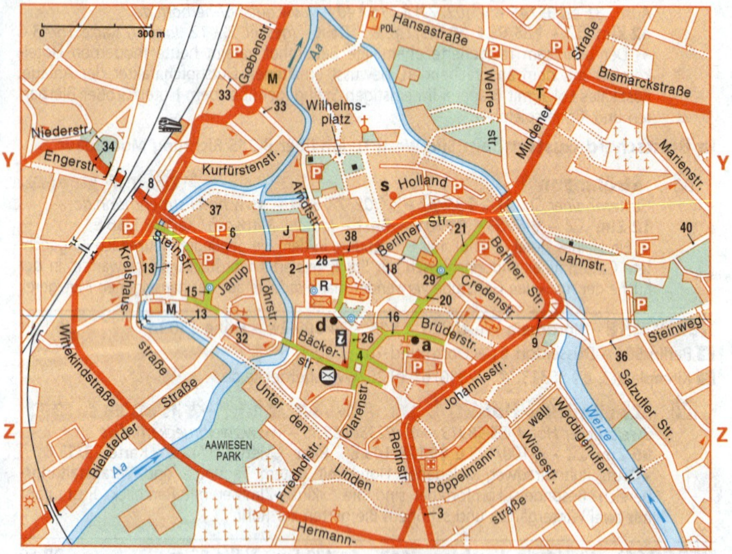

Hansa garni
Brüderstr. 40 – 32052 – ℰ (05221) 5 97 20 – www.hotel-hansa-herford.de
16 Zim – †62/72 € ††79/99 € Za
♦ Mitten in der Fußgängerzone gelegenes kleines Hotel mit solide eingerichteten Zimmern und einem gemütlichen Café, das morgens als Frühstücksraum dient.

Am Osterfeuer
Hellerweg 35 – 32052 – ℰ (05221) 7 02 10 – www.am-osterfeuer.de – geschl. Montag - Dienstag
Rest – (Mittwoch - Samstag nur Abendessen) Menü 34 €
– Karte 27/46 € Xa
♦ Hans-Jörg Dunker kocht mit Geschmack Gerichte wie "Gegrillter Rücken vom Iberico Schwein an Frühlingsgemüse" und weist damit auf sein Faible für die mediterrane Küche hin, die allerdings den regionalen Bezug nicht verliert.

HERFORD

Die Alte Schule
Holland 39 – 32052 – ℰ (05221) 5 15 58 – www.diealteschule.com Ys
Rest – (nur Abendessen) Menü 39 € – Karte 31/54 €

♦ In dem Fachwerkhaus a. d. 17. Jh. befindet sich auf zwei Ebenen dieses sympathische behagliche Restaurant mit ungezwungener Atmosphäre, geschultem Service und guter internationaler Küche.

In Herford-Falkendiek Nord: 4 km über Werrestraße X

C. Stille - Falkendiek
Löhner Str. 157 – 32049 – ℰ (05221) 96 70 00 – www.hotel-stille.de – geschl. 27. Dezember - 1. Januar
31 Zim – †57/65 € ††85/95 €
Rest – (Montag - Samstag nur Abendessen) Karte 16/37 €

♦ Ein familiengeführtes Haus mit gepflegten und zeitgemäß ausgestatteten Gästezimmern. Komfortabler sind die modernen Zimmer im neueren Anbau. Eine hübsche Terrasse ergänzt das in bürgerlichem Stil gehaltene Restaurant.

In Herford-Schwarzenmoor

Waldesrand
Zum Forst 4 – 32049 – ℰ (05221) 9 23 20 – www.hotel-waldesrand.de
54 Zim – †53/69 € ††77/83 €, ⊆ 6 € – 1 Suite Xn
Rest – Karte 20/36 €

♦ Der auch von Tagungsgästen geschätzte Familienbetrieb liegt etwas außerhalb auf einer Anhöhe und bietet eine gute Autobahnanbindung. Wohnliche Zimmer in Stammhaus und Anbau. Restaurant mit Wintergarten und Terrasse mit Blick auf Herford. Pilsstube für Raucher.

Schinkenkrug
Paracelsusstr. 14 – 32049 – ℰ (05221) 92 00 – www.hotel-schinkenkrug.de – geschl. August Xc
23 Zim – †65/99 € ††95/125 € **Rest** – (nur Abendessen) Karte 26/60 €

♦ Sehr sauber und gepflegt ist dieses freundlich-familiär geführte Haus im westfälischen Stil. Die Gästezimmer sind praktisch eingerichtet. Bürgerliches Angebot im Restaurant.

In Hiddenhausen - Schweicheln-Bermbeck über Göbenstraße X: 6 km

Freihof
Herforder Str. 118 (B 239) – 32120 – ℰ (05221) 9 94 49 90 – www.hotel-freihof.de
35 Zim – †59/85 € ††90/95 €
Rest – (geschl. Sonntagabend) Menü 14 € (mittags) – Karte 18/36 €

♦ In dem von der Familie gut geführten Landhotel stehen solide eingerichtete Gästezimmer bereit, von denen viele über einen Balkon verfügen. Zum Restaurant gehört eine nette kleine Terrasse vor dem Haus.

HERINGSDORF – Mecklenburg-Vorpommern – siehe Usedom (Insel)

HERLESHAUSEN – Hessen – **543** – 2 970 Ew – Höhe 210 m 39 I12
▶ Berlin 367 – Wiesbaden 212 – Kassel 73 – Bad Hersfeld 49
🎴 Gut Willershausen, Bergring 4, ℰ (05654) 9 20 40

In Herleshausen-Holzhausen Nord-West: 8 km über Nesselröden

Hohenhaus
Hohenhaus – 37293 – ℰ (05654) 98 70 – www.hohenhaus.de – geschl. 9. Januar - 1. Februar
26 Zim – †135/190 € ††220/280 €, ⊆ 20 €
Rest Hohenhaus✼ – siehe Restaurantauswahl

♦ Inmitten eines weitläufigen hauseigenen Wald- und Wiesengebiets gelegen, ist das einstige Rittergut a. d. 16. Jh. eine Oase der Ruhe. Angenehmes zeitlos-wohnliches Ambiente und beispielhafter Service.

HERLESHAUSEN

XXX Hohenhaus – Hotel Hohenhaus
Hohenhaus ✉ 37293 – ☎ (05654) 98 70 – www.hohenhaus.de – geschl. 9. Januar - 1. Februar und Sonntagabend - Dienstagmittag
Rest – Menü 56/115 € – Karte 68/79 €
Spez. Marinierte Gänsestopfleber mit Bitterschokolade und Aprikosenchutney. Zanderfilet mit gebackenen Froschschenkeln in Rieslingsauce. Lammrücken im Sarriette-Brotmantel mit Artischocken und Bohnencassoulet.
♦ Der prachtvolle Kachelofen aus dem 18. Jh. ist der Mittelpunkt des eleganten Restaurants, in dem auf hübsch arrangierte Dekorationen großen Wert gelegt wird. Genießen Sie in dieser stilvollen Umgebung die Schätze der Küche!

HERMANNSBURG – Niedersachsen – 541 – 8 170 Ew – Höhe 53 m   19 I7
▶ Berlin 303 – Hannover 78 – Celle 32 – Lüneburg 79
🛈 Am Markt 3, ✉ 29320, ☎ (05052) 80 55, www.touristinfo-hermannsburg.de

Seminaris Hotel Heidehof
Billingstr. 29 ✉ 29320 – ☎ (05052) 97 00 – www.seminaris.de/hermannsburg
104 Zim – †95/115 € ††135/150 € – ½ P 20 €
Rest – (geschl. November - Februar: Sonntagabend) Karte 21/33 €
♦ Das Tagungshotel im Naturpark Südheide bietet in zwei miteinander verbundenen Gebäuden etwas unterschiedliche Zimmer in neuzeitlichem Stil. Hell und großzügig ist der Hallenbereich.

HERMESKEIL – Rheinland-Pfalz – 543 – 5 640 Ew – Höhe 540 m   45 C16
▶ Berlin 699 – Mainz 135 – Trier 39 – Bonn 160
🛈 Trierer Str. 49, ✉ 54411, ☎ (06503) 9 53 50, www.hermeskeil.de

In Neuhütten Süd-Ost: 8 km über Zusch

XXX Le temple (Ehepaar Detemple-Schäfer) mit Zim
Saarstr. 2 ✉ 54422 – ☎ (06503) 76 69 – www.le-temple-du-gourmet.de – geschl. Juli 3 Wochen und Mittwoch
6 Zim – †55/60 € ††85 €
Rest Bistro – siehe Restaurantauswahl
Rest – (Montag - Samstag nur Abendessen) (Tischbestellung ratsam) Menü 85/109 € – Karte 55/72 €
Spez. Schnitte von grünem Spargel und Pata Negra-Schinken mit Spanferkelcrépinette. Côte de boeuf mit Morchelkruste, Bärlauchcreme und geschmortem Ochsenschwanz. Waldmeisterschnitte mit Walderdbeertörtchen und Erdbeer-Mascarponeeis.
♦ Das schicke elegante Restaurant in Grau und Weiß hat eine feine klassische Küche mit modernen Akzenten zu bieten, die man in Form zweier Menüs präsentiert. Neben der mediterranen Terrasse steht auch eine kleine Smoker's Lounge zur Verfügung. Schön und wohnlich sind die Zimmer.

X Bistro – Restaurant Le temple
Saarstr. 2 ✉ 54422 – ☎ (06503) 76 69 – www.le-temple-du-gourmet.de – geschl. Juli 3 Wochen und Mittwoch
Rest – (Montag - Samstag nur Abendessen) Menü 28/32 € – Karte 29/43 €
♦ Gerne kehren auch Wanderer nach einer Tour durch die umliegenden Wälder des Hunsrücks in das nette Bistro ein - klare Linien bestimmen die Einrichtung, auf der Karte stehen regionale Gerichte.

HERNE – Nordrhein-Westfalen – 543 – 165 640 Ew – Höhe 65 m
▶ Berlin 508 – Düsseldorf 56 – Bochum 6 – Dortmund 25
🛈 Kirchhofstr. 5, ✉ 44623, ☎ (02323) 9 19 05 14, www.stadtmarketing-herne.de

Parkhotel
Schaeferstr. 111 ✉ 44623 – ☎ (02323) 95 50 – www.parkhotel-herne.de
62 Zim – †68/76 € ††98/106 €   **Rest** – (geschl. Montag) Karte 30/47 €
♦ Das Hotel liegt ruhig in einem Park und verfügt über gepflegte, recht unterschiedliche Zimmer - einige sind besonders schön und modern, andere etwas einfacher. In dem neuzeitlichen Restaurant mit elegantem Touch speist man international. Nettter Biergarten.

HEROLDSBERG – Bayern – 546 – 7 810 Ew – Höhe 362 m
▶ Berlin 433 – München 177 – Nürnberg 12 – Bayreuth 82

Rotes Roß
Hauptstr. 10 ✉ 90562 – ☎ (0911) 9 56 50 – www.rotesross-heroldsberg.de – 22. Dezember - 6. Januar
44 Zim
Rest – (geschl. 1. - 26. August und Freitag) (Montag - Donnerstag nur Abendessen) †56/72 € ††78/92 € Karte 18/42 €
♦ Bereits seit 1856 leitet Familie Sörgel diesen historischen Gasthof und funktionell ausgestattete Zimmer Sörgel zur Verfügung stehen. In sich die ländliche Gaststube. Schön ist im Sommer die Terrasse.

HERRENALB, BAD – Baden-Württemberg – 545 – 7 390
– Höhe 365 m – Wintersport: 700 m ≤2 – Heilbad und Heil...
▶ Berlin 698 – Stuttgart 80 – Karlsruhe 30 – Baden-Baden...
🛈 Rathausplatz 11, ✉ 76332, ☎ (07083) 50 05 55, www...
🛈 Bad Herrenalb, Bernbacher Straße 61, ☎ (07083) 88...

Ruland's Thermenhotel
Rehteichweg 22 ✉ 76332 – ☎ (07083) 92...
– www.rulands-thermenhotel.de
100 Zim – †130/150 € ††175/19...
Rest La Vie – Menü 32 € (mittags)...
♦ Das Hotel liegt ruhig oberhalb d... mer (meist mit Talblick), einen he... Kosmetik. Die gemütliche Bar H...

Sonnenhof garni
Bleichweg 9 ✉ 76332...
15. November - 26. Dezem...
18 Zim – †64/69...
♦ Neben der ruhige... gen auch die herzli... diesem Haus bei...

In Bad Herrenalb-...

Lamm
Mönchstr...
– geschl...
28 Zim...
Rest...

...

In Herrenberg...

Kaiser...
Kirchstr. 10...
25. Dezember...
29 Zim...
Rest – (geschl...
♦ Der (gemütli... Einige m... Aussicht. Restaura...

In Gäufelden-Nebringen...

Aramis (mit Gäste...)
Siedlerstr. 40 (im Gewe...)
– www.aramis.de – ge...
91 Zim – †84/114...
♦ Eine auf Tagungsgäste... und Sportangebot überz... Naturbadeteich.

HERRIEDEN – Bayern – 546
▶ Berlin 491 – München 212 – Nür...

Zur Sonne (mit Gästehau...)
Vordere Gasse 5 ✉ 91567...
27. Dezember - 15. Januar
17 Zim – †45/47 € ††68/7...
♦ Das historische Haus wird seit... Detail ist die schiefe Treppe im St... mern im Anbau. Restaurant in lä...

In Herrieden-Schernberg

Bergwirt
Schernberg 1 ✉ 91567...
23. Dezember - 5. Januar
60 Zim – †45/85 € ††60/120 € – ... (09825)...
♦ Familientradition seit 1880. Man bietet 3... und 'Las Vegas' den lichten Frühstücks... landschaft. Das Restaurant teilt sich in mehr...

HERRENB...
Berlin 662 –
Marktplatz 5, ✉...

HERRSCHING am AMMERSEE – Bayern – 546 – 10 060 Ew — 65 L20
– Höhe 568 m – Erholungsort

▶ Berlin 623 – München 39 – Augsburg 73 – Garmisch-Partenkirchen 65
🚉 Am Bahnhofplatz 2, ✉ 82211, ☏ (08152) 52 27, www.sta5.de
👁 Ammersee ★
🅖 Klosterkirche Andechs ★★ Süd: 6 km

🏨 Promenade
Summerstr. 6 ✉ 82211 – ☏ (08152) 9 18 50 – www.gourmetamsee.de
18 Zim 🖃 – †85/140 € ††120/180 € – ½ P 38 €
Rest – Menü 34/54 € – Karte 39/57 €
◆ Das von der Familie engagiert geführte Hotel überzeugt durch seine Lage direkt an der Seepromenade. Die Zimmer sind wohnlich gestaltet, teils mit Balkon zur Seeseite. Im hellen Wintergarten-Restaurant zum See hin serviert man frische internationale Küche.

✕✕ Chalet am Kiental mit Zim
Andechs Str. 4 ✉ 82211 – ☏ (08152) 98 25 70 – www.gourmetchalet.de – geschl. Montag
10 Zim 🖃 – †90/115 € ††135/180 € – ½ P 32 €
Rest – Menü 34/98 € – Karte 45/60 €
◆ Aus einem reizvollen Mix von Alt und Neu ist in dem historischen Bauernhaus ein schönes modernes Restaurant entstanden, in dem man klassisch-internationale Küche serviert. Geniessen Sie das Kiental- oder das Chalet-Menü. Mit Geschmack und Liebe zum Detail hat man die Gästezimmer individuell eingerichtet.

HERSBRUCK – Bayern – 546 – 12 330 Ew – Höhe 336 m – Erholungsort — 50 L16
▶ Berlin 424 – München 181 – Nürnberg 35 – Bayreuth 70
🅘 Unterer Markt 1, ✉ 91217, ☏ (09151) 73 51 50, www.hersbruck.de

In Hersbruck-Kühnhofen Nord: 2 km Richtung Hormersdorf

🏨 Grüner Baum (mit Gästehaus)
Kühnhofen 3 ✉ 91217 – ☏ (09151) 60 95 60
– www.gruener-baum-kuehnhofen.de
29 Zim 🖃 – †60/73 € ††85/90 € – ½ P 14 € – 1 Suite
Rest – (geschl. Montagmittag) Karte 16/36 €
◆ Mit Engagement leitet Familie Eberhard ihr Hotel in dörflicher Umgebung. Die Zimmer sind nach Kräutern benannt und teilweise besonders schön mit unbehandeltem Holz eingerichtet. Ländlich-rustikales Restaurant mit Blick ins Grüne.

In Reichenschwand West: 3 km

🏨 Dormero (mit Gästehaus)
Schlossweg 8 ✉ 91244 – ☏ (09151) 86 93 80 01
– www.dormero.de
35 Zim – †80/130 € ††85/140 €, 🖃 15 € – 2 Suiten
Rest – Karte 22/34 €
◆ Das Hotel ist auf den modernen Businessgast eingestellt. Es liegt beim Schloss mit seinem schönen Park; die Messe Nürnberg erreicht man mit dem Auto in 25 Minuten. Sehr einfache Zimmer im Schlosshotel. Tolle Terrasse über der Pegnitz!

In Engelthal Süd-West: 6 km

✕ Grüner Baum mit Zim
Hauptstr. 9 ✉ 91238 – ☏ (09158) 2 62 – www.gruener-baum-engelthal.de – geschl. Montag - Dienstag
5 Zim 🖃 – †29/34 € ††48/59 € **Rest** – Karte 20/43 €
◆ Das schon viele Jahre als Familienbetrieb geführte Haus mit ländlichem Charakter überzeugt mit schmackhafter und frischer fränkischer Küche, die saisonal bestimmt ist. Probieren sollte man in jedem Fall Gerichte wie gekochtes Rindfleisch mit Krensoße und frischem Gemüse.

HERSBRUCK

In Kirchensittenbach Nord: 7 km Richtung Homersdorf

Landpension Postwirt garni
Hauptstr. 21 ✉ *91241 –* ☎ *(09151) 83 00 40 – www.postwirt.eu – geschl. 7. - 15. Januar*
21 Zim – †48/65 € ††75/95 €
• Die Zimmer in dem familiär geleiteten Haus im Ortskern sind tipptopp gepflegt und bieten guten Komfort. Der Gasthof "Post" gegenüber ist unter gleicher Leitung. Am Morgen lässt man sich in freundlich-ländlichem Ambiente das Frühstück schmecken.

In Pommelsbrunn-Hubmersberg Nord-Ost: 8 km über B 14 Richtung Sulzbach-Rosenberg, Abfahrt Neuhaus, vor Hohenstadt rechts ab

Lindenhof
Hubmersberg 2 ✉ *91224 –* ☎ *(09154) 2 70 – www.lindenhof-hubmersberg.de*
45 Zim – †69/82 € ††99/119 € – ½ P 20 € – 5 Suiten
Rest – Menü 18 € – Karte 19/37 €
• Der gewachsene Gasthof ist ein Familienbetrieb mit guten Tagungsmöglichkeiten. Die Zimmer sind hell und neuzeitlich oder etwas älter und rustikaler. Im Restaurant bietet man Produkte aus der eigenen Landwirtschaft. Vor dem Haus: der schöne große Biergarten.

HERSFELD, BAD – Hessen – **543** – 29 980 Ew – Höhe 209 m – Heilbad   39 H12
▶ Berlin 408 – Wiesbaden 167 – Kassel 76 – Fulda 46
🛈 Am Markt 1, ✉ 36251, ☎ (06621) 20 12 74, www.bad-hersfeld.de
⛳ Oberaula-Hausen, Am Golfplatz, ☎ (06628) 9 15 40

Veranstaltungen
Mitte Juni-Anfang August: Festspiele

Zum Stern
Linggplatz 11, (Zufahrt über Webergasse) ✉ *36251 –* ☎ *(06621) 18 90*
– www.zumsternhersfeld.de
45 Zim – †58/113 € ††99/165 €
Rest *L'étable* ✿ **Rest** *Stern's Restaurant* – siehe Restaurantauswahl
• Die Zimmer in diesem traditionsreichen Hotel unter familiärer Leitung sind neuzeitlich oder romantisch gestaltet, Brautzimmer mit Himmelbett. Fußgängerzone vor dem Haus.

Am Kurpark
Am Kurpark 19 ✉ *36251 –* ☎ *(06621) 16 40 – www.hotelamkurpark.net*
94 Zim – †65/102 € ††110/150 € – ½ P 23 €
Rest *Tiroler Stube* – siehe Restaurantauswahl
Rest *ParkRestaurant* – Karte 29/46 €
• Im verkehrsberuhigten Kurgebiet liegt dieses zeitgemäße Business- und Tagungshotel. Ein Großteil der Zimmer ist besonders freundlich und modern.

Thermalis
Am Kurpark 10 ✉ *36251 –* ☎ *(06621) 79 64 90 – www.hotelthermalis.de*
78 Zim – †67/95 € ††98/130 € – ½ P 20 €   **Rest** – Karte 18/36 €
• Ein neuzeitlich ausgestattetes Hotel in ruhiger Lage. Man bietet direkten Zugang zur Kurbad Therme, welche die Hausgäste zum ermäßigten Preis nutzen können.

Vitalis garni
Lüderitzstr. 37 ✉ *36251 –* ☎ *(06621) 9 29 20 – www.hotelpension-vitalis.de – geschl. 23. Dezember - 3. Januar*
12 Zim – †60/70 € ††80/90 €
• Die kleine Hotel-Pension befindet sich in etwas erhöhter Lage in einer Wohngegend. Die recht geräumigen Zimmer sind zeitgemäß und mit eleganter Note eingerichtet.

Haus am Park garni
Am Hopfengarten 2 ✉ *36251 –* ☎ *(06621) 9 26 20 – www.hotel-hausampark.de*
30 Zim – †60/70 € ††80/99 € – 1 Suite
• In dem gepflegten Hotel etwas oberhalb des Kurparks erwarten Sie funktionale Zimmer, ein netter Garten und ein sehr gutes Frühstücksbuffet mit einer bemerkenswerten Auswahl an Müslisorten.

HERSFELD, BAD

XX ✿ L'étable – Hotel Zum Stern   AC ✂ P VISA ⊕ AE
*Linggplatz 11, (Zufahrt über Webergasse) ⊠ 36251 – ✆ (06621) 18 90
– www.zumsternhersfeld.de – geschl. Anfang Januar - Anfang Februar und Montag
- Dienstag*
Rest – *(Mittwoch - Samstag nur Abendessen)* Menü 39/94 € – Karte 56/80 €
Spez. Landei, Sot l'y laisse, Sellerie, Schinken-Trüffelpraline, Spinat. Weißer Heilbutt, Erbsen und Möhren, Lardo, Saiblingskaviar und Petersilienöl. Kalb von vorne nach hinten, Bäckchen, Bries, Filet, Schwanz, Kohlrabi, Spitzkohl, Kartoffelgratin.
♦ "Der Stall" (auf Französisch "l'étable") ist nach wie vor ein gastronomisches Highlight in der Region - auch mit neuem Küchenchef! Patrick Spies heißt er und bietet schmackhafte zeitgemäße Speisen, die - ebenso wie die Weine - gästefreundlich kalkuliert sind!

XX Tiroler Stube – Hotel Am Kurpark   P VISA ⊕ AE
Am Kurpark 19 ⊠ 36251 – ✆ (06621) 16 45 08 – www.hotelamkurpark.net
Rest – Karte 26/50 €
♦ Ein Stück österreichische Heimeligkeit in Hessen? Kein Problem, die "Tiroler Stube" mit Zirbelholz-Gemütlichkeit und geselligen Eckbänken macht es möglich.

XX Stern's Restaurant – Hotel Zum Stern   🌿 & P VISA ⊕ AE
*Linggplatz 11, (Zufahrt über Webergasse) ⊠ 36251 – ✆ (06621) 18 90
– www.zumsternhersfeld.de*
Rest – Menü 19 € (mittags)/25 € – Karte 20/50 €
♦ Geht man durch das Portal dieses historischen Gasthofs, kommt man in Stuben wie in der guten alten Zeit. Mittelpunkt ist ein historischer weißer Kachelofen, der zu noch mehr Gemütlichkeit beiträgt.

HERTEN – Nordrhein-Westfalen – **543** – 62 640 Ew – Höhe 70 m   **26** C10
▶ Berlin 520 – Düsseldorf 68 – Münster 66 – Dortmund 37
🏌 Schloß Westerholt, Herten-Westerholt, Schlossstr. 1, ✆ (0209) 16 58 40

🏨 Schloss Westerholt ⌂   🌿 🏌 ⓦ 🛁 P 🚗 VISA ⊕ AE
Schlossstr. 1 ⊠ 45701 – ✆ (0209) 14 89 40 – www.schlosswesterholt.de – geschl. 29. Dezember - 9. Januar
35 Zim ⊇ – †80/100 € ††105/120 € – 4 Suiten   **Rest** – Karte 32/53 €
♦ Ein schönes herrschaftliches Anwesen a. d. 12. Jh. in einem 75 ha großen Park mit eigenem Golfplatz. Die Zimmer und Suiten sind ansprechend und individuell. Gemütlich-rustikal ist das Restaurant im ehemaligen Pferdestall. Dazu stilvolle Veranstaltungsräume.

HERXHEIM – Rheinland-Pfalz – **543** – 10 520 Ew – Höhe 129 m   **54** E17
▶ Berlin 676 – Mainz 125 – Karlsruhe 31 – Landau in der Pfalz 10

In Herxheim-Hayna Süd-West: 2,5 km Richtung Kandel

🏨 Krone ⌂   🚗 🏊 🛋 ⓦ 🍽 🧖 ⓦ 🛁 P 🚗 VISA ⊕ AE
Hauptstr. 62 ⊠ 76863 – ✆ (07276) 50 80 – www.hotelkrone.de – geschl. über Weihnachten
66 Zim ⊇ – †93/175 € ††135/195 € – 4 Suiten
Rest *Kronen-Restaurant* ✿ **Rest** *Pfälzer Stube* ⓒ – siehe Restaurantauswahl
♦ Familie Kuntz (seit 1780 Gastwirte in Hayna) gibt dem gewachsenen Haus Seele. Der Neubau hat sich gelohnt: wertige Zimmer in dezenter Eleganz sowie ein chic-moderner Wohlfühlbereich.

XXX ✿ Kronen-Restaurant (Karl-Emil Kuntz) – Hotel Krone   AC ✂ P VISA ⊕ AE
Hauptstr. 62 ⊠ 76863 – ✆ (07276) 50 80 – www.hotelkrone.de – geschl. Januar 2 Wochen, August 2 Wochen und Montag - Dienstag
Rest – *(nur Abendessen)* (Tischbestellung erforderlich) Menü 92/128 €
Spez. Gänseleber / Gâteau / Trüffelroyale / Praline-Feigenessig / Koriander-Chocopili. Wachtel in Baumkuchen pochiert / Mandelrisotto / Pata Negra / getrocknete Tomaten / Cassoulet von Kalbsbries / Speckerbsen / Frühlingszwiebeln. Zweierlei von Ziegendickmilch / Mousse / Sorbet / Grapefruit / Minze.
♦ Sicher eine der bedeutendsten Adressen der Südpfalz. Edel das Interieur, feine Ländlichkeit voller Stil. Karl-Emil Kuntz verwöhnt seine Gäste mit Köstlichkeiten, die jeden Widerstand dahinschmelzen lassen - z. B. "Phantasie von der Gänseleber".

HERXHEIM

※※ **Pfälzer Stube** – Hotel Krone
Hauptstr. 62 ⊠ 76863 – ℰ (07276) 50 80 – www.hotelkrone.de
Rest – Menü 44/65 € – Karte 32/58 €
• Vom freundlichen Service im Dirndl wird man mit Regionalem umsorgt, und das zu einem wirklich guten Preis-Leistungs-Verhältnis. Probieren Sie unbedingt das "Pfälzer Lieblingsgericht" mit Saumagen, Bratwurst und Leberknödel. Schöne begrünte Terrasse.

HERZBERG am HARZ – Niedersachsen – 541 – 14 020 Ew – Höhe 240 m   29 J10
▶ Berlin 327 – Hannover 105 – Erfurt 113 – Göttingen 38
🛈 Marktplatz 32, ⊠ 37412, ℰ (05521) 85 21 11, www.touristinformation-herzberg.de

Landhaus Schulze
Osteroder Str. 7 (B 243) ⊠ 37412 – ℰ (05521) 8 99 40 – www.landhaus-schulze.de
– geschl. Juli - August 2 Wochen
20 Zim – †45/75 € ††88/98 € **Rest** – (geschl. Montagmittag) Karte 23/57 €
• Ein familiär geführtes Hotel in verkehrsgünstiger Lage, das gepflegte und solide Zimmer zu einem guten Preis-Leistungs-Verhältnis bietet. Bemalte Bauernmöbel schaffen Behaglichkeit. In den netten Gaststuben serviert man bürgerliche Küche.

In Herzberg-Scharzfeld Süd-Ost: 4 km über B 243

Harzer Hof
Harzstr. 79 ⊠ 37412 – ℰ (05521) 99 47 00 – www.hotel-harzerhof.de
19 Zim – †47/55 € ††68/85 € – 1 Suite
Rest – (geschl. Montagmittag) Karte 15/32 €
• Diese familiär geleitete Adresse bietet Ihnen gepflegte, überwiegend mit hellen Naturholzmöbeln wohnlich eingerichtete Zimmer. Besonderheit: Theatervorstellungen der Gastgeber. Restaurant mit rustikalem Charakter und bürgerlich-internationaler Küche.

HERZLAKE – Niedersachsen – 541 – 4 060 Ew – Höhe 22 m   16 D7
▶ Berlin 494 – Hannover 227 – Oldenburg 82 – Vlagtwedde 80

in Herzlake-Aselage Ost: 4 km, Richtung Berge

Aselager Mühle
Zur alten Mühle 12 ⊠ 49770 – ℰ (05962) 9 34 80 – www.aselager-muehle.de
50 Zim – †88/145 € ††129/185 € **Rest** – Menü 36 € – Karte 36/44 €
• Idyllisch liegt die einstige Windmühle am Waldrand. Neben wohnlich-komfortablen, teils sehr geräumigen Zimmern erwartet die Gäste ein schöner moderner Wellnessbereich auf 600 qm. Internationale Küche im klassischen Mühlenrestaurant und im rustikalen Jagdzimmer.

HERZOGENAURACH – Bayern – 546 – 22 880 Ew – Höhe 301 m   50 K16
▶ Berlin 451 – München 195 – Nürnberg 26 – Bamberg 52
🛈 Herzogenaurach, Burgstall 1, ℰ (09132) 4 05 86
🛈 Puschendorf, Forstweg 2, ℰ (09101) 75 52

Auracher Hof
Welkenbacher Kirchweg 2 ⊠ 91074 – ℰ (09132) 7 47 50 – www.auracher-hof.de
– geschl. 27. Dezember - 7. Januar, 14. August - 5. September
13 Zim – †59/75 € ††79/89 € – 1 Suite
Rest – (geschl. Freitag - Samstag und Sonntagabend - Montag) Karte 17/34 €
• Das in einem Wohngebiet etwas außerhalb des Zentrums gelegene kleine Hotel wird seit über 30 Jahren von Familie Hager geleitet und verfügt über gepflegte Gästezimmer. Recht schlichtes Restaurant mit bürgerlichem Angebot und sonniger Terrasse.

Gästehaus in der Engelgasse garni
Engelgasse 2 ⊠ 91074 – ℰ (09132) 7 86 90 – www.engelsschlaf.de
9 Zim – †38/58 € ††72/82 €
• Das Fachwerkhaus a. d. 16. Jh. - Geburtshaus der Familie Dassler, Gründer von adidas - ist ein kleines Hotel in zentrumsnaher Lage mit soliden, hell möblierten Zimmern.

In Herzogenaurach-Herzo-Base Nord-Ost 2 km:

Ramada
Olympiaring 90 ✉ *91074 -* ✆ *(09132) 7 47 20*
- www.ramada-herzogenaurach.de
149 Zim – †108/133 € ††137/162 €
Rest – Menü 16 € (mittags)/34 € – Karte 29/46 €
♦ Hotel am ehemaligen US-Militärstützpunkt in relativ ruhiger Ortsrandlage. Das Interieur ist modern und sportbetont. Fitness- und Saunabereich mit zwei Dachterrassen.

HESSHEIM – Rheinland-Pfalz – 543 – 3 000 Ew – Höhe 100 m — 47 E16
▶ Berlin 634 – Mainz 70 – Neustadt an der Weinstraße 37 – Damstadt 60

Ellenbergs mit Zim
Hauptstr. 46a ✉ *67258 -* ✆ *(06233) 6 17 16 – www.ellenbergs-restaurant.de*
– geschl. Januar 1 Woche, Anfang - Mitte Oktober, Montag und Samstagmittag
4 Zim – †59/65 € ††72 €
Rest – Menü 28/40 € – Karte 23/41 €
♦ Die Ellenbergs sind freundliche Gastgeber, die Ihnen schmackhafte bürgerliche Speisen wie Leberknödel oder Rinderroulade zu einem guten Preis-Leistungs-Verhältnis bieten. Neben gemütlichen Stuben beherbergt das Haus mit der mandarinengelben Fassade tipptopp gepflegte Zimmer; zum Frühstück gibt es hausgemachte Marmelade.

HESSISCH OLDENDORF – Niedersachsen – 541 – 19 120 Ew — 28 H9
– Höhe 62 m
▶ Berlin 337 – Hannover 55 – Hameln 12 – Osnabrück 98

In Hessisch Oldendorf - Weibeck Ost: 3,5 km

KiR
Rittergutstr. 44 ✉ *31840 -* ✆ *(05152) 96 28 76 – www.restaurant-kir.de*
– geschl. Ende Januar - Mitte Februar und Montag, außer an Feiertagen
Rest – (nur Abendessen) Menü 33/67 € – Karte 34/60 €
♦ In dem Fachwerkhaus von 1786 wird saisonal und international gekocht. Die Gäste sitzen in einem liebenswert gestalteten Raum mit ländlichem Charme. Einfache Übernachtungszimmer.

HEUBACH – Baden-Württemberg – 545 – 10 050 Ew – Höhe 466 m — 56 I18
▶ Berlin 577 – Stuttgart 68 – Ulm 61 – Aalen 16

Deutscher Kaiser
Hauptstr. 42 ✉ *73540 -* ✆ *(07173) 87 08*
– www.deutscher-kaiser-heubach.de
14 Zim – †44 € ††70 €, ⊐ 5 € – 1 Suite
Rest – (geschl. über Fasching, Ende Juli - Mitte September 2 Wochen und Mittwochmittag, Samstagmittag, Sonntagabend) Menü 29 € (mittags)
– Karte 28/41 €
♦ Das seit mehreren Generationen von Familie Vogel geführte Haus steht an einem kleinen Platz bei der Kirche und bietet praktisch und zeitgemäß eingerichtete Zimmer. Restaurant mit rustikaler Note, die Terrasse "Speisegarten" hinterm Haus.

Harr's Langhaus
Schloßstr. 16 ✉ *73540 -* ✆ *(07173) 91 44 30 – www.harrs-langhaus.de*
– geschl. 1. - 11. Januar, 27. August - 11. September, Montag - Dienstag und Samstagmittag
Rest – Menü 28/79 € – Karte 27/55 €
♦ Aus dem 16. Jh. stammt das denkmalgeschützte ehemalige Gesindehaus neben dem Schloss. Michael Harr kocht vor allem gut, aber auch das, was Sie sich wünschen: Gerichte vom Nordsee-Steinbutt mit Perlgraupen bis zum Sauerbraten vom Ochsenbäckchen.

HEUSENSTAMM – Hessen – 543 – 18 220 Ew – Höhe 122 m 47 F15
▶ Berlin 553 – Wiesbaden 46 – Frankfurt am Main 14 – Aschaffenburg 31

Rainbow-Hotel 🕮 ✗ Rest, ⁇ 🆎 P 🖙 VISA ⓞ AE ⓘ
Seligenstädter Grund 15 ✉ 63150 – ✆ (06104) 93 30 – www.rainbow-hotel.de
68 Zim 🛏 – †79/156 € ††105/168 € – 1 Suite
Rest – *(geschl. Samstag - Sonntag außer an Messen) (nur Abendessen)* Karte 20/26 €
♦ Das Hotel befindet sich am Ortsrand und ist eine ideale Adresse für Businessgäste. Die Zimmer sind funktional ausgestattet und teilweise sehr geräumig. Internationales Angebot im Restaurant.

HIDDENHAUSEN – Nordrhein-Westfalen – siehe Herford

HIDDENSEE (INSEL) Mecklenburg-Vorpommern – 542 – 1 040 Ew 6 O2
– Ostseeinsel – Seebad
▶ Berlin 296 – Schwerin 196 – Rügen (Bergen) 29 – Stralsund 36
Autos nicht zugelassen
🚢 von Stralsund (ca. 1 h 45 min), von Schaprode/Rügen (ca. 45 min) ✆ (0180) 3 21 21 50
🛈 Norderende 162, ✉ 18565, ✆ (038300) 6 42 26, www.hiddensee.de

In Hiddensee-Vitte

Heiderose 🌿 🚗 🍴 🐾 ✗ Zim, 🆎
In den Dünen 127 (Süd: 3 km) ✉ 18565 – ✆ (038300) 6 30
– www.heiderose-hiddensee.de – geschl. 3. Januar - 29. März und 11. November - 25. Dezember
33 Zim 🛏 – †47/75 € ††57/105 € – ½ P 13 € – 1 Suite **Rest** – Karte 19/35 €
♦ Das Hotel mit den soliden Zimmern liegt malerisch inmitten der Dünenheide nicht weit vom Meer. Vom Hafen mit Pferdekutsche oder Schulbus erreichbar. Auch Ferienwohnungen.

HILCHENBACH – Nordrhein-Westfalen – 543 – 15 730 Ew – Höhe 360 m 37 E12
– Wintersport: 650 m ⚡2 ⛷
▶ Berlin 523 – Düsseldorf 130 – Siegen 21 – Olpe 28
🛈 Markt 13, ✉ 57271, ✆ (02733) 28 81 33, www.hilchenbach.de

Hof 31 garni 🕮 & ✗ ⁇ 🆎 P VISA ⓞ AE
Bruchstr. 31 ✉ 57271 – ✆ (02733) 1 24 85 90 – www.hof31.de
21 Zim – †65 € ††85 €, 🛏 10 €
♦ Eine sehr sympathische Adresse mit wohnlichem Ambiente in geradlinig-modernem Stil sowie einem guten Frühstücksbuffet. Zwei der Zimmer sind geräumige Appartements.

Haus am Sonnenhang 🌿 ⇐ 🚗 🍴 ✗ ⁇ 🆎 P 🖙 VISA ⓞ AE ⓘ
Wilhelm-Münker-Str. 21 ✉ 57271 – ✆ (02733) 70 04 – www.hotel-am-sonnenhang.de
20 Zim – †60/85 € ††85/115 € – 2 Suiten
Rest – *(geschl. Mitte Juli - Ende August 2 Wochen und Freitag) (nur Abendessen)* Karte 20/38 €
♦ Der engagiert geführte Familienbetrieb überzeugt durch seine angenehm ruhige und exponierte Lage mit schöner Sicht. Die Zimmer sind gepflegt und individuell, einige mit Balkon. Von der hübschen Gartenterrasse des Restaurants schaut man auf das Rothaargebirge.

In Hilchenbach-Vormwald Süd-Ost: 2 km über B 508

Steubers Siebelnhof 🍴 ⬜ 🐾 ✗ 🆎 P VISA ⓞ
Vormwalder Str. 56 ✉ 57271 – ✆ (02733) 8 94 30 – www.steubers-siebelnhof.de
14 Zim – †65/115 € ††95/190 €, 🛏 15 €
Rest – *(geschl. Montagmittag, Samstagmittag)* Menü 35/75 € – Karte 44/67 €
♦ Großzügige Zimmer mit ausgesuchtem Interieur und luxuriösem Touch hat dieses geschmackvolle Landhotel von 1566 zu bieten. Sehr einfach sind die Zimmer im Gästehaus. Restaurant Chesa mit mediterraner Note, ergänzt durch die gemütlich-rustikalen Ginsburg-Stuben.

HILDBURGHAUSEN – Thüringen – **544** – 12 010 Ew – Höhe 380 m   40 K14
▶ Berlin 356 – Erfurt 80 – Coburg 29

Eschenbach garni
Häselriether Str. 19, (B 89) ✉ 98646 – ✆ (03685) 7 94 30 – www.hotel-eschenbach.de
– geschl. Weihnachten - 8. Januar
27 Zim – †45/50 € ††68/85 €
◆ Am Stadtrand liegt das Hotel mit der hübsch restaurierten Fachwerkfassade. Es stehen praktisch ausgestattete Gästezimmer mit gutem Platzangebot bereit.

HILDEN – Nordrhein-Westfalen – **543** – 55 560 Ew – Höhe 50 m   36 C12
▶ Berlin 547 – Düsseldorf 18 – Köln 40 – Solingen 12

Am Stadtpark
Klotzstr. 22 ✉ 40721 – ✆ (02103) 57 90 – www.hotel-stadtpark.de
105 Zim – †84/119 € ††104/149 €
Rest – (geschl. Samstag - Sonntagmittag) Karte 23/40 €
◆ Aus einem denkmalgeschützten historischen Gebäude ist dieses Businesshotel gegenüber dem Stadtpark gewachsen. Die funktionalen Zimmer sind geradlinig-modern oder gediegen. Eine freundlich gestaltete Bar mit Bistro ergänzt das Restaurant.

Trattoria L'Italiano
Nové-Mesto-Platz 3e ✉ 40721 – ✆ (02103) 91 13 36 – www.ristorante-litaliano.de
– geschl. August 2 Wochen und Sonntag
Rest – Menü 36 € (mittags)/46 € – Karte 33/54 €
◆ Das Ristorante in einer kleinen Passage im Zentrum ist eine sympathische und engagiert geführte Adresse. Aus der offenen Küche kommen schmackhafte italienische Speisen. Mündliche Tagesempfehlungen.

HILDERS – Hessen – **543** – 4 760 Ew – Höhe 440 m   39 I13
▶ Berlin 438 – Wiesbaden 171 – Kassel 132 – Würzburg 115

Leist Sonne Engel
Marktstr. 12 ✉ 36115 – ✆ (06681) 97 70 – www.leist-sonne-engel.de
30 Zim – †56/89 € ††76/116 € – 1 Suite
Rest *Engel* – siehe Restaurantauswahl
Rest *Sonne* – (geschl. Dienstag) Karte 23/38 €
◆ Der Familienbetrieb ist ein zum Hotel erweiterter Gasthof, in dem man - ganz nach Geschmack - zwischen schönen, wohnlich-modernen oder auch etwas einfacheren Zimmern wählt. In der netten Gaststube Sonne bringt man, umgeben von angenehmer Behaglichkeit, Mahlzeiten auf den Tisch, die aus der hauseigenen Metzgerei stammen. Eine Raucherlounge hat man ebenfalls.

Engel – Hotel Leist Sonne Engel
Marktstr. 12 ✉ 36115 – ✆ (06681) 97 70 – www.leist-sonne-engel.de
– geschl. 1. - 26. Januar, 7. - 26. November und Sonntag - Dienstag
Rest – (nur Abendessen) Menü 34/89 € – Karte 27/49 €
◆ Region und Saison werden hier berücksichtigt - auf der Karte finden sich Gerichte wie z. B. gegartes Filet vom Rhöner Weideochsen. Für Feinschmecker dürfte das "Ox" interessant sein: eine Gourmetstube, in der man abends (außer Mo. und Di.) ein 8-Gänge-Menü serviert!

HILDESHEIM – Niedersachsen – **541** – 102 910 Ew – Höhe 93 m   29 I9
▶ Berlin 276 – Hannover 36 – Braunschweig 51 – Göttingen 91
🚉 Oldekopstraße, ✆ (01805) 24 12 24 (Gebühr)
ADAC Zingel 39 Z
ℹ Rathausstr. 20 Y, ✉ 31134, ✆ (05121) 1 79 80, www.hildesheim.de
◉ Dom★ – Roemer-Pelizaeus-Museum★ **M¹** – St.-Godehardi-Kirche★ Z – Marktplatz★
 - St.-Michaelis-Kirche★Y

Stadtplan auf der nächsten Seite

HILDESHEIM

Street	Grid
Almsstr.	Y
Am Propsteihof	X 2
Bahnhofsallee	Y
Bavenstedter Str.	X 5
Bergsteinweg	X, Z 8
Bernwardstr.	Y
Bischof-Janssen-Str.	X 12
Bückebergstr.	X 15
Cheruskerring	X 17
Domhof	X 20
Eckemekerstr.	X 23
Elzer Str.	X 25
Gelber Stern	X 28
Godehardspl.	X 31
Hannoversche Str.	Y 33
Hoher Weg	Y
Hohnsen	X 39
Jakobistr.	Y 41
Judenstr.	YZ 44
Kardinal-Bertram-Str.	Y 47
Kläperhagen	Z 49
Königstr.	X 52
Kurt-Schumacher-Str.	X 55
Martin-Luther-Str.	X 58
Mühlenstr.	X 61
Neue Str.	X 64
Osterstr.	Y
Pfaffenstieg	Z 69
Rathausstr.	Y 72
Robert-Bosch-Str.	X 75
Sachsenring	X 78
Scheelenstr.	Z 80
Schuhstr.	Z 83
Senator-Braun-Allee	X 85
Struckmannstr.	X 88
Theaterstr.	Y 91
Zingel	YZ

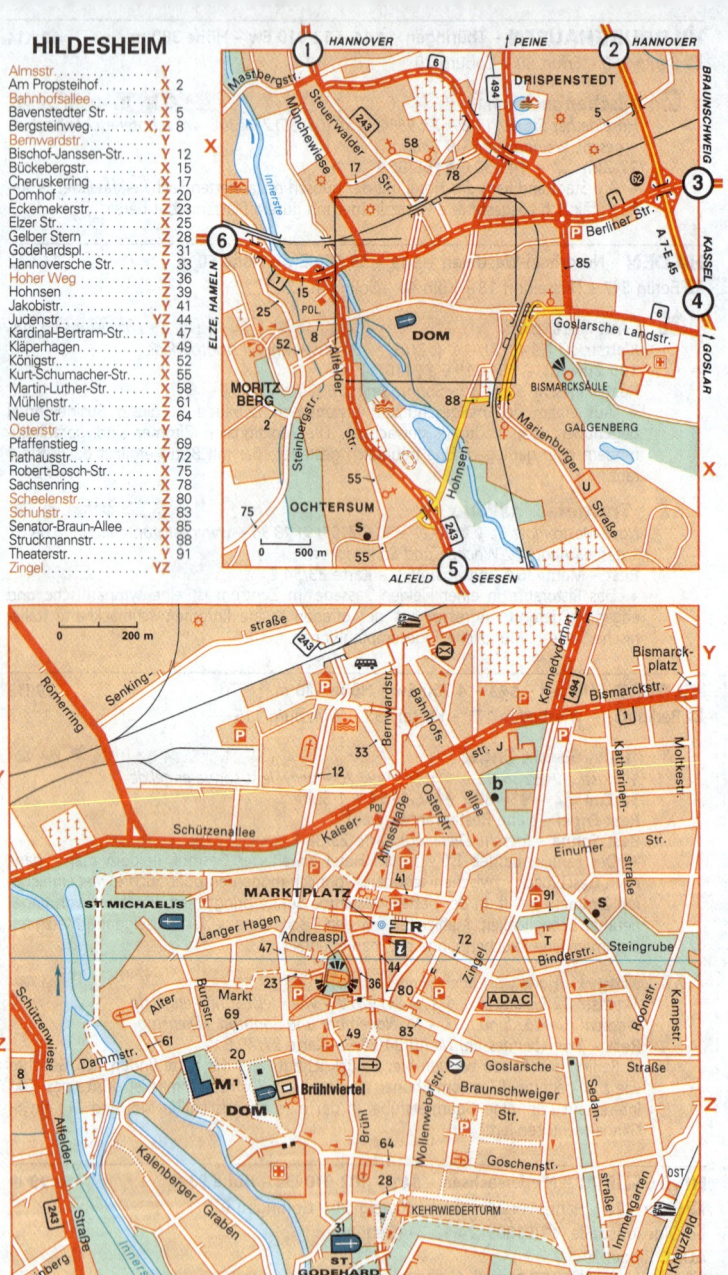

HILDESHEIM

Novotel
Bahnhofsallee 38 ✉ *31134* – ℰ *(05121) 1 71 70* – *www.novotel.com* **Yb**
120 Zim – †80/87 € ††90/101 €, ☐ 18 € – 2 Suiten **Rest** – Karte 28/42 €
♦ Modernes Hotel mit historischer Bausubstanz. Freigelegtes Mauerwerk wurde geschickt in die neuzeitliche Gestaltung einbezogen und kündet von einer langen Geschichte. An der Stelle des Restaurants La Capella stand einst wirklich eine Kapelle.

Stadtresidenz garni
Steingrube 4 ✉ *31141* – ℰ *(05121) 6 97 98 92* – *www.hotel-stadtresidenz.de* – geschl. 18. Dezember - 10. Januar **Ys**
17 Zim ☐ – †90 € ††115 € – 5 Suiten
♦ Die beiden Gastgeberinnen in diesem charmant-eleganten Haus nahe dem Theater sind Mutter und Tochter. Die Zimmer sind geräumig, überaus geschmackvoll und ebenso individuell.

In Hildesheim-Ochtersum

Am Steinberg garni
Adolf-Kolping-Str. 6 ✉ *31139* – ℰ *(05121) 80 90 30* – *www.hotelamsteinberg.de* – geschl. 22. Dezember - 1. Januar, 6. - 9. April **Xs**
28 Zim – †52/60 € ††70/78 €
♦ Das von der Chefin familiär geführte Hotel verfügt über gepflegte, praktisch ausgestattete Gästezimmer und wird auch von Geschäftsleuten gerne genutzt.

In Diekholzen Süd: 9 km über Kurt-Schumacher-Straße X

Gasthof Jörns
Marienburger Str. 41 ✉ *31199* – ℰ *(05121) 2 07 00* – *www.gasthof-joerns.de* – geschl. 1. - 10. Januar
18 Zim ☐ – †44/75 € ††70/100 €
Rest – (geschl. Dienstag) (nur Abendessen) Karte 15/32 €
♦ Bereits seit 1877 ist das tipptopp gepflegte Haus am Flüsschen Beuster im Familienbesitz. Über ein sehr gutes Platzangebot verfügen zwei neuere Zimmer im obersten Stock. Frühstück im ursprünglichen Gasthof. Das Restaurant bietet bürgerliche Küche. Mit Kegelbahn.

HILLESHEIM – Rheinland-Pfalz – **543** – 3 080 Ew – Höhe 440 m **35** B14
▶ Berlin 662 – Mainz 178 – Trier 90 – Euskirchen 52

Augustiner Kloster
Augustiner Str. 2 ✉ *54576* – ℰ *(06593) 98 08 90* – *www.hotel-augustiner-kloster.de*
57 Zim ☐ – †79/139 € ††119/165 €
Rest – Menü 28 € (mittags) – Karte 28/48 €
♦ Das Hotel ist aus dem im 13. Jh. erstmals erwähnten Kloster entstanden. Es erwarten Sie zeitgemäße Zimmer und ein moderner Saunabereich mit Massage- und Beautyangebot. Regionale und französisch angehauchte Küche im Restaurant mit Terrasse zum Klostergarten.

HILPOLTSTEIN – Bayern – **546** – 13 210 Ew – Höhe 380 m **57** L17
▶ Berlin 457 – München 134 – Nürnberg 40 – Ingolstadt 59
🛈 Kirchenstr. 1, ✉ 91161, ℰ (09174) 97 85 05, www.hilpoltstein.de

Brauereigasthof Zum schwarzen Roß
Marktstr.10 ✉ *91161* – ℰ *(09174) 4 79 50* – *www.hotelschwarzesross.de*
14 Zim ☐ – †47/55 € ††72 € **Rest** – (geschl. Mittwoch) Karte 11/29 €
♦ Individuell und wohnlich sind die Zimmer in dem liebenswerten historischen Brauereigasthof am Marktplatz. Hübsche Details bewahren den rustikalen Charme. In der Gaststube wird bürgerliche Küche aufgetischt.

In Hilpoltstein-Sindersdorf Süd-Ost: 7 km Richtung Neumarkt

Sindersdorfer Hof
Sindersdorf 26 (Nahe der A 9) ✉ *91161* – ℰ *(09179) 62 56* – *www.sindersdorferhof.de* – geschl. Mitte November - Anfang Dezember, Pfingsten 2 Wochen
19 Zim ☐ – †48/68 € ††69/88 € **Rest** – (geschl. Montag) Karte 14/40 €
♦ Der von Familie Dotzer freundlich geleitete Landgasthof ist ein verkehrsgünstig gelegenes kleines Hotel mit gepflegten und soliden Zimmern. Gemütlich sitzt man in der Gaststube mit Kachelofen.

HINDELANG, BAD – Bayern – 546 – 4 840 Ew – Höhe 825 m — 64 J22
– Wintersport: 1 560 m ≤ 1 ≤ 12 ≤ – Kneipp- und Heilklimatischer Kurort
▶ Berlin 730 – München 161 – Kempten (Allgäu) 34 – Oberstdorf 22
i Am Bauernmarkt 1, ✉ 87541, ✆ (08324) 89 20, www.bad-hindelang.info
● Lage ★ des Ortes

Sonne
Marktstr. 15 ✉ 87541 – ✆ (08324) 89 70 – www.sonne-hindelang.de
57 Zim ☕ – †79/99 € ††126/170 € – ½ P 28 € – 6 Suiten
Rest – Menü 25 € (mittags) – Karte 29/47 €
♦ Ein traditionsreiches Haus unter familiärer Leitung mit wohnlichen Gästezimmern, darunter auch Romantikzimmer, und einem schönen Sauna- und Anwendungsbereich in warmen Farben. Rustikales Restaurant mit breitem Angebot.

Sonnenbichl
Schindackerweg 1 ✉ 87541 – ✆ (08324) 3 65 – www.hotel-bad-hindelang.com
– geschl. 1. - 15. November
19 Zim ☕ – †48/60 € ††95/125 € – ½ P 14 € – 1 Suite
Rest – (Montag - Freitag nur Abendessen) Karte 17/40 €
♦ Der Familienbetrieb etwas außerhalb des Ortes ist ein gepflegtes kleines Urlaubshotel mit praktischen Zimmern im regionstypischen Stil, einige verfügen über einen Balkon. Gediegenes Ambiente im Restaurant Sonnenbichlstuben.

In Bad Hindelang-Bad Oberdorf Ost: 1 km

Obere Mühle
Ostrachstr. 40 ✉ 87541 – ✆ (08324) 28 57 – www.obere-muehle.de
– geschl. 7. - 24. November
11 Zim ☕ – †75/119 € ††110/199 € – ½ P 30 €
Rest – (geschl. Dienstag) (Tischbestellung ratsam) Karte 36/58 €
♦ In dem kleinen Landhotel bei der namengebenden Mühle von 1433 hat man gelungen Antiquitäten und moderne Einrichtung kombiniert. Schöne Suite unter dem Dach. Gutes Frühstück. Regional isst man im urig-gemütlichen Gasthaus a. d. 15. Jh., mit eigener Käserei.

Alpenlandhotel Hirsch
Kurze Gasse 18 ✉ 87541 – ✆ (08324) 3 08 – www.alpenlandhotel.de
23 Zim ☕ – †65/85 € ††110/150 € – ½ P 18 € – 4 Suiten
Rest – Menü 12/25 € – Karte 17/49 €
♦ Im Dorfzentrum steht das traditionsreiche Haus mit Schindelfassade, das freundlich-familiär geleitet wird. Alpenländische Zimmer mit Balkon, hübscher Sauna- und Anwendungsbereich. In ländlich-rustikalem Stil gehaltene Gaststuben.

Hochstadt garni
Luitpoldstr. 20 ✉ 87541 – ✆ (08324) 20 64 – www.hotelcafehochstadt.de – geschl. November
14 Zim ☕ – †54/59 € ††90/100 €
♦ Ein kleiner Familienbetrieb in recht ruhiger Lage oberhalb des Ortes, in dem Sie zeitgemäß und solide eingerichtete Zimmer und ein Café mit sehr schöner Terrasse erwarten.

In Bad Hindelang-Oberjoch Nord-Ost: 7 km über B 308 – Höhe 1 130 m

Lanig
Ornachstr. 11 ✉ 87541 – ✆ (08324) 70 80 – www.lanig.de
45 Zim (inkl. ½ P.) – †100/150 € ††200/300 € – 6 Suiten
Rest – (nur für Hausgäste)
♦ Das regionstypische Hotel mit Bergblick ist eine familiäre Adresse, in der viel Holz ein behagliches Umfeld schafft - auch im geschmackvollen Edelweiß-AlpenSpa. Gutes Frühstück. Hochwertige Halbpension.

Alpengasthof Löwen
Paßstr. 17 ✉ 87541 – ✆ (08324) 97 30 – www.loewen-oberjoch.de – geschl. 5. November - 20. Dezember
37 Zim ☕ – †50/63 € ††84/146 € – ½ P 16 € – 2 Suiten
Rest – (geschl. Mai - November: Montag) Karte 16/32 €
♦ Mit einer gemütlichen kleinen Lobby empfängt Sie der in über 1000 m Höhe gelegene Alpengasthof mit langer Familientradition. Ältere und neuere Zimmer. Behaglich sind auch das nette Restaurant und die urige Stube.

HINDELANG, BAD

Heckelmiller
Ornachstr. 8 ⊠ *87541* – ℰ *(08324) 98 20 30*
– *www.heckelmiller.de* – *geschl. 15. April - 12. Mai, 1. November - 15. Dezember*
23 Zim ⊒ – †47/62 € ††80/130 € – ½ P 15 €
Rest – *(geschl. Donnerstag) (nur Abendessen für Hausgäste)*
♦ Die Zimmer in dem familiengeführten Landhaus sind wohnlich eingerichtet, teilweise nach Süden gelegen und bieten eine herrliche Sicht. Der Bergbahnpass ist inklusive.

In Bad Hindelang-Unterjoch Nord-Ost: 11 km über B 308

Edelsberg
Am Edelsberg 10 ⊠ *87541* – ℰ *(08324) 98 00 00*
– *www.hotel-edelsberg.de*
27 Zim (inkl. ½ P.) – †56/79 € ††112/178 €
Rest – *(nur Abendessen für Hausgäste)*
♦ Ein ruhig am Ortsrand gelegener Familienbetrieb mit netter Aussicht, in dem gepflegte, solide Gästezimmer zur Verfügung stehen.

HINTERZARTEN – Baden-Württemberg – **545** – 2 620 Ew – Höhe 893 m — **61** E21
– Wintersport: 1 200 m ✦3 ✦ – Heilklimatischer Kurort

▶ Berlin 785 – Stuttgart 161 – Freiburg im Breisgau 24 – Donaueschingen 38
🛈 Freiburger Str. 1, ⊠ 79856, ℰ (07652) 12 06 82 00, www.hochschwarzwald.de
◎ Titisee★★ Ost: 5 km

Parkhotel Adler
Adlerplatz 3 ⊠ *79856* – ℰ *(07652) 12 70*
– *www.parkhoteladler.de*
56 Zim ⊒ – †130/160 € ††178/298 € – ½ P 42 € – 6 Suiten
Rest *Marie Antoinette* **Rest** *Wirtshaus* – siehe Restaurantauswahl
♦ Wer Komfort sucht, findet ihn in gediegen-eleganten Zimmern mit schönen Stoffen und moderner Technik - im historischen Schwarzwaldhaus (Allergiker-) Zimmer mit ländlichem Flair. Beauty und Spa im Park auf rund 1200 qm.

Kesslermühle
Erlenbrucker Str. 45 ⊠ *79856* – ℰ *(07652) 12 90*
– *www.kesslermuehle.de* – *geschl. 11. November - 16. Dezember*
47 Zim (inkl. ½ P.) – †78/147 € ††178/206 € – 6 Suiten
Rest – *(nur für Hausgäste)*
♦ Ringsum Wiesen und Wanderwege, im Winter Loipen direkt vor der Tür. Kinder freuen sich über den kleinen Hauszoo im Garten, Kosmetik- und Massage-Angebote für die Großen.

Thomahof
Erlenbrucker Str. 16 ⊠ *79856* – ℰ *(07652) 12 30* – *www.thomahof.de*
46 Zim (inkl. ½ P.) – †122/142 € ††204/240 € – 1 Suite
Rest – Menü 34/40 € – Karte 31/53 €
♦ Schön wohnt man in dem persönlich geführten Haus in freundlichen Zimmern, die in der Größe sehr unterschiedlich sind. Die meisten mit Balkon, die zum Garten sind besonders angenehm. Einige mit Kachelofen. Restaurant mit gemütlicher Atmosphäre und regionalem Angebot.

Erfurths Bergfried
Sickinger Str. 28 ⊠ *79856* – ℰ *(07652) 12 80* – *www.bergfried.de*
43 Zim (inkl. ½ P.) – †101/130 € ††200/340 € – 1 Suite
Rest – Karte 26/46 €
♦ Gemütlich-elegantes Wohlfühlambiente, ruhige Lage und engagierte Gastgeber. In zwei geräumigen Juniorsuiten haben Sie Ihren eigenen kleinen Spa in Form von Sauna oder Whirlwanne. Zudem bietet man geschmackvolle Appartements in der Residenz gegenüber.

HINTERZARTEN

Reppert
Adlerweg 21 ⌧ 79856 – ✆ (07652) 1 20 80 – www.reppert.de – geschl. 19. November - 6. Dezember
42 Zim – †105/150 € ††198/278 € – ½ P 15 € – 4 Suiten
Rest – Karte 30/56 €
• In langer Familientradition bewahren die Repperts den klassischen Stil ihres Hauses. Wellness schreibt man hier ganz groß: sehr vielfältige Anwendungen, orientalisches Bad und eigenes Solebecken. Elegantes Restaurant mit hochwertigem Angebot im Rahmen der Halbpension.

Sonnenberg
Am Kesslerberg 9 ⌧ 79856 – ✆ (07652) 1 20 70 – www.hotel-sonnenberg.com – geschl. November 2 Wochen
19 Zim – †75/90 € ††120/160 € – ½ P 18 € – 1 Suite
Rest – *(nur Abendessen für Hausgäste)* Menü 18/35 €
• Mit Engagement sorgen Klauspeter und Freia Lehmann dafür, dass die Gäste hier stets ein beispielhaft gepflegtes Domizil mit individuellen Zimmern vorfinden. Ruhige Lage mit Talsicht. Physiotherapie und Kosmetik.

Schwarzwaldhof - Gästehaus Sonne
Freiburger Str. 2 ⌧ 79856 – ✆ (07652) 1 20 30 – www.schwarzwaldhof.com – geschl. 20. März - 3. April, 7. November - 12. Dezember
40 Zim – †45/55 € ††74/102 € – ½ P 16 € – 1 Suite
Rest – *(geschl. Dienstag)* Menü 16 € (mittags)/22 € – Karte 16/33 €
• Das Hotel beim Bahnhof besteht aus dem über 110 Jahre alten Schwarzwaldhof und einem Gästehaus mit privater Atmosphäre. Nett ist das getäfelte Turmzimmer mit Himmelbett. Restaurant mit bürgerlichem Angebot, ergänzt durch eine rustikale Stube.

Imbery (mit Gästehaus)
Rathausstr. 14 ⌧ 79856 – ✆ (07652) 9 10 30 – www.hotel-imbery.de – geschl. 12. März - 4. April, 26. November - 20. Dezember
31 Zim – †36/57 € ††72/108 €
Rest – *(geschl. Donnerstag)* Menü 13 € (mittags)/26 € – Karte 21/40 €
• Ein gepflegter Familienbetrieb, dessen ruhig nach hinten gelegenes Gästehaus die komfortableren Zimmer bietet. Auch ein Café befindet sich im Haus. Bürgerliches Speisenangebot im Restaurant. Zusätzlich zur Terrasse hat man einen Biergarten unter einer Linde.

Marie Antoinette – Parkhotel Adler
Adlerplatz 3 ⌧ 79856 – ✆ (07652) 12 73 00 – www.parkhoteladler.de
Rest – *(nur Abendessen)* Menü 56 € – Karte 38/65 €
• Das Schöne an dieser Stätte der Gastlichkeit ist, mit welchem Geschick das Familienunternehmen seit 1446 geführt wird. Besonders in den Stuben ist der traditionelle Geist auf charmante Weise erhalten geblieben.

Wirtshaus – Parkhotel Adler
Adlerplatz 3 ⌧ 79856 – ✆ (07652) 12 73 00 – www.parkhoteladler.de
Rest – Karte 32/58 €
• Urig geht's zu im "Wirtshus"! Ob nur auf ein Bier, ein Viertele oder eine Stärkung mit badischen Schmankerln - probieren Sie es aus!

In Hinterzarten-Alpersbach West: 5 km

Waldhotel Fehrenbach
Alpersbach 9 ⌧ 79856 – ✆ (07652) 9 19 40 – www.waldhotel-fehrenbach.de – geschl. 17. Januar - 9. Februar
14 Zim – †68/78 € ††118/128 € – ½ P 28 €
Rest *Zur Esche* – siehe Restaurantauswahl
• Hier überzeugt die ländliche Idylle. Das kleine Hotel im Schwarzwälder Stil wird seit 1908 familiär geführt und bietet nett dekorierte Gästezimmer und eine saisonale Küche. Eigene Quelle.

HINTERZARTEN

Gasthaus Engel
Alpersbach 14 – 79856 – ℘ (07652) 15 39 – www.engel-hinterzarten.de
– geschl. Mitte April 2 Wochen, Mitte November - Mitte Dezember
9 Zim – †46/49 € ††78/90 € – ½ P 14 € – 2 Suiten
Rest – (geschl. Donnerstag) Karte 20/41 €
• Familien schätzen diese ruhig gelegene Urlaubsadresse in 1030 m Höhe. Die Zimmer sind geräumig und verfügen über einen Balkon, meist mit schöner Aussicht über den Wald. Für Pferde stehen hier auch Gastboxen bereit. Behagliche rustikale Gaststube.

Zur Esche – Waldhotel Fehrenbach
Alpersbach 9 – 79856 – ℘ (07652) 9 19 40 – www.waldhotel-fehrenbach.de – geschl. 17. Januar - 9. Februar und Mittwoch
Rest – Menü 25 € (mittags)/52 € – Karte 30/47 €
• Überall gewähren hübsche rustikale Accessoires in den mit Zirbelholz verkleideten Stuben Einsicht in die heimelige Region des Schwarzwaldes. Frische Kräuter stehen bei Josef Fehrenbach immer auf dem Speiseplan. Außerdem produziert er Tees und Marmeladen, die Sie erstehen können!

In Hinterzarten-Bruderhalde Süd-Ost: 7,5 km über B 31

Alemannenhof (mit Gästehaus)
Bruderhalde 21 (am Titisee) – 79822 Titisee
– ℘ (07652) 9 11 80 – www.hotel-alemannenhof.de
60 Zim – †77/135 € ††110/220 € – ½ P 26 € – 3 Suiten
Rest – Menü 20 € (mittags)/55 € – Karte 24/61 €
• Ein Haus mit schwarzwaldtypischer Schindelfassade - und Traumblick auf den Titisee. Einige ganz moderne Zimmer mit offenem Bad. Appartements 150 m entfernt. Kosmetik und Massage. Ländlicher Charme und regionale Küche im Restaurant. Tolle Sonnenterrasse.

HIRSCHAID – Bayern – **546** – 11 670 Ew – Höhe 248 m **50 K15**
▶ Berlin 415 – München 218 – Coburg 58 – Nürnberg 47

In Hirschaid-Röbersdorf West: 5 km

Gasthaus Wurm
Ringstr. 40 – 96114 – ℘ (09543) 8 43 30 – www.gasthaus-wurm.de
– geschl. 9. - 27. Januar
12 Zim – †48 € ††75 € – ½ P 15 €   **Rest** – (geschl. Montag) Karte 11/34 €
• Mitten im Dorf steht das kleine Hotel mit rosa Fassade, das von Familie Wurm mit Herz und Engagement geleitet wird. Ein tipptopp gepflegtes Haus mit freundlichen Zimmern, darunter einige hübsche individuelle Blümchenzimmer. Dazu kommt ein gutes Frühstück. In liebenswerten ländlichen Stuben serviert man fränkische Küche.

In Buttenheim Süd-Ost: 3,5 km, jenseits der A 73

Landhotel Schloss Buttenheim garni
Schloss-Str. 16 – 96155 – ℘ (09545) 9 44 70 – www.landhotel-buttenheim.de
8 Zim – †49/55 € ††69/85 €
• Das im 18. Jh. erbaute ehemalige Forsthaus des Schlosses beherbergt charmante Zimmer, jedes in einer anderen freundlichen Farbe. Auf dem Anwesen befindet sich auch ein Weinhandel.

HIRSCHBERG – Baden-Württemberg – **545** – 9 500 Ew – Höhe 120 m **47 F16**
▶ Berlin 613 – Stuttgart 131 – Mannheim 29 – Darmstadt 50

In Hirschberg-Großsachsen

Krone
Landstr. 9 (B 3) – 69493 – ℘ (06201) 50 50 – www.krone-grosssachsen.de
64 Zim – †60/80 € ††80/100 €
Rest *Krone* – siehe Restaurantauswahl
• Vom Einzel- bis zum Vierbettzimmer, von neuzeitlich bis alpenländisch reicht das Zimmerangebot im Stammhaus, im Haus Bergstraße und im Haus Kärnten.

HIRSCHBERG

Krone – Hotel Krone
Landstr. 9 (B 3) ⌧ 69493 – ☎ (06201) 50 50 – www.krone-grosssachsen.de
Rest – Karte 24/49 €
♦ Da lohnt sich ein Abstecher von der nahen A5, denn die "Krone" ist seit vielen Jahrzehnten bekannt für gute Gastlichkeit. In den verschiedenen Stuben (eine gemütlicher als die andere) lässt Alexander Hahn Schmackhaftes wie z. B. Zanderfilet auf gegrilltem Spargel servieren.

HITZACKER (ELBE) – Niedersachsen – 541 – 4 910 Ew – Höhe 12 m   20 K6
▶ Berlin 241 – Hannover 143 – Lüneburg 50 – Hamburg 102

Hafen Hitzacker
Am Weinberg 2 ⌧ 29456 – ☎ (05862) 9 87 80
31 Zim – †75/100 € ††85/110 €   **Rest** – Karte 17/26 €
♦ Das Haus hat so seine Besonderheiten: Da wäre zum einen die Jeetzel (Elbzufluss), die die beiden Gebäude trennt (das Restaurant Dierks erreicht man über den "Hiddosteg"!), zum anderen sind die Zimmer riesig (55-90 qm!), wertig und meist mit Hafen- oder Weinbergblick.

HOCHHEIM am MAIN – Hessen – 543 – 16 880 Ew – Höhe 129 m   47 F15
▶ Berlin 559 – Wiesbaden 12 – Frankfurt am Main 31 – Darmstadt 32

Zielonka garni
Hajo-Rüter-Str. 15 (Gewerbegebiet Ost) ⌧ 65239 – ☎ (06146) 9 06 70
– www.zielonka-privathotel.de – geschl. 23. - 31. Dezember
20 Zim – †97/127 € ††127/137 €
♦ In einem Industriegebiet befindet sich das gepflegte kleine Businesshotel mit funktionalen Zimmern und Kaminlounge in geradlinig-modernem Stil. Fitnessstudio mit Sauna nebenan.

Im Weinegg
Kirchstr. 38 ⌧ 65239 – ☎ (06146) 90 73 99 21 – www.weinegg.de – geschl. Dienstag, Januar - März: Montag - Dienstag
Rest – Menü 33/42 € – Karte 24/55 €
♦ An ein schönes altes Weingut hat man das über zwei Ebenen angelegte Restaurant angeschlossen. Es erwartet Sie eine angenehm helle Einrichtung mit mediterraner Note sowie saisonale Küche.

HODENHAGEN – Niedersachsen – 541 – 3 140 Ew – Höhe 25 m   18 H7
▶ Berlin 322 – Hannover 62 – Braunschweig 99 – Bremen 70

Domicil Hotel
Hudemühlenburg 18 ⌧ 29693 – ☎ (05164) 80 90
– www.domicil-hodenhagen.bestwestern.de
122 Zim – †95/105 € ††120/150 €   **Rest** – Menü 25/55 € – Karte 22/41 €
♦ Das Tagungshotel am Ufer der Aller bietet funktionelle, hell eingerichtete Gästezimmer, die sich auf Alt- und Neubau verteilen. Mühlenstube, Parkrestaurant und Gartenterrasse bilden den gastronomischen Bereich.

HÖCHENSCHWAND – Baden-Württemberg – 545 – 2 570 Ew   62 E21
– Höhe 1 008 m – Wintersport: 1015 m ⛷ ⛸ – Heilklimatischer Kurort
▶ Berlin 809 – Stuttgart 186 – Freiburg im Breisgau 56 – Donaueschingen 63
ℹ Dr. Rudolf-Eberle-Str. 3, ⌧ 79862, ☎ (07672) 4 81 80, www.hoechenschwand.de

Alpenblick
St.-Georg-Str. 9 ⌧ 79862 – ☎ (07672) 41 80 – www.alpenblick-hotel.de
27 Zim (inkl. ½ P.) – †125 € ††230/250 €   **Rest** – Karte 30/58 €
♦ Bio und Wellness werden in diesem Ferienhotel groß geschrieben. Wohnliche Zimmer sowie schöner Spabereich mit Sole-Pool und Salzraum. Gemütliche Restaurantstuben u. a. mit tiereiweiß- und glutenfreier Küche sowie Rösti- und Flambi-Spieß-Karte.

HÖCHENSCHWAND

Nägele (mit Gästehaus)
Bürgermeister-Huber-Str. 11 ✉ 79862 – ✆ (07672) 9 30 30 – www.hotel-naegele.de
34 Zim – †52/64 € ††104/132 € – ½ P 19 €
Rest – Menü 17/45 € – Karte 24/47 €
• Ein gewachsenes Haus unter familiärer Leitung mit gut gepflegten, soliden Zimmern, teilweise mit Balkon, sowie einem freundlich gestalteten Saunabereich und Ayurveda-Angebot. Teil des Restaurants ist die behagliche Maximilianstube mit Kachelofen und Bar.

Porten's Hotel Fernblick garni
Im Grün 15 ✉ 79862 – ✆ (07672) 9 30 20 – www.porten.de
37 Zim – †46/48 € ††92/96 €
• Das Hotel befindet sich in recht ruhiger Lage in einem Wohngebiet. Die gepflegten Gästezimmer verfügen teilweise über einen Balkon. Terrasse zum Frühstücken.

Hubertusstuben
Kurhausplatz 1 , (Eingang St.-Georg-Straße) (1. Etage) ✉ 79862 – ✆ (07672) 41 16 01
– www.porten.de – geschl. 9. - 30. Januar und Dienstag
Rest – (Montag - Freitag nur Abendessen) Menü 28 € – Karte 24/48 €
• Ein gut geführtes Restaurant mit ansprechendem Speiseangebot und freundlichem Service. In gediegenem Ambiente nimmt man an schön eingedeckten Tischen Platz.

HÖCHST im ODENWALD – Hessen – **543** – 9 680 Ew – Höhe 157 m — **48** G15
– Erholungsort

▶ Berlin 578 – Wiesbaden 78 – Frankfurt am Main 61 – Mannheim 78

In Höchst-Hetschbach Nord-West: 2 km über B 45 Richtung Groß-Umstadt

Zur Krone (mit Gästehaus)
Rondellstr. 20 ✉ 64739 – ✆ (06163) 93 10 00 – www.krone-hetschbach.de – geschl.
Januar 1 Woche, Juli - August 2 Wochen
20 Zim – †50 € ††90/96 € – ½ P 24 €
Rest Wirtschaft ⓡ **Rest** Zur Krone – siehe Restaurantauswahl
• In dem engagiert geführten Hotel bieten die Geschwister Wölfelschneider ihren Gästen wohnliche, gut ausgestattete Zimmer sowie einen netten Garten mit kleinem Teich.

Zur Krone – Hotel Zur Krone
Rondellstr. 20 ✉ 64739 – ✆ (06163) 93 10 00 – www.krone-hetschbach.de – geschl.
Januar 1 Woche, Juli - August 2 Wochen, Montag und Donnerstag
Rest – Menü 39/94 € – Karte 38/59 €
• Karl-Ludwig Wölfelschneider kredenzt eine gehobene Küche mit saisonalen Einflüssen. Lassen Sie sich z. B. Loup de mer auf Paprika-Zucchinigemüse mit Safran-Kräuterfond und Parmesanravioli schmecken.

Wirtschaft – Hotel Zur Krone
Rondellstr. 20 ✉ 64739 – ✆ (06163) 93 10 00 – www.krone-hetschbach.de – geschl.
Januar 1 Woche, Juli - August 2 Wochen, Montag und Donnerstagmittag
Rest – Menü 23 € – Karte 21/41 €
• Die deftige Küche passt zu dem unkomplizierten, legeren Ambiente der "Wirtschaft". Liebhaber Odenwälder Schmankerln kommen hier auf ihre Kosten! Die "Landhuhnbrust in Rosmarin gebraten auf Spinatgraupen mit gefüllten Champignons" ist ein gutes Beispiel dafür.

HÖCHSTADT an der AISCH – Bayern – **546** – 13 180 Ew – Höhe 273 m — **50** K16
▶ Berlin 435 – München 210 – Nürnberg 43 – Bamberg 31

In Gremsdorf Ost: 3 km über B 470

Landgasthof Scheubel
Hauptstr. 1 (B 470) ✉ 91350 – ✆ (09193) 6 39 80 – www.scheubel.de
27 Zim – †27/60 € ††46/80 € **Rest** – Karte 15/33 €
• Der erweiterte Gasthof ist seit 250 Jahren im Besitz der Familie Scheubel. Die Zimmer sind solide, funktionell und z. T. kürzlich renoviert. Gute Autobahnanbindung. Bürgerliche Küche im Restaurant mit Wintergarten und Terrasse. Restaurierte Scheune für Feiern

HÖFEN an der ENZ – Baden-Württemberg – 545 – 1 650 Ew — 54 F18
– Höhe 369 m – Luftkurort
▶ Berlin 680 – Stuttgart 68 – Karlsruhe 44 – Freudenstadt 48
🛈 Wildbader Str. 1, ✉ 75339, ℰ (07081) 78 40, www.hoefen-enz.de

Ochsen
Bahnhofstr. 2 ✉ 75339 – ℰ (07081) 79 10 – www.ochsen-hoefen.de
53 Zim ⌕ – †65/85 € ††110/138 € – ½ P 23 € – 3 Suiten **Rest** – Karte 25/48 €
♦ Hier erwarten Sie eine moderne großzügige Lobby, ein schöner zeitgemäßer Saunabereich in Holz und Stein sowie wohnliche Zimmer. Kleine Piazza für Veranstaltungen. Eine schöne Terrasse zur Enz ergänzt die netten ländlichen Restaurantstuben.

HÖGERSDORF – Schleswig-Holstein – siehe Segeberg, Bad

HÖHN – Rheinland-Pfalz – 543 – 3 090 Ew – Höhe 508 m — 37 E13
▶ Berlin 566 – Mainz 96 – Koblenz 53 – Wiesbaden 75

Millé
Rheinstr. 2 ✉ 56462 – ℰ (02661) 84 48 – www.restaurant-mille.de
– geschl. 1. - 12. Oktober und Montag - Dienstag
Rest – (Mittwoch - Samstag nur Abendessen) Menü 36/48 € – Karte 34/49 €
♦ Herzlich leitet Familie Millé das behagliche Restaurant in der Ortsmitte. Geboten wird internationale Küche, die im Sommer auch im schön angelegten Garten serviert wird.

HÖHR-GRENZHAUSEN – Rheinland-Pfalz – 543 – 9 300 Ew — 36 D14
– Höhe 250 m
▶ Berlin 584 – Mainz 94 – Koblenz 19 – Limburg an der Lahn 35
🛈 Rathausstr. 10, ✉ 56203, ℰ (02624) 1 94 33, www.kannenbaeckerland.de

Heinz
Bergstr. 77 ✉ 56203 – ℰ (02624) 9 43 00 – www.hotel-heinz.de
– geschl. 22. - 25. Dezember
88 Zim ⌕ – †85/120 € ††130/210 € **Rest** – Karte 31/70 €
♦ Der gut geführte Familienbetrieb auf einer Anhöhe hält ein umfassendes Wellnessangebot für Sie bereit. Zimmer in den Kategorien Klassik, Basic und Lebensart sowie ansprechende Themenzimmer. Restaurant mit individuell gestalteten Räumen und netter Gartenterrasse.

Silicium
Schillerstr. 2 ✉ 56203 – ℰ (02624) 94 16 80 – www.hotel-silicium.de
– geschl. 22. - 25. Dezember
54 Zim ⌕ – †60/75 € ††90/105 € – ½ P 20 € **Rest** – Karte 18/40 €
♦ Die ehemalige Glasfabrik präsentiert sich heute mit geradlinig-modernem Interieur. Die Zimmer sind technisch gut ausgestattet, darunter auch einige Allergikerzimmer. Restaurant mit Front-Cooking, dazu eine trendige Bar. Eventküche für Kochkurse und Kochduelle.

Im Stadtteil Grenzau Nord: 1,5 km

Zugbrücke
Brexbachstr. 11 ✉ 56203 – ℰ (02624) 10 50 – www.zugbruecke.de
138 Zim ⌕ – †64/99 € ††98/168 € – 2 Suiten **Rest** – Karte 29/45 €
♦ Das Hotel in ruhiger Tallage am Brexbach ist ideal für Tagungen, daneben schätzen Wochenendgäste das große Freizeitangebot. Die Zimmer sind teilweise ganz modern, im Gästehaus gegenüber einfacher.

HÖNNINGEN, BAD – Rheinland-Pfalz – 543 – 5 740 Ew – Höhe 65 m — 36 C13
– Heilbad
▶ Berlin 617 – Mainz 125 – Koblenz 37 – Bonn 35
🛈 Neustr. 2a, ✉ 53557, ℰ (02635) 22 73, www.bad-hoenningen.de

HÖNNINGEN, BAD

St. Pierre garni
Hauptstr. 138, (1.Etage) ✉ 53557 – ✆ (02635) 20 91 – www.hotelpierre.de – geschl. 20. - 28. Dezember
19 Zim – †55/65 € ††86/96 € – 2 Suiten
♦ Gegenüber dem Rathaus steht das freundlich geführte kleine Hotel mit den gepflegten und praktisch ausgestatteten Zimmern. Die zwei geräumigen Suiten sind auch für Familien geeignet.

HÖVELHOF – Nordrhein-Westfalen – 543 – 16 030 Ew – Höhe 107 m — 28 F10
▶ Berlin 413 – Düsseldorf 189 – Bielefeld 33 – Detmold 30

Victoria
Bahnhofstr. 35 ✉ 33161 – ✆ (05257) 9 37 70 – www.93770.de
49 Zim – †52/97 € ††82/119 € **Rest** – *(geschl. Samstagmittag)* Karte 21/47 €
♦ Der Gasthof gegenüber dem Bahnhof ist zu einem neuzeitlichen Hotel gewachsen, das familiär geleitet wird. Fragen Sie nach den neueren und besonders modernen Gästezimmern. Restaurant in bürgerlichem Stil, ergänzt durch einen Bistrobereich.

Gasthof Brink
Allee 38 ✉ 33161 – ✆ (05257) 32 23 – geschl. 1. - 14. Januar, Anfang Juli - Mitte August 3 Wochen und Montag
Rest – *(nur Abendessen)* (Tischbestellung ratsam) Menü 35/85 € – Karte 27/56 €
♦ Bis ins Jahr 1880 geht die Familientradition dieses Hauses zurück. In dem hellen, eleganten Restaurant leitet die Chefin den freundlichen Service, Florian Brink kocht schmackhafte klassische Speisen.

In Hövelhof-Riege Nord-West: 5 km Richtung Kaunitz, dann rechts ab

Gasthaus Spieker mit Zim
Detmolder Str. 86 ✉ 33161 – ✆ (05257) 22 22 – www.gasthaus-spieker.de – geschl. Montag, außer an Feiertagen
13 Zim – †45/55 € ††70/95 € **Rest** – *(nur Abendessen)* Karte 23/47 €
♦ Der Familienbetrieb bietet regionale und internationale Küche, die in modern-rustikalem Ambiente serviert wird. Zum Restaurant gehören ein Wintergarten, eine legere Weinbar und eine nette Terrasse. Auch ein schöner Festsaal ist vorhanden. Für Übernachtungsgäste hat man wohnliche Zimmer in warmen Farben.

HÖXTER – Nordrhein-Westfalen – 543 – 31 420 Ew – Höhe 95 m — 28 H10
▶ Berlin 362 – Düsseldorf 225 – Hannover 86 – Kassel 70
ℹ Weserstr. 11, ✉ 37671, ✆ (05271) 1 94 33, www.hoexter.de
◉ Wesertal ★ (von Höxter bis Hann. Münden)

Niedersachsen
Grubestr. 3 ✉ 37671 – ✆ (05271) 68 80 – www.hotelniedersachsen.de
80 Zim – †85/140 € ††120/220 € **Rest** – Menü 20/45 € – Karte 16/50 €
♦ Das gut geführte, auch von Geschäftsleuten geschätzte Hotel bietet unterschiedliche Zimmertypen, freundlichen Service und den schönen Freizeitbereich Corbie-Therme. Restaurant Huxori-Stube mit internationaler Küche, kleine Gerichte in der Sachsenklause.

HOF – Bayern – 546 – 46 780 Ew – Höhe 500 m — 41 M14
▶ Berlin 317 – München 283 – Bayreuth 55 – Nürnberg 133
✈ Pirk 20a (Süd-West: 5 km, über Ernst-Reuter-Straße Z und B 2) ✆ (09292) 97 70
ADAC Hans-Böckler Str. 10 Y
ℹ Ludwigstr. 24 Y, ✉ 95028, ✆ (09281) 81 56 66, www.hof.de
⛳ Gattendorf-Haidt, Gumpertsreuth 25, ✆ (09281) 47 01 55

Stadtplan auf der nächsten Seite

Central
Kulmbacher Str. 4 ✉ 95030 – ✆ (09281) 60 50 – www.hotel-central-hof.de
103 Zim – †89/129 € ††99/139 €
Yh
Rest – *(Juli - August nur Abendessen)* Menü 35 € (mittags)/65 € – Karte 15/49 €
♦ In dem Familienbetrieb stehen wohnliche Zimmer mit gutem Platzangebot bereit. Dazu Indoor-Golf, ein ansprechender Saunabereich sowie Kosmetik und Massage. Restaurant mit rustikalem Ambiente.

HOF

Altstadt	Z
Bayreuther Str.	Y 2
Enoch-Widman-Str.	Y 3
Hallstr.	Y 5
Karolinenstr.	Y 6
Kurt-Schuhmacher-Pl.	Z 7
Lorenzstr.	Y
Ludwigstr.	Y
Luitpoldstr.	Y
Marienstr.	Y
Michaelisbrücke	Y
Mittlerer Anger	Y 9
Oberer Anger	Z 10
Ossecker Str.	Z 13
Pestalozzipl.	Z 15
Schützenstr.	Z 16
Unteres Tor	Y 18

Burghof garni
Bahnhofstr. 53 ✉ *95028* – ✆ *(09281) 81 93 50*
– www.hotel-burghof.com
22 Zim ⌧ – ♦69/89 € ♦♦79/99 €
  ♦ Das hübsche Stadthaus aus dem frühen 20. Jh. ist ein nettes familiär geleitetes Hotel, das wohnliche Gästezimmer mit cremefarbenem Stilmobiliar bietet.

Zt

Am Maxplatz garni
Maxplatz 7 / Ludwigstr. 15 ✉ *95028* – ✆ *(09281) 17 39* – www.hotel-am-maxplatz.de
– geschl. Weihnachten
18 Zim ⌧ – ♦64/85 € ♦♦88/108 €
  ♦ Mitten im Zentrum, nahe dem Rathaus gelegenes gepflegtes kleines Hotel, das in einem denkmalgeschützten Haus mit Gewölbedecken beheimatet ist.

Yr

HOFBIEBER – Hessen – **543** – 6 290 Ew – Höhe 380 m – Luftkurort   39 I13
▶ Berlin 434 – Wiesbaden 209 – Fulda 14 – Bad Hersfeld 40
🛈 Schulweg 5, ✉ 36145, ✆ (06657) 98 74 11, www.hofbieber-tourismus.de
⛳ Hofbieber, Am Golfplatz, ✆ (06657) 13 34

HOFBIEBER

In Hofbieber-Fohlenweide Süd-Ost: 6 km über Langenbieber

Fohlenweide
Fohlenweide 1 ✉ 36145 – ℰ (06657) 98 80 – www.fohlenweide.de
27 Zim – †62/70 € ††110/136 €, ⚏ 10 € – ½ P 30 € – 1 Suite
Rest – Karte 15/46 €
♦ In dem ehemaligen Gutshof ist ein besonders familienfreundliches Hotel entstanden. Verschiedene Zimmertypen in wohnlich-ländlichem Stil. Mit Reitmöglichkeiten. Rustikal-elegantes Restaurant.

In Hofbieber-Steens Süd-Ost: 8 km über Langenbieber und Elters

Landhotel Lothar Mai Haus
Lothar-Mai-Str. 1 ✉ 36145 – ℰ (06657) 9 60 80
– www.hotel-lothar-mai-haus-rhoen.de
30 Zim ⚏ – †62/70 € ††114/126 € – ½ P 19 € – 2 Suiten **Rest** – Karte 22/40 €
♦ Einen schönen Blick über Wald und Wiesen genießt man von dem auf einer Anhöhe gelegenen Hotel. Neuzeitliche Zimmer, Kosmetik- und Massage-Angebot sowie eine Bar für Raucher. Gemütlich-rustikales Restaurant und Terrasse mit grandioser Aussicht.

HOFGEISMAR – Hessen – **543** – 15 850 Ew – Höhe 156 m   28 H11
▶ Berlin 407 – Wiesbaden 245 – Kassel 24 – Paderborn 63
🛈 Markt 5, ✉ 34369, ℰ (05671) 5 07 04 00, www.reinhardswald.de

Zum Alten Brauhaus
Marktstr. 12 ✉ 34369 – ℰ (05671) 30 81 – www.zumaltenbrauhaus.de – geschl. 27. Dezember - 8. Januar
22 Zim ⚏ – †43/50 € ††70/80 € – 2 Suiten
Rest – *(geschl. Sonntagabend - Montagmittag)* Karte 12/33 €
♦ In der Fußgängerzone mitten im malerischen Ortskern liegt das von zwei Brüdern geleitete Traditionsgasthaus mit den gepflegten und solide eingerichteten Zimmern. Das Restaurant ist im bürgerlichen Stil gehalten.

Blauer Dragoner
Garnisonsgalerie 4 ✉ 34369 – ℰ (05671) 92 03 03 – www.blauer-dragoner.de
– geschl. Anfang Januar 1 Woche und Montag, Samstagmittag
Rest – Karte 18/49 €
♦ Mit freundlichem Service sowie regionalen und internationalen Speisen kümmert sich das Ehepaar Seidel in der ehemaligen Dragonerkaserne mit schöner Innenhofterrasse um die Gäste.

HOFHEIM am TAUNUS – Hessen – **543** – 38 270 Ew – Höhe 136 m   47 F15
▶ Berlin 550 – Wiesbaden 20 – Frankfurt am Main 22 – Limburg an der Lahn 54
🛈 Chinonplatz 2, ✉ 65719, ℰ (06192) 20 22 83, www.hofheim.de
🅿 Hofheim am Taunus, Reifenberger Straße, ℰ (06192) 20 99 00

Dreispitz
In der Dreispitz 6 (an der B 519) ✉ 65719 – ℰ (06192) 9 65 20
– www.hotel-dreispitz.de – geschl. 20. Dezember - 5. Januar, 15. Juli - 15. August
24 Zim – †70/79 € ††89/99 €
Rest – *(geschl. Donnerstag - Freitag) (nur Abendessen)* Karte 18/39 €
♦ Das seit mehreren Generationen familiengeführte Hotel verfügt über recht unterschiedliche Gästezimmer von zeitgemäß bis rustikal. Das Haus wird gerne von Geschäftsleuten genutzt. Bürgerliche Küche im rustikalen Restaurant.

Die Scheuer
Burgstr. 12 ✉ 65719 – ℰ (06192) 2 77 74 – www.die-scheuer.de – geschl. Montag
Rest – Menü 38 € (vegetarisch)/120 € – Karte 34/57 €
♦ Ein charmantes Restaurant über zwei Etagen in einem kleinen Fachwerkhaus a. d. 17. Jh. Sympathischer Service und frische regionale Speisen mit Geschmack. Bistro Schmiede gegenüber.

HOFHEIM am TAUNUS

In Hofheim-Diedenbergen Süd-West: 3 km über B 519

Romano
Casteller Str. 68 ⊠ 65719 – ℰ (06192) 3 71 08 – www.ristorante-romano.com
– geschl. über Weihnachten, Juli - Anfang August 2 Wochen und Montag, Samstagmittag
Rest – Karte 32/66 €
♦ In diesem Familienbetrieb stehen Mutter und Vater am Herd, der Sohn serviert freundlich-leger die italienischen Gerichte. Schwerpunkt des auf einer Tafel empfohlenen Angebots ist Fisch.

HOHEN DEMZIN – Mecklenburg-Vorpommern – 542 – 460 Ew   13 N5
– Höhe 70 m

▶ Berlin 178 – Schwerin 96 – Neubrandenburg 62 – Waren 26

Schlosshotel Burg Schlitz
(Nahe der B 108, Süd: 2 km, Richtung Waren) ⊠ 17166
– ℰ (03996) 1 27 00 – www.burg-schlitz.de – geschl. Februar
20 Zim – †129/150 € ††198/240 €, ⊇ 19 € – 5 Suiten
Rest *Rittersaal* – siehe Restaurantauswahl
Rest *Brasserie Louise* – (Mittwoch - Sonntag nur Mittagessen) Karte 26/49 €
♦ Das imposante Schloss auf dem 180 ha großen Anwesen wurde 1806 von Graf Schlitz erbaut und ist heute ein aufwändig und edel mit Stil und Geschmack eingerichtetes Hotel. International speist man in der Brasserie Louise und auf der schönen Terrasse zum Park.

Rittersaal – Schlosshotel Burg Schlitz
(Nahe der B 108, Süd: 2 km, Richtung Waren) ⊠ 17166 – ℰ (03996) 1 27 00
– www.burg-schlitz.de – geschl. Februar und Montag - Dienstag
Rest – Menü 52/98 €
♦ Ein überaus stilvoller Rahmen erwartet Sie in dem eindrucksvollen historischen Raum. Geboten wird eine gehobene Küche auf klassischer Basis mit Wild und Fisch aus der Region.

HOHENKAMMER – Bayern – 546 – 2 290 Ew – Höhe 471 m   58 L19
▶ Berlin 560 – München 41 – Augsburg 84 – Landshut 69

Hohenkammer
Schlossstr. 25 ⊠ 85411 – ℰ (08137) 93 44 43 – www.feinkost-kaefer.de
Rest – Menü 32/52 € – Karte 38/60 €
♦ Ein modernes Restaurant in den schönen Gewölben der ehemaligen Schlossbrauerei. Geboten wird eine zeitgemäße Küche auf klassischer Basis. Nett sitzt man auch im Biergarten.

HOHENSTEIN – Hessen – 543 – 6 140 Ew – Höhe 340 m   47 E14
▶ Berlin 572 – Wiesbaden 23 – Koblenz 64

Hofgut Georgenthal
Georgenthal 1 (Süd-Ost: 5,5 km über Steckenroth, Richtung Strinz-Margarethä)
⊠ 65329 – ℰ (06128) 94 30 – www.hofgut-georgenthal.de
40 Zim ⊇ – †119/159 € ††159/199 € – 1 Suite
Rest *Giorgios* – Karte 29/42 €
♦ Einsam liegt der ehemalige Zehnthof a. d. J. 1692 umgeben von Wald und Wiese. Das Hotel bietet wohnlich-elegantes Ambiente sowie einen Badebereich und Anwendungen. Kleines "Limes"-Museum. Mediterran-regionale Küche im Giorgios.

HOHENSTEIN-ERNSTTHAL – Sachsen – 544 – 15 930 Ew   42 O13
– Höhe 370 m

▶ Berlin 269 – Dresden 81 – Chemnitz 15 – Plauen 82

🛈 Altmarkt 41, ⊠ 09337, ℰ (03723) 44 94 00, www.hohenstein-ernstthal.de

HOHENSTEIN-ERNSTTHAL

Drei Schwanen
Altmarkt 19 ⊠ 09337 – ℰ (03723) 65 90 – www.drei-schwanen.de
32 Zim – †72/98 € ††95/99 €   **Rest** – Karte 31/52 €
• In Karl Mays Geburtsstadt liegt dieses klassizistische Stadthaus, dessen wohnliche Zimmer teils mit einer Terrasse versehen sind. Stimmig: die alten Kronleuchter im Treppenaufgang und auch das mit Parkettboden ausgelegte Restaurant, in dem man bürgerlich-internationale Küche mit kreativen Kombinationen bietet.

HOHENTENGEN am HOCHRHEIN – Baden-Württemberg – **545** — 62 E21
– 3 640 Ew – Höhe 378 m – **Erholungsort**
▶ Berlin 802 – Stuttgart 176 – Freiburg im Breisgau 79 – Baden 33
🛈 Kirchstr. 4, ⊠ 79801, ℰ (07742) 8 53 50, www.hohentengen.de

Wasserstelz
Guggenmühle 15 (Nord-West: 3 km, unterhalb der Burgruine Weißwasserstelz)
⊠ *79801 – ℰ (07742) 9 23 00 – www.wasserstelz.de*
13 Zim – †60 € ††98/130 € – ½ P 22 € – 1 Suite   **Rest** – Karte 22/63 €
• Das 1000 Jahre alte Burggebäude hat seinen ursprünglichen rustikalen Charakter bewahrt. Ein kleines Hotel mit wohnlichen Landhauszimmern. Am Rhein hat man einen Bootsanleger. Eine gemütliche Atmosphäre herrscht in der hübschen Gaststube mit Kachelofen.

In Hohentengen-Lienheim West: 5 km

Landgasthof Hirschen mit Zim
Rheintalstr. 13 ⊠ 79801 – ℰ (07742) 76 35 – www.hirschen-lienheim.de – geschl. 27. Dezember - 6. Januar und Sonntag, außer an Feiertagen
4 Zim – †35/45 € ††60/80 €, ⊆ 5 € – ½ P 17 €
Rest – Menü 17/45 € – Karte 22/58 €
• Behaglich ist das gepflegte ländliche Ambiente in diesem familiengeführten Gasthaus. Freundlich serviert man seinen Gästen internationale und saisonale Speisen. Zum Übernachten stehen solide Zimmer zur Verfügung.

HOHNSTEIN – Sachsen – **544** – 3 570 Ew – Höhe 290 m – **Erholungsort** — 43 R12
▶ Berlin 223 – Dresden 32 – Pirna 16 – Bad Schandau 10
🛈 Rathausstr. 9, ⊠ 01848, ℰ (035975) 8 68 13, www.hohnstein.de

In Hohnstein-Rathewalde West: 5,5 km Richtung Pirna

LuK - Das Kleine Landhotel
Basteiweg 12 ⊠ 01848 – ℰ (035975) 8 00 13 – www.luk-landhotel.de
8 Zim – †59/65 € ††79/89 €   **Rest** – *(nur Abendessen für Hausgäste)*
• Ruhig und schön grün ist es hier am Ende des Wohngebietes. Hübsche Stoffe und helle Möbel schaffen in den Zimmern und im luftig-lichten Frühstücksraum Landhausflair.

HOHWACHT – Schleswig-Holstein – **541** – 900 Ew – Höhe 19 m – **Seeheilbad** — 3 J3
▶ Berlin 335 – Kiel 41 – Lübeck 81 – Oldenburg in Holstein 21
🛈 Berliner Platz 1, ⊠ 24321, ℰ (04381) 9 05 50, www.hohwachterbucht.de
🛈 Hohwachter Bucht, ℰ (04381) 96 90

Hohe Wacht
Ostseering 5 ⊠ 24321 – ℰ (04381) 9 00 80 – www.hohe-wacht.de
90 Zim ⊆ – †115/135 € ††140/165 € – ½ P 28 € – 2 Suiten
Rest – Karte 39/72 €
• Die Lage an einem kleinen Park, nur wenige Schritte vom Strand entfernt, sowie geräumige Gästezimmer mit wohnlicher Einrichtung sprechen für dieses Hotel. Restaurant mit elegantem Touch, im Wintergarten mit Meerblick.

Seeschlösschen
Dünenweg 4 ⊠ 24321 – ℰ (04381) 4 07 60 – www.intus-hotels.de
34 Zim ⊆ – †85/114 € ††152/212 € – ½ P 20 €   **Rest** – Karte 34/41 €
• Das Ferienhotel überzeugt durch seine Lage unmittelbar am Ostseestrand. Die Zimmer sind wohnlich gestaltet, darunter einige Appartements mit Glas-Gauben und Balkon zum Meer. Zum Restaurant gehört eine herrliche Terrasse.

HOLLFELD – Bayern – **546** – 5 150 Ew – Höhe 403 m – Erholungsort   **50** L15
▶ Berlin 378 – München 254 – Coburg 60 – Bayreuth 23

Wittelsbacher Hof
Langgasse 8 (B 22) ⊠ 96142 – ✆ (09274) 9 09 60
– www.wittelsbacher-hof-hollfeld.de – geschl. 31. Oktober - 8. November
8 Zim 🛌 – †50/55 € ††75 € – ½ P 20 €   **Rest** – (geschl. Montag) Karte 12/37 €
♦ Geräumige und mit Landhausmöbeln wohnlich ausgestattete Zimmer finden Sie in diesem sehr gepflegten und solide geführten Gasthof vor. Holzvertäfelte Zirbelstube mit gemütlichem Ambiente.

HOLZGERLINGEN – Baden-Württemberg – **545** – 12 760 Ew   **55** G19
– Höhe 476 m
▶ Berlin 654 – Stuttgart 28 – Böblingen 6 – Herrenberg 12
🏁 Holzgerlingen, Schaichhof, ✆ (07157) 6 79 66

Gärtner
Römerstr. 29 (an der B 464) ⊠ 71088 – ✆ (07031) 74 56 – www.hotel-gaertner.de
80 Zim 🛌 – †59/77 € ††88/118 € – 4 Suiten
Rest – (geschl. August 1 Woche und Sonntagabend) Menü 32 € – Karte 24/39 €
♦ Das Hotel in verkehrsgünstiger Lage nahe dem Bahnhof wird familiär geführt und verfügt über zeitgemäß und funktionell ausgestattete Zimmer mit gutem Platzangebot. Bürgerliche Küche im klassisch gehaltenen Restaurant.

Bühleneck garni
Bühlenstr. 81 ⊠ 71088 – ✆ (07031) 7 47 50 – www.buehleneck.de
15 Zim 🛌 – †65/75 € ††88/98 € – 2 Suiten
♦ Die ruhige Lage in einer Wohngegend, sehr gepflegte Zimmer und die persönliche Leitung durch das Gastgeberehepaar machen dieses Hotel aus. Auch Appartements mit Küchenzeile.

HOLZHAUSEN – Thüringen – siehe Arnstadt

HOLZKIRCHEN – Bayern – **546** – 15 330 Ew – Höhe 691 m   **66** M21
▶ Berlin 623 – München 34 – Garmisch-Partenkirchen 73 – Bad Tölz 19

Alte Post
Marktplatz 10a ⊠ 83607 – ✆ (08024) 3 00 50 – www.alte-post-holzkirchen.de
– geschl. über Weihnachten
44 Zim 🛌 – †85/110 € ††110/120 €   **Rest** – (geschl. Dienstag) Karte 23/45 €
♦ Ein Traditionsgasthof und ehemalige Poststation a. d. 17. Jh. mit gemütlich-rustikalen Zimmern, teilweise auch moderner und als Themenzimmer (z.B. Golf, Jagd). Das Restaurant teilt sich in heimelige, weitgehend original erhaltene Stuben.

In Holzkirchen-Großhartpenning Süd-West: 4 km über B 13

Altwirt
Tölzer Str. 135 ⊠ 83607 – ✆ (08024) 30 32 20 – www.hotel-altwirt.de
42 Zim 🛌 – †98/120 € ††130/160 € – 2 Suiten   **Rest** – Karte 17/48 €
♦ Auf den Grundmauern eines alten Landgasthofs hat man dieses Hotel mit wohnlich-eleganten Zimmern in mediterranen Farben und einem hübschen Freizeitbereich aufgebaut. Hell und neuzeitlich im Landhausstil gestaltetes Restaurant und behagliche rustikale Stube.

HOLZMINDEN – Niedersachsen – **541** – 20 210 Ew – Höhe 89 m   **28** H10
– Wintersport: 350 m ⛷ 1 🎿
▶ Berlin 352 – Hannover 75 – Hameln 50 – Kassel 80
ℹ Markt 2, ⊠ 37603, ✆ (05531) 8 13 89 45, www.holzminden.de
ℹ Lindenstr. 8, ⊠ 37603, ✆ (05536) 10 11

Rosenhof garni
Sollingstr. 85 ⊠ 37603 – ✆ (05531) 99 59 00 – www.hotel-rosenhof-holzminden.de
11 Zim 🛌 – †75/95 € ††75/125 €
♦ Eine mit Stil und Geschmack eingerichtete Villa, deren wohnliches Ambiente Sie vom Kaminzimmer über die technisch gut ausgestatteten Zimmer bis zum Frühstücksraum begleitet.

In Holzminden-Silberborn Süd-Ost: 12 km über B 497 – Luftkurort

Landhaus Sollingshöhe
Dasseler Str. 15 ⊠ 37603 – ℰ (05536) 9 50 80 – www.landhaus-sollingshoehe.de
– geschl. Ende Juli - Anfang August 2 Wochen
20 Zim ⌑ – †35/45 € ††40/48 € – ½ P 16 €
Rest – (geschl. Montagmittag) Karte 21/45 €

♦ In diesem sehr gepflegten, familiär geleiteten kleinen Hotel am Ortsausgang erwarten Sie mit Landhausmöbeln und freundlichen Farben nett gestaltete Zimmer. Restaurant in ländlichem Stil.

HOMBURG am MAIN – Bayern – siehe Triefenstein

HOMBURG (SAAR) – Saarland – 543 – 43 570 Ew – Höhe 233 m   46 C17

▶ Berlin 680 – Saarbrücken 33 – Kaiserslautern 42 – Neunkirchen/Saar 15

🛈 Am Forum 5, ⊠ 66424, ℰ (06841) 10 11 69, www.homburg.de

⛳ Homburg, Websweiler Hof, ℰ (06841) 77 77 60

Landhaus Rabenhorst
Kraepelinstr. 60 ⊠ 66424 – ℰ (06841) 9 33 00
– www.hotel-rabenhorst.de
22 Zim ⌑ – †87/99 € ††120/170 € – 1 Suite
Rest *Landhaus-Stube* – siehe Restaurantauswahl
Rest – (geschl. 21. - 24. Dezember) Karte 15/53 €

♦ Das Engagement der Familie Pinl zeigt sich in der freundlichen Gästebetreuung und in der behaglichen Gestaltung ihres idyllisch im Wald gelegenen Hotels. Regional-internationales Angebot in der Landhaus-Stube, Wirtshaus-Stube Toskana mit bürgerlicher Küche.

Schlossberg
Schlossberg-Höhenstraße ⊠ 66424 – ℰ (06841) 66 60
– www.schlossberghotelhomburg.de – geschl. 28. Dezember - 8. Januar
75 Zim ⌑ – †87/97 € ††130 €   **Rest** – Menü 25 € – Karte 29/52 €

♦ Neben der Festung Homburg thront das Hotel über der Stadt und bietet eine einmalige Aussicht. Die Zimmer sind zeitgemäß und funktional, die Tagungsräume gut ausgestattet. Angenehm helles Restaurant mit hochwertiger geradliniger Einrichtung und Panoramablick.

Euler garni
Talstr. 40 ⊠ 66424 – ℰ (06841) 9 33 30
– www.hoteleuler.de
50 Zim ⌑ – †73/82 € ††90/99 €

♦ Das ansprechende freundliche Ambiente begleitet die Gäste vom Empfang über die wohnlichen Zimmer bis in den Frühstücksraum, wo sie am Morgen eine gute Buffetauswahl erwartet.

Stadt Homburg
Ringstr. 80 ⊠ 66424 – ℰ (06841) 9 23 70
– www.hotel-stadt-homburg.de
40 Zim ⌑ – †79 € ††109 €
Rest – (geschl. Samstagmittag) Menü 25/35 € – Karte 27/51 €

♦ Nur wenige Gehminuten von der Stadtmitte liegt das auch für Tagungen interessante Hotel mit seinen hellen, funktionell ausgestatteten Zimmern und netter Pilsstube im UG. Das Restaurant mit gemütlichem Kachelofen und rustikalem Touch nennt sich Le Connaisseur.

Landhaus-Stube – Hotel Landhaus Rabenhorst
Kraepelinstr. 60 ⊠ 66424 – ℰ (06841) 9 33 00 – www.hotel-rabenhorst.de – geschl. 21. - 24. Dezember
Rest – Menü 59 € – Karte 28/56 €

♦ Das Restaurant: weiß getäfelte Wände und pastellgelbe Stühle, ein rötlicher Teppichboden setzt dazu Akzente. Die Terrasse: schwarzes Flechtmobiliar, rote Auflagen, terrakottafarbene Fliesen verleihen mediterranes Flair.

HOMBURG (SAAR)

In Homburg-Schwarzenbach Süd: 3 km

XXX **Petit Château** mit Zim
Alte Reichsstr. 4 ✉ *66424 –* ✆ *(06841) 1 52 11 – www.petit-chateau.de*
– geschl. 1. - 11. Januar und Sonntag - Montagmittag, Samstagmittag
6 Zim – †55/85 € ††100/130 €, ⌑ 10 € **Rest** – Menü 35/69 € – Karte 44/68 €
♦ Klassische Küche und gehobene Tischkultur in einem eleganten, mit angenehmen Farbtönen stimmig eingerichteten Restaurant. Zum Haus gehört ein reizvoller Terrassen- und Gartenbereich. Wohnlich-moderne Gästezimmer in frischem Gelb und Blau.

HOMBURG vor der HÖHE, BAD – Hessen – **543** – 51 890 Ew   **47** F14
– Höhe 197 m – Heilbad

▶ Berlin 526 – Wiesbaden 45 – Frankfurt am Main 18 – Gießen 48

ADAC Luisenstr. 40 X

🛈 Louisenstr. 58 Y, ✉ 61348, ✆ (06172) 1 78 37 10, www.bad-homburg.de

⛳ Bad Homburg, Saalburgchaussee 2a, ✆ (06172) 30 68 08

👁 Kurpark ★ Y

Steigenberger
Kaiser-Friedrich-Promenade 69 ✉ *61348 –* ✆ *(06172) 18 10*
– www.bad-homburg.steigenberger.de   **Yr**
169 Zim – †99/195 € ††99/195 €, ⌑ 21 € – ½ P 25 € – 14 Suiten
Rest *Charly's Bistro* – Karte 31/62 €
♦ Hinter der klassischen Fassade verbergen sich eine elegante Lobby und geräumige Zimmer - die schönsten in Rot- und Champagnertönen auf der 4. und 5. Etage. Französisches Brasserie-Flair in "Charly's Bistro".

Parkhotel Bad Homburg
Kaiser-Friedrich-Promenade 53 ✉ *61348 –* ✆ *(06172) 80 10*
– www.parkhotel-bad-homburg.de   **Ys**
122 Zim ⌑ – †128 € ††148 € – 10 Suiten
Rest *La Tavola* – ✆ *(06172) 80 13 00 (geschl. Sonntag)* Menü 17 € (mittags)/38 €
– Karte 30/47 €
Rest *Beef's Finest* – ✆ *(06172) 1 01 07 51 (geschl. Montag, Samstagmittag)*
Karte 42/71 €
♦ Das Hotel nahe dem Kurpark besteht aus drei Gebäuden. Hübsch sind die zwei "Schwalbennester" in der Villa Nova. Am ruhigsten wohnt man im Haupthaus, etwas nach hinten versetzt. Italienische Küche im mediterranen La Tavola. Beef's Finest mit trendigem Steak-Angebot.

Hardtwald
Philosophenweg 31 ✉ *61350 –* ✆ *(06172) 98 80 – www.hardtwald-hotel.de – geschl.*
21. Dezember - 6. Januar   **Yz**
31 Zim ⌑ – †102/190 € ††139/220 € – 2 Suiten
Rest *Schellers* ❀ – siehe Restaurantauswahl
Rest *Rusticano* – *(geschl. Samstag - Sonntag)* Karte 26/45 €
♦ Das familiengeführte Hotel überzeugt durch seine idyllische, ruhige Lage direkt am Wald und die schöne wohnliche Einrichtung in mediterranen Farben. Internationale Küche im gemütlich-alpenländischen Restaurant Rusticano.

Comfort Hotel Am Kurpark garni
Ferdinandstr. 2 ✉ *61348 –* ✆ *(06172) 92 63 00 – www.comforthotel.de*
43 Zim – †89/179 € ††98/265 €   **Ze**
♦ In diesem Stadthaus im klassischen Stil stehen funktionelle, teilweise mit Parkettboden ausgestattete Zimmer bereit, die über ökologische Klimaanlage und Kaffeeautomat verfügen.

Villa am Kurpark garni
Kaiser-Friedrich-Promenade 57 ✉ *61348 –* ✆ *(06172) 1 80 00*
– www.karin-loew-hotellerie.de – geschl. 23. Dezember - 1. Januar.   **Ys**
24 Zim ⌑ – †87/108 € ††130/148 €
♦ Das freundlich geführte Hotel ist eine hübsche Villa a. d. 19. Jh. mit wohnlicher Atmosphäre. Zimmer teils mit Blick auf den Kurpark. Heller Frühstücksraum zum kleinen Garten.

BAD HOMBURG VOR DER HÖHE

Am Hohlebrunnen	Z 3	Frankfurter Landstr.	Z 9	Obergasse	Y 22
Burggasse	Y 4	Haingasse	Y	Orangeriegasse	Y 23
Ferdinandstr.	Z 8	Herrngasse	Y 10	Rathausstr.	Y 26
		Heuchelheimer Str.	Z 12	Rind'sche Stiftstr.	Y 27
		Louisenstr.	YZ	Tannenwaldallee	Y 29
		Ludwigstr.	Y 16	Thomasstr.	Z
		Meiereiberg	Y 17	Waisenhausstr.	Y 30
		Neue Mauerstr.	Y 20		

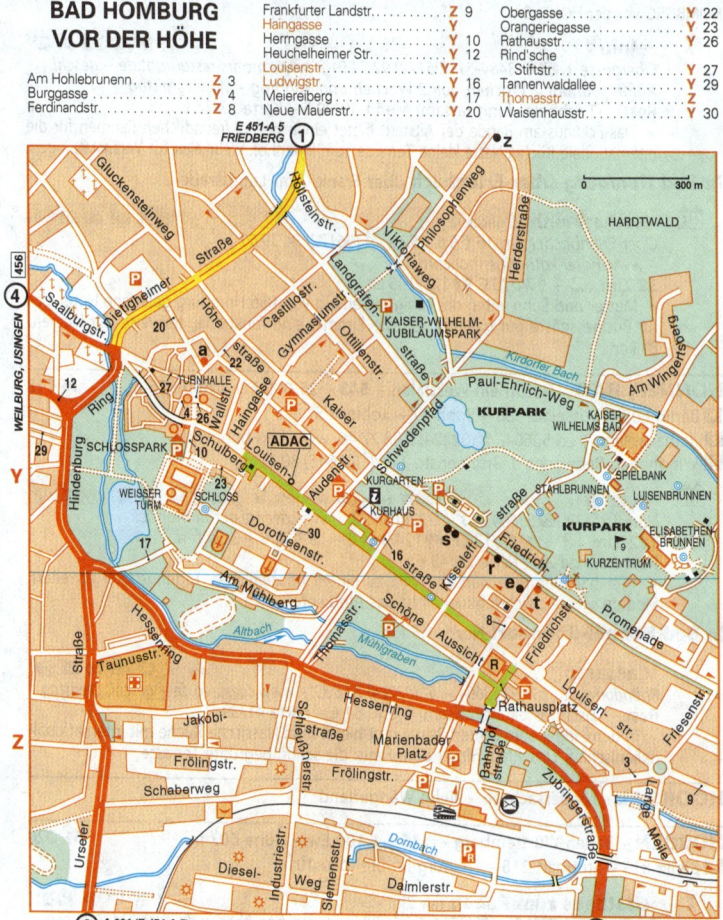

✕✕ Schellers – Hotel Hardtwald
ε₃
Philosophenweg 31 ✉ *61350 –* 𝒞 *(06172) 98 80 – www.hardtwald-hotel.de
– geschl. 24. Dezember - 13. Januar, 2. - 22. Juli und Samstag - Sonntag*
Rest *– (nur Abendessen) Menü 75/105 € – Karte 64/82 €*   Yz
Spez. Geröstete Rotbarbe in Kalbskopfvinaigrette mit Karotten- Vanillepüree und wilden Kräutern. Rücken vom Taunusreh mit Röstzwiebeln, Petersilienwurzel und Arabica Kaffee. Blätterteig mit Himbeeren und Pistazie.
   ♦ Apricotfarbene Wischtechnik, dazu goldene Spiegel an einer Terrakotta-Lehmwand geben dem eleganten Raum mediterranes Flair. Neuer Mann am Herd ist Christoph Hesse, dessen Gerichte an sehr gut eingedeckten Tischen serviert werden.

✕✕ Sänger's Restaurant
Kaiser-Friedrich-Promenade 85 ✉ *61348 –* 𝒞 *(06172) 92 88 39
– www.saengers-restaurant.de – geschl. 1. - 8. Januar, Juli - August 2 Wochen,
Sonntag - Montagmittag und Samstagmittag*   Zt
Rest *– Karte 52/81 €*
   ♦ In dem eleganten Restaurant hinter wilhelminischer Fassade bietet Klaus Sänger klassische Küche. Seine Frau kümmert sich gekonnt um Deko und Service. Schöne Bordeaux-Auswahl.

HOMBURG vor der HÖHE, BAD

Mohrs
Obergasse 1 ⊠ 61348 – ℰ (06172) 92 34 91 – www.mohrs-restaurant.de – geschl. Anfang Januar 2 Wochen, Juli 2 Wochen und Sonntag - Montagmittag
Rest – (Tischbestellung ratsam) Menü 39/99 € – Karte 37/76 €   Ya
• Das Eckhaus am Rande der Altstadt bietet einen hellen, freundlichen Rahmen für die internationale Küche. Nette kleine Terrasse zum Innenhof. Weinkeller für Veranstaltungen.

In Bad Homburg-Ober-Erlenbach über Frankfurter Landstraße Z

Katharinenhof garni
Ober-Erlenbacher Str. 16 ⊠ 61352 – ℰ (06172) 94 39 00
– www.hotel-katharinenhof.com
32 Zim – †74/79 € ††125/145 €
• Mutter und Sohn leiten das ruhig außerhalb von Bad Homburg gelegene Hotel, das für Businessgäste gut geeignet ist. Die Zimmer sind funktional, teilweise mit kleinem Balkon.

HONNEF, BAD – Nordrhein-Westfalen – **543** – 25 090 Ew – Höhe 75 m   **36** C13
▶ Berlin 605 – Düsseldorf 86 – Bonn 17 – Koblenz 51
ℹ Rathausplatz 1, ⊠ 53604, ℰ (02224) 9 88 27 46, www.bad-honnef.de
📍 Windhagen-Rederscheid, Brunnenstr. 11, ℰ (02645) 80 41

avendi
Hauptstr. 22 ⊠ 53604 – ℰ (02224) 18 90 – www.avendi.de/badhonnef
102 Zim – †104/124 € ††124/144 € – ½ P 21 € – 3 Suiten
Rest *Konrad A.* – Karte 24/43 €
• Hier hat man eine hübsche Villa zu einem neuzeitlichen Tagungshotel erweitert. Modern und sachlich-funktionell ist das Ambiente.

In Bad Honnef-Rhöndorf Nord: 1,5 km

Caesareo
Rhöndorfer Str. 39 ⊠ 53604 – ℰ (02224) 7 56 39 – www.caesareo.de – geschl. Dienstag
Rest – (Tischbestellung ratsam) Menü 51 € – Karte 41/59 €
• In dem angenehm lichten Restaurant bietet man klassische Küche mit international-italienischem Einschlag. Hinter dem Haus: die schön begrünte Terrasse.

HOOKSIEL – Niedersachsen – siehe Wangerland

HORBEN – Baden-Württemberg – **545** – 1 100 Ew – Höhe 607 m   **61** D20
▶ Berlin 815 – Stuttgart 216 – Freiburg im Breisgau 10

Gasthaus zum Raben mit Zim
Dorfstr. 8 ⊠ 79289 – ℰ (0761) 55 65 20 – www.raben-horben.de – geschl. Montag - Dienstag
6 Zim – †55/95 € ††75/145 € – ½ P 30 €
Rest – Menü 24 € (mittags)/78 € – Karte 32/62 €
• Bei Steffen Disch speist man mittags regional, abends überwiegend gehoben-zeitgemäß, wie z. B. Zander im Pancetta mit Blutwurst, Rahmsauerkraut und Schnittlauchpüree. Serviert wird in einer reizenden, heimeligen Stube oder auf der Innenhofterrasse. Netter Biergarten. Zum Übernachten: mit viel Holz freundlich und wohnlich gestaltete Zimmer.

HORBRUCH – Rheinland-Pfalz – **543** – 360 Ew – Höhe 455 m   **46** C15
▶ Berlin 665 – Mainz 92 – Koblenz 76 – Trier 64

Historische Schlossmühle (mit Gästehaus)
An der Landstr. 190 (Ost: 1 km Richtung Rhaunen) ⊠ 55483
– ℰ (06543) 40 41 – www.historische-schlossmuehle.de
18 Zim – †72/98 € ††129/150 € – 1 Suite
Rest *Historische Schlossmühle* – siehe Restaurantauswahl
• Die liebenswerte Kombination ganz verschiedener Einrichtungsstile macht die ehemalige Mühle a. d. 17. Jh. besonders. Schön ist die ruhige Lage in einem kleinen Tal. Der Service ist gut, ebenso das Frühstück. Keine TV-Geräte im Haus. Der einstige Mühlenraum dient als Restaurant - Blickfang sind die alten Mühlräder.

HORBRUCH

XX **Historische Schlossmühle** – Hotel Historische Schlossmühle
An der Landstr. 190 (Ost: 1 km Richtung Rhaunen) ✉ 55483
– ℰ (06543) 40 41 – www.historische-schlossmuehle.de
Rest – Menü 39/67 € – Karte 38/61 €
♦ Stilvolles Refugium in herrlicher Natur. Hinter der historischen Fassade glänzt das Restaurant mit erhaltenem Mühlencharakter, eleganter Behaglichkeit und kreativen Dekorationen.

HORGAU – Bayern – 546 – 2 510 Ew – Höhe 465 m 57 J19
▶ Berlin 577 – München 82 – Augsburg 17 – Memmingen 101

 Zum Schwarzen Reiter
Hauptstr. 1 (B 10) ✉ 86497 – ℰ (08294) 8 60 80 – www.flairhotel-platzer.de – *geschl. 21. Dezember - 5. Januar*
48 Zim – †68/98 € ††92/128 € **Rest** – Karte 16/50 €
♦ Familie Platzer hat hier mit einem Faible für Farben und Themen (am schönsten sind die "Elemente"-Zimmer im "Haus der Sinne"!) ein schönes Umfeld zum Wohnen und Tagen geschaffen. Ebenso angenehm: die auffallend freundlichen Mitarbeiter!

HORNBACH – Rheinland-Pfalz – 543 – 1 600 Ew – Höhe 233 m 53 C17
▶ Berlin 708 – Mainz 140 – Saarbrücken 44 – Zweibrücken 11

 Kloster Hornbach
Im Klosterbezirk ✉ 66500 – ℰ (06338) 91 01 00 – www.kloster-hornbach.de
34 Zim – †118/149 € ††173/181 €
Rest *Refugium* – siehe Restaurantauswahl
Rest *Klosterschänke* – Menü 32/38 € – Karte 28/40 €
♦ Eine gelungene Einheit von Historie und Moderne bietet das Kloster a. d. 8. Jh. schon in der Naturstein-Lobby. Die Zimmertypen heißen Remise, Shaker, Asia, Ethno und Mediterran - oder Pilgerzellen (ohne TV und Telefon). Im Refugium mit schönem Kreuzgewölbe wählt man aus zwei Menüs. Klosterschänke in rustikalem Stil.

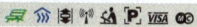 **Lösch für Freunde** garni
Hauptstr. 19 ✉ 66500 – ℰ (06338) 91 01 02 00 – www.loesch-fuer-freunde.de
15 Zim – †203 € ††286 € – 7 Suiten
♦ Ein außergewöhnliches Haus für Individualisten. Wohnwelten wie "Unsere Bude", "Literarium" oder "Großmamas Stube" versetzen Sie in Staunen. Alles ist wertig, stimmig und dezent luxuriös. Vollverpflegung erlebt man als gemeinsames Abendessen wie bei Freunden.

XX **Refugium** – Hotel Kloster Hornbach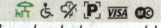
Im Klosterbezirk ✉ 66500 – ℰ (06338) 91 01 00 – www.kloster-hornbach.de – *geschl. 1. Januar - 7. Februar, Ende Mai 2 Wochen, Ende Oktober 1 Woche und Montag - Dienstag*
Rest – *(Mittwoch - Samstag nur Abendessen, außer an Feiertagen)* Menü 85/102 € – Karte 52/73 €
♦ Zurückhaltende Eleganz mit moderner Note lautet das Credo unter dem historischen Kreuzgewölbe des Restaurants - ein ideales Zusammenspiel von Vergangenheit und Gegenwart.

HORN-BAD MEINBERG – Nordrhein-Westfalen – 543 – 17 800 Ew 28 G10
– Höhe 207 m
▶ Berlin 369 – Düsseldorf 197 – Bielefeld 37 – Detmold 10
🛈 Allee 9, ✉ 32805, ℰ (05234) 9 89 03, www.hornbadmeinberg.de

Im Stadtteil Bad Meinberg – Heilbad

 Zum Stern
Brunnenstr. 84 ✉ 32805 – ℰ (05234) 90 50 – www.quality-hotel-vital.de
126 Zim – †59/89 € ††89/99 € – ½ P 19 € **Rest** – Karte 28/45 €
♦ Am Kurpark gelegenes Hotel mit Zugang zum Gesundheitszentrum. Das mehr als 200 Jahre alte Fachwerkgebäude und der Brunnentrakt beherbergen funktionelle, neuzeitliche Zimmer. Gediegen eingerichtetes Restaurant mit Atrium.

HORN-BAD MEINBERG

Im Stadtteil Holzhausen-Externsteine – Luftkurort

Waldhotel Bärenstein
Am Bärenstein 44 ⊠ *32805* – ℰ *(05234) 20 90* – *www.hotel-baerenstein.de*
76 Zim – †55/69 € ††104/118 € – ½ P 16 €
Rest – *(geschl. Montag)* Karte 27/33 €
♦ Ruhig liegt das 1904 gegründete familiengeführte Hotel am Waldrand. Die Zimmer sind in verschiedene Kategorien unterteilt - schön sind die Giebelzimmer. Gediegenes Restaurant mit Wintergarten.

HORNBERG (ORTENAUKREIS) – Baden-Württemberg – 545 — 62 E20
– 4 310 Ew – Höhe 953 m – Erholungsort
▶ Berlin 745 – Stuttgart 132 – Freiburg im Breisgau 58 – Offenburg 45
🄸 Bahnhofstr. 3, ⊠ 78132, ℰ (07833) 7 93 44, www.hornberg.de

Adler
Hauptstr. 66 ⊠ *78132* – ℰ *(07833) 93 59 90* – *www.hotel-adler-hornberg.de* – *geschl. 7. - 16. Januar, 3. - 9. März*
19 Zim – †46/53 € ††74/82 €
Rest – *(geschl. Freitag)* Menü 37 € – Karte 24/52 €
♦ Das im Ortskern unterhalb der Burgruine gelegene historische Haus mit kleinem Erker-Türmchen beherbergt gepflegte, in warmen Tönen gehaltene Zimmer. Gutes Frühstück mit freundlichem Service. Gemütlich-rustikal ist die Atmosphäre im Restaurant.

In Hornberg-Fohrenbühl Nord-Ost: 8 km Richtung Schramberg

Landhaus Lauble
Fohrenbühl 65 ⊠ *78132* – ℰ *(07833) 9 36 60* – *www.landhaus-lauble.de* – *geschl. Mitte November 2 Wochen*
24 Zim – †38/45 € ††76/90 € – ½ P 18 € – 1 Suite
Rest – *(geschl. Montag)* Karte 21/39 €
♦ Das Schwarzwaldhaus in ruhiger Waldrandlage wird familiär geführt und verfügt über gepflegte Zimmer von neuzeitlich-funktionell bis ländlich, teils mit Balkon. Fischteich vor dem Haus. Restaurant mit bürgerlich-regionalem Angebot.

Außerhalb Süd-West: 9 km über B 33, in Niederwasser rechts

Schöne Aussicht
Schöne Aussicht 1 ⊠ *78132 Hornberg* – ℰ *(07833) 9 36 90*
– *www.schoeneaussicht.com*
50 Zim – †50/75 € ††100/150 € – ½ P 20 € – 1 Suite   **Rest** – Karte 22/52 €
♦ Einen tollen Panoramablick hat man hier in idyllischer Lage in 971 m Höhe. Die zeitgemäßeren und geräumigeren Zimmer befinden sich im Anbau. Kosmetik- und Massageangebot. Zum rustikalen Restaurant gehört eine schön gelegene Terrasse.

HORUMERSIEL – Niedersachsen – siehe Wangerland

HOSENFELD – Hessen – 543 – 4 610 Ew – Höhe 374 m — 38 H13
▶ Berlin 465 – Wiesbaden 147 – Fulda 17

An der Straße nach Fulda Ost: 3 km

Sieberzmühle
Sieberzmühle 1 ⊠ *36154* – ℰ *(06650) 9 60 60* – *www.sieberzmuehle.de*
– *geschl. 9. - 27. Januar*
31 Zim – †48/50 € ††76/80 € – ½ P 15 €   **Rest** – Karte 15/40 €
♦ Das solide ausgestattete familiengeführte Hotel in ruhiger Lage ist aus einer ehemaligen Getreidemühle a. d. 16. Jh. entstanden. Zur Anlage gehören auch Badeteich und Damwildgehege. Im Restaurant bietet man bürgerliche Küche. Ein Mühlrad dient als Dekor.

HOYERSWERDA – Sachsen – 544 – 38 220 Ew – Höhe 116 m — 34 R11
▶ Berlin 165 – Dresden 65 – Cottbus 44 – Görlitz 80
🄸 Schlossplatz 1, ⊠ 02977, ℰ (03571) 45 69 20, www.hoyerswerda.de

HOYERSWERDA

In Elsterheide-Neuwiese Nord-West: 3,5 km Richtung Senftenberg

Landhotel Neuwiese
Elstergrund 55 ⊠ 02979 – ℰ (03571) 4 29 80 – www.neuwiese.de
18 Zim – †48/75 € ††65/105 € – 1 Suite
Rest – *(Montag - Freitag nur Abendessen)* Karte 15/27 €
• Der freundlich geführte Familienbetrieb liegt relativ ruhig im Ortskern und verfügt über wohnlich-funktionelle Zimmer. Besonders hübsch: das Appartement und das Hochzeitszimmer. Rustikaler Restaurantbereich.

HÜCKESWAGEN – Nordrhein-Westfalen – **543** – 15 840 Ew   36 D12
– Höhe 270 m
▶ Berlin 544 – Düsseldorf 66 – Köln 44 – Lüdenscheid 27

In Hückeswagen-Kleineichen Süd-Ost: 1 km

Haus Kleineichen
Bevertalstr. 44 ⊠ 42499 – ℰ (02192) 43 75 – www.haus-kleineichen.de – *geschl. Anfang Juli - Mitte August 2 Wochen und Montag - Dienstag*
Rest – Menü 15/28 € – Karte 27/43 €
• Der Familienbetrieb ist ein im charmanten alpenländischen Stil gehaltenes Restaurant mit international beeinflusster bürgerlicher Küche. Am Mittag kleines Angebot in Menüform.

HÜFINGEN – Baden-Württemberg – **545** – 7 670 Ew – Höhe 684 m   62 F21
– Erholungsort
▶ Berlin 751 – Stuttgart 126 – Freiburg im Breisgau 59 – Donaueschingen 3
🛈 Hauptstr. 16/18, ⊠ 78183, ℰ (0771) 60 09 24, www.huefingen.de

In Hüfingen-Fürstenberg Süd-Ost: 9,5 km über B 27 Richtung Blumberg

Gasthof Rössle (mit Gästehaus)
Zähringer Str. 12 ⊠ 78183 – ℰ (0771) 6 00 10 – www.hotel-zum-roessle.de
34 Zim – †50/66 € ††77/88 €   **Rest** – *(geschl. Donnerstag)* Karte 20/36 €
• In der Ortsmitte liegt der traditionsreiche, familiär geleitete Gasthof. Im Gästehaus sind die Zimmer neuzeitlicher und geräumiger als im Haupthaus. Bürgerlich ist das Angebot in der Gaststube mit Wintergarten.

In Hüfingen-Mundelfingen Süd-West: 7,5 km über Hausen

Landgasthof Hirschen

Wutachstr. 19 ⊠ 78183 – ℰ (07707) 9 90 50 – *geschl. Januar 2 Wochen, Anfang September 10 Tage und Mittwoch - Donnerstag*
Rest – Menü 36/64 € – Karte 34/52 €
• Die Chefin dieser sympathischen Adresse bereitet eine schmackhafte regionale Küche zu, dabei kommen Gerichte wie das Filet vom Bodenseefelchen mit Reichenauer Sommergemüse und Kräuterravioli heraus - sicher ein Grund, das gemütliche Haus kennenzulernen.

HÜGELSHEIM – Baden-Württemberg – **545** – 4 860 Ew – Höhe 121 m   54 E18
▶ Berlin 707 – Stuttgart 108 – Karlsruhe 36 – Rastatt 10

Hirsch
Hauptstr. 28 (B 36) ⊠ 76549 – ℰ (07229) 22 55 – www.hirsch-huegelsheim.de
– *geschl. über Weihnachten*
26 Zim – †58/78 € ††78/103 € – 4 Suiten
Rest – *(geschl. über Fasching 1 Woche, Ende Juni 1 Woche, Mitte August 2 Wochen und Juli - März: Mittwoch)* Karte 25/61 €
• Ein netter Familienbetrieb mit wohnlichen Zimmern, einem großen Garten mit Pool sowie einer witzigen Bar mit sehr spezieller Atmosphäre, die sich in der ehemaligen Metzgerei befindet. Gemütlich ist das rustikale Restaurant. In der Saison bietet man eine große Auswahl an Spargelgerichten.

HÜGELSHEIM

Waldhaus garni
Am Hecklehamm 20 ⊠ 76549 – ℰ (07229) 3 04 30 – www.waldhaus-huegelsheim.de
– geschl. 23. Dezember - Anfang Januar
14 Zim ⊇ – †58/74 € ††86 €
♦ Das kleine Hotel in ruhiger Lage wird familiär geleitet und verfügt über gepfleg-te, solide eingerichtete Zimmer und einen netten Garten.

HÜNSTETTEN – Hessen – **543** – 10 160 Ew – Höhe 325 m 47 E14
▶ Berlin 565 – Wiesbaden 29 – Frankfurt 54 – Limburg an der Lahn 20

In Hünstetten-Bechtheim

Rosi's Restaurant
Am Birnbusch 17 ⊠ 65510 – ℰ (06438) 21 26 – www.rosis-restaurant.de – geschl. Anfang Januar 2 Wochen, Anfang Oktober 2 Wochen und Dienstag - Donnerstag
Rest – Karte 23/49 €
♦ Schon über 20 Jahre leitet Chefin Rosi gemeinsam mit ihrem Mann das elegante Restaurant mit saisonalen Speisen von der Schiefertafel. Terrasse zum schönen Garten mit Teich.

HÜRTGENWALD – Nordrhein-Westfalen – **543** – 8 690 Ew – Höhe 380 m 35 B13
▶ Berlin 625 – Düsseldorf 88 – Aachen 46 – Bonn 70

In Hürtgenwald-Simonskall

Landhotel Kallbach
Simonskall 24 ⊠ 52393 – ℰ (02429) 9 44 40 – www.kallbach.de
48 Zim ⊇ – †75/80 € ††108/116 € – 1 Suite
Rest – (geschl. Mitte Oktober - Mitte April: Sonntagabend) Karte 26/47 €
♦ Das familiengeführte Tagungshotel mit funktionellen Zimmern ist auch für Kurz-urlauber im Nationalpark Eifel interessant. Das Haus liegt ruhig im Tal, Zimmer meist mit Balkon. In freundlichen Tönen gehaltenes Restaurant.

In Hürtgenwald-Vossenack

Zum alten Forsthaus
Germeter Str. 49 (B 399) ⊠ 52393 – ℰ (02429) 78 22
– www.zum-alten-forsthaus.de
49 Zim ⊇ – †64/78 € ††98/110 € **Rest** – Karte 22/68 €
♦ Aus einem ehemaligen Forsthaus ist dieses Hotel unter familiärer Leitung gewach-sen. Wohnliche, überwiegend geräumige Zimmer und gutes Tagungsangebot. Mine-ralwasserbrunnen. Restaurant mit internationaler Karte.

HÜRTH – Nordrhein-Westfalen – **543** – 57 510 Ew – Höhe 90 m 36 C12
▶ Berlin 583 – Düsseldorf 51 – Bonn 27 – Aachen 70

In Hürth-Kalscheuren

EuroMedia
Ursulastr. 29 ⊠ 50354 – ℰ (02233) 97 40 20 – www.euromedia-hotel.de
57 Zim ⊇ – †85 € ††110 €
Rest – (geschl. 24. Dezember - 2. Januar) Karte 28/43 €
♦ Für Geschäftsreisende ist dieses funktionelle Hotel in Achteckform eine verkehrs-günstig gelegene Adresse nahe den Fernsehstudios. Alle Zimmer mit Balkon. Das Res-taurant im Bistrostil bietet internationale Küche.

HUSUM – Schleswig-Holstein – **541** – 22 220 Ew – Höhe 14 m – Erholungsort 1 G3
▶ Berlin 424 – Kiel 84 – Sylt (Westerland) 42 – Flensburg 42
🛈 Norderstr. 15, ⊠ 25813, ℰ (04841) 8 98 70, www.husum-tourismus.de
⛳ Schwesing, Hohlacker 5, ℰ (04841) 7 22 38
◉ Nordfriesisches Museum★
◉ Die Halligen★ (per Schiff)

HUSUM

Altes Gymnasium
Süderstr. 2 (Zufahrt über Ludwig-Nissen-Straße) ⊠ 25813
– ℰ (04841) 83 30 – www.altes-gymnasium.de
53 Zim ⊇ – †105/145 € ††149/235 € – ½ P 33 €
Rest *Eucken* – siehe Restaurantauswahl
Rest *Wintergarten* – Menü 36/44 € – Karte 30/52 €
• Ein schmuckes Anwesen mit historischem Charme - 1866/67 als Schule erbaut und liebevoll zum Hotel umgestaltet. Besonders hübsch sind die Superior-Zimmer. Wellness auf 1000 qm. Internationale und regionale Karte im Wintergarten, dem einstigen Schulhof.

Theodor-Storm-Hotel
Neustadt 60 ⊠ 25813 – ℰ (04841) 8 96 60 – www.bw-theodor-storm-hotel.de
50 Zim ⊇ – †74/104 € ††108/143 € – ½ P 18 € – 1 Suite
Rest – (geschl. Oktober - April: Sonntag) Karte 14/37 €
• Ein solides Stadt- und Businesshotel im Zentrum mit zeitgemäßen Gästezimmern und guten Parkmöglichkeiten. W-Lan bietet man kostenlos an. Rustikale Hausbrauerei mit bürgerlicher Speisenauswahl. Dazu der zum Hof hin gelegene Biergarten.

Osterkrug
Osterende 52 ⊠ 25813 – ℰ (04841) 6 61 20 – www.osterkrug.de
53 Zim ⊇ – †69/95 € ††89/120 € – ½ P 15 € **Rest** – Karte 22/33 €
• Das um einen Hof angelegte Hotel verfügt über unterschiedlich geschnittene Zimmer mit neuzeitlicher Technik und modernen Bädern. Bürgerliche Küche im freundlich gestalteten Restaurant.

Am Schlosspark garni
Hinter der Neustadt 74 ⊠ 25813 – ℰ (04841) 6 61 10
– www.hotel-am-schlosspark-husum.de
64 Zim – †65/99 € ††89/159 €
• Das Hotel liegt ruhig etwas außerhalb des Zentrums. Einige der wohnlichen Zimmer sind besonders hübsch und modern, ebenso der Frühstücksraum mit großem Buffet.

Thomas Hotel garni
Am Zingel 7 ⊠ 25813 – ℰ (04841) 6 62 00 – www.thomas-hotel.de
55 Zim ⊇ – †69/99 € ††89/149 € – 3 Suiten
• Die zentrale Lage nahe dem Hafen sowie zeitgemäße Gästezimmer mit kostenfreiem W-Lan sprechen für dieses Hotel. Auch eine schöne Bar ist vorhanden.

Eucken – Hotel Altes Gymnasium
Süderstr. 2 (Zufahrt über Ludwig-Nissen-Straße) ⊠ 25813 – ℰ (04841) 83 30
– www.altes-gymnasium.de – geschl. Montag - Dienstag
Rest – (nur Abendessen) Menü 58/97 € – Karte 52/74 €
• In einem stilvollen Restaurant mit hellem Gewölbe serviert man zeitgemäße Küche. Namensgeber ist der Literatur-Nobelpreisträger Eucken, der hier im 19. Jh. Philosophie lehrte.

In Husum-Schobüll-Hockensbüll Nord-West: 3 km

Zum Krug
Alte Landstr. 2a ⊠ 25813 – ℰ (04841) 6 15 80 – www.zum-krug.de – geschl. Mitte Januar - Mitte Februar und Montag - Dienstag
Rest – (nur Abendessen) (Tischbestellung erforderlich) Karte 38/52 €
• Das denkmalgeschützte Friesenhaus wird seit 1707 als Gasthaus betrieben und bietet regionale Küche, die man in gemütlich-charmanten Stuben an schön eingedeckten Tischen serviert.

In Simonsberg-Simonsbergerkoog Süd-West: 7 km

Lundenbergsand
Lundenbergweg 3 ⊠ 25813 – ℰ (04841) 8 39 30 – www.hotel-lundenbergsand.de
– geschl. 9. - 25. Dezember
23 Zim ⊇ – †62/92 € ††88/125 € – ½ P 19 € – 2 Suiten
Rest – (geschl. im Winter: Montag - Donnerstagmittag) Karte 19/33 €
• Das reetgedeckte Haus hinterm Deich wird familiär geleitet. Die Zimmer sind sehr wohnlich und individuell, einige in schönem geradlinigem Design. Moderner Stil auch im "Watt'n Spa". Behaglich-rustikales Ambiente und bürgerliche Küche im Restaurant.

HUSUM

In Hattstedtermarsch Nord-West: 14 km, 9 km über B 5, dann links

Arlau-Schleuse
✉ 25856 – ✆ (04846) 6 99 00 – www.arlau-schleuse.de
40 Zim – †53/68 € ††84/105 € – ½ P 21 € – 1 Suite
Rest – (November - März: Montag - Samstag nur Abendessen) Karte 20/51 €
• In direkter Nachbarschaft zum Nationalpark Wattenmeer finden Sie in herrlicher Alleinlage diesen gepflegten Familienbetrieb. Zimmer in neuzeitlichem oder friesischem Stil. Bürgerliches Speiseangebot im gemütlichen Restaurant Deichgraf.

IBACH – Baden-Württemberg – siehe St. Blasien

IBBENBÜREN – Nordrhein-Westfalen – **543** – 51 480 Ew – Höhe 75 m   16 E9
▶ Berlin 452 – Düsseldorf 173 – Nordhorn 59 – Bielefeld 73
ℹ Bachstr. 14, ✉ 49477, ✆ (05451) 5 45 45 40, www.tourismus-ibbenbueren.de

Leugermann
Osnabrücker Str. 33 ✉ 49477 – ✆ (05451) 93 50 – www.hotel-leugermann.de
– geschl. über Weihnachten
40 Zim – †62/115 € ††95/114 € – 2 Suiten   **Rest** – Karte 22/54 €
• Die Zimmer in dem gut geführten Familienbetrieb sind sehr wohnlich und individuell nach unterschiedlichsten Themen gestaltet. W-Lan bietet man kostenfrei. Der schöne Freizeit- und Beautybereich verteilt sich auf Haupt- und Gästehaus. Restaurant mit regionalem Charakter.

Hubertushof
Münsterstr. 222 (B 219, Süd: 1,5 km) ✉ 49479 – ✆ (05451) 9 41 00
– www.hotelhubertushof.de
25 Zim – †58/82 € ††86/106 €
Rest – (geschl. Dienstag) Karte 24/45 €
• Der gewachsene Gasthof befindet sich in verkehrsgünstiger Lage und verfügt über behagliche, geschmackvoll eingerichtete Zimmer, teilweise Maisonetten. Im Haupthaus hat man auch einfachere, kleinere Zimmer. Internationales Angebot im gediegenen Restaurant mit offenem Kamin.

IBURG, BAD – Niedersachsen – **541** – 11 520 Ew – Höhe 119 m   27 E9
– Kneippkurort
▶ Berlin 430 – Hannover 147 – Bielefeld 43 – Nordhorn 94
ℹ Schlossstr. 20, ✉ 49186, ✆ (05403) 79 67 80, www.badiburg.de

Zum Freden
Zum Freden 41 ✉ 49186 – ✆ (05403) 40 50 – www.hotel-freden.de
– geschl. 1. - 7. Januar
36 Zim – †60/99 € ††85/109 € – ½ P 18 €
Rest – (geschl. Donnerstag) Menü 25/47 € – Karte 25/47 €
• Aus einem Bauernhof hat sich dieses Hotel entwickelt, in dem die Familie im Einklang mit der langen Tradition stetig modernisiert. Die neuesten Zimmer: schöner klarer Stil und warme Erdtöne. Helles, elegantes Restaurant, dazu eine Bar mit Bistrobereich im Wintergarten.

Engels im Jagdschlösschen
Philipp-Sigismund-Allee 2 ✉ 49186 – ✆ (05403) 79 43 40
– www.jagdschloesschen.com – geschl. Montag - Dienstag
Rest – (Mittwoch - Freitag nur Abendessen) Menü 30 € – Karte 27/44 €
• Das Jagdschloss von 1595 liegt im Kurgebiet. Für ein gemütliches Umfeld sorgen Holzbalken und moderne Bilder. Hans-Peter Engels kocht anspruchsvoll-international, bietet aber auch Bodenständiges wie Schnitzel. Im Sommer eine schöne Adresse für Hochzeiten.

ICHENHAUSEN – Bayern – 546 – 8 400 Ew – Höhe 489 m 56 J19
▶ Berlin 584 – München 118 – Augsburg 56 – Ulm 36

Zum Hirsch
Heinrich-Sinz-Str. 1 (B 16) ⊠ 89335 – ℰ (08223) 9 68 70
– www.gasthof-zum-hirsch.de
18 Zim ⊇ – †55 € ††88 € **Rest** – Karte 16/36 €
♦ In zentraler Lage am Marktplatz steht dieser traditionelle Gasthof a. d. J. 1372. Zimmer mit hellem Naturholz und Parkett unterstreichen den ländlichen Charakter des Hauses. Rustikale Gaststuben und Biergarten im Innenhof.

In Ichenhausen-Autenried

Autenrieder Brauereigasthof
Hopfengartenweg 2 ⊠ 89335 – ℰ (08223) 96 84 40
– www.brauereigasthof-autenried.de
28 Zim ⊇ – †69/79 € ††114/124 € **Rest** – Karte 17/46 €
♦ Schön wohnlich hat man es bei Familie Feuchtmayr - die Chefin hat ein Händchen für warme Töne, die man überall im Haus findet! Und was wäre ein Brauereigasthof ohne Biergarten? Hier, unter alten Bäumen, schmeckt das Selbstgebraute natürlich am besten!

IDAR-OBERSTEIN – Rheinland-Pfalz – 543 – 30 760 Ew – Höhe 300 m 46 C16
▶ Berlin 661 – Mainz 92 – Trier 81 – Bad Kreuznach 49
ADAC John-F.-Kennedy-Str. 7
🛈 Hauptstr. 419, ⊠ 55743, ℰ (06781) 5 63 90, www.idar-oberstein-touristinfo.de
 Kirschweiler, Am Golfplatz, ℰ (06781) 3 66 15
◉ Deutsches Edelsteinmuseum★★ - Edelsteinminen★ - Industriedenkmal Jacob Bengel★★
◉ Felsenkirche★ 10 min zu Fuß (ab Marktplatz Oberstein)

Im Stadtteil Idar

Berghotel Kristall
Wiesenstr. 50 ⊠ 55743 – ℰ (06781) 9 69 60 – www.berghotel-kristall.de – geschl. 28. Dezember - Mitte Januar
27 Zim ⊇ – †60/89 € ††85/110 € – ½ P 19 € **Rest** – Karte 23/39 €
♦ Das familiär geführte Hotel liegt ruhig oberhalb der Stadt. Die Zimmer sind nach Edelsteinen benannt und verfügen teilweise über Balkon oder Terrasse. Behaglich sitzt man im Restaurant mit Kachelofen. Spezialität des Hauses ist Spießbraten, der täglich am offenen Feuer zubereitet wird.

IDSTEIN – Hessen – 543 – 23 080 Ew – Höhe 266 m 47 E14
▶ Berlin 548 – Wiesbaden 21 – Frankfurt am Main 50 – Limburg an der Lahn 28
🛈 König-Adolf-Platz 2, ⊠ 65510, ℰ (06126) 7 86 20, www.idstein.de
Idstein-Wörsdorf, Henriettenthal, ℰ (06126) 9 32 20

Höerhof
Obergasse 26 ⊠ 65510 – ℰ (06126) 5 00 26 – www.hoerhof.de
– geschl. 2. - 8. Januar, über Fasching
14 Zim ⊇ – †95/125 € ††120/150 € – 3 Suiten
Rest *Höerhof* – siehe Restaurantauswahl
♦ Das freundlich geführte Hotel mit nettem Restaurant in der Oberstadt ist ein schönes jahrhundertealtes Fachwerkgebäude, das seinen historischen Charme bewahrt hat.

Felsenkeller
Schulgasse 1 ⊠ 65510 – ℰ (06126) 9 31 10 – www.hotel-felsenkeller-idstein.de
– geschl. 2. - 15. April, 21. Dezember - 2. Januar
28 Zim ⊇ – †58/70 € ††85/100 €
Rest – (geschl. 26. März - 22. April und Freitag, Sonntagmittag) Karte 13/24 €
♦ Am Anfang der Fußgängerzone finden Sie das gepflegte und solide geführte Haus unter familiärer Leitung, in dem zeitgemäße und wohnliche Gästezimmer bereitstehen.

IDSTEIN

Zur Ziegelhütte garni (mit Gästehaus)
Am Bahnhof 6a ✉ *65510 –* ℰ *(06126) 7 02 77 – www.hotel-ziegelhuette-idstein.de*
15 Zim ☐ – †65/70 € ††90/100 € – 3 Suiten
♦ Die Zimmer in diesem Familienbetrieb gegenüber dem Bahnhof sind tipptopp gepflegt und verfügen alle über einen Balkon. Nebenan das bürgerliche Restaurant.

Hörerhof – Hotel Hörerhof
Obergasse 26 ✉ *65510 –* ℰ *(06126) 5 00 26 – www.hoerhof.de*
– geschl. 2. - 8. Januar, über Fasching und Sonntagabend - Montagmittag
Rest – Menü 21 € (mittags)/57 € (abends) – Karte 45/67 €
♦ Bemaltes Kreuzgewölbe, gusseiserner Kaminofen und bleiverglaste Fenster sind Zeitzeugen, die auf 1620 zurückgehen. Die Küche ist modern und international. Bei schönem Wetter wird im Biergarten gegrillt (Selbstbedienung) oder Sie speisen im weinumrankten Innenhof.

In Idstein-Oberauroff West: 2 km, jenseits der A 3

Gasthof Kern
Am Dorfbrunnen 6 ✉ *65510 –* ℰ *(06126) 84 74 – www.hotelkern.de – geschl. 26. März - 14. April*
22 Zim ☐ – †50/60 € ††75/90 € **Rest** – *(geschl. Dienstag)* Karte 16/35 €
♦ Der gewachsene Gasthof wird bereits seit 1885 von der Familie geführt. Die Zimmer sind recht unterschiedlich gestaltet und sehr gepflegt. In den bürgerlich-rustikalen Gasträumen bietet man z. T. eigene Produkte. Netter Biergarten.

IFFELDORF – Bayern – 546 – 2 520 Ew – Höhe 603 m   65 L21
▶ Berlin 638 – München 52 – Garmisch-Partenkirchen 41 – Weilheim 22
🚉 St. Eurach, ℰ (08801) 13 32
🚉 Iffeldorf, Gut Rettenberg, ℰ (08856) 92 55 55

Landgasthof Ostersee
Hofmark 9 ✉ *82393 –* ℰ *(08856) 9 28 60*
– www.landgasthof-ostersee.de – geschl. 8. Januar - 18. Februar
24 Zim ☐ – †79/92 € ††102/152 €
Rest – *(geschl. Dienstag)* Menü 18/48 € – Karte 18/41 €
♦ Die schöne Lage sowie wohnlich eingerichtete Gästezimmer sprechen für das im alpenländischen Stil gebaute Haus. Einige der Zimmer mit Balkon zu den Ostersee. Zu dem netten ländlich-rustikalen Restaurant gehört eine hübsche Terrasse mit Seeblick.

IFFEZHEIM – Baden-Württemberg – 545 – 4 920 Ew – Höhe 123 m   54 E18
▶ Berlin 706 – Stuttgart 100 – Karlsruhe 32 – Rastatt 8

Zum Schiff garni
Hauptstr. 60 ✉ *76473 –* ℰ *(07229) 69 72 88 – www.hotel-de-charme.de*
12 Zim ☐ – †80/90 € ††120/130 €
♦ Schöne Möbel und geschmackvolle Stoffe sowie Holzböden und nostalgische Accessoires schaffen in dem schmucken Haus von 1860 Atmosphäre. Sehr hübscher Garten im Innenhof.

IHRINGEN – Baden-Württemberg – 545 – 5 890 Ew – Höhe 204 m   61 D20
▶ Berlin 802 – Stuttgart 204 – Freiburg im Breisgau 19 – Colmar 29

Bräutigam (mit Gästehaus)
Bahnhofstr. 1 ✉ *79241 –* ℰ *(07668) 9 03 50 – www.braeutigam-hotel.de*
21 Zim ☐ – †55/75 € ††88/110 €
Rest *Bräutigam* – siehe Restaurantauswahl
♦ Das am Bahnhof gelegene Haus der Familie Bräutigam ist ein guter Ausgangspunkt für Ausflüge nach Freiburg. Zeitlos-wohnliche Zimmer, teilweise im Gästehaus Luise gegenüber; im Haupthaus einige mit Balkon.

IHRINGEN

Holzöfele
*Bachenstr. 46 ✉ 79241 – ℰ (07668) 2 07 – www.holzoefele.de
– geschl. 8. - 26. Februar und Donnerstag*
Rest – Menü 39 € – Karte 21/54 €
• Mitten im Ort betreibt Familie Birmele eine Weinstube mit ländlichem Charme. Der Chef verwöhnt Sie mit badischer Genussküche vom sauren Rinderleberle mit Brägele bis hin zu den Seeteufelmedaillons und Gambas an Pernod-Pfeffersauce mit Ratatouille.

Bräutigam – Hotel Bräutigam
Bahnhofstr. 1 ✉ 79241 – ℰ (07668) 9 03 50 – www.braeutigam-hotel.de – geschl. November - März: Mittwoch
Rest – Menü 27/48 € – Karte 24/48 €
• Zweifelsohne ist das alteingesessene "Bräutigam" kulinarisch ein guter Tipp für alle, die gerne badisch essen - bestens eignet sich dafür z. B. die junge Rinderbacke im Burgunder geschmort mit jungem Marktgemüse und Sellerie-Kartoffelpüree.

ILLERTISSEN – Bayern – 546 – 16 490 Ew – Höhe 513 m 64 I20
▶ Berlin 633 – München 151 – Augsburg 72 – Bregenz 106
Wain-Reischenhof, Reischenhof 1, ℰ (07353) 17 32
Altenstadt, Oppelshäuser Weg 5, ℰ (06047) 98 80 88

Kolb
*Bahnhofstr. 11 ✉ 89257 – ℰ (07303) 9 61 30
– www.hotel-kolb-illertissen.de*
25 Zim – †65/85 € ††85/98 € – 1 Suite
Rest – *(geschl. Samstag)* Karte 26/37 €
• Persönlich leitet Familie Kolb bereits in der 3. Generation dieses Hotel gegenüber dem Bahnhof, in dem gepflegte und zeitgemäße Gästezimmer bereitstehen. Gemütlich-rustikales Restaurant.

Gasthof Krone
Auf der Spöck 2 ✉ 89257 – ℰ (07303) 34 01 – www.krone-illertissen.de – geschl. Mittwoch
Rest – Menü 33/66 € – Karte 29/53 €
• Schmackhaftes aus der Küche von Kerstin und Jürgen Willer lockt sogar Gäste aus Ulm in den charmanten Gasthof, dem ältesten in Illertissen! Auch die lauschige Terrasse bleibt nicht lange unentdeckt. Dienstag ist Fleischküchle-Tag - unbedingt reservieren!

In Illertissen-Dornweiler Süd-West: 1,5 km Richtung Dietenheim

Dornweiler Hof
*Dietenheimer Str. 93 ✉ 89257 – ℰ (07303) 95 91 40 – www.dornweilerhof.de
– geschl. 1. - 5. Januar*
18 Zim – †78/98 € ††98/115 €
Rest – *(geschl. Dienstag)* Menü 25 € – Karte 25/51 €
• Kein Wunder, dass man sich in dem kleinen Landhotel wohlfühlt: Die Steinharts sind herzliche Gastgeber, die Zimmer sind tipptopp gepflegt und das Preis-Leistungs-Verhältnis stimmt! Die bürgerliche Küche lässt man sich am besten auf der hübschen Terrasse hinter dem Haus servieren.

ILLSCHWANG – Bayern – 546 – 2 100 Ew – Höhe 488 m 51 M16
▶ Berlin 429 – München 202 – Weiden in der Oberpfalz 60 – Amberg 16

Weißes Roß
*Am Kirchberg 1 ✉ 92278 – ℰ (09666) 13 34 – www.weisses-ross.de
– geschl. 8. - 12. Januar*
29 Zim – †60/100 € ††100/160 €
Rest *Weißes Roß* – siehe Restaurantauswahl
• Familie Nägerl bietet in ihrem Gasthof bei der Kirche einen hübschen Spabereich und wohnliche Zimmer, von denen einige in sehr schönem modernem Design gehalten sind. Trendige Loungebar.

ILLSCHWANG

Weißes Roß – Hotel Weißes Roß
Am Kirchberg 1 ✉ *92278* – ✆ *(09666) 13 34* – *www.weisses-ross.de*
– geschl. 8. - 12. Januar und Montag
Rest – Menü 49 € – Karte 17/41 €
• Wirt Hans Jürgen Nägerl bringt ausschließlich Fleisch aus der eigenen Landmetzgerei auf den Tisch. Gschmackige Gerichte wie den Jurasdistl-Lammrücken mit Schafskruste sollte man sich nicht entgehen lassen.

ILMENAU – Thüringen – 544 – 25 980 Ew – Höhe 480 m   40 K13
▶ Berlin 325 – Erfurt 42 – Coburg 67 – Eisenach 65
 Am Markt 1, ✉ 98693, ✆ (03677) 60 03 00, www.ilmenau.de

Lindenhof
Lindenstr. 5 ✉ *98693* – ✆ *(03677) 6 80 00*
– *www.hotel-lindenhof.de*
45 Zim ☕ – †75/90 € ††100/120 €   **Rest** – Karte 22/53 €
• Diese traditionsreiche Adresse a. d. 19. Jh. ist heute ein aus mehreren miteinander verbundenen Stadthäusern bestehendes Hotel mit wohnlichen, geräumigen Zimmern.

In Ilmenau-Manebach West: 4 km über B 4

Moosbach
Schmücker Str. 112 ✉ *98693* – ✆ *(03677) 84 98 80*
– *www.hotel-moosbach.de*
27 Zim ☕ – †50/75 € ††70/95 €   **Rest** – Karte 20/38 €
• Am Ortsrand befindet sich dieses gepflegte zeitgemäße Ferienhotel. Zum Haus gehört eine Liegewiese, Wanderwege beginnen ganz in der Nähe.

Nahe der Straße nach Neustadt Süd-West: 4 km

Gabelbach (mit Gästehaus)
Waldstr. 23a ✉ *98693 Ilmenau* – ✆ *(03677) 86 00*
– *www.gabelbach.com*
91 Zim ☕ – †74/109 € ††109/139 € – 14 Suiten
Rest *La Cheminée* – siehe Restaurantauswahl
Rest – Karte 21/45 €
• Einsam steht das schieferverkleidete Kurhotel mit rund 100-jähriger Historie (erweitert durch einen Anbau) in Alleinlage auf einem 5 ha großen Grundstück. Teils moderne Zimmer; der DDR-Charme der Suiten ist nicht unbeabsichtigt!

La Cheminée – Hotel Gabelbach
Waldstr. 23a ✉ *98693 Ilmenau* – ✆ *(03677) 86 00* – *www.gabelbach.com* – geschl.
Sonntag - Montag
Rest – (nur Abendessen) Menü 58/102 €
• Ein nettes kleines Restaurant! Klassisch eingerichtet: Der altrosafarbene Stoff der Vorhänge wiederholt sich als Bespannung an den holzvertäfelten Wänden, dazu offener Kamin und feine Tischwäsche.

ILSENBURG – Sachsen-Anhalt – 542 – 9 790 Ew – Höhe 250 m   30 J10
– Luftkurort
▶ Berlin 237 – Magdeburg 86 – Braunschweig 59 – Göttingen 98
 Marktplatz 1, ✉ 38871, ✆ (039452) 1 94 33, www.ilsenburg.de

Landhaus Zu den Rothen Forellen
Marktplatz 2 ✉ *38871* – ✆ *(039452) 93 93*
– *www.rotheforelle.de*
72 Zim ☕ – †115 € ††190/250 € – ½ P 45 €
Rest *Forellenstube* ✿ **Rest** *Landhaus-Restaurant* – siehe Restaurantauswahl
• Sie suchen Idylle, Komfort und Herzlichkeit? All das finden Sie hier am Fuße des Harzes: Lassen Sie es sich bei sehr freundlichem, aufmerksamem Service und geschmackvollem Landhausambiente gut gehen und gönnen Sie sich wohltuende Wellness-Anwendungen!

ILSENBURG

Forellenstube – Hotel Landhaus Zu den Rothen Forellen
Marktplatz 2 ⊠ 38871 – ℰ (039452) 93 93
– www.rotheforelle.de – geschl. Juli - August und Sonntag - Dienstag
Rest – *(nur Abendessen)* Menü 79/128 €
Spez. Leipziger Allerlei nach Art des Hauses. Geräucherte Gelbschwanzmakrele mit Pomelo. Wolfsbarsch, Bouchot Muschel und Fenchel.
• Die Forellenstube ist umgezogen - man speist hier jetzt mit Blick auf den See. Auch der Küchenchef hat gewechselt, ist aber kein Unbekannter: Thomas Barth war früher schon einmal im Haus. Er kocht klassisch, aber auch modern-regional.

Landhaus-Restaurant – Hotel Landhaus Zu den Rothen Forellen
Marktplatz 2 ⊠ 38871 – ℰ (039452) 93 93
– www.rotheforelle.de
Rest – Menü 35 € – Karte 35/51 €
• Nehmen Sie Platz im "grünen Zimmer", denn dank der Wintergartenkonstruktion hat man einen tollen Blick auf die Terrasse und zum See und fühlt sich wie inmitten der Natur. Geschulter Service und gute Weine!

ILSFELD – Baden-Württemberg – **545** – 8 500 Ew – Höhe 240 m 55 G17
▶ Berlin 596 - Stuttgart 40 - Heilbronn 12 - Schwäbisch Hall 45

Häußermann's Ochsen
König-Wilhelm-Str. 31 ⊠ 74360 – ℰ (07062) 6 79 00 – www.ochsen-ilsfeld.de
– geschl. 2. - 25. Januar, Juli - August 1 Woche
28 Zim – †45/59 € ††65/85 €
Rest *Häußermann's Ochsen* – siehe Restaurantauswahl
• Seit 1895 wird der erweiterte Gasthof im Ortszentrum als Familienbetrieb geführt. Die Zimmer sind recht einfach, aber gepflegt und befinden sich überwiegend in dem etwas ruhiger gelegenen Anbau.

Häußermann's Ochsen – Hotel Häußermann's Ochsen
König-Wilhelm-Str. 31 ⊠ 74360 – ℰ (07062) 6 79 00 – www.ochsen-ilsfeld.de
– geschl. 2. - 25. Januar, Juli - August 1 Woche und Donnerstag - Freitagmittag
Rest – Karte 19/52 €
• Auf die über 100-jährige Familientradition ist man stolz! Damals wie heute wird schwäbisch gekocht und die Gäste werden freundlich bedient!

ILSHOFEN – Baden-Württemberg – **545** – 6 220 Ew – Höhe 441 m 56 I17
▶ Berlin 536 - Stuttgart 99 - Crailsheim 13 - Schwäbisch Hall 19

Park-Hotel
Parkstr. 2 ⊠ 74532 – ℰ (07904) 70 30 – www.parkhotel-ilshofen.de
70 Zim – †89/135 € ††119/145 € – 6 Suiten **Rest** – Karte 25/51 €
• Ein Tagungshotel in verkehrsgünstiger Lage mit wohnlichen und funktionellen Zimmern, nach hinten teilweise mit Balkon. Brot und Kuchen aus der eigenen Bäckerei im Haus. Gediegenes Panorama-Restaurant, rustikale Kutscherstube und moderne Bistro-Bar Bajazzo.

IMMENSTAAD am BODENSEE – Baden-Württemberg – **545** 63 H21
– 6 090 Ew – Höhe 407 m – Erholungsort
▶ Berlin 728 - Stuttgart 199 - Konstanz 21 - Freiburg im Breisgau 152
🛈 Dr.-Zimmermann-Str. 1, ⊠ 88090, ℰ (07545) 20 11 10, www.immenstaad.de

Heinzler
Strandbadstr. 3 ⊠ 88090 – ℰ (07545) 9 31 90 – www.heinzleramsee.de
27 Zim – †59/118 € ††138/172 € – ½ P 26 € – 2 Suiten
Rest *Heinzler* – siehe Restaurantauswahl
• Herzlich und persönlich ist die Gästebetreuung in diesem familiär geführten Haus. Das Ferienhotel liegt ruhig am See und ist behaglich eingerichtet. Auch ein Bootssteg ist vorhanden.

629

IMMENSTAAD am BODENSEE

Seehof
Bachstr. 15, (Am Yachthafen) ✉ 88090 – ✆ (07545) 93 60 – www.seehof-hotel.de
– geschl. über Weihnachten
36 Zim ⌑ – †70/95 € ††110/145 €
Rest *Seehof* – siehe Restaurantauswahl
• Seit 1885 existiert der Familienbetrieb, der zu einem sehr gepflegten Hotel mit gutem Restaurant gewachsen ist. Die Zimmer zum Wasser hin bieten Balkone. Für die Gäste steht ein eigenes Strandbad zur Verfügung.

Hirschen
Bachstr. 1 ✉ 88090 – ✆ (07545) 62 38 – www.gasthof-hirschen-immenstaad.de
– geschl. Anfang November - Ende Januar
14 Zim ⌑ – †43/55 € ††74/76 € – ½ P 15 €
Rest – (geschl. Montag) Menü 18 € – Karte 19/38 €
• Gepflegter, zentral in der Ortsmitte gelegener Gasthof unter familiärer Leitung mit modernen oder älteren Zimmern. Ein eigener Badestrand liegt nur wenige Minuten entfernt. Bürgerlich-ländliche Gaststube.

Heinzler – Hotel Heinzler
Strandbadstr. 3 ✉ 88090 – ✆ (07545) 9 31 90 – www.heinzleramsee.de
Rest – Menü 37 € – Karte 26/43 €
• Gemeinsam bewirtschaften Thomas und Michael Heinzler diese gastliche Adresse am See – man merkt, sie tun es mit Leidenschaft: Rustikal sind die Stuben, schwäbisch das Essen: Kalbsbäckle, schwäbischer Zwiebelbraten und natürlich darf auch der Egli nicht fehlen!

Seehof – Hotel Seehof
Bachstr. 15, (Am Yachthafen) ✉ 88090 – ✆ (07545) 93 60 – www.seehof-hotel.de
– geschl. über Weihnachten
Rest – Menü 24/55 € (abends) – Karte 26/52 €
• Zuerst beeindruckt das Haus mit seiner exponierten Lage am See - Fortsetzung folgt hinter dem Portal: Unterschiedliche Räume von rustikal bis edel-modern und regional betonte Kulinarik wie Bodensee-Felchen oder geschmortes Häxle.

IMMENSTADT im ALLGÄU – Bayern – **546** – 14 250 Ew – Höhe 729 m 64 I22
– Wintersport: 1 450 m ⛷8 ⛸ – Erholungsort
▶ Berlin 719 – München 148 – Kempten (Allgäu) 21 – Oberstdorf 20
ℹ Marienplatz 12, ✉ 87509, ✆ (08323) 99 88 77, www.immenstadt.de

In Immenstadt-Knottenried Nord-West: 7 km Richtung Isny

Bergstätter Hof
Knottenried 17 ✉ 87509 – ✆ (08320) 92 30 – www.hotel-bergstätter-hof.de
21 Zim ⌑ – †44 € ††74/99 € – ½ P 14 € – 1 Suite Rest – Karte 16/30 €
• Ruhig liegt diese Ferienadresse auf einer Anhöhe. Einige der freundlichen Zimmer mit Wohnbereich und Bergblick durch eine breite Fensterfront. Massage und Kosmetikbehandlungen. Restaurant mit bürgerlichem Speiseangebot.

In Immenstadt-Stein Nord: 3 km über B 19

Krone
Rottachbergstr. 1, (an der B 19) ✉ 87509 – ✆ (08323) 9 66 10
– www.hotel-krone-stein.de
41 Zim ⌑ – †59/71 € ††69/104 € Rest – Karte 19/36 €
• Der gewachsene Gasthof in verkehrsgünstiger Lage an der Bundesstraße befindet sich seit Generationen im Familienbesitz. Die soliden Zimmer bieten meist einen Balkon. Gediegen-ländliches Ambiente im Restaurant.

INGELFINGEN – Baden-Württemberg – **545** – 5 740 Ew – Höhe 217 m 48 H17
– Erholungsort
▶ Berlin 564 – Stuttgart 98 – Würzburg 73 – Heilbronn 56
ℹ Schlossstr. 12, ✉ 74653, ✆ (07940) 13 09 22, www.ingelfingen.de

INGELFINGEN

Haus Nicklass (mit Gästehaus)
Künzelsauer Str. 1 ✉ 74653 – ℰ (07940) 9 10 10 – www.haus-nicklass.de
60 Zim – †57/75 € ††85/90 € – ½ P 19 € – 2 Suiten
Rest – (nur Abendessen) Karte 20/49 €
• Ein gewachsenes Hotel unter familiärer Leitung, das im Haupthaus neuzeitliche Zimmer bietet, im Gästehaus etwas einfachere. Dazu ein sehr ansprechender Bade- und Saunabereich. Sie speisen im freundlichen Restaurant oder in der rustikalen Weinstube.

INGELHEIM am RHEIN – Rheinland-Pfalz – **543** – 24 050 Ew   **47** E15
– Höhe 110 m
▶ Berlin 587 – Mainz 18 – Bad Kreuznach 29 – Bingen 13
🛈 Neuer Markt 1, ✉ 55218, ℰ (06132) 78 22 16, www.ingelheim.de

Millennium
Bleichstr. 1, (Ecke Rheinstraße) ✉ 55218 – ℰ (06132) 8 89 00
– www.restaurant-millennium.de – geschl. Juni - Juli 3 Wochen, Montag
- Dienstagmittag und Samstagmittag
Rest – Menü 38 € – Karte 33/47 €
Rest Weinstube Weingeist – siehe Restaurantauswahl
• Das helle, moderne Restaurant wird freundlich von Familie Nickl geführt, die hier schmackhafte und zeitgemäße Gerichte wie "Vitello tonnato Kreation" bieten. Nett sitzt man auf der Terrasse im kleinen Innenhof.

Weinstube Weingeist – Restaurant Millennium
Bleichstr. 1, (Ecke Rheinstraße) ✉ 55218 – ℰ (06132) 8 89 00
– www.restaurant-millennium.de – geschl. Juni - Juli und Montag
Rest – (nur Abendessen) Karte 24/40 €
• Unkompliziert-rustikal geht's im "Weingeist" zu. Abends öffnet Frank Nickel sein Lokal und tischt Regionales auf - lecker und preislich fair, wie z. B. hausgemachte Sülze oder paniertes Kalbsschnitzel mit Kartoffelsalat.

In Ingelheim-Sporkenheim Nord-West: 4 km

Fetzer's Landhotel
Gaulsheimer Str. 14 ✉ 55218 – ℰ (06725) 3 01 30 – www.fetzersgastro.de
14 Zim – †79/85 € ††109/115 €   **Rest** – (geschl. Montag) Karte 27/49 €
• Ein von der Inhaberfamilie geleitetes Haus, das über solide möblierte, wohnlich gestaltete Gästezimmer mit gutem Platzangebot verfügt. Gegenüber dem Hotel liegt das Restaurant Lindenhof mit Wintergarten und Weinstube.

In Schwabenheim Süd-Ost: 6 km über Groß-Winternheim

Zum alten Weinkeller mit Zim
Schulstr. 6 ✉ 55270 – ℰ (06130) 94 18 00 – www.immerheiser-wein.de
12 Zim – †59/69 € ††85/95 €
Rest – (Montag - Samstag nur Abendessen) Menü 35 € – Karte 33/45 €
• Ländlichen Charme versprüht dieser historische Gutshof. In gemütlichem Ambiente mit Bruchstein und Fachwerk speist man zeitgemäß-saisonal. Lauschiger "Terra-Cotta-Garten". Hübsche individuelle Zimmer im Gästehaus Casa Rustica.

Landgasthof Engel
Markt 8 ✉ 55270 – ℰ (06130) 92 93 94 – www.immerheiser-wein.de
Rest – Karte 19/36 €
• Der Gasthof von 1569 ist das älteste Haus im Ort. Regionales Angebot in behaglichen Stuben und im schönen Innenhof, Snackkarte in der Vinothek. Es stehen auch Gästezimmer bereit.

INGOLSTADT – Bayern – **546** – 124 390 Ew – Höhe 374 m   **57** L18
▶ Berlin 512 – München 80 – Augsburg 75 – Nürnberg 91
ADAC Schillerstr. 2 (Donau-Center) B
🛈 Rathausplatz 2 B, ✉ 85049, ℰ (0841) 3 05 30 30, www.ingolstadt-tourismus.de
⛳ Ingolstadt, Gerolfinger Str., ℰ (0841) 8 57 78

Stadtplan auf der nächsten Seite

INGOLSTADT

Adolf-Kolping-Str.	B 2	Kanalstr.	A 11	Neubaustr.	A 25
Am Stein	B 4	Kelheimer Str.	B 12	Neuburger Str.	A 28
Anatomiestr.	A 5	Kreuzstr.	A 14	Proviantstr.	B 29
Bergbräustr.	A 6	Kupferstr.	A 15	Rathauspl.	B 30
Donaustr.	A 7	K.-Adenauer-Brücke	B 13	Roßmühlstr.	B 34
Ettinger Str.	A 8	Ludwigstr.	B 18	Schillerbrücke	B 36
Feldkirchner Str.	B 9	Manchinger Str.	B 19	Schrannenstr.	B 39
Friedrich-Ebert-Str.	B 10	Mauthstr.	B 23	Schutterstr.	B 40
		Moritzstr.	B 24	Theresienstr.	B 42
		Münzbergtor		Tränktorstr.	B 43

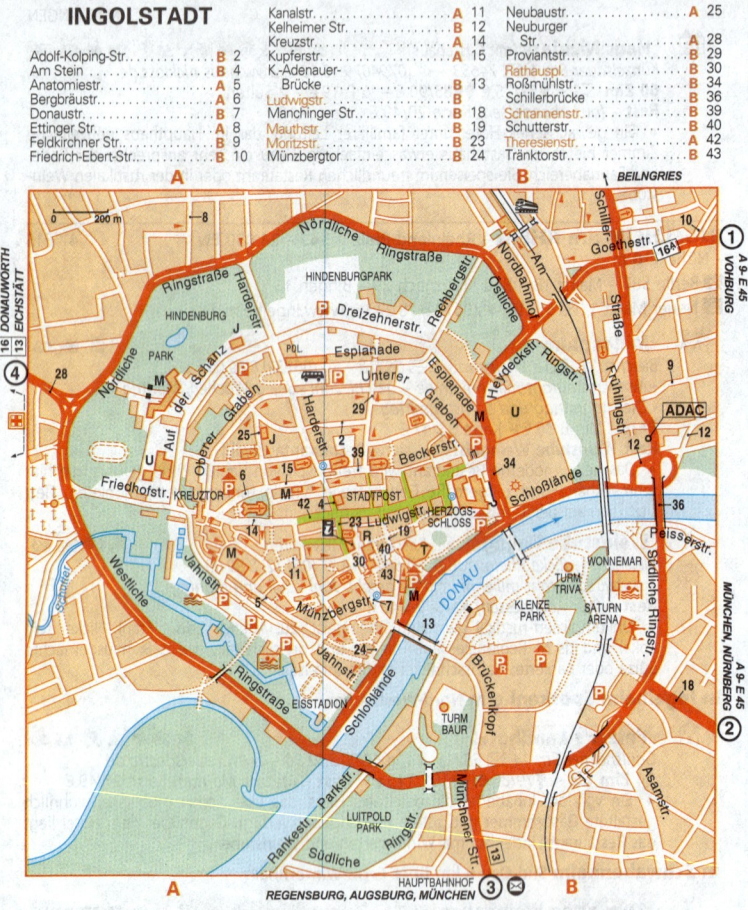

🏨 NH Ambassador
Goethestr. 153 (über B) ✉ 85055 – ✆ (0841) 50 30 – www.nh-hotels.de
119 Zim – †112/132 € ††112/132 €, ☐ 14 € **Rest** – Karte 22/35 €
◆ Technisch gut ausgestattete Standard- und Businesszimmer bietet dieses ganz auf Tagungen und Geschäftsleute zugeschnittene Hotel in einem Hochhaus in Autobahnnähe. Klassisch-zeitloses Restaurant mit internationalem Speisenangebot.

🏨 Ara-Hotel
Theodor-Heuss-Str. 30 (über Schillerstraße B) ✉ 85055 – ✆ (0841) 9 55 50
– www.ara-hotel.de
100 Zim ☐ – †95/180 € ††110/240 € – 4 Suiten **Rest** – Karte 34/48 €
◆ In dem am Stadtrand gelegenen Hotel mit moderner Fassade stehen zeitgemäße Gästezimmer mit guter Technik und sehr komfortable Themensuiten zur Verfügung. Regelmäßiger Sonntags-Brunch im Restaurant.

🏨 Hotel im GVZ garni
Pascalstr. 6, (Halle J, 2. Etage) (über Ettinger Straße A) ✉ 85057 – ✆ (0841) 88 56 60
– www.hotelimgvz.de – geschl. 23. Dezember - 6. Januar
70 Zim ☐ – †77/127 € ††99/149 €
◆ Das Hotel befindet sich im Güterverkehrszentrum nahe dem Audi-Werk. Einige der modern designten Zimmer sind etwas geräumigere Eck-Studios. Snack-Buffet am Abend inklusive.

INGOLSTADT

Domizil Hummel
Feldkirchner Str. 69 (über B) ⊠ 85055 – ⌀ (0841) 95 45 30 – www.hoteldomizil.de
47 Zim – †79/99 € ††85/120 €
Rest – *(geschl. Sonntag und an Feiertagen)* Karte 14/28 €
• Ein Familienbetrieb in recht ruhiger Lage in einem Wohngebiet. Zimmer von modern bis klassisch, teils schön geräumig - die Farbe Weiß dominiert im Haus. Kleiner Pool im Garten. Nett dekoriertes Restaurant in neuzeitlichem Stil.

Ammerland garni
Ziegeleistr. 64 (über Friedrich-Ebert-Straße B) ⊠ 85055 – ⌀ (0841) 95 34 50
– www.hotel-ammerland.de – geschl. Weihnachten - 1. Januar
39 Zim – †93/103 € ††103/113 € – 1 Suite
• Das im Landhausstil gehaltene Hotel in verkehrsgünstiger Lage hält Zimmer verschiedener Kategorien mit guter technischer Ausstattung für Sie bereit, darunter einige Themenzimmer.

Ebner garni
Manchinger Str. 78 (über B) ⊠ 85053 – ⌀ (0841) 96 65 00 – www.ebner-hotel.de
– geschl. 24. Dezember - 6. Januar
25 Zim – †69/85 € ††87/95 €
• In diesem Hotel nicht weit von der Autobahnausfahrt erwarten Sie familiäre Atmosphäre, freundlich und funktionell eingerichtete Zimmer sowie sehr gute Parkmöglichkeiten.

Avus
Ettinger Straße, (im Audi Forum) ⊠ 85057 – ⌀ (0841) 8 94 10 71
– www.audi.de/foren
Rest – Menü 49/65 € – Karte 36/82 €
• Modern-elegantes Restaurant in der ersten Etage des gläsernen Audi-Forums. Das Speisenangebot ist zeitgemäß und saisonal, wochentags günstiges Lunchmenü. Audi-Museum nebenan.

In Ingolstadt-Spitalhof Süd: 6 km über Münchener Straße B

Mercure
Hans-Denck-Str. 21 ⊠ 85051 – ⌀ (08450) 92 20 – www.mercure.com
71 Zim – †90/105 € ††114/129 €, ⊐ 14 €
Rest – *(Tischbestellung ratsam)* Menü 28/60 € – Karte 24/49 €
• Das Hotel ist aus einem Gasthof gewachsen und wird familiär geführt. Die praktischen, zeitgemäßen Zimmer liegen meist zum Innenhof oder nach hinten. Restaurant im Landhausstil mit elegantem Wintergarten. Internationale und regionale Küche.

INSEL POEL – Mecklenburg-Vorpommern – 542 – 2 710 Ew – Höhe 8 m   11 L4
– Seebad
▶ Berlin 260 – Schwerin 56 – Grevesmühlen 48

In Insel Poel-Gollwitz

Inselhotel Poel
Haus Nr. 6 ⊠ 23999 – ⌀ (038425) 2 40 – www.inselhotelpoel-gollwitz.de
– geschl. November - Februar
48 Zim ⊐ – †85/125 € ††110/150 € – ½ P 18 € – 2 Suiten
Rest – Karte 24/43 €
• Das Hotel liegt ruhig im Ortskern und beherbergt hinter seiner weiß-blauen Fassade geräumige, in zeitlosem Stil gehaltene Gästezimmer. Zum Restaurant gehört eine schöne Terrasse.

INZLINGEN – Baden-Württemberg – siehe Lörrach

IPHOFEN – Bayern – 546 – 4 390 Ew – Höhe 250 m   49 J16
▶ Berlin 479 – München 248 – Würzburg 34 – Ansbach 67
ℹ Kirchplatz 7, ⊠ 97346, ⌀ (09323) 87 03 06, www.iphofen.de

IPHOFEN

Zehntkeller (mit Gästehäusern)
Bahnhofstr. 12 ⊠ 97346 – ℰ (09323) 84 40 – www.zehntkeller.de
59 Zim ⊆ – †80/100 € ††120/160 € – 5 Suiten
Rest *Zehntkeller* – siehe Restaurantauswahl

♦ Bereits seit 1850 betreibt Familie Seufert dieses schöne historische Anwesen mit Weingut. Die Gäste wohnen in klassisch-stilvollen und komfortablen Zimmern, die meist zum Innenhof hin liegen.

Huhn das kleine Hotel garni
Mainbernheimer Str. 10 ⊠ 97346 – ℰ (09323) 12 46 – www.hotel-huhn.de
8 Zim ⊆ – †40/65 € ††85/100 €

♦ In dem seit über 30 Jahren familiär geführten Haus umsorgt die Inhaberin persönlich ihre Gäste. Die Zimmer sind individuell und wohnlich eingerichtet. Zum Frühstück bietet man täglich wechselnde Produkte.

Bausewein
Breite Gasse 1 ⊠ 97346 – ℰ (09323) 87 66 70 – www.altstadthotel-bausewein.de
– geschl. über Weihnachten
10 Zim ⊆ – †60/70 € ††80/84 €
Rest – (geschl. Juni - Anfang Juli und Mittwoch - Donnerstag) (nur Abendessen) Karte 14/24 €

♦ Das Haus mit der auffallenden roten Fassade ist ein freundlicher Familienbetrieb, in dem Sie neuzeitliche, technisch gut ausgestattete Zimmer sowie ein Frühstücksbuffet mit vielen hausgemachten Produkten erwartet. Getäfelte rustikale Weinstube mit bürgerlicher Karte und Öko-Weinen aus eigenem Anbau.

Goldene Krone
Marktplatz 2 ⊠ 97346 – ℰ (09323) 8 72 40 – www.gasthof-krone-iphofen.de
– geschl. 21. - 28. Dezember
21 Zim ⊆ – †35/65 € ††75/98 €
Rest – (geschl. Dienstag - Mittwochmittag) Karte 14/40 €

♦ Ein familiengeführter traditionsreicher Gasthof in der Altstadt mit Weinbau seit 1878. Die Zimmer sind funktionell ausgestattet und unterschiedlich möbliert. Im rustikalen Restaurant serviert man regional-saisonale Küche mit Wildspezialitäten (der Chef ist Jäger).

Zehntkeller – Hotel Zehntkeller
Bahnhofstr. 12 ⊠ 97346 – ℰ (09323) 84 40 – www.zehntkeller.de
Rest – Menü 27/72 € – Karte 30/51 €

♦ Eine Institution und über die Grenzen von Iphofen hinaus bekannt. Schon in der 3. Generation wird das Weingut von Familie Seufert geführt - ein Garant für gehobenen bayerisch-fränkischen Genuss! Probieren sollte man Gerichte wie z. B. das "Zweierlei vom Spanferkel".

Deutscher Hof mit Zim
Ludwigstr. 10 ⊠ 97346 – ℰ (09323) 33 48 – www.deutscher-hof-iphofen.de
– geschl. Mitte August - Anfang September und Mittwoch - Donnerstag
6 Zim ⊆ – †55 € ††65/70 €   **Rest** – Karte 26/34 €

♦ Das schmucke historische Fachwerkhaus im Ortskern beherbergt eine gemütliche Stube. Für die saisonal geprägte Küche verwendet man Bioprodukte aus der Region. Lassen Sie sich bürgerliche Klassiker wie das Rehsteak mit Waldpilzen in Preiselbeersauce nicht entgehen. Gästezimmer in ländlichem Stil, teils mit freigelegten Holzbalken.

In Iphofen-Birklingen Ost: 7 km

Augustiner am See
Klostergasse 8 ⊠ 97346 – ℰ (09326) 97 89 50 – www.augustiner-am-see.de – geschl. Februar 2 Wochen und Donnerstag
Rest – Menü 22 € – Karte 16/35 €

♦ Johannes Schwab hat sich dieses lange Jahre ungenutzten Anwesens angenommen und einen netten Landgasthof daraus gemacht! So einiges der typisch fränkischen Küche kommt aus der eigenen Landwirtschaft. Die Lage an einem kleinen See ist prädestiniert für eine tolle Terrasse!

IPHOFEN

In Mainbernheim West: 3 km über B 8

Gasthof zum Falken
Herrnstr. 27 ⊠ 97350 – ℰ (09323) 8 72 80 – www.zum-falken.de – geschl.
22. Dezember - 5. Januar und 21. Februar - 21. März
16 Zim – †44/52 € ††72/78 € – 1 Suite
Rest – (geschl. Dienstag, November - Februar: Montag - Dienstag) Karte 20/37 €
♦ Seit 1664 existiert dieser fränkische Gasthof. In dem gepflegten Haus stehen schöne wohnliche Zimmer mit hübschem Gebälk zur Verfügung. In der gemütlich-ländlichen Gaststube serviert man regionale Küche. Verkauf von eigenen Erzeugnissen.

In Rödelsee Nord-West: 3,5 km

Stegner garni
Mainbernheimer Str. 26 ⊠ 97348 – ℰ (09323) 8 72 10 – www.hotel-stegner.de
18 Zim – †40/45 € ††60/65 €
♦ Schon über 30 Jahre wird das kleine Hotel als Familienbetrieb geführt. Man bietet gepflegte Gästezimmer (teilweise mit Balkon), Frühstück im Wintergarten und eine nette Liegewiese.

In Willanzheim-Hüttenheim Süd: 8 km

Landgasthof May mit Zim
Hüttenheim 6, (am Marktplatz) ⊠ 97348 – ℰ (09326) 2 55
– www.landgasthofmay.de – geschl. Mittwoch
3 Zim – †37/42 € ††48/58 € **Rest** – Karte 18/33 €
♦ Das Gastgeberehepaar betreibt das Restaurant mit Weinstube in 3. Generation. Der Chef kocht, die Chefin umsorgt nett die Gäste. Spezialitäten aus eigener Schlachtung und Räucherei.

ISENBURG – Rheinland-Pfalz – siehe Dierdorf

ISERLOHN – Nordrhein-Westfalen – **543** – 95 240 Ew – Höhe 247 m   **27** D11
▶ Berlin 499 – Düsseldorf 80 – Dortmund 26 – Hagen 18
ADAC Rudolfstr. 1 X
🛈 Bahnhofsplatz 2, ⊠ 58644, ℰ (02371) 2 17 18 20, www.iserlohn.de

Stadtplan auf der nächsten Seite

VierJahreszeiten
Seilerwaldstr. 10 (über Seilerseestraße X) ⊠ 58636 – ℰ (02371) 97 20
– www.vierjahreszeiten-iserlohn.de
70 Zim – †96/139 € ††179/199 €
Rest – (geschl. Anfang November - Mitte März: Sonntagabend) Menü 35/55 €
– Karte 28/56 €
♦ Das Hotel liegt schön im Grünen beim Seilersee. Sie wohnen in neuzeitlichen Zimmern mit mediterraner Note und entspannen im netten Saunabereich. Variable Tagungsräume. Internationale Küche bietet man im Restaurant mit hübscher Terrasse zum See.

Campus Garden
Reiterweg 36 ⊠ 58636 – ℰ (02371) 1 55 60 – www.campus-garden.de   Xa
34 Zim – †85/98 € ††123 €   **Rest** – Menü 30 € – Karte 33/45 €
♦ Auf dem ehemaligen Kasernengelände in Nachbarschaft zu einer privaten Hochschule steht das Businesshotel, das hell und freundlich in mediterranem Stil eingerichtet ist. Internationales Angebot im Restaurant mit hübscher Gartenterrasse.

In Iserlohn-Lössel Süd-West: 6 km über Karl-Arnold-Straße X

Neuhaus
Lösseler Str. 149 ⊠ 58644 – ℰ (02374) 9 78 00 – www.hotel-neuhaus.de
36 Zim – †78/118 € ††118/158 € – 2 Suiten
Rest – (Montag - Freitag nur Abendessen) Menü 32/40 € – Karte 22/49 €
♦ Das zum modernen Hotel gewachsene historische Anwesen ist ein Haus der Kunst, in dem man auch entsprechende Kurse belegen kann. Individuelle, hell gestaltete Zimmer. Regional-Internationales im Restaurant. Bistro Julius mit Terrasse zum romantischen Skulpturengarten.

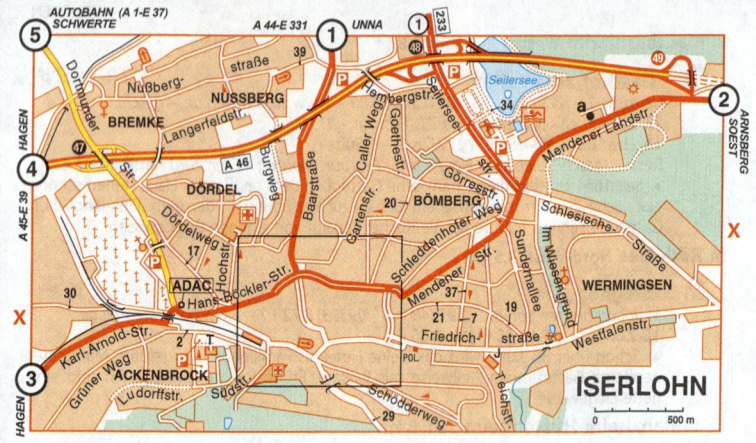

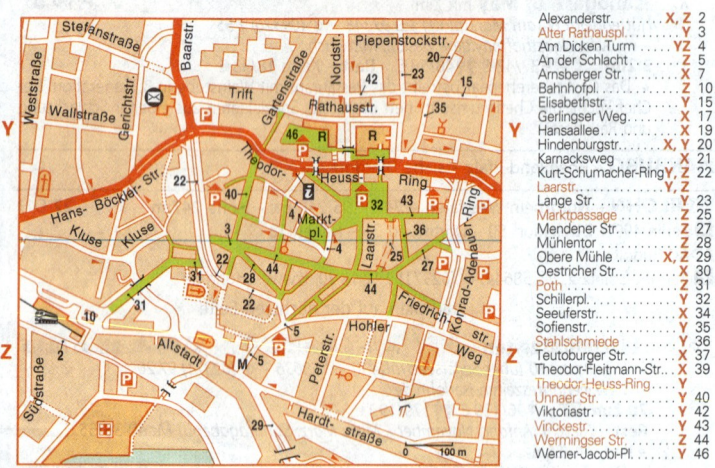

Alexanderstr.	**X, Z** 2
Alter Rathauspl.	**Y** 3
Am Dicken Turm	**YZ** 4
An der Schlacht	**Z** 5
Arnsberger Str.	**X** 7
Bahnhofpl.	**Z** 10
Elisabethstr.	**Y** 15
Gerlinger Weg	**X** 17
Hansaallee	**X** 19
Hindenburgstr.	**X, Y** 20
Karnacksweg	**X** 21
Kurt-Schumacher-Ring	**Y, Z** 22
Laarstr.	**Y, Z**
Lange Str.	**Y** 23
Marktpassage	**Z** 25
Mendener Str.	**Z** 27
Mühlentor	**Z** 28
Obere Mühle	**X, Z** 29
Oestricher Str.	**X** 30
Poth	**Z** 31
Schillerpl.	**Z** 32
Seeuferstr.	**X** 34
Sofienstr.	**Y** 35
Stahlschmiede	**Y** 36
Teutoburger Str.	**X** 37
Theodor-Fleitmann-Str.	**X** 39
Theodor-Heuss-Ring	**Y**
Unnaer Str.	**Y** 40
Viktoriastr.	**Y** 42
Vinckestr.	**Y** 43
Wermingser Str.	**Z** 44
Werner-Jacobi-Pl.	**Y** 46

ISERNHAGEN – Niedersachsen – **541** – 22 890 Ew – Höhe 58 m   **19** I8

▶ Berlin 293 – Hannover 26

🏠 **Engel** garni   🚭 📶 🛎 🅿️ 💳 💳 💳 💳
🍽 Burgwedeler Str. 151 ⌂ 30916 – ✆ (0511) 97 25 60 – www.hotel-engel-isernhagen.de
28 Zim ☕ – †58/61 € ††84/90 € – 1 Suite

♦ Bei Familie Engel wohnen Sie in einem tipptopp gepflegten kleinen Hotel, das aus zwei Häusern besteht. Die Zimmer sind gemütlich im Landhausstil eingerichtet, die im Gästehaus liegen ruhiger. Zum Frühstück: frisches Ambiente und ein gutes Buffet.

ISMANING – Bayern – **546** – 15 230 Ew – Höhe 490 m   **66** M20

▶ Berlin 577 – München 17 – Ingolstadt 69 – Landshut 58

  Zur Mühle (mit Gasthof)   🌳 🏊 🛎 📶 🛎 🅿️ 💳 💳 💳 💳
Kirchplatz 5 ⌂ 85737 – ✆ (089) 96 09 30 – www.hotel-muehle.de – geschl. Anfang Januar 1 Woche
112 Zim ☕ – †89/145 € ††120/183 € – 2 Suiten   **Rest** – Karte 17/37 €

♦ In netter Lage am Seebach finden Sie diesen Gasthof, dessen Familientradition bis ins Jahr 1857 zurückreicht. Es stehen drei Zimmertypen und ein Sauna- und Badebereich bereit. Gemütliche holzvertäfelte Gaststube sowie großer Biergarten und Terrasse.

ISMANING

Fischerwirt
Schlossstr. 17 ⊠ *85737* – ℰ *(089) 9 62 62 60* – *www.fischerwirt.de* – *geschl. 23. Dezember - 6. Januar*
42 Zim – †65/150 € ††90/160 €
Rest *Malandra Osteria* – siehe Restaurantauswahl
♦ In dem familiär geleiteten Landhotel erwarten Sie neuzeitliche, komfortable Gästezimmer mit guter technischer Ausstattung sowie auch einfachere Zimmer.

Frey garni
Hauptstr. 15 ⊠ *85737* – ℰ *(089) 9 62 42 30* – *www.hotel-frey.de*
23 Zim – †80/110 € ††100/150 €
♦ Die gemütliche Hotelpension ist ein sympathischer Familienbetrieb mit alpenländischem Ambiente. Das Haus liegt ca. 5 Gehminuten von der S-Bahnstation entfernt.

Malandra Osteria – Hotel Fischerwirt
Schlossstr. 17 ⊠ *85737* – ℰ *(089) 99 62 86 95* – *www.osteria-malandra.de* – *geschl. Samstag*
Rest – Karte 35/47 €
♦ Ein freundliches, behagliches Restaurant mit italienischer Küche. Kleines Mittagsangebot - auf Nachfrage reicht man auch die große Karte. Hübsch ist die Terrasse vor dem Haus.

ISNY – Baden-Württemberg – **545** – 14 450 Ew – Höhe 704 m — 64 I21
– Wintersport: 960 m ≰3 ⚐ – Heilklimatischer Kurort
▶ Berlin 698 – Stuttgart 189 – Konstanz 104 – Kempten (Allgäu) 25
🛈 Unterer Grabenweg 18, ⊠ 88316, ℰ (07562) 97 56 30, www.isny.de

Hohe Linde
Lindauer Str. 75 (B 12) ⊠ *88316* – ℰ *(07562) 9 75 97* – *www.hohe-linde.de*
34 Zim – †63/73 € ††104/126 € – ½ P 25 € – 3 Suiten
Rest – *(geschl. Sonntag) (nur Abendessen)* Karte 28/51 €
♦ In dem Familienbetrieb am Stadtrand wohnt man in soliden, unterschiedlich eingerichteten Zimmern und relaxt im hübschen Garten oder im Hallenbad. Das Restaurant Allgäuer Stuben bietet regionale Küche mit italienischem Einfluss.

Brauerei Gasthof Engel
Bahnhofstr. 36 ⊠ *88316* – ℰ *(07562) 97 15 10* – *www.engel-isny.de*
10 Zim – †49/66 € ††76/86 €
Rest – *(geschl. Mittwoch - Donnerstag, außer an Feiertagen; Juli - September: Mittwoch - Donnerstagmittag)* Karte 15/31 €
♦ Hier dreht sich alles um das Thema Bier. Der Traditionsgasthof der Brauerei Stolz ist eine tipptopp gepflegte Adresse mit hellen, geräumigen Zimmern im Landhausstil. Das Restaurant bietet regionale Speisen, zu deren Zutaten auch Bier gehört.

Bären
Obertorstr. 9 ⊠ *88316* – ℰ *(07562) 24 20* – *www.baeren-isny.de*
14 Zim – †45 € ††75 € – ½ P 15 €
Rest – *(geschl. November 2 Wochen und Dienstag)* Karte 18/35 €
♦ In dem hübschen Eckhaus mit der gelben Fassade erwarten Sie individuell möblierte Gästezimmer und ein netter, im Landhausstil gehaltener Frühstücksraum. Gemütliche Gaststuben.

In Isny-Neutrauchburg Nord: 2 km

Schloss Neutrauchburg
Schlossstr. 11 ⊠ *88316* – ℰ *(07562) 9 75 64 60* – *www.schloss-neutrauchburg.de*
15 Zim – †109/119 € ††159/179 € – ½ P 23 €
Rest *Schloss Neutrauchburg* – siehe Restaurantauswahl
♦ Das wunderbare Schloss - seit dem 18. Jh. im Besitz der Fürstenfamilie Waldburg-Zeil - besticht durch historisches Flair und überaus hochwertige, geräumige und stilvolle Zimmer.

Schloss Neutrauchburg – Hotel Schloss Neutrauchburg
Schlossstr. 11 ⊠ *88316* – ℰ *(07562) 9 75 64 60*
– *www.schloss-neutrauchburg.de*
Rest – Menü 38/58 € – Karte 39/60 €
♦ Die schönen Räume des Schlosses lassen den Gast abtauchen in eine nostalgisch-romantische Welt. Man offeriert eine klassische, unter mediterranem Einfluss stehende Karte z. B. mit gebratenen französischen Wachtelbrüsten oder Linguine mit Pfifferlingen.

ISSELBURG – Nordrhein-Westfalen – **543** – 11 240 Ew – Höhe 17 m **25** B10

▶ Berlin 579 – Düsseldorf 86 – Arnhem 46 – Bocholt 13
🛈 Markt 9, ✉ 46419, ✆ (02874) 94 23 44, www.isselburg-online.de
🛌 Isselburg-Anholt, Schloss 3, ✆ (02874) 91 51 20
◉ Wasserburg Anholt ★

Nienhaus
Minervastr. 26 ✉ 46419 – ✆ (02874) 7 70 – www.hotel-nienhaus.de – geschl. 23. Januar - 2. Februar, 17. - 27. September
12 Zim ☕ – ♦49/55 € ♦♦75/80 €
Rest – (geschl. Donnerstag, Samstagmittag) Karte 25/45 €
♦ In dem familiär geleiteten kleinen Haus mit efeuberankter Fassade stehen sehr gepflegte und solide möblierte Gästezimmer zur Verfügung. Zum Restaurant mit rustikalem Touch gehören ein Wintergarten und eine begrünte Terrasse. Uriger Ziegelstein-Weinkeller.

In Isselburg-Anholt Nord-West: 3,5 km

Parkhotel Wasserburg Anholt
Kleverstraße ✉ 46419 – ✆ (02874) 45 90
– www.schloss-anholt.de
31 Zim ☕ – ♦85/190 € ♦♦155/220 € – 3 Suiten
Rest *Wasserpavillon* – Menü 42/54 € – Karte 40/54 €
♦ Ein stilvolles jahrhundertealtes Wasserschloss - ringsum ein 34 ha großer Park, der zu Spaziergängen einlädt. Die geschmackvollen Zimmer (auch Themenzimmer) sind individuell in Einrichtung und Zuschnitt. Schönes Frühstücksbuffet und freundlicher Service. Vom lichten Pavillon am Burggraben blickt man direkt aufs Wasser.

ITZEHOE – Schleswig-Holstein – **541** – 32 590 Ew – Höhe 10 m **9** H4

▶ Berlin 343 – Kiel 69 – Hamburg 61 – Bremerhaven 97
🛌 Breitenburg, Gut Osterholz, ✆ (04828) 81 88

Mercure Klosterforst
Hanseatenplatz 2 ✉ 25524 – ✆ (04821) 1 52 00
– www.mercure.com
78 Zim ☕ – ♦105/130 € ♦♦122/147 €
Rest – (nur Abendessen) Karte 23/38 €
♦ Zentrumsnah liegt dieses moderne Stadthotel, das seine Gäste in funktionellen Zimmern mit heller, zeitgemäßer Möblierung beherbergt. Restaurant mit internationaler Karte.

JAMELN – Niedersachsen – **541** – 1 090 Ew – Höhe 19 m **20** K7

▶ Berlin 235 – Hannover 134 – Schwerin 90 – Lüneburg 58

Das Alte Haus
Bahnhofstr. 1 ✉ 29479 – ✆ (05864) 6 08 – www.jameln.de – geschl. Montag - Mittwoch
Rest – (nur Abendessen) (Tischbestellung ratsam) Karte 20/44 €
♦ Ein sehr nettes und persönlich geführtes Restaurant mit urig-rustikaler Atmosphäre in einem charmanten Fachwerkhaus. Speisen vom historischen Grill und gutes mediterranes Salatbuffet.

JENA – Thüringen – **544** – 104 450 Ew – Höhe 148 m **41** L12

▶ Berlin 246 – Erfurt 59 – Gera 44 – Chemnitz 112
ADAC Teichgraben (Eulenhaus) AY
🛈 Markt 16 BY, ✉ 07743, ✆ (03641) 49 80 50, www.jenatourismus.de
🛌 Jena-Münchenroda, Münchenroda 9, ✆ (03641) 42 46 51
◉ Zeiss Planetarium ★ – Optisches Museum ★ M¹ AY

Stadtpläne siehe nächste Seiten

JENA

Ammerbacher Str. ... U 7	Drackendorfer Str. ... V 12	Kahlaische Str. ... U 27
Dornburger Str. ... T 11	Erlanger Allee ... V 15	Katharinenstr. ... T 28
	Hermann-Löns-Str. ... U T 19	Magdelstieg ... T 33
	Humboldtstr. ... T 21	Mühlenstr. ... U 36
	Jenzigweg ... T 22	Winzerlaer Str. ... U 51

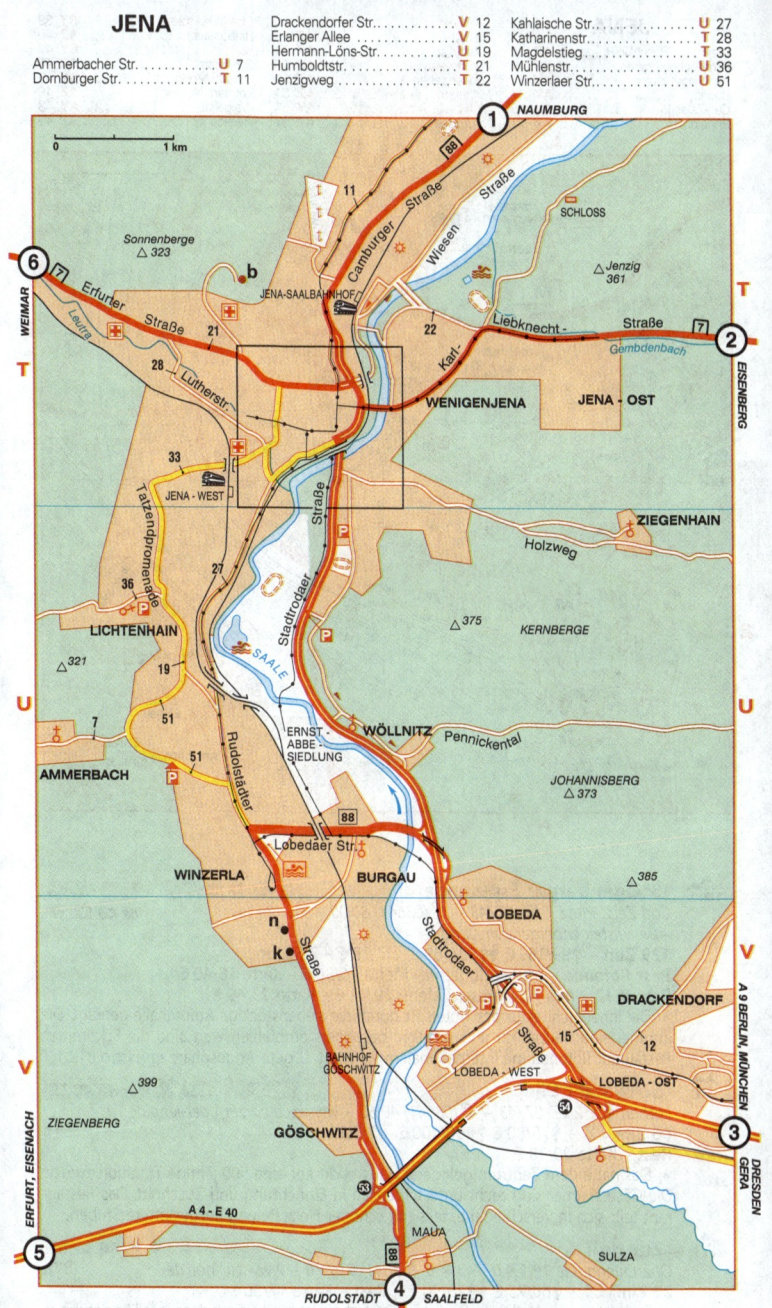

JENA

Alexander-Puschkin-Pl.	AZ 3	Goethestr.	AY	Oberlauengasse	BY 39
Am Kochersgraben	BZ 4	Hainstr.	AY 18	Rathenaustr.	AZ 40
Am Planetarium	AY 6	Johannispl.	AY 24	Saalstr.	BY 42
Bachstr.	AY 9	Johannisstr.	AZ 25	Schillerstr.	AZ 43
Carl-Zeiss-Pl.	AZ 10	Löbdergraben	AZ 30	Unterm Markt	ABY 45
Engelpl.	AZ 13	Lutherstr.	AZ 31	Vor dem Neutor	AZ 46
		Markt	AY 34	Weigelstr.	AZ 48
		Neugasse	AZ 37	Westbahnhofstr.	AZ 49

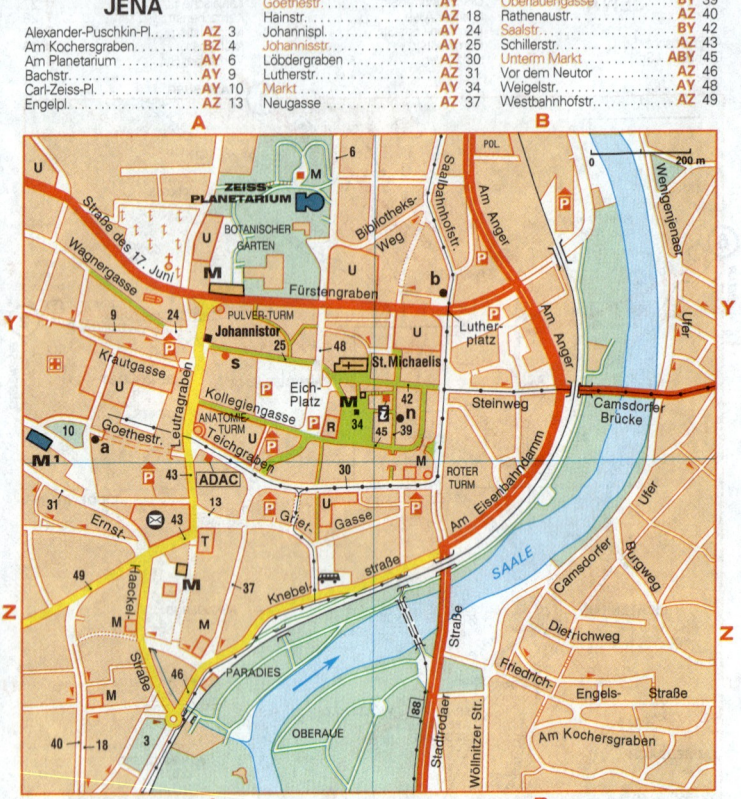

🏨 **Steigenberger Esplanade**
Carl-Zeiss-Platz 4 ✉ 07743 – ☎ (03641) 80 00
– www.steigenberger.com/Jena AYa
179 Zim – †99/169 € ††99/169 €, ⚲ 18 € – 7 Suiten
Rest *Rotonda* – (nur Mittagessen) Menü 16/36 € – Karte 16/40 €
Rest *B 12* – (nur Abendessen) Menü 19/41 € – Karte 23/45 €
• Die Innenarchitektur des Hotels ist durch die siebenstöckige Atriumhalle geprägt. Die Zimmer sind neuzeitlich und sachlich, besonders empfehlenswert sind die Eckzimmer. Restaurant Rotonda mit internationalem Angebot. Legere Atmosphäre im Bistro B12.

🏨 **Schwarzer Bär**
Lutherplatz 2 ✉ 07743 – ☎ (03641) 40 60 – www.schwarzer-baer-jena.de
66 Zim ⚲ – †75/80 € ††90/100 € – 2 Suiten BYb
Rest – Karte 20/38 €
• Das nahe dem Zentrum gelegene Haus blickt auf eine 500-jährige Tradition zurück. Die Gästezimmer sind recht unterschiedlich in Einrichtung und Zuschnitt. Das Restaurant teilt sich in verschiedene, teils mit schöner Holztäfelung ausgestattete Stuben.

🏠 **Zur Noll**
Oberlauengasse 19 ✉ 07743 – ☎ (03641) 5 97 70 – www.zur-noll.de BYn
22 Zim ⚲ – †60/75 € ††70/90 € **Rest** – Karte 17/36 €
• Die historische Nollendorfer Schankwirtschaft ist heute ein nettes familiär geführtes Hotel. Sehenswert ist das komplett mit alten Bohlen verkleidete Bohlenzimmer. Eine gemütliche Atmosphäre herrscht im rustikalen Restaurant.

JENA

✗✗ SCALA - Das Turm Restaurant ≤ AC ⇔ VISA ⓜ AE ⓪
Leutragraben 1, (im Intershop Tower) ✉ 07743 – ☏ (03641) 35 66 66
– *www.scala-jena.de* **AYs**
Rest – Menü 42/86 € – Karte 45/61 €
- In 128 m Höhe befindet sich dieses moderne Restaurant - raumhohe Fenster ermöglichen eine herrliche Aussicht über die Stadt. Geboten wird schmackhafte internationale Küche.

✗✗ Landgrafen mit Zim 🌿 ≤ 🍽 P VISA ⓜ
Landgrafenstieg 25, (Zufahrt über Am Steiger) ✉ 07743 – ☏ (03641) 50 70 71
– *landgrafen.com* – geschl. Februar und Montag - Dienstag **Tb**
3 Zim – †65/95 € ††65/95 €, ⊑ 8 €
Rest – Menü 22 € (mittags)/45 € – Karte 20/44 €
- Einen fantastischen Blick über die Stadt bietet dieses beim Aussichtsturm gelegene, auch als "Balkon Jenas" bezeichnete Restaurant mit internationaler Küche. Drei individuelle Gästezimmer zum Übernachten: Landhaus-, Art-déco- oder Hochzeitszimmer.

In Jena-Winzerla

🏨 Jena 🍽 🛏 & AC 🍴 Rest, 📶 ♨ P VISA ⓜ AE ⓪
Rudolstädter Str. 82, (B 88) ✉ 07745 – ☏ (03641) 6 60 – *www.bestwesternjena.de*
160 Zim ⊑ – †85 € ††105 € – 2 Suiten **Rest** – Karte 15/34 € **Vk**
- Das Hotel ist zeitgemäß, funktionell und besonders auf Geschäftsreisende und Tagungen ausgelegt. Praktisch für Langzeitgäste sind die Küchenzeilen in einigen Zimmern.

🏠 Zur Weintraube 🍽 📶 ♨ P 🚗 VISA ⓜ AE
Rudolstädter Str. 76, (B 88) ✉ 07745 – ☏ (03641) 60 57 70 – *www.weintraube-jena.de*
18 Zim – †55/65 € ††65/75 €, ⊑ 10 € – 1 Suite **Vn**
Rest – Karte 15/37 €
- Das familiengeführte Haus ist ein traditionsreicher Gasthof mit Ursprung im 17. Jh., der über gepflegte, funktionelle Zimmer verfügt - einige sind recht großzügig. Das Restaurant bietet auch einen Raum für Veranstaltungen unterschiedlicher Art.

In Zöllnitz Süd-Ost: 6 km über Erlanger Allee V

🏨 Fair Resort 🍽 🏊 🏊 ♨ 🧖 🍴 & AC Zim, 🍴 📶 ♨ P 🚗 VISA ⓜ AE ⓪
Ilmnitzer Landstr. 3 (jenseits der A4) ✉ 07751 – ☏ (03641) 76 76 – *www.fairresort.de*
111 Zim ⊑ – †75/115 € ††89/129 € – 2 Suiten **Rest** – Karte 23/57 €
- Freizeit- und Wellnessangebote auf über 5000 qm locken die Gäste an! Daneben bietet man freundliche Zimmer und ist zudem aufgrund der verkehrsgünstigen Lage in Autobahnnähe gut zu erreichen.

JESTEBURG – Niedersachsen – **541** – 7 420 Ew – Höhe 28 m – Luftkurort **10 I6**
▶ Berlin 311 – Hannover 126 – Hamburg 42 – Lüneburg 39

In Jesteburg-Itzenbüttel Nord-West: 3 km

🏠 Zum grünen Jäger 🌿 🚗 🍽 P VISA ⓜ AE
Itzenbütteler Waldweg 35 ✉ 21266 – ☏ (04181) 9 22 50 – *www.gruener-jaeger.com*
14 Zim ⊑ – †50/58 € ††70/78 € – ½ P 15 €
Rest – (geschl. Montag) Karte 18/30 €
- Schön liegt das 1912 erbaute Haus am Waldrand. Ein freundlich geführtes kleines Hotel, das man wohnlich in ländlich-mediterranem Stil eingerichtet hat. Bürgerliches Speiseangebot im Restaurant.

JETTINGEN-SCHEPPACH – Bayern – **546** – 6 670 Ew – Höhe 468 m **56 J19**
▶ Berlin 587 – München 100 – Augsburg 41 – Ulm (Donau) 33
🏛 Schloss Klingenburg, ☏ (08225) 30 30

🏠 Best Hotel Mindeltal garni 🛏 & 📶 ♨ P VISA ⓜ AE
Robert-Bosch-Str. 3 (Scheppach) ✉ 89343 – ☏ (08225) 99 70 – *www.besthotel.de*
– geschl. 24. Dezember - 2. Januar
74 Zim ⊑ – †59/99 € ††69/109 €
- Nur 10 Autominuten vom Legoland liegt das mit praktischen Zimmern ausgestattete Hotel. Interessant für Familien sind im Sommer auch der Kidsclub und das Kinderkino am Abend.

JEVER – Niedersachsen – 541 – 13 910 Ew – Höhe 9 m – Erholungsort 8 E5
▶ Berlin 488 – Hannover 229 – Emden 59 – Oldenburg 59
🛈 Alter Markt 18, ✉ 26441, ✆ (04461) 7 10 10, www.stadt-jever.de

Friesen-Hotel garni
Harlinger Weg 1 ✉ 26441 – ✆ (04461) 93 40
– www.jever-hotel.de
32 Zim – †46/56 € ††79/89 €
• Das familiengeführte Haus liegt ruhig in einem Wohngebiet und verfügt über helle und funktional ausgestattete Zimmer. Vom Frühstücksraum blickt man in den hübschen Garten.

Schützenhof
Schützenhofstr. 47 ✉ 26441 – ✆ (04461) 93 70
– www.schuetzenhof-jever.de
65 Zim – †65 € ††94 € – ½ P 24 €
Rest Zitronengras – siehe Restaurantauswahl
• In diesem außerhalb des Zentrums nahe dem Sportplatz gelegenen Hotel erwarten die Gäste gepflegte funktionelle Zimmer und eine familiäre Atmosphäre.

Zitronengras – Hotel Schützenhof
Schützenhofstr. 47 ✉ 26441 – ✆ (04461) 93 70
– www.schuetzenhof-jever.de
Rest – (Montag - Samstag nur Abendessen) Menü 24/48 € – Karte 25/54 €
• Stephan Eden ist mit Leib und Seele Koch! Deshalb lässt er sich auch immer wieder etwas Außergewöhnliches einfallen, um seine Gäste mit Gerichten aus aller Herren Länder zu überraschen.

JOACHIMSTHAL – Brandenburg – 542 – 3 280 Ew – Höhe 72 m 23 Q7
▶ Berlin 68 – Potsdam 132 – Eberswalde 31

Außerhalb Süd-West: 12 km, Richtung Eberswalde und westliche Seerandstraße am Werbellinsee

Tagungszentrum der Wirtschaft
Hubertusstock 2 ✉ 16247 Joachimsthal – ✆ (033363) 5 05
– www.tagungs-zentrum.de
55 Zim – †62/85 € ††82/105 €
Rest – Menü 20 € (mittags)/33 € – Karte 25/38 €
• Das Hotel liegt schön ruhig im Wald, im Biosphärenreservat Schorfheide, bietet ein modern-funktionales Ambiente und ist auf Tagungen spezialisiert. Hell und geradlinig ist das nach einem ehemaligen Förster benannte Restaurant "Von Hövel". Hübsche Terrasse.

JOHANNESBERG – Bayern – siehe Aschaffenburg

JOHANNGEORGENSTADT – Sachsen – 544 – 4 780 Ew – Höhe 780 m 42 O14
– Wintersport: 850 m ✓1 – Erholungsort
▶ Berlin 317 – Dresden 144 – Chemnitz 57 – Chomutov 86
🛈 Eibenstocker Str. 67, ✉ 08349, ✆ (03773) 88 82 22, www.johanngeorgenstadt.de

In Johanngeorgenstadt-Steinbach Nord-West: 2 km

Steinbach
Steinbach 22 ✉ 08349 – ✆ (03773) 88 22 28 – www.gasthof-steinbach.de
– geschl. 1. - 20. November
15 Zim – †37 € ††50/56 € – ½ P 9 €
Rest – (geschl. Donnerstag) Karte 15/25 €
• Sehr freundlich und familiär kümmern sich die Inhaber in ihrem praktisch ausgestatteten kleinen Hotel um die Gäste. Naturliebhaber schätzen die schöne ländliche Umgebung. Die behaglichen Google sind in rustikalem Stil gehalten.

JORK – Niedersachsen – **541** – 11 700 Ew – Höhe 1 m   **10** I5
▶ Berlin 318 – Hannover 167 – Hamburg 63 – Bremen 108

Altes Land (mit Gästehaus)
Schützenhofstr. 16 ⊠ 21635 – ℰ (04162) 9 14 60 – www.hotel-altes-land.de – geschl.
1. - 8. Januar
30 Zim – †61/68 € ††82/97 € – 1 Suite
Rest *Ollanner Buurhuus* – Karte 19/33 €

♦ Ein Fachwerkhaus mit regionalem Charme, das durch ein Gästehaus mit besonders hübschen Zimmern erweitert wurde. Der schöne historische Saal ist ideal für Hochzeiten. Das Ollanner Buurhuus bietet u. a. "vergessene Genüsse" aus seltenen heimischen Grundprodukten.

In Jork-Borstel Nord: 1 km

Die Mühle
Am Elbdeich 1 ⊠ 21635 – ℰ (04162) 63 95 – www.diemuehlejork.de – geschl. Januar und Dienstag
Rest – Menü 34/39 € – Karte 30/56 €

♦ Liebenswert hat man die ehemalige Mühle von 1856 im rustikalen Stil eingerichtet. Zur regional-saisonalen Küche bietet der Chef seine gute Weinauswahl. Idyllische Terrasse.

JÜTERBOG – Brandenburg – **542** – 12 740 Ew – Höhe 71 m   **32** O9
▶ Berlin 71 – Potsdam 58 – Cottbus 105 – Dessau 82
🛈 Mönchenkirchplatz 4, ⊠ 14913, ℰ (03372) 46 31 13, www.jueterbog.eu

In Kloster Zinna Nord-Ost: 4,5 km über B 101, Richtung Luckenwalde

Alte Försterei
König-Friedrich-Platz 7 ⊠ 14913 – ℰ (03372) 46 50 – www.romantikhotels.com/kloster-zinna
20 Zim – †64/79 € ††114/124 €
Rest *Friedrichs Stuben* – Menü 29/33 € – Karte 23/37 €
Rest *12 Mönche* – Karte 17/29 €

♦ Das Forsthaus a. d. 18. Jh. ist ein romantisches Anwesen, dessen Charme sich in der liebenswerten und stimmigen Landhauseinrichtung widerspiegelt. Gemütlich-elegante Friedrichs Stuben und weinberankter Innenhof. Bürgerlich isst man in der Schankstube 12 Mönche.

JUGENHEIM – Rheinland-Pfalz – **543** – 1 600 Ew – Höhe 155 m   **47** E15
▶ Berlin 603 – Mainz 20 – Neustadt an der Weinstraße 91

Weedenhof mit Zim
Mainzerstr. 6 ⊠ 55270 – ℰ (06130) 94 13 37 – www.michael-knoell.de
– geschl. 11. - 28. Juli und Montag - Dienstag
7 Zim – †50/60 € ††70/80 €
Rest – *(nur Abendessen)* Menü 29/45 € – Karte 27/48 €

♦ Man sieht es den Gästen dieses gemütlich-rustikalen kleinen Gutshofes an, dass es ihnen schmeckt. Was da so gut ankommt, ist die regional und auch mediterran geprägte Küche von Michael Knöll, die man z. B. als "Dorade mit Pfifferlingen, Spargel und Kartoffelstampf" serviert bekommt. Zum Übernachten stehen nette Zimmer im Landhausstil bereit.

JUIST (INSEL) Niedersachsen – **541** – 1 700 Ew – Höhe 3 m – Insel der   **7** C5
Ostfriesischen Inselgruppe – Seeheilbad
▶ Berlin 537 – Hannover 272 – Emden 37 – Aurich/Ostfriesland 31
Autos nicht zugelassen
⛴ von Norddeich (ca. 1 h 30 min), ℰ (04931) 98 70
🛈 Strandstr. 5, ⊠ 26571, ℰ (04935) 80 91 06, www.juist.de

Achterdiek
Wilhelmstr. 36 ⊠ 26571 – ℰ (04935) 80 40 – www.hotel-achterdiek.de
– geschl. 22. November - 22. Dezember
49 Zim – †105/165 € ††190/320 € – ½ P 30 € – 4 Suiten
Rest *Achterdiek* – siehe Restaurantauswahl

♦ Ein Ferienhotel wie man es sich wünscht! Ruhige Lage, warme, angenehme Atmosphäre, schöne, individuelle Zimmer (meist mit Blick aufs Wattenmeer) und ein Service, der dem geschmackvollen Interieur in nichts nachsteht!

JUIST (INSEL)

Strandhotel Kurhaus Juist
Strandpromenade 1 ✉ *26571* – ☎ *(04935) 91 60*
– *www.kurhaus-juist.de* – *geschl. 5. Januar - 15. Februar*
70 Zim – †125/256 € ††144/370 € – ½ P 31 € – 21 Suiten
Rest – Menü 34/53 € – Karte 27/65 €
• Strand und Dünen hat man hier direkt vor der Tür. Daneben bietet das Haus mit der repräsentativen weißen Fassade geräumige Zimmer, die meist als Appartements angelegt sind. In einem eindrucksvollen klassischen Saal mit Stuck und Leuchtern befindet sich das Restaurant.

Pabst
Strandstr. 15 ✉ *26571* – ☎ *(04935) 80 50* – *www.hotelpabst.de* – *geschl. 9. Januar - 2. Februar, 26. November - 18. Dezember*
56 Zim – †95/180 € ††190/340 € – ½ P 35 € – 16 Suiten
Rest *Rüdiger's* – siehe Restaurantauswahl
• Sie können sich aussuchen, ob Sie modern oder doch lieber klassisch-friesisch wohnen möchten. Familie Pabst (bereits die 4. Generation) investiert ständig in ihr Haus und macht es so für die Gäste richtig wohnlich und geschmackvoll!

Juister Hof
Strandpromenade 2 ✉ *26571* – ☎ *(04935) 9 20 40* – *www.juister-hof.de* – *geschl. 10. Januar - 15. Februar*
38 Zim – †89/207 € ††120/247 €, ☐ 17 € – ½ P 30 €
Rest – (geschl. Montag - Dienstag) (nur Abendessen) Karte 22/50 €
• Ein gut geführtes Haus in strandnaher Lage. Die Ein- oder Zwei-Raum-Appartements bieten teils Balkon und einen schönen Blick aufs Meer, alle sind mit Küchenzeile ausgestattet. Gepflegtes Restaurant mit Holzfußboden und Wintergarten.

Friesenhof
Strandstr. 21 ✉ *26571* – ☎ *(04935) 80 60* – *www.friesenhof.info* – *geschl. 5. Januar - 15. März, 21. Oktober - 26. Dezember*
80 Zim ☐ – †82/157 € ††128/168 € – ½ P 17 € – 2 Suiten
Rest – (geschl. Mitte Oktober - Mitte März) Karte 19/50 €
• Das Hotel mitten im Ort stammt aus der Jahrhundertwende, schön ist die erhaltene Treppe im Haus. Ausruhen kann man sich in wohnlichen Zimmern oder auf der Dachterrasse mit Meerblick. Restaurant in bürgerlichem Stil und rustikale Bierstube.

Westfalenhof garni
Friesenstr. 24 ✉ *26571* – ☎ *(04935) 9 12 20* – *www.hotel-westfalenhof.de* – *geschl. 6. Januar - 29. März, 21. Oktober - 26. Dezember*
22 Zim ☐ – †68/85 € ††108/142 €
• Ein zentral gelegenes Hotel unter familiärer Leitung mit wohnlichen Gästezimmern, darunter recht großzügige Eckzimmer sowie Südzimmer mit Balkon.

XX Rüdiger's – Hotel Pabst
Strandstr. 15 ✉ *26571* – ☎ *(04935) 80 54 42* – *www.hotelpabst.de* – *geschl. 9. Januar - 2. Februar, 26. November - 18. Dezember*
Rest – Karte 30/67 €
• Rüdiger Wanke bringt in dem eleganten kleinen Restaurant auf den Tisch, was die Saison zu bieten hat. Probieren Sie z. B. Maischolle mit frischen Krabben oder Juister Austern! Schöne Terrasse.

XX Achterdiek – Hotel Achterdiek
Wilhelmstr. 36 ✉ *26571* – ☎ *(04935) 80 40* – *www.hotel-achterdiek.de* – *geschl. 22. November - 22. Dezember*
Rest – Menü 38/69 € – Karte 31/50 €
• Seit Jahren steht der Name der Familie Koßmann für gepflegte Gastlichkeit. Das spiegelt sich auch in dem elegant, in zarten Gelb- und Orange-Tönen gehaltenen Restaurant wider. Terrasse mit Deichblick!

KAARST – Nordrhein-Westfalen – siehe Neuss

KAHL am MAIN – Bayern – 546 – 7 290 Ew – Höhe 110 m   48 G15
▶ Berlin 538 – München 369 – Frankfurt am Main 36 – Aschaffenburg 16

Zeller
Aschaffenburger Str. 2 (B 8) ✉ 63796 – ✆ (06188) 91 80 – www.hotel-zeller.de
– geschl. 23. Dezember - 2. Januar
85 Zim – †90/135 € ††150/160 € – 1 Suite
Rest *Zeller* – siehe Restaurantauswahl
♦ Der gewachsene Gasthof ist ein komfortables Hotel mit freundlichen Mitarbeitern und schönen individuellen Zimmern. Im Sommer Frühstück auf der Terrasse. Gute Tagungsmöglichkeiten.

Am Leinritt garni
Leinrittstr. 2 (Gewerbegebiet Mainfeld) ✉ 63796 – ✆ (06188) 91 18 80 – www.hotel-amleinritt.de
32 Zim – †75/85 € ††95/110 €
♦ Das Hotel der Familie Schütter bietet eine gute Verkehrsanbindung und liegt dennoch ruhig. Die Zimmer im Anbau: modern und klar designt, mit schicken Farbakzenten in Rot-Grau.

Mainlust garni (mit Gästehäusern)
Aschaffenburger Str. 12 (B 8) ✉ 63796 – ✆ (06188) 20 07
30 Zim – †40/47 € ††60/66 €
♦ Das tipptopp gepflegte Haus unter familiärer Leitung bietet seinen Gästen praktisch ausgestattete Zimmer, die teilweise etwas großzügiger und komfortabler sind.

Zeller – Hotel Zeller
Aschaffenburger Str. 2 (B 8) ✉ 63796 – ✆ (06188) 91 80 – www.hotel-zeller.de
– geschl. 23. Dezember - 2. Januar
Rest – Menü 20/60 € – Karte 25/60 €
♦ Hier war jemand am Werk, der was vom Einrichten versteht: Der Ehemann der Gastgeberin Renate Schleunung ist Architekt! Moderne Eleganz, am Puls der Zeit. Rustikaler: die Stube im historischen Trakt. Wie wär's z. B. mit Bäckchen vom Landschwein auf Sommergemüse?

KAHLA – Thüringen – 544 – 7 260 Ew – Höhe 160 m   41 L13
▶ Berlin 264 – Erfurt 55 – Gera 48

Zum Stadttor
Jenaische Str. 24 ✉ 07768 – ✆ (036424) 83 80 – www.hotel-stadttor.de – geschl. Januar
14 Zim – †47/57 € ††56/71 €, ⊇ 8 €   **Rest** – Karte 12/28 €
♦ Schön hat man das in die alte Stadtmauer integrierte Haus von 1468 saniert. Die einstige Herberge und Fleischerei ist heute ein kleiner Familienbetrieb mit wohnlichen Zimmern. Hübsch dekoriertes, gemütlich-rustikales Restaurant mit netter Terrasse im Innenhof.

KAISERSBACH – Baden-Württemberg – 545 – 2 650 Ew – Höhe 565 m   55 H18
– Erholungsort
▶ Berlin 575 – Stuttgart 56 – Heilbronn 53 – Schwäbisch Gmünd 50

In Kaisersbach-Ebni Süd-West: 3 km Richtung Althütte

Schassberger Ebnisee
Winnender Str. 10 ✉ 73667 – ✆ (07184) 29 20 – www.schassberger.de
45 Zim ⊇ – †80/150 € ††114/190 € – ½ P 26 € – 2 Suiten
Rest *Ernst Karl* **Rest** *Flößerstub* – siehe Restaurantauswahl
♦ Seit rund 260 Jahren existiert diese Adresse etwas außerhalb des kleinen Dorfes. Im gewachsenen Hotel der Geschwister Ulrike und Ernst Karl Schassberger stehen recht individuelle Zimmer zur Wahl. Am nahen Ebnisee hat man einen eigenen Bootsverleih.

Ernst Karl (Ernst Karl Schassberger) – Hotel Schassberger Ebnisee
Winnender Str. 10 ✉ 73667 – ✆ (07184) 29 20 – www.schassberger.de
– geschl. Anfang Januar - Anfang April, August - Mitte September und Sonntag - Mittwoch
Rest – (nur Abendessen) (Tischbestellung ratsam) Menü 52/120 €
Spez. Kalbsbries gebacken, Langostinitatar, Pflücksalat, Miso-Ponzumayonnaise. Steinbutt im Natureis, Kopfsalat, Artischocken, Krustentierbéarnaise. Lammrücken, Bockshornklee, Fenchelsamen, Bohnencreme, Joghurt, Nizzaoliven.
♦ Stilvolle Behaglichkeit im Restaurant und die klassischen zeitgemäßen Kreationen von Hausherr Ernst Karl Schassberger sind die Trümpfe dieser gastlichen Adresse. Wenn Sie ganz für sich sein wollen, reservieren Sie den "table d'hôte" in der Küche.

KAISERSBACH

✗✗ **Flößerstub** – Hotel Schassberger Ebnisee
Winnender Str. 10 ✉ *73667* – ✆ *(07184) 29 20* – *www.schassberger.de* – *geschl. Montag*
Rest – Menü 29/40 € – Karte 28/56 €
♦ Nach einem Spaziergang am Ebnisee ist die Einkehr in die rustikale "Flößerstub" (viel Holz, Geweihe an den Wänden) genau das Richtige. Dazu gehören auch traditionelle Gerichte aus dem Schwabenländle.

KAISERSLAUTERN – Rheinland-Pfalz – 543 – 99 280 Ew – Höhe 251 m 46 D16
▶ Berlin 642 – Mainz 90 – Saarbrücken 70 – Karlsruhe 88
ADAC Eisenbahnstr. 15 C
🛈 Fruchthallstr. 14 C, ✉ 67655, ✆ (0631) 3 65 23 17, www.kaiserslautern.de
⛳ Mackenbach, Am Hebenhübel, ✆ (06374) 99 46 33
⛳ Börrstadt, Röderhof 3b, ✆ (06357) 9 60 94

KAISERSLAUTERN

Adolph-Kolping-Pl. . . . . D 2	Am Vogelgesang . . . . C 4
Am Altenhof . . . . C 3	Barbarossaring . . . . D 6
	Eisenbahnstr. C
	Fackelrondell . . . . C 8
	Fackelstr. C
Friedrichstr. D 10	Friedrich-Karl-Str. . . . . B 9
Fruchthallstr. . . . . C 12	Haspelstr. . . . . D 13
Hohenecker Str. . . . . A 16	

KAISERSLAUTERN

 SAKS 🛜 🏊 ♨ ⚿ Rest, AC ⚑ Rest, 🛜 ♿ VISA ⊕ AE ①
Stiftsplatz 11, (über Spittelstraße) – ☏ (0631) 36 12 50 – www.sakshotels.com
92 Zim – †89/159 € ††109/179 €, ☕ 12 €   **Rest** – Karte 19/46 €   **C s**
   ♦ Hier setzt man ganz auf urbanen Style - passend dazu die metallischen Töne in den Zimmern, im 5. Stock mit Balkon; hier auch Sauna und Ruhebereich. Das Hotel liegt mitten in der Stadt, kostengünstig parken kann man im Parkhaus Stiftsplatz.

 Zollamt garni   📶 ⚑ 🛜 ♿ VISA ⊕ AE ①
Buchenlochstr. 1 ✉ 67663 – ☏ (0631) 3 16 66 00 – www.hotel-zollamt.de – geschl.
18. Dezember - 10. Januar   **B e**
33 Zim ☕ – †98/119 € ††139/149 €
   ♦ Empfangsbereich, Frühstücksraum und der überwiegende Teil der Zimmer sind geradlinig-modern designt. Einige Zimmer mit Balkon nach hinten. Das Haus befindet sich recht nahe beim Bahnhof.

Kammgarnstr. . . . . B 17	Riesenstr. . . . . C 24	Spittelstr. . . . . C 29
Kerstrstr. C 18	Salzstr. . . . . C 25	Stiftspl. . . . . C 31
Marktstr. C	St.-Marien-Pl. . . . . B 26	Trippstadter Str. . . . . B 32
Martin-Luther-Str. . . . . C 20	Schillerpl. . . . . C 27	Willy-Brandt-
Ottostr. . . . . C 23	Schneiderstr. . . . . C 28	Pl. . . . . C 35

KAISERSLAUTERN

🏨 Schulte's hôtel du vin garni
Malzstr. 7 ⊠ 67663 – ℰ (0631) 20 16 90 – www.schultes-hotelduvin.de
16 Zim – †90/160 € ††130/200 € – 14 Suiten **Cb**
♦ Nur 5 Gehminuten von Bahnhof und Stadion. Die Zimmer sind individuell mit Stilmöbeln eingerichtet. Grüner Salon für Nichtraucher, Roter Salon für Raucher. Am Abend Rotwein und Käse.

🏠 Stadthotel garni
Friedrichstr. 39 (Zufahrt über Heinrich-Heine-Straße) ⊠ 67655 – ℰ (0631) 36 26 30 – www.stadthotel-kl.de **Dc**
21 Zim – †69/75 € ††89/95 €
♦ Hinter der hübschen Jugendstilfassade verbirgt sich ein kleines Hotel, das familiär geleitet wird und zeitgemäß eingerichtete Zimmer bietet.

🏠 Art Hotel Lauterbach garni
Fruchthallstr. 15 ⊠ 67655 – ℰ (0631) 36 24 00 – www.art-hotel-kl.de
– geschl. 23. - 30. Dezember **Ca**
23 Zim – †85 € ††120 € – 1 Suite
♦ Modernes Hotel im Zentrum: klare Linien und frisches Grün als Farbtupfer, dazu wechselnde Kunstausstellungen. Zimmer zum hübschen Innenhof ruhiger. Sondergebühr im Theaterparkhaus.

🏠 Lautertalerhof garni
Mühlstr. 31 ⊠ 67659 – ℰ (0631) 3 72 60 – www.lautertalerhof.de
– geschl. 1. - 6. Januar, 22. - 31. Dezember **Ba**
45 Zim – †69/99 € ††99 €, ⊊ 6 € – 8 Suiten
♦ Von hier ist es ein Katzensprung zur Fußgängerzone, dennoch liegt das Haus relativ ruhig in einer Anliegerstraße. Die Zimmer sind mit hellem Holz und freundlichen Stoffen eingerichtet.

✂ Bistro 1A
Pirmasenser Str. 1a ⊠ 67655 – ℰ (0631) 6 30 59 – geschl. Sonntag und an Feiertagen
Rest – Menü 19 € – Karte 15/30 € **Cf**
♦ Bistro und Eiscafé mitten in der Innenstadt. Aus dem breit gefächerten Angebot wählt man internationale Gerichte, Kuchen oder auch hausgemachtes Eis.

In Kaiserslautern-Eselsfürth Nord-Ost: 6 km über Mainzer Straße **D** Richtung Mehlingen

🏨 Barbarossahof (mit Gästehäusern)
Eselsfürth 10 ⊠ 67657 – ℰ (0631) 4 14 40
– www.barbarossahof.com
113 Zim ⊊ – †70/135 € ††93/175 € – 4 Suiten   **Rest** – Karte 18/44 €
♦ Ein gewachsenes Hotel mit über 150 Jahren Familientradition. In den Zimmern individuelles und gediegenes Inventar wie Stilmöbel, Stoffe und Bilder sowie Steinböden mit Teppichen. Auch geräumigere Juniorsuiten. Rustikales Restaurant mit internationaler Küche.

In Kaiserslautern-Dansenberg Süd-West: 6 km über Hohenecker Straße **A**

🏠 Fröhlich
Dansenberger Str. 10 ⊠ 67661 – ℰ (0631) 35 71 60 – www.hotel-froehlich.de
– geschl. 27. Dezember - 10. Januar
28 Zim ⊊ – †42/85 € ††72/110 €
Rest – *(geschl. Montagmittag)* Karte 17/43 €
♦ Das Haus wird seit fünf Generationen familiär geführt. Im Anbau komfortablere Zimmer und Maisonetten, einfacher wohnt man im Haupthaus. Man bietet auch Kosmetik und Massage, im Sommer ist der Biergarten beliebt. Die Küche ist bürgerlich.

KALKAR – Nordrhein-Westfalen – **543** – 13 950 Ew – Höhe 15 m   **25 B10**
▶ Berlin 587 – Düsseldorf 81 – Nijmegen 35 – Wesel 35
🛈 Markt 20, ⊠ 47546, ℰ (02824) 1 31 20, www.kalkar.de
⛳ Kalkar-Niedermörmter, Mühlenhof, ℰ (02824) 92 40 92
⛳ Bedburg-Hau, Schloss Moyland, ℰ (02824) 95 20

KALKAR

XX Meier's Restaurant
Markt 14 ⌧ 47546 – ℰ (02824) 32 77 – www.meiers-restaurant.de
– geschl. 1. - 6. Januar und Montag - Dienstag
Rest – (nur Abendessen) Menü 39 € – Karte 25/48 €
Rest *Bistro Mango* – siehe Restaurantauswahl
♦ Ein ländlich-modernes Restaurant mit gemütlichem Innenhof. Aus der offenen Küche kommen internationale Speisen. Den Service leitet die Chefin mit bayerischem Charme. Separate Terrasse zum Marktplatz.

X Bistro Mango – Meier's Restaurant
Markt 14 ⌧ 47546 – ℰ (02824) 32 77 – www.meiers-restaurant.de
– geschl. 1. - 6. Januar
Rest – Karte 17/45 €
♦ Einladend wirken die in frischem Gelb getünchten Wände und im gleichen Ton bezogenen Bänke, dazu Flechtstühle und farbenfrohe Bilder - ein Ort, wo man sich von früh (11 Uhr) bis spät (23 Uhr) aufhalten kann.

KALKHORST – Mecklenburg-Vorpommern – **542** – 1 860 Ew – Höhe 30 m — **11** K4
▶ Berlin 254 – Schwerin 50 – Lübeck 29 – Wismar 31

In Kalkhorst-Groß Schwansee Nord-West: 3 km

Schlossgut Gross Schwansee
Am Park 1 ⌧ 23942 – ℰ (038827) 8 84 80 – www.schwansee.de
63 Zim – †118/158 € ††148/188 € – 8 Suiten
Rest *Schlossgut Gross Schwansee* – siehe Restaurantauswahl
♦ Das stilvolle Schlossgut von 1745 liegt in einem schönen Park unweit der Ostsee. Der Neubau ist geprägt von geradlinigem Design in Erdtönen (die Zimmer hier alle mit Balkon/Terrasse), klassischer ist das Ambiente im Schlossgebäude.

XX Schlossgut Gross Schwansee – Hotel Schlossgut Gross Schwansee
Am Park 1 ⌧ 23942 – ℰ (038827) 8 84 80
– www.schwansee.de
Rest – Karte 38/56 €
♦ Gast sein auf einem Schloss - dies zu vermitteln, gelingt hier in besonderem Maße. Ein idealer Ort zum Genießen, mit modernem Interieur unter historischem Kreuzgewölbe. Probieren Sie z. B. Karree vom hällischen Jungschwein. Mittags kleine Karte!

KALLMÜNZ – Bayern – **546** – 2 850 Ew – Höhe 344 m — **58** M17
▶ Berlin 479 – München 151 – Regensburg 29 – Amberg 37

X Zum Goldenen Löwen mit Zim
Alte Regensburger Str. 18 ⌧ 93183 – ℰ (09473) 3 80 – www.luber-kallmuenz.de
– geschl. Montag
13 Zim – †55/69 € ††77/89 €
Rest – (Tischbestellung erforderlich) Karte 25/36 €
♦ Das historische Gasthaus mit kleiner Brauerei und lauschigem Hof ist ein sympathischer Familienbetrieb, der mit Zierrat und Kunst liebenswert eingerichtet ist. Regionale Küche und selbst gebrautes Bier. Hübsche individuelle Zimmer, teils Maisonetten.

KALLSTADT – Rheinland-Pfalz – **543** – 1 210 Ew – Höhe 152 m — **47** E16
▶ Berlin 636 – Mainz 69 – Mannheim 26 – Kaiserslautern 37

Kallstadter Hof
Weinstr. 102 ⌧ 67169 – ℰ (06322) 6 00 10 90 – www.kallstadter-hof.de
14 Zim – †65/95 € ††85/100 €
Rest – (Tischbestellung ratsam) Karte 27/41 €
♦ Sie wohnen in einem denkmalgeschützten Winzerhof - so hat man die Zimmer nach Rebsorten benannt; hier stehen für die Gäste Obst und Wasser bereit. Die Zimmer nach hinten liegen ruhiger. Im Restaurant: ländlicher Charme und saisonale Küche. Für Feierlichkeiten ist der Gewölbekeller a. d. 17. Jh. ideal.

KALLSTADT

Müller's Landhotel garni 🅿 VISA ⓞ AE
Freinsheimer Str. 24 ⊠ 67169 – ℰ (06322) 27 92 – www.mueller-ruprecht.de – geschl. 20. - 29. Dezember
10 Zim ⊏ – †62/75 € ††82/107 €
• Das gepflegte, persönlich geführte Gästehaus des gegenüberliegenden Weinguts verfügt über individuelle Zimmer im mediterranen Stil. Am Wochenende: selbst gebackener Kuchen im Weincafé.

✗✗ Weinkastell Zum Weißen Roß mit Zim 🛜 ⇔ VISA ⓞ AE
Weinstr. 80 ⊠ 67169 – ℰ (06322) 50 33 – www.weinkastell-kohnke.de – geschl. 1. Januar - 10. Februar, Juli 1 Woche und Sonntagabend – Donnerstagmittag
13 Zim ⊏ – †65/80 € ††90/115 € – 1 Suite   **Rest** – Karte 45/68 €
• 1988 Enten schmücken das liebenswerte alte Fachwerkhaus - ein Faible der Gastgeber Jutta und Norbert Kohnke. Internationale und regionale Gerichte in gemütlichen Nischen oder unter einer Gewölbedecke. Besonders schön schläft man in den Alkoven- oder Himmelbettzimmern.

✗ Weinhaus Henninger 🏠 🅿
Weinstr. 93 ⊠ 67169 – ℰ (06322) 22 77 – www.weinhaus-henninger.de – geschl. Montag
Rest – Karte 26/39 €
• Ein alter Kachelofen und viel Holz machen die Gaststube des Weinhauses behaglich. Überwiegend eigene Weine zur regionalen Küche, unter der Woche nachmittags Vesperkarte. Schöner Innenhof.

KALTENENGERS – Rheinland-Pfalz – 543 – 2 110 Ew – Höhe 63 m   36 D14
▶ Berlin 589 – Mainz 111 – Koblenz 11 – Bonn 52

Rheinhotel Larus ⌂ 🏠 🛜 🛜 🛁 ⚑ VISA ⓞ AE ⓞ
In der Obermark 7 ⊠ 56220 – ℰ (02630) 9 89 80 – www.rheinhotel-larus.de
32 Zim ⊏ – †85/105 € ††130/175 €   **Rest** – Karte 28/50 €
• Hier überzeugt die Lage unmittelbar am Rhein. Das Haus verfügt über wohnlichsolide Zimmer und Maisonetten, hinter dem Haus befindet sich ein kleiner Garten mit Fischteichen. Restaurant und Terrasse bieten einen schönen Blick auf den Fluss.

KALTENKIRCHEN – Schleswig-Holstein – 541 – 19 870 Ew – Höhe 31 m   10 I4
▶ Berlin 316 – Kiel 61 – Hamburg 42 – Itzehoe 40
🏌 Kisdorferwohld, Am Waldhof 3, ℰ (04194) 9 97 40

Landhotel Dreiklang 🚗 🏠 🛜 ℋ Rest, 🛜 🛁 🅿 VISA ⓞ AE
Norderstr. 6 ⊠ 24568 – ℰ (04191) 92 10 – www.landhotel-dreiklang.de
60 Zim ⊏ – †117/140 € ††152/175 € – 5 Suiten   **Rest** – Karte 27/42 €
• Dieses Hotel bietet seinen Gästen wohnlich-mediterrane Landhauszimmer und ein separates Seminarhaus sowie direkten Zugang zum benachbarten Freizeitbad Holstentherme.

KAMENZ – Sachsen – 544 – 17 180 Ew – Höhe 170 m   33 Q11
▶ Berlin 171 – Dresden 47 – Bautzen 24
🅘 Pulsnitzer Str. 11, ⊠ 01917, ℰ (03578) 37 92 05, www.kamenz.de

Villa Weiße garni 🚗 🛜 🅿 VISA ⓞ AE ⓞ
Poststr. 17 ⊠ 01917 – ℰ (03578) 37 84 70 – www.villa-weisse.de
14 Zim ⊏ – †57/63 € ††79/89 €
• A. d. J. 1875 stammt die Villa des Kunst- und Handelsgärtners Wilhelm Weiße, die heute als sympathisches kleines Hotel Themenzimmer mit Wandbildern, einen eigenen Park und ein Café mit Blick ins Grüne bietet.

KAMP-LINTFORT – Nordrhein-Westfalen – 38 730 Ew – Höhe 28 m   25 B11
▶ Berlin 565 – Düsseldorf 42 – Maastricht 126 – Arnhem 89

Wellings Parkhotel 🏠 🛜 🆎 Rest, 🛜 🛁 🅿 ⚑ VISA ⓞ AE ⓞ
Neuendickstr. 96 ⊠ 47475 – ℰ (02842) 2 10 40 – www.wellings-parkhotel.de
60 Zim ⊏ – †89/123 € ††120/148 €   **Rest** – Menü 35/66 € – Karte 31/51 €
• Das Hotel bietet im Haupthaus besonders komfortable und modern-elegante Zimmer, ein bisschen schlichter sind die Zimmer im Gartenhaus. Gute Tagungsmöglichkeiten. Restaurant mit Bar-Lounge und schöner Gartenterrasse an einem kleinen See.

KAMP-BORNHOFEN – Rheinland-Pfalz – 543 – 1 640 Ew – Höhe 69 m 36 D14
▶ Berlin 623 – Mainz 83 – Koblenz 24 – Wiesbaden 65

Anker
Rheinuferstr. 46 ⊠ *56341 – ℰ (06773) 2 15 – www.hotel-anker.com*
– geschl. November - April
12 Zim – †45/70 € ††70/100 €   **Rest** – *(geschl. Dienstagmittag)* Karte 17/48 €
• Seit vielen Generationen führt Familie Eriksen das direkt am Rhein gelegene kleine Hotel mit der gelben Fassade. Die Zimmer sind gepflegt und wohnlich, meist mit Flussblick. Gemütliche Atmosphäre und internationale Küche im Restaurant.

KANDEL – Rheinland-Pfalz – 543 – 8 380 Ew – Höhe 123 m 54 E17
▶ Berlin 681 – Mainz 122 – Karlsruhe 20 – Landau in der Pfalz 16

Zum Rössel garni
Bahnhofstr. 9 ⊠ *76870 – ℰ (07275) 50 01 – www.hotel-roessel.info*
37 Zim – †48/63 € ††70/81 €
• Außen traditionell (ältester Teil ist ein Fachwerkhaus von 1761), innen freundlich und zeitgemäß. Ruhiger gelegen, groß und komfortabel sind die Zimmer im rückwärtigen Anbau, der einstigen Scheune.

Zur Pfalz
Marktstr. 57 ⊠ *76870 – ℰ (07275) 9 85 50 – www.hotelzurpfalz.de*
49 Zim – †58/78 € ††86/104 €   **Rest** – *(geschl. Montagmittag)* Karte 22/67 €
• Ein familiär geleitetes Hotel mit praktischen Standard- und wohnlicheren Superior-Zimmern. Im Sommer lockt der schöne Biergarten. Von der kleinen Stadt am Bienwald aus bieten sich u. a. Ausflüge ins Elsass an.

KANDERN – Baden-Württemberg – 545 – 8 130 Ew – Höhe 352 m 61 D21
– Erholungsort
▶ Berlin 845 – Stuttgart 252 – Freiburg im Breisgau 46 – Basel 21
🛈 Hauptstr. 18, ⊠ 79400, ℰ (07626) 97 23 56, www.kandern.de
🛈 Kandern, Feuerbacherstr. 35, ℰ (07626) 97 79 90

Zur Weserei (mit Gästehaus)
Hauptstr. 81 ⊠ *79400 – ℰ (07626) 97 79 70 – www.weserei.de*
19 Zim – †60/103 € ††87/108 € – ½ P 25 €
Rest – *(geschl. 12. - 21. Februar und Montag - Dienstagmittag)* Menü 42/55 €
– Karte 20/64 €
• Der historische Gasthof (einst Bergwerksverwaltung mit Schankrecht) wird seit 1877 als Familienbetrieb geführt. Wohnlich-funktionelle Zimmer, im Sommer Frühstück auf der schönen Terrasse. Warme Küche und Vesper in den traditionellen Gaststuben.

In Kandern-Egerten Süd: 8 km, Richtung Lörrach, in Wollbach links ab

Jägerhaus
Wollbacher Str. 28 ⊠ *79400 – ℰ (07626) 87 15 – www.restaurant-jaegerhaus.de*
– geschl. Januar, August und Sonntagabend - Dienstag
Rest – *(Mittwoch - Samstag nur Abendessen)* (Tischbestellung ratsam) Menü 32 €
– Karte 32/67 €
• Die freundliche Chefin serviert hier schmackhafte internationale Küche. Bilder von Max Böhlen (Großvater des Gastgebers) zieren das Restaurant. Hübsche Terrasse am Teich.

In Kandern-Wollbach Süd: 6 km, Richtung Lörrach

Pfaffenkeller mit Zim
Rathausstr. 9 ⊠ *79400 – ℰ (07626) 9 77 42 90 – www.pfaffenkeller.de – geschl. Februar, August 3 Wochen*
9 Zim – †100/130 € ††130/180 €
Rest – (Tischbestellung ratsam) Menü 29/65 € – Karte 34/69 €
• Ein persönlich und mit Engagement geleitetes Restaurant in einem ehemaligen Pfarr- und Domänenhaus von 1618. Die Gaststuben sind geschmackvoll und gemütlich, gekocht wird überwiegend mit Bio-Produkten (durchgehend warme Küche). Zum Haus gehört ein interessanter Hofladen. Sie übernachten in reizenden, individuellen Zimmern und Juniorsuiten.

KAPPELN – Schleswig-Holstein – 541 – 9 670 Ew – Höhe 10 m – Erholungsort 2 I2

▶ Berlin 404 – Kiel 60 – Flensburg 48 – Schleswig 32
- **ℹ** Schleswiger Str. 1, ✉ 24376, ℰ (04642) 40 27, www.ostseefjordschlei.de
- 🏌 Rabenkirchen-Faulück, Morgensterner Str. 6, ℰ (04642) 38 53

Thomsen's Motel garni
Theodor-Storm-Str. 2 (B 203) ✉ 24376 – ℰ (04642) 10 52 – www.thomsensmotel.de
– geschl. Weihnachten - 1. März
26 Zim ⌑ – ♦50/60 € ♦♦85/95 €
- An der Durchgangsstraße liegt das gepflegte und funktionale Hotel, fünf Gehminuten ins Zentrum und zum Hafen. Zimmer im EG von außen zugänglich und mit Kochgelegenheit.

Speicher No. 5
Am Hafen 19a ✉ 24376 – ℰ (04642) 54 51 – www.speicher5.de
– geschl. 1. - 25. Januar und Montag sowie den letzten Sonntag im Monat
Rest – (Dienstag - Samstag nur Abendessen, außer an Feiertagen) (Tischbestellung ratsam) Menü 31/46 € – Karte 28/42 €
- Frisch und schmackhaft kocht man in dem netten kleinen Restaurant in einem Eckhaus am Hafen. Der Chef bereitet aus regionalen Produkten zeitgemäße Speisen zu, während die Chefin freundlich den Service leitet. Probieren sollten Sie hier u. a. das Fischfondue!

KAPPELRODECK – Baden-Württemberg – 545 – 5 820 Ew – Höhe 220 m 54 E19
– Erholungsort

▶ Berlin 731 – Stuttgart 132 – Karlsruhe 60 – Freudenstadt 40
- **ℹ** Hauptstr. 65, ✉ 77876, ℰ (07842) 8 02 10, www.kappelrodeck.de

In Kappelrodeck-Waldulm Süd-West: 2,5 km

Zum Rebstock mit Zim
Kutzendorf 1 ✉ 77876 – ℰ (07842) 94 80 – www.rebstock-waldulm.de – geschl. Februar 2 Wochen und Montag - Dienstagmittag
11 Zim ⌑ – ♦42/58 € ♦♦78/106 €
Rest – (Tischbestellung ratsam) Menü 29/39 € – Karte 27/49 €
- Heimelige Gaststuben erwarten Sie in dem reizenden Fachwerkhaus mit Familientradition seit 1750. Die Küche ist schmackhaft und regional - ein Muss ist hier der gefüllte Ochsenschwanz mit Wirsing und Käsrädle. Angenehm sitzt man im Sommer auf der schön angelegten Terrasse. Zum Übernachten stehen Zimmer in behaglich-ländlichem Stil bereit.

KARBEN – Hessen – 543 – 21 760 Ew – Höhe 125 m 47 F14

▶ Berlin 29 – Wiesbaden 56 – Frankfurt am Main 18 – Gießen 60

Neidharts Küche
Robert-Bosch-Str. 48 (Gewerbegebiet) ✉ 61184 – ℰ (06039) 93 44 43
– www.neidharts-kueche.de – geschl. Januar 1 Woche, August 1 Woche und Montag
Rest – (Dienstag - Samstag nur Abendessen) (Tischbestellung ratsam) Menü 24/41 €
– Karte 27/39 €
- Der sympathische Gastgeber bereitet in dem freundlichen Restaurant mit Wintergarten und netter Terrasse Schmackhaftes aus regionalen Produkten. Das Duo vom Wetterauer Lamm mit Oliven-Polenta liest sich so gut wie es schmeckt. Preis-Leistungs-Verhältnis und Service stimmen!

KARGOW – Mecklenburg-Vorpommern – siehe Waren (Müritz)

KARLSHAFEN, BAD – Hessen – 543 – 3 830 Ew – Höhe 101 m 28 H10
– Soleheilbad

▶ Berlin 376 – Wiesbaden 276 – Kassel 48 – Hameln 79
- **ℹ** Hafenplatz 8, ✉ 34385, ℰ (05672) 99 99 22, www.bad-karlshafen.de

KARLSHAFEN, BAD

Hessischer Hof
Carlstr. 13 – ⌧ 34385 – ℰ (05672) 10 59 – www.hess-hof.de
20 Zim – †43 € ††78 € – ½ P 16 €
Rest – (geschl. November - März: Montag) Karte 12/35 €
♦ Nahe der Weser liegt der gestandene Gasthof mit solide eingerichteten Zimmern. Ein besonderer Service für Fahrradtouristen sind die abschließbaren Unterstellmöglichkeiten. Großes Restaurant mit Wintergarten.

Zum Weserdampfschiff
Weserstr. 25 – ⌧ 34385 – ℰ (05672) 24 25 – www.weserdampfschiff.de – geschl. November
14 Zim – †37/41 € ††74/82 € – ½ P 16 €
Rest – (geschl. November - Februar und Montag) Karte 20/40 €
♦ Das Gasthaus an der Weser kann auf eine über 170-jährige Familientradition zurückblicken. Einige der sehr gepflegten Zimmer liegen schön zum Fluss hin. Restaurant, ländliche Gaststube und Terrasse mit Blick auf das alte Pegelhäuschen.

KARLSHAGEN – Mecklenburg-Vorpommern – siehe Usedom (Insel)

KARLSRUHE – Baden-Württemberg – 545 – 294 800 Ew – Höhe 115 m   54 F18
▶ Berlin 675 – Stuttgart 88 – Mannheim 71 – Saarbrücken 143
ADAC Steinhäuserstr. 22 CZ
🛈 Bahnhofplatz 6 EZ, ⌧ 76137, ℰ (0721) 37 20 53 83, www.karlsruhe-tourism.de
⛳ Karlsruhe, Gut Scheibenhardt, ℰ (0721) 86 74 63
⛳ Königsbach-Stein, Hofgut Johannesthal, ℰ (07232) 80 98 60
◉ Staatliche Kunsthalle★★ M^1 – Schloss★ – Badisches Landesmuseum★ M^3 – Botanischer Garten (Pflanzenschauhäuser★) EX – ZKM (Zentrum für Kunst und Medientechnologie)★★ EY

Stadtpläne siehe Seiten 654, 655, 656

Novotel Karlsruhe City
Festplatz 2 – ⌧ 76137 – ℰ (0721) 3 52 60 – www.novotel.com   EYf
246 Zim – †115/210 € ††140/235 €, ⌧ 19 € – 2 Suiten   **Rest** – Karte 26/51 €
♦ Das Businesshotel am Kongresszentrum bietet einen modernen Hallenbereich mit News-Bar, technisch gut ausgestattete Zimmer in warmen Erdtönen sowie zehn variable Tagungsräume. Restaurant mit großer Terrasse.

Renaissance
Mendelssohnplatz – ⌧ 76131 – ℰ (0721) 3 71 70 – www.renaissance-karlsruhe.de
215 Zim – †135/165 € ††135/165 €, ⌧ 19 € – 1 Suite   EYa
Rest – Karte 29/47 €
♦ Das komfortable Stadthotel befindet sich am Zentrumsrand und verfügt über eine gediegene Lobby und hochwertig eingerichtete Zimmer mit guter Technik. Regionales Speiseangebot im Restaurant Zum Markgrafen.

Schlosshotel
Bahnhofplatz 2 – ⌧ 76137 – ℰ (0721) 3 83 20 – www.schlosshotel-karlsruhe.de
96 Zim – †83/117 € ††99/149 €, ⌧ 14 €   EZa
Rest *Zum Großherzog* – (geschl. Mitte Juli - Mitte September und Sonntag) (nur Abendessen) Karte 39/54 €
Rest *Schwarzwaldstube* – Menü 20 € (mittags)/44 € – Karte 39/53 €
♦ 1914 wurde das Traditionshaus gegenüber dem Hauptbahnhof erbaut. Eine stilvolle Halle mit Bar und Gästezimmer in wohnlich-klassischem Stil erwarten Sie. Internationales im eleganten Abendrestaurant Zum Großherzog. Rustikale Schwarzwaldstube mit saisonaler Regionalküche.

Santo
Karlstr. 69 – ⌧ 76137 – ℰ (0721) 3 83 70 – www.hotel-santo.de
67 Zim – †88/108 € ††88/108 €, ⌧ 15 €   DYs
Rest *Da Gianni* – (geschl. Samstagmittag, Sonntag) Karte 22/36 €
♦ Hier überzeugen die zentrale Lage nahe Bahnhof und Kongresszentrum sowie gediegene Zimmer mit wertiger Einrichtung und W-Lan gratis. Abends wird der Frühstücksraum zur Cocktailbar. Im Restaurant Da Gianni bietet man italienische Küche.

KARLSRUHE

Adenauerring	**DX**	2
Akademiestr.	**DX**	3
Amalienstr.	**DX**	12
Am Stadtgarten	**EZ**	8
Bahnhofpl.	**EZ**	13
Bahnhofstr.	**EZ**	14
Bannwaldallee	**CYZ**	
Baumeisterstr.	**EY**	16
Beiertheimer Allee	**DYZ**	17
Bismarckstr.	**DX**	
Blücherstr.	**CX**	
Brauerstr.	**DY**	
Breite Str.	**DZ**	
Bulacher Str.	**DZ**	21
Ebertstr.	**DZ**	
Eisenlohrstr.	**CY**	
Erbprinzenstr.	**DX**	29
Ettlinger Allee	**EZ**	31
Ettlinger Str.	**EYZ**	32
Europapl.	**DX**	33
Fautenbruchstr.	**EZ**	
Fritz-Erler-Str.	**EY**	34
Gartenstr.	**CDY**	
Grünwinkler Str.	**CZ**	37
Hans-Thoma-Str.	**EX**	40
Hermann-Billing-Str.	**EY**	44
Herrenstr.	**DY**	46
Hirschstr.	**DYZ**	
Jollystr.	**DY**	
Kaiserallee	**CX**	
Kaiserpl.	**DX**	49
Kaiserstr.	**DEX**	50
Karlstr.	**DYZ**	
Karl-Friedrich-Str.	**EY**	52
Kriegsstr.	**CDEY**	
Litzenhardtstr.	**CZ**	
Ludwig-Marum-Str.	**CX**	
Luisenstr.	**EY**	64
Marienstr.	**EY**	
Marie-Alexandra-Str.	**DZ**	65
Markgrafenstr.	**EXY**	67
Marktpl.	**EX**	68
Mathystr.	**DY**	70
Mittelbruchstr.	**EZ**	71
Moltkestr.	**CDX**	
Nebeniusstr.	**EZ**	74
Neckarstr.	**DZ**	
Neue-Anlage-Str.	**CZ**	76
Nördliche Hildapromenade	**CX**	80
Otto-Wels-Str.	**CZ**	
Poststr.	**EZ**	86
Pulverhausstr.	**CZ**	
Reinhold-Frank-Str.	**DX**	89
Rheinstr.	**CX**	90
Ritterstr.	**DY**	
Rüppurrer Str.	**EYZ**	
Scheffelstr.	**CXY**	
Schillerstr.	**CXY**	
Schloßpl.	**EX**	95
Schwarzwaldstr.	**EZ**	98
Seldeneckstr.	**CX**	
Sophienstr.	**CDXY**	
Steinhäuserstr.	**CY**	
Stephanienstr.	**DX**	104
Südendstr.	**CDY**	
Waldhornstr.	**EX**	110
Waldstr.	**DX**	112
Weiherfeldstr.	**DZ**	113
Werderpl.	**EY**	116
Wilhelmstr.	**EY**	121
Wilhelm-Baur-Str.	**CY**	119
Willy-Brandt-Allee	**DX**	122
Yorckstr.	**CXY**	
Zeppelinstr.	**CY**	126
Zirkel	**EX**	127

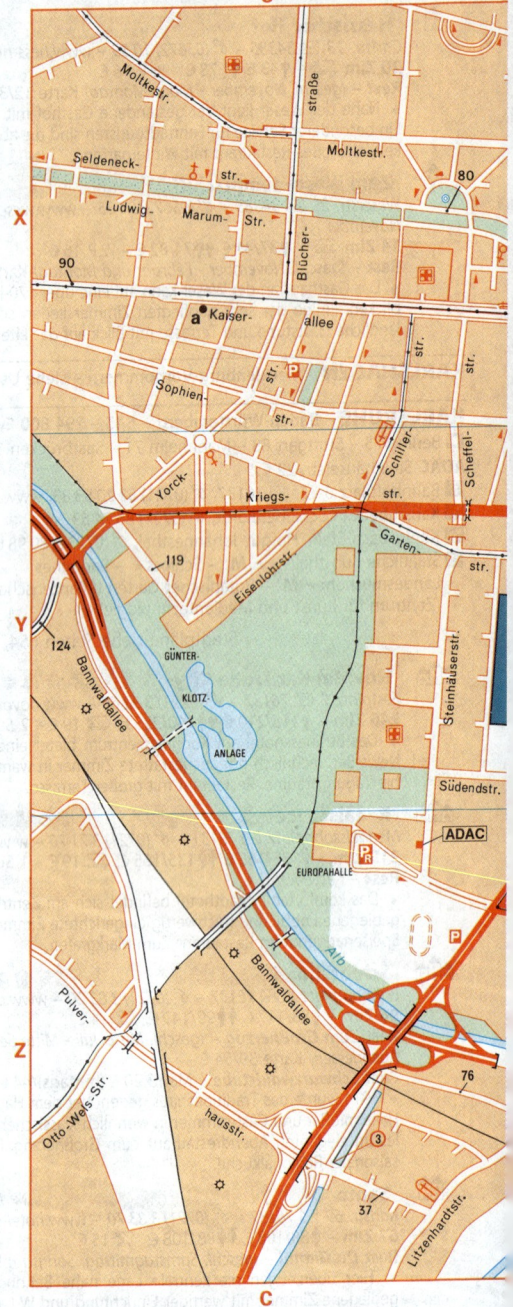

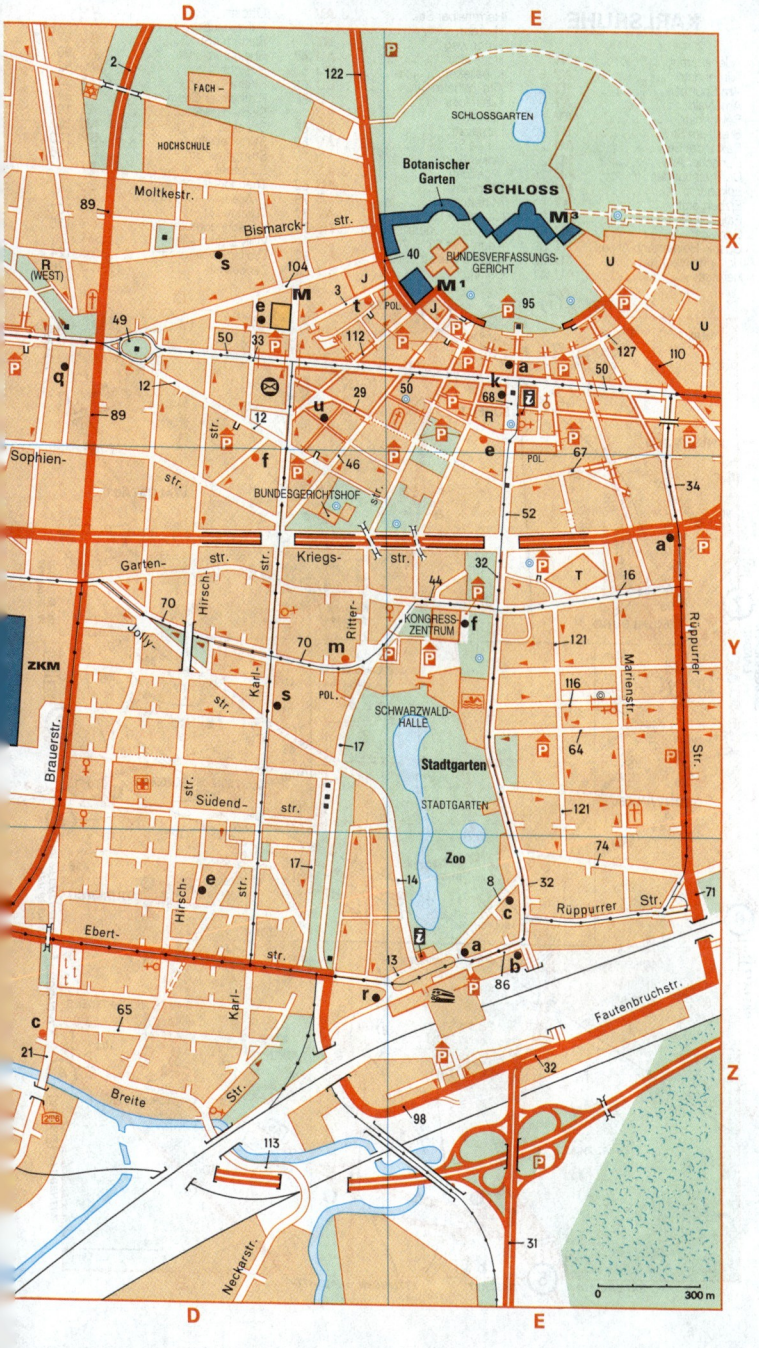

KARLSRUHE

Street	Grid	#
Adenauerring	AT	
Allmendstr.	AV	5
Am Sportpark	BT	6
Am Wald	AT	9
Belchenstr.	AV	19
Breslauer Str.	BT	20
Daxlander Str.	AU	22
Durlacher Allee	BU	23
Durmersheimer Str.	AU	25
Eckenerstr.	AU	26
Erzbergerstr.	AT	
Ettlinger Allee	AV	31
Gerwigstr.	BU	35
Gustav-Heinemann-Allee	BT	39
Haid-und-Neu-Str.	BU	38
Hardtstr.	AU	41
Herrenalber Str.	AV	
Hertzstr.	AT	
Hirtenweg	BT	
Honsellstr.	AU	47
Kapellenstr.	BU	53
Karl-Wilhelm-Str.	BU	55
Killisfeldstr.	BU	56
Kriegsstr.	BU	
Lameystr.	AU	58
Lange Str.	AV	59
Linkenheimer Landstr.	AT	61
Michelinstr.	AU	62
Mitteltorstr.	AT	73
Neureuter Hauptstr.	AT	77
Neureuter Querallee	AT	79
Neureuter Str.	AT	
Nürnberger Str.	AV	82
Ostring	BU	83
Ottostr.	BU	
Pulverhausstr.	AU	
Rastatter Str.	AV	87
Rheinbrückenstr.	AT	90
Rheinhafenstr.	AT	92
Rheinstr.	AT	93
Rintheimer Querallee	BT	94
Siemensallee	AT	100
Starckstr.	AT	101
Steinkreuzstr.	BV	103
Stuttgarter Str.	AU	106
Sudetenstr.	AT	
Theodor-Heuss-Allee	BT	
Tullastr.	BU	107
Welschneureuter Str.	AT	115
Willy-Brandt-Allee	AT	
Wolfartsweierer Str.	BU	124
Zeppelinstr.	AU	126

KARLSRUHE

Kaiserhof garni
Karl-Friedrich-Str. 12 ⊠ 76133 – ℰ (0721) 9 17 00 – www.hotelkaiserhof-ka.de
54 Zim ⌇ – †79/99 € ††99/119 € – 4 Suiten   EXk
♦ Die kurzen Wege zu Kongresszentrum, Staatstheater und Fußgängerzone sind ein klarer Vorteil! Ebenso die gehoben-funktionale Ausstattung mit zeitgemäßer Technik. Das Apartment ganz oben hat eine kleine Dachterrasse.

Kübler (mit Gästehäusern)
Bismarckstr. 37 ⊠ 76133 – ℰ (0721) 14 40 – www.aaaa-hotelwelt.de   DXs
198 Zim ⌇ – †50/280 € ††72/320 €
Rest *Badisch Brauhaus* – Bismarckstr. 39, ℰ (0721) 14 47 00 – Karte 12/32 €
♦ Ein Art Erlebnis-Hotel präsentiert sich das interessante Gebäude-Ensemble mit verschiedensten Zimmern vom kleinen "Kübler Stars"-Zimmer bis zum originellen Themenzimmer. Zum Restaurantbereich gehört das Brauhaus mit Rutsche zum Sudkessel im UG.

Rio (mit Gästehaus)
Hans-Sachs-Str. 2 ⊠ 76133 – ℰ (0721) 8 40 80 – www.hotel-rio.de   DXq
117 Zim – †70/135 € ††76/155 €, ⌇ 6 €
Rest – *(geschl. Freitag - Samstag) (nur Abendessen)* Karte 16/34 €
♦ Ein familiär geführtes und sehr gepflegtes Hotel am Rande des Zentrums, dessen Zimmer im Gästehaus besonders neuzeitlich und schön sind, im Haupthaus teilweise etwas einfacher.

Allee Hotel (mit Gästehaus)
Kaiserallee 91 ⊠ 76185 – ℰ (0721) 98 56 10 – www.alleehotel-ka.de   CXa
70 Zim ⌇ – †88/110 € ††108/138 € – 2 Suiten
Rest – *(geschl. Sonntagabend)* Menü 20 € (mittags)/40 € – Karte 25/53 €
♦ Ein neuzeitliches und praktisches Hotel im Westen der Innenstadt. Einige Zimmer liegen recht ruhig nach hinten. Auch Boardinghouse-Zimmer. W-Lan und Telefon (Inland) gratis.

Alfa garni
Bürgerstr. 4 ⊠ 76133 – ℰ (0721) 2 99 26 – www.alfa-karlsruhe.com   DXu
36 Zim – †59/89 € ††78/98 €, ⌇ 10 €
♦ In idealer Zentrumslage am Ludwigsplatz stehen gepflegte, helle und zeitlose Zimmer mit guter technischer Ausstattung zur Verfügung. Neuzeitlicher kleiner Frühstücksraum.

Residenz
Bahnhofplatz 14 ⊠ 76137 – ℰ (0721) 3 71 50 – www.hotel-residenz-ka.de
103 Zim ⌇ – †99/115 € ††119/148 € – 1 Suite   DZr
Rest – *(geschl. Sonntagabend)* Karte 19/38 €
♦ Zentral neben dem Hauptbahnhof gelegen, ist das Hotel wie gemacht für Touristen und Geschäftsreisende. Man hat alles, was man braucht, auch Tagungsmöglichkeiten; einige Zimmer mit Balkon. Essen kann man im Restaurant Ketterer oder im legeren Bistro (beide mit schöner Gewölbedecke). Terrasse zum Bahnhofplatz.

Elite garni
Sachsenstr. 17 ⊠ 76137 – ℰ (0721) 82 80 90 – www.hotelelite-ka.de   DZe
43 Zim ⌇ – †75 € ††89 €
♦ Das Hotel liegt relativ ruhig in einer Seitenstraße und ist freundlich in modernem Stil eingerichtet. Neben W-Lan ist auch das Telefonieren ins Festnetz innerhalb Europas kostenlos.

Avisa garni
Am Stadtgarten 5 ⊠ 76137 – ℰ (0721) 3 49 77 – www.hotel-avisa.de – geschl. 24. Dezember - 10. Januar   EZc
27 Zim ⌇ – †83/90 € ††112 €
♦ Praktisch ist die Lage dieses Hotels direkt gegenüber dem Stadtgarten und ganz in der Nähe des Bahnhofs. In warmen Tönen gehaltene, teils sehr geräumige Zimmer mit guter Technik.

KARLSRUHE

Hasen
*Gerwigstr. 47 ⊠ 76131 – ℰ (0721) 9 63 70 – www.hotel-hasen.de – geschl.
23. Dezember - 2. Januar* BUr
34 Zim – †55/85 € ††90/100 €, ⊡ 10 € – 1 Suite
Rest – *(geschl. Sonntag) (nur Abendessen)* Karte 31/54 €

♦ In dem Stadthaus außerhalb des Zentrums bietet man unterschiedliche, funktional ausgestattete Zimmer und einen hellen, freundlichen Frühstücksraum mit gutem Buffet. Hugo's nennt sich das nette Bistro-Restaurant - im Sommer mit "Scheune" im Innenhof.

Am Markt garni
*Kaiserstr. 76 ⊠ 76133 – ℰ (0721) 91 99 80 – www.hotelammarkt.de – geschl.
23. Dezember - 7. Januar, 5. - 8. April, 4. - 19. August* EXa
38 Zim ⊡ – †74/109 € ††99/119 €

♦ Hier wohnt man in einem funktionellen Etagenhotel mitten in der Fußgängerzone, gegenüber dem Marktplatz. Frühstücksraum mit Blick auf die Stadt, Café im EG. W-Lan kostenfrei.

Berliner Hof garni
*Douglasstr. 7 ⊠ 76133 – ℰ (0721) 1 82 80 – www.hotel-berliner-hof.de – geschl.
23. Dezember - 6. Januar* DXe
49 Zim – †50/93 € ††62/116 €, ⊡ 9 €

♦ In der Innenstadt, in Schlossnähe, erwartet Sie ein engagiert geführtes Hotel mit teilweise ganz modernen Gästezimmern und gutem Frühstücksbuffet.

Ibis Karlsruhe City
Poststr. 1 ⊠ 76133 – ℰ (0721) 35 23 20 – www.ibishotel.com EZb
139 Zim – †59/109 € ††69/119 €, ⊡ 10 €
Rest – *(nur Abendessen)* Menü 16/36 € – Karte 19/28 €

♦ Das denkmalgeschützte ehemalige Postgebäude beherbergt helle, funktionale Zimmer in klarem modernen Stil, darunter geräumigere Studiozimmer. Gute Parkmöglichkeiten. Restaurant mit nettem Innenhof, dazu eine trendige Bar.

Aviva garni
Ohiostr. 15 ⊠ 76149 – ℰ (0721) 9 15 44 00 – www.hotelaviva.de ATa
109 Zim ⊡ – †79/199 € ††99/250 €

♦ Hell, freundlich und modern-funktionell ist die Einrichtung in dem Businesshotel nahe dem Wildparkstadion in der Nordstadt. W-Lan und Telefon (europäisches Festnetz) gratis.

Oberländer Weinstube
*Akademiestr. 7 ⊠ 76133 – ℰ (0721) 2 50 66 – www.oberlaender-weinstube.de
– geschl. August - September 2 Wochen und Sonntag - Montag,
außer an Feiertagen* DXt
Rest – *(Tischbestellung ratsam)* Menü 35 € (mittags)/98 € – Karte 47/81 €
Spez. Langustine mit Kalbstatar, gebrannte Paprikacreme und Estragon. Jakobsmuschel mit Blumenkohl, Tomate und Zimtblüte. Himbeere und Sauerampfer mit weißer Schokolade und Hibiskus.

♦ Seit über 100 Jahren in Familienbesitz. Die gemütliche, mit dunklem Holz getäfelte Stube und der im Sommer üppig blühende Innenhof sprechen neben Sören Anders' klassischer, aber dennoch moderner Kulinarik mit eigener Note für diese Innenstadtadresse. Imposante Weinkarte!

Stiegeles Restaurant
*Mathystr. 22 ⊠ 76133 – ℰ (0721) 46 03 45 – www.stiegeles-restaurant.de
– geschl. über Pfingsten und Sonntag* DYm
Rest – Menü 21/49 € – Karte 38/56 €

♦ Bruno Stiegele hat einige Zeit in Asien gelebt und gearbeitet (hier hat er auch seine Frau kennengelernt, die sich im Restaurant um die Deko kümmert) - und das ist seiner schmackhaften internationalen Küche deutlich anzumerken! Schön sind auch Terrasse und Raucherlounge.

EigenArt
*Hebelstr. 17 ⊠ 76133 – ℰ (0721) 5 70 34 43 – www.eigenart-karlsruhe.de – geschl.
Samstagmittag, Sonntag - Montagmittag* EXe
Rest – Menü 35 € – Karte 27/39 €

♦ In einem gepflegten alten Stadthaus nahe dem Marktplatz hat man ein Restaurant mit geradlinig-neuzeitlichem Ambiente eingerichtet. Serviert wird saisonale Küche.

KARLSRUHE

Hammer's Restaurant
Breite Str. 98 ⊠ *76135 – ℰ (0721) 8 24 82 60 – www.hammers-restaurant.de*
– geschl. Weihnachten - Mitte Januar, Anfang September 10 Tage, Samstagmittag, Sonntagmittag und Montag
Rest – Karte 32/38 €
DZc

• Eine gute zeitgemäße Saisonküche zu fairen Preisen bietet Jörg Hammer in diesem Restaurant mit angenehm moderner und frischer Atmosphäre. Am Mittag reicht man eine kleinere Karte.

Hügels Restaurant Dudelsack
Waldstr. 79 ⊠ *76133 – ℰ (0721) 20 50 00 – www.restaurant-dudelsack.de*
Rest *– (nur Abendessen) (Tischbestellung ratsam)* Menü 38 €
DYf
– Karte 29/54 €

• Das alteingesessene Restaurant ist eine gemütliche, persönlich geführte Adresse mit internationaler und regionaler Küche. Terrasse im Innenhof und zur Straße. Großzügiger Eventraum.

In Karlsruhe-Daxlanden West: 5 km über Daxlander Straße AU

Steuermann
Hansastr. 13 (Rheinhafen) ⊠ *76189 – ℰ (0721) 95 09 00 – www.hotel-steuermann.de*
30 Zim – †83 € ††95 €
Rest *– (geschl. Samstagmittag, Sonntagabend)* Karte 28/40 €

• Das Hotel am Rand des Rheinhafens ist ein Familienbetrieb, in dem man sich wirklich um seine Gäste kümmert! Sie wohnen in hellen, zeitgemäßen Zimmern und frühstücken gut. Neben dem klassisch gehaltenen Restaurant gibt es auch ein einfaches kleines Bistro, in dem man preiswert isst.

Künstlerkneipe
Pfarrstr. 18 ⊠ *76189 – ℰ (0721) 16 08 99 57 – www.kuenstlerkneipe.com*
– geschl. über Ostern 1 Woche, Ende August - Anfang September 2 Wochen und Sonntagabend - Montag
Rest – Menü 89 € – Karte 38/65 €

• Gemütlich-historisch: alter Dielenboden, Kachelofen, Eckbänke, dekorative Bilder Karlsruher Künstler - und eine herzliche Chefin! Man kocht klassisch mit mediterranem Einfluss. In der Weinstube Faller abends (Di-Sa) Flammkuchen. Charmanter Innenhof.

In Karlsruhe-Durlach Ost: 7 km über Durlacher Allee BU

Der Blaue Reiter
Amalienbadstr. 16 ⊠ *76227 – ℰ (0721) 94 26 60 – www.hotelderblauereiter.de*
80 Zim – †99/129 € ††119/149 € – 2 Suiten
Rest *Vogel Hausbräu – ℰ (0721) 81 96 80 –* Karte 14/22 €

• Modern und individuell hat man hier die Zimmer mit maßgefertigten Möbeln, stimmigen Farben sowie Bildern der Künstlergruppe "Der Blaue Reiter" ausgestattet. Sehr gute Tagungsräume, im 3. OG mit kleiner Dach-Lounge. Rustikales Restaurant mit Hausbrauerei.

Zum Ochsen mit Zim
Pfinzstr. 64 ⊠ *76227 – ℰ (0721) 94 38 60 – www.ochsen-durlach.de – geschl. Montag - Dienstag*
6 Zim – †105 € ††155 €   **Rest** – Menü 31 € (mittags)/98 € – Karte 49/81 €

• Ein elegantes Restaurant, in dem nicht nur der Patron französisches Flair versprüht, auch die klassische Küche und die sehr schöne Weinkarte sind geprägt von seiner Heimat. Wohnlich, individuell und wertig präsentieren sich die Gästezimmer.

Klenerts
Reichardtstr. 22 (auf dem Turmberg) ⊠ *76227 – ℰ (0721) 4 14 59 – www.klenerts.de*
Rest – Karte 23/48 €

• In modernem klarem Stil und freundlichen Farben gehaltenes Restaurant auf dem Turmberg. Von der Terrasse hat man einen schönen Blick über Karlsruhe. Internationale Küche.

KARLSRUHE

In Karlsruhe-Neureut

Nagel's Kranz
Neureuter Hauptstr. 210 ⌧ 76149 – ℰ (0721) 70 57 42 – www.nagels-kranz.de
– geschl. Samstagmittag, Sonntag und an Feiertagen ATe
Rest – (Tischbestellung ratsam) Karte 41/57 €
• Durch einen Innenhof betreten Sie das nette Haus mit der weinberankten roten Fassade. Familie Nagel bietet in ihrem Restaurant regionale und internationale Speisen.

KARLSTADT – Bayern – **546** – 14 920 Ew – Höhe 163 m   49 I15
▶ Berlin 498 – München 304 – Würzburg 26 – Aschaffenburg 58

Mainpromenade
Mainkaistr. 6 ⌧ 97753 – ℰ (09353) 9 06 50 – www.hotel-mainpromenade.de
42 Zim – †68/88 € ††98 €   **Rest** – Karte 16/31 €
• Direkt am Main liegt das auf Businessgäste zugeschnittene Hotel mit modernen, funktionellen Zimmern. Zu den Annehmlichkeiten zählen auch der freundliche Service und das gute Frühstück. Zwei Dachterrassen. Restaurant und Terrasse bieten einen schönen Blick. Auch ein Biergarten ist vorhanden.

KARLSTEIN am MAIN – Bayern – **546** – 8 120 Ew – Höhe 110 m   48 G15
▶ Berlin 556 – München 368 – Würzburg 89 – Darmstadt 47

In Karlstein-Dettingen Süd-Ost: 1 km, über B 8

Mediterran Hotel Juwel garni
Am Sportplatz 23 ⌧ 63791 – ℰ (06188) 44 60 – www.mediterran-hotel-juwel.de
26 Zim – †68/98 € ††77/120 €, ⌥ 9 € – 1 Suite
• In einem großen Garten steht dieses Hotel mit mediterranem Flair. Die Zimmer hat man in hellen warmen Tönen eingerichtet und nach französischen Städten benannt. Kinderspielplatz

KASSEL – Hessen – **543** – 194 780 Ew – Höhe 167 m – Wintersport: 615 m   28 H11
⛿1 ⚘ – Kneipp- und Thermalsoleheilbad
▶ Berlin 383 – Wiesbaden 215 – Dortmund 167 – Erfurt 150
ADAC Obere Königsstr. 9 Z
🛈 Willy-Brandt-Platz 1 X, ⌧ 34131, ℰ (0561) 3 40 54, www.kassel.de
🛈 Obere Königstr. 15 Z, ⌧ 34117, ℰ (0561) 70 77 07, www.kassel-marketing.de
⛳ Kassel-Wilhelmshöhe, Ehlener Str. 21, ℰ (0561) 3 35 09
⛳ Zierenberg, Gut Escheberg, ℰ (05606) 26 08
Veranstaltungen
9.-16. September: Documenta
◉ Wilhelmshöhe★★ X – Park Karlsaue★ – Hessisches Landesmuseum★ (Deutsches Tapetenmuseum★★) M¹ – Museum für Astronomie und Technikgeschichte (Sammlung astronomischer Instrumente★★) M⁵ Z
◉ Schloss Wilhelmsthal★ Nord: 12 km

Ramada
Baumbachstr. 2, (an der Stadthalle) ⌧ 34119 – ℰ (0561) 7 81 00 – www.ramada.de
169 Zim – †73/133 € ††88/148 €, ⌥ 16 € – 3 Suiten   Xm
Rest – Karte 28/40 €
• Funktionalität und der direkte Anschluss an das Kongress Palais machen das Hotel zur idealen Businessadresse. Auch Juniorsuiten und Tagungssuiten vorhanden. Freizeitbereich im 14. Stock. Restaurant mit Terrasse zum Stadthallengarten.

Astoria garni
Friedrich-Ebert-Str. 135 ⌧ 34119 – ℰ (0561) 7 28 30 – www.adesso-hotels.de
– geschl. 23. Dezember - 3. Januar Xs
40 Zim – †59/79 € ††79/139 €, ⌥ 5 €
• Sie finden dieses Haus aus der Jahrhundertwende in der Nähe der Stadthalle. Einige der zeitgemäßen Zimmer liegen etwas ruhiger, manche mit Balkon. Hübsche Sauna.

KASSEL

Baunsbergstr. ... X 2	Harleshäuser Str. ... X 16	Scheidemannpl. ... Z 28
Brüder-Grimm-Pl. ... Z 3	Hugo-Preuß-Str. ... X 18	Schönfelder Str. ... X 29
Bürgerm.-Brunner-Str. ... X 5	Kölnische Str. ... X 20	Schützenstr. ... X 32
Dag-Hammarskjöld-Str. ... X 6	Königspl. ... Z 21	Ständepl. ... Z
Dresdener Str. ... X 8	Kurfürstenstr. ... Y 22	Treppenstr. ... Z
Fünffensterstr. ... Z 12	Landgraf-Karl-Str. ... X 23	Tulpenallee. ... Y 33
Fuldabrücke ... Z 13	Neue Fahrt ... Z 25	Untere Königsstr. ... Y
	Obere Königsstr. ... Y	Werner-Hilpert-Str. ... X 34
	Rudolf-Schwander-Str. ... Y 27	Wilhelmstr. ... X 35
	Scharnhorststr. ... X 26	Ysenburgstr. ... X 38

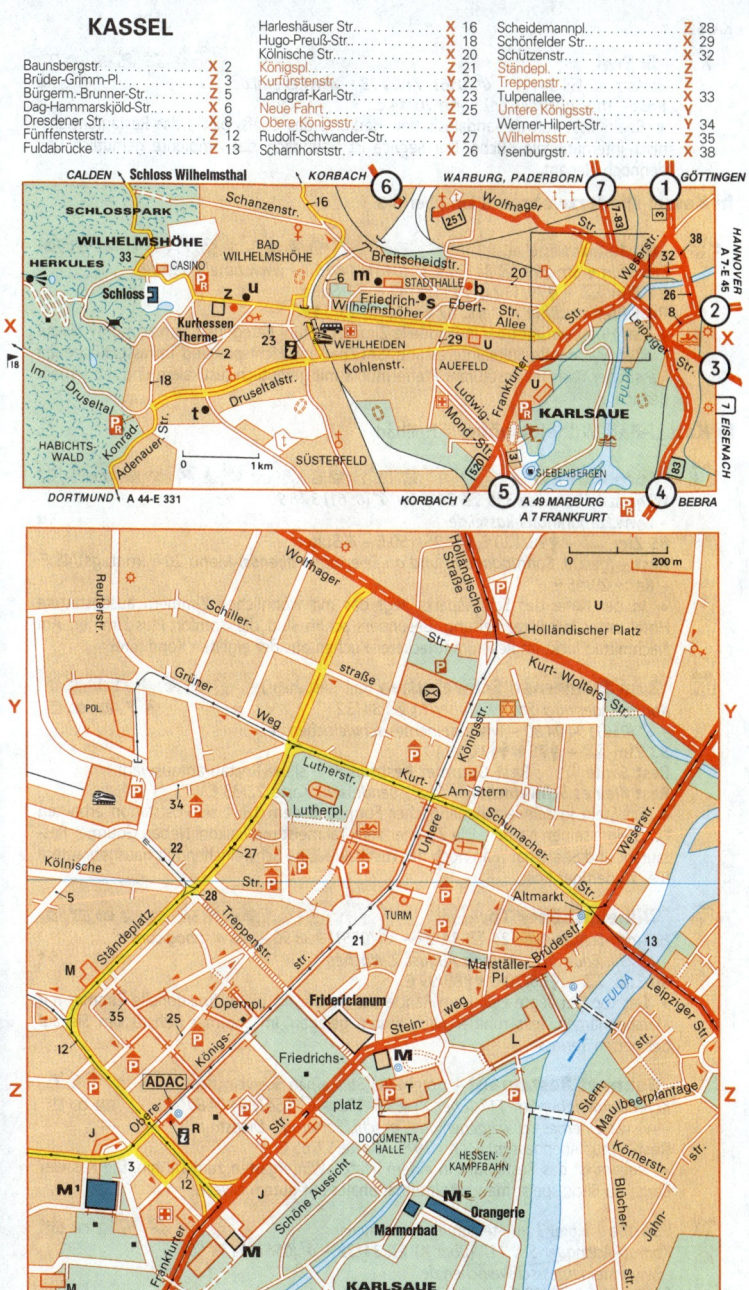

KASSEL

El Erni
Parkstr. 42 ⊠ 34119 – ℰ (0561) 71 00 18 – www.el-erni.de **Xb**
Rest – *(nur Abendessen)* Karte 20/44 €
♦ Beeinflusst von der andalusischen Herkunft des Chefs, bietet das Restaurant spanisch-internationale Küche. Der Service ist freundlich, das Ambiente gemütlich und dennoch elegant.

In Kassel-Niederzwehren 3 km über B 3 X

Gude (mit Gästehaus)
Frankfurter Str. 299 ⊠ 34134 – ℰ (0561) 4 80 50 – www.hotel-gude.de
84 Zim – †79/112 € ††118/142 € – 1 Suite
Rest Pfeffermühle – Menü 47 € – Karte 25/54 €
♦ Das Hotel verfügt über individuelle Zimmer in fünf Kategorien, von Economy bis zur großen Maisonette-Suite. Interessant: "SALZBar" mit Lichtspiel und Terrasse. Küche auf klassischer Basis im Restaurant Pfeffermühle mit gemütlich-rustikalem und modernem Bereich.

In Kassel-Bad Wilhelmshöhe – Heilbad

Kurparkhotel
Wilhelmshöher Allee 336 ⊠ 34131 – ℰ (0561) 3 18 90
– www.kurparkhotel-kassel.de **Xu**
85 Zim – †98/120 € ††125/150 € – 4 Suiten
Rest – *(geschl. Sonntagabend und an Feiertagen abends)* Menü 26 € (mittags)/45 €
– Karte 29/45 €
♦ In der Nähe des Schlossparks liegt das mit wohnlichen Zimmern ausgestattete Hotel unter familiärer Leitung. Besonders schön sind die Komfort-Plus-Zimmer. Am Nachmittag lockt im Restaurant leckerer Kuchen aus der eigenen Konditorei.

Zum Steinernen Schweinchen (mit Gästehaus)
Konrad-Adenauer-Str. 117 (über X) ⊠ 34132
– ℰ (0561) 94 04 80 – www.steinernes-schweinchen.de
53 Zim – †75 € ††100/110 €
Rest Santé **Rest Gourmet Restaurant** – siehe Restaurantauswahl
Rest Kleines Schweinchen – *(nur Abendessen)* Karte 22/33 €
♦ Ein Stein in schweinchenähnlicher Form gab dem 1864 als Poststation erbauten Haus einst seinen Namen. Die Zimmer zum Tal meist mit Balkon! Neben Gourmet Restaurant und Santé hat man noch das rustikale Kleine Schweinchen mit hausgebrautem Bier zu deftiger Kost.

Wilhelmshöher Tor garni
Heinrich-Schütz-Allee 24 ⊠ 34131 – ℰ (0561) 9 38 90 – www.sundg.com
– geschl. Ende Juli - Anfang August 2 Wochen **Xt**
30 Zim – †66/70 € ††88/99 €
♦ Das top gepflegte Hotel am Rande des Kurbezirks bietet funktionelle Zimmer mit Märchennamen, teils ruhiger nach hinten gelegen. Im Sommer frühstücken Sie auf der netten Terrasse.

Gourmet Restaurant – Hotel Zum Steinernen Schweinchen
Konrad-Adenauer-Str. 117 (über X) ⊠ 34132 – ℰ (0561) 94 04 80
– www.steinernes-schweinchen.de – geschl. Sonntag - Dienstag
Rest – *(nur Abendessen)* Menü 79 € – Karte 52/65 €
♦ Elegant ist das Restaurant in einem lichten Wintergarten zum Tal hin. Die Kasseler Berge im Blick, speist man hier Internationales auf gutem Niveau!

Santé – Hotel Zum Steinernen Schweinchen
Konrad-Adenauer-Str. 117 (über X) ⊠ 34132 – ℰ (0561) 94 04 80
– www.steinernes-schweinchen.de
Rest – Menü 40/49 € – Karte 32/47 €
♦ Gehobene Bistro-Atmosphäre beschreibt die Szenerie des Santé. Besonderes Highlight: auf der Terrasse sitzen, den Blick ins Tal genießen und sich dabei verköstigen lassen. Jeden Freitag: "Tête-à-Tête"-Menü!

KASSEL

Gutshof
Wilhelmshöher Allee 347a ⊠ 34131 – ℰ (0561) 3 25 25 – www.restaurant-gutshof.de
Rest – (Tischbestellung ratsam) Karte 27/44 €   Xz
♦ Stammgäste schätzen das hübsche Backsteinhaus (einst Gutshof des Schlosses Wilhelmshöhe): Es ist gemütlich, man isst international und bestaunt die große Whiskey-Auswahl - Faible des Chefs!

Im Habichtswald über Im Druseltal X, 2 km ab Unterer Parkplatz Herkules (Zufahrt für Hotelgäste frei)

Elfbuchen
⊠ 34131 Kassel-Bad Wilhelmshöhe – ℰ (0561) 96 97 60
– www.waldhotel-elfbuchen.de
11 Zim – †98/105 € ††125/135 €   **Rest** – (geschl. Freitag) Karte 17/43 €
♦ In dem familiären kleinen Hotel in ruhiger Waldlage wohnt man in geschmackvollen ländlich-behaglichen Zimmern, darunter drei Juniorsuiten mit Whirlwanne. Man bietet Kutschfahrten. Ausflügler kehren gerne in das Restaurant ein, das auch als Café dient.

In Habichtswald-Ehlen West: 11 km über Im Druseltal X

Ehlener Poststuben mit Zim
Kasseler Str. 11 ⊠ 34317 – ℰ (05606) 59 95 80 – www.ehlener-poststuben.de
– geschl. Montag - Dienstag
4 Zim – †42/50 € ††72/80 €   **Rest** – Karte 27/46 €
♦ Gemütlich sitzt man hinter der ansprechenden Fachwerkfassade in charmant dekorierten rustikalen Stuben und lässt sich mit saisonaler regionaler Küche bewirten.

In Niestetal-Heiligenrode 6 km über Dresdner Straße X, nahe Autobahn-Anschluss Kassel-Nord

Althans garni
Friedrich-Ebert-Str. 65 ⊠ 34266 – ℰ (0561) 52 27 09 – www.hotel-althans.de – geschl. 30. Dezember - 10. Januar
10 Zim – †38/43 € ††61/65 €, ⊇ 5 €
♦ Ein gut geführter kleiner Familienbetrieb am Ortsrand mit sehr gepflegten zeitgemäßen Zimmern, das Frühstück serviert man am Tisch. Café mit Kuchen aus der eigenen Konditorei.

KASTL – Bayern – **546** – 2 490 Ew – Höhe 475 m – Erholungsort   51 M17
▶ Berlin 449 – München 159 – Weiden in der Oberpfalz 69 – Regensburg 92

Forsthof
Amberger Str. 2 (B 299) ⊠ 92280 – ℰ (09625) 9 20 30 – www.hotel-forsthof.de
19 Zim – †44 € ††65/83 €, ⊇ 5 € – ½ P 12 €
Rest – (geschl. Dienstag) Karte 14/30 €
♦ Der erweiterte Gasthof wird seit vielen Jahren von der Familie geleitet und bietet solide, wohnliche Zimmer, meist mit Balkon und teils nach hinten gelegen. Kosmetik und Massage. Restaurantbereich in bürgerlichem Stil, im Sommer mit nettem Biergarten.

KAUB – Rheinland-Pfalz – **543** – 900 Ew – Höhe 90 m   46 D15
▶ Berlin 616 – Mainz 59 – Bad Kreuznach 36 – Koblenz 45
ℹ *Schulstr. 12,* ⊠ 56349, ℰ (06774) 2 22, www.stadt-kaub.de

Zum Turm mit Zim
Zollstr. 50 ⊠ 56349 – ℰ (06774) 9 22 00 – www.rhein-hotel-turm.com – geschl.
2. - 17. Januar, 30. Juli - 7. August, 31. Oktober - 15. November und Dienstag
6 Zim ⊇ – †60/80 € ††85/95 € – 1 Suite
Rest – (Montag - Freitag nur Abendessen, außer an Feiertagen) (Tischbestellung ratsam) Menü 55/81 € – Karte 29/63 €
♦ In dem 300 Jahre alten Haus neben dem namengebenden alten Stadtturm serviert man schmackhafte saisonal-internationale Speisen. Ein Mix aus Klassischem und Rustikalem macht das Restaurant gemütlich. Mit lauschiger Terrasse. Auch wohnliche Gästezimmer sind vorhanden - eine Suite für 4 Personen befindet sich im Turm.

KAUFBEUREN – Bayern – 546 – 41 890 Ew – Höhe 678 m   64 J21
▶ Berlin 627 – München 87 – Kempten (Allgäu) 38 – Landsberg am Lech 30
🛈 Kaiser-Max-Str. 1, ✉ 87600, ℰ (08341) 4 04 05, www.kaufbeuren.de
◉ Pforzen-Hammerschmiede, Lettensteige B 16, ℰ (08346) 98 27 80

Goldener Hirsch
Kaiser-Max-Str. 39 ✉ *87600* – ℰ *(08341) 4 30 30*
– *www.goldener-hirsch-kaufbeuren.de*
41 Zim – ♦44/85 € ♦♦75/110 €, ⌑ 5 € – 1 Suite **Rest** – Karte 19/31 €
♦ In einer verkehrsberuhigten Zone in der Stadtmitte liegt das aus dem 16. Jh. stammende Hotel mit seinen recht unterschiedlich gestalteten Gästezimmern.

Am Turm garni
Josef-Landes-Str. 1 (B 16) ✉ *87600* – ℰ *(08341) 9 37 40* – *www.hotel-am-turm.de*
– *geschl. 23. Dezember - 7. Januar*
30 Zim ⌑ – ♦46/86 € ♦♦66/110 €
♦ Sie finden den Familienbetrieb am Sywollenturm direkt an der historischen Stadtmauer, die in einigen der individuellen Zimmer freigelegt ist. Frühstück unter einer schönen Holzdecke.

In Kaufbeuren-Oberbeuren West: 2 km

Grüner Baum garni
Obere Gasse 4 ✉ *87600* – ℰ *(08341) 96 61 10* – *www.gruener-baum-hotel.de*
31 Zim – ♦49/60 € ♦♦79/85 €, ⌑ 5 €
♦ Ruhig liegt das Hotel mit den freundlich und funktionell eingerichteten Zimmern an der Stelle des früheren Traditionsgasthauses Grüner Baum.

In Mauerstetten-Frankenried Ost: 3,5 km

Zum goldenen Schwanen
Paul-Gaupp-Str. 1 ✉ *87665* – ℰ *(08341) 9 39 60* – *www.goldener-schwanen.de*
12 Zim ⌑ – ♦48/56 € ♦♦81/91 € – 1 Suite
Rest – *(geschl. Montagmittag)* Karte 12/48 €
♦ Aus einem ehemaligen Bauernhof ist dieser nette familiär geleitete Landgasthof entstanden. Die wohnlich gestalteten Zimmer sind nach Seen benannt. Rustikal ist das Ambiente in der Gaststube.

KEHL – Baden-Württemberg – 545 – 34 660 Ew – Höhe 139 m   53 D19
▶ Berlin 748 – Stuttgart 149 – Karlsruhe 78 – Freiburg im Breisgau 81
🛈 Hauptstr. 63, ✉ 77694, ℰ (07851) 88 15 55, www.kehl.de

Grieshaber's Rebstock (mit Gästehaus)
Hauptstr. 183 ✉ *77694* – ℰ *(07851) 9 10 40* – *www.rebstock-kehl.de*
46 Zim ⌑ – ♦70/110 € ♦♦90/125 €
Rest *Grieshaber's Rebstock* – siehe Restaurantauswahl
♦ Mit Engagement leiten Christine und Rudi Grieshaber das geschmackvoll eingerichtete Hotel. Die meisten Zimmer sind ganz individuell designte Künstler- und Themenzimmer. Eine Besonderheit ist das Cabrio, das man in den Sommermonaten mieten kann.

ates garni
Straßburger Str. 18 (B 28) ✉ *77694* – ℰ *(07851) 88 56 50* – *www.ates-hotel.de*
– *geschl. 23. Dezember - 2. Januar*
66 Zim ⌑ – ♦63/89 € ♦♦75/105 €
♦ Eine verkehrsgünstig gelegene Businessadrese mit zeitgemäßen, funktionellen Zimmern. Nette Frühstücksterrasse im 1. OG sowie Halle mit kleinem Café und Internet-Corner.

XX Milchkutsch
Hauptstr. 147a ✉ *77694* – ℰ *(07851) 7 61 61* – *www.milchkutsch-kehl.de* – *geschl. 30. Dezember - 10. Januar, über Fasching, 26. August - 12. September und Samstag - Sonntag*
Rest – Menü 25 € – Karte 31/43 €
♦ Eine heimelige Atmosphäre herrscht in dem historischen Fachwerkhaus mit seinen zwei kleinen Stuben und dem freundlichen Service. Gekocht wird international mit französischem Einfluss.

KEHL

XX **Grieshaber's Rebstock** – Hotel Grieshaber's Rebstock
Hauptstr. 183, 77694 – ℰ (07851) 9 10 40
– www.rebstock-kehl.de – geschl. Januar 1 Woche, über Fastnacht 1 Woche, August 2 Wochen und Sonntag - Montag
Rest – (nur Abendessen) (Tischbestellung ratsam) Karte 25/52 €
♦ Ländlicher Charme mit urbanem Chic - der moderne Landhausstil vereint bei Familie Grieshaber scheinbare Gegensätze zu einer gelungenen Symbiose. Dazu passend die regionalen Spezialitäten unter saisonalem Einfluss, wie z. B. gebratenes Kalbskotelett mit grünem Spargel.

In Kehl-Kork Süd-Ost: 4 km über B 28

Hirsch (mit Gästehaus)
Gerbereistr. 20, 77694 – ℰ (07851) 9 91 60
– www.hirsch-kork.de – geschl. März - April 2 Wochen und August 2 Wochen
63 Zim – †54/78 € ††79/110 €
Rest Hirsch – siehe Restaurantauswahl
♦ Das persönlich geführte Hotel bietet wohnliche, unterschiedlich eingerichtete Zimmer. Niedliche Katzen in Form diverser Accessoires bestimmen das Dekor im Haus.

Landgasthof Schwanen
Landstr. 3, 77694 – ℰ (07851) 79 60
– www.schwanen-kork.de
41 Zim – †51/74 € ††70/96 €
Rest – (geschl. 19. Januar - 22. Februar und Sonntagabend - Montag) Menü 30 €
– Karte 17/49 €
♦ Auf eine 140-jährige Familientradition kann der gepflegte erweiterte Gasthof im Ortskern zurückblicken. Hausgästen bietet man einen kostenlosen Fahrradverleih. Restaurant in behaglich-ländlichem Stil mit Terrasse zum Innenhof.

XX **Hirsch** – Hotel Hirsch
Gerbereistr. 20, 77694 – ℰ (07851) 9 91 60
– www.hirsch-kork.de – geschl. März - April 2 Wochen, August 2 Wochen, Samstagmittag, Sonntag und an Feiertagen mittags
Rest – Menü 30/69 € – Karte 23/55 €
♦ Seit 1902 ist der "Hirsch" in Familienbesitz und wird mit Liebe und Ideenreichtum (ausrangierter Straßenbahnwagen fungiert als Raucher-Lounge) geführt. Typisch badisch: Rahmschnitzelchen von der Poularde mit Spätzle vom Brett.

KELHEIM – Bayern – **546** – 15 480 Ew – Höhe 343 m 58 M18
▶ Berlin 512 – München 106 – Regensburg 31 – Ingolstadt 56
🛈 Ludwigsplatz 1, 93309, ℰ (09441) 70 12 34, www.kelheim.de
◉ Weltenburg: Klosterkirche ★ Süd-West: 7 km

Wittelsbacher Hof
Donaustr. 22, 93309 – ℰ (09441) 17 70 50
– www.wittelsbacherhof-kelheim.de
82 Zim – †89/99 € ††138/178 € – 2 Suiten **Rest** – Karte 18/38 €
♦ Beim Stadttor stehen die sechs z. T. denkmalgeschützten Gebäude mit geräumigen und wertigen Zimmern, auf Wunsch Leih-Laptop. Chill-Out unterm Dach: In der Bar trifft rustikales Gebälk auf trendig-klares Design. Bayerisches bietet man in den gemütlichen Stuben.

Stockhammer
Am oberen Zweck 2, 93309 – ℰ (09441) 7 00 40
– www.gasthof-stockhammer.de – geschl. 15. - 31. August
14 Zim – †47/62 € ††78/96 € **Rest** – (geschl. Montag) Karte 17/43 €
♦ Am Ufer der Altmühl liegt dieser schöne, für die Region typische Gasthof, der sich seit über 50 Jahren in Familienbesitz befindet. Mit wohnlichen, teils großzügigen Zimmern. Ländlich-gemütliche Gaststube und Ratskeller mit Gewölbedecke.

KELKHEIM – Hessen – **543** – 27 540 Ew – Höhe 193 m 47 F14
▶ Berlin 552 – Wiesbaden 27 – Frankfurt am Main 25 – Limburg an der Lahn 47

In Kelkheim-Münster

Zum Goldenen Löwen
Alte Königsteiner Str. 1 ⌂ *65779 – ℰ (06195) 9 90 70 – www.zumgoldenenloewen.de*
– geschl. 20. Dezember - 3. Januar
30 Zim – †59/83 € ††82/111 € **Rest** – *(geschl. Donnerstag)* Karte 19/33 €
♦ Ein netter gewachsener Gasthof im Ortskern, der familiär geleitet wird, und zeitgemäße, wohnliche Zimmer zu fairen Preisen anbietet. Bürgerlich-rustikales Restaurant mit Biergarten im Innenhof.

KELL am SEE – Rheinland-Pfalz – **543** – 1 900 Ew – Höhe 480 m 45 B16
– Luftkurort
▶ Berlin 708 – Mainz 148 – Trier 44 – Saarburg 27
ℹ Bahnhofstr. 25, ⌂ 54427, ℰ (06589) 10 44, www.hochwald-ferienland.de

Platinum Vitalis Seehotel
Seeuferweg 1 (Nord-West: 2,5 km) ⌂ *54427 – ℰ (06589) 1 80 – www.seeresort.com*
28 Zim – †49/106 € ††96/195 € – ½ P 24 € – 6 Suiten
Rest – *(geschl. Januar und Montag - Dienstag)* Karte 21/43 €
♦ Das Hotel liegt schön ruhig im Grünen, nur wenige Schritte vom Stausee entfernt. Die modernen Zimmer in warmen Farben bieten teilweise Balkon und Seeblick. Das Restaurant mit Bistro im EG befindet sich in einem separaten Haus direkt am See.

Fronhof
Am Stausee (Nord: 2 km) ⌂ *54427 – ℰ (06589) 16 41 – www.hotel-fronhof.de*
– geschl. 12. - 28. November
10 Zim – †50/60 € ††80/90 €
Rest – *(geschl. Montag, außer an Freiertagen)* Karte 18/36 €
♦ Freundlich und familiär wird diese kleine Adresse am Stausee oberhalb des Ortes geleitet. Die Zimmer sind wohnlich im Landhausstil gehalten, meist mit Balkon zum See. Für Reiter interessant: das zum Haus gehörende Gestüt nebenan. Vom Restaurant und der Sommerterrasse schaut man auf den See.

KELLENHUSEN – Schleswig-Holstein – **541** – 1 060 Ew – Höhe 4 m 11 K3
– Ostseeheilbad
▶ Berlin 320 – Kiel 83 – Lübeck 65 – Grömitz 11
ℹ Strandpromenade 15, ⌂ 23746, ℰ (04364) 4 97 50, www.kellenhusen.de

Erholung
Am Ring 31/Strandstr. 1 ⌂ *23746 – ℰ (04364) 74 09 60 – www.hotel-erholung.de*
– geschl. 7. Januar - 20. März, 1. November - 25. Dezember
32 Zim – †55/65 € ††80/98 € – ½ P 15 € – 5 Suiten
Rest – *(geschl. Dienstagmittag)* Karte 23/35 €
♦ Ein familiengeführtes Ferienhotel mit gepflegter Atmosphäre, das nur fünf Gehminuten vom Ostseestrand entfernt ist. Die Zimmer sind solide und zeitgemäß eingerichtet. Neuzeitliches Restaurant mit norddeutscher und internationaler Küche.

KELSTERBACH – Hessen – **543** – 14 050 Ew – Höhe 107 m 47 F15
▶ Berlin 551 – Wiesbaden 26 – Frankfurt am Main 19 – Darmstadt 33

Alte Oberförsterei - Ristorante Ambiente Italiano
Staufenstr. 16 (beim Bürgerhaus) ⌂ *65451*
– ℰ (06107) 9 89 68 40 – www.ambienteitaliano.de
– geschl. Anfang Januar 2 Wochen und Montag, Samstagmittag
Rest – Menü 21 € (mittags)/89 € – Karte 45/59 €
Rest *Trattoria* – Karte 24/39 €
♦ Das schmucke ehemalige Forsthaus bietet gleich zwei Konzepte: zum einen gehobene italienische Küche mit günstigem Lunch an Werktagen, serviert im hellen, modernen Wintergarten, zum anderen die einfachere Trattoria (hier gibt es auch Pizza). Draußen umringt schön viel Grün die Terrasse - ein bisschen kann man sogar den Main sehen.

KELTERN – Baden-Württemberg – 545 – 9 050 Ew – Höhe 195 m — 54 F18
▶ Berlin 675 – Stuttgart 61 – Karlsruhe 26 – Pforzheim 11

In Keltern-Dietlingen

✗✗ Rübenackers Kaiser
Bachstr. 41 ✉ *75210 –* ✆ *(07236) 62 89 – www.ruebenackers-kaiser.de – geschl. Anfang Januar 1 Woche, über Pfingsten 2 Wochen, August - September 2 Wochen und Sonntag - Dienstag*
Rest – *(nur Abendessen)* Menü 54/90 € – Karte 44/64 €
• Bei Tina und Dietmar Rübenacker wird eine gute zeitgemäße Küche geboten - er kocht, sie leitet den professionellen Service. Aus den drei Menüs kann man auch à la carte wählen. Schön ist der Rahmen: eine individuelle und stimmige Mischung aus Alt und Neu.

KEMPEN – Nordrhein-Westfalen – 543 – 36 040 Ew – Höhe 35 m — 25 B11
▶ Berlin 576 – Düsseldorf 61 – Geldern 21 – Krefeld 13
ℹ Buttermarkt 1, ✉ 47906, ✆ (02152) 91 72 37, www.kempen.de

🏠 Papillon (mit Gästehaus)
Thomasstr. 9 ✉ *47906 –* ✆ *(02152) 1 41 50 – www.hotel-papillon.com*
23 Zim ⌂ – †76/93 € ††88/99 € – 1 Suite
Rest – *(geschl. Sonntag, Samstagmittag)* Karte 27/41 €
• Schön, wertig und individuell sind die Zimmer in diesem Haus. Hinzu kommt der freundliche Service durch die Gastgeber (Bruder und Schwester) und ihr Team. Restaurant im Bistrostil. Die Gerichte werden teilweise auf einer großen Tafel empfohlen.

✗✗ Et kemp'sche huus
Neustr. 31 ✉ *47906 –* ✆ *(02152) 5 44 65 – www.et-kempsche-huus.de – geschl. Montag - Dienstag*
Rest – *(Tischbestellung ratsam)* Menü 35 € – Karte 29/45 €
• Der langjährige Familienbetrieb bietet regionale Küche mit bürgerlichem Einfluss. Den rustikalen Charme des alten Fachwerkhauses hat man auch im Inneren bewahrt. Nette kleine Empore.

KEMPFELD – Rheinland-Pfalz – 543 – 820 Ew – Höhe 526 m — 46 C15
– Erholungsort
▶ Berlin 669 – Mainz 111 – Trier 58 – Bernkastel-Kues 23

In Asbacherhütte Nord-Ost: 3 km

✗✗ Harfenmühle mit Zim
beim Feriendorf Harfenmühle ✉ *55758 –* ✆ *(06786) 13 04 – www.harfenmuehle.net – geschl. Anfang Januar 1 Woche; Januar - April: Montag - Mittwoch, September - Dezember: Montag - Dienstag*
4 Zim – †49 € ††57 €, ⌂ 8 € **Rest** – Menü 18/35 € – Karte 16/44 €
• Bereits in der 3. Generation leitet Familie Koch das hübsche, gemütliche Lokal. Neben einer französisch-internationalen Gourmetkarte gibt es auch ein rustikales Angebot. Dazu empfiehlt man kompetent die passenden Weine. Gästezimmer im Landhausstil.

KEMPTEN (ALLGÄU) – Bayern – 546 – 62 010 Ew – Höhe 674 m — 64 J21
▶ Berlin 695 – München 127 – Ulm (Donau) 89 – Bregenz 73
ADAC Bahnhofstr. 55 BX
ℹ Rathausplatz 24 DY, ✉ 87435, ✆ (0831) 2 52 52 37, www.kempten.de
🏌 Wiggensbach, Hof Waldegg, ✆ (08370) 9 30 73
🏌 Hellengerst, Helinger Str. 5, ✆ (08378) 9 20 00

Stadtpläne siehe nächste Seiten

🏠 Bayerischer Hof
Füssener Str. 96 ✉ *87437 –* ✆ *(0831) 5 71 80 – www.bayerischerhof-kempten.de*
50 Zim ⌂ – †60/95 € ††106/121 € – 1 Suite — DZs
Rest – Karte 20/41 €
• In dem modernisierten traditionsreichen Hotel erwarten den Gast wohnlich gestaltete Zimmer, die in der oberen Etage im Maisonette-Stil angelegt sind. In mehreren Restaurantstuben und der netten Gartenwirtschaft wird regionale Küche serviert.

667

KEMPTEN (ALLGÄU)

Am Göhlenbach	**AX** 3
Äußere Rottach	**AV** 2
Aybühlweg	**AX** 4
Bahnhofstr.	**BX** 7
Berliner Pl.	**BV** 8
Dornierstr.	**AX** 10
Duracher Str.	**BX** 12
Eicher Str.	**BX** 13
Ellharter Str.	**AX** 14
Füssener Str.	**BX** 18
Heiligkreuzstr.	**AV** 23
Immenstädterstr.	**BX** 25
Keselstr.	**BX** 27
Knussertstr.	**BX** 29
Kotterner Str.	**BX** 32
Lenzfriederstr.	**BX** 34
Lindauer Str.	**AX** 36
Lotterbergstr.	**AV** 37
Ludwigstr.	**BX** 38
Maler-Lochbihler-Str.	**ABX** 42
Mariabergerstr.	**AV** 43
Memminger Str.	**ABV** 44
Ostbahnhofstr.	**BV** 46
Rottachstr.	**BV** 57
Schumacherring	**BV** 59
Stephanstr.	**BV** 61
Stiftskellerweg	**AV** 62

🏨 **ParkHotel** ≤ 🐕 📶 ※ Rest, 🍴 🛋 🅿 ☎ VISA ⓞ AE
Bahnhofstr. 1 ⊠ 87435 – ℰ (0831) 2 52 75 – www.parkhotelkempten.de
40 Zim ⌴ – †74/90 € ††108/129 € – 2 Suiten   **DZc**
Rest – *(geschl. Sonntagabend)* Karte 23/38 €
♦ Funktionell eingerichtete Gästezimmer mit Wintergartenanbau bietet das Hotel, das in ein Einkaufszentrum mit moderner Glasfassade integriert ist. Vom Restaurant Skyline im 13. Stock hat man eine fantastische Aussicht auf Kempten und das Allgäu.

🏨 **Waldhorn** (mit Gästehaus) 🐕 📶 🛋 ℰ ※ Rest, 🍴 🛋 🅿 ☎ VISA ⓞ ⓘ
Steufzgen 80 ⊠ 87435 – ℰ (0831) 58 05 80 – www.waldhorn-kempten.de – geschl. 20. August – 9. September   **AXm**
70 Zim ⌴ – †53/78 € ††78/108 €
Rest – *(geschl. Sonntagabend - Montag)* Karte 14/48 €
♦ Eine ideale Adresse für Geschäftsreisende ist das seit 1911 als Familienbetrieb geführte Hotel mit seinen neuzeitlich-funktional ausgestatteten Zimmern. Restaurant mit Terrasse und Wintergarten.

KEMPTEN (ALLGÄU)

Backerstr.		**DZ** 6
Bahnhofstr.		**DZ** 7
Brodkorpweg		**DY** 9
Fischerstr.		**DYZ**
Freudenberg		**DZ** 17
Gerberstr.		**DY**
Hildegardpl.		**CY** 24
Klostersteige		**DY** 28
Knussertstr.		**DY** 29
Kronenstr.		**DYZ** 33
Lenzfriederstr.		**DZ** 34
Lessingstr.		**CZ** 35
Pfeilergraben		**DY** 47
Prälat-Götz-Str.		**CY** 49
Rathauspl.		**CY** 51
Rathausstr.		**DY** 52
Residenzpl.		**CY** 53
Robert-Weixler-Str.		**CY** 56
Rottachstr.		**DY** 57
Sankt-Mang-Pl.		**DZ** 58
Stiftskellerweg		**CY** 62
Weiherstr.		**CY** 66

🏠 **Am Forum** garni 🛜 VISA ◎ AE
Kotterner Str. 72 ✉ 87435 – ✆ (0831) 52 18 70 – www.hotel-am-forum.de – geschl. 20. - 26. Dezember **DZa**
23 Zim ☕ – †62/75 € ††98/116 €

♦ Das Stadthotel liegt zentral gegenüber dem Forum-Center und bietet zeitgemäße Zimmer mit einer Besonderheit: "Öl-Vitalbetten", die in der Härte individuell verstellbar sind.

In Sulzberg Süd: 7 km über Ludwigstraße **BX**

🏠 **Sulzberger Hof** ≤ 🚗 🏡 📺 🍴 ♨ 🅿 🚬 VISA ◎
Sonthofener Str. 17 ✉ 87477 – ✆ (08376) 92 13 30 – www.sulzberger-hof.de
22 Zim ☕ – †49/59 € ††96/130 €
Rest – *(geschl. Freitagmittag, Oktober - April: Freitagmittag, Samstagmittag)*
Karte 14/33 €

♦ Wohnlich und rustikal sind die Gästezimmer in diesem gepflegten regionstypischen Landhotel. Sie verfügen fast alle über einen Balkon. Das Restaurant ist im ländlichen Stil eingerichtet, mit beliebter Terrasse.

Lesen Sie die Einleitung:
Symbole, Klassements, Abkürzungen und andere Zeichen
werden Ihnen dann keine Rätsel mehr aufgeben.

KENZINGEN – Baden-Württemberg – 545 – 9 200 Ew – Höhe 177 m   61 D20
▶ Berlin 781 – Stuttgart 182 – Freiburg im Breisgau 29 – Offenburg 40

Schieble (mit Gästehaus)
Offenburger Str. 6 (B 3) ✉ 79341 – ☎ (07644) 9 26 99 90 – www.hotel-schieble.de
– geschl. über Fasching 2 Wochen, August 2 Wochen
27 Zim – †60/85 € ††90/115 € – 1 Suite
Rest – (geschl. Sonntagabend - Montag) Karte 15/43 €
♦ Die freundlichen Gastgeber bieten in dem traditionsreichen Haus wohnliche Zimmer im Landhausstil, die im Gästehaus besonders hübsch in hellen, warmen Tönen gehalten sind. Wer zum Essen kommt, den erwartet eine regional-saisonale Küche.

Scheidels Restaurant zum Kranz mit Zim
Offenburger Str. 18 (B 3) ✉ 79341 – ☎ (07644) 68 55
– www.scheidels-kranz.de – geschl. über Fastnacht 2 Wochen, November 2 Wochen und Montagabend - Dienstag
4 Zim – †58/60 € ††86/90 € **Rest** – Menü 30/58 € – Karte 24/53 €
♦ Der traditionsreiche badische Familienbetrieb steht für unkomplizierte bürgerliche und internationale Küche mit Geschmack. Sehr nett ist die original erhaltene Gaststube, schön auch die Terrasse. Beliebt: die Spezialitäten vom Reh aus heimischer Jagd. Weinkarte mit Spitzengewächsen.

KERNEN im REMSTAL – Baden-Württemberg – 545 – 15 320 Ew   55 H18
– Höhe 271 m
▶ Berlin 615 – Stuttgart 21 – Esslingen am Neckar 9 – Schwäbisch Gmünd 43

In Kernen-Stetten

Gästehaus Schlegel garni
Tannäckerstr. 13 ✉ 71394 – ☎ (07151) 94 36 20 – www.ochsen-kernen.de
27 Zim – †58/65 € ††80/100 € – 1 Suite
♦ Dieses Hotel gehört zum historischen Gasthof Ochsen. Fragen Sie nach den hellen, zeitgemäßen Zimmern im Haupthaus. Einfache Zimmer im Gästehaus. Hübsch ist die Frühstücksterrasse.

Malathounis
Gartenstr. 5 ✉ 71394 – ☎ (07151) 4 52 52 – www.malathounis.de – geschl. über Fasching, Sonntag - Montag und an Feiertagen
Rest – Menü 39/59 € – Karte 31/71 €
♦ Bei Anna und Joannis Malathounis darf man sich auf persönlichen Service und ambitionierte griechisch-mediterrane Küche freuen, zu der auch eine schöne Weinauswahl aus Griechenland angeboten wird. Das Ambiente ist gemütlich-modern.

Zum Ochsen
Kirchstr. 15 ✉ 71394 – ☎ (07151) 9 43 60 – www.ochsen-kernen.de – geschl. Mittwoch
Rest – Menü 35/70 € – Karte 36/57 €
♦ International und regional speist man in dem über 300 Jahre alten Gasthaus der Familie Schlegel. Die Produkte der angeschlossenen Metzgerei werden in ganz Deutschland ausgeliefert.

KERPEN – Nordrhein-Westfalen – 543 – 64 670 Ew – Höhe 95 m   35 B12
▶ Berlin 592 – Düsseldorf 60 – Bonn 48 – Aachen 54

In Kerpen-Sindorf Nord: 4 km, jenseits der A 4

Zum alten Brauhaus
Herrenstr. 76 ✉ 50170 – ☎ (02273) 9 86 50 – www.hotel-kerpen.de
53 Zim – †54/79 € ††77/89 €, ☐ 8 € – 1 Suite
Rest – (geschl. 24. Dezember - 6. Januar und Sonntag) (nur Abendessen) Karte 21/34 €
♦ Aus dem früheren Brauhaus ist eine zeitgemäße und praktische Adresse mit recht geräumigen Zimmern und Tagungsangebot entstanden. In der Nähe: die berühmte Kerpener Kartbahn. Rustikales Lokal mit bürgerlicher Küche.

KERPEN

Nahe der Straße von Kerpen nach Sindorf Nord: 2 km

XXX **Schloss Loersfeld** 🔊 🈴 ⇔ P VISA ⦵ AE
❀ *Schloss Loersfeld 1* ⊠ *50171 Kerpen –* ℰ *(02273) 5 77 55 – www.schlossloersfeld.de*
– *geschl. Weihnachten - Anfang Januar, Juli 3 Wochen und Sonntag - Montag*
Rest – (Tischbestellung ratsam) Menü 94/129 € – Karte 59/81 € 🈴
Spez. Entenstopfleber, Melone, Pistazie, Blutampfer. Roastbeef vom Bison, P.X.-Essigjus,
Navette, Lauch, Waldpilzschnitte. Carré vom Eifler Urlamm, junge Artischocken, Kartoffel-
roulade, Oliven, Zucchini.
 ♦ Das repräsentative Schloss mit privater Zufahrt ist der ideale Ort, um Vergangenheit
 und Gegenwart auf gehobenem Niveau zu genießen. In edlem Ambiente glänzt
 zudem Rudolf Thewes am Herd - mit feiner klassischer Kulinarik, die er kreativ inter-
 pretiert. Zum Übernachten: drei Appartements (ohne Frühstück).

KETSCH – Baden-Württemberg – 545 – 12 750 Ew – Höhe 101 m   47 F17
▶ Berlin 631 – Stuttgart 122 – Mannheim 19 – Heidelberg 14

🏨 **See Hotel** 🈴   🈴 🈴 AC 📶 🚴 P VISA ⦵ AE
Kreuzwiesenweg 5 ⊠ *68775 –* ℰ *(06202) 69 70 – www.seehotel.de*
– *geschl. 1. - 6. Januar*
69 Zim ⊇ – ♦90/130 € ♦♦105/170 € – 1 Suite
Rest *Die Ente*❀ – siehe Restaurantauswahl
 ♦ Engagiert führt Familie Keppel ihr Haus in ruhiger Lage am See. Man bietet die Zim-
 mer "Classic Style" und "Modern Style". Besonders komfortabel: die neueren Zimmer
 im Anbau.

XX **Die Ente** – See Hotel   🈴 ⇔ P VISA ⦵ AE
❀ *Kreuzwiesenweg 5* ⊠ *68775 –* ℰ *(06202) 69 70 – www.seehotel.de*
– *geschl. 1. - 6. Januar und Sonntag - Montag*
Rest – Menü 28 € (mittags)/79 € – Karte 51/69 €
Spez. Gänsestopfleber, Schokolade-Herzkirschen. Zwiebelrostbraten, neu interpretiert.
Kotelett vom Eichelmast Schwein, Pfifferlinge, grüner Apfel.
 ♦ Ein Wintergarten erweitert das moderne Restaurant zur Terrasse hin. Sie genießen
 den Blick in den schönen Garten und auf den See. Nach seinem Umzug aus Wien
 setzt Küchenchef Tommy R. Möbius kulinarische Akzente!

XX **Gasthaus Adler**   🈴 ⇔ VISA ⦵ AE
Schwetzinger Str. 21 ⊠ *68775 –* ℰ *(06202) 60 90 04 – www.adler-ketsch.de – geschl.*
19. - 27. Februar, 5. - 20. August und Sonntagabend - Montag
Rest – Menü 30/59 € – Karte 33/60 €
 ♦ Das Ehepaar Stecker bietet für seine Gäste regionale, aber auch internationale
 Küche. Es gibt die rote Stube, die gelbe Stube und das elegante Restaurant - alles
 angenehm freundliche Räume.

KEVELAER – Nordrhein-Westfalen – 543 – 28 260 Ew – Höhe 22 m   25 A10
– Wallfahrtsort und Erholungsort
▶ Berlin 581 – Düsseldorf 73 – Krefeld 41 – Nijmegen 42
🅘 Peter-Plümpe-Platz 12, ⊠ 47623, ℰ (02832) 12 21 51, www.kevelaer.de

XX **Zur Brücke** mit Zim   🈴 🈴 📶 ⇔ P VISA ⦵
Bahnstr. 44 ⊠ *47623 –* ℰ *(02832) 23 89*
– *www.hotel-restaurant-zur-bruecke.de*
– *geschl. 20. - 24. Februar, 2. - 16. April, 8. - 20. Oktober und Dienstag*
7 Zim ⊇ – ♦78/85 € ♦♦98/105 €
Rest – (nur Abendessen) Karte 29/53 €
 ♦ In dem 1783 erbauten Haus befindet sich das im altdeutschen Stil gehaltene Res-
 taurant, zu dem eine hübsche Gartenterrasse gehört. Die Chefin kocht bürgerlich und
 international.

KIEDRICH – Hessen – 543 – 3 960 Ew – Höhe 165 m   47 E15
▶ Berlin 583 – Wiesbaden 16 – Bad Kreuznach 57
◎ Kloster Eberbach ★★, West: 4 km

KIEDRICH

Nassauer Hof garni
Bingerpfortenstr. 17 ⊠ *65399* – ✆ *(06123) 99 93 60* – *www.hotel-nassauerhof.de*
– *geschl. 15. Dezember - 31. Januar*
21 Zim – †83 € ††135 € – 1 Suite
♦ Hier überzeugen geschmackvolle Gästezimmer mit massiven Teakholzmöbeln und schönem Holzfußboden. Angenehm licht ist der moderne, verglaste Frühstücksraum mit Terrasse.

Weinschänke Schloss Groenesteyn
Oberstr. 36 ⊠ *65399* – ✆ *(06123) 15 33* – *www.weinschaenke-schlossgroenesteyn.de*
– *geschl. Anfang Januar 3 Wochen, Ende Juli - Anfang August 2 Wochen und Montag - Dienstag*
Rest – *(Mittwoch - Samstag nur Abendessen)* (Tischbestellung ratsam) Karte 26/40 €
♦ Sympathisch sind die urigen Stuben und der flotte, charmante Service. Zu regionalen Speisen bietet man u. a. Riesling und Spätburgunder aus dem Rheingau. Terrasse mit Weinbergblick.

KIEL L – Schleswig-Holstein – **541** – 238 290 Ew – Höhe 5 m   **3** I3

▶ Berlin 346 – Flensburg 88 – Hamburg 96 – Lübeck 92
ADAC Saarbrückenstr. 54 S
🅘 Andreas-Gayk-Str. 31 B Y, ⊠ 24103, ✆ (0431) 67 91 00, www.kurskiel.de
🅡🄸 Honigsee, Havighorster Weg 20, ✆ (04302) 96 59 80
🅡🄸 Heikendorf-Kitzeberg, Wildgarten 1, ✆ (0431) 23 23 24
🅡🄸 Dänischenhagen, Gut Uhlenhorst, ✆ (04349) 18 60
Veranstaltungen
16.-24. Juni: Kieler Woche
Messegelände: Ausstellungsgelände Ostseehalle Y, ✆ (0431) 55 46 50
◉ Hindenburgufer ★★ (≤★) R – Rathaus (≤★) R – Schifffahrtsmuseum M¹ Y
◉ Freilichtmuseum ★★ (über Neue Hamburger Straße T: 6 km)

Stadtpläne siehe nächste Seiten

Steigenberger Conti Hansa
Schlossgarten 7 ⊠ *24103* – ✆ *(0431) 5 11 50*
– *www.kiel.steigenberger.de*   **Xe**
164 Zim – †90/268 € ††100/281 €, ☐ 17 € – 2 Suiten
Rest *Jakob* – ✆ *(0431) 5 11 54 07 (geschl. Sonntagmittag)* Karte 34/60 €
♦ Das Business- und Tagungshotel befindet sich in Hafennähe hinter dem Schloss und bietet funktionelle Zimmer, teils mit Blick auf Schlossgarten oder Förde. Das Restaurant Jakob ist in klassischem Stil gehalten.

Kieler Kaufmann
Niemannsweg 102 ⊠ *24105* – ✆ *(0431) 8 81 10*
– *www.kieler-kaufmann.de*   **Rk**
39 Zim – †143/215 € ††170/300 €
Rest *Parkrestaurant* – siehe Restaurantauswahl
♦ In einem kleinen Park steht die efeuberankte ehemalige Bankiersvilla von 1911 mit besonders eleganten Zimmern. Ein Zimmer im Parkflügel mit eigener Sauna. Netter Badebereich "Sanctum".

Berliner Hof garni
Ringstr. 6 ⊠ *24103* – ✆ *(0431) 6 63 40* – *www.berlinerhof-kiel.de*   **Zd**
103 Zim – †65/100 € ††95/125 €
♦ Das auch für Geschäftsreisende geeignete Hotel mit funktionell ausgestatteten Gästezimmern liegt in Zentrumsnähe und unweit des Bahnhofs.

Consul garni
Walkerdamm 11 ⊠ *24103* – ✆ *(0431) 53 53 70*
– *www.hotel-consul-kiel.de*   **Yk**
40 Zim – †77/88 € ††105/118 € – 1 Suite
♦ Die verkehrsgünstige Lage nahe Kieler Hafen und Ostseehalle sowie gepflegte, recht unterschiedlich eingerichtete Zimmer machen dieses Hotel aus.

KIEL

×× Parkrestaurant – Hotel Kieler Kaufmann
Niemannsweg 102 ⊠ 24105 – ℰ (0431) 8 81 10 – www.kieler-kaufmann.de
Rest – Menü 37/52 € – Karte 47/61 €   **Rk**
• Wie der Name schon sagt, genießen Sie vom Restaurant einen tollen Blick in den Park. Der neue Küchenchef, Mathias Apelt, bringt mit seiner zeitgemäßen, unter mediterranem und regionalem Einfluss stehenden Küche frischen Wind in den Norden.

×× September
Alte Lübecker Chaussee 27 ⊠ 24113 – ℰ (0431) 68 06 10 – www.september-kiel.de – geschl. 24. - 31. Dezember und Sonntag sowie an Feiertagen   **Zt**
Rest – (nur Abendessen) Menü 43/64 € – Karte 33/47 €
• Das modern gestaltete Restaurant erreicht man über den sehr hübsch begrünten Innenhof, in dem man im Sommer ebenfalls speisen kann. Serviert wird zeitgemäße Küche. Im Untergeschoss der ehemaligen Schmiede: Bistro mit Wintergarten und Kaminzimmer.

× Weinstein
Holtenauer Str. 200 ⊠ 24105 – ℰ (0431) 55 55 77 – www.weinstein-kiel.com – geschl. an Sonn- und Feiertagen   **Ra**
Rest – (nur Abendessen) Menü 37/45 € – Karte 36/56 €
• Das sympathische, freundlich geführte Restaurant ist eine Mischung aus Brasserie und Vinothek mit zeitgemäßer Küche und Tagesempfehlungen am Tisch. Weinverkauf.

In Kiel-Friedrichsort Nord-Ost: 2,5 km über B 503 R

⌂ Kieler Förde
Prieser Strand 4 ⊠ 24159 – ℰ (0431) 39 96 90 – www.hotel-kielerfoerde.de
19 Zim – †63 € ††73/86 €   **Rest** – Karte 15/31 €
• Direkt neben den Werften finden Sie das familiär geleitete kleine Hotel mit zeitgemäßen und funktionalen Zimmern, teilweise mit Blick auf die Förde.

In Kiel-Hasseldieksdamm über Hasseldieksdammer Weg S

⌂ Birke
Martenshofweg 2 ⊠ 24109 – ℰ (0431) 5 33 10 – www.hotel-birke.de
82 Zim – †84/142 € ††113/190 €
Rest *Fischers Fritz* – siehe Restaurantauswahl
• Familienbetrieb am Ortsrand mit zeitgemäßen Zimmern - eleganter sind die Komfortzimmer im Anbau. Hübscher Spa und kleiner Innenhofgarten mit Strandkörben. Gute Tagungsmöglichkeiten.

×× Fischers Fritz – Hotel Birke
Martenshofweg 2 ⊠ 24109 – ℰ (0431) 5 33 14 35 – www.hotel-birke.de
Rest – Menü 32 € – Karte 23/57 €
• Der Küchenchef legt besonderen Wert darauf, Produkte aus der Region zu verwenden (rund 70%) - und ist es ihm wichtig, seine Gäste mit typisch friesischen Gerichten zu verwöhnen.

In Kiel-Holtenau

⌂ Waffenschmiede
Friedrich-Voss-Ufer 4 ⊠ 24159 – ℰ (0431) 36 96 90 – www.hotel-waffenschmiede.de – geschl. 22. Dezember - 16. Januar   **Rr**
13 Zim – †55/90 € ††85/125 €, ⊇ 6 €   **Rest** – Karte 23/57 €
• In einem Wohngebiet direkt am Nord-Ostsee-Kanal liegt dieses familiengeführte kleine Hotel mit seinen ganz unterschiedlich eingerichteten Gästezimmern. Eine Terrasse mit schönem Blick auf den Kanal ergänzt das Restaurant.

In Kiel-Wellsee Süd-Ost: 5 km über B 404 T

⌂ Sporthotel Avantage
Braunstr. 40 ⊠ 24145 – ℰ (0431) 71 79 80 – www.avantagesporthotel.de
35 Zim – †74/84 € ††89/99 €, ⊇ 10 €
Rest – (geschl. Samstag - Sonntag) Karte 23/32 €
• Neben modernen, mit guter Technik funktionell ausgestatteten Zimmern bietet das recht ruhig gelegene Hotel ein Tenniscenter mit Außen-, Innen- sowie Badmintonplätzen. Hell und freundlich gestaltetes Restaurant mit Blick auf die Courts. Gutbürgerliches Angebot.

KIEL UND UMGEBUNG

Street	Ref	No
Adalbertstr.	R	2
Alter Markt	Y	4
Alte Lübecker Chaussee	Z	3
Andreas-Gayk-Str.	Y	6
Arkonastr.	R	7
Arndtpl.	X	8
Asmusstr.	Z	9
Auguste-Viktoria-Str.	Y	10
Bartelsallee	R	12
Brunswiker Str.	X	
Chemnitzstr.	Y	16
Dänische Str.	XY	17
Dreieckspl.	X	19
Dresdener Str.	R	20
Düppelstr.	Y	21
Düsterbrooker Weg	RS	23
Eckernförder Str.	XY	25
Europapl.	Y	29
Exerzierpl.	Y	30
Finkelberg	T	31
Friedrich-Voß-Ufer	R	32
Gartenstr.	S	35
Gutenbergstr.	S	37
Hafenstr.	Y	39
Hasseldieksdammer Weg	S, Y	41
Hebbelstr.	X	42
Heckenrosenweg	T	43
Hegewichtstr.	X	44
Helmholtzstr.		
Hermann-Weigmann-Str	S, Y	47
Herthastr.	R	48
Holstenbrücke	Y	49
Holstenstr.	Y	51
Holtenauer Str.	X	
Hornheimer Weg	Z	52
Hummelwiese	Z	53
Karolinenweg	Y	56
Kehdenstr.	Y	57
Kleiner Kuhberg	Y	59
Knooper Weg	R	60
Königsweg	YZ	61
Koesterallee	X	62
Konrad-Adenauer-Damm	T	63
Kronshagener Weg	S	64
Krusenrotter Weg	S	65
Küterstr.	Y	67
Lehmberg	S, X	68
Lessingpl.	X	69
Lindenallee	Y	70
Martensdamm	Y	74
Mecklenburger Str.	Y	75
Moltkestr.	R	76
Niebuhrstr.	R	77
Olshausenstr.	Y	80
Paul-Fuß-Str.	Y	81
Petersburger Weg	T	83
Poppenbrügger Weg	T	84
Prinzengarten	R	85
Prinz-Heinrich-Str.	R	86
Raiffeisenstr.	YZ	87
Rendsburger Landstr.	S	88
Richthofenstr.	R	89
Saarbrückenstr.	S, Z	91
Sachaustr.	Z	92
Saldernstr.	X	93
Schevenbrücke	Y	95
Schlieffenallee	R	96
Schloßgarten	Y	97
Schülperbaum	Y	100
Schützenwall	S	101
Schuhmacherstr.	Y	102
Sophienblatt		
Stephan-Heinzel-Str.	S, Y	104
Stresemannpl.	Y	105
Theodor-Heuss-Ring	S	106
Tiessenkai	R	107
Walkerdamm	Y	108
Wall	Y	109
Warnemünder Str.	R	110
Weimarer Str.	R	111
Westring	RS	112
Wilhelminenstr.	X	113
Winterbeker Weg	S, Z	116
Wulfsbrook	Y	117
Ziegelteich	Y	118

KIEL

In Molfsee Süd-West: 8 km über Neue Hamburger Straße T

Bärenkrug (mit Gästehaus)
Hamburger Chaussee 10 (B 4) ✉ *24113 –* ℰ *(04347) 7 12 00*
– www.hotel-restaurant-baerenkrug.de
39 Zim – †72/78 € ††115/125 € – ½ P 17 €
Rest *Bärenkrug* – siehe Restaurantauswahl

♦ Behaglich wohnt man in dem erweiterten historischen Gasthaus mit langer Familientradition. Es erwarten Sie schön eingerichtete Zimmer im Landhausstil.

Bärenkrug – Hotel Bärenkrug
Hamburger Chaussee 10 (B 4) ✉ *24113 –* ℰ *(04347) 7 12 00*
– www.hotel-restaurant-baerenkrug.de – geschl. 23. Dezember - 2. Januar und Sonntagabend - Montag
Rest – Menü 17/44 € – Karte 22/47 €

♦ Familie Sierks bewahrt sich in ihrem a. d. 17. Jh. stammenden Gasthof die historischen, unverwechselbar friesischen Schätze. Auch wunderschön der Hofgarten. Lecker: Filet vom Holsteiner Kalb!

In Molfsee-Rammsee Süd-West: 5 km über Neue Hamburger Straße T

Drathenhof
Hamburger Landstr. 99 (beim Freilichtmuseum) ✉ *24113 –* ℰ *(0431) 65 08 89*
– www.drathenhof.de – geschl. 1. - 24. Januar und Sonntagabend - Montag
Rest – Menü 17/68 € – Karte 23/37 €

♦ Ein a. d. 18. Jh. stammendes ehemaliges Bauernhaus beherbergt heute dieses hübsch dekorierte Restaurant mit rustikalem Charakter und bürgerlichem Speisenangebot.

KINDING – Bayern – **546** – 2 500 Ew – Höhe 378 m   57 L18

▶ Berlin 482 – München 107 – Augsburg 110 – Ingolstadt 34

In Enkering Süd-West: 1,5 km, jenseits der A 9

Zum Bräu
Rumburgstr. 1a ✉ *85125 –* ℰ *(08467) 85 00*
– www.hotel-zum-braeu.de – geschl. 20. - 25. Dezember
16 Zim – †46/52 € ††69/75 €   **Rest** – Karte 16/28 €

♦ Das über 200 Jahre alte ehemalige Brauereigebäude ist ein sehr gepflegter Landgasthof mit unterschiedlich geschnittenen, wohnlichen Zimmern, die über schöne Marmorbäder verfügen. Gemütlich-ländlich sind die vier Restaurantstuben, ergänzt durch einen Biergarten.

KIPFENBERG – Bayern – **546** – 5 660 Ew – Höhe 378 m – Erholungsort   57 L18

▶ Berlin 490 – München 102 – Augsburg 105 – Ingolstadt 28
🛈 Marktplatz 2, ✉ 85110, ℰ (08465) 94 10 40, www.kipfenberg.de

In Kipfenberg-Pfahldorf West: 6 km über Försterstraße

Landhotel Geyer (mit Gästehaus)
Alte Hauptstr. 10 ✉ *85110 –* ℰ *(08465) 1 73 06 30*
– www.landhotel-geyer.de
49 Zim – †59/90 € ††85/120 € – ½ P 19 € – 2 Suiten
Rest – Karte 14/30 €

♦ In dem gewachsenen familiengeführten Landgasthof erwarten Sie eine recht großzügige Hotelhalle, solide, teilweise besonders wohnliche Zimmer sowie ein moderner Bade- und Saunabereich. In rustikalen Restaurantstuben serviert man regionale Küche.

In Kipfenberg-Schambach Süd: 7 km über Eichstätter Straße Richtung Arnsberg

Zur Linde
Bachweg 2, 85110 – ℘ (08465) 9 41 50 – www.zur-linde-schambachtal.de – geschl. 1. - 15. November
27 Zim – †48/67 € ††80/88 € – ½ P 14 €
Rest – (geschl. Montagmittag, Mittwoch) Karte 11/23 €
• Der traditionsreiche Familienbetrieb in idyllischer dörflicher Lage verfügt über wohnlich-funktionale Gästezimmer, ein schönes Saunahaus und einen reizvollen Naturschwimmteich im Garten. In mehrere Räume unterteiltes Restaurant mit hübscher Terrasse und regionalem Angebot.

KIRCHBERG an der JAGST – Baden-Württemberg – **545** – 4 340 Ew – 56 I17
– Höhe 384 m

▶ Berlin 535 – Suttgart 106 – Ansbach 53 – Crailsheim 16

Landhotel Kirchberg
Eichenweg 2, 74592 – ℘ (07954) 9 88 80 – www.landhotelkirchberg.de
17 Zim – †66 € ††88 € **Rest** – Karte 15/44 €
• Der engagiert geführte Familienbetrieb ist ein sehr gepflegtes und praktisch ausgestattetes kleines Hotel mit guter Autobahnanbindung. Im Garten ein Teich mit Koikarpfen. Spezialität im freundlichen Restaurant sind hausgemachte Maultaschen. Von der Terrasse hat man eine nette Aussicht.

KIRCHDORF (KREIS MÜHLDORF am INN) – Bayern – **546** – 66 N20
– 1 320 Ew – Höhe 551 m

▶ Berlin 624 – München 50 – Bad Reichenhall 91 – Mühldorf am Inn 31

Christian's Restaurant - Gasthof Grainer
Dorfstr. 1, 83527 – ℘ (08072) 85 10 – www.christians-restaurant.de
– geschl. Montag - Dienstag
Rest – (Mittwoch - Samstag nur Abendessen) (Tischbestellung erforderlich)
Menü 55/89 €
Spez. Gratinierter Lammrücken und geschmorte Schulter mit Karottencreme, Spinatgnocchi und Gemüse. Kross auf der Haut gebratene Rotbarbe mit Ratatouille. Nougatmousse im Baumkuchenmantel mit Mangoragout und Kokoscremeeis.
• Was sich Ihnen offenbart, wenn Sie den Familienbetrieb von Christian F. Grainer betreten, ist bayerische Gastlichkeit, wie sie charmanter kaum sein kann. Man kocht am alten Holzofenherd klassische zeitgemäße Gerichte, wobei die hochwertigen Produkte gekonnt ins Szene gesetzt werden.

In Kirchdorf-Moosham West: 5 km über B 15 in Richtung Taufkirchen, links ab Richtung Isen

Wirth z'Moosham
Isener Str. 4, 83527 – ℘ (08072) 9 58 20 – www.wirth-z-moosham.de – geschl. 27. Dezember - 6. Januar
36 Zim – †49/79 € ††75/98 €
Rest – (geschl. 1. - 16. August und Montag) (nur Abendessen) Karte 22/29 €
• In einem kleinen Dorf liegt das familiengeführte Hotel mit freundlichen, praktischen Zimmern, teils mit Blick auf die Alpen. Frühstück im Wintergarten. Behaglich-bayerische Stube mit regional-bürgerlicher Küche. Für Feiern: ehemaliger Kuhstall mit Gewölbe.

KIRCHEN (SIEG) – Rheinland-Pfalz – siehe Betzdorf

KIRCHENSITTENBACH – Bayern – siehe Hersbruck

KIRCHHEIM unter TECK – Baden-Württemberg – **545** – 39 790 Ew – 55 H19
– Höhe 311 m

▶ Berlin 622 – Stuttgart 38 – Göppingen 19 – Reutlingen 30

🛈 Max-Eyth-Str. 15, 73230, ℘ (07021) 30 27, www.kirchheim-teck.de

Kirchheim-Wendlingen, Schulerberg 1, ℘ (07024) 92 08 20

Ohmden, Am Golfplatz, ℘ (07023) 74 26 63

KIRCHHEIM unter TECK

Zum Fuchsen
Schlierbacher Str. 28 ⊠ 73230 – ℰ (07021) 57 80 – www.hotel-fuchsen.de
80 Zim – †95/119 € ††125/155 € – 2 Suiten
Rest – *(geschl. Sonntagabend)* Karte 27/49 €

• Zeitgemäß hat man die Gästezimmer in diesem Hotel gestaltet. Einige sind besonders hübsch in freundlichen Tönen gehalten, am komfortabelsten ist die Deluxe-Kategorie. Das Restaurant teilt sich in mehrere behagliche Stuben.

Goldfinger
Alleenstr. 79 ⊠ 73230 – ℰ (07021) 7 37 48 88 – www.md-goldfinger.de – geschl. Sonntag und an Feiertagen
Rest – Menü 24/50 € – Karte 35/55 €

• "Alles außer gewöhnlich" lautet das Motto dieses Restaurants, das eine Entdeckungsreise durch die euro-asiatische Küche bietet. Das Interieur: modern, elegant, exotisch.

In Kirchheim-Nabern Süd-Ost: 6 km über B 465, jenseits der A 8

Arthotel Billie Strauss
Weilheimer Str. 20 ⊠ 73230 – ℰ (07021) 95 05 90 – www.arthotelbilliestrauss.de – geschl. 20. Dezember - 6. Januar
13 Zim – †88/115 € ††105/140 €, ⊔ 5 € – 1 Suite
Rest – *(geschl. Montag) (nur Abendessen)* Karte 25/41 €

• Der ehemalige Bauernhof wurde vom Architektenpaar Strauss zu einem individuellen und extravaganten Hotel umgebaut. Keines der modern designten Zimmer gleicht dem anderen. In dem sorgsam sanierten Fachwerkhaus nebenan befindet sich die Weinstube. Kunstgalerie.

In Ohmden Ost: 6 km über Jesingen

Landgasthof am Königsweg mit Zim
Hauptstr. 58 ⊠ 73275 – ℰ (07023) 20 41 – www.landgasthof.com – geschl. über Fasching 1 Woche und Sonntag - Montag
8 Zim – †70/80 € ††105/125 €, ⊔ 10 €
Rest – Menü 25 € (mittags)/115 € – Karte 60/79 €
Spez. Mosaik von der Gänsestopfleber mit Apfel- und Butterbrioche. Seeteufel mit Petersilienhaube auf Blattspinat und Rotweinbutter. Rehrücken in der Nusskruste mit Apfel-Sellerie-Gemüse und Kletzenschupfnudeln.

• Mit Küchenchef Maximilian Schranner hat der Inhaber des schönen alten Landgasthofs (1672) einen guten Fang gemacht: Er kocht klassisch orientiert und zum Teil auch recht aufwändig! Wer rundum versorgt sein möchte, bleibt über Nacht: zeitgemäße Zimmer mit historischen Details wie Fachwerk und Dielenböden, dazu ein gutes Frühstück.

KIRCHHEIMBOLANDEN – Rheinland-Pfalz – **543** – 7 750 Ew — 47 E16
– Höhe 251 m

▶ Berlin 610 – Mainz 50 – Bad Kreuznach 43 – Mannheim 58
🛈 Uhlandstr. 2, ⊠ 67292, ℰ (06352) 17 12, www.donnersberg-touristik.de

Braun garni
Uhlandstr. 1, (1. Etage) ⊠ 67292 – ℰ (06352) 4 00 60 – www.hotelbraun.de
40 Zim ⊔ – †59/95 € ††79/125 €

• In dem Familienbetrieb im Zentrum stehen zeitlos-gediegene Classic-Zimmer bereit sowie in der obersten Etage elegant-moderne Deluxe-Zimmer mit Klimaanlage. Hübscher kleiner Saunabereich.

In Dannenfels-Bastenhaus Süd-West: 9 km, Richtung Rockenhausen – Höhe 400 m
– Erholungsort

Bastenhaus
Bastenhaus 1 ⊠ 67814 – ℰ (06357) 97 59 00 – www.bastenhaus.de
37 Zim ⊔ – †58/78 € ††88/108 € – ½ P 22 €
Rest – *(geschl. Sonntagabend)* Menü 20/37 € – Karte 19/42 €

• In freier Natur liegt das aus einer Wirtschaft von 1849 entstandene Hotel mit seinen zeitgemäß und solide ausgestatteten Zimmern (teilweise mit Balkon) und nettem Garten mit Badeteich. Zum Restaurant gehört eine schöne große Terrasse mit Blick zum Donnersberg.

KIRCHHUNDEM – Nordrhein-Westfalen – **543** – 12 340 Ew – Höhe 300 m   37 E12
▶ Berlin 532 – Düsseldorf 136 – Siegen 34 – Meschede 51

In Kirchhundem-Selbecke Ost: 4 km Richtung Bad Laasphe

Assmann
Selbecke 18 ⌧ 57399 – ℰ (02723) 7 24 00 – www.hotel-assmann.de
10 Zim – †42/50 € ††68/100 € – 1 Suite
Rest – *(geschl. Montag) (Dienstag - Samstag nur Abendessen)* Karte 18/32 €
• Das erweiterte schöne Fachwerkhaus von 1846 beherbergt geschmackvolle, individuelle und mit harmonisch abgestimmten Stoffen dekorierte Gästezimmer. Das mit mediterraner Note gestaltete Restaurant bietet saisonal-bürgerliche Küche.

KIRCHLAUTER – Bayern – **546** – 1 400 Ew – Höhe 344 m   50 K15
▶ Berlin 432 – München 261 – Würzburg 88 – Bamberg 32

In Kirchlauter-Pettstadt

Gutsgasthof Andres
Pettstadt 1 ⌧ 96166 – ℰ (09536) 2 21 – www.gutshof-andres.de – geschl. Dienstag - Mittwoch
Rest – Menü 31 € – Karte 17/36 €
• Ein denkmalgeschützter Gutshof mit Familientradition seit 1839, eingerahmt von altem Baumbestand. Geboten wird Regionales. Kleiner Feinkostladen mit Hausgemachtem. 2 Appartements.

KIRCHZARTEN – Baden-Württemberg – **545** – 9 700 Ew – Höhe 392 m   61 D20
– Wintersport: 1 265 m ⚡9 ❄ – Luftkurort
▶ Berlin 800 – Stuttgart 177 – Freiburg im Breisgau 9 – Donaueschingen 54
ℹ Hauptstr. 24, ⌧ 79199, ℰ (07661) 90 79 80, www.dreisamtal.de
🅿 Kirchzarten, Krüttweg 1, ℰ (07661) 9 84 70

Sonne
Hauptstr. 28 ⌧ 79199 – ℰ (07661) 90 19 90 – www.sonne-kirchzarten.de
24 Zim – †59/69 € ††85/95 € – ½ P 24 € – 2 Suiten
Rest – *(geschl. Freitagmittag, Samstagmittag)* Menü 23/42 € – Karte 20/48 €
• Das Traditionshaus von 1725 ist ein sehr gepflegter Familienbetrieb. Schön sind die Komfortzimmer im Landhausstil. Frisch und frech: zwei Zimmer im jungen "Schwarzwald-Pop"-Design. Mit Physiotherapie, Kosmetik und Massage. Bürgerlich und regional isst man im gemütlichen holzvertäfelten Restaurant.

In Kirchzarten-Burg-Höfen Ost: 1 km

Schlegelhof
Höfener Str. 92 ⌧ 79199 – ℰ (07661) 50 51 – www.schlegelhof.de
11 Zim – †72/80 € ††100/180 €
Rest *Schlegelhof* – siehe Restaurantauswahl
• Ein kleines Hotel zum Wohlfühlen, in dem man das Engagement der Familie Schlegel spürt. Unbehandelte Naturhölzer sorgen für Wohnlichkeit. Einige Zimmer in modernen Linien. Kosmetik und Massage.

Schlegelhof – Hotel Schlegelhof
Höfener Str. 92 ⌧ 79199 – ℰ (07661) 50 51 – www.schlegelhof.de – geschl. Mittwoch
Rest – *(nur Abendessen)* (Tischbestellung ratsam) Menü 32/60 € – Karte 27/55 €
• Viel helles Holz und warme Farben bestimmen den Charakter dieser gastlichen Adresse mit symathischer Bodenhaftung. Die perfekt eingespielte Küchencrew verwöhnt Sie u. a. mit Rostbraten oder Geschmortem von der Poulardenkeule.

In Stegen-Eschbach Nord: 4 km

Landhotel Reckenberg mit Zim
Reckenbergstr. 2 ⌧ 79252 – ℰ (07661) 9 79 33 00 – www.landhotel-reckenberg.de – geschl. 22. Januar - 12. Februar, 5. - 15. November und Dienstag - Mittwochmittag
9 Zim – †65/95 € ††90/120 € – ½ P 22 € – 1 Suite
Rest – Menü 27/55 € – Karte 42/45 €
• Ein familiengeführtes gediegen-rustikales Restaurant in ruhiger Lage. Bei der Zubereitung der regionalen und klassischen Küche setzt man auf aromatische Kräuter. Dessertwagen. Sie können in geräumigen und wohnlichen Gästezimmern übernachten.

KIRKEL – Saarland – **543** – 10 090 Ew – Höhe 240 m   46 C17
▶ Berlin 690 – Saarbrücken 24 – Homburg/Saar 10 – Kaiserslautern 48

In Kirkel-Neuhäusel

Ressmann's Residence
Kaiserstr. 87 ⊠ 66459 – ℰ (06849) 9 00 00 – www.ressmanns-residence.de
20 Zim ⊡ – †65/79 € ††95 € – 1 Suite
Rest – (geschl. Dienstag, Samstagmittag, Sonntagabend) Karte 37/61 €
◆ Der gut geführte Familienbetrieb liegt im Ortskern und verfügt über funktionale Gästezimmer mit zeitgemäßem Komfort. Am Morgen erwartet Sie ein gutes Frühstücksbuffet. Internationale Küche bietet man im unterteilten Restaurant mit netter Terrasse. Vinothek.

Rützelerie Geiß
Brunnenstraße ⊠ 66459 – ℰ (06849) 13 81 – www.ruetzeleriegeiss.de
– geschl. Sonntag - Montag
Rest – (nur Abendessen) Menü 36/89 € – Karte 40/64 €
◆ Rudi Geiß (genannt Rützi) leitet das charmante Restaurant gemeinsam mit seiner Frau. Man kocht hier international mit französischem Einfluss. Schön ist die überdachte Terrasse am Haus.

KIRN – Rheinland-Pfalz – **543** – 8 330 Ew – Höhe 190 m   46 D15
▶ Berlin 649 – Mainz 76 – Bad Kreuznach 37 – Trier 77
🛈 Bahnhofstr. 12, ⊠ 55606, ℰ (06752) 9 34 00, www.kirn.de

In Bruschied-Rudolfshaus
Nord-West: 9 km Richtung Rhaunen, am Ortsende in Rudolfshaus rechts

Forellenhof mit Zim
Reinhartsmühle 1 ⊠ 55606 – ℰ (06544) 3 73 – www.hotel-forellenhof.de – geschl. 2. Januar - 17. Februar und Montag
28 Zim ⊡ – †56/67 € ††90/110 € – 1 Suite
Rest – Menü 22/49 € – Karte 21/49 €
◆ Hier speist man in idyllischer Lage an einem Waldstück bei schöner Aussicht ins Grüne und auf den Teich. Die Terrasse liegt direkt am Wasser. Beachtliche Whisky-Sammlung. Übernachtungsgästen bietet man ruhig gelegene, wohnliche Zimmer und einen schönen kleinen Saunabereich.

KIRRWEILER – Rheinland-Pfalz – siehe Maikammer

KIRSCHAU – Sachsen – **544** – 2 470 Ew – Höhe 249 m   44 R12
▶ Berlin 228 – Dresden 54 – Görlitz 47 – Bautzen 11

Bei Schumann
Bautzener Str. 20 ⊠ 02681 – ℰ (03592) 52 00 – www.bei-schumann.de
45 Zim ⊡ – †127 € ††186 € – 20 Suiten
Rest Al Forno – siehe Restaurantauswahl
Rest Toppolino – ℰ (03592) 52 05 20 – Menü 28/58 € – Karte 24/43 €
Rest Schlemmerzimmer – ℰ (03592) 52 05 20 (geschl. Sonntag - Montag) (nur Abendessen) Menü 54/110 €
◆ Aus dem "Fremdenhaus zum Weber" (Max Hans Kühne, 1921-23) haben Petra und Rüdiger Schumann mit viel Hingabe ein schönes Wellnesshotel geschaffen. Spa-Tempel u. a. mit römischem Kuppelbad und Spa-Lounges. Regionale Küche im Hauptrestaurant Toppolino, ambitionierte Menüs im Schlemmerzimmer.

Al Forno – Hotel Bei Schumann
Bautzener Str. 20 ⊠ 02681 – ℰ (03592) 52 05 30 – www.bei-schumanns.de
Rest – (nur Abendessen) Karte 24/38 €
◆ Italienischer könnte das Restaurant wohl kaum sein: Terrakottafliesen, Holztische und eine umlaufende Sitzbank, dazu die Showküche mit authentischem Holzofen - und natürlich Antipasti, Pizza und Pasta!

KISSINGEN, BAD – Bayern – 546 – 20 800 Ew – Höhe 220 m – Mineral- und Moorheilbad
49 I14

▶ Berlin 480 – München 329 – Fulda 62 – Bamberg 81
🛈 Am Kurgarten 1, ✉ 97688, ☏ (0971) 8 04 82 11, www.badkissingen.de
🛫 Bad Kissingen, Euerdorfer Str. 11, ☏ (0971) 36 08

Frankenland
Frühlingstr. 11 ✉ 97688 – ☏ (0971) 8 10
– www.hotel-frankenland.de
500 Zim – †79/110 € ††122/184 € – ½ P 25 € – 4 Suiten
Rest *Rôtisserie* – ☏ (0971) 81 28 35 – Karte 33/44 €
Rest *Frankenland-Stuben* – ☏ (0971) 81 28 33 – Karte 17/31 €

r

♦ Ein komfortables Hotel mit großer Wellnesslandschaft und gutem Tagungsbereich. In der 6. Etage: einige besonders moderne Zimmer, darunter sehr schöne Pavarotti-, Caruso- und Callas-Suiten. Zeitlose Rôtisserie sowie rustikale Frankenland-Stuben mit bürgerlicher Karte.

Laudensacks Parkhotel
Kurhausstr. 28 ✉ 97688 – ☏ (0971) 7 22 40
– www.laudensacks-parkhotel.de
– geschl. 18. Dezember - 26. Januar
20 Zim – †84/95 € ††148/172 € – ½ P 32 € – 1 Suite
Rest *Gourmetrestaurant* – siehe Restaurantauswahl

n

♦ Familie Laudensack macht Wohlfühlen und Abschalten möglich: überaus angenehmes Landhausambiente mit mediterranem Touch und umsichtiger Service, eine schöne Gartenanlage auf 4000 qm und das gute Spa-Angebot! Frühstücksbuffet. Halbpension auch an Ruhetagen des Gourmetrestaurants.

BAD KISSINGEN

Bahnhofstr.	4
Berliner Pl.	6
Brunnengasse	7
Dapperstr.	8
Hemmerichstr.	12
Kirchgasse	14
Kurhausstr.	
Ludwigbrücke	15
Ludwigstr.	16
Marktpl.	17
Martin-Luther-Str.	21
Münchner Str.	22
Obere Marktstr.	23
Prinzregentenstr.	25
Rathauspl.	26
Schönbornstr.	28
Spitalgasse	29
Theaterpl.	30
Theresienstr.	31
Untere Marktstr.	32
Von-der-Tann-Str.	33
Von-Hessing-Str.	34

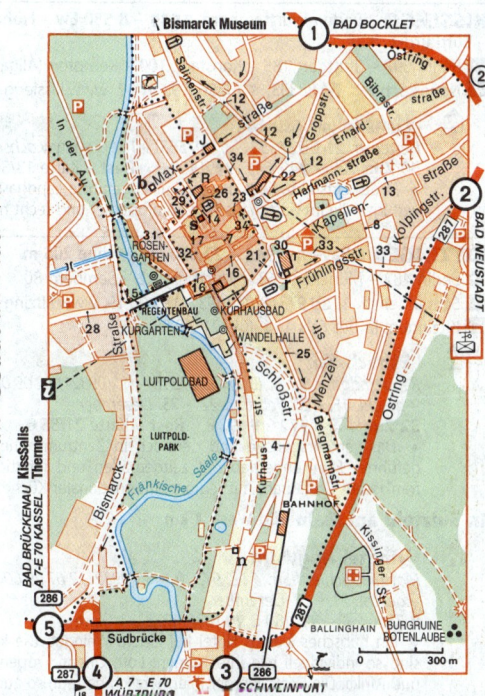

KISSINGEN, BAD

Bayerischer Hof
Maxstr. 9 ⊠ 97688 – ℰ (0971) 8 04 50 – www.doesch-kg.de
– geschl. Januar 2 Wochen, November 2 Wochen   **b**
50 Zim – †55/80 € ††79/110 € – ½ P 18 €
Rest – (geschl. November - April: Donnerstag) Karte 20/27 €

• Das familiengeführte Haus liegt ruhig an der Salinenpromenade und doch zentral ganz in der Nähe des Marktplatzes. Die soliden Gästezimmer verfügen alle über einen Balkon. Zusätzlich zum bürgerlich-rustikalen Restaurant hat man im Sommer einen Biergarten.

Gourmetrestaurant – Laudensacks Parkhotel
Kurhausstr. 28 ⊠ 97688 – ℰ (0971) 7 22 40 – www.laudensacks-parkhotel.de
– geschl. 19. Dezember - 1. Februar und Montag - Dienstag   **n**
Rest – (nur Abendessen) (Tischbestellung ratsam) Menü 55/94 € – Karte 59/74 €
Spez. Hummer, Zitronengrassud, Ingwergelee, Pak Choi, Wasabikartoffel. Meeräsche mit Sardellen gespickt, confierte Artischocken, feine Thymiannudeln. Irischer Lammrücken und confierter Nacken, breite Bohnen, Bohnenkraut, Ofentomaten, Pommes Maxim.

• Sehr gute Teamarbeit in Küche und Service führt zum Erfolg: Die Brigade um Frederik Desch sorgt für ausgezeichnete zeitgemäß-klassische Speisen, Thomas Hüttl für treffliche Weinberatung - und auch Chef Hermann Laudensack ist stets präsent. Terrasse mit Blick ins Grüne.

Schuberts Weinstube
Kirchgasse 2 ⊠ 97688 – ℰ (0971) 26 24 – www.schuberts-weinstube.de – geschl.
Oktober - April: Dienstag   **s**
Rest – Menü 29 € – Karte 25/39 €

• Bei den engagierten jungen Betreibern isst man regional-saisonal - und gerne auch den günstigen Mittagstisch inkl. Wasser und Kaffee! Auch der Rahmen passt: eine Weinstube von 1801 in einer kleinen Altstadtgasse.

KISSLEGG – Baden-Württemberg – **545** – 8 530 Ew – Höhe 648 m   **63** |21
– Luftkurort

▶ Berlin 697 – Stuttgart 185 – Konstanz 100 – Kempten (Allgäu) 46

🛈 Neues Schloss, ⊠ 88353, ℰ (07563) 93 61 42, www.kisslegg.de

Ochsen (mit Gästehaus)
Herrenstr. 21 ⊠ 88353 – ℰ (07563) 9 10 90 – www.ochsen-kisslegg.de
50 Zim – †49/64 € ††79/99 €   **Rest** – Karte 13/38 €

• In der Ortsmitte liegt dieser familiengeführte Landgasthof, der über solide Zimmer verfügt - die im Gästehaus sind komfortabler und recht modern.

KITZINGEN – Bayern – **546** – 20 850 Ew – Höhe 205 m   **49** |16

▶ Berlin 482 – München 263 – Würzburg 22 – Bamberg 80

🛈 Schrannenstr. 1, ⊠ 97318, ℰ (09321) 92 00 19, www.kitzingen.info

Kitzingen, In der Falk 1, ℰ (09321) 49 56

Esbach-Hof
Repperndorfer Str. 3, (B 8) ⊠ 97318 – ℰ (09321) 22 09 00 – www.esbachhof.de
– geschl. 18. - 26. Februar, 22. - 25. Dezember
32 Zim – †72 € ††92 €   **Rest** – Karte 21/35 €

• Das verkehrsgünstig und dennoch in Zentrumsnähe gelegene Hotel ist ein gut geführter Familienbetrieb mit zeitgemäßen und funktionalen Zimmern. Gemütlichfränkisches Restaurant mit regional-internationaler Küche.

In Sulzfeld am Main Süd-West: 4 km

Vinotel Augustin garni
Matthias-Schiestl-Str. 4 ⊠ 97320 – ℰ (09321) 2 67 29 60 – www.vinotel-augustin.de
– geschl. 21. - 30. Dezember
8 Zim – †70/80 € ††103/113 € – 1 Suite

• Ein hübsches kleines Hotel bei einem Weingut. Die komfortablen Themenzimmer sind so individuell wie ihre Namen: Loft, Orient, Tropen, Space, Zen, Hütte, Pop-Art und Afrika. Die Gäste werden hier herzlich betreut, so auch beim guten Frühstück.

KLEINES WIESENTAL – Baden-Württemberg – **545** – 200 Ew – Höhe 920 m
61 D21

▶ Berlin 845 – Stuttgart 208 – Freiburg im Breisgau 58 – Basel 40

Im Ortsteil Bürchau – Erholungsort

Berggasthof Sonnhalde (mit Gästehaus)
Untere Sonnhalde 37 ⊠ 79692 – ℰ (07629) 2 60 – www.sonnhalde-buerchau.de
– geschl. 29. November - 20. Dezember, 1. - 18. März
12 Zim – †38/42 € ††74/84 €
Rest – (geschl. Montag - Dienstag) Karte 20/41 €

♦ Die schöne ruhige Lage oberhalb des Ortes sowie sehr gepflegte und individuelle Zimmer sprechen für das kleine Hotel unter familiärer Leitung. Einige Zimmer sind besonders geräumig. Ländlich gestalteter Restaurantbereich.

Im Ortsteil Neuenweg – Wintersport: 1 414 m ✂2 ✦ – Erholungsort

Haldenhof mit Zim
Haldenhof 1, (In Hinterheubronn, 950 m Höhe) (Nord-West: 4,5 km Richtung Müllheim) ⊠ 79692 – ℰ (07673) 2 84 – www.haldenhof-schwarzwald.de – geschl. Januar 3 Wochen und November - April: Dienstag
15 Zim – †45 € ††70 € – ½ P 15 € – 3 Suiten
Rest – Menü 28 € – Karte 18/47 €

♦ In dem regionstypischen Berggasthaus im Wald lässt man sich in rustikalen Stuben mit solider bürgerlicher Küche umsorgen. Nett ist die von Bäumen gesäumte Terrasse. Drei der Gästezimmer mit getrenntem Wohn- und Schlafbereich.

Im Ortsteil Schwand

Sennhütte
Schwand 14 ⊠ 79692 – ℰ (07629) 9 10 20 – www.sennhuette.com – geschl. 23. Januar - 28. Februar und Mitte - Ende November
12 Zim – †45/51 € ††84/108 € – ½ P 19 € – 1 Suite
Rest – (geschl. Dienstag) Karte 22/43 €

♦ Ein sehr gepflegter Familienbetrieb ist das aus einer ehemaligen Käserei entstandene Haus in ruhiger dörflicher Umgebung. Sie wohnen in soliden Zimmern mit Balkon. Das Restaurant ist freundlich im Landhausstil gestaltet.

KLEINMACHNOW – Brandenburg – **542** – 19 590 Ew – Höhe 40 m
22 P8

▶ Berlin 22 – Potsdam 16 – Belzig 68

Bäkemühle
Zehlendorfer Damm 217 ⊠ 14532 – ℰ (033203) 7 80 08 – www.baekemuehle.de
Rest – Karte 34/41 €

♦ Eine behaglich-elegante Atmosphäre herrscht in dem historischen Backsteingebäude, hinter dem Haus befindet sich ein schöne große Terrasse. Für die schmackhaften internationalen Speisen verwendet man gute, überwiegend regionale Produkte.

KLEINWALSERTAL – Vorarlberg – **730** – 5 015 Ew – Österreichisches Hoheitsgebiet – Wintersport: 2 030 m ✂2 ✂34 ✦
64 I22

▶ Wien 583 – Bregenz 83 – Kempten 49

◉ Tal★
◉ Oberstdorf★★

In Riezlern – Höhe 1 100 m

ℹ Walserstr. 54, ⊠ 87567, ℰ (0043 5517) 5 31 52 85, www.kleinwalsertal.com

Almhof Rupp
Walserstr. 83 ⊠ 87567 – ℰ (0043 5517) 50 04 – www.almhof-rupp.de – geschl. 15. April - 15. Mai
35 Zim – †75/98 € ††148/190 € – ½ P 16 €
Rest *Almhof Rupp* – siehe Restaurantauswahl

♦ Direkt neben der Gondelstation liegt diese regionstypische Adresse unter familiärer Leitung. Wohnliche Zimmer, ein ansprechender Saunabereich sowie Massage und Kosmetik.

KLEINWALSERTAL

Alpenhof Jäger
Unterwestegg 17 – 87567 – ℰ (0043 5517) 52 34 – www.alpenhof-jaeger.at
– geschl. 20. April - 20. Mai und 11. November - 16. Dezember
12 Zim (inkl. ½ P.) – †55/72 € ††90/144 €
Rest *Alpenhof Jäger* – siehe Restaurantauswahl
• Ein liebevoll restauriertes Walserhaus von 1683, das um einen Anbau im regionalen Stil erweitert wurde. Das kleine Hotel mit den gepflegten rustikalen Gästezimmern wird von Familie Jäger engagiert geleitet.

Walserstuba
Eggstr. 2 – 87567 – ℰ (0043 5517) 5 34 60 – www.walserstuba.at – geschl. 10. April - 16. Mai, 21. Oktober - 15. Dezember
22 Zim – †59/79 € ††118/138 €
Rest – (geschl. Montag und Dienstagmittag) Menü 29/69 € – Karte 34/61 €
• Der familiengeführte Alpengasthof mit seinen soliden regionstypischen Zimmern befindet sich etwas abseits des Zentrums, nahe der Lifte. Eine der gemütlichen Gaststuben ist das besonders hübsche und urige Enzianstüble.

Almhof Rupp – Hotel Almhof Rupp
Walserstr. 83 – 87567 – ℰ (0043 5517) 50 04 – www.almhof-rupp.de – geschl. 15. April - 15. Mai und Montag
Rest – (nur Abendessen) (Tischbestellung erforderlich) Karte 29/49 €
• Ob Sie in der urigen 200 Jahre alten Walserstube oder im Restaurant sitzen - gemütlich ist es überall. Chef am Herd ist Sanjay Tandon, der für seine Gäste ambitioniert und zeitgemäß kocht, z. B. Walser Vollmilchkalb mit Pfifferlingknödel.

Scharnagl's Alpenhof mit Zim
Zwerwaldstr. 28 – 87567 – ℰ (0043 5517) 52 76 – www.scharnagls.de – geschl. Mittwoch
5 Zim – †42/72 € ††77/117 €
Rest – (Tischbestellung ratsam) Menü 42/58 € – Karte 29/47 €
• Jürgen Scharnagl bietet in dem alpenländisch gehaltenen Restaurant eine schmackhafte Küche auf regionaler Basis, darunter auch süße Leckereien wie Gebirgsblütenhonig-Eissoufflé im Baumkuchenmantel auf weißem Pfirsich. Schön ist die ruhige Sonnenterrasse mit Bergblick.

Alpenhof Jäger – Hotel Alpenhof Jäger
Unterwestegg 17 – 87567 – ℰ (0043 5517) 52 34 – www.alpenhof-jaeger.at
– geschl. 20. April - 20. Mai, 11. November - 16. Dezember und Dienstag - Mittwoch
Rest – Menü 32/64 € – Karte 29/61 €
• Mit schöner alpenländischer Folklore sowie regionaler Kulinarik - lecker die Nüsschen vom heimischen Reh mit frischen Pilzen, Wirsinggemüse, Preiselbeeren und Spätzle vom Brett - begeistert man seit Jahrzehnten die Gäste.

In Hirschegg – Höhe 1 125 m

🛈 im Walserhaus, ✉ 87568, ℰ (0043 5517) 5 11 40, www.kleinwalsertal.com

Travel Charme Ifen Hotel
Oberseitestr. 6 – 87568 – ℰ (0043 5517) 60 80
– www.travelcharme.com
125 Zim – †153/272 € ††218/388 € – ½ P 20 € – 8 Suiten
Rest *Kilian Stuba* – siehe Restaurantauswahl
• Das Hotel in 1100 m Höhe wurde von Lorenzo Bellini modern-alpin designt. Schicke Zimmer mit Balkon oder Terrasse, ausgezeichnetes Angebot im PURIA Premium Spa auf 2300 qm. Skischule. Halbpension im Restaurant Theo's.

Walserhof
Walserstr. 11 – 87568 – ℰ (0043 5517) 56 84 – www.wellnesshotel-walserhof.de
– geschl. 15. April - 11. Mai
52 Zim – †79/128 € ††176/286 € – 5 Suiten
Rest – Menü 26 € (abends) – Karte 33/54 €
• Ein wohnlich gestaltetes Hotel mit gutem Freizeitangebot. Besonders schön sind die modernen Wellnesssuiten sowie der "Raum der Stille" und die Bio-Panoramasauna mit Außenwhirlpool. Teil des regionstypischen Restaurants ist ein hübscher lichter Wintergarten.

KLEINWALSERTAL

Birkenhöhe
Oberseitestr. 34 ⊠ 87568 – ℰ (0043 5517) 55 87 – www.birkenhoehe.com – geschl.
11. April - 22. Juli, 4. November - 19. Dezember
38 Zim ⊇ – †80/185 € ††162/222 € – 3 Suiten
Rest – (geschl. Montag) (Tischbestellung ratsam) Menü 35/42 € – Karte 43/65 €
♦ Das ruhig gelegene Ferienhotel mit Aussicht aufs Kleinwalsertal ist ein gut geführter Familienbetrieb mit wohnlichem Ambiente und Spa mit Panoramahallenbad. Eine kleine alpenländisch-elegante Stube dient als A-la-carte-Restaurant. Weinkarte mit 200 Positionen.

Naturhotel Chesa Valisa (mit Gästehaus)
Gerbeweg 18 ⊠ 87568
– ℰ (0043 5517) 5 41 40 – www.naturhotel.at – geschl. Mai, November
50 Zim ⊇ – †98/108 € ††176/216 € – 10 Suiten   **Rest** – Karte 23/44 €
♦ Hier setzt man auf Natur- und Gesundheitsbewusstsein, in Architektur und Einrichtung hat man Traditionelles und Modernes gelungen kombiniert. Allergikerfreundliche Zimmer. Gerichte aus Naturprodukten im Restaurant mit freundlichem Wintergarten. Schöner Weinkeller.

Gemma
Schwarzwassertalstr. 21 ⊠ 87568 – ℰ (0043 5517) 5 36 00 – www.gemma.at
– geschl. 15. April - 15. Mai, 28. Oktober - 15. Dezember
26 Zim (inkl. ½ P.) – †65/93 € ††118/234 € – 1 Suite
Rest – (nur für Hausgäste)
♦ Das familiär geleitete Haus - benannt nach der Mutter des Inhabers - liegt erhöht beim Skilift und verfügt über neuzeitliche Zimmer. Im Sommer ist die Liftkarte inklusive.

Sonnenberg
Am Berg 26 ⊠ 87568 – ℰ (0043 5517) 54 33 – www.kleinwalsertal-sonnenberg.de
– geschl. 9. April - 11. Mai, 21. Oktober - 14. Dezember
15 Zim ⊇ – †52/76 € ††97/161 € – ½ P 19 €
Rest – (nur Abendessen für Hausgäste)
♦ Urigen Charme versprüht das Walser Bauernhaus a. d. 16. Jh. - so liebenswert wie die sympathischen und engagierten Gastgeber. Bei Eis und Schnee müssen Sie die steile Straße hier hinauf nicht selbst fahren, man holt Sie unten im Ort ab.

Kilian Stuba – Travel Charme Ifen Hotel
Oberseitestr. 6 ⊠ 87568 – ℰ (0043 5517) 60 80 – www.travelcharme.com – geschl.
10. - 26. Juni, 4. - 26. November und Sonntag - Montag
Rest – (nur Abendessen) Menü 70/94 € – Karte 40/68 €
♦ Vorarlberger Gemütlichkeit verbunden mit modernem Design zeichnet das äußerst geschmackvoll gestaltete Restaurant aus: loderndes Kaminfeuer, unaufdringliche Farbtöne und stilvolle Tafelkleider tragen ihr Übriges dazu bei.

In Mittelberg – Höhe 1 220 m

🛈 Walserstr. 89, ⊠ 87569, ℰ (0043 5517) 5 11 44 50, www.kleinwalsertal.com

Leitner
Walserstr. 55 ⊠ 87569 – ℰ (0043 5517) 57 88 – www.leitner-hotel.at – geschl.
15. April - 13. Mai, 5. November - 15. Dezember
35 Zim ⊇ – †85/129 € ††148/197 € – 12 Suiten
Rest – (geschl. Sonntag) (nur Abendessen) Karte 20/43 €
♦ Hier überzeugt der aufwändig gestaltete Spabereich auf 1000 qm, dessen Ruheraum einen tollen Bergblick bietet. Besonders schön: einige Zimmer in alpenländisch-modernem Stil.

Lärchenhof
Schützabühl 2 ⊠ 87569 – ℰ (0043 5517) 65 56 – www.naturhotel-laerchenhof.at
– geschl. 16. April - 16. Mai, 22. Oktober - 15. Dezember
24 Zim (inkl. ½ P.) – †46/69 € ††98/148 €
Rest – (geschl. Dienstag) (nur für Hausgäste)
♦ Sie finden diesen wohnlichen Familienbetrieb in einer Seitenstraße hinter der Kirche. Im Sommer ist die Berghahnkarte inklusive. Es stehen auch Leihfahrräder bereit.

KLEINWALSERTAL

Ingeborg garni
Im Hag 3 ⊠ *87569 – ℰ (0043 5517) 5 75 80*
– www.hotel-garni-ingeborg.de
14 Zim – †49/65 € ††76/130 €
♦ Ruhig liegt die freundlich-familiär geleitete kleine Urlaubspension mit behaglich-gediegenen Zimmern in dörflicher Umgebung. Ein Highlight ist der geschmackvolle Saunabereich in mediterranem Stil.

In Mittelberg-Höfle Süd: 2 km, Zufahrt über die Straße nach Baad

IFA-Hotel Alpenhof Wildental
Höfle 8 ⊠ *87569 – ℰ (0043 5517) 6 54 40*   Rest, **P** VISA ⦿
– www.ifa-wildental-hotel.com – geschl. 11. November - 3. Dezember
57 Zim (inkl. ½ P.) – †85/129 € ††150/268 € **Rest** – Menü 20/23 €
♦ Die Gäste dieses Hotels schätzen die idyllische Lage, die gut ausgestatteten Zimmer, das Wellness- und Fitnessangebot sowie die Sonnenterrasse mit Panoramablick.

KLETTGAU – Baden-Württemberg – **545** – 7 360 Ew – Höhe 424 m   **62** E21
▶ Berlin 793 – Stuttgart 163 – Freiburg im Breisgau 79 – Donaueschingen 43

In Klettgau-Grießen

Landgasthof Mange
Kirchstr. 2 ⊠ *79771 – ℰ (07742) 54 17 – geschl. Anfang August 2 Wochen und Montag*
Rest – *(Dienstag - Freitag nur Abendessen)* Menü 34/48 € – Karte 17/47 €
♦ Gastgeber und Küchenchef Paul Maier bietet hier eine zeitgemäße Küche, die international und regional beeinflusst ist. Das Restaurant ist hell und ländlich-gediegen gestaltet, der Service ist freundlich und aufmerksam. Nette kleine Terrasse.

KLEVE – Nordrhein-Westfalen – **543** – 49 400 Ew – Höhe 40 m   **25** A10
▶ Berlin 599 – Düsseldorf 99 – Emmerich 11 – Nijmegen 23
ADAC Tiergartenstr. 2
ℹ️ Werftstr. 1, ⊠ 47533, ℰ (02821) 89 50 90, www.kleve-tourismus.de
Bedburg-Hau, Schloss Moyland, ℰ (02824) 47 49

The Rilano Cleve
Tichelstr. 11 ⊠ *47533 – ℰ (02821) 71 70*
– www.rilano-cleve.com
117 Zim – †79/125 € ††99/179 €, ⚏ 15 € – 4 Suiten
Rest – Karte 26/48 €
♦ Ein komfortables Hotel mit funktionellen Zimmern, drei der Suiten sind große Designsuiten. Zudem bietet man einen schönen Sauna- und Badebereich sowie Kosmetik. Klassisch-elegantes Restaurant mit Wintergarten.

KLINGENBERG am MAIN – Bayern – **546** – 6 190 Ew – Höhe 128 m   **48** G15
– Erholungsort
▶ Berlin 576 – München 354 – Würzburg 81 – Amorbach 18
ℹ️ Hauptstr. 26a, ⊠ 63911, ℰ (09372) 92 12 59, www.klingenberg-main.de

Schöne Aussicht (mit Gästehaus)
Bahnhofstr. 18 (am linken Mainufer) ⊠ *63911 – ℰ (09372) 93 03 00*
– www.hotel-schoene-aussicht.com
28 Zim – †51/60 € ††72/78 €, ⚏ 5 € – ½ P 20 €
Rest *Schöne Aussicht* – siehe Restaurantauswahl
♦ An der Mainbrücke im Zentrum liegt der langjährige Familienbetrieb mit seinen gepflegten Zimmern - von den meisten schaut man auf den Fluss und die Clingenburg.

KLINGENBERG am MAIN

XX **Zum Alten Rentamt** (Ludger Helbig)
Hauptstr. 25a ✉ 63911 – ℰ (09372) 26 50 – www.altes-rentamt.de
– geschl. Januar 2 Wochen, Ende August 1 Woche und Montag - Dienstag
Rest – (Mittwoch - Freitag nur Abendessen) (Tischbestellung ratsam) Menü 62/109 €
– Karte 58/76 €
Spez. Rücken und Keule vom Kaninchen, glacierte Eiszapfen, Pfifferlingsvinaigrette, Garam Masala Gewürzöl. Rehbockmedaillon mit Kohlrabi, Ducca-Grießnocken und Albufeirasauce. Akaziensamensablé mit Ingwererdbeeren und marmoriertem Passionsfruchtparfait.
♦ Das kreative "Gewürzmenü" und das klassische "Rentamtmenü" sind auch weiterhin das Erfolgskonzept von Ludger Helbig. Inspiriert vom guten Essen, ist schon so mancher Gast im eigenen kleinen Gewürzladen fündig geworden! Terrasse mitten in der Altstadt.

X **Schöne Aussicht** – Hotel Schöne Aussicht
Bahnhofstr. 18 (am linken Mainufer) ✉ 63911 – ℰ (09372) 93 03 00
– www.hotel-schoene-aussicht.com – geschl. Sonntagabend - Montag, Donnerstagmittag und Freitagmittag
Rest – Menü 23/63 € – Karte 25/48 €
♦ Rafael Straub hat (nach diversen Stationen in guten Adressen) am Herd die Nachfolge seines Vaters angetreten - mit zeitgemäßen Gerichten, wie z. B. Lammrücken mit confiertem Gemüse, sorgt er für frischen Wind. Dazu gibt es ausschließlich Weine aus Deutschland. Terrasse mit Mainblick!

In Klingenberg-Röllfeld Süd: 2 km

 Paradeismühle
Paradeismühle 1 (Ost: 2 km) ✉ 63911 – ℰ (09372) 40 80
– www.paradeismuehle.de
39 Zim – †45/57 € ††72/95 € – ½ P 15 € **Rest** – Karte 19/46 €
♦ Ein Fachwerkhaus a. d. J. 1798 ist das Stammhaus dieses gewachsenen Familienbetriebs mit eigenem Weinbau und Wildgehege. Originell: Der Mühlbach verläuft durch das Haus. Restaurant mit rustikalem Charakter und schöner Terrasse.

KLINGENTHAL – Sachsen – **544** – 8 440 Ew – Höhe 569 m 42 N14
– Erholungsort
▶ Berlin 337 – Dresden 169 – Chemnitz 86 – Plauen 43
🛈 Schlossstr. 3, ✉ 08248, ℰ (037467) 6 48 32, www.klingenthal.de

 Berggasthaus Schöne Aussicht
Aschbergstr. 19 ✉ 08248 – ℰ (037467) 2 02 81 – www.berggasthaus-klingenthal.de
5 Zim – †34/39 € ††47/60 € **Rest** – Karte 14/25 €
♦ Eine tolle Aussicht über das Vogtland bietet dieses im Stil eines Berggasthofs erbaute Haus in ca. 900 m Höhe. Gemütlich dekorierte Zimmer, teils mit Fachwerk. Der Dielenboden unterstreicht den behaglich-urigen Charakter der Gaststuben.

In Klingenthal-Mühlleithen Nord: 5 km über B 283

 Waldhotel Vogtland
Floßgrabenweg 1 ✉ 08248 – ℰ (037465) 45 60 – www.waldhotel-vogtland.de
43 Zim – †45/52 € ††70/88 € – ½ P 12 € **Rest** – Karte 16/34 €
♦ Entstanden aus einer ehemaligen Sportschule, ist das Hotel in herrlich ruhiger Waldlage dank seiner Nähe zur Vogtlandarena auch heute noch eine ideale Adresse für Sportfans. Restaurant im Bistrostil mit Wintergarten.

KLOSTER ZINNA – Brandenburg – siehe Jüterbog

KLOSTER LEHNIN – Brandenburg – **542** – 11 130 Ew – Höhe 36 m 22 O9
▶ Berlin 72 – Potsdam 37 – Belzig 30 – Brandenburg 20
◉ Kloster ★

KLOSTER LEHNIN

Im Ortsteil Lehnin

Markgraf
Friedensstr. 13 ⊠ 14797 – ℰ (03382) 76 50 – www.hotel-markgraf.de
40 Zim – †56 € ††79 € – 1 Suite
Rest – (geschl. 22. - 24. Dezember) Karte 17/29 €

♦ In diesem familiengeführten Hotel wohnt man in praktischen, zeitgemäßen Zimmern (fast alle mit kleinem Balkon) und entspannt in dem hübschen kleinen Saunabereich im OG. Das Restaurant bietet bürgerlich-saisonale Küche und einige österreichische Gerichte.

KLÜTZ – Mecklenburg-Vorpommern – **542** – 3 090 Ew – Höhe 12 m   11 K4
▶ Berlin 274 – Schwerin 53 – Grevesmühlen 14 – Hamburg 123

Landhaus Sophienhof garni
Wismarsche Str. 34 (Zufahrt über Schulstraße) ⊠ 23948 – ℰ (038825) 26 70 80
– www.landhaus-sophienhof.de
4 Zim – †49/69 € ††69/89 €

♦ Wenige Gehminuten vom Schloss Bothmer entfernt steht das schön sanierte Fachwerkhaus von 1854, dessen Zimmer nordisch-wohnlichen Charme versprühen. Café mit Terrasse.

KNITTELSHEIM – Rheinland-Pfalz – siehe Bellheim

KNÜLLWALD – Hessen – **543** – 4 670 Ew – Höhe 260 m   39 H12
▶ Berlin 426 – Wiesbaden 180 – Kassel 49 – Fulda 59

In Knüllwald-Rengshausen – Luftkurort :

Sonneck
Zu den einzelnen Bäumen 13 ⊠ 34593 – ℰ (05685) 9 99 57
– www.hotel-sonneck.com – geschl. 3. - 9. Januar
60 Zim – †63/85 € ††84/112 € – 1 Suite   **Rest** – Karte 22/41 €

♦ In ruhiger Lage oberhalb des Ortes erwartet Sie ein familiär geleitetes Hotel mit neuzeitlichen Zimmern und hübschem Freizeitbereich, der auch Kosmetik und Massage bietet. Eine schöne Aussicht hat man vom Restaurant.

KOBERN-GONDORF – Rheinland-Pfalz – **543** – 3 250 Ew – Höhe 82 m   36 D14
▶ Berlin 612 – Mainz 100 – Koblenz 23 – Trier 117

Alte Mühle Thomas Höreth mit Zim
Mühlental 17 (Kobern) ⊠ 56330 – ℰ (02607) 64 74 – www.thomas-hoereth.de
– geschl. Januar
16 Zim – †160/180 € ††210/260 € – 1 Suite
Rest – (Montag - Freitag nur Abendessen) (Tischbestellung ratsam) Karte 34/59 €

♦ Familie Höreth hat mit diesem individuellen und überaus charmanten Anwesen einen wunderschönen Rückzugsort geschaffen. Die Stuben sind liebenswert dekoriert, der Innenhof ist idyllisch. Ein echtes Bijou, zu dem auch ein eigenes Weingut gehört. In ruhiger Lage etwas oberhalb stehen reizende Zimmer zum Übernachten bereit.

KOBLENZ – Rheinland-Pfalz – **543** – 106 450 Ew – Höhe 60 m   36 D14
▶ Berlin 600 – Mainz 100 – Bonn 63 – Wiesbaden 102
ADAC Hohenzollernstr. 34 CZ
🖪 Bahnhofplatz 17 CZ, ⊠ 56068, ℰ (0261) 3 13 04, www.koblenz-touristik.de
🖪 Bad Ems, Denzerheide, ℰ (02603) 65 41
◉ Deutsches Eck★ (≼★), DY - Festung Ehrenbreitstein★(≼★) X
◉ Rheintal★★★ (von Koblenz bis Bingen) – Moseltal★★★ (von Koblenz bis Trier)
– Schloss Stolzenfels (Einrichtung★), Süd: 6 km

Stadtpläne siehe nächste Seiten

688

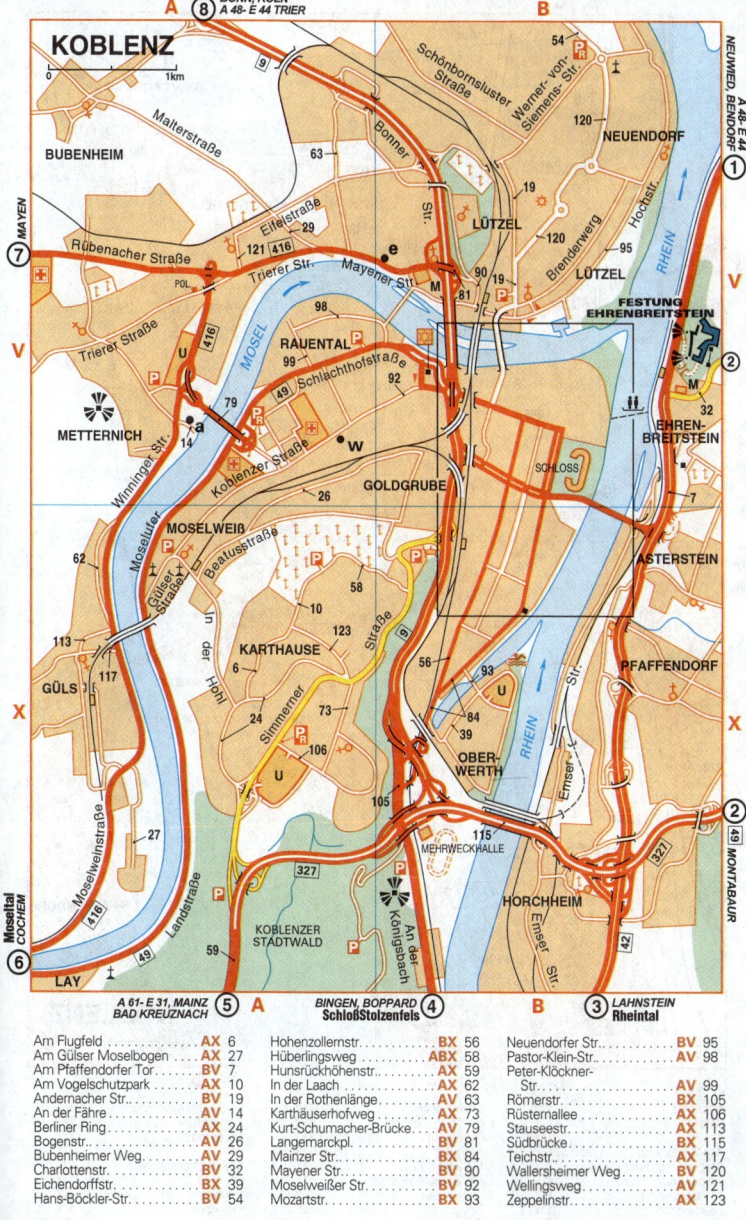

Am Flugfeld	**AX**	6
Am Gülser Moselbogen	**AX**	27
Am Pfaffendorfer Tor	**BV**	7
Am Vogelschutzpark	**AX**	10
An der Fähre	**AV**	14
Andernacher Str.	**BV**	19
Berliner Ring	**AV**	24
Bogenstr.	**AV**	26
Bubenheimer Weg.	**AV**	29
Charlottenstr.	**BX**	32
Eichendorffstr.	**BX**	39
Hans-Böckler-Str.	**BV**	54
Hohenzollernstr.	**BX**	56
Hüberlingsweg	**ABX**	58
Hunsrückhöhenstr.	**AX**	59
In der Laach	**AX**	62
In der Rothenlänge	**AV**	63
Karthäuserhofweg	**AV**	73
Kurt-Schumacher-Brücke	**AV**	79
Langemarckpl.	**BV**	81
Mainzer Str.	**BX**	84
Mayener Str.	**BV**	90
Moselweißer Str.	**BV**	92
Mozartstr.	**BX**	93
Neuendorfer Str.	**BV**	95
Pastor-Klein-Str.	**AV**	98
Peter-Klöckner-Str.	**AV**	99
Römerstr.	**AV**	105
Rüsternallee	**AX**	106
Stauseestr.	**AX**	113
Südbrücke	**BX**	115
Teichstr.	**AX**	117
Wallersheimer Weg.	**BV**	120
Wellingsweg	**AX**	121
Zeppelinstr.	**AX**	123

Altengraben . . . . **CY** 3	Elzerhofstr. . . . . **DY** 41	Kardinal-Krementz-Str. . . . . . . **CZ** 72
Altlöhrtor . . . . **CY** 4	Emil-Schüller-Str. . . . . **CZ** 43	Kastorpfaffenstr. . . . . **DY** 76
Am Plan . . . . **CY** 9	Entenpfuhl . . . . **CDY** 44	Kornpfortstr. . . . . **DY** 78
Am Wöllershof . . . . **CY** 12	Firmungstr. . . . . **DY** 46	Löhrstr. . . . . **CY**
An der Liebfrauenkirche . . . . . **CY** 15	Florinsmarkt . . . . **CDY** 47	Markenbildchenweg . . . . **CZ** 86
An der Moselbrücke . . . . **CY** 17	Florinspfaffengasse . . . . **DY** 48	Marktstr. . . . . **DY** 87
Auf der Danne . . . . **CY** 20	Gerichtsstr. . . . . **DY** 50	Neversstr. . . . . **CZ** 96
Baedekerstr. . . . . **CY** 22	Görgenstr. . . . . **CY** 51	Pfuhlgasse . . . . **CY** 101
Braugasse . . . . **DY** 27	Gymnasialstr. . . . . **DY** 52	Poststr. . . . . **CY** 102
Burgstr. . . . . **CY** 31	Januarius-Zick-Str. . . . . **DZ** 65	Schlossstr. . . . . **CDY**
Clemenspl. . . . . **DY** 35	Johannes-Müller-Str. . . . . **CZ** 66	Simmerner Str. . . . . **CZ** 112
Cusanusstr. . . . . **CZ** 36	Josef-Görres-Pl. . . . . **DY** 68	Viktoriastr. . . . . **CY**
Danziger Freiheit . . . . **DY** 38	Julius-Wegeler-Str. . . . . **DZ** 69	Weißer Gasse . . . . **CY** 120

KOBLENZ

Ghotel garni
Neversstr. 15 ⌂ 56068 – ℰ (0261) 2 00 24 50
– www.ghotel.de
120 Zim – ✝68/97 € ✝✝78/107 €, ⌂ 12 € CZg
♦ Das direkt am Bahnhofsvorplatz gelegene Hotel mit modern-funktionellen, technisch gut ausgestatteten Zimmern ist ideal für Geschäftsreisende. Angeschlossene Tiefgarage.

Trierer Hof garni
Clemensstr. 1 ⌂ 56068 – ℰ (0261) 1 00 60
– www.triererhof.de – geschl. 22. Dezember - 3. Januar   DYh
36 Zim ⌂ – ✝69/90 € ✝✝82/120 €
♦ Das gepflegte Stadthotel von 1786 liegt neben dem Theater unweit des Schlosses. Zeitgemäße Zimmer und heller Frühstücksraum mit gutem Buffet. Abstellmöglichkeit für Fahrräder.

Stein
Mayener Str. 126 ⌂ 56070 – ℰ (0261) 96 35 30
– www.hotel-stein.de   BVe
30 Zim ⌂ – ✝80/90 € ✝✝105/115 €
Rest *Schiller's Restaurant* – siehe Restaurantauswahl
♦ Hier erwarten Sie modern-gediegene, meist nicht sehr große Zimmer mit guter Schallisolierung. Einige liegen recht ruhig nach hinten. Praktisch sind die Parkmöglichkeiten.

Schiller's Restaurant – Hotel Stein
Mayener Str. 126 ⌂ 56070 – ℰ (0261) 96 35 30
– www.schillers-restaurant.de – geschl. Samstagmittag, Sonntag - Montag
Rest – Menü 35/79 € – Karte 57/69 €   BVe
♦ Ambitionierte internationale Küche in geschmackvollem elegantem Ambiente. Vom Wintergarten schaut man in den Garten, wo sich auch die schöne Terrasse befindet.

In Koblenz-Güls Süd-West : 5 km über B 49 AX, Richtung Cochem

Moselhotel Hähn
Wolfskaulstr. 94 ⌂ 56072 – ℰ (0261) 94 72 30
– www.moselhotel-haehn.de
52 Zim ⌂ – ✝76/81 € ✝✝130/165 €
Rest *Vinoble* – siehe Restaurantauswahl
Rest – Karte 21/32 €
♦ Ein gewachsenes Hotel, das seit vielen Jahren in Familienbesitz ist. Freundliche, behagliche Zimmer mit zeitgemäßem Komfort sowie schöner Saunabereich mit privatem Wellnesszimmer.

Vinoble – Moselhotel Hähn
Wolfskaulstr. 94 ⌂ 56072 – ℰ (0261) 94 72 30
– www.moselhotel-haehn.de
Rest – *(nur Abendessen)* Menü 29/37 € – Karte 39/59 €
♦ Ob für ein Geschäftsessen oder zum privaten Vergnügen, das Restaurant wird von seinem Gästeklientel geschätzt. Apfelgrün gepolsterte Hochlehner und moderne Dekorationen setzen Akzente.

In Koblenz-Metternich

Fährhaus am Stausee mit Zim
An der Fähre 3 ⌂ 56072 – ℰ (0261) 92 72 90
– www.faehrhaus-am-stausee.de – geschl. 23. - 25. Dezember und Montag
20 Zim ⌂ – ✝65/80 € ✝✝88/105 €   AVa
Rest – Menü 27 € (mittags)/42 € – Karte 25/49 €
♦ An der Mosel gelegenes Restaurant mit schöner Terrasse zum Fluss. Schwerpunkt der internationalen Küche sind Fischgerichte. Man verfügt über einen eigenen Bootsanleger. Die Gästezimmer liegen teilweise moselseitig, einige auch mit Balkon.

KOBLENZ

In Koblenz-Rauental

Scholz 📶 🛜 🛁 **P** 💳 ⊛ AE ⓘ
Moselweißer Str. 121 ✉ 56073 - ℰ (0261) 9 42 60 - www.hotelscholz.de - geschl.
23. Dezember - 8. Januar **AVw**
67 Zim ⌛ - †55/60 € ††79/85 €
Rest – *(geschl. Samstag - Sonntag) (nur Abendessen für Hausgäste)* Karte 14/30 €
♦ Ein funktional ausgestattetes Hotel mit unterschiedlich eingerichteten, teils besonders modernen Zimmern und einer Internetstation im freundlich gestalteten Empfangsbereich.

KOCHEL am SEE – Bayern – 546 – 4 120 Ew – Höhe 605 m   65 L21
– Wintersport: 1 620 m ⛷ 1 ⛷3 ⛷ – **Luftkurort**
▶ Berlin 658 – München 70 – Garmisch-Partenkirchen 35 – Bad Tölz 23
🛈 Bahnhofstr. 23, ✉ 82431, ℰ (08851) 3 38, www.kochel.de

Zur Post 🍴 📶 🛜 **P** 💳 ⊛
Schmied-von-Kochel-Platz 6 ✉ 82431 – ℰ (08851) 9 24 10
– www.posthotel-kochel.de
20 Zim ⌛ – †58/78 € ††84/115 € – ½ P 16 €   **Rest** – Karte 18/32 €
♦ Seit über 100 Jahren wird der ursprünglich a. d. 14. Jh. stammende Gasthof mit bemalter regionstypischer Fassade und wohnlich-rustikalen Zimmern von Familie Suttner geleitet. Gaststuben in ländlichem Stil.

KÖLN

Stadtpläne siehe nächste Seiten

36 C12

© Maurizio Borgese / Hemis.fr

Nordrhein-Westfalen – 998 110 Ew – Höhe 53 m – 543 N4
▶ Berlin 579 – Düsseldorf 42 – Bonn 31 – Aachen 72

Tourist-Information

Kardinal-Höffner-Platz 1 GY, ✉ 50667, ✆ (0221) 22 13 04 00, www.koelntourismus.de

Automobilclub - ADAC

Luxemburger Str. 169 T
Frankfurter Str. 200

Flughafen

✈ Köln-Bonn in Wahn (über A 559: 17 km), ✆ (02203) 40 40 01

Messegelände

Messe Köln, Messeplatz 1 S, ✉ 50679, ✆ (0221) 82 10

Messen

Zu Messezeiten verlangen viele Hotels erhöhte Messepreise
16.-22. Januar: imm cologne - Einrichtungsmesse
29. Januar-1. Februar: ISM - Süßwarenmesse
2.-4. März: Rheingolf
4.-7. März: Eisenwarenmesse
23-25. März: h+h cologne
27.-30. März: Anuga FoodTec
18.-22. April: ART COLOGNE
8.-11. Mai: IMB
15.-19. August: gamescom
13.-16. September: Kind+Jugend
18.-23. September: photokina
3.-7. Oktober: INTERMOT
23.-27. Oktober: ORGATEC
9.-11. November: eat & STYLE
13.-15. November: Motorsports World Expo
21.-25. November: Cologne Fine Art & Antiques
30. November-2. Dezember: TravelTour & Trends

KÖLN

Golfplätze

- Köln-Marienburg, Schillingsrotter-Weg, ℰ (0221) 38 40 53
- Köln-Roggendorf, Parallelweg 1, ℰ (0221) 78 40 18
- Köln-Porz-Wahn, Urbanusstraße, ℰ (02203) 20 23 60
- Köln-Wahn, Frankfurter Str. 320, ℰ (02203) 6 23 34
- Leverkusen, Am Hirschfuß 2, ℰ (0214) 50 04 75 00
- Bergisch-Gladbach - Refrath, Golfplatz 2, ℰ (02204) 9 27 60
- Pulheim Gut Lärchenhof, Hahnenstraße, ℰ (02238) 92 39 00
- Pulheim Velderhof, ℰ (02238) 92 39 40
- Bergheim-Fliesteden, Am Alten Fliess 66, ℰ (02238) 9 44 10

🟢 SEHENSWÜRDIGKEITEN

Altstadt: Dom★★★GY · Altes Rathaus★GZ

Museen: Museum Ludwig★★M^2 · Diözesanmuseum★M^3GY · Schnütgen Museum★★M^4 · Museum Wallraf-Richartz★★M^{12}GZ · Museum für Ostasiatische Kunst★★M^5S · Museum für angewandte Kunst★M^6GYZ · Imhoff-Stollwerck-Museum★M^9 · German Sports and Olympic Museum★FX

Die romanischen Kirchen: St-Maria-im-Kapitol★GZ · St-Pantaleon★EX · Gereonskirche★EV

Umgebung: Schloss Augustusburg★★ (Süd: 13 km)

Alphabetische Liste der Hotels
Alphabetical index of hotels

A — Seite

AMERON Hotel Ascot		701
art'otel cologne		700
Astor Apparthotel		702
Azimut		701

B — Seite

Begardenhof		710
Boulevard		702
Brenner'scher Hof		708
Burns Art Hotel		707

D - E - F — Seite

Dom Hotel		699
Dorint am Heumarkt		698
Dorint An der Messe		707
Eden Hotel Früh am Dom		701
Excelsior Hotel Ernst		698
Falderhof		711

G — Seite

Garten-Hotel		711
Günnewig Hotel Stadtpalais		707
Gut Wistorfs		706

H — Seite

Hilton		700
Holiday Inn Airport		710
Hopper Hotel et cetera		701
Hopper Hotel St. Antonius		701
Hyatt Regency		707

I — Seite

Ibis Airport		710
Ibis Messe		708
Ihr Hotel		707
Ilbertz		708
Inselhotel		708

K - L — Seite

Karsten		710
Königshof		702
Lemp		709
Ludwig		702

M — Seite

Maritim		700
Marriott		698
Mondial Am Dom Cologne		700

N

		Seite
The New Yorker	🏨	709
NH Köln-City	🏨	701
NH MediaPark	🏨	700

P - R

		Seite
Park Consul	🏨	709
Pullman	🏨	699
Radisson BLU	🏨	707
Regent	🏨	706
Renaissance	🏨	700

S

		Seite
Santo	🏨	701
Savoy	🏨	700
Servatius	🏨	708
Silencium	🏨	706
Spiegel	🏨	710

U - V - W

		Seite
Uhu	🏨	707
Viktoria	🏨	701
Im Wasserturm	🏨	700

Alphabetische Liste der Restaurants
Alphabetical index of restaurants

A

		Seite
Alfredo	XX ✤	703
Amabile	X	704
Antica Osteria	XX	711

B

		Seite
Balthasar	X	708
basilicum	X	705
Bistrot B	X 🌿	705
Bitzerhof	XX	708
Bosporus	XX	703
Brauhaus Sion	X	706

C

		Seite
Capricorn [i] Aries Brasserie	X	704
Christofs	XX	703
Comedia Wagenhalle	X	705

D - E

		Seite
d/\blju "W"	XX	703
Daitokai	X	705
Em Ahle Kohberg	X	709
Em Krützche	XX	704
Engler's	X	704
L'escalier	XX ✤	703

F - G

		Seite
Fellini	X	711
Früh am Dom	X	706
Grande Milano	XxX	702
Gruber's Restaurant	X	705

H

		Seite
Hanse Stube	XxX	702
Haus Töller	X	706
Heising und Adelmann	X	705
Hütter's Piccolo	X 🌿	710
HÖHNs	X	705

J - L - M

		Seite
Jan's Restaurant in der Remise	XX	709
Landhaus Kuckuck	XX	709
Maître im Landhaus Kuckuck	XxX ✤	709
Le Moissonnier	X ✤✤	704

P

		Seite
Peters Brauhaus	X	706
La poêle d'Or	XX	703
Poisson	X	704

S - T

		Seite
La Société	XX ✤	703
Sorgenfrei	X 🌿	704
Steinmetz	X	708
taku	XX ✤	702
Teatro	X	705

V - W - Z

		Seite
La Vision	XxX ✤✤	702
WeinAmRhein	X	704
Zur Tant	XxX	710

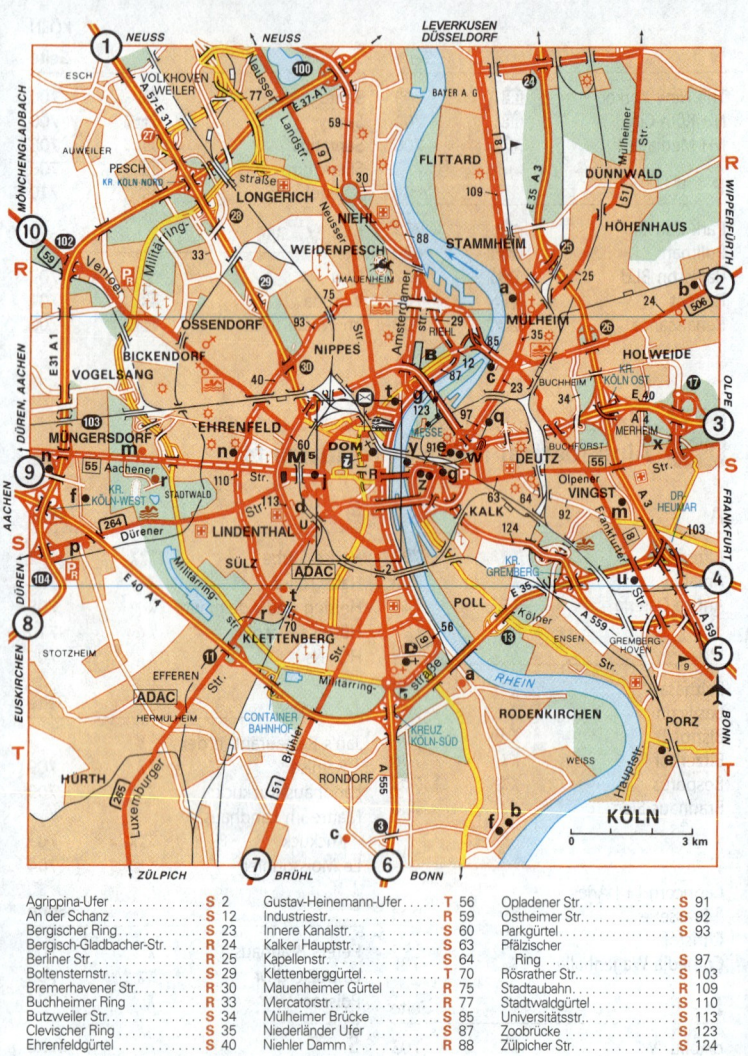

KÖLN

Agrippina-Ufer ... **S** 2	Gustav-Heinemann-Ufer ... **T** 56	Opladener Str. ... **S** 91
An der Schanz ... **S** 12	Industriestr. ... **R** 59	Ostheimer Str. ... **S** 92
Bergischer Ring ... **S** 23	Innere Kanalstr. ... **S** 60	Parkgürtel ... **S** 93
Bergisch-Gladbacher-Str. ... **R** 24	Kalker Hauptstr. ... **S** 63	Pfälzischer
Berliner Str. ... **R** 25	Kapellenstr. ... **S** 64	Ring ... **S** 97
Boltensternstr. ... **S** 29	Klettenberggürtel ... **T** 70	Rösrather Str. ... **S** 103
Bremerhavener Str. ... **S** 30	Mauenheimer Gürtel ... **R** 75	Stadtaubahn ... **R** 109
Buchheimer Ring ... **S** 33	Mercatorstr. ... **R** 77	Stadtwaldgürtel ... **S** 110
Butzweiler Str. ... **S** 34	Mülheimer Brücke ... **S** 85	Universitätsstr. ... **S** 113
Clevischer Ring ... **S** 35	Niederländer Ufer ... **S** 87	Zoobrücke ... **S** 123
Ehrenfeldgürtel ... **S** 40	Niehler Damm ... **R** 88	Zülpicher Str. ... **S** 124

KÖLN

Am Bayenturm	**FX** 3
Am Leystapel	**GZ** 4
Am Malzbüchel	**GZ** 5
An den Dominikanern	**GY** 8
An der Malzmühle	**FX** 9
An St-Katharinen	**FX** 14
Apostelnstr.	**EV** 15
Auf dem Berlich	**EV** 16
Augustinerstr.	**GZ** 19
Bechergasse	**GZ** 22
Bischofsgarten-Str.	**GY** 26
Blaubach	**FX** 28
Breite Str.	**GZ**
Brückenstr.	**GZ** 32
Dompropst-Ketzer-Str.	**GY** 38
Drususgasse	**GY** 39
Ehrenstr.	**EV**
Eigelstein	**FU**
Gertrudenstr.	**EV** 47
Gladbacher Str.	**EU** 48
Glockengasse	**GZ** 50
Große Budengasse	**GZ** 52
Große Neugasse	**GY** 54
Gürzenichstr.	**GZ** 55
Habsburgerring	**EV**
Hahnenstr.	**EV**
Heinrich-Böll-Pl.	**GY** 58
Hohenstaufenring	**EX**
Hohenzollernring	**EV**
Hohe Str.	**GYZ**
Kaiser-Wilhelm-Ring	**EV** 62
Kardinal-Frings-Str.	**EV** 65
Karolingerring	**FX** 66
Kattenbug	**EV** 67
Kleine Budengasse	**GZ** 68
Kleine Witschgasse	**FX** 69
Komödienstr.	**GY** 71
Kurt-Hackenberg-Pl.	**GY** 72
Mathiasstr.	**FX** 74
Mechtildisstr.	**FX** 76
Minoritenstr.	**GZ** 78
Mittelstr.	**EV**
Neumarkt	**EV**
Neusser Str.	**FU** 86
Offenbachpl.	**GZ** 90
Pfälzer Str.	**FX** 96
Quatermarkt	**GZ** 99
Richmodstr.	**EV** 100
Riehler Str.	**FU** 102
Roonstr.	**EX** 104
Sankt-Apern-Str.	**EV** 108
Schildergasse	**GZ**
Severinstr.	**FX**
Tel-Aviv-Str.	**FX** 111
Unter Goldschmied	**GZ** 114
Unter Sachsenhausen	**GY** 115
Ursulastr.	**FU** 116
Victoriastr.	**FU** 117
Zeppelinstr.	**EV** 118
Zeughausstr.	**EV** 122

Excelsior Hotel Ernst
Domplatz/Trankgasse 1 ⊠ 50667 – ℰ (0221) 27 01 – www.excelsior-hotel-ernst.de
142 Zim – †200/380 € ††265/490 €, ⊇ 29 € – 19 Suiten **GYa**
Rest *taku* ✿ **Rest** *Hanse Stube* – siehe Restaurantauswahl

♦ Mit Stil und Geschmack hat man in dem Grandhotel am Dom Tradition und Moderne vereint. Exklusiv ist der Empfangsbereich, elegant sind die Zimmer. Besonders nobel residiert man im Hanseflügel.

Dorint am Heumarkt
Pipinstr. 1 ⊠ 50667 – ℰ (0221) 2 80 60 – www.dorint.com **GZd**
262 Zim – †180/310 € ††210/340 €, ⊇ 29 € – 9 Suiten
Rest – (geschl. Sonntag - Montag) (nur Abendessen) Menü 45 € (abends) – Karte 38/60 € ✿

♦ Moderne Zimmer von Standard bis zur Präsidentensuite (viele mit Domblick), dazu gute Tagungsräume, Concierge und eine großzügige Lobby, die in Harry's New York Bar mit täglicher Livemusik übergeht. Internationale Küche im Restaurant Maulbeers in der 1. Etage.

Marriott
Johannisstr. 76 ⊠ 50668 – ℰ (0221) 94 22 20 – www.koelnmarriott.de
365 Zim – †159/480 € ††159/480 €, ⊇ 25 € – 10 Suiten **FUd**
Rest *Fou* – ℰ (0221) 9 42 22 61 01 (geschl. Sonntagabend) Karte 23/49 €

♦ Komfortables und modernes Haus mit einem Hauch Luxus. Schön ist die Dom-Suite mit großer Dachterrasse und tollem Blick. Variable Tagungsräume, "Plüsch-Bar" in der Lobby. Fou: Restaurant im leger-französischen Brasseriestil.

STRASSENVERZEICHNIS KÖLN

Straße	Kartenfeld	Nr.
Aachener Str.	S	
Agrippina-Ufer	S	2
Albertusstr.	EV	
Alter Markt	GZ	
Amsterdamer Str.	RS	
Am Bayenturm	FX	3
Am Hof	GY	
Am Leystapel	GZ	4
Am Malzbüchel	GZ	5
Annostr.	FX	
An den Dominikanern	GY	8
An der Malzmühle	FX	9
An der Rechtschule	GY	
An der Schanz	S	12
An St-Agatha	GZ	
An St-Katharinen	FX	14
Aposteinstr.	EV	15
Auf dem Berlich	EV	16
Augustinerstr.	GZ	19
Barbarossapl.	EX	
Bayenstr.	FX	
Bechergasse	GZ	22
Bergischer Ring	S	23
Bergisch-Gladbacher-Str.	R	25
Berliner Str.	R	25
Bischofsgarten-Str.	GY	26
Blaubach	FX	28
Boltensternstr.	S	29
Bonner Str.	FX	
Breite Str.	GZ	
Bremerhavener Str.	R	30
Brückenstr.	GZ	32
Brühler Str.	T	
Buchheimer Ring	R	33
Burgmauer	GY	
Butzweiler Str.	S	34
Cäcilienstr.	GZ	
Christophstr.	EV	
Clevischer Ring	S	35
Deutzer Brücke.	GZ	
Dompropst-Ketzer-Str.	GY	38
Domstr.	FU	
Drusugasse	GY	39
Dürener Str.	S	
Ebertpl.	FU	
Ehrenfeldgürtel	S	40
Ehrenstr.	EV	
Eifelstr.	EX	
Eigelstein	FU	
Eintrachtstr.	FU	
Erftstr.	EU	
Follerstr.	FX	
Frankfurter Str.	S	
Gereonstr.	EV	
Gertrudenstr.	EV	47
Gladbacher Str.	EU	48
Glockengasse	GZ	50
Goldgasse	GY	
Große Budengasse	GZ	52
Große Neugasse	GY	54
Gürzenichstr.	GZ	55
Gustav-Heinemann-Ufer	T	56
Habsburgerring	EV	57
Hahnenstr.	EV	
Hansaring	EFU	
Hauptstr.	T	
Heinrich-Böll-Pl.	GY	58
Heumarkt	GZ	
Hohenstaufenring	EX	
Hohenzollernbrücke	GY	
Hohenzollernring	EX	
Hohe Pforte	FX	
Hohe Str.	GYZ	
Holzmarkt	FX	
Im Sionstal	FX	
Industriestr.	R	59
Innere Kanalstr.	GY	60
Jahnstr.	EX	
Kaiser-Wilhelm-Ring	EV	62
Kalker Hauptstr.	S	63
Kapellenstr.	S	64
Kardinal-Frings-Str.	EV	65
Karolingerring	FX	66
Kattenbug	EV	67
Kleine Budengasse	GZ	68
Kleine Witschgasse	FX	69
Klettenberggürtel	T	70
Kölner Str.	T	
Komödienstr.	GY	71
Konrad-Adenauer-Ufer	GY	
Krefelder Str.	FU	
Kurt-Hackenberg-Pl.	GY	72
Kyotostr.	EU	
Luxemburger Str.	EX	
Machabäerstr.	FU	
Martinstr.	GZ	
Marzellenstr.	GY	
Mathiasstr.	FX	74
Mauenheimer Gürtel	R	75
Mauritiussteinweg	EVX	
Maybachstr.	EU	
Mechtildstr.	FX	76
Mercatorstr.	R	77
Militärringstr.	RST	
Minoritenstr.	GZ	79
Mittelstr.	EV	
Mühlenbach	FX	
Mülheimer Brücke	S	85
Mülheimer Str.	R	
Neue Weyerstr.	EX	
Neumarkt	EV	
Neusser Landstr.	R	
Neusser Str.	FU	86
Niederländer Ufer	S	87
Niehler Damm	R	88
Nord-Süd-Fahrt	GZ	
Obenmarspforten	GZ	
Offenbachpl.	GZ	90
Olpener Str.	S	
Opladener Str.	S	91
Ostheimer Str.	S	92
Parkgürtel	S	93
Perlengraben	FX	
Pfälzer Str.	EX	96
Pfälzischer Ring	S	97
Pipinstr.	GZ	
Poststr.	FX	
Quatermarkt	GZ	99
Richmodstr.	EV	100
Riehler Str.	FU	102
Rösrather Str.	S	103
Roonstr.	EX	104
Rothgerberbach	EFX	
Sachsenring	EFX	
Salierring	EX	
Sankt-Apern-Str.	EV	108
Schildergasse	GZ	
Severinstr.	FX	
Severinswall	FX	
Stadtaubahn	R	109
Stadtwaldgürtel	S	110
Stolkgasse	GY	
Tel-Aviv-Str.	FX	111
Theodor-Heuss-Ring	FU	
Trierer Str.	EX	
Tunisstr.	GY	
Turiner Str.	FU	
Ubierring	FX	
Ulrichgasse	FX	
Universitätsstr.	S	113
Unter Goldschmied	GZ	114
Unter Sachsenhausen	GY	115
Ursulastr.	FU	116
Venloer Str.	FU	
Victoriastr.	FU	117
Volksgartenstr.	EX	
Vorgebirgstr.	EX	
Waisenhausgasse	EX	
Weidengasse	FU	
Zeppelinstr.	EV	118
Zeughausstr.	EV	122
Zoobrücke	S	123
Zülpicher Str.	S	124

Dom Hotel

Domkloster 2a ✉ 50667 – ✆ (0221) 2 02 40
– www.lemeridiendomhotelkoeln.com **GYd**
120 Zim – †170/550 € ††195/575 €, ⚏ 28 € – 12 Suiten
Rest – Menü 67 € (abends) – Karte 45/75 €

♦ Traditionelles Grandhotel in bester Lage direkt am Dom, gegründet 1857. Neun Zimmerkategorien, alle verbinden klassisch-eleganten Stil mit moderner Technik. Lebendig: die Bar "Ustinov". Schöne Fensterplätze im Restaurant Le Merou, Terrasse zum Roncalliplatz.

Pullman

Helenenstr. 14 ✉ 50667 – ✆ (0221) 27 50
– www.pullmanhotels.com **EVp**
275 Zim – †128/408 € ††128/408 €, ⚏ 22 € – 10 Suiten
Rest *george M.* – (geschl. 25. - 31. Dezember, Anfang Juli - Ende August, Montag und Donnerstag) (nur Abendessen) Karte 28/55 €

♦ Ein modern und in klaren Linien gehaltenes Business- und Tagungshotel im Zentrum. Zimmer mit luxuriösem Touch und Bar im Loungestil. Zweitgrößter Ballsaal der Stadt. Abends bietet das Restaurant george M. in der 12. Etage zeitgemäße Bioküche, mittags einfachere Karte.

Gute Küche zu moderatem Preis? Folgen Sie dem Bib Gourmand ⓐ.

KÖLN

Im Wasserturm
Kaygasse 2 ⊠ 50676 – ⌀ (0221) 2 00 80 – www.hotel-im-wasserturm.de
88 Zim – †160/370 € ††190/405 €, ⊇ 28 € – 4 Suiten FXc
Rest *La Vision* ✲✲ **Rest** *d/\blju "W"* – siehe Restaurantauswahl
• Besonderheit ist hier die imposante Architektur des über 130 Jahre alten Wasserturms. Geschmackvolle und zeitgemäße Zimmer, Kosmetik und Massage im "Atelier Beaut", Businesscenter. Gastronomisch stehen La Vision und d/\blju "W" zur Wahl.

Renaissance
Magnusstr. 20 ⊠ 50672 – ⌀ (0221) 2 03 40 – www.renaissancekoeln.de
236 Zim – †129/495 € ††149/495 €, ⊇ 24 € EVb
Rest *Raffael* – Karte 31/43 €
• Das Hotel in der Innenstadt bietet einen gediegenen Hallenbereich mit modernen Accessoires sowie zeitgemäß-elegante Zimmer mit sehr komfortablem Bettenkonzept. Club-Etage mit eigener Lounge. Das Speisenangebot im Restaurant Raffael ist international.

Savoy
Turiner Str. 9 ⊠ 50668 – ⌀ (0221) 1 62 30 – www.savoy.de FUs
98 Zim ⊇ – †147/425 € ††194/500 € – 5 Suiten **Rest** – Karte 35/54 €
• Für Gäste, die das Besondere suchen, haben Gisela und Daniela Ragge hier mit Liebe zum Detail sehr hochwertige und individuelle Wohnräume geschaffen: New York, Venedig, Geisha,... Abends speist man im Restaurant Mythos, mittags in der Bar. Tolle Dachterrasse.

Hilton
Marzellenstr. 13 ⊠ 50668 – ⌀ (0221) 13 07 10 – www.hilton.de/koeln GYh
296 Zim – †129/599 € ††139/629 €, ⊇ 24 € – 2 Suiten **Rest** – Karte 29/67 €
• Sie wohnen in unmittelbarer Nähe zum Dom. Das Businesshotel bietet neuzeitliches Design in den technisch gut ausgestatteten Zimmern, der Ice Bar für Raucher sowie im "Fit & Well Health Club". Geradliniges Ambiente und Showküche im Restaurant Konrad.

Mondial Am Dom Cologne
Kurt-Hackenberg-Platz 1 ⊠ 50667 – ⌀ (0221) 2 06 30
– www.hotel-mondial-am-dom-cologne.com GYg
207 Zim – †126/485 € ††146/505 €, ⊇ 25 € **Rest** – Karte 32/70 €
• Das Hotel in bester Zentrumslage am Dom überzeugt durch modern-funktionale Zimmer mit guter Technik, darunter großzügige Deluxe-Zimmer. Habana Zigarren-Lounge. Restaurant mit Tapas-Bar, Brasserie und Fine Dining. Bei Opernbesuchern beliebt: das Dom Pub.

Maritim
Heumarkt 20 ⊠ 50667 – ⌀ (0221) 2 02 70 – www.maritim.de GZm
454 Zim – †129/351 € ††149/371 €, ⊇ 19 € – 12 Suiten
Rest *Bellevue* – ⌀ (0221) 2 02 78 75 – Menü 68/94 € – Karte 42/72 €
• Hotel an der Deutzer Brücke am Altstadtrand. In der luftig-hohen glasüberdachten Halle finden sich diverse Boutiquen, schöne Zigarren- und Whiskey-Auswahl in der Piano-Bar. Funktionale Zimmer. Bellevue mit Dachterrasse und Blick auf den Rhein. Interessante Wasserkarte.

NH MediaPark
Im Mediapark 8b ⊠ 50670 – ⌀ (0221) 2 71 50 – www.nh-hotels.com EUa
217 Zim – †73/329 € ††73/329 €, ⊇ 19 € **Rest** – Karte 15/46 €
• Mitten im Mediapark liegt das komfortable Hotel mit geräumigem Ambiente vom geräumigen Empfangsbereich bis in die Zimmer. Von den oberen Etagen hat man eine schöne Aussicht. Das zur Halle hin offene Restaurant bietet internationale Küche und Tapas.

art'otel cologne
Holzmarkt 4 ⊠ 50676 – ⌀ (0221) 80 10 30 – www.artotels.com
218 Zim – †89/499 € ††89/499 €, ⊇ 18 € **Rest** – Karte 34/47 € FXa
• Hotel und Galerie in einem: trendiges Designer-Interieur, sehr gute Technik mit kostenfreiem W-Lan sowie überall im Haus Werke der koreanischen Künstlerin SEO. Restaurant Chino Latino mit asiatischer Küche und Terrasse mit Blick auf Rheinhafen und Schokoladenmuseum.

KÖLN

AMERON Hotel Ascot garni
Hohenzollernring 95 ⊠ 50672 – ℰ (0221) 9 52 96 50 – www.hotel-ascot.de
– geschl. Weihnachten - 2. Januar
44 Zim – †95/259 € ††115/299 €　　　　　　　　　　　　　　　EVa
- Der englische Stil dieses Hotels begleitet Sie von der hübschen Lobby mit kleiner Bibliothek und Bar bis in die Zimmer. Freundlicher Frühstücksraum mit Innenhofterrasse.

Santo garni
Dagobertstr. 22 ⊠ 50668 – ℰ (0221) 9 13 97 70
– www.hotelsanto.de　　　　　　　　　　　　　　　　　　　　　　FUc
69 Zim – †98/138 € ††124/160 €
- Hier wirkt das Zusammenspiel von puristischem Design und dem "Light-Emotion-Konzept" von Christian Türmer. Der Frühstücksraum präsentiert sich hell und klar, mit reichhaltigem Buffet. W-Lan gratis.

NH Köln-City
Holzmarkt 47 ⊠ 50676 – ℰ (0221) 2 72 28 80 – www.nh-hotels.de　　FXd
204 Zim – †89/199 € ††89/199 €, ⊇ 19 €　**Rest** – Karte 29/46 €
- Das Hotel liegt neben der Severinsbrücke unweit des Stollwerck-Schokolademuseums. Einige der neuzeitlich-funktionellen Zimmer sind ruhig zum Innenhof gelegene Superior-Zimmer. Modernes Restaurant mit kleinem Wintergarten.

Azimut garni
Hansaring 97 ⊠ 50670 – ℰ (0221) 88 87 60 – www.azimuthotels.de　　EUz
190 Zim – †65/350 € ††65/350 €, ⊇ 15 €
- Ein historisches Backsteingebäude beherbergt das in geradlinig-modernem Stil gehaltene und mit guter Technik ausgestattete Businesshotel.

Eden Hotel Früh am Dom
Sporergasse 1 ⊠ 50667 – ℰ (0221) 2 61 32 11
– www.hotel-eden.de　　　　　　　　　　　　　　　　　　　　　　GYw
73 Zim ⊇ – †125/253 € ††155/293 €
Rest *Hof 18* – Karte 26/52 €
- Ein gewachsenes Haus nahe dem Domplatz. Die Zimmer liegen in Stil und Technik ganz im Trend, teils mit Domblick - diesen genießt man auch beim Frühstück. Im 1. Stock bietet das moderne Restaurant Hof 18 internationale Küche.

Viktoria garni
Worringer Str. 23 ⊠ 50668 – ℰ (0221) 9 73 17 20 – www.hotelviktoria.com – geschl.
23. Dezember - 1. Januar, 5. - 10. April
47 Zim ⊇ – †97/136 € ††110/167 €　　　　　　　　　　　　　　　St
- 1905 als Musikhistorisches Museum erbaut, heute ein engagiert geleitetes Hotel in Zentrums- und Rheinnähe. Man hat viele Originale im Haus, dazu historische Details wie Marmortreppen oder Stuck.

Hopper Hotel St. Antonius
Dagobertstr. 32 ⊠ 50668 – ℰ (0221) 1 66 00 – www.hopper.de　　　FUn
54 Zim ⊇ – †105/125 € ††150 € – 5 Suiten
Rest *L. Fritz im Hopper* – (geschl. Samstagmittag, Sonntagmittag) Karte 31/44 €
- Klarer moderner Stil und Fotokunst im klassisch-historischen Rahmen des einstigen Kolpinghauses. Große oder kleinere Suiten. Im Haus befindet sich auch das Theater Tiefrot. Restaurant mit Bistro-Atmosphäre und schöner Rundbogendecke. Nette Terrasse im Innenhof.

Hopper Hotel et cetera
Brüsseler Str. 26 ⊠ 50674 – ℰ (0221) 92 44 00 – www.hopper.de – geschl.
23. Dezember - 8. Januar　　　　　　　　　　　　　　　　　　　　Sj
49 Zim ⊇ – †95/120 € ††135/145 €
Rest – (geschl. Sonntag, Montagabend) Karte 30/40 €
- Das einstiges Kloster liegt im Belgischen Viertel. In allen Zimmern designorientierte Einrichtung, wertiges Eukalyptus-Parkett, Marmorbäder und kostenefreies W-Lan. Im gemütlichen Restaurant sticht das imposante Altargemälde ins Auge. Innenhofterrasse unter Bäumen.

KÖLN

Astor Apparthotel garni
Friesenwall 68 ⊠ 50672 – ℰ (0221) 20 71 20 – www.hotelastor.de
– geschl. Weihnachten - 2. Januar
50 Zim ⌑ – †90/125 € ††105/150 € – 1 Suite   **EVy**

◆ Die engagierte Betreiberin bietet in diesem Hotel wohnlich-moderne oder etwas funktionellere Zimmer. Im hellen Frühstücksraum erwartet Sie eine gute Auswahl vom Buffet.

Ludwig garni
Brandenburger Str. 24 ⊠ 50668 – ℰ (0221) 16 05 40 – www.hotelludwig.de
55 Zim ⌑ – †92/105 € ††119/135 € – 1 Suite   **FUx**

◆ Ein familiär geleitetes Hotel in Altstadtnähe mit hellen, freundlichen und zeitgemäßen Gästezimmern. Die Lage ist ideal für Bahnreisende und Stadttouristen.

Boulevard garni
Hansaring 14 ⊠ 50670 – ℰ (0221) 3 55 84 40 – www.hotelboulevard.de – geschl.
Weihnachten - 2. Januar   **EUb**
27 Zim ⌑ – †69/88 € ††89/110 €

◆ Das Hotel liegt verkehrsgünstig am Stadtring und überzeugt durch persönliche Führung und gepflegte Zimmer, teilweise mit kleinem Balkon nach hinten. Gutes Frühstücksbuffet.

Königshof garni
Richartzstr. 14 ⊠ 50667 – ℰ (0221) 2 57 87 71 – www.hotelkoenigshof.com
81 Zim ⌑ – †115/225 € ††145/289 € – 1 Suite   **GYn**

◆ Nur wenige Schritte vom Kölner Dom finden Sie das mit funktionellen Gästezimmern ausgestattete Hotel. Man bietet ein ansprechendes Frühstück vom Buffet.

La Vision – Hotel Im Wasserturm
Kaygasse 2, (11. Etage) ⊠ 50676 – ℰ (0221) 2 00 80 – www.hotel-im-wasserturm.de
– geschl. Mitte Juli - Mitte August und Sonntag - Montag   **FXc**
Rest – *(nur Abendessen)* Menü 73/118 € – Karte 77/105 €

Spez. Pulpo in Limonenöl confiert mit gebratenem Sepia, gestockte Velouté und Eisenkrautvinaigrette. Perlhuhn aus Montrevel en Bresse mit grüner Sauce-Mousseline. Bircher Müsli am Abend, Haferflockeneis, Topaz-Apfel in Salzbutter gebraten mit eingelegten Rosinen.

◆ Als wäre die modern-kreative Küche mit ihren interessanten Kombinationen und der persönlichen Note von Hans Horberth nicht genug, kommt man hier oben noch in den Genuss einer sensationellen Aussicht über Köln, vom sehr guten Service ganz zu schweigen.

Hanse Stube – Excelsior Hotel Ernst
Domplatz/Trankgasse 1 ⊠ 50667 – ℰ (0221) 27 01 – www.excelsior-hotel-ernst.com
Rest – Menü 64/78 € – Karte 54/73 €   **GYe**

◆ Die Hanse Stube gehört zu den elegantesten Restaurants der Stadt und bietet gute klassische Küche. Viele Geschäftsleute kommen zum fair kalkulierten, täglich wechselnden Business Lunch.

Grande Milano
Hohenstaufenring 29 ⊠ 50674 – ℰ (0221) 24 21 21 – www.grandemilano.com
– geschl. Samstagmittag, Sonntag   **EXv**
Rest – Menü 59/89 € – Karte 43/80 €
Rest *Pinot di Pinot* – Menü 14/20 € – Karte 26/48 €

◆ Inhaber und Küchenchef Alessandro Minotti bietet gehobene italienische Küche, die besonders zur Trüffel-Saison sehr beliebt ist. Elegantes Ambiente und guter Service. Für Raucher ist das Pinot di Pinot eine legere Alternative, auch mit einfacheren Gerichten.

taku – Excelsior Hotel Ernst
Domplatz, (Trankgasse 1) ⊠ 50667 – ℰ (0221) 2 70 39 10 – www.taku.de – geschl.
Juli - August 4 Wochen   **GYa**
Rest – Menü 29/125 € – Karte 59/92 €

Spez. "Bang Bang" vom Schwarzfederhuhn. Takus "Peking Ente". Filet vom Wagyu Rind mit schwarzem Knoblauch.

◆ Ganz Asien ist auf der Karte dieses recht puristischen, hellen Restaurants vertreten - ein Mix aus authentischen und feinen Gerichten, zubereitet von Nicolas von Auersberg und seinem ebenso vielfältig-asiatisch zusammengesetzten Küchenteam. Freundlicher Service.

KÖLN

XX Alfredo (Roberto Carturan)   AC VISA ⓪ AE
Tunisstr. 3 ⊠ 50667 – ℘ (0221) 2 57 73 80 – www.ristorante-alfredo.com – geschl. Juli - August 3 Wochen und Samstag - Sonntag sowie an Feiertagen   **GZk**
Rest – (Tischbestellung ratsam) Karte 41/65 €
Spez. Catalana von Kaisergranat. Ravioli mit Kalbsbries und roten Zwiebeln gefüllt. Branzino mit Fenchel gratiniert auf Moscardini-Sud.
• Mit Roberto Carturan setzt seit 1999 die 2. Generation gekonnt ihre italienischen Wurzeln in der authentischen Küche um. Ehefrau Susanne managt den Service. Freitagabends erleben Sie den Chef, auch ausgebildeter Sänger, in der "musikalisch-kulinarischen Soirée".

XX La poêle d'Or   AC ⇔ VISA ⓪
Komödienstr. 50 ⊠ 50667 – ℘ (0221) 13 98 67 77 – www.lapoeledor.de – geschl. 24. Dezember - 4. Januar, 24. Juli - 7. August und Sonntag - Montag sowie an Feiertagen   **GYp**
Rest – Menü 49/77 € (abends) – Karte 56/61 €
Rest *Bistrot B* – siehe Restaurantauswahl
• Der reaktivierte Gourmet-Klassiker unweit des Doms offeriert seinen Gästen eine geschmackvolle Kulinarik, zubereitet mit absoluten Frischeprodukten. Beim Studium der ansprechenden Weinkarte ist der Service mit kompetenter Beratung an Ihrer Seite.

XX La Société   ⇔ VISA ⓪ AE
Kyffhäuser Str. 53 ⊠ 50674 – ℘ (0221) 23 24 64 – www.lasociete.info – geschl. Anfang August 2 Wochen   **Sd**
Rest – *(nur Abendessen)* (Tischbestellung ratsam) Menü 75/99 € – Karte 64/78 €
Spez. Röllchen und Terrine von der Gänseleber mit Mangostane und Honigkuchen. Steinbutt auf weißer Zwiebelcreme mit Finkenwerder Crumble und Champagnerschaum. Gefüllter Bauch und Rücken vom Kaninchen mit Artischocken, Taleggio und Estragongnocchi.
• In der Küche führt Dominic Jeske Regie und sorgt für eine feine zeitgemäße Küche mit kreativen Ideen und interessanten Kombinationen. Der Service ist sehr freundlich, ungezwungen und fachlich versiert.

XX L'escalier (Jens Dannenfeld)   🌿 AC ⇔ VISA ⓪ AE
Brüsseler Str. 11 ⊠ 50674 – ℘ (0221) 2 05 39 98 – www.lescalier-restaurant.de – geschl. über Karneval 1 Woche, April 1 Woche, Oktober 1 Woche und Sonntag, Donnerstag, Samstagmittag   **Sj**
Rest – Menü 38 € (vegetarisch)/66 € – Karte 49/69 €
Spez. Maischolle mit Weinraute, dicken Bohnen und Kräuterspeck. Kohlrabitaschen mit Erbspüree und Minze. Vanillesoufflé mit Rieslingäpfeln und Nougateis.
• Als starkes Team leiten Melanie und Jens Dannenfeld das moderne Restaurant im Belgischen Viertel - sie sorgt für freundlichen und kompetenten Service, einschließlich guter Weinempfehlungen, er für zeitgemäß interpretierte klassische Küche. Schöne vegetarische Auswahl.

XX Christofs   🌿 ⇔ VISA
Martinstr. 32 ⊠ 50667 – ℘ (0221) 27 72 95 30 – www.christofsrestaurant.de   **GZc**
Rest – Menü 32/79 € – Karte 40/71 €
• Das freundliche Restaurant liegt in Domnähe, gegenüber dem Wallraf-Richartz-Museum. Gekocht wird zeitgemäß-klassisch, am Mittag einfachere Bistro-Karte. Parkhäuser ganz in der Nähe.

XX Bosporus   🌿 AC ⇔ VISA ⓪ AE ⓪
Weidengasse 36 ⊠ 50668 – ℘ (0221) 12 52 65 – www.bosporus.de – geschl. Sonntagmittag   **FUv**
Rest – Menü 35/42 € – Karte 25/47 €
• Hier überzeugen authentische türkische Gerichte aus frischen Produkten sowie faire Preise. Den Service leitet Patron Ali Balaban selbst. Im Sommer mit mediterran gestalteter Terrasse.

XX d/\blju "W" – Hotel Im Wasserturm   🌿 AC ⇔ VISA ⓪ AE ⓪
Kaygasse 2 ⊠ 50676 – ℘ (0221) 2 00 80 – www.hotel-im-wasserturm.de   **FXc**
Rest – Menü 29/39 € – Karte 34/56 €
• Klar und modern stellt sich das Styling-Konzept des Restaurants dar. Raffinierte Lichtquellen sorgen für Atmosphäre. Durch die große Fensterfront fällt der Blick auf die Terrasse, die mit Open-Air-Kulinarik lockt.

KÖLN

XX Em Krützche
Am Frankenturm 1 ⊠ 50667 – ℰ (0221) 2 58 08 39 – www.em-kruetzche.de – geschl. 2. - 10. April, 23. - 25. Dezember und Montag GY**x**
Rest – Karte 37/50 €

• Das historische Gasthaus wird seit rund 40 Jahren von Familie Fehn geleitet. Auf zwei Etagen hat man hübsche Stuben von charmant-rustikal bis elegant. Winterspezialität ist Gans.

X Le Moissonnier ❀❀
Krefelder Str. 25 ⊠ 50670 – ℰ (0221) 72 94 79 – www.lemoissonnier.de – geschl. Weihnachten - Anfang Januar 2 Wochen, über Ostern 1 Woche, Juli - August 3 Wochen und Sonntag - Montag, außer an Feiertagen FU**e**
Rest – (Tischbestellung erforderlich) Menü 65/103 € – Karte 58/104 €
Spez. Foie Gras Maison. Coquilles Saint-Jacques. Pigeonneau rôti.

• So sympathisch und charmant-französisch wie in einem Pariser Bistro geht es bei Liliane und Vincent Moissonnier zu, die gemeinsam mit Landsmann Eric Menchon ganz Neues und Kreatives bieten, ohne ihre Wurzeln aus den Augen zu verlieren. Einige Raritäten auf der Weinkarte.

X Poisson
Wolfsstr. 6 ⊠ 50667 – ℰ (0221) 27 73 68 83 – www.poisson-restaurant.de – geschl. über Karneval, Sonntag - Montag und an Feiertagen EV**c**
Rest – (Tischbestellung ratsam) Menü 35/85 € – Karte 48/81 €

• Für die auf Fisch ausgerichtete moderne Küche dieses Bistros werden ausgezeichnete Produkte schmackhaft in Szene gesetzt. Der Chef lässt ebenso asiatische wie auch mediterrane und klassische Komponenten mit einfließen.

X WeinAmRhein
Johannisstr. 64 ⊠ 50668 – ℰ (0221) 91 24 88 85 – www.weinamrhein.eu – geschl. Samstagmittag, Sonntag - Montag GY**c**
Rest – (an Feiertagen nur Abendessen) Menü 43 € – Karte 36/59 €

• Markus Schulze hat einen zeitgemäßen Kochstil und verwöhnt seine Gäste mit Gerichten wie z. B. Steinbutt mit Roter Beete und confierten La Ratte Kartoffeln. Auch Liebhaber edler Tropfen kommen hier dank einer umfangreichen Weinkarte auf ihre Kosten.

X Capricorn [i] Aries Brasserie
Alteburgerstr. 31 ⊠ 50678 – ℰ (0221) 3 97 57 10 – www.capricorniaries.com – geschl. Samstagmittag, Sonntag FX**b**
Rest – Menü 33/55 € – Karte 28/52 €

• Was macht eine typische Brasserie aus? Es ist zum einen die gemütlich-legere Atmosphäre, zum anderen eine französisch geprägte Küche, die preislich fair ist. Dazu eine Terrasse zur Straße.

X Sorgenfrei
Antwerpenerst. 15 ⊠ 50672 – ℰ (0221) 3 55 73 27 – www.sorgenfrei-koeln.com – geschl. über Karneval, über Weihnachten, Samstagmittag und Sonntag
Rest – Menü 35/42 € (abends) – Karte 33/53 € EV**s**

• Eine wirklich nette und lebendige Adresse im Belgischen Viertel, nebenan eine Weinhandlung mit gutem europäischem Sortiment. Internationale Küche ohne Schnickschnack, der Klassiker ist das Steak vom argentinischen "Black Ranch"-Entrecôte. Einfachere Mittagskarte.

X Amabile
Görrestr. 2 ⊠ 50667 – ℰ (0221) 21 91 01 – www.restaurant-amabile.de – geschl. 12. - 27. Februar, 9. September - 1. Oktober und Sonntag - Montag S**d**
Rest – (nur Abendessen) Menü 35/46 € – Karte 39/49 €

• Zu finden ist das liebenswert dekorierte Restaurant mit rustikalem Touch zwischen Millowitsch-Theater und Universität. Am besten entdeckt man die saisonale Küche beim Überraschungsmenü.

X Engler's
Benesisstr. 57 ⊠ 50672 – ℰ (0221) 9 90 60 41 – www.englerskoeln.de – geschl. Juli 2 Wochen, Ende Dezember 1 Woche sowie Sonntag und an Feiertagen
Rest – Karte 36/49 € EV**g**

• Das Restaurant liegt inmitten zahlreicher Geschäfte und Kneipen in einer kleinen Straße in der Innenstadt. Das nette Lokal hat Bistro-Charakter, die mediterrane Küche wird auf einer Tafel präsentiert.

KÖLN

Heising und Adelmann
Friesenstr. 58 ⊠ 50670 – ℰ (0221) 1 30 94 24 – www.heising-und-adelmann.de
– geschl. Sonntag - Montag und an Feiertagen **EVn**
Rest *– (nur Abendessen)* Menü 37 € – Karte 32/55 €
♦ Ein lebendiges Bistro mit typischem Ambiente und schöner Terrasse. In entspanntem Umfeld bietet man moderne internationale Küche. Hübscher Salon und großer Barbereich.

Comedia Wagenhalle
Vondelstr. 4 ⊠ 50677 – ℰ (0221) 35 55 89 10 – www.comedia-wagenhalle.de
Rest – Karte 28/56 € **FXw**
♦ Einst Wagenhalle der Feuerwache von 1904, heute Restaurant mit Bistroflair, in dem man noch den Charme des denkmalgeschützten Gebäudes spürt. Im selben Haus das Comedia Theater.

basilicum
Am Weidenbach 33 ⊠ 50676 – ℰ (0221) 32 35 55 – www.basilicum.org
– geschl. 8. - 16. Februar, 6. - 19. September und Sonntag **EXb**
Rest *– (nur Abendessen) (Tischbestellung ratsam)* Menü 33/44 € – Karte 37/51 €
♦ Ein sehr engagiert und persönlich geführtes kleines Lokal mit Bistroflair. Geboten wird eine gute saisonale und zeitgemäße Küche. Zum Restaurant gehört eine schöne überdachbare Innenhofterrasse.

Gruber's Restaurant
Clever Str. 32 ⊠ 50668 – ℰ (0221) 7 20 26 70 – www.grubersrestaurant.de – geschl. über Weihnachten und Samstagmittag, Sonntag sowie an Feiertagen **Sg**
Rest – Menü 56/75 € – Karte 45/60 € 🍷
♦ Hier bilden österreichische Klassiker den Schwerpunkt der Küche, dazu eine sehr gute Weinauswahl, auch glasweise. Sehenswert: die Hundertwasser-Replikate. Snacks in der "Österia" nebenan.

HÖHNs
Ubierring 24, (Eingang Alteburger Straße) ⊠ 50678 – ℰ (0221) 3 48 12 93
– www.dombrasserie.de – geschl. Sonntagabend **FXa**
Rest *– (Montag - Samstag nur Abendessen)* Menü 46 € – Karte 27/58 €
♦ Hinter raumhohen Fenstern serviert man saisonale bürgerliche Küche und ein kleineres Mittagsangebot. Das Ambiente: modern-rustikaler Brasseriestil und Farbakzente in kräftigem Rot.

Teatro
Zugweg 1 ⊠ 50667 – ℰ (0221) 80 15 80 20 – www.teatro-ristorante.de – geschl. August 3 Wochen, 27. Dezember - 2. Januar, Dienstag, Samstagmittag und Sonntagmittag **FXe**
Rest *– (Tischbestellung ratsam)* Karte 32/50 €
♦ In dem lebendigen Restaurant der sympathischen Familie Spatola wählt man von einer Tafel italienische Speisen. Dekorativ: Schwarz-Weiß-Fotos von Filmstars. Günstiger Mittagstisch.

Daitokai
Kattenbug 2 ⊠ 50667 – ℰ (0221) 12 00 48 – www.daitokai.de – geschl. Montag, außer an Messen **EVe**
Rest *– (Dienstag - Donnerstag nur Abendessen)* Menü 33 € (mittags)/58 €
– Karte 39/64 €
♦ In dem authentisch gestalteten japanischen Restaurant im Zentrum demonstrieren die Köche an Teppanyaki-Tischen ihre Fingerfertigkeit. Passend dazu: die Servicedamen im Kimono.

Bistrot B – Restaurant La poêle d'Or
Komödienstr. 50 ⊠ 50667 – ℰ (0221) 13 98 67 77 – www.lapoeledor.de
– geschl. 24. Dezember - 4. Januar, 24. Juli - 7. August und Sonntag - Montag, sowie an Feiertagen **GYp**
Rest – Menü 28 € – Karte 30/35 €
♦ Ein unkompliziertes Bistro, in dem Patron Jean-Claude Bado seine schmackhaften klassisch-französisch geprägten Spezialitäten servieren lässt. Zur Wahl stehen auch verschiedene Menüs (attraktiver Preis), die Sie individuell zusammenstellen können.

KÖLSCHE WIRTSCHAFTEN: *typische, urige kölsche Gaststätten. Regionale Speisen und ein gepflegtes Kölsch vom Fass*

Peters Brauhaus
Mühlengasse 1 ✉ *50667* – ✆ *(0221) 2 57 39 50* – *www.peters-brauhaus.de* – *geschl. über Weihnachten* GZ**n**
Rest – Karte 16/41 €

* Rustikale Gaststätte mit schön verzierter Fassade. Hier lohnt sich das Umschauen: Jeder Raum hat seinen eigenen Charakter. Man serviert Deftiges zu frisch gezapftem Kölsch.

Haus Töller
Weyerstr. 96 ✉ *50676* – ✆ *(0221) 2 58 93 16* – *www.haus-toeller.de*
– *geschl. Juni - August, Sonntag und an Feiertagen* EX**a**
Rest – *(nur Abendessen)* (Tischbestellung ratsam) Karte 14/27 €

* Das einstige "Steynen Huys" von 1343 ist wirklich etwas für Liebhaber: Original sind Holztische und Dielenboden, Kassettendecke und "Beichtstuhl". Spezialitäten: Hämchen, Rheinischer Sauerbraten (vom Pferd) und freitagabends Reibekuchen, dazu Päffgen Kölsch vom Fass.

Früh am Dom
Am Hof 12 ✉ *50667* – ✆ *(0221) 2 61 32 11* – *www.frueh.de* GY**w**
Rest – Karte 15/36 €

* Brauhaustradition seit 1904. In den zahlreichen Räumen - jeder mit seiner eigenen Atmosphäre - werden Kölsch und typische Speisen an blanken Tischen seit jeher vom Köbes serviert.

Brauhaus Sion
Unter Taschenmacher 5 ✉ *50667* – ✆ *(0221) 2 57 85 40*
– *www.brauhaus-sion.de* GZ**r**
Rest – Karte 18/34 €

* In der gut besuchten rustikalen Gaststätte in der Altstadt bewirtet man den Gast in großen Räumen mit kölschen Spezialitäten - Fassdauben und Hopfensäcke zieren die Wände.

In Köln-Braunsfeld

Regent garni
Melatengürtel 15 ✉ *50933* – ✆ *(0221) 5 49 90*
– *www.hotelregent.de* S**n**
178 Zim – ✝117/200 € ✝✝117/200 €, ⊊ 17 €

* Ideal für Tagungen und Businessgäste ist dieses Hotel mit sehr schöner moderner Einrichtung in klaren Linien und warmen Farben. Kleines Speiseangebot im Bistro Ludwig.

In Köln-Brück Ost: 13 km über Olpener Straße S

Silencium garni
Olpener Str. 1031 ✉ *51109* – ✆ *(0221) 89 90 40* – *www.silencium.de* – *geschl. 21. Dezember - Neujahr, 5. - 9. April*
70 Zim ⊊ – ✝83/125 € ✝✝114/141 €

* Das Hotel unweit der Messe wird privat geführt und ist in neuzeitlich-funktionalem Stil eingerichtet. Lichter Wintergarten und Terrasse zum kleinen Garten. Freundliches Personal.

Gut Wistorfs
Olpener Str. 845 ✉ *51109* – ✆ *(0221) 8 80 47 90*
– *www.gut-wistorfs.de*
14 Zim ⊊ – ✝72/83 € ✝✝103/114 €
Rest – *(geschl. Montag) (nur Abendessen)* Menü 45 € – Karte 23/45 €

* Das familiengeführte Haus ist ein ehemaliger Gutshof a. d. 17. Jh., in dem hübsche, wohnliche Zimmer im Landhausstil bereitstehen. Schöne Scheune für Veranstaltungen. Das Restaurant bietet bürgerliche Küche in gemütlichen Stuben oder im reizvollen Innenhof.

In Köln-Dellbrück über Bergisch-Gladbacher-Straße R

Uhu garni
Dellbrücker Hauptstr. 201 ✉ *51069* – ✆ *(0221) 9 68 19 60* – www.hotel-uhu.de
35 Zim – †72/80 € ††90/100 € – 1 Suite **Rb**
• Freundlich, geradlinig und funktionell ist das gesamte Hotel gestaltet. Am Morgen bietet man ein gutes Frühstück. Benannt ist das Haus nach der Karnevalsgesellschaft von Dellbrück.

Ihr Hotel garni
Bergisch-Gladbacher Str. 1109 ✉ *51069* – ✆ *(0221) 9 68 19 30*
– www.ihr-hotel-koeln.de
21 Zim – †65/139 € ††79/169 €
• Ein tipptopp gepflegter Familienbetrieb mit zeitgemäß-funktionalen Zimmern, nettem Service und einem appetitlichen Frühstücksbuffet in neuzeitlichem Ambiente. Gute Autobahnanbindung.

In Köln-Deutz

Hyatt Regency
Kennedy-Ufer 2a ✉ *50679* – ✆ *(0221) 8 28 12 34*
– www.cologne.regency.hyatt.de **Sy**
306 Zim – †190/510 € ††220/560 €, ⌑ 29 € – 18 Suites
Rest Glashaus – ✆ *(0221) 82 81 17 73* – Karte 47/83 €
• Klassisches Businesshotel direkt am Rhein, an der Hohenzollernbrücke. Die Lobby großzügig und gediegen, die Zimmer geradlinig-modern-elegant und technisch up to date - schon die Standardzimmer bieten 36 qm. Internationale Küche im lichten Restaurant Glashaus im 1. OG.

Dorint An der Messe
Deutz-Mülheimer-Str. 22 ✉ *50679* – ✆ *(0221) 80 19 00*
– www.dorint.com/koeln **Se**
313 Zim ⌑ – †99/424 € ††99/449 € – 47 Suiten
Rest L'Adresse – (geschl. Sonntag - Montag) Karte 36/62 €
Rest Düx – Karte 25/54 €
• Modern-elegantes Hotel gegenüber der Messe mit Spa auf 650 qm. Exklusiv: die große Konrad-Adenauer-Suite. Im hellen, freundlichen Frühstücksraum bietet man zu Messezeiten auch Lunchbuffet. Gehobenes Angebot im L'Adresse. Das Düx ist eine kölsche Wirtschaft.

Radisson BLU
Messe Kreisel 3 ✉ *50679* – ✆ *(0221) 27 72 00* – www.radissonblu.com/hotel-cologne
393 Zim – †130/230 € ††130/230 €, ⌑ 23 € – 1 Suite **Sw**
Rest – (geschl. Samstagmittag, Sonntagmittag sowie an Feiertagen mittags) (Juni - August: nur Abendessen) Karte 36/51 €
• Das Businesshotel an der Messe ist durch und durch modern. Imposant ist die verglaste Halle mit Bar. Wer das Besondere sucht: Capitolium Suite mit Blick auf den Dom. Italienisch isst man im Restaurant Paparazzi mit großem Pizza-Ofen.

Günnewig Hotel Stadtpalais
Deutz-Kalker-Str. 52 ✉ *50667* – ✆ *(0221) 88 04 20*
– www.guennewig.de **Sg**
115 Zim ⌑ – †139/159 € ††159/179 € – 2 Suiten
Rest – (geschl. Sonntag, Juli - August: Samstag - Sonntag) (nur Abendessen)
Menü 29/49 €
• Das ansprechende Gebäudeensemble direkt gegenüber der LANXXES-Arena vereint historische und moderne Architektur. Technisch gut ausgestattete Zimmer in puristischem Stil. Kleines Speiseangebot in Menüform.

Burns Art Hotel garni
Adam-Stegerwald-Str. 9 ✉ *51063* – ✆ *(0221) 6 71 16 90* – www.hotel-burns.de
– geschl. 22. - 30. Dezember **Sq**
83 Zim – †90/135 € ††116/135 €
• Das Hotel liegt relativ ruhig in einer Wohnsiedlung. Die Gäste wählen zwischen zeitgemäßen "Fair & More"-Zimmern und den puristisch chic designten "Burns Art" Zimmern.

KÖLN

Inselhotel garni
Constantinstr. 96 ⊠ 50679 – ℰ (0221) 8 80 34 50 – www.inselhotel-koeln.de
42 Zim – †89/205 € ††119/295 €   **Sz**

• Das Stadthaus an der Ecke, gegenüber des Deutzer Bahnhof, bietet seinen Gästen freundlichen Service und sehr gepflegte, funktionale Zimmer. Messe und Kölnarena in der Nähe.

Ibis Messe
Brügelmannstr. 1 ⊠ 50679 – ℰ (0221) 98 93 10 – www.ibishotel.com   **Sw**
180 Zim – †69/199 € ††69/209 €, ⊇ 10 €
Rest – *(nur Abendessen)* Karte 20/37 €

• Das in Messenähe gelegene Hotel ist besonders auf Businessgäste zugeschnitten und verfügt über zeitgemäß und praktisch eingerichtete Zimmer. Rustikal im Bistrostil gehaltenes Restaurant mit kleiner Terrasse auf dem Gehsteig.

Ilbertz garni
Mindener Str. 6 , (Zufahrt über Siegesstr. 5) ⊠ 50679 – ℰ (0221) 8 29 59 20
– www.hotel-ilbertz.de – geschl. Weihnachten - 6. Januar   **Sz**
26 Zim ⊇ – †97/121 € ††116/189 €

• In dem sehr gepflegten familiengeführten Hotel mit der gelben Fassade erwarten Sie funktionelle, technisch gut ausgestattete Zimmer und ein klassischer Frühstücksraum.

In Köln-Immendorf

Bitzerhof
Immendorfer Hauptstr. 21 ⊠ 50997 – ℰ (02236) 37 41 15 – www.bitzerhof.de
– geschl. Anfang Januar 3 Wochen und Mittwoch - Donnerstag   **Tc**
Rest – Menü 48/67 € – Karte 46/68 €

• Gehoben-international speisen Sie in dem ursprünglich a. d. 15. Jh. stammenden Vierkanthof. Das Restaurant im Landhausstil bietet einen gemütlichen Rahmen, nett ist der Innenhof.

In Köln-Junkersdorf

Brenner'scher Hof
Wilhelm-von-Capitaine-Str. 15 ⊠ 50858 – ℰ (0221) 9 48 60 00
– www.brennerscher-hof.de   **Sf**
40 Zim ⊇ – †94/108 € ††115/129 € – 2 Suiten
Rest *Anno Pomm* – ℰ (0221) 4 84 98 82 – Karte 21/33 €

• Mit mediterraner Note hat man das schöne Anwesen von 1754 eingerichtet. Die Gäste wohnen in charmanten, individuellen und komfortablen Zimmern, Suiten oder Maisonetten. Im Anno Pomm dreht sich alles um die Kartoffel.

In Köln-Klettenberg

Steinmetz
Gottesweg 165 ⊠ 50939 – ℰ (0221) 44 79 34 – www.restaurant-steinmetz.de
– geschl. über Karneval und Montag   **Tt**
Rest – *(nur Abendessen)* Menü 34/51 € – Karte 38/49 €

• Seit über zehn Jahren leitet Martin Pradel das sympathische, mit Jugendstilelementen dekorierte Restaurant. Schmackhafte saisonale Küche und gute Weinauswahl zu fairen Preisen.

Balthasar
Klettenberggürtel 15 ⊠ 50939 – ℰ (0221) 4 30 64 40 – www.balthasar-ristorante.de
– geschl. Montag   **Ts**
Rest – *(Dienstag - Freitag nur Abendessen)* Menü 39/49 € – Karte 35/49 €

• Ein lebendiges, trendiges Restaurant im Bistrostil, dekoriert mit zahlreichen Fotografien. Hier kann man mediterran speisen und auch frühstücken. Im Sommer mit großer Terrasse.

In Köln-Merheim

Servatius garni
Servatiusstr. 73 ⊠ 51109 – ℰ (0221) 89 00 30 – www.hotel-servatius.de
38 Zim ⊇ – †65/339 € ††79/379 €   **Sm**

• Das Hotel verfügt über helle, funktionale Gästezimmer mit gutem Platzangebot - einige besonders geräumig und rückwärtig gelegen. Chic ist die Red Lounge Bar.

KÖLN

✗ **Em Ahle Kohberg** 🈺 VISA ⓒ
Ostmerheimer Str. 455 ✉ *51109 –* 𝒞 *(0221) 69 25 25 – www.ahlekohberg.de – geschl. über Karneval 2 Wochen und Montag*   **Sx**
Rest – Karte 22/43 €
• Familie Weber bietet in dem Gasthof von 1665 regionale Küche und ein günstiges Mittagsmenü. Heimelige Stuben in einem hübschen Fachwerkhaus, schöne Terrasse unter alten Bäumen.

In Köln-Mülheim

🏨 **Park Consul** 🛎 🎿 🎚 ♿ 🅰🅺 Rest, 🍴 🚿 🚗 VISA ⓒ AE
Clevischer Ring 121 ✉ *51063 –* 𝒞 *(0221) 9 64 70 – www.pckoeln.consul-hotels.com*
188 Zim 🅿 – †142/162 € ††167/187 € – 2 Suiten   **Ra**
Rest – Karte 22/50 €
• Das Stadthotel ist eine funktionell ausgestattete Geschäftsadresse in verkehrsgünstiger Lage nahe der Autobahn. Eine schöne Aussicht bietet die Sonnenterrasse im obersten Stock. Zur Halle hin offenes Restaurant mit klassischem Angebot.

🏨 **The New Yorker** garni 🛎 🎿 🎚 🍴 🚿 🅿 VISA ⓒ AE
Deutz-Mühlheimer-Str. 204 ✉ *51063 –* 𝒞 *(0221) 4 73 30 – www.thenewyorker.de*
40 Zim – †105/145 € ††125/165 €, 🍽 15 €   **Sc**
• Schönes puristisches Design, wohin man schaut. Ein Lifestyle-Hotel mit Tagungsbereich in relativ ruhiger Lage gegenüber der Deutz AG. Deluxe-Zimmer und Juniorsuiten mit Parkett.

In Köln-Müngersdorf

✗✗✗ **Maître im Landhaus Kuckuck** (Erhard Schäfer) 🈺 🎚 ✿ ✦ 🅿
✿ *Olympiaweg 2 (über Friedrich-Schmitt-Straße)* ✉ *50933*   VISA ⓒ AE ⓞ
– 𝒞 *(0221) 48 53 60 – www.landhaus-kuckuck.de – geschl. 16. - 22. Februar, 2.*
- 17. April, 9. Juli - 7. August und Montag - Dienstag   **Sr**
Rest – *(nur Abendessen)* (Tischbestellung erforderlich) Menü 99/119 €
– Karte 58/79 €
Rest *Landhaus Kuckuck* – siehe Restaurantauswahl
Spez. Atlantik - Hummer mit dreierlei Blumenkohl, Salatherzen und Anapurna-Curry. Etouffée-Taubenbrust mit geschmolzener Gänseleber auf feinem Böhnchensalat. Tarte Tatin vom Rubinette Apfel, Champagnersabayon und Bourbon Vanilleeis.
• Ein eleganter Raum mit fünf Tischen in einem schönen alten Landhaus, ergänzt durch eine Terrasse unter Kastanien sowie die Davidoff-Lounge. Gastgeber Erhard Schäfer kocht saisonal-klassisch, an seiner Seite ein zuvorkommendes Serviceteam.

✗✗ **Landhaus Kuckuck** – Restaurant Maître im Landhaus Kuckuck 🈺 🎚 ✦
Olympiaweg 2 (über Friedrich-Schmitt-Straße) ✉ *50933*   🅿 VISA ⓒ AE ⓞ
– 𝒞 *(0221) 48 53 60 – www.landhaus-kuckuck.de – geschl. 16. - 22. Februar und Montag - Dienstag*   **Sr**
Rest – Menü 38 € – Karte 36/54 €
• Ein idyllisches Kleinod außerhalb der hektischen City. Herrlich im Grünen gelegen, ist das im eleganten englischen Landhausstil eingerichtete Restaurant eine wunderbare Kulisse für entspannte Stunden.

✗✗ **Jan's Restaurant in der Remise** 🈺
Wendelinstr. 48 ✉ *50933 –* 𝒞 *(0221) 5 10 39 99 – www.jansrestaurant.de – geschl. über Karneval, Juli - August 2 Wochen und Montag, Samstagmittag, Sonntagmittag*
Rest – Menü 34 € (mittags) – Karte 35/51 €   **Sm**
• Als Teil eines historischen Gutshofes verbreiten hier dunkle alte Holzbalken, Backsteinboden und verwinkelte Ecken Gemütlichkeit. Überraschungsmenü am Abend, sehr einfache Mittagskarte.

In Köln-Porz

🏨 **Lemp** garni 🎚 ✿ 🍴 🚿 🚗 VISA ⓒ AE ⓞ
Bahnhofstr. 44 ✉ *51143 –* 𝒞 *(02203) 9 54 40 – www.hotel-lemp.com*
41 Zim – †83 € ††92 €, 🍽 6 €   **Te**
• In diesem Hotel überzeugen die persönliche Führung durch den Inhaber und die freundliche Einrichtung. Gutes Frühstücksbuffet, außerdem kleines Bistro. S-Bahn-Anbindung.

KÖLN

In Köln - Porz-Gremberghoven

Ibis Airport
Alter Deutzer Postweg 95 ⊠ *51149* – ℰ *(02203) 3 59 00* – *www.ibishotel.com*
93 Zim – †59/129 € ††59/129 €, ⊇ 10 € **Rest** – Karte 18/33 € Su
♦ Die verkehrsgünstige Lage mit guter Autobahnanbindung, neuzeitlich-funktionale Gästezimmer und freundlicher Service machen dieses Businesshotel aus.

In Köln - Porz-Grengel über A 559 T: 16 km

Holiday Inn Airport
Waldstr. 255 (am Flughafen Köln/Bonn) ⊠ *51147* – ℰ *(02203) 56 10*
– *www.koeln-bonn-airport-hi-hotel.de*
177 Zim – †139/169 € ††161/191 €, ⊇ 18 € **Rest** – Karte 30/45 €
♦ Eine ideale Businessadresse mit kostenfreiem Shuttle-Service zum Flughafen. Es erwarten Sie eine modern gestaltete Rezeption und zeitgemäße, gut ausgestattete Zimmer. Überwiegend internationale Küche im Restaurant mit eleganter Note. Dazu eine nette Bar.

Spiegel
Hermann-Löns-Str. 122 ⊠ *51147* – ℰ *(02203) 96 64 40* – *www.hotel-spiegel.de*
– *geschl. Ende Juli - August 3 Wochen*
27 Zim ⊇ – †75/98 € ††95/130 €
Rest – *(geschl. Freitag, Sonntagabend)* Menü 38/59 € – Karte 23/47 €
♦ In diesem sehr gepflegten Familienbetrieb in Flughafennähe wohnt man in zeitgemäß-funktionalen Gästezimmern. Hübsch ist das lichte Kaminzimmer zum kleinen japanischen Garten. Das Ambiente im Restaurant ist gediegen, die Küche international.

In Köln - Porz-Langel Süd: 17 km über Hauptstraße T

XXX Zur Tant
Rheinbergstr. 49 ⊠ *51143* – ℰ *(02203) 8 18 83* – *www.zurtant.de*
– *geschl. 6. - 21. Februar und Donnerstag*
Rest – Menü 70/90 € – Karte 51/74 €
Rest *Hütter's Piccolo* – siehe Restaurantauswahl
♦ Das elegante Restaurant wird schon viele Jahre als Familienbetrieb geführt. Am Herd steht Patron Franz Hütter und bereitet gute sowie fundierte Klassiker, wie z. B. Terrine von Taubenbrust mit Gänseleber und Karfiol zu. Von den Fensterplätzen schaut man auf den Rhein. Terrasse am Fluss!

X Hütter's Piccolo – Restaurant Zur Tant
Rheinbergstr. 49 ⊠ *51143* – ℰ *(02203) 8 18 83* – *www.zurtant.de*
– *geschl. 6. - 21. Februar und Donnerstag*
Rest – Menü 34 € – Karte 30/38 €
♦ In dem schmucken Fachwerkhaus setzt man auf eine internationale Küche mit regionalen Elementen, wie z. B. Maishähnchenbrust "asiatisch" mit Wokgemüse. Nette Alternative zum Gourmet-Restaurant "Zur Tant".

In Köln - Porz-Wahnheide über A 559 T: 17 km

Karsten garni
Linder Weg 4 ⊠ *51147* – ℰ *(02203) 96 61 90* – *www.hotelkarsten.de*
– *geschl. Weihnachten - 2. Januar*
24 Zim ⊇ – †69 € ††99 €
♦ Relativ ruhig liegt das familiengeführte Haus in einer Wohngegend. Die Zimmer sind funktionell, teilweise mit kleiner Küche. Frühstück im netten Wintergarten mit Terrasse.

In Köln-Rodenkirchen

Begardenhof
Brückenstr. 41 ⊠ *50996* – ℰ *(0221) 9 85 47 10* – *www.begardenhof.de*
36 Zim ⊇ – †99 € ††140 € **Rest** – Karte 19/40 € Tb
♦ Ein verkehrsgünstig gelegenes Hotel in klarem modernem Stil mit schöner Dachterrasse. Die Doppelzimmer liegen zum Innenhof, teils mit Balkon. Geräumig sind die drei Juniorsuiten. Helles, neuzeitliches Restaurant mit günstigem Mittagstisch.

KÖLN

※※ **Antica Osteria** VISA ⓪ AE
Wilhelmstr. 35a ✉ 50996 – ☏ (0221) 9 35 23 23 – geschl. Montag, Samstagmittag
Rest – Karte 33/46 €   **Ta**
♦ Das sympathische Restaurant befindet sich in einer autofreien Sackgasse. Das Ambiente ist mediterran, passend zur italienischen Küche. Beliebt: die mündlichen Tagesempfehlungen.

In Köln-Sülz

※ **Fellini** VISA ⓪ AE ⓪
Zülpicher Str. 327 ✉ 50937 – ☏ (0221) 44 19 00 – www.felliniristorante.de – geschl. Juli - August: Montag   **Sp**
Rest – Karte 34/55 €
♦ Mit Filmplakaten und Fotos erinnert das nette Ristorante an den namengebenden Filmemacher. Eine Tafel mit saisonalen italienischen Gerichten ersetzt die Karte. Gute Grappa-Auswahl.

In Köln-Sürth

🏠 **Falderhof** 🍃   📶 ⓟ P VISA ⓪ AE
Falderstr. 29 ✉ 50999 – ☏ (02236) 96 69 90 – www.falderhof.de – geschl. 23. Dezember - 8. Januar   **Tf**
33 Zim ⊑ – †88/98 € ††118 €
Rest – (geschl. Samstagmittag, Oktober - April: Samstagmittag, Sonntag) Karte 29/47 €
♦ Der im 13. Jh. erstmals erwähnte Gutshof beherbergt ruhig zum Innenhof oder zum Garten gelegene Zimmer. Im Haus finden sich einige antike Stücke. Das Restaurant Altes Fachwerkhaus ist ein gelungener Mix aus rustikalem und modernem Stil. Sehr schöne Terrasse.

In Köln-Weiden

🏠 **Garten-Hotel** garni 🍃   🚗 📶 ⓟ 🍽 VISA ⓪ AE
Königsberger Str. 5 ✉ 50858 – ☏ (02234) 4 08 70 – www.garten-hotel.de
– geschl. Mitte Dezember - 2. Januar   **Sn**
33 Zim – †69/299 € ††89/399 €, ⊑ 7 €
♦ Das tipptopp gepflegte Hotel liegt ruhig und bietet wohnlich-zeitgemäße Zimmer und Appartements. Hübsch ist der Wintergarten mit Blick ins Grüne. Kostenfreie Tiefgarage.

KÖNGEN – Baden-Württemberg – **545** – 9 650 Ew – Höhe 281 m   **55 H18**
▶ Berlin 626 – Stuttgart 26 – Reutlingen 28 – Ulm (Donau) 67

🏠 **Schwanen** (mit Gästehaus)   📶 📶 ⓟ 🛜 P VISA ⓪ AE ⓪
Schwanenstr. 1 ✉ 73257 – ☏ (07024) 9 72 50 – www.schwanen-koengen.de – geschl. 1. - 6. Januar, 2 Wochen im August
45 Zim ⊑ – †70/83 € ††98/108 € – 1 Suite
Rest *Schwanen* 🍴 – siehe Restaurantauswahl
Rest *Bistro K.B.* – (geschl. Samstag - Sonntag) (nur Abendessen) Karte 18/31 €
♦ In der Ortsmitte liegt dieses tipptopp gepflegte Hotel unter familiärer Leitung. Ein Teil der Zimmer befindet sich in einem ruhiger gelegenen Gästehaus. Nettes Bistro mit Bar.

🏠 **Neckartal**   📶 P VISA ⓪ AE
Bahnhofstr. 19 ✉ 73257 – ☏ (07024) 9 72 20 – www.hotel-neckartal.com
24 Zim ⊑ – †78/88 € ††98/104 €
Rest *Tafelhaus* 🍴 – siehe Restaurantauswahl
♦ Das verkehrsgünstig gelegene und freundlich geleitete Hotel der Familie Nödinger bietet in der "Residenz" zeitgemäß-funktionale Gästezimmer. Einfache Zimmer im Stammhaus. Gutes Frühstücksbuffet.

※※ **Schwanen** – Hotel Schwanen   📶 ❀ P VISA ⓪ AE ⓪
🍴 Schwanenstr. 1 ✉ 73257 – ☏ (07024) 9 72 50 – www.schwanen-koengen.de – geschl. 1. - 6. Januar, 2 Wochen im August und Sonntag - Montag
Rest – Menü 34 € – Karte 25/46 €
♦ Herzlich ist der Empfang in dem traditionsreichen Lokal nicht weit von Stuttgart. Schwiegersohn Patrick Domon (stammt aus der Schweiz) hat in der Küche das Zepter in der Hand, sein Angebot reicht vom schwäbischen Zwiebelrostbraten bis zum Seeteufel in roter Currysauce.

KÖNGEN

Tafelhaus – Hotel Neckartal
Bahnhofstr. 19 ⊠ 73257 – ℰ (07024) 9 72 20 – www.hotel-neckartal.com
Rest – *(Montag - Samstag nur Abendessen)* Menü 49/55 € – Karte 24/54 €
• Neu und modern und doch mit ländlichem Charme (Zirbelholzvertäfelung) versehen, entspricht das Gasthaus dem Zeitgeist. Das Essen überzeugt durch die rustikale Küche Schwabens als Basis - ein wirklicher Klassiker sind die in Most geschmorten Schweinebäckle.

KÖNIG, BAD – Hessen – 543 – 9 370 Ew – Höhe 183 m – Heilbad 48 G16
▶ Berlin 584 – Wiesbaden 85 – Mannheim 71 – Aschaffenburg 44
🛈 Elisabethenstr. 13, ⊠ 64732, ℰ (06063) 5 78 50, www.badkoenig.de
⛳ Brombachtal, Am Golfplatz 1, ℰ (06063) 5 74 47

In Bad König-Momart Süd-Ost: 2 km über Weyprechtstraße

Zur Post
Hauswiesenweg 16 ⊠ 64732 – ℰ (06063) 15 10 – www.zurpost-momart.de – geschl. 4. - 28. Januar
9 Zim – †40/46 € ††65/75 € – ½ P 12 €
Rest – *(geschl. Montagmittag, Dienstag)* Karte 11/33 €
• Der Familienbetrieb liegt ruhig in einem kleinen Dorf und ist guter Ausgangsort für Wanderungen. Sie wohnen in behaglichen Zimmern, mit Kindern auch in einem 3- oder 4-Bett-Zimmer. Nett dekoriertes Restaurant mit gemütlich-rustikalem Charakter.

KÖNIGSBACH-STEIN – Baden-Württemberg – 545 – 9 770 Ew 54 F18
– Höhe 193 m
▶ Berlin 647 – Stuttgart 65 – Karlsruhe 25 – Pforzheim 16

Im Ortsteil Königsbach

Europäischer Hof
Steiner Str. 100 ⊠ 75203 – ℰ (07232) 8 09 80 – www.europaeischer-hof.com – geschl. Februar 10 Tage, August 2 Wochen, über Weihnachten
21 Zim – †65 € ††95 €
Rest – *(geschl. Sonntagabend - Montag)* Menü 48 € – Karte 40/55 €
• Eine solide und zeitgemäße Adresse ist dieses kleine Hotel in einem Wohngebiet am Ortsrand. Auch Räumlichkeiten für Tagungen sind vorhanden. Gediegen-ländliches Restaurant mit internationaler, teils klassischer Küche. Hübsche Gartenterrasse.

Im Ortsteil Stein

Landgasthof Krone
Königsbacher Str. 2 ⊠ 75203 – ℰ (07232) 3 04 20 – www.krone-stein.de
20 Zim – †61/68 € ††99/112 € **Rest** – *(geschl. Montagmittag)* Karte 20/47 €
• Das Fachwerkhaus aus dem Jahre 1831 verfügt über funktionelle, mit Naturholzmöbeln und Dielenböden wohnlich gestaltete Gästezimmer. Gemütlich-rustikales Restaurant mit kleinem Biergarten.

KÖNIGSBRONN – Baden-Württemberg – 545 – 7 170 Ew – Höhe 499 m 56 I18
– Wintersport: ✦ – Erholungsort
▶ Berlin 572 – Stuttgart 90 – Augsburg 106 – Aalen 14

In Königsbronn-Zang Süd-West: 6 km

Widmann's Löwen
Struthstr. 17 ⊠ 89551 – ℰ (07328) 9 62 70 – www.loewen-zang.de
19 Zim – †49/74 € ††74/96 € – ½ P 19 €
Rest – *(geschl. Dienstag - Mittwochmittag)* Karte 27/49 €
• Mit Engagement leitet die Familie den erweiterten traditionellen Landgasthof. Die Zimmer sind wohnlich in ländlichem oder neuzeitlichem Stil eingerichtet, die Bäder bieten teilweise Komfortduschen. In verschiedene gemütliche Räume unterteiltes Restaurant. Der Löwengarten dient als Terrasse.

KÖNIGSBRUNN – Bayern – **546** – 27 320 Ew – Höhe 516 m 65 K20
▶ Berlin 572 – München 66 – Augsburg 14 – Ulm (Donau) 94
▸ Lechfeld, Föllstr. 32a, ✆ (08231) 3 26 37
▸ Königsbrunn, Benzstr. 23, ✆ (08231) 3 42 04

Arkadenhof
Rathausstr. 2 ⊠ *86343* – ✆ *(08231) 9 68 30* – *www.arkadenhof.de*
60 Zim ⊇ – †75/85 € ††85/115 € – 4 Suiten
Rest – ✆ (08231) 9 57 46 75 *(nur Abendessen)* Karte 19/48 €
♦ Das Hotel befindet sich im Zentrum der kleinen Stadt und bietet seinen Gästen zeitgemäße und funktionelle Zimmer. Im Sommer kann man schön auf der Terrasse frühstücken. Praktisch: Kino nebenan!

KÖNIGSDORF – Bayern – **546** – 2 940 Ew – Höhe 625 m 65 L21
▶ Berlin 633 – München 45 – Garmisch-Partenkirchen 54 – Weilheim 29
▸ Beuerberg, Gut Sterz, ✆ (08179) 6 17

Posthotel Hofherr (mit Gasthof)
Hauptstr. 31 (B 11) ⊠ *82549* – ✆ *(08179) 50 90* – *www.posthotel-hofherr.de*
60 Zim ⊇ – †41/85 € ††60/150 € – 2 Suiten **Rest** – Karte 13/38 €
♦ In dem traditionellen Gasthof mit Hotelanbau erwarten Sie unterschiedliche Zimmer von zeitgemäß-komfortabel bis einfacher und ein schöner Freizeitbereich mit Kosmetik und Naturbadeteich. Gemütliche Gasträume und großer Postsaal für Veranstaltungen.

KÖNIGSTEIN – Bayern – **546** – 1 770 Ew – Höhe 490 m – Erholungsort 51 L16
▶ Berlin 407 – München 202 – Nürnberg 54 – Bayreuth 52
🛈 Oberer Markt 20, ⊠ 92281, ✆ (09665) 17 64, www.markt-koenigstein.de
▸ Königstein, Namsreuth 7, ✆ (09665) 9 14 40

Wilder Mann
Oberer Markt 1 ⊠ *92281* – ✆ *(09665) 9 15 90* – *www.wilder-mann.de*
27 Zim ⊇ – †40/70 € ††64/99 € – ½ P 12 € – 2 Suiten
Rest – *(geschl. 7. Februar - 18. März und Dienstagmittag)* Karte 14/40 €
♦ Seit 1881 ist der gewachsene Gasthof im Familienbesitz. Man bietet wohnliche Zimmer, teils mit Balkon zum Garten, sowie einen großzügigen Freizeitbereich. Hausgemachter Kuchen zum Frühstück. Ländlich-elegantes Restaurant und rustikale Stube.

KÖNIGSTEIN im TAUNUS – Hessen – **543** – 15 800 Ew – Höhe 362 m 47 F14
– Heilklimatischer Kurort
▶ Berlin 542 – Wiesbaden 27 – Frankfurt am Main 24 – Bad Homburg vor der Höhe 14
🛈 Hauptstr. 13a, ⊠ 61462, ✆ (06174) 20 22 51, www.koenigstein.de

Villa Rothschild Kempinski ॐ
Im Rothschildpark 1 ⊠ *61462* – ✆ *(06174) 2 90 80*
– *www.kempinski.com/villarothschild* – *geschl. 2. - 23. Januar*
22 Zim – †210/260 € ††260 €, ⊇ 29 €
Rest *Villa Rothschild Kempinski* ❀❀ – siehe Restaurantauswahl
Rest *Tizian's Brasserie* – Menü 33 € (mittags) – Karte 34/71 €
♦ In einem Park steht die schmucke Bankiers-Villa von 1894 - ein edles und stilvolles Boutiquehotel. Shuttle-Service zum Ascara-Spa des Schwesterbetriebs Falkenstein. In Tizian's Brasserie reicht man eine kleine Karte - hier können Sie speisen, wenn mittags das Gourmetrestaurant geschlossen hat.

Königshof garni ॐ
Wiesbadener Str. 30 ⊠ *61462* – ✆ *(06174) 2 90 70* – *www.koenigshof-koenigstein.de*
26 Zim ⊇ – †85/105 € ††115/137 €
♦ Familie Rudolph leitet das ruhig und zentral gelegene Hotel bereits seit 25 Jahren. Die Fotografien in den soliden Zimmern stammen von der Chefin. Gutes Frühstücksbuffet.

KÖNIGSTEIN im TAUNUS

XXX **Villa Rothschild Kempinski** – Hotel Villa Rothschild Kempinski
❀❀ *Im Rothschildpark 1* ✉ *61462* – ✆ *(06174) 2 90 80*
– www.kempinski.com/villarothschild – geschl. 2. - 23. Januar, 8. - 16. April,
24. Juli - 6. August und Sonntag - Montag
Rest – *(nur Abendessen) Menü 89/125 € – Karte 70/82 €*
Spez. Entenstopfleber aus der Landes, Grüner Apfel geeist und geliert, Korianderaromen, Salzbutterbrioche. Geangelter Saint Pierre, geschäumte Sardinenbisque, weiße Bohnencrème mit Anchovis, Schweinebauch. Englischer Pudding, 2x Rhabarber, Malabar Pfeffer, Parfait, Sake.
♦ Französische Stoffe, elegante Tafelkleider, edles Porzellan - dazu bietet Christoph Rainer lukullische Freuden, innovativ und modern auf klassischer Basis zubereitet. Eine vornehme Adresse mit herrlichem Parkblick. Imposante Weinkarte!

In Königstein-Falkenstein Nord-Ost: 2 km

🏨🏨🏨 **Falkenstein Grand Kempinski**
Debusweg 6 ✉ *61462* – ✆ *(06174) 9 00*
– www.kempinski.com/falkenstein
61 Zim – †200/250 € ††250/410 €, ⊆ 29 € – 22 Suiten
Rest *Siesmayer* – siehe Restaurantauswahl
Rest *Bistro Raffael's* – Karte 36/42 €
♦ Das Ensemble aus schönen historischen Häusern besticht durch hervorragenden Service und Zimmer mit ausgesuchtem Interieur in zeitlos-elegantem Stil. Ebenso nobel präsentiert sich der Spa, prunkvoll sind die Säle. Langzeitgäste wohnen in Appartements.

XXX **Siesmayer** – Hotel Falkenstein Grand Kempinski
Debusweg 6 ✉ *61462* – ✆ *(06174) 90 90 50*
– www.kempinski.com/falkenstein – geschl. Sonntag - Montag
Rest – *(nur Abendessen) Menü 57 € – Karte 47/72 €*
♦ Klassische Karte mit zeitgemäßen Akzenten im hochwertig und elegant eingerichteten Restaurant, benannt nach dem berühmten Gartenarchitekten. Terrasse mit Blick auf die Skyline Frankfurts!

In Königstein-Schneidhain Süd-West: 1,5 km über B 455

XX **Tristan**
Wiesbadener Str. 216 a ✉ *61462* – ✆ *(06174) 92 85 25* – www.restaurant-tristan.de
– geschl. 8. - 21. Februar, August 2 Wochen und Montag
Rest – *(Dienstag - Samstag nur Abendessen) Menü 35/41 € – Karte 32/49 €*
♦ Internationale Küche mit exotischem Einschlag, dazu der sympathische Service durch die Chefin und freundliches Interieur mit afrikanischen Accessoires. Kleine Straßenterrasse.

Bestecke ✕ und Sterne ❀ sollten nicht verwechselt werden!
Die Bestecke stehen für eine Komfortkategorie, die Sterne zeichnen Häuser mit besonders guter Küche aus - in jeder dieser Kategorien.

KÖNIGSWINTER – Nordrhein-Westfalen – **543** – 40 870 Ew – Höhe 80 m   36 C13
▶ Berlin 597 – Düsseldorf 83 – Bonn 10 – Koblenz 57
🛈 Drachenfelsstr. 51, ✉ 53639, ✆ (02223) 91 77 11, www.siebengebirge.com
 Siebengebirge ★ : Drachenfels ★ (nur zu Fuß, mit Zahnradbahn oder Kutsche erreichbar)
❋ ★★

🏠 **Hindenburg** garni
Hauptstr. 357 ✉ *53639* – ✆ *(02223) 90 19 40* – www.hotel-haus-hindenburg.de
– geschl. 22. Dezember - 2. Januar
14 Zim ⊆ – †67/70 € ††97/110 €
♦ Eine freundlich-familiäre Adresse ist das nette alte Stadthaus in der Fußgängerzone. Die Zimmer sind klassisch und individuell gestaltet, hübsch ist der kleine Frühstücksraum.

KÖNIGSWINTER

XXX Villa Leonhart
Hauptstr. 330 ⊠ 53639 – ℰ (02223) 90 58 53 – www.villaleonhart.de – geschl. Sonntag - Montag und Samstagmittag
Rest – (Tischbestellung ratsam) Menü 54/129 € – Karte 72/80 €
Spez. Jakobsmuscheln, Erbsen, Himbeeren. Steinbutt, Krustentiercrème, Charentais Melone. Rinderfilet, Morcheln, Blumenkohl.
♦ Die geschmackvoll-modern sanierte weiße Villa (ursprünglich von 1897) ist erfüllt von Großzügigkeit sowie einer formschönen, geradlinig-eleganten und stilgerechten Einrichtung, die sich durch das Restaurant und die verschiedenen Lounges ziehen. Am Herd steht nun Philipp Bahle.

Auf dem Petersberg Nord-Ost: 3 km

Steigenberger Grandhotel Petersberg
Petersberg 1 ⊠ 53639 Königswinter
– ℰ (02223) 7 40 – www.grandhotel-petersberg.steigenberger.de
88 Zim – †125/145 € ††125/145 €, ⊇ 26 € – 11 Suiten
Rest *Rheinterrassen* – siehe Restaurantauswahl
Rest *Bistro* – Menü 32 € – Karte 30/48 €
♦ Die weitläufige Anlage in exponierter Lage bietet einen repräsentativen Rahmen und eine grandiose Aussicht. Zimmer von wohnlich-funktionell bis klassisch-luxuriös. Kosmetik und Massage. Bistro-Café mit Terrasse.

XXX Rheinterrassen – Steigenberger Grandhotel Petersberg
Petersberg 1 ⊠ 53639 Königswinter – ℰ (02223) 7 47 80
– www.grandhotel-petersberg.steigenberger.de
Rest – (nur Abendessen) (Tischbestellung ratsam) Menü 39/91 € – Karte 41/50 €
♦ Das Restaurant zeigt sich, hoch oben auf dem Petersberg, als ein Ort der Ruhe fernab des hektischen Alltags. Klassisch das Interieur, phänomenal der Blick auf den Rhein.

In Königswinter-Stieldorf Nord: 8 km

XX Gasthaus Sutorius
Oelinghovener Str. 7 ⊠ 53639 – ℰ (02244) 91 22 40 – www.sutorius.de – geschl. Sonntagabend - Montag
Rest – (Dienstag - Samstag nur Abendessen) (Tischbestellung ratsam) Menü 39/59 € – Karte 32/57 €
♦ Seit über 200 Jahren befindet sich das Gasthaus in Familienbesitz. In dem nett dekorierten rustikalen Restaurant serviert man regionale und internationale Speisen.

KÖTZTING, BAD – Bayern – **546** – 7 330 Ew – Höhe 409 m — 59 O17
– Kneippheilbad
▶ Berlin 496 – München 189 – Regensburg 78 – Passau 104
🛈 Herrenstr. 10, ⊠ 93444, ℰ (09941) 60 21 50, www.bad-koetzting.de

Amberger Hof
Zeltendorfer Weg 4 ⊠ 93444 – ℰ (09941) 95 00 – www.amberger-hof.de
– geschl. 9. - 25. Januar, 5. - 21. November
33 Zim ⊇ – †47/51 € ††74/82 € – ½ P 16 €
Rest – Menü 13 € (mittags)/37 € – Karte 15/32 €
♦ In dem traditionsreichen Haus der Familie Amberger stehen rustikale oder neuzeitlichere und besonders wohnliche Zimmer bereit, zudem Kosmetik, Massage und Kneippanwendungen. Gemütliche Restaurantstuben und nette Terrasse. Die Küche ist regional-bürgerlich.

In Bad Kötzting-Liebenstein Nord: 7 km in Richtung Ramsried – Höhe 650 m

Bayerwaldhof
Liebenstein 25 ⊠ 93444 – ℰ (09941) 9 48 00 – www.bayerwaldhof.de
75 Zim (inkl. ½ P.) – †100/120 € ††170/280 € – 5 Suiten
Rest – ℰ (09941) 94 79 50 – Karte 21/36 €
♦ Der freundliche Familienbetrieb im Grünen ist ein Ort zum Entspannen. Beeindruckender Spa, wohnliche Zimmer und ein sehr gutes Frühstück. Im Garten: Naturbadeteich und Blockhaussauna. Das Restaurant ist im alpenländischen Stil gehalten.

KOHLGRUB, BAD – Bayern – **546** – 2 530 Ew – Höhe 828 m — 65 K21
– Wintersport: 1 550 m ⚞4 ⚟ – **Moorheilbad**
▶ Berlin 668 – München 83 – Garmisch-Partenkirchen 32 – Kempten (Allgäu) 78
ℹ Hauptstr. 27, ✉ 82433, ☎ (08845) 7 42 20, www.bad-kohlgrub.de

Sebaldus
Mühlstr. 1 ✉ 82433 – ☎ (08845) 70 00
– www.landhotel-sebaldus.de – geschl. Ende November - 27. Dezember
18 Zim ⌑ – †43/55 € ††82/110 € – ½ P 16 €
Rest – (nur Abendessen für Hausgäste)
◆ Ein familiengeführtes kleines Haus mit wohnlichen Zimmern, nettem Garten und einem hellen, freundlichen Saunabereich mit schönem Wintergarten-Ruheraum. Sie können bei Moor-Kur oder Massage entspannen oder aber beim Chef einen Fliegenfischkurs machen!

KOHREN-SAHLIS – Sachsen – **544** – 2 880 Ew – Höhe 200 m — 42 N12
▶ Berlin 231 – Dresden 117 – Chemnitz 39 – Altenburg 21

Im Ortsteil Terpitz Ost: 2 km

Elisenhof
Terpitz 27 ✉ 04655 – ☎ (034344) 6 14 39
– www.hotel-elisenhof.de
8 Zim ⌑ – †45 € ††65/75 €
Rest – (geschl. 14. - 18. November) Karte 11/26 €
◆ In einen historischen Vierseitenhof hat man das familiengeführte Hotel integriert. Die behaglichen Zimmer verfügen alle über einen Balkon. Schön ist die ruhige Lage im Grünen. Charmant-rustikale Galerie und Terrasse mit Blick auf die ländliche Umgebung.

KOLLNBURG – Bayern – **546** – 2 910 Ew – Höhe 655 m – **Wintersport:** — 59 O17
1 048 m ⚞4 ⚟ – **Erholungsort**
▶ Berlin 510 – München 177 – Regensburg 75 – Passau 85
ℹ Schulstr. 1, ✉ 94262, ☎ (09942) 94 12 14, www.kollnburg.de

Burggasthof (mit Gästehaus)
Burgstr. 11 ✉ 94262 – ☎ (09942) 86 86
– www.burggasthof-hauptmann.de – geschl. Mitte November - Mitte Dezember
20 Zim ⌑ – †37 € ††67/76 € – ½ P 12 €
Rest – (geschl. Dienstagmittag) Karte 13/26 €
◆ Eine sehr nette familiär geführte Adresse, die immer wieder modernisiert wird. Die Zimmer sind teils im Landhausstil gehalten, hübsch sind die Themenzimmer Hochzeitsstube, Kornblumenstube und Ritterstube. Gaststube in bürgerlich-rustikalem Stil.

KONSTANZ – Baden-Württemberg – **545** – 83 650 Ew – Höhe 405 m — 63 G21
▶ Berlin 763 – Stuttgart 180 – Bregenz 62 – Ulm (Donau) 146
ℹ Bahnhofplatz 43 Z, ✉ 78462, ☎ (07531) 13 30 30, www.konstanz-tourismus.de
⛳ Allensbach-Langenrain, Hofgut Kargegg 1, ☎ (07533) 9 30 30
◉ Lage★ – Seeufer★ – Münster★ Y – Sealife★ Z
◉ Insel Mainau★★ - Insel Reichenau★

RIVA
Seestr. 25, (Zufahrt Kamorstraße) (über Mainaustraße Y) ✉ 78464
– ☎ (07531) 36 30 90 – www.hotel-riva.de – geschl. Januar - Februar
50 Zim ⌑ – †130/170 € ††200/450 € – 5 Suiten
Rest *Ophelia* ❀ **Rest** *RIVA* – siehe Restaurantauswahl
◆ Das Hotel überzeugt durch seine Lage an der Uferpromenade, aufmerksamen Service und hochwertiges modernes Interieur in klaren Linien. Ein Highlight: Freibad auf dem Dach mit Seeblick.

KONSTANZ

Augustinerpl.	Z
Bahnhofpl.	Z 2
Bahnhofstr.	Z 3
Benediktinerpl.	Y 4
Bodanpl.	Z
Bodanstr.	Z
Brauneggerstr.	Y
Emmishoferstr.	Z 5
Gartenstr.	Y 8
Glärnischstr.	Y 9
Gottlieber Str.	Z 12
Hafenstr.	Z
Hussenstr.	Z 13
Inselgasse	Y
Kanzleistr.	Z 17
Katzgasse	Y 18
Konzilstr.	YZ
Kreuzlinger Str.	Z 20
Lutherpl.	Z
Mainaustr.	Z 22
Marktstätte	Z 23
Münsterpl.	Z
Munzgasse	Z 25
Neugasse	Z 26
Obere Laube	Z
Obermarkt	Z 28
Paradiesstr.	Z 29
Rheinbrücke.	Y
Rheingutstr.	Y
Rheinsteig	Y
Rosgartenstr.	Z 32
Schottenstr.	Y
Schützenstr.	Z 35
Seestr.	Y 36
Spanierstr.	Z 38
St-Stephans-Pl.	Z 33
Theodor-Heuss-Str.	Z 39
Torgasse.	Y 42
Untere Laube	Y
Weberssteig	Y
Wessenbergstr.	Z 43
Wissenstr.	Z
Zollernstr.	Z 45

🏨 **Halm**
Bahnhofplatz 6 ✉ *78462* – ☎ *(07531) 12 10*
– www.hotel-halm-konstanz.de **Za**
99 Zim – †66/121 € ††86/131 €, ⇌ 16 € – 8 Suiten
Rest – *(geschl. Sonntag - Montag) (nur Abendessen)* Karte 29/59 €
♦ Die zentrale Lage nahe dem Hauptbahnhof sowie funktionelle Gästezimmer in zeitlosem Stil kennzeichnen das Traditionshotel in dem klassischen Stadthaus. Im prächtigen Maurischen Saal bietet man zeitgemäße Küche.

🏨 **Steigenberger Inselhotel**
Auf der Insel 1 ✉ *78462* – ☎ *(07531) 12 50*
– www.konstanz.steigenberger.de **Yh**
102 Zim ⇌ – †125/157 € ††200/244 € – 2 Suiten
Rest *Seerestaurant* – Karte 40/60 €
Rest *Dominikanerstube* – Karte 28/54 €
♦ Hotel in einem ehemaligen Dominikanerkloster a. d. 13. Jh. mit wunderschönem Kreuzgang. Fragen Sie nach den neueren Zimmern. Herrlich ist die Liegewiese zum See hin. Internationale Küche im Seerestaurant mit hübscher Terrasse. Regionales in der Dominikanerstube.

🏨 **Buchner Hof** garni
Buchnerstr. 6 (über Mainaustraße Y) ✉ *78464* – ☎ *(07531) 8 10 20*
– www.buchner-hof.de – geschl. 20. Dezember - 10. Januar
13 Zim ⇌ – †85/100 € ††110/150 €
♦ Ein familiäres kleines Hotel, das recht ruhig in See- und Altstadtnähe liegt und über freundliche Gästezimmer mit funktionaler Ausstattung verfügt.

717

KONSTANZ

XXX Ophelia – Hotel RIVA
Seestr. 25, (Zufahrt Kamorstraße) (über Mainaustraße) Y ✉ 78464 – ℰ (07531) 36 30 90
– www.hotel-riva.de – geschl. Januar - Februar und Dienstag - Mittwoch
Rest – (nur Abendessen) Menü 96/119 € – Karte 59/90 €
Spez. Steinbutt, Morcheln, Zucchiniblüte. Salzwiesenlammrücken, Bries, Fenchel, Honig-Schafskäse, Pommes Maxim. Pfirsich, Rosmarin, Lavendel.
• In prädestinierter Seelage verkörpert das Interior der Räume jenes feine Flair der schmucken Jugendstilvilla: eine perfekte Melange von Opulenz und Design. Dirk Hobergs moderne Interpretation der französischen Küche hat das Lokal zu einem Hotspot für Gourmets gemacht.

XX Papageno
Hüetlinstr. 8a ✉ 78462 – ℰ (07531) 36 86 60 – www.papageno-konstanz.de – geschl. Montag, Juni - August: Montag - Dienstag   Zb
Rest – Menü 22 € (mittags)/65 € – Karte 46/86 €
• In zentraler Lage befindet sich das moderne Restaurant mit eleganter Note. Geboten wird eine zeitgemäße internationale Küche - man kann auch ein günstiges Tagesmenü wählen.

XX RIVA – Hotel RIVA
Seestr. 25, (Zufahrt Kamorstraße) (über Mainaustraße) Y ✉ 78464
– ℰ (07531) 36 30 90 – www.hotel-riva.de – geschl. Januar - Februar
Rest – Karte 31/58 €
• Atmosphärisch wie kulinarisch ein gelungenes Ergebnis! Mediterran, in Nude-Tönen gehaltenes Interieur, bodentiefe Fenster, die sich zur Terrasse und zum See öffnen lassen, sorgen für ein wunderschönes Gesamtbild.

In Konstanz-Staad Nord-Ost: 4 km über Mainaustraße Y

🏨 Schiff am See
William-Graf-Platz 2 ✉ 78464 – ℰ (07531) 3 10 41 – www.konstanz.ringhotels.de
34 Zim – †82/119 € ††110/165 € – 4 Suiten
Rest *Bürgerstube* – siehe Restaurantauswahl
Rest – Menü 19 € (mittags) – Karte 20/49 €
• Das mit wohnlichen Zimmern ausgestattete Hotel wird freundlich von Familie Heise geleitet. Das Haus liegt am Seeufer, zur Fähre nach Meersburg sind es nur wenige Schritte.

XX Bürgerstube – Hotel Schiff am See
William-Graf-Platz 2 ✉ 78464 – ℰ (07531) 3 10 41 – www.konstanz.ringhotels.de
Rest – Menü 58/88 € – Karte 62/72 €
• Bereits 1272 als "Herrschaftliches Bestands-Wirtshaus" erwähnt, sorgen heute Zirbelholz und Kachelofen für wohlige Gemütlichkeit, schmackhafte Küche mit regionalem und internationalem Einfluss für den kulinarischen Genuss.

KONZ – Rheinland-Pfalz – **543** – 17 900 Ew – Höhe 130 m   **45** B16
▶ Berlin 737 – Mainz 162 – Trier 11 – Saarbrücken 86

In Konz-Niedermennig Ost: 4 km

XX Allegra mit Zim
Wendelinstr. 5 ✉ 54329 – ℰ (06501) 94 60 64 – www.allegra-restaurant.de – geschl. Montag - Dienstag
4 Zim – †40 € ††48 €, ☐ 10 €   **Rest** – (nur Abendessen) Karte 33/51 €
• Gastgeberin Gaby Riss bietet in ihrem Restaurant eine kräuterbetonte saisonal-mediterrane Küche. Angenehm helle Töne schaffen dazu ein harmonisches Ambiente, in dem sich die von der Chefin selbst gemalten Bilder gut machen.

KORB – Baden-Württemberg – siehe Waiblingen

KORBACH – Hessen – **543** – 23 900 Ew – Höhe 379 m   **28** G11
– Wintersport: 450 m
▶ Berlin 447 – Wiesbaden 187 – Kassel 64 – Marburg 67
ℹ Stechbahn 1, ✉ 34497, ℰ (05631) 5 32 32, www.korbach.de

KORBACH

Goldflair am Rathaus
Stechbahn 8 ⊠ 34497 – ℰ (05631) 5 00 90 – www.goldflair.de
38 Zim ☐ – †49/79 € ††89/105 € – ½ P 14 €
Rest – (geschl. Sonntagabend) Menü 14/29 € – Karte 13/25 €
- Inspiriert durch Korbachs Goldlagerstätte, findet sich das Thema Gold überall in diesem Hotel. Einige der Zimmer sind individuelle "Gold"- und "Märchengold"-Zimmer. Verwinkelt, rustikal und gemütlich ist das Restaurant.

KORDEL – Rheinland-Pfalz – **543** – 2 120 Ew – Höhe 140 m   45 B15
▶ Berlin 719 – Mainz 167 – Trier 18 – Bitburg 21

In Zemmer-Daufenbach Nord: 5 km – Höhe 360 m

Landhaus Mühlenberg (Ulrike Stoebe)
Mühlenberg 2 ⊠ 54313 – ℰ (06505) 10 10 – www.landhaus-muehlenberg.de
– geschl. Januar 3 Wochen, Juli 3 Wochen und Sonntagabend - Mittwoch
Rest – (Donnerstag - Samstag nur Abendessen) (Tischbestellung erforderlich)
Menü 78/93 €
Spez. Gelierte Essenz von Zitronengras und Ingwer, Krustentiere, Thunfischtatar und Curryemulsion. Kalbsrücken mit Pfifferlingen und Gänseleber gefüllt, in Vin Santo. Geeiste Vanille-Krokantterrine auf karamellisierten Kirschen mit Schokoladensorbet.
- Mitten im Wald gelegen, schmiegt sich diese schöne Adresse in die ländliche Idylle. Wohin man schaut, Aufmerksamkeiten und Details, die den persönlichen Stil und die herzliche Gastlichkeit von Familie Stoebe zeigen. Die feine klassische Küche mit mediterranen Akzenten wird in Menüform offeriert.

KORNTAL-MÜNCHINGEN – Baden-Württemberg – **545** – 18 570 Ew   55 G18
– Höhe 335 m
▶ Berlin 635 – Stuttgart 15 – Karlsruhe 69 – Tübingen 57

Siehe Stadtplan Stuttgart (Umgebungsplan)

Landschloss Korntal garni
Saalplatz 5 , (Korntal) ⊠ 70825 – ℰ (0711) 8 38 88 00 – www.landschloss-korntal.de
– geschl. 20. Dezember - 3. Januar   **CPb**
22 Zim ☐ – †85/105 € ††115/140 €
- Ein ehemaliges Hofgut a. d. 13. Jh. beherbergt dieses kleine Hotel mit neuzeitlichen Zimmern, einem schönen modern-rustikalen Frühstücksraum und Festsaal mit historischem Flair.

KORSCHENBROICH – Nordrhein-Westfalen – siehe Mönchengladbach

KORSWANDT – Mecklenburg-Vorpommern – siehe Usedom (Insel)

KOSEROW – Mecklenburg-Vorpommern – siehe Usedom (Insel)

KRAIBURG AM INN – Bayern – **546** – 3 990 Ew – Höhe 462 m   66 N20
▶ Berlin 650 – München 78 – Bad Reichenhall 77 – Landshut 67
🛈 Schloß Guttenburg, Guttenburg 3, ℰ (08638) 88 74 88

Hardthaus
Marktplatz 31 ⊠ 84559 – ℰ (08638) 7 30 67 – www.hardthaus.com – geschl. Sonntag - Montag
Rest – (nur Abendessen) (Tischbestellung ratsam) Karte 38/86 €
Rest Weinkeller – (geschl. Sonntag - Montag) (nur Abendessen) Menü 22 €
- In dem denkmalgeschützten Haus umgibt Sie das charmante Ambiente eines ehemaligen Kolonialwarenladens. Davor die schöne Terrasse am Marktplatz. Die Küche ist international. Der Weinkeller im gemütlichen Gewölbe bietet ein saisonales Tagesmenü.

KRAKOW AM SEE – Mecklenburg-Vorpommern – **542** – 3 360 Ew   12 N5
– Höhe 50 m – Luftkurort
▶ Berlin 170 – Schwerin 74 – Rostock 63 – Neubrandenburg 84
🛈 Serrahn, Dobbiner Weg 24, ℰ (038456) 6 50

KRAKOW AM SEE

In Krakow-Seegrube Nord-Ost: 4,5 km

Ich weiß ein Haus am See mit Zim
Paradiesweg 3 ⊠ 18292 – ℘ (038457) 2 32 73 – www.hausamsee.de
– geschl. Montag und November - März: Sonntag - Donnerstag
11 Zim – †90/130 € ††130/180 € – ½ P 55 €
Rest – *(nur Abendessen)* (Tischbestellung ratsam) Menü 64/85 € – Karte 52/65 €
Spez. Soufflé von Wildbarsch und Jakobsmuschel auf Wildkräuterspinat mit getrüffelter Beurre Blanc. Gegrillter Marlin auf Süßkartoffel, Mangoragout mit mildem Thaicurryschaum. Entrecôte vom Jungbullen mit gebratenem Blumenkohl, Ofenkartoffeln und Sauce Marchand du Vin.
♦ In dem eleganten und stilvoll mit Kunst dekorierten Restaurant der Familie König bietet man gute klassische Küche, die von einer umfassenden Weinberatung durch den Chef begleitet wird. Toller Blick auf den See. Für Übernachtungsgäste: hübsche Landhauszimmer zum See oder zur Waldseite sowie ein eigenes Strandbad.

KRANZBACH – Bayern – siehe Krün

KRANZBERG – Bayern – 546 – 3 980 Ew – Höhe 483 m   58 L19
▶ Berlin 557 – München 41 – Regensburg 94 – Ingolstadt 49

In Kranzberg-Hohenbercha Süd-West: 5 km jenseits der A 9

Hörger Biohotel und Tafernwirtschaft
Hohenbercha 38 ⊠ 85402 – ℘ (08166) 99 09 80
– www.hoerger-biohotel.de
25 Zim – †54/75 € ††69/109 €   **Rest** – Karte 13/36 €
♦ Ein Gasthaus mit über 100-jähriger Familientradition. Im eigenen Apfelgarten steht ein moderner Vollholzbau mit hübschen geradlinigen Zirbelholz-Zimmern, einfachere Zimmer im Haupthaus. Bio-Küche in gemütlichen, ländlich-rustikalen Gaststuben.

KRAUSNICK GROSS-WASSERBURG – Brandenburg – 542 – 640 Ew   33 Q9
– Höhe 50 m
▶ Berlin 77 – Potsdam 101 – Cottbus 71 – Frankfurt (Oder) 66

Landhotel Krausnick
Alte Wasserburgerstr. 12 (Krausnick) ⊠ 15910 – ℘ (035472) 6 10
– www.landhotel-krausnick.de
37 Zim – †50/55 € ††80/86 €   **Rest** – Karte 13/24 €
♦ Das solide geführte Hotel liegt in der Nähe der tropischen Bade- und Freizeitanlage "Tropical Islands" und verfügt über gepflegte, zeitgemäß ausgestattete Zimmer. Bei schönem Wetter ergänzen Terrasse und Biergarten das Restaurant.

KREFELD – Nordrhein-Westfalen – 543 – 235 420 Ew – Höhe 38 m   25 B11
▶ Berlin 571 – Düsseldorf 28 – Eindhoven 86 – Essen 38
ADAC Dießemer Bruch 76 Y
🛈 Hochstr. 114 Z, ⊠ 47798, ℘ (02151) 86 15 15, www.krefeld.de
 Krefeld-Linn, Eltweg 2, ℘ (02151) 15 60 30
 Krefeld-Bockum, Stadtwald, ℘ (02151) 59 02 43
 Krefeld-Traar, An der Elfrather Mühle 145, ℘ (02151) 4 96 90

In Krefeld-Bockum

Mercure Parkhotel Krefelder Hof
Uerdinger Str. 245 ⊠ 47800 – ℘ (02151) 58 40
– www.mercure.de   Ya
156 Zim – †59/279 € ††69/299 €, ⊡ 18 € – 4 Suiten
Rest *Brasserie La Provence* – Karte 29/65 €
♦ Ein klassisches und gediegen-komfortables Hotel mit über 100-jähriger Geschichte. Auch stilvolle Veranstaltungsräume sind vorhanden. Zum Haus gehört ein kleiner Park. Restaurant mit Brasserie-Flair, dazu eine nette Terrasse.

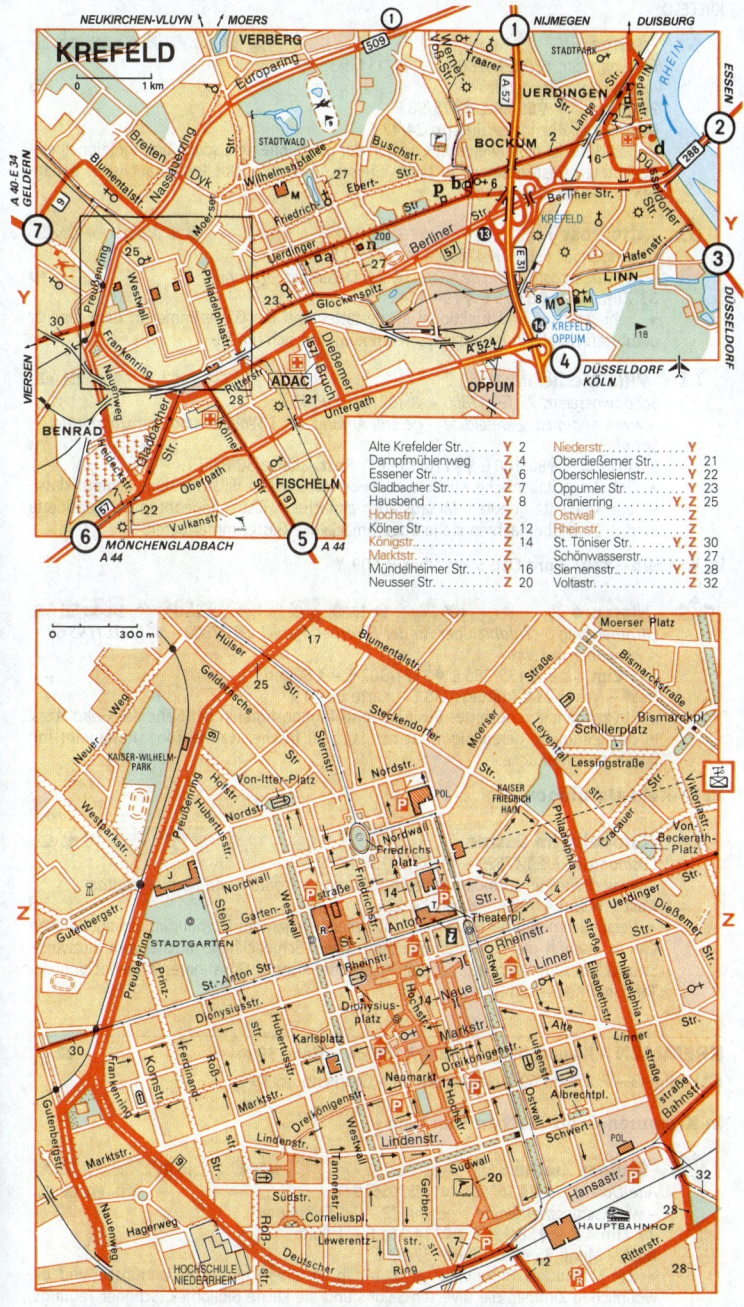

KREFELD

Benger
Uerdinger Str. 620 ✉ 47800 – ℰ (02151) 9 55 40
– www.hotel-benger.de   **Yb**
20 Zim – †55/69 € ††75/98 €
Rest – (nur Abendessen) Karte 24/47 €
♦ Das Hotel ist ein erweiterter Gasthof, der mit gepflegten, solide und funktionell eingerichteten Gästezimmern zu fairen Preisen überzeugt. Das Restaurant ist in behaglich-rustikalem Stil gehalten.

Alte Post garni
Uerdinger Str. 550a ✉ 47800 – ℰ (02151) 5 88 40
– www.alte-post-krefeld.de – geschl. 24. Dezember - 1. Januar   **Yp**
33 Zim – †67/75 € ††94/104 €
♦ Sehr gepflegt und funktional ausgestattet sind die Gästezimmer in dem familiär geführten Hotel. Ein freundliches Team kümmert sich um Sie.

Villa Medici mit Zim
Schönwasserstr. 73 ✉ 47800 – ℰ (02151) 5 06 60
– www.villa-medici-krefeld.de – geschl. Anfang Juli 3 Wochen und Samstagmittag, Sonntag   **Yn**
9 Zim – †80/100 € ††110/150 €   **Rest** – Karte 30/81 €
♦ Gehobene italienische Küche wird in der schmucken Villa mit stilgerechtem klassischem Ambiente geboten. Mittags auch einfacheres Bistro-Angebot in der Cantinetta Medici. Zum Übernachten stehen geschmackvolle Gästezimmer bereit.

In Krefeld-Traar Nord-Ost: 5 km über B 509 Y

Mercure
Elfrather Weg 5 (Zufahrt über An der Elfrather Mühle) ✉ 47802 – ℰ (02151) 95 60
– www.mercure.com
155 Zim – †135/266 € ††171/302 € – 4 Suiten
Rest – Menü 23 € (mittags)/48 € – Karte 28/61 €
♦ Ein zeitgemäß renoviertes Business- und Tagungshotel in der Nähe des Golfplatzes. In den Zimmern: geradlinig-moderner Stil und frische, warme Töne. Restaurant mit internationaler Küche.

In Krefeld-Uerdingen

Chopelin im Casino
Casinogasse 1 ✉ 47829 – ℰ (02151) 31 17 89
– www.chopelinimcasino.de – geschl. Sonntag - Montag und Samstagmittag
Rest – Menü 44/69 € – Karte 32/60 €   **Yd**
♦ Persönlich geführtes Restaurant mit hellem, elegantem Interieur im einstigen Bayer-Casino - schön die Balkonterrasse zum Rhein. Schmackhafte Küche vom Blutwurst-Strudel bis zum Loup de mer mit Krustentier-Risotto. Günstigeres Angebot von der Tafel im integrierten Bistro.

KREMMEN – Brandenburg – **542** – 7 130 Ew – Höhe 39 m   **22** O7
▶ Berlin 43 – Potsdam 50 – Neuruppin 36 – Oranienburg 18

In Kremmen-Groß Ziethen Süd: 6 km

Schloss Ziethen (mit Gästehaus)
Alte Dorfstr. 33 ✉ 16766 – ℰ (033055) 9 50
– www.schlossziethen.de – geschl. 22. - 24. Dezember
39 Zim – †88/135 € ††114/166 € – 1 Suite
Rest – Menü 35/42 € – Karte 32/43 €
♦ Ein schmuckes Herrenhaus a. d. 14. Jh. in einem netten Park. Hübsch sind die wohnlichen Zimmer, die diversen Salons und die kleine Bibliothek. Schöner Tagungsbereich im Rosenhaus. Restaurant Orangerie in einem luftig-hohen Raum mit großen Bogenfenstern.

In Kremmen-Sommerfeld Nord: 8 km

 Sommerfeld
Beetzer Str. 1a ✉ 16766 – ⌂ (033055) 9 70
– www.hotelsommerfeld.de
85 Zim – †92/131 € ††148/202 € – 2 Suiten
Rest – Menü 23 € (mittags)/85 € – Karte 28/45 €
♦ Das Hotel befindet sich am Beetzer See und bietet einen ansprechenden Spa sowie wohnlich-komfortable Zimmer. Besonders schön sind die geräumigen Wellness-Relax-Zimmer. Die Restaurantbereiche nennen sich Kranich, Bistro Frosch und Roter Salon.

KRESSBRONN am BODENSEE – Baden-Württemberg – 545 – 63 H21
– 8 100 Ew – Höhe 407 m – Erholungsort

▶ Berlin 731 – Stuttgart 170 – Konstanz 41 – Ravensburg 23
ℹ Im Bahnhof, ✉ 88079, ⌂ (07543) 9 66 50, www.kressbronn.de

Boutique-Hotel Friesinger
Bahnhofstr. 5 ✉ 88079 – ⌂ (07543) 9 39 87 87 – www.boutique-hotel-friesinger.de
– geschl. 5. - 20. März, 5. - 20. November
5 Zim – †75/98 € ††98/168 € – 2 Suiten
Rest *Meersalz* – siehe Restaurantauswahl
♦ Zwei Gastronomen, eine schöne alte Villa und die Idee von einem eigenen Hotel! Was Dominique und Erik Essink hier mit warmen Tönen, schönen Materialien und modernen Formen geschaffen haben, trägt zurecht den Namen Boutique-Hotel!

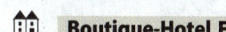

Teddybärenhotel Peterhof
Nonnenbacher Weg 33 ✉ 88079 – ⌂ (07543) 9 62 70 – www.teddybaerenhotel.de
– geschl. Januar - Februar
17 Zim – †54/75 € ††98/140 € – ½ P 18 €
Rest – (geschl. Dienstag) Menü 18 € (mittags)/50 € – Karte 19/59 €
♦ Der Chef dieses Hotels ist ein echter Teddy-Liebhaber. Überall im Haus finden sich die kleinen bärigen Zeitgenossen und tragen zur wohnlichen Atmosphäre bei. In der Küche werden ausschließlich regionale Produkte verarbeitet.

Pension am Bodensee garni
Bodanstr. 7 ✉ 88079 – ⌂ (07543) 73 82 – www.pension-am-bodensee.de
8 Zim – †79/155 € ††98/210 € – 1 Suite
♦ Ein kleines Bijou mit mediterraner Note direkt am See. Die Zimmer sind hochwertig und individuell, das Frühstück ist exzellent. Die engagierten Gastgeber betreiben auch die "Park-Villa" 200 m vom See mit großzügigen und sehr gut ausgestatteten Appartements.

✗ **Meersalz** – Boutique-Hotel Friesinger
Bahnhofstr. 5 ✉ 88079 – ⌂ (07543) 9 39 87 87 – www.restaurant-meersalz.de
– geschl. 5. - 20. März, 5. - 20. November und Montag - Dienstag
Rest – (Mittwoch - Samstag nur Abendessen) Menü 38 € (mittags)/48 €
– Karte 33/53 €
♦ Das Gastgeberpaar wollte hier Wohlfühlatmosphäre schaffen - und das ist gelungen! Statt eines Steinmetz-Betriebs findet man hier nun geschmackvolles modern-elegantes Interieur und charmanten Service! Auf der Karte z. B. Riesengarnelen mit Paprikachutney.

In Kressbronn-Retterschen

 Sonnenhof
Sonnenhof 8 ✉ 88079 – ⌂ (07543) 50 02 20 – www.sonnenhof-bodensee.de
32 Zim – †75/154 € ††127/179 € – ½ P 29 € – 1 Suite
Rest – (Montag - Freitag nur Abendessen) Menü 29 € – Karte 30/54 €
♦ Die stilvoll-modern sanierte 100 Jahre alte Villa liegt oberhalb des Bodensees und bietet eine herrliche Sicht. Einfachere und preisgünstigere Zimmer im Gästehaus. Zum geradlinig gehaltenen Restaurant gehört eine tolle Terrasse.

KREUTH – Bayern – siehe Rottach-Egern

KREUZNACH, BAD – Rheinland-Pfalz – **543** – 43 490 Ew – Höhe 108 m 46 D15
– Heilbad

▶ Berlin 612 – Mainz 45 – Idar-Oberstein 50 – Kaiserslautern 56

ADAC Kreuzstr. 15 **Y**

🛈 Kurhausstr. 22 **Y**, ✉ 55543, ✆ (0671) 8 36 00 50, www.bad-kreuznach-tourist.de

🛈 Am Europaplatz, ✉ 55543, ✆ (0671) 8 45 91 47

St. Johann, Hofgut Wißberg, ✆ (06701) 2 00 80

Römerhalle ★ (Fußboden-Mosaiken ★★) **Y M**

Fürstenhof
Kurhausstr. 20 ✉ 55543 – ✆ (0671) 2 98 46 70 – www.sympathie-hotels.de
74 Zim – †78/99 € ††118/139 € – ½ P 20 € – 2 Suiten **Yf**
Rest – *(geschl. Samstagmittag, Sonntagabend)* Karte 26/45 €

♦ In dem Hotel im Kurviertel, gleich neben dem Gesundheitszentrum, stehen modern-funktionale, teils recht großzügige Zimmer bereit. Gute Tagungsmöglichkeiten sind ebenso vorhanden.

BAD KREUZNACH

Am Römerkastell..... Y 2	Mannheimer	
Baumstr........... Z 3	Str............ YZ	
Eiermarkt.......... Y 4	Poststr........... Y 13	
Gerbergasse....... Y 5	Römerstr........ Y 14	
Hochstr........... Y	Salinenstr........ YZ	
Holzmarkt......... Y 7	Stromberger Str.... Y 16	
Hospitalgasse..... Y 8	Wilhelmsbrücke... Y 17	
Kornmarkt......... Y 9	Wilhelmstr........ Y	
Kreuzstr.......... Y 10	Wormser Str...... Y 18	

KREUZNACH, BAD

Domina Hotel Kurhaus & Conference
Kurhausstr. 28 ⌂ 55543 – ℰ (0671) 80 20
– www.dominahotels.com Za
120 Zim ☐ – †85/120 € ††135/165 € – 6 Suiten Rest – Karte 30/46 €
♦ Das klassische Hotel von 1913 liegt ruhig am Kurpark und bietet kostenfreien Zugang zur direkt angeschlossenen "Crucenia-Therme". Im Haus werden auch Kosmetikanwendungen angeboten. Helles Restaurant mit großer Fensterfront zum Park.

Kauzenburg mit Landhotel garni
Auf dem Kauzenberg 1 ⌂ 55545 – ℰ (0671) 3 80 00
– www.kauzenburg.de Yt
45 Zim ☐ – †79/89 € ††99/115 €
♦ Das Hotel überzeugt durch seine angenehm ruhige Lage über der Stadt sowie neuzeitlich-gediegene Zimmer. Schöner Barfußweg hinter dem Haus. Restaurant zwei Gehminuten entfernt.

Victoria garni
Kaiser-Wilhelm-Str. 16 ⌂ 55543 – ℰ (0671) 84 45 00
– www.hotel-victoria-bad-kreuznach.de Zr
21 Zim ☐ – †59/69 € ††89/115 €
♦ Ein im Kurviertel, an der Nahe gelegenes Stadthotel mit gepflegten, funktionalen Gästezimmern - besonders schön sind die Zimmer zum Fluss. Im Haus befindet sich eine Pizzeria.

Im Gütchen
Hüffelsheimer Str. 1 ⌂ 55545 – ℰ (0671) 4 26 26 – www.jan-treutle.de
– geschl. 1. - 8. Januar, 8. - 13. Oktober und Dienstag Yr
Rest – (Montag - Samstag nur Abendessen) Karte 40/65 €
♦ In dem ehemaligen Hofgut a. d. 18. Jh. hat man in einem schönen hohen Raum ein ansprechendes modern-elegantes Ambiente geschaffen. Jan Treutle bietet hier schmackhafte zeitgemäße Küche, seine Frau leitet umsichtig den Service.

Im Kittchen
Alte Poststr. 2 ⌂ 55545 – ℰ (0671) 9 20 08 11 – geschl. über Karneval, über Ostern, Juli - Mitte August 2 Wochen, 24. - 27. Dezember sowie Sonntag - Montag und an Feiertagen Yk
Rest – (nur Abendessen) (Tischbestellung ratsam) Menü 18/42 €
– Karte 32/49 €
♦ Gemütlich sitzen die Gäste in dem kleinen Restaurant in der Altstadt und lassen sich regionale und internationale Küche schmecken, die auch als Tapasmenü angeboten wird. Besonders empfehlenswert sind Gerichte wie der Rochenflügel mit Spinatkrapfen in Zitronen-Kapernbutter.

KREUZTAL – Nordrhein-Westfalen – **543** – 31 090 Ew – Höhe 300 m 37 E12
▶ Berlin 574 – Düsseldorf 120 – Siegen 12 – Hagen 78
🏌 Kreuztal, Berghäuser Weg, ℰ (02732) 5 94 70

Keller
Siegener Str. 33 ⌂ 57223 – ℰ (02732) 5 95 70
– www.keller-kreuztal.de
15 Zim ☐ – †55/75 € ††90/110 €
Rest – (geschl. Sonntagabend) Menü 20/27 € – Karte 21/42 €
♦ Ein nettes kleines Hotel in ländlich-rustikalem Stil, das freundlich-familiär geleitet wird und über wohnlich gestaltete Gästezimmer verfügt. Neben den reichlich dekorierten Restaurantstuben hat man einen hübschen begrünten Innenhof.

KREUZWERTHEIM – Bayern – siehe Wertheim

KRONACH – Bayern – **546** – 17 440 Ew – Höhe 320 m 50 L14
▶ Berlin 352 – München 279 – Coburg 33 – Bayreuth 44
🛈 Marktplatz 5, ⌂ 96317, ℰ (09261) 9 72 36, www.kronach.de
🏌 Küps-Oberlangenstadt, Nagel, ℰ (09264) 88 12

KRONACH

Stadthotels Pfarrhof & Am Pförtchen (mit Gästehaus)
Amtsgerichtsstr. 12 ⊠ 96317 – ℰ (09261) 50 45 90
– www.stadthotel-pfarrhof.de
31 Zim – †73/98 € ††97/133 €
Rest *Antlabräu* – ℰ (09261) 5 04 59 50 *(geschl. Montagmittag, Dienstagmittag)*
Karte 15/37 €
• Überaus freundlich ist der Service in dem Hotel in der alten Oberstadt, hübsch und liebevoll gestaltet sind die Zimmer in den historischen Häusern Pfarrhof, Pförtchen und Floßherrn. Vier Zimmer mit kleinem Balkon und Blick zur Festung. Antlabräu mit eigener Brauerei und Wirtshausküche.

In Stockheim-Haig Nord-West: 7 km über B 89, in Haßlach links

Landgasthof Detsch mit Zim
Coburger Str. 9 ⊠ 96342 – ℰ (09261) 6 24 90 – www.landgasthof-detsch-haig.de
– geschl. über Fasching 1 Woche, Anfang - Mitte August und Sonntagabend - Montag
9 Zim – †47/49 € ††59 € – 1 Suite
Rest – *(Dienstag - Samstag nur Abendessen)* Menü 22 € (vegetarisch)/33 €
– Karte 21/34 €
• Das a. d. J. 1723 stammende Gasthaus mit den grünen Fensterläden wird schon seit Generationen von der Familie geführt, die mit Herzlichkeit für Wohlfühlatmosphäre sorgt. Zum schmackhaften regionalen Angebot gehört Fleisch aus der eigenen Angus-Rinder-Aufzucht, aber auch Gerichte wie fränkischer Zander in der Röstikruste. Gepflegte wohnliche Zimmer im kleinen Gästehaus.

KRONBERG im TAUNUS – Hessen – 543 – 17 570 Ew – Höhe 257 m 47 F14
– Luftkurort

▶ Berlin 540 – Wiesbaden 28 – Frankfurt am Main 17 – Bad Homburg vor der Höhe 13
🛈 Berliner Platz 3-5, ⊠ 61476, ℰ (06173) 70 30, www.kronberg.de
⛳ Land- und Golfclub Kronberg, Schloß Friedrichshof, ℰ (06173) 14 26

Schlosshotel
Hainstr. 25 ⊠ 61476 – ℰ (06173) 7 01 01 – www.schlosshotel-kronberg.de
58 Zim – †155/235 € ††175/265 €, ⊇ 25 € – 7 Suiten
Rest – Menü 39 € (mittags)/103 € – Karte 48/81 €
• Ein imposanter Rahmen zeichnet das Ende des 19. Jh. errichtete Schloss inmitten eines romantischen Parks aus. Exklusives Interieur mit zahlreichen Antiquitäten bewahrt den besonderen Charakter. Das Restaurant: ein prunkvoller Saal, der mit seinem französischen Renaissancestil Eleganz ausstrahlt.

Villa Philippe
Hainstr. 3, (1. Etage) ⊠ 61476 – ℰ (06173) 99 37 51 – www.villa-philippe.de – geschl. Montag
Rest – Menü 45/65 € – Karte 34/56 €
• In der schönen alten Villa mischt sich ein bisschen historisches Flair mit modernem Stil. Sie können in der 1. Etage essen oder in trendiger Atmosphäre im EG mit Bar - die Karte ist überall gleich: schmackhafte zeitgemäße Regionalküche mit kreativen Ideen.

Zum Grünen Wald
Friedrich-Ebert-Str. 19 ⊠ 61476 – ℰ (06173) 20 11 – www.allgaiers-restaurants.com
Rest – Karte 39/55 €
• Der nette Gasthof in der Innenstadt bietet in behaglichem ländlich-elegantem Ambiente internationale Speisen, zu denen man eine ausgesuchte Weinbegleitung wählen kann.

Grüne Gans
Pferdstr. 20 ⊠ 61476 – ℰ (06173) 78 36 66 – www.allgaiers-restaurants.com
Rest – *(nur Abendessen)* Karte 33/48 €
• Freundlich und modern ist die ehemalige Schlosserei a. d. 17. Jh. eingerichtet. Die Küche ist regional und international, daneben bietet man auch Flammkuchen und gute Weine.

KRONBERG im TAUNUS

Lucullus
Frankfurter Str. 1 ⊠ 61476 – ℰ (06173) 96 71 74 – www.lucullus-restaurant.de
– geschl. über Weihnachten
Rest – Menü 46/70 € – Karte 37/65 €
♦ Italienische Küche in ansprechendem geradlinig-modernen Ambiente. Eine tolle Weinauswahl aus Italien bereichert das Essen - Weine auch zum Degustieren per Enomat. Smokers Lounge.

KROZINGEN, BAD – Baden-Württemberg – 545 – 16 730 Ew   61 D20
– Höhe 234 m – Heilbad
▶ Berlin 816 – Stuttgart 217 – Freiburg im Breisgau 18 – Basel 63
🛈 Basler Str., ⊠ 79189, ℰ (07633) 40 08 65, www.verkehrsverein-bad-krozingen.de

Hofmann zur Mühle garni (mit Gästehaus)
Litschgistr. 6 ⊠ 79189 – ℰ (07633) 9 08 85 90
– www.hotel-hofmann.de
22 Zim ⊏⊐ – †55 € ††105 €
♦ Die engagierte Inhaberin bietet hier freundliche, helle Zimmer, einen netten kleinen Wintergarten und einen schönen mediterranen Garten. Zum Entspannen: Sauna, Massage und Thalasso.

In Bad Krozingen-Schmidhofen Süd: 3,5 km über B 3

Zum Storchen (Fritz und Jochen Helfesrieder) mit Zim
Felix und Nabor Str. 2 ⊠ 79189 – ℰ (07633) 53 29 – www.storchen-schmidhofen.de
– geschl. Montag - Dienstag
4 Zim ⊏⊐ – †65/80 € ††85/95 €
Rest – (Tischbestellung ratsam) Menü 31 € (mittags)/80 € – Karte 29/72 €
Spez. Offener Ravioli mit Pfifferlingen und konfiertem Belchensaibling. Filet vom bretonischen Steinbutt mit Erbsencreme und gebackenen Knoblauchravioli. Kotelett vom Schwarzwälder Bauernkalb mit Kräuterschupfnudeln und Spitzkohlroulade.
♦ Die freundliche Familie Helfesrieder betreibt hier einen schön sanierten Gasthof a. d. 18. Jh., in dem sich ländlicher Charme mit einem Hauch Eleganz verbindet. Die Küche ist zeitgemäß-klassisch und überzeugt durch viel Geschmack. Günstiges Mittagsmenü. Sie übernachten in hübschen wohnlichen Zimmern zu fairen Preisen.

KRÜN – Bayern – 546 – 1 940 Ew – Höhe 875 m – Wintersport: 900 m ⚐1   65 L22
⚑ – Erholungsort
▶ Berlin 683 – München 96 – Garmisch-Partenkirchen 17 – Mittenwald 8
🛈 Schöttlkarspitzstr. 15, ⊠ 82494, ℰ (08825) 10 94, www.kruen.de

Alpenhof
Edelweißstr. 11 ⊠ 82494 – ℰ (08825) 92 02 40 – www.alpenhof-kruen.de – geschl.
5. November - 15. Dezember
44 Zim ⊏⊐ – †44/56 € ††44/56 € – ½ P 7 € – 3 Suiten
Rest – (geschl. Sonntagabend) (nur für Hausgäste)
♦ Ein alpenländisches Ferienhotel, in dem eine sehr freundliche und familiäre Atmosphäre herrscht. Man hat nicht nur einen schönen Garten und wohnliche Zimmer (Juniorsuiten mit Teeküche), sondern auch einen Relaxbereich, auf dessen rund 500 qm sich u. a. eine Blockhaussauna im alpinen Look befindet.

In Krün-Elmau Süd-West: 9 km über Klais, nur über mautpflichtige Straße zu erreichen

Schloss Elmau
Elmau 2 ⊠ 82493 – ℰ (08823) 1 80
– www.schloss-elmau.de
130 Zim (inkl. ½ P.) – †222/382 € ††424/644 € – 20 Suiten
Rest *Luce d'Oro* **Rest** *Fidelio* – siehe Restaurantauswahl
♦ Der historische Rahmen eines Schlosses vereint mit modernem Luxus, Spa-Vielfalt und Kultur! Edle Materialien, top Service und nicht zuletzt die einsame, malerische Lage machen dieses Alpen-Hideaway so einzigartig.

KRÜN

Luce d'Oro – Hotel Schloss Elmau
Elmau 2 ⊠ 82493 – ℰ (08823) 1 80 – www.schloss-elmau.de
– geschl. 22. Januar - 4. Februar, 22. April - 12. Mai, 22. Juli - 25. August,
9. - 15. September und Sonntag - Dienstag
Rest – *(nur Abendessen)* (Tischbestellung erforderlich) Menü 69/130 €
– Karte 57/110 €
Spez. Überraschungsei Luce D'Oro. Schmalensee Forelle, Elmauer Wiese, Granny Smith. Münster, Yoghurt Müsli, Stachelbeere.
• Köstlichkeiten wie "Allerlei Muscheln, Egerlinge, Lardo" sind feine Bestandteile zweier kreativer Menüs, mit denen Küchenchef Mario Corti leichtes Spiel bei seinen Gästen hat! Nicht nur namengebend, auch raumprägend: die warm schimmernden Goldtöne.

Fidelio – Hotel Schloss Elmau
Elmau 2 ⊠ 82493 – ℰ (08823) 1 80 – www.schloss-elmau.de – geschl. Montag-Dienstag
Rest – *(nur Abendessen)* (Tischbestellung erforderlich) Karte 45/72 €
• Hier wird der Abend zum Erlebnis! Die außergewöhnliche Location mit spektakulären Lichteffekten sorgt ebenso für Aufsehen wie der traumhafte Rundum-Panoramablick. Mediterran mundet das Essen!

In Krün-Kranzbach Süd-West: 7 km über Klais, nur über mautpflichtige Straße zu erreichen

Das Kranzbach
Kranzbach 1 ⊠ 82493 – ℰ (08823) 92 80 00
– www.daskranzbach.de
91 Zim – †147/196 € ††254/352 €   **Rest** – *(nur für Hausgäste)*
• Auf 130 000 qm Bergwiese steht das "Mary Portman House" von 1913, eine gelungene Mischung aus englischem Landhausstil und jungem Design. Der "Gartenflügel" aus Holz und Glas ist klar und modern. Sehr guter Service und schicker großzügiger Spa.

KRUMBACH – Bayern – 546 – 12 540 Ew – Höhe 512 m   64 J20
▶ Berlin 648 – München 120 – Augsburg 48 – Frauenfeld 201

Diem
Kirchenstr. 5 ⊠ 86381 – ℰ (08282) 8 88 20 – www.gasthof-diem.de
30 Zim – †43/69 € ††73/95 €   **Rest** – Karte 17/34 €
• Sie haben die Wahl: einfache Zimmer im Stammhaus, Appartements mit Kitchenette oder die modernsten (und schönsten!) Zimmer in der Neuen Sonne vis-à-vis. Nicht nur bei Einheimischen beliebt: der hübsche Biergarten am Bach!

KRUMMHÖRN – Niedersachsen – 541 – 12 700 Ew – Höhe 1 m   7 C5
▶ Berlin 528 – Hannover 265 – Emden 14 – Groningen 112
🛈 Zur Hauener Hooge 15, ⊠ 26736, ℰ (04926) 9 18 80, www.greetsiel.de

In Krummhörn-Greetsiel – Erholungsort

Der Romantik-Hof (mit Gästehäusern)
Ankerstr. 4 ⊠ 26736 – ℰ (04926) 91 21 51 – www.romantik-hof.de
33 Zim – †80/95 € ††120/150 € – 1 Suite
Rest – *(geschl. Januar; November - Juni: Montag) (nur Abendessen für Hausgäste)*
Karte 19/42 €
• Der friesische Charme dieses netten familiären Hotels samt seiner zwei Gästehäuser wird Sie gleich gefangen nehmen! Das wohltuende Landhausambiente ist dem Engagement des Gastgebers zu verdanken. Hübsch auch der Sauna- und Kosmetikbereich.

Landhaus Steinfeld
Kleinbahnstr. 16 ⊠ 26736 – ℰ (04926) 9 18 10 – www.landhaus-steinfeld.de – geschl. 12. - 28. Dezember
25 Zim – †105/144 € ††134/224 € – ½ P 25 € – 1 Suite
Rest – *(geschl. Sonntag) (nur Abendessen)* Karte 28/54 €
• Das Hotel in ruhiger Lage bietet verschiedene Zimmertypen, teils im Landhausstil oder mit Bauernmöbeln, und eine gepflegte Außenanlage mit japanischem Garten und Koikarpfenteich.

KRUMMHÖRN

Hohes Haus (mit Gästehaus)
Hohe Str. 1 ⊠ 26736 – ℰ (04926) 18 10 – www.hoheshaus.de
– geschl. 15. - 29. Januar
33 Zim – †60/89 € ††100/115 € – P 17 €
Rest – *(geschl. November - März: Mittwoch) (November - März: Montag - Donnerstag nur Abendessen)* Karte 19/42 €

♦ Im Zentrum, unweit des Hafens, finden Sie das a. d. 17. Jh. stammende Gebäude mit seinen hübschen ländlich-wohnlich eingerichteten Gästezimmern. Rustikal-friesisches Ambiente im Restaurant. Bürgerliches Angebot mit vielen Fischgerichten.

Witthus (mit 3 Gästehäusern)
Kattrepel 5 ⊠ 26736 – ℰ (04926) 9 20 00 – www.witthus.de – geschl. 2. - 15. Januar
19 Zim – †70/95 € ††90/125 € – ½ P 18 €
Rest – *(geschl. November - März: Montag) (November - März: Dienstag - Donnerstag nur Abendessen)* Menü 23/53 € – Karte 23/53 €

♦ Nett liegt das kleine Hotel in einer Seitenstraße des Fischerdörfchens. Besonders wohnlich sind die modernen Zimmer im neueren Gästehaus. Rustikales Restaurant mit Galerie und sehr schöner Gartenterrasse.

KUDDEWÖRDE – Schleswig-Holstein – **541** – 1 350 Ew – Höhe 28 m   **10** J5
▶ Berlin 270 – Kiel 93 – Ratzeburg 43 – Hamburg 33

Grander Mühle
Lauenburgerstr. 1 ⊠ 22958 – ℰ (04154) 8 10 21 – www.grandermuehle.de
13 Zim – †70/80 € ††79/110 €
Rest *Da Bonelli* – *(geschl. Montag) (Dienstag - Donnerstag nur Abendessen)*
Karte 25/47 €

♦ Der schöne Backsteinbau auf dem Gelände der ältesten Korn-Wasser-Mühle Deutschlands ist ein wahres Schmuckstück, das man mit antiken Möbeln und allerlei hübschen Accessoires liebevoll ausstaffiert hat. Restaurant gegenüber mit italienischem Speiseangebot.

KÜHLUNGSBORN – Mecklenburg-Vorpommern – **542** – 7 150 Ew   **12** M3
– Höhe 10 m – Seebad
▶ Berlin 251 – Schwerin 70 – Rostock 31 – Wismar 39
🛈 Ostseeallee 19, ⊠ 18225, ℰ (038293) 84 90, www.kuehlungsborn.de
Wittenbeck, Zum Belvedére, ℰ (038293) 41 00 90

Travel Charme Ostseehotel
Zur Seebrücke 1 (Zufahrt über Ostseeallee) ⊠ 18225
– ℰ (038293) 41 50 – www.travelcharme.com/ostseehotel
110 Zim – †90/267 € ††126/314 € – ½ P 28 € – 7 Suiten
Rest – Karte 28/48 €

♦ Das Hotel befindet sich direkt an der Seebrücke und wird freundlich und engagiert geleitet. Neben wohnlich-eleganten Zimmern in Erdtönen bietet man den vielfältigen Puria Spa. Eine zum Strand hin gelegene Terrasse ergänzt das Restaurant.

Upstalsboom
Ostseeallee 21 ⊠ 18225 – ℰ (038293) 4 29 00 – www.upstalsboom.de
169 Zim – †95/180 € ††150/260 € – ½ P 34 € – 12 Suiten
Rest *Brunshaupten* – ℰ (038293) 4 29 96 30 *(nur Abendessen)* Menü 68/98 €
– Karte 47/66 €

♦ Ferien- und Wellnessgästen wird hier einiges geboten: Zu erwähnen seien die sehr schönen modernen Zimmer, der Spa auf 1300 qm und die vielfältige Gastronomie (Wiener Café, Hausgastrestaurant und das modern-elegante Genießer-Restaurant Brunshaupten, dazu noch eine Smoker's Lounge) - und das alles gerade mal 20 m von der Ostsee entfernt!

Neptun (mit Gästehaus)
Strandstr. 37 ⊠ 18225 – ℰ (038293) 6 30 – www.neptun-hotel.de – geschl. Januar
40 Zim – †75/110 € ††95/135 € – ½ P 25 € – 1 Suite
Rest – *(Oktober - April: nur Abendessen)* Menü 33/75 € – Karte 39/53 €

♦ An einer belebten Einkaufsstraße in der Stadtmitte liegt das Hotel mit seinen recht großzügigen, wohnlich-stilvoll gestalteten Gästezimmern. Restaurant in Bistrostil mit Wintergarten. Internationale Küche.

KÜHLUNGSBORN

Strandblick
Ostseeallee 6 ⊠ 18225 – ✆ (038293) 6 33 – www.ringhotel-strandblick.de
52 Zim – †100/155 € ††115/170 € – ½ P 25 € – 5 Suiten
Rest – *(nur Abendessen)* Menü 25/32 € – Karte 25/33 €
• Sie betreten das Haus durch einen schönen Eingangsbereich im Jugendstil. In der schmucken Villa und einem Anbau stehen wohnliche, etwas unterschiedlich geschnittene Zimmer bereit. Das umfangreiche Beauty- und Wellnessangebot ist ideal zum Abschalten! Im hellen, modernen Restaurant speist man international.

Strandhotel Sonnenburg
Ostseeallee 15 ⊠ 18225 – ✆ (038293) 83 90 – www.strandhotelsonnenburg.de
22 Zim – †59/75 € ††80/120 € – ½ P 23 € **Rest** – Karte 23/46 €
• Sie wohnen ganz in der Nähe des Strandes in hübschen Gästezimmern, die ansprechend im Landhausstil eingerichtet sind. Das Haus ist mit Kunst der Chefin geschmückt. Wintergartenrestaurant mit Bistroflair und internationalem Angebot.

Edison (mit Gästehaus)
Dünenstr. 15 ⊠ 18225 – ✆ (038293) 4 20 – www.hotel-edison.de
60 Zim – †64/80 € ††74/130 € – ½ P 18 €
Rest – *(nur Abendessen)* Karte 18/28 €
• Beim Stadtwald gelegenes Hotel mit neuzeitlich-funktionellen Zimmern und Sonnendeck mit Liegen auf dem Dach. Moderne, geräumige Komfortzimmer und Appartements im Neubau "Edison 2". Das Restaurant in einem verglasten Pavillon bietet Internationales.

Schweriner Hof
Ostseeallee 46 ⊠ 18225 – ✆ (038293) 7 90 – www.schwerinerhof.de
39 Zim – †75/119 € ††89/149 € – 4 Suiten
Rest – *(nur Abendessen)* Karte 18/51 €
• Die strandnahe Lage und wohnliches Ambiente machen dieses Hotel aus. Besonders hübsch sind die in kräftigen Farben gehaltenen Zimmer im Anbau. Rustikalgemütlich ist das Restaurant Skagen.

Westfalia garni
Ostseeallee 17 ⊠ 18225 – ✆ (038293) 4 34 90 – www.westfalia-kuehlungsborn.de
15 Zim – †60/115 € ††95/139 €
• Die Jugendstilvilla ist nicht nur komfortabel und wohnlich, sie liegt auch nur einen Steinwurf von der Ostsee entfernt - die Zimmer bieten Balkon oder Loggia zur Seeseite. Familien haben im Ferienhaus mit direktem Zugang zum sehr schönen Garten ihr eigenes kleines Reich!

KÜNZELSAU – Baden-Württemberg – **545** – 14 880 Ew – Höhe 218 m — 48 H17
▶ Berlin 563 – Stuttgart 89 – Würzburg 74 – Heilbronn 48

Anne-Sophie (mit Gästehaus)
Schlossplatz 9 ⊠ 74653 – ✆ (07940) 9 34 60 – www.hotel-anne-sophie.de
29 Zim – †72/105 € ††95/160 € – 1 Suite
Rest – Menü 38 € (mittags) – Karte 19/57 €
• Ein neuzeitlich und funktionell eingerichtetes Hotel mit historischem Rahmen - besonders schön ist der "Würzburger Bau" a. d. J. 1710. Integrationsbetrieb für Behinderte. Sie speisen im gemütlichen Restaurant oder im lichten modernen Wintergarten.

KÜPS – Bayern – **546** – 8 010 Ew – Höhe 299 m — 50 L14
▶ Berlin 355 – München 278 – Coburg 33 – Bayreuth 50

Werners Restaurant
Griesring 16 ⊠ 96328 – ✆ (09264) 64 46 – www.werners-restaurant.de
– *geschl. September 2 Wochen und Sonntag*
Rest – *(nur Abendessen)* Karte 22/45 €
• Seit über 20 Jahren leiten die sympathischen Gastgeber das neuzeitliche Restaurant und bieten freundlichen Service sowie saisonale, teils mediterran beeinflusste Küche.

KÜRTEN – Nordrhein-Westfalen – 543 – 19 770 Ew – Höhe 185 m   36 C12
▶ Berlin 560 – Düsseldorf 63 – Köln 33 – Arnsberg 116

XX **Zur Mühle**   P
Wipperfürther Str. 391 ✉ 51515 – ☏ (02268) 66 29
– www.restaurant-zur-muehle.com – geschl. Ende Juli - Anfang September 3 Wochen und Mittwoch
Rest – Menü 32 € – Karte 22/44 €
◆ Das Restaurant der Familie Berger bietet einen netten rustikalen Rahmen mit modernem Touch. Der Chef kocht Schmackhaftes, von bürgerlich-saisonal bis international - gut zu sehen beim "in orientalischem Honig geschwenkten Schollenfilet an in Cidre geschmortem Lauch".

KUHLEN-WENDORF – Mecklenburg-Vorpommern – 542 – 950 Ew   12 L5
– Höhe 30 m
▶ Berlin 230 – Schwerin 26 – Parchim 38

Im Ortsteil Wendorf

Schlosshotel Wendorf (mit Gästehaus)
Hauptstr. 9 ✉ 19412 – ☏ (038486) 3 36 60
– www.schlosshotelwendorf.com – geschl. Ende Oktober - Anfang April
21 Zim – †180/190 € ††220 € – 15 Suiten
Rest *Cheval Blanc* – siehe Restaurantauswahl
◆ Das wunderschöne Herrenhaus mit weitläufigem Park und Pferdesportarena liegt leicht erhöht im Dorfkern. Eine stilvolle holzgetäfelte Halle empfängt Sie, die Zimmer sind sehr hochwertig und elegant.

XX **Cheval Blanc** – Schlosshotel Wendorf
Hauptstr. 9 ✉ 19412 – ☏ (038486) 3 36 60 – www.schlosshotelwendorf.com – geschl. Ende Oktober - Anfang April, Montag - Dienstag
Rest – (Mittwoch - Donnerstag nur Abendessen) Menü 65/79 € – Karte 31/61 €
◆ Wie überall im Haus vermitteln auch im Restaurant zahlreiche Details den Eindruck, Gast auf einem schönen Schloss zu sein. Dabei legte man viel Wert auf eine Melange aus Moderne und Historie. Gekocht wird nach internationalen Rezepten.

KULMBACH – Bayern – 546 – 26 850 Ew – Höhe 325 m   50 L15
▶ Berlin 355 – München 257 – Coburg 46 – Bayreuth 22
🛈 Sutte 2 Z, ✉ 95326, ☏ (09221) 9 58 80, www.kulmbach.de
Thurnau, Petershof 1, ☏ (09228) 3 19
◉ Plassenburg ★ BX

Stadtplan auf der nächsten Seite

Kronprinz garni (mit Gästehaus)
Fischergasse 4 ✉ 95326 – ☏ (09221) 9 21 80 – www.kronprinz-kulmbach.de
– geschl. 23. Dezember - 8. Januar   CZ**n**
22 Zim – †63/69 € ††85/125 €
◆ Ein freundlich geführtes und gut gepflegtes Haus in der Altstadt. Besonders schön: die drei eleganten Zimmer im Gästehaus. Selbstgemachter Kuchen und kleine Gerichte im Café/Bistro.

Purucker
Melkendorfer Str. 4 ✉ 95326 – ☏ (09221) 9 02 00
– www.hotel-purucker.de   AY**r**
25 Zim – †58/75 € ††78/98 € – 2 Suiten
Rest – (geschl. Samstag - Sonntag) (nur Abendessen) Karte 20/40 €
◆ Der Familienbetrieb bietet unterschiedlich eingerichtete und gut schallisolierte Gästezimmer. Zudem hat man zwei hübsche neuzeitlich gestaltete Appartements im Haus nebenan. Bürgerliches Restaurant

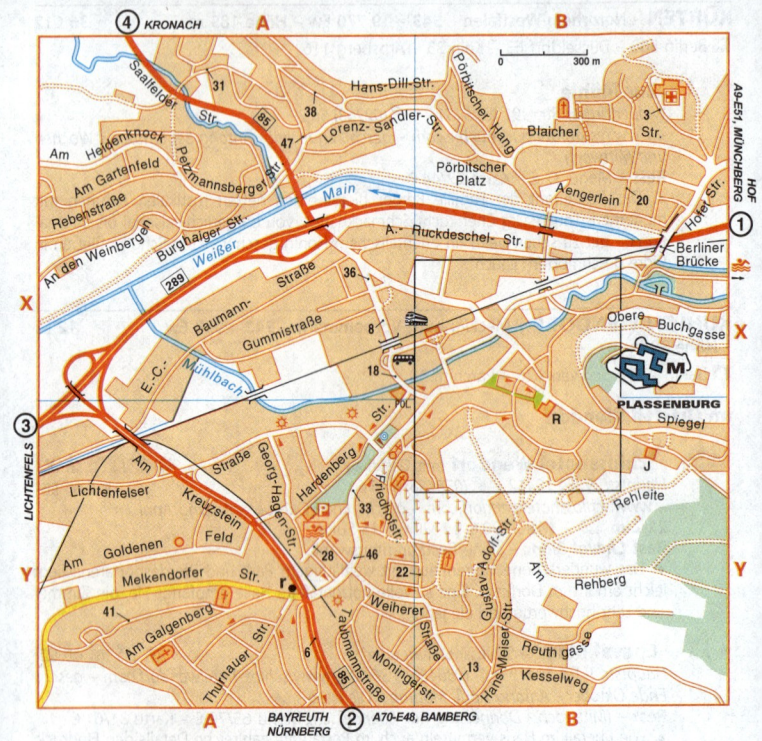

KULMBACH

Albert-Schweitzer-Str.	**BX** 3
Am Weiherdamm	**CZ** 5
Bayreuther Str.	**AY** 6
EKU-Str.	**AX** 8
Fischergasse	**CZ** 12
Friedrich-Schönauer-Str.	**BY** 13
Fritz-Hornschuch-Str.	**CZ** 14
Gasfabrikgäßchen	**CZ** 15
Grabenstr.	**CZ** 17
Hans-Hacker-Str.	**AX** 18
Heinrich-von-Stephan-Str.	**CZ** 19
Herm.-Limmer-Str.	**BX** 20
Holzmarkt	**CZ**
Jean-Paul-Str.	**BY** 22
Kirchwehr	**CZ** 24
Kressenstein	**CZ**
Langgasse	**CZ**
Luitpoldstr.	**AY** 28
Marktpl.	**CZ**
Metzdorfer Str.	**AX** 31
Pestalozzistr.	**AY** 33
Pörbitscher Weg	**CZ** 34
Reichelstr.	**CZ** 36
Rentsamtsgäßchen	**CZ** 37
Röthleinsberg	**CZ** 39
Rosenkrantzstr.	**AX** 38
Spitalgasse	**CZ** 40
Stettiner-Str.	**AY** 41
Unteres Stadtgäßchen	**CZ** 43
Wilhelm-Meußdoerffer Str.	**AY** 46
Ziegelhüttener Str.	**AX** 47

KULMBACH

In Kulmbach-Höferänger Nord-West: 4 km über Saalfelder Straße **AX**

Dobrachtal
Höferänger 10 ⊠ 95326 – ℰ (09221) 94 20 – www.hotel-dobrachtal.de – geschl.
20. Dezember - 6. Januar
54 Zim ⌂ – †49/84 € ††79/118 €
Rest – (geschl. Freitag) Menü 18/38 € – Karte 25/39 €
♦ Der erweiterte Gasthof ist ein gepflegtes familiengeführtes Hotel, das über solide eingerichtete und teilweise recht geräumige Zimmer verfügt, einige mit Balkon. Gemütliche Gaststuben mit Kachelofen. Hübsch ist die Gartenterrasse.

KUNREUTH-REGENSBERG – Bayern – siehe Forchheim

KUPFERZELL – Baden-Württemberg – **545** – 5 830 Ew – Höhe 336 m 56 H17
▶ Berlin 555 – Stuttgart 85 – Heilbronn 46 – Schwäbisch Hall 17

In Kupferzell-Eschental Süd-Ost: 6 km über Schlossstraße

Landgasthof Krone
Hauptstr. 40 ⊠ 74635 – ℰ (07944) 6 70 – www.krone-eschental.de
57 Zim – †52/68 € ††72/99 € – 1 Suite   **Rest** – Menü 19/25 € – Karte 24/51 €
♦ In dem Familienbetrieb kümmert man sich freundlich um seine Gäste und bietet ihnen zeitgemäße Zimmer sowie einen netten hellen Badebereich. Das rustikale Restaurant mit bürgerlicher Küche wird ergänzt durch die gemütliche Bar/Weinstube "d'Stall".

KUPPENHEIM – Baden-Württemberg – **545** – 7 740 Ew – Höhe 127 m 54 E18
▶ Berlin 698 – Stuttgart 98 – Karlsruhe 27 – Baden-Baden 12

In Kuppenheim-Oberndorf Süd-Ost: 2 km Richtung Freudenstadt

Raubs Landgasthof mit Zim
Hauptstr. 41 ⊠ 76456 – ℰ (07225) 7 56 23 – www.raubs-landgasthof.de – geschl.
Sonntag - Montag
5 Zim ⌂ – †65 € ††105 €
Rest – (Tischbestellung ratsam) Menü 27 € (mittags)/138 € – Karte 44/89 €
♦ In freundlich-ländlicher Atmosphäre wird man familiär umsorgt. Die Küche von Wolfgang Raub ist klassisch ausgelegt, mit regionalen und mediterranen Einflüssen. Draußen bietet die begrünte Terrasse mit altem Kastanienbaum sehr schöne Plätze.

KUSEL – Rheinland-Pfalz – **543** – 4 880 Ew – Höhe 239 m 46 C16
▶ Berlin 682 – Mainz 107 – Saarbrücken 72 – Trier 84

In Blaubach Nord-Ost: 2 km

Reweschnier
Kuseler Str. 1 ⊠ 66869 – ℰ (06381) 92 38 00 – www.reweschnier.de
30 Zim ⌂ – †49/65 € ††79/98 €   **Rest** – Menü 32 € – Karte 28/44 €
♦ Der gepflegte Landgasthof ist ein persönlich geführter Familienbetrieb mit soliden Zimmern, die teilweise über einen Balkon verfügen. Kosmetik und Massage im Haus. Bürgerlich-rustikales Restaurant.

KYRITZ – Brandenburg – **542** – 9 690 Ew – Höhe 42 m 21 N7
▶ Berlin 96 – Potsdam 85 – Schwerin 113
🛈 Maxim-Gorki-Str. 32, ⊠ 16866, ℰ (033971) 5 23 31, www.knatter-dosseland.de

Waldschlösschen (mit Gästehaus)
Seestr. 110 (Ost: 3 km, Waldkolonie) ⊠ 16866 – ℰ (033971) 3 07 80
– www.hotel-kyritz.de – geschl. Januar 1 Woche
18 Zim ⌂ – †50/65 € ††70/97 €
Rest – (Oktober - April: Montag - Freitag nur Abendessen) Karte 20/34 €
♦ Das kleine Hotel ist ein 1906 erbautes Haus in seenaher Lage am Waldrand. Die Zimmer sind wohnlich gestaltet, im Gästehaus neuzeitlich, im Stammhaus rustikaler. Zum Restaurant gehört ein schöner Biergarten unter alten Bäumen.

LAASPHE, BAD – Nordrhein-Westfalen – 543 – 14 510 Ew – Höhe 330 m   37 F12
– Kneippheilbad

▶ Berlin 489 – Düsseldorf 174 – Siegen 34 – Kassel 108
ℹ Wilhelmsplatz 3, ✉ 57334, ℰ (02752) 8 98, www.tourismus-badlaasphe.de

In Bad Laasphe-Feudingen West: 9 km über B 62, in Saßmannshausen links

Landhotel Doerr
Sieg-Lahn-Str. 8 ✉ 57334 – ℰ (02754) 37 00 – www.landhotel-doerr.de
52 Zim – †65/90 € ††140/180 € – ½ P 33 € – 1 Suite   **Rest** – Karte 34/44 €
♦ In diesem Familienbetrieb stehen sehr unterschiedliche, aber stets gemütlich-wohnlich gestaltete Zimmer bereit. Vielfältig und ebenso ansprechend ist der Wellnessbereich. Ländlich-elegantes Ambiente im großzügigen, über zwei Etagen angelegten Restaurant.

Lahntal-Hotel (mit Gästehaus)
Sieg-Lahn-Str. 23 ✉ 57334 – ℰ (02754) 12 85 – www.lahntalhotel.de
17 Zim – †75/95 € ††138/190 € – ½ P 25 € – 2 Suiten
Rest – (geschl. Dienstag) Karte 28/48 €
♦ Ein schönes familiengeführtes kleines Landhotel mit wohnlichen und rustikal eingerichteten Zimmern, die recht geräumig sind. Am Morgen wartet ein gutes Frühstücksbuffet. Das Restaurant ist in behaglich-ländlichem Stil gehalten.

Im Auerbachtal
Wiesenweg 5 ✉ 57334 – ℰ (02754) 37 58 80 – www.auerbachtal.de – geschl. 23. Dezember - 15. Januar, 29. Oktober - 5. November
16 Zim – †51/55 € ††90/96 € – ½ P 16 € – 2 Suiten
Rest – (geschl. Sonntagabend) (Montag - Samstag nur Abendessen) Menü 18/25 €
– Karte 19/35 €
♦ Das sympathische Haus liegt angenehm ruhig am Waldrand und bietet recht schlichte, aber gepflegte Zimmer, die meist mit Parkett ausgestattet sind. Schöner Wintergarten und kleine Bibliothek.

In Bad Laasphe-Glashütte West: 14 km über B 62 sowie Feudingen und Volkholz, in Saßmannshausen links

Jagdhof Glashütte
Glashütter Str. 20 ✉ 57334 – ℰ (02754) 39 90 – www.jagdhof-glashuette.de
29 Zim – †132/243 € ††236/316 € – ½ P 35 € – 4 Suiten
Rest Ars Vivendi   **Rest** Jagdhof Stuben – siehe Restaurantauswahl
♦ Familie Dornhöfer hat aus dem Bauernhaus von 1905 ein charmantes und äußerst wohnliches Domizil gemacht. Die ruhige Lage umgeben von Wald und Wiese verspricht Erholung, ebenso der persönliche Service sowie Wohlfühl-Anwendungen.

Ars Vivendi – Hotel Jagdhof Glashütte
Glashütter Str. 20 ✉ 57334 – ℰ (02754) 39 90 – www.jagdhof-glashuette.de – geschl. 2. - 29. Januar, 9. Juli - 5. August und Sonntag - Montag
Rest – (nur Abendessen) (Tischbestellung ratsam) Menü 84/115 €
Spez. Glashütter Land-Bio-Ei gebacken / junger Spinat / Trüffel. Lahntaler Bachforelle / Wildkräuter / Wasabi. Wittgensteiner Rehbock im Schanzenbrotmantel / Karottenpüree.
♦ Chef Edmund Dornhöfer hat ein neues junges Talent an den Herd geholt: Jörg Diekert - sein Stil ist modern-klassisch. Passend zum wohlklingenden Restaurantnamen ist das Interieur elegant, dekoriert mit mediterran inspirierten und harmonisch aufeinander abgestimmten Details.

Jagdhof Stuben – Hotel Jagdhof Glashütte
Glashütter Str. 20 ✉ 57334 – ℰ (02754) 39 90 – www.jagdhof-glashuette.de
Rest – Menü 38 € (mittags)/78 € – Karte 26/73 €
♦ Hirschfiguren und Geweihe, Kannen und Teller aus Zinn, ein riesiger offener Kamin - ländlicher Stil braucht nicht immer feste Regeln, er lebt, stilvoll inszeniert, von authentischen Requisiten.

LAATZEN – Niedersachsen – siehe Hannover

LABOE – Schleswig-Holstein – 541 – 5 260 Ew – Höhe 21 m – Seebad 3 J3
▶ Berlin 366 – Kiel 18 – Schönberg 13
🛈 Börn 2, ✉ 24235, ℰ (04343) 42 75 53, www.laboe.de
◉ Marine-Ehrenmal★ (≤★★)

🏨 Seeterrassen ≤ 🍴 🛋 🅿 Rest, ✂ Zim, 🅿 VISA ⓪ AE ⓪
Strandstr. 84 ✉ 24235 – ℰ (04343) 60 70 – www.seeterrassen-laboe.de – geschl. Dezember - Januar
40 Zim ⊡ – †43/55 € ††72/92 € – ½ P 15 € **Rest** – Karte 14/33 €
♦ Praktisch eingerichtete Gästezimmer in zeitlosem Stil erwarten Sie in diesem Hotel. Zu den Vorzügen des Hauses zählt auch die strandnahe Lage. Restaurant mit Aussicht auf die Kieler Förde.

LADBERGEN – Nordrhein-Westfalen – 543 – 6 380 Ew – Höhe 50 m 27 E9
▶ Berlin 456 – Düsseldorf 149 – Nordhorn 79 – Bielefeld 83

🏨 Zur Post (mit Gästehaus) 🚗 🛋 🅿 VISA ⓪ AE ⓪
Dorfstr. 11 ✉ 49549 – ℰ (05485) 9 39 30 – www.gastwirt.de
21 Zim ⊡ – †70/75 € ††92/108 €
Rest *Zur Post* – siehe Restaurantauswahl
♦ In dem jahrhundertealten Fachwerkhaus wohnt man in individuellen Zimmern, teilweise mit altem Dielenboden und antiken Möbeln. Antiquitätenladen im Haus.

✂✂ Waldhaus an de Miälkwellen mit Zim 🚗 🛋 🅿 VISA ⓪ AE ⓪
Grevener Str. 43 ✉ 49549 – ℰ (05485) 9 39 49 – www.waldhaus-ladbergen.de
10 Zim ⊡ – †59 € ††89 € **Rest** – Menü 27 € (mittags)/38 € – Karte 23/42 €
♦ Das familiengeführte Waldhaus etwas außerhalb des Ortes beherbergt unterschiedliche Räume (rustikal, klassisch oder im Wintergartenstil). Serviert wird regionale und internationale Küche.

✂✂ Zur Post – Hotel Zur Post 🛋 🅿 VISA ⓪ AE ⓪
Dorfstr. 11 ✉ 49549 – ℰ (05485) 9 39 30 – www.gastwirt.de – geschl. Montagmittag
Rest – Menü 17 € (mittags)/45 € – Karte 32/50 €
♦ Ein Platz mit Geschichte: Laut Überlieferungen fanden in den Gasträumen nach dem Dreißigjährigen Krieg die Vorverhandlungen zum Abschluss des Westfälischen Friedens 1648 statt. Heute serviert man in den gemütlichen Stuben Regionales!

LADENBURG – Baden-Württemberg – 545 – 11 530 Ew – Höhe 106 m 47 F16
▶ Berlin 618 – Stuttgart 130 – Mannheim 15 – Heidelberg 13
🛈 Dr.-Carl-Benz-Platz 1, ✉ 68526, ℰ (06203) 92 26 03, www.ladenburg.de

🏨 Zur Goldenen Krone ✂ Zim, 🛋 VISA ⓪ AE ⓪
Brauergasse 2 ✉ 68526 – ℰ (06203) 95 43 00 – www.hotel-ladenburg.com
14 Zim ⊡ – †95/115 € ††129/160 € **Rest** – Menü 30/60 € – Karte 17/43 €
♦ Der sehr persönlich geführte kleine Familienbetrieb in einem schmucken Stadthaus gegenüber dem Rathaus verbindet auf liebenswerte Weise moderne und rustikale Elemente. Das Restaurant dient auch als Café.

✂✂ Backmulde 🛋 ✂ VISA ⓪ AE
Hauptstr. 61 ✉ 68526 – ℰ (06203) 40 40 80 – www.back-mul.de – geschl. Montag - Dienstagmittag
Rest – *(Juni-August: Dienstag-Freitag nur Abendessen)* Menü 45/74 € – Karte 36/71 € 🍷
♦ Hier kommt man gerne wieder her: Das Fachwerkhaus ist schon von außen einladend und die Küche ist einfach gut! Mittags kleineres Angebot, unter der Woche Business-Lunch.

✂ Die Zwiwwel 🛋 ✂ VISA ⓪ AE ⓪
Kirchenstr. 24 ✉ 68526 – ℰ (06203) 92 8 40 – www.diezwiwwel.de – geschl. Montag
Rest – *(November - März: Dienstag - Freitag nur Abendessen)* Menü 33/55 €
– Karte 37/49 €
♦ Das historische gelbe Haus steht mitten in der Altstadt. Drinnen sitzt man in heimeligen Stuben mit viel Holz (im Winter wärmt der Kachelofen!), die junge Küchenchefin kocht saisonal-klassisch.

LAER, BAD – Niedersachsen – 541 – 9 190 Ew – Höhe 88 m – Sole-Kurort 27 E9
▶ Berlin 419 – Hannover 141 – Bielefeld 37 – Münster (Westfalen) 39
🛈 Glandorfer Str. 5, ✉ 49196, ℰ (05424) 2 91 10, www.bad-laer.de

LAER, BAD

Storck (mit Gästehaus)
Paulbrink 4 ⊠ *49196* – ℰ *(05424) 90 08* – *www.hotel-storck.de*
25 Zim ⊇ – †43/52 € ††70/86 € – ½ P 8 € – 1 Suite
Rest – *(geschl. Montag) (November - März: nur Abendessen)* Karte 16/32 €
◆ Hier stimmt das Preis-Leistungs-Verhältnis. Ein erweitertes historisches Fachwerkhaus, das bodenständig geführt wird. Zimmer in warmen, freundlichen Farben, teils mit Whirlwanne. Einige Gästehaus-Zimmer ganz modern. Sauna gegen Gebühr. Gemütliches, teils holzgetäfeltes Restaurant.

LAGE (LIPPE) – Nordrhein-Westfalen – **543** – 35 270 Ew – Höhe 102 m   28 G9
▶ Berlin 388 – Düsseldorf 189 – Bielefeld 21 – Detmold 9
🖼 Lage, Ottenhausener Str. 100, ℰ (05232) 6 80 49

In Lage-Stapelage Süd-West: 7 km über B 66 Richtung Bielefeld – Luftkurort

Haus Berkenkamp
Im Heßkamp 50 ⊠ *32791* – ℰ *(05232) 7 11 78* – *www.haus-berkenkamp.de* – *geschl. 25. März - 5. April, 7. - 28. Oktober*
20 Zim ⊇ – †45/47 € ††74/82 €   **Rest** – *(nur für Hausgäste)*
◆ Hier überzeugen sympathische Gästebetreuung und die ruhige Lage im Grünen. Der ehemalige Bauernhof von 1849 wird engagiert von Familie Berkenkamp geführt.

LAHNSTEIN – Rheinland-Pfalz – **543** – 17 980 Ew – Höhe 66 m – Kurort   36 D14
▶ Berlin 596 – Mainz 102 – Koblenz 9 – Bad Ems 13
🛈 Salhofplatz 3, ⊠ 56112, ℰ (02621) 91 41 71, www.lahnstein.de

Grand City Hotel Koblenz Lahnstein
Zu den Thermen (Süd-Ost: 3,5 km über Rheinhöhenweg) ⊠ *56112* – ℰ *(02621) 91 20* – *www.hotel-lahnstein.bestwestern.de*
228 Zim – †65/169 € ††70/174 €, ⊇ 13 € – 13 Suiten
Rest – *(geschl. Juni - August)* Karte 23/50 €
◆ Angenehm ruhig liegt das Hotel mit den funktionellen Zimmern in einer Parkanlage auf einem bewaldeten Bergrücken. Eine ideale Tagungs- und Businessadresse. Herrliche Sicht vom Restaurant im 15. Stock, zur Schließzeit Alternative im EG. Zwei Terrassen am Haus.

LAHR (SCHWARZWALD) – Baden-Württemberg – **545** – 43 730 Ew   53 D19
– Höhe 170 m
▶ Berlin 767 – Stuttgart 168 – Karlsruhe 96 – Offenburg 26
🛈 Kaiserstr. 1, ⊠ 77933, ℰ (07821) 95 02 10, www.lahr.de
🖼 Lahr-Reichenbach, Gereut 9, ℰ (07821) 7 72 27
◉ Ettenheimmünster ★ Süd-Ost: 18 km

Grüner Baum mit Zim
Burgheimer Str. 105 ⊠ *77933* – ℰ *(07821) 2 22 82* – *www.gruenerbaum-lahr.de* – *geschl. Mittwoch*
17 Zim – †42/52 € ††60/70 €, ⊇ 5 €   **Rest** – Menü 34 € – Karte 18/44 €
◆ Der Familienbetrieb überzeugt mit schmackhafter internationaler und regionaler Küche, aus der auch noch wirkliche Klassiker wie das "Saure Leberle nach Mutters Art mit Brägele" kommen. Dazu erwartet Sie freundlicher Service. Die netten ländlich-rustikalen Räume werden durch eine Terrasse im Hof ergänzt. Die unterschiedlich eingerichteten Zimmer befinden sich z. T. im Gästehaus.

In Lahr-Reichenbach Ost: 3,5 km über B 415 – Erholungsort

Adler
Reichenbacher Hauptstr. 18 (B 415) ⊠ *77933* – ℰ *(07821) 90 63 90*
– *www.adler-lahr.de* – *geschl. 13. - 23. Februar*
22 Zim ⊇ – †85/98 € ††125/140 €
Rest *Adler* ✿ – siehe Restaurantauswahl
◆ Familie Fehrenbacher pflegt den typisch badischen Charakter ihres Hauses, den auch die Gäste schätzen. Einige der Zimmer sind ganz modern. Von der Küche bis zum Service wird das traditionsreiche Haus familiär geleitet.

LAHR (SCHWARZWALD)

XX **Adler** (Otto und Daniel Fehrenbacher) – Hotel Adler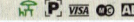
Reichenbacher Hauptstr. 18 (B 415) ⌧ 77933 – ⌨ (07821) 90 63 90
– www.adler-lahr.de – geschl. 13. - 23. Februar und Montag - Dienstag
Rest – Menü 49/88 € – Karte 47/74 €
Spez. Jakobsmuschelsalat mit Himbeeren, Pfifferlingen und gereiftem Gruyère. Rehfilet mit Haselnuss-Pilzkruste auf Aprikosenchutney, Douglasienpesto und Schupfnudeln."Aperol Spritz" mit Joghurt und Rhabarber.
♦ Kleine verspielte Accessoires geben den gemütlichen Räumen dieses Restaurants den ländlichen Charme des Schwarzwaldes. Patron Otto Fehrenbacher und Sohn Daniel überzeugen mit einer raffinierten Kulinarik auf Basis der Küche Badens.

LALENDORF – Mecklenburg-Vorpommern – siehe Güstrow

LAM – Bayern – 546 – 2 820 Ew – Höhe 475 m – Wintersport: 620 m — 59 P17
– Luftkurort
▶ Berlin 513 – München 196 – Passau 94 – Cham 39
🛈 Marktplatz 1, ⌧ 93462, ⌨ (09943) 7 77, www.lam.de

 Sonnenhof
Himmelreich 13 ⌧ 93462 – ⌨ (09943) 3 70
– www.sonnenhof-lam.de
174 Zim (inkl. ½ P.) – †103/115 € ††164/210 € – 9 Suiten
Rest – Menü 29 € – Karte 28/42 €
♦ Eine schön gelegene wohnlich-komfortable Urlaubsadresse für Golfer, Wellnessgäste und Familien. Der Saunabereich ist im modernen asiatischen Stil gehalten. Mit Kids-Club. Neuzeitlich-elegant ist das Ambiente im Restaurant.

Das Bayerwald (mit Gästehaus)
Arberstr. 73 ⌧ 93462 – ⌨ (09943) 95 30 – www.das-bayerwald.de
50 Zim – †46/53 € ††80/94 € – ½ P 15 € – 1 Suite
Rest – (geschl. Sonntagabend) Karte 15/43 €
♦ Der Familienbetrieb bietet in mehreren überwiegend miteinander verbundenen Gebäuden unterschiedlich eingerichtete Zimmer sowie Kosmetik, Massage und Schrothkuren. Bürgerlich gestaltetes Restaurant.

LANDAU an der ISAR – Bayern – 546 – 12 590 Ew – Höhe 390 m 59 O19
▶ Berlin 566 – München 115 – Regensburg 77 – Deggendorf 31
🛈 Landau, Rappach 2, ⌨ (09951) 59 91 11

Gästehaus Numberger garni
Dr.-Aicher-Str. 2 ⌧ 94405 – ⌨ (09951) 9 80 20 – www.gaestehaus-numberger.de
– geschl. 24. Dezember - 2. Januar
19 Zim – †41/50 € ††75/85 €
♦ Aus dem Jahre 1938 stammt die charmante kleine Villa oberhalb der Altstadt - genauso alt ist auch die Buche im schönen Garten. Die Gäste erwarten hübsche individuelle Zimmer und ein gutes Frühstücksbuffet mit hausgemachten Marmeladen.

LANDAU in der PFALZ – Rheinland-Pfalz – 543 – 43 000 Ew 54 E17
– Höhe 144 m
▶ Berlin 668 – Mainz 109 – Karlsruhe 38 – Mannheim 50
ADAC Nordring 7
🛈 Marktstr. 50, ⌧ 76829, ⌨ (06341) 13 83 01, www.landau-tourismus.de
Essingen-Dreihof, Am Golfplatz 1, ⌨ (06348) 6 15 02 37
Annweiler am Trifels: Trifels ★ (Lage ★★), West: 16 km

Parkhotel
Mahlastr. 1 (an der Festhalle) ⌧ 76829 – ⌨ (06341) 14 50
– www.parkhotel-landau.de
78 Zim – †70/95 € ††95/120 €
Rest – Menü 30 € (mittags)/45 € – Karte 28/42 €
♦ Apart: Den modernen Hotelbau hat man direkt an die historische Festhalle angeschlossen. Am Haus: öffentliche Tiefgarage und Stellplätze zu hoteleigenen Tarifen. Die Zimmer mit ungeraden Zahlen liegen zum kleinen Park hin, ebenso die Terrasse.

LANDAU in der PFALZ

✕ **Weinstube zur Blum**
Kaufhausgasse 9, (Frank-Loebsches Haus) ⊠ *76829 –* ℰ *(06341) 89 76 41*
– www.zurblum.de – geschl. Sonntag - Dienstagmittag, Donnerstagmittag, Freitagmittag
Rest *– (Tischbestellung ratsam)* Menü 13 € (mittags)/22 € – Karte 25/36 €
♦ Ein historischer Vierflügelbau mit idyllischem Innenhof, der auf zwei Etagen von Holzarkaden eingefasst ist. Sie wählen von der Tafel, u. a. Pfälzer Spezialitäten. Weine auch im Außer-Haus-Verkauf.

In Landau-Arzheim West: 4 km

✕ **Weinstube Hahn**
Arzheimer Hauptstr. 50 ⊠ *76829 –* ℰ *(06341) 3 31 44 – geschl. Weihnachten - Neujahr, Mitte - Ende Juni und Dienstag - Mittwoch*
Rest *– (nur Abendessen) (Tischbestellung ratsam)* Karte 23/33 €
♦ Das sympathische Lokal ist sehr beliebt und immer gut besucht. Die Atmosphäre ist gemütlich, die Chefin herzlich. Zur frischen regionalen Küche trinkt man gute Weine von Winzern aus der Region.

In Landau-Godramstein Nord-West: 4 km

✕✕ **Beat Lutz**
Bahnhofstr. 28 ⊠ *76829 –* ℰ *(06341) 6 03 33 – www.beatlutz.de – geschl. Sonntagabend - Montag*
Rest *– (Tischbestellung ratsam)* Menü 25/30 € – Karte 26/51 €
♦ Beat Lutz bietet einen Mix aus Regionalem und Internationalem, von Bouillabaisse bis Rinderroulade - sonntags kocht man von 11-19 Uhr durchgehend. In den Gasträumen sorgen warmes Rot und zahlreiche Bilder diverser Künstler (auch käuflich zu erwerben) für Atmosphäre.

✕✕ **Westphals Kulinarium**
Godramsteiner Hauptstr. 62 ⊠ *76829 –* ℰ *(06341) 96 84 28*
– www.westphals-kulinarium.de – geschl. Montag - Dienstag
Rest *– (nur Abendessen außer an Feiertagen) (Tischbestellung ratsam)*
Menü 34/39 € – Karte 33/45 €
♦ Über den netten kleinen Hof - hier hat man im Sommer eine lauschige Terrasse - kommt man in die gemütliche Stube dieses familiengeführten Gasthauses. Die Küche ist international.

In Landau-Mörzheim Süd-West: 5 km

✕ **Weinkontor**
Mörzheimer Hauptstr. 18 ⊠ *76829 –* ℰ *(06341) 94 54 85*
– www.weinkontor-moerzheim.de – geschl. Dienstag - Mittwoch
Rest *– (Montag - Samstag nur Abendessen) (Tischbestellung ratsam)* Karte 25/35 €
♦ Durch einen kleinen Hofeingang gelangt man in das Lokal (ehemals Scheune), dessen Plätze heiß begehrt sind! Auf Vorbestellung und tischweise gibt's die saisonale Küche auch als Menü "Quer Beet". Den geschmorten Ochsenschwanz sollte man sich nicht entgehen lassen!

In Landau-Queichheim Ost: 2 km

🏠 **Soho**
Marie-Curie-Str. 9 ⊠ *76829 –* ℰ *(06341) 14 19 60 – www.soho-landau.de*
– (Erweiterung um 38 Zimmer bis März 2012)
29 Zim ⚃ – †68 € ††98 €
Rest *– (geschl. Samstagmittag und Sonntagabend)* Menü 14 € (mittags)/33 €
– Karte 23/44 €
♦ Ideal für Tagung und Business. Das modern-funktionelle Hotel liegt verkehrsgünstig nahe der Autobahnabfahrt und direkt am Messplatz. Restaurant im Bistrostil mit sehr schöner Dachterrasse.

LANDSBERG am LECH – Bayern – **546** – 27 900 Ew – Höhe 587 m 65 K20
▶ Berlin 597 – München 57 – Augsburg 41 – Kempten (Allgäu) 68
🛈 Hauptplatz 152, ⊠ 86899, ℰ (08191) 12 82 46, www.landsberg.de
 Schloss Igling, ℰ (08248) 18 93

LANDSBERG am LECH

Goggl garni
Hubert-von-Herkomerstr. 19 ✉ 86899 – ℰ (08191) 32 40 – www.hotelgoggl.de
60 Zim ⌒ – †69/95 € ††95/110 € – 1 Suite
♦ Das Altstadthaus steht in einer Häuserreihe beim Rathausplatz. Zu den zeitgemäßen Zimmern zählen auch Familienzimmer. Hübsch ist das kleine Dampfbad im Hundertwasserstil.

Landhotel Endhart garni
Erpftinger Str. 19 ✉ 86899 – ℰ (08191) 9 29 30 – www.landhotel-endhart.de
– geschl. 23. Dezember - 5. Januar
35 Zim ⌒ – †65/85 € ††85/120 €
♦ Das familiengeführte Hotel am Stadtrand verfügt über nette, helle Zimmer mit wohnlicher Einrichtung. Man hat auch ein freundliches Tagescafé, in dem die Gäste am Morgen gemütlich beim Frühstück sitzen.

LANDSHUT – Bayern – **546** – 62 740 Ew – Höhe 393 m   58 N19

▶ Berlin 556 – München 75 – Regensburg 75 – Ingolstadt 83
ADAC Kirchgasse 250 Z
🛈 Altstadt 315 Z, ✉ 84028, ℰ (0871) 92 20 50, www.landshut.de
⛳ Furth-Arth, Oberlippach 2, ℰ (08704) 83 78
◉ St. Martinskirche ★ (Turm ★★) – Altstadt ★ Z

Stadtplan auf der nächsten Seite

City Hotel Isar-Residenz garni
Papiererstr. 6 ✉ 84034 – ℰ (0871) 43 05 70 – www.isar-residenz.de – geschl.
21. Dezember - 6. Januar   Zc
90 Zim ⌒ – †95/160 € ††125/180 €
♦ Komfortables Businesshotel, ideal auch für Städtereisende. Wohnlich-zeitgemäße Zimmer und großzügiger Frühstücksraum mit gutem Buffet. Nachmittags kostenfrei Kaffee und Kuchen.

Lifestyle
Flurstr. 2, (B 299) (über Altdorfer Straße) Y ✉ 84032 – ℰ (0871) 9 72 70
– www.hotel-lifestyle.de
54 Zim ⌒ – †79/140 € ††99/180 € – 4 Suiten
Rest – (geschl. Sonntag) (nur Abendessen) Karte 18/33 €
♦ Sie finden das Hotel am Stadtrand, gegenüber von "Brandt Zwieback-Schokoladen". Das Interieur überzeugt mit wohnlichem Design in kräftigen, warmen Tönen. Modernes Restaurant mit Terrasse im sehr schönen Garten.

Goldene Sonne
Neustadt 520 ✉ 84028 – ℰ (0871) 9 25 30 – www.goldenesonne.de   Zd
59 Zim ⌒ – †89/139 € ††110/159 € – 2 Suiten   **Rest** – Karte 19/43 €
♦ Das schmucke historische Gebäude in der Altstadt beherbergt geschmackvoll gestaltete, wohnliche Zimmer mit individuellem Zuschnitt und guter technischer Ausstattung. Rustikale Gaststube mit bürgerlicher Karte. Nett ist der Biergarten im Innenhof.

Stadthotel Herzog Ludwig garni
Neustadt 519 ✉ 84028 – ℰ (0871) 97 40 50 – www.stadthotel-herzog-ludwig.de
26 Zim ⌒ – †80/99 € ††95/110 €   Zd
♦ Komfortabel und wohnlich sind die teilweise klimatisierten Zimmer in dem stilvollen Stadthaus. In einem kleinen Innenhof hat man eine schöne Frühstücksterrasse.

Fürstenhof
Stethaimer Str. 3 ✉ 84034 – ℰ (0871) 9 25 50 – www.fuerstenhof.la
22 Zim ⌒ – †85/100 € ††110/140 € – 1 Suite   Yd
Rest *Fürstenzimmer und Herzogstüberl* – siehe Restaurantauswahl
♦ Der Familienbetrieb in dem ansprechenden Stadthaus von 1906 hält im Zimmerbereich zwei Besonderheiten bereit: die elegante Keramik-Suite und das Tuchhändler Zimmer.

Altdorfer Str.	Y 3
Alte Regensburger Str.	Y 4
Altstadt	Z 5
Bauhofstr.	Y 6
Bindergasse	Z 7
Bischof-Sailer-Pl.	Y 8
Dreifaltigkeitspl.	Z 12
Gestütstr.	Z 14
Grasgasse	Z 16
Gutenbergweg	Z 17
Heilig-Geist-Gasse	Z 18
Herrngasse	Z 19
Isargestade	Y 20
Jodoksgasse	Z 21
Kirchgasse	Z 22
Königsfelder Gasse	Z 24
Ländtorpl.	Z 25
Ludwigstr.	YZ 26
Marienpl.	Z 27
Maximilianstr.	YZ 28
Neustadt	Z
Niedermayerstr.	Y 30
Regierungsstr.	Z 32
Rosengasse	Z 33
Ruffinistr.	Z 34
Savignystr.	Z 35
Spiegelgasse	Z 36
Theaterstr.	Z 39
Veldener Str.	Z 40
Wagnergasse	Y 43
Zweibrückenstr.	Y 44

Gasthof zur Insel

Badstr. 16 ⊠ 84028 – ℘ (0871) 92 31 60 – www.insel-landshut.de – geschl. 24. Dezember - 1. Januar **Z a**
15 Zim ⊇ – †60/85 € ††75/105 € – 2 Suiten **Rest** – Karte 12/46 €
◆ Sehr nett liegt der familiär geleitete Gasthof recht ruhig und dennoch zentral direkt an der Isar. Die Zimmer sind funktionell ausgestattet. In der Gaststube und im Biergarten am Fluss wird bayerische Küche aufgetischt.

Fürstenzimmer und Herzogstüberl – Hotel Fürstenhof

Stethaimer Str. 3 ⊠ 84034 – ℘ (0871) 9 25 50
– www.fuerstenhof.la – geschl. 1. - 5. Januar, 20. August - 2. September und Samstagmittag, Sonntag - Montagmittag **Y d**
Rest – Menü 52 € (vegetarisch)/80 € – Karte 54/66 €
◆ Klassische Küche im Herzogstüberl mit bayerisch-gemütlicher Atmosphäre oder im stilvoll-eleganten Fürstenzimmer. Der sehr freundliche, kompetente Service wird durch die Chefin geleitet.

LANDSHUT

XX **Bernlochner** 🛋 ⇔ VISA ⓒ
Ländtorplatz 3 ⊠ *84028 –* ℰ *(0871) 8 99 90 – www.restaurant-bernlochner.de*
Rest – Menü 36 € – Karte 29/48 € **Zb**
♦ Das freundliche Restaurant im Landshuter Stadttheater an der Isar, nicht weit von der Fußgängerzone, bietet internationale Küche mit steirischen und bayrischen Einflüssen.

In Landshut-Löschenbrand West: 2,5 km über Rennweg Y

🏠 **Landshuter Hof** 🛋 ℅ ⁽ℹ⁾ 🄿 🖳 VISA ⓒ AE
Löschenbrandstr. 23 ⊠ *84032 –* ℰ *(0871) 96 27 20 – www.landshuter-hof.de*
– *geschl. Anfang Januar 1 Woche, Mitte - Ende August*
25 Zim – †55/70 € ††75/100 €, ⊇ 5 €
Rest – *(geschl. Montagmittag, Dienstag)* Menü 15/35 € – Karte 25/40 €
♦ In dem familiengeführten Hotel stehen mit solidem Naturholz eingerichtete und teilweise mit Parkettboden ausgestattete Zimmer zur Verfügung. Hell gestaltetes Restaurant in ländlichem Stil.

LANDSTUHL – Rheinland-Pfalz – **543** – 8 600 Ew – Höhe 248 m **46** D16
– Erholungsort

▶ Berlin 660 – Mainz 100 – Saarbrücken 54 – Kaiserslautern 17

🏨 **Christine** (mit Gästehäusern) 🛋 🛁 🛗 🄰🄲 ℅ Zim, ⁽ℹ⁾ 🄿 🖳 VISA ⓒ AE
Kaiserstr. 3 ⊠ *66849 –* ℰ *(06371) 90 20 – www.hotel-christine.com*
111 Zim ⊇ – †70/90 € ††110/120 €
Rest – *(geschl. Juli - August 2 Wochen und Sonntag) (nur Abendessen)* Karte 18/35 €
♦ Hier erwarten Sie eine großzügige Halle im alpenländischen Stil, wohnliche, z. T. holzvertäfelte Gästezimmer und ein gemütlicher Frühstücksraum. Modern-elegant ist das Restaurant Cockpit Lounge - das Thema Fliegerei bestimmt das Dekor.

🏨 **Landhaus Schattner** garni 🖃 ℅ ⁽ℹ⁾ 🄿 VISA ⓒ
Kaiserstr. 143 ⊠ *66849 –* ℰ *(06371) 6 18 40 – www.hotel-landhaus-schattner.de*
– *geschl. über Weihnachten und Neujahr*
32 Zim ⊇ – †55/65 € ††80/85 €
♦ Das Haus wird freundlich-familiär geleitet und bietet gepflegte Zimmer mit hellen Möbeln im Landhausstil sowie W-Lan gratis. Interessant: das Wellness-Bad Cubo gegenüber.

LANGEN – Hessen – **543** – 35 430 Ew – Höhe 144 m **47** F15

▶ Berlin 557 – Wiesbaden 42 – Frankfurt am Main 22 – Darmstadt 14

🏨 **Steigenberger** 🛋 🖃 🄰🄲 Zim, ⁽ℹ⁾ 🛁 🖳 VISA ⓒ AE ①
Robert-Bosch-Str. 26, (Wirtschaftszentrum) ⊠ *63225 –* ℰ *(06103) 97 20*
– www.frankfurt-langen.steigenberger.de
205 Zim – †99 € ††99 €, ⊇ 17 € **Rest** – Karte 26/34 €
♦ Überall in diesem Businesshotel hat man eine nostalgisch-amerikanische Note in die Einrichtung miteinfließen lassen. Gute S-Bahnanbindung zur Frankfurter Messe. Nett dekoriertes Restaurant im Bistrostil.

Nahe der Straße nach Dieburg Ost: 2 km

XX **Merzenmühle** 🛋 ⇔ 🄿 VISA ⓒ AE ①
Außerhalb 12, (über Koberstädterstraße) ⊠ *63225 –* ℰ *(06103) 5 35 33*
– www.merzenmuehle.de – geschl. Samstagmittag, Sonntagabend - Montag
Rest – Menü 27 € (mittags)/85 € – Karte 41/72 €
♦ Der charmant-rustikale Charakter des 600 Jahre alten Fachwerkhauses setzt sich im Inneren fort: Dunkle Holzbalken und warme Farben sorgen für Gemütlichkeit. Internationale Küche.

LANGENARGEN – Baden-Württemberg – **545** – 7 780 Ew – Höhe 398 m **63** H21
– Erholungsort

▶ Berlin 726 – Stuttgart 175 – Konstanz 40 – Ravensburg 27
🛈 Obere Seestr. 2/1, ⊠ 88085, ℰ (07543) 93 30 92, www.langenargen.de

LANGENARGEN

Engel
Marktplatz 3 ⊠ 88085 – ℰ (07543) 9 34 40
– www.engel-bodensee.de – geschl. Ende Januar - Mitte März
40 Zim – †65/82 € ††98/136 € – ½ P 20 € – 3 Suiten
Rest – *(geschl. Oktober - Mai: Mittwoch - Donnerstagmittag)* Menü 24 €
– Karte 16/45 €
♦ Das Hotel im Zentrum, direkt an der Promenade, bietet wohnliche Zimmer und sehr schöne große Suiten sowie einen freundlich gestalteten Saunabereich und ein eigenes Strandbad. Teil des Restaurants ist ein zum Ufer hin gelegener Wintergarten mit Terrasse.

Seehotel Litz
Obere Seestr. 11 ⊠ 88085 – ℰ (07543) 9 31 10
– www.seehotel-litz.de
44 Zim – †74/109 € ††84/169 € – ½ P 20 €
Rest – *(Montag - Freitag nur Abendessen)* Menü 20 € – Karte 24/41 €
♦ Hier wohnt man im Herzen von Langenargen, in hochwertig und modern ausgestatteten Design- oder Landhaus-Zimmern. Im OG: Saunabereich mit Ruheraum und Aussicht. In geradlinigem Stil ist das Restaurant mit Café und Bar gehalten.

Schiff
Marktplatz 1 ⊠ 88085 – ℰ (07543) 9 33 80 – www.schiff-hotel.de
48 Zim (inkl. ½ P.) – †79/95 € ††122/168 € – 4 Suiten
Rest – *(geschl. Donnerstagmittag)* Karte 22/45 €
♦ In dem Hotel gegenüber dem Rathaus erwarten Sie zeitgemäß ausgestattete Zimmer, deren Farbgestaltung und Einrichtung recht individuell sind. Restaurant in der 1. Etage mit Terrasse zum See.

Löwen
Obere Seestr. 4 ⊠ 88085 – ℰ (07543) 30 10
– www.loewen-langenargen.de – geschl. Januar - Februar
27 Zim – †61/116 € ††99/160 € – ½ P 20 € – 1 Suite
Rest – *(geschl. September - Juni: Dienstag und November - Dezember: Montag - Dienstag)* Karte 19/39 €
♦ Familiengeführtes Hotel direkt am Hafen. Eine schöne Sicht bieten die Zimmer zum See, einige geräumige Zimmer zur Ortsseite sind besonders zeitgemäß gestaltet. Bürgerlich gehaltenes Restaurant mit Fensterfront zum See.

Klett
Obere Seestr. 15 ⊠ 88085 – ℰ (07543) 22 10
– www.hotel-klett.de – geschl. November - März
17 Zim – †59/90 € ††75/135 € **Rest** – *(geschl. Montag)* Karte 20/43 €
♦ Ein sehr gepflegter kleiner Familienbetrieb am See, dem die Chefin mit ihren handgemachten Dekorationen eine persönliche und individuelle Note gibt. Restaurant mit Terrasse und Seeblick.

Im Winkel garni
Im Winkel 9 ⊠ 88085 – ℰ (07543) 93 40 10
– www.Hotel-imwinkel.de – geschl. 15. Dezember - 15. März
10 Zim – †60/85 € ††86/112 € – 2 Suiten
♦ Wie zu Hause fühlt man sich in dem tipptopp gepflegten Haus der freundlichen Familie Reiß. Die Gäste wohnen in zeitgemäßen Zimmern, genießen das frische Frühstücksbuffet und entspannen im netten Saunabereich.

Karr mit Zim
Oberdorfer Str. 11 ⊠ 88085 – ℰ (07543) 30 90
– www.hotelkarr.de – geschl. Sonntag - Montagmittag, November - Mai: Sonntag - Montag
15 Zim – †75/85 € ††95/110 € – ½ P 30 €
Rest – Menü 35/45 € – Karte 42/67 €
♦ Eine sympathische Adresse ist das freundlich gestaltete, reichlich dekorierte Restaurant der Familie Karr. Geboten wird klassische Küche mit regionalen Einflüssen.

LANGENARGEN

XX Landhaus Malereck
Aargenstr. 60/4, (im BMK-Yachthafen) ⊠ 88085 – ℰ (07543) 91 24 91
– www.landhaus-malereck.de – geschl. Januar - Mitte März; September - Juni: Dienstag
Rest – Menü 38 € (vegetarisch)/58 € – Karte 30/57 €

♦ Karomuster in Kombination mit Toile-de-jouy-Stoffen unterstreichen den eleganten Landhausstil des Kaminzimmers. Gute regionale wie internationale Küche mit Gerichten wie "in Merlot geschmorte Kalbsbacke an Buttergemüse und hausgemachten Bandnudeln".

XX Schuppen 13
Argenweg 60, (im BMK-Yachthafen) ⊠ 88085 – ℰ (07543) 15 77
– www.schuppen13.de – geschl. 20. Dezember - Februar; September - Juni: Montag
Rest – Menü 40 € – Karte 25/47 €

♦ Das an ein Bootshaus erinnernde Gebäude befindet sich direkt am Wasser und ist mit ländlichem Charme eingerichtet. Mit Sorgfalt bereitet man aus frischen Produkten italienische Speisen zu, wie z. B. das geschmorte Kaninchen mit Gemüse und Kräutern.

In Langenargen-Schwedi Nord: 2 km

Schwedi
Schwedi 1 ⊠ 88085 – ℰ (07543) 93 49 50 – www.hotel-schwedi.de – geschl. Anfang November - Anfang Februar
31 Zim – †63/85 € ††94/150 € – ½ P 20 € – 2 Suiten
Rest – (geschl. Dienstag) Karte 21/46 €

♦ Das Haus liegt schön ruhig im Grünen am See. Einige der wohnlichen Zimmer verfügen über einen Balkon. Durch den hübschen Garten gelangt man direkt ans Wasser. Restaurant mit Fischspezialitäten aus See und Meer - Bodenseefische aus familiärem Fischereibetrieb.

LANGENAU – Baden-Württemberg – **545** – 14 360 Ew – Höhe 458 m 56 I19

▶ Berlin 603 – Stuttgart 86 – Augsburg 71 – Ulm (Donau) 18

Zum Bad
Burghof 11 ⊠ 89129 – ℰ (07345) 9 60 00 – www.gasthof-zum-bad.de – geschl. 22. Dezember - 5. Januar
33 Zim – †55/65 € ††84/90 €
Rest Zum Bad – siehe Restaurantauswahl

♦ Vorbildlich führt Familie Häge ihr Haus - das Preis-Leistungs-Verhältnis ist top! Die Zimmer sind tadellos gepflegt, wohnlich und zeitgemäß, schön die ruhige Lage, sehr gut das Frühstück.

X Zum Bad – Hotel Zum Bad
Burghof 11 ⊠ 89129 – ℰ (07345) 9 60 00 – www.gasthof-zum-bad.de – geschl. Ende Juli - Anfang August 3 Wochen, 22. Dezember - 5. Januar und Montag
Rest – Menü 35/72 € – Karte 27/44 €

♦ Juniorchef Hans Häge beherrscht sein Handwerk, er hat Talent und kocht mit Geschmack (z. B. rosa gebratener Hirschrücken). Die Gäste werden in den modernen Restauranträumen zuvorkommend und sehr familiär umsorgt.

In Rammingen Nord-Ost: 4 km

XX Landgasthof Adler (Klaus Buderath) mit Zim
Riegestr. 15 ⊠ 89192 – ℰ (07345) 9 64 10
– www.adlerlandgasthof.de – geschl. Anfang Januar 2 Wochen, August 2 Wochen und Montag - Dienstag
9 Zim – †90/140 € ††120/210 €   **Rest** – Menü 42/98 € – Karte 42/82 €
Spez. Roh marinierte bretonische Jakobsmuscheln mit ländlichem Joghurt-Gurkensüppchen. Tranche vom Thunfisch mit Avocadomousse, Salzzitrone und schwarzem Olivenmehl. Crépinette von der Wachtel mit verstecktem Landei und frischen Morcheln.

♦ Wilder Wein rankt sich um das alte Gasthaus - ein charmanter Ort zum Genießen! Liebhaber deutscher Rieslinge und österreichischer (aber auch internationaler) Weine werden fündig und gut beraten von Jan Bimboes. Klaus Buderath sorgt derweil für gehobene regionale Küche. Wertige und angenehm moderne Zimmer laden förmlich zum Bleiben ein!

LANGENBURG – Baden-Württemberg – **545** – 1 760 Ew – Höhe 439 m   56 I17
▶ Berlin 576 – Stuttgart 91 – Würzburg 81 – Ansbach 96

Zur Post
Hauptstr. 55, ✉ 74595 – ℰ (07905) 54 32 – www.gasthofpostlangenburg.de – geschl.
27. Dezember - 10. Januar, 14. - 22. Februar
13 Zim – †45/60 € ††70/80 €
Rest – (geschl. Sonntagabend - Montag) Menü 25 € – Karte 30/55 €
♦ Der traditionelle kleine Gasthof nur wenige Schritte von der Altstadt ist ein langjähriger Familienbetrieb, dessen Zimmer hell, neuzeitlich und funktional eingerichtet sind. Galerierte in gemütlich-ländlichem Stil.

LANGENFELD (RHEINLAND) – Nordrhein-Westfalen – **543**   36 C12
– 59 040 Ew – Höhe 47 m
▶ Berlin 556 – Düsseldorf 22 – Aachen 92 – Köln 26
🛈 Langenfeld, Katzbergstr. 21, ℰ (02173) 91 97 41

In Langenfeld-Reusrath Süd: 3 km über B 8 Richtung Opladen

Landhotel Lohmann
Opladener Str. 19 (B 8), ✉ 40764 – ℰ (02173) 9 16 10 – www.landhotel-lohmann.de
– geschl. über Karneval, 9. - 22. Juli und über Weihnachten
28 Zim – †79/84 € ††99/109 €, ⊡ 5 €   **Rest** – (geschl. Mittwoch) Karte 24/61 €
♦ Der langjährige Familienbetrieb liegt günstig zwischen den Messestädten Düsseldorf und Köln und bietet sehr gepflegte Zimmer. Bürgerliche Küche im Restaurant. Für Raucher hat man einen Wintergarten.

LANGENHAGEN – Niedersachsen – siehe Hannover

LANGENLONSHEIM – Rheinland-Pfalz – **543** – 3 710 Ew – Höhe 110 m   47 E15
▶ Berlin 618 – Mainz 43 – Koblenz 78 – Neustadt an der Weinstraße 90

Jugendstil-Hof garni
Naheweinstr. 172, ✉ 55450 – ℰ (06704) 9 63 86 82 – www.jugendstil-hof.de
3 Zim ⊡ – †159 € ††169/189 €
♦ Nur drei Zimmer stehen in der schmucken Villa zur Verfügung. Sie sind sehr hübsch, geräumig und individuell - Stoffe, Farben und Möbel hat man harmonisch abgestimmt. Der liebenswerte Frühstücks- und Aufenthaltsbereich versprüht Wohnzimmer-Charme.

LANGEOOG (INSEL) Niedersachsen – **541** – 1 960 Ew – Höhe 5 m – Insel   7 D4
der Ostfriesischen Inselgruppe – Seeheilbad
▶ Berlin 525 – Hannover 266 – Emden 57 – Aurich/Ostfriesland 28
Autos nicht zugelassen
⛴ von Esens-Bensersiel (ca. 45 min), ℰ (04971) 9 28 90
🛈 Hauptstr. 28, ✉ 26465, ℰ (04972) 69 30, www.langeoog.de

La Villa
Vormann-Otten-Weg 12, ✉ 26465 – ℰ (04972) 7 77 – www.hotel-lavilla.de
– geschl. Mitte November - Mitte März
9 Zim ⊡ – †98/168 € ††140/192 € – ½ P 32 € – 6 Suiten
Rest – (nur Abendessen für Hausgäste)
♦ Ein familiär geführtes kleines Hotel ist diese Villa aus der Jahrhundertwende. Die Gästezimmer sind wohnlich gestaltet und verfügen über großzügige Marmorbäder.

Kolb (mit Gästehaus)
Barkhausenstr. 30, ✉ 26465 – ℰ (04972) 9 10 40 – www.hotel-kolb.de
33 Zim ⊡ – †71/100 € ††120/170 € – ½ P 24 € – 1 Suite
Rest *Schiffchen* – siehe Restaurantauswahl
♦ Der Familienbetrieb ist ein im friesischen Landhausstil erbautes Hotel mit behaglichen Zimmern (teils mit Terrasse), hübschem Saunabereich und vielfältigem Frühstücksbuffet. Geräumige Juniorsuiten im Gästehaus.

LANGEOOG (INSEL)

Flörke
Hauptstr. 17 ⊠ 26465 – ℘ (04972) 9 22 00 – www.hotel-floerke.de
66 Zim 🖵 – †65/90 € ††110/160 € – ½ P 19 € – 3 Suiten
Rest – *(nur Abendessen für Hausgäste)*

♦ Das Ferienhotel liegt ruhig und wird familiär geführt. Besonders komfortabel sind die geräumigen und modernen Appartements im Nebenhaus, schön auch die Sauna.

Mare garni
Kiebitzweg 8 ⊠ 26465 – ℘ (04972) 9 22 60 – www.suiten-hotel-mare.de
24 Zim – †82/120 € ††106/156 € – 24 Suiten

♦ In dem Hotel in einer ruhigen Wohngegend stehen freundliche zeitgemäße Suiten verschiedener Kategorien bereit, die alle über eine kleine Küche und meist über Balkone verfügen.

Strandeck garni
Kavalierpad 2 ⊠ 26465 – ℘ (04972) 68 80 – www.strandeck.de
35 Zim – †63/83 € ††110/146 €

♦ Die Lage hinter den Dünen, die familiäre Atmosphäre und solide, funktionelle Zimmer machen dieses Hotel aus. Frühstücksbuffet mit regionalen Produkten.

Schiffchen – Hotel Kolb
Barkhausenstr. 30 ⊠ 26465 – ℘ (04972) 9 10 41 25 – www.hotel-kolb.de
Rest – Karte 34/61 €

♦ Das in dunklem Holz gehaltene Interieur dieses Restaurants ist dem eines Luxusliners nachempfunden. Serviert wird eine frische internationale Küche.

Seekrug
Höhenpromenade 1 ⊠ 26465 – ℘ (04972) 3 83 – www.seekrug.de
– geschl. Dezember 3 Wochen und September - Juni: Montag sowie an Feiertagen
Rest – Menü 19/35 € – Karte 19/43 €

♦ Hier speisen die Gäste mit tollem Blick auf Dünen und Meer. Für die bürgerlich-regionale Küche verwendet man vorwiegend heimische Bioprodukte. Große Kuchenauswahl.

Strandhalle
Höhenpromenade 5 ⊠ 26465 – ℘ (04972) 99 07 76 – www.hotel-kolb.de
Rest – Karte 20/59 €

♦ In dem ungezwungenen modernen Restaurant in den Dünen trifft man sich bei einem tollen Rundumblick zum Mittagsbuffet oder zu regionalen Gerichten bei Sonnenuntergang.

LANGERRINGEN – Bayern – siehe Schwabmünchen

LANGWEILER – Rheinland-Pfalz – 543 – 270 Ew – Höhe 510 m   46 C15
▶ Berlin 687 – Mainz 112 – Koblenz 93 – Saarbrücken 92

Kloster Marienhöh
Marienhöh 2 ⊠ 55758 – ℘ (06786) 29 29 90 – www.klosterhotel-marienhoeh.de
66 Zim 🖵 – †75/145 € ††130/240 € – 4 Suiten
Rest *Altes Refektorium* – siehe Restaurantauswahl

♦ Hier hat man ein ehrwürdiges Kloster zu einem modernen und komfortablen Hotel umgebaut: chic designte Zimmer mit sehr guter Technik und ein geschmackvoller Freizeitbereich.

Altes Refektorium – Hotel Kloster Marienhöh
Marienhöh 2 ⊠ 55758 – ℘ (06786) 29 29 90 – www.klosterhotel-marienhoeh.de
Rest – Menü 48 € – Karte 31/49 €

♦ Früher haben in den historischen Räumen die Marienschwestern des Klosters ihr Mahl eingenommen - heute können Sie das tun! Inzwischen natürlich renoviert, erstrahlt das Ambiente im stylischen modernen Gewand.

LAUBACH – Hessen – 543 – 10 010 Ew – Höhe 207 m – Luftkurort   38 G13
▶ Berlin 478 – Wiesbaden 101 – Frankfurt am Main 71 – Gießen 28
🛈 Friedrichstr. 11, ⊠ 35321, ℘ (06405) 92 13 21, www.laubach-online.de

LAUBACH

Schlosshotel Bunter Hund garni
Schottener Str. 2 ⊠ 35321 – ℰ (06405) 50 69 80 – www.schlosshotel-laubach.de
20 Zim – †70/75 € ††85/145 €, ⊇ 10 €
♦ In dem schönen Haus hat man mit Kunst, hübschen Stoffen und diversen Einzelstücken im Barockstil individuelle Räume geschaffen, die Klassik und Moderne verbinden.

Café Göbel garni
Friedrichstr. 2 ⊠ 35321 – ℰ (06405) 9 13 80 – www.cafegoebel.de
10 Zim ⊇ – †38/45 € ††106/118 €
♦ Eine sympathische Adresse nicht weit vom historischen Marktplatz. Die Gäste wohnen in liebenswerten, stilvollen Zimmern. Ebenso behaglich ist das Café mit Leckerem aus Konditorei und Backstube.

In Laubach-Freiensen Nord-Ost: 5 km über B 276 Richtung Mücke

Landgasthaus Waldschenke
Tunnelstr. 42 (außerhalb 0,5 km, an der B 276) ⊠ 35321 – ℰ (06405) 61 10 – www.landgasthaus-waldschenke.de – geschl. Januar 1 Woche, 12. - 27. Oktober und Mittwoch
Rest – (Montag - Freitag nur Abendessen) Menü 36 € – Karte 30/44 €
♦ Bei den freundlichen Gastgebern erwartet Sie eine schmackhafte internationale Küche, die saisonal und regional beeinflusst ist. Die leckeren Gerichte wie das Lammcarrée in Salsa Verde werden in nettem charmant-ländlichem Ambiente serviert. Der Wintergarten dient als Salon.

LAUCHHEIM – Baden-Württemberg – 545 – 4 640 Ew – Höhe 492 m   56 I18
▶ Berlin 557 – Stuttgart 95 – Augsburg 93 – Aalen 16

Roter Ochsen
Hauptstr. 24 ⊠ 73466 – ℰ (07363) 53 29 – www.roter-ochsen-lauchheim.de – geschl. August 3 Wochen
15 Zim – †50/63 € ††70/85 €, ⊇ 5 €   **Rest** – (geschl. Montag) Karte 25/46 €
♦ Das kleine Hotel direkt am Marktplatz ist bereits seit 1889 in Familienhand und verfügt über zeitlos-funktionelle, teilweise modern gestaltete Gästezimmer. In der gemütlichen Gaststube serviert man regionale Küche mit Erzeugnissen aus eigener Landwirtschaft.

LAUCHRINGEN – Baden-Württemberg – siehe Waldshut-Tiengen

LAUCHSTÄDT, BAD – Sachsen-Anhalt – 542 – 9 350 Ew – Höhe 113 m   31 M11
▶ Berlin 185 – Magdeburg 100 – Leipzig 11 – Halle (Saale) 15

Kurpark-Hotel
Parkstr. 15 ⊠ 06246 – ℰ (034635) 2 03 53 – www.kurpark-hotel-bad-lauchstaedt.de
35 Zim ⊇ – †49/65 € ††76/95 € – ½ P 17 €
Rest *Lauchstedter Gaststuben* – Karte 20/35 €
♦ Recht ruhig ist die Lage an den Historischen Kuranlagen. Die Zimmer sind schön und individuell in klassischem Stil und wohnlichen Farben. Fachwerk macht den Frühstücksraum gemütlich. Lauchstedter Gaststuben gegenüber dem Hotel. Draußen ergänzt der Weinhof die Terrasse.

LAUDA-KÖNIGSHOFEN – Baden-Württemberg – 545 – 14 690 Ew   49 H16
– Höhe 192 m
▶ Berlin 535 – Stuttgart 120 – Würzburg 40 – Bad Mergentheim 12

Landhaus Gemmrig mit Zim
Hauptstr. 68 (Königshofen) ⊠ 97922 – ℰ (09343) 70 51 – www.landhaus-gemmrig.de – geschl. August 1 Woche und Sonntagabend - Montag
5 Zim ⊇ – †34/38 € ††58 €   **Rest** – Menü 14/20 € – Karte 16/33 €
♦ Das Gastgeberehepaar kümmert sich in diesem alteingesessenen Haus mit regionaler und internationaler Küche sowie mit sympathischem Service um seine Gäste.

LAUDA-KÖNIGSHOFEN

Im Stadtteil Beckstein Süd-West: 2 km ab Königshofen über B 292 – Erholungsort

Becksteiner Rebenhof
Am Hummelacker 34 ✉ *97922* – ✆ *(09343) 6 27 80 – www.rebenhof.net*
25 Zim – †76/96 € ††116/146 € – ½ P 20 € – 8 Suiten
Rest – *(geschl. Montag) (Dienstag - Samstag nur Abendessen)* Karte 13/46 €
♦ Das neuzeitliche Hotel liegt etwas oberhalb des Dorfes, schön ist der Blick auf die Weinberge. Großzügige Zimmer mit kleiner Küchenzeile, nettes Hallenbad. Kosmetik und Massage. Regionale Speisen im hell gestalteten Restaurant mit mediterranem Touch.

Adler
Weinstr. 24 ✉ *97922* – ✆ *(09343) 20 71 – www.hotel-adler-beckstein.de*
26 Zim – †34/38 € ††60/66 € – ½ P 12 €
Rest – *(geschl. Montagmittag)* Karte 13/38 €
♦ Der gut geführte Gasthof verfügt über gepflegte und solide eingerichtete Zimmer und einen freundlich gestalteten kleinen Freizeitbereich im UG. Rustikales Restaurant und Weinstube mit Gewölbe und Kachelofen.

LAUDENBACH – Bayern – **546** – 1 400 Ew – Höhe 127 m 48 G16
▶ Berlin 580 – München 358 – Würzburg 51 – Amorbach 14

Zur Krone
Obernburger Str. 4 ✉ *63925* – ✆ *(09372) 24 82 – www.krone-laudenbach.de*
16 Zim – †57/105 € ††113/140 € – 8 Suiten
Rest – *(geschl. Januar 3 Wochen, August 2 Wochen und Donnerstag) (Montag - Freitag nur Abendessen)* Karte 27/56 €
♦ Der Familienbetrieb ist ein jahrhundertealter Gasthof, der mitten in dem kleinen Ort neben der Kirche steht. Besonders wohnlich sind die Suiten mit Küchenzeile. Liebenswerte, behagliche Gaststuben mit freundlichem Service. Gartenterrasse und uriger Weinkeller.

✕ Goldner Engel mit Zim
Miltenberger Str. 5 ✉ *63925* – ✆ *(09372) 9 99 30 – www.goldner-engel.de – geschl. über Fasching und Mittwoch*
9 Zim – †37/40 € ††62/66 €   **Rest** – Menü 27/52 € – Karte 23/51 €
♦ In dem traditionellen familiengeführten Dorfgasthof mit Metzgerei wird in rustikalem Ambiente eine international und bürgerlich ausgelegte Küche geboten.

LAUF AN DER PEGNITZ – Bayern – **546** – 26 090 Ew – Höhe 327 m 50 L16
▶ Berlin 417 – München 173 – Nürnberg 20 – Bayreuth 62
🛈 Hellergasse 2, ✉ 91207, ✆ (09123) 98 82 35, www.lauf.de

Zur Post
Friedensplatz 8 ✉ *91207* – ✆ *(09123) 95 90 – www.hotelzurpost-lauf.de*
40 Zim – †72 € ††96 €
Rest – *(geschl. 1. - 9. Januar und Montag)* Karte 17/45 €
♦ Nicht weit vom Marktplatz liegt der gut geführte Familienbetrieb, in dem Sie tipp-topp gepflegte, zeitgemäße Zimmer unterschiedlicher Größe erwarten. Im Restaurant bietet man bürgerliche Küche.

An der Straße nach Altdorf Süd: 2,5 km

Waldgasthof Am Letten
Letten 13 ✉ *91207 Lauf an der Pegnitz* – ✆ *(09123) 95 30*
– www.waldgasthof-am-letten.de – geschl. 22. Dezember - 6. Januar
52 Zim – †73 € ††99 € – ½ P 16 €
Rest *Waldgasthof Am Letten* – siehe Restaurantauswahl
♦ Wohnliche und gleichzeitig funktionelle Zimmer bieten hier in dem Familienbetrieb der Wittmanns modernen Wohnkomfort. Das Haus liegt am Waldrand und dennoch nicht weit von der Autobahn.

LAUF AN DER PEGNITZ

XX **Waldgasthof Am Letten** – Hotel Waldgasthof Am Letten
Letten 13, ⊠ 91207 Lauf an der Pegnitz – ℰ (09123) 95 30
– www.waldgasthof-am-letten.de – geschl. 22. Dezember - 6. Januar und Sonntag
Rest – Menü 36/45 € – Karte 19/42 €
♦ In den gemütlichen Nischen des Lokals, die durch massive Holzbalken unterteilt sind, verwöhnt man Sie mit einer aromenreichen fränkischen Küche. Lecker: Rehbeuscherl mit Knödel!

LAUFENBURG (BADEN) – Baden-Württemberg – **545** – 8 630 Ew   61 E21
– Höhe 337 m – Erholungsort
▶ Berlin 812 – Stuttgart 195 – Freiburg im Breisgau 83 – Waldshut-Tiengen 15
🛈 Hauptstr. 26, ⊠ 79725, ℰ (07763) 8 06 51, www.laufenburg.de

Rebstock
Hauptstr. 28, ⊠ 79725 – ℰ (07763) 9 21 70 – www.hotel-rebstock-laufenburg.de
– geschl. 24. Dezember - 6. Januar
24 Zim – †48/70 € ††82/96 € – ½ P 22 €
Rest – (geschl. Samstag, Sonntagabend) Karte 20/39 €
♦ Ein Familienbetrieb in einem Altstadthaus a. d. 16. Jh., das sein traditionelles Flair bewahrt. Von einigen Zimmern schaut man auf den Rhein und die Schweizer Seite der Stadt. Auch von der Terrasse des gediegenen Restaurants genießt man den Blick.

XX Alte Post mit Zim
Andelsbachstr. 6, ⊠ 79725 – ℰ (07763) 9 24 00 – www.alte-post-laufenburg.de
– geschl. Montag - Dienstagmittag
12 Zim – †58/68 € ††85/98 € – ½ P 19 € – 1 Suite
Rest – Menü 22/38 € – Karte 24/52 €
♦ Das Haus a. d. J. 1815 bietet nette Stuben, einen Wintergarten mit Aussicht und eine Terrasse zum Rhein unter einer großen kanadischen Eiche. Die Küche ist regional. Zum Übernachten stehen wohnliche und funktionelle Zimmer bereit.

LAUFFEN am NECKAR – Baden-Württemberg – **545** – 10 840 Ew   55 G17
– Höhe 175 m
▶ Berlin 613 – Stuttgart 49 – Heilbronn 10 – Ludwigsburg 33

Gästehaus Kraft garni
Nordheimer Str. 50, ⊠ 74348 – ℰ (07133) 9 82 50 – www.gaestehaus-kraft.de
– geschl. 1. - 8. Januar
33 Zim – †46 € ††69 €
♦ Vor allem die ruhige Lage in den Weinbergen am Ortsrand macht diese familiär geführte Adresse aus. Die Zimmer sind etwas unterschiedlich eingerichtet, aber durchweg zeitgemäß.

XX Elefanten mit Zim
Bahnhofstr. 12, ⊠ 74348 – ℰ (07133) 9 50 80 – www.hotel-elefanten.de
– geschl. 1. - 14. Januar, 3. - 16. August und Freitag - Samstagmittag
12 Zim – †65/75 € ††95/110 €
Rest – Menü 21 € (mittags)/59 € – Karte 28/48 €
♦ Der sympathische Familienbetrieb ist ein gemütliches gutbürgerlich-traditionell gehaltenes Restaurant in einem hübschen Fachwerkhaus. Der Service ist freundlich, die Küche bietet Schmackhaftes vom Kalbstafelspitz bis zum Wolfsbarsch in Kokos-Ingwer-Sauce.

LAUINGEN an der DONAU – Bayern – **546** – 10 740 Ew – Höhe 439 m   56 J19
▶ Berlin 550 – München 113 – Augsburg 59 – Donauwörth 31

Kannenkeller
Dillinger Str. 26, ⊠ 89415 – ℰ (09072) 70 70 – www.kannenkeller.de – geschl. 28. Dezember - 20. Januar
28 Zim – †63/83 € ††88/108 € – 1 Suite
Rest – (geschl. 27. Dezember - 20. Januar und Freitag) Menü 14 € (mittags)/34 €
– Karte 16/43 €
♦ Ein stattliches Gasthaus von 1825 und ein Hotelanbau bilden diesen Familienbetrieb. Erhaltene Natursteinwände zieren den historischen Bereich. Funktionelle, zeitgemäße Zimmer. Teil des Restaurants ist der Wintergarten mit Blick ins Grüne.

LAUMERSHEIM – Rheinland-Pfalz – 543 – 870 Ew – Höhe 108 m   47 E16
▶ Berlin 626 – Mainz 68 – Mannheim 25 – Kaiserslautern 41

XX Zum Weißen Lamm
Hauptstr. 38 ⊠ 67229 – ℰ (06238) 92 91 43
– www.lamm-laumersheim.de – geschl. Mai 10 Tage, Juli - August 2 Wochen, Oktober 2 Wochen und Dienstag - Mittwoch
Rest – (Montag - Freitag nur Abendessen) (Tischbestellung ratsam) Menü 38/69 € – Karte 29/51 €
• In dem Gasthaus der Familie Hofheinz mischen sich ländlicher Charme und zeitgemäße Elemente wie frische Farben und hübsche Stoffe. An lauen Sommerabenden sitzt man im schönen Innenhof. Probieren Sie die geschmorten Rinderbäckchen! Für Feierlichkeiten: Saal im OG.

LAUPHEIM – Baden-Württemberg – 545 – 19 730 Ew – Höhe 528 m   64 I20
▶ Berlin 637 – Stuttgart 118 – Konstanz 136 – Ulm (Donau) 26

Laupheimer Hof
Rabenstr. 13 ⊠ 88471 – ℰ (07392) 97 50
– www.laupheimer-hof.de
32 Zim – †65/120 € ††80/140 €
Rest – Menü 26/48 € – Karte 23/54 €
• Das Fachwerkhaus im Zentrum beherbergt unterschiedliche Gästezimmer von rustikal bis modern designt. Hübsch ist die stilvolle Blumendeko im Haus. Auf der Speisekarte mischt sich Regionales mit Asiatischem. Das Ambiente im Restaurant ist ansprechend geradlinig.

X Rössle
Lange Str. 32 ⊠ 88471 – ℰ (07392) 7 00 29 65
– www.roessle-laupheim.net – geschl. August 3 Wochen und Dienstag
Rest – (Montag - Samstag nur Abendessen) Menü 23/26 € – Karte 20/46 €
• Ein sympathisches modernes Restaurant, das klassisch-regionale Küche mit internationalem Einfluss bietet. Der Service ist angenehm leger, aufmerksam und herzlich.

LAUTENBACH (ORTENAUKREIS) – Baden-Württemberg – 545   54 E19
– 1 890 Ew – Höhe 215 m – Luftkurort
▶ Berlin 742 – Stuttgart 143 – Karlsruhe 72 – Offenburg 19
🛈 Hauptstr. 48, ⊠ 77794, ℰ (07802) 9 25 90, www.lautenbach-renchtal.de
◉ Wallfahrtskirche Mariä Himmelfahrt (Hochaltar ★)

Sonnenhof
Hauptstr. 51 (B 28) ⊠ 77794 – ℰ (07802) 70 40 90
– www.sonnenhof-lautenbach.de – geschl. 13. - 22. Februar
16 Zim – †51/95 € ††74/170 € – ½ P 25 €
Rest Bordeaux-Stube – siehe Restaurantauswahl
Rest Le Soleil – (geschl. Montag - Dienstag) Menü 25 € – Karte 19/40 €
Rest Sonnenstüble – (geschl. Mittwoch) Menü 28 € – Karte 13/45 €
• Der erweiterte Gasthof in der Ortsmitte bietet zeitgemäße Zimmer, die im Gästehaus elegant sind, im Haupthaus etwas einfacher und kleiner. Heimeliges Ambiente und internationale Küche im holzvertäfelten Le Soleil, gutbürgerliche Karte und Vespergerichte im gemütlichen Sonnenstüble.

XX Bordeaux-Stube – Hotel Sonnenhof
Hauptstr. 51 (B 28) ⊠ 77794 – ℰ (07802) 70 40 90
– www.sonnenhof-lautenbach.de – geschl. 13. - 23. Februar, 1. - 14. August und Montag - Dienstag
Rest – Menü 32 € (mittags)/95 € – Karte 47/60 €
• In der Küche des gediegen-eleganten Restaurants werden internationale Speisen zubereitet; dazu findet sich in der beeindruckenden Bordeaux-Auswahl der passende Tropfen. Mittags kommen die Gäste auch gerne zum Business Lunch.

LAUTERBACH – Hessen – 543 – 13 980 Ew – Höhe 296 m – Luftkurort 38 H13
▶ Berlin 457 – Wiesbaden 151 – Fulda 24 – Gießen 68
🛈 Marktplatz 1, ✉ 36341, ✆ (06641) 18 41 12, www.lauterbach-hessen.de
🚗 Lauterbach, Hofstr. 14, ✆ (06641) 9 61 30

Schubert
Kanalstr. 12 ✉ 36341 – ✆ (06641) 9 60 70 – www.hotel-schubert.de
33 Zim – †62/97 € ††102/132 € – ½ P 28 € – 2 Suiten
Rest *Restaurant Schubert* **Rest** *Brasserie* – siehe Restaurantauswahl
• In der Stadtmitte, direkt am Flüsschen Lauter, steht das Haus der Familie Schubert mit individuellen Zimmern, darunter die geräumigen Themenzimmer Zen, Toskana und Rosen. Gemütlich-rustikal ist die Weinstube Entennest.

Restaurant Schubert – Hotel Schubert
Kanalstr. 12 ✉ 36341 – ✆ (06641) 9 60 70 – www.hotel-schubert.de – geschl. August 3 Wochen und Sonntag - Mittwoch
Rest – Menü 41/57 € – Karte 29/57 €
• Modern-eleganter Stil und helle Töne bestimmen hier das Bild. Das ansprechende Speiseangebot ist zeitgemäß-international ausgerichtet. Freundliches Serviceteam.

Brasserie – Hotel Schubert
Kanalstr. 12 ✉ 36341 – ✆ (06641) 9 60 70 – www.hotel-schubert.de – geschl. Sonntagabend
Rest – Karte 17/50 €
• Ein geselliger Ort, wo Sie sich in legerer Umgebung mit Speis und Trank stärken können. Warme Orangetöne sorgen für ein angenehmes Ambiente.

LAUTERBERG, BAD – Niedersachsen – 541 – 11 260 Ew – Höhe 296 m 29 J10
– Kneippheilbad
▶ Berlin 272 – Hannover 116 – Erfurt 104 – Göttingen 49
🛈 Ritscherstr. 4, ✉ 37431, ✆ (05524) 9 20 40, www.badlauterberg-harz.de

Revita
Sebastian-Kneipp-Promenade 56 ✉ 37431 – ✆ (05524) 8 31 – www.revita-hotel.de
260 Zim – †97/150 € ††160/220 € – ½ P 13 € – 12 Suiten
Rest *Hirschfänger* – (nur Abendessen) Karte 23/40 €
• In dem familiengeführten Urlaubs- und Tagungshotel mit Park wohnt man in hübschen "Landhaus"- oder eleganteren "Domicil"-Zimmern. Regionales Angebot im gemütlichen Hirschfänger, Dachrestaurant Brunello mit italienischer Küche. Diverse Cafés und Bars im Haus.

Vital Resort Mühl
Ritscherstr. 1 ✉ 37431 – ✆ (05524) 8 50 80
– www.vital-resort-muehl.de
82 Zim – †86/99 € ††172/208 € – ½ P 13 € – 22 Suiten **Rest** – Karte 24/46 €
• Der Familienbetrieb bietet erholungsuchenden Gästen neben wohnlichen Zimmern einen sehr schönen Spabereich mit vielfältigem Angebot. Das Restaurant teilt sich in verschiedene Stuben.

LAUTERECKEN – Rheinland-Pfalz – 543 – 2 150 Ew – Höhe 169 m 46 D16
▶ Berlin 649 – Mainz 83 – Bad Kreuznach 40 – Kaiserslautern 32

Pfälzer Hof
Hauptstr. 12 ✉ 67742 – ✆ (06382) 73 38 – www.pfaelzer-hof.de
– geschl. Mitte August 1 Woche, Ende November 1 Woche
15 Zim – †50/55 € ††70/80 €
Rest – (geschl. Donnerstag, Sonntagabend) (November - März nur Abendessen) Karte 19/37 €
• Engagiert kümmert sich Familie Jakob in diesem Haus im Ortskern um die Gäste, die hier in ländlich-gemütlichen und hübsch dekorierten Zimmern mit guten Bädern wohnen. Restaurant in rustikalem Stil mit regionaler Küche. Grillarrangements für Gruppen.

LEBACH – Saarland – 543 – 19 810 Ew – Höhe 275 m — 45 B16
▶ Berlin 722 – Saarbrücken 26 – Saarlouis 19 – St. Wendel 28

✕✕ Locanda Grappolo d'Oro
Mottener Str. 94 (B 268, Gewerbegebiet, West: 2 km) ✉ 66822 – ✆ (06881) 33 39
– geschl. Ende Oktober 1 Woche, August 1 Woche und Sonntagabend - Montag, Samstagmittag
Rest – Karte 41/70 €
♦ Im Restaurant der Familie Stira schaffen frische Farben und schön eingedeckte Tische einen freundlichen und eleganten Rahmen. Die Speisenauswahl ist klassisch und italienisch geprägt.

LECHBRUCK – Bayern – 546 – 2 540 Ew – Höhe 737 m — 65 K21
▶ Berlin 695 – München 96 – Augsburg 90 – Reutte 39

Landhaus Auf der Gsteig
Gsteig 1 (Nord-West: 3 km, Richtung Bernbeuren, dann links ab) ✉ 86983
– ✆ (08862) 9 87 70 – www.landhaus-gsteig.de
21 Zim – †79/90 € ††128/148 € – ½ P 26 € – 2 Suiten   **Rest** – Karte 22/38 €
♦ Die sehr schöne Lage am Golfplatz sowie wohnlich-ländliche Zimmer machen dieses Hotel aus. Vier Panoramazimmer mit Bergblick. Netter kleiner Saunabereich. Das Restaurant ist freundlich-rustikal gestaltet. Vor allem die Terrasse bietet eine tolle Sicht auf die Alpen.

LECK – Schleswig-Holstein – 541 – 7 740 Ew – Höhe 6 m — 1 G2
▶ Berlin 453 – Kiel 110 – Sylt (Westerland) 36 – Flensburg 33
🛈 Stadum, Hof Berg 3, ✆ (04662) 7 05 77

In Enge-Sande Süd: 4 km

✕✕ Berger's Landgasthof mit Zim
Dorfstr. 28 (Enge) ✉ 25917 – ✆ (04662) 31 90 – www.bergers-landgasthof.de
– geschl. 8. - 25. Januar und Montag
7 Zim – †50/70 € ††80/90 € – 1 Suite
Rest – *(nur Abendessen)* Menü 28 € – Karte 23/42 €
♦ Welches Umfeld hätten Sie gerne? Sie können zwischen einer charmant-rustikalen und einer ganz modernen Stube wählen. In beiden bietet man regionale Küche mit internationalem Einfluss. Schönes Gartenrestaurant. Zum Übernachten stehen tipptopp gepflegte Zimmer bereit.

LEER – Niedersachsen – 541 – 34 290 Ew – Höhe 3 m — 16 D6
▶ Berlin 495 – Hannover 234 – Emden 31 – Groningen 69
🛈 Ledastr. 10, ✉ 26789, ✆ (0491) 91 96 96 70, www.leer.de

Frisia garni
Bahnhofsring 16 ✉ 26789 – ✆ (0491) 9 28 40 – www.frisia.bestwestern.de
82 Zim – †89/110 € ††120/147 €
♦ Das komfortable Hotel befindet sich direkt am Bahnhof und verfügt über funktionell und zeitgemäß ausgestattete Zimmer, besonders geräumig sind die Appartements und Studios.

Ostfriesen Hof
Groninger Str. 109 ✉ 26789 – ✆ (0491) 6 09 10 – www.ostfriesen-hof.de
60 Zim – †65/95 € ††99/135 €   **Rest** – Karte 20/36 €
♦ Direkt am Deich steht das tipptopp gepflegte Hotel mit seinen praktischen Zimmern sowie guten Tagungsmöglichkeiten. Vom Frühstücksraum hat man eine schöne Aussicht. Teil des bürgerlichen Restaurants ist ein lichter Wintergarten.

✕✕ Perior
Bergmannstr. 16 ✉ 26789 – ✆ (0491) 9 76 95 15 – www.perior.de – geschl. Sonntag - Montag
Rest – *(nur Abendessen)* Menü 39/75 €
♦ Wer in der Gegend ist, sollte bei Miriam Wodak und Christian Richter vorbeischauen und in den schönen hohen Räumen einer denkmalgeschützten Villa von 1905 eine sehr moderne Küche in Menüform "erfahren" (lat. "perior").

LEER

Zur Waage und Börse
Neue Str. 1 ⊠ 26789 – ℰ (0491) 6 22 44 – geschl. 1. - 24. Januar und Montag - Dienstag
Rest – Menü 49 € – Karte 30/44 €
• Hübsch anzusehen, wie sich das ehemalige Waaghaus von 1714 in das beschauliche Stadtbild am Museumshafen einfügt! Appetit machen hier Gerichte wie Steinbeißer mit Krabbenfleisch oder Ostfriesische Krabbensuppe!

LEGDEN – Nordrhein-Westfalen – **543** – 6 770 Ew – Höhe 72 m 26 C9
Berlin 525 – Düsseldorf 113 – Nordhorn 55 – Münster (Westfalen) 49

Hermannshöhe
Haulingort 30 (B 474, Süd-Ost: 1 km Richtung Coesfeld) ⊠ 48739 – ℰ (02566) 9 30 00 – www.landhotel-hermannshoehe.de
55 Zim – †27/56 € ††60/95 €   **Rest** – Karte 15/31 €
• Die Familientradition begann 1884 mit dem Gasthaus an einer Zollstation. Heute stehen neuzeitliche Zimmer bereit, die im Neubau besonders komfortabel sind. W-Lan gratis. Ein großer alter Münsterländer Kamin ziert das rustikale Restaurant.

LEHMKUHLEN – Schleswig-Holstein – siehe Preetz

LEHRTE – Niedersachsen – **541** – 43 340 Ew – Höhe 60 m 19 I8
Berlin 268 – Hannover 22 – Braunschweig 47 – Celle 33

Median
Zum Blauen See 3 (an der B 443) ⊠ 31275 – ℰ (05132) 8 29 00 – www.median-hotel.de
141 Zim – †86/96 € ††91/101 €, ⊡ 9 €
Rest – Karte 22/34 €
Rest *Maximilian's* – Menü 18 € (mittags)/24 €
• Mit seinen zeitgemäßen, funktionellen Zimmern und der Nähe zur Autobahn ist das Hotel ganz auf den Tagungs- und Businessgast ausgerichtet. Schöner Sauna- und Fitnessbereich. Restaurant Vivaldi mit mediterranem Touch. Buffet-Restaurant Maximilian's.

In Lehrte-Ahlten Süd-West: 4 km

Landhotel Behre garni
Zum Großen Freien 3 ⊠ 31275 – ℰ (05132) 8 67 80 – www.landhotel-behre.de – geschl. 18. Dezember - 6. Januar
30 Zim ⊡ – †64 € ††94 € – 1 Suite
• Auf dem Anwesen eines ehemaligen Bauernhofs steht das familiengeführte Hotel mit wohnlichen Zimmern und einem gemütlichen Frühstücksraum mit Blick in den Garten.

LEIMEN – Baden-Württemberg – **545** – 27 150 Ew – Höhe 118 m 47 F17
Berlin 634 – Stuttgart 109 – Mannheim 25 – Heidelberg 7

Villa Toskana
Hamburger Str. 4 ⊠ 69181 – ℰ (06224) 8 29 20 – www.hotel-villa-toskana.de – geschl. 23. Dezember - 2. Januar
210 Zim ⊡ – †113/161 € ††127/175 € – 3 Suiten
Rest – Karte 31/46 €
Rest *Botticelli* – Menü 29/45 € – Karte 33/45 €
• Alles hier vermittelt mediterrane Leichtigkeit: Stein- und Parkettfußböden, schöne Ledersessel und -sofas, helle, warme Töne sowie dekorative Bilder, Spiegel und Stoffe! Zimmer in der Casa Tradizionale, der Casa Superiore und der Casa Villino. Natürlich zeigt sich der italienische Einfluss auch in den Restaurants.

Seipel garni

Bürgermeister-Weidemaier-Str. 26 ⊠ 69181 – ℰ (06224) 98 20 – www.hotelseipel.de – geschl. 23. Dezember - 7. Januar
23 Zim ⊡ – †75/85 € ††89/103 €
• Das familiengeführte Haus liegt in einem Wohngebiet nahe dem Sportpark. Für die wohnlich-mediterrane Note sorgt Chefin Martina Seipel, die ein Händchen für Dekorationen hat!

LEIMEN

Engelhorn garni
Ernst-Naujoks-Str. 2 ⊠ 69181 – ℰ (06224) 70 70 – www.hotel-engelhorn.de – geschl. 24. Dezember - 6. Januar
40 Zim – †69/80 € ††73/90 €, ⊊ 8 € – 3 Suiten
♦ Bei der herzlichen Familie Engelhorn fühlt man sich willkommen. Vor allem Geschäftsreisende schätzen das Haus. Sportliche können das nahe Fitnessstudio (200 m) gratis nutzen.

Weinstube Jägerlust
Rohrbacher Str. 101 ⊠ 69181 – ℰ (06224) 7 72 07 – www.seegerweingut.de – geschl. über Ostern 1 Woche, Mitte August - Mitte September und Samstag - Montag
Rest – *(nur Abendessen)* (Tischbestellung ratsam) Karte 25/45 €
♦ Wer in dem 100 Jahre alten Gutsausschank gegessen hat, kommt wieder! Bei den Seegers (älteste Winzerfamilie in Leimen) werden bürgerlich-regionale Gerichte wie Krautwickel oder Frikadellen mit Kartoffelsalat aufgetischt, und die schmecken richtig gut! Vinothek.

LEINEFELDE-WORBIS – Thüringen – **544** – 19 770 Ew – Höhe 320 m   **29** J11
▶ Berlin 314 - Erfurt 83 – Heiligenstadt 15

Im Ortsteil Worbis

Drei Rosen
Bergstr. 1 ⊠ 37339 – ℰ (036074) 97 60 – www.3rosen.de
42 Zim ⊊ – †56/68 € ††72/99 €
Rest – *(geschl. Sonntagabend)* Karte 16/30 €
Rest *Pizzeria Vom Feinsten* – ℰ (036074) 9 78 30 *(geschl. Samstagmittag, Sonntagmittag)* Karte 9/19 €
♦ Ein familiengeführtes Hotel in einem historischen roten Backsteingebäude in zentraler Lage. Die Zimmer sind funktional ausgestattet und in zeitlosem Stil gehalten. Eine Alternative zur bürgerlichen Küche des Restaurants bietet die Pizzeria. Nachmittags werden im Haus frische Waffeln gebacken.

LEINFELDEN-ECHTERDINGEN – Baden-Württemberg – **545**   **55** G18
– 37 080 Ew – Höhe 432 m
▶ Berlin 654 - Stuttgart 13 – Karlsruhe 76 – Tübingen 38

Siehe Stadtplan Stuttgart (Umgebungsplan)

Im Stadtteil Leinfelden

Am Park
Lessingstr. 4 ⊠ 70771 – ℰ (0711) 90 31 00 – www.hotelampark-leinfelden.de
– geschl. 23. Dezember - 11. Januar   CS**k**
42 Zim ⊊ – †85/120 € ††110/145 €
Rest *Am Park* – siehe Restaurantauswahl
♦ Ruhig liegt das Haus der Familie Schienle in einer Sackgasse am Park. Es stehen sehr gepflegte und funktional ausgestattete Gästezimmer zur Verfügung.

Am Park – Hotel Am Park
Lessingstr. 4 ⊠ 70771 – ℰ (0711) 90 31 00 – www.hotelampark-leinfelden.de
– geschl. 23. Dezember - 11. Januar und Samstag - Sonntag   CS**k**
Rest – Menü 45 € – Karte 22/45 €
♦ Ob herzhaft-schwäbisch (Sauere Schweinenierle) oder lieber ein feines Entrecôte mit Sauce Béarnaise - die Küche wird Sie nicht enttäuschen. Im Sommer sitzen die Gäste mit Vorliebe im schönen Biergarten.

Im Stadtteil Echterdingen

Parkhotel Stuttgart Messe-Airport
Filderbahnstr. 2 ⊠ 70771 – ℰ (0711) 63 34 40
– www.parkhotel-stuttgart.de   S**b**
220 Zim – †79/209 € ††105/235 €, ⊊ 19 € – 10 Suiten **Rest** – Karte 30/54 €
♦ Die Naturmaterialien in dem Businesshotel passen zum ökologischen Konzept und sehen zudem chic aus: Stein, Holz und Erdtöne kombiniert mit klarem Design. Sauna mit Dachterrasse. Zum Restaurant mit Showküche kommt noch ein urig-gemütliches Echterdinger Brauhaus mit regionaler Küche ab 17 Uhr.

LEINGARTEN – Baden-Württemberg – siehe Heilbronn

LEINSWEILER – Rheinland-Pfalz – **543** – 390 Ew – Höhe 263 m — 54 E17
– Luftkurort
▶ Berlin 673 – Mainz 122 – Karlsruhe 52 – Wissembourg 20
🛈 Hauptstr. 4, ✉ 76829, ✆ (06345) 35 31, www.ferienregion-landau-land.de

Leinsweiler Hof
Weinstraße, (an der Straße nach Eschbach) (Süd: 1 km) ✉ 76829 – ✆ (06345) 40 90
– www.leinsweilerhof.de
62 Zim ⊇ – †89/109 € ††140/160 € – ½ P 25 €
Rest – Menü 30/42 € – Karte 34/50 €
♦ Der schöne alte Sandsteinbau mit seinem Anbau "Weinland" liegt toll in den Weinbergen. Zimmer in wohnlichen Farben, Kessler-Suite mit sehenswertem Wandgemälde. Panoramablick von Saunahaus, Außenpool und Gartenterrasse. Internationale Küche.

Castell
Hauptstr. 32 ✉ 76829 – ✆ (06345) 9 42 10 – www.hotel-castell-leinsweiler.de
16 Zim ⊇ – †56/69 € ††95/120 € – ½ P 20 €
Rest – *(geschl. Dienstag)* Menü 18/41 € – Karte 29/55 €
♦ Das kleine Hotel mit Landhauscharakter befindet sich in einem idyllischen Weinörtchen und verfügt über funktionell ausgestattete Zimmer. In dem hellen Restaurant serviert man internationale Speisen.

Rebmann
Weinstr. 8 ✉ 76829 – ✆ (06345) 9 54 00 – www.hotel-rebmann.de
10 Zim ⊇ – †60/75 € ††94/118 € – ½ P 20 €
Rest – *(geschl. 4. - 31. Januar; Ende November - Mitte März: Mittwoch)* Menü 30 €
– Karte 35/55 €
♦ Der Familienbetrieb ist ein typischer Pfälzer Landgasthof im Dorfkern, dessen Zimmer funktionell, neuzeitlich und wohnlich eingerichtet sind. Das hübsche zeitgemäß gestaltete Restaurant bietet internationale Küche.

LEIPHEIM – Bayern – **546** – 6 660 Ew – Höhe 470 m — 56 I19
▶ Berlin 574 – München 117 – Stuttgart 105 – Augsburg 58

Waldvogel
Grüner Weg 1 (Süd-Ost: 2 km Richtung Bubesheim) ✉ 89340 – ✆ (08221) 2 79 70
– www.wald-vogel.de – geschl. 27. - 30. Dezember
35 Zim ⊇ – †58 € ††92 €   **Rest** – Karte 17/37 €
♦ In dem Familienbetrieb in verkehrsgünstiger Lage wohnt man in Waldvogelnestern – so die Namen der Zimmer! – und sitzt im Sommer gemütlich im Biergarten unter Kastanien. Kinder freuen sich über den Spielplatz mit kleinem Streichelzoo. Für Seminare: das Tagungshaus.

LEIPZIG

Stadtpläne siehe nächste Seiten 32 N11

Sachsen – 518 870 Ew – Höhe 112 m – 544 L21

▶ Berlin 195 – Dresden 113 – Erfurt 142

🛈 Tourist-Information

Katharinenstr. 8 BY, ✉ 04109, ☏ (0341) 7 10 42 65, www.leipzig.de

Automobilclub - ADAC

Petersstr. 48 BZ

Flughafen

✈ Leipzig-Halle, Terminalring 11 (West: 15 km über A 14), ☏ (0341) 22 40

Messegelände

Neue Messe, Messe Allee 1 U, ✉ 04356, ☏ (0341) 67 80

Messen

Zu Messezeiten verlangen viele Hotels erhöhte Messepreise

3.-5. Februar: Motorrad Messe
11.-19. Februar: Haus-Garten-Freizeit
11.-19. Februar: mitteldeutsche handwerksmesse
16.-19. Februar: Beatch & Boat
24.-26. Februar: ImmobilienMesse
15.-18. März: Buchmesse
2.-10. Juni: AMI - Auto Mobil International
7.-10. Juli: Games Convention
14.-16. September: Le Gourmet
15.-17. September: CONFORTEX
21.-25. November: Touristik&Caravaning

Golfplätze

⛳ Leipzig-Seehausen, Bergweg 10 (An der neuen Messe), ☏ (0341) 5 21 74 42
⛳ Markkleeberg, Mühlweg, ☏ (0341) 3 58 26 86
⛳ Machern, Plagwitzer Weg 6d, ☏ (034292) 6 80 32
⛳ Noitzsch, ☏ (034242) 5 03 02

◉ SEHENSWÜRDIGKEITEN

Altes Rathaus★ · Alte Börse · Museum der Bildenden Künste★★BY · Thomaskirche★ · Zeitgeschichtliches Forum★★M¹ · Ägyptisches Museum★M²BZ · Grassi-Museum★ · Museum für Angewandte Kunst★ Museum für Völkerkunde★ Musikinstrumenten-Museum★CZ

LEIPZIG

Steigenberger Grandhotel Handelshof
Salzgäßchen 6 ✉ 04109 – ℰ (0341) 3 50 58 10
– www.leipzig.steigenberger.de
BYs
177 Zim – †129/159 € ††129/159 €, ⌷ 23 € – 11 Suiten
Rest *Le Grand* – siehe Restaurantauswahl
♦ Die klassische Fassade des einstigen Handelshofes von 1909 könnte wohl kaum repräsentativer in Szene gesetzt werden. Während das historische Flair außen architektonisch festgehalten wird, herrscht innen stilvolle Moderne!

The Westin
Gerberstr. 15 ✉ 04105 – ℰ (0341) 98 80 – www.westinleipzig.com
BYa
436 Zim – †89/279 € ††99/299 €, ⌷ 19 € – 14 Suiten
Rest *Falco* ✻✻ **Rest** *Yamato* – siehe Restaurantauswahl
Rest *Seasons* – ℰ (0341) 9 88 13 70 *(geschl. Sonntag - Montag) (nur Abendessen)*
Menü 48/59 € – Karte 40/72 €
♦ Eine ideale Tagungs- und Businessadresse im Zentrum mit hochwertig und zeitgemäß eingerichteten Zimmern in angenehmen Farben - "Grand Deluxe"-Kategorie mit Balkon. Tolle Sicht vom 16. Stock. Restaurant Seasons mit internationaler Karte.

Fürstenhof
Tröndlinring 8 ✉ 04105 – ℰ (0341) 14 00 – www.hotelfuerstenhofleipzig.com
92 Zim – †110/335 € ††110/335 €, ⌷ 25 € – 4 Suiten
BYc
Rest *Villers* – siehe Restaurantauswahl
♦ Das repräsentative Patrizierpalais aus 1770 bietet einen klassisch-eleganten Rahmen für luxuriösen Hotelkomfort. Schön ist die Badelandschaft, prächtig das historische Serpentinsaal. Mittags und abends Bistrokarte in der "Vinothek 1770" und im "Wintergarten".

Marriott
Am Hallischen Tor 1 ✉ 04109 – ℰ (0341) 9 65 30 – www.leipzigmarriott.de
231 Zim – †109 € ††109 €, ⌷ 19 € – 5 Suiten
BYn
Rest – Karte 32/55 €
♦ Elegantes Ambiente von der Lobby mit Bar-Lounge bis in die wohnlichen Zimmer. Executive-Bereich in der 6. Etage. Klar und zeitgemäß ist der Bade-, Sauna- und Fitnessbereich. Allie's American Grille mit internationaler Küche. Burger & Co in der Sportsbar.

Radisson BLU
Augustusplatz 5 (Zufahrt über Grimmaische Straße) ✉ 04109 – ℰ (0341) 2 14 60
– www.radisson-leipzig.com
CZf
214 Zim – †109/179 € ††109/179 €, ⌷ 18 € – 6 Suiten
Rest *Spagos* – Karte 34/53 €
♦ Das in sehr modernem Stil gehaltene Hotel liegt gegenüber dem Gewandhaus, ins Zentrum ist es nur ein Katzensprung. Großzügig sind die Deluxe-Zimmer und Suiten. Geradliniges Interieur mit purpurroten Farbakzenten im Restaurant Spagos. Internationale Küche.

Victor's Residenz
Georgiring 13 ✉ 04103 – ℰ (0341) 6 86 60 – www.victors.de
101 Zim ⌷ – †130 € ††152 € – 2 Suiten **Rest** – Menü 25 € – Karte 14/33 €
CYe
♦ Das um einen neuzeitlichen Anbau erweiterte historische Haus ist ein komfortabel und zeitgemäß eingerichtetes Hotel gegenüber dem Hauptbahnhof. Restaurant im Pariser Brasseriestil.

Michaelis
Paul-Gruner-Str. 44 ✉ 04107 – ℰ (0341) 2 67 80 – www.michaelis-leipzig.de
62 Zim ⌷ – †79/149 € ††109/179 €
Vu
Rest *Michaelis* – siehe Restaurantauswahl
♦ In dem sorgsam restaurierten Gebäude aus der Gründerzeit stehen zeitgemäße und technisch gut ausgestattete Zimmer bereit - ansprechend ist das Farbkonzept in Rot-Grau.

Mercure
Stephanstr. 6 ✉ 04103 – ℰ (0341) 9 77 90 – www.mercure/leipzig.com
174 Zim – †63/200 € ††69/206 €, ⌷ 16 € – 1 Suite **Rest** – Karte 27/38 €
DZn
♦ Das Hotel ist eine neuzeitliche Business- und Tagungsadresse, die mit Funktionalität überzeugt. Ein Großteil der Zimmer ist in wohnlich-zeitgemäßen Tönen gehalten. Im Restaurant serviert man internationale und regionale Küche.

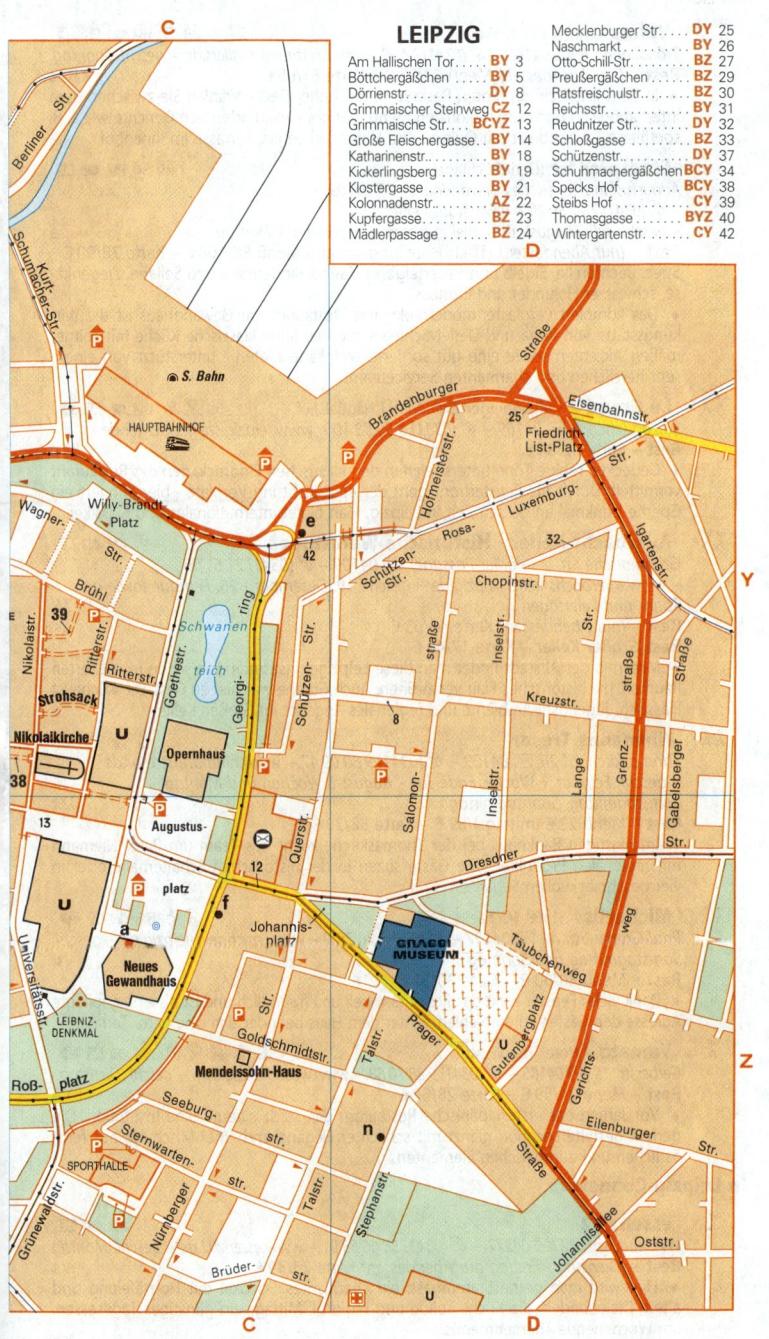

LEIPZIG

XXX Villers – Hotel Fürstenhof
Tröndlinring 8 ⊠ 04105 – ℰ (0341) 14 00 – www.restaurant-villers.de – geschl. Sonntag
Rest – (nur Abendessen) Menü 62/95 € – Karte 51/65 €   BY**c**
• In dem klassisch geprägten Restaurant mit hoher Decke wählen Sie zwischen dem internationalen und dem regionalen Menü. Auf der Karte finden sich Gerichte wie z. B. soufflierte Taubenbrust mit Quitten und Holunderbeerjus. Terrasse im Innenhof.

XX Stadtpfeiffer (Detlef Schlegel)
❀
Augustusplatz 8 , (Neues Gewandhaus) ⊠ 04109
– ℰ (0341) 2 17 89 20 – www.stadtpfeiffer.de
– geschl. Juli - August, über Weihnachten und Sonntag - Montag   CZ**a**
Rest – (nur Abendessen) (Tischbestellung ratsam) Menü 88/108 € – Karte 78/90 €
Spez. Bachforelle, Eigelb und Sauerteigbrot. Taube, Rindermark und Sellerie. Ziegenkäse, schwarzer Holunder und Erdnuss.
• Das komplett verglaste, modern-elegante Restaurant im Gewandhaus ist die Wirkungsstätte von Petra und Detlef Schlegel, die hier feine klassische Küche mit zeitgemäßen Akzenten sowie eine gut sortierte Weinkarte bieten - unterstützt von einem sehr herzlichen und charmanten Serviceteam.

XX Le Grand – Steigenberger Grandhotel Handelshof
Salzgäßchen 6 ⊠ 04109 – ℰ (0341) 3 50 58 10 – www.leipzig.steigenberger.de
Rest – Karte 32/84 €   BY**s**
• Gedeckte, ruhige Töne unterstreichen den klassischen Eindruck, den das Restaurant vermittelt. Durch die Fensterfront geht der Blick Richtung Vorplatz - hier erinnert ein Goethe-Denkmal an dessen Zeit in Leipzig. Man bietet Internationales und Klassiker.

XX Auerbachs Keller - Historische Weinstuben
Grimmaische Str. 2 (Mädler-Passage) ⊠ 04109 – ℰ (0341) 21 61 00
– www.auerbachs-keller-leipzig.de – geschl. 19. Dezember - 26. Februar sowie an
Sonn- und Feiertagen   BYZ**k**
Rest – (nur Abendessen) Karte 46/63 €
Rest *Großer Keller* – Karte 17/46 €
• Mitten in der Altstadt findet man diese Leipziger Institution mit schön restaurierten Räumen, die historisches Flair versprühen. Auch Goethe war hier zu Gast. Die Küche ist klassisch. Jugendstil-Ambiente und regionales Angebot im Großen Keller.

XX Niemanns Tresor
Thomaskirchhof 20 ⊠ 04109 – ℰ (0341) 9 80 09 47 – www.niemannstresor.de
– geschl. Februar 1 Woche, Ende Juli - August 3 Wochen und Montag,
Samstagmittag, Sonntagmittag   BZ**t**
Rest – Menü 22 € (mittags)/89 € – Karte 58/79 €
• Im einstigen Bankhaus bei der Thomaskirche kocht das Team um Peter Niemann mit regionalen Produkten. Die Gäste sitzen in der historischen Schalterhalle oder in vier geschmackvollen Separées.

XX Michaelis – Hotel Michaelis
Paul-Gruner-Str. 44 ⊠ 04107 – ℰ (0341) 26 78 0 – www.michaelis-leipzig.de – geschl.
Samstagmittag und Sonntag   V**u**
Rest – Menü 30/60 € – Karte 30/55 €
• Dank vieler Fenster wirkt das Restaurant hell und freundlich und ist als eine gepflegte Adresse den Gästen zu empfehlen. Hinter dem Haus befindet sich eine nette Terrasse.

X Yamato – Hotel The Westin
Gerberstr. 15 ⊠ 04105 – ℰ (0341) 9 88 10 88 – www.westinleipzig.com – geschl. Dienstag
Rest – Menü 24/59 € – Karte 28/52 €   BY**a**
• Vor Jahren das erste japanische Restaurant der Stadt - heute eine Institution. Die perfekt gestylte Location glänzt mit schlichter Eleganz und einer Mischung aus fernöstlichen und europäischen Elementen.

In Leipzig-Connewitz

X essenz 02
Wiedebachstr. 22 ⊠ 04277 – ℰ (0341) 58 06 55 01 – www.essenz02.de – geschl. Montag
Rest – (Dienstag - Freitag nur Abendessen) Karte 24/39 €   V**s**
• Hier wird man gerne Stammgast: ein charmantes Ecklokal mit Holztäfelung und altem Dielenboden, die Küche solide und regional. Mittags ein günstiges Tagesessen, am Wochenende Themenmenüs.

LEIPZIG

In Leipzig-Gohlis

XX Schaarschmidt's
Coppistr. 32 ⊠ 04157 – ℰ (0341) 9 12 05 17 – www.schaarschmidts.de **Um**
Rest – *(Montag - Samstag nur Abendessen)* (Tischbestellung ratsam) Karte 31/65 €
♦ Ein liebevoll und stimmig dekoriertes Restaurant unter engagierter Leitung. Zur Straße liegt die mit Bäumchen begrünte kleine Terrasse. Sächsische und internationale Küche.

X Campus
Schlösschenweg 2 ⊠ 04155 – ℰ (0341) 56 29 67 50 – www.michaelis-leipzig.de
– geschl. Sonntag **Vd**
Rest – Menü 22/40 € – Karte 17/39 €
♦ Eine freundliche Atmosphäre herrscht in dem modernen Bistro-Restaurant auf dem Medienmcampus. Die Küche ist international.

X La Mirabelle
Gohliser Str. 11 ⊠ 04105 – ℰ (0341) 5 90 29 81 – www.la-mirabelle.de – geschl.
Montagabend, Samstagmittag, Sonntagmittag **Va**
Rest – Menü 36/40 € – Karte 25/39 €
♦ Das nette Restaurant im Bistrostil bietet am Mittag eine kleine Auswahl an Gerichten, abends wählt man von der französischen Karte.

X Drogerie
Schillerweg 36 ⊠ 04155 – ℰ (0341) 5 90 63 09 – www.drogerie-leipzig.de – geschl.
Sonntag **Vc**
Rest – *(nur Abendessen)* (Tischbestellung ratsam) Karte 32/41 €
♦ In dem behaglichen Restaurant mit Bistro-Charakter und charmant-rustikaler Note wählt man von einer Tafel schmackhafte internationale Speisen zu einem guten Preis-Leistungs-Verhältnis, z. B. das Zanderfilet auf gebratenem Spargel. Linie 4 hält vor dem Haus.

X Passion
Möckernsche Str. 21 ⊠ 04155 – ℰ (0341) 5 50 37 45 – www.restaurant-passion.de
– geschl. Samstagmittag, Sonntag - Montag **Up**
Rest – (Tischbestellung ratsam) Menü 39 € (abends) – Karte 30/42 €
♦ Mediterranes Flair und freundlicher Service unter der Leitung der Chefin machen dieses Restaurant aus. Im Sommer sitzt man schön auf der Terrasse hinter dem Haus. Kleinere Mittagskarte.

In Leipzig-Plagwitz

XX Heine
Karl-Heine-Str. 20 ⊠ 04229 – ℰ (0341) 8 70 99 66 – www.restaurant-heine.de
– geschl. September - Oktober 3 Wochen und Sonntag - Montag **Vb**
Rest – *(nur Abendessen)* Menü 39/47 € – Karte 51/64 €
♦ In dem Restaurant in angenehmen Braun- und Beigetönen kocht der Chef Saisonales, die Chefin leitet freundlich den Service. Im Winter wird der kleine Kamin beheizt. Terrasse zum Park.

X Stelzenhaus
Weissenfelser Str. 65h, (Zufahrt über Industriestraße) ⊠ 04229 – ℰ (0341) 4 92 44 45
– www.restaurant-stelzenhaus.de **Ve**
Rest – *(nur Abendessen)* Menü 32/49 € – Karte 33/53 €
♦ Internationale Küche in einer ehemaligen Zinkerei. Mittags bietet man ein Lunchbuffet und eine kleine Bistrokarte; letztere ergänzt auch am Abend das Angebot. Sonntagsbrunch.

In Leipzig-Rückmarsdorf West: 12 km über Merseburger Straße V

🏨 3 Linden
Kastanienweg 11 ⊠ 04178 – ℰ (0341) 9 41 01 24 – www.hotel3linden.de
40 Zim – †55/71 € ††58/74 €, ⊇ 10 € **Rest** – Karte 17/33 €
♦ In dem Hotel in verkehrsgünstiger Lage stehen solide und funktionell ausgestattete Zimmer und geräumigere Juniorsuiten bereit. Mehrere Bowlingbahnen. Das Restaurant ist rustikal gehalten und mit allerlei Zierrat nett dekoriert. Bürgerliche Küche.

LEIPZIG

In Leipzig-Stötteritz

Balance Hotel Alte Messe
Breslauer Str. 33 ⊠ *04299* – ℘ *(0341) 8 67 90*
– *www.balancehotel-leipzig.de*
126 Zim – †65/99 € ††65/99 €, ⊐ 14 € – 9 Suiten
Rest *Amaroso* – Menü 25 € – Karte 26/42 €
• Ein gepflegtes Businesshotel im recht ruhigen Gründerzeitviertel unweit des Völkerschlachtdenkmals. Kostenfreie Tickets zur Nutzung der öffentlichen Verkehrsmittel in Leipzig. Internationale Küche im Restaurant Amaroso, mittags kleine Gerichte.

In Leipzig-Wahren

Amadeo garni
Georg-Schumann-Str. 268 (B 6) ⊠ *04159* – ℘ *(0341) 91 02 00*
– *www.amadeo-leipzig.de* – geschl. 24. Dezember - 2. Januar
34 Zim ⊐ – †50/67 € ††70/87 €
• Das Hotel bietet wohnlich-funktionale Zimmer und eine gute Verkehrsanbindung. Einige Zimmer liegen ruhiger nach hinten. Rückwärtig auch der Frühstücksraum mit kleiner Terrasse.

In Leipzig-Wiederitzsch

NH Leipzig Messe
Fuggerstr. 2 ⊠ *04158* – ℘ *(0341) 5 25 10* – *www.nh-hotels.com*
308 Zim – †63/119 € ††63/119 €, ⊐ 16 €   **Rest** – Karte 30/49 €
• Die autobahnnahe Lage im "Fugger Business Park" sowie die neuzeitlich-funktionelle Ausstattung und der gute Konferenzbereich machen dieses Hotel aus. Geräumige Halle mit Lounge/Bar.

Hiemann
Delitzscher Landstr. 75 ⊠ *04158* – ℘ *(0341) 5 25 30* – *www.hotel-hiemann.de*
37 Zim ⊐ – †62/79 € ††72/99 €   **Rest** – Karte 18/35 €
• Ein gepflegter Familienbetrieb mit funktional eingerichteten Gästezimmern, darunter auch schöne Maisonetten. Einige Zimmer ruhiger nach hinten. Praktisch: die Nähe zur Autobahn. Freundliches Ambiente und bürgerliche Küche im Restaurant mit kleinem Wintergarten.

Papilio
Delitzscher Landstr. 100 ⊠ *04158* – ℘ *(0341) 52 61 10* – *www.hotel-papilio.de*
– geschl. 23. - 29. Dezember
28 Zim ⊐ – †59/69 € ††72/82 €   **Rest** – (nur Abendessen) Karte 17/26 €
• Solide und zeitgemäß wohnt man in dem familiär geleiteten Haus, das verkehrsgünstig nahe der Messe liegt. Buchen Sie eines der ruhigeren Zimmer zum netten Garten hin.

In Markkleeberg Süd: 8 km über die B 2 V

Markkleeberger Hof
Städtelner Str. 122 ⊠ *04416* – ℘ *(034299) 7 05 80* – *www.markkleeberger-hof.com*
62 Zim – †63/78 € ††68/83 €, ⊐ 10 €   **Rest** – Karte 20/34 €
• Südlich von Leipzig liegt dieses Hotel mit guter Anbindung an die Autobahn. Die Zimmer sind recht geräumig, zeitlos und funktional - im 2. Stock alle mit Balkon.

In Markkleeberg-Wachau Süd-Ost: 8 km über Prager Straße V

Atlanta
Südring 21 ⊠ *04416* – ℘ *(0341) 41 46 00* – *www.atlanta-hotel.de*
196 Zim ⊐ – †74 € ††89 € – 5 Suiten   **Rest** – Karte 23/41 €
• Ein ideales Tagungs- und Businesshotel im Gewerbegebiet. In den sachlich-funktional gestalteten Zimmern sind Minibar und Telefonieren ins dt. Festnetz gratis. Sauna und Whirlpool im 7. Stock. Neuzeitlicher Restaurantbereich.

LEIZEN – Mecklenburg-Vorpommern – **542** – 500 Ew – Höhe 76 m 13 N6
▶ Berlin 139 – Schwerin 122 – Waren 40

In Leizen-Woldzegarten Nord: 5 km

Gutshof Woldzegarten
Walower Str. 30 ⊠ 17209 – ℰ (039922) 82 20 – www.gutshof-woldzegarten.de
20 Zim – †75/115 € ††105/155 € – ½ P 29 € **Rest** – Karte 28/49 €
♦ Das restaurierte Fachwerkhaus ist das ehemalige Verwaltungsgebäude der Adelsfamilie von Flotow. Man bietet freundliche Zimmer und das hübsche "Waschhaus" für Anwendungen. Restaurant im EG mit Terrasse oder im gemütlichen Gewölbekeller.

LEMBERG – Rheinland-Pfalz – **543** – 4 000 Ew – Höhe 359 m 53 D17
– Erholungsort
▶ Berlin 689 – Mainz 129 – Saarbrücken 68 – Pirmasens 5

Gasthaus Neupert mit Zim
Hauptstr. 2 ⊠ 66969 – ℰ (06331) 4 92 36 – www.gasthausneupert.de
– geschl. Anfang Juli 2 Wochen und Montag
7 Zim – †42/48 € ††62/68 € – ½ P 16 € **Rest** – Karte 14/34 €
♦ Seit mehr als 125 Jahren gibt es das Gasthaus der Familie Neupert. Viel Holz und Kachelofen machen das Restaurant ländlich-rustikal. Auf den Tisch kommen bürgerliche Speisen - Spezialität ist Sauerbraten.

LEMBRUCH – Niedersachsen – **541** – 1 080 Ew – Höhe 39 m – Erholungsort 17 F8
▶ Berlin 407 – Hannover 119 – Bielefeld 88 – Bremen 77

Seeblick
Birkenallee 41 ⊠ 49459 – ℰ (05447) 9 95 80 – www.hotel-seeblick-duemmersee.de
– geschl. 3. - 8. Januar
38 Zim – †60/70 € ††100/120 € – ½ P 18 € **Rest** – Karte 26/46 €
♦ Schön und recht ruhig liegt das Hotel nahe dem Dümmer-See. Es stehen individuell gestaltete Zimmer bereit, die modern, im Landhausstil oder etwas einfacher eingerichtet sind. Zeitlos gehaltenes Restaurant mit Terrasse zum See.

Seeschlößchen
Große Str. 73 ⊠ 49459 – ℰ (05447) 9 94 40 – www.seeschloesschen.net
20 Zim – †56/62 € ††80/88 € – ½ P 18 € **Rest** – Karte 20/50 €
♦ In dörflicher Umgebung befindet sich das familiengeführte Haus mit Fachwerkfassade. Die Gästezimmer sind solide im rustikalen Stil eingerichtet. Gediegenes Restaurant mit Kamin sowie ein netter Thekenbereich mit kleinen Nischen.

LEMFÖRDE – Niedersachsen – **541** – 2 880 Ew – Höhe 41 m 17 F8
▶ Berlin 389 – Hannover 126 – Bielefeld 83 – Bremen 84

In Lemförde-Stemshorn Süd-West: 2,5 km Richtung Osnabrück

Tiemann's Hotel
Vor der Brücke 26 ⊠ 49448 – ℰ (05443) 99 90 – www.tiemanns.net
26 Zim – †65/75 € ††95/105 €
Rest *Tiemann's* – siehe Restaurantauswahl
♦ Das Hotel bietet wohnliche, individuelle Zimmer mit moderner Technik (W-Lan kostenfrei), nette Veranstaltungsräume und einen schönen kleinen Garten mit Teich.

Tiemann's Boarding House garni
Espohlstr. 9 ⊠ 49448 – ℰ (05443) 20 47 57 – www.tiemanns.net
21 Zim – †45 € ††72 €
♦ Aus einem ehemaligen Schwesternheim gewachsenes kleines Hotel in ländlicher Lage mit freundlichen modernen Zimmern. Das Haus verfügt auch über Appartements für Langzeitgäste.

Tiemann's – Tiemann's Hotel
Vor der Brücke 26 ⊠ 49448 – ℰ (05443) 99 90 – www.tiemanns.net
Rest – Karte 30/49 €
♦ Ob im gepflegten Restaurant oder in der gemütlichen Gaststube - ein freundlicher Service ist Ihnen in diesem Familienbetrieb gewiss. Besonders schön sitzt man im Sommer zum Essen (z. B. Rücken vom Salzwiesenlamm mit Kräuterkruste) draußen auf der Terrasse.

LENGEFELD (KREIS MARIENBERG) – Sachsen – 544 – 4 510 Ew — 42 P13
– Höhe 480 m
▶ Berlin 274 – Dresden 68 – Chemnitz 31 – Chomutov 47

In Lengefeld-Obervorwerk Süd-West: 1,5 km über Wolkensteiner Straße

Waldesruh
Obervorwerk 1 ⊠ *09514 – ℰ (037367) 30 90 – www.hotel-waldesruh.eu*
22 Zim ⊑ – †52/64 € ††79/92 € **Rest** – Karte 17/36 €
♦ Der Familienbetrieb in leicht erhöhter Lage verfügt über zeitgemäße wohnliche Zimmer, die nach Orten des Erzgebirges benannt sind und teilweise eine schöne Sicht Richtung Olbernhau bieten. Das Restaurant teilt sich in drei unterschiedlich eingerichtete Bereiche.

LENGERICH – Nordrhein-Westfalen – 543 – 22 320 Ew – Höhe 80 m — 27 E9
▶ Berlin 438 – Düsseldorf 173 – Bielefeld 57 – Nordhorn 74
🛈 Rathausplatz 1, ⊠ 49525, ℰ (05481) 8 24 22, www.lengerich.de

Hinterding mit Zim
Bahnhofstr. 72 ⊠ *49525 – ℰ (05481) 9 42 40 – geschl. Montag und Donnerstag*
5 Zim – †61 € ††92 €, ⊑ 8 €
Rest – *(Dienstag - Samstag nur Abendessen)* (Tischbestellung ratsam) Menü 69 €
– Karte 37/66 €
♦ Geblieben ist der schöne Rahmen der Villa mit ihren stilgerechten hohen Räumen, neu sind die Betreiber! Seit September 2011 kümmern sich Klaus Weingartz und seine Frau (beide als ausgebildete Köche in der Gastronomie zu Hause) um die Gäste.

LENGGRIES – Bayern – 546 – 9 780 Ew – Höhe 679 m – Wintersport: — 65 L21
1 700 m ⛷1 ⛷18 ⛷ – Luftkurort
▶ Berlin 649 – München 60 – Garmisch-Partenkirchen 62 – Bad Tölz 9
🛈 Rathausplatz 2, ⊠ 83661, ℰ (08042) 5 01 80, www.lenggries.de

In Lenggries-Schlegldorf Nord-West: 5 km, links der Isar in Richtung Bad Tölz, über Wackersberger Straße

Schweizer Wirt
Schlegldorf 83 ⊠ *83661 – ℰ (08042) 89 02 – www.schweizer-wirt.de – geschl.*
Montag - Dienstagmittag
Rest – (Tischbestellung ratsam) Karte 24/46 €
♦ Gemütlich sitzt man in den urigen Gaststuben dieses ehemaligen Bauernhofs von 1632 und lässt sich freundlich umsorgen. Die Chefin selbst bereitet pfiffige regionale Schmankerln, wie die Pflanzerl und das Kotelett vom Milchkalb auf Gemüse, aber auch internationale Gerichte zu.

LENNESTADT – Nordrhein-Westfalen – 543 – 27 240 Ew – Höhe 410 m — 37 E12
▶ Berlin 526 – Düsseldorf 130 – Siegen 42 – Meschede 48
🛈 Hundemstr. 18, ⊠ 57368, ℰ (02723) 60 88 00, www.lennestadt-kirchhundem.info

In Lennestadt-Altenhundem

Cordial
Hundemstr. 95 (B 517) ⊠ *57368 – ℰ (02723) 67 71 00 – www.hotel-cordial.de*
27 Zim ⊑ – †49/79 € ††90/140 € – ½ P 18 €
Rest – (geschl. Sonntagabend - Montagmittag) Karte 16/48 €
♦ Der engagiert geführte Familienbetrieb ist eine hübsche, zum Hotel erweiterte Villa mit zeitgemäß ausgestatteten Gästezimmern. Wochenendpauschalen für Kurzurlauber. Im behaglichen Kaminzimmer in einem Fachwerkhaus a. d. J. 1886 serviert man Regionales.

In Lennestadt-Halberbracht Nord-Ost: 7 km ab Altenhundem über B 236, in Meggen rechts

Eickhoffs Landgasthof
Am Kickenberg 10 ⊠ *57368 – ℰ (02721) 8 13 58 – www.eickhoff-halberbracht.de*
– geschl. 10. - 13. April, 8. - 20. Oktober und Mittwoch
Rest – Karte 26/48 €
♦ Familienbetrieb mit regional und international beeinflusster Küche sowie einer gut sortierten, fair kalkulierten Weinkarte. Schöne Aussicht von der Terrasse und einem der Räume.

LENNESTADT

In Lennestadt-Saalhausen Ost: 8 km ab Altenhundem über B 236 – Luftkurort

Haus Hilmeke ≤ 🚗 🌳 🗻 🗓 📶 🅰 Rest, 🛇 📶 P 🚗
Störmecke (Ost: 2 km, Richtung Schmallenberg) ⌂ 57368 – ⌚ (02723) 9 14 10
– www.haus-hilmeke.de – geschl. 25. Juni - 4. Juli, 5. November – 26. Dezember
24 Zim ⌂ – †74/104 € ††116/190 € – ½ P 14 € – 2 Suiten
Rest – (nur für Hausgäste) Karte 22/35 €
• Viele Stammgäste schätzen das mit Engagement geleitete Haus in schöner Lage. Die Zimmer sind wohnlich, der Service ist freundlich und aufmerksam. Beliebt sind der Mittagstisch sowie hausgemachter Kuchen am Nachmittag.

LENZKIRCH – Baden-Württemberg – **545** – 5 080 Ew – Höhe 808 m 62 E21
– Wintersport: 1 040 m ⛷2 ⛷ – Heilklimatischer Kurort

▶ Berlin 788 – Stuttgart 158 – Freiburg im Breisgau 40 – Donaueschingen 35

 Am Kurpark 2, ⌂ 79853, ⌚ (07653) 12 06 84 00, www.hochschwarzwald.de

In Lenzkirch-Kappel Nord-Ost: 3 km über Schwarzwaldstraße – Luftkurort

Straub (mit Gästehaus) ≤ 🚗 🌳 🗻 🗓 ♿ P 🚗
Neustädter Str. 3 ⌂ 79853 – ⌚ (07653) 64 08 – www.hotel-straub.de – geschl.
15. November – 20. Dezember
28 Zim ⌂ – †38/60 € ††66/76 € – ½ P 15 €
Rest – (geschl. Dienstag - Mittwochmittag) Karte 19/50 €
• Die meisten Zimmer dieses Gasthofs sind im bäuerlichen Stil eingerichtet - oft mit Südbalkon. Für einen längeren Aufenthalt bieten sich die Appartements mit kleiner Küche an. Gemütlich sitzt man in den Gaststuben.

In Lenzkirch-Saig Nord-West: 7 km über B 315

Dorfplatz 9, ⌂ 79853, ⌚ (07653) 12 06 84 20, www.hochschwarzwald.de

Saigerhöh ≤ 🚗 🌳 🗓 ☀ 🗻 ♨ 🛇 ♿ 🅰 P 🚗 VISA ⦿ AE ⓘ
Saiger Höhe 8 ⌂ 79853 – ⌚ (07653) 68 50 – www.saigerhoeh.de
105 Zim ⌂ – †65/88 € ††130/190 € – ½ P 30 € – 16 Suiten
Rest – Menü 35/48 € – Karte 28/70 €
• Für Ruhesuchende - einsam oberhalb des Ortes in 1055 m Höhe gelegen. Behagliche Halle mit Bar und Kamin sowie Fensterfront zum Tal mit tollem Blick. Fast alle Zimmer mit Balkon. A-la-carte-Restaurant in rustikalem Stil. Panoramaterrasse.

Ochsen 🚗 🌳 🗓 🗻 ♨ 🛇 🅰 P 🚗 VISA ⦿
Dorfplatz 1 ⌂ 79853 – ⌚ (07653) 9 00 10 – www.ochsen-saig.de – geschl.
6. November - 20. Dezember
35 Zim ⌂ – †68/80 € ††114/151 € – ½ P 18 €
Rest – (geschl. Dienstagmittag, Mittwochmittag) Karte 19/45 €
• Der gewachsene historische Schwarzwaldgasthof wird familiär geleitet und bietet wohnliche Zimmer, teils mit Balkon, sowie einen Freizeitbereich mit Massage und Hamam. Urtümlich und heimelig ist die rustikale Gaststube mit Kachelofen.

Hochfirst 🚗 🗓 🗻 📶 P 🚗 VISA ⦿ ⓘ
Dorfplatz 5 ⌂ 79853 – ⌚ (07653) 7 51 – www.hotel-hochfirst.de – geschl.
7. November - 12. Dezember
21 Zim ⌂ – †62/87 € ††90/144 € – ½ P 17 €
Rest Hochfirst – siehe Restaurantauswahl
• In dem von der Familie gut geführten Gasthof in der Ortsmitte stehen sehr gepflegte Zimmer, meist mit Balkon, und ein hübscher kleiner Garten zur Verfügung.

✗ **Hochfirst** – Hotel Hochfirst 🌳 P VISA ⦿ ⓘ
Dorfplatz 5 ⌂ 79853 – ⌚ (07653) 7 51 – www.hotel-hochfirst.de – geschl.
7. November - 12. Dezember und Montag - Dienstagmittag
Rest – Karte 18/34 €
• In den urigen gemütlichen Schwarzwälder Stuben bringt der Patron eine kulinarische Melange aus seiner alten Heimat (Österreich) und seiner neuen Heimat (Baden) auf den Tisch.

LEONBERG – Baden-Württemberg – **545** – 45 240 Ew – Höhe 386 m 55 G18
▶ Berlin 631 – Stuttgart 15 – Heilbronn 55 – Pforzheim 33
Bahnhofstr. 57, ⌂ 71229, ⌚ (07152) 9 90 14 08, www.leonberg.de

LEONBERG

In Renningen Süd-West: 6,5 km über B 295, jenseits der A 8

Walker
Rutesheimer Str. 62 ⊠ *71272* – ℰ *(07159) 92 58 50* – *www.hotel-walker.de*
30 Zim ⊡ – †75/85 € ††90/105 €
Rest *fine affaire* – siehe Restaurantauswahl
Rest *Stüble* – Karte 27/36 €
♦ Ein gut geführter Familienbetrieb, der mit funktionell ausgestatteten Gästezimmern überzeugt. Eines der Zimmer verfügt über einen Wintergartenanbau. Im Stüble bietet man Kaffee und Kuchen sowie regionale Küche.

fine affaire – Hotel Walker
Rutesheimer Str. 62 ⊠ *71272* – ℰ *(07159) 92 58 50* – *www.hotel-walker.de* – geschl. Juli - August und Sonntagabend
Rest – Karte 29/55 €
♦ Mit viel Engagement führt Andreas Walker seinen Betrieb. Da ist zum einen das nette Restaurant, in das Gäste immer wieder gerne einkehren, und zum anderen seine Kochschule, wo Sie Kurse besuchen können.

LEUN – Hessen – **543** – 5 860 Ew – Höhe 150 m   **37** F13
▶ Berlin 524 – Wiesbaden 82 – Frankfurt am Main 77 – Gießen 27

In Leun-Biskirchen Süd-West: 5 km über B 49

Landhotel Adler
Am Hain 13 ⊠ *35638* – ℰ *(06473) 9 29 20* – *www.landhotel-adler.com* – geschl. 31. Dezember - 8. Januar
20 Zim ⊡ – †50/73 € ††80/96 € – ½ P 15 €
Rest – *(geschl. Sonntag) (nur Abendessen)* Karte 17/44 €
♦ Ein gutes Preis-Leistungs-Verhältnis erwartet die Gäste in diesem etwas erhöht gelegenen Familienbetrieb mit wohnlichem, ländlich-gediegenem Ambiente. Bürgerliches Speisenangebot im Restaurant.

LEUTERSHAUSEN – Bayern – **546** – 5 570 Ew – Höhe 426 m   **49** J17
▶ Berlin 500 – München 199 – Nürnberg 76 – Rothenburg o.d. Tauber 20

Neue Post (mit Gästehaus)
Mühlweg 1 ⊠ *91578* – ℰ *(09823) 89 11* – *www.gasthof-neue-post.de* – geschl. 1. - 5. Januar
14 Zim ⊡ – †35/45 € ††50/58 €   **Rest** – *(geschl. Dienstag)* Karte 13/25 €
♦ Am Altmühlradweg gelegen, ist dieser kleine Familienbetrieb eine ideale Adresse für Fahrradurlauber. Die Zimmer befinden sich im Gästehaus, sind freundlich und gepflegt. Restaurant mit rustikalem Ambiente.

LEUTKIRCH – Baden-Württemberg – **545** – 21 990 Ew – Höhe 654 m   **64** I21
– Wintersport: ❄
▶ Berlin 681 – Stuttgart 171 – Konstanz 108 – Kempten (Allgäu) 31
🛈 Marktstr. 32, ⊠ 88299, ℰ (07561) 8 71 54, www.leutkirch.de

Brauerei-Gasthof Mohren
Wangener Str. 1 ⊠ *88299* – ℰ *(07561) 9 85 70* – *www.brauereigasthofmohren.de*
10 Zim ⊡ – †45 € ††70 €   **Rest** – *(geschl. Dienstag)* Karte 17/33 €
♦ Neuzeitlich oder mit bäuerlichem Mobiliar sind die einfachen, aber sehr gepflegten Gästezimmer dieses typischen kleinen Brauereigasthofs eingerichtet. Urig ist die Atmosphäre in den beiden Gaststuben, nett der begrünte Terrassenbereich vor dem Eingang.

LEVERKUSEN – Nordrhein-Westfalen – **543** – 160 600 Ew – Höhe 40 m   **36** C12
▶ Berlin 567 – Düsseldorf 30 – Köln 16 – Wuppertal 41
ADAC Dönhoffstr. 40 V
🚗 Köln, Am Hirschfuß 2, ℰ (0214) 50 04 75 00

Stadtpläne siehe Seiten 767, 768

LEVERKUSEN

Alkenrather Str.	**BY** 2
Bensberger Str.	**BY** 4
Düsseldorfer Str.	**AX** 10
Friedrich-Ebert-Str.	**AY** 14
Gustav-Heinemann-Str.	**BY** 16
Herbert-Wehner-Str.	**BY** 18
Opladener Str.	**AX** 23
Oskar-Erbslöh-Str.	**BX** 25
Raoul-Wallenberg-Str.	**AX** 27
Rat-Deycks-Str.	**AX** 28
Rennbaumstr.	**BX** 30
Reusrather Str.	**AX** 31
Robert-Blum-Str.	**AY** 33
Rothenberg.	**AX** 35
Trompeter Str.	**AX** 36

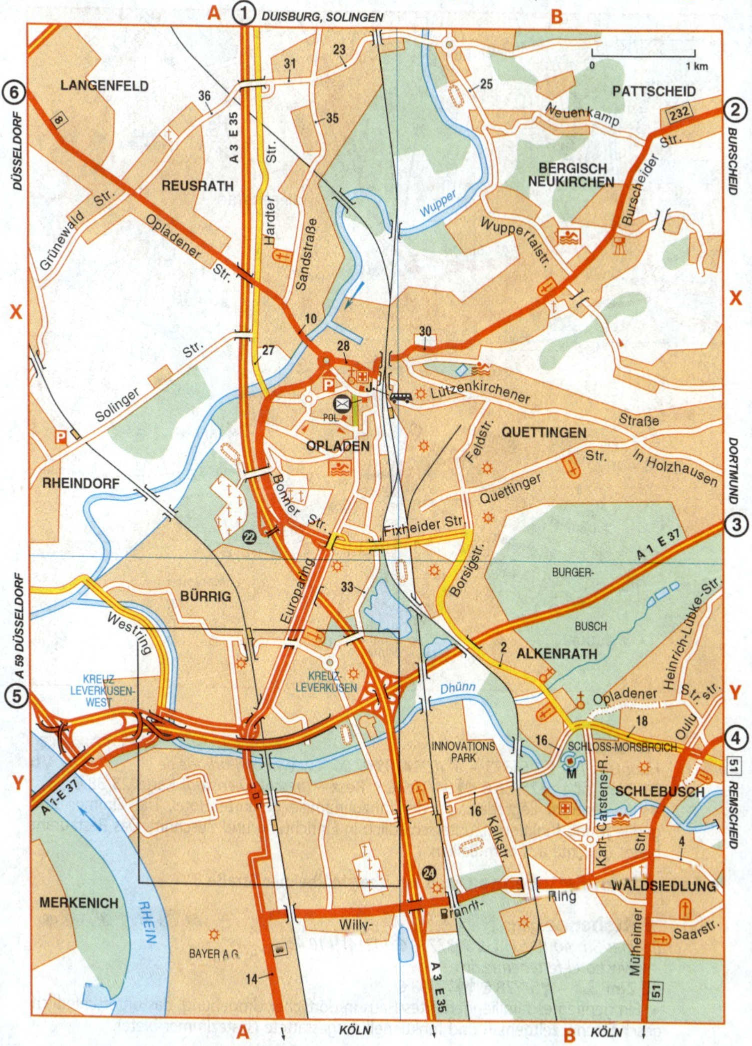

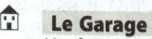

Le Garage garni

Manforter Str. 133 ✉ 51373 – ☏ (0214) 75 00 66
– www.hotel-le-garage.de

14 Zim ⌧ – †81/135 € ††99/199 €

Va

◆ Eine gemütliche und individuelle Adresse ist diese schön sanierte Villa von 1906. Zahlreiche Jugendstilelemente schmücken das Haus, nette Bar mit Musikinstrumenten als Dekor.

767

LEVERKUSEN

Breidenbachstr.	**V** 6
Carl-Leverkus-Str.	**V** 8
Friedlieb-Ferdinand-Runge-Str.	**V** 12
Friedrich-Ebert-Str.	**V** 14
Hardenbergstr.	**U** 17
Hermann-von-Helmholtz-Str.	**U** 19
Johannisburger Str.	**U** 20
Kaiserstr.	**V** 21
Kuppersteger Str.	**U** 22
Robert-Blum-Str.	**U** 33
Wiesdorfer-Str.	**V** 38

Arkade
Hauptstr. 104 ⊠ 51373 – ℰ (0214) 83 07 80 – www.hotel-arkade.de **Vb**
31 Zim – †75/86 € ††94/109 €   **Rest** – *(geschl. Dienstag)* Karte 23/38 €
♦ Im Zentrum liegt das von der Inhaberfamilie geführte Hotel. Die Zimmer sind gepflegt und funktionell, unterschiedlich in Einrichtung und Zuschnitt. Das Restaurant bietet Gerichte aus dem Balkan.

In Leverkusen-Fettehenne Ost: 8 km über Mülheimer Straße **BY**

Fettehenne garni
Berliner Str. 40 (B 51) ⊠ 51377 – ℰ (0214) 9 10 43
– www.hotel-fettehenne.de
42 Zim – †54/78 € ††77/98 €
♦ Ein gepflegtes familiengeführtes Haus in dörflicher Umgebung, das unterschiedlich geschnittene, zeitgemäß und funktionell ausgestattete Gästezimmer bietet.

In Leverkusen-Küppersteg

Lindner Hotel BayArena
Bismarckstr. 118, (am Stadion) ⊠ 51373 – ℰ (0214) 8 66 30 – www.lindner.de
121 Zim – †99/349 € ††99/349 €, ⊇ 20 € – 12 Suiten **Ur**
Rest – Karte 33/48 €
♦ Das Hotel an der Nordkurve des Stadions ist ideal für Business und Sportevents. Die Zimmer sind neuzeitlich, darunter geräumige Studiosuiten. Das Restaurant mit international-saisonaler Küche und die moderne Bar mit großer Cocktailauswahl liegen offen zur Halle.

LICH – Hessen – **543** – 13 360 Ew – Höhe 171 m – Erholungsort **38** G13
▶ Berlin 492 – Wiesbaden 87 – Frankfurt am Main 57 – Gießen 13
🛇 Lich, Hofgut Kolnhausen, ℰ (06404) 9 10 71

Ambiente
Hungener Str. 46 ⊠ 35423 – ℰ (06404) 9 15 00 – www.ambientehotel-lich.de
– *geschl. Ende Dezember - Anfang Januar*
19 Zim – †65/72 € ††90/98 €
Rest – *(geschl. Freitag - Sonntag)* Karte 17/29 €
• Hell, freundlich und funktionell präsentieren sich die Zimmer dieses neuzeitlichen kleinen Hotels nahe der Brauerei Licher. Im Restaurant wird bürgerliche Küche geboten.

In Lich-Arnsburg Süd-West: 4 km über B 488 Richtung Butzbach

Landhaus Klosterwald
an der B 488 ⊠ 35423 – ℰ (06404) 9 10 10 – www.landhaus-klosterwald.de
18 Zim – †64/75 € ††90/100 €, ⊑ 4 € **Rest** – Karte 16/41 €
• Ein gut geführter kleiner Familienbetrieb, der im wohnlichen Landhausstil gehalten ist. Einige Zimmer mit Balkon, die Terrassen-Zimmer bieten Zugang zum Garten. Rustikales Ambiente im Restaurant.

In Lich-Muschenheim

Zum Heiligen Stein
Am Kirchberg 1A ⊠ 35423 – ℰ (06404) 6 68 09 08 – www.zum-heiligen-stein.de
– *geschl. Montag - Dienstag*
Rest – *(Mittwoch - Freitag nur Abendessen)* (Tischbestellung ratsam) Menü 32/45 € – Karte 33/39 €
• Die geschmackvolle Landhauseinrichtung des Lokals gefällt auf Anhieb. Hinzu kommen die leckeren Gerichte von Jörg Bullman - da sollten Sie die Lammbratwürstchen mit breiten Bohnen und Kartoffelstampf probieren. Das Fleisch stammt nämlich von der eigenen 450-köpfigen Schafherde!

LICHTENAU (KREIS RASTATT) – Baden-Württemberg – **545** **54** E18
– 5 030 Ew – Höhe 127 m
▶ Berlin 723 – Stuttgart 122 – Karlsruhe 52 – Strasbourg 31

In Lichtenau-Scherzheim Süd: 2,5 km über B 36

Zum Rössel
Rösselstr. 6 ⊠ 77839 – ℰ (07227) 9 59 50 – www.roessel-scherzheim.de
18 Zim ⊑ – †58 € ††80 €
Rest – *(geschl. Dienstag) (Januar - März nur Abendessen)* Karte 25/43 €
• Recht ruhig liegt das familiär geleitete kleine Hotel am Ortsrand. Es erwarten Sie hell gestaltete, zeitgemäß ausgestattete Gästezimmer. Eine schön begrünte Gartenterrasse ergänzt das ländlich-gediegene Restaurant.

LICHTENBERG – Bayern – siehe Steben, Bad

LICHTENFELS – Bayern – **546** – 20 660 Ew – Höhe 271 m **50** K14
▶ Berlin 372 – München 268 – Coburg 18 – Bayreuth 53
🛈 Marktplatz 10, ⊠ 96215, ℰ (09571) 79 51 03, www.lichtenfels-city.de
◉ Wallfahrtskirche Vierzehnheiligen ★★ (Nothelfer-Altar ★★), Süd: 5 km

In Lichtenfels-Reundorf Süd-West: 5 km über B 173

Gasthof Müller
Kloster-Banz-Str. 4 ⊠ 96215 – ℰ (09571) 9 57 80 – www.gasthofmueller.de
– *geschl. Ende Januar - Mitte Februar, Ende Oktober - Mitte November*
35 Zim ⊑ – †40/47 € ††62/66 € – 1 Suite
Rest – *(geschl. Mittwoch - Donnerstag)* Karte 13/30 €
• Ruhig liegt der familiär geführte Gasthof mit nettem Garten in einem Ortsteil der Korbstadt Lichtenfels. Die Zimmer bieten teilweise einen Balkon, geräumig ist das "Banz-Zimmer". Restauranträume in rustikalem Stil.

LICHTENSTEIN – Baden-Württemberg – 545 – 9 050 Ew – Höhe 507 m — 55 G19
– Wintersport: 820 m ⛷4 ⛸
▶ Berlin 687 – Stuttgart 51 – Reutlingen 16 – Sigmaringen 48

In Lichtenstein-Honau

Forellenhof Rössle
Heerstr. 20 (B 312) ⊠ 72805 – ℰ (07129) 9 29 70 – www.forellenhofroessle.de
30 Zim – †79/89 € ††112/138 € – ½ P 20 € **Rest** – Karte 18/39 €
• In dem komfortablen, familiär geführten Hotel überzeugen nicht nur die neuzeitlichen und gut ausgestatteten Zimmer, auch der Wohlfühlbereich im OG ist sehr ansprechend, mit schönem Blick vom Dach. Restaurant mit hübschem Wintergartenanbau. Spezialität: Forellen aus eigener Zucht.

LICHTENSTEIN (SACHSEN) – Sachsen – 544 – 12 820 Ew – Höhe 305 m — 42 O13
▶ Berlin 289 – Dresden 103 – Chemnitz 36

Goldener Helm
Innere Zwickauer Str. 6 ⊠ 09350 – ℰ (037204) 94 40 – www.goldener-helm.de
42 Zim – †64/72 € ††99/119 € – ½ P 21 € **Rest** – Karte 18/35 €
• Das Hotel liegt im Ortskern und praktischerweise sind die Parkplätze (öffentliche Tiefgarage) auch gleich mit dabei! Besonders wohnlich sind das Hochzeitszimmer mit Himmelbett und die Juniorsuite mit Baldachin. An lauen Sommerabenden geht's in den Biergarten.

LIEBENZELL, BAD – Baden-Württemberg – 545 – 9 380 Ew — 54 F18
– Höhe 333 m – Heilbad und Luftkurort
▶ Berlin 666 – Stuttgart 46 – Karlsruhe 47 – Pforzheim 19
🛈 Kurhausdamm 4, ⊠ 75378, ℰ (07052) 40 80, www.bad-liebenzell.de
⛳ Bad Liebenzell-Monakam, ℰ (07052) 9 32 50

Koch garni
Sonnenweg 3 ⊠ 75378 – ℰ (07052) 13 06 – www.hotelkoch.com – geschl. Mitte Dezember - Januar
16 Zim – †42/47 € ††75/85 €
• Ein tipptopp gepflegter Familienbetrieb in zentraler Lage, der wohnlich und zeitgemäß eingerichtete Zimmer zu einem guten Preis-Leistungs-Verhältnis bietet; einige mit Balkon.

Am Bad-Wald
Reuchlinweg 19 ⊠ 75378 – ℰ (07052) 92 70 – www.hotelambad-wald.de
37 Zim – †37/98 € ††75/98 € – ½ P 28 €
Rest – (nur Abendessen für Hausgäste)
• In dem Hotel in ruhiger Hanglage bieten die meisten Zimmer wie auch der Frühstücksraum mit kleiner Terrasse eine nette Aussicht. Hausgemachte Kuchen.

LIEDERBACH am TAUNUS – Hessen – 543 – 8 740 Ew – Höhe 143 m — 47 F14
▶ Berlin 551 – Wiesbaden 23 – Frankfurt am Main 24 – Limburg an der Lahn 51

Liederbacher Hof garni
Höchster Str. 9, (Eingang Taunusstraße) ⊠ 65835 – ℰ (069) 3 39 96 60
– www.liederbacher-hof.de
20 Zim – †62/101 € ††95/137 €
• Das verkehrsgünstig gelegene Hotel bietet gepflegte, funktionell eingerichtete Zimmer. Die nette familiäre Führung macht das Haus sympathisch.

LIEPEN – Mecklenburg-Vorpommern – siehe Stolpe

LIESER – Rheinland-Pfalz – 543 – 1 200 Ew – Höhe 140 m — 46 C15
▶ Berlin 680 – Mainz 117 – Trier 44 – Bernkastel-Kues 4

Weinhaus Stettler garni
Moselstr. 41 ⊠ 54470 – ℰ (06531) 75 50 – www.top-wein.de
15 Zim – †54/57 € ††84/90 €
• In dem kleinen familiengeführten Hotel direkt am Moselufer erwarten Sie solide möblierte Zimmer mit rustikaler Note sowie Kosmetikangebote. Zum Haus gehört ein eigenes Weingut.

LIMBACH – Rheinland-Pfalz – siehe Hachenburg

LIMBACH-OBERFROHNA – Sachsen – **544** – 25 610 Ew – Höhe 360 m   **42** O13

▶ Berlin 269 – Dresden 83 – Chemnitz 13 – Plauen 82
🛈 Rathausplatz 1, ✉ 09212, ✆ (03722) 7 81 78, www.limbach-oberfrohna.de

Lay-Haus
Markt 3 ✉ 09212 – ✆ (03722) 7 37 60
– www.lay-hotel.de
48 Zim – †49/64 € ††75 €, ⊇ 6 €
Rest – Karte 14/27 €

• Sehr familiär und engagiert wird das historische Haus mitten in der kleinen Stadt geleitet, in dem wohnlich-gemütliche Gästezimmer bereitstehen. Der in seiner Art einmalige, in Schieferfels gehauene Felsenkeller ist eine schöne und originelle Alternative zum eleganten Restaurant.

Bock
Oberer Gutsweg 17c ✉ 09212 – ✆ (03722) 40 98 00
– www.hotel-bock.de
10 Zim ⊇ – †48/50 € ††70/75 €
Rest – (geschl. Montag) Menü 22 € (vegetarisch)/35 € – Karte 25/33 €
Rest *Dorothea von S* – (geschl. Sonntag - Dienstag) (nur Abendessen) (Tischbestellung ratsam) Menü 47/74 €

• Schön, dass jedes der Gästezimmer über einen Balkon verfügt - da hat man was von der ruhigen, etwas versteckten Lage! Die ganze Woche über bietet man im Kaminstübchen mittags und abends eine einfache Küche, ambitionierter wird im Restaurant Dorothea von S gekocht, auch ein (Überraschungs-) Menü.

LIMBURG an der LAHN – Hessen – **543** – 33 430 Ew – Höhe 122 m   **37** E14

▶ Berlin 551 – Wiesbaden 52 – Koblenz 57 – Gießen 56
🛈 Bahnhofsplatz 2 A, ✉ 65549, ✆ (06431) 61 66, www.limburg.de
◉ Dom★ – Friedhofterrasse ⩽★ – Diözesanmuseum★ M¹ – Altstadt★ A

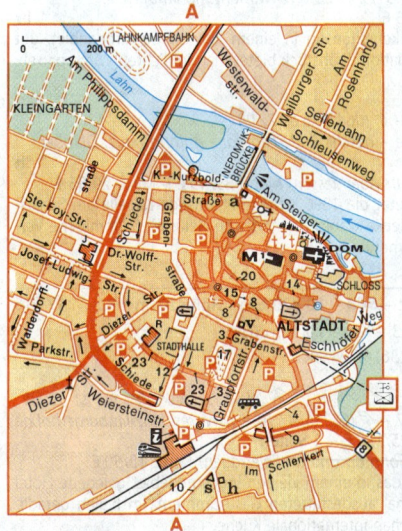

LIMBURG AN DER LAHN

Bahnhofstr.	A 3	Kolpingstr.	A 14
Diezer Str.	A	Kornmarkt	A 15
Eisenbahnstr.	A 4	Limburger Weg	B 16
Elzer Str.	B 6	Neumarkt	A 17
Fleischgasse	A 8	Salzgasse	A 20
Frankfurter Str.	A, B 9	Schiede	A
Grabenstr.	A	Verbindungsstr.	B 22
Holzheimer Str.	A 10	Werner-Senger-	
Hospitalstr.	A 12	Str.	A 23
Koblenzer Str.	B 13	Wiesbadener Str.	B 26

LIMBURG an der LAHN

DOM Hotel
🛏 AC Rest, ✗ 🕆 ぶ P VISA ⦿ AE ⓪
Grabenstr. 57 ✉ 65549 – ℰ (06431) 90 10 – www.domhotellimburg.de – geschl. 24. Dezember - 6. Januar
42 Zim – †95/123 € ††111/144 €, ⌾ 10 € **Av**
Rest – *(geschl. Juli - August 3 Wochen und Sonntagabend - Dienstagmittag)* Karte 32/60 €
◆ Mitten im Zentrum steht das klassische Gebäude mit unterschiedlichen Zimmern. Etwas mehr Wohnkomfort bieten die First-Class-Zimmer. Kosmetik- und Massage-Angebot. Restaurant de Prusse in der 1. Etage - von den Fensterplätzen mit Blick auf die Fußgängerzone.

Zimmermann garni
📶 VISA ⦿ AE
Blumenröder Str. 1 ✉ 65549 – ℰ (06431) 46 11
– www.romantik-hotel-zimmermann.de – geschl. 20. Dezember - 5. Januar
19 Zim ⌾ – †69/115 € ††95/165 € **Ah**
◆ Stilvoll-elegant präsentiert sich das Hotel der Familie Zimmermann. Schön wohnt man z. B. im Themenzimmer Afrika. Die Innenstadt ist nicht weit entfernt.

Nassauer Hof
🌿 ♨ 🛏 📶 ぶ P VISA ⦿ AE
Brückengasse 1 ✉ 65549 – ℰ (06431) 99 60 – www.hotel-nassauerhof-limburg.de – geschl. Ende Dezember - Mitte Januar **Aa**
29 Zim ⌾ – †94 € ††104/119 € – ½ P 22 € – 1 Suite
Rest – *(geschl. 23. Dezember - Mitte Januar und Montag) (nur Abendessen)* Karte 25/33 €
◆ Das Hotel überzeugt mit seiner zentralen Lage an der alten Lahnbrücke. Neben gepflegten, zeitlos gehaltenen Zimmern steht ein netter Saunabereich zur Verfügung. Das Restaurant Der kleine Prins bietet eine Terrasse direkt am Fluss.

Martin garni
🛏 ☎ ぶ P VISA ⦿
Holzheimer Str. 2 ✉ 65549 – ℰ (06431) 9 48 40 – www.hotel-martin.de – geschl. 20. Dezember - 10. Januar **As**
26 Zim ⌾ – †60/79 € ††90/99 €
◆ Sie finden diesen Familienbetrieb gegenüber dem Bahnhof. Die Zimmer (auch 4-Bett-Zimmer) sind hell und neuzeitlich, freundlicher Frühstücksraum mit Buffet. Gute Parkmöglichkeiten.

Montana garni
♿ 📶 ぶ P VISA ⦿ AE
Am Schlag 19 ✉ 65549 – ℰ (06431) 2 19 20 – www.montana-limburg.de
50 Zim ⌾ – †58/70 € ††82/85 € **Br**
◆ Das gepflegte Hotel liegt verkehrsgünstig in einem kleinen Gewerbegebiet, gut sind BAB-Anbindung und Parksituation. Frühstück bietet man im lichten Wintergarten.

✗ Himmel und Erde
🌿 ♿ VISA ⦿
Joseph-Heppel-Str. 1a ✉ 65549 – ℰ (06431) 5 84 72 08
– www.kapelle-himmelunderde.de – geschl. Ende Februar - Anfang März, Oktober 1 Woche und Montag **Bh**
Rest – *(Dienstag und Samstag nur Abendessen)* Menü 39/49 € – Karte 29/55 €
◆ Einen besonderen Rahmen bietet die 1896 erbaute ehemalige Kapelle am Schafsberg. Unter der hohen Gewölbedecke wählt man "Irdische Gelüste", "Himmlische Vergnügen" oder ein Überraschungsmenü.

LIMBURGERHOF – Rheinland-Pfalz – **543** – 10 820 Ew – Höhe 97 m   **47 F16**

▶ Berlin 635 – Mainz 84 – Mannheim 13 – Kaiserslautern 63
🏌 Golf-Club Kurpfalz, Kohlhof 9, ℰ (06236) 47 94 94

Residenz Limburgerhof
🌿 ♨ 🛏 📶 ぶ P 🍽 VISA ⦿ AE ⓪
Rheingönheimer Weg 1 ✉ 67117 – ℰ (06236) 47 10 – www.residenz-limburgerhof.de
132 Zim ⌾ – †88/126 € ††125/136 € – 2 Suiten
Rest – *(geschl. Samstagmittag, Sonntag und an Feiertagen)* Karte 18/50 €
◆ Viele Geschäftsleute schätzen das in einem kleinen Industriegebiet gelegene Hotel mit den neuzeitlich und funktional ausgestatteten Gästezimmern. Im hellen geradlinig-modernen Restaurant bietet man internationale Küche.

LINDAU im BODENSEE – Bayern – **546** – 24 690 Ew – Höhe 401 m — 63 H22
– Luftkurort

▶ Berlin 722 – München 180 – Konstanz 59 – Ravensburg 33
ℹ Alfred-Nobel-Platz 1 Z, ✉ 88131, ℰ (08382) 26 00 30, www.lindau-tourismus.de
🔟 Am Schönbühl 5, ℰ (08382) 9 61 70
🔟 Weissensberg, Lampertsweilerstr. 51, ℰ (08389) 8 91 90
◉ Hafen ★ (Römerschanze ★) Z – Maximilianstraße ★★ Y
◉ Deutsche Alpenstraße ★★★ (von Lindau bis Berchtesgaden)

Stadtplan auf der nächsten Seite

Auf der Insel

Bayerischer Hof
Seepromenade ✉ *88131 – ℰ (08382) 91 50 – www.bayerischerhof-lindau.de*
97 Zim – †138/240 € ††189/342 € – ½ P 42 € – 2 Suiten — **Zb**
Rest – *(nur Abendessen)* Menü 42 € – Karte 39/62 €
♦ Ein traditionsreiches Hotel am Hafen mit komfortablem Rahmen und Zimmern in klassischem Stil. Gemeinsamer Freizeitbereich mit dem benachbarten Schwesterhotel Reutemann-Seegarten. Elegantes Restaurant mit Blick auf die Hafeneinfahrt.

Reutemann-Seegarten
Seepromenade ✉ *88131 – ℰ (08382) 91 50 – www.reutemann-lindau.de*
64 Zim – †90/160 € ††135/245 € – ½ P 31 € — **Zk**
Rest – Menü 31/41 € – Karte 29/48 €
♦ Das Hotel an der Promenade besteht aus zwei ansprechenden alten Stadthäusern mit gediegenen, teils angenehm freundlichen Zimmern. Saunabereich im Bayerischen Hof. Zum Restaurant gehört eine beliebte Seeterrasse, von der man auf die Hafeneinfahrt schaut.

Lindauer Hof
Seepromenade ✉ *88131 – ℰ (08382) 40 64 – www.lindauer-hof.de*
30 Zim – †79/145 € ††119/240 € – ½ P 25 € — **Zy**
Rest – Menü 20 € – Karte 25/54 €
♦ Ein historisches Haus mit roter Fassade und hübschem Treppengiebel - Fußgängerzone und Hafen direkt vor der Tür! Einige der wohnlichen Deluxe-Zimmer sind Maisonetten. Restaurant mit Wintergarten und Balkonterrasse mit Aussicht.

Helvetia
Seepromenade ✉ *88131 – ℰ (08382) 91 30 – www.hotel-helvetia.com*
43 Zim – †95/180 € ††199/320 € – ½ P 33 € – 7 Suiten — **Zx**
Rest – Menü 33 € (mittags) – Karte 28/49 €
♦ Ganz auf Wellness ausgelegt ist das moderne Hotel in bevorzugter Lage. Den besten Blick auf See und Berge hat man vom Dachgarten mit Bar. Toll: "Suisse Mountain Suite" (32 qm) mit vergoldetem Waschtisch und -becken oder "Neuschwanstein Suite" (36 qm) mit Seeblick. Restaurant mit Terrasse an der Promenade.

Vis à vis garni
Bahnhofsplatz 4 ✉ *88131 – ℰ (08382) 39 65 – www.visavis-lindau.de*
70 Zim – †68/110 € ††99/160 € — **Zt**
♦ Moderne, in freundlichen Farben gehaltene Zimmer sprechen für dieses Stadthotel gegenüber dem Bahnhof, am Ende der Fußgängerzone. Café-Bar im Haus.

Brugger garni
Bei der Heidenmauer 11 ✉ *88131 – ℰ (08382) 9 34 10 – www.hotel-garni-brugger.de*
– geschl. 18. - 29. Dezember — **Yr**
23 Zim – †58/82 € ††94/110 €
♦ Sehr zentral liegt das Hotel an der Stadtmauer am Altstadtrand. Die Zimmer sind gepflegt und teilweise für Familien geeignet. Hübscher mediterran gestalteter Saunabereich.

Insel-Hotel garni
Maximilianstr. 42 ✉ *88131 – ℰ (08382) 50 17 – www.insel-hotel-lindau.de*
26 Zim – †49/80 € ††90/119 € — **Za**
♦ Das mitten im geschäftigen Treiben der Fußgängerzone gelegene Altstadthaus beherbergt recht einfache, aber gepflegte und praktisch ausgestattete Zimmer sowie ein kleines Café.

LINDAU IM BODENSEE

Aeschacher Ufer	X 2
Anheggerstr.	X 5
Bäckergässele	Y 8
Bahnhofpl.	Z
Bindergasse	Z 18
Bregenzer Str.	X 21
Brettmarkt	Z 24
B.d. Heidenmauer	Y 15
Cramergasse	Y 27
Dammgasse	Z 30
Europapl.	X 31
Fischergasse	Z 33
Giebelbachstr.	X 36
Hafenpl.	Z 38
In der Grub	Y
Kirchpl.	Y 47
Köchlinstr.	X 50
Kolpingstr.	X 51
Langenweg	X 53
Lotzbeckpark	X 56
Maximilianstr.	YZ
Paradiespl.	Y 62
Reichspl.	Z 65
Reutiner Str.	X 69
Rickenbacher Str.	X 72
Schafgasse	YZ 77
Schmiedgasse	Y 80
Schönauer Str.	X 82
Schrannenpl.	Y 83
Seepromenade	Z 85
Stiftspl.	YZ 87
Thierschbrücke	Y 90
Vordere Metzgerg.	Z 92

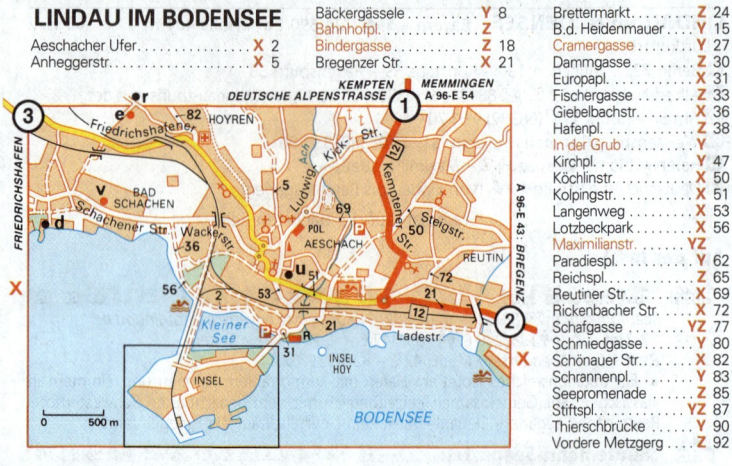

Alte Post mit Zim

Fischergasse 3 ⊠ 88131 – ℰ (08382) 9 34 60 – www.alte-post-lindau.de
– geschl. 11. - 28. November, 22. Dezember - 20. März Ys
8 Zim ⊡ – †65/75 € ††120/150 €
Rest – Karte 20/38 €

♦ Das familiengeführte Haus in der Altstadt ist ein gemütlich-rustikales Restaurant mit dunkler Holztäfelung, in dem man bürgerliche Speisen serviert.

Zum Sünfzen

Maximilianstr. 1 ⊠ 88131 – ℰ (08382) 58 65
– www.suenfzen.de Zv
Rest – Karte 18/42 €

♦ Die traditionelle Trinkstube in dem Haus a. d. 14. Jh. ist eine Lindauer Institution mit bürgerlich-rustikalem Charakter. Terrasse in der Fußgängerzone, teils unter Arkaden.

LINDAU im BODENSEE

In Lindau-Aeschach

Am Rehberg garni
Am Rehberg 29 ⊠ 88131 – ℰ (08382) 33 29 – www.lindauhotels.de – geschl. Mitte
Oktober - Ende März **Xu**
18 Zim – †78/98 € ††102/124 €
♦ Das freundlich-familiär geführte kleine Hotel mit wohnlichem Ambiente und schönem Garten liegt in einer ruhigen Wohngegend. Die Zimmer sind individuell, einige mit Pantry.

In Lindau-Hoyren

Villino
Hoyerberg 34 ⊠ 88131 – ℰ (08382) 9 34 50 – www.villino.de **Xr**
21 Zim – †110/180 € ††170/230 € – 5 Suiten
Rest *Villino* – siehe Restaurantauswahl
♦ Mediterranes Flair ist im Haus der Familie Fischer allgegenwärtig - von der Lobby über die schönen Landhauszimmer und den Spa bis in den verträumten Garten ist das Hotel über den Dächern von Lindau stimmungsvoll gestaltet.

XXX **Villino** (Reiner Fischer) – Hotel Villino
Hoyerberg 34 ⊠ 88131 – ℰ (08382) 9 34 50 – www.villino.de
– geschl. 23. - 25. Dezember **Xr**
Rest – (nur Abendessen) (Tischbestellung ratsam) Menü 88/114 €
– Karte 84/104 €
Spez. Asiatische Vorspeisenvariation. Leicht geräuchertes Taubenbrüstchen mit Sellerie und Beurre Rouge. Filet vom Bodensee-Zander mit VILLINO-Curry gebraten.
♦ Sie werden sofort vom mediterranen Charme gefangen sein, den das zauberhafte Restaurant versprüht. Um diesen erlesenen Stil auch kulinarisch abzurunden, kredenzt Ihnen Patron Reiner Fischer Kreationen, die Sie überraschen werden.

XXX **Hoyerberg Schlössle**
Hoyerbergstr. 64, (auf dem Hoyerberg) ⊠ 88131 – ℰ (08382) 2 52 95
– www.hoyerberg.de – geschl. Februar und Montag - Dienstagmittag **Xe**
Rest – (Tischbestellung ratsam) Menü 64/89 € – Karte 56/70 €
♦ Das kleine Schlösschen besticht durch seine sagenhafte Lage über der Stadt, die man am besten auf der Terrasse genießt. Das Ambiente im Restaurant ist behaglich-gediegen.

In Lindau-Bad Schachen

Bad Schachen
Bad Schachen 1 ⊠ 88131 – ℰ (08382) 29 80
– www.badschachen.de – geschl. 1. Januar - 4. April, 21. Oktober - 31. - Dezember
125 Zim – †125/175 € ††195/278 € – ½ P 34 € – 4 Suiten **Xd**
Rest *Seeblick* – Karte 37/60 €
Rest *Fischerstube* – (nur Abendessen) Karte 34/48 €
♦ In wunderbarer Lage am See steht das traditionsreiche klassische Haus mit großzügigem Rahmen und individuellen Zimmern. Sehr schöner moderner Spa, eigener Strand. Internationales im Seeblick und auf der Terrasse unter Kastanien. Rustikale Fischerstube mit Fischküche.

XX **Schachener Hof** mit Zim
Schachener Str. 76 ⊠ 88131 – ℰ (08382) 31 16 – www.schachenerhof-lindau.de
– geschl. 2. Januar - 5. Februar und Dienstag - Mittwoch, Juli - August: Mittwoch, außer Feiertage **Xv**
10 Zim – †65/79 € ††88/120 € – ½ P 19 €
Rest – (Montag - Samstag nur Abendessen) (Tischbestellung ratsam) Menü 29/75 €
– Karte 29/53 €
♦ In dem von Familie Kraus freundlich geführten Restaurant serviert man sorgfältig zubereitete regionale und internationale Gerichte - auch auf der Terrasse unter alten Kastanienbäumen. Hier am Bodensee ist z. B. die Variation vom Bodenseefelchen mit seinem Kaviar ein Muss!

LINDAU im BODENSEE

Auf dem Golfplatz Weißensberg Nord-Ost: 8 km über Kemptener Straße X

Golfhotel Bodensee
Lampertsweiler 51, ⌧ 88138 Weißensberg – ☏ (08389) 8 91 00
– www.golfhotel-bodensee.de – geschl. 7. November - 15. März
34 Zim – †94/104 € ††148/158 € – ½ P 32 €
Rest – Menü 32/43 € – Karte 27/50 €
♦ Schön liegt dieses Hotel inmitten eines Golfplatzes. Zeitgemäße Zimmer (darunter auch Turmzimmer und Maisonetten) mit gutem Platzangebot und Blick ins Grüne. Internationale Küche bietet man im Restaurant mit Wintergarten und auf der Terrasse zum Golfplatz.

In Weißensberg-Rehlings Nord: 4 km über Kemptener Straße X

Bayerischer Hof - Rehlings
Lindauer Str. 85, ⌧ 88138 – ☏ (08389) 9 20 10 – www.bayerischer-hof-rehlings.de
– geschl. 24. Dezember - 6. Januar
18 Zim – †58/78 € ††89/110 € – ½ P 20 €
Rest – (geschl. Freitagmittag) Karte 20/72 €
♦ Ein gepflegtes kleines Hotel, das solide, größtenteils mit hellen Kiefernholzmöbeln eingerichtete Zimmer sowie Maisonetten und ein Himmelbettzimmer für Sie bereithält. Zum regionalen Angebot des Restaurants gehören viele Maultaschengerichte.

LINDENBERG im ALLGÄU – Bayern – 546 – 11 150 Ew – Höhe 764 m 63 I21
– Luftkurort
▶ Berlin 713 – München 174 – Konstanz 89 – Lindau 21

Waldsee
Austr. 41, ⌧ 88161 – ☏ (08381) 9 26 10 – www.hotel-waldsee.de
17 Zim – †49/74 € ††90/104 €
Rest – (geschl. Mitte September - Mitte Juni: Montag, außer an Feiertagen)
Menü 35 € – Karte 22/39 €
♦ Vor allem die Lage an Deutschlands höchstgelegenem Moorbadsee macht dieses kleine Hotel aus. Wählen Sie ein Zimmer mit Balkon zum See. Zu dem im klassischen Stil gehaltenen Restaurant gehört eine hübsche Seeterrasse.

LINDENFELS – Hessen – 543 – 5 090 Ew – Höhe 364 m – Heilklimatischer 47 F16
Kurort
▶ Berlin 592 – Wiesbaden 86 – Mannheim 52 – Darmstadt 46
🛈 Burgstr. 37, ⌧ 64678, ☏ (06255) 3 06 44, www.lindenfels.de

Waldschlösschen
Nibelungenstr. 102, ⌧ 64678 – ☏ (06255) 96 81 90 – www.waldschloesschen-web.de
– geschl. 5. - 30. November
14 Zim – †44/49 € ††88/98 € – ½ P 16 €
Rest – (geschl. Montag) Menü 28/36 € – Karte 25/45 €
♦ Das gepflegte kleine Hotel unter familiärer Leitung bietet wohnlich und zeitgemäß eingerichtete Gästezimmer. Der Naturpark Bergstraße-Odenwald lädt zu Ausflügen ein. Restaurant mit sympathischem rustikalem Ambiente.

LINDLAR – Nordrhein-Westfalen – 543 – 22 210 Ew – Höhe 220 m 36 D12
▶ Berlin 583 – Düsseldorf 73 – Gummersbach 25 – Köln 32
🛈 Am Marktplatz 1, ⌧ 51789, ☏ (02266) 9 64 07, www.lindlar.de
🛈 Lindlar-Hommerich, Georghausen 8, ☏ (02207) 49 38

artgenossen
Pollerhofstr. 35, ⌧ 51789 – ☏ (02266) 90 12 80 – www.artgenossen-gmbh.de
14 Zim – †65/80 € ††82/97 €, ⌑ 8 €
Rest – (geschl. 1. - 9. Januar und Montag) (Dienstag - Samstag nur Abendessen)
Menü 25 € (mittags)/33 € – Karte 23/39 €
♦ In dem schön restaurierten, 1912 als Landwirtschaftsschule erbauten Haus haben Künstler mit originellen Details ganz individuelle Themenzimmer gestaltet. Bistroähnliches Restaurant in den ehemaligen Klassenräumen.

LINGEN – Niedersachsen – **541** – 51 460 Ew – Höhe 23 m   16 D8
▶ Berlin 498 – Hannover 204 – Nordhorn 21 – Bremen 135
ADAC Rheiner Str. 127
🛈 Neue Str. 3a, ✉ 49808, ✆ (0591) 9 14 41 45, www.lwt-lingen.de
🖧 Altenlingen, Beversundern 3, ✆ (0591) 6 38 37

Altes Landhaus
Lindenstr. 45 ✉ 49808 – ✆ (0591) 80 40 90 – www.alteslandhaus.de
22 Zim ☐ – †65/95 € ††80/125 €
Rest – (geschl. 1. - 20. Januar) (Montag - Samstag nur Abendessen) Karte 24/31 €
♦ Das schöne Landhaus am Stadtrand bietet wohnlich gestaltete Gästezimmer, darunter ein Giebel-Familienzimmer. Auf der hübschen Innenhofterrasse kann man auch frühstücken. Das Restaurant besteht aus einem angenehm lichten Wintergarten und dem Kaminzimmer.

Hutmachers Deele

Große Str. 12 ✉ 49808 – ✆ (0591) 9 66 38 88 – www.hutmachers-deele.de – geschl. Ende Juli - August 2 Wochen und Sonntag - Montag
Rest – Menü 28/35 € – Karte 31/50 €
♦ Nur ein altes Fachwerkhaus (hier a. d. J. 1790) kann diese behagliche Rustikalität verbreiten! Gerichte von Holger Laschet sind z. B. "Nouilles Provence", Tarte vom Ziegenquark oder auch eine hausgemachte Rindsroulade. Mittags einfachere Zusatzkarte.

In Lingen-Darme

Am Wasserfall
Am Wasserfall 2, (Hanekenfähr) (Süd: 4,5 km, über Schüttorfer Straße) ✉ 49808 – ✆ (0591) 80 90 – www.hotel-am-wasserfall.de
73 Zim ☐ – †54/65 € ††77/89 €
Rest Fährrestaurant – Karte 23/43 €
Rest Zur Lachstreppe – (geschl. Montag) (Dienstag - Samstag nur Abendessen) Karte 20/38 €
♦ Im Erholungsgebiet Hanekenfähr bietet man seinen Gästen zeitgemäße und funktionelle Zimmer, einige mit Blick auf die Ems, sowie Ausflüge mit hoteleigenen Fahrgastschiffen. Klassisch gehaltenes Fährrestaurant mit internationaler Küche. Rustikal: Zur Lachstreppe.

Zum Märchenwald (mit Gästehaus)
Vennstr. 25 ✉ 49809 – ✆ (0591) 91 28 40
– www.hotel-zum-maerchenwald.de
48 Zim ☐ – †55/65 € ††82 € **Rest** – (nur Abendessen) Karte 19/39 €
♦ Die Zimmer in dem gut geführten Familienbetrieb sind sehr gepflegt und praktisch eingerichtet, im Gästehaus etwas kleiner. Das Preis-Leistungs-Verhältnis überzeugt. Hell und freundlich ist das Ambiente im Restaurant.

LINKENHEIM-HOCHSTETTEN – Baden-Württemberg – **545**   54 F17
– 11 960 Ew – Höhe 109 m
▶ Berlin 656 – Stuttgart 89 – Karlsruhe 15 – Mannheim 50

Auf der Insel Rott Nord-West: 4,5 km über Hochstetten

Waldfrieden
Insel Rott 2 ✉ 76351 Linkenheim-Hochstetten – ✆ (07247) 41 75 – www.inselrott.de – geschl. 27. August - 9. September, 24. Dezember - 6. Januar
10 Zim – †43/53 € ††80 €, ☐ 7 €
Rest – (geschl. Montag - Dienstag) Karte 12/20 €
♦ Hier überzeugt vor allem die sehr ruhige Lage auf einer Insel in einem Seitenarm des Rheins. Von den Zimmern schaut man ins Grüne, besonders beliebt ist das Zimmer "Seerose" mit Balkon zum See. Kleine Dach-Sonnenterrasse. Das große Restaurant in rustikalem Stil bietet einfache Küche mit ganz frischem Fisch.

LINSENGERICHT – Hessen – siehe Gelnhausen

LIPPETAL – Nordrhein-Westfalen – **543** – 12 310 Ew – Höhe 70 m   27 E10
▶ Berlin 453 – Düsseldorf 131 – Arnsberg 42 – Bielefeld 78
🖧 Lippetal-Lippborg, Ebbeckeweg 3, ✆ (02527) 81 91

LIPPETAL

In Lippetal-Lippborg

XX **Gasthof Willenbrink** mit Zim
Hauptstr. 10, ✉ 59510 – ☏ (02527) 2 08 – www.willenbrink.de – geschl. 11. Juli
- 11. August, 22. Dezember - 8. Januar und Montag
6 Zim – †50/55 € ††75/80 €
Rest – (nur Abendessen) Karte 25/45 €

◆ Das Fachwerkhaus in der Ortsmitte ist ein traditionsreicher Familienbetrieb, in dem der Chef seine regional-saisonale Küche am Tisch empfiehlt. "Blaues Zimmer" mit elegantem Touch. Für Übernachtungsgäste stehen gepflegte Zimmer mit Pinienmöbeln bereit.

LIPPSPRINGE, BAD – Nordrhein-Westfalen – **543** – 15 170 Ew 28 G10
– Höhe 140 m – Heilbad und Heilklimatischer Kurort
▶ Berlin 385 – Düsseldorf 179 – Bielefeld 54 – Detmold 18
🛈 Lange Str. 6, ✉ 33175, ☏ (05252) 9 77 00, www.bad-lippspringe.de
Bad Lippspringe, Senne 1, ☏ (05252) 93 23 08

Premier Park Hotel
Peter-Hartmann-Allee 4, ✉ 33175 – ☏ (05252) 96 30
– www.parkhotel-lippspringe.de
135 Zim – †89/129 € ††138/168 € – ½ P 26 €
Rest – Menü 26/30 € – Karte 19/42 €

◆ Hier überzeugen die ruhige Lage am Kurpark, wohnlich-komfortable Zimmer und die Vielfalt des "Arminius Spa". Exklusiv: die Superior-Zimmer in der Villa Anna. Im Garten ein Naturbadeteich. Neuzeitlich-elegantes Restaurant mit Blick ins Grüne.

LIPPSTADT – Nordrhein-Westfalen – **542** – 66 950 Ew – Höhe 75 m 27 F10
▶ Berlin 436 – Düsseldorf 142 – Bielefeld 55 – Meschede 43
✈ Büren-Ahden, Flughafenstr. 33 (Süd-Ost: 17 km über Geseke), ☏ (02955) 7 70
🛈 Lange Str. 14, ✉ 59555, ☏ (02941) 5 85 15, www.lippstadt.de
Lippstadt-Gut Mentzelsfelde, Wiesenhauseweg 14, ☏ (02941) 81 01 10

Welcome Hotel
Lipper Tor 1, ✉ 59555 – ☏ (02941) 98 90 – www.welcome-hotel-lippstadt.de
80 Zim – †99/160 € ††119/210 € – 1 Suite **Rest** – Karte 21/43 €

◆ Das zeitgemäß-funktional ausgestattete Hotel am Ufer der Lippe ist auf Geschäftsreisende ausgelegt. Die Zimmer sind recht geräumig, W-Lan ist kostenlos. Restaurant mit internationalen Speisen aus der offenen Küche. Kleiner Bistrobereich.

Lippischer Hof garni
Cappelstr. 3, (Ecke Mühlenstraße), ✉ 59555 – ☏ (02941) 9 72 20
– www.bestwestern.de
49 Zim – †88/99 € ††125 €

◆ Die Lage in der Innenstadt sowie die neuzeitliche und praktische Ausstattung machen dieses Businesshotel aus. Auch eine rustikale Bar ist vorhanden.

XX **Fellini**
Cappelstr. 44a, ✉ 59555 – ☏ (02941) 92 41 50 – geschl. Sonntag
Rest – (nur Abendessen) Karte 31/55 €

◆ Das Fachwerkhaus a. d. 18. Jh. befindet sich unweit des Marktplatzes. Freundlich ist der Service durch die Chefin. Mittig die offene Küche, in der italienisch gekocht wird.

In Lippstadt-Bad Waldliesborn Nord: 5 km über B 55 – Heilbad

Parkhotel Ortkemper
Liesbornerstr. 30, ✉ 59556 – ☏ (02941) 88 20 – www.parkhotelortkemper.de
40 Zim – †51/53 € ††70/80 € – 2 Suiten
Rest – (geschl. Sonntagabend) Menü 19 € (mittags)/35 € – Karte 20/38 €

◆ Das gepflegte Hotel der Familie Ortkemper liegt direkt am Kurpark, in einem Wohngebiet am Waldrand. Die neueren Zimmer sind besonders wohnlich und modern. Hell und neuzeitlich ist das Restaurant Appelinus - nebenan die Cocktailbar Kajüte.

LODDIN – Mecklenburg-Vorpommern – siehe Usedom (Insel)

LÖBAU – Sachsen – **544** – 16 640 Ew – Höhe 263 m   44 S12
▶ Berlin 260 – Dresden 88 – Görlitz 29 – Bautzen 21
🛈 Altmarkt 1, ✉ 02708, ℰ (03585) 45 01 40, www.loebau.de

Berg-Gasthof Honigbrunnen
Löbauer Berg 4 (Ost: 2,5 km) ✉ 02708 – ℰ (03585) 4 13 91 30
– www.honigbrunnen.de
23 Zim ⌑ – †60/80 € ††70/90 € **Rest** – Karte 15/31 €
♦ 1896 als Ausflugslokal erbaut, bei einem Brand zerstört und mit enormem Aufwand restauriert. Die Mühe hat sich gelohnt: die historische Fassade ist wiederhergestellt, das Interieur geschmackvoll. Einmalige Panoramalage, fantastischer Blick von der Terrasse!

LÖCHGAU – Baden-Württemberg – **545** – 5 390 Ew – Höhe 260 m   55 G18
▶ Berlin 615 – Stuttgart 32 – Ludwigsburg 25 – Pforzheim 37

X Zur Krone
Hauptstr. 63 ✉ 74369 – ℰ (07143) 1 82 17 – www.krone-loechgau.de – geschl.
Montagabend, Samstagmittag
Rest – Karte 18/37 €
♦ Gemütlich-rustikal ist die Atmosphäre in dem historischen Haus, zu dem auch eine hübsche Terrasse im Innenhof gehört. Gekocht wird bürgerlich-regional.

LÖHNBERG – Hessen – siehe Weilburg

LÖHNE – Nordrhein-Westfalen – **543** – 40 320 Ew – Höhe 70 m   28 G9
▶ Berlin 370 – Düsseldorf 208 – Bielefeld 39 – Hannover 85
🛈 Löhne, Auf dem Stickdorn 65, ℰ (05228) 70 50

Schewe
Dickendorner Weg 48 ✉ 32584 – ℰ (05732) 9 80 30 – www.hotel-schewe.de
– geschl. 1. - 9. Januar, 24. - 31. Juli
22 Zim ⌑ – †55/69 € ††82/86 € – 1 Suite
Rest *Schewe* – siehe Restaurantauswahl
♦ Eine tadellose Adresse: Ruhig ist die Lage des gut geführten Familienbetriebs in einer Wohngegend, neuzeitlich eingerichtete Gästezimmer stehen hier bereit.

XX Schewe – Hotel Schewe
Dickendorner Weg 48 ✉ 32584 – ℰ (05732) 9 80 30 – www.hotel-schewe.de
– geschl. 1. - 9. Januar, 24. - 31. Juli und Sonntag
Rest – *(nur Abendessen)* Karte 25/50 €
♦ Ein Hauch Süden weht durch die Räumlichkeiten des Lokals - das liegt sicher auch an den vorherrschend freundlichen Farben. Viele Stammgäste halten Familie Schewe seit Jahren die Treue.

LÖNINGEN – Niedersachsen – **541** – 13 240 Ew – Höhe 22 m   16 E7
– Erholungsort
▶ Berlin 290 – Bremen 88 – Nordhorn 65 – Enschede 101
🛈 Langenstr. 38, ✉ 49624, ℰ (05432) 8 03 70, www.verkehrsverein-hasetal.de

Rüwe
Parkstr. 15 ✉ 49624 – ℰ (05432) 9 42 00 – www.hotel-ruewe.de – geschl.
27. Dezember - 8. Januar
11 Zim ⌑ – †58 € ††90 €   **Rest** – *(geschl. Montag)* Karte 25/39 €
♦ In dem kleinen Hotel sorgen Rita und Hans-Herrmann Rüwe dafür, dass alles tipptopp gepflegt ist. Wohnliche Zimmer mit Parkett, teils auch mit Balkon oder schöner Dachterrasse. Zum Restaurant gehören eine nette begrünte Terrasse und ein kleiner Barbereich. Fahrradverleih.

LÖRRACH – Baden-Württemberg – **545** – 48 190 Ew – Höhe 294 m   61 D21
▶ Berlin 862 – Stuttgart 265 – Freiburg im Breisgau 70 – Basel 9
🚉 Bahnhofstraße, ℰ (01805) 24 12 24 (Gebühr)
ADAC Am Bahnhofsplatz 2
🛈 Herrenstr. 5, ✉ 79539, ℰ (07621) 9 40 89 13, www.loerrach.de

LÖRRACH

Villa Elben garni
Hünerbergweg 26 ⊠ 79539 – ℰ (07621) 57 70 80 – www.villa-elben.de
34 Zim ⊃ – †75/82 € ††98/110 €
♦ Die in der 3. Generation familiengeführte Villa von 1907 wurde zu einem zeitgemäßen, funktionellen Hotel erweitert. Im Haupthaus: wohnlich-stilvolle Lobby und einige charmante Zimmer.

Stadt-Hotel garni
Weinbrennerstr. 2, (1. Etage) ⊠ 79539 – ℰ (07621) 4 00 90
– www.stadthotel-loerrach.de
28 Zim – †70/98 € ††89/130 €
♦ Das Hotel befindet sich im Zentrum und verfügt über gepflegte und praktische Gästezimmer. Komfortabler sind die beiden Appartements.

Gasthaus Maien
Dorfstr. 49 ⊠ 79539 – ℰ (07621) 27 90 – www.maien-loerrach.de
10 Zim ⊃ – †69/79 € ††94/99 €
Rest – (geschl. Montag - Dienstag) Menü 16 € (mittags)/32 € – Karte 34/62 €
♦ Ein kleines Gasthaus a. d. 19. Jh. in Panoramalage über Lörrach. Die Zimmer sind wohnlich-modern nach den Elementen Feuer, Wasser, Luft und Erde gestaltet. Sie speisen in der gemütlich-ländlichen Gaststube oder im freundlichen Restaurant mit Stadtblick.

La Pergola am Burghof mit Zim
Herrenstr. 3 ⊠ 79539 – ℰ (07621) 9 40 38 50 – www.amburghof.de – geschl. Sonntag
8 Zim – †85/95 € ††130/155 €
Rest – (nur Abendessen) (Tischbestellung ratsam) Menü 48/72 € – Karte 50/70 €
♦ Das Haus in der Fußgängerzone bietet im 1. Stock in geradlinig-modernem Ambiente regionale Speisen sowie Gerichte mit asiatischem und mediterranem Einfluss, so z. B. Entenleberparfait mit Melone und Szechzuan-Pfeffer. Bar und Lounge im EG, zudem hat man eine nette Terrasse. Die Gästezimmer sind neuzeitlich-funktional und technisch gut ausgestattet - teilweise mit Balkon.

In Lörrach-Haagen Nord-Ost: 3,5 km über B 317, jenseits der A 98

Burgschenke Rötteln
Röttelnweiler 47 (in der Burg Rötteln) ⊠ 79541 – ℰ (07621) 5 21 41
– www.burgroetteln.com – geschl. Februar und Sonntag - Montag
Rest – (Tischbestellung ratsam) Menü 27 € (mittags)/44 € – Karte 33/62 €
♦ Im alten Zehnthaus der Burg sitzt man in drei freundlichen, zeitgemäßen kleinen Räumen - beliebt sind die Fensterplätze in der "Laube". Die charmante Gastgeberin Dörthe Stein leitet den Service, die Küche ist international. Biergarten mit Selbstbedienung.

In Inzlingen Süd-Ost: 6 km über B 316 Richtung Rheinfelden

Krone (mit Gästehaus)
Riehenstr. 92 ⊠ 79594 – ℰ (07621) 22 26 – www.krone-inzlingen.de
23 Zim – †59/73 € ††79/99 €, ⊃ 5 €
Rest – Menü 29 € (mittags)/48 € – Karte 26/56 €
♦ Zeitgemäße und funktionell eingerichtete Zimmer mit gutem Platzangebot stehen in dem aus einem Gasthof entstandenen familiengeführten Hotel zur Verfügung. Freundlich gestaltetes Restaurant mit netter Terrasse.

Inzlinger Wasserschloss mit Zim (mit Gästehaus)
Riehenstr. 5 ⊠ 79594 – ℰ (07621) 4 70 57 – www.inzlinger-wasserschloss.de – geschl. Dienstag - Mittwoch
12 Zim ⊃ – †59/79 € ††98/140 €
Rest *Schloss Beizle* – siehe Restaurantauswahl
Rest – Menü 40 € (mittags)/98 € – Karte 53/89 €
♦ Das historische Gemäuer des von einem Wassergraben umgebenen schönen Schlosses beherbergt ein gediegen-elegantes Restaurant. Vater und Tochter stehen gemeinsam am Herd - ihr Kochstil ist klassisch, wobei sie sich an internationalen Rezepten orientieren.

LÖRRACH

✗ **Schloss Beizle** – Restaurant Inzlinger Wasserschloss 🛎 P VISA ⓪
*Riehenstr. 5 ⌂ 79594 – ℰ (07621) 4 70 57 – www.inzlinger-wasserschloss.de – geschl.
Dienstag - Mittwoch*
Rest – Karte 41/73 €
♦ In dem rustikalen Kellerlokal serviert man Ihnen bürgerliche Küche mit Klassikern wie z. B. Cordon bleu. Gern kommen deshalb auch Gäste aus der nahen Schweiz zum Essen über die Grenze.

LOHMAR – Nordrhein-Westfalen – 543 – 31 150 Ew – Höhe 70 m   36 C12
▶ Berlin 587 – Düsseldorf 63 – Bonn 16 – Siegburg 5
🏛 Lohmar, Schloss Auel, ℰ (02206) 90 90 56

In Lohmar-Wahlscheid Nord-Ost: 4 km über B 484

Schloss Auel 🛎 🏋 ♨ P VISA ⓪
Haus Auel 1 (an der B 484) ⌂ 53797 – ℰ (02206) 6 00 30 – www.schlossauel.de
21 Zim – †80/110 € ††140 €, ⌑ 13 € – 1 Suite
Rest *Schloss Auel* – siehe Restaurantauswahl
♦ Historischen Charme verspüht das wunderbare dreiflügelige Schloss am Golfplatz. Stilgerecht hat man zahlreiche Antiquitäten in die individuelle und sehr wohnliche Einrichtung integriert. Alternativ zum Restaurant gibt es Snacks im Bistro. Am Abend: gemütliche Schänke mit bergisch-kölschen Spezialitäten.

🏨 **Aggertal-Hotel Zur alten Linde** 🛎 🛎 ♨ ⚡ ♨ 🛎 🛎 P
Bartholomäusstr. 8 ⌂ 53797 – ℰ (02206) 9 59 30 VISA ⓪ AE ①
– www.meine-alte-linde.de – geschl. Weihnachten - Anfang Januar
27 Zim – †69/89 € ††99/119 €, ⌑ 14 €
Rest – (geschl. Mitte Juli - Anfang August) (Dienstag - Donnerstag nur Abendessen) Karte 25/46 €
♦ Recht ruhig liegt der Familienbetrieb neben der Kirche. Die Zimmer sind wohnlich-rustikal gestaltet, für das Frühstück steht der Wintergarten bereit. Das Restaurant: mediterrane Brasserie und behagliche Stube sowie Terrasse vor und hinter dem Haus.

✗✗ **Schloss Auel** – Hotel Schloss Auel 🛎 🛎 P VISA ⓪
Haus Auel 1 (an der B 484) ⌂ 53797 – ℰ (02206) 6 00 30 – www.schlossauel.de
Rest – Menü 32/50 € – Karte 35/53 €
♦ Ein schönes, festliches Ambiente (ideal auch für Hochzeiten), das einen ein bisschen in die Welt des alten Adels versetzt. Abgerundet durch einen stilvollen Service und klassische Kulinarik.

LOHME – Mecklenburg-Vorpommern – siehe Rügen (Insel)

LOHR am MAIN – Bayern – 546 – 15 870 Ew – Höhe 161 m   48 H15
▶ Berlin 521 – München 321 – Würzburg 56 – Aschaffenburg 35
ℹ Schlossplatz 5, ⌂ 97816, ℰ (09352) 84 84 60, www.lohr.de

Franziskushöhe ≼ 🛎 ♨ ♨ ⚡ 🛎 Rest, ⚡ Rest, 🛎 🛎 P
Ruppertshüttener Str. 70 ⌂ 97816 – ℰ (09352) 604 0 VISA ⓪ AE
– www.franziskushoehe.de
68 Zim – †65/80 € ††78/95 €, ⌑ 15 €   **Rest** – Karte 18/48 €
♦ Das Hotel in ruhiger erhöhter Lage am Waldrand ist gut für Tagungen und Veranstaltungen geeignet. Die zeitgemäßen Zimmer sind alle mit DVD-Player ausgestattet. Kinderspielplatz. Restaurant mit bürgerlicher Karte und beliebter Terrasse mit Aussicht.

Bundschuh (mit Gästehaus) 🛎 ⚡ ⚡ Rest, 🛎 P ⌂ VISA ⓪ AE
*Am Kaibach 7 ⌂ 97816 – ℰ (09352) 8 76 10 – www.hotelbundschuh.de – geschl.
23. Dezember - 9. Januar*
38 Zim ⌑ – †75 € ††94 €   **Rest** – (nur Abendessen für Hausgäste)
♦ Das Hotel der Familie Bundschuh liegt in einer Nebenstraße im Zentrum und bietet wohnliche, individuelle Zimmer, teils mit Terrasse oder Balkon. Jugendstilvilla als Gästehaus.

LOHR am MAIN

In Lohr-Wombach Süd: 2 km über Westtangente

Spessarttor (mit Gästehaus)
Wombacher Str. 140 ⌂ 97816 – ℘ (09352) 8 73 30 – www.hotel-spessarttor.de
35 Zim – †48/80 € ††68/105 €
Rest – (geschl. Dienstag) Menü 18 € (mittags)/78 € – Karte 25/52 €
• Die freundlich in wohnlich-ländlichem Stil eingerichteten Zimmer dieses Familienbetriebs verteilen sich auf das Haupthaus und das etwas ruhigere, 500 m entfernte Gästehaus. Gemütlich sitzt man im holzgetäfelten Restaurant mit Stubencharakter.

LONSHEIM – Rheinland-Pfalz – siehe Alzey

LORSCH – Hessen – 543 – 13 000 Ew – Höhe 98 m   47 F16

▶ Berlin 595 – Wiesbaden 65 – Mannheim 35 – Darmstadt 29
🛈 Marktplatz 1, ⌂ 64653, ℘ (06251) 17 52 60, www.lorsch.de
◉ Torhalle ★

Zum Schwanen
Nibelungenstr. 52 ⌂ 64653 – ℘ (06251) 5 22 53
– www.zum-schwanen-lorsch.de
– geschl. Februar 10 Tage, Juni 2 Wochen, Oktober 10 Tage und Montag
Rest – (Dienstag - Samstag nur Abendessen) (Tischbestellung ratsam)
Karte 35/53 €
• Dunkles Holz und nettes Dekor tragen zur elegant-rustikalen Atmosphäre dieses Restaurants bei. Die Speisekarte ist klassisch ausgelegt.

LOSHEIM AM SEE – Saarland – 543 – 16 510 Ew – Höhe 300 m   45 B16
– Erholungsort

▶ Berlin 749 – Saarbrücken 56 – Merzig 12 – Luxembourg 70

Am Stausee Nord: 1 km

Hochwälder Wohlfühlhotel
Zum Stausee 192 ⌂ 66679 – ℘ (06872) 9 69 20
– www.hochwaelder-wohlfuehlhotel.de
62 Zim – †69/80 € ††103/120 €
Rest – (geschl. Montag) Menü 25/30 € – Karte 33/55 €
• Die Lage am Stausee und wohnlich-moderne Zimmer machen das Hotel aus. Der ansprechend gestaltete Saunabereich wird durch Kosmetikanwendungen ergänzt. Restaurant in zeitgemäß-geradlinigem Stil mit Terrasse zum See. Dazu die benachbarte Hausbrauerei mit Biergarten.

LOSSBURG – Baden-Württemberg – 545 – 7 730 Ew – Höhe 666 m   54 F19
– Wintersport: 700 m ⟊2 ⟇ – Luftkurort

▶ Berlin 718 – Stuttgart 100 – Karlsruhe 86 – Freudenstadt 8
🛈 Hauptstr. 46, ⌂ 72290, ℘ (07446) 95 04 60, www.lossburg.de

park-hill
Sulzbacher Str. 139 ⌂ 72290 – ℘ (07446) 9 55 90 – www.park-hill.de
– geschl. 9. - 19. Januar
33 Zim – †78/128 € ††108/148 € – ½ P 27 € – 1 Suite
Rest – (nur Abendessen) Menü 17/27 € – Karte 23/50 €
• Die Zimmer in diesem Hotel in ruhiger Ortsrandlage sind individuell und überwiegend recht farbenfroh gestaltet, darunter komfortable Juniorsuiten. Auch Kosmetik wird angeboten. Helles, freundliches Restaurant mit Terrasse zum schönen eigenen Park hinterm Haus.

LOTTSTETTEN – Baden-Württemberg – 545 – 2 190 Ew   62 F21
– Höhe 433 m

▶ Berlin 813 – Stuttgart 180 – Freiburg im Breisgau 106 – Schaffhausen 12

LOTTSTETTEN

In Lottstetten-Nack Süd: 1,5 km

✕✕ Gasthof zum Kranz
Dorfstr. 23 ⌧ 79807 – ℰ (07745) 73 02 – www.gasthof-zum-kranz.de
– geschl. Februar 2 Wochen, August 3 Wochen und Dienstag - Mittwoch
Rest – (Tischbestellung ratsam) Karte 27/50 €
♦ Ein gepflegter familiär geführter Gasthof mit schmackhafter internationaler Küche, kleinere Karte am Mittag. Ländliches Flair und moderne Kunst bestimmen das Ambiente.

LUCKENWALDE – Brandenburg – 542 – 20 640 Ew – Höhe 48 m   32 P9
▶ Berlin 58 – Potsdam 45 – Brandenburg 74 – Cottbus 108
🛈 Markt 11, ⌧ 14943, ℰ (03371) 67 25 00, www.luckenwalde.de

Vierseithof
Haag 20, (Eingang Am Herrenhaus) ⌧ 14943 – ℰ (03371) 6 26 80 – www.vierseithof.de
42 Zim ⌑ – †55/75 € ††75/119 €   **Rest** – Karte 26/51 €
♦ 1782 wurde die einstige Tuchfabrik als Herrenhaus erbaut. Heute ist das schöne denkmalgeschützte Anwesen ein neuzeitliches Hotel mit einer geschmackvollen Kunstsammlung. Zurückhaltend elegantes Restaurant mit hübscher Innenhofterrasse.

LUDORF – Mecklenburg-Vorpommern – 542 – 510 Ew – Höhe 67 m   13 N6
▶ Berlin 144 – Schwerin 104 – Neubrandenburg 69 – Waren (Müritz) 26

Gutshaus Ludorf (mit Gästehaus)
Rondell 7 ⌧ 17207 – ℰ (039931) 84 00 – www.gutshaus-ludorf.de – geschl. 9. Januar - 8. März
23 Zim ⌑ – †67/98 € ††98/180 € – ½ P 28 € – 2 Suiten
Rest *Morizaner* – siehe Restaurantauswahl
♦ Das barocke Gutshaus an der Müritz verbirgt hinter der hübschen Backsteinfassade a. d. 17. Jh. ein wunderschönes Interieur mit historischem Charme. Zimmer teils mit Parkett.

✕✕ Morizaner – Hotel Gutshaus Ludorf
Rondell 7 ⌧ 17207 – ℰ (039931) 84 00 – www.gutshaus-ludorf.de – geschl. 9. Januar - 8. März
Rest – (nur Abendessen) Menü 20 € (mittags)/40 € – Karte 29/47 €
♦ Das an der Müritz gelegene Gutshaus im Stil der dänischen Klinkerrenaissance ist eine der empfehlenswertesten Adressen der Region. In der Küche verarbeitet man hauptsächlich Produkte aus heimatlichen Gefilden.

LUDWIGSBURG – Baden-Württemberg – 545 – 87 460 Ew – Höhe 293 m   55 G18
▶ Berlin 617 – Stuttgart 15 – Heilbronn 36 – Karlsruhe 86
ADAC Heinkelstr. 1 V
🛈 Marktplatz 6 Y, ⌧ 71638, ℰ (07141) 9 10 22 52, www.ludwigsburg.de
🔟 Schloss Monrepos, Monrepos 26, ℰ (07141) 22 00 30
◉ Blühendes Barock: Schloss★, Park★ (Märchengarten★★) Y

Stadtpläne siehe nächste Seiten

nestor
Stuttgarter Str. 35/2 ⌧ 71638 – ℰ (07141) 96 70
– www.nestor-hotels.de   **Z**a
179 Zim – †89/149 € ††89/155 €, ⌑ 16 €   **Rest** – Karte 33/51 €
♦ Das am Schlosspark gelegene denkmalgeschützte Backsteingebäude von 1871, einst eine Garnisonsbäckerei, ist heute ein Stadthotel mit modernen, meist geräumigen Zimmern. Restaurant im schönen Glasanbau entlang der historischen Hauswand, davor die hübsche Terrasse.

blauzeit garni
Friedrichstr. 43 ⌧ 71638 – ℰ (07141) 64 31 30 – www.blauzeit.com
– geschl. 1.- 6. Januar, 23. - 31. Dezember   **Z**b
39 Zim – †85/125 € ††95/155 €, ⌑ 11 €
♦ Geradlinig-moderner Stil von der in Weiß gehaltenen Halle mit anschließender Bar bis in die einheitlich gestalteten, funktionalen Gästezimmer.

783

LUDWIGSBURG

Beihinger Str. .... **V** 9	Friesenstr. .... **X** 28	Monreposstr. .... **V** 64
Bottwartalstr. .... **V** 17	Gänsfußallee .... **X** 29	Neckarstr. .... **X** 68
Eglosheimer Str. .... **X** 19	Hauptstr. .... **X** 32	Schlieffenstr. .... **X** 84
	Hohenzollernstr. .... **X** 35	Südliche-Alleen-Str. .... **X** 89
	Ludwigsburger Str. .... **X** 53	Talallee .... **X** 90
	Möglinger Str. .... **X** 59	Uferstr. .... **X** 94

NH Ludwigsburg garni
Pflugfelder Str. 36 ⊠ 71636 – ℰ (07141) 1 50 90 – www.nh-hotels.de **Zb**
130 Zim – †105/199 € ††105/199 €, ⊇ 15 €
♦ Das Businesshotel befindet sich neben der Arena Ludwigsburg, nicht weit vom Bahnhof. Moderne Zimmer in klaren Linien und frischen hellen Tönen. Lobby-Bar, kleine Terrasse am Haus.

Favorit garni
Gartenstr. 18 ⊠ 71638 – ℰ (07141) 97 67 70 – www.hotel-favorit.de – geschl. 23. Dezember - 2. Januar **Yr**
88 Zim ⊇ – †79/115 € ††109/145 €
♦ Für dieses gepflegte Hotel sprechen die zentrale Lage in der Innenstadt sowie die zeitgemäße und funktionelle Ausstattung der Gästezimmer.

XXX Alte Sonne (Laurent Durst)
ಔ *Bei der kath. Kirche 3 ⊠ 71634 – ℰ (07141) 6 43 64 80 – www.altesonne-durst.de
– geschl. über Fasching 1 Woche und Montag - Mittwochmittag* **Yn**
Rest – Menü 84/109 €
Rest *'s Laurent Bistro* – siehe Restaurantauswahl
Spez. Langoustine und Kalbszunge, grüner Spargel und Meerrettich. Filet von geangeltem Steinköhler mild geräuchert, Forellen-Kaviar, Spargel, Mönchsbart und Krustentierjus. Rücken und Parmentier von Salzwiesenlamm, Ziegenfrischkäse, Aubergine und Bärlauch-Risotto.
♦ Hinter den Mauern des historischen Gasthauses überrascht man Sie mit einem stylischen Ambiente. Laurent Durst (Franzose) lässt in seine zeitgemäßen regionalen Gerichte kreative Inspirationen seiner Heimat einfließen. Bei der Weinauswahl sind Sie hier bestens beraten!

LUDWIGSBURG

Alleenstr.	Z	4
Arsenalstr.	Y	7
Bahnhofstr.	Z	8
Belschnerstr.	Z	12
Bietigheimer Str.	Y	13
Bogenstr.	Y	14
Eberhardstr.	Z	18
Friedenstr.	Z	24
Friedrich-Ebert-Str.	Z	27
Gänsfußallee	Z	29
Gartenstr.	Y	31
Heinrich-Schweitzer-Str.	Y	33
Hindenburgstr.	Z	34
Hohenzollernstr.	Z	35
Holzmarkt.	Y	37
Hospitalstr.	Z	38
Imbröderstr.	Y	39
Kaffeeberg	Y	42
Kaiserstr.	Y	43
Kirchstr.	Y	44
Königsallee	Z	48
Körnerstr.	Z	49
Leonberger Str.	Y	50
Marienstr.	Y	55
Marktpl.	Y	58
Mömpelgardstr.	Y	60
Mörikestr.	YZ	63
Myliusstr.	Z	65
Pflugfelder Str.	Y	69
Richard-Wagner-Str.	Z	74
Schillerpl.	Y	79
Schillerstr.	Z	80
Schlachthofstr.	Z	83
Schützenstr.	Z	85
Seestr.	YZ	
Solitudeallee	Z	88
Untere Reithaus- Str.	Y	96
Wilhelm-Keil-Str.	Y	99

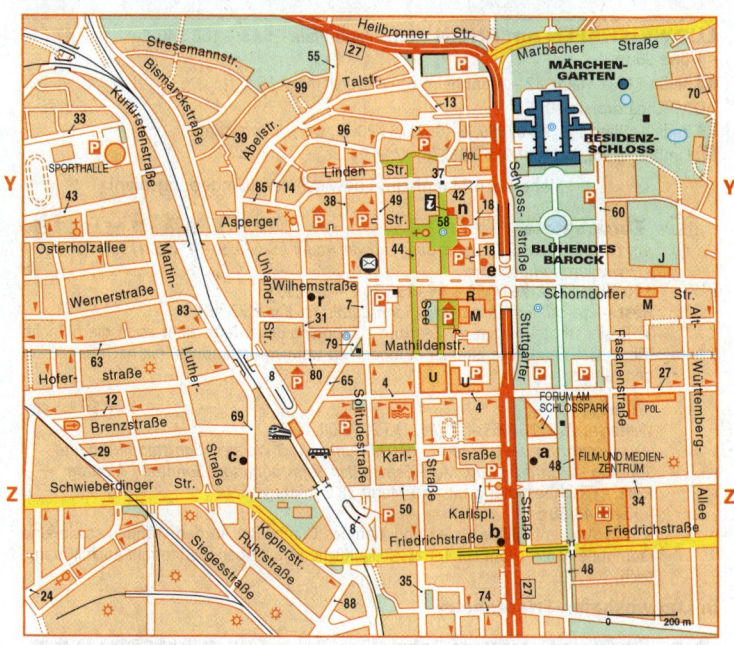

✂✂ Post-Cantz

Eberhardstr. 6 ⊠ 71634 – ℘ (07141) 92 35 63 – www.post-cantz.de
– geschl. 1. - 5. Januar, Ende August 1 Woche und Mittwoch - Donnerstag
Rest – Karte 22/46 €   Y e

♦ Ein traditionsreiches Gasthaus mit bürgerlich-rustikalem Charakter: Stammtisch, Kachelofen und ländliches Dekor bestimmen das Ambiente. Regionale und internationale Küche.

✂ 's Laurent Bistro – Restaurant Alte Sonne

Bei der kath. Kirche 3 ⊠ 71634 – ℘ (07141) 6 43 64 80 – www.altesonne-durst.de
– geschl. über Fasching 1 Woche und Montag - Dienstag   Y n
Rest – Menü 43/47 € – Karte 34/52 €

♦ Das moderne Bistro ist eine ungezwungene Alternative zum Restaurant Alte Sonne, die eine gute, schmackhafte Regionalküche bietet sowie Gerichte, die die elsässische Herkunft des Chefs verraten.

Beim Schloss Monrepos

🏠 Schloßhotel Monrepos

Domäne Monrepos 22 ⊠ 71634 Ludwigsburg – ℘ (07141) 30 20
– www.schlosshotel-monrepos.de   V r
80 Zim – ♦94/134 € ♦♦109/167 €, ⌑ 14 € – 3 Suiten
Rest *Gutsschenke* – ℘ (07141) 30 25 60 (geschl. 2. - 5. Januar) Karte 32/55 €

♦ Das Hotel in einem schönen Park nahe dem Seeschloss bietet unterschiedlich eingerichtete Zimmer mit klassischer Note und einen Frühstücksraum mit Wintergarten und Terrasse zum See. In einem historischen Gebäude befindet sich das rustikale Restaurant Gutsschenke.

LUDWIGSBURG

In Freiberg am Neckar Nord: 4 km über Beihinger Straße V – Höhe 410 m

Burgstr. 1, ✉ 09599, ☏ (03731) 4 19 51 90, www.freiberg-service.de

Am Wasen garni
Wasenstr. 7 ✉ 71691 – ☏ (07141) 2 74 70 – www.hotelamwasen.de
25 Zim – †70/75 € ††92/99 €
♦ In dem netten familiär geführten Hotel in ruhiger Lage am Ortsrand wohnen die Gäste in zeitgemäß und praktisch eingerichteten Zimmern.

LUDWIGSHAFEN am RHEIN – Rheinland-Pfalz – **543** – 163 340 Ew   **47** F16
– Höhe 96 m

▶ Berlin 615 – Mainz 82 – Mannheim 6 – Kaiserslautern 55
ADAC Theaterplatz 10 Z
Berliner Platz 1 Z, ✉ 67059, ☏ (0621) 51 20 35, www.lukom.com
Limburgerhof, Kohlhof 9, ☏ (06236) 47 94 94

Siehe auch Mannheim-Ludwigshafen (Umgebungsplan)

Europa Hotel
Am Ludwigsplatz 5, (Zufahrt über Ludwigstraße) ✉ 67059 – ☏ (0621) 5 98 70
– www.europa-hotel.com   **Ya**
110 Zim – †91/155 € ††125/170 € – ½ P 20 €
Rest – (geschl. Samstagmittag, Sonntagmittag) Karte 27/48 €
♦ Businesshotel mitten im Zentrum - Shopping-Begeisterte zieht es in die fußnahe "Rhein-Galerie". Einige Zimmer in modernen warmen Brauntönen, die nach hinten liegen ruhiger.

Marly
Welserstr. 25 ✉ 67063 – ☏ (0621) 5 20 78 00
– www.restaurant-marly.com – geschl. Juni - Juli 3 Wochen, Samstagmittag und Sonntag - Montagmittag, Mai - September: Samstagmittag, Sonntag - Montag
Rest – (Tischbestellung ratsam) Menü 28 € (mittags)/69 €   **Yd**
– Karte 48/68 €
♦ Das Ambiente: klare Linien und kräftiges Orange-Rot an den Wänden sowie eine raumhohe Fensterfront zur Terrasse. Die Küche ist gehoben mediterran. Auch Mittagstisch.

In Ludwigshafen-Friesenheim

Business-Hotel René Bohn
René-Bohn-Str. 4, (siehe Stadtplan Mannheim-Ludwigshafen)
✉ 67063 – ☏ (0621) 6 09 91 00 – www.wirtschaftsbetriebe.basf.de – geschl.
21. Dezember - 6. Januar   **BVb**
80 Zim – †120/180 € ††160/230 € – 8 Suiten   **Rest** – (nur für Hausgäste)
♦ Ein sehr gut geführtes Businesshotel nahe dem Werksgelände der BASF. Die modernen Zimmer verbinden Funktionalität und Wohnlichkeit. Auch das umfassende Serviceangebot überzeugt.

Das Gesellschaftshaus
Wöhlerstr. 15 ✉ 67063 – ☏ (0621) 6 07 88 88
– www.wirtschaftsbetriebe.basf.de – geschl. 24. Dezember - 1. Januar und Samstag
- Sonntag sowie an Feiertagen   **BVg**
Rest – Menü 45/79 € – Karte 33/57 €
♦ Beim BASF-Werksgelände steht das historische Gebäude mit dem herrschaftlich anmutenden Rahmen. Am Abend werden die Menüs hier mündlich annonciert, dazu professionelle Weinberatung.

Bella Capri
Arnimstr. 2 ✉ 67063 – ☏ (0621) 69 20 45
– www.bellacapri.net – geschl. Samstagmittag, Sonntag   **BVc**
Rest – Menü 28 € (mittags)/79 € – Karte 27/53 €
♦ Zeitgemäß-elegant präsentiert sich das in stimmigen ruhigen Brauntönen gehaltene Restaurant der Familie Mucciolo. Das Angebot ist italienisch. Man hat auch eine kleine Vinothek.

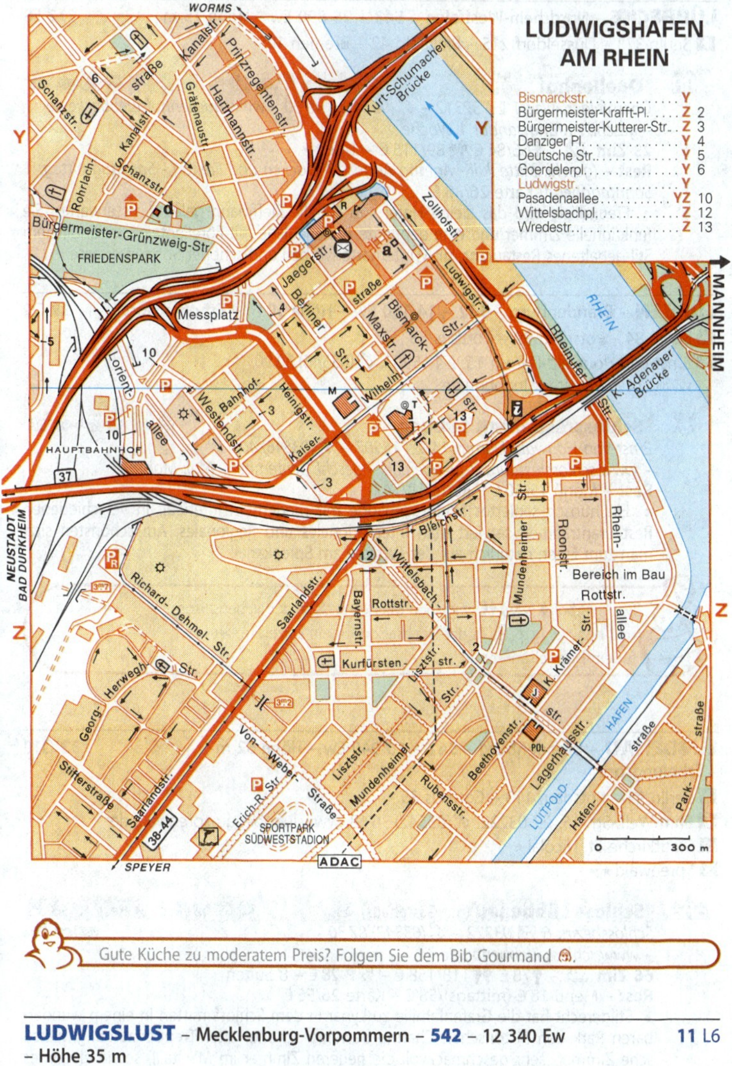

LUDWIGSHAFEN AM RHEIN

Bismarckstr.		Y
Bürgermeister-Krafft-Pl.	Z	2
Bürgermeister-Kutterer-Str.	Z	3
Danziger Pl.	Y	4
Deutsche Str.	Y	5
Goerdelerpl.	Y	6
Ludwigstr.		Y
Pasadenaallee	YZ	10
Wittelsbachpl.	Y	12
Wredestr.	Z	13

Gute Küche zu moderatem Preis? Folgen Sie dem Bib Gourmand.

LUDWIGSLUST – Mecklenburg-Vorpommern – **542** – 12 340 Ew – Höhe 35 m **11 L6**

▶ Berlin 180 – Schwerin 38 – Güstrow 98 – Hamburg 118

🛈 Schlossstr.36, ✉ 19288, ℰ (03874) 52 62 51, www.stadtludwigslust.de

◉ Schloss★ (Goldener Saal★) – Stadtkirche★ – Schlosspark★

 Landhotel de Weimar 🛎 🛏 ⅋ Rest, ⅋ Rest, ⚏ ⅃ 🅿 VISA ⓪ AE
Schlossstr. 15 (Zufahrt über Gartenstraße) ✉ *19288 –* ℰ *(03874) 41 80*
– www.landhotel-de-weimar.de – geschl. 22. - 27. Dezember
46 Zim ⌷ – †59/75 € ††85/125 € – 2 Suiten
Rest *Ambiente* – *(geschl. November - April: Sonntag)* Karte 29/48 €
♦ Nur wenige Gehminuten vom Schloss entfernt liegt das ehemalige Palais der Fürstin von Weimar mit seinen gediegenen, teilweise besonders stilvollen Gästezimmern. Das Restaurant Ambiente befindet sich im glasüberdachten Innenhof des Hauses. Schöne Weinauswahl.

LÜBBECKE – Nordrhein-Westfalen – **543** – 25 890 Ew – Höhe 75 m   17 F8
▶ Berlin 373 – Düsseldorf 215 – Bielefeld 42 – Bremen 105

Quellenhof
Obernfelder Allee 1 ✉ *32312* – ✆ *(05741) 3 40 60* – *www.quellenhof-luebbecke.de*
– *geschl. Anfang Januar 1 Woche*
23 Zim – †66/84 € ††89/115 € – 1 Suite
Rest – *(geschl. Mitte Juli - Anfang August 3 Wochen und Freitag - Samstagmittag, Sonntagabend)* Karte 26/38 €
◆ Freundlich wird das kleine Hotel von Familie Kleffmann geleitet. Es erwarten Sie funktionelle Zimmer und eine gepflegte Außenanlage mit Forellenteich. In ländlichem Stil gehaltenes Restaurant mit Wintergartenvorbau und schöner Sonnenterrasse.

LÜBBEN – Brandenburg – **542** – 14 180 Ew – Höhe 50 m – Erholungsort   33 Q9
▶ Berlin 84 – Potsdam 99 – Cottbus 53
ℹ Ernst-von-Houwald-Damm 15, ✉ 15907, ✆ (03546) 30 90,
www.spreewaldstadt-luebben.de

XX **Schlossrestaurant Lübben**
Ernst-von-Houwald-Damm 14 ✉ *15907* – ✆ *(03546) 40 78*
– *www.schlossrestaurant-luebben.de* – *geschl. September - Mai: Montag*
Rest – Menü 15/40 € – Karte 18/54 €
◆ Ein hübsch saniertes Schlossgebäude mit modernem Interieur. In verschiedenen Restauranträumen serviert man Internationales und Regionales. Am schönsten sitzt man zum Essen natürlich auf der Terrasse am Spreekanal!

Das Symbol † bzw. †† zeigt den Mindestpreis in der Nebensaison und den Höchstpreis in der Hochsaison für ein Einzelzimmer bzw. für ein Doppelzimmer an.

LÜBBENAU – Brandenburg – **542** – 16 940 Ew – Höhe 52 m   33 Q10
– Erholungsort
▶ Berlin 95 – Potsdam 113 – Cottbus 35
ℹ Ehm-Welk-Str. 15, ✉ 03222, ✆ (03542) 36 68, www.luebbenau-spreewald.de
◉ Stadtkirche St. Nicolai ★
◉ Spreewald ★★

Schloss Lübbenau (mit Gästehaus)
Schlossbezirk 6 ✉ *03222* – ✆ *(03542) 87 30*
– *www.schloss-luebbenau.de*
66 Zim – †78 € ††118/158 € – ½ P 28 € – 8 Suiten
Rest – Menü 18 € (mittags)/58 € – Karte 26/56 €
◆ Stilgerecht hat die Grafenfamilie zu Lynar in dem Schloss mitten in einem wunderbaren Park den historischen Charme bewahrt: schöner alter Treppenaufgang, klassische Zimmer (sehr geschmackvoll die neueren Zimmer im Marstall!) sowie elegantes Restaurant und Jagdstube mit ländlichem Flair; hinzu kommt noch die Orangerie als Café und familienfreundliches Restaurant. Auch das ehrwürdige Gewölbe wird genutzt: hier der Saunabereich.

Spreewaldeck
Dammstr. 31 ✉ *03222* – ✆ *(03542) 8 90 10*
– *www.spreewaldeck.de*
27 Zim – †65/75 € ††88/110 € – ½ P 13 €   **Rest** – Karte 13/34 €
◆ Ein familiär geleitetes Hotel nur 300 m vom Kahnfährhafen entfernt mit gepflegten, soliden Gästezimmern, die teilweise auch als Familienzimmer genutzt werden können. Ländlich-rustikale Atmosphäre im Restaurant.

LÜBBOW – Niedersachsen – siehe Lüchow

LÜBECK – Schleswig-Holstein – 541 – 209 820 Ew – Höhe 13 m 11 K4

▶ Berlin 263 – Kiel 92 – Schwerin 66 – Neumünster 58
ADAC Paul-Ehrlich-Str. 1 V
🛈 Holstentorplatz 1 Y, ✉ 23552, ℰ (0451) 8 89 97 00, www.luebeck-tourismus.de
🏛 Lübeck-Travemünde, Kowitzberg 41, ℰ (04502) 7 40 18
🏛 Stockelsdorf-Curau, Malkendorfer Weg 18, ℰ (04505) 59 40 82
🏛 Warnsdorf, Schlossstr. 14, ℰ (04502) 7 77 70
◉ Haus der Schiffergesellschaft★ – Heiligen-Geist-Hospital★ **E** – Jakobikirche★ **K**
- Burgtor★ – Heiligen-Geist-Hospital★ **X** – Altstadt★★★ – Holstentor★★ – Rathaus★ **R**
- Marienkirche★★ – Katharinenkirche★ – Petrikirche (Turm ≤★) **A**
TheaterFigurenMuseum★★ **M²** Y – St.-Annen-Museum★ **M¹** Z

Radisson Blu Senator
Willy-Brandt-Allee 6 ✉ 23554 – ℰ (0451) 14 20
– *www.senatorhotel.de* Ys
224 Zim – †126/156 € ††126/156 €, ☐ 19 € – 1 Suite
Rest *Nautilo* – (geschl. Sonntagabend) Menü 35/37 € – Karte 41/47 €
Rest *Kogge* – Karte 26/44 €
♦ Unweit des Holstentors an der Trave gelegenes Hotel, das moderne Gästezimmer in klaren Linien sowie einen hochwertig ausgestatteten Tagungsbereich bietet. Nautilo mit elegantem Touch, maritime Note in der Kogge.

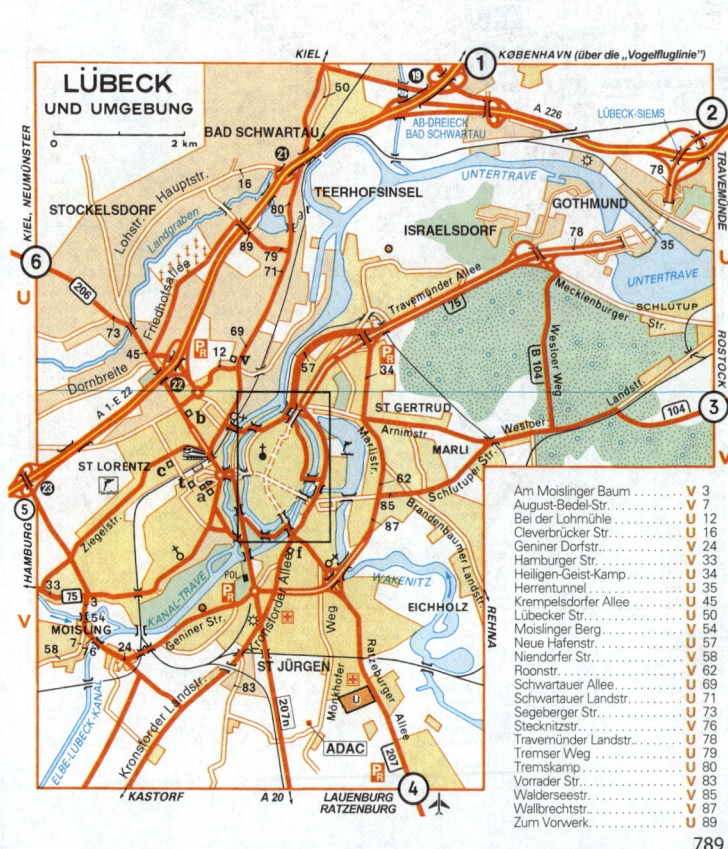

Am Moislinger Baum	V 3
August-Bedel-Str.	V 7
Bei der Lohmühle	U 12
Cleverbrücker Str.	U 16
Geniner Dorfstr.	V 24
Hamburger Str.	V 33
Heiligen-Geist-Kamp	U 34
Herrentunnel	U 35
Krempelsdorfer Allee	U 45
Lübecker Str.	U 50
Moislinger Berg	V 54
Neue Hafenstr.	U 57
Niendorfer Str.	V 58
Roonstr.	V 62
Schwartauer Allee	U 69
Schwartauer Landstr.	U 71
Segeberger Str.	U 73
Stecknitzstr.	V 76
Travemünder Landstr.	U 78
Tremser Weg	U 79
Tremskamp	U 80
Vorrader Str.	V 83
Walderseestr.	V 85
Wallbrechtstr.	V 87
Zum Vorwerk	U 89

Balauerfohr .... Y 10	Klingenberg .... Y	Rehderbrücke .... Y 61
Beckergrube .... Y	Königstr. .... XY	Rosengarten .... Y 63
Breite Str. .... Y	Kohlmarkt 42	Sandstr. .... Y 64
Fleischhauerstr. .... Y	Langer Lohberg .... X 48	Schlumacherstr. .... Y 66
Fünfhausen 23	Marktpl. .... Y 53	Schmiedestr. .... Y 67
Große Burgstr. .... X 28	Mühlenstr. .... Z	St-Annen-Str. .... Z 65
Große Petersgrube .... Z 31	Mühlentorbrücke .... Z 56	Tünkenhagen .... Y 81
Holstenstr. .... Y 36	Pferdemarkt .... Y 59	Wahmstr. .... Y
Hüxstr. .... Y		

LÜBECK

Atlantic
Schmiedestr. 9 ⊠ 23552 – ℰ (0451) 38 47 90 – www.atlantic-hotels.de Yb
135 Zim – †105/145 € ††125/165 €, ⌑ 18 € – 3 Suiten
Rest Salis – ℰ (0451) 38 47 95 83 – Karte 37/63 €
• Das Haus ist ansprechend in geradlinig-modernem Stil gehalten: klare Linien kombiniert mit warmen Tönen. Studiozimmer mit Dachterrasse im 7. Stock! Im Restaurant Salis isst man zeitgemäß-international (Schwerpunkt Steaks vom Lavasteingrill), mittags kleine Karte. Schöne Smokers Lounge.

Vier Jahreszeiten
Bei der Lohmühle 27 ⊠ 23544 – ℰ (0451) 48 05 30 – www.4jahreszeiten-hotels.de
105 Zim ⌑ – †89/99 € ††109/120 € – ½ P 25 €   **Rest** – Karte 24/59 €
• Geradlinig-schlicht ist das Design der Zimmer (auffallend der schöne Dielenboden!), gut der Komfort, modern die Technik. Den besten Blick hat man wohl vom Restaurant in der 8. Etage!

Treff Hotel City Center
Am Bahnhof 12 ⊠ 23558 – ℰ (0451) 80 90 90 – www.treff-hotels.de Vt
96 Zim – †69/129 € ††69/129 €, ⌑ 16 €   **Rest** – Karte 21/42 €
• Das Hotel befindet sich im denkmalgeschützten alten Lübecker Handelshof nahe dem Holstentor. In den Zimmern gute Technik und ansprechende gerade Formen. Das Ambiente im Restaurant ist ebenso zeitgemäß.

Excelsior garni
Hansestr. 3 ⊠ 23558 – ℰ (0451) 8 80 90 – www.hotel-excelsior-luebeck.de
81 Zim ⌑ – †59/90 € ††79/135 € Va
• Aus drei miteinander verbundenen Stadthäusern besteht das Hotel in Bahnhofsnähe, zu dessen Vorzügen neben der verkehrsgünstigen Lage auch das neuzeitliche Ambiente zählt.

Hanseatischer Hof
Wisbystr. 7 ⊠ 23538 – ℰ (0451) 30 02 00
– www.hanseatischerhof.de Vc
120 Zim – †79/109 € ††109/139 €, ⌑ 15 €   **Rest** – Karte 28/56 €
• In dem Hotel mit hanseatisch-gediegener Note kann man elegant wohnen oder auch etwas funktioneller. Zudem bietet man Wellness auf 1500 qm und jeden 2. Sonntag im Monat gibt es Brunch!

Kaiserhof (mit Gästehaus)
Kronsforder Allee 11 ⊠ 23560 – ℰ (0451) 70 33 01 – www.kaiserhof-luebeck.de
56 Zim ⌑ – †85/115 € ††100/135 € – 5 Suiten Vf
Rest – (geschl. Sonntag) (nur Abendessen) Karte 26/57 €
• Wenige Minuten von der City entfernt beeindrucken die behutsam restaurierten Patrizierhäuser mit geschmackvoller Einrichtung. Hohe Räume und Lüster schaffen Atmosphäre. Klassisch-elegantes Restaurant.

Lindenhof garni
Lindenstr. 1a ⊠ 23558 – ℰ (0451) 87 21 00 – www.lindenhof-luebeck.de
66 Zim – †65/95 € ††85/135 € Va
• Ein Vorteil ist die verkehrsgünstige Lage: Die A1 (Ausfahrt Zentrum) ist schnell erreicht, Bahnhof und Holstentor liegen praktisch um die Ecke! Auch Appartement-Suiten mit Küche.

Park Hotel garni
Lindenplatz 2 ⊠ 23554 – ℰ (0451) 87 19 70 – www.parkhotel-luebeck.de
24 Zim – †59/99 € ††79/130 € – 4 Suiten Va
• Die Jugendstilvilla liegt in der Stadtmitte zwischen Holstentor und Bahnhof und verfügt über wohnliche und gepflegte, teils besonders komfortable Zimmer.

Klassik Altstadt Hotel garni
Fischergrube 52 ⊠ 23552 – ℰ (0451) 70 29 80 – www.klassik-altstadt-hotel.de
– geschl. Januar 3 Wochen
29 Zim ⌑ – †69/110 € ††100/132 € Xn
• In dem historischen Stadthaus findet sich ein Stück Lübecker Vergangenheit: Die Doppelzimmer sind (in Bild und Text) Persönlichkeiten der Stadt gewidmet, in den Einzelzimmern haben bekannte Künstler ihre Reiseberichte hinterlassen.

LÜBECK

Ibis garni
Fackenburger Allee 54 (B 206) ⊠ 23554 – ℰ (0451) 4 00 40
– www.ibishotel.com **Vb**
85 Zim – ♦52/65 € ♦♦52/85 €, ⊇ 10 €

♦ Mit seiner verkehrsgünstigen Lage nahe der Autobahn und den sachlich-funktionell ausgestatteten Zimmern ist das Hotel vor allem für Geschäftsreisende interessant.

Jensen
An der Obertrave 4 ⊠ 23552 – ℰ (0451) 70 24 90 – www.luebeckjensen.ringhotels.de
– geschl. 23. - 26. Dezember **Yk**
42 Zim ⊇ – ♦75/90 € ♦♦98/115 €
Rest – Menü 20/29 € – Karte 22/39 €

♦ Das hübsche historische Haus an der Stadt-Trave bei der Holstentorbrücke wird seit über 200 Jahren gastronomisch genutzt. Heute stehen hier zudem funktionale Gästezimmer bereit. Das Restaurant hat einen bürgerlichen Charakter und ist nett mit maritimem Dekor geschmückt.

Wullenwever (Roy Petermann)
Beckergrube 71 ⊠ 23552 – ℰ (0451) 70 43 33 – www.wullenwever.de
– geschl. Ende März - Mitte April, Oktober 2 Wochen und Sonntag -
Montag **Ys**
Rest – *(nur Abendessen)* (Tischbestellung ratsam) Menü 55/90 € – Karte 64/98 €
Spez. Marinierte Fördegarnele mit Vanilleoel. Gänseleberstrudel im Pumpernickelmantel auf Beerenauslesegelee. Kalbshaxe mit Zitrone glasiert auf Taleggiorisotto (2 Pers.).

♦ Gastronomie mit Herzblut und Stil erlebt man bei Manuela und Roy Petermann in dem Patrizierhaus a. d. 16. Jh. (charmant der von Altbaufassaden eingerahmte Innenhof). Lassen Sie sich mit Gerichten verwöhnen, die der Chef auch selbst gerne isst!

Markgraf
Fischergrube 18 ⊠ 23552 – ℰ (0451) 7 06 03 43 – www.markgraf-luebeck.de
– geschl. 1. - 17. Januar und Sonntag - Montag **Xb**
Rest – (Tischbestellung ratsam) Menü 35/39 € – Karte 33/44 €

♦ Dem historischen Kontorhaus geben schöne rustikale Elemente wie Lehmputz und die hohe wuchtige Holzbalkendecke eine ganz spezielle Note. Einige Plätze auch auf der kleinen Galerie.

VAI
Hüxstr. 42 ⊠ 23552 – ℰ (0451) 4 00 80 83 – www.vai-restaurant.de – geschl.
Sonntag **Yc**
Rest – Menü 16 € (mittags)/52 € – Karte 38/59 €

♦ Von der Shoppingtour direkt zum günstigen Mittagstisch: Die Lage ist ideal, die Küche gut! Man kocht international, alles wird selbst gemacht - sogar das Eis. Netter kleiner Innenhof.

Schiffergesellschaft
Breite Str. 2 ⊠ 23552 – ℰ (0451) 7 67 76
– www.schiffergesellschaft.com **Xs**
Rest – (Tischbestellung ratsam) Karte 27/49 €

♦ Ein Muss für jeden Lübeck-Besucher: außen der markante Treppengiebel, innen die historische Halle mit ihren Gelagen aus alten Schiffsplanken, dem "Beichtstuhl" und antiken Schiffsmodellen! Regionale Küche, zeitweise Brunch (Frühjahr und Winter).

In Lübeck-Oberbüssau Süd-West: 8 km über Kronsforder Landstraße **V**

Friederikenhof
Langjohrd 15 ⊠ 23560 – ℰ (0451) 80 08 80
– www.friederikenhof.de
30 Zim ⊇ – ♦80/100 € ♦♦100/130 € – 3 Suiten
Rest – *(geschl. Montagmittag)* Menü 32/45 € – Karte 33/47 €

♦ Schön liegt das aus einem ehemaligen Gutshof entstandene Hotel auf einem Gartengrundstück in ländlicher Umgebung. Die Gäste wohnen in freundlichen und gemütlichen Zimmern. Viel Holz und warme Töne vermitteln im Restaurant Landhausflair.

LÜBECK-TRAVEMÜNDE

Am Fahrenberg 3
Am Lotsenberg 4
Auf dem Baggersand 5
Bertlingstr. 6
Bridtener Kirchsteig 7
Fallreep 8
Godewind 9
Kirchenstr. 12
Kurgartenstr. . . . .
Mecklenburger Landstr. 13
Mittschiffs 15
Parkallee 16
Steuerbord 17
Vorderreihe 18

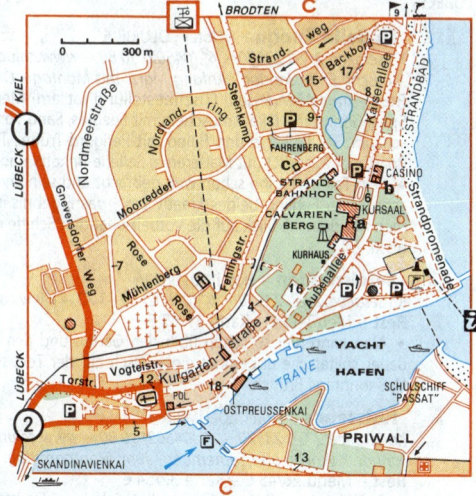

In Lübeck-Travemünde Nord-Ost: 19 km – Seeheilbad

Bertlingstr. 21 / Strandbahnhof C, ⌧ 23570, ✆ (0451) 8 89 97 00, www.travemuende.de

A-ROSA
Außenallee 10 ⌧ 23570 – ✆ (04502) 3 07 00 – www.a-rosa.de
– geschl. 4. - 7. November   **Ca**
194 Zim (inkl. ½ P.) – ♦164/224 € ♦♦268/448 € – 22 Suiten
Rest *Buddenbrooks* ✿✿ **Rest** *Weinwirtschat* – siehe Restaurantauswahl
• Traditionsreiches Seebad auf der einen Seite, modernes Urlaubsresort auf der anderen! Sich entspannt im Strandkorb zurücklehnen, von der "Private Spa Suite" den Blick übers Meer schweifen lassen, bei Ayurveda und Thalasso Energie tanken,... und die Kinder in guten Händen wissen!

COLUMBIA
Kaiserallee 2 ⌧ 23570 – ✆ (04502) 30 80 – www.columbia-hotels.de   **Cb**
72 Zim – ♦130/275 € ♦♦200/325 € – ½ P 40 € – 5 Suiten
Rest *La Belle Epoque* ✿✿ **Rest** *Tafelfreuden* **Rest** *Holstein's* – siehe Restaurantauswahl
• Im Jahre 1914 wurde es erbaut und ist nahezu im Originalzustand erhalten - das wunderschöne weiße Gebäude am Strand (mit eigenem Badebereich) könnte so einiges erzählen! Die Ausstattung ist hochwertig und elegant.

Landhaus Bode
Fehlingstr. 67 ⌧ 23570 – ✆ (05402) 88 66 00 – www.landhausbode.de
13 Zim – ♦60/80 € ♦♦85/110 € – 2 Suiten   **Cc**
Rest – (geschl. Januar und Montag) (nur Abendessen für Hausgäste) Menü 25/29 €
• Hier passt alles zusammen: ein kleines Hotel, schöne klassische Möbel und Dielenböden, W-Lan gratis und am Morgen ein appetitlich angerichtetes Frühstück samt persönlicher Betreuung! Charmant auch die zwei Suiten unterm Dach. Gehen Sie mit dem Fahrrad auf Erkundungstour - Sie können direkt im Haus eines leihen.

Buddenbrooks – Hotel A-ROSA
✿✿ Außenallee 10 ⌧ 23570 – ✆ (04502) 3 07 08 35 – www.a-rosa.de – geschl. 15. Januar
- 9. Februar, 1. - 10. Juli, 4. - 13. November und Sonntag - Montag   **Ca**
Rest – (nur Abendessen) (Tischbestellung ratsam) Menü 79/129 € – Karte 72/91 €
Spez. Steinbutt in Topinambur-Brühe. Eingelegte Steinpilze mit Kalbsbries. Taschenkrebs und Königskrabbe mit Avocado und Buddha's Hand.
• Mit dem Menü "Terroir" führt Christian Scharrer sie zu seinen Wurzeln, mit dem Menü "Visite" zu genussvollen Entdeckungen aus aller Welt. Im denkmalgeschützten Lübeckzimmer mischen sich - dezent und sehr gelungen - einige moderne Elemente unter die stilvoll-historischen Details.

LÜBECK

XXX La Belle Epoque – Hotel COLUMBIA
Kaiserallee 2 ⊠ 23570 – ⌀ (04502) 30 80 – www.columbia-hotels.de
– geschl. Ende Januar - Anfang März und Montag - Dienstag
Rest – (nur Abendessen) (Tischbestellung ratsam) Menü 95/170 €   **Cb**
Spez. Gebratene Jakobsmuscheln mit Seegras, Sand vom Strand, Soja und Basmatireisschaum. Sot l'y laisse und Pulpo mit Perigord-Trüffel, Topinambur und Eigelb. Wagyu Roastbeef à la BBQ mit Maiscreme, Sellerie-Briketts und Kräuterbutter.
• Sein Talent hat ihn schon weit gebracht und sein Ehrgeiz ist ungebrochen! Im Team setzt Kevin Fehling beides kreativ um - das Ergebnis ist das Menü "Novum". Zusammen mit dem 1A-Blick auf die vorbeiziehenden Schiffe ein Genuss, den man nicht vergisst!

XX Tafelfreuden – Hotel COLUMBIA
Kaiserallee 2 ⊠ 23570 – ⌀ (04502) 30 83 72 – www.columbia-hotels.de
Rest – Menü 45 € – Karte 37/62 €   **Cb**
• Man kann hier so schön über den Garten und den Strand bis zum Meer schauen, daher sollten Sie unbedingt einen Tisch auf der Terrasse wählen! Von September bis Mai sonntags Brunch.

X Holstein's – Hotel COLUMBIA
Kaiserallee 2 ⊠ 23570 – ⌀ (04502) 30 80 – www.columbia-hotels.de – geschl. Ende Januar 1 Woche und September - Juni: Montagmittag, Dienstagmittag und Mittwoch
Rest – Menü 26/45 € – Karte 32/54 €   **Cb**
• Die Küche von Bruno Hillmann hat viele Fans: Sie ist frisch und typisch holsteinisch! Das Restaurant selbst zeigt sich im modernen Landhausstil: helles, warmes Holz, hübsche Stoffe und kräftiges Rot als Farbtupfer.

X Weinwirtschaft – Hotel A-ROSA
Außenallee 10 ⊠ 23570 – ⌀ (04502) 3 07 07 47 – www.a-rosa.de
– geschl. 4. - 7. November und Oktober - Mai: Dienstag   **Ca**
Rest – (Oktober - Mai: Montag - Freitag nur Abendessen) Menü 29 € – Karte 30/46 €
• Sympathische Bistro-Atmosphäre, Showküche, eine eigene Weinhandlung und nette Terrassenplätze unter einer Pergola. Hier ist es etwas legerer - passend dazu die leckeren Tapas von Küchenchef Alexander Kress!

LÜCHOW – Niedersachsen – 541 – 9 540 Ew – Höhe 16 m   20 K7
▶ Berlin 190 – Hannover 138 – Schwerin 98 – Lüneburg 66

Katerberg garni
Bergstr. 6 ⊠ 29439 – ⌀ (05841) 9 77 60 – www.hotel-katerberg.de – geschl. 24. Dezember - 6. Januar
39 Zim – †49/60 € ††95 €
• Ein neuzeitliches, überwiegend auf Businessgäste zugeschnittenes Hotel unter familiärer Leitung, das auch einen netten, recht trendig gestalteten Bistro-/Cafébereich bietet.

Am Glockenturm
Kirchstr. 15 ⊠ 29439 – ⌀ (05841) 9 75 40 – www.hotel-am-glockenturm.de
14 Zim – †55/65 € ††85 €
Rest – (geschl. Anfang April 2 Wochen, Anfang Oktober 2 Wochen und Montag - Dienstag) (nur Abendessen) Karte 26/37 €
• In einer Seitenstraße in der Innenstadt liegt das persönlich geführte kleine Hotel, hinter dessen Fachwerkfassade gepflegte und liebenswert eingerichtete Gästezimmer bereitstehen, einige mit integrierten Holzbalken. Behagliches, hübsch dekoriertes Restaurant mit begrünter Terrasse im Innenhof.

In Lübbow-Dangenstorf Süd: 9 km über B 248, am Ortseingang Lübbow links

Landgasthof Rieger
Dörpstroat 33 ⊠ 29488 – ⌀ (05883) 6 38 – www.landgasthof-rieger.de
11 Zim ⌂ – †39/48 € ††68/78 € – 1 Suite
Rest – (geschl. Montag - Mittwochmittag) Karte 13/27 €
• Der Familienbetrieb ist ein ehemaliger Bauernhof, der seinen ursprünglichen Charme bewahrt hat. Die Gästezimmer sind neuzeitlich oder rustikaler gestaltet. Freigelegtes Fachwerk unterstreicht den ländlichen Charakter des Restaurants.

LÜDENSCHEID – Nordrhein-Westfalen – **543** – 75 950 Ew – Höhe 420 m   **36** D11
▶ Berlin 523 – Düsseldorf 76 – Hagen 30 – Dortmund 47
ADAC Knapper Str. 26
🚉 Schalksmühle-Gelstern, Gelstern 2, ✆ (02351) 5 18 19

Mercure
Parkstr. 66 (am Stadtpark) ✉ 58509 – ✆ (02351) 15 60 – www.accor.com
170 Zim ⌂ – †79 € ††79 € – 9 Suiten   **Rest** – Karte 19/34 €
♦ Die funktionelle Ausstattung macht das Hotel in Zentrumsnähe besonders für Businessgäste interessant. Einige Zimmer und das Hallenbad bieten Aussicht auf Lüdenscheid. Freundliches Restaurant im Wintergartenstil.

LÜNEBURG – Niedersachsen – **541** – 72 800 Ew – Höhe 20 m – Sole- und   **19** J6
Moorkurbetrieb
▶ Berlin 270 – Hannover 124 – Hamburg 58 – Braunschweig 116
🛈 Am Markt Y, ✉ 21335, ✆ (04131) 2 07 66 20, www.lueneburg.de/tourismus
🚉 Lüdersburg, Lüdersburger Str. 21, ✆ (04139) 6 97 00
🚉 St. Dionys, Widukindweg, ✆ (04133) 21 33 11
🚉 Adendorf, Moorchaussee 3, ✆ (04131) 22 33 26 60
◉ Rathaus★★ (Große Ratsstube★★) **R** – Wasserviertel★ (Brauhaus★ F) Y – Am Sande★ Z

Stadtplan auf der nächsten Seite

Bergström (mit Gästehaus)
Bei der Lüner Mühle ✉ 21335 – ✆ (04131) 30 80
– www.bergstroem.de   **Yt**
125 Zim – †119/139 € ††139/159 €, ⌂ 15 €   **Rest** – Karte 31/48 €
♦ Das ansprechende Gebäudeensemble liegt wunderschön direkt an der Ilmenau im Herzen der Altstadt. Wohnliche Zimmer (einige im alten Wasserturm) und eigenes Tagungszentrum. Teilweise als Wintergarten angelegtes Restaurant im Brasseriestil. Vinothek und Bistro.

Altes Kaufhaus
Kaufhausstr. 5 ✉ 21335 – ✆ (04131) 3 08 80 – www.alteskaufhaus.de   **Yk**
83 Zim – †94/149 € ††114/149 €, ⌂ 13 €   **Rest** – Karte 20/40 €
♦ Hier wohnt man am Ufer der Ilmenau in einem hübsch sanierten alten Kaufhaus mit Barockgiebel a. d. 16. Jh. Zeitgemäß-funktionale Zimmer, guter Fitnessbereich und eigene Kunstgalerie. Bistroküche im Restaurant mit Wintergarten und kleiner Terrasse.

Zum Heidkrug (Michael Röhm) mit Zim
Am Berge 5 ✉ 21335 – ✆ (04131) 2 41 60 – www.zum-heidkrug.de
– geschl. Anfang Januar 1 Woche, April 1 Woche, Juli - August 2 Wochen,
Ende Oktober 1 Woche und Sonntag - Dienstagmittag   **Ya**
7 Zim – †49/72 € ††79/99 €, ⌂ 10 € – ½ P 30 €
Rest – (Tischbestellung ratsam) Menü 23 € (mittags)/74 € – Karte 50/65 €
Spez. Tatar von der Königskrabbe mit Avocado und rosa Grapefruit. Rinderfilet mit Roter Bete und gegrillter Wassermelone. Knusper Cannelloni mit Guarana Schokolade und Portweineis.
♦ Ein schöner Anblick ist das Giebelfachwerkhaus a. d. 15. Jh. schon von außen. Aber auch hinter den Mauern wird einiges geboten: In rustikal-elegantem Ambiente bereitet Michael Röhm seine klassische Küche, wobei sein besonderes Augenmerk auf Frische und Qualität der Produkte liegt.

In Lüneburg-Häcklingen Süd-West: 8 km über B 4

Ristorante Osteria
Hauptstr. 2 ✉ 21335 – ✆ (04131) 78 92 27 – www.osteria-lueneburg.de – geschl. Juli
- August 3 Wochen und Montag - Dienstag
Rest – (Mittwoch - Samstag nur Abendessen) (Tischbestellung ratsam) Menü 39 €
– Karte 32/48 €
♦ Eine freundlich-familiäre Atmosphäre herrscht in diesem liebenswert eingerichteten Restaurant, in dem eine ambitionierte italienische Küche auf den Tisch kommt.

LÜNEBURG

Street	Ref	No
Altenbrückertor Str.	Z	3
Altenbrücker Damm	Y	2
Am Markt	Y	5
Am Ochsenmarkt	Y	6
Am Sande	Z	
Am Schifferwall	Y	7
Am Werder	Y	8
An den Brodbänken	Y	9
An den Reeperbahnen	Z	10
An der Münze	Y	12
Auf dem Meere	Y	14
Bahnhofstr.	Y	16
Bardowicker Str.	Y	17
Beim Benedikt	YZ	21
Bei der Abtspferdetränke	Y	18
Bockelmannstr.	Y	24
B.d. St-Johanniskirche	Z	19
Egersdorffstr.	Y	27
Görgesstr.	Y	28
Grapengießerstr.	Z	
Große Bäckerstr.	Y	30
Kaufhausstr.	Z	32
Kleine Bäckerstr.	Z	34
Kuhstr.	Z	35
Lüner Str.	Y	36
Neue Torstr.	Y	38
Reitende-Diener-Str.	Y	40
Rosenstr.	Y	42
Rotehahnstr.	Y	43
Rote Str.	Z	
Schießgrabenstr.	YZ	44
Schröderstr.	YZ	45
Sülfmeisterstr.	Y	46
Uelzener Str.	Y	47
Vor dem Bardowicker Tore.	Y	48
Waagestr.	Y	49

In Adendorf Nord-Ost: 5 km über Bockelmannstraße Y

Castanea Resort
Scharnebecker Weg 25 ⊠ 21365 – ℘ (04131) 2 23 30
– www.castanea-resort.de
118 Zim – †135/195 € – ††155/215 € – ½ P 25 € – 7 Suiten
Rest – Menü 25/48 € – Karte 28/52 €

♦ Über 85 Hektar erstreckt sich diese moderne Hotel- und Golfanlage. Es erwarten Sie wohnlich-komfortable Zimmer, Wellness-Vielfalt auf 1500 qm und ein variabler Tagungsbereich. Spa-Suite. Hotelrestaurant im Bistrostil, Restaurant Castanea mit elegantem Ambiente.

Eine preiswerte und komfortable Übernachtung? Folgen Sie dem Bib Hotel.

LÜNEBURG

In Brietlingen Nord-Ost: 10 km über Bockelmannstraße Y

🏠 **Landhotel Franck** 🚗 🍽 📺 🛏 & 🛜 🛋 Ⓟ VISA ⓒⓞ AE
Bundesstr. 31b (An der alten Salzstraße, B 209) ✉ *21382 –* 𝒞 *(04133) 4 00 90*
– www.landhotel-franck.de
32 Zim 🍽 – †60/79 € ††82/110 € – ½ P 18 €
Rest – *(nur Abendessen) Karte 24/43 €*
• Seit über 90 Jahren ist dieses gepflegte Hotel im Familienbesitz. Man bietet wohnliche Zimmer, darunter zwei Allergiker- und ein Akustikerzimmer. In den netten ländlichen Gaststuben serviert man deutsche Küche.

LÜNEN – Nordrhein-Westfalen – **543** – 87 790 Ew – Höhe 55 m   **26** D10
▶ Berlin 481 – Düsseldorf 84 – Dortmund 15 – Münster (Westfalen) 50

🏨 **Am Stadtpark** 🍽 📺 🛏 ♿ & 🔲 Rest, 🛜 🛋 Ⓟ 🚗 VISA ⓒⓞ AE ⓞ
Kurt-Schumacher-Str. 43 ✉ *44532 –* 𝒞 *(02306) 2 01 00 – www.riepe.com*
90 Zim 🍽 – †83/119 € ††118/158 € – 4 Suiten
Rest – Menü 25/50 € – Karte 28/52 €
• Direkt am Stadtpark liegt das auf Businessgäste zugeschnittene Hotel, das mit Stadthalle und Theater verbunden ist. Funktionale Zimmer mit Balkon, einige mit Klimaanlage. Teil des Restaurants ist ein moderner Wintergarten.

LÜTJENBURG – Schleswig-Holstein – **541** – 5 400 Ew – Höhe 33 m   **3** J3
– Luftkurort
▶ Berlin 326 – Kiel 34 – Lübeck 85 – Neumünster 56
ℹ Markt 4, ✉ 24321, 𝒞 (04381) 41 99 41, www.hohwachterbucht.de
⛳ Hohwachter Bucht, Golfplatz, 𝒞 (04381) 96 90

✗ **Ristorante Sandro**   🍽 ✂
Markt 10 ✉ *24321 –* 𝒞 *(04381) 69 57 – www.ristorante-sandro.com – geschl.*
Oktober 2 Wochen und September - April: Mittwoch
Rest – Menü 28 € (mittags) – Karte 24/44 €
• In dem kleinen Restaurant in einer Seitengasse in der Ortsmitte kocht der Chef einfache, aber schmackhafte italienische Speisen. Auch hausgemachte Pasta und Pizza.

In Panker Nord: 4,5 km in Richtung Schönberg – Höhe 62 m

 Ole Liese (mit Gästehaus) 🌿   🔔 📺 🛜 Ⓟ VISA ⓒⓞ AE
✉ *24321 –* 𝒞 *(04381) 9 06 90 – www.ole-liese.de*
20 Zim 🍽 – †110 € ††115/165 € – 2 Suiten
Rest *Restaurant 1797* **Rest** *Ole Liese Wirtschaft* – siehe Restaurantauswahl
• Liebenswert, wohnlich-elegant und individuell sind die Zimmer dieses schönen historischen Anwesens. Annehmlichkeiten wie die idyllische Lage und das frische Landhausfrühstück tun ihr Übriges.

✗✗ **Restaurant 1797** – Hotel Ole Liese   🔔 🍽 ✂ Ⓟ VISA ⓒⓞ AE
✉ *24321 –* 𝒞 *(04381) 9 06 90 – www.ole-liese.de – geschl. Januar - März, November*
und Sonntag - Dienstag
Rest – *(nur Abendessen)* Menü 58/97 € – Karte 69/82 €
• Charmant empfangen Sie ihre Gastgeber Birthe und Oliver Domnick in ihrem Refugium nahe der Ostsee. Mit Stilsicherheit schufen die beiden ein Ambiente, das durch unaufdringliche Eleganz besticht. Serviert wird z. B. Bretonischer Kabeljau geräuchert mit Tagetes, Erbsen und Radieschen.

✗ **Ole Liese Wirtschaft** – Hotel Ole Liese   🔔 🍽 Ⓟ VISA ⓒⓞ AE
✉ *24321 –* 𝒞 *(04381) 9 06 90 – www.ole-liese.de – geschl. Mai -September: Montag,*
Oktober - April: Montag - Dienstag
Rest – *(November - März: Mittwoch - Freitag nur Abendessen)* Menü 38/49 €
– Karte 37/51 €
• Passend zu den endlos wirkenden Rapsfeldern rund um diese herrliche Liegenschaft passen die im nordischen Landhausstil eingerichteten Gaststuben. Gerne verwöhnt man Sie hier mit Gerichten aus der Region.

LÜTJENBURG

Forsthaus Hessenstein
beim Hessenstein (West: 3 km) ⊠ 24321 – ℰ (04381) 94 16
*– geschl. Oktober 3 Wochen, November – Ostern: Montag – Donnerstag,
nach Ostern – Mai: Montag – Dienstag und Juni – Oktober: Montag*
Rest – *(Montag – Samstag nur Abendessen)* (Tischbestellung ratsam) Menü 32/42 €
– Karte 31/45 €
• In dem gemütlich eingerichteten Jagdhaus am Wald werden regionale Speisen sorgfältig und schmackhaft zubereitet – so sind die hausgemachten Lammwürstchen auf Linsensalat ein Muss! Schön sitzt man auch auf der Terrasse vor dem Haus.

LÜTJENSEE – Schleswig-Holstein – **541** – 3 240 Ew – Höhe 53 m   10 J5
▶ Berlin 268 – Kiel 85 – Hamburg 39 – Lübeck 43
🏌 Großensee, Hamburger Str. 29, ℰ (04154) 64 73
🏌 Lütjensee, Hof Bornbek-Hoisdorf, ℰ (04154) 78 31

Fischerklause
Am See 1 ⊠ 22952 – ℰ (04154) 79 22 00 – www.fischerklause-luetjensee.de – *geschl. Januar 2 Wochen*
14 Zim – †50/60 € ††75/85 €, ⊡ 5 €
Rest *Fischerklause* – siehe Restaurantauswahl
• Das dürfte wohl jedem gefallen, der es ruhig und idyllisch mag: sympathische Gastgeber (inzwischen die 3. Generation), ländlich-charmante Zimmer und der Lütjensee gleich vor der Tür!

Seehof mit Zim
Seeredder 19 ⊠ 22952 – ℰ (04154) 7 00 70 – www.seehof-luetjensee.de – *geschl. Montag außer an Feiertagen*
6 Zim – †50 € ††90/110 €, ⊡ 10 €   **Rest** – Karte 24/50 €
• Ein langjähriger Familienbetrieb, in dessen klassischen Restauranträumen man eine bürgerliche Karte reicht. Spezialität sind Wildgerichte sowie Fisch aus eigener Zucht.

Fischerklause – Hotel Fischerklause
Am See 1 ⊠ 22952 – ℰ (04154) 79 22 00 – www.fischerklause-luetjensee.de – *geschl. Januar 2 Wochen und Donnerstag; Nov. - Februar: Mittwoch - Donnerstag*
Rest – Karte 32/50 €
• Wenn man schon so schön direkt am Wasser sitzen kann, was ist da naheliegender, als die Spezialiät des Hauses zu probieren: Aal, Hecht, Forelle – aber auch Wild aus eigener Jagd! Hausgemachtes Eis und Vespergerichte gibt's auch am Bootshaus.

LUHDEN – Niedersachsen – **541** – 1 120 Ew – Höhe 105 m   28 G9
▶ Berlin 341 – Hannover 58 – Hameln 26 – Minden 19

Alte Schule garni
Lindenbrink 9 ⊠ 31711 – ℰ (05722) 9 05 48 10 – www.hotel-alte-schule-luhden.de
14 Zim – †57/67 € ††69/79 €, ⊡ 6 €
• Das kleine Fachwerkhaus – früher tatsächlich eine Schule – beherbergt heute ein nettes, gepflegtes Hotel mit wohnlichen und neuzeitlichen Zimmern.

LUPENDORF – Mecklenburg-Vorpommern – **542** – 550 Ew – Höhe 57 m   13 N5
▶ Berlin 184 – Schwerin 109 – Neubrandenburg 57 – Waren (Müritz) 19

In Lupendorf-Ulrichshusen Süd-West: 3 km

Schloss Ulrichshusen
Seestr. 14 ⊠ 17194 – ℰ (039953) 79 00 – www.ulrichshusen.de – *geschl. Februar*
33 Zim ⊡ – †75/130 € ††80/140 €
Rest *Am Burggraben* – Karte 14/38 €
• Das Schloss besticht durch seine traumhafte Lage am See und die überaus wohnliche, elegante Einrichtung. Frühstücksraum im Turm mit Blick über die Landschaft. Ferienwohnungen im 2 km entfernten Tressow. Das charmant-rustikale Restaurant ist im ehemaligen Pferdestall untergebracht.

MADLITZ-WILMERSDORF – Brandenburg – **542** – 730 Ew – Höhe 65 m **23 R8**
▶ Berlin 90 – Potsdam 107 – Beeskow 39

In Madlitz-Wilmersdorf - Alt Madlitz Süd: 4 km

Gut Klostermühle (mit Gästehäusern)
Mühlenstr. 11 ⊠ 15518 – ℰ (033607) 5 92 90
– www.gutklostermuehle.com
80 Zim ⊇ – †107/191 € ††152/210 € – 4 Suiten
Rest *Klostermühle* – siehe Restaurantauswahl
Rest *Klosterscheune* – Menü 25/32 € – Karte 20/36 €
♦ Eine charmante Adresse mitten in der Natur, in idyllischer Waldlage am Madlitzer See. Geschmackvolle Zimmer in diversen Häusern, Spa-Vielfalt im "Brune Balance Med". Klosterscheune mit Empore über 2 Etagen und romantischem Gewölbekeller.

XX Klostermühle – Hotel Gut Klostermühle
Mühlenstr. 11 ⊠ 15518 – ℰ (033607) 5 92 90 – www.gutklostermuehle.com – geschl. Montag - Mittwochmittag, Donnerstagmittag
Rest – (Tischbestellung ratsam) Menü 38/48 € – Karte 48/63 €
♦ Eingebettet in eine wunderbare Landschaft, finden Sie hier Ruhe und Erholung. Das behaglich-elegante Restaurant mit offener Showküche und herrlichen Terrassen ist einer der Anziehungspunkte des Hauses.

MAGDEBURG – Sachsen-Anhalt – **542** – 230 460 Ew – Höhe 50 m **31 L9**
▶ Berlin 151 – Braunschweig 89 – Dessau 63
ADAC Breiter Weg 114a Y
🛈 Ernst-Reuter-Allee 12 Y, ⊠ 39104, ℰ (0391) 1 94 33, www.magdeburg-tourist.de
◉ Dom St. Mauritius und St. Katharina★★★ – Kloster Unser Lieben Frauen★★ Z
– Johanniskirche (※★★) Y– Elbauen Park ★ (Jahrtausendturm★★) R

Stadtpläne siehe nächste Seiten

Herrenkrug Parkhotel
Herrenkrug 3 (über Herrenkrugstraße R) ⊠ 39114 – ℰ (0391) 8 50 80
– www.herrenkrug.de
147 Zim ⊇ – †92/135 € ††124/210 € – 1 Suite
Rest *Die Saison* – siehe Restaurantauswahl
♦ Herzstück der Hotelanlage in dem wunderschönen weitläufigen Herrenkrug Park ist ein schmuckes Jugendstilgebäude mit sehenswertem Saal. Gediegene Zimmer, Kosmetik und gute Tagungsbereiche.

Maritim
Otto-von-Guericke-Str. 87 ⊠ 39104 – ℰ (0391) 5 94 90 – www.maritim.de
514 Zim – †93/143 € ††113/163 €, ⊇ 18 € – 13 Suiten **Ye**
Rest – Karte 29/59 €
♦ Großes Businesshotel 200 m vom Hauptbahnhof. Von der Rezeption bestaunt man das imponierende, über mehrere Etagen reichende Atrium. Stilvoller Rahmen für Veranstaltungen: Villa Bennewitz. Restaurant Da Capo mit Showküche. Einmal im Monat beliebter Champagnerbrunch.

Ratswaage
Ratswaageplatz 1 ⊠ 39104 – ℰ (0391) 5 92 60 – www.ratswaage.de **Ya**
174 Zim ⊇ – †92/111 € ††118/139 € – 7 Suiten
Rest – Menü 29 € – Karte 24/40 €
♦ Das Hotel an einem kleinen Platz im Zentrum ist ideal für Tagungen und Veranstaltungen. Das ehemalige Haus der Gewerkschaft ist äußerlich durch Bauhaus-Architektur geprägt.

Residenz Joop garni
Jean-Burger-Str. 16 ⊠ 39112 – ℰ (0391) 6 26 20 – www.residenzjoop.de
25 Zim ⊇ – †91/142 € ††116/166 € **Sx**
♦ Familie Joop hat die Gründerzeitvilla in einem schönen ruhigen Viertel in ein Hotel umgebaut. Die Einrichtung ist hell und elegant, die Atmosphäre wirkt angenehm persönlich. Sie frühstücken unter einer Stuckdecke mit stilvollem Kronleuchter.

MAGDEBURG

August-Bedel-Damm .... **R** 3	Herrenkrugstr. .... **R** 8	Raiffeisenstr. .... **S** 23
Brückstr. .... **S** 4	Hundisburger Str. .... **R** 9	Schanzenweg .... **S** 25
Erzbergerstr. .... **R** 6	Kastanienstr. .... **R** 10	Schmidtstr. .... **S R** 27
Friedrich-List Str. .... **R** 7	Mittagstr. .... **S** 15	Schöppensteg .... **R S** 33
	Olvenstedter Str. .... **R S** 18	Sternstr. .... **R** 35
	Pechauer Str. .... **S** 19	Theodor-Kozlowski-Str. .... **R** 38
	Pettenkoferstr. .... **R** 21	Wasserkunststr. .... **R** 41

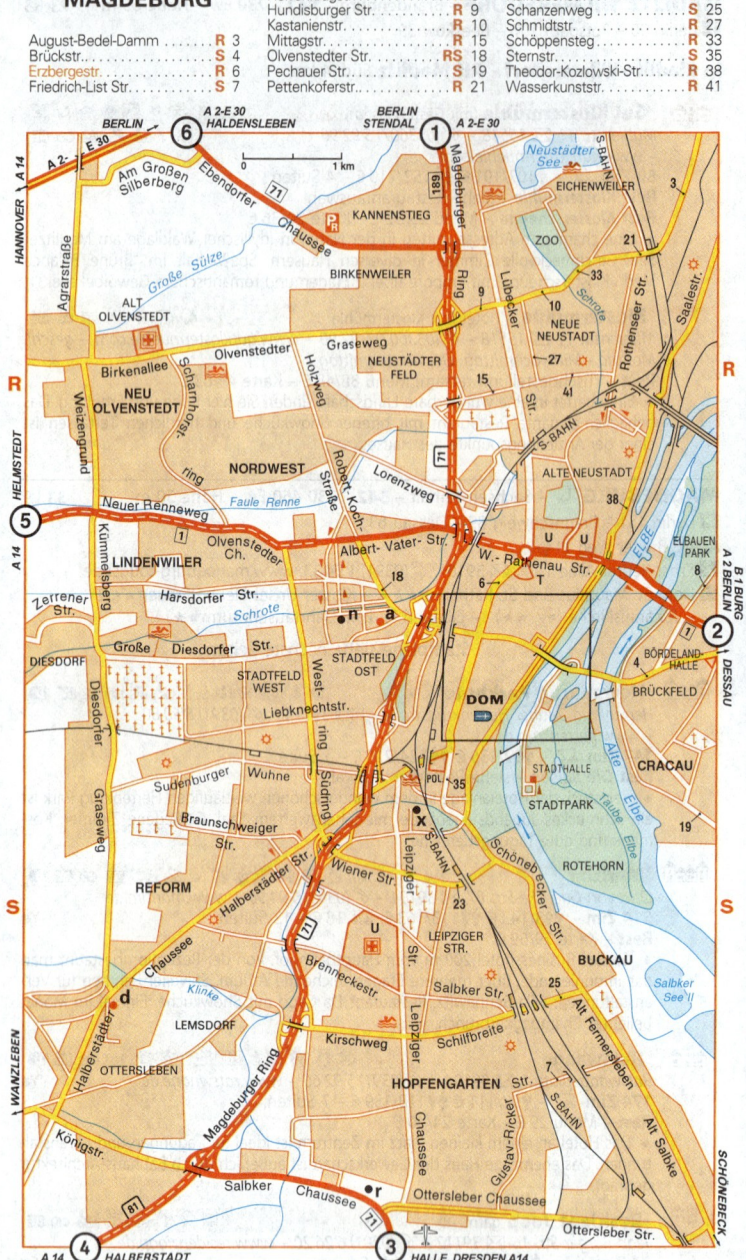

Geheimer Rat

Goethestr. 38 ⊠ 39108 – ℘ (0391) 7 38 03
– www.geheimer-rat.bestwestern.de   **Sn**
65 Zim 🖂 – †70/83 € ††80/98 € – 2 Suiten
Rest – (geschl. Samstag - Sonntag) (nur Abendessen) Karte 28/42 €

◆ Das nach dem Geheimen Rat Goethe benannte Hotel etwas außerhalb der Innenstadt ist sehr freundlich gestaltet. In der kleinen Bibliothek schmökert man u. a. in Werken des Namengebers. Restaurant La Cocagna mit mediterranem Flair und italienischem Angebot.

Hotel in der Grünen Zitadelle

Breiter Weg 9 ⊠ 39104 – ℘ (0391) 62 07 80
– www.hotel-zitadelle.de   **Zb**
42 Zim – †105 € ††125 €, 🖂 11 €   **Rest** – Karte 20/31 €

◆ Hundertwasser-Design von der rosa Fassade mit Goldkugel-Turm über zahlreiche Bilder bis hin zu Badfliesen. Die Zimmer sind geräumig, einige mit Klimaanlage, die zum Innenhof liegen ruhiger. Modernes Ambiente und internationale Küche im Restaurant Dips.

Merkur

Kometenweg 69 ⊠ 39118 – ℘ (0391) 62 86 80
– www.hotel-merkur-magdeburg.de   **Sr**
14 Zim – †43/48 € ††57 €, 🖂 6 € – 1 Suite
Rest – (geschl. Freitag - Sonntag) (nur Abendessen) Karte 16/29 €

◆ Von zwei Brüdern geführtes Hotel mit guter Anbindung an A14 und A2. Von der lichten runden Atriumhalle mit kleinem Brunnen gelangt man in recht geräumige Zimmer mit Balkon. Internationale und regionale Küche im rustikalen Restaurant.

MAGDEBURG

Die Saison – Herrenkrug Parkhotel
Herrenkrug 3 (über Herrenkrugstraße R) ⊠ 39114 – ℰ (0391) 8 50 80
– www.herrenkrug.de
Rest – Menü 19 € (mittags)/79 € – Karte 48/64 €
• Die typischen Jugendstilelemente dieses liebevoll restaurierten Baus aus der Jahrhundertwende machen den Charme der Restauranträume aus. Besonders nett sitzt es sich im luftig-lichten Wintergarten.

Red Snapper
Maxim-Gorki-Str. 18 ⊠ 39108 – ℰ (0391) 7 37 48 84
– www.redsnapper-magdeburg.de – geschl. Sonntag - Montagmittag **Sa**
Rest – Menü 20 € (mittags)/31 € – Karte 34/60 €
• Hier steht Fisch im Mittelpunkt. Unten wie auch auf der Empore stechen die markanten roten Wände ins Auge, die Gemütlichkeit verbreiten. Einfachere Mittagskarte. Terrasse nach hinten.

Bon Apart
Breiter Weg 202 ⊠ 39104 – ℰ (0391) 6 62 38 50 – www.bonapart-md.de
Rest – (Tischbestellung ratsam) Menü 27 € (mittags)/46 € – Karte 32/48 € **Za**
• Französische Küche, bistrotypischer schwarz-weißer Schachbrettboden und Napoleon-Dekor. Von den vorderen Tischen schaut man auf das Hundertwasserhaus vis-à-vis. Im UG ein schönes Gewölbe.

In Magdeburg-Ottersleben

Landhaus Hadrys
An der Halberstädter Chaussee 1 ⊠ 39116 – ℰ (0391) 6 62 66 80
– www.landhaus-hadrys.de – geschl. Montag - Dienstag **Sd**
Rest – Menü 24/49 € – Karte 28/44 €
• Eine schöne Stadtvilla, hinter der sich der Garten mit einem großen alten Baum anschließt - hier befindet sich die Terrasse. Aus den vier wechselnden Menüs können Sie auch einzelne Gerichte vom Tafelspitz bis zum Spanferkelbäckchen bestellen.

In Barleben-Ebendorf Nord-West: 7 km über Ebendorfer Chaussee R

NH Magdeburg
Olvenstedter Str. 2a ⊠ 39179 – ℰ (039203) 7 00 – www.nh-hotels.com
142 Zim – †59/99 € ††59/99 €, ⊑ 16 € **Rest** – Karte 18/43 €
• Mit seiner guten Autobahnanbindung, der funktionellen Ausstattung und neun Veranstaltungsräumen ist das Hotel prädestiniert für Tagungen und Geschäftsreisende.

MAIERHÖFEN – Bayern – 546 – 1 610 Ew – Höhe 741 m 64 I21
▶ Berlin 715 – München 163 – Augsburg 138 – Kempten 23

Landhotel zur Grenze mit Zim
Schanz 2 ⊠ 88167 – ℰ (07562) 97 55 10 – www.landhotel-zur-grenze.de – geschl. November 2 Wochen und Montag
14 Zim ⊑ – †60/70 € ††95/115 €
Rest – Menü 20 € (mittags)/42 € – Karte 35/49 €
• Ein ansprechendes Haus im regionstypischen Stil, das einzeln etwas außerhalb des Ortes liegt. Im gediegen-ländlichen Restaurant serviert man internationale Küche. Hübsche behaglich-rustikale Gästezimmer in warmen Tönen.

MAIKAMMER – Rheinland-Pfalz – 543 – 4 090 Ew – Höhe 151 m 47 E17
– Erholungsort
▶ Berlin 657 – Mainz 101 – Mannheim 42 – Landau in der Pfalz 15
🛈 Johannes-Damm-Str. 11, ⊠ 67487, ℰ (06321) 95 27 68, www.maikammer.de
◉ Kalmit (※★★), Nord-West: 6 km

Immenhof
Immengartenstr. 26 ⊠ 67487 – ℰ (06321) 95 50 – www.hotel-immenhof.de
58 Zim ⊑ – †66/69 € ††100/126 € – 3 Suiten
Rest – Menü 18 € (mittags)/28 € – Karte 16/35 €
• Am Ortsrand liegt das Hotel mit der freundlich rotgelben Fassade. Am schönsten sind die Deluxe-Zimmer, teils mit Wasserbett oder Whirlwanne. Im freundlich gestalteten Saunabereich bietet man auch Kosmetik und Massage. Rustikales Restaurant mit Wintergarten.

MAIKAMMER

In Kirrweiler Ost: 2,5 km, jenseits der A 65

  Zum Schwanen 🛏 Zim, 🅿
Hauptstr. 3 ✉ *67489* – ℰ *(06321) 5 80 68*
– *www.schwanen-kirrweiler.de* – *geschl. Ende Februar - Ende März*
15 Zim ⚏ – †38 € ††65 € – ½ P 13 €
Rest – *(geschl. Montagmittag, Mittwoch - Donnerstagmittag)* Karte 19/37 €
• Mitten in dem von Weinbergen umgebenen Dorf liegt dieses liebenswerte und gepflegte Haus, das von Familie Eichenlaub freundlich geführt wird. Neben funktionellen Zimmern hat man behagliches rustikales Restaurant, in dem man bürgerlich-regional isst.

Außerhalb West: 2,5 km

Waldhaus Wilhelm 🌿
Kalmithöhenstr. 6 ✉ *67487 Maikammer* – ℰ *(06321) 5 80 44*
– *www.waldhaus-wilhelm.de*
22 Zim ⚏ – †40/59 € ††78/95 € – ½ P 20 €
Rest – *(geschl. Montag)* Menü 25/35 € – Karte 26/52 €
• Vor allem die angenehm ruhige Lage am Wald macht diesen freundlich geführten Familienbetrieb mit seinen zeitgemäßen, nett dekorierten Zimmern attraktiv. Schöne Liegewiese. Ländlich-elegantes Restaurant mit hübscher Terrasse.

MAINBERNHEIM – Bayern – siehe Iphofen

MAINBURG – Bayern – **546** – 14 000 Ew – Höhe 422 m   **58** M19
▶ Berlin 535 – München 71 – Regensburg 54 – Ingolstadt 43
🛫 Rudelzhausen, Weihern 3, ℰ (08756) 9 60 10

✗ **Espert-Klause**
Espertstr. 7 ✉ *84048* – ℰ *(08751) 13 42*
– *www.espert-klause.de* – *geschl. Ende Januar 2 Wochen, Mitte August - Ende September und Sonntagabend - Montag*
Rest – *(nur Abendessen)* Menü 25/54 € – Karte 18/45 €
• In der Innenstadt befindet sich dieses familiär geführte Restaurant, das im modernen Stil gehalten ist. Nett ist auch der kleine Barbereich.

MAINTAL – Hessen – **543** – 37 790 Ew – Höhe 103 m   **48** G14
▶ Berlin 537 – Wiesbaden 53 – Frankfurt am Main 12

In Maintal-Dörnigheim

  Zum Schiffchen 🌿
Untergasse 21 ✉ *63477* – ℰ *(06181) 9 40 60*
– *www.hotelzumschiffchen.de* – *geschl. 24. Dezember - 2. Januar*
27 Zim ⚏ – †70/77 € ††88/98 €
Rest – *(geschl. Samstag - Sonntag) (nur Abendessen)* Karte 19/39 €
• Dieses gut geführte Hotel befindet sich seit 1925 in Familienbesitz und überzeugt durch seine ruhige Lage am Main und die zeitgemäßen, wohnlichen Zimmer. Im rustikalen Restaurant mit netter Terrasse zum Fluss bietet man Regionales und Internationales.

  Irmchen garni
Berliner Str. 4 ✉ *63477* – ℰ *(06181) 4 30 00*
– *www.hotel-irmchen.de*
22 Zim ⚏ – †75 € ††87 €
• Ein tipptopp gepflegtes Haus mit nostalgischem Flair, das von Familie Daubenthaler herzlich geleitet wird. Behagliche Atmosphäre umgibt Sie in den individuellen Zimmern und beim leckeren Frühstück.

MAINTAL

Hessler (Markus Medler) mit Zim
Am Bootshafen 4 ⊠ 63477 – ℰ (06181) 4 30 30 – www.hesslers.de
– geschl. Montag, Januar - November: Sonntag - Montag
6 Zim ⊇ – †95/115 € ††145/185 €
Rest *Bistro* – siehe Restaurantauswahl
Rest – *(nur Abendessen)* (Tischbestellung ratsam) Menü 56 € (vegetarisch)/109 €
– Karte 58/93 €
Spez. Sankt Petersfisch mit Fenchelgemüse, Salbeiaroma und Sauce Rouille. Geschmortes Kalbsbäckchen mit Kohlrabigemüse, gefüllter Kartoffel, Zwiebelmarmelade und Burgundersauce. Quarksoufflé mit dreierlei Rhabarber.
♦ Ein Hauch von Luxus weht durch das edel gestaltete Restaurant. Kapitonierte rote Samtsofas setzen dabei opulente Akzente. Dazu die klassische Küche von Markus Medler, dessen Kreationen Ausdruck sowie Geschmack haben und immer auf guten Produkten basieren. Die Gästezimmer sind ansprechend, elegant und teilweise besonders geräumig.

Bistro – Restaurant Hessler
Am Bootshafen 4 ⊠ 63477 – ℰ (06181) 4 30 30 – www.hesslers.de – geschl. Sonntag - Montag
Rest – *(nur Mittagessen)* Menü 33/45 € – Karte 56/84 €
♦ Mit stilvollem Interieur lädt man Sie vor den Toren Frankfurts in das nette Lokal (die günstigere Alternative zum Gourmetrestaurant) ein. Hier offeriert man Ihnen eine Bistro-Karte, die unter den Einflüssen der Jahreszeiten steht.

MAINZ L – Rheinland-Pfalz – **543** – 197 780 Ew – Höhe 110 m 47 E15
▶ Berlin 568 – Frankfurt am Main 42 – Bad Kreuznach 44 – Mannheim 82
ADAC Große Langgasse 3a Z
🛈 Brückenturm am Rathaus Z, ⊠ 55116, ℰ (06131) 28 62 10, www.touristik-mainz.de
◉ Gutenberg-Museum ★★ (Gutenberg-Bibel ★★★) M¹ – Dom ★ – Landesmuseum ★ M³ Z – Römisch-Germanisches Zentralmuseum ★ M² BV – Ignazkirche (Kreuzigungsgruppe ★) BY – Stefanskirche (Chagall-Fenster ★★, Kreuzgang ★) ABY

Hyatt Regency
Malakoff-Terrasse 1 ⊠ 55116 – ℰ (06131) 73 12 34 – www.mainz.regency.hyatt.de
268 Zim – †130/475 € ††130/505 €, ⊇ 27 € – 3 Suiten BXs
Rest *Bellpepper* – Menü 48/58 € – Karte 53/77 €
♦ Businesshotel am Rhein mit großzügiger Lobby und Olympus Spa. Besonders schön sind die Clubzimmer und Suiten mit Flussblick. Bar und Innenhof im historischen Bereich "Fort Malakoff". Restaurant mit Showküche. Biergarten, Rheinterrasse und Bellpepper-Terrasse.

Favorite Parkhotel
Karl-Weiser-Str. 1 ⊠ 55131 – ℰ (06131) 8 01 50
– www.favorite-mainz.de BYk
122 Zim ⊇ – †143/183 € ††173/213 € – 7 Suiten
Rest *Favorite* – siehe Restaurantauswahl
Rest *Bierkutsche* – (Mittwoch - Sonntag nur Abendessen) Karte 24/45 €
♦ Das Hotel liegt am Stadtpark und bietet Zimmer in modernem oder klassischem Stil - teilweise zum Park oder zum Rhein. Mit Botanischem Garten und Palmenhaus. Zudem Dachterrasse mit Jacuzzi. Restaurant Bierkutsche mit Terrasse und zusätzlichem Biergarten.

Hilton Mainz City
Münsterstr. 11 ⊠ 55116 – ℰ (06131) 278 0 – www.hilton.de/mainzcity
127 Zim – †105/295 € ††130/305 €, ⊇ 23 € **Rest** – Karte 26/47 € Zv
♦ Die Einrichtung in diesem Businesshotel nahe der Fußgängerzone verbindet klassischen Stil mit zeitgemäßer Funktionalität. In der obersten Etage: Deluxe-Plus-Zimmer mit Balkon. Restaurant Planters mit kleiner internationaler Karte.

Novotel
Augustusstr. 6 ⊠ 55131 – ℰ (06131) 95 40 – www.novotel.com AXa
217 Zim – †99/159 € ††115/175 €, ⊇ 18 € – 1 Suite **Rest** – Karte 18/42 €
♦ Ein Business- und Tagungshotel nahe dem Bahnhof mit neuzeitlich-funktionell ausgestatteten Zimmern. Von der öffentlichen Garage nebenan hat man Zugang zum Haus. Kleine Mittagskarte im Restaurant Bajazzo im EG, abends speist man im Kasematten-Gewölbe a. d. 17. Jh.

MAINZ

Admiral-Scheer-Str.	BV	2
Am Linsenberg	AY	3
An der Favorite	BY	5
Augustinerstr.	Z	6
Augustusstr.	AX	8
Bahnhofstr.	AX	10
Bischofspl.	Z	12
Boelckester.	AX	13
Bonifaziusstr.	AX	15
Christofsstr.	Z	16
Deutschhaus-Pl.	BV	17
Fischtorstr.	Z	21
Flachsmarktstr.	Z	
Göttelmannstr.	BY	20
Große Bleiche	Z	
Gutenbergpl.	Z	23
Hechtsheimer-Str.	BY	24
Höfchen	Z	26
Karmeliterstr.	Z	27
Kirschgarten	Z	29
Kostheimer Landstr.	BV	30
Liebfrauenpl.	Z	32
Ludwigsstr.	Z	
Markt	Z	
Obere Zahlbacher Str.	AY	33
Peter-Altmeier-Allee.	Z	35
Quintinsstr.	Z	36
Römerwall	AX	
Salvatorstr.	BY	39
Schillerstr.	Z	
Schöfferstr.	Z	40
Schusterstr.	Z	
Zeughausgasse	Z	43

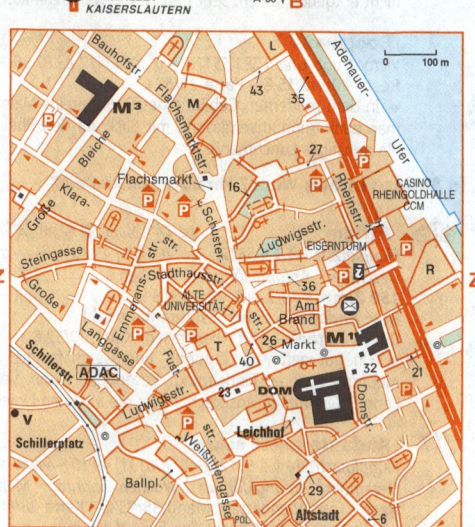

MAINZ

Hammer garni
Bahnhofplatz 6 ⊠ 55116 – ℰ (06131) 96 52 80 – www.hotel-hammer.com – geschl. 23. Dezember - 2. Januar
37 Zim – †92/149 € ††112/169 € AXz
• Das Haus liegt direkt gegenüber dem Hauptbahnhof und bietet teilweise besonders modern und wohnlich eingerichtete Zimmer sowie kostenfreies W-Lan.

InterCityHotel
Binger Str. 21 ⊠ 55131 – ℰ (06131) 58 85 10 – www.mainz.intercityhotel.de
180 Zim – †59/259 € ††69/269 €, ⊇ 15 € AXb
Rest – Karte 21/70 €
• Mit funktionalen Zimmern und der Nähe zu Bahnhof, Innenstadt und Autobahn ist das Hotel eine ideale Businessadresse. Die Appartements sind gut für Familien geeignet. Internationale Küche im Restaurant.

Favorite – Favorite Parkhotel
Karl-Weiser-Str. 1 ⊠ 55131 – ℰ (06131) 8 01 50 – www.favorite-mainz.de – geschl. Anfang Januar 2 Wochen, Juli - August 2 Wochen und Montag - Dienstag
Rest – Menü 65/90 € – Karte 62/86 € BYk
Spez. Kaisergranat roh mariniert und Croustillant mit Morcheln, Spargel und Erbsen. Gegrilltes Filet vom kanadischen Rind, Schalottencreme, Kräuterseitlinge, Kartoffel-Topinambur-Gratin. Délice von Kokosnuss und Tainori Schokolade mit Pandanblätter-Eis.
• Tim Meierhans kocht hier zeitgemäße Speisen auf klassischer Basis, die Sie in einem geschmackvoll-modernen Rahmen genießen, umsorgt von einem freundlichen Service. Die Fensterfront gibt den Blick auf Rhein und Dom frei. Angenehme Terrasse zum Park hin. Smoker-Lounge.

Geberts Weinstuben
Frauenlobstr. 94 ⊠ 55118 – ℰ (06131) 61 16 19 – www.geberts-weinstuben.de – geschl. Juli - August 3 Wochen, Montag und Samstagmittag AVd
Rest – Menü 34 € – Karte 29/42 €
• Klassisch-elegantes Ambiente, verbunden mit familiärer Mainzer Gastlichkeit und schmackhafter saisonal geprägter Küche - den "Fasan Winzerin Art" sollte man sich nicht entgehen lassen. Sehr nett ist die weinberankte Terrasse im Innenhof.

Bootshaus
Victor-Hugo-Ufer 1 ⊠ 55116 – ℰ (06131) 1 43 87 00 – www.frank-buchholz.de
Rest – Menü 15 € – Karte 29/52 € BYb
• In dem modernen Gebäude des Bootsvereins Mainz (daher auch der Name) speist man dank Rundumverglasung mit Blick auf den Rhein! Unter der Woche bietet man ein günstiges Lunchmenü.

In Mainz-Finthen West: 7 km über Saarstraße AX

Atrium
Flugplatzstr. 44 ⊠ 55126 – ℰ (06131) 49 10 – www.atrium-mainz.de – geschl. Ende Dezember - Anfang Januar 2 Wochen
150 Zim – †79/279 € ††99/318 €, ⊇ 9 € – 1 Suite
Rest *Andante* – siehe Restaurantauswahl
Rest *Vinothek* – (nur Abendessen) Karte 30/52 €
• Ein gut geführtes Tagungs- und Geschäftshotel in verkehrsgünstiger Lage mit modern-eleganter Einrichtung. Besonders schön sind die neueren Business- und Feng-Shui-Zimmer. Ansprechend ist die in klaren Linien gehaltene Vinothek.

Andante – Hotel Atrium
Flugplatzstr. 44 ⊠ 55126 – ℰ (06131) 49 10 – www.atrium-mainz.de – geschl. Ende Dezember - Anfang Januar 2 Wochen, Sonntag - Montag und an Feiertagen
Rest – (nur Abendessen) Menü 35/95 € – Karte 28/68 €
• Mit Engagement kocht Eva Eppard für ihre Gäste saisonale Gerichte. Im Sommer nutzt man die Terrasse gemeinsam mit dem Restaurant Vinothek und kombiniert die Speisekarten.

MAINZ

XX Stein's Traube
Poststr. 4 ⊠ 55126 – ℰ (06131) 4 02 49 – www.steins-traube.de – geschl. Mitte Februar - Anfang März, Ende Juli - Anfang August 3 Wochen und Montag - Dienstagmittag
Rest – Menü 38/50 € – Karte 22/43 €
♦ Bereits die 5. Generation der Familie Stein leitet dieses Gasthaus mit nettem Innenhof. Freundlich sind sowohl das Ambiente als auch der Service, die Küche ist saisonal geprägt.

X Gänsthaler's Kuchlmasterei
Kurmainzstr. 35 ⊠ 55126 – ℰ (06131) 47 42 75 – www.gaensthalers-kuchlmasterei.de – geschl. Januar - Oktober: Samstagmittag und Sonntag - Montag, November - Dezember: Samstagmittag, Sonntagabend und Montag
Rest – (Tischbestellung ratsam) Menü 30/38 € – Karte 27/43 €
♦ Hinter der hübschen Natursteinfassade verbergen sich ein freundliches Sommerrestaurant mit Zugang zum Innenhof sowie das gemütliche Winterrestaurant in der ehemaligen Scheune. Man kocht schmackhaft und saisonal - im Herbst sollte man den traditionellen Gänsebraten probieren.

In Mainz-Gonsenheim West: 8 km über Saarstraße AX

XX Buchholz
Klosterstr. 27 ⊠ 55124 – ℰ (06131) 9 71 28 90 – www.frank-buchholz.de – geschl. Weihnachten - Anfang Januar 2 Wochen, Juli - August 2 Wochen und Montag - Dienstag
Rest – (nur Abendessen) (Tischbestellung ratsam) Menü 75/110 € – Karte 63/82 €
Spez. Marinierte Gelbflossenmakrele mit Ziegenmilch, Eisbergsalat und Wildkräutern. Variation vom Lenneberg Reh unter dem Pfefferkaramell mit Spitzkohl. Schokoladenauflauf mit Bergamotte, Zitrusfrüchten und Orangenblüteneis.
♦ Über zwei Etagen des alten Bauernhauses verteilen sich die geschmackvoll eingedeckten Tische, an denen ein engagiertes Team die kreativ beeinflusste mediterrane Küche von Frank Buchholz sowie gute Weine serviert. Das Ambiente: modern-elegant und stimmig.

In Mainz-Weisenau Süd-Ost: 3 km über Weisenauer Straße BY und Wormser Straße

🏠 QUARTIER 65 garni
Wormser Str. 65 ⊠ 55130 – ℰ (06131) 27 76 00 – www.quartier65.de – geschl. 7. Juli - 5. August
6 Zim – †95 € ††135 €
♦ Sehr persönlich kümmert sich Familie Schreeb hier um ihre Gäste; so ist das gute Frühstück mit Bioprodukten nur eine der Annehmlichkeiten. Das geradlinig-moderne Interieur stammt vom Schweizer Architekten Max Dudler.

MAINZ-KASTEL – Hessen – siehe Wiesbaden

MAISACH – Bayern – 546 – 12 870 Ew – Höhe 514 m — 65 L20
▶ Berlin 606 – München 41 – Augsburg 43 – Landsberg am Lech 44
🚉 Rottbach, Weiherhaus 5, ℰ (08135) 9 32 90

In Maisach-Überacker Nord: 3 km über Überackerstraße

XX Gasthof Widmann
Bergstr. 4 ⊠ 82216 – ℰ (08135) 4 85 – geschl. Weihnachten - 10. Januar, 15. August - 15. September und Sonntag - Montag
Rest – (nur Abendessen) (Tischbestellung erforderlich) Menü 60/75 € – Karte ca. 33 €
♦ Sehr nett sitzt man in den beiden gemütlichen Stuben bei einem schmackhaften 5-Gänge-Menü, das von der Chefin aus sehr guten Produkten zubereitet wird. Die Gäste können auch à la carte wählen.

MALCHOW – Mecklenburg-Vorpommern – 542 – 6 890 Ew – Höhe 75 m — 13 N5
– Luftkurort
▶ Berlin 148 – Schwerin 77 – Neubrandenburg 74 – Rostock 79
ℹ Kirchstr. 2, ⊠ 17213, ℰ (039932) 8 31 86, www.tourismus-malchow.de
⛳ Göhren-Lebbin, Fleesensee, Tannenweg 1, ℰ (039932) 8 04 00

MALCHOW

Rosendomizil
Lange Str. 2, (mit Gästehaus) ⊠ 17213 – ℰ (039932) 1 80 65 – www.rosendomizil.de
27 Zim – †75/129 € ††85/139 € – ½ P 27 €   **Rest** – Karte 25/42 €
♦ Mit Geschmack hat man hier hochwertige und moderne Wohnräume geschaffen, wunderbar ist die Lage am See. Nur einen Steinwurf entfernt liegt das Gästehaus "Hofgarten" mit geräumigeren Zimmern sowie Sauna und Massage. Hauseigene Bäckerei und Konditorei. Wintergartenflair im Restaurant/Café zum Wasser hin.

Inselhof
Lange Str. 61 ⊠ 17213 – ℰ (039932) 82 72 80 – www.hotel-inselhof.de – geschl. Februar 2 Wochen
9 Zim – †88 € ††98 €
Rest – (Tischbestellung ratsam) Menü 20/50 € – Karte 19/60 €
♦ Aus einem ganz alten Dorfhaus ist dieses nette Hotel mit großzügigen und individuellen Zimmern entstanden. Gleich hinter dem Haus kann man am eigenen kleinen Strandbereich baden! Wer gerne im Freien speist (und zwar regional-mediterran), hat es hier im reizenden Innenhof auch noch windgeschützt!

MALENTE-GREMSMÜHLEN, BAD – Schleswig-Holstein – 541   11 J3
– 10 850 Ew – Höhe 32 m – Kneippheilbad und Heilklimatischer Kurort
▶ Berlin 306 – Kiel 41 – Lübeck 55 – Oldenburg in Holstein 36
🛈 Bahnhofstr. 3, ⊠ 23714, ℰ (04523) 9 89 90, www.bad-malente.de

See-Villa garni
Frahmsallee 11 ⊠ 23714 – ℰ (04523) 18 71 – www.hotel-see-villa.de
10 Zim – †50/70 € ††72/82 € – 3 Suiten
♦ In einem Garten steht die kleine Villa, in der eine zuvorkommende, sehr persönliche Gästebetreuung und viele kleine Annehmlichkeiten selbstverständlich sind. Von hier aus ist der Dieksee in ein paar Minuten zu Fuß erreichbar.

Weisser Hof
Voßstr. 45 ⊠ 23714 – ℰ (04523) 9 92 50 – www.weisserhof.de
16 Zim – †75/85 € ††120/165 € – ½ P 25 €
Rest – Menü 20 € – Karte 25/40 €
♦ Aus drei Gebäuden und einem sehr schönen Garten besteht die kleine Hotelanlage. Neben zeitgemäßen Zimmern bietet man einen hübschen Wellnessbereich mit Kosmetik und Massage. Zwei Terrassen ergänzen das nette Restaurant.

MALTERDINGEN – Baden-Württemberg – 545 – 3 020 Ew – Höhe 193 m   61 D20
▶ Berlin 790 – Stuttgart 188 – Freiburg im Breisgau 27 – Strasbourg 67

Landhaus Keller
Gartenstr. 21 ⊠ 79364 – ℰ (07644) 9 27 70 – www.landhaus-keller.com – geschl. August 2 Wochen
16 Zim – †74/85 € ††99/125 €
Rest – (geschl. Samstagmittag, Sonntag) Menü 38 € (mittags) – Karte 38/60 €
♦ Ein persönlich geführter Familienbetrieb in ruhiger Lage. Die Gäste wohnen in behaglichen Klassik-, Biedermeier- oder Weinlauben-Zimmern. Schön bepflanzter Garten. Im Restaurant erwarten Sie elegantes Ambiente und internationale Küche.

MANDELBACHTAL – Saarland – 543 – 11 420 Ew – Höhe 310 m   53 C17
▶ Berlin 698 – Saarbrücken 24 – Sarreguemines 23 – Zweibrücken 24

In Mandelbachtal-Gräfinthal

Gräfinthaler Hof
Gräfinthal 6 ⊠ 66399 – ℰ (06804) 9 11 00 – www.graefinthaler-hof.de – geschl. 21. - 28. Februar, 22. - 30. Oktober und Montag - Dienstag
Rest – Menü 34/55 € – Karte 30/49 €
♦ Der gemütliche Landgasthof mit Wintergartenanbau ist aus einer früheren Klosterbrauerei hervorgegangen und inzwischen in der 4. Generation in Familienhand. Gute regionale Küche.

MANNHEIM – Baden-Württemberg – 545 – 311 970 Ew – Höhe 97 m 47 F16

▶ Berlin 614 – Stuttgart 133 – Frankfurt am Main 79 – Strasbourg 145
ADAC Am Friedensplatz 6 **CV**
🛈 Willy-Brandt-Platz 3 Z, ✉ 68161, ☎ (0621) 2 93 87 00, www.tourist-mannheim.de
⛳ Viernheim, Alte Mannheimer Str. 5, ☎ (06204) 6 07 00
⛳ Heddesheim, Gut Neuzenhof, ☎ (06204) 9 76 90

Veranstaltungen
6.-8. Januar: Reisemarkt
28. April-8. Mai: Maimarkt
Messegelände: Ausstellungsgelände **CV**, ☎ (0621) 42 50 90

◉ Städtische Kunsthalle ★★ **M¹** DZ – Landesmuseum für Technik und Arbeit ★ CV
– Museum für Kunst-, Stadt- und Theatergeschichte ★ (im Reiß-Museum) **M²**
– Jesuitenkirche ★ CZ

Stadtpläne siehe Seiten 810, 811, 812

Dorint Kongresshotel
Friedrichsring 6 ✉ 68161 – ☎ (0621) 1 25 10
– www.dorint.com/mannheim   **DZx**
287 Zim – †115/275 € ††135/295 €, ⊇ 19 € – 2 Suiten **Rest** – Karte 30/47 €
♦ Zeitgemäß, komfortabel und funktional ist die Ausstattung dieses Businesshotels in der Innenstadt, direkt angeschlossen an das Congress Center Rosengarten. Hell und in modernem Stil präsentiert sich das Restaurant.

Steigenberger Mannheimer Hof
Augustaanlage 4 ✉ 68165 – ☎ (0621) 4 00 50
– www.mannheim.steigenberger.de   **DZn**
178 Zim – †99/219 € ††109/229 €, ⊇ 20 € – 2 Suiten **Rest** – Karte 29/43 €
♦ Direkt an der Augustaanlage, ganz in der Nähe des Wasserturms, befindet sich dieses Stadthotel. Ein Teil der Zimmer ist modern-elegant eingerichtet und zum Innenhof gelegen. Vom geradlinig gestalteten Restaurant blickt man in den schönen Atriumgarten.

Maritim Parkhotel
Friedrichsplatz 2 ✉ 68165 – ☎ (0621) 1 58 80 – www.maritim.de   **DZy**
173 Zim – †100/251 € ††118/269 €, ⊇ 17 € – 3 Suiten
Rest *Park Restaurant* – ☎ (0621) 1 58 88 24 *(nur Abendessen)* Karte 40/52 €
Rest *Papageno* – ☎ (0621) 1 58 88 16 *(geschl. Sonntag und an Feiertagen)*
Karte 24/37 €
♦ Das denkmalgeschützte, um die Jahrhundertwende errichtete Gebäude bietet einen sehr schönen und eleganten Rahmen sowie gediegene Zimmer. Park Restaurant mit internationalem Angebot. Regionale Küche im gemütlichen Kellerrestaurant Papageno.

Delta Park Hotel
Keplerstr. 24 ✉ 68165 – ☎ (0621) 4 45 10
– www.delta-park.bestwestern.de   **DZc**
129 Zim – †137/210 € ††137/210 €, ⊇ 18 € – 4 Suiten
Rest – *(geschl. Samstagabend, Sonntagabend)* Karte 22/35 €
♦ Die zentrale Lage im Herzen der Quadratestadt sowie die funktionelle und komfortable Ausstattung machen das Business- und Tagungshotel interessant. Ein hübscher Wintergarten ist Teil des hellen Restaurants.

LanzCarré
Heinz-Haber-Str. 2, (Zufahrt über Lindenhofstr. 90) ✉ 68159
– ☎ (0621) 86 08 40 – www.hotel-lanzcarre.de
– geschl. 22. Dezember - 6. Januar   **CVd**
76 Zim – †80/250 € ††110/280 €, ⊇ 17 € – 1 Suite
Rest – Karte 22/47 €
♦ Das Businesshotel in verkehrsgünstiger Lage unweit der John-Deere-Werke und wenige Gehminuten vom Hauptbahnhof überzeugt mit neuzeitlichen und wohnlichen Zimmern. Auch Appartements und Allergikerzimmer. Restaurant in geradlinig-modernem Bistrostil.

FRANKENTHAL

Berliner
 Str. .... **AU** 8
Ostring .... **AU** 44
Wormser
 Str. .... **AU** 70

LUDWIGSHAFEN

Alderdamm .... **BV** 2
Carl-Bosch-Str. .... **BV** 13
Dürkheimer Str. .... **AV** 16
Edigheimer Str. .... **AU** 18
Friesenheimer Str. .... **BU** 24

Kaiserwörthdamm .... **BV** 29
Ludwigshafener Str. .... **AV** 33
Mannheimer Str. .... **AV** 35
Neustadter Str. .... **AV** 41
Prälat-Caire-Str. .... **AV** 48
Schänzeldamm .... **BV** 52
Valentin-Bauer-Str. .... **BV** 65

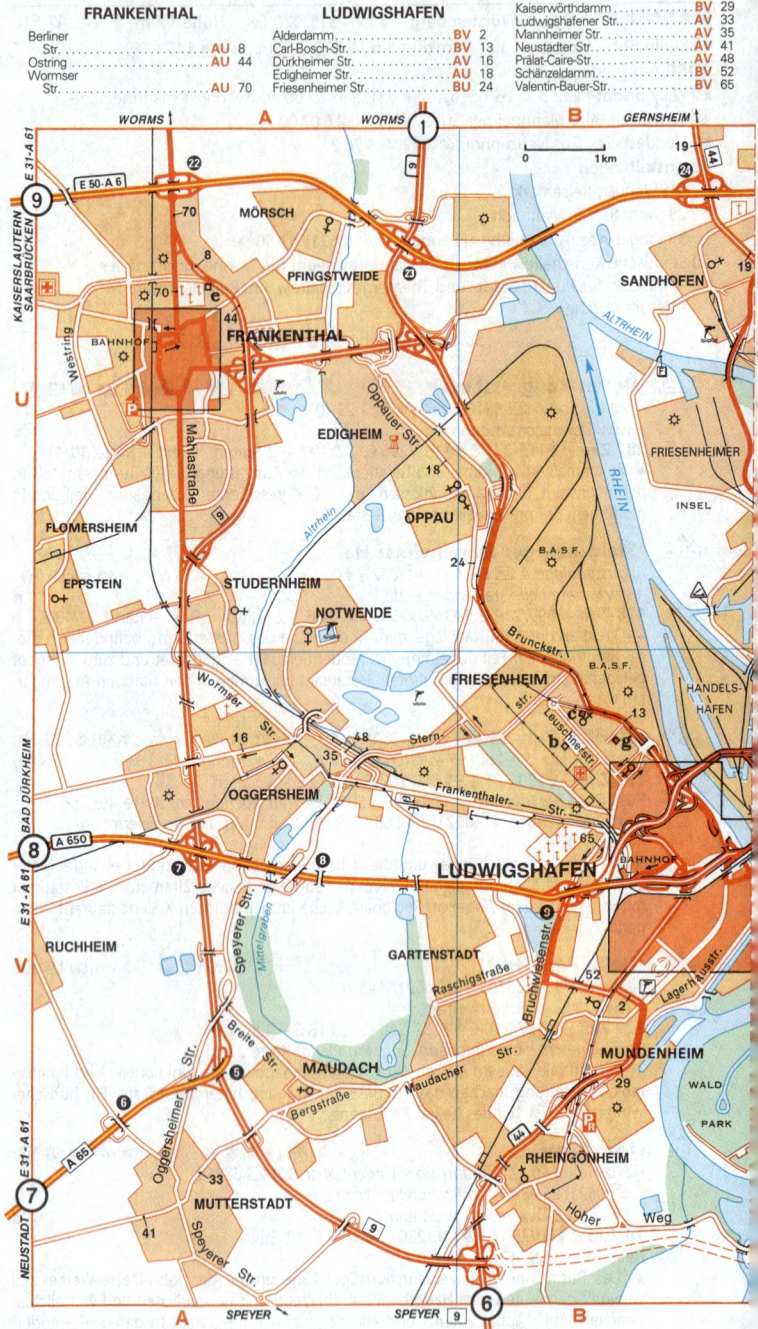

MANNHEIM

Am Aubuckel	**CV** 3
Am Oberen Luisenpark	**CV** 5
Augusta-Anlage	**CV** 6
Casterfeldstr.	**CV** 14
Frankenthaler Str.	**BCU** 19
Friedrich-Ebert-Str.	**CV** 22
Hauptstr.	**DV** 26
Helmertstr.	**CV** 27
Ilvesheimer Str.	**DV** 28
Luzenbergstr.	**CU** 34
Möhlstr.	**CV** 37
Morchfeldstr.	**CV** 40
Röntgenstr.	**CV** 50
Rollbühlstr.	**CU** 51
Schienenstr.	**CU** 54
Schubertstr.	**CV** 57
Schwabenstr.	**DV** 58
Seckenheimer Hauptstr.	**DV** 60
Theodor-Heuss-Anlage	**CV** 63
Untermühlaustr.	**CU** 64
Waldhofstr.	**CU** 66

MANNHEIM

Bismarckpl. **DZ** 10	Goethestr. **DY** 25	Planken **CDYZ**
Dalbergstr. **CY** 15	Heidelberger Str. **DZ**	Reichskanzler-Müller-Str. **DZ** 49
Freherstr. **CY** 20	Kaiserring **DZ**	Schanzestr. **CY** 53
Friedrichspl. **DZ** 23	Konrad-Adenauer-Brücke **CZ** 30	Schloßgartenstr. **CZ** 56
	Kurpfalzbrücke **DY** 31	Seilerstr. **CY** 61
	Kurpfalzstr. **CDYZ**	Spatzenbrücke **CY** 62
	Moltkestr. **DZ** 38	Willy-Brandt-Pl. **DZ** 67

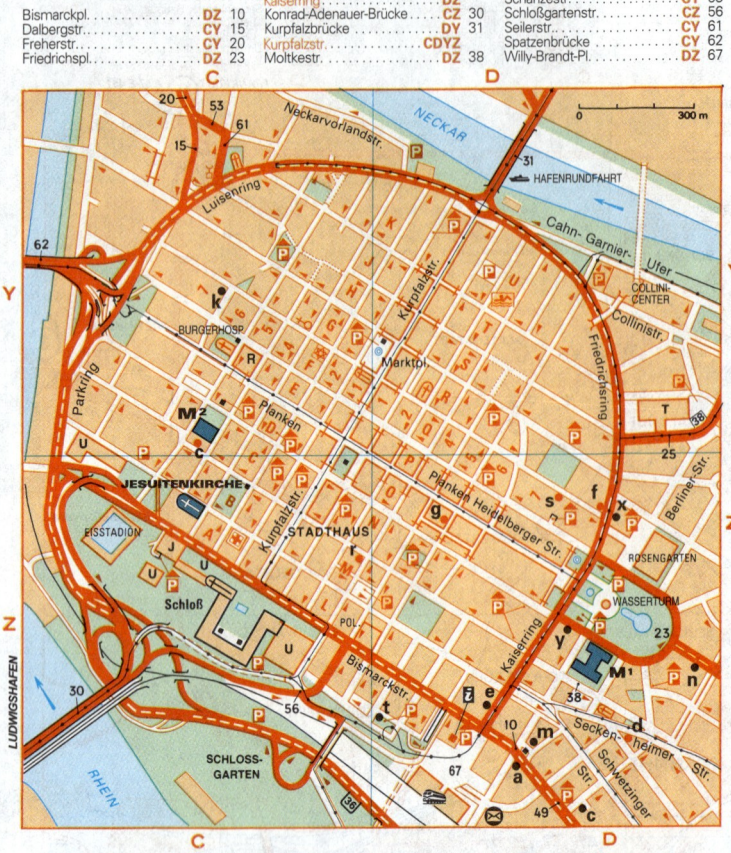

🏨 **Mercure am Rathaus**
F 7, 5-13 ⊠ 68159 – ✆ (0621) 33 69 90 – www.mercure.com **CYk**
150 Zim – †109/154 € ††119/164 €, ⊆ 16 €
Rest – (geschl. Samstag - Sonntag und an Feiertagen) Karte 21/42 €
♦ Das zentral und doch relativ ruhig gelegene Hotel bietet dem Geschäftsreisenden alles Notwendige. Zeitgemäß-funktionelle Zimmer, W-Lan im ganzen Haus sowie gute Tagungsmöglichkeiten.

🏨 **Park Inn by Radisson**
Am Friedensplatz 1 ⊠ 68165 – ✆ (0621) 97 67 00 – www.park-inn-mannheim.de
180 Zim – †122/142 € ††147/167 €, ⊆ 17 € **Rest** – Karte 26/52 € **CVt**
♦ Praktisch ist die Lage dieses zeitgemäß ausgestatteten Businesshotels nicht weit vom Maimarktgelände und der SAP-Arena. Gutes Frühstück. Restaurant im Bistrostil mit Blick in den Garten.

🏨 **InterCityHotel**
Schlossgartenstr. 1 ⊠ 68161 – ✆ (0621) 4 01 81 10
– www.mannheim.intercityhotel.com **DZt**
155 Zim – †99/199 € ††99/199 €, ⊆ 15 € **Rest** – Karte 23/36 €
♦ Ideale Adresse für Zugreisende, direkt am Hauptbahnhof gelegen und modern-funktional in der Ausstattung. Obere Etagen mit tollem Stadtblick. Öffentlicher Nahverkehr in Mannheim kostenfrei.

MANNHEIM

Kurpfalzstuben
L 14, 15 ⊠ 68161 – ℰ (0621) 1 50 39 20 – www.kurpfalzstuben.de
17 Zim – †60/80 € ††85/95 €   DZ**e**
Rest – (geschl. Weihnachten - Anfang Januar 2 Wochen, August 3 Wochen, Samstag
- Sonntag und an Feiertagen) Karte 17/27 €
• Mutter und Tochter leiten das kleine Hotel in Bahnhofsnähe. Gäste schätzen die
gemütlichen Zimmer und die familiäre Note in dem schmucken Haus aus der Jahrhundertwende. Hübsches, behaglich dekoriertes Restaurant mit Kachelofen.

Am Bismarck garni
Bismarckplatz 9 ⊠ 68165 – ℰ (0621) 40 04 19 60 – www.bismarckhotel.de – geschl.
Weihnachten - Neujahr   DZ**m**
44 Zim – †87/95 € ††105/120 €
• Ein engagiert geführter Familienbetrieb mit persönlicher Atmosphäre. Hinter der
freundlichen gelben Fassade erwarten Sie gepflegte Zimmer mit wohnlicher Einrichtung.

Wegener garni
Tattersallstr. 16 ⊠ 68165 – ℰ (0621) 4 40 90 – www.hotel-wegener.de
– geschl. Weihnachten - 8. Januar
41 Zim – †74/96 € ††88/102 €   DZ**a**
• In günstiger Lage zwischen Bahnhof, Rosengarten und Fußgängerzone betreibt
Familie Wegener mit Engagement ein gepflegtes Hotel mit solide eingerichteten Zimmern.

Da Gianni
R 7, 34 ⊠ 68161 – ℰ (0621) 2 03 26 – www.da-gianni.de
– geschl. August 3 Wochen und Montag   DZ**f**
Rest – (Tischbestellung ratsam) Menü 65 € (mittags)/87 € – Karte 58/89 €
Spez. Variation von Antipasti. Steinbutt mit Safran und Meeresfrüchten im Lasagneblatt. Kalbsnieren und geschmorte Kalbsbacke.
• Wolfgang Staudenmaier bietet feine italienische Küche mit viel Fisch und Meeresfrüchten. Dank des persönlichen Service fühlt man sich hier als Gast sehr wohl. Das
Team um Paolo Julita ist herzlich und sehr aufmerksam, professionell und souverän.

Doblers
Seckenheimer Str. 20 ⊠ 68165 – ℰ (0621) 1 43 97 – www.doblers.de
– geschl. Anfang Januar 2 Wochen, Ende Juni - Anfang Juli 2 Wochen und Sonntag
- Montag   DZ**d**
Rest – (Tischbestellung ratsam) Menü 34 € (mittags)/86 € – Karte 55/72 €
Spez. Bretonische Jakobsmuscheln mit Espelette-Pfeffer auf marinierten Cedri-Zitronen. Bretonischer Hummer mit Passionsfrucht-Basilikum-Marinade und grüne Merinda-Tomaten. Rücken vom USA-Beef mit geschmorten Auberginen und Artischocken.
• Das Restaurant ist ein heller Raum in modern-elegantem Stil. Norbert Dobler kocht
zeitgemäß mit mediterraner Note. Gabriele Dobler leitet kompetent und freundlich
den Service.

Grissini
M 3, 6 ⊠ 68161 – ℰ (0621) 1 56 57 24 – www.ristorante-grissini.de
– geschl. August 2 Wochen, Ende Dezember - Anfang Januar 1 Woche
und Samstagmittag, Sonntag   CZ**r**
Rest – (Tischbestellung ratsam) Menü 35 € (mittags)/69 € – Karte 47/63 €
• In der geradlinigen italienisch-mediterranen Küche dieses eleganten, intimen kleinen Restaurants steht das Produkt im Mittelpunkt. Die Weine stammen überwiegend
aus Italien.

Le Corange
O 5, 9, (in der 6. Etage des Modehaus Engelhorn) ⊠ 68161 – ℰ (0621) 1 67 11 33
– www.corange-restaurant.de – geschl. Sonntag und an Feiertagen
Rest – Menü 35 € – Karte 48/75 €   DZ**g**
• Modern-elegantes Restaurant mit offener Küche in der 6. Etage des Engelhorn
Modehauses mit Panoramablick über die Stadt. Im 5. Stock: trendige Bar/Lounge mit
Snack-Angebot.

MANNHEIM

XX L'Osteria Vineria
Q 7,12 ⊠ 68161 – ℰ (0621) 1 81 93 35 – www.osteria-vineria.de – geschl. Sonntag, Montagabend
Rest – Menü 21 € (mittags)/65 € – Karte 39/56 €
DZs
• Frische und authentische italienische Speisen werden hier vom Chef gekocht. Mittags bietet man ein preiswertes Menü. Nettes Ambiente mit südländischem Touch.

XX Costa Smeralda
Schwetzinger Str. 71 ⊠ 68165 – ℰ (0621) 44 39 46
– www.restaurantcostasmeralda.com – geschl. Samstag
Rest – Menü 23/37 € – Karte 31/55 €
CVc
• Auf der Tafel präsentiert man die italienischen Gerichte, die frisch und schmackhaft zubereitet werden. Der Chef ist gebürtiger Sarde, entsprechend ist die Weinauswahl.

X Saigon
Augustaanlage 54 ⊠ 68165 – ℰ (0621) 1 46 04 – www.saigon-mannheim.de
– geschl. Samstagmittag
Rest – Karte 26/47 €
CVa
• Typisch vietnamesisch ist die Küche in diesem Familienbetrieb, ansprechend die puristisch-moderne Einrichtung. Am Mittag bietet man auch eine günstigere Karte an.

X Osteria Limoni
Schimperstr. 16 ⊠ 68167 – ℰ (0621) 3 45 03 – www.osteria-limoni.de
– geschl. Ende August - Anfang September und Samstagmittag, Montag
Rest – Menü 27/38 € – Karte 25/36 €
CVb
• In dem sympathischen Restaurant wird man herzlich empfangen und zuvorkommend umsorgt. Die Atmosphäre ist gemütlich-leger, die Küche italienisch. Begrünte Terrasse.

X C-Five
C5,1 ⊠ 68159 – ℰ (0621) 1 22 95 50 – www.c-five.de
Rest – (Tischbestellung ratsam) Menü 44 € – Karte 39/55 €
CYc
• Auf dem Gelände des Zeughaus-Museums finden Sie dieses moderne Restaurant mit separatem Café-Lounge-Bar-Bereich und hübscher Terrasse. Die Küche ist international ausgelegt.

In Mannheim-Neckarau

XXXX Amador ❀❀❀
Floßwörthstr. 38 (im Gewerbegebiet am Metro Parkplatz) ⊠ 68199 – ℰ (0621) 8 54 74 96
– www.restaurant-amador.de – geschl. 24. Dezember - 10. Januar, Ende Juli - Anfang September 3 Wochen und Sonntag - Montag sowie an Feiertagen
CVm
Rest – (nur Abendessen) (Tischbestellung ratsam) Menü 109/209 € – Karte 64/114 €
Spez. Kaisergranat, Ziegenkäse, Entenleber, grüner Apfel. Jakobsmuschel, Bohnen, Kalbsbries, Birne, Perigord Trüffel. Mieral Taube, Mango, Cocos, Purple Curry.
• Juan Amador hat Langen den Rücken gekehrt und ist samt Küchencrew und Konzept nach Mannheim in die Räume des ehemaligen "Amesa" umgezogen. Ein absolut perfektes Pendant zum modernen Angebot ist das puristisch-innovative Interieur in Weiß und Rot! Zigarrenlounge.

XX Axt
Adlerstr. 23 ⊠ 68199 – ℰ (0621) 85 70 05 – www.restaurant-axt.de – geschl.
Dienstag - Mittwoch
Rest – Menü 40/80 € – Karte 50/66 €
CVx
• Ein unscheinbares Eckhaus, das durch die verglaste Küche auffällt. Das Restaurant ist elegant und gemütlich; hier kocht Christian Krüger zeitgemäß und ambitioniert.

In Mannheim-Seckenheim

🏠 Löwen
Seckenheimer Hauptstr. 159 ⊠ 68239 – ℰ (0621) 4 80 80
– www.loewen-seckenheim.de – geschl. 23. Dezember - 9. Januar, 6. - 9. April
61 Zim – †57/115 € ††67/124 €, ⊇ 8 €
DVb
Rest – (geschl. Montag) Karte 20/48 €
• Das gut geführte Hotel mit unterschiedlichen Gästezimmern ist aufgrund der verkehrsgünstigen Lage auch für Geschäftsreisende interessant. Nette Bar mit Terrasse. Hübsches zeitgemäßes Ambiente erwartet Sie im Restaurant.

MARBACH am NECKAR – Baden-Württemberg – **545** – 15 560 Ew – Höhe 229 m 55 G18

▶ Berlin 610 – Stuttgart 33 – Heilbronn 32 – Ludwigsburg 8
i Marktstr. 25, ⊠ 71672, ℰ (07144) 10 22 50, www.schillerstadt-marbach.de

Parkhotel Schillerhöhe garni
Schillerhöhe 14 ⊠ 71672 – ℰ (07144) 90 50
– www.parkhotel-schillerhoehe.de
44 Zim ⊇ – †82/119 € ††102/159 €
♦ Das technisch gut ausgestattete Hotel mit den modernen Zimmern liegt ruhig nicht weit vom Park mit dem Literaturmuseum der Moderne und dem Schiller-Nationalmuseum.

MARBURG – Hessen – **543** – 80 130 Ew – Höhe 186 m 38 F13

▶ Berlin 473 – Wiesbaden 121 – Gießen 30 – Kassel 93
i Pilgrimstein 26 A, ⊠ 35037, ℰ (06421) 9 91 20, www.marburg.de
Cölbe-Bernsdorf, Maximilianshof 35, ℰ (06427) 9 20 40
◉ Elisabethkirche★★ (Elisabethschrein★★) BY – Marktplatz★ – Schloss★ (Museum für Kulturgeschichte★) AY

Stadtplan auf der nächsten Seite

VILA VITA Hotel Rosenpark
Rosenstr. 18 ⊠ 35037 – ℰ (06421) 6 00 50
– www.rosenpark.com BYb
125 Zim ⊇ – †130/209 € ††170/290 € – 13 Suiten
Rest *Rosenkavalier* – siehe Restaurantauswahl
Rest *Zirbelstube* – (geschl. Sonntag - Montag) (nur Abendessen)
Karte 24/65 €
♦ Klassisch-elegant ist das Ambiente von der Atriumlobby im hohen Kuppelbau bis in die Zimmer dieses an der Lahn gelegenen Hotels. Gute Tagungsmöglichkeiten. Gemütliche Zirbelstube.

WELCOME HOTEL
Pilgrimstein 29 ⊠ 35037 – ℰ (06421) 91 80
– www.welcome-hotel-marburg.de AYs
150 Zim ⊇ – †99/148 € ††129/178 € – 4 Suiten
Rest – *(geschl. Sonntag)* Karte 18/46 €
♦ Das Hotel befindet sich im Lahn-Center mitten in der Stadt, die öffentliche Tiefgarage bietet Zugang zum Hotel. Gegenüber: der Aufzug hinauf in die Altstadt. Die Superior-Zimmer liegen ruhiger. Internationale Küche im Restaurant.

Im Kornspeicher garni
Molkereistr. 6, (3. Etage) (über die B 3 Richtung Gießen, Ausfahrt Marburg Süd, im Industriegebiet Süd BZ) ⊠ 35039 – ℰ (06421) 94 84 10
– www.hotel-kornspeicher.de
25 Zim ⊇ – †78/99 € ††99/140 €
♦ Das Hotel ist aus einem ehemaligen Kornspeicher entstanden und verfügt über technisch gut ausgestattete Zimmer in klarem modernem Stil. Integrationsbetrieb für behinderte Menschen.

Village Stadthotel garni
Bahnhofstr. 14, (2. Etage) ⊠ 35037 – ℰ (06421) 68 58 80
– www.village-hotels.de BYc
20 Zim ⊇ – †69/89 € ††91/106 €
♦ Gästezimmer und Frühstücksraum in diesem Stadthotel sind freundlich gestaltet. Es stehen Standard- und Deluxe-Zimmer zur Verfügung, nach hinten ruhiger gelegen.

Rosenkavalier – VILA VITA Hotel Rosenpark
Rosenstr. 18 ⊠ 35037 – ℰ (06421) 6 00 50 – www.rosenpark.com BYb
Rest – Karte 35/61 €
♦ Stimmungsvolles Tafeln ist hier garantiert. Elegant gibt sich der Raum, in dem die Farben Goldgelb und Königsblau vorherrschend sind. Der Blick fällt unweigerlich hinaus auf die Terrasse, die im Sommer ein Magnet ist.

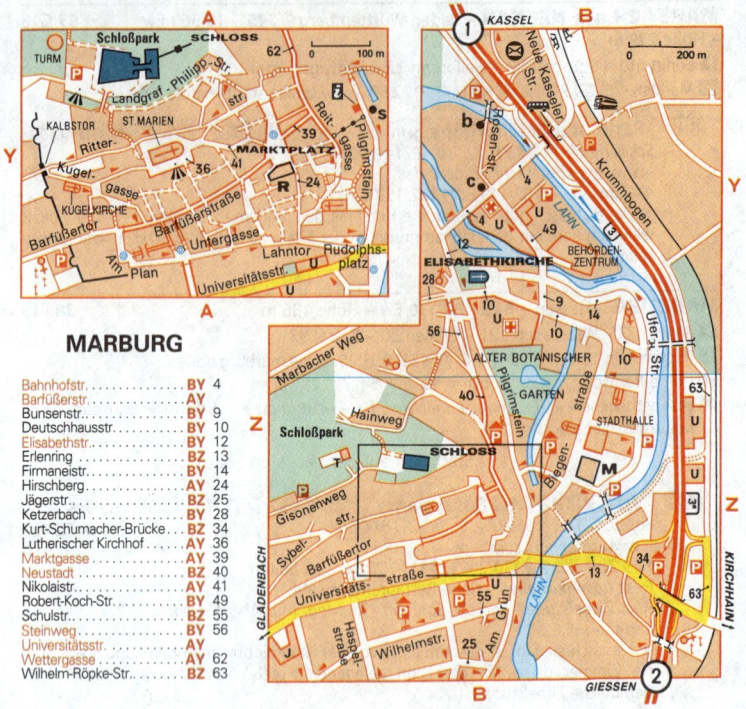

MARBURG

Bahnhofstr.	BY 4
Barfüßerstr.	AY
Bunsenstr.	BY 9
Deutschhausstr.	BY 10
Elisabethstr.	BY 12
Erlenring	BZ 13
Firmaneistr.	BY 14
Hirschberg	AY 24
Jägerstr.	BY 25
Ketzerbach	BY 28
Kurt-Schumacher-Brücke	BZ 34
Lutherischer Kirchhof	AY 36
Marktgasse	AY 39
Neustadt	BZ 40
Nikolaistr.	AY 41
Robert-Koch-Str.	BY 49
Schulstr.	BY 55
Steinweg	BY 56
Universitätsstr.	AY
Wettergasse	AY 62
Wilhelm-Röpke-Str.	BZ 63

In Marburg-Gisselberg Süd: 5 km über die B 3 Richtung Gießen **BZ**

Fasanerie
Zur Fasanerie 15 ⊠ 35043 – ℰ (06421) 9 74 10 – www.hotel-fasanerie.de – geschl. 21. Dezember - 6. Januar
45 Zim – †70/130 € ††99/150 €
Rest – (geschl. Freitag, Sonntagabend) (Montag - Donnerstag nur Abendessen) Karte 18/40 €
♦ Für dieses zeitgemäße, seit vielen Jahren familiär geleitete Haus spricht vor allem die ruhige Lage in einem Wohngebiet am Waldrand oberhalb des Ortes.

In Marburg - Wehrshausen-Dammühle West: 6 km über Barfüßertor **BZ**

Dammühle (mit Gästehaus)
Dammühlenstr. 1 ⊠ 35041 – ℰ (06421) 9 35 60 – www.hotel-dammuehle.de
27 Zim – †74/104 € ††104/170 € – 2 Suiten   **Rest** – Karte 26/53 €
♦ Die idyllisch gelegene einstige Mühle a. d. 14. Jh. beherbergt wohnliche Zimmer in drei Gebäudetrakten. Chic und modern design: "Kuhstall"-Zimmer, Suiten und Penthouse-Juniorsuite. Ländliche Gaststube und großer Biergarten mit Blick ins Grüne.

In Cölbe Nord: 6 km über B 3 Richtung Kassel **BY**

Company
Lahnstr. 6 ⊠ 35091 – ℰ (06421) 9 86 60 – www.hotel-company.de – geschl. 24. Dezember - 1. Januar
25 Zim – †64/79 € ††96/114 €   **Rest** – (geschl. Sonntag) Karte 25/40 €
♦ Das Hotel mit der freundlichen gelben Fassade bietet seinen Gästen mit hellem Naturholz und Rattansesseln behaglich und einladend ausgestattete Zimmer. Nettes rustikales Restaurant mit bürgerlicher Küche. Terrasse vor dem Haus.

MARBURG

In Weimar-Wolfshausen Süd: 10 km über die B 3 Richtung Gießen **BZ**

Bellevue
Hauptstr. 30 (nahe der B 3, Ausfahrt Roth) ⊠ 35096 – ℰ (06421) 7 90 90
– www.bellevue-marburg.de
50 Zim – †75/87 € ††108/147 €
Rest – Karte 19/39 €
• In dem gewachsenen Hotel der Familie Horn stehen Standard- und Komfortzimmer, einige Erkerzimmer sowie besonders großzügige und wohnliche Maisonette-Juniorsuiten bereit. Vom Restaurant blickt man über das Lahntal.

MARCH – Baden-Württemberg – **545** – 8 760 Ew – Höhe 201 m — 61 D20
▶ Berlin 804 – Stuttgart 202 – Freiburg im Breisgau 13 – Mulhouse 61

In March-Neuershausen Nord-West: 1 km

Jauch's Löwen mit Zim
Eichstetter Str. 4 ⊠ 79232 – ℰ (07665) 9 20 90 – www.jauch-loewen.de – geschl. Mittwoch
15 Zim – †48/53 € ††80/88 €
Rest – Menü 38 € – Karte 19/52 €
• Bei Familie Jauch wird international und regional gekocht. Schön sitzt man im Sommer auf der von einer alten Mauer gesäumten Terrasse. Für Feierlichkeiten hat man den historischen Gewölbekeller. Einige der Gästezimmer sind hübsch mit Naturholz getäfelt.

MARIA LAACH – Rheinland-Pfalz – **543** – 600 Ew – Höhe 285 m — 36 C14
▶ Berlin 617 – Mainz 121 – Koblenz 31 – Bonn 51
◉ Kloster ★

Seehotel Maria Laach
Am Laacher See ⊠ 56653 – ℰ (02652) 58 40
– www.seehotel-maria-laach.de
69 Zim – †85 € ††135 €
Rest – Menü 28/35 € – Karte 40/51 €
• Ein 1865 als Gästehaus des Benediktinerklosters erbautes Hotel in ruhiger Lage mit Blick auf Laacher See und Abtei. Die zeitgemäßen Zimmer unterscheiden sich farblich von Etage zu Etage. Drei Restaurantbereiche, schöne Terrasse sowie Bier- und Weinstube im UG.

MARIENBERG – Sachsen – **544** – 13 370 Ew – Höhe 610 m — 42 P13
– Wintersport: 890 m
▶ Berlin 280 – Dresden 94 – Chemnitz 30 – Chomutov 31
🛈 Markt 1, ⊠ 09496, ℰ (03735) 60 22 70, www.marienberg.de

In Pobershau Süd-Ost: 6 km über B 171, bei Rittersberg nach der Brücke rechts ab

Schwarzbeerschänke
Hinterer Grund 2 ⊠ 09496 – ℰ (03735) 9 19 10
– www.schwarzbeerschaenke.de
32 Zim – †49/54 € ††79/99 € – ½ P 16 €
Rest – Karte 16/22 €
• Die Lage an einem Waldstück sowie wohnliche Zimmer in hellem Naturholz und ein netter gepflegter Hallenbadbereich mit Sauna sprechen für das Hotel mit der holzverkleideten Fassade. Ländliche Gaststuben.

MARIENBERG, BAD – Rheinland-Pfalz – **543** – 5 640 Ew – Höhe 470 m — 37 E13
– Wintersport: 550 m – Kneippheilbad
▶ Berlin 557 – Mainz 102 – Siegen 38 – Limburg an der Lahn 43
🛈 Wilhelmstr. 10, ⊠ 56470, ℰ (02661) 70 31, www.badmarienberg.de

MARIENBERG, BAD

Westerwälder Hof
Wilhelmstr. 21 ⋈ 56470 – ℰ (02661) 9 11 10
– www.hotel-westerwaelder-hof.de
30 Zim – †50/60 € ††80/90 € – ½ P 19 €
Rest – Karte 17/44 €

• Das gewachsene traditionsreiche Haus von 1751 beherbergt helle, neuzeitliche Gästezimmer, darunter zwei Appartements namens Roma und Paris. Gute Parkmöglichkeiten.

MARIENTHAL, KLOSTER – Hessen – siehe Geisenheim

MARKDORF – Baden-Württemberg – **545** – 12 900 Ew – Höhe 453 m   63 H21
▶ Berlin 719 – Stuttgart 197 – Konstanz 23 – Friedrichshafen 16
ℹ Marktstr. 1, ⋈ 88677, ℰ (07544) 50 02 94, www.gehrenberg-bodensee.de

Bischofschloss
Schlossweg 2 ⋈ 88677 – ℰ (07544) 5 09 10 – www.mindnesshotel.de
– geschl. Weihnachten - Anfang Januar
44 Zim – †111/210 € ††145/295 € – 7 Suiten
Rest *Mundart - Das Lokal* – (geschl. Samstagmittag, Sonntagmittag, Oktober - März: Samstagmittag - Sonntag) Menü 39/47 € – Karte 30/49 €

• Die ehemalige bischöfliche Sommerresidenz ist heute ein komfortables Hotel, dessen Zimmer geschmackvoll mit Stilmobiliar oder geradlinig eingerichtet sind. Mundart - Das Lokal: modernes Ambiente und regionale Küche.

Wirthshof garni
Steibensteg 10 (B 33, Ost: 1 km Richtung Ravensburg, beim Campingplatz)
⋈ 88677 – ℰ (07544) 5 09 90 – www.hotel-wirthshof.de
– geschl. 22. Dezember - 6. Januar
21 Zim – †69/99 € ††109/149 € – 1 Suite

• Eine zeitgemäß-wohnliche Adresse unter familiärer Leitung. Die Zimmer sind individuell nach Themen gestaltet, hübsch ist der Saunabereich. Auch Beauty-Anwendungen gehören zum Angebot.

MARKGRÖNINGEN – Baden-Württemberg – **545** – 14 460 Ew   55 G18
– Höhe 281 m
▶ Berlin 621 – Stuttgart 20 – Heilbronn 39 – Pforzheim 33

Striffler's Herrenküferei mit Zim
Marktplatz 2 ⋈ 71706 – ℰ (07145) 9 30 50 – www.herrenkueferei.de – geschl. Samstagmittag
9 Zim – †90/98 € ††124/134 €   **Rest** – Menü 78 € – Karte 40/64 €

• In einem schmucken Haus von 1414 ist dieses gemütliche Restaurant mit eleganter Note untergebracht. Hier kocht Matthias Striffler zeitgemäß und mit mediterranem Einfluss. Gleich nebenan: das imponierende Rathaus. Übernachtungsgästen bietet man hübsche wohnliche Zimmer, einige mit schöner alter Balkendecke.

MARKKLEEBERG – Sachsen – siehe Leipzig

MARKNEUKIRCHEN – Sachsen – **544** – 6 640 Ew – Höhe 500 m   41 N14
▶ Berlin 328 – Dresden 177 – Hof 35 – Plauen 28

Berggasthof Heiterer Blick
Oberer Berg 54 ⋈ 08258 – ℰ (037422) 26 95
– www.heiterer-blick.de
7 Zim – †40/45 € ††54/64 €   **Rest** – Karte 11/25 €

• Mit liebenswerter ländlicher Atmosphäre und persönlicher Gästebetreuung überzeugt das bereits seit 1914 als Familienbetrieb geführte Haus. Von den Zimmern blickt man aufs Vogtland. Gemütlichkeit verbreiten auch die Gaststuben.

MARKT NORDHEIM – Bayern – 546 – 1 130 Ew – Höhe 332 m — 49 J16
▶ Berlin 475 – München 231 – Würzburg 51 – Nürnberg 68

In Markt Nordheim-Ulsenheim Süd-West: 7 km, Richtung Uffenheim

Landgasthaus Zum Schwarzen Adler
Ulsenheim 97 ⊠ *91478* – ℰ *(09842) 82 06* – *www.frankenurlaub.de* – *geschl. Januar 2 Wochen, August 2 Wochen*
12 Zim – †27/40 € ††54/65 €
Rest – *(geschl. Montag, Juni - August: Sonntagabend - Montag)* Karte 16/29 €
◆ Das Gasthaus a. d. 17. Jh. beherbergt funktionelle, unterschiedlich möblierte Zimmer. Schön hat man den Saunabereich mit Ruheraum in das alte Fachwerk eingebunden. In der ländlichen Gaststube und auf der Innenhofterrasse serviert man bürgerliche Speisen.

MARKTBERGEL – Bayern – 546 – 1 590 Ew – Höhe 363 m — 49 J16
▶ Berlin 492 – München 232 – Ansbach 24 – Stuttgart 168

Rotes Ross
Würzburger Str. 1 ⊠ *91613* – ℰ *(09843) 93 66 00* – *www.rotes-ross-marktbergel.de* – *geschl. Mitte November 2 Wochen*
12 Zim – †45 € ††67 €
Rest – *(geschl. Dienstag - Mittwochmittag)* Menü 22/35 € – Karte 18/45 €
◆ Eine markante rote Fassade ziert das a. d. 16. Jh. stammende Gasthaus im Ortskern, das familiär geleitet wird und neuzeitlich-wohnliche Zimmer beherbergt. Sehr nett sitzt man in freundlichen Stuben bei internationaler und regionaler Küche.

MARKTBREIT – Bayern – 546 – 3 600 Ew – Höhe 191 m — 49 I16
▶ Berlin 491 – München 272 – Würzburg 28 – Ansbach 58

Löwen (mit Gästehaus)
Marktstr. 8 ⊠ *97340* – ℰ *(09332) 5 05 40* – *www.ringhotel-loewen.de* – *geschl. 5.-12. März*
29 Zim – †65/72 € ††88/96 € **Rest** – Karte 21/35 €
◆ Das jahrhundertealte Fachwerkhaus nahe dem Stadttor vereint das Flair von einst mit zeitgemäßem Komfort. Man bietet historisch-romantische, aber auch neuzeitlich-funktionale Zimmer. Gemütliche Gaststuben mit bürgerlichem Angebot.

Alter Esel
Marktstr. 10 ⊠ *97340* – ℰ *(09332) 59 07 91* – *www.restaurant-alteresel.de* – *geschl. Sonntag - Montag*
Rest – *(nur Abendessen)* (Tischbestellung ratsam) Menü 32 € – Karte 29/38 €
◆ Das freundliche junge Betreiberpaar bietet in dem historischen Haus am Altstadtrand internationale Küche und auch auf der Weinkarte findet sich nicht nur Regionales.

Michels Stern mit Zim
Bahnhofstr. 9 ⊠ *97340* – ℰ *(09332) 13 16* – *www.michelsstern.de* – *geschl. November, Mittwoch und Dezember - Februar: Mittwoch - Donnerstagmittag*
11 Zim – †54 € ††79 € **Rest** – Menü 29/33 € – Karte 19/34 €
◆ Ein gepflegtes regionstypisches Gasthaus, das von den beiden Brüdern Michel geleitet wird. Aus der Küche kommen schmackhafte fränkische Gerichte aus überwiegend regionalen Produkten, wie z. B. das Saiblingsfilet auf Graupenrisotto mit Zucchinigemüse. Die Gästezimmer sind solide und funktionell oder etwas einfacher.

MARKTHEIDENFELD – Bayern – 546 – 10 870 Ew – Höhe 154 m — 48 H15
▶ Berlin 533 – München 322 – Würzburg 32 – Aschaffenburg 46
🛈 Luitpoldstr. 17, ⊠ 97828, ℰ (09391) 5 00 40, www.marktheidenfeld.de
🕻₁₈ Marktheidenfeld, Eichenfürst, ℰ (09391) 84 35

Anker
Kolpingstr. 7 ⊠ *97828* – ℰ *(09391) 6 00 40* – *www.hotel-anker.de*
39 Zim – †70/88 € ††96/125 € – 1 Suite
Rest *Weinhaus Anker* – siehe Restaurantauswahl
◆ In dem Familienbetrieb in der Altstadt wohnen Sie im Torhaus oder im Hofgartenhaus, die um einen romantischen Innenhof angelegt sind. Lust auf ein bisschen Kultur? Kleinkunstbühne im alten Fasskeller! Gute Tagungsmöglichkeiten.

MARKTHEIDENFELD

Zur schönen Aussicht
Brückenstr. 8 ⊠ 97828 – ℰ (09391) 9 85 50 – www.hotelaussicht.de
56 Zim ⊑ – †58/95 € ††80/115 € – 1 Suite
Rest – Menü 19 € (mittags)/55 € – Karte 22/43 €
♦ Sie finden dieses familiengeführte Hotel am Zentrumsrand, nicht weit vom Main. Ein Teil der funktionell ausgestatteten Gästezimmer ist besonders geräumig. Gaststuben im rustikalen fränkischen Stil.

Zum Löwen
Marktplatz 3 ⊠ 97828 – ℰ (09391) 15 71 – www.loewen-marktheidenfeld.de
– geschl. August - September 2 Wochen
25 Zim ⊑ – †52/70 € ††80/95 €
Rest – *(geschl. Mittwoch, November - April: Mittwoch, Samstagmittag)* Menü 17/25 € – Karte 23/40 €
♦ Das mitten in der Altstadt gelegene traditionsreiche Haus wird von der Inhaberfamilie gut geführt und verfügt über drei Zimmerkategorien: modern, rustikal oder mit Himmelbett. Gemütliche Restaurantstuben mit schönem Parkettboden.

Weinhaus Anker – Hotel Anker
Obertorstr. 13 ⊠ 97828 – ℰ (09391) 6 00 48 01 – www.weinhaus-anker.de – geschl. 2. - 8. Januar
Rest – Menü 31/64 € – Karte 28/48 €
♦ Dem rustikalen Charme der Alten Weinstube (Stammhaus der Familie Deppisch) kann sich wohl niemand entziehen! Behagliches Holz, wohin man schaut - Hingucker ist die Deckenmalerei. Gekocht wird zeitgemäß-international, so z. B. Rotschalengarnele mit Kalbsbries.

MARKTOBERDORF – Bayern – 546 – 18 190 Ew – Höhe 758 m — 64 J21
– Erholungsort
▶ Berlin 638 – München 99 – Kempten (Allgäu) 28 – Füssen 29

Sepp
Bahnhofstr. 13 ⊠ 87616 – ℰ (08342) 70 90 – www.hotelsepp.com – geschl. August
48 Zim ⊑ – †59/85 € ††95/110 €
Rest – *(geschl. Freitag - Samstag, Sonntagabend) (Montag - Donnerstag nur Abendessen)* Karte 24/50 €
♦ Seit 1910 wird das gewachsene Hotel gegenüber dem Bahnhof von der Inhaberfamilie geführt. Es erwarten Sie individuelle Gästezimmer mit funktioneller Ausstattung. Unterschiedliche Restauranträume von rustikal bis zum neuzeitlichen Wintergarten.

St. Martin
Wiesenstr. 21 ⊠ 87616 – ℰ (08342) 9 62 60 – www.hotel-sankt-martin.de – geschl. 23. - 28. Dezember
25 Zim ⊑ – †52/62 € ††76/82 € – ½ P 15 €
Rest – *(geschl. Samstag - Sonntag und an Feiertagen) (nur Abendessen für Hausgäste)*
♦ Ein familiär geleitetes Hotel, in dem tipptopp gepflegte, mit Naturholzmöbeln solide eingerichtete Gästezimmer sowie größere Appartements im Dachgeschoss zur Verfügung stehen.

MARKTREDWITZ – Bayern – 546 – 17 390 Ew – Höhe 529 m — 51 M15
▶ Berlin 365 – München 288 – Weiden in der Oberpfalz 47 – Bayreuth 54
ℹ Markt 29, ⊠ 95615, ℰ (09231) 50 11 28, www.tourismus.marktredwitz.de

Bairischer Hof
Markt 40 (Zufahrt über Leopoldstraße) ⊠ 95615 – ℰ (09231) 6 20 11
– www.bairischer-hof.de
49 Zim ⊑ – †53/72 € ††78/106 € **Rest** – Karte 15/26 €
♦ Das Hotel mit der hellblauen Fassade steht mitten in der Fußgängerzone. Neben gepflegten Gästezimmern hat man auch ein eigenes Café im Haus. Ländliche Restauranträume, teils mit Kreuzgewölbe.

MARL – Nordrhein-Westfalen – **543** – 88 210 Ew – Höhe 55 m — **26** C10
▶ Berlin 521 – Düsseldorf 72 – Gelsenkirchen 17 – Gladbeck 12

Parkhotel
Eduard-Weitsch-Weg 2 ⊠ *45768* – ✆ *(02365) 10 20* – *www.parkhotel-marl.de*
90 Zim – †79/139 € ††92/169 €, ⌑ 10 €   **Rest** – Karte 18/40 €
• Das Tagungshotel in günstiger und relativ ruhiger Lage bietet neuzeitlich eingerichtete Gästezimmer mit solider Technik, einige mit Blick zum Citysee.

MARQUARTSTEIN – Bayern – **546** – 3 200 Ew – Höhe 545 m — **67** N21
– Wintersport: 1 050 m ⛷1 ⛸ – Luftkurort
▶ Berlin 686 – München 96 – Bad Reichenhall 50 – Salzburg 55
🛈 Rathausplatz 1, ⊠ 83250, ✆ (08641) 69 95 58, www.marquartstein.de

In Marquartstein-Pettendorf Nord: 2 km Richtung Grassau

Weßner Hof
Pettendorf 11 ⊠ *83250* – ✆ *(08641) 9 78 40* – *www.wessnerhof.de*
33 Zim ⌑ – †57/63 € ††94/122 € – 3 Suiten
Rest – *(geschl. Mittwoch) (nur Abendessen)* Karte 20/40 €
• Hier gibt es nicht nur gepflegte Zimmer: Den Schnaps aus der eigenen Brennerei verkauft man im Hausladen, Kuchen und Torten sind ebenfalls selbstgemacht. Gekocht wird mit Produkten aus der eigenen Landwirtschaft. Großer Biergarten und Kinderspielplatz. Faible des Chefs: Er sammelt Fendt-Traktoren.

MARXZELL – Baden-Württemberg – siehe Herrenalb, Bad

MASELHEIM – Baden-Württemberg – **545** – 4 400 Ew – Höhe 542 m — **64** I20
▶ Berlin 660 – Stuttgart 130 – Ulm 40 – Neu Ulm 40

In Maselheim-Sulmingen Nord-West: 2,5 km

Lamm
Baltringer Str. 14 ⊠ *88437* – ✆ *(07356) 93 70 78* – *www.sulminger-lamm.de* – *geschl. 1. - 8. Januar, 15. August - 5. September und Montag - Dienstag*
Rest – *(Mittwoch - Samstag nur Abendessen)* Menü 34/69 € – Karte 39/57 €
• Die zeitgemäß-regionale Küche von Mike Becker basiert auf sehr guten, frischen Produkten. Der von seiner Partnerin geleitete Service in dem behaglich-eleganten alten Landgasthof ist herzlich und aufmerksam.

MASSERBERG – Thüringen – **544** – 2 610 Ew – Höhe 780 m — **40** K13
– Wintersport: 900 m ⛷3 ⛸ – Heilklimatischer Kurort
▶ Berlin 343 – Erfurt 63 – Coburg 37 – Saalfeld 51
🛈 Hauptstr. 37, ⊠ 98666, ✆ (036870) 5 70 15, www.masserberg.de

Residenz
Kurhausstr. 9 ⊠ *98666* – ✆ *(036870) 25 50* – *www.residenz-thueringen.de*
30 Zim ⌑ – †55/90 € ††100/130 € – ½ P 18 € – 5 Suiten
Rest – Menü 20/25 € – Karte 24/41 €
• Ruhig liegt das Haus mit der Schieferfassade am Ortsrand in Waldnähe. Die Gästezimmer sind mit Parkettboden und Naturholzmöbeln wohnlich ausgestattet. Ein kleiner Wintergarten dient als A-la-carte-Restaurant.

MASSWEILER – Rheinland-Pfalz – **543** – 1 100 Ew – Höhe 435 m — **46** D17
▶ Berlin 682 – Mainz 138 – Saarbrücken 59 – Pirmasens 15

Borst mit Zim
Luitpoldstr. 4 ⊠ *66506* – ✆ *(06334) 14 31* – *www.restaurant-borst.de* – *geschl. Juli - August 3 Wochen, Oktober 1 Woche und Montag - Dienstag*
5 Zim ⌑ – †50 € ††60/70 €   **Rest** – *(Tischbestellung ratsam)* Karte 37/65 €
• Die helle, geradlinige Einrichtung dieses Restaurants vermittelt schlichte Eleganz. Harry und Monika Borst, die das Haus seit vielen Jahren leiten, bieten klassische Küche. Übernachten kann man im gepflegten kleinen Gästehaus gegenüber.

MAUERSTETTEN – Bayern – siehe Kaufbeuren

MAUTH – Bayern – **546** – 2 410 Ew – Höhe 821 m – Wintersport: 800 m 60 Q18
🎿1 ⛷ – **Erholungsort**
▶ Berlin 536 – München 211 – Passau 43 – Grafenau 21
🛈 Mühlweg 2, ✉ 94151, ℰ (08557) 97 38 38, www.mauth.de

In Mauth-Finsterau Nord: 5 km über Am Goldenen Steig, Zwölfhäuser und Heinrichsbrunn – Höhe 998 m

🏠 **Landhotel Bärnriegel** (mit Gästehaus) ⟨⟩   ≤ 🚗 🍴 📶 ⚡ Zim, 🅿
Halbwaldstr. 32 ✉ 94151 – ℰ (08557) 9 60 20 – www.landhotel-baernriegel.de
– geschl. 1. November - 15. Dezember
25 Zim (inkl. ½ P.) – †57/70 € ††100/124 €
Rest – (geschl. Dienstagmittag) Menü 17 € (mittags)/85 € – Karte 27/62 €
◆ Der aus zwei Häusern bestehende Familienbetrieb liegt ruhig am Ortsrand und verfügt über behagliche Gästezimmer im regionstypischen Landhausstil. Ländliches Ambiente auch im Restaurantbereich.

MAYEN – Rheinland-Pfalz – **543** – 18 750 Ew – Höhe 250 m 36 C14
▶ Berlin 625 – Mainz 126 – Koblenz 35 – Bonn 63
🛈 Altes Rathaus am Markt, ✉ 56727, ℰ (02651) 90 30 04, www.mayen.de

🏠 **Zur Traube** garni   ⚡ 📶 🚗 VISA ⦿
Bäckerstr. 6 ✉ 56727 – ℰ (02651) 9 60 10 – www.hotel-traube-mayen.de – geschl. Weihnachten - Neujahr
12 Zim ⍁ – †45/52 € ††75/80 €
◆ Die Zimmer in dem gepflegten Familienbetrieb in Marktplatznähe sind in warmen Farben gehalten, man schläft in hochwertigen Betten. Beim guten Frühstück schaut man in den kleinen Garten.

✕✕ **Zum Alten Fritz** mit Zim   📶 ⟲ 🅿 🚗 VISA ⦿
☺ Koblenzer Str. 56 ✉ 56727 – ℰ (02651) 49 77 90 – www.hotel-alter-fritz-my.de
– geschl. Juli 3 Wochen und Dienstag, außer an Feiertagen
12 Zim ⍁ – †42/45 € ††74/80 €
Rest – (Montag - Samstag nur Abendessen) Menü 36/49 € – Karte 35/51 €
◆ In der 3. Generation befindet sich das 1908 erbaute Haus im Besitz der Familie Lander, die hier mit hellen Erdtönen ein zeitgemäßes und freundliches Ambiente geschaffen hat. Geboten werden saisonale Speisen, die schmackhaft zubereitet sind.

✕✕ **Gourmet Wagner**   🍴
Am Markt 10 – ℰ (02651) 4 97 70 – www.gourmet-wagner.de – geschl. Montag-Dienstag
Rest – (nur Abendessen) Karte 49/75 €
◆ Ein stimmiges Bild ergeben die rosafarbenen Wände in Kombination mit weißem Stoff auf Tischen und Stühlen sowie elegantem Gedeck. In der Küche steht Gastgeber Josef Wagner gemeinsam mit Michael Hammes, ihr Stil ist klassisch.

In Mayen-Kürrenberg West: 7 km Richtung Nürburgring – Höhe 525 m – **Erholungsort**

🏠 **Wasserspiel** ⟨⟩   ≤ 🚗 ⚙ 🅿 VISA ⦿
Im Weiherhölzchen 7 ✉ 56727 – ℰ (02651) 30 81 – www.hotel-wasserspiel.de
– geschl. 16. - 21. Februar
15 Zim ⍁ – †54/66 € ††76/84 € **Rest** – Karte 16/39 €
◆ Ein gepflegtes Haus mit familiärer Atmosphäre, das ruhig in einer Wohngegend liegt. Es erwarten Sie solide Zimmer, ein netter Garten mit kleinem Spielplatz sowie eine schöne Sicht. Restaurant mit Blick auf die Eifelberge.

MAYSCHOSS – Rheinland-Pfalz – **543** – 960 Ew – Höhe 150 m 36 C13
▶ Berlin 628 – Mainz 158 – Bonn 35 – Koblenz 56

🏠🏠 **Lochmühle**   ≤ 🚗 🍴 📺 📶 🏠 🛁 ⚡ 📶 ⚙ 🅿 🚗 VISA ⦿
Ahr-Rotwein-Str. 62 , (B 267) ✉ 53508 – ℰ (02643) 80 80
– www.hotel-lochmuehle.com
120 Zim ⍁ – †89/130 € ††129/160 € – 1 Suite **Rest** – Karte 21/45 €
◆ In den Hotelflügeln Ahrtalwinkel und Romantischer Winkel bietet man unterschiedliche Zimmer, teils zum Fluss hin, alle mit Blick auf die Weinberge. Einige neuere Themenzimmer. Restaurant und Café Ahrblick, dazu die Mühlenschänke in einem hübschen Natursteinhaus.

MAYSCHOSS

Zur Saffenburg
Ahr-Rotwein-Str. 43 , (B 267) ⊠ *53508* – ℰ *(02643) 83 92*
– *www.gasthof-saffenburg.de – geschl. 23. Dezember - 4. Februar*
13 Zim ⊇ – †46/48 € ††75/85 €
Rest – *(geschl. Mittwoch)* Karte 20/46 €
♦ Ein netter gewachsener Landgasthof unter familiärer Leitung mit gepflegten, funktionalen Zimmern. Hinter dem Haus fließt die Ahr. Gemütliche holzvertäfelte Restauranträume und tolle Terrasse. Wild aus heimischer Jagd, Kuchen aus der eigenen Backstube.

MECKENBEUREN – Baden-Württemberg – 545 – 13 390 Ew   63 H21
– Höhe 416 m
▶ Berlin 712 – Stuttgart 158 – Konstanz 40 – Ravensburg 11

In Meckenbeuren-Madenreute Nord-Ost: 5 km über Liebenau

Jägerhaus (mit Gästehaus)
Madenreute 13 ⊠ *88074* – ℰ *(07542) 9 45 50* – *www.jaegerhaus-hotel.de – geschl. 24. Dezember - 10. Januar*
49 Zim ⊇ – †65/120 € ††80/150 €
Rest – *(geschl. Februar - März; November - März: Mittwoch) (Montag - Samstag nur Abendessen)* Karte 17/44 €
♦ Das in einem kleinen Ortsteil gelegene Haus mit Balkonfassade verfügt über funktionelle, recht großzügige Gästezimmer - ganz modern sind die neueren Zimmer im Gästehaus. In neuzeitlichem Stil gehaltenes Restaurant.

MEDDERSHEIM – Rheinland-Pfalz – siehe Sobernheim, Bad

MEERANE – Sachsen – 544 – 16 290 Ew – Höhe 250 m   42 N13
▶ Berlin 246 – Dresden 114 – Chemnitz 41 – Gera 38

Meerane
An der Hohen Str. 3, (Gewerbegebiet) ⊠ *08393* – ℰ *(03764) 59 10*
– *www.hotel-meerane.de*
137 Zim ⊇ – †85/160 € ††115/190 € – 20 Suiten   **Rest** – Karte 24/42 €
♦ Das vorwiegend auf Tagungen ausgerichtete Hotel in verkehrsgünstiger Lage bietet gut ausgestattete Zimmer und einen im römischen Stil gehaltenen Saunabereich auf 500 qm. Zeitgemäßes Restaurant mit internationaler Küche.

Schwanefeld
Schwanefelder Str. 22 ⊠ *08393* – ℰ *(03764) 40 50*
– *www.schwanefeld.de*
50 Zim ⊇ – †80/90 € ††115/140 € – 1 Suite   **Rest** – Karte 22/56 €
♦ Die Hotelanlage besteht aus einem hübschen Fachwerkhaus a. d. 17. Jh., einem Anbau sowie einem schönen Garten mit Teich. Eine Besonderheit ist die hauseigene Schokoladenmanufaktur. Die behaglichen Gaststuben sind im historischen Teil des Hotels untergebracht.

MEERBUSCH – Nordrhein-Westfalen – 543 – 54 190 Ew – Höhe 36 m   25 B11
▶ Berlin 578 – Düsseldorf 13 – Venlo 56 – Arcen 64

Siehe Düsseldorf (Umgebungsplan)

In Meerbusch-Büderich

Gästehaus Meererbusch garni
Hindenburgstr. 4 ⊠ *40667* – ℰ *(02132) 9 33 40* – *www.gaesteshaus-meererbusch.de*
– *geschl. 1. - 8. Januar, 28. Juli - 12. August, 21. - 31. Dezember*
17 Zim ⊇ – †79/99 € ††109/119 €
♦ Eine familiäre Adresse mit privatem Rahmen. Antike Möbelstücke schaffen eine stilvolle Atmosphäre. Im schönen Frühstücksraum mit Flügel erwarten Sie ein gutes Buffet und freundlicher Service.

MEERBUSCH

Landsknecht 🈁 AC Zim, 📞 🚗 VISA ④
Poststr. 70 ✉ 40667 – 𝒞 (02131) 13 78 20 – www.landsknecht.de **Sk**
11 Zim – ♦90/120 € ♦♦140 €, ⌒ 15 € – 1 Suite
Rest – Menü 35 € – Karte 33/69 €
♦ In dem Hotel in der Ortsmitte überzeugen hübsche, hochwertig ausgestattete Zimmer in modernem Stil. Zur sehr guten Technik zählen u. a. automatische Frischluftzufuhr sowie Plasma-TV und Regenwalddusche im Bad. Breites internationales Speisenangebot. Große Terrasse.

✕✕ Landhaus Mönchenwerth ≤ 🈁 ⇔ P VISA ④ AE ①
Niederlöricker Str. 56 ✉ 40667 – 𝒞 (02132) 75 76 50 – www.moenchenwerth.de
– geschl. Montag, außer an Messen **Sc**
Rest – Menü 55/85 € – Karte 47/85 €
♦ Gute Produkte sind die Grundlage der ambitionierten zeitgemäßen Küche von Guy de Vries, der auch Elemente aus der Molekularküche mit einbezieht. Wunderschöne Rheinterrasse und Biergarten.

In Meerbusch - Langst-Kierst

Rheinhotel Vier Jahreszeiten ⌂ 🈁 🏊 🛗 AC ♨ Rest, 📶 ⅛ P
Zur Rheinfähre 15 ✉ 40668 – 𝒞 (02150) 91 40 VISA ④ AE ①
– www.rheinhotel-meerbusch.de – geschl. 23. - 27. Dezember
72 Zim ⌒ – ♦133/193 € ♦♦173/233 € – 1 Suite
Rest *Bellevue* – (geschl. Mitte Juli - Anfang August und Sonntag - Montag) (nur Abendessen) Menü 33/66 € – Karte 42/49 €
Rest *Orangerie* – (Dienstag - Samstag nur Mittagessen, Sonntag - Montag geöffnet) Karte 29/44 €
♦ Schön und recht ruhig liegt das komfortable Hotel am Rhein, direkt an der Anlegestelle der Fähre. Die helle elegante Einrichtung begleitet Sie durch das ganze Haus. Das Bellevue ist ein klassisches Restaurant mit Sicht zum Rhein.

In Meerbusch-Strümp

✕✕ Regalido 🈁 ♨ VISA ④ AE ①
Am Kapellengraben 1 ✉ 40670 – 𝒞 (02159) 81 88 04 – www.regalido.de – geschl. Januar 1 Woche, Juli - August 3 Wochen und Montag - Donnerstag
Rest – (Freitag - Samstag nur Abendessen) Menü 46/63 € – Karte 38/74 €
♦ Die Begeisterung des Chefs für die Provence spiegelt sich in der Atmosphäre sowie in der Küche dieses geschmackvollen Restaurants wider. Ebenso französisch inspiriert ist auch die kleine Speiseauswahl im Bistro "Les Tartines".

MEERSBURG – Baden-Württemberg – **545** – 5 630 Ew – Höhe 444 m **63 G21**
– Erholungsort

▶ Berlin 730 – Stuttgart 191 – Konstanz 12 – Freiburg im Breisgau 143
ℹ Kirchstr. 4 **B**, ✉ 88709, 𝒞 (07532) 44 04 00, www.meersburg.de
◉ Marktplatz ★ **B** - Steigstraße ★ **A** – Neues Schloss (≤★) **AB**

Residenz am See ⌂ ≤ 🚗 🛗 ⅛ ♨ 📶 P 🚗 VISA ④
Uferpromenade 11 ✉ 88709 – 𝒞 (07532) 8 00 40
– www.hotel-residenz-meersburg.com **Br**
25 Zim ⌒ – ♦80/200 € ♦♦135/250 € – ½ P 42 € – 3 Suiten
Rest *Casala* ✿ **Rest** *Residenz am See* – siehe Restaurantauswahl
♦ Aufmerksam umsorgen Familie Lang und ihr Team in dem Hotel an der Uferpromenade die Gäste. Das Haus besticht durch seine stimmige und geschmackvoll-wohnliche Einrichtung.

Villa Seeschau garni ⌂ ≤ 🚗 🏊 🛗 ♨ P 🚗 VISA ④ AE
Von-Laßberg-Str. 12 ✉ 88709 – 𝒞 (07532) 43 44 90 – www.hotel-seeschau.de
– geschl. Januar - 24. Februar **Bz**
18 Zim ⌒ – ♦85/135 € ♦♦115/255 € – 1 Suite
♦ Eine angenehme, stilvoll-moderne Adresse unter familiärer Leitung in ruhiger Lage über der Altstadt. Bei schönem Wetter frühstückt man auf der Panoramaterrasse, am Abend kann man es sich im Kaminzimmer mit Seeblick gemütlich machen.

824

MEERSBURG

Bismarckpl. . . . . **A** 2
Bleichepl. . . . . **B** 3
Burgweganlage. . . . . **A** 5
Daisendorfer Str. . . . . **A** 6
Kirchpl. . . . . **A** 7
Kirchstr. . . . . **B** 8
Marktpl. . . . . **B** 9
Schloßpl. . . . . **B** 12
Seepromenade . . . . **B** 13
Seminarstr. . . . . **B** 14
Spitalgasse . . . . **A** 15
Steigstr. . . . . **A**
Uhldinger Str. . . . . **A** 16
Unterstadtstr. . . . . **A**
Vorburggasse . . . . **B** 18

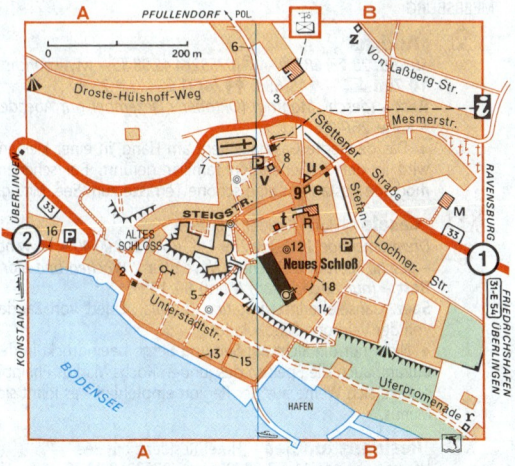

Seehotel Off
Uferpromenade 51 (über B) ⊠ *88709* – ℰ *(07532) 4 47 40* – *www.seehotel-off.de*
– *geschl. Januar*
21 Zim ⊑ – †79/130 € ††142/180 € – ½ P 28 €   **Rest** – Karte 25/46 €
◆ Das Hotel liegt am ruhigen Teil der Uferpromenade. Von den freundlichen Zimmern schaut man auf den See oder die Weinberge. Die Liegewiese bietet direkten Zugang zum Wasser. Auch im Restaurant hat man den See im Blick (er reicht sogar bis zu den Schweizer Bergen). Regionale Küche.

3 Stuben garni (mit Gästehaus)
Kirchstr. 7 ⊠ *88709* – ℰ *(07532) 8 00 90* – *www.3stuben.de* – *geschl. 1. Januar*
- 15. März, 15. November - 31. Dezember   **Bv**
28 Zim ⊑ – †80/110 € ††128/165 €
◆ Das von Mutter und Tochter betriebene Hotel befindet sich in einem hübschen restaurierten Fachwerkhaus in der Altstadt. Die Zimmer sind individuell und wohnlich gestaltet.

Terrassenhotel Weißhaar
Stefan-Lochner-Str. 24 (über B) ⊠ *88709* – ℰ *(07532) 4 50 40*
– *www.terrassenhotel-meersburg.de* – *geschl. November - März*
25 Zim ⊑ – †89/110 € ††117/124 € – ½ P 22 €
Rest – Menü 32 € (mittags) – Karte 28/48 €
◆ Dieses Hotel überzeugt durch seine traumhafte Lage über dem Bodensee. Ein gepflegtes familiengeführtes Haus mit funktionell ausgestatteten Zimmern - überwiegend mit Seeblick. Highlight des Restaurants ist die einzigartige Panoramaterrasse.

Löwen
Marktplatz 2 ⊠ *88709* – ℰ *(07532) 4 30 40* – *www.hotel-loewen-meersburg.de*
20 Zim ⊑ – †55/69 € ††90/120 €   **Be**
Rest – *(geschl. November - April: Mittwoch)* Karte 24/44 €
◆ Der über 500 Jahre alte Gasthof in der oberen Altstadt wird als Familienbetrieb geführt und beherbergt hinter seiner sehr ansprechenden roten Fassade individuelle Zimmer. Gemütlich sitzt man in der holzvertäfelten Gaststube.

Bären
Marktplatz 11 ⊠ *88709* – ℰ *(07532) 4 32 20* – *www.baeren-meersburg.de* – *geschl.*
14. November - Mitte März   **Bu**
20 Zim ⊑ – †49/75 € ††82/108 € – ½ P 19 €
Rest – *(geschl. Montag, außer an Feiertagen sowie März - Juni: jeden 2. Dienstag)*
Karte 16/25 €
◆ Der älteste Gasthof Meersburgs. In dem Familienbetrieb mit seinen drei verbundenen historischen Häusern erwarten Sie unterschiedliche, teils mit antikem Mobiliar ausgestattete Zimmer. Ein weißer Kachelofen ziert die gemütliche Gaststube.

MEERSBURG

Aurichs
Steigstr. 28 ✉ *88709* – ✆ *(07532) 4 45 98 55* – *www.aurichs.com* – *geschl. Januar - März*
10 Zim – †45/65 € – ††74/91 € – ½ P 21 €
Rest – *(geschl. Montag) (Oktober - Dezember nur Abendessen)* Menü 27/32 €
– Karte 26/49 €
• Das gepflegte Gasthaus liegt am Hang, in einer kleinen Gasse in der Altstadt, und wird in der 2. Generation familiär geführt. Bei schönem Wetter bietet das nette moderne Restaurant eine schöne Terrasse zum See. Mittags einfacheres Angebot.

Casala – Hotel Residenz am See
Uferpromenade 11 ✉ *88709* – ✆ *(07532) 8 00 40* – *www.hotel-residenz-meersburg.com*
– *geschl. Februar 3 Wochen, November 2 Wochen und Montag - Dienstag*
Rest – *(nur Abendessen)* Menü 80/135 €   **Br**
Spez. Gänseleberinterpretation "Casala". Duett von Zander und Flusskrebsen. Délice von der Valrhona Schokolade.
• Nicht nur die Sicht auf See und Berge beeindruckt in dem modern gestalteten Restaurant, auch die Speisen des jungen Kochs Markus Philippi verdienen Beachtung. Lassen Sie sich Weine aus der Region empfehlen - es lohnt sich! Angebot in Form zweier Menüs.

Residenz am See – Hotel Residenz am See
Uferpromenade 11 ✉ *88709* – ✆ *(07532) 8 00 40*
– *www.hotel-residenz-meersburg.com* – *geschl. November - April: Dienstag*
Rest – Menü 43/51 € – Karte 33/50 €   **Br**
• Mit Engagement und sichtbarer Freude kümmert man sich hier um das Wohl der Gäste. Der Küchenchef bekocht Sie mit schmackhaften schwäbischen Gerichten, lässt sich aber international beeinflussen.

Winzerstube zum Becher
Höllgasse 4 ✉ *88709* – ✆ *(07532) 90 09* – *www.winzerstube-zum-becher.de*
– *geschl. 1. - 20. Januar und Montag*   **Bt**
Rest – *(Tischbestellung ratsam)* Menü 26/65 € – Karte 21/44 €
• Das gemütliche Gasthaus mit 400-jähriger Tradition ist seit 1887 in Familienbesitz. Gekocht wird regional mit internationalem Einfluss. Kleine Terrasse nach hinten.

MEHRING (KREIS ALTÖTTING) – Bayern – **546** – 2 240 Ew   **67** O20
– Höhe 432 m

▶ Berlin 632 – München 103 – Bad Reichenhall 70 – Passau 84

In Mehring-Hohenwart Nord: 1,5 km

Schwarz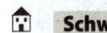
Hohenwart 10 ✉ *84561* – ✆ *(08677) 9 84 00* – *www.gasthof-schwarz.de*
28 Zim – †54/64 € ††82/90 €
Rest – *(geschl. Mitte August - Anfang September und Dienstag)* Menü 12/26 €
– Karte 22/34 €
• Der Gasthof unter familiärer Leitung liegt in einem beschaulichen Dorf, unterhalb der Kirche. Wohnliche Zimmer, nette Aussicht vom verglasten Frühstücksraum. In den gemütlichen regionstypischen Gaststuben isst man bayerisch.

MEININGEN – Thüringen – **544** – 21 650 Ew – Höhe 290 m   **39** J13

▶ Berlin 371 – Erfurt 80 – Coburg 69 – Fulda 63

ℹ Markt 14, ✉ 98617, ✆ (03693) 4 46 50, www.meiningen.de

Sächsischer Hof
Georgstr. 1 ✉ *98617* – ✆ *(03693) 45 70* – *www.saechsischerhof.com*
40 Zim – †74/98 € ††97/129 €, ⊇ 10 € – 3 Suiten
Rest *Posthalterei* – siehe Restaurantauswahl
Rest *Kutscherstube* – Karte 20/33 €
• Das traditionsreiche elegante Hotel - einst Poststation - befindet sich gegenüber dem Englischen Garten und beherbergt großzügige, klassisch eingerichtete Gästezimmer. Gemütlich sitzt man in der rustikalen Kutscherstube bei bürgerlich-regionaler Küche.

MEININGEN

Posthalterei – Hotel Sächsischer Hof
Georgstr. 1 ✉ *98617* – ✆ *(03693) 45 70* – *www.saechsischerhof.com*
– geschl. 19. - 23. Februar, 29. Juli - 13. August und Sonntagabend - Montag
Rest – Menü 36/69 € – Karte 31/43 €
• Hier überzeugen schmackhafte saisonale Küche und eine gute Weinauswahl sowie freundlicher, aufmerksamer Service und das schöne behagliche Ambiente mit rustikalem Charme.

MEISSEN – Sachsen – **544** – 27 700 Ew – Höhe 110 m   **43** P12
▶ Berlin 194 – Dresden 23 – Chemnitz 61 – Leipzig 85
🛈 Markt 3 AY, ✉ 01662, ✆ (03521) 4 19 40, www.touristinfo-meissen.de
◎ Staatliche Porzellanmanufaktur★ AZ – Albrechtsburg★ – Dom★ AX

Stadtpläne siehe nächste Seiten

WELCOME Parkhotel (mit Gästehaus)
Hafenstr. 27 ✉ *01662* – ✆ *(03521) 7 22 50*
– *www.welcome-hotel-meissen.de*   **BXa**
97 Zim – †65/95 € ††90/130 € **Rest** – Menü 35 € (abends) – Karte 23/34 €
• Klassisch-elegant wohnt man in der schönen Jugendstilvilla von 1870. Das Hotel liegt an der Elbe, in einem kleinen Garten mit altem Baumbestand. Frühstück im Wintergarten zum Fluss. Restaurant mit hübscher Terrasse und Biergarten am Elbradweg.

Goldener Löwe
Heinrichsplatz 6 ✉ *01662* – ✆ *(03521) 4 11 10* – *www.welcome-hotel-meissen.de*
36 Zim – †55/85 € ††95/115 €   **AYt**
Rest *zenSuR* – (geschl. Mitte Januar - Mitte Februar und Dienstag - Mittwoch)
Karte 39/49 €
Rest *Weinstube* – (nur Abendessen) Menü 30/46 € – Karte 18/32 €
• Das 1657 erstmals erwähnte Gasthaus in der historischen Altstadt ist zu einem wohnlich-gediegen eingerichteten Hotel geworden. Die Zimmer liegen teils recht ruhig zum Innenhof. ZenSuR mit kreativer internationaler Küche. Regionales in der gemütlichen Weinstube.

Burgkeller
Domplatz 11 ✉ *01662* – ✆ *(03521) 4 14 00* – *www.hotel-burgkeller-meissen.de*
10 Zim – †75 € ††125 € **Rest** – Karte 15/25 €   **AXu**
• Dank seiner Lage auf dem Meißner Burgberg bietet das 1881 eröffnete kleine Hotel mit eleganten Zimmern einen tollen Blick auf Elbe und Altstadt. Überall im Haus finden sich schöne Gemälde. Herrliche Aussicht vom klassischen Restaurant und der beliebten Terrasse.

Ross
Großenhainer Str. 9 ✉ *01662* – ✆ *(03521) 75 10* – *www.hotel-ross-meissen.de*
30 Zim – †50/85 € ††65/120 €   **BYb**
Rest – (nur Abendessen) Karte 17/27 €
• Familie Eichholz leitet die ehemalige Hofschmiede und Ausspanne gegenüber dem Bahnhof. Ein zeitgemäßes Hotel mit gepflegten Zimmern und guten Parkmöglichkeiten. In zeitlosem Stil gehaltenes Restaurant.

Vincenz Richter
An der Frauenkirche 12 ✉ *01662* – ✆ *(03521) 45 32 85* – *www.vincenz-richter.de*
– geschl. 9. - 29. Januar und Sonntagabend - Montag   **AYf**
Rest – (Tischbestellung ratsam) Menü 32/36 € – Karte 24/43 €
• Ein charmantes Lokal im Tuchmacherzunfthaus von 1523, in dem reichlich Dekorationen für Gemütlichkeit sorgen. Man bietet u. a. Eigenbauweine. Romantischer Innenhof mit Nischen.

Meissen
Talstr. 9, (2. Etage) ✉ *01662* – ✆ *(03521) 46 87 30* – *www.gastronomie-meissen.com*
Rest – Menü 32 € – Karte 22/33 €   **AYa**
• Im Porzellan-Museum gelegen, ist das moderne Restaurant interessant für die Besucher der Manufaktur. Die saisonalen Speisen werden natürlich auf Meissener Porzellan serviert.

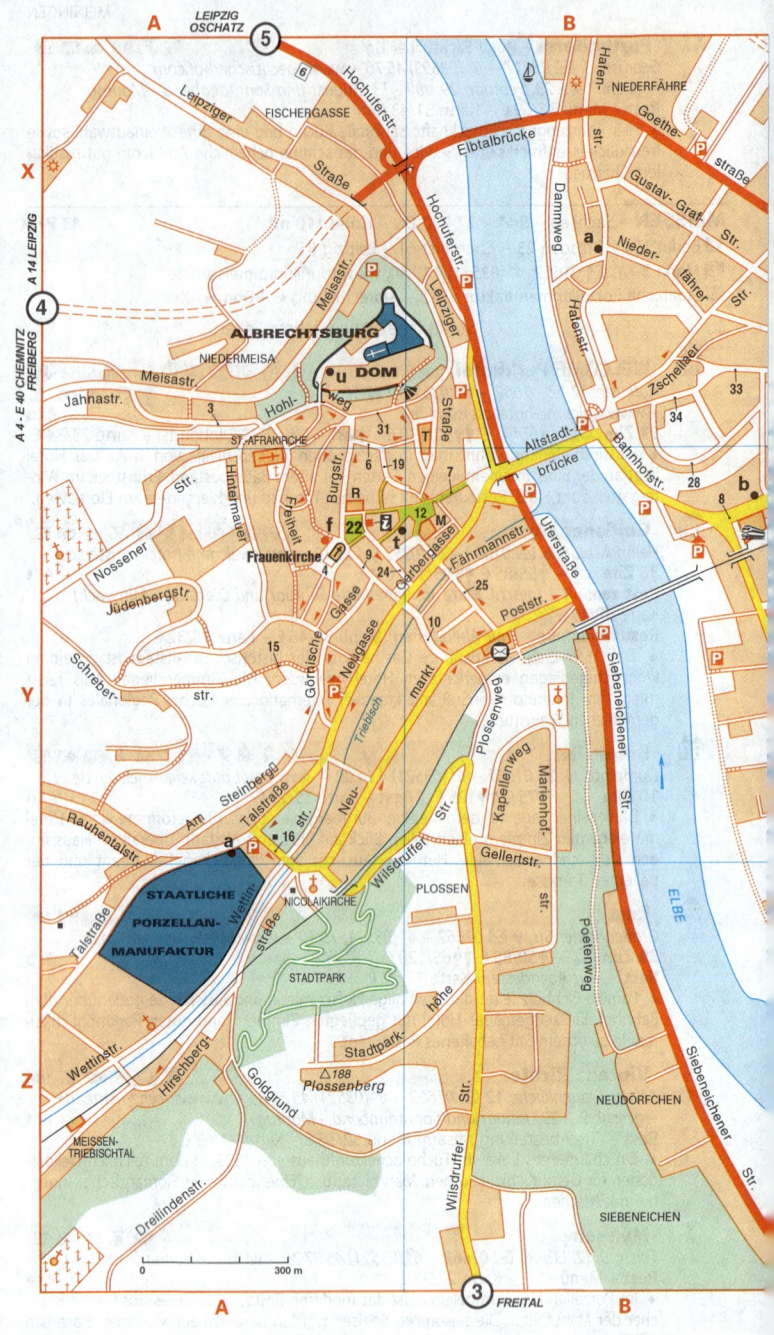

MEISSEN

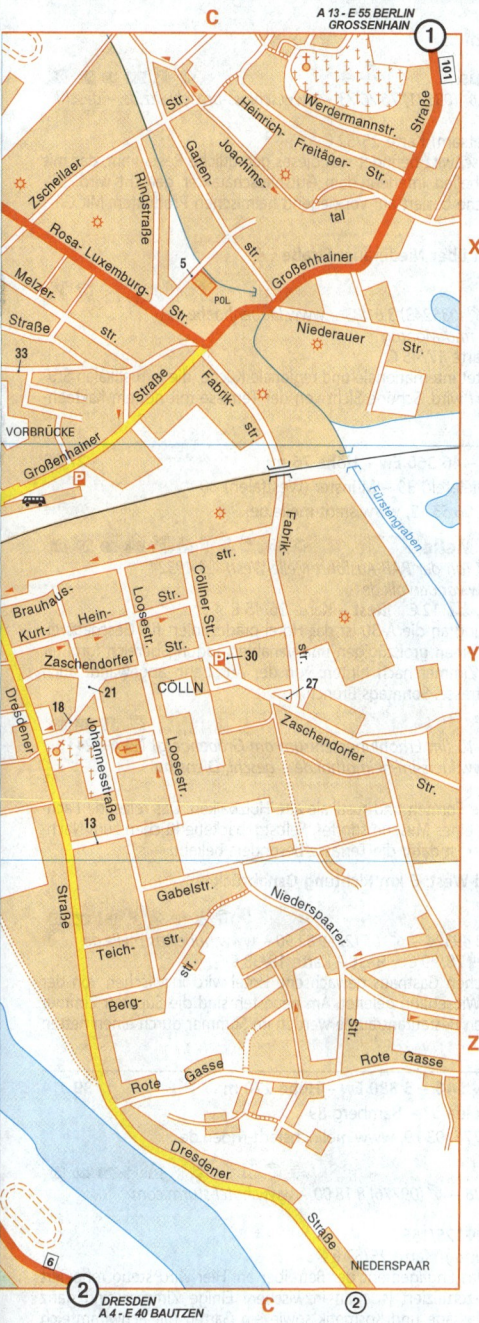

Am Lommatzscher Tor	**AX**	3
Am Steinberg	**AY**	
An der Frauenkirche	**AY**	4
August-Bebel-Str.	**CX**	5
Baderberg	**AXY**	6
Bahnhofstr.	**BY**	
Bergstr.	**CZ**	
Brauhausstr.	**CY**	
Burgstr.	**AY**	
Dammweg	**BX**	
Dreilindenstr.	**AZ**	
Dresdener Str.	**CYZ**	
Dr-Eberte-Pl.	**BY**	8
Elbbrücke	**BXY**	
Elbstr.	**BY**	7
Fabrikstr.	**CX**	
Fleischergasse	**AY**	9
Freiheit	**AY**	
Gabelstr.	**CZ**	
Gartenstr.	**CX**	
Gellertstr.	**AY**	
Gerbergasse	**BY**	
Goethestr.	**BY**	
Goldgrund	**AZ**	
Gornische Gasse	**AY**	
Großenhainer Str.	**CXY**	
Gustav-Graf-Str.	**BX**	
Hafenstr.	**BX**	
Hahnemannspl.	**BY**	10
Heinrichtspl.	**BY**	12
Heinrich-Freitäger-Str.	**CX**	
Herbert-Böhme-Str.	**CY**	13
Hintermauer	**AY**	
Hirschbergstr.	**AZ**	
Hochuferstr.	**ABX**	
Hohlweg	**AX**	
Jahnastr.	**AX**	
Joachimstal	**CX**	
Jüdenbergstr.	**AY**	
Justusstufen	**AY**	15
Karlberg	**CYZ**	
Kerstingstr.	**AY**	16
Kirchgasse	**CY**	18
Kurt-Hein-Str.	**CY**	
Leipziger Str.	**ABX**	
Loosestr.	**CY**	
Lorenzgasse	**AY**	19
Lutherpl.	**BY**	21
Marienhofstr.	**AY**	
Markt	**ABY**	22
Marktgasse	**ABY**	24
Martinstr.	**BY**	25
Meisastr.	**AX**	
Melzerstr.	**CX**	
Moritzburger Pl.	**CY**	27
Neugasse	**AY**	
Neumarkt	**AY**	
Niederauer Str.	**CX**	
Niederfährer Str.	**BCX**	
Niederspaarer Str.	**CZ**	
Nossener Str.	**AY**	
Plossenweg	**BY**	
Poetenweg	**BZ**	
Poststr.	**BY**	
Ratsweinberg	**BY**	28
Robert-Koch-Pl.	**CY**	30
Rosa-Luxemburg-Str.	**CX**	
Rote Gasse	**CZ**	
Schloßberg	**AX**	31
Schreberstr.	**AY**	
Siebeneichener Str.	**BYZ**	
Stadtparkhöhe	**ABZ**	
Talstr.	**AYZ**	
Teichstr.	**CZ**	
Uferstr.	**BY**	
Vorbrücker Str.	**BCX**	33
Weinberggasse	**BX**	34
Werdermannstr.	**CX**	
Wettinstr.	**AYZ**	
Wildsdruffer Str.	**BYZ**	
Zaschendorfer Str.	**CY**	
Zscheilaer Str.	**BCX**	

MEISSEN

In Meißen-Zadel Süd-Ost: 7 km

✗ Lippe'sches Gutshaus
Dorfanger 19 ✉ *01665 – ✆ (03521) 76 76 73 – www.schloss-proschwitz.de – geschl. Montag - Dienstag*
Rest – (Tischbestellung ratsam) Karte 25/52 €
◆ Im Weingut Schloss Proschwitz befindet sich dieses gemütliche Restaurant, das mit seinem geschmackvollen hellen Interieur dem Gutshauscharakter gerecht wird. Die international-regionale Küche basiert auf vorwiegend heimischen Produkten. Mit Gästezimmern.

In Weinböhla Nord-Ost: 11 km über Niederauer Straße CX

✗ Laubenhöhe
Köhlerstr. 77 ✉ *01689 – ✆ (035243) 3 61 83 – www.laubenhoehe.de – geschl. 13. - 28. Februar und Montag*
Rest – Menü 18/45 € – Karte 17/45 €
◆ Der Familienbetrieb bietet internationale und regionale Küche, die in rustikalen Stuben mit Kachelofen serviert wird. Schöne Sicht von der Terrasse mit nettem Kakteengarten.

MELLE – Niedersachsen – 541 – 46 360 Ew – Höhe 76 m   27 F9
▶ Berlin 399 – Hannover 115 – Bielefeld 39 – Münster (Westfalen) 80
🅸 Markt 22, ✉ 49324, ✆ (05422) 96 53 12, www.stadt-melle.de

🏨 Van der Valk Hotel Melle
Wellingholzhausener Str. 7 (an der BAB-Ausfahrt Melle-West) ✉ *49324 – ✆ (05422) 9 62 40 – www.vandervalk.de*
118 Zim – ♦71 € ♦♦79 €, ⚏ 12 €   **Rest** – Karte 26/45 €
◆ Dank der Direktanbindung an die A 30 ist das Hotel prädestiniert für Geschäftsreisende, zudem bietet man einen großzügigen und variablen Tagungsbereich (größter Raum 660 qm). Ruhigere Zimmer nach hinten; von der Autobahn abgewandt auch das Restaurant und die Terrasse. Sonntags Brunch.

✗ Lüers im Heimathof
Friedrich-Ludwig-Jahn-Str. 10 (im Erholungszentrum am Grönenberg) ✉ *49324 – ✆ (05422) 92 50 91 – www.luers-im-heimathof.de – geschl. Dienstag*
Rest – Karte 25/48 €
◆ Frische Farben, moderne Formen und rustikale alte Holzbalken. Das reizende Fachwerkhaus von 1620 ist Teil eines Museumsdorfes. Selbstgebackene Kuchen zum Nachmittags-Kaffee - im Sommer ist dafür die Terrasse besonders beliebt!

In Melle-Westerhausen Nord-West: 6 km Richtung Osnabrück

Hubertus
Westerhauser Str. 50 ✉ *49324 – ✆ (05422) 9 82 90 – www.hubertus-melle.de*
41 Zim ⚏ – ♦42/75 € ♦♦78/99 €   **Rest** – Karte 18/38 €
◆ Das aus einem historischen Gasthaus gewachsene Hotel wird inzwischen von der 4. Generation der Familie Wiesehahn geleitet. Am neuesten sind die Superior-Zimmer mit Flat-TV. Die gemütlichen Restauranträume werden im Sommer durch einen netten Biergarten ergänzt.

MELLRICHSTADT – Bayern – 546 – 5 880 Ew – Höhe 270 m   39 J14
▶ Berlin 392 – München 359 – Fulda 57 – Bamberg 89
🅸 Marktplatz 2, ✉ 97638, ✆ (09776) 93 79, www.mellrichstadt-rhoen.de

🏨 Sturm (mit Gästehäusern)
Ignaz-Reder-Str. 3 ✉ *97638 – ✆ (09776) 8 18 00 – www.hotel-sturm.com – geschl. 8. - 22. Januar*
46 Zim ⚏ – ♦82/89 € ♦♦125/155 €
Rest – (geschl. Sonntagmittag) Karte 25/57 €
◆ Man sieht dem Hotel das Engagement der Betreiber an: Hier wird stetig renoviert und verbessert, auch bio-zertifiziert ist man inzwischen! Einige Zimmer sind ganz modern, dazu kommen Massage und Kosmetik sowie ein Garten mit Schwimmteich und Blockhaussauna.

MELSUNGEN – Hessen – 543 – 13 430 Ew – Höhe 179 m – Luftkurort 39 H12
▶ Berlin 407 – Wiesbaden 198 – Kassel 30 – Bad Hersfeld 45
🛈 Sandstr. 13 ✉ 34212, ☎ (05661) 70 82 00, www.melsungen.de

Centrinum
Rosenstr. 1 ✉ 34212 – ☎ (05661) 92 60 60 – www.centrinum.de
22 Zim ☑ – †80 € ††120 € – 1 Suite **Rest** – Karte 19/42 €
♦ In diesem Hotel in der Altstadt wurde Modernität clever mit Fachwerk kombiniert. Die zeitgemäßen Zimmer sind individuell eingerichtet. Netter Saunabereich. Internationale Küche im Bistro. Von der Terrasse beobachtet man das Geschehen in der Fußgängerzone.

MEMMELSDORF – Bayern – 546 – 8 930 Ew – Höhe 262 m 50 K15
▶ Berlin 398 – München 240 – Coburg 47 – Bamberg 7

Brauerei-Gasthof Drei Kronen (mit Gästehaus)
Hauptstr. 19 ✉ 96117 – ☎ (0951) 94 43 30
– www.drei-kronen.de – geschl. 20. - 25. Dezember
25 Zim ☑ – †59/79 € ††84/120 €
Rest – (geschl. Sonntagabend - Montagmittag) Karte 19/40 €
♦ Mit Engagement leitet Familie Straub den erweiterten Gasthof von 1750 bereits in der 3. Generation. Eine behagliche Adresse mit wohnlichen Zimmern (fragen Sie nach dem "Braumeistertempel"), gutem Frühstück in freundlichem Ambiente und eigener Brauerei. Hübsch dekorierte ländliche Gaststuben.

MEMMINGEN – Bayern – 546 – 41 090 Ew – Höhe 601 m 64 I20
▶ Berlin 661 – München 114 – Kempten (Allgäu) 35 – Augsburg 95
🛈 Marktplatz 3 Y, ✉ 87700, ☎ (08331) 85 01 73, www.memmingen.de
🖸 Buxheim, Westernhart 1b, ☎ (08331) 7 10 16
◉ Martinskirche (Chorgestühl★) Y

Stadtplan auf der nächsten Seite

Falken garni
Roßmarkt 3 ✉ 87700 – ☎ (08331) 9 45 10 – www.hotel-falken-memmingen.de
– geschl. Mitte Dezember - Anfang Januar, August 3 Wochen   **Zv**
42 Zim ☑ – †75/85 € ††110/120 €
♦ In dem Stadthotel mitten im Zentrum erwarten Sie wohnliche, neuzeitliche Zimmer, einige mit Dampfdusche. W-Lan steht den Gästen kostenfrei zur Verfügung.

Allgäuhotel Memmingen Nord garni
Teramostr. 31 (über Donaustraße Y) ✉ 87700 – ☎ (08331) 99 18 10
– www.allgaeuhotel-memmingen-nord.de
28 Zim ☑ – †68 € ††86 €
♦ Neuzeitlich und funktionell ausgestattete Zimmer und die gute Anbindung an die Autobahn machen dieses Hotel aus. Man bietet einen Shuttleservice zum Bahnhof und zum Flughafen.

Engelkeller
Königsgraben 9 ✉ 87700 – ☎ (08331) 9 84 44 90 – www.engelkeller.de
25 Zim ☑ – †82/92 € ††118 € **Rest** – Karte 25/44 €   **Ye**
♦ In einem Eckhaus nicht weit von der Innenstadt stehen geradlinig-zeitgemäß gestaltete Gästezimmer in warmen Brauntönen bereit. Das mit rustikaler Note eingerichtete Restaurant wird durch einen Biergarten ergänzt.

Weinstube Weber am Bach
Untere Bachgasse 2 ✉ 87700 – ☎ (08331) 24 14 – www.weberambach.de – geschl. Montagmittag   **Zc**
Rest – (Tischbestellung ratsam) Menü 30 € – Karte 23/57 €
♦ Das jahrhundertealte Haus mit den gemütlich-ländlichen Stuben steht mitten in der Altstadt. Die Küche ist international, teilweise bürgerlich-saisonal. Nette Terrasse am Bach.

MEMMINGEN

Am Kuhberg	**Y** 2
Am Luginsland	**Y** 3
An der Hohen Wacht	**Z** 5
An der Kaserne	**Z** 6
An der Mauer	**Z** 7
Augsburger Str.	**Y** 8
Baumstr.	**Z** 10
Buxheimer Str.	**Y** 14
Donaustr.	**Y** 15
Frauenkirchpl.	**Z** 16
Hallhof	**Z** 17
Herrenstr.	**YZ** 18
Hirschgasse	**Z** 19
Kalchstr.	**Y** 20
Königsgraben	**YZ** 21
Kohlschanzstr.	**Y** 22
Kramerstr.	**Z** 23
Kreuzstr.	**Z** 24
Kuttelgasse	**Z** 25
Lindauer Str.	**Z** 26
Lindentorstr.	**Y** 27
Marktpl.	**Y** 28
Martin-Luther-Pl.	**YZ** 29
Maximilianstr.	**YZ** 30
Ratzengraben	**Y** 34
Roßmarkt	**Y** 35
Salzstr.	**YZ** 36
St-Josefs-Kirchplatz	**Y** 37
Schleiferpl.	**Z** 39
Schrannenpl.	**Z** 41
Steinbogenstr.	**Z** 43
Weberstr.	**Z** 49
Weinmarkt	**Z** 50
Westertorpl.	**YZ** 51
Zangmeisterstr.	**Z** 52
Zellerbachstr.	**Z** 53

MENGEN – Baden-Württemberg – **545** – 9 960 Ew – Höhe 561 m — **63** G20

▶ Berlin 690 – Stuttgart 116 – Konstanz 73 – Freiburg im Breisgau 138

Rebstock
Hauptstr. 93 ⊠ *88512 –* ℰ *(07572) 7 66 80 – www.rebstock-mengen.de*
– geschl. Weihnachten - 6. Januar
10 Zim ⊇ – †54/60 € ††79 €
Rest *Rebstock* – siehe Restaurantauswahl
♦ Hinter der schmucken historischen Fachwerkfassade bietet das Ehepaar Linder gepflegte, zeitlos eingerichtete Gästezimmer und gute Produkte zum Frühstück.

Rebstock – Hotel Rebstock
Hauptstr. 93 ⊠ *88512 –* ℰ *(07572) 7 66 80 – www.rebstock-mengen.de*
– geschl. Weihnachten - 6. Januar, Montag und Samstagmittag
Rest – Menü 18/22 € – Karte 23/50 €
♦ Die baulichen Ursprünge dieser Adresse gehen bis ins 13. Jh. zurück. In dem alten Gemäues lockt man mit einer kulinarischen Mischung schwäbisch-internationaler Spezialitäten unter saisonalem Einfluss.

MENGKOFEN (KREIS DINGOLFING) – Bayern – **546** – 5 730 Ew — **59** N18
– Höhe 398 m

▶ Berlin 556 – München 106 – Regensburg 65 – Dingolfing 10

Zur Post
Hauptstr. 20 ⊠ *84152 –* ℰ *(08733) 9 22 70 – www.post-mengkofen.de*
– geschl. 1. - 10. Januar
30 Zim ⊇ – †70/80 € ††100 €
Rest – *(geschl. Sonntagabend) (Montag - Freitag nur Abendessen)* Karte 27/44 €
♦ Der gewachsene historische Gasthof im Ortskern ist eine ehemalige Posthalterei, die heute modern und funktionell gestaltete Zimmer bietet, nach hinten ruhiger. Angenehm helles Restaurant im Wintergarten, dazu das Poststüberl. Samstagabends Gourmetmenü im "P 20".

MEPPEN – Niedersachsen – **543** – 34 780 Ew – Höhe 14 m — **16** D7

▶ Berlin 504 – Hannover 240 – Nordhorn 43 – Bremen 129
🛈 Markt 4, ⊠ 49716, ℰ (05931) 15 33 33, www.touristmeppen.de
⛳ Gut Düneburg, Düneburg 1, ℰ (05932) 7 27 40

von Euch
Kuhstr. 21 ⊠ *49716 –* ℰ *(05931) 4 95 01 00 – www.hotelvoneuch.de*
29 Zim ⊇ – †75/125 € ††95/140 €
Rest – *(geschl. Sonntagabend)* Menü 16/26 € – Karte 15/39 €
♦ Freundlich kümmert man sich in dem Hotel im Zentrum um seine Gäste. Sie wohnen in tipptopp gepflegten, neuzeitlich eingerichteten Zimmern und genießen am Morgen ein gutes Frühstück. Restaurant in zeitlosem Stil mit ruhig gelegener Terrasse.

Poeker
Herzog-Arenbergstr. 15 ⊠ *49716 –* ℰ *(05931) 49 10 – www.hotel-poeker.de*
49 Zim ⊇ – †58/79 € ††78/98 € **Rest** – Menü 15/28 € – Karte 16/34 €
♦ Der Familienbetrieb liegt zentral und dennoch relativ ruhig. Einige Zimmer sind ganz neu und mit klarem Design, Klimaanlage, Bluetooth-Technik und iPod-Station "up to date"! In einem Gästehaus hat man zudem vier Ferienwohnungen.

Parkhotel
Lilienstr. 21 (nahe der Freilichtbühne) ⊠ *49716 –* ℰ *(05931) 9 79 00*
– www.parkhotel-meppen.de
34 Zim ⊇ – †55/75 € ††79/99 €
Rest – *(geschl. Sonntag) (nur Abendessen)* Karte 21/45 €
♦ In einer ruhigen Seitenstraße am Waldrand gelegenes Hotel mit unterschiedlichen Zimmern, darunter einige besonders moderne mit Terrasse. Schön ist auch die Außensauna im Garten. Hübsch dekoriertes, ländlich gehaltenes Restaurant.

Schmidt am Markt
Markt 17 ⊠ *49716 –* ℰ *(05931) 9 81 00 – www.hotel-schmidt-meppen.de*
31 Zim ⊇ – †58/78 € ††82/98 € **Rest** – Karte 19/38 €
♦ Vor allem die Zimmer im Neubau überzeugen - nicht nur mit ihrer modernen Einrichtung, auch mit ihrer Größe! Sie brauchen nur aus dem Haus zu gehen und stehen direkt in der Fußgängerzone.

MERGENTHEIM, BAD – Baden-Württemberg – **545** – 22 520 Ew
– Höhe 206 m – Heilbad

▶ Berlin 539 – Stuttgart 117 – Würzburg 46 – Ansbach 78
ℹ Marktplatz 1, ✉ 97980, ☏ (07931) 57 48 15, www.bad-mergentheim.de
Igersheim, Erlenbachtalstr. 36, ☏ (07931) 56 11 09

Palais Victoria
Poststr. 2 ✉ 97980 – ☏ (07931) 59 30 – www.victoria-hotel.de
40 Zim – †69/85 € ††99/149 € – ½ P 25 € – 1 Suite
Rest *Zirbelstube* ❀ **Rest** *Vinothek & Markthalle* – siehe Restaurantauswahl
♦ Ein mit wohnlichen Gästezimmern ausgestattetes Hotel am Rand der Altstadt mit ihrem hübschen Marktplatz. Praktisch ist die unmittelbare Nähe zum Bahnhof.

Parkhotel
Lothar-Daiker-Str. 6 ✉ 97980 – ☏ (07931) 53 90
– www.parkhotel-mergentheim.de
116 Zim – †93/109 € ††127/153 € – ½ P 23 € **Rest** – Karte 22/39 €
♦ Das Hotel befindet sich direkt am schönen Kurpark, zu dem auch die neuzeitlichen Zimmer liegen, alle mit Balkon oder Loggia. Medizinische Anwendungen und Schönheitsfarm. Internationale Küche im hellen, geradlinigen Restaurant. Terrasse mit Blick ins Grüne.

Bundschu
Milchlingstr. 24 ✉ 97980 – ☏ (07931) 93 30 – www.hotel-bundschu.de
59 Zim – †62/92 € ††95/125 € – ½ P 25 €
Rest *Bundschu* – siehe Restaurantauswahl
♦ Engagiert betreibt Familie Bundschu in einer relativ ruhigen Wohngegend dieses gewachsene Hotel. Einige Zimmer sind im besonders modernen Anbau untergebracht.

Alte Münze garni
Münzgasse 12 ✉ 97980 – ☏ (07931) 56 60 – www.hotelaltemuenze.de
30 Zim – †52 € ††85 €
♦ Nicht weit vom Deutschordensschloss befindet sich dieses neuzeitliche Stadthotel mit großzügig geschnittenen, funktionell eingerichteten Zimmern.

Zirbelstube – Hotel Palais Victoria
❀
Poststr. 2 ✉ 97980 – ☏ (07931) 59 30 – www.victoria-hotel.de
– geschl. Anfang Januar - Mitte Februar, Mitte Juli - Ende August, Sonntag - Montag und an Feiertagen
Rest – *(nur Abendessen)* Menü 69/98 € – Karte 50/69 €
Spez. Fränkische Flusskrebse im eigenen Sud. In Brentano geschmortes Bäckchen und in Gewürzrotwein pochiertes Filet vom Hohenloher Weiderind. Gratinierter Schokoladen-Mohnfladen mit weißem Mokka-Eis.
♦ Sehr gute klassische Küche in stilvollem Ambiente - die hübsche Zirbelholztäfelung war hier namengebend. Hubert Retzbach hat sich ganz und gar den Produkte aus der Region verschrieben. Es wird nur ein Menü angeboten, aus dem man auch à la carte wählen kann.

Bundschu – Hotel Bundschu
Milchlingstr. 24 ✉ 97980 – ☏ (07931) 93 30 – www.hotel-bundschu.de – geschl. Montag
Rest – Karte 20/43 €
♦ Hier steht der Hausherr Hans Jörg Bundschu seit Jahrzehnten persönlich am Herd. Er kocht für seine Gäste regionale Gerichte (z. B. "Schwaben Menü"), lässt sich aber auch von internationalen Rezepten (z. B. "Mediterranes Menü") beeinflussen.

Vinothek & Markthalle – Hotel Palais Victoria
Poststr. 2 ✉ 97980 – ☏ (07931) 59 36 07 – www.victoria-hotel.de
Rest – Menü 30/65 € (abends) – Karte 30/59 €
♦ Das gemütliche Lokal ist besonders für Weinliebhaber eine interessante Einkehrmöglichkeit. Neben herzhaften Speisen aus der Showküche bietet man gute regionale Weine an, die man auch kaufen kann.

MERGENTHEIM, BAD

In Bad Mergentheim-Markelsheim Süd-Ost: 6 km über B 19 – Erholungsort

Gästehaus Birgit garni
Scheuerntorstr. 25 ⊠ *97980* – ℰ *(07931) 9 09 00* – *www.gaestehausbirgit.de* – *geschl. 24. - 26. Dezember*
12 Zim – †44 € ††68 € – 1 Suite
♦ Ein sympathischer kleiner Familienbetrieb in ruhiger Lage am Ortsrand. Auf die Gäste warten zeitgemäße Zimmer in frischem Blau und Weiß und ein gepflegter Garten. Am Haus führt der Tauberradweg vorbei.

MERKLINGEN – Baden-Württemberg – **545** – 1 880 Ew – Höhe 699 m   56 H19

▶ Berlin 629 – Stuttgart 73 – Reutlingen 53 – Ulm (Donau) 26

Ochsen
Hauptstr. 12 ⊠ *89188* – ℰ *(07337) 9 61 80* – *www.hotel-ochsen-merklingen.de*
32 Zim – †62/78 € ††89/99 €
Rest – Menü 20 € (mittags)/58 € – Karte 18/48 €
♦ Das Gasthaus von 1609 wird seit 1823 von Familie Hintz betrieben! Im Stammhaus wohnt man in Zimmern von rustikal bis neuzeitlich, im Anbau befinden sich Tagungsräume, Festsaal und das moderne Restaurant (internationale Küche und Steaks) - hübsch die Terrasse.

In Berghülen Süd: 8 km über Machtolsheim

Zum Ochsen
Blaubeurer Str. 14 ⊠ *89180* – ℰ *(07344) 9 60 90* – *www.ochsen-berghuelen.de*
32 Zim – †38/48 € ††62/78 €
Rest – *(geschl. August 2 Wochen und Montag)* Karte 15/28 €
♦ In der 6. Generation wird der erweiterte Gasthof von der Familie geleitet. Die Zimmer im Haupthaus und im Anbau sind etwas unterschiedlich eingerichtet, solide und gepflegt. Restaurant mit bürgerlicher Küche.

MERSEBURG – Sachsen-Anhalt – **542** – 35 750 Ew – Höhe 100 m   31 M11

▶ Berlin 189 – Magdeburg 104 – Leipzig 27 – Halle (Saale) 16
🛈 Burgstr. 5, ⊠ 06217, ℰ (03461) 21 41 70, www.merseburg.de

Radisson BLU
Oberaltenburg 4 ⊠ *06217* – ℰ *(03461) 4 52 00*
– *www.merseburg-radissonblu.com*
133 Zim – †79/159 € ††93/176 € – 4 Suiten
Rest – Menü 22 € (mittags)/50 € – Karte 26/50 €
♦ Das barocke Zech'sche Palais ist Teil dieses oberhalb der Stadt gelegenen Hotels. Die Zimmer sind gediegen-komfortabel und technisch gut ausgestattet. Schöne historische Säle. Klassische Küche mit internationalem Einfluss im Restaurant Belle Epoque.

Stadt Merseburg
Christianenstr. 25 ⊠ *06217* – ℰ *(03461) 35 00*
– *www.bestwestern-merseburg.de*
74 Zim – †65/85 € ††75/95 € – 1 Suite   **Rest** – Karte 19/36 €
♦ Das auf Businessgäste ausgerichtete Hotel am Rande der Innenstadt bietet neuzeitliche Zimmer mit guter Technik, die Suite verfügt über eine tolle Dachterrasse. Massage-Angebot. Die Brasserie und der freundliche Wintergarten dienen als Restaurant.

Ritters Weinstuben mit Zim
Große Ritterstr. 22 (Zufahrt über Burgstraße) ⊠ *06217* – ℰ *(03461) 3 36 60*
– *www.ritters-weinstuben.de* – *geschl. Montag, Samstagmittag*
9 Zim – †49 € ††65 € – 1 Suite   **Rest** – Karte 29/47 €
♦ In behaglichen Räumen mit bürgerlich-eleganter Note serviert man Ihnen zeitgemäße internationale Küche. Mittags reicht man eine kleine Karte, ergänzt durch Tagesgerichte. Die Gästezimmer sind solide, wohnlich und funktional gestaltet.

MERTESDORF – Rheinland-Pfalz – 1 660 Ew – Höhe 220 m — 45 B15
▶ Berlin 725 – Mainz 150 – Trier 16 – Saarbrücken 82

Weis
Eitelsbacher Str. 4 ⌧ *54318* – ℰ *(0651) 9 56 10* – *www.hotel-weis.de*
49 Zim – †70/76 € ††96/120 €
Rest – Menü 19 € (mittags)/53 € – Karte 31/50 €
♦ Das in den Weinbergen des Ruwertals gelegene familiengeführte Hotel mit Weingut verfügt über zeitgemäße und wohnliche Zimmer sowie einen modernen Sauna- und Anwendungsbereich. Behagliches Restaurant mit Kachelofen und rustikale Stube.

XX Grünhäuser Mühle
Hauptstr. 4 ⌧ *54318* – ℰ *(0651) 5 24 34* – *www.gruenhaeuser-muehle.de* – *geschl. Montag - Dienstag*
Rest – (Mittwoch - Samstag nur Abendessen) Menü 33 € (mittags) – Karte 29/56 €
♦ Die gemütliche restaurierte alte Mühle bietet klassisch-traditionelle französische Küche mit vielen Spezialitäten aus der bretonischen Heimat des Patrons. Freundlicher Service.

MERZENICH – Nordrhein-Westfalen – 543 – 9 800 Ew – Höhe 126 m — 35 B12
▶ Berlin 608 – Düsseldorf 69 – Aachen 37 – Düren 6

XX Fuhs-Schöne Aussicht
Schöne Aussicht 18 (B 264) ⌧ *52399* – ℰ *(02421) 7 36 35* – *geschl. Montag - Dienstag*
Rest – (Mittwoch - Samstag nur Abendessen) (Tischbestellung ratsam) Menü 36/42 € – Karte 33/53 €
♦ Das seit vielen Jahren familiär geführte Haus bietet bürgerliche Küche auf saisonaler Basis. Teil des rustikalen Restaurants ist das zur schönen Gartenterrasse gelegene Kaminzimmer.

MERZIG – Saarland – 543 – 30 520 Ew – Höhe 174 m — 45 B16
▶ Berlin 746 – Saarbrücken 47 – Luxembourg 56 – Saarlouis 21
🛈 Poststr. 12, ⌧ 66663, ℰ (06861) 8 53 30, www.merzig.de

Roemer
Schankstr. 2 ⌧ *66663* – ℰ *(06861) 9 33 90* – *www.roemer-merzig.de*
41 Zim – †60/72 € ††89/99 €
Rest – (geschl. Samstagmittag) Menü 22 € – Karte 26/42 €
♦ Aus einem Stadthaus von 1871 ist dieses zeitgemäß und funktionell ausgestattete Hotel gewachsen. Einige Zimmer sind hübsch nach Themen dekoriert. Im neuzeitlichen Restaurant bietet man teils regionale Küche.

MESCHEDE – Nordrhein-Westfalen – 543 – 31 220 Ew – Höhe 260 m — 27 F11
– Wintersport: 550 m ⚞ 2
▶ Berlin 481 – Düsseldorf 150 – Arnsberg 19 – Brilon 22
🛈 Le-Puy-Str. 6, ⌧ 59872, ℰ (0291) 9 02 24 43, www.hennesee-tourismus.de

Hennedamm (mit Gästehaus)
Am Stadtpark 6 ⌧ *59872* – ℰ *(0291) 9 96 00* – *www.hennedamm-hotel.de* – *geschl. Weihnachten - 6. Januar*
34 Zim ⌑ – †53/103 € ††85/125 €
Rest – Menü 12 € (mittags)/39 € – Karte 19/55 €
♦ Das familiär geführte Hotel liegt am Ortsrand, nicht weit vom Hennesee. Es erwarten Sie funktionelle Zimmer in Haupt- und Gästehaus sowie ein neuzeitlicher Freizeitbereich. Rustikales Restaurant mit lichtem Wintergarten und netter kleiner Stube.

Von Korff
Le-Puy-Str. 19 ⌧ *59872* – ℰ *(0291) 9 91 40* – *www.hotelvonkorff.de*
26 Zim ⌑ – †66/69 € ††89/95 €
Rest *Von Korff* – siehe Restaurantauswahl
♦ Familie von Korff bietet in dem erweiterten Stadthaus von 1902 geradlinig-modern eingerichtete Zimmer mit Parkettboden, zeitgemäßer Technik und gutem Platzangebot.

MESCHEDE

✕✕ Von Korff – Hotel Von Korff
Le-Puy-Str. 19 ✉ *59872* – ✆ *(0291) 9 91 40* – *www.hotelvonkorff.de*
Rest – Menü 20/35 € – Karte 24/51 €
♦ Ein Patrizierhaus, dessen architektonische Erneuerung und Erweiterung gelungen ist, überzeugt mit einem Ambiente aus Modernität, klaren Formen und viel Licht. Schöne Auswahl an Bordeaux-Weinen.

In Meschede-Freienohl Nord-West: 10 km über A 46

✕✕ Luckai mit Zim
Christine-Koch-Str. 11 ✉ *59872* – ✆ *(02903) 9 75 20* – *www.hotel-luckai.de* – *geschl. Mittwoch*
15 Zim – †54/69 € ††86/99 €
Rest – *(Montag - Freitag nur Abendessen)* Karte 18/37 €
♦ In diesem hell gestalteten Restaurant serviert man bürgerliche Küche mit internationalen Einflüssen. Zum Haus gehören auch eine nette Sonnenterrasse und eine Bierstube. Die soliden Gästezimmer verfügen meist über einen Balkon.

In Meschede-Remblinghausen Süd: 6 km

🏠 Landhotel Donner
Zur alten Schmiede 4 ✉ *59872* – ✆ *(0291) 95 27 00* – *www.landhotel-donner.de*
– *geschl. 9. - 26. Januar*
14 Zim – †52/60 € ††86/89 € – ½ P 20 €
Rest *Landhotel Donner* – siehe Restaurantauswahl
♦ Die engagierte Familie Donner hat ihren 1911 gegründeten Gasthof in dem historischen Handelshaus zu einem sympathischen, bestens unterhaltenen und wohnlich gestalteten kleinen Hotel erweitert.

✕ Landhotel Donner – Landhotel Donner
Zur alten Schmiede 4 ✉ *59872* – ✆ *(0291) 95 27 00* – *www.landhotel-donner.de*
– *geschl. 9. - 26. Januar und Mittwoch*
Rest – Menü 32/43 € – Karte 25/48 €
♦ Nett und gemütlich sitzt man in den Gaststuben, in denen man stets frische, der Saison angepasste Gerichte anbietet. Schöne Gartenterrasse und hausgebackene Kuchen!

MESPELBRUNN – Bayern – 546 – 2 220 Ew – Höhe 269 m – Erholungsort 48 H15
▶ Berlin 561 – München 342 – Würzburg 62 – Aschaffenburg 16

🏨 Schlosshotel
Schlossallee 25 ✉ *63875* – ✆ *(06092) 60 80* – *www.schlosshotel-mespelbrunn.de*
– *geschl. 4. - 11. Januar*
41 Zim – †69/74 € ††96/164 € – ½ P 20 € **Rest** – Karte 22/37 €
♦ In direkter Nachbarschaft zum Wasserschloss hat sich aus der Schlosswirtschaft dieser Hotelkomplex entwickelt. In neuem Glanz und geradlinig-zeitgemäßem Stil erstrahlen nun viele der Zimmer und auch der Sauna- und Kosmetikbereich. Speisen Sie im Sommer auf der Terrasse unter alten Linden!

🏨 Zum Engel
Hauptstr. 268 ✉ *63875* – ✆ *(06092) 9 73 80* – *www.mespelbrunn-hotel-engel.de*
23 Zim – †49/65 € ††79/95 € – ½ P 14 €
Rest – *(geschl. November - April: Donnerstag)* Menü 25 € – Karte 21/45 €
♦ Der gewachsene Gasthof mit frischer gelber Fassade liegt am Ortsanfang unweit des Schlosses. Wohnliche Zimmer, teils mit Balkon - zum schönen großen Garten hin ruhiger. Das Restaurant teilt sich in eine Gaststube mit Kachelofen und die separate Zirbelstube.

🏨 Müller's Landhotel
Am Dürrenberg 1 (Hessenthal, Nord: 2 km) ✉ *63875* – ✆ *(06092) 82 48 20*
– *www.muellers-landhotel.eu*
29 Zim – †59/71 € ††94/118 € – ½ P 13 € – 2 Suiten
Rest *Müller's Frischeküche* – siehe Restaurantauswahl
♦ Seit rund 40 Jahren wird der Gasthof als Familienbetrieb geführt. Wer klare, moderne Formen mag, sollte eines der besonders ansprechenden neueren Zimmer wählen! Die meisten Zimmer mit Balkon.

MESPELBRUNN

Müller's Frischeküche – Müller's Landhotel
Am Dürrenberg 1 (Hessenthal, Nord: 2 km) ⊠ 63875
– ℰ (06092) 82 48 20 – www.muellers-landhotel.eu
Rest – *(November - März: Montag - Donnerstag nur Abendessen)* Menü 23/32 €
– Karte 21/36 €
♦ Die nett dekorierten Stuben versprühen ländlichen Charme. Ein freundliches Team serviert Ihnen regionale Speisen, zubereitet aus heimischen Produkten (z. B. Wild aus dem Spessart), die auf der Terrasse bei schöner Aussicht noch besser schmecken!

MESSKIRCH – Baden-Württemberg – 545 – 8 360 Ew – Höhe 616 m 63 G20
▶ Berlin 708 – Stuttgart 118 – Konstanz 55 – Freiburg im Breisgau 119
🛈 Schlossstr. 1, ⊠ 88605, ℰ (07575) 2 06 46, www.messkirch.de

In Meßkirch-Menningen Nord-Ost: 5 km über B 311

Zum Adler Leitishofen
Leitishofen 35 (B 311) ⊠ 88605 – ℰ (07575) 92 50 80 – www.adler-leitishofen.de
– geschl. Anfang Januar 2 Wochen und Dienstag
Rest – Menü 12/30 € – Karte 17/37 €
♦ In dem netten familiengeführten Landgasthof bietet man in ländlichem Ambiente eine überwiegend regional ausgerichtete Küche. Es stehen auch Gästezimmer (teilweise mit Balkon) zur Verfügung.

MESSSTETTEN – Baden-Württemberg – 545 – 10 510 Ew – Höhe 907 m 63 G20
▶ Berlin 736 – Stuttgart 91 – Konstanz 88 – Albstadt 8

Schwane
Hauptstr. 11 ⊠ 72469 – ℰ (07431) 9 49 40 – www.hotel-schwane.de
23 Zim ⊇ – †65/75 € ††90/105 €
Rest – *(geschl. Samstagmittag)* Menü 26 € (mittags)/45 € – Karte 28/50 €
♦ Das besonders von Geschäftsreisenden geschätzte Hotel ist aus einem restaurierten historischen Gasthof entstanden und verfügt über zeitgemäß und funktionell ausgestattete Zimmer. Neben regionalen Speisen bietet man auch immer wieder Weinproben an!

In Meßstetten-Hartheim Süd-West: 3 km über Hauptstraße

Lammstuben
Römerstr. 2 ⊠ 72469 – ℰ (07579) 6 21 – www.lammstuben.de
– geschl. Februar 2 Wochen, August 2 Wochen und Dienstag - Mittwoch
Rest – Menü 32/49 € – Karte 23/41 €
♦ Regionale Küche serviert man in den drei geschmackvoll gestalteten Stuben. Kachelofen, Wandvertäfelungen und bemalte Holzdecken unterstreichen das stilvollcharmante Ambiente.

METTLACH – Saarland – 543 – 12 420 Ew – Höhe 175 m 45 B16
▶ Berlin 754 – Saarbrücken 55 – Trier 43 – Saarlouis 29
🛈 Freiherr-vom-Stein-Str. 22, ⊠ 66693, ℰ (06865) 9 11 50, www.tourist-info.mettlach.de
◉ Cloef★★, West: 7 km

Saarpark
Bahnhofstr. 31 (B 51) ⊠ 66693 – ℰ (06864) 92 00 – www.hotel-saarpark.de
48 Zim ⊇ – †70/125 € ††113/148 € – 4 Suiten
Rest – Menü 25 € – Karte 17/39 €
♦ In dem Hotel nahe dem Saar stehen wohnlich und funktionell eingerichtete Gästezimmer zur Verfügung. Auch Allergikerzimmer sind vorhanden. Freundlich gestaltetes Restaurant und rustikale Bierstube.

Zum Schwan
Freiherr-vom-Stein-Str. 34a ⊠ 66693 – ℰ (06864) 9 11 60
– www.hotel-schwan-mettlach.de
16 Zim ⊇ – †53/63 € ††76/86 €   **Rest** – Karte 18/37 €
♦ Am Anfang der Fußgängerzone wohnt man in einem familiengeführten kleinen Hotel in praktisch und solide ausgestatteten Zimmern, die teilweise einen Balkon bieten.

METTLACH

 Haus Schons garni (mit Gästehaus)
Von-Boch-Liebig-Str. 1 ✉ *66693* – ⌀ *(06864) 12 14* – *www.hotel-haus-schons.de*
17 Zim ⌑ – †59/75 € ††79/95 €
♦ Der Familienbetrieb besteht aus dem Haus an der Saarbrücke und dem 300 m entfernten Gästehaus mit großen Appartements. Hochwertiges Frühstück mit Bioprodukten in beiden Häusern.

In Mettlach-Orscholz Nord-West: 6 km über Keuchingen, im Wald links ab
– Heilklimatischer Kurort

Landhotel Saarschleife (mit Gästehaus)
Cloefstr. 44 ✉ *66693* – ⌀ *(06865) 17 90*
– *www.hotel-saarschleife.de* – *geschl. 3. - 17. Januar*
50 Zim ⌑ – †69/142 € ††108/152 € – 3 Suiten
Rest *Landhotel Saarschleife* – siehe Restaurantauswahl
♦ Ein sehr gepflegtes Hotel unter familiärer Leitung, in dem immer wieder renoviert und modernisiert wird. Die Gästezimmer sind recht individuell und wohnlich gestaltet.

✕✕ **Landhotel Saarschleife** – Landhotel Saarschleife
Cloefstr. 44 ✉ *66693* – ⌀ *(06865) 17 90* – *www.hotel-saarschleife.de*
– *geschl. 3. - 17. Januar und November - Ende März: Montag*
Rest – Menü 35/52 € – Karte 35/55 €
♦ Diese Adresse bietet Ihnen verschiedene Räume, in denen Sie speisen können. Ein beliebtes Haus, in dem man Sie sehr freundlich bedient und mit guter saisonaler Küche verwöhnt.

METTMANN – Nordrhein-Westfalen – **543** – 39 380 Ew – Höhe 140 m 26 C11
▶ Berlin 540 – Düsseldorf 12 – Essen 33 – Wuppertal 16
🅖 Mettmann, Obschwarzbach 4a, ⌀ (02058) 9 22 40

 Alberga garni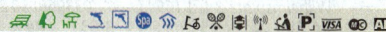
Schwarzbachstr. 22 ✉ *40822* – ⌀ *(02104) 9 27 20* – *www.hotel-alberga.de*
47 Zim ⌑ – †75 € ††95 €
♦ Ein gepflegtes Etagenhotel mit funktionell eingerichteten Gästezimmern und neuzeitlichem Frühstücksraum mit kleinem Buffet. In die Altstadt sind es nur ca. fünf Gehminuten.

An der B 7 West: 3 km

Gut Höhne ⌾
Düsseldorfer Str. 253 ✉ *40822 Mettmann* – ⌀ *(02104) 77 80* – *www.guthoehne.de*
135 Zim ⌑ – †90/320 € ††140/320 €
Rest *Gutshofrestaurant* – Karte 26/52 €
Rest *Tenne* – *(nur Abendessen)* Karte 31/52 €
♦ Mit seiner rustikalen Erscheinung erinnert das Anwesen etwas an eine Burg - Holz und Backstein bestimmen das Bild. Schöner Park und guter Spa. Aufwändig: vier Wellness-Suiten. Rustikal ist auch das Gutshofrestaurant gehalten. Tenne mit großer Theke als Mittelpunkt.

METTNAU (HALBINSEL) Baden-Württemberg – siehe Radolfzell

METZINGEN – Baden-Württemberg – **545** – 21 950 Ew – Höhe 350 m 55 G19
▶ Berlin 673 – Stuttgart 34 – Reutlingen 8 – Ulm (Donau) 79
ℹ Am Lindenplatz 4, ✉ 72555, ⌀ (07123) 92 53 26, www.metzingen.de

Schwanen
Bei der Martinskirche 10 ✉ *72555* – ⌀ *(07123) 94 60* – *www.schwanen-metzingen.de*
62 Zim – †80/90 € ††119/190 €, ⌑ 12 €
Rest *Schwanen* ⌾ – siehe Restaurantauswahl
♦ Sie finden das Haus gegenüber der Martinskirche und - ideal für Shopping-Fans - nur wenige Gehminuten von einem der Mode-Outlets. Buchen Sie eines der besonders schönen modernen Zimmer! Neben dem Restaurant hat man noch die Bistro-Bar Mezzo.

 Garni garni
Bohlstr. 8 ✉ *72555* – ⌀ *(07123) 72 61 80* – *www.garni-metzingen.de*
21 Zim – †50/70 € ††70/90 €, ⌑ 7 €
♦ In dem familiär geführten kleinen Hotel stehen funktionell ausgestattete, in modernem Stil gehaltene Gästezimmer zur Verfügung.

METZINGEN

Schwanen – Hotel Schwanen
Bei der Martinskirche 10 ⊠ 72555 – ℰ (07123) 94 60 – www.schwanen-metzingen.de
Rest – Menü 35 € – Karte 20/51 €
• Moderne Gastronomie und schwäbisch-ländliche Traditionen zu verbinden, ist hier gelungen. Eine stylische Location mit regionaler Küche (Maultaschen, Rostbraten) und begehbarem Weinschrank.

In Metzingen-Glems Süd: 4 km über B 28 Richtung Bad Urach, in Neuhausen rechts ab

Stausee-Hotel
Unterer Hof 3 (am Stausee, West: 1,5 km) ⊠ 72555 – ℰ (07123) 9 23 60 – www.stausee-hotel.de
22 Zim – †78/100 € ††100/140 € **Rest** – (geschl. Sonntagabend) Karte 21/50 €
• Die Zimmer in diesem Hotel in schöner Panoramalage oberhalb des Glemser Stausees sind hell und modern-funktionell gestaltet, zur Seeseite mit eigenem kleinem Wintergarten. Auf der Terrasse mit beeindruckender Sicht auf See und Schwäbische Alb sitzt man gerne bei Kaffee und Kuchen.

Waldhorn
Neuhauser Str. 32 ⊠ 72555 – ℰ (07123) 9 63 50 – www.gasthof-waldhorn-metzingen.de
– geschl. über Fasching 1 Woche, Anfang August 2 Wochen
6 Zim – †49 € ††82 € **Rest** – (geschl. Dienstag) Karte 21/43 €
• Der traditionsreiche Gasthof in der Ortsmitte ist seit Generationen im Familienbesitz. Es stehen wohnliche und praktisch ausgestattete Zimmer bereit. Bürgerlich speist man in der ländlichen Gaststube.

In Grafenberg Nord-Ost: 5 km über B 313 Richtung Nürtingen

Gasthaus Krone
Bergstr. 48 ⊠ 72661 – ℰ (07123) 3 13 03 – www.krone-grafenberg.de – geschl.
August 3 Wochen und Montag
Rest – Menü 34 € – Karte 17/33 €
• Ein solider, gut geführter Familienbetrieb mit bewusst schlicht gehaltener, netter Gaststube. Auf der Karte findet sich Bodenständiges aus der bürgerlich-regionalen Küche.

MEYENBURG – Brandenburg – **542** – 2 350 Ew – Höhe 82 m   **12** N6
▶ Berlin 143 – Potsdam 136 – Perleberg 49 – Waren 67

Germania Hotel am Schlosspark
Wilhelmsplatz 3 ⊠ 16945 – ℰ (033968) 50 20 – www.germania-meyenburg.de
14 Zim – †55/62 € ††73/93 € **Rest** – Karte 16/37 €
• Das kleine Hotel am Eingang des Schlossparks ist eine gut geführte und wohnlichmoderne Adresse mit zeitgemäß ausgestatteten Gästezimmern in angenehm warmen Tönen. Hell, freundlich und neuzeitlich zeigt sich das Restaurant. Die Küche ist international.

MICHELSTADT – Hessen – **543** – 16 620 Ew – Höhe 206 m   **48** G16
▶ Berlin 592 – Wiesbaden 92 – Mannheim 66 – Aschaffenburg 51
🛈 Marktplatz 1, ⊠ 64720, ℰ (06061) 97 91 20, www.michelstadt.de
🖼 Vielbrunn, Ohrnbachtalstr. 7, ℰ (06066) 2 58

Drei Hasen
Braunstr. 5 ⊠ 64720 – ℰ (06061) 7 10 17 – www.dreihasen.de – geschl. 1. - 15. Januar
20 Zim – †56/68 € ††96/106 €
Rest – (geschl. Montag, außer an Feiertagen) Menü 22 € (mittags)/48 € – Karte 24/48 €
• Direkt am Marktplatz steht das Gasthaus mit über 300-jähriger Tradition. Eine familiäre Adresse mit behaglichen, unterschiedlich eingerichteten Zimmern. Einer der Restauranträume ist eine sehr gemütlich dekorierte Stube mit offenem Kamin.

In Michelstadt-Vielbrunn Nord-Ost: 13,5 km über B 47 Richtung Walldürn – Luftkurort

Geiersmühle mit Zim
Im Ohrnbachtal (Ost: 2 km) ⊠ 64720 – ℰ (06066) 7 21 – www.geiersmuehle.de
– geschl. Anfang - Mitte Januar und Montag - Dienstag
8 Zim – †50/55 € ††80/90 € – ½ P 28 €
Rest – (Mittwoch - Freitag nur Abendessen) Menü 32/56 € – Karte 28/43 €
• Das Restaurant in der angenehm ruhig gelegenen ehemaligen Mühle wird familiär geführt. Die Chefin leitet freundlich den Service, ihr Sohn steht am Herd und bereitet schmackhafte saisonale Speisen.

MICHENDORF – Brandenburg – 542 – 11 700 Ew – Höhe 45 m — 22 O8
▶ Berlin 50 – Potsdam 11 – Belzig 48 – Brandenburg 42

In Michendorf-Wildenbruch Süd-Ost: 4 km

Gasthof Zur Linde
Kunersdorfer Str. 1 ⊠ 14552 – ℰ (033205) 2 30 20 – www.linde-wildenbruch.de
6 Zim – †80/100 € ††128/140 €
Rest – Menü 28/34 € – Karte 26/47 €
• Auf einem schönen, ehemals bäuerlich genutzten Anwesen gegenüber der Kirche übernachten Sie bei freundlichen Gastgebern in sechs überaus wohnlichen, modernen Zimmern, darunter eine Ferienwohnung im Nebengebäude. Regionale Küche im hübsch eingedeckten liebenswert-rustikalen Restaurant mit Kamin. Hof- und Grillgarten.

MIESBACH – Bayern – 546 – 11 140 Ew – Höhe 697 m — 66 M21
▶ Berlin 644 – München 56 – Garmisch-Partenkirchen 77 – Salzburg 101

Bayerischer Hof
Oskar-von-Miller-Str. 2 ⊠ 83714 – ℰ (08025) 28 80 – www.bayerischerhof-online.de
134 Zim – †99/139 € ††129/169 € **Rest** – Menü 25/29 € – Karte 22/48 €
• Ein sehr komfortables Tagungs-, Event- und Sporthotel mit klassisch-wohnlichen Zimmern. Die zahlreichen Freizeitangebote sind für die Hausgäste meist kostenfrei. Bayerische und italienische Küche in verschiedenen Restaurantbereichen. Prunkstück: der Ballsaal.

MILTENBERG – Bayern – 546 – 9 350 Ew – Höhe 129 m — 48 G16
▶ Berlin 566 – München 347 – Würzburg 69 – Aschaffenburg 44
🛈 Engelplatz 69, ⊠ 63897, ℰ (09371) 40 41 19, www.miltenberg.info
🏌 Eichenbühl, Ortstraße, ℰ (09378) 7 89
◉ Marktplatz ★

Hopfengarten
Ankergasse 16 ⊠ 63897 – ℰ (09371) 9 73 70 – www.flairhotel-hopfengarten.de
– geschl. 2. - 14. Januar
15 Zim – †40/70 € ††78/110 €
Rest – (geschl. Januar 1 Woche, März 2 Wochen, November 1 Woche und Dienstag - Mittwochmittag) Karte 25/46 €
• Die hübsche Gasthof in zentraler Lage ist eine familiäre Adresse, die Zimmer bieten W-Lan und Sky-TV gratis, manche auch eine Whirlwanne! Geradlinig-modern ist das Ambiente im Restaurant.

Brauerei Keller
Hauptstr. 66 ⊠ 63897 – ℰ (09371) 50 80 – www.hotel-brauerei-keller.de
32 Zim – †57/59 € ††87/89 €
Rest – (geschl. 9. - 23. Januar und Montag) Karte 23/40 €
• Seit 1881 ist der a. d. 16. Jh. stammende Gasthof in Familienbesitz - bereits die fünfte Generation leitet das Haus mit den gepflegten, funktionellen Zimmern. Gaststuben mit ursprünglichem rustikalem Charakter.

Jagd Hotel Rose
Hauptstr. 280 ⊠ 63897 – ℰ (09371) 4 00 60 – www.jagdhotel-rose.de
23 Zim – †75 € ††110 €
Rest *Kristinas Esszimmer* – siehe Restaurantauswahl
• In dem historischen Haus direkt am Main ist auch die 2. Generation schon mit dabei. Von den Zimmern blickt man auf das Kloster Engelberg, die Altstadt erreicht man bequem zu Fuß.

Kristinas Esszimmer – Jagd Hotel Rose
Hauptstr. 280 ⊠ 63897 – ℰ (09371) 4 00 60 – www.jagdhotel-rose.de – geschl. Januar 2 Wochen und Montag - Dienstag
Rest – Menü 28/34 € – Karte 29/37 €
• Während seiner bisherigen beruflichen Laufbahn hat Jean-Philipp Schneider so einiges an Erfahrungen gesammelt - nun kocht er in "Kristinas Esszimmer" im elterlichen Betrieb: schmackhaft, saisonal, zeitgemäß!

MINDELHEIM – Bayern – **546** – 14 040 Ew – Höhe 604 m 64 J20
▶ Berlin 614 – München 86 – Augsburg 69 – Kempten (Allgäu) 69
🛈 Maximilianstr. 26, ✉ 87719, ✆ (08261) 99 15 20, www.tourismus-mindelheim.de

Alte Post
Maximilianstr. 39 ✉ 87719 – ✆ (08261) 76 07 60 – www.hotel-alte-post.de
42 Zim ⌑ – †69/76 € – ††99 € – 2 Suiten **Rest** – Menü 20/26 € – Karte 19/29 €
♦ Das a. d. J. 1618 stammende Gasthaus im Zentrum bietet Ihnen wohnliche, mit solidem Holzmobiliar eingerichtete Zimmer, ein gutes Frühstück und freundlichen Service. Gediegenes Restaurant und gemütlich-rustikale Stube. Internationale Karte.

Zur Laute mit Zim
Lautenstr. 8 ✉ 87719 – ✆ (08261) 5 02 58 20 – www.zur-laute.de – geschl. Ende Januar 2 Wochen, Anfang August 2 Wochen, Montag, Samstagmittag und Sonntagabend
9 Zim ⌑ – †59 € ††79 € **Rest** – Menü 28/55 € – Karte 30/54 €
♦ In einer Seitenstraße zum Marktplatz hat das Gastgeberpaar seinen Zwei-Mann-Betrieb. Die bürgerliche und internationale Küche gibt's zu fairen Preisen, serviert wird in ländlichen Stuben mit schönem Parkettboden.

MINDEN – Nordrhein-Westfalen – **543** – 82 400 Ew – Höhe 48 m 18 G9
▶ Berlin 353 – Düsseldorf 220 – Bielefeld 54 – Bremen 100
ADAC Königstr. 105
🛈 Domstr. 2 U, ✉ 32423, ✆ (0571) 8 29 06 59, www.minden-erleben.de

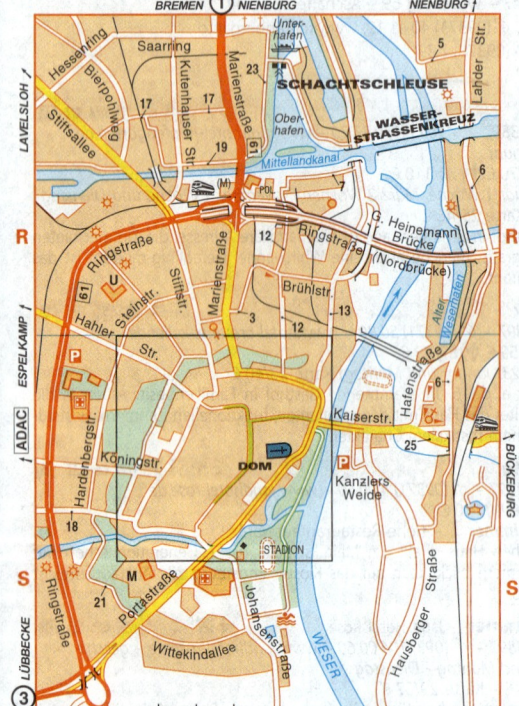

MINDEN

Bierpohlweg	R
Bleichstr.	R 3
Brühlstr.	R
Flußstr.	R 5
Friedrich-Wilhelm-Str.	RS 6
Fuldastr.	R 7
Goebenstr.	R 12
Gustav-Heinemann-Brücke	R
Hafenstr.	S
Hahler Str.	RS
Hardenbergstr.	S
Hausberger Str.	S
Hermannstr.	R 13
Johansenstr.	S
Kaiserstr.	R
Karolingerring	R 17
Kutenhauser Str.	R
Marienstr.	R
Portastr.	RS
Ringstr.	RS
Rodenbecker Str.	S 18
Ruhrstr.	R 19
Saarring	R
Simeonsglacis	R 21
Steinstr.	R
Stiftsallee	R
Stiftstr.	R
Symperstr.	R 23
Viktoriastr.	S 25
Wittekindallee	S

MINDEN

Bäckerstr.	**T T**	Hahler Str.	**T**	Opferstr. **U** 23
Domstr.	**U** 2	Hohe Str.	**T**	Papenmarkt **U** 24
Fischerallee	**T T** 4	Hufschmiede	**T** 15	Poststr. **U** 25
Goebenstr.	**T T** 12	Kaiserstr.	**T** 17	Scharn **T**
Greisenbruchstr.	**T** 13	Kampstr.	**T T**	Simeonstr. **U** 27
		Kleiner Domhof	**T** 18	Tonhallenstr. **U** 28
		Markt	**T U**	Umradstr. **U** 29
		Obermarktstr.	**U**	Vinckestr. **T** 30

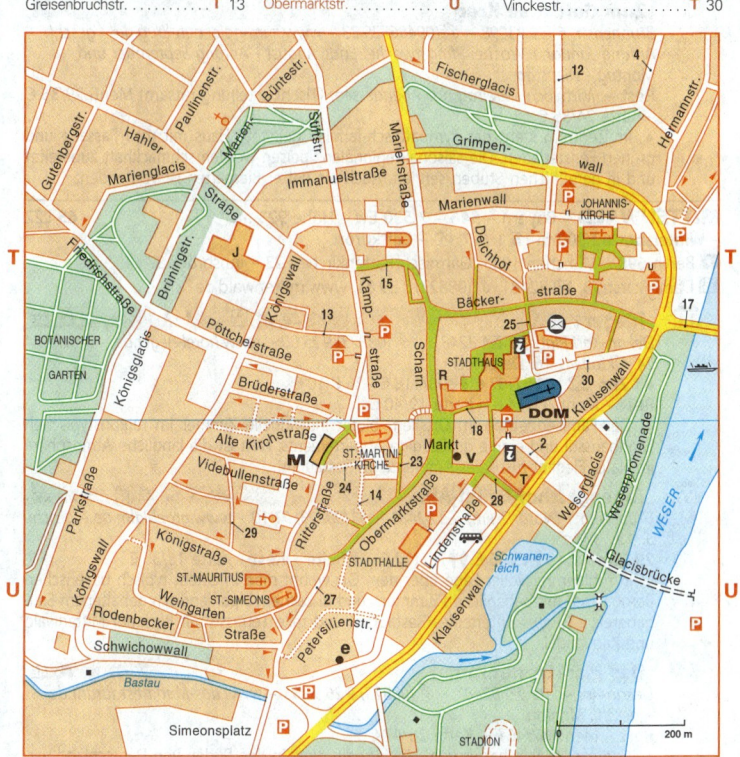

Victoria

Markt 11 ⊠ 32423 – ℰ (0571) 97 31 00 – www.victoriahotel-minden.de
32 Zim ⊇ – †90/148 € ††110/192 €   **U**v
Rest – *(geschl. Sonntagabend)* Karte 21/41 €

♦ Das komfortable Hotel, entstanden aus einem Gebäude von 1840, steht in der Innenstadt und überzeugt mit großzügigen neuzeitlichen Zimmern. Schön ist auch der elegante Saal. Im Restaurant erwartet Sie klassisches Ambiente.

Altes Gasthaus Grotehof

*Wettinerallee 14 (über Ringstraße **S**, Südring rechts ab) ⊠ 32429 – ℰ (0571) 5 04 50 – www.grotehof.de*
34 Zim ⊇ – †68/92 € ††94/120 €   **Rest** – *(nur Abendessen)* Karte 24/52 €

♦ Hier wohnt man in einem ehemaligen Bauernhof an der Bastau, einem Zufluss der Weser. Wählen Sie eines der besonders hübschen Gästezimmer im Neubau. Mit Holzbalken und Backsteinwänden hat man das Restaurant gemütlich-rustikal gestaltet.

Holiday Inn

Lindenstr. 52 ⊠ 32423 – ℰ (0571) 8 70 60 – www.holiday-inn.com   **U**e
101 Zim – †75/130 € ††100/145 €, ⊇ 15 €
Rest – *(geschl. Sonntagabend)* Karte 18/34 €

♦ Das vor allem von Geschäftsreisenden geschätzte Businesshotel befindet sich im Herzen der Stadt und bietet funktionell ausgestattete Zimmer.

MINTRACHING – Bayern – 546 – 4 770 Ew – Höhe 335 m 58 N18
▶ Berlin 511 – München 125 – Regensburg 18 – Landshut 55

In Mintrachting-Sengkofen Süd-Ost: 6 km über Regensburgerstraße

Zum Goldenen Krug
Brunnenstr. 6 ⊠ 93098 – ℰ (09406) 29 33 – www.zum-goldenen-krug.de – geschl. Anfang Januar 1 Woche, Pfingstwoche, Ende August - Anfang September und Montag - Dienstag
Rest – *(Mittwoch - Freitag nur Abendessen)* (Tischbestellung ratsam) Menü 29/35 € – Karte 24/35 €
• Im Zentrum steht das sympathisch-familiär geleitete Haus mit rosa Fassade und grünen Fensterläden. Die saisonal-regionalen Speisen werden schmackhaft zubereitet und in gemütlichen Stuben serviert. Auch ein netter Biergarten ist vorhanden.

MITTENWALD – Bayern – 546 – 7 530 Ew – Höhe 923 m 65 L22
– Wintersport: 2 300 m – Luftkurort
▶ Berlin 698 – München 103 – Garmisch-Partenkirchen 23 – Innsbruck 37
🛈 Dammkarstr. 3, ⊠ 82481, ℰ (08823) 3 39 81, www.mittenwald.de

Rieger
Dekan-Karl-Platz 28 ⊠ 82481 – ℰ (08823) 9 25 00 – www.hotel-rieger.de – geschl. 24. Oktober - 16. Dezember
45 Zim – †57/67 € ††98/118 € – ½ P 10 €
Rest – Menü 11/14 € – Karte 19/40 €
• Der Familienbetrieb im Ortskern bietet individuelle Zimmer im regionstypischen Landhausstil und einige großzügige Appartements. Nett ist die ländliche Atmosphäre im Haus. Elegant-rustikales Ambiente im Restaurant.

Alpengasthof Gröbl-Alm
Gröbl-Alm 1 (Nord: 2 km) ⊠ 82481 – ℰ (08823) 91 10 – www.groeblalm.de – geschl. 5. - 29. März
29 Zim – †48/56 € ††76/112 € – 1 Suite **Rest** – Karte 16/36 €
• In ruhiger, reizvoller Lage über dem Ort wohnt man in einem typisch bayerischen Berggasthof mit behaglichen Zimmern und hübschem alpenländisch gehaltenem Saunabereich. Großes unterteiltes Restaurant und tolle Terrasse mit Blick auf Mittenwald und Karwendel.

Das Marktrestaurant
Dekan-Karl-Platz ⊠ 82481 – ℰ (08823) 9 26 95 95 – www.das-Marktrestaurant.de – geschl. Montag
Rest – Menü 37/46 € – Karte 28/47 €
• Andreas Hillejan hat es vom Niederrhein ganz in den Süden von Deutschland verschlagen. Hier belebt der talentierte Chef nun dieses moderne Restaurant mit einer einreichen Regionalküche - versuchen Sie unbedingt die Schmankerlmenüs!

Arnspitze
Innsbrucker Str. 68 ⊠ 82481 – ℰ (08823) 24 25 – www.arnspitze-mittenwald.de – geschl. April (außer Ostern) und Dienstag - Mittwoch
Rest – (Tischbestellung ratsam) Karte 32/45 €
• Ein von den Inhabern geführtes Gasthaus am südlichen Ortsende. In bürgerlichem Ambiente reicht man eine international ausgelegte Karte.

Am Lautersee Süd-West: 3 km über Leutascher Straße

Lautersee
Am Lautersee 1 ⊠ 82481 Mittenwald – ℰ (08823) 10 17 – www.hotel-lautersee.de – geschl. April und November - 19. Dezember
13 Zim – †45/68 € ††106/120 € – ½ P 20 € – 2 Suiten **Rest** – Karte 18/34 €
• Ruhe, wohnliche Zimmer im Landhausstil und ein eigenes Strandbad erwarten Sie in dem Hotel direkt am See, das nur mit einer Sondergenehmigung per Auto erreichbar ist. Restaurant im ländlich-rustikalen Stil und schöne Terrasse mit Seeblick.

MITTENWALDE – Brandenburg – 542 – 8 710 Ew – Höhe 37 m 23 P9
▶ Berlin 40 – Potsdam 60 – Lübben 52
🛈 Karl-Marx-Str. 1, ⊠ 15749, ℰ (033769) 2 06 21, www.mittenwalde.de
Motzen, Am Golfplatz 5, ℰ (033769) 5 01 30

In Mittenwalde-Motzen Süd-Ost: 7 km über Gallun

Residenz am Motzener See
Töpchiner Str. 4 ⊠ 15749 – ℰ (033769) 8 50
– www.hotel-residenz-motzen.de
60 Zim – †75/95 € ††125/155 € **Rest** – Menü 35/50 € – Karte 28/52 €
♦ Das gut geführte Hotel befindet sich in einer schönen Gartenanlage, die direkt an den See grenzt. Die zeitgemäßen Zimmer haben teilweise einen Balkon. Eine gediegene Atmosphäre herrscht im Restaurant, von der Terrasse blickt man ins Grüne und auf den See.

MITTERTEICH – Bayern – **546** – 6 900 Ew – Höhe 519 m 51 N15
▶ Berlin 371 – München 238 – Weiden in der Oberpfalz 35 – Bayreuth 67

Miratel
Gottlieb-Daimler-Str. 6 (Süd-West: 1 km, nahe der BAB-Ausfahrt Mitterteich-Süd)
⊠ 95666 – ℰ (09633) 9 23 20 – www.a93.de
38 Zim – †49 € ††79 € **Rest** – Karte 15/19 €
♦ Die verkehrsgünstige Lage an einem Autohof sowie gepflegte, neuzeitlich-funktionell ausgestattete Gästezimmer machen dieses Hotel aus.

MÖCKMÜHL – Baden-Württemberg – **545** – 8 150 Ew – Höhe 179 m 48 H17
▶ Berlin 582 – Stuttgart 77 – Würzburg 85 – Heilbronn 35

In Roigheim Nord: 6 km

Hägele
Gartenstr. 6 ⊠ 74255 – ℰ (06298) 52 05 – www.haegeles-restaurant.de – geschl.
Anfang Januar 1 Woche, über Fasching und Montag, Dienstagabend, Samstagmittag
Rest – Menü 35 € – Karte 22/47 €
♦ Seit vielen Jahren betreibt Familie Hägele in dem kleinen Ort ihr gemütliches Restaurant. Man bietet saisonale internationale Küche und schwäbische Gerichte. Schickes Nebenzimmer.

MÖGLINGEN – Baden-Württemberg – **545** – 10 580 Ew – Höhe 297 m 55 G18
▶ Berlin 618 – Stuttgart 19 – Heilbronn 38 – Karlsruhe 70

Zur Traube
Rathausplatz 5 ⊠ 71696 – ℰ (07141) 2 44 70 – www.hotelzurtraube.com – geschl.
23. Dezember - 2. Januar
18 Zim – †65 € ††85 €
Rest *Frietsch* – siehe Restaurantauswahl
♦ Eine praktische und gepflegte Adresse ist dieses familiengeführte kleine Hotel in der verkehrsberuhigten Zone neben dem Rathaus.

Frietsch – Hotel Zur Traube
Rathausplatz 5 ⊠ 71696 – ℰ (07141) 2 99 35 15 – www.restaurant-frietsch.de
– geschl. Freitag - Samstagmittag
Rest – Karte 28/57 €
♦ In dem gemütlichen Restaurant in Weiß bieten die freundlichen Gastgeber regionale Küche. Schön sitzt man auch auf der Terrasse zum Rathausplatz.

MÖHNESEE – Nordrhein-Westfalen – **543** – 11 490 Ew – Höhe 250 m 27 E11
▶ Berlin 471 – Düsseldorf 122 – Arnsberg 12 – Soest 10
🛈 Küerbiker Str. 1, ⊠ 59519, ℰ (02924) 4 97, www.moehnesee.de
Möhnesee-Völlinghausen, Frankenufer 13, ℰ (02925) 49 35
◉ Möhnesee ★

In Möhnesee-Delecke

  Haus Delecke (mit Gästehaus)
Linkstr. 10 ⊠ 59519 – ℰ (02924) 80 90 – www.haus-delecke.de
39 Zim – †64/119 € ††110/160 €
Rest – Menü 28/69 € – Karte 32/54 €
Rest *Remise* – (Montag - Samstag nur Abendessen, außer an Feiertagen) Karte 18/41 €
♦ Die Villa steht in einem Park mit altem Baumbestand direkt am See. Hier wohnen die Gäste in gediegenen Zimmern, das Gästehaus ist etwas einfacher eingerichtet. Klassisch gehaltenes Restaurant. In der rustikalen Remise bietet man bürgerlich-regionale Küche.

MÖHNESEE

In Möhnesee-Körbecke

Haus Griese
Seestr. 5 (am Freizeitpark) ⊠ *59519 – ℰ (02924) 98 20 – www.hotel-haus-griese.de*
36 Zim – †59/75 € ††99/135 €
Rest – *(geschl. Sonntagabend)* Menü 33/45 € – Karte 24/41 €
• Nicht weit vom Möhnesee finden Sie diesen gut geführten und gepflegten Familienbetrieb. Die Zimmer sind wohnlich, einige besonders freundlich und zeitgemäß. Bürgerlich-internationales Angebot im Restaurant. Schöne Terrasse.

MÖLLN – Schleswig-Holstein – **541** – 18 500 Ew – Höhe 19 m – Kneippkurort   11 K5
▶ Berlin 248 – Kiel 112 – Schwerin 59 – Lübeck 29
🛈 Hindenburgstraße, ⊠ 23879, ℰ (04542) 70 90, www.moelln-tourismus.de
Grambek, Schlossstr. 21, ℰ (04542) 84 14 74

Zum Weissen Ross mit Zim
Hauptstr. 131 ⊠ *23879 – ℰ (04542) 27 72 – www.weissesross.com – geschl. Montag*
9 Zim – †59/64 € ††98/105 € – ½ P 15 € – 1 Suite
Rest – Menü 35 € – Karte 26/55 €
• In dem traditionsreichen Gasthof direkt am Stadtsee sorgt bereits die 6. Generation der Familie Schlie für das Wohl der Gäste. Schön ist die Sicht auf den See, interessant kann aber auch der Blick in die offene Küche sein!

MÖNCHBERG – Bayern – **546** – 2 550 Ew – Höhe 254 m – Luftkurort   48 G15
▶ Berlin 574 – München 351 – Würzburg 75 – Aschaffenburg 32

Schmitt
Urbanusstr. 12 ⊠ *63933 – ℰ (09374) 20 90 – www.hotel-schmitt.de – geschl. 5. Januar - 6. Februar*
40 Zim – †61/71 € ††102/112 € – ½ P 13 €
Rest – *(Montag - Samstag nur Abendessen)* Karte 20/39 €
• Schön für entspannte Urlaubstage: großer Garten (hier Boccia, Minigolf und Schach) und ein gutes kleines Freizeitangebot, einschließlich Massage- und Kosmetikbereich. Liebhaber von Sammlerstücken kommen in "Hildes Puppenstube" ins Schwärmen! Terrasse mit Aussicht.

Zur Krone
Mühlweg 7 ⊠ *63933 – ℰ (09374) 5 39 – www.krone-moenchberg.de – geschl. Februar - März, November*
28 Zim – †38/42 € ††68/76 € – ½ P 12 €
Rest – *(geschl. Donnerstag, Freitagmittag, Samstagmittag, Sonntagabend)* Karte 16/31 €
• Das Gasthaus in der Ortsmitte ist ein gepflegter Familienbetrieb, in dem funktionell ausgestattete Zimmer zur Verfügung stehen. Bürgerliches Restaurant.

MÖNCHENGLADBACH – Nordrhein-Westfalen – **543** – 258 260 Ew   35 B11
– Höhe 60 m
▶ Berlin 585 – Düsseldorf 38 – Aachen 64 – Duisburg 50
✈ Düsseldorf-Mönchengladbach, Flughafenstr. 95 (Nord-Ost: 6 km, über Krefelder Straße), ℰ (02161) 6 89 80
ADAC Bismarckstr. 17 Y
Korschenbroich, Schloss Myllendonk, ℰ (02161) 64 10 49
Mönchengladbach-Wanlo, Kuckumer Str. 61, ℰ (02166) 14 57 22
Korschenbroich, Rittergut Birkhof, ℰ (02131) 51 06 60

Stadtpläne siehe nächste Seiten

Dorint Parkhotel
Hohenzollernstr. 5 ⊠ *41061 – ℰ (02161) 89 30*
– www.dorint.com/moenchengladbach   Ya
158 Zim – †115/181 € ††125/191 €, ⊇ 18 € – 1 Suite   **Rest** – Karte 26/45 €
• Das Hotel befindet sich bei der Stadthalle, an einem Park am Zentrumsrand. Die komfortableren Zimmer sind die der Executive-Kategorie. Großer Fitnessbereich. Helles Wintergarten-Restaurant mit internationaler Küche.

MÖNCHEN-GLADBACH

Aachener Str. .... **X** 2
Am Nordpark .... **X** 8
Dohler Str. .... **X** 20
Gingterstr. .... **X** 26
Grevenbroicher Str. ... **X** 30
Großheide .... **X** 31
Hardterbroicher Str. .. **X** 32
Konstantinstr. .... **X** 36
Korschenbroicher Str. . **X** 37
Künkelstr. .... **X** 38
Metzenweg .... **X** 46
Monschauer Str. ...... **X** 47
Neußer Str. .... **X** 50
Nordring .... **X** 52
Reststrauch .... **X** 58
Stapper Weg. .... **X** 68
Stationsweg .... **X** 70
Waldnieler Str. .... **X** 82
Wickrather Str. .... **X** 83
Willicher Damm ...... **X** 87
Zeppelinstr. .... **X** 88

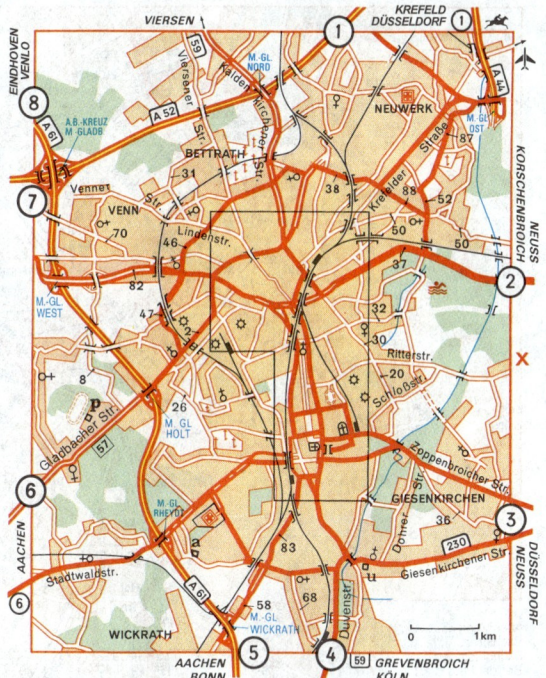

Palace St. George
Konrad-Zuse-Ring 10 (Nord Park) ✉ 41179 – ✆ (02161) 54 98 80
– www.palace-st-george.de – geschl. 3. - 7. Januar   Xp
12 Zim – †98/140 € ††115/163 €, ☐ 10 € – 1 Suite
Rest *Eickes Restaurant* **Rest** *Bistro* – siehe Restaurantauswahl
♦ Schön und sehr wertig hat man das historische Gebäude beim Borussia-Park saniert und ein Hotel geschaffen, das modern ist in Stil und Technik. Am Morgen serviert man Ihnen freundlich Ihr Frühstück.

Rosenmeer
Schürenweg 45 (über Kaldenkirchener Straße Y) ✉ 41063 – ✆ (02161) 46 24 20
– www.rosenmeer.net
17 Zim – †98/110 € ††128 €, ☐ 12 € – 2 Suiten
Rest *Rosenmeer* – siehe Restaurantauswahl
♦ Gastgeber in dem kleinen Boutique-Hotel ist ein Textildesigner - die schicke geradlinige Einrichtung trägt seine Handschrift. Kaminzimmer mit Lounge-Atmosphäre. Trendige Bar!

Amadeo garni
Waldhausener Str. 122 ✉ 41061 – ✆ (02161) 92 66 30 – www.hotelamadeo.de
65 Zim – †71/85 € ††91 €   Yn
♦ Eine ideale Businessadresse ist dieses Hotel im Zentrum mit seinen zeitgemäßen und funktionellen Zimmern, von denen einige recht ruhig zum Innenhof hin liegen.

Eickes Restaurant – Hotel Palace St. George
Konrad-Zuse-Ring 10 (Nord Park) ✉ 41179 – ✆ (02161) 54 98 80
– www.palace-st-george.de – geschl. Juli - August 3 Wochen und Montag - Dienstag
Rest – (nur Abendessen) Menü 59/83 € – Karte 58/79 €   Xp
♦ Wer einen Blick fürs Detail hat, wird die schöne Wandverkleidung und den ausgefallenen Fußboden ebenso bemerken wie die herrlich bunte Deckenlampe und das stylische Mobiliar.

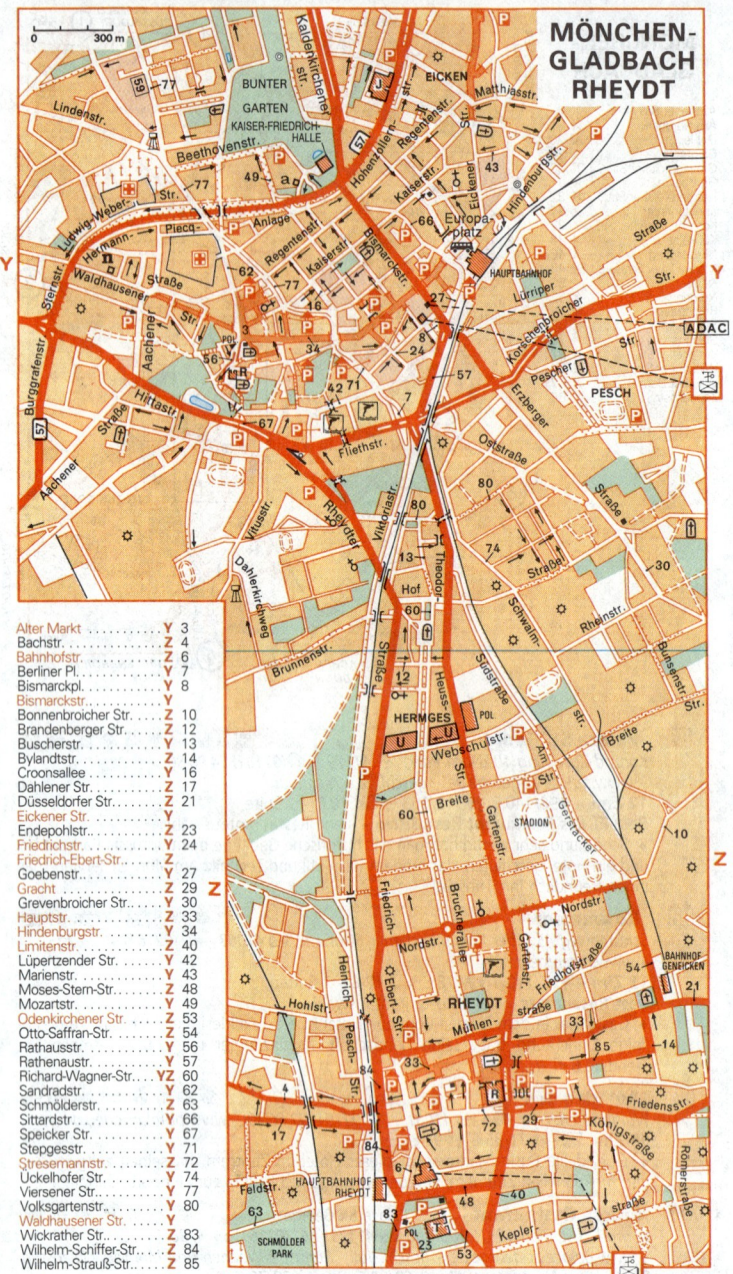

MÖNCHENGLADBACH

Bistro – Hotel Palace St. George
Konrad-Zuse-Ring 10 (Nord Park) ⌂ 41179 – ℘ (02161) 54 98 80
– *www.palace-st-george.de* **Xp**
Rest – Menü 38 € – Karte 36/54 €

• Farbenfroh und keinesfalls aufgesetzt wirkt das Ambiente des Bistros - im Gegenteil eine herrliche Leichtigkeit schwebt durch die Räumlichkeiten. Beliebte In-Adresse!

Rosenmeer – Hotel Rosenmeer
Schürenweg 45 (über Kaldenkirchener Straße Y) ⌂ 41063 – ℘ (02161) 46 24 20
– *www.rosenmeer.net*
Rest – Menü 20 € (mittags)/49 € – Karte 30/66 €

• Der kreative, coole Stil des Gastgebers zieht sich wie ein roter Faden durch das gesamte Haus und macht auch vor dem Restaurant nicht Halt. Eine bodentiefe Glasfront bietet einen zauberhaften Blick in den bunten Garten.

In Mönchengladbach-Hardt West: 6 km über die A 52 **X**

Lindenhof mit Zim
Vorster Str. 535 ⌂ 41169 – ℘ (02161) 55 93 40 – *www.lindenhof-mg.de* – geschl. Sonntag - Montag
16 Zim – †69/114 € ††94/130 €
Rest – *(nur Abendessen)* Menü 51/72 € – Karte 46/66 €

• Seit 1908 führt Familie Kasteel den Gasthof mit über 300-jähriger Tradition. Die Küche ist frisch, ambitioniert und basiert auf guten Produkten. Freundliches Ambiente mit elegantem Touch. Einige der Gästezimmer sind modernere und großzügigere Komfortzimmer.

In Mönchengladbach-Rheydt

Coenen garni
Giesenkirchener Str. 41 (B 230) ⌂ 41238 – ℘ (02166) 1 60 06 – *www.hotelcoenen.de*
– geschl. 20. Dezember - 7. Januar, Juli - August 4 Wochen **Xu**
33 Zim – †89/119 € ††99/139 €

• Traditionsbewusst wird das gediegene Hotel mit den funktionell ausgestatteten Gästezimmern geleitet. Vom Frühstücksraum schaut man in den schönen nach hinten gelegenen Garten.

Elisenhof
Klusenstr. 97 (in Hockstein) ⌂ 41239 – ℘ (02166) 93 30 – *www.elisenhof.de*
68 Zim – †75/155 € ††90/170 €, ⌂ 15 € **Rest** – Karte 24/51 € **Xa**

• Für Tagungen und Businessgäste geeignetes Hotel nahe der A 61. Schöner zeitgemäßer Stil in der Halle und in einigen neueren Zimmern. "Doggy Pack" für Vierbeiner. Breit gefächertes Angebot im Restaurant "Classics & Trends" mit Wintergarten und Gartenterrasse.

In Korschenbroich-Kleinenbroich Ost: 7 km über Korschenbroicher Straße **X**

Bienefeld garni
Im Kamp 5 ⌂ 41352 – ℘ (02161) 99 83 00 – *www.bienefeld-hotel.de*
12 Zim – †55/65 € ††75/95 €

• Eine gediegene und persönliche Atmosphäre erwartet die Gäste in dem kleinen Familienbetrieb in einer ruhigen Wohngegend. Die Zimmer verfügen über moderne Wellness-Dampfduschen.

In Korschenbroich-Steinhausen Ost: 10 km über Korschenbroicher Straße **X**
Richtung Liedberg

Gasthaus Stappen
Steinhausen 39 ⌂ 41352 – ℘ (02166) 8 82 26 – *www.gasthaus-stappen.de* – geschl. 27. Dezember - 11. Januar, 14. - 30. Juli und Dienstag
Rest – *(Montag - Samstag nur Abendessen)* Menü 29/48 € – Karte 29/50 €

• Mit warmen Erdtönen und stimmigem Dekor hat man hier ein modernes Ambiente geschaffen. Freundlich und engagiert ist der Service, ambitioniert und saisonal die Küche.

MÖRFELDEN-WALLDORF – Hessen – 543 – 33 870 Ew – Höhe 100 m   47 F15
▶ Berlin 556 – Wiesbaden 35 – Frankfurt am Main 24 – Darmstadt 19

Im Stadtteil Mörfelden

Holiday Inn Express Frankfurt Airport garni
Langener Str. 200 (Ost: 2 km Richtung Autobahn) ⊠ 64546
– ℰ (06105) 96 60 – www.hiexpress.de
186 Zim ⊆ – †79/239 € ††79/239 €
◆ Eine funktionelle Adresse in verkehrsgünstiger Lage mit kostenlosem Shuttle-Service zum nahen Flughafen und "Park, Stay & Go"-Angebot. In der Bar werden abends Snacks serviert.

Im Stadtteil Walldorf

Zum Löwen garni
Langstr. 68 ⊠ 64546 – ℰ (06105) 94 90 – www.zumloewen.de
55 Zim ⊆ – †69/89 € ††89/119 €
◆ In dem Hotel mit langer Familientradition erwarten Sie ein hübscher Empfangsbereich mit Bar sowie freundliche, wohnliche Zimmer. Auch für Tagungen geeignet.

MÖRNSHEIM – Bayern – 546 – 1 610 Ew – Höhe 408 m   57 K18
▶ Berlin 511 – München 127 – Augsburg 72 – Ingolstadt 47

Lindenhof (mit Gästehaus)
Marktstr. 25 ⊠ 91804 – ℰ (09145) 8 38 00 – www.lindenhof-altmuehltal.de – geschl. 23. Januar - 10. Februar
15 Zim ⊆ – †42/48 € ††64/74 € – 1 Suite
Rest – *(geschl. Dienstag, November - März: Montagabend - Dienstag)* Karte 16/35 €
◆ In der Ortsmitte steht dieser freundlich geführte Gasthof. Im Gästehaus übernachten Sie in rustikalen Zimmern, wo freigelegte Balken hübsche Akzente setzen. Das mit viel Holz gemütlich gestaltete Restaurant bietet vorwiegend klassisch-internationale Küche.

MOERS – Nordrhein-Westfalen – 543 – 105 930 Ew – Höhe 30 m   25 B11
▶ Berlin 556 – Düsseldorf 41 – Duisburg 12 – Krefeld 17
🛈 Hombergerstr. 4, ⊠ 47441, ℰ (02841) 88 22 60, www.moers.de
Neukirchen-Vluyn, Bergschenweg 71, ℰ (02845) 2 80 51
Kamp-Lintfort, Kirchstr. 164, ℰ (02842) 48 33

XX **Kurlbaum**
Burgstr. 7, (1. Etage) ⊠ 47441 – ℰ (02841) 2 72 00 – www.restaurant-kurlbaum.de – geschl. Januar 1 Woche, Juli - August 2 Wochen und Dienstag
Rest – *(Samstag - Montag nur Abendessen)* (Tischbestellung ratsam) Menü 44/88 € – Karte 40/58 €
◆ Das zeitlos-elegante Restaurant in der Fußgängerzone bietet klassische Küche mit internationalem Einfluss. Freundlich und engagiert leitet der Chef den Service.

In Moers-Repelen Nord: 3,5 km, Richtung Kamp-Lintfort

Zur Linde
An der Linde 2 ⊠ 47445 – ℰ (02841) 97 60 – www.hotel-zur-linde.de
61 Zim ⊆ – †99/123 € ††125/148 € – 3 Suiten
Rest *Zur Linde* – siehe Restaurantauswahl
◆ Hier hat man ein denkmalgeschütztes Gasthaus und ein historisches Bauernhaus mit einem modernen Anbau verbunden. Eine Businessadresse mit guten Tagungsmöglichkeiten.

XX **Zur Linde** – Hotel Zur Linde
An der Linde 2 ⊠ 47445 – ℰ (02841) 97 60 – www.hotel-zur-linde.de
Rest – Karte 30/53 €
◆ Besonders nett ist die Atmosphäre in dem über 220 Jahre alten Bauernhaus. Ihre Gastgeber haben die Räume mit viel Liebe und individueller Handschrift eingerichtet. Terrasse im Innenhof!

MOERS

Außerhalb Süd-West: 6 km, Richtung Krefeld

XX **Feltgenhof**
Krefelder Str. 244 ⊠ 47447 Moers – ℰ (02845) 2 87 28 – geschl. Montag
Rest – *(Dienstag - Samstag nur Abendessen)* Menü 33/40 € – Karte 35/50 €
♦ Sehr freundlicher Service und nette Atmosphäre machen das Restaurant in einem ehemaligen Bauernhof von 1890 aus. Biergarten mit Grillstation im schönen Innenhof.

MÖSSINGEN – Baden-Württemberg – **545** – 20 050 Ew – Höhe 477 m   **55** G19
▶ Berlin 699 – Stuttgart 56 – Tübingen 18 – Schaffhausen 127

X **Zum Ochsen**
Falltorstr. 73 ⊠ 72116 – ℰ (07473) 62 48 – www.ochsen-moessingen.de – geschl. Dienstagabend - Mittwoch
Rest – Menü 46/64 € – Karte 24/51 €
♦ Wer sich von diesem gestandenen rustikalen Gasthof eine grundsolide bürgerliche Küche erhofft, wird nicht enttäuscht! Dienstags gibt's bei den Salzbrenners (zwei Generationen sind hier im Haus) selbstgemachte Maultaschen!

MOHLSDORF – Thüringen – siehe Greiz

MOLFSEE – Schleswig-Holstein – siehe Kiel

MOMMENHEIM – Rheinland-Pfalz – siehe Nierstein

MONSCHAU – Nordrhein-Westfalen – **543** – 12 580 Ew – Höhe 440 m   **35** A13
– Luftkurort
▶ Berlin 649 – Düsseldorf 110 – Aachen 49 – Düren 43
🛈 Stadtstr. 16, ⊠ 52156, ℰ (02472) 8 04 80, www.monschau.de
◉ Rotes Haus ★

🏠 **Lindenhof** garni
Laufenstr. 77 ⊠ 52156 – ℰ (02472) 41 86 – www.lindenhof.de
13 Zim ⊇ – †53/75 € ††79/118 €
♦ Ein sehr gepflegter kleiner Familienbetrieb oberhalb der Innenstadt, dessen Gästezimmer, Frühstücksraum und gediegener Barbereich in klassischem Stil gehalten sind.

XX **Hubertusklause** mit Zim
Bergstr. 45 ⊠ 52156 – ℰ (02472) 80 36 50 – www.hubertusklause-monschau.de – geschl. Juni 2 Wochen, September 2 Wochen und Montag - Dienstag
6 Zim ⊇ – †62/72 € ††88/98 € – ½ P 25 €
Rest – (Tischbestellung ratsam) Menü 33 € – Karte 30/48 €
♦ Etwas erhöht in Altstadtnähe gelegen, bieten Restaurant und Terrasse eine schöne Sicht aufs Tal. Gekocht wird international mit saisonalem Einfluss. Auch Kochkurse sowie eigene eingemachte Spezialitäten werden angeboten.

XX **Schnabuleum**
Laufenstr. 118 ⊠ 52156 – ℰ (02472) 90 98 40 – www.senfmuehle.de – geschl. Montag
Rest – (Tischbestellung ratsam) Karte 24/48 €
♦ Rustikalen Charme versprüht das Bruchsteinhaus neben der in langer Familientradition betriebenen Senfmühle. Auf zwei Ebenen serviert man regionale Senfgerichte. Senfmuseum.

MONTABAUR – Rheinland-Pfalz – **543** – 12 450 Ew – Höhe 230 m   **37** D14
▶ Berlin 571 – Mainz 71 – Koblenz 34 – Bonn 80
🛈 Konrad-Adenauer-Platz 8, ⊠ 56410, ℰ (02602) 12 67 77, www.vg-montabaur.de

🏠 **Am Peterstor** garni
Peterstorstr. 1 ⊠ 56410 – ℰ (02602) 16 07 20 – www.hotel-peterstor.de – geschl. 23. Dezember - 2. Januar
16 Zim ⊇ – †64/71 € ††99 €
♦ Das Hotel mit gepflegten, wohnlichen Zimmern liegt nicht ganz ruhig, dafür aber direkt an der Fußgängerzone. Im Kaminzimmer veranstaltet man kleine Konzerte und Lesungen.

MOOS – Baden-Württemberg – siehe Radolfzell

MORBACH (HUNSRÜCK) – Rheinland-Pfalz – 543 – 10 850 Ew   46 C15
– Höhe 440 m – Luftkurort
▶ Berlin 669 – Mainz 107 – Trier 48 – Bernkastel-Kues 17
🛈 Bahnhofstr. 19, ✉ 54497, ✆ (06533) 7 11 17, www.morbach.de

Landhaus am Kirschbaum
Am Kirschbaum 55a ✉ 54497 – ✆ (06533) 9 39 50
– www.landhausamkirschbaum.de – geschl. 20. - 26. Dezember
23 Zim – †52/57 € ††84/94 € – ½ P 19 €
Rest – *(nur Abendessen)* Menü 29 € – Karte 23/41 €
• Ein ruhig am Hang gelegenes Hotel unter der freundlichen Leitung der Inhaberin mit funktionellen Zimmern und Appartements. Zum Haus gehört ein Zentrum für Kosmetik und Massage.

MORSBACH – Nordrhein-Westfalen – 543 – 11 160 Ew – Höhe 220 m   37 D12
▶ Berlin 587 – Düsseldorf 107 – Bonn 63 – Siegen 33

Goldener Acker
Zum goldenen Acker 44 ✉ 51597 – ✆ (02294) 99 36 60 – www.goldener-acker.de
28 Zim – †60/75 € ††85/95 €   **Rest** – *(geschl. Sonntag)* Karte 24/43 €
• Das familiengeführte Hotel verfügt über zeitgemäße, funktionale Zimmer und einen Garten mit Liegewiese und Grillplatz. W-Lan bietet man kostenlos. Gut für Tagungen geeignet. Teil des Restaurantbereichs ist die gemütlich-rustikale Zirbelholzstube.

MORSCHEN – Hessen – 543 – 3 690 Ew – Höhe 195 m   39 H12
▶ Berlin 421 – Wiesbaden 204 – Kassel 46 – Gießen 126

Poststation Zum Alten Forstamt
Nürnberger Landstr. 13 ✉ 34326 – ✆ (05664) 9 39 30 – www.poststation-raabe.de
– geschl. 1. - 15. Januar, Mitte Juli 2 Wochen
13 Zim – †71 € ††91/102 € – ½ P 15 €
Rest *Poststation Zum Alten Forstamt* – siehe Restaurantauswahl
• 1765 wurde das einstige Forstamt erbaut. In dem liebevoll sanierten denkmalgeschützten Haus erwarten Sie zeitgemäße Zimmer mit historischen Elementen.

Poststation Zum Alten Forstamt – Hotel Poststation Zum Alten Forstamt
Nürnberger Landstr. 13 ✉ 34326 – ✆ (05664) 9 39 30
– www.poststation-raabe.de – geschl. 1. - 15. Januar, Mitte Juli 2 Wochen und Dienstag
Rest – Menü 49 € – Karte 35/61 €
• Einiges erinnert noch an die alten Tage, als hier das Forstamt untergebracht war - so schmücken Geweihe die Wände. Inzwischen können Sie sich aber in den netten Räumen mit regionalen Spezialitäten verwöhnen lassen.

MOSBACH – Baden-Württemberg – 545 – 24 590 Ew – Höhe 156 m   48 G17
▶ Berlin 587 – Stuttgart 87 – Mannheim 79 – Heidelberg 45
🛈 Marktplatz 4, ✉ 74821, ✆ (06261) 9 18 80, www.mosbach.de

Zum Amtsstüble
Lohrtalweg 1 ✉ 74821 – ✆ (06261) 9 34 60 – www.amtsstueble.de
50 Zim – †55/75 € ††80/120 €
Rest – *(geschl. Montagmittag)* Menü 25/35 € – Karte 16/47 €
• In diesem familiär geführten Haus sind die Zimmer und auch der Frühstücksraum freundlich und zeitgemäß gestaltet. Im Anbau hat man u. a. zwei großzügige Juniorsuiten. Bürgerliches Restaurant.

In Mosbach-Nüstenbach Nord-West: 4 km

Landgasthof zum Ochsen
Im Weiler 6 ✉ 74821 – ✆ (06261) 1 54 28 – www.restaurant-zum-ochsen.de – geschl. über Fasching, August - September 3 Wochen und Montag - Dienstag
Rest – *(Montag - Samstag nur Abendessen)* (Tischbestellung ratsam) Menü 28/35 € – Karte 26/52 €
• Ein gut geführter Dorfgasthof mit freundlichem Service und einer gemütlichen Einrichtung mit stilvollen Accessoires. Geboten wird saisonal geprägte Küche.

MOSSAUTAL – Hessen – **543** – 2 550 Ew – Höhe 317 m – Erholungsort **48** G16
▶ Berlin 592 – Wiesbaden 99 – Mannheim 55 – Beerfelden 12

In Mossautal-Güttersbach

Zentlinde
Hüttenthaler Str. 37 ⊠ 64756 – ℰ (06062) 2 60 10 – www.zentlinde.de
35 Zim – †80 € ††140 € – ½ P 18 €
Rest – (geschl. Montag) Menü 46/59 € – Karte 25/48 €
• Schon seit 1830 befindet sich das ruhig gelegene Haus im Familienbesitz. Es stehen praktisch ausgestattete Gästezimmer bereit, die alle über einen Balkon verfügen. Schön ist das zeitgemäße, in warmen Tönen gehaltene Restaurant.

MOTTEN – Bayern – **546** – 1 820 Ew – Höhe 420 m **39** I14
▶ Berlin 469 – München 358 – Fulda 19 – Würzburg 93

In Motten-Speicherz Süd: 7 km über B 27

Zum Biber (mit Gästehaus)
Hauptstr. 15 (B 27) ⊠ 97786 – ℰ (09748) 9 12 20 – www.gasthof-zum-biber.de
43 Zim – †37/46 € ††60/68 €   **Rest** – Karte 17/33 €
• Aus dem Jahre 1771 stammt der traditionsreiche Familienbetrieb mit Landmetzgerei und gepflegten, recht unterschiedlichen Zimmern. Im Haus stellt man auch selbst Hagebuttenwein her. Bürgerlich-rustikales Restaurant.

MÜDEN – Rheinland-Pfalz – siehe Treis-Karden

MÜHLHAUSEN – Thüringen – **544** – 36 100 Ew – Höhe 209 m **39** J12
▶ Berlin 301 – Erfurt 54 – Eisenach 32 – Kassel 103
🛈 Ratsstr. 20, ⊠ 99974, ℰ (03601) 40 47 70, www.muehlhausen.de

Mirage
Karl-Marx-Str. 9 ⊠ 99974 – ℰ (03601) 43 90 – www.mirage-hotel.de
77 Zim – †49/57 € ††78/88 €   **Rest** – Karte 14/24 €
• Praktisch ist die Lage dieses Hotels in Bahnhofs- und Altstadtnähe. Die Gästezimmer sind zeitlos und funktionell eingerichtet.

Brauhaus Zum Löwen (mit Gästehäusern)
Felchtaer Str. 2 ⊠ 99974 – ℰ (03601) 47 10
– www.brauhaus-zum-loewen.de
81 Zim – †60 € ††89 €   **Rest** – Karte 16/31 €
• Im Altstadtbereich liegt das hübsche zum Hotel erweiterte Brauhaus. Die behaglichen Zimmer verteilen sich auf das Haupthaus und die Gästehäuser Unstrut, La Villa und Hainich. Im gemütlichen Restaurant schenkt man Bier aus der eigenen Brauerei aus.

MÜHLHEIM am MAIN – Hessen – **543** – 26 590 Ew – Höhe 102 m **48** G15
▶ Berlin 537 – Wiesbaden 51 – Frankfurt am Main 15 – Hanau 8

In Mühlheim-Lämmerspiel Süd-Ost: 5 km über Lämmerspieler Straße

Landhaus Waitz
Bischof-Ketteler-Str. 26 ⊠ 63165 – ℰ (06108) 60 60 – www.hotel-waitz.de – geschl. 21. Dezember - 10. Januar
75 Zim – †105/185 € ††145/295 € – 7 Suiten
Rest *Restaurant Waitz* – siehe Restaurantauswahl
Rest *Vinothek EdVino* – ℰ (06108) 79 60 60 (Montag - Samstag nur Abendessen) Karte 27/41 €
Rest *Steff's Lounge* – (geschl. Sonntag) Karte 22/47 €
• In dieser Hotelanlage mit hübschem kleinem Garten stehen ganz individuelle Zimmer zur Wahl, von modern-toskanischem Landhausstil bis klassisch-elegant. Drei großzügige Maisonetten. Vinothek im separaten Fachwerkhaus. Trendig: Steff's Lounge.

MÜHLHEIM am MAIN

XXX **Restaurant Waitz** – Hotel Landhaus Waitz
Bischof-Ketteler-Str. 26 ⊠ 63165 – ✆ *(06108) 60 60* – *www.hotel-waitz.de* – geschl.
21. Dezember - 10. Januar
Rest – *(Montag - Samstag nur Abendessen)* Menü 30/70 €
• Ein Hauch von Süden weht durch die hellen Räumlichkeiten des Restaurants. Aber noch mehr merken Sie dies auf der schönen Terrasse, die mit Palmen bestückt das mediterrane Bild abrundet.

MÜHLTAL – Hessen – siehe Darmstadt

MÜLHEIM an der RUHR – Nordrhein-Westfalen – **543** – 167 480 Ew   **26** C11
– Höhe 40 m

▶ Berlin 539 – Düsseldorf 36 – Duisburg 9 – Essen 10
ADAC Mellinghofer Str. 165 X
🛈 Synagogenplatz 3 Y, ⊠ 45468, ✆ (0208) 96 09 60, www.muelheim-ruhr.de
⛳ Raffelberg, Akazienallee 84, ✆ (0208) 5 80 56 90
⛳ Mülheim, Am Golfplatz 1, ✆ (0208) 48 36 07

🏨 **Gartenhotel Luisental** garni
Trooststr. 2 ⊠ 45468 – ✆ *(0208) 99 21 40* – *www.gartenhotel-luisental.de*
20 Zim 🍽 – †78/148 € ††98/158 €   **Z**a
• Das Hotel in einer Seitenstraße nahe der Ruhr überzeugt mit technisch gut ausgestatteten Zimmern in modernem und doch klassischem Stil, teils ruhig zum Garten hin gelegen.

🏨 **Im Forum** garni
Hans-Böckler-Platz 19 (Forum-City-Center) ⊠ 45468 – ✆ *(0208) 30 86 30*
– *www.hotelimforum.de*   **Y**c
51 Zim 🍽 – †99/119 € ††139/159 €
• Hoch über den Dächern der Stadt, im 5. Stock des Büro- und Einkaufszentrums Forum City Mülheim, bietet man seinen Gästen zeitgemäße und funktionell ausgestattete Zimmer.

🏨 **Thiesmann**
Dimbeck 56 ⊠ 45470 – ✆ *(0208) 30 68 90* – *www.hotel-thiesmann.de*   **Z**e
34 Zim – †75/160 € ††90/210 €, 🍽 10 €   **Rest** – Karte 22/46 €
• Seit rund 100 Jahren leitet Familie Thiesmann das Gasthaus, in dessen neuzeitlichem Hotelanbau man in hell und freundlich eingerichteten Zimmern wohnt. Das gemütliche Restaurant bietet bürgerliche Küche.

🏨 **Friederike** garni
Friedrichstr. 32 ⊠ 45468 – ✆ *(0208) 99 21 50* – *www.hotel-friederike.de*
28 Zim 🍽 – †78/148 € ††98/158 €   **Z**f
• Zwei schmucke Stadtvillen beherbergen ansprechende moderne Zimmer, darunter schöne großzügige Maisonetten in der oberen Etage. Hübsch ist auch das Treppenhaus.

🏨 **Noy** garni
Schlossstr. 28 ⊠ 45468 – ✆ *(0208) 4 50 50* – *www.hotelnoy.de*   **Y**a
50 Zim 🍽 – †75/118 € ††95/155 €
• Mitten im Zentrum liegt dieses sehr gepflegte Hotel unter familiärer Leitung. Die Zimmer sind recht unterschiedlich. Kleine Aufmerksamkeiten sind z. B. täglich frisches Obst und Wasser.

🏨 **KOCKS am Mühlenberg** garni
Mühlenberg 20 ⊠ 45479 – ✆ *(0208) 65 61 20 00* – *www.hotel-kocks.de* – geschl.
Weihnachten - 2. Januar   **Y**k
39 Zim 🍽 – †99/129 € ††139/169 €
• In dem ehemaligen Verwaltungsgebäude einer Drahtseilerei ist dieses schöne und gut ausgestattete Hotel entstanden, das ansprechend in geradlinig-modernem Stil eingerichtet ist.

MÜLHEIM AN DER RUHR

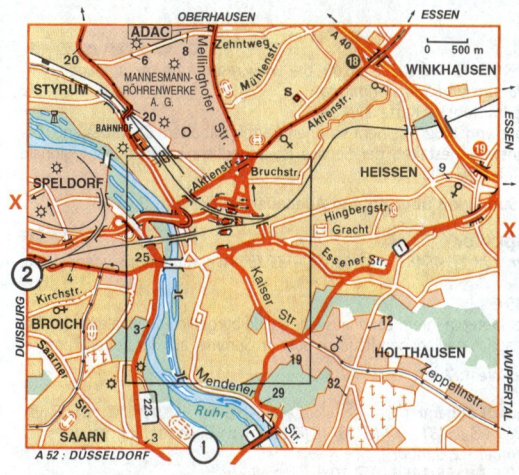

Berliner Pl.	Y 2
Dümptener Str.	X 6
Düsseldorfer Str.	X, Z 3
Duisburger Str.	X, Y 4
Essener Str.	Y 7
Friedrichstr.	Z
Fritz-Thyssen-Str.	X 8
Heinrich-Lemberg-Str.	Y 9
Hot-hauser Höfe	X 12
Kaiserpl.	Y 10
Leineweberstr.	Y 14
Löhberg	Y 15
Mendener Brücke	X 17
Obere-Saarlandstr.	X, Z 19
Oberhauser Str.	X 20
Reichspräsidentenstr.	Z 21
Ruhrstr.	Y 22
Ruhrufer	Y 23
Schloßberg	YZ 24
Schloßstr.	Y 26
Schoßbrücke	X, Y 25
Steinknappen	Z 32
Teinerstr.	Y 27
Tourainer Ring	Y 28
Untere Saarlandstr.	X, Z 29
Wallstr.	Y 30
Wilhelmstr.	Z 31
Zeppelinstr.	Z 33

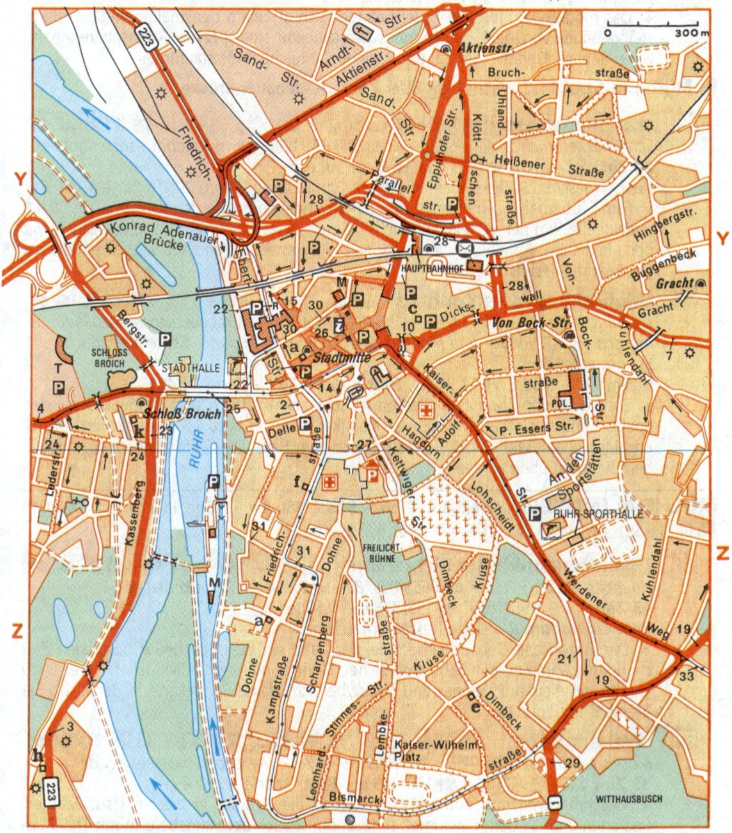

MÜLHEIM an der RUHR

am Kamin
Striepensweg 62 ⋈ 45473 – ℘ (0208) 76 00 36 – www.restaurant-amkamin.de
– geschl. 1. - 10. Januar und Samstagmittag **Xs**
Rest – Menü 30 € (mittags) – Karte 29/48 €
• Ein Fachwerkhaus von 1732 in einem schönen Garten mit altem Baumbestand. Die Stuben sind liebenswert gestaltet, der Service ist freundlich. International-regionale Küche und gute Weinauswahl.

In Mülheim-Mintard Süd: 8 km über Konrad-Adenauer-Brücke und B 223 **Y**

Landhaus Höppeler
August-Thyssen-Str. 123 ⋈ 45481 – ℘ (02054) 1 85 78 – www.landhaus-hoeppeler.de
– geschl. Montag
Rest – Karte 26/45 €
• Familie Höppeler bietet in ihrem Landhaus eine solide bürgerlich-regionale Küche. Die Gäste sitzen in behaglich-gediegenen Räumen oder im Sommer auf der netten Terrasse.

In Mülheim-Saarn Süd-West: 2 km

Leder Fabrik Hotel garni
Düsseldorfer Str. 269 ⋈ 45481 – ℘ (0208) 48 83 80 – www.lederfabrik-hotel.de
– geschl. 20. Dezember - 2. Januar **Zh**
24 Zim – †85/110 € ††115/145 €, ⊇ 10 €
• Das modern-komfortable Hotel befindet sich in einem denkmalgeschützten Backsteingebäude von 1864, dessen Industriearchitektur eine spezielle Atmosphäre schafft. Guter Service. Geradliniger Stil und italienische Küche im Restaurant.

In Mülheim-Speldorf West: 4 km über Konrad-Adenauer-Brücke **Y**

Landhaus Sassenhof (mit Gästehäusern)
Schellhockerbruch 21 ⋈ 45478 – ℘ (0208) 99 91 80 – www.landhaus-sassenhof.de
20 Zim ⊇ – †67/80 € ††98/116 € – 2 Suiten
Rest – *(geschl. 23. Dezember - 4. Januar und Montag)* Menü 22 € – Karte 19/40 €
• Familienbetrieb in einer recht ruhigen Wohngegend nahe dem Uhlenhorster Wald. Individuelle Zimmer verteilt auf sechs Häuser, eines davon ein Gartenhäuschen mit der Juniorsuite "Apfelblüte". Internationales im Restaurant und auf der Gartenterrasse. Charmante Friesenstube.

Mölleckens Altes Zollhaus mit Zim
Duisburger Str. 239 ⋈ 45478 – ℘ (0208) 5 03 49 – www.moelleckensalteszollhaus.de
– geschl. 1. - 7. Januar und Montag, Samstagmittag, Januar - September: auch Sonntagabend
5 Zim ⊇ – †54 € ††77/82 € **Rest** – Menü 36 € – Karte 30/46 €
• Die Küche von Thomas Möllecken ist schmackhaft, frisch und regional. Unter den Speisen finden sich auch "Zollhaus Klassiker". Serviert wird im freundlichen "Bistro" und im eleganteren "Salon". Terrasse hinter dem Haus. Die Gäste können in großzügigen Zimmern übernachten.

MÜLHEIM (MOSEL) – Rheinland-Pfalz – **543** – 980 Ew – Höhe 119 m **46 C15**
▶ Berlin 681 – Mainz 119 – Trier 44 – Bernkastel-Kues 6

Weinromantikhotel Richtershof
Hauptstr. 81 ⋈ 54486 – ℘ (06534) 94 80 – www.weinromantikhotel.de
43 Zim ⊇ – †95/165 € ††155/375 € – 1 Suite
Rest *Culinarium R* – siehe Restaurantauswahl
• Das historische Gebäudeensemble war einst ein Weingut, heute bestechen hier charmante Zimmer mit sehr wohnlicher Einrichtung und individueller Note. Dazu kommt ein eleganter Sauna- und Beautybereich. Kleine Speisekarte in der Bistro-Bar "Remise" mit Lounge.

Weisser Bär
Moselstr. 7 (B 53) ⋈ 54486 – ℘ (06534) 9 47 70 – www.hotel-weisser-baer.de
33 Zim ⊇ – †94/180 € ††130/205 € **Rest** – Karte 36/62 €
• Geschmackvoll und authentisch hat man die Zimmer in diesem Haus Städten, Regionen und Ländern gewidmet, sehr schön ist auch der Saunabereich mit Thai-Massage. Park an der Mosel. Das Restaurant bietet u. a. eine gute regionale Rieslingauswahl. Terrasse und Biergarten.

MÜLHEIM (MOSEL)

Landhaus Schiffmann (mit Gästehaus)
Veldenzer Str. 49a ⌧ 54486 – ⌀ (06534) 9 39 40 – www.landhaus-schiffmann.de
– geschl. 9. - 26. Dezember
29 Zim – †77/80 € ††112/118 € – 1 Suite **Rest** – Karte 25/40 €
• Ein familiengeführtes Hotel mit zeitgemäßen Zimmern. Der Anwendungsbereich mit vielfältigem Angebot befindet sich in einem separaten Gebäude. Schön ist das 6000 qm große Gartengrundstück.

Domizil Schiffmann
Hauptstr. 52 ⌧ 54486 – ⌀ (06534) 94 76 90 – www.domizil-schiffmann.de
18 Zim – †52 € ††84 €
Rest – (geschl. Mittwoch) (nur Abendessen) Menü 28 € – Karte 17/34 €
• Eine nette Adresse ist das ganz modern eingerichtete kleine Hotel mitten im Ort. W-Lan und Telefon (deutsches Festnetz) sind im Preis inbegriffen. Alle Zimmer bieten Balkon oder Terrasse, auch Allergikerzimmer vorhanden.

Culinarium R – Weinromantikhotel Richtershof
Hauptstr. 81 ⌧ 54486 – ⌀ (06534) 94 80 – www.weinromantikhotel.de
– geschl. Mitte Januar 2 Wochen und Montag - Dienstag
Rest – (nur Abendessen) Menü 69/96 € – Karte 50/72 €
• Vier Menüs einer ambitionierten zeitgemäßen Küche stehen in dem modern-eleganten Restaurant zur Wahl. Begleitet wird das Essen von einem ansprechenden Weinangebot und freundlichem Service. Schöne Terrasse.

MÜLHEIM-KÄRLICH – Rheinland-Pfalz – **543** – 10 830 Ew – Höhe 76 m 36 D14
▶ Berlin 599 – Mainz 109 – Koblenz 10

Zur Linde
Bachstr. 12 (Mülheim) ⌧ 56218 – ⌀ (02630) 41 30 – www.zurlinde.info – geschl. Anfang Oktober 1 Woche und Dienstag
Rest – (Montag - Samstag nur Abendessen) Menü 25/62 € – Karte 32/47 €
Rest Weinstube – siehe Restaurantauswahl
• In dem gemütlichen Gasthaus der Familie Linden hat inzwischen die 5. Generation die Küchenleitung übernommen. Gekocht wird international. Kleine Enoteca mit Verkauf von Wein und Gewürzen.

Weinstube – Restaurant Zur Linde
Bachstr. 12 (Mülheim) ⌧ 56218 – ⌀ (02630) 41 30 – www.zurlinde.info
– geschl. Anfang Oktober 1 Woche und Dienstag, Samstagmittag
Rest – Karte 27/42 €
• Das liebenswertes Dekorations-Sammelsurium und die Einrichtung erinnern ein bisschen an Großmutters gute Stube: hier ein Püppchen, da ein Kränzchen und dazu bürgerlich-regionale Kost.

MÜLLHEIM – Baden-Württemberg – **545** – 18 330 Ew – Höhe 267 m 61 D21
– Erholungsort
▶ Berlin 831 – Stuttgart 238 – Freiburg im Breisgau 33 – Basel 41
🛈 Wilhelmstr. 14, ⌧ 79379, ⌀ (07631) 80 15 00, www.muellheim-touristik.de

Landhotel Alte Post
Posthalterweg (B 3) ⌧ 79379 – ⌀ (07631) 1 78 70 – www.alte-post.net
– geschl. 22. - 25. Dezember
50 Zim – †80/95 € ††100/120 € – ½ P 30 € – 1 Suite
Rest Landhotel Alte Post – siehe Restaurantauswahl
• Heimisches Holz und warme Töne bestimmen in der einstigen Posthalterei das Bild. Die Zimmer sind nach Rebsorten, Bäumen und Kräutern benannt, einige im japanischen Stil; im Gästehaus mit kleinem Balkon.

Appartement-Hotel im Weingarten garni
Kochmatt 8 ⌧ 79379 – ⌀ (07631) 3 69 40
– www.app-hotel-im-weingarten.de
12 Zim – †65/80 € ††96/105 €
• Die freundliche und engagierte Betreiberin bietet hier hübsche Appartements mit Küchenzeile und Balkon/Terrasse. Zu finden ist das Haus in einer ruhigen Wohngegend etwas oberhalb der kleinen Stadt.

857

MÜLLHEIM

Landhotel Alte Post – Landhotel Alte Post
Posthalterweg (B 3) ✉ *79379 – ℰ (07631) 1 78 70 – www.alte-post.net*
– *geschl. 22. - 25. Dezember*
Rest – Menü 34/60 € – Karte 27/59 €

• Der Poet Johann Peter Hebel verewigte den geschichtsträchtigen Gasthof sogar in einem seiner Gedichte! Die heutigen Gastgeber haben es verstanden, das Historische mit Modernem gemütlich zu vereinen.

Taberna
Marktplatz 7 ✉ *79379 – ℰ (07631) 17 48 84 – www.taberna-muellheim.de*
– *geschl. 1. - 6. Januar und Sonntag, Montagabend sowie an Feiertagen*
Rest – Karte 23/52 €

• In dem Gewölberestaurant in der ehemaligen Gerberei kocht man mit badischem und italienischem Einfluss und stets nach Marktangebot. Terrasse auf dem Marktplatz, teilweise über dem Klemmbach.

In Müllheim-Britzingen Nord-Ost: 5 km über Zunzingen – Erholungsort :

Landgasthof Hirschen mit Zim
Markgräfler Str. 22 ✉ *79379 – ℰ (07631) 54 57 – www.hirschen-britzingen.eu*
– *geschl. 20. Dezember - 11. Januar und Dienstag - Mittwochmittag*
4 Zim – †60 € ††60 € **Rest** – Menü 25 € – Karte 22/36 €

• In dem gut geführten Familienbetrieb kommen solide bürgerliche Gerichte zu fairen Preisen auf den Tisch, für die man saisonale Produkte aus der Region verwendet. Eine beliebte Adresse mit rustikalem Charakter. Gepflegte Gästezimmer ohne TV.

In Müllheim-Feldberg Süd-Ost: 6 km über Vögisheim

Ochsen mit Zim
Bürgelnstr. 32 ✉ *79379 – ℰ (07631) 35 03 – www.ochsen-feldberg.de – geschl. Donnerstag*
7 Zim – †50/60 € ††70/90 € – ½ P 20 €
Rest – Menü 20/40 € – Karte 25/49 €

• Der Gasthof ist seit seiner Gründung im Jahre 1763 in Familienbesitz. Innen schöne Stuben mit ländlichem Charme, draußen eine hübsche Terrasse und ein Innenhof (zur Weihnachtszeit mit kleinem Markt). Behagliche Gästezimmer, Balkone mit Blick ins Grüne.

MÜNCHBERG – Bayern – **546** – 10 940 Ew – Höhe 546 m   51 M14
▶ Berlin 323 – München 266 – Hof 21 – Bayreuth 37
🛈 Ludwigstr. 15, ✉ 95213, ℰ (09251) 8 74 28, www.muenchberg.de

Seehotel Hintere Höhe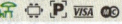
Hintere Höhe 7 ✉ *95213 – ℰ (09251) 9 46 10 – www.seehotel-muenchberg.de*
33 Zim – †52/62 € ††62/82 €, ⊑ 6 €
Rest – *(geschl. Freitag - Samstag) (Montag - Donnerstag nur Abendessen)* Menü 39 € – Karte 19/33 €

• Ruhig liegt das Haus umgeben von Wiesen und Wäldern, vor der Tür befindet sich ein kleiner See. Die soliden Zimmer bieten meist einen Balkon. Gediegenes Restaurant und behagliche Gaststube mit Kachelofen.

Braunschweiger Hof
Bahnhofsstr. 13 ✉ *95213 – ℰ (09251) 9 94 00 – www.braunschweigerhof.de*
20 Zim ⊑ – †43/48 € ††68/78 € **Rest** – *(geschl. 6. - 15. August)* Karte 20/40 €

• Ein familiär geleitetes kleines Stadthotel mit freundlichem Service, in dem gepflegte und praktisch eingerichtete Gästezimmer zur Verfügung stehen. Gemütlich ist die Atmosphäre im gediegenen Restaurant.

MÜNCHEN

Stadtpläne siehe nächste Seiten

Bayern – 1 330 440 Ew – Höhe 518 m – 546 V18
▶ Berlin 588 – Innsbruck 164 – Nürnberg 166 – Salzburg 144

🛈 Tourist-Informationen

Bahnhofsplatz 2 JY, ✉ 80335, ✆ (089) 23 39 65 00, www.muenchen.de
Neues Rathaus KZ, ✉ 80331, ✆ (089) 23 39 65 00

Automobilclub - ADAC

Sonnenstr. 23 JZ
Frankfurter Ring 30 CR
Ridler Str. 35 CS
Elsässer Str. 33 HX

Autoreisezug

🚆 Ostbahnhof, Friedenstraße HX, ✆ (01805) 24 12 24 (Gebühr)

Flughafen

✈ Flughafen Franz Josef Strauß, Nordallee 25 (Nord-Ost: 29 km über A 9), ✆ (089) 9 75 00

Messegelände

Messe München, Messegelände (über A 94 DS), ✉ 81823, ✆ (089) 94 92 07 20

Messen und Veranstaltungen

Zu Messezeiten verlangen viele Hotels erhöhte Messepreise
29. Januar-1. Februar: ISPO-Winter
17.-19. Februar: IMOT - Internatinale Motoradausstellung
22.-26. Februar: f.re.e - Die Reise- und Freizeitmesse
14.-20. März: IHM - Internationale Handwerksmesse
14.-20. März: Garten München
3.-6. Mai: HIGH END
22.-25. Mai: Automatica
13.-15. Juni: Intersolar
16.-21. September: IBA
22. September-7. Oktober: Oktoberfest
9.-11. November: Forum Vini
13.-16. November: electronica
28. November-2. Dezember: Food&Life
28. November-2. Dezember: Heim+Handwerk

STERNENGLANZ
IM ERSTEN STOCK.

UND EIN KOSMOS
AN GENÜSSEN
IM PARTERRE.

Höchste Qualität auf
allen Ebenen – Willkommen
im Restaurant Dallmayr und
in unserem Delikatessenhaus.

JEDEN TAG EINMALIG

MÜNCHEN

Golfplätze

- München-Thalkirchen, Zentralländstr. 40, ℰ (089) 7 23 13 04
- München-Riem, Graf-Lehndorff Str. 36, ℰ (089) 94 50 08 00
- Aschheim, Fasanenallee 10, ℰ (089) 9 90 24 20
- Straßlach, Tölzerstr. 95, ℰ (08170) 9 29 18 11
- Eschenried, Kurfürstenweg 10, ℰ (08131) 5 67 40
- Eschenhof, Kurfürstenweg 13, ℰ (08131) 56 74 56
- Olching, Feuerstr. 89, ℰ (08142) 4 82 90
- Dachau, An der Floßlände 1, ℰ (08131) 1 08 79
- Eichenried, Münchener Str. 57, ℰ (08123) 9 30 80

◉ SEHENSWÜRDIGKEITEN

Die Altstadt: Michaelskirche★B KYZ · Frauenkirche★★ · Marienplatz★ Asamkirche★KZ · Residenzmuseum★★ · Theatinerkirche★KY

Museen und Galerien: Alte Pinakothek★★★ · Neue Pinakothek★★ · Pinakothek der Moderne★★KY · Deutsches Museum★★★LZ · Bayerisches Nationalmuseum★★M⁵LY · Deutsches Jagd- und Fischereimuseum★M¹KZ · Glyptothek★M² · Staatliche Antikensammlungen★M³ · Städtische Galerie im Lenbachhaus★M⁴JY · BMW-Museum★★CR · Stadtmuseum★M⁷KZ

Weitere Sehenswürdigkeiten: Englischer Garten★LY · Schloss Nymphenburg★★ · Botanischer Garten★★BS - Olympiaturm ※ ★★★CR · Tierpark Hellabrunn★CT

Alphabetische Liste der Hotels
Alphabetical index of hotels

A		Seite
Acanthus	🏠	875
Alpen Hotel	🏨	874
Ambiance Rivoli	🏨	887
angelo	🏨	882
anna hotel	🏨	872
das Asam	🏨	873
Atrium	🏨	874
Azimut Hotel City East	🏨	888

B - C		Seite
Bayerischer Hof	🏨	870
Carat-Hotel	🏠	874
The Charles	🏨	871
Comfort Hotel München Ost	🏨	888
Conrad-Hotel de Ville	🏨	873
Cortiina	🏨	872
Cosmopolitan	🏨	885
Courtyard by Marriott	🏨	873

D - E		Seite
Daniel	🏠	874
Domus	🏨	874
Eden Hotel Wolff	🏨	872
Excelsior	🏨	872

F		Seite
Fleming's	🏨	885
Fleming's München-City	🏨	873
Freisinger Hof	🏨	884

G - H		Seite
Grand Central	🏨	871
Heigl	🏠	887
Hilton City	🏨	882
Hilton Park	🏨	871

I		Seite
Ibis Parkstadt Schwabing	🏠	885
INNSIDE Parkstadt Schwabing	🏨	885
Insel Mühle	🏨	888

J - K		Seite
Jagdschloss	🏠	884
King's Hotel Center	🏨	873
King's Hotel First Class	🏨	873
K+K Hotel am Harras	🏠	887
Königshof	🏨	871
Kriemhild	🏠	883

MÜNCHEN

L		Seite
Leonardo Royal	🏠🏠🏠	884
Leopold	🏠	885
Louis	🏠🏠🏠	872
Lutter	🏠🏠	880

M		Seite
La Maison	🏠🏠	885
Mandarin Oriental	🏠🏠🏠🏠🏠	870
Marriott	🏠🏠🏠🏠	884
Mayerhof	🏠🏠	883
Meier	🏠	875
Mercure City Center	🏠🏠🏠	872
Le Méridien	🏠🏠🏠🏠	871
Am Moosfeld	🏠🏠	888
Müller	🏠	874

N - O		Seite
Novotel City	🏠🏠🏠	882
Novotel Messe	🏠🏠	884
Obermaier	🏠🏠	888
Olympic	🏠	874
Am Ostpark	🏠	880

P		Seite
Palace	🏠🏠🏠	880
Park Hotel	🏠🏠	883
Platzl	🏠🏠🏠	872
Präsident	🏠	875

		Seite
Preysing	🏠🏠	882
Prinzregent am Friedensengel	🏠🏠	881
Prinzregent an der Messe	🏠🏠🏠	884

R - S		Seite
Rivoli	🏠	887
Rotkreuzplatz	🏠	883
Schiller 5	🏠🏠	874
Sheraton Arabellapark	🏠🏠🏠	881
Sofitel Munich Bayerpost	🏠🏠🏠🏠	871
Sollner Hof	🏠	887
Splendid-Dollmann	🏠🏠	873
Stachus	🏠	875
Stay2Munich	🏠	882
Suite Novotel	🏠🏠	885

T - U		Seite
Torbräu	🏠🏠	873
Treff Hotel City Centre	🏠🏠	874
Uhland	🏠	875

V - W		Seite
Vier Jahreszeiten Kempinski	🏠🏠🏠🏠	871
Villa Solln	🏠	887
The Westin Grand	🏠🏠🏠🏠🏠	880

Alphabetische Liste der Restaurants
Alphabetical index of restaurants

A		Seite
Acetaia	X	883
Acquarello	XX ✿	881
Alpentraum	X	878
Altes Hackerhaus	X	879
Atelier	XXX ✿	875
Atelier Gourmet	X ☺	883
Augustiner Gaststätten	X	880

B		Seite
Le Barestovino	XX ☺	878
Bayerisches Nationalmuseum	XX	877
Bei Grazia	X	886
Bibulus	XX	886
Blauer Bock	XX	876

BLU mediteraneo	X	886
Boettner's	XX	877
Bogenhauser Hof	XXX	881
Il Borgo	XX	886

C - D		Seite
Cameleon	X	879
Les Cuisiniers	XX	878
Dallmayr	XXX ✿✿	876
Dukatz	X	878

E		Seite
Ederer	XX	876
181 - Business	XX	886
181 - First	XX ✿	886
Emiko	X	879

MÜNCHEN

F - G		Seite
Freisinger Hof	XX 🅐	884
Galleria	XX	877
Garden-Restaurant	XX	876
Geisel's Vinothek	X	878

H		Seite
Halali	XX	876
Hippocampus	XX	881
Huber	X	881

J - K		Seite
Jagdschloss	X	884
Jin	X	878
Käfer Schänke	XX	881
Königshof	XXXX ✿	875

M - N		Seite
Mark's	XXX ✿	876
Marktwirt	X	880
M Belleville	X 🅐	887
Nymphenburger Hof	XX	877

P - R		Seite
Pfistermühle	XX	877
Al Pino	XX	887
Ratskeller	X	879
Retter's Feinschmecker	X	878

S		Seite
Saint Laurent	X	882
Schlosswirtschaft Schwaige	X	883
Schuhbecks in den Südtiroler Stuben	XXX ✿	876
Schweiger² im Showroom	X ✿	882
Shane's Restaurant	XX	877
Sophie's Bistro	X	879
Spatenhaus an der Oper	X	880
Le Stollberg	XX	877

T		Seite
Tantris	XXXX ✿✿	885
Terrine	X ✿	886
Tokami	X	879
Toshi	X	878
Tramin	X ✿	882

V - W - Z		Seite
Vinaiolo	X	883
Weinhaus Neuner	XX	877
Weisses Bräuhaus	X	879
ZEN	XX	881
Zum Alten Markt	X	879
Zum Franziskaner	X	880

☀ Restaurants sonntags geöffnet
Restaurants open on Sunday

Acetaia	X	883	Mark's	XXX ✿	876
Acquarello	XX ✿	881	Marktwirt	X	880
Altes Hackerhaus	X	879	Al Pino	XX	887
Augustiner Gaststätten	X	880	Ratskeller	X	879
Bayerisches Nationalmuseum	XX	877	Saint Laurent	X	882
BLU mediteraneo	X	886	Schlosswirtschaft Schwaige	X	883
Emiko	X	879	Sophie's Bistro	X	879
Freisinger Hof	XX 🅐	884	Spatenhaus an der Oper	X	880
Galleria	XX	877	Tokami	X	879
Garden-Restaurant	XX	876	Vinaiolo	X	883
Geisel's Vinothek	X	878	Weisses Bräuhaus	X	879
Hippocampus	XX	881	ZEN	XX	881
Jagdschloss	X	884	Zum Franziskaner	X	880
Jin	X	878			

863

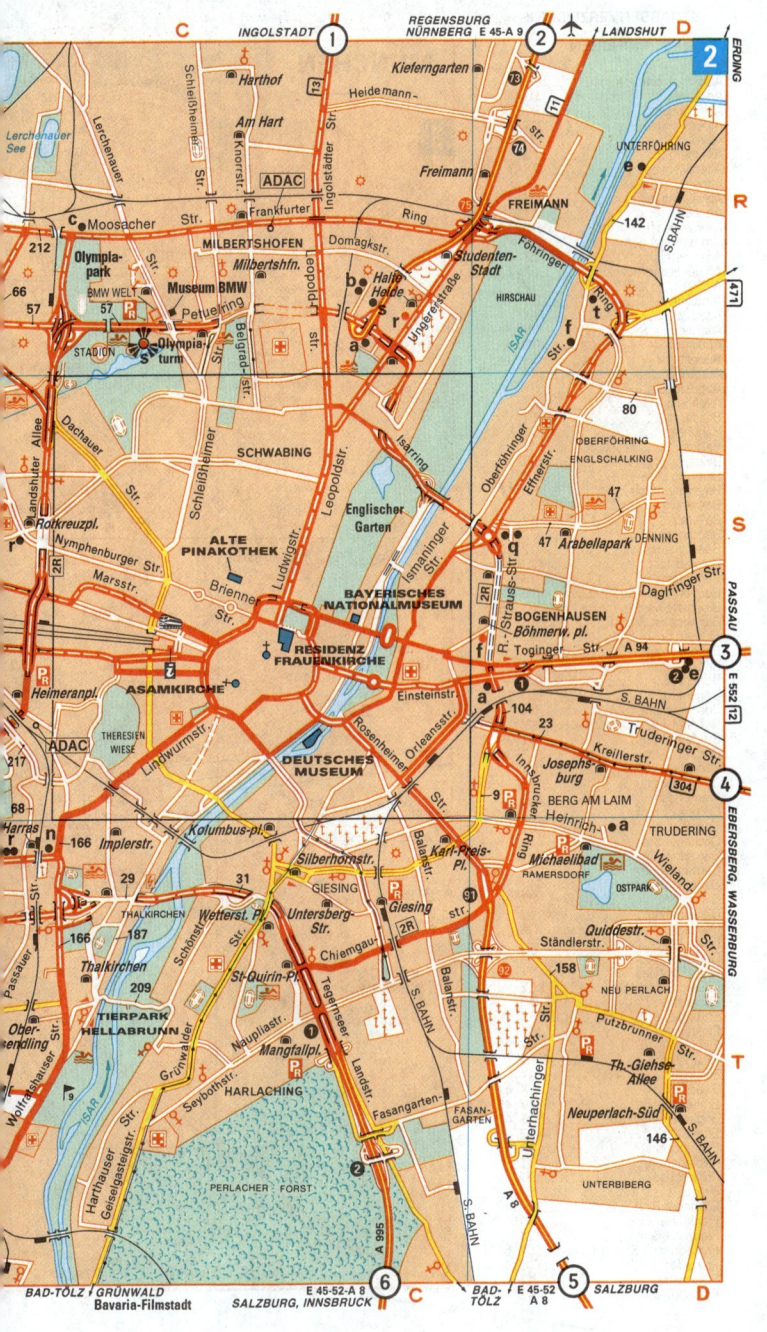

STRASSENVERZEICHNIS
MÜNCHEN

Straße	Feld	Nr.
Ackermannstr.	FU	
Adalbertstr.	GU	
Aidenbachstr.	BT	
Albert-Roßhaupter-Str.	BT	2
Albrechtstr.	EU	
Allacher Str.	BR	
Alter Messepl.	EX	3
Altostr.	AS	
Amalienstr.	KY	
Amirapl.	KY	6
Ammerseestr.	ABS	
Am Blütenanger	BR	
Am Gasteig	LZ	4
An der Hauptfeuerwache	JZ	7
Arcisstr.	JY	
Arnulfstr.	EV	
Asamstr.	GX	
Aschheimer Str.	DS	9
Aubinger Str.	AS	
Auenstr.	GX	
Auerfeldstr.	GX	
Augustenstr.	JY	
Aventinstr.	KZ	
Baaderstr.	KLZ	
Bahnhofpl.	JY	
Balanstr.	CT	
Baldepl.	GX	14
Barer Str.	JKY	
Baumgartnerstr.	EX	17
Bavariaring	EFX	
Bayerstr.	JY	
Beethovenpl.	JZ	
Beethovenstr.	JZ	20
Belgradstr.	GU	
Bergsonstr.	AS	
Berg-am-Laim-Str.	DS	23
Biedersteiner Str.	HU	25
Blumenauer Str.	AS	
Blumenstr.	KZ	
Blutenburgstr.	EV	
Bodenseestr.	AS	
Bonner Pl.	GU	
Bonner Str.	GU	26
Boschetsrieder Str.	BT	
Brienner Str.	JKY	
Brudermühlstr.	CT	29
Burgstr.	KZ	30
Candidstr.	CT	31
Chiemgaustr.	CT	
Clemensstr.	GU	
Corneliusbrücke	KZ	
Corneliusstr.	KZ	
Dachauer Str.	JY	
Daglfinger Str.	DS	
Damenstiftstr.	JZ	32
Denninger Str.	HV	34
Dienerstr.	KZ	36
Dietlindenstr.	GHU	
Domagkstr.	CR	
Dom-Pedro-Str.	EU	
Dorfstr.	AS	
Drygalski-Allee	BT	
Eduard-Schmid-Str.	KLZ	
Effnerstr.	DS	
Ehrengutstr.	FX	
Einsteinstr.	HX	
Eisenmannstr.	KZ	39
Elisabethstr.	FGU	
Elisenstr.	JY	
Elsässer Str.	HX	42
Emil-Riedel-Str.	HV	45
Englschalkinger Str.	DS	47
Erhardtstr.	KLZ	
Eversbuschstr.	AR	
Fasangartenstr.	CDT	
Feilitzschstr.	GU	
Flurstr.	HX	49
Föhringer Ring	DR	
Frankfurter Ring	CR	
Franziskanerstr.	GX	
Franz-Joseph-Strauß-Ring	LY	50
Franz-Joseph-Str.	GU	
Frauenstr.	KZ	
Fraunhoferstr.	KZ	

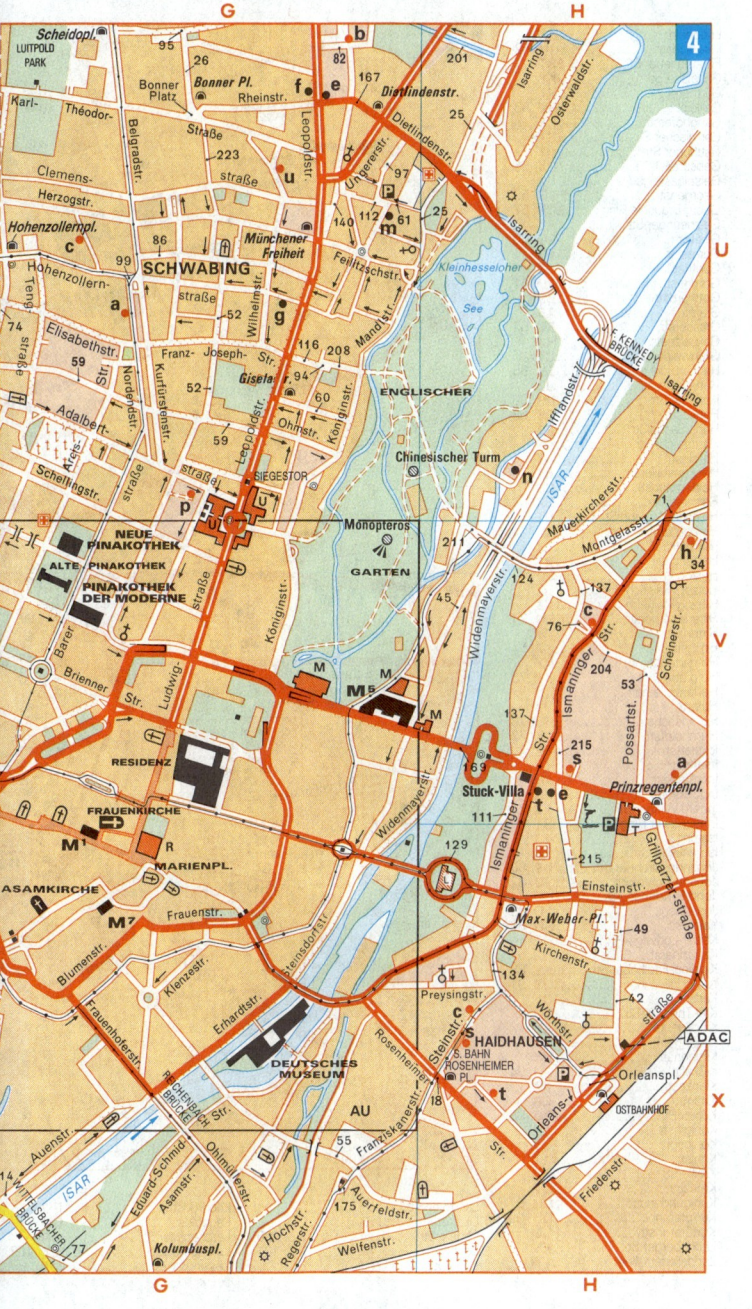

Street	Ref	No
Friedenstr.	HX	
Friedrichstr.	GU	52
Fürstenrieder Str.	BST	
Gabelsberger	JKY	
Gärtnerpl.	KZ	
Galileipl.	HV	53
Ganghoferstr.	EX	
Garmischer Str.	BST	
Gautinger Str.	AT	
Gebsattelstr.	GX	55
Geiselgasteigstr.	CT	
Georgenstr.	FGU	59
Georg-Brauchle-Ring	BCR	57
Germeringer Str.	AT	
Giselastr.	GU	60
Görresstr.	FU	
Goethestr.	JZ	
Gohrenstr.	GU	61
Gotthardstr.	BS	
Gräfstr.	AS	
Grasserstr.	EV	63
Grillparzerstr.	HX	
Grünwalder Str.	CT	
Hackerbrücke	EV	65
Häberlstr.	JZ	
Hanauer Str.	CR	66
Hansastr.	CS	68
Hans-Sachs-Str.	KZ	
Harthauser Str.	CT	
Haydnstr.	JZ	
Heckenstallerstr.	BT	70
Heidemannstr.	CR	
Heimeranstr.	EX	
Heinrich-Wieland-Str.	DT	
Herkomerpl.	HU	71
Herrnstr.	LZ	
Herterichstr.	BT	
Herzogstr.	GU	
Herzog-Heinrich-Str.	JZ	
Herzog-Wilhelm-Str.	JZ	
Hiltenspergerstr.	FGU	74
Hirtenstr.	JY	
Hochstr.	LZ	
Hofgartenstr.	KY	
Hofgraben	KZ	75
Hohenzollernstr.	GU	
Holzstr.	JZ	
Hompeschstr.	HV	76
Humboldtstr.	GX	77
Ickstattstr.	KZ	
Ifflandstr.	HU	
Infanteriestr.	FU	
Ingolstädter	CR	
Innere Wiener Str.	LZ	79
Innsbrucker Ring	DST	
Isarring	HU	
Ismaninger Str.	HVX	
Johanneskirchner Str.	DS	80
Johann-Fichte-Str.	GU	82
John-F.-Kennedy-Br.	HU	
Josephspl.	FU	83
Kaiserstr.	GU	86
Kaiser-Ludwigs-Pl.	JZ	
Kapuzinerstr.	JZ	
Kardinal-Faulhaber-Str.	KY	88
Karlspl. (Stachus)	JY	91
Karlstr.	JY	
Karl-Theodor-Str.	GU	
Karolinenpl.	KY	
Kaufingerstr.	KZ	
Kirchenstr.	HX	
Kißkaltpl.	GU	94
Klenzestr.	KZ	
Knorrstr.	CR	
Kölner Pl.	GU	95
Königinstr.	LY	
Königspl.	JY	
Kohlstr.	KLZ	
Kreillerstr.	DS	
Kreuzstr.	JZ	
Kunigundenstr.	GU	97
Kurfürstenpl.	GU	99
Kurfürstenstr.	GU	
Landsberger Str.	EV	
Landshuter Allee	CS	
Landwehrstr.	JZ	
Lazarettstr.	EU	
Ledererstr.	KZ	100
Lenbachpl.	KY	101
Leonrodpl.	EU	
Leonrodstr.	EU	
Leopoldstr.	GU	
Lerchenauer Str.	CR	
Lerchenfeldstr.	LY	102
Lessingstr.	JZ	

Leuchtenbergring........**DS** 104	Lothstr................**FU**	Maillingerstr..............**EV** 109
Lidwigsfelder Str.......**ABR**	Ludwigsbrücke ....**LZ**	Maistr...................**JZ**
Lindwurmstr.............**JZ**	Ludwigstr...............**KY**	Mandlstr.................**GU**
Lochhausener Str. ....**AR**	Luisenstr................**JY**	Maria-Theresia-Str........**HV** 111
Loristr..................**EUV**	Maffeistr...............**KY** 106	Marienpl.................**KZ**

MÜNCHEN

Street	Grid	No.
Marschallstr.	GU	112
Marspl.	EV	
Marsstr.	JY	
Marstallpl.	KLY	
Martin-Greif-Str.	EX	115
Martiusstr.	GU	116
Maßmannstr.	FU	118
Mauerkircherstr.	HUV	
Maxburgstr.	KY	
Maximiliansbrücke	LZ	119
Maximilianspl.	KY	121
Maximilianstr.	KYZ	
Max-Josephs-Brücke	HV	124
Max-Joseph-Pl.	KY	125
Max-Joseph-Str.	KY	127
Max-Planck-Str.	HX	129
Meiserstr.	JY	
Melchiorstr.	BT	131
Menzinger Str.	BS	
Metzgerstr.	HX	134
Meyerbeerstr.	AS	136
Möhlstr.	HV	137
Montgelasstr.	HUV	
Moosacher Str.	CR	
Mozartstr.	JZ	138
Müllerstr.	KZ	
Münchner Freiheit	GU	140
Münchner Str.	AT, DR	142
Murnauer Str.	BT	145
Nauplliastr.	CT	
Neubiberger Str.	DT	146
Neuhauser Str.	JZ	147
Nordendstr.	GU	
Nußbaumstr.	JZ	
Nymphenburger Str.	EUV	
Oberanger	KZ	
Oberföhringer Str.	DRS	
Odeonspl.	KY	
Oettingenstr.	LY	151
Offenbachstr.	AS	153
Ohlmüllerstr.	GX	
Ohmstr.	GU	
Orlandostr.	KZ	157
Orleansstr.	HX	
Orleansstr.	HX	
Oskar-von-Miller-Ring	KY	
Osterwaldstr.	HU	
Ottobrunner Str.	DT	158
Ottostr.	KY	
Pacellistr.	KY	160
Papa-Schmid-Str.	KZ	162
Pappenheimstr.	EV	163
Pasinger Str.	AT	
Passauerstr.	CT	
Paul-Ehrlich-Weg	AR	
Paul-Heyse-Str.	JZ	
Pettenkoferstr.	JZ	
Petuelring	CR	
Pfeuferstr.	EX	
Pfisterstr.	KZ	164
Pippinger Str.	ARS	
Planegger Str.	AS	
Platzl	KZ	165
Plinganserstr.	CT	166
Poccistr.	EX	
Possartstr.	HV	
Potsdamer Str.	GU	167
Preysingstr.	HX	
Prinzregentenbrücke	HV	169
Prinzregentenstr.	LY	170
Promenadepl.	KY	171
Putzbrunner Str.	DT	
Radlkoferstr.	EX	174
Regerpl.	GX	175
Regerstr.	GX	
Reichenbachbrüke	KZ	
Reichenbachstr.	KZ	
Reisingerstr.	JZ	
Residenzstr.	KY	177
Rheinstr.	GU	
Richard-Strauss-Str.	DS	
Rindermarkt	KZ	179
Rosenheimer Pl.	HX	181
Rosenheimer Str.	LZ	
Rosenstr.	KZ	182
Rosental	KZ	
Rumfordstr.	KZ	
Ruppertstr.	EFX	
Salvatorstr.	KY	184
Sandstr.	JY	
Schäftlarnstr.	CT	187
Scheinerstr.	HV	
Schellingstr.	KY	
Schießstättstr.	EX	189
Schillerstr.	JZ	
Schleißheimer Str.	JY	192
Schönfeldstr.	KLY	
Schönstr.	CT	
Schwanthalerstr.	JZ	
Schweigerstr.	LZ	
Schwere-Reiter-Str.	EFU	
Seidlstr.	JY	
Seitzstr.	LY	
Sendlinger Str.	KZ	
Sendlinger-Tor-Pl.	JZ	194
Seybothstr.	CT	
Siemenssallee	BT	197
Sonnenstr.	JZ	
Sophienstr.	JY	
Ständlerstr.	DT	
Steinsdorfstr.	LZ	
Steinstr.	HX	
Stengelstr.	HU	201
Sternstr.	LZ	202
Sternwartstr.	HV	204
Stiglmaierpl.	JY	
Südl. Auffahrtsallee	BS	205
Tal	KZ	
Tegernseer Landstr.	CT	
Tengstr.	GU	
Thalkirchner Str.	JZ	
Theatinerstr.	KY	206
Theresienhöhe	EX	207
Theresienstr.	JK	
Thiemestr.	GU	208
Thierschstr.	LZ	
Thomas-Wimmer-Ring	LZ	
Tierparkstr.	CT	209
Tivolistr.	HV	211
Töginger Str.	DS	
Triebstr.	CR	212
Triftstr.	LY	214
Trogerstr.	HVX	215
Truderinger Str.	DS	
Tübinger Str.	BCS	217
Türkenstr.	KY	
Tumblingerstr.	FX	218
Ungererstr.	GU	
Unterhachinger Str.	DT	
Verdistr.	ABS	
Veterinärstr.	LY	221
Viktoriastr.	GU	223
Von-der-Tann-Str.	KLY	
Von-Karl-Str.	ABR	
Wagmüllerstr.	LY	224
Waldfriedhofstr.	BT	226
Weinstr.	KZ	228
Welfenstr.	GX	
Wendl-Dietrich-Str.	BS	229
Westendstr.	BS	
Westenriederstr.	KZ	
Widenmayerstr.	GHV	
Wilhelmstr.	GU	
Willibaldstr.	BS	
Wintrichring	BRS	
Winzererstr.	FU	
Wittelsbacherbrücke	GX	
Wittelsbacherstr.	KZ	231
Wörthstr.	HX	
Wolfratshauser Str.	CT	
Wotanstr.	BS	
Wredestr.	EV	232
Würmtalstr.	ABT	
Zeppelinstr.	LZ	
Ziemssenstr.	JZ	
Zirkus-Krone-Str.	EV	236
Zschokkestr.	BS	
Zweibrückenstr.	LZ	

Mandarin Oriental 🔱 🏠 ⅄ 🎧 🖹 AC Zim, 🎋 Rest, 🕯 🖪 😊

Neuturmstr. 1 ✉ 80331 – ☎ (089) 29 09 80 VISA ⦿ AE ⓘ
– www.mandarinoriental.com **6KZs**
73 Zim – ♦365/595 € ♦♦365/595 €, ⚏ 38 € – 11 Suiten
Rest *Mark's* ✦ – siehe Restaurantauswahl
Rest *Bistro MO* – ☎ (089) 29 09 88 75 – Menü 39 € – Karte 48/64 €

♦ Das noble Hotel in dem sehenswerten historischen Gebäude ist eine der führenden Adressen in Deutschland. Beispielhafte Gästebetreuung und eine luxuriöse Einrichtung, die mit Stil und Geschmack zusammengestellt wurde. Beheizter Pool auf dem Dach.

Bayerischer Hof 🍽 🖥 ⦿ 🏠 ⅄ 🎧 🖹 & Zim, AC 🕯 🖪 😊 VISA ⦿ AE ⓘ

Promenadeplatz 2 ✉ 80333 – ☎ (089) 2 12 00 – www.bayerischerhof.de **6KYy**
345 Zim – ♦280/520 € ♦♦420/520 €, ⚏ 30 € – 17 Suiten
Rest *Atelier* ✦ **Rest** *Garden-Restaurant* – siehe Restaurantauswahl
Rest *Trader Vic's* – ☎ (089) 2 12 09 95 *(nur Abendessen)* (Tischbestellung ratsam)
Menü 42/58 € – Karte 32/74 €
Rest *Palais Keller* – ☎ (089) 2 12 09 90 – Karte 21/48 €

♦ Bereits 1841 wurde das Grandhotel in dem prächtigen Palaisbau eröffnet. In sechs verschiedenen Stilrichtungen hat man die Zimmer exklusiv gestaltet. Vom "Blue Spa" (mit kleiner Speisekarte) schaut man über München bis zu den Alpen. Die Restaurantvielfalt bietet u. a. Polynesisches im Trader Vic's.

MÜNCHEN

The Charles
Sophienstr. 28 ⊠ 80333 – ℰ (089) 5 44 55 50
– www.roccofortecollection.com
160 Zim – †270/550 € ††270/550 €, ⊇ 30 € – 28 Suiten
Rest *DAVVERO* – ℰ (089) 54 45 55 12 00 – Karte 47/73 €

5JYe

♦ Luxus vermittelt das schöne Hotel am Alten Botanischen Garten mit seiner edlen Einrichtung in geradlinigem modern-elegantem Stil, einem hochwertigen Spabereich sowie allen erdenklichen Serviceleistungen.

Königshof
Karlsplatz 25 ⊠ 80335 – ℰ (089) 55 13 60
– www.geisel-privathotels.de
87 Zim – †205/450 € ††235/490 €, ⊇ 29 € – 8 Suiten
Rest *Königshof* ✿ – siehe Restaurantauswahl

5JYs

♦ Eine Leidenschaft als Gastgeber liegt begründet in der gastronomischen Geschichte der Familie Geisel, die bereits 1900 begann und hier in bevorzugter Lage am Karlsplatz in klassischem Luxus gipfelt. Ein professionelles Serviceteam steht Ihnen mit Rat und Tat zu Seite.

Vier Jahreszeiten Kempinski
Maximilianstr. 17 ⊠ 80539 – ℰ (089) 2 12 50
– www.kempinski.com/munich
303 Zim – †220/420 € ††260/910 €, ⊇ 35 € – 30 Suiten
Rest *Vue Maximilian* – ℰ (089) 21 25 21 25 – Menü 25 € (mittags)/36 € (abends)
– Karte 56/97 €

6LZa

♦ Seit seiner Eröffnung 1858 zählt dieses Haus zu den klassischen Grandhotels in München. Hier verbindet sich historischer Charme mit modernen Elementen. Die Lobby: lebendiger Treff für einen Drink, Snacks oder Kaffee und Kuchen.

Sofitel Munich Bayerpost
Bayerstr. 12 ⊠ 80335 – ℰ (089) 59 94 80 – www.sofitel.com
396 Zim – †200/300 € ††200/300 €, ⊇ 30 € – 8 Suiten
Rest *Sophie's Bistro* – siehe Restaurantauswahl
Rest *Schwarz & Weiz* – (geschl. Samstag - Sonntag und an Feiertagen) (nur Abendessen) Karte 54/76 €

5JYa

♦ Äußerst gelungen hat man in das imposante denkmalgeschützte Gebäude aus der Gründerzeit moderne Architektur und zeitgenössisches Design integriert. Schwarz & Weiz mit einem Mix aus französischer und bayerischer Küche, alternativ Sophie's Bistro.

Hilton Park
Am Tucherpark 7 ⊠ 80538 – ℰ (089) 3 84 50
– www.hilton.de/muenchenpark
484 Zim – †109/459 € ††109/459 €, ⊇ 28 € – 3 Suiten
Rest *Tivoli & Club* – ℰ (089) 38 45 27 69 – Karte 38/66 €

4HUn

♦ Hier überzeugen die Lage am Englischen Garten sowie komfortable Gästezimmer, darunter auch Business- und Executivezimmer. Restaurant mit internationaler Karte und Biergarten am Eisbach.

Le Méridien
Bayerstr. 41 ⊠ 80335 – ℰ (089) 2 42 20 – www.lemeridienmunich.com
381 Zim – †139/409 € ††139/409 €, ⊇ 28 € – 8 Suiten **Rest** – Karte 48/64 €

5JZw

♦ Das Hotel gegenüber dem Hauptbahnhof steht für modernen Stil und schlichte Eleganz. Vom Restaurant schaut man in den hübschen begrünten Innenhof - eine kleine ruhige Oase in der Großstadt! Im Zimmerpreis ist der Eintritt in einige Münchner Museen inkludiert.

Grand Central
Arnulfstr. 35 ⊠ 80636 – ℰ (089) 5 16 57 40
– www.eurostarsgrandcentral.com
247 Zim ⊇ – †119/250 € ††129/260 € – 8 Suiten
Rest – (geschl. Sonntag) (nur Abendessen) Karte 36/65 €

3EVg

♦ Ein Businesshotel - funktionell, topaktuell und nur eine S-Bahn-Station vom Hauptbahnhof entfernt. Kleines Highlight: Pool auf dem Dach! Internationale Küche im "Red" oder (zu Schließzeiten des Restaurants) in der Lounge-Bar.

MÜNCHEN

Cortiina
Ledererstr. 8 ⊠ 80331 – ℰ (089) 2 42 24 90 – www.cortiina.com
6KZc
75 Zim – †150/300 € ††180/380 €, ⊑ 19 € – 4 Suiten
Rest – *(nur Abendessen)* Karte 32/64 €

♦ Da staunt man nicht schlecht, was man hier in fast schon unscheinbarer, aber doch sehr zentraler Lage zu Gesicht bekommt: hochwertige Materialien, wohin das Auge blickt - Holz, Schiefer, Jura-Marmor und Naturfarben absolut stimmig kombiniert! Zimmer teilweise sehr geräumig und mit Kitchenette.

Louis
Viktualienmarkt 6 ⊠ 80331 – ℰ (089) 41 11 90 80
– www.louis-hotel.com
6KZf
72 Zim – †120/275 € ††195/490 €, ⊑ 20 €
Rest *Emiko* – siehe Restaurantauswahl

♦ Hier überzeugen die herrliche und ganz zentrale Lage am Viktualienmarkt sowie die Zimmer in zeitlos-elegantem Stil ("The Louis Room" mit 70 qm!), einige mit tollem Ausblick.

Excelsior
Schützenstr. 11 ⊠ 80335 – ℰ (089) 55 13 70
– www.geisel-privathotels.de
5JYz
112 Zim – †135/275 € ††180/310 €, ⊑ 20 € – 3 Suiten
Rest *Geisel's Vinothek* – siehe Restaurantauswahl

♦ Das Hotel mit den individuellen und wohnlichen Zimmern ist der Schwesterbetrieb des Königshofs - dort befindet sich auch der Freizeitbereich. Gutes Frühstücksbuffet in stilvollem Ambiente.

Mercure City Center
Senefelder Str. 9 ⊠ 80336 – ℰ (089) 55 13 20
– www.accorhotels.com/de/hotel-0878-mercure-hotel-muenchen-ci
5JZc
167 Zim – †89/269 € ††89/269 €, ⊑ 19 €   **Rest** – Karte 19/56 €

♦ Das Thema Theater zieht sich durch das ganze Hotel, Rottöne dominieren. Die recht geräumigen Gästezimmer sind wohnlich und modern gestaltet. Zur Halle hin offenes Restaurant mit internationaler Küche. Biergarten im Hinterhof.

anna hotel
Schützenstr. 1 ⊠ 80335 – ℰ (089) 59 99 40
– www.geisel-privathotels.de
5JYZn
73 Zim ⊑ – †165/255 € ††185/275 € – 1 Suite
Rest – Menü 27/42 € (abends) – Karte 41/49 €

♦ Auf ein junges und junggebliebenes Publikum trifft man in dem modernen Hotel direkt am Stachus. Wenn Sie Panoramasicht möchten, nehmen Sie ein Zimmer in der obersten Etage! Sollte Ihnen der Sinn nach Sushi stehen: Das gibt es gleich hier im Bistro (mit gut besuchter Bar).

Platzl
Sparkassenstr. 10 ⊠ 80331 – ℰ (089) 23 70 30
– www.platzl.de
6KZz
167 Zim ⊑ – †99/250 € ††198/250 € – 1 Suite
Rest *Pfistermühle* – siehe Restaurantauswahl
Rest *Ayingers* – ℰ (089) 23 70 36 66 – Karte 25/41 €

♦ Hotel mitten in der Altstadt. Sehr schöne klassisch eingerichtete Zimmer und ein Erholungsbereich im Stil des Maurischen Kiosks von Ludwig II. Das Ayingers mit Wirtshaustradition ergänzt die Pfistermühle.

Eden Hotel Wolff
Arnulfstr. 4 ⊠ 80335 – ℰ (089) 55 11 50 – www.ehw.de
5JYp
210 Zim ⊑ – †142/157 € ††184/200 € – 2 Suiten
Rest – Karte 25/56 €

♦ Wenn Sie den Hauptbahnhof verlassen, stehen Sie praktisch schon direkt im Hotel! In dem seit über 100 Jahren existierenden Hotel wohnt man klassisch, puristisch-alpenländisch oder ganz modern. Nach Fitness oder Sauna relaxt man auf der Dachterrasse! Internationale, aber auch bayerische Gerichte in der rustikalen Zirbelstube.

MÜNCHEN

Courtyard by Marriott
Schwanthalerstr. 37 ⊠ 80336 – ℰ (089) 54 88 48 80
– www.courtyardmunichcitycenter.de   **5JZr**
248 Zim – ♦99/199 € ♦♦99/199 €, ⊑ 21 € – 1 Suite   **Rest** – Karte 20/45 €

♦ In der Innenstadt, nicht weit vom Bahnhof, liegt das auf Geschäftsreisende ausgelegte Hotel mit seinen neuzeitlichen Zimmern und Studios. Gutes Frühstücksbuffet. Modernes Restaurant mit offener Showküche.

Splendid-Dollmann garni
Thierschstr. 49 ⊠ 80538 – ℰ (089) 23 80 80 – www.hotel-splendid-dollmann.de
36 Zim – ♦98/250 € ♦♦118/300 €, ⊑ 13 € – 1 Suite   **6LZb**

♦ Selbst im Großstadttrubel findet man mal ein ruhiges Plätzchen - so wie die hübsche Terrasse im Hinterhof des stilvollen alten Bürgerhauses! In der Bibliothek serviert man abends kleine Snacks. Für Autofahrer sind zwei Garagenplätze und Anwohnerparkausweise verfügbar.

das Asam garni
Josephspitalstr. 3 ⊠ 80331 – ℰ (089) 2 30 97 00 – www.hotel-asam.de
– geschl. Weihnachten - Anfang Januar   **5JZa**
25 Zim – ♦129/163 € ♦♦139/194 €, ⊑ 19 € – 8 Suiten

♦ Helle, wohnliche Zimmer mit hochwertigen Bädern stehen in dem Hotel im Zentrum bereit - einige liegen sehr ruhig zum Innenhof. Freundlicher Frühstücksraum mit kleiner Terrasse.

King's Hotel First Class garni
Dachauer Str. 13 ⊠ 80335 – ℰ (089) 55 18 70 – www.kingshotels.de – geschl. über Weihnachten   **5JYf**
95 Zim – ♦140/320 € ♦♦160/550 €, ⊑ 15 € – 5 Suiten

♦ Ein echter Blickfang sind die raumerfüllenden gediegen-eleganten Holztäfelungen, mit denen die Lobby Sie auf den klassisch-bayerischen Stil des Hauses einstimmt! In jedem Zimmer steht ein Himmelbett mit Baldachin.

Torbräu
Tal 41 ⊠ 80331 – ℰ (089) 24 23 40 – www.torbraeu.de   **6LZg**
90 Zim ⊑ – ♦159/294 € ♦♦199/305 € – 3 Suiten
Rest *Schapeau* – ℰ (089) 22 80 75 23 (nur Abendessen) Karte 35/48 €

♦ Das älteste Hotel der Stadt existiert bereits seit 1490. Ein sehr gepflegter Familienbetrieb, in dem man ständig modernisiert. Nett ist der helle Frühstücksraum im 1. Stock. Im Schapeau kann man bayerisch-mediterran essen.

Fleming's München-City
Bayerstr. 47 ⊠ 80335 – ℰ (089) 4 44 46 60 – www.flemings-hotels.com   **5JZt**
112 Zim ⊑ – ♦117/272 € ♦♦148/297 €   **Rest** – Karte 27/49 €

♦ Zentral, in unmittelbarer Nähe des Hauptbahnhofs gelegenes Hotel mit funktionellen, in modernem Design gehaltenen Gästezimmern. Restaurant im Bistrostil mit Bar und Feinkosttheke.

King's Hotel Center garni
Marsstr. 15 ⊠ 80335 – ℰ (089) 51 55 30 – www.kingshotels.de – geschl. über Weihnachten   **5JYb**
90 Zim – ♦99/270 € ♦♦140/400 €, ⊑ 12 €

♦ Das zentrumsnahe Hotel verfügt über behagliche Zimmer mit Himmelbetten, recht klein sind die Einzelzimmer. Im holzvertäfelten Frühstücksraum bietet man eine gute Auswahl vom Buffet.

Conrad-Hotel de Ville
Schillerstr. 10 ⊠ 80336 – ℰ (089) 54 55 60 – www.conrad-hotel.de   **5JZg**
89 Zim ⊑ – ♦115/243 € ♦♦145/335 €
Rest – (geschl. 2. - 8. Januar und Sonntag) Karte 18/27 €

♦ Dieses Stadthotel liegt sehr günstig nahe dem Bahnhof und unweit des Zentrums und bietet freundliche Zimmer mit mediterranem Ambiente. Restaurant mit Bistrokarte und netter Terrasse zum Innenhof.

MÜNCHEN

Alpen Hotel
Adolf-Kolping-Str. 14 ⊠ 80336 – ℰ (089) 55 93 30 – www.alpenhotel-muenchen.de
57 Zim ⊑ – †115/185 € ††145/265 €   **5**JZ**b**
Rest – *(geschl. Sonntag, Samstagmittag)* Karte 18/38 €

• Von hier ist es nur ein Katzensprung zu Bahnhof und Stachus. Die Zimmer sind klassisch gehalten, zwei Juniorsuiten ganz modern! Auf der Terrasse im schönen Innenhof kann man angenehm frühstücken oder sich später die Münchner Küche von "Stefans Gasthaus" servieren lassen.

Treff Hotel City Centre garni
Schillerstr. 28 ⊠ 80336 – ℰ (089) 55 99 97 60 – www.treff-hotels.de
64 Zim – †89/169 € ††109/189 €, ⊑ 15 €   **5**JZ**d**

• Von dem trendig-modernen Businesshotel ist es nur ein kurzer Weg zum Bahnhof oder zum Stachus. Alle Zimmer sind mit hochwertigen Schallschutzfenstern ausgestattet.

Atrium garni
Landwehrstr. 59 ⊠ 80336 – ℰ (089) 51 41 90 – www.atrium-hotel.de
162 Zim – †89/299 € ††109/399 €   **5**JZ**k**

• Das Hotel zwischen Hauptbahnhof und Theresienwiese hat funktionelle Zimmer, einen modernen Frühstücksraum mit reichhaltigem Buffet und einen schönen begrünten Innenhof mit Lounge.

Domus
St.-Anna-Str. 31 ⊠ 80538 – ℰ (089) 2 17 77 30 – www.domus-hotel.de
45 Zim ⊑ – †85/170 € ††120/230 €   **6**LY**b**
Rest *facile* – ℰ (089) 21 77 73 67 *(geschl. Samstagmittag, Sonntag)* Menü 43 €
– Karte 28/40 €

• Relativ ruhig liegt das persönlich geführte Haus zwischen Maximilian- und Prinzregentenstraße. Die meisten Zimmer haben einen Balkon, im Sommer startet man entspannt auf der hübschen Frühstücksterrasse in den Tag. Geradliniges Ambiente und italienische Küche im "facile".

Schiller 5 garni
Schillerstr. 5 ⊠ 80336 – ℰ (089) 51 50 40 – www.schiller5.com
55 Zim ⊑ – †140/230 € ††180/270 € – 3 Suiten   **5**JZ**h**

• Gerne kümmert sich Eigentümer Leo Milchiker persönlich um seine Gäste, das macht den Aufenthalt hier umso netter! Wie der modern-puristische Stil zieht sich auch das Thema "Schiller" durch das ganze Haus. Minibar inklusive, in der Lounge Kaffee und Wasser.

Daniel garni
Sonnenstr. 5 ⊠ 80331 – ℰ (089) 54 82 40 – www.daniel-hotels.de
81 Zim ⊑ – †75/350 € ††95/400 €   **5**JZ**m**

• Komfort-, Business- und Standardzimmer stehen in dem tipptopp gepflegten Stadthotel zur Verfügung. Bis zur Fußgängerzone sind es nur wenige Schritte.

Carat-Hotel garni
Lindwurmstr. 13 ⊠ 80337 – ℰ (089) 23 03 80 – www.carat-hotel-muenchen.de
70 Zim ⊑ – †89/169 € ††109/189 €   **5**JZ**f**

• Eine zeitgemäß-funktionale Businessadresse gegenüber dem Park am Sendlinger Tor. Zimmer teilweise klimatisiert. Zum Frühstücken (auch Bioprodukte) geht's im Sommer auf die Terrasse!

Müller garni
Fliegenstr. 4 ⊠ 80337 – ℰ (089) 2 32 38 60 – www.hotel-mueller-muenchen.de
44 Zim ⊑ – †119/169 € ††139/189 €   **5**JZ**p**

• Sie finden das gepflegte Hotel beim Sendlinger Tor, schräg gegenüber der Matthäuskirche. Vier Superior-Zimmer im 5. Stock sind geräumig und besonders zeitgemäß in klaren Linien eingerichtet!

Olympic garni
Hans-Sachs-Str. 4 ⊠ 80469 – ℰ (089) 23 18 90 – www.hotel-olympic.de
38 Zim – †115/160 € ††155/200 €   **6**KZ**m**

• Das Gästeklientel aus der Mode- und Medienbranche ist ein deutliches Indiz: Dies ist ein sehr individuelles Haus! Stilvolle Einrichtung, Zimmer zu ruhigen, grünen Innenhöfen, wechselnde Kunstausstellung. Viktualienmarkt, Marienplatz, Deutsches Museum und U-Bahn ganz in der Nähe.

MÜNCHEN

Uhland garni
Uhlandstr. 1 ⊠ *80336 –* ☏ *(089) 54 33 50 – www.hotel-uhland.de*
– geschl. 6. - 15. Januar, über Weihnachten   **5**JZ**x**
27 Zim – †67/158 € ††80/204 €

◆ Bestaunen Sie ruhig erst einmal die wunderbare Villenfassade (schon zweimal mit dem Fassadenpreis ausgezeichnet!), drinnen erwartet Sie dann eine engagierte Gastgeberfamilie - seit über 55 Jahren im Haus. Zimmer 34 und 35: besonders groß, modern und hell.

Acanthus garni
An der Hauptfeuerwache 14 ⊠ *80331 –* ☏ *(089) 23 18 80*
– www.acanthushotel.de   **5**JZ**n**
36 Zim – †93/195 € ††110/230 €

◆ Viele Stammgäste kommen immer wieder gerne in dieses individuelle Haus am Altstadtrand. Die Zimmerwahl fällt nicht ganz leicht: Schön sind sowohl die "Alba Rose"-Zimmer mit ihren Antiquitäten als auch die klassischen "Rustikana"-Zimmer!

Präsident garni
Schwanthalerstr. 20 ⊠ *80336 –* ☏ *(089) 5 49 00 60*
– www.hotel-praesident.de   **5**JZ**q**
42 Zim – †75/205 € ††95/245 €

◆ Das schräg gegenüber dem Deutschen Theater gelegene Hotel bietet praktische und zeitgemäße Zimmer sowie ein Frühstücksbuffet mit gutem Angebot.

Stachus garni
Bayerstr. 7 ⊠ *80335 –* ☏ *(089) 5 45 84 20 – www.hotel-stachus.com*
– geschl. 20. - 28. Dezember   **5**JZ**y**
72 Zim – †69/349 € ††79/369 €, ⊇ 10 €

◆ Hier kann man gut, günstig und zentral wohnen! Der Stachus direkt vor dem Haus, die Zimmer zwar schlicht und teilweise recht klein, aber schön modern. Fragen Sie nach den Superior-Zimmern nach hinten raus!

Meier garni
Schützenstr. 12 ⊠ *80335 –* ☏ *(089) 5 49 03 40 – www.hotel-meier.de*
50 Zim – †79/105 € ††109/135 €   **5**JY**x**

◆ Ideal für Stadttouristen ist das gepflegte und funktionelle Etagenhotel in einer Einkaufsstraße zwischen Hauptbahnhof und Stachus. Das Frühstücksbuffet: reichhaltig und günstig!

XXXX Königshof – Hotel Königshof
Karlsplatz 25, (1. Etage) ⊠ *80335 –* ☏ *(089) 55 13 61 42*
– www.geisel-privathotels.de – geschl. 1. - 9. Januar, 8. - 11. April,
3. - 11. Juni, 23. Juli - 23. August und Sonntag, Januar - September:
Sonntag - Montag sowie an Feiertagen   **5**JY**s**
Rest – (Tischbestellung ratsam) Menü 42 € (mittags)/132 € – Karte 74/98 € ❀
Spez. Flusskrebse, Melone, Fenchel und kandierter Ingwer. Filet vom Rind, Ochsenschwanzterrine, gefüllte Artischocken und Perigord Trüffel. Kirschen, Naturjoghurt, Cassisbeeren, Sauerrahm und Carripoule.

◆ Die Inhaber des Königshofes legen großen Wert auf Kulinarik, das verraten eleganter Stil und gehobene Tischkultur, vor allem aber die exzellenten Kreationen von Martin Fauster und seiner Küchenbrigade! Von den Fensterplätzen aus kann man das rege Treiben am Stachus beobachten.

XXX Atelier – Hotel Bayerischer Hof
Promenadeplatz 2 ⊠ *80333 –* ☏ *(089) 2 12 07 43*
– www.bayerischerhof.de
– geschl. August und Sonntag - Montag   **6**KY**y**
Rest – (nur Abendessen) Menü 85/130 € ❀
Spez. Seeforelle mit Bio-Spargel und grünen Mandeln. Poltinger Rehrücken mit Sellerie, Pfifferlingen und Fichtensprossen. Arcango Noir Schokolade mit Sauerkirschen.

◆ Jedes Atelier hat seine Kunst. Hier ist es die Küche von Steffen Mezger, der das Produkt mit Finesse und Kreativität in Szene setzt! Die Präsentation braucht einen stimmigen Rahmen: ein in ruhige, warme Erdtöne getauchter Raum, in dem ein sehr gutes Serviceteam reibungslos agiert.

MÜNCHEN

XXX Dallmayr
*Dienerstr. 14, (1. Etage) ⊠ 80331 – ℰ (089) 2 13 51 00 – www.dallmayr.de
– geschl. 24. Dezember - Anfang Januar 2 Wochen, über Ostern 2 Wochen,
Anfang August 3 Wochen und Sonntag - Montag* **6KZw**
Rest – *(nur Abendessen)* (Tischbestellung ratsam) Menü 80/140 € – Karte 82/110 €
Spez. Gelbschwanzmakrele mit Avocado, Kalamansi und Taschenkrebs. "Frühlingsacker" mit glasierten Weinbergschnecken und Bärlauchcreme. Poltinger Lammrücken mit Bries, Couscous und Raz el Hanout-Jus.
♦ Ein kleiner Treppenaufgang führt zu großer Kochkunst und feinem Ambiente. Dass das weltberühmte Traditionshaus weit mehr ist als ein Delikatessengeschäft, ist der Verdienst von Küchenchef Diethard Urbansky, der die Balance zwischen Optik und Geschmack in Exzellenz umsetzt.

XXX Mark's – Hotel Mandarin Oriental
*Neuturmstr. 1, (1. Etage) ⊠ 80331 – ℰ (089) 29 09 88 75 – www.mandarinoriental.com
– geschl. Montag* **6KZs**
Rest – *(nur Abendessen)* Menü 65/119 € – Karte 62/82 €
Spez. Gänseleberterrine mit "Pama Pomegranat" Likör, schwarzem Pfeffer-Espuma und warmer Brioche. Seeigel und Champagnersüppchen mit eigenem Sashimi. Gebratener Lammrücken und geschmorte Lammschulter mit Spinat, Mandeln, Auberginenkaviar.
♦ Voller Vorfreude auf ein schönes Essen in elegantem Ambiente schreitet man die schöne Treppe von der Hotellobby hinauf auf die Galerie. Der neue Küchenchef heißt Simon Larese, die Speisen verraten seine Asien-Erfahrung!

XXX Schuhbecks in den Südtiroler Stuben
*Platzl 6 ⊠ 80331 – ℰ (089) 2 16 69 00 – www.schuhbeck.de
– geschl. Anfang Januar 1 Woche und Sonntag - Montagmittag* **6KZu**
Rest – (Tischbestellung erforderlich) Menü 78/118 €
Spez. Dreierlei vom Rindertatar. Kabeljau mit Gewürztomaten auf Blumenkohl-Currysauce. Allerhand vom Freilandschwein: Gesottenes, Geschmortes und Gebratenes auf karamellisiertem Spitzkohl mit Kartoffel-Zitronenpüree.
♦ Am Platzl geht es ganz schön quirlig zu, auch in dem alpenländisch-eleganten Restaurant von Alfons Schuhbeck. Hier gibt Patrick Raaß zwei Menüs zum Besten ("Schuhbecks Klassiker" und "Die Welt der Gewürze"), nebenan bieten hauseigene Läden Eis, Schokolade, Gewürze oder Wein.

XX Blauer Bock
*Sebastiansplatz 9 ⊠ 80331 – ℰ (089) 45 22 23 33 – www.restaurant-blauerbock.de
– geschl. Sonntag und an Feiertagen* **6KZa**
Rest – Menü 25 € (mittags)/82 € (abends) – Karte 52/73 €
♦ Ein schickes modernes Restaurant in klaren Linien, zu finden in unmittelbarer Nähe des Viktualienmarktes. Hier wird ambitioniert gekocht - und zwar französisch und international.

XX Ederer
*Kardinal-Faulhaber-Str. 10, (1. Etage) ⊠ 80333 – ℰ (089) 24 23 13 10 – www.restaurant-ederer.de
– geschl. Weihnachten 1 Woche und Sonntag sowie an Feiertagen* **6KYa**
Rest – (Tischbestellung ratsam) Menü 25 € (mittags)/50 € (abends) – Karte 45/90 €
♦ Das angenehm schlicht-moderne Restaurant mit sehr schönem Innenhof gehört zum City Quartier "Fünf Höfe". Karl Ederer bietet hier internationale Küche aus frischen Produkten.

XX Halali
*Schönfeldstr. 22 ⊠ 80539 – ℰ (089) 28 59 09 – www.restaurant-halali.de
– geschl. Samstagmittag, Sonntag und an Feiertagen* **6LYx**
Rest – (Tischbestellung ratsam) Menü 24 € (mittags)/62 € – Karte 41/66 €
♦ Das gediegene Restaurant in dem Gasthaus aus dem 19. Jh. ist fast schon zu einer Institution geworden. Mit dunkler Holztäfelung und hübschem Dekor hat man ein gemütliches Ambiente geschaffen.

XX Garden-Restaurant – Hotel Bayerischer Hof
Promenadeplatz 2 ⊠ 80333 – ℰ (089) 2 12 09 93 – www.bayerischerhof.de
Rest – (Tischbestellung ratsam) Menü 36 € (mittags)/64 € – Karte 45/84 € **6KYy**
♦ Der belgische Designer Axel Vervoordt verpasste dem Restaurant ein ganz besonderes Gewand: Unter der Wintergartenkonstruktion im Industrial-Style trifft man auf ein Ambiente, das an ein Künstleratelier erinnert.

MÜNCHEN

XX Boettner's
Pfisterstr. 9 ⊠ 80331 – ☎ (089) 22 12 10 – www.boettners.de – geschl. Sonntag und an Feiertagen **6KZh**
Rest – (Tischbestellung ratsam) Menü 32/86 € – Karte 40/96 €
• Nicht weit vom Platzl liegt dieser 1901 gegründete traditionsreiche Familienbetrieb, in dem man klassisch isst. Bei den Gästen kommen auch die fair kalkulierten wechselnden Spezialmenüs inklusive Wein gut an - diese muss man aber vorab bestellen!

XX Nymphenburger Hof
Nymphenburger Str. 24 ⊠ 80335 – ☎ (089) 1 23 38 30 – www.nymphenburgerhof.de – geschl. 24. Dezember - 8. Januar und Samstagmittag, Sonntag sowie an Feiertagen
Rest – (Tischbestellung ratsam) Menü 25 € (mittags)/78 € **3EVa**
– Karte 36/61 €
• Auf der schönen Terrasse schmeckt die österreichisch beeinflusste Küche ebenso gut wie im überaus freundlich gestalteten Restaurant - hier kommt man an einigen Abenden sogar in den Genuss von Live-Pianomusik!

XX Galleria
Sparkassenstr. 11 (Ecke Ledererstraße) ⊠ 80331 – ☎ (089) 29 79 95
– www.ristorante-galleria.de **6KZx**
Rest – (Tischbestellung ratsam) Menü 25 € (mittags)/68 € (abends) – Karte 44/54 €
• Ein gemütliches kleines Restaurant in der Innenstadt, für dessen ambitionierte italienische Küche man topfrische und hochwertige Produkte verwendet. An den Wänden was fürs Auge: ständig wechselnde farbenfrohe Bilder!

XX Bayerisches Nationalmuseum
Prinzregentenstr. 3, (Zufahrt über Lerchenfeldstraße) ⊠ 80538 – ☎ (089) 45 22 44 30
– www.bnmrestaurant.de – geschl. Sonntagabend - Montag **6LYa**
Rest – Menü 59/75 € (abends) – Karte 42/58 €
• Dank des angenehm reduzierten Designs kommt das wunderschöne hohe Gewölbe richtig zur Geltung und erinnert trotz aller Moderne an die Historie des Gebäudes. Mittags einfaches Angebot, tagsüber hausgemachter Kuchen, am Abend dann ambitionierte zeitgemäß-klassische Küche.

XX Shane's Restaurant
Geyerstr. 52 ⊠ 80469 – ☎ (089) 74 64 68 20 – www.shanesrestaurant.de
– geschl. 21. - 28. April und Sonntag - Montag **3FXs**
Rest – (nur Abendessen) Menü 38 € – Karte 42/52 €
• Ein modernes, sympathisch-legeres Restaurant mit trendiger Lounge/Bar und schöner Innenhofterrasse. Der irische Chef kocht schmackhafte Überraschungsmenüs und einige Gerichte à la carte.

XX Pfistermühle – Hotel Platzl
Pfisterstr. 4 ⊠ 80331 – ☎ (089) 23 70 38 65 – www.platzl.de – geschl. Sonntag
Rest – Menü 40/80 € – Karte 47/61 € **6KZz**
• Ein separater Eingang führt Sie in die historische Stätte der Gastlichkeit, deren Ursprung als herzogliche Mühle auf das Jahr 1573 zurückgeht. Stilvolles bayerisches Wirtshaus mit Kreuzgewölbe.

XX Weinhaus Neuner
Herzogspitalstr. 8 ⊠ 80331 – ☎ (089) 2 60 39 54 – www.weinhaus-neuner.de – geschl. Sonntag und an Feiertagen **5JZe**
Rest – Menü 24/56 € – Karte 37/52 €
• In dem Weinhaus von 1641 sind das bemerkenswerte Kreuzgewölbe - die "Tiroler Bögen" - sowie schöne Wandmalereien, die alte Täfelung und sehenswerte Schnitzereien original erhalten.

XX Le Stollberg
Stollbergstr. 2 ⊠ 80539 – ☎ (089) 24 24 34 50 – www.lestollberg.de
– geschl. 15. - 31. August und Sonntag - Montag **6LZk**
Rest – Karte 23/44 €
• Ganz typisch, frisch und ein bisschen rustikal - so sollte traditionelle französische Küche sein. Und so ist sie auch in diesem modernen Restaurant im Herzen von München: Gerichte wie Froschschenkel, Terrinen oder auch gebratene Entenstopfleber sind gute Beispiele dafür!

MÜNCHEN

XX Les Cuisiniers
Reitmorstr. 21 ⊠ 80538 – ℰ (089) 23 70 98 90 – www.lescuisiniers.de – geschl. Samstagmittag, Sonntag
6LYp
Rest – (Tischbestellung ratsam) Menü 23 € (mittags)/42 € (abends) – Karte 40/44 €
• Angenehm unkompliziert sind Atmosphäre, Service und Küche - wie man sich ein französisches Bistro vorstellt! Als Franzose bzw. Halb-Franzose sorgen Küchenchef und Betreiber auch für entsprechende Speisen (präsentiert auf einer Tafel).

XX Le Barestovino
Thierschstr. 35 ⊠ 80538 – ℰ (089) 23 70 83 55 – www.barestovino.de – geschl. Sonntag - Montag
6LZb
Rest – Menü 46 € – Karte 30/49 €
• Patron Joel Bousquet ist Franzose, entsprechend finden sich auf der Tafel französische, aber auch mediterrane Speisen. Alternativ sitzt man im vorderen Teil des Restaurants in der Weinbar "Le Bouchon" ganz leger bei kleinen Gerichten und offenen Weinen.

X Dukatz
Maffeistr. 3a, (1. Etage) ⊠ 80333 – ℰ (089) 7 10 40 73 73 – www.dukatz.de – geschl. Sonntag und an Feiertagen
6KYZp
Rest – (Tischbestellung ratsam) Menü 54 € – Karte 36/57 €
• Verbinden Sie doch Ihren Stadtbummel mit einem guten Essen im Schäfflerhof: Wie wäre es z. B. mit gebratenem Wachtelbrüstchen im Restaurant in der 1. Etage? Einfachere Gerichte wie Croque Monsieur isst man im Bistro (EG). Das Ambiente ist modern und gleichzeitig stilvoll.

X Retter's Feinschmecker
Frauenstr. 10 ⊠ 80469 – ℰ (089) 23 23 79 23 – www.retters.de – geschl. 1. - 9. Januar, 28. Mai - 11. Juni und Sonntag - Montag sowie an Feiertagen
6KZz
Rest – Menü 20 € (mittags)/60 € (abends) – Karte 43/50 €
• Hier beim Viktualienmarkt treffen klare, moderne Linien auf eine antike Zirbelholzvertäfelung - sehr ansprechend und gemütlich! Zu den wöchentlich wechselnden saisonalen Menüs bietet der Weinhandel von Chefin Nicole Retter (gleich nebenan) rund 300 Positionen.

X Jin
Kanalstr. 14 ⊠ 80538 – ℰ (089) 21 94 99 70 – www.restaurant-jin.de – geschl. Montag
6LZn
Rest – Menü 49/79 € – Karte 42/58 €
• Hao Jin vereint in seiner kreativen Küche Einflüsse verschiedener asiatischer Länder wie China und Japan. Die Gäste können aus zwei Menüs wählen - gerne geht der Chef aber auch auf Wünsche ein! Was man in der Fischvitrine sieht (Garnelen, Blue Fin Thunfisch,...), macht Appetit.

X Alpentraum
Karlstr. 10 ⊠ 80333 – ℰ (089) 2 00 03 07 30 – www.alpentraum.de – geschl. Samstagmittag, Sonntag
5JZr
Rest – Menü 45 € (mittags)/89 € – Karte 36/63 €
• Das Restaurant in bevorzugter Lage in der Maxvorstadt verbindet gelungen klare moderne Formen mit alpenländischem Holz. Kreative Regionalküche und einfachere Mittagskarte.

X Geisel's Vinothek – Hotel Excelsior
Schützenstr. 11 ⊠ 80335 – ℰ (089) 55 13 71 40 – www.geisel-privathotels.de – geschl. Sonntagmittag
5JYz
Rest – Menü 19 € (mittags)/38 € (abends) – Karte 29/48 €
• Während Familie Geisel in ihrem Königshof Gourmetküche bietet, hat sie hier die passende Alternative für alle, die es bei gutem Wein sowie regionalen und auch mediterranen Gerichten gerne legerer haben.

X Toshi
Wurzerstr. 18 ⊠ 80539 – ℰ (089) 25 54 69 42 – www.toshi.de.com – geschl. Sonntag, Samstagmittag und an Feiertagen mittags
6LZk
Rest – Menü 65/120 € – Karte 34/99 €
• Von der noblen Maximilianstraße zu authentisch japanischer Gastronomie ist es nur ein kurzer Weg. So typisch wie die puristische Einrichtung ist auch die Karte: frische Küche aus Fernost, Sushi, Teppanyaki und auch Pan-Pacific-Cuisine.

MÜNCHEN

Emiko – Hotel Louis
Viktualienmarkt 6 ⊠ *80331 –* ✆ *(089) 41 11 90 80*
– www.louis-hotel.com **6KZ f**
Rest *– (nur Abendessen)* Menü 59 € – Karte 20/67 €
♦ Designorientiertes schlichtes Interieur verleiht dem Restaurant den typischen asiatischen Touch. Das Küchenteam verwöhnt Sie mit Spezialitäten aus dem Land der aufgehenden Sonne.

Cameleon
Sebastiansplatz 3 ⊠ *80331 –* ✆ *(089) 26 94 91 20 – www.cameleon-bistro.de – geschl. Sonntag* **6KZ b**
Rest – Karte 35/53 €
♦ Die französische Küche ist Basis für die Speisen hier, aber man experimentiert auch gerne mit eigenen Kreationen. Typisch Brasserie, gibt's am Mittag eine einfachere Karte - optimal für den Businessgast, der schnell und frisch essen möchte!

Sophie's Bistro – Hotel Sofitel Munich Bayerpost
Bayerstr. 12 ⊠ *80335 –* ✆ *(089) 59 94 80 – www.sofitel.com* **5JY a**
Rest – Karte 38/60 €
♦ Sehr schickes Ambiente, das Mobiliar erinnert an die 70er Jahre. Die enorme Raumhöhe und die zum Teil bodentiefen Rundbogenfenster zur Straße hin geben dem Bistro urbane Leichtigkeit. Spezialität: Gerichte vom Lavagrill.

Zum Alten Markt
Dreifaltigkeitsplatz 3 ⊠ *80331 –* ✆ *(089) 29 99 95 – www.zumaltenmarkt.de – geschl. Sonntag und an Feiertagen* **6KZ q**
Rest – Karte 24/40 €
♦ Dieses persönlich geführte und urig-kleine Lokal am Viktualienmarkt hat man mit dem original erhaltenen 400 Jahre alten Holz einer Südtiroler Ratsherrenstube ausgestattet.

Ratskeller
Marienplatz 8 ⊠ *80331 –* ✆ *(089) 2 19 98 90 – www.ratskeller.com* **6KZ R**
Rest – Karte 21/64 €
♦ Tradition und Moderne schließen sich keineswegs aus, wie man hier gut sehen kann: Einige Räume wurden verjüngt, schöne Gewölbe und viel Holz bewahren die historisch-rustikale Behaglichkeit. Auf den Tisch kommen deftige bayerische und fränkische Schmankerln.

Tokami
Theresienstr. 54 ⊠ *80333 –* ✆ *(089) 28 98 67 60 – www.tokami.de* **6KY k**
Rest – Menü 49/59 € (abends) – Karte 28/49 €
♦ Klassisch-japanisch wie das recht minimalistische Ambiente ist auch die Küche des bereits seit über 20 Jahren bestehenden Restaurants, das eine große Auswahl an Sushi bietet.

BRAUEREI-GASTSTÄTTEN: *traditionelle, gemütliche Brauhäuser mit Biergarten. Regional gebraute Biere und deftige bayrische Speisen.*

Altes Hackerhaus
Sendlinger Str. 14 ⊠ *80331 –* ✆ *(089) 2 60 50 26 – www.hackerhaus.de* **6KZ r**
Rest – Karte 21/47 €
♦ Ein sehr gepflegtes und gut geführtes rustikales Gasthaus, in dessen liebenswerten und heimeligen Stuben man bayerische Schmankerln auftischt. Schöner überdachbarer Innenhof.

Weisses Bräuhaus
Tal 7 ⊠ *80331 –* ✆ *(089) 2 90 13 80 – www.weisses-brauhaus.de* **6KZ e**
Rest – Karte 16/38 €
♦ Ein bayerisches Wirtshaus, wie es im Buche steht! Hierher kommen die Münchner für "ihr" Kronfleisch - eine von vielen Spezialitäten aus der hauseigenen Metzgerei. In den urigen Stuben zusammenrücken - das hat Tradition!

MÜNCHEN

✗ Spatenhaus an der Oper
Residenzstr. 12 ✉ *80333* – ℰ *(089) 2 90 70 60* – *www.kuffler.de*
6KYt
Rest – Karte 32/41 €
• Ländlichen Charme haben die reizenden Stuben im Stadthaus gegenüber der Bayerischen Staatsoper. Im EG isst man bodenständig, in der 1. Etage ist das Angebot internationaler.

✗ Zum Franziskaner
Residenzstr. 9 / Perusastr. 5 ✉ *80333* – ℰ *(089) 2 31 81 20* – *www.zum-franziskaner.de*
Rest – Karte 20/48 € **6KYZv**
• Vater und Sohn führen dieses liebte Traditionshaus, in dem es dank zahlreicher Stammgäste schön lebendig zugeht. Auf den Tisch kommen Leberkäs, Weißwurst und noch weitere Spezialitäten aus der eigenen Metzgerei! Glasüberdachter Innenhof.

✗ Marktwirt
Heiliggeiststr. 2 ✉ *80331* – ℰ *(089) 23 24 11 33* – *www.marktwirt.com*
6KZq
Rest – Karte 24/42 €
• In dem sympathischen Lokal am Viktualienmarkt wird nicht nur bayerisch gekocht - auch Südtirol und Österreich sind vertreten. Beim Blick auf die Getränkekarte staunt man nicht schlecht: Man hat rund 100 Obst- und Gemüsebrände! Lauschig-geschützter Innenhof.

✗ Augustiner Gaststätten
Neuhauser Str. 27 ✉ *80331* – ℰ *(089) 23 18 32 57* – *www.augustiner-restaurant.com*
Rest – Karte 12/38 € **5JZw**
• Seit jeher ist das beachtliche Brauereigasthaus in der Fußgängerzone für sein gutes Bier bekannt, das hier bis 1885 gebraut wurde. Im Innenhof: einer der schönsten Biergärten der Stadt.

In München-Allach

Lutter garni
Eversbuschstr. 109, (1. Etage) ✉ *80999* – ℰ *(089) 8 12 70 04* – *www.hotel-lutter.com*
– geschl. 23. Dezember - 8. Januar **1ARr**
27 Zim – †70/105 € ††95/150 € – 1 Suite
• Die Gäste schätzen das Hotel der Familie Luther wegen seiner freundlichen Atmosphäre und der wohnlichen Zimmer sowie der recht ruhigen Lage und der fairen Preise. Parken und Internet sind kostenfrei.

In München-Berg am Laim

Am Ostpark garni
Michaeliburgstr. 21 ✉ *81671* – ℰ *(089) 49 10 13* – *www.ostparkhotel.de* **2DTa**
21 Zim ⌑ – †80 € ††100 €
• In dem familiär geführten Haus stehen solide und funktionell eingerichtete Gästezimmer bereit. Zum Frühstücken kann man auch auf der kleinen Gartenterrasse Platz nehmen.

In München-Bogenhausen

The Westin Grand
Arabellastr. 6 ✉ *81925* – ℰ *(089) 9 26 40*
– *www.westingrandmunich.com* **2DSq**
627 Zim – †199/449 € ††199/449 €, ⌑ 29 € – 28 Suiten
Rest ZEN – siehe Restaurantauswahl
Rest *Paulaner's* – ℰ *(089) 92 64 81 15* (geschl. Sonntagmittag und an Feiertagen mittags) Karte 20/35 €
• Das Hotel ist eine luxuriöse Business- und Tagungsadresse mit sehr schönem Spa auf 1500 qm, zu dem auch ein großer Fitnessbereich gehört. Tolle Dach-Lounge für die Executive-Zimmer.

Palace
Trogerstr. 21 ✉ *81675* – ℰ *(089) 41 97 10* – *www.muenchenpalace.de* **4HVe**
74 Zim – †190/330 € ††230/370 €, ⌑ 25 € – 2 Suiten **Rest** – Karte 23/69 €
• Ein geschmackvolles Hotel, das sehr gut geführt wird und zahlreiche Musiker zu seinen Stammgästen zählt. Erdtöne und Dielenboden schaffen ein ausgesprochen wohnliches Ambiente. Angenehm: Garten und Dachterrasse. Klassisch-internationale Küche im Restaurant.

MÜNCHEN

🏨 Sheraton Arabellapark
Arabellastr. 5 ⊠ 81925 – ℰ (089) 9 23 20
– www.sheratonarabellapark.com **2DSq**
446 Zim – †129/269 € ††129/269 €, ⊡ 23 € – 41 Suiten **Rest** – Karte 21/51 €
♦ Das Hotel befindet sich nahe dem Englischen Garten und verfügt über geradlinig-zeitgemäß eingerichtete Zimmer mit Balkon. Stadtblick vom Hallenbad im 22. Stock. Die Restaurants "Audrey's" und "66" bieten internationale Küche sowie Grill- und Bio-Gerichte.

🏨 Prinzregent am Friedensengel garni
Ismaninger Str. 42 ⊠ 81675 – ℰ (089) 41 60 50
– www.prinzregent.de **4HVt**
65 Zim ⊡ – †145/285 € ††175/335 € – 2 Suiten
♦ Das Hotel wurde mit schönem altem Holz ausgestattet, das bayerischen Charme versprüht. In der gemütlichen holzvertäfelten Bar bietet man auch Snacks.

XXX Bogenhauser Hof
Ismaninger Str. 85 ⊠ 81675 – ℰ (089) 98 55 86 – www.bogenhauser-hof.de
– geschl. Weihnachten - 6. Januar und Sonntag sowie an Feiertagen **4HVc**
Rest – (Tischbestellung ratsam) Menü 45 € (mittags)/110 € – Karte 44/74 €
♦ Klassische Küche aus guten Produkten erwartet Sie in dem 1825 erbauten Haus, einem gemütlich-eleganten Restaurant, das viele Stammgäste hat. Lauschiger Garten mit großen Kastanien.

XX Acquarello (Mario Gamba) ✿
Mühlbaurstr. 36 ⊠ 81677 – ℰ (089) 4 70 48 48 – www.acquarello.com
– geschl. 1. - 3. Januar und Samstagmittag, Sonntagmittag, Feiertage mittags
Rest – Menü 39 € (mittags)/118 € – Karte 66/88 € **2DSf**
Spez. Neun Geschmacksrichtungen für ein Roastbeef. Feigentortelli mit Gänseleber und Cassisreduktion. Lammrücken in Auberginenmantel mit Paprikafarce und Rosmarinjus.
♦ Nichts liegt dem gebürtigen Italiener Mario Gamba mehr, als seiner schönen Heimat kulinarisch die Ehre zu erweisen. Und damit auch der Rahmen einen Hauch Süden versprüht, erstrahlt der Raum in mediterraner Leichtigkeit und die aufmerksame Servicebrigade ist natürlich italienisch besetzt!

XX Käfer Schänke
Prinzregentenstr. 73, (1. Etage) ⊠ 81675 – ℰ (089) 4 16 82 47 – www.feinkost-kaefer.de
– geschl. Sonntag und an Feiertagen **4HVs**
Rest – (Tischbestellung erforderlich) Menü 37 € (mittags) – Karte 61/111 €
♦ In diesem beliebten Restaurant bestimmen sehr gute Produkte das internationale Speisenangebot. Ganz individuell sind die 12 Stuben. Ideale Einkaufsmöglichkeiten im Feinkostgeschäft.

XX Hippocampus
Mühlbaurstr. 5 ⊠ 81677 – ℰ (089) 47 58 55 – www.hippocampus-restaurant.de
– geschl. Samstagmittag **4HVa**
Rest – Menü 38/42 € – Karte 44/54 €
♦ Freundlichen Service, legere Atmosphäre und ambitionierte italienische Küche bietet dieses Haus. Für den gemütlich-eleganten Rahmen sorgen schöne hochwertige Einrichtungselemente.

XX ZEN – Hotel The Westin Grand
Arabellastr. 6 ⊠ 81925 – ℰ (089) 92 64 81 10 – www.westingrandmunich.com – geschl.
Sonntagabend **2DSq**
Rest – Karte 21/58 €
♦ Der in einem warmen Braunton gehaltene Schiffsboden verleiht dem durchgestylten Ambiente Harmonie. Wenige ausgesuchte, typische Blumenarrangements sorgen für asiatisches Flair. Mit offener Showküche!

X Huber
Newtonstr. 13 ⊠ 81679 – ℰ (089) 98 51 52 – www.huber-restaurant.de – geschl.
Samstagmittag, Sonntag - Montag **4HVh**
Rest – Menü 25 € (mittags)/85 € (abends) – Karte 35/59 €
♦ In dem sympathischen modernen Restaurant mit freundlichem Service kocht ein junger Chef zeitgemäße klassische Speisen. Sehr gut ist die Auswahl an österreichischen Weinen. Das Interieur stammt von einem Münchner Designer.

MÜNCHEN

In München-Brunnthal über A 8 DT

Stay2Munich
Zusestr. 1 ✉ *85649 –* ✆ *(089) 6 89 06 60 66 – www.stay2munich.de*
184 Zim – †69/101 € ††89/121 € – 10 Suiten
Rest – *(geschl. Sonntag) (nur Abendessen)* Karte 20/35 €
♦ Verkehrsgünstig im Gewerbegebiet gelegen und dank Kitchenette in jedem Zimmer sowie Waschraum im Haus optimal für längere Aufenthalte! Zum Relaxen: Blockhaussauna auf dem Dach.

In München-Haidhausen

Hilton City
Rosenheimer Str. 15 ✉ *81667 –* ✆ *(089) 4 80 40 – www.hilton.de/munichcity*
480 Zim – †99/459 € ††99/459 €, ⚏ 28 € – 3 Suiten   **6LZs**
Rest – Karte 27/51 €
♦ Ein Businesshotel mit zeitgemäßer und funktionaler Ausstattung, guten Tagungsmöglichkeiten und direktem S-Bahn-Anschluss zum Flughafen. Regionale und internationale Küche im rustikalen Restaurant.

Novotel City
Hochstr. 11 ✉ *81669 –* ✆ *(089) 66 10 70 – www.novotel.com*   **6LZh**
307 Zim – †80/399 € ††80/399 €, ⚏ 19 € – 2 Suiten   **Rest** – Karte 28/39 €
♦ Nahe der Isar und dem Deutschen Museum liegt das Geschäftshotel, dessen Gästezimmer geradlinig-modern und funktionell eingerichtet sind. Auch das Restaurant ist in klarem neuzeitlichem Stil gehalten.

angelo
Leuchtenbergring 20 ✉ *81677 –* ✆ *(089) 1 89 08 60 – www.angelo-munich.com*
146 Zim ⚏ – †74/419 € ††99/444 € – 2 Suiten   **2DSa**
Rest – Karte 20/37 €
♦ Modernes Businesshotel mit direktem S-Bahn-Anschluss. Nebenan befindet sich ein großes Fitness- und Wellnessstudio, für das man eine Tageskarte anbietet. Restaurant im Bistrostil.

Preysing garni
Preysingstr. 1 / Stubenvollstr. 2 ✉ *81667 –* ✆ *(089) 458 45 0 – www.hotel-preysing.de*
– geschl. Weihnachten - 4. Januar   **6LZw**
62 Zim ⚏ – †128/280 € ††174/280 € – 5 Suiten
♦ Dieses tipptopp gepflegte Hotel verfügt über zeitgemäße, mit Granitfußboden ausgestattete Gästezimmer und ist sehr gut für Geschäftsreisende geeignet.

Tramin
Lothringer Str. 7 ✉ *81667 –* ✆ *(089) 44 45 40 90 – www.tramin-restaurant.de – geschl. Sonntag - Montag*   **4HXt**
Rest – *(nur Abendessen)* Menü 60/90 €
Spez. Franzl's Bauernente. Maibock in zwei Gängen. Erdbeeracker.
♦ In dem kleinen Lokal kann es schon mal lebhaft zugehen - freundlicher Service in trendiger lockerer Atmosphäre! Dazu passt die kreative, geradlinige und moderne Küche von Daniel Schimkowitsch.

Schweiger[2] im Showroom
Lilienstr. 6 ✉ *81669 –* ✆ *(089) 44 42 90 82 – www.schweiger2.de – geschl. Weihnachten - Anfang Januar, Anfang August 2 Wochen, Samstag, Sonntag und an Feiertagen*
Rest – *(nur Abendessen) (Tischbestellung erforderlich)* Menü 67/123 €   **6LZh**
Spez. Variation vom Kalb mit Gelber Bete, Liebstöckel und Olive. Filet vom US-Beef rosa gegart mit jungem Spinat und Karottenpüree. Verschiedenes vom Kokos und Ananas.
♦ Jung und gänzlich unprätentiös - so ist Andreas Schweiger selbst, so kocht er und so ist auch die Stimmung in dem kleinen Restaurant! Zu seinen Gästen kommt er stets persönlich an den Tisch - er ist die "sprechende Speisekarte".

Saint Laurent
Steinstr. 63 ✉ *81667 –* ✆ *(089) 47 08 40 00 – geschl. Montag*   **4HXs**
Rest – *(nur Abendessen)* Menü 25 € – Karte 31/59 €
♦ Ein behagliches Restaurant, in dem die sympathisch-frankophile Atmosphäre sowie französische Musik den Küchenstil des Chefs untermalen. Die Terrasse liegt ca. 50 m entfernt.

MÜNCHEN

✗ Atelier Gourmet VISA ⓶ AE
Rablstr. 37 ⊠ 81669 – ℰ (089) 48 72 20 – www.ateliergourmet.de
– geschl. Sonntag **6LZc**
Rest – *(nur Abendessen)* (Tischbestellung ratsam) Menü 35/44 € – Karte 35/44 €
♦ Freundlich und angenehm locker geht es in dem modernen kleinen Abendrestaurant zu. Es gibt ehrliche französische Bistroküche - auf der Tafel stehen Gerichte, wie z. B. Kalbsterrine im Brotmantel. Dazu reicht man eine gut sortierte Weinkarte.

✗ Vinaiolo VISA ⓶ AE
Steinstr. 42 ⊠ 81667 – ℰ (089) 48 95 03 56 – www.vinaiolo.de – geschl. Samstagmittag
Rest – Menü 39 € (mittags)/56 € (abends) – Karte 39/53 € **4HXc**
♦ Das ist ein Stück Dolce Vita: Der Service versprüht südländischen Charme, die Küche wäre wohl in Italien kaum schmackhafter (zu erwähnen sei hier das fair kalkulierte Mittagsmenü!). Komplett wird das authentische Bild durch Einrichtungsstücke eines alten Krämerladens aus Triest!

In München-Laim

🏨 Park Hotel 🛋 ⓘ AK Zim, "ℸ" 🍴 🚗 VISA ⓶ AE
Zschokkestr. 55 ⊠ 80686 – ℰ (089) 57 93 60 – www.park-hotel-laim.de **1BSc**
74 Zim – ♦60/190 € ♦♦70/320 €, ⊡ 15 € – 2 Suiten
Rest – *(geschl. Samstag - Sonntag und an Feiertagen)* Karte 16/27 €
♦ Das Hotel verfügt über solide und wohnlich im alpenländischen Landhausstil eingerichtete Gästezimmer. Praktisch ist die U-Bahn-Station direkt vor dem Haus.

In München-Moosach

🏨 Mayerhof garni ⓘ "ℸ" 🍴 🚗 VISA ⓶ AE ①
Dachauer Str. 421 ⊠ 80992 – ℰ (089) 14 36 60 – www.hotel-mayerhof.de
– geschl. Weihnachten - 6. Januar **1BRb**
70 Zim – ♦95/105 € ♦♦115/125 €, ⊡ 15 € – 3 Suiten
♦ Zeitgemäße und funktionelle Zimmer erwarten Sie in dem Hotel in unmittelbarer Nähe einer Tramstation. Im Sommer kann man im kleinen begrünten Innenhof frühstücken.

In München-Neuhausen

🏨 Rotkreuzplatz garni ⓘ "ℸ" 🚗 VISA ⓶ AE ①
Rotkreuzplatz 2 ⊠ 80634 – ℰ (089) 1 39 90 80 – www.hotel-rotkreuzplatz.de
– geschl. Weihnachten - 10. Januar **2CSr**
56 Zim ⊡ – ♦85/180 € ♦♦115/250 €
♦ Am Rande der Innenstadt finden Sie dieses gut geführte und gepflegte Hotel. Vom Frühstücksraum blicken Sie auf den Rotkreuzplatz.

In München-Nymphenburg

🏨 Kriemhild garni ⓘ "ℸ" P VISA ⓶ AE
Guntherstr. 16 ⊠ 80639 – ℰ (089) 1 71 11 70 – www.kriemhild.de **1BSy**
18 Zim ⊡ – ♦78/188 € ♦♦88/220 € – 2 Suiten
♦ Eine familiäre Adresse mit freundlichem Service und soliden Gästezimmern. Sehr schön sind die neueren Zimmer unterm Dach, darunter eine Familiensuite.

✗ Acetaia 🌿 VISA ⓶ AE
Nymphenburger Str. 215 ⊠ 80639 – ℰ (089) 13 92 90 77 – www.restaurant-acetaia.de
– geschl. Samstagmittag **2CSa**
Rest – Menü 27 € (mittags)/62 € – Karte 46/61 € 🍷
♦ In dem gemütlichen Restaurant mit Jugendstil-Ambiente bietet man neben italienischer Küche den vielleicht besten Espresso der Stadt. Sehr gut sind auch das Olivenöl und der alte Balsamico, der dem Haus seinen Namen gab. Hübsche Terrasse.

✗ Schlosswirtschaft Schwaige 🌿 ⇔ P VISA ⓶
Schloss Nymphenburg, (Eingang 30) ⊠ 80638 – ℰ (089) 12 02 08 90
– www.schlosswirtschaft-schwaige.de **1BSs**
Rest – Karte 26/45 €
♦ Ein Seitenflügel des Schlosses beherbergt mehrere Stuben von rustikal bis elegant. Herrlich ist der große Biergarten mit schönem Kinderspielplatz. Gekocht wird bayerisch.

MÜNCHEN

In München-Oberföhring

Freisinger Hof
Oberföhringer Str. 189 ⊠ 81925 – ℰ (089) 95 23 02 – www.freisinger-hof.de – geschl.
27. Dezember - 9. Januar   **2DRf**
51 Zim ⊑ – †118/128 € ††148 €
Rest *Freisinger Hof* – siehe Restaurantauswahl

• Im Hotelbau des historischen Gasthofs stehen behagliche Gästezimmer im Landhausstil zur Verfügung. Die kleine Halle ist hell und freundlich.

Freisinger Hof – Hotel Freisinger Hof
Oberföhringer Str. 189 ⊠ 81925 – ℰ (089) 95 23 02 – www.freisinger-hof.de – geschl.
27. Dezember - 9. Januar   **2DRf**
Rest – Karte 31/53 €

• So stellt man sich einen traditionsreichen bayerischen Gasthof vor! Vor den Toren der Stadt bekommen Sie in den gemütlichen Wirtsstuben a. d. J. 1875 Typisches aus Bayern und Österreich aufgetischt: krosser Spanferkelrücken, Wiener Tafelspitz.

In München-Obermenzing

Jagdschloss
Alte Allee 21 ⊠ 81245 – ℰ (089) 82 08 20 – www.jagd-schloss.com   **1ASn**
36 Zim ⊑ – †94/105 € ††135 € – 1 Suite
Rest *Jagdschloss* – siehe Restaurantauswahl

• Ein typischer historischer Gasthof, der zum Hotel erweitert wurde. Es erwarten Sie unterschiedlich eingerichtete Zimmer, darunter auch modernere im angeschlossenen Chalet.

Jagdschloss – Hotel Jagdschloss
Alte Allee 21 ⊠ 81245 – ℰ (089) 82 08 20 – www.jagd-schloss.com   **1ASn**
Rest – Karte 19/42 €

• Wie der Name schon sagt, handelt es sich hierbei um ein Jagdschloss, errichtet um die Jahrhundertwende. Diese Tradition setzt man auch in den gemütlichen urigen Stuben mit Jagdromantik (Geweihe, Bilder) fort.

In München-Riem über A 94 DS

Prinzregent an der Messe
Riemer Str. 350 ⊠ 81829 – ℰ (089) 94 53 90 – www.prinzregent.de
91 Zim ⊑ – †125/175 € ††155/205 € – 4 Suiten   **Rest** – Karte 21/48 €

• Das schöne Hotel ist aus einem historischen Gasthof entstanden und bietet gemütliche Zimmer im bayerischen Stil sowie eine nette Sauna. Praktisch ist die Lage in Messenähe. Das Restaurant ist behaglich und mit eleganter Note gestaltet.

Novotel Messe
Willy-Brandt-Platz 1 ⊠ 81829 – ℰ (089) 99 40 00 – www.novotel.com/5563
278 Zim – †59/299 € ††109/299 €   **Rest** – Karte 30/46 €

• Auf einem ehemaligen Flughafengelände direkt an der Messe liegt dieses modern und funktionell ausgestattete Hotel. Gut ist die Verkehrsanbindung durch Autobahn und U-Bahn. Helles und freundliches Restaurant mit großer Fensterfront.

In München-Schwabing

Marriott
Berliner Str. 93 ⊠ 80805 – ℰ (089) 36 00 20 – www.marriott-muenchen.de
348 Zim – †109/229 € ††129/249 €, ⊑ 26 € – 14 Suiten   **2CRa**
Rest – Karte 35/64 €

• In zeitgemäßem Stil ist das komfortable Businesshotel eingerichtet. Die Lobby ist ansprechend und großzügig, im Anwendungsbereich bietet man Massage und Kosmetik. Modernes Restaurant mit internationaler Küche.

Leonardo Royal
Moosacher Str. 90 ⊠ 80809 – ℰ (089) 2 88 53 80 – www.leonardo-hotels.de
424 Zim – †99/199 € ††99/199 €, ⊑ 19 € – 5 Suiten   **2CRc**
Rest – Menü 24 € – Karte 33/43 €

• Der erste Eindruck: die bemerkenswerte Großzügigkeit der Hotelhalle mit ihrem stylischen Design! Lichtdurchflutete Zimmer in ruhigen, geschmackvollen Farben bieten dem Businessgast allen Komfort. Praktisch ist die Lage am Olympiapark.

MÜNCHEN

INNSIDE Parkstadt Schwabing
Mies-van-der-Rohe-Str. 10 ⊠ 80807 – ℰ (089) 35 40 80
– www.innside.de
2CRs
160 Zim ⊇ – †149/459 € ††179/489 €
Rest – *(geschl. Samstagmittag, Sonntagmittag und an Feiertagen)* Karte 39/61 €
♦ Ein von Stararchitekt Helmut Jahn designtes Hotel in verkehrsgünstiger Lage bei den markanten HighLight Towers. Das gesamte Haus ist schön hell und geradling-modern. Das in Weiß gehaltene Restaurant im Bistrostil bietet internationale Speisen.

La Maison garni
Occamstr. 24 ⊠ 80802 – ℰ (089) 33 03 55 50
– www.hotel-la-maison.com
4GUm
31 Zim – †145/150 € ††180/220 €, ⊇ 14 €
♦ Auf geschmackvolle Weise hat man in diesem Haus geradliniges Design mit angenehmen Farben und wohnlichen Details kombiniert. Die Zimmer sind technisch auf dem neuesten Stand.

Fleming's
Leopoldstr. 130 ⊠ 80804 – ℰ (089) 2 06 09 00
– www.flemings-hotels.com
4GUe
167 Zim ⊇ – †103/175 € ††136/208 €   **Rest** – Karte 24/51 €
♦ Das Tagungshotel in zentraler Lage verfügt über funktionell ausgestattete Gästezimmer und eine schöne Bar. Frühstücken kann man auch auf der Terrasse.

Cosmopolitan garni
Hohenzollernstr. 5 ⊠ 80801 – ℰ (089) 38 38 10 – www.geisel-privathotels.de
71 Zim ⊇ – †95/195 € ††105/195 €
4GUg
♦ In direkter Nähe zur Leopoldstraße mit guter U-Bahn-Anbindung finden Sie dieses Privathotel mit zeitgemäß-funktionaler Ausstattung.

Suite Novotel garni
Lyonel-Feininger-Str. 22 ⊠ 80807 – ℰ (089) 35 81 90
– www.suitehotel.com
2CRb
149 Zim – †79/225 € ††79/225 €, ⊇ 13 €
♦ Neuzeitliches Hotel mit modernem Design. Die komfortablen Zimmer sind geräumig und funktionell ausgestattet sowie technisch auf dem neuesten Stand.

Leopold
Leopoldstr. 119 ⊠ 80804 – ℰ (089) 36 04 30
– www.hotel-leopold.de – geschl. 23. – 28. Dezember
4GUf
62 Zim – †89/175 € ††105/265 €   **Rest** – Karte 18/38 €
♦ Der langjährige Familienbetrieb ist ein tipptopp gepflegtes Hotel mit soliden, unterschiedlichen Gästezimmern, von denen einige zum Garten hin liegen. Das Restaurant mit gediegen-rustikaler Note bietet internationale Küche.

Ibis Parkstadt Schwabing
Lyonel-Feininger-Str. 20 ⊠ 80807 – ℰ (089) 35 06 30 – www.ibishotel.com
147 Zim – †59/169 € ††59/169 €, ⊇ 10 €   **Rest** – Karte 19/47 €
2CRb
♦ Mit seinen zeitgemäß und funktionell ausgestatteten Zimmern ist dieses Hotel besonders auf Businessgäste und Durchreisende zugeschnitten. Bistro vorhanden.

Tantris
Johann-Fichte-Str. 7 ⊠ 80805 – ℰ (089) 3 61 95 90 – www.tantris.de
– geschl. 1. – 10. Januar und Sonntag – Montag sowie an Feiertagen
4GUb
Rest – (Tischbestellung ratsam) Menü 65 € (mittags)/165 € – Karte 94/120 €
Spez. Gebratener Oktopus mit Tomatenpolenta und Sauce Mignonette. Pochiertes Ei mit gebratener Gänseleber, Topinambur und Perigord Trüffeljus. Konfierte Seezunge mit Sepiagnocchi und Zitronengrascreme.
♦ Das Tantris gehört mit zu den Keimzellen der guten Küche in Deutschland - und seit rund zwei Jahrzehnten nicht wegzudenken von diesem Ort ist Hans Haas! Kult ist das Interieur des Baudenkmals aus den 70ern, in dem Sie von der riesigen Servicebrigade umsorgt werden.

181 - First (Otto Koch)

Spiridon-Louis-Ring 7, (im Olympiaturm) ✉ 80809 – ℰ (089) 3 50 94 81 81
– www.restaurant181.com – geschl. Anfang Januar 2 Wochen, über Ostern 2 Wochen,
Ende August 1 Woche, Anfang September 1 Woche und Samstag - Sonntag sowie an
Feiertagen **2CRs**
Rest – *(nur Abendessen)* (Tischbestellung erforderlich) Menü 95/145 €
Rest 181 - Business – siehe Restaurantauswahl
Spez. Hummer und Trüffel zu Kohlrabi-Blini. Gänseleberkirschen. Ente aus der Presse in der Luft tranchiert (2 Pers.).

• In atemberaubender Höhe oben im Fernsehturm (181 m!) fangen große Fensterfronten die Lichter der Stadt ein und begeistern die Gäste während einer 360°-Rotation. Unaufdringlich modern und dabei elegant präsentiert sich das Interior. Die Küche von Otto Koch: klassisch, aber auch zeitgemäß.

181 - Business – Restaurant 181 - First

Spiridon-Louis-Ring 7, (im Olympiaturm, Gebühr) ✉ 80809 – ℰ (089) 3 50 94 81 81
– www.restaurant181.com – geschl. Anfang Januar 2 Wochen, über Ostern 2 Wochen,
Ende August 1 Woche, Anfang September 1 Woche und Samstag - Sonntag sowie an
Feiertagen **2CRs**
Rest – Menü 32 € (mittags)/65 € – Karte 45/63 €

• Das "Business" ist das zweite (und etwas einfachere) der beiden sich um die eigene Achse drehenden Turmrestaurants: Oben ist man schnell, runter möchte man angesichts der fulminanten Aussicht auch nicht gleich wieder!

Il Borgo

Georgenstr. 144 ✉ 80797 – ℰ (089) 1 29 21 19 – www.il-borgo.de – geschl.
Samstagmittag, Sonntag **3FUe**
Rest – Karte 39/49 €

• In schönem zeitgemäßem Stil hat man das nette Restaurant an der Straßenecke eingerichtet. Das wechselnde Speiseangebot ist italienisch.

Bibulus

Siegfriedstr. 11 ✉ 80803 – ℰ (089) 39 64 47 – www.bibulus-ristorante.de – geschl.
Samstagmittag, Sonntag **4GUu**
Rest – Menü 43 € (abends) – Karte 36/51 €

• Wenn ein Restaurant beliebt ist bei den Einheimischen, spricht das für sich! Und die Schwabinger mögen die unkomplizierte und schmackhafte italienische Küche sowie den charmanten Service hier - vorzugsweise draußen auf dem kleinen Platz unter Platanen.

Terrine

Amalienstr. 89 (Amalien-Passage) ✉ 80799 – ℰ (089) 28 17 80 – www.terrine.de
– geschl. Anfang Januar 2 Wochen, Juni 2 Wochen und Sonntag sowie an Feiertagen
Rest – *(nur Abendessen)* Menü 79/120 € – Karte 65/90 € **4GUp**
Spez. Klare Gazpacho, Milch von grüner Olive, Parmesanluft, Soft-shell Crab. Felsenrotbarbe mit Mandelpulver, Auberginencreme, Bergamotte, geräucherter Safranschaum. Himbeere und Olivenöl, Wildkakaosorbet, salziges Karamell.

• Mit nostalgischen Plakaten, Spiegeln und einer gewissen Ungezwungenheit vermittelt das Lokal den Charme eines französischen Bistros, was aber keineswegs ein Widerspruch zur gehobenen kreativen Küche von Jakob Stüttgen ist! Im kleinen Laden nebenan: Wein, Gewürze, Pralinen,...

Bei Grazia

Ungererstr. 161 ✉ 80805 – ℰ (089) 36 69 31 – geschl. über Pfingsten 1 Woche, August 1 Woche und Samstagmittag, Sonntag **2CRr**
Rest – Menü 19 € (mittags)/44 € – Karte 29/46 €

• Eine sympathisch-familiäre Atmosphäre herrscht in dem behaglichen Restaurant nicht weit vom Englischen Garten. Das Speisenangebot ist italienisch.

BLU mediteraneo

Bauerstr. 2 (Ecke Nordendstraße) ✉ 80796 – ℰ (089) 27 31 22 88
– www.blu-mediteraneo.de **4GUa**
Rest – Menü 15 € (mittags)/29 € – Karte 23/40 €

• Ein lebendiger und netter Mix aus Vinothek, Restaurant und Bar im Herzen von Schwabing! Hier kann man sauber zubereitete Gerichte mit mediterraner Note probieren - der eilige Geschäftsmann wählt das sehr fair kalkulierte Mittagsmenü!

M Belleville

Fallmerayerstr. 16 ✉ *80796 –* ⌀ *(089) 30 74 76 11*
– www.m-belleville.com – geschl. August - September 4 Wochen, Sonntag - Montag
Rest – *(nur Abendessen)* Menü 34 € – Karte 34/39 € **4GUc**
♦ Ihre Liebe zu Pariser Bistrots ist so groß, dass die junge Köchin Manina Panzer deren Charme und Leichtigkeit nach München geholt hat! Hier bekocht sie ihre Gäste nun frisch und aromenreich (Wachtel Escabeche, Mieral-Perlhuhn,...), dazu trinkt man ausgesuchte und seltene Naturweine.

In München-Sendling

Ambiance Rivoli

Albert-Rosshaupter-Str. 22 ✉ *81369 –* ⌀ *(089) 7 43 51 50 – www.rivoli.de*
65 Zim ⊑ – †118/208 € ††138/228 € – 9 Suiten **2CTr**
Rest – *(geschl. Sonntagmittag)* Karte 27/58 €
♦ Hochwertig und modern ist das Interieur in diesem Hotel - man hat asiatische Akzente und Art-déco-Elemente miteinfließen lassen. Mit türkischem Hamam und Frühstücksterrasse. Das im Bistrostil gehaltene Restaurant bietet thailändische Küche.

K+K Hotel am Harras garni

Albert-Rosshaupter-Str. 4 ✉ *81369 –* ⌀ *(089) 74 64 00 – www.kkhotels.de*
106 Zim – †90/170 € ††110/190 €, ⊑ 18 € **2CTn**
♦ Die verkehrsgünstige Lage sowie funktional ausgestattete Gästezimmer machen dieses Hotel aus. Nett ist der freundlich und modern gestaltete Hallenbereich.

Rivoli garni

Albert-Rosshaupter-Str. 18 ✉ *81369 –* ⌀ *(089) 7 43 51 50 – www.rivoli.de*
55 Zim ⊑ – †95/195 € ††109/225 € **2CTr**
♦ Asiatische Elemente und Art déco geben den modernen und funktionell gestalteten Zimmern eine besondere Note. Sehr einladend sind die Juniorsuiten unterm Dach.

In München-Solln

Sollner Hof

Herterichstr. 63 ✉ *81479 –* ⌀ *(089) 7 49 82 90 – www.sollnerhof.de* **1BTs**
29 Zim ⊑ – †72/80 € ††87/94 €
Rest – *(geschl. Weihnachten - 6. Januar, Anfang August 2 Wochen und Samstag - Sonntag)* Karte 21/44 €
♦ In einem Wohngebiet gelegener Gasthof mit Familientradition. Im Hotelbau nebenan stehen recht unterschiedlich eingerichtete, wohnlich-solide Zimmer bereit. Ausgesprochen gemütlich ist das Wirtshaus mit typischer Stube und bayerischer Küche.

Heigl garni

Bleibtreustr. 15 ✉ *81479 –* ⌀ *(089) 7 49 83 70 – www.hotelheigl.de* **1BTs**
38 Zim ⊑ – †50/95 € ††80/125 €
♦ Der nette, tipptopp gepflegte Gasthof wird freundlich und familiär geleitet. Die Zimmer sind im alpenländischen Stil gehalten, ebenso der hübsche Frühstücksraum.

Villa Solln garni

Wilhelm-Leibl-Str. 16 ✉ *81479 –* ⌀ *(089) 7 49 82 80 – www.villasolln.de* **1BTn**
22 Zim ⊑ – †58/125 € ††84/172 €
♦ Ein sehr gepflegter Familienbetrieb in ruhiger Lage nahe dem Forstenrieder Park mit unterschiedlich gestalteten, zeitgemäßen Zimmern, teils mit Balkon und Blick ins Grüne.

Al Pino

Frans-Hals-Str. 3 ✉ *81479 –* ⌀ *(089) 79 98 85*
– www.al-pino.de – geschl. Mitte August - Anfang September 2 Wochen und Samstagmittag **1BTa**
Rest – Menü 49/66 € – Karte 42/59 €
♦ Ein neuzeitlich-elegantes Restaurant in angenehmen warmen Tönen - große Porträts zieren die Wände. Geboten wird italienische Küche.

In München-Trudering

Am Moosfeld (mit Gästehäusern)
Am Moosfeld 41 (über Kreillerstraße **DS**) ⊠ 81829
– ☎ (089) 42 91 90 – www.hotel-am-moosfeld.de
219 Zim – †75/320 € ††115/360 €
Rest – (geschl. Samstagmittag) Karte 26/39 €
◆ Das aus drei Häusern bestehende Hotel verfügt über zeitgemäße, funktional eingerichtete Zimmer sowie einige Appartements und wird gerne von Businessgästen genutzt. Lunchbuffet im Bistro, Abendessen in der Kaminstube.

Obermaier
Truderinger Str. 304b (über **DS**) ⊠ 81825 – ☎ (089) 42 00 14 99
– www.hotel-obermaier.de
53 Zim – †75 € ††105/130 €
Rest – ☎ (089) 42 49 43 – Menü 25/45 € (abends) – Karte 23/56 €
◆ Das denkmalgeschützte Anwesen mit bayerischem Charme ist seit 1863 im Besitz der Familie. Wohnliche Zimmer vom geräumigen Komfortzimmer bis zum kleinen Einzelzimmer unterm Dach. Gemütlich-rustikal ist die Atmosphäre im Restaurant.

In München-Untermenzing

 Insel Mühle
Von-Kahr-Str. 87 ⊠ 80999 – ☎ (089) 8 10 10 – www.inselmuehle-muenchen.com
37 Zim – †120/160 € ††195 € **Rest** – Karte 39/50 € **1ARa**
◆ In der historischen Mühle wohnt man in großzügigen, behaglichen Gästezimmern mit Landhausflair; einige sind als Maisonetten angelegt. Gemütlich sind die Restaurantstuben. Die Terrasse und der herrlich große Biergarten liegen an der Würm.

In München-Zamdorf

Azimut Hotel City East garni
Kronstadter Str. 6 ⊠ 81677 – ☎ (089) 9 43 84 40 – www.azimuthotels.com
167 Zim – †89/350 € ††89/400 €, ⊡ 16 € **2DSe**
◆ Das Hotel ist ganz auf Businessgäste und Messebesucher ausgerichtet und bietet neben modern-funktioneller Ausstattung auch eine gute Verkehrsanbindung.

Comfort Hotel München Ost garni
Kronstadter Str. 12, (jenseits der A 94) ⊠ 81677 – ☎ (089) 5 99 76 30
– www.comfort-hotel-muenchen.de – geschl. 21. - 28. Dezember **2DSe**
167 Zim – †73/93 € ††73/108 €
◆ Das Messe- und Businesshotel überzeugt mit seiner verkehrsgünstigen Lage nahe der Autobahn und modern-puristischen, in klaren Linien gehaltenen Zimmern mit guter Technik.

München-Flughafen siehe Freising

München Neue Messe siehe auch Aschheim und Feldkirchen

MÜNDER am DEISTER, BAD – Niedersachsen – **541** – 17 670 Ew **28 H9**
– Höhe 125 m – Heilbad
▶ Berlin 317 – Hannover 35 – Hameln 16 – Hildesheim 38
🛈 Hannoversche Str. 14a, ⊠ 31848, ☎ (05042) 92 98 04, www.bad-muender.de
🏌 Bad Münder, Am Osterberg 2, ☎ (05042) 50 32 76

Kastanienhof
Am Stadtbahnhof 11 (am Süntel) ⊠ 31848 – ☎ (05042) 30 63
– www.hotel-kastanienhof.de
33 Zim – †89/110 € ††115/135 € – ½ P 18 € – 2 Suiten **Rest** – Karte 24/58 €
◆ Recht ruhig liegt das Hotel am Ortsende. Die Zimmer sind unterschiedlich geschnitten, technisch gut ausgestattet und mit warmen Farben wohnlich gestaltet. Freundlich und behaglich ist das Ambiente im Restaurant, zu dem auch ein Wintergarten gehört.

MÜNSING – Bayern – 546 – 4 140 Ew – Höhe 666 m 65 L21
▶ Berlin 623 – München 36 – Garmisch-Partenkirchen 57 – Bad Tölz 23

Gasthaus Limm
Hauptstr. 29 ⊠ 82541 – ℰ (08177) 4 11 – www.gasthauslimm.de
– geschl. Weihnachten - 1. Januar, 23. August - 11. September, Sonntagabend
- Montagmittag und Mittwoch
Rest – Menü 16 € (mittags) – Karte 24/42 €
• Gemütlich ist der traditionsreiche Gasthof, der schon seit 1908 von Familie Limm betrieben wird. Geboten wird schmackhafte regionale Küche mit internationalem Touch. Großen Wert legt man auf Erzeugnisse aus der eigenen Metzgerei.

In Münsing-St. Heinrich Süd-West: 10 km über A 95, Abfahrt Seeshaupt

Landgasthof Schöntag
Beuerberger Str. 7 ⊠ 82541 – ℰ (08801) 9 06 10 – www.hotel-schoentag.de
14 Zim ⊑ – †48/68 € ††78/98 € **Rest** – Karte 15/33 €
• Das regionstypische kleine Hotel ist ein gepflegter Familienbetrieb, dessen Gästezimmer wohnlich-rustikal eingerichtet sind und teilweise über einen Balkon verfügen. Das ländliche Restaurant wird ergänzt durch ein Steakhouse mit Saloon-Atmosphäre.

MÜNSINGEN – Baden-Württemberg – 545 – 14 580 Ew – Höhe 707 m 55 H19
– Wintersport: 850 m ≤4 ≉
▶ Berlin 657 – Stuttgart 58 – Reutlingen 32 – Ulm (Donau) 51
🛈 Hauptstr. 13, ⊠ 72525, ℰ (07381) 18 21 45, www.muensingen.de

Herrmann (mit Gästehaus)
Am Marktplatz 1 ⊠ 72525 – ℰ (07381) 1 82 60 – www.hotelherrmann.de
41 Zim ⊑ – †50/75 € ††94/120 € – ½ P 22 € – 2 Suiten
Rest – Menü 35 € – Karte 25/43 €
• Mitten in der Altstadt steht der schmucke Fachwerk-Gasthof mit langer Familientradition. Die Landschaftszimmer im Gästehaus sind nach Pflanzen benannt, die neuesten und komfortabelsten Zimmer sind die im Anbau. Schwäbische Gemütlichkeit und typische Küche im Restaurant.

MÜNSTER (WESTFALEN) – Nordrhein-Westfalen – 543 – 275 550 Ew 26 D9
– Höhe 60 m
▶ Berlin 480 – Düsseldorf 124 – Nordhorn 75 – Bielefeld 87
✈ Greven, Hüttruper Weide 71 (Nord-West: 31 km über Steinfurter Straße **X** und die A 1), ℰ (02571) 94 33 60
ADAC Weseler Str. 539
🛈 Heinrich-Brüning-Str. 9 Z, ⊠ 48143, ℰ (0251) 4 92 27 10, www.tourismus.muenster.de
⛳ Münster-Wilkinghege, Steinfurter Str. 448, ℰ (0251) 21 40 90
⛳ Münster-Tinnen, Am Kattwinkel 244, ℰ (02536) 3 30 10 11
◉ Prinzipalmarkt★ – Rathaus (Friedenssaal★) - Westfälisches Landesmuseum für Kunst und Kulturgeschichte ★ **M¹** YZ – Dom★★(Domschatzkammer★★**M²**) – Residenzschloss★
 – Lambertikirche (Turm★) Y
◉ Wasserschloss Hülshoff★ West: 9 km

Stadtplan auf der nächsten Seite

Mövenpick
Kardinal-von-Galen-Ring 65 ⊠ 48149 – ℰ (0251) 8 90 20
– www.moevenpick-muenster.com
224 Zim – †104/175 € ††124/195 €, ⊑ 18 € – 2 Suiten   **X**s
Rest – Karte 29/52 €
Rest *Chesa Rössli* – ℰ (0251) 8 90 26 27 (geschl. Juli - August 4 Wochen und Samstagmittag, Sonntag) Menü 29 € (mittags)/58 € – Karte 40/69 €
• Das Hotel liegt im Grünen und doch zentrumsnah. Interessante Halle aus Glas, moderne und wohnliche Zimmer mit guter Technik sowie diverse Tagungsräume. Großes helles Restaurant in neuzeitlichem Stil. Gehobene Küche im modernen Chesa Rössli.

MÜNSTER

Alter Fischmarkt	Y 2
Alter Steinweg	Y 5
An der Apostelkirche	Y 8
Bahnhofstr.	Z
Bogenstr.	Y 12
Cheruskerring	X 15
Drubbel	X 16
Einsteinstr.	X 18
Eisenbahnstraße	X 20
Friesenring	X 24
Hammer Str.	Z 30
Hansaring	X 33
Hohenzollernring	X 36
Johannisstr.	
Kaiser-Wilhelm-Ring	X 42
Kardinal-von-Galen-Ring	X 43
Kolde-Ring	X 45
Lublinring	X 46
Ludgeristr.	Z
Mauritzstr.	Y 48
Mauritztor	X 51
Niedersachsenring	X 54
Orléans-Ring	X 60
Pferdegasse	Y 63
Prinzipalmarkt	YZ
Rothenburg	Z 69
Salzstr.	YZ 72
Sentruper Str.	X 75
Spiekerhof	Y 78
Steinfurter Str.	X 80
Überwasserstr.	Y 83
Universitätsstr.	YZ 86
Verspoel	Z 89
Warendorfer Str.	
Wasserstr.	X 92
Wilhelmstr.	Y 93
Wolbecker Str.	Z 96
York-Ring	X 99

MÜNSTER (WESTFALEN)

Schloss Wilkinghege (mit Gästehaus)
Steinfurter Str. 374 (B 54) ⊠ 48159 – ℰ (0251) 14 42 70
– www.schloss-wilkinghege.de **Xr**
35 Zim ⌂ – †110/170 € ††150/315 € – 13 Suiten
Rest Schloss Wilkinghege – siehe Restaurantauswahl
♦ Das im 16. Jh. erbaute Schloss mit schönem Park - einst eine Wasserburg - gibt heute individuellen Zimmern einen geschmackvollen Rahmen. Etwas schlichter: die Dependance. Das Haus wird gerne für Feierlichkeiten genutzt.

Factory Hotel
An der Germania Brauerei 5, (Zufahrt über Grevener Straße) ⊠ 48143
– ℰ (0251) 4 18 80 – www.factoryhotel.de **Xb**
144 Zim – †89/109 € ††89/109 €, ⌂ 15 € – 16 Suiten
Rest EAT – Karte 26/43 €
Rest la tapia – *(nur Abendessen)* Karte 17/32 €
♦ Diese recht spezielle Lifestyle-Adresse ist eine ehemalige Brauerei, die um einen Neubau mit puristisch designten Zimmern erweitert wurde. Mit Disco. Restaurants im denkmalgeschützten Altbau. EAT mit internationalem Angebot. Spanische Küche in la tapia.

Mercure Münster City
Engelstr. 39 ⊠ 48143 – ℰ (0251) 4 17 10 – www.accorhotels.com **Zv**
156 Zim – †80/140 € ††100/160 €, ⌂ 16 €   **Rest** – Karte 30/51 €
♦ Ein zeitgemäßes Kettenhotel am Altstadtrand unweit des Bahnhofs. Die Zimmer sind funktionell ausgestattet und teilweise ganz modern gehalten. Neuzeitliches Ambiente im Restaurant.

Kaiserhof
Bahnhofstr. 14 ⊠ 48143 – ℰ (0251) 4 17 80
– www.kaiserhof-muenster.de **Zb**
100 Zim – †98 € ††118 €, ⌂ 17 € – 5 Suiten
Rest Gabriel's Rest Gourmet 1895 – siehe Restaurantauswahl
♦ Traditionsreiches Hotel im Zentrum mit stilvollen öffentlichen Bereichen und viel Kunst im ganzen Haus. Die wohnlichen Themenzimmer sind von Etage zu Etage individuell gestaltet. Toller Spa (500 qm), den Sie auch in Ihrer Mittagspause für eine Behandlung nutzen können!

Mauritzhof garni
Eisenbahnstr. 17 ⊠ 48143 – ℰ (0251) 4 17 20 – www.mauritzhof.de **Zs**
39 Zim – †89/149 € ††89/149 €, ⌂ 16 €
♦ Urbanes Design hinter regionaler Klinkerfassade. Helle, freundliche Lobby mit offenem Frühstücksbereich bzw. Bistro. Klar und geradlinig gestaltete Zimmer und Juniorsuiten.

Überwasserhof
Überwasserstr. 3 ⊠ 48143 – ℰ (0251) 4 17 70 – www.ueberwasserhof.de
56 Zim – †93/98 € ††123/145 € – 1 Suite **Yk**
Rest Il Cucchiaro d'Argento – *(geschl. Montag)* Menü 30/47 € – Karte 29/48 €
♦ Ein nettes und zentral am Altstadtrand gelegenes Hotel, in dem wohnlich und zeitgemäß eingerichtete Zimmer unterschiedlicher Größe bereitstehen. Gutes Frühstücksbuffet. Italienische Küche im Restaurant.

Central garni
Aegidiistr. 1 ⊠ 48143 – ℰ (0251) 51 01 50
– www.central-hotel-muenster.de
– geschl. 20. Dezember - 6. Januar, 25. Juli - 8. August **Zn**
20 Zim ⌂ – †89/109 € ††109/139 € – 3 Suiten
♦ Ideal für Kunstliebhaber: Das Haus mit den recht großen, wohnlichen Zimmern und persönlichem Service ist geschmückt mit zahlreichen Werken von Beuys, Warhol & Co.

Europa garni (mit Gästehaus)
Kaiser-Wilhelm-Ring 26 ⊠ 48145 – ℰ (0251) 3 70 62
– www.hotel-europa-muenster.de **Xc**
64 Zim ⌂ – †69/99 € ††99/139 € – 3 Suiten
♦ Die sehr funktionellen und mit guter Technik ausgestatteten Zimmer verteilen sich auf das Haupthaus mit roter Klinkerfassade (hier sind alle Zimmer gefliest) sowie das Gästehaus.

MÜNSTER (WESTFALEN)

🏠 Feldmann
An der Clemenskirche 14 ✉ *48143 –* ☏ *(0251) 41 44 90 – www.hotel-feldmann.de*
20 Zim ⌁ – †87 € ††115 € **Zm**
Rest – *(geschl. Sonntag und an Feiertagen)* Karte 25/51 €
• Individuell geschnittene und eingerichtete Zimmer (teils mit Stilmöbeln) erwarten Sie in dem Familienbetrieb. Die zentrale Lage neben der Clemenskirche ist optimal für Stadttouristen. Gediegen ist das Ambiente im Restaurant.

🏠 Am Schlosspark garni
Schmale Str. 2 ✉ *48149 –* ☏ *(0251) 8 99 82 00*
– www.hotel-am-schlosspark-muenster.de **Xe**
28 Zim ⌁ – †87 € ††110 € – 2 Suiten
• Das besonders auf Geschäftsreisende ausgelegte Hotel liegt relativ ruhig in einer Anliegerstraße und bietet zeitlos-funktionelle Zimmer sowie Parkmöglichkeiten im Hof.

XXX Gourmet 1895 – Hotel Kaiserhof
Bahnhofstr. 14 ✉ *48143 –* ☏ *(0251) 4 17 87 00 – www.gourmet1895.de – geschl. Sonntag - Montag* **Zb**
Rest – *(nur Abendessen)* (Tischbestellung ratsam) Menü 69/89 € – Karte 59/83 €
• Recht intim ist das Restaurant mit seinen vier Tischen, wertig und elegant das Interieur in Gold und Braun. Herr Skupin bietet ambitionierte klassische Küche in Form zweier Menüs.

XXX Schloss Wilkinghege – Hotel Schloss Wilkinghege
Steinfurter Str. 374 (B 54) ✉ *48159 –* ☏ *(0251) 14 42 70*
– www.schloss-wilkinghege.de – geschl. Sonntag - Montag **Xr**
Rest – Menü 49/75 € – Karte 44/59 €
• Schon beim ersten Schritt in das Schloss spürt man das unverwechselbare Flair, welches in den stilvollen Räumen herrscht. Glitzernde Kronleuchter, wertvolle Gemälde und exklusive Accessoires unterstreichen das Ganze.

XX Villa Medici
Ostmarkstr. 15 ✉ *48145 –* ☏ *(0251) 3 42 18 – www.villamedici-muenster.de – geschl. Januar - Februar 2 Wochen, Juli - August 2 Wochen und Sonntag - Montag*
Rest – (Tischbestellung ratsam) Menü 47/49 € – Karte 43/53 € **Xa**
• In diesem mit Engagement geführten Restaurant wird eine schmackhafte klassisch-italienische Küche geboten. Die hellen, eleganten Räume sind mit modernen Bildern geschmückt.

XX Am Aasee
Annette-Allee 1 ✉ *48149 –* ☏ *(0251) 41 44 15 50 – www.am-aasee.de – geschl. Samstagmittag, Oktober - April: Montag, Samstagmittag* **Zk**
Rest – Menü 40/105 € – Karte 34/68 €
• Von diesem geradlinig gestalteten Restaurant blickt man durch die große Glasfront auf den Aasee direkt am Haus. Die schmackhafte Küche ist regional und mediterran beeinflusst.

XX Kleines Restaurant im Oer'schen Hof
Königsstr. 42 ✉ *48143 –* ☏ *(0251) 4 84 10 83*
– www.kleines-restaurant-in-oerschen-hof.de – geschl. Sonntag - Montag **Zc**
Rest – *(Dienstag - Freitag nur Abendessen)* Menü 40 € – Karte 35/69 €
• Das Restaurant in dem 1798 erbauten Stadthaus teilt sich in vier schöne Räume in elegant-rustikalem Stil. Zudem hat man eine reizende Terrasse im Innenhof. Die Küche ist international.

XX Gabriel's – Hotel Kaiserhof
Bahnhofstr. 14 ✉ *48143 –* ☏ *(0251) 4 17 86 00 – www.kaiserhof-muenster.de – geschl. Samstagmittag* **Zb**
Rest – Karte 36/51 €
• Sicher inspiriert von Metropolen dieser Welt, trifft das Interieur den urbanen Lifestyle unserer Zeit. Alles scheint aus einem Guss: puristisch und dennoch luxuriös, trägt das Restaurant die Handschrift der charmanten Gastgeber.

XX Giverny - Caveau de Champagne
Spiekerhof 25 ✉ *48143 –* ☏ *(0251) 51 14 35 – www.restaurant-giverny.de – geschl. Sonntag - Montag* **Yg**
Rest – Menü 46/60 € – Karte 42/67 €
• Der Patron ist Franzose und kocht Gerichte aus seiner Heimat, die in gemütlich-modernem Landhausambiente serviert werden - sehr nett ist der Wintergartenanbau. Tagesempfehlungen.

MÜNSTER (WESTFALEN)

> **BRAUEREI-GASTSTÄTTEN:** Urig-gemütliche Gaststätten, in denen man zu verschiedenen regional gebrauten Biersorten Topf- oder Pfannengerichte serviert.

✕ Kleiner Kiepenkerl
Spiekerhof 47 ⊠ 48143 – ℰ (0251) 4 34 16 – www.kleiner-kiepenkerl.de – geschl. Montag **Ya**
Rest – Karte 23/53 €
♦ Das urig-westfälische Gasthaus mit sehr netter Terrasse ist eine der Traditionsadressen in der Altstadt. Die vielen Stammgäste schätzen die gemütliche Atmosphäre.

✕ Altes Gasthaus Leve
Alter Steinweg 37 ⊠ 48143 – ℰ (0251) 4 55 95 – www.gasthaus-leve.de – geschl. Weihnachten, Ostern und Pfingsten **Zu**
Rest – Karte 19/44 €
♦ Wirklich heimelig sind die verschiedenen Stuben dieses Gasthauses von 1607. Viel Holz, liebenswerte Dekorationen und alte Kacheln sind hübsche Details, die Charme versprühen.

✕ Pinkus Müller
Kreuzstr. 4 ⊠ 48143 – ℰ (0251) 5 55 67 – www.pinkus.de – geschl. Sonntag und an Feiertagen **Yp**
Rest – Karte 15/43 €
♦ Historisches Studentenlokal und traditionsreiche Brauereigaststätte mit rustikalem Charme: An den derben Holztischen haben sich schon viele Gäste mit Schnitzereien verewigt.

In Münster-Handorf Ost: 7 km über Warendorfer Straße X

🏠 Hof zur Linde (mit Gästehaus)
Handorfer Werseufer 1 ⊠ 48157 – ℰ (0251) 3 27 50 – www.hof-zur-linde.de
49 Zim ⊇ – †96 € ††137 € – 8 Suiten
Rest *Hof zur Linde* – siehe Restaurantauswahl
♦ Familie Löfken betreibt hier ein Hotel zum Wohlfühlen. Ein schönes, aus fünf Häusern bestehendes Ensemble in ruhiger Lage mit ansprechenden, sehr individuellen und wohnlichen Zimmern und Suiten.

🏠 Landhaus Eggert
Zur Haskenau 81 (Nord: 5 km über Dorbaumstraße) ⊠ 48157 – ℰ (0251) 32 80 40 – www.landhaus-eggert.de – geschl. 22. - 25. Dezember
37 Zim ⊇ – †96/130 € ††145/157 € – 4 Suiten
Rest *Hof Wesendrup* – siehe Restaurantauswahl
Rest – Karte 36/48 €
♦ Der idyllisch gelegene Gutshof von 1030 ist ein geschmackvolles Anwesen unter engagierter familiärer Leitung. Stilvoll-wohnliche Zimmer, viele mit Parkett, sowie geräumige Suiten. Kosmetik/Massage.

✕✕ Hof Wesendrup – Hotel Landhaus Eggert
Zur Haskenau 81 (Nord: 5 km über Dorbaumstraße) ⊠ 48157 – ℰ (0251) 32 80 40 – www.landhaus-eggert.de – geschl. 18. Dezember - 29. Januar, 11. - 15. Juli, 10. - 21. Oktober und Montag - Dienstag
Rest – (nur Abendessen) Karte 52/67 €
♦ Ein hübscher Rahmen erwartet Sie in dem hellen, klassisch gehaltenen Restaurant. Die Speisen sind zeitgemäß ausgelegt und werden ambitioniert zubereitet.

✕✕ Hof zur Linde – Hotel Hof zur Linde
Handorfer Werseufer 1 ⊠ 48157 – ℰ (0251) 3 27 50 – www.hof-zur-linde.de
Rest – Karte 40/58 €
♦ Tradition und gediegener Luxus begegnen Ihnen in jedem Winkel. Bei knisterndem Kaminfeuer sitzen Sie umgeben von liebevoll zusammengetragenen Antiquitäten und genießen das Essen, z. B. geschmorter Nacken und Rücken von Weidelamm auf Thymianjus mit gebackenem Ziegenkäse.

MÜNSTER (WESTFALEN)

In Münster-Hiltrup Süd: 6 km über die B 54 X

Zur Prinzenbrücke
Osttor 16 ⊠ 48165 – ℰ (02501) 4 49 70
– www.hotel-zur-prinzenbruecke.de – geschl. 22. Dezember - 2. Januar
36 Zim – †71/89 € ††88/102 € – 1 Suite
Rest – (Montag - Samstag nur Abendessen, Mai - September: Montag - Freitag nur Abendessen) Karte 15/40 €
• Die verkehrsgünstige und doch relativ ruhige Lage unmittelbar am Dortmund-Ems-kanal sowie funktionell eingerichtete Gästezimmer machen dieses Hotel aus.

Ambiente garni
Marktallee 44 ⊠ 48165 – ℰ (02501) 2 77 60
– www.hotel-ambiente-muenster.de
21 Zim – †62/71 € ††82/95 €
• In dem gepflegten Hotel in der 1. Etage eines Geschäftshauses stehen helle, zeitgemäße Zimmer mit solider Technik bereit. Netter freundlicher Frühstücksraum mit gutem Buffet.

Landgraf
Thierstr. 26 ⊠ 48165 – ℰ (02501) 12 36
– www.hotel-landgraf.de
10 Zim – †62 € ††90 €   **Rest** – (geschl. Montag) Karte 30/55 €
• Ein roter Backsteinbau im Landhausstil, von der Inhaberfamilie persönlich geführt. Sie finden hier sehr gepflegte und solide ausgestattete Gästezimmer vor. Hübscher Garten. Ländlich-rustikales Restaurant mit Wintergartenanbau und schöner Terrasse.

In Münster-Roxel West: 6,5 km über Einsteinstraße X, vor der Autobahn links

Bakenhof (mit Gästehaus)
Roxeler Str. 376 (Ost: 2,5 km) ⊠ 48163 – ℰ (0251) 87 12 10
– www.bakenhof.de
24 Zim – †65/79 € ††75/99 €, ⊡ 6 €
Rest – (geschl. Montag) Menü 33 € – Karte 24/48 €
• Ein sympathisches familiär geleitetes Hotel mit überwiegend modern gestalteten Zimmern, W-Lan ist kostenfrei. Das Gästehaus liegt ruhiger nach hinten. Rustikal-gemütliches Ambiente im Restaurant.

MÜNSTEREIFEL, BAD – Nordrhein-Westfalen – **543** – 18 740 Ew   35 B13
– Höhe 290 m – Kneippheilbad
▶ Berlin 621 – Düsseldorf 91 – Bonn 42 – Aachen 74
🛈 Kölner Str. 13, ⊠ 53902, ℰ (02253) 54 22 44, www.bad-muenstereifel.de
🏌 Bad Münstereifel-Stockert, Moselweg 4, ℰ (02253) 27 14
◉ Ehemalige Stadtbefestigung ★

Golf Hotel Breuer garni
Roderter Kirchweg 1 (B 51) ⊠ 53902 – ℰ (02253) 54 59 80
– www.golf-hotel-breuer.de
26 Zim – †86/99 € ††115/132 €
• Sie wohnen in schöner erhöhter Lage über der Altstadt. Den Blick auf Bad Münstereifel genießt man auch beim Frühstück. Im Café: regionale Speisen am Mittag, Kuchen und Gebäck.

XX **Landgasthaus Steinsmühle** mit Zim
Kölner Str. 122 ⊠ 53902 – ℰ (02253) 45 87
– www.landgasthaus-steinsmuehle.de – geschl. Donnerstag
12 Zim – †57 € ††98 € – ½ P 23 €
Rest – (Montag - Samstag nur Abendessen) Karte 29/45 €
• Rustikal-romantische Atmosphäre und saisonal-internationale Küche in einer Wassermühle a. d. 12. Jh. In einer der Stuben sorgt Kerzenlicht für stimmungsvolles Ambiente.
Der Familienbetrieb bietet auch wohnlich-funktionelle Gästezimmer.

MÜNSTER-SARMSHEIM – Rheinland-Pfalz – siehe Bingen

MÜNSTERTAL – Baden-Württemberg – **545** – 5 160 Ew – Höhe 373 m 61 D21
– Wintersport: 1 300 m ⛷1 ⛷3 ⛷ – Luftkurort
▶ Berlin 826 – Stuttgart 229 – Freiburg im Breisgau 30 – Basel 65
🛈 Wasen 47, ✉ 79244, ☎ (07636) 7 07 40, www.muenstertal-staufen.de
◎ Belchen ※ ★★★, Süd: 18 km

In Untermünstertal

XX Schmidt's Gasthof zum Löwen
Wasen 54 ✉ 79244 – ☎ (07636) 5 42 – www.loewen-muenstertal.de – geschl. 16. Januar - 26. Februar und Dienstag, Mitte Oktober - Ostern: Montag - Dienstag
Rest – Menü 58 € – Karte 25/62 €
♦ Badisch beeinflusste klassische Küche bietet der gestandene Schwarzwälder Gasthof mit ländlich-elegantem Ambiente. Freundlich leitet die Chefin den Service. Schöne Gartenterrasse.

In Obermünstertal

Spielweg
Spielweg 61 ✉ 79244 – ☎ (07636) 70 90 – www.spielweg.com
46 Zim – †112/160 € ††135/239 € – ½ P 32 € – 5 Suiten
Rest Spielweg – siehe Restaurantauswahl
♦ Die engagierte Familie Fuchs bietet hübsche Zimmer, teilweise mit antiken Möbelstücken; geräumiger im Haus Sonnhalde. Toll für Familien: Bauernhaus "s' Franze". Kosmetik und Massage. Eigene Käserei!

XX Spielweg – Hotel Spielweg
Spielweg 61 ✉ 79244 – ☎ (07636) 70 90 – www.spielweg.com
Rest – Menü 40/57 € – Karte 43/52 €
♦ Gemütliche Stuben mit holzvertäfelten Wänden, an denen Bilder mit Jagdmotiven hängen, weiße Rüschenvorhänge, knarrender Dielenboden, liebevolle Dekorationen - so stellt man sich Schwarzwälder Heimeligkeit vor.

XX Landgasthaus zur Linde mit Zim
Krumlinden 13 ✉ 79244 – ☎ (07636) 4 47 – www.landgasthaus.de – geschl. November - April: Donnerstag
15 Zim – †70/85 € ††86/126 € – 2 Suiten **Rest** – Karte 26/43 €
♦ Der historische Gasthof am Neumagenbach ist bekannt für seine Forellengerichte. Im Winter serviert man auch norddeutsche Spezialitäten. Die drei Stuben sind sehr gemütlich, etwas legerer ist die Kaminstube. Übernachten können Sie in schönen wohnlichen Landhauszimmern.

MUGGENSTURM – Baden-Württemberg – **545** – 6 180 Ew – Höhe 123 m 54 E18
▶ Berlin 704 – Stuttgart 98 – Karlsruhe 22

XX Lamm
Hauptstr. 24 ✉ 76461 – ☎ (07222) 5 20 05 – www.lamm-muggensturm.de – geschl. 13. - 21. Februar, 29. Mai - 7. Juni, 3. - 11. September, Dienstag und Samstagmittag
Rest – Menü 30/53 € – Karte 33/60 €
♦ Ein sehr nettes, hell gestaltetes Restaurant mit Kulturprogramm (ständig wechselnde Fotoausstellung von Ralf Cohen). Einer der Patrons leitet den freundlichen Service, der andere sorgt für eine gute internationale Küche mit regionalen Einflüssen.

MULFINGEN – Baden-Württemberg – **545** – 3 780 Ew – Höhe 288 m 49 I17
▶ Berlin 564 – Stuttgart 100 – Würzburg 67 – Heilbronn 68

In Mulfingen-Ailringen Nord-West: 7,5 km über Ailringer Straße

Altes Amtshaus
Kirchbergweg 3 ✉ 74673 – ☎ (07937) 97 00 – www.altesamtshaus.de
15 Zim – †93 € ††145 €
Rest Altes Amtshaus – siehe Restaurantauswahl
♦ Die schöne alte Fachwerkarchitektur zieht sich durch das ganze Haus und mischt sich mit modernem Stil. Farben und Materialien vermitteln Wärme und Wohnlichkeit. Die großen Maisonetten sind für Familien ideal.

MULFINGEN

Altes Amtshaus – Hotel Altes Amtshaus
Kirchbergweg 3, 74673 – ℰ (07937) 97 00 – www.altesamtshaus.de
– geschl. 2. - 17. Januar und Montag - Dienstag
Rest – (Mittwoch - Freitag nur Abendessen) Menü 39 € (mittags)/98 € – Karte 50/69 €
Spez. Fränkische Flusskrebse mit rosa gebratenem Kalbstafelspitz, Frühlingsmorcheln und scharfem Brot. Kotelett und Leber vom Jagsttalreh mit Thymian-Zwetschgen, jungem Lauch und Mais. Warmer Schokoladenpfitzauf mit wilder Quitte, Hagebutte und Pfeffer-Muskat-Eis.
• Genuss für Gaumen und Auge in tollen historischen Naturstein-Tonnengewölbe des Amtskellers! Olaf Pruckner kocht hier mit mediterranen Einflüssen - und (wenn möglich) gerne auch mit Produkten aus der Region.

In Mulfingen-Heimhausen Süd: 4 km Richtung Buchenbach

Jagstmühle
Jagstmühlenweg 10, 74673 – ℰ (07938) 9 03 00 – www.jagstmuehle.de
26 Zim – †60/85 € ††90/140 €
Rest *Jagstmühle* – siehe Restaurantauswahl
• Mit Engagement wird das wunderschöne Anwesen der alten Wassermühle geführt. Zu dem charmanten Hotel gehört ein herrlicher Garten zur Jagst. Fragen Sie nach den geschmackvollen zeitgemäßen Zimmern im Haupthaus.

Jagstmühle – Hotel Jagstmühle
Jagstmühlenweg 10, 74673 – ℰ (07938) 9 03 00 – www.jagstmuehle.de
Rest – Menü 35 € (vegetarisch)/54 € – Karte 23/57 €
• Einladende Behaglichkeit versprühen die Räume im eleganten Landhausstil. Ob am knisternden Kaminfeuer oder im Sommer im Garten, man serviert Ihnen regionale Spezialitäten von Qualität (z. B. Sauerbraten, Käsespätzle).

MURNAU – Bayern – 546 – 12 200 Ew – Höhe 688 m – Luftkurort 65 L21
▶ Berlin 656 – München 70 – Garmisch-Partenkirchen 25 – Weilheim 20
ℹ Kohlgruber Str. 1, 82418, ℰ (08841) 6 14 10, www.murnau.de

Alpenhof Murnau
Ramsachstr. 8, 82418 – ℰ (08841) 49 10
– www.alpenhof-murnau.com
71 Zim – †147/252 € ††195/337 € – ½ P 40 € – 6 Suiten
Rest *Reiterzimmer* **Rest** *Hofmann's* – siehe Restaurantauswahl
• Ein alpenländisches Ferienhotel mit freundlicher Atmosphäre, wohnlichen Zimmern unterschiedlicher Kategorien (auch etwas schlichtere Standardzimmer) und hochwertigem Spa-Angebot. Schön: der Blick auf Wetterstein und Estergebirge.

Angerbräu
Untermarkt 44, 82418 – ℰ (08841) 62 58 76 – www.angerbraeu.de
28 Zim – †65/92 € ††98/117 € – ½ P 20 € – 1 Suite
Rest – (geschl. Montagmittag) Karte 21/35 €
• In dem komplett sanierten historischen Haus finden Sie heute schöne, behagliche Zimmer mit gutem Platzangebot und neuer Technik sowie einen gepflegten Saunabereich im DG. Das Restaurant ist geradlinig-modern gestaltet und bietet eine internationale Karte.

Post garni
Obermarkt 1, 82418 – ℰ (08841) 48 78 00 – www.hotel-post-murnau.de
– geschl. Ende November - Ende Dezember
16 Zim – †64 € ††108 €
• Hübsch ist das persönlich geführte historische Gasthaus in verkehrsberuhigter zentraler Lage. Die Zimmer sind liebenswert im Landhausstil eingerichtet, W-Lan ist kostenfrei.

Griesbräu
Obermarkt 37, 82418 – ℰ (08841) 14 22 – www.griesbraeu.de – geschl. Januar
26 Zim – †45/65 € ††70/110 € – ½ P 15 €
Rest – (geschl. Montag, Donnerstag) Karte 15/28 €
• Ein gestandener Brauereigasthof mit langer Tradition, der am Anfang der Fußgängerzone liegt. Fragen Sie nach den moderneren und komfortableren Neubauzimmern. Neuzeitlich-alpenländisches Bistro und rustikales Restaurant mit regionaler Küche. Hausbrauerei.

MURNAU

Klausenhof Hotel am Park
Burggraben 10 ⊠ 82418 – ℰ (08841) 6 11 60 – www.klausenhof-murnau.de
25 Zim – †54/78 € ††104/136 € – ½ P 18 € – 1 Suite
Rest – Menü 16 € – Karte 22/46 €
♦ Freundlich und familiär wird das Hotel beim Kurhaus geführt. Es stehen gepflegte Zimmer in zeitlosem Stil bereit, teilweise mit Balkon. Bürgerlich-rustikaler Restaurantbereich mit angenehm hellem Wintergarten.

Reiterzimmer – Hotel Alpenhof Murnau
Ramsachstr. 8 ⊠ 82418 – ℰ (08841) 49 10 – www.alpenhof-murnau.com
– *geschl. Januar 3 Wochen, November 3 Wochen und Sonntag - Montag*
Rest – *(nur Abendessen)* (Tischbestellung ratsam) Menü 69/112 € – Karte 80/108 €
Spez. Kochelsee Saibling, Spargel, Meerrettich, Gartengurke. Charolais Rinderfilet, Sellerie, Karotte, Perigord Trüffel. Bodensee Zander, Morcheln, Frühlingslauch, Pflanzenasche.
♦ Bei eleganter Tischkultur genießt man hier zeitgemäße klassisch-französische Speisen. Thilo Bischoff leitet die Küche, Oberkellner und Chef-Sommelier Guarino Tugnoli den Service.

Hofmann's – Hotel Alpenhof Murnau
Ramsachstr. 8 ⊠ 82418 – ℰ (08841) 49 10 – www.alpenhof-murnau.com
Rest – Menü 38/68 € – Karte 39/57 €
♦ Gepflegt speisen in alpenländischer Atmosphäre, dabei streift der Blick durch die großen Panoramafenster, man lehnt sich zurück und lässt die herrliche Natur auf sich wirken - das ist Entspannung!

MUSKAU, BAD – Sachsen – 544 – 3 910 Ew – Höhe 110 m – Moorbad   34 S10
▶ Berlin 161 – Dresden 111 – Cottbus 40 – Görlitz 63

Am Schloßbrunnen
Köbelner Str. 68 ⊠ 02953 – ℰ (035771) 52 30 – www.schlossbrunnen.de
– *geschl. 27. - 31. Dezember*
13 Zim – †45/69 € ††63/89 € – ½ P 16 €
Rest – *(Montag - Samstag nur Abendessen)* Karte 13/41 €
♦ Freundlich-familiäre Adresse nur 400 m vom Fürst-Pückler-Park (UNESCO Welterbe) entfernt. Nutzen Sie die nahen Radwanderwege, danach lockt eine Erfrischung auf der Terrasse! Ein Extra: Fahrrad-Service im Haus.

MUTTERSTADT – Rheinland-Pfalz – 543 – 12 650 Ew – Höhe 96 m   47 E16
▶ Berlin 629 – Mainz 77 – Mannheim 14 – Kaiserslautern 58

Ebnet
Neustadter Str. 53 ⊠ 67112 – ℰ (06234) 9 46 00 – www.hotel-ebnet.de
22 Zim – †55/69 € ††88/92 €
Rest – *(geschl. Sonntagabend)* (Montag - Samstag nur Abendessen) Karte 20/35 €
♦ Das kleine Stadthotel wird in der 3. Generation familiär geleitet. Die Zimmer im hinteren Trakt sind die ruhigeren. Gemütlich sitzt man im Restaurant mit Wintergarten oder im netten Biergarten. Die Küche ist regional; jeden 2. Sonntag im Monat Brunch.

NACHRODT-WIBLINGWERDE – Nordrhein-Westfalen – 543 – 6 790 Ew   26 D11
– Höhe 380 m
▶ Berlin 505 – Düsseldorf 72 – Dortmund 28 – Hagen 16

Im Ortsteil Veserde Nord-West: 3 km ab Wiblingwerde Richtung Hohenlimburg

Schloss Hotel Holzrichter (mit Gästehaus)
Hohenlimburger Str. 15 ⊠ 58769 – ℰ (02334) 92 99 60
– *www.hotel-holzrichter.de – geschl. 1. - 10. Januar, Juli*
28 Zim – †88/120 € ††145/180 € **Rest** – *(geschl. Donnerstag)* Karte 25/51 €
♦ In idyllischer Aussichtslage bietet Familie Holzrichter seit über 100 Jahren einen herzlichen und engagierten Service, den die Gäste ebenso schätzen wie die hochwertige und überaus wohnliche Einrichtung. Am Morgen macht die gute Auswahl am Frühstücksbuffet Appetit. Gemütliche Atmosphäre im holzverkleideten Restaurant.

NAGOLD – Baden-Württemberg – **545** – 22 610 Ew – Höhe 411 m 54 F19
▶ Berlin 675 – Stuttgart 52 – Karlsruhe 81 – Tübingen 34
🛈 Bondorf, Domäne Niederreutin, ℰ (07457) 9 44 90

Adler
Badgasse 1 ✉ 72202 – ℰ (07452) 86 90 00 – www.hotel-adler-nagold.de – geschl. August 2 Wochen
45 Zim – †60/80 € ††90/120 € **Rest** – *(geschl. Montag)* Karte 21/43 €
• Das denkmalgeschützte Fachwerkhaus von 1675 (seit 1702 als Gasthof genutzt) steht im Zentrum, nicht weit vom Fluss Nagold. Besonders modern sind die Zimmer im Gästehaus. Nett sind die ländlichen Restaurantstuben im alten Gasthof. Man bietet bürgerliche Küche.

Burg
Burgstr. 2 ✉ 72202 – ℰ (07452) 37 35 – www.restaurant-burg.de
– geschl. 4. - 13. März, 27. Oktober - 7. November und Montagabend - Dienstag
Rest – Menü 32 € – Karte 28/44 €
• In der Stadtmitte liegt das ländlich-rustikale Restaurant der Familie Merkle. Mit mediterran inspirierter Terrasse und gemütlichem Kaminzimmer. Die Küche ist regional.

Ostaria da Gino
Querstr. 3 ✉ 72202 – ℰ (07452) 6 66 10 – www.dagino-nagold.de – geschl. über Pfingsten 1 Woche, Ende August - Anfang September 2 Wochen und Sonntag
Rest – *(Tischbestellung ratsam)* Karte 32/49 €
• Italienisches Restaurant mit lebendiger Atmosphäre. Die Speisen wählt man von der Tafel, mittags ist das Angebot reduziert. Kleine Terrasse auf dem Trottoir. Feinkostladen.

In Nagold-Pfrondorf Nord: 4,5 km über B 463

Pfrondorfer Mühle
an der B 463 ✉ 72202 – ℰ (07452) 8 40 00 – www.pfrondorfer-muehle.de – geschl. Januar
21 Zim – †58/78 € ††84/110 € – 2 Suiten **Rest** – Karte 14/49 €
• Aus einer ehemaligen Mühle ist das gut geführte und wohnlich eingerichtete Hotel an der Nagold entstanden. Komfortabler und eleganter sind die Zimmer und Juniorsuiten im Anbau. Nette, hell gestaltete Restauranträume in ländlichem Stil.

NAHETAL-WALDAU – Thüringen – **544** – 3 180 Ew – Höhe 410 m 40 K13
– Erholungsort
▶ Berlin 344 – Erfurt 72 – Coburg 40 – Suhl 23

Weidmannsruh
Hauptstr. 74 , (Waldau) ✉ 98667 – ℰ (036878) 6 03 92
– www.gasthofweidmannsruh.de
8 Zim – †35 € ††50 € – ½ P 10 € **Rest** – *(geschl. Montagmittag)* Karte 12/17 €
• In dem hübschen Fachwerkgebäude befindet sich eine kleine Pension, die über solide möblierte, wohnliche Gästezimmer verfügt.

NAKENSTORF – Mecklenburg-Vorpommern – siehe Neukloster

NASTÄTTEN – Rheinland-Pfalz – **543** – 4 200 Ew – Höhe 280 m 47 E14
▶ Berlin 585 – Mainz 46 – Koblenz 35 – Limburg an der Lahn 34

Oranien mit Zim
Oranienstr. 10 ✉ 56355 – ℰ (06772) 10 35 – www.hotel-restaurant-oranien.de – geschl. 19. - 31. Juli und Sonntagabend - Montag
14 Zim – †40/60 € ††65/100 € **Rest** – Menü 29 € – Karte 23/41 €
• Das Restaurant der Familie Debus liegt etwas erhöht am Ortsrand und bietet von den meisten Plätzen eine nette Aussicht. Die Küche ist saisonal und regional, teils auch international. Solide Zimmer zum Übernachten.

NAUEN – Brandenburg – **542** – 16 530 Ew – Höhe 35 m 22 O8
▶ Berlin 50 – Potsdam 45 – Wittstock 70
🛈 Börnicke, Am Kallin 1, ℰ (033230) 89 40

NAUEN

In Nauen-Tietzow Nord: 13 km über B 273

Helenenhof
Am Dorfanger 2 ✉ *14641* – 𝒞 *(033230) 87 70* – *www.hotel-helenenhof.de* – *geschl. 22. Dezember - 9. Januar*
21 Zim – †67/72 € ††98/110 € **Rest** – Karte 21/39 €
♦ In dem seit 1883 familiengeführten Gasthof mit den wohnlich gestalteten Zimmern kümmert sich Maria Schuppan engagiert und persönlich um die Gäste. Stilvoll-klassisches Restaurant mit schönen Details wie Stuck und Kronleuchter, Parkett und offenem Kamin.

NAUHEIM, BAD – Hessen – **543** – 31 090 Ew – Höhe 148 m – Heilbad   38 F14

▶ Berlin 507 – Wiesbaden 64 – Frankfurt am Main 38 – Gießen 31
i In den Kolonnaden 1, ✉ 61231, 𝒞 (06032) 92 99 20, www.bad-nauheim.de
Bad Nauheim, Nördlicher Park 21, 𝒞 (06032) 21 53
Friedberg-Am Löwernhof, Am Golfplatz, 𝒞 (06031) 1 61 99 80

Dolce
Elvis-Presley-Platz 1 ✉ *61231* – 𝒞 *(06032) 30 30* – *www.dolcebadnauheim.com*
159 Zim – †109/189 € ††129/249 € – ½ P 28 € – 10 Suiten
Rest – Menü 37 € – Karte 32/54 €
♦ Das weitläufige Hotel ist ideal für Tagungen und Veranstaltungen. Die Zimmer sind zeitgemäß-gediegen und wohnlich, meist mit Balkon zum Park. Zum Haus gehört ein imposantes Jugendstiltheater. Klassisches Restaurant mit einer von Säulen getragenen Gewölbedecke.

In Bad Nauheim-Steinfurth Nord: 3 km über Frankfurter Straße

Herrenhaus von Löw (mit Gästehaus)
Steinfurther Hauptstr. 36 ✉ *61231* – 𝒞 *(06032) 9 69 50* – *www.herrenhaus-von-loew.de*
– *geschl. 1. - 8. Januar*
21 Zim – †99/109 € ††139/149 €
Rest *Herrenhaus von Löw* – siehe Restaurantauswahl
♦ Das Anwesen a. d. 19. Jh. ist ein wahres Kleinod mit historischem Charme und einer durch und durch wohnlich-geschmackvollen Einrichtung. Individuelle Zimmer mit Marmorbädern.

XXX **Herrenhaus von Löw** – Hotel Herrenhaus von Löw
Steinfurther Hauptstr. 36 ✉ *61231* – 𝒞 *(06032) 9 69 50* – *www.herrenhaus-von-loew.de*
– *geschl. 1. - 8. Januar und Sonntag*
Rest – *(nur Abendessen)* Karte 34/57 €
♦ Eine Treppe führt Sie hinunter in das alte Gewölbe des stilvollen Herrenhauses. Schön eingedeckte Tische, ein offener Kamin und abgestimmtes Mobiliar runden das Bild ab. Uriger Weinkeller für Veranstaltungen!

In Bad Nauheim-Schwalheim Süd-Ost: 3 km

XX **Brunnenwärterhaus**
Am Sauerbrunnen ✉ *61231* – 𝒞 *(06032) 70 08 70* – *www.brunnenwaerterhaus.de*
– *geschl. 1. - 10. Januar, 17. - 30. Oktober und Montag - Dienstag*
Rest – *(Mittwoch - Samstag nur Abendessen)* (Tischbestellung ratsam) Menü 33/40 €
– Karte 31/48 €
♦ In dem reizenden denkmalgeschützten Haus sorgt Familie Zuleger seit über zehn Jahren für Wohlfühlatmosphäre. Das Restaurant besteht aus zwei hübschen kleinen Stuben und einer idyllischen Terrasse unter alten Bäumen. Schmackhafte Küche aus regionalen Produkten.

NAUMBURG – Sachsen-Anhalt – **542** – 34 460 Ew – Höhe 135 m   41 M12

▶ Berlin 223 – Magdeburg 135 – Leipzig 62 – Weimar 49
i Markt 12, ✉ 06618, 𝒞 (03445) 27 31 25, www.naumburg.de
◉ Dom St. Peter und Paul ★★ – St. Wenzel ★
◉ Freyburg: Schloss Neuenburg ★, Nord: 6 km

NAUMBURG

Zur Alten Schmiede
Lindenring 36 ⊠ 06618 – ℘ (03445) 2 43 60 – www.hotel-zur-alten-schmiede.de
42 Zim – †68 € ††95/109 €   **Rest** – Karte 22/31 €
• Der Name erinnert noch an die einstige Huf- und Wagenschmiede. Heute stehen hier neuzeitlich-wohnliche Gästezimmer bereit. Gemütlich-rustikales Restaurant mit nettem Schmiede-Dekor, dazu die elegante Winzerstube.

St. Marien garni
Marienstr. 12 ⊠ 06618 – ℘ (03445) 2 35 40 – www.naumburg-tourismus.de
15 Zim – †45/52 € ††65/72 €
• Der kleine Hotel befindet sich in zentraler Lage und wird von Gastgeberin Elke Becker herzlich geführt. Die Gäste wohnen in gepflegten, funktionellen Zimmern.

Bocks
Steinweg 5 ⊠ 06618 – ℘ (03445) 2 61 51 10 – www.bocks-restaurant.de
Rest – Karte 24/41 €
• Im ehemaligen Zunfthaus der Ledergerber a. d. 18. Jh. hat man ein freundlich-modernes Restaurant eingerichtet. Terrasse im Innenhof und vor dem Haus. Kochschule.

NAURATH (WALD) – Rheinland-Pfalz – siehe Trittenheim

NECKARBISCHOFSHEIM – Baden-Württemberg – **545** – 3 850 Ew   **48** G17
– Höhe 171 m
▶ Berlin 614 – Stuttgart 82 – Mannheim 60 – Heilbronn 30

Schloss Neckarbischofsheim
Schlossstr. 1 ⊠ 74924 – ℘ (07263) 4 08 00 – www.schlosshotelneckarbischofsheim.de
30 Zim – †82/135 € ††133/190 €
Rest – (geschl. Montag) Menü 36 € – Karte 32/58 €
• Ein toller Rahmen, wie gemacht für Hochzeiten! Die Zimmer sind elegant im Biedermeierstil gehalten. Wer es ganz stilgerecht mag, wohnt in einem der Zimmer im Schlossflügel. Restaurant mit klassischem Ambiente und Blick in den hoteleigenen Park.

NECKARGEMÜND – Baden-Württemberg – **545** – 13 950 Ew – Höhe 127 m   **47** F17
▶ Berlin 635 – Stuttgart 107 – Mannheim 41 – Heidelberg 10
▪ Neckarstr. 19, ⊠ 69151, ℘ (06223) 35 53, www.neckargemuend.de
▪ Lobbach-Lobenfeld, Am Biddersbacher Hof, ℘ (06226) 95 21 10
▪ Dilsberg: Burgruine ✳ ★, Nord-Ost: 5 km

In Neckargemünd-Waldhilsbach Süd-West: 5 km über B 45 Richtung Sinsheim

Zum Rössl mit Zim
Heidelberger Str. 15 ⊠ 69151 – ℘ (06223) 26 65 – www.roessel-waldhilsbach.de
– geschl. Montag - Dienstag
10 Zim – †46/50 € ††66/70 €   **Rest** – Menü 29/56 € – Karte 24/45 €
• Der langjährige Familienbetrieb bietet in seinen schönen Stuben (die eine elegant, die andere etwas rustikaler) Klassiker wie Wiener Schnitzel oder Sauerbraten, aber auch international-mediterrane Gerichte wie z. B. Lammrücken mit Gremolata. Übernachten kann man in schlichten, gepflegten Zimmern (teils im Haus vis-à-vis).

NECKARWESTHEIM – Baden-Württemberg – **545** – 3 490 Ew   **55** G17
– Höhe 266 m
▶ Berlin 602 – Stuttgart 38 – Heilbronn 13 – Ludwigsburg 25
▪ Neckarwestheim, Schloss Liebenstein, ℘ (07133) 9 87 80

Schloßhotel Liebenstein
Liebenstein 1 (Süd: 2 km) ⊠ 74382 – ℘ (07133) 9 89 90
– www.schlosshotel-liebenstein.de – geschl. 1. - 6. Januar, 23. - 31. Dezember
24 Zim – †91/100 € ††132/161 €
Rest – (geschl. Sonntagabend - Montag) (nur Abendessen) Menü 33 € – Karte 27/43 €
• Hier wohnt man in einem sehr schönen und speziellen Umfeld: Das Hotel ist in die ehrwürdige Schlossanlage integriert, zu der eine Kapelle a. d. 16. Jh. gehört. Regionale Küche im Restaurant Kurfürst, Internationales im Lazuli mit bemaltem Gewölbe.

NECKARWESTHEIM

Am Markt garni
Marktplatz 2, ✉ 74382 – ✆ (07133) 9 81 00 – www.hotel-am-markt-neckarwestheim.de
– geschl. 25. Dezember - 6. Januar
18 Zim – †58 € ††80 € – 2 Suiten
♦ Freundlich kümmert man sich in dem kleinen Hotel neben dem Rathaus um seine Gäste. Die Zimmer sind recht einfach, aber sehr gepflegt.

NECKARZIMMERN – Baden-Württemberg – **545** – 1 500 Ew – Höhe 150 m — 48 G17
▶ Berlin 593 – Stuttgart 80 – Mannheim 79 – Heilbronn 25
◉ Burg Hornberg (≼ ★)

Burg Hornberg
✉ 74865 – ✆ (06261) 9 24 60 – www.burg-hotel-hornberg.de – geschl. Anfang Januar 2 Wochen
24 Zim – †78/100 € ††110/170 € – 1 Suite   **Rest** – Karte 35/56 €
♦ Integriert in die Burganlage Götz von Berlichingens, liegt das Hotel mit den wohnlichen Zimmern herrlich ruhig oberhalb des Neckars. Fragen Sie nach den Zimmern mit Flussblick. Panorama-Restaurant mit Terrasse im schönen Burghof sowie Café-Aussichtsterrasse.

NEHREN – Rheinland-Pfalz – **543** – 100 Ew – Höhe 91 m — 46 C15
▶ Berlin 662 – Mainz 120 – Trier 79 – Koblenz 63

Quartier Andre
Moselstr. 3, ✉ 56820 – ✆ (02673) 40 15 – www.andre-nehren.de – geschl. 3. Januar - 15. März, 7. November - 20. Dezember
15 Zim – †35/70 € ††60/160 €   **Rest** – (geschl. Dienstag) Karte 17/37 €
♦ In dem Familienbetrieb mit eigenem Weingut in der Nähe stehen gepflegte, funktionelle Gästezimmer und Appartements mit Kitchenette bereit. Zimmer z. T. mit Balkon nach hinten. Restaurant mit bürgerlicher Küche, kleine Mittagskarte. Donnerstags bietet man Weinproben an.

NENNDORF, BAD – Niedersachsen – **541** – 10 460 Ew – Höhe 82 m — 18 H8
– Heilbad
▶ Berlin 315 – Hannover 33 – Bielefeld 85 – Osnabrück 115
ℹ Hauptstr. 4, ✉ 31542, ✆ (05723) 74 85 60, www.badnenndorf.de

Harms
Gartenstr. 5, ✉ 31542 – ✆ (05723) 95 00 – www.hotel-harms.de
48 Zim – †69/80 € ††119/130 € – ½ P 19 €   **Rest** – (nur für Hausgäste)
♦ Ein freundlicher Familienbetrieb in ruhiger und doch zentraler Lage. Neben gepflegten, unterschiedlich geschnittenen Zimmern bietet man einen ansprechenden Sauna-, Bade- und Beautybereich.

In Bad Nenndorf-Riepen Nord-West: 4,5 km über die B 65

Schmiedegasthaus Gehrke (mit Gästehaus)
Riepener Str. 21, ✉ 31542 – ✆ (05725) 9 44 10
– www.schmiedegasthaus.de
20 Zim – †62/92 € ††90/140 € – ½ P 25 €
Rest *La Forge* – **Rest** *Schmiede-Restaurant* – siehe Restaurantauswahl
♦ Familientradition seit fünf Generationen. Im Haupthaus stehen freundliche Zimmer in neuzeitlichem Stil bereit, die im Gästehaus sind etwas größer - alle mit kostenfreiem W-Lan.

La Forge (Ernst-August Gehrke) – Hotel Schmiedegasthaus Gehrke
Riepener Str. 21, ✉ 31542 – ✆ (05725) 9 44 10
– www.schmiedegasthaus.de – geschl. Januar 3 Wochen, Juli - August 3 Wochen und Montag - Dienstag
Rest – (nur Abendessen) (Tischbestellung ratsam) Menü 44/92 € – Karte 65/74 €
Spez. Seezungengratin, wilde Garnele, Maimorcheln, Frühlingslauch. Bärlauchpüree, pochiertes Eigelb, Schneckenpfefferrahm, Kaninchen. Sauerbraten klassisch und modern.
♦ Ein geschmackvolles kleines Restaurant, in dem Andreas Gehrke Sie sehr aufmerksam umsorgt und die feine klassische, regional verwurzelte Küche seines Bruders Ernst-August serviert. Ausgezeichnete Weinkarte.

NENNDORF, BAD

XX **Schmiede-Restaurant** – Hotel Schmiedegasthaus Gehrke
Riepener Str. 21 ⊠ *31542* – ℰ *(05725) 9 44 10*
– *www.schmiedegasthaus.de* – *geschl. Montag*
Rest – Menü 19/34 € – Karte 27/41 €
• Sehr modern und mit klaren Linien überrascht das Ambiente dieses alteingesessenen Gasthauses den Betrachter. Besonderes Augenmerk gilt dem begehbaren Weinschrank. Lecker: geschmortes Schweinebäckchen!

NETTETAL – Nordrhein-Westfalen – **543** – 42 050 Ew – Höhe 45 m 25 A11
▶ Berlin 591 – Düsseldorf 53 – Krefeld 24 – Mönchengladbach 24
🛈 Nettetal-Hinsbeck, An Haus Bey 16, ℰ (02153) 9 19 70

In Nettetal-Hinsbeck – Erholungsort

XX **Sonneck**
Schlossstr. 61 ⊠ *41349* – ℰ *(02153) 41 57* – *www.restaurantsonneck.de* – *geschl. Januar 2 Wochen, September - Oktober 2 Wochen und Dienstag*
Rest – Menü 30/45 € – Karte 30/52 €
• Ernst-Willi und Birgit Franken führen die seit Generationen bestehende Familientradition dieses Hauses fort. Für die bodenständige bürgerliche Küche verwendet man Kräuter aus dem eigenen Garten hinter dem Haus; hier auch die schöne begrünte Terrasse.

In Nettetal-Lobberich

 Haus am Rieth garni
Reinersstr. 5 ⊠ *41334* – ℰ *(02153) 8 01 00* – *www.hotelhausamrieth.de*
20 Zim – †65 € ††85 €
• Eine familiäre Adresse in relativ ruhiger Lage. Entspannen kann man in der netten Salzgrotte im Keller. In der Nähe befindet sich die Lobbericher Seenplatte.

XXX **Burg Ingenhoven**
Burgstr. 10 ⊠ *41334* – ℰ *(02153) 91 25 25* – *www.burg.ingenhoven.de*
– *geschl. 13. - 23. Februar und Montag*
Rest – Menü 20 € (mittags)/40 € – Karte 29/37 €
• Hinter den alten Backsteinmauern des einst ritterlichen Anwesens verbergen sich reichlich dekorierte Räume, in denen man international und regional speist. Ein schöner Rahmen für Hochzeiten.

NETZEN – Brandenburg – siehe Kloster Lehnin

NEU-ANSPACH – Hessen – **543** – 14 870 Ew – Höhe 342 m 37 F14
▶ Berlin 531 – Wiesbaden 61 – Frankfurt am Main 31

In Neu-Anspach - Westerfeld

 Landhotel Velte
Usinger Str. 38 ⊠ *61267* – ℰ *(06081) 91 79 00* – *www.landhotel-velte.de* – *geschl. 30. Dezember - 10. Januar*
10 Zim – †55/70 € ††88/120 € – 1 Suite
Rest – (geschl. Sonntagabend - Montag) (Dienstag - Samstag nur Abendessen) Karte 15/32 €
• Das seit vielen Jahren familiär geleitete kleine Hotel liegt an der Ortsdurchfahrt und verfügt über gepflegte, funktionale Gästezimmer in zeitlosem Stil. Rustikales Restaurant.

Im Hessenpark Süd-Ost: 4 km über Saalburgstraße

 Landhotel Zum Hessenpark ⌂
Laubweg 1 ⊠ *61267 Neu-Anspach* – ℰ *(06081) 4 46 70*
– *www.landhotel-hessenpark.de*
34 Zim – †84/94 € ††118/129 € **Rest** – Karte 21/39 €
• Das Hotel ist in ein Museumsdorf mit schmucken rekonstruierten Fachwerkhäusern integriert. Schön ist der klassisch-gediegene Stil im ganzen Haus. Das Restaurant mit Galerie und Terrasse zum Marktplatz nennt sich Hessisches Bistro Alter Markt.

NEUBERG – Hessen – siehe Erlensee

NEUBEUERN – Bayern – **546** – 4 240 Ew – Höhe 478 m – Erholungsort   66 N21
▶ Berlin 660 – München 72 – Bad Reichenhall 71 – Rosenheim 14
🛈 Marktplatz 4, ✉ 83115, ⌕ (08035) 21 65, www.neubeuern.de

Auers Schlosswirtschaft
Rosenheimer Str. 8 ✉ *83115 – ⌕ (08035) 26 69 – www.auers-schlosswirtschaft.de*
– geschl. 26. August - 13. September und Montag, Dezember - März: Sonntag - Montag
Rest *– (nur Abendessen)* (Tischbestellung ratsam) Karte 27/39 €
• Hier macht es Spaß, zu essen! Man kennt seine Gäste, die bei schmackhafter Saisonküche aus regionalen Produkten (sehr zart die geschmorte Ochsenbacke) in lebendiger, charmanter Atmosphäre sitzen. Gute Weinauswahl. Terrasse unter Bäumen.

NEUBRANDENBURG – Mecklenburg-Vorpommern – **542** – 65 140 Ew   13 P5
– Höhe 20 m
▶ Berlin 142 – Schwerin 149 – Rostock 103 – Stralsund 99
ADAC Demminer Str. 10 **BY**
🛈 Stargarder Str. 17 **BY**, ✉ 17033, ⌕ (0395) 1 94 33, www.neubrandenburg-touristinfo.de
⛳ Groß Nemerow, Bornmühle 1a, ⌕ (03960) 52 73 76

Stadtplan auf der nächsten Seite

Radisson BLU
Treptower Str. 1 ✉ *17033 – ⌕ (0395) 5 58 60*
– www.radissonblu.com/hotel-neubrandenburg   **AYa**
190 Zim – †77/126 € ††95/144 €   **Rest** – Karte 23/43 €
• Die zentrale Lage und funktionelle, zeitgemäße Zimmer machen dieses Stadthotel aus. Die Businesszimmer bieten zusätzliche Annehmlichkeiten wie Kaffeemaschine, Zeitung und Bademantel. Restaurant mit Showküche.

Weinert garni
Ziegelbergstr. 23 ✉ *17033 – ⌕ (0395) 58 12 30 – www.hotel-weinert.de*   **BYd**
18 Zim – †45/50 € ††62/65 €
• Das vom Inhaber gut geführte kleine Hotel befindet sich nahe der Ringstraße und verfügt über solide und praktisch eingerichtete Gästezimmer.

In Burg Stargard Süd: 10 km über B 96 **BZ**

Zur Burg
Markt 10 ✉ *17094 – ⌕ (039603) 26 50 – www.hotel-zur-burg.de*
24 Zim – †45/70 € ††65/85 €   **Rest** – Karte 14/27 €
• Freundlich und aufmerksam kümmert man sich in diesem Hotel in der Ortsmitte um die Gäste. Die Zimmer sind wohnlich gestaltet, das Frühstück ist gut. Restaurant mit bürgerlichem Speiseangebot.

Marienhof
Carl-Stolte-Str. 22 ✉ *17094 – ⌕ (039603) 25 50 – www.hotel-marienhof.de*
24 Zim – †49/52 € ††68/72 €   **Rest** – Karte 13/27 €
• In einem relativ ruhigen Wohngebiet etwas oberhalb des Ortes liegt dieses Haus, in dem gepflegte und funktional ausgestattete Zimmer zur Verfügung stehen. Das Restaurant teilt sich in Kornkammer und Bauernstube. Man bietet bürgerliche Küche.

In Groß Nemerow Süd: 13 km über B 96 **BZ**

Bornmühle
Bornmühle 35 (westlich der B 96) ✉ *17094 – ⌕ (039605) 6 00 – www.bornmuehle.com*
66 Zim – †73/80 € ††95/120 € – ½ P 25 € – 2 Suiten
Rest *Lisette* – siehe Restaurantauswahl
• Hier wohnt man in einem zeitgemäßen Hotel in schöner einsamer Lage in unberührter Landschaft am Tollensesee. Zimmer teils seeseitig. Besonderheit: Höhenlufttraining in Juniorsuiten und Fitnessraum.

Lisette – Hotel Bornmühle
Bornmühle 35 (westlich der B 96) ✉ *17094 – ⌕ (039605) 6 00 – www.bornmuehle.com*
Rest – Menü 28/47 € – Karte 25/42 €
• Ein zeitloses Lokal, das nun um einen englischen Wintergarten erweitert wurde (reservieren Sie hier). Schmackhaft: Strelitzer Damhirschkalb. Man kocht hauptsächlich mit Produkten, die aus der Region stammen!

NEUBRANDENBURG

An der Marienkirche	**AY** 3	
Beguinenstr.	**AY** 4	
Behmenstr.	**BY** 5	
Bernhardstr.	**AY** 7	
Bussardstr.	**BY** 8	
Darrenstr.	**AY** 9	
Friedländer Str.	**BY** 12	
Herbordstr.	**BY** 13	
Lerchenstr.	**AY** 14	
Marktpl.	**AY** 17	
Mühlenholzstr.	**BYZ** 18	
Poststr.	**BY** 20	
Sonnenkamp	**BZ** 21	
Torgelower Str.	**BY** 22	
Treptower Str.	**AY** 23	
Turmstr.	**BY**	
Voßstr.	**AY** 24	
Waagestr.	**AY** 26	

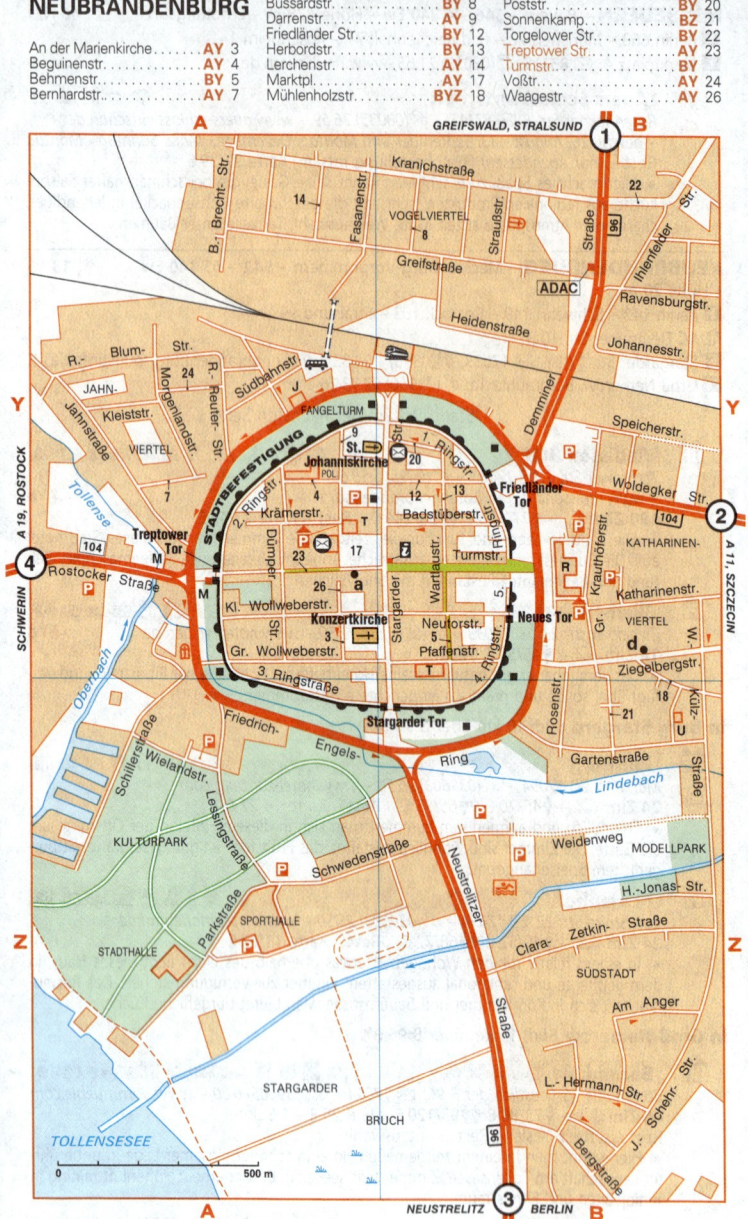

NEUBULACH – Baden-Württemberg – 545 – 5 560 Ew – Höhe 584 m — 54 F19
– Heilklimatischer Kurort

▶ Berlin 670 – Stuttgart 57 – Karlsruhe 64 – Freudenstadt 41
🛈 Marktplatz 3, ✉ 75387, ☏ (07053) 96 95 10, www.neubulach.de

In Neubulach-Oberhaugstett Süd-West: 1 km über Julius-Heuss-Straße

Löwen (mit Gästehäusern)
Hauptstr. 21 ✉ 75387 – ☏ (07053) 9 69 30 – www.schwarzwald-landgasthof-loewen.de
– geschl. Januar - Februar 2 Wochen
19 Zim – †42/52 € ††74/94 € – ½ P 16 €
Rest – *(geschl. Dienstagabend)* Karte 20/41 €

♦ Der Familienbetrieb bietet im Haupthaus teilweise besonders komfortable Zimmer sowie auch einige recht einfache. Appartements mit kleiner Küchenzeile in den beiden Gästehäusern. Ländliche Gaststuben und ein wintergartenähnlicher Raum bilden das Restaurant.

NEUBURG an der DONAU – Bayern – 546 – 28 180 Ew – Höhe 149 m — 57 L18

▶ Berlin 532 – München 95 – Augsburg 52 – Ingolstadt 22
🛈 Ottheinrichplatz A 118, ✉ 86633, ☏ (08431) 5 52 40, www.neuburg-donau.de
⛳ Rohrenfeld, ☏ (08431) 90 85 90

Am Fluss garni
Ingolstädter Str. 2 ✉ 86633 – ☏ (08431) 6 76 80 – www.hotel-am-fluss.com
22 Zim – †72/75 € ††95/105 €

♦ Hotel an der Donau in Altstadtnähe mit neuzeitlichen Zimmern und wechselnden Kunstausstellungen. Der nette Frühstücksraum mit Terrasse dient auch als Teesalon. Gute Bücherauswahl.

In Neuburg-Bergen Nord-West: 8 km über Ried, im Igstetter Wald links

Zum Klosterbräu
Kirchplatz 1 ✉ 86633 – ☏ (08431) 6 77 50 – www.zum-klosterbraeu.de
– geschl. 23. - 29. Dezember
24 Zim – †72/94 € ††101/139 €
Rest *Gaststube* – siehe Restaurantauswahl

♦ Familientradition seit 1744. Alles hier versprüht Behaglichkeit: schönes hochwertiges Vollholz in den Zimmern, das Kreuzgewölbe in der Lobby (wohlig der offene Kamin) und im Frühstücksraum,... Ein Traum in Grün ist der 3 ha große Garten mit Pferdekoppel!

Gaststube – Hotel Zum Klosterbräu
Kirchplatz 1 ✉ 86633 – ☏ (08431) 6 77 50 – www.zum-klosterbraeu.de
– geschl. 23. - 29. Dezember und Montagmittag
Rest – Menü 20/70 € – Karte 28/54 €

♦ Die historische Gaststube ist ein Zeitzeuge vieler netter Begegnungen. Das Küchenteam verwöhnt Ihren Gaumen mit regionalen Gerichten wie Bauernente, dazu Semmelknödel und Blaukraut.

In Neuburg-Bittenbrunn Nord-West: 2 km, jenseits der Donau

Kirchbaur Hof
Monheimer Str. 119 ✉ 86633 – ☏ (08431) 61 99 80 – www.hotel-kirchbaur.de
– geschl. August 3 Wochen
28 Zim – †65/75 € ††105/125 € – 2 Suiten
Rest – *(geschl. Freitag - Sonntag) (nur Abendessen)* (Tischbestellung ratsam)
Karte 26/38 €

♦ Der Hof stammt a. d. 13. Jh. und wird seit 1803 familiär geführt - und man spürt die Tradition. Von den Zimmern bis zu den Gaststuben (hier gibt es regionale Saisonküche) ist alles schön behaglich gestaltet und liebevoll dekoriert. Highlight für Veranstaltungen von Tagung bis Tanz: Gewölbestadl mit Salett'l zum Garten!

NEUDROSSENFELD – Bayern – 546 – 3 940 Ew – Höhe 334 m   51 L15
▶ Berlin 359 – München 241 – Bayreuth 12 – Regensburg 166

※※ Schloss Neudrossenfeld
Schlossplatz 2 ⊠ 95512 – ℰ (09203) 6 83 68 – www.schloss-neudrossenfeld.de – geschl. Montag - Dienstag
Rest – *(Mittwoch - Freitag nur Abendessen)* Menü 26 € (mittags)/45 € – Karte 35/53 €
• Im rechten Schlossflügel bietet man internationale Küche - in gemütlich-rustikalem oder modernem Ambiente. Mit herrlicher Terrasse, Vinothek und herrschaftlichem Saal im OG.

NEUENAHR-AHRWEILER, BAD – Rheinland-Pfalz – 543 – 27 470 Ew   36 C13
– Höhe 104 m – Heilbad
▶ Berlin 624 – Mainz 147 – Bonn 31 – Koblenz 56
🅸 Hauptstr. 80 CZ, ⊠ 53474, ℰ (02641) 9 17 10, www.ahrtal.de
🅸 Blankartshof 1 CY, ⊠ 53474, ℰ (02641) 9 17 10, www.ahrtal.de
◉ Ahrweiler: Altstadt ★

Im Stadtteil Bad Neuenahr

Dorint Parkhotel
Am Dahliengarten 1 ⊠ 53474 – ℰ (02641) 89 50
– www.dorint.com/bad-neuenahr   BYu
238 Zim – †90/180 € ††120/210 € – ½ P 25 € – 1 Suite   **Rest** – Karte 30/48 €
• Ein Tagungs- und Businesshotel an der Ahr mit neuzeitlich-funktioneller Ausstattung und Zugang zum Kongresszentrum. Auch Allergikerzimmer sind vorhanden. Zum hellen Restaurant gehört eine Terrasse mit schöner Aussicht.

Seta Hotel
Landgrafenstr. 41 ⊠ 53474 – ℰ (02641) 80 30 – www.setahotel.de   CZr
105 Zim ⊇ – †82/125 € ††125/210 €   **Rest** – Karte 33/35 €
• Das mit zeitgemäß-wohnlichen Zimmern ausgestattete Hotel unter freundlicher privater Führung ist vor allem auf Tagungen zugeschnitten. Man bietet auch Leihfahrräder an. Restaurant Landgraf mit internationalem Angebot. Bar im Pubstil.

Villa Aurora
Georg-Kreuzberg-Str. 8 ⊠ 53474 – ℰ (02641) 94 30 – www.aurora.de – geschl. 15. November - 11. Dezember   CZz
53 Zim ⊇ – †80/140 € ††140/190 € – ½ P 25 € – 1 Suite   **Rest** – Karte 32/58 €
• Drei um die Jahrhundertwende erbaute Villen in einer Häuserreihe geben dem traditionsreichen Familienbetrieb seinen klassischen Rahmen. Individuelle Zimmer und eine modern-elegante Suite.

Fürstenberg (mit Gästehaus)
Mittelstr. 4 ⊠ 53474 – ℰ (02641) 9 40 70 – www.hotel-fuerstenberg.de   CZb
27 Zim ⊇ – †58 € ††99 € – ½ P 17 €
Rest *Metzlers* – Menü 22 € – Karte 21/38 €
• Die freundlichen Betreiber bieten in dem Stadthotel nur wenige Schritte vom Kasino solide Zimmer, die sich auf das Haupthaus und das hübsche historische Beethovenhaus nebenan verteilen. Das Ambiente im Restaurant hat einen mediterranen Touch.

Weyer
Wolfgang-Müller-Str. 10 ⊠ 53474 – ℰ (02641) 89 40 – www.hotel-weyer.de
– geschl. 5. - 30. Januar   CZh
34 Zim – †62/86 € ††112/140 € – ½ P 17 € – 1 Suite   **Rest** – Karte 21/33 €
• Der Familienbetrieb liegt relativ ruhig und doch zentrumsnah in einer Seitenstraße. Besonders schön sind die Residenz-Zimmer, hübsch ist auch der Kosmetik-/Massagebereich. Gemütliches Restaurant mit saisonaler Küche.

Krupp
Poststr. 4 ⊠ 53474 – ℰ (02641) 94 40 – www.hotel-krupp.de   CZt
46 Zim ⊇ – †60/90 € ††100/160 € – ½ P 17 €
Rest – Menü 27/32 € – Karte 27/38 €
• In dem gewachsenen historischen Hotel bei der Fußgängerzone wohnen Sie in funktionellen Zimmern mit zeitgemäßem Komfort und relaxen bei "Shanti"-Anwendungen. Restaurant mit Wintergarten und Terrasse, ergänzt durch eine nette Raucherlounge.

NEUENAHR-AHRWEILER, BAD

XX Restauration Idille

Am Johannisberg 101 ⊠ 53474 – ℰ (02641) 2 84 29 – www.idille.de – geschl. Januar - Februar 3 Wochen und Dienstag **BYa**
Rest – *(Montag - Samstag nur Abendessen)* (Tischbestellung ratsam) Menü 34 € – Karte 32/49 €

♦ Schmackhafte international-saisonale Küche in einem hübschen, hell und freundlich gestalteten Restaurant über der Stadt. Von den Fensterplätzen und der Terrasse genießt man die schöne Sicht. Die Speisen serviert man auch als kleine Portionen. Gute deutsche Weine.

Im Stadtteil Ahrweiler

Hohenzollern an der Ahr

Am Silberberg 50 (über B 267 AY) ⊠ 53474 – ℰ (02641) 97 30 – www.hotelhohenzollern.com – geschl. 2. -13. Januar
27 Zim ⊇ – †75/85 € ††122/155 € – ½ P 32 €
Rest *Hohenzollern an der Ahr* – siehe Restaurantauswahl

♦ Das familiengeführte Hotel in den Weinbergen bietet einen fantastischen Blick aufs Ahrtal. Direkt am Haus verläuft der Rotweinwanderweg. Die Zimmer sind wohnlich, einige besonders modern.

Prümer Gang

Niederhutstr. 58 (Zufahrt über Plätzerstraße CY) ⊠ 53474 – ℰ (02641) 47 57 – www.pruemergang.de – geschl. 29. Juni - 6. Juli **CYp**
12 Zim ⊇ – †73/80 € ††120/131 € – ½ P 25 €
Rest *Prümer Gang* – siehe Restaurantauswahl

♦ Das von Bruder und Schwester freundlich geleitete Hotel liegt ruhig in der Fußgängerzone und gefällt mit modern-puristischem Design. Ansprechend ist auch der Saunabereich.

Rodderhof

Oberhutstr. 48 ⊠ 53474 – ℰ (02641) 39 90 – www.rodderhof.de **CYc**
49 Zim ⊇ – †69/86 € ††114/129 € – ½ P 20 €
Rest – *(geschl. Sonntag)* Karte 31/49 €

♦ Das Hotel befindet sich in einem einstigen Klostergut von 1248, sehr schön ist der Innenhof. Die Zimmer sind freundlich und wohnlich gestaltet, einige mit freiliegendem Gebälk.

Am weißen Turm garni

Altenbaustr. 3 ⊠ 53474 – ℰ (02641) 9 08 00 – www.hotelamweissenturm.de – geschl. 21. - 29. Dezember **CYe**
27 Zim ⊇ – †64/75 € ††95/118 €

♦ Das in einen neuzeitlichen Gebäudekomplex beim Marktplatz integrierte Hotel bietet funktionale Zimmer und zwei Sonnen-Dachterrassen. Parken können Sie in der öffentlichen Tiefgarage unter dem Haus.

Schützenhof garni

Schützenstr. 1 ⊠ 53474 – ℰ (02641) 9 02 83 – www.schuetzenhof-ahrweiler.de – geschl. Januar, Anfang Juli 2 Wochen, 23. - 27. Dezember **CYa**
14 Zim ⊇ – †50/58 € ††80/95 €

♦ Ein Familienbetrieb in 4. Generation direkt gegenüber dem historischen Ahrtor. Zimmer teilweise mit Balkon. Geräumiger sind die Komfortzimmer mit kleiner Küche.

Zum Ännchen garni

Niederhutstr. 11 ⊠ 53474 – ℰ (02641) 9 77 70 – www.aennchen-ahrweiler.de – geschl. 19. - 29. Dezember und 2. - 8. Januar **CYb**
21 Zim ⊇ – †50/58 € ††75/100 €

♦ Innerhalb der alten Stadtmauer der Rotweinstadt Ahrweiler finden Sie dieses familiengeführte Haus mit schönen zeitgemäßen Zimmern, wohnlichem Frühstücksraum und Café.

XX Hohenzollern an der Ahr – Hotel Hohenzollern an der Ahr

Am Silberberg 50 (über B 267 AY) ⊠ 53474
– ℰ (02641) 97 30 – www.hotelhohenzollern.com – geschl. 2. - 13. Januar
Rest – Menü 32/46 € – Karte 42/67 €

♦ Sie speisen in einem hellen, eleganten Restaurant bei wunderbarer Aussicht auf das Ahrtal - im Sommer auch auf der Panoramaterrasse. Die Küche ist international und klassisch.

NEUENAHR-AHRWEILER, BAD

XX Lanz am Kautenturm
Walporzheimer Str. 19 ⌧ 53474 – ℰ (02641) 2 08 25 52 – www.lanz-lecker.de – geschl. Anfang Juli 2 Wochen und Montag - Dienstag AYa
Rest – *(Mittwoch - Freitag nur Abendessen)* Menü 39/50 € – Karte 34/49 €
• In dem hübschen Bruchsteingebäude der Winzergenossenschaft serviert man in einem schönen hohen Raum mit modernen Bildern schmackhafte saisonale Küche mit internationalem Einfluss.

XX Prümer Gang – Hotel Prümer Gang
*Niederhutstr. 58 (Zufahrt über Plätzerstraße **CY**) ⌧ 53474 – ℰ (02641) 47 57 – www.pruemergang.de – geschl. 29. Juni - 6. Juli, Montag - Dienstagmittag*
Rest – Menü 35/55 € – Karte 37/47 € CYp
• Hinter der ehrwürdigen Fassade versteckt sich ein modern gestaltetes Restaurant, eingerichtet mit stilvollen Möbeln und Materialien in hellen Farbtönen. Hier isst man schmackhaft und zeitgemäß, so z. B. Loup de mer auf Pestograupen.

Im Stadtteil Heimersheim über B 266 **BY**

XX Freudenreich mit Zim
Göppinger Str. 13 ⌧ 53474 – ℰ (02641) 68 68 – www.restaurant-freudenreich.de – geschl. Ende Juni - Anfang August 2 Wochen und Montag - Dienstag
5 Zim – †50 € ††75 € – ½ P 25 €
Rest – *(nur Abendessen)* (Tischbestellung ratsam) Menü 32/39 € – Karte 33/46 €
• Saisonal geprägte internationale Küche bietet man in dem behaglichen Restaurant. Im Sommer schaut man von der Terrasse auf die Weinberge.

Im Stadtteil Heppingen

🏠 Weinquartier Burggarten garni
*Landskroner Str. 61, (über **BY** Landskroner Straße) ⌧ 53474 – ℰ (02641) 2 12 80 – www.weingut-burggarten.de*
18 Zim – †65 € ††105 €
• Das Hotel der Winzerfamilie liegt neben dem eigenen Weingut. Die schönen, geräumigen und individuellen Zimmer sind je einer Rebsorte gewidmet, jedes mit eigener "Weinschatzkammer".

XXX Steinheuers Restaurant Zur Alten Post
❀❀
Landskroner Str. 110 , (Eingang Konsumgasse) ⌧ 53474 – ℰ (02641) 9 48 60 – www.steinheuers.de – geschl. 16. Juli - 2. August und Dienstag - Mittwoch
Rest – Menü 119/159 € BYe
Spez. Gänsestopfleber-Variationen. Täubchen nach "Schnepfen Art". Eifler Reh.
• Hans Stefan Steinheuer präsentiert seine zeitgemäß interpretierte deutsche Küche in Form zweier Menüs: "Klassiker" und "Saisonale Innovation". Der geschulte Service wird freundlich von Gabriele Steinheuer unterstützt. Moderne Lounge für Apero und Digestif.

XX Steinheuers Landgasthof Poststuben mit Zim
Landskroner Str. 110 ⌧ 53474
– ℰ (02641) 9 48 60 – www.steinheuers.de – geschl. 16. Juli - 2. August und Dienstag - Mittwoch BYe
11 Zim – †98/160 € ††125/160 € – 1 Suite
Rest – Menü 39/57 € – Karte 43/54 €
• Das gemütliche ländlich-gediegene Restaurant mit schöner Gartenterrasse ist mit seinem klassisch-regionalen Angebot eine etwas bodenständigere Alternative zum Gourmetrestaurant. Im Gästehaus gegenüber stehen drei komfortable Juniorsuiten und eine Suite bereit.

Im Stadtteil Walporzheim 1 km ab Ahrweiler über B 267 **AY**

🏠 Sanct Peter garni
Walporzheimer Str. 118 ⌧ 53474 – ℰ (02641) 90 50 30 – www.hotel-sanctpeter.de
17 Zim – †114/134 € ††152/183 €
• Die Herzlichkeit von Gastgeberin Dagmar Lorenz trägt maßgeblich zur angenehmen Atmosphäre in der schmucken Villa bei. Die schönen Zimmer verbinden Klassisches mit Modernem. Am Morgen überzeugt ein ausgezeichnetes Frühstück, dazu der Blick in den Garten.

NEUENAHR-AHRWEILER, BAD

XXX **Brogsitter**
Walporzheimer Str. 134 ⌧ 53474 – ℰ (02641) 9 77 50 – www.sanct-peter.de – geschl.
Januar 2 Wochen, Juli - August 2 Wochen und Donnerstag
Rest – (nur Abendessen) Menü 89/127 € – Karte 79/87 €
Rest *Weinkirche* – siehe Restaurantauswahl
Spez. Sanct Peter's Suppentrilogie. Marinierte Gänseleber, Zartbitterschokolade und Pfefferananas. Das Beste vom Eifeler Reh, Sellerie, Pfifferlinge und Wacholderjus.
• Elegantes Restaurant im einstigen Weingut des Kölner Domstifts. Das Küchenteam um Christian Schmidt und Stefan Krupp kocht klassisch und mediterran, der Service ist kompetent und umsichtig. Zu empfehlen ist einer der vielen eigenen Weine.

XX **Weinkirche** – Restaurant Brogsitter
Walporzheimer Str. 134 ⌧ 53474 – ℰ (02641) 9 77 50
– www.sanct-peter.de – geschl. Januar 2 Wochen, Juli - August 2 Wochen
und Januar - November: Donnerstag
Rest – Menü 34/74 € – Karte 55/65 €
• Über zwei Ebenen (mit Galerie) erstreckt sich das stilvolle Restaurant, dessen Historie bis ins 13. Jh. zurückgeht. Besonders schön zum Speisen ist auch der schmucke Innenhof oder die leger-moderne Raucherlounge mit Bar.

NEUENBÜRG – Baden-Württemberg – **545** – 7 590 Ew – Höhe 323 m   54 F18
▶ Berlin 681 – Stuttgart 64 – Karlsruhe 37

Zur alten Mühle
Im Gänzbrunnen (5 km Richtung Bad Wildbad, an der Eyachbrücke rechts) ⌧ 75305
– ℰ (07082) 9 24 00 – www.zordel.de
26 Zim – †63/73 € ††98/106 €   **Rest** – (geschl. Montag) Karte 25/49 €
• Familie Zordel betreibt hier in netter ruhiger Lage etwas außerhalb das aus einer Mühle entstandene Gasthaus mit wohnlichen Zimmern. Auch Anfahrt mit S6 möglich. Das sehr gemütliche Restaurant bietet viele Fischgerichte. Mühlbachkeller für Tagungen.

NEUENBURG – Baden-Württemberg – **545** – 11 950 Ew – Höhe 230 m   61 D21
▶ Berlin 831 – Stuttgart 232 – Freiburg im Breisgau 39 – Basel 35
ℹ Rathausplatz 5, ⌧ 79395, ℰ (07631) 79 11 11, www.neuenburg.de

Krone
Breisacher Str. 1 ⌧ 79395 – ℰ (07631) 7 03 90
– www.krone-neuenburg.de
37 Zim – †62/70 € ††80/100 € – ½ P 14 €   **Rest** – Karte 19/49 €
• Auf herzliche badische Art betreibt die Familie dieses Haus. Die Zimmer, verteilt auf Haupthaus und Anbau Anna, unterscheiden sich etwas in Komfort und Einrichtung. Eigene Metzgerei. Gaststuben in gediegen-ländlichem Stil.

Anika
Freiburger Str. 2a ⌧ 79395 – ℰ (07631) 7 90 90 – www.hotel-anika.de – geschl.
27. Dezember - 8. Januar
34 Zim – †62/72 € ††90/102 €
Rest – (geschl. Anfang Januar 1 Woche) Karte 21/47 €
• Ein sehr gepflegter Familienbetrieb in einem Wohngebiet am Ortsrand - ganz in der Nähe verläuft der Rheintal-Radweg. Die Gästezimmer sind zum Teil auch für Allergiker geeignet. Zum Restaurant gehört eine hübsch angelegte Gartenterrasse. Bürgerliches Angebot.

Gasthof Adler
Breisacher Str. 20 ⌧ 79395 – ℰ (07631) 7 21 20 – www.adler-neuenburg.de – geschl.
November
13 Zim – †45/65 € ††60/85 €   **Rest** – (geschl. Montag) Karte 21/48 €
• Schon seit mehreren Generationen ist diese Haus im Besitz der Familie Saurer. Die Zimmer sind auffallend gepflegt, einige besonders freundlich gestaltet und mit Parkett ausgestattet. Das Restaurant mit schöner Terrasse bietet bürgerliche Küche.

NEUENDETTELSAU – Bayern – **546** – 7 810 Ew – Höhe 438 m   **50** K17
▶ Berlin 467 – München 187 – Nürnberg 44 – Ansbach 19

Sonne (mit Gästehaus)
Hauptstr. 43 ⊠ 91564 – ℰ (09874) 50 80 – www.hotel-gasthof-sonne.de – geschl. August
31 Zim ⊆ – †59/84 € ††86/116 €
Rest – Karte 17/38 €
• Der Gasthof mit 500-jähriger Tradition wird seit 1881 von der Familie geführt. Die zeitgemäßen Zimmer befinden sich im Gästehaus. Auch Tagungsräume sind vorhanden. Das Restaurant ist in einen rustikalen und einen moderneren Bereich unterteilt. Das Speisenangebot ist bürgerlich.

In Petersaurach-Gleizendorf Nord-West: 7 km über Altendettelsau, in Petersaurach links

Scherzer ⅋
Am Anger 2 ⊠ 91580 – ℰ (09872) 9 71 30
– www.landhotel-scherzer.de
19 Zim ⊆ – †65/85 € ††90/110 € – 1 Suite
Rest – (geschl. Januar und Freitag - Sonntag) Karte 14/29 €
• Seit 1905 in Familienbesitz, wurde das ländlich gelegene Haus fortlaufend modernisiert. Man bietet dem Gast funktionell ausgestattete Zimmer, teilweise mit Balkon. Restaurant mit bürgerlicher Küche.

NEUENDORF bei WILSTER – Schleswig-Holstein – **541** – 490 Ew   **9** H4
▶ Berlin 364 – Kiel 84 – Itzehoe 18 – Hamburg 75

In Neuendorf-Sachsenbande Süd-Ost: 2 km

Zum Dückerstieg (mit Gästehaus) ⅋
Dückerstieg 7 ⊠ 25554 – ℰ (04823) 9 29 29 – www.dueckerstieg.de
11 Zim ⊆ – †69/99 € ††89/110 €
Rest *Zum Dückerstieg* – siehe Restaurantauswahl
• Etwas unterhalb des Meeresspiegels liegt das in 4. Generation familiär geführte Gasthaus von 1910. Im Gästehaus gegenüber übernachtet man in schönen, zeitgemäß-wohnlichen Zimmern.

Zum Dückerstieg – Hotel Zum Dückerstieg
Dückerstieg 7 ⊠ 25554 – ℰ (04823) 9 29 29 – www.dueckerstieg.de – geschl. Anfang Januar 1 Woche und Montag
Rest – (Tischbestellung ratsam) Menü 29/35 € – Karte 17/36 €
• Netter Landhausstil mit gelb-weiß karierten Vorhängen - so präsentiert sich das alteingesessene Lokal. Viele Gäste schätzen die gute regionale Küche von Frank Prüß und kehren deshalb immer wieder ein.

NEUENKIRCHEN – Mecklenburg-Vorpommern – siehe Greifswald oder Rügen

---

NEUENKIRCHEN (KREIS STEINFURT) – Nordrhein-Westfalen – **543**   **16** D9
– 13 860 Ew – Höhe 60 m
▶ Berlin 482 – Düsseldorf 180 – Nordhorn 45 – Enschede 37

Wilminks Parkhotel
Wettringer Str. 46 ⊠ 48485 – ℰ (05973) 9 49 60 – www.wilminks-parkhotel.de – geschl. 7. - 23. August
30 Zim ⊆ – †70/80 € ††90/120 €
Rest – (geschl. Sonntagabend - Montagmittag) Menü 28/36 € – Karte 21/52 €
• Individuell, wohnlich und meist recht modern sind die Zimmer in diesem netten Haus. W-Lan gratis, einige Zimmer mit Klimaanlage. Variable Tagungs- und Veranstaltungsräume. Gemütlich-rustikal ist das mit Kamin und viel Holz ausgestattete Restaurant.

NEUENSTEIN – Hessen – **543** – 3 110 Ew – Höhe 295 m **39** H12
▶ Berlin 418 – Wiesbaden 166 – Kassel 57 – Bad Hersfeld 11

In Neuenstein-Aua

Landgasthof Hess
Geistalstr. 8 ✉ *36286* – ℰ *(06677) 9 20 80* – *www.landgasthof-hess.de*
43 Zim ⊇ – †51/69 € ††69/99 € **Rest** – Karte 17/39 €
♦ Der gewachsene Gasthof mit schöner Fachwerkfassade ist ein Familienbetrieb mit unterschiedlich eingerichteten Zimmern. Praktisch ist die gute Autobahnanbindung. In den behaglichen Gaststuben serviert man regionale und internationale Küche. Spezialität ist Lamm.

NEUE TIEFE – Schleswig-Holstein – siehe Fehmarn (Insel)

NEUFAHRN bei FREISING – Bayern – **546** – 18 980 Ew – Höhe 464 m **58** M20
▶ Berlin 569 – München 23 – Regensburg 106 – Landshut 55

In Neufahrn-Hetzenhausen Nord-West: 6 km über Massenhausen, jenseits der A 92

Landgasthof Hofmeier ⊗
Hauptstr. 6a ✉ *85376* – ℰ *(08165) 80 06 90* – *www.hotel-hofmeier.de*
58 Zim ⊇ – †58/110 € ††85/160 €
Rest – *(geschl. Donnerstagmittag)* Karte 17/34 €
♦ Der langjährige Familienbetrieb liegt in der Ortsmitte und dennoch recht ruhig. Man bietet freundliche Zimmer und schöne geräumige Appartements. Bürgerlich-regional speist man im ländlichen Restaurant. Für Veranstaltungen: hübsches Salettl im viktorianischen Stil.

NEUFAHRN in NIEDERBAYERN – Bayern – **546** – 3 830 Ew – Höhe 404 m **58** N18
▶ Berlin 526 – München 94 – Regensburg 38 – Ingolstadt 74

Schlosshotel Neufahrn (mit Gästehaus)
Schloßweg 2 ✉ *84088* – ℰ *(08773) 70 90*
– *www.schlosshotel-neufahrn.de* – *geschl. Anfang Januar 1 Woche*
56 Zim ⊇ – †78/98 € ††98/130 € – ½ P 18 € – 1 Suite
Rest – *(geschl. Sonntagabend)* Karte 24/41 €
♦ In dem historischen Herrenhaus wohnt man in Zimmern mit schöner Schloss-Atmosphäre, im Gästehaus sind die Zimmer neuzeitlich-funktionell. Ideal für Hochzeiten und Tagungen. Elegant-rustikales Restaurant mit Innenhofterrasse. Eigener Ritterkeller.

NEUFFEN – Baden-Württemberg – **545** – 6 210 Ew – Höhe 408 m **55** H19
▶ Berlin 636 – Stuttgart 42 – Reutlingen 17 – Ulm (Donau) 70

XX **Traube** mit Zim

Hauptstr. 24 ✉ *72639* – ℰ *(07025) 9 20 90* – *www.traube-neuffen.com* – *geschl. 23. Dezember - 5. Januar und Freitag - Samstag sowie Sonntagabend*
15 Zim ⊇ – †78 € ††90/120 € – 1 Suite   **Rest** – Menü 29 € – Karte 22/43 €
♦ In einem Gasthof mit Fachwerkfassade bietet Familie Spring frische regionale Küche, die schmeckt. Serviert wird in einer gemütlichen holzgetäfelten Stube - oder im Sommer auf der netten Terrasse.

NEUHARDENBERG – Brandenburg – **542** – 2 700 Ew – Höhe 12 m **23** R8
▶ Berlin 71 – Potsdam 114 – Frankfurt (Oder) 43 – Eberswalde 45

Schloss Neuhardenberg
Schinkelplatz ✉ *15320* – ℰ *(033476) 60 00* – *www.schlossneuhardenberg.de*
56 Zim ⊇ – †132/142 € ††147/157 € – 2 Suiten
Rest *Kleine Orangerie* – *(geschl. Oktober - April und Sonntag - Dienstag) (nur Abendessen) (Tischbestellung erforderlich)* Menü 58/92 €
Rest *Brennerei* – Menü 15 € *(vegetarisch)* – Karte 24/37 €
♦ Inmitten eines wunderbaren Parks liegt dieses Schloss a. d. 18. Jh. Modern-elegante Zimmer, darunter Galerie-Zimmer auf zwei Ebenen (z. T. als Sternenzimmer mit Glasdach). Sympathisch-rustikal ist die Brennerei, stilvoll die Kleine Orangerie, in der früher Zitrusbäume überwinterten.

NEUHARDENBERG

In Neuhardenberg-Wulkow Süd: 3 km

Parkhotel Schloss Wulkow (mit Remise)
Hauptstr. 24, ⊠ 15320 – ℰ (033476) 5 80
– www.schloss-wulkow.de
47 Zim – †55/72 € ††79/119 € **Rest** – Karte 32/40 €
• Einst Gut und Herrensitz, ist das hübsche Anwesen heute ein stilvolles, neuzeitlich-komfortables Hotel. Schlichter sind die Zimmer im Gästehaus. Elegantes Restaurant mit Wintergarten.

NEUHARLINGERSIEL – Niedersachsen – **541** – 1 120 Ew – Nordseeheilbad   8 E5
▶ Berlin 517 – Hannover 257 – Emden 58 – Oldenburg 87
🛈 Edo-Edzards-Str. 1, ⊠ 26427, ℰ (04974) 18 80, www.neuharlingersiel.de

Janssen (mit Gästehaus)
Am Hafen - West 7, ⊠ 26427 – ℰ (04974) 9 19 50 – www.hotel-janssen.de – geschl.
20. November - 25. Dezember
33 Zim – †68/78 € ††98/126 € – ½ P 19 €
Rest – (geschl. Donnerstag) Karte 25/47 €
• In der 4. Generation wird das 1929 gebaute Haus mit den zeitgemäß eingerichteten Zimmern bereits von der Familie geleitet. Der kleine Fischereihafen liegt gleich vor der Tür. Das Restaurant ist im friesischen Stil gestaltet.

Mingers (mit Gästehaus)
Am Hafen - West 1, ⊠ 26427 – ℰ (04974) 91 31 50 – www.mingers-hotel.net
38 Zim – †57/82 € ††110/124 € – ½ P 21 € **Rest** – Karte 21/42 €
• Direkt am Hafen liegt dieses gut geführte Ferienhotel. Die Zimmer in dem Klinkergebäude sind etwas unterschiedlich möbliert und praktisch ausgestattet. Vom Restaurant hat man eine schöne Sicht auf den Hafen mit seinen Fischkuttern.

Poggenstool mit Zim
Addenhausen 1, ⊠ 26427 – ℰ (04974) 9 19 10 – www.poggenstool.com – geschl.
26. November - 12. Dezember, 9. Januar - 15. Februar und Montag - Dienstag
7 Zim – †56/65 € ††80/115 € – ½ P 18 € **Rest** – Karte 22/63 €
• Sehr freundlich wird das gemütlich gestaltete Restaurant in Deichnähe von der Inhaberfamilie geleitet, serviert wird überwiegend regionale Küche. Gepflegte wohnliche Gästezimmer.

NEUHAUS am RENNWEG – Thüringen – **544** – 5 470 Ew – Höhe 800 m   40 K13
– Wintersport: ⥊2 ⛷ – Erholungsort
▶ Berlin 321 – Erfurt 109 – Coburg 44 – Fulda 168
🛈 Marktstr. 3, ⊠ 98724, ℰ (03679) 1 94 33, www.neuhaus-am-rennweg.de

Schieferhof
Eisfelder Str. 26 (B 281), ⊠ 98724 – ℰ (03679) 77 40 – www.schieferhof.de
38 Zim – †72/90 € ††90/150 € – ½ P 29 €
Rest – (Montag - Freitag nur Abendessen) Karte 29/52 €
• In dem persönlich geführten Haus von 1908 sorgen schöne freundliche Farben, Streifentapeten und Karomuster sowie hübsche Möbel für Wohnlichkeit und Landhausflair. Einige Zimmer mit besonderen Details wie Büchern oder Badewanne im Raum!

Rennsteighotel Herrnberger Hof
Eisfelder Str. 44 (B 281), ⊠ 98724 – ℰ (03679) 7 92 00 – www.rennsteighotel.de
20 Zim – †56/75 € ††88/100 € – ½ P 20 € **Rest** – Karte 18/49 €
• Eine familiäre Adresse in waldnaher Lage am beliebten Rennsteig-Wanderweg! Zimmer in behaglichen warmen Tönen, eine kleine Bibliothek zum Schmökern und ein Restaurant in nettem rustikalem Stil.

NEUHOF – Hessen – **543** – 10 980 Ew – Höhe 278 m   39 H14
▶ Berlin 464 – Wiesbaden 133 – Fulda 14 – Frankfurt am Main 89

Schmitt
Michaelstr. 2, ⊠ 36119 – ℰ (06655) 9 69 70 – www.gasthof-schmitt.de
26 Zim – †32/40 € ††52/64 € **Rest** – (geschl. Dienstag) Karte 9/24 €
• Der erweiterte Gasthof ist seit vielen Jahren ein Familienbetrieb und bietet gepflegte, solide eingerichtete Zimmer, die im Anbau etwas komfortabler sind. Restaurant in bürgerlichem Stil.

NEUHÜTTEN – Rheinland-Pfalz – siehe Hermeskeil

NEU-ISENBURG – Hessen – siehe Frankfurt am Main

NEUKIRCH (BODENSEEKREIS) – Baden-Württemberg – **545** – 2 680 Ew   63 H21
– Höhe 562 m
▶ Berlin 720 – Stuttgart 200 – Konstanz 45 – Sankt Gallen 71

In Neukirch-Goppertsweiler

XX   **Gasthof zum Hirsch** mit Zim
*Argenstr. 29 ⌧ 88099 – ℰ (07528) 17 65 – www.gasthof-zum-hirsch.com – geschl. 5.
- 15. März, 10. - 20. September und Montag - Dienstag*
10 Zim ⌸ – †57/60 € ††78/82 €
Rest – *(nur Abendessen)* Menü 27/54 € – Karte 35/54 €
♦ In dem Gasthof in einem ruhigen Tal bietet Artur Frick-Renz seinen Gästen ambitionierte Küche mit regionalem Einschlag. Recht idyllisch ist die Gartenterrasse unter einem Nussbaum. Wohnliche, teilweise moderne Gästezimmer.

NEUKIRCHEN – Sachsen – **544** – 7 060 Ew – Höhe 355 m   42 O13
▶ Berlin 272 – Dresden 87 – Chemnitz 10

   Almenrausch
Bahnhofstr. 5 ⌧ 09221 – ℰ (0371) 26 66 60 – www.hotel-almenrausch.de
16 Zim ⌸ – †48 € ††69 €   **Rest** – Karte 15/27 €
♦ Das familiär geführte kleine Hotel an der Straße nach Chemnitz hat einen netten rustikalen Charakter. Schöne helle Holzmöbel im Bauernstil machen die Zimmer behaglich. Was auffällt, sind die Balkonpflanzen und Orchideen im Haus - keine Frage, der Chef hat einen "grünen Daumen"!

NEUKIRCHEN-VLUYN – Nordrhein-Westfalen – **543** – 27 630 Ew   25 B11
– Höhe 30 m
▶ Berlin 566 – Düsseldorf 38 – Essen 37 – Duisburg 17

Im Stadtteil Rayen Nord-West: 6 km Richtung Kamp-Lintfort, dann links

X   **Achterath's Restaurant**
*Geldernsche Str. 352 ⌧ 47506 – ℰ (02845) 29 87 80 – www.achteraths.de
– geschl. Samstagmittag*
Rest – Menü 42/46 € – Karte 36/55 €
♦ Das Gasthaus von 1771 kombiniert den rustikal-historischen Rahmen mit modernem Interieur. In der offenen Küche wird international und mit regionalen Einflüssen gekocht. Zu den schmackhaften Gerichten bietet man eine schöne und große Auswahl an offenen Weinen.

NEUKLOSTER – Mecklenburg-Vorpommern – **542** – 4 000 Ew – Höhe 30 m   12 L4
▶ Berlin 223 – Schwerin 46 – Rostock 44 – Lübeck 77

In Nakenstorf Süd: 2,5 km über Bahnhofstraße, am Ortsende links

   Seehotel am Neuklostersee ⌾
Seestr. 1 ⌧ 23992 – ℰ (038422) 45 70 – www.seehotel-neuklostersee.de
26 Zim ⌸ – †70/110 € ††120/160 €
Rest *Seehotel am Neuklostersee* – siehe Restaurantauswahl
♦ Das reizende Anwesen mit seinen charmant-modernen Zimmern liegt idyllisch am See, umgeben von Grün. "Badescheune" mit Schwimmbad und Sauna sowie einigen Maisonetten; Kosmetik und Massage im Häuschen nebenan. Dazu Strand und Bootssteg.

X   **Seehotel am Neuklostersee** – Seehotel am Neuklostersee
Seestr. 1 ⌧ 23992 – ℰ (038422) 45 70 – www.seehotel-neuklostersee.de
Rest – Menü 33 € – Karte 23/35 €
♦ Eine Oase am Ufer des Neuklostersees: Mediterranes Flair durchweht das geschmackvoll eingerichtete Restaurant mit Wintergarten. Wie eine Filmkulisse ist im Sommer die wunderschöne Holzterrasse mit Blick aufs Wasser. Natürlich bekommt man hier fangfrischen Fisch aus dem See!

NEULEININGEN – Rheinland-Pfalz – siehe Grünstadt

NEUMARKT in der OBERPFALZ – Bayern – **546** – 39 200 Ew
– Höhe 424 m – Wintersport: 🎿 **50** L17

▶ Berlin 454 – München 138 – Nürnberg 47 – Amberg 40

🛈 Rathausplatz 1, ✉ 92318, ✆ (09181) 25 51 25, www.tourismus.neumarkt.de

⛳ Neumarkt, Am Herrnhof 1, ✆ (09188) 39 79

⛳ Velburg-Unterwiesenacker, Im Golfplark 1, ✆ (09182) 93 19 10

Lehmeier
*Obere Marktstr. 12 ✉ 92318 – ✆ (09181) 2 57 30 – www.hotel-lehmeier.de
– geschl. 23. - 26. Dezember*
27 Zim – †60/62 € ††78/85 €, ⊒ 6 € – ½ P 27 €
Rest – *(geschl. 1. - 12. November und Dienstag)* Karte 18/53 €
♦ Ein familiengeführtes Hotel im Zentrum mit individuellen Zimmern. Fragen Sie nach den acht schicken Designerzimmern in Oliv-Braun-Gold-Tönen. Frühstück im böhmischen Gewölbe. Schöner Mix aus Historischem und Modernem im Restaurant. Mit loungiger Terrasse.

Mehl
Viehmarkt 20 ✉ 92318 – ✆ (09181) 29 20 – www.hotel-mehl.de – geschl. über Pfingsten 1 Woche, Ende August - Anfang September 3 Wochen
23 Zim ⊒ – †65/85 € ††84/110 € – ½ P 29 €
Rest – *(geschl. Samstag - Sonntag) (nur Abendessen für Hausgäste)* Karte 26/48 €
♦ Der engagiert geleitete Familienbetrieb mit teilweise besonders neuzeitlichen und freundlichen Zimmern liegt in der Innenstadt und dennoch recht ruhig. Zum Frühstück gibt's leckere hausgemachte Marmeladen.

Dietmayr
Bahnhofstr. 4 ✉ 92318 – ✆ (09181) 2 58 70 – www.hotelgasthof-dietmayr.de – geschl. 1. - 9. Januar
25 Zim ⊒ – †58/98 € ††78/138 € – ½ P 20 €
Rest – *(geschl. Dienstag, Sonntagabend)* Karte 20/50 €
♦ Das Hotel in einem Geschäftskomplex in zentraler Lage verfügt über zeitlos-wohnliche Zimmer und einige geräumige Appartements (eines davon mit kleiner Küche). Restaurant in rustikalem Stil. Eine sehenswerte Lok erinnert an die Geschichte des Hauses.

Gasthof Wittmann (mit Gästehaus)
Bahnhofstr. 21 ✉ 92318 – ✆ (09181) 90 74 26 – www.hotel-wittmann.de
32 Zim – †63/89 € ††88/115 € – ½ P 25 €
Rest – *(geschl. Sonntagabend)* Karte 18/34 €
♦ Ein gut geführter Gasthof unter familiärer Leitung mit eigener Metzgerei und gegenüberliegendem Gästehaus. Die Zimmer sind wohnlich und zeitgemäß eingerichtet. Freundliche Gaststuben mit Wintergartenanbau. Besonderheit ist die spezielle Weißwurst-Speisekarte.

NEUMÜNSTER – Schleswig-Holstein – **541** – 76 900 Ew – Höhe 22 m **10** I4

▶ Berlin 330 – Kiel 39 – Flensburg 100 – Hamburg 66

ADAC Wasbeker Str. 306 Z

🛈 Großflecken 34a Z, ✉ 24534, ✆ (04321) 4 32 80, www.neumuenster-tourismus.de

⛳ Aukrug-Bargfeld, Zum Glasberg 9, ✆ (04873) 5 95

⛳ Krogaspe, Aalbeksweg, ✆ (04321) 85 29 93

Stadtplan auf der nächsten Seite

Hotelchen am Teich garni
Am Teich 5 ✉ 24534 – ✆ (04321) 4 90 40 – www.hotelchenamteich.de   Za
16 Zim ⊒ – †79/85 € ††105/125 €
♦ Ein freundlich geführtes kleines Hotel im Zentrum, in dem moderne, wohnliche Gästezimmer mit gutem Platzangebot und ein netter Frühstücksraum bereitstehen.

Prisma
Max-Johannsen-Brücke 1 ✉ 24537 – ✆ (04321) 90 40 – www.hotel-prisma.bestwestern.de
93 Zim ⊒ – †79/108 € ††99/125 €   **Rest** – Karte 17/46 €   Yb
♦ Mit seinen funktionellen Zimmern und der verkehrsgünstigen Lage ist das neuzeitliche Hotel vor allem für Geschäftsreisende geeignet.

NEUMÜNSTER

Am Teich . . . . **Z** 2	Gänsemarkt . . . . **Z** 7	Lütjenstr. **Z** 18
Anscharstr. . . . . **Y** 3	Goethestr. . . . . **Y** 8	Marienstr. . . . . **YZ** 19
Bismarckstr. . . . . **Y** 4	Großflecken . . . . **Z** 9	Max-Johannsen-Brücke . . **Y** 20
Brachenfelder Str. . . . . **YZ** 5	Holstenstr. . . . . **Z**	Parkstr. . . . . **Z** 24
Friesenstr. . . . . **Z** 6	Kaiserstr. **YZ** 12	Sauerbruchstr. . . . . **Y** 25
	Klaus-Groth-Str. . . . . **Y** 13	Schleusberg . . . . **Z** 26
	Kleinflecken . . . . **Z** 14	Schützenstr. . . . . **Z** 28
	Kuhberg . . . . **Y** 16	Warmsdorfstr. . . . . **Z** 30

🏠 **Hildebrandts** garni   🛁 «🏠» **P** VISA ⓒ AE ①
Plöner Str. 76 ✉ 24534 – ☎ (04321) 25 22 20
• www.hildebrandts-hotel.de   **Z**h
11 Zim 🛏 – 🛌79/99 € 🛌🛌105/138 €

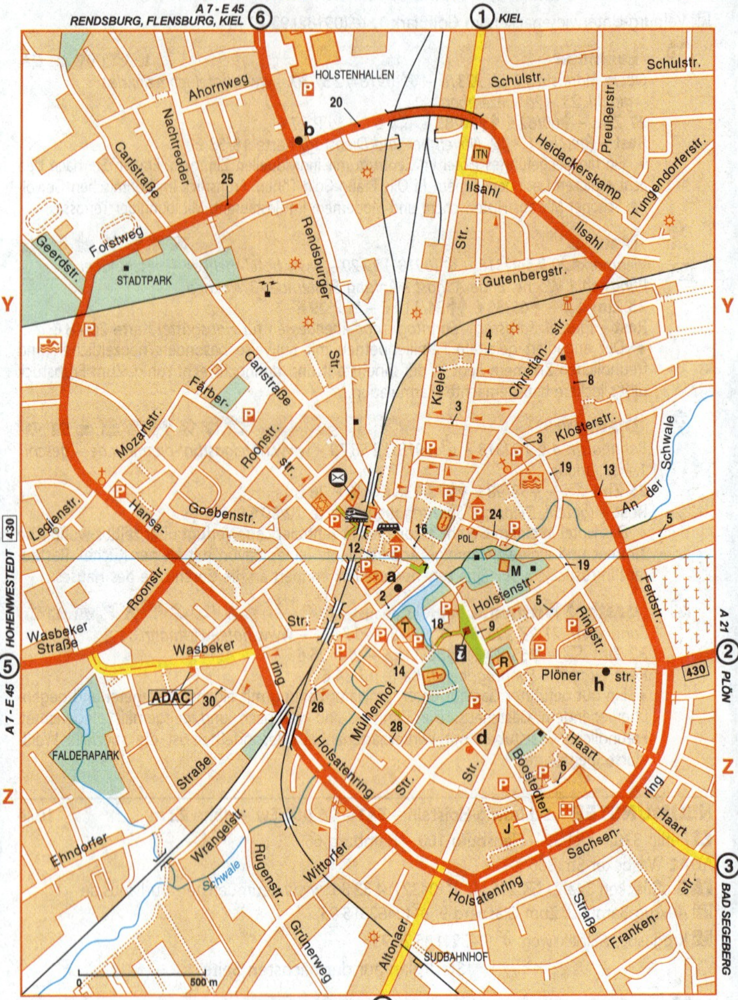

♦ Ein nettes kleines Haus unter familiärer Leitung. Wohnlich hat man die hellen, freundlichen Gästezimmer in geradlinig-modernem Stil eingerichtet.

NEUMÜNSTER

Am Kamin
VISA ◎ AE
*Probstenstr. 13 ⊠ 24534 – ℰ (04321) 4 28 53 – www.am-kamin.info – geschl. Juli
- August 3 Wochen und Sonntag sowie an Feiertagen* **Zd**
Rest – Menü 21 € (mittags)/52 € – Karte 42/68 €
♦ In dem hübschen kleinen Restaurant herrscht eine gemütliche Atmosphäre, in der man seinen Gästen saisonale Speisen serviert.

NEUNBURG vorm WALD – Bayern – **546** – 8 050 Ew – Höhe 398 m **51** N17
– Erholungsort
▶ Berlin 456 – München 175 – Regensburg 56 – Cham 35
▣ Rötz, Hillstett 40, ℰ (09976) 1 80 44 60

Panorama-Hotel am See
Gütenland 22 ⊠ 92431 – ℰ (09672) 9 21 90 – www.hotelgreiner.de
36 Zim ⊑ – †43/48 € ††60/72 € – ½ P 12 € **Rest** – Karte 14/30 €
♦ Der gewachsene Gasthof in schöner Lage am See ist ein Familienbetrieb mit gepflegten praktischen Zimmern (teils als Appartement nutzbar) und modernem Saunabereich. Bowlingbahn. Das Restaurant bietet bürgerliche Speisen.

In Neunburg-Hofenstetten West: 9 km Richtung Schwarzenfeld, in Fuhrn links

Landhotel Birkenhof ⑤
VISA ◎ AE
*Hofenstetten 55 ⊠ 92431 – ℰ (09439) 95 00
– www.landhotel-birkenhof.de – geschl. 20. - 27. Dezember*
75 Zim ⊑ – †72/115 € ††124/152 € – ½ P 30 € – 4 Suiten
Rest *Obendorfer's Eisvogel* ✿ **Rest** *Turmstube* ⓐ – siehe Restaurantauswahl
♦ Reizvoll liegt das Hotel der Familie Obendorfer im Grünen. Die meisten Zimmer bieten eine tolle Aussicht, sehr schön und vielfältig ist der Spabereich. Auch für Tagungen ideal.

Obendorfer's Eisvogel – Landhotel Birkenhof
✿
*Hofenstetten 55 ⊠ 92431 – ℰ (09439) 95 00 – www.landhotel-birkenhof.de
– geschl. 18. Dezember - 17. Januar, Anfang August 2 Wochen und Sonntag - Dienstag*
Rest – (nur Abendessen) (Tischbestellung ratsam) Menü 58/100 €
Spez. Milchferkelvariation, Beinschinken mit Radieserl, Kotelett mit Lauchzwiebel und Sülze mit Meerrettichmousse. Rascasse, Filet gebraten mit Pfifferlingsrisotto, Spinatkugel und Parmesancreme. Barbarie Ente, Zweierlei mit Topinamburpüree, Orange und Kaffee.
♦ Obwohl etwas abgelegen, weit weg von großen Ballungszentren, ist das Haus für viele Gourmets ein fester Eintrag auf der Landkarte. In schickem geradlinigem Ambiente bietet man delikate zeitgemäße Küche, in der Davidoff Cigar Lounge eine beachtliche Whiskey-Auswahl (66 an der Zahl!).

Turmstube – Landhotel Birkenhof
ⓐ
*Hofenstetten 55 ⊠ 92431 – ℰ (09439) 95 00 – www.landhotel-birkenhof.de – geschl.
20. - 27. Dezember*
Rest – Karte 29/45 €
♦ Mit sicherem Gespür für Innenarchitektur wurden die Stuben im gemütlichen Landhausstil eingerichtet. Aber auch die Aussicht auf wohlschmeckende Gaumenfreuden sind dem Gast gewiss: marinierter Kalbstafelspitz oder Rostbraten.

NEUNKIRCHEN – Baden-Württemberg – **545** – 1 810 Ew – Höhe 297 m **48** G17
▶ Berlin 605 – Stuttgart 92 – Mannheim 55 – Heidelberg 34

Stumpf ⑤
Zeilweg 16 ⊠ 74867 – ℰ (06262) 9 22 90 – www.hotel-stumpfe.de
47 Zim ⊑ – †84/95 € ††118/156 € – ½ P 19 € – 2 Suiten **Rest** – Karte 26/47 €
♦ Tagungsgäste können hier "auf dem Land" hochmotiviert arbeiten, Wellnessgäste genießen die Angebote von "Garden Spa" und "Beauty Island". Von der ruhigen Lage haben alle etwas! Im Restaurant bietet man regionale und internationale Küche, Terrasse zum Garten.

NEUNKIRCHEN (SAAR) – Saarland – **543** – 47 900 Ew – Höhe 224 m **46** C17
▶ Berlin 690 – Saarbrücken 22 – Homburg/Saar 15 – Idar-Oberstein 60
ADAC Lindenallee 2

NEUNKIRCHEN (SAAR)

In Neunkirchen-Kohlhof Süd-Ost: 5 km, jenseits der A 8

Hostellerie Bacher - Wögerbauer
Limbacher Str. 2 ✉ *66539* – ✆ *(06821) 3 13 14*
– *www.hostellerie-bacher.de*
21 Zim – †75/88 € ††108/140 € – 1 Suite
Rest *Hostellerie Bacher - Wögerbauer* – siehe Restaurantauswahl
♦ Ein vom Inhaber geführtes Hotel mit wohnlichen, teilweise auch ganz modernen Zimmern. Nett sind die Lobby mit kleiner Bibliothek und der Wintergarten fürs Frühstück.

Hostellerie Bacher - Wögerbauer – Hotel Hostellerie Bacher - Wögerbauer
Limbacher Str. 2 ✉ *66539* – ✆ *(06821) 3 13 14*
– *www.hostellerie-bacher.de* – *geschl. Januar 1 Woche und Sonntagabend - Dienstagmittag*
Rest – (Tischbestellung ratsam) Menü 28/65 € – Karte 30/61 €
♦ Verkehrsgünstig unweit der Autobahn und dennoch im Grünen gelegen, wird man von Hausherr Hermann Wörgerbauer freundlich begrüßt. Stilvoll und elegant gibt sich das Restaurant, klassisch das, was aus der Küche kommt.

NEUPOTZ – Rheinland-Pfalz – **543** – 1 880 Ew – Höhe 103 m 54 E17
▶ Berlin 665 – Mainz 123 – Karlsruhe 23 – Landau 23

Zum Lamm mit Zim
Hauptstr. 7 ✉ *76777* – ✆ *(07272) 28 09* – *www.gasthof-lamm-neupotz.de* – *geschl. Anfang Juli - Mitte August 3 Wochen, Dezember - Januar 2 Wochen und Dienstag sowie Sonn- und Feiertage abends*
5 Zim – †32/34 € ††62/68 €
Rest – (Tischbestellung ratsam) Menü 30/49 € – Karte 27/43 €
♦ Gute Küche, sympathisch-familiäre Atmosphäre und ein top Preis-Leistungs-Verhältnis - das schätzen die Gäste von Manfred Kreger. Geschmorte Kaninchenkeule ist nur eines der schmackhaften Gerichte auf der saisonal-regionalen Karte.

Hardtwald mit Zim
Sandhohl 14 ✉ *76777* – ✆ *(07272) 24 40* – *www.gehrlein-hardtwald.de*
– *geschl. Januar - Februar 2 Wochen, Juni - Juli 2 Wochen, August 1 Woche und Mittwoch - Donnerstag*
10 Zim – †43 € ††78 € **Rest** – Karte 21/45 €
♦ Der nette Familienbetrieb (seit über 40 Jahren) bietet mit seinen holzgetäfelten Stuben und dem herzlichen Service einen wirklich gemütlichen Rahmen. Gekocht wird bürgerlich - viel Fisch. Im Gästehaus gegenüber kann man auch übernachten.

NEURIED – Baden-Württemberg – **545** – 9 450 Ew – Höhe 147 m 53 D19
▶ Berlin 755 – Stuttgart 156 – Karlsruhe 85 – Lahr 21

In Neuried-Altenheim Nord: 2 km über die B 36 Richtung Kehl

Ratsstüble
Kirchstr. 38 ✉ *77743* – ✆ *(07807) 9 28 60* – *www.ratsstueble.de*
30 Zim – †45 € ††65 €
Rest – (geschl. 12. - 29. Februar, 29. Juli - 15. August und Sonntag) (nur Abendessen) Karte 19/41 €
♦ Der Familienbetrieb mit gutem Preis-Leistungs-Verhältnis ist ein hübsches altes Fachwerkhaus mit Anbau. Die Zimmer sind überwiegend in neuzeitlichem Stil gehalten, W-Lan kostenfrei.

NEURUPPIN – Brandenburg – **542** – 31 580 Ew – Höhe 44 m 22 O7
▶ Berlin 76 – Potsdam 75 – Brandenburg 90
ADAC Karl-Marx-Str. 40
🛈 Karl-Marx-Str. 1, ✉ 16816, ✆ (03391) 4 54 60, www.tourismus-neuruppin.de

NEURUPPIN

Seehotel Fontane
An der Seepromenade 20 ⊠ 16816 – ℰ (03391) 4 03 50 – www.resort-mark-brandenburg.de
139 Zim – †95/105 € ††165/210 € – 4 Suiten
Rest *Parzival* – Karte 24/58 €
Rest *Seewirtschaft* – Karte 26/50 €

• Modernes Hotel in schöner Seelage. Über eine Glasbrücke gelangt man in die für Hausgäste kostenlose "Fontane Therme" mit schwimmender Seesauna. Schifffahrten mit hauseigenem Dampfer. Geradlinig-elegant: Parzival mit Seeblick. Behagliche Seewirtschaft mit Showküche.

In Neuruppin-Alt Ruppin Nord-Ost: 4,5 km über B 167

Am Alten Rhin
Friedrich-Engels-Str. 12 ⊠ 16827 – ℰ (03391) 76 50 – www.hotel-am-alten-rhin.de
– geschl. 22. - 25. Dezember
33 Zim – †57/74 € ††76/90 €   **Rest** – (geschl. 22. - 24. Dezember) Karte 19/35 €

• Das familiengeführte Hotel ist ein erweitertes historisches Ackerbürgerhaus, in dem wohnliche und recht individuelle Gästezimmer zur Verfügung stehen. Hübsch ist das gemütlich-gediegen eingerichtete Restaurant. Bürgerliche Küche.

NEUSS – Nordrhein-Westfalen – **543** – 151 280 Ew – Höhe 40 m   **35** B11
▶ Berlin 563 – Düsseldorf 12 – Köln 38 – Krefeld 20
ADAC Glockenhammer 27 **CY**
🛈 Büchel 6 Z, ⊠ 41460, ℰ (02131) 4 03 77 95, www.neuss-marketing.de
⛳ Korschenbroich, Rittergut Birkhof, ℰ (02131) 51 06 60
⛳ Hummelbachaue, Am Golfplatz, ℰ (02137) 9 19 10

Stadtpläne siehe nächste Seiten

Swissôtel
Rheinallee 1 ⊠ 41460 – ℰ (02131) 77 00 – www.swissotel-duesseldorf.de
246 Zim – †95/110 € ††120/200 €, ⊇ 20 € – 2 Suiten   **BXb**
Rest – Karte 29/58 €

• Das Hotel in einem Hochhaus etwas außerhalb der Stadt am Rhein zeichnet sich aus durch schöne komfortable Gästezimmer in geradlinig-modernem Design und angenehmen Farben. Der trendige Stil des Hauses setzt sich im Restaurant mit Rheinblick fort.

Novotel Am Rosengarten
Selikumer Str. 25 ⊠ 41460 – ℰ (02131) 26 20 – www.novotel.com
209 Zim – †64/165 € ††64/165 €, ⊇ 18 € – 1 Suite   **Rest** – Karte 29/49 €   **CZs**

• Vor allem auf Tagungen ist das moderne Hotel am Rosengarten mit seinen technisch gut ausgestatteten Zimmern und der direkten Anbindung an die Stadthalle zugeschnitten. Neuzeitliches Restaurant und Biergarten mit Blick ins Grüne.

Holiday Inn
Anton-Kux-Str. 1 ⊠ 41460 – ℰ (02131) 18 40 – www.hi-neuss.de
220 Zim – †69/149 € ††69/149 €, ⊇ 17 € – 47 Suiten   **BXs**
Rest – (geschl. 23. - 28. Dezember) Menü 22 € – Karte 27/58 €

• Funktionelle, teilweise sehr großzügige Gästezimmer sowie gute Tagungsmöglichkeiten machen das Hotel zu einer idealen Businessadresse. Eine kleine Sportsbar und ein eigener Biergarten hinter dem Haus ergänzen das Restaurant.

✕✕ Herzog von Burgund
Erftstr. 88 ⊠ 41460 – ℰ (02131) 2 35 52 – www.herzogvonburgund.de – geschl.
Samstagmittag   **CZc**
Rest – Menü 25 € (mittags)/82 € – Karte 39/79 €

• Klassisches Mobiliar, Parkettboden und Wände in warmem Rot - so präsentiert sich das Interieur dieses historischen Hauses. Von der schönen modernen Terrasse schaut man ins Grüne. Die Küche ist zeitgemäß und regional beeinflusst - beliebter Lunch.

✕✕ Zum Stübchen
Preussenstr. 73 ⊠ 41464 – ℰ (02131) 8 22 16 – www.restaurant-zum-stuebchen.de
– geschl. Montag, Samstagmittag   **AXb**
Rest – Menü 20 € (mittags)/68 € – Karte 35/51 €

• Internationale und saisonale Küche erwartet Sie in dem von Familie Buß freundlich geführten Restaurant. Helle mediterrane Farben bestimmen die Einrichtung.

NEUSS

Berghäusens Weg........**BX** 3	Dreikönigenstr..............**AX** 8	Schillerstr...................**BX** 26
Bergheimer Str...........**AX** 4	Düsseldorfer Str..........**ABX** 9	Stresemannallee..........**BX** 31
Bonner Str..................**BX** 5	Engelbertstr................**AX** 10	Venloer Str..................**AX** 33
Burgunder Str.............**BX** 6	Fesserstr.....................**AX** 12	Viersener Str................**AX** 34
	Jülicher Landstr..........**AX** 16	Weingartstr.................**BX** 35

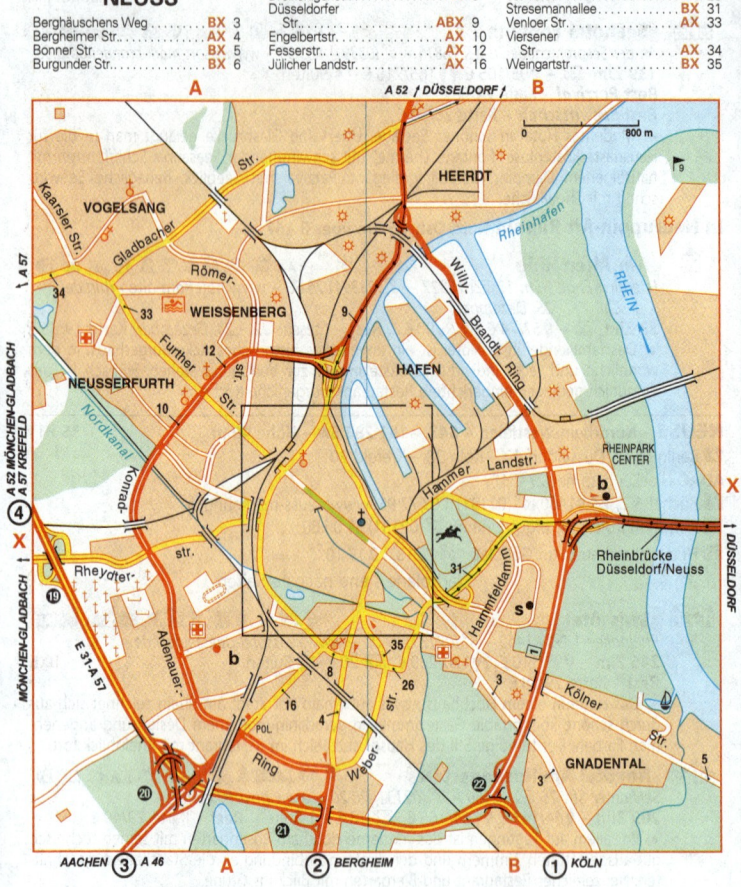

✂ Spitzweg

Glockhammer 43a ✉ 41460 – ✆ (02131) 6 63 96 60 – www.restaurant-spitzweg.de
– geschl. Anfang Januar 1 Woche, August 1 Woche und Samstagmittag, Sonntag

CYa

Rest – Menü 35/45 € – Karte 28/49 €

♦ Ein modernes Restaurant mit roten Wänden und großen, bewusst schiefen Gemälden als Blickfang. Gekocht wird mit internationalem Einfluss. Viele Businessgäste kommen zum Mittagstisch.

In Neuss-Grimlinghausen Süd-Ost: 6 km über Kölner Straße BX

🏨 Landhaus Hotel

Hüsenstr. 17 ✉ 41468 – ✆ (02131) 3 10 10 – www.landhaus-hotel-schulte.com – geschl. 21. Dezember - 6. Januar

28 Zim – †90/156 € ††100/174 €, ⌂ 18 €

Rest – Karte 19/48 €

♦ Die Zimmer in diesem Familienbetrieb sind im klassischen Stil gehalten, dekorative Details wie Blumenmuster vermitteln Wohnlichkeit. Die nette Zwitscherstube ist eine Bar für Raucher. Bürgerliches Restaurant mit elegantem Touch.

NEUSS

Am Konvent ... **CY**	Friedrichstr. ... **CZ**	Neustr. ... **CZ** 21
An der Obererft ... **CZ** 2	Further Str. ... **CY**	Niederstr. ... **CY** 22
Bergheimerstr. ... **CY** 4	Glockhammer ... **CY** 13	Platz am Niedertor ... **CY** 23
Buchel ... **CY**	Jülicherstr. ... **CZ** 15	Rheinwallgraben ... **CV** 24
Danziger Str. ... **CY** 7	Krefelder Str. ... **CY**	Rheydter Str. ... **CY** 25
	Marienkirchpl. ... **CY** 18	Sebastianusstr. ... **CY** 28
	Münsterpl. ... **CY** 20	Weingartstr. ... **CZ** 35

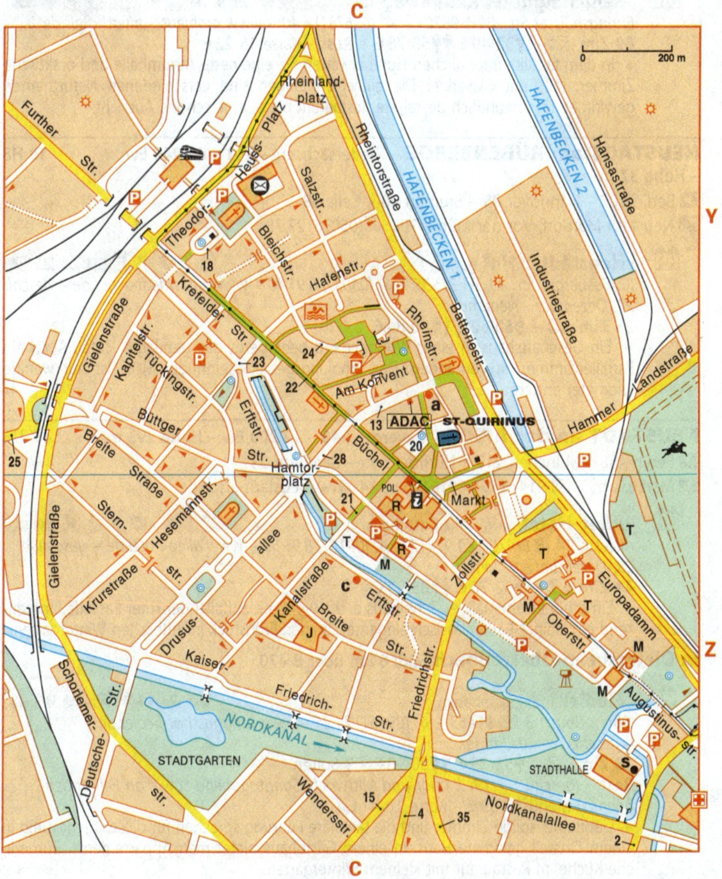

In Kaarst Nord-West: 6 km über Viersener Straße **AX**

🏨 **Classic Hotel** garni
Friedensstr. 12 ⊠ 41564 – ℰ (02131) 12 88 80
– www.classic-hotel-kaarst.de
22 Zim – †68/107 € ††97/132 €, ⊇ 12 € – 1 Suite
♦ Neuzeitlich und funktionell ausgestattete Zimmer sowie eine gute Autobahnanbindung sprechen für das Hotel im Zentrum, das gerne von Geschäftsleuten besucht wird.

🏠 **Landhaus Michels** garni
Kaiser-Karl-Str. 10 ⊠ 41564 – ℰ (02131) 7 67 80 – www.landhaus-michels.de – geschl. 21. Dezember - Anfang Januar
20 Zim ⊇ – †65/75 € ††85/99 €
♦ Seit 1723 wird der ehemalige Landgasthof im Ortskern von Kaarst familiär geleitet. Ein sehr gepflegtes und behagliches kleines Hotel.

NEUSTADT am RENNSTEIG – Thüringen – **544** – 1 080 Ew — 40 K13
– Höhe 785 m
▶ Berlin 336 – Erfurt 63 – Coburg 48 – Suhl 27

Rennsteighotel Kammweg
Ehringshäuser Str. 4 ⌧ 98701 – ℰ (036781) 4 40 – www.ambiente-privathotels.de
89 Zim – †32/49 € ††58/78 €   **Rest** – Karte 15/22 €
♦ In dem familienfreundlichen Hotel erwarten Sie eine nette Atriumhalle und praktische Zimmer, teils mit Glaserker. Die einzelnen Etagen sind verschiedenen Naturthemen gewidmet. Das freundlich gestaltete Restaurant bietet eine schöne Aussicht.

NEUSTADT am RÜBENBERGE – Niedersachsen – **541** – 45 240 Ew — 18 H8
– Höhe 37 m
▶ Berlin 307 – Hannover 25 – Bremen 90 – Celle 58
Neustadt-Mardorf, Vor der Mühle 10a, ℰ (05036) 27 78

Neustädter Hof garni
Königsberger Str. 43 ⌧ 31535 – ℰ (05032) 8 91 40 – www.neustaedter-hof.de – geschl. 21. Dezember - Neujahr
25 Zim – †50/52 € ††80/84 €
♦ Ein Geschäftshaus in einer Wohngegend beherbergt das gepflegte Hotel. Auch ein Familienzimmer ist vorhanden. Das Erholungsgebiet Steinhuder Meer ist nur wenige Kilometer entfernt.

NEUSTADT an der AISCH – Bayern – **546** – 12 200 Ew – Höhe 293 m — 49 J16
▶ Berlin 458 – München 217 – Nürnberg 49 – Bamberg 53
Marktplatz 5, ⌧ 91413, ℰ (09161) 6 66 14, www.neustadt-aisch.de

Allee-Hotel garni (mit Gästehaus)
Alleestr. 14 (B 8/470) ⌧ 91413 – ℰ (09161) 8 95 50 – www.allee-hotel.de – geschl. 23. Dezember - 6. Januar
41 Zim – †62/70 € ††85/94 €
♦ Ein schönes ehemaliges Schulhaus a. d. 19. Jh. mit auffallender roter Fassade, angrenzend ein kleiner Park. Klassisch-elegante Zimmer, Frühstück im hübschen Wintergarten.

In Dietersheim-Oberroßbach Süd: 6 km über B 470

Fiedler (mit Gästehaus)
Oberroßbach 3 ⌧ 91463 – ℰ (09161) 24 25 – www.landgasthof-fiedler.de – geschl. 1. - 20. Januar
23 Zim – †53/75 € ††80/98 € – 3 Suiten
Rest – (geschl. 1. - 19. Januar und Mittwoch, Sonntagabend sowie an Feiertagen abends) Menü 15/39 € – Karte 16/41 €
♦ Gepflegte, solide Zimmer und die familiäre Führung sprechen für dieses recht ruhig in einem Ortsteil gelegene Haus. In einem Gästehaus bietet man Appartements. Bürgerliche Küche im Restaurant mit kleinem Wintergarten.

NEUSTADT an der DONAU – Bayern – **546** – 12 760 Ew – Höhe 354 m — 58 M18
– Heilbad
▶ Berlin 525 – München 90 – Regensburg 52 – Ingolstadt 33
Heiligenstädter Str. 5, ⌧ 93333, ℰ (09445) 9 57 50, www.bad-goegging.de
Bad Gögging, Heiligenstätter Str. 36, ℰ (09445) 95 80

In Neustadt-Bad Gögging Nord-Ost: 4 km – Heilbad

Marc Aurel
Heiligenstädter Str. 34 ⌧ 93333 – ℰ (09445) 95 80
– www.marcaurel.de
165 Zim – †99/139 € ††158/228 € – ½ P 30 € – 13 Suiten
Rest – Karte 37/52 €
♦ Das komfortable Hotel empfängt Sie mit einer Lobby im römischen Stil. Wellness- und Freizeitangebote auf 2800 qm. Auch variable Tagungsräume sind vorhanden. Im Restaurant serviert man internationale Küche.

NEUSTADT an der DONAU

Eisvogel
An der Abens 20 ⊠ 93333 – ℰ (09445) 96 90 – www.hotel-eisvogel.de – geschl. 23. - 25. Dezember
34 Zim ⌑ – †90/100 € ††140/160 € – ½ P 24 €
Rest – *(geschl. Montagmittag)* Karte 21/46 €
♦ In ruhiger Lage befindet sich der zu einem wohnlichen Hotel gewachsene Gasthof. Man wählt zwischen sehr komfortablen Zimmern im Landhausstil und einigen einfacheren. Das Restaurant teilt sich in viele gemütliche Stuben.

NEUSTADT an der ORLA – Thüringen – 544 – 8 630 Ew – Höhe 300 m   41 M13
▶ Berlin 262 – Erfurt 97 – Gera 47 – Triptis 8
🛈 Markt 1, ⊠ 07806, ℰ (036481) 8 51 21, www.neustadtanderorla.de

Schlossberg
Ernst-Thälmann-Str. 62 ⊠ 07806 – ℰ (036481) 6 60 – www.ringhotel-schlossberg.de
31 Zim ⌑ – †65/70 € ††95/105 € – 2 Suiten **Rest** – Karte 18/42 €
♦ In dem sanierten historischen Altstadthaus im Zentrum stehen zeitgemäß und funktionell ausgestattete Gästezimmer zur Verfügung; W-Lan können Sie kostenfrei nutzen. Gediegenes Ambiente im Restaurant.

NEUSTADT an der SAALE, BAD – Bayern – 546 – 15 670 Ew   39 I14
– Höhe 242 m – Heilbad
▶ Berlin 406 – München 344 – Fulda 58 – Bamberg 86
🛈 Rathausgasse 2, ⊠ 97616, ℰ (09771) 9 10 68 00, www.tourismus-nes.de
⛳ Münnerstadt, Rindhof 1, ℰ (09766) 16 01

Fränkischer Hof
Spörleinstr. 3 ⊠ 97616 – ℰ (09771) 6 10 70 – www.hotelfraenkischerhof.de
11 Zim – †49/59 € ††76/96 €, ⌑ 8 €
Rest *Zum Kolonat* – *(geschl. Mittwoch)* Karte 15/34 €
♦ Das jahrhundertealte Fachwerkhaus am Anfang der Fußgängerzone ist ein familiengeführtes Gasthaus mit langer Tradition. Zeitgemäß und wohnlich sind die Zimmer. Gemütliches Restaurant mit Terrasse im romantischen Kilianhof.

In Bad Neustadt-Brendlorenzen Nord: 4,5 km

Die Scheune
Hauptstr. 206 ⊠ 97616 – ℰ (09771) 6 31 98 82 – www.die-scheune-nes.de – geschl. Februar 2 Wochen, September 2 Wochen und Montag - Dienstag
Rest – *(Mittwoch - Samstag nur Abendessen)* Karte 20/42 €
♦ In der ehemaligen Scheune mit dekorativer moderner Kunst kocht Chefin Edeltraud Woitekat selbst - und zwar regional und international. Wenn Sie hoch zu Ross kommen möchten: Man hat eine Koppel für Gastpferde!

NEUSTADT an der WALDNAAB – Bayern – 546 – 5 890 Ew   51 N16
– Höhe 419 m
▶ Berlin 402 – München 210 – Weiden in der Oberpfalz 7 – Bayreuth 60

Am Hofgarten garni
Knorrstr. 18 ⊠ 92660 – ℰ (09602) 92 10 – www.hotelamhofgarten.de – geschl. Weihnachten - 10. Januar
27 Zim ⌑ – †55/75 € ††75/90 €
♦ Das gepflegte Hotel unter der Leitung von Familie Greifeneder befindet sich im Zentrum und verfügt über zeitgemäße, funktionelle Gästezimmer, einige davon mit Balkon.

Grader
Freyung 39 ⊠ 92660 – ℰ (09602) 9 41 80 – www.hotel-grader.de
– geschl. 23. - 27. Dezember
44 Zim ⌑ – †40/65 € ††60/85 €
Rest – *(geschl. 1. - 28. August und Montag)* (nur Abendessen) Karte 17/29 €
♦ In dem Familienbetrieb in verkehrsgünstiger Lage am Ortseingang bietet man funktionale Zimmer, die mit unterschiedlichen Farben und Stoffen freundlich gestaltet sind. Einfache italienische Küche im Restaurant Messer.

NEUSTADT an der WEINSTRASSE – Rheinland-Pfalz – 543   47 E17
– 53 530 Ew – Höhe 136 m

▶ Berlin 650 – Mainz 94 – Mannheim 35 – Kaiserslautern 36
ADAC Europastr. 1
🛈 Hetzelplatz 1, ✉ 67433, ✆ (06321) 9 26 80, www.neustadt.pfalz.com
🏌 Neustadt-Geinsheim, Im Lochbusch, ✆ (06327) 9 74 20

Ramada
Exterstr. 2 ✉ 67433 – ✆ (06321) 89 80 – www.ramada.de
123 Zim – †69/85 € ††79/95 €, ⊇ 14 €   **Rest** – Karte 28/43 €
♦ Das Hotel im Zentrum ist eine funktionell und zeitgemäß ausgestattete Businessadresse. In die historische Altstadt sind es nur wenige Gehminuten.

In Neustadt-Gimmeldingen Nord: 3 km – Erholungsort

Netts Restaurant und Landhaus mit Zim
Meerspinnstr. 46 ✉ 67435 – ✆ (06321) 6 01 75 – www.nettsrestaurant.de – geschl. Montag - Dienstag
7 Zim ⊇ – †65/100 € ††85/120 €
Rest – (nur Abendessen; April - Oktober: Sonntag auch Mittagessen) Menü 32 €
– Karte 31/50 €
♦ Im Restaurant klarer, moderner Stil, von der Terrasse Blick auf die Rheinebene. Zwei Speisekarten: "Netts Klassiker" und "Philipp Arens' Küche". In den historischen Gebäuden des einstigen Weinguts hat man angenehm schnörkellose Gästezimmer. Feiern (auch Trauungen) im Gartenpavillon.

Spinne
Peter-Koch-Str. 43 ✉ 67435 – ✆ (06321) 9 59 77 99 – www.restaurant-spinne.de
– geschl. Dienstag
Rest – (Montag - Freitag nur Abendessen) (Tischbestellung ratsam) Menü 37 €
– Karte 23/57 €
♦ Über den gepflasterten und begrünten Innenhof - im Sommer die lauschige Terrasse - kommt man zum alten Fasskeller des Weingut Christmann. Im aparten Tonnengewölbe trinkt man zur saisonal-regionalen Küche Weine des eigenen Guts sowie anderer Pfälzer Erzeuger.

Kommerzienrat
Loblocher Str. 34 ✉ 67435 – ✆ (06321) 6 82 00 – www.weinstube-kommerzienrat.de
– geschl. Donnerstag
Rest – (nur Abendessen) Karte 20/35 €
♦ Die typische Weinstube kommt bei den Stammgästen gut an. Der Chef hat ein Faible für Wein - so kann man aus über 250 offen ausgeschenkten Pfälzer Weinen wählen und wird erstklassig beraten. Kleiner Innenhof.

In Neustadt-Mußbach Nord-Ost: 2 km

Weinstube Eselsburg
Kurpfalzstr. 62 ✉ 67435 – ✆ (06321) 6 69 84 – www.eselsburg.de – geschl.
24. Dezember - 10. Januar, Mitte Juli - August 2 Wochen und Sonntag - Montag
Rest – (nur Abendessen) (Tischbestellung ratsam) Karte 17/43 €
♦ Außen urige Natursteinmauern, innen gemütliche enge Stuben, viel Holz und allerlei Zierrat wie Bilder oder Mützen, dazu das herzliche Team um Anette Ueberschaer. Es gibt Pfälzer Brotzeit, einfache Winzerküche und eine Wochenkarte.

NEUSTADT bei COBURG – Bayern – 546 – 15 940 Ew – Höhe 344 m   40 K14
▶ Berlin 358 – München 296 – Coburg 17 – Bayreuth 68

Am Markt garni
Marktplatz 3 ✉ 96465 – ✆ (09568) 92 02 20 – www.hotelgarni-am-markt.de
20 Zim ⊇ – †45/52 € ††82/87 €
♦ In der Fußgängerzone steht das ehemals als Kaufhaus genutzte Stadthaus mit der grünen Fassade, das herzlich von Gerlinde Liebermann geführt wird. Sehr gepflegte, praktische Zimmer.

NEUSTADT (DOSSE) – Brandenburg – 542 – 3 630 Ew – Höhe 35 m 21 N7
▶ Berlin 91 – Potsdam 78 – Schwerin 128 – Stendal 71

Parkhotel St. Georg
Prinz-von-Homburg-Str. 35 ⊠ *16845* – ℰ *(033970) 9 70* – *www.park-hotel-neustadt.de*
20 Zim – †58 € ††78 €   **Rest** – Karte 15/25 €
♦ Ein gepflegter, gediegen eingerichteter Familienbetrieb in der Stadt mit dem größten Gestüt Deutschlands. Das Haus ist mit allerlei Dekorationen rund ums Thema Pferd geschmückt. Eine Terrasse mit Blick ins Grüne ergänzt das Restaurant.

NEUSTADT in HOLSTEIN – Schleswig-Holstein – 541 – 16 650 Ew – Seebad 11 K4
▶ Berlin 296 – Kiel 60 – Lübeck 42 – Oldenburg in Holstein 21
ℹ Dünenweg 7, ⊠ 23730, ℰ (04561) 70 11, www.neustadt-holstein.de
Gut Beusloe, Baumallee 14, ℰ (04561) 81 40

In Neustadt-Pelzerhaken Ost: 5 km

Seehotel Eichenhain
Eichenhain 2 ⊠ *23730* – ℰ *(04561) 5 37 30* – *www.eichenhain.de*
26 Zim – †85/130 € ††110/200 € – ½ P 29 € – 7 Suiten
Rest – Menü 38 € – Karte 22/47 €
♦ Hier genießt man den Blick über die Gartenanlage und den direkt angrenzenden Strand bis zur Ostsee. Die Zimmer und der Anwendungsbereich sind freundlich und modern. Auch auf der Terrasse des Restaurants profitiert man von der bevorzugten Lage des Hauses.

NEUSTADT in SACHSEN – Sachsen – 544 – 13 960 Ew – Höhe 333 m 44 R12
▶ Berlin 217 – Dresden 39 – Bautzen 28
ℹ Johann-Sebastian-Bach-Str. 15, ⊠ 01844, ℰ (03596) 50 15 16, www.neustadt-sachsen.de

Parkhotel Neustadt
Johann-Sebastian-Bach-Str. 20 ⊠ *01844* – ℰ *(03596) 56 20*
– *www.parkhotel-neustadt.de*
55 Zim – †68/78 € ††72/98 €   **Rest** – Karte 14/37 €
♦ Ein freundlich geführtes Stadthotel mit zeitgemäß und funktionell eingerichteten Gästezimmern. Das Erlebnisbad Monte Mare befindet sich nur wenige Schritte vom Haus entfernt.

NEUSTADT-GLEWE – Mecklenburg-Vorpommern – 542 – 6 640 Ew – Höhe 32 m 12 L6
▶ Berlin 170 – Schwerin 33 – Ludwigslust 10 – Uelzen 94

Arcadia
Schloßfreiheit 1 ⊠ *19306* – ℰ *(038757) 53 20* – *www.arcadia-hotel.de*
37 Zim – †82/102 € ††115/140 € – 3 Suiten   **Rest** – Karte 21/43 €
♦ Hübsch anzuschauen ist das Barockschloss a. d. 17. Jh. Die Zimmer im EG mit Parkettfußboden und schönen Stuckarbeiten, darunter das sehenswerte Musikzimmer. Das Restaurant befindet sich im Gewölbekeller des Hauses. Terrasse zur Elde.

NEUSTRELITZ – Mecklenburg-Vorpommern – 542 – 21 540 Ew – Höhe 75 m 13 O6
▶ Berlin 114 – Schwerin 177 – Neubrandenburg 27
ℹ Strelitzer Str. 1, ⊠ 17235, ℰ (03981) 25 31 19, www.neustrelitz.de

Schlossgarten
Tiergartenstr. 15 ⊠ *17235* – ℰ *(03981) 2 45 00* – *www.hotel-schlossgarten.de*
24 Zim – †50/66 € ††69/99 €
Rest – *(geschl. Sonntag) (nur Abendessen)* Karte 20/30 €
♦ Das engagiert geführte historische Haus im Zentrum der Stadt verfügt über neuzeitlich eingerichtete Zimmer, die teilweise zum Garten hin gelegen sind. Stilvoll gestaltetes Restaurant.

Haegert
Zierker Str. 44 ⊠ *17235* – ℰ *(03981) 20 31 56* – *www.hotel-haegert.de*
26 Zim – †47/65 € ††67/75 € – 1 Suite
Rest – *(geschl. 20. Dezember - 20. Januar und Sonntag) (nur Abendessen)* Karte 16/24 €
♦ Freundlich und persönlich wird dieses Haus am Rande der Innenstadt geleitet. Die Gästezimmer sind sehr gepflegt und neuzeitlich eingerichtet.

NEUTRAUBLING – Bayern – siehe Regensburg

NEU-ULM – Bayern – 546 – 53 040 Ew – Höhe 471 m   56 I19
- Berlin 616 – München 138 – Stuttgart 96 – Augsburg 80
- Münsterplatz 50, ⊠ 89073, ℰ (0731) 1 61 28 30, www.tourismus.ulm.de
- Neu-Ulm, Steinhäuslesweg 9, ℰ (0731) 72 49 37

siehe Ulm (Umgebungsplan)

City-Hotel garni
Ludwigstr. 27 ⊠ 89231 – ℰ (0731) 97 45 20 – www.cityhotel-garni.de
– geschl. 1. - 6. Januar, 7. - 22. August   Xr
19 Zim – †69/80 € ††90/100 €
• Das Hotel befindet sich in zentraler Lage unweit des Bahnhofs, Messe und Kongresszentren sind gut zu Fuß erreichbar. Helle zeitgemäße Zimmer, teilweise mit Balkon.

Stephans-Stuben
Bahnhofstr. 65 ⊠ 89231 – ℰ (0731) 72 38 72 – www.stephans-stuben.de
– geschl. über Fasching, Anfang August 2 Wochen und Montag, Samstagmittag
Rest – (Tischbestellung ratsam) Menü 59/110 € – Karte 36/60 €   Xt
• Bei Franziska und Siegfried Pfnür stimmt nicht nur das Ambiente (freundlich, mit mediterranem Touch und stimmig dekoriert), man kann hier auch schmackhaft essen, z. B. ausgelösten Hummer mit Lachspflanzerl.

In Neu-Ulm-Reutti Süd-Ost: 6,5 km über Reuttier Straße X

Meinl
Marbacher Str. 4 ⊠ 89233 – ℰ (0731) 7 05 20 – www.hotel-meinl.de – geschl. 23. Dezember - 9. Januar
30 Zim – †89/103 € ††115/129 €
Rest – (Montag - Samstag nur Abendessen) Menü 39/62 € – Karte 30/58 €
• Tipps zur Freizeitgestaltung, Relaxen in der Sauna, Service für Biker - und nicht zu vergessen: Kinderspielzimmer und Spielplatz! Die Zimmer hier sind in wohnlichen Farben gestaltet, auf der Terrasse genießt man den Blick ins Grüne!

NEUWIED – Rheinland-Pfalz – 543 – 64 600 Ew – Höhe 65 m   36 D14
- Berlin 600 – Mainz 114 – Koblenz 18 – Bonn 54
- Luisenplatz/Marktstr. 63, ⊠ 56564, ℰ (02631) 8 02 55 55, www.neuwied.de
- Neuwied, Gut Burghof, ℰ (02622) 8 35 23

Food Hotel
Langendorferstr. 155 ⊠ 56564 – ℰ (02631) 8 25 20 – www.food-hotel.de
46 Zim – †80/90 € ††111/130 €, ⊃ 11 € – 1 Suite   **Rest** – Karte 22/53 €
• Ein modernes Hotel, angeschlossen an die Lebensmittelfachschule. Unter der Patenschaft bekannter Firmen sind individuelle themenbezogene Zimmer entstanden. Geradlinig gestaltetes Restaurant mit Supermarkt-Atmosphäre.

Coquille St. Jacques im Parkrestaurant Nodhausen
Nodhausen 1 (Nord: 3 km, über B 256 bei Niederbieber)
⊠ 56567 – ℰ (02631) 81 34 23 – www.parkrestaurant-nodhausen.de
– geschl. Ende Dezember - Anfang Januar 2 Wochen, Juli - August 2 Wochen und Sonntag - Dienstag sowie an Feiertagen
Rest – (nur Abendessen) (Tischbestellung erforderlich) Menü 95/130 €
– Karte 71/109 €
Rest *Parkrestaurant* – siehe Restaurantauswahl
Spez. Gänseleber mit Waldbeeren und Szechuanpfeffer. Entrecôte vom Wagyu Rind, Karotte, Kreuzkümmel. Rhabarber auf zwei Arten mit Hanf, weißer Schokolade und Vanille.
• Das schöne historische Anwesen in einem Park beherbergt das modern-elegante Gourmetrestaurant Coquille St. Jacques, in dem Florian Kurz Kreatives auf klassischer Basis zubereitet, während Vater Armin Kurz eine gute Weinberatung bietet.

NEUWIED

XX **Parkrestaurant** – Restaurant Coquille St. Jacques im Parkrestaurant Nodhausen
Nodhausen 1 (Nord: 3 km, über B 256 nach
Niederbieber) ✉ 56567 – ✆ (02631) 81 34 23 – www.parkrestaurant-nodhausen.de
– geschl. Ende Dezember - Anfang Januar 2 Wochen, Juli - August 2 Wochen und
Sonntag - Montag, Samstagmittag sowie an Feiertagen
Rest – (Tischbestellung ratsam) Menü 41 € (mittags)/70 € – Karte 41/59 €
• Betritt der Gast das ehemalige Jagd- und Lustschloss aus dem 18. Jh., wird er gleich
begeistert sein: In den stilvollen Räumlichkeiten oder auf der überdachten Jugendstilterrasse verwöhnt man Sie mit klassischen Gerichten.

NIDDERAU – Hessen – 543 – 19 800 Ew – Höhe 117 m — 48 G14
▶ Berlin 526 – Wiesbaden 60 – Frankfurt am Main 30 – Gießen 52

In Nidderau-Heldenbergen

🏠 **Zum Adler**
Windecker Str. 2 ✉ *61130 – ✆ (06187) 92 70 – www.hoteladler-goy.de – geschl.*
27. Dezember - 9. Januar
24 Zim – †50/65 € ††76/90 €
Rest – (geschl. Ende Juli 2 Wochen, Anfang August 2 Wochen und Freitag,
Sonntagabend) (Montag - Samstag nur Abendessen) Karte 18/51 €
• Der zum Hotel erweiterte Gasthof mit blauem Fachwerk wird mit Engagement von
Familie Goy geführt. Es erwarten Sie sehr gepflegte Zimmer und ein gutes Frühstücksbuffet. Restaurant in ländlichem Stil.

🏠 **Alte Bäckerei** garni
Friedberger Str. 16 ✉ *61130 – ✆ (06187) 90 52 30*
– www.hotel-alte-baeckerei-nidderau.de – geschl. 24. Dezember - 9. Januar
15 Zim – †53/80 € ††82/104 €
• Die freundliche Gastgeberin Jutta Goy bietet in der ehemaligen Dependance des
500 m entfernten Hotels Zum Adler helle Zimmer, die teilweise besonders ruhig nach
hinten liegen. Ausgezeichnetes Frühstück in einem hübschen modernen Raum.

NIDEGGEN – Nordrhein-Westfalen – 543 – 10 720 Ew – Höhe 300 m — 35 B13
▶ Berlin 621 – Düsseldorf 91 – Aachen 51 – Düren 14

XX **Burg Nideggen**
Kirchgasse 10 ✉ *52385 – ✆ (02427) 12 52 – www.burg-nideggen.com – geschl. über*
Karneval und Montag
Rest – Karte 25/59 €
• In der a. d. 12. Jh. stammenden Burg mit schöner Aussicht speist man in klassischem
Ambiente. Die internationale Küche ist saisonal beeinflusst. Die Terrasse liegt im Burghof.

NIEBLUM – Schleswig-Holstein – siehe Föhr (Insel)

NIEDERHAUSEN – Rheinland-Pfalz – 543 – 520 Ew – Höhe 127 m — 46 D15
▶ Berlin 631 – Mainz 56 – Koblenz 82 – Saarbrücken 128

XX **Hermannshöhle Restaurant Weck**
Niederhäuser Hermannshöhle 1 ✉ *55585 – ✆ (06758) 64 86*
– www.hermannshoehle-weck.de – geschl. 1. - 26. Januar und Montag
- Dienstagmittag, November - März: Montag - Dienstag
Rest – Karte 34/47 €
• In dem schön an der Nahe gelegenen Restaurant, einem ehemaligen Fährhaus a. d.
16. Jh., bietet man bürgerlich-regionale Küche. Der Chef steht am Herd, die Chefin leitet
den Service.

NIEDERKASSEL – Nordrhein-Westfalen – 543 – 37 410 Ew – Höhe 55 m — 36 C12
▶ Berlin 585 – Düsseldorf 67 – Bonn 15 – Köln 23
🅘 Niederkassel-Uckendorf, Heerstraße, ✆ (02208) 50 67 90

927

NIEDERKASSEL

In Niederkassel-Mondorf Süd-Ost: 6 km über Hauptstraße

Zur Börsch 🛜 ⌀ Zim, ⁇ 🅿 VISA ⌾ ⓘ
Oberdorfstr. 30 ✉ 53859 – ℰ (0228) 97 17 20 – www.zur-boersch.de
14 Zim 🛏 – ♦55/68 € ♦♦90/95 €
Rest – *(geschl. Donnerstag) (nur Abendessen)* Karte 18/37 €
♦ Ein gut geführter kleiner Familienbetrieb in der Nähe des Sport-Yacht-Hafens, in dem sehr gepflegte und neuzeitlich ausgestattete Zimmer bereitstehen. Restaurant in rustikalem Stil mit Terrasse hinter dem Haus.

In Niederkassel-Uckendorf Nord-Ost: 2 km über Spicher Straße

Clostermanns Hof ⌀
Heerstraße ✉ 53859 – ℰ (02208) 9 48 00 – www.clostermannshof.de
66 Zim 🛏 – ♦95/345 € ♦♦115/400 € **Rest** – Menü 35/66 € – Karte 40/53 €
♦ Beim Golfplatz liegt das stilvoll-wohnliche Hotel, entstanden aus einem hübschen historischen Gutshof. Regionale und internationale Küche bieten die Restaurants: klassisch-modernes "Clostermanns" und "Closterstube" mit Landhausflair, dazu ein schöner Biergarten im Innenhof, ein Kaffeegarten und die Remisenbar im Wintergarten.

NIEDERNBERG – Bayern – **546** – 4 940 Ew – Höhe 117 m   **48** G15
▶ Berlin 563 – München 375 – Frankfurt am Main 50 – Aschaffenburg 12

Seehotel ⌀
Leerweg (Süd-West: 1,5 km) ✉ 63843 – ℰ (06028) 99 90 – www.seehotel-niederberg.de
74 Zim – ♦106/132 € ♦♦136/195 €, 🛏 13 € – 5 Suiten
Rest *Rivage* – Menü 33/75 € – Karte 31/59 €
Rest *Don Giovanni* – *(geschl. Sonntag - Montag) (Dienstag - Samstag nur Abendessen)* Karte 42/65 €
♦ Wie ein kleines Dorf am Seeufer! Gepflegte Gartenanlage und Privatstrand, gute Tagungs- und Veranstaltungsmöglichkeiten und für den Winter das hauseigene Kino. Im Don Giovanni speist man italienisch, im Rivage international-regional. Terrasse am Koikarpfenteich.

✕✕ Die Blecherne Katz
Rathausgasse 7 ✉ 63843 – ℰ (06028) 2 06 26 – *geschl. Weihnachten - Neujahr, über Ostern, über Pfingtsten, Anfang September 1 Woche und Montag - Dienstag*
Rest – *(nur Abendessen) (Tischbestellung ratsam)* Karte 27/44 €
♦ Das sympathische Restaurant liegt in einer kleinen Gasse und ist über den hübschen Innenhof mit Terrasse erreichbar. Naturstein und Holz schaffen ein gemütliches Ambiente.

NIEDERSCHÖNA – Sachsen – **544** – 5 440 Ew – Höhe 346 m   **43** P12
▶ Berlin 220 – Dresden 29 – Chemnitz 45 – Freiberg 11

In Niederschöna-Hetzdorf Nord-Ost: 3 km über B 173

Waldhotel Bergschlößchen ⌀
Am Bergschlößchen 14 ✉ 09600 – ℰ (035209) 23 80
– www.waldhotel-bergschloesschen.de – *geschl. 19. - 24. Dezember*
18 Zim – ♦59/74 € ♦♦59/74 € **Rest** – Karte 14/33 €
♦ Aus dem Jahre 1911 stammt das weiß-blaue Schlösschen, das nett und ruhig auf einer Anhöhe am Waldrand liegt. Gepflegte Gästezimmer. Freundliches Restaurant mit Wintergarten.

NIEDERSTETTEN – Baden-Württemberg – **545** – 5 220 Ew – Höhe 306 m   **49** I17
▶ Berlin 553 – Stuttgart 127 – Würzburg 50 – Crailsheim 37

Krone
Marktplatz 3 ✉ 97996 – ℰ (07932) 89 90 – www.hotelgasthofkrone.de
32 Zim – ♦59/68 € ♦♦92/98 € **Rest** – *(geschl. Montagmittag)* Karte 17/47 €
♦ Im Zentrum des kleinen Ortes liegt dieser engagiert geführte Gasthof mit Anbau. Es stehen wohnliche, unterschiedlich eingerichtete Zimmer zur Verfügung. In der Kronenstube speisen Sie in gemütlichem Ambiente, etwas eleganter ist die Gute Stube.

NIEDERWINKLING – Bayern – siehe Bogen

NORDEN

Reichshof (mit Gästehäusern)
Neuer Weg 53 ⊠ *26506 –* ℰ *(04931) 17 50*
– www.reichshof-norden.de
56 Zim – †73/103 € ††88/146 € – ½ P 23 € – 3 Suiten
Rest – Menü 15 € (mittags)/50 € – Karte 28/47 €

• Welchen Zimmertyp bevorzugen Sie? "Standard", "Klassik", "De Luxe" oder eines der beiden chic-modernen und sehr großzügigen "Wellness-Lofts"? Das Hotel liegt an der Fußgängerzone und ist gut geführt - hier wird immer wieder investiert!

In Norden-Norddeich Nord-West: 4,5 km über B 72 – Seebad

Fährhaus
Hafenstr. 1 ⊠ *26506 –* ℰ *(04931) 9 88 77 – www.hotel-faehrhaus.de*
80 Zim – †70/190 € ††130/210 € – 4 Suiten **Rest** – Menü 27 € – Karte 28/48 €

• Ein Traditionshaus in völlig neuem Gewand! Das Stammhaus (1838) wurde umfassend renoviert: moderne Zimmer, Spa und ein geschmackvolles Restaurant mit Wintergarten - und nicht zu vergessen die schöne Lage am Deich, direkt an den Fähren nach Juist und Norderney!

Regina Maris
Badestr. 7c ⊠ *26506 –* ℰ *(04931) 18 93 71 – www.hotelreginamaris.de*
– geschl. 17. - 27. Dezember
60 Zim – †65/90 € ††110/200 € – 6 Suiten
Rest – Menü 20 € (mittags)/24 € – Karte 26/54 €
Rest *Störtebeker's* – ℰ *(04931) 18 93 66 –* Karte 25/36 €

• In einem Wohngebiet direkt am Deich liegt das Ferienhotel mit soliden wohnlichen Gästezimmern, in der obersten Etage mit Meerblick. Auch ein Beautybereich ist vorhanden. Richtig nett und modern-friesisch kommt das Störtebeker's daher. Die Küche ist regional.

NORDENHAM – Niedersachsen – **541** – 26 980 Ew – Höhe 3 m   8 F5
▶ Berlin 464 – Hannover 200 – Cuxhaven 51 – Bremen 71
🛈 Marktplatz 7, ⊠ 26954, ℰ (04731) 9 36 40, www.nordenham.de

Hotel Am Markt
Marktstr. 12 ⊠ *26954 –* ℰ *(04731) 9 37 20 – www.hotel-am-markt.de*
44 Zim – †85/200 € ††99/200 € – ½ P 24 € – 2 Suiten **Rest** – Karte 25/44 €

• In dem roten Klinkerbau in der Stadtmitte stehen neuzeitliche Zimmer mit geschmackvoller Einrichtung bereit. Auch für Tagungen ist das Hotel gut geeignet. Restaurant in der 1. Etage mit internationaler Karte. Bistro.

Aits garni
Bahnhofstr. 120 ⊠ *26954 –* ℰ *(04731) 9 98 20 – www.hotel-aits.de*
20 Zim ⊑ – †50 € ††80 €

• Unterschiedlich eingerichtete funktionale Zimmer bietet man den Gästen in diesem gepflegten kleinen Hotel nahe dem Zentrum.

In Nordenham-Abbehausen Süd-West: 4,5 km

Landhotel Butjadinger Tor (mit Gästehaus)
Butjadinger Str. 69 ⊠ *26954 –* ℰ *(04731) 9 38 80 – www.butjadinger-tor.de*
– (Erweiterung um 40 Zimmer bis Ende 2011)
31 Zim ⊑ – †55/79 € ††80/120 € – ½ P 17 € **Rest** – Menü 30 € – Karte 19/47 €

• Praktisches und zeitgemäßes Hotel in der Ortsmitte - vor dem Haus steht ein Maibaum von 58 m Höhe. Ausflüge mit dem Oldtimer-Kleinbus, dem Planwagen oder der Butjenter Bahn. Mit vielen Flaschenschiffen dekoriertes Restaurant und einfache Bierstube.

In Nordenham-Tettens Nord: 10 km Richtung Butjadingen, in Schneewarden rechts

Neues Landhaus Tettens
Am Dorfbrunnen 17 ⊠ *26954 –* ℰ *(04731) 3 94 24 – www.landhaus-tettens.de – geschl. März 2 Wochen und Montag*
Rest – Menü 17 € – Karte 20/37 €

• In einem schönen Garten am Deich steht das charmante einstige Bauernhaus, unter dessen Reetdach man mit Liebe zum Detail ein gemütliches ländlich-elegantes Restaurant eingerichtet hat. Man serviert Ihnen hier regionale und internationale Küche.

NORDERNEY (INSEL) Niedersachsen – 541 – 5 810 Ew – Höhe 5 m – Insel der Ostfriesischen Inselgruppe, eingeschränkter Kfz-Verkehr – Seeheilbad 7 D5

▶ Berlin 537 – Hannover 272 – Emden 44 – Aurich 31
- Am Leuchtturm 1a, ℘(04932) 24 55
- von Norddeich (ca. 1h), ℘(04931) 98 70
- Am Kurplatz 1, ⊠ 26548, ℘(04932) 89 13 00, www.norderney.de
- Norderney, Am Golfplatz 2, ℘(04932) 92 71 56

Strandhotel an der Georgshöhe
Kaiserstr. 24 ⊠ *26548* – ℘ *(04932) 89 80*
– www.georgshoehe.de – geschl. 28. November - 17. Januar
132 Zim – †50/135 € ††113/245 € – ½ P 28 € – 23 Suiten
Rest *N'eys* – siehe Restaurantauswahl
Rest – Karte 25/47 €
- Ein idealer Ort zum Urlaubmachen: die strandnahe Lage und der große Spa, der u. a. Saunen mit Meerblick bietet! Für Freunde modernen Designs könnten die Zimmerkategorien "Prestige" und "Sportive" kaum passender sein.

Seesteg
Damenpfad 36a ⊠ *26548* – ℘ *(04932) 89 36 00* – www.seesteg-norderney.de
16 Zim – †250/420 € ††290/460 €
Rest *Seesteg* – siehe Restaurantauswahl
- Es gibt wohl nichts in diesem Boutique-Hotel, das nicht exklusiv ist! Angefangen bei der Lage am Strand über die Wertigkeit in Design und Technik bis hin zu Highlights wie dem Private Spa und dem Rooftop-Pool - vom guten Service ganz zu schweigen!

Haus am Meer garni (mit Gästehaus)
Damenpfad 35 ⊠ *26548* – ℘ *(04932) 89 30* – www.hotel-haus-am-meer.de
44 Zim – †67/115 € ††125/250 € – 5 Suiten
- Direkt an der Promenade liegen die sehr wohnlichen Häuser Rodehuus und Wittehuus. Wenn Sie eine spektakuläre Aussicht erleben wollen, wählen Sie eine der Panorama-Suiten!

Strandhotel Pique
Am Weststrand 4 ⊠ *26548* – ℘ *(04932) 9 39 30* – www.hotel-pique.de
21 Zim – †50/139 € ††95/180 €
Rest – (geschl. 10. Januar - 15. Februar, 7. November - 27. Dezember und Dienstag) Karte 18/49 €
- Die Lage ist wirklich einzigartig - nur wenige Schritte und Sie stehen direkt am Weststrand! Die Zimmer bieten teilweise eine tolle Seesicht, ebenso Restaurant und Terrasse. 50 m weiter: Thalasso im "Badehaus Norderney".

Villa Ney garni
Gartenstr. 59 ⊠ *26548* – ℘ *(04932) 91 70* – www.villa-ney.de – geschl. 15. November - 15. Dezember
14 Zim – †95/125 € ††145/165 € – 10 Suiten
- In einer ruhigen Dorfstraße befindet sich dieser moderne Villenbau. Dem Gast stehen tipptopp gepflegte, wohnlich und elegant eingerichtete Zimmer zur Verfügung.

Inselhotel Bruns garni
Lange Str. 7 ⊠ *26548* – ℘ *(04932) 87 50* – www.norderney-hotels.de
70 Zim – †68/107 € ††116/154 € – 3 Suiten
- Dank Komplettrenovierung ist hier in recht ruhiger Lage (Seitenstraße) ein empfehlenswertes Ferienhotel entstanden. Der Freizeitbereich des nahen Schwesterhotels steht für Sie offen. Nur wenige kleine Einzelzimmer im DG.

Inselhotel Vier Jahreszeiten
Herrenpfad 25 ⊠ *26548* – ℘ *(04932) 89 40* – www.norderney-hotels.de
91 Zim – †68/107 € ††116/154 € – ½ P 23 € – 3 Suiten
Rest – Menü 23/52 € – Karte 25/50 €
- Hinter der gepflegten weißen Fassade des im Zentrum gelegenen Hotels erwarten Sie funktionelle und wohnliche Zimmer. Von der Sonnen-Dachterrasse blickt man über Norderney. Teils als Wintergarten angelegtes Restaurant.

NORDERNEY (INSEL)

Haus Norderney garni
Janusstr. 6 ⊠ 26548 – ℰ (04932) 22 88 – www.hotel-haus-norderney.de
– geschl. 8. - 31. Januar, 3. - 25. Dezember
10 Zim ⊇ – †50/119 € ††118/190 €

♦ Die Villa von 1927 ist eines der schönsten Häuser der Insel und perfekt für Individualisten! Klares Design in warmen Tönen, Frühstück im kleinen Garten, relaxen am Kamin oder in der Sauna, dazu kostenfreie Fahrräder und nette Kleinigkeiten, die den Aufenthalt versüßen!

Seesteg – Hotel Seesteg
Damenpfad 36a ⊠ 26548 – ℰ (04932) 89 36 35 – www.seesteg-norderney.de
Rest – (Tischbestellung ratsam) Menü 53 € – Karte 38/60 €

♦ Zur einen Seite die Sicht auf die Nordsee, zur anderen der Blick durch die Glasscheibe in die Showküche! Am Herd: Lars Jungermann, ein ambitionierter Koch, der z. B. Angeldorsch mit jungem Spinat und Senfsauce zum Besten gibt. Mittags ist das Angebot kleiner. Der Stil des Restaurants: moderne, gerade Formen und Naturmaterialien wie Holz und Stein.

N'eys – Strandhotel an der Georgshöhe
Kaiserstr. 24 ⊠ 26548 – ℰ (04932) 89 80 – www.georgshoehe.de – geschl.
28. November - 17. Januar und Montag
Rest – (nur Abendessen) Karte 36/59 €

♦ N'eys nennt sich das kleine Abendrestaurant im Wintergarten. Stylish ist das Ambiente, grandios der Blick aufs Meer. Die Küche lockt mit klassischer Kulinarik.

Weisse Düne
Weisse Düne 1 ⊠ 26548 – ℰ (04932) 93 57 17 – www.weisseduene.com
Rest – Karte 31/53 €

♦ Es gibt wohl kaum jemanden, der nicht gerne an einem warmen Sommertag direkt hinter den Dünen entspannt im Freien sitzt! Mittags kann man nicht reservieren und die Karte ist einfacher (mit Auszügen aus dem Abendangebot).

NORDERSTEDT – Schleswig-Holstein – **541** – 71 970 Ew – Höhe 36 m 10 I5
▶ Berlin 309 – Kiel 79 – Hamburg 26 – Itzehoe 58
ADAC Berliner Allee 38 (Herold-Center)

Park-Hotel garni
Buckhörner Moor 100 ⊠ 22846 – ℰ (040) 52 65 60 – www.parkhotel-hamburg.de
– geschl. Ende Dezember - Anfang Januar
78 Zim ⊇ – †95/120 € ††115/130 €

♦ Ein Businesshotel in zentraler Lage, in dem Sie eine ansprechende, großzügige Lobby empfängt. Gut ausgestattete Zimmer in zeitlosem Stil, hübscher Frühstücksraum.

Friesenhof garni
Segeberger Chaussee 84 a/b ⊠ 22850 – ℰ (040) 52 99 20 – www.friesen-hof.de
47 Zim ⊇ – †76/88 € ††88/94 €

♦ Die verkehrsgünstige Lage und die funktional ausgestatteten Gästezimmer machen dieses gepflegte Hotel zu einer praktischen Adresse.

Nordic garni
Ulzburger Str. 387 ⊠ 22846 – ℰ (040) 5 26 85 80 – www.hotel-nordic.de
30 Zim ⊇ – †79/89 € ††95/115 €

♦ Ein familiär geleitetes Haus mit zeitgemäßen, hell eingerichteten Zimmern und einem freundlichen verglasten Frühstücksraum zum Garten hin - im Sommer mit Terrasse.

In Norderstedt-Harksheide

Schmöker Hof
Oststr. 18 ⊠ 22844 – ℰ (040) 52 60 70 – www.schmoekerhof.de
122 Zim – †89/104 € ††104/114 €, ⊇ 13 € **Rest** – Karte 30/37 €

♦ Das Tagungs- und Geschäftshotel befindet sich etwas außerhalb und verfügt über funktionell ausgestattete Zimmer. Auch eine Indoor-Golfanlage ist vorhanden. Zum Restaurant gehört ein schöner Biergarten im Innenhof.

NORDHEIM – Bayern – siehe Volkach

NORDHORN – Niedersachsen – 541 – 53 360 Ew – Höhe 23 m — 16 C8
▶ Berlin 502 – Hannover 224 – Bremen 155 – Groningen 113
ADAC Firnhaber Str. 17
🛈 Firnhaberstr. 17, ⌂ 48529, ☏ (05921) 8 03 90, www.vvv-nordhorn.de

Am Stadtring
Stadtring 31 ⌂ 48527 – ☏ (05921) 8 83 30 – www.hotel-am-stadtring.de
68 Zim ⌓ – †62/88 € ††88/105 € – 1 Suite   **Rest** – Karte 22/37 €
♦ In dem Familienbetrieb wohnt man individuell, einige Zimmer sind ganz modern und geradlinig. Man bietet auch eine ansprechende Sauna, Kosmetik und einen Verbindungsgang zum städtischen Hallenbad - für Sie kostenfrei! Das Restaurant: Orangerie und Kaminstübchen.

Riverside
Heseper Weg 40 ⌂ 48529 – ☏ (05921) 81 98 10 – www.riverside-nordhorn.de
21 Zim ⌓ – †95/110 € ††110/130 €
Rest *Pier 99* – ☏ (05921) 81 98 19 99 – Karte 19/33 €
♦ Komfortable Ausstattung, moderner Stil und wohnlich-warme Farben - und das unmittelbar am Vechtesee! Zur Seeseite liegen die Zimmer ruhiger. Das Restaurant Pier99 sieht sich als legere "Strandbude"; im Sommer mit geöffneter Glasfront, im Winter mit wärmendem Kamin.

IN-SIDE garni
Bernhard-Niehues-Str. 12 ⌂ 48529 – ☏ (05921) 8 98 60 – www.in-side-hotel.de
– geschl. 21. Dezember - 6. Januar
55 Zim ⌓ – †53/73 € ††73/86 €
♦ Das Hotel ganz in der Nähe der Innenstadt verfügt über zeitgemäße, funktionelle Zimmer, zwei davon mit schöner Dachterrasse! Hübsch ist der modern gestaltete Saunabereich.

NORDKIRCHEN – Nordrhein-Westfalen – 543 – 10 580 Ew – Höhe 65 m — 26 D10
▶ Berlin 503 – Düsseldorf 96 – Dortmund 36 – Bochum 48

Schloss Restaurant Venus
Schloss 1, (im Schloss Nordkirchen) ⌂ 59394 – ☏ (02596) 97 24 72
– www.lauter-nordkirchen.de – geschl. Montag - Dienstag
Rest – (Mittwoch - Samstag nur Abendessen) Menü 28/40 € – Karte 31/60 €
♦ Das elegante Restaurant befindet sich im "Westfälischen Versailles", direkt am Wassergraben. Freundlich serviert man in geschmackvollem Ambiente ambitionierte klassische Küche. Nachmittags kleine Snacks sowie Kaffee und Kuchen.

NORDSTRAND – Schleswig-Holstein – 541 – 2 270 Ew – Seeheilbad — 1 G2
▶ Berlin 447 – Kiel 103 – Sylt (Westerland) 53 – Flensburg 61
🛈 Schulweg 4, ⌂ 25845, ☏ (04842) 4 54, www.nordstrand.de
◉ Die Halligen ★ (per Schiff)

In Nordstrand-Süden

Arcobaleno
Am Ehrenmal 10 ⌂ 25845 – ☏ (04842) 82 12 – www.hotel-arcobaleno.de
– geschl. November, Januar
13 Zim ⌓ – †50/70 € ††74/84 € – ½ P 14 €   **Rest** – (geschl. November - Februar und Sonntag - Montag) (nur Abendessen für Hausgäste) Karte 16/27 €
♦ Ein kleines Hotel am Ortsrand unter freundlich-familiärer Leitung. Die Zimmer sind funktionell und wohnlich zugleich, teilweise mit Pantry-Küche. W-Lan bietet man kostenfrei.

In Nordstrand-Süderhafen

Am Heverstrom
Heverweg 14 ⌂ 25845 – ☏ (04842) 80 00 – www.am-heverstrom.de
– geschl. 20. - 25. Dezember
11 Zim ⌓ – †50/65 € ††67/105 € – 1 Suite
Rest – (geschl. 28. Januar - 2. Februar und Dienstag, November - März: Montag - Dienstag) (November, Januar - März nur Abendessen) Karte 18/37 €
♦ In dem familiengeführten Haus nahe dem Wattenmeer stehen gemütliche Gästezimmer mit friesischem Touch bereit, zum Teil mit Terrasse oder schöner Aussicht. Behagliches Restaurant mit bürgerlichem Angebot.

NORTHEIM – Niedersachsen – **541** – 29 660 Ew – Höhe 120 m   29 I10
▶ Berlin 317 – Hannover 99 – Braunschweig 85 – Göttingen 27
🛈 Am Münster 6, ✉ 37154, ☎ (05551) 91 30 66, www.northeim-touristik.de
🚗 Northeim, Gut Levershausen, ☎ (05551) 90 83 80

Schere
Breite Str. 24 ✉ 37154 – ☎ (05551) 96 90 – www.hotel-schere.de
39 Zim ☕ – †69/85 € ††95/150 € – ½ P 20 € – 1 Suite
Rest – *(geschl. Juli 3 Wochen und Sonntagabend - Montagmittag) (Juli - Mitte August nur Abendessen)* Karte 15/60 €
♦ Das Hotel besteht aus acht historischen Fachwerkhäusern, in denen sich unterschiedliche, zeitgemäß ausgestattete Gästezimmer befinden. Die Fußgängerzone beginnt am Haus. Teil des Restaurants ist die bürgerlich-rustikale Gaststube. Internationale Küche.

In Northeim-Hollenstedt Nord-West: 4 km über B 3

Seeger's Gasthof mit Zim
Einbecker Str. 48 ✉ 37154 – ☎ (05551) 57 48 – www.seegersgasthof.de – geschl. Montag - Dienstag
5 Zim ☕ – †35 € ††68 €
Rest – *(Mittwoch - Samstag nur Abendessen)* (Tischbestellung ratsam) Menü 33/38 € – Karte 32/47 €
♦ Der typische Dorfgasthof ist ein sympathischer und gut geführter Familienbetrieb mit Tradition. In der Küche verarbeitet man Bioprodukte zu schmackhaften regionalen Gerichten. Zum Übernachten stehen gepflegte Gästezimmer bereit.

NORTORF – Schleswig-Holstein – **541** – 6 250 Ew – Höhe 32 m   10 I3
▶ Berlin 348 – Kiel 29 – Flensburg 81 – Hamburg 78

Alter Landkrug (mit Gästehaus)
Große Mühlenstr. 13 ✉ 24589 – ☎ (04392) 44 14 – www.alterlandkrug.de
35 Zim ☕ – †45/55 € ††78/90 € – 2 Suiten   **Rest** – Karte 17/28 €
♦ Die verkehrsgünstige Lage sowie praktische, gut gepflegte Zimmer sprechen für dieses Hotel. Im Gästehaus befindet sich ein großer Ballsaal.

Kirchspiels Gasthaus
Große Mühlenstr. 9 ✉ 24589 – ☎ (04392) 2 02 80 – www.kirchspiels-gasthaus.de
17 Zim ☕ – †54/95 € ††82/140 € – 2 Suiten
Rest – Menü 25/40 € – Karte 28/46 €
♦ Das familiengeführte kleine Hotel befindet sich unmittelbar am Dorfplatz und verfügt über solide und funktionell ausgestattete Gästezimmer. Gediegenes Restaurant mit internationaler und regionaler Küche.

NOSSENTINER HÜTTE – Mecklenburg-Vorpommern – **542** – 700 Ew   12 N5
– Höhe 74 m
▶ Berlin 154 – Schwerin 78 – Güstrow 41 – Wittstock 51

Im Ortsteil Sparow Süd-West: 5 km Richtung Malchow, nach 1,5 km rechts ab

Gutshof Sparow (mit Gästehäusern)
Sparow 8 ✉ 17214 – ☎ (039927) 76 20 – www.gutshof-sparow.de
50 Zim ☕ – †75/95 € ††90/120 € – ½ P 23 € – 3 Suiten
Rest – Menü 23/33 € – Karte 28/49 €
♦ Das komfortable Hotel besteht aus einem schmucken ehemaligen Gutshaus sowie mehreren hübschen Fachwerkhäusern mit Appartements. Auf Anfrage bietet man auch Kosmetik. Die gemütlich-rustikale Jägerstube und der neuzeitliche Wintergarten bilden das Restaurant.

NOTHWEILER – Rheinland-Pfalz – siehe Rumbach

NOTTULN – Nordrhein-Westfalen – **543** – 20 120 Ew – Höhe 97 m   26 D9
▶ Berlin 499 – Düsseldorf 106 – Nordhorn 85 – Enschede 65

In Nottuln-Schapdetten Ost: 5 km

Zur alten Post
Roxeler Str. 5 ✉ *48301* – ☏ *(02509) 9 91 90 – www.zuraltenpost.de*
26 Zim – †42 € ††69/74 €   **Rest** – *(geschl. Dienstag)* Karte 15/33 €
♦ Ein traditionelles Haus, das seit 1872 von der gleichen Familie geführt wird. Die Zimmer sind etwas unterschiedlich eingerichtet, das Hochzeitszimmer ist im alpenländischen Stil gehalten.

In Nottuln-Stevern Nord-Ost: 2 km Richtung Schapdetten

XX Gasthaus Stevertal mit Zim
Stevern 36 ✉ *48301* – ☏ *(02502) 9 40 10 – www.gasthaus-stevertal.de – geschl. über Weihnachten*
16 Zim – †45 € ††80 €   **Rest** – Menü 24 € (mittags)/29 € – Karte 20/37 €
♦ Bürgerlich isst man in dem gut geführten gemütlich-westfälischen Haus, einem alteingesessenen Familienbetrieb. Aus der eigenen Metzgerei kommt u. a. geräucherter Schinken. Übernachtungsgästen bietet man tipptopp gepflegte Zimmer.

NOTZINGEN – Baden-Württemberg – **545** – 3 530 Ew – Höhe 316 m   55 H18
▶ Berlin 629 – Stuttgart 32 – Karlsruhe 104 – Tübingen 57

X Die Kelter
Kelterstr. 15 ✉ *73274* – ☏ *(07021) 86 37 86 – www.kelter-notzingen.de – geschl. August und Mittwoch*
Rest – *(nur Abendessen)* Karte 38/49 €
♦ Das hübsch restaurierte Fachwerkhaus, eine ehemalige Kelter von 1700, gibt diesem Restaurant einen gemütlich-rustikalen Rahmen. Gekocht wird mediterran und regional.

NÜMBRECHT – Nordrhein-Westfalen – **543** – 17 330 Ew – Höhe 285 m   36 D12
– Heilklimatischer Kurort
▶ Berlin 576 – Düsseldorf 91 – Bonn 49 – Waldbröl 8
ℹ Lindchenweg 1, ✉ 51588, ☏ (02293) 90 94 80, www.nuembrecht.de
⛳ Golfanlage Nümbrecht, Höhenstr. 40, ☏ (02293) 30 37 00

Park-Hotel
Parkstr. 3 (Zufahrt über Weiherstraße) ✉ *51588* – ☏ *(02293) 30 30*
– www.nuembrecht.com
91 Zim – †85/110 € ††125/150 € – ½ P 23 €   **Rest** – Karte 24/60 €
♦ Ein Tagungshotel nahe Kurpark und Sportzentrum mit zeitgemäß-funktionellen Zimmern, einige befinden sich in der Sportresidenz direkt am Golfplatz. Mit im Haus: Café mit Kuchenbuffet. Das Restaurant bietet internationale Küche.

NÜRBURG – Rheinland-Pfalz – **543** – 170 Ew – Höhe 593 m   36 C14
▶ Berlin 644 – Mainz 152 – Aachen 133 – Bonn 56
ADAC Ring Boulevard
🄲 Nürburgring ★ (Erlebnispark Nürburgring ★)

Lindner Congress & Motorsport Hotel
Stefan-Bellof-Straße ✉ *53520* – ☏ *(02691) 3 02 50 00*
– www.lindner.de
159 Zim – †129/169 € ††169/209 €
Rest *Nuvolari* – ☏ *(02691) 3 02 51 76* – Menü 28 € (mittags)/54 € – Karte 35/54 €
♦ Das moderne Design in dem Hotel am Nürburgring ist ganz dem Motorsport gewidmet. VIP-Etage mit Zugang zu Tribüne und Hubschrauber-Landeplatz auf dem Dach. Bar und Spielkasino. Geradlinig-elegantes Restaurant mit angrenzender Terrasse. Davidoff Lounge.

NÜRBURG

Dorint
Grand-Prix-Strecke ⊠ *53520 – ℰ (02691) 30 90*
– www.dorint.com/nuerburgring
207 Zim – †64/142 € ††64/158 € – 1 Suite
Rest – Menü 23 € – Karte 35/49 €
♦ Modern-funktional sind die Zimmer dieses Tagungshotels in einer vor allem für Motorsport-Fans einmaligen Lage. Besonders interessant sind die Zimmer zur Rennstrecke hin. Restaurant mit Sicht zur Start- und Zielgeraden, Cockpit Bar mit Autosport-Dekor.

Am Tiergarten (mit Gästehäusern)
Kirchweg 4 ⊠ *53520 – ℰ (02691) 9 22 00*
– www.am-tiergarten.de – geschl. 23. - 27. Dezember
50 Zim – †70/80 € ††85/110 €
Rest – (nur Mittagessen) Karte 14/32 €
Rest *Pistenklause* – (nur Abendessen) Karte 25/38 €
♦ Freundlich-familiär leitet die Inhaberin seit vielen Jahren dieses Hotel mit gepflegten und funktionalen Zimmern. Der Ring liegt ganz in der Nähe. Restaurant mit Wintergarten. Bilder und Autogramme von Rennfahrern zieren die Pistenklause. Italienische Küche.

NÜRNBERG – Bayern – **546** – 503 680 Ew – Höhe 309 m   50 K16

▶ Berlin 432 – München 165 – Frankfurt am Main 226 – Leipzig 276
✈ Flughafenstr. 100 **BS**, ℰ (0911) 9 37 00
ADAC Äußere Sulzbacher Str. 98 **GU**
ADAC Frauentorgraben 43 **JZ**
🛈 Königstr. 93 **KZ**, ⊠ 90402, ℰ (0911) 2 33 60, www.tourismus.nuernberg.de
🛈 Hauptmarkt 18 **JY**, ⊠ 90403, ℰ (0911) 2 33 60, www.tourismus.nuernberg.de
⛳ Am Reichswald, Schiestlstr. 100, ℰ (0911) 30 57 30
⛳ Fürth, Am Golfplatz 10, ℰ (0911) 75 75 22

Veranstaltungen

Zu Messezeiten verlangen viele Hotels erhöhte Messepreise
1.-6. Februar: Spielwarenmesse
15.-18. Februar: BioFach
29. Februar-4. März: Freizeit
21.-24. März: Holz-Handwerk
25.-27. September: FachPack
27. Oktober-4. November: Consumenta
30. November-24. Dezember: Christkindlsmarkt
Messegelände: Messezentrum 1 **BT**, ⊠ 90471, ℰ (0911) 8 60 60

◉ Germanisches Nationalmuseum ★★★ – Lorenzkirche ★ **JZ**
– Sebalduskirche ★ – Zwingenmauer ★ – Albrecht-Dürer-Haus ★ – Schöner Brunnen ★ **C**
– Kaiserburg (Sinwellturm ≤ ★) - Spielzeugmuseum ★ **M²** – Frauenkirche ★ **E JY**

Stadtpläne siehe nächste Seiten

Sheraton Carlton
Eilgutstr. 15 ⊠ *90443 – ℰ (0911) 2 00 30 – www.carlton-nuernberg.de*   **JZf**
166 Zim – †99/195 € ††139/235 €, ⊇ 15 € – 4 Suiten   **Rest** – Karte 25/49 €
♦ Eine sehr komfortable Adresse nicht weit vom Bahnhof. Die Zimmer sind geschmackvoll in modern-elegantem Stil eingerichtet, vom kleinen Freizeitbereich blickt man über Nürnberg. Internationale Küche im Restaurant Tafelhof.

Le Méridien Grand-Hotel
Bahnhofstr. 1 ⊠ *90402 – ℰ (0911) 2 32 20 – www.lemeridiennuernberg.com*
192 Zim – †95/430 € ††125/460 €, ⊇ 22 € – 6 Suiten   **KZd**
Rest *Brasserie* – Menü 20/60 € – Karte 31/54 €
♦ Das schöne historische Grandhotel steht direkt gegenüber dem Hauptbahnhof. Die Gästezimmer sind chic und modern, dazu Marmorbäder im Jugendstil. Kleinere Standardzimmer. Das klassische Restaurant in hellen Tönen nennt sich Brasserie.

NÜRNBERG

Äußere Sulzbacher Str.	**BS**	4
Am Europakanal	**AS**	7
Ansbacher Str.	**AT**	14
Beuthener Str.	**CT**	20
Bierweg	**BS**	21
Bingstr.	**CS**	23
Breslauer Str.	**CT**	26
Cadolzburger Str.	**AS**	27
Dianastr.	**BT**	32
Eibacher Hauptstr.	**AT**	33
Eichendorffstr.	**BS**	34
Erlanger Str. (FÜRTH)	**AS**	36
Erlenstegenstr.	**CS**	37
Finkenbrunn	**BT**	40
Fischbacher Hauptstr.	**CT**	41
Fronmüllerstr. (FÜRTH)	**AS**	44
Fürther Str. (ZIRNDORF)	**AS**	45
Gebersdorfer Str.	**AS**	47
Gründlacher Str.	**AS**	52
Hauptstr. (FEUCHT)	**CT**	54
Hauptstr. (STEIN)	**AT**	55
Heilstättenstr.	**AS**	56
Hügelstr.	**AS**	61
Julius-Loßmann-Str.	**BT**	65
Karl-Martell-Str.	**AT**	70
Karl-Schönleben-Str.	**AT**	71
Katzwanger Str.	**BT**	74
Kraftshofer Hauptstr.	**BS**	79
Leyher Str.	**AS**	83
Löwenberger Str.	**CT**	85
Minervastr.	**BT**	94
Moritzbergstr.	**CS**	96
Mühlhofer Hauptstr.	**AT**	98
Nürnberger Str. (FEUCHT)	**CT**	100
Nürnberger Str. (FÜRTH)	**AS**	102
Nürnberger Str. (STEIN)	**AS**	103
Otto-Bärnreuther-Str.	**BT**	108
Poppenreuther Str. (FÜRTH)	**AS**	115
Rednitzstr.	**AT**	119
Regelsbacher Str.	**AT**	31
Reichelsdorfer Hauptstr.	**AT**	120
Saarbrückener Str.	**BT**	122
Schmausenbuckstr.	**CS**	126
Schwabacher Str. (FEUCHT)	**CT**	130
Schwabacher Str. (FÜRTH)	**AS**	128
Schwabacher Str. (ZIRNDORF)	**AS**	131
Seeackerstr.	**AS**	133
Siedlerstr.	**CS**	134
Sigmundstr.	**CS**	135
Stadenstr.	**CS**	136
Valznerweiherstr.	**CS**	145
Wallensteinstr.	**AS**	150
Weißenburger Str.	**AT**	153
Wetzendorfer Str.	**AS**	155
Würzburger Str.	**AS**	159

Holiday Inn City Centre
Engelhardgasse 12 ⌂ 90402 – ℰ (0911) 24 25 00 – www.hi-nuernberg.de
220 Zim – †99 € ††124 €, ⌦ 15 € **Rest** – Karte 21/38 €   HZa

♦ Mit seiner sehr guten zeitgemäß-funktionalen Ausstattung ist das Hotel am Altstadtrand ideal für Geschäftsleute. In der Lobby bietet man den Gästen kostenlos Kaffee und Tee. Restaurant in klaren Linien mit internationalem Angebot.

NH Nürnberg-City
Bahnhofstr. 17 ⌂ 90402 – ℰ (0911) 9 99 90 – www.nh-hotels.com   KZb
244 Zim – †85/399 € ††85/399 €, ⌦ 20 €   **Rest** *nhube* – Karte 24/59 €
♦ Die zentrale Lage in der Innenstadt unweit des Bahnhofs sowie modern gestaltete Zimmer mit guter technischer Ausstattung machen dieses Stadthotel aus. Leger: das Restaurant nhube mit Bistroküche.

Ramada Parkhotel 🏨 📺 🐕 ♨ 🖥 ♿ AC 🍴 Rest, 🍷 🍸 🅿 🚗
Münchener Str. 25 ✉ *90478* – ℰ *(0911) 4 74 80* VISA ⊙ AE
– *www.ramada-nuernberg.de* **GXg**
187 Zim ⊇ – †95/169 € ††130/198 € – 2 Suiten **Rest** – Karte 31/46 €
♦ Das Businesshotel befindet sich in einer gepflegten Parkanlage, dem Luitpoldhain, und bietet zeitgemäße Zimmer, meist mit Blick ins Grüne. Nett ist der Wintergarten-Fitnessraum. Klassisch gehaltenes Hotelrestaurant mit Terrasse zum Park.

Drei Raben garni 🖥 AC 🍷 VISA ⊙ AE
Königstr. 63 ✉ *90402* – ℰ *(0911) 27 43 80* – *www.hoteldreiraben.de* **JKZv**
22 Zim ⊇ – †120/150 € ††120/150 €
♦ Die Themenzimmer in diesem sehr persönlich geleiteten Haus sind der Geschichte der Stadt gewidmet und individuell mit Liebe zum Detail gestaltet.

NÜRNBERG

Äußere Laufer Gasse	**KY**	5
Albrecht-Dürer-Str.	**JY**	6
An der Fleischbrücke	**JY**	10
An der Karlsbrücke	**JY**	13
Bahnhofspl.	**KZ**	16
Beckschlagergasse	**KY**	17
Bergstr.	**JY**	18
Bischof-Meiser-Str.	**JY**	24
Breite Gasse	**JZ**	
Findelgasse	**JZ**	38
Grübelstr.	**KY**	50
Hans-Sachs-Gasse	**JY**	53
Henkersteg	**JY**	58
Inn.-Cramer-Klett-Str.	**KY**	62
Johannesgasse	**KZ**	64
Kaiserstr.	**JZ**	67
Karlstr.	**JY**	72
Karolinenstr.	**JZ**	
Katharinengasse	**KZ**	73
Königstorgraben	**KZ**	77
Königstr.	**JZ**	78
K.-Grillenberger-Str.	**HZ**	69
Lessingstr.	**JZ**	82
Lorenzer Str.	**KZ**	84
Ludwigstr.	**HZ**	
Luitpoldstr.	**JZ**	86
Marientorgraben	**KZ**	87
Maxbrücke	**JY**	90
Mohrengasse	**HYZ**	95
Museumsbrücke	**JY**	99
Obere Krämersgasse	**JY**	105
Obere Wörthstr.	**JZ**	106
Obstmarkt	**JY**	107
Pfannenschmiedsgasse	**JZ**	110
Prinzregentenufer	**KZ**	116
Rathauspl.	**JY**	117
Richard-Wagner-Pl.	**JZ**	121
Schlotfegergasse	**HZ**	125
Steubenbrücke	**KY**	138
Tafelhofstr.	**JZ**	142
Vordere Ledergasse	**HZ**	148
Vordere Sterngasse	**JZ**	149
Weißgerbergasse	**JY**	154

🏨 **Loew's Merkur**
Pillenreuther Str. 1 ⊠ 90459 – ℰ (0911) 99 43 30 – www.loews-hotel-merkur.de
200 Zim ☐ – †78/190 € ††100/220 € **Rest** – Karte 21/55 €   **FXa**
♦ Bereits seit 1930 wird das Hotel in Bahnhofsnähe privat geführt. Man bietet unterschiedliche Zimmer, darunter sowohl neuzeitliche Doppelzimmer als auch kleine Einzelzimmer. Freundliches gediegenes Ambiente im Restaurant. Klassische Hotelbar.

🏨 **Agneshof** garni
Agnesgasse 10 ⊠ 90403 – ℰ (0911) 21 44 40 – www.agneshof-nuernberg.de
74 Zim ☐ – †69/220 € ††93/260 €   **JYc**
♦ In ruhiger Lage mitten in der Altstadt steht dieses zeitgemäß eingerichtete Hotel. Die Zimmer liegen meist zu den Gartenhöfen, nett ist der kleine Saunabereich mit Whirlpool.

🏨 **Am Heideloffplatz** garni
Heideloffplatz 9 ⊠ 90478 – ℰ (0911) 94 45 30 – www.hotelamheideloffplatz.de
– geschl. 22. Dezember - 4. Januar
32 Zim ☐ – †82/185 € ††123/285 €   **FXt**
♦ Eine sympathische Adresse ist das engagiert geführte Hotel an einem kleinen Platz am Zentrumsrand. In jedem der wohnlichen Gästezimmer findet sich ein Original des Malers Dülp.

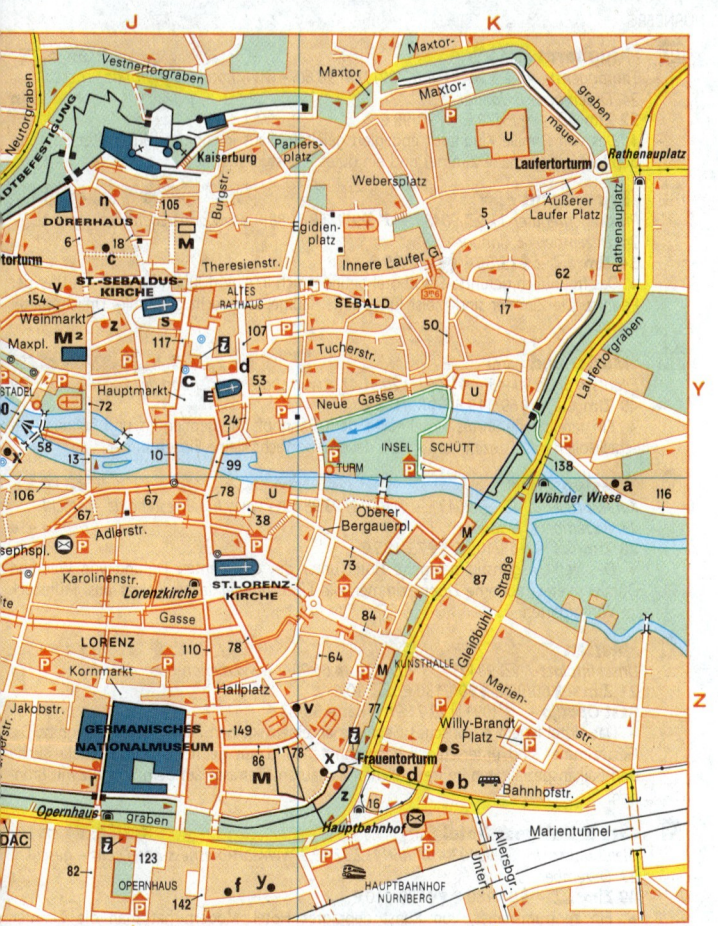

Nürnberg City West garni
Regerstr. 6 ⊠ 90429 – ℰ (0911) 2 17 50 – www.bestwestern-nuernberg.de
234 Zim ⊇ – ✝69/89 € ✝✝99/119 € – 6 Suiten   DVa
♦ Ein modernes und funktionelles Businesshotel, das acht U-Bahn-Minuten vom Zentrum entfernt ist. Heller, nach hinten gelegener Frühstücksraum mit gutem Buffet.

Victoria garni
Königstr. 80 ⊠ 90402 – ℰ (0911) 2 40 50 – www.hotelvictoria.de   KZx
64 Zim ⊇ – ✝78/98 € ✝✝98/138 €
♦ Freundlich, zeitgemäß und wohnlich sind die Zimmer in diesem gut geführten Hotel, einem historischen Haus mit hübscher Natursteinfassade neben dem Eingang zum Handwerkerhof.

Am Josephsplatz garni
Josephsplatz 30 ⊠ 90403 – ℰ (0911) 21 44 70 – www.hotel-am-josephsplatz.de
– geschl. 23. Dezember - 6. Januar   JZk
36 Zim ⊇ – ✝90/101 € ✝✝120/145 € – 4 Suiten
♦ Eine sympathische, persönlich geführte Adresse ist das Altstadthaus von 1675. Man wohnt in gemütlichen, individuellen Zimmern und entspannt auf der sonnigen Dachterrasse.

Klughardt garni
Tauroggenstr. 40 ⊠ 90491 – ℰ (0911) 91 98 80 – www.hotel-klughardt.de – geschl. 24. Dezember - 6. Januar GU**n**
32 Zim – †75/79 € ††90/99 €
◆ Das von Familie Klughardt engagiert geleitete Haus in ruhiger Lage bietet tipptopp gepflegte zeitgemäße Zimmer und ein gutes Frühstücksbuffet.

Prinzregent garni
Prinzregentenufer 11 ⊠ 90489 – ℰ (0911) 58 81 88 – www.prinzregent.net – geschl. 24. Dezember - 6. Januar KZ**a**
34 Zim – †75/85 € ††95/105 €
◆ Das freundlich geführte Stadthotel befindet sich in einem Jugendstilhaus am Ufer der Pegnitz. Die Zimmer sind meist luftig-hohe Räume, teils recht geräumig. Drei Appartements.

Marienbad garni
Eilgutstr. 5 ⊠ 90443 – ℰ (0911) 20 31 47 – www.hotel-marienbad.de JZ**y**
49 Zim ⊇ – †69/119 € ††89/189 €
◆ Ein familiär geführtes Hotel nahe dem Bahnhof mit gepflegten und soliden, gut schallisolierten Gästezimmern - viele davon sind recht kleine Einzelzimmer.

Westend garni
Karl-Martell-Str. 42 ⊠ 90431 – ℰ (0911) 93 98 60 – www.hotelwestend.de – geschl. 23. Dezember - 7. Januar AS**e**
28 Zim ⊇ – †63/105 € ††75/185 €
◆ Das verkehrsgünstig gelegene Hotel unter der charmanten Leitung von Waltraud Dümler bietet moderne Doppelzimmer, die Einzelzimmer fallen kleiner aus. Frühstück im Wintergarten.

Merian
Unschlittplatz 7 ⊠ 90403 – ℰ (0911) 2 14 66 90 – www.merian-hotel.de JY**x**
21 Zim – †60/90 € ††90/130 €, ⊇ 10 €
Rest *Opatija* – ℰ (0911) 22 71 96 – Karte 33/63 €
◆ Das Hotel ist ein historisches Gebäude an einem kleinen Platz nahe der Pegnitz. Die Gästezimmer sind unterschiedlich geschnitten und gut gepflegt. Internationale Küche und Balkanspezialitäten im freundlichen Restaurant. Terrasse auf dem Vorplatz mit Brunnen.

art & business hotel garni
Gleißbühlstr. 15 ⊠ 90402 – ℰ (0911) 2 32 10 – www.art-buisness-hotel.com – geschl. 23. Dezember - Januar KZ**s**
49 Zim ⊇ – †94/160 € ††120/210 €
◆ Ein zentrumsnahes, von Kunst geprägtes Hotel. Modern hat man die Zimmer, die Lounge-Bar und den schönen Frühstücksraum zum Innenhof gestaltet. Brot und Marmelade sind hausgemacht.

Essigbrätlein (Andree Köthe)
Weinmarkt 3 ⊠ 90403 – ℰ (0911) 22 51 31 – geschl. Weihnachten - Anfang Januar, über Ostern 1 Woche, August 2 Wochen und Sonntag - Montag JY**z**
Rest – (Tischbestellung ratsam) Menü 72 € (mittags)/109 € (abends)
Spez. Rote Bete mit Meerrettich und Kirschblüten. Lamm mit Senf und Zwiebeln. Warmer Zitronenkuchen mit Rucolasaft.
◆ Viele Gäste passen nicht gerade in die gemütlich getäfelte kleine Stube - und die Plätze sind sehr begehrt! Wer einmal hier war, weiß warum: Zum einen ist es ein sympathisch-unkompliziertes Restaurant, zum anderen sind Yves Ollech und Andree Köthe innovative Vertreter ihres Fachs!

Aumer's La Vie
Kartäusergasse 12 ⊠ 90402 – ℰ (0911) 2 44 97 74 – www.aumers-la-vie.de – geschl. 21. August - 5. September, über Weihnachten und Sonntag - Montag JZ**r**
Rest – Menü 41 € (mittags)/89 € – Karte 54/61 €
◆ Ambitionierte zeitgemäße Küche und eine gute Weinauswahl bietet man im Jugendstil-Nebengebäude des Germanischen Nationalmuseums. Dazu modernes Ambiente und sehr netter Service.

NÜRNBERG

XX Entenstuben

Schranke 9 ⊠ 90489 – ℰ (0911) 5 20 91 28 – www.entenstuben.de – geschl. Sonntag - Montag GV**e**

Rest – *(nur Abendessen)* Menü 68/78 € – Karte 41/84 €

• Nett sitzt man in dem eleganten kleinen Restaurant mit behaglicher Wohnzimmer-Atmosphäre. Manfred Burr bietet eine gute klassische Küche, die auch die vielen Stammgäste schätzen.

XX Da Claudio

Hauptmarkt 16 ⊠ 90403 – ℰ (0911) 20 47 52 – www.daclaudio.de – geschl. Sonntag - Montagmittag JY**d**

Rest – Menü 21 € (mittags)/64 € – Karte 25/61 €

• Hell und freundlich ist das Restaurant direkt hinter dem Hauptmarkt, in dem die Gäste aus einem italienischen Speiseangebot wählen - schon das Antipasti-Buffet macht Appetit.

XX Restauration Fischer

Schottengasse 1 ⊠ 90402 – ℰ (0911) 9 89 88 70 – geschl. Anfang Januar 1 Woche, Juli 2 Wochen und Montag HZ**f**

Rest – *(nur Abendessen)* Menü 49/89 € – Karte 41/51 €

• In der behaglichen, liebenswert gestalteten 1. Etage des sanierten alten Fachwerkhauses serviert man internationale Küche. Im EG: einige Bistrotische und die einsehbare Küche.

XX Zum Sudhaus

Bergstr. 20 ⊠ 90403 – ℰ (0911) 20 43 14 – www.sudhausnuernberg.de – geschl. Sonntag JY**n**

Rest – Karte 28/44 €

• Eine der gefragtesten Adressen in Nürnberg. In dem heimeligen Restaurant mit rustikalem Charme bestimmt Fränkisches mit internationalem Einfluss die Karte.

XX Quo vadis

Elbinger Str. 28 ⊠ 90491 – ℰ (0911) 51 55 53 – www.ristorante-quovadis.de – geschl. Montag GU**e**

Rest – Menü 35/40 € – Karte 27/36 €

• Restaurant in einem alten Natursteinhaus mit rustikal-mediterranem Ambiente und schöner gepflegter Terrasse. Eine Tafel ergänzt die italienische Speisekarte.

X Koch und Kellner

Obere Seitenstr. 4 ⊠ 90429 – ℰ (0911) 26 61 66 – www.kochundkellner.de – geschl. Sonntag DV**n**

Rest – Menü 35 € (mittags)/58 € – Karte 46/59 €

• Koch und Kellner, namentlich Christian Raum und Frank Mackert, sorgen in dem sympathischen Bistro mit frischer zeitgemäßer Küche und guten Weinen für das Wohl der Gäste.

X Würzhaus

Kirchenweg 3 ⊠ 90419 – ℰ (0911) 9 37 34 55 – www.wuerzhaus.info – geschl. 24. - 26. Dezember, 1. - 9. Januar und Samstagmittag, Sonntag - Montagmittag

Rest – (Tischbestellung ratsam) Menü 17 € (mittags)/64 € EU**w**
– Karte 32/40 €

• Diana Burkel kocht modern, ungezwungen-kreativ und schmackhaft. Die Atmosphäre ist angenehm leger, der Service sehr freundlich. Mittags ist das Angebot einfacher.

X Wonka

Johannisstr. 38 ⊠ 90419 – ℰ (0911) 39 62 15 – geschl. 1. - 6. Januar, über Ostern 1 Woche, Ende August 2 Wochen und Samstagmittag, Sonntag - Montag DEV**w**

Rest – Menü 32 € (mittags)/84 € – Karte 41/57 €

• Nett sitzt man im Restaurant oder im Innenhof bei ambitionierter saisonaler Küche. Mittagsangebot in Menüform. In der Küchenwerkstatt nebenan bietet man Kochkurse an.

X Sebald

Weinmarkt 14 ⊠ 90403 – ℰ (0911) 38 13 03 – www.restaurant-sebald.de – geschl. Sonntag JY**v**

Rest – Karte 32/57 €

• Ein Altstadthaus beherbergt das freundliche neuzeitliche Restaurant mit legerer Atmosphäre. Livemusik am Wochenende von Oktober bis April. Mit Bistrobereich.

NÜRNBERG

IU & ON
Roritzerstr. 10 ⊠ 90419 – ℰ (0911) 33 67 67 – www.iu-on.de – geschl. August und Dienstag

Rest – Menü 37 € – Karte 35/42 €

EUp

• Restaurant mit hellem modernem Interieur in einer kleinen Seitenstraße. Die Schwestern Iu und On bereiten thailändische Speisen zu, interessant ist auch die kleine Weinkarte.

> **NÜRNBERGER BRATWURST-LOKALE:** Bis ins 14. Jh. reicht die Tradition dieser rustikal-gemütlichen Lokale zurück. Über Buchenholzfeuer gegrillt schmecken die Würste besonders gut.

Historische Bratwurstküche Zum Gulden Stern
Zirkelschmiedsgasse 26 ⊠ 90402 – ℰ (0911) 2 05 92 88
– www.bratwurstkueche.de

HZf

Rest – Karte 14/27 €

• Sehr gemütlich sind die nett dekorierten Stuben in dem Gasthaus von 1419. In der angeblich ältesten Bratwurstküche der Welt kommt die Bratwurst natürlich vom Buchenholzrost.

Bratwursthäusle
Rathausplatz 1 ⊠ 90403 – ℰ (0911) 22 76 95 – www.bratwurst-haeusle.de – geschl. Sonntag

JYs

Rest – Menü 13/21 € – Karte 14/23 €

• Zwischen Hauptmarkt und Kaiserburg liegt das Bratwurstlokal schlechthin. Eine äußerst beliebte Adresse mit gemütlich-rustikalem Flair, mittig der Grill.

Das Bratwurstglöcklein
im Handwerkerhof ⊠ 90402 – ℰ (0911) 22 51 53 – www.goldenes-posthorn.de
– geschl. Sonntag

KZz

Rest – Menü 13/24 € – Karte 13/23 €

• Das Fachwerkhäuschen im Nürnberger Handwerkerhof hat eine lange Tradition als Bratwurstküche. Bis spät am Abend servieren Damen im Dirndl die über Buchholzfeuer gegrillte Wurst.

In Nürnberg-Altenfurt

Ramada Landhotel
Oelser Str. 2 ⊠ 90475 – ℰ (0911) 9 84 64 90 – www.ramada.de

CTz

70 Zim ⊇ – †90 € ††120 €   **Rest** – Karte 17/44 €

• Das Businesshotel überzeugt durch seine Nähe zur Messe und die gute Autobahnanbindung. Die Gästezimmer sind eher klein, aber gut gepflegt und funktionell.

Nürnberger Trichter garni
Löwenberger Str. 147 ⊠ 90475 – ℰ (0911) 8 33 50 – www.nuernberger-trichter.de
– geschl. 1. - 9. Januar, 5. - 10. April, 25. - 29. Mai, 21. - 31. Dezember

CTa

38 Zim ⊇ – †56/72 € ††82/100 €

• Das familiär geführte Hotel liegt verkehrsgünstig nahe der Messe und dem Fußballstadion und verfügt über unterschiedlich möblierte Zimmer von neuzeitlich bis rustikal.

In Nürnberg-Boxdorf Nord: 9 km über Erlanger Straße BS

Schindlerhof (mit Gästehäusern)
Steinacher Str. 6 ⊠ 90427 – ℰ (0911) 9 30 20 – www.schindlerhof.de

92 Zim ⊇ – †109/137 € ††158 € – 2 Suiten

Rest – Menü 28 € (mittags)/50 € – Karte 32/51 €

• Die aus sechs Häusern bestehende Hotelanlage ist ein exzellentes und innovatives Tagungshotel mit wohnlichen, teils ganz modernen Zimmern. Nett ist der kleine Teich mit Koikarpfen. Das Restaurant: verschiedene freundliche Stuben und ein schöner Innenhof.

In Nürnberg-Buch

Gasthof Bammes
Bucher Hauptstr. 63 ⊠ 90427 – ℰ (0911) 9 38 95 20 – www.gasthof-bammes.de
– geschl. 2. - 25. Januar und Montag, außer an Feiertagen

BSg

Rest – Menü 18/39 € – Karte 13/43 €

• Bürgerlich-regional isst man in dem historischen fränkischen Gasthof. Das Restaurant teilt sich in fünf charmante Stuben, die behaglich-rustikal gestaltet sind.

NÜRNBERG

In Nürnberg-Fischbach

Fischbacher Stuben garni
Hutbergstr. 2b ⊠ 90475 – ℰ (0911) 83 10 11 – www.hotel.nuernberg.ms – geschl. Mitte Dezember - Mitte Januar CTs
12 Zim – †69/99 € ††89/129 €, ⊐ 15 €

• Das familiär geleitete kleine Hotel ist besonders auf Messegäste ausgelegt. Man bietet zeitgemäße, praktische Zimmer, darunter auch einige Maisonetten.

In Nürnberg-Flughafen

Mövenpick garni
Flughafenstr. 100 ⊠ 90411 – ℰ (0911) 3 50 10
– www.moevenpick-nuernberg-airport.com BSc
150 Zim – †75/325 € ††75/325 €, ⊐ 20 €

• Eine funktionale Businessadresse direkt am Flughafen. Hell und freundlich sind die Zimmer und der Frühstücksraum, in dem Sie am Morgen ein gutes Buffet erwartet.

In Nürnberg-Gebersdorf

NOVINA HOTEL Tillypark
Wallensteinstr. 71 ⊠ 90431 – ℰ (0911) 81 76 70 – www.novina-hotel-tillypark.de
131 Zim ⊐ – †89/140 € ††116/167 € – ½ P 13 € ASk
Rest – (nur Abendessen) Karte 15/41 €

• Das aus einer ehemaligen Kaserne entstandene Hotel bietet helle, moderne Zimmer mit gutem Platzangebot. Praktisch ist die Anbindung an Autobahn, Innenstadt und Messe. Internationale Küche im freundlich und geradlinig gestalteten Restaurant.

In Nürnberg-Großreuth bei Schweinau

Rottner (mit Gästehaus)
Winterstr. 17 ⊠ 90431 – ℰ (0911) 65 84 80 – www.rottner-hotel.de – geschl. 24. Dezember - 9. Januar ASr
37 Zim ⊐ – †104/157 € ††143/179 €
Rest *Gasthaus Rottner* – siehe Restaurantauswahl

• Mit diesem neuzeitlichen Hotel hat man das historische Gasthaus Rottner erweitert. Schöne Lobby, wohnliche Zimmer mit geschmackvollen runden Bädern und kostenfreier Minibar sowie hochwertiges Frühstück im hellen Pavillon oder auf der Terrasse.

Gasthaus Rottner – Hotel Rottner
Winterstr. 15 ⊠ 90431 – ℰ (0911) 61 20 32 – www.rottner-hotel.de
– geschl. 24. Dezember - 9. Januar sowie Samstagmittag, Sonntag
und an Feiertagen ASr
Rest – (Tischbestellung ratsam) Menü 42/66 € – Karte 50/61 €

• In dem hübschen Fachwerkhaus bietet man internationale und regionale Küche. Freundlich ist der geschulte Service im Dirndl, gemütlich sind die Stuben. Man kann auch im lauschigen Restaurantgarten hinter dem Haus speisen. Alternative: Nussbaumgarten beim Eingang.

In Nürnberg-Kornburg

Weißes Lamm (mit Gästehaus)
Flockenstr. 2 ⊠ 90455 – ℰ (09129) 2 81 60 – www.weisses-lamm.com – geschl. Mitte August - Anfang September
30 Zim ⊐ – †42/55 € ††62/75 € **Rest** – (geschl. Freitag) Karte 19/27 € BTa

• Ein ländlicher Gasthof mit Familientradition seit 1732, zu dem auch eine eigene Metzgerei gehört. Gepflegte, solide Zimmer zu einem guten Preis-Leistungs-Verhältnis. Nett sitzt man in der rustikalen Gaststube.

In Nürnberg-Kraftshof Nord: 7 km über Erlanger Straße und Kraftshofer Hauptstraße BS

Schwarzer Adler
Kraftshofer Hauptstr. 166 ⊠ 90427 – ℰ (0911) 30 58 58 – www.schwarzer-adler.com
Rest – (Tischbestellung ratsam) Menü 55 € (mittags)/90 € – Karte 49/61 €

• Seit über 250 Jahren existiert dieser fränkische Gasthof. Die gute und schmackhafte klassische Küche serviert man in gemütlichen elegant-rustikalen Stuben oder auf der schönen Gartenterrasse.

NÜRNBERG

Alte Post
Kraftshofer Hauptstr. 164 ⊠ 90427 – ℰ (0911) 30 58 63 – www.altepost.net
Rest – Karte 20/43 €
♦ Hier kommt bürgerlich-fränkische Küche auf den Tisch. Der a. d. 15. Jh. stammende Gasthof unter familiärer Leitung beherbergt liebenswerte, behaglich-rustikale Stuben.

In Nürnberg-Laufamholz

Park-Hotel garni
Brandstr. 64 ⊠ 90482 – ℰ (0911) 95 07 00 – www.park-hotel-laufamholz.de – geschl.
22. Dezember - 3. Januar
CSp
21 Zim ☐ – †70/95 € ††90/120 €
♦ Freundlich-familiär leitet Chefin Charlotte Sigel das tipptopp gepflegte kleine Hotel mit sehr netter Atmosphäre, wohnlich eingerichteten Gästezimmern und gutem Frühstück.

In Nürnberg-Moorenbrunn Süd-Ost: 15 km über A 73 CT

Landgasthof Gentner
Bregenzer Str. 31 ⊠ 90475 – ℰ (0911) 8 00 70 – www.landgasthof-gentner.de – geschl.
24. Dezember - 5. Januar
29 Zim ☐ – †68/134 € ††98/164 € – 1 Suite
Rest *Landgasthof Gentner* – siehe Restaurantauswahl
♦ In dem netten Gasthof der Familie Gentner stehen wohnlich eingerichtete Zimmer und ein freundlich-ländlich gestalteter Frühstücksraum bereit.

Landgasthof Gentner – Hotel Landgasthof Gentner
Bregenzer Str. 31 ⊠ 90475 – ℰ (0911) 8 00 70 – www.landgasthof-gentner.de – geschl.
24. Dezember - 5. Januar, 30. Juli - 15. August und Montagmittag
Rest – Menü 20/49 € – Karte 20/41 €
♦ Eine schnuckelige Adresse, die Sie sich merken sollten. Die Stuben, mit viel Zirbelholz alpenländisch eingerichtet, wirken sofort heimelig. Das Essen mundet nach fränkischer Art, wie z. B. Schweineschäufele mit Klößen. Schöner Biergarten!

In Nürnberg-Reutles über Erlanger Straße BS: 11 km

Höfler (mit Gästehaus)
Reutleser Str. 61 ⊠ 90427 – ℰ (0911) 9 30 39 60 – www.hotel-hoefler.de
35 Zim ☐ – †75/85 € ††95 €
Rest – (geschl. 21. Dezember - 7. Januar und Samstag - Sonntag sowie an Feiertagen) (nur Abendessen) Karte 16/25 €
♦ Ein familiengeführter regionstypischer Gasthof mit Gästehaus, der über gepflegte, in rustikalem Stil eingerichtete Zimmer verfügt. Im holzgetäfelten Restaurant mit Kachelofen bietet man fränkische Küche.

In Nürnberg-Worzeldorf

Zirbelstube mit Zim
Friedrich-Overbeck-Str. 1 ⊠ 90455 – ℰ (0911) 99 88 20 – www.zirbelstube.com – geschl.
1. - 9. Januar, 23. Juli - 7. August und Sonntag - Montagmittag, Dienstagmittag
6 Zim ☐ – †70/100 € ††93/140 € **Rest** – Karte 34/46 €
BTz
♦ In dem historischen Sandsteingebäude hat inzwischen Sebastian Kunkel, Sohn der Familie, die Leitung der Küche übernommen. Bei regionaler Kost mit internationalem Einfluss genießt man das gemütliche Ambiente. Weitere Plätze im freundlichen Gewölbe und auf der schönen Terrasse. Die Gäste können in Zimmern mit Landhausflair (teils mit freigelegten Holzbalken) übernachten.

In Nürnberg-Zerzabelshof

Hilton Nuremberg
Valznerweiherstr. 200 ⊠ 90480 – ℰ (0911) 4 02 90 – www.hilton.de/nuernberg
152 Zim ☐ – †148/349 € ††174/375 € – ½ P 36 €
CSu
Rest – Menü 28/35 € – Karte 23/52 €
♦ Das Tagungshotel liegt verkehrsgünstig in einer Sportanlage am Lorenzer Wald. Die komfortablen und funktionalen Zimmer sind teilweise in klaren modernen Linien gehalten. Internationale Küche im Restaurant. In der Magic Lounge zaubert ein Close-up-Künstler.

NÜRTINGEN – Baden-Württemberg – 545 – 40 350 Ew – Höhe 291 m 55 H19
▶ Berlin 633 – Stuttgart 37 – Reutlingen 21 – Ulm (Donau) 66

Am Schlossberg
Europastr. 13 ✉ *72622* – ℰ *(07022) 70 40* – *www.hotel-am-schlossberg.de*
163 Zim – †97/134 € ††114/151 €, ⌶ 15 € – 1 Suite
Rest – (geschl. Sonntag - Montagmittag und an Feiertagen) (Ende Juli - Anfang September nur Abendessen) Karte 29/51 €

♦ Ein auf Tagungen zugeschnittenes Hotel mit funktionellen Gästezimmern. Die Zimmer im Anbau sind geräumiger und mit Klimaanlage ausgestattet. Beauty- und Massageanwendungen.

Vetter garni
Marienstr. 59 ✉ *72622* – ℰ *(07022) 9 21 60* – *www.hotel-vetter.de*
38 Zim ⌶ – †55/70 € ††85/90 €

♦ Das Hotel liegt in einem Wohngebiet außerhalb des Zentrums und ist tipptopp gepflegt. Die Komfortzimmer sind großzügiger geschnitten. Heller Frühstücksraum im Bistrostil.

Valentino
Heiligkreuzstr. 18 ✉ *72622* – ℰ *(07022) 3 11 14* – *www.ristorante-valentino.com*
– geschl. Samstagmittag, Sonntag
Rest – Karte 31/52 €

♦ Ein freundliches italienisches Restaurant in einem Gasthof a. d. 19. Jh. Man kocht mit schmackhaften, frischen Produkten - das Olivenöl stammt aus eigener Herstellung in Italien.

In Wolfschlugen Nord-West: 4,5 km über B 313 und Hardt

Reinhardtshof garni
Reinhardtstr. 13 ✉ *72649* – ℰ *(07022) 60 24 90* – *www.reinhardtshof.de* – geschl. August 3 Wochen
14 Zim ⌶ – †75/78 € ††98 €

♦ Freundlich leitet das Ehepaar Schmelcher das kleine Hotel in einem ruhigen Wohngebiet. Die Gästezimmer sind sehr gepflegt und praktisch ausgestattet. Raucherlounge.

NUTHETAL – Brandenburg – 542 – 8 800 Ew – Höhe 34 m 22 O8
▶ Berlin 41 – Potsdam 17 – Belzig 55 – Magdeburg 123

In Nuthetal-Philippsthal Süd-Ost: 6 km über Potsdamer Straße

Philippsthal
Philippsthaler Dorfstr. 35 ✉ *14558* – ℰ *(033200) 52 44 32*
– *www.restaurant-philippsthal.de*
Rest – Menü 39/49 € – Karte 34/42 €

♦ Neben der Dorfkirche steht dieses hübsche denkmalgeschützte Anwesen, in dem schmackhafte saisonale Küche geboten wird. Das Ambiente: Backstein und rustikales Holz kombiniert mit modernen Formen. Draußen hat man im Sommer den netten Hofgarten.

OBERAMMERGAU – Bayern – 546 – 5 210 Ew – Höhe 837 m 65 K21
– Wintersport: 1 700 m ⛷1 ⛷9 ⛷ – Luftkurort
▶ Berlin 678 – München 92 – Garmisch-Partenkirchen 19 – Landsberg am Lech 59
🛈 Eugen-Papst-Str. 9a, ✉ 82487, ℰ (08822) 92 27 40, www.ammergauer-alpen.de
◉ Schloss Linderhof★★, Süd-West: 10 km

Maximilian
Ettaler Str. 5 ✉ *82487* – ℰ *(08822) 94 87 40* – *www.maximilian-oberammergau.de*
19 Zim ⌶ – †110/250 € ††170/340 € – ½ P 32 € – 2 Suiten
Rest *Ammergauer Maxbräu* – siehe Restaurantauswahl
Rest *Benedikt's* – (geschl. Mitte Februar - Mitte März und Montag - Dienstag, Juli - August: Sonntag - Donnerstag) (nur Abendessen) Karte 45/52 €

♦ Chic stellt sich der alpenländisch-moderne Stil dieses luxuriösen kleinen Feriendomizils vor der malerischen Bergkulisse. Die Zimmer sind äußerst wohnlich und auch der Sauna- und Beautybereich ist ansprechend gestaltet. Sehr guter und aufmerksamer Service. Das Benedikt's bietet mediterrane Küche in geradlinig-elegantem Ambiente.

OBERAMMERGAU

Landhaus Feldmeier (mit Gästehäusern)
Ettaler Str. 29 ⊠ 82487 – ℰ (08822) 30 11
– www.hotel-feldmeier.de – geschl. 30. Oktober - 7. November
30 Zim – †72/95 € ††98/160 € – ½ P 16 €
Rest – *(geschl. Dienstag) (nur Abendessen)* Menü 17/23 € – Karte 21/38 €
♦ Auf drei Häuser im regionalen Stil verteilen sich die wohnlichen Zimmer mit Balkon oder Terrasse. Sehr geräumige Zimmer im neuzeitlichen Landhausstil bietet das neuere Gästehaus. Rustikales Restaurant.

Turmwirt garni
Ettaler Str. 2 ⊠ 82487 – ℰ (08822) 9 26 00 – www.turmwirt.de
23 Zim – †75/80 € ††99/120 € – 1 Suite
♦ Das Traditionshaus mit Ursprung im 18. Jh. steht mitten im Ort. Eine familiäre Adresse mit überwiegend zeitgemäß und hell gestalteten Zimmern.

Antonia garni
Freikorpsstr. 5 ⊠ 82487 – ℰ (08822) 9 20 10 – www.hotel-antonia.com
14 Zim – †45/68 € ††79/85 €
♦ In einer ruhigen Nebenstraße befindet sich das persönlich geführte kleine Hotel mit recht privatem Charakter. Die Zimmer sind gepflegt und zeitgemäß.

X Ammergauer Maxbräu – Hotel Maximilian
Ettaler Str. 5 ⊠ 82487 – ℰ (08822) 9 48 74 60 – www.maximilian-oberammergau.de
Rest – Karte 20/44 €
♦ Mittelpunkt des urigen Lokals ist der gesellige Schanktresen, an dem das hauseigene Bier gezapft wird. Aufgetischt werden bayerische Schmankerln, die Sie auch im Biergarten genießen können.

OBERAUDORF – Bayern – **546** – 4 920 Ew – Höhe 480 m – Wintersport: **66** N21
1 500 m ⏃23 ⏃ – Luftkurort
▶ Berlin 672 – München 81 – Bad Reichenhall 95 – Rosenheim 28
🛈 Kufsteiner Str. 6, ⊠ 83080, ℰ (08033) 3 01 20, www.oberaudorf.de

Ochsenwirt (mit Gästehaus)
Carl-Hagen-Str. 14 ⊠ 83080 – ℰ (08033) 3 07 90 – www.ochsenwirt.com
33 Zim – †42/50 € ††76/84 € – ½ P 14 €
Rest – *(geschl. Dienstag außer Saison)* Karte 13/38 €
♦ Wirtshaustradition seit 1445. Schon viele Generationen lang legt man hier großen Wert auf familiäre Atmosphäre. Zimmer meist mit Balkon, im Nebenhaus Kosmetik und Massage. Viel Holz und ein Kachelofen schaffen in den Bauernstuben bayerische Gemütlichkeit.

Bayerischer Hof
Sudelfeldstr.12 ⊠ 83080 – ℰ (08033) 9 23 50 – www.hotel-in-oberaudorf.com – geschl. November
13 Zim – †45/49 € ††72/88 € – ½ P 14 €
Rest – *(geschl. Dienstag)* Karte 20/36 €
♦ Im ehemaligen "Haus Rübezahl" von 1953 bietet Familie Wolf heute eher einfache und kleine Gästezimmer, die aber sehr gepflegt sind. Radel und Rodel kann man im Haus mieten. Man isst in rustikalen Stuben oder im sehr freundlichen, hellen Restaurant. Im Sommer ist die Terrasse beliebt.

XX Bernhard's mit Zim
Marienplatz 2 ⊠ 83080 – ℰ (08033) 3 05 70 – www.bernhards.biz – geschl. Donnerstag
10 Zim – †38/78 € ††66/120 € – ½ P 18 €
Rest – Menü 35 € – Karte 22/52 €
♦ Mit mediterranem Dekor hat man hier gemütliche Ecken geschaffen. Chef Peter Bernhard kocht regional, einige Gerichte widmet der gebürtige Schweizer auch seiner Heimat. Die Gästezimmer sind großzügig und mit freundlichen Farben und hübschen Stoffen schön im Landhausstil eingerichtet.

OBERAUDORF

Im Ortsteil Niederaudorf Nord : 2 km Richtung Flintsbach :

Alpenhof
Rosenheimer Str. 97 ⊠ 83080 – ⌀ (08033) 30 81 80 – www.alpenhof-oberaudorf.de
– geschl. 21. November - 17. Dezember
15 Zim – †46/66 € ††76/94 € – ½ P 15 €
Rest – (geschl. Montag) Menü 15/20 € – Karte 19/42 €
• Nicht zuletzt die familiäre Führung sorgt in dem netten Gasthof für Charme. Mit Obstgarten und Spielplatz sind hier auch Kinder gut aufgehoben. Langlaufloipe direkt am Haus. Restaurant mit regionstypischem Charakter. Kuchen backt man selbst.

An der Straße nach Bayrischzell Nord-West: 8,5 km

Feuriger Tatzlwurm
Tatzlwurm ⊠ 83080 Oberaudorf – ⌀ (08034) 3 00 80
– www.tatzlwurm.de
70 Zim – †69/115 € ††129/235 € – 2 Suiten   **Rest** – Karte 18/43 €
• An diese einstige Pilgerstätte in wunderbarer Natur kommt man heute zum Wander- oder Wellnessurlaub. Toll der Blick aufs Kaisergebirge und der Badeteich beim Wildbach vor dem Haus. Das Restaurant: Drachenstadl (ehemaliger 300 Jahre alter Heuboden) und heimelige Leiblstube von 1863.

OBERAULA – Hessen – 543 – 3 240 Ew – Höhe 326 m – Luftkurort   38 H13
▶ Berlin 425 – Wiesbaden 165 – Kassel 73 – Bad Hersfeld 22
🏌 Oberaula-Hausen, Am Golfplatz, ⌀ (06628) 9 15 40

Zum Stern
Hersfelder Str. 1 (B 454) ⊠ 36280 – ⌀ (06628) 9 20 20 – www.hotelzumstern.de
68 Zim ⌑ – †52/66 € ††82/104 € – ½ P 15 €   **Rest** – Karte 21/36 €
• Schon von außen nett anzusehen ist das schmucke Fachwerkhaus. Die meisten der ländlich-wohnlichen Gästezimmer liegen zum hübschen Garten hin und bieten einen Balkon, zwei der Zimmer sind Familienmaisonetten. Kleiner Spabereich. Ein Grill-Pavillon ergänzt das bürgerlich-rustikal gehaltene Restaurant.

OBERAURACH – Bayern – siehe Eltmann

OBERBOIHINGEN – Baden-Württemberg – 545 – 5 390 Ew – Höhe 276 m   55 H19
▶ Berlin 630 – Stuttgart 34 – Göppingen 26 – Reutlingen 25

Zur Linde
Nürtinger Str. 24 ⊠ 72644 – ⌀ (07022) 6 11 68 – www.linde-oberboihingen.de – geschl. Montag - Dienstag
Rest – Menü 29/55 € – Karte 20/47 €
• Jörg und Heike Ebermann bieten in dem klassisch gehaltenen Restaurant aufmerksamen Service sowie regionale und internationale Speisen, die aus frischen, guten Produkten sorgfältig zubereitet werden.

OBERDING – Bayern – siehe Freising

OBERELSBACH – Bayern – 546 – 2 750 Ew – Höhe 420 m – Wintersport: ⛷   39 I14
▶ Berlin 410 – München 325 – Fulda 52 – Bamberg 99
🛈 Unterelsbacher Str. 4, ⊠ 97656, ⌀ (09774) 91 02 60, www.naturpark-rhoen.de

In Oberelsbach-Ginolfs Süd-West: 4 km Richtung Bischofsheim, nach 1 km rechts

Fischerhütte Edwin
Herbertsweg 1 ⊠ 97656 – ⌀ (09774) 85 83 38 – www.fischerhuette-edwin.de
– geschl. Februar 2 Wochen und Montag - Dienstag
Rest – Karte 15/34 €
• Ein schlicht-modern gehaltenes Restaurant in einem Holzhaus auf Pfählen mitten im Biosphärenreservat Rhön. Man bietet vorwiegend Fisch aus den eigenen Forellenteichen am Haus.

OBERELSBACH

In Oberelsbach-Unterelsbach Süd-Ost: 2,5 km über Unterelsbacher Straße und Schlagmühle

Landhaus Hubertus
Röderweg 9 ⊠ 97656 – ☏ (09774) 85 80 80 – www.rhoen-landhotel-hubertus.de
10 Zim – †64 € ††98 € – 1 Suite   **Rest** – Karte 19/35 €
♦ Bernd und Sara Voll (sie stammt aus Mexiko, wo sich beide kennengelernt haben) bieten hier in ruhiger Lage gepflegte, meist rustikal eingerichtete Zimmer und einen großen Garten. In diesen kann man vom Restaurant aus schauen, während man sich die u. a. mexikanisch beeinflusste Küche servieren lässt.

OBERGÜNZBURG – Bayern – 546 – 6 290 Ew – Höhe 737 m   64 J21
▶ Berlin 652 – München 111 – Kempten (Allgäu) 19 – Memmingen 36

Goldener Hirsch mit Zim
Marktplatz 4 ⊠ 87634 – ☏ (08372) 74 80 – www.hirsch-oberguenzburg.de – geschl. August 2 Wochen und Sonntagabend - Montag
5 Zim – †41 € ††66 €   **Rest** – Karte 18/37 €
♦ Der gestandene Gasthof mit grüner Fassade und roten Fensterläden beherbergt die gemütliche holzgetäfelte Gaststube und das Museumsstüble. Geboten wird internationale Küche.

OBERHACHING – Bayern – 546 – 12 790 Ew – Höhe 576 m   65 L20
▶ Berlin 614 – München 16 – Innsbruck 156 – Kufstein 82

Hachinger Hof
Pfarrer-Socher-Str. 39 ⊠ 82041 – ☏ (089) 61 37 80 – www.hachinger-hof.de – geschl. 24. Dezember - 4. Januar
75 Zim – †65/110 € ††83/130 €   **Rest** – (nur Abendessen) Karte 21/37 €
♦ Zwei miteinander verbundene Häuser bilden dieses familiengeführte Hotel in voralpenländischer Umgebung. Die soliden Zimmer sind rustikal oder etwas zeitgemäßer. Das Restaurant teilt sich in ländlich-gemütliche Stuben.

OBERHAUSEN – Nordrhein-Westfalen – 543 – 214 030 Ew – Höhe 42 m   26 C11
▶ Berlin 536 – Düsseldorf 35 – Duisburg 10 – Essen 12
ADAC Lessingstr. 2 (Buschhausen) V
🛈 Willy-Brandt-Platz 2 Z, ⊠ 46045, ☏ (0208) 8 24 57 13, www.oberhausen.de
⛳ Red Golf Oberhausen, Jacobistr. 35, ☏ (0208) 2 99 73 35
◉ Gasometer ★ X – Rheinisches Industriemuseum ★ Y

Mercure
Max-Planck-Ring 6 ⊠ 46049 – ☏ (0208) 4 44 10 – www.mercure-oberhausen.de
94 Zim – †70/150 € ††90/180 €, ⊇ 16 €   Xe
Rest – (geschl. Samstag - Sonntag) (nur Abendessen) Karte 24/34 €
♦ Modernes Businesshotel in einem Industriegebiet mit individuellen, wohnlichen und farblich interessant gestalteten Zimmern. W-Lan bietet man kostenfrei. Gutes Frühstücksbuffet. Freundlich ist das Ambiente im Restaurant.

TRYP
Centroallee 280 ⊠ 46047 – ☏ (0208) 8 20 20 – www.solmelia.com   Xb
210 Zim – †69/106 € ††69/126 €, ⊇ 14 € – ½ P 22 €
Rest – (geschl. Sonntag und an Feiertagen) Karte 26/33 €
♦ Das Hotel am Centro, dem großen Shopping- und Freizeitzentrum, verfügt über neuzeitliche und freundliche Zimmer. Premium-Zimmer mit kleinen Extras, geräumige Juniorsuiten.

Opgen-Rhein
Wörthstr. 12 ⊠ 46045 – ☏ (0208) 9 70 92 40 – www.opgen-rhein.net – geschl. Juli - August und Sonntag - Dienstag   Zb
Rest – (nur Abendessen) Karte 40/54 €
♦ Klares modernes Design und frische Farben bestimmen das Bild in dem recht großzügigen und komfortablen Restaurant mit Retro-Touch. Die Küche ist klassisch ausgerichtet.

OBERHAUSEN

Alleestr.	X 2
Bahnhofstr.	V 3
Biefangstr.	V 6
Bottroper Str.	V 7
Buschhausener Str.	X, Y 8
Christian-Steger-Str.	Z 9
Concordiastr.	X, Z 10
Dorstener Str.	V 13
Duisburger Str.	V 14
Elsässer Str.	Z 15
Erzbergerstr.	V 16
Falkensteinstr.	X 17
Friedenspl.	Z 19
Frintroper Str.	V 20
Gerichtstr.	Z 21
Holtener Str.	V 24
Kapellenstr.	X 28
Kirchhellener Str.	V 29
Königstr.	V 32
Langemarkstr.	Z 33
Marktstr.	Z
Mellinghofer Str.	X 36
Mülheimer Str.	X 37
Neumühler Str.	X 40
Oberhauser Str.	X 41
Obermeidericher Str.	X 43
Osterfelder Str.	V 44
Poststr.	Z 46
Postweg	V 47
Prälat-Wirtz-Str.	Z 49
Ruhrorter Str.	X 50
Sterkrader Str.	V 51
Sterkrader Str. BOTTROP	V 52
Willy-Brandt-Pl.	Y 55
Wilmsstr.	X 57

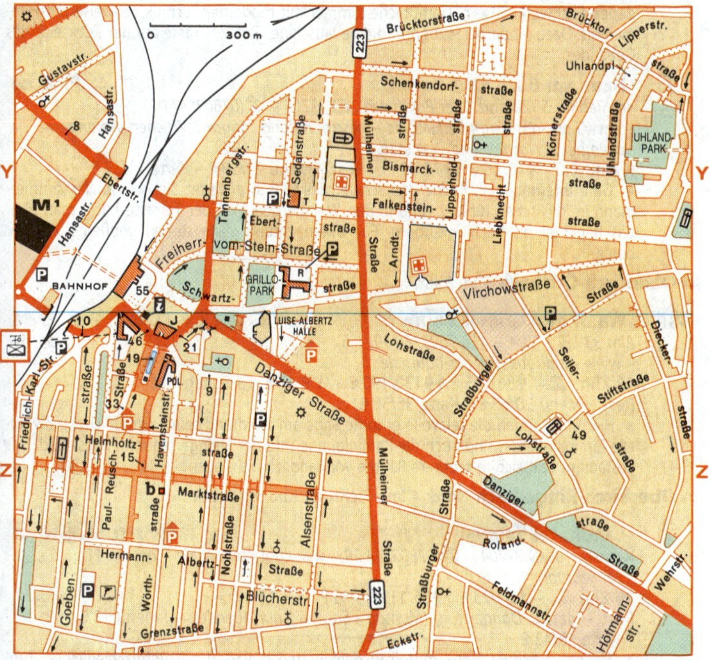

OBERHAUSEN

Hackbarth's Restaurant
Im Lipperfeld 44 ⌧ 46047 – ℰ (0208) 2 21 88 – www.hackbarths.de – geschl. 24. Dezember - 7. Januar und Samstagmittag, Sonntag Xd
Rest – Menü 22/48 € – Karte 18/59 €
• Ein sehr nettes Restaurant mit freundlich-legerem Service und internationaler Küche. Das Ambiente: mediterraner Bistrostil mit eleganter Note. Schöne kleine Terrasse.

OBERHOF – Thüringen – **544** – 1 520 Ew – Höhe 800 m   40 K13
– Wintersport: 830 m ≰ 4 ≱ – Luftkurort
▶ Berlin 337 – Erfurt 58 – Bamberg 106 – Eisenach 53
🛈 Crawinkler Str. 2, ⌧ 98559, ℰ (036842) 26 91 71, www.oberhof.de

Berghotel
Theodor-Neubauer-Str. 20 ⌧ 98559 – ℰ (036842) 2 70 – www.berghotel-oberhof.de
67 Zim – †58/88 € ††84/144 € – ½ P 13 €   **Rest** – Karte 18/35 €
• Das Haus verfügt über funktionelle Zimmer, die in mediterranen Farben gehalten sind. Zudem steht ein schöner Saunabereich bereit, in dem man auch Massagen anbietet. Gemütliches Ambiente im Restaurant.

OBERKIRCH – Baden-Württemberg – **545** – 19 990 Ew – Höhe 192 m   54 E19
– Erholungsort
▶ Berlin 739 – Stuttgart 140 – Karlsruhe 76 – Offenburg 16
🛈 Bahnhofstr. 16, ⌧ 77704, ℰ (07802) 8 26 00, www.oberkirch.de

Zur Oberen Linde
Hauptstr. 25 ⌧ 77704 – ℰ (07802) 80 20 – www.zur-oberen-linde.de
27 Zim – †65/85 € ††95/148 € – ½ P 29 €
Rest – (geschl. Montag) Menü 38/64 € – Karte 35/60 €
• Das engagiert geführte Hotel besteht aus zwei wunderschönen, miteinander verbundenen Fachwerkhäusern. Gemütliche Zimmer mit moderner Technik, teilweise mit Himmelbett. Dazu ländliche Stuben und eine lauschige Gartenterrasse auf der Rückseite des Gebäudes.

Haus am Berg mit Zim
Am Rebhof 5 (Zufahrt über Privatweg) ⌧ 77704 – ℰ (07802) 47 01 – www.haus-am-berg-oberkirch.de – geschl. Anfang Januar 2 Wochen, Anfang November 2 Wochen und Dienstag
9 Zim – †40/56 € ††70/90 €   **Rest** – Menü 23/59 € – Karte 24/57 €
• Gute internationale Küche mit Schwerpunkt Fisch erwartet Sie bei Familie Zimmermann in idyllischer, ruhiger Lage in den Weinbergen. Von der Terrasse blickt man über das Renchtal bis nach Straßburg. Für Übernachtungsgäste stehen gepflegte Zimmer bereit.

In Oberkirch-Ödsbach Süd: 3 km

Waldhotel Grüner Baum
Alm 33 ⌧ 77704 – ℰ (07802) 80 90 – www.waldhotel-gruener-baum.de
49 Zim – †86/145 € ††130/190 € – ½ P 27 € – 3 Suiten
Rest – Menü 20/65 € – Karte 36/58 €
• Hier überzeugen die reizvolle erhöhte Lage am Waldrand sowie gemütliche, individuelle Zimmer. Schön sind auch die Kaminlounge und der Steingarten mit Fitnesspfad. Das Restaurant teilt sich in mehrere Räume von ländlich bis elegant.

In Oberkirch-Ringelbach Nord: 4 km, Richtung Kappelrodeck

Landhotel Salmen
Weinstr. 10 ⌧ 77704 – ℰ (07802) 44 29 – www.hotelsalmen.de – geschl. 11. - 26. Februar
29 Zim – †60/75 € ††95/115 € – ½ P 18 €
Rest – (geschl. Donnerstag) (Montag - Samstag nur Abendessen) Menü 18 € – Karte 18/43 €
• Ein gewachsenes Hotel mitten in dem netten Weindorf mit unterschiedlichen Zimmern von rustikal über Businessstil bis hin zum Familienzimmer (teils mit Themen-Kinderzimmer). Bürgerlich-saisonale Küche im Restaurant und in der ländlichen Gaststube.

OBERMAISELSTEIN – Bayern – **546** – 940 Ew – Höhe 859 m 64 I22
▶ Berlin 739 – München 166 – Augsburg 141 – Bregenz 80

Nebelhorn ⌂ ≤ 🚗 🍴 📺 🎿 🛁 🏊 Rest, ¶¶ **P** VISA ⊕ ①
Am Herrenberg 10 ⌂ 87538 – ℰ (08326) 3 63 80 – www.nebelhorn-relax.de
11 Zim (inkl. ½ P.) – †121/160 € ††194/254 €
Rest – *(nur Abendessen für Hausgäste)*
♦ Das herzlich geführte Haus kombiniert alpenländisches Flair und geschmackvoll-modernes Design. Komfortable Zimmer mit Blick aufs Nebelhorn, Panoramaschwimmbad und Physiotherapie. Im Restaurant bietet man den Hausgästen die zu den Behandlungen passende Vitalkost an.

OBERNBURG – Bayern – **546** – 8 600 Ew – Höhe 127 m 48 G15
▶ Berlin 569 – München 356 – Frankfurt am Main 58 – Darmstadt 47

Zum Anker (mit Gästehaus) 🍴 ¶¶ **P** VISA ⊕ AE ①
Mainstr. 3 ⌂ 63785 – ℰ (06022) 6 16 70 – www.zum-anker.net
20 Zim ⌂ – †63/68 € ††80/85 €
Rest – *(geschl. Freitagabend, Sonntagabend)* Karte 26/42 €
♦ In einer Seitenstraße im Zentrum liegt dieser Familienbetrieb, bestehend aus einem schönen alten Fachwerkhaus und einem Gästehaus. Man verfügt über individuell gestaltete Zimmer. Das Restaurant ist mit Kamin und Eichenparkett ausgestattet.

OBERNDORF am NECKAR – Baden-Württemberg – **545** – 14 490 Ew 54 F20
– Höhe 506 m
▶ Berlin 709 – Stuttgart 80 – Konstanz 103 – Rottweil 18

Zum Wasserfall (mit Gästehaus) 🍴 🎿 ⛄ ¶¶ **P** VISA ⊕ AE
Lindenstr. 60 ⌂ 78727 – ℰ (07423) 92 80 – www.gasthof-hotel-zum-wasserfall.de
– geschl. 2. - 8. Januar
40 Zim ⌂ – †47/62 € ††72/78 € – ½ P 16 €
Rest – *(geschl. 6. - 26. August und Freitag - Samstag)* Karte 14/44 €
♦ Das Hotel in Hanglage am Ortsrand ist ein Familienbetrieb, der wohnlich und zeitgemäß eingerichtete Zimmer sowie freundliche Gästebetreuung bietet. Restaurant in bürgerlich-rustikalem Stil.

OBERNKIRCHEN – Niedersachsen – siehe Bückeburg

OBER-RAMSTADT – Hessen – **543** – 15 090 Ew – Höhe 217 m 47 F15
▶ Berlin 571 – Wiesbaden 58 – Frankfurt am Main 53 – Mannheim 56

Hessischer Hof 🍴 ⛄ ¶¶ 🛁 **P** VISA ⊕ AE ①
Schulstr. 14 ⌂ 64372 – ℰ (06154) 6 34 70 – www.hehof.de – geschl. 27. Dezember
- 6. Januar, 7. - 27. Juli
22 Zim – †46/70 € ††70/90 €, ⌂ 5 € – 1 Suite
Rest – *(geschl. Freitag - Samstagmittag)* Karte 27/45 €
♦ Das Haus mit langer Familientradition ist aus einer ehemaligen Zehntscheune entstanden. Die Gästezimmer sind gepflegt und wohnlich, einige sind etwas größer. Sorgfältig und schmackhaft bereitet man aus guten Produkten regionale Küche mit internationalem Einfluss.

OBERRIED – Baden-Württemberg – **545** – 2 830 Ew – Höhe 455 m 61 D20
– Wintersport: 1 250 m ⛷10 ⛸ – Erholungsort
▶ Berlin 804 – Stuttgart 182 – Freiburg im Breisgau 13 – Donaueschingen 59
ℹ Hauptstr. 24, ⌂ 79199, ℰ (07661) 90 79 80, www.dreisamportal.de

Gasthaus Sternen Post mit Zim 🍴 🎿 Zim, ⇔ **P**
Hauptstr. 30 ⌂ 79254 – ℰ (07661) 98 98 49 – www.gasthaus-sternen-post.de – geschl.
Dienstag
4 Zim ⌂ – †48/70 € ††75/90 € – 1 Suite **Rest** – Menü 46 € – Karte 30/44 €
♦ In dem schön sanierten Gasthaus von 1875 sitzt man in gemütlichen Stuben, in denen ein Kachelofen den rustikalen Charme unterstreicht. Die schmackhafte saisonal-regionale und auch internationale Küche hat mediterrane Einflüsse. Mit hübschen Stoffen und hellem Holz vermitteln die Gästezimmer Landhausflair.

OBERRIED

In Oberried-Hofsgrund Süd-West: 11 km Richtung Schauinsland

Die Halde
Halde 2 (Süd-West: 1,5 km) ⌧ 79254 – ℰ (07602) 9 44 70 – www.halde.com
38 Zim (inkl. ½ P.) – ♦158/169 € ♦♦240/302 € – 1 Suite
Rest *Die Halde* – siehe Restaurantauswahl
• Der einstige Bauernhof liegt sehr ruhig und abgeschieden in 1147 m Höhe - ideal für Wanderungen. Mit hochwertigen Materialien hat man überaus wohnliche Räume geschaffen, dazu ein fantastischer Ausblick. Wellness im Badehaus. Naturbadeteich.

Die Halde – Hotel Die Halde
Halde 2 (Süd-West: 1,5 km) ⌧ 79254 – ℰ (07602) 9 44 70 – www.halde.com
Rest – Menü 34/59 € – Karte 29/50 €
• Stilistisch gelungen ist hier die Melange aus Alt und Neu: wertvoll die historische Gaststube mit dunkler Holzvertäfelung, der neue Teil hell und modern gehalten. Wild aus heimischer Jagd!

In Oberried-Weilersbach Nord-Ost: 1 km

Zum Schützen
Weilersbach Str. 7 ⌧ 79254 – ℰ (07661) 9 84 30 – www.hotel-schuetzen.info
16 Zim – ♦46/65 € ♦♦76/80 € – ½ P 17 €
Rest – (geschl. Dienstag - Mittwochmittag, Mai - Anfang Oktober: Dienstagmittag, Mittwochmittag) Menü 15/35 € – Karte 19/48 €
• Wo jahrhundertelang eine Getreidemühle stand, bietet heute ein kleines Gasthaus solide mit Kiefernmöbeln eingerichtete Zimmer - einige werden auch als Ferienwohnung vermietet. Bürgerliche Küche in gemütlichen Stuben. Zudem hat man eine nette Terrasse am Osterbach.

Am Notschrei Süd: 11,5 km Richtung Todtnau

Hauptstr. 24, ⌧ 79199, ℰ (07661) 90 79 80, www.dreisamportal.de

Waldhotel am Notschrei
Freiburger Str. 56 ⌧ 79254 Oberried – ℰ (07602) 9 42 00
– www.waldhotel-am-notschrei.de
28 Zim – ♦62/85 € ♦♦118/138 € – ½ P 17 €
Rest – Menü 23/27 € – Karte 22/51 €
• Das Hotel liegt am Notschreipass in 1121 m Höhe und ist beliebt bei Wintersportlern, aber auch Wanderern und Radfahrern. Die Zimmer sind mit freundlichen Farben wohnlich gestaltet. Massage und Kosmetik.

OBERSCHLEISSHEIM – Bayern – **546** – 11 280 Ew – Höhe 483 m   65 L20

▶ Berlin 575 – München 17 – Regensburg 112 – Augsburg 64
◉ Schloss Schleißheim★

In Oberschleißheim-Lustheim Ost: 1 km über B 471

Zum Kurfürst (mit Gästehäusern)
Kapellenweg 5 ⌧ 85764 – ℰ (089) 31 57 90
– www.kurfuerst-hotel.de
89 Zim – ♦72/125 € ♦♦98/145 € – 1 Suite
Rest – (geschl. Ende Dezember - Anfang Januar 2 Wochen) Menü 19 € – Karte 20/38 €
• Bei Familie Kunstwaldl wohnt man recht ruhig beim Schlosspark und nur 20 S-Bahn-Minuten von München! Zimmer in den Kategorien Standard-, Komfort- und Superior oder günstigere "Chaletzimmer". Im Restaurant bekommt man Wiener Schnitzel ebenso wie Flammkuchen.

OBERSTAUFEN – Bayern – **546** – 7 230 Ew – Höhe 791 m – Wintersport: 64 I22
1 700 m ≤2 ≰24 ⚘ – Schrothheilbad und Heilklimatischer Kurort

▶ Berlin 735 – München 161 – Konstanz 107 – Kempten (Allgäu) 37
Hugo-von-Königsegg-Str. 8, ⌧ 87534, ℰ (08386) 9 30 00, www.oberstaufen.de
Oberstaufen-Steibis, In der Au 5, ℰ (08386) 85 29
Oberstaufen, Buflings 1a, ℰ (08386) 93 92 50

OBERSTAUFEN

Allgäu Sonne (mit Gästehäusern)
Stießberg 1 ⊠ 87534 – ℰ (08386) 70 20
– www.allgaeu-sonne.de
155 Zim ⊇ – †86/153 € ††172/276 € – ½ P 30 € – 4 Suiten
Rest – Menü 30/35 € – Karte 23/59 €

• In dem Hotel mit herrlichem Blick auf Weißachtal und Berge erwarten Sie eine elegante Panoramahalle, Wellness auf 2100 qm sowie klassische oder regionstypische Zimmer. Regional und international ist das Angebot im Restaurant.

Lindner Parkhotel
Argenstr. 1 ⊠ 87534 – ℰ (08386) 70 30 – www.lindner.de
86 Zim ⊇ – †88/116 € ††160/188 € – ½ P 29 € – 5 Suiten **Rest** – Karte 30/44 €

• Hier wohnt man in behaglichen alpenländischen Zimmern mit Balkon und genießt den sehenswerten Spabereich, dessen Besonderheit eine Private Spa Suite ist.

Rosenalp
Am Lohacker 5 ⊠ 87534 – ℰ (08386) 70 60 – www.rosenalp.de – geschl. 27. November - 24. Dezember
75 Zim ⊇ – †90/140 € ††176/222 € – ½ P 27 € – 10 Suiten **Rest** – Karte 26/42 €

• Eine gewachsene Urlaubsadresse in schöner ruhiger Lage mit wohnlich-klassischen Zimmern und vielfältigem Wellnessangebot einschließlich Blockhaussauna. Zwei der Suiten sind topmodern.

Concordia
In Pfalzen 8 ⊠ 87534 – ℰ (08386) 48 40 – www.concordia-hotel.de
64 Zim ⊇ – †74/101 € ††138/176 € – ½ P 17 € **Rest** – Karte 29/40 €

• In mehreren miteinander verbundenen Häusern bietet man wohnlich-elegante Landhauszimmer mit Balkon oder Terrasse und ein gutes Beautyangebot. Hübscher Innenhof.

Alpenkönig
Kalzhofer Str. 25 ⊠ 87534 – ℰ (08386) 9 34 50 – www.hotel-alpenkoenig.de – geschl. 18. November - 24. Dezember
23 Zim ⊇ – †76/89 € ††136/178 € – ½ P 27 € **Rest** – Menü 32 € – Karte 29/40 €

• Neuzeitlich und wohnlich-komfortabel sind die Zimmer in dem Familienbetrieb etwas außerhalb des Zentrums, zudem hat man einen angenehmen modernen Wellnessbereich. Das Restaurant teilt sich in gemütliche rustikale Stuben.

evviva
Kalzhofer Str. 50 ⊠ 87534 – ℰ (08386) 9 32 90 – www.evviva.de – geschl. 18. November - 26. Dezember
27 Zim ⊇ – †81/129 € ††136/156 € – ½ P 20 € – 2 Suiten
Rest – (geschl. November - April: Sonntag) Karte 22/48 €

• In dem zeitgemäßen und funktionellen Hotel der Familie Riedle sind gerne Sportler zu Gast; im Sommer bietet man Jugend-Fußballcamps. Ayurvedaanwendungen im Haus. Im Restaurant reicht man eine mediterran beeinflusste Karte.

Adler (mit Gästehaus)
Kirchplatz 6 ⊠ 87534 – ℰ (08386) 9 32 10 – www.adler-oberstaufen.de
27 Zim ⊇ – †55/95 € ††110/180 € – ½ P 20 € – 2 Suiten
Rest – (geschl. 1. - 14. Dezember) Menü 19/49 € – Karte 28/49 €

• Die zentrale Lage mitten im Ort sowie wohnlich und zeitgemäß eingerichtete Zimmer sprechen für das seit 1574 existierende Traditionshaus. Rustikale Stuben und ein Wintergarten bilden das Restaurant. Beliebt ist die Terrasse auf dem Kirchplatz.

Hochbühl garni
Auf der Höh 12 ⊠ 87534 – ℰ (08386) 9 35 40 – www.hochbuehl.de
21 Zim – †55/68 € ††114/130 €

• Hier erwarten Sie behagliche, freundliche Zimmer, eine familiäre Atmosphäre und ein reichhaltiges Frühstücksbuffet. Dazu kommen Kosmetikbehandlungen und Massage.

Ambiente
Kalzhofer Str. 22 ⊠ 87534 – ℰ (08386) 74 78 – www.ambiente-oberstaufen.de – geschl. 10. - 24. Januar, 27. Juni - 16. Juli und Montag
Rest – (Dienstag - Samstag nur Abendessen) Karte 31/49 €

• Das helle, mediterran inspirierte Restaurant mit Wintergarten ist bei zahlreichen Stammgästen beliebt. Aus der einsehbaren Küche kommen internationale Speisen.

OBERSTAUFEN

Posttürmle
VISA ◎◎
Bahnhofsplatz 4 ⊠ 87534 – ℘ (08386) 74 12 – www.posttuermle.de – geschl. Juni
2 Wochen, Dezember 2 Wochen und Dienstag, Juni - August: Montag - Dienstag
Rest – (nur Abendessen) (Tischbestellung ratsam) Menü 38/85 € – Karte 32/74 €
♦ Sehr nett ist dieses fast schon intim wirkende Restaurant mit nur drei Tischen und
kleiner Vinothek. In rustikalem Ambiente serviert man klassisch-internationale Küche.

In Oberstaufen-Bad Rain Ost: 1,5 km über Rainwaldstraße

Bad Rain (mit Gästehaus)
Hinterstaufen 9 ⊠ 87534 – ℘ (08386) 9 32 40 – www.bad-rain.de – geschl.
20. November - 15. Dezember
25 Zim – †54/91 € ††118/152 € – ½ P 17 € **Rest** – Karte 19/45 €
♦ Freundlich und familiär leitet das Gastgeberehepaar diesen erweiterten Gasthof. Der
regionstypische Charakter des Hauses findet sich auch in den Zimmern. In gemütlich-
rustikalen Stuben bietet man regionale Küche mit Wildwochen. Biergarten mit Grillstadl.

In Oberstaufen-Kalzhofen Nord-Ost: 1 km über Kalzhofer Straße

Haubers Alpenresort
Meerau 34 ⊠ 87534 – ℘ (08386) 9 33 05 – www.haubers.de
73 Zim – †103/121 € ††194/246 € – ½ P 15 € – 3 Suiten
Rest – Menü 29/48 € – Karte 27/43 €
♦ Ein idyllisches großzügiges Anwesen mit angrenzendem Golfplatz (Greenfee inklusi-
ve). Zimmer/Studios sind im Gutshaus geräumiger. Sonntags Frühstück im Grünen ober-
halb des Tales.

In Oberstaufen-Steibis Süd: 5 km

König Ludwig
Im Dorf 29 ⊠ 87534 – ℘ (08386) 89 10 – www.hotel-koenig-ludwig.com – geschl. Mitte
November - Mitte Dezember
66 Zim – †148 € ††256 € – 2 Suiten **Rest** – Karte 26/45 €
♦ Wohnliche Gästezimmer in klassisch-elegantem oder modern-rustikalem Stil, ein
hübsch gestalteter Wellnessbereich und ein schöner großer Garten machen dieses
Hotel aus. Gediegen-rustikales Ambiente in acht Restauranträumen.

In Oberstaufen-Thalkirchdorf Ost: 6 km über B 308 – Erholungsort

Traube
Kirchdorfer Str. 12 ⊠ 87534 – ℘ (08325) 92 00 – www.traube-thalkirchdorf.de
– geschl. Mitte November - Mitte Dezember
28 Zim – †68/94 € ††106/144 € – ½ P 20 €
Rest – (geschl. Dienstag) Karte 24/42 €
♦ Aus dem 18. Jh. stammt das zeitweise als Krämerladen genutzte Haus, das heute hin-
ter seiner ansprechenden Schindel-Fachwerkfassade unterschiedlich gestaltete Zimmer
beherbergt. Restaurantbereich mit traditionell-ländlichem Ambiente.

In Oberstaufen-Willis West: 1,5 km über B 308

Bergkristall
Willis 8 ⊠ 87534 – ℘ (08386) 91 10 – www.bergkristall.de
48 Zim – †79/119 € ††158/278 € – ½ P 16 € – 4 Suiten
Rest – Menü 32/47 € – Karte 37/49 €
♦ Wunderschön liegt der Familienbetrieb am Hang über dem Weißachtal. In einem
neueren Anbau befinden sich elegante Studios und Suiten. Hochwertiger Wellness-
bereich auf 800 qm. Vom Restaurant hat man einen fantastischen Talblick.

OBERSTDORF – Bayern – **546** – 9 970 Ew – Höhe 815 m – Wintersport: 64 J22
2 200 m ⬈10 ⬊36

▶ Berlin 737 – München 165 – Kempten (Allgäu) 39 – Immenstadt im Allgäu 20
🛈 Prinzregenten-Platz 1, ⊠ 87561, ℘ (08322) 70 00, www.oberstdorf.de
⛳ Oberstdorf, Gebrgoibe 2, ℘ (08322) 28 95
◉ Nebelhorn ✳★★ 30 min mit 🚡 und ⛷ – Breitachklamm★★ , Süd-West: 7 km
– Fellhorn ✳★★

OBERSTDORF

Parkhotel Frank
Sachsenweg 11 ⊠ 87561 – ☏ (08322) 70 60
– www.parkhotel-frank.de
81 Zim – †105/172 € ††210/282 € – ½ P 24 € – 8 Suiten
Rest *MaSiLeRo* – (Samstag - Sonntag Abendessen nur für Hausgäste) Karte 31/60 €
♦ Service wird in dem familiengeführten Hotel groß geschrieben. Einige der komfortablen Zimmer sind modern designte Suiten mit sehr guter Technik. Zum Entspannen laden das vielfältige Wellnessangebot und der schöne Garten ein. Das Restaurant ist ein freundlicher Ort in sonnigen Tönen, aber auch die Terrasse davor ist im Sommer ein reizvolles Plätzchen.

Alpenhof
Fellhornstr. 36 ⊠ 87561 – ☏ (08322) 9 60 20 – www.alpenhof-oberstdorf.de – geschl. 10. November - 10. Dezember
60 Zim – †93/136 € ††146/252 € – ½ P 23 € – 6 Suiten Rest – Karte 34/45 €
♦ Freundliche zeitgemäße Zimmer mit Balkon erwarten Sie in dem Hotel am Ortsrand; einige liegen nach Süden, die Kategorie "Mädelegabel" verfügt teilweise über einen Kamin. Helles Restaurant in neuzeitlich-ländlichem Stil.

Schüle's Gesundheitsresort & Spa
Ludwigstr. 37 ⊠ 87561 – ☏ (08322) 70 10
– www.schueles.com
104 Zim (inkl. ½ P.) – †87/185 € ††173/327 €, 3 Suiten Rest – (nur für Hausgäste)
♦ Ein wohnlich-alpenländisches Ferienhotel mit unterschiedlich geschnittenen Gästezimmern, benannt nach Kräutern bzw. Wald- und Wiesenpflanzen. Schöner moderner Spa auf 2200 qm.

Filser
Freibergstr. 15 ⊠ 87561 – ☏ (08322) 70 80 – www.filserhotel.de
90 Zim – †64/124 € ††108/248 € – ½ P 15 € Rest – Karte 19/35 €
♦ Sie finden diesen Familienbetrieb in einer ruhigen Wohngegend. Es stehen behagliche Zimmer mit gutem Platzangebot zur Verfügung, zudem ein gepflegter Bade- und Anwendungsbereich. Gediegenes Ambiente im Restaurant.

Löwen & Strauss
Kirchstr. 1 ⊠ 87561 – ☏ (08322) 80 00 80 – www.loewen-strauss.de
22 Zim – †80/90 € ††160/220 € – ½ P 28 €
Rest *ESS ATELIER STRAUSS* – siehe Restaurantauswahl
Rest *Löwen-Wirtschaft* – (geschl. November: Montag) Menü 26/35 € – Karte 33/55 €
♦ Alpiner Lifestyle bedeutet hier hochwertige Materialien von schönem Altholz über dekorative Stoffe der "Tyrol Living Kollektion" bis zur Natur-Kieselstein-Dusche, kombiniert mit moderner Technik! In den beiden "Deluxe Suiten" hat man als Highlight eine Whirlwanne direkt im Wohnraum. Wer auch kulinarisch den regionalen Bezug sucht, ist in der Löwen-Wirtschaft gut aufgehoben.

Geldernhaus garni
Lorettostr. 16 ⊠ 87561 – ☏ (08322) 97 75 70 – www.geldernhaus.de – geschl. 3. November - 15. Dezember
11 Zim – †72/112 € ††114/194 €
♦ Das 1911 erbaute Haus mit roter Schindelfassade bietet ein liebenswertes stilvolles Interieur. Gäste nutzen den Spabereich im Parkhotel Frank. Im Sommer: Bergbahnkarte inklusive; außerdem lockt an warmen Tagen der Naturschwimmteich.

Haus Wiese garni
Stillachstr. 6 ⊠ 87561 – ☏ (08322) 30 30 – www.hauswiese.de
13 Zim – †50/60 € ††73/96 € – 2 Suiten
♦ Ein kleiner Familienbetrieb an einem Flüsschen am Ortsrand mit sympathischer persönlicher Atmosphäre sowie gemütlichen Zimmern und Appartements. Von den oberen Zimmern schaut man auf die Skisprungschanze von Oberstdorf.

Sporthotel Menning garni
Oeschleweg 18 ⊠ 87561 – ☏ (08322) 9 60 90 – www.menning.de – geschl. 7. November - 11. Dezember
22 Zim – †40/45 € ††90/120 €
♦ Eine nette familiäre Adresse mit behaglichen zeitgemäßen Gästezimmern - besonders komfortabel ist das Blockhaus im Garten. Direkt am Haus beginnen Wanderwege und Loipen.

OBERSTDORF

Kappeler-Haus garni
Am Seeler 2 ⊠ 87561 – ℰ (08322) 9 68 60 – www.kappeler-haus.de
47 Zim ⊇ – †46/72 € ††72/130 €
• Die Zimmer in diesem Hotel mit Bergblick verfügen fast alle über einen Balkon. Neben der netten Liegewiese mit Pool bietet man auf Bestellung auch Kosmetikanwendungen.

Fuggerhof
Speichackerstr. 2 ⊠ 87561 – ℰ (08322) 9 64 30
– www.hotel-fuggerhof.de – geschl. 10. November - 15. Dezember
22 Zim ⊇ – †39/69 € ††78/138 € – ½ P 20 €
Rest – *(geschl. November, April und Mai - Oktober: Dienstag)* Karte 19/35 €
• Ruhig liegt das kleine Hotel am Ortsrand, am Anfang der Langlaufloipe. Die Gästezimmer sind solide möbliert - schön ist die Sicht von den Südbalkonen. Vom Restaurant und der Terrasse aus blicken Sie auf die Berge.

Maximilians Restaurant - Landhaus Freiberg mit Zim
Freibergstr. 21 ⊠ 87561
– ℰ (08322) 9 67 80 – www.maximilians-restaurant.de – geschl. Sonntag
8 Zim ⊇ – †110/160 € ††180/250 € – ½ P 40 €
Rest – *(nur Abendessen)* Menü 65/99 € – Karte 54/78 €
Spez. Medaillon von der Tiefseelangustine, Melone, Chili, Portwein-Granité. Kalbsbries und Kalbskopf, Sellerie, weiße Linsen, Orangen-Vanille-Reduktion. Maibockrücken, Topfen-Holunder-Knödel, Kohlrabi.
• Die beiden Herdkünstler Ludger Fetz und Tobias Eisele sind ein eingespieltes Team und ergänzen sich bestens. Ihre Gerichte: eine aufwändige, kreative und sorgfältig zubereitete Cuisine, bei der die Harmonie der Aromen stimmt. Serviert von einem charmanten Team in elegantem Ambiente. Auch die Gästezimmer sprechen für den guten Geschmack des Hauses.

ESS ATELIER STRAUSS – Hotel Löwen & Strauss
Kirchstr. 1 ⊠ 87561 – ℰ (08322) 80 00 80
– www.loewen-strauss.de – geschl. nach Ostern 4 Wochen, November und Montag - Mittwoch
Rest – *(nur Abendessen)* (Tischbestellung ratsam) Menü 78/98 €
Spez. Saibling in Sennbutter konfiert. Oberstdorfer Rehrücken in Krustenbrot. Flambierte Waldhimbeeren, Manjari Edelschoko Fugde und kandierte Ingwercreme.
• Das Architekturbüro Nicolay hat das alpine Design des Hotels hier äußerst gelungen fortgeführt. In seiner neuen Wirkungsstätte (nun mitten im Ort) legt Küchenchef Peter A. Strauss noch mehr Wert auf saisonale und regionale Produkte.

In Oberstdorf-Birgsau Süd: 9,5 km in Richtung Fellhornbahn – Höhe 960 m

Birgsauer Hof
Birgsau 9 ⊠ 87561 – ℰ (08322) 9 69 00
– www.birgsauer-hof.de – geschl. 16. - 22. April
31 Zim ⊇ – †57/82 € ††96/144 € – ½ P 18 €
Rest – *(geschl. November - 21. Dezember: Montag - Dienstag)* Menü 16/27 €
– Karte 12/30 €
• In diesem idyllisch im Stillachtal gelegenen Hotel mit Blick auf die Allgäuer Alpen bietet man seinen Gästen wohnlich-funktionelle Landhauszimmer. Liebevoll im alpenländischen Stil gestaltete Gaststuben.

In Oberstdorf-Kornau West: 4 km über B 19 – Höhe 940 m

Nebelhornblick
Kornau 49 ⊠ 87561 – ℰ (08322) 9 64 20 – www.nebelhornblick.de
37 Zim ⊇ – †75/110 € ††118/178 € – ½ P 21 €
Rest – *(nur Abendessen)* Karte 19/34 €
• Das familiäre Landhotel bietet einen tollen Blick aufs Nebelhorn. Die geräumigen Zimmer und Appartements sind zeitgemäß und wohnlich, im Sommer ist die Bergbahnkarte inklusive.

OBERSTDORF

In Oberstdorf-Tiefenbach Nord-West: 6 km – Höhe 900 m

Alpenhotel Tiefenbach
Falkenstr. 15 ⊠ *87561* – ℰ *(08322) 70 20*
– *www.alpenhotel-tiefenbach.de*
85 Zim – †75/125 € ††120/190 € – ½ P 20 € – 10 Suiten
Rest – *(nur Abendessen)* Karte 27/49 €
• In dem Ferienhotel in ruhiger Waldrandlage erwarten Sie wohnliche Zimmer im alpenländischen Stil, die sich auf das Haupthaus sowie die Gästehäuser Alpensonne und Alpenblick verteilen.

Bergruh
Im Ebnat 2 ⊠ *87561* – ℰ *(08322) 91 90* – *www.hotel-bergruh.de*
38 Zim (inkl. ½ P.) – †52/75 € ††98/166 € – 10 Suiten   **Rest** – Karte 26/67 €
• Idyllisch liegt der gewachsene Gasthof mit zeitgemäßem regionstypischem Ambiente in einem kleinen Tal. Mit hübscher Saunalandschaft und Kosmetikangebot. Restaurant mit gemütlich-rustikaler oder moderner Einrichtung.

OBERSTENFELD – Baden-Württemberg – 545 – 7 870 Ew – Höhe 234 m   55 H18
▶ Berlin 600 – Stuttgart 44 – Heilbronn 18 – Schwäbisch Hall 49

Zum Ochsen
Großbottwarer Str. 31 ⊠ *71720* – ℰ *(07062) 93 90* – *www.hotel-gasthof-zum-ochsen.de*
– *geschl. 1. - 9. Januar*
30 Zim – †67/77 € ††97/107 €
Rest *Zum Ochsen* – siehe Restaurantauswahl
• Ein typischer traditionsreicher Gasthof unter familiärer Leitung, der 1689 erstmals erwähnt wurde. Die Zimmer sind teilweise ganz modern gestaltet.

Zum Ochsen – Hotel Zum Ochsen
Großbottwarer Str. 31 ⊠ *71720* – ℰ *(07062) 93 90* – *www.hotel-gasthof-zum-ochsen.de*
– *geschl. 1. - 10. Januar und Dienstag*
Rest – Menü 42 € – Karte 25/48 €
• Verschiedene Wirtsstuben stehen Ihnen zur Verfügung - alle sind sie gemütlich und man serviert Ihnen schwäbische Gerichte. Hier kocht man bodenständig - besonders lecker schmecken der Gaisburger Marsch und der Kartoffelsalat!

OBERTEURINGEN – Baden-Württemberg – 545 – 4 490 Ew – Höhe 451 m   63 H21
– Erholungsort
▶ Berlin 712 – Stuttgart 174 – Konstanz 35 – Friedrichshafen 11
🛈 St.-Martin-Platz 9, ⊠ 88094, ℰ (07546) 2 99 25, www.oberteuringen.de

In Oberteuringen-Bitzenhofen Nord-West: 2 km

Am Obstgarten
Gehrenbergstr. 16/1 ⊠ *88094* – ℰ *(07546) 92 20* – *www.am-obstgarten.de*
33 Zim – †50/79 € ††79/109 € – ½ P 14 € – 1 Suite
Rest – *(geschl. November - April: Mittwoch - Donnerstag) (Montag - Samstag nur Abendessen)* Karte 18/34 €
• Relativ ruhig liegt dieses privat geführte Haus inmitten der namengebenden Obstwiesen. Es stehen funktionelle Gästezimmer mit Parkettfußboden zur Verfügung. In ländlichem Stil gehaltenes Restaurant mit bürgerlicher Karte.

OBERTHAL – Saarland – 543 – 6 270 Ew – Höhe 300 m   46 C16
▶ Berlin 710 – Saarbrücken 48 – Trier 68 – Idar-Oberstein 39

In Oberthal - Steinberg-Deckenhardt Nord-Ost: 5 km

Zum Blauen Fuchs
Walhausener Str. 1 ⊠ *66649* – ℰ *(06852) 67 40* – *www.zumblauenfuchs.de* – *geschl. 24. Dezember - 3. Januar, Juni 2 Wochen und Sonntagabend - Montag*
Rest – *(Dienstag - Samstag nur Abendessen)* (Tischbestellung ratsam) Menü 39/76 €
– Karte 47/58 €
• In dem am Ortsausgang gelegenen Haus mit der hellblauen Fassade bieten die freundlichen Gastgeber gute internationale Küche, aufmerksamen Service und behaglich-gediegenes Ambiente.

OBERTHULBA – Bayern – 546 – 5 040 Ew – Höhe 270 m 49 I14
▶ Berlin 491 – München 327 – Fulda 52 – Bad Kissingen 9

Rhöner Land 🍴 🍽 🏠 AK Rest, 🍴 Rest, 📶 SA P VISA ⦿ AE
Zum Weißen Kreuz 20 ⊠ *97723 –* ℰ *(09736) 70 70 – www.hotelrhoenerland.de*
27 Zim – †53/73 € ††74/106 €, ⊇ 5 € – 2 Suiten
Rest – Karte 12/33 €
• Das Businesshotel bietet eine gute Verkehrsanbindung und liegt dennoch im Grünen. Funktionelle Zimmer mit W-Lan und "Sky"-Fernsehen gratis, teils für bis zu vier Personen geeignet.

OBERTRUBACH – Bayern – 546 – 2 180 Ew – Höhe 434 m – Erholungsort 50 L16
▶ Berlin 400 – München 206 – Nürnberg 41 – Forchheim 28
🛈 Teichstr. 5, ⊠ 91286, ℰ (09245) 9 88 13, www.trubachtal.com

Alte Post 🍴 🍽 ⬆ ♿ P
Trubachtalstr. 1 ⊠ *91286 –* ℰ *(09245) 3 22 – www.postritter.de – geschl. Anfang Januar - Anfang Februar*
33 Zim ⊇ – †27/32 € ††48/60 € – ½ P 13 €
Rest – *(geschl. 4. Januar - 4. Februar und Oktober - April: Dienstag - Mittwoch)* Karte 10/24 €
• Der gestandene Gasthof in der Ortsmitte ist alter Familienbesitz und wird auch heute noch von Familie Ritter geführt. Die sehr gepflegten Zimmer verfügen zum Teil über Balkone. Restaurant in ländlichem Stil.

In Obertrubach-Bärnfels Nord: 2,5 km, über Teichstraße und Herzogwind

Drei Linden (mit Gästehaus) 🍽 📶 SA P
Dorfstr. 38 ⊠ *91286 –* ℰ *(09245) 91 88 – www.drei-linden.com*
– geschl. 16. - 26. Februar, 25. Oktober - 4. November
33 Zim ⊇ – †33/35 € ††56/60 € – ½ P 12 €
Rest – *(geschl. November - März: Donnerstag) (Montag - Dienstag nur Abendessen)* Karte 11/31 €
• Ein solide geführter Gasthof, der im Haupthaus wie auch im gegenüberliegenden Gästehaus meist rustikal möblierte Zimmer bereithält. Das Restaurant ist ländlich in hellem Holz gehalten.

OBERUCKERSEE – Brandenburg – 542 – 1 810 Ew 23 Q6
▶ Berlin 98 – Potsdam 164 – Prenzlau 21

In Oberuckersee-Röpersdorf

Am Uckersee 🍴 🍽 AK Rest, P VISA ⦿
Straße am Uckersee 27 ⊠ *17291 Röpersdorf –* ℰ *(03984) 67 48*
– www.schilfland.de
20 Zim ⊇ – †53/63 € ††74/86 € – 1 Suite
Rest – *(Montag - Samstag nur Abendessen)* Karte 16/24 €
• Die Lage nahe dem Unteruckersee sowie gepflegte, zeitgemäße Gästezimmer (teilweise mit Wasserbett) sprechen für diesen Familienbetrieb. Das Restaurant mit schöner Terrasse zum See befindet sich auf der gegenüberliegenden Straßenseite.

In Oberuckersee-Seehausen

Seehotel Huberhof 🔖 🍴 🍽 🏠 📶 SA P VISA ⦿ AE
Dorfstr. 49 ⊠ *17291 Seehausen –* ℰ *(039863) 60 20 – www.seehotel-huberhof.de*
– geschl. 9. - 26. Januar
25 Zim ⊇ – †49/60 € ††65/84 € – ½ P 19 €
Rest – *(November - März: Montag - Donnerstag nur Abendessen)* Karte 18/31 €
• Ein wohnliches Hotel unter familiärer Leitung, das aus einem restaurierten alten Bauernhof entstanden ist. Schön ist der direkte Zugang zum Oberuckersee. Auch Ferienwohnungen/-häuser. Die behaglichen Gaststuben versprühen ländlichen Charme. Innenhofterrasse.

In Oberuckersee-Warnitz

Panorama Hotel am Oberuckersee
Quastweg 2 ⌂ 17291 Warnitz – ℰ (039863) 6 39 23
– www.paho-warnitz.de
35 Zim ⌑ – †80 € ††120 € – ½ P 22 € – 2 Suiten
Rest – (Oktober - April: nur Abendessen) Karte 24/43 €
• Direkt am Oberuckersee gelegenes Hotel mit Spa auf 1500 qm. Die Zimmer sind wohnlich und recht individuell, fast alle mit Seeblick. Fünf einfachere Zimmer im Ferienhaus. Restaurantbereiche: Provence, behagliches Kaminzimmer und heller Saal sowie Seeterrasse.

OBERURSEL (TAUNUS) – Hessen – 543 – 43 430 Ew – Höhe 210 m   47 F14
▶ Berlin 533 – Wiesbaden 47 – Frankfurt am Main 14 – Bad Homburg vor der Höhe 4

Parkhotel am Taunus
Hohemarkstr. 168 ⌂ 61440 – ℰ (06171) 92 00 – www.parkhotel-am-taunus.de
– geschl. Weihnachten - Neujahr
100 Zim ⌑ – †97/153 € ††135/184 €
Rest – (geschl. Sonntag und an Feiertagen) Karte 23/57 €
• Ein gut geführtes Tagungs- und Businesshotel mit zeitgemäßen Zimmer, teils mit Balkon zum hübschen Park hinter dem Haus. Schöner moderner Freizeitbereich im obersten Stock. Restaurant in neuzeitlichem Stil.

Kraftwerk

Zimmersmühlenweg 2 (Gewerbegebiet) ⌂ 61440 – ℰ (06171) 92 99 82
– www.kraftwerkrestaurant.de – geschl. Sonntag - Montag, Samstagmittag
Rest – (Tischbestellung ratsam) Menü 23 € (mittags)/59 € – Karte 29/55 €
• In dem einstigen Kraftwerk serviert man in freundlicher moderner Atmosphäre neben internationaler Küche auch schmackhafte österreichische Speisen, dazu ein gutes Weinangebot mit Schwerpunkt Österreich. Im Eingangsbereich ein Oldtimer-Showroom.

In Oberursel-Oberstedten

Sonnenhof garni
Weinbergstr. 94 ⌂ 61440 – ℰ (06172) 96 29 30 – www.hotel-sonnenhof-oberursel.de
19 Zim ⌑ – †70/75 € ††90 € – 1 Suite
• Seit über 40 Jahren leitet Familie Bender dieses Hotel am Ortsrand. Die Zimmer sind unterschiedlich geschnitten und sehr gepflegt. Der Tag beginnt mit einem guten Frühstück.

OBERWESEL – Rheinland-Pfalz – 543 – 2 900 Ew – Höhe 180 m   46 D15
▶ Berlin 621 – Mainz 56 – Bad Kreuznach 42 – Koblenz 49
🛈 Rathausstr. 3, ⌂ 55430, ℰ (06744) 71 06 24, www.oberwesel.de
◉ Liebfrauenkirche ★
◉ Burg Schönburg ★ Süd: 2 km

Burghotel Auf Schönburg
Schönburg (Süd: 2 km, Richtung Dellhofen) ⌂ 55430 – ℰ (06744) 9 39 30
– www.burghotel-schoenburg.de – geschl. 8. Januar - 15. März
22 Zim ⌑ – †95/130 € ††160/250 € – 3 Suiten
Rest – (geschl. Montagmittag) Menü 35/85 € – Karte 43/73 €
• Ein besonderes Flair hat das in die historische Burg integrierte Hotel. Die Aussicht von hier oben ist grandios - auch beim Speisen im Restaurant ein Genuss! Die Gästezimmer sind sehr wohnlich, stilvoll und individuell, ausgestattet mit tollen Bädern; viele Zimmer mit Balkon oder Terrasse.

Augustin's
Rathausstr. 2 ⌂ 55430 – ℰ (06744) 71 00 70 – www.augustins-hotelgastro.com
22 Zim ⌑ – †75/85 € ††85/115 €   **Rest** – Karte 22/40 €
• Hier wurde ein historisches Haus originalgetreu wiederaufgebaut und modern ergänzt - das Ergebnis kann sich wirklich sehen lassen: überall stylische Geradlinigkeit und warme Farben.

OBERWESEL

X **Römerkrug** mit Zim
*Marktplatz 1 ⊠ 55430 – ℰ (06744) 70 91 – www.hotel-roemerkrug.de
– geschl. 1. - 28. Februar, November und Mittwoch*
10 Zim ⊑ – †50/65 € ††80/96 € **Rest** – Menü 35 € – Karte 23/46 €
♦ Freundlich und familiär werden Sie in dem 1458 erbauten Fachwerkhaus mit klassisch-regionaler Küche bewirtet. Man sitzt in gemütlichen Stuben mit rustikalem Charakter. Die Gästezimmer sind gepflegt und solide.

In Oberwesel-Dellhofen Süd-West: 2,5 km

Gasthaus Stahl
*Am Talblick 6 ⊠ 55430 – ℰ (06744) 4 16 – www.gasthaus-stahl.de – geschl.
14. Dezember - 4. März*
20 Zim ⊑ – †48/60 € ††80/95 €
Rest – (geschl. November - Dezember: Montag - Freitag) Karte 20/37 €
♦ Ein sympathischer ländlicher Gasthof, der von der Familie gut geführt wird. Die neueren Zimmer sind sehr schön im Landhausstil eingerichtet. Hübscher Garten mit Baumbestand. Bürgerliche Küche und Eigenbauweine in den gemütlichen Gaststuben. Toller alter Saal.

XX **Zum Kronprinzen** mit Zim
*Rheinhöhenstr. 43 ⊠ 55430 – ℰ (06744) 9 43 19 – www.zumkronprinzen.de – geschl.
3. Januar - 9. Februar und November - März: Montag*
19 Zim ⊑ – †55/65 € ††90/100 € – 2 Suiten **Rest** – Karte 26/53 €
♦ Gute Küche und freundlicher Service erwarten Sie in diesem Familienbetrieb. In einem hellen Pavillon mit mediterranem Touch lässt man sich saisonal beeinflusste internationale Speisen schmecken. Übernachten kann man in sehr gepflegten und soliden Zimmern.

OBERWIESENTHAL – Sachsen – **544** – 2 510 Ew – Höhe 914 m   42 O14
– Wintersport: 1215 m ⟟1 ⟟6 ⟟ – Erholungsort
▶ Berlin 317 – Dresden 125 – Chemnitz 53 – Plauen 110
🛈 Markt 8, ⊠ 09484, ℰ (037348) 15 50 50, www.oberwiesenthal.de
⊙ Fichtelberg★ (1215 m) ❋★ (auch mit Schwebebahn erreichbar) Nord: 3 km

Sachsenbaude
*Fichtelbergstr. 4 (auf dem Fichtelberg, West: 3 km) ⊠ 09484 – ℰ (037348) 13 90
– www.sachsenbaude.de – geschl. 15. - 20. April*
31 Zim ⊑ – †82/190 € ††98/206 € – ½ P 20 € – 16 Suiten
Rest *Loipenklause* – Karte 17/31 €
♦ Es ist das sehr wohnliche und geschmackvolle Ambiente, das dieses Berghotel in fast 1200 m Höhe auszeichnet. Der nette Freizeitbereich bietet u. a. Kosmetik und Massage. Als Restaurant dient die gemütliche Loipenklause mit rustikalem Charakter.

Vier Jahreszeiten
Annaberger Str. 83 ⊠ 09484 – ℰ (037348) 1 80 – www.hotel-vierjahreszeiten.de
100 Zim ⊑ – †58/74 € ††88/163 € – ½ P 15 € **Rest** – Karte 18/44 €
♦ Ruhig liegt das gepflegte neuzeitliche Hotel mit Balkonfassade. Die Gästezimmer sind einheitlich eingerichtet und bieten teilweise sehr viel Platz. Zweigeteiltes Restaurant mit internationaler und regionaler Karte.

Appartementhotel Jens Weissflog
*Emil-Riedel-Str. 50 ⊠ 09484 – ℰ (037348) 1 00
– www.jens-weissflog.de – geschl. 11. - 18. November*
18 Zim ⊑ – †55/93 € ††80/118 € – ½ P 17 € – 12 Suiten
Rest – Menü 24 € – Karte 19/29 €
♦ Umgeben von Wiesen und Wald liegt das kleine Hotel des ehemaligen Skisprung-Olympiasiegers. Die Appartements sind nach bekannten Skisprungorten benannt. Kosmetik und Massage. Das Restaurant bietet internationale Küche mit "Springer-Menü". Tolle Sicht auf die Region.

OBERWIESENTHAL

Rotgießerhaus
Böhmische Str. 8 ⊠ *09484 –* ℰ *(037348) 13 10 – www.rotgiesserhaus.de*
– geschl. 12. - 24. April, 8. - 12. November
22 Zim ⊇ – †50/65 € ††76/140 € – P 15 € – 1 Suite
Rest *– (geschl. Mittwochmittag) Karte 14/37 €*

♦ Denkmalgeschütztes Haus mit Kreuzgewölbe im Eingangsbereich, gepflegter Sauna und freundlichen Zimmern. Besonders hübsch ist das Himmelbettzimmer mit Bauernmöbeln. In den gemütlichen Stuben speist man regional. Uriger Weinkeller.

Fichtelberghaus
Fichtelbergstr. 8 (auf dem Fichtelberg, West: 3,5 km) ⊠ *09484 –* ℰ *(037348) 12 30*
– www.hotel-fichtelberghaus.de
30 Zim ⊇ – †60/65 € ††84/150 € – ½ P 20 € – 3 Suites
Rest *Das Guck* – siehe Restaurantauswahl
Rest *Erzgebirgsstuben* – Karte 16/30 €

♦ Die wohl eindrucksvollste Lage im Erzgebirge bietet das Haus auf dem 1215 m hohen Gipfel des Fichtelbergs. Die netten Zimmer sind teilweise recht groß, grandios ist die Aussicht. Vor allem Ausflügler und Skifahrer schätzen die Erzgebirgsstuben.

XX Das Guck – Hotel Fichtelberghaus
Fichtelbergstr. 8 (auf dem Fichtelberg, West: 3,5 km) ⊠ *09484 –* ℰ *(037348) 12 30*
– www.hotel-fichtelberghaus.de – geschl. Anfang April 2 Wochen, Juni 2 Wochen, November 2 Wochen und Montag - Dienstag
Rest *– (nur Abendessen) Menü 35/55 € – Karte 26/47 €*

♦ Dunkles Rot ist die vorherrschende Farbe des modernen Lokals. An den Wänden hängen interessante Bilder von Künstlern, die aus der Region stammen. Aus der Küche kommen Speisen, die international geprägt sind.

OBERWOLFACH – Baden-Württemberg – 545 – 2 750 Ew – Höhe 284 m — 54 E19
– Luftkurort
▶ Berlin 753 – Stuttgart 139 – Freiburg im Breisgau 60 – Freudenstadt 40
🛈 Rathausstr. 1, ⊠ 77709, ℰ (07834) 8 38 30, www.oberwolfach.de

In Oberwolfach-Kirche

3 Könige
Wolftalstr. 28 ⊠ *77709 –* ℰ *(07834) 8 38 00 – www.3koenige.com*
44 Zim ⊇ – †55/65 € ††84/88 € – ½ P 16 € – 3 Suites
Rest *– (geschl. Donnerstagmittag) Karte 20/43 €*

♦ Das in der 4. Generation familiengeführte Hotel mit Gasthof a. d. 19. Jh. liegt im schönen Wolftal. Im Anbau sind die Zimmer etwas komfortabler, hier mit überdachten Parkplätzen. Ländlich gehaltenes Restaurant mit Wintergarten.

In Oberwolfach-Walke

Hirschen (mit Gästehaus)
Schwarzwaldstr. 2 ⊠ *77709 –* ℰ *(07834) 83 70 – www.hotel-hirschen-oberwolfach.de*
29 Zim ⊇ – †55/65 € ††88/116 € – ½ P 18 €
Rest *– (geschl. Montag) Menü 19 € – Karte 17/35 €*

♦ Ein familiär geleitetes Hotel mit Ursprung im Jahre 1609. Die Zimmer im Haupthaus sind zeitgemäß und wohnlich, die im Gästehaus einfach und rustikal. Das Restaurant teilt sich in gemütliche Stuben, darunter die schöne holzgetäfelte Hans-Jakob-Stube.

OBING – Bayern – 546 – 4 010 Ew – Höhe 562 m — 66 N20
▶ Berlin 647 – München 72 – Bad Reichenhall 62 – Rosenheim 31
🛈 Obing, Kirchreitbergerstr. 2, ℰ (08624) 87 56 23

Oberwirt
Kienberger Str. 14 ⊠ *83119 –* ℰ *(08624) 8 91 10 – www.oberwirt.de*
49 Zim ⊇ – †58/75 € ††90/98 €   **Rest** *– (geschl. Mittwoch) Karte 20/43 €*

♦ Ein gewachsener Gasthof mit eigener Metzgerei, liebenswerten wohnlichen Zimmern und nettem Garten, an den sich der See mit privatem Badesteg anschließt. Gemütlich-charmante Restaurantstuben, darunter die besonders hübsche Tiroler Stube. Biergarten im Innenhof.

OCHSENHAUSEN – Baden-Württemberg – **545** – 8 830 Ew – Höhe 613 m — **64** I20
– Erholungsort
► Berlin 658 – Stuttgart 139 – Konstanz 150 – Ulm (Donau) 47
i Marktplatz 1, ✉ 88416, ✆ (07352) 92 20 26, www.ochsenhausen.de

In Gutenzell-Hürbel Nord-Ost : 6 km über Ulmer Straße, am Ortsende rechts :

Klosterhof (mit Gästehaus)
Schlossbezirk 2 , (Gutenzell) ✉ *88484 –* ✆ *(07352) 9 23 30*
– www.klosterhof-gutenzell.de – geschl. 22. - 26. Dezember (Hotel)
16 Zim – †54/58 € ††75/85 € – ½ P 18 €
Rest – *(geschl. Montag - Dienstagmittag) Karte 19/43 €*
♦ Das Gasthaus gehörte ursprünglich als Torwache zur ehemaligen Klosteranlage. Die Zimmer sind schlicht, sehr gepflegt und nett im ländlichen Stil gehalten. Gemütlich-rustikales Restaurant mit Kachelofen.

OCKFEN – Rheinland-Pfalz – **543** – 630 Ew – Höhe 170 m — **45** B16
► Berlin 742 – Mainz 173 – Trier 29 – Saarburg 5

Klostermühle
Hauptstr. 1 ✉ *54441 –* ✆ *(06581) 9 29 30 – www.bockstein.de – geschl. 2. - 27. Januar*
22 Zim – †48/60 € ††74/86 € **Rest** – *(geschl. Dienstag) Karte 17/36 €*
♦ Der gut geführte Familienbetrieb in dörflicher Umgebung ist eine umgebaute und erweiterte ehemalige Mühle. Die Zimmer sind funktionell eingerichtet und sehr gepflegt. Schlicht-rustikales Restaurant. Vom eigenen Weingut stammt die Spezialität Saarriesling.

ODELZHAUSEN – Bayern – **546** – 4 250 Ew – Höhe 499 m — **57** L20
► Berlin 590 – München 46 – Augsburg 30 – Donauwörth 65
⛳₁₈ Gut Todtenried, ✆ (08134) 9 98 80

Gutshotel im Schlossgut Odelzhausen
Am Schloßberg 1 ✉ *85235 –* ✆ *(08134) 9 98 70 – www.schlossgut-odelzhausen.de*
32 Zim – †75/90 € ††100/120 € – 1 Suite
Rest *Braustüberl* – siehe Restaurantauswahl
♦ Ein zeitgemäßes Hotel mit historischem Rahmen und geräumigen, wohnlichen Zimmern, im Gutshaus etwas rustikaler. Originell: Durch drei Bäder zieht sich der alte Backsteinschornstein.

Staffler garni
Hauptstr. 3 ✉ *85235 –* ✆ *(08134) 60 06 – www.hotel-staffler.de – geschl. 22. Dezember - 9. Januar*
28 Zim – †64 € ††85 €
♦ Die verkehrsgünstige Lage nahe der A8 sowie solide, zeitgemäß ausgestattete Gästezimmer sprechen für diesen Familienbetrieb. Zum Haus gehört eine nette Gartenanlage.

✗ **Braustüberl** – Gutshotel im Schlossgut Odelzhausen
Am Schloßberg 1 ✉ *85235 –* ✆ *(08134) 9 98 70 – www.schlossgut-odelzhausen.de*
Rest – Karte 18/44 €
♦ Zünftig bayerisch - so ist das Motto in den rustikalen Braustuben. Sie bekommen Bier aus der eigenen Hausbrauerei und bürgerliches Essen, wie es für die Region typisch ist.

ODENTHAL – Nordrhein-Westfalen – **543** – 15 790 Ew – Höhe 85 m — **36** C12
► Berlin 553 – Düsseldorf 49 – Köln 18
◐ Odenthal-Altenberg: Altenberger Dom★, Nord: 3 km

Zur Post
Altenberger-Dom-Str. 23 ✉ *51519 –* ✆ *(02202) 97 77 80 – www.zurpost.eu – geschl. Anfang Januar 1 Woche*
16 Zim – †89/129 € ††129/159 €
Rest *Zur Post* ❀ **Rest** *Postschänke* ❀ – siehe Restaurantauswahl
♦ Hübsch ist die denkmalgeschützte Schieferfassade der einstigen Pferdewechselstation. Im Nebenhaus bietet der Familienbetrieb klassische Zimmer und ein gutes Frühstücksbuffet.

ODENTHAL

Zur Post (Alejandro und Christopher Wilbrand) – Hotel Zur Post
Altenberger-Dom-Str. 23 ⊠ *51519 – ℰ (02202) 97 77 80*
– www.zurpost.eu – geschl. Anfang Januar 1 Woche und Montag
Rest – Menü 36 € (mittags)/129 € (abends) – Karte 52/89 €
Spez. Pavé von der Gänsestopfleber mit karamellisierter Melone und Brioche. Drei mal Kalb (Filet, Bries, geschmorte Kalbsbacke) mit Fingermöhrchen und Pastinakenpüree. Herzkirschen, Haselnuss, Buttermilch.
• Hinter der etwas dunklen und rustikalen historischen Fassade präsentiert sich ein Restaurant, in dem alles hell, modern und elegant ist. Alejandro und Christopher Wilbrand beeindrucken mit einem kreativen, klassischen Kochstil.

Postschänke – Hotel Zur Post
Altenberger-Dom-Str. 23 ⊠ *51519 – ℰ (02202) 97 77 80 – www.zurpost.eu – geschl. Anfang Januar 1 Woche und Montagmittag*
Rest – Menü 33 € – Karte 30/45 €
• Dies ist eine sympathische Alternative zum Restaurant Zur Post. Gemütliches Bistro-Flair und bürgerlich-regionale Küche, die mit großer Sorgfalt aus sehr guten Produkten zubereitet wird.

ÖHNINGEN – Baden-Württemberg – **545** – 3 690 Ew – Höhe 446 m — 62 F21
– Erholungsort

▶ Berlin 800 – Stuttgart 168 – Konstanz 34 – Singen (Hohentwiel) 16
🛈 Klosterplatz 1, ⊠ 78337, ℰ (07735) 8 19 20, www.oehningen.de

In Öhningen-Schienen Nord: 2,5 km in Richtung Radolfzell

Falconera (Johannes Wuhrer)
Zum Mühlental 1 ⊠ *78337 – ℰ (07735) 23 40 – www.restaurant-falconera.de*
– geschl. über Fastnacht 1 Woche, Ende August - Anfang September 2 Wochen und Montag - Dienstag
Rest – Menü 51 € (vegetarisch)/79 € – Karte 58/72 €
Spez. Unsere Variation von der Gänseleber. Geräuchertes Wallerfilet auf glasierten Äpfeln und gebratener Blutwurst. Seeteufelfilet und gegrillte Black Tiger Garnele auf Orangenblüten-Mango-Graupen.
• Nicht ganz unschuldig am Erfolg von Johannes Wuhrer ist sicher die Lage des Lokals auf der Höri. Aber auch seine erstklassige Küche (er kocht mit Gefühl und Können) lockt viele Feinschmecker an. Falkenstube und Mühlenstube bilden das charmante Interieur dieses alten Fachwerkhauses.

In Öhningen-Wangen Ost: 3 km in Richtung Radolfzell

Residenz am See
Seeweg 2 ⊠ *78337 – ℰ (07735) 9 30 00 – www.residenz-am-see.de – geschl. Anfang März, November*
12 Zim – †62/97 € ††72/143 € – 2 Suiten
Rest – (geschl. November - März: Mittwoch - Donnerstag) Karte 19/45 €
• Die schöne ruhige Lage direkt am Seeufer sowie wohnlich und neuzeitlich eingerichtete Gästezimmer sprechen für dieses kleine Hotel. Freundliches Restaurant und hübsche Seeterrasse.

ÖHRINGEN – Baden-Württemberg – **545** – 22 750 Ew – Höhe 230 m — 55 H17

▶ Berlin 568 – Stuttgart 66 – Heilbronn 28 – Schwäbisch Hall 29
🛈 Marktplatz 15, ⊠ 74613, ℰ (07941) 6 81 18, www.oehringen.de
⛳ Friedrichsruhe - Zweiflingen, Hofgasse 12, ℰ (07941) 92 08 10

Württemberger Hof
Karlsvorstadt 4 ⊠ *74613 – ℰ (07941) 9 20 00*
– www.wuerttemberger-hof.de
59 Zim – †88/104 € ††104/129 € – 1 Suite **Rest** – Menü 33 € – Karte 26/42 €
• Sie finden das Hotel, ein zeitgemäß saniertes historisches Gebäude, im Herzen der Stadt, am Anfang der Fußgängerzone. Die Zimmer sind hell und freundlich. Bürgerlich-regional ist das Angebot im Restaurant.

ÖHRINGEN

In Friedrichsruhe Nord: 6 km, jenseits der A 6

Wald & Schlosshotel Friedrichsruhe
Kärcherstraße ⊠ 74639 Zweiflingen
– ℰ (07941) 6 08 70 – www.schlosshotel-friedrichsruhe.de
66 Zim – †190/340 € ††260/410 € – 15 Suiten
Rest *Gourmet Restaurant* **Rest *Jägerstube*** – siehe Restaurantauswahl
Rest *SPA-Restaurant* – Karte 20/47 €

• Diese exklusive Residenz besteht aus mehreren Gebäuden mit noblem Interieur von modern bis antik und zuvorkommendem Service. Pure Erholung versprechen der traumhafte Park, der direkt angeschlossene Golfplatz sowie Spa auf über 4000 qm.

Gourmet Restaurant – Wald & Schlosshotel Friedrichsruhe
Kärcherstraße ⊠ 74639 Zweiflingen – ℰ (07941) 6 08 70
www.schlosshotel-friedrichsruhe.de – geschl. 6. - 20. Februar und Sonntagabend - Montag
Rest – Menü 78/138 € – Karte 68/112 €
Spez. Kotelett vom Bretonischen Steinbutt mit jungem Lauch und Perigord Trüffel, La Ratte Kartoffeln. Gefüllte Wachtel mit Gänseleber, Brioche und Selleriecreme. Boeuf de Hohenlohe mit Kräuterpfifferlingen und geschmortem Knoblauch.

• Eine gelungene Verbindung von Luxus und Annehmlichkeit, die sich in bequemen Stuhlsesseln, schimmernden Ornament-Tapeten und glitzernden Kristallüstern widerspiegelt. Boris Beneckes kulinarische Kreationen sind klassisch geprägt. Ein wunderschöner Ort ist im Sommer die Terrasse!

Jägerstube – Wald & Schlosshotel Friedrichsruhe
Kärcherstraße ⊠ 74639 Zweiflingen – ℰ (07941) 6 08 70
– www.schlosshotel-friedrichsruhe.de
Rest – Menü 38 € – Karte 30/52 €

• Mit dekorativen Details wie Kachelofen, Jagdtrophäen und rustikalem Holz verbreitet dieses Restaurant Gemütlichkeit. Dazu passt die solide regionale und internationale Küche, die frisch und mit viel Geschmack zubereitet wird.

OELDE – Nordrhein-Westfalen – **543** – 29 460 Ew – Höhe 90 m 27 E10
▶ Berlin 430 – Düsseldorf 137 – Bielefeld 51 – Beckum 13

Engbert garni
Lange Str. 24 ⊠ 59302 – ℰ (02522) 9 33 90 – www.hotelengbert.de – geschl.
23. Dezember - 8. Januar
45 Zim – †65/90 € ††90/120 €

• Man bietet hier zeitgemäße, wohnliche Zimmer, teils recht ruhig nach hinten gelegen, einige mit beheiztem Fliesenboden. W-Lan gratis. Gute Parkmöglichkeiten trotz zentraler Lage.

OESTRICH-WINKEL – Hessen – **543** – 11 790 Ew – Höhe 93 m 47 E15
▶ Berlin 588 – Wiesbaden 21 – Bad Kreuznach 65 – Koblenz 74
🛈 An der Basilika 11a, ⊠ 65375, ℰ (06723) 1 94 33, www.oestrich-winkel.de

Im Stadtteil Oestrich

Grüner Baum
Rheingaustr. 45 ⊠ 65375 – ℰ (06723) 16 20 – www.gruenerbaum-oestrich.de
– geschl. 1. - 14. Februar und Mittwochabend - Donnerstag
Rest – Menü 15 € – Karte 18/43 €

• Gemütlich sitzt man in dem historischen Fachwerkhaus bei bürgerlich-regionaler Küche. Beliebt ist der günstige Mittagstisch. Im Innenhof hat man eine lauschige Terrasse.

Im Stadtteil Winkel

F. B. Schönleber
Hauptstr. 1b ⊠ 65375 – ℰ (06723) 9 17 60 – www.fb-schoenleber.de – geschl.
19. Dezember - 17. Januar
17 Zim – †65 € ††95 €
Rest – (geschl. Montag - Dienstag) (nur Abendessen) Karte 18/39 €

• Das tipptopp gepflegte kleine Hotel der Familie Schönleber ist an das traditionsreiche eigene Wein- und Sektgut angegliedert. Zimmer teils mit Balkon und Rheinblick. Das Restaurant ist eine heimelige Weinstube mit Terrasse zum Hof.

OESTRICH-WINKEL

Gutsrestaurant Schloss Vollrads
*Vollradser Allee (Nord: 2 km) ⊠ 65375 – ℰ (06723) 52 70 – www.gutsrestaurant-schlossvollrads.de
– geschl. 27. Dezember - 17. Februar und November - April: Montag - Dienstag*
Rest – Menü 39 € – Karte 28/47 €
◆ Das historische Herrenhaus in den Weinbergen beherbergt ein stilvolles Restaurant mit lichtem Wintergarten und herrlicher Terrasse. Regional-mediterrane Küche und gute Kuchenauswahl.

Die Wirtschaft
*Hauptstr. 70 ⊠ 65375 – ℰ (06723) 74 26 – www.die-wirtschaft.net – geschl. 29. Juni
- 20. Juli und Sonntagabend - Montag*
Rest – Menü 11 € (mittags)/29 € – Karte 20/41 €
◆ Sympathisch-rustikaler Weinstuben-Charakter und bürgerlich-regionale Küche kennzeichnen dieses Lokal. Der Innenhof des einstigen Weinguts dient als Terrasse.

ÖSTRINGEN – Baden-Württemberg – **545** – 12 850 Ew – Höhe 163 m — 54 F17
▶ Berlin 630 – Stuttgart 97 – Karlsruhe 45 – Heilbronn 45
Östringen-Tiefenbach, Birkenhof, ℰ (07259) 86 83

In Östringen-Tiefenbach Süd-Ost: 8 km Richtung Odenheim, nach 4 km links

Kreuzberghof
Am Kreuzbergsee 1 ⊠ 76684 – ℰ (07259) 9 11 00 – www.kreuzberghof.de
40 Zim – †60/105 € ††80/125 € – ½ P 20 € **Rest** – Karte 22/45 €
◆ Mit seiner schönen Lage am kleinen Kreuzbergsee bietet der Familienbetrieb angenehme Ruhe. Durch eine wohnlich-rustikale Halle gelangt man zu komfortable neuere Zimmer oder etwas einfachere. Gutes Frühstück in behaglichem Ambiente. Das Restaurant teilt sich in verschiedene Stuben im alpenländischen Stil.

Weingut Heitlinger
*Am Mühlberg 3 ⊠ 76684 – ℰ (07259) 911 2 17 – www.weingut-heitlinger.de
– geschl. 1. - 20. Januar und Montag - Dienstag*
Rest – (November - März: Mittwoch - Freitag nur Abendessen) Menü 19/56 €
– Karte 32/56 €
◆ In dem hübschen Restaurant bestimmen gepflegte Tischkultur und viele moderne Bilder das Ambiente. Geboten wird schmackhafte Regionalküche mit internationalen Akzenten, dazu Eigenbauweine. Gleiches Angebot in der gemütlichen Weinstube.

ÖTISHEIM – Baden-Württemberg – **545** – 4 840 Ew – Höhe 246 m — 55 F18
▶ Berlin 637 – Stuttgart 43 – Karlsruhe 46 – Heilbronn 69

Krone
*Maulbronner Str. 11 ⊠ 75443 – ℰ (07041) 28 07 – www.gasthof-krone.eu
– geschl. 2. - 15. Januar, 6. - 20. August*
17 Zim – †48/50 € ††70/76 €
Rest – (geschl. Sonntagabend - Montag) Karte 13/37 €
◆ Das kleine Hotel mitten im Ort wird seit 1869 als Familienbetrieb geführt. Die Zimmer zum Markt hin liegen ruhiger. Kostenfrei: Telefonieren ins dt. Festnetz sowie W-Lan. Bürgerliche Küche bietet das Restaurant mit schöner Terrasse zum Marktplatz.

Sternenschanz
*Gottlob-Linck-Str. 1 ⊠ 75443 – ℰ (07041) 66 67 – www.sternenschanz.de
– geschl. über Fasching 1 Woche, Ende Juli - Mitte September 3 Wochen
und Montagabend - Dienstag*
Rest – (Tischbestellung ratsam) Karte 26/49 €
◆ Familie Linck und ihr Team kümmern sich in den behaglichen ländlichen Stuben herzlich und professionell um die Gäste. Man isst schmackhaft-regional zu einem guten Preis-Leistungs-Verhältnis. Auch Schwäbisches findet sich auf der Karte. Hübsche Gartenterrasse.

OEVENUM – Schleswig-Holstein – siehe Föhr (Insel)

OEVERSEE – Schleswig-Holstein – siehe Flensburg

OEYNHAUSEN, BAD – Nordrhein-Westfalen – 543 – 48 520 Ew – Höhe 55 m – Heilbad

28 G9

▶ Berlin 362 – Düsseldorf 211 – Bielefeld 37 – Bremen 116
🛈 Im Kurpark, ✉ 32545, ✆ (05731) 13 00, www.badoeynhausen.de
🏌 Löhne, Auf dem Stickdorn 63, ✆ (05228) 70 50

In Bad Oeynhausen-Lohe Süd: 2 km über Steinstraße und Weserstraße

Trollinger Hof
Detmolder Str. 89 ✉ 32545 – ✆ (05731) 7 95 70 – www.trollingerhof.de
19 Zim ☕ – †53/88 € ††70/98 € – ½ P 16 €
Rest – (geschl. Donnerstag, Sonntag) Karte 24/36 €

♦ In dem familiengeführten kleinen Hotel am Ortsrand erwarten Sie gepflegte zeitgemäße Zimmer und ein gutes Frühstücksbuffet. Zum Haus gehört ein vielfältiger Kräuter- und Blütengarten. Restaurant im bürgerlichen Stil mit überdachter Terrasse hinter dem Haus.

OFFENBACH – Hessen – 543 – 118 770 Ew – Höhe 98 m

47 F15

▶ Berlin 543 – Wiesbaden 44 – Frankfurt am Main 8 – Darmstadt 28
ADAC Stadthof 1 Z
🛈 Salzgässchen 1 Z, ✉ 63065, ✆ (069) 80 65 20 52, www.offenbach.de
🔵 Deutsches Ledermuseum★★ M¹ Z

Sheraton
Berliner Str. 111 ✉ 63065 – ✆ (069) 82 99 90 – www.sheratonoffenbach.com
221 Zim – †115/185 € ††115/185 €, ☕ 20 € **Rest** – Karte 37/47 €   **Z**c

♦ Das Hotel am schönen Büsing-Park ist eine zeitgemäße Tagungs- und Businessadresse. Praktisch: Das Büsing Palais a. d. 19. Jh. mit Veranstaltungsräumen ist direkt angeschlossen. Modernes Ambiente im Restaurant und im Bistro/Barbereich.

OFFENBACH

Beethovenstr. . . . . **Y** 3	Carl-Ulrich-Brücke . . . . **X** 7	Hessenring . . . . **Y** 21
Bieberer Str. . . . . **Y** 5	Dieburger Str. . . . . **X** 9	Isenburgring . . . . **Y** 25
Buchhügelallee . . . . **Y** 6	Friedhofstr. **X** 10	Kaiserleibrücke . . . . **X** 28
	Friedrichsring . . . . **Y** 12	Offenbacher Landstr. . . . . **Y** 33
	Gabelsbergerstr. . . . . **Y** 13	Senefelderstr. . . . . **Y** 35
	Haydnstr. . . . . **Y** 20	Starkenburgring . . . . **Y** 38

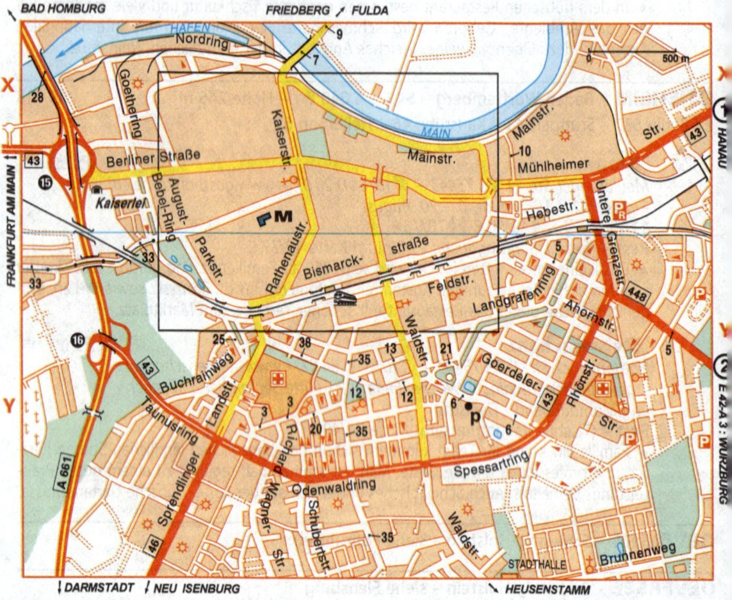

972

OFFENBACH

ACHAT Plaza

Ernst-Griesheimer-Platz 7 ⊠ 63071 – ℰ (069) 80 90 50
– www.achat-hotels.com **Yp**
155 Zim – †89/150 € ††99/160 €, ⊂ 10 €
Rest – *(geschl. Samstagmittag, Sonntagmittag)* Menü 30 € – Karte 24/44 €

♦ Das Hotel in dem denkmalgeschützten ehemaligen Schlachthof von 1904 empfängt Sie mit einer architektonisch ansprechenden Lobby. Moderne Zimmer in Braun- oder Blautönen. Eventhalle. Freundliches Restaurant in neuzeitlichem Stil.

Graf

Ziegelstr. 6, (Zufahrt über Schloßstraße) ⊠ 63065 – ℰ (069) 8 00 85 10
– www.hotel-graf.de – geschl. 23. Dezember - 2. Januar **Zg**
32 Zim ⊂ – †75/85 € ††89/99 € **Rest** – *(nur für Hausgäste)*

♦ Zwei Brüder leiten mit Engagement dieses tipptopp gepflegte Hotel mitten in der Stadt. Zeitgemäße Standard- und Komfortzimmer sowie ein gutes Frühstücksbuffet stehen für Sie bereit.

Hansa garni

Bernardstr. 101 ⊠ 63067 – ℰ (069) 82 98 50 – www.hotelhansa.de **Zr**
22 Zim ⊂ – †52/105 € ††72/145 €

♦ Die relativ ruhige Lage in einer Wohngegend in Zentrumsnähe und die fairen Preise sprechen für dieses gut gepflegte Hotel, das seit über zehn Jahren vom Inhaber geführt wird.

Schau Mahl

Bismarckstr. 177 ⊠ 63067 – ℰ (069) 82 99 34 00 – www.schaumahl.de – geschl. 2. Juni
- 23. Juli und Sonntag sowie an Feiertagen **Za**
Rest – *(nur Abendessen)* Menü 42/71 € – Karte 41/58 €

♦ Auf Tafeln empfiehlt man in dem historischen Stadthaus am Zentrumsrand die internationalen Speisen. Das Ambiente ist gemütlich-modern, hübsch das orientalisch angehauchte Dekor.

OFFENBACH

Arthur-Zitscher-Str.	Z 2
Berliner Str.	Z 4
Bieberer Str.	Z 5
Christian-Pleß-Str.	Z 8
Frankfurter Str.	Z
Geleitsstr.	Z
Großer Biergrund	Z 18
Große Marktstr.	Z 17
Hermstr.	Z
Hospitalstr.	Z 24
Isenburgring	Z 25
Kaiserstr.	Z
Kleiner Biergrund	Z 29
Marktpl.	Z 31
Mathildenstr.	Z 32
Schloßstr.	Z 34
Speyerstr.	Z 37
Waldstr.	Z
Wilhelmspl.	Z 40

OFFENBURG – Baden-Württemberg – **545** – 59 160 Ew – Höhe 163 m 53 D19

▶ Berlin 744 – Stuttgart 148 – Karlsruhe 77 – Freiburg im Breisgau 64

ADAC Marlener Str. 6 AZ
- Am Fischmarkt 2 BZ, ✉ 77652, ✆ (0781) 82 20 00, www.offenburg.de
- Appenweier-Urloffen, Golfplatz 1, ✆ (07843) 99 32 40

Veranstaltungen
- 16.-18. März: BAUEN+WOHNEN
- 16.-18. März: Gartenzeit
- 5.-6. Mai: Badische Weinmesse
- 25.-29. Juli: eurocheval
- 29. September-7. Oktober: Oberrhein Messe
- Messegelände Oberrheinhalle, Schutterwälder Str. 3 AZ, ✉ 77656, ✆ (0781) 9 22 60

◉ Heilig-Kreuz-Kirche ★ BY

OFFENBURG

Am Kestendamm	BZ
Am Unteren Mühlbach	BY
An der Wiede	BZ 3
Augustastr.	CZ 4
Badstr.	BZ
Burdastr.	AZ
Carl-Blos-Str.	CY 6
Fischmarkt	BZ 8
Freiburger Str.	AZBY
Friedenstr.	CYZ
Friedrichstr.	CYZ
Gärtnerstr.	BYZ 10
Gaswerkstr.	BY
Gerberstr.	BCZ
Glaserstr.	CY 11
Grabenallee	BCZ
Gustav-Rée-Anlage	BCY 12
Gymnasiumstr.	BZ 13
Hauptstr.	BZCY
Heinrich-Hertz-Str.	AYZ
Hermannstr.	BY
Hildastr.	CYZ
Hindenburgstr.	CZ 15
Im Unteren Angel	AY
Jahnweg	AY
Josef-Kohler-Str.	CY
Kinzigstr.	AY
Kittelgasse	BZ 17
Klosterstr.	BYZ
Kniebisstr.	BCZ
Kolpingstr.	AZ 18
Kornstr.	BZ 19
Kronenstr.	BZ
Lange Str.	CYZ
Lindenpl.	CZ 21
Luisenstr.	CY 22
Marlener Str.	AZ
Max-Planck-Str.	AY
Metzgerstr.	BCZ 24
Moltkestr.	CYZ
Okenstr.	BY
Ortenberger Str.	CZ
Pfarrstr.	BY 27
Philipp-Reis-Str.	BZ 28
Philosophenweg	CZ 29
Poststr.	BY
Prädikaturstr.	BY 31
Rammersweierstr.	BY
Ritterstr.	BCZ 34
Schaiblestr.	CY 36
Scheffelstr.	CY 37
Schuttergasse	CZ 38
Schutterwälder Str.	AZ
Sofienstr.	CY
Spitalstr.	BZ 40
Stegermattstr.	BCZ
Steinstr.	BCZ
Straßburger Str.	BCY 41
Tannstr.	CZ
Teichstr.	CZ
Turnhallestr.	CY
Unionrampe	CY 43
Vitus-Burg-Str.	BY 45
Vogesenstr.	BY 46
Walter-Clauss-Str.	BY 47
Wasserstr.	ABY
Weingartenstr.	CZ
Wilhelmstr.	CYZ
Wilhelm-Bauer-Str.	BZ 49
Zähringerstr.	CZ
Zeller Str.	CY

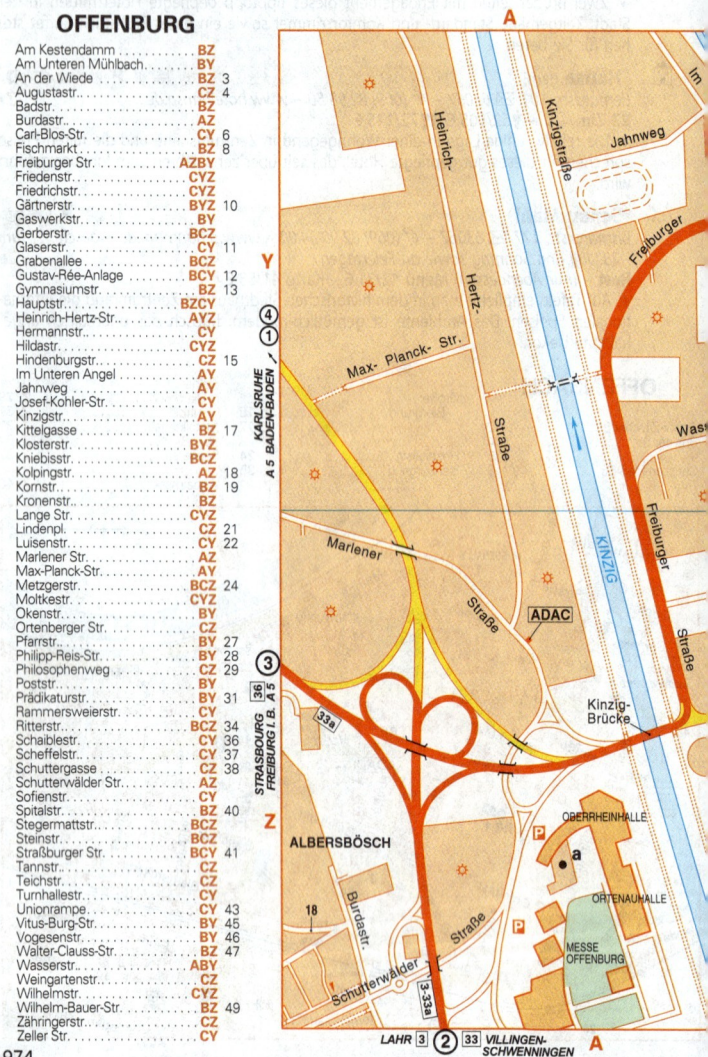

OFFENBURG

Mercure am Messeplatz
Schutterwälder Str. 1a (bei der Oberrheinhalle) ✉ 77656 – ℰ (0781) 50 50
– www.accorhotels.com

AZ**a**

132 Zim – †72/125 € ††72/135 €, ⌑ 17 € – 5 Suiten **Rest** – Karte 21/43 €

♦ Die Lage direkt bei der Oberrheinhalle sowie die funktionelle Ausstattung machen dieses Hotel vor allem für Messebesucher und Tagungsgäste interessant. Restaurant mit Terrasse und Bar.

Sonne
Hauptstr. 94 ✉ 77652 – ℰ (0781) 93 21 60 – www.hotel-sonne-offenburg.de

BZ**e**

26 Zim ⌑ – †78/102 € ††105/145 € **Rest** *Sonne* – siehe Restaurantauswahl

♦ Seit 1858 ist das historische Gasthaus an der Fußgängerzone im Familienbesitz. Es verfügt über zeitgemäße Businesszimmer oder hübsche Biedermeierzimmer. Lounge mit Humidor und Bibliothek.

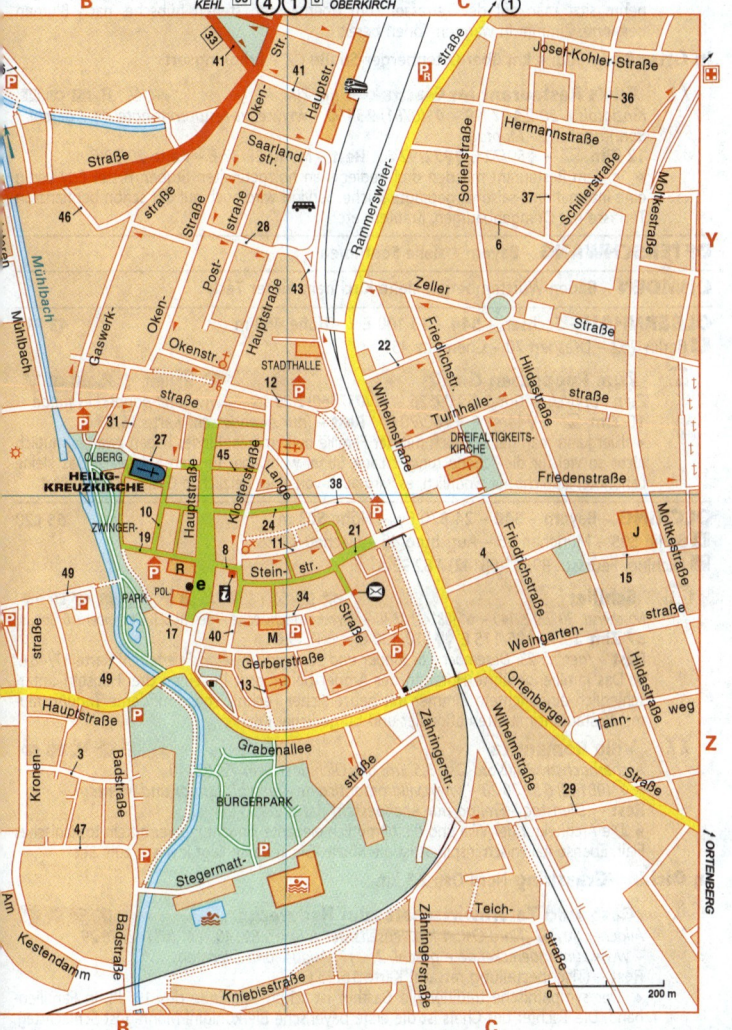

975

OFFENBURG

Sonne – Hotel Sonne
Hauptstr. 94 ⊠ 77652 – ℰ (0781) 93 21 60 – www.hotel-sonne-offenburg.de
– geschl. 1. - 8. Januar und Sonntag   BZe
Rest – Menü 35/50 € – Karte 27/48 €
♦ Eine gepflegte badische Gaststube, die an die gute alte Zeit erinnert: mit Holzvertäfelungen, barocken Schränken und einem Kachelofen sowie regionalen Speisen.

In Offenburg-Rammersweier Nord-Ost: 3 km über Moltkestraße CY – Erholungsort

Blume mit Zim
Weinstr. 160 ⊠ 77654 – ℰ (0781) 3 36 66 – www.gasthof-blume.de
– geschl. Sonntagabend - Montag und an Feiertagen abends
6 Zim □ – †68 € ††98 €   **Rest** – Menü 31/45 € – Karte 26/50 €
♦ Das Fachwerkhaus ist ein typischer badischer Gasthof mit behaglicher Atmosphäre, freundlichem Service und schmackhafter regionaler Küche mit saisonalem Bezug. Angenehm sitzt man auf der Terrasse. Zum Übernachten stehen hübsche, nach Blumen benannte Zimmer in warmen Tönen bereit.

In Ortenberg Süd: 4 km über Ortenberger Straße CZ – Erholungsort

Edy's Restaurant im Glattfelder mit Zim
Kinzigtalstr. 20 ⊠ 77799 – ℰ (0781) 9 34 90 – www.edys-restaurant-hotel.de – geschl.
Sonntagabend - Montag
12 Zim □ – †59/72 € ††72/92 €   **Rest** – Menü 28/37 € – Karte 29/52 €
♦ In dem Restaurant mit den drei gediegenen holzgetäfelten Stuben bietet Edy Ledig eine international-saisonal geprägte Küche. Serviert wird auch auf der schön bepflanzten Terrasse mit Orangenbäumen, Kräutern etc.

OFTERSCHWANG – Bayern – siehe Sonthofen

OHMDEN – Baden-Württemberg – siehe Kirchheim unter Teck

OLBERNHAU – Sachsen – 544 – 10 100 Ew – Höhe 450 m   43 P13
▶ Berlin 262 – Dresden 70 – Chemnitz 45

Zum Poppschen Gut
Zum Poppschen Gut 5 ⊠ 09526 – ℰ (037360) 2 00 56 – www.hotel-poppschesgut.de
18 Zim □ – †44/49 € ††60/70 €   **Rest** – (nur Abendessen) Karte 15/23 €
♦ Hier kann man getrost auch mit der Familie herkommen; Kinder haben zwar vermutlich nicht so viel für die schöne ruhiger Lage übrig, wohl aber für den Spielplatz! Das kleine Landhotel ist nicht nur wohnlich, es wird auch von einer herzlichen Gastgeberin geführt.

OLCHING – Bayern – 546 – 24 870 Ew – Höhe 503 m   65 L20
▶ Berlin 595 – München 36 – Augsburg 48 – Dachau 13
🏌 Olching, Feurstr. 89, ℰ (08142) 4 82 90

Schiller
Nöscherstr. 20 ⊠ 82140 – ℰ (08142) 47 30 – www.hotel-schiller.de – geschl. 23. Dezember - 6. Januar
57 Zim □ – †95/115 € ††110/130 € – ½ P 19 €
Rest – (geschl. 23. Dezember - 6. Januar und Sonntag sowie an Feiertagen) Karte 17/48 €
♦ Das familiengeführte Hotel an der Amper beherbergt in seinen drei Häusern unterschiedlich eingerichtete Zimmer mit neuzeitlicher Technik sowie moderne Tagungsräume. Restaurant mit internationaler und bürgerlicher Küche.

Villa Romantica
Ascherbachstr. 85 (Nord-Ost: 3,5 km, am Olchinger See) ⊠ 82140
– ℰ (08142) 6 52 80 28 – www.villaromantica.de – geschl. Januar und Montag
Rest – (Dienstag - Freitag nur Abendessen) Karte 28/50 €
♦ Die Architektur der Villa und die gemütlich-elegante Einrichtung vermitteln toskanisches Flair. Ebenso italienisch inspiriert ist die Küche. Die Terrasse liegt idyllisch zum See.

In Olching-Grasslfing Nord-Ost: 2,5 km

Gast- und Tafernwirtschaft zum Haderecker
Allacher Str. 67 (Nord-Ost: 4 km, jenseits der A 8) ⊠ 82140 – ℰ (08142) 76 29
– www.zumhaderecker.de – geschl. 2. - 17. August und Dienstag
Rest – (Tischbestellung ratsam) Karte 16/35 €
♦ Der sympathische traditionelle Gasthof ist schon seit Ende des 19. Jh. in Familienhand. Die Tochter des Chefs ist die erste bayerische Bierkönigin! Montag ist Schlachttag.

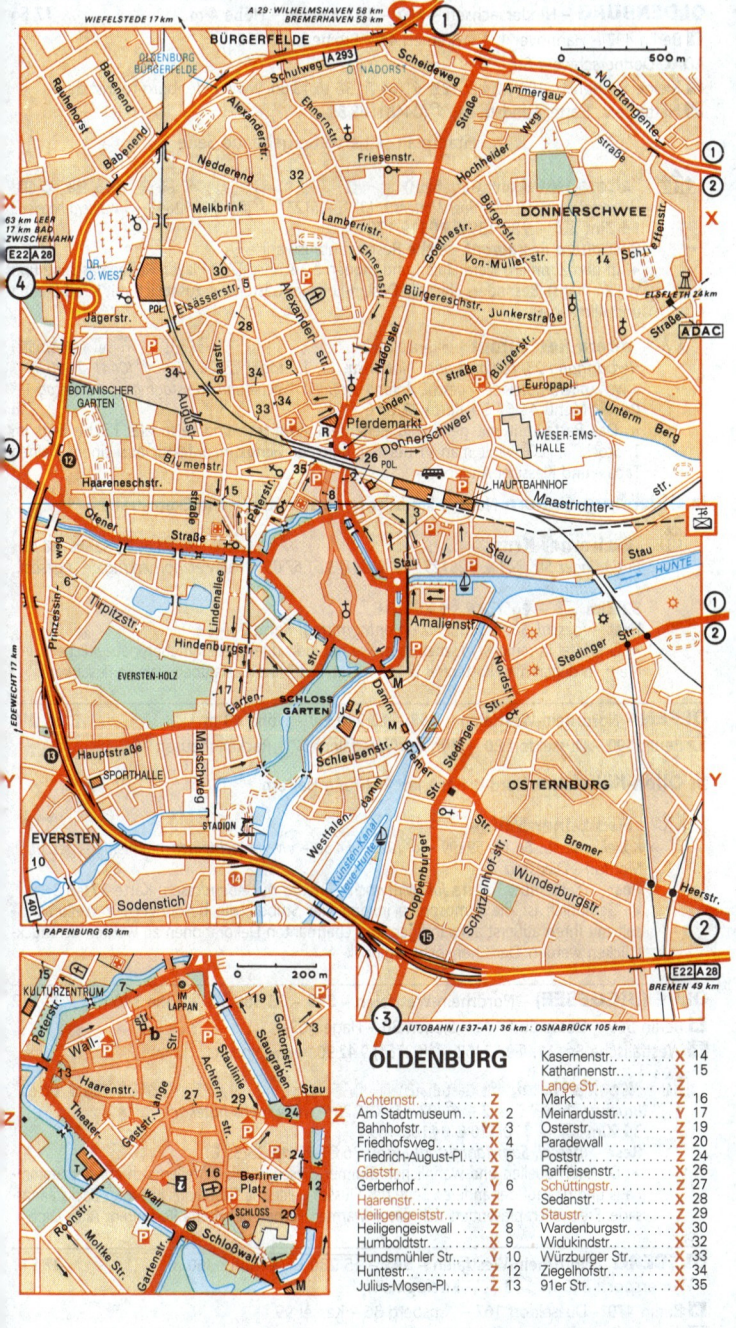

OLDENBURG

Achternstr.	Z
Am Stadtmuseum	Z 2
Bahnhofstr.	YZ 3
Friedhofsweg	X 4
Friedrich-August-Pl.	X 5
Gaststr.	Z
Gerberhof	Y 6
Haarenstr.	Z
Heiligengeiststr.	X 7
Heiligengeistwall	Z 8
Humboldtstr.	X 9
Hundsmühler Str.	Y 10
Huntestr.	Z 12
Julius-Mosen-Pl.	Z 13
Kasernenstr.	X 14
Katharinenstr.	X 15
Lange Str.	Z
Markt	Z 16
Meinardusstr.	X 17
Osterstr.	Z 19
Paradewall	Z 20
Poststr.	Z 24
Raiffeisenstr.	X 26
Schüttingstr.	Z 27
Sedanstr.	X 28
Staustr.	Z 29
Wardenburgstr.	X 30
Widukindstr.	X 32
Würzburger Str.	X 33
Ziegelhofstr.	X 34
91er Str.	X 35

OLDENBURG – Niedersachsen – **541** – 161 340 Ew – Höhe 4 m   17 F6
▶ Berlin 432 – Hannover 171 – Bremen 46 – Bremerhaven 58
ADAC Donnerschweer Str. 237 X
🛈 Kleine Kirchenstr. 10 Z, ✉ 26122, ✆ (0441) 36 16 13 66, www.oldenburg-tourist.de
⛳ Hatten e.v., Hatter Landstr. 34, ✆ (04481) 88 55

Stadtplan siehe vorhergehende Seite

altera Hotel (mit Gästehaus)
Herbartgang 23, (Zufahrt über Mottenstr. 13) ✉ 26122 – ✆ (0441) 21 90 80 – www.altera-hotels.de
56 Zim – †89/139 € ††119/179 €   Z b
Rest *altera Restaurant* – siehe Restaurantauswahl
• In den Zimmern klare Linien und moderne Technik (DVD-Player, Kaffeemaschine und W-Lan gratis). Besonders chic: die Design-Lofts im Gästehaus, zusätzlich mit i-Pod-Station und Klimaanlage.

altera Restaurant – altera Hotel
Herbartgang 23, (Zufahrt über Mottenstr. 13, 1. Etage) ✉ 26122 – ✆ (0441) 21 90 80 – www.altera-hotels.de – geschl. Anfang Januar 1 Woche und Samstagmittag - Sonntag
Rest – Menü 44/67 € – Karte 38/60 €   Z b
• Das Restaurant mit geradlinig-elegantem Ambiente und saisonaler Küche liegt im 1. Stock, im EG wählt man in der Bar und der Genussmanufaktur aus einem kleinen Tapas- und Klassiker-Angebot.

In Oldenburg-Etzhorn Nord: 4 km über Nadorster Straße und Ekernstraße X

Etzhorner Krug
Butjadinger Str. 341 ✉ 26125 – ✆ (0441) 3 61 67 00 – www.etzhornerkrug.de – geschl. 1. - 8. Januar
32 Zim – †65/70 € ††90/110 €
Rest – (geschl. Sonntagabend - Montagmittag) Karte 20/46 €
• Ein Hotel in regionstypischer Bauweise mit individuell geschnittenen neuzeitlichen Zimmern, in denen man kostenfrei W-Lan bietet. Rustikales Gaststuben-Flair im Restaurant.

OLFEN – Nordrhein-Westfalen – **543** – 12 240 Ew – Höhe 48 m   26 D10
▶ Berlin 490 – Düsseldorf 80 – Münster (Westfalen) 37 – Recklinghausen 19

In Olfen-Kökelsum Nord-West: 2 km Richtung Haltern

Füchtelner Mühle
Kökelsumerstr. 66 ✉ 59399 – ✆ (02595) 4 30 – www.fuechtelner-muehle.de – geschl. Montag - Dienstag
Rest – (September - Mitte Juli: Mittwoch - Freitag nur Abendessen) Karte 27/46 €
• Gemütlich ist die Atmosphäre in den vier Stuben, die besonders zur Weihnachtszeit mit ihren äußerst aufwändigen und charmanten Dekorationen zu wahren Schmuckstücken werden. Der Chef kocht regional.

OLPE (BIGGESEE) – Nordrhein-Westfalen – **543** – 25 500 Ew – Höhe 340 m   37 E12
▶ Berlin 559 – Düsseldorf 114 – Siegen 30 – Hagen 62
🛈 Westfälische Str. 11, ✉ 57462, ✆ (02761) 9 42 90, www.olpe.de

Koch's Hotel (mit Gästehaus)
Bruchstr. 16 ✉ 57462 – ✆ (02761) 8 25 20 – www.kochs-hotel.de
39 Zim – †70/110 € ††108/169 €
Rest – (geschl. Samstagmittag) Menü 36 € – Karte 23/59 €
• Die individuellen und wohnlichen Zimmer dieses Hotels verteilen sich auf das Stammhaus und das auf der anderen Seite des Flusses gelegene Gästehaus mit roter Backsteinfassade. Freundlich präsentiert sich das in warmen Farben gehaltene Restaurant Altes Olpe.

OLSBERG – Nordrhein-Westfalen – **543** – 15 230 Ew – Höhe 360 m   27 F11
– Wintersport: 800 m ⛷ 3 ⛷ – Kneippkurort
▶ Berlin 479 – Düsseldorf 167 – Arnsberg 36 – Kassel 99
🛈 Ruhrstr. 32, ✉ 59939, ✆ (02962) 9 37 22, www.olsberg-touristik.de

OLSBERG

Kurpark Villa (mit Gästehaus)
Mühlenufer 4a ⊠ 59939 – ℰ (02962) 9 79 70 – www.kurparkvilla.info – geschl. 8.-20. Januar
29 Zim ⊇ – †64/89 € ††108/156 € – ½ P 20 €
Rest – (geschl. Mittwoch) Menü 46 € – Karte 29/40 €

♦ Ein wohnlich-elegantes Hotel mit geschmackvollen, im Gästehaus auch etwas moderneren Zimmern. Zum Angebot gehört ein Therapie- und Kosmetikbereich. Schön ist die ruhige Lage am Kurpark. Lichtdurchflutetes Wintergartenrestaurant.

In Olsberg-Bigge West: 2 km

Schinkenwirt
Eisenberg 2 (Nord-Ost: 2,5 km, Richtung Willingen, dann links ab) ⊠ 59939
– ℰ (02962) 97 90 50 – www.schinkenwirt.com – geschl. 9. - 12. Januar, 28. März
- 5. April, 9. - 18. Juli
18 Zim ⊇ – †35/49 € ††70/84 € – ½ P 19 € – 2 Suiten
Rest – (geschl. Mittwoch) Karte 23/46 €

♦ Das Hotel mit den gepflegten zeitgemäßen Zimmern liegt ruhig außerhalb des Ortes am Waldrand. Am Haus befindet sich eine kleine Kapelle, zudem hat man eigenes Quellwasser. Vom Restaurant mit hübschem modernen Nebenraum schaut man ins Grüne. Saisonale Küche.

Schettel mit Zim
Hauptstr. 52 ⊠ 59939 – ℰ (02962) 18 32 – www.hotel-schettel.de – geschl. Dienstag, Samstagmittag
10 Zim ⊇ – †42/49 € ††79/89 € – ½ P 15 € **Rest** – Menü 13/22 € – Karte 17/39 €

♦ Eine nette familiär geleitete Adresse mit regionaler Küche. Gemütlich sitzt man im Restaurant und in der rustikalen Bauernstube. Am Mittag bietet man eine kleinere Karte. Die Gästezimmer sind im wohnlichen Landhausstil gehalten.

OLZHEIM – Rheinland-Pfalz – **543** – 550 Ew – Höhe 496 m **35** B14
▶ Berlin 672 – Mainz 197 – Trier 73 – Diekirch 85

Haus Feldmaus
Knaufspescher Str. 14 ⊠ 54597 – ℰ (06552) 9 92 20 – www.feldmaus.de
– geschl. 18. - 31. Dezember, 1. - 20. Januar
8 Zim ⊇ – †55/80 € ††90/120 €
Rest – (geschl. Sonntag - Montag) (nur Abendessen für Hausgäste)

♦ In Frankreich würde man es wohl "Bijou" nennen: Mit Liebe haben die beiden sympathischen Betreiber ein kleines Hotel zum Wohlfühlen geschaffen! Schön und ganz individuell hat man es in Zimmern wie "Frühlingsrolle", "Nostalgie" oder "Prinzenkammer". Hausgästen bietet man abends ein paar Gerichte - viel Vegetarisches und überwiegend Bioprodukte (auch zum Frühstück).

OPPENAU – Baden-Württemberg – **545** – 4 880 Ew – Höhe 277 m **54** E19
– Wintersport: 960 m ⟨⟩ 1 ⟨⟩ – Luftkurort
▶ Berlin 750 – Stuttgart 150 – Karlsruhe 79 – Offenburg 26
ℹ Allmendplatz 3, ⊠ 77728, ℰ (07804) 91 08 30, www.oppenau.de

Rebstock
Straßburger Str. 13 ⊠ 77728 – ℰ (07804) 97 80 – www.rebstock-oppenau.de – geschl. 24. Oktober - 21. November
14 Zim ⊇ – †50/60 € ††78/92 € – ½ P 19 € – 2 Suiten
Rest – (geschl. Dienstag) Karte 18/46 €

♦ Engagiert leitet die aus dem Elsass stammende Familie das hübsche Fachwerkhaus. Eine sehr gepflegte Adresse im Ortskern, am Flüsschen Lierbach. Das Restaurant wird ergänzt durch eine Terrasse über dem kleinen Fluss.

In Oppenau-Lierbach Nord-Ost: 3,5 km Richtung Allerheiligen

Gasthof Blume (mit Gästehäusern)
Rotenbachstr. 1 ⊠ 77728 – ℰ (07804) 30 04 – www.blume-lierbach.de – geschl.
15. Januar - 10. Februar
10 Zim ⊇ – †45/50 € ††80/90 € – ½ P 15 € – 1 Suite
Rest – (geschl. Donnerstag) Karte 19/40 €

♦ Ein kleiner Gasthof im romantischen Lierbachtal mit zeitgemäß ausgestatteten Zimmern. Besonders komfortabel und für Allergiker geeignet sind die Zimmer im neuesten Gästehaus. Restaurant in bürgerlichem Stil.

OPPENHEIM – Rheinland-Pfalz – **543** – 7 100 Ew – Höhe 100 m — **47** F15
▶ Berlin 597 – Mainz 24 – Neustadt an der Weinstraße 74 – Darmstadt 47

Merian garni
Wormser Str. 2 ⊠ 55276 – ℰ (06133) 9 49 40 – www.merianhotel.de – geschl. Anfang Januar 3 Wochen
14 Zim ⊇ – †87 € ††117 €
◆ Das in der Altstadt gelegene Stadtschreiberhaus von 1699 beherbergt hochwertig in modernem Stil eingerichtete Zimmer. Das Frühstücksbuffet bietet eine sehr gute Auswahl.

Zwo
Friedrich-Ebert-Str. 84 ⊠ 55276 – ℰ (06133) 5 77 69 60 – www.hotelzwo-oppenheim.de
13 Zim ⊇ – †87/101 € ††101/132 €
Rest – (geschl. Mittwoch) Menü 20 € – Karte 17/44 €
◆ Ansprechend geradliniges und klares Design bestimmt die Einrichtung in diesem kleinen Hotel, ebenso im Restaurant. Die Chefin kocht - mittags günstigere Gerichte. Wenn es warm ist, schmecken das Essen sowie Kaffee und Kuchen auch auf der Terrasse! Raucherlounge.

Völker
Krämerstr. 7, (Eingang Schulstaße) ⊠ 55276 – ℰ (06133) 22 69
– www.restaurant-voelker.de – geschl. Januar und Montag - Mittwoch, Donnerstagmittag, Freitagmittag
Rest – Menü 35 € – Karte 27/44 €
◆ Sympathisch und ungezwungen, so sind Atmosphäre und Gastgeber. Was Sie keinesfalls versäumen sollten: eine Führung durch den einmaligen mittelalterlichen "Untergrund" - oder aber "Dinner for One uff rhoihessisch"!

ORANIENBURG – Brandenburg – **542** – 41 590 Ew – Höhe 34 m — **22** P7
▶ Berlin 38 – Potsdam 57 – Frankfurt (Oder) 112
🛈 Bernauer Str. 52, ⊠ 16515, ℰ (03301) 70 48 33, www.tourismus-or.de
⛳ Stolpe, Am Golfplatz 1, ℰ (03303) 54 92 14

Stadthotel
Andre-Pican-Str. 23 ⊠ 16515 – ℰ (03301) 69 00 – www.stadthotel-oranienburg.de
50 Zim ⊇ – †70/75 € ††79/84 € – ½ P 18 € – 2 Suiten **Rest** – Karte 18/41 €
◆ In diesem Businesshotel erwarten Sie ein großzügiger Empfangsbereich sowie neuzeitliche Gästezimmer mit guter Technik und funktionellem Arbeitsplatz. Hell gestaltetes Restaurant mit Bar.

ORB, BAD – Hessen – **543** – 9 780 Ew – Höhe 189 m – Heilbad — **48** H14
▶ Berlin 504 – Wiesbaden 99 – Fulda 54 – Frankfurt am Main 55
🛈 Kurparkstr. 2, ⊠ 63619, ℰ (06052) 8 30, www.bad-orb.info
⛳ Jossgrund, Hindenburgstr. 7, ℰ (06059) 90 55 10

Lorösch
Sauerbornstr. 14 ⊠ 63619 – ℰ (06052) 9 15 50 – www.hotel-loroesch.de
28 Zim ⊇ – †75/90 € ††105/160 € – ½ P 22 € – 2 Suiten **Rest** – Karte 26/41 €
◆ Ein sympathischer und engagiert geleiteter Familienbetrieb beim Kurpark. Die wohnlichen Gästezimmer verfügen meist über einen Balkon. Im Restaurant bietet man auch hausgemachten Kuchen.

Rheinland
Lindenallee 36 ⊠ 63619 – ℰ (06052) 9 14 90 – www.hotel-rheinland.de – geschl. Mitte Dezember - Mitte Januar
33 Zim ⊇ – †60/70 € ††95/120 € – ½ P 15 € **Rest** – (nur für Hausgäste)
◆ Das tipptopp gepflegte Hotel der Familie Göb liegt nahe dem Kurpark und bietet freundliche Zimmer in zeitlosem Stil, teilweise mit Balkon und Blick ins Grüne.

Rauchfang
Gutenberg Str. 15 ⊠ 63619 – ℰ (06052) 91 23 76 – www.restaurant-rauchfang.de
– geschl. Montag - Dienstag
Rest – Karte 32/54 €
◆ Eine nette Adresse: rustikaler Rahmen, gutes Preis-Leistungs-Verhältnis und zwei herzliche Gastgeber - sie im Service, er in der Küche. Probieren Sie die hausgemachte Pasta!

ORTENBERG – Baden-Württemberg – siehe Offenburg

OSNABRÜCK – Niedersachsen – 541 – 163 520 Ew – Höhe 63 m 17 E9

▶ Berlin 424 – Hannover 141 – Bielefeld 50 – Bremen 121
✈ Greven, Hüttruper Weide 71 (West: 34 km über A 30 und A 1 X), ℰ (02571) 94 33 60
ADAC Kurt-Schumacher-Damm 16 X
🛈 Bierstr. 22 Y, ⊠ 49074, ℰ (0541) 3 23 22 02, www.osnabrueck.de
⛳ Lotte, Wersener Str. 17, West: 11 km über A 30, ℰ (05404) 99 86 10
⛳ Ostercappeln-Venne, Im Schlingerort 5, Nord-Ost: 19km über Hansastraße, ℰ (05476) 2 00
⛳ Gut Arenshorst, Arenshorster Kirchweg 2, Nord-Ost: 21 km, ℰ (05471) 95 25 20
⛳ Osnabrücker Golf Club, Am Golfplatz 3, 13 km über Mindener Straße, ℰ (05402) 56 36

Stadtplan auf der nächsten Seite

🏨 Steigenberger Hotel Remarque
Natruper-Tor-Wall 1 ⊠ 49076 – ℰ (0541) 6 09 60
– www.osnabrueck.steigenberger.de Yb
156 Zim – †88/167 € ††116/182 €, ⊇ 17 € – 3 Suiten
Rest *Vila Real* – siehe Restaurantauswahl
Rest *Remarque's Weinwirtschaft* – ℰ (0541) 6 09 66 28 – Karte 22/42 €

♦ Ideale Lage, um die Altstadt zu erkunden. Businessgäste schätzen die Tagungsräume sowie technisch gute Arbeitsplätze in den komfortablen Zimmern. Besonderheit: Kunst in der Halle. Das Ambiente der Weinwirtschaft überrascht: nicht wie erwartet rustikal, sondern modern. Zum Essen gibt es internationale Gerichte, eine Spezialität sind Tapas. Jeden 2. Sonntag im Monat Brunch.

🏨 Walhalla (mit Gästehaus)
Bierstr. 24 ⊠ 49074 – ℰ (0541) 3 49 10 – www.hotel-walhalla.de Yn
69 Zim ⊇ – †92/103 € ††119/129 € – ½ P 36 €
Rest *Walhalla* – siehe Restaurantauswahl

♦ Ein Ensemble historischer Häuser mitten in der Altstadt. Zimmer von klassisch bis geradlinig-modern, ein wertiger Saunabereich (auch Massagen) sowie die David Lounge als luftig-lichter Wintergarten mit Zugang zum Innenhof.

🏨 Landhaus Osterhaus garni
Bramstr. 109a (über B 68 X, rechts ab Richtung Haste) ⊠ 49090 – ℰ (0541) 9 62 12 31
– www.osterhaus.de
14 Zim ⊇ – †79/85 € ††99/105 € – 3 Suiten

♦ Geräumig und wohnlich-elegant sind die Zimmer/Appartements in dem von der Inhaberfamilie freundlich geleiteten Haus. Mineralwasser, Kaffee/Tee und W-Lan gratis.

🏨 Nikolai garni
Kamp 1 ⊠ 49074 – ℰ (0541) 33 13 00 – www.hotel-nikolai.de Ya
30 Zim ⊇ – †69/95 € ††84/125 €

♦ Hotel im Nikolai-Center, in die Fußgängerzone ist es ein Katzensprung. Praktisch die öffentliche Tiefgarage im Gebäude. Die Zimmer sind um einen lichten Innenhof mit Glaskuppel angelegt, die Doppelzimmer sehr geräumig.

🏨 Welp
Natruper Str. 227 ⊠ 49090 – ℰ (0541) 91 30 70 – www.hotel-welp.de Xr
23 Zim ⊇ – †57/67 € ††78/88 €
Rest – (geschl. 20. Dezember - 3. Januar und Freitag - Sonntag) (nur Abendessen) Karte 21/30 €

♦ Der gut geführte Familienbetrieb mit praktischen Zimmern (teils mit Balkon) liegt am Grüngürtel der Stadt etwas außerhalb des Zentrums. Im Sommer frühstückt man schön auf der Terrasse.

XXXX 🏵🏵🏵 La Vie
Krahnstr. 1 ⊠ 49074 – ℰ (0541) 33 11 50 – www.restaurant-lavie.de – geschl.
27. Dezember - 5. Januar, 9. - 16. April, 24. Juli - 15. August, Sonntag - Dienstagmittag
Rest – (Tischbestellung ratsam) Menü 98/168 € Yc
Spez. Carpaccio von geräucherter Melone, Parmesancreme, Balsamico und Wildkräutern. Königskrabbe mit Huhn, Sot l'y laisse, lauwarmes Ei und Haut, Kürbis und Creme, Algen, Süßkartoffel. Rehbockrücken sanft gegart, 5 mal Blumenkohl, Kirschen.

♦ Vom ersten Moment an ist das eingespielte Team präsent. In der Küche ist mit Thomas Bühner ein Meister seines Faches am Werk - was auf den Teller kommt, ist durchdacht und klar strukturiert. Gelungen auch das Interieur des denkmalgeschützten Gebäudes: modern-eleganter Stil und ruhige Erdtöne.

OSNABRÜCK

Atterstr.	X	3
Belmer Str.	X	4
Bierstr.	Y	5
Domhof	X	9
Ellerstr.	X	10
Große Str.	YZ	
Hansastr.	X	13
Hasetorwall	X	15
Haster Weg	X	16
Heinrich-Heine-Str.	Y	19
Herrenteichsstr.	X	20
Iburger Str.	Z	21
Johannisfreiheit	Z	23
Johannisstr.		
Knollstr.	X	25
Kolpingstr.	X	26
Krahnstr.		
Kurt-Schumacher-Damm	X	27
Lengericher Landstr.	X	28
Lieneschweg	X	29
Lotter Str.	Y	30
Meller Landstr.	X	31

Mindener Str.	X	32
Natruper Str.	X	33
Natruper-Tor-Wall	Y	34
Osnabrücker Str.	X	36
Petersburger Wall	Z	37
Rheiner Landstr.	X	38
Römereschstr.	X	39
Schellenbergstr.	X	40
Schillerstr.	Y	43
Theodor-Heuss-Pl.	X	44
Werserner Landstr.	X	46
Wersener Str.	X	47
Wittekindpl.	Y	49

OSNABRÜCK

XX Vila Real – Steigenberger Hotel Remarque
Natruper - Tor-Wall 1 ⊠ 49076 – ℰ (0541) 6 09 60 – www.osnabrueck.steigenberger.de
– geschl. 1. - 15. Januar, Ende Juli - Mitte August 3 Wochen und Sonntag sowie an Feiertagen Yb
Rest – *(nur Abendessen) (Tischbestellung ratsam)* Menü 36/72 € – Karte 42/49 €
• Modernes kleines Restaurant in einem Wintergarten; die Lampen und die bequemen Sessel hat man im Retro-Stil gewählt. Geboten wird eine international-mediterran ausgerichtete Küche.

XX Walhalla – Hotel Walhalla
Bierstr. 24 ⊠ 49074 – ℰ (0541) 3 49 10 – www.hotel-walhalla.de Yn
Rest – Menü 36 € – Karte 25/51 €
• Die Tradition des Hauses lässt sich bis 1690 zurückverfolgen. Wenn Sie hier einkehren, erwartet Sie ein rustikal-gediegener Gastraum, in dem man klassisch-internationale Speisen anbietet. Schön: die Terrasse im Hof.

In Osnabrück-Atter

X Leonardo
Zum Flugplatz 83 ⊠ 49078 – ℰ (0541) 12 89 99 – geschl. Ende Oktober - Anfang November und Montag Xn
Rest – Karte 24/45 €
• Das Restaurant direkt am Flugplatz bietet bürgerliche wie auch klassische Küche und freundlichen Service. Von der Terrasse blickt man zur Landebahn. Einfachere Mittagskarte.

In Belm-Vehrte Nord-Ost: 12 km über Bremer Straße X

🏠 Landgasthaus Kortlüke
Venner Str. 5 ⊠ 49191 – ℰ (05406) 8 35 00 – www.hotel-kortlueke.de
22 Zim – †45/52 € ††63/68 €, ⊆ 5 €
Rest – *(geschl. Dienstag) (Montag - Freitag nur Abendessen)* Karte 13/28 €
• Ein sehr gepflegter Familienbetrieb mit rustikalen oder helleren, neuzeitlicheren Zimmern und kostenlosem W-Lan. In der Nähe verläuft der bei Wanderern beliebte Wittekindsweg.

OSTBEVERN – Nordrhein-Westfalen – siehe Telgte

OSTERBURKEN – Baden-Württemberg – **545** – 6 490 Ew – Höhe 247 m 48 H16
▶ Berlin 561 – Stuttgart 91 – Würzburg 66 – Heilbronn 49
🏌 Ravenstein-Merchingen, Im Laber 4 a, ℰ (06297) 3 99

🏠 Märchenwald
Boschstr. 14 (Nord-Ost: 2 km, nahe der B 292) ⊠ 74706 – ℰ (06291) 6 42 00
– www.hotelmaerchenwald.de
20 Zim ⊆ – †49/62 € ††79/94 €
Rest – *(geschl. Sonntagabend - Montagmittag)* Karte 16/40 €
• Sie stehen auf Ihrem Balkon und schauen auf Feld, (Märchen-) Wald und Wiese! Im Haus verbreitet viel Holz ländliche Behaglichkeit. Vier Zimmer im UG sind recht einfach (und preiswert). Im Restaurant gibt es Wild aus dem eigenen Gehege.

OSTERODE am HARZ – Niedersachsen – **541** – 23 680 Ew – Höhe 220 m 29 J10
▶ Berlin 316 – Hannover 98 – Braunschweig 81 – Göttingen 48
🛈 Eisensteinstr. 1, ⊠ 37520, ℰ (05522) 31 83 33, www.osterode.de

In Osterode-Lerbach Nord-Ost: 5 km über B 241 – Erholungsort

🏠 Sauerbrey
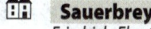
Friedrich-Ebert-Str. 129 ⊠ 37520 – ℰ (05522) 5 09 30 – www.hotel-sauerbrey.de
31 Zim ⊆ – †69/99 € ††95/149 € – 2 Suiten
Rest – *(Montag - Freitag nur Abendessen)* Karte 18/42 €
• Ein gewachsenes Hotel mit Familientradition seit 1850. Die Gästezimmer sind unterschiedlich geschnitten und eingerichtet, teilweise mit Balkon. Im rustikalen Restaurant bietet man bürgerliche Küche. Schöner Saal.

OSTERODE am HARZ

In Osterode-Riefensbeek Nord-Ost: 12 km über B 498 – Erholungsort

Landhaus Meyer
Sösestr. 23 (B 498) ⊠ 37520 – ℰ (05522) 38 37 – www.hotel-landhaus-meyer.de
9 Zim ⊒ – †45 € ††74 €   **Rest** – Karte 17/32 €
• In dem sehr familiären kleinen Hotel wohnt man in soliden Gästezimmern, die nicht sehr groß, aber behaglich sind. Im Blockhaus nebenan hat man eine Ferienwohnung. In den beiden Stuben serviert man bürgerliche Küche. Nette Terrasse zum Garten.

OSTERWIECK – Sachsen-Anhalt – 542 – 12 210 Ew – Höhe 117 m   30 K9
▶ Berlin 235 – Magdeburg 83 – Goslar 32

Brauner Hirsch
Stephanikirchgasse 1 ⊠ 38835 – ℰ (039421) 79 50 – www.hotel-braunerhirsch.de
24 Zim ⊒ – †47 € ††78/85 €   **Rest** – Karte 16/24 €
• Das Fachwerkhaus von 1728 fügt sich schön in den historischen Kern des kleinen Städtchens ein. Rustikale Fichtenholzmöbel sorgen zusammen mit angenehmen Farben für Gemütlichkeit. Behaglich ist auch das Restaurant mit niedriger Decke im 1. Stock. Terrasse im Innenhof.

OSTFILDERN – Baden-Württemberg – 545 – 35 940 Ew – Höhe 348 m   55 G18
▶ Berlin 644 – Stuttgart 19 – Göppingen 39 – Reutlingen 35

In Ostfildern-Kemnat

Am Brunnen garni
Heumadener Str. 19 ⊠ 73760 – ℰ (0711) 16 77 70 – www.hotelambrunnen.de
22 Zim – †85/95 € ††105/115 €
• Das gut gepflegte Hotel in der Ortsmitte ist eine funktionelle Adresse, die ihren Gästen freundliche Zimmer und einen netten kleinen Frühstücksraum bietet.

In Ostfildern-Ruit

Hirsch Hotel Gehrung
Stuttgarter Str. 7 ⊠ 73760 – ℰ (0711) 44 13 00 – www.hirsch-hotel-gehrung.de
62 Zim ⊒ – †95/110 € ††125/145 €   **Rest** – (geschl. Sonntag) Karte 32/51 €
• Familie Gehrung führt dieses Hotel bereits in der 3. Generation. Komfortable Zimmer. Highlight sind die drei besonders hellen und geräumigen "Top-Side-Zimmer" im 4. Stock. Man speist im gediegenen Restaurant oder in der heimeligen Schwäbischen Stube.

In Ostfildern-Scharnhausen

Lamm
Plieninger Str. 3a ⊠ 73760 – ℰ (07158) 1 70 60 – www.hotelrestaurantlamm.de
32 Zim – †82/117 € ††111/137 €, ⊒ 8 €   **Rest** – Menü 22 € – Karte 23/48 €
• In dem Hotel unter familiärer Leitung stehen solide ausgestattete Gästezimmer unterschiedlicher Kategorien zur Verfügung, teilweise mit Balkon. Freundliches Restaurant im Wintergartenstil und gediegenes Nebenzimmer. Die Küche ist regional und international.

OSTRACH – Baden-Württemberg – 545 – 6 750 Ew – Höhe 615 m   63 H20
▶ Berlin 700 – Stuttgart 128 – Konstanz 69 – Ravensburg 33

Landhotel zum Hirsch
Hauptstr. 27 ⊠ 88356 – ℰ (07585) 9 24 90 – www.landhotel-hirsch.de
– geschl. 2. - 6. November
16 Zim ⊒ – †55/59 € ††85/95 € – ½ P 24 €
Rest *Landhotel zum Hirsch* – siehe Restaurantauswahl
• Bei Familie Ermler hat Gastlichkeit Tradition. Sie finden diese sympathische Adresse mit nettem ländlichem Charakter mitten im Ort neben der Kirche.

Landhotel zum Hirsch – Landhotel zum Hirsch
Hauptstr. 27 ⊠ 88356 – ℰ (07585) 9 24 90 – www.landhotel-hirsch.de
– geschl. 2. - 6. November und Montag
Rest – Menü 34 € – Karte 29/45 €
• In holzgetäfelten Stuben serviert Ihnen Gastwirt Josef Ermler in gemütlicher Atmosphäre eine ehrliche schwäbische Küche wie Zweierlei vom Alb-Lamm oder angemachter Schwartenmagen.

OTTENHÖFEN im SCHWARZWALD – Baden-Württemberg – 545 — 54 E19
– 3 290 Ew – Höhe 309 m – Luftkurort
▶ Berlin 736 – Stuttgart 137 – Karlsruhe 64 – Freudenstadt 35
ℹ Großmatt 15, ✉ 77883, ℰ (07842) 8 04 44, www.ottenhoefen.de
Ⓖ Allerheiligen★ · Wasserfälle★, Süd-Ost: 7 km

Breig garni
Zieselmatt 10 ✉ 77883 – ℰ (07842) 25 65 – www.pension-breig.de
9 Zim – †47/69 € ††94/108 €
♦ Eine familiäre Adresse in ruhiger Lage mit schön gepflegtem Garten, solide und praktisch ausgestatteten Zimmern (meist mit Balkon) sowie einem gemütlichen Frühstücksraum.

OTTERNDORF – Niedersachsen – 541 – 7 110 Ew – Höhe 2 m – Erholungsort — 9 G4
▶ Berlin 402 – Hannover 217 – Cuxhaven 18 – Bremerhaven 40
ℹ Rathausplatz 1, ✉ 21762, ℰ (04751) 91 91 31, www.otterndorf.de

Am Medemufer
Goethestr. 15 ✉ 21762 – ℰ (04751) 9 99 90 – www.hotel-am-medemufer.de
38 Zim – †69/99 € ††99/139 € – ½ P 29 € – 6 Suiten **Rest** – Karte 17/42 €
♦ Ein tipptopp gepflegtes, neuzeitliches Hotel mit reizvollem Garten und sehr gutem Frühstück. Kosmetik und Massage im "Miomare" in der Therme gegenüber - mit Shuttle-Service. Helles, freundliches Restaurant mit Blick auf den Fluss Medem.

Ratskeller
Rathausplatz 1 ✉ 21762 – ℰ (04751) 38 11 – www.altstadtgaestehaus.de – geschl. Februar und Dienstag
Rest – Karte 22/36 €
♦ Das Restaurant in dem über 400 Jahre alten Gewölbekeller wird sympathisch geführt. Freundlich und pfiffig ist der Service der Damen, geleitet von der Chefin. Der Chef steht am Herd.

OTTOBEUREN – Bayern – 546 – 7 970 Ew – Höhe 660 m – Kneippkurort — 64 J21
▶ Berlin 672 – München 110 – Kempten (Allgäu) 40 – Bregenz 85
ℹ Marktplatz 14, ✉ 87724, ℰ (08332) 92 19 50, www.ottobeuren.de
⛳ Hofgut Boschach, ℰ (08332) 9 25 10

Parkhotel Maximilian
Bannwaldweg 11 ✉ 87724 – ℰ (08332) 9 23 70 – www.parkhotel-ottobeuren.de
111 Zim – †90/109 € ††136/155 € – ½ P 29 € – 1 Suite **Rest** – Karte 29/41 €
♦ Das Hotel in einem Park am Waldrand ist eine ansprechende und wohnlich-komfortable Adresse für Ferien- und Businessgäste. Entspannen kann man beim guten Wellnessangebot. In den zwei Restaurants serviert man regionale und klassische Küche sowie glutenfreie Kost.

Am Mühlbach garni
Luitpoldstr. 57 ✉ 87724 – ℰ (08332) 9 20 50 – www.hotel-am-muehlbach.de – geschl. 23. Dezember - 8. Januar
20 Zim – †68/78 € ††82/98 €
♦ Das halbkreisförmig angelegte Hotel bei der Benediktinerabtei bietet zeitgemäße Zimmer (teils mit Balkon oder Terrasse), fast alle liegen zur Innenseite, zum Garten hin.

Hirsch
Marktplatz 12 ✉ 87724 – ℰ (08332) 79 67 70 – www.hirsch-ottobeuren.de
48 Zim – †69/95 € ††89/115 € – ½ P 19 € – 1 Suite **Rest** – Karte 19/51 €
♦ In dem Hotel mit Brauerei erwarten Sie wohnliche Gästezimmer, die mit Parkett und geradlinig-moderner Einrichtung freundlich gestaltet sind. Klarer neuzeitlicher Stil auch im Restaurant. Die Küche ist regional und saisonal.

St. Ulrich
Bannwaldweg 10 ✉ 87724 – ℰ (08332) 92 35 20 – www.hotel-st-ulrich.com – geschl. 28. Oktober - 6. November, Dezember - 8. Februar
30 Zim – †59/65 € ††88/94 € – ½ P 16 € – 2 Suiten
Rest – (geschl. Sonntag - Montag) (nur Abendessen für Hausgäste) Karte 16/28 €
♦ Das Haus liegt ruhig am Waldrand etwas oberhalb des kleinen Ortes. Von einigen Zimmern schaut man auf die Basilika. Fragen Sie nach den neueren, besonders freundlichen Zimmern.

OTTOBRUNN – Bayern – 546 – 19 910 Ew – Höhe 455 m   66 M20
▶ Berlin 609 – München 14 – Innsbruck 156 – Kufstein 83

Aigner garni
Rosenheimer Landstr. 118 ⊠ 85521 – ℰ (089) 60 81 70 – www.hotelaigner.de
70 Zim ⊡ – †71/91 € ††89/109 €
♦ In dem familiengeführten Hotel stehen teilweise besonders modern gestaltete Gästezimmer zur Verfügung. Praktisch ist die Bushaltestelle vor dem Haus.

OVERATH – Nordrhein-Westfalen – 543 – 27 000 Ew – Höhe 100 m   36 C12
▶ Berlin 583 – Düsseldorf 60 – Bonn 31 – Köln 25
ᛞ Overath-Steinenbrück, Golfplatz 1, ℰ (02204) 9 76 00

In Overath-Immekeppel Nord-West: 7 km über A 4 Richtung Köln, Abfahrt Untereschbach

Sülztaler Hof mit Zim
Lindlarer Str. 83 ⊠ 51491 – ℰ (02204) 9 75 00 – www.suelztaler-hof.de – geschl. Dienstag - Mittwochmittag
15 Zim ⊡ – †89/149 € ††139/198 €   **Rest** – Menü 39/69 € – Karte 34/68 €
♦ Das Gasthaus von 1883 wird seit jeher freundlich und engagiert von Familie Selbach geleitet. Das Ambiente ist charmant-gediegen, die Küche klassisch mit internationalem Einfluss. In einem Hotelanbau bietet man schöne, sehr wohnliche Landhauszimmer.

In Overath-Klef Nord-Ost: 2 km, jenseits der A 4

Lüdenbach
Klef 99 (B 55) ⊠ 51491 – ℰ (02206) 9 53 80 – www.hotel-luedenbach.de – geschl. 23. - 31. Dezember
28 Zim ⊡ – †55/75 € ††80/99 €
Rest – (Montag - Freitag nur Abendessen) Karte 15/43 €
♦ Das seit vielen Jahren familiengeführte Hotel liegt verkehrsgünstig nahe der Autobahn und bietet zeitgemäße, funktionelle Zimmer sowie einen großen Parkplatz. W-Lan kostenfrei. Bürgerlich-saisonales Angebot im Restaurant.

OY-MITTELBERG – Bayern – 546 – 4 510 Ew – Höhe 1 035 m   64 J21
– Wintersport: 1 050 m ≰4 ⚐ – Luft- und Kneippkurort
▶ Berlin 710 – München 124 – Kempten (Allgäu) 23 – Füssen 22
ℹ Wertacher Str. 11, ⊠ 87466, ℰ (08366) 2 07, www.oy-mittelberg.de

Im Ortsteil Mittelberg

Die Mittelburg
Mittelburgweg 1 ⊠ 87466 – ℰ (08366) 1 80 – www.mittelburg.info – geschl. November
27 Zim ⊡ – †89/96 € ††128/198 € – ½ P 30 €   **Rest** – Karte 24/40 €
♦ In dem hübschen Hotel der Familie Mayr kümmert man sich sehr freundlich um die Gäste. Angenehm sind auch das gute Frühstück und der Wellnessbereich mit Blockhaussauna. Sie wählen zwischen rustikalen Zimmern oder komfortableren Südzimmern im Anbau. Restaurantstuben mit Wintergarten und Panoramaterrasse mit Bergblick.

PADERBORN – Nordrhein-Westfalen – 543 – 145 320 Ew – Höhe 110 m   28 G10
▶ Berlin 429 – Düsseldorf 167 – Bielefeld 47 – Dortmund 101
✈ Büren-Ahden, Flughafenstr. 33 (Süd-West: 20 km über Bahnhofstraße Z), ℰ (02955) 7 70
ADAC Kamp 9 Z
ℹ Marienplatz 2a Y, ⊠ 33098, ℰ (05251) 88 29 80, www.paderborn.de
 Bad Lippspringe, Senne 1, ℰ (05252) 93 23 08
ᛞ Salzkotten-Thüle, Im Nordfeld 25, ℰ (05258) 93 73 10

Arosa
Westernmauer 38 ⊠ 33098 – ℰ (05251) 12 80 – www.arosa-paderborn.de
121 Zim – †89/139 € ††129/159 €, ⊡ 10 € – 2 Suiten   Zs
Rest – (geschl. Samstagmittag und Sonntag) Karte 29/46 €
♦ Eine komfortable Adresse am Altstadtrand. Besonders elegant sind die neueren Deluxe-Zimmer, sehr guter Tagungs- und Veranstaltungsbereich. Stadtblick vom Schwimmbad im obersten Stock. Schöne Aussicht auch von der Terrasse.

PADERBORN

Am Abdinghof	**Z** 2	Borchener Str.	**Z** 6
Am Bogen	**Z** 3	Dompl.	**Z** 7
Am Rothoborn	**Y** 4	Driburger Str.	**Y** 9
Am Westerntor	**Z** 5	Kamp	**Z**
		Königstr.	**YZ**
		Le-Mans-Wall	**Z** 12
Marienstr.	**Z** 13
Michaelstr.	**Y** 15
Mühlenstr.	**Y** 16
Nordstr.	**Z** 17
Rosenstr.	**Z** 19
Schildern.	**Z** 21
Westernstr.	**Z**

Welcome Hotel
Fürstenweg 13 ⊠ *33102 – ℰ (05251) 2 88 00*
– www.welcome-hotel-paderborn.de **Yb**
153 Zim – †96/131 € ††131/166 €   **Rest** – Karte 26/45 €

• Moderner Stil und Farbakzente in warmem Rot begleiten Sie von der Halle bis in die wohnlichen Zimmer dieses zeitgemäßen Businesshotels. Mit großem Tagungsbereich. Restaurant Paderaue und gemütlich-rustikale Bierkneipe.

Campus Lounge
Mersinweg 2 (Süd: 1,5 km über Husener Straße Z) ⊠ *33098 – ℰ (05251) 89 20 70*
– www.campuslounge.de – geschl. 21. Juli - 31. August
100 Zim – †69/79 € ††79/89 € – 4 Suiten
Rest – *(geschl. Freitag - Sonntag)* Karte 22/52 €

• Freundlich und zeitgemäß sind die Gästezimmer in dem Hotel nahe Universität und Technologiepark. Alle Zimmer mit Balkon, einige verfügen über eine kleine Küchenzeile. Das moderne Restaurant befindet sich im Obergeschoss, mit schöner Dachterrasse.

Zur Mühle
Mühlenstr. 2 ⊠ *33098 – ℰ (05251) 1 07 50 – www.hotelzurmuehle.de – geschl.*
23. Dezember - 8. Januar **Yc**
26 Zim – †66/96 € ††96/116 € – 1 Suite
Rest *J. Staebner* – siehe Restaurantauswahl

• Überaus geschmackvoll und wohnlich hat man dieses persönlich geführte Hotel eingerichtet. Im Frühstücksraum unterstreichen Stuckverzierungen den klassisch-eleganten Charme.

PADERBORN

StadtHaus (mit Gästehaus)
Hathumarstr. 22 ⊠ 33098 – ℰ (05251) 1 88 99 10 – www.hotel-stadthaus.de
34 Zim – †82/99 € ††99/110 €
Rest – *(geschl. 24. Dezember - 2. Januar und Samstagmittag, Sonntag)* Karte 17/28 € **Yn**
♦ Am Rande der Altstadt steht das gut geführte kleine Businesshotel mit seinen schönen, behaglichen Gästezimmern. Das Gästehaus "Torhaus" liegt ein paar Schritte entfernt. Im Bistrostil gehaltenes Restaurant.

Gerold
Dr.-Rörig-Damm 170 (Nord: 2,5 km über Nordstraße Y) ⊠ 33100 – ℰ (05251) 1 44 50 – www.hotel-gerold.de – geschl. 23. Dezember - 2. Januar
40 Zim – †70 € ††87 € **Rest** – Karte 19/38 €
♦ Ein von Geschäftsleuten gut besuchtes Hotel am Stadtrand, das über freundliche und wohnlich-funktionelle Zimmer verfügt, darunter auch geräumigere Turmzimmer. Restaurant mit rustikalem Ambiente und bürgerlichem Speisenangebot.

XXX Balthasar (Elmar Simon)
Warburger Str. 28 ⊠ 33098 – ℰ (05251) 2 44 48 – www.restaurant-balthasar.de – geschl. Anfang Januar 2 Wochen und Sonntag - Dienstagmittag, Samstagmittag
Rest – Menü 42 € (mittags)/115 € – Karte 65/89 € **Za**
Spez. Geräucherter Ostseeaal mit Gänsemastleber und Apfelmeerrettich. Löjrom Kaviar mit Alaska Wildlachs und Austernkresse. Pochierter Bison im Gewürzsud mit Selleriepüree.
♦ Ihre Liebe zum Kochen, gepaart mit feiner Tafelkultur und schickem Ambiente, verwirklichen Elmar Simon und Laura Gehrke im "Balthasar". Mit einer ausgezeichneten klassischen Kulinarik, die Finesse, Geschmack und Harmonie zeigt, ist das hier sicher eine der besten Adressen in der Region.

XX Kupferkessel
Marienstr. 14 ⊠ 33098 – ℰ (05251) 2 36 85 – www.kupferkessel-paderborn.de – geschl. Sonntag **Zn**
Rest – Menü 30/48 € – Karte 33/48 €
♦ Internationale Küche und günstige Mittagsgerichte erwarten Sie in diesem sympathischen modernen Restaurant. Freitags und samstags bietet man auch Menüs an.

X J. Staebner – Hotel Zur Mühle
Mühlenstr. 2 ⊠ 33098 – ℰ (05251) 8 76 19 50 – www.j.staebner.de – geschl. Montag
Rest – *(nur Abendessen)* Menü 35/45 € – Karte 27/52 € **Yc**
♦ Ein nettes Restaurant im sympathischen Bistrostil. Bodentiefe Verglasungen ermöglichen es, das lebendige Geschehen auf der Straße zu beobachten. Patron Jörg Staebner offeriert ein ambitioniertes, täglich wechselndes internationales Speisenangebot.

In Borchen-Nordborchen Süd-West: 6 km über Borchener Straße Z

Pfeffermühle
Paderborner Str. 66 ⊠ 33178 – ℰ (05251) 54 00 60 – www.hotel-pfeffermuehle.com – geschl. 19. Dezember - 3. Januar
38 Zim – †56/69 € ††70/89 €
Rest – *(geschl. Sonntag und an Feiertagen)* (nur Abendessen) Karte 17/32 €
♦ In dem familiengeführten Hotel stehen unterschiedlich eingerichtete, teilweise geräumige Gästezimmer zur Verfügung. Nach hinten liegen die Zimmer ruhiger. Das Restaurant bietet bürgerliche Küche. Im UG befindet sich zudem eine Bierstube.

PALLING – Bayern – **546** – 3 360 Ew – Höhe 531 m **67 O20**
▶ Berlin 666 – München 92 – Bad Reichenhall 49 – Rosenheim 64

Michlwirt
Steiner Str. 1 ⊠ 83349 – ℰ (08629) 9 88 10 – www.michlwirt.de – geschl. 23. - 29. Januar, 24. September - 14. Oktober
44 Zim – †37/50 € ††50/82 € **Rest** – *(geschl. Sonntag)* Karte 14/26 €
♦ Marianne Trinkberger leitet herzlich diesen Bilderbuch-Gasthof, während ihr Mann Rudolf sich gemeinsam mit dem Sohn um die angeschlossene Metzgerei kümmert. Zimmer im Anbau meist geräumiger. Leckeres Frühstücksbuffet in der Guten Stube. Ebenso behaglich-traditionell sind Michlstube und Theaterstube. Bayerische Küche.

PANKER – Schleswig-Holstein – siehe Lütjenburg

PAPENBURG – Niedersachsen – 541 – 35 080 Ew – Höhe 1 m   16 D6

▶ Berlin 513 – Hannover 240 – Emden 47 – Groningen 67
🛈 Ölmühlenweg 21, ⌧ 26871, ⌕ (04961) 8 39 60, www.papenburg-tourismus.de
 Papenburg-Aschendorf, Gutshofstr. 141, ⌕ (04961) 9 98 00

Park Inn by Radisson
Hauptkanal rechts 7 ⌧ 26871 – ⌕ (04961) 6 64 00 – www.park-inn-papenburg.de
101 Zim – †85 € ††100 € – 1 Suite
Rest – (geschl. 20. - 30. Dezember) Karte 24/35 €
♦ Sie wohnen modern, komfortabel und verkehrsgünstig - für Businessgäste ideal. Außerdem liegt das Haus direkt am Wasser - hier befindet sich die Anlegestelle für hauseigene Tretboote.

Alte Werft
Ölmühlenweg 1 ⌧ 26871 – ⌕ (04961) 92 00 – www.hotel-alte-werft.de
121 Zim – †90/108 € ††122/158 € – 5 Suiten
Rest *Graf Goetzen* – (geschl. Samstag - Sonntag) (nur Abendessen) Menü 38/60 € – Karte 39/53 €
Rest *Schnürboden* – Menü 28 € (abends) – Karte 24/53 €
♦ Gelungen hat man hier Industriearchitektur a. d. 19. Jh. - samt einiger erhaltener Werftmaschinen - in einen Hotelbau integriert. Neben neuzeitlich eingerichteten Gästezimmern hat man die beiden Restaurants Graf Goetzen (internationale Küche) und Schnürboden (hier ist das Angebot regionaler) - letzteres mit einer beachtlichen Krankonstruktion als Hingucker.

In Halte Nord-West: 4 km Richtung Meyer Werft

Gut Halte
Gut Halte 6 ⌧ 26826 – ⌕ (04961) 23 17 – www.papenburg-hotel.de – geschl. 30. Juli - 13. August
8 Zim – †50/65 € ††90/110 €
Rest *Reiherhorst* – (geschl. Sonntagabend - Montag) Karte 22/38 €
♦ Das schön restaurierte Herrenhaus von 1796 ist ein kleiner Familienbetrieb, der ruhig in einem Park am Deich liegt. Helle und zeitgemäße Zimmer, elegante Lobby und Bibliothek, regionstypisches Restaurant Reiherhorst; der Wintergarten wird im Sommer zur Terrasse.

PARCHIM – Mecklenburg-Vorpommern – 542 – 18 670 Ew – Höhe 50 m   12 M5

▶ Berlin 163 – Schwerin 43 – Güstrow 75
🛈 Blutstr. 5, ⌧ 19370, ⌕ (03871) 7 15 50, www.parchim.de

Stadtkrug
Apothekenstr. 11 ⌧ 19370 – ⌕ (03871) 6 23 00 – www.hotel-stadtkrug-parchim.m-vp.de
21 Zim – †46/49 € ††59/65 € – 1 Suite   **Rest** – Karte 13/31 €
♦ Auf eine über 250-jährige Geschichte kann dieses rote Klinkergebäude zurückblicken. Die Gästezimmer sind sehr gepflegt und wohnlich. Reichlich dekoriertes Restaurant in bürgerlichem Stil.

PARSBERG – Bayern – 546 – 6 610 Ew – Höhe 553 m   58 M17

▶ Berlin 477 – München 137 – Regensburg 47 – Ingolstadt 63

Zum Hirschen
Marktstr. 1 ⌧ 92331 – ⌕ (09492) 60 60 – www.hirschenhotels.com – geschl. 20. - 26. Dezember
35 Zim – †75/125 € ††98/155 € – 2 Suiten
Rest – Menü 29/64 € – Karte 27/61 €
♦ Hier verbindet sich traditioneller Charme mit neuzeitlichem Stil. Wohnliche Zimmer, schöner Kosmetikbereich und hübscher kleiner Dorfladen mit eigenen Metzgereiprodukten. Regionale Küche mit hausgemachten Fleisch-/Wurstwaren in elegant-rustikalen Stuben.

Garten Hotel Hirschenhof
Marktstr. 2 ⌧ 92331 – ⌕ (09492) 60 60 – www.hirschenhotels.com
32 Zim – †70/119 € ††98/118 €
Rest – (geschl. Sonntag und an Feiertagen) (nur Abendessen) Karte 14/30 €
♦ Dieses Haus bietet freundliche zeitgemäße Zimmer und Ferienwohnungen sowie einen modernen Tagungsbereich und einen "Lern- & Spielgarten". Netter Ausblick vom Hallenbad. Restaurant mit Bistrocharakter.

PARSBERG

Außerhalb Nord: 2 km an der A 3 Ausfahrt Parsberg (Autohof)

Villa Toskana
Steinmühlerstr. 3 ⊠ *92331* – ℰ *(09492) 90 61 81* – *www.a3-villa-toskana.de*
32 Zim – †44/56 € ††70/85 €, ⊇ 6 €
Rest – *(geschl. Sonntag) (nur Abendessen für Hausgäste)* Karte 14/22 €
♦ Das Haus mit der mediterranen Note ist eine sehr gepflegte Adresse mit funktionellen Gästezimmern in wohnlichen Farben sowie bester Anbindung an die A3.

PASEWALK – Mecklenburg-Vorpommern – **542** – 11 380 Ew – Höhe 15 m   **14** Q5

▶ Berlin 134 – Schwerin 208 – Neubrandenburg 59 – Szczecin 40
🛈 Prenzlauer Str. 23a, ⊠ 17309, ℰ (03973) 21 39 95, www.pasewalk.de

Pasewalk
Dargitzer Str. 26 ⊠ *17309* – ℰ *(03973) 22 20* – *www.hotel-pasewalk.de*
68 Zim ⊇ – †72/77 € ††96/99 €
Rest – *(geschl. Sonntag) (nur Abendessen)* Karte 17/39 €
♦ Das ruhig gelegene ehemalige landwirtschaftliche Anwesen bietet wohnlich und funktionell mit hellen Naturholzmöbeln ausgestattete Zimmer. Im Garten: Modelleisenbahn und Teich. Rustikal gehaltenes Restaurant mit bürgerlichem Angebot.

Villa Knobelsdorff
Ringstr. 121 ⊠ *17309* – ℰ *(03973) 2 09 10* – *www.villa-knobelsdorff.de*
18 Zim – †61/65 € ††81/85 € **Rest** – Karte 16/42 €
♦ Die Villa a. d. J. 1896 wird persönlich vom Ehepaar Pommerening geleitet, das sich hier herzlich um die Gäste kümmert. Eine schöne Holztreppe führt zu den klassisch gehaltenen Zimmern. Im Restaurant im Untergeschoss herrscht eine gemütlich-rustikale Atmosphäre. Einige Plätze unter einer Gewölbedecke.

In Pasewalk-Krugsdorf

Schloss Krugsdorf
Zerrenthiner Str. 3 ⊠ *17309* – ℰ *(039743) 5 15 80* – *www.schlosskrugsdorf.de*
33 Zim ⊇ – †55/65 € ††78/138 € – 4 Suiten
Rest *La Grue* – siehe Restaurantauswahl
♦ In dem hübschen historischen Schloss stehen neun schöne, geräumige Juniorsuiten bereit, der Rest der Zimmer befindet sich im Gästehaus. Golfplatz direkt am Schloss.

La Grue – Hotel Schloss Krugsdorf
Zerrenthiner Str. 3 ⊠ *17309* – ℰ *(039743) 5 15 80* – *www.schlosskrugsdorf.de*
Rest – Menü 30/37 € – Karte 34/53 €
♦ Nach einem "Flight" auf dem Golfplatz oder einfach nur so bietet Ihnen das Restaurant im Schloss einiges für Ihr Wohlbefinden: geschmackvolle Atmosphäre, netter Service, internationale Küche.

PASSAU – Bayern – **546** – 50 630 Ew – Höhe 262 m   **60** P19

▶ Berlin 607 – München 192 – Landshut 119 – Linz 110
ADAC Brunngasse 5 **A**
🛈 Rathausplatz 3 BZ, ⊠ 94032, ℰ (0851) 95 59 80, www.passau.de
🛈 Thyrnau-Raßbach, Raßbach 8, ℰ (08501) 9 13 13
◉ Dreiflüsseeck (Zusammenfluss von Inn, Donau und Ilz) – Glasmuseum ★★ M² B
◉ Veste Oberhaus (⩽★★ auf die Stadt) B

Ibb Hotel
Bahnhofstr. 24 ⊠ *94032* – ℰ *(0851) 9 88 30 00* – *www.ibbhotelpassau.de*
129 Zim ⊇ – †49/79 € ††76/109 €   **A d**
Rest – *(nur Abendessen) (für Hausgäste)*
♦ Praktisch ist die zentrale Lage dieses funktionell ausgestatteten Hotels: Es befindet sich gegenüber dem Bahnhof und neben dem Shopping-Center. Restaurant für Veranstaltungen, Gruppen oder auf Vorreservierung!

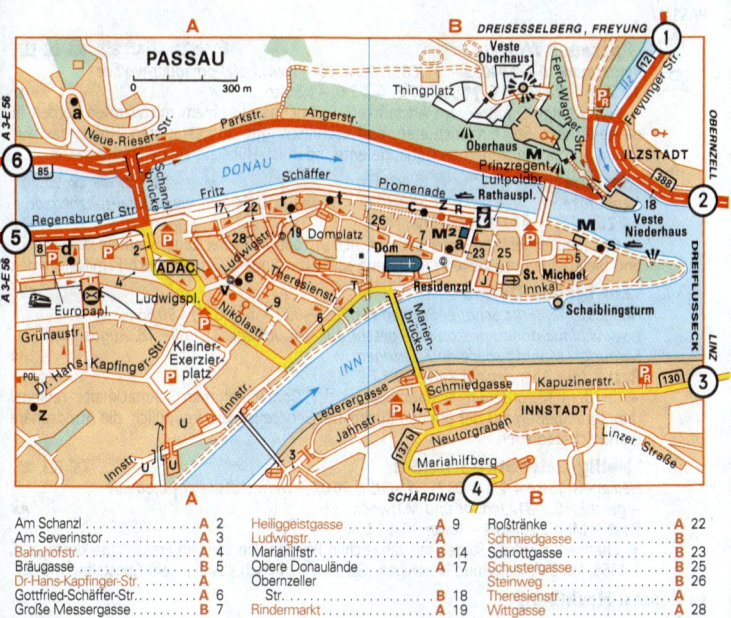

Am Schanzl		A 2
Am Severinstor		A 3
Bahnhofstr.		A 4
Bräugasse		B 5
Dr-Hans-Kapfinger-Str.		
Gottfried-Schäffer-Str.		A 6
Große Messergasse		B 7
Heiliggeistgasse		A 9
Ludwigstr.		A
Mariahilfstr.		B 14
Obere Donaulände		A 17
Oberzeller Str.		B 18
Rindermarkt		A 19
Roßtränke		A 22
Schmiedgasse		B
Schrottgasse		B 23
Schustergasse		B 25
Steinweg		B 26
Theresienstr.		A
Wittgasse		A 28

König garni
Untere Donaulände 1 ✉ *94032* – ✆ *(0851) 38 50* – *www.hotel-koenig.de*
41 Zim ⊆ – †65/100 € ††88/150 €   **At**
♦ Das Hotel liegt in der Altstadt an den Schiffsanlegestellen und verfügt über wohnlich-gediegene Gästezimmer, einige mit Blick auf die Donau.

Residenz garni
Fritz-Schäffer-Promenade 6 ✉ *94032* – ✆ *(0851) 98 90 20* – *www.residenz-passau.de*
– geschl. über Weihnachten   **Bc**
50 Zim ⊆ – †79/90 € ††110/139 €
♦ Eine familiäre Adresse direkt am Donauufer mit freundlich gestalteten Gästezimmern und hübscher Terrasse mit Flussblick, auf der man im Sommer frühstücken kann.

Weisser Hase
Heiliggeistgasse 1 ✉ *94032* – ✆ *(0851) 9 21 10* – *www.weisser-hase.de*   **Ae**
108 Zim ⊆ – †69/119 € ††99/159 € – 1 Suite
Rest – Menü 19/35 € – Karte 22/45 €
♦ In dem sanierten Altstadthaus im Zentrum erwarten Sie funktionelle Zimmer in neuzeitlichem oder klassischem Stil. Bilder des Künstlers Otto Sammer zieren das Hotel. Gediegenes Restaurant mit internationalem Angebot.

Altstadt-Hotel ⌂
Bräugasse 23, (am Dreiflüsseeck) ✉ *94032* – ✆ *(0851) 33 70* – *www.altstadt-hotel.de*
– geschl. 20. - 26. Dezember   **Bs**
36 Zim ⊆ – †65/92 € ††89/135 €   **Rest** – (geschl. Donnerstag)
(November - April: Montag - Freitag nur Abendessen) Karte 17/38 €
♦ Einige Zimmer in diesem Hotel bieten eine schöne Sicht auf das Dreiflüsseeck. Angenehm sitzt man im Sommer beim Frühstück auf der Donauterrasse, nett ist die familiäre Atmosphäre. Internationale Küche im Restaurant oder auf der Terrasse zum Fluss.

Wilder Mann garni
Am Rathausplatz 2 ✉ *94032* – ✆ *(0851) 3 50 71* – *www.wilder-mann.com*
49 Zim – †50/90 € ††100/160 €   **Ba**
♦ Hotel und sehenswertes Glasmuseum in einem jahrhundertealten Gebäudekomplex im Herzen der Stadt. Sie frühstücken im Adalbert-Stifter-Saal mit herrlichem Blick auf die Altstadt.

PASSAU

🏨 Passauer Wolf garni
Rindermarkt 6 ⊠ 94032 – ℰ (0851) 93 15 10 – www.hotel-passauer-wolf.de
39 Zim – †42/104 € ††53/147 €, 🛏 7 € – 1 Suite   **Ar**

• Nur wenige Schritte vom Altstadtkern wohnt man in einem mit warmen Farben in neuzeitlichem Stil eingerichteten und technisch gut ausgestatteten Hotel, das aus einem schönen historischen Gebäude entstanden ist. Hübsche kleine Dachterrasse.

🏨 Spitzberg garni
Neuburger Str. 29 (B 12/388) ⊠ 94032 – ℰ (0851) 95 54 80 – www.hotel-spitzberg.de
35 Zim 🛏 – †42/108 € ††64/140 €   **Az**

• Das familiengeführte Hotel befindet sich in zentrumsnaher Lage oberhalb der Altstadt und bietet eine gute Verkehrsanbindung sowie funktionelle Zimmer, auch Familienzimmer.

🍴🍴 Zur blauen Donau
Höllgasse 14, (Fritz-Schäffer-Promenade) ⊠ 94032 – ℰ (0851) 4 90 86 60
– www.blaue-donau-passau.de – geschl. 10. - 16. Januar, 31. Juli - 18. August und Sonntag - Montag sowie an Feiertagen   **Bz**
Rest – (nur Abendessen) Karte 39/67 €

• In dem historischen Altstadthaus an der Donau kommen schmackhafte regional geprägte Speisen aus der offenen Küche. Der Service ist sehr freundlich, die Atmosphäre gemütlich-gediegen.

🍴 Heilig-Geist-Stift-Schenke
Heiliggeistgasse 4 ⊠ 94032 – ℰ (0851) 26 07 – www.stiftskeller-passau.de
– geschl. 10. - 31. Januar und Mittwoch   **Av**
Rest – Menü 20/40 € – Karte 16/52 €

• Charmant-rustikale Stuben mit zahlreichen Relikten von einst im Franziskanerkloster a. d. J. 1358. Mit Stiftskeller und lauschigem Garten. Auch Fisch aus eigenem Apostelfischwasser.

In Passau-Hacklberg

🏨 Atrium garni
Neue Rieser Str. 6 ⊠ 94034 – ℰ (0851) 9 88 66 88 – www.atrium-passau.de
49 Zim 🛏 – †49/111 € ††69/146 €   **Aa**

• In dem Hotel in Hanglage etwas oberhalb des Ortes stehen zeitgemäße, funktionelle Zimmer bereit. Lichter Empfangsbereich mit einem in den Boden eingelassenen Aquarium. Einfaches Speiseangebot.

In Passau-Haidenhof über Dr.-Hans-Kapfinger-Straße A

🏨 Dreiflüssehof
Danziger Str. 42 ⊠ 94036 – ℰ (0851) 7 20 40 – www.dreifluessehof.de
67 Zim 🛏 – †50/75 € ††70/110 €
Rest – *(geschl. Sonntag - Montagmittag)* Karte 16/35 €

• Geschäftsreisende schätzen dieses verkehrsgünstig am Stadtrand gelegene Hotel, dessen Zimmer recht geräumig und wohnlich-gediegen sind. Gemütlich-rustikal ist das Restaurant mit Nischen, holzgetäfelten Wänden und Kachelofen.

In Passau-Kohlbruck über Dr.-Hans-Kapfinger-Straße A

🏨 Albrecht garni
Kohlbruck 18, (B 12) ⊠ 94036 – ℰ (0851) 95 99 60 – www.hotel-albrecht.de – geschl. 23. Dezember - 15. Januar
30 Zim 🛏 – †52 € ††81 €

• Die gute Verkehrsanbindung und funktionell ausgestattete Gästezimmer machen diesen Familienbetrieb aus. Der Stadtbus ins Zentrum (ca. 10 Minuten Fahrt) hält vor dem Haus.

PATTENSEN – Niedersachsen – **541** – 13 950 Ew – Höhe 65 m   **29** I9
▶ Berlin 290 – Hannover 12 – Hameln 36 – Hildesheim 23

In Pattensen-Schulenburg Süd-Ost: 9 km über B 3 Richtung Alfeld

🍴🍴 Das kleine Restaurant
Hauptstr. 28 ⊠ 30982 – ℰ (05069) 63 22 – www.daskleinerestaurant.de – geschl. Montag - Dienstag
Rest – *(Mittwoch - Samstag nur Abendessen)* Menü 30/47 € – Karte 30/55 €

• Der Familienbetrieb - in den 70er Jahren als "kleine Schankwirtschaft" gegründet - bietet schmackhafte international-klassische Küche von Tapas über das Jahreszeiten Menü bis hin zur Landhausküche. Angenehm sitzt es sich im Garten unter Kastanien.

PEINE – Niedersachsen – **541** – 49 040 Ew – Höhe 68 m   19 J9

▶ Berlin 249 – Hannover 45 – Braunschweig 28 – Hildesheim 32
🏌 Edemissen, Dahlkampsweg 2, ✆ (05176) 9 01 12

In Peine-Stederdorf Nord: 3 km über B 444, jenseits der A 2

Schönau
Peiner Str. 17 (B 444) ✉ *31228* – ✆ *(05171) 99 80*
– *www.hotel-schoenau.de*
64 Zim – †75/85 € ††100/110 € – 2 Suiten
Rest – *(geschl. Samstagmittag)* Karte 29/43 €

◆ Ein tipptopp gepflegtes Hotel, das seit über 90 Jahren von der Familie geführt wird. Die Zimmer sind zeitgemäß und wohnlich, teilweise im Neubau. Minibar und W-Lan kostenfrei. Neuzeitlich-elegantes Restaurant mit schöner Terrasse. Bar mit Bierstube.

PEITING – Bayern – **546** – 11 680 Ew – Höhe 718 m – Erholungsort   65 K21

▶ Berlin 626 – München 87 – Kempten (Allgäu) 58 – Füssen 33
🛈 Ammergauer Str. 2, ✉ 86971, ✆ (08861) 65 35, www.peiting.de

Alpenhotel Pfaffenwinkel (mit Gästehaus)
Hauptplatz 10 ✉ *86971* – ✆ *(08861) 2 52 60*
– *www.hotelpfaffenwinkel.de*
23 Zim – †40/48 € ††70/78 € – ½ P 15 €
Rest *Zum Pinzger* – ✆ *(08861) 62 40 (geschl. Montag) (nur Abendessen)*
Karte 20/28 €

◆ In der Ortsmitte liegt das familiär geleitete Haus mit alpenländischem Flair. Man bietet wohnliche Zimmer und einen gemütlichen regionstypischen Frühstücksraum.

PELLWORM (INSEL) – Schleswig-Holstein – **541** – 1 090 Ew – Höhe 1 m   1 G2
– Seebad

▶ Berlin 465 – Kiel 117 – Husum 29 – Heide 76

Friesenhaus
Kaydeich 17 ✉ *25849* – ✆ *(04844) 99 04 90*
– *www.hotel-friesenhaus-pellworm.de*
20 Zim – †59/94 € ††89/180 € – ½ P 21 €
Rest – *(geschl. Montag) (nur Abendessen)* Karte 20/44 €

◆ Ein nettes, nahe dem Leuchtturm gelegenes Hotel im regionalen Baustil mit wohnlichen und recht modernen Zimmern. Auch heiraten kann man hier im Haus. Im Restaurant und auf der kleinen Terrasse serviert man regionale Küche und einige internationale Gerichte.

PENZBERG – Bayern – **546** – 16 180 Ew – Höhe 596 m   65 L21

▶ Berlin 640 – München 53 – Garmisch-Partenkirchen 43 – Bad Tölz 19
🏌 Iffeldorf, Gut Rettenberg, ✆ (08856) 92 55 55

Troadstadl
Kirnberger Str. 1 (nahe der BAB-Ausfahrt Penzberg) ✉ *82377* – ✆ *(08856) 94 82*
– *www.troadstadl.de* – *geschl. Dienstag - Mittwoch*
Rest – *(nur Abendessen) (Tischbestellung ratsam)* Menü 33/69 € – Karte 38/71 €
Rest *essBar* – siehe Restaurantauswahl

◆ Gehobene zeitgemäße Küche bietet das Gastgeberpaar in den gemütlichen Stuben des im 13. Jh. erbauten denkmalgeschützten Hauses. Moderne Bilder und Accessoires schaffen einen reizvollen Kontrast zum rustikalen Charakter des Restaurants.

essBar – Restaurant Troadstadl
Kirnberger Str. 1 (nahe der BAB-Ausfahrt Penzberg) ✉ *82377* – ✆ *(08856) 94 82*
– *www.troadstadl.de* – *geschl. Dienstag - Mittwoch*
Rest – *(nur Abendessen)* Karte 22/34 €

◆ Ein Hauch von Heuschober-Romantik in der essBar (Tenne); traditionelle Herzelstühle und viel Holz müssen sein. Hier isst man ein bisschen einfacher: Pasta, Asiatisches, Salate oder auch nur ein Glas Wein.

PENZBERG

In Penzberg-Promberg Nord: 5 km Richtung Wolfratshausen

Hoisl-Bräu
Promberg 1 ⊠ 82377 – ℰ (08856) 9 01 73 30 – www.hoisl-braeu.de
23 Zim – †55/97 € ††75/117 € – 1 Suite
Rest – (geschl. 9. - 26. Januar und Montag - Dienstag) Karte 21/30 €

♦ Der alpenländische Gasthof unter familiärer Leitung liegt ruhig in dem kleinen Weiler und bietet wohnliche, mit viel hellem Holz eingerichtete Zimmer, einige nach Süden. Gutes Frühstück. Behaglich sind die bayerisch-rustikalen Restaurantstuben. Schön sitzt man auf der Südterrasse.

PERL – Saarland – **543** – 7 410 Ew – Höhe 254 m   **45** A16

▶ Berlin 767 – Saarbrücken 68 – Trier 45 – Luxembourg 32
🇬 Nennig: Römisches Mosaik★★, Nord: 9 km

Hammes

Hubertus-von-Nell-Str. 15 ⊠ 66706 – ℰ (06867) 9 10 30 – www.hotel-hammes.de
– geschl. 16. - 25. Februar, 19. November - 1. Dezember
12 Zim – †50/55 € ††70/78 €
Rest – (geschl. 16. - 25. Februar, 16. - 28. Juli, 19. November - 1. Dezember und Mittwoch; November - März: Dienstagabend - Mittwoch, Samstagmittag) Menü 30 €
– Karte 28/50 €

♦ In diesem familiengeführten Hotel in der Ortsmitte stehen sehr gepflegte, solide und zeitgemäß eingerichtete Gästezimmer zur Verfügung. Restaurant mit bürgerlichem Angebot.

In Perl-Nennig Nord: 10 km über B 419

Victor's Residenz - Hotel Schloss Berg
Schlossstr. 27 ⊠ 66706
– ℰ (06866) 7 90 – www.victors.de
106 Zim – †149/179 € ††198/228 € – 10 Suiten
Rest *Die Scheune* – siehe Restaurantauswahl
Rest *Bacchus* – (geschl. Sonntag - Montag) (nur Abendessen) Menü 40/51 €
– Karte 41/62 €

♦ Nahe der Mosel und der Grenze zu Luxemburg und Frankreich liegt das elegante Hotel am Rande der Weinberge. Mit schönem Spabereich und guten Tagungsmöglichkeiten. Mediterrane Küche im Bacchus.

Traube

Bübingerstr. 22 (B 51) ⊠ 66706 – ℰ (06866) 3 49 – www.traube-nennig.de – geschl. Mitte Dezember - Anfang Januar
21 Zim – †49/90 € ††68/120 € – 11 Suiten
Rest – (geschl. Samstag) Karte 21/48 €

♦ Ein engagiert geführter Gasthof an der Bundesstraße, der im Stammhaus gepflegte und solide Zimmer bietet. Im Neubau wohnt man sehr komfortabel und geschmackvoll. Bürgerliche Küche im freundlichen, ländlich gehaltenen Restaurant, ergänzt durch die Pilsstube.

Victor's Gourmet Restaurant Schloss Berg mit Zim
Schlossstr. 27 ⊠ 66706 – ℰ (06866) 7 91 18
– www.victors-gourmet.de – geschl. Anfang Januar 2 Wochen, Juli - August 3 Wochen, Ende Oktober 1 Woche und Montag - Dienstag
17 Zim – †119/259 € ††168/308 € – 3 Suiten
Rest – (Mittwoch - Freitag nur Abendessen) Menü 99/175 €
Spez. Gänseleber in der Algenhaut mit Pilzvinaigrette und Sudachi. Steinbuttschnitte süß-sauer-salzig-scharf. Taube mit Karotten-Ingwercreme und Jus von geräuchertem Tee.

♦ Auch die Anerkennung durch Nachbarländer wie Luxemburg und Frankreich ist Christian Bau gewiss. Durch Klarheit und das geschickte Spiel mit Kontrasten und Aromen gelingt ihm der perfekte Inszenierung einer "Voyage Culinaire" - Sie brauchen nur die Anzahl der Gänge anzugeben und sich überraschen zu lassen! So hervorragend das Essen, so hochwertig auch die Gästezimmer.

PERL

✕ Die Scheune – Victor's Residenz - Hotel Schloss Berg
Schlossstr. 27 ✉ *66706* – ℰ *(06866) 7 91 80* – *www.victors.de*
– *geschl. Dienstag*
Rest – Karte 24/49 €

• Eine Lokalität mit ganz eigenem Charakter, sichtbar geprägt von der Idee, einen Kontrast zum restlichen Haus zu bieten: rustikal und urig mit blanken Tischen und regionalen Schmankerln - da stellt sich schnell Gemütlichkeit ein.

In Perl-Sinz Nord-Ost: 9 km, über Tettingen-Butzdorf

Birkenhof
Saarbrücker Str. 9 (B 406) ✉ *66706* – ℰ *(06866) 2 02* – *www.birkenhof-sinz.de* – *geschl. Februar 2 Wochen, Oktober 2 Wochen*
8 Zim ☐ – †40 € ††60 €   **Rest** – *(geschl. Dienstag)* Menü 35 € – Karte 26/37 €

• Dieses familiär geleitete Haus ist eine nette und gepflegte kleine Adresse mit wohnlichen, freundlich gestalteten Gästezimmern.

PETERSAURACH – Bayern – siehe Neuendettelsau

PETERSHAGEN – Nordrhein-Westfalen – **543** – 26 030 Ew – Höhe 37 m   18 G8
▶ Berlin 355 – Düsseldorf 230 – Bielefeld 67 – Bremen 90

Schloss Petershagen
Schlossfreiheit ✉ *32469* – ℰ *(05707) 9 31 30* – *www.schloss-petershagen.com*
– *geschl. Mitte Januar - Mitte Februar*
15 Zim ☐ – †80/92 € ††134/152 € – 2 Suiten
Rest – *(Montag - Donnerstag ab 14 Uhr geöffnet.)* Menü 25 € (mittags)
– Karte 35/51 €

• In dem reizenden kleinen Schloss an der Weser sorgen stilvoll-historische Details für romantisches Flair. Die Gästezimmer sind individuell gestaltet. Vom freundlichen Restaurant Orangerie hat man einen schönen Flussblick.

In Petershagen-Heisterholz Süd: 2 km über Mindener Straße

Waldhotel Morhoff
Forststr. 1 ✉ *32469* – ℰ *(05707) 9 30 30* – *www.waldhotel-morhoff.de*
19 Zim ☐ – †48/84 € ††80/116 €
Rest – *(Montag - Samstag nur Abendessen)* Karte 13/38 €

• Das Haus mit den freundlich eingerichteten Gästezimmern ist ein langjähriger Familienbetrieb, der sich am Ortsrand unweit der Weser befindet. Restaurant mit bürgerlicher Küche.

PETERSHAGEN-EGGERSDORF – Brandenburg – **542** – 13 830 Ew   23 Q8
– Höhe 52 m
▶ Berlin 28 – Potsdam 59 – Eberswalde 44 – Frankfurt (Oder) 81

Im Ortsteil Eggersdorf Nord-Ost: 2 km

Landhaus Villago
Altlandsberger Chaussee 88 ✉ *15345* – ℰ *(03341) 46 90* – *www.villago.de*
61 Zim ☐ – †76/93 € ††96/118 €   **Rest** – Karte 26/47 €

• Zeitgemäß, wohnlich und funktional sind die Zimmer in diesem auf Tagungen zugeschnittenen Hotel. Schön ist die Lage am Bötzsee - hier hat man ein eigenes Strandbad. Internationale Küche im behaglichen Restaurant.

Landgasthof zum Mühlenteich
Karl-Marx-Str. 32 ✉ *15345* – ℰ *(03341) 4 26 60* – *www.landgasthof.de*
20 Zim ☐ – †63/100 € ††79/175 € – 1 Suite   **Rest** – Karte 26/53 €

• Das familiär geführte Hotel im Ortskern überzeugt durch freundlichen Service und wohnliche Gästezimmer im Landhausstil. Das Hochzeitszimmer ist hübsch mit bemalten Bauernmöbeln eingerichtet. Im Restaurant Bauernstube unterstreicht ein Kachelofen die gemütlich-rustikale Atmosphäre.

PETERSTAL-GRIESBACH, BAD – Baden-Württemberg – **545** – 2 720 Ew – 54 E19
– Höhe 393 m – Wintersport: 800 m ≤1 ⛷ – Heilbad und Kneippkurort
▶ Berlin 737 – Stuttgart 115 – Karlsruhe 88 – Offenburg 34
🛈 Wilhelmstr. 2, ✉ 77740, ☎ (07806) 9 10 00, www.bad-peterstal-griesbach.de

Im Ortsteil Bad Peterstal

Hirsch
Insel 1 ✉ 77740 – ☎ (07806) 9 84 05 00 – www.hot-hirsch.de – geschl. 6. Januar - 1. Februar
38 Zim ⌿ – †40/44 € ††80/88 € – ½ P 17 €
Rest – *(geschl. Montag - Dienstagmittag)* Karte 19/37 €
♦ Etwas von der Straße zurückversetzt liegt das familiengeführte Haus mit typischem Schwarzwälder Charakter. Die Zimmer sind gepflegt und rustikal, teils mit bemalten Bauernmöbeln ausgestattet. Gemütliches Restaurant mit schattigem Biergarten an der Rench.

Hubertus garni
Insel 3 ✉ 77740 – ☎ (07806) 5 95 – www.hotel-hubertus-peterstal.de
10 Zim ⌿ – †42 € ††76/90 €
♦ In dem Familienbetrieb im Ortskern erwarten Sie gepflegte, wohnliche Zimmer (teils für Allergiker geeignet) und ein hübscher Sauna- und Ruhebereich in zeitgemäßem Stil.

Im Ortsteil Bad Griesbach

Dollenberg
Dollenberg 3 ✉ 77740 – ☎ (07806) 7 80 – www.dollenberg.de
89 Zim ⌿ – †125/167 € ††204/252 € – ½ P 22 € – 12 Suiten
Rest *Le Pavillon* 😊 😊 **Rest** *Kamin- und Bauernstube* 😊 – siehe Restaurantauswahl
♦ Familie Schmiederer ist sehr darauf bedacht, den wachsenden Ansprüchen ihrer Gäste gerecht zu werden: So finden diese nun auf 4000 qm Wellness pur (eine der aktuellsten Neuerungen)! Die Reize der Natur erwandert man am besten - Ziel ist die eigene Hütte zum Einkehren (Shuttle möglich).

Adlerbad (mit Gästehaus)
Kniebisstr. 55 (B 28) ✉ 77740 – ☎ (07806) 9 89 30 – www.adlerbad.de – geschl. 25. November - 20. Dezember
25 Zim ⌿ – †43/63 € ††81/113 € – ½ P 20 €
Rest – *(geschl. Mittwoch)* Karte 21/45 €
♦ Hier hat man in ein Fachwerkhaus a. d. J. 1656 zum Hotel erweitert. Ein engagiert geführter Familienbetrieb mit wohnlichen und sehr gepflegten Zimmern, meist mit Balkon. Einer der Restauranträume ist die schöne, komplett getäfelte Alte Dorfstube.

Le Pavillon – Hotel Dollenberg
😊 😊
Dollenberg 3 ✉ 77740 – ☎ (07806) 7 80 – www.dollenberg.de
– geschl. 23. Januar - 8. Februar, 25. Juni - 11. Juli und Dienstag - Mittwoch
Rest – *(Montag - Freitag nur Abendessen)* (Tischbestellung ratsam) Menü 72/112 €
– Karte 61/91 € 😊
Spez. Loup de mer / Artischocken / Totanis / Escabeche. Limousin Lamm / Ziegenkäsepastilla / breite Bohnen / Thymianjus. Kaffee / Schokolade.
♦ Ein durchweg klassisches Erlebnis: Es beginnt beim persönlichen Empfang, steigert sich im gediegenen Rahmen und im kompetenten Service und findet seinen Höhepunkt in der französisch inspirierten Küche von Martin Herrmann, die immer wieder mit beständiger Qualität begeistert.

Kamin- und Bauernstube – Hotel Dollenberg
😊
Dollenberg 3 ✉ 77740 – ☎ (07806) 7 80 – www.dollenberg.de
Rest – Menü 20/46 € – Karte 30/74 € 😊
♦ Freundlich, umsichtig und geschult serviert man hier schmackhafte internationale und regionale Speisen. Einer der beiden geschmackvollen Räume ist die charmante, in Holz gehaltene Bauernstube. Die hübsche überdachte Terrasse bietet Talblick.

PETTENDORF – Bayern – siehe Regensburg

PFAFFENHOFEN an der ILM – Bayern – 24 090 Ew – Höhe 428 m 58 L19
▶ Berlin 549 – München 55 – Augsburg 65 – Landshut 80

Moosburger Hof
Moosburger Str. 3, (Zufahrt und Eingang über Prof.-Stock-Straße) ✉ *85276*
– ℘ *(08441) 2 77 00 80* – *www.moosburgerhof.de*
48 Zim ⌧ – †88/98 € ††118/128 €
Rest *Tweer's* – (geschl. Samstagmittag) Menü 25 € (mittags)/39 € – Karte 32/57 €
♦ Hochwertig, komfortabel und modern-elegant sind die Zimmer in diesem Hotel im Zentrum. Im Haus befinden sich tolle Kunstwerke von Omer Berber. Das Restaurant bietet saisonal-internationale Speisen. Eine einfachere Alternative ist das Bistro Kunstwinkel.

PFAFFENWEILER – Baden-Württemberg – 545 – 2 530 Ew – Höhe 252 m 61 D20
▶ Berlin 811 – Stuttgart 213 – Freiburg im Breisgau 14 – Basel 66

Zehner's Stube
Weinstr. 39 ✉ *79292* – ℘ *(07664) 62 25* – *www.zehnersstube.de* – geschl. Montag
Rest – Menü 55/99 € – Karte 57/82 €
Rest *Weinstube* – siehe Restaurantauswahl
♦ Einen historischen Rahmen bietet das ehemalige Rathaus diesem Restaurant. Sie nehmen unter einer schönen Kreuzgewölbedecke Platz und wählen von einer international beeinflussten klassischen Karte.

Weinstube – Restaurant Zehner's Stube
Weinstr. 39 ✉ *79292* – ℘ *(07664) 62 25* – *www.zehnersstube.de* – geschl. Montag
Rest – (nur Abendessen) Karte 32/51 €
♦ Steigen Sie hinab in die Tiefen des Gewölbekellers dieses 400 Jahre alten Gasthauses, das auch über eine nette Außenterrasse vefügt. Verköstigt werden Sie mit Badischem!

PFALZGRAFENWEILER – Baden-Württemberg – 545 – 7 260 Ew 54 F19
– Höhe 636 m – Wintersport: ☆ – Luftkurort
▶ Berlin 697 – Stuttgart 76 – Karlsruhe 87 – Tübingen 57
🛈 Hauptstr. 1, ✉ 72285, ℘ (07445) 85 18 27, www.pfalzgrafenweiler.de

In Pfalzgrafenweiler-Kälberbronn West: 7 km

Schwanen
Große Tannenstr. 10 ✉ *72285* – ℘ *(07445) 18 80* – *www.hotel-schwanen.de*
59 Zim ⌧ – †65/76 € ††118/150 € – ½ P 28 € **Rest** – Karte 26/44 €
♦ Ein gewachsenes Hotel unter familiärer Leitung mit modernem Lobby- und Barbereich in hellen Tönen sowie wohnlichen Zimmern; die schönsten liegen zur Südseite. Gemütlich sind die Restauranträume Bauern- und Brennstube. Produkte aus der eigenen Landwirtschaft.

Waldsägmühle
Waldsägmühle 1 (Süd-Ost: 2 km an der Straße nach Durrweiler) ✉ *72285*
– ℘ *(07445) 8 51 50* – *www.waldsaegmuehle.de*
38 Zim ⌧ – †73/83 € ††120/172 € – ½ P 25 € – 1 Suite
Rest *Waldsägmühle* – siehe Restaurantauswahl
♦ Die sympathische Familie Ziegler leitet das am Wald gelegene Hotel mit wohnlichem Ambiente. Ansprechend ist die zeitgemäß in Natur- und Erdtönen gehaltene "Zinsbach-Therme."

Waldsägmühle – Hotel Waldsägmühle
Waldsägmühle 1 (Süd-Ost: 2 km an der Straße nach Durrweiler) ✉ *72285*
– ℘ *(07445) 8 51 50* – *www.waldsaegmuehle.de*
Rest – (nur Abendessen) Menü 18/58 € – Karte 36/61 €
♦ In einem heimeligen Rahmen wie er für den Schwarzwald typisch ist (im Winter sorgt ein Kachelofen für Behaglichkeit) serviert man regionale und internationale Speisen, so z. B. "2'erlei vom Reh mit Pfifferlingen, Spitzkohl und Holunder". Mittags kleine Karte und Business-Menüs.

PFATTER – Bayern – 546 – 3 090 Ew – Höhe 326 m 59 N18
▶ Berlin 518 – München 142 – Regensburg 23 – Cham 59

Landgasthof Fischer Rest,
Haidauer Str. 22 ⊠ 93102 – ℰ (09481) 3 26 – www.hotel-landgasthof-fischer.de
– geschl. 23. Dezember - 10. Januar
30 Zim ☐ – †34/42 € ††64/72 €
Rest – *(geschl. 26. Dezember - 14. Januar und Mittwoch, Sonntagabend sowie an Feiertagen abends) (Montag, Donnerstag und Freitag nur Abendessen)*
Karte 13/25 €
♦ Ein gut gepflegter, familiär geleiteter Gasthof bei der Kirche mit Zimmern in hellem Naturholz oder mit Bauernmöbeln und freigelegten Holzbalken. Auch einige kleinere Zimmer. Gemütlich sind die Gaststuben in ländlichem Stil.

PFINZTAL – Baden-Württemberg – 545 – 17 870 Ew – Höhe 151 m 54 F18
▶ Berlin 651 – Stuttgart 65 – Karlsruhe 15 – Pforzheim 21

In Pfinztal-Söllingen

Villa Hammerschmiede
Hauptstr. 162 (B 10) ⊠ 76327 – ℰ (07240) 60 10 – www.villa-hammerschmiede.de
30 Zim – †132/218 € ††188/288 €, ☐ 20 €
Rest *Villa Hammerschmiede* ❀ **Rest** *Die Guten Stuben* – siehe Restaurantauswahl
♦ Schon von außen wirkt die modern erweiterte Villa a. d. J. 1893 äußerst einladend, im Inneren besticht die exquisite Einrichtung. Viele der Zimmer liegen besonders ruhig zum weitläufigen Park.

Villa Hammerschmiede – Hotel Villa Hammerschmiede
Hauptstr. 162 (B 10) ⊠ 76327 – ℰ (07240) 60 10
– www.villa-hammerschmiede.de
Rest – Menü 69/98 € – Karte 57/85 €
Spez. Bio Entenleber -ungestopft- Ziegenquark / Granny Smith / Rohrzucker / Koriander. Wachtel und Sepia mit Rhabarber / Peperoni / Bockshornklee. Bretonische Seezunge im Ganzen gebraten mit Büsumer Krabben / Kartoffelblini / Pinienkernspinat / Beurre blanc.
♦ Eingebettet in einen herrlichen Park lädt der lichtdurchflutete Wintergarten zum Träumen und Schlemmen ein. Aufmerksam und professionell der Service, köstlich die Spezialitäten von Sebastian Prüßmann, kundig die Beratung durch den Sommelier.

Die Guten Stuben – Hotel Villa Hammerschmiede
Hauptstr. 162 (B 10) ⊠ 76327 – ℰ (07240) 60 10 – www.villa-hammerschmiede.de
Rest – Menü 28 € (mittags) – Karte 32/50 €
♦ Die beiden behaglichen Stuben in geschmackvoll-ländlichem Stil bilden das zweite, etwas regionaler geprägte Restaurant der Villa Hammerschmiede. Gute badisch-elsässische Küche erwartet Sie hier. Reizvoller Terrassenbereich.

In Pfinztal-Berghausen

Stiegeles Restaurant
Gewerbestr. 34 (im Vogelpark Berghausen) ⊠ 76327 – ℰ (0721) 46 03 45
– www.stiegeles-restaurant.de – geschl. Montag - Dienstag
Rest – Menü 19 € (mittags)/45 € – Karte 41/49 €
♦ Chef und Chefin mischen in ihrer Küche europäische und südostasiatische Einflüsse und bieten die Speisen in frischem, freundlichem Ambiente oder auf der netten Terrasse.

PFOFELD – Bayern – siehe Gunzenhausen

PFORZHEIM – Baden-Württemberg – 545 – 119 790 Ew – Höhe 273 m 54 F18
▶ Berlin 662 – Stuttgart 53 – Karlsruhe 31 – Heilbronn 82
ADAC Julius-Moser-Str. 1, (Gewerbegebiet, über Untere Wilferdinger Straße AX)
🛈 Marktplatz 1 BY, ⊠ 75175, ℰ (07231) 39 37 00, www.pforzheim.de
⛳ Ölbronn-Dürrn, Karlshäuser Weg, ℰ (07237) 91 00

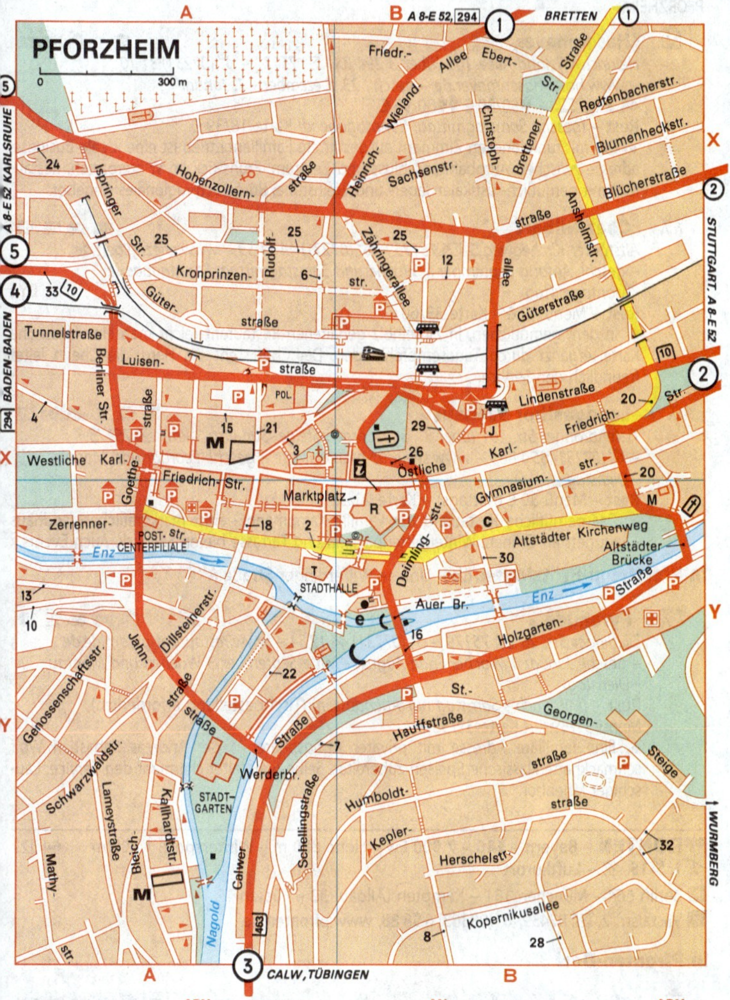

PFORZHEIM

Am Waisenhauspl.	**ABY** 2	Kiehnlestr.	**AX** 15
Bahnhofstr.	**AX** 3	Kreuzstr.	**BY** 16
Durlacher Str.	**AX** 4	Leopoldstr.	**AXY** 18
Ebersteinstr.	**AX** 6	Östliche-Karl-Friedrich-Str.	**BX**
Gabelsberger Str.	**ABY** 7	Parkstr.	**BX** 20
Großer Lückenweg	**BY** 8	Poststr.	**AX** 21
Gustav-Rau-Str.	**AY** 10	Rennfeldstr.	**AY** 22
Hohenstaufenstr.	**BX** 12	Richard-Wagner-Allee	**AX** 24
Kaiser-Friedrich-Str.	**AY** 13		
Salierstr.	**ABX** 25
Schloßberg	**BX** 26
Schoferweg	**BY** 28
Schulbergstaffel	**BX** 29
Theaterstr.	**BY** 30
Tiefenbronner Str.	**BY** 32
Untere Wilferdinger Str.	**AX** 33
Westliche-Karl-Friedrich-Str.	**AX**

 **Parkhotel**

Deimlingstr. 36 ⊠ 75175 – 𝒞 (07231) 16 10 – www.parkhotel-pforzheim.de
208 Zim ⊇ – †88/132 € ††114/170 € – 4 Suiten BY**e**
Rest – Menü 34/64 € – Karte 23/55 €

◆ Ein Tagungshotel beim Kongresszentrum. Im obersten Stock: moderner Sauna- und Ruhebereich mit Außenwhirlpool. Zudem bietet man Kosmetik und Massage. Ruhig gelegene Superiorzimmer. Neuzeitliches Restaurant mit internationaler Küche und überdachter Terrasse.

PFORZHEIM

Hasenmayer
Heinrich-Wieland-Allee 105 (über B 294 BX) ⌂ *75177* – ℰ *(07231) 31 10*
– *www.hotel-hasenmayer.de – geschl. 23. Dezember - 7. Januar*
44 Zim – †50/80 € ††80/95 €
Rest – *(geschl. Samstagmittag, Sonntagabend)* Karte 18/39 €
• Der mit funktionellen Zimmern ausgestattete Familienbetrieb ist eine ideale Businessadresse zwischen Autobahnanschluss und Zentrum. Frühstück im Wintergarten. Restaurant mit gemütlich-rustikaler Jäger- und Weinstube. Bürgerlich-regionales Angebot.

Chez Gilbert
Altstädter Kirchenweg 3 ⌂ *75175* – ℰ *(07231) 44 11 59* – *www.chez-gilbert.de*
– *geschl. Anfang September 1 Woche und Samstagmittag, Sonntagabend*
– *Montagmittag*   BYc
Rest – Menü 42 € – Karte 33/60 €
• In dem gemütlichen, in Zirbelholz gehaltenen Restaurant reicht man eine klassische Karte, ergänzt durch Tagesempfehlungen. Der Chef steht am Herd, die Chefin leitet freundlich den Service.

Landgasthof Seehaus
Tiefenbronner Str. 201 (über BY St.-Georgen-Steige, Süd-Ost: 3 km) ⌂ *75175*
– ℰ *(07231) 65 11 85* – *www.seehaus-pforzheim.de – geschl. Februar und Montag*
– *Dienstag*
Rest – Menü 39 € (mittags) – Karte 22/52 €
• Das gemütliche Restaurant der Familie Kampmann - einst markgräfliches Jagdhaus - liegt nett im Grünen. Wintergartenpavillon und Terrasse bieten Seeblick. Auch Events.

In Pforzheim-Brötzingen über Untere Wilferdinger Straße AX

Pyramide
Dietlinger Str. 25 ⌂ *75179* – ℰ *(07231) 44 17 54* – *www.restaurant-pyramide.de*
– *geschl. Januar 1 Woche, Ende August - Mitte September 3 Wochen und Montag*
– *Dienstag*
Rest – *(Mittwoch - Samstag nur Abendessen)* (Tischbestellung erforderlich)
Menü 31/59 € – Karte 32/58 €
• Eine familiäre Adresse mit privater Atmosphäre, in der Andreas Sebastian Wolf schmackhafte klassische Speisen zubereitet. Seine Frau leitet charmant den Service. Lauschiger Innenhof.

PFRONTEN – Bayern – **546** – 7 900 Ew – Höhe 880 m – Wintersport: 1 600 m   64 J22
 – Luftkurort
▶ Berlin 664 – München 131 – Kempten (Allgäu) 33 – Füssen 12
🛈 Vilstalstr. 2, ⌂ 87459, ℰ (08363) 6 98 88, www.pfronten.de

In Pfronten-Dorf

Christina garni
Kienbergstr. 56 ⌂ *87459* – ℰ *(08363) 60 01*
– *www.christina-pfronten.de*
17 Zim – †55/58 € ††92/118 €
• Ein familiär geleitetes kleines Landhotel in ruhiger Lage, das über individuell gestaltete, wohnliche Gästezimmer in freundlichen Farben verfügt.

In Pfronten-Meilingen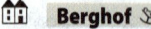

Berghof
Falkensteinweg 13 ⌂ *87459* – ℰ *(08363) 9 11 30*
– *www.berghof-pfronten.de*
39 Zim – †60/96 € ††130/180 € – ½ P 10 € – 3 Suiten
Rest – *(Montag - Freitag nur Abendessen)* Karte 28/56 €
• Das Hotel mit toller Sicht auf Pfronten und Berge bietet wohnliche Zimmer, die im Anbau großzügiger und neuzeitlicher sind, sowie Massage und Kosmetikanwendungen. Ländlich-rustikal ist das Ambiente im Restaurant.

PFRONTEN

In Pfronten-Obermeilingen

Berghotel Schlossanger-Alp
Am Schlossanger 1 ⊠ 87459 – ℰ (08363) 91 45 50 – www.schlossanger.de
25 Zim ⊇ – †107/170 € ††168/314 € – 10 Suiten
Rest *Berghotel Schlossanger-Alp* – siehe Restaurantauswahl
• Hier wohnen die Gäste vor traumhafter Bergkulisse in 1127 m Höhe, genießen den freundlichen Service, das behagliche Landhausambiente sowie das gute Frühstück und entspannen bei Beautybehandlungen.

Burghotel auf dem Falkenstein
Falkenstein 1 ⊠ 87459 – ℰ (08363) 91 45 40
– www.burghotel-falkenstein.de
16 Zim ⊇ – †90/145 € ††120/165 € – ½ P 35 € – 4 Suiten
Rest – Menü 35 € – Karte 18/47 €
• Ein atemberaubender Ausblick bietet sich dem Gast in dieser exponierten Lage nur knapp unterhalb des Gipfels mit der Burgruine. Mit Liebe zum Detail eingerichtete Themenzimmer. Rustikales Restaurant mit Pavillonanbau und einmalig schöner Panoramaterrasse.

Berghotel Schlossanger-Alp – Berghotel Schlossanger-Alp
Am Schlossanger 1 ⊠ 87459 – ℰ (08363) 91 45 50
– www.schlossanger.de
Rest – Menü 35/82 € – Karte 32/59 €
• Das herrliche Allgäu - wenn der Weg Sie dorthin führt, dann sollten Sie in dieses gemütliche Kleinod einkehren. Gastgeberin Barbara Schlachter-Ebert kocht schmackhaft bayrisch, so z. B. Bäckle und Filet vom Pfrontner Kalb sowie Marillenknödel.

PFULLENDORF – Baden-Württemberg – **545** – 13 030 Ew – Höhe 654 m   **63** G21

▶ Berlin 707 – Stuttgart 123 – Konstanz 60 – Freiburg im Breisgau 137
ℹ Kirchplatz 1, ⊠ 88630, ℰ (07552) 25 11 31, www.noerdlicher-bodensee.de

Adler (mit Gästehaus)
Heiligenberger Str. 20 ⊠ 88630 – ℰ (07552) 9 20 90 – www.adler-hotel.de
48 Zim ⊇ – †65/85 € ††90/99 € – 2 Suiten   **Rest** – Karte 23/45 €
• Die Zimmer im Haupt- und Gästehaus dieses engagiert geführten Familienbetriebs sind zeitgemäß gestaltet und technisch gut ausgestattet. Neuzeitlich-leger ist das Bistro Zauberlehrling. Sehr schöner Sandstein-Gewölbekeller.

PFULLINGEN – Baden-Württemberg – **545** – 18 570 Ew – Höhe 426 m   **55** G19

▶ Berlin 680 – Stuttgart 43 – Reutlingen 4 – Ulm (Donau) 78

Engelhardt garni
Kaiserstr. 120 ⊠ 72793 – ℰ (07121) 9 92 00 – www.hotel-engelhardt.de
55 Zim ⊇ – †74/84 € ††97/108 €
• Man bietet Ihnen hier funktionale Zimmer mit kostenfreiem W-Lan, von denen einige besonders modern gestaltet sind. Dazu ein gutes Frühstücksbuffet. Praktisch ist die Nähe zu Reutlingen.

Klostergarten
Klosterstr. 30 ⊠ 72793 – ℰ (07121) 9 94 10 – www.klostergarten-pfullingen.de
20 Zim ⊇ – †55/70 € ††75/95 €   **Rest** – (geschl. Samstagmittag) Karte 19/44 €
• In dem familiär geführten historischen Gasthaus wohnt man in freundlichen und zeitgemäßen Zimmern mit Laminatfußboden. W-Lan steht gratis zur Verfügung. An warmen Tagen ergänzt ein netter Biergarten das Restaurant. Die Küche ist regional.

PIDING – Bayern – **546** – 5 260 Ew – Höhe 455 m – Wintersport: **67** O21
– Luftkurort

▶ Berlin 718 – München 128 – Bad Reichenhall 9 – Salzburg 13
ℹ Petersplatz 2, ⊠ 83451, ℰ (08651) 38 60, www.piding.de

PIDING

※※ **Lohmayr Stub'n** 🈯 P VISA ⦿
Salzburger Str. 13 ✉ 83451 – ✆ (08651) 71 44 78 – www.lohmayr.com
– geschl. Januar 2 Wochen, nach Pfingsten 10 Tage und Mittwoch, Mitte September
- Ende Juli: Dienstag - Mittwoch
Rest – (Tischbestellung ratsam) Menü 32 € (vegetarisch)/35 € – Karte 24/44 €
♦ Wie man es in einem ehemaligen Bauernhaus (wohl das älteste Haus in Piding!) erwartet, sitzt man hier in gemütlichen Stuben mit Holztäfelung und Sitzbänken. Sebastian Oberholzner kocht viel Regionales, so z. B. Rehragout an Enziansauce mit Blaukraut und Spätzle!

PIESPORT – Rheinland-Pfalz – **543** – 1 930 Ew – Höhe 110 m   **45** C15
▶ Berlin 693 – Mainz 135 – Trier 43 – Bernkastel-Kues 18

🏨 **schanz. hotel.** 🈯 ((•)) P 🚭 VISA ⦿
Bahnhofstr. 8a ✉ 54498 – ✆ (06507) 9 25 20 – www.schanz-hotel.de – geschl.
9. Januar - 6. Februar
12 Zim 🍽 – †63/66 € ††87/104 €
Rest *schanz. restaurant.* ❀ – siehe Restaurantauswahl
♦ Das Landhaus mit den grünen Fensterläden ist ein engagiert geführter Familienbetrieb mit funktionellen Zimmern und eigenem kleinen Weingut. Gästen bietet man W-Lan kostenfrei.

※※※ **schanz. restaurant.** – schanz. hotel. 🈯 P VISA ⦿
❀ Bahnhofstr. 8a ✉ 54498 – ✆ (06507) 9 25 20 – www.schanz-hotel.de – geschl.
9. Januar - 6. Februar und Montag - Dienstagmittag
Rest – Menü 56/91 € – Karte 48/77 €
Spez. Sautierte Froschschenkel und Sot-l'y-laisse mit Spinatcannelloni und Estragonschaum. Rehrücken unter der Mandelkruste mit Wirsingroulade, Pfifferlingen, Briocheplätzchen und Cranberry-Pfeffersauce. Gateau von Nougat und Mirabellen mit Kürbiskerneis.
♦ Das Restaurant der Familie Schanz wurde komplett neu gebaut - viel Wert hat man daher aufs Design gelegt: Moderne Geradlinigkeit trifft auf warme Farben und geschickte Beleuchtung. Natürlich kommt auch der Gaumen nicht zu kurz: Thomas Schanz bietet feine klassische Küche, die aber auch zeitgemäße Akzente zeigt. Dazu gute Eigenbauweine vom elterlichen Weingut.

PILSACH – Bayern – **546** – 2 680 Ew – Höhe 445 m   **51** L17
▶ Berlin 454 – München 144 – Nürnberg 40 – Amberg 36
🏌 Jura Golf, Hilzhofen 23, ✆ (09182) 9 31 91 40

🏠 **Gasthof Am Schloss** 🈯 ((•)) P VISA ⦿ AE
Litzloher Str. 8 ✉ 92367 – ✆ (09181) 51 06 00 – www.am-schloss.de
– geschl. 6. - 21. August
16 Zim 🍽 – †49/54 € ††69/74 €
Rest – (geschl. Dienstag) Karte 16/36 €
♦ Der kleine Familienbetrieb liegt im Ortskern nahe dem Schloss (hier soll Kaspar Hauser seine ersten Lebensjahre verbracht haben). Die Zimmer sind solide und funktional. Im Restaurant und auf der schönen Terrasse bietet man bürgerlich-regionale Küche.

In Pilsach-Hilzhofen Süd-Ost: 9 km über B 299 Richtung Amberg, über Laaber,
in Eschertshofen links

※ **Landgasthof Meier** mit Zim 🈯 Zim, ((•)) ⇄ VISA ⦿ ①
Hilzhofen 18 ✉ 92367 – ✆ (09186) 2 37 – www.landgasthof-meier.de – geschl. Montag und Mittwoch, außer an Feiertagen
4 Zim 🍽 – †88/99 € ††136/156 € – 1 Suite   **Rest** – Karte 11/54 €
♦ In dem Landgasthof unweit des Juragolfplatzes hat man gelungen Tradition und Moderne gemischt. Man bietet regionale Küche. Liebenswertes Stadl für Veranstaltungen. Die Gästezimmer bestechen durch ihr sehr hochwertiges und geschmackvoll-modernes Design.

PINNEBERG – Schleswig-Holstein – 541 – 42 320 Ew – Höhe 2 m   10 I5
▶ Berlin 305 – Kiel 89 – Hamburg 23 – Bremen 128
ADAC Elmshorner Str. 73
- Pinneberg-Weidenhof, Mühlenstr. 140, ℰ (04101) 51 18 30
- Tangstedt - Gut Wulfsmühle, Mühlenstr. 98, ℰ (04101) 58 67 77
- Prisdorf, Peiner Hag, ℰ (04101) 7 37 90

Cap Polonio
Fahltskamp 48 ✉ *25421* – ℰ *(04101) 53 30 – www.cap-polonio.de*
48 Zim – †81/91 € ††103/119 €
Rest *Rolin* – siehe Restaurantauswahl
♦ Das Hotel mit den neuzeitlich-wohnlichen Zimmern ist seit 1935 in Familienhand. Hier findet sich ein Teil der Original-Einrichtung des namengebenden Luxusliners Cap Polonio.

Thesdorfer Hof garni
Rellinger Str. 35 ✉ *25421* – ℰ *(04101) 5 45 40 – www.thesdorferhof.de*
21 Zim – †70/81 € ††85/110 €
♦ In dem gepflegten Haus stehen mit solidem Kirschholzmobiliar eingerichtete Gästezimmer zur Verfügung. Der Frühstücksraum dient auch als Tagescafé.

Rolin – Hotel Cap Polonio
Fahltskamp 48 ✉ *25421* – ℰ *(04101) 53 30 – www.cap-polonio.de* – geschl. Donnerstag
Rest – Menü 35/63 € – Karte 27/60 €
♦ In klassisch-elegantem Ambiente wird schmackhafte internationale Küche von einem freundlichen Team an gut eingedeckten Tischen serviert. "Rolin" ist der Name eines Schiffskapitäns.

PIRMASENS – Rheinland-Pfalz – 543 – 40 810 Ew – Höhe 387 m   53 D17
▶ Berlin 683 – Mainz 122 – Saarbrücken 62 – Landau in der Pfalz 46
ADAC Hauptstr. 35a

Casa dell' Arte
Landauerstr. 105 ✉ *66953* – ℰ *(06331) 28 66 29 – www.casa-dell-arte.com* – geschl. Montag, Samstagmittag
Rest – Menü 25/40 € (abends) – Karte 34/55 €
♦ Hinter der rosa Fassade wird italienische Küche geboten. Einladend sind der Wintergarten und die Terrasse. Dekorativ: Im Bistro (für Raucher) wurden alte regionale Wandgemälde freigelegt.

In Pirmasens-Winzeln 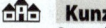 West: 4 km

Kunz
Bottenbacher Str. 74 ✉ *66954* – ℰ *(06331) 87 50 – www.hotel-kunz.de* – geschl. 22. Dezember - 5. Januar
56 Zim – †70/95 € ††95/105 € – 2 Suiten
Rest – (geschl. Freitagmittag, Samstagmittag) Menü 26/55 € (abends) – Karte 27/49 €
♦ Familie Kunz leitet das gewachsene Hotel in 3. Generation. Gutes Frühstück, moderner Spa und Zimmer in wohnlichen warmen Farben, darunter sehr komfortable Juniorsuiten und Suiten. Gemütlich-elegant ist das Ambiente im Restaurant, regional die Küche.

PIRNA – Sachsen – 544 – 39 030 Ew – Höhe 118 m   43 Q12
▶ Berlin 213 – Dresden 20 – Chemnitz 91 – Görlitz 97
ℹ Am Markt 7, ✉ 01796, ℰ (03501) 55 64 46, www.pirna.de

Deutsches Haus
Niedere Burgstr. 1 ✉ *01796* – ℰ *(03501) 4 68 80 – www.romantikhotel-pirna.de*
40 Zim – †68/74 € ††92/105 €   **Rest** – Karte 16/32 €
♦ Ein schöner Renaissancebau in der Altstadt, das Eingangsportal von Wolf Blechschmidt ein Hingucker und auch im Inneren historische Details wie z. B. die bemalte Holzbalkendecke im Saal. Bürgerliches im Restaurant, Gerichte vom heißen Stein im Gewölbekeller.

PIRNA

Pirna'scher Hof garni
Am Markt 4 ✉ *01796 –* ☏ *(03501) 4 43 80 – www.pirnascher-hof.de*
21 Zim ☐ – †45/55 € ††53/80 €
♦ In dem Altstadthaus am Marktplatz schafft moderne Einrichtung in historischem Rahmen eine nette Atmosphäre. Einige Zimmer mit freiliegenden Holzbalken. Das Restaurant in der ersten Etage bietet internationale Küche.

PLANEGG – Bayern – 546 – 10 480 Ew – Höhe 542 m — 65 L20
▶ Berlin 605 – München 24 – Augsburg 69

siehe München (Umgebungsplan)

Asemann Planegg garni (mit Gästehaus)
Gumstr. 13 ✉ *82152 –* ☏ *(089) 8 99 67 60 – www.hotel-planegg.de* — ATa
39 Zim ☐ – †55/82 € ††76/96 €
♦ Ein ruhig gelegenes Hotel mit wohnlichen Zimmern und nettem Frühstücksraum mit Blick in den Garten. Sehr schön sind einige neuere Zimmer im Gästehaus, teilweise mit Terrasse.

PLATTLING – Bayern – 546 – 12 680 Ew – Höhe 320 m — 59 O18
▶ Berlin 566 – München 134 – Passau 54 – Deggendorf 12

Liebl
Bahnhofsplatz 3 ✉ *94447 –* ☏ *(09931) 89 01 60 – www.hotel-liebl.de*
26 Zim ☐ – †49/60 € ††65/80 €
Rest – *(geschl. Freitag)* Karte 12/44 €
♦ Ein nettes familiär geführtes Hotel gegenüber dem Bahnhof. Die Gästezimmer sind recht großzügig geschnitten und wohnlich gestaltet. Gaststuben mit ländlichem Ambiente.

PLAU AM SEE – Mecklenburg-Vorpommern – 542 – 6 500 Ew – Höhe 70 m — 12 N5
– Luftkurort
▶ Berlin 151 – Schwerin 73 – Rostock 84 – Stendal 123
🛈 Marktstr. 20, ✉ 19395, ☏ (038735) 4 56 78, www.plau-am-see.de

Parkhotel Klüschenberg (mit Gästehaus)
Klüschenberg 14 ✉ *19395 –* ☏ *(038735) 4 92 10*
– www.klueschenberg.de
76 Zim ☐ – †50/96 € ††69/125 € – ½ P 19 € – 3 Suiten
Rest – Karte 27/35 €
♦ Ein gut geführtes Hotel in relativ ruhiger Ortsrandlage in einem kleinen Park. Die Zimmer verfügen z. T. über einen Balkon, besonders hübsch sind die mediterran gehaltenen Zimmer im Parkchalet. Klassisches Restaurant mit internationaler und regionaler Küche.

In Plau-Plötzenhöhe Süd-Ost: 1,5 km über B 103

Strandhotel
Seestr. 6 ✉ *19395 –* ☏ *(038735) 81 10 – www.strandhotel-plau.de*
– geschl. 2. - 31. Januar
90 Zim ☐ – †50/75 € ††85/112 € – ½ P 18 €
Rest – *(November - April: nur Abendessen)* Karte 17/34 €
♦ Das Hotel liegt direkt am See und bietet sehr gepflegte, unterschiedlich geschnittene Zimmer: großzügig in den Häusern Panorama und Teichblick, etwas kleiner im Haus Seeblick. Eigene Seebrücke. Im Restaurant serviert man bürgerliche und regionale Küche.

In Plau-Seelust Süd: 4 km

Seeresidenz Gesundbrunn
Hermann-Niemann-Str. 11 ✉ *19395 –* ☏ *(038735) 81 40*
– www.seeresidenzgesundbrunn.de – geschl. Januar
24 Zim ☐ – †49/65 € ††80/116 € – ½ P 19 € **Rest** – Karte 17/34 €
♦ In der Villa in ruhiger Lage oberhalb des Sees erwarten Sie wohnliche, teils seeseitige Zimmer, meist mit Balkon. Auch einige geräumige Appartements mit Hotelservice werden angeboten. Gediegenes Restaurant und Terrasse mit Seeblick.

PLAUEN – Sachsen – **544** – 66 420 Ew – Höhe 355 m 41 M14

▶ Berlin 291 – Dresden 151 – Gera 54 – Chemnitz 80
ADAC Oberer Steinweg 9
🛈 Unterer Graben 1, Rathaus, ✉ 08523, ✆ (03741) 2 91 10 27, www.plauen.de

Dormero Hotel Plauen
Theaterstr. 7 ✉ 08523 – ✆ (03741) 12 15 00 – www.dormero-hotel-plauen.de
118 Zim – †48/91 € ††64/109 €, ⊇ 9 €
Rest *Philipp* – (Montag - Freitag nur Abendessen) Karte 17/40 €
♦ In dem komfortablen Hotel im Zentrum erwarten Sie eine modern-elegante, mit Kunst dekorierte Lobby und wohnliche Zimmer in warmen Tönen, dazu ein Saunabereich mit asiatischer Note und das neuzeitlich gestaltete Restaurant Philipp mit internationaler Küche.

Am Strassberger Tor
Straßberger Str. 37 ✉ 08527 – ✆ (03741) 2 87 00
– www.strassberger-tor.bestwestern.de
62 Zim ⊇ – †80/90 € ††104/112 € – 1 Suite **Rest** – Karte 20/32 €
♦ Neuzeitlich gestaltetes Hotel in Zentrumsnähe, dessen geschmackvolle Zimmer zum Innenhof teils mit einem Balkon versehen sind. Suite mit Dachterrasse und netter Saunabereich. Freundliches Ambiente im Restaurant.

In Plauen-Zwoschwitz Nord-West: 5 km

Landhotel Plauen
Talstr. 1 ✉ 08525 – ✆ (03741) 30 06 80 – www.landhotel-plauen.de
25 Zim ⊇ – †49/65 € ††69/98 € – 1 Suite
Rest – (geschl. Sonntagabend - Montagmittag) Karte 13/27 €
♦ Bereits in der 4. Generation wird dieses Hotel von der Familie geführt. Gepflegte Zimmer und freundlicher Service erwarten Sie. Spielplatz für die Kinder. Mit Parkettboden und hellem Holz ausgestattetes Restaurant mit bürgerlicher Küche und sonniger Terrasse.

PLECH – Bayern – **546** – 1 310 Ew – Höhe 461 m – Erholungsort 50 L16
▶ Berlin 394 – München 192 – Nürnberg 50 – Bayreuth 40
🏌 Velden, Gerhelm 1, ✆ (09152) 3 98

In Plech-Bernheck Nord-Ost: 2,5 km, vor der Autobahn rechts

Veldensteiner Forst
Bernheck 38 ✉ 91287 – ✆ (09244) 98 11 11 – www.veldensteiner-forst.de – geschl. Mitte Februar - Mitte März
32 Zim ⊇ – †52 € ††92 € – ½ P 17 € – 2 Suiten **Rest** – (geschl. Montag)
♦ Meist recht geräumige und neuzeitlich ausgestattete Zimmer bietet dieses Ferien- und Tagungshotel. Im Garten: ein Naturbadeteich mit Blockhaussauna. Restaurant mit bürgerlicher Küche.

PLEINFELD – Bayern – **546** – 7 310 Ew – Höhe 382 m – Erholungsort 57 K17
▶ Berlin 473 – München 140 – Nürnberg 49 – Ingolstadt 60
🛈 Marktplatz 11, ✉ 91785, ✆ (09144) 92 00 70, www.pleinfeld-am-brombachsee.de
🏌 Ellingen, Zollmühle 1, ✆ (09141) 39 76

✕✕ Landgasthof Siebenkäs mit Zim
Kirchenstr. 1 ✉ 91785 – ✆ (09144) 82 82 – www.landgasthof-siebenkaes.de – geschl. Januar 1 Woche, September 2 Wochen und Sonntagabend - Montag
5 Zim ⊇ – †75 € ††95 € **Rest** – Menü 29/49 € – Karte 29/50 €
♦ Familie Riedel betreibt hier einen behaglich eingerichteten Landgasthof mit hübscher Terrasse. Mit sehr guten Produkten - man verwendet überwiegend Bioprodukte - wird regional gekocht. Zudem verfügt man über gemütliche Gästezimmer.

PLEISWEILER-OBERHOFEN – Rheinland-Pfalz – **543** – 810 Ew 54 E17
– Höhe 190 m
▶ Berlin 696 – Mainz 126 – Neustadt an der Weinstraße 39 – Saarbrücken 105

PLEISWEILER-OBERHOFEN

Landhaus Wilker
Hauptstr. 31 (Oberhofen) ⊠ 76889 – ℰ (06343) 70 07 00 – www.wilker.de – geschl. Januar - Februar 4 Wochen
22 Zim – †60/90 € ††80/110 € – 1 Suite
Rest – *(geschl. Montag, Donnerstag) (Dienstag - Samstag nur Abendessen)* Menü 25/34 € – Karte 28/48 €

• Bei der Winzerfamilie Wilker wohnt man zu fairen Preisen. Die Zimmer (mit Namen auf Hochdeutsch und Pfälzisch) teils mit Südbalkon oder Dachgaube, das Frühstück frisch und appetitlich. Hauseigene Weine in der Weinstube Alter Wilhelm und im lauschigen Innenhof. Beliebt: das thailändische Buffet einmal im Monat.

Reuters Holzappel mit Zim
Hauptstr. 11 (Oberhofen) ⊠ 76889 – ℰ (06343) 42 45 – www.reuters-holzappel.de – geschl. Januar 1 Woche, Juli - August 2 Wochen und Montag, November - März: Montag - Dienstag
2 Zim – †40 € ††60 €
Rest – *(Dienstag - Samstag nur Abendessen; November - März: Mittwoch - Samstag nur Abendessen)* (Tischbestellung ratsam) Menü 25 € – Karte 16/42 €

• Familie Reuter hat viel Liebe in den alten Winzerhof (1742) gesteckt und mit hübschen Details wie Fachwerk oder Bildern Atmosphäre geschaffen. Draußen der charmante kopfsteingepflasterte Hof. Der Chef kocht regional, die gut sortierte Weinkarte ist etwas für Riesling- und Silvaner-Fans.

PLIEZHAUSEN – Baden-Württemberg – 545 – 9 390 Ew – Höhe 340 m   55 G19
▶ Berlin 672 – Stuttgart 37 – Reutlingen 8 – Ulm (Donau) 80

Schönbuch
Lichtensteinstr. 45 ⊠ 72124 – ℰ (07127) 97 50 – www.hotel-schoenbuch.de – geschl. Januar 1 Woche
43 Zim – †90 € ††130 €
Rest *Schönbuch* – siehe Restaurantauswahl

• Sie wohnen in großzügigen Zimmern mit neuzeitlicher Einrichtung, solider Technik und kostenfreier Minibar. Dank der erhöhten Lage hat man eine schöne Sicht auf die Schwäbische Alb.

Schönbuch – Hotel Schönbuch
Lichtensteinstr. 45 ⊠ 72124 – ℰ (07127) 97 50 – www.hotel-schoenbuch.de – geschl. Januar 1 Woche und August: Samstag - Sonntag
Rest – Menü 29/55 € – Karte 35/56 €

• Ein rustikales Restaurant mit der sehr modern eingerichteten Neckarlounge. Internationale Küche, die ihren Bezug zur Region nicht verleugnet. Klassiker: z. B. Lachs mit Meerrettichkruste oder Rostbraten mit Sauerkraut.

In Pliezhausen-Dörnach Nord: 4 km, in Gniebel rechts

Landgasthaus zur Linde (Andreas Goldbach)
Schönbuchstr. 8 ⊠ 72124 – ℰ (07127) 89 00 66 – www.linde-doernach.de – geschl. Mitte Februar - Anfang März 2 Wochen, Ende September - Mitte Oktober und Mittwoch, Samstagmittag
Rest – *(Tischbestellung ratsam)* Menü 62 € – Karte 52/60 €
Spez. Dreierlei vom Kalbskopf mit kleinem Salatarrangement. Loup de mer auf Escabeche-Gemüsesud. Rinderfilet mit Dijonsenfkruste, Balsamico-Gemüsetörtchen und Maisgrießauflauf.

• Andreas Goldbach kocht eine schmackhafte und unkomplizierte klassische Küche mit mediterranen und regionalen Einflüssen. Unter der Leitung von Irene Goldbach erwartet Sie ein sehr freundlicher Service mit Charme, ganz im Stil des liebenswerten und unprätentiösen Hauses.

PLOCHINGEN – Baden-Württemberg – 545 – 14 120 Ew – Höhe 276 m   55 H18
▶ Berlin 623 – Stuttgart 25 – Göppingen 20 – Reutlingen 36

Princess garni
Widdumstr. 3 ⊠ 73207 – ℰ (07153) 60 50 – www.hotel-princess.de
42 Zim – †85/139 € ††99/159 €

• Eine freundliche Halle mit Kunstausstellungen empfängt Sie in dem funktional ausgestatteten Hotel in Bahnhofsnähe. Sehr hübsch ist der Frühstücksraum mit begrünter kleiner Terrasse.

1006

PLOCHINGEN

Rathausstube - Da Enzo
Am Markt 11 ⊠ *73207* – ℰ *(07153) 2 30 46* – *www.enzo-rathausstube.de*
– *geschl. 8. - 22. August und Montag*
Rest – Karte 27/50 €
◆ Viele Stammgäste schätzen diesen gemütlichen Italiener. Der Chef macht persönlich den Service - die Tagesgerichte empfiehlt er mit Vorliebe mündlich.

In Plochingen-Stumpenhof Nord-Ost: 3 km Richtung Schorndorf

Stumpenhof
Am Stumpenhof 1 ⊠ *73207* – ℰ *(07153) 2 24 25* – *www.stumpenhof.de* – *geschl. über Fasching 1 Woche und Montag - Dienstag*
Rest – (Tischbestellung ratsam) Menü 53 € – Karte 31/59 €
◆ In dem langjährigen Familienbetrieb wird schmackhafte regionale Küche geboten. Die Restauranträume sind rustikal gehalten oder hell in zeitgemäßem Stil eingerichtet. Im Sommer genießt man auf der Terrasse die schöne Sicht.

PLÖN – Schleswig-Holstein – **541** – 12 860 Ew – Höhe 28 m – Luftkurort   10 J3
▶ Berlin 317 – Kiel 28 – Lübeck 56 – Neumünster 37
i Bahnhofstr. 5, ⊠ 24306, ℰ (04522) 5 09 50, www.touristinfo-ploen.de
◉ Großer Plöner See: Schlossterrasse ≤ ★

Landhaus Hohe Buchen garni
Lütjenburgstr. 34 ⊠ *24306* – ℰ *(04522) 78 94 10* – *www.landhaus-hohebuchen.de*
– *geschl. 15. November - 1. April*
10 Zim ⊇ – †50/65 € ††75/85 €
◆ Das familiengeführte kleine Hotel steht auf einem schönen Gartengrundstück, die Zimmer sind liebenswert gestaltet und nach Blumen benannt. Charmantes Lesezimmer zum Schmökern.

Stolz mit Zim
Markt 24 ⊠ *24306* – ℰ *(04522) 5 03 20* – *www.hotel-restaurant-stolz.de*
– *geschl. 13. - 27. Februar, 28. Oktober - 12. November und Montag*
5 Zim ⊇ – †85/95 € ††130/140 € **Rest** – (nur Abendessen) Menü 55/91 €
Spez. Frische Nordseekrabben mit Meerrettich, Blumenkohl und Algen. Dobersdorfer Reh mit Rote Bete, Frischkäse und Sauerklee. Walnussauflauf mit Birne und Sauerampfersorbet.
◆ Die historische rote Backsteinfassade gefällt dem Betrachter auf Anhieb. Dahinter hat das Ehepaar Stolz ein stilvolles Ambiente geschaffen, in dem ausgesuchte Farben perfekt miteinander harmonieren. Der Chef kocht mit regionalen Bio-Produkten und Kräutern, dabei sind die Gerichte leicht und nicht überladen. Schöne Gästezimmer!

POBERSHAU – Sachsen – siehe Marienberg

PÖSSNECK – Thüringen – **544** – 12 980 Ew – Höhe 215 m   41 L13
▶ Berlin 283 – Erfurt 75 – Gera 45 – Hof 73

Villa Altenburg
Straße des Friedens 49 ⊠ *07381* – ℰ *(03647) 42 20 01* – *www.villa-altenburg.de*
– *geschl. 2. - 6. Januar*
15 Zim ⊇ – †46/66 € ††77/107 € **Rest** – Karte 19/37 €
◆ Die in einem Park gelegene Villa von 1928 ist größtenteils im Originalzustand erhalten - einige schöne Antiquitäten und Parkettböden unterstreichen den historischen Charme. Eine alte Holztäfelung ziert das klassische Restaurant. Terrasse mit Blick ins Grüne.

POHLHEIM – Hessen – siehe Gießen

POLLE – Niedersachsen – **541** – 1 130 Ew – Höhe 90 m – Erholungsort   28 H10
▶ Berlin 349 – Hannover 80 – Detmold 44 – Hameln 38
i Amtsstr. 4a, ⊠ 37647, ℰ (05535) 4 11, www.muenchhausenland.de
⛳ Polle, Weißenfelder Mühle 2, ℰ (05535) 88 42

POLLE

Graf Everstein
Amtsstr. 6 ✉ 37647 – ℰ (05535) 99 97 80 – www.graf-everstein.de – geschl. Montag
Rest – Menü 31 € (mittags)/35 € – Karte 26/41 €
• In der ehemaligen Unterburg befindet sich das nette Restaurant unter familiärer Leitung. Besonders schön sitzt man im Anbau mit großer Fensterfront, die eine herrliche Aussicht auf die Weser und das Bergland freigibt. Schmackhafte saisonale Küche.

POMMELSBRUNN – Bayern – siehe Hersbruck

POPPENHAUSEN (WASSERKUPPE) – Hessen – **543** – 2 610 Ew   39 I14
– Höhe 452 m – Wintersport: 950 m – Luftkurort
▶ Berlin 462 – Wiesbaden 201 – Fulda 17 – Gersfeld 7
ℹ Von-Steinrück-Platz 1, ✉ 36163, ℰ (06658) 96 00 13, www.poppenhausen-wasserkuppe.de

Hof Wasserkuppe garni
Pferdskopfstr. 3 ✉ 36163 – ℰ (06658) 98 10 – www.hof-wasserkuppe.de
17 Zim – †49/58 € ††83/105 € – 1 Suite
• Relativ ruhig liegt das kleine Hotel in einem Wohngebiet. Ein sympathischer Familienbetrieb in zeitlosem Landhausstil. Einige Zimmer sind moderner gestaltet, zwei Studios mit Küchenzeile. Zudem bietet man Kosmetikanwendungen.

Rhön Garden
Kohlstöcken 4 (Ost: 3 km über Rodholz) ✉ 36163 – ℰ (06658) 9 17 60
– www.rhoen-garden.de
54 Zim – †59/95 € ††89/135 € – ½ P 21 €   **Rest** – Karte 19/54 €
• Die ruhige Lage unterhalb der Wasserkuppe, wohnlich-gediegene Zimmer (meist mit Balkon) sowie Massage- und Kosmetikangebote sprechen für dieses familiengeführte Tagungshotel. Im Restaurant mit Wintergarten bietet man internationale Küche.

POSERITZ – Mecklenburg-Vorpommern – siehe Rügen (Insel)

POTSDAM – Brandenburg – **542** – 154 610 Ew – Höhe 32 m   22 O8
▶ Berlin 31 – Brandenburg 38 – Frankfurt (Oder) 121 – Leipzig 141
ADAC Jägerallee 16 AX
ℹ Brandenburger Str. 3 AY, ✉ 14467, ℰ (0331) 27 55 80, www.potsdam.de
⛳ Kemnitz, Kemnitzer Schmiedeweg 1, ℰ (03327) 6 63 70
⛳ Tremmen, Zachower Straße, ℰ (033233) 70 50
⛳ Wildenbruch - Seddiner See, Zum Weiher 44, ℰ (033205) 73 20
◎ Schloss und Park Sanssouci★★★ (Bildergalerie★, Neue Kammern★, Neues Palais★★, Schloss Charlottenhof★, Chinesisches Teehaus★★) AX - Moschee Pumpwerk★
- Brandenburger Tor★ AY - Schloss Cecilienhof★★ – Holländisches Viertel★ - Neuer Garten★★ - Russische Kolonie (Alexandrowna)★★ BX - Neuer Markt★★
– Filmmuseum★BY – Park Babelsberg★CX

Stadtpläne siehe nächste Seiten

Bayrisches Haus
Elisenweg 2, (im Wildpark) (Süd-West: 6 km über Zeppelinstraße AY) ✉ 14471
– ℰ (0331) 5 50 50 – www.bayrisches-haus.de – geschl. Januar
41 Zim – †80 € ††80/120 €, ⊆ 25 € – 1 Suite
Rest *Friedrich-Wilhelm* ❀ – siehe Restaurantauswahl
Rest *Alte Försterei* – *(geschl. Dienstag - Mittwoch)* Karte 28/45 €
• Ein wunderschönes Gebäudeensemble, dessen Herzstück das namengebende, 1847 vom Preußenkönig erbaute Bayrische Haus ist. Für Erholung sorgen Ruhe, guter Service und äußerst wohnliche, hochwertig und stimmig eingerichtete Zimmer. Bürgerliche, regionale und österreichische Küche in der Alten Försterei.

Am Jägertor
Hegelallee 11 ✉ 14467 – ℰ (0331) 2 01 11 00 – www.hotel-am-jaegertor.de
62 Zim ⊆ – †90/165 € ††118/198 €
Rest *Fiore* – siehe Restaurantauswahl
• An einer belebten Straße in zentraler Lage direkt am Jägertor steht das stattliche Gebäude a. d. 18. Jh. Die Einrichtung ist wohnlich und elegant.

POTSDAM

Dorint Hotel Sanssouci
Jägerallee 20 ✉ 14469 – ℰ (0331) 27 40
– www.dorint.com/potsdam AXr
290 Zim – †64/189 € ††74/199 €, ⊑ 20 € – 22 Suiten
Rest – Menü 29/44 € – Karte 36/57 €
♦ Das komfortable Hotel zwischen Schloss Sanssouci und dem historischen Stadtkern bietet modern-funktionelles Ambiente, einen großzügigen Freizeitbereich und gute Tagungsmöglichkeiten.

Seminaris Seehotel
An der Pirschheide 40 (Süd-West: 5 km,
über Zeppelinstraße AY) ✉ 14471 – ℰ (0331) 9 09 00 – www.seminaris.de/potsdam
225 Zim ⊑ – †98/118 € ††133/143 € – 10 Suiten **Rest** – Karte 25/36 €
♦ Ein gut ausgestattetes Seminarhotel mit diversen Freizeitangeboten. Schön ist die Lage am Templiner See (mit Strandbad und Bootssteg). Das Potsdamer Wassertaxi hält direkt vor der Tür. Restaurant in neuzeitlichem Stil mit netter Terrasse zum See.

Steigenberger Hotel Sanssouci
Allee nach Sanssouci 1 ✉ 14471 – ℰ (0331) 9 09 10
– www.steigenberger.com/Potsdam AYn
137 Zim – †79/139 € ††98/158 €, ⊑ 11 € – 2 Suiten **Rest** – Karte 27/36 €
♦ Das Hotel bietet eine funktionale Einrichtung mit angloamerikanischem Touch. Das Thema Film findet sich in Form von Portraits und Plakaten überall im Haus. Zahlreiche Bilder von Filmstars geben dem bistroähnlichen Restaurant eine nostalgische Note.

Brandenburger Tor garni
Brandenburger Str. 1 ✉ 14467 – ℰ (0331) 87 70 00 00
– www.hotel-brandenburger-tor.de AYb
39 Zim ⊑ – †95/145 € ††125/195 € – 2 Suiten
♦ Die historische "Residenz" und der Neubau des direkt am Brandenburger Tor gelegenen Hotels bestechen durch exklusiv ausgestattete Zimmer. Ruhige Sonnenterrasse und gemütliche Bar.

Villa Monte Vino garni
Gregor-Mendel-Str. 27 ✉ 14469 – ℰ (0331) 2 01 33 39 – www.hotelvillamontevino.de
– geschl. 24. - 26. Dezember AXv
25 Zim ⊑ – †89/119 € ††129/149 € – 1 Suite
♦ Klassisch ist das Ambiente in der neuzeitlich erweiterten Turmvilla in erhöhter Lage. Die Zimmer sind hochwertig eingerichtet, vom schönen Garten aus schaut man über Potsdam.

Am Luisenplatz
Luisenplatz 5 ✉ 14471 – ℰ (0331) 97 19 00 – www.hotel-luisenplatz.de AYc
38 Zim ⊑ – †79/119 € ††109/159 € – 3 Suiten **Rest** – Karte 24/39 €
♦ Das schmucke Stadtpalais von 1726 liegt sehr zentral und beherbergt Gästezimmer in klassischem Stil, die in den verschiedenen Kategorien unterschiedlich groß ausfallen. Mediterran beeinflusste Küche bietet das Restaurant Luisa.

Zum Hofmaler garni
Gutenbergstr. 73 ✉ 14467 – ℰ (0331) 73 07 60 – www.hofmaler-hotel-potsdam.de
18 Zim – †65/85 € ††85/145 €, ⊑ 5 € – 2 Suiten BXa
♦ Das kleine Hotel im Holländischen Viertel vereint alte Bausubstanz von 1742 mit zeitgemäßer Architektur. Die Zimmer sind hübsch, hochwertig und modern, im Stammhaus sind die Zimmer geräumiger, hier befinden sich auch Barockzimmer.

Friedrich-Wilhelm – Hotel Bayrisches Haus
Elisenweg 2, (im Wildpark) (Süd-West: 6 km über Zeppelinstraße AY) ✉ 14471
– ℰ (0331) 5 50 50 – www.bayrisches-haus.de – geschl. Januar, Juli und Sonntag
- Montag
Rest – (nur Abendessen) Menü 68/110 € – Karte 69/94 €
Spez. Kühle Spargelvichysoisse und Jakobsmuschel. Zicklein, pikantes Auberginentatar in Dickmilch. Erdbeeren und Holunder.
♦ Außen rustikales Holzhaus, innen stilvoll-elegantes Gourmetrestaurant. In seiner klassischen Küche setzt Alexander Dressel auf eine interessante und harmonische Kombination unterschiedlicher Aromen.

POTSDAM

Alleestr.	BX
Alter Markt	BY
Am Alten Markt	BY 6
Am Kanal	BY
Am Neuen Garten	BX
Am Neuen Markt	BY
Am Schragen	BX 7
Auf dem Kiewitt	AY
Babelsberger Str.	BCY
Bassinpl.	BX
Behlerstr.	BCX
Benkertstr.	BY 15
Berliner Str.	BCX
Bornstedter Str.	BX 18
Brandenburger Str.	ABX
Brauhausberg	BY 19
Breite Str.	ABY
Charlottenstr.	ABXY
Dortustr.	AXY
Ebräerstr.	BY 21
Feuerbachstr.	AY
Französische Str.	BY 25
Friedrich-Ebert-Str.	BXY
Friedrich-Engels-Str.	BCY
Geschwister-Scholl-Str.	AY 26
Gregor-Mendel-Str.	AX
Gutenbergstr.	ABX
Hans-Thoma-Str.	BX
Hebbelstr.	BX
Hegelallee	ABXY
Heinrich-Mann-Allee	AY
Helene-Lange-Str.	BX
Hermann-Elflein-Str.	AX 31
Humboldtbrücke	CX
Humboldtring	CY
Jägerallee	AX
Jägerstr.	BX
Kiezstr.	BX
Kurfürstenstr.	BX
Lange Brücke	BY
Leiblstr.	BX
Leipziger Str.	AY
Lennéstr.	AY
Lindenstr.	AXY
Luisenpl.	AY 42
Mangerstr.	CX
Mittelstr.	BX
Mühlenbergweg	AY 48
Nuthestr.	CY 51
Pappelallee	AX
Platz der Einheit	BY 54
Reiterweg	BX
Ruinenbergstr.	AX
Schillerpl.	AY
Schloßstr.	BY 60
Schopenhauerstr.	AXY
Siefertstr.	BY 64
Voltaireweg	AX
Weinbergstr.	AX
Wilhelm-Staab-Str.	BY 67
Yorckstr.	BY
Zeppelinstr.	AY

☆☆ **Speckers Landhaus** mit Zim 🛜 VISA ⦿ AE
😊 Jägerallee 13 ✉ 14469 – ☎ (0331) 2 80 43 11 – www.speckers.de
– geschl. Sonntag - Montag   AXb
3 Zim 🍽 – ✝45/75 € ✝✝65/85 €
Rest – Menü 15 € (mittags)/32 € – Karte 32/49 €

◆ Zwei Generationen der Familie Specker leiten das schöne Landhaus neben dem Verfassungsgericht. Ein helles, geschmackvolles Restaurant mit angenehmer Terrasse im Hinterhof. Die saisonalen und regionalen Speisen werden mit Sorgfalt und Geschmack zubereitet. Liebenswerte, individuelle Gästezimmer mit Pantry.

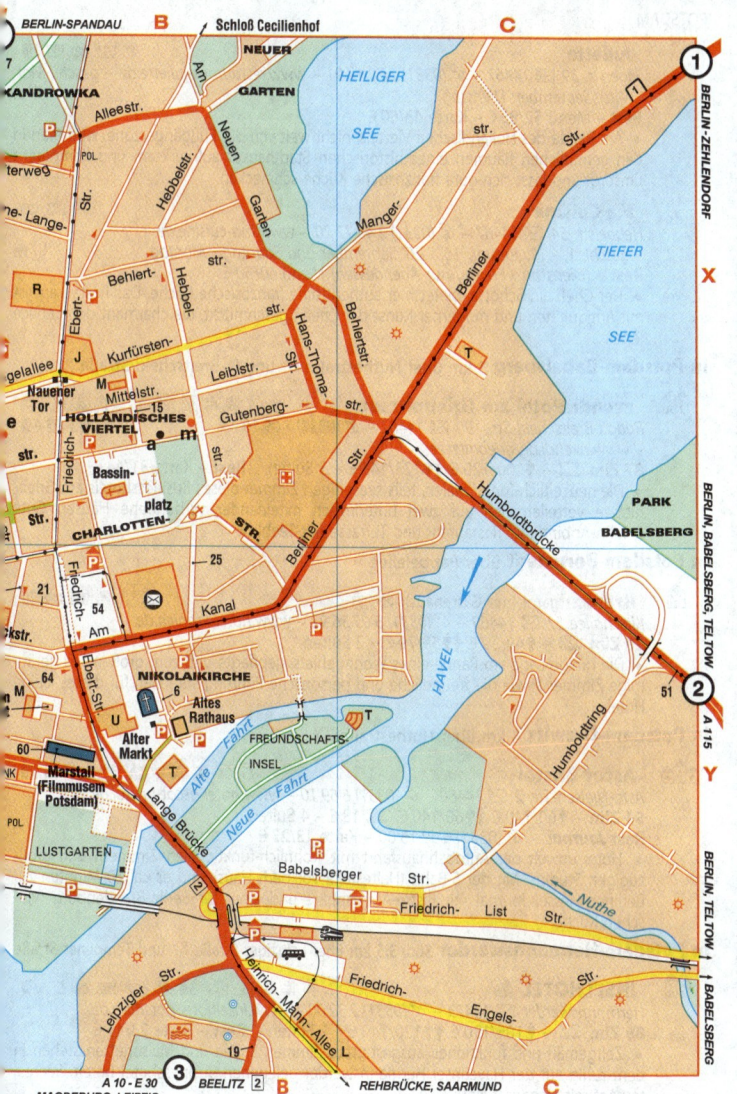

× × **Fiore** – Hotel Am Jägertor 🛏 ♿ AC ⚒ VISA ●● AE ①
Hegelallee 11 ✉ 14467
– ℘ (0331) 2 01 11 00
– www.hotel-am-jaegertor.de AX**f**
Rest – Karte 34/59 €
♦ Kommt man in den wunderschönen ruhigen Innenhof, kann man schonmal für einen Moment die Außenwelt vergessen: Elegantes Mobiliar sorgt hier - aber auch im Restaurant - für Atmosphäre. Es wird mit Geschmack und ausschließlich guten Produkten gekocht.

1011

POTSDAM

✗ Juliette VISA ⊙ AE ①
*Jägerstr. 39 ⊠ 14467 – ℰ (0331) 2 70 17 91 – www.restaurant-juliette.de – geschl. Mai
- Mitte September: Dienstag* BX**e**
Rest – Menü 52/85 € – Karte 48/60 €
♦ Am Rande des Holländischen Viertels, nicht weit von der Fußgängerzone, wird man in den gemütlichen Räumen eines historischen Stadthauses aufmerksam und kompetent umsorgt und lässt sich gute französische Küche schmecken.

✗ Ma Cuisine
*Hebbelstr. 54 ⊠ 14467 – ℰ (0331) 2 43 77 20 – www.ma-cuisine.de
– geschl. 1. - 11. Januar, 16. - 26. September und Sonntag - Montag* BX**m**
Rest – *(Dienstag - Freitag nur Abendessen)* Menü 40/50 €
♦ Der Chef, ein Schotte, bietet hier authentische französische Küche. Das Restaurant ist mit Antiquitäten und moderner Kunst der Chefin geschmückt, die charmant den Service leitet.

In Potsdam-Babelsberg 3 km über Nuthestraße CY und R.-Breitscheid-Straße

🏨 avendi Hotel am Griebnitzsee
*Rudolf-Breitscheid-Str. 190 ⊠ 14482 – ℰ (0331) 7 09 10
– www.avendi.de/griebnitzsee*
87 Zim – †100/120 € ††123/145 € – 3 Suiten **Rest** – Karte 31/44 €
♦ Die neuzeitlich-funktionalen, teils seeseitigen Zimmer dieses Businesshotels am Griebnitzsee verteilen sich auf zwei unterirdisch miteinander verbundene Häuser. Gute S-Bahn-Anbindung. Restaurant und Terrasse mit Seeblick.

In Potsdam-Bornstedt über Pappelallee AX

🏠 Kranich garni (mit Gästehaus)
Kirschallee 57 ⊠ 14469 – ℰ (0331) 5 05 36 92 – www.hotel-kranich.de
20 Zim – †49/59 € ††59/79 € – 2 Suiten
♦ Die ruhige Lage am Rande eines Wohngebiets, gepflegte und zum großen Teil geräumige Zimmer sowie die freundliche und persönliche Führung sprechen für dieses kleine Hotel.

In Potsdam-Drewitz 4 km über Nuthestraße XY

🏨 Ascot-Bristol
Asta-Nielsen-Str. 2 ⊠ 14480 – ℰ (0331) 6 69 10 – www.hotel-ascot-bristol.de
94 Zim – †60/140 € ††60/140 €, ⊇ 13 € – 4 Suiten
Rest Journal – ℰ (0331) 6 69 13 00 – Karte 13/27 €
♦ Hotel unweit der Autobahnausfahrt mit wohnlich-funktionalen Zimmern und großzügigen Studios. Mit der S-Bahn (Haltestelle vor dem Haus) sind es ca. 20 Minuten zur Berliner Messe. Journal mit Bistro-Atmosphäre und einer für Berlin-Brandenburg typischen Küche.

In Potsdam-Hermannswerder Süd: 3,5 km über Leipziger Straße BY und Templiner Straße

🏨 INSELHOTEL
Hermannswerder ⊠ 14473 – ℰ (0331) 2 32 00 – www.inselhotel-potsdam.de
88 Zim ⊇ – †105/130 € ††120/140 € – 2 Suiten **Rest** – Karte 23/41 €
♦ Zeitgemäß und funktionell ausgestattete Zimmer, Suiten und Maisonetten stehen in dem ruhig auf der Havelinsel Hermannswerder gelegenen Businesshotel bereit. Seerestaurant mit eleganter Note.

POTTENSTEIN – Bayern – 546 – 5 340 Ew – Höhe 368 m – Luftkurort 50 L16
▶ Berlin 395 – München 212 – Nürnberg 67 – Bayreuth 40
🛈 Forchheimer Str. 1, ⊠ 91278, ℰ (09243) 7 08 41, www.pottenstein.de
⛳ Pottenstein, Weidenloh 40, ℰ (09243) 92 92 20

🏨 Schwan garni
Am Kurzentrum 6 ⊠ 91278 – ℰ (09243) 98 10 – www.hotel-bruckmayer.de – geschl. Januar
26 Zim ⊇ – †50 € ††80 €
♦ Der recht ruhig im Ort gelegene Familienbetrieb bietet seinen Gästen neuzeitlich eingerichtete Zimmer sowie direkten und kostenlosen Zugang zum Erlebnisbad Juramar.

POTTENSTEIN

Bruckmayers Gästehaus garni
Am Stadtgraben 1 ⊠ 91278 – ℰ (09243) 92 44 50 – www.hotel-bruckmayer.de
11 Zim – †44/58 € ††68/89 €

♦ Zeitgemäß und funktional ausgestattete Zimmer und einen gepflegten Frühstücksraum hält das gut geführte kleine Gästehaus in der Ortsmitte für Sie bereit. In der obersten Etage hat man ein geräumiges Appartement mit Küchenzeile.

In Pottenstein-Kirchenbirkig Süd: 4 km

Bauernschmitt
St.-Johannes-Str. 25 ⊠ 91278 – ℰ (09243) 98 90 – www.landgasthof-bauernschmitt.de
– geschl. 15. November - 15. Dezember
27 Zim – †40/42 € ††72/80 € – ½ P 13 € **Rest** – Karte 15/31 €

♦ Im Dorfkern steht der erweiterte fränkische Landgasthof unter familiärer Leitung. Sehr gepflegte, praktische Zimmer, ein schöner Garten sowie ein Saunabereich, Kosmetik und Massage. Bürgerlich speist man im rustikalen Restaurant.

PREETZ – Schleswig-Holstein – **541** – 15 860 Ew – Höhe 24 m   **10** J3
► Berlin 327 – Kiel 16 – Lübeck 68 – Puttgarden 82
🛈 Kirchenstr. 9, ⊠ 24211, ℰ (04342) 22 07, www.preetz-tourismus.de

In Lehmkuhlen-Dammdorf Nord-Ost: 2 km

Neeth (mit Gästehaus)
Preetzer Str. 1 ⊠ 24211 – ℰ (04342) 8 23 74 – www.neeth.de
19 Zim – †60/72 € ††82/98 € – 2 Suiten
Rest – (geschl. Montagmittag) Menü 25/40 € – Karte 21/36 €

♦ Schön ist die Lage des regionstypischen Landhauses, eingebettet in eine herrliche Landschaft. Auch die behaglichen Gästezimmer sprechen für dieses sehr gepflegte Hotel. Regionale und internationale Küche im rustikalen Restaurant mit kleinem Wintergarten. Eine Kaffeekannensammlung dient als Dekor.

PREROW – Mecklenburg-Vorpommern – **542** – 1 630 Ew – Höhe 1 m – Seebad   **5** N3
► Berlin 276 – Schwerin 150 – Rostock 63
🛈 Gemeindeplatz 1, ⊠ 18375, ℰ (038233) 61 00, www.prerow.de

Travel Charme Bernstein
Buchenstr. 42 ⊠ 18375 – ℰ (038233) 6 40 00
– www.travelcharme.com – geschl. 1. November - 15. März
127 Zim – †76/122 € ††102/166 € – ½ P 24 € **Rest** – Karte 27/46 €

♦ Das Ferienhotel liegt am Ortsrand in einer schönen Anlage mit italienischem Garten. Neben freundlich gestalteten Zimmern bietet man auch Kosmetik und Massage. Ein Gartenrestaurant in einem Pavillon am Pool ergänzt das Restaurant Turmstube.

Waldschlösschen (mit Gästehäusern)
Bernsteinweg 9 ⊠ 18375 – ℰ (038233) 61 70 – www.waldschloesschen-prerow.de
33 Zim – †94/140 € ††147/210 € – 3 Suiten
Rest CP1 – (geschl. Montag - Dienstag) Menü 32/78 € – Karte 28/54 €
Rest Titania – (nur Abendessen) Menü 29/45 € – Karte 31/43 €

♦ Sie wohnen nur 300 m von der Ostsee! Die 1891 von einem Berliner Bankier erbaute Fachwerkvilla sowie ein altes und ein neues Gartenhaus liegen auf einem parkähnlichen Grundstück. Zimmer von Landhausstil bis modern. Zum Essen wählen Sie zwischen dem gehobenen Angebot aus der Showküche des CP1, für das man vorzugsweise heimische Produkte verwendet, und den regionalen Speisen des hellen, freundlichen Titania. Mittags einfachere Karte.

Störtebeker
Mühlenstr. 2 ⊠ 18375 – ℰ (038233) 70 20 – www.pension-stoertebeker.m-vp.de
10 Zim – †30/45 € ††60/85 € – ½ P 14 €
Rest – (geschl. November - März) Karte 14/31 €

♦ Eine kleine Pension mit wohnlich-solide eingerichteten Gästezimmern, die teilweise über Balkon, Loggia oder Terrasse verfügen. Bürgerliches Restaurant mit Wintergartenanbau.

PREROW

In Wieck a. Darss Süd: 4 km – Erholungsort

Haferland
Bauernreihe 5a ⊠ *18375* – ℰ *(038233) 6 80* – *www.hotelhaferland.de*
45 Zim (inkl. ½ P.) – †110/145 € ††130/165 € – 13 Suiten
Rest *Gute Stube* **Rest** *Bajazzo* – siehe Restaurantauswahl
♦ Schön liegt das aus drei Reetdachhäusern bestehende Hotel nahe dem Bodden auf einem 2 ha großen Naturgrundstück mit Kräuter- und Gourmetgarten, Teichen, Wald und Feuchtwiese. Sehr wohnliche Zimmer im Landhausstil.

Gute Stube – Hotel Haferland
Bauernreihe 5a ⊠ *18375* – ℰ *(038233) 6 80* – *www.hotelhaferland.de*
Rest – Menü 36/48 € – Karte 39/44 €
♦ Mittagessen, anschließend Kaffee und Kuchen oder ein Abendessen - die "Gute Stube" (gemütlich im nordischen Stil eingerichtet) ist stets bereit, ihre Gäste zu bewirten. Wie wär's mit Filet vom Wels oder einer Sülze vom Tafelspitz?

Bajazzo – Hotel Haferland
Bauernreihe 5a ⊠ *18375* – ℰ *(038233) 6 80* – *www.hotelhaferland.de* – *geschl. Montag - Dienstag*
Rest – *(nur Abendessen)* Menü 38 € (vegetarisch) – Karte 31/45 €
♦ Ein besonderes Plätzchen sind die drei Stuben (mit Kochschule) oben direkt unter dem Reetdach - von hier aus haben Sie einen grandiosen Blick auf den Wiecker Seglerhafen und die Halbinsel Bliesenrade. Vegetarisches Essen!

PRESSECK – Bayern – **546** – 2 000 Ew – Höhe 642 m   **50 L14**
▶ Berlin 337 – München 270 – Bayreuth 42 – Erfurt 170

Gasthof Berghof - Ursprung mit Zim
Wartenfels 85 ⊠ *95355* – ℰ *(09223) 2 29* – *www.berghof-wartenfels.de* – *geschl. 18. Januar - 15. Februar und Mittwoch, Donnerstagabend*
6 Zim ⊇ – †39 € ††69 €   **Rest** – Menü 33/45 € – Karte 18/44 €
♦ Die Restaurantstuben, aber auch die Gästezimmer zeigen ganz deutlich das Konzept des Hauses: "Tradition trifft Moderne". Was aus der Küche von Chef Alexander Schütz kommt, ist schmackhaft, frisch zubereitet und bezahlbar! Vom Menü bis zur Bratwurst.

PRICHSENSTADT – Bayern – **546** – 3 180 Ew – Höhe 248 m   **49 J15**
▶ Berlin 466 – München 254 – Würzburg 42 – Schweinfurt 32

Zum Storch
Luitpoldstr. 7 ⊠ *97357* – ℰ *(09383) 65 87* – *www.gasthof-storch.de* – *geschl. Januar*
12 Zim ⊇ – †40/65 € ††60/90 €
Rest – *(geschl. Dienstag, November - März: Montag - Dienstag)* Karte 12/38 €
♦ Aus dem Jahre 1658 stammt der Gasthof, der seit über 130 Jahren als Familienbetrieb geführt wird. Die Zimmer sind sehr gepflegt und in wohnlich-ländlichem Stil eingerichtet. Nette Wirtschaft mit schönem Innenhof unter alten Bäumen. Weine aus eigenem Anbau.

In Prichsenstadt-Neuses am Sand Nord: 5 km über B 286

Landhotel Neuses mit Zim
Neuses am Sand 19 ⊠ *97357* – ℰ *(09383) 71 55* – *www.landhotel-neuses-sand.de* – *geschl. Februar 2 Wochen und Montag - Dienstag*
10 Zim ⊇ – †38/65 € ††58/68 € – 2 Suiten   **Rest** – Menü 36 € – Karte 26/42 €
♦ In der einstigen Posthalterei von 1812 wechselte schon Napoleon die Pferde. Hinter der gepflegten Bruchsteinfassade bietet das nette Gastgeberpaar regional-bürgerliche Speisen. Die Zimmer und Appartements sind in ländlichem Stil gehalten.

PRIEN am CHIEMSEE – Bayern – **546** – 10 300 Ew – Höhe 533 m   **66 N21**
– Luftkurort und Kneippkurort
▶ Berlin 656 – München 85 – Bad Reichenhall 58 – Salzburg 64
🛈 Alte Rathausstr. 11, ⊠ 83209, ℰ (08051) 6 90 50, www.tourismus.prien.de
⛳ Prien - Bauernberg, Bauernberg 5, ℰ (08051) 6 22 15
◉ Chiemsee★ (Überfahrt zu Herren- und Fraueninsel) – Schloss Herrenchiemsee★★

PRIEN am CHIEMSEE

Garden-Hotel Reinhart (mit Gästehaus)
Erlenweg 16 ⊠ 83209 – ℰ (08051) 69 40 – www.reinhart-hotels.de
– geschl. Januar - April, 18. Oktober - Weihnachten
40 Zim ⊇ – †85/95 € ††100/150 € – 1 Suite   **Rest** – Karte 25/42 €
♦ Der hübsch bepflanzte namengebende Garten mit Liegewiese verbindet die beiden Häuser der Reinharts. Beim Frühstücken blicken Sie ins Grüne. Im Gästehaus wohnt man direkt am See.

Neuer am See
Seestr. 104 ⊠ 83209 – ℰ (08051) 60 99 60 – www.neuer-am-see.de
31 Zim ⊇ – †49/75 € ††86/116 € – ½ P 17 € – 1 Suite
Rest – (geschl. Oktober - April: Dienstag) Karte 16/28 €
♦ Nur 200 m trennen Sie vom See und der Chiemsee-Schifffahrt zum Königsschloss. Highlight unter den wertigen Zimmern ist die neue große Panoramasuite unterm Dach. Freundlicher Cafébereich im Restaurant: Versuchen Sie erst gar nicht, den hausgemachten Leckereien zu widerstehen!

Bayerischer Hof
Bernauer Str. 3 ⊠ 83209 – ℰ (08051) 60 30 – www.bayrischerhof-prien.de
46 Zim ⊇ – †59/90 € ††88/120 € – ½ P 17 €
Rest – (geschl. 30. Oktober - 23. November und Oktober - Mai: Montag) Menü 18 €
– Karte 19/34 €
♦ Der Familienbetrieb beim Marktplatz liegt günstig für Fahrradausflüge. Südzimmer im 3. und 4. Stock mit Bergblick. Die Zimmer über dem Gasthaus sind kleiner. Mit im Haus: ein Trachtengeschäft. Auf der Karte der bürgerlichen Stuben darf Fisch aus dem Chiemsee nicht fehlen.

XX Mühlberger
Bernauer Str. 40 ⊠ 83209 – ℰ (08051) 96 68 88
– www.muehlberger-restaurant.de
– geschl. Ende Juni 2 Wochen und Dienstag - Mittwoch
Rest – Menü 39 € (mittags)/85 € – Karte 56/76 €
Spez. Warme Renke auf Ziegenjoghurt mit Fenchel. Maishähnchenbrust in Trüffelbutter pochiert mit Lauchzwiebeln. Holunderkücherl auf Rhabarber- Erdbeerragout.
♦ Viele Stammgäste bekocht Thomas Mühlberger seit rund 10 Jahren mit aromenreichen Speisen ohne große Schnörkel. Das Ambiente dazu ist geprägt von Holztäfelung und Dielenboden, die dem Raum Wärme geben. Sie können sich auch vom Bahnhof Prien abholen lassen.

PRITZWALK – Brandenburg – **542** – 12 740 Ew – Höhe 63 m   **21** M6
▶ Berlin 123 – Potsdam 115 – Schwerin 84 – Rostock 120

Waldhotel Forsthaus Hainholz
Hainholz 2 (Nord-Ost: 1,5 km über B 103 Richtung Meyenburg) ⊠ 16928
– ℰ (03395) 30 07 90 – www.prignitz-hotels.com
24 Zim ⊇ – †55/58 € ††78/85 €   **Rest** – Karte 19/35 €
♦ Ein gut geführtes Hotel, in dem man sich herzlich um den Gast kümmert. Das im Wald gelegene Haus wurde nach historischem Vorbild rekonstruiert und erweitert. Neben sehr freundlichen Zimmern erwartet Sie auch ein gutes Frühstück. Im Sommer ist die schöne Terrasse des Restaurants beliebt.

PROBSTRIED – Bayern – siehe Dietmannsried

PRONSTORF – Schleswig-Holstein – siehe Segeberg, Bad

PRÜM – Rheinland-Pfalz – **543** – 5 280 Ew – Höhe 460 m   **35** B14
– Wintersport: 700 m ⛷ 2 ⛸ – Luftkurort
▶ Berlin 674 – Mainz 196 – Trier 57 – Köln 104
🛈 Hahnplatz 1, ⊠ 54595, ℰ (06551) 5 05, www.pruem.de
Burbach, Lietzenhof, ℰ (06553) 20 07

PRÜM

In Rommersheim Süd-Ost: 3,5 km über B 256

XX **Zur Held** mit Zim
Rommersheimer Held 3, (B 265) (Nord-West: 1 km, Richtung Prüm) ⊠ 54597
– ℰ (06551) 9 81 00 – www.hotelzurheld.de – *geschl. Juli 2 Wochen und Sonntag - Montag*
9 Zim ☑ – †60/70 € ††90/110 € – ½ P 18 €
Rest – *(nur Abendessen)* Karte 19/49 €
♦ Der seit 1860 als Familienbetrieb geleitete Gasthof mit eigener Brennerei und kleiner Rinderzucht bietet ambitionierte Regionalküche. Der Chef stellt Wurst und Schinken selbst her. Geräumige Zimmer zur Wiese hin. Sehr schönes Turmzimmer mit ganz modernem Bad.

PULHEIM – Nordrhein-Westfalen – **543** – 53 850 Ew – Höhe 47 m   **35** B12
▶ Berlin 573 – Düsseldorf 37 – Aachen 72 – Köln 13
🏌 Pulheim, Gut Lärchenhof, ℰ (02238) 92 39 00
🏌 Pulheim, Velderhof, ℰ (02238) 92 39 40

🏨 **Ascari**
Jakobstraße ⊠ 50259 – ℰ (02238) 80 40 – www.hotel-ascari.de
67 Zim ☑ – †105/169 € ††125/189 € **Rest** – Karte 35/54 €
♦ Ein zeitgemäßes Hotel mit guten Tagungsmöglichkeiten. Von einigen Zimmern schaut man in den Park hinter dem Haus, Blick ins Grüne auch beim Frühstück im Wintergarten. Internationales Angebot im Restaurant mit großer Terrasse. Zudem hat man eine Bierstube.

In Pulheim-Dansweiler Süd-West: 6 km über Brauweiler

XX **Il Paradiso**
Zehnthofstr. 26 ⊠ 50259 – ℰ (02234) 8 46 13 – www.il-paradiso.de – *geschl. Montag - Dienstagmittag, Samstagmittag*
Rest – Karte 32/53 €
♦ Eine behagliche Atmosphäre herrscht in dem freundlichen, gediegenen Restaurant unter familiärer Leitung. Mediterran-internationale Gerichte von der Tafel. Schöne Gartenterrasse.

In Pulheim-Sinnersdorf Nord-Ost: 3 km

🏨 **Auerhahn** garni
Roggendorfer Str. 46 ⊠ 50259 – ℰ (02238) 9 49 00 – www.hotel-auerhahn.net
22 Zim ☑ – †80/95 € ††99/110 €
♦ Ein Hotel mit freundlichem Ambiente von den neuzeitlichen Gästezimmern bis zum Frühstücksraum, in dem eine wechselnde Bilderausstellung eines örtlichen Malers zu sehen ist.

In Pulheim-Stommelerbusch Nord-West: 10 km

XX **Velderhof**
Gut Velderhof 1, (im Golfclub Velderhof) ⊠ 50259 – ℰ (02238) 14 02 85
– www.restaurant-velderhof.de – *geschl. Januar und Montag*
Rest – Menü 62/98 € – Karte 48/57 €
Rest *Bistro* – Menü 32 € – Karte 24/39 €
♦ In dem Restaurant im Golfclubhaus blickt man durch eine große Fensterfront zum Golfplatz. Man bietet internationale Küche mit regionalem Einfluss. Zum Angebot des Bistros gehören Tapas wie auch Klassiker. Nett: ehemalige Pferdeboxen als Nischen.

Am Golfplatz Nord: 7 km Richtung Stommeler Busch

XX **Gut Lärchenhof**
ಣ *Hahnenstraße* ⊠ 50259 Pulheim – ℰ (02238) 9 23 1 00
– www.restaurant-gutlaerchenhof.de – *geschl. Anfang Januar 1 Woche*
Rest – (Tischbestellung ratsam) Menü 65/135 € – Karte 60/89 €
Spez. Variation von der Gänsestopfleber. Kalbskotelett von Peter's Farm mit geschmorten Salatherzen und Trüffeljus. Steinbutt im Lardomantel auf Kartoffel-Endivienstampf.
♦ Golf und Genuss gehen hier ein harmonisches Rendezvous ein. Im elegant, sequent in Erdtönen eingerichteten Clubhaus-Restaurant offeriert Ihnen Bernd Stollwerk kreativ beeinflusste Speisen, serviert von einem souveränen Team.

PULLACH – Bayern – **546** – 8 720 Ew – Höhe 583 m 65 L20
▶ Berlin 598 – München 12 – Augsburg 72 – Garmisch-Partenkirchen 77

Seitner Hof garni
Habenschadenstr. 4 ✉ 82049 – ✆ (089) 74 43 20 – www.seitnerhof.de – geschl.
21. Dezember - 6. Januar
40 Zim – †119/296 € ††152/324 €
♦ Der einstige Gutshof ist ein neuzeitliches Hotel in ruhiger Lage mit sehr wohnlichen Zimmern und schönem Garten sowie engagiertem Service und gutem Frühstück in gemütlichem Ambiente. Am Nachmittag frische Waffeln und hausgemachter Kuchen.

Hofer's Restaurant
Habenschadenstr. 4a ✉ 82049 – ✆ (089) 79 36 06 44 – www.hubert-hofer.de – geschl.
1. - 10. Januar, 20. - 30. September und Montag
Rest – (Dienstag - Samstag nur Abendessen, außer an Feiertagen) (Tischbestellung ratsam) Menü 32 € – Karte 32/44 €
♦ In dem Restaurant mit liebenswertem alpenländischem Ambiente lässt man sich freundlich vom Chef bewirten. Geboten wird eine frische internationale Küche mit regionalem Einfluss. Spezialität am Wochenende sind Schmor- und Bratgerichte.

PULSNITZ – Sachsen – **544** – 7 750 Ew – Höhe 273 m 43 Q12
▶ Berlin 186 – Dresden 35 – Bautzen 33 – Cottbus 82
ℹ Am Markt 3, ✉ 01896, ✆ (035955) 4 42 46, www.pulsnitz.de

In Pulsnitz-Friedersdorf Nord-West: 2 km Richtung Königsbrück

Waldblick
Königsbrücker Str. 119 ✉ 01896 – ✆ (035955) 74 50 – www.waldblick-pulsnitz.de
– geschl. 2. - 8. Januar
24 Zim – †42/46 € ††65/78 € – 1 Suite **Rest** – Karte 15/38 €
♦ Wohnlich-rustikales Ambiente erwartet die Gäste in diesem gepflegten Familienbetrieb. Frühstücksraum mit Wintergartencharakter und Blick ins Grüne. Bürgerliches Speisenangebot im Restaurant.

PUTBUS – Mecklenburg-Vorpommern – siehe Rügen (Insel)

PYRMONT, BAD – Niedersachsen – **541** – 20 870 Ew – Höhe 111 m – Heilbad 28 H9
▶ Berlin 351 – Hannover 69 – Bielefeld 58 – Hildesheim 70
ℹ Europa-Platz 1, ✉ 31812, ✆ (05281) 94 05 11, www.tourismus-badpyrmont.de
🏌 Lügde, Am Golfplatz 2, ✆ (05281) 93 20 90
🏌 Aerzen, Schwöbber 8, ✆ (05154) 98 70

Steigenberger
Heiligenangerstr. 2 ✉ 31812 – ✆ (05281) 15 02
– www.bad-pyrmont.steigenberger.de
151 Zim ⊇ – †145/210 € ††250/280 € – ½ P 24 €, 3 Suites **Rest** – Karte 30/67 €
♦ Als einstiges "Fürstliches Kurhotel" bietet dieses Haus am Kurpark einen klassisch-komfortablen Rahmen. Meist großzügige Zimmer sowie Spa- und Freizeitangebot auf 1500 qm. Alternativ zum angenehm hellen Restaurant bietet man die Stube "Bayerisches Platzl".

Alte Villa Schlossblick
Kirchstr. 23 ✉ 31812 – ✆ (05281) 9 56 60 – www.alte-villa-schlossblick.de – geschl.
Januar, 22. Oktober - 3. November
15 Zim ⊇ – †41/59 € ††82/88 € – ½ P 18 €
Rest Alte Villa Schlossblick – siehe Restaurantauswahl
♦ Zum Übernachten stehen gepflegte Zimmer bereit, die meist mit Stilmobiliar eingerichtet sind. Die 1894 erbaute, denkmalgeschützte Villa liegt in sehr zentraler Lage und ist somit gut zu finden.

Alte Villa Schlossblick – Hotel Alte Villa Schlossblick
Kirchstr. 23 ✉ 31812 – ✆ (05281) 9 56 60 – www.alte-villa-schlossblick.de – geschl.
Januar, 22. Oktober - 3. November und Montag - Dienstag
Rest – Karte 22/41 €
♦ Schlicht und mit mediterranen Stilelementen gibt sich das Restaurant. Dank einer großen Fensterfront wirkt alles hell und freundlich. Geboten werden internationale Speisen.

QUEDLINBURG – Sachsen-Anhalt – 542 – 28 610 Ew – Höhe 122 m 30 K10

▶ Berlin 208 – Magdeburg 56 – Erfurt 133 – Halle 76
🛈 Markt 2, ✉ 06484, ℰ (03946) 90 56 24, www.quedlinburg.de
◉ Markt★ – Altstadt★ (Fachwerkmuseum) – Schlossberg★ – Stiftskirche St. Servatius★★ – Feininger-Galerie★ – Schlossmuseum★

Hotel Am Brühl
Billungstr. 11 ✉ 06484 – ℰ (03946) 9 61 80 – www.hotelambruehl.de
46 Zim – †80/100 € ††120/160 € – ½ P 28 € – 3 Suiten
Rest *Weinstube* – siehe Restaurantauswahl
♦ Ein denkmalgeschütztes Fachwerkgebäude und eine Gründerzeitvilla wurden sorgsam restauriert und mit Landhausmöbeln, hellen Tönen und schönen Stoffen in ein Kleinod verwandelt, das fast mediterran anmutet.

Zum Bär
Markt 8 ✉ 06484 – ℰ (03946) 77 70 – www.hotelzumbaer.de
50 Zim – †58/90 € ††90/130 € – ½ P 17 € – 2 Suiten
Rest – *(geschl. 2. Januar - 31. März)* Karte 14/30 €
♦ Das traditionsreiche Hotel in dem Ensemble von Altstadthäusern am Markt verfügt über geschmackvolle und individuelle Zimmer, darunter zwei Suiten. Kosmetik und Massage. Im Restaurant mit Bistro-Ambiente speist man bürgerlich. Dazu ein Café und eine Terrasse auf dem Marktplatz.

am Hoken garni
Hoken 3 (über Marschlinger Hof) ✉ 06484 – ℰ (03946) 5 25 40 – www.hotel-am-hoken.de
9 Zim – †49/60 € ††69/99 €
♦ Mit ihrem 350 Jahre alten Fachwerkhaus hat Familie Löbel hier ein kleines Schmuckstück mitten in der Altstadt. Ihnen gefällt der Nachttisch oder die Lampe? Sie können alle Möbel und Accessoires auch kaufen.

Theophano im Palais Salfeldt
Kornmarkt 6 ✉ 06484 – ℰ (03946) 9 63 00 – www.hoteltheophano.de – geschl. 4. Januar - 12. Februar und Sonntag - Montag
Rest – *(nur Abendessen)* Menü 29/49 € – Karte 28/47 €
♦ Gut und zeitgemäß isst man im Palais bei der Marktkirche in einem ehemaligen Kornspeicher a. d. 17. Jh. Über Ihnen das von Säulen getragene Kreuzgewölbe aus Backstein, unter Ihnen warmer Holzfußboden. Terrasse im Innenhof.

Weinstube – Hotel Am Brühl
Billungstr. 11 ✉ 06484 – ℰ (03946) 9 61 80 – www.hotelambruehl.de – geschl. im Winter: Sonntag - Montag
Rest – *(Januar - März: nur Abendessen)* Menü 28 € – Karte 40/60 €
♦ Ländlicher Charme, bei dem man sofort ein bisschen an die Provence denken muss, verbreitet sich in den geschmackvollen Räumen. Der herrliche Innenhof lädt im Sommer seine Gäste zum Open-Air-Speisen ein. Es gibt z. B. Timmenröder Goldforelle mit buntem Saisongemüse.

QUERFURT – Sachsen-Anhalt – 542 – 12 000 Ew – Höhe 170 m 31 L11

▶ Berlin 205 – Magdeburg 103 – Leipzig 60 – Merseburg 33
🛈 Markt 14, ✉ 06268, ℰ (034771) 2 37 99, www.querfurt.de

Querfurter Hof
Merseburger Str. 5 ✉ 06268 – ℰ (034771) 52 40 – www.hotel-querfurter-hof.de
25 Zim – †55/59 € ††75/79 € **Rest** – Karte 21/41 €
♦ Das Hotel steht in verkehrsberuhigter Lage im Herzen der Altstadt und verfügt über solide und zeitgemäß ausgestattete Gästezimmer. Hell und zeitlos ist das Restaurant gestaltet.

QUICKBORN – Schleswig-Holstein – 541 – 20 560 Ew – Höhe 19 m 10 I5

▶ Berlin 309 – Kiel 76 – Hamburg 33 – Itzehoe 45
⛳ Quickborn-Renzel, Pinneberger Str. 81a, ℰ (04106) 8 18 00
⛳ Tangstedt - Gut Wulfsmühle, Mühlenstr. 98, ℰ (04101) 58 67 77

1018

QUICKBORN

Jagdhaus Waldfrieden (mit Gästehaus)
Kieler Straße (B 4, Nord: 3 km) ⊠ 25451 – ℰ (04106) 6 10 20
– www.waldfrieden.com
26 Zim ⊆ – †82/98 € ††130/160 €
Rest *Jagdhaus Waldfrieden* – siehe Restaurantauswahl

♦ Die ehemalige Privatvilla mit Nebengebäude und schönem Park bietet einen idealen Rahmen für Feierlichkeiten wie Hochzeiten. Die Gästezimmer sind stimmig und sehr wohnlich gestaltet.

XX Jagdhaus Waldfrieden – Hotel Jagdhaus Waldfrieden
Kieler Straße (B 4, Nord: 3 km) ⊠ 25451 – ℰ (04106) 6 10 20
– www.waldfrieden.com – geschl. Montagmittag
Rest – Menü 34/54 € – Karte 34/57 €

♦ Nehmen Sie Platz, entweder im gemütlichen Kaminzimmer oder im luftigen Wintergarten. Auf der Karte finden Sie viele norddeutsche Produkte, die teils auch mit mediterranem Einfluss zubereitet werden. Eine Spezialität des Hauses ist die Bauernente.

QUIERSCHIED – Saarland – 13 800 Ew – Höhe 210 m   **45** C17
▶ Berlin 718 – Saarbrücken 16 – Mainz 138 – Luxembourg 106

XX Altes Pförtnerhaus
Fischbacher Str. 102 ⊠ 66287 – ℰ (06897) 6 01 06 65 – www.altes-pfoertnerhaus.de
– geschl. Montag und Samstagmittag
Rest – (Tischbestellung ratsam) Menü 40/50 € – Karte 34/47 €

♦ Das reizende denkmalgeschützte kleine Häuschen (ein ehemaliges Nebengebäude des Knappschaftskrankenhauses) beherbergt heute ein stilvolles und sehr gemütliches Restaurant.

RABENAU – Sachsen – siehe Freital

RADEBEUL – Sachsen – 544 – 33 470 Ew – Höhe 117 m   **43** Q12
▶ Berlin 190 – Dresden 7 – Chemnitz 70 – Leipzig 110
ℹ Meissner Str. 152, ⊠ 01445, ℰ (0351) 8 95 41 20, www.radebeul.de

Radisson BLU Parkhotel
Nizzastr. 55 (Umgebungsplan Dresden) ⊠ 01445
– ℰ (0351) 8321 0 – www.radissonblu.com/parkhotel-dresdenradebeul   **Uv**
574 Zim – †60/155 € ††60/155 €, ⊆ 18 € – 13 Suiten   **Rest** – Karte 27/39 €

♦ Die großzügige Hotelanlage in einer ruhigen Wohngegend bietet wohnlich-funktionelle Zimmer sowie moderne Suiten und Studios (mit Küchenzeile). Gutes Wellnessbad auf 1000 qm. Das Restaurant Nizza ist offen in die Lobby integriert.

Villa Sorgenfrei
Augustusweg 48 (Umgebungsplan Dresden) ⊠ 01445 – ℰ (0351) 7 95 66 60
– www.hotel-villa-sorgenfrei.de   **Uh**
14 Zim ⊆ – †89/129 € ††99/169 € – 1 Suite
Rest *Villa Sorgenfrei* – siehe Restaurantauswahl

♦ Der geschmackvolle Rahmen des a. d. 18. Jh. stammenden Herrensitzes und das stilgerechte Interieur zeichnen dieses schöne Domizil aus. Suite mit eigenem Garten in einem Nebenhaus.

Stadt Radebeul
Meißner Str. 216 ⊠ 01445 – ℰ (0351) 6 56 31 14 – www.hotel-radebeul.de
30 Zim ⊆ – †55/70 € ††85/100 €   **Rest** – Karte 25/41 €   **Ut**

♦ Der sanierte Gasthof a. d. J. 1820 beherbergt zeitgemäße Zimmer mit gutem Platzangebot. Shuttle-Service zu Bahnhof und Flughafen, praktisch auch die Straßenbahnanbindung nach Dresden. Freundlich gestaltetes Restaurant mit Terrasse im mediterranen Innenhof.

XX Villa Sorgenfrei – Hotel Villa Sorgenfrei
Augustusweg 48 (Umgebungsplan Dresden) ⊠ 01445 – ℰ (0351) 7 95 66 60
– www.hotel-villa-sorgenfrei.de – geschl. 2. Januar - 28. Februar und Dienstag
Rest – (nur Abendessen) Menü 35 €/59 € – Karte 23/39 €   **Uh**

♦ Auch heute, wo sich das historische Anwesen als eine wunderschöne Stätte der Gastlichkeit (mit international geprägter Küche) präsentiert, hat es nichts von seinem Glanz eingebüßt: Opulente Kronleuchter, wertvolle Wandmalerei und aufwändige Stuckarbeiten unterstreichen das.

RADEBURG – Sachsen – 544 – 7 670 Ew – Höhe 147 m 43 Q11
▶ Berlin 173 – Dresden 22 – Meißen 18

In Radeburg-Berbisdorf Süd: 3 km Richtung Moritzburg

Landgasthof Berbisdorf
Berbisdorfer Hauptstr. 38 ⌧ 01471 – ℰ (035208) 20 27
– www.landgasthof-berbisdorf.de
12 Zim – †45/52 € ††70/88 €   **Rest** – (geschl. Montagmittag) Karte 13/34 €
♦ Das persönlich geführte kleine Hotel liegt in der Dorfmitte und bietet gepflegte, funktional ausgestattete Zimmer sowie eine gute Anbindung an die Autobahn. Bürgerliches Angebot im Restaurant mit Wintergarten, ergänzt durch eine Weinstube.

RADEVORMWALD – Nordrhein-Westfalen – 543 – 22 850 Ew – Höhe 360 m 36 D11
▶ Berlin 540 – Düsseldorf 64 – Hagen 27 – Lüdenscheid 22

Außerhalb Nord-Ost: 3 km an der B 483 Richtung Schwelm

Zur Hufschmiede (mit Gästehaus)
Neuenhof 1 ⌧ 42477 Radevormwald – ℰ (02195) 9 27 60 – www.zurhufschmiede.de
– geschl. August 3 Wochen
20 Zim ⊑ – †69/85 € ††98/125 €
Rest – (geschl. Freitag) (Montag - Samstag nur Abendessen) Karte 24/40 €
♦ Das aus einem Landgasthof entstandene Hotel ist ein netter Familienbetrieb mit wohnlichen Gästezimmern und einem zum Garten hin gelegenen Frühstücksraum. Im Restaurant herrscht eine ländlich-gemütliche Atmosphäre.

RADOLFZELL – Baden-Württemberg – 545 – 30 620 Ew – Höhe 404 m 62 G21
– Kneippkurort und Erholungsort
▶ Berlin 747 – Stuttgart 163 – Konstanz 23 – Singen (Hohentwiel) 11
🛈 Bahnhofplatz 2, ⌧ 78315, ℰ (07732) 8 15 00, www.radolfzell.de
⛳ Steißlingen-Wiechs, Brunnenstr. 4b, ℰ (07738) 71 96

Am Stadtgarten garni
Höllturmpassage 2 ⌧ 78315 – ℰ (07732) 9 24 60 – www.hotel-am-stadtgarten.de
– geschl. Weihnachten - 10. Januar
31 Zim ⊑ – †79/95 € ††122/145 €
♦ In der Höllturmpassage im Zentrum befindet sich dieses Hotel mit zeitgemäßen, funktionellen Zimmern - einige mit Loggia zum Stadtgarten. Hell und modern ist der Frühstücksraum.

Zur Schmiede garni
Friedrich-Werber-Str. 22 ⌧ 78315 – ℰ (07732) 9 91 40 – www.zur-schmiede.com
– geschl. 23. Dezember - 2. Januar
37 Zim ⊑ – †65/89 € ††89/119 €
♦ Hier wohnt man in praktischer Lage gegenüber dem Bahnhof und nahe der Fußgängerzone. Einige Zimmer sind neuzeitlicher, darunter die im "Alten Zollamt" nebenan.

Auf der Halbinsel Mettnau

Art Villa am See garni
Rebsteig 2/2 ⌧ 78315 – ℰ (07732) 9 44 40 – www.artvilla.de
11 Zim ⊑ – †96/190 € ††135/210 € – 4 Suiten
♦ In traumhafter Lage am Mettnaupark steht diese attraktive Villa mit äußerst ansprechendem Interieur. Die Zimmer sind nach Städten benannt und entsprechend individuell gestaltet, teilweise mit schönem Balkon zum See. Der Chef bietet zudem eine gute Weinauswahl.

Iris am See garni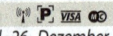
Rebsteig 2 ⌧ 78315 – ℰ (07732) 9 47 00 – www.iris-am-see.de – geschl. 26. Dezember - 22. Januar
16 Zim ⊑ – †58/86 € ††94/108 €
♦ Das seit über 50 Jahren familiengeführte kleine Hotel liegt unmittelbar am Mettnaupark und hat direkten Zugang zum See. Der Frühstücksraum mit Terrasse dient auch als Café.

RADOLFZELL

✕✕ Mettnau-Stube 🈷 P VISA
Strandbadstr. 23 ⊠ 78315 – ℰ (07732) 1 36 44 – www.mettnaustube.de – geschl. Montag - Dienstagmittag
Rest – Menü 30 € – Karte 27/41 €
♦ In dem freundlich-rustikal gestalteten Restaurant mit Wintergarten bietet man neben Fischspezialitäten aus Meer und Bodensee auch Fleisch und Gemüse aus biologischem Anbau.

In Radolfzell-Güttingen Nord: 4,5 km

🏠 Adler-Gästehaus Sonnhalde ≤ 🚗 🈷 ✕ 📶 🍽 P
Schloßbergstr. 1 ⊠ 78315 – ℰ (07732) 1 50 20 – www.landgasthaus-adler.de
31 Zim ⊇ – †40/60 € ††75/85 € – 2 Suiten
Rest – *(geschl. Dienstag)* Karte 21/29 €
♦ Der Adler ist ein einfacher, aber sehr gepflegter Gasthof unter familiärer Leitung, dessen etwas oberhalb gelegenes Gästehaus solide Zimmer beherbergt, meist mit Südbalkon. Das Restaurant teilt sich in rustikale Stuben und einen freundlichen Wintergarten.

In Moos Süd-West: 4 km

🏠 Gottfried 🚗 🖥 🏠 ✕ 📶 P 🚙 VISA ⦾ AE
Böhringer Str. 1 ⊠ 78345 – ℰ (07732) 9 24 20 – www.hotel-gottfried.de
– geschl. 3. - 28. Januar
18 Zim ⊇ – †70/95 € ††110/125 € – ½ P 25 € – 3 Suiten
Rest *Gottfried* 😊 – siehe Restaurantauswahl
♦ Das kleine Hotel wird familiär geführt und verfügt über gepflegte, funktional eingerichteten Gästezimmer, darunter auch das Garten- und das Golf-Zimmer.

🏠 Gasthaus Schiff (mit Gästehaus) 🈷 📶 P VISA ⦾ AE
Hafenstr. 1 ⊠ 78345 – ℰ (07732) 9 90 80 – www.schiff-moos.de
21 Zim ⊇ – †41/68 € ††68/96 €
Rest – *(geschl. Montag - Dienstag) (im Sommer: Montag - Dienstagmittag)* Karte 20/33 €
♦ Relativ ruhig liegt der Familienbetrieb in Seenähe beim Bootshafen. Die Zimmer sind im Haupthaus eher schlicht, komfortabler und zeitgemäß-funktionell ist das Gästehaus. Bürgerliches Restaurant mit kleinem Café.

✕✕ Gottfried – Hotel Gottfried 🈷 P VISA ⦾ AE
😊
Böhringer Str. 1 ⊠ 78345 – ℰ (07732) 9 24 20 – www.hotel-gottfried.de
– geschl. 3. - 28. Januar und Donnerstag - Freitagmittag
Rest – Menü 25/60 € – Karte 31/51 €
♦ Freundlich und fachkundig werden Gäste in diesem Haus bedient. Sie sitzen in stilvollen Räumen und man bekocht Sie mit regionalen Gerichten (viele Fischspezialitäten), wie z. B. Duett von der Lachsforelle oder Felchenfilet aus dem Kräuterweindampf auf buntem Höri Gemüse.

RAHDEN – Nordrhein-Westfalen – **543** – 15 800 Ew – Höhe 45 m   **17** F8
▶ Berlin 370 – Düsseldorf 231 – Bielefeld 60 – Bremen 91
🏌 Wagenfeld, Oppenweher Str. 83, ℰ (05444) 98 08 22

🏨 Westfalen Hof 🚗 🖥 🏊 🏠 ✕ 📶 🅯 P VISA ⦾ AE
Rudolf-Diesel-Str. 13 ⊠ 32369 – ℰ (05771) 9 70 00 – www.westfalen-hof.de
34 Zim ⊇ – †68/84 € ††104 €   **Rest** – Karte 23/45 €
♦ Neuzeitlich-komfortable Zimmer und ein gutes Sport-/Vitalangebot (u. a. Saunabereich auf 800 qm, Beauty sowie Hallenfußball und Sportsbar) machen diese Anlage aus. Modern-elegantes Ambiente und internationale Küche im Restaurant Rupert.

RAIN am LECH – Bayern – **546** – 8 510 Ew – Höhe 402 m   **57** K18
▶ Berlin 532 – München 109 – Augsburg 52 – Ingolstadt 46

🏨 Dehner Blumen Hotel 🈷 🏠 🧖 🅯 🌿 📶 🅯 P 🚙 VISA ⦾ AE ⓘ
Bahnhofstr. 19 ⊠ 86641 – ℰ (09090) 7 60 – www.dehner-blumenhotel.com
94 Zim ⊇ – †75/95 € ††98/125 €, 3 Suiten   **Rest** – Menü 25/48 € – Karte 27/46 €
♦ Das komfortable Hotel des bekannten Garten-Center-Betreibers ist besonders auf Tagungen zugeschnitten und bietet wohnlich-solide Gästezimmer sowie das "Rosenrestaurant" mit hübscher Terrasse - von hier schaut man ins Grüne.

RAMBERG – Rheinland-Pfalz – 543 – 980 Ew – Höhe 237 m   47 E17
▶ Berlin 691 – Mainz 122 – Neustadt an der Weinstraße 36 – Mannheim 64

Landhaus St. Laurentius mit Zim
Hermersbachstr. 4 ✉ *76857* – ℰ *(06345) 95 49 90* – www.landhaus-sanktlaurentius.de
– geschl. Ende Februar - Anfang März 2 Wochen und Montag
14 Zim – †48/58 € ††82/96 €   **Rest** – Karte 33/46 €

◆ Gastgeber Nicola Chinni kocht gut, frisch und mit mediterranem Einfluss. Das Restaurant ist mit Braun- und Beigetönen hell und freundlich gestaltet. Warme Farben auch in den Gästezimmern (alle mit Balkon); hier sorgen zudem Landhausmöbel für Wohnlichkeit. Massage- und Kosmetikanwendungen.

RAMMINGEN – Baden-Württemberg – siehe Langenau

RAMSAU – Bayern – 546 – 1 780 Ew – Höhe 670 m – Wintersport: 1 400 m   67 O21
4 – Heilklimatischer Kurort
▶ Berlin 732 – München 138 – Bad Reichenhall 21 – Berchtesgaden 11
🛈 Im Tal 2, ✉ 83486, ℰ (08657) 98 89 20, www.ramsau.de
◎ Schwarzbachwachtstraße: ≤ ★★, Nord: 7 km – Hintersee ★ West: 5 km

Berghotel Rehlegg
Holzengasse 16 ✉ *83486* – ℰ *(08657) 9 88 40*
– www.rehlegg.de
87 Zim – †60/84 € ††119/217 € – ½ P 24 € – 9 Suiten   **Rest** – Karte 33/46 €

◆ Aus einem Hof von 1640 ist das Ferienhotel der Familie Lichtmannegger gewachsen. In der Residenz hat man Suiten und Studios in schickem alpenländisch-modernem Stil, z. T. mit Kamin und Außenwhirlpool. Hübsches regionstypisches Restaurant mit Sonnenterrasse.

An der Alpenstraße Nord: 5 km

Hindenburglinde
Alpenstr. 66 ✉ *83486 Ramsau* – ℰ *(08657) 5 50* – www.hindenburglinde.de – geschl. 8. Januar - 4. Februar
17 Zim – †50/56 € ††76/124 € – ½ P 15 € – 4 Suiten
Rest – *(geschl. Mittwoch)* Karte 15/34 €

◆ Dank seiner erhöhten Lage direkt an der Deutschen Alpenstraße bietet der Familienbetrieb einen tollen Bergblick. Wohnliche Zimmer und schöner moderner Sauna- und Ruhebereich. In ländlichem Stil gehaltenes Restaurant mit Wintergarten.

An der Straße nach Loipl Nord: 6 km

Nutzkaser
Am Gseng 10 ✉ *83486 Ramsau* – ℰ *(08657) 3 88* – www.hotel-nutzkaser.de – geschl. 12. November - 14. Dezember
23 Zim – †56/64 € ††76/126 € – ½ P 15 €   **Rest** – Karte 18/31 €

◆ Ein sympathischer Familienbetrieb mit soliden, behaglichen Zimmern. Traumhaft ist die einsame und ruhige Lage in 1100 m Höhe, herrlich die Aussicht auf Watzmann und Hochkalter. Panoramarestaurant und gemütliches Kaminstüberl.

RAMSEN – Rheinland-Pfalz – 543 – 1 800 Ew – Höhe 232 m   47 E16
▶ Berlin 645 – Mainz 63 – Neustadt an der Weinstraße 57 – Saarbrücken 100

Seehaus Forelle (mit Gästehaus)
Am Eiswoog (Süd-West : 4 km, Richtung Kaiserslautern) ✉ *67305* – ℰ *(06356) 6 08 80*
– www.seehaus-forelle.de
20 Zim – †75/105 € ††95/125 € – ½ P 35 € – 1 Suite
Rest – Menü 36 € – Karte 20/48 €

◆ In idyllischer Lage an einem Weiher erwarten Sie modern designte Zimmer im "haeckenhaus" sowie 100 m entfernt im Forsthaus und einem kleinen Nebenhaus. TV auf Wunsch. Restaurant mit Seeterrasse, Kaminzimmer und elegantem Grünem Salon. Süßwasserfisch-Spezialitäten.

RAMSTEIN-MIESENBACH – Rheinland-Pfalz – 543 – 7 510 Ew   46 D16
– Höhe 238 m
▶ Berlin 662 – Mainz 100 – Saarbrücken 56 – Kaiserslautern 19

RAMSTEIN-MIESENBACH

Ramsteiner Hof garni
Miesenbacher Str. 26 (Ramstein) ⊠ *66877 – ℰ (06371) 97 20 – www.ramsteiner-hof.de*
22 Zim – †75/115 € ††95/125 €
• Seit 1879 befindet sich der im 18. Jh. erbaute Gasthof in Familienbesitz. Die Zimmer sind modern eingerichtet und verfügen über Granitbäder.

RANDERSACKER – Bayern – 546 – 3 440 Ew – Höhe 175 m 49 I16
▶ Berlin 498 – München 278 – Würzburg 8 – Ansbach 71
🛈 Maingasse 9, ⊠ 97236, ℰ (0931) 70 53 17, www.randersacker.de

Bären (mit Gästehaus)
Würzburgerstr. 6 ⊠ *97236 – ℰ (0931) 7 05 10 – www.baeren-randersacker.de – geschl. 23. Dezember - 8. Januar, August 2 Wochen*
38 Zim – †57/86 € ††80/115 €
Rest *Bären* – siehe Restaurantauswahl
• In dem hübschen Gasthof mit Familientradition seit 1886 erwarten Sie eine nette Atmosphäre, zeitgemäße Zimmer mit guter Technik sowie ein frisches Frühstück. Tagungsräume im Gartenhaus.

Löwen
Ochsenfurter Str. 4 ⊠ *97236 – ℰ (0931) 7 05 50 – www.loewen-randersacker.de – geschl. 23. Dezember - 7. Januar, 17. August - 2. September*
30 Zim – †45/65 € ††75/85 € – 1 Suite
Rest – *(geschl. 15. August - 3. September und Dienstag sowie jeden letzten Sonntag im Monat) (nur Abendessen)* Karte 15/38 €
• Eine nette familiäre Adresse mit soliden, meist im Landhausstil eingerichteten Zimmern. Am Morgen betreuen die Gastgeber freundlich das Frühstück. Zum Haus gehört das Weingut Günther Bardorf.

✗ **Bären** – Hotel Bären
Würzburgerstr. 6 ⊠ *97236 – ℰ (0931) 7 05 10 – www.baeren-randersacker.de – geschl. 23. Dezember - 8. Januar, August 2 Wochen und Sonntagabend*
Rest – Karte 24/49 €
• Ein traditionelles Haus - das spiegelt sich auch in der Gestaltung des beliebten Restaurants wider. Gerne sitzen die Gäste im Sommer im Innenhof, wo ein großes Forellenbassin für Atmosphäre sorgt. Genießen Sie fränkische Spezialitäten! Dazu vielleicht ein Glas Silvaner?

RANSBACH-BAUMBACH – Rheinland-Pfalz – 543 – 7 410 Ew 36 D14
– Höhe 300 m
▶ Berlin 580 – Mainz 92 – Koblenz 31 – Bonn 72

✗✗ **Gala**
Rheinstr. 103, (Stadthalle) ⊠ *56235 – ℰ (02623) 45 41 – www.restaurantgala.de – geschl. Juli - August 3 Wochen, Sonntag - Montag und Samstagmittag*
Rest – Karte 26/40 €
• Das Restaurant befindet sich in einem Rundbau, der in die Stadthalle integriert ist. Die schmackhaften Speisen sind international und saisonal ausgerichtet, man verwendet gerne regionale Produkte. Der freundliche Service wird von der Chefin geleitet.

RASTATT – Baden-Württemberg – 545 – 47 420 Ew – Höhe 123 m 54 E18
▶ Berlin 696 – Stuttgart 97 – Karlsruhe 24 – Baden-Baden 13
🛈 Herrenstr. 18 AY, ⊠ 76437, ℰ (07222) 9 72 12 20, www.rastatt.de
⛳ Rastatt-Plittersdorf, Im Teilergrund 1, ℰ (07222) 15 42 09
◉ Schloss★ (Erinnerungsstätte für die Freiheitsbewegungen in der deutschen Geschichte★) AYZ
◉ Schloss Favorite★★ (über Lützower Straße BZ: 5 km)

Stadtplan auf der nächsten Seite

1023

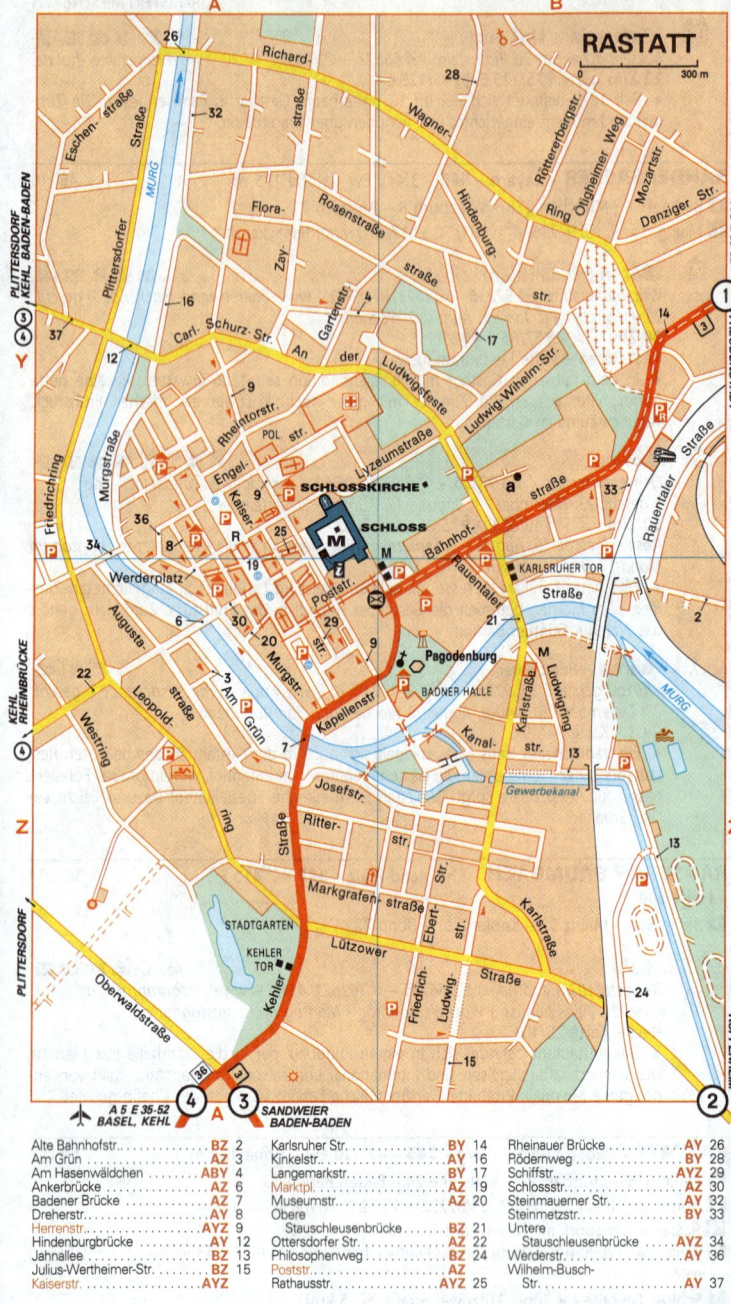

Alte Bahnhofstr. ... **BZ** 2	Karlsruher Str. ... **BY** 14	Rheinauer Brücke ... **AY** 26
Am Grün ... **AZ** 3	Kinkelstr. ... **AY** 16	Rödernweg ... **BY** 28
Am Hasenwäldchen ... **ABY** 4	Langemarkstr. ... **BY** 17	Schiffstr. ... **AYZ** 29
Ankerbrücke ... **AZ** 6	Marktpl. ... **AZ** 19	Schlossstr. ... **AZ** 30
Badener Brücke ... **AZ** 7	Museumstr. ... **AZ** 20	Steinmauerner Str. ... **AY** 32
Dreherstr. ... **AY** 8	Obere	Steinmetzstr. ... **BY** 33
Herrenstr. ... **AYZ** 9	Stauschleusenbrücke ... **BZ** 21	Untere
Hindenburgbrücke ... **AY** 12	Ottersdorfer Str. ... **AZ** 22	Stauschleusenbrücke ... **AYZ** 34
Jahnallee ... **BZ** 13	Philosophenweg ... **BZ** 24	Werderstr. ... **AY** 36
Julius-Wertheimer-Str. ... **BZ** 15	Poststr. ... **AZ**	Wilhelm-Busch-
Kaiserstr. ... **AYZ**	Rathausstr. ... **AYZ** 25	Str. ... **AY** 37

RASTATT

Am Kulturplatz
Am Schloßplatz 7 ⊠ 76437 – ℰ (07222) 15 88 70 – www.hotel-am-kulturplatz.de
– geschl. Fastnacht 1 Woche BYa
10 Zim – †75 € ††95 € **Rest** – *(geschl. Sonntag, Samstagmittag)* Karte 24/41 €
◆ Das kleine Hotel in dem schön sanierten denkmalgeschützten Haus von 1907 überzeugt durch seine hübschen, geradlinig-modern eingerichteten Gästezimmer. Restaurant im Bistrostil, im Sommer mit netter Terrasse.

RASTEDE – Niedersachsen – **541** – 20 770 Ew – Höhe 18 m – Luftkurort 17 F6
▶ Berlin 445 – Hannover 181 – Bremen 58 – Wilhelmshaven 44
🛈 Kleibroker Str. 1, ⊠ 26180, ℰ (04402) 93 98 23, www.rastede-touristik.de
🏌 Rastede-Wemkendorf, Wemkenstr. 13, ℰ (04402) 72 40

Schlosspark-Hotel Hof von Oldenburg (mit Gästehäusern)
Oldenburger Str. 199 ⊠ 26180 – ℰ (04402) 9 27 90
– www.schlosspark-hotel.de – geschl. 23. Dezember - 7. Januar
47 Zim – †45/52 € ††78/89 € – ½ P 13 € **Rest** – Karte 15/35 €
◆ Direkt am Schlosspark des Luftkurortes und doch verkehrsgünstig gelegenes Hotel mit solide und funktionell ausgestatteten Gästezimmern. Unterteiltes bürgerliches Restaurant.

Am Ellernteich garni
Mühlenstr. 43 ⊠ 26180 – ℰ (04402) 9 24 10 – www.hotel-am-ellernteich.de
– geschl. 1. - 7. Januar
10 Zim – †56/70 € ††94/98 €
◆ Herzliche Gästebetreuung und eine liebenswerte, behagliche Einrichtung sorgen in dem hübschen ehemaligen Schulgebäude aus den 20er Jahren für Wohlfühlatmosphäre. Sie beginnen den Tag mit einem reichhaltigen Frühstücksbuffet aus frischen Produkten.

Das weiße Haus mit Zim
Südender Str. 1 ⊠ 26180 – ℰ (04402) 32 43 – www.kindermann-weisseshaus.de
– geschl. Januar 1 Woche, Oktober 2 Wochen und Donnerstag
3 Zim – †57/81 € ††91/116 €
Rest – *(Montag - Samstag nur Abendessen)* (Tischbestellung ratsam) Karte 32/59 €
◆ Ein schönes reetgedecktes Ammerländer Bauernhaus von 1892 mit gediegenem Interieur und saisonal beeinflusster internationaler Küche. Im Sommer serviert man auch im hübschen Naturgarten. Zum Übernachten stehen wohnliche Gästezimmer bereit.

In Rastede-Kleibrok Nord-West: 2 km

Zum Zollhaus

Kleibroker Str. 139 ⊠ 26180 – ℰ (04402) 9 38 10 – www.zumzollhaus.de
39 Zim – †51/75 € ††61/101 € – ½ P 18 € – 2 Suiten **Rest** – Karte 23/47 €
◆ Etwas außerhalb am Waldrand finden Sie dieses Landhotel. Es erwarten Sie neuzeitliche Zimmer mit geschmackvoller Einrichtung und eine familiäre Atmosphäre. Restaurant mit bürgerlichem Angebot.

RATEKAU – Schleswig-Holstein – **541** – 15 600 Ew – Höhe 20 m 11 K4
▶ Berlin 323 – Kiel 71 – Eutin 27 – Lübeck 15

In Ratekau-Warnsdorf Nord-Ost: 9 km

Landhaus Töpferhof
Fuchsbergstr. 5 ⊠ 23626 – ℰ (04502) 21 24 – www.landhaus-toepferhof.de
26 Zim – †85/120 € ††110/190 € – 3 Suiten
Rest – *(nur Abendessen für Hausgäste)*
◆ Wer eine individuelle Adresse sucht, wird sich hier wohlfühlen - dafür sorgen Landhaus-Flair, wohltuende Kosmetik- und Massage-Anwendungen und ein großer Garten mit Entenseich (besonders ruhig sind die Zimmer zu dieser Seite!) sowie ein gemütliches Restaurant mit schönem Wintergarten und ein sehenswerter Weinkeller.

RATHEN (KURORT) – Sachsen – **544** – 400 Ew – Höhe 120 m 43 R12
▶ Berlin 226 – Dresden 37 – Pirna 18
🛈 Füllhölzelweg 1, ⊠ 01824, ℰ (035024) 7 04 22, www.kurort-rathen.de

1025

RATHEN (KURORT)

Elbschlösschen
Kottesteig 5 ⊠ 01824 – ℰ (035024) 7 50 – www.hotelelbschloesschen.de – geschl. 1. - 6. Januar
70 Zim ⊇ – †65/115 € ††85/135 € – ½ P 22 € **Rest** – Karte 20/40 €
• Ein Logenplatz direkt an der Elbe, am Fuße der Bastei. Einige Zimmer haben einen eigenen Balkon zum Elbufer hin, und auch vom Restaurant Lilienstein schaut man auf den Fluss. Zudem: Massage und Kosmetik in der Beautyabteilung.

Amselgrundschlösschen
Amselgrund 3 ⊠ 01824 – ℰ (035024) 7 43 33 – www.sachsenhotels.de
37 Zim ⊇ – †55/71 € ††86/118 € – ½ P 16 € **Rest** – Karte 18/32 €
• Ein ruhig gelegener Gasthof mit recht geräumigen Zimmern, teils mit Balkon. Außerdem werden ein hübscher Saunabereich mit rustikalem Touch sowie Kosmetik und Massage angeboten. Mit Holztäfelung und Kamin hat man das Restaurant ansprechend gestaltet.

Elbiente
Wehlener Weg 1 ⊠ 01824 – ℰ (035024) 7 55 00 – www.elbiente.de
30 Zim ⊇ – †70/130 € ††90/150 € **Rest** – Karte 20/40 €
• Das Hotel liegt direkt an der Fähre und ist ein idealer Ausgangspunkt für Radwanderungen. In den Zimmern: geradliniges Design in Erdtönen und kräftigem Rot. Relaxen bei Kosmetik oder im Solebad, Elbblick vom Restaurant und der Terrasse.

RATHENOW – Brandenburg – 542 – 25 520 Ew – Höhe 29 m   21 N8
▶ Berlin 91 – Potsdam 78 – Magdeburg 85 – Brandenburg 32
🛈 Freier Hof 5, ⊠ 14712, ℰ (03385) 51 49 91, www.fvv-westhavelland.de
🏌 Semlin, Ferchesarer Str. 8b, ℰ (03385) 55 44 10

Fürstenhof
Bahnhofstr. 13 ⊠ 14712 – ℰ (03385) 55 80 00 – www.hotel-fuerstenhof-rathenow.de
40 Zim ⊇ – †53/85 € ††85/110 €
Rest – (geschl. 17. Dezember - 3. Januar, Freitag - Sonntag)
• Das Haus mit der auffallend gepflegten klassischen Fassade liegt im Zentrum nahe dem Bahnhof. Individuelle, z. T. mit Antiquitäten eingerichtete Zimmer und stilvoll-gediegener Frühstücksraum. Schöne Details versprühen im Restaurant historisches Flair.

In Rathenow-Semlin Nord-Ost: 6 km über B 188, in Stechow links

Golf Resort Semlin am See
Ferchesarer Str. 8 b (Süd-Ost: 2,5 km) ⊠ 14712
– ℰ (03385) 55 40 – www.golfresort-semlin.de
72 Zim ⊇ – †85/100 € ††110/145 €, 1 Suite **Rest** – Menü 23/29 € – Karte 22/36 €
• Ein Golfhotel in herrlich ruhiger Lage etwas außerhalb. Die Zimmer sind wohnlich gestaltet und verfügen über Balkon/Terrasse zum Golfplatz oder zum Wald. Gute Tagungsmöglichkeiten. Schön sind die Restaurantterrasse mit Blick ins Grüne sowie der große Barbereich.

RATINGEN – Nordrhein-Westfalen – 543 – 91 310 Ew – Höhe 50 m   26 C11
▶ Berlin 552 – Düsseldorf 13 – Duisburg 19 – Essen 22
🛈 Minoritenstr. 2, ⊠ 40878, ℰ (02102) 5 50 41 11, www.stadt-ratingen.de
🏌 Ratingen, Rommeljansweg 12, ℰ (02102) 8 10 92
🏌 Heiligenhaus, Höseler Str. 147, ℰ (02056) 9 33 70
🏌 Ratingen-Homberg, Grevenmühle, ℰ (02102) 9 59 50

relexa hotel Ratingen City
Calor-Emag-Str. 7 ⊠ 40878 – ℰ (02102) 1 67 50 – www.relexa-hotels.de
134 Zim – †89/149 € ††109/169 €, ⊇ 17 € – ½ P 21 €, 2 Suiten **Rest** – Karte 25/55 €
• Das Businesshotel im Zentrum ist freundlich in neuzeitlichem Stil gehalten. Großzügige Lobby mit angrenzendem Café. Sauna und Fitnessraum sind kostenpflichtig. Das geradlinige Ambiente setzt sich im Restaurant fort.

Astoria garni
Mülheimer Str. 72 ⊠ 40878 – ℰ (02102) 8 56 70 – www.astoria-ratingen.de – geschl. 20. Dezember - 6. Januar, über Ostern
27 Zim ⊇ – †85/95 € ††95/110 €
• Das familiär geleitete zeitgemäße Hotel befindet sich in einem hübschen Stadthaus in verkehrsgünstiger Lage am Zentrumsrand. Gutes Frühstücksbuffet und W-Lan kostenfrei.

RATINGEN

Allgäuer Hof
Beethovenstr. 24 ⌧ 40878 – ℰ (02102) 9 54 10 – www.allgaeuerhof-ratingen.de
– geschl. 20. Dezember – 8. Januar
14 Zim – †75/149 € ††95/179 € – ½ P 25 €
Rest – *(geschl. August 2 Wochen und Samstag)* Karte 24/42 €
♦ Das gepflegte kleine Hotel mit den gut ausgestatteten Zimmern wird persönlich und familiär geführt. Zum historischen Stadtkern sind es nur wenige Gehminuten. Gemütliches Ambiente und bürgerliche Küche im Restaurant.

Wasserburg Haus zum Haus
Mühlenkämpchen 8 ⌧ 40878 – ℰ (02102) 2 25 86 – www.wasserburghauszumhaus.de
– geschl. 1. – 8. Januar und Montag, Samstagmittag
Rest – Menü 39/69 € – Karte 47/70 €
♦ Eine schöne Adresse ist die einstige Wasserburg a. d. 13. Jh.: toller historischer Rahmen und freundliche Gastgeber. Im 1. Stock werden internationale Speisen serviert, die aus der Showküche kommen. Für Veranstaltungen hat man den historischen Weinkeller.

In Ratingen-Lintorf Nord: 4 km, jenseits der A 52

Gut Porz
Hülsenbergweg 10 ⌧ 40885 – ℰ (02102) 93 40 80 – www.gutporz.de – geschl.
27. Dezember – 11. Januar und Dienstag
Rest – *(Montag – Samstag nur Abendessen, außer an Feiertagen)* (Tischbestellung ratsam)
Karte 25/46 €
♦ Ein liebenswert-rustikales Fachwerkhaus mit Wintergarten und moderner Raucherlounge. Das schmackhafte Angebot reicht von Flammkuchen über Dim Sum bis hin zu Klassikern und wird von einem freundlichen jungen Team serviert.

In Ratingen-Tiefenbroich Nord-West: 2 km über Kaiserswerther Straße

TRYP Düsseldorf Airport
Am Schimmersfeld 9 ⌧ 40880 – ℰ (02102) 42 70 – www.solmelia.com
137 Zim – †88/158 € ††106/176 € **Rest** – Karte 20/49 €
♦ Hier überzeugt natürlich die Nähe zum Flughafen Düsseldorf. Das Hotel ist ideal für Tagungen und bietet geräumige Zimmer (viele mit Kitchenette) sowie einen hübschen Saunabereich. Zum Restaurant mit Showküche gehört eine schöne Terrasse.

Beim Autobahnkreuz Breitscheid Nord: 5 km, Ausfahrt Mülheim

Landhotel Krummenweg
Am Krummweg 1 ⌧ 40885 Ratingen-Breitscheid – ℰ (02102) 70 06 70
– www.hotel-krummenweg.de
60 Zim – †85/130 € ††98/160 €, ⌑ 15 €
Rest – *(geschl. Sonntag – Montag)* (nur Abendessen) Karte 31/58 €
♦ Eine moderne Lobby und sehr geräumige, geschmackvoll gestaltete Gästezimmer hat das komfortable Hotel in verkehrsgünstiger Lage zu bieten. In einem kleinen Fachwerkhaus befinden sich auf zwei Ebenen gemütliche rustikale Restaurantstuben.

RATHAUSEN – Baden-Württemberg – **545** – 770 Ew – Höhe 676 m 62 F20
▸ Berlin 725 – Stuttgart 91 – Konstanz 101 – Villingen-Schwenningen 33

Adler
Hohnerstr. 3 ⌧ 72365 – ℰ (07427) 22 60 – www.adler-ratshausen.de
– geschl. August 2 Wochen und Montag – Dienstag
Rest – Menü 55 € – Karte 41/66 €
♦ Der Weg hierher lohnt sich, Liebhaber guter schwäbischer Küche kommen voll auf ihre Kosten! Außerdem ist das Gasthaus von 1811 ein echtes Kleinod mit stilvollen Details wie antiker Holztäfelung, heimeligem Kachelofen und rund 20 Jahren Herzblut der Familie Sauter!

RATTENBERG – Bayern – **546** – 1 840 Ew – Höhe 560 m – Erholungsort 59 O17
▸ Berlin 506 – München 153 – Regensburg 71 – Cham 25
🛈 Dorfplatz 15, ⌧ 94371, ℰ (09963) 94 10 30, www.rattenberg.de

RATTENBERG

Posthotel
Dorfplatz 2 ⌂ 94371 – ℰ (09963) 95 00 – www.posthotel-rattenberg.de
49 Zim (inkl. ½ P.) – †74/88 € ††136/164 € – 2 Suiten   **Rest** – Karte 23/37 €
♦ Der Familienbetrieb hat sich von einem traditionellen Gasthof zu einem Wellnesshotel mit schönen wohnlichen Zimmern und vielfältigem Spa auf rund 1000 qm entwickelt. Ein lichter Wintergarten ergänzt das in ländlichem Stil gehaltene Restaurant.

RATZEBURG – Schleswig-Holstein – **541** – 13 700 Ew – Höhe 36 m – Luftkurort   **11 K5**
▶ Berlin 240 – Kiel 107 – Lübeck 23 – Schwerin 46
🛈 Unter den Linden 1, ⌂ 23909, ℰ (04541) 8 00 08 86, www.ratzeburg.de
👁 See★ (Aussichtsturm am Ostufer ⇐★) – Dom★

Wittlers Hotel-Gästehaus Cäcilie
Große Kreuzstr. 11 ⌂ 23909 – ℰ (04541) 32 04 – www.wittlers-hotel.de – geschl. 22. Dezember - 15. Januar
30 Zim ⌂ – †66/76 € ††88/118 € – ½ P 14 €
Rest – (geschl. Sonntagabend) Karte 19/43 €
♦ Man findet dieses Hotel im historischen Zentrum der im Ratzeburger See gelegenen Inselstadt. Die Gästezimmer sind praktisch in funktionellem Stil eingerichtet. Im Restaurant wird internationale Küche geboten.

RAUENBERG – Baden-Württemberg – **545** – 7 910 Ew – Höhe 132 m   **47 F17**
▶ Berlin 631 – Stuttgart 99 – Mannheim 37 – Heidelberg 22

Winzerhof
Bahnhofstr. 4 ⌂ 69231 – ℰ (06222) 95 20 – www.winzerhof.net – geschl. 1. - 6. Januar
80 Zim ⌂ – †70/134 € ††100/203 €
Rest *Angela* – siehe Restaurantauswahl
Rest – Karte 21/53 €
♦ Seit 1900 hat sich einiges getan: Familie Menges steckt viel Herzblut in ihr Haus - inzwischen in der 4. Generation! Fragen Sie nach den ansprechenden und geräumigen Komfortzimmern. Das Restaurant "Regionale Stuben" ist rustikal.

Gutshof
Suttenweg 1 ⌂ 69231 – ℰ (06222) 95 10 – www.gutshof-menges.de – geschl. 24. Dezember - 7. Januar, August 3 Wochen
30 Zim ⌂ – †75/85 € ††105/120 €
Rest – (geschl. Samstag - Sonntag und Feiertage) (nur Abendessen) Karte 19/42 €
♦ Das Hotel ist direkt an das eigene Weingut angeschlossen - ruhig, ringsum romantische Weinberge, dennoch gute Autobahnanbindung. Hübsch ist der kleine Kräutergarten. Terrakottafliesen und helle Holzstühle lassen die ohnehin schon lichtdurchflutete Weinstube noch freundlicher wirken.

XX Angela – Hotel Winzerhof
Bahnhofstr. 4 ⌂ 69231 – ℰ (06222) 95 23 53 – www.winzerhof.net – geschl. 24. Dezember - Januar, 2. - 13. April, 29. Mai - 9. Juni, 26. Juli - 8. September, 29. Oktober - 2. November sowie Sonntag - Dienstag und an den Feiertagen
Rest – (nur Abendessen) (Tischbestellung ratsam) Karte 45/86 €
♦ Ein rustikal gehaltenes Restaurant mit einer Speisekarte, auf der Sie Klassiker finden wie geschmorte Rinderbäckchen mit Wurzelgemüse oder Brüstchen von der Maispoularde in Rosmarin gebraten.

RAUHENEBRACH – Bayern – **546** – 3 030 Ew – Höhe 320 m   **49 J15**
▶ Berlin 431 – München 251 – Coburg 70 – Nürnberg 82

In Rauhenebrach-Schindelsee

X Gasthaus Hofmann mit Zim
Schindelsee 1 ⌂ 96181 – ℰ (09549) 9 87 60 – www.schindelsee.de – geschl. 10. Januar - 3. Februar und Dienstag, November - Ostern: Montag - Mittwoch
10 Zim ⌂ – †45/75 € ††65/75 € – 1 Suite   **Rest** – Menü 46 € – Karte 22/42 €
♦ Der familiengeführte Landgasthof liegt am Dorfrand mit Blick über die Felder. Die freundlichen Gastgeber bieten schmackhafte saisonale Küche mit teilweise selbst erzeugten Produkten. Probieren sollte man in jedem Fall den Gockel aus Kleinlangheim, frittierte Brennnessel und Steinpilznocken. Man sitzt in gemütlich-rustikalen Gasträumen mit modernem Touch. Nette Gästezimmer, darunter auch Maisonetten.

RAUNHEIM – Hessen – siehe Rüsselsheim

RAVENSBURG – Baden-Württemberg – **545** – 49 420 Ew – Höhe 450 m 63 H21
▶ Berlin 696 – Stuttgart 147 – Konstanz 43 – Ulm (Donau) 86
ADAC Jahnstr. 26
🛈 Kirchstr. 16, ⊠ 88212, ℰ (0751) 8 28 00, www.ravensburg.de
🏌 Ravensburg, Hofgut Okatreute, ℰ (0751) 99 88

Waldhorn
Marienplatz 15 ⊠ 88212 – ℰ (0751) 3 61 20 – www.waldhorn.de – geschl. über Weihnachten 1 Woche
42 Zim ⊇ – †75/125 € ††135/190 € – 1 Suite
Rest *Waldhorn* **Rest** *Weinstube Rebleutehaus* – siehe Restaurantauswahl
♦ In der Fußgängerzone steht das denkmalgeschützte Stadthaus. Neben zeitlos eingerichteten Zimmern bietet man einige elegante Romantikzimmer sowie moderne Appartements.

Rebgarten garni
Zwergerstr. 7 ⊠ 88214 – ℰ (0751) 36 23 30 – www.hotel-rebgarten.de
– geschl. 24. - 31. Dezember
30 Zim ⊇ – †79/88 € ††99/108 €
♦ Großzügig und funktional gestaltet sind sowohl die Gästezimmer als auch der Saunabereich dieses am Rande der Innenstadt gelegenen Hotels.

Bärengarten
Schützenstr. 21 ⊠ 88212 – ℰ (0751) 18 97 07 20 – www.baerengarten.de
13 Zim ⊇ – †78/95 € ††110/145 € **Rest** – Karte 15/39 €
♦ In dem kleinen Hotel in der sanierten 100 Jahre alten Villa stehen den Gästen zeitgemäß-funktional eingerichtete Zimmer zur Verfügung. Zum großen Wirtshaus gehören ein Biergarten und eine schöne gediegene Zigarren-Lounge.

Obertor
Marktstr. 67 ⊠ 88212 – ℰ (0751) 3 66 70 – www.hotelobertor.de – geschl.
23. Dezember - 2. Januar
32 Zim ⊇ – †85/90 € ††112/130 € – 1 Suite
Rest – (geschl. Dienstag, Sonntag) (Montag - Freitag nur Abendessen) Karte 26/47 €
♦ Das historische Haus am Obertor beherbergt charmante und recht individuelle Zimmer, einen hübschen Frühstücksraum mit Blick ins Grüne und eine schöne Dachterrasse. Gemütlich ist das Ambiente in der liebenswert gestalteten Gaststube.

XXX Waldhorn – Hotel Waldhorn
Marienplatz 15 ⊠ 88212 – ℰ (0751) 3 61 20 – www.waldhorn.de – geschl. über Weihnachten 1 Woche und Sonntag - Dienstag
Rest – (Tischbestellung ratsam) Menü 56/84 € – Karte 56/80 €
♦ Die 130 Jahre alte Gaststube hat eine spezielle Note - die Holzvertäfelungen und der Kachelofen stehen sogar unter Denkmalschutz. Der Patron lässt sich gerne von der asiatischen Küche beeinflussen.

X Lumperhof
Lumper 1 (West: 2 km in Richtung Schlier) ⊠ 88212 – ℰ (0751) 3 52 50 01
– www.lumperhof.de – geschl. Juni 2 Wochen und Dienstag
Rest – (Montag - Freitag nur Abendessen) Karte 26/42 €
♦ Inmitten ländlicher Idylle betreibt die Familie seit vielen Jahren dieses gepflegte Lokal mit reizvoller Terrasse. Geboten wird regionale Küche. Kleiner Veranstaltungsraum im ehemaligen Kuhstall.

X Weinstube Rebleutehaus – Hotel Waldhorn
Schulgasse 15 ⊠ 88214 – ℰ (0751) 3 61 20 – www.waldhorn.de – geschl. über Weihnachten 1 Woche und Sonntag
Rest – Karte 24/52 €
♦ Unter einer beeindruckenden alten Holzdecke sitzt man in der ehemaligen Zunftstube der Rebleute von 1469. Hier werden vor allem regionale Produkte aufgetischt.

RECKLINGHAUSEN – Nordrhein-Westfalen – 543 – 119 050 Ew – Höhe 85 m — 26 C10

▶ Berlin 508 – Düsseldorf 63 – Bochum 17 – Dortmund 28
ADAC Martinistr. 11 X
🛈 Recklinghausen, Bockholter Str. 475, ℰ (02361) 9 34 20
◉ Ikonen-Museum ★★ M¹ X

Parkhotel Engelsburg garni
Augustinesstr. 10 ✉ 45657 – ℰ (02361) 20 10 – www.parkhotel-engelsburg.de
– geschl. 19. Dezember - 8. Januar
Xc
65 Zim 🍽 – †99/136 € ††116/155 € – 1 Suite
◆ Ein über 300 Jahre altes ehemaliges Herrenhaus am Altstadtrand mit wohnlichem und elegantem Ambiente. Im historischen Turm befindet sich eine schöne Suite auf drei Etagen.

RECKLINGHAUSEN

Am Lohtor . . . . X 2	Kirchpl. . . . . X 24
Augustinesstr. . . . . . X 4	Klosterstr. . . . . X 26
Bockholter Str. . . . . . Z 6	Kunibertstr. . . . . X 27
Börster Weg . . . . Y 6	Kurfürstenwall . . . . . X 28
Breite Str. . . . . X 7	Löhrhof X
Buddestr. . . . . X 9	Markt X
Grafenwall . . . . X 12	Martinistr. . . . . X 30
Große Geldstr. . . . . . X 13	Münsterstr. . . . . Y 33
Heilig-Geist-Str. . . . . X 15	Ossenbergweg . . . . Y 34
Hillen . . . . Y 16	Reitzensteinstr. . . . . Z 36
Hinsbergstr. . . . . Y 18	Schaumburgstr. . . . . X 37
Holzmarkt . . . . Y 19	Springstr. . . . . X 39
Im Romberg . . . . Y 20	Steinstr. . . . . X 40
Josef-Wulff-	Steintor . . . . X 42
Str. . . . . Y 22	Viehtor . . . . X 43
Kemnastr. . . . . Z 23	Wickingstr. . . . . Y 44

1030

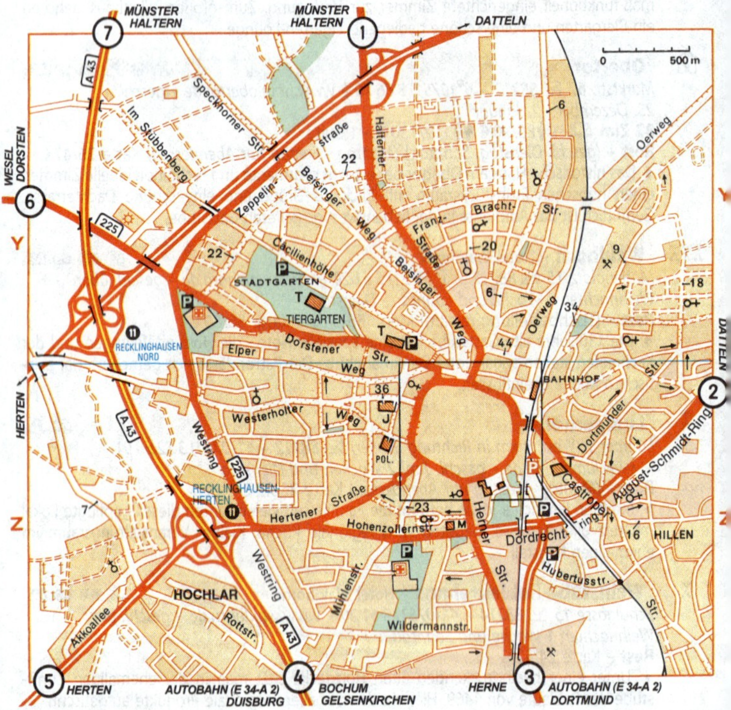

REES – Nordrhein-Westfalen – 543 – 22 440 Ew – Höhe 17 m   25 B10

▶ Berlin 580 – Düsseldorf 87 – Arnhem 49 – Wesel 24
🛈 Markt 1, ✉ 46459, ✆ (02851) 5 10, www.stadt-rees.de

※※ **Op de Poort**
Vor dem Rheintor ✉ 46459 – ✆ (02851) 74 22 – www.opdepoort.de – geschl. Januar
- 19. Februar und Montag - Dienstag außer an Feiertagen
Rest – (Tischbestellung ratsam) Karte 32/45 €
♦ Bei herrlicher Aussicht auf den Rhein bekommt man hier in klassischem Ambiente regionale und internationale Küche serviert. Zum Restaurant gehört eine hübsche Terrasse am Fluss.

In Rees-Reeserward Nord-West: 4 km über Westring und Wardstraße

※※ **Landhaus Drei Raben**
Reeserward 5 ✉ 46459 – ✆ (02851) 18 52 – www.drei-raben.de – geschl. Montag
- Dienstag
Rest – Karte 33/53 €
♦ Auf dem ehemaligen Landgut bieten die freundlichen Gastgeber in liebenswerten Räumen internationale Küche mit regionalem Einfluss sowie nachmittags Kaffee und hausgebackenen Kuchen.

REGENSBURG – Bayern – 546 – 134 220 Ew – Höhe 343 m   58 N18

▶ Berlin 489 – München 122 – Nürnberg 100 – Passau 115
ADAC Paracelsusstr. 1 A
🛈 Rathausplatz 4 D, ✉ 93047, ✆ (0941) 5 07 44 10, www.regensburg.de/tourismus
⛳ Sinzing, Am Minoritenhof 1, ✆ (0941) 3 78 61 00
⛳ Jagdschloß Thiergarten, ✆ (09403) 5 05
◉ Dom St. Peter★ – Alte Kapelle★ – Diözesanmuseum St. Ulrich★ - Steinerne Brücke
(≤★) E – Kunstforum Ostdeutsche Galerie★ **M¹** A - Haidplatz★ - Altes Rathaus★ D
◉ Walhalla★, Ost: 11 km über Walhalla-Allee B

Stadtpläne siehe nächste Seiten

🏠 **Goliath** garni
Goliathstr. 10 ✉ 93047 – ✆ (0941) 2 00 09 00 – www.hotel-goliath.de   Eg
41 Zim ☐ – †110/175 € ††150/180 € – 2 Suiten
♦ Ein gut geführtes Hotel in Domnähe mit freundlichem Service. In den Zimmern schafft liebenswertes Dekor eine individuelle Note. Nettes Café und Dachterrasse mit schöner Sicht.

🏠 **Sorat Insel-Hotel**
Müllerstr. 7, (Zufahrt über Oberpfalzbrücke) ✉ 93059 – ✆ (0941) 8 10 40
– www.sorat-hotels.com   Ar
75 Zim ☐ – †95/199 € ††133/237 € – 2 Suiten
Rest *Brandner* – ✆ (0941) 8 10 44 70 (geschl. 19. Dezember - 11. Januar und Sonntag
- Montag) Karte 22/47 €
♦ Das moderne Hotel ist aus einer denkmalgeschützten alten Manufaktur entstanden, die reizvoll über einen Donauarm gebaut wurde. Komfortzimmer mit Sicht auf Fluss und Altstadt. Brandner mit neuzeitlich-elegantem Ambiente und Panoramablick auf den Dom.

🏠 **Premier**
*Ziegetsdorfer Str. 111 (West: 3 km über Kirchmeierstraße A, jenseits der A 93,
Nahe der Ausfahrt Regensburg-Königswiesen)* ✉ 93051 – ✆ (0941) 46 39 30
– www.hotel-regensburg.bestwestern.de
128 Zim ☐ – †85/149 € ††98/162 €
Rest – (geschl. über Weihnachten) (Samstag - Sonntag nur Abendessen) Karte 25/36 €
♦ Diese Businessadresse mit guter Autobahnanbindung ist von der Atriumhalle mit Lobbybar bis zu den Zimmern in klarem modernem Stil gehalten. Komfortabler sind die Juniorsuiten. Das Restaurant nennt sich Alte Ziegelei und ist geradlinig gestaltet.

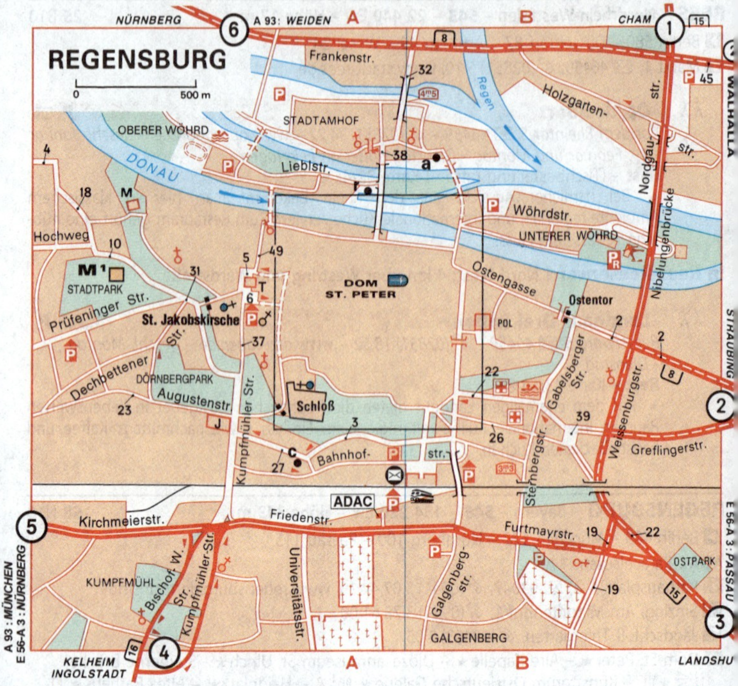

REGENSBURG

Adolf-Schmetzer-Str. .... **B** 2	Hermann-Geib-	Protzenweiherbrücke .... **AB** 32
Albertstr. .... **A** 3	Str. .... **B** 19	Schottenstr. .... **A** 37
Altdorferstr. .... **A** 4	Landshuter Str. .... **B** 22	Stadtamhof .... **A** 38
Arnulfspl. .... **A** 5	Liskircherstr. .... **A** 23	Stobäuspl. .... **B** 39
Bismarckpl. .... **A** 6	Luitpoldstr. .... **B** 26	Walhalla
Dr-Johann-Maier-Str. .... **A** 10	Margaretenstr. .... **A** 27	Allee .... **B** 45
Gumpelzhaimerstr. .... **A** 18	Platz der Einheit .... **A** 31	Weißgerbergraben .... **A** 49

Courtyard by Marriott

Bamberger Str. 28 (über Frankenstraße A) ⊠ 93059 – ℘ (0941) 8 10 10
– www.courtyardregensburg.de

125 Zim – †95/115 € ††95/115 €, ⊇ 15 € **Rest** – Karte 27/35 €

◆ Funktionell-elegante Zimmer, teils mit Domblick, und die verkehrsgünstige Lage an der Donau sprechen für dieses Hotel. Moderne Bar. Kostenfreie Nutzung des Fitnesscenters gegenüber. Rustikale Stube und mediterranes Bistro, dazu die schöne Terrasse am Donauufer.

Orphée Großes Haus

Untere Bachgasse 8 ⊠ 93047 – ℘ (0941) 59 60 20 – www.hotel-orphee.de

33 Zim ⊇ – †100/175 € ††125/195 € – 1 Suite   D**b**
Rest – Karte 29/53 €

◆ In dem schmucken Barockhaus hat man Stuckdecken und Holzdielenböden bewahrt und schöne, großzügige Wohnräume geschaffen. Sehr geschmackvoll sind die modernen Giebelzimmer im Anbau. Viel Kunst im Haus. Das Restaurant ist ein charmantes Bistro nach Pariser Vorbild - hier serviert man auch das Frühstück.

Bischofshof am Dom

Krauterermarkt 3 ⊠ 93047 – ℘ (0941) 5 84 60 – www.hotel-bischofshof.de
– geschl. 22. - 26. Dezember   E**r**

59 Zim – †82/112 € ††142 € – 4 Suiten **Rest** – Karte 27/44 €

◆ Seit über 20 Jahren leitet Familie Schmalhofer die einstige Bischofsresidenz beim Dom. Das gesamte Haus ist wohnlich gestaltet, einige Zimmer besonders romantisch. Regionale Küche in Gaststuben mit historischem Flair. Im Sommer mit hübscher Innenhofterrasse.

REGENSBURG

Brückstr. ... E	Goliathstr. ... DE	Neupfarrpl. ... DE	
Domgarten ... E 7	Haidpl. ... D	Pfauengasse ... E 30	
Fröhliche-Türken-Str. ... E 12	Königsstr. ... E 21	Rathauspl. ... E 34	
Gesandtenstr. ... D 15	Landshuter Str. ... E 22	Thundorfer Str. ... E 42	
Goldene-Bären-Str. ... D 17	Ludwigstr. ... E 24	Viereimergasse ... E 43	
	Luitpoldstr. ... E 26	Weiße-Hahnen-Gasse ... E 46	
	Maximilianstr. ... E		
	Neue-Waag-Gasse ... E 28	Weiße-Lilien-Str. ... E 48	

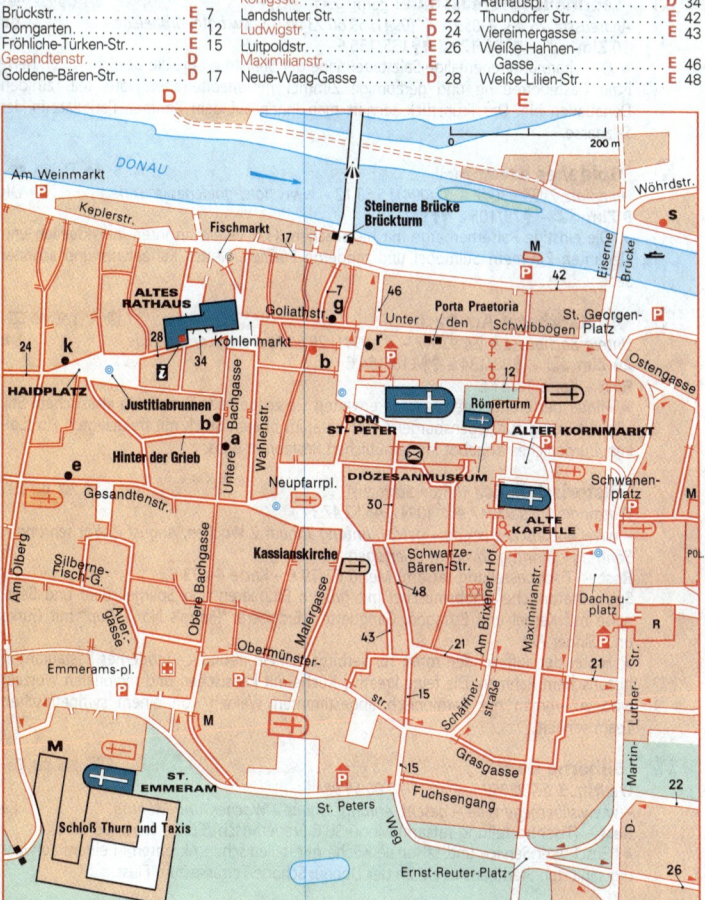

Central garni
Margaretenstr. 18 ✉ 93047 – ℰ (0941) 2 98 48 40
– www.hotel-central-regensburg.de   **Ac**
70 Zim – †89/109 € ††109/139 €, ⊑ 9 €
◆ Zwischen Schlosspark und Hauptbahnhof liegt das modern-funktionelle Businesshotel. Einige der Zimmer bieten Schlossblick. Zum Frühstück oder auf einen Kaffee geht man in die Lounge im Coffeeshop-Stil. Fortschrittlich: eigene Elektroauto-Tankstelle!

Altstadt-Engel garni
Gesandtstr. 12 ✉ 93047 – ℰ (0941) 28 07 46 00
– www.altstadt-engel.de   **De**
17 Zim ⊑ – †90/165 € ††110/185 €
◆ Das sorgsam sanierte Haus a. d. 14. Jh. beherbergt schöne, stimmig dekorierte Themenzimmer wie z. B. Papst- oder Hutmacherzimmer, teils mit historischen Details. Snacks im Café.

REGENSBURG

Landhaus Andreasstadel garni
Andreasstr. 26 ⊠ 93059 – ℰ (0941) 59 60 23 00 – www.hotel-orphee.de Ba
10 Zim – †105/120 € ††135/155 €
• Das charmante ehemalige Salzstadel nahe der Steinernen Brücke besticht durch herzliche Gästebetreuung und geräumige Zimmer mit mediterraner Note, teils zu den Donauauen hin. Das Frühstück serviert man Ihnen auf dem Zimmer. Parkplatz in der Salzgasse.

Goldenes Kreuz garni
Haidplatz 7 ⊠ 93047 – ℰ (0941) 5 58 12 – www.hotel-goldeneskreuz.de
9 Zim – †75/105 € ††95/125 € Dk
• Die einstige Kaiserherberge mit historischem Flair vereint in ihren individuellen und eleganten Zimmern Stilmöbel und moderne Formen. Nettes Kaffeehaus und schöner Saal.

Altstadthotel Am Pach
Untere Bachgasse 9 ⊠ 93047 – ℰ (0941) 29 86 10 – www.ampach.de Da
20 Zim – †98/134 € ††118/154 €
Rest – Karte 14/21 €
• Hinter der orangeroten Fassade erwarten Sie zeitgemäße Zimmer in klassischem Stil, alle mit Bezug zur Regensburger Geschichte; im oberen Stock mit freigelegten Holzbalken. Bürgerliches Angebot im gemütlichen Restaurant Beos.

Historisches Eck (Anton Schmaus)
Watmarkt 6 ⊠ 93047 – ℰ (0941) 46 52 47 34
– www.historisches-eck.de – geschl. Anfang Januar 2 Wochen, August 2 Wochen und Sonntag - Montag sowie an Feiertagen Eb
Rest – (Tischbestellung ratsam) Menü 62/79 € – Karte 44/75 €
Spez. Bretonische Jakobsmuschel mit grünen Erdbeeren und Spargel. Beef und Béarnaise mit Kerbel und Estragon. Gariguette - Erdbeere, "Pimm's No. 1 Cup" mit Gurke und Ginger Ale.
• Hinter der auffallenden roten Tür verbirgt sich ein freundlich-modernes Restaurant in historischem Rahmen. Die feine kreative Küche mit klassischen und regionalen Wurzeln wird zusammen mit harmonisch abgestimmten Weinen von einem sympathischen Team serviert.

Silberne Gans
Werftstr. 3 ⊠ 93059 – ℰ (0941) 2 80 55 98
– www.silbernegans.de – geschl. Anfang Januar 2 Wochen und Montag Es
Rest – (Tischbestellung ratsam) Menü 38 € (vegetarisch)/56 € – Karte 36/63 €
• Geschulter Service und saisonale Küche mit italienischen Akzenten in einem aufwändig sanierten Stadthaus direkt an der Donau. Schöne Terrasse zum Fluss.

Kreutzer's
Prinz-Ludwig-Str. 15a (über Adolf-Schmetzer-Straße B: 2 km) ⊠ 93055
– ℰ (0941) 5 69 56 50 20 – www.kreutzers-restaurant.de
– geschl. Samstagmittag, Sonntag
Rest – Menü 45 € – Karte 32/51 €
• Die Lage auf einem Firmengelände beim Westhafen ist zwar etwas ab vom Schuss, dennoch lockt das schlicht-moderne Restaurant mit seiner trendigen Art. Mittags kommt man zum Business-Lunch, abends sollte man unbedingt Fleisch oder Fisch vom Holzkohlegrill probieren!

In Regensburg-Wutzlhofen 5 km über Nordgaustraße B und Chamer Straße

das Götzfried
Wutzlhofen 1 ⊠ 93057 – ℰ (0941) 6 96 10 – www.hotel-goetzfried.de
50 Zim – †72/95 € ††115/144 € – 3 Suiten
Rest – Karte 27/50 €
• Der Familienbetrieb ist sowohl für Tagungen als auch für Wellness eine ideale Adresse. Fragen Sie nach den Juniorsuiten Deluxe. Der Vitalbereich nennt sich Regensburger Refugium.

1034

REGENSBURG

In Pettendorf-Mariaort 7 km über Frankenstraße A

Krieger
Heerbergstr. 3 (an der B 8) ⊠ *93186 –* ℰ *(0941) 8 10 80 – www.gasthof-krieger.de*
– *geschl. 24. Dezember - 6. Januar*
27 Zim – †34/58 € ††60/78 €
Rest – *(geschl. 24. Dezember - 5. Januar, Ende August - Anfang September 2 Wochen und Mittwoch)* Karte 12/28 €

♦ An der Naab-Donau-Mündung liegt der freundlich-familiär geleitete Gasthof mit etwas nach hinten versetztem Hotelbau. Schöne Aussicht von den flussseitigen Zimmern im 3. Stock. Zum Restaurant gehört ein gemütliches historisches Gewölbe.

In Donaustauf Ost: 9 km Richtung Walhalla B

Forsters Gasthof Zur Post (mit Gästehaus)
Maxstr. 43 ⊠ *93093 –* ℰ *(09403) 91 00 – www.hotel-forsters.de*
55 Zim – †83/99 € ††119/129 €, ⊒ 5 € – ½ P 15 € – 6 Suiten
Rest *Forsters Gasthof Zur Post* – siehe Restaurantauswahl

♦ Ein familiengeführtes Haus mit wohnlichen Zimmern und gutem Frühstück. Besonders schön sind die Komfortzimmer und Juniorsuiten. Im Gästehaus nebenan hat man Appartements. Rustikales Poststüberl!

Forsters Gasthof Zur Post – Hotel Forsters Gasthof Zur Post
Maxstr. 43 ⊠ *93093 –* ℰ *(09403) 91 00 – www.hotel-forsters.de*
– *geschl. 9. - 30. August*
Rest – Menü 30/50 € – Karte 21/45 €

♦ Der Betrieb von Familie Forster ist eine beliebte Adresse, denn eine schmackhafte Küche spricht sich schnell rum. Dabei orientiert man sich an heimischen Rezepten und nimmt auch internationale Einflüssen auf.

In Neutraubling Süd-Ost: 10 km über Adolf-Schmetzer-Straße B Richtung Straubing

Am See (mit Gästehaus)
Teichstr. 6 ⊠ *93073 –* ℰ *(09401) 94 60 – www.hotel-am-see.com*
38 Zim ⊒ – †83/98 € ††125/140 €, ⊒ P 19 € – 1 Suite
Rest *Am See* – siehe Restaurantauswahl

♦ An einem kleinen See liegt das Haus der Familie Lacher. Es erwarten Sie tipptopp gepflegte Zimmer in wohnlichen Farben sowie freundlicher Service. Geräumigere Komfortzimmer, im Gästehaus teils mit Terrasse.

Am See – Hotel Am See
Teichstr. 6 ⊠ *93073 –* ℰ *(09401) 94 60 – www.hotel-am-see.com*
– *geschl. 2. - 23. August und Montag*
Rest – (Tischbestellung ratsam) Menü 30/40 € – Karte 19/42 €

♦ Viele Dinge - wie Herzlestühle, ein Kachelofen, hübsche Stoffe und ländliche Dekorationen - sorgen für bayerischen Charme. Nicht zu vergessen die schmackhafte regionale Küche! Lecker: Oberpfälzer Schweinebraten mit Altbiersauce.

REGENSTAUF – Bayern – 546 – 15 030 Ew – Höhe 345 m   58 N17
– Wintersport: 520 m ⸙ 2 ⸙
▶ Berlin 474 – München 136 – Regensburg 19 – Nürnberg 110
ℹ Bahnhofstr. 15, ⊠ 93128, ℰ (09402) 50 90, www.regenstauf.de

In Regenstauf-Heilinghausen Nord-Ost: 8 km im Regental

Landgasthof Heilinghausen
Alte Regenstr. 5 ⊠ *93128 –* ℰ *(09402) 42 38 – www.landgasthof-heilinghausen.de*
– *geschl. Dienstag*
Rest – Menü 30/67 € – Karte 18/39 €

♦ Bürgerlich-regional speist man in dem mit viel Holz und Kachelofen gemütlich gestalteten Familienbetrieb. Biergarten vor dem Haus, auf der anderen Straßenseite der Fluss Regen.

REHBURG-LOCCUM – Niedersachsen – 541 – 10 450 Ew – Höhe 60 m   18 H8
▶ Berlin 328 – Hannover 47 – Bremen 89 – Minden 28
▣ Neustadt, Vor der Mühle 10a, ℰ (05036) 27 78
▣ Rehburg-Loccum, Hormannshausen 2a, ℰ (05766) 9 30 17

1035

REHBURG-LOCCUM

🏠 Rodes Hotel 🈂 🅿 AE
Marktstr. 22 (Loccum) ✉ 31547 – ☏ (05766) 2 38 – www.rodes-hotel.de – *geschl. 20. Dezember - 10. Januar*
23 Zim ⊇ – †52/55 € ††80/90 € **Rest** – *(geschl. Freitag)* Karte 16/40 €
◆ Der traditionsreiche Familienbetrieb existiert bereits seit 1608 als Gasthof. Die Zimmer sind gepflegt und ländlich eingerichtet, nett ist der hell gestaltete Frühstücksraum. Restaurant im altdeutschen Stil.

REHLINGEN-SIERSBURG – Saarland – **543** – 15 550 Ew – Höhe 180 m　　45 B16
▶ Berlin 736 – Saarbrücken 37 – Luxembourg 66 – Trier 63

Im Ortsteil Eimersdorf Nord-West: 2 km ab Siersburg

✂✂ Niedmühle mit Zim 🈂 ⚙ ☏ 🅿 VISA ◎◎
Niedtalstr. 13 ✉ 66780 – ☏ (06835) 6 74 50 – www.restaurant-niedmuehle.de – *geschl. 2. - 14. Juli und Montag, Samstagmittag*
11 Zim ⊇ – †75/85 € ††110/135 € – 1 Suite
Rest – Menü 59/75 € – Karte 41/73 €
◆ Hier bereitet man mit Engagement klassische Küche zu, die regional und saisonal beeinflusst ist. Ein helles modernes Restaurant im Landhausstil mit Wintergarten und Terrasse zum Garten.

REICHELSHEIM – Hessen – **543** – 8 780 Ew – Höhe 216 m – Luftkurort　　48 G16
▶ Berlin 585 – Wiesbaden 84 – Mannheim 53 – Darmstadt 36
ℹ Bismarkstr. 43, ✉ 64385, ☏ (06164) 5 08 30, www.reichelsheim.de

✂✂ Treuschs Schwanen 🈂 ⇔ 🅿 VISA ◎◎ AE ①
Rathausplatz 2 ✉ 64385 – ☏ (06164) 22 26 – www.treuschs-schwanen.com – *geschl. Februar 2 Wochen und Montag - Dienstag*
Rest – *(Mittwoch - Freitag nur Abendessen)* Menü 40/74 € – Karte 37/60 € 🌿
Rest *Johanns-Stube* – siehe Restaurantauswahl
◆ Das Gasthaus bei der Kirche ist ein zeitgemäßes, helles Restaurant mit Lounge und begehbarem Weinschrank. Man bietet internationale Speisen und eigenen Apfelwein.

✂ Johanns-Stube – Restaurant Treuschs Schwanen 🈂 ⇔ 🅿 VISA ◎◎ AE ①
Rathausplatz 2 ✉ 64385 – ☏ (06164) 22 26 – www.treuschs-schwanen.com – *geschl. Februar 2 Wochen und Montag - Dienstag*
Rest – Karte 15/36 €
◆ Eine lange Tradition liegt hier zugrunde: Die Stube ist nach dem ersten Schwanen-Wirt, Johann Treusch, benannt, der das Lokal 1842 gründete. Aufgetischt werden heute wie damals bürgerliche Gerichte!

In Reichelsheim-Eberbach Nord-West : 1,5 km über Konrad-Adenauer-Allee :

🏠 Landhotel Lortz ⚙ ≤ 🚲 📺 🛏 ☏ ♨ VISA ◎◎
Eberbach 3a ✉ 64385 – ☏ (06164) 49 69 – www.landhotel.nu – *geschl. Anfang Dezember 2 Wochen, Juli 2 Wochen*
20 Zim ⊇ – †55/68 € ††85/115 € – ½ P 24 € – 2 Suiten
Rest *O de vie* 😊 – siehe Restaurantauswahl
◆ Die Lage in dem ruhigen Ortsteil sowie wohnliche Zimmer (teilweise mit Küchenzeile) sprechen für das Haus. Von den Balkonen blickt man ins Grüne. Wanderwege in unmittelbarer Nähe.

✂ O de vie – Hotel Landhaus Lortz ≤ 🈂 ⚙ VISA ◎◎
😊 *Eberbach 3a* ✉ 64385 – ☏ (06164) 49 69 – www.landhotel.nu – *geschl. Anfang Dezember 2 Wochen, Juli 2 Wochen und Sonntagabend - Montag*
Rest – *(Dienstag - Freitag nur Abendessen)* Menü 24/39 € – Karte 26/34 €
◆ Besonders gemütlich sitzt man in den kleinen Nischen, da sollten Sie reservieren! Das Lokal ist ohnehin eine nette, rustikale Angelegenheit, begleitet von einer guten saisonal beeinflussten Küche, wie z. B. rosa gebratener Keule vom Odenwälder Reh.

REICHENAU (INSEL) Baden-Württemberg – **545** – 5 160 Ew – Höhe 403 m　　63 G21
– Erholungsort
▶ Berlin 763 – Stuttgart 181 – Konstanz 12 – Singen (Hohentwiel) 29
ℹ Pirminstr. 145, ✉ 78479, ☏ (07534) 9 20 70, www.reichenau.de
◎ Insel Reichenau ★

REICHENAU (INSEL)

Im Ortsteil Mittelzell

Ganter Hotel Mohren
Pirminstr. 141 ⌧ 78479 – ℰ (07534) 9 94 40
– www.mohren-bodensee.de
38 Zim ⌸ – †85/119 € ††109/159 € – ½ P 25 €
Rest – *(geschl. November - März: Sonntagabend)* Menü 25/50 € – Karte 24/46 €
♦ Die Zimmer hier bestechen durch modernes Design. Im Stammhaus a. d. 17. Jh. hat man historische Elemente integriert, komfortabler sind die Neubauzimmer. Massage und Kosmetik. Restaurant im neuzeitlichen Landhausstil und behagliche holzgetäfelte Stube.

Seehotel Seeschau
An der Schiffslände 8 ⌧ 78479 – ℰ (07534) 2 57 – www.seeschau.com
22 Zim ⌸ – †93/140 € ††140/180 € – ½ P 24 €
Rest – Menü 24 € (mittags) – Karte 24/49 €
♦ Das Hotel in bevorzugter Lage direkt an der Schiffsanlegestelle bietet klassische, mit hellen Stilmöbeln eingerichtete Zimmer, einige mit Seeblick. Bäder teils mit Whirlwanne. Internationale Küche im Le Gourmet, in der Kaminstube oder auf der Seeterrasse.

Strandhotel Löchnerhaus ℅
An der Schiffslände 12 ⌧ 78479 – ℰ (07534) 80 30
– www.loechnerhaus.de – geschl. November - Februar
41 Zim ⌸ – †85/115 € ††155/175 € – ½ P 25 €
Rest – *(geschl. März: Montag sowie Oktober: Montag)* Karte 30/49 €
♦ Das Haus von 1920 ist ein neuzeitlich ausgestattetes Hotel an der Uferpromenade nahe dem Schiffsanleger. Zwei der Zimmer sind Appartements. Hübscher Garten, Strandbad und Bootssteg. Restaurant zum See hin mit großer Terrasse. Das Angebot ist bürgerlich.

REICHENBACH (VOGTLAND) – Sachsen – **544** – 20 450 Ew 41 N13
– Höhe 380 m
▶ Berlin 304 – Dresden 132 – Gera 46 – Zwickau 29

Meister Bär Hotel
Goethestr. 28 ⌧ 08468 – ℰ (03765) 78 00 – www.mb-hotel.de
30 Zim ⌸ – †69/99 € ††89/119 € **Rest** – *(nur Abendessen)* Karte 17/55 €
♦ Zwischen Zwickau und Plauen finden Sie dieses in einem Wohngebiet gelegene Hotel mit seinen soliden, meist mit Kirschbaummöbeln eingerichteten Gästezimmern. In Grüntönen gehaltenes Restaurant mit bürgerlichem und internationalem Angebot.

REICHENHALL, BAD – Bayern – **546** – 17 410 Ew – Höhe 473 m 67 O21
– Wintersport: 1 600 m ⛷ 1 ⛷ 2 ⛷ – Heilbad
▶ Berlin 723 – München 136 – Berchtesgaden 20 – Salzburg 19
🛈 Wittelsbacherstr. 15 AY, ⌧ 83435, ℰ (08651) 60 60, www.bad-reichenhall.de

Stadtplan auf der nächsten Seite

Parkhotel Luisenbad ℅
Ludwigstr. 33 ⌧ 83435 – ℰ (08651) 60 40 – www.parkhotel.de – geschl. 17. Januar - 9. März
AYe
75 Zim ⌸ – †69/109 € ††118/198 € – ½ P 27 €
Rest *Parkhotel Luisenbad* – siehe Restaurantauswahl
♦ Seit 1864 ist das Haus im Kurgebiet bereits in den Händen der Familie Herkommer. Es überzeugt mit gediegenen Zimmern, nettem Service und einem schönen Garten.

Sonnenbichl garni ℅
Adolf-Schmid-Str. 2 ⌧ 83435 – ℰ (08651) 7 80 80
– www.sonnenbichlhotel.de **AYh**
40 Zim ⌸ – †40/60 € ††70/120 €
♦ Besonders für Kur- und Erholungsaufenthalte empfiehlt sich dieses Hotel nur wenige Schritte vom Kurpark mit Gradierwerk und Konzerthalle. Rustikale Zimmer sowie Appartements.

BAD REICHENHALL

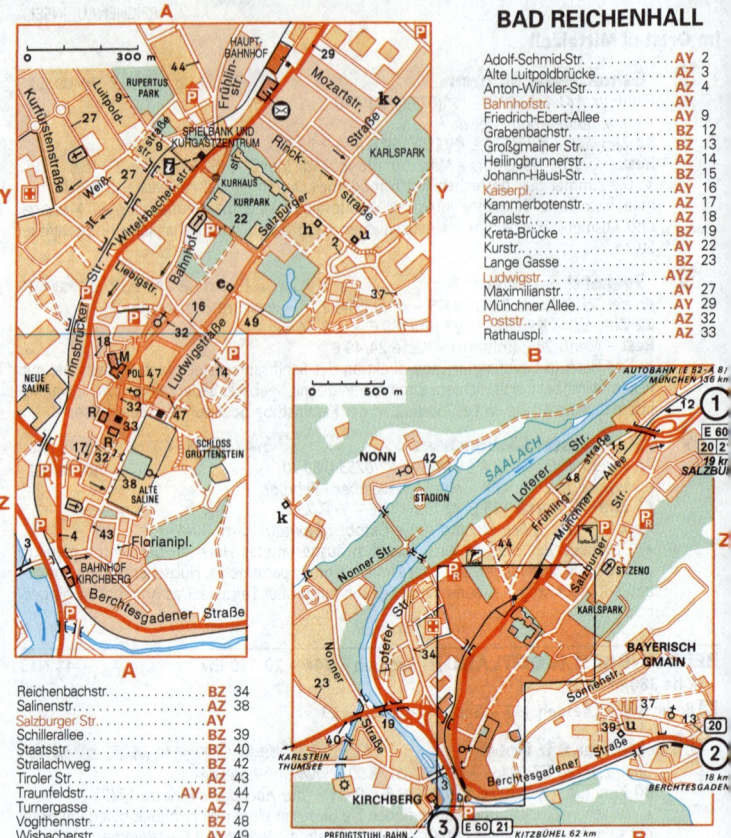

Adolf-Schmid-Str.	**AY** 2
Alte Luitpoldbrücke	**AZ** 3
Anton-Winkler-Str.	**AZ** 4
Bahnhofstr.	**AY**
Friedrich-Ebert-Allee	**AY** 9
Grabenbachstr.	**BZ** 12
Großgmainer Str.	**BZ** 13
Heilingbrunnerstr.	**AZ** 14
Johann-Häusl-Str.	**BZ** 15
Kaiserpl.	**AY** 16
Kammerbotenstr.	**AY** 17
Kanalstr.	**AZ** 18
Kreta-Brücke	**BZ** 19
Kurstr.	**AY** 22
Lange Gasse	**BZ** 23
Ludwigstr.	**AYZ** 27
Maximilianstr.	**AY**
Münchner Allee	**AY** 29
Poststr.	**AZ** 32
Rathauspl.	**AZ** 33
Reichenbachstr.	**BZ** 34
Salinenstr.	**AZ** 38
Salzburger Str.	**AY**
Schillerallee	**BZ** 39
Staatsstr.	**BZ** 40
Strailachweg	**BZ** 42
Tiroler Str.	**AZ** 43
Traunfeldstr.	**AY, BZ** 44
Turnergasse	**AZ** 47
Vogltnennstr.	**BZ** 48
Wisbacherstr.	**AY** 49

Erika garni
Adolf-Schmid-Str. 3 ⊠ *83435 –* ℰ *(08651) 9 53 60*
– www.hotel-pension-erika.de
– geschl. November - Februar **AYu**
29 Zim – †38/52 € ††68/96 €

♦ Aus dem Jahre 1898 stammt die schön restaurierte Villa mit hübschem Garten, die freundlich vom Inhaber geführt wird. Viele der gepflegten Zimmer bieten Sicht auf die Berge. Besonderheit ist eine Juniorsuite mit Massagedusche.

Hofwirt
Salzburger Str. 21 ⊠ *83435 –* ℰ *(08651) 9 83 80*
– www.hofwirt.de – geschl. 3. - 28. November **AYk**
21 Zim – †40/45 € ††80/90 € – ½ P 13 € – 1 Suite
Rest – *(geschl. Montagmittag)* Menü 20 € – Karte 20/41 €

♦ Am Zentrumsrand nahe dem Bahnhof steht der historische Gasthof von 1542 mit soliden Zimmern in rustikalem Stil und einem eigenen kleinen Volkstheater. Ländliche Gaststuben mit nettem Terrassenbereich unter Bäumen. Man kocht mit vielen Produkten aus der Region.

REICHENHALL, BAD

XX **Parkhotel Luisenbad** – Parkhotel Luisenbad
Ludwigstr. 33 ✉ *83435* – ℰ *(08651) 60 40*
– *www.parkhotel.de* – *geschl. 17. Januar - 9. März* AYe
Rest – Karte 26/50 €

◆ Klassisch und dennoch alpenländisch-rustikal präsentiert sich das Restaurant (mit internationaler und regionaler Küche) seinen zahlreichen Stammgästen; diese schätzen die persönliche Führung des Hauses sehr.

In Bad Reichenhall-Nonn

 Neu-Meran
Nonn 94 ✉ *83435* – ℰ *(08651) 40 78*
– *www.hotel-neu-meran.de* – *geschl. Mitte Januar - Mitte Februar, Anfang November - Anfang Dezember* BZk
22 Zim – †64/98 € ††128/150 € – ½ P 23 € – 8 Suiten
Rest – *(geschl. Dienstag, Mittwochmittag)* Karte 20/53 €

◆ Der von Familie Weber gut geführte Berggasthof liegt ruhig in toller Aussichtslage über dem Ort - man blickt auf Bad Reichenhall und den Predigtstuhl. Schöne Suiten und Juniorsuiten. Das Restaurant mit netter Terrasse bietet regionale und internationale Küche.

Am Thumsee West: 5 km über Staatsstraße BZ

 Haus Seeblick
Thumsee 10 ✉ *83435 Bad Reichenhall* – ℰ *(08651) 9 86 30*
– *www.hotel-seeblick.de* – *geschl. November - 2. Dezember*
50 Zim (inkl. ½ P.) – †68/79 € ††136/158 € – 4 Suiten
Rest – *(geschl. Sonntagmittag) (nur für Hausgäste)*

◆ Die Lage oberhalb des Sees und Angebote wie Blockhaussauna, Kosmetik, Massage und Reiten zählen hier zu den Annehmlichkeiten. Die meisten Zimmer mit Aussicht. Eigenes Quellwasser.

 Hubertus
Thumsee 5 ✉ *83435 Bad Reichenhall* – ℰ *(08651) 22 52*
– *www.hubertus-thumsee.de* – *geschl. 7. November - 10. Dezember*
20 Zim – †29/39 € ††58/78 € – ½ P 12 € – 2 Suiten
Rest – *(nur für Hausgäste)*

◆ Familie Winkler betreibt engagiert ihre Pension am Thumsee, den man von den meisten Zimmern aus sieht. Die herrliche große Liegewiese bietet direkten Zugang zum See.

In Bayerisch Gmain

 Amberger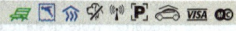
Schillerallee 5 ✉ *83457* – ℰ *(08651) 9 86 50*
– *www.amberger-hotel.de* – *geschl. November - 6. Dezember, 22. März - 2. April*
17 Zim – †36/47 € ††62/86 € – ½ P 15 € BZu
Rest – *(geschl. Samstag - Sonntag) (nur für Abendessen für Hausgäste)*

◆ Ein sympathisches kleines Hotel mit nettem Garten und gepflegten Gästezimmern, die teilweise eine schöne Aussicht auf die Berge bieten.

REICHENSCHWAND – Bayern – siehe Hersbruck

REICHENWALDE – Brandenburg – **542** – 1 120 Ew – Höhe 68 m 23 Q9
▶ Berlin 68 – Potsdam 76 – Storkow 6 – Fürstenwalde 14

 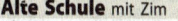 **Alte Schule** mit Zim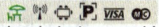
Kolpiner Str. 2 ✉ *15526* – ℰ *(033631) 5 94 64* – *www.restaurant-alteschule.de* – *geschl. 23. Januar - 8. Februar, 29. Oktober - 14. November und Dienstag, November - März: Dienstag - Mittwoch*
7 Zim – †59/65 € ††79/85 € – 1 Suite
Rest – Menü 24 € (vegetarisch)/29 € – Karte 29/41 €

◆ Mit typischer Landküche verköstigt man Sie in der ehemaligen Dorfschule - probieren sollte man die schmackhaften Gerichte wie die Brandenburger Ente. Das Haus bietet einen netten Rahmen, sympathisch sind das schlicht-moderne Ambiente und der freundliche Service. Die ebenfalls geradlinig-neuzeitlich gestalteten Gästezimmer sind nach Schulfächern benannt.

REICHERTSHAUSEN – Bayern – **546** – 4 910 Ew – Höhe 448 m   **58** L19
▶ Berlin 555 – München 47 – Augsburg 89 – Landshut 75

In Reichertshausen-Langwaid Süd-Wes: 6 km, Richtung Hilgertshausen, in Laushan rechts ab

XX **Maurerwirt**
Scheyerer Str. 3 ⊠ 85293 – ℘ (08137) 80 90 66 – www.maurerwirt.de – geschl. Montag - Dienstag, außer an Feiertagen
Rest – (Mittwoch - Samstag nur Abendessen) Menü 36/61 € – Karte 34/48 €
♦ Geschmackvoll hat man die Stuben dieses Gasthauses im rustikalen Stil eingerichtet. Georg Grimm leitet den Familienbetrieb in der 4. Generation und bietet eine sorgfältig zubereitete zeitgemäße Küche aus frischen Produkten.

REICHSHOF – Nordrhein-Westfalen – **543** – 19 710 Ew – Höhe 370 m   **37** D12
– Wintersport: 500 m ⚡ 2 ⚡ – **Heilklimatischer Kurort**
▶ Berlin 574 – Düsseldorf 97 – Bonn 87 – Olpe 22
🛈 Barbarossa Str. 5, ⊠ 51580, ℘ (02265) 4 70, www.reichshof.de
⛳ Reichshof, Hasseler Str. 2a, ℘ (02297) 71 31

In Reichshof-Hespert

XX **Ballebäuschen**
Hasseler Str. 10 ⊠ 51580 – ℘ (02265) 93 94 – www.ballebaeuschen.de
– geschl. Montag - Dienstag
Rest – Menü 35/70 € – Karte 28/75 €
♦ Mit Engagement umsorgt Familie Allmann ihre Gäste in diesem hübschen ländlich-charmanten Restaurant - benannt nach einem Gebäck. Gut ist die international beeinflusste klassisch-saisonale Küche. Schöne Gartenterrasse.

REIL – Rheinland-Pfalz – **543** – 1 070 Ew – Höhe 105 m   **46** C15
▶ Berlin 673 – Mainz 110 – Trier 62 – Bernkastel-Kues 34

🏠 **Reiler Hof** (mit Gasthof zur Traube)
Moselstr. 27 ⊠ 56861 – ℘ (06542) 26 29 – www.reiler-hof.de – geschl. 28. November - 16. Februar
23 Zim 🍴 – †40/50 € ††68/80 € – 1 Suite
Rest *Heim's Restaurant* – Karte 18/50 €
♦ Aus zwei Fachwerkhäusern besteht das direkt an der Moselpromenade gelegene Hotel. Wohnliche, im Landhausstil eingerichtete Zimmer stehen bereit. Rustikal und zum Teil mit eleganter Note gestalteter Restaurantbereich. Ländlich-gemütlich: die Kachelstube.

REINBEK – Schleswig-Holstein – **541** – 25 880 Ew – Höhe 27 m   **10** J5
▶ Berlin 272 – Kiel 113 – Hamburg 30 – Lübeck 56
⛳ Wentorf, Golfstr. 2, ℘ (040) 72 97 80 68
⛳ Dassendorf, Am Riesenbett, ℘ (04104) 61 20
⛳ Escheburg, Am Soll 3, ℘ (04152) 8 32 04

 Waldhaus Reinbek
Loddenallee 2 ⊠ 21465 – ℘ (040) 72 75 20 – www.waldhaus.de
50 Zim – †130/139 € ††150/155 €, 🍴 17 € – 2 Suiten   **Rest** – Karte 36/62 €
♦ Auffallend an diesem von Wald umgebenen Haus ist das markante steile Dach mit den vielen kleinen Gauben. Darunter verbergen sich wohnliche Zimmer im eleganten Landhausstil. Zum Restaurant mit Showküche gehören die Orangerie, der Pavillon und die Zirbelstube.

🏨 **Sachsenwald-Hotel**
Hamburger Str. 4 ⊠ 21465 – ℘ (040) 72 76 10 – www.sachsenwaldhotel.de
60 Zim 🍴 – †80/87 € ††110/118 € – 2 Suiten
Rest *Maître* – (geschl. Samstagmittag, Sonntag) Karte 15/40 €
♦ Ein vorwiegend als Geschäftshotel genutztes Haus mit funktionell ausgestatteten Zimmern mit kleinem Balkon. Gute Konferenzmöglichkeiten in der angrenzenden Stadthalle. Restaurant mit Pub.

REINFELD – Schleswig-Holstein – 541 – 8 500 Ew – Höhe 19 m
10 J4
▶ Berlin 291 – Kiel 66 – Lübeck 18 – Hamburg 57

🏠 Gästehaus Freyer garni
Bolande 41a ✉ *23858* – ℰ *(04533) 7 00 10* – *www.hotel-freyer.de*
11 Zim 🖃 – †42/45 € ††58/60 €
♦ Diese familiengeführte kleine Pension am Rand von Reinfeld bietet Ihnen sehr gepflegte Zimmer mit Balkon bzw. Terrasse sowie eine nette Außenanlage.

🏠 Stadt Reinfeld garni
Bischofsteicher Weg 1 ✉ *23858* – ℰ *(04533) 20 80 20* – *www.hotel-stadt-reinfeld.de*
– geschl. 23. Dezember - 1. Januar
15 Zim 🖃 – †56 € ††76 €
♦ Das kleine Hotel befindet sich in der Ortsmitte in einem Eckhaus mit Türmchen und ist mit seinen soliden, praktisch eingerichteten Zimmern eine funktionelle Adresse.

REIT im WINKL – Bayern – 546 – 2 340 Ew – Höhe 696 m – Wintersport: 1
67 N21
869 m ⛷14 ⛄ – Luftkurort
▶ Berlin 696 – München 111 – Bad Reichenhall 50 – Rosenheim 52
🛈 Dorfstr. 38, ✉ 83242, ℰ (08640) 8 00 20, www.reitimwinkl.de
⛳ Reit im Winkl-Kössen, ℰ (08640) 79 82 50

🏨 Unterwirt
Kirchplatz 2 ✉ *83242* – ℰ *(08640) 80 10* – *www.unterwirt.de*
73 Zim 🖃 – †73/139 € ††146/278 € – ½ P 21 € – 2 Suiten
Rest – Menü 15 € (mittags) – Karte 20/66 €
♦ Im 14. Jh. erbaut und im Jahre 1612 erstmals als Schankwirtschaft erwähnt, ist das Anwesen ein gestandener bayerischer Gasthof mit schöner wohnlich-rustikaler Einrichtung. Großer Restaurantbereich in regionstypischem Stil.

🏠 Edelweiß (mit Gästehaus)
Am Grünbühel 1 ✉ *83242* – ℰ *(08640) 9 88 90* – *www.edelweiss-hotel.de* – *geschl. November, April 3 Wochen*
20 Zim 🖃 – †40/59 € ††70/94 € – ½ P 14 € – 1 Suite
Rest – *(geschl. Mittwochabend, Sonntagabend) (nur für Hausgäste)*
♦ Nicht umsonst hat dieses familiäre kleine Haus hinter der Kirche viele Stammgäste. Es ist eine sehr gepflegte und von der Chefin freundlich geführte Adresse mit fairen Preisen. Die Zimmer im Gästehaus sind etwas einfacher.

✕✕ Klauser's Restaurant
Birnbacher Str. 8 ✉ *83242* – ℰ *(08640) 84 24* – *www.klausers.de* – *geschl. 10. April - 11. Mai, 1. November - 18. Dezember und Montag*
Rest – *(nur Abendessen) (Tischbestellung ratsam)* Menü 72/84 € – Karte 36/67 €
♦ Seit rund 30 Jahren bewirten Wolfgang und Brigitte Klauser ihre Gäste mit klassisch-regionaler Küche. Außen üppiger Geranienschmuck, innen liebenswerter Zierrat und viel Holz.

RELLINGEN – Schleswig-Holstein – 541 – 13 680 Ew – Höhe 9 m
10 I5
▶ Berlin 304 – Kiel 92 – Hamburg 22 – Bremen 124

In Rellingen-Krupunder Süd-Ost: 5 km über A 23 Richtung Hamburg, Abfahrt Halstenbek-Krupunder:

🏨 Fuchsbau
Altonaer Str. 357 (siehe Stadtplan Hamburg) ✉ *25462* – ℰ *(04101) 3 82 50*
– www.hotel-fuchsbau.de – geschl. 23. Dezember - 3. Januar
Rb
40 Zim 🖃 – †72/78 € ††93/99 €
Rest – *(geschl. Sonntag und an Feiertagen) (nur Abendessen)* Karte 23/50 €
♦ Aufmerksam und freundlich kümmert man sich in diesem sehr gepflegten Familienbetrieb um seine Gäste, auf die individuelle und wohnliche Zimmer sowie ein gutes Frühstücksbuffet warten. Klassisch gehaltenes Restaurant mit hübscher Gartenterrasse.

REMAGEN – Rheinland-Pfalz – 543 – 16 140 Ew – Höhe 60 m
36 C13
▶ Berlin 610 – Mainz 142 – Bonn 19 – Koblenz 38
🛈 Bachstr. 2, ✉ 53424, ℰ (02642) 2 01 87, www.remagen.de

REMAGEN

In Remagen-Rolandseck Nord: 6 km

Düsseldorfer Hof - Hotel Benecke
Bonner Str. 59, (B 9) ✉ *53424 –* ✆ *(02228) 81 48 – www.benecke-hotel-remagen.de*
14 Zim – †48/55 € ††80/94 € – 1 Suite
Rest – *(geschl. Freitag - Samstagmittag)* Karte 18/26 €

• In dem familiär geleiteten kleinen Hotel beim Arp-Museum erwarten Sie zeitgemäße und funktionelle Gästezimmer, nach hinten ruhiger gelegen. Helles, freundliches Restaurant mit großer Glasfront.

In Remagen-Rolandswerth Nord: 14 km, auf dem Rodderberg, Anfahrt über Bonn-Mehlem Richtung Wachtberg, Zufahrt für PKW Samstag, Sonntag sowie an Feiertagen bis 18 Uhr gesperrt

XX Rolandsbogen
(Zufahrt über Vulkanstraße) ✉ *53424 Remagen –* ✆ *(02228) 43 34 34 40*
– www.rolandsbogen.de – geschl. Januar - Februar und Montag - Dienstag
Rest – Menü 35 € (mittags) – Karte 33/51 €

• Ein Restaurant mit grandioser Aussicht. Das Interieur ist ein geschickter Mix aus Klassischem und Modernem. Michael Gossler kocht hier ambitioniert und zeitgemäß. Mittagsmenü zu fairem Preis.

REMCHINGEN – Baden-Württemberg – **545** – 11 800 Ew – Höhe 160 m 54 F18
▶ Berlin 673 – Stuttgart 54 – Karlsruhe 21 – Pforzheim 14

In Remchingen-Wilferdingen

Zum Hirsch
Hauptstr. 23 ✉ *75196 –* ✆ *(07232) 7 96 36 – www.hirsch-remchingen.de*
17 Zim – †58/65 € ††86/99 € – ½ P 12 €
Rest *Zum Hirsch* – siehe Restaurantauswahl

• Das kleine Hotel unweit von Pforzheim ist ein gepflegter erweiterter Gasthof, der Ihnen solide ausgestattete Zimmer und einen hübschen Garten mit Terrasse bietet.

X Zum Hirsch – Hotel Zum Hirsch
Hauptstr. 23 ✉ *75196 –* ✆ *(07232) 7 96 36 – www.hirsch-remchingen.de*
– geschl. Januar 2 Wochen, August 2 Wochen und Sonntag - Montagmittag
Rest – Menü 26 € (mittags)/45 € – Karte 32/48 €

• In dem 1688 erbauten Fachwerkhaus begrüßt Sie Gastgeberin Britta Nagy freundlich. Das Restaurant ist gemütlich. Das Küchen-Team überzeugt mit Gerichten aus der Region wie Rostbraten oder Bio-Maultaschen. Mittags kleineres Angebot! Auch Kochkurse.

REMSCHEID – Nordrhein-Westfalen – **543** – 111 430 Ew – Höhe 365 m 36 C12
▶ Berlin 535 – Düsseldorf 40 – Köln 43 – Lüdenscheid 35
ADAC Bismarckstr. 12

XXX Concordia - Heldmann's Restaurant
Brüderstr. 56 ✉ *42853 –* ✆ *(02191) 29 19 41 – www.heldmanns-restaurant.de*
– geschl. Anfang Januar 1 Woche, Juli - August 3 Wochen und Samstagmittag, Sonntag - Montag sowie an Feiertagen a
Rest – Menü 44/89 € – Karte 68/78 €
Rest *Fifty Six* – siehe Restaurantauswahl
Spez. Carpaccio von der Meeräsche mit Nordseekrabben und Spargelsalat. Filet und Backe vom Bergischen Kalb mit Kaiserschoten, Ingwermöhren und Gänselebertortellini. Claudias Schwarzwälder Kirsch.

• Das Restaurant befindet sich in den eleganten hohen Räumen einer schmucken Industriellenvilla von 1889. Ulrich Heldmann lässt in seine klassische Küche saisonale Elemente mit einfließen.

X Fifty Six – Concordia - Heldmann's Restaurant
Brüderstr. 56 ✉ *42853 –* ✆ *(02191) 29 19 41 – www.heldmanns-restaurant.de – geschl. Anfang Januar 1 Woche, Juli - August 3 Wochen, Samstagmittag, Sonntag - Montag sowie an Feiertagen* a
Rest – Menü 32 € – Karte 30/52 €

• Das zweite Concordia-Restaurant ist das freundliche Bistro Fifty Six. Hier setzt der Chef auf frische regionale Küche, bietet aber auch einige internationale Speisen; so finden sich auf der Karte Gerichte wie Entenbrust oder Tafelspitz.

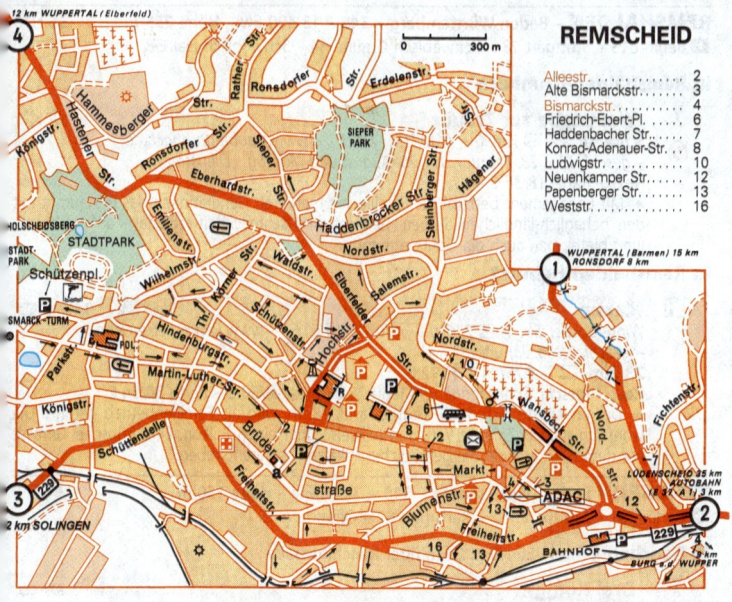

REMSCHEID

Alleestr.	2
Alte Bismarckstr.	3
Bismarckstr.	4
Friedrich-Ebert-Pl.	6
Haddenbacher Str.	7
Konrad-Adenauer-Str.	8
Ludwigstr.	10
Neuenkamper Str.	12
Papenberger Str.	13
Weststr.	16

In Remscheid-Grund Nord: 5 km über Haddenbacher Straße

Der Grund
Grund 41 ✉ 42855 – ℰ (02191) 5 92 70 04 – www.der-grund.com
– geschl. Montag
Rest – Karte 28/57 €
♦ Hier lässt es sich in familiärer Atmosphäre gemütlich speisen, auf den Tisch kommt Regionales. Dienstags-Aktion: Überraschungsmenü. Auch für Veranstaltungen ist das Haus beliebt.

In Remscheid-Lüttringhausen Nord-Ost: 6 km über Haddenbacher Straße

Fischer (mit Gästehaus)
Lüttringhauser Str. 131 (B 51) ✉ 42899 – ℰ (02191) 9 56 30
– www.hotel-fischer-remscheid.de – geschl. 22. Dezember - 3. Januar
50 Zim ☕ – †69/125 € ††89/140 €
Rest – (geschl. Samstagmittag) Karte 20/42 €
♦ Das Haus liegt günstig: nur ca. 200 m von der Autobahnausfahrt und dennoch im Grünen. Es ist ein tipptopp gepflegter Familienbetrieb, in dessen Gästehaus man komfortabler wohnt. Das bürgerliche Restaurant ist im traditionellen bergischen Gasthof untergebracht.

REMSECK am NECKAR – Baden-Württemberg – **545** – 23 290 Ew – Höhe 212 m — **55** G18

▶ Berlin 625 – Stuttgart 17 – Heilbronn 44 – Nürnberg 198

In Remseck-Aldingen

Schiff
Neckarstr. 1 ✉ 71686 – ℰ (07146) 9 05 40 – www.restaurant-schiff.de – geschl. Februar 1 Woche und Mittwoch - Donnerstag
Rest – Menü 34 € – Karte 21/48 €
♦ Das nette familiengeführte Gasthaus nicht weit vom Neckar beherbergt ein helles Restaurant, in dem man regionale Küche, aber auch asiatische Gerichte serviert.

REMSHALDEN – Baden-Württemberg – 545 – 13 400 Ew – Höhe 255 m 55 H18
▶ Berlin 615 – Stuttgart 23 – Schwäbisch Gmünd 34 – Schwäbisch Hall 58

In Remshalden-Grunbach

Weinstube zur Traube
Schillerstr. 27 ⊠ 73630 – ℰ (07151) 7 99 01 – www.traube-grunbach.de
– geschl. 13. - 28. Februar, 1. - 26. August und Montag - Dienstag
Rest – Karte 18/36 €

♦ Mit Engagement betreibt die Familie seit mehreren Generationen das Restaurant mit den behaglich-ländlichen Stuben. Gekocht wird schmackhaft-regional - auf Vorbestellung bietet man auch ein Gourmetmenü.

In Remshalden-Hebsack

Lamm
Winterbacher Str. 1 ⊠ 73630 – ℰ (07181) 4 50 61 – www.lamm-hebsack.de
– geschl. 1. - 6. Januar
23 Zim – †75/84 € ††92 €
Rest – (geschl. Sonntagabend) Menü 28 € (mittags)/50 € – Karte 30/54 €

♦ Der erweiterte historische Gasthof a. d. 18. Jh. wird als Familienbetrieb geführt. Die wohnlich-soliden Zimmer verfügen teilweise über einen Balkon. Eine hübsche Terrasse vor dem Haus ergänzt die gemütlich-rustikalen Restaurantstuben.

RENCHEN – Baden-Württemberg – 545 – 7 320 Ew – Höhe 150 m 54 E19
▶ Berlin 731 – Stuttgart 132 – Karlsruhe 61 – Offenburg 15

In Renchen-Erlach Süd-Ost: 2 km über Renchtalstraße

Drei Könige
Erlacher Str. 1 ⊠ 77871 – ℰ (07843) 22 87 – www.3-koenige.de
– geschl. Juli 2 Wochen und Mittwoch
Rest – Menü 36 € (mittags) – Karte 21/46 €

♦ Ein familiengeführtes Gasthaus am Ortsausgang mit gemütlich-bürgerlichem Charakter. Im holzvertäfelten Hanauer-Stüble kommt regionale Küche auf den Tisch.

RENDSBURG – Schleswig-Holstein – 541 – 28 200 Ew – Höhe 6 m 2 I3
▶ Berlin 368 – Kiel 36 – Neumünster 38 – Schleswig 30
🛈 Schiffbrückenplatz 17, ⊠ 24768, ℰ (04331) 2 11 20, www.tinok.de
🏌 Sorgbrück, Am Golfplatz, ℰ (04336) 99 91 11

ConventGarten
Hindenburgstr. 38 ⊠ 24768 – ℰ (04331) 5 90 50 – www.conventgarten.de
48 Zim – †71/109 € ††112/151 €   **As**
Rest – Menü 29 € – Karte 26/41 €

♦ Neuzeitliche Zimmer, gute Veranstaltungsmöglichkeiten sowie die Anbindung an die Autobahn und das Zentrum sprechen für dieses Businesshotel am Nord-Ostsee-Kanal.

In Büdelsdorf Nord-Ost: 4 km über B 203 Richtung Eckernförde

Heidehof garni
Hollerstr. 130 (B 203) ⊠ 24782 – ℰ (04331) 34 30 – www.heidehof.de
108 Zim – †86/96 € ††117 €, ⊇ 10 € – 6 Suiten

♦ Mit seiner verkehrsgünstigen Lage nahe der Autobahn und der neuzeitlich-funktionellen Einrichtung ist das komfortable Hotel besonders auf Geschäftsreisende ausgelegt.

Am Bistensee Nord-Ost: 12 km über B 203 in Richtung Eckernförde, in Holzbunge Richtung Alt-Duvenstedt

Seehotel Töpferhaus (mit Gästehaus)
Am See ⊠ 24791 Alt-Duvenstedt – ℰ (04338) 9 97 10
– www.toepferhaus.com
46 Zim – †90/135 € ††125/190 €
Rest *Gourmetrestaurant Töpferhaus* ✿ – siehe Restaurantauswahl
Rest *Pesel* – Menü 46 € – Karte 40/57 €

♦ Hier am Bistensee genießt man Ruhe und eine herrliche Aussicht. Einige der Zimmer liegen zum See hin, Juniorsuiten mit Terrasse und Zugang zum Garten. Es steht ein Privatstrand zur Verfügung.

RENDSBURG

Gourmetrestaurant Töpferhaus – Seehotel Töpferhaus
Am See ⊠ 24791 Alt-Duvenstedt – ℰ (04338) 9 97 10
– www.toepferhaus.com – geschl. Januar und Sonntag - Montag
Rest – (nur Abendessen) Menü 79/109 € – Karte 75/95 €
Spez. Salat von Flusskrebsen mit Krustentier-Mayonnaise, gebrannte Mango, schwarze Nüsse. Milchkalb geschmort und gedämpft, junger Kohlrabi, Trüffel, Wachtelei, Cannellono. Himbeer-Champagnercreme, marinierte Himbeeren, eingeweckter Rhabarber, Sauerrahm-Himbeereis.
♦ Dieses Haus begnügt sich nicht mit dem Vorteil, in einer der herrlichsten Lagen Norddeutschlands zu stehen. Der Erfolg liegt auch darin, dass man den Gästen eine Kombination aus Eleganz, Freundlichkeit und erlesener Kulinarik (am Herd steht Oliver Pfahler) bietet. Gute Weinauswahl.

RENGSDORF – Rheinland-Pfalz – 543 – 2 610 Ew – Höhe 240 m   36 D13
– Heilklimatischer Kurort
▶ Berlin 607 – Mainz 118 – Koblenz 25 – Bonn 57
🛈 Westerwaldstr. 25, ⊠ 56579, ℰ (02634) 92 29 11, www.rengsdorfer-land.de

In Hardert Nord-Ost: 3 km über Friedrich-Ebert-Straße – Luftkurort

Corona mit Zim
Mittelstr. 13, (Hotel zur Post) ⊠ 56579 – ℰ (02634) 27 27 – www.restaurantcorona.de
– geschl. Juli - August 2 Wochen, November 2 Wochen und Montag - Dienstag
8 Zim ⊇ – †35 € ††66 €   **Rest** – Menü 30/60 € – Karte 25/51 €
♦ Mit diesem Restaurant führen Kerstin und Sergio Corona die Familientradition des über 100 Jahre alten "Hotel zur Post" fort. In wohnlichem Ambiente bieten sie schmackhafte mediterrane Küche mit italienischen Einflüssen sowie freundlichen Service. Günstige Mittagsmenüs.

RENNEROD – Rheinland-Pfalz – 543 – 3 780 Ew – Höhe 540 m   37 E13
▶ Berlin 551 – Mainz 87 – Siegen 87 – Limburg an der Lahn 28

Röttger
Hauptstr. 50, (B 54) ⊠ 56477 – ℰ (02664) 9 93 60 – www.hotel-roettger.de – geschl. Januar 2 Wochen
13 Zim ⊇ – †45/60 € ††75/90 €
Rest *Gourmetstübchen* – siehe Restaurantauswahl
Rest – (geschl. Sonntagabend - Montag) Menü 23 € – Karte 20/45 €
Rest *Die Scheune* – (gesch. Januar - Ostern, Oktober - April: Sonntagabend - Montag) (Montag - Samstag nur Abendessen) Karte 17/31 €
♦ Das Haus der Familie Röttger ist schon eine empfehlenswerte Adresse: Man kann gut übernachten (nämlich in gepflegten, zeitgemäß-wohnlichen Zimmern) und hat zudem diverse Restaurants zur Auswahl. Wem das Gourmetstübchen etwas zu gehoben ist, bekommt auch Internationales oder - ein bisschen rustikaler - bürgerliche Gerichte in der gemütlichen Scheune.

Gourmetstübchen – Restaurant Röttger
Hauptstr. 50, (B 54) ⊠ 56477 – ℰ (02664) 9 93 60 – www.hotel-roettger.de – geschl. Januar 2 Wochen und Sonntag - Montag
Rest – Menü 43/63 € – Karte 31/56 €
♦ Charmant leitet die Hausherrin den Service in dem netten Restaurant. Währenddessen steht ihr Mann Thomas Röttger am Herd und bekocht seine Gäste mit klassischen Speisen.

RENNINGEN – Baden-Württemberg – siehe Leonberg

REURIETH – Thüringen – 544 – 920 Ew – Höhe 350 m   40 J14
▶ Berlin 381 – Erfurt 89 – Coburg 39

In Reurieth-Trostadt Nord-West: 1 km

Landhotel Klostermühle
Dorfstr. 2 ⊠ 98646 – ℰ (036873) 2 46 90 – www.landhotel-klostermuehle.de
17 Zim ⊇ – †37/45 € ††50/60 € – 4 Suiten
Rest – (geschl. Januar - Februar) (Montag - Freitag nur Abendessen für Hausgäste) Karte 13/27 €
♦ Idyllisch! Aus einer alten Getreidemühle ist das kleine Hotel entstanden - charmant, günstig und nicht von der Stange. Man schläft in gemütlichen Zimmern und isst in liebenswerten Stuben oder im lauschigen Innenhof.

REUTLINGEN – Baden-Württemberg – 545 – 112 140 Ew – Höhe 382 m

55 G19

▶ Berlin 676 – Stuttgart 39 – Pforzheim 77 – Ulm (Donau) 75
ADAC Lederstr. 102 BZ
🛈 Marktplatz 2 AZ, ✉ 72764, ✆ (07121) 93 93 53 53, www.tourismus-reutlingen.de

REUTLINGEN

Beutterstr.	BZ 3
Georgenstr.	BZ 6
Gutenbergstr.	AZ 7
Kanzleistr.	ABZ 8
Karlstr.	ABY
Katharinenstr.	AZ 9
Marktpl.	AZ 14
Metzgerstr.	ABZ 15
Nikolaipl.	AZ 16
Oberamteistr.	ABZ 17
Rathausstr.	AZ 18
Schieferstr.	AY 19
Silberburgstr.	BY 20
Wilhelmstr.	AZ
Willy-Brandt-Pl.	AZ 25

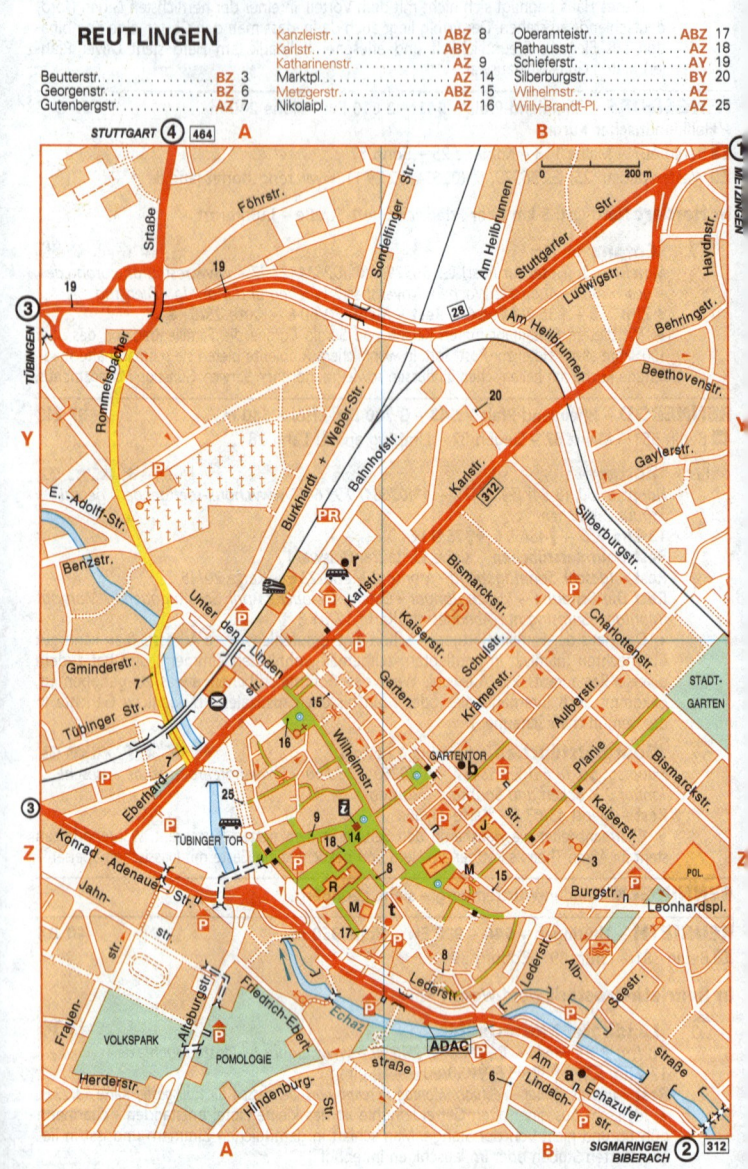

1046

REUTLINGEN

Württemberger Hof garni
Bahnhofstr. 12 ⊠ 72764 – ℰ (07121) 9 47 99 50 – www.hotel-wuerttemberger-hof.de
50 Zim – †82/110 € ††88/140 € – 1 Suite   AY**r**

• Das traditionelle Haus gegenüber dem Bahnhof wird seit vielen Jahren von der Inhaberfamilie geführt und bietet wohnliche Zimmer in frischen Farben, die teilweise klimatisiert sind.

City Hotel Fortuna
Am Echazufer 22 ⊠ 72764 – ℰ (07121) 92 40 – www.fortuna-hotels.de   BZ**a**
159 Zim – †70/115 € ††85/132 € – 4 Suiten
Rest – (geschl. Sonntag, Samstagmittag und an Feiertagen) Karte 26/61 €

• Ein Business- und Tagungshotel mit funktioneller Ausstattung in verkehrsgünstiger Lage. Im obersten Stock hat man einen modernen Fitnessraum mit Blick auf die Stadt.

Fürstenhof
Kaiserpassage 5 ⊠ 72764 – ℰ (07121) 31 80 – www.fuerstenhof-reutlingen.de   BZ**b**
51 Zim – †82/93 € ††88/122 €   **Rest** – (geschl. Sonntag) Karte 24/36 €

• Wer die Innenstadt kennen lernen möchte, hat mit diesem Hotel im Zentrum einen idealen Ausgangspunkt. Die Zimmer sind tipptopp gepflegt, zeitgemäß und technisch solide. Gemütlich-rustikal ist die Atmosphäre im Restaurant Furisto gegenüber.

Terrine
Deckerstr. 3 ⊠ 72764 – ℰ (07121) 38 12 18 – www.terrine-restaurant.de – geschl. Sonntag - Montag
Rest – Karte 27/56 €

• Als freundliches und recht puristisch gehaltenes Bistro präsentiert sich diese Adresse in der Nähe des Marktplatzes. Die Küche ist zeitgemäß-regional mit internationalen Einflüssen.

RHEDA-WIEDENBRÜCK – Nordrhein-Westfalen – **543** – 46 990 Ew   27 F10
– Höhe 72 m

▶ Berlin 418 – Düsseldorf 151 – Bielefeld 37 – Münster (Westfalen) 54

Im Stadtteil Rheda

König's
Berliner Str. 47, (Zufahrt über Bleichstraße) ⊠ 33378 – ℰ (05242) 40 80 60
– www.das-koenigs.de
26 Zim – †95/99 € ††115/119 €   **Rest** – Karte 20/43 €

• Das im Zentrum gelegene, aufwändig sanierte Stadthaus a. d. 18. Jh. besticht durch individuelle, modern-elegante Zimmer und einen sehr schönen Saunabereich. Das Restaurant vereint Bar, Lounge und Bistro. Man bietet internationale Küche, kleine Mittagskarte.

Reuter
Bleichstr. 3 ⊠ 33378 – ℰ (05242) 9 45 20 – www.hotelreuter.de – geschl. 27. Dezember - 6. Januar
33 Zim – †65/169 € ††99/189 €
Rest Bistro – **Rest** Reuter – siehe Restaurantauswahl

• Die Zimmer in dem freundlich-familiär geleiteten Haus sind chic, modern und individuell. Besonderheit: Dauergäste auf Zimmer Nr. 28 sind zwei Papageien. Appartements mit Küchenzeile.

Reuter – Hotel Reuter
Bleichstr. 3 ⊠ 33378 – ℰ (05242) 9 45 20 – www.hotelreuter.de – geschl. 27. Dezember - 6. Januar, Freitag - Samstagmittag
Rest – (Montag - Donnerstag nur Abendessen) Menü 37/98 € – Karte 40/72 €

• Gastgeberin Iris Bettinger setzt mit ihrem Menü (auch mit Weinbegleitung möglich) auf das wechselnde Marktangebot und auf Fleisch von heimischen Höfen. Wählen Sie einen Tisch im lichten Wintergarten oder auf der angrenzenden Terrasse zur Kirche!

Bistro – Hotel Reuter
Bleichstr. 3 ⊠ 33378 – ℰ (05242) 9 45 20 – www.hotelreuter.de – geschl. 27. Dezember - 6. Januar, Freitag - Samstagmittag
Rest – Menü 29 € – Karte 27/41 €

• Wenn's mal etwas legerer sein soll, bietet sich das nette intime Bistro des Hauses an. Hier kocht die Chefin in gewohnter guter Qualität schmackhafte regionale Gerichte, z. B. Tatar von der Regenbogenforelle mit gelierter Buttermilch. Auch Brasserie-Klassiker und Kleinigkeiten für Eilige.

RHEDA-WIEDENBRÜCK

Im Stadtteil Wiedenbrück

Ratskeller
Markt 11 - Lange Str. 40, (Eingang Lange Str. 40) ⊠ *33378 –* 𝒞 *(05242) 92 10*
– www.ratskeller-wiedenbrueck.de – geschl. 2. - 8. Januar
31 Zim – †79/148 € ††110/165 € **Rest** – Menü 36 € – Karte 32/56 €
♦ Das wunderschöne Fachwerkhaus von 1560 wurde zu einem Hotel erweitert, das bereits in der 5. Generation als Familienbetrieb geführt wird. Die Zimmer sind hübsch und individuell. Gemütlich sitzt man in den historischen Gasträumen. Terrasse am Marktplatz.

RHEDE – Nordrhein-Westfalen – **543** – 19 430 Ew – Höhe 30 m — **25** B10
▶ Berlin 553 – Düsseldorf 82 – Bocholt 8 – Enschede 54
🛈 Rathausplatz 9, ⊠ 46414, 𝒞 (02872) 93 01 00, www.rhede.de

In Rhede-Krechting Süd: 2,5 km

Zur alten Post (mit Gästehaus)
Krommerter Str. 6 ⊠ *46414 –* 𝒞 *(02872) 9 27 30 – www.hotel-elbers.de*
18 Zim – †50/53 € ††80/84 €
Rest *– (Montag - Samstag nur Abendessen)* Karte 18/37 €
♦ Seit 1921 befindet sich das sehr gepflegte kleine Hotel im Familienbesitz. Es erwarten Sie wohnliche, zeitgemäße Zimmer und ein heller Frühstücksraum.

RHEINBACH – Nordrhein-Westfalen – **543** – 27 100 Ew – Höhe 175 m — **36** C13
▶ Berlin 626 – Düsseldorf 87 – Köln 52 – Bonn 29

Raths am Bürgerhaus
Am Bürgerhaus 5 ⊠ *53359 –* 𝒞 *(02226) 90 06 88 – www.raths-am-buergerhaus.de*
– geschl. Montag
Rest – Menü 20/55 € – Karte 23/52 €
♦ Sehr nett sitzt man in dem Fachwerkhäuschen an schönen blanken Holztischen. In rustikaler Atmosphäre bietet man Speisen von bürgerlich bis klassisch.

RHEINE – Nordrhein-Westfalen – **543** – 76 530 Ew – Höhe 35 m — **16** D8
▶ Berlin 470 – Düsseldorf 166 – Nordhorn 39 – Enschede 45
ADAC Tiefe Str. 32
🛈 Bahnhofstr. 14, ⊠ 48431, 𝒞 (05971) 80 06 50, www.rheine.de
⛳ Rheine - Gut Winterbrock, Wörstr. 201, 𝒞 (05975) 94 90

City Club Hotel garni
Humboldtplatz 8 ⊠ *48429 –* 𝒞 *(05971) 8 08 00 – www.cch-rheine.de – geschl. über Weihnachten*
57 Zim – †77/100 € ††99/129 € – 2 Suiten
♦ In dem direkt mit der Stadthalle verbundenen Hotel erwarten Sie ein moderner Hallenbereich, zeitgemäß-funktional eingerichtete Zimmer und kostenfreies W-Lan.

Zum Alten Brunnen (mit Gästehäusern)
Dreierwalder Str. 25 ⊠ *48429 –* 𝒞 *(05971) 96 17 15 – www.zumaltenbrunnen.de*
– geschl. 24. Dezember - 2. Januar
16 Zim – †85/128 € ††98/128 € – 4 Suiten
Rest *– (geschl. Sonntag) (nur Abendessen)* Karte 28/57 €
♦ Das reizende Häuser-Ensemble mit schönem Innenhof ist ein engagiert geführter kleiner Familienbetrieb mit Atmosphäre. Man wohnt in geschmackvoll und stimmig eingerichteten Zimmern mit guter Technik. Hübsche Deko mit dem Elefantenthema. Angenehm sitzt man in gemütlichen Restaurant mit Kamin oder auf der Gartenterrasse.

Beesten
Eichenstr. 3 ⊠ *48431 –* 𝒞 *(05971) 32 53 – www.restaurant-beesten.de – geschl. Anfang Juli 2 Wochen und Donnerstag*
Rest – Menü 33/53 € – Karte 30/48 €
♦ Familie Beesten betreibt das freundliche Restaurant bereits seit 1906. Mit aufmerksamem Service und gutem Essen sorgen die sympathischen Gastgeber für Ihr Wohl. Man kocht schmackhaft und saisonal auf klassischer Basis - probieren Sie z. B. Kalbssteak mit Flusskrebsen auf Bärlauchbutter.

RHEINE

In Rheine-Mesum Süd-Ost: 7 km über B 481

✕ **Altes Gasthaus Borcharding** mit Zim
Alte Bahnhofstr. 13 ✉ 48432 – ☏ (05975) 12 70 – www.borcharding.de – geschl. Sonntag
9 Zim – †47/70 € ††69/93 €
Rest – *(Montag - Samstag nur Abendessen)* Karte 24/63 €
♦ Seit 1712 ist der westfälische Gasthof in Familienhand. Reichlich Zierrat unterstreicht die gemütliche Atmosphäre im Restaurant. Hübsche Weinstube und verglaster Innenhof für Extras. Die Gästezimmer sind teilweise besonders nett und wohnlich.

RHEINFELDEN – Baden-Württemberg – **545** – 32 220 Ew – Höhe 280 m   **61** D21
▶ Berlin 838 – Stuttgart 284 – Freiburg im Breisgau 84 – Bad Säckingen 15

✕✕ **I Fratelli**
Rheinbrückstr. 8, (im Haus Salmegg, am Grenzübergang) ✉ 79618 – ☏ (07623) 3 02 54 – www.ristorante-i-fratelli.de – geschl. Anfang Januar 1 Woche, Mitte August 2 Wochen und Montag
Rest – Karte 38/68 €
♦ Das Restaurant der Brüder Lamano befindet sich in einer historischen Villa direkt am Rhein. Sie speisen unter schönen Gewölbedecken oder auf der Terrasse zum Fluss.

In Rheinfelden-Eichsel Nord: 6 km über B 316, in Degerfelden rechts

🏠 **Landgasthaus Maien**
Maienplatz 2 ✉ 79618 – ☏ (07623) 7 21 50 – www.gasthaus-maien.de
21 Zim – †63/81 € ††94/120 €
Rest – *(geschl. Freitag)* Menü 13 € (mittags)/35 € – Karte 15/43 €
♦ Das zum Hotel erweiterte Gasthaus von 1749 wird familiär geleitet und hält für seine Gäste funktionell eingerichtete Zimmer bereit. Das Restaurant teilt sich in die rustikale Stube und den lichten Wintergarten mit Aussicht. Davor die Terrasse unter Kastanien.

✕ **Elke**
Saaleweg 8 ✉ 79618 – ☏ (07623) 44 37 – www.restaurant-elke.de – geschl. Montag - Dienstag
Rest – *(Tischbestellung ratsam)* Menü 18 € (mittags)/68 € – Karte 19/48 €
♦ Familie Pelz bietet hier international-saisonale Küche mit bürgerlichem Einfluss. Vom Restaurant und vor allem von der Terrasse blickt man bis zu den Schweizer Alpen.

In Rheinfelden-Riedmatt Nord-Ost: 5 km über B 34

🏠 **Storchen**
Brombachstr. 3 (B 34) ✉ 79618 – ☏ (07623) 7 51 10 – www.storchen.com
22 Zim – †68/90 € ††90/120 €
Rest – *(geschl. 28. Dezember - 11. Januar und Donnerstagmittag, Freitag - Samstagmittag)* Karte 35/52 €
♦ Die Gästezimmer in dem von Alexandra Mußler gut geführten Hotel sind individuell und wohnlich gestaltet, teilweise mit mediterraner Note. Auf der Terrasse des Restaurants bietet man im Sommer Salatbuffet und Grillstation.

RHEINSBERG – Brandenburg – **542** – 8 580 Ew – Höhe 61 m – Erholungsort   **22** O6
▶ Berlin 88 – Potsdam 125 – Neubrandenburg 70
🛈 Markt, ✉ 16831, ☏ (033931) 3 99 81, www.rheinsberg.de
◉ Schloss Rheinsberg ★

🏨 **Schloss Hotel**
Seestr. 13 ✉ 16831 – ☏ (033931) 3 90 59 – www.schlosshotel-rheinsberg.de – geschl. Januar - Februar
29 Zim – †53/70 € ††85/105 €, 🍽 8 € – 1 Suite **Rest** – Karte 22/32 €
♦ Das ursprünglich a. d. J. 1827 stammende Hotel liegt in Schloss- und Seenähe und bietet wohnliche, individuelle Gästezimmer sowie eine Lounge und eine nette Cocktailbar. Das Restaurant ist ein kleines Steakhaus.

RHEINSBERG

Der Seehof   🛎 ♿ Zim, 🍴 VISA ⊕ AE
Seestr. 18 ✉ 16831 – 📞 (033931) 40 30 – www.seehof-rheinsberg.de
11 Zim 🖃 – †65/75 € ††100/125 €   **Rest** – Menü 25/43 € – Karte 24/38 €
♦ Sie finden das ehemalige Ackerbürgerhaus von 1750 ca. 100 m vom See entfernt. Hinter der frischen hellblauen Fassade erwartet Sie ein gepflegtes und freundliches Ambiente. Restaurant mit saisonal geprägter klassischer und regionaler Küche. Schöner Innenhof.

RHODT unter RIETBURG – Rheinland-Pfalz – siehe Edenkoben

RIEDEN (KREIS AMBERG-SULZBACH) – Bayern – **546** – 2 900 Ew   **51** M17
– Höhe 365 m

▶ Berlin 448 – München 165 – Regensburg 47 – Nürnberg 74

In Rieden-Kreuth Süd-West: 2 km

Waldhotel-Gut Mathesehof 🛎   🏡 ♨ 🛏 ♿ 🍴 Rest, 🐕 🅿 🚗
Kreuth 2, (Zufahrt über Hans-Nowak-Ring) ✉ 92286 VISA ⊕ AE
– 📞 (09624) 91 90 – www.gut-mathesehof.de
130 Zim 🖃 – †85 € ††115 € – 2 Suiten
Rest – *(geschl. Sonntagabend)* Karte 16/47 €
Rest *Gutsgasthof* – Karte 22/48 €
♦ Ideal für Pferdefreunde ist das zeitgemäße Hotel auf dem Gut Mathesehof, einer weitläufigen Anlage am Wald. Angeschlossen ist Europas größtes Reitsport- und Turnierzentrum. Restaurantterrasse mit schöner Sicht über die Region. Rustikaler Gutsgasthof ca. 500 m vom Hotel.

RIEGEL – Baden-Württemberg – **545** – 3 650 Ew – Höhe 181 m   **61** D20

▶ Berlin 796 – Stuttgart 187 – Freiburg im Breisgau 27 – Offenburg 45

Riegeler Hof (mit Gästehäusern)   🛎 🍴 Rest, 🍷 🅿 🚗 VISA ⊕ AE 🏦
Hauptstr. 69 ✉ 79359 – 📞 (07642) 68 50 – www.hotel-riegeler-hof.de
55 Zim 🖃 – †55/70 € ††85/95 € – 1 Suite
Rest – *(geschl. im Winter: Sonntagabend)* Menü 28/40 € – Karte 25/50 €
♦ Ein freundlich geführter Familienbetrieb mit gepflegten und wohnlich eingerichteten Gästezimmern. Etwas neuzeitlicher sind die Zimmer in den beiden Gästehäusern. Die Restaurantstuben sind in behaglich-alpenländischem Stil gehalten.

RIELASINGEN-WORBLINGEN – Baden-Württemberg – siehe Singen

RIENECK – Bayern – **546** – 2 040 Ew – Höhe 182 m – Erholungsort   **48** H15

▶ Berlin 512 – München 325 – Würzburg 47 – Fulda 72

Gut Dürnhof   ⇐ 🚴 🛎 🛥 ♨ 🍴 🐕 🅿 🚗 VISA ⊕ AE ⓓ
Burgsinner Str. 3 (Nord: 1 km) ✉ 97794 – 📞 (09354) 10 01 – www.mein-hotel.info
– geschl. 17. - 25. Dezember
27 Zim 🖃 – †63/82 € ††98/135 € – ½ P 25 €
Rest – *(Montag - Donnerstag nur Abendessen)* Karte 23/42 €
♦ Das aus einem Gutshof entstandene Hotel liegt schön am See und verfügt über einfachere oder auch komfortablere Zimmer. Zudem bietet man Ausritte und Gastpferdeboxen. Nette Gartenterrasse mit Seeblick.

RIESA an der ELBE – Sachsen – **544** – 34 330 Ew – Höhe 106 m   **33** P11

▶ Berlin 192 – Dresden 65 – Leipzig 62 – Meißen 27

In Zeithain-Moritz Nord-Ost: 3,5 km über B 169

Moritz an der Elbe 🛎   🚴 🛎 🛏 ♿ 🍴 Rest, 🍷 🐕 🅿 VISA ⊕
Dorfstr. 2 ✉ 01619 – 📞 (03525) 5 12 30 – www.hotel-moritz.de – geschl. 24. Dezember – 1. Januar
40 Zim 🖃 – †68/74 € ††86/96 €
Rest – *(Montag - Samstag nur Abendessen)* Karte 17/38 €
♦ Der mit wohnlichen Zimmern ausgestattete Familienbetrieb ist Teil eines Vierseitenhofes von 1823. Hinter dem Haus verläuft der Elbradwanderweg. Zeitlos-elegantes Restaurant mit bürgerlicher Küche. Eine Terrasse liegt im Innenhof, eine weitere zur Elbe.

RIETBERG – Nordrhein-Westfalen – 543 – 28 830 Ew – Höhe 78 m — 27 F10
▶ Berlin 423 – Düsseldorf 160 – Bielefeld 44 – Münster (Westfalen) 63

In Rietberg-Mastholte Süd-West: 7 km über Mastholter Straße

XX **Domschenke**
*Lippstädter Str. 1 ⊠ 33397 – ℰ (02944) 3 18 – www.domschenke-mastholte.de
– geschl. 1. - 9. Januar, 1. -15. April, 25. Juli - 15. August und Samstagmittag*
Rest – Karte 51/69 €
Rest *Gaststube* – siehe Restaurantauswahl
♦ Ein familiengeführtes Restaurant an einem kleinen Platz gegenüber der Kirche, das in klassischem Ambiente eine gehobene internationale Küche bietet.

X **Gaststube** – Restaurant Domschenke
*Lippstädter Str. 1 ⊠ 33397 – ℰ (02944) 3 18 – www.domschenke-mastholte.de
– geschl. 1. - 9. Januar, 1. - 15. April, 25. Juli - 15. August und Dienstag, Samstagmittag*
Rest – Karte 21/35 €
♦ Bereits in der dritten Generation sind die Sittingers Gastronomen aus Leidenschaft - eine gute Voraussetzung! Gerne sitzen Gäste im Sommer auf der Terrasse im Schatten der uralten Eichen!

RIETHNORDHAUSEN – Thüringen – 544 – 1 040 Ew – Höhe 160 m — 40 K12
▶ Berlin 275 – Erfurt 16 – Gotha 37 – Nordhausen 58

Landvogt
Erfurter Str. 29 ⊠ 99195 – ℰ (036204) 58 80 – www.hotel-landvogt.de
16 Zim – †53 € ††69 €, ⊇ 4 €
Rest – *(geschl. Samstag - Sonntag und an Feiertagen) (nur Abendessen)*
Karte 23/33 €
♦ Das erweiterte Fachwerkhaus an einer Kastanienallee ist ein familiär geführtes kleines Landhotel, das über zeitgemäße und funktionelle Gästezimmer verfügt. Helles Restaurant in zeitlosem Stil.

RIMSTING – Bayern – 546 – 3 680 Ew – Höhe 564 m – Luftkurort — 66 N21
▶ Berlin 653 – München 87 – Bad Reichenhall 61 – Wasserburg am Inn 24
🛈 Schulstr. 4, ⊠ 83253, ℰ (08051) 68 76 21, www.rimsting.de
◉ Chiemsee ★

Landhotel beim Has'n
Endorfer Str. 1 ⊠ 83253 – ℰ (08051) 60 95 90 – www.landhotelbeimhasn.de – geschl. 2. - 9. Januar
22 Zim ⊇ – †53/57 € ††80/90 € – ½ P 16 €
Rest – *(geschl. Mittwoch) (Montag, Donnerstag und Freitag nur Abendessen)*
Karte 13/29 €
♦ Zwei Schwestern betreiben das sympathische, wohnliche Landhotel, die Eltern das rustikale Wirtshaus. Man ist hier auf freundlich-familiäre Art sehr um die Gäste bemüht und bietet ein gutes Preis-Leistungs-Verhältnis. Auf den Tisch kommen regionale Speisen.

In Rimsting-Greimharting Süd-West: 4 km in Richtung Prien – Höhe 668 m

 Der Weingarten (mit Gästehaus)
*Weingarten 1, (Ratzinger Höhe) (Nord-West: 1 km) ⊠ 83253 – ℰ (08051) 17 75
– www.gasthof-weingarten.de – geschl. 10. Januar - 28. Februar*
25 Zim ⊇ – †48/52 € ††78/140 € – ½ P 15 € – 2 Suiten
Rest – *(geschl. Oktober - April: Freitag)* Karte 18/25 €
♦ Die traumhafte Lage auf der Ratzinger Höhe und die einmalige Aussicht auf den Chiemgau machen Lust auf Natur. Alle Zimmer und Appartements mit Balkon oder Terrasse. Im Restaurant isst man bürgerlich. Der Biergarten und die große Schnitzelkarte ziehen viele Gäste an.

RINGELAI – Bayern – 546 – 2 040 Ew – Höhe 425 m – Erholungsort 60 P18
▶ Berlin 535 – München 209 – Passau 35 – Regensburg 138

🏨 Landhotel Koller
Perlsreuter Str. 5 ✉ *94160* – ℰ *(08555) 9 70 00* – www.landhotel-koller.de
– geschl. 9. - 27. Januar
28 Zim – †38/47 € ††74/92 € – ½ P 13 €
Rest – *(geschl. im Winter: Montag)* Karte 23/31 €
• Die Gästezimmer in dem Familienbetrieb im Dorfkern sind sehr unterschiedlich geschnitten und eingerichtet, teilweise besonders geräumig und wohnlich. Die meisten Zimmer mit Balkon. In ländlichem Stil gehaltenes Restaurant.

RINGSHEIM – Baden-Württemberg – 545 – 2 190 Ew – Höhe 170 m 61 D20
▶ Berlin 780 – Stuttgart 174 – Freiburg im Breisgau 38 – Strasbourg 54

🏨 Heckenrose
Bundesstr. 22 (B 3) ✉ *77975* – ℰ *(07822) 78 99 80* – www.hotel-heckenrose.de
25 Zim – †64/72 € ††88/95 € – 1 Suite
Rest *Heckenrose* – siehe Restaurantauswahl
• Schon eine empfehlenswerte Adresse, die hier aus dem ehemals bürgerlichen Gasthaus entstanden ist: moderne Zimmer in klaren Formen und warmen Farben. Hinzu kommt die praktische Lage, perfekt für Ausflüge nach Offenburg, Straßburg oder in den Europa-Park (Shuttle).

XX Heckenrose – Hotel Heckenrose

Bundesstr. 22 (B 3) ✉ *77975* – ℰ *(07822) 78 99 80* – www.hotel-heckenrose.de – geschl. Dienstag
Rest – Menü 25/44 € – Karte 30/52 €
• Nicht nur für Übernachtungsgäste lohnt es sich, hier zu essen: Das urbane Design des Restaurants ist ein völlig neuer Stil in der ländlichen Umgebung! Aus der Küche von Mike Germershausen sollten Sie z. B. die knusprigen Froschschenkel oder den traditionellen Sauerbraten probieren.

RINTELN – Niedersachsen – 541 – 27 010 Ew – Höhe 56 m 28 G9
▶ Berlin 342 – Hannover 60 – Bielefeld 61 – Hameln 27
🅘 Marktplatz 7, ✉ 31737, ℰ (05751) 40 39 80, www.westliches-weserbergland.de

🏨 Der Waldkater
Waldkaterallee 27 ✉ *31737* – ℰ *(05751) 1 79 80* – www.waldkater.com
31 Zim – †95/115 € ††125/135 € – 1 Suite
Rest *Waldkater* – siehe Restaurantauswahl
Rest *Brauerei* – Karte 33/50 €
• Das neuzeitliche Fachwerkhaus liegt schön ruhig am Waldrand und beherbergt wohnliche Zimmer, die farblich individuell gestaltet sind. Gemütlich-rustikale Brauerei mit Sudpfanne als Blickfang.

XX Waldkater – Hotel Der Waldkater
Waldkaterallee 27 ✉ *31737* – ℰ *(05751) 1 79 80* – www.waldkater.com – geschl. Sonntag - Mittwoch
Rest – *(nur Abendessen)* Menü 42/54 € – Karte 43/65 €
• Schon 1886 als Einkehr mit einfachen Eichenbänken für Wanderer ein beliebtes Ziel. Heute sitzen Sie weitaus gehobener im schönen Wintergartenambiente auf schicken schwarzen Flechtstühlen und können internationale Gerichte wie Vitello Tonnato oder Rinderfilet Strindberg bestellen.

RIPPOLDSAU-SCHAPBACH, BAD – Baden-Württemberg – 545 54 E19
– 2 230 Ew – Höhe 564 m – Heilbad
▶ Berlin 732 – Stuttgart 106 – Karlsruhe 97 – Offenburg 55
🅘 Kurhausstr. 2, ✉ 77776, ℰ (07440) 91 39 40, www.bad-rippoldsau-schapbach.de

RIPPOLDSAU-SCHAPBACH, BAD

Im Ortsteil Bad Rippoldsau

Landhotel Rosengarten
Fürstenbergstr. 46 ⊠ *77776 –* ℰ *(07440) 2 36 – www.landhotel-rosengarten.de*
– geschl. Mitte November - Mitte Dezember
10 Zim ⊇ – †44/62 € ††70/90 € – ½ P 16 € **Rest** – Menü 30 € – Karte 27/45 €
♦ In dem freundlich geführten kleinen Hotel beim Fluss Wolf stehen funktionelle Gästezimmer zur Verfügung, die meist mit Gesundheitsmatratzen ausgestattet sind. Gediegenes Ambiente im Restaurant.

Klösterle Hof mit Zim
Klösterleweg 2 ⊠ *77776 –* ℰ *(07440) 2 15 – www.kloesterle-hof.de – geschl. November 3 Wochen, Januar 3 Wochen und Sonntagabend - Montag*
8 Zim ⊇ – †35/68 € ††60/95 € – ½ P 18 € – 1 Suite
Rest – Menü 34 € – Karte 25/43 €
♦ Ein gemütlich-rustikales Restaurant unter familiärer Leitung, in dem man schmackhafte regionale Speisen serviert, begleitet von einer guten kleinen Weinauswahl. Nett sitzt man auch an den Tischen vor dem Haus. Die Gästezimmer sind in ländlichem Stil gehalten und teilweise besonders wohnlich.

Im Ortsteil Schapbach Süd: 10 km

Ochsenwirtshof
Wolfacher Str. 21 (Süd-West: 1,5 km) ⊠ *77776 –* ℰ *(07839) 91 97 98*
– www.ochsenwirtshof.de – geschl. 10. November - 10. Dezember
15 Zim ⊇ – †68 € ††112/120 € – ½ P 18 €
Rest – *(geschl. Dienstag)* Menü 22/32 € – Karte 18/43 €
♦ In dem regionstypischen Haus wohnt man besonders schön in den geräumigen Komfortzimmern. Netter kleiner Sauna- und Hallenbadbereich mit Sonnenterrasse. Auf Anfrage auch Massage. Sie speisen in Gaststuben mit ländlichem Charakter oder auf der hübschen Terrasse.

RITTERSDORF – Rheinland-Pfalz – siehe Bitburg

ROCKENHAUSEN – Rheinland-Pfalz – **543** – 5 430 Ew – Höhe 199 m   **46** D16
▶ Berlin 632 – Mainz 61 – Bad Kreuznach 30 – Mannheim 75

Schlosshotel
Schlossstr. 8 (Zufahrt über Rognacplatz) ⊠ *67806 –* ℰ *(06361) 9 29 20*
– www.schlosshotel-rockenhausen.de
25 Zim – †69/77 € ††98/106 €
Rest *Schlossstube* – siehe Restaurantauswahl
♦ Ein schönes Schlösschen im kleinen Stadtpark, erweitert durch einen Hotelanbau mit zeitgemäß-funktionellen Zimmern, darunter zwei Familienzimmer und ein Wasserbettzimmer.

Schlossstube – Schlosshotel
Schlossstr. 8 (Zufahrt über Rognacplatz) ⊠ *67806 –* ℰ *(06361) 9 29 20*
– www.schlosshotel-rockenhausen.de
Rest – Menü 24/43 € – Karte 25/48 €
♦ Ein freundlich geführtes Haus ist diese Wasserburg a. d. 13. Jh.! Beim Betrachten des Ambientes merkt man trotz moderner Einrichtung, dass man in historischem Gemäuer sitzt. Geselliger Biergarten!

RODACH, BAD – Bayern – **546** – 6 340 Ew – Höhe 320 m – Heilbad   **40** K14
▶ Berlin 368 – München 300 – Coburg 18
🛈 Schlossplatz 5, ⊠ 96476, ℰ (09564) 15 50, www.bad-rodach.de

In Bad Rodach-Rossfeld West: 3,5 km über Hildburghäuser Straße

Altmühlaue
Untere Mühlgasse 10 ⊠ *96476 –* ℰ *(09564) 9 23 80 – www.altmuehlaue.de – geschl. 14. - 24. Dezember*
30 Zim ⊇ – †47/58 € ††74/96 € – ½ P 15 €
Rest – *(Montag - Samstag nur Abendessen)* Karte 18/31 €
♦ In einem ruhigen Ortsteil liegt der zum Hotel erweiterte ehemalige Bauernhof. Sehr geräumig sind die Château-Komfort-Zimmer. Ferienwohnungen im Nebenhaus. Massage und Kosmetik. Mit viel Holz hat man das Restaurant ländlich-rustikal gestaltet.

RÖBEL (MÜRITZ) – Mecklenburg-Vorpommern – 542 – 5 230 Ew — 13 N6
– Höhe 65 m – Erholungsort
▶ Berlin 140 – Schwerin 105 – Neubrandenburg 64
🛈 Straße der Deutschen Einheit 7, ✉ 17207, ☎ (039931) 8 01 13, www.stadt-roebel-de

Landhaus Müritzgarten garni
Seebadstr. 45 ✉ 17207 – ☎ (039931) 88 10 – www.landhaus-mueritzgarten.m-vp.de
38 Zim – †65/85 € ††95/125 €
♦ Am Waldrand, nur 200 m von der Müritz, liegt das aus zwei Landhäusern und vier Blockhäusern bestehende Hotel, das persönlich von Familie Neu geführt wird. Wohnliche Zimmer und Vesperstube.

RÖDELSEE – Bayern – siehe Iphofen

RÖDENTAL – Bayern – siehe Coburg

RÖHRMOOS – Bayern – 546 – 6 340 Ew – Höhe 505 m — 58 L19
▶ Berlin 573 – München 29 – Dachau 12

In Röhrmoos-Großinzemoos Nord-West: 2 km

Landgasthof Brummer mit Zim
Indersdorfer Str. 51 ✉ 85244 – ☎ (08139) 72 70 – www.landgasthof-brummer.de
– geschl. Montag
13 Zim – †50/69 € ††69/89 € **Rest** – Karte 18/41 €
♦ Der traditionsreiche Familienbetrieb ist gemütlich-rustikal gestaltet, teilweise auch schön neuzeitlich und hell. Der Chef bietet solide zubereitete regionale Küche. Netter Biergarten.

RÖHRNBACH – Bayern – 546 – 4 550 Ew – Höhe 438 m – Wintersport: — 60 Q18
– Erholungsort
▶ Berlin 539 – München 199 – Passau 23 – Freyung 12
🛈 Rathausplatz 1, ✉ 94133, ☎ (08582) 96 09 40, www.roehrnbach-bayerischer-wald.de

Jagdhof
Putzgartenstr. 2 ✉ 94133 – ☎ (08582) 9 15 90 – www.jagdhof-roehrnbach.de
94 Zim (inkl. ½ P.) – †106/152 € ††206/260 € – 36 Suiten **Rest** – Karte 33/44 €
♦ Sehr schönes Wellnesshotel mit vielfältigem Spa auf weit über 2000 qm sowie eigenem Naturbadeteich. Dazu elegante öffentliche Bereiche und luxuriöse Suiten. Auch einfachere Zimmer vorhanden. Behagliche Restaurantstuben mit regionstypischem Flair.

RÖMERBERG – Rheinland-Pfalz – siehe Speyer

RÖMHILD – Thüringen – 544 – 1 890 Ew – Höhe 300 m — 40 J14
▶ Berlin 384 – Erfurt 93 – Coburg 43

Zum Hirsch
Heurichstr. 32 ✉ 98631 – ☎ (036948) 86 80 – www.hotel-hirsch-prediger.de
25 Zim – †42/57 € ††72/82 € – 1 Suite **Rest** – Karte 14/37 €
♦ Der an der Grenze zwischen Thüringen und Bayern gelegene Gasthof verfügt über sehr gepflegte, praktische Zimmer mit gutem Platzangebot. Freizeitbereich mit Rasulbad.

RÖPERSDORF – Brandenburg – siehe Oberuckersee

RÖSRATH – Nordrhein-Westfalen – 543 – 27 110 Ew – Höhe 90 m — 36 C12
▶ Berlin 584 – Düsseldorf 56 – Bonn 24 – Siegburg 12

Klostermühle
Zum Eulenbroicher Auel 15 ✉ 51503 – ☎ (02205) 47 58
– www.restaurant-klostermuehle.de – geschl. Anfang Januar 1 Woche, Anfang August 2 Wochen und Montag - Dienstag
Rest – Menü 27/80 € – Karte 37/54 €
♦ Das hübsche Fachwerkhaus hat auch im Inneren seinen rustikalen Charme bewahrt. In dem liebenswert gestalteten Restaurant bekocht Frau Moissonnier seit 25 Jahren ihre Gäste.

ROETGEN – Nordrhein-Westfalen – 543 – 8 230 Ew – Höhe 410 m   35 A13
▶ Berlin 648 – Düsseldorf 96 – Aachen 34 – Liège 59

XX Gut Marienbildchen mit Zim
Münsterbildchen 3 (B 258, Nord: 2 km) ✉ 52159 – ℰ (02471) 25 23
– www.gut-marienbildchen.de – geschl. vor Ostern 1 Woche, Juli - August 3 Wochen und Sonntag - Montagmittag
8 Zim ⊇ – †50/70 € ††75/100 €   **Rest** – Menü 25/45 € – Karte 26/54 €
♦ Ein gemütliches rustikales Restaurant mit ländlich-elegantem Wintergarten, in dessen Küche Produkte aus der eigenen Landwirtschaft verwendet werden. Die Gästezimmer sind praktisch und wohnlich gestaltet.

RÖTZ – Bayern – 546 – 3 470 Ew – Höhe 453 m   52 N17
▶ Berlin 459 – München 204 – Regensburg 67 – Amberg 56
🏌 Rötz, Hillstett 40, ℰ (09976) 18 44 60

In Rötz-Hillstett West: 4 km in Richtung Seebarn

🏨 Die Wutzschleife
Hillstett 40 ✉ 92444 – ℰ (09976) 1 80 – www.wutzschleife.com
59 Zim ⊇ – †82/125 € ††110/196 € – ½ P 30 € – 4 Suiten
Rest *Gregor's* ❀ **Rest** *Spiegelstube* ❀ – siehe Restaurantauswahl
♦ Familie Hauer betreibt das Haus bereits seit mehreren Generationen. Ein Tagungs- und Wellnesshotel in ruhiger Lage mit individuellen Zimmern, gutem Ayurveda-Angebot und Golfplatz.

XXX Gregor's (Gregor Hauer) – Hotel Die Wutzschleife   ❀
Hillstett 40 ✉ 92444 – ℰ (09976) 1 80 – www.wutzschleife.com – geschl. Mitte Januar - Ende Februar, 27. August - 11. September und Montag - Dienstag
Rest – *(nur Abendessen)* (Tischbestellung erforderlich) Menü 68/89 € – Karte 49/73 €
Spez. Glücks-Krebs-Ravioli mit Taschenkrebs, Wassermelone und jungem Lauch. Geschmortes Kalbsschäuferl dazu Pilzgratin und lauwarme Gemüseterrine (2 Pers.). Schokoladen-Dom mit eingelegten Kirschen.
♦ Modern, aber auch elegant und ein bisschen asiatisch präsentiert sich hier das Interieur. Die ambitionierten Chefs am Herd sind Namensgeber Gregor Hauer und Sebastian Andrée. Die Basis ihrer Küche ist klassisch, ihr Kochstil kreativ.

XX Spiegelstube – Hotel Die Wutzschleife
Hillstett 40 ✉ 92444 – ℰ (09976) 1 80 – www.wutzschleife.com
Rest – Karte 28/43 €
♦ Dies ist zwar "nur" die Alternative zum Gourmetrestaurant, gekocht wird hier aber ebenfalls anspruchsvoll, so finden sich auf der internationalen Karte Gerichte wie z. B. knusprige Bauernente mit eigenen Ravioli dazu Zitronen-Thymianbrioche.

In Winklarn-Muschenried Nord: 10 km in Richtung Oberviechtach

🏠 Seeschmied (mit Gästehaus)
Lettenstr. 6 ✉ 92559 – ℰ (09676) 2 41 – www.seeschmied.de – geschl. Februar - März
15 Zim ⊇ – †41/48 € ††66/86 €
Rest – *(geschl. Montag, im Winter: Sonntagabend - Dienstag)* Karte 14/35 €
♦ Ein gepflegtes kleines Hotel unter familiärer Leitung, das recht ruhig liegt und unterschiedliche Zimmer bietet. Zum Haus gehören ein Angelsee und ein Tennisplatz in der Nähe. Hübsch dekoriertes Restaurant in ländlichem Stil, im Sommer mit nettem Biergarten.

ROHRDORF – Bayern – 546 – 5 460 Ew – Höhe 476 m   66 N21
▶ Berlin 657 – München 69 – Bad Reichenhall 71 – Passau 178

🏠 Zur Post (mit Gästehäusern)
Dorfplatz 14 ✉ 83101 – ℰ (08032) 18 30 – www.post-rohrdorf.de
104 Zim ⊇ – †52/89 € ††69/99 €   **Rest** – Menü 15 € (mittags) – Karte 16/32 €
♦ Seit über 200 Jahren betreibt Familie Stocker-Albrecht diesen echt bayerischen Gasthof mit Metzgerei. Die neueren Zimmer sind komfortabler. Auf dem Leihfahrrad geht's auf Erkundungstour. In den Restaurantstuben bietet man u. a. eigene Erzeugnisse.

ROHRDORF

Christl garni
Anzengruberstr. 10 ⊠ 83101 – ℰ (08032) 9 56 50 – www.hotel-christl.de
30 Zim ⏍ – †50/55 € ††73/80 €
♦ Das verkehrsgünstig an der A8 gelegene Hotel ist eine tipptopp gepflegte Übernachtungsadresse, deren Zimmer ebenerdig liegen und praktisch ausgestattet sind.

✕✕ Gut Apfelkam
Unterapfelkam 3 (Ost: 3 km, nahe der BAB-Ausfahrt Achenmühle) ⊠ 83101 – ℰ (08032) 53 21 – www.gut-apfelkam.de – geschl. Montag - Dienstag
Rest – (Mittwoch - Samstag nur Abendessen) (Tischbestellung ratsam) Menü 60/110 € – Karte 48/58 €
♦ "Gehoben, aber nicht abgehoben" lautet seit 2010 das Motto in dem liebenswert dekorierten Landgasthof. Herbert Meusel steht am Herd, seine Frau Monika serviert im Dirndl.

ROIGHEIM – Baden-Württemberg – siehe Möckmühl

ROMMERSHEIM – Rheinland-Pfalz – siehe Prüm

RONNEBURG – Hessen – **543** – 3 250 Ew – Höhe 167 m   48 G14
▶ Berlin 535 – Wiesbaden 76 – Frankfurt 37 – Fulda 75

In Ronneburg-Hüttengesäß

✕ Zur Krone mit Zim
Langstr. 7 ⊠ 63549 – ℰ (06184) 30 30 – www.hessenkrone.de – geschl. Anfang Januar 1 Woche, Mitte Juli 2 Wochen und Montag - Dienstagmittag
14 Zim ⏍ – †59/79 € ††79/104 €   **Rest** – Menü 25/45 € – Karte 22/40 €
♦ Der traditionsreiche Familienbetrieb bietet in seinem gemütlichen holzvertäfelten Restaurant bürgerliche Küche mit hausgemachten Produkten. Sehenswert: der historische Brunnen. Sehr gepflegte, solide ausgestattete Gästezimmer.

RONNENBERG – Niedersachsen – siehe Hannover

ROSBACH – Hessen – siehe Friedberg/Hessen

ROSENBERG – Baden-Württemberg – **545** – 2 600 Ew – Höhe 503 m   56 I18
▶ Berlin 558 – Stuttgart 92 – Aalen 30 – Ansbach 64

✕✕ Landgasthof Adler (Josef Bauer) mit Zim
❀
Ellwanger Str. 15 ⊠ 73494 – ℰ (07967) 5 13 – www.landgasthofadler.de
– geschl. Januar 3 Wochen, August - September 3 Wochen und Montag
- Mittwochmittag, Donnerstagmittag
15 Zim ⏍ – †70/85 € ††110/120 € – 2 Suiten
Rest – (Tischbestellung ratsam) Menü 33/85 € – Karte 38/70 €
Spez. Gebratene Gänsestopfleber, Maisvanille, Korinthen-Trüffeljus. Geräuchertes Kalbsherzgelee, Landei, roher Blumenkohl. Kaffee Arabica, warmer Schokoflan, weißes Kaffeeeis.
♦ Das jahrhundertealte Gasthaus war eines der ersten im Ort. Bewusst schlicht mit blanken Tischen und knalligen Farben gibt sich das Ambiente in der Stube. Chef Josef Bauer versteht es perfekt, Regionales mit einer zeitgemäßen, geradlinigen Spezialitätenküche zu verbinden, und das zu fairen Preisen.

ROSENGARTEN – Niedersachsen – **541** – 13 510 Ew – Höhe 87 m   10 I6
▶ Berlin 298 – Hannover 140 – Hamburg 28 – Buchholz in der Nordheide 8

In Rosengarten-Nenndorf

Rosenhof
Rußweg 6 ⊠ 21224 – ℰ (04108) 71 81 – www.rosenhof-nenndorf.de
10 Zim ⏍ – †53/60 € ††86/90 €   **Rest** – (nur Abendessen) Karte 23/37 €
♦ In dem familiär geführten Haus stehen gepflegte solide Gästezimmer zur Verfügung - geräumiger sind die Zimmer mit Balkon. Schön ist die Gartenanlage mit zwei kleinen Teichen. Mit Bildern und Pflanzen nett dekoriertes Restaurant.

ROSENHEIM – Bayern – **546** – 60 880 Ew – Höhe 446 m 66 N21

▶ Berlin 658 – München 70 – Bad Reichenhall 77 – Innsbruck 108
ADAC Salinstr. 12
🛈 Kufsteiner Str. 4, ✉ 83022, ℰ (08031) 3 65 90 61, www.touristinfo-rosenheim.de
⛳ Höslwang, Kronberg 4, ℰ (08075) 7 14

San Gabriele
Zellerhornstr. 16 ✉ 83026 – ℰ (08031) 2 60 70 – www.hotel-sangabriele.de
38 Zim – †89/119 € ††119/179 €   **Rest** – Karte 23/39 €

◆ Hier ist keine Wand gerade, jede Zimmertür hat eine andere Form. Vom Ameranger Architekten Rudolf Rechl stammt das ungewöhnliche Design. Wer hier übernachtet, sollte es ritterlich-rustikal mögen. Klosterflair im italienischen Restaurant: Gewölbe, Feuerstelle und Weinkeller.

Grand City garni
Brixstr. 3 ✉ 83022 – ℰ (08031) 30 60 – www.bestwestern-grandcity-hotel-rosenheim.de
91 Zim – †77/120 € ††92/140 €, ⛌ 13 € – 2 Suiten

◆ In dem Hotel in der Stadtmitte hat man gelungen natürliche Materialien mit urbanen Elementen kombiniert und so ein wohnlich-modernes Interieur geschaffen.

La Grappa
Riederstr. 8 ✉ 83022 – ℰ (08031) 9 00 95 90 – www.lagrappa-rosenheim.de
Rest – Menü 32 € – Karte 29/47 €

◆ Der sympathisch-familiäre Hinterhof-Italiener bietet Klassiker der italienischen Küche, aber auch die Lieblingsgerichte der deutschen Gäste. Nudeln, Brot und Eis macht man selbst.

In Stephanskirchen-Baierbach Ost: 7,5 km, jenseits des Inn

Gocklwirt
Weinbergstr. 25 ✉ 83071 – ℰ (08036) 12 15 – www.gocklwirt.de – geschl. 7. Januar - 1. Februar, 6. - 15. September und Montag - Dienstag
Rest – Menü 65 € – Karte 20/55 €

◆ In einem kleinen Freilichtmuseum mit Landmaschinen und eigener Kapelle bietet Familie Huber bürgerliche Küche, serviert wird in reichlich dekorierten Stuben. Tipp: hausgemachter Kuchen.

ROSSBACH – Rheinland-Pfalz – **543** – 1 520 Ew – Höhe 116 m – Luftkurort 36 D13

▶ Berlin 619 – Mainz 132 – Bonn 65 – Koblenz 42

Strand-Café
Neustadter Str. 9 ✉ 53547 – ℰ (02638) 9 33 90 – www.strand-cafe.de
– geschl. 9. - 26. Januar
21 Zim ⛌ – †47/50 € ††86/100 € – ½ P 14 €
Rest – (geschl. Januar - Februar: Montag - Dienstag, November: Montag - Dienstag) Karte 24/40 €

◆ An der Wied etwas außerhalb des Ortes finden Sie diese nette familiäre Adresse. Die Zimmer liegen teils schön zum Fluss hin, etwas geräumiger sind die Komfort-Plus-Zimmer. Restaurant mit Wintergarten und Terrasse mit Blick zur Wied. Kinderspielplatz.

ROSSFELD-RINGSTRASSE – Bayern – siehe Berchtesgaden

ROSSHAUPTEN – Bayern – **546** – 2 130 Ew – Höhe 816 m 64 J21
– Wintersport: 892 m ⛷2 ⛸

▶ Berlin 657 – München 118 – Kempten 55 – Füssen 11
🛈 Hauptstr. 10, ✉ 87672, ℰ (08367) 3 64, www.rosshaupten.de

Kaufmann
Füssener Str. 44 ✉ 87672 – ℰ (08367) 9 12 30 – www.hotel-kaufmann.de
43 Zim ⛌ – †65/135 € ††100/250 € – ½ P 25 € – 5 Suiten
Rest Kaufmann – siehe Restaurantauswahl

◆ Ehemals ein ländlicher Gasthof, heute ein modernes Ferienhotel unweit des Forggensees. Einige Zimmer muten fast schon puristisch an, andere noch traditionell. Der chic designte Spa glänzt u. a. mit dem lichtdurchfluteten Poolhaus und einer Panoramasauna mit Außen-Wasserfall.

ROSSHAUPTEN

%% **Kaufmann** – Hotel Kaufmann ← 🛜 P VISA ⓿ AE
Füssener Str. 44 ⊠ 87672 – ℰ (08367) 9 12 30 – www.hotel-kaufmann.de – geschl.
Montagmittag
Rest – Menü 24/32 € – Karte 24/44 €
 • Die Mischung von klaren Linien und Allgäuer Stilelementen gibt ein harmonisches
Bild ab. In dieser Umgebung serviert man Ihnen eine geschmackvolle saisonal beeinflusste Küche wie z. B. Medaillons vom Hirschfilet in Pfeffersoße mit Kroketten und Blattsalaten.

ROSTOCK – Mecklenburg-Vorpommern – **542** – 201 450 Ew – Höhe 13 m   **12 M4**

▶ Berlin 222 – Schwerin 89 – Lübeck 117 – Stralsund 69
✈ Rostock-Laage (über A 19: 30 km) ℰ (038454) 32 13 90
ADAC Trelleborger Str. 1 (Lütten-Klein) **AT**
🛈 Neuer Markt 3 CX, ⊠ 18055, ℰ (0381) 3 81 22 22, www.rostock.de
◉ Marienkirche★★ (Astronomische Uhr★★, Bronzetaufkessel★, Turm ←★) CX
– Kulturhistorisches Museum ★ **M²** - Kröpeliner Tor★ BX
🄶 Schifffahrtsmuseum im IGA-Park★★, Nord-West: 10 km - Bad Doberan: Münster★★, über
B103: 17 km

Stadtpläne siehe Seiten 1058, 1059

🏨 **Radisson BLU**   🛜 🛜 ♨ 🏋 ℹ ♿ AC 🍽 ♨ 🅿 VISA ⓿ AE ⓪
Lange Str. 40 ⊠ 18055 – ℰ (0381) 3 75 00
– www.radissonblu.de/hotel-rostock   **BXa**
251 Zim – †99/280 €, ††99/280 €, ⊡ 19 €
Rest – Karte 24/56 €
 • Das moderne Businesshotel am Innenstadtring bietet Zimmer in den Stilen Urban,
Chili und Ocean, teils mit Blick über den Hafen. Im 7. Stock: Kosmetik, Friseur und Fitnessraum.

ROSTOCK

Arnold-Bernhart-Str. ... BX 2	Friedhofsweg .... BX 14	Pädagogienstr. .... BX 26
Badstüberstr. .... BX 4	Gertrudenpl. .... BX 16	Richard-Wagner-Str. ..... CX 28
Beim Grünen Tor .... BX 8	Große Wasserstr. .... CX 17	Rungestr. .... BCX 29
Breite Str. .... BX	Kleine Wasserstr. .... CX 19	Schwaansche Str. .... BX 31
Buchbinderstr. .... CX 9	Krämerstr. .... CX 21	Strandstr. .... BCX 34
	Kröpeliner Str. .... BCX	Vogelsang .... CX 38
	Mönchentor .... CX 24	Wendenstr. .... CX 41

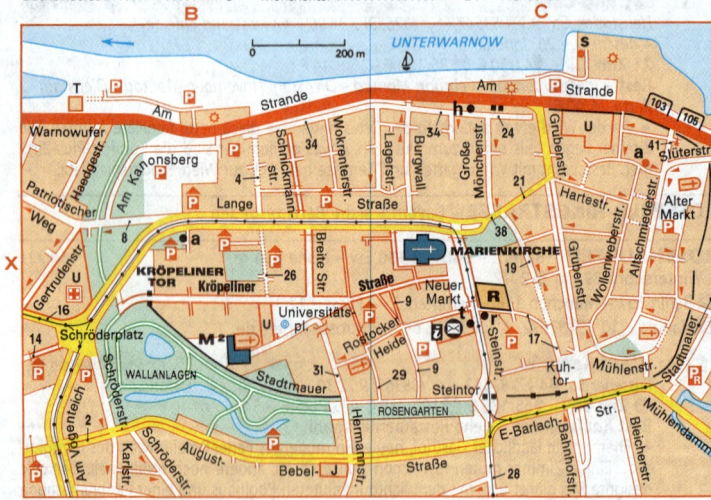

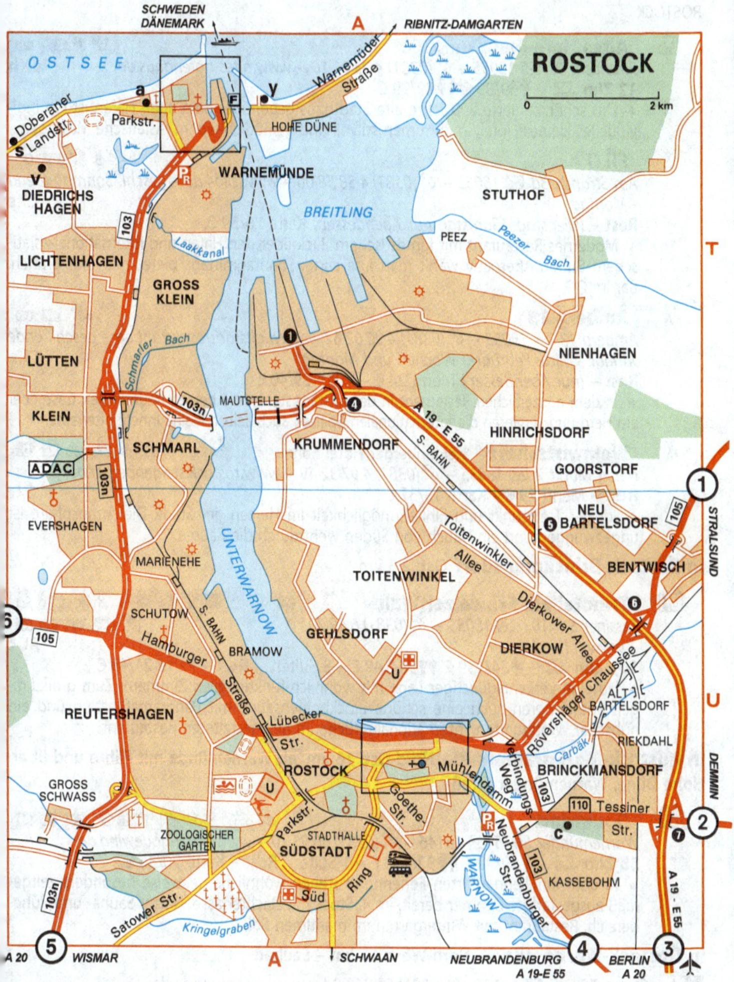

Steigenberger Hotel Sonne
Neuer Markt 2 ✉ *18055* – ☏ *(0381) 4 97 30*
– www.rostock.steigenberger.de

CXr

121 Zim – ♦79/139 € ♦♦79/139 €, ⌁ 17 € – 9 Suiten
Rest *Weinwirtschaft* – siehe Restaurantauswahl
• Die zentrale Lage beim Rathaus sowie komfortable, wohnlich-moderne Gästezimmer machen das Stadthotel mit dem Treppengiebel aus.

Die kleine Sonne garni
Steinstr. 7 ✉ *18055* – ☏ *(0381) 4 61 20*
– www.die-kleine-sonne.de

CXt

48 Zim – ♦52/102 € ♦♦52/102 €, ⌁ 12 €
• Das Hotel liegt sehr zentral und bietet wohnliche Zimmer sowie einen farbenfroh dekorierten Frühstücksraum. Gäste nutzen die Sauna im Partnerhotel gegenüber. Kiosk mit Snacks.

ROSTOCK

Altes Hafenhaus garni
Strandstr. 93 ⊠ 18055 – ℰ (0381) 4 93 01 10 – www.altes-hafenhaus.de — CXh
12 Zim – †69/89 € ††89/99 €
♦ Das schön sanierte 200 Jahre alte Stadthaus gegenüber dem alten Hafen ist ein individuelles kleines Hotel, in dem man stilvoll und gemütlich wohnt. Asiatische Massagen.

SILO 4
Am Strande 3d ⊠ 18055 – ℰ (0381) 4 58 58 00 – www.silo4.de – geschl. Sonntagabend - Montag — CXs
Rest – (Dienstag - Samstag nur Abendessen) Karte 26/39 €
♦ Modernes Restaurant mit fantastischem Blick über den Hafen und international-asiatischem Buffet. Alternativ wählt man à la carte. Sonntagmittags bietet man nur Brunch. Bar im OG.

Amberg 13
Amberg 13 ⊠ 18055 – ℰ (0381) 4 90 62 62 – www.altstadtrestaurant.de – geschl. Ende Januar - Mitte Februar 3 Wochen und Montag — CXa
Rest – (nur Abendessen) Menü 24 € – Karte 29/40 €
♦ In dem neuzeitlichen Restaurant in der Altstadt stehen die beiden freundlichen Gastgeber am Herd und servieren die internationalen Speisen auch selbst. Kleine Innenhofterrasse.

Weinwirtschaft – Steigenberger Hotel Sonne
Neuer Markt 2 ⊠ 18055 – ℰ (0381) 4 97 32 49 – www.rostock.steigenberger.de
Rest – Menü 29 € – Karte 13/37 € — CXr
♦ Idealer Treffpunkt und Einkehrmöglichkeit im Herzen der Stadt. Die Atmosphäre ist ungezwungen und ein Hauch von Süden weht durch die Räume.

In Rostock-Brinckmansdorf Ost: 2,5 km

Trihotel am Schweizer Wald
Tessiner Str. 103 ⊠ 18055 – ℰ (0381) 6 59 70
– www.trihotel.de — AUc
101 Zim – †84/139 € ††94/149 € – 3 Suiten **Rest** – Karte 21/43 €
♦ Hotel in verkehrsgünstiger Lage mit wohnlich-funktionellen Zimmern. Zum großzügigen Spa gehören auch eine schöne Blockbohlensauna mit Panoramafenstern und ein hübscher Wintergarten. Internationale Küche im hell gestalteten Restaurant.

In Rostock-Markgrafenheide Nord-Ost: 16 km, ab Warnemünde mit Fähre und über Hohe Düne, Warnemünder Straße

Godewind
Warnemünder Str. 5 ⊠ 18146 – ℰ (0381) 60 95 70 – www.hotel-godewind.de
58 Zim – †69/90 € ††92/138 € – 1 Suite **Rest** – Karte 20/36 €
♦ In dem familiengeführten Ferienhotel stehen wohnliche, teilweise besonders zeitgemäß ausgestattete Zimmer bereit, im 4. Stock mit Dachterrasse. Netter Sauna- und Ruhebereich. Restaurant mit Wintergarten im maritimen Stil.

In Rostock-Warnemünde Nord-West: 11 km – Seebad

🛈 Am Strom 59 DY, ⊠ 18119, ℰ (0381) 54 80 00, www.warnemuende.de

Yachthafenresidenz Hohe Düne ⊛
Am Yachthafen 1 ⊠ 18119 – ℰ (0381) 5 04 00
– www.hohe-duene.de — ATy
368 Zim – †135/240 € ††175/300 € – ½ P 35 € – 3 Suiten
Rest *Der Butt* ❀ **Rest** *Brasserie* – siehe Restaurantauswahl
♦ Eine imposante Anlage direkt am Meer, vis-à-vis der Hafeneinfahrt. Das Ferien- und Tagungshotel beeindruckt mit einem einzigartigen Spa-Angebot auf drei Etagen. Edel: die "Owner's Suite". Man hat auch ein Kinderschiff. Restaurantvielfalt von Pizza über Fisch bis zum Steakhouse.

Strand-Hotel Hübner
Seestr. 12 ⊠ 18119 – ℰ (0381) 5 43 40
– www.strandhotelhuebner.de — DYa
95 Zim – †135/180 € ††175/220 € – ½ P 28 € – 6 Suiten **Rest** – Karte 23/43 €
♦ Wohnlich-elegantes Hotel an der Strandpromenade. Etwas Besonderes ist das Schwimmbad im obersten Stock, hier auch Liegeterrasse und Ruhebereich. Kosmetik und Massage im Schwesterhotel gegenüber.

WARNEMÜNDE

Alexandrinen-Str. . . . . **DYZ** 2
Alte Bahnhofstr. . . . . **DZ**
Am Bahnhof . . . . **DYZ**
Am Leuchtturm . . . . **DY** 3
Am Markt . . . . **DZ**
Am Passagierkai . . . . **DZ**
Am Strom . . . . **DYZ**
Anastasiastr. . . . . **DY** 5
Beethovenstr. . . . . **DZ** 7
Dänische Str. . . . . **DYZ**
Friedrich-Franz-Str. . . . . . . **DY** 12
Fritz-Reuter-Str. . . . . **DZ**
Georginenpl. . . . . **DY** 14
Heinrich-Heine-Str. . . . . . . **DY**
John-Brinkmann-Str. . . . . . **DZ** 17
Kirchenpl. . . . . **DY** 19
Kirchenstr. . . . . **DY** 21
Kirchnerstr. . . . . **DY**
Kurhausstr. . . . . **DY**
Laakstr. . . . . **DY**
Mühlenstr. . . . . **DYZ**
Parkstr. . . . . **DZ**
Poststr. . . . . **DZ**
Richard-Wagner-Str. . . . . . **DZ**
Rostocker Str. . . . . **DZ**
Schillerstr. . . . . **DY** 29
Schwarzer Weg . . . . **DZ** 32
Seepromenade . . . . **DY**
Seestr. . . . . **DY**
Wachtlerstr. . . . . **DY** 36

 Warnemünder Hof
Stolteraer Weg 8 (in Diedrichshagen, West: 2 km) ✉ *18119*
– ✆ *(0381) 5 43 00 – www.warnemuender-hof.de*   **ATv**
98 Zim – †78/130 € ††98/150 € – ½ P 22 € – 7 Suiten
Rest – Karte 23/47 €

♦ In einer ruhigen Wohngegend steht das neuzeitlich erweiterte Reetdachhaus mit seinen wohnlichen, teilweise allergikerfreundlichen Zimmern. Man bietet auch Massage- und Beautyanwendungen. Restaurant mit Wintergarten.

 Park-Hotel Hübner
Heinrich-Heine-Str. 31 ✉ *18119* – ✆ *(0381) 5 43 40*
– www.parkhotelhuebner.de   **DYs**
53 Zim ⌕ – †105/140 € ††135/195 € – ½ P 28 €
Rest *gutmannsdörfers* – ✆ *(0381) 54 34 21 41* – Karte 22/38 €

♦ Zeitgemäße Zimmer in freundlichen Tönen, ein schöner Sauna- und Badebereich sowie Massage und Kosmetikbehandlungen erwarten die Gäste hier. Tagungsraum vorhanden. Zum Restaurant gehört eine Vinothek, in der Sie auch ein Fläschchen Wein für zuhause kaufen können. Nette Terrasse mit Kräutergarten!

 Strandhafer garni
Am Stolteraer Ring 1 (in Diedrichshagen, West: 2 km über Doberaner Landstraße)
✉ *18119* – ✆ *(0381) 3 75 65 70 – www.hotel-strandhafer.de*   **ATs**
49 Zim ⌕ – †80/130 € ††85/155 €

♦ Ein Hotel mit markant roter Fassade und schönem hochwertigem Interieur von den wohnlichen Zimmern und Apartments bis zum modernen Saunabereich. Einige Zimmer mit Loggia nach hinten.

 Hanse Hotel
Parkstr. 51 ✉ *18119* – ✆ *(0381) 54 50 – www.hanse-hotel.de*   **ATa**
72 Zim ⌕ – †85/140 € ††105/190 € – ½ P 25 € – 6 Suiten
Rest – Karte 26/38 €

♦ Das kinderfreundliche Hotel direkt hinter dem Deich bietet eine neuzeitlich-funktionelle Einrichtung mit maritimer Note. Die Gästezimmer sind recht geräumig. Restaurant mit hübscher Terrasse zur See.

ROSTOCK

🏨 Kurpark Hotel ⟨⟩ |≣| ⚿ Rest, ⁽ʸ⁾ 🅿 VISA ⓒ AE
Kurhausstr. 4 ⊠ 18119 – ℰ (0381) 4 40 29 90 – www.kurparkhotel-warnemuende.de
– geschl. 3. Januar - 3. März DYk
18 Zim ⌁ – †79/125 € ††116/152 € – ½ P 22 €
Rest – *(nur Abendessen)* Karte 21/36 €
♦ Die 1890 erbaute und ehemals als Pension genutzte Villa wird heute von Familie Krause als elegantes kleines Ferienhotel geführt. Wer es lieber kühl mag, sollte eine klimatisierte Juniorsuite buchen. Ein großer Pluspunkt: Zur Strandpromenade ist es nur ein Katzensprung!

🏨 Am Leuchtturm 🕭 |≣| ᵹ ⚿ ⁽ʸ⁾ 🅈 VISA ⓒ AE ①
Am Leuchtturm 16 ⊠ 18119 – ℰ (0381) 5 43 70 – www.hotel-am-leuchtturm.de
33 Zim ⌁ – †95/125 € ††110/215 € – ½ P 24 € – 1 Suite DYe
Rest – *(geschl. 4. Januar - 25. Februar und November - März: Montag - Dienstag) (nur Abendessen außer Saison)* Karte 22/42 €
♦ In dem Hotel am Anfang der Strandpromenade, gegenüber dem Leuchtturm, erwarten Sie neuzeitlich-wohnliche Zimmer - die Appartements verfügen über kleine Küchenzeilen. Zum freundlich gestalteten Restaurant gehört eine schöne Terrasse.

𝕏𝕏𝕏 Der Butt – Hotel Yachthafenresidenz Hohe Düne 🅿 VISA ⓒ AE
Am Yachthafen 1 ⊠ 18119 – ℰ (0381) 5 04 00 – www.hohe-duene.de – geschl.
30. Januar - 27. Februar und Sonntag - Montag ATy
Rest – *(nur Abendessen)* Menü 65 € (vegetarisch)/115 € – Karte 48/88 €
Spez. Atlantik Steinbutt mit Ei, Schinken, jungen Erbsen. Gebratene Entenmastleber mit Ume-Pflaumen und Miso. Anjou Taube mit Kalbskopf, Gerste und Wirsing.
♦ Im Haupthaus der überaus komfortablen Hotelanlage schickt der talentierte Küchenchef Tillmann Hahn die Gäste auf eine spannende Reise durch seine Lehrjahre - kulinarisch sehr schön umgesetzt in den Menüs "Classique", "Méditerranée", "Exotique" und "Jardinière"!

𝕏𝕏 Brasserie – Hotel Yachthafenresidenz Hohe Düne ⇐ 🕭 ⚿ 🅿
Am Yachthafen 1 ⊠ 18119 – ℰ (0381) 5 04 00 – www.hohe-duene.de VISA ⓒ AE ①
Rest – Menü 27 € (mittags)/45 € – Karte 37/58 € ATy
♦ Eine geschmackvoll eingerichtete große Brasserie mit Rundumblick, in der man regional speist. Sehr angenehm sitzt man auf der schönen Terrasse mit Sicht auf den Hafen.

In Sievershagen West: 8 km über Hamburger Straße U

🏨 Atrium Hotel Krüger 🕭 🖃 ⟨⟩ |≣| ⚿ 🅈 🅿 VISA ⓒ AE
Ostsee-Park-Str. 2 (B 105) ⊠ 18069 – ℰ (0381) 1 28 82 00
– www.atrium-hotel-krueger.de – geschl. 24. - 27. Dezember
57 Zim ⌁ – †59/75 € ††80/115 € – 2 Suiten
Rest – *(geschl. Sonntag) (nur Abendessen)* Karte 14/24 €
♦ In dem modernen Hotel in verkehrsgünstiger Lage beim Gewerbepark erwarten Sie funktionelle Zimmer und ein ansprechend gestalteter Freizeitbereich mit Anwendungen.

ROT am SEE – Baden-Württemberg – **545** – 5 220 Ew – Höhe 438 m 56 I17
▶ Berlin 532 – Stuttgart 132 – Würzburg 78 – Crailsheim 18

🏨 Landhaus Hohenlohe ⚘ ⁽ʸ⁾ 🅈 🅿 VISA ⓒ AE
Erlenweg 24 ⊠ 74585 – ℰ (07955) 9 31 00 – www.landhaus-hohenlohe.de
– geschl. 1. - 17. Januar
21 Zim ⌁ – †48/88 € ††80/125 € – ½ P 28 €
Rest *Landhaus Hohenlohe* ⓡ – siehe Restaurantauswahl
♦ In einem Wohngebiet in ruhiger Ortsrandlage finden Sie dieses Hotel, in dem Familie Mack Ihnen neuzeitlich eingerichtete Gästezimmer bietet.

𝕏𝕏 Landhaus Hohenlohe – Hotel Landhaus Hohenlohe 🕭 🅿 VISA ⓒ AE
Erlenweg 24 ⊠ 74585 – ℰ (07955) 9 31 00 – www.landhaus-hohenlohe.de
– geschl. 1. - 17. Januar und Sonntagabend - Montag
Rest – Menü 50/70 € – Karte 28/57 €
♦ Das Restaurant teilt sich in die gemütlich-rustikale Wirtschaft und einen hellen eleganten Bereich mit ecrufarbenen Hussenstühlen. Das Motto der Speisekarte von Patron Matthias Mack: traditionell, modern, hohenlohisch, mediterran.

ROTENBURG an der FULDA – Hessen – 543 – 13 670 Ew – Höhe 187 m — 39 H12
– Luftkurort

▶ Berlin 424 – Wiesbaden 188 – Kassel 58 – Gießen 110
🛈 Poststr. 17, ✉ 36199, ℰ (06623) 55 55, www.rotenburg.de

Landhaus Silbertanne
Am Wäldchen 2 ✉ 36199 – ℰ (06623) 9 22 00 – www.hotel-silbertanne.de
– geschl. 6. - 24. Januar
25 Zim ⊇ – †56/79 € ††82/129 € – ½ P 19 €
Rest – *(geschl. Sonntagabend)* Menü 25/45 € – Karte 22/42 €

♦ Ein gepflegtes Hotel unter familiärer Leitung, das relativ ruhig in einer Wohngegend am Ortsrand liegt. Unterschiedliche Gästezimmer, darunter auch Raucherzimmer. Rustikal gehaltenes Restaurant mit altem Leinenwebstuhl als Dekor. Schön ist der Biergarten.

ROTENBURG (WÜMME) – Niedersachsen – 541 – 21 830 Ew – Höhe 21 m — 18 H6

▶ Berlin 352 – Hannover 107 – Bremen 51 – Hamburg 79
🛈 Große Str. 1, ✉ 27356, ℰ (04261) 7 11 00, www.rotenburg-wuemme.de
⛳ Scheessel-Westerholz, Hof Emmen, ℰ (04263) 9 30 10

Landhaus Wachtelhof
Gerberstr. 6 ✉ 27356 – ℰ (04261) 85 30 – www.wachtelhof.de
36 Zim ⊇ – †135/154 € ††180/236 € – 2 Suiten
Rest *L'auberge* – siehe Restaurantauswahl

♦ Im Haus der Familie Höhns überzeugen Annehmlichkeiten wie der aufmerksame Service und das elegante Ambiente, das sehr gute Frühstück und die zauberhafte Gartenanlage. Auf Wunsch auch Limousinen-Service. Außerdem ist die Buchung von Kreuzfahrten möglich.

L'auberge – Hotel Landhaus Wachtelhof
Gerberstr. 6 ✉ 27356 – ℰ (04261) 85 30 – www.wachtelhof.de
Rest – Menü 39 € – Karte 45/68 €

♦ Hier weht der Duft der großen weiten Welt! Denn: Küchenchef Daniel Rundholz ist immer wieder Gastkoch auf dem Kreuzfahrtschiff "Europa" und verwöhnt Sie deshalb mit Spezialitäten aus aller Herren Länder.

In Hellwege Süd-West: 15 km über B 75, in Sottrum links

Prüser's Gasthof (mit Gästehäusern)
Dorfstr. 5 ✉ 27367 – ℰ (04264) 99 90 – www.pruesers-gasthof.de
– geschl. 21. - 25. Dezember
56 Zim ⊇ – †47/53 € ††77/86 € **Rest** – *(geschl. Dienstagmittag)* Karte 22/49 €

♦ Die drei Häuser dieses Familienbetriebs beherbergen funktional ausgestattete und teilweise besonders zeitgemäße Zimmer. Der Bade- und Saunabereich befindet sich im Haus Barkmeier. Das Restaurant bietet einen rustikalen und einen neuzeitlichen Bereich.

ROTHENBUCH – Bayern – 546 – 1 920 Ew – Höhe 365 m — 48 H15

▶ Berlin 542 – München 345 – Würzburg 66 – Frankfurt am Main 68

Spechtshaardt
Rolandstr. 34 ✉ 63860 – ℰ (06094) 9 72 00 – www.spechtshaardt.de
44 Zim ⊇ – †55/75 € ††78/98 € **Rest** – Karte 17/45 €

♦ Ein ruhig am Ortsrand gelegenes Hotel mit guten Tagungsmöglichkeiten. Die Zimmer bieten teilweise einen Balkon, einige neuere sind wohnlicher und moderner. Kleines Wildgehege. Zum bürgerlich-rustikalen Restaurant gehört eine nette Terrasse mit Blick auf den Ort.

ROTHENBURG ob der TAUBER – Bayern – 546 – 11 060 Ew — 49 I17
– Höhe 430 m

▶ Berlin 500 – München 236 – Würzburg 69 – Ansbach 35
🛈 Marktplatz 2 Y, ✉ 91541, ℰ (09861) 40 48 00, www.rothenburg.de

Veranstaltungen
25.-28. Mai: Historische Festspiele
31. August-2. September: Reichsstadt-Festtage

◉ Rathaus★ **R** – Jakobskirche★ - Herrngasse★ **Y** - Kalkturm ≤★ - Spitaltor★ - Spital★ **Z** – Stadtmauer★ **YZ**

Stadtplan auf der nächsten Seite

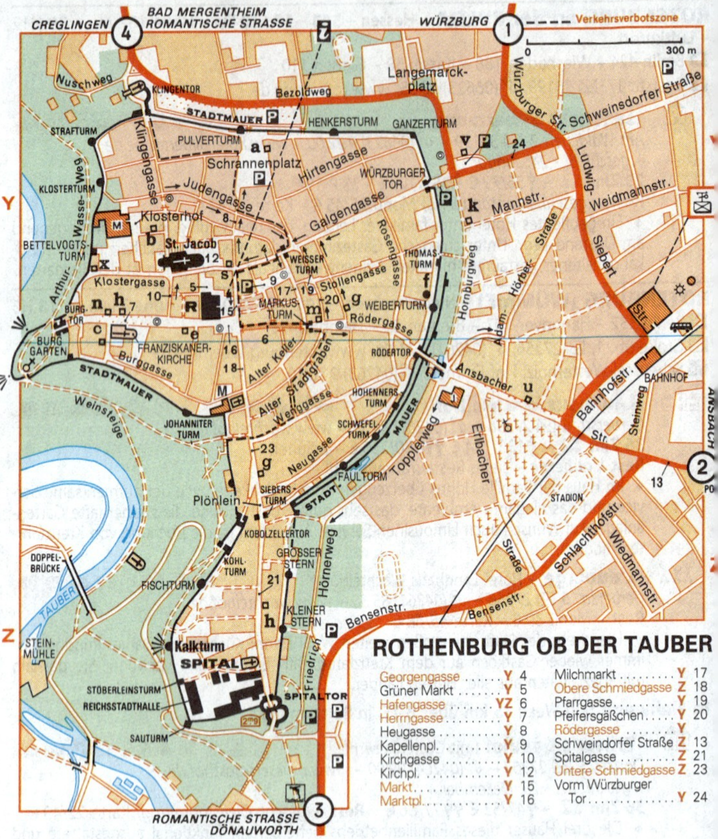

ROTHENBURG OB DER TAUBER

Georgengasse .... **Y** 4	Milchmarkt .... **Y** 17
Grüner Markt .... **Y** 5	Obere Schmiedgasse .. **Z** 18
Hafengasse .... **YZ** 6	Pfarrgasse .... **Y** 19
Herrngasse .... **Y** 7	Pfeifersgäßchen .... **Y** 20
Heugasse .... **Y** 8	Rödergasse .... **Y**
Kapellenpl. .... **Y** 9	Schweindorfer Straße .. **Z** 13
Kirchgasse .... **Y** 10	Spitalgasse .... **Z** 21
Kirchpl. .... **Y** 12	Untere Schmiedgasse .. **Z** 23
Markt .... **Y** 15	Vorm Würzburger
Marktpl. .... **Y** 16	Tor .... **Y** 24

 Herrnschlösschen

Herrngasse 20 ✉ *91541* – ℰ *(09861) 87 38 90* – *www.herrnschloesschen.de* – *geschl. Februar*
8 Zim ⊇ – †195/245 € ††195/245 € – 2 Suiten   **Yh**
Rest – *(geschl. Montag - Dienstag)* Karte 26/53 €

♦ Das Design ist modern, aber so stilvoll und exklusiv, dass es dem historischen Anwesen absolut würdig ist! Die Zimmer (alles Unikate) lassen jeden Raumausstatter vor Ehrfurcht erstarren! Der Service: ein "Rundum-Sorglos-Paket". Und hätten Sie mitten in der Altstadt einen derartig schönen Barockgarten vermutet?

 Eisenhut (mit Gästehaus)

Herrngasse 3 ✉ *91541* – ℰ *(09861) 70 50* – *www.eisenhut.com*   **Ye**
78 Zim – †80/180 € ††100/200 €, ⊇ 12 € – ½ P 38 € – 1 Suite
Rest – Menü 24 € (mittags)/58 € – Karte 22/47 €

♦ Das Altstadthotel besteht aus drei miteinander verbundenen Patrizierhäusern und einem Fachwerkhaus gegenüber. Lobby mit rustikal-historischem Charme, individuelle Zimmer. Klassisch-gediegenes Restaurant mit sonniger Terrasse und Biergarten.

Villa Mittermeier

Vorm Würzburger Tor 7 ✉ *91541* – ℰ *(09861) 9 45 40* – *www.villamittermeier.de*
27 Zim ⊇ – †70/99 € ††84/147 € – 1 Suite   **Yv**
Rest *Villa Mittermeier* ❀ **Rest** *Die blaue Sau* – siehe Restaurantauswahl

♦ Die schöne Sandsteinvilla der engagierten Gastgeber Ulrike und Christian Mittermeier befindet sich vor der Stadtmauer, nahe dem historischen Zentrum. Die Einrichtung ist stilvoll-modern und sehr wohnlich.

ROTHENBURG ob der TAUBER

Markusturm
Rödergasse 1 ⌂ 91541 – ℰ (09861) 9 42 80 – www.markusturm.de Ym
25 Zim ⌂ – †90/125 € ††125/165 € – ½ P 25 € – 1 Suite
Rest – *(geschl. Dienstag) (nur Abendessen)* Karte 28/44 €
• Bereits in der vierten Generation empfängt Familie Berger ihre Gäste in dem netten ehemaligen Zollhaus. Die Zimmer sind mit Stilmöbeln hochwertig eingerichtet. Holz und ländliches Dekor machen das Restaurant behaglich.

Burg-Hotel garni
Klostergasse 3 ⌂ 91541 – ℰ (09861) 9 48 90 – www.burghotel.eu Yx
15 Zim ⌂ – †90/135 € ††110/170 € – 4 Suiten
• Ein mit Engagement geführter Familienbetrieb in ruhiger Lage am Bettelvogtsturm. Frühstück mit Blick aufs Taubertal, individuelle Zimmer zum Tal oder zum Klostergarten.

Klosterstüble
Heringsbronnengasse 5 ⌂ 91541 – ℰ (09861) 93 88 90 – www.klosterstueble.de
21 Zim ⌂ – †60/80 € ††88/148 € – ½ P 20 € YZc
Rest – *(geschl. 11. Januar - 12. Februar und Mittwoch)* Karte 22/46 €
• Neben dem Franziskanerkloster steht der zum Hotel erweiterte Gasthof der Familie Hammel. Einige Zimmer sind besonders freundlich und modern. Highlight ist das "Falkennest". Regionale Küche im gemütlich-rustikalen Restaurant und auf der hübschen Terrasse.

Prinzhotel Rothenburg
An der Hofstatt 3 ⌂ 91541 – ℰ (09861) 97 50 – www.prinzhotel.rothenburg.de
52 Zim – †65/105 € ††75/195 €, ⌂ 13 € – ½ P 24 € Yf
Rest – *(geschl. Sonntag) (nur Abendessen)* Karte 22/30 €
• Das 1927 erbaute Hotel in der Innenstadt bietet zeitgemäß und funktional ausgestattete Gästezimmer in unterschiedlichen Farben; zwei der Zimmer verfügen über eine Whirlwanne.

Reichs-Küchenmeister (mit Gästehaus)
Kirchplatz 8 ⌂ 91541 – ℰ (09861) 97 00 – www.reichskuechenmeister.com
45 Zim ⌂ – †55/90 € ††75/120 € – ½ P 18 € – 1 Suite Ys
Rest – *(geschl. Januar - April: Montag - Dienstag)* Karte 17/46 €
• Ein gewachsenes Hotel in der Altstadt, das seit seiner Eröffnung im Jahre 1920 (damals Café) familiär geleitet wird. Die Gästezimmer sind individuell und wohnlich. Hübsch dekoriertes Restaurant mit Terrasse neben der St.-Jacobs-Kirche. Urig: Weinstube Löchle.

Meistertrunk garni
Herrngasse 26 ⌂ 91541 – ℰ (09861) 60 77 – www.meistertrunkhotel.rothenburg.de
15 Zim ⌂ – †70/110 € ††110/160 € – 2 Suiten Yn
• Eines der ältesten Patrizierhäuser der Stadt mit tadellos gepflegten wohnlichen Gästezimmern. Schön sind die restaurierten Stuckdecken und alten Türzargen im Haus.

Hornburg garni
Hornburgweg 28 ⌂ 91541 – ℰ (09861) 84 80 – www.hotel-hornburg.de – geschl. 29. Oktober - 3. November
9 Zim ⌂ – †60/88 € ††75/120 € – 1 Suite Yk
• Das 1903 erbaute Haus mit ursprünglichem Charme liegt zentrumsnah außerhalb der Stadtmauer. Die Zimmer sind individuell und stimmig eingerichtet. Dazu ein behaglicher Frühstücksraum und ein schöner Garten. Öffentliche Parkplätze gegenüber.

Gerberhaus garni
Spitalgasse 25 ⌂ 91541 – ℰ (09861) 9 49 00 – www.gerberhaus.rothenburg.de
22 Zim ⌂ – †65/85 € ††89/130 € Zh
• Die ehemalige Gerberei im historischen Stadtkern ist sehr wohnlich und mit Liebe zum Detail eingerichtet, Zimmer teils mit freiliegenden Holzbalken. Café und kleines Speiseangebot.

Spitzweg garni
Paradeisgasse 2 ⌂ 91541 – ℰ (09861) 9 42 90 – www.hotel-spitzweg.de
9 Zim ⌂ – †65 € ††85/95 € Yg
• Historischen Charme versprüht das in der Stadtmitte gelegene Haus mit der netten Fassade aus Naturstein und Fachwerk. Passend dazu das sympathisch-rustikale Ambiente.

ROTHENBURG ob der TAUBER

Glocke
Plönlein 1 ✉ 91541 – ☏ (09861) 95 89 90 – www.glocke-rothenburg.de – geschl. 22. Dezember - 15. Januar
24 Zim ⊑ – †65/82 € ††89/110 € – ½ P 19 € Zg
Rest – *(geschl. 23. Dezember - 15. Januar und Sonntagabend)* Karte 16/44 €
♦ Ein gepflegtes Haus im Altstadtbereich, dessen Gästezimmer modern oder in ländlicherem Stil eingerichtet sind. Separater "Raucherturm" mit kleinem Innenhof. Das Restaurant mit Wirtshausatmosphäre bietet regionale Küche und Weine aus eigenem Anbau.

Schranne
Schrannenplatz 6 ✉ 91541 – ☏ (09861) 9 55 00 – www.hotel-schranne.de
48 Zim ⊑ – †50/80 € ††85/120 € – ½ P 17 € **Rest** – Karte 17/33 € Ya
♦ Seit über 40 Jahren befindet sich das historische Haus an der Stadtmauer im Familienbesitz. Für die Gäste stehen neuzeitliche sowie etwas schlichtere Zimmer bereit. Ländlich gehaltenes Restaurant mit sehr sonniger Terrasse.

Bayerischer Hof
Ansbacher Str. 21 ✉ 91541 – ☏ (09861) 60 63 – www.bayerischerhof.com
– geschl. Januar Zu
9 Zim ⊑ – †35/60 € ††62/82 € – ½ P 15 €
Rest – *(geschl. Donnerstag)* Karte 19/29 €
♦ Sie finden diesen langjährigen Familienbetrieb am Stadtrand, nicht weit vom Bahnhof. Es erwarten Sie freundliche Gastgeber und wohnlich gestaltete Zimmer. Restaurant in ländlich-rustikalem Stil.

Altfränkische Weinstube
Klosterhof 7 ✉ 91541 – ☏ (09861) 64 04
– www.altfraenkische-weinstube-rothenburg.de Yb
6 Zim – †59/64 € ††78/82 € – ½ P 16 €
Rest – *(geschl. Januar - März: Dienstag)* Karte 20/32 €
♦ Ein 650 Jahre altes Gebäude in der Altstadt bei der Kirche St. Jacob. Gemütlich-rustikal sind sowohl die Zimmer als auch der liebenswerte Frühstücksraum mit hübschem Kachelofen. Im urigen Restaurant bietet man bürgerliche Küche.

Villa Mittermeier – Hotel Villa Mittermeier
Vorm Würzburger Tor 7 ✉ 91541 – ☏ (09861) 9 45 40 – www.villamittermeier.de
– geschl. Januar, August 2 Wochen und Sonntag - Montag Yv
Rest – *(Dienstag - Freitag nur Abendessen)* (Tischbestellung ratsam) Menü 60/116 €
– Karte 55/75 €
Spez. Hummer sanft gedämpft, Blumenkohl, Algen, Kokosmilch. Taubenbrust, Lakritze, Brombeere, Maisschaum. Lammrücken und Filet, Bulgur, Erbsenpüree, Tomatengelee.
♦ In einem Ambiente aus moderner Geradlinigkeit und warmen Tönen erfahren Sie Kreativität und Hingabe, mit denen "der Neue" am Herd frischen Wind in die Küche bringt - und natürlich den stets aufmerksamen Service Ihrer Gastgeber!

Die blaue Sau – Hotel Villa Mittermeier
Vorm Würzburger Tor 7 ✉ 91541 – ☏ (09861) 94 54 30 – www.blauesau.eu – geschl. Sonntag Yv
Rest – *(nur Abendessen)* (Tischbestellung ratsam) Karte 28/35 €
♦ Das gemütliche Restaurant ist im Gewölbekeller der Villa untergebracht. Die Atmosphäre ist freundlich-leger, die Küche frisch, schmackhaft und saisonal. Verkauf von Wein und Delikatessen. Kochschule nebenan.

In Steinsfeld-Reichelshofen Nord: 7 km über Würzburger Straße Y

Landwehrbräu (mit Gästehaus)
Reichelshofen 31 ✉ 91628 – ☏ (09865) 98 90 – www.landwehr-braeu.de
– geschl. 4. - 29. Januar
37 Zim ⊑ – †58/78 € ††70/108 €
Rest *Landwehrbräu* – siehe Restaurantauswahl
♦ In einem kleinen Ort betreibt die freundliche Familie Wörner diesen traditionsreichen Landgasthof mit einer seit 1755 existierenden Brauerei. Die Gäste wohnen in behaglichen und individuellen Zimmern.

ROTHENBURG ob der TAUBER

✗ **Landwehrbräu** – Hotel Landwehrbräu 🏠 🅿 VISA ⓪ AE
Reichelshofen 31 ✉ *91628* – ✆ *(09865) 98 90* – *www.landwehr-braeu.de*
– *geschl. 4. - 29. Januar*
Rest – Menü 23 € – Karte 16/42 €
◆ Die unterschiedlich gestalteten Stuben bieten den Gästen Abwechslung und Auswahl - gemütlich ist es in allen! Zu regionalen Speisen können Sie hausgebrautes Bier, frisch vom Fass, bestellen.

In Windelsbach Nord-Ost: 9 km über Schweinsdorfer Straße Y

✗✗ **Landhaus Lebert** mit Zim 🏠 🛜 ⇔ 🅿 VISA ⓪
Schlossstr. 8 ✉ *91635* – ✆ *(09867) 95 70* – *www.landhaus-rothenburg.de* – *geschl. über Weihnachten und Montag*
10 Zim ⌁ – †44/74 € ††59/99 € – ½ P 25 € **Rest** – Menü 33/69 € – Karte 25/58 €
◆ Seit 1987 steht Manfred Lebert in diesem Restaurant am Herd. Ein sympathischer Familienbetrieb mit nettem ländlichem Rahmen. Geboten wird gute regional-saisonale Küche. Zudem hat man eine Hofscheune für Veranstaltungen mit Anspruch. Die Gästezimmer im Haupthaus und in der Scheune sind hell und freundlich gestaltet.

ROTHENFELDE, BAD – Niedersachsen – **541** – 7 350 Ew – Höhe 100 m 27 E9
– Heilbad

▶ Berlin 414 – Hannover 135 – Bielefeld 31 – Münster (Westfalen) 45
ℹ Am Kurpark 12, ✉ 49214, ✆ (05424) 2 21 80, www.bad-rothenfelde.de

🏨 **Drei Birken** 🏠 🛜 ⇔ 🅿 VISA ⓪ AE ⓪
Birkenstr. 3 ✉ *49214* – ✆ *(05424) 64 20* – *www.hotel-drei-birken.de*
48 Zim ⌁ – †60/70 € ††88/98 € – ½ P 16 € – 2 Suiten **Rest** – Karte 23/40 €
◆ Die Gästezimmer dieses Familienbetriebs sind teilweise sehr großzügig, einige sind als Themenzimmer für Damen oder Businessgäste ausgelegt. Kosmetik, Massage und Arztpraxis im Haus. Restaurant mit internationaler Küche.

🏨 **Dreyer** garni 🅿 VISA ⓪
Salinenstr. 7 ✉ *49214* – ✆ *(05424) 2 19 00* – *www.hotel-dreyer.de*
16 Zim ⌁ – †42/51 € ††62/71 €
◆ Ein sehr gepflegter kleiner Familienbetrieb mit Selbstgebackenem im angeschlossenen Café. Einen Besuch wert ist die Saline vis-à-vis, umgeben vom schönen Kurpark. Kostenlose Leihfahrräder.

ROTTACH-EGERN – Bayern – **546** – 5 630 Ew – Höhe 736 m 66 M21
– Wintersport: 1 550 m ≤1 ≤17 ⌁ – Heilklimatischer Luftkurort

▶ Berlin 645 – München 56 – Garmisch-Partenkirchen 81 – Bad Tölz 22
ℹ Nördliche Hauptstr. 9, ✉ 83700, ✆ (08022) 67 13 41, www.rottach-egern.de

🏨🏨🏨🏨🏨 **Seehotel Überfahrt** ≤ 🏠 🛜 VISA ⓪ AE ⓪
Überfahrtstr. 10 ✉ *83700* – ✆ *(08022) 66 90*
– *www.seehotel-ueberfahrt.com*
188 Zim ⌁ – †215/375 € ††268/428 € – ½ P 45 € – 23 Suiten
Rest *Gourmetrestaurant Überfahrt* ✪✪ **Rest** *Egerner Bucht*
Rest *Il Barcaiolo* – siehe Restaurantauswahl
Rest *Bayernstube* – (geschl. Mittwoch - Donnerstag) (nur Abendessen) Karte 28/52 €
◆ Zimmer und Spa dieses elegantes Hauses bieten Luxus, top ist die Lage direkt am See - hier kommt man in den Genuss eines eigenen Strandbades. Der Service - sehr persönlich und freundlich - tut ein Übriges.

🏨🏨🏨🏨 **Park-Hotel Egerner Höfe** ≤ 🏠 🛜 🅿 VISA ⓪ AE ⓪
Aribostr. 19 ✉ *83700* – ✆ *(08022) 66 60*
– *www.egerner-hoefe.de*
114 Zim ⌁ – †129/169 € ††200/320 € – ½ P 46 € – 23 Suiten
Rest *Dichterstub'n* ✪ **Rest** *Hubertusstüberl* – siehe Restaurantauswahl
◆ Eine großzügige Anlage mit hübschem Spa, freundlicher Atmosphäre und gutem Service. Man bietet u. a. hochwertige "Alm"-Zimmer sowie noble Suiten in den Höfen Valentina und Catherina.

ROTTACH-EGERN

Haltmair am See garni
Seestr. 33 ⊠ 83700 – ℰ (08022) 27 50 – www.haltmair.de – geschl. 21. November - 6. Dezember
42 Zim ⊑ – †75/85 € ††115/155 € – 5 Suiten
• Gut geführte, sehr familiäre Adresse in verkehrsberuhigter Lage am See. Wohnlich sind die Landhauszimmer, Appartements sowie die Seesuite, chic und modern ist der Spabereich.

Seerose garni
Stielerstr. 13 ⊠ 83700 – ℰ (08022) 92 43 00 – www.seeroserottach.de – geschl. 10. - 15. April, Ende Oktober - 20. Dezember
19 Zim ⊑ – †60/63 € ††85/105 €
• Wohnlich und angenehm privat ist die Atmosphäre in diesem Familienbetrieb in Seenähe. Das Haus verfügt auch über einen netten hellen Saunabereich und ein gemütliches Stüberl.

Gourmetrestaurant Überfahrt – Seehotel Überfahrt ✧✧
Überfahrtstr. 10 ⊠ 83700 – ℰ (08022) 66 90
– www.gourmetrestaurant-ueberfahrt.com – geschl. 14. Februar - 2. März, 29. August - 13. September, 31. Oktober - 8. November und Montag - Dienstag
Rest – Menü 98 € (mittags)/184 € – Karte 81/175 €
Spez. "Des Angler's fette Beute", St. Pierre, Kräuterfond, Schneckenragout. "Milchner", mariniertes Kalbsbries, Erbsen, Shiitake, Sherrysud. "Steingarten", Schokolade, Kaffee, Kakao, Mascarpone.
• Das kann man nur als stimmiges Gesamtbild bezeichnen: In der Küche von Christian Jürgens trifft Kreativität auf eine feine Balance von Texturen und Aromen, die klassische Servicebrigade kommt einem Schweizer Uhrwerk gleich und das elegante Ambiente ist recht puristisch, dank ruhiger, warmer Töne aber keineswegs kühl.

Dichterstub'n – Park-Hotel Egerner Höfe ✧
Aribostr. 19 ⊠ 83700 – ℰ (08022) 66 65 02 – www.egerner-hoefe.de – geschl. Dienstag - Mittwoch
Rest – (nur Abendessen) Menü 110/134 € – Karte 58/90 €
Spez. Gesulzte Gänseleber mit Herzkirschen und knusprigem Tramezzini. Rosa gebratenes Lamm vom Martlhof mit Polenta und Poweraden. Törtchen von Nougat de Montélimar mit Mirabellensorbet und Himbeeren.
• Ursprüngliche, typisch bayerische Werte prägen das Flair der elegant-rustikal eingerichteten Stube. Gemälde bekannter Dichter zieren die mit Zirbelholz getäfelten Wände, ein heimeliger Kachelofen trägt sein Übriges dazu bei. Die Küchencrew versorgt die Gäste mit klassischen Speisen.

Maiwerts
Ulrich-Stöckl-Str. 10 ⊠ 83700 – ℰ (08022) 66 22 40 – www.maiwerts.de – geschl. Montag
Rest – Menü 58/72 € – Karte 49/67 €
• Das Restaurant bietet gute klassische Küche, freundlichen Service und schönes Landhausambiente in hellen, warmen Tönen. Mittags ist die Karte einfacher. Geradlinigmoderne Vinothek.

Fährhütte am See
Weißachstr. 50 ⊠ 83700 – ℰ (08022) 18 82 20 – www.maiwertsfaehrhuette.de – geschl. November und Montag, Okt. - April: Montag - Dienstag
Rest – Menü 58/72 € – Karte 47/65 €
• Die Lage ist zwar nicht alles, hier aber zweifellos eine Erwähnung wert: absolut traumhaft, fast schon im Tegernsee! Pierre Franke bietet in dem netten Holzhaus mit mediterran-elegantem Ambiente leckere saisonale Gerichte wie z. B. warm marinierten Saibling mit Kohlrabi und Radieserl.

Il Barcaiolo – Seehotel Überfahrt
Überfahrtstr. 10 ⊠ 83700 – ℰ (08022) 66 90 – www.seehotel-ueberfahrt.com
Rest – Menü 42/52 € – Karte 43/58 €
• Große Panoramafenster mit Blick in die herrliche Natur, stilvolle Einrichtung und entspannte Atmosphäre, dazu authentische italienische Küche - was will man als Gast mehr?

ROTTACH-EGERN

XX **Egerner Bucht** – Seehotel Überfahrt
Überfahrtstr. 10 ⊠ 83700 – ℰ (08022) 66 90
– www.seehotel-ueberfahrt.com
Rest – (nur Abendessen) Menü 59 € – Karte 39/61 €
• Mit grau-braunen Leinenstoffen auf bequemen Sesseln und der dazu passenden Holzvertäfelung an den Wänden verbreitet das Lokal stylisches Alpenflair. Das Küchenteam verwöhnt Sie mit international-alpenländischen Gerichten.

XX **Hubertusstüberl** – Park-Hotel Egerner Höfe
Aribostr. 19 ⊠ 83700 – ℰ (08022) 66 65 02 – www.egerner-hoefe.de
Rest – Menü 46/64 € – Karte 32/52 €
• Sehr einladend wirkt das bäuerlich-edle Ambiente des "Stüberl". Schöne alpenländische Hölzer und Dekorationen stellen eine stilvolle Harmonie her. Außerdem steht man für eine saisonal orientierte bayerische Küche.

X **Kirschner Stuben**
Seestr. 23a ⊠ 83700 – ℰ (08022) 27 39 39 – www.kirschner-stuben.de – geschl. Mittwoch
Rest – (Montag - Dienstag nur Abendessen) (Tischbestellung ratsam) Karte 36/72 €
• Ein sympathisches Restaurant mit lebendiger Atmosphäre. Man reicht eine gute internationale Karte, die am Mittag durch ein zusätzliches preisgünstigeres Angebot ergänzt wird.

X **Lois**
Nördliche Hauptstr. 1 ⊠ 83700 – ℰ (08022) 6 60 72 08 – www.restaurant-lois.de
– geschl. November 1 Woche und Montag - Dienstag
Rest – Menü 33 € – Karte 28/49 €
• Man hat ein interessantes Konzept für die schmackhafte zeitgemäß-saisonale Küche: mittags kleine A-la-carte-Auswahl und Gerichte von der Tafel, am Abend wählt man aus acht Speisen (alle zum selben Preis!), z. B. geschmortes Kalbsbackerl mit geschmolzener Gänseleber.

In Kreuth Süd: 5,5 km über B 307 – Wintersport: 1 270 m ≤2 ≥ – Heilklimatischer Kurort
🛈 Nördliche Hauptstr. 3, ⊠ 83708, ℰ (08029) 18 19, www.kreuth.de

🏠 **Villa Sonnwend** garni
Setzbergweg 4 ⊠ 83708 – ℰ (08029) 3 68 – www.sonnwend.de
13 Zim – ♦95/135 € ♦♦110/155 € – 4 Suiten
• Mit Liebe zum Detail hat man das kleine Hotel in ruhiger Lage eingerichtet. Schön wohnt man in dezent mediterran gestalteten Zimmern oder in einer der großen Suiten. Sehr angenehm sind die persönliche Atmosphäre im Haus wie auch das gute Open-End-Frühstück.

X **Altes Bad**
Wildbad Kreuth 2 (Süd: 3 km in Richtung Achensee) ⊠ 83708 – ℰ (08029) 3 04
– www.altesbad.de – geschl. 6. - 23. November und Montag - Dienstag
Rest – Menü 31/49 € – Karte 31/51 €
• Ein ehemaliges Badhaus a. d. 18. Jh. mit drei hübschen ländlichen Stuben. Man kocht frische regionale und saisonale Speisen, mittags bietet man eine einfachere Karte.

In Kreuth-Weißach West: 1 km

Bachmair Weissach
Wiesseer Str. 1 ⊠ 83700 Rottach-Weißach – ℰ (08022) 27 80
– www.bachmair-weissach.com
108 Zim – ♦159/209 € ♦♦189/239 € – ½ P 24 € – 9 Suiten
Rest – (nur Abendessen) Karte 28/51 €
• Aus einem historischen Gasthof ist die großzügige Hotelanlage entstanden. Wohnlich-elegante Zimmer in vier Häusern und Wellness auf 700 qm. Man speist im "Gasthof zur Weissach" von 1861 in bayerischen Stuben oder abends im mediterran gestalteten Laurenzi.

ROTTENBUCH – Bayern – 546 – 1 800 Ew – Höhe 763 m – Wintersport: ⛷ 65 K21
– Erholungsort

▶ Berlin 644 – München 70 – Garmisch-Partenkirchen 39 – Landsberg am Lech 40

🛈 Klosterhof 42, ⊠ 82401, ℰ (08867) 91 10 18, www.rottenbuch.de

◉ Mariä-Geburts-Kirche ★

◎ Wies (Kirche ★★), Süd-West: 12 km

In Rottenbuch-Moos Nord-West: 2 km über B 23

🏠 **Moosbeck-Alm**
Moos 38 ⊠ 82401 – ℰ (08867) 9 12 00 – www.moosbeck-alm.de
– geschl. 15. - 30. November
21 Zim ⊇ – †45/48 € ††80 € – ½ P 15 €
Rest – *(geschl. Dienstag) (nur Abendessen)* Menü 12 € (mittags)/18 € – Karte 13/26 €
♦ Ein wunderschön im Grünen gelegenes Haus mit individuellen Zimmern, darunter König-Ludwig-, Luitpold- und Sisi-Zimmer. Im Garten steht ein Modell von Schloss Neuschwanstein. Zum Restaurant gehört ein hübscher lichter Wintergarten mit Blick auf die Außenanlage.

ROTTENBURG am NECKAR – Baden-Württemberg – 545 – 42 450 Ew 55 G19
– Höhe 349 m

▶ Berlin 682 – Stuttgart 55 – Freudenstadt 47 – Reutlingen 26

🛈 Marktplatz 24, ⊠ 72108, ℰ (07472) 91 62 36, www.tourismus-rottenburg.de

🏌 Starzach-Sulzau, Schloss Weitenburg, ℰ (07472) 1 50 50

🏨 **Martinshof**
Eugen-Bolz-Platz 5 ⊠ 72108 – ℰ (07472) 91 99 40 – www.martinshof-rottenburg.de
34 Zim ⊇ – †69/85 € ††100/144 €
Rest – *(geschl. über Fasching, August 3 Wochen) (Sonntag und an Feiertagen nur Mittagessen)* Karte 27/39 €
♦ In zentraler Lage nahe der Altstadt finden Sie das engagiert und familiär geführte Haus mit gepflegten, hellen und gut ausgestatteten Zimmern. Auch für Tagungen geeignet. Regionale Küche im zeitlos gehaltenen Restaurant.

🏠 **Württemberger Hof** (mit Gästehaus)
Tübinger Str. 14 ⊠ 72108 – ℰ (07472) 9 63 60 – www.wuerttembergerhof.de
17 Zim ⊇ – †62/67 € ††92/97 € **Rest** – *(geschl. Sonntagabend)* Karte 18/36 €
♦ Ideal für Radfahrer und Wanderer ist der sympathische Familienbetrieb - der Neckarradweg verläuft am Haus, 5 Gehminuten in die Innenstadt. Die Zimmer sind unterschiedlich geschnitten. Regional und bürgerlich isst man im Restaurant mit rustikaler Note.

ROTTENDORF – Bayern – siehe Würzburg

ROTTWEIL – Baden-Württemberg – 545 – 25 740 Ew – Höhe 597 m 62 F20

▶ Berlin 724 – Stuttgart 98 – Konstanz 87 – Offenburg 83

🛈 Hauptstr. 21, ⊠ 78628, ℰ (0741) 49 42 80, www.rottweil.de

◉ Hauptstraße ≤ ★ – Heiligkreuzmünster (Retabel ★) – Kapellenkirche (Turm ★)
– Altstadt ★

◎ Dreifaltigkeitsberg ★ (❀ ★), Süd-Ost: 20 km

🏨 **Johanniterbad**
Johannsergasse 12 ⊠ 78628 – ℰ (0741) 53 07 00 – www.johanniterbad.de
– geschl. 1. - 8. Januar
32 Zim ⊇ – †79/97 € ††99/136 € – 1 Suite
Rest *Johanniterstube* – siehe Restaurantauswahl
♦ In ruhiger Lage am alten Stadtgraben steht das seit 1929 als Familienbetrieb geführte Hotel. Die Zimmer sind zeitgemäß und funktional, im historischen Teil geräumiger.

🏨 **Sailer** garni (mit Gästehaus)
Karlstr. 3 ⊠ 78628 – ℰ (0741) 9 42 33 66 – www.hotel-sailer.de
26 Zim ⊇ – †60/110 € ††90/140 € – 1 Suite
♦ Zeitgemäße Zimmer mit gutem Platzangebot bietet das Hotel im Stadtkern. In der Villa aus der Jahrhundertwende hat man auch Appartements mit eigener Küche.

ROTTWEIL

XX **Johanniterstube** – Hotel Johanniterbad
*Johannsergasse 12 ⊠ 78628 – ℰ (0741) 53 07 00 – www.johanniterbad.de
– geschl. 1. - 8. Januar und Sonntagabend - Montagmittag*
Rest – Menü 23/45 € – Karte 20/50 €
• Ein gediegenes Restaurant, in dem Holzbalken rustikales Flair erzeugen. Geboten wird internationale und regionale Küche, im Sommer speist man auf der schönen Gartenterrasse.

In Zimmern-Horgen Süd-West: 7,5 km in Richtung Hausen – Erholungsort

X **Linde Post** mit Zim
Alte Hausener Str. 8 ⊠ 78658 – ℰ (0741) 3 33 33 – www.lindepost.de – geschl. Donnerstag
7 Zim – †52/55 € ††85 € **Rest** – Karte 18/52 €
• Das familiär geleitete Restaurant teilt sich in einen freundlichen, klassischen Gastraum und einen Bistrobereich mit Bar. Regionale Küche aus guten Produkten, mit Bezug zur Saison. Das Haus am Ortsrand verfügt auch über sehr nette neuzeitliche Gästezimmer.

RUBKOW – Mecklenburg-Vorpommern – siehe Anklam

RÜDENAU – Bayern – **546** – 820 Ew – Höhe 193 m   48 G16
▶ Berlin 575 – München 361 – Würzburg 87 – Wiesbaden 107

X **Zum Stern** mit Zim
Hauptstr. 41 ⊠ 63924 – ℰ (09371) 28 34 – www.landhotel-stern.de – geschl. nach Fasching 1 Woche, nach Pfingsten 1 Woche, November 3 Wochen und Mittwoch, außer an Feiertagen
10 Zim – †39/55 € ††66/80 € **Rest** – Karte 21/39 €
• In dem Gasthof mit über 100-jähriger Familientradition hat inzwischen Sohn Dieter Baumann die Küche übernommen. Das Fleisch für Gerichte wie Kotelett mit Grünkern-Knuspermantel stammt aus der eigenen Metzgerei!

RUDERSBERG – Baden-Württemberg – **545** – 11 440 Ew – Höhe 279 m   55 H18
▶ Berlin 600 – Stuttgart 43 – Heilbronn 47 – Göppingen 37

In Rudersberg-Schlechtbach Süd: 1 km

Sonne (mit Gasthof)
Heilbronner Str. 70 ⊠ 73635 – ℰ (07183) 30 59 20 – www.sonne-rudersberg.de
38 Zim – †72/98 € ††98/125 € – 2 Suiten
Rest – *(geschl. Januar - April: Montag)* Karte 24/47 €
• Im Gästehaus des familiengeführten Gasthofs stehen gepflegte Zimmer bereit, die mit hellem Holz freundlich, solide und funktionell eingerichtet sind. Gemütliche, zeitgemäße Gaststube mit bürgerlich-regionaler Küche.

X **Gasthaus Stern**

Heilbronner Str. 16 ⊠ 73635 – ℰ (07183) 83 77 – geschl. über Pfingsten 3 Wochen, November 3 Wochen und Mittwoch - Donnerstag
Rest – Menü 24/39 € – Karte 23/49 €
• Helmut Schiffner betreibt gemeinsam mit seiner Frau dieses heimelig-rustikale Gasthaus. Er steht am Herd, sie kümmert sich herzlich um die Gäste, die die gute regional-internationale Küche schätzen - probieren Sie z. B. das Bachsaiblingsfilet mit röschem Hausspeck.

RUDOLSTADT – Thüringen – **544** – 24 040 Ew – Höhe 200 m   40 L13
▶ Berlin 284 – Erfurt 48 – Coburg 79 – Suhl 65
🛈 Marktstr. 57, ⊠ 07407, ℰ (03672) 48 64 40, www.rudolstadt.de
◉ Schloss Heidecksburg ★

Am Marienturm Süd-Ost: 3 km

Panoramahotel Marienturm
Marienturm 1 ⊠ 07407 Rudolstadt – ℰ (03672) 4 32 70 – www.hotel-marienturm.de
29 Zim – †79/95 € ††109/138 € **Rest** – Karte 32/51 €
• Die einsame Panoramalage im Wald über Rudolstadt und dem Saaletal lockt zahlreiche Besucher an - ebenso die Aussichtsterrasse des Marienturms gleich nebenan. Gediegene Zimmer in frischen Farben. Restaurant mit rustikaler Note. Gemütlicher Raum für Frühstück und Veranstaltungen im 1. OG.

1071

RÜCKHOLZ – Bayern – siehe Seeg

RÜDESHEIM am RHEIN – Hessen – **543** – 9 630 Ew – Höhe 86 m　　　　　47 E15
▶ Berlin 592 – Wiesbaden 31 – Bad Kreuznach 70 – Koblenz 65
🛈 Geisenheimer Str. 22, ✉ 65385, ✆ (06722) 90 61 50, www.ruedesheim.de
◉ Kloster Eberbach ★★

Breuer's Rüdesheimer Schloss
Steingasse 10 ✉ 65385 – ✆ (06722) 9 05 00 – www.ruedesheimer-schloss.com – geschl. 23. Dezember - 10. Januar
26 Zim – †90/125 € ††125/155 €　**Rest** – *(geschl. Januar)* Karte 24/38 €
◆ Das gut geführte Hotel der Familie Breuer (auch bekannt durch das Weingut) besteht aus dem Gutshaus von 1729 und dem Sickinger Hof. Kunst und Design prägen das Interieur. Das gemütlich-rustikale Restaurant wird ergänzt durch einen sehr netten Innenhof.

Central-Hotel
Kirchstr. 6 ✉ 65385 – ✆ (06722) 91 20 – www.centralhotel.net – geschl. 16. Dezember - 10. März
40 Zim – †75/95 € ††105/122 €　**Rest** – Karte 25/42 €
◆ Ein zentral gelegenes Hotel unter familiärer Leitung, entstanden aus einer früheren Weinkellerei. Die Gäste wohnen hier in zeitgemäßen Zimmern. Behaglich ist die Atmosphäre in den rustikalen Gaststuben.

Trapp
Kirchstr. 7 ✉ 65385 – ✆ (06722) 9 11 40 – www.hotel-trapp.de – geschl. 22. Dezember - 10. März
35 Zim – †65/90 € ††104/140 € – 1 Suite
Rest *Entenstube* – Karte 28/48 €
◆ Das Eckhaus mit der gelben Fassade ist ein gepflegter Familienbetrieb, dessen Gästezimmer solide in klassischem Stil eingerichtet sind. Gemütliches Restaurant mit den namengebenden Enten als Dekor. Nette kleine Kaminstube.

Rheinhotel
Geisenheimer Str. 25 ✉ 65385 – ✆ (06722) 90 30 – www.rheinhotel-ruedesheim.de – geschl. Januar - Februar
30 Zim – †59/79 € ††78/118 €　**Rest** – *(nur Abendessen für Hausgäste)*
◆ In dem von der Inhaberfamilie geführten Hotel erwarten Sie wohnliche Gästezimmer, ein mediterraner Frühstücksraum sowie ein netter freundlicher Saunabereich.

Zum Bären garni
Schmidtstr. 24 ✉ 65385 – ✆ (06722) 9 02 50 – www.zumbaeren.de – geschl. Januar - 15. März
22 Zim – †70/110 € ††90/160 €
◆ Ein langjähriger Familienbetrieb, in dem wohnlich, zeitgemäß und funktional gestaltete Gästezimmer zur Verfügung stehen.

In Rüdesheim-Assmannshausen Nord-West: 5 km über B 42

Schön
Rheinuferstr. 3 ✉ 65385 – ✆ (06722) 9 06 66 00 – www.karl-schoen.de – geschl. November - Februar
25 Zim – †60/80 € ††85/110 € – 2 Suiten　**Rest** – Karte 26/49 €
◆ Familie Schön betreibt hier ein Hotel mit Weingut, dessen Tradition auf einen im Jahr 1752 gegründeten Gasthof zurückgeht. Ein Teil der Zimmer ist mit Balkon zum Rhein ausgestattet. Klassisch-rustikales Restaurant und überdachte Terrasse mit Weinlauben-Flair.

RÜGEN (INSEL) Mecklenburg-Vorpommern – **542** – Größte Insel　　　　　6 P3
Deutschlands, durch einen 2,5 km langen Damm mit dem Festland verbunden
▶ Berlin 249 – Schwerin 186 – Greifswald 60 – Stralsund 28
⛴ Fährlinie Sassnitz-Trelleborg, ✆ (03892) 5 77 77
🛈 Karnitz, Dorfstr. 11a, ✆ (038304) 8 24 70
◉ Gesamtbild ★ der Insel mit Badeorten ★ Binz, Sellin, Babe und Göhren
– Putbus ★ (Circus ★, Theater ★, Schlosspark ★) – Jagdschloss Granitz (≤ ★★) – Kap Arkona ★ (≤ ★★) – Stubbenkammer ★★

RÜGEN (INSEL)

BAABE – 860 Ew – Seebad

🛈 Am Kurpark 9, ⊠ 18586, ✆ (038303) 14 20, www.baabe.de

Solthus am See
Bollwerkstr. 1 (Süd-West: 1 km) ⊠ 18586 – ✆ (038303) 8 71 60 – www.solthus.de
39 Zim ⊆ – †65/115 € ††106/176 € – ½ P 29 €
Rest – Menü 32/58 € – Karte 37/49 €

• Das reetgedeckte Haus liegt idyllisch zwischen Selliner See und Greifswalder Bodden. Sehr behaglich sind die Zimmer im Landhausstil sowie die holzgetäfelte kleine Bibliothek. Im Restaurant erzeugen Blockhauswände eine skandinavische Note. Terrasse zum Bodden.

Villa Granitz garni
Birkenallee 17 ⊠ 18586 – ✆ (038303) 14 10 – www.villa-granitz.de – geschl. November - März
60 Zim ⊆ – †44/71 € ††66/92 € – 6 Suiten

• Ein Hotel im Stil der Rügener Seebäderarchitektur, in dem man sich aufmerksam um die Gäste kümmert. Hübsch ist der romantisch angelegte Garten. Die Zimmer bieten teilweise Balkon oder Terrasse.

Strandallee
Strandstr. 18 ⊠ 18586 – ✆ (038303) 14 40 – www.strandallee.de – geschl. November
30 Zim ⊆ – †38/61 € ††79/88 € – ½ P 15 €
Rest – *(nur Abendessen, Januar - März nur für Hausgäste)* Karte 18/33 €

• Im Zentrum, ca. 500 m vom Strand entfernt, liegt das gepflegte, aus zwei Gebäuden bestehende Hotel. Die Zimmer sind zur Hälfte als Appartements mit Kitchenette angelegt. Restaurant mit freundlichem Wintergarten.

BERGEN – 14 480 Ew – Höhe 55 m

🛈 Markt 23, ⊠ 18528, ✆ (03838) 81 12 06, www.stadt-bergen-auf-ruegen.de

Rugard
Rugardweg 10 ⊠ 18528 – ✆ (03838) 2 01 90 – www.rugard.de
22 Zim ⊆ – †44/66 € ††59/93 € **Rest** – Karte 16/38 €

• Die ruhige Lage am Ernst-Moritz-Arndt-Turm, einem Wahrzeichen Rügens, macht dieses Hotel interessant. Solide und praktisch ausgestattete Zimmer, darunter vier Appartements. Freundlich-ländlich ist das Ambiente im Restaurant.

BINZ – 5 490 Ew – Seebad

🛈 Heinrich-Heine-Str. 7, ⊠ 18609, ✆ (038393) 14 81 48, www.ostseebad-bimz.de

Travel Charme Kurhaus Binz
Strandpromenade 27 (Zufahrt über Schillerstr. 5) ⊠ 18609 – ✆ (038393) 66 50 – www.travelcharme.com
137 Zim ⊆ – †99/189 € ††170/334 € – ½ P 34 € – 6 Suiten
Rest *Kurhaus* – ✆ (038393) 66 54 63 – Karte 36/51 €
Rest *Das Steakhaus* – ✆ (038393) 66 55 42 *(geschl. Mitte Oktober - April)* Karte 13/41 €

• Seit 1908 existiert der beeindruckende Bau, der an der bekannten Seebrücke liegt. Der Gast wohnt komfortabel und kann im großzügigen Freizeitbereich entspannen. Restaurant Kurhaus mit klassisch-stilvollem Rahmen und Meerblick. Internationale, teils regionale Küche.

Grand Hotel Binz
Strandpromenade 7 ⊠ 18609 – ✆ (038393) 1 50 – www.grandhotelbinz.com
124 Zim ⊆ – †100/214 € ††140/298 € – ½ P 37 € – 4 Suiten **Rest** – Karte 27/63 €

• Eine wohnlich-elegante Ferienadresse, die an die Bäderarchitektur erinnert. Sehr schön sind die Maisonette-Suiten. Wellness auf 800 qm mit Thai-Bali-Spa. Eigenes Strandbad. Restaurant mit Wintergarten und netter kleiner Terrasse zum Strand. Internationale Karte.

CERÊS
Strandpromenade 24 ⊠ 18609 – ✆ (038393) 6 66 70 – www.ceres-hotel.de
48 Zim ⊆ – †163/303 € ††178/318 € – ½ P 39 € – 6 Suiten
Rest *NEGRO* – siehe Restaurantauswahl

• Modern und puristisch wie die Architektur präsentiert sich auch das Innere dieses Hauses. Die Zimmer sind chic designt und hochwertig ausgestattet, teilweise mit schöner Sicht. "Top-Suite" mit Glaskuppel. Als Liegewiese dient die schöne Dachterrasse.

1073

RÜGEN (INSEL)

Dorint Strandhotel
🛜 🔲 🐾 🛌 🎐 ⚡ 🔤 🥇 Rest, 🍴 ♨ 🅿 🛆
Strandpromenade 58 (Zufahrt über Lottumstraße) ✉ 18609 — VISA ⦿ AE
– ℰ (038393) 4 30 – www.dorint.com/binz
63 Zim 🍽 – †65/170 € ††100/225 € – 47 Suiten
Rest – (nur Abendessen) Karte 36/56 €
♦ Direkt am Strand liegt dieses Hotel. Die Zimmer sind mit südländischer Note eingerichtet und bieten teilweise Seesicht. Hübscher Sauna- und Badebereich. Mediterrane Atmosphäre im Restaurant Olivio mit Showküche.

Rugard Strandhotel
← 🚲 🔲 ⦿ 🐾 🎐 ⚡ ♣ 🅿 VISA ⦿ AE
Strandpromenade 62 (Zufahrt über Proraer Straße) ✉ 18609 – ℰ (038393) 5 60
– www.rugard-strandhotel.de
231 Zim 🍽 – †87/165 € ††124/238 € – ½ P 27 € – 14 Suiten
Rest *Rugard's Gourmet* – siehe Restaurantauswahl
Rest *Bernstein* – ℰ (038393) 5 68 30 – Karte 36/54 €
♦ An der schönen lang gezogenen Binzer Bucht erwarten Sie wohnliche Landhauszimmer, ein gediegener Lounge-/Barbereich und ein großer Spa mit Panorama-Dachterrasse. Bernstein: helles, verglastes Restaurant mit Bernsteinbrunnen.

Seehotel Binz-Therme ⦾
🚲 🛜 🔲 ⦿ 🐾 🛌 🎐 ⚡ 🔤 ♣ ⚡ 🍴 ♨ 🅿
Strandpromenade 76 (Zufahrt über Dollahner Straße) 🛆 VISA ⦿ AE ⓘ
✉ 18609 – ℰ (038393) 60 – www.binz-therme.de
140 Zim 🍽 – †88/142 € ††129/203 € – ½ P 25 € – 2 Suiten
Rest – (nur Abendessen) Karte 23/42 €
♦ Nur der Küstenschutzwald trennt das komfortable Hotel von der Ostsee. Ideal für Familien sind die Residenzappartements mit kleiner Küche. Thermalbad mit Wasser aus 1222 m bzw. 300 m Tiefe.

AM MEER
← 🛜 🔲 ⦿ 🐾 🛌 🎐 ⚡ ⚡ 🍴 🅿 VISA ⦿ AE ⓘ
Strandpromenade 34 ✉ 18609 – ℰ (038393) 4 40 – www.hotel-am-meer.de – geschl.
3. Januar - 31. März
60 Zim 🍽 – †110/210 € ††150/305 € – ½ P 30 € **Rest** – Karte 27/38 €
♦ Engagiert führt Wolfgang Schewe sein modern designtes Hotel. Toller Spa, eigenes Strandbad und einzigartige Blue Moon Lounge mit Rundumblick. Sehr schön: Juniorsuiten und Eckzimmer. Die Restaurants: "Düne" zur Promenade, "Fischküche" mit Showküche.

niXe ⦾
🐾 🎐 ⚡ 🍴 🅿 VISA ⦿
Strandpromenade 10 ✉ 18609 – ℰ (038393) 66 62 00 – www.nixe.de
16 Zim 🍽 – †122/155 € ††154/240 € – ½ P 46 € – 3 Suiten
Rest *niXe* ❀ – siehe Restaurantauswahl
♦ Aus einer schmucken Villa von 1903 und einem modernen Nebenhaus ist ein kleines Designhotel in bester Lage entstanden, das sehr chic und hochwertig eingerichtet ist. Zwei Maisonetten. Auch der Saunabereich ist in geradlinigem Stil gehalten.

Strandhotel Binz
🛜 🐾 🎐 🍴 🅿 🛆 VISA ⦿ AE
Strandpromenade 33 (Zufahrt über Marienstraße) ✉ 18609 – ℰ (038393) 38 10
– www.strandhotel-binz.de
54 Zim 🍽 – †79/169 € ††99/189 € – ½ P 24 €
Rest *Fischmarkt* – ℰ (038393) 38 14 43 – Karte 18/37 €
♦ In dem hübschen historischen Haus mit Anbau sind die Zimmer klassisch gestaltet oder geschmackvoll-modern und geräumig. Schöner Sauna- und Beautybereich im obersten Stock. Das Restaurant mit maritim-rustikalem Touch bietet vorwiegend Fischgerichte.

Imperial garni ⦾
← 🎐 🍴 🅿 VISA ⦿ AE
Strandpromenade 20 (Zufahrt über Schwedenstraße) ✉ 18609 – ℰ (038393) 13 80
– www.karin-loew-hotellerie.de – geschl. 18. - 24. Dezember, 4. - 9. Januar
27 Zim 🍽 – †45/85 € ††65/140 €
♦ Relativ ruhig liegt die hübsche 1903 erbaute Jugendstilvilla mit zeitgemäß-wohnlichen Zimmern - meist mit Balkon und Ostseeblick. Nette Frühstücksterrasse zur Promenade.

1074

RÜGEN (INSEL)

Villa Salve
Strandpromenade 41 (Zufahrt über Lottumstr. 13) ⊠ *18609 –* ℰ *(038393) 22 23*
– www.ruegen-schewe.de
13 Zim – †60/140 € ††70/160 € – ½ P 22 € – 2 Suiten **Rest** – Karte 27/46 €
♦ Hinter der weißen Villenfassade des über 100 Jahre alten denkmalgeschützten Hauses verbergen sich individuelle, meist großzügige Zimmer. Restaurant im Brasseriestil mit schöner Terrasse zum Strand hin.

Rugard's Gourmet – Rugard Strandhotel
Strandpromenade 62 (Zufahrt über Proraer Straße) ⊠ *18609 –* ℰ *(038393) 5 68 31*
– www.rugard-strandhotel.de – geschl. Januar 2 Wochen, November 2 Wochen und Montag - Dienstag
Rest – *(nur Abendessen)* Menü 39/59 € – Karte 46/56 €
♦ Das Restaurant im 5. Stock lockt mit tollem Meerblick. Ohne Zweifel hinterlässt aber auch das elegante Interieur mit roten floralen Samtstoffen und feiner Tischkultur einen bleibenden Eindruck.

niXe – Hotel niXe
Strandpromenade 10 ⊠ *18609 –* ℰ *(038393) 1 49 00 – www.nixe.de*
Rest – Menü 46/96 €
Spez. My Müsli, Spargelmüsli, St. Jakobsmuschel, Joghurt. Ox, Ochsenfilet, Suppengemüse, geräucherte Chips. Basix, Basilikumdessert aus Basilikumpulver, Schwamm, Eis, Öl, gerösteten Samen, Schnee.
♦ Klare Formen und exklusives Design sowie ein gelungenes Lichtkonzept haben zusammen mit einer delikaten Kulinarik dazu geführt, dass sich das Restaurant zu einem Gourmet-Treff auf der Insel entwickelt hat. Der Küchenstil ist kreativ-modern und orientiert sich sehr stark an den Jahreszeiten.

NEGRO – Hotel CERÈS
Strandpromenade 24 ⊠ *18609 –* ℰ *(038393) 6 66 70 – www.ceres-hotel.de*
Rest – Karte 39/55 €
♦ Effektvoll setzt sich das minimalistische Interior in Szene. Die konsequente Einhaltung der Farbkombination Schwarz-Ecru macht das Ganze zu einem Ort, der ideal ist zum Entspannen und zum Genießen der guten regionalen Küche.

Strandhalle
Strandpromenade 5 ⊠ *18609 –* ℰ *(038393) 3 15 64 – www.strandhalle-binz.de*
Rest – Karte 24/43 €
♦ Am Ende der Promenade steht das von Schweden erbaute restaurierte Strandhaus mit nostalgischer Note. Vordere Fensterplätze mit Blick aufs nahe Meer. Überwiegend Fischgerichte.

BREEGE – 770 Ew

In Breege-Juliusruh Nord-Ost: 1 km

Atrium am Meer
Am Waldwinkel 2 ⊠ *18556 –* ℰ *(038391) 40 30 – www.atrium-am-meer.de*
54 Zim – †49/89 € ††74/130 € – ½ P 17 €
Rest – Menü 17 € – Karte 19/41 €
♦ Das hinter dem Dünenwald in Strandnähe gelegene Haus bietet freundliche, neuzeitlich-wohnliche Zimmer - etwas geräumiger sind die Atelier-Zimmer. Netter Sauna- und Kosmetikbereich. Angenehm hell und frisch gestaltetes Restaurant.

GLOWE – 1 030 Ew – Höhe 3 m – Seebad

Bel Air
Waldsiedlung 130a ⊠ *18551 –* ℰ *(038302) 74 70 – www.bel-air-hotels.de*
35 Zim – †49/112 € ††80/148 € – ½ P 21 € – 5 Suiten
Rest – *(nur Abendessen)* Karte 23/34 €
♦ Zeitgemäße, wohnlich-gediegene Gästezimmer und einige Appartements mit Küche stehen in dem Ferienhotel nicht weit vom Strand bereit. Zudem hat man eine Beauty-Abteilung.

RÜGEN (INSEL)

GÖHREN – 1 260 Ew – Höhe 35 m – Seebad und Kneippkurort

i Poststr. 9, ⊠ 18586, ⌂ (038308) 6 67 90, www.goehren-ruegen.de

Travel Charme Nordperd (mit Gästehäusern)
Nordperdstr. 11 ⊠ 18586 – ⌂ (038308) 70
– www.travelcharme.com – geschl. 3. Januar - 16. März
96 Zim – †70/118 € ††112/296 € – ½ P 24 € – 2 Suiten
Rest – (nur für Hausgäste) Karte 23/42 €
• Ein leicht erhöht und relativ ruhig gelegenes Ferienhotel, das aus mehreren Häusern besteht. Mit wohnlichen Zimmern, schönem Garten- und Liegebereich sowie Zugang zum Strand.

Hanseatic (mit Gästehäusern)
Nordperdstr. 2 ⊠ 18586 – ⌂ (038308) 5 15 – www.hotel-hanseatic.de
131 Zim – †70/140 € ††99/169 € – ½ P 23 € – 5 Suiten
Rest *Berliner Salon* – siehe Restaurantauswahl
Rest *Friedrich's* – (nur Abendessen) Karte 34/44 €
• Ein neuzeitliches Hotel im Bäderstil mit markantem Turm (hier Café und Standesamt). Wohnliche Zimmer mit Pantry sowie Appartements in den Villen Fortuna und Felicitas. Hübscher Spa. Nostalgisches Flair im Friedrich's.

MeeresBlick
Friedrichstr. 2 ⊠ 18586 – ⌂ (038308) 56 50 – www.meeresblick-goehren.de
33 Zim – †70/100 € ††100/140 € – ½ P 25 € – 28 Suiten
Rest – (nur Abendessen) Karte 23/39 €
• Sie finden diese gut geführte Hotelanlage in einer ruhigen Wohngegend. Die neuzeitlichen Zimmer (teils mit Balkon) sind überwiegend Suiten und Appartements. Kosmetikangebot.

Stranddistel garni
Katharinenstr. 9 ⊠ 18586 – ⌂ (038308) 54 50 – www.stranddistel.eu – geschl. 5. Januar - 15. Februar und 1. - 27. Dezember
35 Zim – †46/92 € ††66/150 € – 5 Suiten
• Die ruhige und doch zentrumsnahe Lage sowie wohnliche Gästezimmer - fast alle mit Balkon und teilweise mit Seeblick - sprechen für diesen Familienbetrieb. Man bietet auch Ausflüge mit dem hauseigenen Segelschiff "Sehnsucht".

Inselhotel garni
Wilhelmstr. 6 ⊠ 18586 – ⌂ (038308) 55 50 – www.inselhotel-ruegen.de – geschl. 15. November - 28. Dezember
32 Zim – †40/66 € ††70/114 € – 5 Suiten
• Nur 150 m vom Strand, am Rande des Dünenwaldes, erwarten die Gäste neuzeitlichfunktionale Zimmer (darunter auch einige Appartements) sowie freundliches Personal und ein sehr gutes Frühstück.

XX Knoblochs Kräuterküche - Villa mit Sonnenhof
Friedrichstr. 8 ⊠ 18586 – ⌂ (038308) 3 40 94 – www.villa-mit-sonnenhof.de – geschl. Sonntag - Mittwoch
Rest – (nur Abendessen) (Tischbestellung erforderlich) Menü 90 €
• Die professionellen und charmanten Gastgeber Christina und Peter Knobloch bieten ab 19 Uhr an einem großen Tisch ein saisonal-regionales Kräutermenü mit 8 - 10 Gängen, dazu treffliche Weinempfehlungen. Verkauf von hausgemachten Produkten. Ferienwohnung.

XX Berliner Salon – Hotel Hanseatic
Nordperdstr. 2 ⊠ 18586 – ⌂ (038308) 5 15 – www.hotel-hanseatic.de – geschl. 1. - 23. Januar, Sonntag - Mittwoch
Rest – (nur Abendessen) (Tischbestellung erforderlich) Menü 79/119 €
Spez. Rind / Ei / Senf / Brot. Bouillabaisse / Sc. Rouille / Baguette. Schokolade / Kirsche.
• Das kleine Restaurant gefällt durch Intimität und die moderne Interpretation eines eleganten klassischen Einrichtungsstils. Man bietet nur 1 Menü ("Insigne") und das wird von Benedikt Faust interessant, kreativ und ausdrucksstark zubereitet!

RÜGEN (INSEL)

LOHME – 530 Ew – Höhe 50 m

Panorama Hotel Lohme (mit Gästehäusern)
An der Steilküste 8 ✉ *18551* – ✆ *(038302) 91 10* – *www.lohme.com*
44 Zim ☐ – †48/72 € ††89/178 € – ½ P 27 € – 1 Suite
Rest – Menü 35 € – Karte 19/38 €
♦ Beeindruckend ist die Lage des Hotels auf einem 60 m hohen bewaldeten Kreidekliff. Man bietet u. a. hübsche moderne Themenzimmer, Appartements oder auch etwas einfachere Zimmer. Internationale Küche im Restaurant mit Wintergarten und Meerblick.

NEUENKIRCHEN – 320 Ew

In Neuenkirchen-Tribbevitz Süd-Ost: 2 km

Gut Tribbevitz
✉ *18569* – ✆ *(038309) 70 80* – *www.gut-tribbevitz.de* – geschl. 9. November - April
20 Zim ☐ – †70/95 € ††100/150 € – ½ P 26 € – 7 Suiten
Rest – Menü 19/45 € – Karte 28/41 €
♦ Das schmucke historische Gutshaus in ruhiger, einsamer Lage beherbergt recht geräumige Gästezimmer. Zur Anlage gehört auch ein Trakehnergestüt mit Gastboxen. Das Restaurant verfügt über eine Terrasse zum Garten mit schönem Baumbestand.

POSERITZ – 1 130 Ew – Höhe 20 m

In Poseritz-Puddemin Süd-Ost: 3,5 km

✕
LUV im Port Puddemin mit Zim
Hafen 1 ✉ *18574* – ✆ *(038307) 41 98 78* – *www.port-puddemin.de* – geschl. Mittwoch und November - März: Montag - Mittwoch außer an Feiertagen
8 Zim – †85/125 €, ☐ 9 €   **Rest** – Karte 25/31 €
♦ Romantisch liegt das moderne Haus an einem kleinen Yachthafen mit eigenem Anleger. Ein helles Restaurant mit schöner Terrasse, das internationale Speisen mit regionalem Einfluss bietet.

PUTBUS – 4 640 Ew – Höhe 50 m – Erholungsort

ℹ Alleestr. 35, ✉ 18581, ✆ (038301) 2 59, www.putbus.de

In Putbus-Lauterbach Süd-Ost: 2 km

Badehaus Goor
Fürst-Malte-Allee 1 ✉ *18581* – ✆ *(038301) 8 82 60*
– *www.hotel-badehaus-goor.de*
86 Zim ☐ – †55/121 € ††92/166 € – ½ P 24 € – 5 Suiten
Rest – (November - April nur Abendessen) Menü 25 € – Karte 19/43 €
♦ Direkt am Bodden steht die ehemalige fürstliche Residenz von 1818 - ein hübscher Rahmen für die geschmackvollen, klassisch-wohnlichen Zimmer. Schön sind auch Spa und Garten. Elegantes Restaurant mit Terrasse im reizvollen Innenhof.

In Putbus-Vilmnitz Ost: 2 km Richtung Binz

Landhotel Ulmenhof
Chausseestr. 5 ✉ *18581* – ✆ *(038301) 8 82 80* – *www.landhotel-ulmenhof.de* – geschl. 2. Januar - 15. März, 1. November - 25. Dezember
32 Zim ☐ – †45/95 € ††65/130 € – ½ P 20 € – 1 Suite
Rest – (geschl. November - Dezember: Mittwoch) Karte 18/32 €
♦ In einem kleinen Dorf liegt dieser neuzeitliche Hotelbau. Tipptopp gepflegt sind die praktisch und zeitgemäß ausgestatteten, in sachlichem Stil eingerichteten Zimmer.

In Putbus-Wreechen Süd-West: 2 km

Wreecher Hof (mit Gästehäusern)
Kastanienallee 1 ✉ *18581* – ✆ *(038301) 8 50* – *www.wreecher-hof.de*
43 Zim ☐ – †49/89 € ††69/149 € – ½ P 30 € – 20 Suiten
Rest *KOXorange* – siehe Restaurantauswahl
♦ Familie Jürgens bietet in dem Ferienhotel mit den sieben reetgedeckten Häusern meist Suiten, Juniorsuiten oder Maisonetten sowie Kosmetik und Massage. Idyllische Lage im Grünen.

1077

RÜGEN (INSEL)

KOXorange – Hotel Wreecher Hof
Kastanienallee 1, ⊠ 18581 – ℘ (038301) 8 50 – www.wreecher-hof.de
Rest – (Tischbestellung ratsam) Karte 29/47 €
♦ Dass dieses Restaurant - ein luftiger Wintergarten - mit persönlicher Hingabe gestaltet wurde, ist leicht zu erkennen. Besonders schön sitzt es sich auf der Terrasse im Schatten riesiger Marktschirme. Die Küche bindet die Produkte der Insel in die Gerichte ein.

RALSWIEK – 270 Ew

Schlosshotel Ralswiek
Parkstr. 35, ⊠ 18528 – ℘ (038838) 2 03 20
– www.schlosshotel-ralswiek.de
65 Zim – †65/85 € ††90/185 € – 2 Suiten **Rest** – Karte 24/31 €
♦ Wunderschön anzusehen ist das 1893 im Stil der Neurenaissance erbaute Schloss, das oberhalb des Jasmunder Boddens einsam in einem Park liegt. Auch Kosmetikanwendungen im Haus. Von der Terrasse des hübschen Restaurants schaut man auf Park, Bodden und Seebühne.

SAGARD – 2 590 Ew – Höhe 25 m

In Sagard-Neddesitz Nord-Ost: 3 km

Jasmar Resort
Neddesitz, ⊠ 18551 – ℘ (038302) 95
129 Zim – †65/125 € ††100/180 € – ½ P 19 € – 2 Suiten
Rest *Gutsherrenhaus Neddesitz* – (geschl. Sonntag - Montag) (nur Abendessen)
Menü 25 € – Karte 25/40 €
Rest *Hofküche* – (nur Mittagessen) Karte 18/27 €
♦ Familienfreundliche Ferienanlage mit historischem Gutsherrenhaus als Herzstück. Hier befinden sich individuelle, sehr wohnliche Suiten. Angrenzende Therme mit Sport/Wellness. Die Gutsschänke ist ein gemütliches Abendrestaurant. Hofküche mit hübschem Wintergarten.

SASSNITZ – 10 480 Ew – Höhe 30 m – Erholungsort

🛈 Bahnhofstr. 19a, ⊠ 18546, ℘ (038392) 64 90, www.insassnitz.de

Waterkant garni
Walterstr. 3, ⊠ 18546 – ℘ (038392) 5 09 41 – www.hotel-waterkant.de
– geschl. 6. - 31. Januar
16 Zim – †35/65 € ††50/95 €
♦ Diese tipptopp gepflegte Urlaubsadresse mit privater Atmosphäre liegt zentrumsnah über dem Hafen. Hafen- und Meerblick von einigen Zimmern und vom Frühstücksraum. Schöner Garten.

Gastmahl des Meeres mit Zim
Strandpromenade 2, ⊠ 18546 – ℘ (038392) 51 70
– www.gastmahl-des-meeres-ruegen.de
12 Zim – †50/70 € ††70/90 € – ½ P 15 € **Rest** – Karte 22/41 €
♦ Ganz in der Nähe des Hafens liegt das familiengeführte Restaurant mit maritimer Note. Beliebt ist die Terrasse zur Strandpromenade. Geboten werden überwiegend Fischgerichte. Für Übernachtungsgäste stehen wohnliche Zimmer und eigene Parkplätze bereit.

SEHLEN – 920 Ew – Höhe 35 m

In Sehlen-Klein Kubbelkow Nord-West: 3,5 km, über die B 96 Richtung Bergen

Gutshaus Kubbelkow mit Zim
Im Dorfe 8, ⊠ 18528 – ℘ (03838) 8 22 77 77 – www.kubbelkow.de – geschl. Anfang Februar 2 Wochen und Dienstag
8 Zim – †80/160 € ††100/130 € – ½ P 38 € – 2 Suiten
Rest – (nur Abendessen) Menü 39/72 € – Karte 43/61 €
♦ Mit seiner schmucken Fassade und den stilvollen Salons bewahrt das denkmalgeschützte Herrenhaus in schöner Parklage den ursprünglichen Charme von 1908. Axel Diembeck bietet ambitionierte internationale Küche. Die Gästezimmer sind hochwertig und komfortabel eingerichtet, hier und da schöne Antiquitäten. Nette Sauna.

RÜGEN (INSEL)

SELLIN – 2 330 Ew – Höhe 20 m – Seebad
ℹ Warmbadstr. 4, ✉ 18586, ✆ (038303) 1 60, www.ostseebad-sellin.de

ROEWERS Privathotel – The Spa Concept
Wilhelmstr. 34 ✉ 18586 – ✆ (038303) 12 20 – www.roewers.de
55 Zim ☕ – †107/198 € ††147/252 € – ½ P 30 € – 24 Suiten
Rest *Ambiance* – (nur Abendessen) Menü 45/65 € – Karte 27/48 €
♦ Eine schöne Hotelanlage mit vier Villen im wilhelminischen Bäderstil und einem nordischen Ferienblockhaus. Für Anwendungen hat man das "vitAmbiance"-Center. Geschmackvoll-wohnliche Zimmer und angenehmer Garten. Zum Speisen stehen neben dem Restaurant Ambiance mit internationaler Küche auch Le Jardin, Clou sowie die Brasserie Caspar's zur Wahl.

Cliff Hotel
Cliff am Meer 1 ✉ 18586 – ✆ (038303) 80 – www.cliff-hotel.de
246 Zim ☕ – †75/130 € ††130/200 € – ½ P 28 € – 5 Suiten **Rest** – Karte 30/51 €
♦ Das Hotel liegt erhöht in einem 10 ha großen Park mit Lift zum eigenen Strand. Wohnliche Zimmer, teils mit Blick auf Ostsee oder Selliner See. Gutes Spa-Angebot. Casa Blanka mit mediterraner Küche, Regionales in der Hansestube, Internationales im Restaurant Seeterrassen.

TRENT – 770 Ew

Radisson BLU
Vaschvitz 17 (Nord-West: 5 km) ✉ 18569 – ✆ (038309) 2 20
– www.radissonblu.com/resort-ruegen
153 Zim ☕ – †90/140 € ††110/160 € – ½ P 28 € **Rest** – Karte 28/55 €
♦ Ein Ensemble aus fünf Gebäuden im Stil regionaler Gutshöfe. Die Zimmer sind skandinavisch inspiriert, geräumig sind die Residenzzimmer und Juniorsuiten. Kosmetik und Massage. Bistro-Ambiente im Restaurant mit Wintergarten.

WIEK – 1 180 Ew – Erholungsort

Kyp Yachthafen Residenz
Hauptstr. 10 ✉ 18556 – ✆ (038391) 90 26 21 – www.kyp-ferien-ruegen.de – geschl. November – März
37 Zim ☕ – †36/60 € ††64/90 € – ½ P 15 €
Rest – ✆ (038391) 7 64 60 (nur Abendessen) Karte 14/24 €
♦ Gegenüber der Kirche, ca. 100 m vom Hafen steht das neu aufgebaute traditionelle Gasthaus mit modernem Anbau. Man verfügt über zeitgemäße Zimmer, Appartements und Ferienwohnungen. Deutsches Haus nennt sich das elegant im Brauhausstil gehaltene Restaurant.

RÜHSTÄDT – Brandenburg – 542 – 560 Ew – Höhe 23 m   21 M7
▶ Berlin 155 – Potsdam 133 – Perleberg 22 – Stendal 67

Schloss Rühstädt
Schloss ✉ 19322 – ✆ (038791) 8 08 50 – www.schlosshotel-ruehstaedt.de
– geschl. 9. – 22. Januar
14 Zim ☕ – †65/70 € ††89/118 € – ½ P 17 € – 1 Suite **Rest** – (nur für Hausgäste)
♦ In dem für viele Störche bekannten Ort liegt das schöne Schloss mit stilgerechter Einrichtung. Geräumige Zimmer und diverse Wohlfühl-Angebote in unterschiedlichen Trakten des Anwesens.

RÜLZHEIM – Rheinland-Pfalz – 543 – 7 800 Ew – Höhe 112 m   54 E17
▶ Berlin 676 – Mainz 117 – Neustadt a.d. Weinstraße 48 – Stuttgart 105

Hotel Apart garni
Keplerstr. 1 ✉ 76761 – ✆ (07272) 77 60 00 – www.hotel-apart.eu – (Erweiterung um 25 Zimmer bis Frühjahr 2012)
21 Zim ☕ – †69/79 € ††99 €
♦ Wohnlich, stimmig und sehr modern hat man die Zimmer in diesem Hotel am Ortsrand gestaltet, alle verfügen über eine kleine Küchenzeile. Hübscher Frühstücksraum mit Terrasse.

RÜSSELSHEIM – Hessen – 543 – 59 850 Ew – Höhe 88 m   47 F15
▶ Berlin 561 – Wiesbaden 19 – Frankfurt am Main 29 – Darmstadt 27
ADAC Marktplatz 8

1079

RÜSSELSHEIM

COLUMBIA
Stahlstr. 2 ⊠ 65428 – ℰ (06142) 87 60 – www.columbia-hotels.com
140 Zim – ♦75/248 € ♦♦82/268 €, ⌑ 17 € – 5 Suiten
Rest *NAVETTE* ❀ **Rest** *X.O.* – siehe Restaurantauswahl
♦ In dem komfortablen Businesshotel sorgen warme Töne in der Lobby und in den technisch gut ausgestatteten Zimmern für eine wohnlich-elegante Note. Gute Autobahnanbindung.

Mercure
Eisenstr. 6 ⊠ 65428 – ℰ (06142) 89 40 – www.mercure-ruesselsheim.de
84 Zim – ♦69/129 € ♦♦84/149 €, ⌑ 12 € **Rest** – Karte 19/46 €
♦ Zeitgemäß, funktional und geräumig sind die Gästezimmer in diesem Hotel, das verkehrsgünstig in einem Gewerbegebiet liegt. Angenehm heller Frühstücksraum.

NAVETTE – Hotel COLUMBIA ❀
Stahlstr. 2 ⊠ 65428 – ℰ (06142) 87 60 – www.columbia-hotels.com – geschl. 3. Juli - 23. August und Samstag - Montag
Rest – (nur Abendessen) Menü 46/95 €
Spez. Black Cod, Gulaschsaft, Boudin Noir, Blumenkohl. Milchlamm, Artischocke, Feta, Knoblauch. Rhabarber, Zitronenthymian, Mandel.
♦ Küchenchef Thomas Macyszyn hat das Talent, moderne Techniken und klassischen Kochstil so zu verbinden, dass feine und interessante Gerichte entstehen, die zudem richtig schön aussehen - so schön, dass sie sogar als Fotomotive die Wände schmücken!

Christian Buer in den Opelvillen
Ludwig-Dörfler-Allee 9 , (Opel-Villen) ⊠ 65428 – ℰ (06142) 8 34 72 39
– www.christian-buer.de – geschl. Montag, Samstagmittag
Rest – Menü 23 € (mittags)/42 € – Karte 28/62 €
♦ In den klassischen Räumen der "Villa Wenske" von 1915 kann man in moderner Atmosphäre zeitgemäß speisen. Ab Januar wird der hintere Teil des Restaurants zum Gourmetbereich, in dem Christian Buer dann ambitionierte Küche bietet.

X.O. – Hotel COLUMBIA
Stahlstr. 2 ⊠ 65428 – ℰ (06142) 87 60 – www.columbia-hotels.com – geschl. 5. Juli - 22. August und Freitagabend - Sonntag
Rest – Karte 27/45 €
♦ Ob bereits zum Frühstück, zum Mittag- oder Abendessen - hier erwartet Sie eine ungezwungene Brasserie, die mit ihrem Einrichtungskonzept ein wenig die Sonne des Südens scheinen lässt.

In Rüsselsheim-Bauschheim Süd-West: 5 km über B 519, jenseits der A 60

Rüsselsheimer Residenz garni
Am Weinfaß 133 ⊠ 65428 – ℰ (06142) 9 74 10 – www.ruesselsheimer-residenz.de
25 Zim ⌑ – ♦87 € ♦♦99 €
♦ Die gute Anbindung an die Autobahn sowie funktionell und dennoch wohnlich eingerichtete Gästezimmer sprechen für dieses Businesshotel.

In Raunheim Nord-Ost: 4 km über B 43

Mercure Hotel Wings
Anton-Flettner-Str. 8 ⊠ 65479 – ℰ (06142) 7 90 – www.mercure.com
167 Zim – ♦69/259 € ♦♦79/279 €, ⌑ 17 € **Rest** – Karte 20/37 €
♦ Das funktional ausgestattete Hotel nahe der Autobahnabfahrt ist ideal für Flugreisende und Messebesucher. Man bietet einen kostenlosen Shuttle-Service zum Flughafen.

RÜTHEN – Nordrhein-Westfalen – **543** – 10 690 Ew – Höhe 380 m **27** F11
▶ Berlin 466 – Düsseldorf 150 – Arnsberg 44 – Detmold 73

In Rüthen-Kallenhardt Ost: 6 km über Suttrop

Knippschild
Theodor-Ernst-Str. 3 ⊠ 59602 – ℰ (02902) 8 03 30 – www.hotel-knippschild.de
24 Zim ⌑ – ♦82/92 € ♦♦99/149 €
Rest *Knippschild* – siehe Restaurantauswahl
♦ In dem schönen Fachwerkhaus bieten die freundlichen Gastgeber ein wohnliches Ambiente. Gemütlicher Frühstücksraum, hübscher Sauna- und Beautybereich im alpenländischen Stil.

RÜTHEN

Knippschild – Hotel Knippschild
Theodor-Ernst-Str. 3 ✉ *59602* – ℰ *(02902) 8 03 30* – *www.hotel-knippschild.de – geschl. 23. - 26. Dezember*
Rest – Menü 23 € – Karte 23/42 €

♦ Das Lokal macht schon beim ersten Blick in die Stube durch heimelige Bauernmöbel auf sich aufmerksam. Die nahezu heile Wirtshauswelt wird durch das regionale Speisenangebot noch hervorgehoben.

RUHLA – Thüringen – **544** – 6 210 Ew – Höhe 420 m **39** J12

▶ Berlin 362 – Erfurt 66 – Bad Salzungen 25

In Ruhla-Thal Nord-Ost: 4,5 km

Thalfried
Am Park 11 ✉ *99842* – ℰ *(036929) 7 90 00* – *www.thalfried.de*
37 Zim ☐ – †75/95 € ††95/150 €
Rest – *(geschl. Montagmittag)* Menü 32/45 € – Karte 20/42 €

♦ In dem traditionsreichen Haus stehen wohnlich-funktionale Gästezimmer zur Verfügung. Zudem ein hübscher Sauna- und Ruhebereich sowie Massage- und Kosmetikangebot. Geschmackvoll und behaglich gestaltetes Restaurant Landgrafenstube mit freundlichem Service.

RUHPOLDING – Bayern – **546** – 6 300 Ew – Höhe 656 m **67** O21
– Wintersport: 1 670 m ⛷ 1 ⛷7 ⛸ – Luftkurort

▶ Berlin 703 – München 115 – Bad Reichenhall 30 – Salzburg 43

🛈 Hauptstr. 60, ✉ 83324, ℰ (08663) 8 80 60, www.ruhpolding.de

🏌 Ruhpolding-Zell, Rauschbergstr. 1a, ℰ (08663) 24 61

Ortnerhof
Ort 6 , (am Golfplatz) (Süd: 3 km) ✉ *83324* – ℰ *(08663) 8 82 30* – *www.ortnerhof.de*
41 Zim (inkl. ½ P.) – †52/66 € ††129/209 € – **Rest** – Menü 25/48 €

♦ Wellness direkt im Hotel, Golfen gleich nebenan. Viel Platz hat man in den schönen Zimmern im neueren Anbau. Private Spa Suite für Paare, gemütliche Hotelbar in der Halle. A-la-carte-Gäste wählen von der zeitgemäßen Tageskarte.

Rosenhof garni
Niederfeldstr. 17 ✉ *83324* – ℰ *(08663) 8 82 00* – *www.rosenhof-ruhpolding.de*
10 Zim ☐ – †43/45 € ††82 € – 1 Suite

♦ Die kleine Pension in einer ruhigen Wohngegend überzeugt mit geräumigen Zimmern zu günstigen Preisen, die mit schönen Altholzmöbeln behaglich eingerichtet sind.

Steinbach-Hotel
Maiergschwendter Str. 8 ✉ *83324* – ℰ *(08663) 54 40* – *www.steinbach-hotel.de – geschl. 6. November - 2. Dezember*
80 Zim ☐ – †52/95 € ††104/138 € – ½ P 18 € – 8 Suiten **Rest** – Karte 23/48 €

♦ Von hier aus ist man im Nu am Skilift. Wer's ruhiger mag, entspannt im schönen Saunabereich oder im Hallenbad. Die Zimmer sind recht unterschiedlich, die meisten mit Balkon. Besonders gepflegt speist man in der holzgetäfelten Stube am Kachelofen.

Ruhpoldinger Hof
Hauptstr. 30 ✉ *83324* – ℰ *(08663) 12 12* – *www.ruhpoldinger-hof.de*
42 Zim ☐ – †50/60 € ††90/112 € **Rest** – *(geschl. Dienstag)* Karte 20/33 €

♦ Mitten im Dorfzentrum liegt der langjährige Familienbetrieb. Viele Zimmer mit Balkon oder Terrasse; auch etwas einfachere Zimmer sind vorhanden. Gemütliche Gasträume. Probieren Sie die Schnäpse aus der kleinen hauseigenen Brennerei.

AlpenSonne
Obergschwendter Str. 17 ✉ *83324* – ℰ *(08663) 8 80 40* – *www.alpen-sonne.de – geschl. 1. November - 10. Dezember*
23 Zim ☐ – †47/62 € ††78/108 € – ½ P 15 € – 3 Suiten
Rest – *(geschl. Donnerstag)* Karte 16/28 €

♦ Das familiengeführte Haus liegt ruhig, der Skilift befindet direkt nebenan. Mit Kindern wohnt man am besten in einem der Appartements. Sauna in einer alten Jagdhütte im Garten. Restaurant im alpenländischen Stil mit separater kleiner Bierstube.

RUHPOLDING

Landhotel Maiergschwendt
Maiergschwendt 1 (West: 1,5 km) ✉ 83324 – ℰ (08663) 8 81 50
– www.landhotel-maiergschwendt.de – geschl. 5. November - 20. Dezember
27 Zim ⊊ – †48/58 € ††78/120 € – ½ P 14 € **Rest** – Karte 20/35 €
♦ Ein gewachsenes Ferienhotel vor schöner Bergkulisse. Die Zimmer im Biohaus sind nach ökologischen Aspekten ausgestattet, etwas schlichter sind die Zimmer im Stammhaus. Zum Restaurant gehört eine große Terrasse.

RUHSTORF an der ROTT – Bayern – **546** – 7 030 Ew – Höhe 319 m   60 P19
▶ Berlin 622 – München 155 – Passau 23 – Salzburg 118

Antoniushof
Ernst-Hatz-Str. 2 ✉ 94099 – ℰ (08531) 9 34 90 – www.antoniushof.de
39 Zim ⊊ – †70/115 € ††98/180 € – 1 Suite **Rest** – Karte 26/53 €
♦ Ein traditionsreicher Familienbetrieb mit verschiedenen Zimmerkategorien im wohnlichen Landhausstil. Eine Besonderheit: die Wellness-Suite mit Sauna und Whirlpool. Schöner Garten. Internationale Küche in der rustikal-eleganten Kaminstube und im Wintergarten.

RUMBACH – Rheinland-Pfalz – **543** – 470 Ew – Höhe 233 m   53 D17
▶ Berlin 704 – Mainz 150 – Karlsruhe 60 – Saarbrücken 91

In Nothweiler Süd: 3,5 km – Erholungsort

Landgasthaus Zur Wegelnburg
Hauptstr. 15 ✉ 76891 – ℰ (06394) 9 20 91 90 – www.zur-wegelnburg.de – geschl. Mitte Januar - 1. Februar
12 Zim ⊊ – †45/56 € ††70/85 € – ½ P 17 €
Rest – *(geschl. Montagmittag und Dienstag)* Karte 20/52 €
♦ Das kleine Gasthaus in der Dorfmitte wird familiär geführt und verfügt über wohnlich-solide eingerichtete Zimmer. Die Umgebung bietet gute Ausflugsmöglichkeiten. Ländliche Gaststuben mit teils überdachter Sonnenterrasse.

RUST – Baden-Württemberg – **545** – 3 760 Ew – Höhe 164 m – Erholungsort   53 D20
▶ Berlin 776 – Stuttgart 185 – Freiburg im Breisgau 37 – Offenburg 37
𝑖 Fischerstr. 51, ✉ 77977, ℰ (07822) 86 45 20, www.rust.de
◉ Europa-Park ★★★

Casa Rustica garni
Fischerstr. 44 ✉ 77977 – ℰ (07822) 3 00 70 – www.hotel-casa-rustica.de
– geschl. 6. - 26. November, 8. Januar - 30. März
10 Zim ⊊ – †99/110 € ††99/110 € – 4 Suiten
♦ Das kleine Hotel ist durch und durch im mediterranen Stil gehalten. Die Zimmer sind mit individueller Note eingerichtet und tragen Namen südländischer Städte und Regionen. Auch Familienzimmer mit Etagenbetten sind vorhanden.

SAALFELD – Thüringen – **544** – 26 920 Ew – Höhe 240 m   40 L13
▶ Berlin 294 – Erfurt 59 – Coburg 73 – Suhl 65
𝑖 Markt 6, ✉ 07318, ℰ (03671) 3 39 50, www.saalfeld-tourismus.de
◉ Feengrotten ★, Süd-Ost: 1 km

Anker
Markt 25 ✉ 07318 – ℰ (03671) 59 90 – www.hotel-anker-saalfeld.de
51 Zim ⊊ – †54/79 € ††86/95 € – ½ P 19 € – 2 Suiten
Rest *Güldene Gans* – siehe Restaurantauswahl
Rest *Thüringer Stuben* – ℰ (03671) 59 91 03 – Menü 23 € – Karte 19/32 €
♦ Schon seit 1543 gibt es dieses Gasthaus direkt am Marktplatz, in dem man gut schlafen und speisen kann! Etwas einfacher als das Restaurant Güldene Gans sind die Thüringer Stuben mit nostalgischem Touch.

SAALFELD

Güldene Gans – Hotel Anker
Markt 25 ✉ *07318* – ⌀ *(03671) 59 91 03* – www.hotel-anker-saalfeld.de – *geschl. Mitte Januar - Mitte Februar 3 Wochen, Juli - August 4 Wochen und Sonntag - Montag*
Rest – *(nur Abendessen)* Menü 34/44 € – Karte 35/40 €
• Das historische Kellergewölbe ist schon ein besonderer Rahmen! André Dubrow und Jan Fischer bieten jeden Abend ein schmackhaftes Menü mit 3-5 Gängen; probieren Sie (je nach Saison) Gerichte wie Lasagne von Süßkartoffeln oder Milchkalbsfilet unter der Morchelhaube!

SAALFELDER HÖHE – Thüringen – **544** – 3 350 Ew – Höhe 570 m   40 L13
▶ Berlin 310 – Erfurt 86 – Saalfeld 11 – Jena 61

Im Ortsteil Eyba

Schlosshotel Eyba (mit Gästehaus)
Eyba 23 ✉ *07422* – ⌀ *(036736) 3 40* – www.schlosshotel-eyba.de
44 Zim – †64/74 € ††89/99 €   **Rest** – *(nur für Hausgäste)*
• In einer schönen Parkanlage steht das im 16. Jh. erbaute Schloss mit Gästehaus. Man bietet funktionelle, neuzeitliche Zimmer sowie einen gut ausgestatteten Tagungsbereich.

SAARBRÜCKEN L – Saarland – **543** – 175 810 Ew – Höhe 190 m   45 C17
▶ Berlin 710 – Mannheim 128 – Luxembourg 93 – Metz 67
✈ Saarbrücken-Ensheim, Balthasar-Goldstein-Straße (Süd-Ost: 12 km, über Saarbrücker Straße X), ⌀ (06893) 8 30
ADAC Am Staden 9 BZ
🛈 Rathaus St. Johann BY, ✉ 66111, ⌀ (0681) 93 80 90, www.die-region-saarbruecken.de
⛳ Gersheim-Rubenheim, Katharinenhof, ⌀ (06843) 87 97
⛳ Wallerfangen-Gisingen, Oberlimberger Weg, ⌀ (06837) 9 18 00

Veranstaltungen
16.-22. Januar: Filmfestival
27.-29. Januar: Freizeit
14.-22. April: Saarmesse
Messegelände X, ✉ 66117 ⌀ (0681) 95 40 20

👁 Ludwigsplatz★★AZ – St. Johanner Markt★ – Basilika St. Johann★A BZ – Stiftskirche St. Arnual★B X

Stadtplan auf der nächsten Seite

Victor's Residenz-Hotel
Deutschmühlental ✉ *66117* – ⌀ *(0681) 58 82 10* – www.victors.de   Xd
145 Zim – †105/260 € ††130/300 €, 10 Suiten   **Rest** – Menü 43 € – Karte 30/60 €
• Das komfortable Hotel befindet sich neben dem Kasino, beim Deutsch-Französischen Garten. Von der großzügigen Halle bis in die Zimmer ist das Haus klassisch gehalten. Restaurant Chez Victor's im eleganten Brasseriestil, dazu eine gemütlich-alpenländische Stube.

La Résidence
Faktoreistr. 2 ✉ *66111* – ⌀ *(0681) 3 88 20* – www.la-residence.de   AYx
139 Zim – †90/140 € ††142/169 € – 8 Suiten
Rest – *(geschl. 20. Dezember - 11. Januar, Samstag - Sonntag und an Feiertagen)* Karte 28/49 €
• Das zentral am Kongresszentrum gelegene Hotel ist eine zeitgemäße Businessadresse mit teilweise ganz modern gestalteten Zimmern und Saunabereich im OG mit Blick über die Stadt. Geradliniges Ambiente und internationale Karte im Restaurant.

Domicil Leidinger
Mainzer Str. 10 ✉ *66111* – ⌀ *(0681) 9 32 70* – www.domicil-leidinger.de   BZn
54 Zim – †88/110 € ††105/122 €
Rest *s' Olivo* – siehe Restaurantauswahl
• In dem Hotel im Zentrum wählen Sie zwischen "Domicilzimmern", Feng-Shui-Zimmern und Themenzimmern wie z. B. Japan oder Afrika. Entspannen kann man im schönen Zen-Innenhof, im Hinterhaus sorgt das Theater mit Jazzclub für Unterhaltung.

1083

SAARBRÜCKEN

Am Stadtgraben	AZ	2
Bahnhofstr.	AY	
Berliner Promenade	AY	3
Bleichstr.	BZ	4
Brebacher Landstr.	X	5
Breite Str.	X	6
Brückenstr.	X	7
Deutschherrnstr.	AZ	8
Deutschmühlental	X	9
Dudweiler Landstr.	X	10
Eschbergerweg	X	12
Feldmannstr.	X	13
Gersweilerstr.	X	14
Hoche Wacht	X	16
Hochstr.	X	15
Karl-Marx-Str.	AY	17
Lebacher Str.	X	18
Lerchesflurweg	X	20
Ludwigstr.	AY	22
Neumarkt	AZ	28
Obertorstr.	BZ	29
Parallelstr.	X	30
Paul-Marien-Str.	BZ	32
Präsident-Balz-Str.	BZ	33
Reichstr.	AY	35
Richard-Wagner-Str.	BY	36
Saarbrücker Str.	X	37
Saaruferstr.	X	38
St. Johanner Markt	BZ	39
Scheidter Str.	BY	40
Schillerpl.	BZ	41
Spichererbergstr.	X	43
Stephanstr.	BZ	45
Türkenstr.	AY	47
Viktoriastr.	AY	
Wilhelm-Heinrich-Brücke	AY	48

SAARBRÜCKEN

Bayrischer Hof garni
St. Ingberter Str. 46 (Rotenbühl) ⌧ 66123 – ℰ (0681) 9 58 28 40
– www.bayrischerhof-sb.de – geschl. 1. - 8. Januar, 18. - 20. Februar, 6. - 9. April
23 Zim ☲ – †69/85 € ††89/105 €   **Xb**

♦ Das Haus in bevorzugter Wohnlage wird sehr intensiv und persönlich von der freundlichen Gastgeberin und ihrem Team geführt, ist überaus liebenswert eingerichtet und bietet den Gästen eine herzliche Betreuung.

GästeHaus (Klaus Erfort)
Mainzer Str. 95 ⌧ 66121 – ℰ (0681) 9 58 26 82 – www.gaestehaus-erfort.de
– geschl. 24. Dezember - Anfang Januar, März 1 Woche, Juli 2 Wochen,
Oktober 1 Woche und Samstagmittag, Sonntag - Montag   **BZg**
Rest – (Tischbestellung ratsam) Menü 100/165 € – Karte 89/143 €
Spez. Sommerlicher Gemüseacker mit Bretonischem Hummer und Oliven-Krokant. Langoustines "Royales" auf Meersalz gegart. Getrüffelte Bresse Poularde mit Kartoffelschaum und jungem Lauch.

♦ Produkte von bester Qualität sowie die Leidenschaft und das Können von Klaus Erfort garantieren vollkommenen Genuss klassischer Kochkunst. Die zeitgemäß inspirierten Speisen nimmt man in einer eleganten weißen Villa zu sich, umgeben von einem wunderbaren Park.

Kuntze's Handelshof
Wilhelm-Heinrich-Str. 17 ⌧ 66117 – ℰ (0681) 5 69 20 – www.kuntzes-handelshof.de
– geschl. Ende Juli - Anfang August 3 Wochen und Samstagmittag, Sonntagabend
- Montag   **AZm**
Rest – Menü 35 € (mittags)/69 € – Karte 55/78 €

♦ Hinter der sehr schönen historischen Fassade sorgen die freundlichen Gastgeber Jutta und Peter Kuntze für klassische Küche und guten Service in stilvollem Ambiente.

Le noir (Jens Jakob)
Mainzer Str. 26 ⌧ 66111 – ℰ (0681) 9 68 19 88 – www.lenoir-restaurant.de
– geschl. Juli 3 Wochen und Sonntag - Montagmittag   **BZr**
Rest – Menü 72/102 € – Karte 63/80 €
Spez. Gänsestopfleber mit Himbeeraromen und Bitterschokolade. Limousin Lammrücken in Honig-Rosmarinjus mit Ziegenkäsenocken und Zwiebelconfit. Panna Cotta mit Kokosnuss und Schokoladengelée.

♦ Der talentierte Patron hat seinen eigenen Stil entwickelt, mit dem er - in der für die Gäste einsehbaren Küche - top Produkte modern und doch mit klassischer Basis verarbeitet. Mittags reduziertes Angebot, serviert von einem ebenso kompetenten Team wie am Abend. Der Rahmen: klarer zeitgemäßer Stil und das Flair eines Jugendstilhauses.

Weismüller
Gersweiler Str. 43a ⌧ 66117 – ℰ (0681) 5 21 53 – www.restaurant-quack.de – geschl.
Samstagmittag und Sonntag   **Xa**
Rest – (Tischbestellung ratsam) Menü 30/62 € – Karte 34/59 €

♦ Bei Anne und Wolfgang Quack in der alten Stadtvilla werden mit Sorgfalt regional-internationale Gerichte zubereitet und in modernem Umfeld serviert. Man speist im geradlinig-eleganten Restaurant oder in der lebendigen Brasserie. Am Wochenende mit Kinderbetreuung.

s' Olivo – Hotel Domicil Leidinger
Mainzer Str. 10 ⌧ 66111 – ℰ (0681) 9 32 70 – www.domicil-leidinger.de
– geschl. Sonntag - Montag und an Feiertagen   **BZn**
Rest – Menü 25 € (mittags)/70 € – Karte 33/61 €

♦ Das Ambiente: klare Linien und Cremetöne, die Küche: mediterran inspiriert (mittags reduzierte Karte). Im günstigen Business-Lunch für den eiligen Mittagsgast ist sogar das Parken inklusive!

Schlachthof Brasserie
Straße des 13. Januar 35 ⌧ 66121 – ℰ (0681) 6 85 33 32
– www.schlachthof-brasserie.de – geschl. Sonntag und an Feiertagen   **BZs**
Rest – (Tischbestellung ratsam) Karte 24/56 €

♦ Eine sympathisch-legere Brasserie, bei deren schmackhafter internationaler Küche Fleisch im Mittelpunkt steht - Steaks sind die Spezialität des Hauses. Preisgünstiges 2-gängiges Mittagsmenü.

SAARBRÜCKEN

X **Le Bouchon**
Am Staden 18 ⊠ 66121 – ℰ (0681) 6 85 20 60 – www.lebouchon.de – geschl.
26. Dezember - 10. Januar und Samstagmittag, Sonntag - Montagmittag
Rest – Menü 22 € (mittags)/44 € – Karte 25/50 € BZ**e**
♦ Das charmante Lokal in der schmucken Villa erinnert - entsprechend der französischen Herkunft des Chefs - an eines der für Frankreich so typischen Bistros. Traditionelle und regionale Küche.

Auf dem Halberg Süd-Ost: 4 km

XX **Schloss Halberg**
Franz-Mai-Str. 1 ⊠ 66121 Saarbrücken – ℰ (0681) 6 31 81
– www.restaurant-schloss-halberg.de – geschl. Samstagmittag, Sonntag X**z**
Rest – Menü 39/49 € – Karte 37/54 €
♦ Das Schloss neben dem Saarl. Rundfunk beherbergt ein Bistro mit Esstheke, ein Restaurant und einen Wintergarten, zudem hat man eine Terrasse und Salons für Extras. Französische Küche.

SAARBURG – Rheinland-Pfalz – **543** – 6 380 Ew – Höhe 130 m 45 B16
– Erholungsort

▶ Berlin 743 – Mainz 176 – Trier 25 – Saarbrücken 71
🛈 Graf-Siegfried-Str. 32, ⊠ 54439, ℰ (06581) 99 59 80, www.saar-obermosel.de

🏠 **Villa Keller**
Brückenstr. 1 ⊠ 54439 – ℰ (06581) 9 29 10 – www.villa-keller.de
11 Zim – †60/70 € ††80/100 €, ⊇ 10 € – ½ P 30 €
Rest *Villa Keller* – siehe Restaurantauswahl
♦ Klassisch-elegante Villa von 1801 und ehemaliges Weingut direkt an der Saar. Das hübsche kleine Hotel wird freundlich und engagiert geleitet, tolle Sicht auf Saarburg. Uriges Wirtshaus.

🏠 **Saar Galerie** garni
Heckingstr. 12, (2. Etage) ⊠ 54439 – ℰ (06581) 9 29 60 – www.hotel-saar-galerie.de
33 Zim ⊇ – †52/55 € ††82/85 €
♦ Das Hotel ist in eine Einkaufspassage am Rande der Innenstadt integriert. Die Zimmer sind meist sehr geräumig sowie funktionell und neuzeitlich-wohnlich gestaltet.

XX **Villa Keller** – Hotel Villa Keller
Brückenstr. 1 ⊠ 54439 – ℰ (06581) 9 29 10 – www.villa-keller.de – geschl. nach Karneval 2 Wochen und Montag - Dienstag
Rest – Menü 28/48 € – Karte 39/50 €
♦ Ihre Gastgeber heißen Sie in den stilvollen hohen Räumen ihres Hauses willkommen. Hier hat man gleich ein bisschen das Gefühl, der Zeit entflohen zu sein. Internationale Küche unter regionalem Einfluss!

In Trassem Süd-West: 4,5 km über B 407

🏠 **St. Erasmus** (mit Gästehaus)
Kirchstr. 6a ⊠ 54441 – ℰ (06581) 92 20 – www.st-erasmus.de
33 Zim ⊇ – †45/75 € ††62/110 € – ½ P 20 €
Rest – *(geschl. Mittwoch - Donnerstagmittag)* Karte 23/43 €
♦ In dem Familienbetrieb direkt bei der Kirche stehen unterschiedliche Zimmer bereit. Im Gästehaus besonders großzügig, sehr modern sind die Elegance-Zimmer. Beauty und Massage. Behagliches Restaurant im Landhausstil mit bürgerlicher und internationaler Küche.

SAARLOUIS – Saarland – **543** – 37 330 Ew – Höhe 185 m 45 B17
▶ Berlin 728 – Saarbrücken 27 – Luxembourg 75 – Metz 57
ADAC Kleiner Markt 3 B
🛈 Großer Markt 1 BY, ⊠ 66740, ℰ (06831) 44 32 63, www.saarlouis.de
⛳ Wallerfangen-Gisingen, Oberlimberger Weg, ℰ (06837) 9 18 00

1086

SAARLOUIS

Adlerstr.	B 2
Alte Brauereistr.	B 3
Bibelstr.	B 5
Brückenstr.	A 6
Deutsche Str.	B 7
Dr.-Manfred-Heinrich-Platz	B 8
Eisenhüttenstädter Allee	A, B 9
Französische Str.	B 10
Großer Markt	B 12
Handwerkerstr.	B 14
Herrenstr.	A 15
Hohenzollernring	B 16
Kaiser-Friedrich-Ring	B 17
Karcherstr.	B 18
Kavalleriestr.	B 19
Kleiner Markt	B
Lebacher Str.	B 20
Lisdorfer Str.	A
Luxemburger Ring	B 21
Neue Brauereistr.	B 22
Prälat-Subtil-Ring	B 23
Saarlouiser Str.	A 24
St. Nazairer Allee	A, B 25
Schanzenstr.	A 26
Schlächterstr.	B 27
Silberherzstr.	B 28
Überherrner Str.	A 29
Zeughausstr.	B

🏠 Victor's Residenz Hotel 🛁 🛗 ♿ 🅺 Rest, ¶ 🔥 ☁ 🆅🆂🅰 ⓜ 🅰🅴
Bahnhofsallee 4 ✉ *66740 –* 📞 *(06831) 98 00 – www.victors.de* **Ac**
141 Zim 🍽 – †85/159 € ††110/189 € – ½ P 17 € – 55 Suiten
Rest – Karte 26/52 €

♦ Ein Businesshotel ganz in der Nähe des Bahnhofs, gut sind hier die Tagungsmöglichkeiten, aber auch die Zimmer, allen voran die wohnlichen Themensuiten in der Dependance gegenüber! Für ein ungezwungenes Essen geht man in die Brasserie La Fleur.

🏠 Posthof garni 🛁 🛗 🚭 ¶ 🔥 🆅🆂🅰 ⓜ 🅰🅴
Postgäßchen 5 , (Passage) ✉ *66740 –* 📞 *(06831) 9 49 60*
– www.posthof-saarlouis.de **Ba**
48 Zim 🍽 – †70/98 € ††105/113 €

♦ Das Hotel mit seinen praktisch ausgestatteten Zimmern liegt mitten in der Altstadt. Hübsches Fachwerk ziert sowohl den kleinen Saunabereich unterm Dach als auch den Tagungsraum.

In Saarlouis-Beaumarais West: 3 km über Wallerfanger Straße A

🏠 Altes Pfarrhaus Beaumarais ¶ 🅿 🆅🆂🅰 ⓜ 🅰🅴
Hauptstr. 2 ✉ *66740 –* 📞 *(06831) 63 83 – www.altespfarrhaus.de – geschl.*
21. Dezember - 1. Januar (Hotel)
35 Zim 🍽 – †69/89 € ††95/112 € – 1 Suite
Rest *Trampert* – siehe Restaurantauswahl

♦ Ein Hotel mit Charme und Atmosphäre ist das 1762 erbaute Haus, in dessen Zimmern Dielenböden, einige Antiquitäten und im OG auch alte Holzbalken Gemütlichkeit verbreiten.

🍴🍴 Trampert – Hotel Altes Pfarrhaus Beaumarais 🍽 🅿 🆅🆂🅰 ⓜ 🅰🅴
Hauptstr. 2 ✉ *66740 –* 📞 *(06831) 96 56 70 – www.altespfarrhaus.de – geschl.*
Samstagmittag, Sonntag - Montagmittag
Rest – Menü 25/53 € – Karte 32/65 €

♦ Sofort denkt man an das Paris der 20er Jahre! Ein original Art-déco-Buffet (es stammt aus einem Pariser Restaurant) ist der Mittelpunkt des Speisesaals, außerdem Ledersessel, Bänke und Tische von Thonet.

SAARLOUIS

In Wallerfangen West: 4 km über Wallerfanger Straße A

XXX **Villa Fayence** mit Zim
Hauptstr. 12 ⊠ 66798 – ℰ (06831) 9 64 10 – www.villafayence.de
– geschl. Samstagmittag, Sonntagabend - Montag
4 Zim ⊑ – †84/105 € ††132 €   **Rest** – Menü 39/80 € – Karte 49/73 €
♦ Die schmucke historische Villa in dem schönen Park sowie das elegante Interieur und die klassische Küche des engagierten Chefs ergeben ein schönes, stimmiges Bild. Im legeren Keller-Bistro reicht man eine ähnliche Karte. Altbauflair in den geräumigen Gästezimmern mit antiken französischen Möbeln.

In Wallerfangen-Kerlingen West: 9 km über Wallerfanger Straße A

Scheidberg
St. Vallier Str. 1 ⊠ 66798 – ℰ (06837) 7 50 – www.hotel-scheidberg.de
80 Zim ⊑ – †78/85 € ††115/120 €   **Rest** – (geschl. Montagmittag) Karte 30/43 €
♦ Das Hotel liegt sehr ruhig auf dem Scheidberg, ist neuzeitlich ausgestattet und ideal für Tagungen. Man hat auch einige Themenzimmer wie "Afrika", "Rosen" und "Calla"-Blume. Das freundliche Restaurant bietet eine Terrasse mit Blick ins Tal und auf Saarlouis.

In Wallerfangen-Oberlimberg Nord-West: 12 km über Wallerfanger Straße A und Gisingen

Hotellerie Waldesruh
Siersburger Str. 8 ⊠ 66798 – ℰ (06831) 9 66 00 – www.waldesruh-wallerfangen.de
– geschl. September 1 Woche
6 Zim ⊑ – †50/62 € ††82/90 €   **Rest** – (geschl. Freitag) Karte 16/52 €
♦ Ein gepflegtes und sympathisch-familiär geleitetes Haus in ruhiger Lage, in dem man sich freundlich um die Gäste kümmert. Auch drei Ferienwohnungen stehen zur Verfügung. Zum ländlich gehaltenen Restaurant gehört ein netter Biergarten unter Bäumen.

SAAROW, BAD – Brandenburg – **542** – 4 800 Ew – Höhe 45 m   **23** Q8
– Thermalsole- und Moorheilbad
▶ Berlin 72 – Potsdam 88 – Frankfurt (Oder) 38 – Brandenburg 118
🛈 Bahnhofsplatz 4, ⊠ 15526, ℰ (033631) 43 83 80, www.bad-saarow.de

A-ROSA Scharmützelsee
Parkallee 1, (Süd-West: 8 km)
⊠ 15526 – ℰ (033631) 60 – www.a-rosa.de
224 Zim (inkl. ½ P.) – †101/221 € ††176/296 € – 16 Suiten
Rest *Villa am See* – siehe Restaurantauswahl
Rest *Marktrestaurant* – Karte 50/68 €
Rest *Greenside* – ℰ (033631) 6 26 70 (geschl. November - März und Montag)
Karte 25/47 €
♦ Wellness- und Golfresort mit beachtlichem Freizeit- und Sportangebot: Spa auf 4200 qm, mehrere Tennis- und Golfplätze, Strandbad, Segelschule und Kinderclub. Ländlich-elegant: Greenside im Golf-Clubhaus. Marktrestaurant mit Showküche - schauen Sie sich kleine Tricks der Köche ab. Smokers Lounge.

Esplanade Resort & Spa
Seestr. 49 ⊠ 15526 – ℰ (033631) 43 20
– www.esplanade-resort.de
191 Zim ⊑ – †89/168 € ††138/218 € – ½ P 25 €   **Rest** – Karte 26/56 €
♦ Die schöne Hotelanlage am Scharmützelsee bietet freundlich-moderne Zimmer, ein vielfältiges Angebot in ansprechendem Spa sowie eine eigene Marina. "Spa-Suite" mit Sauna. Restaurant "Dependance" über mehrere Ebenen. "Pechhütte" mit einfachem bürgerlichem Angebot.

Palais am See garni
Karl-Marx-Damm 23 ⊠ 15526 – ℰ (033631) 86 10 – www.palais-am-see.de – geschl. Januar - Februar und über Weihnachten
10 Zim ⊑ – †138/150 € ††160/200 € – 1 Suite
♦ Bei den engagierten Gastgebern Annette und Peter Fink genießt man den freundlichen und aufmerksamen Service sowie das geschmackvolle wohnlich-klassische Ambiente. Über das schöne Gartengrundstück gelangt man direkt zum See.

SAAROW, BAD

🏨 Landhaus Alte Eichen
Alte Eichen 21 ✉ *15526* – ✆ *(033631) 4 30 90* – *www.landhaus-alte-eichen.de*
38 Zim – †85/155 € ††110/170 € – ½ P 25 € – 6 Suiten
Rest *19hundert* – siehe Restaurantauswahl
• In dem Hotel auf einer Halbinsel im See wohnen die Gäste in schönen Landhauszimmern. Der hübsche Garten grenzt an den See - hier hat man einen Badesteg. Kosmetik und Massage.

🏨 Villa Contessa
Seestr. 18 ✉ *15526* – ✆ *(033631) 5 80 18* – *www.villa-contessa.de* – *geschl. über Weihnachten*
8 Zim – †98/198 € ††148/278 € – 1 Suite
Rest *Villa Contessa* – siehe Restaurantauswahl
• In der elegant und mit Liebe zum Detail eingerichteten Villa im Kurpark wird Gästebetreuung groß geschrieben. Neben direktem Seezugang bietet man auch Massage- und Beauty-Anwendungen.

🏨 Am Werl
Silberberger Str. 51 ✉ *15526* – ✆ *(033631) 86 90* – *www.hotelamwerl.de*
13 Zim – †55/64 € ††74/89 € – ½ P 16 € **Rest** – Karte 21/31 €
• Ein gepflegtes kleines Hotel unter familiärer Leitung, in dem praktisch ausgestattete Gästezimmer bereitstehen. Der Scharmützelsee befindet sich ganz in der Nähe. Zum Restaurant gehören ein freundlicher Wintergarten und ein netter Terrassenbereich.

✕✕ Villa Contessa – Hotel Villa Contessa
Seestr. 18 ✉ *15526* – ✆ *(033631) 5 80 18* – *www.villa-contessa.de* – *geschl. über Weihnachten*
Rest – Menü 48 € – Karte 57/72 €
• Ein Gesamterlebnis für die Sinne! Gäste sind immer wieder von der zauberhaften Individualität des Restaurants begeistert: opulente Stilmöbel, feine Stoffe sowie eleganter Tisch- und Wandschmuck. Französische Küche.

✕✕ Villa am See – Hotel A-ROSA Scharmützelsee
Parkallee 1, (Süd-West: 8 km) ✉ *15526* – ✆ *(033631) 6 34 59* – *www.a-rosa.de* – *geschl. Dienstag*
Rest – Karte 50/68 €
• Direkt am Yachtsteg schmiegt sich das weiße reetgedeckte Holzhaus mit seinen drei Terrassen harmonisch ans Ufer des Sees. Im Long-Island-Ambiente serviert man tagsüber leichte Gerichte, abends Fine Dining.

✕✕ 19hundert – Hotel Landhaus Alte Eichen
Alte Eichen 21 ✉ *15526* – ✆ *(033631) 4 30 90* – *www.landhaus-alte-eichen.de*
Rest – Karte 27/46 €
• Ein Logenplatz am See, ob Sommer oder Winter - kein Problem! Es gibt die herrliche Terrasse und das Restaurant verfügt über einen Wintergarten inklusive Weinstube mit tollem Blick.

SACHSA, BAD – Niedersachsen – 541 – 7 750 Ew – Höhe 310 m
– Wintersport: 660 m ⚡3 ⚡ – Heilklimatischer Kurort   30 J11
▶ Berlin 273 – Hannover 129 – Erfurt 100 – Göttingen 62
 Am Kurpark 6, ✉ 37441, ✆ (05523) 47 49 90, www.bad-sachsa.de

🏨 Romantischer Winkel
Bismarckstr. 23 ✉ *37441* – ✆ *(05523) 30 40* – *www.romantischer-winkel.de*
80 Zim – †110/170 € ††259/331 € – ½ P 20 € – 5 Suiten
Rest *Romantischer Winkel* – siehe Restaurantauswahl
• Hier überzeugen die ruhige Lage am See und schöne, wohnlich-individuelle Zimmer. Ebenso angenehm sind der freundliche Service und der Spabereich. Auch an Kinderbetreuung ist gedacht. Hausgästen bietet man eine sehr gute Vollpension.

🏨 Vital Hotel
Am Kurpark 1 ✉ *37441* – ✆ *(05523) 9 43 80* – *www.vitalhotel.de*
60 Zim – †70/160 € ††110/185 € – ½ P 26 € – 3 Suiten **Rest** – Karte 32/54 €
• Aus einem schmucken Gebäude von 1905 entstand das in zeitgemäßem Stil eingerichtete Hotel, das für Tagungsgäste und Urlauber gleichermaßen interessant ist. Das Restaurant befindet sich im historischen Teil des Hauses.

SACHSA, BAD

Sonnenhof garni
Glasebergstr. 20a ⊠ 37441 – ℰ (05523) 9 43 70 – www.sonnenhof-bad-sachsa.de
– geschl. 15. November- 1. Dezember
17 Zim ⊆ – †49/75 € ††72/150 €
• In dem kleinen Hotel unter familiärer Leitung erwarten die Gäste geräumige und wohnlich gestaltete Zimmer. Das Haus liegt etwas erhöht und recht ruhig.

Romantischer Winkel – Hotel Romantischer Winkel
Bismarckstr. 23 ⊠ 37441 – ℰ (05523) 30 40 – www.romantischer-winkel.de
Rest – Karte 32/52 €
• Das A-la-carte-Restaurant wurde mit viel Geschmack elegant-rustikal eingerichtet - sein Ambiente strahlt Ruhe und Behaglichkeit aus. Besonders kommunikativ sind dabei die runden Tische. Die Karte bietet z. B. Rinderfilet "Rossini" oder gebratenen St.-Petersfisch.

SÄCKINGEN, BAD – Baden-Württemberg – **545** – 16 810 Ew 61 D21
– Höhe 291 m – Kurort

▶ Berlin 822 – Stuttgart 205 – Freiburg im Breisgau 74 – Schaffhausen 67

ℹ Waldshuter Str. 20, ⊠ 79713, ℰ (07761) 5 68 30, www.badsaeckingen.de

⛳ Rickenbach, Hennematt 20, ℰ (07765) 7 77

◉ Fridolinmünster ★

Goldener Knopf
Rathausplatz 9 ⊠ 79713 – ℰ (07761) 56 50 – www.goldenerknopf.de
70 Zim ⊆ – †85/90 € ††130/155 € – ½ P 25 €
Rest *Goldener Knopf* – siehe Restaurantauswahl
• Das Hotel liegt zentral und dennoch ruhig am Rhein - Münster und Rathaus direkt vor der Tür. Unterschiedliche, wohnlich-funktionale Zimmer, einige mit Flussblick.

St. Fridolin garni
Hasenrütte 4 ⊠ 79713 – ℰ (07761) 93 11 00 – www.hotel-st-fridolin.de
25 Zim ⊆ – †59/65 € ††70/85 €
• Das Hotel ist ein Integrationsbetrieb für behinderte Menschen. Funktionelle, geradlinig eingerichtete Zimmer, teilweise mit Balkon, manche mit schöner Aussicht. Kapelle im Haus.

Zum Hirsch
Schaffhauser Str. 64 (Ost: 1 km über die B 34, Obersäckingen) ⊠ 79713
– ℰ (07761) 5 53 62 00 – www.hirsch-saeckingen.de – geschl. 1. - 14. August
11 Zim ⊆ – †58/63 € ††84 € – ½ P 22 €
Rest – *(geschl. Montag, Samstagmittag)* Menü 28/47 € – Karte 28/56 €
• Familie Will bietet mit hell und zeitlos eingerichteten Zimmern (teils rückwärtig mit Balkon), regional-saisonaler Küche, kostenfreien Parkplätzen und Kinderspielplatz ein empfehlenswertes kleines Hotel in Obersäckingen.

Fuchshöhle
Rheinbrückstr. 7 ⊠ 79713 – ℰ (07761) 9 33 37 67 – www.fuchshoehle.com
– geschl. Sonntag - Montag
Rest – *(Tischbestellung ratsam)* Menü 32/44 € – Karte 49/64 €
• Gemütlich ist die Atmosphäre in dem schmucken historischen Haus. Das mit Wandmalereien verzierte Restaurant bietet eine von Blüten und Kräutern inspirierte saisonale Küche.

Goldener Knopf – Hotel Goldener Knopf
Rathausplatz 9 ⊠ 79713 – ℰ (07761) 56 50 – www.goldenerknopf.de
Rest – Menü 69 € – Karte 49/73 €
• Direkt am Rhein mit Blick auf Europas längste gedeckte Holzbrücke lädt man hier zur Einkehr ein. Das Restaurant mit internationaler Küche ist unterteilt in verschiedene Bereiche: Le Jardin, Weinlaube und Scheffelstube.

SAGARD – Mecklenburg-Vorpommern – siehe Rügen (Insel)

SAILAUF – siehe Aschaffenburg

SALACH – Baden-Württemberg – **545** – 7 830 Ew – Höhe 363 m — 56 H18
▶ Berlin 601 – Stuttgart 49 – Göppingen 8 – Ulm (Donau) 43

In der Ruine Staufeneck Ost: 3 km

Burghotel Staufeneck
Burg Staufeneck 1 ⌧ 73084 – ℰ (07162) 93 34 40 – www.burg-staufeneck.de
41 Zim ⊐ – †110/120 € ††190 €
Rest *Burgrestaurant Staufeneck* – siehe Restaurantauswahl
♦ Wohnlich und wertig ist die Einrichtung in diesem Hotel über dem Filstal, besonders komfortabel im "Anselm Schott-Haus". Auch vom schönen Saunabereich hat man eine grandiose Panoramasicht.

Burgrestaurant Staufeneck (Rolf Straubinger) – Burghotel Staufeneck
Burg Staufeneck 1 ⌧ 73084 – ℰ (07162) 93 34 40
– www.burg-staufeneck.de – geschl. Montag
Rest – (Tischbestellung ratsam) Menü 78/118 € – Karte 46/83 €
Spez. Surf and Turf von Tiefseelangustine und Kalbsbries mit Kalbskopfsalat und Radieschen. Zanderfilet mit gebackener Schweinepfote und Filderkraut, Kräutersud und Meerrettich. Rehrücken mit gebackener Rehschulter, Sellerietascherln und Pfifferlingen.
♦ Beim Betrachten der historischen Burganlage scheint es, als sei man ein wenig der Zeit entflohen. Das elegante Restaurant bietet neben einem pittoresken Blick ins Filstal eine erstklassige regional beeinflusste Küche. Beeindruckend ist die Weinkarte mit über 1000 Positionen!

SALEM – Baden-Württemberg – **545** – 11 130 Ew – Höhe 443 m — 63 G21
– Erholungsort
▶ Berlin 730 – Stuttgart 149 – Konstanz 27 – Sigmaringen 47
🛈 Schloss Salem, ⌧ 88682, ℰ (07553) 91 77 15, www.bodensee-linzgau.de
◉ Münster ★ – Schloss ★

Salmannsweiler Hof mit Zim
Salmannsweiler Weg 5 ⌧ 88682 – ℰ (07553) 9 21 20 – www.salmannsweiler-hof.de
– geschl. 15. - 21. Februar, 22. Oktober - 11. November und Montag - Dienstag
10 Zim ⊐ – †46/52 € ††74/84 € – ½ P 25 € **Rest** – Menü 30/42 € – Karte 25/44 €
♦ Ein gemütlich-rustikales Restaurant mit schöner Gartenterrasse. Die Zutaten für die regionalen Speisen bezieht Familie Schiele größtenteils von kleinen Produzenten aus der Umgebung, das Gemüse kommt vom Bio-Hof.

In Salem-Neufrach Süd-Ost: 3 km über Schlossstraße und Neufracher Straße

Reck
Bahnhofstr. 111 ⌧ 88682 – ℰ (07553) 2 01 – www.recks-hotel.de – geschl. über
Fasnacht 1 Woche und 2. - 12. November
19 Zim ⊐ – †58/80 € ††90/120 € – ½ P 20 € – 1 Suite
Rest *Reck* – siehe Restaurantauswahl
♦ Drei Schwestern leiten gemeinsam mit ihren Eltern diesen tipptopp gepflegten Gasthof mit geräumigen Zimmern. Im gesamten Haus ist viel Kunst zu finden - ein Hobby des Senior-Chefs.

Landgasthof Apfelblüte
Markdorfer Str. 45 ⌧ 88682 – ℰ (07553) 9 21 30 – www.landgasthof-apfelbluete.de
40 Zim ⊐ – †55/60 € ††80/85 € – ½ P 15 €
Rest – (geschl. 2. - 15. Januar und Dienstag, Freitagmittag, Samstagmittag) Karte 20/28 €
♦ Das gewachsene Hotel befindet sich am Ortsausgang und wird seit über 25 Jahren als Familienbetrieb geführt. Es stehen gut ausgestattete Gästezimmer zur Verfügung. Im Restaurant wird neben regionaler Küche auch hausgemachter Apfellikör angeboten.

Reck – Hotel Reck
Bahnhofstr. 111 ⌧ 88682 – ℰ (07553) 2 01 – www.recks-hotel.de – geschl. über
Fasnacht 1 Woche, 2. - 12. November und Mittwoch - Donnerstagmittag
Rest – Menü 34/41 € – Karte 28/44 €
♦ Die Tochter des Hauses, Alexandra Reck, zeichnet verantwortlich für das, was Sie in dem netten Restaurant serviert bekommen (z. B. hausgemachtes Kalbsrahmgulasch mit frischen Pilzen). Einiges davon kommt sogar aus eigenem Anbau. Herrliche Terrasse mit Platanen direkt an der Obstwiese.

SALZGITTER – Niedersachsen – 541 – 103 450 Ew – Höhe 70 m 29 J9
▶ Berlin 261 – Hannover 68 – Braunschweig 28 – Göttingen 79
🅱 Bad Salzgitter, Mahner Berg, ☏ (05341) 3 73 76

In Salzgitter-Bad – Heilbad

Golfhotel garni
Gittertor 5 ✉ 38259 – ☏ (05341) 30 10 – www.golfhotel-salzgitter.de
32 Zim ☕ – †66/79 € ††89/109 €
♦ Das Hotel unweit des Marktplatzes wird gut geführt und bietet freundlichen Service. Die Zimmer verteilen sich auf das Fachwerkhaus und einen Anbau; sie sind wohnlich und funktionell, einige besonders zeitgemäß. Appetitliches, frisches Frühstück.

In Salzgitter-Lichtenberg

Waldhotel Burgberg
Burgbergstr. 147 (Süd-West: 2 km) ✉ 38228 – ☏ (05341) 8 59 40
– www.waldhotel-burgberg.de
15 Zim ☕ – †75/95 € ††95/115 €   **Rest** – Karte 12/34 €
♦ Hier überzeugt die ruhige, einsame Lage in einem Waldstück, nebenan die Burgruine. Es erwarten Sie Zimmer im Landhausstil, einige mit direktem Zugang von draußen. Restaurant im alten Fachwerkhaus mit Terrasse und Biergarten. Festsaal ideal für Hochzeiten.

SALZHAUSEN – Niedersachsen – 541 – 4 520 Ew – Höhe 40 m 19 I6
▶ Berlin 288 – Hannover 117 – Hamburg 55 – Lüneburg 18

Josthof (mit Gästehäusern)
Am Lindenberg 1 ✉ 21376 – ☏ (04172) 9 09 80 – www.josthof.de
16 Zim ☕ – †68/83 € ††105/120 €
Rest – (geschl. Januar - April: Dienstag) Menü 49 € – Karte 28/52 €
♦ In den hübschen Reetdachhäusern dieses historischen Bauernhofs stehen schöne, wohnliche Zimmer (auch Maisonetten) bereit. Zudem hat man ein zeitgemäßes Ferienhaus. Heimelig sind die mit allerlei Zierrat liebenswert dekorierten Restaurantstuben.

SALZSCHLIRF, BAD – Hessen – 543 – 2 970 Ew – Höhe 253 m – Heilbad 38 H13
▶ Berlin 446 – Wiesbaden 161 – Fulda 20 – Gießen 81
ℹ Lindenstr. 6, ✉ 36364, ☏ (06648) 22 66, www.bad-salzschlirf.de

Söderberg
Bonifatiusstr. 6 ✉ 36364 – ☏ (06648) 94 20 – www.hotel-soederberg.de – geschl. Mitte Januar - Mitte Februar und November
30 Zim ☕ – †46/49 € ††66/86 € – ½ P 15 €
Rest – (geschl. Sonntag) (nur Abendessen) Karte 16/27 €
♦ Ein leicht erhöht und recht ruhig gelegenes Hotel mit Ursprung im Jahre 1898. Sehr schön sind die Altbau-Zimmer mit Stilmobiliar und hohen Decken. Café mit Windbeutel als Spezialität. Gemütliches rustikales Restaurant und hübsche Gartenterrasse.

SALZUFLEN, BAD – Nordrhein-Westfalen – 543 – 54 010 Ew – Höhe 80 m 28 G9
– Heilbad
▶ Berlin 375 – Düsseldorf 191 – Bielefeld 26 – Hannover 89
ℹ Parkstr. 20, ✉ 32105, ☏ (05222) 18 31 83, www.staatsbad-salzuflen.de
🅱 Bad Salzuflen, Schwaghof 4, ☏ (05222) 1 07 73

Arminius
Ritterstr. 6 ✉ 32105 – ☏ (05222) 36 60 – www.hotelarminius.de
71 Zim ☕ – †89/99 € ††108/124 € – ½ P 28 € – 8 Suiten
Rest Varus – Menü 28/59 € – Karte 34/52 €
♦ Das schöne Gebäudeensemble, ein Mix aus historischer und moderner Architektur, ist ein zeitgemäßes Hotel mit wohnlichen Zimmern sowie Sauna-, Kosmetik- und Massageangebot. Rustikal-gemütliches Restaurant und Vinothek.

Altstadt-Palais Lippischer Hof
Mauerstr. 1 ✉ 32105 – ☏ (05222) 53 40 – www.hof-hotels.de
65 Zim – †89/119 € ††119/139 € – ½ P 25 € – 3 Suiten   **Rest** – Karte 20/66 €
♦ Mitten in der historischen Altstadt finden Sie dieses familiengeführte Hotel, in dem individuell und wohnlich gestaltete Gästezimmer bereitstehen. Das Restaurant: mediterraner Wintergarten, Brasserie Walter's Pharmacy und Sommergarten.

SALZUFLEN, BAD

🏨 Vitalotel Roonhof garni
Roonstr. 9 ⊠ *32105 –* ℰ *(05222) 34 30 – www.roonhof.de – geschl. 3. Januar - 5. Februar*
48 Zim ⊃ – †82/99 € ††120/138 €
• Ein neuzeitliches Hotel mit wohnlich-funktionellen Zimmern und Appartements. Auch Massage- und Kosmetikanwendungen werden angeboten, zudem eine Praxis für Physiotherapie.

🏨 Kurpark-Hotel
Parkstr. 1 ⊠ *32105 –* ℰ *(05222) 39 90 – www.kurparkhotel.de – geschl. 2. Januar - 11. Februar*
75 Zim ⊃ – †77/116 € ††140/172 € – ½ P 16 € – 1 Suite
Rest – Menü 27 € – Karte 25/48 €
• Das von der Inhaberfamilie geführte Haus im Kurgebiet verfügt über zeitgemäße Zimmer verschiedener Kategorien, fast alle mit Balkon zum Garten oder zur Saline.

🏨 Ostertor
Osterstr. 52 ⊠ *32105 –* ℰ *(05222) 98 38 80 – www.ostertor.bestwestern.de*
72 Zim ⊃ – †89/97 € ††119/129 € – ½ P 15 € – 2 Suiten
Rest – *(geschl. 1. - 16. Januar)* Karte 27/42 €
• Hier überzeugen die zentrale Lage in der Innenstadt und modern-komfortable Zimmer. Direkt nebenan befindet sich ein Shoppingcenter, das Kurhaus liegt 500 m entfernt. Restaurant in geradlinig-zeitgemäßem Stil.

🏨 Otto garni
Friedenstr. 2 ⊠ *32105 –* ℰ *(05222) 93 04 40 – www.hotel-otto.de – geschl. 7. November - 29. Januar*
22 Zim – †59/110 € ††98/140 €
• Herzlich kümmert sich Familie Otto in dem denkmalgeschützen Haus um ihre Gäste. Eine sehr gut geführte Adresse mit tipptopp gepflegten Zimmern.

✕ Alexandra
Untere Mühlenstr. 2 ⊠ *32105 –* ℰ *(05222) 40 05 75 – www.restaurant-alexandra.de – geschl. Mittwoch*
Rest – *(Montag - Donnerstag nur Abendessen)* Karte 21/42 €
• In dem netten historischen Fachwerkhaus in der Innenstadt bieten die freundlichen Gastgeber in gemütlichem Ambiente internationale, regionale und saisonale Gerichte.

In Bad Salzuflen-Sylbach Süd: 8 km über B 239 Richtung Lage

🏨 Zum Löwen
Sylbacher Str. 223 ⊠ *32107 –* ℰ *(05232) 9 56 50 – www.hotel-zum-loewen.com – geschl. Juli - August 2 Wochen*
32 Zim ⊃ – †55/60 € ††78/85 € – ½ P 17 €
Rest – *(Montag - Samstag nur Abendessen)* Karte 21/40 €
• Der Familienbetrieb verfügt über wohnlich-gediegene Zimmer und einen Garten mit Teich und Kinderspielplatz. Ein heller Wintergarten dient als Frühstücksraum. Zum Restaurant gehört eine schöne Terrasse hinter dem Haus. Auch ein Raucherbereich ist vorhanden.

SALZUNGEN, BAD Thüringen – **544** – 15 950 Ew – Höhe 250 m – Solebad   **39** J13
▶ Berlin 377 – Erfurt 86 – Bad Hersfeld 43
🛈 Am Flößrasen 1, ⊠ 36433, ℰ (03695) 69 34 20, www.badsalzungen.de

🏨 Salzunger Hof
Bahnhofstr. 41 ⊠ *36433 –* ℰ *(03695) 67 20 – www.salzunger-hof.de*
72 Zim ⊃ – †55/75 € ††80/95 € **Rest** – Karte 16/40 €
• Nicht weit vom Bahnhof liegt dieses zeitgemäß-funktional ausgestattete Hotel. Die Zimmer verfügen teilweise über einen Balkon. Variabler Tagungsbereich im Pavillon. Das Restaurant ist mit viel Holz hübsch im alpenländischen Stil eingerichtet. Bürgerliche Küche.

SALZWEDEL – Sachsen-Anhalt – **542** – 25 070 Ew – Höhe 22 m   **20** K7
▶ Berlin 187 – Magdeburg 103 – Schwerin 114 – Wolfsburg 59
🛈 Neuperverstr. 29, ⊠ 29410, ℰ (03901) 42 24 38, www.salzwedel.de

SALZWEDEL

Union
Goethestr. 11 ⊠ 29410 – ℰ (03901) 42 20 97 – www.hotel-union-salzwedel.de
33 Zim ⌑ – †42/64 € ††85/90 € **Rest** – Karte 20/44 €

♦ In dem schmucken Haus (1872) an der mittelalterlichen Stadtmauer wird ständig investiert und modernisiert. Das Ergebnis: individuelle Zimmer, z. T. mit hübschen Stoffen und warmen Farben. Alpenländische Holztäfelung und Kachelofen machen das Restaurant gemütlich.

SAMERBERG – Bayern – **546** – 2 660 Ew – Höhe 700 m – Wintersport: 66 N21
1 569 m ⛷2 ⛷1

▶ Berlin 672 – München 82 – Bad Reichenhall 65 – Traunstein 44
🛈 Dorfplatz 3, ⊠ 83122, ℰ (08032) 86 06, www.samerberg.de

In Samerberg-Duft Süd: 6 km ab Törwang, über Eßbaum und Gernmühl – Höhe 800 m

Berggasthof Duftbräu
Duft 1 ⊠ 83122 – ℰ (08032) 82 26 – www.duftbraeu.de – geschl. 16. Januar - 28. Februar
28 Zim ⌑ – †60/80 € ††80/110 € – ½ P 20 € – 1 Suite
Rest – (geschl. April - Oktober: Montag - Dienstag außer an Feiertagen) (November - März: nur Abendessen) Karte 15/40 €

♦ Das ist schon Bilderbuch-Idylle: Ruhe, Wald und Wiesen, und mittendrin der Gasthof der Familie Wallner - eigentlich fast schon ein kleines Dörfchen und so richtig bayerisch! Ein Muss: der Schweinsbraten - oder aber Selbstgebrautes im Biergarten bei tollem Blick auf die Region!

SANGERHAUSEN – Sachsen-Anhalt – **542** – 30 140 Ew – Höhe 153 m 30 L11

▶ Berlin 224 – Magdeburg 98 – Erfurt 75 – Nordhausen 37
🛈 Markt 18, ⊠ 06526, ℰ (03464) 1 94 33, www.sangerhausen-tourist.de

In Sangerhausen-Oberröblingen Süd: 5 km über B 86

Zum Löwen
Sangerhäuser Str. 24 (B 86) ⊠ 06526 – ℰ (03464) 5 45 00 – www.zum-loewen-hotel.de
28 Zim ⌑ – †49/55 € ††75 € **Rest** – Karte 19/37 €

♦ Gepflegte und funktionell ausgestattete Gästezimmer bietet dieses familiär geführte Haus, das bereits im 19. Jh. als Gasthof existierte. Bürgerliches Restaurant.

ST. BLASIEN – Baden-Württemberg – **545** – 3 900 Ew – Höhe 770 m 61 E21
– Wintersport: 1220 m ⛷3 ⛷ – Heilklimatischer Kneippkurort und Luftkurort

▶ Berlin 810 – Stuttgart 187 – Freiburg im Breisgau 51 – Donaueschingen 64
🛈 Am Kurgarten 1, ⊠ 79837, ℰ (07672) 4 14 30, www.tourismus.stblasien.de
👁 Kirche ★★

Café Aich garni
Hauptstr. 31 ⊠ 79837 – ℰ (07672) 14 29 – www.cafeaich.de
5 Zim ⌑ – †55/65 € ††85 €

♦ In dem kleinen Familienbetrieb erwarten Sie persönliche Atmosphäre und elegante Zimmer. Schon früh duftet es aus der eigenen Backstube - gute Kuchenauswahl im Café.

Klostermeisterhaus
Im süßen Winkel 2 ⊠ 79837 – ℰ (07672) 8 48 – www.klostermeisterhaus.de
8 Zim ⌑ – †55/119 € ††90/129 € – ½ P 28 €
Rest – (geschl. Montag - Dienstag) (Mittwoch - Freitag nur Abendessen) Menü 34/72 € – Karte 36/78 €

♦ Aus dem Jahre 1761 stammt die einstige Herberge der klösterlichen Handwerksmeister und spätere Volksbierstube. Heute stehen hier hübsche freundliche Zimmer bereit. Behagliches holzgetäfeltes Restaurant, dazu die Terrasse im 1. Stock mit Blick auf den Dom.

ST. ENGLMAR – Bayern – **546** – 1 490 Ew – Höhe 808 m – Wintersport: 59 O18
1 030 m ⛷13 ⛷ – Luftkurort

▶ Berlin 519 – München 151 – Regensburg 68 – Cham 37
🛈 Rathausstr. 6, ⊠ 94379, ℰ (09965) 84 03 20, www.urlaubsregion-sankt-englmar.de

ST. ENGLMAR

Angerhof
Am Anger 38 ⊠ 94379 – ℰ (09965) 18 60 – www.angerhof.de
70 Zim ⊇ – †86/118 € ††144/216 € – ½ P 12 € – 12 Suiten   **Rest** – Karte 20/61 €
♦ In dem schön am Hang gelegenen Familienbetrieb in einem 3 ha großen Naturpark genießen die Gäste Ruhe, Spa-Vielfalt auf 2000 qm und das wohnliche Ambiente der individuellen Zimmer und Suiten. Auch allergikergeeignete Zimmer. Panoramarestaurant mit Vinothek und Kaminstube.

In St. Englmar-Grün Nord-West: 3 km über Bogener Straße, am Ortsende links

Reiner-Hof
Grün 9 ⊠ 94379 – ℰ (09965) 85 10 – www.reinerhof.de – geschl. 5. - 16. Dezember
48 Zim ⊇ – †48/78 € ††90/150 € – ½ P 13 € – 3 Suiten   **Rest** – Karte 18/32 €
♦ Das Ferienhotel bietet im Stammhaus und im Sonnenschlösschen verschiedene Zimmerkategorien von eher einfach bis sehr komfortabel. Zudem hat man einen schönen Spabereich.

In St. Englmar-Maibrunn Nord-West: 5 km über Grün

Maibrunn
Maibrunn 1 ⊠ 94379 – ℰ (09965) 85 00 – www.berghotel-maibrunn.de
52 Zim ⊇ – †60/95 € ††120/170 € – ½ P 15 € – 2 Suiten   **Rest** – Karte 20/58 €
♦ Ein engagiert und charmant geleitetes Haus in erhöhter Lage mit reizvoller Rundumsicht. Sehr wohnliche und geschmackvolle Zimmer im Landhausstil sowie hübsche, etwas kleinere Themenzimmer. Neuzeitlicher Spa, Garten mit Hirschgehege, eigener Skilift. Restauranträume von elegant bis gemütlich-ländlich.

In St. Englmar-Rettenbach Süd-Ost: 5 km über Bogener Straße

Gut Schmelmerhof
Rettenbach 24 ⊠ 94379 – ℰ (09965) 18 90 – www.gut-schmelmerhof.de
52 Zim ⊇ – †65/96 € ††144/169 € – ½ P 34 €   **Rest** – Menü 58 € – Karte 22/47 €
♦ Das Haus mit Familientradition seit 1630 liegt herrlich ruhig etwas abseits. Sie wohnen in schönen, individuellen Zimmern und lassen sich bei Massage und Beautyanwendungen verwöhnen. Speisen kann man im Gewölberestaurant oder in der gemütlich-rustikalen Stube mit alter Holzdecke.

ST. GOAR – Rheinland-Pfalz – **543** – 2 790 Ew – Höhe 80 m   **46** D14
▶ Berlin 627 – Mainz 63 – Koblenz 43 – Bingen 28
🛈 Heerstr. 86, ⊠ 56329, ℰ (06741) 3 83, www.st-goar.de
◉ Burg Rheinfels ★★
◉ Lorelei ★★, Süd-Ost: 4 km

Schloss Rheinfels (mit Gästehaus)
Schloßberg 47 ⊠ 56329 – ℰ (06741) 80 20
– www.schloss-rheinfels.de
63 Zim ⊇ – †75/105 € ††180/225 € – 2 Suiten
Rest *Silcher-Stube* – siehe Restaurantauswahl
Rest *Auf Scharffeneck* – Karte 32/46 €
Rest *Burgschänke der Landgraf* – (geschl. im Winter) Karte 17/25 €
♦ Das Hotel in der eindrucksvollen Burganlage mit Panoramablick ist klassisch-elegant eingerichtet. Besonders ansprechend sind der hübsche Spabereich sowie der kleine Garten mit Rosen und Kräutern. Beliebt bei Burgbesuchern: Kaffee und Kuchen auf der Panoramaterrasse der Burgschänke!

XXX Silcher-Stube – Hotel Schloss Rheinfels
Schloßberg 47 ⊠ 56329 – ℰ (06741) 80 20 – www.schloss-rheinfels.de – geschl. Sonntag - Montag
Rest – (nur Abendessen) Menü 63/92 €
♦ Elegante Goldtöne, stilvolles Mobiliar und ebensolche Tischdekorationen sorgen für ein schönes Ambiente. Die Terrasse mit ihrer grandiosen Aussicht ist natürlich das Highlight! Niveauvolle klassische Küche.

1095

ST. GOAR

In St. Goar-Fellen Nord-West: 3 km über B 9, Richtung Koblenz

Landsknecht ≤ 🚗 🛎 AC Zim, 🍴 ♨ P VISA ⑩ AE ①
Aussiedlung Landsknecht 6 (an der Rheinufer-Straße, B 9) ✉ 56329 – ⌀ (06741) 20 11
– www.hotel-landsknecht.de – geschl. 19. - 28. Dezember, 8. - 27. Januar
21 Zim – †69/85 € ††90/180 € – 1 Suite
Rest – (geschl. November - März: Montag - Dienstag) Menü 28 € – Karte 19/48 €
♦ Eine familiäre Adresse mit reizvoller Gartenanlage, deren Zimmer meist zum Rhein hin liegen. Am Frühstücksbuffet findet sich hausgemachte Marmelade. Eigenes Weingut. Rustikales Restaurant und Terrasse mit Rheinblick.

ST. INGBERT – Saarland – **543** – 37 370 Ew – Höhe 229 m   46 C17

▶ Berlin 697 – Saarbrücken 13 – Kaiserslautern 55 – Zweibrücken 25

XX **La Trattoria del Postillione** 🛎 P VISA ⑩
Neue Bahnhofstr. 2 ✉ 66386 – ⌀ (06894) 38 10 61 – www.postillione.de
– geschl. Sonntag
Rest – Menü 55 € – Karte 29/46 €
♦ Charmantes Restaurant im ehemaligen Bahnhofsgebäude mit heimeliger Atmosphäre, frischer italienischer Küche und einem charismatischen Chef, der seine Gäste sehr aufmerksam umsorgt.

XX **Die Alte Brauerei** mit Zim 🛎 ♨ Zim, 🍴 ⇔ P VISA ⑩
Kaiserstr. 101 ✉ 66386 – ⌀ (06894) 9 28 60 – www.diealtebrauerei.com – geschl.
Dienstag und Samstagmittag
5 Zim ☐ – †65 € ††89/100 €   **Rest** – Karte 31/55 €
♦ Über einen Innenhof erreicht man das Restaurant von Isabelle und Eric Dauphin in der historischen Brauerei. Hier sitzt man gemütlich und lässt sich sorgfältig zubereitete französische Speisen schmecken. Man bietet auch individuelle Gästezimmer, die teils mit Werken der Künstlerin Margret Lafontaine dekoriert sind.

In St. Ingbert-Sengscheid Süd-West: 4 km über B 40, jenseits der A 6

Sengscheider Hof (mit Gästehaus) 🚗 🛎 ♨ 🍽 & Zim, 🍴 ♨ P
Zum Ensheimer Gelösch 30 ✉ 66386 – ⌀ (06894) 98 20   VISA ⑩ AE
– www.sengscheiderhof.de – geschl. 27. Dezember - 3. Januar
45 Zim ☐ – †54/86 € ††105/120 €
Rest – (geschl. Sonntag) (nur Abendessen) Karte 37/56 €
♦ Das gewachsene Hotel mit Stammhaus a. d. J. 1879 verfügt über wohnliche Gästezimmer, die unterschiedlich geschnitten und eingerichtet sind. Gediegen-elegant ist das Ambiente im Restaurant, klassisch das Speiseangebot.

ST. JOHANN – Rheinland-Pfalz – siehe Sprendlingen

ST. LEON-ROT – Baden-Württemberg – **545** – 12 760 Ew – Höhe 107 m   47 F17
▶ Berlin 642 – Stuttgart 92 – Mannheim 32
⛳ St. Leon-Rot, Opelstr. 30, ⌀ (06227) 8 60 80

Fairway garni 🚗 Fő 🍽 & ♨ 🍴 ♨ P 🚗 VISA ⑩ AE ①
Opelstr. 10 (Gewerbegebiet) ✉ 68789 – ⌀ (06227) 54 40 – www.fairway-hotel.de
89 Zim ☐ – †79/118 € ††99/134 € – 2 Suiten
♦ Die Lage im Gewerbegebiet ist perfekt für Businessgäste, doch auch am Wochenende ist das auffallend gepflegte Haus beliebt: Golfplatz nebenan! Abends Snacks in der Lobbybar. Dampfbad im UG.

ST. MÄRGEN – Baden-Württemberg – **545** – 1 910 Ew – Höhe 887 m   61 E20
– Wintersport: 1 100 m ☃ – Luftkurort
▶ Berlin 790 – Stuttgart 230 – Freiburg im Breisgau 24 – Donaueschingen 51
🛈 Rathausplatz 6, ✉ 79274, ⌀ (07652) 12 06 83 90, www.hochschwarzwald.de

ST. MÄRGEN

An der B 500 Süd-Ost: 8 km, Richtung Furtwangen

🏠 Zum Kreuz 🛜 📶 🅿 VISA ☮
Hohlengraben 1 ✉ *79274 St. Märgen –* ✆ *(07669) 9 10 10*
– www.gasthaus-zum-kreuz.de – geschl. Mitte November - Mitte Dezember
15 Zim – †32/42 € ††62/75 € – ½ P 14 €
Rest – *(geschl. Donnerstag)* Menü 39 € – Karte 13/42 €
  • Das nette Haus im Schwarzwälder Stil, Familienbetrieb in 3. Generation, liegt etwas außerhalb an der Bundesstraße in idyllischer Umgebung. Behagliche Zimmer und Appartements, im Anbau mit Balkon. Ländlich-elegant ist das Ambiente im Restaurant.

ST. MARTIN – Rheinland-Pfalz – **543** – 1 850 Ew – Höhe 225 m – Luftkurort   **47** E17
▶ Berlin 658 – Mainz 102 – Mannheim 43 – Kaiserslautern 46
🛈 Kellereistr. 1, ✉ 67487, ✆ (06323) 53 00, www.sankt-martin.de

🏨 Das Landhotel Weingut Gernert ⌾ 🚗 🛜 📶 🅿
Maikammerer Str. 39 ✉ *67487 –* ✆ *(06323) 9 41 80 – www.das-landhotel.com – geschl. 8. - 31. Januar*
17 Zim ☑ – †54/62 € ††94/110 €
Rest – *(geschl. Montag - Dienstag)* Karte 20/40 €
  • Ein tipptopp gepflegtes Anwesen am Rand des Weindorfes, etwas unterhalb das eigene Weingut. Die Zimmer sind geräumig und mit mediterraner Note eingerichtet - mit kleinem Rotweinangebot! Regional und international speist man im Barrique-Gewölbe von 1851.

🏨 Wiedemann's Weinhotel ⌾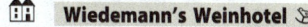
Einlaubstr. 64 ✉ *67487 –* ✆ *(06323) 9 44 30 – www.wiedemanns-weinhotel.de*
20 Zim (inkl. ½ P.) – †93/101 € ††150/202 €
Rest – *(geschl. Montag - Dienstag (Mittwoch - Freitag nur Abendessen)* Karte 24/39 €
  • Wohnen mit Panoramablick. Der schöne Spa auf 400 qm bietet u. a. die Essig-Inhalation "Respiratio", eine kleine Oase ist der auf mehreren Ebenen angelegte Garten mit Naturteich. Restaurant in mediterran-elegantem Stil, davor die Terrasse mit Aussicht. Vinothek.

🏨 St. Martiner Castell 🛜 📶 🅿 VISA ☮
Maikammerer Str. 2 ✉ *67487 –* ✆ *(06323) 95 10 – www.hotelcastell.de*
26 Zim ☑ – †57/65 € ††100/102 € – ½ P 25 €
Rest – *(geschl. Dienstag)* Menü 34/47 € – Karte 25/46 €
  • Direkt im Ortskern befindet sich das aus einem Winzerhof entstandene Gasthaus. Die Zimmer sind wohnlich, besonders schön sind die nach hinten gelegenen. In gemütlich-rustikalen Stuben serviert man Regionales.

🏨 Consulat des Weins 🛜 📶 🅿 ☮
Maikammerer Str. 44 ✉ *67487 –* ✆ *(06323) 80 40 – www.schneider-pfalz.de – geschl. 18. Dezember - 17. Februar*
38 Zim ☑ – †71/80 € ††122/140 € – ½ P 23 €
Rest – *(geschl. Sonntagabend - Montag)* Karte 16/37 €
  • Für Kurzurlaub und Tagung ist der Gasthof am Dorfrand gleichermaßen geeignet. Die Zimmer sind recht großzügig geschnitten und hell eingerichtet. Rustikal ist das Ambiente im Restaurant, ein beliebter Treffpunkt die Vinothek.

🏨 Haus am Weinberg ⌾ 🚗 🛜 📶 🅿 VISA ☮
Oberst-Barret-Str. 1 ✉ *67487 –* ✆ *(06323) 94 50 – www.hausamweinberg.de*
66 Zim ☑ – †55/83 € ††95/130 € – ½ P 20 € – 1 Suite
Rest – Menü 35 € – Karte 26/35 €
  • Der Name des Hauses trifft es genau: Das Hotel liegt allein in den Weinbergen, toll ist der Blick auf die rebenreiche Landschaft. Die Suite mit Whirlwanne ist besonders chic, gute Fitnessgeräte im Well-Aktiv-Club. Bürgerliche Küche im Restaurant.

🏠 Chalet Raabe garni 🛜 🅿
Emserstr. 4 ✉ *67487 –* ✆ *(06323) 21 17 – www.weingut-raabe.de*
7 Zim ☑ – †63/77 € ††73/89 € – 2 Suiten
  • Das tipptopp gepflegte kleine Gästehaus mit den komfortablen Zimmern und zwei Appartements ist angeschlossen an das Weingut Raabe. Weinstube im Ortskern ganz in der Nähe.

ST. MARTIN

Landhaus Christmann garni
Riedweg 1 ⊠ 67487 – ℰ (06323) 9 42 70 – www.landhaus-christmann.de
9 Zim 🖃 – †46/55 € ††77/87 € – 2 Suiten
♦ In dem Winzerhof am Ortsrand sind die Zimmer nach Weinlagen benannt. Man hat sie mit hellen Tönen, Parkettboden und antiken Möbelstücken charmant gestaltet, teilweise mit Balkon.

ST. MICHAELISDONN – Schleswig-Holstein – **541** – 3 640 Ew – Höhe 3 m — 9 G4
▶ Berlin 382 – Kiel 99 – Heide 30 – Cuxhaven 100

Landhaus Gardels
Westerstr. 15 ⊠ 25693 – ℰ (04853) 80 30 – www.gardels.de
50 Zim 🖃 – †83/115 € ††110/150 €
Rest – *(nur Abendessen)* Menü 29/55 € – Karte 32/43 €
♦ Seit 1882 ist der zum Hotel erweiterte Gasthof ein Familienbetrieb. Die neueren Zimmer sind besonders hübsch und wohnlich gestaltet. Neuzeitlich ist der Sauna- und Fitnessbereich. Im freundlichen Restaurant bietet man frische regionale Küche.

ST. OSWALD-RIEDLHÜTTE – Bayern – **546** – 3 050 Ew – Höhe 791 m — 60 P18
– Wintersport: 850 m ✦1 ✦ – Erholungsort
▶ Berlin 503 – München 188 – Passau 43 – Regensburg 115
🅘 Schulplatz 2, ⊠ 94566, ℰ (08553) 60 83, www.sankt-oswald-riedlhuette.com

Im Ortsteil Riedlhütte

Wieshof
Anton-Hilz-Str. 8 ⊠ 94566 – ℰ (08553) 4 77 – www.berghotel-wieshof.de
– geschl. 11. - 25. März, 15. - 27. April, 4. November - 20. Dezember
19 Zim (inkl. ½ P.) – †39/46 € ††78/92 €
Rest – Menü 13/18 € – Karte 14/29 €
♦ Ein familiär geführter Gasthof mit sehr wohnlichen, modernen und schön gestalteten Zimmern sowie einem netten Sauna-, Ruhe- und Anwendungsbereich. Rustikal-bürgerliches Restaurant mit regionalem und internationalem Angebot.

Zum Friedl
Kirchstr. 28 ⊠ 94566 – ℰ (08553) 9 66 80 – www.zumfriedl.de – geschl. November - 25. Dezember
18 Zim 🖃 – †38/48 € ††68/96 € – ½ P 10 € **Rest** – Karte 18/30 €
♦ In dem gepflegten Haus in ruhiger Lage stehen individuelle Zimmer bereit, teilweise nach Themen benannt (z. B. Schwammerl, Wilderer, etc.). Schön ist die geräumige Durandl-Suite. Gemütliches, in Stuben unterteiltes Restaurant.

ST. PETER – Baden-Württemberg – **545** – 2 540 Ew – Höhe 720 m — 61 E20
– Wintersport: ✦ – Luftkurort
▶ Berlin 797 – Stuttgart 224 – Freiburg im Breisgau 32 – Waldkirch 20
🅘 Klosterhof 11, ⊠ 79271, ℰ (07652) 12 06 83 70, www.hochschwarzwald.de
◉ Barockkirche (Bibliothek★)
◉ ≤★★ von der Straße nach St. Märgen

Jägerhaus
Mühlengraben 18 ⊠ 79271 – ℰ (07660) 9 40 00 – www.hotel-jaegerhaus.de – geschl. 27. Februar - 21. März, 29. Oktober - 17. November
18 Zim 🖃 – †48/75 € ††65/100 € – ½ P 15 €
Rest – *(geschl. Mittwoch, November - April: Mittwoch - Donnerstagmittag)*
Karte 20/37 €
♦ Sie wohnen hier bei sehr freundlichen Gastgebern in behaglichen Zimmern mit ländlichem Charme. Gutes Frühstück. Schön ist die Umgebung mit Wiesen und Weihern - im Winter reizvolle Schneelandschaft. Im gemütlichen Restaurant tischt man bürgerliche Küche und leckere Kuchen aus eigener Herstellung auf.

ST. PETER

XX Zur Sonne mit Zim
Zähringerstr. 2 ⊠ 79271 – ℰ (07660) 9 40 10 – www.sonneschwarzwald.de
– *geschl. nach Fastnacht 3 Wochen, 5. - 22. November und Montag, November - April: Montag - Dienstagmittag*
13 Zim – †55/85 € ††68/124 € – ½ P 35 €
Rest – Menü 29/59 € – Karte 32/53 €

♦ Hinter der frischen sonnengelben Fassade wird schmackhaft gekocht. Chef Hanspeter Rombach verwendet hauptsächlich Bioprodukte aus der Region. Gute Weinauswahl auch mit Bioweinen. Einige der Gästezimmer sind schöne Komfortzimmer im Landhausstil. Nette Sauna.

X Nostalgie Gastronomie Zum Kreuz mit Zim
Scheuergasse 1 ⊠ 79271 – ℰ (07660) 92 03 32 – www.gasthof-zumkreuz.de
– *geschl. 26. Februar - 26. März und Montag; Mai - Oktober: Montagmittag, Dienstagmittag*
9 Zim – †45/65 € ††70/110 € – ½ P 18 €
Rest – *(November - April: Dienstag - Freitag: nur Abendessen)* Karte 18/38 €

♦ Über 100 Jahre reicht die Familientradition der Rombachs schon zurück - deshalb ist ein Stück Nostalgie auch heute noch ein Muss, ob im ländlich-schlichten Restaurant oder in den (Themen-) Zimmern. Der Chef kocht regional, mit hiesigen Produkten und teilweise auch Gerichte, die man nur noch selten bekommt, wie z. B. die leckeren Kohlrouladen!

ST. PETER-ORDING – Schleswig-Holstein – **541** – 4 120 Ew – Höhe 3 m   1 G3
– Nordseeheilbad und Schwefelbad

▶ Berlin 428 – Kiel 125 – Sylt (Westerland) 93 – Heide 40
🛈 Marleens Knoll 2, ⊠ 25826, ℰ (04863) 99 90, www.st.peter-ording.de
⛳ St. Peter-Ording, Eiderweg 1, ℰ (04863) 35 45
◉ Eidersperrwerk ★ Süd-Ost: 16 km

Im Ortsteil St. Peter-Bad

🏨 Landhaus an de Dün garni
Im Bad 63 ⊠ 25826 – ℰ (04863) 9 60 60 – www.hotel-landhaus.de
15 Zim – †75/190 € ††130/215 € – 2 Suiten

♦ Die modern-wohnlichen Zimmer und der hübsche, neuzeitliche Wellnessbereich zeichnen dieses Hotel in Strandnähe ebenso aus wie die sehr freundlichen, aufmerksamen Mitarbeiter und das ausgesuchte kleine Frühstücksbuffet mit A-la-carte-Service.

🏨 Friesen Residence garni
Im Bad 58 ⊠ 25826 – ℰ (04863) 9 68 60 – www.friesenresidence.de
20 Zim – †65/140 € ††110/170 €

♦ Der Familienbetrieb ist ein hübsches Ferienhotel mit wohnlicher Atmosphäre. Die Zimmer sind geschmackvoll-individuell gestaltet und meist als Suiten (auch Maisonetten) angelegt.

🏨 Dünenhotel Eulenhof garni
Im Bad 91 ⊠ 25826 – ℰ (04863) 9 65 50 – www.duenenhotel-eulenhof.de
36 Zim – †50/80 € ††100/150 €

♦ Schön liegt das sehr gepflegte Hotel (Stammhaus und vier Gästehäuser) auf einem 8000 qm großen Gartengrundstück. Hotelservice auch in den behaglichen Ferienwohnungen mit Küche.

🏨 Jensens Hotel Tannenhof garni
Im Bad 59 ⊠ 25826 – ℰ (04863) 70 40 – www.jensenstannenhof.de – geschl.
20. November - 27. Dezember
34 Zim – †45/70 € ††80/128 €

♦ Ein strandnah gelegenes und von Kiefern eingerahmtes Hotel mit hübschem Garten. Man verfügt über unterschiedliche Zimmer vom kleinen Standardzimmer bis zum großen Familienzimmer.

ST. PETER-ORDING

Im Ortsteil Ording

Eickstädt garni
Waldstr. 19 ⊠ 25826 – ℰ (04863) 9 68 80 – www.hotel-eickstaedt.de
30 Zim – †52/80 € ††95/145 € – 3 Suiten
♦ Die Zimmer in dem familiär geleiteten Hotel in einer Wohngegend sind zeitgemäß und freundlich, einige auch ganz geradlinig und modern. Wellnesssuite mit offenem Bad.

ST. WENDEL – Saarland – **543** – 26 350 Ew – Höhe 285 m   46 C16

▶ Berlin 699 – Saarbrücken 42 – Idar-Oberstein 43 – Neunkirchen/Saar 19
ℹ Mommstr. 4, ⊠ 66606, ℰ (06851) 8 09 19 13, www.sankt-wendel.de

Angel's - das Hotel am Golfpark
Golfparkallee 1, (am Golfplatz) (West: 1,5 km) ⊠ 66606
– ℰ (06851) 99 90 00 – www.angels-dashotel.de
46 Zim – †98/149 € ††136/192 € – 2 Suiten   **Rest** – Karte 30/46 €
♦ Die komfortable Hotelanlage grenzt unmittelbar an die grüne Golflandschaft und ist ganz modern in Architektur und Ambiente. Man bietet auch Massage- und Kosmetikanwendungen. Internationale Küche im großzügigen und lichten Restaurant.

Angel's - das Hotel am Fruchtmarkt
Am Fruchtmarkt 5 ⊠ 66606 – ℰ (06851) 99 90 00
– www.angels-dashotel.de
54 Zim – †64/99 € ††109/136 € – 1 Suite   **Rest** – Karte 29/41 €
♦ Beim Dom stehen die vier miteinander verbundenen restaurierten alten Stadthäuser mit ihren geschmackvoll-modernen Zimmern. Hübscher kleiner Saunabereich und Kosmetikangebot. Restaurant im Bistrostil.

In St. Wendel-Bliesen Nord-West: 5,5 km über Sankt Annen Straße und Alsfassener Straße

Kunz
Kirchstr. 22 ⊠ 66606 – ℰ (06854) 81 45 – www.restaurant-kunz.de – geschl. Anfang Januar 1 Woche, über Fasching 1 Woche und Sonntag - Dienstag
Rest – (nur Abendessen) (Tischbestellung ratsam) Menü 74/98 €
Rest *Kaminzimmer* – siehe Restaurantauswahl
Spez. Terrine von der Gänseleber mit hausgemachtem Brioche. Schweinebäckchen an Zwiebelconfit und Thymianglace. Ente vom Holzkohlegrill.
♦ Gemeinsam mit Ehefrau Anke leitet Alexander Kunz das familiengeführte Restaurant in 2. Generation. Sie wählen aus einem anspruchsvollen Menü und werden von einem geschulten, aufmerksamen Service in elegantem Ambiente umsorgt.

Kaminzimmer – Restaurant Kunz
Kirchstr. 22 ⊠ 66606 – ℰ (06854) 81 45 – www.restaurant-kunz.de – geschl. Anfang Januar 1 Woche, über Fasching 1 Woche und Montag - Dienstag, Samstagmittag
Rest – (Tischbestellung ratsam) Menü 33 € – Karte 25/51 €
♦ Das zweite Kunz'sche Restaurant bietet eine frische und schmackhafte Küche, die saisonal, regional und auch international beeinflusst ist. Die Einrichtung ist angenehm freundlich und modern.

ST. WOLFGANG – Bayern – **546** – 4 290 Ew – Höhe 509 m   66 N20

▶ Berlin 633 – München 55 – Landshut 41 – Kufstein 88

St. Georg garni
Hauptstr. 28 (B 15) ⊠ 84427 – ℰ (08085) 9 30 30 – www.hotel-st-georg.com
15 Zim – †45/89 € ††68/119 €
♦ Ein gepflegtes und funktional ausgestattetes kleines Hotel, das gut für Geschäftsreisende im Raum München geeignet ist. Im Nebenhaus bietet man Appartements mit kleiner Küche.

SASBACHWALDEN – Baden-Württemberg – **545** – 2 500 Ew – Höhe 257 m   54 E19
– Wintersport: 1 100 m ≤4 ☼ – Luft- und Kneippkurort

▶ Berlin 729 – Stuttgart 131 – Karlsruhe 58 – Freudenstadt 45
ℹ Talstr. 51, ⊠ 77887, ℰ (07841) 10 35, www.sasbachwalden.de

SASBACHWALDEN

Talmühle
Talstr. 36 ⊠ *77887 –* ℰ *(07841) 62 82 90 – www.talmuehle.de*
26 Zim ☐ – †68/102 € ††104/154 € – ½ P 27 € – 1 Suite
Rest *Fallert* – **Rest** *Badische Stuben* – siehe Restaurantauswahl
♦ Familie Fallert leitet den gewachsenen Gasthof in 3. Generation und bietet ihren Gästen wohnliches Ambiente und zeitgemäßen Komfort. Am schönsten sind die Zimmer mit Balkon nach Süden, wunderbar ist die hübsch bepflanzte Außenanlage.

Tannenhof garni
Murberg 6 (Ost: 1 km) ⊠ *77887 –* ℰ *(07841) 66 30 65 – www.relaxhotel-tannenhof.de*
– geschl. 9. - 15. Januar
21 Zim ☐ – †60/78 € ††120/156 €
♦ Ein freundlich gestaltetes Hotel, in dessen Zimmern man Bauernmobiliar und mediterrane Farben schön kombiniert hat. Gutes Beautyangebot, Frühstück mit Blick über die Weinberge.

Fallert – Hotel Talmühle
Talstr. 36 ⊠ *77887 –* ℰ *(07841) 62 82 90 – www.talmuehle.de – geschl. 20. Februar*
- 9. März und November - März: Montag - Dienstag
Rest – Menü 54/92 € – Karte 44/82 €
Spez. Zanderfilet mit Bröselkruste, Erbsen und Pfifferlingen. Elsässer Taube mit Holunderblütenessig-Sauce und „Röschele" von geschmorter Keule, Herz und Leber. Schokoladen-Vanilleparfait mit Schoko-Mürbteig-Blättern, Himbeeren und Himbeergelee.
♦ Am Ortsausgang schmiegt sich das familiär geführte Traditionshaus in die ländliche Idylle. Elegant mit antiken Uhren und Gemälden gibt sich das Ambiente. Klassisch-regional die Küche, die mit Qualität und Geschmack den Gourmet überzeugt. Schöne Terrasse im sehenswerten Garten!

Engel mit Zim
Talstr. 14 ⊠ *77887 –* ℰ *(07841) 30 00 – www.engel-sasbachwalden.de – geschl.*
Montag und Januar - März: Montag - Dienstag
10 Zim ☐ – †55/70 € ††90/105 € – ½ P 25 €
Rest – Menü 29/53 € – Karte 24/51 €
♦ Die historische Fachwerkfassade und die behaglichen Stuben spiegeln die Tradition wider, welche die Gastgeberfamilie seit über 200 Jahren pflegt. International-regionale Küche (z. B. mit Holunderblütensirup glasierte Entenbrust), Aperitif im begehbaren Weinkeller. Kochkurse. Die Gästezimmer sind überwiegend im zeitgemäßen Landhausstil eingerichtet.

Badische Stuben – Hotel Talmühle
Talstr. 36 ⊠ *77887 –* ℰ *(07841) 62 82 90 – www.talmuehle.de*
Rest – Menü 31/45 € – Karte 22/52 €
♦ Das sympathische Lokal hat neben seiner gemütlichen Schwarzwälder Atmosphäre noch mehr zu bieten. Nämlich schmackhaftes regionales Essen wie badische Fleischküchle mit Kartoffelsalat oder Hechtklößchen mit Krustentiersauce.

SASSENDORF, BAD – Nordrhein-Westfalen – **543** – 11 620 Ew — **27** E10
– Höhe 92 m – Heilbad
▸ Berlin 456 – Düsseldorf 123 – Arnsberg 29 – Beckum 27
🛈 Kaiserstr. 14, ⊠ 59505, ℰ (02921) 5 01 48 11, www.badsassendorf.de

Wulff (mit Gästehäusern)
Berliner Str. 31 ⊠ *59505 –* ℰ *(02921) 9 60 30 – www.hotel-wulff.de*
28 Zim ☐ – †55/60 € ††107/120 € – 4 Suiten
Rest – *(geschl. Sonntag) (nur Abendessen)* Karte 28/45 €
♦ Tipptopp gepflegt und sehr persönlich geführt ist dieses Hotel in der Nähe des Kurparks. Die Auswahl an Gästezimmern reicht vom Einzelzimmer bis zum Appartement.

Hof Hueck mit Zim
Im Kurpark (Zufahrt über Gartenstraße) ⊠ *59505 –* ℰ *(02921) 9 61 30*
– www.hofhueck.de
12 Zim ☐ – †65/77 € ††103/116 € **Rest** – Menü 38/44 € – Karte 25/44 €
♦ Das schmucke historische Bauernhaus beherbergt ein hübsches gemütlich-rustikales Restaurant mit regionaler Küche. Schön ist die Lage im Kurpark.

SASSNITZ – Mecklenburg-Vorpommern – siehe Rügen (Insel)

SAULGAU, BAD – Baden-Württemberg – 545 – 17 540 Ew – Höhe 587 m 63 H20
– Heilbad
▶ Berlin 686 – Stuttgart 114 – Konstanz 89 – Reutlingen 74
🛈 Lindenstr. 7, ✉ 88348, ✆ (07581) 20 09 15, www.t-b-g.de
🏌 Bad Saulgau, Koppelweg 103, ✆ (07581) 52 74 59

Kleber-Post
Poststr. 1 ✉ 88348 – ✆ (07581) 50 10 – www.kleber-post.de
49 Zim ⊇ – ♦89/99 € ♦♦129/159 € – ½ P 32 € – 1 Suite
Rest *Vinum* 😊 – siehe Restaurantauswahl
♦ Ein sehr ansprechendes stilvoll-modernes Ambiente zieht sich wie ein roter Faden durch das Hotel im Zentrum. Hübsch sind die stimmigen eleganten Zimmer in hellen, warmen Tönen. Lichter verglaster Sauna- und Fitnessbereich auf dem Dach. Das Restaurant: Poststüble, Vinum und Esszimmer. Internationale Küche.

Schwarzer Adler
Hauptstr. 41 ✉ 88348 – ✆ (07581) 73 30 – www.komforthotels.de/adler
15 Zim ⊇ – ♦48/60 € ♦♦78/90 € – ½ P 18 € **Rest** – Karte 19/32 €
♦ Der Gasthof mit Ursprung im 16. Jh. liegt in einer verkehrsberuhigten Zone am Marktplatz. Neben gepflegten Zimmern bietet man auch regionale Speisen. Freizeittipp: "Sonnenhof-Therme Bad Saulgau".

Vinum – Hotel Kleber-Post
Poststr. 1 ✉ 88348 – ✆ (07581) 50 10 – www.kleber-post.de
Rest – (Tischbestellung ratsam) Menü 35/51 € – Karte 34/55 €
♦ Mit sicherem Stilgefühl wurde das "Vinum" richtig chic eingerichtet. Die mit lila Samt bezogenen Bänke sorgen für glamouröses Flair. Schmackhafte Küche mit internationalen (z. B. Coq au Vin) aber auch regionalen Gerichten (z. B. schwäbische Kässpätzle).

In Bad Saulgau-Bondorf Nord-Ost: 2 km

Oberamer Hof
St.-Bruno-Str. 34 ✉ 88348 – ✆ (07581) 4 89 20 – www.oberamerhof.de
– *geschl. 10. - 24. Januar*
20 Zim ⊇ – ♦38/45 € ♦♦58/62 € – ½ P 14 € – 3 Suiten
Rest – (Montag - Samstag nur Abendessen) Karte 16/23 €
♦ Persönliche Atmosphäre herrscht in dem schönen einstigen Bauernhof. Die Ortsrandlage mit Blick ins Grüne sowie geschmackvolle Zimmer und Appartements machen das Hotel aus. In hellem Holz gehaltene Gaststube mit sehr netter Gartenterrasse.

SCHALKENMEHREN – Rheinland-Pfalz – siehe Daun

SCHALKHAM – Bayern – 546 – 960 Ew – Höhe 430 m 59 N19
▶ Berlin 581 – München 86 – Regensburg 86 – Landshut 26

In Schalkham-Johannesbrunn

Sebastianihof
Brunnenstr. 9 ✉ 84175 – ✆ (08744) 91 94 45 – www.sebastianihof.de
– *geschl. 1. - 16. August und Sonntagabend - Dienstag*
Rest – (Mittwoch - Samstag nur Abendessen) Menü 40/64 € – Karte 26/43 €
♦ Nicht ganz alltäglich ist das Ambiente dieses ehemaligen Bauernhofs. Ein hübsches rustikales Restaurant mit herzlichem Service und schmackhafter, überwiegend regionaler Küche, u. a. die Variation vom heimischen Ziegenkäse mit Fruchtsenf.

SCHALKSMÜHLE – Nordrhein-Westfalen – 543 – 11 280 Ew – Höhe 250 m 26 D11
▶ Berlin 529 – Düsseldorf 82 – Arnsberg 85 – Köln 72

Landhaus Steinbeisser mit Zim
Kuhlenhagen 1 (Ost: 2 km Richtung Lüdenscheid) ✉ 58579 – ✆ (02355) 50 58 05
– www.landhaus-steinbeisser.de – geschl. Anfang Januar 2 Wochen, Ende Juli - Anfang August 2 Wochen und Montag - Dienstag
3 Zim – ♦48 € ♦♦65 €, ⊇ 14 €
Rest – (Mittwoch - Samstag nur Abendessen) Menü 48/96 € – Karte 54/80 €
♦ Aus sehr hochwertigen Produkten bereitet Manfred Salzmann hier eine feine klassische Küche mit modernen Elementen zu. Engagiert leitet die Patronne das nette, helle Restaurant. Die Gästezimmer sind gepflegt und wohnlich.

SCHALLBACH – Baden-Württemberg – siehe Binzen

SCHANDAU, BAD – Sachsen – **544** – 2 890 Ew – Höhe 128 m — 43 R12
– Kneippkurort

▶ Berlin 233 – Dresden 39 – Chemnitz 110 – Görlitz 78

🛈 Markt 12, Haus des Gastes, ✉ 01814, ☏ (035022) 9 00 30, www.bad-schandau.de

Elbresidenz
Markt 1 ✉ *01814 – ☏ (035022) 91 97 00*
– www.elbresidenz-bad-schandau.de
211 Zim 🖃 – †75/113 € ††120/196 € – ½ P 25 € – 12 Suiten
Rest *Sendig* ❀ **Rest** *Elbterrasse* – siehe Restaurantauswahl
Rest *Vital* – (Montag - Donnerstag nur Abendessen) Menü 47 € – Karte 35/42 €

• Nur noch die schmucken Fassaden der einstigen Bürgerhäuser und Hotels an der Elbe sind erhalten geblieben, dahinter befindet sich Hotelkomfort von heute, geprägt von moderner Eleganz. Luftig, hell und ayurvedisch: "Vital" - eines von drei Restaurants.

Parkhotel
Rudolf-Sendig-Str. 12 ✉ *01814 – ☏ (035022) 5 20 – www.parkhotel-bad-schandau.de*
75 Zim 🖃 – †56/85 € ††86/150 € – ½ P 21 €
Rest – (Montag - Freitag nur Abendessen) Menü 27/36 € – Karte 22/44 €

• Umgeben vom Grün des Parks wohnt man in der Villa Sendig von 1880 oder in der Residenz mit Elbblick. Zum Fluss hin auch das Wintergartenrestaurant und die Terrasse. Im prächtigen historischen Saal kann man jeden Samstag (und bei Workshops) das Tanzbein schwingen!

Elbhotel
An der Elbe 2 ✉ *01814 – ☏ (035022) 92 10 – www.elbhotel-bad-schandau.de*
45 Zim 🖃 – †54/58 € ††94/104 € – ½ P 16 €   **Rest** – Karte 13/27 €

• Die Lage in der Ortsmitte, direkt an der Elbe, sowie solide und zeitgemäß ausgestattete Gästezimmer sprechen für dieses Hotel. Im Sommer genießt man die Sicht auf die Elbe am besten von der Terrasse.

Sendig – Hotel Elbresidenz
❀
Markt 1 ✉ *01814 – ☏ (035022) 91 97 00 – www.elbresidenz-bad-schandau.de*
– geschl. Januar 2 Wochen, Juli 2 Wochen und Sonntag - Montag
Rest – (nur Abendessen) Menü 74/94 € – Karte 60/77 €
Spez. Geräucherter heimischer Saibling, Kalbskopf mit Schnittlauchsud. Ruppiner Weidelamm, Minz-Joghurt, Bulgur. Tanariva-Schokolade mit Guave, Piment d'Espelette.

• Hier speist man "Um die Ecke", "Aus aller Welt" oder "Kleine Fische" - so betitelt Küchenchef André Tienelt treffend seine Menüs. Der Rahmen: ein puristisch-eleganter hoher Raum in Rot und Weiß. Terrasse im Innenhof.

Elbterrasse – Hotel Elbresidenz
Markt 1 ✉ *01814 – ☏ (035022) 91 97 00 – www.elbresidenz-bad-schandau.de*
Rest – Menü 43 € – Karte 28/60 €

• Schon in den 20er Jahren war hier ein Restaurant. Diesem Lokal zu Ehren trägt die "Elbterrasse" ihren Namen. Freigelegter Sandstein und alte, wieder eingezogene Holzdecken geben dem sonst modernen Raum besonderes Flair.

SCHARBEUTZ – Schleswig-Holstein – **541** – 11 730 Ew – Höhe 12 m — 11 K4
– Seeheilbad

▶ Berlin 288 – Kiel 59 – Lübeck 30 – Schwerin 82

🛈 Strandallee 134, ✉ 23683, ☏ (04503) 77 09 64, www.scharbeutz.de

BelVeder
Strandallee 146, (Süd: 1,5 km über B 76, Richtung Timmendorfer Strand) ✉ *23683*
– ☏ (04503) 3 52 66 00 – www.hotel-belveder.de
82 Zim 🖃 – †140/235 € ††200/320 € – ½ P 32 € – 19 Suiten
Rest *DiVa* ❀ **Rest** *BelVeder* – siehe Restaurantauswahl

• Ein mediterran inspiriertes Hotel mit geräumigen, teils zum Meer gelegenen Zimmern. Die angeschlossene Ostsee-Therme ist gratis, im Haus selbst befindet sich ein Anwendungsbereich.

Petersen's Landhaus garni
Seestr. 56a ✉ *23683 – ☏ (04503) 3 55 10 – www.petersens-landhaus.de*
17 Zim 🖃 – †65/79 € ††98/128 € – 1 Suite

• Ein Haus mit sympathischer familiärer Atmosphäre und behaglichem Ambiente von der kleinen Kaminhalle bis in die tipptopp gepflegten Zimmer.

SCHARBEUTZ

🏠 Göttsche 🌿 — ≤ 🏡 🍴 Zim, 🍽 🅿

Am Hang 8 ✉ *23683* – 𝒞 *(04503) 88 20* – *www.hotelgoettsche.de* – *geschl. 7. November - 25. Dezember*
13 Zim 🚇 – †60/159 € ††110/168 € – ½ P 25 € – 1 Suite
Rest – *(geschl. 1. - 30. November und Mittwoch) (nur Abendessen)* Karte 22/51 €
♦ Der kleine Familienbetrieb liegt etwas erhöht über dem Strand, den man über eine hauseigene Treppe erreicht. Fragen Sie nach den Gästezimmern zur Seeseite. Das Restaurant bietet internationale Küche und eine schöne Terrasse zum Meer.

🏠 Villa Scharbeutz garni

Seestr. 26 ✉ *23683* – 𝒞 *(04503) 8 70 90* – *www.hotel-villa-scharbeutz.de* – *geschl. Mitte Januar - Ende Februar und Mitte November - Ende Dezember*
22 Zim 🚇 – †36/50 € ††75/90 €
♦ Das Hotel verfügt im Stammhaus, einer schönen Jugendstilvilla, über funktionelle Zimmer, etwas komfortabler und zeitgemäßer sind die Zimmer im Anbau.

XXX DiVa – Hotel BelVeder 🏡 ♿ 🆎 🍴 🅿 VISA ⦿ AE
✽

Strandallee 146, (Süd: 1,5 km über B 76, Richtung Timmendorfer Strand) ✉ *23683* – 𝒞 *(04503) 3 52 66 00* – *www.hotel-belveder.de* – *geschl. 22. Dezember - 4. Januar und Sonntag - Montag*
Rest – *(nur Abendessen)* (Tischbestellung erforderlich) Menü 68/120 € – Karte 70/98 €
Spez. Gebeizte Gelbschwanzmakrele mit Verveine. Harzer Zicklein vom Zickenpeter mit Quinoa, Kichererbsenpüree und Ziegenkäse. Bircher Müsli.
♦ Stationen wie Bergisch Gladbach, Dresden oder Karlsruhe führten Küchenchef Gunter Ehinger einmal quer durch Deutschland, bevor er hier im Norden mit moderner Küche an seinen Erfolg anknüpfte. Mediterranes Flair im Restaurant.

XX BelVeder – Hotel BelVeder ≤ 🏡 ♿ 🆎 🍴 🅿 VISA ⦿ AE

Strandallee 146, (Süd: 1,5 km über B 76, Richtung Timmendorfer Strand) ✉ *23683* – 𝒞 *(04503) 3 52 66 00* – *www.hotel-belveder.de*
Rest – Menü 32 € – Karte 27/60 €
♦ Wer die Leichtigkeit der mediterranen Küche gepaart mit einem klassisch-eleganten Ambiente zu schätzen weiß, dem bietet dieses Restaurant den passenden Rahmen, um ein Stück Süden im Norden zu genießen.

X Büchtmanns Botschaft 🏡 ⇔ 🅿 VISA ⦿

Strandallee 116 ✉ *23683* – 𝒞 *(04503) 7 33 31* – *www.buechtmanns-botschaft.de*
Rest – *(Montag - Samstag nur Abendessen)* Karte 33/52 €
♦ Wenn Sie sich bei all den ländlich-mediterranen Details ein bisschen wie im Süden fühlen, so ist das von Sabine und Wolfgang Büchtmann durchaus gewollt! Auch die Küche passt ins Bild.

X Herzberg's Restaurant 🏡 🅿

Strandallee 129 ✉ *23683* – 𝒞 *(04503) 7 41 59* – *www.herzbergs-restaurant.de* – *geschl. Dezember - Mitte März; Montag - Donnerstag, Oktober: Dienstag, November: Dienstag - Mittwoch*
Rest – Karte 22/43 €
♦ Beim Dekor haben die Herzbergs Geschmack bewiesen: hier und da englische Akzente, ein bisschen französisches Flair und eine friesische Note! Ums Haus herum finden sich schöne Terrassenplätze.

In Scharbeutz-Haffkrug

🏠 Maris ≤ 🛏 🛗 🍽 🅿 🚲 VISA ⦿ AE ①

Strandallee 10 ✉ *23683* – 𝒞 *(04563) 4 27 20* – *www.hotelmaris.de*
12 Zim 🚇 – †50/95 € ††90/135 € – ½ P 21 €
Rest *Muschel* ☺ – siehe Restaurantauswahl
♦ Das direkt an der Strandpromenade gelegene Hotel verfügt über wohnlich gestaltete Gästezimmer mit Balkon - teilweise hat man auch Meerblick! Kostenloser Fahrradverleih.

X Muschel – Hotel Maris ≤ 🏡 🅿 VISA ⦿
☺

Strandallee 10 ✉ *23683* – 𝒞 *(04563) 42 28 03* – *www.hotelmaris.de* – *geschl. Mitte Januar - Mitte Februar und Dienstag, Mitte September - April: Montag - Dienstag*
Rest – *(Tischbestellung ratsam)* Menü 34/38 € – Karte 32/48 €
♦ Von außen wirkt das Lokal aufgrund der großen Fenster und der Lage (Strandpromenade) fast wie ein Ladengeschäft. Jens Häberle verwöhnt Sie mit Saisonalem - viel Fisch und Schmorgerichte.

SCHARBEUTZ

In Scharbeutz-Schürsdorf Süd-West: 4 km, jenseits der A 1

XX **Brechtmann**
Hackendohrredder 9 ⊠ 23684 – ℰ (04524) 99 52 – www.brechtmann.de
– geschl. Montag - Dienstag, Juli - August: Dienstag
Rest – Menü 29 € – Karte 32/51 €

♦ Schmuckstück des Hauses ist zweifellos der Wintergarten mit Blick ins Grüne! Klaus Brechtmann kocht regional und klassisch - Spezialität sind Entengerichte, auch als Entenmenü.

SCHEER – Baden-Württemberg – siehe Sigmaringen

SCHEESSEL – Niedersachsen – **541** – 12 840 Ew – Höhe 30 m   **18** H6
▶ Berlin 341 – Hannover 121 – Hamburg 68 – Bremen 54

In Scheeßel-Oldenhöfen Nord-West: 7 km über Zevener Straße, in Hetzwege rechts

XX **Rauchfang**
Oldenhöfen 3a ⊠ 27383 – ℰ (04263) 6 02 – www.rauchfang-oldenhoefen.de – geschl. Montag - Dienstag
Rest – *(Mittwoch - Samstag nur Abendessen)* Menü 48 € – Karte 27/56 €

♦ Susanne und Axel Kaiser sorgen in dem Häuslingshaus von 1800 mit freundlichem Service und schmackhafter regionaler und internationaler Küche für zufriedene Gäste. Das Restaurant ist gemütlich-urig, die Terrasse liegt idyllisch im Grünen.

SCHEIBENBERG (ERZGEBIRGE) – Sachsen – **544** – 2 260 Ew   **42** O13
– Höhe 680 m
▶ Berlin 308 – Dresden 121 – Chemnitz 45 – Zwickau 49

🏨 **Sächsischer Hof**
Markt 6 ⊠ 09481 – ℰ (037349) 1 34 80 – www.hotel-saechsischerhof.de
24 Zim ⌑ – †52/65 € ††78/124 € – 1 Suite   **Rest** – Karte 18/32 €

♦ In dem schön sanierten ehemaligen Rathaus mitten im Ort erwartet die Gäste eine sehr nette und wohnliche Atmosphäre in historischem Rahmen. Das Restaurant teilt sich in ein Bistro mit mediterraner Note und einen gemütlich-rustikalen Bereich.

SCHEIBENHARDT – Rheinland-Pfalz – **543** – 690 Ew – Höhe 120 m   **54** E18
▶ Berlin 687 – Mainz 168 – Karlsruhe 24 – Landau in der Pfalz 32

In Scheibenhardt-Bienwaldmühle Nord-West: 5,5 km

X **Bienwaldmühle**
⊠ 76779 – ℰ (06340) 2 76 – www.bienwaldmuehle.de – geschl. 20. Dezember - Ende Februar, Ende Juli - Anfang August 2 Wochen und Montag - Dienstag
Rest – Karte 23/50 €

♦ Ein ideales Ziel für Radtouren durch den Bienwald - abgelegen und ruhig. Entsprechend angenehm ist die Terrasse. Familie Roth bietet bürgerlich-regionale Küche, nachmittags Kuchen und Vesper.

SCHEIDEGG – Bayern – **546** – 4 280 Ew – Höhe 804 m – Wintersport: 1000 m   **63** I21
⚐1⚐ – Kneipp- und Heilklimatischer Kurort
▶ Berlin 720 – München 177 – Konstanz 84 – Ravensburg 40
🅘 Rathausplatz 8, ⊠ 88175, ℰ (08381) 8 95 55, www.scheidegg.de

🏠 **Birkenmoor** ⌾
Am Brunnenbühl 10 ⊠ 88175 – ℰ (08381) 9 20 00 – www.hotel-birkenmoor.com
– geschl. Mitte November - 24. Dezember
16 Zim ⌑ – †59 € ††118 € – ½ P 13 €
Rest – *(nur Abendessen für Hausgäste)* Karte 20/32 €

♦ In hellen Tönen gehaltene, teils nach Süden hin ausgerichtete Zimmer, ein großer Garten und die Lage in einem Wohngebiet fast ganz im Grünen sprechen für den Familienbetrieb.

SCHENEFELD – Schleswig-Holstein – **541** – 18 410 Ew – Höhe 21 m   **10** I5
▶ Berlin 298 – Kiel 86 – Hamburg 12

In Schenefeld-Dorf

Klövensteen
Hauptstr. 83 ⊠ *22869* – ℰ *(040) 8 39 36 30* – *www.hotel-kloevensteen.de*
58 Zim ⊇ – †79/90 € ††101/111 €
Rest *Peter's Bistro* – *(Montag - Freitag nur Abendessen)* Karte 17/45 €

♦ Ein recht komfortables Hotel, das neben wohnlich und funktionell ausgestatteten Zimmern auch Kosmetikanwendungen bietet. Prakisch ist die gute Anbindung an die Autobahn. Bürgerliche Küche im Bistro.

SCHENKENZELL – Baden-Württemberg – **545** – 1 780 Ew – Höhe 361 m   **54** E19
– Luftkurort
▶ Berlin 732 – Stuttgart 104 – Freiburg im Breisgau 72 – Villingen-Schwenningen 46
ℹ Reinerzaustr. 12, ⊠ 77773, ℰ (07836) 93 97 51, www.schenkenzell.de

Waldblick
Schulstr. 12 (B 294) ⊠ *77773* – ℰ *(07836) 9 39 60* – *www.hotel-waldblick.de*
20 Zim ⊇ – †50/65 € ††76/102 € – ½ P 15 €
Rest – Menü 25/28 € – Karte 23/43 €

♦ Ein gewachsenes Hotel unter engagierter familiärer Leitung. Die Zimmer sind freundlich eingerichtet, teilweise besonders großzügig, einige sind auch für Allergiker geeignet. Hell und zeitlos hat man das Restaurant gestaltet.

SCHERMBECK – Nordrhein-Westfalen – **543** – 13 750 Ew – Höhe 40 m   **26** C10
▶ Berlin 523 – Düsseldorf 69 – Dorsten 10 – Wesel 19
⛳ Schermbeck, Steenbecksweg 12, ℰ (02856) 9 13 70

In Schermbeck-Gahlen Süd: 4 km über Mittelstraße und Maassenstraße

✕✕ Landhaus Nikolay
Kirchhellener Str. 1 (Süd: 2 km, in Besten) ⊠ *46514* – ℰ *(02362) 4 11 32*
– *www.landhaus-nikolay.de* – *geschl. Montag*
Rest – (Tischbestellung ratsam) Menü 39/42 € – Karte 52/77 €

♦ Ein behagliches und sehr persönlich geführtes Restaurant mit ganz eigener Atmosphäre, guter Küche und ansprechendem Weinangebot.

In Schermbeck-Weselerwald Nord-West: 13 km über B 58, bei Drevenack
rechts Richtung Bocholt

Landhotel Voshövel
Am Voshövel 1 ⊠ *46514* – ℰ *(02856) 9 14 00* – *www.landhotel.de*
– *geschl. 2. - 7. Januar und über Weihnachten*
50 Zim ⊇ – †99/125 € ††136/168 €   **Rest** – Menü 30/56 € – Karte 23/58 €

♦ Hotelanlage mit schönem Spa, individuellen Zimmern (teils Themenzimmer) und sehr variablen Tagungsräumen. Auch ein eigenes Standesamt ist vorhanden. Ermäßigung im Golfclub nebenan. Gerne kommen die Gäste auch zum Essen; das großzügige Restaurant ist mit hohen Decken, rustikalen Balken und auffallendem Rot geschmackvoll gestaltet.

SCHESSLITZ – Bayern – **546** – 7 080 Ew – Höhe 310 m   **50** K15
▶ Berlin 391 – München 252 – Coburg 57 – Bayreuth 47

In Schesslitz-Burgellern Nord-Ost: 2 km über B 22

Schloss Burgellern ⌂
Kirchplatz 1 ⊠ *96110* – ℰ *(09542) 77 47 50* – *www.burgellern.de*
23 Zim ⊇ – †89/109 € ††129/169 €
Rest – *(Montag - Samstag nur Abendessen)* Menü 39 € – Karte 19/50 €

♦ Ein sorgsam saniertes Anwesen a. d. 18. Jh. mit geschmackvollen Zimmern und einem Naturbadeteich im 5 ha großen Park. Hübsche historische Details sowie Kunstausstellung im Haus. Restaurant in klassischem Stil mit schönem Biergarten.

In Schesslitz-Würgau Ost: 5 km über Hauptstraße, Oberend und B 22

Brauerei-Gasthof Hartmann
*Fränkische-Schweiz-Str. 26 (B 22) ⊠ 96110 – ℰ (09542) 92 03 00
– www.brauerei-hartmann.de – geschl. 23. - 28. Dezember und Dienstag*
Rest – Karte 15/35 €
♦ Bereits seit 1550 existiert der gestandene Brauereigasthof mit gemütlich-rustikaler Atmosphäre und sehr nettem Biergarten unter Kastanien. Regionale Küche mit heimischem Wild.

SCHIEDER-SCHWALENBERG – Nordrhein-Westfalen – 543 – 8 940 Ew — 28 G10
– Höhe 200 m – Kneippkurort
▶ Berlin 362 – Düsseldorf 209 – Hannover 80 – Detmold 22
ℹ Domäne 3, ⊠ 32816, ℰ (05282) 60 10, www.schieder-schwalenberg.de

Im Ortsteil Schieder – Kneippkurort

Landhaus Schieder (mit Gästehaus)
Domäne 1 ⊠ 32816 – ℰ (05282) 9 80 90 – www.Landhaus-Schieder.de
25 Zim ⊇ – †69/89 € ††104/134 € – ½ P 16 € **Rest** – Karte 25/37 €
♦ Das um 1900 von Graf Ernst Regent zur Lippe errichtete Herrenhaus und ein Gästehaus beherbergen ansprechende Zimmer, z. T. mit separatem Wohnbereich. Restaurant mit Wintergartenvorbau und internationaler Karte.

SCHIERKE – Sachsen-Anhalt – 542 – 34 680 Ew – Höhe 610 m — 30 J10
– Wintersport: Wintersport: 900m ✦ – Luftkurort
▶ Berlin 246 – Magdeburg 92 – Braunlage 10 – Halberstadt 45
ℹ Brockenstr. 10, ⊠ 38879, ℰ (039455) 86 80, www.wernigerode-tourismus.de

In Elend-Mandelholz Süd-Ost: 5,5 km Richtung Braunlage und Königshütte

Grüne Tanne
*Mandelholz 1 (B 27) ⊠ 38875 – ℰ (039454) 4 60 – www.mandelholz.eu
– geschl. 12. - 29. November*
23 Zim ⊇ – †51/55 € ††85 € – ½ P 15 €
Rest – *(geschl. November - April: Montagmittag)* Karte 17/38 €
♦ Wie gemacht für Wanderer und Kurzurlauber liegt das holzverkleidete Haus am Bodestausee umgeben von Wald. Im schönen Saunahaus etwas oberhalb bietet man auch Massage an. Gemütliche Restauranträume, darunter der freundliche lichte Wintergarten. Die Kuchentheke macht Appetit.

SCHIFFERSTADT – Rheinland-Pfalz – 543 – 19 440 Ew – Höhe 104 m — 47 F16
▶ Berlin 631 – Mainz 83 – Mannheim 25 – Speyer 9

Salischer Hof (mit Gästehäusern)
Burgstr. 12 ⊠ 67105 – ℰ (06235) 93 10 – www.salischer-hof.de – geschl. 1. - 8. Januar
24 Zim – †72/87 € ††92/108 €
Rest – *(geschl. Samstagmittag, Sonntag)* Karte 44/57 €
♦ Das aus einem historischen Hofgut entstandene und aus mehreren Gebäuden bestehende Hotel bietet helle, zeitgemäße Zimmer. Ein mediterraner Touch prägt das Haus. Internationale Küche im Restaurant mit Wintergarten und nettem Innenhof. Jeden 3. Sonntag im Monat Brunch.

Zur Kanne (mit Gästehaus)
Kirchenstr. 7 ⊠ 67105 – ℰ (06235) 4 90 00 – www.hotel-zurkanne.de
38 Zim – †50/65 € ††65/80 €, ⊇ 5 €
Rest – *(Montag - Mittwoch nur Abendessen)* Karte 18/38 €
♦ Der familiengeführte Fachwerkgasthof und seine beiden Nebengebäude beherbergen tipptopp gepflegte, solide und behaglich eingerichtete Zimmer. Gemütliches Restaurant mit bürgerlicher Küche.

SCHILLINGSFÜRST – Bayern – 546 – 2 760 Ew – Höhe 516 m — 49 J17
– Wintersport: ✦ – Erholungsort
▶ Berlin 517 – München 188 – Würzburg 85 – Ansbach 28

SCHILLINGSFÜRST

Die Post
Rothenburger Str. 1 ⊠ *91583* – ℰ *(09868) 95 00*
– *www.flairhotel-diepost.com*
13 Zim – †49/60 € ††65/88 € – ½ P 15 €
Rest – Menü 22 € – Karte 16/37 €

• Einen schönen Blick auf die Region bietet das bereits in der 5. Generation von der Inhaberfamilie geführte Haus gegenüber der Kirche. Behagliche und gepflegte Gästezimmer. Zum Restaurant gehört eine sonnige Terrasse mit Aussicht. Eigene Schnapsbrennerei.

SCHILTACH – Baden-Württemberg – **545** – 3 950 Ew – Höhe 330 m   **54** E20
– Luftkurort

▶ Berlin 740 – Stuttgart 126 – Freiburg im Breisgau 68 – Offenburg 51

🛈 Marktplatz 6, ⊠ 77761, ℰ (07836) 58 50, www.schiltach.de

◉ Marktplatz ★

Zum weyßen Rössle
Schenkenzeller Str. 42 ⊠ *77761* – ℰ *(07836) 3 87* – *www.weysses-roessle.de*
9 Zim – †50/56 € ††69/82 € – ½ P 15 €
Rest – *(geschl. Sonntagabend - Montag)* Karte 17/42 €

• Das historische Gebäude wird bereits seit dem 16. Jh. gastronomisch genutzt. Die engagierten Gastgeber bieten Ihnen hier wohnliche Zimmer mit hochwertigen Bädern. Das mit reichlich Zierrat dekorierte Restaurant versprüht rustikalen Charme.

SCHKEUDITZ – Sachsen – **544** – 17 700 Ew – Höhe 111 m   **31** N11

▶ Berlin 172 – Dresden 124 – Leipzig 13 – Halle (Saale) 21

Globana Airport Hotel
Frankfurter Str. 4 (West: 1,5 km) ⊠ *04435* – ℰ *(034204) 3 33 33*
– *www.globana-airport-hotel.de*
158 Zim – †65/105 € ††90/130 € – 5 Suiten **Rest** – Karte 16/33 €

• Funktionale Tagungs- und Businessadresse mit guter Verkehrsanbindung. Im 6. Stock sind einige Annehmlichkeiten wie z. B. Minibar inklusive. Hausgäste parken kostenfrei. Restaurant mit Wintergarten und Blick ins Grüne.

XX Schillerstuben
Herderstr. 26 ⊠ *04435* – ℰ *(034204) 1 47 16* – *www.schillerstuben.de* – *geschl. Sonntag*
Rest – *(nur Abendessen)* Menü 55/75 €

• In der Villa von 1929 befinden sich schöne wohnliche Restauranträume mit wechselnder Kunstausstellung. Die Küche ist saisonal - im Sommer sitzt man auch auf der hübschen Terrasse.

In Schkeuditz-Radefeld Nord-Ost: 6 km

Airport-Messe
Haynaer Weg 15 ⊠ *04435* – ℰ *(034207) 4 20* – *www.hotel-leipzig.bestwestern.de*
112 Zim – †75/105 € ††95/125 € **Rest** – Karte 16/34 €

• Nahe der Autobahnausfahrt gelegenes Business- und Tagungshotel mit modernem Ambiente von der Lobby bis in die funktionellen Zimmer. Messe und Flughafen sind gut erreichbar. Das Restaurant bietet eine internationale Karte und Tapas.

SCHKOPAU – Sachsen-Anhalt – **542** – 11 520 Ew – Höhe 98 m   **31** M11

▶ Berlin 182 – Magdeburg 96 – Leipzig 35 – Halle (Saale) 11

Schlosshotel Schkopau
Am Schloss ⊠ *06258* – ℰ *(03461) 74 90* – *www.schlosshotel-schkopau.de*
54 Zim – †59/124 € ††69/144 € – 5 Suiten
Rest – Menü 36/57 € – Karte 34/54 €

• Ein schönes jahrhundertealtes Anwesen mit Schlosskapelle und Park. Die wohnlich-elegante Einrichtung fügt sich harmonisch in den historischen Rahmen. Massage- und Kosmetikangebot. Stilvolles Ambiente im Restaurant mit Kreuzgewölbe.

SCHLAT – Baden-Württemberg – **545** – 1 770 Ew – Höhe 424 m
56 H19

▶ Berlin 608 – Stuttgart 51 – Göppingen 9 – Schwäbisch Gmünd 27

Gasthof Lamm mit Zim
Eschenbacher Str. 1 ⊠ *73114* – ℰ *(07161) 99 90 20* – *www.lamm-schlat.de* – *geschl. Februar 1 Woche, August 2 Wochen und Dienstag - Mittwoch*
5 Zim – †45/55 € ††77/87 €, ⊇ 8 € **Rest** – Menü 29/59 € – Karte 23/54 €

♦ In diesem schmucken gewachsenen Gasthof hat man den ursprünglichen rustikalen Charme bewahrt. Man bietet u. a. eigenen Birnenschaumwein und eine schöne Scheune für Veranstaltungen. Übernachtungsgäste erwarten gemütlich-romantische Zimmer.

SCHLEIDEN – Nordrhein-Westfalen – **543** – 13 430 Ew – Höhe 370 m
35 B13

▶ Berlin 639 – Düsseldorf 103 – Aachen 50 – Düren 38

🛈 Kurhausstr. 6, ⊠ 53937, ℰ (02444) 20 11, www.natuerlich-eifel.de

In Schleiden-Gemünd Nord: 6 km über B 265 – Kneippkurort

Kurpark Hotel garni
Parkallee 1 ⊠ *53937* – ℰ *(02444) 9 51 10* – *www.kurparkhotel-schleiden.de*
20 Zim – †55/60 € ††94/98 €

♦ Das gepflegte Hotel liegt ruhig am Kurpark und bietet Zimmer mit solidem Komfort, die teilweise über einen Balkon verfügen. Dazu ein gutes Frühstücksbuffet mit Bioprodukten.

SCHLEMA, BAD – Sachsen – **544** – 5 200 Ew – Höhe 450 m – Heilbad
42 O13

▶ Berlin 300 – Dresden 113 – Chemnitz 37 – Oberwiesenthal 41

🛈 Richard-Friedrich-Str. 18, ⊠ 08301, ℰ (03772) 38 04 50, www.fvv-schlema.de

⛳ Golfclub Bad Schlema e.V. Grubenstr. 24, ℰ (03771) 21 55 15

Am Kurhaus
Richard-Friedrich-Boulevard 16 ⊠ *08301* – ℰ *(03772) 3 71 70* – *www.am-kurhaus.com*
42 Zim ⊇ – †76/81 € ††112/150 € – ½ P 18 € – 2 Suiten **Rest** – Karte 19/43 €

♦ Hotel in einem neuzeitlichen Gebäudekomplex im Kurgebiet. Die teils zum Park gelegenen Zimmer sind hell und großzügig, der Ayurvedabereich ist authentisch im Stil Sri Lankas gehalten. Freundliches Restaurant mit sonniger Terrasse.

SCHLEPZIG – Brandenburg – **542** – 630 Ew – Höhe 47 m
33 Q9

▶ Berlin 78 – Potsdam 95 – Cottbus 66 – Frankfurt (Oder) 67

Landgasthof zum grünen Strand der Spree
Dorfstr. 53 ⊠ *15910* – ℰ *(035472) 66 20* – *www.spreewaldbrauerei.de*
26 Zim ⊇ – †50/90 € ††80/110 € **Rest** – *(geschl. Weihnachten)* Karte 24/37 €

♦ Diese hübsche Anlage mit regionstypischem Charakter bietet wohnliche Landhauszimmer und eine schöne große Wiese zum Spreekanal hin. Ländliches Restaurant und Braustube. Aus der eigenen Brauerei kommen neben Bier auch Schnaps und Whisky.

SCHLESWIG – Schleswig-Holstein – **541** – 24 070 Ew – Höhe 1 m
2 H2

▶ Berlin 395 – Kiel 53 – Flensburg 33 – Neumünster 65

🛈 Plessenstr. 7, ⊠ 24837, ℰ (04621) 85 00 56, www.ostseefjordschlei.de

⛳ Güby, Borgwedeler Weg 16, ℰ (04354) 9 81 84

◉ Schloss Gottorf: Landesmuseum für Kunst und Kultur★★, Archäologisches Landesmuseum★ – Dom St. Peter★ – Holm★

Zollhaus
Lollfuß 110 ⊠ *24837* – ℰ *(04621) 29 03 40* – *www.zollhaus-schleswig.de* – *geschl. Januar - Februar*
10 Zim ⊇ – †85/95 € ††99/109 €
Rest – *(geschl. Sonntagabend - Montag, im Winter: Sonntagabend - Dienstag)* Menü 34 € – Karte 28/52 €

♦ Das schöne Stadthaus direkt neben dem Schloss Gottorf wurde 1779 vom damaligen Zollinspektor erbaut. Ein Hotel an der Durchgangsstraße mit zeitgemäßen Zimmern. Gediegenes Restaurant mit wechselnden Bilderausstellungen und hübscher Gartenterrasse.

SCHLESWIG

Hahn garni
Lutherstr. 8 ⊠ 24837 – ℰ (04621) 99 53 52 – www.hotelhahn.de
6 Zim ⊇ – †69/89 € ††89/109 €
♦ Eine elegante Adresse mit privater Atmosphäre, die sehr engagiert als Nichtraucherhotel geleitet wird. Die schmucke Gründerzeitvilla etwas oberhalb des Zentrums besticht durch ihre schöne hochwertige Einrichtung in warmen Tönen.

In Schleswig-Friedrichsberg Süd-West: 5 km

F-Ritz garni
Friedrichstr. 102 ⊠ 24837 – ℰ (04621) 93 22 80 – www.hotel-f-ritz.de – geschl. Januar
7 Zim ⊇ – †60/70 € ††80/90 €
♦ Das kleine Hotel mit der orangeroten Fassade und den hübschen wohnlich-modernen Zimmern liegt an der Ortsdurchfahrt. Im Sommer: Frühstück auf der Dachterrasse. Massageangebot.

In Schleswig-Pulverholz Süd-West: 1,5 km

Waldschlösschen
Kolonnenweg 152 ⊠ 24837 – ℰ (04621) 38 30 – www.hotel-schleswig.com
116 Zim ⊇ – †109/129 € ††139/159 € – 2 Suiten
Rest *Fasanerie* – siehe Restaurantauswahl
Rest *Olearius* – Menü 28/50 € – Karte 23/48 €
♦ Das komfortable Hotel in waldnaher Lage bietet seinen Gästen wohnliche und funktionelle Zimmer - darunter auch einige Themenzimmer, z. B. Lotsen- oder Afrikazimmer. Restaurant mit freundlichem Ambiente.

Fasanerie – Hotel Waldschlösschen
Kolonnenweg 152 ⊠ 24837 – ℰ (04621) 38 30 – www.hotel-schleswig.com – geschl. Sonntag - Montag, Oktober - März: Sonntag - Donnerstag
Rest – (nur Abendessen) Karte 40/52 €
♦ Schon über ein halbes Jahrhundert betreibt Familie Behmer das Waldschlösschen. Seit einigen Jahren gibt es nun die elegante "Fasanerie". Man offeriert hier eine zeitgemäße Karte, saisonal beeinflusst.

SCHLIENGEN – Baden-Württemberg – 545 – 5 260 Ew – Höhe 250 m — 61 D21
– Erholungsort
▶ Berlin 836 – Stuttgart 243 – Freiburg im Breisgau 38 – Müllheim 9
🛈 Wasserschloss Entenstein, ⊠ 79418, ℰ (07635) 31 09 11, www.schliengen.de

Gasthaus Sonne
Marktplatz 1 (B 3) ⊠ 79418 – ℰ (07635) 2 00 09 – www.sonne-schliengen.de
7 Zim ⊇ – †48/58 € ††68/78 € – ½ P 15 € – 1 Suite
Rest – (geschl. Sonntagabend - Montagmittag, Samstagmittag) Karte 16/36 €
♦ Der im Ortszentrum gelegene Gasthof beherbergt hinter seiner gelben Fachwerkfassade solide eingerichtete Zimmer; im Anbau sind die Zimmer neuzeitlicher und etwas geräumiger. Ländlich-rustikal ist das Ambiente in den Gaststuben.

SCHLIERSEE – Bayern – 546 – 6 670 Ew – Höhe 784 m – Wintersport: — 66 N21
1 700 m ⟨ 2 ⟨ 16 ⟩ – Luftkurort
▶ Berlin 652 – München 62 – Garmisch-Partenkirchen 79 – Rosenheim 36
🛈 Perfallstr. 4, ⊠ 83727, ℰ (08026) 6 06 50, www.schliersee.de

In Schliersee-Spitzingsee Süd: 10 km über B 307, hinter Neuhausen rechts
– Höhe 1 085 m

ArabellaSheraton Alpenhotel
Seeweg 7 ⊠ 83727 – ℰ (08026) 79 80
– www.arabellasheratonalpenhotel.com
120 Zim ⊇ – †105/155 € ††150/250 € – ½ P 35 € – 12 Suiten
Rest *König Ludwig Stube* – Karte 40/49 €
Rest *Osteria L'Oliva* – (geschl. Sonntag - Mittwoch) (nur Abendessen) Karte 29/45 €
♦ Schön liegt das Hotel in 1100 m Höhe, viele der wohnlichen Zimmer bieten Seeblick. Zum schicken modernen Spa gehört die höchstgelegene Sole-Therme Deutschlands. Strandbad. Alpenländisch: König Ludwig Stube. Mediterran gibt sich die Osteria L'Oliva. Weinkeller.

SCHLUCHSEE – Baden-Württemberg – **545** – 2 550 Ew – Höhe 950 m
– Wintersport: 1 150 m ⛷2 ⛸ – Heilklimatischer Kurort

62 E21

▶ Berlin 795 – Stuttgart 172 – Freiburg im Breisgau 48 – Donaueschingen 49

🛈 Fischbacher Str. 7, ✉ 79859, ✆ (07656) 77 32, www.schluchsee.de

◉ See★

Vier Jahreszeiten
Am Riesenbühl ✉ 79859 – ✆ (07656) 7 00
– www.vjz.de
208 Zim (inkl. ½ P.) – †135/165 € ††230/330 € – 11 Suiten **Rest** – Karte 32/54 €

♦ Ruhige Lage und vielfältiges Freizeitangebot mit Tennis (Hallen- und Freiplätze), Nordic Walking, Indoor-Golf,... Dazu ein spezielles Ayurveda-Zentrum. Wohnliche Zimmer mit Balkon. Teil des Restaurantbereichs ist die gemütlich-rustikale Gaststube "Kachelofen".

Hegers Parkhotel Flora
Sonnhalde 22 ✉ 79859 – ✆ (07656) 9 74 20
– www.parkhotel-flora.de
38 Zim ⊇ – †95/125 € ††150/170 € – ½ P 25 € – 7 Suiten
Rest – Menü 40/63 € – Karte 39/68 €

♦ Ein familiengeführtes Ferienhotel in ruhiger Lage. Die Zimmer bieten teilweise Seeblick, einige neuere in schönem geradlinig-modernem Stil. Dazu Kosmetik- und Massage-Angebot. Im Restaurant sitzt man besonders schön am Fenster und natürlich bei gutem Wetter auf der Terrasse.

Mutzel
Im Wiesengrund 3 ✉ 79859 – ✆ (07656) 9 87 99 90 – www.hotel-mutzel.de – geschl. Mitte November - Mitte Dezember
25 Zim ⊇ – †41/46 € ††75/99 € – ½ P 19 € – 2 Suiten
Rest – (geschl. Montag) Karte 20/48 €

♦ Sie finden dieses familiär geleitete Haus in einem Wohngebiet am Rande des Ortes. Hinter der regionaltypischen Balkonfassade erwarten Sie solide zeitgemäße Gästezimmer.

In Schluchsee-Aha Nord-West: 4 km über B 500

Auerhahn
Vorderaha 4 (an der B 500) ✉ 79859 – ✆ (07656) 9 74 50 – www.auerhahn.net
62 Zim (inkl. ½ P.) – †145/180 € ††250/300 € – 3 Suiten
Rest – (nur für Hausgäste)

♦ Nur die Straße trennt das Hotel vom See. Genießen Sie das umfassende Wellness- und Sportangebot, dazu ein Leihboot für Angler. Eine Juniorsuite mit eigener Sauna, zwei Suiten mit Whirlwanne. Internationale und regionale Küche im Restaurant mit Kachelofen.

In Schluchsee-Seebrugg Süd-Ost: 3 km, über B500

Seehotel Hubertus
Seebrugg 16, (am Schluchsee) ✉ 79859 – ✆ (07656) 5 24
– www.hubertus-schluchsee.de – geschl. 11. November - 14. Dezember
15 Zim ⊇ – †99/165 € ††135/180 € – ½ P 28 €
Rest – (geschl. Mittwoch) Karte 31/50 €

♦ Das erweiterte Jagdschlösschen von 1897 beherbergt schöne, gut ausgestattete Zimmer in zeitgemäß-klassischem Stil, manche mit Balkon zum See. Freundlicher Sauna- und Ruhebereich, eigener Seezugang. Das Restaurant verfügt über eine tolle Terrasse mit Seeblick.

SCHLÜCHTERN – Hessen – **543** – 16 830 Ew – Höhe 207 m

38 H14

▶ Berlin 478 – Wiesbaden 117 – Fulda 30 – Frankfurt am Main 76

Stadt Schlüchtern garni
Breitenbacher Str. 1 ✉ 36381 – ✆ (06661) 74 78 80 – www.hotel-stadt-schluechtern.de
30 Zim ⊇ – †52/59 € ††80/85 € – 2 Suiten

♦ Das Hotel mitten im Zentrum ist hell und freundlich in neuzeitlichem Stil eingerichtet. Der nette Frühstücksraum bietet direkten Zugang zur hauseigenen Bäckerei mit Café.

SCHLÜCHTERN

Elisa garni
Zur Lieserhöhe 14 ⌂ 36381 – ℰ (06661) 80 94 – www.hotel-elisa.de – geschl. 23. Dezember - 10. Januar
11 Zim – †36/45 € ††52/62 €, ⌑ 4 €
• Dieses Haus ist eine gepflegte kleine Pension, die schon seit über 20 Jahren familiär geleitet wird. Schön ist die ruhige Lage am Stadtrand. Nette Terrasse.

In Schlüchtern-Ramholz Ost: 8 km über Herolz und Vollmerz

Schloss Ramholz Orangerie
Parkstr. 4 ⌂ 36381 – ℰ (06664) 91 94 00 – www.orangerie-schloss-ramholz.de
– geschl. Montag - Dienstag
Rest – Menü 33/44 € – Karte 27/48 €
• Auf dem schönen historischen Anwesen mit Park und Schloss (in Privatbesitz) befindet sich die luftig-lichte Orangerie, in der man internationale Küche serviert.

SCHLÜSSELFELD – Bayern – 546 – 5 720 Ew – Höhe 300 m — 50 J16
▶ Berlin 446 – München 227 – Nürnberg 59 – Bamberg 44
🛢 Schlüsselfeld, Schloss Reichmannsdorf, ℰ (09546) 92 15 10

Zum Storch (mit Gästehaus)
Marktplatz 20 ⌂ 96132 – ℰ (09552) 92 40 – www.hotel-storch.de
55 Zim ⌑ – †55/68 € ††78/90 € – 2 Suiten **Rest** – Karte 14/33 €
• Ein erweiterter familiengeführter Gasthof mitten im Ort. Die Zimmer im ca. 100 m entfernten Gästehaus sind etwas komfortabler und neuzeitlicher, unterm Dach mit original Holzbalken. Restaurant mit ländlichem Charakter. Nette Terrasse vor dem Haus.

SCHMALLENBERG – Nordrhein-Westfalen – 543 – 25 540 Ew — 37 F12
– Höhe 400 m – Wintersport: 810 m ⛷11 ⛸ – Luftkurort
▶ Berlin 513 – Düsseldorf 168 – Arnsberg 48 – Meschede 35
ℹ Poststr. 7, ⌂ 57392, ℰ (02972) 9 74 00, www.schmallenberger-sauerland.de
🛢 Schmallenberg, Winkhausen 75, ℰ (02975) 87 45
🛢 Schmallenberg, Sellinghausen 10, ℰ (02971) 9 60 91 06

In Schmallenberg-Fleckenberg Süd-West: 2 km über B 236 Richtung Olpe

Hubertus
Latroper Str. 24 ⌂ 57392 – ℰ (02972) 50 77 – www.gasthof-hubertus.de
– geschl. 4. - 26. Dezember
25 Zim ⌑ – †64 € ††102/126 € – ½ P 18 € **Rest** – Karte 24/47 €
• Ein äußerst gepflegtes Hotel mit familiärer Führung und wohnlichen Zimmern, die teilweise über Balkon/Terrasse verfügen. Vom Badebereich schaut man in den Garten. Bürgerlich-rustikales Restaurant.

In Schmallenberg-Jagdhaus Süd: 7 km über B 236 Richtung Olpe, in Fleckenberg links

Jagdhaus Wiese
Jagdhaus 3 ⌂ 57392 – ℰ (02972) 30 60 – www.jagdhaus-wiese.de
– geschl. 16. - 26. Dezember
62 Zim ⌑ – †79/125 € ††125/190 € – ½ P 22 € – 15 Suiten **Rest** – Karte 22/51 €
• Das herrlich ruhig gelegene Anwesen mit Park ist ein Haus mit Tradition, das mit Gefühl und Geschmack modernisiert wird. Die Zimmer sind sehr unterschiedlich, einige eher rustikal, andere moderner. Restaurant in ländlichem Stil.

Schäferhof

Jagdhaus 21 ⌂ 57392 – ℰ (02972) 4 73 34 – www.schaeferhof.com
– geschl. 14. - 24. März, November 2 Wochen
12 Zim ⌑ – †55 € ††76/108 € – ½ P 14 € – 2 Suiten
Rest – (geschl. Dienstag) Karte 18/34 €
• Die herrliche Landschaft, nette, wohnliche Gästezimmer (darunter zwei Maisonetten) und die sehr persönliche Führung machen das tipptopp gepflegte Haus der Familie Grobbel aus. Gemütlich ist die Atmosphäre im Restaurant, schön die Terrasse mit Blick ins Grüne.

SCHMALLENBERG

In Schmallenberg-Latrop Süd-Ost: 8,5 km über B 236 Richtung Olpe, in Fleckenberg links

Hanses Bräutigam
Latrop 27 ✉ 57392 – ℰ (02972) 99 00 – www.hotel-hanses.de
– geschl. 2. - 25. November
24 Zim – †60/97 € ††120/155 € – ½ P 17 €   **Rest** – Karte 23/55 €
♦ In dem netten Sauerländer Fachwerkhaus erwarten Sie einige modern-elegante Komfortzimmer und Juniorsuiten, aber auch einfachere und rustikalere Gästezimmer. Bürgerliches Restaurant.

In Schmallenberg-Nordenau Nord-Ost: 13 km über B 236, in Oberkirchen links
– Luftkurort

Gnacke

Astenstr. 6 ✉ 57392 – ℰ (02975) 9 63 30 – www.hotel-gnacke.de
46 Zim – †69/93 € ††138/186 € – ½ P 22 € – 2 Suiten
Rest – Menü 46 € – Karte 21/53 €
♦ Das traditionelle Ferienhotel verbindet Sauerländer Stil mit modernen Elementen. Die Zimmer sind etwas unterschiedlich in Einrichtung und Zuschnitt, viele mit Balkon und Aussicht. Rustikales Restaurant und hübsche Caféterrasse zum Tal.

In Schmallenberg-Oberkirchen Ost: 8 km über B 236

Gasthof Schütte
Eggeweg 2 (nahe der B 236) ✉ 57392 – ℰ (02975) 8 20 – www.gasthof-schuette.de
– geschl. 9. - 26. Dezember
60 Zim – †75/96 € ††126/208 € – ½ P 22 € – 12 Suiten
Rest *Gasthof Schütte* – siehe Restaurantauswahl
♦ Diese historische Adresse mit Familientradition seit 18 Generationen ist ein gewachsener regionstypischer Gasthof mit sehr individuellen und wohnlichen Zimmern, die sich über drei verschiedene Gebäude (Stammhaus, Giersberghaus und Lennehaus) verteilen.

Schauerte-Jostes
Alte Poststr. 13 (B 236) ✉ 57392 – ℰ (02975) 3 75 – www.gasthof-schauerte.de
– geschl. Ende November - 26. Dezember
12 Zim – †48/55 € ††108/115 € – ½ P 19 € – 1 Suite
Rest – (geschl. Montag) Karte 28/42 €
♦ In dem rund 300 Jahre alten Gasthaus mit nettem Garten stehen wohnliche Zimmer bereit, die teilweise sehr komfortabel und geschmackvoll sind. Behaglich hat man das Restaurant und die Gaststube gestaltet. Serviert wird Internationales, dazu eine gute Weinkarte.

Gasthof Schütte – Hotel Gasthof Schütte
Eggeweg 2 (nahe der B 236) ✉ 57392 – ℰ (02975) 8 20 – www.gasthof-schuette.de
– geschl. 9. - 26. Dezember
Rest – Menü 24/49 € – Karte 31/62 €
♦ Beim Betreten des rustikalen Restaurants im alten Stammhaus fallen sofort die liebevollen, gekonnt in Szene gesetzten Dekorationen auf. In dieser wohligen Umgebung verwöhnt man Ihren Gaumen mit Schmackhaftem, wie z. B. Nüsschen von der Rehkeule oder Zander im Kartoffelmantel.

In Schmallenberg-Ohlenbach Ost: 15 km über B 236, in Oberkirchen links Richtung Winterberg

Waldhaus
Ohlenbach 10 ✉ 57392 – ℰ (02972) 8 40 – www.waldhaus-ohlenbach.de
– geschl. 19. - 22. November
45 Zim – †90/100 € ††160/180 € – ½ P 26 €
Rest *Schneiderstube* – siehe Restaurantauswahl
Rest – Menü 21/26 € – Karte 25/41 €
♦ Das Hotel befindet sich in herrlich ruhiger, sonnenexponierter Lage in 700 m Höhe und bietet einen tollen Blick. Die Zimmer sind großzügig geschnitten, viele mit Balkon. Restaurant in ländlichem Stil.

SCHMALLENBERG

XX **Schneiderstube** – Hotel Waldhaus
Ohlenbach 10 ✉ *57392 – ℘ (02975) 8 40 – www.waldhaus-ohlenbach.de*
– geschl. 19. - 22. November und Montag - Dienstag
Rest – Menü 48/72 € – Karte 42/67 €
♦ Hier genießen Sie Hochsauerländer Gastlichkeit - das Lokal ist eine Mischung aus rustikaler Gemütlichkeit und klassischem Stil, wirkt daher unkompliziert und einladend.

In Schmallenberg-Westfeld Ost: 12 km über B 236, in Oberkirchen links

Schneider
Winterbergerstr. 3 ✉ *57392 – ℘ (02975) 3 32 – www.schneider-westfeld.de – geschl.*
15. November – 2. Dezember
20 Zim – †40/52 € ††80/104 € – ½ P 15 € – 3 Suiten
Rest – *(geschl. Montag)* Karte 21/44 €
♦ Die engagierte familiäre Führung sowie die gepflegten und wohnlich eingerichteten Gästezimmer sprechen für dieses kleine Hotel. Hell gestaltetes Restaurant mit rustikaler Gaststube und Terrasse.

In Schmallenberg-Winkhausen Ost: 6 km über B 236

Deimann
Winkhausen 5 (B 236) ✉ *57392 – ℘ (02975) 8 10 – www.deimann.de*
74 Zim (inkl. ½ P.) – †102/258 € ††144/328 €
Rest *Wintergartenrestaurant* – Menü 38/49 € – Karte 27/54 € ⌘
Rest *Barrestaurant* – Karte 24/43 €
♦ Aus dem Herrenhaus von 1880 ist ein sehr komfortables Ferien- und Wellnesshotel entstanden. Geboten wird ein vielfältiger Spa auf rund 3000 qm, dazu individuelle Zimmer (meist zum Garten hin). Im Wintergarten reicht man eine gehobenere Karte als im Barrestaurant, dessen internationale Küche vom Flammkuchen bis zur Forelle reicht.

SCHMIEDEFELD am RENNSTEIG – Thüringen – **544** – 1 800 Ew   **40** K13
– Höhe 700 m – Wintersport: 893 m ✦ 1 ✦
▶ Berlin 341 – Erfurt 59 – Suhl 13
🛈 Brunnenstr. 1, ✉ 98711, ℘ (036782) 6 13 24, www.schmiedefeld.de

Gastinger (mit Gästehaus)
Ilmenauer Str. 21, (B 4) ✉ *98711 – ℘ (036782) 70 70 – www.hotel-gastinger.de*
20 Zim – †50/55 € ††66/90 € – ½ P 14 € – 2 Suiten   **Rest** – Karte 17/33 €
♦ Hier kann man wirklich sehr nett und ganz individuell wohnen - und zwar bei engagierten Gastgebern! Übrigens: Wenn Ihnen das hübsche Geschirr gefällt, können Sie es auch kaufen - es wird im eigenen Keramikatelier gefertigt! Am Nachmittag hausgebackener Kuchen.

SCHMITTEN im TAUNUS – Hessen – **543** – 8 820 Ew – Höhe 440 m   **37** F14
– Wintersport: 880 m ✦ ✦ – Luftkurort
▶ Berlin 536 – Wiesbaden 37 – Frankfurt am Main 36 – Gießen 55
🛈 Parkstr. 2, ✉ 61389, ℘ (06084) 46 26, www.schmitten.de

Kurhaus Ochs
Kanonenstr. 6 ✉ *61389 – ℘ (06084) 4 80 – www.kurhaus-ochs.de*
40 Zim – †64/92 € ††87/120 € – ½ P 20 €
Rest – *(geschl. Sonntagabend, außer an Feiertagen und Messen)* Karte 24/40 €
Rest *K zwo* – *(nur Abendessen)* Karte 21/39 €
♦ Ideal für Tagungen ist das neuzeitlich-funktional eingerichtete Hotel mit Familientradition seit 1896. Für Oldtimer-Fans: Wochenendpauschale "Jaguar-Weekend". Freundliches Ambiente im Restaurant Kurhaus-Stuben. Kellerlokal K zwo: bayerisch, hessisch oder nordfriesisch. Mit Biergarten.

SCHMÖLLN – Thüringen – **544** – 12 070 Ew – Höhe 210 m   **41** N12
▶ Berlin 236 – Erfurt 114 – Gera 27

Bellevue ⌘
Am Pfefferberg 7 ✉ *04626 – ℘ (034491) 70 00 – www.bellevuehotel.de*
15 Zim – †55/70 € ††85/99 €   **Rest** – Menü 22 € – Karte 23/47 €
♦ Aus einem im 19. Jh. erbauten Gasthaus etwas oberhalb der Stadt ist dieses kleine Hotel entstanden. Es stehen solide möblierte, wohnliche Gästezimmer zur Verfügung. In klassischem Stil gehaltenes Restaurant.

SCHNAITTACH – Bayern – 546 – 8 020 Ew – Höhe 355 m   50 L16
▶ Berlin 409 – München 178 – Nürnberg 35 – Bayreuth 55

In Schnaittach-Osternohe Nord: 5 km – Höhe 596 m – Erholungsort

Berggasthof Igelwirt
Igelweg 6 (am Schlossberg, Ost: 1 km) ⊠ 91220 – ℰ (09153) 40 60 – www.igelwirt.de
32 Zim ⊇ – †57/64 € ††78/88 €   **Rest** – *(geschl. Montag)* Karte 15/40 €

♦ Ein Gasthaus a. d. J. 1892, das dank seiner Lage auf dem Schlossberg eine schöne Sicht über das Tal bietet. Die Zimmer sind neuzeitlich oder nett mit Bauernmöbeln eingerichtet. Bürgerlich-regionale Küche im Restaurant.

SCHNAITTENBACH – Bayern – 546 – 4 210 Ew – Höhe 403 m   51 M16
▶ Berlin 430 – München 196 – Weiden in der Oberpfalz 28 – Amberg 19

Brauerei-Gasthof-Haas
Hauptstr. 20 ⊠ 92253 – ℰ (09622) 24 66 – www.hotel-haas.de
35 Zim ⊇ – †49/65 € ††68/90 €
Rest – *(geschl. November und Samstag) (Dienstag - Mittwoch nur Abendessen)*
Karte 16/30 €

♦ Der erweiterte Gasthof in der Ortsmitte wird familiär geführt und verfügt über zeitgemäße Zimmer in freundlichen Farben sowie einen modernen Frühstücksraum. Ländlich-rustikal ist das Ambiente im Restaurant.

SCHNEEBERG KREIS AUE Sachsen – 544 – 15 560 Ew – Höhe 470 m   42 O13
▶ Berlin 301 – Dresden 115 – Chemnitz 40 – Plauen 50
ℹ Markt 1, ⊠ 08289, ℰ (03772) 2 03 14, www.schneeberg.de

Büttner mit Zim
Markt 3 ⊠ 08289 – ℰ (03772) 35 30 – www.hotel-buettner.de
– geschl. Februar 2 Wochen, Juli 2 Wochen und Montag - Dienstag
13 Zim ⊇ – †50 € ††70/84 € – 1 Suite   **Rest** – Menü 28/40 € – Karte 28/46 €

♦ Es ist vor allem die schöne weiße Kreuzgewölbedecke aus längst vergangenen Tagen, die dem Restaurant in dem schmucken kleinen Barock-Haus eine besondere Note gibt. Gekocht wird international - mittags reicht man in der alten Backstube eine kleinere Karte. Wer's besonders charmant mag, kann in der Suite mit Fachwerk und Dachterrasse übernachten!

SCHNEVERDINGEN – Niedersachsen – 541 – 18 900 Ew – Höhe 86 m   19 I6
– Luftkurort
▶ Berlin 339 – Hannover 97 – Hamburg 66 – Bremen 74
ℹ Rathauspassage 18, ⊠ 29640, ℰ (05193) 9 38 00, www.schneverdingen-touristik.de

Landhaus Höpen (mit Gästehaus)
Höpener Weg 13 ⊠ 29640 – ℰ (05193) 8 20 – www.landhaus-hoepen.de
46 Zim ⊇ – †95/105 € ††130/190 € – ½ P 30 € – 3 Suiten
Rest – Menü 24 € (mittags)/40 € – Karte 28/43 €

♦ Eine hübsche, in die Heide eingebettete Hotelanlage im regionstypischen Stil, die neben wohnlich-gemütlichen Zimmern auch gute Tagungsmöglichkeiten bietet. Komfortabel-rustikales Restaurant mit überwiegend regionaler und internationaler Küche.

Ramster mit Zim
Heberer Str. 16 ⊠ 29640 – ℰ (05193) 68 88 – www.hotel-ramster.de
6 Zim ⊇ – †55/65 € ††85/95 € – ½ P 20 €   **Rest** – Menü 33 € – Karte 20/42 €

♦ Schmackhaft und saisonal kocht der Chef dieses zentral gelegenen Familienbetriebs - Gerichte wie "Geschmorte Heidschnuckenkeule in Wacholder" zeigen sein Können! Ein zeitgemäß gestaltetes Restaurant mit schöner Terrasse zum Garten hin, dazu freundliche Gästezimmer, teilweise mit Balkon.

In Schneverdingen-Reinsehlen Nord: 4,5 km über Harburger Straße

Camp Reinsehlen Hotel
⊠ 29640 – ℰ (05198) 98 30 – www.campreinsehlen.de
51 Zim ⊇ – †88/98 € ††129/139 € – ½ P 18 €   **Rest** – Karte 22/51 €

♦ Am Rande der Heide, auf einem ehemaligen Militärgelände, liegt diese sehr weitläufige und mit wohnlich-zeitgemäßen Zimmern ausgestattete Hotelanlage. Gute Tagungsmöglichkeiten. Regionale und internationale Küche im hellen modernen Restaurant.

SCHOBÜLL – Schleswig-Holstein – siehe Husum

SCHÖMBERG (KREIS CALW) – Baden-Württemberg – **545** – 8 530 Ew 54 F18
– Höhe 625 m – Wintersport: 620 m ⛷ 1 ⛸ – Heilklimatischer Kurort und Kneippkurort
▶ Berlin 674 – Stuttgart 74 – Karlsruhe 47 – Pforzheim 24
🛈 Lindenstr. 7, ✉ 75328, ✆ (07084) 1 44 44, www.schoemberg.de

In Schömberg-Langenbrand Nord-West: 2 km – Luftkurort

Schwarzwald-Sonnenhof
Salmbacher Str. 35 ✉ 75328 – ✆ (07084) 9 24 00 – www.schwarzwald-sonnenhof.de
29 Zim – †65/95 € ††120/180 € **Rest** – Menü 30 € – Karte 28/45 €
♦ Das Hotel am Ortsrand wird herzlich von Familie Bub geführt. Einige der Zimmer sind besonders wohnlich und komfortabel, zwei mit Dachterrasse. Man bietet auch Massage. Restaurant mit ländlichem Ambiente.

SCHÖNAICH – Baden-Württemberg – siehe Böblingen

SCHÖNAU am KÖNIGSSEE – Bayern – **546** – 5 320 Ew – Höhe 630 m 67 O21
– Wintersport: 1 800 m ⛷ 1 ⛸ 4 ⛸ – Bad Reichenhall 23 – Berchtesgaden 5
▶ Berlin 747 – München 159 – Bad Reichenhall 23 – Berchtesgaden 5
🛈 Rathausplatz 1, ✉ 83471, ✆ (08652) 17 60, www.koenigssee.com
◉ Königssee★★ Süd: 2 km – St. Bartholomä: Lage★ (nur mit Schiff ab Königssee erreichbar)

Alpenhotel Zechmeisterlehen
Wahlstr. 35 (Oberschönau) ✉ 83471
– ✆ (08652) 94 50 – www.zechmeisterlehen.de – geschl. 8. November - 20. Dezember
54 Zim ☐ – †67/130 € ††128/300 € – ½ P 15 €
Rest – *(nur Abendessen für Hausgäste)* Karte 26/54 €
♦ Das komfortable Ferienhotel unter familiärer Leitung bietet zeitgemäße, wohnliche Zimmer und einen hübschen Spabereich, dazu einen tollen Blick auf Grün- und Kehlstein.

Alpenhof
Richard-Voss-Str. 30 ✉ 83471 – ✆ (08652) 60 20 – www.alpenhof.de
– geschl. 11. - 30. März, 4. November - 7. Dezember
53 Zim ☐ – †55/145 € ††104/200 € – ½ P 14 € **Rest** – Karte 25/47 €
♦ Angenehm ruhig liegt das gewachsene Urlaubshotel an einem Waldstück in 700 m Höhe. Einige Zimmer mit schöner großer Dachterrasse, hübsch ist auch der Wellnessbereich. Restaurant mit behaglichem rustikalem Ambiente.

Georgenhof
Modereggweg 21 (Oberschönau) ✉ 83471 – ✆ (08652) 95 00
– www.hotel-georgenhof.de – geschl. 5. November - 15. Dezember
23 Zim ☐ – †41/62 € ††78/122 € – ½ P 14 €
Rest – *(nur Abendessen für Hausgäste)*
♦ Ein wohnlicher und engagiert geführter Familienbetrieb in ruhiger Lage, dessen Zimmer alle über einen Balkon verfügen. Vom Wintergarten und der Terrasse blickt man beim Frühstück auf die umliegenden Berge. Nette Kaminlounge.

Bärenstüberl (mit Gästehaus)
Grünsteinstr. 65 (Hintersschönau) ✉ 83471 – ✆ (08652) 9 53 20
– www.baerenstueberl.de – geschl. 7. - 20. November
11 Zim ☐ – †58/78 € ††90/110 € – ½ P 16 € – 2 Suiten
Rest – *(geschl. Montag) (nur Abendessen für Hausgäste)*
♦ Vor einer schönen Bergkulisse liegt dieser in ländlichem Stil gehaltene Gasthof mit Gästehaus. Die Zimmer sind mit solidem Naturholzmobiliar wohnlich gestaltet. Rustikales Restaurant.

SCHÖNAU im SCHWARZWALD – Baden-Württemberg – **545** 61 D21
– 2 420 Ew – Höhe 540 m – Wintersport: 1 414 m ⛷ 1 ⛸ 3 ⛸ – Luftkurort
▶ Berlin 808 – Stuttgart 186 – Freiburg im Breisgau 39 – Donaueschingen 63
🛈 Gentnerstr. 2a, ✉ 79677, ✆ (07673) 91 81 30, www.schoenau-im-schwarzwald.de
◉ Schönau, Schönenberger Str. 17, ✆ (07673) 88 86 60
◉ Belchen★★★ (※★★★), Nord-West: 14 km

SCHÖNAU im SCHWARZWALD

 Vier Löwen
Talstr. 18 ⌂ 79677, ℘ (07673) 91 81 20 – www.vier-loewen.de – geschl. April 1 Woche
20 Zim ⌓ – †49/63 € ††96/104 € – ½ P 8 €
Rest – (geschl. Dienstagmittag, Mittwoch) Menü 12 € – Karte 19/46 €
♦ Der Familienbetrieb bei der Kirche ist ein erweiterter Gasthof mit freundlichen Zimmern im Anbau und rustikaleren im Stammhaus. Auch Allergikerzimmer sind vorhanden. Gasträume mit ländlichem Charakter.

In Aitern-Multen Nord-West: 10 km über B 317, Aitern und Holzinshaus

 Belchenhotel Jägerstüble
Obermulten 3 (an der Talstation der Belchenbahn) ⌂ 79677 – ℘ (07673) 88 81 80
– www.belchenhotel.de – geschl. 22. November - 16. Dezember
15 Zim ⌓ – †50/60 € ††94/120 € – ½ P 18 € – 2 Suiten
Rest – Menü 25 € – Karte 13/39 €
♦ Der Gasthof mit der persönlich-familiären Atmosphäre liegt ruhig inmitten der Schwarzwaldhöhen. Wohnliche Zimmer (teils mit Balkon), Hallenbad mit Aussicht sowie netter Saunabereich gegen Gebühr. Im Haus bietet man Quellwasser. Hell gestaltete Gasträume in ländlichem Stil. Schöner Blick von der Terrasse.

SCHÖNBERG – Bayern – **546** – 3 830 Ew – Höhe 563 m **60** P18
– Wintersport: 700 m ⛷1 ⛸ – **Luftkurort**
▶ Berlin 552 – München 181 – Passau 34 – Cham 74
🛈 Marktplatz 16, ⌂ 94513, ℘ (08554) 96 04 42, www.schoenberg-bayerwald.de

In Schönberg-Maukenreuth Süd: 3 km über Mitternach

 Landhaus zur Ohe garni
Maukenreuth 1 ⌂ 94513 – ℘ (08554) 9 60 70 – www.landhaus-zur-ohe.de – geschl.
27. Februar - 30. März
24 Zim ⌓ – †56/68 € ††89/102 €
♦ Ein Familienhotel in Alleinlage, das Kindern und Eltern gerecht wird. Sehr individuelle Zimmer (auch Familienzimmer) und ein beachtliches Freizeitangebot u. a. mit Kosmetik, Bogenschießen, Reitpferden.

SCHÖNBERG – Schleswig-Holstein – **541** – 6 770 Ew – Höhe 11 m **3** J3
▶ Berlin 348 – Kiel 26 – Lübeck 88 – Lütjenburg 22
🛈 Käptn's Gang 1, ⌂ 24217, ℘ (04344) 41 41 10, www.schoenberg.de

 Ruser's Hotel (mit Gästehaus)
Albert-Koch-Str. 4 ⌂ 24217 – ℘ (04344) 20 13 – www.rusershotel.de
42 Zim ⌓ – †39 € ††60/69 € **Rest** – Karte 11/34 €
♦ Das Hotel liegt in der Ortsmitte und verfügt über gepflegte, praktisch eingerichtete Zimmer - in einer ca. 100 m entfernten Wohngegend bietet ein Gästehaus weitere Zimmer.

SCHÖNBORN, BAD – Baden-Württemberg – **545** – 12 490 Ew **54** F17
– Höhe 122 m – **Heilbad**
▶ Berlin 636 – Stuttgart 79 – Karlsruhe 41 – Heilbronn 51
🛈 Kraichgaustr. 10, ⌂ 76669, ℘ (07253) 9 43 10, www.bad-schoenborn.de

Im Ortsteil Mingolsheim

Villa Medici
Waldparkstr. 20 ⌂ 76669 – ℘ (07253) 9 87 10 – www.hotel-villa-medici.de – geschl.
22. Dezember - 6. Januar
90 Zim – †89 € ††99 €, ⌓ 13 € – 1 Suite
Rest Dolce Vita – (geschl. Sonntag) Karte 35/43 €
♦ Das mediterran inspirierte Hotel gegenüber dem Kurpark bietet wohnlich-moderne, teils ruhig zum Innenhof gelegene Zimmer, einen netten Saunabereich und gute Tagungsmöglichkeiten. Freundlich gestaltetes Restaurant mit italienischer Küche.

1117

SCHÖNBORN, BAD

Waldparkstube
Waldparkstr. 1 ✉ 76669 – ✆ (07253) 97 10 – www.waldparkstube.de – geschl. 23. Dezember - 9. Januar
30 Zim – †68/88 € ††90/125 € – 1 Suite
Rest – (geschl. Samstag - Sonntag und an Feiertagen) Karte 18/29 €
♦ Ein sehr gepflegtes familiengeführtes Hotel in Kurparknähe, in dem unterschiedlich geschnittene und funktional ausgestattete Gästezimmer bereitstehen. Bürgerliches Restaurant mit Wintergarten.

SCHÖNEBECK – Sachsen-Anhalt – **542** – 34 310 Ew – Höhe 50 m 31 M9
▶ Berlin 162 – Magdeburg 16 – Dessau 50 – Halberstadt 56
🛈 Badepark 3, ✉ 39218, ✆ (03928) 72 72 30, www.solepark.de

Domicil
Friedrichstr. 98a ✉ 39218 – ✆ (03928) 71 23
– www.hotel-domicil-schoenebeck.de
49 Zim – †59/68 € ††68/78 €, ⌑ 7 € – 1 Suite
Rest – Karte 18/39 €
♦ Das Stadthotel in zentraler Lage bietet zeitgemäße und funktionale Gästezimmer, die teilweise ruhiger nach hinten liegen. Auch eine Suite ist vorhanden. Im Restaurant ein umfangreiches Angebot an regionalen und internationalen Speisen.

In Schönebeck-Bad Salzelmen Süd-Ost: 1,5 km – Soleheilbad

Am Kurpark
Magdeburger Str. 1 ✉ 39218 – ✆ (03928) 7 08 00
– www.hotelamkurpark.de
45 Zim ⌑ – †59/76 € ††74/99 € – ½ P 16 €
Rest – (geschl. Sonntagabend) (Montag - Freitag nur Abendessen) Karte 17/32 €
♦ Die um einen Hotelanbau erweiterte kleine Villa von 1907 befindet sich im ältesten Soleheilbad Deutschlands. Frisch und freundlich sind Lounge, Zimmer (teils mit Balkon) und Saunabereich. Internationales Speisenangebot im Restaurant.

SCHÖNEFELD (KREIS DAHME-SPREEWALD) – Brandenburg – **542** 23 P8
– 13 060 Ew – Höhe 46 m
▶ Berlin 19 – Potsdam 36 – Königs Wusterhausen 16 – Cottbus 113

Holiday Inn Airport
Hans-Grade-Allee 5 ✉ 12529 – ✆ (030) 63 40 10
– www.holidayinn-berlin.de
300 Zim – †75/120 € ††85/130 €, ⌑ 19 €   **Rest** – Karte 28/43 €
♦ Die perfekte Adresse für Businessgäste, die auf dem Luftweg unterwegs sind! Sie schätzen die zeitgemäß-funktionalen Zimmer, aber eben vor allem die Nähe zum Flughafen. Neben dem Restaurant hat man noch die Bar "Hangar 16" und eine Raucherlounge.

SCHÖNHEIDE – Sachsen – **544** – 5 050 Ew – Höhe 630 m 42 N13
▶ Berlin 316 – Dresden 151 – Chemnitz 78 – Zwickau 30
🛈 Hauptstr. 43, ✉ 08304, ✆ (037755) 5 16 23, www.gemeinde-schoeneheide.de

Forstmeister
Auerbacher Str. 15 ✉ 08304 – ✆ (037755) 6 30 – www.forstmeister.de
– geschl. 20. - 24. Dezember
46 Zim ⌑ – †42/70 € ††65/96 €   **Rest** – Karte 19/32 €
♦ Ein gepflegtes Hotel am Waldrand, in dem Sie funktionale Zimmer sowie einige Komfortzimmer erwarten. Zudem bietet man eine kostenpflichtige Sauna mit Panoramaruheraum. Im Restaurant kocht man mit regionalen Produkten. Nachmittags Kuchen.

SCHÖNTAL – Baden-Württemberg – 545 – 5 780 Ew – Höhe 210 m   48 H17
▶ Berlin 573 – Stuttgart 86 – Würzburg 76 – Heilbronn 44

In Kloster Schöntal

Zur Post
Honigsteige 1 ⊠ 74214 – ℰ (07943) 22 26 – www.gasthof-post-schoental.de
30 Zim ⊆ – †55/60 € ††78/87 €
Rest – (geschl. 31. Januar - 27. Februar, 29. Oktober - 5. November und Montag)
Karte 21/46 €
♦ Der traditionsreiche Familienbetrieb ist aus einem 1701 erbauten Klosterwaschhaus der Mönche entstanden. Im Anbau, dem "Neuen Posthaus", sind die Zimmer komfortabler. Bürgerliche Küche im Restaurant mit schöner Terrasse. Freundlich gestalteter Festsaal.

SCHÖNWALD – Baden-Württemberg – 545 – 2 400 Ew – Höhe 988 m   62 E20
– Wintersport: 1 080 m ⟋3 ⟋ – Heilklimatischer Kurort
▶ Berlin 772 – Stuttgart 146 – Freiburg im Breisgau 49 – Donaueschingen 37
🛈 Franz-Schubert-Str. 3, ⊠ 78141, ℰ (07722) 86 08 32, www.schoenwald.net

Zum Ochsen
Ludwig-Uhland-Str. 18 ⊠ 78141 – ℰ (07722) 86 64 80 – www.ochsen.com
34 Zim ⊆ – †70/108 € ††124/150 € – ½ P 25 € – 2 Suiten
Rest Zum Ochsen – siehe Restaurantauswahl
♦ Eine angenehme, familiär geleitete Ferienadresse in einem schönen Garten. Hübsch ist auch der moderne Spa mit diversen Anwendungen. Die Zimmer wurden hochwertig und zeitgemäß im Landhausstil eingerichtet.

Dorer
Franz-Schubert-Str. 20 ⊠ 78141 – ℰ (07722) 9 50 50 – www.hotel-dorer.de
18 Zim ⊆ – †59/68 € ††105/115 € – ½ P 25 €
Rest Dorer – siehe Restaurantauswahl
♦ Das kleine Hotel in ruhiger Lage versprüht traditionellen Charme. So hat man die Zimmer wohnlich mit rustikalen Möbeln ausgestattet. Freundlich kümmert sich die Inhaberfamilie um ihre Gäste. Nett ist der Saunabereich.

XX **Zum Ochsen** – Hotel Zum Ochsen
Ludwig-Uhland-Str. 18 ⊠ 78141 – ℰ (07722) 86 64 80 – www.ochsen.com
Rest – Menü 32 € – Karte 37/50 €
♦ Hier genießen Sie Schwarzwälder Bauernromantik! In die holzvertäfelten Stuben sind wunderschöne ländliche Antiquitäten und Dekorationen eingestreut - man entdeckt hier ein altes Bild, da einen roten Bollenhut.

XX **Dorer** – Hotel Dorer
Franz-Schubert-Str. 20 ⊠ 78141 – ℰ (07722) 9 50 50 – www.hotel-dorer.de
Rest – Karte 45/58 €
♦ In der urgemütlichen Stube wandelt der Gast auf den Spuren alter Schwarzwälder Tradition. Romantisch und stilvoll eingedeckte Tische sorgen zusammen mit der saisonal orientierten Küche für schöne Stunden.

SCHÖPPINGEN – Nordrhein-Westfalen – 543 – 8 230 Ew – Höhe 90 m   26 D9
▶ Berlin 502 – Düsseldorf 133 – Nordhorn 55 – Enschede 31

In Schöppingen-Eggerode Süd: 6,5 km Richtung Coesfeld

XX **Landhaus Penz** mit Zim
Vechtestr. 24 ⊠ 48624 – ℰ (02545) 9 30 30 – www.landhaus-penz.de – geschl. Donnerstag
8 Zim – †49 € ††83/88 € **Rest** – Menü 29/43 € – Karte 27/43 €
♦ Ein netter Landgasthof mit rustikal-gemütlicher Einrichtung. Der sehr freundliche Service wird von Gastgeberin Angela Penz geleitet, ihr Mann Denis sorgt für gute und schmackhafte regionale Küche - nicht versäumen sollten Sie die hausgemachte Rinderroulade mit Kartoffel-Schnittlauchpüree.

SCHOLLBRUNN – Bayern – 546 – 910 Ew – Höhe 397 m – Erholungsort 48 H15
▶ Berlin 547 – München 325 – Würzburg 51 – Aschaffenburg 34

Zur Sonne
Brunnenstr.1 ⌧ 97852 – ℰ (09394) 9 70 70 – www.sonne-schollbrunn.de – geschl. 5. Januar - 5. Februar
26 Zim ⌧ – †35 € ††58 € – ½ P 10 € **Rest** – (geschl. Dienstag) Karte 13/26 €
♦ Wandern im Wald oder ein Besuch des Outlet Centers Wertheim? Vom Haus der Familie Haas ist beides nicht weit! Einige Zimmer sind neuer und moderner in warmen Tönen gehalten. Im Restaurant schafft viel Holz rustikales Ambiente, dazu ein netter Biergarten.

SCHONACH – Baden-Württemberg – 545 – 3 980 Ew – Höhe 885 m 62 E20
– Wintersport: 1 163 m ≰3 ⚡ – Luftkurort
▶ Berlin 769 – Stuttgart 143 – Freiburg im Breisgau 54 – Triberg 4
🛈 Hauptstr. 6, ⌧ 78136, ℰ (07722) 96 48 10, www.ferienland-schwarzwald.de

Bergfriede garni
Schillerstr. 2 ⌧ 78136 – ℰ (07722) 92 04 40 – www.bergfriede.de
– geschl. 20. - 25. Dezember
8 Zim ⌧ – †50/65 € ††78/110 €
♦ Die kleine Hotel-Pension mit freundlichen wohnlichen Zimmern befindet sich am Ortsrand, fast im Grünen. Sie frühstücken im lichten Wintergarten mit schöner Sicht.

SCHONGAU – Bayern – 546 – 12 040 Ew – Höhe 726 m – Wintersport: ⚡ 65 K21
▶ Berlin 623 – München 83 – Garmisch-Partenkirchen 53 – Kempten (Allgäu) 54
🛈 Münzstr. 1, ⌧ 86956, ℰ (08861) 21 41 81, www.schongau.de
⛳ Bernbeuren, Stenz 1, ℰ (08860) 5 82

Holl
Altenstädter Str. 39 ⌧ 86956 – ℰ (08861) 2 33 10 – www.hotel-holl-schongau.de
– geschl. 2. - 10. Januar
26 Zim ⌧ – †62/75 € ††86/120 € – ½ P 18 €
Rest – (geschl. 2. - 17. Januar, 15. August - 5. September und Samstag - Sonntag) (nur Abendessen) Karte 18/45 €
♦ In diesem leicht erhöht gelegenen Hotel stehen zwei unterschiedliche Zimmertypen zur Wahl - besonders schön sind die neueren, hell und wohnlich eingerichteten Zimmer.

SCHOPFHEIM – Baden-Württemberg – 545 – 18 910 Ew – Höhe 373 m 61 D21
▶ Berlin 826 – Stuttgart 275 – Freiburg im Breisgau 83 – Basel 23
🛈 Hauptstr. 23, ⌧ 79650, ℰ (07622) 39 61 45, www.suedwaerts.com
⛳ Schopfheim, Ehner-Fahrnau 12, ℰ (07622) 67 47 60

City Hotel
Friedrichstr. 3 ⌧ 79650 – ℰ (07622) 6 66 95 90 – www.city-hotel-schopfheim.de
11 Zim ⌧ – †69/79 € ††89/99 €
Rest *Metropole* – siehe Restaurantauswahl
♦ Ein freundlich-engagiert geführtes kleines Hotel in zentraler Lage, in dem zeitgemäße, technisch gut ausgestattete und meist recht geräumige Zimmer zur Verfügung stehen.

✕✕ Metropole – City Hotel
Friedrichstr. 3 ⌧ 79650 – ℰ (07622) 6 66 95 90 – www.city-hotel-schopfheim.de
– geschl. Samstagmittag, Montag
Rest – Menü 40/52 € (abends) – Karte 29/49 €
♦ Klassische und moderne Einrichtungselemente, dazu Retro-Look und die Kombination mit warmen Farbtönen machen einen gelungenen Stilmix aus. Nette, teils überdachte Terrassen! Die gute internationale Küche hält auch Klassiker wie z. B. Tafelspitz oder Zürcher Geschnetzeltes bereit.

✕ Glöggler
Austr. 5 ⌧ 79650 – ℰ (07622) 21 67 – www.restaurant-gloeggler.de – geschl. 15. - 30. August und Sonntag - Montagmittag
Rest – Menü 16/44 € – Karte 23/48 €
♦ Das gepflegte Restaurant in der Altstadt am Rande der Fußgängerzone ist eine angenehm bodenständige familiäre Adresse mit überwiegend bürgerlichem und saisonalem Angebot.

SCHOPFHEIM

✗ Alte Stadtmühle
Entegaststr. 9 ⊠ 79650 – ℰ (07622) 24 46 – www.altestadtmuehle.info – geschl. Montag - Dienstagmittag, Mittwochmittag
Rest – Karte 35/79 €

♦ Ein sympathisches Restaurant mit ländlich-französischem Flair und einer ebenso französisch geprägten Küche aus frischen Produkten. Der Service ist persönlich und aufmerksam.

In Schopfheim-Gersbach Nord-Ost: 16 km über B 317 und Kürnberg – Höhe 855 m – Wintersport: 970 m ⚡2 ⛷ – Erholungsort

🏠 Mühle zu Gersbach
Zum Bühl 4 ⊠ 79650 – ℰ (07620) 9 04 00 – www.muehle.de – geschl. 6. - 29. Januar
15 Zim ⊇ – †57/79 € ††84/126 € – ½ P 30 €
Rest *Mühle zu Gersbach* – siehe Restaurantauswahl

♦ Ein kleines Hotel in ruhiger dörflicher Lage, das bereits viele Jahre familiär geleitet wird. Es stehen funktionelle Zimmer und zwei großzügige Dachstudios bereit, zum Haus gehört auch ein schöner Garten mit Bachlauf.

✗✗ Mühle zu Gersbach – Hotel Mühle zu Gersbach
Zum Bühl 4 ⊠ 79650 – ℰ (07620) 9 04 00 – www.muehle.de – geschl. 6. - 29. Januar und Dienstag - Mittwochmittag
Rest – Menü 19/59 € – Karte 24/60 €

♦ Seit vielen Jahren führen Renate und Martin Buchleither ihren gepflegten Gasthof mit viel Engagement. Für ihre Gäste (auch viele Wanderer) halten sie saisonal orientierte Gerichte bereit.

In Schopfheim-Wiechs Süd-West: 3 km

🏠 Krone (mit Gästehaus)
Am Rain 6 ⊠ 79650 – ℰ (07622) 3 99 40 – www.krone-wiechs.de
50 Zim ⊇ – †65/85 € ††112/160 € – ½ P 28 € – 2 Suiten
Rest – *(geschl. Montagmittag, Freitag)* Karte 17/50 €

♦ Der gut geführte Familienbetrieb ist ein gewachsener Gasthof in ruhiger Lage, der über solide, zeitgemäße Zimmer verfügt. Eine Besonderheit ist die private Kutschensammlung. Das Restaurant: rustikal oder hell im Landhausstil. Terrasse mit Schwarzwaldblick.

SCHORNDORF – Baden-Württemberg – 545 – 39 380 Ew – Höhe 256 m   55 H18

▶ Berlin 605 – Stuttgart 35 – Göppingen 20 – Schwäbisch Gmünd 23

ℹ Marktplatz 1, ⊠ 73614, ℰ (07181) 60 21 40, www.schorndorf.de

◎ Oberer Marktplatz ★

🏨 An der Rems garni
Stuttgarter Str. 77 (nahe der B 29 Ausfahrt Schorndorf West) ⊠ 73614 – ℰ (07181) 98 55 80 – www.hotel-rems.de – geschl. 23. Dezember - 9. Januar, 11. - 26. August
21 Zim ⊇ – †69/85 € ††95/115 € – 1 Suite

♦ Das engagiert geleitete Hotel in verkehrsgünstiger Lage ist durch und durch hell, freundlich und neuzeitlich. Geräumige Zimmer, fast alle zur Rems. Frühstück auch im Wintergarten.

🏨 An der Stadtmauer garni
An der Mauer 1 ⊠ 73614 – ℰ (07181) 9 91 10 – www.hotel-stadtmauer.com
32 Zim ⊇ – †103/115 € ††138/148 € – 2 Suiten

♦ In zentraler Lage an der historischen Stadtmauer steht dieses moderne Hotel, das mit ansprechenden Gästezimmern in geradlinigem Design überzeugt. Lichter Frühstücksbereich.

🏠 Gruber garni
Remsstr. 2 ⊠ 73614 – ℰ (07181) 4 82 09 90 – www.hotel-gruber.de – geschl. über Ostern 1 Woche, 22. Dezember - 6. Januar
14 Zim ⊇ – †55/70 € ††82/88 €

♦ Das kleine Hotel mit tipptopp gepflegten, praktisch ausgestatteten Zimmern wird sehr freundlich und persönlich von Familie Gruber geführt. Am Morgen bietet man ein gutes Frühstück, hübsch ist die ruhige Terrasse hinter dem Haus.

SCHORNDORF

Pfauen mit Zim

Höllgasse 9 ⊠ 73614 – ℰ (07181) 6 69 90 10 – www.pfauen-schorndorf.de
7 Zim – †85/115 € ††128/175 €, ⊊ 5 € – 1 Suite
Rest – Menü 59/64 € – Karte 35/50 €
 • Das wunderschöne historische Gebäude in der beschaulichen Altstadt ist ein gelungener Mix aus Fachwerkarchitektur und modernem Interieur. Es wird gut und frisch gekocht - Brot ist selbstgebacken, Spätzle sind handgeschabt. In den Gästezimmern: individuelle Einrichtung in stilvollem klarem Design.

In Schorndorf-Weiler West: 2 km

Baur garni

Winterbacher Str. 52 ⊠ 73614 – ℰ (07181) 7 09 30 – www.hotel-baur.de – geschl. 23. Dezember - 6. Januar
18 Zim ⊊ – †77 € ††98 €
 • Ein netter Familienbetrieb mit gepflegten funktionellen Zimmern, gutem Frühstücksbuffet und einem Aufenthaltsraum mit Wohnzimmercharakter.

In Urbach Ost: 4 km über B 29

Zur Mühle garni

Neumühleweg 32 ⊠ 73660 – ℰ (07181) 8 60 40 – www.hotel-zur-muehle-urbach.de
40 Zim ⊊ – †63/66 € ††80/88 €
 • Die Zimmer in dem freundlich geführten Haus sind funktional ausgestattet und in wohnlichen Farben gehalten. Am Abend steht den Gästen eine kleine Bar zur Verfügung.

In Winterbach West: 4 km über Grabenstraße und Weilerstraße

Best Western

Fabrikstr. 6 (nahe der B 29) ⊠ 73650 – ℰ (07181) 7 09 00
– www.bestwestern-hotel-winterbach.de – geschl. 23. Dezember - 9. Januar
62 Zim – †86/118 € ††114/138 €, ⊊ 10 €
Rest – (geschl. Samstag - Sonntag) Karte 25/44 €
 • Ein auf Tagungsgäste zugeschnittenes Hotel, das mit seiner guten Verkehrsanbindung sowie zeitgemäß und funktionell eingerichteten Zimmern überzeugt.

In Winterbach-Manolzweiler West: 9 km über Weiler und Engelberg

Landgasthaus Hirsch

Kaiserstr. 8, (1. Etage) ⊠ 73650 – ℰ (07181) 4 15 15 – www.landgasthaus-hirsch.de
– geschl. über Fasching 2 Wochen, Ende Oktober - Anfang November 2 Wochen und Montag - Dienstag
Rest – Menü 35 € – Karte 21/53 €
 • Zwei Generationen der Familie Waldenmaier leiten den gemütlichen Gasthof in dem kleinen Dorf gemeinsam. Die überwiegend regionale Küche ist schmackhaft und frisch, man bietet u. a. Gerichte wie Zwiebelrostbraten vom Freilandrind - und auch selbst gebrannten Schnaps.

SCHOTTEN – Hessen – 543 – 10 960 Ew – Höhe 274 m – Wintersport: 749 m   38 G13
≰4 🌲

▶ Berlin 487 – Wiesbaden 100 – Frankfurt am Main 67 – Fulda 52
🛈 Vogelsbergstr. 137a, ⊠ 63679, ℰ (06044) 66 51, www.schotten.de
🖼 Schotten-Eschenrod, Lindenstr. 46, ℰ (06044) 84 01

Haus Sonnenberg

Laubacher Str. 25 ⊠ 63679 – ℰ (06044) 9 62 10 – www.hotel-haus-sonnenberg.de
46 Zim ⊊ – †48/60 € ††74/90 € – ½ P 18 € **Rest** – Karte 16/43 €
 • Der Familienbetrieb ist ein gewachsenes Haus mit unterschiedlich eingerichteten funktionellen Gästezimmern. Schön ist die ruhige Lage oberhalb des kleinen Städtchens. Restaurant mit ländlichem Ambiente.

SCHRAMBERG – Baden-Württemberg – 545 – 21 410 Ew – Höhe 424 m   62 E20
– Wintersport: 800m ≰1 🌲 – Erholungsort

▶ Berlin 730 – Stuttgart 118 – Freiburg im Breisgau 65 – Freudenstadt 37
🛈 Hauptstr. 25, Rathaus, ⊠ 78713, ℰ (07422) 2 92 15, www.schramberg.de

SCHRAMBERG

Villa Junghans
Bauernhofweg 25 ⊠ 78713 – ℰ (07422) 5 60 11 30 – www.villa-junghans.de
12 Zim – †55/85 € ††99/119 € **Rest** – (geschl. Montag) Karte 24/47 €
• Die schöne klassizistische Villa von 1885 liegt ruhig im Park. In geräumigen, zeitgemäßen Zimmern schaffen historische Details wie hohe Decken oder Parkett eine besondere Note. Stilvoll-elegante Atmosphäre im Restaurant. Terrasse mit Blick auf die Stadt.

Gasthof Hirsch mit Zim
Hauptstr. 11, (1. Etage) ⊠ 78713 – ℰ (07422) 28 01 20 – www.hotel-gasthof-hirsch.com – geschl. Juli 2 Wochen und Dienstag - Mittwochmittag
6 Zim – †60/70 € ††120/128 € **Rest** – Menü 28/62 € – Karte 29/56 €
• Klassisch-gediegen ist das Ambiente in dem historischen Gasthaus, das mit diversen Sammlerstücken liebevoll dekoriert ist. Die sorgfältig zubereitete internationale Küche wird freundlich und umsichtig serviert. Übernachtungsgäste wohnen in sehr schönen Zimmern mit geschmackvollen Marmorbädern.

In Schramberg-Sulgen Ost: 5 km in Richtung Rottweil

Drei Könige
Birkenhofweg 10 ⊠ 78713 – ℰ (07422) 9 94 10 – www.hotel-3-koenige.de – geschl. 27. Dezember - 10. Januar, August 2 Wochen
25 Zim – †68/71 € ††106/108 €
Rest – (geschl. Freitag, Sonntagabend) Karte 22/48 €
• Der regionstypische Gasthof liegt ruhig und wird familiär geführt. Es erwarten Sie eine schöne Aussicht sowie wohnlich-solide Zimmer mit gutem Platzangebot. Bürgerliche Küche im Restaurant.

Zum Hasen
Rottweiler Str. 8 ⊠ 78713 – ℰ (07422) 9 91 65 60 – www.hotel-zum-hasen.com
48 Zim – †70/135 € ††100/150 € – 1 Suite
Rest – (geschl. 6. - 26. August und Sonntag) Menü 36/45 € – Karte 33/59 €
• Das Hotel besteht aus einem alten Gasthof mit roter Schindelfassade und einem neuzeitlichen Anbau. Es bietet zeitgemäß-funktionelle Zimmer und ist ideal für Geschäftsreisende. Restaurant mit internationaler Karte, ergänzt durch einen einfacheren Bistrobereich.

In Schramberg-Tennenbronn Süd-West: 8,5 km – Luftkurort

Adler
Hauptstr. 60 ⊠ 78144 – ℰ (07729) 9 22 80 – www.adler-tennenbronn.de – geschl. 26. Oktober - 9. November
10 Zim – †42/49 € ††65/75 € – ½ P 22 € – 1 Suite
Rest – (geschl. Montag, Samstagmittag) Karte 21/42 €
• Der gut geführte Familienbetrieb ist ein typischer Schwarzwälder Gasthof mit freundlicher Atmosphäre und gepflegten Zimmern in hellem Naturholz. Gemütlich sitzt man in dem netten Restaurant mit Kachelofen bei bürgerlich-regionaler Küche.

SCHRIESHEIM – Baden-Württemberg – **545** – 14 910 Ew – Höhe 121 m   **47** F16
▶ Berlin 618 – Stuttgart 130 – Mannheim 13 – Darmstadt 53

Kaiser
Talstr. 44 ⊠ 69198 – ℰ (06203) 9 24 89 80 – www.kaiser-schriesheim.de
25 Zim – †115/165 € ††199/225 €
Rest – Menü 35/49 € – Karte 23/62 €
Rest Gourmet Kaiser – (geschl. August 3 Wochen, Sonntag - Dienstag) (nur Abendessen) Menü 49/89 € – Karte 48/81 €
• In dem Gebäudekomplex mit Ursprung im 17. Jh. (schön die alte Fachwerkarchitektur!) stecken 45 verschiedene Natursteine aus der ganzen Welt! Die Zimmer entsprechend individuell und hochwertig. In den Restaurants kommt nicht nur der Gaumen auf seine Kosten - das Auge ebenso dank des sehenswerten Granitsteins! Im Sommer isst man natürlich gerne auf der netten Terrasse.

SCHRIESHEIM

✕✕✕ **Strahlenberger Hof** (Jürgen Schneider)
Kirchstr. 2 ✉ 69198 – ℰ (06203) 6 30 76 – www.strahlenbergerhof.de – geschl. Mitte Februar - Anfang März 3 Wochen, Ende August - Anfang September 2 Wochen und Sonntag - Montag
Rest – *(nur Abendessen)* (Tischbestellung ratsam) Menü 60/89 € – Karte 45/60 €
Spez. Flusskrebse mit Erbsenmousse und Sauerklee. Taube, Ravioli und Pilze. Karamellisierte Mispeln mit Estragonparfait.
• Romantisch, fast schon ein bisschen verwunschen wirkt der Innenhof des alten Zehnthofs (1240). Im Service beweist Susanne Schneider auf herzliche Art ein tolles Gespür für die Wünsche ihrer Gäste. Die Küche ist klassisch, gespickt mit modernen Akzenten.

✕ **Weinhaus Bartsch**
Schillerstr. 9 ✉ 69198 – ℰ (06203) 69 44 14 – www.weinhaus-bartsch.de – geschl. Montag
Rest – *(nur Abendessen)* Karte 28/44 €
• Familie Bartsch betreibt neben dem eigenen Weingut auch dieses sehr schöne und gemütliche Restaurant mit nettem Innenhof. Das Tagesangebot wird auf einer Tafel präsentiert, oder man wählt von der kleinen internationalen Karte Gerichte wie Perlhuhnbrust mit Kartoffel-Lauch-Püree.

SCHROBENHAUSEN – Bayern – **546** – 16 030 Ew – Höhe 158 m 57 L19
▶ Berlin 549 – München 74 – Augsburg 45 – Ingolstadt 37

Griesers Hotel Zur Post garni
Alte Schulgasse 3a ✉ 86529 – ℰ (08252) 8 94 90 – www.griesers-hotel-post.de – geschl. 23. Dezember - 9. Januar
46 Zim – †49/72 € ††68/85 €
• Ein familiengeführtes Traditionshaus, das auf Geschäftsreisende zugeschnitten ist. Die Zimmer sind funktionell, im unterirdisch angebundenen Neubau in neuzeitlich-sachlichem Stil.

Sonderborg garni
Pettenkoferstr. 27 ✉ 86529 – ℰ (08252) 88 11 60 – www.hotel-sonderborg.de
8 Zim – †62 € ††82 €
• Durch und durch puristisch-modern ist das nette kleine Hotel am Zentrumsrand mit technisch gut ausgestatteten Zimmern und bistroartigem Frühstücksraum mit Terrasse.

SCHÜTTORF – Niedersachsen – **541** – 11 580 Ew – Höhe 33 m 16 D8
▶ Berlin 486 – Hannover 201 – Nordhorn 19 – Enschede 35

Nickisch
Nordhorner Str. 71 ✉ 48465 – ℰ (05923) 9 66 60 – www.hotel-nickisch.de
34 Zim – †74/98 € ††108/137 € **Rest** – Karte 18/41 €
• Am Ortsausgang steht der zum neuzeitlichen Hotel gewachsene Gasthof, der auch für Businessgäste gut geeignet ist. Praktische, freundliche Zimmer und heller Saunabereich. Internationale Küche im zeitgemäßen Restaurant oder in der einfacheren Stube.

SCHUSSENRIED, BAD – Baden-Württemberg – **545** – 8 490 Ew 63 H20
– Höhe 570 m – Moorheilbad
▶ Berlin 675 – Stuttgart 120 – Konstanz 104 – Ulm (Donau) 61
ℹ Wilhelm-Schussen-Str. 36, ✉ 88427, ℰ (07583) 94 01 71, www.bad-schussenried.de

Amerika garni
Zeppelinstr. 13 ✉ 88427 – ℰ (07583) 9 42 50 – www.hotel-amerika.de
52 Zim – †60 € ††86 €
• Die Lage in einem kleinen Industriegebiet am Stadtrand sowie funktionell ausgestattete Gästezimmer machen dieses Hotel zu einer praktischen Businessadresse.

SCHWABACH – Bayern – **546** – 38 760 Ew – Höhe 326 m 50 K17
▶ Berlin 447 – München 167 – Nürnberg 23 – Ansbach 36
🏌 Abenberg, Am Golfplatz 19, ℰ (09178) 9 89 60

Holiday Inn Express garni
Wendelsteiner Str. 4 ✉ 91126 – ℰ (09122) 1 88 00 – www.express-schwabach.de
150 Zim – †65/195 € ††65/195 €
• Ein modern-funktionelles Businesshotel in verkehrsgünstiger Lage nahe der A6. Schön ist der große helle Lobby- und Frühstücksbereich, kleine Snacks an der Bar.

1124

SCHWABACH

Raab - Inspektorsgarten
Äußere Rittersbacher Str. 14 (Forsthof) ⊠ 91126 – ℰ (09122) 9 38 80
– www.hotel-raab.de – geschl. Anfang August 3 Wochen
29 Zim ⌧ – †75/105 € ††90/115 € **Rest** – *(geschl. Dienstagmittag)* Karte 13/37 €
• Die gute Verkehrsanbindung zur Messe Nürnberg sowie praktisch eingerichtete Gästezimmer sprechen für diesen gewachsenen Familienbetrieb. Nettes Restaurant mit rustikalem Charakter.

In Schwabach-Wolkersdorf Nord: 4 km

Siehe Nürnberg (Umgebungsplan)

Drexler
Wolkersdorfer Hauptstr. 42 ⊠ 91126 – ℰ (0911) 63 00 98 – www.gasthof-drexler.de
– geschl. August **ATe**
30 Zim ⌧ – †45 € ††70 € **Rest** – *(geschl. Freitagabend - Sonntag)* Karte 14/31 €
• Seit 1877 existiert dieser bereits seit mehreren Generationen familiär geleitete Gasthof mit Metzgerei. Man verfügt über gepflegte, meist eher schlichte Zimmer. Gaststube mit ländlichem Ambiente und fränkischer Küche.

SCHWABENHEIM – Rheinland-Pfalz – siehe Ingelheim

SCHWABMÜNCHEN – Bayern – **546** – 13 260 Ew – Höhe 558 m **65** K20

▶ Berlin 588 – München 75 – Augsburg 32 – Kempten (Allgäu) 77

Deutschenbaur
Fuggerstr. 11 ⊠ 86830 – ℰ (08232) 95 96 00 – www.hotel-deutschenbaur.de – geschl. 24. Dezember - 6. Januar
28 Zim ⌧ – †49/68 € ††69/86 € – 1 Suite
Rest – *(geschl. Freitag - Samstag)* Karte 17/33 €
• Das bereits seit 1853 als Familienbetrieb geführte Haus verfügt über sehr gepflegte Gästezimmer, die überwiegend hell, freundlich und neuzeitlich eingerichtet sind. Zeitlos gestaltetes Restaurant.

In Langerringen-Schwabmühlhausen Süd: 9 km Richtung Buchloe

Untere Mühle (mit Gästehaus)
Untere Mühle 1 ⊠ 86853 – ℰ (08248) 12 10 – www.unteremuehle.de
36 Zim ⌧ – †57/70 € ††85/110 € **Rest** – Karte 23/41 €
• Ideal für Urlauber und Tagungen ist die einstige Kornmühle: ruhige Lage am Ortsrand, wohnliche Zimmer (darunter die zwei Themenzimmer Bambus und Afrika), ein schöner Garten mit Badeweiher und - last but not least - ein Streichelzoo für Kinder!

SCHWÄBISCH GMÜND – Baden-Württemberg – **545** – 60 170 Ew **56** I18
– Höhe 321 m – Wintersport: 600 m ≤1 ⚐

▶ Berlin 582 – Stuttgart 56 – Nürnberg 151 – Ulm (Donau) 68

🛈 Marktplatz 37/1 BY, ⊠ 73525, ℰ (07171) 6 03 42 50, www.schwaebisch-gmuend.de

◉ Heiligkreuzmünster ★ **A BZ**

Stadtpläne siehe nächste Seiten

Fortuna
Hauberweg 4 ⊠ 73525 – ℰ (07171) 10 90 – www.fortuna-hotels.de **AZs**
112 Zim ⌧ – †78/90 € ††103/110 € – 2 Suiten
Rest – *(geschl. August und Freitag sowie an Feiertagen) (nur Abendessen)*
Karte 14/37 €
• In diesem Hotel nahe dem Stadtgarten stehen sachlich-funktionell ausgestattete Gästezimmer und ein zeitgemäßer Freizeitbereich zur Verfügung.

1125

SCHWÄBISCH GMÜND

Aalener Str.	CY	
Augustinerstr.	BZ	3
Badmauer	BYZ	4
Bahnhofpl.	AY	
Bahnhofstr.	AY	6
Baldungstr.	CY	
Bergstr.	BZ	
Bocksgasse	BZ	7
Buchstr.	CY	
Eichenweg	AY	
Franz-Konrad-Str.	BY	
Freudental	BY	8
Goethestr.	ABZ	
Graf-von-Soden-Str.	CY	
Gutenbergstr.	CZ	
Haußmannstr.	BZ	
Herlikofer Str.	CY	9
Heugenstr.	BZ	
Hintere Schmiedgasse	CY	10
Hofstatt	BYZ	12
Johannispl.	BY	13
Kaffeebergweg	BY	
Kalter Markt	BCY	
Kappelgasse	BY	16
Katharinenstr.	AZ	
Klarenbergstr.	BCZ	
Klösterlestr.	BZ	
Königsturmstr.	CY	
Kornhausstr.	BZ	17
Ledergasse	BY	
Lorcher Str.	AYZ	
Marktpl.	BY	
Mörikestr.	AZ	
Münsterpl.	BZ	22
Mutlanger Str.	BCY	23
Nepperbergstr.	AY	
Oberbettringer Str.	CZ	
Obere Zeiselbergstr.	CZ	
Parlerstr.	BZ	
Pfitzerstr.	CY	
Rechbergstr.	BZ	
Rektor-Klaus-Str.	ABZ	
Remsstr.	BY	
Rinderbacher Gasse	BCY	24
Robert-von-Ostertag-Str.	BZ	
Rosenstr.	CYZ	25
Schwerzerallee	AZ	
Sebaldpl.	BZ	
Sebaldstr.	BZ	
Stuttgarter Str.	AZ	
Taubentalstr.	AY	
Türlensteg	BY	26
Turniergraben	BZ	27
Uferstr.	BZ	
Untere Zeiselbergstr.	CZ	
Vordere Schmiedgasse	CY	28
Waisenhausgasse	CY	29
Weißensteiner Str.	CZ	
Wilhelmstr.	CY	

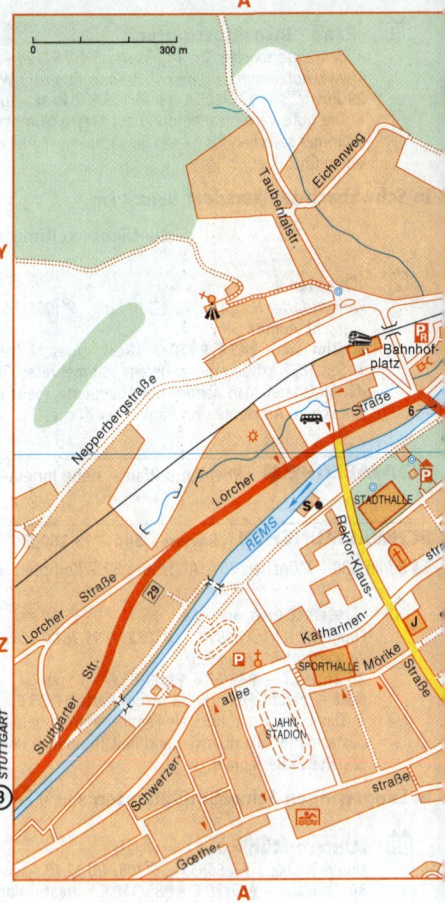

%% **Fuggerei**   🍴 ♿ ⇔ P VISA ⊙ AE ①
Münstergasse 2 ✉ *73525* – 📞 *(07171) 3 00 03*
– www.restaurant-fuggerei.de
– geschl. Sonntagabend - Montag und an Feiertagen abends   BZ**u**
Rest – Menü 33 € (mittags)/85 € (abends) – Karte 28/63 €
◆ Ein schönes historisches Stadthaus, in dem man Ihnen schmackhafte klassische und regionale Speisen bietet, die freundlich und kompetent serviert werden. In dem hell gestalteten Restaurant sorgt eine Gewölbedecke für Atmosphäre.

In Waldstetten Süd: 6 km über Weißensteiner Straße **CZ**

%% **Sonnenhof**   🍴 ⇔ P
Lauchgasse 19 ✉ *73550* – 📞 *(07171) 94 77 70*
– www.sonnenhof.de
– geschl. Montag - Dienstag
Rest – (nur Abendessen) Menü 36/48 € – Karte 22/41 €
◆ Klassische Küche bietet man in dem mit hübschem Dekor ausstaffierten Restaurant. Günstiger und bürgerlich-regional isst man in Hilse's schwäbischem Beizle. Biergarten mit Pavillon.

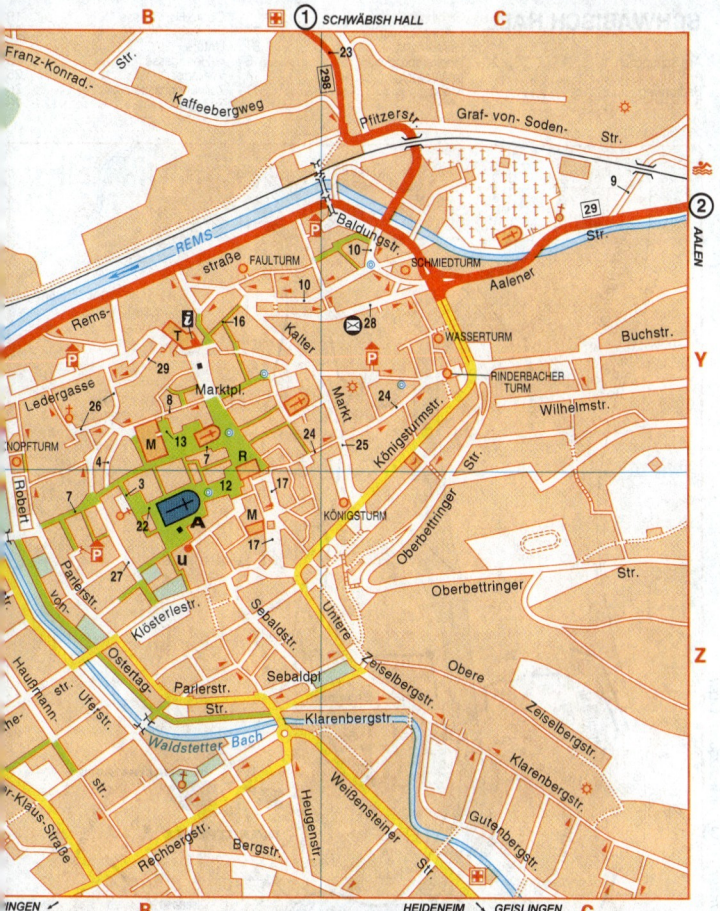

SCHWÄBISCH HALL – Baden-Württemberg – 545 – 36 800 Ew – Höhe 304 m   56 H17
▶ Berlin 551 – Stuttgart 74 – Heilbronn 53 – Nürnberg 138
🛈 Am Markt 9, ✉ 74523, ☏ (0791) 75 12 46, www.schwaebischhall.de
🏌 Schwäbisch Hall-Dörrenzimmern, Am Golfplatz 1, ☏ (07907) 81 90
◉ Marktplatz ★★
◉ Benediktinerkloster Großcomburg ★ (Leuchter ★★★, Antependium ★) Süd-Ost: 3 km
– Hohenloher Freilandmuseum ★ (in Wackershofen)

Stadtplan auf der nächsten Seite

🏨 **Hohenlohe**
Weilertor 14 ✉ *74523 – ☏ (0791) 7 58 70 – www.hotel-hohenlohe.de*   **c**
110 Zim 🍽 – †111/179 € ††159/360 € – 4 Suiten
Rest *Hohenlohe Aussichtsrestaurant* – siehe Restaurantauswahl
Rest *Jenseits Kochers* – (geschl. Sonntag - Montag) Karte 20/47 €
 ♦ Ein komfortables Hotel mit ansprechendem Wellnessangebot. Viele Zimmer (darunter luxuriöse Landhauszimmer und Suiten) mit Balkon und Blick auf Altstadt und Kocher. Schöner Rosengarten. Klassisches Restaurant in der 1. Etage. Jenseits Kochers: Bistro mit Bar.

SCHWÄBISCH HALL

Am Schuppach	2	Gelbinger Gasse		Obere Herrngasse	19
Am Spitalbach		Gymnasiumstr.	7	Schwatzbühlgasse	21
Badtorweg	4	Hafenmarkt	8	Untere	
Bahnhofstr.	5	Henkersbrücke	13	Herrngasse	23
		Im Weiler	14	Weilertor	25
		Marktstr.	17	Zollhüttengasse	26
		Neue Str.		Zwinger	28

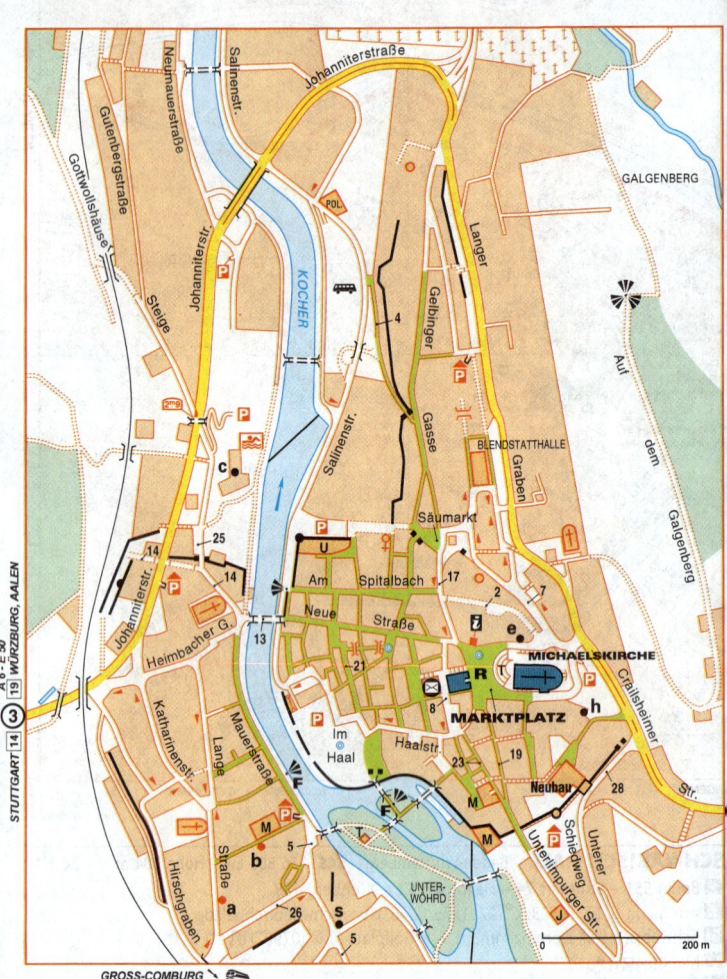

Der Adelshof

Am Markt 12 ✉ *74523* – ℰ *(0791) 7 58 90* – *www.hotel-adelshof.de*
44 Zim – †80/150 € ††125/150 € – 1 Suite
Rest *San Michele* **Rest** *Ratskeller* – siehe Restaurantauswahl

♦ Das schmucke historische Haus im Herzen der Stadt beherbergt wohnliche Zimmer und Juniorsuiten, die z. T. Themen wie Stadt, Kunst und Geschichte gewidmet sind. Mediterraner Saunabereich. Schwäbische Küche im Ratskeller. Die Terrasse liegt zum Marktplatz hin.

SCHWÄBISCH HALL

Kronprinz
Bahnhofstr. 17 ⊠ 74523 – ℰ (0791) 9 77 00 – www.kronprinz-hall.de – geschl. Weihnachten - Anfang Januar
43 Zim – †75/98 € ††99/135 € **Rest** – *(geschl. Sonntag)* Karte 26/43 €

♦ Das Haus a. d. 17. Jh. ist ein von zwei Schwestern freundlich geleitetes Hotel mit hellen zeitgemäßen Zimmern, die teilweise einen schönen Blick auf die Stadt bieten. Neuzeitlich gestaltetes Restaurant und ländliche Gaststube. Spezialität sind Forellengerichte.

Scholl garni
Klosterstr. 2 ⊠ 74523 – ℰ (0791) 9 75 50 – www.hotel-scholl.de – geschl. 23. Dezember - 6. Januar
33 Zim – †69/85 € ††95/119 €

♦ Am Holzmarkt stehen die drei miteinander verbundenen historischen Stadthäuser. Holzbalken zieren den Frühstücksraum und die meisten Zimmer. Ruhig sind die Zimmer zum Innenhof.

XXX San Michele – Hotel Der Adelshof
Am Markt 12 ⊠ 74523 – ℰ (0791) 7 58 90 – www.hotel-adelshof.de – geschl. Januar - Februar 2 Wochen, August - September 2 Wochen und Sonntag - Montag sowie an Feiertagen
Rest – *(nur Abendessen)* (Tischbestellung ratsam) Menü 49 € (mittags)/112 € – Karte 57/81 €

♦ Ein geschmackvolles Restaurant in florentinischem Stil, in dem an hochwertig eingedeckten Tischen mediterran beeinflusste klassische Küche serviert wird.

XXX Hohenlohe Aussichtsrestaurant – Hotel Hohenlohe
Weilertor 14 ⊠ 74523 – ℰ (0791) 7 58 70 – www.hotel-hohenlohe.de – geschl. Montag
Rest – *(nur Abendessen)* Menü 45/79 € – Karte 29/68 €

♦ Restaurant mit Aussicht - das bietet Familie Dürr ihren Gästen. Wenn Sie den beeindruckenden Blick auf die Altstadt genießen wollen, reservieren Sie einen Fensterplatz.

XX Ratskeller – Hotel Der Adelshof
Am Markt 12 ⊠ 74523 – ℰ (0791) 7 58 90 – www.hotel-adelshof.de – geschl. Januar - Februar 1 Woche, Ende August - Anfang September 1 Woche und Montag
Rest – Menü 30/49 € – Karte 30/48 €

♦ Wie ein Spaziergang durch die Geschichte der Stadt ist der Besuch des rustikalen Ratskellers mit seiner regionalen Küche: aufwändige Wandmalereien nehmen Bezug auf die hällische Lebensart. Terrasse mit Blick auf St. Michael und das historische Rathaus.

X Sudhaus
Lange Str. 35 (an der Kunsthalle Würth) ⊠ 74523 – ℰ (0791) 9 46 72 70 – www.sudhaus-sha.de
Rest – (Tischbestellung ratsam) Menü 38 € (mittags) – Karte 35/58 €

♦ Die moderne Brasserie erstreckt sich über 3 Etagen des denkmalgeschützten Gebäudes von 1903, dazu Dachterrasse und Biergarten. Internationale Küche mit regionalem Einfluss.

X Blauer Bock mit Zim
Lange Str. 53 ⊠ 74523 – ℰ (0791) 8 94 62 – www.blauerbock-sha.de – geschl. Ende August - Anfang September 2 Wochen und Montag, Samstagmittag sowie letzter Sonntag im Monat
6 Zim – †54/65 € ††82/92 € **Rest** – Karte 22/37 €

♦ Das unter Denkmalschutz stehende Stadthaus beherbergt nett dekorierte ländliche Stuben. Zur Terrasse hin hat man einen zu öffnenden kleinen Wintergarten. Jeden Morgen kümmert sich der Chef beim Frühstück um seine Übernachtungsgäste.

In Schwäbisch Hall-Gottwollshausen West: 4 km über Johanniter Straße

Sonneck
Fischweg 2 ⊠ 74523 – ℰ (0791) 97 06 70 – www.hotel-sonneck-schwaebisch-hall.de
42 Zim – †56/78 € ††78/120 € **Rest** – Menü 17 € – Karte 16/33 €

♦ Ein zum Hotel erweiterter Gasthof, in dessen neuerem Anbau die Zimmer geräumiger und hochwertiger sind. Ein Teil der Zimmer verfügt über einen Balkon. Bürgerlich-rustikal ist das Ambiente im Restaurant.

SCHWÄBISCH HALL

In Schwäbisch Hall-Hessental Süd-Ost: 3 km über Crailsheimer Straße

Die Krone
Wirtsgasse 1 ⌂ *74523* – *(0791) 9 40 30* – *www.hotel-diekrone.de*
90 Zim – †79/114 € ††108/162 € **Rest** – Menü 35 € – Karte 23/46 €
• Familienbetrieb mit "Limpurgischem Hochzeitshaus" von 1541 und zeitgemäßem Hotelanbau. Interessanter Park mit diversen Freizeitmöglichkeiten. Geräumig: First-Class-Zimmer und Appartements. Restaurant in rustikalem Stil. Schöner Barocksaal für Feierlichkeiten.

Landhaus Wolf
Karl-Kurz-Str. 2 ⌂ *74523* – *(0791) 93 06 60* – *www.landhauswolf.eu*
24 Zim – †75/95 € ††105/135 €
Rest *Eisenbahn* – siehe Restaurantauswahl
• Im Anbau des Gasthofs mit der hübschen historischen Fachwerkfassade betreibt das Ehepaar Wolf ein Hotel mit zeitgemäßen, wohnlichen Zimmern und gediegenem Frühstücksraum.

Eisenbahn – Hotel Landhaus Wolf
Karl-Kurz-Str. 2 ⌂ *74523* – *(0791) 93 06 60* – *www.landhauswolf.eu*
– *geschl. Ende Februar - Anfang März 10 Tage, Ende Oktober - Anfang November 10 Tage und Montag*
Rest – *(nur Abendessen) (Tischbestellung ratsam)* Menü 63/125 € – Karte 73/83 €
Spez. Bretonische St. Jakobsmuscheln mit Zitrusaromen, Fenchel-Orangenchutney, Croustillant. Hohenloher Täubchen, Gewürzapfel, Waldpilze. Schokolade von Valrhona "Pâte à cigarette" mit Eis gefüllt, Mousse von Lavendel.
• Wer Beschaulichkeit, ein stilvolles Ambiente (elegante Creme-Töne dominieren) sowie eine erlesene Kulinarik schätzt, ist hier richtig! Patron Josef Wolf steht für eine klassische Küche, gepaart mit zeitgemäßen Elementen. Produkte, Finesse, Geschmack und Sorgfalt stimmen bei ihm immer!

In Schwäbisch Hall-Veinau Nord-Ost: 4,5 km über Crailsheimer Straße

Landhaus Zum Rössle
Zeilwiesen 5 ⌂ *74523* – *(0791) 25 93* – *www.roessle-veinau.de*
21 Zim – †42/49 € ††65/85 € – ½ P 18 €
Rest *Landhaus Zum Rössle* – siehe Restaurantauswahl
• Der traditionsreiche Gasthof unter familiärer Leitung liegt in einem kleinen Ort in ländlicher Umgebung. Die Zimmer sind schön modern oder etwas funktioneller eingerichtet.

Landhaus Zum Rössle – Hotel Landhaus Zum Rössle
Zeilwiesen 5 ⌂ *74523* – *(0791) 25 93*
– *www.roessle-veinau.de* – *geschl. Dienstag*
Rest – Menü 26/44 € – Karte 22/48 €
• Seit 1493 befindet sich der Gasthof (er überrascht hinter den alten Mauern mit moderner Einrichtung) in Familienbesitz. Ernst Kunz Junior setzt die Tradition erfolgreich fort und verwöhnt Sie mit leckerem Essen: Krustenbraten von der Hällischen Schweinehaxe.

In Schwäbisch Hall-Weckrieden Süd-Ost: 3 km über Crailsheimer Straße

Rebers Pflug mit Zim
Weckriedener Str. 2 ⌂ *74523* – *(0791) 93 12 30* – *www.rebers-pflug.de* – *geschl. Anfang Januar 2 Wochen, Sonntagabend - Dienstagmittag*
20 Zim – †75/88 € ††98/188 € – 2 Suiten
Rest – Menü 48 € (vegetarisch)/89 € – Karte 39/75 €
Spez. Rosenberggarnele mit gegrilltem Schweinekinn auf Gewürz-Couscous und Zuckerschoten. Knusprig gebratener Hohenloher Spanferkelrücken mit Rahmkohlrabi und Kartoffel-Lauch-Strudel. Heimisches Kalbsfilet in der Kalbsschwanzkruste mit zweierlei Spargel und gefülltem Kartoffelflädle.
• Familie Reber steht mit ihrem Landgasthof von 1805 für schwäbische Herzlichkeit; die Mischung aus Bodenständigkeit und moderner Eleganz bringt den Charme. Aber es liegt auch am Können des Patrons, der seine Produkte mit Sorgfalt und handwerklichem Geschick in wahre Gaumenschmeichler verwandelt. Hotelgäste genießen in Strandkörben den kleinen Garten.

SCHWAIG – Bayern – 546 – 8 220 Ew – Höhe 320 m   50 L16
▶ Berlin 429 – München 171 – Nürnberg 14 – Lauf 6

Siehe Nürnberg (Umgebungsplan)

In Schwaig-Behringersdorf

Weißes Ross (mit Gästehaus)
Schwaiger Str. 2 ⊠ 90571 – ℰ (0911) 5 06 98 80 – www.weissesross.de
– geschl. 1. - 10. Januar   CSs
30 Zim – †58/89 € ††88/105 €
Rest – (geschl. Montag) Menü 10 € (mittags) – Karte 18/42 €
♦ Der familiengeführte Gasthof mit guter Autobahnanbindung ist eine solide und gepflegte Adresse. Die Zimmer im Gästehaus sind etwas größer. Gemütliche holzgetäfelte Gaststuben mit bürgerlicher Küche.

SCHWAIGERN – Baden-Württemberg – 545 – 11 060 Ew – Höhe 107 m   55 G17
▶ Berlin 613 – Stuttgart 51 – Heilbronn 15 – Karlsruhe 61

XX **Zum Alten Rentamt** mit Zim
Schlossstr. 6 ⊠ 74193 – ℰ (07138) 52 58 – www.altesrentamt.de – geschl. über Fasching, Anfang August 2 Wochen und Sonntag - Montag sowie an Feiertagen
12 Zim – †70/80 € ††100/110 €   **Rest** – Karte 28/55 €
♦ Mit Kachelöfen und blanken Holztischen hat man in dem historischen Fachwerkhaus eine liebenswerte Atmosphäre mit rustikalem Flair geschaffen, in der man zeitgemäße Küche bietet. Für Übernachtungsgäste stehen schöne Zimmer bereit.

SCHWAIKHEIM – Baden-Württemberg – 545 – 9 380 Ew – Höhe 276 m   55 H18
▶ Berlin 610 – Stuttgart 23 – Ludwigsburg 42 – Karlsruhe 96

X **Zum Riesling**
Winnender Str. 1 (über Hauptstraße) ⊠ 71409 – ℰ (07195) 96 59 00
– www.zumriesling.de – geschl. Samstag - Sonntag und an Feiertagen
Rest – Menü 29/46 € – Karte 27/45 €
♦ Freundliches Bistro-Ambiente in einem hübschen historischen Haus a. d. 18. Jh. Einer der Räume ist ein schöner Gewölbekeller. Die gute regionale und internationale Küche ist saisonal ausgerichtet - nicht nur für Kenner: geschmorte Schweinebacke auf Pfifferlingsrisotto!

SCHWALBACH – Saarland – 543 – 17 790 Ew – Höhe 215 m   45 B17
▶ Berlin 726 – Saarbrücken 25 – Kaiserslautern 84 – Saarlouis 6

In Schwalbach-Elm Süd-Ost: 2 km

Mühlenthal garni (mit Gästehaus)
Bachtalstr. 214 ⊠ 66773 – ℰ (06834) 9 55 90 – www.hotel-muehlenthal.de
28 Zim – †53/65 € ††75/85 € – 1 Suite
♦ Ein tipptopp gepflegtes Haus unter familiärer Leitung. Recht unterschiedliche Zimmer, teils mit Balkon zum hübschen Garten, und ein freundlicher Frühstücksraum mit gutem Buffet.

SCHWALBACH am TAUNUS – Hessen – 543 – 14 700 Ew – Höhe 135 m   47 F14
▶ Berlin 570 – Wiesbaden 34 – Frankfurt 12

 Mutter Krauss
Hauptstr. 13 ⊠ 65824 – ℰ (06196) 12 89 – www.mutter-krauss.de – geschl. Anfang Januar 2 Wochen
24 Zim – †85/115 € ††110/160 €
Rest – (geschl. Samstagmittag) Menü 25 € (mittags)/65 € – Karte 18/48 €
♦ Der gewachsene Gasthof mit Ursprung im 17. Jh. bietet Ihnen ansprechend eingerichtete Zimmer, in denen heller Stiftparkett zum wohnlichen Ambiente beiträgt. Sehr gemütlich sitzt man in den liebenswert dekorierten Restaurantstuben oder auf der schönen Terrasse.

SCHWANGAU – Bayern – 546 – 3 340 Ew – Höhe 796 m – Wintersport: 65 K22
1 720 m ⛷ 1 ⛷ 4 ⛷ – Heilklimatischer Kurort

▶ Berlin 656 – München 116 – Kempten (Allgäu) 47 – Füssen 3

🛈 Münchener Str. 2, ✉ 87645, ✆ (08362) 8 19 80, www.schwangau.de

◉ Schloss Neuschwanstein ★★★, Süd: 3 km – Schloss Hohenschwangau ★, Süd: 4 km

Weinbauer
Füssener Str. 3 ✉ 87645 – ✆ (08362) 98 60 – www.hotel-weinbauer.de
– geschl. 10. - 18. Dezember, 10. Januar - 6. Februar
40 Zim ⌑ – ✝45/55 € ✝✝80/110 € – ½ P 16 €
Rest S'Wirtshaus im Weinbauer – ✆ (08362) 98 61 91 *(geschl. Mittwochmittag, Donnerstagmittag)* Karte 19/35 €

♦ Der gewachsene alpenländische Gasthof unter familiärer Leitung liegt an der Hauptstraße unweit der Königsschlösser. Die Zimmer sind z. T. besonders freundlich und neuzeitlich. Bayerisch-schwäbische Spezialitäten in verschiedenen Restauranträumen mit Kachelofen oder Holztäfelung.

Hanselewirt
Mitteldorf 13 ✉ 87645 – ✆ (08362) 82 37 – www.hanselewirt.de – geschl. 7. November - 1. Dezember
12 Zim ⌑ – ✝40/55 € ✝✝59/92 € – ½ P 15 €
Rest – *(geschl. Mai - September: Mittwoch - Donnerstagmittag; Oktober - April: Mittwoch - Donnerstag)* Karte 14/32 €

♦ Ein nettes Haus, das mit seinen Holzfensterläden ganz typisch für die Region ist. In dem kleinen Familienbetrieb stehen wohnliche Zimmer mit hellem Naturholzmobiliar bereit. Behaglich-rustikales Restaurant mit bayerischer Bierstube.

In Schwangau-Hohenschwangau

Schlosshotel Lisl (mit Jägerhaus)
Neuschwansteinstr. 1 ✉ 87645 – ✆ (08362) 88 70
– www.lisl.de – geschl. 17. - 26. Dezember
47 Zim – ✝55/103 € ✝✝85/170 €, ⌑ 12 € **Rest** – Karte 16/44 €

♦ Das Hotel in Schlossnähe bietet in seiner Dependance, dem stilvollen Jagdhaus, besonders elegant und aufwändig gestaltete Zimmer - von einigen schauen Sie auf die Schlösser. Sie wählen zwischen zwei Restaurants, eines davon mit Schlossblick.

Müller
Alpseestr. 16 ✉ 87645 – ✆ (08362) 8 19 90 – www.hotel-mueller.de – geschl. Anfang Januar - Ende März (Hotel)
42 Zim ⌑ – ✝75/100 € ✝✝98/170 € – ½ P 30 € – 2 Suiten
Rest – *(geschl. Februar: Montag)* Karte 27/57 €

♦ Das seit 1910 existierende Hotel liegt zwischen den beiden Königsschlössern und beherbergt gediegene Gästezimmer mit unterschiedlichem Komfort und Schlossblick. Restaurant in klassischem oder gemütlich-rustikalem Stil. Terrasse mit Sicht auf die Schlösser.

In Schwangau-Horn

Rübezahl
Am Ehberg 31 ✉ 87645 – ✆ (08362) 88 88 – www.hotelruebezahl.de
37 Zim ⌑ – ✝99/145 € ✝✝150/200 € – ½ P 27 € – 8 Suiten
Rest Rübezahl – siehe Restaurantauswahl

♦ Die Umgebung ist schön ruhig, die Betreiberfamilie engagiert und die Zimmer (teils mit Schlossblick) sind nach umfassender Renovierung modern-elegant, haben aber dennoch einen regionalen Touch. Der wohltemperierte Außenpool lockt auch im Winter!

Helmerhof
Frauenbergstr. 9 ✉ 87645 – ✆ (08362) 80 69 – www.helmerhof.de – geschl. 1. - 22. März
35 Zim ⌑ – ✝40/78 € ✝✝80/110 € – ½ P 19 € – 8 Suiten
Rest – *(geschl. außer Saison: Montag - Dienstag)* Karte 17/34 €

♦ Der ruhig in einer Nebenstraße gelegene Familienbetrieb ist ein regionstypisches Ferienhotel mit ländlich eingerichteten Zimmern und Appartements (teils mit Kitchenette). Ein sonniger Wintergarten ergänzt das Restaurant.

SCHWANGAU

XX **Rübezahl** – Hotel Rübezahl
Am Ehberg 31 ⌂ 87645 – ℰ (08362) 88 88 – www.hotelruebezahl.de
Rest – Karte 25/73 €
• Unterschiedliche Räume, verschiedene Stilrichtungen: stylish-modern mit Swarovski-Dekorationen, klassisch-rustikal oder richtig urig mit Zirbelholz. Man speist international mit regionalem Einfluss.

In Schwangau-Waltenhofen

 Café Gerlinde garni
Forggenseestr. 85 ⌂ 87645 – ℰ (08362) 82 33 – www.pension-gerlinde.de – geschl. 2. November - 20. Dezember, März 2 Wochen und Montag
19 Zim – †39/55 € ††58/84 €
• Ruhig liegt diese wohnliche und familiäre Adresse in Seenähe. Einige Ferienwohnungen werden auch als Hotelzimmer vermietet. Kleines Café, in dem morgens gefrühstückt wird.

SCHWARMSTEDT – Niedersachsen – **541** – 5 240 Ew – Höhe 29 m   18 H8
– Erholungsort
▶ Berlin 310 – Hannover 51 – Bremen 88 – Celle 33
🛈 Am Markt 1, ⌂ 29690, ℰ (05071) 86 88, www.schwarmstedt.de

In Schwarmstedt-Bothmer Nord-West: 3 km über B 214

 Gästehaus Schloss Bothmer
Alte Dorfstr. 15 ⌂ 29690 – ℰ (05071) 30 37 – www.schlossbothmer.de
9 Zim – †89/125 € ††119/129 € **Rest** – Menü 25/45 €
• Ganz individuell wohnt man auf diesem nicht alltäglichen Anwesen. Im Gästehaus des privat bewohnten Schlosses stehen sehr schöne und stilvolle Zimmer bereit, teils mit kleinem Wintergarten. Im lichtdurchfluteten Restaurant bietet man Menüs für Hausgäste.

In Essel Nord-Ost: 8 km, Richtung Ostenholz, jenseits der A 7

 Heide-Kröpke
Esseler Damm 1 ⌂ 29690 – ℰ (05167) 97 90
– www.heide-kroepke.de
60 Zim – †85/120 € ††115/140 € – ½ P 22 € – 5 Suiten
Rest – Menü 18/48 € – Karte 20/48 €
• Die Hotelanlage mit Park wird bereits in der 3. Generation familiär geleitet. Man bietet u. a. Maisonetten, moderne Suiten oder die gemütliche "Schnucken-Etage". Gutes Spa-Angebot. Freundliches gediegenes Ambiente im Restaurant.

SCHWARZACH am MAIN – Bayern – **546** – 3 670 Ew – Höhe 190 m   49 I15
▶ Berlin 471 – München 255 – Würzburg 28 – Bamberg 47

Im Ortsteil Stadtschwarzach

 Schwab's Landgasthof
Bamberger Str. 4 ⌂ 97359 – ℰ (09324) 12 51 – www.landgasthof-schwab.de – geschl. Februar 2 Wochen, August 2 Wochen
11 Zim – †48/60 € ††70 €
Rest *Schwab's Landgasthof* – siehe Restaurantauswahl
• In der 4. Generation kümmert sich Familie Schwab hier mit fränkischer Herzlichkeit um ihre Gäste. Man bietet hübsche, wohnliche und technisch gut ausgestattete Zimmer zu fairen Preisen.

X **Schwab's Landgasthof** – Hotel Schwab's Landgasthof
Bamberger Str. 4 ⌂ 97359 – ℰ (09324) 12 51 – www.landgasthof-schwab.de – geschl. Februar 2 Wochen, August 2 Wochen und Montag - Dienstag
Rest – Karte 18/34 €
• Nur wenige Minuten von der Autobahn A3 entfernt, ist der nette Familienbetrieb eine ideale Einkehrmöglichkeit, um sich zu stärken. Wie wär's mit dem leckeren "Steigerwaldpfännle" aus Rehfleisch vom eigenen Revier?

SCHWARZENBERG – Sachsen – 544 – 18 690 Ew – Höhe 450 m — 42 O13
– Wintersport: 800 m

▶ Berlin 300 – Dresden 125 – Chemnitz 41 – Chomutov 76
ℹ Oberes Tor 5, ⌧ 08340, ☏ (03774) 2 25 40, www.schwarzenberg.de
◉ St. Georgkirche ★

Neustädter Hof
Grünhainer Str. 24 ⌧ 08340 – ☏ (03774) 12 50 – www.neustaedterhof.de
77 Zim ☐ – †65/72 € ††95 € – 2 Suiten **Rest** – Karte 19/34 €

◆ Das a. d. J. 1910 stammende Haus an der Straßenecke beherbergt hinter seiner hübschen auffallenden Fassade zeitgemäße, wohnlich und funktionell gestaltete Zimmer. Elegante Note im Restaurant mit Kronleuchtern und Holzfußboden.

SCHWARZENFELD – Bayern – 546 – 6 260 Ew – Höhe 364 m — 51 N17
▶ Berlin 443 – München 175 – Weiden in der Oberpfalz 38 – Nürnberg 82
Kemnath bei Fuhrn, ☏ (09439) 4 66

Schloss Schwarzenfeld
Schlossstr. 13 ⌧ 92521 – ☏ (09435) 55 50 – www.schloss-schwarzenfeld.de
88 Zim ☐ – †95/110 € ††125/145 € – 4 Suiten
Rest – (geschl. Sonntag) Menü 25/45 € – Karte 25/45 €

◆ Das hübsche restaurierte Schloss wurde zu einem auf Businessgäste zugeschnittenen Hotel erweitert. Wohnlich-gediegene Zimmer und gute Verkehrsanbindung. Im Restaurant Le Château speist man unter einem schönen weißen Kreuzgewölbe.

In Fensterbach-Wolfringmühle West: 7,5 km in Richtung Amberg

Wolfringmühle
Wolfringmühle 3 ⌧ 92269 – ☏ (09438) 9 40 20 – www.hotel-wolfringmuehle.de
– geschl. 3. - 25. Januar
53 Zim ☐ – †51/59 € ††78 € – 1 Suite
Rest – Menü 19 € (mittags)/25 € – Karte 15/45 €

◆ Ein wohnlich und funktional ausgestattetes Urlaubs- und Tagungshotel unter familiärer Leitung. Zimmer teilweise mit Balkon. Ansprechender Saunabereich, Ponyreiten für Kinder. Restaurant in ländlichem Stil mit Biergarten unter schattenspendenden Kastanien.

SCHWARZHEIDE – Brandenburg – 542 – 6 220 Ew – Höhe 100 m — 33 Q11
▶ Berlin 144 – Potsdam 162 – Senftenberg 18 – Dresden 56

lukAs
Ruhlander Str. 49 ⌧ 01987 – ☏ (035752) 96 91 41 – www.lukas-schwarzheide.de
5 Zim ☐ – †60 € ††80 € **Rest** – (geschl. Montag) Karte 25/48 €

◆ Frisch und neuzeitlich - dieser Eindruck begleitet Sie durch das ganze Haus, von den Zimmern (hier darf man sich über die kostenfreie Minibar freuen!) über das Restaurant (die Speisekarte macht mit saisonalen Gerichten Appetit) bis zur Lounge.

SCHWEDT – Brandenburg – 542 – 34 590 Ew – Höhe 5 m — 23 R6
▶ Berlin 100 – Potsdam 136 – Neubrandenburg 98 – Szczecin 87
ℹ Vierradener Str. 34, ⌧ 16303, ☏ (03332) 25 59 10, www.schwedt.eu

Andersen garni
Gartenstr. 11 ⌧ 16303 – ☏ (03332) 2 91 10 – www.andersen.de
32 Zim ☐ – †68/76 € ††80/96 €

◆ Ein funktionell ausgestattetes Hotel in der Altstadt, auch für Businessgäste geeignet. Im Sommer kann man auf der Dachterrasse frühstücken. Auf Wunsch: hausgebackener Kuchen.

SCHWEICH – Rheinland-Pfalz – 543 – 6 640 Ew – Höhe 130 m — 45 B15
▶ Berlin 706 – Mainz 149 – Trier 18 – Bernkastel-Kues 36
ℹ Brückenstr. 46, ⌧ 54338, ☏ (06502) 9 33 80, www.roemische-weinstrasse.de

SCHWEICH

Schweicher Hof
Brückenstr. 45 ✉ *54338* – ✆ *(06502) 9 39 90* – *www.hotel-schweicher-hof.de*
11 Zim ☕ – †39 € ††79 € **Rest** – Menü 16 € (mittags)/60 € – Karte 20/63 €
♦ Das kleine Hotel in der Ortsmitte wird freundlich geführt und bietet gepflegte Zimmer, in denen warme Farben ein wohnliches Ambiente schaffen. Auch das Restaurant im Brasseriestil ist in angenehmen Erdtönen gehalten. Schöne Terrasse.

SCHWEINFURT – Bayern – **546** – 53 540 Ew – Höhe 226 m   49 J15
▶ Berlin 456 – München 287 – Würzburg 51 – Bamberg 57
ADAC Rückertstr. 17 Y
🛈 Markt 1 Z, ✉ 97421, ✆ (09721) 51 36 00, www.schweinfurt360.de
🛈 Löffelsterz, Ebertshäuser Str. 17, ✆ (09727) 58 89

Roß
Hohe Brückengasse 4 ✉ *97421* – ✆ *(09721) 2 00 10* – *www.hotel-ross.de* – *geschl. 22. Dezember - 10. Januar*   Zr
47 Zim ☕ – †88/105 € ††100/140 €
Rest – *(geschl. Sonntag - Montagmittag sowie an Feiertagen)* Menü 30/55 € – Karte 19/54 €
♦ Das engagiert geführte Hotel von 1806 liegt in der Altstadt von Schweinfurt. Die Gästezimmer sind wohnlich, funktionell und technisch gut ausgestattet. Internationale und regionale Küche im Restaurant. Modern hat man die Vinothek-Bar gestaltet.

SCHWEINFURT

Albrecht-Dürer-Pl.	Z 2
Am Oberen Marienbach	Y 3
Am Zeughaus	Y 4
Bauerngasse	Y 5
Brückenstr.	Z 6
Fischerrain	Z 7
Hohe Brückengasse	Z 10
Jägersbrunnen	Z 12
Kesslergasse	Z 13
Ludwigsbrücke	Z 15
Mainberger Str.	Z 17
Manggasse	Z 18
Markt	YZ 19
Maxbrücke	Z 20
Paul-Rummert-Ring	Z 21
Roßmarkt	Z 22
Rückertstr.	Y 23
Rusterberg	Z 24
Schultesstr.	Z 25
Spitalstr.	Z 26

SCHWEINFURT

Alte Reichsbank
Neutorstr. 4 1/2 ⊠ 97421 – ℰ (09721) 54 16 70 – www.altereichsbank.de
18 Zim ⊑ – ♦74/84 € ♦♦99/109 €   Ya
Rest – *(geschl. Montag und Sonntagabend) (Dienstag - Samstag nur Abendessen)*
Menü 24/36 € – Karte 18/56 €

• Zentral gegenüber des Châteaudun-Park gelegenes Hotel im Gebäude der ehemaligen Reichsbank a. d. J. 1923. Geräumige, freundliche Zimmer mit funktioneller Ausstattung. Das helle, neuzeitliche Restaurant wird ergänzt durch eine Weinstube im einstigen Tresorraum.

Park Hotel garni
Hirtengasse 6a ⊠ 97421 – ℰ (09721) 12 77 – www.park-hotel-mpm.de – geschl. 20. Dezember - 6. Januar
39 Zim ⊑ – ♦79/89 € ♦♦109 €   Zs

• Das Businesshotel in der Innenstadt verfügt über funktionale Gästezimmer und einen hellen, freundlichen Frühstücksraum. Moderne Bilder zieren das Haus.

XX Kugelmühle
Georg-Schäfer-Str. 30 ⊠ 97421 – ℰ (09721) 91 47 02 – www.restaurant-kugelmuehle.de – geschl. 23. Dezember - 6. Januar, 1. - 22. August und Samstag - Sonntag sowie an Feiertagen   Zf
Rest – (Tischbestellung erforderlich) Menü 49/65 € – Karte 40/79 €

• Modern-elegantes Restaurant in einem Fabrikgebäude unter der Leitung von Küchenchef und Inhaber Max Matreux. Fränkisch-mediterrane Küche auf klassischer Basis, dazu freundlicher Service.

X Kings & Queens
Bauerngasse 101 ⊠ 97421 – ℰ (09721) 53 32 42 – www.kings-u-queens.de – geschl. über Fasching, 30. Juli - 20. August und Montag; Juni - Juli: Sonntag - Montag
Rest – *(nur Abendessen)* Menü 31 € (vegetarisch)/60 € – Karte 32/43 €   Yb

• Ein sympathisches kleines Restaurant mit den engagierten jungen Betreibern Sabine und Marc Wiederer. Zur schmackhaften internationalen Küche (z. B. Rehbock in Radieschen-Schalotten-Jus) sorgt die charmante Chefin für eine treffliche Weinberatung.

X Ebracher Hof mit Zim
Rittergasse 2 ⊠ 97421 – ℰ (09721) 7 30 23 10 – www.ebracher-hof-sw.de
7 Zim ⊑ – ♦88/98 € ♦♦115/125 €   Ze
Rest – Menü 22 € (mittags) – Karte 18/47 €

• Im schönen historischen Rahmen eines ehemaligen Klosters bietet man in modernem Ambiente regional-saisonale Speisen. Im Hof befindet sich eine hübsche Sonnenterrasse. Zeitgemäße, wohnliche Gästezimmer.

SCHWENDI – Baden-Württemberg – **545** – 6 260 Ew – Höhe 538 m   64 I20
▶ Berlin 645 – Stuttgart 127 – Konstanz 138 – Ravensburg 67
☷ Wain, Reischenhof, ℰ (07353) 17 32

Oberschwäbischer Hof
Hauptstr. 9 ⊠ 88477 – ℰ (07353) 9 84 90 – www.oberschwaebischer-hof.de
30 Zim ⊑ – ♦89/95 € ♦♦110/130 € – ½ P 30 € – 4 Suiten
Rest *Oberschwäbischer Hof* – siehe Restaurantauswahl

• Schöne Architektur und modern-funktionelles Interieur bestimmen hier das Bild. Die Zimmer sind sehr gut ausgestattet und liegen recht ruhig nach hinten.

XX Oberschwäbischer Hof – Hotel Oberschwäbischer Hof
Hauptstr. 9 ⊠ 88477 – ℰ (07353) 9 84 90
– www.oberschwaebischer-hof.de – geschl. Sonntag
Rest – Menü 35/50 € – Karte 30/48 €

• Oberschwäbisch die Umgebung, international und regional der Küchenstil: Ob Sie Maultaschen, etwas Mediterranes oder lieber etwas Asiatisches nehmen - die Produkte sind stets frisch und schmecken lecker.

SCHWENNINGEN – Bayern – 546 – 1 420 Ew – Höhe 416 m 57 J19
▶ Berlin 550 – München 125 – Augsburg 56 – Ansbach 114

XX Schloss Kalteneck mit Zim
Kirchstr. 26 ⊠ 89443 – ℰ (09070) 90 99 40 – www.schloss-kalteneck.com
– geschl. 20. - 26. Februar, 27. August - 9. September und Montag - Dienstag
6 Zim – †40 € ††60 €, ⊇ 5 € **Rest** – Menü 35/85 € – Karte 28/58 €

♦ In dem Wasserschloss am Rande des kleinen Ortes erwartet Sie eine schmackhafte klassische Küche, die international beeinflusst ist - für Naschkatzen: Champagnereispraline mit Baiser und Himbeeren! Der Service in dem hübschen Restaurant ist sehr freundlich und aufmerksam. Übernachten kann man in gepflegten, wohnlichen Gästezimmern.

SCHWERIN Ⓛ – Mecklenburg-Vorpommern – 542 – 95 050 Ew – Höhe 38 m 11 L5
▶ Berlin 203 – Lübeck 67 – Rostock 89
ADAC Lübecker Str. 18 **BY**
🛈 Am Markt 14 **BY**, ⊠ 19055, ℰ (0385) 5 92 52 12, www.schwerin.info
🛈 Gneven-Vorbeck, Kranichweg 1, ℰ (03860) 50 20
◉ Schloss-Insel: Schloss★ (Thronsaal), Schlosskirche★, Schlossgarten★ **CZ** – Dom★ **BY** – Staatliches Museum★ **CY**
◉ Ludwigslust: Schloss★, Schlosspark★, Süd: 36 km

Stadtpläne siehe Seiten 1138, 1139, 1140

🏨 Crowne Plaza
Bleicher Ufer 23 ⊠ 19053 – ℰ (0385) 5 75 50 – www.crowne-plaza.m-vp.de
99 Zim – †75/114 € ††75/114 €, ⊇ 15 € **Rest** – Karte 25/43 € **AZn**

♦ In dem Hotel etwas außerhalb der Altstadt erwarten Sie gediegen-komfortable Zimmer, einige davon mit Blick zum See. Gute Tagungsmöglichkeiten und großer Fitness-Club. Internationale Küche im Restaurant mit Terrasse.

🏨 Speicher am Ziegelsee
Speicherstr. 11 ⊠ 19055 – ℰ (0385) 5 00 30 – www.speicher-hotel.com **Tn**
78 Zim – †82/120 € ††97/140 €, **Rest** – Menü 22/32 € – Karte 23/37 €

♦ Am Seeufer steht der 1939 erbaute ehemalige Getreidespeicher, der aufwändig zum Hotel umgebaut wurde. Die Zimmer sind wohnlich und zeitgemäß, teils mit Seeblick. Bootsanleger. Das Restaurant ist neuzeitlich-elegant gestaltet, mit hübscher Terrasse zum See.

🏨 Niederländischer Hof
Alexandrinenstr. 12 ⊠ 19055 – ℰ (0385) 59 11 00 – www.niederlaendischer-hof.de
33 Zim ⊇ – †78/124 € ††115/170 € – 3 Suiten **BXr**
Rest – Menü 16/51 € – Karte 27/52 €

♦ Klassisch-stilvoll ist die Einrichtung in dem historischen Gebäude mit der denkmalgeschützten Fassade. Von einigen Zimmern blickt man auf den Pfaffenteich. Ein Wintergarten ergänzt das Restaurant.

🏨 Am Schloss garni
Heinrich-Mann-Str. 3 ⊠ 19053 – ℰ (0385) 59 32 30 – www.hotel-am-schloss.m-vp.de
25 Zim – †65/71 € ††85/94 € **BZb**

♦ Von der ehemaligen Bäckerei und Dampfmühle im Zentrum ist nur die denkmalgeschützte Fassade geblieben. Helle, funktionale Zimmer, teilweise mit integrierten Holzbalken.

XX buschérie
Buschstr. 9 ⊠ 19053 – ℰ (0385) 59 23 60 66 – geschl. Anfang Januar 2 Wochen und Montag **BYb**
Rest – Menü 17 € (mittags) – Karte 18/37 €

♦ Steht Ihnen der Sinn nach legerer Bistro-Atmosphäre oder möchten Sie lieber im modernen Restaurant essen? In dem sanierten alten Stadthaus im Herzen von Schwerin geht beides; die zeitgemäße Karte ist im EG und in der 1. Etage die gleiche.

In Schwerin-Großer Dreesch Süd-Ost: 4 km

🏨 RAMADA
Am Grünen Tal 39 ⊠ 19063 – ℰ (0385) 3992 0 – www.ramada.de **Vz**
78 Zim – †45/75 € ††50/80 €, ⊇ 13 € **Rest** – Karte 28/44 €

♦ Ein Businesshotel mit funktionellen Gästezimmern in verkehrsgünstiger Lage. Ruhiger sind die Zimmer zur straßenabgewandten Seite.

SCHWERIN

Alter Garten	**BCY**	3
Am Packhof	**BXY**	2
Apothekerstr.	**BXY**	10
Bäckerstr.	**AY**	12
Beethovenstr.	**AX**	13
Bischofstr.	**BY**	15
Bornhövedstr.	**CX**	16
Bürgerm.-Bade-Pl.	**BX**	18
Demmlerpl.	**AY**	19
Demmlerstr.	**AZ**	21
Dr-Külz-Str.	**AX**	24
Enge Str.	**BY**	25
Franz-Mehring-Str.	**ABY**	27
Friedrichstr.	**BY**	28
Fritz-Reuter-Str.	**AY**	30
Gaußstr.	**BXY**	31
Große Wasserstr.	**AZ**	33
Grunthalpl.	**BX**	34
Heinrich-Mann-Str.	**BZ**	40
Helenenstr.	**BY**	42
Hermannstr.	**BZ**	43
Hospitalstr.	**CX**	45
Jägerweg	**BZ**	46
Jahnstr.	**CY**	48
Johannesstr.	**AY**	52
Johannes-Stelling-Str.	**BZ**	49
Jungfernstieg	**AY**	53
Karl-Liebknecht-Pl.	**AZ**	54
Kirchenstr.	**CY**	55
Kleiner Moor	**CY**	57
Lennéstr.	**CZ**	58
Lobedanzgang	**BY**	61
Löwenpl.	**AX**	62
Ludwigsluster Chaussee	**BZ**	63
Max-Suhrbier-Str.	**AX**	64
Mecklenburgstr.	**BYZ**	66
Müllerstr.	**AY**	70
Platz der Freiheit	**AX**	76
Puschkinstr.	**BY**	78
Reutzstr.	**BX**	81
Richard-Wagner-Str.	**AY**	82
Ritterstr.	**BY**	84
Robert-Koch-Str.	**CX**	85
Sandstr.	**AY**	90
Schloßgartenallee	**CZ**	91
Schmiedestr.	**BY**	94
Schweinemarkt	**BX**	96
Severinstr.	**ABY**	99
Spieltordamm	**BX**	102
Werner-Seelenbinder-Str.	**AY**	108

1138

SCHWERIN

Street	Ref
Am Grünen Tal	V 4
An den Wadehängen	U 7
An der Crivitzer Chaussee	UV 9
Dorfstr.	V 22
Hagenower Chaussee	V 36
Hamburger Allee	V 37
Hauptstr.	T 39
Johannes-Stelling-Str.	T 49
Lennestr.	U 58
Medeweger Str.	T 67
Möwenburgstr.	T 59
Neumühler Str.	UV 72
Pampower Str.	V 73
Paulsdammer Weg	T 75
Ratzeburger Str.	T 79
Rogahner Str.	U 87
Schloßgartenallee	U 91
Seehofer Str.	T 97
Vor dem Wittenburger Tor	U 103
Waldschulweg	V 105
Werkstr.	V 106
Wickendorfer Str.	T 109
Wismarsche Str.	T 112
Wittenfördener Str.	U 113

SCHWERIN

In Schwerin-Krebsfördern Süd: 4 km

Arte
Dorfstr. 6 ⊠ *19061 – ℰ (0385) 6 34 50 – www.hotel-arte.de* Va
40 Zim – †65/79 € ††85/119 € – ½ P 18 €
Rest *Fontane* – Menü 18 € – Karte 20/31 €
• Die Zimmer in diesem Hotel sind wohnlich, funktional und farblich individuell gestaltet. Einige verfügen über einen kleinen Freisitz. Freundliches, neuzeitlich-elegantes Ambiente im Restaurant Fontane. Dazu ein Bistrobereich und eine hübsche Terrasse.

De Schün garni
Dorfstr. 16, (Zufahrt über Am Winkel) ⊠ *19061 – ℰ (0385) 64 61 20*
– www.hotel-deschuen-schwerin.de – geschl. 21. Dezember - 2. Januar Vn
17 Zim – †51/62 € ††76/89 €
• Das freundlich-familiäre kleine Hotel ist sehr gepflegt und wohnlich im Landhausstil eingerichtet. Beim Frühstücken - im Sommer auch auf der Terrasse - kann man in den schönen Garten schauen.

SCHWERTE – Nordrhein-Westfalen – 543 – 48 530 Ew – Höhe 110 m   26 D11
▶ Berlin 491 – Düsseldorf 73 – Dortmund 13 – Hagen 19

✕✕ Rohrmeisterei - Glaskasten
Ruhrstr. 20 ⊠ *58239 – ℰ (02304) 2 01 30 01 – www.rohrmeisterei-schwerte.de – geschl. Montag*
Rest – (nur Abendessen) Menü 39/54 € – Karte 34/53 €
Rest *Unter'm Kran* – siehe Restaurantauswahl
• Das sehenswerte Industriedenkmal aus rotem Backstein, eine ehemalige Pumpstation von 1890, beherbergt in der einstigen Werkshalle den modernen Glaskasten. Geboten wird hier gute internationale Küche. Werksutensilien dienen als Dekor. Eventhallen.

✕ Unter'm Kran – Restaurant Rohrmeisterei - Glaskasten
Ruhrstr. 20 ⊠ *58239 – ℰ (02304) 2 01 30 01 – www.rohrmeisterei-schwerte.de – geschl. Montagmittag*
Rest – Karte 23/39 €
• Dank einer Bürgerstiftung konnte das alte Gebäude zu einem Gastronomie- und Kulturzentrum ausgebaut werden. Das Lokal ist das Bistro des Restaurants "Rohrmeisterei-Glaskasten" und serviert Ihnen regionale Gerichte wie z. B. geschmorte Rinderbacken.

In Schwerte-Geisecke Ost: 5,5 km über Schützenstraße

Gutshof Wellenbad
Zum Wellenbad 7 ⊠ *58239 – ℰ (02304) 48 79 – www.gutshof-wellenbad.de – geschl. Anfang Januar 2 Wochen, Ende Oktober - Mitte November 2 Wochen*
14 Zim – †69/77 € ††89/109 € – 2 Suiten
Rest – (Montag - Freitag nur Abendessen) Menü 32 € – Karte 34/45 €
• Mit sehr gepflegtem, wohnlichem Ambiente lädt der einstige Gutshof zum Übernachten ein. Die Zimmer sind mit altem Holz hübsch in rustikalem Stil gehalten, die Bäder sind modern. Internationale Küche im Restaurant mit herrlicher Terrasse an der Ruhr.

SCHWETZINGEN – Baden-Württemberg – 545 – 21 840 Ew – Höhe 101 m   47 F17
▶ Berlin 623 – Stuttgart 118 – Mannheim 18 – Heidelberg 10
🅵 Drei Königstr. 3, ⊠ 68723, ℰ (06202) 94 58 75, www.schwetzingen.de
◉ Schlossgarten★★, Schloss★, Rokokotheater★

Villa Bassermann garni
Bahnhofanlage 6 ⊠ *68723 – ℰ (06202) 97 88 90 – www.villa-bassermann.de*
30 Zim – †60/90 € ††95/120 €
• Die nahe Bahnlinie (Bahnhof vis-à-vis) ist zwar bisweilen zu hören, doch punktet die ehemalige Privatvilla mit sehr gepflegten, geräumigen und modernen Zimmern.

Altavilla garni
Dreikönigstr. 8 ⊠ *68723 – ℰ (06202) 2 04 89 00 – www.hotel-altavilla.de*
17 Zim – †55/80 € ††90/115 €
• In dem kleinen Hotel nicht weit vom Schloss wohnen Sie in freundlichen Zimmern mit Parkettfußboden (teilweise mit Balkon) und frühstücken im lichten modernen Wintergarten.

SCHWETZINGEN

Villa Benz garni
Zähringer Str. 51 ⊠ 68723 – ℰ (06202) 93 60 90 – www.villa-benz.de
– geschl. 1. - 8. Januar, 21. - 31. Dezember
10 Zim ⊇ – †79/89 € ††99/109 €
• Hier hat man die persönliche Atmosphäre eines familiären Hauses - und den Schlosspark direkt gegenüber! Tipp: In den Zimmern zum Garten hin schläft man ruhiger.

SCHWIELOWSEE – Brandenburg – **542** – 10 180 Ew – Höhe 35 m   22 O8
▶ Berlin 56 – Potsdam 16 – Belzig 54

In Schwielowsee-Caputh

Landhaus Haveltreff
Weinbergstr. 4 ⊠ 14548 – ℰ (033209) 7 80 – www.haveltreff.de
27 Zim ⊇ – †73/90 € ††98/108 €   **Rest** – Menü 40/57 € – Karte 15/38 €
• Die Lage unmittelbar an der Havel sowie wohnliche Zimmer in harmonischen Farben machen das ansprechende Hotel aus. Auch ein eigener Bootssteg steht zur Verfügung. Restaurant im Landhausstil mit regionaler und internationaler Küche. Terrasse zum Fluss.

SCHWÖRSTADT – Baden-Württemberg – **545** – 2 400 Ew – Höhe 424 m   61 D21
▶ Berlin 829 – Stuttgart 214 – Freiburg im Breisgau 71 – Lörrach 13

Schloßmatt
Lettenbündte 5 ⊠ 79739 – ℰ (07762) 5 20 70 – www.hotel-schlossmatt.de – geschl. Januar
23 Zim ⊇ – †70/98 € ††85/115 €
Rest – (geschl. Sonntag - Montag) (nur Abendessen) Menü 24/45 € – Karte 27/51 €
• Das neuzeitliche Hotel unter familiärer Leitung bietet gepflegte und funktionell ausgestattete Zimmer. Am Hochrhein-Radweg gelegen, ist das Haus eine ideale Adresse für Radfahrer. In zeitlosem Stil gehaltenes Restaurant.

SEBNITZ – Sachsen – **544** – 8 570 Ew – Höhe 300 m   44 R12
▶ Berlin 227 – Dresden 47 – Görlitz 66
🛈 Neustädter Weg 10, ⊠ 01855, ℰ (035971) 7 09 60, www.sebnitz.de

Sebnitzer Hof
Markt 13 ⊠ 01855 – ℰ (035971) 90 10 – www.sebnitzer-hof.de
34 Zim ⊇ – †55/61 € ††75/95 € – ½ P 18 € – 1 Suite   **Rest** – Karte 19/34 €
• Der Name hat sich geändert (früher "Sächsischer Hof"), die Tradition ist geblieben. Wer es gern etwas individueller hat, wählt eines der Themenzimmer: "Afrika", "New York", "August der Starke"... Als Restaurant dient das Café, in dem man am Morgen auch frühstückt.

SEEG – Bayern – **546** – 2 820 Ew – Höhe 853 m – Wintersport: 900 m ⛷ 1 🎿   64 J21
– Luftkurort
▶ Berlin 658 – München 142 – Kempten (Allgäu) 31 – Pfronten 11
🛈 Hauptstr. 33, ⊠ 87637, ℰ (08364) 98 30 33, www.seeg.de

Pension Heim garni
Aufmerg 8 ⊠ 87637 – ℰ (08364) 2 58 – www.pensionheim.de – geschl. November - 24. Dezember
16 Zim ⊇ – †51/60 € ††72/82 € – 2 Suiten
• Eine nette Adresse in dörflicher Umgebung ist diese familiär geführte kleine Hotelpension mit ländlich-rustikaler Einrichtung und Blick auf das Alpenvorland.

In Rückholz-Seeleuten Süd-West: 2 km über Aufmberg

Café Panorama
Seeleuten 62 ⊠ 87494 – ℰ (08364) 2 48 – www.panorama-allgaeu.de – geschl. 25. Oktober - 25. Dezember
11 Zim ⊇ – †42/55 € ††68/94 € – ½ P 17 € – 1 Suite
Rest – (geschl. Montag - Dienstag) (Abendessen nur für Hausgäste) Karte 22/36 €
• Die ruhige Lage mit schöner Sicht auf die Voralpenlandschaft sowie gepflegte solide Zimmer, teils mit großem Wohnbereich und Kamin, sprechen für diesen Familienbetrieb.

SEEHAUSEN – Brandenburg – siehe Oberuckersee

SEEHEIM-JUGENHEIM – Hessen – 543 – 15 960 Ew – Höhe 133 m — 47 F15
– Luftkurort

▶ Berlin 582 – Wiesbaden 56 – Mannheim 48 – Darmstadt 13

Im Ortsteil Malchen

Malchen garni
Im Grund 21 ⊠ 64342 – ℰ (06151) 9 46 70 – www.hotel-malchen.de
25 Zim – †75/100 € ††115/140 €
♦ Ein engagiert geführtes Haus in recht ruhiger Lage. Ein Teil der Zimmer ist besonders geräumig, einige mit Kitchenette für Langzeitgäste. Freundlicher Frühstücksraum.

SEELBACH – Baden-Württemberg – 545 – 5 050 Ew – Höhe 215 m — 53 D19
– Luftkurort

▶ Berlin 774 – Stuttgart 175 – Freiburg im Breisgau 61 – Offenburg 33
🛈 Hauptstr. 7, ⊠ 77960, ℰ (07823) 94 94 52, www.seelbach-online.de

Schmieders Ochsen (mit Gästehäusern)
Hauptstr. 100 ⊠ 77960 – ℰ (07823) 9 49 50 – www.ochsen-seelbach.de
– geschl. 3 Wochen über Fastnacht
34 Zim – †55/68 € ††85/92 € – ½ P 15 €
Rest – *(geschl. Mittwoch)* Karte 16/50 €
♦ Das gewachsene Gasthaus ist ein langjähriger Familienbetrieb mit wohnlichen Zimmern. In den nahe gelegenen Gästehäusern Martha und Brigitte hat man auch Familienzimmer. Restaurant in gepflegtem bürgerlich-rustikalem Stil mit schöner Terrasse.

In Seelbach-Wittelbach Süd: 2,5 km über Tretenhofstraße

Landgasthof Ochsen mit Zim
Schuttertalstr. 5 ⊠ 77960 – ℰ (07823) 22 57 – www.landgasthof-ochsen.com – geschl. Montag
10 Zim – †40/44 € ††70/78 €, ⊆ 8 € – ½ P 19 €
Rest – *(Dienstag - Freitag nur Abendessen)* Menü 20 € – Karte 25/49 €
♦ Eine gemütlich-traditionelle Atmosphäre herrscht in diesem familiengeführten Gasthof. Im Sommer serviert man die regionale Küche auch im Innenhof oder auf der Terrasse im Garten. Zum Übernachten stehen zeitgemäße Zimmer bereit.

SEEON-SEEBRUCK – Bayern – 546 – 4 590 Ew – Höhe 537 m – Luftkurort — 67 N20
und Erholungsort

▶ Berlin 654 – München 80 – Bad Reichenhall 55 – Wasserburg am Inn 26
🛈 Am Anger 1, ⊠ 83358, ℰ (08667) 71 39, www.seeon-seebruck.de
◉ Chiemsee ★

Im Ortsteil Lambach Süd-West: 3 km ab Seebruck in Richtung Rosenheim

Malerwinkel
Lambach 23 ⊠ 83358 – ℰ (08667) 8 88 00 – www.hotelmalerwinkel.de
20 Zim ⊆ – †50/62 € ††96/122 € **Rest** – Menü 25/86 € – Karte 35/57 €
♦ Die Lage am See ist wunderschön. Liegewiese, Strandbad und Bootsanleger hat man direkt vor der Tür. Für Ausflüge kann man Fahrräder leihen. Die riesige Terrasse zum Chiemsee ist im Sommer gut besucht, ein Grund dafür ist sicher auch die große Kuchenauswahl.

SEESEN – Niedersachsen – 541 – 20 530 Ew – Höhe 205 m — 29 I10

▶ Berlin 294 – Hannover 78 – Braunschweig 62 – Göttingen 53
🛈 Marktstr. 1, ⊠ 38723, ℰ (05381) 7 52 43, www.seesen.de

Goldener Löwe
Jacobsonstr. 20 ⊠ 38723 – ℰ (05381) 93 30 – www.loewe-seesen.de
40 Zim ⊆ – †75/98 € ††80/120 € – 1 Suite
Rest Anna – *(geschl. Samstagmittag, Sonntagabend - Montag)* Menü 24/37 €
– Karte 26/44 €
Rest Brasserie – *(Montag - Freitag nur Abendessen)* Karte 20/46 €
♦ Das Hotel besteht aus einem alten Fachwerkhaus und einem Anbau, verbunden durch einen verglasten Übergang. Unterschiedliche Zimmer mit funktionaler Ausstattung. Anna mit rustikalem Ambiente und bürgerlich-regionaler Küche. Kleine Gerichte und Steaks in der Brasserie.

SEESHAUPT – Bayern – **546** – 2 880 Ew – Höhe 597 m   65 L21
▶ Berlin 635 – München 49 – Garmisch-Partenkirchen 46 – Weilheim 14

Sterff garni
Penzberger Str. 6 ⊠ 82402 – ℰ (08801) 9 06 30 – www.hotel-sterff.de – geschl. 21. Dezember - 8. Januar
21 Zim – †55/65 € ††88 € – 1 Suite
♦ Eine familiäre Pension, in der gepflegte, mit hellem Holz solide ausgestattete Zimmer zur Verfügung stehen, teilweise mit Balkon. Der See liegt ca. fünf Gehminuten entfernt.

SEEVETAL – Niedersachsen – **541** – 41 860 Ew – Höhe 14 m   10 I6
▶ Berlin 298 – Hannover 130 – Hamburg 26 – Bremen 101
🏌 Seevetal-Helmstorf, Am Hockenberg 100, ℰ (04105) 5 22 45
🏌 Seevetal-Hittfeld, Am Golfplatz 24, ℰ (04105) 23 31

In Seevetal-Hittfeld

Nordlicht
Bahnhofstr. 42 ⊠ 21218 – ℰ (04105) 67 55 32 – www.nordlicht-hittfeld.de
– geschl. 2. - 5. Januar, 23. Juli - 8. August und Montag, Samstagmittag
Rest – Menü 19 € (mittags)/70 € – Karte 33/62 €
♦ Ein Restaurant mit sehr nettem Bistro-Ambiente und freundlichem Service, in dem gute, sorgfältig zubereitete internationale Küche geboten wird, dazu eine ausgesuchte kleine Weinauswahl. Beliebt ist der günstige Mittagstisch. Turmzimmer für besondere Anlässe.

SEEWALD – Baden-Württemberg – **545** – 2 340 Ew – Höhe 749 m   54 F19
– Wintersport: 900 m ⛷ – Luftkurort
▶ Berlin 709 – Stuttgart 76 – Karlsruhe 80 – Freudenstadt 23
🛈 Wildbader Str. 1, ⊠ 72297, ℰ (07447) 94 60 11, www.seewald.eu

In Seewald-Besenfeld

Oberwiesenhof
Freudenstädter Str. 60 (B294) ⊠ 72297 – ℰ (07447) 28 00
– www.hotel-oberwiesenhof.de
42 Zim – †88/118 € ††164/182 € – ½ P 12 € – 8 Suiten
Rest – Menü 20 € (mittags)/54 € – Karte 32/49 €
♦ Ein familiengeführtes Ferienhotel mit wohnlichen Zimmern, schöner Grünanlage und neuzeitlichem Spabereich. Wanderungen zum Jagdhaus im eigenen Privatwald. Gemütlich ist das rustikale Restaurant mit Kachelofen.

SEGEBERG, BAD – Schleswig-Holstein – **541** – 15 880 Ew – Höhe 44 m   10 J4
– Heilbad und Luftkurort
▶ Berlin 302 – Kiel 47 – Lübeck 33 – Hamburg 69
🛈 Oldesloer Str. 20, ⊠ 23795, ℰ (04551) 9 64 90, www.bad-segeberg.de
🏌 Wensin, Feldscheide 2, ℰ (04559) 13 60

Vitalia Seehotel
Am Kurpark 3 ⊠ 23795 – ℰ (04551) 80 28 – www.vitaliaseehotel.de
110 Zim – †115 € ††178 € – ½ P 25 € – 4 Suiten   **Rest** – Karte 29/39 €
♦ Eine schöne Sicht auf den See bieten sowohl die komfortablen, in modernem Stil eingerichteten Zimmer wie auch der großzügige Wellnessbereich dieses Hotels am Kurpark. Neuzeitlich-gediegenes Restaurant mit Seeblick.

In Högersdorf Süd-West: 3,5 km über B 432

Landhaus Holsteiner Stuben mit Zim
Dorfstr. 19 ⊠ 23795 – ℰ (04551) 40 41
– www.holsteiner-stuben.de – geschl. Mittwoch
5 Zim – †40/45 € ††60/70 € – ½ P 20 €   **Rest** – Menü 19/29 € – Karte 21/39 €
♦ Bürgerlich-regional kocht man in dem regionstypischen Backsteinhaus, das unter seinem Reetdach behaglich in holsteinisch-rustikalem Stil eingerichtet ist.

SEGEBERG, BAD

In Blunk Nord: 8 km über B 432, in Klein Rönnau links

Landhaus Schulze - Hamann
Segeberger Str. 32 ⊠ 23813 – ℰ (04557) 9 97 00 – www.landhaus-schulze-hamann.de
9 Zim ⊇ – †65/85 € ††110/135 €
Rest – (geschl. Montag - Dienstag) Karte 23/54 €
♦ Der erweiterte Gasthof ist ein langjähriger Familienbetrieb, in dem Sie wohnliches Landhausambiente erwartet. Entspannen kann man auch im hübschen kleinen Garten. Freundlich gestaltetes Restaurant mit schöner Terrasse. Serviert werden regionale Speisen.

In Pronstorf Ost: 15 km über B 206, nach Geschendorf links

Pronstorfer Krug (mit Gästehäusern)
Lindenstr. 2 ⊠ 23820 – ℰ (04553) 9 97 90 – www.pronstorfer-krug.de
24 Zim ⊇ – †49/65 € ††85/99 € – ½ P 20 € **Rest** – Karte 19/56 €
♦ Am Ortsrand befindet sich das familiengeführte Hotel, das über rustikal möblierte Zimmer mit Balkon oder Terrasse und einen netten Garten mit Pool verfügt. Zum Restaurant gehört eine schöne Terrasse.

In Pronstorf-Strenglin Ost: 17 km über B 206, in Geschendorf links

Strengliner Mühle (mit Gästehäusern)
Mühlerstr. 2 ⊠ 23820 – ℰ (04556) 99 70 99
– www.strenglinermuehle.de – geschl. 23. - 26. Dezember
35 Zim ⊇ – †52/85 € ††92/115 € – ½ P 20 € – 2 Suiten
Rest – (Montag - Freitag nur Abendessen) Karte 20/48 €
♦ Die zum Hotel gewachsene historische Wind- und Wassermühle in netter ländlicher Umgebung ist seit mehreren Generationen im Familienbesitz. Gut gepflegte und wohnliche Gästezimmer. Im Hauptaus befindet sich das helle Wintergarten-Restaurant.

SEHLEN – Mecklenburg-Vorpommern – siehe RÜGEN (Insel)

SEHNDE – Niedersachsen – **541** – 22 870 Ew – Höhe 68 m   19 I9
▶ Berlin 269 – Hannover 23 – Braunschweig 48 – Hildesheim 38
 Sehnde-Rethmar, Seufzerallee 10, ℰ (05138) 70 05 30

In Sehnde-Bolzum Süd West: 2,5 km über Nordstraße

Landhaus Bolzum garni
Schmiedestr. 10 ⊠ 31319 – ℰ (05138) 60 82 90 – www.landhaus-bolzum.de – geschl. 19. - 31. Dezember
16 Zim ⊇ – †45/60 € ††60/85 € – 2 Suiten
♦ Das familiär geführte kleine Landhotel verfügt über solide, hell eingerichtete Gästezimmer und einen freundlichen Frühstücksraum im Wintergarten.

SEIFFEN – Sachsen – **544** – 2 460 Ew – Höhe 640 m – Wintersport: 750 m   43 P13
₰ 5 ⚘ – Kurort
▶ Berlin 256 – Dresden 65 – Chemnitz 56 – Freiberg 36
 Hauptstr. 95, ⊠ 09548, ℰ (037362) 84 38, www.seiffen.de

Wettiner Höhe ♨
Jahnstr. 23 ⊠ 09548 – ℰ (037362) 14 00 – www.travdo-hotels.de
63 Zim ⊇ – †60/89 € ††84/134 €   **Rest** – Karte 19/29 €
♦ Das Ferienhotel liegt ruhig auf einer Anhöhe und bietet eine schöne Aussicht auf die Umgebung, gut ausgestattete, unterschiedlich geschnittene Zimmer sowie kosmetische Behandlungen. Restaurant in gediegenem Stil.

Erbgericht-Buntes Haus
Hauptstr. 94 ⊠ 09548 – ℰ (037362) 77 60 – www.erzgebirgshotels.de
44 Zim ⊇ – †42/65 € ††69/125 € – ½ P 16 €
Rest – Menü 19 € (abends) – Karte 16/33 €
♦ In diesem traditionsreichen Haus hat man mit recht farbenfroher Einrichtung und den für den Ort Seiffen bekannten Holzfiguren eine freundliche Atmosphäre geschaffen. Restaurantstuben mit rustikalem Charakter, in der "Postkutsche" trifft man sich auf ein Bier.

SEIFFEN

Seiffener Hof
Hauptstr. 31 ⌧ 09548 – ℰ (037362) 1 30 – www.seiffener-hof.de
– geschl. 10. - 28. Januar
25 Zim ☐ – †45/60 € ††70/120 € – ½ P 14 € **Rest** – Karte 16/30 €
♦ Ein sehr wohnlicher und auffallend gepflegter Familienbetrieb am Ortsanfang, zu dem neben gemütlichen Gästezimmern auch eine von den Inhabern betriebene Holzwarenwerkstatt gehört - hier kann man bei Bastelkursen seiner Kreativität freien Lauf lassen!

SELB – Bayern – 546 – 16 040 Ew – Höhe 541 m   51 M14

▶ Berlin 344 – München 291 – Hof 29 – Bayreuth 62
ℹ Ludwigstr. 6, ⌧ 95100, ℰ (09287) 88 31 18, www.selb.de

Rosenthal-Casino
Kasinostr. 3 ⌧ 95100 – ℰ (09287) 80 50 – www.rosenthal-casino.de
20 Zim ☐ – †75/95 € ††85/115 €
Rest – *(geschl. 1. - 6. Januar und Samstagmittag, Sonntag)* Menü 38 € – Karte 35/51 €
♦ In dem Haus neben der Porzellanmanufaktur haben Künstler und Designer - jeder mit seiner unverwechselbaren Handschrift - individuelle Zimmer geschaffen. Zeitlos-elegantes Restaurant mit nettem rustikalem Nebenzimmer.

SELIGENSTADT – Hessen – 543 – 20 240 Ew – Höhe 110 m   48 G15

▶ Berlin 540 – Wiesbaden 58 – Frankfurt am Main 27 – Aschaffenburg 17
ℹ Aschaffenburger Str. 1, ⌧ 63500, ℰ (06182) 8 71 77, www.seligenstadt.de
🏌 Seligenstadt am Kortenbach e.V., An der Lache 1, ℰ (06182) 82 89 9 0

Landgasthof Neubauer
Westring 3a ⌧ 63500 – ℰ (06182) 30 97 – www.landgasthof-neubauer.de – geschl. Januar 1 Woche, Juli - Mitte August 2 Wochen, Mitte Oktober 2 Wochen
17 Zim ☐ – †65/75 € ††75/95 €
Rest – *(geschl. November - Dezember: Montag) (Montag - Samstag nur Abendessen)* Karte 20/37 €
♦ Das Haus am Rande der kleinen Stadt ist eine familiäre Adresse, in der Sie private Atmosphäre und gut gepflegte Gästezimmer erwarten. Gemütlich-rustikal ist das Ambiente im Restaurant. Große Eventscheune für Feierlichkeiten.

In Seligenstadt-Froschhausen Nord-West: 3 km über Frankfurter Straße

Columbus
Am Reitpfad 4 ⌧ 63500 – ℰ (06182) 84 00 – www.hotel-columbus.de
116 Zim ☐ – †86 € ††127 €   **Rest** – Karte 20/43 €
♦ Mit seiner verkehrsgünstigen Lage in einem Gewerbegebiet und funktionellen Zimmern in zeitlosem Stil ist das Hotel ideal für Tagungen und Businessgäste.

SELLIN – Mecklenburg-Vorpommern – siehe Rügen (Insel)

SELZEN – Rheinland-Pfalz – 543 – 1 560 Ew – Höhe 134 m   47 E15

▶ Berlin 605 – Mainz 31 – Neustadt an der Weinstraße 83 – Wiesbaden 44

Kaupers Restaurant im Kapellenhof
Kapellenstr. 18a, (Zufahrt über Kirschgartenstraße) ⌧ 55278 – ℰ (06737) 83 25
– www.kaupers-kapellenhof.de – geschl. März 3 Wochen, November 3 Wochen und Mittwoch - Donnerstag
Rest – *(Montag - Samstag nur Abendessen)* (Tischbestellung erforderlich)
Menü 68/84 € – Karte 48/73 €
Spez. Fluss-Hecht / Gartenkresse / Graupen. Pochiertes Landei / Rahmspinat / bunter Blattspinat. Omas Streusel / 2erlei Rhabarber.
♦ Ein wahres Kleinod - oder "Coup de Coeur", wie der Franzose sagen würde! Frau Breyer und Herr Kauper sind mit Herzblut und Freude bei der Sache, auch in der Küche (saisonal und kreativ). Und wenn es drinnen noch so schön ist, im Sommer steht Urlaubsfeeling auf der Dachterrasse an!

SENDEN – Bayern – 546 – 22 380 Ew – Höhe 549 m   56 I19
▶ Berlin 624 – München 143 – Augsburg 81 – Memmingen 48

Feyrer
Bahnhofstr. 18 ⊠ *89250* – ℰ *(07307) 94 10* – *www.hotel-feyrer.de*
– geschl. 1. - 6. Januar, 1. - 15. August
50 Zim ⊇ – †69/82 € ††93/103 €
Rest – *(geschl. Samstagmittag, Sonntagabend)* Menü 22/45 € – Karte 30/46 €
♦ Ein Tagungshotel in Bahnhofsnähe: die Zimmer gepflegt, zeitgemäß und funktionell, die Seminarräume klimatisiert. Dazu bietet man im Restaurant mit Innenhofterrasse internationale und regionale Küche.

In Senden-Wullenstetten Süd-Ost: 2,5 km

Krone
Römerstr. 27 ⊠ *89250* – ℰ *(07307) 92 18 00* – *www.historischer-gasthof-krone.de*
17 Zim ⊇ – †72 € ††92 €
Rest – *(geschl. Montagmittag, Samstagmittag)* Karte 17/41 €
♦ Der hübsche Gasthof mit den grünen Fensterläden - einst eine Brauerei - bietet heute behagliche Landhauszimmer - eines mit bemalten Bauernmöbeln und Himmelbett. In der rustikalen Stube isst man bürgerlich (z. B. hausgemachte Maultaschen), im Sommer lockt der Biergarten!

SENDENHORST – Nordrhein-Westfalen – 543 – 13 300 Ew – Höhe 62 m   27 E10
▶ Berlin 451 – Düsseldorf 136 – Bielefeld 73 – Beckum 19
🏌 Everswinkel-Alverskirchen, Holling 4, ℰ (02582) 56 45

In Sendenhorst-Hardt Süd-Ost: 2 km über Osttor

Waldmutter
Hardt 6 (an der Straße nach Beckum) ⊠ *48324* – ℰ *(02526) 9 32 70*
– *www.waldmutter.de*
26 Zim ⊇ – †67 € ††104 €   **Rest** – *(geschl. Montagmittag)* Karte 18/43 €
♦ Im Hotelanbau dieses regionstypischen Gasthauses (1450 erstmals erwähnt) befinden sich geräumige, neuzeitliche Zimmer mit gutem Schreibplatz und kostenfreiem W-Lan. Variable Veranstaltungsräume. Der Tradition des Hauses folgend bleibt man dem bürgerlichen Küchenstil treu.

SENFTENBERG – Brandenburg – 542 – 26 830 Ew – Höhe 102 m   33 Q11
▶ Berlin 143 – Potsdam 152 – Cottbus 35 – Dresden 75
ADAC Am Neumarkt 6
🛈 Markt 1, ⊠ 01968, ℰ (03573) 1 49 90 10, www.senftenberg.de

Seeschlößchen
Buchwalder Str. 77 ⊠ *01968* – ℰ *(03573) 3 78 90*
– *www.seeschloesschen-lausitztherme.de*
33 Zim ⊇ – †90/105 € ††130/160 € – 3 Suiten
Rest – *(geschl. Januar - Februar)* Karte 25/52 €
Rest *Sandak* – ℰ *(03573) 37 89 40 (geschl. Juli - August und Montag - Dienstag) (nur Abendessen)* Menü 60/88 € – Karte 41/69 €
♦ Der Senftenberger See liegt gleich gegenüber, die Zimmer sind wohnlich und zum Relaxen hat man einen großzügigen Spa mit allerlei Anwendungen! Essen können Sie im eleganten Restaurant Sandak (ambitionierte, u. a. von regionalen Produkten geprägte Küche) oder in der Brasserie am See.

Strandhotel
Am See 3 ⊠ *01968* – ℰ *(03573) 80 04 00* – *www.strandhotel-see.de*
24 Zim ⊇ – †52/57 € ††70/98 €
Rest – *(September - März: Montag - Samstag nur Abendessen)* Karte 20/33 €
♦ In attraktiver Lage unmittelbar am See erwarten Sie gepflegte, teilweise seeseitige Zimmer in geradlinig-neuzeitlichem Stil sowie eine eigene Badestelle und ein Bootssteg. Restaurant und Terrasse mit Seeblick.

SERRIG – Rheinland-Pfalz – 543 – 1 590 Ew – Höhe 160 m   45 B16
▶ Berlin 739 – Mainz 173 – Trier 25 – Saarbrücken 71

✗ Gasthaus Wagner
Losheimer Str. 3 ⌧ 54455 – ℰ (06581) 22 77
– geschl. Januar 2 Wochen, Oktober 2 Wochen und Dienstag - Donnerstagmittag
Rest – *(November - April: Montag - Freitag nur Abendessen)* Menü 24/37 €
– Karte 20/45 €
♦ In dem familiär geführten Gasthaus wird bürgerlich-regionale Küche aufgetischt. Man sitzt in gemütlich-rustikalem Ambiente oder draußen unter einer schattenspendenden Kastanie.

SESSLACH – Bayern – 546 – 4 070 Ew – Höhe 271 m   50 K14
▶ Berlin 395 – München 275 – Coburg 19 – Bamberg 40

🏠 Fränkische Landherberge garni
Hans-Reiser-Str. 33 ⌧ 96145 – ℰ (09569) 9 22 70 – www.fraenkische-landherberge.de
– geschl. 20. Dezember - 16. Januar
33 Zim – †38 € ††56 €
♦ Im Stil früherer bäuerlicher Anwesen wurde das nach ökologischen Aspekten gebaute Hotel u-förmig um einen Innenhof angelegt. Die Zimmer sind funktionell.

✗ Pörtnerhof mit Zim
Luitpoldstr. 15 ⌧ 96145 – ℰ (09569) 1 88 69 00 – www.sesslach-poertnerhof.de
– geschl. Dienstag
3 Zim – †40/50 € ††60/70 €
Rest – *(nur Abendessen)* Menü 20/40 € – Karte 17/42 €
Rest *Diele* – *(geschl. Sonntag - Dienstag) (nur Abendessen)* (Tischbestellung ratsam) Menü 38 € – Karte 30/50 €
♦ Ein schön saniertes ehemaliges Bauernhaus im Ortskern. In gemütlichem Ambiente bietet man an gut eingedeckten Tischen internationale Küche. Gehobener ist das Angebot in der Diele im 1. OG. Zum Übernachten stehen wohnliche Gästezimmer bereit.

SIEBELDINGEN – Rheinland-Pfalz – 543 – 1 010 Ew – Höhe 163 m   54 E17
▶ Berlin 666 – Mainz 115 – Mannheim 54 – Karlsruhe 41

🏠 Sonnenhof
Mühlweg 2 ⌧ 76833 – ℰ (06345) 33 11 – www.soho-siebeldingen.de
– geschl. Januar 2 Wochen
14 Zim – †60/68 € ††72/85 €
Rest *Sonnenhof* – siehe Restaurantauswahl
♦ In dem schönen Jugendstilhaus eines ehemaligen Weinguts erwarten die Gäste mit soliden Holzmöbeln und hübschen Stoffen wohnlich gestaltete Zimmer.

✗✗ Sonnenhof – Hotel Sonnenhof
Mühlweg 2 ⌧ 76833 – ℰ (06345) 33 11 – www.soho-siebeldingen.de
– geschl. Januar 2 Wochen und Donnerstag
Rest – *(Montag - Mittwoch nur Abendessen)* Menü 24 € (mittags)/49 € – Karte 28/45 €
♦ Eingebettet in die schöne Landschaft der Südpfalz finden Sie das Lokal von Matthias Goldberg. Die Einrichtung ist ländlich-modern, besonders schön ist es im Sommer draußen unter den Bäumen.

SIEGBURG – Nordrhein-Westfalen – 543 – 39 660 Ew – Höhe 55 m   36 C13
▶ Berlin 590 – Düsseldorf 67 – Bonn 13 – Koblenz 87
ADAC Industriestr. 47
ℹ Europaplatz 3, ⌧ 53721, ℰ (02241) 9 69 85 33, www.siegburg.de

🏨 Kranz-Parkhotel
Mühlenstr. 32 ⌧ 53721 – ℰ (02241) 54 70 – www.kranzparkhotel.de
109 Zim – †127/157 € ††167/179 € – 1 Suite   **Rest** – Karte 24/47 €
♦ Ein neuzeitlich-gediegenes und funktionell ausgestattetes Hotel im Zentrum, das gute Tagungsmöglichkeiten bietet. Die Deluxe-Zimmer und Suiten sind geräumiger. Freundlich gestaltetes Parkrestaurant. Im obersten Stock: die Sunset-Bar.

SIEGBURG

Oktopus
🛎 🍽 🏊 🧖 ♨ 🛎 ⋔ 🅿 VISA ⦾ AE
Zeithstr. 110 ✉ *53721* – ☎ *(02241) 84 64 00*
– www.friendly-cityhotel-siegburg.de
57 Zim ⌑ – †69/149 € ††89/199 € – 4 Suiten
Rest – Menü 15 € (mittags)/25 € – Karte 22/35 €
◆ Das Hotel überzeugt durch seine ansprechende geradlinig-moderne Einrichtung und den direkten Zugang zum Oktopus-Bad mit Indoor-Surf-Anlage und Tauch-Turm, Beauty und Massage.

Kaiserhof
🛎 🍽 ♨ ⋔ 🏊 VISA ⦾ AE
Kaiserstr. 80 (Zufahrt über Johannisstraße) ✉ *53721* – ☎ *(02241) 1 72 30*
– www.kaiserhof-siegburg.de – geschl. 22. - 28. Dezember
28 Zim ⌑ – †75/105 € ††98/135 €
Rest – Menü 24 € (mittags)/54 € – Karte 37/61 €
◆ Die praktische Lage in der Fußgängerzone von Siegburg sowie funktional eingerichtete Zimmer sprechen für dieses gut geführte Haus. Im Restaurant mit Bistro-Ambiente überzeugt Familie Keller mit Gastlichkeit und ambitionierter Küche.

In Siegburg-Seligenthal Süd-Ost: 5 km in Richtung Wahnbachtalsperre – Höhe 360 m

Klosterhof Seligenthal-Villa Waldesruh garni 🌳
🚗 ⋇ 🏊 🅿
Zum Kloster 1 ✉ *53721* – ☎ *(02242) 87 47 87*
VISA ⦾ AE
– www.klosterhof-seligenthal.de
12 Zim – †110 € ††145 €
◆ Das aus einer einsam gelegenen Klosteranlage entstandene Hotel bietet ebenso wie die 200 m entfernte Villa moderne, komfortable Zimmer. Dazu hat man ideale Räumlichkeiten für Hochzeiten und Tagungen.

SIEGEN – Nordrhein-Westfalen – **543** – 103 990 Ew – Höhe 280 m   **37** E12
▶ Berlin 564 – Düsseldorf 130 – Bonn 99 – Gießen 73
ADAC Leimbachstr. 189
ℹ Markt 2 Y, ✉ 57072, ☎ (0271) 4 04 13 16, www.siegen.de

Stadtplan auf der nächsten Seite

Pfeffermühle
🛎 🍽 ⋇ Rest, ♨ 🏊 🅿 VISA ⦾ AE
Frankfurter Str. 261 (über Z) ✉ *57074* – ☎ *(0271) 23 05 20*
– www.pfeffermuehle-siegen.de
42 Zim – †63/85 € ††70/86 €, ⌑ 5 € – ½ P 24 €
Rest – (geschl. Sonntag und an Feiertagen) (nur Abendessen) Karte 23/45 €
◆ Das familiengeführte Hotel liegt etwas erhöht außerhalb des Zentrums und bietet zeitgemäße Klassik- und Komfortzimmer sowie ganz moderne Businesszimmer im neuen Anbau. Man verfügt auch über einen guten Tagungsbereich. Internationales Speisenangebot im hellen, freundlichen Restaurant.

Berghotel Johanneshöhe
⇐ 🛎 ♨ 🅿 🚗 VISA ⦾ AE
Wallhausenstr. 1 (über Achenbacher Straße Z) ✉ *57072* – ☎ *(0271) 3 87 87 90*
– www.johannshoehe.de
23 Zim ⌑ – †60/95 € ††86/120 €
Rest – Menü 15 € (mittags)/80 € – Karte 28/47 €
◆ Hier überzeugen die exponierte Lage mit toller Aussicht über die Stadt sowie die tipptopp gepflegten und praktisch ausgestatteten Gästezimmer. Geradliniges Design bestimmt das Ambiente im Restaurant. Highlight ist die Panoramaterrasse.

Schwarzbrenner
VISA ⦾
Untere Metzgerstr. 29 ✉ *57072* – ☎ *(0271) 5 12 21*
– geschl. Anfang Juli - Mitte August 2 Wochen und Montag   **Zu**
Rest – (nur Abendessen) (Tischbestellung ratsam) Menü 41 €
– Karte 36/50 €
◆ Mitten in Siegen hat man in einem Stadthaus a. d. 18. Jh. auf zwei Etagen dieses liebenswerte und überaus gemütliche Restaurant eingerichtet. Die schmackhafte internationale Küche wird auf einer Tafel präsentiert und sehr freundlich serviert.

1149

SIEGEN

Alte Poststr.	YZ 2
Badstr.	Z 3
Bahnhofstr.	Y 4
Berliner Str.	YZ 5
Brüder-Busch-Str.	Y 6
Burgstr.	Y 7
Eiserfelder Str.	Z 8
Fischbacherbergstr.	Y 9
Freudenberger Str.	Y 10
Hagener Str.	Y 17
Hindenburg Str.	Y 18
Juliusstr.	Y 19
Koblenzer Str.	Z
Kölner Str.	Y 20
Kölner Tor.	Y 21
Kohlbettstr.	Z 22
Leimbachstr.	Z 24
Löhrstr.	Z 25
Löhrtor	Z 27
Marburger Str.	Y 28
Marburger Tor	Y 29
Markt	Y 31
Neumarkt	Y 32
Obere Metzgerstr.	Z 35
Obergraben	Z 34
Pfarrstr.	Y 36
St.-Johann-Str.	Z 40
Sieghütter Hauptweg	Y 39
Untere Metzgerstr.	Z 41

In Wilnsdorf Süd-Ost: 11 km über Frankfurter Straße Z

   Qualitel garni
Elkersberg 4 (BAB 45, Ausfahrt 23 / Autohof) ⌧ *57234 –* ℰ *(02739) 3 01 50*
– www.qualitel-hotel.de
44 Zim – ♦49/65 € ♦♦69/85 €, ⌧ 8 €
♦ Das Hotel ist durch und durch geradlinig-modern und funktionell. Zimmer mit Schallschutz und schöner Sicht von den oberen Etagen; hier auch die Konferenzräume mit guter Technik.

In Wilnsdorf-Wilgersdorf Süd-Ost: 4 km über Frankfurter Straße Z

   Gästehaus Wilgersdorf
Kalkhain 23 ⌧ *57234 –* ℰ *(02739) 8 96 90 – www.gaestehaus-wilgersdorf.de – geschl. über Weihnachten, Silvester und Neujahr*
40 Zim ⌧ – ♦50/65 € ♦♦83/99 €
Rest – *(geschl. Mitte Juli - August 3 Wochen und Sonntagabend)* Karte 21/39 €
♦ Angenehm ist die ruhige Waldrandlage dieses Familienbetriebs, schön die Aussicht. Neben funktionellen Zimmern bietet man gute Tagungsmöglichkeiten und einen großen Garten. Freundliches Restaurant zum Tal hin.

In jedem Sterne-Restaurant werden drei Spezialitäten angegeben, die den Küchenstil widerspiegeln. Nicht immer finden sich diese Gerichte auf der Karte, werden aber durch andere repräsentative Speisen ersetzt.

SIEGSDORF – Bayern – **546** – 7 950 Ew – Höhe 615 m – Luftkurort   **67** O21
▶ Berlin 695 – München 105 – Bad Reichenhall 32 – Rosenheim 48
🛈 Rathausplatz 2, ✉ 83313, ✆ (08662) 49 87 45, www.siegsdorf.de

Alte Post
Traunsteiner Str. 7 ✉ *83313* – ✆ *(08662) 66 46 09 00*
– *www.altepostsiegsdorf.de*
22 Zim – †54 € ††90 €   **Rest** – Karte 15/35 €

♦ Ein 600 Jahre alter Gasthof mit typischer Fassadenmalerei und schönem Gewölbe im Eingangsbereich. Wie gemacht für Familien sind die Appartements mit zwei Schlafräumen und Wohnraum. Das Restaurant hat man einer urig-bayerischen Tafernwirtschaft nachempfunden.

In Siegsdorf-Hammer Süd-Ost: 6 km über B 306

Der Hammerwirt-Gasthof Hörterer
Schmiedstr. 1 (B 306) ✉ *83313* – ✆ *(08662) 66 70*
– *www.der-hammerwirt.de* – *geschl. März, November*
25 Zim – †50/79 € ††89/120 €   **Rest** – *(geschl. Mittwoch)* Karte 17/50 €

♦ Mit 700 Jahren gilt die einstige Schmiede als ältestes Anwesen im Ort. Im Garten der wunderschöne große Natur-Badesee mit Holzstegen und Kinderbereich. Auch Familienzimmer und Ferienwohnungen. Holzdecke, Terrakottaboden und Kachelofen machen das Restaurant gemütlich-rustikal.

SIEK – Schleswig-Holstein – **541** – 2 040 Ew – Höhe 62 m   **10** J5
▶ Berlin 277 – Kiel 86 – Bad Oldesloe 26 – Hamburg 27

Alte Schule
Hauptstr. 44 ✉ *22962* – ✆ *(04107) 87 73 10* – *www.alte-schule-siek.de*
– *geschl. 1. - 15. Januar*
19 Zim – †76/91 € ††94/113 €, ⌑ 13 €
Rest *Alte Schule* – siehe Restaurantauswahl

♦ Familie Franke leitet samt Schwiegersohn (er ist auch Küchenchef im Haus) diese ehemalige Schule mitten in Siek. Für die Gäste hat man alles hell und frisch gestaltet, Obst, Wasser und W-Lan gratis!

✗✗ Alte Schule – Hotel Alte Schule
Hauptstr. 44 ✉ *22962* – ✆ *(04107) 87 73 10* – *www.alte-schule-siek.de*
– *geschl. 1. - 15. Januar und Montag*
Rest – *(Dienstag - Freitag nur Abendessen)* Menü 33/55 € – Karte 32/60 €

♦ Den Charme des alten Gebäudes von 1911 spürt man auch im Inneren: Holzboden, hohe Decken und offener Kamin! Wo einst Kinder die Schulbank drückten, sitzt man heute gemütlich beim Essen. Geboten wird eine schmackhafte saisonale Küche mit frischen Produkten.

SIERKSDORF – Schleswig-Holstein – **541** – 1 630 Ew – Höhe 21 m   **11** K4
– Seebad
▶ Berlin 291 – Kiel 57 – Lübeck 38 – Neustadt in Holstein 8

Seehof (mit Gästehäusern)
Gartenweg 30 ✉ *23730* – ✆ *(04563) 4 77 70* – *www.seehof-sierksdorf.de* – *geschl. Januar*
19 Zim ⌑ – †90/130 € ††116/175 € – ½ P 25 €
Rest – *(geschl. Mittwoch)* Karte 27/45 €

♦ Ihrer Erholung steht hier nichts im Wege! Ein bisschen erinnert das Gebäudeensemble mit der herrlichen Parkanlage an einen Gutshof. Die Lage leicht erhöht, der Blick aufs Meer unverbaubar! Eine Treppe führt hinunter zum Badestrand.

SIEVERSHAGEN – Mecklenburg-Vorpommern – siehe Rostock

SIGMARINGEN – Baden-Württemberg – **545** – 16 380 Ew – Höhe 580 m   **63** G20
▶ Berlin 696 – Stuttgart 101 – Konstanz 73 – Freiburg im Breisgau 136
🛈 Schwabstr. 1, ✉ 72488, ✆ (07571) 10 62 24, www.sigmaringen.de
⛳ Inzigkofen, Buwiesen 10, ✆ (07571) 7 44 20

SIGMARINGEN

🏠 Fürstenhof
Zeppelinstr. 14 (Süd-Ost: 2 km, Richtung Ravensburg, nahe der B 32) ✉ *72488*
– ℰ *(07571) 7 20 60 – www.fuerstenhof-sig.de*
34 Zim ⬜ – †56/65 € ††75/90 €
Rest – *(geschl. Sonntagabend)* Karte 25/50 €
• Praktisch ist die verkehrsgünstige Lage dieses Hotels in einem kleinen Industriegebiet am Stadtrand. Die Zimmer sind gepflegt und klassisch eingerichtet. Gediegenes Ambiente und internationale Küche im Restaurant.

In Scheer Süd-Ost: 10 km über B 32

🏠 Donaublick
Bahnhofstr. 21 (an der B 32) ✉ *72516* – ℰ *(07572) 7 63 80 – www.donaublick.de*
– *geschl. 24. Dezember - 3. Januar*
32 Zim ⬜ – †52/65 € ††72/88 €
Rest – *(geschl. Ende Juli - Anfang September und Donnerstagabend - Samstagmittag)* Karte 17/41 €
Rest *Bacchusstube* – ℰ *(07572) 76 38 60 (geschl. Sonntag - Montag) (nur Abendessen)* Karte 14/16 €
• Der frühere Bahnhof ist heute ein kleines Hotel mit wohnlich und funktionell ausgestatteten Gästezimmern und einem sehr netten Frühstücksraum mit hübscher Terrasse. Fragen Sie nach einem der 13 ganz modernen Zimmern im Neubau. Restaurant in ländlichem Stil. Urig-rustikal ist die Bacchusstube.

✕✕ Brunnenstube
Mengener Str. 4 ✉ *72516* – ℰ *(07572) 36 92 – www.brunnenstube-scheer.de – geschl. Montag - Dienstagmittag, Samstagmittag*
Rest – Menü 33 € (mittags)/49 € – Karte 25/53 €
• Das 1870 unter einem anderen Namen gegründete Gasthaus beherbergt dieses gemütliche, liebevoll gestaltete Restaurant, in dem man Sie mit sorgfältig zubereiteten internationalen Speisen umsorgt.

SIMBACH am INN – Bayern – 546 – 9 800 Ew – Höhe 440 m 67 P20
▶ Berlin 634 – München 122 – Passau 54 – Landshut 89

🏠 Göttler (mit Gästehaus)
Pfarrkirchner Str. 24 ✉ *84359* – ℰ *(08571) 9 11 80 – www.goettler-simbach.de*
15 Zim ⬜ – †34 € ††51 €
Rest – *(geschl. Montag)* Menü 14 € – Karte 11/24 €
• Der Familienbetrieb im Ortskern ist eine ehemalige Weißbierbrauerei, die durch ein Gästehaus mit funktionell eingerichteten Zimmern erweitert wurde. Bürgerliche und saisonale Küche im Restaurant - im Sommer mit Biergarten.

In Stubenberg-Prienbach Nord-Ost: 4,5 km über B 12

🏠 Zur Post
Poststr. 1 (B 12) ✉ *94166* – ℰ *(08571) 60 00 – www.hotel-post-prienbach.de – geschl. 28. Dezember - 20. Januar*
32 Zim ⬜ – †33/42 € ††55/68 €
Rest *Poststube* 😊 – siehe Restaurantauswahl
Rest *Gaststube* – *(geschl. Montagmittag)* Menü 13 € (mittags) – Karte 20/37 €
• Am Ortsrand finden Sie das familiengeführte Hotel, das aus einem hübschen Gasthof gewachsen ist. Es erwarten Sie wohnliche und funktionelle Zimmer, meist mit Balkon. Ländlich-rustikal ist die Gaststube.

✕✕ Poststube – Hotel Zur Post
Poststr. 1 (B 12) ✉ *94166* – ℰ *(08571) 60 00 – www.hotel-post-prienbach.de – geschl. 28. Dezember - 20. Januar und Sonntag - Mittwoch*
Rest – *(nur Abendessen)* Menü 32/55 € – Karte 34/50 €
• Am Inn-Radwanderweg nach Wien gelegen, bietet die hübsch bayerisch eingerichtete Poststube schmackhafte Stärkungen. So stehen bei Hans Hinterecker gebratene Milchkalbsleber, gegrilltes Roastbeef oder ein Topfen-Soufflé mit Himbeermark auf der Karte.

SIMMERATH – Nordrhein-Westfalen – **543** – 15 600 Ew – Höhe 540 m   35 A13
– Erholungsort

▶ Berlin 640 – Düsseldorf 107 – Aachen 30 – Düren 34
🛈 Franz-Becker-Str. 2a, ✉ 52152, ☏ (02485) 3 17, www.rursee.de
◉ Rurtalsperre ★ Ost: 10 km

In Simmerath-Rurberg Ost: 8 km

Genießer Wirtshaus mit Zim
Hövel 15 ✉ 52152 – ☏ (02473) 32 12 – www.geniesserwirtshaus.de – geschl. Montag - Donnerstagmittag
10 Zim – †55/60 € ††65/70 €, ⊑ 5 €
Rest – Menü 25/29 € – Karte 22/40 €

♦ Gemütlich-klassisch ist das Ambiente in dem historischen Fachwerkhaus. Man bietet regionale Gerichte, aber auch Internationales mit französischem Schwerpunkt. Übernachten kann man in hübschen Themenzimmern. Schön ist auch der Garten mit Obstbäumen hinter dem Haus.

In Simmerath-Erkensruhr Süd-Ost: 12 km über B 266, nach Einruhr rechts
– Erholungsort

Eifelgold Rooding
Erkensruhr 108 ✉ 52152 – ☏ (02485) 95 55 70
– www.eifelgold-rooding.de
39 Zim ⊑ – †49/52 € ††98/110 € – ½ P 25 € – 3 Suites
Rest – *(nur Abendessen für Hausgäste)* Menü 25 €

♦ Ruhig liegt das Hotel in einem kleinen Tal unweit des Rursees. Das Haus wird familiär geführt und verfügt über freundliche Gästezimmer und ein attraktives Spa-Angebot. Helles, teilweise zur Halle hin offenes Restaurant mit Wintergarten.

SIMMERN – Rheinland-Pfalz – **543** – 7 670 Ew – Höhe 340 m   46 D15

▶ Berlin 634 – Mainz 67 – Bad Kreuznach 52 – Trier 87
🛈 Brühlstr. 2, ✉ 55469, ☏ (06761) 83 72 97, www.simmern.de

Bergschlößchen
Nannhauser Straße ✉ 55469 – ☏ (06761) 90 00 – www.hotel-bergschloesschen.de
22 Zim ⊑ – †58/68 € ††90/110 € – ½ P 20 €
Rest – *(geschl. Montagmittag)* Menü 10/20 € – Karte 18/38 €

♦ Das familiengeführte Hotel liegt leicht erhöht etwas außerhalb des Ortes. Die Zimmer sind gediegen und teilweise recht großzügig, einige mit Balkon nach Süden. Das Restaurant bietet bürgerliche Küche in rustikalem Ambiente.

An der Straße nach Laubach Nord: 6 km

Birkenhof
Birkenweg 1 ✉ 55469 Klosterkumbd – ☏ (06761) 9 54 00
– www.hotel-birkenhof-hunsrueck.de
22 Zim ⊑ – †54/65 € ††80/92 € – ½ P 20 €
Rest – *(geschl. Dienstagmittag)* Menü 18/26 € – Karte 28/46 €

♦ Einzeln steht der gewachsene Gasthof im Grünen - ein gut gepflegter Familienbetrieb mit funktionell ausgestatteten Gästezimmern. Der Chef selbst kocht saisonal ausgerichtete regionale und internationale Speisen. Rinder aus eigener Zucht. Schöne Terrasse.

SIMONSBERG – Schleswig-Holstein – siehe Husum

SIMONSWALD – Baden-Württemberg – **545** – 3 020 Ew – Höhe 372 m   61 E20
– Erholungsort

▶ Berlin 786 – Stuttgart 215 – Freiburg im Breisgau 36 – Donaueschingen 49
🛈 Talstr. 14a, ✉ 79263, ☏ (07683) 1 94 33, www.simonswald.de

SIMONSWALD

✕✕ **Hugenhof** mit Zim
Am Neuenberg 14 ✉ 79263 – ℰ (07683) 93 00 66 – www.hugenhof.de – geschl. über Fastnacht 2 Wochen, Mitte August - Anfang September 3 Wochen und Montag - Dienstag
17 Zim – †35 € ††64/80 € – ½ P 12 €
Rest – *(Mittwoch - Samstag nur Abendessen)* (Tischbestellung ratsam) Menü 33/44 €
♦ An diesem ruhigen und romantischen Ort wartet eine sehr gemütliche Adresse mit rustikalem Charme auf Sie. Die Gastgeber sorgen für herzlichen Service und ein schmackhaftes Menü (auch à la carte), das der Chef mündlich präsentiert. Dazu eine erlesene Weinkarte. Die Gästezimmer sind recht einfach, aber gepflegt.

In Simonswald-Obersimonswald Süd-Ost: 4 km in Richtung Furtwangen

✕ **Gasthaus Zur Erle** mit Zim
Obertalstr. 36 (Süd: 1 km) ✉ 79263 – ℰ (07683) 4 94 – www.erle-simonswald.de – geschl. Donnerstag - Freitagmittag
9 Zim – †34/38 € ††56/64 € – ½ P 18 €   **Rest** – Menü 30/46 € – Karte 27/49 €
♦ Rustikal-gemütlich ist die Stube dieses familiengeführten Gasthofs. Hier bereitet der Chef regionale Spezialitäten zu, die von seiner Frau freundlich serviert werden. Zum Übernachten stehen zeitgemäße Zimmer mit gutem Platzangebot bereit.

SINDELFINGEN – Baden-Württemberg – 545 – 60 480 Ew – Höhe 449 m   55 G18
▶ Berlin 647 – Stuttgart 20 – Karlsruhe 80 – Reutlingen 34
ADAC Tilsiter Str. 15 (Breuningerland) BST
🛈 Marktplatz 1, ✉ 71063, ℰ (07031) 9 43 25, www.sindelfingen.de
Holzgerlingen, Schaichhof, ℰ (07157) 6 79 66

Siehe Böblingen (Umgebungsplan)

Marriott
Mahdentalstr. 68 ✉ 71065 – ℰ (07031) 69 60 – www.stuttgart-marriott-sindelfingen.de
260 Zim – †90/345 € ††90/345 €, ⌂ 23 € – 4 Suiten   BSa
Rest – Menü 25/55 € – Karte 32/73 €
♦ Das gediegen-elegante Ambiente begleitet Sie von der großzügigen Atriumlobby bis in die recht hochwertig ausgestatteten Zimmer. Zwei Executive-Etagen mit eigener Lounge im 7. Stock. In klassischem Stil gehaltenes Restaurant mit Steakhouse-Karte.

Erikson-Hotel
Hanns-Martin-Schleyer-Str. 8 ✉ 71063 – ℰ (07031) 93 50 – www.erikson-hotel.de – geschl. 23. Dezember - 2. Januar   BSe
92 Zim – †105/155 € ††135/185 €
Rest – *(geschl. Samstagmittag, April - September: Samstag)* Menü 40/50 €
– Karte 36/62 €
♦ Das von den Eigentümern geführte Hotel gegenüber dem Bahnhof bietet freundlich gestaltete Gästezimmer in klassischem Stil sowie eine gute Autobahnanbindung.

Berlin
Berliner Platz 1 ✉ 71065 – ℰ (07031) 86 55 – www.hotelberlin-sindelfingen.de
110 Zim – †57/171 € ††64/181 €, ⌂ 13 € – 3 Suiten   BTc
Rest – Karte 18/32 €
♦ Ein funktionelles Hotel in einer Wohngegend. Besonders ansprechend sind die geradlinig-modern gestalteten "Design"-Zimmer im Neubau. Wenige Gehminuten zur S-Bahn-haltestelle. Im Bistro reicht man eine kleine regionale und internationale Karte.

SINGEN (HOHENTWIEL) – Baden-Württemberg – 545 – 45 430 Ew   62 F21
– Höhe 429 m
▶ Berlin 780 – Stuttgart 154 – Konstanz 34 – Freiburg im Breisgau 106
ADAC Georg-Fischer-Str. 33 (Industriegebiet)
🛈 August-Ruf-Str. 13, ✉ 78224, ℰ (07731) 8 52 62, www.singen.de
Steißlingen-Wiechs, Brunnenstr. 4b, ℰ (07738) 71 96

SINGEN (HOHENTWIEL)

Alpenstr.	**B** 2	Ekkehardstr.	**B**	Kreuzensteinstr.	**B**	18
Aluminiumstr.	**B** 3	Erzbergerstr.	**AB** 8	Mühlenstr.	**A**	20
Am Posthalterswäldle	**B** 5	Fichtestr.	**B** 9	Radolfzeller Str.		22
Am Schloßgarten	**A** 6	Freiheitstr.	**B**	Reckholderbühl	**A**	23
Anton-Bruckner-Str.	**A** 7	Goethestr.	**A** 10	Remishofstr.	**A**	25
August-Ruf-Str.	**B**	Herderstr.	**A** 12	Rielasinger Str.	**B**	27
		Hilzinger Str.	**A** 13	Ringstr.	**B**	29
		Hohenhewenstr.	**B** 14	Scheffelstr.	**AB**	30
		Hohenstoffelnstr.	**A** 15	Schlachthausstr.	**A**	31
		Hohgarten	**A** 16	Waldeckstr.	**A**	34
		Holzacker	**B** 17			

🏠 **Lamm**   📶 📞 ♿ 🅿 VISA ⊕ AE

Alemannenstr. 42 ✉ 78224 – ✆ (07731) 40 20
– www.lamm-singen.bestwestern.de – geschl. 1. - 8. Januar, 17. - 31. Dezember
78 Zim – †74/104 € ††87/117 €, ⊇ 7 € – 1 Suite   **Bv**
Rest – (geschl. Sonntag und an Feiertagen) (nur Abendessen)
Karte 26/39 €

♦ Der Familienbetrieb am Zentrumsrand bietet unterschiedlich eingerichtete Zimmer - fragen Sie nach den neueren in zeitgemäßem Stil. Im obersten Stock: Frühstücksraum mit Aussicht. Bürgerliche Küche im Restaurant.

In Singen-Bohlingen Süd-Ost: 6 km über Rielasinger Straße **B** Richtung Überlingen

🏠 **Zapa**   🚗 🌳 AK Rest, 🌸 📞 🅿 🚙 VISA ⊕ AE

Bohlinger Dorfstr. 48 ✉ 78224 – ✆ (07731) 79 61 61 – www.restaurant-zapa.de
– geschl. 18. - 26. Februar
8 Zim ⊇ – †75/90 € ††110/125 €
Rest – (geschl. Sonntagabend - Montagmittag) Menü 27 € (mittags)/45 €
– Karte 30/48 €

♦ Eine nette Adresse in relativ ruhiger Lage ist das freundlich-leger geleitete Haus mit der orange-roten Fassade, den schicken modernen Zimmern und diversen Kunstgegenständen. Helles neuzeitliches Restaurant mit breitem Angebot von regional bis mediterran.

1155

SINGEN (HOHENTWIEL)

In Singen-Überlingen am Ried Süd-Ost: 5 km über Rielasinger Straße B und Georg-Fischer-Straße

Flohr's mit Zim
Brunnenstr. 11 ⊠ 78224 – ℰ (07731) 9 32 30 – www.flohrs.de – geschl. Anfang November 1 Woche, über Fastnacht 1 Woche und Sonntag - Montag
9 Zim ⊇ – †79 € ††116 €
Rest – (Tischbestellung ratsam) Menü 35/79 € – Karte 50/73 €
Spez. Gebeiztes Schweinehäxle mit Entenleber auf Blumenkohlcouscous und Orangen-Pinienkernvinaigrette. Gegrilltes Filet vom Loup de mer mit Zwergorangen und Haselnussmilch, Fenchelcroissant. Zitronentarte mit Vanillesahne und Orangen-Aperoleis.
♦ Kirsten und Georg Flohr wissen um den Charme ihres Restaurants, in dem Täfelung und Holzbalken im Wechsel mit weiß getünchten Wänden dem eleganten Ambiente eine liebenswert ländliche Note schenken. Die zeitgemäß-klassischen Zubereitungen des Chefs sind exakt bis ins Detail und harmonisch abgestimmt. Zum Übernachten: recht ruhige Zimmer zum Garten hin.

SINSHEIM – Baden-Württemberg – **545** – 35 570 Ew – Höhe 154 m   **48** G17
▶ Berlin 618 – Stuttgart 87 – Mannheim 50 – Heilbronn 35
▸ Sinsheim-Weiler, Buchenauerhof, ℰ (07265) 72 58
● Auto & Technik Museum ★★

Bär garni
Hauptstr. 131 ⊠ 74889 – ℰ (07261) 15 80 – www.hotel-baer.de
50 Zim ⊇ – †70/95 € ††89/120 €
♦ Das erweiterte Fachwerkhaus befindet sich in zentraler Lage und bietet gepflegte, funktionell ausgestattete Zimmer. Ein beliebtes Ausflugsziel ist das Auto & Technik Museum.

Il Giardino
Freitagsgasse 11 ⊠ 74889 – ℰ (07261) 97 97 65 – www.osteria-giardino.de – geschl. Montag, Samstagmittag
Rest – Karte 29/51 €
♦ Alle Mitglieder der Familie Cinus sind hier eingespannt - ein typischer Italiener eben, und das mögen die Gäste! In der Enoteca darf geraucht werden. Lauschige Terrasse unter Platanen.

In Sinsheim-Dühren Süd-West: 3 km über B 39, jenseits der A 6

Ratsstube
Karlsruher Str. 55 ⊠ 74889 – ℰ (07261) 93 70 – www.ratsstube.de
33 Zim ⊇ – †80 € ††110 € **Rest** – Karte 16/50 €
♦ Der familiengeführte Gasthof ist zu einem Hotel mit wohnlichen Zimmern gewachsen. Ruhiger ist der nach hinten gelegene Anbau. Parkplätze direkt am Haus! Ein besonders freundlicher Ort für die bürgerliche Küche (Fleisch kommt aus der hauseigenen Metzgerei!) ist die Kraichgaustube des Restaurants.

SINZIG – Rheinland-Pfalz – **543** – 17 490 Ew – Höhe 90 m   **36** C13
▶ Berlin 613 – Mainz 135 – Bonn 22 – Koblenz 37

Vieux Sinzig
Kölner Str. 6 ⊠ 53489 – ℰ (02642) 4 27 57 – www.vieux-sinzig.com – geschl. 13. - 26. Februar, 2. - 15. Juli, 29. Oktober - 11. November und Montag - Dienstag
Rest – Karte 55/78 €
♦ Ein hübsches helles Restaurant, in dem Jean-Marie Dumaine zeitgemäße Küche mit einer Vielzahl an Wildkräutern bietet. Man verkauft auch eigene eingemachte Produkte. Schöner Garten.

In Sinzig-Bad Bodendorf

Maravilla
Hauptstr. 158 ⊠ 53489 – ℰ (02642) 4 00 00 – www.maravilla-spa.de
33 Zim – †60/120 € ††80/140 €, ⊇ 10 € – ½ P 25 € **Rest** – Karte 25/57 €
♦ Ruhig liegt das Hotel in einer Wohngegend. Die Zimmer im Haus Classic verfügen alle über einen Balkon. Im Haus Arabica neben modernen Zimmern auch Hamam und Rasulbad. Beauty- und Massage-Angebot. Geradlinig-elegant ist das Ambiente im Restaurant.

SITTENSEN – Niedersachsen – 541 – 5 530 Ew – Höhe 31 m 9 H6
▶ Berlin 334 – Hannover 130 – Hamburg 58 – Bremen 63
🛈 Sittensen, Alpershausener Weg 60, ℰ (04282) 32 66

In Groß Meckelsen West: 5 km, jenseits der A 1, über Lindenstraße

Schröder (mit Gästehaus)
Am Kuhbach 1 ✉ *27419* – ℰ *(04282) 5 08 80*
– *www.hotel-schroeder.de*
40 Zim – †50/75 € ††60/85 €   **Rest** – Karte 18/45 €
♦ Das in 2. Generation familiengeführte Hotel verfügt über unterschiedliche Zimmer, die auch in der Farbgebung recht individuell und teilweise besonders freundlich sind. Im Restaurant hat man moderne Details und warme Töne mit traditionellen Elementen kombiniert.

In Groß Meckelsen-Kuhmühlen West: 5 km, jenseits der A 1, über Lindenstraße, hinter Groß Meckelsen rechts

Zur Kloster-Mühle
Kuhmühler Weg 7 ✉ *27419* – ℰ *(04282) 59 41 90* – *www.kloster-muehle.de*
– geschl. 1. - 7. Januar, 21. - 24. Dezember
17 Zim – †80/120 € ††110/190 €
Rest – (Montag - Samstag nur Abendessen) Menü 36/41 € – Karte 32/51 €
♦ In der ruhig im Grünen gelegenen ehemaligen Mühle erwartet Sie gemütlich-moderner Stil in historischem Rahmen. Eines der sehr hübschen Zimmer ist das hochwertig eingerichtete Wellnesszimmer mit eigenem Whirlpool. Reichhaltiges Frühstücksbuffet. Internationale Küche im Restaurant mit mediterraner Note. Nette Terrasse.

In Stemmen Süd-Ost: 12 km, Richtung Scheeßel, in Helvesiek links

Landgut Stemmen
Große Str. 12 ✉ *27389* – ℰ *(04267) 9 30 40* – *www.landgut-stemmen.de*
32 Zim – †50/68 € ††80/98 €
Rest – (geschl. Montag) (nur Abendessen) Karte 12/35 €
♦ Das Hotel wird familiär geleitet und bietet gepflegte, wohnlich gestaltete Gästezimmer, darunter auch geräumige Familienzimmer. Teil des Restaurants ist ein heller, modern in Braun und Beige gehaltener Rundbau.

SOBERNHEIM, BAD – Rheinland-Pfalz – 543 – 6 490 Ew – Höhe 150 m 46 D15
– Heilbad
▶ Berlin 631 – Mainz 64 – Bad Kreuznach 19 – Idar-Oberstein 31
🛈 Bahnhofstr. 4, ✉ 55566, ℰ (06751) 8 12 41, www.bad-sobernheim.de

BollAnt's im Park (mit Gästehäusern)
Felkestr. 100 ✉ *55566* – ℰ *(06751) 9 33 90* – *www.bollants.de*
72 Zim – †93/103 € ††186/236 € – ½ P 40 € – 5 Suiten
Rest *Passione Rossa* **Rest** *Hermannshof* – siehe Restaurantauswahl
♦ In einem etwas abgelegenen Park an der Nahe sorgt Familie Bolland für einen individuellen Wellness-Urlaub. Asiatisch inspirierter "bollant.SPA", exklusive "SPA-Lodges" und Spa-Garten am Fluss. Die sehr wohnlichen Zimmer verteilen sich auf mehrere Häuser.

Maasberg Therme
Am Maasberg (Nord: 2 km) ✉ *55566* – ℰ *(06751) 87 60*
– *www.maasberg-therme.de*
77 Zim – †90/114 € ††150/184 € – ½ P 16 € – 8 Suiten   **Rest** – Karte 27/53 €
♦ Das Hotel auf einem Parkgrundstück ist auf Golf-, Wellness- und Tagungsgäste zugeschnitten. Schöne Halle, wohnlich-gediegene Zimmer (teils mit Whirlwanne). Auch Medical Wellness. Freundlich-mediterran hat man das Restaurant Villa Soveranum gestaltet.

1157

SOBERNHEIM, BAD

XX Passione Rossa – Hotel BollAnt's im Park

Felkestr. 100 ⊠ 55566 – ℰ (06751) 9 33 90 – www.bollants.de – geschl. Februar 2 Wochen, August 2 Wochen, Oktober 2 Wochen und Dienstag - Mittwoch
Rest – *(nur Abendessen)* (Tischbestellung ratsam) Menü 82/129 €
Spez. Variation von der Gänsestopfleber mit gebratener Entenleber. Steinbutt und Langustino auf Paprikaconfit. Filet vom US-Beef an Trüffeljus mit Brieswürfel.
• Sie sitzen im historischen Sandsteingewölbe auf Stühlen, die mit poppigen Stoffen bezogen sind, welche an die 70er Jahre erinnern. Das Essen von Renato Manzi hat Geschmack und Aroma, denn er kocht sehr aufwändig, sorgfältig und verarbeitet nur hochwertige Produkte.

X Hermannshof – Hotel BollAnt's im Park

Felkestr. 100 ⊠ 55566 – ℰ (06751) 9 33 90 – www.bollants.de
Rest – Menü 40/48 € – Karte 37/53 €
• Stilvolle Harmonie verbreitet sich unter den Bögen des mächtigen Gewölbes mit knisterndem Holz im offenen Kamin, honigfarbenen Korbflechtstühlen und floralen provenzalischen Stoffen. Bestellen Sie z. B. Schweinelendchen an Trüffelsauce.

In Meddersheim Süd-West: 3 km

X Landgasthof zur Traube

Sobernheimer Str. 2 ⊠ 55566 – ℰ (06751) 95 03 82 – geschl. 27. Dezember - 12. Januar, 23. Juli - 9. August und Dienstagabend - Mittwoch
Rest – Karte 24/52 €
• Die Gäste schätzen die gute regionale Küche, mit der Ingrid und Herbert Langendorf sie in dem hübschen historischen Naturstein-Fachwerk-Haus bewirten. Gemütlich ist die rustikale Einrichtung mit sehr schönen alten Tischen und Stühlen.

X Lohmühle

(an der Straße nach Meisenheim) (Süd-West: 3 km) ⊠ 55566 – ℰ (06751) 45 74 – www.restaurant-lohmuehle.de – geschl. Januar und Montag - Dienstag
Rest – *(Mittwoch - Freitag nur Abendessen)* Menü 32 € – Karte 21/46 €
• Am Waldrand, in einer alten Mühle mit schöner Bruchsteinfassade befindet sich das gemütliche Restaurant mit Empore. Regionale Küche aus heimischen Produkten. Herrliche Terrasse.

SODEN am TAUNUS, BAD – Hessen – 543 – 21 660 Ew – Höhe 141 m   47 F14
– Heilbad

▶ Berlin 545 – Wiesbaden 31 – Frankfurt am Main 17 – Limburg an der Lahn 45
🅸 Königsteiner Str. 73, ⊠ 65812, ℰ (06196) 20 85 55, www.bad-soden.de

🏨 Salina

Bismarckstr. 20 ⊠ 65812 – ℰ (06196) 56 40 – www.salina.de – geschl. 23. Dezember - 3. Januar
57 Zim – †75/170 € ††98/210 € – ½ P 16 €
Rest – *(geschl. Freitag - Sonntag)* Karte 15/42 €
• Ein von Geschäftsleuten gerne besuchtes Hotel in ruhiger Lage, dessen funktionell ausgestattete Gästezimmer z. T. besonders freundlich gestaltet sind.

SODEN-SALMÜNSTER, BAD – Hessen – 543 – 13 580 Ew – Höhe 150 m   38 H14
– Heilbad

▶ Berlin 511 – Wiesbaden 101 – Darmstadt 87 – Hanau 47
🅸 Frowin-von-Hutten-Str. 5, ⊠ 63628, ℰ (06056) 74 41 44, www.badsoden-salmuenster.de

Im Ortsteil Bad Soden

🏨 Berghotel Berlin

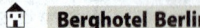
Parkstr. 8 ⊠ 63628 – ℰ (06056) 9 12 20 – www.berghotel-berlin.de
22 Zim – †66/70 € ††89/92 € – ½ P 15 €
Rest – *(geschl. Sonntag)* Karte 16/41 €
• Das Hotel befindet sich am Kurpark und bietet funktionale Zimmer, die mit warmen Farben wohnlich gestaltet sind. Kosmetik- und Massagebereich sowie ein gepflegter Garten. Helles, freundliches Restaurant.

SODEN-SALMÜNSTER, BAD

Fiori
Franz-von-Sickingen-Str. 3 ✉ *63628* – ✆ *(06056) 91 97 12* – *www.hotel-fiori.de*
6 Zim 🛏 – 👤45 € 👥68 € – ½ P 13 €
Rest – *(geschl. Mittwoch - Donnerstag)* Menü 25 € – Karte 26/48 €
♦ Eine nette familiäre Adresse in relativ ruhiger Lage in einer Einbahnstraße. Angenehme mediterrane Töne machen die Gästezimmer behaglich. Italienisch-internationales Angebot im hübschen modernen Restaurant.

SOEST – Nordrhein-Westfalen – **543** – 48 580 Ew – Höhe 95 m 27 E11
▶ Berlin 457 – Düsseldorf 118 – Arnsberg 21 – Dortmund 52
ADAC Arnsberger Str. 7 Z
🛈 Teichsmühlengasse 3 Y, ✉ 59494, ✆ (02921) 66 35 00 50, www.soest.de
◉ Wiesenkirche ★ Y

SOEST

Am Großen Teich	Y 2
Am Kützelbach	Z 3
Am Loerbach	Y 4
Am Soestbach	Y 5
Am Vreithof	YZ 6
Bischofstr.	Z 7
Brüderstr.	Y
Brüdertor	Y 8
Damm	YZ 10
Dominikanerstr.	Y 12
Düsterpoth	Y 13
Grandweg	Z
Grandwegertor	Y 14
Hospitalgasse	Y 15
Katzengasse	Y 18
Kolkstr.	Y 20
Kungelmarkt	Y 21
Lentzestr.	Y 22
Magazingasse	Y 23
Markt	Y
Marktstr.	Y 24
Nöttentor	Y 25
Oestinghauser Str.	Y 26
Ostenhellweg	Z 27
Petrikirchhof	Z 28
Petristr.	Z 29
Propst-Nübel-Str.	Z 30
Puppenstr.	Y 31
Rathausstr.	YZ 32
Ritterstr.	Y 33
Sandwelle	Y 34
Teichsmühlengasse	Y 35
Thomätor	Z 37
Waisenhausstr.	Y 38
Walburgerstr.	Y 39
Walburgertor	Y 40
Westenhellweg	Y 41
Widumgasse	Y 42
Wiesenstr.	Y 43
Wildemannsgasse	YZ 45

SOEST

✗ Pilgrim-Haus mit Zim 🗘 ✗ Zim, ℹ 🛜 VISA ⓒⓑ
Jakobistr. 75 ✉ *59494* – 𝒞 *(02921) 18 28* – *www.pilgrimhaus.de* Z e
14 Zim ⌛ – †77 € ††98/105 €   **Rest** – Karte 29/33 €
♦ Das am Jakobitor gelegene Haus von 1304 ist der älteste Gasthof Westfalens. Man sitzt in heimeligen rustikalen Stuben, die liebenswert dekoriert sind. Die Küche ist deftig-regional. Schöne individuelle Gästezimmer, teilweise mit freigelegten Holzbalken.

SOLINGEN – Nordrhein-Westfalen – 543 – 161 000 Ew – Höhe 221 m   36 C12
▶ Berlin 543 – Düsseldorf 34 – Essen 35 – Köln 36
ADAC Goerdeler Str. 45
☉ Solingen-Gräfrath: Deutsches Klingenmuseum★ 4 km über die B 224

In Solingen-Gräfrath Nord: 6,5 km über Schlagbaumer Straße (B 224)

🏨 Gräfrather Hof (mit Gästehaus) 🗘 🛁 ≡ ℹ 🔑 🅿 VISA ⓒⓑ AE ⓘ
In der Freiheit 48 ✉ *42653* – 𝒞 *(0212) 25 80 00*
– *www.hotel-graefratherhof.de*
64 Zim – †80/105 € ††115/195 € – ½ P 25 €   **Rest** – Karte 25/48 €
♦ Aus dem alten Stadthaus ist ein schönes modernes Businesshotel mit freundlichen Mitarbeitern geworden. Vier der gut ausgestatteten Zimmer sind große Juniorsuiten. Hübsche Sauna. Internationale Küche im Restaurant Florian - Ihre Vorspeise wählen Sie vom Buffet.

SOMMERACH – Bayern – 546 – 1 450 Ew – Höhe 202 m   49 I15
▶ Berlin 471 – München 263 – Würzburg 31 – Schweinfurt 30

🏠 Zum weißen Lamm 🗘 VISA ⓒⓑ
Hauptstr. 2 ✉ *97334* – 𝒞 *(09381) 93 77* – *www.strobel-lamm.de* – *geschl. Weihnachten - 26. Januar, 6. - 9. Juli*
15 Zim ⌛ – †38/85 € ††68/108 €
Rest – *(geschl. November - März: Dienstag)* Karte 19/40 €
♦ Seit 1870 ist der Landgasthof mitten im Dorf im Familienbesitz. Die Zimmer sind neuzeitlich-wohnlich gestaltet, hübsch der freundlich-rustikale Frühstücksraum und die Dachterrasse. Gaststube mit behaglich-ländlicher Atmosphäre.

🏠 Bocksbeutelherberge garni ✗ ℹ 🅿
Weinstr. 22 ✉ *97334* – 𝒞 *(09381) 8 48 50* – *www.bocksbeutelherberge.de*
8 Zim ⌛ – †44 € ††64 €
♦ Ein gut geführter kleiner Familienbetrieb mit gepflegten, wohnlichen Zimmern. Der ländliche Frühstücksraum dient abends als Weinstube. Die Gäste können hier auch Fahrräder leihen.

SOMMERHAUSEN – Bayern – 546 – 1 670 Ew – Höhe 181 m   49 I16
▶ Berlin 505 – München 281 – Würzburg 14 – Schweinfurt 59

🏠 Zum Weinkrug garni 📞 🅿 VISA ⓒⓑ AE
Steingraben 5 ✉ *97286* – 𝒞 *(09333) 9 04 70* – *www.zum-weinkrug.de* – *geschl. 22. Dezember - 8. Januar, 30. März - 15. April, 26. Oktober - 4. November*
15 Zim – †50/65 € ††73/85 €
♦ Man findet dieses gepflegte und familiär geführte kleine Hotel vor dem Tor der alten Stadtmauer. Einige der Zimmer bieten einen Balkon. Freundlicher Frühstücksraum.

🏠 Ritter Jörg 🗘 ✗ Zim, ℹ 🅿 VISA ⓒⓑ
Maingasse 14 ✉ *97286* – 𝒞 *(09333) 9 73 00* – *www.ritter-joerg.de* – *geschl. 23. Dezember - 1. Februar, 8. - 25. August*
22 Zim ⌛ – †58/62 € ††90/120 €
Rest – *(geschl. Montag - Dienstag)* Menü 18 € (mittags)/40 € – Karte 24/44 €
♦ Das von der Inhaberfamilie geleitete Hotel steht am Brunnen des namengebenden Ritter Jörg. Die Zimmer sind zeitlos, funktionell und technisch solide ausgestattet. In rustikalem Stil gehaltenes Restaurant.

SOMMERHAUSEN

XX Philipp mit Zim
Hauptstr. 12 ⊠ 97286 – ℰ (09333) 14 06 – www.restaurant-philipp.de – geschl. Montag - Dienstag
3 Zim ⊑ – †99/138 € ††148 € – 2 Suiten
Rest – *(Mittwoch - Freitag nur Abendessen)* (Tischbestellung erforderlich) Menü 99/125 €
Spez. Geflämmte St. Jakobsmuscheln, Blumenkohl, Curry, Shisokresse. Rehrücken aus dem Steigerwald in Kürbiskernöl gegart, Topinamburcreme, Wacholder-Reduktion. Gebackene Praline von Valrhona "Macae" - Schokolade mit flüssigem Kern, Mango, Kokos.
♦ Schon von außen sticht das 400 Jahre alte Renaissance-Palais ins Auge. Das edle Landhausambiente des Restaurants passt perfekt zu dem klassischen modernen Kochstil von Michael Philipp. Man merkt sofort, dahinter steckt Können und ein ausgeprägter Geschmackssinn. Zum Übernachten: Barock- und Renaissance-Suite sowie ein Doppelzimmer.

SONDERSHAUSEN – Thüringen – 544 – 23 490 Ew – Höhe 220 m   30 K11
▶ Berlin 293 – Erfurt 57 – Braunschweig 128

XX Schlossrestaurant
Schloss 1 ⊠ 99706 – ℰ (03632) 66 70 66 – www.gourmetschloss.de – geschl. Sonntag - Montag
Rest – *(nur Abendessen)* Menü 48/95 € – Karte 42/54 €
Spez. Thüringer Gemüseacker-Frühling. Würzfleisch "Version Schlossrestaurant". Lammrücken mit Zucchinitatar, gelierter Ayran und Cous Cous.
♦ Klassisch und elegant, passend zum Schloss, gibt sich das Ambiente - mit Glastüre zur Küche. Sie werden schnell merken, Ralf Kronmüller (er kocht modern und ambitioniert) versteht es, einfache Gerichte gekonnt in Szene zu setzen und das Produkt mit Geschmack und Gefühl zu präsentieren.

SONNENBÜHL – Baden-Württemberg – 545 – 7 050 Ew – Höhe 775 m   55 G19
– Wintersport: 880 m ⛷ 6 ⛷
▶ Berlin 700 – Stuttgart 63 – Konstanz 120 – Reutlingen 26
ℹ Hauptstr. 2, ⊠ 72820, ℰ (07128) 9 25 18, www.sonnenbuehl.de
Sonnenbühl-Undingen, Im Zerg, ℰ (07128) 9 26 00

In Sonnenbühl-Erpfingen – Luftkurort

XX Hirsch (Gerd Windhösel) mit Zim
Im Dorf 12 ⊠ 72820 – ℰ (07128) 9 29 10 – www.restaurant-hotel-hirsch.de – geschl. Ende Mai - Anfang Juni 1 Woche, Anfang November 1 Woche, Montagmittag und Dienstag
14 Zim ⊑ – †72/115 € ††100/135 € – ½ P 42 € – 1 Suite
Rest *Dorfstube* – siehe Restaurantauswahl
Rest – Menü 40/89 € – Karte 48/74 €
Spez. Spanferkelfilet und karamellisierter Gewürzschweinebauch auf Älbler Linsen. Gebratener Zander auf Emmer-Risotto mit Leinöl von der Alb. Filet und gefüllter Schwanz vom Albbüffel im Holundersößle.
♦ Ein geschmackvolles Restaurant, dessen gemütlich-ländlichen Charakter das Haus bereits von außen vermittelt; auch der herzliche Service der Familie Windhösel erzeugt Wohlfühl-Atmosphäre. Die sehr gute Küche ist stark regional geprägt. Wohnliche Gästezimmer und hübsche rustikale Stubensauna.

X Dorfstube – Restaurant Hirsch
Im Dorf 12 ⊠ 72820 – ℰ (07128) 9 29 10 – www.restaurant-hotel-hirsch.de – geschl. Ende Mai - Anfang Juni 1 Woche, Anfang November 1 Woche, Montagmittag und Dienstag
Rest – Karte 23/42 €
♦ Schöne Stoffe, reizende Blumendekorationen und Kerzen verleihen der holzgetäfelten Stube a. d. 19. Jh. noch mehr Atmosphäre. Hier bekommt man gute regionale Küche für den kleinen Geldbeutel, z. B. das Dorfstuben-Vesper oder heimisches Wild!

SONTHOFEN – Bayern – **546** – 20 890 Ew – Höhe 741 m   64 J22
– Wintersport: 900 m ≰1 ≴ – Luftkurort

▶ Berlin 725 – München 152 – Kempten (Allgäu) 27 – Oberstdorf 13
🛈 Rathausplatz 1, ✉ 87527, ✆ (08321) 61 52 91, www.sonthofen.de
🏌 Ofterschwang, Muderbolz 10, ✆ (08321) 27 21 81

Allgäu Stern (mit Residenz Ludwig)
Buchfinkenweg 2 ✉ 87527
– ✆ (08321) 27 90 – www.allgaeustern.de
426 Zim (inkl. ½ P.) – †92/155 € ††138/260 € – 30 Suiten
Rest – Menü 36/88 € – Karte 28/50 €
♦ Genießen Sie den wunderbaren Bergblick und den weitläufigen Wellnessbereich. Sehr komfortabel: moderne neue Suiten im Businessstil. Ideale Tagungsmöglichkeiten im Kongresszentrum. Internationale Küche mit regionalem Einfluss im Restaurant Rôtisserie.

In Ofterschwang Süd-West: 4 km über Südliche Alpenstraße

Sonnenalp
✉ 87527 – ✆ (08321) 27 20 – www.sonnenalp.de
232 Zim (inkl. ½ P.) – †152/253 € ††358/426 € – 23 Suiten
Rest *Silberdistel* – siehe Restaurantauswahl
Rest – *(nur für Hausgäste)*
♦ Das nicht alltägliche Angebot dieses Ferienhotels umfasst neben Spa auf 5000 qm und dem beispielhaften, stets präsenten Service eine eigene Fahrzeugflotte, die für die Gäste jederzeit bereitsteht. Hinzu kommen Boutiquen im Haus sowie ein Reitstall.

Silberdistel – Hotel Sonnenalp
✉ 87527 – ✆ (08321) 27 20 – www.sonnenalp.de
Rest – *(nur Abendessen)* (Tischbestellung erforderlich) Menü 86/140 €
– Karte 63/90 €
Spez. St. Pierre und Froschschenkel mit dicken Bohnen, Pancetta und Norcia Trüffel. Soufflierte Brust und Salpicon von der Etouffé Taube mit Stangenspargel, Trüffelglace. Flambée von Bodensee Erdbeeren mit Brownie von Ivoire-Schokolade und Zitronengraseis.
♦ Hier sind Sie im wahrsten Sinne "on top"! Vom obersten Stock der "Sonnenalp" haben Sie von diesem eleganten und doch mit alpenländischen Akzenten eingerichteten Restaurant einen fantastischen Blick. Gekocht wird klassisch unter Allgäuer Einfluss, mit viel Geschmack und Können.

SOODEN-ALLENDORF, BAD – Hessen – **543** – 8 490 Ew – Höhe 162 m   39 I11
– Heilbad

▶ Berlin 375 – Wiesbaden 231 – Kassel 52 – Bad Hersfeld 68
🛈 Landgraf-Philipp-Platz 1-2, ✉ 37242, ✆ (05652) 9 58 70, www.bad-sooden-allendorf.de

Im Ortsteil Ahrenberg Nord-West: 6 km über Ellershausen

Berggasthof Ahrenberg
Auf dem Ahrenberg 5 ✉ 37242 – ✆ (05652) 9 57 30
– www.hotel-ahrenberg.de
35 Zim ⌑ – †49/59 € ††75/89 € – ½ P 17 €   **Rest** – Karte 19/45 €
♦ Von diesem Hotel in Hanglage hat man einen wundervollen Ausblick aufs Werratal. Das familiär geleitete Haus verfügt über drei Zimmertypen. Im Restaurant bietet man regionale und saisonale Gerichte.

SPAICHINGEN – Baden-Württemberg – **545** – 12 320 Ew – Höhe 660 m   62 F20
▶ Berlin 737 – Stuttgart 112 – Konstanz 70 – Tuttlingen 14
◐ Dreifaltigkeitsberg ★ (❊ ★), Nord-Ost: 6 km

SPAICHINGEN

In Hausen ob Verena Süd-West: 6 km über Angerstraße, Karlstraße und Hausener Straße

Hofgut Hohenkarpfen
Am Hohenkarpfen (Süd-West: 2 km) ⊠ 78595 – ℰ (07424) 94 50
– www.hohenkarpfen.de
21 Zim – †86/96 € ††124/132 €
Rest – (geschl. 1. - 14. Januar) Menü 38/56 € – Karte 34/56 €

♦ Ein wahres Idyll. Die Zimmer in der einstigen Scheune sind nicht sehr geräumig, aber wohnlich-modern und durchdacht, dekoriert mit Original-Gemälden. Kunst auf dem ganzen Anwesen. Rustikales Restaurant mit internationaler Küche und Terrasse mit tollem Talblick.

SPALT – Bayern – **546** – 5 050 Ew – Höhe 309 m – Erholungsort   **57** K17
▶ Berlin 474 – München 149 – Nürnberg 50 – Ingolstadt 70
🛈 Herrengasse 10, ⊠ 91174, ℰ (09175) 7 96 50, www.spalt.de

In Spalt-Großweingarten Süd-Ost: 1 km

Zum Schnapsbrenner
Dorfstr. 67 ⊠ 91174 – ℰ (09175) 7 97 80 – www.pension-schnapsbrenner.de – geschl.
29. Oktober - 29. November
10 Zim – †38/42 € ††64/68 € – ½ P 13 € – 1 Suite
Rest – (geschl. Sonntag, Ende November - Ende April: Sonntag - Montag) (nur Abendessen) Karte 15/29 €

♦ Chefin Christa Walther leitet die kleine Pension herzlich und engagiert. Die Gästezimmer sind gepflegt, geräumig und mit Naturholz solide ausgestattet. Zum Haus gehört eine eigene Brennerei mit kleinem Laden. Das Restaurant ist gemütlich-ländlich gestaltet. Man ist bekannt für das Spargelbuffet.

In Spalt-Stiegelmühle Nord-West: 5 km, Richtung Wernfels

Gasthof Blumenthal
Stiegelmühle 42 ⊠ 91174 – ℰ (09873) 3 32 – www.gasthof-blumenthal.de – geschl.
Montag - Dienstag
Rest – Karte 21/40 €

♦ Schmackhaft und regional kocht man in dem traditionsreichen Familienbetrieb mit seinen netten Stuben und dem schönen Innenhof. Bereits seit 1873 besitzt das Gasthaus in der kleinen Siedlung am Waldrand die Schankerlaubnis.

SPAY – Rheinland-Pfalz – **543** – 1 940 Ew – Höhe 68 m   **36** D14
▶ Berlin 608 – Mainz 98 – Koblenz 14

Alter Posthof
Mainzer Str. 47 ⊠ 56322 – ℰ (02628) 87 08 – www.alterposthof.de – geschl.
21. Dezember - 15. Januar
17 Zim – †49/59 € ††83/92 €
Rest – (geschl. Mittwochmittag) Menü 16/23 € – Karte 20/36 €

♦ Eine traditionsreiche Adresse mitten im Ort, die bereits seit 1802 als Familienbetrieb geführt wird. Die Zimmer sind gepflegt und solide möbliert. Das Restaurant teilt sich in verschiedene gemütlich-rustikale Stuben. Nett sitzt man im Biergarten unter Kastanien.

SPELLE – Niedersachsen – **541** – 8 490 Ew – Höhe 40 m   **16** D8
▶ Berlin 472 – Hannover 188 – Oldenburg 155 – Münster 59

Krone garni
Bernard-Krone-Str. 15 ⊠ 48480 – ℰ (05977) 9 39 20 – www.krone-hotel-spelle.de
28 Zim – †55 € ††75 €

♦ Zeitgemäße und funktionale Zimmer mit gutem Platzangebot erwarten Sie in dem gepflegten Hotel, das auch gerne als Businessadresse genutzt wird. An das Haus ist ein Restaurant angeschlossen.

1163

SPEYER – Rheinland-Pfalz – 543 – 49 820 Ew – Höhe 103 m

47 F17

▶ Berlin 638 – Mainz 93 – Mannheim 33 – Heidelberg 21
ℹ Maximilianstr. 13 A, ✉ 67346, ✆ (06232) 14 23 92, www.speyer.de
◉ Kaiserdom★★ – ≤★★ vom Fuß des Heidentürmchens auf den Dom **E** – Judenbad★ **A** – Historisches Museum der Pfalz★**M¹** – Technik-Museum★ (IMAX-Filmtheater★) **B** - Altstadt (Altpörtel★) **A**

Domhof garni
Bauhof 3 ✉ *67346* – ✆ *(06232) 1 32 90*
– www.domhof.de **Bv**
50 Zim 🛏 – 🛌 97/119 € 🛌🛌 119/129 €
♦ Ein tolles historisches Gebäudeensemble inmitten der Altstadt. In den Zimmern Flat-TV und Holzfußboden, romantischer der Innenhof. Der Frühstückssaal war in den 50er Jahren das Kino von Speyer. Hausbrauerei mit Biergarten nebenan.

SPEYER

Am Heringsee	**B** 2
Armbruststr.	**A** 3
Bartholomäus-Weltz-Pl.	**A** 4
Fischmarkt	**A** 6
Französischen Garnison Pl.	**A** 30
Fr.-Kirrmeier-Str.	**B** 7
Gilgenstr.	**A**
Große Greifeng.	**A** 8
Große Himmelsg.	**B** 10
Große Pfaffeng.	**B** 12
Grüner Winkel	**AB** 13
Gutenbergstr.	**A** 15
Heydenreichstr.	**A** 16
Hirschgraben	**A** 17
Industriestr.	**B** 18
Johannesstr.	**A** 19
Karl-Leiling-Allee	**B** 20
Kleine Pfaffeng.	**A** 21
Königspl.	**A** 22
Korngasse	**A** 23
Lauergasse	**A** 24
Maximilianstr.	**AB** 25
Mühlturmstr.	**A** 27
Pfaugasse	**A** 28
Pistoreigasse	**B** 29
Prinz-Luitpold-Str.	**A** 32
Rheinnorstr.	**B** 33
Roßmarktstr.	**A** 34
Salzgasse	**A** 37
St. Georgengasse	**A** 38
Schustergasse	**A** 39
Stuhlbrudergasse	**B** 42
Tränkgasse	**A** 43
Wormser Str.	**A** 45

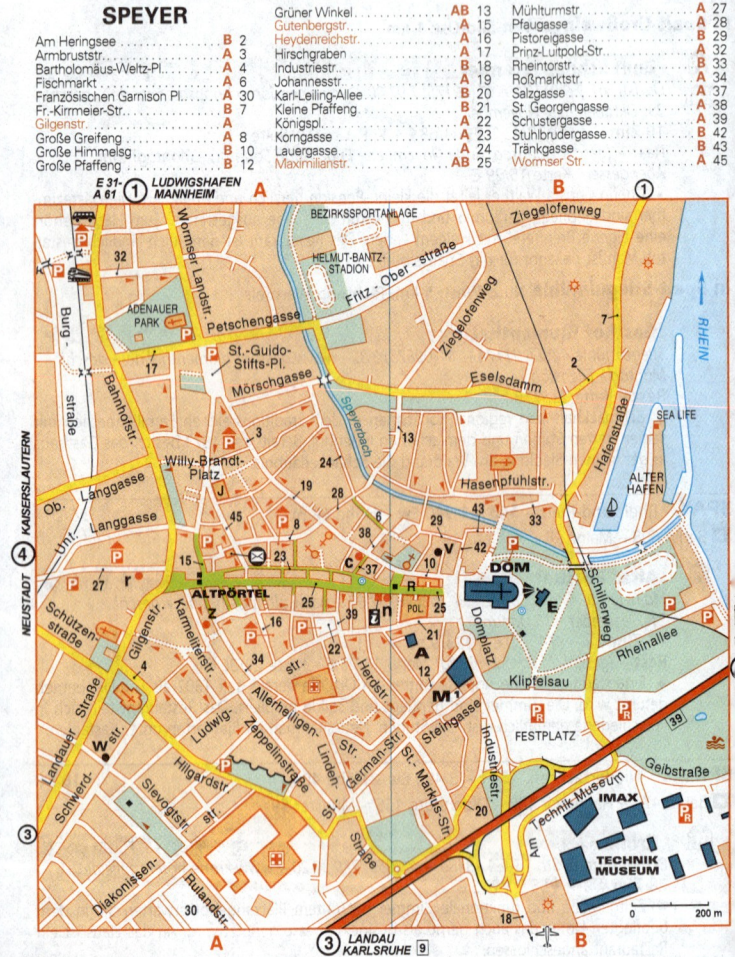

SPEYER

🏨 Löwengarten garni 🛎 📶 🅿 VISA ⦿ AE ⓄⒾ
Schwerdtstr. 14 ⊠ 67346 – ℰ (06232) 62 70 – www.hotel-loewengarten.de
– (Erweiterung auf 60 Zimmer bis Anfang 2012) **Aw**
30 Zim ☕ – †85/125 € ††96/150 €

♦ Die Zimmer in dem Familienbetrieb im Zentrum sind in hellen, freundlichen Farben gehalten, die Komfortzimmer sind besonders geräumig. Das "Hochzeitszimmer" mit Whirlwanne im Bad.

✕✕ Backmulde mit Zim 📶 VISA ⦿ AE
Karmeliterstr. 11 ⊠ 67346 – ℰ (06232) 7 15 77 – www.backmulde.de – geschl.
Sonntagabend - Montag **Az**
6 Zim ☕ – †58/65 € ††78/85 €
Rest – Menü 28 € (mittags)/68 € – Karte 30/59 € 🍴

♦ Schon über 30 Jahre ist der Gastgeber in diesem Haus in einer Seitenstraße nahe dem Altpörtel. Die Küche ist international ausgerichtet, gekocht wird mit frischen Produkten. In den Gästezimmern schaffen helles geöltes Naturholz und Parkettboden Wohnlichkeit.

✕ Ratskeller 🌳 🅿 VISA ⦿ AE
Maximilianstr. 12, (Zufahrt über Kleine Pfaffengasse) ⊠ 67346 – ℰ (06232) 7 86 12
– www.ratskeller-speyer.de – geschl. über Fasching 3 Wochen und Sonntagabend
- Montag **An**
Rest – Menü 20/26 € – Karte 20/39 €

♦ Das schmucke Rathaus a. d. 18. Jh. birgt in seinem Keller ein historisches Backsteingewölbe, in dessen gemütlicher Atmosphäre man bürgerliche Küche serviert. Terrasse im Innenhof.

✕ Wirtschaft zum Alten Engel VISA ⦿
Mühlturmstr. 7 ⊠ 67346 – ℰ (06232) 7 09 14 – www.alter-engel.de – geschl. Juli
- August: Sonntag **Ar**
Rest – *(nur Abendessen)* Karte 28/49 €

♦ Ein sehr nettes Lokal, in dem das alte Backsteingewölbe und gemütliche Nischen urig-rustikalen Charme versprühen. Die Karte ist regional, dazu ein Tagesangebot.

n Speyer-Binshof über Bahnhofstraße A: 6 km Richtung Otterstadt, jenseits der A 61

🏨 Lindner Hotel & Spa Binshof ♨
Binshof 1 ⊠ 67346 – ℰ (06232) 64 70
– www.lindner.de/binshof
133 Zim ☕ – †119/219 € ††135/249 € – 2 Suiten
Rest – Menü 42 € – Karte 41/52 €

♦ Highlight dieses Hotels ist der Wellnessbereich auf 5200 qm mit Tropic Asia Spa und Private Spa. Zeitgemäße individuelle Zimmer, einige mit offenen Bädern, auch Maisonetten. Verschiedene Restaurants stehen zur Wahl.

n Römerberg-Berghausen Süd: 3 km über B 39 Richtung Landau

🏨 Morgenstern
Germersheimer Str. 2b ⊠ 67354 – ℰ (06232) 6 85 00 – www.hotel-morgenstern.de
19 Zim ☕ – †50/65 € ††80 €
Rest – *(geschl. über Fasching 2 Wochen, Juli 2 Wochen und Dienstag, Samstagmittag)*
Karte 29/43 €

♦ Das Haus mit der frischen hellblauen Fassade ist ein familiengeführtes Hotel in verkehrsgünstiger Lage. Sehr gepflegte Zimmer mit gutem Platzangebot sowie internationale Küche im Restaurant. Schön ist die begrünte Terrasse.

SPIEGELAU – Bayern – **546** – 3 960 Ew – Höhe 759 m – Wintersport: ⛷ **60 P18**
Erholungsort

▶ Berlin 496 – München 193 – Passau 43 – Deggendorf 50
🏛 Konrad-Wilsdorf-Str. 1, ⊠ 94518, ℰ (08553) 96 00 17, www.spiegelau.de

SPIEGELAU

Waldfrieden
Waldschmidtstr. 10 ⊠ 94518 – ✆ (08553) 9 79 96 60 – www.hotelwaldfrieden.de
– geschl. 3. November - 25. Dezember, Anfang März - Mitte April
28 Zim – †37/46 € ††74/92 € – ½ P 12 €
Rest – *(nur Abendessen)* Karte 14/21 €
◆ Recht ruhig in einem Wohngebiet gelegenes Landhotel mit Zimmern in rustikalem Sti und nettem Freizeitbereich. Auch Motorradfahrer sind hier gern gesehene Gäste Gepflegter, ländlich gestalteter Gastraum.

In Spiegelau-Klingenbrunn Nord-West: 4 km – Höhe 820 m

Hochriegel (mit Gästehaus)
Frauenauer Str. 31 ⊠ 94518 – ✆ (08553) 97 00 – www.hotel-hochriegel.de
– geschl. 7. - 27. November, 27. März - 9. April
58 Zim – †59/77 € ††106/198 € – 21 Suiten   **Rest** – Karte 13/39 €
◆ Wohnlich-individuelle Zimmer erwarten Sie in diesem Haus. In der Residence auf de anderen Straßenseite sind die Zimmer sehr großzügig und komfortabel; hier auch eige ner Saunabereich. Hochwertige 3/4-Pension für Hausgäste.

In Spiegelau-Oberkreuzberg Süd: 4 km, in Steinbüchl links

Panoramahotel Grobauer (mit Gästehaus)
Kreuzbergstr. 8 ⊠ 94518 – ✆ (08553) 9 78 88 80 – www.hotel-grobauer.de – geschl.
8. November - 17. Dezember
40 Zim – †40/50 € ††80/90 € – ½ P 13 € – 4 Suiten
Rest – *(geschl. Dienstagmittag, Mittwochmittag)* Karte 11/28 €
◆ Der Familienbetrieb ist ein zum Hotel gewachsener Gasthof in ruhiger Lage - schön is der Ausblick. Im neueren Anbau befinden sich besonders komfortable Zimmer. Gast stube im ländlichen Stil.

SPIEKEROOG (INSEL) Niedersachsen – **541** – 790 Ew – Höhe 3 m – Insel der   8 E4
Ostfriesischen Inselgruppe – Nordseeheilbad
▶ Berlin 518 – Hannover 258 – Emden 61 – Aurich 33
Autos nicht zugelassen
⛴ von Neuharlingersiel (40 min.), ✆ (04974) 2 14
🛈 Noorderpad 25, ⊠ 26474, ✆ (04976) 9 19 31 01, www.spiekeroog.de

Inselfriede (mit Gästehäusern)
Süderloog 12 ⊠ 26474 – ✆ (04976) 9 19 20 – www.inselfriede.de – geschl. 8. Januar
- 17. Februar
37 Zim – †70/110 € ††120/170 € – ½ P 22 €   **Rest** – Karte 23/48 €
◆ Die verschiedenen Häuser dieses Familienbetriebs beherbergen freundliche wohn liche Zimmer und einen schönen Bade- und Saunabereich. In wenigen Minuten ist ma am Strand. Behagliches Restaurant in Blau-Weiß. Zum Haus gehört auch ein Irish Pub.

Spiekerooger Leidenschaft
Noorderpad 6 ⊠ 26474 – ✆ (04976) 7 06 00 – www.spiekerooger-leidenschaft.de
18 Zim – †80/120 € ††100/180 €   **Rest** – Karte 22/41 €
◆ Ein Urlaubshotel im Ortskern, das über hübsche neuzeitliche Zimmer in warmer mediterranen Tönen verfügt. Zudem hat man in den Gästehäusern Appartements und Ferienwohnungen. Das angenehm helle Restaurant bietet internationale Küche in fri scher Atmosphäre.

Zur Linde
Noorderloog 5 ⊠ 26474 – ✆ (04976) 9 19 40 – www.hotelzurlinde.eu – geschl.
8. Januar - 16. Februar, 2. - 26. Dezember
23 Zim – †70/125 € ††110/170 € – ½ P 24 €
Rest – *(nur Abendessen)* Karte 23/56 €
◆ Im Zentrum des autofreien Inselortes steht das traditionsreiche friesische Landhaus a d. 19. Jh., in dem man in hellen behaglichen Zimmern wohnt. Zeitlos gehaltenes Restau rant mit regionaler Karte. Bar "Kap Hoorn" und Raucherlounge.

SPREMBERG – Brandenburg – **542** – 24 720 Ew – Höhe 97 m   34 R1
▶ Berlin 143 – Potsdam 148 – Cottbus 22 – Dresden 72
🛈 Am Markt 2, ⊠ 03130, ✆ (03563) 45 30, www.spremberg.de

SPREMBERG

Stadt Spremberg
Am Markt 5, (im City Center) ⊠ 03130 – ℰ (03563) 3 96 30 – www.hotel-stadt-spremberg.de
31 Zim – †55/80 € ††66/91 € **Rest** – Karte 14/45 €
♦ Direkt im Zentrum der Stadt, gegenüber dem Rathaus, liegt dieses neuzeitliche Hotel, das in das City Center Spremberg integriert ist.

Am Berg
Bergstr. 30 ⊠ 03130 – ℰ (03563) 6 08 20 – www.hotel-restaurant-am-berg.de
15 Zim – †44/48 € ††68 €
Rest – (geschl. Sonntag) (nur Abendessen) Karte 12/23 €
♦ Eine familiäre Adresse ist das kleine Hotel nicht weit von der Innenstadt Sprembergs mit seinen gepflegten und praktisch ausgestatteten Gästezimmern. Der Wintergartenvorbau des Restaurants und die Terrasse im Hof bieten besonders schöne Plätze!

SPRENDLINGEN – Rheinland-Pfalz – 543 – 4 040 Ew – Höhe 110 m
▶ Berlin 610 – Mainz 39 – Bad Kreuznach 7
Rheinhessen, Hof Wißberg (St. Johann), ℰ (06701) 2 00 80

47 E15

Apart Hotel Garni garni
Bahnhofstr. 39 ⊠ 55576 – ℰ (06701) 9 30 10 – www.apart-hotel-blessing.de
18 Zim – †50/65 € ††78/88 €
♦ Freundliche Gästebetreuung und zeitgemäß ausgestattete Zimmer erwarten Sie in dem am Ortsrand gelegenen kleinen Hotel der Familie Blessing.

In St. Johann Nord-Ost : 2 km

Golf Hotel Rheinhessen
Hofgut Wißberg, (Höhe 273 m) (Süd: 4 km, beim Golfplatz)
⊠ 55578 – ℰ (06701) 91 64 50 – www.golfhotel-rheinhessen.de – geschl. 20. Dezember - 6. Januar
21 Zim – †79/109 € ††109/139 €
Rest – (geschl. Januar - Februar und November - April: Montag) Karte 16/35 €
♦ Die reizvolle, ruhige Lage am Golfplatz, der tolle Blick auf die Weinberge und die ganze Region sowie wohnliche, moderne Gästezimmer machen das Hotel interessant. Im Restaurant und auf der netten Aussichtsterrasse speist man saisonal.

SPROCKHÖVEL – Nordrhein-Westfalen – 543 – 25 520 Ew – Höhe 200 m
▶ Berlin 526 – Düsseldorf 53 – Bochum 18 – Wuppertal 16
Sprockhövel, Gut Frielinghausen, ℰ (0202) 64 82 22 22

26 C11

Habbel's
Gevelsberger Str. 127 ⊠ 45549 – ℰ (02339) 91 43 12 – www.habbel-restaurant.de
– geschl. Montag
Rest – Menü 28 € (mittags)/39 € – Karte 33/56 €
♦ Durch einen verglasten Bau mit hellem, modernem Bistro gelangt man in das gemütliche, hübsch dekorierte Restaurant. Geboten wird zeitgemäße internationale Küche.

Im Stadtteil Niedersprockhövel

Eggers mit Zim
Hauptstr. 78 ⊠ 45549 – ℰ (02324) 7 17 80 – www.hotel-restaurant-eggers.de – geschl. Mittwoch
16 Zim – †50/75 € ††85/90 € **Rest** – Menü 22/39 € – Karte 21/40 €
♦ In verschiedenen Stuben von rustikal bis elegant wird man in behaglicher Atmosphäre schmackhaft bekocht. Chef Dirk Eggers bereitet regionale, aber auch international beeinflusste Speisen.

STADE – Niedersachsen – 541 – 46 080 Ew – Höhe 1 m
▶ Berlin 350 – Hannover 178 – Hamburg 59 – Bremerhaven 76
ADAC Hinterm Teich 1
ℹ Hansestr. 16, ⊠ 21682, ℰ (04141) 40 91 70, www.stade-tourismus.de
Deinste, Im Mühlenfeld 30, ℰ (041 49) 92 51 12
⊙ Schwedenspeicher-Museum Stade – Altstadt ★★

9 H5

1167

STADE

🏨 Parkhotel Stader Hof
Schiffertorsstr. 8, (Stadeum) ✉ 21682 – ℘ (04141) 49 90 – www.staderhof.de
97 Zim ⌕ – †75/105 € ††105/125 € – ½ P 20 € – 1 Suite
Rest – (geschl. Sonntag) Karte 27/53 €
◆ Das Hotel bietet Zimmer mit zeitgemäßer Technik und die schöne klassisch-elegante Admirals-Suite. Außerdem: stilvoll-gediegene Piano-Bar und kleines Dampfbad in der obersten Etage. Vom Wintergarten und der Terrasse des Restaurants blickt man ins Grüne.

🏨 Ramada Hotel Herzog Widukind garni
Große Schmiedestr. 14, (Zufahrt über Ritterstraße) ✉ 21682 – ℘ (04141) 9 99 80
– www.ramada.de
45 Zim ⌕ – †90/100 € ††110/120 €
◆ Ein Businesshotel mit funktional ausgestatteten Zimmern ganz in der Nähe der Fußgängerzone. Ruhiger sind die Zimmer zur Innenseite. Man frühstückt auf der Empore der Lobby.

🏨 Ramada
Kommandantendeich 1 ✉ 21680 – ℘ (04141) 9 99 70 – www.ramada.de/stade
65 Zim ⌕ – †90/100 € ††110/120 € – ½ P 16 €
Rest – (geschl. Samstagmittag, Sonntagmittag) Karte 28/42 €
◆ Das Hotel liegt zentrumsnah direkt am Hafen und verfügt über gut gepflegte Zimmer mit praktischer Einrichtung. Auch Appartements mit Kitchenette sind vorhanden. Das Restaurant ist im US-amerikanischen Stil gehalten.

STADECKEN-ELSHEIM – Rheinland-Pfalz – **543** – 4 580 Ew – Höhe 106 m
▶ Berlin 599 – Mainz 16 – Neustadt an der Weinstraße 88 – Darmstadt 50

47 E15

🏨 Christian Gartenhotel garni (mit Gästehaus)
Christian-Reichert-Str. 3 (Stadecken) ✉ 55271
– ℘ (06136) 9 16 50 – www.christian-gartenhotel.de
16 Zim ⌕ – †92/115 € ††120/145 €
◆ Eine hübsche Hotelanlage, bestehend aus drei Gebäuden und einem schönen Garten. Die Einrichtung der Zimmer ist geschmackvoll und stimmig, beim Frühstück blickt man ins Grüne.

STADTHAGEN – Niedersachsen – **541** – 22 350 Ew – Höhe 72 m
▶ Berlin 327 – Hannover 45 – Bielefeld 76 – Osnabrück 106

18 G8

🛈 Am Markt 1, ✉ 31655, ℘ (05721) 92 50 65, www.stadthagen.de
🔟 Obernkirchen, Röserheide 2, ℘ (05724) 46 70

🏨 Stadthotel Gerbergasse (mit Gästehaus)
Echternstr. 14 ✉ 31655 – ℘ (05721) 98 60 – www.stadthotel-gerbergasse.de
27 Zim ⌕ – †65 € ††89 €
Rest Kleine Sinfonie – (geschl. Sonntag) (nur Abendessen) Menü 32/49 €
– Karte 22/37 €
◆ In dem Hotel in zentraler Lage am Rand der Fußgängerzone erwarten Sie neuzeitliche, technisch gut ausgestattete Zimmer, die im Gästehaus geräumiger sind.

✕✕ Torschreiberhaus
Krumme Str. 42 ✉ 31655 – ℘ (05721) 64 50 – www.torschreiberhaus.com
– geschl. 1. - 16. Januar und Sonntag - Montag
Rest – (nur Abendessen) Menü 44/58 € – Karte 35/54 €
◆ Ein nettes historisches Stadthaus beherbergt dieses geschmackvoll in klarem modernem Stil eingerichtete Restaurant unter familiärer Leitung. Geboten wird gute zeitgemäße Küche.

✕ Fisch-Restaurant Blanke
Rathauspassage 5 ✉ 31655 – ℘ (05721) 8 17 86 – www.fischhaus-blanke.de – geschl.
Sonntag - Montag
Rest – Karte 27/64 €
◆ In diesem Bistro mit Fischdelikatessengeschäft bietet man fast ausschließlich Fischgerichte und Krustentiere – mittags speist man an blanken Tischen, abends wird eingedeckt.

1168

In Nienstädt-Sülbeck Süd-West: 6 km über B 65

Sülbecker Krug mit Zim
Mindener Str. 6 (B 65) ⊠ 31688 – ℰ (05724) 9 55 00 – www.suelbeckerkrug.de
– geschl. Montag - Dienstagmittag, Samstagmittag
12 Zim – †40/50 € ††60/70 €, ⊇ 5 € **Rest** – Karte 28/50 €

♦ Hier sitzen die Gäste im modernen Bistro oder im klassischen, holzgetäfelten Restaurant mit Kamin und lassen sich freundlich-leger mit schmackhafter zeitgemäßer Küche aus frischen saisonalen Produkten umsorgen. Zum Übernachten bietet man recht schlichte, aber nette und gepflegte Zimmer.

STADTRODA – Thüringen – 544 – 6 100 Ew – Höhe 200 m 41 M13
▶ Berlin 245 – Erfurt 58 – Gera 29 – Jena 17

Hammermühle
Hammermühlenweg 2 ⊠ 07646 – ℰ (036428) 57 90 – www.hammermuehle.com
28 Zim ⊇ – †72/100 € ††109/139 € – 1 Suite
Rest – *(Montag - Donnerstag nur Abendessen)* Karte 19/52 €

♦ Solide und wohnlich eingerichtete Gästezimmer und ein neuzeitlicher Spabereich sprechen für das einstige Mühlengehöft aus dem 15. Jh. Auch ein Badeteich ist vorhanden. Die Mühlenstube und die rustikale ehemalige Scheune bilden das Restaurant.

STAFFELSTEIN, BAD – Bayern – 546 – 10 500 Ew – Höhe 274 m – Kurort 50 K15
▶ Berlin 379 – München 261 – Coburg 24 – Bamberg 26
🛈 Bahnhofstr. 1, ⊠ 96231, ℰ (09573) 3 31 20, www.bad-staffelstein.de
◉ Wallfahrtskirche Vierzehnheiligen★★(Nothelfer-Altar★★), Nord-Ost: 5 km

Kurhotel
Am Kurpark 7 ⊠ 96231 – ℰ (09573) 33 30 – www.kurhotel-staffelstein.de
112 Zim – †87/99 € ††128/149 € – ½ P 21 € – 1 Suite
Rest – Menü 21/75 € – Karte 38/47 €

♦ Ein für Kurgäste und Tagungen gleichermaßen geeignetes Hotel mit geräumigen, gut ausgestatteten Zimmern (teils mit Balkon) und großem Vitalangebot mit Massage und Kosmetik. Internationale Küche im zeitlos gestalteten Restaurant mit Wintergarten.

Erich Rödiger
Zur Herrgottsmühle 2 ⊠ 96231 – ℰ (09573) 92 60 – www.hotel-roediger.de – geschl. 20. - 26. Dezember
51 Zim ⊇ – †57/62 € ††88 € – ½ P 15 €
Rest – *(geschl. August 3 Wochen und Freitag)* Menü 15 € – Karte 23/43 €

♦ Ein familiengeführte Hotel liegt nahe Bahnhof und Obermain-Therme. Die Zimmer im Haupthaus sind größer und wohnlicher gestaltet. Frisches und reichhaltiges Frühstücksbuffet. Das Restaurant: modern-elegantes Mahagonizimmer, nette rustikale Stube und Terrasse.

In Bad Staffelstein-Grundfeld Nord-Ost: 3 km über Lichtenfelser Straße

Gasthof Maintal
Alte Bundesstr. 5 ⊠ 96231 – ℰ (09571) 31 66 – www.gasthof-maintal.de – geschl. 23. Dezember - 20. Januar, 6. - 17. August
19 Zim ⊇ – †32/50 € ††45/80 €
Rest – *(geschl. 23. Dezember - 20. Januar, 6. - 16. August und Sonntagabend - Montag)* Karte 12/32 €

♦ Zwei Brüder leiten den Gasthof mit der orangefarbenen Fassade. Die gepflegten Zimmer befinden sich in einem etwas von der Straße zurückversetzten Anbau. Behaglich ist das ländlich-rustikale Restaurant.

In Bad Staffelstein-Romansthal Ost: 2 km

Zur schönen Schnitterin
Romansthal 1 ⊠ 96231 – ℰ (09573) 43 73 – www.schnitterin.de
– geschl. 9. - 26. Januar, 10. - 26. Dezember
15 Zim ⊇ – †36 € ††60/66 € – ½ P 14 € **Rest** – *(geschl. Montag)* Karte 16/36 €

♦ Recht ruhig liegt der langjährige Familienbetrieb oberhalb von Bad Staffelstein. Die solide ausgestatteten Zimmer bieten teilweise eine schöne Aussicht, einige mit Balkon. Vom Restaurant aus blicken Sie auf den Ort und die Umgebung.

STAFFELSTEIN, BAD

In Bad Staffelstein-Schwabthal Süd-Ost: 8 km Richtung Stublang und Frauendorf

Landromantikhotel Augustin
Schwabthal 3 ✉ 96231 – ℘ (09573) 9 69 70 – www.hotel-augustin.de
35 Zim ⊇ – †52/99 € ††88/148 € – ½ P 14 € **Rest** – Karte 17/41 €
♦ Das charmante Fachwerkhaus der Familie Dinkel ist durch und durch liebenswert eingerichtet und bietet sehr freundlichen Service sowie ein gutes Frühstücksbuffet in hübschem Landhausambiente. Hellblau-weiß karierte Stoffe, ein Kachelofen und viel Holz prägen den Charakter der urigen Restaurantstuben.

STARNBERG – Bayern – 546 – 23 060 Ew – Höhe 588 m 65 L20
▶ Berlin 613 – München 26 – Augsburg 82 – Garmisch-Partenkirchen 70
🛈 Wittelsbacher Str. 2c, ✉ 82319, ℘ (08151) 90 60 11, www.sta5.de
Starnberg-Hadorf, Uneringer Str. 1, ℘ (08151) 1 21 57
Starnberg, Gut Rieden, ℘ (08151) 9 07 70

Vier Jahreszeiten
Münchnerstr. 17 ✉ 82319 – ℘ (08151) 4 47 00 – www.vier-jahreszeiten-starnberg.de
126 Zim ⊇ – †125/195 € ††145/215 € – 5 Suiten
Rest – Menü 21 € (mittags)/57 € – Karte 32/61 €
♦ Ein modern-elegantes Businesshotel mit technisch gut ausgestatteten Zimmern. Eine schöne Sicht bietet der Saunabereich im obersten Stock mit kleiner Dachterrasse. Französisch-mediterran ist das Speiseangebot im Restaurant Oliv's.

Seehof
Bahnhofplatz 6 ✉ 82319 – ℘ (08151) 90 85 00 – www.hotel-seehof-starnberg.de
38 Zim ⊇ – †85/95 € ††110/140 €
Rest *Al Gallo Nero* – ℘ (08151) 22 21 *(geschl. Weihnachten)* Karte 16/47 €
♦ Die zentrale und seenahe Lage sowie wohnliche Gästezimmer sprechen für dieses Hotel. Besonders hübsch sind die zum See hin gelegenen Zimmer mit Balkon. Das Al Gallo Nero bietet italienische Küche.

Fischerhaus garni
Achheimstr. 1 ✉ 82319 – ℘ (08151) 9 05 50 – www.hotel-fischerhaus-starnberg.de
11 Zim ⊇ – †75/122 € ††99/146 €
♦ Der kleine Familienbetrieb befindet sich in einem netten Haus mit grünen Fensterläden. Eine sympathische, sehr gepflegte und gemütliche Adresse im Zentrum.

Al Torchio
Kaiser-Wilhelm-Str. 2 ✉ 82319 – ℘ (08151) 74 44 66 – www.altorchio.de – geschl. Montag
Rest – Karte 33/55 €
♦ Rustikal-elegantes Ambiente und italienische Küche erwarten Sie in diesem von zwei Brüdern geführten Restaurant in der Innenstadt.

Starnberger Alm
Schlossbergstr. 24 ✉ 82319 – ℘ (08151) 1 55 77 – www.starnberger-alm.de – geschl. Montag
Rest – *(nur Abendessen)* (Tischbestellung ratsam) Karte 18/34 €
♦ Eine überaus liebenswerte Einrichtung mit urig-rustikalem Charme sorgt hier für Atmosphäre. In mehreren Stuben kommt solide bayerische Küche mit Tiroler Einfluss auf den Tisch.

STARZACH – Baden-Württemberg – 545 – 4 450 Ew – Höhe 526 m 55 F19
▶ Berlin 697 – Stuttgart 63 – Tübingen 44 – Schaffhausen 124

In Starzach-Börstingen Nord: 7 km

Schloß Weitenburg
✉ 72181 – ℘ (07457) 93 30 – www.schloss-weitenburg.de – geschl. 23. - 26. Dezember
33 Zim ⊇ †76/135 € ††105/172 €
Rest *Schloß Weitenburg* – siehe Restaurantauswahl
♦ Das Schloss liegt mitten im Grünen über dem Neckartal, überall schöne Antiquitäten. Ideal auch für ganz besondere Anlässe - sagen Sie "Ja" im Roten Salon oder in der hauseigenen neugotischen Kapelle! Kleines Extra: Hausgäste nutzen den Golfplatz im Tal vergünstigt.

STARZACH

XX Schloß Weitenburg – Hotel Schloß Weitenburg
✉ 72181 – ☏ (07457) 93 30 – www.schloss-weitenburg.de – geschl. 23. - 26. Dezember
Rest – Menü 36/52 € – Karte 37/60 €
• Auch im Restaurant legt man Wert auf den authentisch-rustikalen Schloss-Charakter - und natürlich auf frische, gute Küche! Die Aussicht von der Terrasse ist schlichtweg superb!

STAUFEN – Baden-Württemberg – 545 – 7 630 Ew – Höhe 288 m   61 D21
– Erholungsort
▶ Berlin 820 – Stuttgart 222 – Freiburg im Breisgau 22 – Basel 58
🛈 Hauptstr. 53, ✉ 79219, ☏ (07633) 8 05 36, www.muenstertal-staufen.de

Zum Löwen
Rathausgasse 8 ✉ *79219* – ☏ *(07633) 9 08 93 90* – *www.fauststube-im-loewen.de*
16 Zim – †81/88 € ††97/105 € – ½ P 25 €
Rest – *(geschl. 18. Februar - 4. März)* Menü 25/55 € – Karte 26/63 €
• In Zimmer Nr. 5 dieses historischen Hauses am Marktplatz soll Faust 1539 sein Leben ausgehaucht haben. Das Gästehaus ist mit Schwarzwälder Fichte wohnlich eingerichtet. Holz und Kachelofen machen das Restaurant gemütlich. Fauststube mit eleganter Note.

Die Krone
Hauptstr. 30 ✉ *79219* – ☏ *(07633) 58 40* – *www.die-krone.de*
9 Zim – †70/75 € ††90/95 €
Rest *Die Krone* – siehe Restaurantauswahl
• Der nette Gasthof a. d. 16. Jh. ist eine sympathische familiäre Adresse. Hier wohnt man ruhig und dennoch zentral in behaglichen Zimmern, von denen einige einen Balkon und Blick auf den Schlossberg bieten.

XX Kreuz-Post mit Zim
Hauptstr. 65 ✉ *79219* – ☏ *(07633) 9 53 20* – *www.kreuz-post-staufen.de* – *geschl. Mittwoch*
12 Zim – †85/95 € ††95/145 € – ½ P 32 €
Rest – Menü 37/55 € – Karte 30/63 €
• In der Altstadt betreibt Familie Zahn mit Engagement diese charmante Markgräfler Gaststube in einem Haus mit langer Geschichte. Geboten werden sorgfältig zubereitete klassische Gerichte. Die Gästezimmer sind hochwertig eingerichtet - im Landhausstil oder moderner mit elegantem Touch.

X Die Krone – Hotel Die Krone
Hauptstr. 30 ✉ *79219* – ☏ *(07633) 58 40* – *www.die-krone.de* – *geschl. Freitagmittag, Samstag*
Rest – Menü 28 € (vegetarisch)/31 € – Karte 30/47 €
• Juniorchef Volker Lahn setzt die Familientradition fort und hat den Kochlöffel von seinem Vater Kurt gerne übernommen. Badisch-gemütlich sind die Gaststuben, badisch-gut ist die Küche! In der Weihnachtszeit traditioneller Braten von der "Dithmarschen" Gans.

In Staufen-Grunern Süd-West: 1 km

XX Ambiente
Ballrechterstr. 8 ✉ *79219* – ☏ *(07633) 80 24 42* – *www.restaurant-ambiente.com*
– *geschl. März 1 Woche, Juli 2 Wochen und Mittwoch - Donnerstag*
Rest – Menü 32/49 € – Karte 38/50 €
• In einem kleinen Gewerbegebiet liegt das Restaurant von Mathias und Melanie Luiz. Der Chef kocht mit mediterraner Note, die sich auch in den hellen, warmen Tönen des Interieurs wiederfindet.

STEBEN, BAD – Bayern – 546 – 3 480 Ew – Höhe 578 m   41 L14
– Wintersport: 650 m ⚡1 ⛷ Moorheilbad
▶ Berlin 320 – München 295 – Coburg 75 – Hof 25
🛈 Badstr. 31, ✉ 95138, ☏ (09288) 96 00, www.bad-steben.de

relexa
Badstr. 26 ✉ *95138* – ☏ *(09288) 7 20* – *www.relexa-hotels.de*
122 Zim – †85/95 € ††150/170 € – ½ P 26 € – 7 Suiten   **Rest** – Karte 21/42 €
• Ruhig liegt das gewachsene Anwesen mit hübschem Schlösschen beim Kurpark. Es erwarten Sie ein klassischer Rahmen und wohnlich-gediegene Zimmer. Freundlich gestaltetes Restaurant mit Wintergarten.

STEBEN, BAD

Am Rosengarten garni
Wenzstr. 8 ⌂ 95138 – ℰ (09288) 9 72 00 – www.amrosengarten.de
14 Zim – †34/47 € ††68/80 €
- In dem kleinen Hotel am Ende einer Sackgasse bietet man eine persönliche Atmosphäre, wohnlich gestaltete Zimmer und ein gutes Frühstücksbuffet in einem netten Raum zum Kurgarten.

In Bad Steben-Bobengrün Süd: 3 km über Thierbach

Spitzberg mit Zim
Dorfstr. 43 ⌂ 95138 – ℰ (09288) 3 13 – www.gasthof-spitzberg.de – geschl. Anfang November 2 Wochen und November - März: Montag - Dienstag
4 Zim – †35/42 € ††50/62 € **Rest** – Karte 12/42 €
- In dem seit vielen Jahren familiär geleiteten Restaurant kommt in gepflegten Räumlichkeiten bürgerlich-regionale Küche auf den Tisch. Für Übernachtungsgäste stehen solide Zimmer zu einem guten Preis-Leistungs-Verhältnis bereit.

In Lichtenberg Nord-Ost: 3 km

Harmonie
Schloßberg 2 ⌂ 95192 – ℰ (09288) 2 46 – www.harmonie-lichtenberg.com
– geschl. Anfang August 2 Wochen und Dienstag - Mittwochmittag
Rest – Menü 25/40 € – Karte 28/54 €
- Ein mit viel Holz und Kachelofen gemütlich und stimmig eingerichtetes Haus, dessen Tradition bis ins Jahr 1823 zurückreicht. Vater und Tochter bereiten in der Küche schmackhafte saisonal geprägte Speisen zu.

STEGAURACH – Bayern – siehe Bamberg

STEGEN – Baden-Württemberg – siehe Kirchzarten

STEINEN – Baden-Württemberg – 545 – 10 200 Ew – Höhe 333 m   61 D21
▶ Berlin 833 – Stuttgart 269 – Freiburg im Breisgau 76 – Basel 17

In Steinen-Höllstein Süd: 1 km

Höllsteiner Hof
Friedrichstr. 65 ⌂ 79585 – ℰ (07627) 9 10 80 – www.hotelhh.de
19 Zim – †57/64 € ††82/94 €
Rest – (geschl. Sonntag) (nur Abendessen) Karte 21/52 €
- Der kleine Familienbetrieb in einem Wohngebiet am Ortsrand überzeugt mit tipptopp gepflegten, zeitgemäß und funktionell gestalteten Zimmern zu fairen Preisen. In der netten Buurestube wird vor den Gästen auf Holzkohle gegrillt.

In Steinen-Kirchhausen Nord: 10 km, über Weitenau und Hofen

Zum fröhlichen Landmann
Hausmatt 3 ⌂ 79585 Steinen – ℰ (07629) 3 88 – www.hotel-landmann.de – geschl. 9. Januar - 10. Februar
16 Zim – †55/60 € ††90 €   **Rest** – (geschl. Montag) Menü 37 € – Karte 22/46 €
- Eine nette Ferienadresse ist der familiengeführte Gasthof in dörflicher Umgebung. Die Zimmer sind individuell und wohnlich, fast alle mit Balkon. Vor dem Haus eine große Wiese. Rustikales Ambiente im Restaurant.

STEINFURT – Nordrhein-Westfalen – 543 – 34 090 Ew – Höhe 65 m   26 D9
▶ Berlin 494 – Düsseldorf 162 – Nordhorn 55 – Enschede 39
🛈 Markt 2, ⌂ 48565, ℰ (02551) 13 83, www.steinfurt-touristik.de
 Steinfurt, Bagno, ℰ (02551) 83 35 50

In Steinfurt-Borghorst

Schünemann
Altenberger Str. 109 ⌂ 48565 – ℰ (02552) 70 24 80 – www.hotel-schuenemann.de
45 Zim – †70/82 € ††97/117 €   **Rest** – (geschl. Sonntagabend) Karte 17/50 €
- Ein gewachsenes Hotel unter familiärer Leitung. Die Zimmer sind unterschiedlich eingerichtet, aber immer zeitgemäß. Besonders komfortabel sind die Juniorsuiten. Fahrradverleih. Restaurant mit rustikal-elegantem sowie hellem, zeitlosem Bereich.

1172

STEINFURT

Posthotel Riehemann Rest, Zim, P, VISA, AE
Münsterstr. 8 (Zufahrt über Alte Lindenstraße) ⊠ 48565 – ℰ (02552) 9 95 10
– www.riehemann.de
17 Zim ⌂ – †60/75 € ††90/99 €
Rest – *(geschl. Sonntag) (nur Abendessen für Hausgäste)*
♦ Die einstige Posthalterei von 1827 ist ein sehr gut geführter kleiner Familienbetrieb mit zeitgemäßen Zimmern, W-Lan gratis. Gute Parkmöglichkeiten trotz Lage in der Fußgängerzone.

STEINHAGEN – Nordrhein-Westfalen – 543 – 19 860 Ew – Höhe 102 m   27 F9
▶ Berlin 404 – Düsseldorf 166 – Bielefeld 11 – Münster (Westfalen) 67

Graf Bernhard 1344 Zim, P, VISA
Bahnhofstr. 56 ⊠ 33803 – ℰ (05204) 87 01 93 – www.grafbernhard1344.de
23 Zim ⌂ – †57/79 € ††87/120 €
Rest – *(Montag - Freitag nur Abendessen)* Karte 21/40 €
♦ Ursprung dieses am Ortsrand gelegenen Hotels ist ein umgebauter Bauernhof. Zeitgemäße Zimmer in warmen Tönen, teils mit kleinem Balkon. Eine Bilderausstellung ziert die Flure. Bürgerliche Küche im Restaurant. Terrasse und Biergarten sowie schöne Veranstaltungsräume.

In Steinhagen-Brockhagen West: 5 km

XX **Ententurm** mit Zim P, VISA
Sandforther Str. 50 ⊠ 33803 – ℰ (05204) 9 17 60 – www.ententurm.de – geschl.
Dienstag
6 Zim ⌂ – †65 € ††85 € – 1 Suite **Rest** – Menü 30 € – Karte 27/43 €
♦ Ein liebevoll dekoriertes Restaurant im freundlichen Landhausstil mit hübscher Terrasse sowie Festsaal und Salon. Geboten wird eine internationale, meist mediterran orientierte Küche mit regionalen Elementen. Für Übernachtungsgäste: schöne, individuelle Zimmer und ein gutes Frühstück, das am Tisch serviert wird.

Wie entscheidet man sich zwischen zwei gleichwertigen Adressen?
In jeder Kategorie sind die Häuser nochmals geordnet, die besten Adressen stehen an erster Stelle.

STEINHEIM – Nordrhein-Westfalen – 543 – 13 270 Ew – Höhe 140 m   28 G10
▶ Berlin 368 – Düsseldorf 208 – Hannover 87 – Detmold 21

In Steinheim-Sandebeck Süd-West: 12 km über B 252 und Bergheim

Germanenhof P, VISA, AE
Teutoburger-Wald-Str. 29 ⊠ 32839 – ℰ (05238) 9 89 00 – www.germanenhof.de
30 Zim ⌂ – †65/80 € ††80/105 €
Rest *Germanenhof* – siehe Restaurantauswahl
♦ Aufmerksame Gästebetreuung und wohnliche Gästezimmer (teilweise mit Balkon) sprechen für dieses zentral gelegene Haus unter engagierter familiärer Leitung.

XX **Germanenhof** – Hotel Germanenhof P, VISA, AE
Teutoburger-Wald-Str. 29 ⊠ 32839 – ℰ (05238) 9 89 00 – www.germanenhof.de
– geschl. Montagmittag, Dienstag
Rest – *(Tischbestellung ratsam)* Karte 22/49 €
♦ Gediegen-ländlich ist die Atmosphäre bei Familie Seidensticker. Mit sicherem Gespür werden die Tische liebevoll eingedeckt. Gerne werden hier auch Hochzeiten gefeiert. Internationaler Küchenstil unter saisonalem Einfluss.

STEINHEIM am ALBUCH – Baden-Württemberg – siehe Heidenheim an der Brenz

STEINHOEFEL – Brandenburg – siehe Fürstenwalde

STEINKIRCHEN – Niedersachsen – 541 – 1 610 Ew – Höhe 1 m   10 H5
▶ Berlin 321 – Hannover 161 – Hamburg 41 – Bremerhaven 88

Windmüller
Kirchweg 3 , (hinter der Kirche) ✉ 21720 – ℰ (04142) 8 19 80
– www.hotel-windmueller.de
22 Zim ⌕ – †65 € ††80/123 € – 3 Suiten
Rest – *(November - Ostern: Montag - Samstag nur Abendessen)* Karte 27/37 €
♦ Die ruhige und recht versteckte Lage hinter der Kirche sowie wohnliche Zimmer machen das gewachsene Hotel aus. Charmant ist das ursprüngliche Stammhaus, ein Fachwerkhaus a. d. J. 1746. Als Frühstücksraum dient ein freundlicher Pavillon. Das Restaurant im historischen Gebäude wird ergänzt durch eine hübsche Terrasse.

STEINSFELD – Bayern – siehe Rothenburg ob der Tauber

STEMMEN – Niedersachsen – siehe Sittensen

STEMWEDE – Nordrhein-Westfalen – 543 – 13 920 Ew – Höhe 42 m   17 F8
▶ Berlin 385 – Düsseldorf 227 – Bielefeld 50 – Minden 36

In Stemwede-Haldem

Berggasthof Wilhelmshöhe
Zur Wilhelmshöhe 14 ✉ 32351 – ℰ (05474) 9 20 30
– www.berggasthof-wilhelmshoehe.de – geschl. 19. - 25. Dezember
23 Zim ⌕ – †45/65 € ††75/95 € – ½ P 17 €   **Rest** – Menü 32 € – Karte 23/42 €
♦ Angenehm ruhig liegt das familiengeführte Landhotel am Waldrand oberhalb des kleinen Ortes. Ein behaglich gestaltetes Haus mit hübschem Garten. Das geschmackvoll eingerichtete Restaurant wird ergänzt durch Räume für Feierlichkeiten und eine Bar für Raucher.

STENDAL – Sachsen-Anhalt – 542 – 42 720 Ew – Höhe 32 m   21 M8
▶ Berlin 130 – Magdeburg 60 – Dessau 133 – Schwerin 135
🛈 Kornmarkt 8, ✉ 39576, ℰ (03931) 65 11 90, www.stendal-tourist.de
◉ Dom St. Nikolai ★ (Glasfenster ★) – Uenglinger Tor ★

Am Uenglinger Tor garni
Moltkestr. 17 ✉ 39576 – ℰ (03931) 6 84 80 – www.hotelstendal.de
17 Zim ⌕ – †45/55 € ††65/70 €
♦ Das kleine Hotel liegt in der Nähe des namengebenden alten Stadttors. Die Zimmer sind teilweise Maisonetten, einige mit Balkon/Terrasse oder auch mit Küche.

STEPHANSKIRCHEN – Bayern – siehe Rosenheim

STIEFENHOFEN – Bayern – 546 – 1 780 Ew – Höhe 805 m   64 I21
▶ Berlin 738 – München 165 – Augsburg 140 – Bregenz 39

Landgasthof Rössle mit Zim
Hauptstr. 14 ✉ 88167 – ℰ (08383) 9 20 90 – www.roessle.net – geschl. Mittwoch
14 Zim ⌕ – †44/54 € ††57/75 € – ½ P 15 €   **Rest** – Menü 30 € – Karte 20/35 €
♦ Ein gewachsener historischer Gasthof, auf dessen Grundstück früher die deutsch-österreichische Grenze verlief. Für die regionale Küche verwendet man viele Kräuter aus dem eigenen Garten. Übernachtungsgästen bietet man freundliche Zimmer in ländlichem Stil.

STIMPFACH – Baden-Württemberg – 545 – 2 960 Ew – Höhe 418 m   56 I17
▶ Berlin 541 – Stuttgart 109 – Nürnberg 110 – Würzburg 111

In Stimpfach-Rechenberg Süd-Ost: 4 km

Landhotel Rössle
Ortsstr. 22 ✉ 74597 – ℰ (07967) 9 00 40 – www.roessle-rechenberg.de
– geschl. 1. - 8. Januar, 13. - 26. August
75 Zim – †61/69 € ††82/90 €, ⌕ 5 €   **Rest** – *(geschl. Sonntag)* Karte 25/42 €
♦ Das zeitgemäße Hotel ist vor allem auf Tagungen und Feierlichkeiten spezialisiert. Man bietet einen Seminarpark mit gut ausgestatteten Räumen, Hochseilgarten und Outdoor-Bereich. Gemütlich sind die im alpenländischen Stil gehaltenen Restauranträume.

STOCKACH – Baden-Württemberg – **545** – 16 620 Ew – Höhe 491 m **63** G21

▶ Berlin 730 – Stuttgart 157 – Konstanz 34 – Freiburg im Breisgau 112
🛈 Salmannsweilerstr. 1, ✉ 78333, ℰ (07771) 80 23 00, www.stockach.de
🏌 Orsingen-Nenzingen, Schloss Langenstein, ℰ (07774) 5 06 51

🏠 Zum Goldenen Ochsen
Zoznegger Str. 2 ✉ 78333 – ℰ (07771) 9 18 40 – www.ochsen.de
38 Zim 🍽 – †49/98 € ††79/154 €
Rest *Zum Goldenen Ochsen* – siehe Restaurantauswahl
♦ Ein ansprechender Gasthof unter engagierter familiärer Leitung, in dem recht individuelle und wohnliche Zimmer bereitstehen. Einige Gemälde zieren das Haus.

✕✕ Zum Goldenen Ochsen – Hotel Zum Goldenen Ochsen
Zoznegger Str. 2 ✉ 78333 – ℰ (07771) 9 18 40
– www.ochsen.de – geschl. Samstagmittag
Rest – Menü 22/48 € – Karte 22/66 €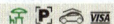
♦ Schwarz lackierte Stühle und Lampen im Art-déco-Stil passen gut zu dem sachlichen Ambiente des Restaurants. Rustikaler dagegen ist die gemütliche Stube. Regional geprägte Küche mit Bio-Produkten.

In Stockach-Wahlwies Süd-West: 3 km über B 313, jenseits der A 98

✕✕ Gasthof Adler mit Zim
Leonhardtstr. 29 ✉ 78333 – ℰ (07771) 35 27 – www.adler-wahlwies.de
– geschl. 1. - 4. Januar, 15.- 30. Juni, 25. Oktober - 6. November und
Montag - Dienstagmittag
11 Zim 🍽 – †38/55 € ††58/75 € – ½ P 14 €
Rest – Menü 30 € – Karte 20/53 €
♦ Der Gasthof von 1664 wird bereits in der 11. Generation von der Familie geführt. In dem gemütlichen Restaurant bietet man schmackhafte regionale Küche. Übernachten kann man in freundlichen, wohnlichen Zimmern.

STOCKHEIM – Bayern – siehe Kronach

STOCKSTADT am MAIN – Bayern – **546** – 7 360 Ew – Höhe 117 m **48** G15

▶ Berlin 550 – München 361 – Frankfurt am Main 38 – Darmstadt 36

🏠 Brößler
Obernburger Str. 2 ✉ 63811 – ℰ (06027) 42 20
– www.hotel-broessler.de
36 Zim 🍽 – †60 € ††95 €
Rest – *(geschl. Samstagabend)* Karte 14/39 €
 ♦ Ein schmucker erweiterter Gasthof von 1905. Am reichlich bestückten Frühstücksbuffet und auch in der bürgerlichen Küche findet sich so manches aus eigener Produktion: Bäckerei/Konditorei und Metzgerei gehören zum Haus! Beliebt der Biergarten.

STOLBERG – Nordrhein-Westfalen – **543** – 57 760 Ew – Höhe 200 m **35** A12

▶ Berlin 629 – Düsseldorf 80 – Aachen 11 – Düren 23

🏠 Parkhotel am Hammerberg garni
Hammerberg 11 ✉ 52222 – ℰ (02402) 1 23 40 – www.parkhotel-stolberg.de – geschl.
23. Dezember - 2. Januar
28 Zim 🍽 – †58/95 € ††99/175 €
♦ Das Hotel befindet sich nur wenige Gehminuten von der Altstadt in ruhiger waldnaher Lage. Nette Halle mit Kamin, behagliche Gästezimmer und freundlicher Frühstücksraum mit Terrasse.

 STOLBERG (HARZ) – Sachsen-Anhalt – siehe Südharz

1175

STOLPE – Mecklenburg-Vorpommern – 542 – 370 Ew – Höhe 9 m 14 P4
▶ Berlin 179 – Schwerin 171 – Neubrandenburg 48 – Rügen (Bergen) 103

Gutshaus Stolpe
Peenstr. 33 ⊠ 17391 – ℰ (039721) 55 00 – www.gutshaus-stolpe.de
32 Zim – †80/150 € ††118/218 € – 4 Suiten
Rest *Gutshaus Stolpe* – siehe Restaurantauswahl
♦ Dieses wunderbare Domizil bietet im Gutshaus und in der Remise ein sehr geschmackvolles, stimmiges Ambiente und weiß mit ausgezeichnetem Service und Annehmlichkeiten wie dem ansprechenden A-la-carte-Frühstück zu überzeugen. Schöne Bar.

Gutshaus Stolpe – Hotel Gutshaus Stolpe
Peenstr. 33 ⊠ 17391 – ℰ (039721) 55 00 – www.gutshaus-stolpe.de – *geschl. Januar und Montag, Oktober - April: Sonntag - Montag*
Rest – *(nur Abendessen)* Menü 55/95 € – Karte 62/83 €
Spez. Gebratener Atlantik Steinbutt auf Erbsenmousseline mit Flusskrebsen und Holunderschaum. Rosa geschmorter Rehrücken aus eigener Jagd mit gebratenen Pfifferlingen und Burlat-Kirschsauce. Topfensoufflé von der Tahiti Vanille mit Himbeeren und Rahmeis.
♦ Blickt man von der herrlichen Terrasse durch die bodentiefen Sprossenfenster, setzt dahinter äußerst elegantes Interior gekonnt Akzente. Richtet man sein Augenmerk auf die Teller, finden Sie die feinen, klassisch zubereiteten Kompositionen von André Münch.

Fährkrug
Peenstr. 38 ⊠ 17391 – ℰ (039721) 5 22 25 – www.gutshaus-stolpe.de – *geschl. Oktober - März und April: Dienstag - Mittwoch*
Rest – Karte 24/37 €
♦ Das gemütliche Lokal in dem liebenswerten 300 Jahre alten Reetdachhaus besticht durch rustikales Flair. Die regionale Küche serviert man auch auf der sonnigen Terrasse zur Peene.

In Liepen West: 9 km

Am Peenetal (mit Gästehaus)
Dorfstr. 31 ⊠ 17391 – ℰ (039721) 5 67 58 – www.gutshof-liepen.de
16 Zim – †65/77 € ††90/115 €
Rest – *(geschl. Oktober - April: Montag - Dienstag)* Karte 21/51 €
♦ Ein sanierter und gewachsener Gutshof im Peenetal, der modern-rustikale Zimmer sowie eine gute Autobahnanbindung bietet. Dazu ein Hofladen mit regionalen Produkten und ein Restaurant mit netter und legerer Atmosphäre, nicht zu vergessen die schön gestaltete Terrasse.

STORKAU – Sachsen-Anhalt – 542 – 160 Ew – Höhe 35 m 21 M8
▶ Berlin 123 – Magdeburg 71 – Brandenburg 60 – Stendal 18

Schloss Storkau (mit Kavaliershaus)
Im Park ⊠ 39590 – ℰ (039321) 52 10
– www.hotel-schloss-storkau.de
110 Zim – †55/185 € ††95/160 € – 1 Suite
Rest – Menü 25/75 € – Karte 24/49 €
♦ Auf einem weitläufigen Parkgrundstück an der Elbe steht das Schloss - ein stilvoller Rahmen für Hochzeiten. Zimmer im Haupthaus z. T. mit Antiquitäten, im Kavaliershaus etwas praktischer für Tagungsgäste. Im Restaurant bietet man Bioprodukte vom eigenen Gutshof.

STORKOW (MARK) – Brandenburg – 542 – 9 120 Ew – Höhe 37 m 23 Q9
▶ Berlin 66 – Potsdam 84 – Beeskow 27

In Storkow-Hubertushöhe Süd-Ost: 3,5 km, Richtung Beeskow

Schloss Hubertushöhe (mit Seeresidenz und Kutscherhaus)
Robert-Koch-Str. 1 ⊠ 15859
– ℰ (033678) 4 30 – www.hubertushoehe.de – *geschl. November - März*
21 Zim – †119/169 € ††149/249 € – 2 Suiten
Rest *Windspiel* – Menü 55/95 € – Karte 42/81 €
♦ Um die architektonische Schönheit noch zu unterstreichen, hat man dem Schloss ein stilgerechtes elegantes Interieur verliehen. Entspannung finden Sie beim Schwimmen (eigene Badestelle), im Saunahaus am See, bei Kosmetik und Massage oder auch im Restaurant Windspiel und auf der kleinen Terrasse mit Seeblick. Toller Rahmen für Hochzeiten!

STRALSUND – Mecklenburg-Vorpommern – 542 – 57 780 Ew – Höhe 13 m   6 O3

▶ Berlin 247 – Schwerin 160 – Rügen (Bergen) 29 – Rostock 71
ADAC Werftstr. 4 (im Autohaus Hanseat) **CZ**
🛈 Alter Markt 9 **BY**, ✉ 18439, ✆ (03831) 24 69 00, www.stralsundtourismus.de
🌐 Rathaus ★ – Meeresmuseum ★ **M** – Nikolaikirche ★ **BY** – Marienkirche ★ **BZ**

Stadtpläne siehe nächste Seiten

arcona Hotel Baltic   Rest, ▾ 🐕 🚗 VISA ⦿ AE ⓘ
Frankendamm 22 ✉ 18439 – ✆ (03831) 20 40 – www.baltic.arcona.de   **CZk**
133 Zim ⊡ – †83/156 € ††113/186 €   **Rest** – Karte 23/39 €
♦ Das aus einer früheren Kaserne entstandene Hotel in Hafen- und Altstadtnähe ist mit seinen neuzeitlichen und funktionellen Zimmern besonders für Geschäftsreisende interessant. Freundlich und modern: das bistroartige Restaurant Weinwirtschaft.

Am Jungfernstieg garni   ▾ P VISA ⦿ AE
Jungfernstieg 1b ✉ 18437 – ✆ (03831) 4 43 80 – www.hotel-am-jungfernstieg.de   **AZj**
36 Zim ⊡ – †59/89 € ††79/129 €
♦ Nur wenige Schritte vom Hauptbahnhof erwarten Sie zeitgemäß-wohnliche Zimmer, nach hinten mit Altstadtblick. Mit im Haus: erste Stralsunder Marzipan-Produktion. Fahrradverleih.

An den Bleichen garni ⸘   🚗 ▾ P VISA ⦿ AE
An den Bleichen 45 ✉ 18435 – ✆ (03831) 39 06 75 – www.hotelandenbleichen.de
– geschl. 13. Dezember - 6. Januar   **AYd**
23 Zim ⊡ – †50/57 € ††70/79 €
♦ Das familiengeführte Haus befindet sich in einem Wohngebiet am Zentrumsrand. Es stehen praktisch ausgestattete Zimmer und ein kleiner Garten zur Verfügung.

Villa am Meer garni ⸘   ▾ P VISA ⦿ AE
Gerhart-Hauptmann-Str. 14 ✉ 18435 – ✆ (03831) 30 84 66
– www.hotel-mit-meerblick.de   **BYs**
12 Zim ⊡ – †40/55 € ††65/85 €
♦ Dieses familiäre Haus ist eine sorgsam sanierte Villa von 1912. Die Zimmer sind zeitlos gehalten, teils mit Aussicht auf den Sund. Hübscher Frühstücksraum mit Stuckdecke.

Altstadt Pension Peiß garni   ▾ VISA ⦿
Tribseer Str. 15 ✉ 18439 – ✆ (03831) 30 35 80 – www.altstadt-pension-peiss.de
– geschl. Februar   **BZb**
12 Zim ⊡ – †55/85 € ††65/105 €
♦ Ein 1881 erbautes Altstadthaus am Neuen Markt beherbergt freundliche, wohnliche Zimmer, einige mit Blick zur Marienkirche. Kleine Innenhofterrasse und Weinbar zum Verweilen.

✂ Esszimmer   🍴 VISA ⦿
Am Querkanal 5 ✉ 18439 – ✆ (03831) 3 09 77 07 – www.esszimmer-stralsund.de
– geschl. Mittwoch   **CYe**
Rest – Menü 37/54 € – Karte 26/41 €
♦ Auch wenn man angesichts der wirklich frischen, schmackhaften und sogar noch preisgünstigen Gerichte einen Haken vermuten könnte - den sucht man hier vergeblich! Die regionale Küche des Chefs macht einfach Freude, ebenso wie die Lage direkt am Hafen (beim Ozeanum).

✂ Tafelfreuden im Sommerhaus mit Zim   🍴 ⇔ P VISA ⦿ AE
Jungfernstieg 5a ✉ 18437 – ✆ (03831) 29 92 60 – www.tafelfreuden-stralsund.de
– geschl. Februar und Montag   **AYc**
3 Zim ⊡ – †45/55 € ††65/80 €   **Rest** – Menü 34/45 € – Karte 32/42 €
♦ Eine gemütliche Adresse ist das nette kleine schwedische Landhaus von 1870. Das wintergartenähnliche Restaurant gefällt mit seinem frischen, leicht mediterranen Ambiente. Hübsch sind die drei individuell gestalteten Gästezimmer.

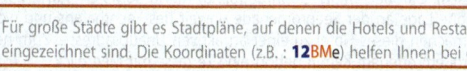

Für große Städte gibt es Stadtpläne, auf denen die Hotels und Restaurants eingezeichnet sind. Die Koordinaten (z.B. : **12**B**M**e) helfen Ihnen bei der Suche.

STRALSUND

Alter Markt	**BY**	3
Alte Rostocker Str.	**AZ**	2
Am Langenkanal	**CY**	4
Apollonienmarkt	**BY**	6
August-Bebel-Ufer	**BZ**	7
Badenstr.	**BY**	9
Badstüberstr.	**BCY**	10
Baumschulenstr.	**AY**	12
Bleistr.	**AZ**	13
Elisabethweg	**AZ**	15
Fährstr.	**BY**	16
Friedrich-List-Str.	**AZ**	18
Greifwalder Chaussee	**BZ**	19
Hafenstr.	**CYZ**	21
Heilgeiststr.	**BY**	
Heuweg	**AZ**	22
Hinter der Brunnenaue	**AY**	23
Jacobichorstr.	**BY**	24
Jacobiturmstr.	**BY**	25
Ketelhotstr.	**AY**	27
Mauerstr.	**BY**	28
Mühlenstr.	**BY**	30
Neuer Markt	**BZ**	31
Olof-Palme-Pl.	**BY**	33
Ossenreyerstr.	**BY**	
Otto-Voge-Str.	**BCZ**	34
Papenstr.	**BY**	36
Peter-Blome-Str.	**CZ**	37
Philipp-Julius-Weg	**AZ**	39
Platz der Friedens.	**AZ**	40
Richtenberger Chaussee	**AZ**	41
Schillstr.	**BY**	43
Semlowerstr.	**BY**	42
Tetzlawstr.	**AZ**	45
Tribseerstr.	**AZ**	46
Wasserstr.	**CY**	48
Witzlawstr.	**AZ**	49

STRANDE – Schleswig-Holstein – **541** – 1 470 Ew – Höhe 4 m – Seebad   3 J3

▶ Berlin 366 – Kiel 18 – Eckernförde 26

🛈 Strandstr. 12, ✉ 24229, ℰ (04349) 2 90, www.ostseebad-strande.de

  Strandhotel
Strandstr. 21 ✉ 24229 – ℰ (04349) 9 17 90 – www.strandhotel.de
29 Zim ⊆ – †93/190 € ††144/210 €
Rest – *(geschl. Oktober - März: Sonntagabend)* Menü 30/45 € – Karte 25/44 €
♦ Die schöne Lage an der Seepromenade unweit des Yachthafens und wohnliche Gästezimmer machen dieses Hotel zu einer attraktiven Urlaubsadresse. Zum netten Restaurant mit großem offenen Kamin gehört eine Terrasse mit Meerblick.

STRASSLACH-DINGHARTING – Bayern – 546 – 2 940 Ew
– Höhe 635 m

65 L20

▶ Berlin 619 – München 24 – Augsburg 84 – Garmisch-Partenkirchen 71

Straßlach, Tölzer Str. 95, ℰ (08170) 9 29 18 11

✕ Gasthof zum Wildpark
Tölzer Str. 2 ✉ *82064 –* ℰ *(08170) 9 96 20 – www.roiderer.de*
Rest – Karte 14/48 €

♦ In dem Gasthaus mit den gemütlichen, teilweise holzgetäfelten Stuben kocht man bürgerlich-bayerisch. Riesig und sehr nett: der Biergarten mit großer Markise und Fußbodenheizung!

STRASSLACH-DINGHARTING

✗ L' Estragon 🛜 🅿 VISA ⦿ AE
Riedweg 15 ⊠ 82064 – ℰ (08170) 2 14 – www.lestragon.de – geschl. Mittwoch
Rest – Menü 20/34 € – Karte 33/51 €
• Behaglich und leger ist dieses französische Restaurant, zu dem auch eine schöne Terrasse im Garten gehört. Werktags stehen am Mittag zwei Menüs zur Wahl.

STRAUBENHARDT – Baden-Württemberg – **545** – 10 770 Ew – Höhe 406 m   **54** F18
▶ Berlin 674 – Stuttgart 67 – Karlsruhe 30 – Baden-Baden 38

In Straubenhardt-Schwann

🏠 Landhotel Adlerhof ⌂ ⬅ 🚲 🛜 ¶ 🛁 🅿 VISA ⦿
Mönchstr. 14 (Schwanner Warte) ⊠ 75334 – ℰ (07082) 9 23 40 – www.adlerhof.de
– geschl. 3. - 11. Januar
21 Zim ⊏ – †76/78 € ††114/117 € – 1 Suite
Rest – *(geschl. Montag)* Karte 21/45 €
• Das reizvoll auf einer kleinen Anhöhe gelegene Hotel verfügt über zeitgemäß und funktionell eingerichtete Zimmer, von denen einige besonders schön zum Tal hin liegen. Restauranträume in bürgerlichem Stil.

STRAUBING – Bayern – **546** – 44 500 Ew – Höhe 331 m   **59** O18
▶ Berlin 541 – München 120 – Regensburg 50 – Landshut 51
ADAC Stadtgraben 44a
i Theresienplatz 2, ⊠ 94315, ℰ (09421) 94 43 07, www.straubing.de
🚗 Kirchroth, Bachhof 9, ℰ (09428) 71 69

🏨 ASAM 🛜 ⟦ 🛋 🛁 AC Zim, ¶ 🛁 🅿 VISA ⦿ AE
Wittelsbacher Höhe 1 ⊠ 94315 – ℰ (09421) 78 86 80 – www.hotelasam.de
37 Zim – †88/117 € ††117/133 €, ⊏ 11 €
Rest *ASAM-QUIRIN* – ℰ (09421) 78 86 86 10 – Karte 17/42 €
• Ein modernes Lifestyle-Hotel im Zentrum bestehend aus einem denkmalgeschützten Gründerzeit-Gebäude und einem Neubau. Die Zimmer sind komfortabel und sehr zeitgemäß. W-Lan gratis.

🏠 Theresientor garni ⟦ 🛁 AC ¶ 🛜 VISA ⦿ AE ⓪
Theresienplatz 51 ⊠ 94315 – ℰ (09421) 84 90 – www.hotel-theresientor.de
43 Zim ⊏ – †89/119 € ††120/149 €
• Am Anfang der Fußgängerzone liegt das persönlich geführte Hotel mit komfortablen Zimmern. Gute technische Ausstattung mit kostenfreiem W-Lan. Maisonette-Turmsuite mit Stadtblick.

🏠 Villa 🛜 ¶ 🅿 VISA ⦿ AE
Bahnhofsplatz 5b ⊠ 94315 – ℰ (09421) 96 36 70 – www.villa-straubing.de
10 Zim ⊏ – †79/119 € ††109/129 €
Rest – *(geschl. Samstagmittag, Sonntagabend und Montag)* Karte 21/48 €
• Die Villa von 1895 hat Atmosphäre. Ein kleines Hotel mit wohnlichen, technisch modern ausgestatteten Zimmern (W-Lan inklusive) und hübschem Frühstücksraum mit Stuckdecke. Internationale Küche im neuzeitlichen Wintergarten oder im etwas rustikaleren Stübchen.

🏠 Seethaler ⌂ 🛜 ¶ 🛁 🅿 VISA ⦿
Theresienplatz 25 ⊠ 94315 – ℰ (09421) 9 39 50 – www.hotel-seethaler.de
19 Zim ⊏ – †63/79 € ††99/109 € – 1 Suite
Rest – *(geschl. Sonntag)* Karte 20/32 €
• Ein traditionsreiches Gasthaus von 1462, das ideal am Stadtturm von Straubing liegt. Die wohnlichen Zimmer sind meist mit Dielenboden ausgestattet und individuell geschnitten. Behagliche Restaurantstuben mit typisch bayerischem Charakter.

In Straubing-Ittling Ost: 4 km über Ittlinger Straße

🏠 Nothaft garni ⟦ ✄ ¶ 🅿 VISA ⦿
Ittlinger Hauptstr. 3 ⊠ 94315 – ℰ (09421) 18 33 90 – www.nothaft-straubing.de
18 Zim – †56/66 € ††88/108 €
• Das familiär geleitete kleine Hotel in der Ortsmitte bietet moderne und funktionelle Zimmer mit guter Technik. Am Frühstücksbuffet finden Sie Produkte aus der eigenen Metzgerei.

STRAUSBERG – Brandenburg – 542 – 26 230 Ew – Höhe 75 m 23 Q8
▶ Berlin 44 – Potsdam 75 – Eberswalde 35 – Frankfurt (Oder) 62
🛈 August-Bebel-Str. 1, ✉ 15344, ℰ (03341) 31 10 66, www.stadt-strausberg.de
Altlandsberg, Schloss Wilkendorf, ℰ (03341) 33 09 60

The Lakeside
Gielsdorfer Chaussee 6 ✉ *15344 – ℰ (03341) 3 46 90 – www.burghotel-strausberg.de*
50 Zim – †91 € ††120 € – 1 Suite   **Rest** – Menü 25/45 € – Karte 34/50 €
• Das ansprechende Hotel ist architektonisch einer Burg nachempfunden und bietet wohnlich-klassisches Ambiente sowie Massage- und Kosmetikanwendungen. Mit Standesamt und Burgtheater. Eine Bistro-Bar mit Pub-Flair ergänzt das Restaurant. Hier und im schön angelegten Garten (der Besitzer kommt aus der Gartenbaubranche) serviert man Internationales.

STROMBERG (KREIS KREUZNACH) – Rheinland-Pfalz – 543 46 D15
– 3 160 Ew – Höhe 250 m
▶ Berlin 611 – Mainz 45 – Bad Kreuznach 28 – Koblenz 59
Stromberg-Schindeldorf, Eckenrother Fels 1, ℰ (06724) 9 30 80

Johann Lafer's Stromburg
Schlossberg 1 (über Michael-Obentraut-Straße) ✉ *55442 – ℰ (06724) 9 31 00*
– www.johannlafer.de – geschl. 2. - 16. Januar
15 Zim – †150/180 € ††195/285 €, ⊑ 25 € – 1 Suite
Rest *Le Val d'Or* • **Rest** *Bistro d'Or* – siehe Restaurantauswahl
• Aufmerksamer Service ist in der schön restaurierten Burg ebenso selbstverständlich wie die komfortable Ausstattung. Die Gäste wohnen in stimmig und individuell gestalteten Zimmern, die nach bekannten Kochbuchautoren benannt sind.

Land & Golf Hotel Stromberg
Am Buchenring 6 (beim Golfplatz) ✉ *55442*
– ℰ (06724) 60 00 – www.golfhotel-stromberg.de
181 Zim – †120/130 € ††160/180 € – 13 Suiten
Rest *Gourmet* – siehe Restaurantauswahl
Rest *Gartenrestaurant* – Karte 31/40 €
• Wunderschön liegt das Hotel mit dem komfortablen Rahmen in einer Golfanlage. Zu den wohnlichen Zimmern zählen auch die besonders hübschen neueren Suiten.

Le Val d'Or – Hotel Johann Lafer's Stromburg
Schlossberg 1 (über Michael-Obentraut-Straße) ✉ *55442 – ℰ (06724) 9 31 00*
– www.johannlafer.de – geschl. 2. - 16. Januar und Montag - Dienstag
Rest *– (Mittwoch - Freitag nur Abendessen) (Tischbestellung ratsam)* Menü 89/149 €
– Karte 77/106 €
Spez. Paradeiser in ihrer Vielfalt, Frischkäse, Sorbet und Tomatenmousse. Soonwaldreh, Sous Vide, Preiselbeere, Estragon. Kirsche und Sauerrahm, Herzkirsche, Macadamia, Verveine.
• Der sympathische TV-Koch Johann Lafer leitet das elegante Restaurant gemeinsam mit seiner Frau Silvia. Er kocht aktuell und verwendet gerne Produkte aus seiner Heimat, der Steiermark. Zum Service gehört auch die fachkundige Weinberatung. Schöne Terrasse.

Gourmet – Land & Golf Hotel Stromberg
Am Buchenring 6 (beim Golfplatz) ✉ *55442 – ℰ (06724) 60 00*
– www.golfhotel-stromberg.de – geschl. Anfang Januar 3 Wochen, Ende Juni - Mitte Juli 3 Wochen und Sonntag - Montag
Rest *– (nur Abendessen) (Tischbestellung ratsam)* Menü 58 € – Karte 43/67 €
• Weder minimalistisch noch kühl, sondern eher behaglich-elegant lässt sich die Atmosphäre des Restaurants beschreiben. Küchenchef Michael Stortz verwöhnt Sie mit internationalen Spezialitäten, wie z. B. Filet und Bäckchen vom Milchkalb an Tahiti-Vanilleschmorsauce.

Bistro d'Or – Hotel Johann Lafer's Stromburg
Schlossberg 1 (über Michael-Obentraut-Straße) ✉ *55442 – ℰ (06724) 9 31 00*
– www.johannlafer.de – geschl. 2. - 16. Januar
Rest – Menü 39/65 € – Karte 48/56 €
• Legeres Flair durchzieht die in Grasgrün gestrichenen Räumlichkeiten des Lokals von Johann Lafer. An blanken Tischen, in geselliger Runde schmecken die etwas handfesteren, regionalen Gerichte besonders gut.

STUBENBERG – Bayern – siehe Simbach am Inn

STÜHLINGEN – Baden-Württemberg – 545 – 5 150 Ew – Höhe 501 m 62 E21
– Luftkurort
▶ Berlin 773 – Stuttgart 156 – Freiburg im Breisgau 73 – Donaueschingen 30
🛈 Stühlingen, Am Golfplatz 1, ℰ (07703) 9 20 30

Rebstock (mit Gästehaus)
Schlossstr. 10 ⌫ 79780 – ℰ (07744) 9 21 20 – www.rebstock.eu
– geschl. 2. - 15. Januar
29 Zim ⌫ – †44/46 € ††71/73 € – ½ P 14 € **Rest** – Karte 14/38 €
◆ Der Gasthof von 1368 und ein ehemaliges Gerichtsgebäude bilden das von Familie Sarnow freundlich geführte Hotel mit Zimmern im Landhausstil. Bauern- und Bulldogmuseum. Teil des Restaurants ist die schöne gemütliche Schwarzwaldstube.

In Stühlingen-Schwaningen Nord-West: 7 km über B 314 und B 315, Richtung Singen und Weizen

Gasthaus Schwanen mit Zim
Talstr. 9 ⌫ 79780 – ℰ (07744) 51 77 – www.gasthaus-schwanen.de
– geschl. 1. - 10. Januar, 25. Oktober - 14. November, Mittwoch, November - April: Mittwoch - Donnerstag
9 Zim ⌫ – †45/55 € ††72/79 € – ½ P 20 €
Rest – (Montag - Samstag nur Abendessen) Menü 35/44 € – Karte 21/52 €
◆ Die 3. Generation der Familie Wekerle leitet das 1912 erbaute Gasthaus mit seinen gemütlichen, liebevoll dekorierten Räumen. Sympathisch kümmert man sich mit international beeinflusster regionaler Küche um die Gäste. Eigene Brennerei. Übernachten können Sie in wohnlichen, freundlich gestalteten Zimmern.

STUHR – Niedersachsen – 541 – 33 160 Ew – Höhe 4 m 18 G7
▶ Berlin 390 – Hannover 125 – Bremen 10 – Wildeshausen 29
🛈 Blockener Str. 6, ⌫ 28816, ℰ (0421) 5 69 50, www.stuhr.de

In Stuhr-Brinkum Süd-Ost: 4 km, jenseits der A 1

Bremer Tor
Syker Str. 4 ⌫ 28816 – ℰ (0421) 80 67 80 – www.hotel-bremer-tor.de
36 Zim ⌫ – †69/84 € ††84/98 € **Rest** – Karte 21/32 €
◆ Das Hotel liegt verkehrsgünstig nahe der Autobahn und bietet gute Tagungsmöglichkeiten sowie funktionell ausgestattete Zimmer in gediegenem oder modernem Stil. Freundliches, zeitlos gehaltenes Restaurant.

In Stuhr-Moordeich West: 2 km

Nobel mit Zim
Neuer Weg 13 ⌫ 28816 – ℰ (0421) 5 68 00 – www.nobel-moordeich.de
– geschl. Dienstag
2 Zim – †40/50 € ††58/78 €, ⌫ 8 € **Rest** – Karte 20/34 €
◆ In dem klassisch gehaltenen Restaurant wie auch in der gemütlichen, etwas rustikaleren Bierstube Pumpernickel bietet man eine saisonal ausgerichtete Küche von bürgerlich bis international.

STUTENSEE – Baden-Württemberg – 545 – 23 580 Ew – Höhe 114 m 54 F17
▶ Berlin 662 – Stuttgart 79 – Karlsruhe 15 – Heidelberg 45

In Stutensee-Blankenloch

Herrmannshäusle
Hauptstr. 97 ⌫ 76297 – ℰ (07204) 9 44 39 – www.herrmannshaeusle.de – geschl. Sonntag
Rest – (nur Abendessen) Menü 35/58 € – Karte 35/53 €
◆ Das reizende Fachwerkhaus von 1720 versprüht von außen wie auch im Inneren heimelig-rustikalen Charme. Ambitionierte Küche mit asiatischen Einflüssen. Terrasse auf dem Kirchplatz.

1182

STUTTGART

Stadtpläne siehe nächste Seiten   55 G18

Baden-Württemberg – 601 650 Ew – Höhe 245 m – 545 T11
▶ Berlin 637 – Frankfurt am Main 207 – Karlsruhe 75 – München 223

🛈 Tourist-Information

Königstr. 1a LY, ✉ 70173, ✆ (0711) 2 22 82 53, www.stuttgart-tourist.de

Automobilclub - ADAC

Am Neckartor 2 HUV
Kronprinzstr. 8 KY

Flughafen

✈ Stuttgart-Echterdingen, Flughafenstr. 43 DS, ✆ (01805) 94 84 44

Messegelände

Messegelände am Flughafen, Messepiazza DS, ✉ 70629, ✆ (0711) 2 58 90

Messen und Veranstaltungen

14.-22. Januar: CMT Die Urlaubs Messe
11.-15. Februar: INTERGASTRA
22.-25. März: Retro Classics
12.-15. April: Garten
12.-15. April: Slow Food
21. April-13. Mai: Frühlingsfest
5.-6. Mai: Cosmetica
12.-14. Juni: Automotive Testing Expo
18.-22. September: AMB
28.September-14. Oktober: Cannstatter Volksfest
9.-12. Oktober: interbad

Golfplätze

⛳ Kornwestheim, Aldinger Str. 975, ✆ (07141) 87 13 19
⛳ Schwieberdingen, Nippenburg 21, ✆ (07150) 3 95 30
⛳ Mönsheim, Schlossfeld 21, ✆ (07044) 9 11 04 10

◎ SEHENSWÜRDIGKEITEN

Linden-Museum★★M¹ · Stiftskirche (Grabdenkmäler★)KY · Kunstmuseum★★M⁴KY · Staatsgalerie★★ M²LY · Wilhelma★ · Mercedes-Benz Museum★★M⁶JV · Porsche-Museum★CP · Schloss Solitude★BR]

STUTTGART

Alphabetische Liste der Hotels
Alphabetical index of hotels

A		Seite
Abalon		1193
Arcotel Camino		1192
Azenberg		1193

B		Seite
Bellevue		1193

C		Seite
City-Hotel		1193
Classic Congress Hotel		1200

G		Seite
Gloria		1198

H		Seite
Hilton Garden Inn NeckarPark		1197
Zum Hirschen		1200

K		Seite
Körschtal		1199
Kongresshotel Europe		1197
Kronen-Hotel		1192

M		Seite
Maritim		1192
Mercure City-Center		1193
Le Méridien		1192
Messehotel Europe		1198

[mo.hotel]		1199
Mövenpick Hotel Airport		1198

O		Seite
Ochsen		1199

P		Seite
Park Inn		1192
Pullman Fontana		1199

R		Seite
Recknagels Traube		1199
relexa Waldhotel Schatten		1197
ROSS Messehotel		1199

S		Seite
Am Schlossgarten		1192
Steigenberger Graf Zeppelin		1192

U		Seite
Unger		1193

W		Seite
Wörtz zur Weinsteige		1193

Z		Seite
Der Zauberlehrling		1193

Alphabetische Liste der Restaurants
Alphabetical index of restaurants

A		Seite
Aldinger's Germania	XX 🍴	1200
Augusten Stüble	X	1196

B		Seite
Breitenbach	XX 🌸	1198

C		Seite
Le Cassoulet	XX	1195
Christophorus	XX	1200
Cube	X	1195

D		Seite
Délice	XX 🌸	1194

E		Seite
Esszimmer im Rathaus	X	1201

F		Seite
Fässle	XX 🍴	1197
La Fenice	XX	1194
5 (Fünf)	XX	1194

G		Seite
Gasthaus zum Hirschen	X 🍴	1200
GiraSole	X	1196
Goldberg	XX	1200
Goldener Adler	X	1195
Gourmet Restaurant avui	XX 🌸	1200

H		Seite
Hasen	XX	1199

K		Seite
Kern's Pastetchen	XX	1194

L		Seite
Zur Linde	X	1199

N		Seite
La Nuova Trattoria da Franco	XX	1194

O		Seite
OLIVO	XxX 🌸	1194

Q		Seite
Il Quinto Quarto	XX	1195

S		Seite
San Pietro	XX	1194
Schlossgarten-- Restaurant	XxX	1194
Speisemeisterei	XX 🌸	1198
Stuttgarter Stäffele	X	1196
Sushi - Ya	X	1196

T		Seite
Tafelberg	X	1195
top air	XxX 🌸	1198

V		Seite
Vetter	X 🍴	1195

W		Seite
Weinhaus Stetter	X	1197
Weinstube Klink	X	1196
Weinstube Klösterle	X	1197
Weinstube Kochenbas	X	1196
Weinstube Schellenturm	X	1196
Weinstube Träuble	X	1196
Wielandshöhe	XxX 🌸	1197
Wörtz zur Weinsteige	XX	1195

Z		Seite
Der Zauberlehrling	X	1195
Zirbelstube	XxXX 🌸	1193

STRASSENVERZEICHNIS STUTTGART

Straße	Code	Nr.
Albert-Schalfe-Str.	HV	107
Aldinger Str.	EP	
Alexanderstr.	LZ, HV	
Am Kochenhof	FGU	
Am Kräherwald	CR, FUV	
Arnulf-Klett-Pl.	LY	6
Asangstr.	ER	2
Augsburger Str.	ER, JTU	3
Augustenstr.	KZ	7
Badstr.	HJT	
Bahnhofstr.	EP	4
Bebelstr.	FV	
Benzstr.	JU	
Bergheimer Steige	BR	5
Birkenwaldstr.	GU	114
Bismarckstr.	LZ, HV	
Blumenstr.	LZ, GV	10
Böblinger Str.	CS	146
Boheim Str.	FX	
Bolzstr.	LY, GV	15
Brückenstr.	HT	69
Büchsenstr.	KY	
Büsnauer Str.	BS	
Calwer Str.	KYZ	18
Calwer Str. (GERLINGEN)	AP	
Cannstatter Str.	LY, HU	
Charlottenpl.	LZ, GV	20
Charlottenstr.	LZ	
Daimlerstr.	JTU	
Danneckerstr.	LZ	
Ditzinger Straße	BP	
Ditzinger Str. (GERLINGEN)	BR	147
Dorotheenstr.	LZ	24
Eberhardstr.	KLZ, GV	25
Fellbacher Str. (FELLBACH)	EP	8
Fellbacher Str. (UNTERTÜRKHEIM)	ER	9
Feuerbacher Str.	APR	
Feuerbach-Tal-Str.	FTU	
Filderhauptstr.	DS	
Filderstr.	FGX	
Föhrichstr.	CR	150
Frauenkopstr.	HXJV	
Friedrichspl.	KY	27
Friedrichstr.	KY, GV	
Friedrich-Ebert-Str.	GTU	119
Fritz-Elsas-Str.	KYZ, GV	
Gablenberger Hauptstr.	HV	105
Gaußstr.	FV	
Geißeichstr.	FVX	
Gerberstr.	KZ	
Gerlinger Str.	BP	13
Gerokstr.	HV	
Glemseckstr.	AR	14
Haldenstr.	HJT	
Hauptstätter Str.	GVX, KZ	30
Hauptstr.	BS	
Hauptstr. (ECHTERDINGEN)	CS	16
Hauptstr. (GERLINGEN)	BR	17
Hechinger Str.	CS	158
Hegelpl.	KY	32
Hegelstr.	KY	
Heilbronner Str.	GTV, LY	34
Herdersstr.	FV	112
Herdweg	KY	
Heusteigstr.	KLZ	
Hirschstr.	KZ	
Höhenstr.	EP	160
Hohenheimer Str.	LZ, GV	
Holzgartenstr.	KY	
Holzstr.	LZ, GV	40
Immenhofer Str.	GVX	117
Jägerstraße	KY	
Jahnstr.	GHX	
Johannesstr.	FV	109
Kappelbergstr.	ER	21
Karlspl.	LY	43
Karlstr.	LZ	44
Katharinenpl.	LZ	45
Katharinenstr.	LZ	
Kemnater Str.	DES	
Keplerstraße	KY	
Kirchheimer Str.	DES	
Kirchstr.	LZ	46
Königstr.	KLYZ	
Köning-Karl-Str.	JT	102
Konrad-Adenauer-Str.	LY	47
Korntaler Str.	CP	22
Kornwestheimer Str.	CP	23
Kriegsbergstr.	KY	
Kronenstr.	KLY	48
Kronprinzstr.	KYZ	49
Landhausstr.	HUV, HJV	103
Lange Str.	KYZ	
Lautenschlagerstr.	LY	
Lenbachstr.	GTU	
Lenzhalde	FU	
Leonberger Str.	CR	164
Leonhardspl.	LZ	50
Libanonstr.	HV	106
Löffelstr.	CS	165
Löwentorstr.	HT	
Ludwigsburger Str. (FELLBACH)	EP	
Ludwigsburger Str. (ZUFFENHAUSEN)	DP	26
Magstadter Str.	ABRS	
Mahdentalstr.	ABR	
Marienstr.	KZ	
Marktpl.	KLZ	52
Marktstr.	LZ	53
Mercedesstr.	JU	
Mittlere Filderstr.	DS	
Mönchstr.	DEP	
Neckartalstr.	DP, HJT	
Neckar-Str.	HU	
Neue Ramtelstr.	AR	167
Neue Weinsteige	GX	
Neuhäuser Str.	DS	29
Nordbahnhofstr.	HU	
Österreichischer Pl.	KZ	57
Olgastr.	LYZ, GVX	
Panoramastr.	BR	170
Parler Str.	FGU	
Paulinenstr.	KZ	
Pfarrstr.	LZ	61
Pforzheimer Str.	CP	31
Pischekstr.	HVX	108
Planckstr.	HV	
Planie	GV	62
Plieninger Str.	CS	33
Pragstr.	GHT	
Reinsburgstr.	KZ, FGV	
Rembrandtstr.	CS	174
Rennweg	JV	
Robert-Koch-Str.	BS	35
Robert-Mayer-Str.	GU	11
Rohrer Str.	CS	36
Rosenbergstr.	FV	
Rotebühlpl.	KZ, GV	66
Rotebühlstr.	KZ, FGV	70
Rotenwaldstr.	CR, FVX	37
Scharnhauser Str.	ES	38
Schillerpl.	KLY	
Schillerstr.	LY	
Schloßpl.	LY	72
Schloßstr.	KY, FGV	
Schönbuchstr.	BS	39
Schönestr.	HT	42
Schulstr.	KZ	75
Seeblickweg	DEP	
Seestr.	KY, FGV	
Siemensstr.	GT	
Silberburgstr.	KZ	76
Solitudestr.	BR	
Sophienstr.	KZ	78
Steiermärker Str.	CP, FT	18
Stresemannstr.	GT	
Stuttgarter Str. (FELLBACH)	EPR	
Stuttgarter Str. (FEUERBACH)	FT	
Stuttgarter Str. (KORNWESTHEIM)	DP	41
Stuttgarter Str. (LEINFELDEN)	CS	18
Stuttgarter Str. (LEONBERG)	APR	
Stuttgarter Str. (RUIT)	ES	18
Südrandstr.	AR	18
Talstr.	DR, HJV	18
Taubenheim-Str.	JTU	11
Theodor-Heuss-Str.	KYZ, GV	80
Torstr.	KZ	82
Tübinger Str.	KZ, GVX	77
Tunnelstr.	GT	84
Uferstr.	ER, HJV	
Ulmer Str.	JUV	
Ulrichstr.	KLY	
Untertürkheimer Str.	ER	18
Urbanstr.	LY	
Vaihinger Landstr.	CR	19
Vaihinger Str. (LEINFELDEN)	CS	19
Vaihinger Str. (MÖHRINGEN)	CS	
Wagenburgstr.	HV	
Waiblinger Str.	JT	54
Waldebene Ost	HXV	
Wangener Str.	JV	19
Weilimdorfer Str.	CP, FT	54
Weinsteige	GX	1
Weißenburgstr.	KZ	
Wildparkstr.	BR	
Wilhelmspl.	LZ	8
Wilhelmstr.	LZ	8
Willi-Bleicher-Str.	KY	9
Willy-Brandt-Str.	LY	
Wolframstr.	GU	6
Württembergstr.	ER	1
Zeppelinstr.	FV	1

STUTTGART

Street	Ref
Arnulf-Klett-Pl.	LY 6
Augustenstr.	KZ 7
Blumenstr.	LZ 10
Bolzstr.	LY 15
Calwer Str.	KYZ 18
Charlottenpl.	LZ 20
Dorotheenstr.	LZ 24
Eberhardstr.	KLZ 25
Friedrichstr.	KY 27
Hauptstätter Str.	KZ 30
Hegelpl.	KY 32
Heilbronner Str.	LY 34
Holzstr.	LZ 40
Karlspl.	LY 43
Karlstr.	LZ 44
Katharinenpl.	LZ 45
Kirchstr.	LZ 46
Königstr.	KLYZ
Konrad-Adenauer-Str.	LY 47
Kronenstr.	KLY 48
Kronprinzstr.	KYZ 49
Leonhardspl.	LZ 50
Marktpl.	KLZ 52
Marktstr.	LZ 53
Österreichischer Pl.	KZ 57
Pfarrstr.	LZ 61
Rotebühlpl.	KZ 66
Rotebühlstr.	KZ 70
Schloßpl.	LY 72
Schulstr.	LZ 75
Silberburgstr.	KZ 76
Sophienstr.	KZ 78
Theodor-Heuss-Str.	KYZ 80
Torstr.	LZ 82
Wilhelmspl.	LZ 86
Wilhelmstr.	LZ 88
Willi-Bleicher-Str.	KY 91

STUTTGART

Street	Grid	No.
Asangstr.	ER	2
Augsburger Str.	ER	3
Bahnhofstr.	EP	4
Bergheimer Steige	BR	5
Böblinger Str.	CS	146
Ditzinger Str. (GERLINGEN)	BR	147
Fellbacher Str. (FELLBACH)	EP	8
Fellbacher Str. (UNTERTÜRKHEIM)	ER	9
Föhrichstr.	CR	150
Gerlinger Str.	BP	13
Glemseckstr.	AR	14
Hauptstätter Str.	DR	30
Hauptstr. (ECHTERDINGEN)	CS	16
Hauptstr. (GERLINGEN)	BR	17
Hechinger Str.	CS	158
Heilbronner Str.	DP	34
Höhenstr.	EP	160
Kappelbergstr.	ER	21
Korntaler Str.	CP	22
Kornwestheimer Str	CP	23
Leonberger Str.	CR	164
Löffelstr.	CS	165
Ludwigsburger Str. (ZUFFENHAUSEN)	DP	26
Neue Ramtelstr.	AR	167
Neuhäuser Str.	DS	29
Panoramastr.	BR	170
Pforzheimer Str.	CP	31
Plieninger Str.	CS	33
Rembrandtstr.	CS	174
Robert-Koch-Str.	BS	35
Rohrer Str.	CS	36
Rotenwaldstr.	CR	37
Scharnhauser Str.	ES	38
Schönbuchstr.	BS	39
Steiermärker Str.	CP	180
Stuttgarter Str. (KORNWESTHEIM)	DP	41
Stuttgarter Str. (LEINFELDEN)	CS	183
Stuttgarter Str. (RUIT)	ES	184
Südrandstr.	AR	187
Talstr.	DR	188
Untertürkheimer Str.	ER	189
Vaihinger Landstr.	CR	192
Vaihinger Str. (LEINFELDEN)	CS	193
Weilimdorfer Str.	CP	56
Württembergstr.	ER	197

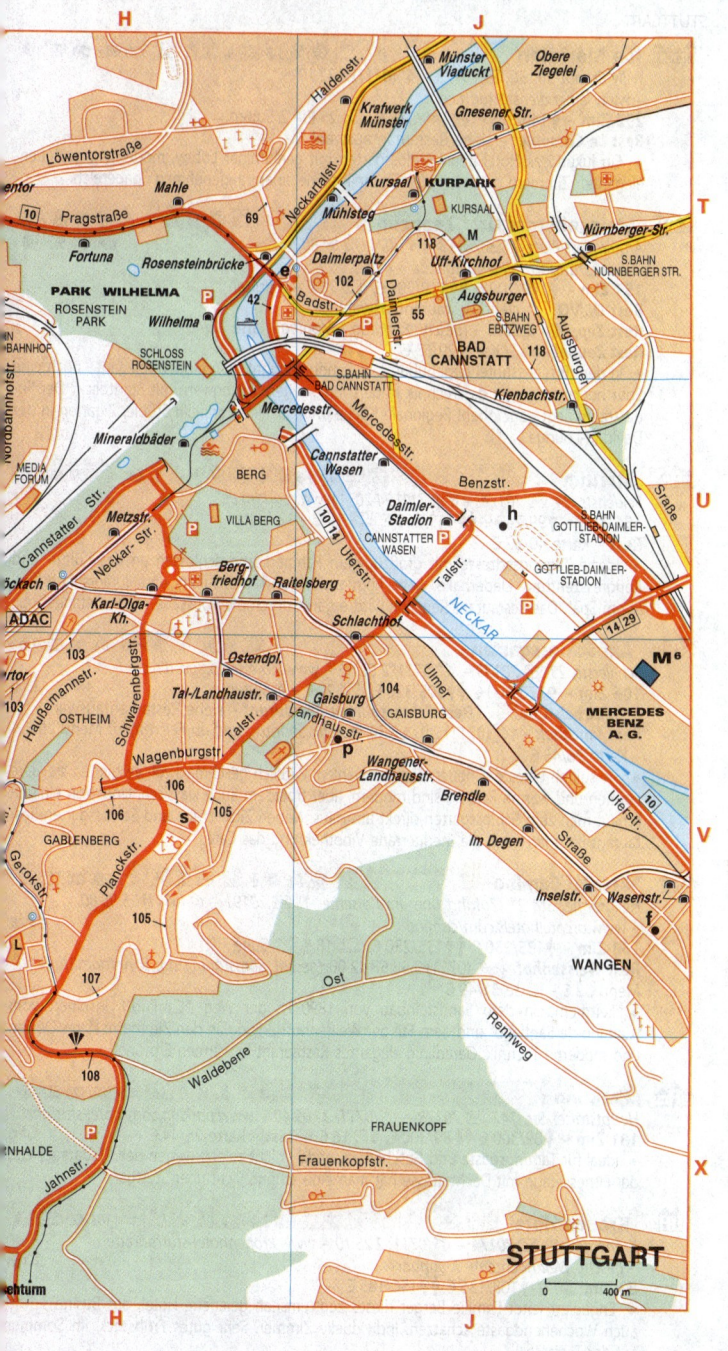

STUTTGART

Le Méridien
Willy-Brandt-Str. 30 ⊠ 70173 – ℰ (0711) 2 22 10
– www.lemeridienstuttgart.com HVt
292 Zim – †140/375 € ††140/375 €, ⊇ 25 € – 2 Suiten
Rest *Le Cassoulet* – siehe Restaurantauswahl
• Ein luxuriöses Hotel beim Schlossgarten mit geräumiger Lobby, modernen, gediegen-eleganten Zimmern mit sehr guter Technik sowie einem angenehmen Spabereich.

Steigenberger Graf Zeppelin
Arnulf-Klett-Platz 7 ⊠ 70173 – ℰ (0711) 2 04 80
– www.stuttgart.steigenberger.de LYv
155 Zim – †179/209 € ††179/209 €, ⊇ 26 € – 6 Suiten
Rest *OLIVO* – siehe Restaurantauswahl
Rest *Zeppelin Stüble* – *(geschl. Sonntag - Montag)* Karte 22/48 €
Rest *Zeppelino's* – Karte 29/63 €
• In dem Businesshotel gegenüber dem Bahnhof wohnt man modern-elegant - noch eine Spur hochwertiger ist die Technik in den Juniorsuiten. Auspowern mit Stadtblick? Der Fitnessraum liegt ganz oben! Regionale Küche im rustikalen Zeppelin Stüble, Zigarren in der Davidoff-Lounge.

Maritim
Seidenstr. 34 ⊠ 70174 – ℰ (0711) 94 20 – www.maritim.de FVr
555 Zim – †99/249 € ††119/269 €, ⊇ 19 € – 12 Suiten
Rest – Karte 40/59 €
• Ideale Tagungsadresse mit großzügigem Rahmen, angeschlossen an das Kultur- und Kongresszentrum Liederhalle. Sehr komfortabel sind die Suiten und Juniorsuiten. "In-Room-Spa". Das Restaurant Reuchlin wird ergänzt durch die Rôtisserie mit Buffetangebot.

Am Schlossgarten
Schillerstr. 23 ⊠ 70173 – ℰ (0711) 2 02 60 – www.hotelschlossgarten.com
106 Zim – †270/300 € ††305/320 €, ⊇ 22 € – 4 Suiten LYu
Rest *Zirbelstube* **Rest** *Schlossgarten-Restaurant* – siehe Restaurantauswahl
Rest *Vinothek* – ℰ (0711) 2 02 68 36 *(geschl. Sonntag und an Feiertagen)* Menü 25 €
– Karte 26/45 €
• Sie sollten eines der neuen Zimmer wählen: Wirklich geschmackvoll verbinden sie klare Formen und warme Farben, sind modern, aber trotzdem auch klassisch. Und: Von einigen schaut man zum Schlossgarten direkt am Haus! Neben Zirbelstube und Schlossgarten-Restaurant hat man noch die mediterrane Vinothek und das Café.

Arcotel Camino
Heilbronner Str. 21 (Zufahrt über Im Kaisemer 1) ⊠ 70191 – ℰ (0711) 25 85 80
– www.arcotelhotels.com/camino GUa
168 Zim – †135/250 € ††135/250 €, ⊇ 18 € – 1 Suite
Rest *Weissenhof* – ℰ (0711) 2 58 58 42 00 *(geschl. Samstagmittag, Sonntagmittag)*
Menü 32 € – Karte 31/49 €
• Leitthema in dem Sandsteinbau von 1890 ist der Weg ("Camino"), inspiriert vom "Camino de Santiago" und dem Stil der Weißenhofsiedlung. In den Zimmern: klares Design und moderne Technik. Geradlinig-elegantes Restaurant in warmen Erdtönen.

Park Inn
Hauptstätter Str. 147 ⊠ 70178 – ℰ (0711) 32 09 40 – www.parkinn.com/hotel-stuttgart
181 Zim – †89/300 € ††89/300 €, ⊇ 16 € **Rest** – Karte 26/44 € GXp
• Ideal für Tagungsgäste und Geschäftsreisende - nicht zuletzt wegen der Tiefgarage! Von der Fitnessetage mit Dachterrasse hat man eine schöne Sicht über Stuttgart.

Kronen-Hotel garni
Kronenstr. 48 ⊠ 70174 – ℰ (0711) 2 25 10 – www.kronenhotel-stuttgart.de
– geschl. Weihnachten - 3. Januar KYm
80 Zim ⊇ – †108/135 € ††156/185 €
• Engagiert leitet Familie Berger dieses zentrumsnah gelegene Hotel, das Business- wie auch Wochenendgäste schätzen. Individuelle Zimmer. Sehr gutes Frühstück, im Sommer auf der Terrasse.

STUTTGART

Wörtz zur Weinsteige
Hohenheimer Str. 30 ⊠ 70184 – ℰ (0711) 2 36 70 00 – www.zur-weinsteige.de
30 Zim – †95/135 € ††110/140 €, ⊑ 10 € LZp
Rest *Wörtz zur Weinsteige* – siehe Restaurantauswahl
• Sie wohnen hier bei zwei engagierten Brüdern; einer der beiden züchtet Kois - zu bewundern im großen Aquarium auf der Terrasse! Die Zimmer im Anbau sind komfortabler und eleganter, hier auch die stilvolle Louis-XVI-Juniorsuite.

Der Zauberlehrling
Rosenstr. 38 ⊠ 70182 – ℰ (0711) 2 37 77 70 – www.zauberlehrling.de
17 Zim – †130/195 € ††180/290 €, ⊑ 19 € – 4 Suiten LZc
Rest *Der Zauberlehrling* – siehe Restaurantauswahl
• In dem aus zwei Stadthäusern bestehenden kleinen Hotel hat Familie Heldmann interessante und geschmackvolle Themenzimmer mit vielen individuellen Details geschaffen; teils mit Dachterrasse.

Mercure City-Center
Heilbronner Str. 88 ⊠ 70191 – ℰ (0711) 25 55 80 – www.mercure.com
174 Zim – †59/199 € ††69/209 €, ⊑ 17 €   **Rest** – Karte 20/51 € GUc
• Ein besonders für Businessgäste geeignetes Hotel mit neuzeitlichen und funktionellen Zimmern in verkehrsgünstiger Lage nahe dem Hauptbahnhof.

Azenberg garni
Seestr. 114 ⊠ 70174 – ℰ (0711) 2 25 50 40 – www.hotelazenberg.de
58 Zim – †75/185 € ††85/225 €, ⊑ 10 € – 1 Suite FUe
• Ein gut geführtes Hotel in einer ruhigen Sackgasse in Zentrumsnähe. Kleiner Garten mit Teich sowie netter Freizeitbereich mit Sauna gegen Gebühr. Massage und Kosmetik auf Anfrage.

Unger garni
Kronenstr. 17 ⊠ 70173 – ℰ (0711) 2 09 90 – www.hotel-unger.de
114 Zim ⊑ – †106/125 € ††146/219 € LYa
• Das funktional ausgestattete Hotel liegt direkt hinter der Fußgängerzone. Viele Zimmer mit Klimaanlage, einige im oberen Stock verfügen über Balkone. Interessant ist die Bilderausstellung im Haus.

City-Hotel garni
Uhlandstr. 18 ⊠ 70182 – ℰ (0711) 21 08 10 – www.cityhotel-stuttgart.de
31 Zim ⊑ – †79/89 € ††95/119 € LZa
• Das Hotel unweit der Fußgängerzone bietet unterschiedlich geschnittene Zimmer in klassischem Stil und einen hellen, modern-eleganten Frühstücksraum mit Wintergarten und Terrasse.

Abalon garni
Zimmermannstr. 7 (Zufahrt über Olgastr. 79) ⊠ 70182 – ℰ (0711) 2 17 10 – www.abalon.de
42 Zim ⊑ – †79/86 € ††89/109 € LZx
• Oberhalb des Zentrums erwarten Sie funktionelle Zimmer (Saft und Wasser inklusive), ein moderner Frühstücksbereich und eine schön begrünte Dachterrasse.

Bellevue
Schurwaldstr. 45 ⊠ 70186 – ℰ (0711) 48 07 60 – www.bellevue-stuttgart.de – geschl. August
12 Zim ⊑ – †48/65 € ††79/85 € JVp
Rest – (geschl. Dienstag - Mittwoch) Menü 9/29 € – Karte 22/44 €
• Bereits seit 1913 befindet sich das kleine Hotel im Familienbesitz. Von einigen Zimmern hat man eine schöne Sicht, jeder Gast bekommt morgens eine Tageszeitung. Im bürgerlich gehaltenen Restaurant wird überwiegend regionale Küche geboten.

XXXX Zirbelstube – Hotel Am Schlossgarten
ಙ
Schillerstr. 23 ⊠ 70173 – ℰ (0711) 2 02 68 28 – www.hotelschlossgarten.com
– geschl. 1. - 10. Januar, 13. August - 4. September und Sonntag - Montag
Rest – (Tischbestellung ratsam) Menü 69 € (mittags)/135 € LYu
– Karte 111/140 €
Spez. Tellersülze von Holunderblüten mit Roulade von Gänsestopfleber und hausgemachtem Brioche. Tranche vom weissen Heilbutt in leichtem Senfschaum mit warmem Sauerrahmmousse und Gurkengelée. Erdbeerkaltschale mit Buttermilchmousse und Mango-Pfeffereis.
• Auffallend ist die ausgeprägte Geschmacksintensität, die Bernhard Diers seinen Speisen verleiht! Auch wenn die Gourmet-Stube mit ihrer wohligen Zirbelholztäfelung ein wunderschöner Ort ist, sollten Sie im Sommer von der Terrasse aus den Blick in den Schlosspark genießen!

1193

STUTTGART

XxXxXx OLIVO – Hotel Steigenberger Graf Zeppelin
Arnulf-Klett-Platz 7 ⌧ 70173 – ℘ (0711) 2 04 82 77 – www.olivo-restaurant.de
– geschl. 1. - 9. Januar, 31. Juli - 11. September und Sonntag - Montag   **LYv**
Rest – Menü 48 € (mittags)/119 € – Karte 77/90 €
Spez. Marinierte Gänseleber mit Rote Bete Textur, Crú de Cacao, Estragon. Bretonischer Steinbutt, Blumenkohl, confiertes Eigelb, Nussbutterschaum. Filet vom US-Beef, Artischocken, Tomaten, Praline von der Ofenkartoffel.
♦ Nach einigen Jahren im "Seven Seas" in Hamburg hat es Mittzwanziger Nico Burkhardt nun als Küchenchef in die Schwabenmetropole verschlagen. Wer gerne das lebendige Treiben auf der Straße beobachten, sollte einen Tisch an der Fensterfront nehmen.

XxXxXx Schlossgarten-Restaurant – Hotel Am Schlossgarten
Schillerstr. 23 ⌧ 70173 – ℘ (0711) 2 02 68 30
– www.hotelschlossgarten.com   **LYu**
Rest – Menü 29 € (mittags)/75 € – Karte 41/53 €
♦ Mitten in der Stadt (gegenüber des Bahnhofs) und trotzdem dank des Schlossparks wunderschön im Grünen gelegen, verwöhnt Sie das elegante Restaurant mit einer zeitgemäßen schwäbischen Küche.

XxXx Kern's Pastetchen
Hohenheimer Str. 64 ⌧ 70184 – ℘ (0711) 48 48 55 – www.kerns-pastetchen.de – geschl. Sonntag   **LZv**
Rest – (nur Abendessen) (Tischbestellung erforderlich) Menü 54/68 € – Karte 44/66 €
♦ Marieluise und Josef Kern sind liebenswerte Gastgeber, die sich auch mal Zeit für einen kleinen Plausch mit ihren Gästen nehmen! Dass der Chef einen Bezug zu Österreich hat (er stammt von dort), verraten typische Schmankerl und diverse Weine!

XxXx San Pietro
Heusteigstr. 45 ⌧ 70180 – ℘ (0711) 6 07 18 80 – www.santedesantis.de – geschl. Anfang August 3 Wochen und Sonntag - Montag sowie an Feiertagen   **KLZz**
Rest – (nur Abendessen) Menü 35/95 € – Karte 38/61 €
♦ Gute "Cucina casalinga" im alten Landtag. Freundlicher Service, Sante de Santis hat hier auch seine Kochschule. Dazu eine legere Weinbar-Lounge.

XxXx La Fenice
Rotebühlplatz 29 ⌧ 70178 – ℘ (0711) 6 15 11 44 – www.ristorante-la-fenice.de – geschl. Sonntag und an Feiertagen   **KZe**
Rest – Menü 19 € (mittags)/55 € – Karte 33/56 €
♦ Das Restaurant ist heil und freundlich mit elegantem Touch eingerichtet. Die Geschwister Gorgoglione bieten ihren Gästen hier italienische Küche.

XxXx Délice
Hauptstätter Str. 61 ⌧ 70178 – ℘ (0711) 6 40 32 22 – www.restaurant-delice.de
– geschl. Weihnachten - 6. Januar, über Ostern 1 Woche, über Pfingsten 1 Woche, August 3 Wochen und Samstag - Sonntag sowie an Feiertagen   **KZd**
Rest – (nur Abendessen) (Tischbestellung erforderlich) Menü 70/98 € – Karte 54/74 €
Spez. Süßsauer eingelegte Rotbarbe und gebratene Garnele mit mariniertem saisonalen Gemüse. Zitronengras-Spargel mit Zitronengrassud, Spitzmorcheln und Wildkräutersalat. US-Beef Filet mit Blumenkohlcurrypüree und braisiertem Kopfsalat.
♦ Ein starkes Team: Inhaber Evangelos Pattas empfiehlt als versierter Sommelier so manche Rarität aus dem Weinkeller, Küchenchef Benjamin Schuster überzeugt am Herd, lässt es sich aber nicht nehmen, bisweilen auch selbst an den Tisch zu kommen.

XxXx 5
Bolzstr. 8, (1. Etage) ⌧ 70173 – ℘ (0711) 65 55 70 11 – www.5.fo – geschl. Samstagmittag, Sonntag   **LYf**
Rest – Menü 48/96 €
♦ Es ist schon recht kosmopolitisch hier und deshalb auch der neueste Hotspot der Schwabenmetropole! Unten mondäne Bar, oben loungeartiges Restaurant mit der ambitionierten modernen Küche von Michael Braun - sollte man gesehen haben! Einfache Mittagskarte.

XxXx La nuova Trattoria da Franco
Calwer Str. 32 ⌧ 70173 – ℘ (0711) 29 47 44 – www.dafrancostuttgart.de   **KYZc**
Rest – Menü 20/30 € – Karte 26/47 €
♦ Mitten in der Innenstadt hat Familie Annunziata ihre Trattoria, in der man gleich auf zwei Etagen Pizza und Pasta sowie italienische Klassiker serviert. Der Businesslunch: vielfältig, günstig und beliebt!

STUTTGART

XX Il Quinto Quarto
Olgastr. 133b ⊠ 70180 – ℰ (0711) 66 48 66 02
– www.ilquintoquarto.de – geschl. Anfang August 3 Wochen und Sonntagabend
- Montag
Rest – (Tischbestellung ratsam) Menü 25 € (mittags) – Karte 31/65 € **GXc**
◆ Attila Caprano hat das Kochen von seinem Vater gelernt und sich hier einen Traum erfüllt! Er bietet in dem geschmackvollen Restaurant auch eher seltene italienische Gerichte - mit Fleisch aus der eigenen Metzgerei!

XX Wörtz zur Weinsteige – Hotel Wörtz zur Weinsteige
Hohenheimer Str. 30 ⊠ 70184 – ℰ (0711) 2 36 70 00 – www.zur-weinsteige.de
– geschl. Anfang Januar 2 Wochen, August 2 Wochen und Sonntag - Montag sowie an Feiertagen außer an Weihnachten **LZp**
Rest – Menü 35 € (mittags)/85 € (abends) – Karte 31/69 €
◆ Jörg Scherle ist Küchenchef in diesem gemütlichen Restaurant, das er gemeinsam mit seinem Bruder leitet. Die Küche ist international geprägt, die Gäste wählen gerne das günstige Mittagsmenü.

XX Le Cassoulet – Hotel Le Méridien
Willy-Brandt-Str. 30 ⊠ 70173 – ℰ (0711) 2 22 10 – www.lemeridienstuttgart.com
Rest – Menü 38/72 € – Karte 36/75 € **HVt**
◆ Warme, helle Erdtöne wurden gewählt, um dem Ambiente des Restaurants einen eleganten Rahmen zu geben. Dank eines internationalen Speiseangebots ist für jeden Geschmack etwas auf der Karte zu finden.

X Der Zauberlehrling – Hotel Der Zauberlehrling
Rosenstr. 38 ⊠ 70182 – ℰ (0711) 2 37 77 70 – www.zauberlehrling.de – geschl. Sonntag - Montagmittag, Freitagmittag, Samstagmittag **LZc**
Rest – (Tischbestellung ratsam) Menü 52/105 € – Karte 52/78 €
◆ Ein sehr ansprechendes, helles kleines Restaurant in modern-puristischem Stil. Die Küche ist zeitgemäß und kreativ ausgerichtet und zeigt auch regionale Elemente. Samstagabends nur ein festes Menü ("Candle-Light-Dinner").

X Tafelberg
Dobelstr. 2 ⊠ 70184 – ℰ (0711) 51 89 02 68
– www.tafelberg-stuttgart.de – geschl. Ende August 2 Wochen und Sonntag - Montag
Rest – (nur Abendessen) (Tischbestellung ratsam) Menü 32/42 € **LZt**
– Karte 26/33 €
◆ In dem sympathischen, geradlinig-modernen Restaurant werden Sie herzlich von Nina Ruisinger empfangen, ihr Mann bereitet eine ambitionierte zeitgemäß-saisonale Küche.

X Cube
Kleiner Schlossplatz 1, (im Kunstmuseum, 4. Etage) ⊠ 70173 – ℰ (0711) 2 80 44 41
– www.cube-restaurant.de **KYb**
Rest – Menü 30 € – Karte 35/87 €
◆ Komplett verglastes Restaurant im puristischen Design von Heinz Witthöft - toll der Blick auf Schlosspark und Stadt. Mediterran-asiatische Küche, günstige Mittagskarte, Snacks in der Bar im UG.

X Vetter
Bopserstr. 18 ⊠ 70180 – ℰ (0711) 24 19 16 – geschl. Dezember - Januar 1 Woche, August 2 Wochen und Sonntag **LZs**
Rest – (Montag - Samstag nur Abendessen) (Tischbestellung ratsam) Karte 23/48 €
◆ So gemischt wie das Publikum ist auch das Speiseangebot in dem gemütlichen Lokal in der Innenstadt. Und es schmeckt, ob international oder regional (Spezialität ist übrigens schwäbischer Rostbraten mit Röstkartoffeln oder Spätzle!).

X Goldener Adler
Böheimstr. 38 ⊠ 70178 – ℰ (0711) 6 33 88 02 – www.goldener-adler-stuttgart.de
Rest – (Tischbestellung ratsam) Karte 28/45 € **FXg**
◆ Schnell hat sich in der Nachbarschaft rumgesprochen, dass man bei Rolf Hekeler und Christopher Oelkrug gut isst. Die vielen Stammgäste mögen ihre Klassiker (Maultaschen, Zwiebelrostbraten), aber auch Internationales.

1195

GiraSole

Schwabstr. 114 (nahe Hölderlinplatz) ✉ *70193* – ⌀ *(0711) 2 22 06 51* – *geschl. über Fasching, Ende August 2 Wochen und Samstagmittag, Sonntagmittag, sowie an Feiertagen mittags*

FVg

Rest – *(Tischbestellung ratsam)* Karte 33/46 €

♦ Das moderne Restaurant bietet typische italienische Küche, ergänzt durch eine wechselnde Wochenkarte. Der Chef steht am Herd, die Chefin leitet den freundlichen Service.

Augusten Stüble

Augustenstr. 104 ✉ *70197* – ⌀ *(0711) 62 12 48* – *www.augustenstüble.de* – *geschl. Mai - September: Sonntag*

FVa

Rest – *(nur Abendessen)* (Tischbestellung ratsam) Menü 28 € (mittags) – Karte 31/39 €

♦ Ein behagliches Lokal in einem Eckhaus am Zentrumsrand. Auf der saisonalen Karte finden sich regionale und klassische Gerichte, dazu gute Weine. Tagesempfehlungen auf der Tafel.

Sushi - Ya

Kronprinzenstr. 6 ✉ *70173* – ⌀ *(0711) 2 27 56 29* – *www.feinkost-boehm.de* – *geschl. Sonntag*

KYs

Rest – Menü 19/30 € – Karte 22/46 €

♦ Kommen Sie nicht zu spät! Wenn diese trendige Sushi-Bar erst einmal geöffnet hat, füllt sie sich binnen weniger Minuten! Die authentisch japanische Küche ist eben gefragt - und eine Reservierung ist nicht möglich.

SCHWÄBISCHE WEINSTUBEN: gemütliche Weinstuben mit regionalen Speisen und lokalem Weinangebot.

Weinstube Schellenturm

Weberstr. 72 ✉ *70182* – ⌀ *(0711) 2 36 48 88* – *www.weinstube-schellenturm.de* – *geschl. 24. Dezember - 7. Januar und Sonntag sowie an Feiertagen*

LZu

Rest – (ab 17 Uhr geöffnet) Karte 23/32 €

♦ In dem 1564 als Teil der Stadtmauer erbauten Turm (benannt nach Strafgefangenen in Fußschellen) befindet sich ein uriges Restaurant über zwei Etagen. Gekocht wird regional.

Weinstube Klink

Epplestr. 1c (Degerloch) ✉ *70597* – ⌀ *(0711) 7 65 32 05* – *www.weinstube-klink.de* – *geschl. Samstagmittag, Sonntag und an Feiertagen*

DSa

Rest – *(Tischbestellung ratsam)* Karte 28/44 €

♦ Stammgäste schätzen das etwas versteckt in einem Innenhof gelegene Lokal mit kleiner schwäbischer Karte und guter Weinauswahl. Tagesgerichte empfiehlt man auf Schiefertäfelchen.

Stuttgarter Stäffele

Buschlestr. 2a ✉ *70178* – ⌀ *(0711) 66 41 90* – *www.staeffele.de*

FVf

Rest – *(Samstag und Sonntag sowie an Feiertagen nur Abendessen)* (Tischbestellung ratsam) Karte 23/39 €

♦ Das gemütliche schwäbische Weinlokal besteht aus verschiedenen heimeligen Stuben, die liebenswert mit unterschiedlichsten Accessoires ausstaffiert sind. Parkservice.

Weinstube Träuble

Gablenberger Hauptstr. 66, (Eingang Bussenstraße) ✉ *70186* – ⌀ *(0711) 46 54 28* – *geschl. Anfang Januar 1 Woche, Ende August - Anfang September 2 Wochen und Sonntag sowie an Feiertagen*

HVs

Rest – *(nur Abendessen)* Karte 17/40 €

♦ Äußerst gemütlich sitzt man in der vertäfelten Gaststube dieses 200 Jahre alten kleinen Häuschens. Man bietet eine Vesperkarte und Tagesgerichte.

Weinstube Kochenbas

Immenhofer Str. 33 ✉ *70180* – ⌀ *(0711) 60 27 04* – *www.kochenbas.de* – *geschl. Ende August - September 3 Wochen und Montag*

GXt

Rest – Menü 18 € (mittags) – Karte 18/30 €

♦ Eine typische Weinstube - und zwar die älteste in Stuttgart! - ist dieses rustikale Gasthaus von 1847. Ein alter Ofen verbreitet Gemütlichkeit, aus der Küche kommt Regionales.

STUTTGART

✕ Weinhaus Stetter

Rosenstr. 32 ⊠ 70182 – ℰ (0711) 24 01 63 – www.weinhaus-stetter.de – geschl. Anfang Januar 2 Wochen, Ende August - Anfang September 2 Wochen und Sonntag sowie an Feiertagen
Rest – *(Montag - Freitag ab 15 Uhr geöffnet)* Karte 15/35 €   LZ**e**

• Ein ländliches Lokal mit regionaler Küche und Weinverkauf. Das Weinangebot umfasst ca. 600 Positionen, vor allem Württemberger und französische Weine sind reichlich vertreten.

✕ Weinstube Klösterle

Marktstr. 71 (Bad Cannstatt) ⊠ 70372 – ℰ (0711) 56 89 62 – www.badcannstatt.info
Rest – *(Montag - Samstag nur Abendessen)* Karte 19/34 €   HJT**e**

• Sehr gemütlich und urig sind die Stuben in dem Klostergebäude von 1463. Die regionalen Speisen und saisonalen Tagesangebote serviert man auch auf der netten Innenhofterrasse.

In Stuttgart-Büsnau

🏨 relexa Waldhotel Schatten

Magstadter Straße 2 , (am Solitudering) ⊠ 70569
– ℰ (0711) 6 86 70 – www.relexa-hotels.de   BR**t**
138 Zim – †85/185 € ††115/215 € – 2 Suiten   **Rest** – Karte 24/39 €

• Das um einen Anbau erweiterte historische Hotel verfügt über klassisch oder zeitgemäß eingerichtete Zimmer, teilweise mit Balkon zum Wald. Moderner Ruhe- und Fitnessbereich. Rustikal ist das Kaminrestaurant mit bürgerlich-regionaler Küche. Schöne Terrasse.

In Stuttgart-Bad Cannstatt

🏨 Hilton Garden Inn NeckarPark

Mercedesstr. 75 ⊠ 70372 – ℰ (0711) 90 05 50
– www.hilton.de/stuttgartneckarpark   JU**h**
150 Zim – †109/279 € ††109/279 €, ⊇ 17 €   **Rest** – Karte 33/46 €

• Das Businesshotel liegt direkt neben dem Gottlieb-Daimler-Stadion und der Porsche-Arena. Moderne Zimmer und Juniorsuiten, guter Fitness- und Saunabereich. Öffentliche Tiefgarage.

In Stuttgart-Degerloch

✕✕✕ Wielandshöhe (Vincent Klink) ✩

Alte Weinsteige 71 ⊠ 70597 – ℰ (0711) 6 40 88 48 – www.wielandshoehe.de
– geschl. Sonntag - Montag   GX**a**
Rest – *(Tischbestellung ratsam)* Menü 78/110 € – Karte 57/84 €
Spez. Sülze vom Atlantik Steinbutt auf Zitronenmayonnaise. Lammfilet im Brotmantel mit Rosmarin, grüne Bohnen. Meringue Perdu mit Sommerbeeren und Vanilleglace.

• Fernsehkoch Vincent Klink hat das Restaurant in Panoramalage zu einer Stuttgarter Feinschmecker-Institution gemacht, die für regional beeinflusste klassische Küche steht. Dank der großen Fensterfront genießt man die Aussicht nicht nur von der Terrasse.

✕✕ Fässle

Löwenstr. 51 ⊠ 70597 – ℰ (0711) 76 01 00 – www.faessle.de – geschl. Sonntag
- Montagmittag   DS**a**
Rest – *(Tischbestellung ratsam)* Menü 35/55 € – Karte 31/47 €

• Ein schönes altes Sandsteinhaus, in dem man in gemütlichen Stuben Platz nimmt. Angenehm sitzt man im Sommer auch auf der Terrasse. Die Küche ist international und regional ausgelegt und wird mit Sorgfalt und Geschmack zubereitet.

In Stuttgart-Feuerbach

🏨 Kongresshotel Europe

Siemensstr. 26 ⊠ 70469 – ℰ (0711) 81 00 40 – www.europe-hotels-int.de   GT**z**
144 Zim – †80/140 € ††90/150 € – 3 Suiten
Rest – Menü 18/55 € – Karte 26/52 €

• In dem neuzeitlichen Tagungshotel überzeugen funktionelle, mit mediterraner Note eingerichtete Gästezimmer sowie besonders schöne und modern designte Relax-Zimmer. Das Restaurant ist im maurischen Stil gehalten und bietet internationale Küche.

STUTTGART

Messehotel Europe
Siemensstr. 33 ⊠ 70469 – ℰ (0711) 81 00 40 – www.europe-hotels-int.de GTr
114 Zim ⊆ – †80/130 € ††100/150 €
Rest *Landhausstuben* – ℰ (0711) 8 10 04 24 55 – Karte 19/37 €
• Durch eine ansprechende Atriumhalle mit zwei Glasaufzügen gelangen Sie in die gediegen und funktionell ausgestatteten Gästezimmer dieses Businesshotels. Regionales Angebot im gemütlich-rustikalen Restaurant.

In Stuttgart-Flughafen

Mövenpick Hotel Airport
Flughafenstr. 50 ⊠ 70629 – ℰ (0711) 55 34 40
– www.moevenpick-stuttgart-airport.com DSk
326 Zim – †135/570 € ††160/595 €, ⊆ 21 € – 2 Suiten **Rest** – Karte 27/59 €
• Durch und durch geradlinig-modern designt ist dieses Businesshotel direkt am Flughafen. Besonders schön ist die Aussicht von den oberen Zimmern. Komfortable Eck-Juniorsuiten. Schickes Restaurant in Grau-Weiß mit Blick auf die Terminals.

top air
im Flughafen, (Terminal 1, Ebene 4) ⊠ 70629 – ℰ (0711) 9 48 21 37
– www.restaurant-top-air.de – geschl. Ende Dezember - Mitte Januar, August und
Samstag - Sonntag, Feiertage DSp
Rest – Menü 44 € (mittags)/118 €
Spez. Ungarische Entenstopfleber mit Erdbeeren und Balsamicokaramell. Lauwarmer Bachsaibling mit Spargel, Rote Bete, Sauerrahm und Blutampfer. Variation von Brombeeren und Schokolade mit rotem Oxalissorbet und Affila Kresse.
• Eines der beiden Highlights dieses Restaurants ist und bleibt die spezielle Location (von den Fensterplätzen mit Blick auf das Rollfeld!), das andere ist natürlich die kreative Küche von Claudio Urru - französisch und mediterran inspiriert.

In Stuttgart-Heslach

Breitenbach
Gebelsbergstr. 97 ⊠ 70199 – ℰ (0711) 6 40 64 67 – www.restaurant-breitenbach.de
– geschl. 3. - 8. April, 31. Juli - 12. August und Sonntag - Montag FXb
Rest – (nur Abendessen) (Tischbestellung ratsam) Menü 80 € – Karte 74/87 €
Spez. Angel Steinbutt mit Champagner-Sauce, Rosa Pfeffer-Risotto und Rote Bete. Maibock im Hefezopfmantel mit Wacholdersauce, Flädlesavarin und buntes Frühlingsgemüse. Brust und Keule von der Wildente mit Pêcher Mignon-Sauce, junger Wirsing und Pfirsichmuffin.
• Benjamin Breitenbach kocht klassisch basiert, mit kreativen Akzenten, und das auf unverändert hohem Niveau! Auch das Ambiente ist schön wie immer: elegant im Restaurant, gemütlich-modern in der Raucherlounge.

In Stuttgart-Hohenheim

Speisemeisterei (Frank Oehler)
Schloss Hohenheim ⊠ 70599 – ℰ (0711) 34 21 79 79 – www.speisemeisterei.de
Rest – (Tischbestellung ratsam) Menü 76/96 € – Karte 72/86 € DSs
Spez. Schinken und Mousse vom Reh mit Gänseleber, Rhabarber-Pfeffervinaigrette und gebackenen Morcheln. Gebratener Rinderrücken mit grünem Spargel und Markklößchen. Schokolade mit Holunderblüte und Martini.
• Stuck, Kristalllüster und altes Parkett - dazu (gar nicht historisch, aber ein schicker Kontrast) klare Linien und markante rote Samtbezüge! In der Küche: Frank Oehler, ein Kreativer - entsprechend interessant ist auch das Mittagsmenü! Einen ganz anderen Genuss offenbart der Kunstraum.

In Stuttgart-Möhringen

Gloria
Sigmaringer Str. 59 ⊠ 70567 – ℰ (0711) 7 18 50 – www.hotelgloria.de CSu
85 Zim ⊆ – †88/115 € ††100/125 €
Rest *Möhringer Hexle* – ℰ (0711) 7 18 51 17 *(geschl. Sonntagabend und an Feiertagen abends)* Karte 23/44 €
• Ein gepflegtes Hotel in verkehrsgünstiger Lage, das Gastgeberin Evelin Kraft schon über 20 Jahre leitet. Zeitgemäße und solide Zimmer, am geräumigsten im obersten Stock. Regional-mediterrane Küche im freundlich-rustikalen Hexle. Mit Wintergarten und Terrasse.

STUTTGART

Körschtal garni
Richterstr. 23 ⊠ 70567 – ℰ (0711) 71 60 90 – www.hotel-koerschtal.de
30 Zim ⊇ – †68/78 € ††82/98 €   CSy

◆ Funktionale und gut gepflegte Zimmer stehen in dem Hotel mitten in Möhringen zur Verfügung. Von der nahen Stadtbahnhaltestelle erreichen Sie bequem das Stuttgarter Zentrum.

Zur Linde
Sigmaringer Str. 49 ⊠ 70567 – ℰ (0711) 7 19 95 90 – www.joergmink.com
Rest – (Tischbestellung ratsam) Karte 25/67 €   CSu

◆ In den gemütlichen Stuben des denkmalgeschützten Gasthauses gehören u. a. hausgemachte Maultaschen zum schwäbischen Speiseangebot. Uriger Gewölbekeller für Veranstaltungen.

In Stuttgart-Plieningen

ROSS Messehotel garni
Dreifelderstr. 36 ⊠ 70599 – ℰ (0711) 7 22 36 60 – www.ross-messehotel.de
55 Zim ⊇ – †85/135 € ††105/155 €   DSq

◆ Das Businesshotel ist in klassischem Stil gehalten und technisch zeitgemäß ausgestattet. Die Zimmer sind teilweise sehr geräumig. Gute Autobahnanbindung an Messe und Flughafen.

Recknagels Traube
Brabandtgasse 2 ⊠ 70599 – ℰ (0711) 45 89 20 – www.hotel-traube-stuttgart.de
– geschl. 23. Dezember - 3. Januar   DSu
20 Zim ⊇ – †99/199 € ††129/249 € – 2 Suiten
Rest – (geschl. Sonntag und an Feiertagen) (nur Abendessen) Karte 23/33 €

◆ Das Hotel der Familie Recknagel besteht aus einem alten Fachwerkhaus und zwei Gästehäusern. Sie wohnen in behaglichen Zimmern, die recht unterschiedlich gestaltet sind. Recki's Wirtshaus: Bar-Restaurant in der alten Schmiede. Bürgerliche Küche und nette Terrasse.

In Stuttgart-Vaihingen

Pullman Fontana
Vollmoellerstr. 5 ⊠ 70563 – ℰ (07 11) 73 00 – www.pullmanhotels.com/5425
252 Zim – †129/179 € ††149/199 €, ⊇ 20 € – 2 Suiten   CSc
Rest – Karte 36/52 €

◆ Ein komfortables Hotel mit wohnlichen Zimmern in klassischem Stil, von den oberen Etagen mit schöner Sicht. Zudem hat man einen hell und neuzeitlich gestalteten Freizeitbereich. Rustikal-elegantes Restaurant mit Wintergarten.

[mo.hotel]
Hauptstr. 26 ⊠ 70563 – ℰ (0711) 28 05 60 – www.mo-hotel.de   BSb
134 Zim – †135/345 € ††145/355 €, ⊇ 19 €   **Rest** – Karte 26/40 €

◆ Puristisches Design in Grau-Rot-Weiß, dazu moderne Technik. Zu dem Hotel an der Schwabengalerie gehört auch ein gut ausgestatteter Fitnessraum. Restaurant in geradlinigem Stil mit internationalem Speiseangebot.

In Stuttgart-Wangen

Ochsen
Ulmer Str. 323 ⊠ 70327 – ℰ (0711) 4 07 05 00 – www.ochsen-online.de
32 Zim ⊇ – †89/102 € ††119/132 € – 2 Suiten   JVf
Rest – (geschl. 25. Dezember; September - Montag) Menü 25 € (abends) – Karte 18/37 €

◆ Der Familienbetrieb ist ein neuzeitlich erweiterter Gasthof a. d. 19. Jh. Es stehen wohnliche Zimmer in klassischem oder modernem Stil bereit, einige mit Whirlwanne. Das gemütlich-rustikale Restaurant wird ergänzt durch eine Terrasse mit großem altem Baum.

In Stuttgart-Weilimdorf

Hasen
Solitudestr. 261 ⊠ 70499 – ℰ (0711) 9 89 89 80 – www.restaurant-hasen.de – geschl. Sonntag - Montag; September - März: Sonntagabend - Montag   CPm
Rest – Menü 45 € (mittags)/90 € (abends) – Karte 43/76 €

◆ Ein nett dekoriertes Restaurant mit guter klassischer Küche und freundlichem Service - seit über 25 Jahren unter der Leitung von Familie Martens. Zusätzliche kleine Mittagskarte.

STUTTGART

In Stuttgart-Zuffenhausen

XX Christophorus
Porscheplatz 5, (im Porsche Museum) ⊠ 70435 – ℰ (0711) 91 12 59 80
– www.porsche.com – geschl. Sonntagabend - Montag CPc
Rest – Menü 38 € (mittags)/84 € – Karte 43/90 €
• In einem modern-futuristischen Bau serviert man in der oberen Etage saisonal geprägte Küche, absolute Spezialität ist US-Prime-Beef vom Grill. Im EG: Bistro und Coffee-Bar, dazu die Raucherlounge.

In Fellbach

Classic Congress Hotel garni
Tainer Str. 9 ⊠ 70734 – ℰ (0711) 5 85 90 – www.cch-bw.de – geschl. 22. Dezember
- 1. Januar ERu
150 Zim – †99/169 € ††123/203 €
• Durch eine helle, hohe Atriumlobby gelangt man in wohnlich-funktionelle Zimmer, teilweise zum Park. Tagungsräume im Hotel und in der Schwabenlandhalle nebenan. Am Abend: trendiges Bistro Chilys.

Zum Hirschen
Hirschstr. 1 ⊠ 70734 – ℰ (0711) 9 57 93 70 – www.zumhirschen-fellbach.de
9 Zim – †88/98 € ††118/138 € ERv
Rest *Gourmet Restaurant avui* **Rest** *Gasthaus zum Hirschen* – siehe Restaurantauswahl
• Dass man im "Hirschen" gut essen kann, dürfte bekannt sein, aber haben Sie auch schonmal darüber nachgedacht, hier nach dem Restaurantbesuch zu übernachten? Der kochende Gastgeber und seine Frau bieten schöne, wohnliche Zimmer, Telefon (Festnetz) und W-Lan inklusive.

XX Gourmet Restaurant avui (Armin Karrer) – Hotel Zum Hirschen
Hirschstr. 1 ⊠ 70734 – ℰ (0711) 9 57 93 70
– www.zumhirschen-fellbach.de – geschl. Ende April - Anfang September und Sonntag
- Dienstag ERv
Rest – (nur Abendessen) (Tischbestellung erforderlich) Menü 98/138 €
Spez. Mozzarella mit flüssigem Kern, weißer Tomatengrütze und Olivenfels. Lackierter Lammrücken mit Meerrettichsenf, Rote Bete und Minze. Weißer Schokoladentrüffel mit Knusperkruste und Zitrone.
• Lassen Sie sich das nicht entgehen: Mit enormem Aufwand bereitet Armin Karrer Ihnen einen molekularen Menü-Auftakt, der es in sich hat! Was folgt, ist etwas klassischer aber nicht minder aromenreich. Der Rahmen: ein altes Gewölbe, moderner Stil und intime Atmosphäre.

XX Goldberg
Tainer Str. 7, (Schwabenlandhalle) ⊠ 70734 – ℰ (0711) 5 75 61 66 66
– www.goldberg-restaurant.de – geschl. Samstagmittag ERu
Rest – Menü 48/55 € – Karte 48/57 €
• Modern und trendig ist das Design in diesem Restaurant, international die Küche. Gute Auswahl an offenen Weinen. Die Mittagskarte ist etwas einfacher. Tapas in der Winelounge.

XX Aldinger's Germania
Schmerstr. 6 ⊠ 70734 – ℰ (0711) 58 20 37 – www.aldingers-germania.de – geschl. Mitte
Februar 2 Wochen, August - September 3 Wochen und Sonntag - Montag ERv
Rest – (Tischbestellung ratsam) Menü 35/49 € – Karte 25/59 €
• In dem schwäbischen Familienbetrieb mit gemütlichen Stuben kümmert sich bereits die 3. Generation freundlich um die Gäste. Solide und schmackhaft kocht Volker Aldinger bürgerlich-regionale Speisen mit internationalem Einfluss. Gewölbekeller für Feierlichkeiten.

X Gasthaus zum Hirschen – Hotel Zum Hirschen
Hirschstr. 1 ⊠ 70734 – ℰ (0711) 9 57 93 70 – www.zumhirschen-fellbach.de – geschl.
Montag ERv
Rest – (Tischbestellung ratsam) Menü 35/50 € – Karte 27/52 €
• Ihnen ist das innovative Gourmetkonzept des "avui" etwas "too much"? Armin Karrer kann auch bodenständiger, und das keineswegs auf Kosten des Geschmacks - das zeigen Gerichte wie hausgemachte Maultaschen oder rosa gebratener Kalbstafelspitz!

1200

STUTTGART

✗ Esszimmer im Rathaus 🛜 VISA ◎◎ AE ①
Marktplatz 6 ⊠ 70734 – ℰ (0711) 54 04 08 90 – www.esszimmer-im-rathaus.de – geschl. Montag ERe
Rest – Karte 25/41 €

• Ein Ableger des "Schassberger" am Ebnisee. Klarer, moderner Stil und allerlei Accessoires, die auch jedem privaten Esszimmer gut zu Gesicht stünden! Die Karte: regional und mediterran, sonntags nur Brunch.

SÜDHARZ – Sachsen-Anhalt – 542 30 L11
▶ Berlin 256 – Magdeburg 105 – Erfurt 90 – Braunschweig 130
ℹ Markt 2 (Stolberg), ⊠ 06547, ℰ (034654) 4 54, www.stadt-stolberg.de

Im Ortsteil Stolberg – Luftkurort

🏠 Schindelbruch (mit Gästehäusern) 🌿
Schindelbruch 1 (Nord-Ost: 6 km) ⊠ 06536 – ℰ (034654) 80 80 – www.schindelbruch.de
78 Zim ⊇ – †72/96 € ††102/150 € – ½ P 26 € – 2 Suiten
Rest *Fine Dining* – siehe Restaurantauswahl
Rest *Waldrestaurant* – Karte 33/43 €

• Haupthaus, Landresidenz und zwei Blockhäuser bilden das Hotel in herrlich ruhiger Waldlage. Individuelle, wohnliche Zimmer, schöner Spa und stilvoller Festsaal. Bürgerlich-saisonale Küche im Waldrestaurant.

🏠 Zum Bürgergarten
Thyratal 1 ⊠ 06547 – ℰ (034654) 81 10 – www.hotel-zum-buergergarten.de
33 Zim ⊇ – †41/46 € ††61/78 € – ½ P 15 €
Rest – *(geschl. Montagmittag, Dienstagmittag)* Karte 16/65 €

• Das nette historische Fachwerkhaus ist ein familiengeführtes Hotel, in dem solide, wohnlich eingerichtete Gästezimmer zur Verfügung stehen. Das Restaurant befindet sich im Altbau und ist gediegen-rustikal gestaltet.

✗✗ Fine Dining – Hotel Schindelbruch
Schindelbruch 1 (Nord-Ost: 6 km) ⊠ 06536 – ℰ (034654) 80 80 – www.schindelbruch.de – geschl. Sonntag - Montag
Rest – *(nur Abendessen)* Menü 52/85 € – Karte 32/50 €

• Das Zusammenspiel von modern-elegantem Interieur, gepflegter Tisch- und Tafelkultur sowie einer kreativen Küche in Menüform (regional oder überregional) steckt den Rahmen für einen gelungenen Abend.

SÜDERBRARUP – Schleswig-Holstein – 541 – 3 890 Ew – Höhe 28 m 2 I2
– Luftkurort
▶ Berlin 399 – Kiel 53 – Schleswig 25 – Flensburg 32

🏠 Hamester's Hotel
Bahnhofstr. 24 ⊠ 24392 – ℰ (04641) 9 29 10 – www.hamesters.de
10 Zim ⊇ – †44/48 € ††65/72 € **Rest** – *(geschl. Dienstag)* Karte 22/36 €

• Hier hat man ein ehemaliges Bankgebäude zu einem kleinen Hotel umgestaltet. Die Gäste wohnen in praktischen Zimmern mit blauen Landhausmöbeln. Teil des Restaurants ist ein netter Wintergartenanbau.

SÜDERENDE – Schleswig-Holstein – siehe Föhr (Insel)

SÜDLOHN – Nordrhein-Westfalen – 543 – 9 010 Ew – Höhe 50 m 26 C9
▶ Berlin 538 – Düsseldorf 98 – Nordhorn 69 – Bocholt 24

🏠 Gasthaus Nagel (mit Gästehaus)
Kirchplatz 8 ⊠ 46354 – ℰ (02862) 9 80 40 – www.hotel-nagel.de
27 Zim ⊇ – †50/60 € ††75/90 € Karte 17/33 € *(geschl. Montagmittag)*

• Neben der Kirche steht das gewachsene Gasthaus mit Familientradition seit 1849. Im Haupthaus sind die Zimmer neuzeitlich, im Gästehaus etwas einfacher; alle mit kostenfreiem W-Lan. Restaurant in bürgerlich-rustikalem Stil, im Sommer mit netter Terrasse.

1201

SÜLZETAL – Sachsen-Anhalt – **542** – 9 990 Ew – Höhe 80 m   31 L9
▶ Berlin 173 – Magdeburg 15

In Sülzetal-Osterweddingen

Landhotel Schwarzer Adler (mit Gästehaus)
Alte Dorfstr. 2 ✉ *39171* – ✆ *(039205) 65 20* – *www.hotel-osterweddingen.de*
– geschl. 1. - 16. Januar
15 Zim – †59/69 € ††79/89 €
Rest – *(geschl. Samstag - Sonntag) (nur Abendessen)* Karte 18/27 €
♦ Besonderes Flair hat der Vierseitenhof von 1754 mit sehenswertem mittelalterlichem Taubenturm und Bauerngarten. Die beiden Betreiber sind freundliche Gastgeber und führen das Haus mit Herz. Die Zimmer liegen im Gästehaus. In einem der Restauranträume steht ein schöner historischer Kachelofen. Lauschiger Innenhof.

SUHL – Thüringen – **544** – 39 530 Ew – Höhe 440 m – Wintersport: 700 m   40 J13
▶ Berlin 352 – Erfurt 61 – Bamberg 94
ℹ Friedrich-König-Str. 7, ✉ 98527, ✆ (03681) 78 84 05, www.suhl-tourismus.de

Arcadia
Friedrich-König-Str. 1 ✉ *98527* – ✆ *(03681) 71 00* – *www.arcadia-hotellerie.com*
133 Zim – †49/110 € ††69/120 €, ⊇ 15 € – ½ P 19 € – 6 Suiten
Rest – *(geschl. Sonntag) (nur Abendessen)* Karte 28/39 €
♦ Eine Mischung aus Business- und Freizeithotel - zeitgemäß und funktionell in der Einrichtung und mit freiem Zugang zum angrenzenden Ottilienbad im Kongresszentrum. Highlight ist die fantastische Sicht vom Restaurant in der 16. Etage!

SUHLENDORF – Niedersachsen – **541** – 2 590 Ew – Höhe 64 m   20 K7
▶ Berlin 214 – Hannover 111 – Schwerin 123 – Uelzen 15

In Suhlendorf-Kölau Süd: 2 km

Brunnenhof (mit Gästehäusern)
Kölau 7 ✉ *29562* – ✆ *(05820) 8 80* – *www.hotel-brunnenhof.de*
– geschl. 1. November - 22. Dezember, 1. Januar - 18. März
42 Zim ⊇ – †52 € ††79 € – 9 Suiten   **Rest** – Karte 17/23 €
♦ Besonders Natur- und Pferdeliebhaber kommen auf diesem Gut aus dem 18. Jh. mit seinen reetgedeckten und rustikal eingerichteten Gästehäusern auf ihre Kosten. Das Restaurant ist in der hübschen großen Bauerndiele untergebracht.

SULZBACH-ROSENBERG – Bayern – **546** – 19 790 Ew – Höhe 450 m   51 M16
– Wintersport:
▶ Berlin 422 – München 205 – Weiden in der Oberpfalz 50 – Bayreuth 67
ℹ Luitpoldplatz 25, ✉ 92237, ✆ (09661) 51 01 10, www.sulzbach-rosenberg.de

Brauereigasthof Sperber-Bräu
Rosenberger Str. 14 ✉ *92237* – ✆ *(09661) 8 70 90* – *www.sperberbraeu.de*
23 Zim – †59 € ††79 € – ½ P 14 €   **Rest** – Karte 19/35 €
♦ In dem familiengeführten historischen Brauereigasthof hat man schöne Details wie Stuck oder freigelegte Holzbalken bewahrt, die einige der Zimmer zieren. Gemütlich sitzt man in den typisch bayerischen Gaststuben.

SULZBERG – Bayern – siehe Kempten (Allgäu)

SULZBURG – Baden-Württemberg – **545** – 2 740 Ew – Höhe 337 m – Luftkurort   61 D21
▶ Berlin 826 – Stuttgart 229 – Freiburg im Breisgau 29 – Basel 51
ℹ Am Marktplatz, ✉ 79295, ✆ (07634) 56 00 40, www.sulzburg.de

Waldhotel Bad Sulzburg
Badstr. 67 (Süd-Ost: 4 km) ✉ *79295* – ✆ *(07634) 50 54 90* – *www.waldhotel4you.de*
– geschl. 12. Januar - 10. Februar, 2. - 14. Dezember
39 Zim ⊇ – †79/110 € ††102/157 € – ½ P 29 € – 4 Suiten
Rest – Menü 20/54 € – Karte 33/55 €
♦ In einsamer Waldlage finden Sie Ruhe sowie ein gutes Freizeitangebot u. a. mit Rad-, Wander- und Kanutouren, aber auch Beauty-Anwendungen. Zimmer teils zum Tal, schönes Himmelbettzimmer. Im Restaurant: neuzeitlich-elegantes Ambiente mit rustikaler Note.

SULZBURG

XXX Hirschen (Ehepaar Steiner-Weiler) mit Zim
Hauptstr. 69 ⊠ 79295 – ℰ (07634) 82 08 – www.hirschen-sulzburg.de
– geschl. 9. - 26. Januar, 30. Juli - 16. August und Montag - Dienstag
9 Zim – †90/135 € ††110/155 €
Rest – (Tischbestellung ratsam) Menü 42 € (mittags)/120 € – Karte 82/106 €
Spez. Variation von Gänseleber mit Brioche. Tatar vom Taschenkrebs mit Langustine Royale, Coulis vom günem Apfel. Rehrücken in Spätburgundersauce, Dreierlei vom Sellerie.
♦ Douce Steiner und Udo Weiler kochen mit ausgeprägtem Geschmack und guten Produkten, ihre Küche hat eine klassische Basis und zeitgemäße Akzente. Die Seniorchefin berät freundlich bei der Weinauswahl. Ein traditionsreiches Haus, elegant und doch gemütlich-badisch. Die Gästezimmer sind stilvoll, charmant und individuell.

X La Maison Eric mit Zim
Im Brühl 7 ⊠ 79295 – ℰ (07634) 61 10 – www.la-maison-eric.de – geschl. Ende Januar 2 Wochen, Ende Juni 10 Tage, Ende August 10 Tage und Montag - Dienstag
3 Zim – †65/75 € ††95/110 €
Rest – (Tischbestellung ratsam) Menü 34 € (mittags)/55 € – Karte 37/49 €
♦ Schön gemütlich haben es die freundlichen Betreiber in ihrem hübschen alten Fachwerkhaus. Ein bisschen Eleganz, eine ländliche Note und dazu ein Hauch Moderne - das hat Charme, genauso wie der persönliche Service von Eric Grandgirard! Noch ein Grund, hierher zu kommen, ist die schmackhafte internationale und saisonale Küche von Dagmar Hauck.

X Landgasthof Rebstock mit Zim
Hauptstr. 77 ⊠ 79295 – ℰ (07634) 50 31 40 – www.kellers-rebstock.de – geschl. Mitte Januar - Anfang Februar und Mittwoch
5 Zim – †45/50 € ††65/69 € **Rest** – Karte 24/47 €
♦ In dem netten historischen Gasthof speist man in der sehr gemütlichen, charmant-rustikalen Ofenstube oder im klassisch gehaltenen Rebstübli. Die Küche ist regional und saisonal. Die Gästezimmer sind gepflegt und in ländlichem Stil eingerichtet.

In Sulzburg-Laufen West: 2 km

XX La Vigna mit Zim
Weinstr. 38 ⊠ 79295 – ℰ (07634) 80 14 – www.restaurant-la-vigna.de – geschl. September 2 Wochen und Sonntag - Montag
2 Zim – †60 € ††80 €
Rest – (Tischbestellung ratsam) Menü 27/48 € – Karte 32/58 €
♦ Ein typischer italienischer Familienbetrieb, in dem alle miteingebunden sind! Die Küche (hier hat Thomas Schmeißer die Leitung übernommen) bringt mit Gerichten wie Calamaretti alla Griglia oder Osso Buco Ravioli den Geschmack Italiens in ein elegant eingerichtetes historisches Bauernhaus. Hübsche mediterrane Terrasse.

SULZFELD – Bayern – siehe Kitzingen

SULZHEIM – Bayern – **546** – 1 990 Ew – Höhe 227 m **49** J15
▶ Berlin 451 – München 214 – Würzburg 51 – Bamberg 55

Landgasthof Goldener Adler
Otto-Drescher-Str. 12 ⊠ 97529 – ℰ (09382) 70 38 – www.goldener-adler-sulzheim.de – geschl. 28. Dezember - 7. Januar
30 Zim – †65/75 € ††92/97 € **Rest** – (geschl. Freitag) Karte 16/41 €
♦ Der ansprechende Gasthof ist ein beispielhaft gepflegter Familienbetrieb. Die Zimmer sind individuell gestaltet, teilweise in ganz modernem Stil eingerichtet. Nettes Restaurant mit ländlichem Charakter.

SUNDERN – Nordrhein-Westfalen – **543** – 28 890 Ew – Höhe 265 m **27** E11
– Wintersport: 648 m 5
▶ Berlin 504 – Düsseldorf 111 – Arnsberg 13 – Lüdenscheid 48
🛈 Rathausplatz 7, ⊠ 59846, ℰ (02933) 97 95 90, www.nah-klar-sundern.de
Sundern-Amecke, Golfplatz 1, ℰ (02393) 17 06 66

Sunderland
Rathausplatz 2 ⊠ 59846 – ℰ (02933) 98 70 – www.sunderlandhotel.de
55 Zim – †79/99 € ††99/109 € – 4 Suiten **Rest** Le Coq – Karte 30/52 €
♦ Einen Hauch von Afrika im Sauerland vermittelt das gepflegte und funktional ausgestattete Tagungshotel. In den Zimmern bietet man kostenfreies W-Lan. Ansprechende Themensuiten. Internationales und afrikanisches Angebot im Le Coq und im Bistro toujours mit Showküche.

SUNDERN

In Sundern-Dörnholthausen Süd-West: 6 km über Seidfeld und Stockum

Klöckener
Stockumer Str. 44 ⊠ 59846 – ℰ (02933) 9 71 50 – www.landhaus-kloeckener.de – geschl. Januar 2 Wochen, Juli 2 Wochen
17 Zim – †39/46 € ††68/82 €
Rest – (geschl. Mittwoch) (nur Abendessen) Karte 18/36 €
♦ Freundlich leitet Familie Klöckener schon seit mehreren Generationen dieses wohnlich eingerichtete und hübsch dekorierte Haus. Auch Räume für Seminare und Veranstaltungen sind vorhanden. Behagliches Restaurant mit netter Terrasse vor dem Haus.

In Sundern-Langscheid Nord-West: 4 km über Stemel – Luftkurort

Seegarten

Zum Sorpedamm 21 ⊠ 59846 – ℰ (02935) 9 64 60 – www.hotel-seegarten.com
35 Zim – †55/65 € ††84/129 € – ½ P 25 € – 1 Suite
Rest – Menü 36/50 € – Karte 26/46 €
♦ Das gewachsene Hotel unter engagierter familiärer Leitung bietet wohnliche, in warmen Tönen gehaltene Zimmer mit See- oder Parkblick und einen romantisch angelegten Garten. Im elegant-rustikalen Restaurant serviert man internationale und regionale Speisen.

Seehof
Zum Sorpedamm 1 ⊠ 59846 – ℰ (02935) 9 65 10 – www.hotel-seehof-sorpesee.de – geschl. 2. - 15. Januar
12 Zim – †55/65 € ††85/95 € – ½ P 15 € – 1 Suite
Rest – (geschl. Montag) Menü 16/45 € – Karte 24/43 €
♦ Das kleine Hotel liegt an der Seepromenade und verfügt über geräumige Zimmer, in denen solides Kiefernholz eine ländliche Note schafft; einige mit Balkon und Blick zum Sorpesee. Internationale Küche im Restaurant. Wintergarten und schöne Terrasse mit Seeblick.

SYLT (INSEL) Schleswig-Holstein – **541** – Höhe 3 m – Größte Insel der Nordfriesischen Inselgruppe mit 40 km Strand, durch den 12 km langen Hindenburgdamm (nur Eisenbahn, ca. 40 min) mit dem Festland verbunden 1 F1
▶ Berlin 464 – Kiel 136 – Flensburg 55 – Husum 53
✈ Westerland, Flughafenstr. 1, ℰ (04651) 92 06 12
🚢 in Niebüll, ℰ (01805) 24 12 24 (Gebühr)
⛳ Kampen-Wenningstedt, ℰ (04651) 9 95 98 12
⛳ Klein-Morsum, Uasterhörn 37, ℰ (04651) 89 03 87
⛳ Sylt-Ost, Flugplatz, ℰ (04651) 92 75 75
⛳ Hörnum, Fernsicht 1, ℰ (04651) 44 92 70
◉ Westerland ★ – Rotes Kliff ★

HÖRNUM – 1 030 Ew

Budersand Hotel - Golf & Spa

Am Kai 3 ⊠ 25997 – ℰ (04651) 4 60 70
– www.budersand.de – geschl. 8. Januar - 4. Februar
79 Zim – †230/270 € ††250/450 € – 6 Suiten
Rest KAI3 ✿ **Rest** Strönholt – siehe Restaurantauswahl
♦ Ein architektonisch imposantes Hotel am Sündene von Sylt mit edlem Interieur in formschönem modernem Design. Das Haus liegt am Rande der Dünen, direkt am Meer. Toller Service einschließlich Wagenmeister und kostenfreier Minibar. Alternative zum KAI3: Strönholt 100 m oberhalb des Hotels mit Sicht auf Golfplatz und Meer.

XXX KAI3 – Budersand Hotel - Golf & Spa
Am Kai 3 ⊠ 25997 – ℰ (04651) 4 60 70 – www.budersand.de – geschl. 8. Januar - 4. Februar und Oktober - Ostern: Sonntag - Montag
Rest – (nur Abendessen) (Tischbestellung ratsam) Menü 79/110 € – Karte 60/88 €
Spez. "Sylter Antwort auf Kobe Rind", marinierte Scheiben und Tatar vom Keitumer Galloway mit Wildkräutern. Taubenbrust und knusprige Keule mit Röstzwiebelbouillon, Sherry-Tortellini und Morcheln. "Tarte Tatin von Birnen".
♦ Schiffe ziehen vorbei, die Möwen bieten ihre Flugschau, am Horizont erkennt man Föhr, ... - Sie bekommen hier weit mehr als die nordische Küche von Jens Rittmeyer, die aber zweifelsohne sehr interessant und gut gemacht ist!

SYLT (INSEL)

※ **Strönholt** – Budersand Hotel - Golf & Spa
Fernsicht 1 ✉ *25997* – ℰ *(04651) 4 49 27 27* – *www.budersand.de* – *geschl. 8. Januar - 4. Februar*
Rest – Karte 37/54 €
♦ Das designorientierte Interior in Graubraun wirkt stylish und hat mit typisch friesischer Tradition gar nichts zu tun. Schaut man aber durch die Fenster auf die Dünen, weiß man sofort, man ist auf Sylt!

KAMPEN – 600 Ew – Seebad

🛈 Hauptstr. 12, ✉ 25999, ℰ (04651) 4 69 80, www.kampen.de

Rungholt
Kurhausstr. 35 ✉ *25999* – ℰ *(04651) 44 80* – *www.hotel-rungholt.de*
65 Zim – †113/180 € ††168/320 € – ½ P 25 € – 21 Suiten
Rest – *(nur für Hausgäste)* Karte 31/60 €
♦ Ein wunderschön an den Dünen gelegenes Ferienhotel mit sehr unterschiedlichen und komfortablen Gästezimmern, die hell und neuzeitlich eingerichtet sind. Viele Suiten.

Walter's Hof
Kurhausstr. 23 ✉ *25999* – ℰ *(04651) 9 89 60* – *www.walters-hof.de*
33 Zim – †120/340 € ††140/480 €, ☑ 18 € – 8 Suiten
Rest – *(nur Abendessen)* (Tischbestellung ratsam) Karte 34/101 €
♦ Nicht nur die Nähe zum Strand ist hier ein Vorteil, auch die schönen, individuellen Zimmer (teilweise mit Meerblick!). Wer länger bleiben möchten, wohnt in den Ferienwohnungen und Appartementhäusern am bequemsten.

Golf- und Landhaus Kampen garni
Braderuper Weg 12 ✉ *25999* – ℰ *(04651) 4 69 10* – *www.landhaus-kampen.de*
12 Zim – †230/285 € ††255/310 € – 5 Suiten
♦ Von außen besticht das Haus durch nordisch-charmanten Stil, im Inneren überzeugen großzügige, wohnlich-moderne Zimmer und individueller Service ebenso wie das exklusive Frühstücksbuffet und ein netter Bade- und Saunabereich.

Village
Alte Dorfstr. 7 (Zufahrt über Brönshooger Weg) ✉ *25999* – ℰ *(04651) 4 69 70* – *www.village-kampen.de*
10 Zim – †275/325 € ††295/345 € – 7 Suiten
Rest – *(geschl. Mittwoch)* (nur Abendessen für Hausgäste) Karte 34/68 €
♦ Ein schmuckes reetgedecktes Landhaus, wie es für die Region ganz typisch ist. Die Inhaber - beide Inneneinrichter - haben hier sehr gemütliche Räume in ansprechender farblicher Gestaltung geschaffen. Hinzu kommt die freundliche Gästebetreuung. Netter kleiner Spa.

Reethüüs garni (mit Gästehaus)
Hauptstr. 18 ✉ *25999* – ℰ *(04651) 9 85 50* – *www.reethues-sylt.de*
20 Zim – †110/160 € ††130/230 € – 2 Suiten
♦ Dieses sehr nette Anwesen mit seinen zwei reetgedeckten Häusern bietet wohnliche Zimmer im regionalen Stil, im EG meist mit Terrasse. Hell gestalteter Freizeitbereich.

Ahnenhof garni
Kurhausstr. 8 ✉ *25999* – ℰ *(04651) 4 26 45* – *www.ahnenhof.de*
13 Zim – †76/113 € ††146/240 €
♦ Angenehm persönlich ist die Atmosphäre in dem kleinen Hotel in schöner Lage. Sehr gepflegte, wohnliche Zimmer, liebenswert-rustikaler Frühstücksraum und hübscher Saunabereich.

※※ **Gogärtchen**
Strönwai 12 ✉ *25999* – ℰ *(04651) 4 12 42* – *www.gogaertchen-sylt.de* – *geschl. Anfang November - Mitte Dezember, Anfang Januar - Ende Februar*
Rest – Karte 43/88 €
♦ Diese Institution auf Sylt ist eine In-Adresse, in der sich zahlreiche Prominente ein Stelldichein geben. Zeitgemäße, saisonale Küche. Kaffee und Kuchen auf der Gartenterrasse.

※※ **Jens'ns Tafelfreuden**
Süderweg 2 ✉ *25999* – ℰ *(04651) 4 40 41* – *www.jensens-tafelfreuden.de* – *geschl. Ostern, Weihnachten, Oktober - Juni: Dienstag*
Rest – *(nur Abendessen)* Karte 30/62 €
♦ Ein Friesenhaus beherbergt das moderne Restaurant mit netter Terrasse. Hingucker sind Pop-Art-Bilder und Farbakzente in Rot und Pink. Gekocht wird international und regional.

SYLT (INSEL)

XX Sturmhaube
Riperstig 1 ⊠ 25999 – ℰ (04651) 99 59 40 – www.sturmhaube.de
Rest – Karte 20/89 €
• Wunderschön ist die Lage in den Dünen, nur wenige Meter vom Meer entfernt. Mittags bietet man einfachere Gerichte sowie Auszüge aus der zeitgemäß-saisonalen Abendkarte.

X Manne Pahl
Zur Uwe Düne 2 ⊠ 25999 – ℰ (04651) 4 25 10 – www.manne-pahl.de
Rest – Karte 24/78 €
• In dem rustikalen Gastraum oder im freundlichem Wintergarten sitzt man gemütlich bei international beeinflusster bürgerlich-regionaler Küche und Leckerem aus der Konditorei.

KEITUM

🛈 Gurtstig 23, ⊠ 25980, ℰ (04651) 33 70, www.keitum.de

Aarnhoog
Gaat 13 ⊠ 25980 – ℰ (04651) 39 90 – www.faehrhaus-hotel-collection.de
– geschl. 11. - 19. Dezember
13 Zim ⊇ – †148/268 € ††198/318 € – ½ P 29 € – 12 Suiten
Rest – (geschl. Montag - Dienstag) Karte 34/69 €
• Das reizende reetgedeckte Backsteinhaus ist ein sehr privates und geschmackvolles kleines Hotel mit viel Charme. So angenehm wie die stilvollen Zimmer und Suiten ist auch das tolle Frühstück, das man im Sommer auf der schönen Terrasse einnehmen kann. Am Abend hochwertiges Speiseangebot für Hausgäste.

Benen-Diken-Hof
Keitumer Süderstr. 3 ⊠ 25980 – ℰ (04651) 9 38 30 – www.benen-diken-hof.de
43 Zim ⊇ – †122/281 € ††148/336 € – 16 Suiten
Rest KÖKKEN – siehe Restaurantauswahl
• Ein überaus individuelles, wohnliches und stilsicher eingerichtetes Haus mit Familientradition. Die Zimmer und Suiten sind teilweise sehr großzügig, die Minibar ist inklusive und auch W-Lan bietet man kostenfrei.

Seiler Hof garni
Gurtstig 7 ⊠ 25980 – ℰ (04651) 9 33 40 – www.seilerhofsylt.de – geschl. Mitte November - Weihnachten, Mitte Januar - Mitte Februar
11 Zim ⊇ – †85/125 € ††140/190 € – 1 Suite
• Ein für Sylt ganz typisches Hotel: klein, individuell und mit wohnlichem Charakter. Zu dem schönen Friesenhaus gehört auch ein hübscher Garten.

Kamps garni
Gurtstig 41 ⊠ 25980 – ℰ (04651) 9 83 90 – www.kamps-sylt.de – geschl. 22. November - 15. Dezember
8 Zim ⊇ – †95/150 € ††105/165 €
• Das familiär geleitete kleine Haus vereint unter seinem Reetdach Hotel, Galerie und Café. Persönliche Gästebetreuung, freundliche Zimmer und hausgemachter Kuchen am Nachmittag.

XX KÖKKEN – Hotel Benen-Diken-Hof
Keitumer Süderstr. 3 ⊠ 25980 – ℰ (04651) 9 38 30 – www.benen-diken-hof.de – geschl. November - März: Mittwoch
Rest – (nur Abendessen) Menü 42 € (mittags)/76 € – Karte 48/61 €
• Die Kunst liegt im Detail! Im "Benen-Diken-Hof" achtet man stets auf ein stimmiges Bild - ob mit den edlen terrakottafarbenen Stoffen im Restaurant, der herrlich gestalteten Terrasse oder der aus heimischen Produkten bestehenden Kulinarik.

XX Karsten Wulff
Museumsweg 4 ⊠ 25980 – ℰ (04651) 3 03 00 – www.karsten-wulff.de – geschl. Ende November - Anfang Februar und Sonntag, außer Saison: Sonntag - Montag
Rest – Menü 52 € – Karte 35/74 €
• Trotz seiner etwas versteckten Lage ist das Haus schon lange kein Geheimtipp mehr - gute, unkomplizierte und frische (Fisch-)Küche spricht sich eben rum! Freuen Sie sich z. B. auf Pannfisch, Kabeljau, Seezunge, Bouillabaisse,... Guten Appetit!

SYLT (INSEL)

Florian's ess.zimmer
Gurtstig 2 ⊠ 25980 – ℰ (04651) 3 18 84 – www.esszimmer-sylt.de – geschl. November und Montag
Rest – *(Oktober - Pfingsten nur Abendessen)* (Tischbestellung erforderlich) Menü 42/59 € – Karte 46/76 €
◆ Die sympathischen Gastgeber und der nette Service verbreiten in dem modernen Bistro eine charmante Atmosphäre. Die gute internationale Küche wird überwiegend in Menüform angeboten, mittags ist die Karte einfacher. Am Nachmittag Kaffee und Kuchen.

Fisch-Fiete
Weidemannweg 3 ⊠ 25980 – ℰ (04651) 3 21 50 – www.fisch-fiete.de – geschl. 8. Januar - 16. Februar, Dezember 3 Wochen und November, Februar, März: Montag
Rest – (Tischbestellung erforderlich) Karte 28/80 €
◆ Ein Sylter Original, das sich durch Beständigkeit auszeichnet. Mit Zierrat und alten Delfter Kacheln hat man das Fischrestaurant liebenswert gestaltet. Bistro mit Tapas-Angebot.

LIST – 2 440 Ew

🛈 Am Hafen, ⊠ 25992, ℰ (04651) 9 52 00, www.list-sylt.de

A-ROSA
Listlandstr. 11 ⊠ 25992 – ℰ (04651) 96 75 00 – www.a-rosa.de – geschl. 11. - 14. November
177 Zim – †218/438 € ††248/468 € – 30 Suiten
Rest *La Mer* ✿✿ **Rest** *Spices* **Rest** *Cucina Della Mama* – siehe Restaurantauswahl
◆ Ein bemerkenswertes Haus in traumhafter Lage mit Blick auf Dünen, Watt und Meer. Alles in diesem Hotel ist überaus hochwertig und formschön in geradlinigem Design gestaltet. SPA-ROSA auf 3500 qm mit Meerwasserpool und exklusiven Anwendungen.

La Mer – Hotel A-ROSA
✿✿
Listlandstr. 11 ⊠ 25992 – ℰ (04651) 96 75 00 – www.a-rosa.de – geschl. 11. - 14. November und Montag - Dienstag
Rest – *(nur Abendessen)* (Tischbestellung ratsam) Menü 90/120 € – Karte 79/96 €
Spez. Austernvelouté auf Rote Bete Flan mit Sylter Queller und gebackener Auster. Confierter St. Pierre auf Kokos- Chilisauerkraut, Ananasauszug, Macadamianüsse, Tandoorischaum. Variation von der Wachtel mit Balsamicolinsen an Limonen-Ingwerjus.
◆ Der junge Küchenchef Sebastian Zier scheint vor Energie nur so zu strotzen - Aufwand und Optik seiner Menüs (zwei stehen zur Wahl) sprechen jedenfalls eine deutliche Sprache! Zu erwähnen sei aber auch die puristisch-elegante Einrichtung.

Spices – Hotel A-ROSA
Listlandstr. 11 ⊠ 25992 – ℰ (04651) 96 75 00 – www.a-rosa.de – geschl. 11. - 14. November und Mittwoch
Rest – *(nur Abendessen)* Menü 35 € – Karte 32/66 €
◆ Hier gehen Europa und Asien kulinarisch sowie gestalterisch eine perfekte Symbiose ein. Das luftige Ambiente wird durch eine Mischung aus fernöstlichen und europäischen Elementen unterstrichen: Klare Linien bestimmen das Bild.

Cucina Della Mama – Hotel A-ROSA
Listlandstr. 11 ⊠ 25992 – ℰ (04651) 96 75 00 – www.a-rosa.de – geschl. 11. - 14. November und Donnerstag
Rest – *(nur Abendessen)* Menü 35 € – Karte 37/59 €
◆ Bella Italia im hohen Norden? "Cucina Della Mama" macht's möglich! Schlicht das Ambiente mit anthrazitgepolsterten Eichenholzbänken und blanken Tischen - eine Trattoria, die up to date ist.

MORSUM

Morsum Kliff
Nösistig 13 ⊠ 25980 – ℰ (04651) 83 63 20 – www.hotel-morsum-kliff.de – geschl. 8. Januar - 17. Februar und 11. November - 21. Dezember
10 Zim – †90/225 € ††131/305 € – ½ P 28 €
Rest *Morsum Kliff* – siehe Restaurantauswahl
◆ Das schöne Friesenhaus in malerischer, herrlich ruhiger Lage an der Ostspitze der Insel beherbergt wohnlich-charmante Gästezimmer im regionalen Stil. Toll für Nachtschwärmer und Langschläfer: Frühstück gibt es bis 17 Uhr!

SYLT (INSEL)

XX **Morsum Kliff** – Hotel Morsum Kliff ≤ 🛜 P VISA ⦿ AE
Nösistig 13 ⊠ 25980 – ℰ (04651) 83 63 20 – www.hotel-morsum-kliff.de – geschl.
8. Januar - 17. Februar und 11. November - 21. Dezember und Montag
Rest – (Tischbestellung ratsam) Menü 37/64 € – Karte 30/52 €
◆ Wohlschmeckend friesisch die Speisen, die man Ihnen serviert - gemütlich friesisch das Ambiente, in dem Sie sitzen. Gratis dazu: herrlicher Blick nach draußen dank großer Sprossenfenster.

MUNKMARSCH

🏠 **Fährhaus** ≤ 🛜 🌊 ⓦ 🎿 ʟ🏊 🎮 ¶ 🏋 P 🚗 VISA ⦿ AE
Bi Heef 1 ⊠ 25980 – ℰ (04651) 9 39 70 – www.faehrhaus-sylt.de – geschl. Anfang Januar - Anfang Februar
39 Zim 🍽 – ♦178/378 € ♦♦238/438 € – ½ P 29 € – 12 Suiten
Rest *Fährhaus*❀❀ **Rest** *Käpt'n Selmer Stube* – siehe Restaurantauswahl
◆ Ein wahrhaft luxuriöses Feriendomizil, in dem Tradition auf modernen Wohnkomfort mit Niveau trifft. Der Service ist ausgezeichnet, der Spa exklusiv. Auf der Executive-Etage verfügen die Zimmer und Suiten über eine Dachterrasse.

XXX **Fährhaus** – Hotel Fährhaus ≤ 🛜 ⅖ ✿ P VISA ⦿ AE
❀❀ Bi Heef 1 ⊠ 25980 – ℰ (04651) 9 39 70 – www.faehrhaus-sylt.de
– geschl. Januar - Februar und Montag, Mitte September - Mitte Juni: Sonntag - Montag
Rest – (nur Abendessen) (Tischbestellung ratsam) Menü 98/158 € – Karte 72/92 €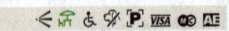
Spez. Basilikum Bärlauchclassi, Kartoffel-Snoccialatte-Salat, Tomaten-Dattelkompott, Buttermilchcreme, geröstetes Fladenbrot. Glattbutt vom Grill mit Sauerampfer und Kümmel, Frühlingslauch "à la crème", grüner Wacholderschaum. Medaillon vom Oxford Rehrücken unter der Molekruste, falscher Milchreis, Dörr-Kirschen, kandierte Oliven, Zimtschaum, Mohnjus.
◆ Wo inseltypische Elemente und eine mediterrane Note zusammenfließen, kommt die Handschrift von Alexandro Pape durch! Zu einem äußerst genussreichen kulinarischen Gesamtpaket wird diese Erfahrung durch sehr guten Service und einen Hauch friesischer Eleganz.

XX **Käpt'n Selmer Stube** – Hotel Fährhaus ≤ 🛜 ⅖ P VISA ⦿ AE
Bi Heef 1 ⊠ 25980 – ℰ (04651) 9 39 70 – www.faehrhaus-sylt.de – geschl. Anfang Januar - Anfang Februar
Rest – (nur Abendessen) Menü 34/40 € – Karte 42/71 €
◆ Die Liebe zum Detail und zu schönen Formen ist überall zu sehen. Ob bei den original blau-weißen Kacheln, den kostbaren Antiquitäten oder der traumhaften Terrasse im viktorianischen Stil, die geradezu geschaffen ist, einen Sundowner einzunehmen.

X **Zur Mühle** 🛜 P
Lochterbarig 24 ⊠ 25980 – ℰ (04651) 38 77 – www.zur-muehle-sylt.de – geschl.
1. November - 25. Dezember und Dienstag
Rest – Karte 26/57 €
◆ Ein recht schlichtes Lokal und dennoch gerne besucht; was könnte schließlich schöner sein, als bei Kaffee und Kuchen von der Terrasse den Blick auf Wattenmeer und Hafen zu genießen? Auch im Strandkorb ein Vergnügen! Die regionale Karte bietet viel Fisch, wie z. B. Dorschfilet an Blattspinat.

RANTUM – 15 280 Ew

🛈 Strandstr. 7, ⊠ 25980, ℰ (04651) 8 07 77, www.rantum.de

🏠 **Söl'ring Hof** 🌿 ≤ 🛜 ⅖ ¶ P VISA ⦿ AE ⓘ
Am Sandwall 1 ⊠ 25980 – ℰ (04651) 83 62 00 – www.soelring-hof.de
– geschl. 8. - 26. Januar
15 Zim 🍽 – ♦370/525 € ♦♦395/690 €
Rest *Söl'ring Hof*❀❀ – siehe Restaurantauswahl
◆ Die Gäste schätzen nicht nur die wunderbare Lage in den Dünen, auch die persönliche und diskrete Atmosphäre in dem Friesenhaus sowie die hochwertigen Zimmer und der sehr gute Service überzeugen. Minibar und Strandkorb inklusive! Chauffeur-Service!

🏠 **Watthof** 🌿 ≤ 🛜 ⅖ P VISA ⦿
Raanwai 40 ⊠ 25980 – ℰ (04651) 80 20 – www.watthof.de – geschl. Anfang Dezember 3 Wochen
33 Zim 🍽 – ♦145/170 € ♦♦160/295 € – 11 Suiten
Rest *Schapers* – siehe Restaurantauswahl
◆ Strandnah liegt das familiär geleitete hübsche Reetdachhaus. Die wohnlichen Zimmer und Suiten sind teilweise mit Parkett ausgestattet. Netter Frühstücksraum im friesischen Stil.

SYLT (INSEL)

Alte Strandvogtei garni
Merret-Lassen-Wai 6 ⊠ 25980 – ℘ (04651) 9 22 50 – www.alte-strandvogtei.de
7 Zim – †105/215 € ††120/240 € – 12 Suiten
• Das inseltypische Haus nicht weit vom Strand ist durch und durch hochwertig und geschmackvoll in hellen Tönen eingerichtet. Suiten mit Kitchenette, teils als Maisonetten angelegt.

Söl'ring Hof (Johannes King) – Hotel Söl'ring Hof
Am Sandwall 1 ⊠ 25980 – ℘ (04651) 83 62 00 – www.soelring-hof.de
– geschl. 8. - 26. Januar und Sonntag
Rest – (nur Abendessen) (Tischbestellung ratsam) Menü 155 € – Karte 79/117 €
Spez. Warmes Carpaccio von der Meeräsche mit Queller und heißem Herzmuschelsud. Kartoffelravioli mit geschmorten Zwiebeln und Trüffelmilch. Frikassee vom Schwarzfederhuhn mit Morsumer Gartengemüse und gebackenen Kräutern.
• Ein Gleichklang aus kulinarischer Köstlichkeit, professioneller Gastlichkeit und luxuriöser Eleganz - eine Stätte wie geschaffen für die feinen, kreativ beeinflussten klassischen Speisen von Johannes King! Highlight: die offene Küche - Sie sind live dabei!

Landhaus Rantum - Restaurant Coast mit Zim
Stiindeelke 1 ⊠ 25980 – ℘ (04651) 15 51 – www.restaurant-coast.de – geschl. Anfang Januar - Anfang Februar, November - Februar: Mittwoch
6 Zim (inkl. ½ P.) – †121/201 € ††156/236 € – 4 Suiten
Rest – Menü 42/58 € – Karte 41/62 €
• In dem Reetdachhaus in der Dorfmitte lässt man sich in friesisch-ländlicher Atmosphäre gute zeitgemäße Küche mit kreativem Touch schmecken. Mittags einfachere Karte. Im Haus stehen nette Gästezimmer und Suiten bereit, man vermietet aber auch Ferienwohnungen.

Schapers – Hotel Watthof
Raanweg 40 ⊠ 25980 – ℘ (04651) 8 02 20 – www.watthof.de – geschl. Anfang Dezember 3 Wochen und Dienstag
Rest – (nur Abendessen) Karte 47/78 €
• Gelb-weiß gestreifte Polsterbänke, Korbsessel mit weichen Kissen und sonnig gestrichene Wände, so und mit internationalen Speisen präsentiert sich das "Schapers" seinen Gästen.

Sansibar
Hörnumer Str. 80 (Süd: 3 km) ⊠ 25980 – ℘ (04651) 96 46 46 – www.sansibar.de
Rest – (Tischbestellung erforderlich) Karte 31/77 €
• Früher eine einfache Strandhütte, heute eine Institution mit recht speziellem Charakter. In dem rustikalen In-Restaurant direkt hinterm Strand erwarten Sie schmackhafte regionale und internationale Speisen, dazu eine ausgesprochen interessante Weinauswahl.

TINNUM

Landhaus Stricker
Boy-Nielsen-Str. 10 ⊠ 25980 – ℘ (04651) 8 89 90 – www.landhaus-stricker.de
21 Zim – †135/230 € ††220/310 € – ½ P 35 € – 17 Suiten
Rest Bodendorf's **Rest Landhaus Stricker** – siehe Restaurantauswahl
• Mit Geschmack und einem Hauch Luxus hat man das schöne Landhaus ausgestattet. Großen Wert legt man hier auf den beispielhaften Service. Dazu kommen ein attraktiver Spabereich und der reizvolle Garten.

Bodendorf's – Hotel Landhaus Stricker
Boy-Nielsen-Str. 10 ⊠ 25980 – ℘ (04651) 8 89 90 – www.landhaus-stricker.de – geschl. Februar - März 6 Wochen, November - Dezember 6 Wochen und Sonntag - Montag
Rest – (nur Abendessen) (Tischbestellung ratsam) Menü 104/134 € – Karte 94/108 €
Spez. Getränktes Bauernbrot mit Entenstopfleber, Trüffelfond und Schalottenchutney. Polentacreme mit marinierter Jakobsmuschel, Blattspinat, Parmesanschaum und krossem Pancetta. Pavé von Schokolade und Erdnuss mit Tamarillo, Kaffeegelee, Roggenstreusel und Hanfeis.
• Holger Bodendorf folgt keinen modischen Trends, er verleiht seiner Küche auf eigene Art moderne Akzente! Seine beiden Menüs passen wunderbar zur ebenso modernen, geschmackvollen Tischkultur und dem geradlinigen Stil des intimen kleinen Restaurants.

1209

SYLT (INSEL)

XX **Landhaus Stricker** – Hotel Landhaus Stricker
Boy-Nielsen-Str. 10 ⊠ 25980 – ℰ (04651) 8 89 90 – www.landhaus-stricker.de
Rest – *(Montag - Samstag nur Abendessen)* Menü 45 € – Karte 45/77 €
- Ein bisschen Savoir-vivre (Kaminzimmer), ein bisschen friesische Gemütlichkeit (Tenne) - eine bezaubernde und gelungene Melange! Diese beiden Räume sind Orte, wo Gäste Wohlbefinden in schönster Umgebung tanken können.

WENNINGSTEDT – 1 500 Ew – Seeheilbad

🛈 Westerlandstr. 3, ⊠ 25996, ℰ (04651) 9 89 00, www.wenningstedt.de

Strandhörn
Dünenstr. 20 ⊠ 25996 – ℰ (04651) 9 45 00 – www.strandhoern.de
35 Zim – †90/180 € ††160/280 € – 25 Suiten
Rest – *(geschl. Mittwoch)* Karte 35/60 €
- Bei Familie Lässig wohnt man in mehreren Häusern, viele Zimmer und Suiten sind recht modern und elegant. Der Spa ist großzügig und schön gestaltet. Das Restaurant ist zeitgemäß und bietet Internationales wie z. B. gebackene spicy Tuna-Roll, aber auch Châteaubriand.

Sylter Domizil garni
Berthin-Bleeg-Str. 2 ⊠ 25996 – ℰ (04651) 8 29 00 – www.sylter-domizil.de
35 Zim – †62/125 € ††73/210 € – 2 Suiten
- Die beiden Häuser dieses sehr beliebten Hotels beherbergen wohnliche Zimmer mit friesischer Note. Auch der freundliche Service und das gute Frühstück sprechen für diese Adresse.

Gartenhotel Wenningstedt
Lerchenweg 10 ⊠ 25996 – ℰ (04651) 9 46 20 – www.gartenhotel.de – geschl. Mitte November - Mitte Dezember
13 Zim – †85/145 € ††110/185 € – 2 Suiten
Rest – *(nur Abendessen für Hausgäste)*
- In dem sympathischen und gut gebuchten Haus sollte man frühzeitig reservieren. Neuzeitlich-wohnliche Zimmer, familiäre Atmosphäre und ein schöner Freizeitbereich erwarten Sie.

Friesenhof garni
Hauptstr. 26 ⊠ 25996 – ℰ (04651) 94 10 – www.sylt-friesenhof.de
– geschl. November - April
14 Zim – †62/97 € ††124/194 €
- Auf einem schönen Gartengrundstück mit Obstbäumen und Liegewiese liegt der langjährige Familienbetrieb mit seinen hellen, freundlichen Gästezimmern im friesischen Stil.

Wiesbaden garni
Hochkamp 8 ⊠ 25996 – ℰ (04651) 9 84 40 – www.hotel-wiesbaden-sylt.de
15 Zim – †100/130 € ††200/240 €
- Ein auffallend gepflegtes Haus mit Charme und Atmosphäre. Sehr wohnliche Zimmer im Landhausstil, ein netter Frühstücksraum mit gutem Buffet sowie ein hübscher Garten.

XX **Fitschen am Dorfteich** mit Zim
Am Dorfteich 2 ⊠ 25996 – ℰ (04651) 3 21 20 – www.fitschen-am-dorfteich.de
– geschl. Anfang September - Mitte Juli: Dienstag
8 Zim – †100/140 € ††150/195 € – 4 Suiten
Rest – Menü 54/68 € – Karte 30/71 €
- Schön hell und freundlich sind die Restauranträume (und auch die Gästezimmer) im Haus von Manfred und Verena Fitschen. Die Chefin (Schwester der bekannten Köche Dieter und Jörg Müller) serviert auf herzliche Art die saisonale und regionale Küche ihres Mannes. Auf der Terrasse kann man zum Teil auch in Strandkörben sitzen!

WESTERLAND – 15 280 Ew – Seeheilbad

🛈 Stephanstr. 6, ⊠ 25980, ℰ (04651) 8 20 20, www.westerland.de

Stadt Hamburg
Strandstr. 2 ⊠ 25980 – ℰ (04651) 85 80 – www.hotelstadthamburg.com
70 Zim – †110/195 € ††255/345 €, ⊑ 21 € – ½ P 60 € – 25 Suiten
Rest *Bistro Stadt Hamburg* **Rest** *Gourmet Restaurant Stadt Hamburg* – siehe Restaurantauswahl
- Das Hotel von 1869 ist eines der Traditionshäuser auf Sylt mit ganz eigenem und sehr persönlichem Stil. Individuelle Zimmer in Stammhaus, Gartenflügel und Parkvilla. Überall im Haus Fotografien des Inhabers. Schöner Spa!

SYLT (INSEL)

 Jörg Müller
Süderstr. 8 ⌧ 25980 – ℘ (04651) 2 77 88 – www.jmsylt.de – geschl. 15. Januar - 16. Februar
22 Zim ⌑ – †145/215 € ††200/260 € – 4 Suiten
Rest *Jörg Müller* ✿ **Rest** *Pesel* – siehe Restaurantauswahl
♦ Ein sehr wohnliches, mit Geschmack und Stilgefühl eingerichtetes Hotel, dem die herzliche Familie Müller eine angenehm private Note verleiht. Tolles Gourmet-Frühstück!

Strandhotel Sylt garni
Margarethenstr. 9 ⌧ 25980 – ℘ (04651) 83 80 – www.sylt-strandhotel.de – geschl. 23. - 25. Dezember
52 Zim ⌑ – †150/215 € ††190/325 €
♦ Ideal ist die Lage an der Düne, direkt am Strandzugang. Lobby und Zimmer/Suiten (alle mit kleiner Küche) sind in mediterranen Tönen gehalten. Panorama-Suite mit Meerblick.

Miramar
Friedrichstr. 43 ⌧ 25980 – ℘ (04651) 85 50 – www.hotel-miramar.de – geschl. 18. November - 19. Dezember
65 Zim ⌑ – †155/410 € ††215/430 € – ½ P 39 € – 20 Suiten **Rest** – Karte 35/82 €
♦ Der klassische Stil dieses unmittelbar am Strand gelegenen Hotels von 1903 zieht sich von der Fassade bis in die zeitgemäßen Zimmer, viele mit schöner Sicht zum Meer. Kosmetik und Massage. Zur Seeseite hin gelegenes Restaurant.

Wiking
Steinmannstr. 11 ⌧ 25980 – ℘ (04651) 8 30 02 – www.hotel-wiking-sylt.de – geschl. Ende November - Mitte Dezember 3 Wochen
28 Zim – †64/185 € ††120/234 €
Rest – (geschl. Sonntag - Montag) (nur Abendessen) Karte 20/41 €
♦ Hier überzeugen individuell geschnittene Zimmer mit geschmackvoll-wohnlicher Einrichtung, alle mit Balkon, teilweise mit Blick auf die Nordsee. Strand und Fußgängerzone in der Nähe.

Long Island House garni
Eidumweg 13 ⌧ 25980 – ℘ (04651) 9 95 95 50 – www.sylthotel.de – geschl. Anfang Januar - Ende Februar
10 Zim ⌑ – †86/136 € ††126/216 € – 1 Suite
♦ Ein gepflegtes kleines Hotel mit attraktivem Interieur nach dem Vorbild der Hamptons auf Long Island. Klarer moderner Stil im ganzen Haus, gutes Frühstück, W-Lan gratis.

Clausen garni
Friedrichstr. 20 ⌧ 25980 – ℘ (04651) 9 22 90 – www.hotel-clausen-sylt.de – geschl. 4. - 28. Januar
19 Zim – †65/120 € ††99/150 €
♦ In bester Shopping-Lage und dennoch nicht weit vom Strand wohnt man in diesem netten Etagenhotel mit unterschiedlich geschnittenen Zimmern und familiärer Führung.

 Jörg Müller – Hotel Jörg Müller
Süderstr. 8 ⌧ 25980 – ℘ (04651) 2 77 88 – www.jmsylt.de – geschl. 15. Januar - 16. Februar und Montag, außerhalb der Saison auch Dienstag
Rest – (nur Abendessen) (Tischbestellung ratsam) Menü 98/130 € – Karte 91/126 € ✿
Spez. Salat vom Nordsee Hummer auf Avocadotatar. Entrecôte vom Sylter Galloway in zwei Gängen serviert. Variation vom Joldelunder Biozicklein.
♦ Jörg und Barbara Müller gehören sicher zu den sympathischsten Gastgebern der Insel. Sie verstehen es perfekt, ihre Gäste zum einen mit feinen Gaumenfreuden und zum anderen mit einem eleganten Ambiente zum Verweilen zu animieren.

 Gourmet Restaurant Stadt Hamburg – Hotel Stadt Hamburg
Strandstr. 2 ⌧ 25980 – ℘ (04651) 85 80
– www.hotelstadthamburg.com
Rest – (nur Abendessen) Menü 42/96 € – Karte 52/96 € ✿
♦ Das Gourmetrestaurant des Hotels, angelehnt an traditionelle britische Eleganz. Antiquitäten, edle Materialien und exquisit eingedeckte Tische, an denen französische Gerichte serviert werden, tragen ihr Übriges dazu bei.

SYLT (INSEL)

XX Franz Ganser
Bötticherstr. 2 ⊠ 25980 – ℰ (04651) 2 29 70 – www.ganser-sylt.de – geschl. 26. Februar - 13. März, 12. November - 13. Dezember und Montag - Dienstagmittag
Rest – Menü 74/89 € – Karte 27/80 €
• Seit rund 30 Jahren leitet Franz Ganser sein freundliches Restaurant am Zentrumsrand. Er kocht regional und international, mittags etwas einfacher. Angenehm legerer Service.

XX Pesel – Hotel Jörg Müller
Süderstr. 8 ⊠ 25980 – ℰ (04651) 2 77 88 – www.hotel-joerg-mueller.de – geschl. 15. Januar - 16. Februar und Dienstag - Mittwochmittag
Rest – Menü 30 € (mittags)/42 € – Karte 42/75 €
• Der Pesel ist eine gemütliche Friesenstube, in der hübsche typische Kacheln für nordisches Flair sorgen. Die regionalen und klassischen Gerichte werden schmackhaft zubereitet.

X Bistro Stadt Hamburg – Hotel Stadt Hamburg
Strandstr. 2 ⊠ 25980 – ℰ (04651) 85 80 – www.hotelstadthamburg.com
Rest – Menü 25 € – Karte 32/44 €
• Hier wird gute regionale und internationale Küche in ungezwungener Atmosphäre geboten, ein freundliches Serviceteam umsorgt Sie. Sehr beliebt ist auch die Terrasse.

X IVO & CO.
Gaadt 7 ⊠ 25980 – ℰ (04651) 2 31 11 – www.ivoundco.de – geschl. 30. Januar - 15. Februar und Dienstag
Rest – (nur Abendessen) Karte 28/62 €
• In dem netten Restaurant mit Bistro-Ambiente und freundlichem Service reicht man eine saisonale Karte, die ergänzt wird durch ein Tagesangebot auf der Tafel.

TABARZ – Thüringen – **544** – 4 050 Ew – Höhe 400 m – Wintersport: 916 m   39 J12
2 – Kneippkurort
▶ Berlin 344 – Erfurt 53 – Bad Hersfeld 92 – Coburg 102
ℹ Theodor-Neubauer-Park 3, ⊠ 99891, ℰ (036259) 6 10 87, www.tabarz.de

Zur Post
Lauchagrundstr. 16 ⊠ 99891 – ℰ (036259) 66 60 – www.hotel-tabarz.de
38 Zim ⊑ – †54/69 € ††80/98 € – ½ P 18 € – 2 Suiten   **Rest** – Karte 16/38 €
• Das neuzeitliche Hotel im Zentrum bietet zeitgemäße und funktionelle Zimmer, Massage- und Kosmetikbehandlungen sowie Nordic-Walking- und Wander-Angebote. Das gepflegte Restaurant wird ergänzt durch die rustikale Kellerbar Postmarie.

TAMM – Baden-Württemberg – siehe Asperg

TANGERMÜNDE – Sachsen-Anhalt – **542** – 11 010 Ew – Höhe 45 m   21 M8
▶ Berlin 119 – Magdeburg 63 – Brandenburg 64
ℹ Markt 2, ⊠ 39590, ℰ (039322) 2 23 93, www.tourismus-tangermuende.de

Schloss Tangermünde (mit Gästehäusern)
Amt 1 ⊠ 39590 – ℰ (039322) 73 73 – www.schloss-tangermuende.de
34 Zim ⊑ – †78/97 € ††110/146 € – ½ P 24 € – 1 Suite
Rest – (Montag - Freitag nur Abendessen) Karte 18/44 €
• Ein romantisches Anwesen über der Elbe mit mehreren Häusern in einer idyllischen Gartenanlage. "Kaisertherme" auf 1100 qm, z. B. mit Aquafitness und Ayurveda. Restaurantterrasse mit Elbblick, zudem Raucherlounge und für besondere Anlässe die Alte Kanzlei a. d. 14. Jh.

Schwarzer Adler (mit Gästehäusern)
Lange Str. 52 ⊠ 39590 – ℰ (039322) 9 60 – www.adler-tgm.de
56 Zim ⊑ – †60/79 € ††95 € – 3 Suiten   **Rest** – Karte 19/32 €
• Ein historisches Gasthaus im Zentrum mit zwei Dependancen und zwei kleinen Gartenhäusern im Innenhof. Zimmer von rustikal bis klassisch. Sie tanzen gerne oder möchten es lernen? Fragen Sie nach den Kursen! Das Restaurant: schöner Wintergarten zum Hof und gemütliche Kutscherstube.

TANN (RHÖN) – Hessen – **543** – 4 500 Ew – Höhe 390 m – Luftkurort   39 I13
▶ Berlin 418 – Wiesbaden 226 – Fulda 30 – Bad Hersfeld 52
ℹ Marktplatz 9, ⊠ 36142, ℰ (06682) 96 11 10, www.tann-rhoen.de

TANN (RHÖN)

In Tann-Lahrbach Süd: 3 km

Gasthof Kehl (mit Gästehaus)
Eisenacher Str. 15 ⊠ 36142 – ℰ (06682) 3 87 – www.landhaus-kehl.de – geschl. 24. Oktober - 11. November
37 Zim – †41/49 € ††66/82 € – ½ P 13 €
Rest – *(geschl. Dienstag)* Menü 12 € (mittags)/42 € – Karte 18/35 €

♦ Der sehr gepflegte und freundlich geführte Familienbetrieb ist ein erweiterter traditioneller Gasthof. Im Gästehaus sind die Zimmer etwas geräumiger. Dort verschiedene Saunen. Ländlich-rustikal ist das Ambiente im Restaurant.

TANGSTEDT – Schleswig-Holstein – **541** – 6 340 Ew – Höhe 33 m   **10 I5**
▶ Berlin 310 – Kiel 84 – Bad Oldesloe 24 – Hamburg 29

Gutsküche
Wulksfelder Damm 15, (im Gutshof Wulksfelde) ⊠ 22889 – ℰ (040) 64 41 94 41 – www.gutskueche.de – geschl. Montag
Rest – Karte 21/60 €

♦ In der ehemaligen Scheune der alten Gutsanlage wählt man von der Tafel zeitgemäße Speisen aus der offenen Küche. Kleines Angebot am Mittag. Regionale Produkte im Bio-Hofladen nebenan.

TANNENBERG – Sachsen – **544** – 1 210 Ew – Höhe 498 m   **42 O13**
▶ Berlin 297 – Dresden 116 – Chemnitz 32 – Zwickau 46

Zum Hammer
Untere Dorfstr. 21 ⊠ 09468 – ℰ (03733) 5 29 51 – www.zumhammer.de
18 Zim – †49/55 € ††68/85 €
Rest – *(Montag - Freitag nur Abendessen)* Karte 15/27 €

♦ Mitten im Erzgebirge liegt dieses familiengeführte Landhotel. Das gepflegte Haus verfügt über wohnliche und zugleich funktionelle Zimmer, zum Teil mit freigelegtem Fachwerk. Rustikale Gaststuben mit bürgerlicher Küche.

TAUBERBISCHOFSHEIM – Baden-Württemberg – **545** – 13 140 Ew   **48 H16**
– Höhe 183 m
▶ Berlin 529 – Stuttgart 117 – Würzburg 34 – Heilbronn 75
🛈 Marktplatz 8, ⊠ 97941, ℰ (09341) 8 03 13, www.tauberbischofsheim.de

Sankt Michael
Stammbergweg 1 ⊠ 97941 – ℰ (09341) 8 49 50 – www.hotel-stmichael.com – geschl. 23. Dezember - 8. Januar
37 Zim – †65/75 € ††95/105 €
Rest – *(geschl. Samstagmittag, an Sonn- und Feiertagen abends)* Menü 25/35 € – Karte 30/43 €

♦ Das 1891 als Knabenkonvikt erbaute Haus ist heute ein Hotel mit funktionellen Zimmern, das als Integrationsbetrieb für behinderte Menschen geführt wird. Mit Kapelle und Kirche. Im Restaurant Stammberger kocht man international-saisonal - nette Terrasse zum Garten!

Badischer Hof
Am Sonnenplatz ⊠ 97941 – ℰ (09341) 98 80 – www.hotelbadischerhof.de – geschl. 21. Dezember - 20. Januar, 1. - 16. August
27 Zim – †49/59 € ††69/89 € – 1 Suite   **Rest** – *(geschl. Freitag)* Karte 14/28 €

♦ Der historische Gasthof wurde 1733 erbaut und hat sein traditionelles Erscheinungsbild bewahrt. Bereits seit acht Generationen wird das Haus familiär geführt und bietet funktionale Zimmer. Bürgerliches Restaurant.

In Tauberbischofsheim-Distelhausen Süd: 3 km

Das kleine Amtshotel garni
Amtstr. 2 ⊠ 97941 – ℰ (09341) 78 88 – www.das-kleine-amtshotel.de
11 Zim – †50/60 € ††76/120 € – 1 Suite

♦ In dem Familienbetrieb erwarten Sie zeitgemäß und wohnlich gestaltete Zimmer und eine nette Bar mit Snackangebot. Besonderheit: Bier-Hefe- und Bier-Hopfen-Bäder im Holzzuber.

TAUBERRETTERSHEIM – Bayern – siehe Weikersheim

TAUFKIRCHEN (VILS) – Bayern – 546 – 8 970 Ew – Höhe 466 m — 58 N19
▶ Berlin 581 – München 58 – Regensburg 87 – Landshut 26

Am Hof garni
Hierlhof 2 ⊠ 84416 – ℘ (08084) 9 30 00 – www.hotelamhof.de – geschl. 1. - 14. August
17 Zim – †58 € ††88 € – 1 Suite
♦ In der 1. Etage befindet sich dieses freundlich-charmant geführte kleine Hotel. Die Zimmer sind in zeitgemäßem Stil gehalten und bieten moderne Technik, teilweise mit Balkon. Zum Service gehört auch ein gutes Frühstücksbuffet.

In Taufkirchen-Hörgersdorf Süd-West: 8,5 km über B 15

Landgasthof Forster
Hörgersdorf 23 ⊠ 84416 – ℘ (08084) 23 57 – www.landgasthof-forster.de – geschl. Ende August - Anfang September 2 Wochen und Montag - Dienstag
Rest – (nur Abendessen außer Sonntag und Feiertagen) Menü 27/60 € – Karte 27/50 €
♦ Alois und Friederike Forster führen den Familienbetrieb in der 4. Generation. In hübschem rustikalem Ambiente umsorgen sie auf persönliche Art ihre Gäste. Schmackhaft ist die frische zeitgemäße Saisonküche - vorweg eine gute Auswahl an selbst gebackenem Brot.

TECKLENBURG – Nordrhein-Westfalen – 543 – 9 230 Ew – Höhe 200 m — 27 E9
– Kneippkurort
▶ Berlin 442 – Düsseldorf 160 – Bielefeld 77 – Münster (Westfalen) 28
🛈 Markt 7, ⊠ 49545, ℘ (05482) 9 38 90, www.tecklenburg-touristik.de
⛳ Westerkappeln-Velpe, Industriestr. 16/Birkenhof, ℘ (05456) 9 60 13
🚂 Tecklenburg, Wallenweg 24, ℘ (05455) 10 35

In Tecklenburg-Brochterbeck West: 6,5 km

Teutoburger Wald
Im Bocketal 2 ⊠ 49545 – ℘ (05455) 9 30 00
– www.ringhotel-teutoburger-wald.de – geschl. 20. - 25. Dezember
43 Zim – †90 € ††135 € – ½ P 22 € – 1 Suite
Rest – (Tischbestellung erforderlich) Karte 30/49 €
♦ Der gewachsene Familienbetrieb wird mit Engagement geführt und überzeugt durch komfortable Zimmer und ein gutes Wellnessangebot. Man hat einen sehr schönen Garten mit Teich.

TEGERNSEE – Bayern – 546 – 3 950 Ew – Höhe 747 m – Heilklimatischer — 66 M21
Kurort
▶ Berlin 642 – München 53 – Garmisch-Partenkirchen 75 – Bad Tölz 19
🛈 Hauptstr. 2, ⊠ 83684, ℘ (08022) 92 73 80, www.tegernsee.com

Das Tegernsee
Neureuthstr. 23 ⊠ 83684 – ℘ (08022) 18 20 – www.dastegernsee.de
73 Zim – †115/190 € ††130/360 € – ½ P 38 € – 8 Suiten **Rest** – Karte 26/54 €
♦ Herzstück dieser Hotelanlage mit Panoramasicht ist das Sengersschloss mit historischem Barocksaal in Weiß. Teils seeseitige Zimmer, gute Tagungs- und Wellnesseinrichtungen. Elegantes Restaurant. Sensationell: der See- und Bergblick von Terrasse und Biergarten.

Leeberghof
Ellingerstr. 10 ⊠ 83684 – ℘ (08022) 18 80 90 – www.leeberghof.de – geschl. 7. Januar - 2. Februar
15 Zim – †110/135 € ††175/220 € – ½ P 38 € – 4 Suiten
Rest *Leeberghof* – siehe Restaurantauswahl
♦ Das Haus hat nicht nur die Traumlage und eine grandiose Sicht zu bieten, auch die individuellen Zimmer und vor allem der beispielhafte und persönliche Service überzeugen. Beauty & Massage!

Fischerstüberl am See
Seestr. 51 ⊠ 83684 – ℘ (08022) 91 98 90 – www.hotel-fischerstueberl-tegernsee.de – geschl. 2. November - 24. Dezember
17 Zim – †49/75 € ††82/110 € – ½ P 18 €
Rest – (geschl. Montag, Januar - April: Montag - Dienstag) Karte 19/27 €
♦ Der am See gelegene Gasthof mit Balkonfassade ist ein netter Familienbetrieb, in dem Sie sehr gepflegte, solide eingerichtete Zimmer erwarten. Ländliche Gaststube mit Aussicht auf den See.

TEGERNSEE

XXX Villa am See mit Zim
Schwaighofstr. 53, ⊠ 83684 - ℰ (08022) 18 77 00 - www.villa-am-see-tegernsee.de
– geschl. November - Mitte Dezember und Dienstag - Mittwoch
12 Zim – †120/190 € ††160/240 € – ½ P 40 €
Rest Bistro – siehe Restaurantauswahl
Rest – (Montag - Freitag nur Abendessen) (Tischbestellung ratsam) Menü 49/118 €
– Karte 50/66 €

Spez. Tegernseer Saibling mit Apfel und Roter Rübe. Wildfang Steinbutt mit Erbsen und Morchelsud. Bayerische Rinderlende mit Artischocken, Gnocchi und Kalbskopfjus.

♦ In dem hellen, eleganten Restaurant leitet Martin Rehmann die Küche und überzeugt die Gäste mit klassischen Speisen. Neben dem kulinarischen Genuss besticht diese angenehme Adresse mit einem eindrucksvollen Blick auf den See. Schöne und wertige Gästezimmer, dazu ein Badesteg.

XX Leeberghof – Hotel Leeberghof
Ellingerstr. 10, ⊠ 83684 - ℰ (08022) 18 80 90 - www.leeberghof.de – geschl. 7. Januar - 2. Februar und Montag, außer an Feiertagen
Rest – Menü 69/76 € – Karte 28/53 €

♦ Wenn Sie auf der Terrasse des "Leeberghofs" hoch oben über dem Tegernsee Platz nehmen, haben Sie garantiert einen der schönsten Ausblicke Deutschlands. Sollte das Wetter nicht mitspielen, bieten die Innenräume malerischen Ersatz.

X Bistro – Restaurant Villa am See
Schwaighofstr. 53, ⊠ 83684 - ℰ (08022) 18 77 00 - www.villa-am-see-tegernsee.de
– geschl. November - Mitte Dezember und Dienstag - Mittwoch
Rest – Karte 30/35 €

♦ Zum Gourmetrestaurant der Villa am See gibt es zwei Alternativen: zum einen das kleine Bistro mit internationalen Gerichten sowie Wein- und Champagnerbar, zum anderen die Seebar vis-à-vis, in der man Kleinigkeiten essen kann - direkt am Ufer!

TEINACH-ZAVELSTEIN, BAD – Baden-Württemberg – **545** – 3 000 Ew – Höhe 391 m – Heilbad und Luftkurort **54** F18

▶ Berlin 669 – Stuttgart 56 – Karlsruhe 64 – Pforzheim 37

🛈 Rathausstr. 5, ⊠ 75385, ℰ (07053) 9 20 50 40, www.bad-teinach-zavelstein.de

Im Stadtteil Bad Teinach

Bad-Hotel
Otto-Neidhart-Allee 5, ⊠ 75385 - ℰ (07053) 2 90 - www.bad-hotel.de
58 Zim – †91/107 € ††152/176 € – ½ P 26 € – 4 Suiten
Rest – Menü 19/38 € – Karte 34/52 €
Rest Brunnen-Schenke – (geschl. Samstag, Sonntagabend und an Feiertagen abends) Karte 20/40 €

♦ Ein denkmalgeschütztes Traditionshaus mit elegantem Rahmen, Zimmern in klassischem Stil sowie Kosmetikangebot. Zur Therme nebenan hat man direkten Zugang. Quellenrestaurant mit Reiter- und Jagdzimmer. Nette Kaminbar. Gemütlich: die rustikale Brunnen-Schenke.

Im Stadtteil Zavelstein

Berlin's KroneLamm (mit Gästehaus)
Marktplatz 2, ⊠ 75385 - ℰ (07053) 9 29 40 - www.berlins-hotel.de
– (Erweiterung um 14 Zimmer bis Ende 2011)
48 Zim – †75/125 € ††116/170 € – ½ P 28 € – 4 Suiten
Rest Berlin's KroneLamm – siehe Restaurantauswahl

♦ Die beiden Häuser liegen recht ruhig im Zentrum. Im Lamm befinden sich besonders komfortable Zimmer (z. B. "Katharinenplaisir"), meist mit Talsicht. Indoorpool und Naturbadeteich.

XX Berlin's KroneLamm – Hotel Berlin's KroneLamm
Marktplatz 2, ⊠ 75385 - ℰ (07053) 9 29 40 - www.berlins-hotel.de
– geschl. 8. - 20. Januar, 29. Juli - 25. August und Montag - Dienstag
Rest – (Mittwoch - Samstag nur Abendessen) Menü 58/72 € – Karte 51/73 €

♦ Die Farben Rot und Gelb sind die Wappenfarben von Zavelstein, das war der Grund, warum sich Familie Berlin bei der Ausstattung der rustikalen Galerieräume auf die beiden Töne konzentriert hat. Die Köche orientieren sich an Rezepten aus aller Herren Länder.

TEISNACH – Bayern – **546** – 2 940 Ew – Höhe 467 m 59 O17
▶ Berlin 520 – München 168 – Passau 73 – Cham 40

In Teisnach-Kaikenried Süd-Ost: 4 km über Oed und Aschersdorf

Oswald
Am Platzl 2 ⊠ *94244 – ℰ (09923) 8 41 00 – www.hotel-oswald.de*
36 Zim ⊇ – †70/115 € ††140/230 € – 2 Suiten
Rest – *(geschl. Mittwoch) (Montag - Samstag nur Abendessen)* (Tischbestellung ratsam) Karte 22/37 €

♦ Ein charmantes und schön eingerichtetes Ferienhotel unter familiärer Leitung. Es erwarten Sie unterschiedlich geschnittene und komfortabel ausgestattete Zimmer und ein hübscher Spa. Freundliches Restaurant mit rustikaler Note.

TEISTUNGEN – Thüringen – **544** – 2 510 Ew – Höhe 200 m 29 J11
▶ Berlin 306 – Erfurt 98 – Göttingen 32 – Nordhausen 45

Victor's Residenz-Hotel Teistungenburg
Klosterweg 6 ⊠ *37339 – ℰ (036071) 8 40*
– www.victors.de
97 Zim ⊇ – †85/119 € ††120/185 €   **Rest** – Menü 24/39 € – Karte 22/39 €

♦ Das Tagungs- und Wellnesshotel bietet neben wohnlich-funktionalen Zimmern zahlreiche Freizeitangebote wie "Bäderwelt", Squash, Fitness und Kosmetik sowie Fahrradverleih. Internationale Küche im freundlichen Restaurant mit schöner Terrasse.

TELGTE – Nordrhein-Westfalen – **543** – 19 210 Ew – Höhe 50 m 27 E9
▶ Berlin 446 – Düsseldorf 149 – Bielefeld 64 – Münster (Westfalen) 12
ℹ Kapellenstr. 2, ⊠ 48291, ℰ (02504) 69 01 00, www.telgte.de
◎ Telgte, Harkampsheide 5, ℰ (02504) 7 23 26

Heidehotel Waldhütte
Im Klatenberg 19 (Nord-Ost: 3 km, über die B 51) ⊠ *48291 – ℰ (02504) 92 00*
– www.heidehotel-waldhuette.de
33 Zim – †78/82 € ††113/127 €   **Rest** – Menü 30/39 € – Karte 27/45 €

♦ Das ehemalige Bauernhaus in idyllischer Lage ist zu einem engagiert-familiär geführten Hotel mit rustikal-wohnlichem Ambiente geworden. Man hat eigene Pferde und einen außergewöhnlichen Park. Gemütlich-regionstypisches Restaurant mit hübscher Gartenterrasse.

In Ostbevern Nord-Ost: 7 km über B 51

Beverhof
Hauptstr. 35 ⊠ *48346 – ℰ (02532) 51 62 – www.beverhof.de*
14 Zim ⊇ – †40/42 € ††61/65 € – 1 Suite
Rest – *(geschl. September 2 Wochen und Montag) (Dienstag - Samstag nur Abendessen außer an Feiertagen)* Karte 13/29 €

♦ Hier wohnt man preisgünstig in einem gut geführten und gepflegten Familienbetrieb. Vier der Gästezimmer sind neuer und moderner eingerichtet. Bürgerlich-regional gehaltenes Restaurant mit Thekenbereich.

TEMPLIN – Brandenburg – **542** – 16 510 Ew – Höhe 60 m – Heilbad 23 P6
▶ Berlin 75 – Potsdam 127 – Neubrandenburg 81 – Neuruppin 75
ℹ Am Markt 19, ⊠ 17268, ℰ (03987) 26 31, www.tourismus-service-templin.de

Am Großdöllner See Süd-Ost: 22 km über Ahrensdorf und B 109

Döllnsee-Schorfheide
Döllnkrug 2 ⊠ *17268 Groß Dölln – ℰ (039882) 6 30*
– www.doellnsee.de
127 Zim ⊇ – †72/112 € ††98/158 € – ½ P 22 € – 2 Suiten
Rest – Menü 22/32 € – Karte 29/49 €

♦ Das in klassischem Stil eingerichtete Hotel liegt ruhig auf einem großzügigen Grundstück am Waldrand mit direktem Seezugang. In der "Wellness Lounge" bietet man Beauty-Anwendungen. Restaurant mit internationaler Küche.

TEMPLIN

In Tempelin-Storkow Süd: 11km über B 109, in Hammelspring links abbiegen

Villa Morgentau
Burgwaller Str. 2 ⊠ 17268 – ℰ (03987) 20 80 80 – www.villa-morgentau.de – geschl.
30. Januar - 16. Februar
5 Zim – †90/115 € ††150/185 € – ½ P 25 €
Rest – (geschl. Montag - Dienstag) (Tischbestellung ratsam) Karte 21/42 €
♦ Ein engagiert geführter Familienbetrieb in schöner Waldlage. Die Gäste wohnen in geschmackvoll eingerichteten kleinen Häusern auf einem Parkgrundstück mit Zugang zum Badeteich. Internationale Küche im Restaurant.

TENGEN – Baden-Württemberg – **545** – 4 650 Ew – Höhe 614 m   62 F21
▶ Berlin 760 – Stuttgart 131 – Konstanz 58 – Villingen-Schwenningen 25

In Tengen-Blumenfeld Ost: 2 km über B 314

Bibermühle
Untere Mühle 1 ⊠ 78250 – ℰ (07736) 9 29 30 – www.bibermuehle.de
31 Zim – †58/75 € ††98/116 €   **Rest** – Menü 30/60 € – Karte 25/58 €
♦ Hier wurde eine Wassermühle a. d. 12. Jh. zum Hotel erweitert. In schöner ruhiger Lage schläft man in solide eingerichteten Gästezimmern. Restaurant im historischen Mühlengebäude mit hübscher Terrasse beim Wasserfall. Forellenteich und Damwildgehege.

In Tengen-Wiechs Süd: 7 km über Schwarzwaldstraße

Gasthof zur Sonne
Hauptstr. 57 ⊠ 78250 – ℰ (07736) 75 43 – www.sonne-wiechs.de
– geschl. Februar 2 Wochen, Montag - Mittwochmittag und Donnerstagmittag
Rest – Menü 24/72 € – Karte 31/50 €
♦ Unweit der Schweizer Grenze liegt das familiengeführte Gasthaus mit gemütlich-ländlichem Flair und regionaler Küche. Der Chef kocht und leitet den Service. Drei einfache Gästezimmer.

TETEROW – Mecklenburg-Vorpommern – **542** – 9 020 Ew – Höhe 10 m   13 N4
▶ Berlin 182 – Schwerin 92 – Neubrandenburg 55 – Rostock 58
▣ Teschow, Gutshofallee 1, ℰ (03996) 14 00

Blücher garni
Warener Str. 50 ⊠ 17166 – ℰ (03996) 1 57 80 – www.hotel-bluecher.de – geschl.
23. Dezember - 2. Januar
16 Zim – †40 € ††60 € – 1 Suite
♦ Das kleine Hotel wird freundlich-familiär geleitet und bietet gepflegte, praktisch ausgestattete Zimmer. Nett kümmert sich der Chef beim Frühstück um seine Gäste.

In Teterow-Teschow Nord-Ost: 5 km

Schloss Teschow
Gutshofallee 1 ⊠ 17166 – ℰ (03996) 14 00
– www.schloss-teschow.de
120 Zim – †85/120 € ††110/180 € – ½ P 32 € – 5 Suiten
Rest *Conrad* – siehe Restaurantauswahl
Rest *Gutsschänke* – Karte 21/33 €
♦ Wohnliche Eleganz in einem schönen Gebäude-Ensemble im Grünen - ein Anwesen wie gemacht für Golfer. Herrschaftlich ist das Interieur im Schlossteil. Rustikale Gutsschänke mit regional-saisonaler Küche. Kleiner Hofladen.

Conrad – Hotel Schloss Teschow
Gutshofallee 1 ⊠ 17166 – ℰ (03996) 14 00 – www.schloss-teschow.de
Rest – (nur Abendessen) Menü 29/50 € – Karte 49/57 €
♦ Ob im blauen oder im roten Salon, dank des vornehmen, herrschaftlichen Ambientes spüren Sie als Gast das Schloss-Flair! In der Küche legt man Wert auf regionale Zutaten.

TETTNANG – Baden-Württemberg – **545** – 18 580 Ew – Höhe 466 m   63 H21
▶ Berlin 714 – Stuttgart 160 – Konstanz 35 – Kempten (Allgäu) 65
▣ Montfortstr. 41, ⊠ 88069, ℰ (07542) 51 05 00, www.tettnang.de

TETTNANG

🏠 Rad   🛎 📶 AK Rest, ¶ 🏊 P 🚗 VISA ⓪ AE ①
Lindauer Str. 2 ⊠ 88069 – ℰ (07542) 54 00 – www.hotel-rad-tettnang.de
– geschl. 7. - 28. Januar
69 Zim ⌇ – †65/130 € ††94/135 €   **Rest** – Karte 25/45 €
• Sie wohnen in einem erweiterten Fachwerkgasthof in der Stadtmitte. Die Zimmer sind funktionell und klassisch eingerichtet, einige etwas älter und kleiner, alle tipptopp gepflegt. Gemütlich-rustikale Atmosphäre im holzgetäfelten Restaurant mit Kachelofen.

In Tettnang-Kau West: 3 km Richtung Friedrichshafen, in Pfingstweide links

✕ Lamm im Kau   🛎 P VISA ⓪
Sängerstr. 50 ⊠ 88069 – ℰ (07542) 47 34 – www.lamm-im-kau.de
– geschl. Oktober 2 Wochen, 24. - 28. Dezember und Montag
Rest – (Tischbestellung erforderlich) Karte 25/50 €
• Das Gasthaus besticht mit seiner liebenswerten Einrichtung und der herzlichen Atmosphäre, die der aufmerksame Service verbreitet. Man kocht frisch, schmackhaft und saisonal - beliebt ist der Mittagstisch. Hübsch sind sowohl die Stuben als auch die Terrasse.

THANNHAUSEN – Bayern – **546** – 5 980 Ew – Höhe 499 m   **64** J20
▶ Berlin 591 – München 113 – Augsburg 36 – Ulm (Donau) 59
🏰 Schloß Klingenburg, ℰ (08225) 30 30

🏠 Schreiegg's Post   🛎 📶 📶 ⚒ Rest, ⚒ Zim, ¶ 🏊 P 🚗 VISA ⓪ AE ①
Postgasse 1 ⊠ 86470 – ℰ (08281) 9 95 10 – www.schreieggs-post.de – geschl. Anfang Januar 2 Wochen
13 Zim ⌇ – †93/105 € ††129 € – 2 Suiten
Rest – (geschl. Montag) Menü 35 € – Karte 33/45 €
• Familie Nicke leitet freundlich das tipptopp gepflegte und stilvoll-behagliche kleine Hotel in dem hübschen jahrhundertealten Gasthaus. Saunabereich mit Blick über die Stadt, leckeres Frühstück und schöne Restaurantstuben von elegant bis rustikal - dazu der lauschige Kastaniengarten!

THIERHAUPTEN – Bayern – **546** – 3 770 Ew – Höhe 430 m   **57** K19
▶ Berlin 550 – München 86 – Augsburg 29 – Donauwörth 27

🏠 Klostergasthof   🛎 📶 📶 ⚒ ⚒ 🏊 P 🚗 VISA ⓪ AE
Augsburger Str. 3 ⊠ 86672 – ℰ (08271) 8 18 10 – www.hotel-klostergasthof.de
47 Zim ⌇ – †65/79 € ††97 €
Rest – (geschl. Sonntagabend und an Feiertagen abends) Karte 25/43 €
• Das einstige Sudhaus des Klosters ist ein zeitgemäßes Hotel mit praktischen Zimmern und Maisonetten, das vor allem Tagungsgäste schätzen. Frühstück im schönen Gewölbesaal.

THOLEY – Saarland – **543** – 12 850 Ew – Höhe 400 m – Luftkurort   **45** C16
▶ Berlin 718 – Saarbrücken 37 – Trier 62 – Birkenfeld 25
ℹ Im Kloster 1, ⊠ 66636, ℰ (06853) 50 80, www.tholey.de

🏠 Hotellerie Hubertus   🛎 ⚒ Zim, ¶ VISA ⓪
Metzer Str. 1 ⊠ 66636 – ℰ (06853) 9 10 30 – www.hotellerie-hubertus.de
20 Zim ⌇ – †52/65 € ††95/110 €
Rest *Hotellerie Hubertus* – siehe Restaurantauswahl
Rest *Palazzo* – (geschl. Montag, Dienstagabend) Menü 33 € – Karte 26/46 €
• In dem kleinen Familienbetrieb beim Rathaus wohnen die Gäste in gepflegten Zimmern, die mit unterschiedlichen Möbeln, Stoffen und Dekorationen individuell gestaltet sind. Mediterrane Küche im Café Palazzo mit Wintergarten.

✕✕ Hotellerie Hubertus – Hotel Hotellerie Hubertus   ⚒ VISA ⓪
Metzer Str. 1 ⊠ 66636 – ℰ (06853) 9 10 30 – www.hotellerie-hubertus.de – geschl. Montag - Dienstag
Rest – (Tischbestellung ratsam) Menü 39/98 € – Karte 69/89 €
• Mittelpunkt des Restaurants ist ganz klar der große offene Kamin mit seinem lodernden Feuer. Um ihn scharen sich die Tische, die stilvoll und hübsch eingedeckt sind. Seit vielen Jahren bietet Josef Hubertus ambitionierte französische Küche.

In Tholey-Theley Nord-West: 3 km

Hofgut Imsbach
Hofgut Imsbach 1 (Nord: 2 km) ✉ 66636 – ✆ (06853) 5 01 40 – www.hofgut-imsbach.de
37 Zim – †65/75 € ††95/105 €   **Rest** – Karte 23/43 €
◆ 1585 erstmals als Hofgut erwähnt, ist das idyllisch im Grünen gelegene Anwesen eines der ältesten Kulturdenkmäler des Saarlands. Freundliche, funktionelle Zimmer und gute Tagungsräume. Schön sind das moderne Restaurant und die Terrasse.

THUMBY – Schleswig-Holstein – **541** – 490 Ew – Höhe 25 m   2 I2
▶ Berlin 397 – Kiel 50 – Flensburg 61 – Schleswig 34

In Thumby-Sieseby West: 3 km

Schlie-Krog
Dorfstr. 19 ✉ 24351 – ✆ (04352) 25 31 – www.schliekrog.de – geschl. Mitte November 2 Wochen, Mitte Januar 2 Wochen und Montag
Rest – (Tischbestellung ratsam) Karte 38/57 €
◆ In dem netten Landhaus in einem kleinen Dorf an der Schlei nimmt man in gemütlich-eleganten Stuben Platz und lässt sich Regionales servieren. Die Mittagskarte bietet eine kleinere Auswahl. Zwei Appartements zum Übernachten.

THUMSEE – Bayern – siehe Reichenhall, Bad

THYRNAU – Bayern – **546** – 4 230 Ew – Höhe 455 m   60 Q19
▶ Berlin 617 – München 202 – Passau 10 – Regensburg 128

In Thyrnau-Hundsdorf Nord-Ost: 2 km

Parkschlössl
Hundsdorf 20a ✉ 94136 – ✆ (08501) 92 20
– www.hotel-parkschloessl.de
51 Zim – †64/80 € ††120/150 € – 6 Suiten   **Rest** – Karte 22/37 €
◆ Das Hotel befindet sich in ruhiger dörflicher Lage am Rande des Bayerischen Waldes. Wohnliche Zimmer mit italienischen Möbeln und geräumigem Bad, Wellness im Beautyschlössl. Elegant ist das Ambiente im Restaurant mit großer Fensterfront.

TIEFENBRONN – Baden-Württemberg – **545** – 5 340 Ew – Höhe 432 m   55 F18
▶ Berlin 646 – Stuttgart 39 – Karlsruhe 45 – Pforzheim 15

Ochsen-Post
Franz-Josef-Gall-Str. 13 ✉ 75233 – ✆ (07234) 9 54 50 – www.ochsen-post.de
19 Zim – †56/98 € ††89/120 €
Rest *Bauernstuben* – siehe Restaurantauswahl
◆ Der historische Gasthof der Familie Jost hat seinen regionstypischen Charakter bewahrt. Zimmer teilweise mit Himmelbett, Kachelofen und altem Gebälk.

Bauernstuben – Hotel Ochsen-Post

Franz-Josef-Gall-Str. 13 ✉ 75233 – ✆ (07234) 9 54 50 – www.ochsen-post.de – geschl. Januar 2 Wochen und Dienstag
Rest – Menü 21 € (mittags)/49 € – Karte 28/55 €
◆ Versteckt in der Dorfmitte findet man dieses Restaurant, das auch ein Chalet in den Bergen sein könnte. Knarrende Holzdielen und rustikal-elegante Gemütlichkeit. Probieren Sie unbedingt den Zwiebelrostbraten mit Sauerkraut und Maultaschen. Der Wintergarten eignet sich für Feste!

In Tiefenbronn-Mühlhausen Süd-Ost: 4 km

Arneggers Adler (mit Gästehaus)
Tiefenbronner Str. 20 ✉ 75233 – ✆ (07234) 95 35 30 – www.arneggers-adler.de
23 Zim – †52 € ††72 €, ⊒ 5 €
Rest *Arneggers Adler* – siehe Restaurantauswahl
◆ Ein traditionsreicher Familienbetrieb in der Ortsmitte. Besonders schön: zwei gemütliche DG-Zimmer im Haupthaus sowie die hellen und zeitgemäßen Zimmer im Gästehaus gegenüber.

TIEFENBRONN

XX Arneggers Adler – Hotel Arneggers Adler (mit Gästehaus)
Tiefenbronner Str. 20 ⊠ 75233 – ℰ (07234) 95 35 30
– www.arneggers-adler.de
Rest – Menü 29 € (mittags)/65 € – Karte 30/52 €
♦ Tradition (seit fünf Generationen im Familienbesitz) verbunden mit zeitgemäßer Lebensart - so gibt sich das Restaurant. Die Gastgeberin selbst sorgt für Ihr leibliches Wohl mit regionalen Gerichten wie Zwiebelrostbraten oder internationalen Speisen wie gespickte Entenbrust.

Im Würmtal West: 4 km Richtung Würm

XX Häckermühle mit Zim
Im Würmtal 5 ⊠ 75233 Tiefenbronn – ℰ (07234) 42 46 – www.haecker-muehle.de
– geschl. 2. - 9. Januar, 29. Mai - 4. Juni und Montag, Mittwochmittag
13 Zim ⊑ – †58/65 € ††85/95 € – ½ P 30 €
Rest – (Tischbestellung ratsam) Menü 25/60 € – Karte 25/58 €
♦ Die ehemalige Getreidemühle an der Würm ist ein behagliches Restaurant mit idyllischer Terrasse, das von Familie Häcker freundlich geführt wird. Regionale Küche mit klassischer Basis. Die Gästezimmer verfügen meist über einen Balkon mit Blick ins Grüne.

TIMMENDORFER STRAND – Schleswig-Holstein – 541 – 8 910 Ew 11 K4
– Höhe 2 m – Seeheilbad
▶ Berlin 281 – Kiel 64 – Schwerin 80 – Lübeck 27
🛈 Timmendorfer Platz 10, ⊠ 23669, ℰ (04503) 3 57 70, www.timmendorfer-strand.de
Timmendorfer Strand, Am Golfplatz 3, ℰ (04503) 70 44 00

🏨 Grand Hotel Seeschlösschen
Strandallee 141 ⊠ 23669
– ℰ (04503) 60 11 – www.seeschloesschen.de – geschl. Anfang Januar - Anfang Februar
125 Zim ⊑ – †125/190 € ††170/295 € – ½ P 33 € – 13 Suiten
Rest *Panorama* – siehe Restaurantauswahl
Rest *Bistro Noblesse* – Menü 39 € – Karte 28/66 €
♦ Ein blütenweißes Hochhaus direkt am Strand mit großzügiger und geschmackvoller Lobby sowie eleganten Zimmern und einem sehr schönen und vielfältigen Spabereich. Neben dem Restaurant Panorama gibt es noch das Bistro Noblesse, Highlight hier die Seeterrasse!

Landhaus Carstens (mit Gästehaus)
Strandallee 73 ⊠ 23669 – ℰ (04503) 60 80 – www.landhauscarstens.de
32 Zim ⊑ – †145/195 € ††185/265 € – ½ P 35 € – 1 Suite
Rest – Menü 50 € – Karte 29/51 €
♦ Diese wohnliche Ferienadresse besteht aus dem nordischen Landhaus und der modernen Dependance; letztere bietet die etwas eleganteren Zimmer. Zum Strand ist es nur ein Katzensprung. Das Restaurant lockt mit einer besonders schönen Gartenterrasse.

Gorch Fock
Strandallee 152 ⊠ 23669 – ℰ (04503) 89 90 – www.hotel-gorch-fock.de
41 Zim ⊑ – †40/65 € ††80/130 € – ½ P 18 € – 1 Suite   **Rest** – Karte 19/43 €
♦ Ideal für Feriengäste ist die Nähe zum Strand (50 m)! Man hat nicht nur praktische Zimmer, sondern sogar ein Naturheilzentrum, in dem man Heilfasten und medizinische Anwendungen anbietet.

Park-Hotel garni
Am Kurpark 4 ⊠ 23669 – ℰ (04503) 6 00 60 – www.intus-hotels.de
25 Zim ⊑ – †62/96 € ††100/152 € – 1 Suite
♦ Die um einen Anbau erweiterte denkmalgeschützte Villa direkt am Kurpark beherbergt wohnlich eingerichtete Gästezimmer. Vor dem Haus befindet sich eine nette Terrasse.

XXX Orangerie
Strandallee 73 ⊠ 23669 – ℰ (04503) 6 05 24 24 – www.orangerie-timmendorfer-strand.de
– geschl. Februar, 14. - 27. November und Montag - Dienstag
Rest – (Mittwoch - Samstag nur Abendessen) Menü 69/109 € – Karte 80/94 €
Spez. Seezunge in Kerbelbutter gebraten mit Sauce Mousseline und Pfifferlingen. Perigord Gänseleber mit karamellisierten Apfelspalten und Portweinjus. Ruppiner Lamm mit Zitrus-Thymiankruste, feinen Bohnen und milder Knoblauchjus.
♦ Für eine sehr gute, bewährte klassische Küche geht man in die Orangerie zu Lutz Niemann! So souverän wie er seine Speisen zubereitet, leitet Sommelier Ralf Brönner - seit rund 20 Jahren im Haus - den Service.

TIMMENDORFER STRAND

Panorama – Grand Hotel Seeschlösschen
Strandallee 141 ⊠ 23669 – ℰ (04503) 60 11 – www.seeschloesschen.de – geschl. Anfang Januar - Anfang Februar
Rest – Menü 36 € (vegetarisch)/89 € – Karte 36/69 €
• Wo Eleganz und Großzügigkeit zusammenfließen, werden Ihre Erwartungen an ein stilvolles Ambiente erfüllt. Die Krönung ist der pittoreske Blick auf die Ostsee! Internationale Karte mit guter Fischauswahl.

In Timmendorfer Strand-Niendorf Ost: 1,5 km über B 76

Strandhotel Miramar
Strandstr. 59 ⊠ 23669 – ℰ (04503) 80 10 – www.miramar-niendorf.de – geschl. 2. Januar - 3. Februar
36 Zim – †75/105 € ††100/177 € – ½ P 25 € – 2 Suiten
Rest *Caspari* – *(geschl. November - März: Montag - Dienstag) (nur Abendessen)* Karte 23/39 €
• Hinter der weißen Klinkerfassade dieses Hotels direkt am Strand erwarten die Gäste gut gepflegte, mit Kirschbaummobiliar eingerichtete Zimmer. Das Caspari bietet einen schönen Blick auf Dünen und Meer.

Am Golfplatz West: 2 km

Freesenholm (mit Gästehaus)
Oeverdieker Weg 12, (Oeverdiek) ⊠ 23669 Timmendorfer Strand – ℰ (04503) 7 03 58 00 – www.freesenholm.de – geschl. Anfang Januar - Anfang März, November - 22. Dezember
20 Zim – †50/120 € ††110/140 € – ½ P 15 € – 5 Suiten
Rest – *(geschl. November - März: Montag) (nur Abendessen für Hausgäste)* Karte 22/35 €
• Golfer aufgepasst: den 1. Abschlag des Timmerdorfer Golfplatzes erreicht man direkt von der Liegewiese! Alle Zimmer und Juniorsuiten/Maisonetten mit Balkon oder Terrasse sowie Garten- oder Fairwayblick.

Golfresidenz (mit Gästehaus)
Am Golfplatz 3, (Oeverdiek) ⊠ 23669 Timmendorfer Strand – ℰ (04503) 70 44 00 – www.hotel-golfresidenz.de – geschl. Januar - Februar
29 Zim – †50/95 € ††60/105 €, ⊆ 11 € – ½ P 18 €   **Rest** – Karte 14/39 €
• Den Golfplatz direkt vor der Tür und schon beim Frühstück von der Balkonterrasse auf die Fairways und den Oeverdieker See schauen... - das lässt Golferherzen höher schlagen!

TIRSCHENREUTH – Bayern – 546 – 9 150 Ew – Höhe 504 m   51 N15
▶ Berlin 388 – München 283 – Weiden in der Oberpfalz 30 – Nürnberg 131

Haus Elfi garni
Theresienstr. 23 ⊠ 95643 – ℰ (09631) 28 02 – www.pension-haus-elfi.de
12 Zim ⊆ – †35/45 € ††55/60 €
• Seit über 20 Jahren ist das Haus der Familie Flauger eine bestens gepflegte Adresse. Die Zimmer bieten teils Terrasse oder Balkon, der Frühstücksraum ist liebenswert dekoriert.

TITISEE-NEUSTADT – Baden-Württemberg – 545 – 11 770 Ew – Höhe 849 m   62 E21
– Wintersport: 1 200 m ✶3 ✶ – Heilklimatischer Kurort
▶ Berlin 780 – Stuttgart 160 – Freiburg im Breisgau 33 – Donaueschingen 32
🛈 Strandbadstr. 4 BZ, ⊠ 79822, ℰ (07652) 12 06 81 20, www.hochschwarzwald.de
🛈 Sebastian-Kneipp-Anlage 2 CZ, ⊠ 79822, ℰ (07652) 12 06 81 90
◉ See★★

Stadtplan auf der nächsten Seite

Im Ortsteil Titisee

Treschers Schwarzwaldhotel
Seestr. 10 ⊠ 79822 – ℰ (07651) 80 50
– www.schwarzwaldhotel-trescher.de   BZ**x**
83 Zim ⊆ – †130/185 € ††170/250 € – ½ P 40 € – 6 Suiten   **Rest** – Karte 21/67 €
• Den See hat man hier praktisch immer im Blick. Besonders attraktiv ist der Seeflügel mit seinem Mix aus Klassik und Moderne. Ebenso chic das neue Hallenbad mit Naturmaterialien und warmen Tönen - davor der Außenpool zum See, hier ein privates Strandbad. Tolle Restaurantterrasse direkt oberhalb des Titisees.

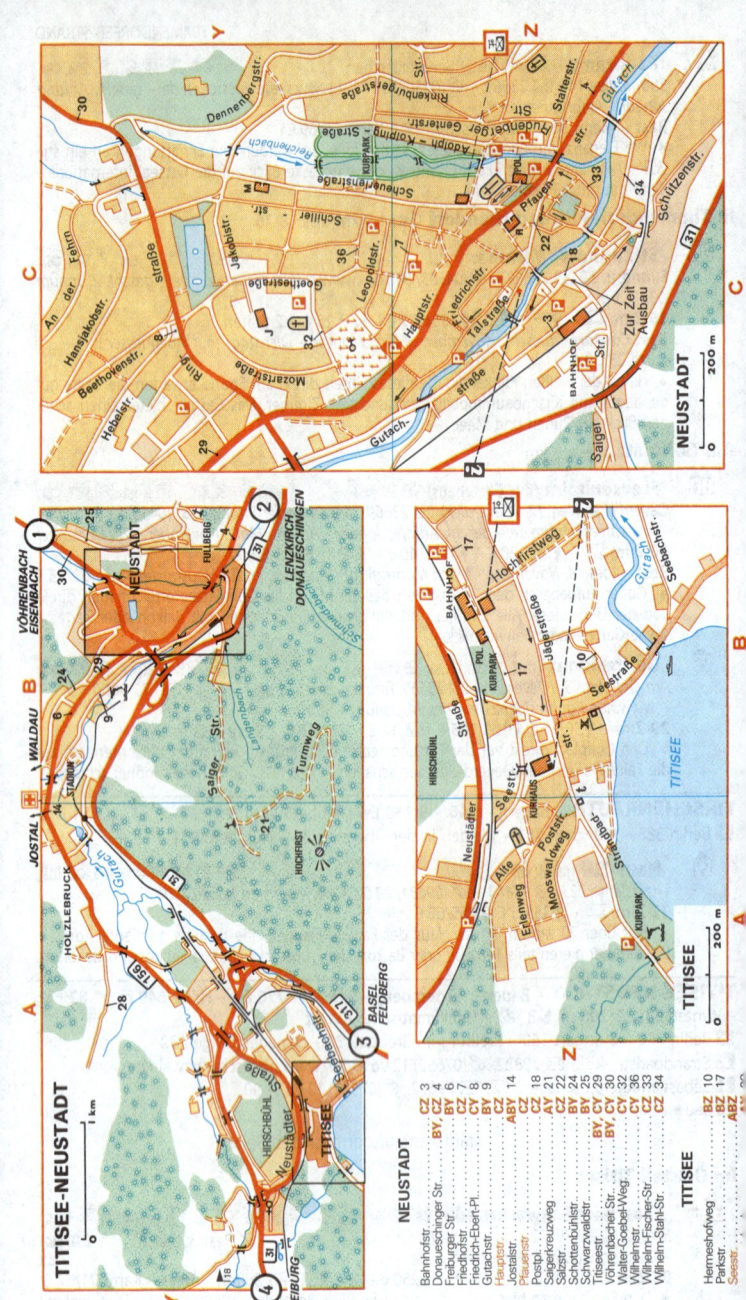

TITISEE-NEUSTADT

Seehotel Wiesler (mit Gästehaus)
Strandbadstr. 5 ⊠ 79822 – ℰ (07651) 9 80 90 – www.seehotel-wiesler.de
– geschl. 21. November - 20. Dezember
VISA ⓿
AZt
31 Zim ⊇ – †63/125 € ††126/194 € – ½ P 26 € – 2 Suiten
Rest – Karte 25/39 €

♦ Die Seelage mit eigenem Strandbad ist wirklich optimal, fast alle Zimmer liegen seeseitig. Eine gelungene Abwechslung zu den Classic-Zimmern sind die "Life Style"-Zimmer und das nicht weniger moderne "Loft-Haus". Seeblick auch von der großen Restaurantterrasse.

Im Jostal Nord-West: 6 km ab Neustadt AB

Jostalstüble
Jostalstr. 60 ⊠ 79822 Titisee-Neustadt – ℰ (07651) 91 81 60 – www.jostalstueble.de
– geschl. 10. - 31. Januar
13 Zim ⊇ – †53/65 € ††96 € – ½ P 15 € – 2 Suiten
Rest – (geschl. Montag - Dienstagmittag) Menü 36 € – Karte 16/43 €

♦ Der typische Schwarzwaldgasthof ist ein netter Familienbetrieb mit wohnlichen Zimmern, darunter zwei geräumige Appartements, sowie Massage- und Kosmetikbereich mit schönem Heubad. Restaurant mit ländlichem Charakter und bürgerlicher Speisekarte.

Im Ortsteil Langenordnach Nord: 5 km über Titiseestraße BY

Zum Löwen - Unteres Wirtshaus (mit Gästehaus)
Langenordnach 4 ⊠ 79822 – ℰ (07651) 10 64
– www.loewen-titisee.de – geschl. Ende November - Mitte Dezember
20 Zim ⊇ – †38/42 € ††66/104 € – ½ P 15 €
Rest – (geschl. Montag) Karte 15/35 €

♦ Das 400 Jahre alte Haus hat traditionellen Charakter, trotzdem kann man im Gästehaus auch ganz modern wohnen. Hinter dem Haus ein kleiner Bach, ringsum herrliche Schwarzwald-Landschaft - im Winter die Loipe gleich vor der Tür. Bürgerliche Kost in urigen Stuben.

Im Ortsteil Waldau Nord: 10 km über Titiseestraße BY

Sonne-Post
Landstr. 13 ⊠ 79822 – ℰ (07669) 9 10 20 – www.sonne-post.de – geschl. Mitte November
- Mitte Dezember, Mitte - Ende März
23 Zim ⊇ – †51/59 € ††104/112 € – ½ P 15 €
Rest – (geschl. Montag) Menü 38 € – Karte 17/48 €

♦ Der Gasthof mit 100-jähriger Familientradition bietet wohnliche Zimmer, die nach Vögeln benannt sind. In den Talzimmern hat man es etwas ruhiger und genießt eine schöne Aussicht. Ein Kachelofen und viel helles Holz machen die Gaststube heimelig.

TITTING – Bayern – 546 – 2 650 Ew – Höhe 447 m – Erholungsort 57 L18
▶ Berlin 485 – München 119 – Augsburg 87 – Ingolstadt 42
🛈 Marktstr. 21, ⊠ 85135, ℰ (08423) 98 55 89, www.titting.de

In Titting-Emsing Ost: 4,5 km über Emsinger Straße

Dirsch
Hauptstr. 13 ⊠ 85135 – ℰ (08423) 18 90 – www.hotel-dirsch.de – geschl. Mitte Dezember
- Mitte Januar
99 Zim ⊇ – †70/120 € ††100/140 € – ½ P 19 € – 3 Suiten
Rest – Karte 15/46 €

♦ Ein gut geführtes Hotel in ruhiger dörflicher Lage mit recht modernen, unterschiedlich geschnittenen Gästezimmern, Spa auf 1500 qm und einem großen Tagungsbereich.

TODTMOOS – Baden-Württemberg – 545 – 1 990 Ew – Höhe 820 m 61 E21
– Wintersport: 1 100 m – Heilklimatischer Kurort
▶ Berlin 817 – Stuttgart 201 – Freiburg im Breisgau 49 – Donaueschingen 78
🛈 Wehratalstr. 19, ⊠ 79682, ℰ (07674) 9 06 00, www.todtmoos.de

TODTMOOS

In Todtmoos-Strick Nord-West: 2 km

Rößle (mit Gästehäusern)
Kapellenweg 2 ⊠ 79682 – ℰ (07674) 9 06 60 – www.hotel-roessle.de – geschl.
18. November - 16. Dezember
29 Zim – †60/64 € ††106/134 € – ½ P 20 €
Rest – (geschl. Dienstag) Menü 17/30 € – Karte 22/51 €
♦ Der zum Hotel gewachsene Schwarzwaldgasthof von 1670 ist seit jeher ein Familienbetrieb. Man verfügt über gepflegte, behagliche Zimmer, dazu Massage- und Kosmetikangebot. Ländlich-rustikal gehaltene Gaststuben und Gartenterrasse.

TODTNAU – Baden-Württemberg – **545** – 4 940 Ew – Höhe 659 m **61 D21**
– Wintersport: 1 390 m ✦19 ✦ – Luftkurort
▶ Berlin 800 – Stuttgart 179 – Freiburg im Breisgau 32 – Donaueschingen 56
🛈 Meinrad-Thoma-Str. 21, ⊠ 79674, ℰ (07671) 96 96 95, www.bergwelt-suedschwarzwald.de
🛈 Kurhausstr. 18, ⊠ 79674, ℰ (07671) 96 96 90, www.todtnauer-ferienland.de
◉ Wasserfall ★

In Todtnau-Brandenberg Nord-Ost: 3,5 km über B 317 – Höhe 800 m

Zum Hirschen
Kapellenstr. 1 (B317) ⊠ 79674 – ℰ (07671) 18 44 – www.hirschen-brandenberg.de
– geschl. Mitte November - Mitte Dezember, Mitte - Ende April
10 Zim – †50/55 € ††90/110 € – ½ P 19 €
Rest – (geschl. Dienstag) Karte 21/33 €
♦ Der 1907 nach einem Brand wiederaufgebaute historische Schwarzwaldgasthof ist eine nette familiäre Adresse mit hell eingerichteten, teilweise recht großzügigen Zimmern. Eine freundliche rustikale Atmosphäre herrscht im Restaurant.

In Todtnau-Fahl Nord-Ost: 4,5 km über B 317 – Höhe 900 m

Lawine
Fahl 7 (B317) ⊠ 79674 – ℰ (07676) 9 33 30 – www.lawine.de – geschl. 7. November
- 9. Dezember, 10. - 29. April
17 Zim – †50/60 € ††84/90 € – ½ P 18 €
Rest – (geschl. Montagmittag, Dienstagmittag) Karte 20/43 €
♦ Der regionstypische Gasthof liegt am Fuße des Feldbergs. Die Zimmer (einige für Familien geeignet) verfügen teilweise über Balkone. Auch Kosmetik wird im Haus angeboten. Behaglich-rustikale Gaststuben mit Kachelofen.

In Todtnau-Muggenbrunn Nord-West: 5,5 km Richtung Freiburg

Grüner Baum
Schauinslandstr. 3 ⊠ 79674 – ℰ (07671) 91 84 40 – www.gruener-baum-todtnau.de
22 Zim – †48/80 € ††88/110 € – ½ P 16 €
Rest – (geschl. Mittwoch) Menü 23 € – Karte 18/39 €
♦ Die Gästezimmer in diesem Haus sind mit warmen Farben und hellem Naturholz wohnlich gestaltet, nach hinten liegen die Zimmer ruhiger. Kleiner Sauna- und Ruhebereich. Restaurant in ländlichem Stil, mit netter Terrasse.

In Todtnau-Todtnauberg Nord: 6 km, Richtung Freiburg – Höhe 1 021 m

Mangler
Ennerbachstr. 28 ⊠ 79674 – ℰ (07671) 9 69 30 – www.mangler.de – geschl. 14.-19. Dezember
28 Zim – †76/99 € ††134/158 € – ½ P 24 €
Rest – Menü 29/33 € – Karte 31/46 €
♦ Das gut geführte Ferienhotel überzeugt durch seine ruhige Lage und wohnliche Zimmer im Landhausstil, alle mit Balkon und schöner Sicht zum Tal. Hübscher Spabereich. Gemütlich-rustikales Restaurant mit Sonnenterrasse.

Engel
Kurhausstr. 3 ⊠ 79674 – ℰ (07671) 9 11 90 – www.engel-todtnauberg.de
50 Zim – †60/105 € ††78/120 € – ½ P 21 €   **Rest** – Karte 25/39 €
♦ In der Ortsmitte finden Sie den zum Urlaubshotel gewachsenen Gasthof von 1861. Ideal für Familien: geräumige neuzeitliche Appartements sowie Kinderbetreuung. Behagliche Schwarzwaldstube und gediegenes Restaurant.

TODTNAU

Sonnenalm
Hornweg 21 ⊠ 79674 – ℰ (07671) 18 00 – www.hotel-sonnenalm.de – geschl.
8. November - 20. Dezember
13 Zim ⊡ – †56/64 € ††76/112 € – ½ P 17 €
Rest – (geschl. Sonntag) (nur Abendessen für Hausgäste)
♦ Der freundlich geführte kleine Familienbetrieb mit soliden Zimmern liegt sehr schön oberhalb des Dorfes. Reizvoll ist der Blick auf Schwarzwald und Schweizer Alpen.

TÖLZ, BAD – Bayern – 546 – 17 640 Ew – Höhe 658 m   65 L21
– Wintersport: 1 236 m ≰2 ≤ – Heilbad und Heilklimatischer Kurort
▪ Berlin 642 – München 53 – Garmisch-Partenkirchen 54 – Innsbruck 97
▪ Max-Höfler-Platz 1, ⊠ 83646, ℰ (08041) 7 86 70, www.bad-toelz.de
▪ Wackersberg, Straß 124, ℰ (08041) 99 94

Rechts der Isar

Altes Fährhaus mit Zim
An der Isarlust 1 ⊠ 83646 – ℰ (08041) 60 30 – www.altes-faehrhaus-toelz.de – geschl.
Februar 1 Woche und Montag - Dienstag
5 Zim ⊡ – †75/85 € ††100/125 € – ½ P 50 € **Rest** – Menü 45/63 € – Karte 43/62 €
♦ Persönlich und familiär ist die Atmosphäre in dem ehemaligen Fährhaus am idyllischen Isarufer, schmackhaft die saisonale und regionsbezogene Küche. Terrasse am Fluss unter Kastanienbäumen. Wohnliche Gästezimmer mit Balkon.

Links der Isar

Jodquellenhof Alpamare (mit Gästehaus)
Ludwigstr. 13 ⊠ 83646 – ℰ (08041) 50 90
– www.jodquellenhof.com
90 Zim ⊡ – †109/264 € ††169/299 € – ½ P 29 €
Rest – Menü 24/49 € – Karte 31/57 €
♦ Ein komfortables Hotel im Kurgebiet mit wohnlich-klassischem Ambiente und einem eigenen Tagungshaus. Direkt angeschlossen ist das Freizeitbad Alpamare. Das großzügig angelegte Restaurant wird ergänzt durch eine Terrasse zum gepflegten Garten.

Alexandra garni
Kyreinstr. 13 ⊠ 83646 – ℰ (08041) 7 84 30 – www.alexandrahotel.de
20 Zim ⊡ – †50/75 € ††80/99 €
♦ Das kleine Hotel ist eine sympathische persönlich-familiäre Adresse, die behaglich eingerichtet ist. Die meisten Zimmer verfügen über einen Balkon.

Lindenhof garni
Königsdorfer Str. 24 ⊠ 83646 – ℰ (08041) 79 43 40 – www.lindenhof-toelz.de – geschl.
22. - 26. Dezember
10 Zim – †48/65 € ††78/90 € – 1 Suite
♦ Das gut geführte kleine Hotel mit sehr netten und recht geräumigen Gästezimmern in warmen Farben ist in einem Haus a. d. J. 1843 untergebracht. Von einigen Zimmern schaut man auf die Isar hinter dem Haus. Das Restaurant bietet griechische Küche.

Villa Bellaria garni
Ludwigstr. 22 ⊠ 83646 – ℰ (08041) 8 00 80 – www.villa-bellaria.de
16 Zim ⊡ – †72/90 € ††124 €
♦ In der hübschen Villa am Kurpark wohnt man in klassisch-stilvollen Zimmern, frühstückt in einem eleganten Raum mit Blick ins Grüne und entspannt beim Sauna- und Beautyprogramm.

In Bad Tölz-Kirchbichl Nord: 6,5 km über Dietramszeller Straße

Jägerwirt
Nikolaus-Rank-Str. 1 ⊠ 83646 – ℰ (08041) 95 48 – www.jaegerwirt-kirchbichl.de
– geschl. Ende Oktober - Mitte November und Montag, Donnerstag
Rest – Karte 18/38 €
♦ Urig-gemütlich ist das bereits seit 1927 als Wirtschaft betriebene Haus der Familie Rank. Die Gäste schätzen die schmackhafte bayerische Küche mit der Spezialität Grillhaxe, die man auf Vorbestellung serviert.

TÖNNING – Schleswig-Holstein – **541** – 4 890 Ew – Höhe 2 m **1** G3
▶ Berlin 414 – Kiel 97 – Sylt (Westerland) 81 – Husum 24

Miramar
Westerstr. 21 ✉ *25832* – ℰ *(04861) 90 90* – *www.miramar-hotel.de*
34 Zim ⊇ – †65/85 € ††110/125 € – ½ P 22 €   **Rest** – Karte 29/39 €
♦ Das familiär geleitete Hotel in der Ortsmitte war früher eine Schule. Heute erwarten Sie hier zeitgemäße und wohnliche Zimmer in warmen Farben. W-Lan bietet man kostenfrei. Im Restaurant Windrose serviert man regionale Speisen.

TORGAU – Sachsen – **544** – 19 900 Ew – Höhe 91 m **32** O11
▶ Berlin 129 – Dresden 83 – Leipzig 53 – Wittenberg 49
ℹ Markt 1, ✉ 04860, ℰ (03421) 7 01 40, www.tic-torgau.de

Torgauer Brauhof
Warschauer Str. 7 ✉ *04860* – ℰ *(03421) 7 30 00*
– *www.hotel-torgauer-brauhof.de*
36 Zim ⊇ – †49/52 € ††69/72 €   **Rest** – (nur Abendessen) Karte 17/27 €
♦ Das Hotel liegt am Zentrumsrand, etwas von der Straße zurückversetzt; zum historischen Marktplatz sind es ca. 10 Gehminuten. Zeitgemäße funktionale Zimmer und moderne Bowlingbahn.

TORNESCH – Schleswig-Holstein – **541** – 12 920 Ew – Höhe 13 m **10** I5
▶ Berlin 315 – Kiel 104 – Hamburg 33 – Itzehoe 35

Esinger Hof garni
Denkmalstr. 7 (Esingen) ✉ *25436* – ℰ *(04122) 9 52 70* – *www.esingerhof.de*
23 Zim ⊇ – †40/48 € ††60/70 €
♦ Eine nette familiäre Pension mit sehr gepflegten, soliden Zimmern und schönem Garten. Praktisch ist die gute Autobahnanbindung. Mit Appartements für Langzeitgäste.

TRABEN-TRARBACH – Rheinland-Pfalz – **543** – 5 900 Ew – Höhe 110 m **46** C15
– Heilbad
▶ Berlin 673 – Mainz 104 – Trier 63 – Bernkastel-Kues 24
ℹ Am Bahnhof 5, ✉ 56841, ℰ (06541) 8 39 80, www.traben-trarbach.de
✈ Hahn, Golf Allee 1/Am Flughafen, ℰ (06543) 50 95 60

Im Ortsteil Traben

Bellevue (mit Gästehäusern)
An der Mosel 11 ✉ *56841* – ℰ *(06541) 70 30*
– *www.bellevue-hotel.de*
68 Zim ⊇ – †90/120 € ††140/170 € – ½ P 30 € – 4 Suiten
Rest *Clauss Feist* – siehe Restaurantauswahl
♦ An der Mosel liegt das hübsche Gebäudeensemble mit stilvollem Haupthaus von 1903. Wohnliche und individuelle Zimmer, einige farbenfroh und modern, andere eher klassisch.

Trabener Hof garni
Bahnstr. 25 ✉ *56841* – ℰ *(06541) 7 00 80* – *www.trabener-hof.de* – geschl. 2. November - 5. April
23 Zim ⊇ – †70/90 € ††92/130 €
♦ Im Ortskern finden Sie das Haus a. d. J. 1898, in dem zeitgemäß und freundlich eingerichtete Gästezimmer zur Verfügung stehen. Das Hotel bietet kostenfreies W-Lan.

XX Clauss Feist – Hotel Bellevue
An der Mosel 11 ✉ *56841* – ℰ *(06541) 70 31 18*
– *www.bellevue-hotel.de*
Rest – Menü 34/62 € – Karte 30/61 €
♦ Moselfränkischer Jugendstil gemixt mit anderen Einrichtungs- und Gestaltungselementen macht den interessanten Charme dieses Restaurants aus. Außerdem erfreut man die Gäste mit leckeren internationalen und klassischen Gerichten.

Im Ortsteil Trarbach

Moseltor 🚗 ✂ Rest, 🌐 🅿 VISA ⊕ AE ①
Moselstr. 1 ✉ 56841 – 𝒞 (06541) 65 51 – www.moseltor.de – geschl. 11. - 27. Juli
10 Zim ⊇ – †69/95 € ††100/140 € – ½ P 30 € – 1 Suite
Rest – *(geschl. 8. - 27. Juli und Dienstag) (nur Abendessen)* (Tischbestellung ratsam)
Menü 30/40 € – Karte 29/46 €
♦ Eine sehr gepflegte familiär geleitete Adresse ist das an der Mosel gelegene kleine Hotel mit Bruchsteinfassade. Die wohnlichen individuellen Zimmer verfügen über moderne Bäder. Neuzeitlich ist das Ambiente im Restaurant, international das Speiseangebot.

TRASSEM – Rheinland-Pfalz – siehe Saarburg

TRASSENHEIDE – Mecklenburg-Vorpommern – siehe Usedom (Insel)

TRAUNSTEIN – Bayern – **546** – 18 780 Ew – Höhe 591 m   67 O21
▶ Berlin 674 – München 112 – Bad Reichenhall 35 – Rosenheim 53
ADAC Ludwigstr. 12c
🛈 Haywards-Heath-Weg 1, ✉ 83278, 𝒞 (0861) 9 86 95 23, www.traunstein.de

Park-Hotel Traunsteiner Hof 🚗 🐾 🛌 🅿 🚗 VISA ⊕ AE
Bahnhofstr. 11 ✉ 83278 – 𝒞 (0861) 98 88 20 – www.parkhotel-traunstein.de
55 Zim ⊇ – †57/64 € ††84/105 € – 2 Suiten **Rest** – Karte 25/38 €
♦ In dem Hotel a. d. 19. Jh. sticht gleich der Treppenaufgang mit eindrucksvoll gedrechseltem Geländer ins Auge. Hohe, teilweise geräumige Zimmer, einige moderner in klaren Linien. Die Holztäfelung im Restaurant sorgt für alpenländisches Ambiente. Internationale Küche.

TREBBIN – Brandenburg – **542** – 9 320 Ew – Höhe 39 m   32 P9
▶ Berlin 56 – Potsdam 29 – Brandenburg 62 – Frankfurt (Oder) 101

Parkhotel 🚗 🍴 ⚙ Zim, 🌐 🛌 🅿 🚗 VISA ⊕ AE ①
Parkstr. 5 ✉ 14959 – 𝒞 (033731) 7 10 – www.parkhotel-trebbin.de
38 Zim ⊇ – †54/64 € ††69/82 € – 1 Suite **Rest** – *(nur Abendessen)* Karte 15/29 €
♦ Neuzeitlich und funktionell ist die Einrichtung der Gästezimmer in diesem familiär geführten Hotel in relativ ruhiger Lage am Stadtpark. Im Restaurant bietet man u. a. Gerichte und Weine aus der pfälzischen Heimat der Chefin.

TREBSEN (MULDE) – Sachsen – **544** – 4 170 Ew – Höhe 145 m   32 O11
▶ Berlin 181 – Dresden 85 – Leipzig 36 – Chemnitz 79

Schloßblick 🚗 🌐 🛌 🅿 🚗 VISA ⊕
Markt 8 ✉ 04687 – 𝒞 (034383) 60 80 – www.hotel-schlossblick-trebsen.de
34 Zim ⊇ – †49/59 € ††69/79 € **Rest** – Karte 12/26 €
♦ Mitten im Ort und unweit des Flusses Mulde liegt das gepflegte, in behaglich-rustikalem Stil gehaltene Hotel. Auch eine Bowlingbahn ist vorhanden. Im Restaurant schafft die Holztäfelung eine nette ländliche Atmosphäre. Bürgerliche Karte.

TREBUR – Hessen – **543** – 13 220 Ew – Höhe 88 m   47 F15
▶ Berlin 571 – Wiesbaden 25 – Frankfurt am Main 38 – Darmstadt 21

Zum Erker 🚗 🌐 🛌 🅿 VISA ⊕ AE
Hauptstr. 1 ✉ 65468 – 𝒞 (06147) 9 14 80 – www.zum-erker.de
23 Zim ⊇ – †62/70 € ††82/87 €
Rest – *(geschl. 1. - 15. Juli und Sonntagabend - Montagmittag)* Menü 18/28 €
– Karte 14/34 €
♦ Bereits seit 1743 wird das Gasthaus als Familienbetrieb geführt. Es stehen gediegen und solide eingerichtete Zimmer mit gutem Platzangebot bereit. Bürgerliches Restaurant.

TREIS-KARDEN – Rheinland-Pfalz – **543** – 2 260 Ew – Höhe 90 m   46 C14
▶ Berlin 633 – Mainz 100 – Koblenz 37 – Trier 104
🛈 St. Castor-Str. 87, ✉ 56253, 𝒞 (02672) 9 15 77 00, www.treis-karden.de

TREIS-KARDEN

Im Ortsteil Karden

Schloss-Hotel Petry
St.-Castor-Str. 80 ⊠ 56253 – ℰ (02672) 93 40 – www.schloss-hotel-petry.de
74 Zim – †48/78 € ††86/136 € – ½ P 18 €
Rest *Schloss-Stube* – siehe Restaurantauswahl
Rest – Menü 32/42 € – Karte 18/44 €
♦ Diese Anlage mit jahrhundertealtem Schloss verfügt über individuelle Zimmer in vier Häusern. Im Stammhaus befinden sich besonders schicke und hochwertig eingerichtete Superiorzimmer. Weinstube im altdeutschen Stil.

Schloss-Stube – Schloss-Hotel Petry
St.-Castor-Str. 80 ⊠ 56253 – ℰ (02672) 93 40 – www.schloss-hotel-petry.de
– geschl. Januar 2 Wochen, Juli 2 Wochen und Dienstag - Mittwoch
Rest – Menü 40/60 € – Karte 47/54 €
♦ Als Alternative zur Weinstube im Haus bietet dieses kleine Gourmetrestaurant einen klassischen Rahmen und ambitionierte Küche, die den Gästen an gut eingedeckten Tischen serviert wird.

In Müden Ost: 4 km Richtung Löf

Sewenig
Moselstr. 5 (B 416) ⊠ 56254 – ℰ (02672) 13 34 – www.hotel-sewenig.de – geschl. 5. Januar - 28. Februar
30 Zim – †40/45 € ††76/85 €
Rest – *(geschl. März - April sowie November - Dezember: Montag - Dienstag)* Karte 17/36 €
♦ In dem Ferienhotel mit Weingut wohnt man in funktionellen Zimmern, die im rustikalen Stil gehalten sind. Vom kleinen Saunabereich schaut man auf die Weinberge. Restaurant mit Blick auf die Mosel.

TRENT – Mecklenburg-Vorpommern – siehe Rügen (Insel)

TREUEN – Sachsen – **544** – 8 620 Ew – Höhe 450 m **41** N13
▶ Berlin 298 – Dresden 143 – Gera 51 – Plauen 10

Wettin
Bahnhofstr. 18 ⊠ 08233 – ℰ (037468) 65 80 – www.hotel-wettin.de
23 Zim – †52/68 € ††73/89 € **Rest** – Karte 12/32 €
♦ Das 1898 im Ortskern erbaute Eckhaus ist ein kleiner Familienbetrieb, dessen Gästezimmer zeitlos, solide und funktionell ausgestattet sind. Zum unterteilten Restaurantbereich gehört eine nette Terrasse.

TRIBERG – Baden-Württemberg – **545** – 4 890 Ew – Höhe 864 m **62** E20
– Wintersport: 1 000 m ≰ – Heilklimatischer Kurort
▶ Berlin 765 – Stuttgart 139 – Freiburg im Breisgau 61 – Offenburg 56
🛈 Wallfahrtstr. 4, ⊠ 78098, ℰ (07722) 86 64 90, www.dasferienland.de
◉ Wasserfall ★

Parkhotel Wehrle (mit Gästehaus)
Gartenstr. 24 ⊠ 78098 – ℰ (07722) 8 60 20
– www.parkhotel-wehrle.de
51 Zim – †95/115 € ††149/169 € – ½ P 24 €
Rest *Parkhotel Wehrle* – siehe Restaurantauswahl
♦ Gewachsenes Hotel mit reizvollem Park und wohnlichen, individuellen Zimmern. Sehr ansprechend und modern: "Sanitas Spa". Kleinstes Standesamt Deutschlands im Haus!

Schwarzwald Residenz
Bgm.-De-Pellegrini-Str. 20 ⊠ 78098 – ℰ (07722) 9 62 30
– www.residenz-triberg.bestwestern.de
36 Zim – †65/80 € ††99/129 € – ½ P 18 € **Rest** – Karte 17/30 €
♦ Freundliche Zimmer finden sich in diesem recht ruhig gelegenen Hotel mit schöner Aussicht. Praktische Appartements, insbesondere für Familien geeignet. Das hell und zeitlos gestaltete Restaurant bietet internationale Küche.

TRIBERG

XX **Parkhotel Wehrle** – Parkhotel Wehrle
Gartenstr. 24 ⊠ 78098 – ℰ (07722) 8 60 20 – www.parkhotel-wehrle.de
Rest – *(nur Abendessen)* Karte 47/56 €
♦ Ein sehr schönes Ambiente erwartet Sie: ob rustikal im Schwarzwälder Stil oder elegant mit Spitzenstores und barocker Ornament-Tapete - Sie entscheiden! Regionale Küche und frische Forellen!

TRIEFENSTEIN – Bayern – **546** – 4 400 Ew – Höhe 180 m   48 H15
▶ Berlin 523 – München 313 – Würzburg 31

In Triefenstein-Homburg am Main Süd-Ost: 2 km

X **Weinhaus Zum Ritter** mit Zim
Rittergasse 2 ⊠ 97855 – ℰ (09395) 15 06 – www.weinhaus-ritter.de – geschl. Februar - März 3 Wochen und Montag - Dienstagmittag
3 Zim 🍴 – †38 € ††62 €
Rest – *(November - April: Dienstag - Samstag nur Abendessen)* Menü 24/39 € – Karte 27/33 €
♦ Nicht nur im Ort ist das charmant-urige 400 Jahre alte Weinhaus der Familie Hausin bekannt für seine gute Küche! Auf der Karte könnten Sie z. B. "Wolfsbarschfilet auf Tomaten-Paprikagemüse mit Rosmarinkartoffeln" finden. An lauen Sommerabenden sitzt man mit einem Wein aus der Region auf der Terrasse unterhalb des Weinbergs!

TRIER – Rheinland-Pfalz – **543** – 104 590 Ew – Höhe 130 m   45 B15
▶ Berlin 719 – Mainz 162 – Bonn 143 – Koblenz 124
ADAC Fleischstr. 14 CY
🛈 An der Porta Nigra DX, ⊠ 54290, ℰ (0651) 97 80 80, www.trier-info.de
📍 Ensch-Birkenheck, ℰ (06507) 99 32 55
◉ Porta Nigra★★ – Liebfrauenkirche★ – Dom★ (Domschatz★) – Bischöfliches Dom und Diözesanmuseum★ M1 – Basilika St. Paulin★ – Hauptmarkt★ – Dreikönigenbau★ K DX – Kaiserthermen★ – Rheinisches Landesmuseum★★ – Palastgarten★ – Basilika★ – Schatzkammer der Stadtbibliothek★★ B DY
◉ Moseltal★★★ (von Trier bis Koblenz)

Stadtplan auf der nächsten Seite

🏨 **Park Plaza**
Nikolaus-Koch-Platz 1 ⊠ 54290 – ℰ (0651) 9 99 30 – www.parkplaza-trier.de
150 Zim – †87/227 € ††103/243 €, 🍴 17 € – 2 Suiten   CXf
Rest – Karte 30/52 €
♦ In diesem Hotel in unmittelbarer Nähe der Fußgängerzone erwarten Sie eine moderne Lobby mit Bar, zeitgemäße, teils recht geräumige Zimmer und gute Tagungsmöglichkeiten. Zur Halle hin offenes Restaurant im Bistrostil mit Terrasse im Innenhof.

🏨 **Villa Hügel**
Bernhardstr. 14 ⊠ 54295 – ℰ (0651) 93 71 00 – www.hotel-villa-huegel.de
33 Zim 🍴 – †88/168 € ††118/168 € – 1 Suite   Vs
Rest – *(geschl. Freitag - Sonntag)* (nur Abendessen für Hausgäste)
♦ Wohnlich und komfortabel hat man die 1914 erbaute Villa eingerichtet. In dem charmanten kleinen Hotel werden die Gäste aufmerksam und familiär umsorgt. Angenehm: Frühstücken auf der Panoramaterrasse mit Stadtblick sowie Entspannen im schönen Saunabereich.

🏨 **Nells Park Hotel**
Dasbachstr. 12 ⊠ 54292 – ℰ (0651) 1 44 40 – www.nellsparkhotel.de   Va
73 Zim – †75/145 € ††95/145 €   **Rest** – Karte 19/78 €
♦ Die wohnlichen und individuellen Zimmer in diesem Hotel sind teilweise schicke "JAB-Zimmer" in warmen Naturtönen - inspiriert vom Park direkt nebenan. Sauna- und Beautybereich mit Dachterrasse. Das Restaurant wird ergänzt durch ein Wintergarten-Bistro.

 Deutscher Hof
Südallee 25 ⊠ 54290 – ℰ (0651) 9 77 80 – www.hotel-deutscher-hof.de – geschl. 20. Dezember - 3. Januar   CYg
98 Zim – †55/105 € ††59/105 €, 🍴 8 €   **Rest** – Karte 23/39 €
♦ Ein familiär geführtes Hotel in sehr zentraler Lage mit großzügiger moderner Lobby, funktionellen, teilweise komfortableren Zimmern sowie Freizeitbereich mit Blick über Trier.

1229

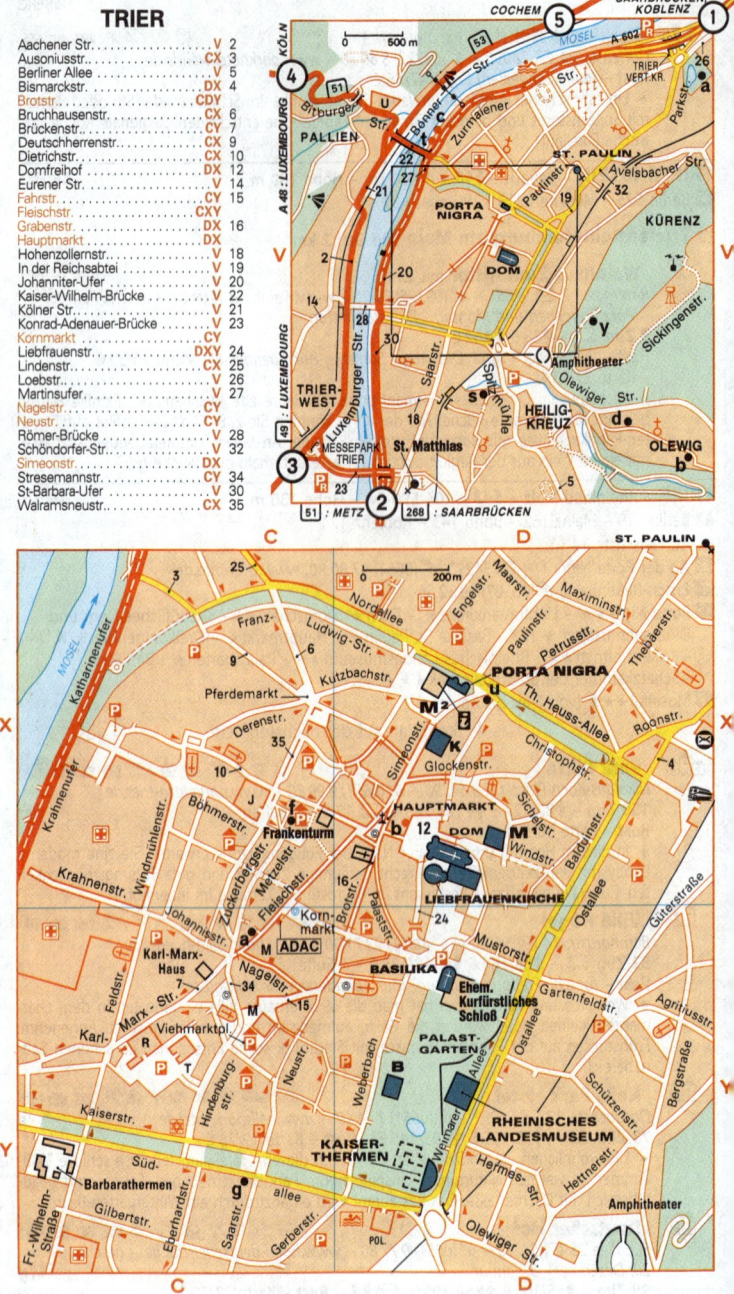

TRIER

Römischer Kaiser
Porta-Nigra-Platz 6 ⊠ 54292 – ℰ (0651) 9 77 01 00 – www.friedrich-hotels.de
43 Zim ⊇ – †72/82 € ††98/108 €   **Rest** – Karte 35/52 €   DXu
• Schön anzuschauen ist das Patrizierhaus aus der Jahrhundertwende neben der Porta Nigra. Zeitgemäße Zimmer mit Parkett (zum Innenhof hin ruhiger) sowie gute Parkmöglichkeiten. Zeitlos gehaltenes Restaurant mit kleiner Empore.

Aulmann garni
Fleischstr. 47, (2. Etage) ⊠ 54290 – ℰ (0651) 9 76 70 – www.hotel-aulmann.de
36 Zim – †45/90 € ††70/130 €, ⊇ 5 €   CYa
• Mitten im Zentrum steht das aus einem modernisierten und erweiterten Altstadthaus entstandene Hotel. Die Gästezimmer sind zeitgemäß und praktisch ausgestattet.

Petrisberg garni
Sickingenstr. 11 ⊠ 54296 – ℰ (0651) 46 40 – www.hotel-petrisberg.de
30 Zim ⊇ – †70/75 € ††98/105 €   Vy
• Herrlich liegt der Familienbetrieb in einem Naturschutzgebiet oberhalb der Stadt, 15 Gehminuten vom Zentrum. Mit Massivholzmöbeln solide eingerichtete Zimmer, alle mit Balkon.

Pfeffermühle
Zurlaubener Ufer 76 ⊠ 54292 – ℰ (0651) 2 61 33 – www.pfeffermuehle-trier.de – geschl. Sonntag - Montag   Vt
Rest – Menü 33 € (mittags)/78 € – Karte 41/62 €
• Seit über 35 Jahren führen die engagierten Gastgeber das gemütlich-gediegene Restaurant mit klassischer Küche. Die Patronne leitet freundlich den Service. Terrasse zur Mosel.

Bagatelle
Zurlaubener Ufer 78 ⊠ 54292 – ℰ (0651) 2 97 22 – www.bagatelle-trier.com – geschl. über Karneval   Vc
Rest – Menü 50/85 € – Karte 43/77 €
• In dem kleinen alten Fischerhaus am Moselufer serviert man klassische Küche. Ein über zwei Ebenen angelegtes Restaurant mit gepflegter Tischkultur. Nett ist auch die Terrasse.

Schlemmereule
Domfreihof 1b , (im Palais Walderdorff) ⊠ 54290 – ℰ (0651) 7 36 16
– www.schlemmereule.de – geschl. 1. - 15. Januar und Sonntag, außer an Feiertagen
Rest – Menü 18 € (mittags)/45 € – Karte 38/54 €   DXb
• In dem einstigen Amts- und Regierungshaus a. d. 18. Jh. verbindet sich der klassisch-historische Rahmen mit modernem Stil. Saisonale internationale Küche. Terrasse im Hof.

Auf dem Kockelsberg Nord-West: 5 km über Bitburger Straße V

Berghotel Kockelsberg (mit Gästehaus)
Kockelsberg 1 ⊠ 54293 Trier – ℰ (0651) 8 24 80 – www.kockelsberg.de
35 Zim ⊇ – †46/75 € ††67/122 €
Rest – (November - März: Sonntagabend) Karte 16/40 €
• Bereits 1867 diente das ehemalige Hofgut als Gastwirtschaft. Das daraus entstandene Hotel wird bis heute für seine traumhaft schöne und ruhige Panoramalage geschätzt. Zum Restaurant gehört eine tolle Terrasse, von der man weit über die Stadt hinaus blickt.

In Trier-Euren Süd-West: 3 km über Eurener Straße V

Eurener Hof
Eurener Str. 171 ⊠ 54294 – ℰ (0651) 8 24 00 – www.eurener-hof.de
69 Zim ⊇ – †78/84 € ††95/160 € – ½ P 28 € – 2 Suiten
Rest *Eurener Hof* – siehe Restaurantauswahl
• Der stattliche Gasthof von 1906 wird seit jeher familiär geleitet und beherbergt heute wohnliche, unterschiedlich geschnittene Zimmer. Auch Kosmetik und Massagen werden angeboten.

Eurener Hof – Hotel Eurener Hof
Eurener Str. 171 ⊠ 54294 – ℰ (0651) 8 24 00 – www.eurener-hof.de
Rest – Menü 25/85 € – Karte 36/64 €
• Ein gemütliches, teils auch etwas uriges Ambiente - bewusst einer guten moselfränkischen Tradition folgend. Mittags reicht man auch eine Karte mit deftigen Gerichten, die von den Lehrlingen im 3. Ausbildungsjahr zubereitet werden. Gut sortierte Weinkarte!

1231

In Trier-Olewig

BECKER'S Hotel
Olewiger Str. 206 ⊠ 54295 – ℰ (0651) 93 80 80 – www.beckers-trier.de
32 Zim – †95/150 € ††110/190 € – 3 Suiten
Rest *BECKER'S* ✿✿ **Rest** *BECKER'S Weinhaus* – siehe Restaurantauswahl
Vb

• Familie Becker bietet in ihrem Hotel eine wohnliche Atmosphäre und zuvorkommenden Service. Die Zimmer sind minimalistisch designt, ebenso trendig-modern ist der Frühstücksraum, der auch als Weinbar dient.

Blesius Garten
Olewiger Str. 135 ⊠ 54295 – ℰ (0651) 3 60 60 – www.blesius-garten.de
62 Zim – †70/115 € ††100/145 €
Rest *Wintergarten* – Karte 28/46 €
Rest *Brauerei* – ℰ (0651) 3 60 62 00 – Karte 18/31 €
Vd

• Das ehemalige Hofgut a. d. J. 1789 beherbergt charmante Gästezimmer im Landhausstil, deren farbliche Gestaltung für eine individuelle Note sorgt. Das Restaurant mit hübschem Wintergarten bietet internationale Küche. Rustikale Hausbrauerei mit Biergarten.

BECKER'S – BECKER'S Hotel
✿✿
Olewiger Str. 206 ⊠ 54295 – ℰ (0651) 93 80 80 – www.beckers-trier.de – geschl. über Karneval 3 Wochen, Juli - August 2 Wochen und Sonntag - Montag
Rest – (nur Abendessen) (Tischbestellung ratsam) Menü 95/115 €
Vb

Spez. Landaiser Leber, Kirschen und Kaffee in Texturen. Mieral Taube, Olivenjus, geräucherte Aubergine. Atlantik Steinbutt mit mediterranem Gemüse, warmes Tomatengelee.

• Wo Moderne und Klarheit schon in Architektur und Einrichtung so gelungen umgesetzt werden, geht es dank Wolfgang Becker auch kulinarisch innovativ zu, in der Optik bewusst reduziert. Dazu natürlich viele eigene Weine, empfohlen von der stets präsenten Chefin.

BECKER'S Weinhaus – BECKER'S Hotel
Olewiger Str. 206 ⊠ 54295 – ℰ (0651) 93 80 80 – www.beckers-trier.de
Rest – Menü 28 € (mittags)/49 € – Karte 35/62 €
Vb

• Ein Kontrast zum modernen Neubau des Hotels ist das Stammhaus, in dem sich die gemütlich-rustikale Weinstube befindet. Hier wird eine sehr schmackhafte Küche geboten, die Internationales und Regionales mischt.

In Trier-Pfalzel Nord: 7 km über Bonner Straße V

Klosterschenke
Klosterstr. 10 ⊠ 54293 – ℰ (0651) 96 84 40 – www.hotel-klosterschenke.de – geschl. Januar - Februar
10 Zim – †56/65 € ††86/96 €
Rest – (geschl. Mitte Oktober - Mitte April: Montag - Dienstag) Karte 18/50 €

• Das ehemalige Kloster mit hübschem Innenhof ist ein kleines Schmuckstück mit historischem Flair, in dem Sie sehr individuelle, liebenswerte Zimmer erwarten. Restaurant mit Kreuzgewölbe, ein Teil davon ist der einstige Kreuzgang. Terrasse mit altem Baumbestand.

In Trier-Zewen Süd-West: 7 km über Luxemburger Straße V

Ambiente
In der Acht 1 ⊠ 54294 – ℰ (0651) 82 72 80 – www.ambiente-trier.de
12 Zim – †69/99 € ††99/119 €
Rest *Stemper's Brasserie* – siehe Restaurantauswahl

• Ein familiär geleitetes kleines Hotel mit wohnlichen, teils besonders großzügigen Zimmern und einem schönen Garten mit Teich.

Schloss Monaise
Schloss Monaise 7 ⊠ 54294 – ℰ (0651) 82 86 70 – www.schlossmonaise.de
– geschl. 16. - 29. Februar und Montag - Dienstagmittag
Rest – Menü 42/88 € – Karte 55/81 €

• Das Restaurant in dem frühklassizistischen Schloss von 1780 wird von dem Geschwisterpaar Scheid sehr persönlich und familiär geführt. Die gute klassische Küche basiert auf hochwertigen Produkten.

TRIER

Stemper's Brasserie – Hotel Ambiente
In der Acht 1 ✉ 54294 – ☎ (0651) 82 72 80 – www.ambiente-trier.de – *geschl. 30. Dezember - 8. Januar und Sonntag - Montagmittag, Donnerstag*
Rest – Menü 25/45 € – Karte 31/52 €

• Mit dem ganz persönlichen Charme eines familiär geführten Lokals. Sie können wählen, ob Sie in dem mediterran gestalteten Restaurant oder lieber in der legereren Brasserie Platz nehmen. Serviert werden regionale und internationale Speisen.

TRITTENHEIM – Rheinland-Pfalz – 543 – 1 080 Ew – Höhe 130 m — 45 B15
– Erholungsort

▶ Berlin 700 – Mainz 138 – Trier 35 – Bernkastel-Kues 25

🛈 Moselweinstr. 55, ✉ 54349, ☎ (06507) 22 27, www.trittenheim.de

Wein- und Tafelhaus (Alexander Oos) mit Zim
Moselpromenade 4 ✉ 54349 – ☎ (06507) 70 28 03 – www.wein-tafelhaus.de
– *geschl. Januar 3 Wochen, Juli 10 Tage, November 1 Woche und Montag - Dienstag, November - März: Sonntagabend - Dienstag, außer an Feiertagen*
4 Zim ☐ – †80/90 € ††120/140 € **Rest** – Menü 70/99 € – Karte 57/82 €
Spez. Tatar vom Simmenthaler Rinderfilet mit gebackenem Wachtelei. Rehrücken mit Kornelkirschsauce, Karottenpüree, Karotten-Ingwerstrudel und Wasabischaum. Moccaschnitte mit Orangenfilets und Minzgranité mit Schokoladenschaum.

• Betritt man das herzlich-familiär geführte Haus, geht wahrlich die Sonne auf: Wände in Vanillegelb und mediterran-elegantes Interieur sorgen für eine besonders freundliche Atmosphäre. Die feine klassische Küche, bei der auch die Finesse nicht zu kurz kommt, trägt ihr Übriges dazu bei. Pittoresker Garten mit Blick auf die Weinberge! Komfortable Gästezimmer.

Weinstube Stefan-Andres mit Zim
Laurentiusstr. 17 ✉ 54349 – ☎ (06507) 59 72 – www.weingut-bernhard-eifel.de
– *geschl. Januar - Februar und April - Anfang November: Montag - Dienstag, November - März: Montag - Donnerstag*
5 Zim ☐ – †49/51 € ††66/68 € – ½ P 30 €
Rest – *(nur Abendessen) (Tischbestellung ratsam)* Menü 33/46 € – Karte 33/47 €

• Naturstein, Holz und warme Töne verleihen der charmanten Weinstube ihren gemütlichen Charakter. Zur internationalen Küche bietet man Weine aus eigenem Anbau. Für Übernachtungsgäste stehen nette, wohnliche Zimmer bereit.

In Bescheid Süd: 10 km über Büdlicherbrück

Zur Malerklause
Im Hofecken 2 ✉ 54413 – ☎ (06509) 5 58 – www.malerklause.de – *geschl. Montag - Dienstag*
Rest – *(Mittwoch - Samstag nur Abendessen) (Tischbestellung ratsam)* Menü 49/66 € – Karte 43/74 €

• Bei Familie Lorscheider wird mit guten Produkten schmackhaft und ambitioniert gekocht. Das gediegene Restaurant ist reichlich dekoriert und hat eine schöne überdachte Terrasse.

In Naurath (Wald) Süd: 8 km oder über A1 Abfahrt Mehring – Höhe 395 m

Rüssel's Landhaus St. Urban mit Zim
Büdlicherbrück 1 (Nord-Ost: 1,5 km) ✉ 54426 – ☎ (06509) 9 14 00
– www.landhaus-st-urban.de – *geschl. 23. - 31. Januar, 5. - 12. Juli und Dienstag - Mittwoch*
14 Zim ☐ – †80/120 € ††115/190 € – 2 Suiten **Rest** – Menü 98/125 €
Spez. Waller und Bentheimer Lardo, Orangen-Karotten, Petersiliensud, Wachtelei. Pochierter Bachsaibling, Safran-Spargel, Broccolicreme, Kalbskopf. Hunsrücker Rehrücken, Cru de Cacao, zweierlei Sellerie, Nusspaste, Rhabarber-Zwiebelkompott.

• Vermutlich haben Sie exakt dieses Paradebeispiel einer Terrasse im Sinn, wenn Sie an ein idyllisches altes Mühlenanwesen mit Weiher denken! Sich hier vom freundlichen Damenservice mit der modernen Küche von Harald Rüssel verwöhnen zu lassen, das ist Genuss! Die angenehme Landpartie muss nach dem Essen nicht enden: geschmackvolle Landhaus- und Themenzimmer.

TROCHTELFINGEN – Baden-Württemberg – 545 – 6 500 Ew – Höhe 700 m — 55 G19
– Wintersport: 800 m ✯2 ✦ – Erholungsort
▶ Berlin 702 – Stuttgart 68 – Konstanz 105 – Reutlingen 27
🛈 Rathausplatz 9, ✉ 72818, ☏ (07124) 4 80, www.trochtelfingen.de

🏠 Zum Rössle
Marktstr. 48 ✉ 72818 – ☏ (07124) 92 50 – www.Roessle-Trochtelfingen.de – geschl. Anfang August 2 Wochen
27 Zim 🍽 – †40/52 € ††70/80 € – ½ P 17 €
Rest – *(geschl. Montag)* Karte 15/39 €
• Gepflegte, teilweise sehr zeitgemäße Zimmer stehen in dem gut geführten Gasthof der Familie Fischer zur Verfügung. Ca. 200 m entfernt befindet sich das kleine Tagungszentrum. Im Restaurant bietet man bürgerlich-regionale Küche.

TRÖSTAU – Bayern – 546 – 2 530 Ew – Höhe 550 m — 51 M15
▶ Berlin 370 – München 268 – Weiden in der Oberpfalz 58 – Bayreuth 37
🛈 Tröstau, Fahrenbach 1, ☏ (09232) 88 22 51

🍴 Schmankerl Restaurant Bauer mit Zim
Kemnather Str. 22 ✉ 95709 – ☏ (09232) 28 42 – www.bauershotel.de – geschl. Mittwoch, November - April: Montagmittag, Dienstagmittag und Mittwoch
11 Zim 🍽 – †40/50 € ††60/80 € **Rest** – Karte 20/40 €
• Freundlich leiten die Gastgeber Antje und Andre Pielorz das gepflegte behaglich-rustikale Restaurant. Gut ist die überwiegend regionale Küche mit Bezug zur Saison. Fast alle Gästezimmer verfügen über einen Balkon. Die Umgebung ist ideal für Wanderungen und Radtouren.

In Tröstau-Fahrenbach Süd-Ost: 2 km

🏨 Golfhotel Fahrenbach 🌿
Fahrenbach 1 ✉ 95709 – ☏ (09232) 88 20 – www.golfhotel-fahrenbach.de
80 Zim 🍽 – †65/69 € ††98/110 € – 4 Suiten
Rest – Menü 23 € – Karte 24/38 €
• Angenehm ruhig liegt das Hotel direkt am Golfplatz. Es erwarten Sie eine großzügige Lobby und zeitgemäße Gästezimmer, auf Wunsch bietet man auch Massage. Hell gestaltetes Restaurant.

TROISDORF – Nordrhein-Westfalen – 543 – 75 150 Ew – Höhe 60 m — 36 C12
▶ Berlin 584 – Düsseldorf 65 – Bonn 12 – Siegburg 5

Außerhalb Nord: 2 km über Altenrather Straße

🍴🍴 Forsthaus Telegraph
Mauspfad 3 ✉ 53842 Troisdorf-Spich – ☏ (02241) 7 66 49 – www.forsthaus-telegraph.de – geschl. Montag
Rest – *(Tischbestellung ratsam)* Karte 40/57 €
• Das einstige Forsthaus in idyllischer Lage im Wald bietet auf zwei Ebenen in gediegen-rustikalem Ambiente eine klassische Küche mit internationalem und regionalem Einfluss.

TROSSINGEN – Baden-Württemberg – 545 – 15 310 Ew – Höhe 699 m — 62 F20
▶ Berlin 741 – Stuttgart 108 – Freiburg im Breisgau 86 – Schaffhausen 68
🛈 Schultheiß-Koch-Platz 1, ✉ 78647, ☏ (07425) 2 50, www.trossingen.de

In Trossingen-Schura Süd: 3 km

🏠 Landgasthof Bären
Lange Str. 18 ✉ 78647 – ☏ (07425) 81 78 – www.baeren-schura.de – geschl. Ende August 2 Wochen
8 Zim 🍽 – †73/83 € ††93/103 €
Rest – *(geschl. Donnerstag, Samstagmittag)* Menü 26/31 € – Karte 22/45 €
• Ein schöner Gasthof, seit mehreren Generationen im Besitz der Familie Link. Sehenswert sind die modernen Themenzimmer mit regionalem Bezug ("Natur pur", "Sinfonie", "Technologie"...). Bürgerliche Küche in der gemütlichen Stube und auf der netten Terrrasse.

TROSTBERG – Bayern – **546** – 11 610 Ew – Höhe 493 m 67 O20
▶ Berlin 676 – München 98 – Salzburg 65 – Rosenheim 60

Auf Wolke 8 garni
Schwarzerberg 8 (B 299) ✉ *83308* – ℰ *(08621) 6 48 49 00* – *www.hotelaufwolke-8.de*
15 Zim ☑ – †49/59 € ††80/88 €

◆ Das kleine Hotel liegt zwar etwas unruhig an der Straße, doch die Zimmer sind schallisoliert. Im Haus hängen zahlreiche Bilder von Jazz-Musikern. Von der Frühstücksveranda hat man eine schöne Aussicht. Shuttle-Bus zu den nahen Restaurants Hex'n Küch und Tomate.

TÜBINGEN – Baden-Württemberg – **545** – 87 790 Ew – Höhe 341 m 55 G19
▶ Berlin 682 – Stuttgart 46 – Karlsruhe 105 – Ulm (Donau) 100
🛈 An der Neckarbrücke 1 Z, ✉ 72072, ℰ (07071) 9 13 60, www.tuebingen-info.de
◉ Eberhardsbrücke ≤★ Z – Museum im Schloss Hohentübingen★ YZ – Am Markt★ – Rathaus★ R X
◉ Bebenhausen: ehemaliges Kloster★, 6 km über Bebenhäuser Straße X

Stadtplan auf der nächsten Seite

Hospederia La Casa
Hechingerstr. 59 ✉ *72072* – ℰ *(07071) 94 66 60* – *www.lacasa-tuebingen.de* – geschl. 24. Dezember - 6. Januar, 7. - 28. August Xb
39 Zim – †132/162 € ††156/182 €, ☑ 18 € – 2 Suiten
Rest *Hospederia La Casa* – siehe Restaurantauswahl

◆ Erwähnenswert ist hier zum einen die Lage im architektonisch interessanten Lorettoviertel im Süden der Stadt, aber auch der mediterran-orientalische Stil und nicht zuletzt der auffallend freundliche und persönliche Service! Fragen Sie nach den Zimmern mit Balkon zum Innenhof. Wertiger Freizeitbereich (Behandlungen vorab buchen).

Stadt Tübingen
Stuttgarter Str. 97 ✉ *72072* – ℰ *(07071) 3 10 71* – *www.hotel-stadt-tuebingen.de* – geschl. 20. Dezember - 6. Januar, 1. - 15. August Xa
70 Zim ☑ – †92/140 € ††125/210 €
Rest – (geschl. Sonntag und an Feiertagen) Menü 20 € (mittags)/45 € – Karte 30/51 €

◆ Die gute Verkehrsanbindung und die moderne technische Ausstattung (W-Lan kostenfrei) machen das gut geführte Hotel vor allem für Geschäftsreisende interessant. Zimmer von "Business" bis "Provence". Das Restaurant bietet regionale und internationale Küche.

Domizil (mit Gästehaus)
Wöhrdstr. 5 ✉ *72072* – ℰ *(07071) 13 90* – *www.hotel-domizil.de* Zn
79 Zim ☑ – †106/115 € ††137/145 €
Rest – (geschl. 23. Dezember - 16. Januar sowie Sonntag und an Feiertagen) Karte 21/34 €

◆ Ein aus drei Gebäuden bestehender Komplex, der mit einem Architekturpreis ausgezeichnet wurde. Die zeitgemäß-funktionellen Zimmer liegen teilweise schön zum Neckar hin. Restaurant in neuzeitlichem Stil und Terrasse mit Flussblick.

Krone
Uhlandstr. 1 ✉ *72072* – ℰ *(07071) 1 33 10* – *www.krone-tuebingen.de* Zb
43 Zim ☑ – †109/139 € ††139/159 €
Rest *Uhlandstube* – siehe Restaurantauswahl
Rest *Ludwig's* – ℰ (07071) 13 31 21 – Menü 30 € – Karte 26/40 €

◆ Ein traditionelles Stadthotel, seit 1885 in Familienhand, mit individuellen Zimmern von neuzeitlich bis klassisch. Für das Haus spricht auch die Lage am Neckar. Brasserie Ludwig's im modernen Glasanbau.

Am Schloss (mit Gästehaus)
Burgsteige 18 ✉ *72070* – ℰ *(07071) 9 29 40* – *www.hotelamschloss.de* Yc
37 Zim ☑ – †65/75 € ††118/148 €
Rest – (geschl. 2. - 19. Januar) Menü 38/48 € – Karte 31/44 €

◆ Beim Schloss, in einer steilen Gasse, steht das Stadthaus a.d. 16. Jh. Die Zimmer haben alle ihre individuelle Note in Einrichtung und Zuschnitt. Von der Restaurantterrasse schaut man auf die Dächer der Altstadt.

TÜBINGEN

Alberstr.	X	2
Ammergasse	Y	5
Am Markt	Y	
Derendinger Str.	X, Z	8
Friedrichstr.	Z	12
Froschgasse	Y	15
Goethestr.	X	18
Hirschgasse	Y	21
Hölderlinstr.	X	24
Holzmarkt	Y	27
Karlstr.	Y	
Kirchgasse	Y	30
Kronenstr.	Y	33
Lange Gasse	Y	
Mohlstr.	X	36
Münzgasse	Y	39
Mühlstr.	Y	
Neckargasse	Y	42
Nürtinger Str.	X	45
Pfleghofstr.	Y	48
Pfrondorfer Str.	X	51
Poststr.	Z	54
Reutlinger Str.	X	57
Rheinlandstr.	X	58
Schmiedtorstr.	Y	60
Sigwartstr.	X	63
Wilhelmstr.	X, Y	

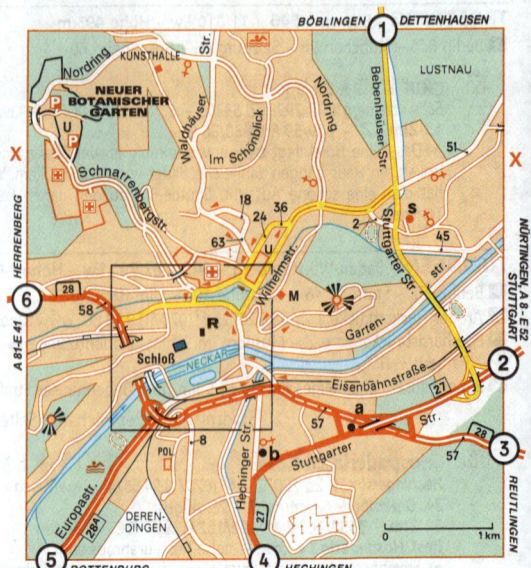

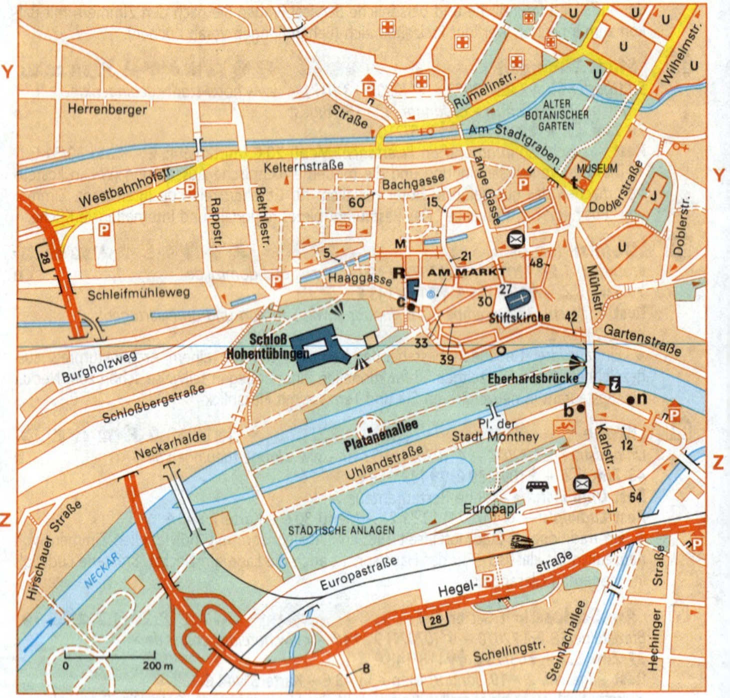

TÜBINGEN

XX **Rosenau**
Rosenau 15 (beim Botanischen Garten über Schnarrenbergstraße X*)* ✉ 72076
– ℘ (07071) 68 88 6 – www.restaurant-rosenau.de
– geschl. Montag
Rest – Menü 19 € (mittags)/60 € – Karte 32/52 €

♦ Mit seinem bunten Glaskuppeldach vermittelt das lichte Restaurant am Botanischen Garten Orangerie-Atmosphäre. Beliebte Terrasse. Überwiegend traditionelle und regionale Küche.

XX **Uhlandstube** – Hotel Krone
Uhlandstr. 1 ✉ *72072* – ℘ *(07071) 1 33 10* – www.krone-tuebingen.de   Z**b**
Rest – Menü 35 € (mittags)/64 € – Karte 34/50 €

♦ Benannt wurde das Lokal nach dem Tübinger Dichter, Jurist und Politiker Ludwig Uhland. Holzvertäfelte Wände und nett gedeckte Tische sorgen für gepflegte Gastlichkeit.

XX **Hospederia La Casa** – Hotel Hospederia La Casa
Hechingerstr. 59 ✉ *72072* – ℘ *(07071) 94 66 60*
– www.lacasa-tuebingen.de – geschl. 24. Dezember - 6. Januar, 7. - 28. August
Rest – (nur Abendessen) Menü 36/56 € – Karte 41/55 €   X**b**

♦ Ein angenehmes "Mix & Match" südländischer Einrichtungselemente könnte man die Styling-Formel des Restaurant-Ambientes nennen. Die schmackhaften Gerichte werden vom geschulten Service aufgetischt. Mi., Fr., Sa. Live-Piano! Lauschige Terrasse.

XX **Museum**
Wilhelmstr. 3 ✉ *72074* – ℘ *(07071) 2 28 28* – www.restaurant-museum.de
Rest – Menü 35 € – Karte 32/70 €   Y**t**

♦ Die hohen Restauranträume vereinen modernen Stil und den historischen Rahmen des Museumsgebäudes. Geboten wird internationale und regionale Küche. Für Feierlichkeiten hat man den prächtigen Uhlandsaal!

In Tübingen-Bebenhausen Nord: 6 km über Bebenhäuser Straße X

🏠 **Landhotel Hirsch**
Schönbuchstr. 28 ✉ *72074* – ℘ *(07071) 6 09 30* – www.landhotel-hirsch-bebenhausen.de
12 Zim 🖥 – ♦72/102 € ♦♦136/177 €
Rest – (geschl. Dienstag) Menü 40/60 € – Karte 32/55 €

♦ In dem traditionsreichen Haus stehen liebenswert eingerichtete Zimmer bereit, die ländlichen Charme mit eleganter Note verbinden. Das Restaurant empfängt seine hungrigen Gäste mit hübschem Ambiente und freundlichem Service.

XXX **Waldhorn**
❀ *Schönbuchstr. 49* ✉ *72074* – ℘ *(07071) 6 12 70*
– www.waldhorn-bebenhausen.de – geschl. Montag - Dienstag
Rest – (Tischbestellung ratsam) Menü 39 € (mittags)/89 € – Karte 50/80 €
Spez. Hummer mit Avocado und Zuckertomate im Chilifond. Rehrücken mit Johannisbeersoße, Selleriepüree und Kräuterschupfnudeln. Soufflé von Zitronenverveine mit Rhabarberkompott.

♦ Felix Braunwald lässt eine feine klassische Küche servieren, die sich an der Saison orientiert. Für die aufmerksame und freundliche Betreuung der Gäste ist Dorothea Schulz-Schilling verantwortlich. Elegante Stuben mit jahreszeitlicher Dekoration, Terrasse im Grünen.

In Tübingen-Lustnau

XX **Basilikum**
Kreuzstr. 24 ✉ *72074* – ℘ *(07071) 8 75 49*
– www.ristorantebasilikum.de – geschl. August 2 Wochen und Sonntag   X**s**
Rest – Menü 28/34 € – Karte 30/48 €

♦ Auf frische Produkte und schmackhafte Zubereitung wird in diesem netten, sehr persönlich und familiär geleiteten kleinen Restaurant besonders viel Wert gelegt. Die Pasta wird natürlich selbst gemacht.

TUNTENHAUSEN – Bayern – 546 – 6 990 Ew – Höhe 508 m 66 M21
▶ Berlin 570 – München 42 – Rosenheim 19

In Tuntenhausen-Maxlrain Süd-West: 5,5 km Richtung Beyharting, dann links Richtung Bad Aibling

Schlosswirtschaft Maxlrain
Freiung 1 ⊠ 83104 – ℰ (08061) 83 42
– www.schlosswirtschaft-maxlrain.de – geschl. Montag - Dienstag
Rest – Karte 24/35 €
• Ehrliche bayerische Küche, Bier aus der Brauerei vis-à-vis und legerer Service in Tracht - eben ein gemütlicher Gasthof mit Tradition. Die fairen Preise kommen bei den Gästen an, ebenso der Biergarten.

TUTTLINGEN – Baden-Württemberg – 545 – 34 590 Ew – Höhe 645 m 62 F20
– Wintersport: 902 m ≴3 ≵
▶ Berlin 753 – Stuttgart 128 – Konstanz 70 – Freiburg im Breisgau 88
🛈 Rathausstr. 1, ⊠ 78532, ℰ (07461) 9 93 40, www.tuttlingen.de

In Tuttlingen-Möhringen Süd-West: 5 km – Luftkurort

Löwen (mit Gästehaus)
Mittlere Gasse 4 ⊠ 78532 – ℰ (07462) 62 77
– www.loewen-moehringen.de
13 Zim – †46/49 € ††68/78 €
Rest – (geschl. Mittwochabend - Donnerstag) Karte 22/33 €
• Der erweiterte Gasthof wird familiär geleitet und verfügt über helle, tipptopp gepflegte und funktionell ausgestattete Zimmer, die sich teilweise auch für Familien eignen. Bürgerlich-rustikal speist man im Restaurant.

Außerhalb Süd-Ost: 6 km über B 14 Richtung Stockach

Landhotel Hühnerhof
Äussere Talhöfe 2 ⊠ 78532 Tuttlingen – ℰ (07461) 9 65 50
– www.tut-hotel.de
46 Zim – †79/118 € ††108/158 € – ½ P 15 €
Rest – Karte 12/36 €
• Ein zum Hotel gewachsener Gasthof in verkehrsgünstiger Lage mit gepflegten und praktisch eingerichteten Zimmern. Auch Appartements für Langzeitgäste stehen bereit. Bürgerliche Gaststube mit großer Terrasse. Schöner Kinderspielplatz.

TUTZING – Bayern – 546 – 9 480 Ew – Höhe 611 m – Luftkurort 65 L21
▶ Berlin 627 – München 40 – Starnberg 15 – Weilheim 14
🛈 Tutzing, Deixlfurt 7, ℰ (08158) 36 00

Am See - Lidl (mit Gästehaus)
Marienstr. 16 ⊠ 82327 – ℰ (08158) 9 95 00
– www.hotelamsee-tutzing.de
29 Zim – †80/95 € ††105/110 € – ½ P 25 € – 3 Suiten
Rest – (geschl. November - März: Dienstag) (nur Abendessen) Menü 22/27 €
– Karte 18/39 €
• Das familiär geleitete ehemalige Fischerhaus a. d. 14. Jh. besticht durch seine Lage direkt am See, wo man einen eigenen Bade- und Bootssteg hat. Gepflegte, funkionelle Zimmer. Gemütlich-rustikale Gaststube und Wintergarten zum See hin.

Zum Reschen garni
Marienstr. 7 ⊠ 82327 – ℰ (08158) 93 90
– www.zumreschen.de
18 Zim – †52/66 € ††80/93 €
• Solide und praktisch ausgestattete Gästezimmer stehen in dieser netten familiären Pension bereit. Zum See ist es nur ein kurzer Spaziergang.

TWIST – Niedersachsen – 541 – 9 630 Ew – Höhe 18 m   16 C7
▶ Berlin 523 – Hannover 255 – Nordhorn 25 – Bremen 147

In Twist-Bült

Gasthof Backers - Zum alten Dorfkrug mit Zim
Kirchstr. 25 ⌧ 49767 – ℰ (05936) 90 47 70
– www.gasthof-backers.de – geschl. Dienstag, Samstagmittag
4 Zim – †45 € ††75 €   **Rest** – Menü 32 € – Karte 26/47 €
♦ In dem behaglichen Landgasthof (schon seit 1842 ein Familienbetrieb) macht die schmackhafte Regionalküche mit Helmut Backers Appetit - er verwendet hierfür gerne heimische Produkte! So tischt seine charmante Frau Irene z. B. Kotelett vom Bunten Bentheimer Schwein mit Spargel und Bärlauchbutter auf.

ÜBERHERRN – Saarland – 543 – 11 740 Ew – Höhe 377 m   45 B17
▶ Berlin 743 – Saarbrücken 36 – Saarlouis 13 – Metz 52

Linslerhof (mit Gästehäusern)
Linslerhof 1 (Ost: 2 km) ⌧ 66802 – ℰ (06836) 80 70 – www.linslerhof.de
62 Zim – †80/166 € ††119/186 € – ½ P 25 €
Rest *St. Antonius-Stube* – (geschl. Sonntagabend) (Montag - Samstag nur Abendessen)
Menü 32/49 € – Karte 36/54 €
Rest *Georgstube* – (geschl. Sonntag) Karte 25/36 €
♦ Ein schöner historischer Gutshof in ruhiger Lage, dessen verschiedene Gebäude sich auf 330 ha verteilen. Mit einem Blick fürs Detail hat Brigitte von Boch-Galhau liebenswerte Zimmer im englischen Landhausstil und gemütliche Restauranträume geschaffen. In der Georgstube isst man regional-saisonal, in der St. Antonius-Stube etwas gehobener.

ÜBERKINGEN, BAD – Baden-Württemberg – 545 – 3 840 Ew – Höhe 440 m   56 I19
– Heilbad

▶ Berlin 598 – Stuttgart 62 – Göppingen 21 – Ulm (Donau) 37
🛈 Badstr. 14, ⌧ 73337, ℰ (07331) 96 19 19, www.bad-ueberkingen.de
⛳ Bad-Überkingen-Oberböhringen, Beim Bildstöckle, ℰ (07331) 6 40 66

Bad-Hotel (mit Gästehäusern)
Otto-Neidhart-Platz 1 ⌧ 73337 – ℰ (07331) 30 20 – www.bad-hotel.de
– geschl. 1. - 8. Januar
52 Zim – †78/98 € ††123/143 € – ½ P 27 €
Rest *Olive* – Menü 19/35 € – Karte 23/44 €
♦ Die neuzeitliche Einrichtung und die Lage am Kurpark machen dieses Hotel aus. Im Alten Pfarrhaus sind die Zimmer besonders hübsch und wohnlich. Auch Appartements vorhanden. International-mediterranes Angebot mit regionalen Einflüssen im Restaurant Olive.

ÜBERLINGEN – Baden-Württemberg – 545 – 21 700 Ew – Höhe 403 m   63 G21
– Kneippheilbad und Erholungsort

▶ Berlin 743 – Stuttgart 172 – Konstanz 40 – Ravensburg 46
🛈 Landungsplatz 5, ⌧ 88662, ℰ (07551) 9 47 15 22, www.ueberlingen.de
⛳ Owingen-Hofgut Lugenhof, Alte Owinger Str. 93, ℰ (07551) 8 30 40
◉ Stadtbefestigungsanlagen★ A – Münster★ – Rathaus (Ratssaal★) R B

Stadtplan auf der nächsten Seite

Bad-Hotel (mit Villa Seeburg)   As
Christophstr. 2 ⌧ 88662 – ℰ (07551) 83 70 – www.bad-hotel.info
63 Zim – †72/145 € ††135/170 € – ½ P 25 €
Rest – (geschl. November, Januar - März und Dezember: Montag - Dienstag)
Karte 28/55 €
♦ Geräumige, klassisch-wohnliche Zimmer im Badhotel a. d. 19. Jh. und in der Jugendstilvilla. Letztere bietet in fast allen Zimmern Seeblick und teilweise Balkon. Schöne Lage am Park. Eine hübsche Terrasse zum See ergänzt das freundliche Restaurant.

1239

ÜBERLINGEN

Bahnhofstr.	A 2
Christophstr.	A 3
Franziskanerstr.	B 5
Gradebergstr.	B 6
Hafenstr.	B 8
Hizlerstr.	B 9
Hochbildstr.	B 10
Hofstatt	
Jakob-Kessenring-Str.	A 12
Klosterstr.	A 14
Krummebergstr.	B 15
Landungspl.	B 17
Lindenstr.	B 19
Luziengasse	B 20
Marktstr.	AB 22
Münsterstr.	
Obertorstr.	B 23
Owinger Str.	B 25
Pfarrhofstr.	B 26
Schlachthausstr.	B 30
Seestr.	B 31
St-Ulrich-Str.	B 28

Parkhotel St. Leonhard
Obere St.-Leonhard-Str. 71
(über Obertorstraße B) ✉ 88662 – ☎ (07551) 80 81 00
– www.parkhotel-sankt-leonhard.de
172 Zim ⊇ – ♦105/160 € ♦♦155/255 € – ½ P 25 € – 16 Suiten
Rest – Menü 25 € (mittags)/42 € – Karte 26/44 €

♦ Schön ist die etwas erhöhte Lage in einem Park mit Wildgehege. Die Gästezimmer sind klassisch gehalten, die Suiten modern. Viele Zimmer mit tollem Blick über den See. Beautyangebot. Restaurant mit Weinstube und Wintergarten, davor die Terrasse mit einmaliger Sicht.

Wiestor garni
Wiestorstr. 17 ✉ 88662 – ☎ (07551) 8 30 60 – www.wiestor.com   B a
16 Zim ⊇ – ♦59/71 € ♦♦85/99 €

♦ Mitten in der Altstadt liegt das familiengeführte kleine Hotel mit seinen gepflegten und sehr wohnlichen Gästezimmern. In wenigen Gehminuten erreicht man die Uferpromenade.

Stadtgarten
Bahnhofstr. 22 (über A) ✉ 88662 – ☎ (07551) 45 22 – www.hotel-stadtgarten.com
– geschl. 1. November - 15. März
36 Zim ⊇ – ♦45/65 € ♦♦90/130 € – ½ P 15 € – 2 Suiten
Rest – (geschl. Mittwochabend) Karte 19/32 €

♦ Die zentrumsnahe Lage am namengebenden Stadtgarten, freundliche und funktionale Zimmer sowie ein hübsch angelegter Garten mit Seeblick sprechen für dieses Haus. Kosmetiksalon.

Alpenblick garni
Nussdorferstr. 35 (über Mühlenstraße B) ✉ 88662 – ☎ (07551) 9 20 40
– www.alpenblickhotel.de – geschl. 15. Dezember - 6. Januar
22 Zim ⊇ – ♦58/78 € ♦♦88/115 €

♦ In dem Familienbetrieb stehen unterschiedlich gestaltete Zimmer von klassisch bis modern zur Verfügung, manche mit Balkon und Blick zum ca. 600 m entfernten See.

Bürgerbräu mit Zim
Aufkircher Str. 20 ✉ 88662 – ☎ (07551) 9 27 40
– www.buergerbraeu-ueberlingen.com – geschl. Montag - Dienstag   B c
12 Zim ⊇ – ♦64/68 € ♦♦94/98 €   **Rest** – Menü 32/62 € – Karte 26/46 €

♦ Ein schönes Restaurant in der Altstadt, in dem man mit holzvertäfelten Wänden und modernen Elementen ein zeitgemäß-traditionelles Interieur geschaffen hat. Internationale Küche. Die Gästezimmer sind freundlich und behaglich eingerichtet.

ÜBERLINGEN

In Überlingen-Andelshofen Ost: 3 km über Hochbildstraße B

🏨 Johanniter-Kreuz
Johanniterweg 11 ⊠ 88662 – ℰ (07551) 93 70 60 – www.johanniter-kreuz.de
29 Zim – †75/100 € ††120/170 € – ½ P 31 € – 1 Suite
Rest *Johanniter-Kreuz* – siehe Restaurantauswahl

♦ Ein zum Hotel gewachsenes historisches Bauernhaus. Besonders schön sind die Designer- und Gartenzimmer, ebenso modern der verglaste Frühstücksraum und die hübsche Terrasse.

🏨 Sonnengarten garni
Zum Brandbühl 19 ⊠ 88662 – ℰ (07551) 8 30 00 – www.wohlfuehlhotel-sonnengarten.de
20 Zim – †60/95 € ††95/125 €

♦ Ruhig liegt das gepflegte, von Mutter und Tochter geleitete kleine Hotel am Ortsrand. Feng-Shui-Zimmer in mediterranen Farben, heller kleiner Saunabereich und schöner Garten.

✕✕ Johanniter-Kreuz – Hotel Johanniter-Kreuz
Johanniterweg 11 ⊠ 88662 – ℰ (07551) 93 70 60 – www.johanniter-kreuz.de – geschl. Montag - Dienstagmittag
Rest – Menü 31/60 € – Karte 37/51 €

♦ Gäste platziert man im Stall! Doch erinnert nur noch wenig an früher, als tatsächlich hier das Vieh untergebracht war! Loderndes Kaminfeuer und gelb-weiße Hussenstühle sorgen für einen schönen Rahmen.

In Überlingen-Lippertsreute Nord-Ost: 9 km über Hochbildstraße B

🏨 Landgasthof zum Adler (mit Gästehaus)
Hauptstr. 44 ⊠ 88662 – ℰ (07553) 8 25 50 – www.adler-lippertsreute.de
16 Zim – †62/75 € ††75/108 € – ½ P 19 €
Rest *Landgasthof zum Adler* – siehe Restaurantauswahl

♦ Das schöne große Anwesen hat eine lange Familientradition. Die Zimmer sind sehr behaglich, einige sind Appartements mit Kochgelegenheit. Hübsche Liegewiese hinter dem Haus.

🏨 Landgasthof Brauerei Keller
Riedweg 4 ⊠ 88662 – ℰ (07553) 82 72 90 – www.landgasthofbrauereikeller.de – geschl. 27. Dezember - 20. Januar
15 Zim – †40/60 € ††65/95 € – ½ P 15 €
Rest – (geschl. Montag - Dienstag) Karte 19/42 €

♦ Der seit vielen Jahren familiengeführte Gasthof mit den roten Fensterläden bietet Ihnen schlichte, tipptopp gepflegte Zimmer im Haupthaus oder im Anbau. Gaststube mit sympathisch-ländlichem Charakter, dazu eine lauschige Terrasse unter Kastanienbäumen.

✕ Landgasthof zum Adler – Hotel Landgasthof zum Adler
Hauptstr. 44 ⊠ 88662 – ℰ (07553) 8 25 50 – www.adler-lippertsreute.de – geschl. Mittwochabend - Donnerstag
Rest – Karte 25/44 €

♦ Ein prächtiges, über 300 Jahre altes Fachwerkgebäude öffnet seine Türen und empfängt Sie in urgemütlichen Stuben mit traditionellen schwäbischen Gerichten, die durch kreative Ideen verfeinert werden.

JECKERMÜNDE – Mecklenburg-Vorpommern – **542** – 10 130 Ew – Höhe 5 m 14 Q5
- Erholungsort

▶ Berlin 167 – Schwerin 199 – Neubrandenburg 69 – Greifswald 71

ℹ Altes Bollwerk 9, ⊠ 17373, ℰ (039771) 2 84 84, www.ueckermuende.de

🏨 Pommern Mühle
Liepgartener Str. 88a ⊠ 17373 – ℰ (039771) 20 00 – www.pommern-muehle.de
39 Zim – †56/61 € ††85/96 € – ½ P 13 €
Rest – (Januar - Februar: Montag - Freitag nur Abendessen) Karte 11/23 €

♦ Das Herzstück der schmucken Hotelanlage ist die schön restaurierte Windmühle a. d. 19. Jh.! Die Lage ist ruhig, das Ambiente wohnlich und der Freizeitbereich (Sauna, Schwimmbad, Fitness) ist im Preis inbegriffen. Zum Restaurant gehören ein Wintergarten und eine Schenke in der Mühle.

UELZEN – Niedersachsen – 541 – 34 310 Ew – Höhe 35 m — 19 J7
▶ Berlin 233 – Hannover 99 – Braunschweig 83 – Celle 53
🛈 Herzogenplatz 2, ✉ 29525, ☏ (0581) 8 00 61 72, www.uelzen.de

In Uelzen-Holdenstedt Süd-West: 4 km Richtung Celle

Holdenstedter Hof mit Zim
Holdenstedter Str. 64 ✉ 29525 – ☏ (0581) 97 63 70 – www.holdenstedterhof.de – geschl. Oktober und Montag - Dienstag
4 Zim – †45/55 € ††75 €   **Rest** – Menü 24/49 € – Karte 25/46 €
♦ Schmackhaft und frisch ist die bürgerliche und internationale Küche dieses Familienbetriebs. Die Gäste nehmen in der holzgetäfelten Bauernstube, im freundlichen eleganten Restaurant oder im Sommer auf der hübschen Gartenterrasse Platz.

ÜRZIG – Rheinland-Pfalz – 543 – 870 Ew – Höhe 106 m — 46 C15
▶ Berlin 691 – Mainz 124 – Trier 51 – Bernkastel-Kues 10

Zur Traube (mit Gästehaus)
Am Moselufer 16 (B 53) ✉ 54539 – ☏ (06532) 93 08 30 – www.zurtraubeuerzig.de – geschl. Januar - März
13 Zim – †55/145 € ††60/145 €   **Rest** – (geschl. Mittwoch) Karte 21/67 €
♦ Ein nettes und sehr gepflegtes kleines Hotel unter familiärer Leitung mit zeitgemäßen Zimmern, die im Haupthaus etwas größer sind und teilweise moselseitig liegen. Zum neuzeitlichen Restaurant gehört eine überdachte Moselterrasse.

Moselschild mit Zim
Am Moselufer 14 (B 53) ✉ 54539 – ☏ (06532) 93 93 30 – www.moselschild.de – geschl. Januar - Februar 4 Wochen und Donnerstag, außer an Feiertagen
12 Zim – †55/65 € ††90/125 €   **Rest** – Menü 29/40 € – Karte 29/57 €
♦ In dem familiengeführten Restaurant bietet man schmackhafte regionale Küche und klassische Menüs sowie freundlichen Service, der von der Chefin geleitet wird. Schön sitzt man auf der Terrasse mit Moselblick. Wohnliche, teilweise recht moderne Gästezimmer, einige mit Balkon zum Fluss.

UETERSEN – Schleswig-Holstein – 541 – 17 630 Ew – Höhe 6 m — 10 H5
▶ Berlin 319 – Kiel 101 – Hamburg 37 – Itzehoe 35
🏌 Gut Haseldorf - Haselau, Heister Feld 7, ☏ (04122) 85 35 00

Mühlenpark
Mühlenstr. 49 ✉ 25436 – ☏ (04122) 9 25 50 – www.muehlenpark.de
25 Zim – †92 € ††132 €
Rest – (geschl. Samstag - Sonntag) (nur Abendessen) Karte 25/41 €
♦ Das stilvolle Gebäude auf einem Grundstück mit altem Baumbestand ist schon ein schmuckes Anwesen! Im Anbau erwarten Sie geräumige Gästezimmer mit klassischer Einrichtung, in der Villa selbst das Restaurant mit internationaler Küche. Schöne Terrasse.

PARKHOTEL-Rosarium
Berliner Str. 10 ✉ 25436 – ☏ (04122) 9 21 80 – www.parkhotel-rosarium.de
37 Zim – †43/76 € ††91/103 €, ⌑ 12 €   **Rest** – Karte 27/51 €
♦ Unmittelbar am wunderschönen Rosarium der Rosen- und Hochzeitsstadt Uetersen liegt das familiengeführte Hotel. Beeindruckend ist die Ausstellung von über 5000 Golfbällen aus der ganzen Welt. Von der hübschen Terrasse schaut man auf Park und Mühlenteich.

UFFING am STAFFELSEE – Bayern – 546 – 2 950 Ew – Höhe 659 m — 65 K2
▶ Berlin 660 – München 71 – Innsbruck 90

Seerestaurant Alpenblick
Kirchtalstr. 30 ✉ 82449 – ☏ (08846) 93 00 – www.seerestaurant-alpenblick.de
– geschl. Mitte September - April: Donnerstag
Rest – Menü 20 € (mittags) – Karte 21/53 €
♦ Ein ländliches Restaurant in wunderbarer Lage direkt am Staffelsee mit einem der schönsten Biergärten der Region. Man serviert regionale Klassiker und international Küche.

UHLDINGEN-MÜHLHOFEN – Baden-Württemberg – **545** – 7 950 Ew   63 G21
– Höhe 398 m – Erholungsort

▶ Berlin 736 – Stuttgart 181 – Konstanz 19 – Ravensburg 38
i Schulstr. 12, ✉ 88690, ℰ (07556) 9 21 60, www.seeferien.com
○ Pfahlbaumuseum ★★
◉ Birnau-Maurach: Wallfahrtskirche ★, Nord-West: 3 km

Im Ortsteil Maurach

Seehalde
Birnau-Maurach 1 ✉ 88690 – ℰ (07556) 9 22 10 – www.seehalde.de – geschl. Anfang Januar - Anfang März
21 Zim – †80/90 € ††125/160 € – ½ P 27 €
Rest Seehalde  – siehe Restaurantauswahl
♦ Zwei Generationen der Familie Gruler leiten dieses einmalig schön gelegene Haus gemeinsam. Über die Liegewiese gelangt man direkt zum See, den man auch von den Zimmern aus sehen kann.

Pilgerhof und Rebmannshof
Maurach 2 ✉ 88690 – ℰ (07556) 93 90 – www.hotel-pilgerhof.de
48 Zim – †55/85 € ††100/160 € – ½ P 23 €
Rest – (geschl. November - Februar: Montag) Karte 18/34 €
♦ Wohnlich und zeitgemäß sind die teilweise südseitigen Zimmer in dem Hotel am See - bestehend aus dem Pilgerhof und dem historischen Rebmannshof. Eigenes Strandbad. Restaurant mit neuzeitlichem Ambiente. Toll ist die Terrasse am Rebmannshof.

XX Seehalde – Hotel Seehalde
Birnau-Maurach 1 ✉ 88690 – ℰ (07556) 9 22 10 – www.seehalde.de – geschl. Anfang Januar - Anfang März und Dienstag - Mittwochmittag
Rest – Menü 34/75 € – Karte 34/63 €
♦ Einen Besuch bei den Grulers vergisst man so schnell nicht: Einmalig ist der Seeblick aus den Panoramafenstern des gepflegten Restaurants oder von der herrlichen Terrasse. Die schwäbische Küche erhält dank eigener Kräuter eine besondere Note.

Im Ortsteil Seefelden

Landhotel Fischerhaus (mit Gästehäusern)
✉ 88690 – ℰ (07556) 92 94 90 – www.fischerhaus-seefelden.de – geschl. November - März
23 Zim (inkl. ½ P.) – †120/150 € ††190/250 € – 6 Suiten
Rest – (nur Abendessen für Hausgäste)
♦ Ein wunderschön angelegtes parkähnliches Grundstück mit herrlichem Seeblick. Im historischen Fachwerkgebäude und den Gästehäusern wohnt man sehr angenehm und genießt den herzlichen Service. Hausgästen bietet man gute HP-Menüs. Hübsche Terrasse.

Im Ortsteil Unteruhldingen

Seevilla
Seefelder Str. 36 ✉ 88690 – ℰ (07556) 9 33 70 – www.seevilla.de
24 Zim – †113/135 € ††138/160 € – ½ P 15 €
Rest – (nur Abendessen) Karte 25/40 €
♦ Eine ansprechende Adresse ist die bei den Pfahlbauten gelegene Villa mit ihren wohnlichen, stimmig eingerichteten Zimmern und dem großzügigen Appartement unterm Dach. Reichhaltiges Frühstücksbuffet. Restaurant mit Wintergarten und schöner Terrasse.

Mainaublick (mit Gästehaus)
Seefelder Str. 22 ✉ 88690 – ℰ (07556) 9 21 30 – www.hotel-mainaublick.de – geschl. 25. Oktober - 1. April
32 Zim – †53/55 € ††106/116 € – ½ P 18 €
Rest – Karte 21/49 €
♦ Hinter der etwas unscheinbaren Fassade bietet das Ferienhotel nahe dem Yachthafen schöne, zeitgemäße Gästezimmer. Auch Beauty-Anwendungen werden angeboten. Eine Terrasse zur Uferpromenade ergänzt das in ländlichem Stil gehaltene Restaurant.

UHLSTÄDT-KIRCHHASEL – Thüringen – **544** – 6 380 Ew – Höhe 190 m 41 L13
▶ Berlin 283 – Erfurt 79 – Saalfeld 21 – Gera 61

Im Ortsteil Weißen

Kains Hof
Weißen 19 ⌧ 07407 – ℰ (036742) 6 11 30 – www.hotelkainshof.com
– geschl. 2. - 18. Januar
15 Zim ⌴ – †49/54 € ††76/79 € **Rest** – *(geschl. Dienstag)* Karte 15/26 €
♦ Mit seiner liebenswerten Fachwerkfassade verspricht der ehemalige Bauernhof in dem beschaulichen Dorf schon von außen ländlichen Charme. Neben gemütlich-rustikalen Gaststuben hat man im Sommer eine lauschige Terrasse im Innenhof. Das Haus wird engagiert geführt.

ULM (DONAU) – Baden-Württemberg – **545** – 122 090 Ew – Höhe 478 m 56 I19
▶ Berlin 613 – Stuttgart 93 – Augsburg 80 – München 138
ADAC Neue Str. 40 Z
🛈 Münsterplatz 50 Z, ⌧ 89073, ℰ (0731) 1 61 28 30, www.tourismus.ulm.de
⛳ Illerrieden, Wochenauer Hof 2, ℰ (07306) 92 95 00

Veranstaltungen
10.-12. Februar: Gartenträume
16.-19. Februar: Jagd & Fischerei
24. März-1. April: Leben-Wohnen-Freizeit
1.-4. November: Herbstmesse
Messegelände: Ausstellungsgelände an der Donauhalle, Böflingerstr. 50 (über Wielandstraße X), ⌧ 89073, ℰ (0731) 92 29 90

◉ Münster ★★★ (Turm ✱★★) - Museum der Brotkultur ★ **M²** Y – Jahnufer (Neu-Ulm) ≤★★ – Fischerviertel ★ – Ulmer Museum ★ **M¹** Z

LAGO
Friedrichsau 50 , (Donauhalle) ⌧ 89073 – ℰ (0731) 2 06 40 00 – www.hotel-lago.de
60 Zim – †98/128 € ††109/139 €, ⌴ 17 € Xv
Rest *LAGO* – siehe Restaurantauswahl
♦ Buchen Sie ein Zimmer zum See - der Blick aus dem Fenster ist verlockend (man kann hier baden!). Auch die Einrichtung spricht einen an: klare Linien und schicke Farbakzente, dazu Internet, Telefon ins dt. Festnetz und Minibar gratis.

Schiefes Haus garni
Schwörhausgasse 6 ⌧ 89073 – ℰ (0731) 96 79 30 – www.hotelschiefeshausulm.de
11 Zim ⌴ – †119/125 € ††148 € Zn
♦ Gerade Wände sucht man hier vergeblich! In diesem liebenswerten kleinen Haus a. d. 15. Jh. ist so ziemlich alles schief - nur die Betten nicht! Das hochwertige moderne Design ist ein charmanter Kontrast zu alten Holzbalken und knarrenden Dielenböden. Zimmer Nr. 6 ist am schiefsten!

Roter Löwe
Ulmer Gasse 8 ⌧ 89077 – ℰ (0731) 14 08 90 – www.hotel-roter-loewe.de
35 Zim ⌴ – †90/115 € ††115/130 € **Rest** – *(geschl. Sonntag)* Karte 13/36 € Ym
♦ Das Hotel im Zentrum beherbergt im Altbau individuelle Zimmer, einige davon sind mit geschmackvollen Designermöbeln eingerichtet. Der Anbau ist in neuzeitlichem Stil gehalten. In der gemütlichen Gaststube bietet man bayerische Gerichte.

Comfor garni
Frauenstr. 51 ⌧ 89073 – ℰ (0731) 9 64 90 – www.comfor.de – geschl. 24. Dezember - 3. Januar
102 Zim ⌴ – †75/90 € ††95/115 € – 16 Suiten Yn
♦ Ein zeitgemäß-funktionales Hotel in der Innenstadt - günstig parken können Sie im Parkhaus Frauenstraße. Einige Zimmer mit Freisitz zum Innenhof; auch Familienzimmer vorhanden.

Neuthor garni
Neuer Graben 17 ⌧ 89073 – ℰ (0731) 9 75 27 90 – www.hotel-neuthor.de – geschl. 24. Dezember - 9. Januar
24 Zim ⌴ – †75/95 € ††110 € Ye
♦ Freundlich und funktionell ist das Ambiente in dem Nichtraucher-Hotel in der Altstadt - das Museum für Brotkultur liegt in Fußnähe. Tipp für Autofahrer: Parkhaus Salzstadel.

ULM

Allgäuer Ring	X 3
Augsburger-Tor-Pl.	X 4
Bahnhofstr.	Y
Bahnhofstr.	X 5
Basteistr.	X 7
Bismarckring	X 10
Dreikönigsgasse	X 16
Fischergasse	Z 19
Fischerplätze	Z 20
Friedrich-Ebert-Str.	Z 21
Gideon-Bacher-Str.	Z 23
Glöcklerstr.	Z 24
Herdbruckerstr.	Z 25
Hermann-Köhl-Str.	X 27
Hindenburgring	X 28
Hirschstr.	Y 29
König-Wilhelm-Str.	X 32
Kornhausgasse	Z 33
Krampgasse	Z 34
Kronengasse	Z 35
Ludwigstr.	Z 37
Marienstr.	Z 38
Marktpl.	Z 39
Memminger Str.	X 40
Münsterpl.	Z 43
Neuer Graben	Y 44
Neue Str.	Y
Platzgasse	Y
Römerstr.	Z 49
Schuhhausgasse	Y 52
Schweinemarkt	Z 54
Schwilmengasse	Z 55
Schwörhausgasse	Z 56
Stadtmauer	Z 59
Stuttgarter Str.	X 61
Theodor-Pfizer-Pl.	Z 64
Wiblinger Str.	X 62
Zinglerstr.	X 63

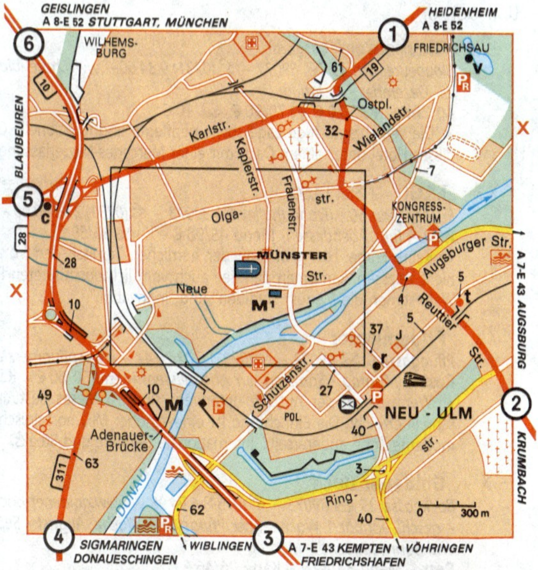

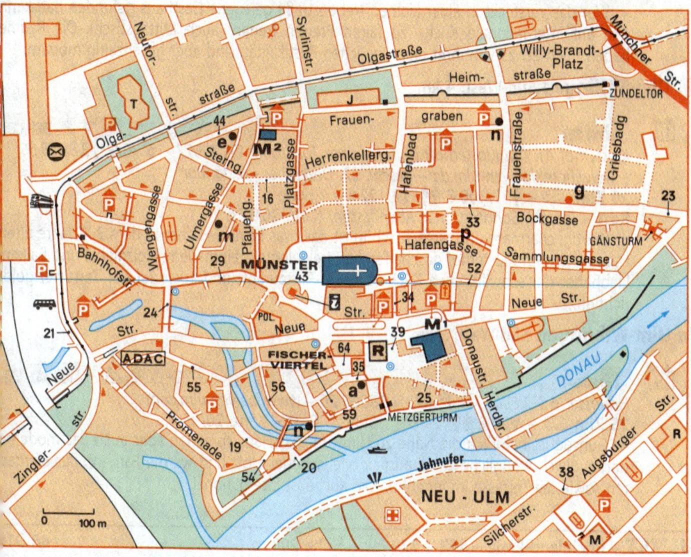

Am Rathaus-Reblaus garni
Kronengasse 10 ⊠ 89073 – ✆ (0731) 96 84 90 – www.rathausulm.de – geschl. 23. Dezember - 8. Januar

Za

32 Zim – †70/100 € ††88/120 € – 1 Suite

♦ Individuell und gemütlich wohnt man bei Familie Büttner - im Hotel am Rathaus oder im charmanten, 1651 erbauten Fachwerkhaus Reblaus nebenan. Fragen Sie nach der "Rotkäppchensuite" oder dem "Balkonzimmer"!

ULM (DONAU)

Blaubeurer Tor garni
Blaubeurer Str. 19 ⊠ 89077 – ℰ (0731) 9 34 60 – www.hotel-blaubeurertor.de – geschl. 23. Dezember - 6. Januar
Xc
40 Zim – †57/70 € ††70/90 €, ⊒ 10 €
• Die verkehrsgünstige Lage sowie gepflegte und funktionelle Gästezimmer sprechen für dieses Hotel unter einem Dach mit einer Mercedes-Niederlassung.

LAGO – Hotel LAGO
Friedrichsau 50 , (Donauhalle) ⊠ 89073 – ℰ (0731) 2 06 40 00 – www.lago-ulm.de
Rest – (nur Abendessen) Menü 45/98 € – Karte 36/59 €
Xv
• Keine Frage: Hier gibt man der herrlichen Terrasse den Vorzug! Sollte das Wetter es nicht zulassen, kann man den See auch vom lichtdurchfluteten Restaurant aus sehen. Zur Wahl stehen die Menüs "Tradition" und "Innovation".

Pflugmerzler
Pfluggasse 6 ⊠ 89073 – ℰ (0731) 6 02 70 44 – www.pflugmerzler.de
Yp
Rest – (Montag - Samstag nur Abendessen) Menü 50/60 € – Karte 31/58 €
• Wenn Sie in der Altstadt unterwegs sind, ist dieses Restaurant in einer Seitengasse schnell erreicht. Die Einrichtung ist eine schöner Mix: nostalgische Holztäfelung einerseits, moderne Töne andererseits. Internationale Gerichte und Steaks.

Goldener Bock
Bockgasse 25 ⊠ 89073 – ℰ (0731) 6 94 98 – www.goldener-bock.com
– geschl. Januar 1 Woche, über Pfingsten 1 Woche, August - September 2 Wochen und Sonntagabend - Montag
Yg
Rest – Menü 33/49 € – Karte 26/46 €
• Wer das versteckt in einer kleinen Nebenstraße gelegene Gasthaus gefunden hat, kann sich auf internationale Küche zu fairen Preisen freuen (auch Mittagstisch). Die Räume haben noch etwas von ihrer ursprünglichen Rustikalität, sind aber gleichzeitig modern.

In Ulm-Söflingen Süd-West: 4 km

Löwen
Klosterhof 41, (Im Klosterhof) (Zufahrt über Torstraße) ⊠ 89077 – ℰ (0731) 3 88 58 80 – www.hotel-loewen-ulm.de – geschl. 22. Dezember - 6. Januar
20 Zim ⊒ – †77/100 € ††112/122 € – 1 Suite
Rest – (geschl. Sonntag) (nur Abendessen) Karte 26/37 €
• Wertig, charmant und einfach schön ist das, was Familie Hafner in dem 300 Jahre alten Haus mitten im Klosterhof geschaffen hat: freigelegte Steinmauern, Holzgiebel und Balken. Liebhaber der schwäbischen Küche sind im Restaurant (und auch auf der Terrasse) gold richtig!

In Ulm-Wiblingen Süd-West: 3 km

Löwen
Hauptstr. 6 ⊠ 89079 – ℰ (0731) 8 80 31 20 – www.loewen-ulm.com
25 Zim ⊒ – †99 € ††124 € – 1 Suite **Rest** – Karte 20/35 €
• Günstig ist natürlich die Nähe zu Ulm - für das Haus sprechen aber auch das moderne und zugleich wohnliche Landhausflair (viel schönes Holz und warme Farben), der Biergarten sowie die Terrasse im Innenhof. Die Küche ist international.

ULMET – Rheinland-Pfalz – **543** – 730 Ew – Höhe 200 m   46 D1 6
▶ Berlin 663 – Mainz 98 – Saarbrücken 81 – Trier 92

Felschbachhof
Felschbachhof 1 (West: 1 km, nahe der B 420) ⊠ 66887 – ℰ (06387) 91 10
– www.felschbachhof.de
36 Zim ⊒ – †53/80 € ††80/110 € – 1 Suite **Rest** – Karte 26/52 €
• Ein gut geführtes Hotel in etwas erhöhter Lage außerhalb des kleinen Ortes mit Superior-, Komfort- und Standardzimmern sowie Appartements mit kleiner Küche. Netter Saunabereich. Für die internationale und saisonale Küche werden teilweise Bioprodukte verwendet.

UMKIRCH – Baden-Württemberg – 545 – 5 220 Ew – Höhe 207 m — 61 D20
▶ Berlin 808 – Stuttgart 203 – Freiburg im Breisgau 10 – Strasbourg 87

Pfauen
Hugstetter Str. 2 ⊠ *79224 –* ℰ *(07665) 9 37 60 – www.hotel-pfauen-umkirch.de*
20 Zim – †58 € ††85 €
Rest *Villa Thai* – siehe Restaurantauswahl
• Die freundliche Gastgeberfamilie bietet in dem kleinen Hotel gepflegte Zimmer, teilweise mit Balkon. Einige sind mit Möbelstücken aus Thailand ausgestattet.

Villa Thai – Hotel Pfauen
Hugstetter Str. 2 ⊠ *79224 –* ℰ *(07665) 9 37 60 – www.hotel-pfauen-umkirch.de –* geschl. 3. - 17. Januar
Rest – Menü 39/59 € – Karte 25/54 €
• Kulinarische Traditionen aus dem goldenen Königreich: Genießen Sie bei Familie Mac in authentischer Umgebung die Spezialitäten Thailands.

UNKEL – Rheinland-Pfalz – 543 – 4 980 Ew – Höhe 56 m — 36 C13
▶ Berlin 608 – Mainz 137 – Bonn 20 – Neuwied 28
🛈 Willy-Brandt-Platz 5, ⊠ 53572, ℰ (02224) 33 09, www.unkel.eu

Rheinhotel Schulz
Vogtsgasse 4 ⊠ *53572 –* ℰ *(02224) 90 10 50 – www.rheinhotel-schulz.de*
37 Zim – †80/130 € ††130/180 € – 6 Suiten
Rest – Karte 33/50 €
Rest *Kleines Schulz* – (geschl. Montag) (Dienstag - Samstag nur Abendessen) Karte 17/26 €
• Das gewachsene historische Hotel in toller Lage direkt am Rhein bietet klassisches Ambiente im Haupthaus, modernes Interieur im Rheinflügel und Landhausstil im Sonnenflügel. Flussblick vom Restaurant und von der Terrasse mit Platanen. Kleines Schulz ist ein gemütliches Gasthaus gegenüber.

UNNA – Nordrhein-Westfalen – 543 – 66 660 Ew – Höhe 100 m — 27 D11
▶ Berlin 476 – Düsseldorf 83 – Dortmund 21 – Soest 35
⛳ Fröndenberg, Schwarzer Weg 1, ℰ (02373) 7 00 68
⛳ Fröndenberg Gut Neuenhof, Eulenstr. 58, ℰ (02373) 7 64 89

Katharinen Hof
Bahnhofstr. 49 ⊠ *59423 –* ℰ *(02303) 92 00 – www.riepe.com*
99 Zim – †99/149 € ††125/169 € – 4 Suiten   **Rest** – Karte 22/51 €
• Ein zeitgemäß und funktional ausgestattetes Tagungs- und Businesshotel in praktischer Lage gegenüber dem Bahnhof. Mit dem Zug erreicht man in 20 Minuten Dortmund. Internationales im Restaurant mit Bistro und Wintergarten.

Kraka
Gesellschaftsstr. 10 ⊠ *59423 –* ℰ *(02303) 2 20 22 – www.hotel-kraka.de*
35 Zim – †59/75 € ††85/99 €   **Rest** – (nur Abendessen) Karte 18/31 €
• In dem Familienbetrieb in der Innenstadt erwarten Sie sehr gepflegte, teilweise recht modern eingerichtete Gästezimmer sowie freundlicher Service.

UNTERFÖHRING – Bayern – 546 – 9 500 Ew – Höhe 508 m — 66 M20
▶ Berlin 586 – München 10 – Kufstein 107 – Augsburg 77

siehe Stadtplan München (Umgebungsplan)

Lechnerhof garni (mit Gästehaus)
Eichenweg 4 ⊠ *85774 –* ℰ *(089) 95 82 80 – www.hotel-lechnerhof.de*
68 Zim – †111/165 € ††120/180 € – 3 Suiten
DRe
• Aus einem alten Hof entstandenes familiengeführtes Hotel mit wohnlichen Zimmern und besonders komfortablen Superior-Zimmern. Hübscher Frühstücksraum in hellem Holz.

Feringapark
Feringastr. 2 ⊠ *85774 –* ℰ *(089) 95 71 60 – www.feringapark-hotels.com*
218 Zim – †115/149 € ††155/179 €   **Rest** – Karte 19/50 €
DRt
• Ein Businesshotel mit angeschlossenem Büro-Suite-Hotel für Langzeitgäste. Der Hallenbereich und einige der Zimmer sind in geradlinig-modernem Stil gehalten. Das Restaurant mit internationaler Küche wird ergänzt durch die nette bayerische Bar.

UNTERHACHING – Bayern – 546 – 22 260 Ew – Höhe 556 m 65 L20
▶ Berlin 601 – München 14 – Innsbruck 155 – Kufstein 82

Holiday Inn
Inselkammer Str. 7 ⊠ 82008 – ℰ (089) 66 69 10 – www.holiday-inn-muenchen.de
260 Zim – †65/279 € ††65/319 €, ⊇ 19 € **Rest** – Karte 28/53 €
♦ Das auf Businessgäste ausgelegte Hotel liegt verkehrsgünstig in einem Gewerbegebiet und bietet funktional ausgestattete Zimmer. Eleganter und geräumiger sind die Deluxe-Zimmer.

Schrenkhof garni
Leonhardsweg 6 ⊠ 82008 – ℰ (089) 6 10 09 10 – www.hotel-schrenkhof.de
25 Zim ⊇ – †100/150 € ††135/190 €
♦ Überall im Haus finden sich schöne, teilweise antike Holzarbeiten, die gemütlich-bayerische Atmosphäre verbreiten, so z. B. im Frühstücksraum mit alter Täfelung und Renaissance-Kachelofen.

UNTERREICHENBACH – Baden-Württemberg – 545 – 2 260 Ew 54 F18
– Höhe 314 m – Erholungsort
▶ Berlin 672 – Stuttgart 62 – Karlsruhe 40 – Pforzheim 12

In Unterreichenbach-Kapfenhardt Süd-West: 3 km

Mönchs Waldhotel
Zu den Mühlen 2 ⊠ 75399 – ℰ (07235) 79 00 – www.moenchs-waldhotel.de
65 Zim ⊇ – †67/105 € ††115/169 € – ½ P 25 € – 2 Suiten
Rest – Menü 23/38 € – Karte 30/54 €
♦ In dem gewachsenen Ferienhotel am Wald wohnt man in neuzeitlichen oder traditionelleren Zimmern, am geräumigsten sind die schönen Deluxe-Zimmer. Kosmetikangebot. Das rustikal gehaltene Restaurant wird durch eine hübsche Terrasse ergänzt.

UNTERSCHLEISSHEIM – Bayern – 546 – 26 550 Ew – Höhe 473 m 65 L20
▶ Berlin 570 – München 17 – Regensburg 107 – Augsburg 69

Dolce Munich
Andreas-Danzer-Weg 1 ⊠ 85716 – ℰ (089) 3 70 53 00 – www.dolcemunich.com
255 Zim ⊇ – †99/349 € ††129/379 € – 3 Suiten
Rest Redox – (geschl. Samstagmittag, Sonntagmittag) Menü 32/52 € – Karte 28/49 €
♦ Das Businesshotel in einem Gewerbegebiet verfügt über Zimmer in geradlinig-modernem Stil mit guter Technik, zahlreiche Tagungsräume sowie ein eigenes Auditorium für Events. Redox ist ein freundlich gestaltetes Restaurant mit internationaler Küche.

Victor's Residenz-Hotel
Keplerstr. 14 ⊠ 85716 – ℰ (089) 3 21 03 09 – www.victors.de
207 Zim – †139/195 € ††169/220 €
Rest – (geschl. Freitagabend - Sonntagmittag) Menü 26 € – Karte 15/45 €
♦ Ein modernes Businesshotel mit funktionellen, wohnlichen Zimmern und Appartements mit Küchenzeile sowie einem technisch gut ausgestatteten Tagungsbereich. Zur Halle hin offenes Restaurant mit internationalem Angebot.

UNTERWÖSSEN – Bayern – 546 – 3 440 Ew – Höhe 555 m 67 N21
– Wintersport: 900 m ✦5 ✦ – Luftkurort
▶ Berlin 688 – München 99 – Bad Reichenhall 52 – Traunstein 29
🛈 Rathausplatz 1, ⊠ 83246, ℰ (08641) 82 05, www.unterwoessen.de

Astrid
Wendelweg 15 ⊠ 83246 – ℰ (08641) 9 78 00 – www.astrid-hotel.de – geschl. November - 15. Dezember
20 Zim ⊇ – †54/74 € ††84/98 € – ½ P 18 € – 12 Suiten
Rest – (geschl. Montag - Dienstag) (Mittwoch - Samstag nur Abendessen) Karte 17/33 €
♦ Bei Anreise, Frühstück und während des gesamten Aufenthalts sind die Gäste bei Familie Tegelthoff in sehr guten Händen. Alle Zimmer mit Balkon. E-Bike-Verleih sowie Kosmetikanwendungen. Ganz in der Nähe: Wössener See mit kostenlosem Freibad. Viel Holz verbreitet im Restaurant behagliche Landhausatmosphäre.

UPLENGEN – Niedersachsen – 541 – 11 470 Ew – Höhe 9 m 8 E6
▶ Berlin 473 – Hannover 206 – Emden 53 – Oldenburg 38

In Uplengen-Südgeorgsfehn Süd: 10 km ab Remels, jenseits der A 28

XX **Ostfriesischer Fehnhof**
Südgeorgsfehner Str. 85 ⊠ 26670 – ℰ (04489) 27 79 – www.fehnhof.de
– *geschl. Juni 2 Wochen und Montag - Dienstag*
Rest – *(Mittwoch - Freitag nur Abendessen)* Karte 25/54 €
♦ Der Familienbetrieb bietet in gemütlichen friesischen Stuben regionale Gerichte aus frischen Produkten. Hinter dem Haus befindet sich ein schöner Biergarten mit Teich.

URACH, BAD – Baden-Württemberg – 545 – 12 420 Ew – Höhe 463 m 55 H19
– Wintersport: 850 m ⸺ 1 ⸺ – Heilbad und Luftkurort
▶ Berlin 660 – Stuttgart 45 – Reutlingen 19 – Ulm (Donau) 56
🛈 Bei den Thermen 4, ⊠ 72574, ℰ (07125) 9 43 20, www.badurach.de
○ Uracher Wasserfall: ≼ ★

Graf Eberhard ⸺
Bei den Thermen 2 ⊠ 72574 – ℰ (07125) 14 80 – www.hotel-graf-eberhard.de
84 Zim ⸺ – †83/125 € ††113/155 € – ½ P 25 € **Rest** – Karte 32/45 €
♦ Das Hotel liegt an der bekannten Albtherme und wird auch von Tagungsgästen und Besuchern der Stuttgarter Messe geschätzt. Alle Zimmer mit gutem Platzangebot und Balkon. Im Restaurant bietet man regionale Küche. Besonders gemütlich ist die Weinstube.

Bächi garni ⸺
Olgastr. 10 ⊠ 72574 – ℰ (07125) 9 46 90 – www.hotelbaechi.de
16 Zim ⸺ – †44/47 € ††73/78 €
♦ Die familiäre Atmosphäre sowie tipptopp gepflegte Zimmer sprechen für das in einem Wohngebiet gelegene kleine Hotel. Zum Haus gehört auch ein Garten mit Frühstücksterrasse.

Bestecke X und Sterne ❀ sollten nicht verwechselt werden!
Die Bestecke stehen für eine Komfortkategorie, die Sterne zeichnen
Häuser mit besonders guter Küche aus - in jeder dieser Kategorien.

URBACH – Baden-Württemberg – siehe Schorndorf

URSENSOLLEN – Bayern – siehe Amberg

USEDOM (INSEL) Mecklenburg-Vorpommern – 542 – Höhe 5 m – Östlichste 14 Q4
und zweitgrößte Insel Deutschlands, durch Brücken mit dem Festland verbunden – Seebad
▶ Berlin 220 – Schwerin 201 – Neubrandenburg 81 – Rügen (Bergen) 100
Neppermin-Balm, Drewinscher Weg 1, ℰ (038379) 2 81 99
○ Seebrücke Ahlbeck ★ – Heringsdorf ★

AHLBECK – 9 350 Ew – Seeheilbad
🛈 Dünenstr. 45, ⊠ 17419, ℰ (038378) 49 93 50, www.ahlbeck.de

Seehotel Ahlbecker Hof (mit Gästehaus) ⸺
Dünenstr. 47 ⊠ 17419 – ℰ (038378) 6 20 – www.ahlbecker-hof.com
91 Zim ⸺ – †95/255 € ††127/289 € – ½ P 27 € – 25 Suiten
Rest *Kaiserblick* – siehe Restaurantauswahl
Rest *Brasserie* – *(geschl. November - April: Montag)* Karte 23/41 €
Rest *Suan Thai* – *(geschl. Sonntag) (nur Abendessen)* Karte 25/41 €
♦ Stilgerecht hat man den Prachtbau von 1890 klassisch eingerichtet. Man bietet guten Service und ein umfassendes Wellnessangebot mit Asia-Spa. Große Suiten in der Residenz. Französisch-Saisonales in der Brasserie.

1249

USEDOM (INSEL)

Ostseehotel (mit Gästehaus)
Dünenstr. 41 ⊠ 17419 – ℰ (038378) 6 00 – www.seetel.de
92 Zim ⊇ – †69/115 € ††96/175 € – ½ P 25 € **Rest** – Karte 25/38 €
♦ Das beeindruckende Gebäude mit der gelb-weißen Fassade liegt gleich bei der Seebrücke und beherbergt nach dem Vorbild wohnlich und zeitlos eingerichtete Zimmer, teils zur Seeseite. Schöne Bar. Restaurant zur Promenade mit Blick aufs Meer.

Kastell
Dünenstr. 3 ⊠ 17419 – ℰ (038378) 4 70 10 – www.kastell-usedom.de
12 Zim ⊇ – †70/135 € ††79/149 € – ½ P 25 € – 6 Suiten **Rest** – Karte 27/40 €
♦ Ein schön saniertes, nach dem Vorbild einer Burg erbautes kleines Hotel, das durchweg im klassischen Stil eingerichtet ist, Lobby und Bar mit Chesterfield-Sofas. Moderner Saunabereich. Gediegenes Ambiente im Restaurant.

Ostende
Dünenstr. 24 ⊠ 17419 – ℰ (038378) 5 10 – www.hotel-ostende.de – geschl. Januar
27 Zim ⊇ – †45/90 € ††80/180 € – ½ P 24 €
Rest – (außer Saison Montag - Freitag nur Abendessen) Karte 25/44 €
♦ Sorgsam hat man das Ende des 19. Jh. erbaute Haus restauriert. Die wohnlichen Zimmer liegen teilweise zur Seeseite, hier manche mit Wintergarten. Einige Zimmer auch mit Balkon. Restaurant mit Fensterfront zur Promenade. Regionale und internationale Küche.

XX Kaiserblick – Seehotel Ahlbecker Hof
Dünenstr. 47 ⊠ 17419 – ℰ (038378) 6 20 – www.ahlbecker-hof.de
Rest – (nur Abendessen) Karte 49/83 € 🍷
♦ Edel bezogene klassische Armsessel in den Farben Bleu-Ecru oder Rosé-Ecru, dazu Maria-Theresia-Kronleuchter und aufwändig drapierte Vorhänge geben dem Restaurant ein harmonisches Bild. Französische Küche.

BANSIN – 9 350 Ew – Seeheilbad

🛈 An der Seebrücke, ⊠ 17429, ℰ (038378) 4 70 50, www.drei-kaiserbaeder.de

Kaiser Spa Zur Post
Seestr. 5 ⊠ 17429 – ℰ (038378) 5 60 – www.hzp-usedom.de
170 Zim ⊇ – †78/178 € ††118/230 € – ½ P 22 € – 60 Suiten
Rest *Banzino* – ℰ (038378) 5 62 75 – Karte 18/31 €
Rest *Zur Alten Post* – ℰ (038378) 5 62 30 (geschl. Montag - Dienstag) (nur Abendessen)
Menü 39/92 € – Karte 48/76 €
♦ Aus der Villa im Seebäderstil ist ein neuzeitlich-komfortables Hotel aus mehreren Häusern entstanden, in denen sich z. T. sehr schöne Suiten befinden. Spa auf 1200 qm. Bürgerlich-saisonale Küche im Banzino. Elegant: Zur Alten Post mit internationaler Karte.

Travel Charme Strandhotel
Bergstr. 30 ⊠ 17429 – ℰ (038378) 80 00
– www.travelcharme.com
100 Zim ⊇ – †90/170 € ††130/382 € – ½ P 30 € – 2 Suiten **Rest** – Karte 33/47 €
♦ Familienfreundlichkeit wird hier groß geschrieben: Kinderbetreuung, Familienzimmer und sogar Wellness für Kinder im "Puria-Spa". Sehr hübsche Suiten im OG mit Blick auf Strand und Meer. Auch das Restaurant in der 1. Etage und die Terrasse bieten eine tolle Aussicht.

Strandhotel Atlantic (mit Villa Meeresstrand)
Strandpromenade 18 ⊠ 17429 – ℰ (038378) 6 05 – www.seetel.de – geschl. 3. - 26. Januar
46 Zim ⊇ – †79/119 € ††100/202 € – ½ P 28 € – 13 Suiten
Rest *Strandhotel Atlantic* – siehe Restaurantauswahl
♦ Schön hat man die Ende des 19. Jh. erbaute Villa restauriert. Die Zimmer sind gediegen-elegant, geräumigere Suiten bietet die Villa Meeresstrand.

XX Strandhotel Atlantic – Strandhotel Atlantic
Strandpromenade 18 ⊠ 17429 – ℰ (038378) 6 05 – www.seetel.de
– geschl. 3. - 26. Januar und Montag
Rest – Karte 40/75 €
♦ An der Strandpromenade sticht der weiße Bau aus der Jahrhundertwende sofort ins Auge. Sie haben natürlich vom großen, eleganten Restaurant wie auch von der Terrasse einen sensationellen Meerblick. Ambitionierte Küche, die sich an mediterranen wie auch regionalen Rezepten orientiert.

HERINGSDORF – 9 350 Ew – Seeheilbad

🛈 Kulmstr. 33, ⊠ 17424, ℰ (038378) 24 51, www.kaiserbaeder.usedom.de

USEDOM (INSEL)

Steigenberger Grandhotel und Spa
Liehrstr. 11 ✉ *17424* – ✆ *(038378) 49 50*
– www.heringsdorf.steigenberger.de
187 Zim – †120/195 € ††150/225 € – ½ P 35 € – 40 Suiten
Rest *Waterfront* – Karte 27/55 €
Rest *Seaside* – Menü 85/98 € – Karte 59/70 €
♦ In diesem neuen Grandhotel wurde an nichts gespart: die Qualität merkt man am Service, in den Zimmern ("Urban", "Baltic" und "Classic") sowie im großen Spa und in der Kinderbetreuung! Nicht zu vergessen die Ostsee gleich vor der Tür. Auch gastronomisch passt das Angebot ins Bild: gehobene Menüs im Seaside. Wer legere Bistroküche bevorzugt, ist im Waterfront an der Promenade richtig.

Travel Charme Strandidyll
Delbrückstr. 9 ✉ *17424* – ✆ *(038378) 47 60*
– www.travelcharme.com/strandidyll
143 Zim – †96/161 € ††128/378 € – ½ P 35 € – 7 Suiten
Rest *Belvedere* – siehe Restaurantauswahl
Rest *Giardino* – Karte 31/45 €
♦ Luxuriöses Flair versprüht das Hotel mit Park bereits von außen. Was innen folgt, steht dem in nichts nach: große Atriumlobby mit Glaskuppel, mediterran inspirierter Spabereich und freundlich-wohnliche Zimmer. Etwas Besonderes ist die schöne Turmsuite mit Rundumblick. Vom Giardino mit Wintergarten schaut man in den Garten.

Maritim Hotel Kaiserhof
Strandpromenade ✉ *17424* – ✆ *(038378) 6 50*
– www.maritim-usedom.de
143 Zim – †88/148 € ††109/196 € – ½ P 29 € – 5 Suiten
Rest – (nur Abendessen) Karte 34/46 €
♦ Ein komfortables Hotel mit Spa auf drei Etagen und schönem lichtem Wintergarten mit Bibliothek und Meerblick. Interessant: zeitgenössische Kunst und zahlreiche Designer-Stühle. Luftige Atmosphäre im Restaurant Palmengarten, im Sommergarten auch Kaffee und Kuchen.

Strandhotel Ostseeblick
Kulmstr. 28 ✉ *17424* – ✆ *(038378) 5 40* – www.strandhotel-ostseeblick.de
60 Zim – †110/150 € ††130/210 € – ½ P 40 € – 3 Suiten
Rest *Bernstein* – siehe Restaurantauswahl
Rest *Alt Heringsdorf* – ✆ *(038378) 5 42 01* – Karte 24/51 €
♦ Hier überzeugen der kompetente und freundliche Service, die helle, geschmackvolle Einrichtung und Wellness auf 1000 qm mit MEERness-Ritualen am Strand. Von den meisten Zimmern sowie von der Lounge hat man einen einzigartigen Blick auf die See. Bistro-Flair im Alt Heringsdorf gegenüber.

Oasis (mit Gästehaus)
Puschkinstr. 10 ✉ *17424* – ✆ *(038378) 26 50* – www.hotel-oasis.de – *geschl. 9. Januar - März*
18 Zim – †105/190 € ††125/210 € – ½ P 37 € – 2 Suiten
Rest *Rossini* – (nur Abendessen) Menü 37/125 € – Karte 39/81 €
♦ Die einstige Privatvilla von 1896 repräsentiert den klassisch-eleganten Stil der Gründerzeit. Schöne Halle mit Lichthof, geräumige Zimmer und hübsch bepflanzter Park. Im Restaurant dominieren zarte Pastelltöne, die mit Stilmöbeln vornehm aufeinander abgestimmt sind. Umfangreiche Weinkarte.

Esplanade
Seestr. 5 ✉ *17424* – ✆ *(038378) 7 00* – www.seetel.de
48 Zim – †75/115 € ††110/180 € – ½ P 29 €
Rest *Tom Wickboldt* – siehe Restaurantauswahl
Rest *Epikur* – Karte 32/52 €
♦ Das Hotel ist ein schlossartiges Gebäude von 1869, in dem schöne gediegene Gästezimmer bereitstehen. Mitbenutzung des großen Spabereichs des Pommerschen Hofs. Klassisch gehaltenes Epikur mit saisonaler Karte.

Strandhotel (mit Gästehaus)
Liehrstr. 10 ✉ *17424* – ✆ *(038378) 23 20* – www.strandhotel-heringsdorf.de
72 Zim – †67/180 € ††90/240 € – ½ P 30 € **Rest** – Karte 18/52 €
♦ Nur wenige Schritte von der Promenade und dem Strand entfernt steht das stilvoll-wohnlich eingerichtete Hotel mit vielfältigem Spa. Zimmer teilweise mit Meerblick. Geschmackvolles holzgetäfeltes Restaurant mit internationalem und regionalem Angebot.

USEDOM (INSEL)

🏠 Pommerscher Hof   🚗 📺 ⓢ 📶 ♨ ♿ ✕ Rest, 🛁 🚙 VISA ⓞ AE
Seestr. 41 ⊠ 17424 – 𝒞 (038378) 6 10 – www.seetel.de
95 Zim 🛏 – †60/110 € ††98/156 € – ½ P 25 € **Rest** – Karte 20/29 €
♦ Vor allem der schöne, im orientalischen Stil gehaltene Wellnessbereich Shehrazade auf 1200 qm macht das Hotel im Zentrum aus. Solide, funktionelle Zimmer. Wintergarten-Restaurant mit bürgerlich-internationaler Küche, Hausmannskost in der Brauerei. Eigene Brände.

🏠 Fortuna garni   📶 ✕ ⓦ 🅿 ⓞ
Kulmstr. 8 ⊠ 17424 – 𝒞 (038378) 4 70 70 – www.hotel-fortuna.kaiserbaeder.m-vp.de
– geschl. 7. November - 20. Dezember
21 Zim 🛏 – †40/65 € ††60/100 €
♦ In der schmucken Villa a. d. 19. Jh. bieten die freundlichen Gastgeber helle, zeitgemäße Zimmer, einige mit netter Loggia. Zum Strand ist es nur ein Katzensprung.

🍴🍴🍴 Belvedere – Hotel Travel Charme Strandidyll   🅟 🚗 ♿ ✕ 🅿 VISA ⓞ AE ⓓ
Delbrückstr. 9 ⊠ 17424 – 𝒞 (038378) 47 60 – www.travelcharme.com – geschl. Sonntag - Mittwoch
Rest – *(nur Abendessen)* (Tischbestellung erforderlich) Menü 58/65 € – Karte 44/63 €
♦ Sie befinden sich im wahrsten Sinne des Wortes "on top" (4. Stock) - mit einem spektakulären Blick über die Ostsee! Ornamentstoffe in der Kombination Rot und Gold geben ein stimmiges Bild ab. Die Küchenbrigade kocht für Sie nach internationalen Rezepten.

🍴🍴 Tom Wickboldt – Hotel Esplanade   ✕ VISA ⓞ AE
Seestr. 5 ⊠ 17424 – 𝒞 (038378) 7 00 – www.seetel.de – geschl. Sonntag - Mittwoch
Rest – *(nur Abendessen)* Karte 71/86 €
♦ Kristallüster, mit schimmernden Damaststoffen bezogene Sessel, Fischgrätparkett - ein mondänes Ambiente in dem Sie, auch dank der ambitionierten klassischen Küche, schnell den Alltag vergessen!

🍴🍴 Bernstein – Strandhotel Ostseeblick   ≼ 🚗 ✕ ⓞ
Kulmstr. 28 ⊠ 17424 – 𝒞 (038378) 5 42 40 – www.strandhotel-ostseeblick.de
Rest – Menü 26 € (mittags)/62 € – Karte 54/62 €
♦ Frisch und leicht wirken Beige-Töne, klare Linien und bodentiefe Verglasung (Ostseeblick inklusive!). Dazu passt die kreative Küche; probieren Sie z. B. Rotbarbe mit Couscous und Bohnen.

🍴 Da Claudio   🚗
Friedenstr. 16 ⊠ 17424 – 𝒞 (038378) 80 18 76 – www.da-claudio-usedom.de
– geschl. 1. - 26. Dezember, 10. Januar - 10. Februar und November - April: Dienstag
Rest – *(nur Abendessen)* (Tischbestellung ratsam) Karte 34/43 €
♦ Ein behagliches italienisches Restaurant im Zentrum, das neben Tagesempfehlungen auch eine kleine Karte bietet. Chef Claudio Mazzucato steht am Herd, seine Frau umsorgt liebevoll die Gäste.

KARLSHAGEN – 3 150 Ew – Erholungsort
🛈 Hauptstr. 4, ⊠ 17449, 𝒞 (038371) 5 54 90, www.karlshagen.de

🏠 Strandhotel ⓢ   🚗 📶 ♿ ✕ Zim, 📞 🅿 🚙 VISA ⓞ
Strandpromenade 1 ⊠ 17449 – 𝒞 (038371) 26 90 – www.strandhotel-usedom.de
– geschl. November - Februar
20 Zim 🛏 – †39/78 € ††60/120 € – ½ P 17 €
Rest – *(ausser Saison: nur Abendessen)* Karte 17/31 €
♦ In dem wohnlich-familiären Haus direkt an der Strandpromenade beginnt der Tag mit einem guten Frühstück und freundlicher Gästebetreuung. Besonders schön sind die Giebelstudios und Maisonetten mit Blick auf die See. Das Restaurant ist hübsch in neuzeitlichem Stil gehalten.

KORSWANDT – 550 Ew

🏠 Idyll am Wolgastsee   🚗 📶 ⓦ 🅿 VISA ⓞ
Hauptstr. 9 ⊠ 17419 – 𝒞 (038378) 2 21 16 – www.idyll-am-wolgastsee.de
19 Zim 🛏 – †45/65 € ††65/130 € – ½ P 18 €
Rest – *(geschl. 1. November - 24. Dezember, 4. Januar - 29. Februar)* Karte 15/30 €
♦ Am See liegt das 1924 erbaute Haus mit gelb-weißer Fassade und behaglicher, freundlicher Einrichtung. Zimmer teils zur Seeseite, einige mit Dachschräge. Der rustikale Poggenkrug mit Frosch-Deko und die sonnige Terrasse zum See ergänzen das Restaurant.

USEDOM (INSEL)

KOSEROW – 1 700 Ew – Seebad

ℹ Hauptstr. 31, ⊠ 17459, ℰ (038375) 2 04 15, www.seebad-koserow.de

Nautic
Triftweg 4 ⊠ 17459 – ℰ (038375) 25 50 – www.nautic-usedom.de
41 Zim ⊇ – †49/75 € ††76/122 € – ½ P 18 € – 6 Suiten   **Rest** – Karte 20/34 €
♦ In dem Hotel in der Ortsmitte bietet man tipptopp gepflegte, zeitgemäße Zimmer in frischen Farben (mit Balkon bzw. Terrasse) und kümmert sich sehr nett um die Gäste. Restaurant mit bürgerlichem Angebot.

LODDIN – 1 060 Ew – Seebad

In Loddin-Kölpinsee Nord-Ost: 2 km

ℹ Strandstr. 23, ⊠ 17459, ℰ (038375) 2 27 80, www.seebad-loddin.de

Strandhotel Seerose ﬞ
Strandstr. 1 ⊠ 17459 – ℰ (038375) 5 40 – www.strandhotel-seerose.de
– geschl. 25. - 30. November
109 Zim ⊇ – †49/127 € ††93/209 € – ½ P 25 € – 3 Suiten
Rest – Menü 25 € (mittags)/43 € – Karte 32/53 €
♦ Reizvoll ist hier die strandnahe Lage umgeben vom Küstenwald. Neben wohnlichen, teils besonders hellen und neuzeitlichen Zimmern verfügt man über einen ansprechenden Spa. Freundliches Ambiente im Restaurant mit Wintergarten zum Meer.

TRASSENHEIDE – 950 Ew – Seebad

ℹ Strandstr. 36, ⊠ 17449, ℰ (038371) 2 09 28, www.trassenehide.de

Kaliebe ﬞ
Zeltplatzstr. 14 ⊠ 17449 – ℰ (038371) 5 20 – www.kaliebe.de
35 Zim – †45/75 € ††60/95 € – ½ P 15 €   **Rest** – Karte 14/30 €
♦ Eine nette Ferienadresse mit hübschen modernen Zimmern. Zum 250 m entfernten Strand gelangt man durch den Küstenwald, in dem mehrere Blockhäuser stehen - besonders bei Familien beliebt. Bürgerliche Küche mit selbst geräuchertem Fisch im Restaurant mit Wintergarten.

ZINNOWITZ – 3 740 Ew – Seebad

ℹ Möwenstr. 1, ⊠ 17454, ℰ (038377) 7 30, www.amt-usedom-nord.de

Usedom-Palace ﬞ
Dünenstr. 8 ⊠ 17454 – ℰ (038377) 39 60 – www.usedom-palace.de
– geschl. 1. Januar - 2. Februar
43 Zim – †80/130 € ††120/260 € – ½ P 18 € – 2 Suiten   **Rest** – Karte 36/58 €
♦ Das historische Anwesen an der Uferpromenade ist ein prächtiges Hotel von 1900, in dem klassische Eleganz das Ambiente bestimmt. Schöner Badebereich und gutes Frühstücksbuffet. Im Restaurant bietet man internationale Küche.

Parkhotel Am Glienberg ﬞ
Waldstr. 13 ⊠ 17454 – ℰ (038377) 7 20
– www.parkhotel-am-glienberg.de
39 Zim – †99/129 € ††146/226 € – ½ P 22 €
Rest – (nur Abendessen) Karte 29/49 €
♦ In ruhiger Waldrandlage erwarten die Gäste mit Stoffen, Farben und Bildern wohnlich dekorierte Zimmer, die teilweise besonders großzügig sind. Behagliches Restaurant mit Wintergarten in der ersten Etage.

USINGEN – Hessen – **543** – 13 230 Ew – Höhe 292 m   **37** F14

▶ Berlin 521 – Wiesbaden 62 – Frankfurt am Main 32 – Gießen 38

In Usingen-Kransberg Nord-Ost: 5 km über B 275

Herrnmühle
Herrnmühle 1 ⊠ 61250 – ℰ (06081) 6 64 79 – www.herrnmuehle.de – geschl. Montag - Donnerstag
Rest – (nur Abendessen) (Tischbestellung erforderlich) Menü 32/47 € – Karte 29/52 €
♦ In der ehemaligen Mühle bestimmen rustikales Flair, schöne Teppiche und blanke runde Tische das Ambiente. Internationale Küche - zwei Menüs und kleine A-la-carte-Auswahl.

USLAR – Niedersachsen – **541** – 14 880 Ew – Höhe 178 m – **Erholungsort** 29 H10
▶ Berlin 352 – Hannover 133 – Kassel 60 – Göttingen 39
🛈 Mühlentor 1, ⊠ 37170, 𝒞 (05571) 9 22 40, www.uslarer-land.de

Menzhausen
Mauerstr. 2 ⊠ 37170 – 𝒞 (05571) 9 22 30 – www.hotel-menzhausen.de
40 Zim ⊃ – †70/89 € ††95/120 € – ½ P 25 € – **Rest** – Menü 28/38 € – Karte 28/45 €
♦ Das Hotel mit schmuckem historischem Fachwerkhaus als Stammhaus bietet einen schönen Freizeitbereich mit Kosmetik und Massage sowie einen reizvollen Garten. Einige "Märchenzimmer". Restaurant mit internationaler und bürgerlicher Küche. Hübscher Innenhof.

UTTING am AMMERSEE – Bayern – **546** – 4 320 Ew – Höhe 554 m 65 K20
▶ Berlin 625 – München 47 – Augsburg 61 – Landsberg am Lech 24

Wittelsbacher Hof
Bahnhofsplatz 6 ⊠ 86919 – 𝒞 (08806) 9 20 40 – www.hotel-wittelsbacher-hof.de
– geschl. 22. Dezember - 1. März
20 Zim ⊃ – †70/85 € ††85/120 € – 1 Suite
Rest – (geschl. Mittwoch) (nur Abendessen) Karte 16/30 €
♦ In dem langjährigen Familienbetrieb beim Bahnhof stehen gut gepflegte, solide und praktisch eingerichtete Gästezimmer bereit, einige verfügen über einen Balkon. Bürgerliches Angebot im Restaurant mit Biergarten.

In Utting-Holzhausen

Landhaus Sonnenhof (mit Gästehaus)
Ammerseestr. 1 ⊠ 86919 – 𝒞 (08806) 9 23 30
– www.sonnenhof-hotel.de
50 Zim ⊃ – †85/120 € ††100/210 € – 5 Suiten **Rest** – Karte 23/45 €
♦ Das Hotel liegt nur wenige Gehminuten vom Ammersee entfernt und bietet wohnliche Zimmer und besonders komfortable Suiten/Appartements im Gästehaus. Zwei Zimmer mit Wasserbett. Verschiedene Restaurantstuben im alpenländischen Stil.

VAIHINGEN an der ENZ – Baden-Württemberg – **545** – 28 860 Ew 55 G18
– Höhe 217 m
▶ Berlin 633 – Stuttgart 28 – Heilbronn 54 – Karlsruhe 56

In Vaihingen-Horrheim Nord-Ost: 7 km Richtung Heilbronn

Lamm
Klosterbergstr. 45 ⊠ 71665 – 𝒞 (07042) 8 32 20 – www.hotel-lamm-horrheim.de
23 Zim – †71/85 € ††89/110 €
Rest *Lamm* – siehe Restaurantauswahl
♦ Diese nette familiär geleitete Adresse verfügt über zeitgemäße, funktionelle Gästezimmer und einen modernen Frühstücksraum mit Terrasse zum Kirchplatz.

✕✕ Lamm – Hotel Lamm
Klosterbergstr. 45 ⊠ 71665 – 𝒞 (07042) 8 32 20 – www.hotel-lamm-horrheim.de
Rest – Karte 23/49 €
♦ Ein freundliches Restaurant, in dem Sie in zwangloser Umgebung bürgerlich-schwäbische Gerichte serviert bekommen. Nicht zu verfehlen - liegt direkt an der Hauptstraße!

In Vaihingen-Rosswag West: 4 km über B 10 Richtung Pforzheim

✕✕ Lamm Rosswag mit Zim
Rathausstr. 4 ⊠ 71665 – 𝒞 (07042) 2 14 13 – www.lamm-rosswag.de
– geschl. Februar 3 Wochen, August 2 Wochen und Montag - Dienstag
13 Zim ⊃ – †45/60 € ††75/95 € **Rest** – Menü 53 € – Karte 31/67 €
♦ Mitten in dem beschaulichen Weinort steht das Fachwerkhaus mit dem geschmackvollen, hell gestalteten Restaurant im 1. Stock, davor die Terrasse über dem Hof. Die gute Küche und die Weinkarte sind regional - auch gehobene Gerichte werden angeboten. Gästezimmer in rustikalem Stil.

VALLENDAR – Rheinland-Pfalz – **543** – 8 340 Ew – Höhe 99 m 36 D14
▶ Berlin 593 – Mainz 113 – Koblenz 9 – Bonn 61
🛈 Rathausplatz 5, ⊠ 56179, 𝒞 (0261) 6 67 57 80, www.vallendar-rhein.de

VALLENDAR

Die Traube
Rathausplatz 12 ✉ *56179 –* ✆ *(0261) 6 11 62 – www.dietraube-vallendar.de – geschl. 23. Dezember - 7. Januar, 10. - 21. Juli, 1.- 6. Oktober und Sonntag - Montag*
Rest – (Tischbestellung ratsam) Menü 44/56 € – Karte 33/67 €
♦ In dem schönen Fachwerkhaus von 1647 betreiben Stefan und Anita Schleier ein charmantes Restaurant mit frischer regionaler und internationaler Küche. Viele Stammgäste kommen zum günstigen Mittagstisch. Nett: die Terrasse vor der alten Scheune mit Glockenspiel.

VAREL – Niedersachsen – **541** – 24 670 Ew – Höhe 9 m   8 E5
▶ Berlin 461 – Hannover 204 – Bremen 75 – Wilhelmshaven 25

Schienfatt
Neumarktplatz 3 ✉ *26316 –* ✆ *(04451) 47 61 – www.restaurant-schienfatt-varel.de*
Rest – *(Montag - Samstag nur Abendessen)* (Tischbestellung ratsam) Menü 31 € – Karte 27/50 €
♦ Das Ehepaar Rehs leitet das zum Museum gehörende Haus, das gemütlich und mit allerlei historischen Details eingerichtet ist. Internationale Küche mit regionalem Einfluss.

In Varel-Dangast Nord-West: 7 km – Nordseebad

Graf Bentinck
Dauenser Str. 7 ✉ *26316 –* ✆ *(04451) 13 90 – www.bentinck.de*
42 Zim – †84/89 € ††126/134 € – ½ P 22 €
Rest – *(nur Abendessen)* Karte 24/42 €
♦ Das reetgedeckte Haus mit backsteinroter Fassade und Sprossenfenstern ist mit seinen geräumigen wohnlichen Zimmern für Tagungen und Urlauber gleichermaßen geeignet. Restaurant im friesischen Stil.

VATERSTETTEN – Bayern – **546** – 21 860 Ew – Höhe 528 m   66 M20
▶ Berlin 596 – München 21 – Landshut 76 – Passau 160

In Vaterstetten-Neufarn Nord-Ost: 10 km über B 304 Richtung Ebersberg und Markt Schwaben, in Purfing links

Gutsgasthof Jugendstilhotel Stangl (mit Gasthof)
Münchener Str. 1 ✉ *85646 –* ✆ *(089) 90 50 10 – www.hotel-stangl.de*
56 Zim ⊇ – †65/114 € ††105/144 €
Rest *Gutsgasthof Stangl* – siehe Restaurantauswahl
♦ Die modern, rustikal oder im Jugendstil gehaltenen Zimmer dieses Familienbetriebs verteilen sich auf den schönen ehemaligen Gutshof und den angeschlossenen Gasthof.

Landhotel Anderschitz garni
Münchener Str. 13 ✉ *85646 –* ✆ *(089) 9 27 94 90 – www.hotel-anderschitz.de – geschl. 18. Dezember - 3. Januar*
27 Zim ⊇ – †54/105 € ††78/150 €
♦ In dem familiär geleiteten Landhotel wohnen die Gäste in soliden und gepflegten Zimmern und lassen sich in gemütlich-ländlichen Stuben das Frühstück schmecken.

Gutsgasthof Stangl – Gutsgasthof Jugendstilhotel Stangl
Münchener Str. 1 ✉ *85646 –* ✆ *(089) 90 50 10 – www.hotel-stangl.de*
Rest – Menü 26/45 € – Karte 25/52 €
♦ Das Restaurant mit seinen gemütlichen Stuben und der schmackhaften bürgerlich-regionalen Küche befindet sich im alten Gutshof. Angenehm sitzt man im Biergarten unter Kastanien, hübsch ist auch das verglaste Sommerhaus im Innenhof.

VEITSHÖCHHEIM – Bayern – **546** – 9 970 Ew – Höhe 170 m   49 I15
▶ Berlin 506 – München 287 – Würzburg 11 – Karlstadt 17
ℹ Erwin-Vornberger-Platz, ✉ 97209, ✆ (0931) 9 80 27 40, www.wuerzburgerland.de
◉ Rokoko-Hofgarten ★ - Schloss ★

VEITSHÖCHHEIM

Weisses Lamm (mit Gästehaus)
Kirchstr. 24 ⊠ 97209 – ℰ (0931) 9 80 23 00 – www.hotel-weisses-lamm.bestwestern.de
70 Zim – †75/95 € ††95/145 €   **Rest** – Karte 18/36 €
- Das Hotel ist ein erweitertes historisches Gasthaus. Die Juniorsuiten im Gästehaus Anna sind besonders geräumig, modern und verfügen über eine kleine Küchenzeile. Im Restaurant escaVinum: geradliniger Stil und internationale Küche.

Am Main garni
Untere Maingasse 35 ⊠ 97209 – ℰ (0931) 9 80 40 – www.hotel-am-main.de – geschl. 22. Dezember - 7. Januar
34 Zim – †63/72 € ††92/105 €
- In dem hübschen Haus in einem ruhigen Wohnviertel am Main erwarten Sie moderne Gästezimmer in klaren Linien, ein heller Frühstücksbereich sowie ein netter Garten.

Müller garni
Thüngersheimerstr. 8 ⊠ 97209 – ℰ (0931) 98 06 00 – www.hotel-cafe-mueller.de
21 Zim – †68/75 € ††99/105 €
- Die verkehrsberuhigte Lage, zeitgemäße Gästezimmer und ein gutes Frühstücksbuffet machen den langjährigen Familienbetrieb aus. Schön sitzt man auf der kleinen Dachterrasse.

Spundloch
Kirchstr. 19 ⊠ 97209 – ℰ (0931) 90 08 40 – www.spundloch.com
9 Zim – †64/75 € ††89 €   **Rest** – Karte 13/39 €
- In dem kleinen Fachwerkhaus bietet man seinen Gästen gemütlich-wohnliche Zimmer (darunter ein Hochzeitszimmer mit Himmelbett) sowie Massage- und Kosmetikanwendungen. Urig-rustikales Restaurant mit überwiegend regionaler Küche.

VELBERT – Nordrhein-Westfalen – **543** – 84 640 Ew – Höhe 245 m   **26** C11
▶ Berlin 544 – Düsseldorf 41 – Essen 16 – Wuppertal 19
🛈 Velbert, Kuhlendahler Str. 283, ℰ (02053) 92 32 90

In Velbert-Neviges Süd-Ost: 4 km über B 224, Abfahrt Velbert-Tönisheide

Haus Stemberg
Kuhlendahler Str. 295 ⊠ 42553 – ℰ (02053) 56 49 – www.haus-stemberg.de
– geschl. 21. März - 5. April, Juli - August 3 Wochen und Donnerstag - Freitag, Dezember: Donnerstag - Freitagmittag
Rest – (Tischbestellung ratsam) Menü 34/72 € – Karte 35/60 €
- Familie Stemberg hat im Kaminzimmer ihres 140 Jahre alten Gasthofs ein wertiges Interieur im Landhausstil geschaffen. Sohn Sascha bietet ambitionierte internationale Küche, u. a. als Gourmet-Menü, aber auch Klassiker wie z. B. gebratene Blutwurst nach altem Hausrezept.

VELBURG – Bayern – **546** – 5 220 Ew – Höhe 492 m   **58** M17
▶ Berlin 474 – München 144 – Regensburg 58 – Nürnberg 60

In Velburg-Lengenfeld West: 3 km, jenseits der Autobahn

Winkler Bräu
St.-Martin-Str. 6 ⊠ 92355 – ℰ (09182) 1 70 – www.winkler-braeu.de
72 Zim – †69/120 € ††92/144 € – 1 Suite   **Rest** – Menü 27 € – Karte 22/42 €
- Der erweiterte Brauereigasthof mit über 500-jähriger Tradition wird freundlich und engagiert geführt. Fragen Sie nach den zeitgemäßen Zimmern in der ehemaligen Mälzerei Kosmetik. Urig-gemütliches Bräustüberl und netter Innenhof-Biergarten. Eigene Brauerei.

VELDENZ – Rheinland-Pfalz – **543** – 890 Ew – Höhe 170 m   **46** C15
▶ Berlin 689 – Mainz 116 – Trier 43 – Saarbrücken 114

Rittersturz
Veldenzer Hammer 1 (Süd-Ost: 0,5 km) ⊠ 54472 – ℰ (06534) 1 82 92
– www.rendezvousmitgenuss.de – geschl. 1. - 21. November und Montag
Rest – (Dienstag - Freitag nur Abendessen) (Tischbestellung ratsam) Menü 35/40 € – Karte 37/49 €
- Eine sympathische Atmosphäre herrscht in dem idyllisch im Grünen gelegenen Landhaus mit schönem Garten. Der Service ist freundlich und familiär, das Speiseangebot saisonal geprägt.

VELEN – Nordrhein-Westfalen – **543** – 12 980 Ew – Höhe 55 m – Erholungsort 26 C10
► Berlin 525 – Düsseldorf 90 – Bocholt 30 – Enschede 54
ℹ Ramsdorfer Str. 19, ✉ 46342, ✆ (02863) 92 62 19, www.velen.de

Sportschloss Velen
Schlossplatz 1 ✉ 46342 – ✆ (02863) 20 30 – www.sportschlossvelen.de
101 Zim – †79/139 € ††119/199 € – ½ P 26 € – 2 Suiten
Rest – (geschl. Mittwochabend, Donnerstagabend, Sonntagabend) Karte 35/51 €
Rest *Orangerie-Keller* – (geschl. Montag - Dienstag) (nur Abendessen) Karte 28/56 €
• Das schön angelegte historische Gebäudeensemble ist umgeben von einem traumhaften Park mit Putting-Green. Im Schloss selbst wohnt man besonders geschmackvoll. 21 Tagungs- und Veranstaltungsräume. Restaurant in klassischem Stil. Orangerie-Keller mit Backsteingewölbe.

VERDEN (ALLER) – Niedersachsen – **541** – 26 850 Ew – Höhe 20 m 18 H7
► Berlin 354 – Hannover 95 – Bremen 43 – Rotenburg (Wümme) 25
ℹ Große Str. 40 BZ, ✉ 27283, ✆ (04231) 1 23 45, www.verden.de
🏌 Verden-Walle, Holtumer Str. 24, ✆ (04230) 14 70

Höltje
Obere Str. 13, (Zufahrt über Sandberg) ✉ 27283 – ✆ (04231) 892 0 – www.hotelhoeltje.de
60 Zim – †85/120 € ††129/160 € – 1 Suite
Rest – (geschl. Sonntagabend) Karte 20/49 €
• Das Stadthaus in einer Nebenstraße im Zentrum stammt a. d. 19. Jh. und wird seit vielen Jahren als Familienbetrieb geführt. Die Zimmer sind komfortabel und tipptopp gepflegt. Gediegen-rustikal ist das Ambiente im Restaurant. Nett: Bar No. 13.

Pades Restaurant
Grüne Str. 15 ✉ 27283 – ✆ (04231) 30 60 – www.pades.de
Rest – Karte 33/52 €
• Ein leckeres Beispiel für gute regionale und internationale Küche von Wolfgang Pade ist "gefüllte Brust vom Schwarzfederhuhn auf Eiernudeln" - oder Sie essen einfach eine Portion Pasta! Das aufwändig restaurierte Patrizierhaus am Dom ist ein schöner Rahmen dafür, ebenso wie der Sommergarten, eine kleine grüne Oase mitten in der Stadt.

VERL – Nordrhein-Westfalen – **543** – 24 970 Ew – Höhe 92 m 27 F10
► Berlin 413 – Düsseldorf 152 – Bielefeld 19 – Gütersloh 11

Landhotel Altdeutsche
Sender Str. 23 ✉ 33415 – ✆ (05246) 96 60 – www.altdeutsche.de
45 Zim – †83/99 € ††127/132 € – 2 Suiten
Rest – Menü 23/56 € – Karte 24/43 €
• In einer verkehrsberuhigten Zone liegt das hübsche Fachwerkhaus, das zu einem wohnlich gestalteten Hotel erweitert wurde. Die behaglichen Zimmer bieten guten Komfort. In charmanten Gaststuben serviert man bürgerlich-regionale Speisen.

Papenbreer garni
Gütersloher Str. 82 ✉ 33415 – ✆ (05246) 9 20 40 – www.hotel-papenbreer.de
18 Zim – †48/53 € ††74/79 €
• Das gepflegte kleine Hotel unter der Leitung der Inhaber verfügt über funktionell ausgestattete Zimmer, die sich teilweise im etwas ruhiger gelegenen Gästehaus befinden.

VERSMOLD – Nordrhein-Westfalen – **543** – 21 040 Ew – Höhe 70 m 27 E9
► Berlin 415 – Düsseldorf 165 – Bielefeld 33 – Münster (Westfalen) 44
🏌 Versmold-Peckeloh, Schulten-Allee 1, ✆ (05423) 4 28 72

Altstadthotel
Wiesenstr. 4 ✉ 33775 – ✆ (05423) 95 20 – www.altstadthotel-versmold.de
45 Zim – †70/75 € ††98/130 €
Rest *Kachelstube* – Menü 15/30 € – Karte 19/37 €
Rest *Tenne* – Karte 18/48 €
• Das Hotel in einer verkehrsberuhigten Zone im Zentrum verfügt über freundlich gestaltete Zimmer. Im Gästehaus hat man einige besonders schöne moderne Zimmer. Zur Kachelstube gehören ein Wintergarten und eine nette Terrasse (mittags). Biergarten mit Brunnen.

VERSMOLD

In Versmold-Bockhorst

✕✕ Alte Schenke
Bockhorst 3, (An der Kirche) ✉ *33775 –* ✆ *(05423) 9 42 80 – www.alteschenke.de*
– geschl. Montag - Dienstag
Rest – (Mittwoch - Samstag nur Abendessen) Menü 33/53 € – Karte 27/55 €
◆ Das reizende historische Fachwerkhaus steckt voller westfälischer Gemütlichkeit. Emil Sickendiek mag die heimische Küche und so kocht er auch; ein Traditionsgericht ist gebratenes Zanderfilet und Möpkenbrot auf Apfelspitzkohl, dazu eine gute Auswahl an deutschen Weinen. Terrasse zur Kirche.

VETTELSCHOSS – Rheinland-Pfalz – **543** – 3 310 Ew – Höhe 280 m   36 D13
▶ Berlin 620 – Mainz 130 – Bonn 33 – Bad Honnef 17

In Vettelschoss-Kalenborn West: 1 km

✕ Nattermann's Restaurant mit Zim
Bahnhofstr. 12 ✉ *53560 –* ✆ *(02645) 9 73 10 – www.nattermanns.de – geschl. Montag*
12 Zim – †57/89 € ††89/119 €, ⊇ 5 €   **Rest** – Karte 26/55 €
◆ Seit vielen Jahren leitet Joachim (genannt Jo) Nattermann den gewachsenen Familienbetrieb. Bürgerliche Küche mit internationalen Einflüssen, auch Flammkuchen. Tafelstube für Veranstaltungen. Gute Gästezimmer.

VIECHTACH – Bayern – **546** – 8 300 Ew – Höhe 435 m – Wintersport: ✦   59 O17
– Luftkurort
▶ Berlin 507 – München 174 – Passau 81 – Cham 27
🛈 Stadtplatz 1, ✉ 94234, ✆ (09942) 16 61, www.viechtacher-land.de

🏨 Schmaus
Stadtplatz 5 ✉ *94234 –* ✆ *(09942) 9 41 60 – www.hotel-schmaus.de*
– geschl. 6. - 23. Januar
41 Zim ⊇ – †48/66 € ††80/93 € – ½ P 18 €   **Rest** – Karte 21/52 €
◆ Einer der Traditionsbetriebe der Region, in dem Familie Schmaus seit 250 Jahren ihre Gäste bewirtet. Die Zimmer sind neuzeitlich oder rustikaler eingerichtet. Das Restaurant ist eine gepflegte Einkehradresse für Freunde regionaler Speisen.

In Viechtach-Neunussberg Nord-Ost: 10 km in Richtung Lam, in Wiesing rechts

🏨 Burghotel Sterr
Neunußberg 35 ✉ *94234 –* ✆ *(09942) 80 50 – www.burghotel-sterr.de*
– geschl. 10. - 13. Dezember
32 Zim ⊇ – †85/95 € ††160/170 € – 9 Suiten
Rest – (nur Abendessen für Hausgäste)
◆ Hier überzeugen wohnlich-elegante Zimmer - teilweise sehr geräumige Komfortzimmer und Suiten - sowie ein hübscher Wellnessbereich und ein gepflegter Garten mit Badeteich. Freundlich gestaltetes Restaurant.

VIERNHEIM – Hessen – **543** – 32 600 Ew – Höhe 101 m   47 F16
▶ Berlin 608 – Wiesbaden 82 – Mannheim 11 – Darmstadt 47
⛳ Viernheim, Alte Mannheimer Str. 3, ✆ (06204) 6 07 00
⛳ Heddesheim, Gut Neuzenhof, ✆ (06204) 9 76 90

Siehe Mannheim-Ludwigshafen (Umgebungsplan)

🏨 Central-Hotel am Königshof garni
Hölderlinstr. 2 ✉ *68519 –* ✆ *(06204) 9 64 20 – www.central-hotel-viernheim.de*
29 Zim ⊇ – †67/95 € ††95/115 €, ⊇ 11 € – 9 Suiten   DUn
◆ Freundlicher Service, herzliche Atmosphäre und sehr individuelle Zimmer erwarten Sie in dem hübsch dekorierten Haus. Gute Autobahnanbindung.

🏠 Am Kapellenberg garni
Mannheimer Str. 59 ✉ *68519 –* ✆ *(06204) 77 07 70 – www.hotelamkapellenberg.de*
– geschl. 24. Dezember - 10. Januar   DUe
18 Zim ⊇ – †49 € ††70 €
◆ Tipptopp gepflegt und solide eingerichtet ist das nette kleine Hotel unter familiärer Leitung. Das Frühstück kann man im Sommer auch auf der Terrasse einnehmen.

VIERNHEIM

In Viernheim-Neuzenlache über A 659, Ausfahrt Viernheim-Ost

XX **Pfeffer & Salz**
Neuzenlache 10 ✉ *68519* – ℰ *(06204) 7 70 33* – *www.pfeffersalz.de*
– *geschl. 1. - 15. Januar und Sonntag - Montag, Dezember: Sonntag*
Rest – *(nur Abendessen)* (Tischbestellung ratsam) Karte 33/70 €
• Das Restaurant liegt in einer schönen Gartenanlage mit Springbrunnen. Mit Sorgfalt bereitet man klassisch ausgerichtete Speisen, dazu bietet man eine sehr gute Auswahl an französischen Weinen.

VIERSEN – Nordrhein-Westfalen – **543** – 75 480 Ew – Höhe 40 m   **25** B11
▶ Berlin 592 – Düsseldorf 34 – Krefeld 20 – Mönchengladbach 10

In Viersen-Süchteln Nord-West: 4,5 km über A 61, Ausfahrt Süchteln

XXX **Alte Villa Ling - Josefine** mit Zim
Hindenburgstr. 34 ✉ *41749* – ℰ *(02162) 97 01 50* – *www.alte-villa-ling.de* – *geschl. Juli - August 2 Wochen und Montag, Samstagmittag*
7 Zim – †85 € ††130 €   **Rest** – Menü 65 € – Karte 31/71 €
• Ob Sie im Salon, in der Gaststube oder im Wintergarten speisen, das Restaurant in der Jugendstilvilla von 1899 bietet seinen Gästen eine gute internationale Küche, für die Thomas Teigelkamp Produkte aus der Region verwendet. Die Gästezimmer erreicht man über das schöne Treppenhaus.

VILBEL, BAD – Hessen – **543** – 31 640 Ew – Höhe 109 m – Heilbad   **47** F14
▶ Berlin 540 – Wiesbaden 48 – Frankfurt am Main 10 – Gießen 55
🛈 Bad Vilbel-Dortelweil, Lindenhof, ℰ (06101) 5 24 52 00

🏨 **City Hotel**
Alte Frankfurter Str. 13 (Siedlung Heilsberg) ✉ *61118* – ℰ *(06101) 58 80*
– *www.cityhotel-badvilbel.de*
92 Zim – †104 € ††109 €, ⊇ 10 €   **Rest** – Karte 22/55 €
• Zeitgemäß-funktionelle Zimmer und die gute Verkehrsanbindung sprechen für dieses Tagungs- und Businesshotel. Hübscher kleiner Saunabereich. Internationale Küche im mediterran gehaltenen Restaurant Zum Heilsberg. Schöne Terrasse mit Lounge-Atmosphäre.

🏨 **Am Kurpark** garni (mit Gästehaus)
Parkstr. 20 ✉ *61118* – ℰ *(06101) 60 07 00* – *www.kurpark.de*
61 Zim ⊇ – †65/140 € ††80/170 €
• Das Hotel bietet im Neubau besonders moderne und komfortable Zimmer, von denen einige über einen Balkon zum Kurpark verfügen. Geräumig sind die Appartements mit Kitchenette.

VILLINGENDORF – Baden-Württemberg – **545** – 3 320 Ew – Höhe 621 m   **62** F20
▶ Berlin 725 – Stuttgart 89 – Konstanz 92 – Rottweil 6

XX **Gasthof Linde**
😊 *Rottweiler Str. 3* ✉ *78667* – ℰ *(0741) 3 18 43* – *www.linde-villingendorf.de*
– *geschl. 2. - 10. Januar, 29. Mai - 5. Juni, 6. - 21. August und Montag - Dienstag*
Rest – Menü 30/65 € – Karte 30/55 €
• Das in der Ortsmitte gelegene Gasthaus mit den roten Fensterläden wird schon seit vielen Jahren familiär geleitet. Ein gediegen-ländliches Restaurant, in dem man freundlich eine schmackhafte regionale Küche aus heimischen Produkten serviert.

X **Kreuz**
Hauptstr. 8 ✉ *78667* – ℰ *(0741) 3 40 57* – *www.kreuz-villingendorf.de*
– *geschl. August 2 Wochen und Mittwoch*
Rest – Karte 31/46 €
• Ein Gasthof mit Familientradition seit 1824. Das Restaurant ist in ländlichem Stil gehalten, die Küche ist regional-saisonal. Mit eigener Schnapsbrennerei und einfachen Gästezimmern.

VILLINGEN-SCHWENNINGEN – Baden-Württemberg – 545 – 80 950 Ew 62 F20
– Höhe 704 m – Kneipp-Kurort
▶ Berlin 734 – Stuttgart 115 – Freiburg im Breisgau 77 – Konstanz 90
ADAC Kaiserring 1 (Villingen) A
🛈 Rietgasse 2 A, ✉ 78050, ☏ (07721) 82 23 40, www.tourismus-vs.de
🛈 Erzbergerstr. 20 B, ✉ 78054, ☏ (07720) 82 12 08
Veranstaltungen
  2.-10. Juni: Südwest Messe

Im Stadtteil Villingen – Kneippkurort

Mercure am Franziskaner 🕭 🕪 AC Rest, ¶ 🐕 VISA ⓪ AE
Rietstr. 27 ✉ 78050 – ☏ (07721) 29 70 – www.mercure.de Aa
87 Zim ⌂ – †79/149 € ††99/179 € – 7 Suiten
Rest – *(geschl. Sonntag) (nur Abendessen)* Karte 27/35 €
  ♦ Harmonisch fügt sich das zeitgemäße Hotel in das historische Stadtbild am Anfang der Fußgängerzone ein. Eine Businessadresse mit funktionalen Zimmern und modernem Frühstücksraum. Im Restaurant serviert man internationale Küche.

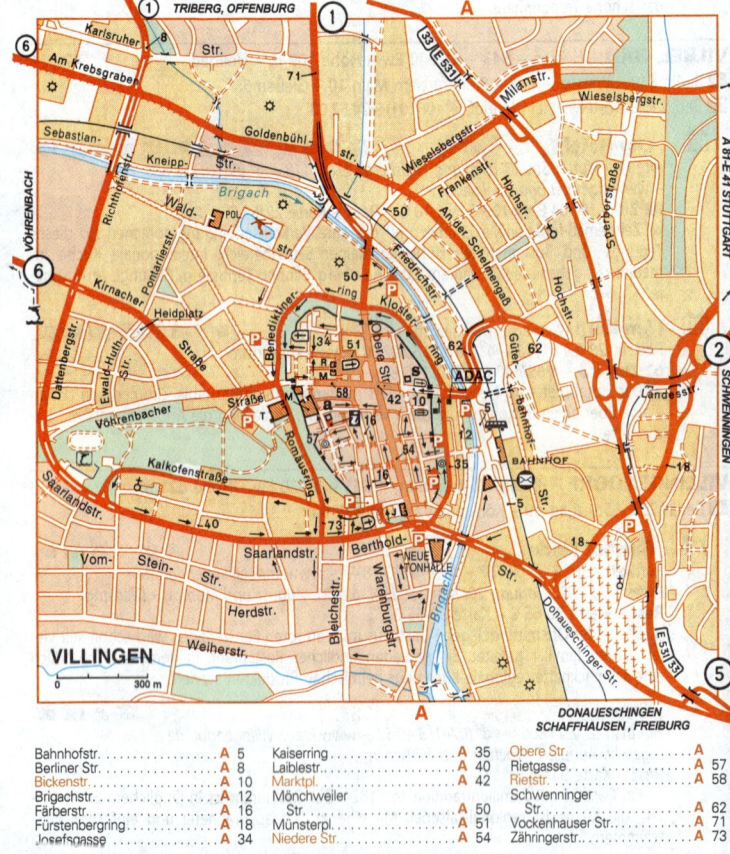

Bahnhofstr.	A 5	Kaiserring	A 35	Obere Str.	A
Berliner Str.	A 8	Laiblestr.	A 40	Rietgasse	A 57
Bickenstr.	A 10	Marktpl.	A 42	Rietstr.	A 58
Brigachstr.	A 12	Mönchweiler		Schwenninger	
Färberstr.	A 16	Str.	A 50	Str.	A 62
Fürstenbergring	A 18	Münsterpl.	A 51	Vockenhauser Str.	A 71
Josefsgasse	A 34	Niedere Str.	A 54	Zähringerstr.	A 73

VILLINGEN-SCHWENNINGEN

Rindenmühle
Am Kneipp-Bad 9, (am Kurpark) (über Kirnacher Straße A) ⊠ 78052 – ℰ (07721) 8 86 80
– www.rindenmuehle.de
23 Zim ⊇ – †72/89 € ††89/125 € – ½ P 34 €
Rest *Rindenmühle* – siehe Restaurantauswahl

♦ Im Kurpark steht das engagiert geführte Hotel, das Sie mit einer schönen großen Empfangshalle begrüßt. Hier wie auch in den Zimmern finden sich Stoffe, Farben und Accessoires im Landhausstil.

Bären garni
Bärengasse 2 ⊠ 78050 – ℰ (07721) 2 06 96 90 – www.hotel-baeren.biz – geschl.
23. Dezember - 8. Januar   **As**
16 Zim ⊇ – †64/76 € ††86/96 €
– 1 Suite

♦ Das Hotel in der Altstadt, ganz in der Nähe der Fußgängerzone, ist ein kleiner Familienbetrieb mit hellen, zeitgemäß und praktisch ausgestatteten Gästezimmern.

Rindenmühle – Hotel Rindenmühle
Am Kneipp-Bad 9, (am Kurpark) (über Kirnacher Straße A) ⊠ 78052
– ℰ (07721) 8 86 80 – www.rindenmuehle.de
– geschl. Sonntagabend - Montag
Rest – Menü 35/69 € – Karte 32/56 €

♦ Das schöne Interieur scheint wie geschaffen für die Räume des Restaurants. Farben und Formen sind wie auch die Finessen der Küche (regionale und internationale Gerichte) aufeinander abgestimmt.

Im Stadtteil Schwenningen

Central garni
Alte Herdstr. 12 (Muslen-Parkhaus) ⊠ 78054 – ℰ (07720) 30 30
– www.centralhotel-vs.de – geschl. 21. Dezember - 10. Januar   **Bc**
60 Zim ⊇ – †71/76 € ††84/94 €

♦ Das Businesshotel mit freundlichen Zimmern und zeitgemäßem Frühstücksraum ist über ein Parkhaus erreichbar. Im UG hat man einen kleinen Sauna- und Fitnessbereich.

Alte Herdstr.	B
Arminstr.	B 2
Arndtstr.	B 3
August-Reitz-Str.	B 4
Bärenstr.	B 6
Beethovenstr.	B 7
Bertha-von-Suttner-Str.	B 9
Dauchinger Str.	B 13
David-Würth-Str.	B 14
Erzbergerstr.	B 15
Friedrich-Ebert-Str.	B 17
Geschw.-Scholl-Pl.	B 19
Gustav-Schwab-Str.	B 20
Hans-Sachs-Str.	B 25
In der Muslen	B 26
Jakob-Kienzle-Str.	B 29
Kirchstr.	B 37
Kreuzstr.	B 38
Lammstr.	B 41
Marktpl.	B
Marktstr.	B 44
Mozartstr.	B 46
Olgastr.	B 56
Römerstr.	B 60
Schubertstr.	B 61
Seestr.	B 63
Silcherstr.	B 64
Spittelstr.	B 66
Talstr.	B 67
Turnerstr.	B 68
Walther-Rathenau-Str.	B 72

1261

VILLINGEN-SCHWENNINGEN

Ochsen
Bürkstr. 59 ⊠ 78054 – ℰ (07720) 83 90 – www.hotelochsen.com – geschl. Weihnachten - 6. Januar **Ba**
38 Zim – †71/92 € ††94/104 €, ⊆ 5 €
Rest *Ochsenstube* – (geschl. Sonntag) (nur Abendessen) Menü 32 € – Karte 20/39 €
♦ Die Zimmer in dem gut geführten Familienbetrieb sind unterschiedlich eingerichtet, teils in Weiß gehalten, einige als Themenzimmer gestaltet (z. B. "Afrika", "Schweden"). Die regionale Küche serviert man nicht nur im Restaurant, schön ist es auch draußen auf der Terrasse hinterm Haus!

VILSBIBURG – Bayern – 546 – 11 520 Ew – Höhe 449 m   59 N19
▶ Berlin 581 – München 79 – Regensburg 81 – Landshut 21
🛈 Vilsbiburg, Trauterfing 31, ℰ (08741) 96 86 80

In Vilsbiburg-Achldorf Süd: 2 km

Kongressissimo
Hauptstr. 2 ⊠ 84137 – ℰ (08741) 96 60 – www.kongressissimo.de – geschl. Mitte August 2 Wochen
44 Zim ⊆ – †79 € ††119 € – 2 Suiten
Rest – (geschl. Samstag - Sonntagmittag) Menü 22/52 € – Karte 22/56 €
♦ In dem modernen Hotelbau erwarten Sie komfortable und neuzeitlich-funktionelle Gästezimmer mit guter Technik. Trendige Lounge. Das Restaurant in der 1. Etage bietet internationale Küche. Durch Sonnensegel geschützter Biergarten.

VISBEK – Niedersachsen – 541 – 9 310 Ew – Höhe 46 m   17 F7
▶ Berlin 429 – Hannover 139 – Bremen 48 – Oldenburg 45

Stüve's Hotel
Hauptstr. 20 ⊠ 49429 – ℰ (04445) 96 70 10 – www.hotel-stueve.de
25 Zim ⊆ – †55/65 € ††75/85 €   **Rest** – Karte 24/45 €
♦ Der Anbau dieses schmucken Jugendstilhauses beherbergt neuzeitliche und besonders wohnliche Gästezimmer. Etwas einfacher sind die Zimmer im Stammhaus. Helles, freundliches Restaurant mit eleganter Note.

Wübbolt garni
Astruper Str. 19 ⊠ 49429 – ℰ (04445) 9 67 70 – www.hotel-wuebbolt.de
14 Zim ⊆ – †50 € ††72 €
♦ Ein recht schlichtes, aber auffallend gepflegtes und persönlich geleitetes kleines Hotel mit kostenfreiem W-Lan und einem Frühstücksbuffet mit guter Auswahl.

In Visbek-Neumühle Nord-West: 8 km über Ahlhorner Straße, in Engelmannsbäke links Richtung Meyerhöfen

Neumühle
Neumühle 36a ⊠ 49429 – ℰ (04445) 28 89 – www.neumuehle-visbek.de – geschl. Montag - Dienstag
Rest – (Mittwoch - Freitag nur Abendessen) Menü 43/69 € – Karte 37/60 €
♦ Ein malerisches Fleckchen ist die charmante, über 500 Jahre alte Mühle. Die Küche ist international und regional, im Sommer sind Kaffee und Kuchen auf der Terrasse direkt am Mühlweiher ein Muss.

VISSELHÖVEDE – Niedersachsen – 541 – 10 310 Ew – Höhe 55 m   18 H7
▶ Berlin 344 – Hannover 81 – Hamburg 87 – Bremen 60
🛈 Marktplatz 2, ⊠ 27374, ℰ (04262) 30 10, www.visselhoevede.de

In Visselhövede-Hiddingen Nord-Ost: 3 km Richtung Schneverdingen

Röhrs (mit Gästehaus)
Neuenkirchener Str. 1 ⊠ 27374 – ℰ (04262) 9 31 80 – www.hotel-roehrs.de
35 Zim ⊆ – †52/68 € ††72/86 €   **Rest** – (nur Abendessen) Karte 15/39 €
♦ Ein Gasthaus mit langer Tradition. Die Zimmer im Gästehaus verfügen über Terrasse, Balkon mit Blick ins Grüne - hier auch einige Komfortzimmer. Gediegenes Restaurant - einer der Räume mit Wintergartenanbau.

VLOTHO – Nordrhein-Westfalen – 543 – 19 500 Ew – Höhe 64 m   28 G9
▶ Berlin 359 – Düsseldorf 206 – Bielefeld 43 – Bremen 116
☍ Vlotho-Exter, Heideholz 8, ℰ (05228) 74 34

In Vlotho-Bonneberg Süd-West: 2,5 km

🏨 Bonneberg
Wilhelmstr. 8 ⊠ 32602 – ℰ (05733) 79 30 – www.bonneberg.bestwestern.de
97 Zim – †70/98 € ††76/130 € **Rest** – Karte 21/48 €
♦ Hell, neuzeitlich und funktionell ist das aus einer ehemaligen Möbelfabrik entstandene Tagungshotel gestaltet. Die Zimmer sind großzügig geschnitten.

VÖHRENBACH – Baden-Württemberg – 545 – 3 870 Ew – Höhe 797 m   62 E20
– Wintersport: 1 100 m ≰4 ⛷ – Erholungsort
▶ Berlin 759 – Stuttgart 131 – Freiburg im Breisgau 48 – Donaueschingen 21
🛈 Friedrichstr. 8, ⊠ 78147, ℰ (07727) 50 11 15, www.voehrenbach.de

✕ Zum Engel
Schützenstr. 2 ⊠ 78147 – ℰ (07727) 70 52 – www.engel-voehrenbach.de – geschl. Montag - Dienstag
Rest – (Tischbestellung ratsam) Menü 29/60 € – Karte 30/61 €
♦ Ländlich-behaglich ist die Atmosphäre in dem schönen Gasthof, dessen Familientradition bis ins 18. Jh. zurückreicht. Der Chef kocht klassische Speisen, aber auch Regionales zu günstigen Preisen.

VÖHRINGEN – Bayern – 546 – 13 060 Ew – Höhe 499 m   64 I20
▶ Berlin 628 – München 146 – Augsburg 86 – Kempten (Allgäu) 75

In Vöhringen-Illerberg Nord-Ost: 3 km nahe der A 7

✕✕ Speisemeisterei Burgthalschenke
Untere Hauptstr. 4 (Thal) ⊠ 89269 – ℰ (07306) 52 65 – www.burgthalschenke.de – geschl. Montag, außer an Feiertagen
Rest – Menü 28/52 € – Karte 32/49 €
♦ Stammgäste kommen immer wieder gerne zu Familie Kast-Großhammer! Das liegt vor allem an der schmackhaften saisonalen Küche zu einem sehr guten Preis-Leistungs-Verhältnis! Im Winter sitzt man am Kamin besonders nett, im Sommer auf der kleinen Terrasse.

VÖLKLINGEN – Saarland – 543 – 39 790 Ew – Höhe 200 m   45 B17
▶ Berlin 737 – Saarbrücken 15 – Neunkirchen 38 – Homburg 49
◉ Weltkulturerbe Völklinger Hütte ★

🏨 Parkhotel Albrecht
Kühlweinstr. 70 ⊠ 66333 – ℰ (06898) 91 47 00
– www.parkhotel-albrecht.de
13 Zim – †85/95 € ††119/129 € – 2 Suiten
Rest *Gourmetstube* – siehe Restaurantauswahl
Rest *Orangerie* – (geschl. Dienstag, Samstagmittag) Menü 30/59 € – Karte 48/71 €
♦ Das gut geführte Hotel liegt in einem 7000 qm großen Park und bietet neuzeitlich-wohnliche Zimmer, benannt nach Städten. Besonders komfortabel sind die beiden Juniorsuiten. Orangerie mit Wintergarten und Terrasse.

✕✕✕ Gourmetstube – Parkhotel Albrecht
Kühlweinstr. 70 ⊠ 66333 – ℰ (06898) 91 47 00 – www.parkhotel-albrecht.de – geschl. Dienstag, Samstagmittag
Rest – Menü 59/85 € – Karte 42/79 €
♦ In symmetrischer Harmonie: Cremefarbene Hussensessel, knallrote Vorhänge und Akzente durch dekorative Floristik gefallen dem Betrachter spontan. Aus der international ausgelegten Karte munden Gerichte wie z. B. Dorade Royale, hausgemachte Pasta oder Rinderfilet mit Portweinglace.

VOERDE – Nordrhein-Westfalen – 543 – 37 670 Ew – Höhe 26 m   25 B10
▶ Berlin 552 – Düsseldorf 61 – Duisburg 23 – Wesel 10

XX Wasserschloss Haus Voerde
Allee 65 ✉ 46562 – ℰ (02855) 36 11 – www.haus-voerde.de
– geschl. Anfang Januar 1 Woche und Montag, Samstagmittag
Rest – Menü 25/31 € – Karte 28/46 €
• In dem schmucken Schloss a. d. 16. Jh. sitzt man gemütlich unter einer hübschen Gewölbedecke. Mit Terrasse zum Wassergraben, Standesamt und Festsaal. Gepflegte Zimmer in einem 3 km entfernten Gästehaus.

VÖRSTETTEN – Baden-Württemberg – siehe Denzlingen

VOGTSBURG im KAISERSTUHL – Baden-Württemberg – 545 – 5 670 Ew   61 D20
– Höhe 218 m
▶ Berlin 797 – Stuttgart 200 – Freiburg im Breisgau 31 – Breisach 10

In Vogtsburg-Achkarren

⌂ Zur Krone
Schlossbergstr. 15 ✉ 79235 – ℰ (07662) 9 31 30 – www.krone-achkarren.de
23 Zim – †59/75 € ††89/135 €
Rest – (geschl. Mitte November - Mitte März: Mittwoch - Donnerstag) Menü 19/50 € – Karte 20/59 €
• Das gewachsene Gasthaus in dem kleinen Winzerort ist über 400 Jahre alt und wird seit 1919 von der Familie geführt. Unterschiedlich geschnittene Zimmer, teils mit Balkon. In das gemütlich-rustikale Lokal kehren auch viele Einheimische gerne ein. Besonders beliebt ist bei den Gästen die günstige Mittagskarte!

In Vogtsburg-Burkheim

⌂⌂ Kreuz-Post (mit Gästehaus)
Landstr. 1 ✉ 79235 – ℰ (07662) 9 09 10 – www.kreuz-post.de
– geschl. 10. - 20. Januar
35 Zim – †42/79 € ††68/130 €
Rest – (geschl. November - März: Dienstag) Karte 22/49 €
• Wo einst die Heilig-Kreuz-Kapelle stand, befindet sich dieser gewachsene Gasthof, Familienbetrieb in der 7. Generation. Besonders ansprechend sind die Gartenzimmer mit Terrasse. Restaurant mit badischer Küche. Im Sommer sitzt man angenehm im Innenhof.

In Vogtsburg-Oberbergen

XXX Schwarzer Adler mit Zim
✿
Badbergstr. 23 ✉ 79235 – ℰ (07662) 93 30 10 – www.schwarzeradler.eu
– geschl. 16. Januar - 14. Februar und Mittwoch - Donnerstag
14 Zim – †95/110 € ††140/150 €
Rest – (Tischbestellung ratsam) Menü 68/89 € – Karte 60/98 €
Spez. Marinierte Kalbszunge mit Flusskrebsen und Senfkörnervinaigrette. Bretonischer Hummer mit hausgemachten Spaghettini, Paprikagemüse und Krustentier-Bisque. Schwarzwälder Fleckvieh, Stück aus der Hochrippe von der Färse mit Schalottensauce.
• Elegant und dennoch badisch-charmant ist der Gasthof der Winzerfamilie Keller. Zur klassischen Küche von Anibal Strubinger präsentiert der fachlich versierte Weinservice eine Auswahl von über 2400 Positionen, darunter auch viele Hausweine. Die Gästezimmer im Stammhaus sind besonders geschmackvoll.

X Winzerhaus Rebstock
Badbergstr. 22 ✉ 79235 – ℰ (07662) 93 30 11 – www.franz-keller.de
– geschl. 2. - 15. Januar; November - Februar: Montag - Dienstag
Rest – Menü 31 € – Karte 21/35 €
• In dem liebenswerten alten Wirtshaus gegenüber dem Schwarzen Adler - ebenfalls unter der Leitung von Familie Keller - isst man regional. Die Terrasse im Innenhof ist wirklich reizend.

VOGTSBURG im KAISERSTUHL

In Vogtsburg-Schelingen

Zur Sonne mit Zim
Mitteldorf 5 ⊠ 79235 – ℰ (07662) 2 76 – www.sonne-schelingen.de – geschl. Januar - Februar 2 Wochen, Anfang Juli 2 Wochen und Dienstag, November - März: Dienstag - Mittwochmittag

9 Zim ⊇ – †47/52 € ††65/85 €   **Rest** – Menü 22/40 € – Karte 20/49 €

♦ Vis-à-vis der Kirche liegt dieser von Familie Köpfer geführte Gasthof mit ländlich-rustikal gestaltetem Restaurantbereich. Übernachten können Sie in gepflegten, unterschiedlich eingerichteten Zimmern in Stammhaus und Gästehaus.

VOLKACH – Bayern – **546** – 9 180 Ew – Höhe 203 m – Erholungsort   49 I15
▶ Berlin 466 – München 269 – Würzburg 28 – Bamberg 64
🛈 Marktplatz 1, ⊠ 97332, ℰ (09381) 4 01 12, www.volkach.de

Zur Schwane
Hauptstr. 12 ⊠ 97332 – ℰ (09381) 8 06 60 – www.schwane.de – geschl. 24. - 30. Dezember

36 Zim ⊇ – †70/85 € ††115/165 € – ½ P 36 € – 2 Suiten
Rest *Zur Schwane* – siehe Restaurantauswahl

♦ Sie finden das a. d. 15. Jh. stammende Gasthaus am Rande der Altstadt. Man kümmert sich freundlich um die Gäste, die in behaglichen Zimmern wohnen. Gutes Frühstücksbuffet.

Vier Jahreszeiten garni
Hauptstr. 31 ⊠ 97332 – ℰ (09381) 8 48 40 – www.vier-jahreszeiten-volkach.de – geschl. Februar

21 Zim ⊇ – †75/120 € ††105/160 € – 1 Suite

♦ In dem schmucken Haus von 1605 erwarten Sie herzliche Gastgeber und individuelle, elegante Zimmer mit Antiquitäten. Faible des Chefs: ein Shop mit eigenen Gewürzmischungen.

Am Torturm garni (mit Gästehaus)
Hauptstr. 41 ⊠ 97332 – ℰ (09381) 8 06 70 – www.hotel-am-torturm.de – geschl. 23. Dezember - 7. Januar

21 Zim ⊇ – †65/90 € ††90/120 €

♦ Die freundliche Betreiberin bietet in dem kleinen Hotel am Torturm komfortable und sehr gepflegte Zimmer, darunter auch größere Familienzimmer. Im Sommer Frühstück im Innenhof.

Rose
Oberer Markt 7 ⊠ 97332 – ℰ (09381) 84 00 – www.rose-volkach.de

30 Zim ⊇ – †58/73 € ††90/105 € – 1 Suite
Rest – *(geschl. Mitte Januar - Mitte Februar und Mittwoch)* Karte 15/37 €

♦ In dem Familienbetrieb nahe dem Altstadtkern stehen unterschiedlich eingerichtete Zimmer mit neuzeitlichem Komfort bereit. Sie beginnen den Tag im hellen Frühstücksraum mit Terrasse. Gemütliche Galträume im regionstypischen Stil.

Weinhotel Frankenherz
Hauptstr. 2 ⊠ 97332 – ℰ (09381) 80 35 33 – www.hotelfrankenherz.de

19 Zim ⊇ – †49/89 € ††79/119 € – ½ P 18 €
Rest *Weinhotel Frankenherz* – *(geschl. Montag) (Dienstag - Donnerstag nur Abendessen)* Karte 16/41 €

♦ Das engagiert geführte Haus ist ein saniertes Renaissance-Gebäude, das individuelle Zimmer mit Biedermeier-, Louis-XVI- und Barockmöbeln beherbergt. Hübsche kleine Dachterrasse. Restaurant im Gewölbekeller a. d. 16. Jh. mit fränkischer und elsässischer Küche.

Behringer (mit Gästehaus)
Marktplatz 5 ⊠ 97332 – ℰ (09381) 81 40 – www.hotel-behringer.de

16 Zim ⊇ – †49/80 € ††82/95 € – ½ P 17 €
Rest – *(geschl. Januar; Mitte November - Mitte März: Donnerstag)* Karte 20/39 €

♦ Das schöne jahrhundertealte Fachwerkhaus mit seinem "Hinterhöfle" a. d. 17. Jh. ist seit 1928 im Familienbesitz. Im Gästehaus sind die Zimmer geräumiger und etwas komfortabler. Das Restaurant: Marktblickstuben, rustikale Ratsherrnschänke und Biergarten im Hof.

VOLKACH

Zur Schwane – Hotel Zur Schwane
Hauptstr. 12 ⌂ 97332 – ℰ (09381) 8 06 60 – www.schwane.de
– geschl. 24. - 30. Dezember und Montagmittag
Rest – Menü 40/78 € – Karte 43/58 €

• Schon alleine wegen seines leuchtend gelben Anstrichs ist der schmucke Gasthof am Rande der Altstadt nicht zu übersehen. Behagliche historische Stube und eigenes Weingut!

In Nordheim Süd-West: 4 km
Hauptstr. 26, ⌂ 74226, ℰ (07133) 18 20, www.nordheim.de

Gasthof Markert
Am Rain 22 ⌂ 97334 – ℰ (09381) 8 49 00 – www.gasthof-markert.de – geschl. 22. Februar - 11. März
22 Zim ⌂ – †43/46 € ††65/71 € – ½ P 13 €
Rest – *(geschl. November - April: Mittwoch)* Karte 17/37 €

• Ein familiengeführter Gasthof mit gepflegter, funktionaler Ausstattung. Nett sind die Lese-Erkerzimmer mit Blick über die Weinberge. Man bietet Weingutführungen und Degustationen. Restaurant in ländlichem Stil und eine teilweise überdachte Innenhofterrasse.

Zur Weininsel (mit Gästehaus)
Mainstr. 17 ⌂ 97334 – ℰ (09381) 80 36 90 – www.gasthof-weininsel.de – geschl. 27. Dezember - 28. Januar
11 Zim ⌂ – †36/39 € ††54/69 € – ½ P 13 €
Rest – *(geschl. Mittwoch, Mai - Juni: Mittwochmittag, September - Oktober: Mittwochmittag)* Karte 17/26 €

• Das gepflegte kleine Hotel ist ein freundlich geführter Familienbetrieb. Die Zimmer verteilen sich auf Haupt- und Gästehaus, teilweise sind sie etwas größer und wohnlicher. In den Gaststuben bietet man bürgerliche Küche.

VREDEN – Nordrhein-Westfalen – 543 – 22 650 Ew – Höhe 32 m — 26 C9
Berlin 537 – Düsseldorf 116 – Nordhorn 66 – Bocholt 33
Markt 7, ⌂ 48691, ℰ (02564) 46 00, www.stadtmarketing-vreden.de

Cavallino
Dömern 69 (Ost: 2 km, Richtung Ottenstein) ⌂ 48691 – ℰ (02564) 3 26 99 – geschl. Juli 2 Wochen und Montag, Samstagmittag
Rest – Karte 25/38 €

• Ein modernes, in verschiedene Bereiche unterteiltes Restaurant, in dem der freundliche Chef nicht nur Pizza und Pasta auftischt, sondern auch gehobenere italienische Gerichte.

WAAKIRCHEN – Bayern – siehe Gmund am Tegernsee

WACHENHEIM – Rheinland-Pfalz – 543 – 4 640 Ew – Höhe 141 m — 47 E1
– Erholungsort
Berlin 641 – Mainz 86 – Mannheim 27 – Kaiserslautern 35
Weinstr. 15, ⌂ 67157, ℰ (06322) 95 80 32, www.wachenheim.de

Rieslinghof garni
Weinstr. 86 ⌂ 67157 – ℰ (06322) 9 89 89 20 – www.rieslinghof.com
6 Zim ⌂ – †70 € ††98 €

• Familiär und fair im Preis. Sie wohnen ganz modern im ehemaligen Pferdestall des Weinguts: schöner Dielenboden und Vollholzmöbel in klaren Linien. Gewölbe-Saal für Tagungen und Feiern.

Goldbächel
Waldstr. 99 ⌂ 67157 – ℰ (06322) 9 40 50 – www.goldbaechel.de
16 Zim ⌂ – †50/75 € ††100/140 € – ½ P 18 €
Rest – *(geschl. Januar 2 Wochen, Juli 2 Wochen und Montag - Dienstagmittag)*
Karte 21/49 €

• Der Familienbetrieb am Waldrand ist eine sehr gepflegte Adresse mit praktischen Zimmern und schönem kleinem Saunabereich. Stärkung am Morgen bringt das Pfälzer Landfrühstück. Bürgerlich-rustikales Restaurant, ergänzt durch einen Anbau mit Wintergartenflair.

WACHENHEIM

In Gönnheim Ost: 4,5 km über Friedelsheim

✗ **Zum Lamm** mit Zim
Bismarckstr. 21 ✉ 67161 – ℰ (06322) 9 52 90 – www.restaurant-zum-lamm.de – geschl. Dienstag
9 Zim ⌂ – †50/69 € ††65/79 € – ½ P 25 €
Rest – (Montag - Freitag nur Abendessen) Menü 35 € – Karte 23/54 €
♦ In dem hübschen alten Gasthaus im Ortskern bietet man regionale und internationale Küche. Schön sind die gemütlichen Stuben und die Innenhofterrasse, der Service ist freundlich. Gepflegte und funktionelle Gästezimmer zum Übernachten.

WACHTBERG – Nordrhein-Westfalen – 543 – 20 260 Ew – Höhe 200 m 36 C13
▶ Berlin 609 – Düsseldorf 99 – Bonn 17 – Koblenz 67
🏌 Wachtberg-Niederbachem, Landgrabenweg, ℰ (0228) 34 40 03

In Wachtberg-Adendorf West: 6 km Richtung Meckenheim

✗✗✗ **Kräutergarten**
Töpferstr. 30 ✉ 53343 – ℰ (02225) 75 78 – www.gasthaus-kraeutergarten.de – geschl. Sonntagabend - Montag
Rest – (Dienstag - Samstag nur Abendessen) (Tischbestellung ratsam) Menü 42/57 € – Karte 52/62 €
♦ Ein familiengeführtes Restaurant mit ambitionierter internationaler Küche auf klassischer Basis. Mediterrane Farben und moderne Accessoires schaffen ein angenehm helles, freundliches Ambiente.

WACKERSBERG – Bayern – 546 – 3 620 Ew – Höhe 735 m 65 L21
▶ Berlin 648 – München 56 – Garmisch-Partenkirchen 56

In Wackersberg-Arzbach Süd: 3 km

🏠 **Benediktenhof** garni
Alpenbadstr. 16 ✉ 83646 – ℰ (08042) 9 14 70 – www.benediktenhof.de – geschl. November 2 Wochen
11 Zim ⌂ – †62/73 € ††94/134 €
♦ Familie Bichler leitet hier ein wirklich liebenswertes, ländlich-charmantes Haus mit angenehm persönlicher Atmosphäre sowie allerlei Annehmlichkeiten vom hochwertigen Bio-Frühstück bis zum Snack am Nachmittag. Auch Kosmetik und Massage werden angeboten.

WADERSLOH – Nordrhein-Westfalen – 543 – 12 670 Ew – Höhe 95 m 27 F10
▶ Berlin 432 – Düsseldorf 153 – Bielefeld 52 – Beckum 16

🏨 **Bomke** (mit Gästehaus)
Kirchplatz 7 ✉ 59329 – ℰ (02523) 9 21 60 – www.hotel-bomke.de – geschl. 22. - 26. Dezember
20 Zim ⌂ – †75/125 € ††112/165 €
Rest Bomke ✺ **Rest** Bistro Vinothek – siehe Restaurantauswahl
♦ Seit 1874 ist das zu einem kleinen Hotel erweiterte historische Gasthaus im Besitz der Familie Bomke. Wohnliche Zimmer in drei Stilrichtungen, W-Lan nutzen Sie kostenfrei.

✗✗ **Bomke** – Hotel Bomke
✺ Kirchplatz 7 ✉ 59329 – ℰ (02523) 9 21 60 – www.hotel-bomke.de
– geschl. 22. - 26. Dezember, Juli - August 2 Wochen, Oktober 1 Woche und Sonntagabend - Montag
Rest – Menü 53/114 € – Karte 59/101 €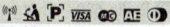
Spez. Confierter Heilbutt und Carabinero auf gebratener Melone und Passe-Pierre. Rehnüsschen in Kartoffelbaumkuchen mit Kirschchutney, Brennesselspinat und Pfifferlingen. Geschmorter mallorquinischer Pfirsich mit Lavendelclafoutis und Minzpesto.
♦ In dem rustikal-eleganten Restaurant kommt man an und fühlt sich aufgrund des liebenswerten Empfangs durch das Ehepaar Bomke sofort wohl. Ihren Gaumen verwöhnt der Hausherr mit einer klassisch inspirierten Küche.

✗ **Bistro Vinothek** – Hotel Bomke
Kirchplatz 7 ✉ 59329 – ℰ (02523) 9 21 60 – www.hotel-bomke.de
– geschl. 22. - 26. Dezember und Montagmittag
Rest – Menü 28/42 € – Karte 28/51 €
♦ Gerne kocht Jens Bomke auch etwas bodenständiger; Gerichte, wie man Sie im Münsterland kennt - das und die ungezwungene Gemütlichkeit des Bistros kommt bei den Gästen sehr gut an.

WÄSCHENBEUREN – Baden-Württemberg – 545 – 3 990 Ew – Höhe 408 m   55 H18
▶ Berlin 598 – Stuttgart 53 – Göppingen 10 – Schwäbisch Gmünd 16

In Wäschenbeuren-Wäscherhof Nord-Ost: 1,5 km

Zum Wäscherschloss mit Zim
Wäscherhof 2 ⊠ 73116 – ℰ (07172) 73 70 – www.gasthofwaescherschloss.de – geschl. Montag - Dienstag
11 Zim – †55/85 € ††95/115 €   **Rest** – Karte 28/46 €
♦ 100 m vom Wäscherschloss liegt der Gasthof von 1836, in dessen gemütlichen Stuben man bürgerlich-regionale Küche mit mediterranem Einfluss bietet. Charmante Terrasse. Zum Übernachten stehen hübsche wohnlich-ländliche Zimmer bereit.

WAGING am SEE – Bayern – 546 – 6 410 Ew – Höhe 465 m – Luftkurort   67 O21
▶ Berlin 679 – München 124 – Bad Reichenhall 47 – Traunstein 12
🛈 Salzburger Str. 32, ⊠ 83329, ℰ (08681) 3 13, www.waging.de

Wölkhammer
Haslacher Weg 3 ⊠ 83329 – ℰ (08681) 40 80 – www.hotel-woelkhammer.de – geschl. März 1 Woche, November 3 Wochen
47 Zim – †48 € ††82/106 € – ½ P 15 € – 2 Suiten
Rest – (geschl. Freitag) Menü 19 € – Karte 17/28 €
♦ Ein sehr gepflegtes Hotel, das familiär geführt wird und über heimelige, mit viel Holz eingerichtete Zimmer verfügt. Im Anbau, dem Fürstenhof, wohnt man etwas komfortabler. In ländlichen Restaurantstuben bietet man bürgerliche Küche.

Landhaus Tanner mit Zim
Aglassing 1 ⊠ 83329 – ℰ (08681) 6 97 50 – www.landhaustanner.de
– geschl. 4. - 10. Januar, Anfang November 10 Tage und Dienstag, Mitte September - Mai: Dienstag, Freitagmittag
11 Zim – †68/78 € ††93/115 € – ½ P 24 € – 2 Suiten
Rest – Menü 30/42 € – Karte 22/52 €
♦ Hier spürt man richtig das Engagement von Stefanie und Franz Tanner. Die Gäste mögen die frischen regionalen Speisen, die im Sommer im Biergarten nochmal so gut schmecken. Gemütlich sitzt es sich aber auch im Restaurant mit Kachelofen und Holz ringsum. Einige der Gästezimmer sind geradlinig-modern im Design.

WAIBLINGEN – Baden-Württemberg – 545 – 52 780 Ew – Höhe 230 m   55 H18
▶ Berlin 609 – Stuttgart 19 – Schwäbisch Gmünd 42 – Schwäbisch Hall 57
ADAC Fronackerstr. 16
🛈 Scheuerngasse 4, ⊠ 71332, ℰ (07151) 5 00 11 55, www.waiblingen.de

Bachofer
Marktplatz 6 ⊠ 71332 – ℰ (07151) 97 64 30 – www.bachofer.info
– geschl. Januar 1 Woche, Oktober 2 Wochen und Samstagmittag, Sonntag - Montag
Rest – Menü 26 € (mittags)/109 € – Karte 53/88 €
♦ Ein modern-puristisches Restaurant mitten in der Stadt. Die kreative Küche bietet u. a. viele asiatische Gerichte sowie ein 12-Gänge-Menü. Günstiges Mittagsangebot.

In Korb Nord-Ost: 3 km

Rommel
Boschstr. 7 , (Gewerbegebiet) ⊠ 71404 – ℰ (07151) 93 10
– www.hotel-rommel.de
42 Zim – †85/92 € ††112/119 €   **Rest** – (nur Abendessen) Karte 18/37 €
♦ Das persönlich geführte Hotel am Ortsrand ist funktionell und zeitgemäß ausgestattet. Frühstücksbuffet, Internet und Parkplätze sind für die Gäste kostenfrei. Rustikales italienisches Restaurant.

WAISCHENFELD – Bayern – 546 – 3 210 Ew – Höhe 372 m – Luftkurort   50 L15
▶ Berlin 391 – München 228 – Coburg 73 – Bayreuth 26
🛈 Marktplatz 1, ⊠ 91344, ℰ (09202) 96 01 17, www.waischenfeld.de

WAISCHENFELD

Im Wiesenttal an der Straße nach Behringersmühle

Café-Pension Krems
Heroldsberg Tal 17 (Süd-West: 3 km) ⊠ *91344 Waischenfeld* – ℰ *(09202) 2 45*
– *www.pension-krems.de* – *geschl. 16. November - 20. Dezember*
14 Zim – †27/35 € ††54 € – ½ P 10 €
Rest – *(geschl. Dienstag) (nur Abendessen für Hausgäste)* Menü 10/15 €
♦ In einem malerischen Tal liegt die gut geführte Pension ruhig an Wald, Wiesen und Wasser. Die Zimmer sind nett und sehr gepflegt. Im Restaurant reicht man eine kleine Speisekarte.

WALDBREITBACH – Rheinland-Pfalz – **543** – 1 860 Ew – Höhe 140 m 36 D13
– Luftkurort
▶ Berlin 614 – Mainz 135 – Bonn 42 – Koblenz 37
ℹ Neuwieder Str. 61, ⊠ 56588, ℰ (02638) 40 17, www.wiedtal.de

Zur Post
Neuwieder Str. 44 ⊠ *56588* – ℰ *(02638) 92 60* – *www.hotelzurpost.de*
44 Zim ⊇ – †55/77 € ††100/110 € – ½ P 15 € – 1 Suite
Rest – Menü 10 € (mittags)/17 € – Karte 18/35 €
♦ Das persönlich geführte Hotel ist aus einem Gasthof von 1777 gewachsen. Die Zimmer sind neuzeitlich und wohnlich, geräumiger sind die Deluxe-Zimmer. Poststube, Weinstube und die moderne Wiedtalstube im Wintergartenstil bilden das Restaurant. Im UG: gemütliche Zeip Bar.

WALDBRONN – Baden-Württemberg – **545** – 12 410 Ew – Höhe 261 m 54 F18
▶ Berlin 683 – Stuttgart 71 – Karlsruhe 15 – Pforzheim 22
ℹ Bergstr. 32, ⊠ 76337, ℰ (07243) 5 65 70, www.waldbronn.de

In Waldbronn-Busenbach

La Cigogne - Zum Storch
Ettlinger Str. 97 ⊠ *76337* – ℰ *(07243) 5 65 20* – *www.la-cigogne.de*
– *geschl. August 2 Wochen*
11 Zim ⊇ – †68 € ††98 €
Rest – *(geschl. August 3 Wochen und Mittwoch) (Montag - Samstag nur Abendessen)*
Karte 20/50 €
♦ Das Haus mit der hellblauen Fassade ist eine nette familiär geleitete Adresse mit solide und zeitgemäß eingerichteten Gästezimmern. Restaurant mit bürgerlichem Speisenangebot.

In Waldbronn-Reichenbach – Luftkurort

Weinhaus Steppe
Neubrunnenschlag 18 ⊠ *76337* – ℰ *(07243) 56 56 0* – *www.weinhaus-steppe.de*
30 Zim ⊇ – †50/90 € ††88/110 € – ½ P 18 € – 1 Suite
Rest – *(geschl. Mittwoch, Sonntagabend sowie an Feiertagen abends) (Montag - Donnerstag nur Abendessen)* Karte 15/40 €
♦ Die Gästezimmer in dem gewachsenen familiengeführten Hotel am Ortsrand sind recht unterschiedlich geschnitten und eingerichtet, von schlicht-rustikal bis ganz modern. Gemütlich-rustikal ist das Restaurant Weinstube.

WALDECK – Hessen – **543** – 7 240 Ew – Höhe 404 m – Luftkurort 38 G12
▶ Berlin 436 – Wiesbaden 201 – Kassel 54 – Korbach 23
ℹ Sachsenhäuser Str. 10, ⊠ 34513, ℰ (05623) 9 99 80, www.waldeck.nordhessen.de
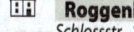 Waldeck, Domänenweg 12, ℰ (05623) 9 98 90

Roggenland
Schlossstr. 11 ⊠ *34513* – ℰ *(05623) 99 88* – *www.roggenland.de*
– *geschl. 23. - 27. Dezember*
60 Zim ⊇ – †78/98 € ††116/148 € – ½ P 23 € – 1 Suite **Rest** – Karte 27/55 €
♦ Der Familienbetrieb befindet sich in der Nähe des Edersees. Fragen Sie nach den neueren, modernen Zimmern, von den "Deluxe" hat man Schlossblick! Massage- und Kosmetikangebot, nette Bar sowie Restaurant mit bürgerlicher Karte.

1269

WALDECK

Im Ortsteil Nieder-Werbe West: 8 km

Werbetal
Uferstr. 28 ✉ *34513* – ℰ *(05634) 9 79 60* – *www.hotel-werbetal.de* – *geschl. Januar - Februar*
29 Zim ☐ – †61/73 € ††96/122 € – ½ P 16 €   Rest – Karte 17/37 €
♦ Nahe am Seeufer steht dieses familiengeführte Hotel, das bereits seit 1866 als Gasthaus existiert. Die Zimmer sind z. T. recht geräumig, einige mit Balkon. Rustikales Restaurant mit großen Fenstern zum See.

WALDENBUCH – Baden-Württemberg – 545 – 8 510 Ew – Höhe 362 m   55 G19
▶ Berlin 662 – Stuttgart 25 – Tübingen 20 – Ulm (Donau) 94

Landgasthof Rössle
Auf dem Graben 5 ✉ *71111* – ℰ *(07157) 73 80* – *www.landgasthofroessle.de* – *geschl. August 1 Woche*
32 Zim ☐ – †75/80 € ††98/105 €   Rest – *(geschl. Montag)* Karte 22/47 €
♦ Ein langjähriger Familienbetrieb ist dieser a. d. J. 1843 stammende Landgasthof mit seinen gepflegten und praktisch ausgestatteten Zimmern. Freundlich ist das Ambiente im Restaurant.

Gasthof Krone
Nürtinger Str. 14 ✉ *71111* – ℰ *(07157) 40 88 49* – *www.krone-waldenbuch.de* – *geschl. 1. - 19. Januar und Montag - Dienstag*
Rest – Menü 64 € (abends) – Karte 41/51 €
♦ Ein engagiert geführtes Restaurant mit ambitionierter internationaler Küche, die man im Sommer auch auf der schönen Terrasse am Flüsschen serviert.

WALDENBURG – Baden-Württemberg – 545 – 3 010 Ew – Höhe 506 m   55 H17
– Luftkurort
▶ Berlin 558 – Stuttgart 88 – Heilbronn 42 – Schwäbisch Hall 19
ℹ Hauptstr. 13, ✉ 74638, ℰ (07942) 10 80, www.waldenburg-hohenlohe.de

Panoramahotel Waldenburg
Hauptstr. 84 ✉ *74638* – ℰ *(07942) 9 10 00* – *www.panoramahotel-waldenburg.de*
69 Zim – †100/110 € ††140/150 € – ½ P 26 € – 4 Suiten
Rest – Menü 25/45 € – Karte 31/50 €
♦ Mit ihrer funktionellen neuzeitlichen Ausstattung sind die Zimmer in diesem Hotel auf den Businessgast zugeschnitten. Allergikerzimmer sind ebenfalls vorhanden. Freundliches Restaurant mit großer Fensterfront und Blick auf die Hohenloher Ebene. Bistro.

Villa Blum garni
Haller Str. 12 ✉ *74638* – ℰ *(07942) 9 43 70* – *www.villa-blum.de*
9 Zim ☐ – †75/95 € ††115/135 €
♦ Wohnlich und zeitgemäß wurde die hübsche Jugendstilvilla eingerichtet, den angenehmen Altbau-Charme hat man dabei bewahrt. Die engagierte Gästebetreuung und das gute Frühstück sprechen für sich.

Bergfried
Hauptstr. 30 ✉ *74638* – ℰ *(07942) 9 14 00* – *www.hotel-bergfried.com*
15 Zim ☐ – †52/72 € ††76/94 € – ½ P 15 €
Rest – *(geschl. Mitte Februar - Anfang März und Mittwoch)* Menü 22/23 € – Karte 16/34 €
♦ Ein gepflegtes kleines Hotel, das direkt an den Staufferturm gebaut ist, den höchsten Aussichtsturm des Hohenloher Landes. In den Zimmern: moderne, individuelle Bäder. Restaurant und Weinlauben-Terrasse mit schöner Aussicht.

WALDENBURG – Sachsen – siehe Glauchau

WALDESCH – Rheinland-Pfalz – 543 – 2 230 Ew – Höhe 297 m — 36 D14
▶ Berlin 603 – Mainz 88 – Koblenz 12 – Bingen 56

Rosenhof
Hübingerweg 10 ⊠ 56323 – ℘ (02628) 9 60 90 – www.hotel-rosenhof-waldesch.de
– geschl. 20. Dezember - 20. Januar
8 Zim – †45/55 € ††62/90 €
Rest – (geschl. 2. - 20. Januar und Montag) Karte 16/46 €
◆ Der kleine Familienbetrieb liegt ruhig in einer Wohngegend und bietet seinen Gästen tipptopp gepflegte und funktionell eingerichtete Zimmer mit Balkon. Das Restaurant ist in rustikalem Stil gehalten.

WALDKIRCH – Baden-Württemberg – 545 – 20 750 Ew – Höhe 274 m — 61 D20
– Wintersport: 1 200 m ⟨⟨4⟩⟩ – Luftkurort
▶ Berlin 778 – Stuttgart 204 – Freiburg im Breisgau 26 – Offenburg 62
🛈 Kirchplatz 2, ⊠ 79183, ℘ (07681) 1 94 33, www.stadt-waldkirch.de
◎ Kandel ※ ★, Süd-Ost: 12 km

Zum Storchen mit Zim
Lange Str. 24 ⊠ 79183 – ℘ (07681) 4 74 95 90 – www.storchen-waldkirch.de
– geschl. 13. - 24. Februar und Montag - Dienstagmittag
6 Zim – †46/49 € ††73/79 €, ⊇ 7 € – ½ P 15 €
Rest – Menü 30/34 € – Karte 28/50 €
◆ Hinter der nahezu original erhaltenen historischen Fassade erwarten Sie behagliches Ambiente, familiäre Atmosphäre und regional-internationale Küche. Hübsch ist die Dachterrasse. Es stehen nette modern-funktionale Gästezimmer bereit.

In Waldkirch-Buchholz Süd-West : 4 km über B 294

Hirschen-Stube - Gästehaus Gehri
Schwarzwaldstr. 45 ⊠ 79183 – ℘ (07681) 47 77 70 – www.hirschenstube.de
25 Zim ⊇ – †58/70 € ††80/95 € – ½ P 20 € – 1 Suite
Rest – (geschl. Sonntagabend - Montag) Menü 20/45 € – Karte 20/60 €
◆ Der historische Gasthof mit Gästehaus liegt recht ruhig, wird freundlich geführt und verfügt über praktische, gepflegte Zimmer mit rustikalem Charakter. Gemütlich-traditionell gehaltene Restauranträume mit netter Gartenterrasse.

In Waldkirch-Kollnau Nord-Ost: 2 km

Kohlenbacher Hof
Kohlenbach 8 (West: 2 km) ⊠ 79183 – ℘ (07681) 88 28 – www.kohlenbacherhof.de
18 Zim ⊇ – †52/60 € ††78/90 € – ½ P 18 €
Rest – (geschl. 9. - 24. Januar und Montagmittag, Dienstag) Menü 23 € – Karte 18/39 €
◆ Die herrlich ruhige Lage in einem Seitental sowie die technisch gut ausgestatteten Zimmer mit farbenfroher Sitzgruppe - teilweise mit Balkon - sprechen für diesen Familienbetrieb. Freundlich-ländlich gestaltetes Restaurant.

WALDKIRCHEN – Bayern – 546 – 10 450 Ew – Höhe 573 m — 60 Q18
– Wintersport: 984 m ⟨⟨4⟩⟩ – Luftkurort
▶ Berlin 542 – München 206 – Passau 26 – Freyung 19
🛈 Ringmauerstr. 14, ⊠ 94065, ℘ (08581) 1 94 33, www.waldkirchen.de
🚉 Waldkirchen, Frauenwaldstr. 2, ℘ (08581) 10 40

Nachtwerk
Jahnstr. 1 ⊠ 94065 – ℘ (08581) 98 75 88 – www.ab-ins-nachtwerk.de – geschl. Sonntag
Rest – (nur Abendessen) Karte 27/36 €
◆ Das Restaurant in der Ortsmitte teilt sich in zwei freundliche Stuben und einen luftiglichten Wintergarten. Serviert wird bürgerliche und internationale Küche.

WALD-MICHELBACH – Hessen – 543 – 10 950 Ew – Höhe 346 m — 48 G16
– Wintersport: 593 m – Erholungsort
▶ Berlin 599 – Wiesbaden 101 – Mannheim 56 – Darmstadt 61
🛈 In der Gass 17, ⊠ 69483, ℘ (06207) 94 71 11, www.wald-michelbach.de

1271

WALD-MICHELBACH

Auf der Kreidacher Höhe West: 3 km Richtung Weinheim

Kreidacher Höhe
Kreidacher Höhe 1 ⊠ 69483 Wald-Michelbach – ℰ (06207) 9 22 20
– www.kreidacher-hoehe.de
34 Zim – †60/85 € ††95/130 € – ½ P 25 € **Rest** – Karte 17/46 €
• Ruhig liegt das Hotel auf einer Anhöhe in waldreicher Umgebung. Man bietet funktionelle, solide möblierte Zimmer - die nach Süden hin verfügen über einen Balkon. Neorustikal gestaltetes Restaurant, z. T. mit schöner Sicht auf die Region.

WALDMOHR – Rheinland-Pfalz – 543 – 5 270 Ew – Höhe 269 m 46 C16
▶ Berlin 677 – Mainz 127 – Saarbrücken 38 – Kaiserslautern 36

✕✕ Le Marmiton
Am Mühlweiher 1 ⊠ 66914 – ℰ (06373) 91 56
– geschl. Februar 2 Wochen, Oktober 2 Wochen und Montag - Dienstag
Rest – Menü 32/45 € – Karte 27/43 €
• Schon über 30 Jahre sorgt der Gastgeber elsässischer Herkunft in seinem klassischen Restaurant für frische Speisen mit französischen Wurzeln. Der Mühlweiher ist für Angler zugelassen.

WALDSASSEN – Bayern – 546 – 7 080 Ew – Höhe 477 m 51 N15
– Wintersport: 650 m ⛷ 1 ⛷
▶ Berlin 370 – München 311 – Weiden in der Oberpfalz 43 – Bayreuth 77
🛈 Johannisplatz 11, ⊠ 95652, ℰ (09632) 8 81 60, www.waldsassen.de
Neualbenreuth, Ottengrün 50, ℰ (09638) 12 71

Bayerischer Hof
Bahnhofstr. 15 ⊠ 95652 – ℰ (09632) 92 31 30 – www.bayerischerhof-waldsassen.de
– geschl. April 1 Woche, November 1 Woche
14 Zim – †36/46 € ††54/63 € – ½ P 14 €
Rest – (geschl. Mittwoch) Menü 15 € (mittags)/40 € – Karte 15/45 €
• Der bereits im Jahre 1906 eröffnete Landgasthof wird familiär geleitet und bietet gepflegte Zimmer, die im 2. Stock etwas wohnlicher gestaltet sind. Eine gemütlich-rustikale Atmosphäre herrscht in den Restaurantstuben.

In Waldsassen-Kondrau Süd-West: 2 km über B 299

Kondrauer Hof
Alte Str. 1 (an der B 299) ⊠ 95652 – ℰ (09632) 9 21 40 – www.kondrauerhof.de
12 Zim – †28/30 € ††47/49 € – ½ P 12 €
Rest – (Montag - Samstag nur Abendessen) Karte 12/20 €
• Ein gut geführter kleiner Familienbetrieb, der über sehr gepflegte, zeitlos eingerichtete Gästezimmer verfügt - nach hinten liegen die Zimmer ruhiger. Das in hellem Holz gehaltene Restaurant bietet preisgünstige bürgerliche Gerichte.

WALDSEE, BAD – Baden-Württemberg – 545 – 19 870 Ew – Höhe 588 m 63 H21
– Moorheilbad und Kneippkurort
▶ Berlin 676 – Stuttgart 154 – Konstanz 61 – Ulm (Donau) 66
🛈 Ravensburger Str. 3, ⊠ 88339, ℰ (07524) 94 13 42, www.bad-waldsee.de
Bad Waldsee, Hopfenweiler, ℰ (07524) 4 01 72 00
Oberschwaben, Hofgut Hopfenweiler 2d, ℰ (07524) 59 00

Golf & Vitalpark Bad Waldsee
Hopfenweiler (Nord-Ost: 3 km) ⊠ 88339 – ℰ (07524) 4 01 70
– www.waldsee-golf.de – geschl. 3. - 22. Januar
40 Zim – †89/99 € ††139/150 € – ½ P 24 € **Rest** – Menü 34 € – Karte 25/43 €
• Das in eine weitläufige Golfanlage eingebettete Hotel vereint gelungen alte und neue Architektur. Es stehen neuzeitliche und funktionelle Gästezimmer zur Verfügung. Im gediegenen Restaurant setzt man vor allem auf Produkte von regionalen Erzeugern.

WALDSEE, BAD

Grüner Baum (mit Gästehäusern)
Hauptstr. 34 ⊠ 88339 – ℰ (07524) 9 79 00 – www.baum-leben.de
56 Zim – †61/81 € ††91/111 € – ½ P 19 €   **Rest** – *(geschl. Montag)* Karte 19/35 €
♦ Mitten im Zentrum, nicht weit vom See, befinden sich der "Grüne Baum" sowie die ca. 80 m entfernten Häuser "Altes Tor" und "Baumzweig". Die Zimmer sind behaglich und individuell. Zum Hof hin gelegenes Restaurant mit Terrasse und einfachere Stube zur Fußgängerzone.

Gästehaus Rössle garni
Wurzacher Str. 30 ⊠ 88339 – ℰ (07524) 4 01 00 – www.gasthaus-roessle.com
12 Zim – †43/48 € ††73/77 €
♦ Diese familiär geführte kleine Adresse direkt beim malerischen Wurzacher Tor verfügt über sehr gepflegte und funktionell ausgestattete Gästezimmer.

Scala
Wurzacher Str. 55 ⊠ 88339 – ℰ (07524) 91 32 00 – www.scala-restaurant.de – geschl. Montag - Dienstag
Rest – Menü 29/49 € – Karte 24/45 €
♦ In dem geradlinig-modernen Restaurant am Stadtsee umsorgt man die Gäste aufmerksam mit regional beeinflusster internationaler Küche, die aus guten Produkten zubereitet wird. Seeterrasse.

In Bad Waldsee-Gaisbeuren Süd-West: 4 km über B 30

Adler
Bundesstr. 15 (B 30) ⊠ 88339 – ℰ (07524) 99 80 – www.hotel-gasthaus-adler.de – geschl. 13. - 27. Februar
31 Zim – †54/62 € ††82/92 € – ½ P 19 €
Rest – *(geschl. Donnerstag)* Menü 19 € (mittags)/36 € – Karte 21/49 €
♦ Ein 500 Jahre altes Gasthaus, das zu einem Hotel mit funktionalen und recht geräumigen Zimmern gewachsen ist. Auch Seminarräume stehen bereit. Im Restaurant serviert man u. a. Wild aus eigener Jagd und verkauft selbstgebrannten Schnaps vom Obst aus dem Garten.

WALDSHUT-TIENGEN – Baden-Württemberg – 545 – 22 880 Ew
– Höhe 341 m

▶ Berlin 793 – Stuttgart 180 – Freiburg im Breisgau 75 – Donaueschingen 57
🛈 Wallstr. 26, ⊠ 79761, ℰ (07751) 83 32 00, www.waldshut-tiengen.de

Im Stadtteil Waldshut

Waldshuter Hof
Kaiserstr. 56, (1. Etage) ⊠ 79761 – ℰ (07751) 8 75 10 – www.waldshuter-hof.de
23 Zim – †64/66 € ††94/98 €
Rest – *(geschl. Sonntagabend - Montag)* Menü 26/32 € – Karte 24/46 €
♦ In der Altstadt, mitten in der Fußgängerzone, liegt dieses Stadthotel mit seinen funktionell und zeitgemäß ausgestatteten Gästezimmern. Restaurant im ersten Stock mit gediegenem Ambiente.

Im Stadtteil Tiengen

Bercher
Bahnhofstr. 1 ⊠ 79761 – ℰ (07741) 4 74 70 – www.bercher.de
38 Zim – †60/105 € ††98/165 €
Rest – *(geschl. Sonntag)* Menü 20 € – Karte 23/49 €
♦ In der 4. Generation wird das ansprechende Haus als Familienbetrieb geführt. Die Zimmer sind unterschiedlich gestaltet, einige mit Kachelofen, teilweise auch mit Klimaanlage. Gediegene Restauranträume mit rustikalem Touch.

Brauerei Walter
Hauptstr. 23 ⊠ 79761 – ℰ (07741) 8 30 20 – www.brauereiwalter.de
19 Zim – †46/55 € ††82/92 €
Rest – *(geschl. Ende August 1 Woche und Montag)* Menü 25/45 € – Karte 25/51 €
♦ Der um einen Anbau erweiterte Gasthof a. d. 19. Jh., ehemals Brauerei, wird familiär geführt und bietet funktionale, hell eingerichtete Zimmer. Das Restaurant ist im rustikalen Stil gehalten. Der Wintergarten dient als Veranstaltungsbereich.

WALDSHUT-TIENGEN

Im Stadtteil Breitenfeld Nord-Ost: 3 km ab Tiengen

Landgasthof Hirschen
Breitenfeld 13 ⊠ 79761 – ℰ (07741) 6 82 50 – www.hirschen-breitenfeld.de
27 Zim ⊇ – †43/48 € ††79/89 € **Rest** – Karte 16/48 €
♦ Tipptopp gepflegt und funktionell sind die Zimmer in diesem gemütlich-rustikalen Landgasthof. Einige der Zimmer sind besonders geräumig und wohnlich. Restauranträume mit ländlichem Ambiente.

In Lauchringen-Oberlauchringen Süd-Ost : 4 km ab Tiengen, über B 34

Gartenhotel Feldeck
Klettgaustr. 1, (B 34) ⊠ 79787 – ℰ (07741) 8 30 70 – www.hotel-feldeck.de
36 Zim ⊇ – †46/65 € ††85/95 € **Rest** – (geschl. Samstag) Karte 25/49 €
♦ In dem von der Inhaberfamilie gut geführten Haus stehen freundlich und solide eingerichtete Gästezimmer bereit, die teilweise mit Balkon ausgestattet sind. Das Restaurant teilt sich in einen rustikalen und einen neuzeitlichen Bereich. Terrasse hinter dem Haus.

WALDSTETTEN – Baden-Württemberg – siehe Schwäbisch Gmünd

WALLDÜRN – Baden-Württemberg – **545** – 11 730 Ew – Höhe 398 m **48** H16
– Erholungsort
▶ Berlin 554 – Stuttgart 125 – Würzburg 59 – Aschaffenburg 64
ℹ Hauptstr. 27, ⊠ 74731, ℰ (06282) 6 71 06, www.wallduern.de
Walldürn-Neusaß, Mühlweg 7, ℰ (06282) 73 83
Mudau, Donebacher Str. 41, ℰ (06284) 84 08

Zum Riesen
Hauptstr. 14 ⊠ 74731 – ℰ (06282) 9 24 20 – www.hotel-riesen.de
26 Zim ⊇ – †57/62 € ††87/92 € – ½ P 19 € – 1 Suite
Rest – (geschl. Freitag) Karte 15/36 €
♦ Ein familiengeführtes Hotel, das aus einem hübschen ehemaligen Herrschaftshaus entstanden ist. Im historischen Stammhaus befinden sich einige Barockzimmer mit Stuckdecke. Restaurant mit regionaler und internationaler Küche.

In Walldürn-Reinhardsachsen Nord-West: 9 km

Frankenbrunnen
Am Kaltenbach 3 ⊠ 74731 – ℰ (06286) 9 20 20 – www.hotel-frankenbrunnen.de
– geschl. 2. - 31. Januar
27 Zim ⊇ – †79/95 € ††110/140 € – ½ P 18 € – 1 Suite
Rest – (geschl. November - März: Sonntagabend) Menü 15 € (mittags)/49 € – Karte 19/43 €
♦ Der Familienbetrieb in dem beschaulichen Dörfchen bietet funktionelle Zimmer, ein früheres Bauernhaus dient als Gästehaus. Zudem hat man eine schöne Veranstaltungsscheune.

WALLENFELS – Bayern – **546** – 2 930 Ew – Höhe 382 m **50** L14
▶ Berlin 338 – München 282 – Bayreuth 54 – Erfurt 172

Gasthof Roseneck mit Zim
Schützenstr. 46 ⊠ 96346 – ℰ (09262) 72 60 – www.gasthof-roseneck.de – geschl. Dienstag
21 Zim ⊇ – †36/41 € ††64/74 € **Rest** – Karte 11/28 €
♦ Was bei Familie Fröhmel auf den Teller kommt, ist eine nicht ganz typische regionale Küche: Da wären z. B. fränkische Tapas oder Desserts aus Rosenblüten (aus dem eigenen Garten)! Im Sommer zieht es wohl jeden in den Biergarten - nicht zuletzt wegen der Grillabende und Flößer-Events.

WALLENHORST – Niedersachsen – **541** – 23 790 Ew – Höhe 91 m **17** E8
▶ Berlin 433 – Hannover 150 – Bielefeld 61 – Nordhorn 83

Alte Küsterei
Kirchplatz 6 ⊠ 49134 – ℰ (05407) 85 78 70 – www.alte-kuesterei.de
– geschl. Januar 2 Wochen, Mitte Juli - Ende August 2 Wochen und Montag - Dienstag
Rest – (nur Abendessen) Menü 35/66 € – Karte 40/60 €
♦ Mit der Bruchsteinfassade von 1883 ist das Haus des Ehepaares Stubenreich schon von außen ein Hingucker, innen dekorative Details wie freigelegte Holzbalken oder moderne Bilder. Der Chef am Herd, die Chefin herzlich im Service.

WALLERFANGEN – Saarland – siehe Saarlouis

WALLGAU – Bayern – 546 – 1 400 Ew – Höhe 866 m – Wintersport: 1 000 m — 65 L22
🛌1 ⛷ – Erholungsort
▶ Berlin 680 – München 93 – Garmisch-Partenkirchen 20 – Bad Tölz 47
ℹ Mittenwalder Str. 8, ✉ 82499, ☎ (08825) 92 50 50, www.wallgau.de
🏔 Karwendel, Risserstr. 14, ☎ (08825) 21 83

🏨 Parkhotel
Barmseestr. 1 ✉ 82499 – ☎ (08825) 2 90 – www.parkhotel-wallgau.de – geschl. März
45 Zim 🍽 – †85/100 € ††140/170 € – ½ P 25 € – 15 Suiten
Rest – *(Tischbestellung ratsam)* Karte 26/47 €

♦ Ein alpenländisches Ferienhotel mit komfortablen Zimmern unterschiedlicher Kategorien und einem angenehm hellen Wellnessbereich, der mit Lüftlmalereien verziert wurde. Rustikal-elegant gestaltetes Restaurant.

WALLUF – Hessen – 543 – 5 610 Ew – Höhe 84 m — 47 E15
▶ Berlin 573 – Wiesbaden 10 – Bad Kreuznach 49 – Koblenz 71

✕ Zur Schlupp
Hauptstr. 25 ✉ 65396 – ☎ (06123) 7 26 38 – www.gasthauszurschlupp.de – geschl. Ende Dezember - Anfang Januar, Mitte Juli - Ende August und Montagmittag, Dienstag - Mittwoch
Rest – *(Donnerstag - Samstag nur Abendessen)* (Tischbestellung ratsam) Menü 35 € (mittags)/40 € – Karte 30/39 €

♦ In einem Altstadthäuschen in einer kleinen Gasse nahe dem Rhein ist das sympathische Lokal der Familie Ehrhardt untergebracht. Der Chef kocht saisonal.

WALPERTSKIRCHEN – Bayern – 546 – 2 060 Ew – Höhe 464 m — 66 M20
▶ Berlin 603 – München 43 – Erding 8

In Walpertskirchen-Hallnberg Süd: 1,5 km

🏨 Hallnberg
Hallnberg 2 ✉ 85469 – ☎ (08122) 9 94 30 – www.hotel-restaurant-hallnberg.de – geschl. 1. - 19. August
30 Zim 🍽 – †59/89 € ††83/99 € – ½ P 21 €
Rest – *(Montag - Samstag nur Abendessen)* Menü 25 € – Karte 23/47 €

♦ Der ruhig gelegene, gut geführte Gasthof mit neuzeitlichem Anbau verfügt über zeitgemäße Zimmer, die wohnlich und zugleich funktionell eingerichtet sind. Das Restaurant bietet ambitionierte internationale Küche, die auch auf der Kräuterterrasse serviert wird.

WALSRODE – Niedersachsen – 541 – 24 020 Ew – Höhe 32 m – Erholungsort — 18 H7
▶ Berlin 329 – Hannover 70 – Bremen 61 – Hamburg 102
ℹ Lange Str. 22, ✉ 29664, ☎ (05161) 97 71 75, www.stadt-walsrode.de
🏁 Fallingbostel, Tietlingen 6c, ☎ (05162) 38 89
🦅 Vogelpark★ Nord: 3 km

🏨 Landhaus Walsrode garni
Oskar-Wolff-Str. 1 ✉ 29664 – ☎ (05161) 9 86 90 – www.landhaus-walsrode.de – geschl. 20. Dezember - 5. Januar
14 Zim 🍽 – †75/115 € ††90/130 €

♦ Ein stilvolles und äußerst gepflegtes Landhotel mit wohnlichen und individuellen Zimmern, hübschem Salon mit Kamin und gemütlich-elegantem Frühstücksraum mit Terrasse zum Garten.

🏨 Mercure
Gottlieb-Daimler-Str. 11 ✉ 29664 – ☎ (05161) 60 70 – www.mercurewalsrode.de
75 Zim 🍽 – †64/140 € ††78/159 €
Rest *anders* – Karte 20/39 €

♦ Sachlich-funktionelle Zimmer und gute Verkehrsanbindung machen das Businesshotel aus. Dazu ein netter Saunabereich. Im Restaurant "anders" (angeschlossen an das Konferenzzentrum) ergänzt täglich ein Buffet die Speisekarte.

WALSRODE

Beim Vogelpark Nord: 3 km

Parkhotel Luisenhöhe
Am Vogelpark 2 ⊠ 29699 Bomlitz – ℰ (05161) 9 86 20 – www.luisenhoehe.de
47 Zim ☐ – †80 € ††120 € – ½ P 17 € **Rest** – Menü 30/45 € – Karte 20/51 €
♦ Das Hotel gegenüber dem bekannten Vogelpark in einem Waldgebiet bietet funktionelle Zimmer sowie einen netten Sauna- und Anwendungsbereich, aber auch gute Tagungsmöglichkeiten. Man speist im Restaurant "Ums Mühlrad" oder am Abend im eleganten Kaminzimmer.

In Walsrode-Hünzingen Nord: 5 km über Dreikronen

Forellenhof (mit Gästehaus)
Hünzingen 3 ⊠ 29664 – ℰ (05161) 97 00 – www.forellenhof.de
64 Zim ☐ – †80/140 € ††120/160 € – ½ P 17 €
Rest – Menü 17/60 € – Karte 33/49 €
♦ Eine schon äußerlich sehr gepflegte Anlage mit hauseigener Brauerei und Reitmöglichkeiten. Hier überzeugen helle, wohnliche Zimmer im Landhausstil und die schöne Lage. Regionales und mediterranes Angebot im Restaurant.

WALTENHOFEN – Bayern – 546 – 8 870 Ew – Höhe 722 m   64 J21
▶ Berlin 704 – München 131 – Kempten (Allgäu) 6 – Bregenz 73
🛈 Rathausstr. 4, ⊠ 87448, ℰ (08303) 79 29, www.urlaub-in-waltenhofen.de

In Waltenhofen-Martinszell Süd: 5,5 km über B 19 – Erholungsort

Landhotel Adler (mit Gästehaus)
Illerstr. 10 ⊠ 87448 – ℰ (08379) 92 07 00 – www.adler-martinszell.de
31 Zim ☐ – †54/59 € ††88/100 € – ½ P 19 € – 1 Suite **Rest** – Karte 17/26 €
♦ In dem erweiterten regionstypischen Gasthof unter familiärer Leitung stehen gepflegte und praktische Zimmer bereit, die mit hellem Naturholz wohnlich eingerichtet sind. Behaglich sind die rustikal gestalteten Gaststuben.

WALTROP – Nordrhein-Westfalen – 543 – 29 840 Ew – Höhe 70 m   26 D10
▶ Berlin 494 – Düsseldorf 74 – Münster (Westfalen) 50 – Recklinghausen 15

Gasthaus Stromberg
Dortmunder Str. 5 ⊠ 45731 – ℰ (02309) 42 28 – www.gasthaus-stromberg.de
– geschl. Sonntagabend - Montag
Rest – Menü 41 € – Karte 29/46 €
♦ Gute Küche und gemütlich-modernes Interieur in einem liebevoll sanierten Fachwerkhaus in der Fußgängerzone. Stefan Manier und sein Team kochen international mit stark regionalem Touch. Stylische Raucher-Lounge.

WANDLITZ – Brandenburg – 542 – 21 530 Ew – Höhe 55 m   23 P?
▶ Berlin 33 – Potsdam 61 – Brandenburg 103 – Frankfurt (Oder) 118
🛈 Bahnhofsplatz 2, ⊠ 16348, ℰ (033397) 6 72 77, www.barnim-tourismus.de

SeePark
Kirchstr. 10 ⊠ 16348 – ℰ (033397) 7 50 – www.seepark-wandlitz.com
52 Zim ☐ – †70/85 € ††105 €
Rest – (geschl. Oktober - März: Montag - Dienstag) Karte 23/37 €
♦ Vor allem die Lage auf einem wunderschönen Seegrundstück mit Park und Strandbad macht dieses mit zeitgemäßen Gästezimmern ausgestattete Hotel aus. Das Restaurant im Untergeschoss des Hotels wird durch eine nette Gartenterrasse ergänzt.

Zur Waldschänke
Zühlsdorfer Chaussee 14 (Süd-West: 3 km über die B 273) ⊠ 16348 – ℰ (033397) 35 50
– www.waldschaenkerahmersee.de
20 Zim ☐ – †40/45 € ††72/74 € **Rest** – Menü 18/33 € – Karte 15/33 €
♦ Ein gepflegtes familiengeführtes Haus im Wald, das solide, funktionelle Gästezimmer sowie zwei Appartements mit schöner Dachterrasse bietet. Spezialität des Hauses ist Wildschwein am Spieß. Am Wochenende wird das Restaurant gerne als Ausflugslokal genutzt.

WANGEN im ALLGÄU – Baden-Württemberg – 545 – 27 290 Ew — 63 I21
– Höhe 556 m – Luftkurort

▶ Berlin 701 – Stuttgart 194 – Konstanz 37 – Ravensburg 23
ℹ Bindstr. 10, ✉ 88239, ✆ (07522) 7 42 11, www.wangen.de
◉ Marktplatz ★

allgovia garni
Scherrichmühlweg 15 ✉ 88239 – ✆ (07522) 9 16 88 90 – www.hotel-allgovia.de – geschl. 17. Dezember - 15. Januar
21 Zim – †55/69 € ††88/99 €
♦ Das Hotel liegt in einer Sackgasse am Bach und überzeugt mit hübschen, wohnlich-modernen eingerichteten Zimmern, gutem Frühstück und freundlichem Service.

Oberwirt
Bahnhofsplatz 1 ✉ 88239 – ✆ (07522) 9 31 10 – www.oberwirt-wangen.de
29 Zim – †60/105 € ††94/120 € – ½ P 19 €
Rest – *(geschl. Februar 1 Woche, Juli 1 Woche, November 1 Woche und Montag, Freitagmittag, Samstagmittag)* Karte 21/42 €
♦ In dem freundlich-familiär geleiteten Hotel in Bahnhofsnähe stehen gepflegte, wohnlich-solide eingerichtete Gästezimmer zur Verfügung. Restaurant mit regionalem Speisenangebot.

Engelberg garni
Leutkircher Str. 47 ✉ 88239 – ✆ (07522) 70 79 70 – www.birk-wangen.de – geschl. 1. - 29. Januar
10 Zim – †47/54 € ††72/78 €, ⊇ 6 €
♦ Ein gut geführter kleiner Familienbetrieb, dessen Zimmer geräumig und in klassischem Stil eingerichtet sind. Sie beginnen den Tag mit einem appetitlichen Frühstück in hellem Ambiente.

In Wangen-Deuchelried Ost: 1,5 km

Adler
Obere Dorfstr. 4 ✉ 88239 – ✆ (07522) 70 74 77 – www.adler-deuchelried.de – geschl. Ende Februar - Anfang März 2 Wochen und Montag - Dienstag
Rest – Menü 49 € – Karte 30/49 €
♦ Hier schaffen die liebevoll gestalteten Stuben und der sympathische, herzliche Service eine angenehme Atmosphäre, in der die sorgfältig zubereiteten regionalen und internationalen Speisen nochmal so gut schmecken. Schöne Gartenterrasse.

WANGEN (KREIS GÖPPINGEN) – Baden-Württemberg – 545 – 3 190 Ew — 55 H18
– Höhe 388 m

▶ Berlin 607 – Stuttgart 38 – Göppingen 5

Landgasthof Adler
Hauptstr. 103 ✉ 73117 – ✆ (07161) 2 11 95 – geschl. Sonntagabend - Mittwochmittag
Rest – *(Tischbestellung ratsam)* Menü 68/69 € – Karte 32/61 €
♦ Ein mit Zierrat, Kachelofen und Fotografien gemütlich gestaltetes Restaurant, in dem Familie Clement für eine angenehm persönliche Note sorgt. International-regionale Küche.

WANGERLAND – Niedersachsen – 541 – 10 020 Ew – Höhe 2 m — 8 E5
– Nordseeheilbad

▶ Berlin 496 – Hannover 242 – Emden 76 – Cuxhaven 123
ℹ Zum Hafen 3, ✉ 26434, ✆ (04426) 98 70, www.wangerland.de

In Wangerland-Hooksiel

Zum Schwarzen Bären
Lange Str. 15 ✉ 26434 – ✆ (04425) 9 58 10 – www.zum-schwarzen-baeren.de – geschl. 9. - 27. Januar und Mittwoch außer Saison
Rest – Menü 20 € – Karte 16/39 €
♦ Dieses im friesischen Stil eingerichtete Restaurant liegt genau gegenüber dem alten Hafen. Inmitten maritimer Accessoires isst man hier hauptsächlich Fischgerichte.

WANGERLAND

In Wangerland-Horumersiel

Altes Zollhaus
Zum Hafen 1 ⊠ *26434 – ℰ (04426) 9 90 90 – www.zollhaus.de – geschl. Mitte Januar - Anfang Februar*
35 Zim ☕ – †55/92 € ††62/122 € – ½ P 22 € **Rest** – Menü 22 € – Karte 19/47 €
♦ Ein gewachsenes Hotel unter familiärer Leitung, in dem Sie freundliche, wohnlich-moderne Gästezimmer, teilweise mit Meerblick, und ein kleiner Massagebereich erwarten. Restaurant mit Galerie und Wintergarten.

Bendiks garni
Deichstr. 18 ⊠ *26434 – ℰ (04426) 18 57 – www.hotel-bendiks.de*
15 Zim ☕ – †47/52 € ††74/84 €
♦ Das mit Engagement geleitete Hotel liegt nahe dem Deich in einem Wohngebiet und bietet zeitgemäß-elegante Zimmer, einen in warmen Farben gehaltenen Frühstücksraum sowie Kosmetik und Massage.

Nakuk
Wiardergroden 22 ⊠ *26434 – ℰ (04426) 90 44 00 – www.nakuk.de – geschl. Mitte Dezember - Ende Januar*
15 Zim ☕ – †65/95 € ††120/140 € – ½ P 25 € **Rest** – Karte 29/50 €
♦ Aus einem aufwändig sanierten alten Bauernhof ist das schöne Hotel mit großem Garten und freundlichem Saunabereich entstanden. "Nakuk" steht für Natur, Kunst und Kultur. Helles, neuzeitlich gestaltetes Restaurant.

Leuchtfeuer
Pommernweg 1 ⊠ *26434 – ℰ (04426) 9 90 30 – www.leuchtfeuer-horumersiel.de*
34 Zim ☕ – †75/95 € ††96/110 € – ½ P 16 € **Rest** – Menü 15/25 € – Karte 16/35 €
♦ Das Hotel ist in ein Geschäftshaus beim Marktplatz integriert. Es stehen funktional ausgestattete Gästezimmer sowie ein Sauna- und Anwendungsbereich bereit. Im Restaurant bietet man am Abend nur Buffet.

Schmidt's Hoern garni
Heinrich-Tiarks-Str. 5 ⊠ *26434 – ℰ (04426) 9 90 10 – www.schmidts-hoern.de – geschl. 15. Januar - 15. Februar*
17 Zim ☕ – †34/47 € ††60/88 €
♦ Ruhig liegt das kleine Ferienhotel mit Pensionscharakter in einem Wohngebiet. Jedes Zimmer verfügt über eine kleine Küche sowie Balkon oder Terrasse.

WANGEROOGE (INSEL) Niedersachsen – **541** – 930 Ew – Höhe 3 m – Insel der Ostfriesischen Inselgruppe – Nordseeheilbad **8** E4

▶ Berlin 512 – Hannover 256 – Cuxhaven 144 – Emden 72

Autos nicht zugelassen

🚢 von Wittmund-Harlesiel (ca. 1 h 15 min), ℰ (04464) 94 74 11

🛈 Bahnhofstr. 6, ⊠ 26476, ℰ (04469) 9 98 80, www.wangerooge.de

Upstalsboom Strandhotel
Strandpromenade 21 ⊠ *26486 – ℰ (04469) 87 60 – www.upstalsboom.de*
81 Zim ☕ – †99/129 € ††158/248 € – ½ P 28 € – 12 Suiten **Rest** – Karte 26/48 €
♦ In schöner Lage an der Promenade erwarten Sie hell und funktionell eingerichtete Zimmer, teils mit fantastischem Blick, und ein moderner Wellnessbereich mit gutem Beautyangebot. Vom Restaurant und der Seeterrasse aus schaut man auf Strand und Meer. Fischerstube.

Atlantic garni
Peterstr. 13 ⊠ *26486 – ℰ (04469) 18 01 – www.atlantic-wangerooge.de – geschl. 4. Januar - 23. März, 28. Oktober - 26. Dezember*
16 Zim ☕ – †58/100 € ††110/126 €
♦ Ein persönlich geführtes kleines Hotel nahe der Strandpromenade. Von den Zimmern hat man Meer- oder Gartenblick, im Sommer kann man auf der Gartenterrasse frühstücken.

WANZLEBEN – Sachsen-Anhalt – 542 – 5 210 Ew – Höhe 100 m 31 L9
Berlin 176 – Magdeburg 20

Burg Wanzleben
Am Amt 1 ⊠ *39164* – ℰ *(039209) 60 14 0* – www.burgwanzleben.com
27 Zim – †83/190 € ††135/210 €
Rest *Philipp August* – *(geschl. Sonntag - Montag) (nur Abendessen)* Menü 35/68 € – Karte 39/49 €

• Das alte Burggemäuer hat schon Charme. Immer wieder kräftige Farben, asiatische Statuen und Möbelstücke des Eigentümers. In der Meierei wurde rustikales Mauerwerk freigelegt. Philipp August mit schönem Ziegelstein-Kreuzgewölbe. Die Küche ist klassisch und international.

WARBURG – Nordrhein-Westfalen – 543 – 23 620 Ew – Höhe 210 m 28 G11
Berlin 403 – Düsseldorf 195 – Kassel 34 – Marburg 107
Hauptstraße 51, ⊠ 34414, ℰ (05641) 9 08 50, www.warburg-touristik.de

In Warburg-Germete West: 2 km über B 7 und B 252, Richtung A 44

Landgasthof Deele
Zum Kurgarten 24 ⊠ *34414* – ℰ *(05641) 7 88 90* – www.hotel-deele.de
13 Zim – †69/75 € ††99/105 € **Rest** – *(geschl. Montagmittag)* Karte 25/54 €

• Hier wohnen Sie in einem denkmalgeschützten Bauernhaus aus dem Jahre 1745, in dem man Ihnen heute zeitgemäß ausgestattete Gästezimmer bietet. Mit viel Holz und nettem Dekor ländlich-rustikal gestaltetes Restaurant.

WARDENBURG – Niedersachsen – 541 – 16 010 Ew – Höhe 9 m 17 F6
Berlin 444 – Hannover 156 – Bremen 56 – Oldenburg 13

Wardenburger Hof
Oldenburger Str. 255 ⊠ *26203* – ℰ *(04407) 9 21 00* – www.wardenburger-hof.de
38 Zim – †54/65 € ††84/99 € **Rest** – Menü 21 € – Karte 22/37 €

• Der Familienbetrieb mit regionstypisch-ländlicher Atmosphäre liegt in der für Fahrradausflüge beliebten Wildeshauser Geest. Im ruhig gelegenen Anbau hat man einige neuere geräumigere Zimmer. Das Restaurant mit friesischem Touch (die Chefin stammt von Sylt) bietet saisonale Aktionen. Auch für Tagungen und Feiern.

WAREN (MÜRITZ) – Mecklenburg-Vorpommern – 542 – 21 170 Ew 13 N5
– Höhe 70 m – Luftkurort
Berlin 162 – Schwerin 102 – Neubrandenburg 42 – Hamburg 212
Neuer Markt 21, ⊠ 17192, ℰ (03991) 66 61 83, www.waren-tourismus.de
Müritz-Nationalpark ★

Kleines Meer
Alter Markt 7 ⊠ *17192* – ℰ *(03991) 64 80* – www.kleinesmeer.com
30 Zim – †72/139 € ††84/160 € – ½ P 26 €
Rest *Kleines Meer* – siehe Restaurantauswahl

• Ein Hotel in zentraler Lage nicht weit vom Hafen, das über modern ausgestattete Zimmer mit freundlichem Ambiente verfügt. Die Tagungsräume sind im Haus schräg gegenüber untergebracht.

Villa Margarete
Fontanestr. 11 ⊠ *17192* – ℰ *(03991) 62 50* – www.villa-margarete.de
29 Zim – †77/94 € ††90/160 € – ½ P 25 € – 1 Suite
Rest – *(November - März nur Abendessen)* Menü 25 € – Karte 25/43 €

• In dem wohnlich eingerichteten Hotel am Rande des Nationalparks kann man es sich bei Anwendungen wie Kosmetik, Floating und Bädern gut gehen lassen. Schön: die Fontane-Suite.

Ingeborg garni
Rosenthalstr. 5 ⊠ *17192* – ℰ *(03991) 6 13 00* – www.hotel-ingeborg.de
31 Zim – †55/60 € ††79/90 €

• In zweiter Reihe vor dem Yachthafen steht das gut geführte Hotel mit funktionellen, unterschiedlich großen Zimmern. Lust auf einen Ausflug mit der hauseigenen Jolle "Ingeborg"?

WAREN (MÜRITZ)

Am Yachthafen garni
Strandstr. 2 ⊠ 17192 – ℰ (03991) 6 72 50 – www.am-yachthafen.de – geschl. November - Ende März
15 Zim ⊇ – †60/65 € ††74/125 € – 5 Suiten
♦ Die Zimmer und Suiten in dem ansprechend restaurierten Haus von 1831 sind mit schönen Möbeln stilvoll und sehr wohnlich eingerichtet. Der Marktplatz liegt ganz in der Nähe.

Zwischen den Seen garni
Am Mühlenberg 4 ⊠ 17192 – ℰ (03991) 63 14 44 – www.hotelzwischendenseen.de
30 Zim ⊇ – †63 € ††75 €
♦ In der hübsch sanierten Villa im ruhigeren Teil der Stadt wohnt man in schlicht-modernen Zimmern. Kompetent stellt die Chefin für Sie ganz individuelle Tagestouren zusammen.

Stadt Waren garni
Große Burgstr. 25 ⊠ 17192 – ℰ (03991) 6 20 80 – www.hotel-stadt-waren.de
22 Zim ⊇ – †50/60 € ††76/88 €
♦ Ein familiengeführtes Haus, das relativ ruhig im Zentrum liegt und gut gepflegte, zeitgemäß-funktional ausgestattete Gästezimmer bereithält.

XX Kleines Meer – Hotel Kleines Meer
Alter Markt 7 ⊠ 17192 – ℰ (03991) 64 80 – www.kleinesmeer.com – geschl. November - Ende März: Sonntag - Montag
Rest – Menü 29/55 € – Karte 35/46 €
♦ Moderne Atmosphäre und eine schmackhafte Küche, die sich an der Saison orientiert. Auf der Terrasse genießt man die Aussicht auf die Müritz. Am Mittag reicht man eine kleine Karte.

In Kargow-Schwarzenhof Süd-Ost: 12 km über Federow

Kranichrast
Schwarzenhof 15 (im Müritz-Nationalpark) ⊠ 17192 – ℰ (03991) 67 26 0 – www.nationalparkhotel-kranichrast.de
31 Zim ⊇ – †55/57 € ††76/105 € – ½ P 17 € **Rest** – Menü 17/35 € – Karte 18/40 €
♦ Umgeben von freier Natur, ist dieses tipptopp gepflegte Hotel geradezu prädestiniert für Radtouren und Wanderungen. Bei Bedarf können Sie hier ein Fahrrad leihen. Bürgerliche Küche im Restaurant mit Blick ins Grüne oder auf der schön gelegenen Terrasse.

In Groß Plasten Nord-Ost: 12 km über B 192 und B 194

Schloss Groß Plasten
Parkallee 36 ⊠ 17192 – ℰ (039934) 80 20 – www.schlosshotel-grossplasten.de
54 Zim ⊇ – †63/78 € ††78/103 € – ½ P 29 € – 1 Suite
Rest – Menü 23 € (mittags)/44 € – Karte 35/53 €
♦ Das schöne historische Anwesen bietet im Schloss wie auch im Kutscherhaus wohnlich-klassische Zimmer. Wer es individueller mag, sollte eines der Themen- oder Nostalgie-Zimmer wählen. Vom eleganten Restaurant blickt man in den Garten, reizvolle Terrasse zum See.

WARENDORF – Nordrhein-Westfalen – 543 – 38 210 Ew – Höhe 63 m — 27 E9
■ Berlin 443 – Düsseldorf 150 – Bielefeld 50 – Münster (Westfalen) 27
🛈 Emsstr. 4, ⊠ 48231, ℰ (02581) 78 77 00, www.warendorf.de
🏌 Warendorf, Vohren 41, ℰ (02586) 17 92

Im Engel
Brünebrede 33 ⊠ 48231 – ℰ (02581) 9 30 20 – www.hotel-im-engel.de
39 Zim ⊇ – †69/99 € ††95/139 €
Rest *Im Engel* – siehe Restaurantauswahl
♦ Das Hotel in der Altstadt wird seit 1692 familiär geführt. Die Gästezimmer sind individuell gestaltet, besonders komfortabel im Neubau. Über den Innenhof gelangt man zur eigenen Weinboutique.

Mersch garni
Dreibrückenstr. 66 ⊠ 48231 – ℰ (02581) 6 37 30 – www.hotel-mersch.de
24 Zim ⊇ – †85/95 € ††120/130 €
♦ Ein geschmackvoll eingerichtetes und engagiert geleitetes Hotel am Stadtrand. Moderne Zimmer und hübscher Garten. M's Lounge im englischen Stil mit kleinem Speisenangebot für Hausgäste.

WARENDORF

Im Engel – Hotel Im Engel
Brünebrede 33 ⊠ 48231 – ℰ (02581) 9 30 20 – www.hotel-im-engel.de – geschl. 1. - 10. Januar und Sonntag
Rest – Menü 27/59 € – Karte 29/51 €
• Schöne Hölzer (im Schachbrettmuster verlegter Parkettboden), ein offener Kamin mit Delfter Kacheln und hübsche Zinn-Dekorationen sprechen für Gemütlichkeit. Ambitionierte Küche und tolle Weinauswahl!

Engelchen
Heumarkt 2 ⊠ 48231 – ℰ (02581) 7 89 88 88 – www.hotel-im-engel.de – geschl. Montag - Dienstag
Rest – Menü 25/35 € – Karte 28/42 €
• Nett sitzt man in dem Restaurant mit ungezwungener Café-Bistro-Atmosphäre bei zeitgemäßer Küche mit mediterranen Akzenten. Mit im Haus: Feinkost- und Weinhandel.

WARMENSTEINACH – Bayern – 546 – 2 190 Ew – Höhe 628 m — 51 M15
– Wintersport: 1 024 m ≤ 7 ≥ – Luftkurort
▶ Berlin 372 – München 253 – Weiden in der Oberpfalz 73 – Bayreuth 24
ℹ Freizeithaus 420, ⊠ 95485, ℰ (09277) 14 01, www.warmensteinach.de

Landhaus Preißinger
Bergstr. 134 ⊠ 95485 – ℰ (09277) 15 54 – www.landhaus-preissinger.de – geschl. Mitte November 2 Wochen
28 Zim – †41/65 € ††82/100 € – 1 Suite **Rest** – (nur Abendessen für Hausgäste)
• Eine gemütlich-familiäre Adresse in ruhiger Lage am Waldrand. Es stehen sehr gepflegte Zimmer bereit, eher schlicht oder auch etwas aufwändiger mit soliden Landhausmöbeln. Sehr kleine Speiseauswahl im Restaurant.

WARSTEIN – Nordrhein-Westfalen – 543 – 27 430 Ew – Höhe 310 m — 27 F11
▶ Berlin 466 – Düsseldorf 149 – Arnsberg 32 – Lippstadt 28

In Warstein-Allagen Nord-West: 11 km über B 55 bis Belecke und B 516

Püster (mit Gästehäusern)
Marmorweg 27 ⊠ 59581 – ℰ (02925) 9 79 70 – www.hotel-puester.de
40 Zim – †63/70 € ††94/112 €
Rest – (geschl. Sonntag) (nur Abendessen) Karte 21/35 €
• Neuzeitlich eingerichtete Zimmer - meist mit Balkon oder Terrasse - sprechen für dieses familiengeführte Landhotel. Auch einige Ferienwohnungen stehen zur Verfügung. Restaurant mit gepflegtem bürgerlichem Ambiente.

WARTENBERG-ROHRBACH – Rheinland-Pfalz – 543 – 470 Ew – Höhe 266 m — 46 D16
▶ Berlin 637 – Mainz 70 – Mannheim 60 – Kaiserslautern 10

Wartenberger Mühle (Martin Scharff) mit Zim
Schloßberg 16 ⊠ 67681
– ℰ (06302) 9 23 40 – www.wartenberger-muehle.de
– geschl. Januar - Februar 2 Wochen, November 1 Woche und Montag - Dienstag
15 Zim – †69/115 € ††90/145 €
Rest *Molino* – siehe Restaurantauswahl
Rest – (Mittwoch - Samstag nur Abendessen) (Tischbestellung ratsam) Menü 69/119 € – Karte 64/79 €
Spez. Kalbsfilet / Apfel / Orangen / Schildampfer. Bretonischer Steinbutt / Blumenkohl / Macadamianuss / Estragon. US-Rinderfilet / Zwiebeln in Texturen / Zitronenthymian.
• Der Dreiseithof a. d. 16. bietet moderne Eleganz unter einem historischen Kreuzgewölbe. Frau Scharff leitet freundlich und engagiert den Service, der auch durch gute Weinberatung überzeugt. Probieren Sie z. B. das Menü "Degustation". Individuelle Gästezimmer.

Molino – Restaurant Wartenberger Mühle
Schloßberg 16 ⊠ 67681 – ℰ (06302) 9 23 40 – www.wartenberger-muehle.de – geschl. Januar - Februar 2 Wochen, November 1 Woche und Januar - März: Montag - Dienstagmittag
Rest – Menü 35/45 € – Karte 40/50 €
• Wenn Sie sich hier beim Essen (man kocht mit mediterranem Einfluss) entspannt zurücklehnen und nach oben blicken, wird Ihnen sofort die imposante freigelegte Ziegeldecke ins Auge stechen.

WARTMANNSROTH – Bayern – siehe Hammelburg

WASSENBERG – Nordrhein-Westfalen – 543 – 17 190 Ew – Höhe 50 m 35 A12
▶ Berlin 613 – Düsseldorf 57 – Aachen 42 – Mönchengladbach 27
🛈 Wassenberg, Rothenbach 10, ℰ (02432) 90 22 09

Burg Wassenberg
Auf dem Burgberg 1 ⊠ 41849 – ℰ (02432) 94 90 – www.burg-wassenberg.de – geschl. 15. - 26. Februar
30 Zim – ♦70/110 € ♦♦110/150 €, ⌑ 10 €
Rest – *(Montag - Freitag nur Abendessen)* Menü 30/73 € – Karte 31/58 €
♦ Historisches Flair versprüht die a. d. J. 1410 stammende Burganlage. Freiliegende Holzbalken zieren einige der wohnlichen Gästezimmer. Tagungsangebot. Gemütliches Restaurant mit offenem Kamin.

Tante Lucie
An der Windmühle 31 ⊠ 41849 – ℰ (02432) 23 32 – www.tante-lucie.de – geschl. Montag
Rest – Menü 38 € – Karte 24/52 €
♦ Ein liebenswert dekoriertes Restaurant mit internationaler Küche. In der oberen Etage sitzt man in gemütlich-gediegenem Ambiente, etwas schlichter ist die Brasserie im EG.

In Wassenberg-Effeld Nord-West: 6 km

Haus Wilms
Steinkirchener Str. 3 ⊠ 41849 – ℰ (02432) 89 02 80 – www.haus-wilms.de
16 Zim ⌑ – ♦64/70 € ♦♦99/105 € **Rest** – Karte 25/66 €
♦ Der kleine Familienbetrieb in ruhiger Lage nur 500 m von der Grenze zu Holland ist eine freundliche und gut geführte Adresse mit zeitgemäßen und wohnlichen Gästezimmern. Mit Spiegeln dekoriertes, in klassischem Stil gehaltenes Restaurant.

WASSERBURG am BODENSEE – Bayern – 546 – 3 460 Ew – Höhe 406 m 63 H22
– Luftkurort
▶ Berlin 728 – München 185 – Konstanz 74 – Ravensburg 27
🛈 Lindenplatz 1, ⊠ 88142, ℰ (08382) 88 74 74, www.wasserburg-bodensee.de

Schlosshotel
Halbinselstr. 78 ⊠ 88142 – ℰ (08382) 2 73 33 00 – www.schloss-hotel-wasserburg.de
15 Zim – ♦90/125 € ♦♦110/200 € – ½ P 25 €
Rest – *(geschl. November, Dezember - Februar: Donnerstag)* Menü 23/25 €
– Karte 16/43 €
♦ Direkt auf der Wasserburger Halbinsel liegt das Hotel mit den schön restaurierten historischen Zimmern, die geräumig und komfortabel ausgestattet sind. Im rustikalen Restaurant speist man regional. Tolle Seeterrasse.

Zum lieben Augustin (mit Gästehäusern)
Halbinselstr. 70 ⊠ 88142 – ℰ (08382) 98 00
– www.hotel-lieber-augustin.de
33 Zim ⌑ – ♦60/109 € ♦♦78/144 € – 17 Suiten
Rest – *(November - Dezember: nur Abendessen)* Karte 26/43 €
♦ Das aus vier Häusern bestehende Hotel (eines der Häuser befindet sich unmittelbar am See) bietet zeitlos eingerichtete Gästezimmer und ein eigenes Strandbad. Unterteilter Restaurantbereich mit rustikalem Ambiente.

Walserhof
Nonnenhorner Str. 15 ⊠ 88142 – ℰ (08382) 9 85 60 – www.walserhof.de – geschl. 8. Januar - 17. Februar
28 Zim ⌑ – ♦50/100 € ♦♦80/106 € – ½ P 15 € – 1 Suite
Rest – *(geschl. November - Mitte März: Montag - Dienstag)* Karte 12/43 €
♦ Ruhig liegt der freundlich geführte Familienbetrieb am Ortsrand, nur fünf Gehminuten vom See. Die Gäste wohnen in behaglichen Zimmern, teilweise mit Balkon, einige nach Süden. Bürgerlich-regional ist das Angebot im Restaurant.

WASSERBURG am BODENSEE

Lipprandt
Halbinselstr. 63 ⊠ 88142 – ⌀ (08382) 9 87 60 – www.hotel-lipprandt.de
– geschl. 8. - 27. Januar
37 Zim – †51/95 € ††92/152 € – ½ P 20 €
Rest – (nur Abendessen) Karte 17/50 €
♦ Eine familiäre Ferienadresse mit eigenem Badebereich am See. Die Zimmer bieten meist Balkon und Seeblick, geräumig und modern sind die Zimmer im Gästehaus gegenüber. Eine gemütliche Weinbar im UG ergänzt das Restaurant.

Pfälzer Hof
Lindenplatz 3 ⊠ 88142 – ⌀ (08382) 98 85 30 – www.pfaelzer-hof-wasserburg.de
11 Zim – †27/45 € ††68/84 € – ½ P 13 €
Rest – (geschl. November - März und Mittwoch) Karte 17/36 €
♦ Schon seit vielen Jahren befindet sich dieses Haus im Familienbesitz. Alles hier ist bestens gepflegt und die sympathischen Gastgeber sorgen für eine nette Atmosphäre. Bürgerlich-rustikal präsentiert sich das Restaurant.

In Wasserburg-Hege West: 1,5 km nahe der B 31

Gierer
Hege 9 ⊠ 88142 – ⌀ (08382) 9 87 20 – www.hotel-gierer.de – geschl. über Weihnachten
71 Zim – †58/70 € ††96/132 € – ½ P 19 € – 5 Suiten – Karte 18/42 €
♦ Das Hotel ist ein traditionsreicher Familienbetrieb mit sehr schönem Saunabereich, einer Sonnen-Dachterrasse mit beeindruckendem Ausblick sowie Kosmetikangeboten. Restaurant mit Kaminzimmer und Stüble.

WASSERBURG am INN Bayern – **546** – 12 200 Ew – Höhe 427 m 66 N20
▶ Berlin 629 – München 53 – Bad Reichenhall 77 – Rosenheim 31
🛈 Marienplatz 2, ⊠ 83512, ⌀ (08071) 1 05 22, www.wasserburg.de
🏌 Pfaffing, Köckmühle 132, ⌀ (08076) 9 16 50

Herrenhaus
Herrengasse 17 ⊠ 83512 – ⌀ (08071) 5 97 11 70 – www.restaurant-herrenhaus.de
– geschl. Februar 10 Tage, September 10 Tage und Montag
Rest – Menü 21 € (mittags)/35 € – Karte 28/47 €
♦ Richtig gut isst man in dem denkmalgeschützten Altstadthaus, in dem das junge Betreiber-Quartett frische saisonale Küche bietet. Die Karte ist klein (hier finden sich z. B. Kalbskopf oder Rinderfilet), dazu mittags Business Lunch mit 2 Gängen sowie Abendmenü.

Weisses Rössl
Herrengasse 1 ⊠ 83512 – ⌀ (08071) 5 02 91 – geschl. Sonntag - Dienstag
Rest – Menü 16 € (mittags)/39 € – Karte 29/41 €
♦ Außen die historische Fassade, innen ein heller, frischer Raum. Manfred Tiller kocht in dem Restaurant neben der Kirche regional. Neben Tagesgerichten von der Tafel serviert man ein Mittagsmenü und reicht am Abend eine kleine Karte.

WEDEL – Schleswig-Holstein – **541** – 32 230 Ew – Höhe 8 m 10 I5
▶ Berlin 304 – Kiel 106 – Hamburg 19 – Bremen 126
🏌 Holm, Haverkamp 1, ⌀ (04103) 9 13 30

Senator Marina garni
Hafenstr. 28 ⊠ 22880 – ⌀ (04103) 8 07 70 – www.hotel-senator-marina.de – geschl.
22. Dezember - 1. Januar
46 Zim – †80/83 € ††103/108 €
♦ Nur wenige Gehminuten von der Elbe und dem Fähranleger erwartet Sie dieses gepflegte Hotel mit maritimen Touch. Funktionell ausgestattete Gästezimmer.

WEGBERG – Nordrhein-Westfalen – **543** – 29 130 Ew – Höhe 60 m 35 A12
▶ Berlin 605 – Düsseldorf 46 – Erkelenz 9 – Mönchengladbach 16
🏌 Schmitzhof, Arsbecker Str. 160, ⌀ (02436) 3 90 90
🏌 Wildenrath, Friedrich-List-Allee, ⌀ (02432) 8 15 00

1283

WEGBERG

In Wegberg-Tüschenbroich Süd-West: 2 km

XX **Tüschenbroicher Mühle**
Gerderhahner Str. 1 ⊠ *41844 –* ℰ *(02434) 42 80 – www.tueschenbroicher-muehle.de*
– geschl. Montag
Rest – Menü 28/39 € – Karte 21/44 €
◆ In diesem klassisch gehaltenen Restaurant in einem Naturschutzgebiet erwartet die Gäste internationale Küche mit saisonalem Einfluss. Schön sitzt man auf der Terrasse mit Blick auf den Weiher.

WEHR – Baden-Württemberg – **545** – 12 870 Ew – Höhe 366 m   **61** D21
▶ Berlin 832 – Stuttgart 216 – Freiburg im Breisgau 64 – Lörrach 22
🛈 Hauptstr. 14, ⊠ 79664, ℰ (07762) 80 86 01, www.wehr.de

Landgasthof Sonne (mit Gästehaus)
Enkendorfstr. 38 ⊠ *79664 –* ℰ *(07762) 84 84 – www.hotel-sonne-wehr.de*
18 Zim – †40/55 € ††60/70 €
Rest – (geschl. Montag) (Dienstag-Freitag nur Abendessen, außer an Feiertagen) Karte 20/42 €
◆ Der erweiterte Gasthof wird familiär geleitet und ist wohnlich eingerichtet. Geräumiger sind die Zimmer im Gästehaus. Gemälde von Adolf Lamprecht zieren das Haus. Hübsch sind die mit viel Holz gemütlich-rustikal gestalteten Gaststuben. Schöne Terrasse.

WEIBERSBRUNN – Bayern – **546** – 2 050 Ew – Höhe 354 m   **48** H15
▶ Berlin 558 – München 337 – Würzburg 59 – Aschaffenburg 19

Brunnenhof
Hauptstr. 231 ⊠ *63879 –* ℰ *(06094) 3 64 – www.brunnenhof-spessart.de*
50 Zim – †62/70 € ††82/86 €   **Rest** – Karte 14/35 €
◆ Eine praktische und verkehrsgünstige Adresse nahe der A3. In der schön angelegten, gepflegten Gartenanlage befinden sich eine Kapelle und ein Kinderspielplatz. Vom großen Restaurant und der Terrasse aus blickt man ins Grüne. Urig ist die Räuberstube.

WEICHERING – Bayern – **546** – 2 380 Ew – Höhe 374 m   **57** L18
▶ Berlin 532 – München 91 – Augsburg 64 – Ingolstadt 14

Landgasthof Vogelsang (mit Gästehaus)
Bahnhofstr. 24 ⊠ *86706 –* ℰ *(08454) 9 12 60 – www.landgasthof-vogelsang.de*
19 Zim – †45/52 € ††68/76 €   **Rest** – Karte 16/27 €
◆ Der Landgasthof von 1872 bietet sehr gepflegte, in ländlichem Stil eingerichtete Zimmer zu fairen Preisen - etwas neuzeitlicher im kleinen Gästehaus. Eigener Hochzeitsstadl. Das Restaurant ist gemütlich-rustikal.

WEIDEN in der OBERPFALZ – Bayern – **546** – 42 060 Ew – Höhe 397 m   **51** N16
▶ Berlin 406 – München 204 – Bayreuth 64 – Nürnberg 100
ADAC Bgm.-Prechtl-Str. 21 Z
🛈 Oberer Markt 1, ⊠ 92637, ℰ (0961) 81 41 31, www.weiden-tourismus.info
🛈 Luhe-Wildenau, Klaus-Conrad-Allee 1, ℰ (09607) 9 20 20

Altstadt Hotel Bräu Wirt
Türlgasse 10 ⊠ *92637 –* ℰ *(0961) 3 88 18 00 – www.altstadthotel-braeuwirt.com*
25 Zim – †77 € ††118 €   **Rest** – Karte 18/33 €   BZ**b**
◆ Eine klassisch-elegante Atmosphäre begleitet Sie durch das ganze Hotel. Die Zimmer überzeugen mit Wohnlichkeit und Komfort, schön ist die Lage mitten in der Stadt. Das gemütlich-rustikale Restaurant mit seinen sehenswerten Bierkesseln reicht bis zum Marktplatz.

Admira
Brenner-Schäffer-Str. 27 ⊠ *92637 –* ℰ *(0961) 4 80 90 – www.hotel-admira.com*
104 Zim – †75/85 € ††80/110 € – 1 Suite   BZ**a**
Rest *Lobster* – ℰ (0961) 4 80 96 08 (geschl. August 2 Wochen und Sonntag) (nur Abendessen) Menü 29/40 € – Karte 21/43 €
◆ Das Hotel am Stadtrand bietet eine geräumige Lobby, wohnliche Zimmer und individuelle Juniorsuiten sowie eine "Luxussuite". Gute Tagungsmöglichkeiten durch das Kongresszentrum nebenan. Dank seiner Wintergartenkonstruktion völlig unabhängig vom Wetter, ist das Lobster immer ein helles, freundliches Plätzchen.

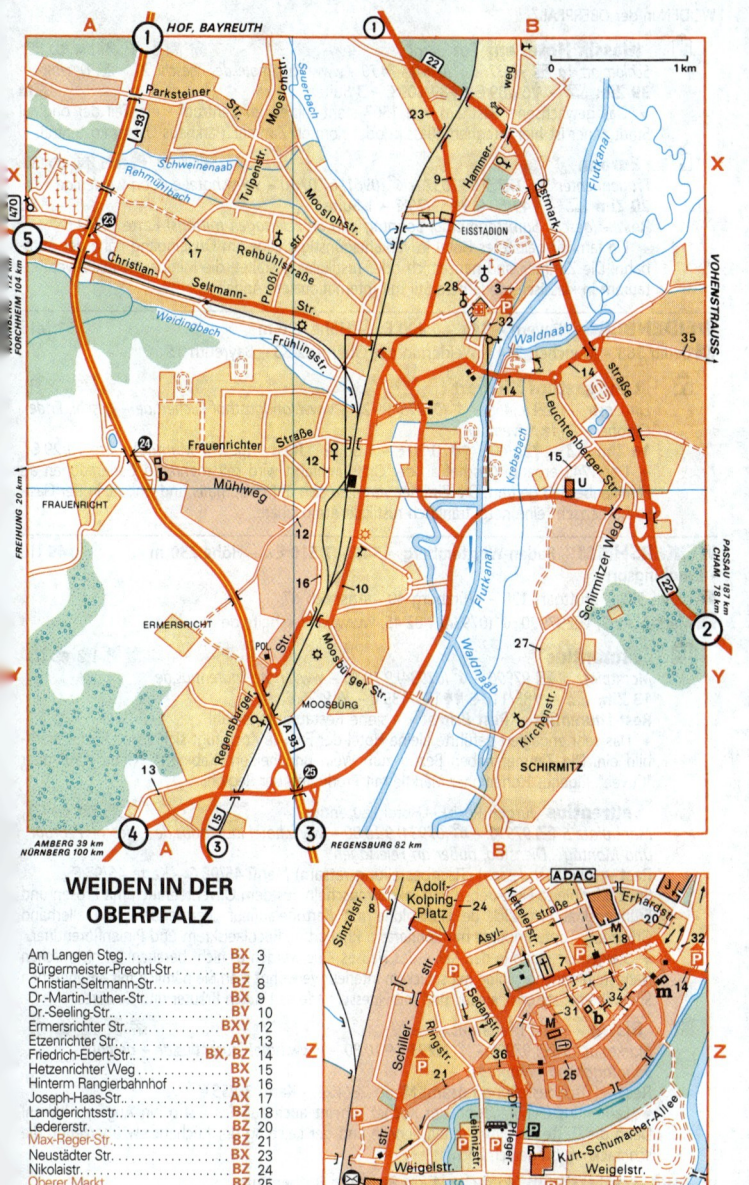

WEIDEN IN DER OBERPFALZ

Am Langen Steg	BZ	3
Bürgermeister-Prechtl-Str.	BZ	7
Christian-Seltmann-Str.	BZ	8
Dr.-Martin-Luther-Str.	BZ	9
Dr.-Seeling-Str.	BY	10
Ermersrichter Str.	BXY	
Etzenrichter Str.	AY	13
Friedrich-Ebert-Str.	BX, BZ	14
Hetzenrichter Weg	BX	15
Hinterm Rangierbahnhof	BY	16
Joseph-Haas-Str.	AX	17
Landgerichtsstr.	BZ	18
Ledererstr.	BZ	20
Max-Reger-Str.	BZ	21
Neustädter Str.	BX	23
Nikolaistr.	BZ	24
Oberer Markt	BZ	25
Postkellerstr.	BY	27
Prinz-Ludwig-Str.	BX	28
Schulgasse	BZ	31
Sebastianstr.	BY, BZ	32
Unterer Markt	BZ	34
Vohenstraußer Str.	BX	35
Wörthstr.	BZ	36

WEIDEN in der OBERPFALZ

Klassik Hotel am Tor garni
Schlörplatz 1a ⊠ 92637 – ℰ (0961) 4 74 70 – www.klassikhotel.de – geschl. 21. - 26. Dezember
39 Zim – †69/89 € ††89/109 € – 3 Suiten BZ**m**
• Das gewachsene Gasthaus von 1567 steht mitten im Zentrum - ein Teil der original Stadtmauer ist hier integriert. Klassik- oder Komfort-Zimmer. Parkhaus Ost ist kostenfrei.

Europa
Frauenrichter Str. 173 ⊠ 92637 – ℰ (0961) 67 07 10 – www.hotel-europa-weiden.de
20 Zim – †49/60 € ††69/79 € – 1 Suite AX**b**
Rest – *(geschl. Samstagmittag, Sonntag und an Feiertagen mittags)* Karte 27/44 €
• Ein familiär geleitetes Hotel in verkehrsgünstiger Lage am Ortseingang nahe der Autobahn. Die Zimmer sind neuzeitlich oder rustikaler gestaltet, die Minibar ist inklusive. Restaurant in klassisch-modernem Stil mit internationalem Angebot.

WEIDENBERG – Bayern – **546** – 6 400 Ew – Höhe 436 m 51 M15
▶ Berlin 368 – München 244 – Weiden in der Oberpfalz 53 – Bayreuth 15

Landgasthof Kilchert
Lindenstr. 14 ⊠ 95466 – ℰ (09278) 99 20 – www.landgasthof-kilchert.de – geschl. Ende Oktober - Ende November
16 Zim – †32/40 € ††70/80 € – 1 Suite **Rest** – *(geschl. Montag)* Karte 10/29 €
• Der 1745 erbaute Gasthof an der Ortsdurchfahrt wird seit mehreren Generationen als Familienbetrieb geführt. Die Zimmer verteilen sich auf Haupthaus und Anbau. In der Gaststube herrscht eine nette fränkisch-rustikale Atmosphäre.

WEIKERSHEIM – Baden-Württemberg – **545** – 7 510 Ew – Höhe 230 m 49 I16
– **Erholungsort**
▶ Berlin 522 – Stuttgart 128 – Würzburg 40 – Ansbach 67
🛈 Marktplatz 7, ⊠ 97990, ℰ (07934) 1 02 45, www.weikersheim.de

Laurentius
Marktplatz 5 ⊠ 97990 – ℰ (07934) 9 10 80 – www.hotel-laurentius.de
13 Zim – †85/110 € ††125/139 € – ½ P 25 €
Rest *Laurentius* ❀ **Rest** *Bistro* 😊 – siehe Restaurantauswahl
• Das sehr engagiert geführte kleine Hotel der Familie Koch fügt sich schön in das Stadtbild ein. Die Zimmer haben Bezug zum Wein und heißen "Kabinett", "Grand Cru" oder "Cuvée". Eigenes Hohenloher Märktle mit Produkten der Region.

✕✕ Laurentius (Jürgen Koch) – Hotel Laurentius
Marktplatz 5 ⊠ 97990 – ℰ (07934) 9 10 80 – www.hotel-laurentius.de – geschl. Februar und Montag - Dienstag, außer an Feiertagen
Rest – *(nur Abendessen)* (Tischbestellung ratsam) Menü 45/98 € – Karte 46/97 €
Spez. Marinierte Flusskrebse und Jakobsmuscheln aus dem Oliventeerauch mit Erbsen und Frühlingskräutern. Zick de Hohenlohe mit Kartoffelauflauf „Parmentier" und allerhand Grünzeug. Topfenmousse mit konfiertem Rhabarber, Rucolaeiskrem und Pinienflorentiner.
• Steigen Sie hinab in den Keller des Hauses - Sie werden es nicht bereuen! Im historischen Natursteintonnengewölbe mit schickem Interieur verwöhnt man Sie nämlich mit auserlesenen Spezialitäten: saisonal, kreativ und mit Finesse, verfeinert durch Kräuter und Gewürze.

✕ Bistro – Hotel Laurentius
Marktplatz 5 ⊠ 97990 – ℰ (07934) 9 10 80 – www.hotel-laurentius.de – geschl. Sonntagabend - Montag
Rest – (Tischbestellung ratsam) Menü 28/45 € – Karte 30/55 €
• Laurentius (Schutzpatron der Köche) scheint auch auf das Bistro ein Auge zu haben! Denn die Gäste sind vom guten Service und der Leistung der Küchencrew überzeugt, die schmackhaft bürgerlich kocht.

In Tauberrettersheim Nord-Ost: 4 km Richtung Rothenburg

Zum Hirschen
Mühlenstr. 1 ⊠ 97285 – ℰ (09338) 3 22 – www.zum-hirschen.info – geschl. Anfang Januar - Anfang Februar
12 Zim – †39/44 € ††64/69 € **Rest** – *(geschl. Mittwoch)* Karte 12/20 €
• Der familiär geführte Dorfgasthof befindet sich an der historischen Bruchsteinbrücke und verfügt über recht einfache, aber gut gepflegte Zimmer. Die bürgerliche Gaststube wird ergänzt durch eine nette Terrasse zur Tauber.

WEIL am RHEIN – Baden-Württemberg – 545 – 29 860 Ew – Höhe 281 m — 61 D21
▶ Berlin 860 – Stuttgart 261 – Freiburg im Breisgau 67 – Basel 7

Schwanen
Hauptstr. 121 ⊠ 79576 – ℰ (07621) 9 78 60 – www.schwanen-weil.de
26 Zim – †80/150 € ††120/180 €
Rest – (geschl. Mittwoch - Donnerstagmittag) Karte 33/62 €

♦ Das seit 1906 von Familie Ritter geführte Hotel bietet im Stammhaus und in zwei Nebenhäusern zeitgemäße Zimmer, einige sind besonders wohnlich und neuzeitlich. Ländlich-gemütliche Gaststuben und recht idyllische Terrasse unter Kastanien hinter dem Haus.

Adler mit Zim
Hauptstr. 139 ⊠ 79576 – ℰ (07621) 9 82 30 – www.adler-weil.de – geschl. Anfang - Mitte Januar, Anfang - Mitte August und Sonntag - Montag
23 Zim – †60/95 € ††100/180 €
Rest – Menü 64/95 € – Karte 48/82 €
Rest *Spatz* – (geschl. Sonntag - Montag) Karte 21/45 €

♦ In dem regionstypischen Haus mit den grünen Fensterläden lebt Familie Wöhrle seit Jahrzehnten gastronomische Tradition. Ein gediegenes Restaurant mit schmackhafter klassischer Küche. International beeinflusste regionale Karte und Vespergerichte bietet der Spatz im Gewölbe.

Gasthaus Krone mit Zim
Hauptstr. 58 ⊠ 79576 – ℰ (07621) 7 11 64 – www.kroneweil.de – geschl. Dienstag
11 Zim – †55/85 € ††78/115 €
Rest – (Tischbestellung ratsam) Menü 38/49 € – Karte 27/69 €

♦ Bürgerlich-regional kocht man in dem badischen Landgasthof, dessen Tradition bis ins Jahr 1572 zurückreicht. Die Gäste nehmen in behaglichen Stuben Platz.

In Weil-Haltingen Nord: 3 km über B 3

Rebstock
Große Gass 30 ⊠ 79576 – ℰ (07621) 96 49 60 – www.rebstock-haltingen.de
16 Zim – †75/105 € ††108/120 € **Rest** – Menü 52 € – Karte 29/72 €

♦ Eine traditionsreiche Adresse ist dieser familiengeführte Landgasthof in ruhiger Ortsrandlage. Die Zimmer sind wohnlich im Landhausstil eingerichtet, teilweise mit Balkon. Gepflegte ländliche Atmosphäre im Restaurant.

Krone (mit Gästehaus)
Burgunderstr. 21 ⊠ 79576 – ℰ (07621) 6 22 03 – www.krone-haltingen.de
24 Zim – †68/98 € ††98/125 €
Rest – (Dienstag - Donnerstag nur Abendessen) Menü 39 € – Karte 29/51 €

♦ Der beim Bahnhof gelegene Gasthof beherbergt in seinem Gästehaus zeitgemäß und funktionell ausgestattete Zimmer mit gutem Platzangebot. Ländlich gehaltene Gaststube mit Kachelofen, dazu eine Terrasse vor dem Haus sowie ein Biergarten unter Kastanien.

In Weil-Märkt Nord-West: 5 km über B 3, in Eimeldingen links

Zur Krone mit Zim
Rheinstr. 17 ⊠ 79576 – ℰ (07621) 6 23 04 – www.krone-maerkt.de
– geschl. Februar 2 Wochen, September 2 Wochen und Montag - Dienstag
9 Zim – †65 € ††90 € **Rest** – Menü 45/59 € – Karte 26/59 €

♦ Das Haus wird von Familie Hagist bereits in der 5. Generation geführt. Regionale Küche und Fischgerichte in gemütlichen, elegant dekorierten Stuben. Sehr nette Terrasse unter Kastanien.

WEILBACH – Bayern – 546 – 2 270 Ew – Höhe 152 m — 48 G16
▶ Berlin 568 – München 353 – Würzburg 79 – Wiesbaden 110

In Weilbach-Ohrnbach Nord-West : 8 km über Weckbach

Zum Ohrnbachtal
Ohrnbach 5 ⊠ 63937 – ℰ (09373) 14 13 – www.gasthof-ohrnbachtal.de – geschl. Januar
22 Zim – †50/65 € ††84/96 € – ½ P 18 €
Rest – (geschl. Dienstag - Mittwoch) Karte 19/60 €

♦ Familie Schäfer ist hier seit rund 50 Jahren - auch die jüngere Generation bringt sich tatkräftig mit ein. Vor allem die ruhige Lage macht's: ringsum Wiesen und Wälder. Juniorchef Patrick Schäfer steht am Herd - Spezialität sind Wildgerichte und Forellen aus dem eigenen Teich. Von der Terrasse schaut man ins Grüne.

WEILBURG – Hessen – 543 – 13 190 Ew – Höhe 172 m – Luftkurort 37 E13
▶ Berlin 530 – Wiesbaden 72 – Frankfurt am Main 61 – Limburg an der Lahn 22
🛈 Mauerstr. 6, ✉ 35781, ✆ (06471) 3 14 67, www.weilburg.de
◉ Lage ★

Lahnschleife
Hainallee 2 ✉ 35781 – ✆ (06471) 4 92 10 – www.hotel-lahnschleife.de
77 Zim ⊑ – †88/99 € ††112/122 € – ½ P 22 € **Rest** – Karte 32/57 €
♦ Zeitgemäß wohnt man in diesem Hotel mit mediterranem Touch, das oberhalb der Lahn am Hang liegt. Auch romantische Hochzeitszimmer stehen zur Verfügung. Kosmetik- und Massage-Angebot. Zum Restaurant gehören zwei Terrassen mit schöner Sicht.

Lahnbahnhof
Bahnhofstr. 14 ✉ 35781 – ✆ (06471) 62 94 40 – www.hotel-lahn-bahnhof.de
25 Zim ⊑ – †42/52 € ††65 € **Rest** – Karte 18/32 €
♦ Das historische Bahnhofsgebäude a. d. J. 1862 beherbergt heute gepflegte und praktisch ausgestattete Gästezimmer in wohnlichen Farbtönen. Freundlich und geradlinig-zeitgemäß ist das Ambiente im Restaurant.

Joseph's
Marktplatz 10 ✉ 35781 – ✆ (06471) 21 30 – www.josephs-restaurant.de – geschl. Oktober - April: Montagmittag, Mittwochmittag
Rest – Karte 32/48 €
♦ In dem elegant-mediterranen Restaurant im Stadtkern serviert man eine italienisch-internationale Küche. Eine der beiden Terrassen liegt zum Innenhof, die andere zum Markt.

In Löhnberg Nord: 3,5 km

Zur Krone
Obertorstr. 1 ✉ 35792 – ✆ (06471) 60 70 – www.hotel-zurkrone.de
41 Zim ⊑ – †43/69 € ††79/112 € – ½ P 17 €
Rest – (Montag - Freitag nur Abendessen) Menü 25/40 € – Karte 18/45 €
♦ Die Geschichte des zum Hotel gewachsenen Gasthofs reicht bis ins Jahr 1831 zurück, seit sieben Generationen besteht die Familientradition. Sehr schön: die modernen Komfort-Zimmer. Gemütliches Ambiente im Restaurant. Im Sommer Cocktailbar im Garten.

WEILER-SIMMERBERG im ALLGÄU – Bayern – 546 – 6 580 Ew 64 I21
– Höhe 632 m – Wintersport: 900 m ⛷ – Luftkurort
▶ Berlin 715 – München 179 – Konstanz 83 – Ravensburg 42
🛈 Hauptstr. 14, ✉ 88171, ✆ (08387) 3 91 50, www.weiler-tourismus.de

Im Ortsteil Weiler

Tannenhof (mit Gästehaus)
Lindenberger Str. 33 ✉ 88171 – ✆ (08387) 12 35 – www.tannenhof.com
101 Zim (inkl. ½ P.) – †80/160 € ††140/300 € – 14 Suiten **Rest** – Karte 20/37 €
♦ Ein Sport- und Wellnesshotel in ruhiger Ortsrandlage mit geschmackvoll-modernem Spa und großer Tennisanlage. Die Zimmer verteilen sich auf Haupthaus, Residenz und Sternenvilla. Modern-rustikales Restaurant Brunnenstube und heller Pavillonanbau.

WEILHEIM – Bayern – 546 – 21 660 Ew – Höhe 563 m 65 K21
▶ Berlin 637 – München 51 – Garmisch-Partenkirchen 45 – Landsberg am Lech 37
🛈 Pähl, Hohenpähl, ✆ (08808) 9 20 20

Vollmann garni
Eisenkramergasse 4 ✉ 82362 – ✆ (0881) 92 77 18 60 – www.hotel-vollmann.com
41 Zim ⊑ – †65/75 € ††98/110 €
♦ Freundliche neuzeitliche Gästezimmer in hellem Naturholz erwarten Sie in dem Stadthaus in zentraler Lage nur wenige Schritte vom Marktplatz. Auch Appartements sind vorhanden.

WEILROD – Hessen – 543 – 6 210 Ew – Höhe 270 m – Erholungsort 37 F14
▶ Berlin 532 – Wiesbaden 42 – Frankfurt am Main 47 – Gießen 51
🛈 Weilrod-Altweilnau, Merzhäuser Str., ✆ (06083) 9 50 50

WEILROD

In Weilrod-Altweilnau Süd-Ost: 1,5 km

Landsteiner Mühle
Landstein 1 ⊠ *61276* – ℰ *(06083) 3 46* – *www.landsteiner-muehle.de* – geschl.
September - April: Montag
Rest – Karte 27/52 €

♦ Das "ApfelWeinBistrorant" bietet neben regionaler Küche (auf Wunsch kleine Portionen) u. a. auch Apfelweine. Viel Holz und landwirtschaftliche Utensilien schaffen rustikales Flair.

In Weilrod-Neuweilnau Nord-Ost: 2,5 km über B 275, in Erbismühle links

Erbismühle
An der Weilstraße ⊠ *61276* – ℰ *(06083) 28 80* – *www.erbismuehle.de* – geschl. 1. - 10. Januar
70 Zim ⊇ – †83/145 € ††112/175 € – ½ P 20 € **Rest** – Karte 27/45 €

♦ Das ruhig im Weiltal gelegene Hotel ist ein langjähriger Familienbetrieb, entstanden aus einer Mühle von 1234. Wohnlich-rustikale Zimmer und schöner zeitgemäßer Freizeitbereich. Gepflegtes Restaurant in ländlichem Stil mit bürgerlich-internationaler Küche.

WEIMAR – Thüringen – **544** – 65 240 Ew – Höhe 220 m   **40 L12**

▶ Berlin 285 - Erfurt 22 - Chemnitz 132
ℹ Markt 10 BZ, ⊠ 99423, ℰ (03643) 74 50, www.weimar.de
⛳ Jena-Münchenroda, Münchenroda 29, ℰ (03641) 42 46 51
◉ Goethes Wohnhaus und Goethe Museum★★ – Goethes Gartenhaus★★ - Schillers Wohnhaus★ BZ – Deutsches Nationaltheater (Doppelstandbild★★ von Goethe und Schiller) T – Nietzsche-Archiv (Bibliothek★) AZ

Stadtplan auf der nächsten Seite

Dorint Am Goethepark
Beethovenplatz 1 ⊠ *99423* – ℰ *(03643) 87 20*
– *www.dorint.com/weimar*   BZ**a**
143 Zim – †89/149 € ††99/159 €, ⊇ 18 € – 6 Suiten
Rest *Bettina von Arnim* – (geschl. Sonntagmittag) Menü 28 € – Karte 31/49 €

♦ Das stilvoll-zeitgemäße Hotel besteht aus der ehemaligen russischen Gesandtschaft, einer früheren Privatvilla und einem modernen Zwischenbau. Sehr gutes Frühstücksbuffet. Restaurant Bettina von Arnim mit schöner Täfelung und Dielenboden. Thüringer Gerichte in der Bierstube.

Elephant
Markt 19 ⊠ *99423* – ℰ *(03643) 80 20* – *www.luxurycollection.com/elephant*
99 Zim – †101/181 € ††101/181 €, ⊇ 20 € – 6 Suiten   BZ**b**
Rest *Anna Amalia* ❀ **Rest** *Elephantenkeller* – siehe Restaurantauswahl

♦ Mitten in der Stadt steht das elegante Haus a. d. 16. Jh. mit seinen hochwertig im Bauhausstil eingerichteten Zimmern. Die Suiten sind Persönlichkeiten bzw. Künstlern gewidmet.

Grand Hotel Russischer Hof
Goetheplatz 2 ⊠ *99423* – ℰ *(03643) 77 40* – *www.russischerhof.bestwestern.de*
126 Zim – †100/140 € ††110/150 €, ⊇ 19 € – 4 Suiten   AZ**s**
Rest *Anastasia* ⓡ – siehe Restaurantauswahl

♦ Das über 200 Jahre alte Stadthotel befindet sich in unmittelbarer Nähe der Fußgängerzone. Im vorderen historischen Gebäudeteil wohnt man besonders stilvoll.

Anna Amalia garni
Geleitstr. 8 ⊠ *99423* – ℰ *(03643) 4 95 60* – *www.hotel-anna-amalia.de*
– geschl. 21. - 27. Dezember   BZ**d**
53 Zim ⊇ – †63/75 € ††88/93 € – 2 Suiten

♦ Sie finden das Hotel mit Stammhaus von 1792 in sehr guter Lage in der Innenstadt, nur wenige Gehminuten vom Marktplatz entfernt. Die Einrichtung hat eine mediterrane Note.

Am Frauenplan garni
Brauhausgasse 10 ⊠ *99423* – ℰ *(03643) 4 94 40* – *www.hotel-am-frauenplan.de*
48 Zim ⊇ – †49/55 € ††70/82 € – 2 Suiten   BZ**y**

♦ Gut und neuzeitlich wohnt es sich in dem rekonstruierten und erweiterten Palais a. d. 18. Jh. Im Sommer Frühstück im schönen Innenhof. Bürgerliches Restaurant im Schwesterhotel Zur Sonne.

WEIMAR

Amalienstr.	BZ 4	Ernst-Kohl-Str.	AY 13	Kaufstr.	BZ 31
Am Poseckschen Garten	BZ 6	Frauenplan	BZ 18	Marienstr.	BZ 34
Brennerstr.	BY 7	Frauentorstr.	BZ 19	Markt	BZ
Carl-August-Allee	BY 12	Heinrich-Haine-Str.	AZ 25	Rittergasse	BZ 36
		Jakobstr.	BYZ 27	Schillerstr.	BZ 37
		Karl-Liebknecht-Str.	BZ 30	Schloßgasse	BZ 39
				Zeughof	BZ 42

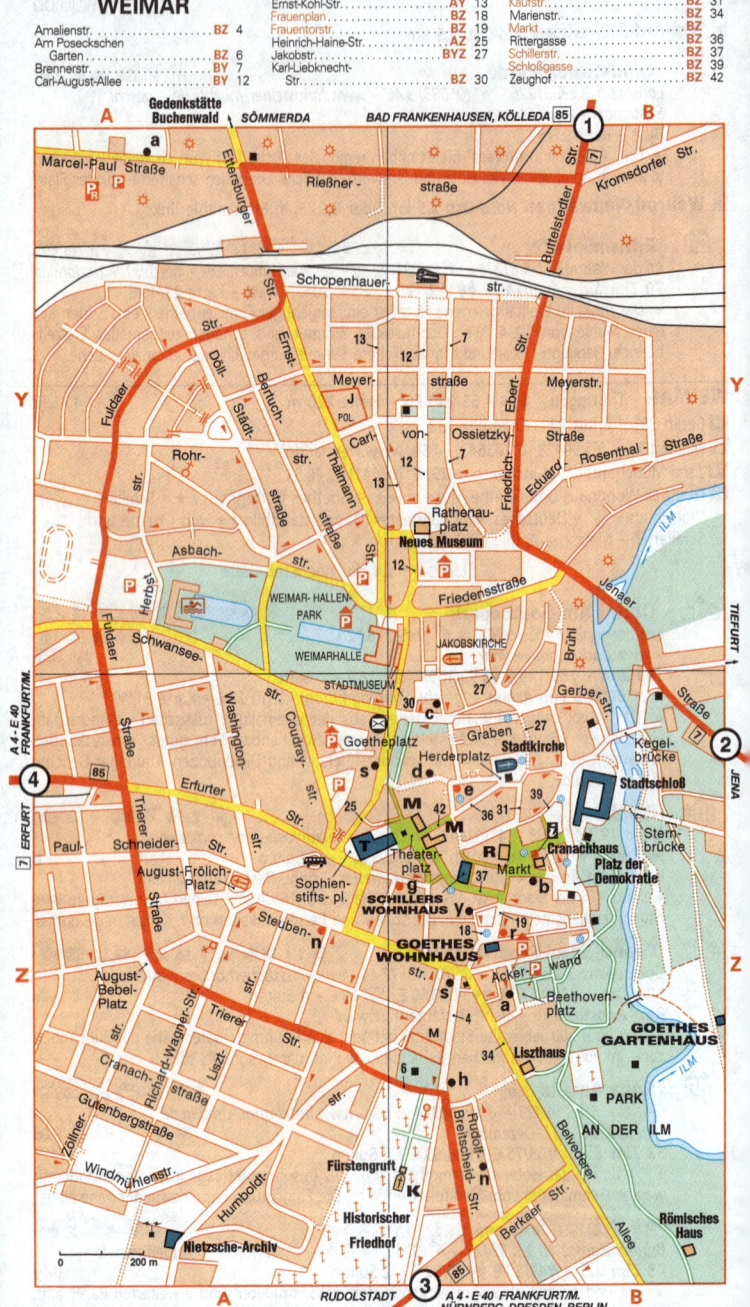

WEIMAR

Acarte garni
Marcel-Paul-Str. 48 ✉ *99427* – ✆ *(03643) 49 89 40* – *www.acarte-hotel.de*
57 Zim – †39/59 € ††59/79 €   AYa
• Das Businesshotel in verkehrsgünstiger Lage ist hell, modern-funktional und recht farbenfroh gestaltet. W-Lan, Telefon und Parkplatz sind gratis.

Villa Hentzel garni
Bauhausstr. 12 ✉ *99423* – ✆ *(03643) 8 65 80* – *www.hotel-villa-hentzel.de*
13 Zim – †54/75 € ††77/95 €   BZn
• Eine Villa a. d. 19. Jh. mit hohen Räumen in hellen, warmen Tönen. Die Chefin und ihr Team sind freundlich und aufmerksam. Die Gäste nutzen W-Lan kostenfrei und können sich an der Teebar bedienen.

Amalienhof garni (mit Gästehaus)
Amalienstr. 2 ✉ *99423* – ✆ *(03643) 54 90* – *www.amalienhof-weimar.de*
– geschl. 22. - 27. Dezember   BZs
32 Zim – †60/75 € ††80/105 € – 2 Suiten
• Ein klassisch-stilvolles Zimmer im historisch-charmanten Altbau von 1826 oder ein neuzeitliches und etwas sachlicheres Appartement im Gästehaus? Kleiner Spaziergang ins Zentrum.

Zur Sonne
Rollplatz 2 ✉ *99423* – ✆ *(03643) 8 62 90* – *www.thueringen.info/hotel-zur-sonne*
21 Zim – †47/66 € ††67/84 €   **Rest** – Karte 13/22 €   BZc
• In dem denkmalgeschützten Haus an einem kleinen Platz im Herzen von Weimar werden schon seit dem 18. Jh. Gäste beherbergt. Die Zimmer sind unterschiedlich geschnitten und praktisch ausgestattet. Restaurant im Stil einer Gastwirtschaft. Die Küche ist bürgerlich.

Am Stadtpark garni
Amalienstr.19 ✉ *99423* – ✆ *(03643) 2 48 30* – *www.hotel-am-stadtpark-weimar.de*
– geschl. Februar   BZh
12 Zim – †46/55 € ††76/82 €
• Das familiengeführte kleine Hotel mit gepflegten Zimmern ist ein Stadthaus a. d. 19. Jh., das um einen ruhig zum Innenhof gelegenen Anbau im Motelstil erweitert wurde.

Anna Amalia – Hotel Elephant
Markt 19 ✉ *99423* – ✆ *(03643) 80 26 40* – *www.luxurycollection.com/elephant*
– geschl. Mitte Januar - Mitte März und Montag, Oktober - April: Sonntag - Montag   BZb
Rest – (nur Abendessen) (Tischbestellung ratsam) Menü 52 € (vegetarisch)/99 € – Karte 74/85 €
Spez. Gänsestopfleber und Süßkirschen mit Balsamicoreduktion. Ravioli von geräuchertem Mozzarella mit Jakobsmuscheln und Tomaten. Mit Amarettini gratinierter Rehrücken mit Kaffee-Püree, Kaiserschoten und grünen Mandeln.
• Marcello Fabbri versteht es, dem mediterranen Schwerpunkt seiner Küche mit intensiven Aromen und feiner Würze Ausdruck zu verleihen. Im Sommer lockt der schöne Garten die Gäste aus dem klassischen Restaurant auf die Terrasse. Kompetente Weinberatung.

Anastasia – Grand Hotel Russischer Hof
Goetheplatz 2 ✉ *99423* – ✆ *(03643) 77 48 14* – *www.restaurant-anastasia.info*
– geschl. 9. - 23. Januar und Montag   AZs
Rest – (nur Abendessen) Menü 35/64 € – Karte 31/48 €
• Ein eleganter Raum in einem Seitenflügel des Russischen Hofes. Andreas Scholz und seine Frau sorgen dafür, dass die saisonalen Gerichte angenehm unkompliziert sind und schmecken - so z. B. das rosa gebratene Lammnüsschen mit Auberginen und Quarkgnocchi!

Alt Weimar mit Zim
Prellerstr. 2 ✉ *99423* – ✆ *(03643) 8 61 90* – *www.alt-weimar.de* – geschl. 8. - 29. Januar
17 Zim – †55/85 € ††75/120 € – 1 Suite   AZn
Rest – (Montag - Freitag nur Abendessen , außer an Feiertagen) Menü 30 € (mittags)/ 70 € – Karte 39/52 €
• Mit Original-Holztäfelung und Parkett hat das Restaurant von 1909 - einst beliebt bei der Weimarer Kunstszene - noch traditionellen Charakter. Frische internationale Küche bei gepflegter Tischkultur. Helle, freundliche Gästezimmer im Bauhausstil.

WEIMAR

Elephantenkeller – Hotel Elephant
Markt 19 ⊠ 99423 – ℰ (03643) 80 26 66 – www.luxurycollection.com/elephant – geschl. Mittwoch, Mai - Oktober: Mittwoch und Sonntag BZb
Rest – Karte 25/46 €

• Auch Sie werden beeindruckt sein von dieser geschichtsträchtigen Stätte. Denn das Ambiente mit seinem gewaltigen Kreuzgwölbe wusste schon Johann Wolfgang Goethe zu schätzen. Thüringer Spezialitäten!

Gasthaus Zum weißen Schwan
Frauentorstr. 23 ⊠ 99423 – ℰ (03643) 90 87 51 – www.weisserschwan.de
– geschl. Januar - Februar und Montag, Oktober - April: Sonntag - Montag
Rest – Karte 29/48 € BZr

• Das historische Gasthaus war nachweislich Johann Wolfgang von Goethes Stammlokal. Es ist liebevoll restauriert und bietet gemütlich-rustikales Ambiente und solide zubereitete Thüringer Gerichte.

Osteria ChrisTho
Hegelstr. 1, (Eingang Hummerlstraße) ⊠ 99423 – ℰ (03643) 80 83 43
– www.osteriachristho.de BZg
Rest – Menü 27/45 € – Karte 24/39 €

• Mit kräftigen Farben und historischen Details hat man die schönen Räume in dem alten Stadthaus behaglich gestaltet. Das Speiseangebot ist italienisch ausgerichtet.

Gasthaus Scharfe Ecke
Eisfeld 2 ⊠ 99423 – ℰ (03643) 20 24 30
– geschl. Juli 2 Wochen, Mitte November 2 Wochen und Montag - Dienstag
Rest – Karte 18/29 € BZe

• Spätestens nach dem Besuch dieser Weimarer Institution ist Ihnen die "Kloßmarie" ein Begriff. Man kocht sehr traditionell und in großen Portionen - die hausgemachten Klöße sind ein Muss!

In Weimar-Gelmeroda Süd-West: 4 km über B 85, jenseits der A 4

Schwartze
Holzdorferweg 7 ⊠ 99428 – ℰ (03643) 5 99 50 – www.hotel-schwartze.de – geschl. 20. Dezember - 5. Januar
30 Zim – †56 € ††77 € **Rest** – *(nur Abendessen)* Karte 13/21 €

• Das familiengeführte Hotel liegt unweit der Autobahn und verfügt über zeitgemäße, hell eingerichtete Zimmer sowie eine 24 Stunden besetzte Rezeption. Eigenes Damwildgehege.

In Weimar-Legefeld Süd-West: 6 km über B 85, jenseits der A 4

Park Inn by Radisson
Kastanienallee 1 ⊠ 99438 – ℰ (03643) 80 30 – www.weimar.parkinn.de
194 Zim – †49/83 € ††49/83 €, ⊇ 13 € – 4 Suiten **Rest** – Karte 23/36 €

• Um eine Atriumhalle herum hat man das Tagungshotel in Quadratform angelegt. Die Zimmer sind funktionell-komfortabel. Praktisch: Bushaltestelle und BAB ganz in der Nähe.

In Weimar-Schöndorf Nord: 4 km über B 7

Dorotheenhof
Dorotheenhof 1 ⊠ 99427 – ℰ (03643) 45 90 – www.dorotheenhof.com
56 Zim – †77/98 € ††105/160 € – 4 Suiten
Rest *Le Goullon* – ℰ (03643) 4 59 01 70 – Menü 26/36 € – Karte 27/46 €

• Das geschmackvolle Landhausambiente trifft auf den Gutshof-Charakter des einst von Rittmeister Carl von Kalckreuth angelegten Dorotheenhofes. Tagungen im topmodernen "Parlament". Einfach, aber gemütlich ist die Küchenstube, elegant das Le Goullon, das durch ein imposantes Kreuzgewölbe gefällt.

WEIMAR – Hessen – siehe Marburg

WEINBÖHLA – Sachsen – siehe Meißen

WEINGARTEN – Baden-Württemberg – 545 – 23 750 Ew – Höhe 485 m — 63 H21

▶ Berlin 692 – Stuttgart 143 – Konstanz 48 – Ravensburg 4

🛈 Münsterplatz 1, ✉ 88250, ℘ (0751) 40 52 32, www.weingarten-online.de

Altdorfer Hof (mit Gästehaus)
Burachstr. 12 ✉ 88250 – ℘ (0751) 5 00 90 – www.altdorfer-hof.de – geschl. 23. Dezember - 8. Januar
55 Zim ⌚ – †79/99 € ††110/135 € – 1 Suite
Rest – *(geschl. Sonntagabend - Montagmittag)* Menü 26/36 € – Karte 22/38 €
♦ Das Hotel liegt in einer verkehrsberuhigten Zone am Stadtrand, wird familiär geführt und präsentiert sich in wohnlich-klassischem Stil. In das gediegene Bild fügt sich das Restaurant mit seiner Barock-Note schön ein.

Bären
Kirchstr. 3 ✉ 88250 – ℘ (0751) 56 12 00 – www.baeren-weingarten.de
16 Zim ⌚ – †51/53 € ††74/76 € – 1 Suite
Rest – *(geschl. August 3 Wochen und Montag)* Menü 29 € – Karte 19/34 €
♦ Das seit über 300 Jahren existierende Gasthaus ist eine nette Adresse, die über gepflegte Zimmer mit gutem Platzangebot verfügt. Restaurant mit rustikaler Note. Hinterm Haus zur Fußgängerzone liegt die kopfsteingepflasterte und begrünte Terrasse.

In Wolpertswende-Mochenwangen Nord: 7,5 km über B 30, in Eggers links

Rist (mit Gästehaus)
Bahnhofstr. 8 ✉ 88284 – ℘ (07502) 9 22 20 – www.hotelrist.de
– geschl. Februar 2 Wochen, August 2 Wochen
16 Zim ⌚ – †30/44 € ††44/68 €
Rest – *(geschl. Sonntagabend - Dienstagmittag)* Karte 17/36 €
♦ Ein typischer schwäbischer Gasthof mit neuzeitlichem Gästehaus. In beiden Bereichen sind die Zimmer solide und technisch gut ausgestattet. Helle rustikale Gaststube mit sehr familiärem und lebendigem Service.

WEINGARTEN (KREIS KARLSRUHE) – Baden-Württemberg – 545 — 54 F17
– 9 850 Ew – Höhe 119 m

▶ Berlin 664 – Stuttgart 88 – Karlsruhe 17 – Heidelberg 46

Walk'sches Haus (mit Gästehaus)
Marktplatz 7 (B 3) ✉ 76356 – ℘ (07244) 7 03 70 – www.walksches-haus.de
26 Zim ⌚ – †78/83 € ††130 €
Rest *Gourmet-Restaurant* ✧ – siehe Restaurantauswahl
Rest *Bistro* – Menü 24/45 € – Karte 19/44 €
♦ Das Hotel in der Altstadt besteht aus einem schönen jahrhundertealten Fachwerkhaus mit individuellen Zimmern und einem Gästehaus; hier sind die Zimmer etwas größer.

Gourmet-Restaurant – Hotel Walk'sches Haus ✧
Marktplatz 7 (B 3) ✉ 76356 – ℘ (07244) 7 03 70 – www.walksches-haus.de – geschl. Januar 1 Woche und Sonntag - Montag
Rest – *(nur Abendessen, außer an Feiertagen)* Menü 62/128 € – Karte 45/75 €
Spez. Kraichgauer Rind und Gartenkräuter mit Merrettcheis, Graubrot-Croûtons. Bretonische Rotbarbe und Felsenoktopus mit Orange, Fenchel. Schneeball und Sonnenfrüchte.
♦ Die klassische Küche von Jörg Lawerenz (handwerklich perfekt zubereitet!) wird in Menüform serviert, man kann aber auch à la carte wählen. Die Weinberatung ist exzellent - so auch der Service insgesamt! Gemütliche Stuben und schöne Terrasse im Hof.

WEINHEIM an der BERGSTRASSE – Baden-Württemberg – 545 — 47 F16
– 43 630 Ew – Höhe 135 m

▶ Berlin 609 – Stuttgart 137 – Mannheim 28 – Darmstadt 45

🛈 Hauptstr. 47, ✉ 69469, ℘ (06201) 87 44 50, www.weinheim-marketing.de

◉ Exotenwald ★

Ottheinrich garni
Hauptstr. 126 ✉ 69469 – ℘ (06201) 1 80 70 – www.hotelottheinrich.de
25 Zim ⌚ – †109/114 € ††119/129 € – 1 Suite
♦ Mitten in der Altstadt liegt das Hotel, dessen teilweise recht geräumige Zimmer in klarem modernem Design gehalten sind. Freundlich ist auch das Ambiente im Frühstücksraum.

1293

WEINHEIM an der BERGSTRASSE

Fuchs'sche Mühle
Birkenauer Talstr. 10 ⊠ 69469 – ℰ (06201) 1 00 20 – www.fuchssche-muehle.de
18 Zim – †65/90 € ††100/125 €
Rest *Fuchs'sche Mühle* – siehe Restaurantauswahl
• Familie Fuchs gehört die alte Mühle (1563) schon über 225 Jahre. Zimmer zur Waldseite, hübscher moderner Saunabereich und Jogging-/Wanderwege direkt am Haus.

Ebert Park Hotel garni
Freiburger Str. 42 (Weststadt) ⊠ 69469 – ℰ (06201) 10 50
– www.ebert-park-hotel-weinheim.de – geschl. 20. Dezember - 2. Januar
60 Zim – †65/70 € ††85/90 €
• Im Gewerbegebiet West am Stadtrand gelegenes Hotel. Besonders Geschäftsreisende schätzen die Lage sowie die funktionellen Gästezimmer.

Goldener Pflug garni
Obertorstr. 5 ⊠ 69469 – ℰ (06201) 9 02 80 – www.hotel-goldener-pflug.de – geschl. 24. Dezember - 6. Januar
15 Zim – †57/70 € ††79/85 €
• Das Fachwerkhaus a. d. 17. Jh. steht mitten in der Altstadt neben der St.-Laurentius-Kirche - sehr charmant! Seit drei Generationen sorgen die Starks für familiäre Atmosphäre. Gemütlich sitzt man am Abend in der Weinstube.

Hutter im Schloss
Obertorstr. 9 ⊠ 69469 – ℰ (06201) 9 95 50 – www.hutter-im-schloss.de
Rest – (November - März: Montag - Freitag nur Abendessen) Menü 29/59 €
– Karte 35/63 €
• Das hat Stil: Sie speisen mit eine von klassischen Räumen mit Parkett und hohen Stuckdecken. Der Küchenchef war lange Zeit in Spanien - die Einflüsse sind unverkennbar. Hausgemachter Kuchen!

Fuchs'sche Mühle – Hotel Fuchs'sche Mühle
Birkenauer Talstr. 10 ⊠ 69469 – ℰ (06201) 1 00 20 – www.fuchssche-muehle.de – geschl. Montagmittag
Rest – Menü 30/52 € – Karte 36/72 €
• Die Fuchs'sche Mühle ist eine von sechs Mühlen im schönen Weinheimer Tal. Die netten Stuben des Restaurants heißen Bauernstube, Müllerstube und Fuchsbau. Hinter dem Haus lädt bei warmem Wetter der Biergarten ein.

WEINSBERG – Baden-Württemberg – 545 – 11 570 Ew – Höhe 219 m   55 G17
▶ Berlin 588 – Stuttgart 53 – Heilbronn 6 – Schwäbisch Hall 42

Außerhalb Süd-Ost: 2 km, nahe A 81 Ausfahrt Weinsberg-Ellhofen

Rappenhof
Rappenhofweg 1 ⊠ 74189 Weinsberg – ℰ (07134) 51 90 – www.rappenhof.de – geschl. 22. Dezember - 6. Januar
39 Zim – †91/99 € ††111/119 € – 1 Suite **Rest** – Menü 40/50 € – Karte 18/44 €
• Das hübsche Landhotel liegt nicht weit von der Autobahn und doch im Grünen zwischen den Weinbergen. Die Zimmer sind hell und wohnlich im Landhausstil eingerichtet, meist mit Balkon. Der Wintergartenanbau und die Terrasse des Restaurants bieten eine schöne Sicht.

WEINSTADT – Baden-Württemberg – 545 – 26 450 Ew – Höhe 241 m   55 H18
▶ Berlin 616 – Stuttgart 24 – Esslingen am Neckar 13 – Schwäbisch Gmünd 38

In Weinstadt-Baach

Adler mit Zim
Forststr. 12 ⊠ 71384 – ℰ (07151) 6 58 26 – www.adler-baach.de – geschl. 10. - 23. Februar und Montag - Dienstag, Mittwochabend, Donnerstagabend, Sonntagabend
5 Zim – †35 € ††65 € **Rest** – Karte 31/51 €
• In diesem familiär geführten Gasthof wird regional gekocht. Die Gäste sitzen in gemütlich-rustikalen Stuben oder auf der schönen Terrasse mit wetterfester Markise. Die Gästezimmer sind einfach und recht klein, aber gepflegt.

WEINSTADT

Gasthaus Rössle
Forststr. 6 ⊠ 71384 – ℘ (07151) 6 68 24 – www.roessle-baach.de
– geschl. Anfang Juli 2 Wochen, Mitte September 1 Woche und Mittwoch - Donnerstag
Rest – Karte 17/46 €
• Ein ländlich-schlichtes Gasthaus mit ungezwungener Atmosphäre. Die freundlichen Gastgeber bieten hier regionale Küche, die auch auf der hübschen Gartenterrasse serviert wird.

In Weinstadt-Beutelsbach

Weinstadt-Hotel
Marktstr. 41 ⊠ 71384 – ℘ (07151) 99 70 10 – www.weinstadt-hotel.de
32 Zim – †65/75 € ††95/105 €
Rest *Krone* – Karte 18/40 €
• In diesem Familienbetrieb, im Zentrum des Weinortes gelegen, erwarten die Gäste funktional ausgestattete Zimmer und ein gutes Frühstück. Das gemütliche Restaurant bietet internationale und auch regional beeinflusste Küche. Der hübsche Innenhof dient im Sommer als Terrasse.

In Weinstadt-Endersbach

Weinstube Muz
Traubenstr. 3 ⊠ 71384 – ℘ (07151) 6 13 21 – www.weinstube-muz.de
– geschl. Anfang August 2 Wochen und Samstagmittag, Sonntag sowie an Feiertagen
Rest – Menü 20 € (mittags)/46 € – Karte 32/47 €
• Das Gasthaus mit den hübschen Stuben existiert bereits seit 1877. Die ländlich-charmante Einrichtung schafft eine heimelige Atmosphäre, in der Familie Muz herzlich ihre Gäste umsorgt. Es wird gute regionale Küche geboten. Gewölbekeller für Veranstaltungen.

In Weinstadt-Strümpfelbach

Zum Hirsch
Hauptstr. 3 ⊠ 71384 – ℘ (07151) 6 11 03 – www.hirsch-struempfelbach.de
– geschl. Montag - Dienstag
Rest – Karte 23/41 €
• Das Fachwerkhaus a. d. 17. Jh. ist ein stattliches Gasthaus mitten in dem hübschen Weindorf. Gemütlich sitzt man in den heimelig-ländlichen Stuben bei regionaler Küche.

WEISENDORF – Bayern – **546** – 6 240 Ew – Höhe 308 m
▶ Berlin 445 – München 204 – Nürnberg 35 – Bamberg 53

Jägerhof (mit Gästehaus)
Auracher Bergstr. 2 ⊠ 91085 – ℘ (09135) 71 70 – www.jaegerhof.biz
– geschl. 1. - 6. Januar, August 2 Wochen
34 Zim – †55/85 € ††79/110 €
Rest – (geschl. Freitag, Mai - September: Freitag - Samstag) (Montag - Samstag nur Abendessen) Karte 15/37 €
• Dieses familiengeführte Hotel in der Ortsmitte bietet in freundlichen Tönen gehaltene Zimmer, im Gästehaus mit Blick auf den Dorfteich. Rustikale Restaurantstuben mit bürgerlichem Angebot.

In Weisendorf-Oberlindach Nord: 1 km

Acantus
Ringstr. 13 ⊠ 91085 – ℘ (09135) 21 16 60 – www.acantus-hotel.de
59 Zim – †70/90 € ††80/120 €, ⊇ 10 € – 2 Suiten
Rest – (geschl. Sonntag) (nur Abendessen) Karte 22/38 €
• Eine wertige Einrichtung in geradlinigem Design spricht für dieses Hotel. Einige der Zimmer verfügen über eine Küchenzeile. Bei schönem Wetter frühstückt man auf der Terrasse. Internationale Küche im Restaurant.

WEISENHEIM am BERG – Rheinland-Pfalz – 543 – 1 630 Ew – Höhe 221 m 47 E16
▶ Berlin 639 – Mainz 78 – Mannheim 29 – Kaiserslautern 41

XX Admiral
Leistadter Str. 6 ⊠ 67273 – ℰ (06353) 41 75 – www.restaurant-admiral.de
– geschl. 4. - 22. Januar, 25. - 29. Juli und Montag - Dienstag
Rest *– (Mittwoch - Samstag nur Abendessen)* Menü 34/48 € – Karte 34/48 €

• Liebenswert ist das denkmalgeschützte Haus mit seinen grünen Fensterläden, lauschig ist der hübsch bepflanzte Hof - von hier aus gelangen Übernachtungsgäste zu ihrem Pavillon. Gekocht wird schmackhaft und saisonal.

WEISKIRCHEN – Saarland – 543 – 6 430 Ew – Höhe 400 m – Heilklimatischer Kurort und Kneippkurort 45 B16
▶ Berlin 725 – Saarbrücken 59 – Trier 37 – Birkenfeld 39
ℹ Trierer Str. 21, ⊠ 66709, ℰ (06876) 7 09 37, www.weiskirchen.de

Parkhotel
Kurparkstr. 4 ⊠ 66709 – ℰ (06876) 91 90 – www.parkhotel-weiskirchen.de
125 Zim – †84/132 € ††114/142 € – ½ P 26 € – 1 Suite
Rest – Menü 36/49 € – Karte 24/59 €

• Eine ideale Tagungsadresse, die auch Erholungsuchende schätzen. Zeitgemäße Zimmer sowie direkter Zugang zum Bäderzentrum "Vitalis" mit Gesundheits- und Beautyangebot. Angenehm helles Restaurant mit Wintergarten.

In Weiskirchen-Rappweiler Süd-West: 2 km

XX La Provence
Merziger Str. 25 ⊠ 66709 – ℰ (06872) 43 26 – www.le-restaurant-la-provence.de
– geschl. 7. - 14. März, Juli - August 3 Wochen und Montag
Rest *– (Dienstag - Samstag nur Abendessen)* Menü 32 € – Karte 24/50 €

• Die freundlichen Gastgeber bieten in dem sympathischen Restaurant international ausgerichtete Küche. Im Haus befindet sich auch die Brasserie Le Mistral.

WEISSENBURG in BAYERN – Bayern – 546 – 17 520 Ew – Höhe 422 m 57 K18
▶ Berlin 483 – München 131 – Nürnberg 59 – Augsburg 82
ℹ Martin-Luther-Platz 3, ⊠ 91781, ℰ (09141) 90 71 24, www.weissenburg.de

Am Ellinger Tor
Ellinger Str. 7 ⊠ 91781 – ℰ (09141) 8 64 60 – www.ellingertor.de
27 Zim – †54/69 € ††69/89 € **Rest** – Karte 23/37 €

• Das historische Fachwerkhaus mit roter Fassade liegt relativ ruhig im Zentrum. Man bietet individuelle Zimmer, teils mit freigelegtem Gebälk, sowie einen hübschen Frühstücksraum. Bürgerlich-regionale Küche im Restaurant mit Terrasse im Innenhof.

WEISSENFELS – Sachsen-Anhalt – 542 – 41 610 Ew – Höhe 100 m 41 M12
▶ Berlin 201 – Magdeburg 122 – Leipzig 42 – Halle 34
ℹ Mart 27, ⊠ 06667, ℰ (03443) 30 30 70, www.weissenfelstourist.de

Parkhotel Güldene Berge (mit Gästehaus)
Langendorfer Str. 94 ⊠ 06667 – ℰ (03443) 3 92 00
– www.gueldene-berge.de
26 Zim – †65/70 € ††85/95 € – 1 Suite **Rest** – Karte 19/33 €

• Gegen Ende des 19. Jh. wurde diese Villa mit kleiner Parkanlage erbaut. Ein gut geführtes Hotel mit wohnlichen und zeitgemäßen Zimmern. Hohe Decke und Parkettboden unterstreichen im Restaurant den historischen Charakter der Villa.

WEISSENHORN – Bayern – 546 – 13 270 Ew – Höhe 501 m 56 I20
▶ Berlin 591 – München 146 – Augsburg 67 – Memmingen 41

Zum Löwen (mit Gästehaus)
Martin-Kuen-Str. 5 ⊠ 89264 – ℰ (07309) 9 65 00 – www.der-loewen.de – geschl. über Weihnachten
22 Zim – †61/68 € ††85/88 € **Rest** *– (geschl. Sonntag)* Karte 20/54 €

• Eine lange Wirtshaustradition hat das recht ruhig in der Altstadt gelegene Haus, das von Familie Ländle persönlich geführt wird. Im Gästehaus sind die Zimmer besonders geräumig. Im traditionellen Gasthof mit hübsch geschwungenem Giebel bietet man Regionales.

WEISSENSBERG – Bayern – siehe Lindau im Bodensee

WEISSENSTADT – Bayern – **546** – 3 380 Ew – Höhe 630 m   51 M15
– Wintersport: ⛷ – Erholungsort
▶ Berlin 349 – München 265 – Hof 28 – Bayreuth 36
🛈 Kirchplatz 5, ✉ 95163, ℰ (09253) 9 50 30, www.weissenstadt.de

XX Gasthaus Egertal
Wunsiedler Str. 49 ✉ 95163 – ℰ (09253) 2 37 – www.gasthaus-egertal.de
– geschl. 4. - 28. Januar, 13. - 21. Juli und Dienstag
Rest – *(Montag - Samstag nur Abendessen)* (Tischbestellung ratsam) Menü 32/79 €
– Karte 39/62 €
Rest *Prinz-Rupprecht Stube* – siehe Restaurantauswahl
• Das freundlich-elegante Restaurant in dem hübsch sanierten alten Gasthaus wird familiär geführt und bietet klassische Küche mit Menüs und eine gute Weinkarte.

X Prinz-Rupprecht Stube – Restaurant Gasthaus Egertal
Wunsiedler Str. 49 ✉ 95163 – ℰ (09253) 2 37 – www.gasthaus-egertal.de
– geschl. 4. - 28. Januar, 13. - 21. Juli und Dienstag
Rest – *(Montag - Samstag nur Abendessen)* Karte 25/38 €
• Freigelegtes böhmisches Kreuzgewölbe, Bilder von König Ludwig an den Wänden, blanke Tische, gutes Essen und die eine oder andere zünftige Gästerunde - das steht für bayerische Wirtshausatmosphäre. Probieren: Pfefferpfännchen von Filetspitzen!

WEISWEIL – Baden-Württemberg – **545** – 2 120 Ew – Höhe 172 m   61 D20
▶ Berlin 783 – Stuttgart 181 – Freiburg im Breisgau 36 – Offenburg 39

X Landgasthof Baumgärtner
Sternenstr. 2 ✉ 79367 – ℰ (07646) 3 47 – www.baumgaertner-weisweil.de – geschl. Montag
Rest – *(Dienstag - Samstag nur Abendessen)* Menü 24/57 € – Karte 25/54 €
• Schon viele Jahre leitet das Inhaberehepaar diesen soliden Gasthof. In einer Stube mit ländlichem Charakter serviert man den Gästen regionale und internationale Speisen.

WEITNAU – Bayern – **546** – 5 150 Ew – Höhe 797 m   64 I21
▶ Berlin 724 – München 154 – Augsburg 131 – Kempten 24
⛳ Golfclub Hellengerst, Helinger Str. 5, ℰ (08378) 92 00 14

In Weitnau-Hellengerst Nord-Ost: 10 km über B 12

🏠 Hanusel Hof
Helinger Str. 5 ✉ 87480 – ℰ (08378) 9 20 00 – www.hanusel-hof.de
24 Zim – †87/183 € ††124/262 €   **Rest** – Karte 29/48 €
• In diesem Familienbetrieb auf einem ehemaligen Gehöft von 1714 wird Golf groß geschrieben. Die Zimmer sind behaglich und zeitgemäß-alpenländisch. Im Winter Loipen vor dem Haus. Freundliche Restauranträume und Terrasse zum Golfplatz.

WEMDING – Bayern – **546** – 5 610 Ew – Höhe 463 m – Erholungsort   57 K18
▶ Berlin 511 – München 128 – Augsburg 70 – Nördlingen 18
🛈 Mangoldstr. 5, ✉ 86650, ℰ (09092) 96 90 35, www.wemding.de

🏠 Weißer Hahn
Wallfahrtstr. 19 ✉ 86650 – ℰ (09092) 9 68 00 – www.weisser-hahn.de
27 Zim – †56/70 € ††78/82 € – ½ P 1 € – 1 Suite
Rest – *(geschl. 2. - 14. April und Donnerstag, im Winter: Donnerstag, Samstag) (nur Abendessen)* Karte 23/52 €
• Von 1464 stammt das Haus mit dem aufwändig gestalteten Treppengiebel. Man hat gepflegte und funktionale Zimmer, ein Restaurant mit gutbürgerlicher Küche, die auch im Biergarten hinter dem Gasthof serviert wird, sowie Gastboxen auf dem eigenen Reiterhof!

WENDELSTEIN – Bayern – **546** – 15 800 Ew – Höhe 330 m   50 K17
▶ Berlin 439 – München 157 – Nürnberg 15 – Ingolstadt 84

Siehe Nürnberg (Umgebungsplan)

WENDELSTEIN

Zum Wenden
Hauptstr. 32 ⊠ *90530* – ⌀ *(09129) 9 01 30* – *www.hotel-zum-wenden.de* CTc
17 Zim ⊋ – †54/60 € ††79/98 € **Rest** – *(geschl. Montagmittag)* Karte 22/41 €
♦ Ein sympathischer Gasthof, dessen Tradition bis ins Jahr 1745 zurückreicht. Die Zimmer sind rustikal gehalten (teilweise mit Fachwerk) oder hell und modern eingerichtet. Eine Holzdecke und alte Balken schaffen im Restaurant eine gemütliche Atmosphäre.

WENDEN – Nordrhein-Westfalen – 543 – 19 960 Ew – Höhe 360 m 37 E12
▶ Berlin 565 – Düsseldorf 109 – Siegen 21 – Köln 72
🏌 Wenden-Ottfingen, Am Golfplatz, ⌀ *(02762) 9 76 20*

An der Straße nach Hünsborn Süd: 2 km

Landhaus Berghof
Berghof 1 ⊠ *57482* – ⌀ *(02762) 50 88* – *www.landhaus-berghof.de*
15 Zim ⊋ – †59/68 € ††95/105 €
Rest – *(geschl. Montag)* Menü 18/21 € – Karte 16/37 €
♦ Ein sehr nettes und persönlich geführtes Landhotel, das direkt am Waldrand liegt und für seine Gäste geschmackvolle, wohnliche Zimmer mit schönen modernen Bädern und teilweise mit Parkett bereithält. Das Restaurant bietet eine reizvoll zum Wald hin gelegene Terrasse.

WERBEN – Brandenburg – siehe Burg (Spreewald)

WERDAU – Sachsen – 544 – 22 880 Ew – Höhe 276 m 42 N13
▶ Berlin 263 – Dresden 123 – Gera 41 – Zwickau 9
🛈 Markt 10, ⊠ 08412, ⌀ *(03761) 59 43 10, www.werdau.de*

Friesen
Zwickauer Str. 58 (B 175) ⊠ *08412* – ⌀ *(03761) 8 80 00* – *www.hotel-friesen.de*
20 Zim ⊋ – †42/55 € ††65/73 € **Rest** – Karte 13/28 €
♦ Das schon seit über 20 Jahren familiengeführte kleine Hotel am Ortsanfang ist eine zeitgemäße, funktionelle und gepflegte Adresse. Viel Holz bestimmt das Ambiente im bürgerlichen Restaurant.

In Werdau-Steinpleis Süd-Ost: 2,5 km

In der Mühle
Mühlweg 1 ⊠ *08412* – ⌀ *(03761) 18 88 80* – *www.hotel-indermuehle.de*
21 Zim ⊋ – †40/49 € ††59/68 €
Rest – *(geschl. Freitag) (Montag - Samstag nur Abendessen)* Karte 14/26 €
♦ Der Familienbetrieb liegt ruhig neben einer Wassermühle, beschattet von 100-jährigen Eichen. Sie schlafen in ländlich eingerichteten Zimmern und speisen im rustikalen Restaurant unter historischen Deckenbalken. Kinder wird's freuen: Der Garten ist groß genug für einen Spielplatz!

WERDER (HAVEL) – Brandenburg – 542 – 23 010 Ew – Höhe 31 m 22 O8
▶ Berlin 53 – Potsdam 11 – Brandenburg an der Havel 29 – Oranienburg 64

In Werder-Petzow Süd-Ost: 4 km

Resort Schwielowsee - Hotel Seaside Garden
Am Schwielowsee 117
(Nord-Ost: 1,5 km) ⊠ *14542* – ⌀ *(03327) 5 69 60* – *www.resort-schwielowsee.de* – geschl. 2. - 16. Januar
156 Zim – †79/248 € ††99/348 €, ⊋ 19 € – 4 Suiten
Rest – Menü 29/39 € – Karte 32/64 €
Rest Ernest – ⌀ *(03327) 73 27 08 (geschl. Januar - März und Montag) (außer Saison nur Abendessen)* Karte 30/61 €
♦ Weitläufige Hotelanlage am See mit eleganten Zimmern und Suiten, Pfahlhäusern sowie Apartments im "Key West Village" (z. T. mit eigener Sauna). Strandbad und Bootssteg. Restaurant mit internationaler Karte. Ernest in einem Pavillon am Wasser mit Fischgerichten aus der Showküche.

WERDOHL – Nordrhein-Westfalen – **543** – 19 010 Ew – Höhe 210 m **27** D11
▶ Berlin 534 – Düsseldorf 91 – Arnsberg 43 – Hagen 36

In Werdohl-Kleinhammer

※※ **Thuns Dorfkrug** mit Zim
Brauck 7 ✉ 58791 – ℰ (02392) 9 79 80 – www.thuns.info – geschl. Samstagmittag, Sonntag
17 Zim – †49/63 € ††91 € **Rest** – Menü 41/50 € – Karte 33/50 €
♦ Gepflegte Tischkultur, engagierter Service und gute Küche, die einen schmackhaften Mix aus Regionalem und Internationalem bietet. Zeitgenössische Bilder und Parkettboden sind hübsche Details in dem modern und schlicht-elegant gestalteten Restaurant. Gästezimmer in geradlinigem neuzeitlichem Stil.

WERLTE – Niedersachsen – **541** – 9 400 Ew – Höhe 33 m **16** E7
▶ Berlin 487 – Hannover 220 – Oldenburg 74 – Assen 138

🏨 **Afrikan Sky**
Harrenstätter Str. 64 ✉ 49757 – ℰ (05951) 98 77 60 – www.africanskyhotel.de
40 Zim – †63/69 € ††83/89 € – 1 Suite
Rest *Simola* – siehe Restaurantauswahl
♦ Allerlei Accessoires in Hotel und Restaurant lassen südafrikanischen Logde-Stil erkennen. Kein Wunder: Der Eigentümer lebt seit Jahren in Südafrika und betreibt dort weitere Hotels dieser Art!

※※ **Simola** – Hotel Afrikan Sky
Harrenstätter Str. 64 ✉ 49757 – ℰ (05951) 98 77 60 – www.africanskyhotel.de – geschl. Anfang Januar 2 Wochen und Montag
Rest – (nur Abendessen) Karte 25/49 €
♦ Der Bezug zu Südafrika ist angenehm unaufdringlich, aber doch präsent - zum einen in diversen Dekorationsgegenständen, zum anderen natürlich im internationalen Speiseangebot.

WERMELSKIRCHEN – Nordrhein-Westfalen – **543** – 35 620 Ew **36** C12
– Höhe 310 m
▶ Berlin 541 – Düsseldorf 50 – Köln 34 – Lüdenscheid 38
🅙₈ Hückeswagen, Stoote 1, ℰ (02192) 85 47 20

🏨 **Zum Schwanen**
Schwanen 1 ✉ 42929 – ℰ (02196) 71 10 – www.zumschwanen.com
35 Zim – †75/105 € ††105/136 €, ⛯ 16 €
Rest – (geschl. Ende Juli - Mitte August 3 Wochen) Menü 34 € – Karte 32/46 €
♦ Ein gut geführter Familienbetrieb in zentraler Lage an der Durchgangsstraße. Die Zimmer im Stammhaus sind neuzeitlich-funktional eingerichtet, die im Anbau klassisch-elegant. Das Speisenangebot im gemütlichen Restaurant ist international ausgelegt.

※※※ **Clara von Krüger im Spatzenhof** (Philipp Wolter) mit Zim
❀ Süppelbach 11 (Süd-Ost: 2,5 km in Richtung
Kürten) ✉ 42929 – ℰ (02196) 9 75 90 – www.landhaus-spatzenhof.de
– geschl. 1. - 10. Januar, 8. - 20. Oktober und Sonntagabend - Mittwoch
6 Zim – †149/189 € ††198/220 €
Rest *Landhaus* – siehe Restaurantauswahl
Rest – (Donnerstag - Samstag nur Abendessen) Menü 88/120 €
Spez. Blutwurst mit Gänsestopfleber und Cox Orange. Rücken, Bäckchen und Zunge vom Eifler Lamm mit Rübliküchen und in Duka konfierte Urkarotte. Holunderblütenmousse mit Rhabarber und Verveine.
♦ Den Namen seiner Gründerin hat das Kinderheim von 1913 bewahrt, die Nutzung ist heute eine völlig andere: Gourmets genießen bei eleganter Tischkultur die feine klassische Küche von Philipp Wolter. Ein bisschen lebt die Geschichte des Spatzenhofes in den individuellen Gästezimmern weiter, die berühmten Waisen wie Marilyn Monroe oder Coco Chanel gewidmet sind.

WERMELSKIRCHEN

Landhaus – Restaurant Clara von Krüger im Spatzenhof
Süppelbach 11 (Süd-Ost: 2,5 km in Richtung Kürten) ⌧ 42929
– ℘ (02196) 9 75 90 – www.landhaus-spatzenhof.de
– geschl. 1. - 10. Januar, 8. - 20. Oktober und Montag - Dienstag
Rest – Menü 25 € (mittags)/56 € – Karte 34/54 €
♦ Der Ursprung des Hauses ist auch hier zu spüren, die Räume sind nach verschiedenen Themen gestaltet: Büßerecke, Schlafsaal, Speisekammer und Besenkammer. Ein wirklich schönes Fleckchen ist die Terrasse vor dem Haus. Interessant: die regionalen und internationalen Gerichte.

WERMSDORF – Sachsen – 544 – 5 620 Ew – Höhe 170 m 32 O11
▶ Berlin 226 – Dresden 80 – Leipzig 49 – Oschatz 13

Seehof Döllnitzsee
Grimmaer Str. 29 ⌧ 04779 – ℘ (034364) 5 17 00
– www.hotel-doellnitzsee.de
20 Zim – †59/64 € ††79/94 € **Rest** – Karte 18/36 €
♦ Ein hübsches und tipptopp gepflegtes Hotel unter familiärer Leitung, in dem Sie wohnlich-alpenländisches Ambiente erwartet. Schön ist die Ortsrandlage am Döllnitzsee. Vom charmant-rustikalen Restaurant mit Galerie schaut man zum See.

WERNBERG-KÖBLITZ – Bayern – 546 – 5 660 Ew – Höhe 377 m 51 N16
▶ Berlin 425 – München 193 – Weiden in der Oberpfalz 20 – Nürnberg 95
Luhe-Wildenau, Klaus-Conrad-Allee 1, ℘ (09607) 9 20 20

Burg Wernberg
Schlossberg 10 ⌧ 92533 – ℘ (09604) 93 90 – www.burg-wernberg.de
27 Zim – †112/146 € ††159/193 €, ⌨ 18 € – 4 Suiten
Rest *Kastell* ✿✿ **Rest** *Konrads* – siehe Restaurantauswahl
♦ Einen romantischen Rahmen bietet die 1280 erstmals urkundlich erwähnte Burg. Die Zimmer sind individuell, wertig und ausgesprochen wohnlich. Daneben hat man eine schicke Burglounge, einen urig-gemütlichen Saunabereich und ein modernes Seminarhaus. Gewölbe-Burgkeller.

Landgasthof Burkhard
Marktplatz 10 ⌧ 92533 – ℘ (09604) 9 21 80 – www.hotel-burkhard.de
34 Zim ⌨ – †64/84 € ††108/118 €
Rest *Kaminstube* – siehe Restaurantauswahl
Rest – (geschl. Januar und Donnerstagabend, Samstagmittag, Sonntagabend)
Menü 29 € – Karte 16/49 €
♦ In dem Familienbetrieb der Burkhards (seit 1854) ist bereits die nächste Generation mit Engagement im Einsatz. Einige Zimmer in dem gepflegten Gasthof im Ortskern sind neuzeitlicher. Bürgerliche Karte in der rustikalen Wirtsstube.

Kastell – Hotel Burg Wernberg ✿✿
Schlossberg 10 ⌧ 92533 – ℘ (09604) 93 90 – www.burg-wernberg.de
– geschl. 2. - 18. Januar und Montag - Dienstag, außer an Feiertagen
Rest – (Mittwoch - Samstag nur Abendessen) (Tischbestellung erforderlich)
Menü 98/128 €
Spez. Kaisergranat mit Kaninchenbeuscherl, Fèves und Perlzwiebeln. Gegrillter Lammrücken mit Zitrusaromen und grünem Spargel. Whisky Sour mit flüssiger Schokolade und Malz-Sauerkirsch-Törtchen.
♦ Die klare Eleganz, die das Restaurant mit seinem weißen Spitzbogen-Gewölben und der feinen Tischkultur ausstrahlt, findet sich auch in der Präsentation der kreativen und harmonisch abgestimmten Speisen von Küchenchef Thomas Kellermann.

Konrads – Hotel Burg Wernberg
Schlossberg 10 ⌧ 92533 – ℘ (09604) 93 90 – www.burg-wernberg.de
Rest – Menü 35/42 € – Karte 34/47 €
♦ Benannt nach dem ersten Besitzer, Konrad der Paulsdorfer, sitzen Sie im ehemaligen Zwinger der Burg in einem Wintergarten mit Blick auf den Burggraben. Stühle im "Used-Look" bringen Chic!

WERNBERG-KÖBLITZ

XX **Kaminstube** – Hotel Landgasthof Burkhard
Marktplatz 10 ⊠ *92533* – ℰ *(09604) 9 21 80* – *www.hotel-burkhard.de* – *geschl. Januar und Donnerstagabend, Samstagmittag, Sonntagabend*
Rest – Menü 59 € – Karte 26/51 €
♦ Zirbelholzvertäfelung, Karo- bzw. florale Stoffe in Rosa-Grün, ein wärmender Ofen und allerlei Zierrat sind Attribute, die für ländliche Heimeligkeit sprechen. Gerne offeriert man Ihnen auch ein Menü.

WERNE – Nordrhein-Westfalen – **543** – 30 000 Ew – Höhe 60 m   **26** D10
▶ Berlin 483 – Düsseldorf 104 – Dortmund 25 – Hamm in Westfalen 15
🛈 Markt 19, ⊠ 59368, ℰ (02389) 53 40 80, www.stadtmarketing-werne.de
🛈 Werne-Schmintrup, Kerstingweg 10, ℰ (02389) 53 90 60

Hotel am Kloster
Kurt-Schumacher-Str. 9 ⊠ *59368* – ℰ *(02389) 52 61 40* – *www.hotel-am-kloster.de*
54 Zim – †63/75 € ††71/83 €, ⊇ 12 €   **Rest** – Karte 25/51 €
♦ Das Hotel gegenüber dem Kapuzinerkloster bietet modern, funktionell und technisch gut ausgestattete Zimmer und einen architektonisch interessanten Frühstücksraum. Restaurant im Bistrostil mit zeitgemäßem internationalem Angebot.

Sim-Jú
Stockumer Str. 8 ⊠ *59368* – ℰ *(02389) 95 39 30* – *www.sim-ju.de*
18 Zim – †69/89 € ††89/109 €, ⊇ 10 € – 2 Suiten
Rest *Lippekuss* – siehe Restaurantauswahl
♦ Das Haus steht auf dem historischen Grund des Simon-Juda-Marktes. Die Gäste schlafen in charmanten, individuellen Zimmern, schmökern in der hübschen Bibliothek und genießen das gute Frühstück sowie aufmerksamen Service.

Ickhorn (mit Gästehaus)
Markt 1 ⊠ *59368* – ℰ *(02389) 9 87 70* – *www.hotel-ickhorn.de*
20 Zim ⊇ – †58/68 € ††78/88 €   **Rest** – *(geschl. Samstag)* Karte 21/35 €
♦ Mitten in der Fußgängerzone von Werne liegt das Haus mit der ansprechenden historischen Fassade. Ein langjähriger Familienbetrieb mit unterschiedlichen, praktisch ausgestatteten Zimmern. Bürgerlich ist das Speisenangebot im gepflegten Restaurant.

XX **Lippekuss** – Hotel Sim-Jú
Stockumer Str. 8 ⊠ *59368* – ℰ *(02389) 95 39 30* – *www.sim-ju.de*
Rest – Menü 25 € (mittags)/50 € – Karte 38/56 €
♦ Freigelegte Balken, zarte Pastelltöne und leichte Korbsessel schaffen hier ein stimmiges Ambiente zur überwiegend internationalen Karte. Etwas günstigere Gerichte gibt es im Bistro, dazu der gemütliche, von schmucken Hauswänden eingerahmte Bier- und Kräutergarten.

WERNECK – Bayern – **546** – 10 460 Ew – Höhe 222 m   **49** I15
▶ Berlin 468 – München 295 – Würzburg 27 – Schweinfurt 13

Krone-Post
Balthasar-Neumann-Str. 1 ⊠ *97440* – ℰ *(09722) 50 90*
– *www.kronepost.de*
39 Zim ⊇ – †58/98 € ††79/120 €
Rest – *(geschl. Sonntagabend und an Feiertagen abends)* Karte 19/33 €
♦ Gasthaus mit Familientradition seit 1850. Komfortabel sind die hellen, modernen Business-Plus-Zimmer, die hübschen Jacobuszimmer vereinen Schlichtheit mit zeitgemäßer Technik. In den Gaststuben bietet man regional-internationale Küche.

WERNIGERODE – Sachsen-Anhalt – **542** – 34 680 Ew – Höhe 240 m   **30** K10
– Erholungsort
▶ Berlin 229 – Magdeburg 78 – Braunschweig 88 – Erfurt 145
🛈 Marktplatz 10, ⊠ 38855, ℰ (03943) 5 53 78 35, www.wernigerode-tourismus.de
◉ Rathaus ★★
◉ Rübeland (Hermannshöhle ★), Süd-Ost: 14 km

1301

WERNIGERODE

Travel Charme Gothisches Haus
Marktplatz 2 ⊠ 38855 - ℰ (03943) 67 50
- www.travelcharme.com/gothisches-haus
116 Zim ⊃ - †89/179 € ††122/318 € - ½ P 28 €
Rest *Bohlenstube* – siehe Restaurantauswahl
Rest – Menü 28/45 € – Karte 35/48 €
♦ In dem schönen Fachwerkhaus wird man gleich herzlich begrüßt und aufs Zimmer geführt, nicht weniger zuvorkommend ist der Service beim guten Frühstück. Weitere Annehmlichkeiten: Kopfkissenmenü, Sky-TV gratis, Spa-Vielfalt und die Altstadt direkt vor der Tür. Drei Restauranträume: Hexenstube, Ritterstube und Bohlenstube.

Weißer Hirsch
Marktplatz 5 ⊠ 38855 - ℰ (03943) 26 71 10 – www.hotel-weisser-hirsch.de
51 Zim ⊃ - †79/95 € ††112/169 € - ½ P 22 € - 2 Suiten
Rest – Menü 25/50 € – Karte 22/42 €
♦ Seit 1717 existiert das familiengeführte Hotel, umgeben von schönen alten Fachwerkfassaden. Besonders hochwertig und geräumig: Komfortzimmer und Suiten (zwei mit Whirlwanne). Internationales Angebot im Restaurant. Von der Terrasse blickt man aufs Rathaus.

Am Anger garni
Breite Str. 92 ⊠ 38855 - ℰ (03943) 9 23 20 – www.hotel-am-anger.de
40 Zim ⊃ - †55/65 € ††90/100 €
♦ Hier spürt man noch die ländliche Behaglichkeit des einstigen kleinen Gehöfts. Im Sommer schaut man beim Frühstücken auf der Balkonterrasse zum schönen Garten. Einige Zimmer mit Schlossblick. Das Louisen-Café lockt mit einem guten Kuchenangebot.

Johannishof garni
Pfarrstr. 25 ⊠ 38855 - ℰ (03943) 9 49 40 – www.hotel-johannishof.de
25 Zim ⊃ - †53/58 € ††80/88 €
♦ Das ehemalige Gutshaus ist heute ein wohnlich eingerichtetes Hotel unter freundlich-familiärer Leitung. Eines der Zimmer verfügt über eine schöne Dachterrasse. Liebenswert-rustikal ist der Frühstücksraum.

Altora
Bahnhofstr. 24 ⊠ 38855 - ℰ (03943) 40 99 51 00
- www.hotel-wernigerode-altora.de
31 Zim ⊃ - †49/69 € ††65/99 € - ½ P 16 €
Rest – (nur Abendessen) Karte 15/29 €
♦ In dem Haus gegenüber dem Gelände der Harzer Schmalspurbahn steht das Thema Eisenbahn im Mittelpunkt. Die Zimmer sind modern, einige mit Balkon auf der ruhigeren Rückseite. Im Restaurant werden die Getränke teilweise mit einer Modelleisenbahn zum Tisch gefahren.

Bohlenstube – Hotel Travel Charme Gothisches Haus
Marktplatz 2 ⊠ 38855 - ℰ (03943) 6 75 09 – www.travelcharme.com/gothisches-haus
- geschl. Januar, Juli - August und Sonntag - Dienstag
Rest – (nur Abendessen) (Tischbestellung ratsam) Menü 56/95 € – Karte 55/80 €
♦ Die kleine Bohlenstube zum historischen Marktplatz stammt a. d. 15. Jh.; alte Holzbohlen geben dem eleganten Raum einem rustikalen Touch. Geschultes Serviceteam.

WERSHOFEN – Rheinland-Pfalz – 543 – 890 Ew – Höhe 460 m   35 B13
▶ Berlin 648 – Mainz 176 – Aachen 97 – Adenau 19

Kastenholz
Hauptstr. 1 ⊠ 53520 - ℰ (02694) 3 81 – www.kastenholz-eifel.de – geschl. 23.
- 25. Dezember
49 Zim ⊃ - †83/128 € ††130/210 €   **Rest** – Karte 30/43 €
♦ Eine sehr gepflegte Hotelanlage unter engagierter familiärer Leitung, zu der auch ein Gesundheitsbereich mit "F.-X.-Mayr-Kur" gehört. Wohnliche Zimmer mit Balkon und Blick zum eigenen Wildpark. Behaglich-rustikales Restaurant mit Kaminzimmer und Kachelofenzimmer.

WERTACH – Bayern – 546 – 2 430 Ew – Höhe 915 m   64 J21
▶ Berlin 722 – München 150 – Augsburg 125 – Bregenz 90

✕ Pferdeturm
*Starzlach-Auen 2 ⊠ 87497 – ℰ (08365) 70 39 66 – www.restaurant-pferdeturm-allgaeu.de
– geschl. Dienstag*
Rest – Menü 22 € – Karte 21/34 €
◆ Ein freundliches Restaurant in warmen Tönen, das an eine Reithalle grenzt. "Pferdeboxen" dienen als nette Nischen. Man bietet internationale Küche mit regionalem Einfluss.

WERTHEIM – Baden-Württemberg – 545 – 23 750 Ew – Höhe 145 m   48 H16
▶ Berlin 537 – Stuttgart 143 – Würzburg 38 – Aschaffenburg 47
ℹ Gerbergasse 16, ⊠ 97877, ℰ (09342) 93 50 90, www.tourist-wertheim.de

In Wertheim-Bestenheid Nord-West: 3 km

🏨 Bestenheider Stuben
*Breslauer Str. 1 ⊠ 97877 – ℰ (09342) 9 65 40
– www.bestenheider-stuben.de*
20 Zim ⊇ – †63/75 € ††88/90 €
Rest *Bestenheider Stuben* – siehe Restaurantauswahl
◆ Freundlich, zeitgemäß und funktionell sind die Zimmer in dem familiär geleiteten kleinen Hotel an der Hauptstraße eingerichtet. Das Shopping-Paradies Wertheim-Village ist nur 14 km entfernt!

✕✕ Bestenheider Stuben – Hotel Bestenheider Stuben
*Breslauer Str. 1 ⊠ 97877 – ℰ (09342) 9 65 40
– www.bestenheider-stuben.de*
Rest – Menü 36/55 € – Karte 34/56 €
◆ Durch das viele Holz recht gemütlich - so präsentiert sich das neuzeitlich eingerichtete Restaurant. Die blaue Wischtechnik an der Decke wirkt wie ein Himmelszelt. Die Küche liefert Leckeres aus der Region wie z. B. Ragout vom heimischen Wild.

In Wertheim-Reicholzheim Süd-Ost: 7 km - Erholungsort

🏨 Martha
Am Felder 11 ⊠ 97877 – ℰ (09342) 78 96 – www.hotel-restaurant-martha.de – geschl. Februar - März 2 Wochen
9 Zim ⊇ – †40/55 € ††72/90 €   **Rest** – Karte 19/31 €
◆ Die ruhige sonnige Hanglage sowie die solide und praktisch ausgestatteten Gästezimmer - teils mit Balkon - machen das familiengeführte kleine Hotel aus. Ländliches Restaurant mit wechselnder Bilderausstellung.

In Kreuzwertheim - auf der rechten Mainseite

🏨 Herrnwiesen garni
*In den Herrnwiesen 4 ⊠ 97892 – ℰ (09342) 9 31 30
– www.herrnwiesen.de*
23 Zim ⊇ – †50/80 € ††70/90 €
◆ Das freundlich und engagiert geführte Haus bietet zeitgemäße Gästezimmer - einige verfügen über einen hübsch bewachsenen Balkon - sowie einen großen Garten mit Zierteich.

🏨 Lindenhof
*Lindenstr. 41 (Nord - Ost: 2 km Richtung Marktheidenfeld) ⊠ 97892 – ℰ (09342) 91 59 40
– www.weinhaus-lindenhof.de – geschl. Weihnachten*
15 Zim ⊇ – †69/98 € ††89/119 €   **Rest** – Karte 29/54 €
◆ Schon viele Jahre wird das Haus etwas außerhalb des Ortskerns von der Familie geleitet. Neben individuellen Zimmern hat das kleine Hotel eine schöne Salzgrotte. Restaurant in bürgerlich-rustikalem Stil.

WERTHER – Thüringen – siehe Nordhausen

Gute Küche zu moderatem Preis? Folgen Sie dem „Bib Gourmand" ☺. Das freundliche Michelin-Männchen „Bib" steht für ein besonders gutes Preis-Leistungs-Verhältnis!

WERTINGEN – Bayern – 546 – 8 860 Ew – Höhe 421 m

57 J19

▶ Berlin 538 – München 90 – Augsburg 34 – Donauwörth 24

🏠 Hirsch
Schulstr. 7 ⌧ 86637 – ℰ (08272) 80 50 – www.hotel-zum-hirsch.de
– geschl. Weihnachten - 5. Januar
28 Zim ⌸ – †49 € ††81 €   **Rest** – (geschl. Freitagabend - Samstag) Karte 17/26 €
♦ Der um einen Hotelanbau erweiterte Gasthof im Ortskern ist seit 1856 im Familienbesitz und verfügt über eher schlichte, aber gut gepflegte Zimmer. Ländliche Gasträume und zwei gemütliche Stüberln bilden das Restaurant, in dem man bodenständig und regional isst.

✗ Schmankerlstube
Zusmarshauser Str. 1 ⌧ 86637 – ℰ (08272) 33 44 – www.schmankerlstube.de – geschl. Sonntagabend - Montag
Rest – (Dienstag - Samstag nur Abendessen) Menü 36 € – Karte 29/45 €
♦ Hier ist es gemütlich, die Gastgeber sind sympathisch (die Webers sind inzwischen seit rund 30 Jahren im Haus) und das Preis-Leistungs-Verhältnis stimmt! Im Sommer lockt die Dachterrasse.

WESEL – Nordrhein-Westfalen – 543 – 60 960 Ew – Höhe 27 m

25 B10

▶ Berlin 557 – Düsseldorf 64 – Bocholt 24 – Duisburg 31
ADAC Schermbecker Landstr. 41
🛈 Großer Markt 11, ⌧ 46483, ℰ (0281) 2 44 98, www.weselmarketing.de

🏢 Welcome Hotel Wesel
Rheinpromenade 10 ⌧ 46487 – ℰ (0281) 3 00 00 – www.welcome-hotel-wesel.de
102 Suiten ⌸ – †116/141 € ††136/161 €   **Rest** – Karte 23/40 €
♦ Die Suiten in dem vierflügeligen Hotel in ruhiger Lage am Rhein sind mit Küchenzeile und Balkon bzw. verglaster Loggia ausgestattet, teils mit Flussblick. Besonders große Master-Suiten. Das schöne helle Restaurant und die Terrasse liegen zum Rhein.

In Wesel-Flüren Nord-West: 3 km über B 8

✗✗ ART
Reeser Landstr. 188 ⌧ 46487 – ℰ (0281) 9 75 75 – www.restaurant-art.de – geschl. Dienstag, Samstagmittag
Rest – Karte 31/52 €
♦ Schmackhafte Küche mit mediterranem Touch in einem hellen, modernen Restaurant. Einer der Räume liegt hinter einer großen Glasfront, davor die Terrasse zum kleinen See. Die dekorative Kunst im Haus kann man käuflich erwerben.

In Hamminkeln-Marienthal Nord-Ost: 14 km über B 70

🏠 Haus Elmer (mit Gästehäusern)
An der Klosterkirche 12 ⌧ 46499 – ℰ (02856) 91 10 – www.haus-elmer.de
24 Zim – †85 € ††115/145 €   **Rest** – Karte 32/46 €
♦ Ein hübsches, liebenswertes Domizil in ruhiger Lage ist der ausgebaute historische Klosterhof. Hier findet jeder Gast ein Zimmer nach seinem Geschmack. Gemütliches Restaurant mit rustikal-eleganter Note und offenem Kamin.

✗ Carpe diem
Pastor-Winkelmann-Str. 5 ⌧ 46499 – ℰ (02856) 90 17 90
– www.carpe-diem-marienthal.de – geschl. Montag
Rest – (Dienstag - Freitag nur Abendessen) Menü 33 € – Karte 33/47 €
♦ Mit seiner wertigen geradlinig-modernen Einrichtung und der schmackhaften saisonalen Küche trifft das Restaurant ganz den Zeitgeist. Am Nachmittag bietet man auch hausgemachte Kuchen.

In Hamminkeln-Ringenberg Nord: 12 km über B 473, jenseits der A 3

✗ J Restaurant im Schloß Ringenberg
Schloss Str. 8 ⌧ 46499 – ℰ (02852) 50 75 40 – www.j-restaurant.de – geschl. Anfang Januar 1 Woche und Sonntagabend - Montag; 9. Juli - 21. August: Sonntagabend - Dienstag
Rest – (Dienstag - Samstag nur Abendessen) Menü 45/70 € – Karte 51/59 €
♦ Ein schönes herrschaftliches Anwesen, drum herum eine Parkanlage, hier liegt, ein bisschen versteckt, das Gewölberestaurant, dessen Karte ein Mix aus Asiatischem, Mediterranem und Modernem ist. Im Sommer zieht es die Gäste nach draußen auf die Terrasse beim Wassergraben.

WESSELING – Nordrhein-Westfalen – 543 – 35 150 Ew – Höhe 47 m 36 C12
▶ Berlin 583 – Düsseldorf 55 – Bonn 20 – Köln 12

Am Rhein garni
Auf dem Rheinberg 2 ⌂ *50389* – ℰ *(02236) 32 50*
– www.hotelamrhein.de
68 Zim ⌑ – †69/150 € ††79/160 € – 3 Suiten
◆ Eine funktionelle Adresse direkt am Rhein. Die meisten Zimmer und der helle Frühstücksraum bieten Flussblick. Praktische Lage für Besucher der Kölner Messe.

WESTERBURG – Rheinland-Pfalz – 543 – 5 550 Ew – Höhe 343 m 37 E13
▶ Berlin 561 – Mainz 88 – Koblenz 54 – Siegen 43
🛈 Neumarkt 1, ⌂ 56457, ℰ (02663) 29 14 90, www.westerburgerland.de
🏌 Westerburg, Am Wiesensee, ℰ (02663) 99 11 92

In Westerburg-Stahlhofen Nord-Ost: 4,5 km Richtung Wiesensee

Lindner Hotel und Sporting Club Wiesensee
Am Wiesensee
⌂ *56457 Westerburg* – ℰ *(02663) 9 91 00* – www.lindner.de
103 Zim ⌑ – †109/199 € ††149/239 € – 8 Suiten
Rest – (nur Abendessen) Menü 48 € – Karte 33/44 €
◆ Ein Tagungs- und Wellnesshotel in herrlich ruhiger Lage. Die Zimmer liegen zum See oder zum Golfplatz, auch Themensuiten sind vorhanden. Umfassendes Beauty-Angebot. Der Wintergarten des Restaurants und die Terrasse bieten Seeblick.

WESTERHEIM (KREIS UNTERALLGÄU) – Bayern – 546 – 2 120 Ew 64 J20
– Höhe 602 m
▶ Berlin 678 – München 107 – Augsburg 82 – Kempten 55

In Westerheim-Günz Nord: 2 km

Brauereigasthof Laupheimer
Dorfstr. 19 ⌂ *87784* – ℰ *(08336) 76 63* – www.laupheimer.de – geschl. 1. - 14. Januar
9 Zim ⌑ – †55 € ††88 € **Rest** – Karte 19/37 €
◆ Der Brauereigasthof mit langer Familientradition ist ein sehr gepflegtes Haus, das mit freundlichen und wohnlichen Zimmern überzeugt. Ländlich-gemütlich ist die Atmosphäre in den Restauranträumen. Zudem hat man einen netten Biergarten.

WESTERSTEDE – Niedersachsen – 541 – 21 950 Ew – Höhe 8 m – Erholungsort 8 E6
▶ Berlin 460 – Hannover 195 – Emden 58 – Groningen 110
🛈 Am Markt 2, ⌂ 26655, ℰ (04488) 1 94 33, www.westerstede.de

Voss
Bahnhofstr. 17 ⌂ *26655* – ℰ *(04488) 51 90* – www.voss-hotels.de
73 Zim ⌑ – †69/100 € ††110/152 € – ½ P 24 € – 2 Suiten
Rest *Vossini* – ℰ (04488) 51 91 35 – Karte 22/48 €
◆ Das neuzeitliche Hotel im Zentrum der Rhododendronstadt bietet wohnliche Zimmer verschiedener Kategorien, einen schönen hellen Badebereich und gute Tagungsmöglichkeiten. Sonnige Farben verleihen dem Restaurant ein wenig südliches Flair. Besonders nett sitzt man im Sommer draußen unter der roten Markise und beobachtet das Treiben auf dem Marktplatz.

Altes Stadthaus (mit Gästehaus)
Albert-Post-Platz 21 ⌂ *26655* – ℰ *(04488) 8 47 10* – www.hotelaltesstadthaus.de
17 Zim ⌑ – †52/60 € ††80/90 € – ½ P 16 €
Rest – (geschl. Januar - März: Montagmittag, Samstagmittag) Karte 20/49 €
◆ Das sanierte alte Stadthaus mit Neubau ist ein engagiert geführtes Hotel in der Innenstadt. Die Zimmer sind individuell, teils sehr schön im Landhausstil ausgestattet. Ein Bistro in warmen Rottönen ergänzt das Restaurant. Die Karte bietet auch Steakgerichte.

WETZLAR – Hessen – **543** – 51 500 Ew – Höhe 168 m   **37** F13
▶ Berlin 510 – Wiesbaden 96 – Frankfurt am Main 68 – Limburg an der Lahn 42
🛈 Domplatz 8 Z, ✉ 35578, ✆ (06441) 99 77 55, www.wetzlar-tourismus.de
🏌 Braunfels, Homburger Hof, ✆ (06442) 45 30

In Wetzlar-Naunheim 3 km über Überführung Y, auf der Brücke rechts

Landhotel Naunheimer Mühle
Mühle 2 ✉ *35584* – ✆ *(06441) 9 35 30* – *www.naunheimer-muehle.de*
33 Zim – †66/80 € ††98/128 € – 1 Suite   **Rest** – Menü 39 € – Karte 22/47 €
♦ Idyllisch liegt die ehemalige Mühle direkt an der Lahn, von einigen der gepflegten, im Landhausstil eingerichteten Zimmer kann man auch auf diese blicken. Restaurantbereich als Wintergarten oder rustikale Stube, ergänzt durch eine nette Terrasse.

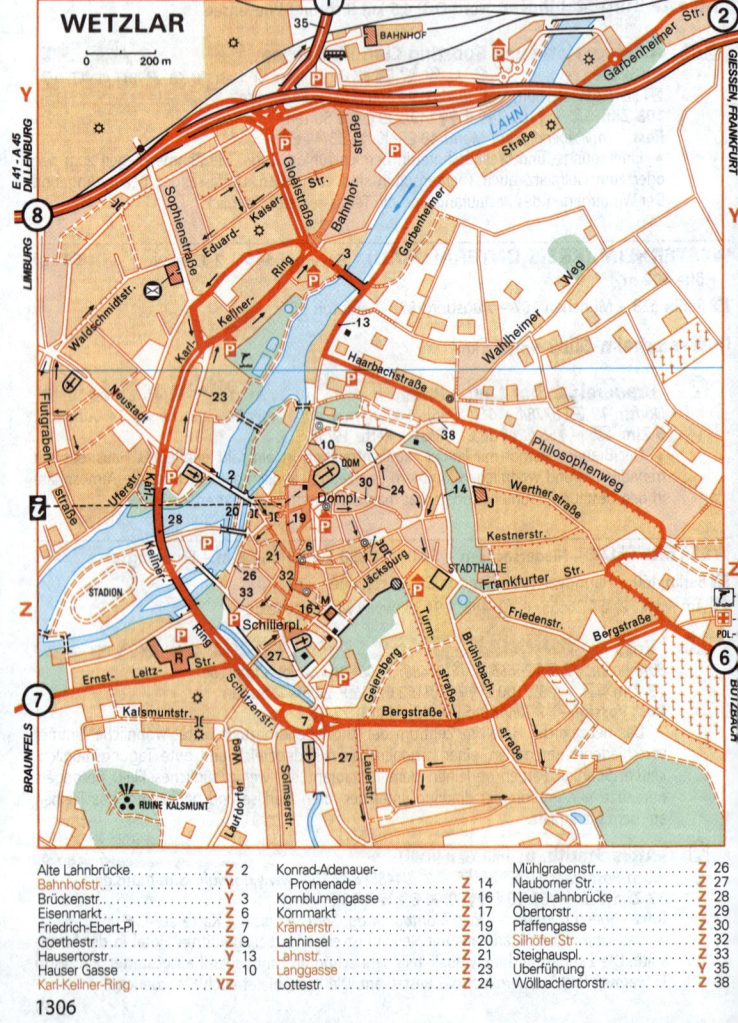

Alte Lahnbrücke . . . . **Z** 2	Konrad-Adenauer-	Mühlgrabenstr. . . . . **Z** 26
Bahnhofstr. . . . . **Y**	Promenade . . . . **Z** 14	Naunborner Str. . . . . **Z** 27
Brückenstr. . . . . **Y** 3	Kornblumengasse . . . . **Z** 16	Neue Lahnbrücke . . . . **Z** 28
Eisenmarkt . . . . **Z** 6	Kornmarkt . . . . **Z** 17	Obertorstr. . . . . **Z** 29
Friedrich-Ebert-Pl. . . . . **Z** 7	Krämerstr. . . . . **Z** 19	Pfaffengasse . . . . **Z** 30
Goethestr. . . . . **Z** 9	Lahninsel . . . . **Z** 20	Silhöfer Str. . . . . **Z** 32
Hausertorstr. . . . . **Y** 13	Lahnstr. . . . . **Z** 21	Steighauspl. . . . . **Z** 33
Hauser Gasse . . . . **Z** 10	Langgasse . . . . **Z** 23	Überführung . . . . **Y** 35
Karl-Kellner-Ring . . . . **YZ**	Lottestr. . . . . **Z** 24	Wöllbachertorstr. . . . . **Z** 38

1306

WEYARN – Bayern – 546 – 3 410 Ew – Höhe 650 m 66 M21
▶ Berlin 627 – München 38 – Garmisch-Partenkirchen 83 – Salzburg 104

Im Mangfalltal Nord-West: 2,5 km, jenseits der A 8

✗ Waldrestaurant Maxlmühle 🈴 P ⊕
Maxlmühle ⊠ 83626 Valley – ℰ (08020) 17 72 – www.maxlmuehle.de – geschl. Mitte Februar - Anfang März und Mittwoch - Donnerstag
Rest – Karte 14/32 €
♦ Am Ende der Straße steht das familiengeführte Gasthaus mit nettem Biergarten. Die Atmosphäre ist gemütlich-bayerisch, die Küche bürgerlich-regional.

WEYHAUSEN – Niedersachsen – siehe Wolfsburg

WICKEDE (RUHR) – Nordrhein-Westfalen – 543 – 12 010 Ew – Höhe 165 m 27 E11
▶ Berlin 478 – Düsseldorf 103 – Arnsberg 27 – Dortmund 38

✗✗ Haus Gerbens mit Zim 🈴 ✗ ⁽¹⁾ ⇌ P VISA ⊕ AE
Hauptstr. 211 (Nord-Ost: 2 km, an der B 63) ⊠ 58739 – ℰ (02377) 10 13 – www.haus-gerbens.de – geschl. Ende Dezember - 16. Januar und Samstagmittag, Sonntagmittag und an Feiertagen mittags
13 Zim ⊇ – †35/60 € ††65/115 € **Rest** – Menü 22 € (mittags)/89 € – Karte 37/70 €
♦ In dem Gasthaus mit 150-jähriger Tradition serviert man in modern-elegantem Ambiente gute internationale Küche - mittags nur Business Lunch, am Abend große Karte. Die Gaststube ist einfacher, nett sind Terrasse und Barbereich. Übernachten können Sie in gepflegten, individuellen Zimmern.

WIECK auf dem DARSS – Mecklenburg-Vorpommern – siehe Prerow

WIEDEN – Baden-Württemberg – 545 – 570 Ew – Höhe 835 m – Wintersport: 61 D21
1 200 m ✠3 ✠ – Erholungsort
▶ Berlin 813 – Stuttgart 246 – Freiburg im Breisgau 44 – Basel 50
🛈 Kirchstr. 2, ⊠ 79695, ℰ (07673) 3 03, www.gemeinde-wieden.de

✗ Hirschen 🈴 ⇌ P VISA ⊕
Ortsstr. 8 ⊠ 79695 – ℰ (07673) 8 88 60 – www.hirschen-wieden.de – geschl. Mitte November - Anfang Dezember und Montag
Rest – Menü 17/30 € – Karte 18/39 €
♦ Ländlich-rustikale Räume erwarten Sie in dem über 200 Jahre alten Gasthof, zudem hat man eine nette Terrasse. Geboten wird bürgerliche Küche. Einfache, gepflegte Gästezimmer.

An der Straße zum Belchen West: 4 km

🏨 Berghotel Wiedener Eck ≤ 🐎 🈴 🗆 🕉 🖃 🛠 P 🚗 VISA ⊕ ①
Oberwieden 15, (Höhe 1050 m) ⊠ 79695 Wieden – ℰ (07673) 90 90 – www.wiedener-eck.de
28 Zim ⊇ – †69/76 € ††122/182 €
Rest – *(geschl. November - April: Dienstag)* Karte 25/54 €
♦ In der 3. Generation betreibt Familie Wissler das Hotel auf einer Bergkuppe in 1050 m Höhe. Neben wohnlichen Zimmern im Landhausstil bietet man auch Massage und Kosmetik. Gemütlich sitzt man in den rustikalen Gaststuben.

WIEFELSTEDE – Niedersachsen – 541 – 15 170 Ew – Höhe 16 m – Erholungsort 8 E6
▶ Berlin 452 – Hannover 188 – Bremen 66 – Bad Zwischenahn 14
🛈 Kirchstr. 1, ⊠ 26215, ℰ (04402) 96 51 50, www.touristik-wiefelstede.de

In Wiefelstede-Metjendorf Süd-Ost: 10 km Richtung Oldenburg

🏨 Trend Hotel ✗ ⁽¹⁾ P VISA ⊕ AE ①
Jürnweg 5 ⊠ 26215 – ℰ (0441) 9 61 10 – www.trend-hotel-oldenburg.de
35 Zim ⊇ – †55/59 € ††79/89 € – ½ P 15 €
Rest – *(geschl. Freitag - Sonntag) (nur Abendessen)* Karte 13/19 €
♦ Das im Motelstil angelegte flache Gebäude beherbergt gepflegte, praktisch ausgestattete Zimmer - alle ebenerdig gelegen, mit direktem Zugang zum Parkplatz. Restaurant im Bistrostil.

WIEHL – Nordrhein-Westfalen – 543 – 25 710 Ew – Höhe 190 m 36 D12
▶ Berlin 570 – Düsseldorf 82 – Bonn 71 – Siegen 53
🛈 Bahnhofstr. 1, ✉ 51674, ✆ (02262) 9 91 95, www.wiehl.de

Zur Post
Hauptstr. 8 ✉ 51674 – ✆ (02262) 79 00 – www.hzpw.de – geschl. 19. Dezember - 9. Januar
46 Zim ⊇ – †70/113 € ††94/144 € – 1 Suite
Rest – (nur Abendessen) Karte 23/49 €
◆ In dem traditionsreichen Haus in der Ortsmitte stehen zeitgemäße, funktionelle Zimmer bereit, teilweise mit Balkon zum Bach Wiehl. Zahlreiche Sportmöglichkeiten in der Nähe. Restaurant Oscar's in modernem Stil, rustikale Atmosphäre in den Bergischen Stuben.

WIEK – Mecklenburg-Vorpommern – siehe Rügen (Insel)

WIESBACH – Rheinland-Pfalz – 543 – 530 Ew – Höhe 267 m 46 D17
▶ Berlin 698 – Mainz 115 – Neustadt an der Weinstraße 77 – Saarbrücken 50

Wiesbacher Hof
Lamachstr. 5 ✉ 66894 – ✆ (06337) 16 16 – www.wiesbacher-hof.de – geschl. Ende Juni - Mitte Juli 2 Wochen und Donnerstag
Rest – Menü 15/30 € – Karte 24/33 €
◆ Im Ortskern steht das familiengeführte Gasthaus mit bürgerlich-regionaler Küche; Freitag ist Schlachttag. Im OG ein schöner moderner Saal für Feiern, draußen lockt der Biergarten.

WIESBADEN L – Hessen – 543 – 277 500 Ew – Höhe 115 m – Heilbad 47 E15
▶ Berlin 567 – Bonn 153 – Frankfurt am Main 40 – Bad Kreuznach 49
ADAC Grabenstr. 5 BY
🛈 Marktstr. 1 BY, ✉ 65183, ✆ (0611) 1 72 99 30, www.wiesbaden.de
⛳ Wiesbaden-Delkenheim, Lange Seegewann 2, ✆ (06122) 58 86 80
⛳ Wiesbaden, Weißer Weg, (0611) 1 84 24 16
⛳ Wiesbaden, Chausseehaus 17, ✆ (0611) 46 02 38
◉ Kurhaus★ – Kurpark und Kuranlagen★ BY – Museum Wiesbaden (Jawlensky-Kollektion★)
M¹ BZ – Nerobergbahn★ AY
◉ Kloster Eberbach★★,West: 18 km

Stadtpläne siehe nächste Seiten

Nassauer Hof
Kaiser-Friedrich-Platz 3 ✉ 65183 – ✆ (0611) 13 30 – www.nassauer-hof.de
159 Zim – †184/274 € ††234/364 €, ⊇ 28 € – 12 Suiten BYv
Rest *Ente* 🟊 **Rest** *Orangerie* **Rest** *Ente-Bistro* – siehe Restaurantauswahl
◆ Das erste Haus am Platz ist dieses schöne klassische Grandhotel von 1819. Zeitgemäß, elegant und hochwertig präsentieren sich die Zimmer, ebenso der Spa mit Stadtblick.

Dorint Pallas
Auguste-Viktoria-Str. 15 ✉ 65185 – ✆ (0611) 3 30 60 – www.dorint.com/wiesbaden
297 Zim – †99/157 € ††157/257 €, ⊇ 22 € – 4 Suiten BZe
Rest – Karte 35/53 €
◆ Geradlinig und hell hat man dieses Hotel gestaltet. Die Nähe zum Bahnhof und der sehr große Tagungsbereich machen das Haus zur idealen Businessadresse. Internationale Küche im neuzeitlichen Restaurant.

Oranien
Platter Str. 2 ✉ 65193 – ✆ (0611) 1 88 20 – www.hotel-oranien.de
80 Zim – †95/135 € ††115/185 €, ⊇ 13 € – ½ P 28 € – 3 Suiten BYu
Rest – (geschl. Ende Juli 1 Woche und Sonntag) Karte 30/48 €
◆ Die zentrale Lage sowie wertig und wohnlich eingerichtete Zimmer sprechen für das gut geführte, in klassischem Stil gehaltene Hotel. Zum Haus gehört ein sehr schöner Garten. Warme Erdtöne bestimmen das Ambiente im Restaurant.

NH Aukamm
Aukamm Allee 31 (über Dierstadter Straße CY) ✉ 65191 – ✆ (0611) 57 60
– www.nh-hotels.com
130 Zim – †119/159 € ††119/159 €, ⊇ 18 € **Rest** – Karte 24/49 €
◆ Hotel in einem Hochhaus im Kurgebiet, ganz in der Nähe des Thermalbades und der Deutschen Klinik für Diagnostik. Die Zimmer sind unterschiedlich eingerichtet.

WIESBADEN

🏠 De France
Taunusstr. 49 ⊠ 65183 – ℘ (0611) 95 97 30 – www.hoteldefrance.de   BY**n**
37 Zim – †81/168 € ††108/198 €, ⊇ 8 €
Rest *M* – siehe Restaurantauswahl

• In dem schmucken historischen Stadthaus wohnt man in hübschen, unterschiedlich geschnittenen Gästezimmern, die teilweise angenehm ruhig nach hinten zum terrassenförmig angelegten Garten liegen.

🏠 Klemm garni (mit Gästehaus)
Kapelnstr. 9 ⊠ 65193 – ℘ (0611) 58 20 – www.hotel-klemm.de   BY**d**
63 Zim ⊇ – †86/110 € ††122/140 €

• Das Jugendstilhaus von 1888 steht in einer schönen historischen Häuserreihe am Altstadtrand. Ein sehr gut geführtes Hotel mit zeitgemäßen Zimmern und appetitlichem Frühstücksbuffet.

🏠 Hansa garni
Bahnhofstr. 23 ⊠ 65185 – ℘ (0611) 90 12 40 – www.hansa.bestwestern.de
81 Zim – †95/135 € ††115/155 € ⊇ 14 € – 1 Suite   BZ**h**

• Das 1898 erbaute Haus in Bahnhofsnähe beherbergt hinter seiner denkmalgeschützten weißen Fassade funktionelle Gästezimmer - fragen Sie nach den großzügigeren.

🏠 Town garni
Spiegelgasse 5 ⊠ 65183 – ℘ (0611) 36 01 60 – www.townhotel.de
24 Zim – †69/89 € ††79/99 €,   BY**a**

• Eine moderne und funktionelle Adresse unter freundlicher Führung. Besonderer Service für Hotelgäste: gebührenfreies Telefonieren ins deutsche Festnetz! Gutes Frühstücksangebot.

🏠 Drei Lilien garni
Spiegelgasse 3 ⊠ 65183 – ℘ (0611) 99 17 80 – www.dreililien.com   BY**a**
15 Zim ⊇ – †79/84 € ††99/124 €

• In dem schönen Jugendstilbau von 1905 erwarten Sie individuell eingerichtete Zimmer und ein gutes Frühstück. Günstig ist die Lage in einer Seitenstraße in der Innenstadt.

XXXX Ente – Hotel Nassauer Hof
✿
Kaiser-Friedrich-Platz 3 ⊠ 65183 – ℘ (0611) 13 36 66 – www.nassauer-hof.de – geschl. Anfang Januar 2 Wochen, Anfang Juli 2 Wochen und Sonntag - Montag   BY**v**
Rest – *(Dienstag - Freitag nur Abendessen)* (Tischbestellung ratsam) Menü 89/115 € – Karte 73/98 €

Spez. Carpaccio vom bretonischen Hummer, Ananas-Fenchelsalat, Purple-Curry. Knusprige Heide Ente aus dem Rohr, Spitzkohl, Pfifferlinge, Mispeln, Pfefferjus. Tonkabohnen-Milchreis mit Walderdbeeren, Waldmeistereis und Holunderblüte.

• Das Gourmetrestaurant in dem imposanten historischen Bau des Nassauer Hofes überzeugt mit Michael Kammermeiers zeitgemäßer Küche auf klassischer Basis, für die ausgesuchte Produkte exakt zubereitet werden.

XXX Orangerie – Hotel Nassauer Hof
Kaiser-Friedrich-Platz 3 ⊠ 65183 – ℘ (0611) 13 36 33 – www.nassauer-hof.de
Rest – Menü 48/74 € – Karte 42/61 €   BY**v**

• Ein Restaurant, das traditionsbewusste Eleganz mit moderner Weltläufigkeit verbindet. Stilvolles Mobiliar und schöne, kolorierte Stiche an den Wänden verbinden sich zu einem erlesenen Ambiente.

X Käfer's Bistro
*Kurhausplatz 1, (im Kurhaus) ⊠ 65189 – ℘ (0611) 53 62 00
– www.kurhaus-gastronomie.de*   BY**b**
Rest – Karte 36/72 €

• In dem prächtigen Kurhaus von 1907 befindet sich neben der Spielbank und der Bel Etage für Festlichkeiten auch dieses reichlich dekorierte, gemütliche Bistro.

X Ente-Bistro – Hotel Nassauer Hof
*Kaiser-Friedrich-Platz 3 ⊠ 65183 – ℘ (0611) 13 36 66 – www.nassauer-hof.de
– geschl. Anfang Januar 2 Wochen, Anfang Juli 2 Wochen und Sonntag - Montag*   BY**v**
Rest – Karte 36/52 €

• In attraktiver Nachbarschaft von Kurhaus und Staatstheater ist das typische Bistro ein kosmopolitischer Treffpunkt im Herzen der Stadt. Die Küchencrew der "Ente" bekocht Sie auch hier, und zwar international.

WIESBADEN

An den Quellen	**BY**	3
Bahnhofstr.	**BZ**	
Burgstr.	**BY**	4
Friedrichstr.	**BY**	9
Goldgasse	**BY**	5
Grabenstr.	**BY**	6
Kaiser-Friedrich-Pl.	**BY**	7
Kirchgasse	**BYZ**	
Langgasse	**BY**	8
Luisenstr.	**BYZ**	
Marktstr.	**BY**	10
Mauergasse	**BY**	12
Michelsberg	**BY**	13
Moritzstr.	**BZ**	
Mühlgasse	**BY**	15
Neugasse	**BY**	16
Prinzessin-Elisabeth-Str.	**BY**	17
Wagemannstr.	**BY**	20
Webergasse	**BY**	21
Wilhelmstr.	**BY**	

X **Maloiseau** 🈂 ℅ VISA ◉◉
Adolfsallee 17 ✉ 65185 – ℘ (0611) 7 16 88 44 – www.maloiseau-restaurant.de – geschl.
August 3 Wochen, Montag - Dienstag und Samstagmittag **BZa**
Rest – Menü 58 € – Karte 38/47 €
♦ Nett ist das helle kleine Kellerrestaurant mit einsehbarer Küche. Der Chef kocht schmackhafte zeitgemäße Speisen und auch einige französische Klassiker. Probieren Sie z. B. Bretonische Fischsuppe oder gefüllte Wachtel auf Kartoffelmousseline.

X **M – Hotel De France** 🈂 ⇔ VISA ◉◉ AE ◉
Taunusstr. 49 ✉ 65183 – ℘ (0611) 2 04 87 65 – www.mrestaurant.de – geschl. Sonntag
Rest – *(nur Abendessen)* (Tischbestellung ratsam) Menü 34/59 € **BYn**
– Karte 31/59 €
♦ Hier hat man klares modernes Ambiente in einen stilvollen Rahmen integriert. Die saisonal ausgerichteten Speisen isst man auch gerne auf der Terrasse - dank Heizung im Freien friert man auch an etwas kühleren Tagen nicht!

In Wiesbaden-Alt Klarenthal Nord-West: 5 km über Klarenthaler Straße AY

Landhaus Diedert mit Zim
Am Kloster Klarenthal 9 ⌂ 65195 – ℘ (0611) 1 84 66 00
– www.landhaus-diedert.de – geschl. Samstagmittag, Montag
13 Zim – †90 € ††120 € – 2 Suiten
Rest – Karte 35/54 €

♦ Wie in einem französischen Landhaus fühlt man sich bei Familie Diedert. Liebenswert ist der rustikal-mediterrane Charakter des Hauses, herrlich der Garten. Saisonale Küche. Charmant sind auch die gemütlichen, individuellen Gästezimmer.

Die Auswahl an Hotels und Restaurants ändert sich jährlich.
Kaufen Sie deshalb jedes Jahr den neuen MICHELIN-Führer!

WIESBADEN

In Wiesbaden-Erbenheim Süd-West: 4 km über Schiersteiner Straße AZ

Domäne Mechtildshausen
(Süd-Ost: 5km, über B 455, nahe Army Airfield) ⊠ 65205 – ℰ (0611) 7 37 46 60
– www.domaene-mechtildshausen.de
15 Zim – †75 € ††122 €
Rest *Domäne Mechtildshausen* – siehe Restaurantauswahl
Rest *Weinstube* – Karte 18/34 €
♦ Durch den offenen Bogen des imposanten Backsteintorhauses gelangen Sie auf das wunderschöne Anwesen. Das kleine Hotel des Gutshofes bietet wohnliche Zimmer. Behagliche Weinstube.

Franks
Kreuzberger Ring 36 ⊠ 65205 – ℰ (0611) 94 20 42 00 – www.franks-wiesbaden.de
– geschl. 1. - 6. Januar, Juli - August 2 Wochen und Sonntag - Montag
Rest – Menü 45 € (vegetarisch)/85 € – Karte 42/61 €
♦ Wer etwas für diese Adresse Typisches essen möchte, sollte den Artischocken-Tomaten-Brot-Salat mit Jakobsmuscheln probieren! Gerne kocht Küchenchef Stefan Pumm mit mediterranen Einflüssen. Zu finden ist das Restaurant im 2. OG des Domicil Möbelhauses.

Domäne Mechtildshausen – Hotel Domäne Mechtildshausen
(Süd-Ost: 5km, über B 455, nahe Army Airfield) ⊠ 65205
– ℰ (0611) 7 37 46 60 – www.domaene-mechtildshausen.de – geschl. 27. Dezember
- 16. Januar und Sonntagabend - Montag
Rest – Menü 39/52 € – Karte 34/50 €
♦ Einkehren und in einem der größten ökologischen Landwirtschaftsbetriebe Hessens speisen. Neben dem Restaurant befindet sich auf dem schönen Gutshof ein Bio-Markt mit Bäckerei und Metzgerei.

In Wiesbaden - Mainz-Kastel Süd-Ost: 4 km über Mainzer Straße BZ

Der halbe Mond
In der Witz 12 (Stadtplan Mainz) ⊠ 55252 – ℰ (06134) 2 39 13 – www.derhalbemond.de
– geschl. Sonntag - Montag   BVa
Rest – (nur Abendessen) (Tischbestellung ratsam) Menü 58 € – Karte 54/60 €
♦ Die freundliche persönliche Führung durch das Inhaberehepaar und eine recht intime elegante Atmosphäre sprechen für das kleine Restaurant, in dem klassisch gekocht wird.

In Wiesbaden-Nordenstadt Ost: 10 km über Berliner Straße und A 66, Ausfahrt Nordenstadt:

Courtyard by Marriott
Ostring 9 ⊠ 65205 – ℰ (06122) 80 10 – www.courtyard-wiesbaden.de
139 Zim – †99/129 € ††99/129 €, ⊇ 16 €
Rest – Karte 23/42 €
♦ Top für Business und Tagung. Hier stimmen die Verkehrsanbindung (A66) an den Frankfurter Flughafen sowie die gut ausgestatteten Zimmer, modern in Stil und Technik. Für Ihr leibliches Wohl sorgen das Restaurant mit mediterranem Angebot und "The Market" mit Snacks und Getränken zum Mitnehmen.

In Wiesbaden-Sonnenberg Nord-Ost: 4 km über Sonnenberger Straße CY

Gollner's Burg Sonnenberg
Am Schlossberg 20 ⊠ 65191 – ℰ (0611) 54 14 09 – www.gollners.de
– geschl. Dienstag
Rest – Karte 33/60 €
♦ Weine und schmackhafte Speisen des modern-eleganten Restaurants spiegeln die österreichische Heimat des Chefs wider. Dank der erhöhten Lage bei der Burg bietet die Terrasse eine schöne Sicht.

WIESENTTAL – Bayern – **546** – 2 560 Ew – Höhe 400 m – Luftkurort   50 L15
▶ Berlin 409 – München 226 – Nürnberg 58 – Bayreuth 53
🛈 Forchheimer Str. 8, ⊠ 91346, ℰ (09196) 92 99 31, www.wiesenttal.de

1312

Im Ortsteil Muggendorf

Goldner Stern (mit Gästehaus)
Marktplatz 6 ✉ *91346* – ✆ *(09196) 9 29 80* – *www.goldner-stern.de*
46 Zim – †50/85 € ††70/95 € – ½ P 18 € – 2 Suiten **Rest** – Karte 20/38 €
♦ Der regionale Gasthof mit dem gegenüberliegenden ehemaligen Rathaus als Gästehaus ist eine traditionsreiche Adresse mitten im Ort. Auf Wunsch Kosmetik und Massage buchbar. Restaurant mit ländlich-rustikalem Charakter.

Feiler mit Zim
Oberer Markt 4 ✉ *91346* – ✆ *(09196) 9 29 50* – *www.hotel-feiler.de* – geschl. Montagmittag, November - Dezember: Montag - Dienstag, Januar - März: Montag - Donnerstag
16 Zim – †55/65 € ††84/90 € – ½ P 28 € – 2 Suiten
Rest – Menü 30 € (mittags) – Karte 40/61 €
♦ Ein familiengeführtes Restaurant mit verschiedenen gemütlichen Gasträumen. Spezialität des Hauses sind Gerichte mit Kräutern und Pilzen sowie die selbst gebackenen Kuchen der Seniorchefin. Behagliche Gästezimmer, einige hübsche im grünen Nebenhaus.

WIESLOCH – Baden-Württemberg – 545 – 25 960 Ew – Höhe 123 m   47 F17
▶ Berlin 633 – Stuttgart 102 – Mannheim 40 – Heidelberg 14
🏌 Wiesloch-Baiertal, Hohenhardter Hof, ✆ (06222) 78 81 10
🏌 St.Leon-Rot, Opelstr. 30, ✆ (06227) 8 60 80

Ifen garni
Schwetzinger Str. 131 ✉ *69168* – ✆ *(06222) 5 80 90* – *www.hotel-ifen.de*
32 Zim – †83/97 € ††98/110 €
♦ Im 2. OG befindet sich diese tipptopp gepflegte Geschäftsadresse. Einige Zimmer mit Küchenzeile sind ideal für Langzeitgäste. Shuttleservice zu SAP, zudem Fahrradverleih.

Mondial
Schwetzinger Str. 123 ✉ *69168* – ✆ *(06222) 57 60* – *www.hotel-mondial.eu*
43 Zim – †79/99 € ††95/115 €, ⌑ 10 €
Rest – (geschl. Samstagmittag, Sonntagabend) Karte 24/39 €
♦ Businessgäste sind von hier aus schnell im SAP-Schulungszentrum, Stadttouristen im schönen Heidelberg! Die Brasserie ist hübsch mit afrikanischen Elementen dekoriert; davor die Terrasse zum Garten. Mittwochs "Break Hour" (z. B. Vesperplatte) für Hausgäste gratis.

Freihof
Freihofstr. 2 ✉ *69168* – ✆ *(06222) 25 17* – *www.freihof-wiesloch.de*
Rest – Menü 32 € – Karte 31/54 €
Rest *Freihof Keller* – Karte 20/36 €
♦ Einen ehemaligen Azubi hat es nun als Gastgeber und Küchenchef in den Freihof verschlagen! In den ehrwürdigen Mauern (14. Jh.) schafft der historische Charme Gemütlichkeit. Im Restaurant isst man klassisch, im rustikalen Gewölbekeller bürgerlich.

WIESMOOR – Niedersachsen – 541 – 13 300 Ew – Höhe 13 m – Luftkurort   8 E5
▶ Berlin 493 – Hannover 222 – Emden 52 – Oldenburg 51
ℹ Hauptstr. 199a, ✉ 26639, ✆ (04944) 9 19 80, www.tourismus-wiesmoor.de
🏌 Wiesmoor-Hinrichsfehn, Fliederstr. 5, ✆ (04944) 64 40

Zur Post (mit Gästehaus)
Am Rathaus 6 ✉ *26639* – ✆ *(04944) 9 10 60* – *www.hotelzurpost-wiesmoor.de*
14 Zim – †46 € ††78 € – ½ P 16 € **Rest** – (geschl. Montag) Karte 23/33 €
♦ Engagiert und persönlich-familiär wird das kleine Hotel mitten in der Blumengemeinde Wiesmoor geführt. Es wird sowohl von Geschäftsreisenden als auch von Radtouristen geschätzt. Bürgerlich-regionale Küche im ländlich-gemütlichen Restaurant.

In Wiesmoor-Hinrichsfehn Süd: 4,5 km Richtung Remels, nach 3,5 km rechts

Blauer Fasan (mit Gästehaus)
Fliederstr. 1 ✉ *26639* – ✆ *(04944) 9 27 00* – *www.blauer-fasan.de*
26 Zim – †59/90 € ††89/149 € – ½ P 22 € **Rest** – Menü 23/39 € – Karte 22/44 €
♦ Ein Gästehaus erweitert das nette reetgedeckte Haus mit wohnliche, recht moderne und teils leicht elegante Zimmer. Schön: der Blumengarten sowie die ruhige Lage in Golfplatznähe. Ostfriesischer Charme prägt die Gaststuben.

WIESSEE, BAD – Bayern – 546 – 4 650 Ew – Höhe 750 m — 66 M21
– Wintersport: 880 m ⛷2 ⛸ – Heilbad
▶ Berlin 643 – München 54 – Garmisch-Partenkirchen 76 – Bad Tölz 18
🛈 Adrian-Stoop-Str. 20, ✉ 83707, ✆ (08022) 8 60 30, www.bad-wiessee.de
🛈₁₈ Bad Wiessee, Robognerhof, ✆ (08022) 87 69

🏠 Landhaus Wilhelmy
Freihausstr. 15 ✉ 83707 – ✆ (08022) 9 86 80 – www.romantik-hotel.de
24 Zim ⌁ – †80/139 € ††129/169 € – ½ P 27 € – 4 Suiten
Rest – *(geschl. Sonntag - Montag) (nur Abendessen für Hausgäste)*
• Das mit Liebe zum Detail dekorierte kleine Hotel mit individuellen Zimmern und schönem Garten wird familiär geführt und lässt den persönlichen Stil der Gastgeber erkennen.

🏠 Landhaus am Stein garni
Im Sapplfeld 8 ✉ 83707 – ✆ (08022) 9 84 70 – www.landhausamstein.de
18 Zim ⌁ – †80/140 € ††160/185 € – 1 Suite
• Ein recht ruhig gelegener kleiner Familienbetrieb mit gepflegtem Garten und freundlichen Zimmern im Landhausstil. Frühstücken kann man auch auf der hübschen Terrasse.

🏠 Landhaus St. Georg im Jägerwinkel garni
Jägerstr. 20 ✉ 83707 – ✆ (08022) 6 62 61 00 – www.stgeorg.net
13 Zim – †75/95 € ††110/150 €
• Dieses sympathische Landhaus hat gleich mehrere Vorzüge: die ruhige Wohngegend ringsum, angenehm frische und behagliche Zimmer (W-Lan gratis) sowie die engagierte familiäre Führung. Und das ist noch nicht alles: Von der Seife bis zum Frühstück ist alles biozertifiziert!

🏠 Bellevue
Hirschbergstr. 22 ✉ 83707 – ✆ (08022) 6 64 90 – www.hotel-bellevue-badwiessee.de
25 Zim ⌁ – †39/63 € ††78/102 € – ½ P 16 € – 1 Suite
Rest – *(geschl. Januar - März: Donnerstag)* Karte 18/31 €
• Das familiär geleitete Haus liegt zenral nahe See und Kurpark und hält für seine Gäste helle, funktional eingerichtete Zimmer bereit. Weinstube mit behaglich-rustikalem Charakter.

✕✕ Freihaus Brenner
Freihaus 4 ✉ 83707 – ✆ (08022) 8 65 60 – www.freihaus-brenner.de
Rest – *(Tischbestellung ratsam)* Karte 24/66 €
• Gemütliche Atmosphäre und gutes Essen machen das Gasthaus über dem Tegernsee zu einer beliebten Adresse. Man kocht international beeinflusste regionale Speisen mit Geschmack. Fantastisch ist die Aussicht von den Fensterplätzen und der Terrasse.

WIETZE – Niedersachsen – 541 – 8 090 Ew – Höhe 33 m — 19 I8
▶ Berlin 294 – Hannover 51 – Bremen 98 – Celle 18

In Wietze-Hornbostel Nord: 1 km

🏠 Wildland
Am Moorberg 6 ✉ 29323 – ✆ (05146) 9 89 30 – www.wildland.de
30 Zim – †120 € ††160 €
Rest – *(geschl. Montagabend)* Menü 31 € – Karte 27/41 €
• Rekonstruierte Bauernhäuser und eine neuzeitliche Villa bilden dieses recht spezielle "Outdoor Resort". Modern-rustikale, wohnliche Zimmer, dazu zahlreiche Aktivitäten sowie Kunst. In einem niedersächsischen Hallenhaus von 1735 befindet sich das Restaurant.

WIGGENSBACH – Bayern – 546 – 4 790 Ew – Höhe 857 m – Wintersport: ⛸ — 64 I21
– Erholungsort
▶ Berlin 698 – München 133 – Kempten (Allgäu) 11 – Augsburg 112
🛈 Kempter Str. 3, ✉ 87487, ✆ (08370) 84 35, www.wiggensbach.de
🛈₁₈ Wiggensbach, Hof Waldegg, ✆ (08370) 9 30 73

🏠 Goldenes Kreuz
Marktplatz 1 ✉ 87487 – ✆ (08370) 80 90 – www.hotel-goldenes-kreuz.de
24 Zim ⌁ – †85/109 € ††120/158 € – ½ P 25 € **Rest** – *(geschl. Montagmittag, Dienstagmittag, Donnerstagmittag, Freitagmittag)* Karte 22/44 €
• Dieser sympathische Landgasthof mit der gemütlichen Einrichtung stammt von 1593. Wohnliche Zimmer im rustikalen Stil stehen hier zur Verfügung. Hübsches, mit viel Holz behaglich gestaltetes Restaurant.

WILDBAD im SCHWARZWALD, BAD – Baden-Württemberg – **545** — 54 F18
– 10 550 Ew – Höhe 426 m – Wintersport: 950 m ⛷4 ⛸ – **Heilbad**
▶ Berlin 681 – Stuttgart 76 – Karlsruhe 52 – Pforzheim 26
🛈 König-Karl-Str. 5, ⌧ 75323, ℰ (07081) 1 02 80, www.bad-wildbad.de

Mokni's Palais Hotels & Spa
Kurplatz 4, (Zufahrt über Uhlandstraße) ⌧ 75323 – ℰ (07081) 30 10
– www.moknis.com
100 Zim ⌸ – ♦74/85 € ♦♦140/178 € – ½ P 34 € – 3 Suiten
Rest – Menü 35/45 € – Karte 41/60 €
♦ Die Zimmer im Stammhaus dieses Hotels sind sehr wohnlich und individuell, im Badhotel gegenüber etwas sachlicher. Letzteres bietet direkten Zugang zum "Palais Thermal", das die Hausgäste kostenfrei nutzen können. Gediegenes Restaurant mit eleganter Note.

Rothfuß
Olgastr. 47 ⌧ 75323 – ℰ (07081) 9 24 80 – www.hotel-rothfuss.de
25 Zim ⌸ – ♦60/75 € ♦♦65/70 € – ½ P 24 € – 2 Suiten
Rest – (nur Abendessen) Karte 21/31 €
♦ Die recht ruhige Lage, gepflegte, praktisch eingerichtete Gästezimmer sowie ein netter Freizeitbereich mit Kosmetik- und Massageangebot sprechen für diesen Familienbetrieb. Freundliches Restaurant mit Aussicht.

WILDBERG – Baden-Württemberg – **545** – 9 950 Ew – Höhe 395 m — 54 F19
– **Luftkurort**
▶ Berlin 674 – Stuttgart 52 – Karlsruhe 69 – Nagold 12

Talblick mit Zim
Bahnhofsträßle 6 ⌧ 72218 – ℰ (07054) 52 47 – www.talblick-wildberg.de
– geschl. Februar 2 Wochen, Mitte – Ende Oktober und Dienstag
16 Zim ⌸ – ♦35/40 € ♦♦70/80 €
Rest – (Tischbestellung ratsam) Menü 24 € – Karte 17/38 €
♦ Die ganze Familie Weitbrecht - inzwischen die 3. Generation - kümmert sich hier in schöner Aussichtslage um die Gäste. Regionale Küche zu gutem Preis-Leistungs-Verhältnis. Alternativ bietet man im zweiten Restaurant am Abend auf Vorbestellung ein Gourmetmenü.

In Wildberg-Schönbronn West: 5 km über Effringen – **Erholungsort**

Löwen (mit Gästehaus)
Eschbachstr. 1 ⌧ 72218 – ℰ (07054) 9 26 10 – www.tagungshotel-loewen.com – geschl. August
54 Zim ⌸ – ♦50/75 € ♦♦100/140 € – ½ P 25 € – 3 Suiten   **Rest** – Karte 19/42 €
♦ Ein familiär geleiteter gewachsener Gasthof a. d. 19. Jh. In einem neuen Haus gegenüber befinden sich komfortable und ganz moderne Appartements. Freundliches Ambiente im Restaurant.

WILDESHAUSEN – Niedersachsen – **541** – 19 050 Ew – Höhe 25 m — 17 F7
– **Luftkurort**
▶ Berlin 417 – Hannover 149 – Bremen 37 – Oldenburg 37
🛈 Am Markt 1, ⌧ 27793, ℰ (04431) 65 64, www.verkehrsverein-wildeshausen.de
⛳ Wildeshausen, Spasche 5, ℰ (04431) 12 32

An der Straße nach Oldenburg Nord: 1,5 km

Gut Altona (mit Gästehäusern)
Wildeshauser Str. 34 ⌧ 27801 Dötlingen – ℰ (04431) 95 00
– www.gut-altona.de
69 Zim ⌸ – ♦49/78 € ♦♦75/135 € – ½ P 25 €   **Rest** – Karte 21/54 €
♦ Auf dem schönen weitläufigen Anwesen erwarten Sie individuelle, teilweise besonders wohnliche Zimmer im mediterranen Stil sowie viele Freizeitangebote wie Reiten, Schießen, etc. In verschiedene Räume unterteiltes Restaurant mit hellem Wintergarten.

WILDUNGEN, BAD – Hessen – **543** – 17 420 Ew – Höhe 273 m – **Heilbad** — 38 G12
▶ Berlin 422 – Wiesbaden 185 – Kassel 40 – Marburg 56
🛈 Brunnenallee 1, ⌧ 34537, ℰ (05621) 9 65 67 41, www.bad-wildungen.de
⛳ Bad Wildungen, Talquellenweg 33, ℰ (05621) 37 67

WILDUNGEN, BAD

Maritim Badehotel 🚗 🍽 🛋 spa 🏊 Ⅰ₆ ⚕ 🛗 AC Rest, ❄ Rest, 📞 🛎
Dr.-Marc-Str. 4 ✉ 34537 – ☎ (05621) 79 99   P 🚗 VISA ⦿ AE ⓞ
– www.maritim.de
240 Zim – ♦85/128 € ♦♦141/184 €, ☕ 16 € – ½ P 26 € – 3 Suiten
Rest – Karte 28/45 €
♦ Ein elegantes Kurhotel in ruhiger Lage am Park mit komfortablem Rahmen, das sich auf Tagungsgäste spezialisiert hat und technisch gut ausgestattete Räumlichkeiten bietet. Klassischer Stil im Hotelrestaurant.

Allee-Schlößchen 🍽 P VISA ⦿ AE
Brunnenallee 11 ✉ 34537 – ☎ (05621) 7 98 00
– www.hotel-alleeschloesschen.de
14 Zim ☕ – ♦36/69 € ♦♦72/89 € – ½ P 12 €
Rest – (geschl. Sonntagabend) Karte 19/34 €
♦ Freundlich wird das kleine Hotel in zentraler Lage von den Inhabern geleitet. Die Gästezimmer sind hell in neuzeitlich-ländlichem Stil eingerichtet. Das Restaurant wird ergänzt durch eine nette Terrasse vor dem Haus.

WILGARTSWIESEN – Rheinland-Pfalz – **543** – 1 060 Ew – Höhe 222 m   **53** D17
– Erholungsort
▶ Berlin 682 – Mainz 122 – Mannheim 70 – Kaiserslautern 60

Landhaus Am Hirschhorn 🚗 🍽 🛋 spa 🏊 Ⅰ₆ ❄ Rest, ❞ 🛎 P VISA ⦿
Am Hirschhorn 12 ✉ 76848 – ☎ (06392) 5 81
– www.hotel-hirschhorn.de
17 Zim ☕ – ♦85/115 € ♦♦130/210 € – ½ P 32 €
Rest – (Montag - Samstag nur Abendessen) Karte 25/49 €
♦ In dem kleinen Landhotel lässt man bei Beauty und Wellness die Seele baumeln. Interessant: "Young Life"-Zimmer mit frischem, jungem Ambiente und offenem Bad sowie die "Adlerhorst"-Juniorsuite ganz oben. Helles, freundliches Restaurant mit großer Fensterfront.

WILHELMSHAVEN – Niedersachsen – **541** – 81 140 Ew – Höhe 2 m   **8** E5
▶ Berlin 485 – Hannover 228 – Cuxhaven 110 – Bremerhaven 70
ADAC Ebertstr. 110 B
ℹ Bahnhofsplatz 1 B, ✉ 26382, ☎ (04421) 91 30 00, www.wilhelmshaven-touristik.de
⛳ Schortens-Accum, Mennhausen 5, ☎ (04423) 98 59 18

COLUMBIA ⇐ 🏊 🏊 Ⅰ₆ 🛗 ⛨ AC 📞 🛎 P VISA ⦿ AE
Jadeallee 50 ✉ 26382 – ☎ (04421) 77 33 80 – www.columbia-hotels.com   **Bd**
145 Zim ☕ – ♦134/196 € ♦♦156/218 € – 5 Suiten
Rest *Marco Polo* ❀ **Rest** *Harbour View* – siehe Restaurantauswahl
♦ Das Business- und Tagungshotel - erbaut nach dem Vorbild eines Luxusliners - befindet sich in bester Lage am Großen Hafen. Man bietet den Gästen moderne, maritim-elegante Zimmer.

Residenz garni 🛗 ⛨ ❞ 🛎 P VISA ⦿ AE
Kopperhörnerstr. 7 ✉ 26384 – ☎ (04421) 9 32 20   **Bc**
21 Zim ☕ – ♦78/84 € ♦♦99/113 €
♦ Die Lage im Zentrum sowie funktionell ausgestattete Gästezimmer machen das gut geführte Geschäfts- und Urlaubshotel aus. Schöner Loungebereich mit Bibliothek.

City Hotel Valois 🍽 🏊 🛗 AC ⛨ Rest, ❞ 🛎 P 🚗 VISA ⦿ AE ⓞ
Valoisstr. 1, (Ecke Valoisplatz) ✉ 26382 – ☎ (04421) 48 50
– www.city-hotel-valois.de   **Ba**
66 Zim ☕ – ♦79/115 € ♦♦99/150 €   **Rest** – Karte 22/37 €
♦ Direkt im Stadtzentrum liegt dieses Hotel - nur Gehminuten von Bahnhof, Hafen und Strand entfernt. Die Zimmer sind unterschiedlich in der Größe, gepflegt und funktionell. Restaurant mit italienischem Angebot.

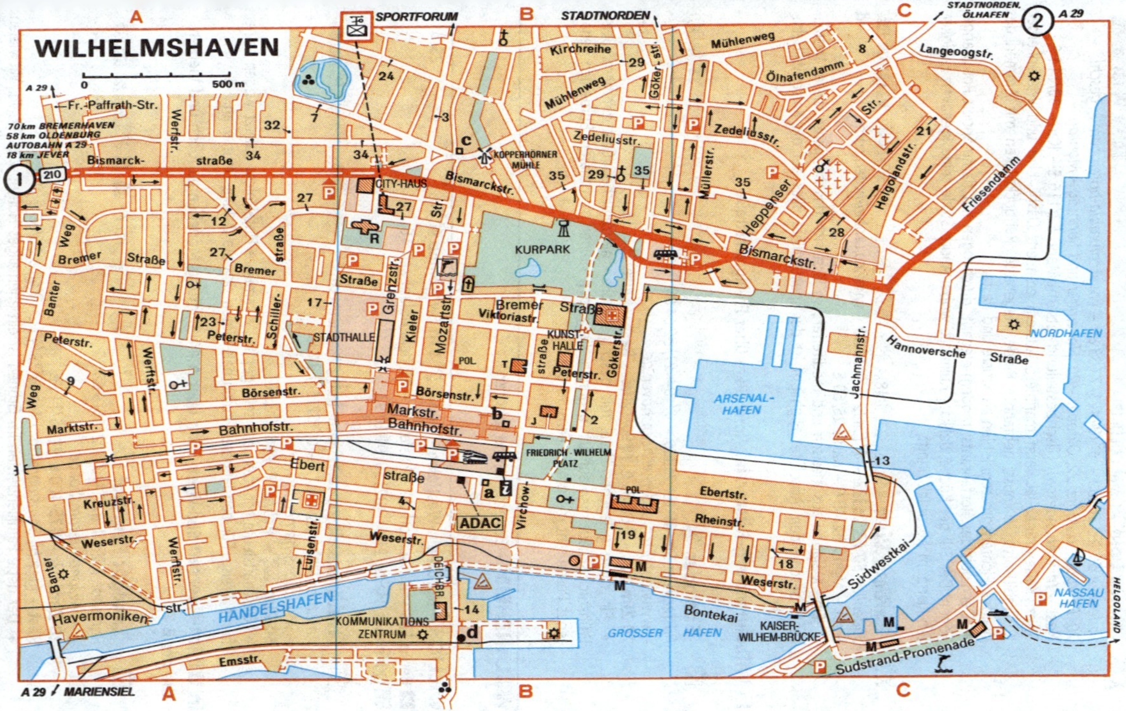

Adalbertstr.	B 2
Berliner Str.	B 3
Deichstr.	B 4
Edo-Wiemken-Str.	A 7
Freiligrathstr.	C 8
Genossenschaftsstr.	A 9
Gökerstr.	B
Hamburger Str.	A 12
Jachmannbrücke.	C 13
Jadeallee	B 14
Marktstr.	AB
Mitscherlichstr.	A 17
Moselstr.	C 18
Neckarstr.	B 19
Nordemeystr.	C 21
Oldeoogestr.	A 23
Papingastr.	B 24
Paul-Hug-Str.	AB 27
Saarbrücker Str.	C 28
Schulstr.	B 29
Siebethsburger Str.	A 32
Störtebekerstr.	AB 34
Ulmenstr.	BC 35

WILHELMSHAVEN

Keil garni
Marktstr. 23 ⊠ 26382 – ℰ (04421) 9 47 80 – www.hotel-keil.de – geschl. 23. Dezember
- 4. Januar **Bb**
16 Zim – †55/65 € ††84/95 €
♦ Ein Stadthaus am Rande der Fußgängerzone beherbergt im 1. und 2. Stock das sehr gepflegte kleine Hotel, das über helle, zeitgemäß gestaltete Zimmer verfügt.

Marco Polo – Hotel COLUMBIA
Jadeallee 50 ⊠ 26382 – ℰ (04421) 77 33 80 – www.columbia-hotels.com – geschl.
20. Februar - 6. März, 22. Oktober - 20. November und Sonntag - Montag **Bd**
Rest – (nur Abendessen) (Tischbestellung ratsam) Menü 52/116 € – Karte 80/114 €
Spez. Kaisergranat lauwarm mariniert, Austern cremiert, Dashi, Kiwi und Wiesenkerbel. Kohlrabirisotto, Walnuss, gebrannte Rinde, Hagebutte. Rehbockrücken mit Aromen des Waldes, Fichtensprossen, Pinien als Kruste und Paste.
♦ Der Look des Restaurants: modern-elegant, durchzogen mit flammenden Rot-Orange-Tönen. Der Stil der Küche: delikate Kulinarik, wobei André Stolle seine kreativen Fähigkeiten klar zum Ausdruck bringt.

Harbour View – Hotel COLUMBIA
Jadeallee 50 ⊠ 26382 – ℰ (04421) 77 33 80 – www.columbia-hotels.com **Bd**
Rest – Menü 32/48 € – Karte 25/60 €
♦ Eine Melange aus friesisch und mediterran, so lässt sich das Ambiente dieses Restaurants beschreiben. Absolutes Highlight ist der spektakuläre Blick auf die Kaiser-Wilhelm-Brücke.

In Wilhelmshaven-Rüstersiel Nord: 5 km über Freiligrathstraße **C**

Schröder
Rüstersieler Str. 85 ⊠ 26386 – ℰ (04421) 80 64 80
– www.hotel-schroeder-wilhelmshaven.de
20 Zim – †60/85 € ††90/120 € **Rest** – Karte 25/53 €
♦ Ein ruhig gelegenes Hotel mit geschmackvollen neuzeitlichen Gästezimmern. Beim Frühstück schaut man auf den gegenüberliegenden kleinen Yachthafen. Bürgerlich gehaltenes Restaurant mit großer Fensterfront.

WILLANZHEIM – Bayern – siehe Iphofen

WILLICH – Nordrhein-Westfalen – **543** – 51 970 Ew – Höhe 40 m **25** B11
▶ Berlin 583 – Düsseldorf 24 – Krefeld 8 – Mönchengladbach 16
🏌 Duvenhof, Hardt 21, ℰ (02159) 91 10 93

Hubertus Hamacher garni (mit Gästehäusern)
Anrather Str. 4 ⊠ 47877 – ℰ (02154) 91 80
– www.hotel-hamacher.de
50 Zim – †65/85 € ††85/135 €
♦ Geschäftsleute schätzen das sehr gepflegte familiäre Hotel nicht zuletzt wegen seiner fairen Preise. Für den längeren Aufenthalt bieten sich die Deluxe-Zimmer an.

In Willich-Neersen Süd-West: 5 km über A 44 Richtung Mönchengladbach und Viersen, nahe der B 7

Landgut Ramshof
Ramshof 1 ⊠ 47877 – ℰ (02156) 9 58 90
– www.landgut-ramshof.de
28 Zim – †75/100 € ††95/115 €
Rest – (geschl. Samstagmittag) Menü 39/45 € – Karte 26/65 €
♦ Der nette Familienbetrieb im Grünen ist ein ehemaliges Hofgut a. d. 17. Jh. Mit vielen Antiquitäten hat man die in Zuschnitt und Zuschnitt sehr individuellen Zimmer ausgestattet. Ländlich-gemütliche Atmosphäre im Restaurant.

WILLINGEN (UPLAND) – Hessen – **543** – 6 300 Ew – Höhe 550 m — **27** F11
– Wintersport: 843 m ⛷11 ⛷ – Kneippheilbad - Heilklimatischer Kurort
▶ Berlin 467 – Wiesbaden 208 – Arnsberg 61 – Kassel 81
🛈 Am Hagen 10, ✉ 34508, ✆ (05632) 40 11 80, www.willingen.de

Göbel's Landhotel (mit Gästehäusern)
Briloner Str. 48 (B 251) ✉ *34508 –* ✆ *(05632) 98 70*
– www.goebels-landhotel.de
60 Zim ⌁ – †79/89 € ††146/186 € – ½ P 15 € – 1 Suite **Rest** – Karte 29/48 €
♦ Am Kurpark, nahe dem Zentrum, liegt dieses gewachsene Hotel mit seinen wohnlichen Gästezimmern, darunter auch Familienappartements. Schön ist der Kosmetik- und Freizeitbereich. Holzgetäfeltes Restaurant mit gediegenem Ambiente.

Sporthotel Zum hohen Eimberg
Zum hohen Eimberg 3a ✉ *34508 –* ✆ *(05632) 40 90 – www.eimberg.de*
73 Zim ⌁ – †73/76 € ††130/140 € – ½ P 15 € **Rest** – Karte 19/44 €
♦ Die ruhige Lage, behagliche Zimmer und geräumige Appartements sowie Wellnessanwendungen machen den Familienbetrieb für Feriengäste interessant. Internationale Küche im Restaurant.

Fürst von Waldeck
Briloner Str. 1 (B 251) ✉ *34508 –* ✆ *(05632) 9 88 99 – www.fuerst-von-waldeck.de*
– geschl. 25. November - 14. Dezember
28 Zim ⌁ – †49/59 € ††86/110 € – ½ P 13 € – 2 Suiten
Rest – (geschl. 4. November - 12. Dezember und Mittwoch) Karte 20/33 €
♦ Das familiengeführte Haus bietet neben wohnlich-soliden Zimmern (nach hinten ruhiger gelegen) auch eine nette kleine Liegewiese sowie einen schönen Sauna- und Badebereich. Die dunkle Holztäfelung gibt dem Restaurant einen rustikalen Touch.

Kur- und Sporthotel Göbel
Waldecker Str. 5 (B 251) ✉ *34508 –* ✆ *(05632) 4 00 90 – www.hotel-goebel.de – geschl. 25. November - 18. Dezember*
35 Zim ⌁ – †55/74 € ††98/134 € – ½ P 13 € – 4 Suiten
Rest – (geschl. Donnerstag, außer an Feiertagen) Karte 21/39 €
♦ Familie Göbel betreibt hier ein sehr gepflegtes Ferienhotel - und das bereits in der 5. Generation (seit 1867)! Die Zimmer sind wohnlich und auch das Hallenbad ist ansprechend gestaltet. Zudem hat man behaglich-rustikale Restauranträume.

Rüters Parkhotel
Bergstr. 3a ✉ *34508 –* ✆ *(05632) 98 40 – www.ruetersparkhotel.de*
44 Zim ⌁ – †53/78 € ††88/172 € – ½ P 17 €   **Rest** – Karte 20/44 €
♦ Das familiengeführte Hotel liegt in einer Parkanlage im Zentrum und hat u. a. schöne Komfortzimmer und zwei Appartements mit Whirlwanne zu bieten, zudem Kosmetikbehandlungen. Zum Garten hin liegt das elegante bürgerliche Restaurant mit Wintergartenanbau.

In Willingen-Schwalefeld Nord-Ost: 3,5 km

Upländer Hof
Uplandstr. 2 ✉ *34508 –* ✆ *(05632) 9 81 23 – www.uplaender-hof.de*
– geschl. 11. - 30. November
25 Zim ⌁ – †48/68 € ††75/140 € – ½ P 19 €
Rest – (geschl. November - April: Montag) Menü 22/30 € – Karte 21/45 €
♦ Man spürt, dass Familie Vonhoff um Ihre Gäste bemüht ist! Man bringt Sie aufs Zimmer (hier eine Flasche Wasser gratis), bietet faire Preise und in der Küche verwendet man Bioprodukte! Tipp: Ringsum wollen viele schöne Wanderwege erkundet werden.

In Willingen-Stryck Süd-Ost: 3,5 km

Stryckhaus
Mühlenkopfstr. 12 ✉ *34508 –* ✆ *(05632) 98 60 – www.stryckhaus.de*
56 Zim ⌁ – †80/105 € ††180/200 € – ½ P 33 €
Rest – Menü 26 € (mittags)/39 € – Karte 33/49 €
♦ Das Hotel am Waldrand ist aus einem Landhaus entstanden, das der Künstler Heinrich Vogeler im Jahre 1912 erbaute; einige Details im Haus erinnern an ihn. Schöne Appartements. Klassisch-elegantes Restaurant mit Gartenterrasse und gemütlich-rustikale Wirtsstube.

WILLINGEN (UPLAND)

Gutshof Itterbach
Mühlenkopfstr. 7 ⊠ 34508 – ℰ (05632) 9 69 40 – www.gutshof-itterbach.de
– geschl. Sonntagabend - Dienstag
Rest – (Tischbestellung ratsam) Menü 32/76 € – Karte 45/65 €
• Klassische Küche, eine Terrasse mit Blick ins Grüne, freundlicher Service - das alles wird in dem sorgsam sanierten Gutshof mit gemütlicher Atmosphäre geboten.

WILLSTÄTT – Baden-Württemberg – **545** – 9 080 Ew – Höhe 143 m   53 D19

▶ Berlin 739 – Stuttgart 136 – Karlsruhe 70 – Offenburg 11

Kinzigbrücke
Sandgasse 1 ⊠ 77731 – ℰ (07852) 22 80 – www.kinzigbruecke.de – geschl. Montag - Dienstag, Samstagmittag
Rest – Menü 18/60 € – Karte 27/60 €
• Seit über 30 Jahren wird das schmucke Fachwerkhaus a. d. 18. Jh. mit der gemütlichen traditionellen Gaststube familiär geführt. Schöne Terrasse zur Kinzig. Mit Gästezimmern.

WILNSDORF – Nordrhein-Westfalen – siehe Siegen

WILSDRUFF – Sachsen – **544** – 13 680 Ew – Höhe 265 m   43 P12

▶ Berlin 205 – Dresden 20 – Leipzig 98 – Chemnitz 61

Landhotel Keils Gut
Dresdner Str. 26 ⊠ 01723 – ℰ (035204) 78 05 80 – www.keilsgut.de
26 Zim ⊠ – †59/63 € ††79/89 €
Rest – (Montag - Freitag nur Abendessen) Karte 22/32 €
• Diese nette, gut geführte Adresse vor den Toren Dresdens ist ein ehemaliger Gutshof mit 900-jähriger Geschichte. Die Zimmer sind freundlich und praktisch gestaltet. Spezialität im Restaurant mit schöner Gewölbedecke sind Gerichte vom heißen Stein.

WILSNACK, BAD – Brandenburg – **542** – 2 680 Ew – Höhe 27 m   21 M7
– Moorheilbad

▶ Berlin 132 – Potsdam 117 – Schwerin 95 – Perleberg 23

🛈 Am Markt 5, ⊠ 19336, ℰ (038791) 26 20, www.bad-wilsnack.de

Ambiente
Dr.-Wilhelm-Külz-Str. 5a ⊠ 19336 – ℰ (038791) 7 60 – www.hotelambiente.com
59 Zim ⊠ – †89 € ††109 € – ½ P 22 €   **Rest** – Karte 22/31 €
• In dem Hotel am Kurpark erwarten Sie wohnlich gestaltete Zimmer und ein hübscher Beauty- und Massagebereich. Das Haus ist auch gut für Tagungen geeignet. Neuzeitliches Ambiente im Restaurant mit großer Fensterfront.

WILTHEN – Sachsen – **544** – 5 690 Ew – Höhe 288 m – Erholungsort   44 R12

▶ Berlin 216 – Dresden 81 – Görlitz 49 – Bautzen 13

🛈 Bahnhofstr. 8, ⊠ 02681, ℰ (03592) 38 54 16, www.wilthen.de

In Wilthen-Tautewalde West: 2 km Richtung Neukirch

Erbgericht Tautewalde
Tautewalde 61 ⊠ 02681 – ℰ (03592) 3 83 00 – www.tautewalde.de
32 Zim ⊠ – †60/67 € ††85/91 €
Rest *Erbgericht Tautewalde* – siehe Restaurantauswahl
• Altes wurde hier sorgsam saniert, so hat das Gasthaus von 1842 noch immer historisches Flair. Nach hinten schließen sich Hotelbau und Innenhof an.

Erbgericht Tautewalde – Hotel Erbgericht Tautewalde
Tautewalde 61 ⊠ 02681 – ℰ (03592) 3 83 00 – www.tautewalde.de – geschl. Dienstagmittag
Rest – Menü 30 € – Karte 28/45 €
• Sicher werden auch Sie im Sommer gerne in dem herrlichen Innenhof sitzen und die Atmosphäre genießen. Aber auch die nette Gaststube bietet bei niedrigeren Temperaturen eine angenehme Alternative. Lecker: Enrico Schulz' geschmorte Kaninchenkeule.

WIMPFEN, BAD – Baden-Württemberg – 545 – 6 850 Ew – Höhe 195 m — 55 G17
– Heilbad
▶ Berlin 598 – Stuttgart 69 – Heilbronn 16 – Mannheim 73
🛈 Carl-Ulrich-Str. 1, ✉ 74206, ✆ (07063) 9 72 00, www.badwimpfen.de
👁 Wimpfen am Berg ★★

Am Rosengarten
Osterbergstr. 16 ✉ 74206 – ✆ (07063) 99 10 – www.hotel-rosengarten.net
60 Zim – †80/125 € ††106/130 € – ½ P 19 € **Rest** – Karte 24/38 €
◆ Die verkehrsgünstige Lage und zeitgemäße, funktionelle Zimmer sprechen für dieses Hotel. Die Gäste haben direkten und kostenfreien Zugang zum Solebad. Das freundliche Restaurant, teils mit Blick zum Rosengarten, wird ergänzt durch einen Bistrobereich.

✕ Friedrich
Hauptstr. 74, (1. Etage) ✉ 74206 – ✆ (07063) 2 45 – www.friedrich-feyerabend.de
– geschl. Montag - Dienstag
Rest – Menü 38/45 € – Karte 32/54 €
◆ Das helle, moderne Restaurant in einem historischen Haus in der Altstadt bietet internationale Küche. Bürgerlich-regional ist die Karte in der Weinstube Feyerabend im EG.

WINDECK – Nordrhein-Westfalen – 543 – 20 570 Ew – Höhe 200 m — 36 D13
▶ Berlin 592 – Düsseldorf 114 – Bonn 62 – Limburg an der Lahn 71
🛈 Rathausstr. 12, ✉ 51570, ✆ (02292) 1 94 33, www.gemeinde-windeck.de

In Windeck-Schladern

Bergischer Hof
Elmorestr. 8 ✉ 51570 – ✆ (02292) 22 83 – www.bergischer-hof.de – geschl. Juli
19 Zim – †49/64 € ††74/86 €
Rest – (geschl. Sonntagabend - Montag) Karte 14/32 €
◆ In dem denkmalgeschützten Haus mit typisch bergischer Schieferfassade erwarten Sie zeitgemäß ausgestattete Gästezimmer. Mit hübschem Garten. Gepflegtes ländliches Restaurant mit bürgerlichem Angebot.

WINDELSBACH – Bayern – siehe Rothenburg ob der Tauber

WINDEN – Baden-Württemberg – 545 – 2 810 Ew – Höhe 327 m — 61 E20
– Erholungsort
▶ Berlin 771 – Stuttgart 192 – Freiburg im Breisgau 35 – Offenburg 46

In Winden-Oberwinden Nord-Ost: 2 km über B 294

Elztalhotel
Am Rüttlersberg 5 (Süd: 2 km, über Bahnhofstraße) ✉ 79297 – ✆ (07682) 9 11 40
– www.elztalhotel.de
89 Zim – †116/191 € ††224/342 € – ½ P 10 € – 8 Suiten **Rest** – Karte 17/33 €
◆ Ein Ferienhotel mit Schwarzwälder Flair in ruhiger Lage oberhalb des Dorfes. Hier überzeugt das Freizeit-, Beauty- und Sportangebot, darunter auch Aktivitäten für Kinder.

WINDHAGEN – Rheinland-Pfalz – 543 – 4 270 Ew – Höhe 290 m — 36 D13
▶ Berlin 616 – Mainz 132 – Koblenz 26 – Bonn 57
🛈 Windhagen-Rederscheid, Brunnenstr. 11, ✆ (02645) 80 41

In Windhagen-Rederscheid Süd-West: 3 km jenseits der A 3

Dorint
Brunnenstr. 7 ✉ 53578 – ✆ (02645) 1 50 – www.dorint.com/windhagen
125 Zim – †109/139 € ††132/192 € – ½ P 30 €
Rest – Karte 31/45 €
◆ Das Tagungs- und Wellnesshotel an einem Golfplatz in schöner exponierter Lage überzeugt mit Spa-Vielfalt auf 3000 qm. Zeitgemäßer Komfort und wohnliches Ambiente in den Zimmern. Restaurant mit Wintergarten und hübscher Gartenterrasse.

WINDSHEIM, BAD – Bayern – 546 – 11 800 Ew – Höhe 321 m – Heilbad 49 J16
▶ Berlin 475 – München 236 – Nürnberg 68 – Bamberg 72
🛈 Erkrechtallee 2, ✉ 91438, ☏ (09841) 40 20, www.tourismus.bad-windsheim.de
🏨 Bad Windsheim, Otmar-Schaller-Allee 1, ☏ (09841) 50 27

Arvena Reichsstadt Hotel (mit Gästehaus)
Pastoriusstr. 5 ✉ 91438 – ☏ (09841) 90 70 – www.arvena.de
112 Zim ☕ – †72/92 € ††94/120 € – ½ P 19 € – 2 Suiten   **Rest** – Karte 27/42 €
♦ In diesem Hotel im Zentrum wohnt man im hübsch restaurierten Haupthaus von 1350 oder im Tagungscenter vis-à-vis - hier sind die Zimmer neuzeitlicher gestaltet. Ein Fachwerkhaus a. d. J. 1569 beherbergt das nette Restaurant Alte Schule.

Zum Storchen (mit Gästehaus)
Weinmarkt 6 ✉ 91438 – ☏ (09841) 66 98 90 – www.zumstorchen.de
21 Zim ☕ – †59/90 € ††85/115 € – ½ P 20 €
Rest – (geschl. November - März: Montag, April - Oktober: Montagmittag) Karte 19/37 €
♦ Am Marktplatz steht das historische Fachwerkhaus mit über 250-jähriger Familientradition. Schöne, freundliche Zimmer - besonders modern im Gästehaus, eines davon mit Dachterrasse. Das Restaurant im fränkischen Stil bietet bürgerliche Küche.

WINGERODE – Thüringen – 544 – 1 250 Ew – Höhe 290 m 29 J11
▶ Berlin 305 – Erfurt 90 – Göttingen 47 – Nordhausen 43

Keppler's Ecke
Hauptstr. 52 ✉ 37327 – ☏ (03605) 50 16 66 – www.kepplers-ecke.de
15 Zim ☕ – †35/45 € ††54/60 €   **Rest** – (geschl. Montag) Karte 17/26 €
♦ Das hübsche Fachwerkhaus steht am Dorfplatz bei der Kirche. Ein sympathischer kleiner Familienbetrieb mit herzlicher, persönlicher Gästebetreuung. Wohnlich sind die individuellen Zimmer und der Frühstücksraum, zudem hat man ein Kosmetikstudio. Rustikales Ambiente im Restaurant und in der Jägerstube.

WINGST – Niedersachsen – 541 – 3 510 Ew – Höhe 9 m – Luftkurort 9 G5
▶ Berlin 383 – Hannover 218 – Cuxhaven 39 – Bremerhaven 54
🛈 Hasenbeckallee 1, ✉ 21789, ☏ (04778) 8 12 00, www.wingst.de

Peter
Bahnhofstr. 1, (B 73) ✉ 21789 – ☏ (04778) 2 79 – www.hotel-peter-wingst.de
30 Zim ☕ – †39/59 € ††70/89 € – ½ P 18 €
Rest *Oehlschläger-Stube* – siehe Restaurantauswahl
♦ Ein familiengeführtes Hotel mit recht individuellen Gästezimmern - etwas komfortabler in der Apfeltenne (hier mit Terrasse) und im Fleethuus (mit Balkon).

Oehlschläger-Stube – Hotel Peter
Bahnhofstr. 1, (B 73) ✉ 21789 – ☏ (04778) 2 79 – www.hotel-peter-wingst.de – geschl. Mitte Januar - Mitte Februar, 17. - 29.Oktober und Dienstag - Donnerstag (Eröffnung des Bistro Zauberlehrling nach Redaktionsschluss)
Rest – (Montag - Samstag nur Abendessen) Menü 27/53 € – Karte 22/38 €
♦ Benannt nach dem Wingster Heimatmaler Mario Oehlschläger serviert man Ihnen - umgeben von Bildern des verstorbenen Künstlers - internationale Speisen.

WINKLARN – Bayern – siehe Rötz

WINNENDEN – Baden-Württemberg – 545 – 27 510 Ew – Höhe 292 m 55 H18
▶ Berlin 599 – Stuttgart 26 – Schwäbisch Gmünd 44 – Schwäbisch Hall 48

In Winnenden-Hanweiler Süd: 3 km

Traube mit Zim
Weinstr. 59 ✉ 71364 – ☏ (07195) 13 99 00 – www.traube-hanweiler.de – geschl. Anfang - Ende Februar, Ende Juli - Mitte August und Dienstag - Mittwoch
6 Zim ☕ – †35 € ††60 €   **Rest** – Karte 14/36 €
♦ Seit 1902 befindet sich dieser Gasthof in Familienbesitz. In behaglich-rustikaler Atmosphäre bewirtet man seine Gäste mit regionaler Küche zu einem guten Preis-Leistungs-Verhältnis.

WINNENDEN

In Berglen-Lehnenberg Süd-Ost: 6 km

Blessings Landhotel
Lessingstr. 13 ⊠ 73663 – ℰ (07195) 9 76 00
– www.blessings-landhotel.de
23 Zim ☑ – †68/82 € ††90/101 €
Rest – (geschl. Donnerstag) Menü 20/39 € – Karte 17/43 €
♦ In dem familiengeführten Hotel erwarten Sie freundliche und wohnlich gestaltete Gästezimmer sowie ein gutes Frühstück. Auf der überdachten Terrasse bietet man im Sommer an Wochenenden wechselnde Buffets.

WINSEN (LUHE) – Niedersachsen – 541 – 34 040 Ew – Höhe 6 m   10 J6
▶ Berlin 285 – Hannover 132 – Hamburg 36 – Bremen 118
▣ Winsen, Radbrucher Str. 200, ℰ (04171) 78 22 41

Storchennest
Tönnhäuser Weg 3 ⊠ 21423 – ℰ (04171) 88 80
– www.hotel-storchennest.com
25 Zim ☑ – †69/78 € ††88/94 €
Rest – (geschl. Juni - Juli 2 Wochen und Sonntag) (nur Abendessen)
Karte 11/24 €
♦ Die Zimmer in diesem Hotel sind funktionell und mit solider Technik ausgestattet. Am Morgen bietet man ein reichhaltiges Frühstücksbuffet. PC-Office mit Internet-Corner.

In Winsen-Pattensen Süd-West: 8 km

✗ **Maack-Kramer's Landgasthof**
Blumenstr. 2 ⊠ 21423 – ℰ (04173) 2 39 – www.maack-kramer.de
– geschl. Montag - Dienstag
Rest – (Mittwoch - Samstag nur Abendessen) (Tischbestellung ratsam)
Karte 22/35 €
♦ Ein sehr netter, familiär geführter Landgasthof mit schöner Terrasse im Grünen, an die sich der weitläufige Garten anschließt. Gekocht wird bürgerlich und saisonal.

Eine preiswerte und komfortable Übernachtung? Folgen Sie dem Bib Hotel.

WINTERBACH – Baden-Württemberg – siehe Schorndorf

WINTERBERG – Nordrhein-Westfalen – 543 – 13 770 Ew – Höhe 668 m   37 F12
– Wintersport: 840 m ≰54 ≉ – Heilklimatischer Kurort
▶ Berlin 482 – Düsseldorf 186 – Arnsberg 56 – Marburg 60
🛈 Hauptstr. 10, ⊠ 59955, ℰ (02981) 9 25 00, www.winterberg.de
▣ Winterberg, In der Büre, ℰ (02981) 17 70

Engemann-Kurve
Haarfelder Str. 10 (B 236) ⊠ 59955 – ℰ (02981) 9 29 40 – www.engemann-kurve.de
– geschl. 24. Juni - 8. Juli
16 Zim ☑ – †63/65 € ††102/134 € – ½ P 25 €
Rest – Karte 27/46 €
♦ Im Hotel der Familie Gebhardt überzeugen persönliche Gästebetreuung, solide, wohnliche Zimmer und ein gutes Frühstücksbuffet. Auf Anfrage bietet man auch Kosmetik und Massage.

Astenblick
Nuhnestr. 5 ⊠ 59955 – ℰ (02981) 9 22 30 – www.astenblick.de
23 Zim ☑ – †60/75 € ††110/140 € – ½ P 26 € – 4 Suiten
Rest *Pascha's* – (geschl. Dienstag und an Feiertagen) (Montag - Freitag nur Abendessen)
Menü 30/75 € – Karte 21/50 €
♦ Das Hotel im Zentrum verfügt über recht unterschiedliche Zimmer - besonders hübsch sind die in den Ecktürmen. Zum Freizeitangebot zählen Kosmetik sowie Walken, Wandern, etc. Hell und zeitlos gestaltetes Restaurant.

1323

WINTERBERG

In Winterberg-Altastenberg West: 5 km über B 236

Berghotel Astenkrone
Astenstr. 24 ✉ *59955 –* ℘ *(02981) 80 90 – www.astenkrone.de*
39 Zim ☐ – †85/105 € ††160/210 € – ½ P 31 €
Rest *Berghotel Astenkrone* – siehe Restaurantauswahl
♦ Als Jab-Anstoetz-Unternehmen präsentiert sich das engagiert geführte Haus als "Showhotel" für wunderschöne und stimmig arrangierte Stoffe - zu bewundern in den individuellen und äußerst wohnlichen Zimmern und Juniorsuiten.

XX **Berghotel Astenkrone** – Berghotel Astenkrone
Astenstr. 24 ✉ *59955 –* ℘ *(02981) 80 90 – www.astenkrone.de*
Rest – Menü 37/55 € – Karte 34/54 €
♦ Viel Holz kombiniert mit den attraktiven Stoffen aus dem Hause Jab Anstoetz sorgt für ein gemütliches Ambiente. Feine Tischwäsche und hübsche Dekorationen tragen ihr Übriges dazu bei.

In Winterberg-Züschen Süd-Ost: 7 km Richtung Hallenberg – Luftkurort

Mühlengrund
Nuhnetalstr. 114 (B 236) ✉ *59955 –* ℘ *(02981) 5 84 – www.hotel-muehlengrund.de*
– geschl. Ende Oktober - Mitte November
11 Zim ☐ – †45/58 € ††70/95 € – ½ P 15 €
Rest – *(geschl. Dienstag)* Karte 17/37 €
♦ Dieser langjährige Familienbetrieb bietet seinen Gästen gepflegte praktische Zimmer und einen Garten mit Spielplatz und Minigolf. Auch für Biker eine interessante Adresse. Bürgerliches Angebot im Restaurant, im Sommer mit nettem kleinem Biergarten.

WINTERHAUSEN – Bayern – 546 – 1 490 Ew – Höhe 188 m 49 |16
▶ Berlin 502 – München 262 – Würzburg 14 – Kitzingen 13

X **Gasthof Schiff** mit Zim
Fährweg 14 ✉ *97286 –* ℘ *(09333) 17 85 – www.hotel-schiff.de – geschl. Sonntagabend außer an Feiertagen*
10 Zim ☐ – †54/63 € ††87/109 € **Rest** – Karte 27/43 €
♦ In dem schönen Gasthof a. d. 16. Jh. lässt man sich in liebenswerten, hübsch dekorierten Räumen von der herzlichen Chefin umsorgen. Die Küche ist klassisch-regional. Terrasse zum Main. Nette wohnlich-rustikale Gästezimmer, teilweise mit Mainblick.

WIRSBERG – Bayern – 546 – 2 010 Ew – Höhe 370 m – Luftkurort 51 L15
▶ Berlin 341 – München 250 – Coburg 60 – Hof 41
🛈 Sessenreuther Str. 2, ✉ 95339, ℘ (09227) 9 32 20, www.wirsberg.de

Herrmann's Posthotel
Marktplatz 11 ✉ *95339 –* ℘ *(09227) 20 80*
– www.herrmanns-posthotel.de
42 Zim ☐ – †85 € ††120 € – ½ P 39 € – 7 Suiten
Rest *Herrmann's Restaurant* ✽ – siehe Restaurantauswahl
Rest *Herrmann's Vinothek* – Menü 39/49 € – Karte 38/51 €
♦ Mitten im Ort steht das gewachsene Haus mit über 140-jähriger Familientradition. Die einstige Poststation beherbergt heute wohnlich und individuell gestaltete Gästezimmer.

Reiterhof Wirsberg
Sessenreuther Str. 50 (Süd-Ost: 1 km) ✉ *95339*
– ℘ *(09227) 20 40 – www.reiterhof-wirsberg.de*
46 Zim ☐ – †85/135 € ††158/218 € – ½ P 29 €
Rest – Karte 21/49 €
♦ Das gewachsene familiengeführte Hotel mit wohnlich-gediegenem Ambiente liegt ruhig etwas außerhalb des Ortes. Zimmer mit gutem Platzangebot und netter Wellnessbereich. Das elegant-rustikale Restaurant und die Terrasse bieten einen schönen Blick aufs Tal.

Hereth
Hauptstr. 15 ✉ *95339 –* ℘ *(09227) 9 41 90 – www.hotel-gasthof-hereth.de*
15 Zim ☐ – †38/50 € ††60/72 € – ½ P 12 €
Rest – *(geschl. Mittwoch)* Karte 11/26 €
♦ Ein familiär geleiteter Gasthof im Ortszentrum, direkt neben dem Rathaus. Helle, freundliche Zimmer und persönliche Atmosphäre machen das kleine Hotel aus. Ländliche Gaststuben mit bürgerlichem Angebot.

WIRSBERG

XXX
❀
Herrmann's Restaurant – Herrmann's Posthotel 🍴 AC ⚡ VISA ◉ AE
Marktplatz 11 ⊠ 95339 – ℰ (09227) 20 80
– www.herrmanns-posthotel.de
– geschl. Januar 3 Wochen und Sonntag
Rest – *(nur Abendessen)* Menü 100/170 € ❀❀
Spez. Nordsee Hummer dreimal fränkisch. Schiefertrüffelpraline, Croûtons, Lauch, Silvanergelee, Erbsensprossen. Kaninchenrücken mit "Panch Phoron" glasiert, Sommermais und Apfelblüten, geschmorte Kaninchenkeule mit Safran parfümiert und Gewürzpolenta.
• Mit seinem zeitgemäßen und kreativen Küchenstil und einem schicken, eleganten Interieur erfreut Alexander Herrmann "Foodies", die den Weg zu ihm ins Frankenwaldland suchen. Vielleicht bekommen Sie dabei ja auch Lust, an einem Kurs in der hauseigenen Kochschule teilzunehmen.

WISMAR – Mecklenburg-Vorpommern – **542** – 44 470 Ew – Höhe 15 m   **11** L4
▸ Berlin 234 – Schwerin 32 – Rostock 52 – Lübeck 59
🛈 Am Markt 11, ⊠ 23966, ℰ (03841) 1 94 33, www.wismar-tourist.de
🏌 Hohen Wieschendorf, Am Golfplatz 1, ℰ (038428) 6 60
◉ Marktplatz★ – Nikolaikirche★ (Krämergilde★) – Schabbellhaus★

Wismar 🍴 |☎| 👤 (((•))) P VISA ◉
Breite Str. 10, (Zufahrt Parkplatz über Böttcherstraße) ⊠ 23966 – ℰ (03841) 22 73 40
– www.hotel-restaurant-wismar.de
15 Zim ⊡ – †65/75 € ††80/115 €
Rest – Karte 19/34 €
• Das historische Haus in der Altstadt wird herzlich geführt und bietet behagliche Zimmer in freundlichen, warmen Tönen - alle mit Blick auf eine der Kirchen. Gediegen-hanseatisches Restaurant in einem schönen hohen Raum mit großen Fenstern und alter Holzdecke.

🏠 **Reuterhaus** 🍴 ☎ VISA ◉ AE
Am Markt 19 ⊠ 23966 – ℰ (03841) 2 22 30
– www.reuterhaus-wismar.de
10 Zim ⊡ – †50/75 € ††60/110 €
Rest – *(geschl. außer Saison Montag)* Karte 25/41 €
• Direkt am Marktplatz steht das schmucke historische Haus mit der frischen gelben Fassade, benannt nach dem Dichter Fritz Reuter. Die Zimmer sind wohnlich-gediegen eingerichtet. Blickfang im Restaurant ist die schön gearbeitete dunkle alte Holztäfelung.

In Wismar-Bad Wendorf Nord-West: 2 km

Seeblick 🌿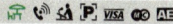
Ernst-Scheel-Str. 27 ⊠ 23968 – ℰ (03841) 6 27 40
– www.seeblick-wismar.de
54 Zim ⊡ – †50/75 € ††60/160 €
Rest – Karte 21/40 €
• Sie finden das ehemalige Kurhaus an der Seebrücke, direkt am Strand. Auf die Gäste warten gediegene Zimmer, teils zur See gelegen. Besonders geräumig ist das Turmzimmer. Das Restaurant bietet eine schöne Aussicht auf die Wismarer Bucht.

WISSEN – Rheinland-Pfalz – **543** – 8 210 Ew – Höhe 200 m – Luftkurort   **37** D13
▸ Berlin 588 – Mainz 127 – Bonn 69 – Limburg an der Lahn 67

🏠 **Ambiente** garni 🚗 🏡 (((•))) P VISA ◉ AE
Hockelbachstr. 2 ⊠ 57537 – ℰ (02742) 9 32 40
– www.hotel-ambiente-wissen.de
8 Zim – †59/61 € ††68/75 €, ⊡ 5 €
• Ein sehr persönlich geleitetes Haus in einer relativ ruhigen Wohngegend. In den Zimmern (alle im EG) erwarten Sie kleine Aufmerksamkeiten wie Wasserkocher, Badeartikel und Hausschuhe.

WITTDÜN – Schleswig-Holstein – siehe Amrum (Insel)

1325

WITTENBERG (LUTHERSTADT) – Sachsen-Anhalt – 542 – 49 920 Ew 32 N10
– Höhe 65 m
▶ Berlin 108 – Magdeburg 87 – Leipzig 66 – Dresden 151
🛈 Schlossplatz 2 A, ✉ 06886 – ✆ (03491) 48 69 10, www.lutherstadt-wittenberg.de
🄶 Wörlitz (Park★★, Schloss★, Gotisches Haus★), West: 20 km

Stadtpalais Wittenberg
Collegienstr. 56 (Zufahrt über Wallstraße) ✉ 06886 – ✆ (03491) 42 50
– www.stadtpalais.bestwestern.de Ba
78 Zim – ♦75/97 € ♦♦98/120 €
Rest – *(nur Abendessen)* Karte 26/38 €

◆ Die Lage in der Fußgängerzone und die komfortable Ausstattung mit eleganter Note sprechen für das Hotel. Vom Saunabereich im OG schaut man auf das Lutherhaus. Kosmetik und Massage. Das offen zur Halle hin gelegene Restaurant bietet internationale Küche.

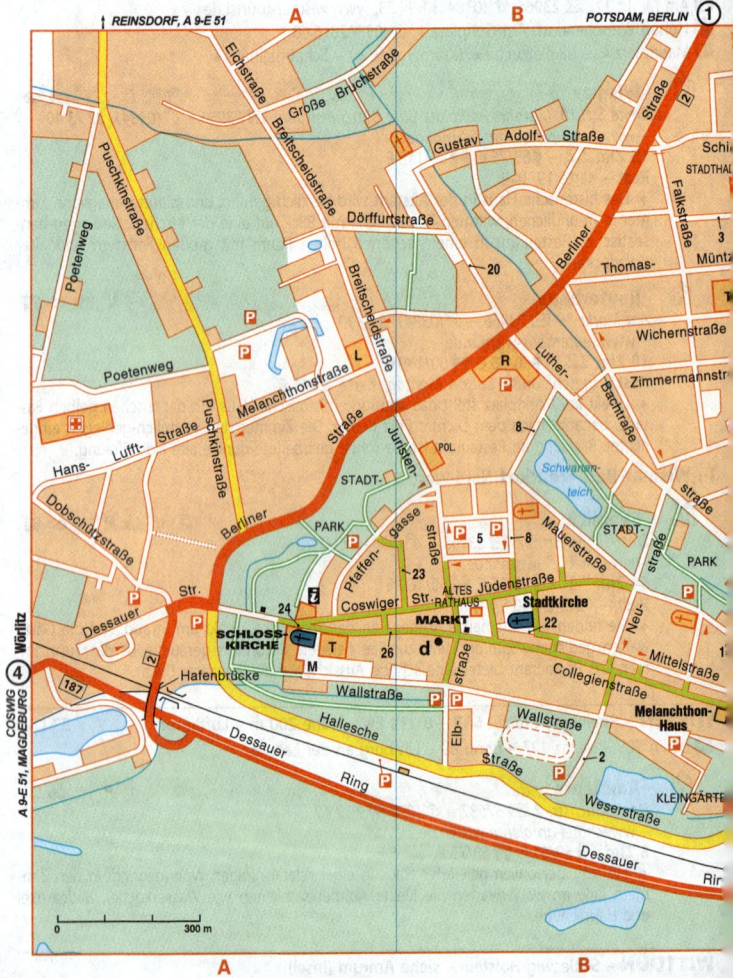

1326

WITTENBERG (LUTHERSTADT)

Schwarzer Baer garni
Schlossstr. 2 (Zufahrt über Wallstraße) ✉ 06886 – ✆ (03491) 4 20 43 44 – www.stadthotel-wittenberg.de
32 Zim – †60 € ††75 €   **Bd**
♦ Mitten in der Altstadt steht das seit 1520 existierende Gasthaus. Schönes modernes Interieur hinter einer denkmalgeschützten Fassade. Restaurant "Kartoffelhaus" nebenan.

In Wittenberg-Reinsdorf Nord-West: 4 km über Puschkinstraße **A** Richtung Straach

Grüne Tanne
Am Teich 1 (im OT Braunsdorf, Nord-West: 2 km) ✉ 06889 – ✆ (03491) 62 90
– www.gruenetanne.de – geschl. 24. - 27. Dezember
40 Zim – †36/45 € ††52/65 € – 2 Suiten
Rest – *(Montag - Freitag nur Abendessen, außer an Feiertagen)* Karte 12/29 €
♦ Die kleine Hofanlage in ruhiger Lage am Dorfrand bietet freundliche, zeitgemäße Gästezimmer und einen netten Garten hinter dem Haus, der als Liegewiese dient. Restaurant mit Blick ins Grüne.

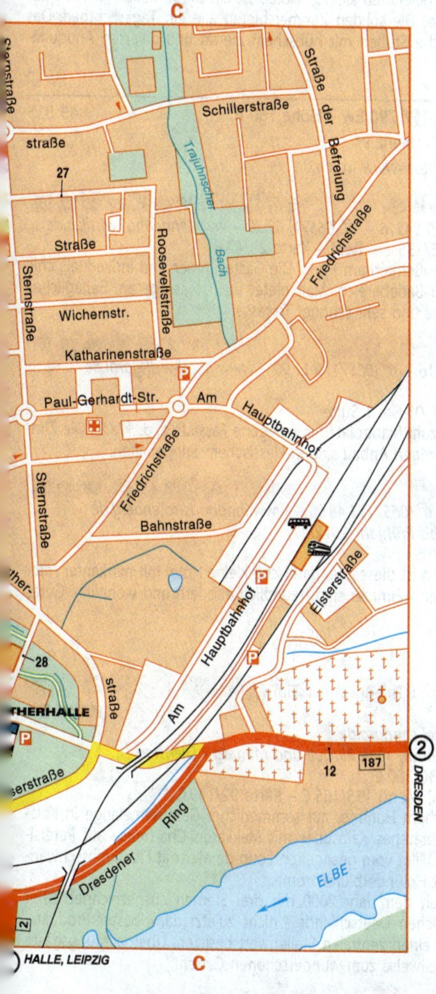

WITTENBERG

Am Stadtgraben	**B** 2
An der Stadthalle	**B** 3
Arsenalpl.	**B** 5
Bürgermeisterstr.	**B** 8
Collegienstr.	**B**
Coswiger Str.	**AB**
Dresdener Str.	**C** 12
Fleischerstr.	**B** 15
Geschwister-Scholl-Str.	**B** 17
Johann-Friedrich-Böttger-Str.	**B** 20
Jüdenstr.	**B**
Kirchpl.	**B** 22
Leipziger Str.	**C** 29
Markt	**B**
Marstallstr.	**AB** 23
Schlosspl.	**A** 24
Schlossstr.	**A** 26
Theodor-Fontane-Str.	**C** 27
Wilhelm-Weber-Str.	**C** 28

WITTENBURG – Mecklenburg-Vorpommern – 542 – 4 880 Ew – Höhe 40 m 11 K5
▶ Berlin 209 – Schwerin 35 – Lübeck 54 – Rostock 113

Schwanenhof garni
Bahnhofstr. 12 ⊠ 19243 – ℰ (038852) 61 80 – www.hotel-a24.de
23 Zim ⊇ – ✝49/55 € ✝✝68/80 €
◆ In dem familiär geführten Hotel stehen freundliche und gut gepflegte Zimmer bereit - am schönsten ist Zimmer Nr. 17 mit großem Balkon zum Stadtteich. Reizvolle Terrasse.

WITTINGEN – Niedersachsen – 541 – 11 850 Ew – Höhe 85 m 20 K7
▶ Berlin 265 – Hannover 93 – Schwerin 149 – Celle 50

Wittinger Tor (mit Gästehaus)
Salzwedeler Str. 4 ⊠ 29378 – ℰ (05831) 2 53 00 – www.wittinger-tor.de
16 Zim ⊇ – ✝75 € ✝✝110 €
Rest – *(Montag - Samstag nur Abendessen)* Karte 14/43 €
◆ Das Stammhaus des familiär geleiteten kleinen Hotels ist ein Bürgerhaus von 1904 mit schöner weißer Fachwerkfassade. Die soliden Zimmer bieten alle ein Tageslichtbad. Das Restaurant teilt sich in gemütliche Stuben mit hübschem Zierrat und diversen Antiquitäten.

WITTLICH – Rheinland-Pfalz – 543 – 17 790 Ew – Höhe 160 m 45 B15
▶ Berlin 681 – Mainz 129 – Trier 41 – Koblenz 91
🛈 Neustr. 18, ⊠ 54516, ℰ (06571) 40 86, www.wittlich.de

Lindenhof - Vulcano Spirit
Am Mundwald 5 (Süd: 2 km) ⊠ 54516 – ℰ (06571) 69 20 – www.lindenhof-wittlich.de
38 Zim ⊇ – ✝68/80 € ✝✝105/135 € **Rest** – Karte 23/42 €
◆ Das Hotel liegt ruhig etwas außerhalb am Hang. Die Gästezimmer sind individuell, chic und trendig ist der Sauna- und Badebereich. Man bietet auch Massage an. Behagliches modernes Restaurant mit Lounge und sehr schöner Terrasse.

Well garni
Marktplatz 5, (1. Etage) ⊠ 54516 – ℰ (06571) 9 11 90 – www.hotel-well-garni.de
– geschl. 23. - 31. Dezember
21 Zim ⊇ – ✝55/70 € ✝✝85/105 € – 1 Suite
◆ Hübsch anzuschauen ist die zum Marktplatz hin gelegene Fassade a. d. 17. Jh. Die Zimmer im Altbau sowie im rückwärtigen Anbau sind in klassischem Stil gehalten.

Rotenberg garni
Trierer Landstr.115 ⊠ 54516 – ℰ (06571) 1 48 00 – www.landhaus-rotenberg.de
– (Erweiterung um 10 Zimmer bis Frühjahr 2012)
10 Zim ⊇ – ✝60/70 € ✝✝85/95 €
◆ Aus dem Elternhaus der Chefin ist dieses sympathische kleine Hotel mit markanter roter Fassade entstanden. Die (Themen-) Zimmer sind freundlich, modern und wohnlich. Gutes Frühstück.

In Dreis Süd-West: 8 km

Waldhotel Sonnora (Helmut Thieltges) mit Zim
Auf dem Eichelfeld ⊠ 54518
– ℰ (06578) 9 82 20 – www.hotel-sonnora.de
– geschl. 27. Dezember - 25. Januar, 11. - 25. Juli und Montag - Dienstag
20 Zim ⊇ – ✝95/250 € ✝✝130/300 €
Rest – *(Tischbestellung ratsam)* Menü 135/165 € – Karte 92/149 €
Spez. Medaillons von bretonischem Hummer auf sommerlicher Gemüsemelange in Kalamansi-Joghurt-Creme. Kross gebratenes Kalbsbries mit Makkaroni-Chartreuse auf Petersilienwurzelmus und Pfifferlingen. Filet vom geangelten Loup de Mer mit Flusskrebsschwänzen in weißer Tomatennage mit Holunderblütenaroma.
◆ Helmut Thieltges, bereits seit dem Jahr 2000 mit drei Sternen ausgezeichnet, zählt unumstritten zu den Spitzenköchen Deutschlands - nicht zuletzt dank bester Produkte, die in seiner klassischen Küche einen zentralen Stellenwert besitzen. Übernachtungsgäste wohnen behaglich und ruhig, teilweise zum wunderschönen Garten.

WITZENHAUSEN – Hessen – **543** – 15 390 Ew – Höhe 145 m — **29** I11
▶ Berlin 365 – Wiesbaden 248 – Kassel 36 – Göttingen 26
🛈 Ermschwerder Str. 2, ✉ 37213, ✆ (05542) 6 00 10, www.kirschenland.de

In Witzenhausen-Dohrenbach Süd: 4 km über B 451 – Luftkurort

Zur Warte
Warteweg 1 ✉ 37216 – ✆ (05542) 30 90 – www.hotelzurwarte.de
20 Zim ⊇ – †46/52 € ††68/72 € – ½ P 14 €
Rest – *(November – März: Montag – Freitag nur Abendessen)* Karte 14/41 €
♦ Der gut geführte Familienbetrieb mit soliden, praktischen Zimmern und nettem Garten liegt ruhig in einer Wohngegend. Originell: In der Heuscheune können Gruppen im Heu übernachten. Restaurant in ländlichem Stil.

WITZHAVE – Schleswig-Holstein – **541** – 1 440 Ew – Höhe 24 m — **10** J5
▶ Berlin 260 – Kiel 98 – Hamburg 29 – Lübeck 51

Pünjer
Möllner Landstr. 9 ✉ 22969 – ✆ (04104) 9 77 70 – www.hotel-puenjer.de – geschl. 23. Dezember - 3. Januar
36 Zim – †51/58 € ††73/78 €
Rest – *(geschl. Samstag) (nur Abendessen)* Karte 17/34 €
♦ Ein freundlich-familiär geleitetes Haus, das sich durch seine verkehrsgünstige Lage nahe der A 24, die praktische Ausstattung sowie das gute Preis-Leistungs-Verhältnis auszeichnet. Das Restaurant mit rustikaler Note verfügt über einen Wintergartenanbau.

WÖLLSTEIN – Rheinland-Pfalz – **543** – 4 440 Ew – Höhe 130 m — **47** E15
▶ Berlin 605 – Mainz 36 – Bad Kreuznach 10 – Kaiserslautern 60

✗ **Wöllsteiner Weinstube**
Eleonorenstr. 32 ✉ 55597 – ✆ (06703) 96 19 33 – www.woellsteiner-weinstube.de – geschl. Montag
Rest – *(nur Abendessen) (Tischbestellung ratsam)* Karte 27/44 €
♦ Gemütlich sitzt man in dem reizenden Natursteinhaus in einer liebenswerten Weinstube mit Empore. Gekocht wird bürgerlich-regional mit internationalen Einflüssen. Lauschiger Innenhof.

WÖRISHOFEN, BAD – Bayern – **546** – 14 010 Ew – Höhe 630 m — **64** J20
– Wintersport: ⛷ – Heilbad
▶ Berlin 612 – München 80 – Augsburg 62 – Kempten (Allgäu) 53
🛈 Hauptstr. 16, ✉ 86825, ✆ (08247) 99 33 55, www.bad-woerishofen.de
▪ Rieden, Schlingener Str. 27, ✆ (08346) 7 77
▪ Türkheim-Ludwigsberg, Augsburger Str. 51, ✆ (08245) 33 22

Steigenberger Hotel Der Sonnenhof
Hermann-Aust-Str. 11 ✉ 86825
– ✆ (08247) 95 90 – www.spahotel-sonnenhof.de
156 Zim ⊇ – †129/260 € ††198/330 € – ½ P 38 € – 13 Suiten
Rest CALLA – siehe Restaurantauswahl
Rest König Ludwig Lounge – *(geschl. Sonntag) (nur Abendessen)* Karte 29/45 €
♦ Das Hotel in einem schönen Park überzeugt mit stilvollen wohnlichen Zimmern, Wellness auf 3500 qm und einem Tagungszentrum mit neuester Technik. Flughafen-Shuttle. Modern-rustikal: König Ludwig Lounge mit Allgäuer Schmankerln.

Fontenay
Eichwaldstr. 10 ✉ 86825 – ✆ (08247) 30 60 – www.hotel-fontenay.de
55 Zim ⊇ – †135/225 € ††246/310 € – ½ P 35 € – 7 Suiten
Rest – *(Tischbestellung ratsam)* Menü 28 € (mittags)/70 € – Karte 41/75 €
♦ Die Gäste schätzen dieses Hotel wegen seiner bevorzugten Lage in ruhigem Kurgebiet, der klassisch-eleganten Einrichtung und nicht zuletzt wegen des Engagements von Hubertus Holzbock und seinem Team. Spa mit Kneipp-Kur. Wählen Sie im Restaurant einen Platz mit Blick in den Garten! Die Küche ist international.

WÖRISHOFEN, BAD

Edelweiß
Bürgermeister-Singer-Str. 11 ⊠ 86825 – ℰ (08247) 3 50 10 – www.hotel-edelweiss.de
– geschl. 20. November - 20. Dezember
45 Zim ⊇ – †49/85 € ††98/170 € – ½ P 5 € – 2 Suiten
Rest – (geschl. Sonntagmittag) (nur für Hausgäste)
• Gediegenes Ambiente und ein schöner großzügiger Wellnessbereich erwarten Sie in dem ruhig gelegenen Hotel, das bereits seit über 80 Jahren in Familienhand ist.

Angerhof
Lerchenstr. 13 ⊠ 86825 – ℰ (08247) 99 10 – www.angerhof.com
49 Zim ⊇ – †49/84 € ††92/138 € – ½ P 15 € – 4 Suiten
Rest – Karte 18/32 €
• Das familiengeführte gewachsene Kurhotel in einer Seitenstraße bietet seinen Gästen gediegen-wohnliche Zimmer und viele Wellnessangebote. Hell gestaltete Restauranträume mit Blick in den Garten.

Villa Hofmann
Eichwaldstr. 6 ⊠ 86825 – ℰ (08247) 96 09 70
– www.hotel-villa-hofmann.de
25 Zim ⊇ – †45/55 € ††90/110 € – ½ P 10 €
Rest – (geschl. Sonntag) (nur für Hausgäste)
• Die ehemalige Hofratsvilla in einer kleinen Nebenstraße ist ein sehr gepflegter Familienbetrieb mit zeitgemäßen, wohnlichen Zimmern, meist mit Balkon. Massage und Kosmetik.

CALLA – Steigenberger Hotel Der Sonnenhof
Hermann-Aust-Str. 11 ⊠ 86825 – ℰ (08247) 95 90 – www.spahotel-sonnenhof.de
– geschl. Montag
Rest – Menü 35/50 € – Karte 33/78 €
• Das Restaurant (mit separatem Eingang) bietet seinen Gästen den guten Komfort, den man von einem Haus dieser Klasse erwartet. Euro-asiatischer Küchenstil.

Muschitz
Fidel-Kreuzer-Str. 4 , (im Münchner Haus) ⊠ 86825 – ℰ (08247) 99 73 97
– www.muschitz-einrestaurant.de – geschl. Anfang - Mitte November und Dienstag
- Mittwoch
Rest – Menü 25/70 € – Karte 34/53 €
• Hier kocht der Chef zeitgemäß und saisonal, während sich die Chefin um die Gäste kümmert. Blickfang im Restaurant ist der schöne Mosaikfußboden. Terrasse mit großem Sonnenschirm.

Sonnenbüchl mit Zim
Sonnenbüchl 1 (am Freibad) ⊠ 86825 – ℰ (08247) 95 99 00
– www.cafe-restaurant-sonnenbuechl.de – geschl. 9. Januar - 11. Februar
und Sonntagabend - Montag, Dienstagabend
4 Zim ⊇ – †53/55 € ††95/110 € – ½ P 25 €
Rest – Menü 28/40 € – Karte 21/50 €
• Gut isst man in dem ländlich-charmanten Gasthaus von Christa und Anton Brutscher. Aus der Küche kommen schmackhafte regionale und internationale Speisen. Die Gästezimmer sind sehr gemütlich gestaltet, darunter ein besonders schönes Studio. Recht ruhig ist die Lage am Ortsrand.

WÖRTH AM RHEIN – Rheinland-Pfalz – 543 – 17 300 Ew – Höhe 106 m   54 E17
▶ Berlin 681 – Mainz 129 – Karlsruhe 14 – Landau in der Pfalz 23

In Wörth-Maximiliansau Süd-Ost: 1,5 km, jenseits der A 65

Zur Einigkeit
Karlstr. 16 ⊠ 76744 – ℰ (07271) 44 44 – www.einigkeit-maximiliansau.de – geschl. Ende Mai - Mitte Juni und Samstagmittag, Sonntag - Montag
Rest – Karte 38/65 €
• Hier kennt man sich und vertraut auf die Empfehlungen von Gastgeber Franz Klöfer. Freude am Essen ist seine Philosophie. Trotz aller Bodenständigkeit ist die Küche gehoben. Im Frühjahr ist die Schlachtplatte ein Muss! Kleiner Innenhof.

WOLFACH – Baden-Württemberg – **545** – 5 840 Ew – Höhe 262 m – Luftkurort 54 E19
▶ Berlin 750 – Stuttgart 137 – Freiburg im Breisgau 57 – Freudenstadt 38
🛈 Hauptstr. 41, ✉ 77709, ℰ (07834) 83 53 53, www.wolfach.de

In Wolfach-Kirnbach Süd : 5 km :

Kirnbacher Hof (mit Gästehaus)
Untere Bahnhofstr. 2 ✉ 77709 – ℰ (07834) 61 11 – www.kirnbacher-hof.de
20 Zim ⊇ – †42/49 € ††72/78 €
Rest – (Montag - Freitag nur Abendessen) Karte 16/39 €
♦ Ein sympathisch-familiärer Gasthof in einem ruhigen Seitental bei den Vogtbauernhöfen. In den Zimmern vermitteln warme Farben Wohnlichkeit; auch Familienzimmer. Bürgerliche Küche im Restaurant. Schön: Nebenzimmer mit Dielenboden, wertigem Mobiliar und hübschen Stoffen.

In Wolfach-St. Roman Nord-Ost: 12 km Richtung Schiltach, nach 7 km links
– Höhe 673 m

Adler 🌿
St. Roman 14 ✉ 77709 – ℰ (07836) 9 37 80
– www.wellnesshotel-adler.de
42 Zim ⊇ – †75/88 € ††136/236 € – ½ P 24 € – 1 Suite
Rest – Menü 24/40 € – Karte 21/44 €
♦ Ein zum Hotel gewachsener Gasthof mit über 350-jähriger Familientradition - und man hat nochmal erweitert: Es sind neue Zimmer hinzugekommen und der Spa bietet noch mehr in Sachen Baden, Sauna und Beauty. Man hat auch Familienappartements. Gemütlich-rustikales Restaurant mit freundlichem Wintergarten und Terrasse.

WOLFEGG – Baden-Württemberg – **545** – 3 420 Ew – Höhe 674 m 63 H21
▶ Berlin 706 – Stuttgart 173 – Tübingen 138 – Appenzell 96

In Wolfegg-Alttann Nord: 2 km

Landhotel Allgäuer Hof
Waldseer Str. 36 ✉ 88364 – ℰ (07527) 2 90
– www.landhotel-allgaeuer-hof.de
51 Zim – †54/75 € ††106/134 €, ⊇ 10 € **Rest** – Karte 21/40 €
♦ Das im Ort am Hang gelegene Hotel bietet helle, wohnliche Komfortzimmer und einen schönen Freizeitbereich in klarem modernem Stil. Ältere, preisgünstigere Zimmer im Haus Oberschwaben. Teil des Restaurants ist die ganz in hellem Holz gehaltene Wolfegg-Stube.

WOLFENBÜTTEL – Niedersachsen – **541** – 53 460 Ew – Höhe 75 m 30 J9
▶ Berlin 240 – Hannover 74 – Braunschweig 12 – Goslar 31
🛈 Stadtmarkt 7 AZ, ✉ 38300, ℰ (05331) 8 62 80, www.wolfenbuettel-tourismus.de
🏍 Kissenbrück, Rittergut Hedwigsburg, ℰ (05337) 9 07 03
◉ Stadtbild★★ – Fachwerkhäuser★★ ABYZ – Herzog-August-Bibliothek★ AY – Stadtmarkt★
– Schloss★ AZ

Stadtplan auf der nächsten Seite

  Parkhotel Altes Kaffeehaus
Harztorwall 18 ✉ 38300 – ℰ (05331) 88 80
– www.parkhotel-wolfenbuettel.de   BZ**a**
75 Zim ⊇ – †66/80 € ††87/110 €
Rest – (Montag - Samstag nur Abendessen) Karte 16/42 €
♦ Wo im 19. Jh. ein türkisches Kaffeehaus stand, bietet heute dieses Hotel freundliche Zimmer in ländlichem Stil. Im Sommer frühstücken Sie auf der Terrasse mit Parkblick. Sie speisen im hellen Restaurant oder in der denkmalgeschützten Weingrotte mit Gewölbe.

Rilano 24/7 garni
Bahnhofstr. 9 (über **AY**) ✉ 38300 – ℰ (05331) 9 88 60
– www.rilano.com
48 Zim – †74/99 € ††94/119 €, ⊇ 10 €
♦ Das Hotel liegt verkehrsgünstig am Rande der Altstadt, in unmittelbarer Nähe des Bahnhofs, und bietet eine moderne Ausstattung. Angeschlossen ist ein Freizeitcenter.

WOLFENBÜTTEL

Am Herzogtore	BY	2	Holzmarkt	BZ	15	Leopoldstr.	BY 32
Anna-Vorwerk-Str.	AY	3	Jägermeisterstr.	BY	16	Löwenstr.	AZ 33
Bahnhofstr.	AZ	5	Jägerstr.	AZ	17	Lohenstr.	BZ 34
Brauergildenstr.	BZ	6	Kanzleistr.	AZ	19	Marktstr.	BZ 35
Breite Herzogstr.	BYZ		Kleine Kirchstr.	ABZ	21	Okerstr.	BYZ
Dr-Heinrich-Jasper-Str.	AZ	8	Klosterstr.	AZ	23	Reichsstr.	BZ 36
Enge Str.	BZ	9	Kommißstr.	AZ	24	Schiffwall	AYZ 37
Großer Zimmerhof	AZ	13	Krambuden	AZ	26	Schlosspl.	AZ 39
Große Kirchstr.	BZ	12	Landeshuter-Pl.	AZ	29	Sophienstr.	AY 40
			Lange Herzogstr.	ABYZ		Stadtmarkt	AZ
			Lange Str.	BZ		Stobenstr.	AYZ 42
						Ziegenmarkt	BYZ 43

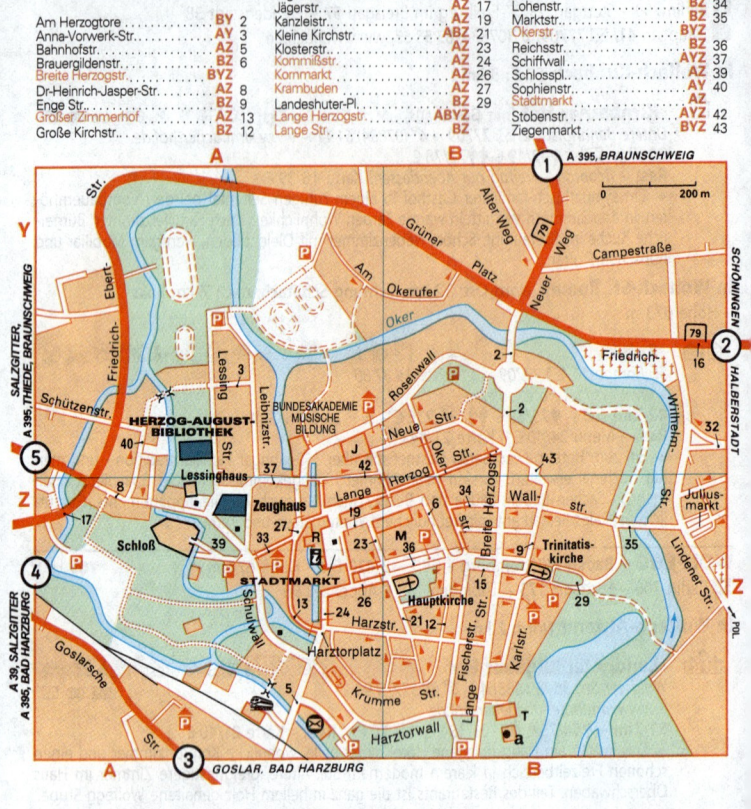

🏠 **Landhaus Dürkop** garni 🛜 📶 📞 P VISA ⓒ AE
Alter Weg 47 (über Neuer Weg BY) ✉ 38302 – 📞 (05331) 70 53 – www.landhaus-duerkop.de
30 Zim 🍽 – 👤59/62 € 👥85/89 € – 2 Suiten
♦ Das solide eingerichtete Haus liegt relativ ruhig in einem Wohngebiet etwas außerhalb des Zentrums und wird seit vielen Jahren als Familienbetrieb geführt.

WOLFRAMS-ESCHENBACH – Bayern – 546 – 2 880 Ew – Höhe 442 m   57 K17

▶ Berlin 473 – München 177 – Nürnberg 49 – Nördlingen 54

🏠 **Landhotel Gary** (mit Gästehaus) 🛜 📶 P VISA ⓒ
Richard-Wagner-Str. 2 ✉ 91639 – 📞 (09875) 9 79 70 – www.landhotel-gary.de
27 Zim 🍽 – 👤36/39 € 👥56/62 €
Rest – (geschl. Mittwochabend) Karte 10/30 €
♦ Der gepflegte fränkische Landgasthof mit eigener Metzgerei liegt an der Durchgangsstraße beim Oberen Torturm der Stadtmauer. Die Zimmer sind in ländlichem Stil eingerichtet. Rustikales Restaurant mit hübschem Kachelofen.

WOLFSBURG – Niedersachsen – 541 – 121 110 Ew – Höhe 63 m   20 K8

▶ Berlin 222 – Hannover 91 – Magdeburg 83 – Celle 80

ADAC Am Mühlengraben 22 Y

🛈 Willy-Brandt-Platz 3 Y, ✉ 38440, 📞 (05361) 89 99 30, www.wolfsburg-marketing.de

⛳ Bokensdorf, Osloßer Weg 20, 📞 (05366) 12 23

◉ Autostadt ★★

1332

WOLFSBURG

Bahnhofspassage	Y 4	Heßlinger Str.	Y	
Berliner Brücke	X 7	Hochring	X 17	
Dresdener Ring	X 8	Kaufhof	Y 19	
Eichendorffstr.	Y 9	Klieversberg	X 22	
Fallersleber Str.	X 12	Königsberger Str.	X 23	
Ganghoferstr.	Y 13	Lerchenweg	X 24	
		Marktpl.	Y 25	
		Pestalozziallee	X 26	
		Porschestr.	Y	

Robert-Koch-Pl.	Y 27
Röntgenstr.	X 28
Rothenfelder Markt	Y 29
Rothenfelder Str.	Y
Schlesierweg	X 31
Schulenburgallee	X 33
Stadtwaldstr.	X 34
Willy-Brandt-Pl.	Y 36

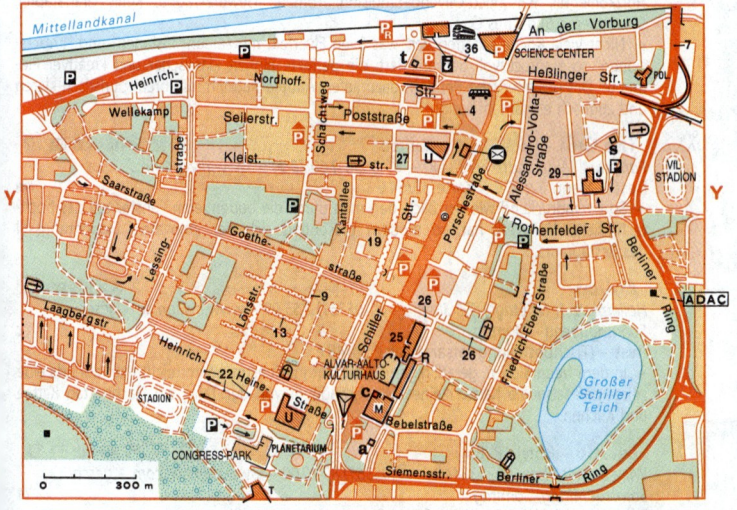

WOLFSBURG

The Ritz-Carlton
Parkstr. 1 (Autostadt) ⊠ *38440 – ℰ (05361) 60 70 00 – www.ritzcarlton.de*
174 Zim – †315/395 € ††415/495 €, ⊇ 27 € – 21 Suiten Xa
Rest *Aqua*✿✿✿ **Rest** *The Grill* – siehe Restaurantauswahl
• Schon die Lage in der Autostadt von Volkswagen ist einzigartig, hinzu kommen das edle modern-elegante Interieur und der erstklassige Service. Ein Highlight des Spabereichs ist der schwimmende Außenpool zum Hafen hin.

Holiday Inn
Rathausstr. 1 ⊠ *38440 – ℰ (05361) 20 70 – www.wolfsburg-hi-hotel.de* Ya
207 Zim ⊇ – †98/186 € ††112/200 € **Rest** – Karte 28/59 €
• Das Businesshotel überzeugt mit seiner zentralen und dennoch verkehrsgünstigen Lage sowie mit zeitgemäßen und funktionalen Gästezimmern. Rustikal-gediegen ist das Ambiente im Restaurant Zille Stube.

einschlaf garni
An der St. Annen Kirche 24 ⊠ *38440 – ℰ (05361) 70 97 44 – www.einschlaf.de*
4 Zim – †98/149 € ††129/149 €, ⊇ 16 € Ys
• Mit seinen vier individuellen Zimmern ist dieses Haus eines der kleinsten Hotels. Es besticht durch geschmackvoll-modernes und hochwertiges Design, beispielhafte Führung und zentrale Lage. Sehr gutes Frühstück und kleine Speisekarte im Café Atelier.

TRYP
Willy-Brandt-Platz 2 ⊠ *38440 – ℰ (05361) 89 90 00 – www.solmelia.com* Yt
121 Zim ⊇ – †100/183 € ††114/199 €
Rest *Linario* – siehe Restaurantauswahl
• Nahe Bahnhof und Autostadt finden Sie das Hotel mit den neuzeitlichen und funktionellen Zimmern. Zwei Allergikerzimmer mit Holzfußboden. Auf Wunsch verschiedene Kopfkissen.

Aqua – Hotel The Ritz-Carlton
✿✿✿ *Parkstr.1 (Autostadt)* ⊠ *38440 – ℰ (05361) 60 60 56 – www.restaurant-aqua.com*
– geschl. Januar 2 Wochen, nach Ostern 1 Woche, Juli - August 3 Wochen und Sonntag - Montag Xa
Rest – *(nur Abendessen)* (Tischbestellung ratsam) Menü 125/195 € – Karte 95/148 €
Spez. Gänseleber „Lumumba" und Zwetschge. Kaisergranat und Jungschweinebauch vom Holzkohlegrill, Balsamico-Olivenöl-Emulsion, Tomate. Gewürz-Taube, Kefir, Granatapfel, Sesamcreme und Cous Cous.
• Nicht viele Köche schaffen das, was Sven Elverfeld mit seinen "Visionen" und "Impressionen" so eindrucksvoll demonstriert: die perfekte Einheit klassischer und kreativer Elemente! Das gestalterische Pendant dazu liefert Andrée Putman mit ihrem puristisch-klaren und zugleich eleganten Design.

The Grill – Hotel The Ritz-Carlton
Parkstr. 1 (Autostadt) ⊠ *38440 – ℰ (05361) 60 70 91 – www.ritzcarlton.de*
Rest – Menü 32/65 € – Karte 35/64 € Xa
• So beeindruckend wie der Blick, den man durch die bodentiefen Fenster auf das hochtechnisierte VW-Werk hat, so modern präsentiert sich der innovative Einrichtungsstil des Restaurants.

Awilon
Hollerplatz 1, (2. Etage) ⊠ *38440 – ℰ (05361) 2 55 99 – www.awilon.de – geschl. Sonntagabend - Montag* Yc
Rest – (Tischbestellung ratsam) Karte 34/48 €
• In dem freundlichen, geradlinigen Restaurant im Kunstmuseum reicht man abends eine zeitgemäß-saisonale Karte. Kleines Mittagsangebot von der Tafel, am Nachmittag Kaffee und Kuchen.

Linario – Hotel TRYP
Willy-Brandt-Platz 2 ⊠ *38440 – ℰ (05361) 89 90 00 – www.solmelia.com – geschl. Samstagmittag, Sonntag* Yt
Rest – Menü 23/40 € – Karte 24/44 €
• Linario ist ein modernes Restaurant in Rot- und Grautönen. Geboten werden zeitgemäße saisonale Gerichte, mittags ist das Angebot etwas reduziert.

WOLFSBURG

In Wolfsburg-Fallersleben

Ludwig im Park
Gifhorner Str. 25 ⊠ *38442 – ℰ (05362) 94 00 – www.ludwig-im-park.de* Xn
43 Zim ⊒ – †105/130 € ††125/150 € – 4 Suiten
Rest *La Fontaine* ❀ – siehe Restaurantauswahl

♦ Eine klassisch-stilvolle Atmosphäre umgibt Sie in dem komfortablen Hotel im Schwefelpark. Die Zimmer bieten meist Parkblick. Hausgäste verköstigt man in einer gemütlich-rustikalen Stube.

La Fontaine – Hotel Ludwig im Park
❀
Gifhorner Str. 25 ⊠ *38442 – ℰ (05362) 94 00 – www.ludwig-im-park.de – geschl. 1. - 15. Januar und Sonntag - Montag* Xn
Rest – (nur Abendessen) Menü 68/105 € – Karte 60/88 €
Spez. Torte von Perlhuhn und Gänseleber mit Feigenconfit. Schottischer Lammrücken mit Olivenkruste und Thymianjus. Gratiniertes Limonenparfait mit exotischem Früchtekompott.

♦ Klassisch ist sowohl die passende Bezeichnung für das elegante Ambiente mit Louis-Seize-Stühlen und stilvoller Tischkultur wie auch für die Küche von Hartmut Leimeister. Er kocht tadellos, die Gerichte sind ausgezeichnet, werden mit Geschmack und Sorgfalt zubereitet.

In Wolfsburg-Neuhaus Ost: 5 km über Dieselstraße X

An der Wasserburg
An der Wasserburg 2 ⊠ *38446 – ℰ (05363) 94 00 – www.an-der-wasserburg.de*
55 Zim ⊒ – †135/205 € ††135/235 € – 2 Suiten
Rest *Romantik* – siehe Restaurantauswahl
Rest *Saphir* – (geschl. Sonntag - Montag) (nur Abendessen) Menü 55/85 €

♦ Ein historisches Fachwerkhaus mit neuzeitlichem Anbau gegenüber der namengebenden Wasserburg. Zeitgemäß-funktionale Zimmer, Kosmetikangebot und separates Tagungszentrum. Internationales im Quadro. Neueste Gourmet-Errungenschaft: das intime Restaurant Saphir.

Romantik – Hotel An der Wasserburg
An der Wasserburg 2 ⊠ *38446 – ℰ (05363) 94 01 67 – www.an-der-wasserburg.de*
Rest – Karte 20/44 €

♦ Mit seinem angenehm hellen Interieur liegt das Restaurant ganz am Puls der Zeit: Sandsteinwände und Gewölbedecke mischen sich gelungen mit ercrufarbenen Hochlehnern und Designerlampen.

In Wolfsburg-Sandkamp

Jäger
Eulenweg 3 ⊠ *38442 – ℰ (05361) 3 90 90 – www.hotel-jaeger-wolfsburg.de*
48 Zim ⊒ – †76/92 € ††80/120 € – ½ P 25 € Xe
Rest *Jott* – ℰ (05361) 39 09 95 (geschl. Samstagmittag und Sonntag) Karte 20/40 €

♦ Ein freundlich geleitetes Hotel, das über unterschiedlich eingerichtete Gästezimmer verfügt - einige davon sind besonders schön und modern. Restaurant Jott in neuzeitlichem Stil mit internationaler Bistrokarte.

In Wolfsburg-Westhagen

Strijewski's
Rostocker Str. 2 ⊠ *38444 – ℰ (05361) 8 76 40 – www.hotel-strijewski.de* Xd
50 Zim ⊒ – †85/90 € ††118 € **Rest** – (geschl. Samstag) Menü 22 € – Karte 18/36 €

♦ Das in einem Wohngebiet gelegene Hotel wird gut geführt und ist sehr gepflegt. Die Zimmer sind funktionell ausgestattet, praktisch ist die Anbindung an Stadt und Autobahn. Restaurant mit bürgerlichem Ambiente.

In Weyhausen Nord-West: 9 km über Oebisfelder Straße X

Alte Mühle
Wolfsburger Str. 72 (B188) ⊠ *38554 – ℰ (05362) 9 80 00*
– www.altemuehle.bestwestern.de
52 Zim – †115/196 € ††123/215 €, ⊒ 14 €
Rest – (geschl. Sonntag) Menü 21/65 € – Karte 27/49 €

♦ Die verkehrsgünstige Lage und komfortable, teilweise besonders zeitgemäß gestaltete Zimmer sprechen für dieses Hotel. In der recht großzügigen Lobby hat man eine Bar. Restaurant in neuzeitlichem Stil mit internationaler Küche.

1335

WOLFSCHLUGEN – Baden-Württemberg – siehe Nürtingen

WOLGAST – Mecklenburg-Vorpommern – 542 – 11 970 Ew – Höhe 20 m 14 P4
▶ Berlin 210 – Schwerin 193 – Rügen (Bergen) 90 – Greifswald 34
🅘 Rathausplatz 10, ✉ 17438, ✆ (03836) 60 01 18, www.wolgast.de

Peenebrücke garni
Burgstr. 2 ✉ 17438 – ✆ (03836) 2 72 60 – www.hotel-peenebruecke.de – geschl. Ende Dezember - Anfang Januar
20 Zim – ♦54/84 € ♦♦69/89 €, ⌧ 7 €
♦ Ein gepflegtes rekonstruiertes Patrizierhaus a. d. 16. Jh. Nett ist der freundliche Frühstücksraum mit freigelegtem Fachwerk. Einige geräumige Appartements sind gut für Familien geeignet.

WOLMIRSTEDT – Sachsen-Anhalt – 542 – 12 160 Ew – Höhe 51 m 31 L9
▶ Berlin 152 – Magdeburg 14 – Gardelegen 50 – Stendal 47

Wolmirstedter Hof
August-Bebel-Str. 1 (Zufahrt über Friedensstraße) ✉ 39326 – ✆ (039201) 2 27 27 – www.wolmirstedter-hof.de
21 Zim ⌧ – ♦40/56 € ♦♦65/79 €
Rest – (geschl. Sonntagabend) Karte 16/25 €
♦ Sehr gepflegte Gästezimmer bietet der Inhaber in seinem kleinen Hotel in der Ortsmitte. In einem der Zimmer schläft man sogar in einem Wasserbett. In gemütlich-uriger Atmosphäre trinkt man zu böhmischen Gerichten das bekannte tschechische Bier Starobrno.

WOLPERTSWENDE – Baden-Württemberg – siehe Weingarten

WORMS – Rheinland-Pfalz – 543 – 81 790 Ew – Höhe 100 m 47 F16
▶ Berlin 607 – Mainz 45 – Mannheim 25 – Darmstadt 43
ADAC Friedrich-Ebert-Str. 84
🅘 Neumarkt 14 A, ✉ 67547, ✆ (06241) 2 50 45, www.worms.de
◉ Dom St. Peter★★ (Reliefs aus dem Leben Christi★) – Judenfriedhof★★ – Museum Heylshof★ Gemäldesammlung★ M¹ A

Parkhotel Prinz Carl
Prinz-Carl-Anlage 10 (über Mainzer Straße A) ✉ 67547 – ✆ (06241) 30 80 – www.parkhotel-prinzcarl.de – geschl. Ende Dezember - Anfang Januar
90 Zim ⌧ – ♦85/125 € ♦♦125/155 € – 2 Suiten
Rest – (geschl. Samstagmittag, Sonntag und an Feiertagen) Karte 31/46 €
♦ Schöne historische Gebäude - darunter "Kunsthaus" und "Kapelle" - auf einem ehemaligen Kasernengelände. Das Hotel ist auf Businessgäste zugeschnitten und bietet wohnliche Zimmer und Suiten. Internationale Küche im Restaurant.

Dom-Hotel garni
Obermarkt 10 ✉ 67547 – ✆ (06241) 90 70 – www.dom-hotel.de
56 Zim ⌧ – ♦75/85 € ♦♦92/105 € – 2 Suiten A**x**
♦ In dem Stadthotel in der Fußgängerzone erwarten Sie wohnlich-solide und funktional eingerichtete Gästezimmer; von einigen schaut man zum Obermarkt. Heller Frühstücksraum.

Central garni
Kämmererstr. 5, (1. Etage) (Zufahrt über Schildergasse 3) ✉ 67547 – ✆ (06241) 6 45 70 – www.centralhotel-worms.de
19 Zim ⌧ – ♦58/65 € ♦♦85/110 € A**s**
♦ Ein gut geführtes Etagenhotel am Anfang der Fußgängerzone gegenüber dem Marktplatz, in dem gepflegte zweckmäßige Zimmer bereitstehen.

WORMS

Adenauerring .... A 2	Friedrichstr. .... A 13	Marktpl. .... A 26
Allmendgasse .... B 3	Friedrich-Ebert-Str. .... A 14	Martinsgasse .... A 27
Am Römischen Kaiser .... B 5	Hardtgasse .... A 15	Neumarkt .... A 30
Bärengasse .... A 6	Heinrichstr. .... A 16	Petersstr. .... A 32
Bauhofgasse .... B 8	Herzogenstr. .... A 18	Pfauenpforte .... A 34
Fischmarkt .... A 9	Kämmererstr. .... A 20	Pfauentorstr. .... A 35
Folzstr. .... A 12	Karolingerstr. .... A 22	Remeyerhofstr. .... B 36
	Ludwigspl. .... A 23	Stephansgasse .... A 38
	Mähgasse .... B 24	Valckenbergstr. .... A 39
	Mainzer Str. .... A 25	Wilhelm-Leuschner-Str. .... A 40

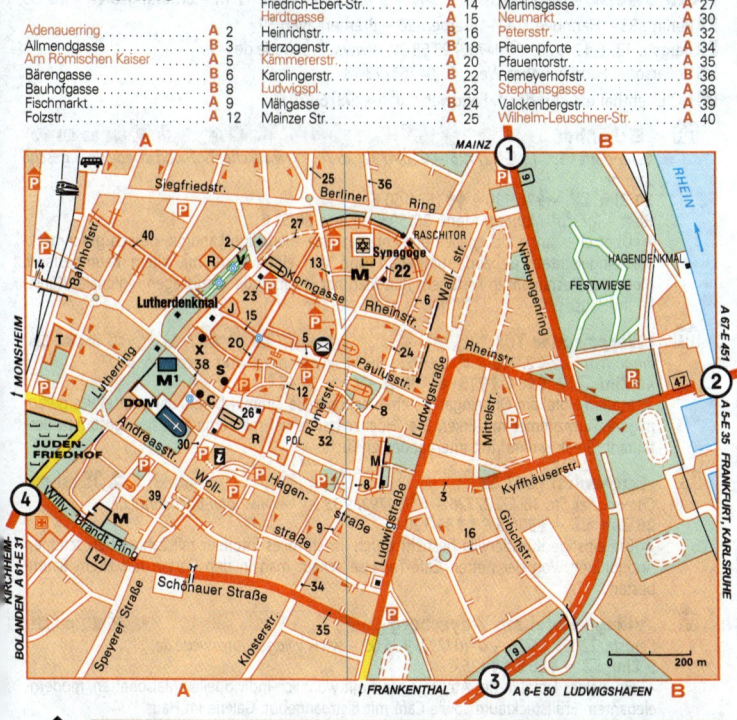

🏠 Kriemhilde   🛜 📶 VISA ⦿⦿   Ac
Hofgasse 2 ✉ *67547* – 📞 *(06241) 9 11 50* – *www.hotel-kriemhilde.de*
19 Zim 🍽 – †41/63 € ††76 €
Rest – *(geschl. Samstag, Januar - Ende April: Sonntagabend und Samstag)* Karte 17/40 €
♦ Hier wohnt man in einem familiengeführten kleinen Hotel direkt neben dem Dom. Die Zimmer sind etwas unterschiedlich gestaltet und bieten eine funktionelle Ausstattung. Restaurant mit bürgerlichem Angebot.

🍴 Tivoli   🛜 ✂ VISA ⦿⦿   Av
Adenauer-Ring 4b ✉ *67547* – 📞 *(06241) 2 84 85* – *geschl. Montag*
Rest – Karte 22/40 €
♦ Auch nach 35 Jahren bleibt man in diesem Familienbetrieb in der Innenstadt seiner italienischen Frischeküche treu. Die Gäste schätzen den persönlichen Service.

In Worms-Rheindürkheim Nord: 9 km über Nibelungenring **B**

🍴🍴 Rôtisserie Dubs   VISA ⦿⦿ AE
Kirchstr. 6 ✉ *67550* – 📞 *(06242) 20 23* – *www.dubs.de*
– *geschl. Januar 2 Wochen und Dienstag, Samstagmittag*
Rest – Menü 32/84 € – Karte 44/63 €
Rest *Zum Schiff* – siehe Restaurantauswahl
♦ Das Gasthaus ist seit mehreren Generationen im Besitz der Familie Dubs, die in der gediegen-eleganten Rôtisserie eine klassisch ausgerichtete Karte bietet.

🍴 Zum Schiff – Restaurant Rôtisserie Dubs   VISA ⦿⦿ AE
Kirchstr. 6 ✉ *67550* – 📞 *(06242) 20 23* – *www.dubs.de*
– *geschl. Januar 2 Wochen und Dienstag, Samstagmittag*
Rest – Karte 20/45 €
♦ Die Historie des "Schiffs" geht auf das Jahr 1884 zurück. Arbeiter, Fischer und Bauern nahmen hier den Feierabendschoppen ein. Bis heute ist das Lokal eine einfache bürgerliche Adresse geblieben.

WORPSWEDE – Niedersachsen – 541 – 9 430 Ew – Höhe 17 m – Erholungsort 18 G6
▶ Berlin 383 – Hannover 142 – Bremen 26 – Bremerhaven 59
🛈 Bergstr. 13, ✉ 27726, ℰ (04792) 93 58 20, www.worpswede.de
⛳ Vollersode, Paddewischer Weg, ℰ (04763) 73 13
⛳ GC Lilienthal e.V., An der 1. Landwehr, ℰ (04298) 69 70 69

Eichenhof
Ostendorfer Str. 13 ✉ 27726 – ℰ (04792) 26 76 – www.eichenhof-worpswede.de – geschl. Januar
20 Zim – †76/110 € ††153/160 €
Rest – *(geschl. Montag)* Menü 30/50 € – Karte 28/53 €
◆ Über eine lange Eichenallee erreicht man das ehemalige Landgut, dessen geschmackvoll eingerichtete Gebäude umgeben sind von einem Park mit altem Baumbestand. Modernes Restaurant in kräftigem Rot. Man hat wechselnde Vernissagen regionaler Künstler im Haus.

Worpsweder Tor
Findorffstr. 3 ✉ 27726 – ℰ (04792) 9 89 30 – www.hotel-worpsweder-tor.de
40 Zim – †96 € ††131 €   **Rest** – Karte 34/48 €
◆ In dem Hotel am Ortseingang stehen zeitgemäße Zimmer bereit, darunter etwas geräumigere Turmzimmer mit Erker. Die "Hochzeitssuite" ist mit Himmelbett ausgestattet. Restaurant "Steak & dine" mit internationaler Küche.

Buchenhof garni
Ostendorfer Str. 16 ✉ 27726 – ℰ (04792) 9 33 90 – www.hotel-buchenhof.de
28 Zim – †50/75 € ††85/120 €
◆ Die einstige Künstlervilla besticht durch ihr stilvolles Interieur mit zahlreichen schönen Antiquitäten. Von der netten Café-Terrasse schaut man in den Garten mit altem Baumbestand.

Village Hotel am Weyerberg garni
Bergstr. 22 ✉ 27726 – ℰ (04792) 9 35 00 – www.village-worpswede.de
9 Zim – †86 € ††125 €
◆ Ein kleines Hotel in der Ateliergegend mit wohnlich-individuellen Maisonetten, modernelegantem Frühstücksraum sowie Café mit Bistroangebot. Galerie im Haus.

Kaffee Worpswede
Lindenallee 1 ✉ 27726 – ℰ (04792) 10 28 – www.kaffee-worpswede.de – geschl. Montag - Dienstag
Rest – *(Tischbestellung ratsam)* Menü 35 € – Karte 32/52 €
◆ Eine Buddha-Skulptur ("Bonze des Humors") begrüßt Sie auf dem von Bernhard Hoetger gestalteten Anwesen. In dem sehenswerten Backsteingebäude von 1925 serviert man freundlich schmackhafte internationale Küche.

WREMEN – Niedersachsen – 541 – 1 990 Ew – Höhe 2 m – Seebad 8 F5
▶ Berlin 419 – Hannover 199 – Bremerhaven 16 – Cuxhaven 30

Upstalsboom Hotel Deichgraf
Strandstr. 54 ✉ 27638 – ℰ (04705) 6 60 40
– www.upstalsboom.de/deichgraf
34 Zim – †89/129 € ††148/228 € – ½ P 26 € – 2 Suiten
Rest – Menü 28/47 € – Karte 21/49 €
◆ Schön ist die ruhige Lage auf dem Deich. Das Hotel bietet wohnliche Zimmer, die Superior-Kategorie ist am komfortabelsten. In der 1. und 2. Etage haben die Zimmer Balkone. Tolle Aussicht auch vom Restaurant und der Terrasse.

Gasthaus Wolters - Zur Börse
Lange Str. 22 ✉ 27638 – ℰ (04705) 12 77 – www.zur-boerse.de
– geschl. Anfang März 2 Wochen, Oktober 3 Wochen und Dienstag - Mittwochmittag, Januar - März: Dienstag - Mittwoch, Juni - Oktober: Dienstag
Rest – *(Tischbestellung ratsam)* Menü 23/54 € – Karte 30/52 €
◆ Neben der Kirche steht das nette Gasthaus a. d. 18. Jh., das einst der Viehbörse diente. In gediegenem Ambiente bietet man schmackhafte Speisen, für die reichlich regionale Produkte der Saison verwendet werden.

WÜNNENBERG, BAD – Nordrhein-Westfalen – 543 – 12 290 Ew   28 F11
– Höhe 280 m – Kneippheilbad
▶ Berlin 455 – Düsseldorf 168 – Detmold 62 – Arnsberg 75
🛈 Im Aatal 3, ⊠ 33181, ℰ (02953) 9 98 80, www.wuennenberg.de

Parkhotel
Hoppenberg 2 ⊠ 33181 – ℰ (02953) 83 49 – www.parkhotel-hegers.de – geschl.
August 3 Wochen
8 Zim ⊇ – †55/65 € ††75/85 € – ½ P 18 € **Rest** – (geschl. Montag) Karte 23/31 €
♦ In dem langjährigen Familienbetrieb in ruhiger Ortsrandlage erwarten Sie funktionell ausgestattete Gästezimmer in klassischem Stil, teilweise mit Balkon. Freundlich-ländliches Ambiente und bürgerliche Küche im Restaurant.

WÜRSELEN – Nordrhein-Westfalen – 543 – 37 660 Ew – Höhe 195 m   35 A12
▶ Berlin 635 – Düsseldorf 80 – Aachen 9 – Mönchengladbach 47

Alte Feuerwache - Podobnik's Gourmet Restaurant
Oppener Str. 115 ⊠ 52146 – ℰ (02405) 4 29 01 12
– www.alte-feuerwache-wuerselen.de
– geschl. Juni 2 Wochen, September 2 Wochen und Sonntag - Montag
Rest – (nur Abendessen) Menü 68/108 €
Rest *Alte Feuerwache - Podobnik's Bistro* – siehe Restaurantauswahl
Spez. Gebeiztes Schwertfischfilet in Limonenöl mariniert mit Kalbskopfcroûton, Langostinos, Saiblingskaviar, gezupfte Shiso-Kresse und Sojadip. Gedämpftes Bachforellenfilet mit Weinbergschneckenragout in Kräuterfond und Kartoffelstampf. Zart angebratene Wachtelbrust auf Erbsenpüree in Sherrysud mit geschwenkten Pfifferlingen.
♦ Das flackernde Kaminfeuer in dem schicken modernen Restaurant lässt den Gast sofort in einen Zustand der Entspannung eintauchen. Wenn dann noch Kurt Podobniks erstklassige Küche mit kraftvollem geschmacklichem Ausdruck ins Spiel kommt, ist die Harmonie perfekt.

Alte Feuerwache - Podobnik's Bistro
Oppener Str. 115 ⊠ 52146 – ℰ (02405) 4 29 01 12 – www.alte-feuerwache-wuerselen.de
– geschl. Sonntag - Montag
Rest – Menü 34/42 € – Karte 37/54 €
♦ Geradliniges Design und ungezwungene Atmosphäre sowie geschulter Service und gutes Essen machen das Restaurant beliebt. Man kann in die Küche schauen, während dort schmackhafte regional-saisonale und internationale Speisen zubereitet werden.

WÜRZBURG – Bayern – 546 – 133 200 Ew – Höhe 177 m   49 I15
▶ Berlin 500 – München 281 – Frankfurt am Main 119 – Nürnberg 110
ADAC Sternplatz 1 Z
🛈 Am Congress Centrum X, ⊠ 97070, ℰ (0931) 37 23 35, www.wuerzburg.de
🛈 Am Markt Y, ⊠ 97070, ℰ (0931) 37 23 98, www.wuerzburg.de
⛳ Würzburg, Am Golfplatz 2, ℰ (0931) 6 78 90
◉ Residenz★★ (Hofkirche★, Hofgarten★, Martin-von-Wagner-Museum★) – Alte Mainbrücke★ Z – Festung Marienberg★ (Mainfränkisches Museum★★ M¹, Fürstengarten ≤★) – Käppele (Terrasse ≤★★) X – Haus zum Falken★ D Y
◉ Romantische Straße★★ (von Würzburg bis Füssen) – Bocksbeutelstraße★ (Maintal)

Stadtpläne siehe nächste Seiten

Maritim
Pleichertorstr. 5 ⊠ 97070 – ℰ (0931) 3 05 30 – www.maritim.de   Yk
287 Zim – †80/145 € ††106/171 €, ⊇ 17 € – 2 Suiten
Rest – (nur Mittagessen) Menü 25 € (Buffet)
Rest *Viaggio* – (geschl. 15. Juli - 9. September, 16. Dezember - 6. Januar und Sonntag) (nur Abendessen) Karte 40/56 €
Rest *Weinstube* – (geschl. Mitte Juli - Mitte September, 24. - 31. Dezember und Montag - Donnerstag) (nur Abendessen) Karte 18/40 €
♦ An das Kongresszentrum angeschlossenes Hotel direkt am Mainufer, ganz in der Nähe der Altstadt. Viele der Zimmer zum Innenhof und mit Balkon; auch Allergikerzimmer. Elegantes Viaggio mit internationaler Küche, ergänzt durch ein regionales Angebot.

WÜRZBURG

Am Studentenhaus	**X** 2	Kantstr.	**X** 18	Sanderglacisstr.	**X** 40
Auverastr.	**X** 3	Leistenstr.	**X** 24	Schweinfurter Str.	**X** 43
Deutsche Einheit (Brücke)	**X** 8	Ludwigsbrücke	**X** 25	Seinsheimstr.	**X** 45
Friedensbrücke	**X** 9	Martin-Luther-Str.	**X** 30	Sieboldstr.	**X** 48
Georg-Eydel-Str.	**X** 10	Mergentheimer Str.	**X** 32	Urlaubstr.	**X** 54
Haugerring	**X** 12	Nürnberger Str.	**X** 34	Valentin-Becker-Str.	**X** 55
		Raiffeisenstr.	**X** 37	Veitshöchheimer Str.	**X** 58
		Rimparer Str.	**X** 38	Virchowstr.	**X** 60

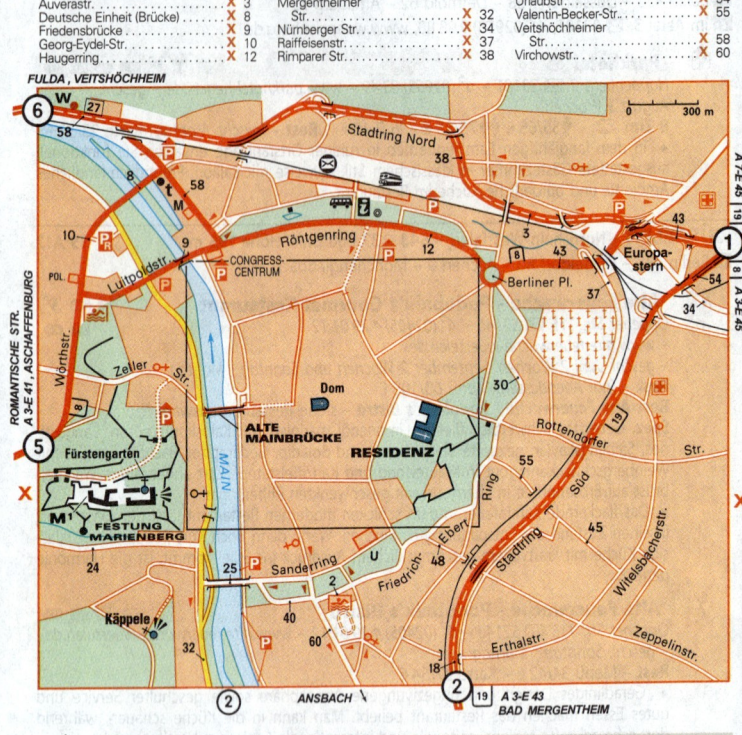

🏠 **Rebstock** 🖥 📶 🛁 🚗 VISA ⦿ AE ⓘ
Neubaustr. 7 ✉ 97070 – ℘ (0931) 3 09 30 – www.rebstock.com Zv
70 Zim – †107/132 € ††175/203 €, ⊐ 12 € – 2 Suiten
Rest *Rebstock* – siehe Restaurantauswahl
♦ Das Hotel hat eine hübsche Rokokofassade a. d. 18. Jh. Besonders ansprechend: Komfortzimmer mit Lounge-Design und guter Technik sowie die Suite mit Blick auf die Festung. Frühstück im Wintergarten.

🏠 **Novotel** 🍴 🏊 🌿 ⚕ 🛗 AC 📶 🛁 🚗 VISA ⦿ AE ⓘ
Eichstr. 2 (Ecke Ludwigstraße) ✉ 97070 – ℘ (0931) 3 05 40 – www.novotel.com Yf
167 Zim – †71/121 € ††86/136 €, ⊐ 17 € – 1 Suite
Rest – Karte 20/49 €
♦ Das Hotel in zentraler Lage ist eine ideale Adresse für Geschäfts- und Tagungsgäste. Die Ausstattung ist neuzeitlich-funktional, geräumiger sind die Zimmer der Executive-Kategorie.

🏠 **Am Congress Centrum** garni 🖥 📶 VISA ⦿ AE
Pleichertorstr. 26 ✉ 97070 – ℘ (0931) 2 30 79 70 – www.hotel-am-congress-centrum.de
26 Zim – †79/110 € ††110/149 €, ⊐ 5 € – 1 Suite Yc
♦ In dem hübschen Hotel in der Altstadt erwarten Sie elegante und komfortable Zimmer mit guter Technik. Im OG: Suite mit Aussicht. Gemütliche Atmosphäre im wohnlichen Frühstücksraum.

🏠 **Würzburger Hof** garni 🖥 📶 🚗 VISA ⦿ AE ⓘ
Barbarossaplatz 2 ✉ 97070 – ℘ (0931) 5 38 14 – www.hotel-wuerzburgerhof.de – geschl. 23. Dezember - 10. Januar Yr
34 Zim ⊐ – †73/100 € ††120/150 € – 2 Suiten
♦ Das Haus von 1908 liegt zentral und wird in der 3. Generation als Familienbetrieb geführt. Die Zimmer sind individuell, zum Innenhof hin ruhiger. Florales Dekor ziert das Hotel.

WÜRZBURG

Augustiner Str.	Z	Eichhornstr.	Y	Peterstr. Z 35
Bahnhofstr.	Y 5	Hofstallstr. Y 13		Schönbornstr. Y 42
Balthasar-Neumann-Promenade	Z 6	Juliuspromenade Y 15		Semmelstr. Y 46
Barbarossapl.	Y 7	Kaiserstr. Y 16		Spiegelstr. Y 50
Domstr.	Z	Kürschnerhof YZ 23		Textorstr. Y 52
		Marienpl. Y 27		Theaterstr. YZ
		Marktpl. Y 29		Wirsbergstr. Z 64

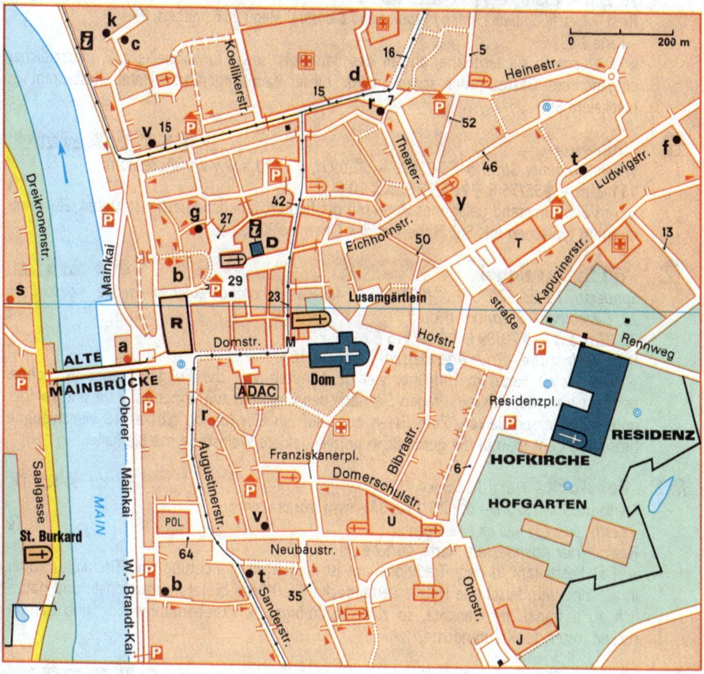

Greifensteiner Hof

Dettelbacher Gasse 2 ⊠ 97070 – ℰ (0931) 3 51 70 – www.greifensteiner-hof.de **Yg**
49 Zim – †85/135 € ††120/185 €
Rest – Karte 15/34 €
Rest *Marienplatz* – Karte 13/36 €

♦ Das seit vier Generationen als Familienbetrieb geführte Hotel liegt beim Marktplatz und verfügt über helle, komfortable und zeitgemäße Zimmer. Bar "Markt 7". Regionstypisches Restaurant Fränkische Stuben. Marienplatz mit Bistro-Flair und internationaler Küche.

Walfisch

Am Pleidenturm 5 ⊠ 97070 – ℰ (0931) 3 52 00 – www.hotel-walfisch.com **Zb**
39 Zim – †78/118 € ††99/149 €, ⊒ 10 €
Rest – (geschl. Sonntagabend) Karte 23/49 €

♦ Bereits seit 1919 befindet sich das Haus mit den neuzeitlichen, technisch gut ausgestatteten Zimmern im Besitz der Familie Schwarzmeier. Schön ist der Blick auf Main und Festung. Im Restaurant mit Terrasse zur Mainpromenade bietet man bürgerlich-regionale Küche.

Amberger garni

Ludwigstr. 17 ⊠ 97070 – ℰ (0931) 3 51 00 – www.hotel-amberger.de
– *geschl. 23. Dezember - 9. Januar* **Yt**
70 Zim – †79/95 € ††106/135 €

♦ Wenige Gehminuten von der Fußgängerzone finden Sie dieses familiär geleitete Hotel mit freundlichen Mitarbeitern und wohnlichen, praktisch ausgestatteten Zimmern.

WÜRZBURG

Strauss
Juliuspromenade 5 ⌂ 97070 – ℰ (0931) 3 05 70
– www.hotel-strauss.de
75 Zim – †55/65 € ††75/92 €, ⌴ 9 €
Rest – *(geschl. Januar - Anfang Februar und Dienstag)* Menü 20 € (mittags)/28 €
– Karte 24/32 €

• Die Lage in Altstadtnähe, unweit des Bahnhofs, sowie funktionelle, z. T. neuzeitlicher eingerichtete Gästezimmer sprechen für dieses familiengeführte Hotel. Restaurant in rustikalem Stil.

Yv

Ibis garni
Veitshöchheimer Str. 5 b ⌂ 97080 – ℰ (0931) 4 52 20 – www.ibishotel.com
111 Zim – †65/95 € ††65/95 €, ⌴ 10 €

• Am Zentrumsrand gelegenes Hotel mit gepflegten, funktionell ausgestatteten Gästezimmern im typischen Ibis-Stil. Nebenan: das Cinemaxx-Kino.

Xt

Till Eulenspiegel
Sanderstr. 1a ⌂ 97070 – ℰ (0931) 35 58 40 – www.hotel-till-eulenspiegel.de – geschl. 23. Dezember - 6. Januar (Hotel)
20 Zim ⌴ – †79/89 € ††99/115 €
Rest *Weinstube* – *(nur Abendessen)* Karte 14/18 €

• Das kleine Hotel in Uninähe, wenige Minuten von der Fußgängerzone ist solide, gepflegt und preislich fair. Fragen Sie nach den Zimmern zum Innenhof - sie sind ruhiger und haben einen Balkon. Zum Essen oder auf ein Bier (davon gibt es 18 verschiedene gezapfte!) geht man in die gemütliche holzverkleidete Weinstube mit Bierkeller.

Zt

Rebstock – Hotel Rebstock
Neubaustr. 7 ⌂ 97070 – ℰ (0931) 3 09 30 – www.rebstock.com
– geschl. Sonntag und an Feiertagen
Rest – *(nur Abendessen)* Karte 46/52 €

• Das Restaurant in dem Traditionshaus ist elegant in Einrichtung und Tischkultur, über Ihnen eine wunderschöne Holzkassettendecke. Die Küche bietet internationale und natürlich auch fränkische Gerichte, so z. B. Würzburger Scheurebenrahmsuppe und Lammrücken unter der Kräuterkruste.

Zv

Reisers Restaurant
Mittlerer Steinbergweg 5 ⌂ 97080 Würzburg – ℰ (0931) 28 69 01
– www.der-reiser.de – geschl. Montag, Januar - März: Montag und Dienstag
Rest – (Tischbestellung ratsam) Menü 49/56 € – Karte 32/42 €

• Angenehm modern ist das Restaurant beim Weingut Knoll. Von der puristischen Weinbar und der Terrasse blickt man über Würzburg. Zu den schmackhaften, bewusst kleinen Speisen bietet man eine charmante und kompetente Weinberatung. Schöne Steinbar im Garten.

Xw

Schiffbäuerin
Katzengasse 7 ⌂ 97082 – ℰ (0931) 4 24 87 – www.schiffbaeuerin.de
– geschl. 1. - 5. Januar, 21. Juli - 22. August und Sonntagabend - Montag, sowie an Feiertagen abends, Juni - August: Sonntagabend - Dienstag
Rest – Karte 25/50 €

• Wo im 19. Jh. die Tochter eines Schiffbauers eine Weinwirtschaft betrieb, serviert man heute in einem rustikalen Restaurant frische Fischgerichte aus den eigenen Bassins.

Ys

Backöfele
Ursulinergasse 2 ⌂ 97070 – ℰ (0931) 5 90 59 – www.backoefele.de
Rest – (Tischbestellung ratsam) Menü 21/39 € – Karte 21/49 €

• Mitten in der Altstadt verbirgt sich hinter der verschlossen wirkenden Hofpforte ein liebenswertes Lokal mit urigem Charme. Es werden bürgerlich-fränkische Spezialitäten aufgetischt.

Zr

Alte Mainmühle
Mainkai 1 ⌂ 97070 – ℰ (0931) 1 67 77 – www.alte-mainmuehle.de
Rest – (Tischbestellung ratsam) Menü 45 € – Karte 24/46 €

• Regional und international kocht man in dem behaglichen Restaurant direkt an der alten Mainbrücke. Sehr beliebt sind die Tische in den Gauben, schön der Ausblick.

Za

WÜRZBURG

> **FRÄNKISCHE WEINSTUBEN:** *gemütliche Lokale mit Weinen und Speisen aus der Region.*

Weinhaus zum Stachel
Gressengasse 1 ⊠ 97070 – ℰ (0931) 5 27 70 – www.weinhaus-stachel.de – geschl. Sonntag - Montag **Yb**
Rest – (Tischbestellung ratsam) Menü 23 € (mittags)/66 € – Karte 31/50 €
• Ein historisch-rustikales Haus mit lauschigem Innenhof. Der Service ist freundlich, die Küche regional. Abends ambitionierte und schmackhafte klassisch-kreative Speisen.

Weinstuben Juliusspital
Juliuspromenade 19 ⊠ 97070 – ℰ (0931) 5 40 80 – www.juliusspital.de **Yd**
Rest – Karte 14/49 €
• In dem gemütlichen Lokal in der Innenstadt sitzt man in rustikalen Stuben mit historischem Flair oder im hübschen Innenhof. Regionale Küche und Weine vom eigenen Weingut.

Bürgerspital-Weinstuben
Theaterstr. 19 ⊠ 97070 – ℰ (0931) 35 28 80 – www.buergerspital-weinstuben.de
Rest – Menü 19/42 € – Karte 19/47 € **Yy**
• In dem schmucken historischen Gebäude mit seinem schönen weißen Kreuzgewölbe wird bürgerliche Küche mit Fischgerichten geboten, dazu Weine des Bürgerspitals. Kleine "Einbar".

In Würzburg-Heidingsfeld über Kantstraße X : 3 km

Reisers am Golfplatz
Am Golfplatz 2 ⊠ 97082 – ℰ (0931) 99 17 26 40 – www.der-reiser.de – geschl. 1. Januar - 15. Februar und Oktober - März: Montag
Rest – Menü 30 € – Karte 23/34 €
• Hier bietet man "mediterrane Alpenküche". Geradliniger Stil und warme Töne bestimmen das Ambiente, durch die Fensterfront blickt man auf den Golfplatz.

Gambero Rosso
Lehmgrubenweg 13 ⊠ 97084 – ℰ (0931) 6 52 09 – www.gambero-rosso-wuerzburg.de – geschl. Sonntag - Dienstagmittag
Rest – Menü 33/45 € – Karte 33/44 €
• Sie finden das gemütliche kleine Restaurant in einer ruhigen Wohngegend. Domenico Cannizzaro bietet seinen Gästen eine schmackhafte italienische Küche in Form zweier Menüs, die je nach Marktangebot wechseln.

Am Stein über Veitshöchheimer Straße X

Schloss Steinburg
Auf dem Steinberg (schmale Zufahrt ab Unterdürrbach) ⊠ 97080 Würzburg – ℰ (0931) 9 70 20 – www.steinburg.com
50 Zim – †115/195 € ††156/245 € – ½ P 35 €
Rest – Menü 33/60 € – Karte 41/53 €
• Die schöne Anlage entstand auf den Überresten einer alten Burg. Mit Stilmöbeln eingerichtete, teils besonders wohnliche Zimmer, einige mit Blick auf die Stadt. Gehobene internationale Küche im Rittersaal, im Kaminzimmer oder auf der hübschen Gartenterrasse.

In Rottendorf über Schweinfurter Straße X : 6 km

Waldhaus
Waldhaus 1 (nahe der B 8) ⊠ 97228 – ℰ (09302) 9 22 90 – www.waldhaus-leonhardt.de – geschl. Mitte August - Anfang September, Ende Dezember 1 Woche und Donnerstag
Rest – Karte 21/37 €
• Ein bei Familien beliebtes Idyll am Waldrand mit gemütlicher Atmosphäre. Die Küche ist regional und international, auf der Karte finden sich viele Fischgerichte.

In Biebelried über Schweinfurter Straße X : 12 km, jenseits der A 3

Leicht
Würzburger Str. 3 (B8) ⊠ 97318 – ℰ (09302) 91 40 – www.hotel-leicht.de – geschl. 23. Dezember - 6. Januar
71 Zim – †60/92 € ††99/144 € – ½ P 20 € – 2 Suiten
Rest – (nur Abendessen) Karte 17/46 €
• Das ehemals als Herberge der Johanniterkomende genutzte Anwesen bietet in ländlichem Stil gehaltene Zimmer mit zeitgemäßem Komfort sowie diverse Tagungsräume und behagliche rustikale Gaststuben. Gute Autobahnanbindung.

WÜRZBURG

In Erlabrunn über Veitshöchheimer Straße X: 12 km

Weinhaus Flach (mit Gästehaus) 🚗 🕭 |🗐| 🛠 Zim, 🍴 🛁 🅿 ☕
Würzburger Str. 14 ✉ 97250 – ℰ (09364) 81 25 50 VISA ⦿
– www.hotel-weinhaus-flach.de – geschl. Mitte Januar - Anfang Februar
32 Zim – †47/65 € ††71/88 €, ⊆ 5 € – 1 Suite
Rest – (geschl. Dienstag) (Montag - Freitag nur Abendessen) Karte 21/30 €
♦ Das Haus ist seit mehreren Generationen in Familienhand. Es stehen zeitgemäße, wohnliche Zimmer bereit, zudem hat man ein eigenes Weingut und einen Hofladen mit Wein, Bränden und Gewürzen. Gemütlich-rustikales Ambiente im Restaurant.

WUNSIEDEL – Bayern – 546 – 9 570 Ew – Höhe 537 m – Wintersport: ⛷   51 M15
▶ Berlin 353 – München 280 – Weiden in der Oberpfalz 55 – Bayreuth 48
🛈 Jean-Paul-Str. 5, ✉ 95632, ℰ (09232) 60 21 62, www.wunsiedel.de
◎ Luisenburg ★★, Süd: 3 km

In Wunsiedel-Göpfersgrün Ost: 5 km, Richtung Thiersheim

X **Wirtshaus im Gut**   🕭 🅿 VISA ⦿
Göpfersgrün 2 ✉ 95632 – ℰ (09232) 91 77 67 – www.wirtshausimgut.de – geschl. Ende August - Mitte September 3 Wochen und Montagabend - Dienstag
Rest – Karte 17/41 €
♦ Das Wirtshaus ist Teil eines historischen Guts. In gemütlich-ländlichen und nett dekorierten Stuben umsorgt Sie ein freundlicher Service im Dirndl.

Bei der Luisenburg Süd-West: 2 km

XX **Teschner's Restaurant** mit Zim 🕭   🕭 🍴 🅿 VISA ⦿ AE
Luisenburg 5 ✉ 95632 Wunsiedel – ℰ (09232) 9 15 47 26 – www.teschners-restaurant.de
– geschl. Sonntag - Montag, Juli - August: Montag
7 Zim ⊆ – †55/69 € ††82/92 €
Rest – (nur Abendessen) Menü 39/69 € – Karte 44/62 €
♦ Das Restaurant nahe der Freilichtbühne Luisenburg bietet in zwei schönen eleganten Räumen mit ländlicher Note eine zeitgemäße saisonale Küche. Hübsch ist auch die Terrasse. Die Gästezimmer hat man wohnlich und individuell eingerichtet.

WUNSTORF – Niedersachsen – 541 – 41 140 Ew – Höhe 43 m   18 H8
▶ Berlin 306 – Hannover 24 – Bielefeld 94 – Bremen 99
🛈 Meerstr. 2, ✉ 31515, ℰ (05033) 9 50 10, www.steinhuder-meer.de

Cantera Naturstein Hotel garni   🕭 🍴 🛁 🅿 VISA ⦿ AE ⓘ
Adolph-Brosang-Str. 32 ✉ 31515 – ℰ (05031) 9 52 90 – www.cantera.de
11 Zim ⊆ – †89 € ††116 €
♦ Die individuellen Zimmer und die schöne 2000 qm große Saunalandschaft in dem modernen Bau sind mit hochwertigem Naturstein ausgestattet, der auch zum Verkauf steht. Bistro mit Snacks.

In Wunstorf-Steinhude Nord-West: 8 km über B 441, in Hagenburg-Altenhagen rechts – Erholungsort

X **Schweers-Harms-Fischerhus**   🕭 ⇔ 🅿 VISA ⦿ AE
Graf-Wilhelm-Str. 9 ✉ 31515 – ℰ (05033) 52 28 – www.fischerhus.de – geschl.
November - März: Montag außer an Feiertagen
Rest – Karte 19/44 €
♦ Mit urig-ländlichem Charme und allerlei liebenswertem Zierrat strahlt das einstige Bauernhaus Gemütlichkeit aus. Geboten wird bürgerliche Fischküche.

WUPPERTAL – Nordrhein-Westfalen – 543 – 351 050 Ew – Höhe 160 m   26 C11
▶ Berlin 522 – Düsseldorf 40 – Essen 35 – Dortmund 48
ADAC Bundesallee 237 (Elberfeld) CZ
🛈 Pavillon Döppersberg CZ, ✉ 42103, ℰ (0202) 1 94 33, www.wuppertal.de
⛳ Siebeneickerstr. 386, ℰ (02053) 70 77
⛳ Sprockhövel, Frielinghausen 1, ℰ (0202) 64 96 30
◎ Von der Heydt-Museum ★ M¹CZ

Stadtpläne siehe nächste Seiten 1346, 1347

ELBERFELD

Alte Freiheit	**CZ** 2
Auer Schulstr.	**CZ** 3
Brausenwerther Gasse	**CZ** 12
Brüningstr.	**CZ** 14
Bundesallee	**CZ** 15
Else-Lasker-Schüler-Str.	**CZ** 21
Friedrichstr.	**CZ** 23
Friedrich-Ebert-Str.	**CZ** 24
Grünstr.	**CZ** 28
Herzogstr.	**CZ** 32
Hochstr.	**CZ** 35
Holzer Str.	**CZ** 38
Hombüchel	**CZ** 39
Hopfenstr.	**CZ** 40
Kasinostr.	**CZ** 48
Kirchstr.	**CZ** 50
Lahnstr.	**CZ** 56
Laurentiuspl.	**CZ** 57
Malzstr.	**CZ** 66
Neumarkt	**CZ** 73
Platz am Kolk	**CZ** 77
Poststr.	**CZ** 78
Prinzenstr.	**CZ** 79
Rommelspütt	**CZ** 83
Ronsdorfer Str.	**CZ** 84
Schöne Gasse	**CZ** 89
Turmhof	**CZ** 96
Willy-Brandt-Pl.	**CZ** 103
Wirmhof	**CZ** 104

In Wuppertal-Elberfeld

Miraflores garni

Nützenberger Str. 23 (Zufahrt über Haarhausstraße) ⊠ 42115 – ℰ (0202) 4 96 28 69
– www.hotelmiraflores.de **AYm**
6 Zim – †98 € ††110 €, ⊒ 8 €

♦ Nicht von der Stange ist das kleine Hotel in dem Stadthaus a. d. 19. Jh. Es wird von der Gastgeberin freundlich und leger geführt und verbindet helle, moderne Einrichtung mit Altbau-Charme.

Am Husar

Jägerhofstr. 2 ⊠ 42119 – ℰ (0202) 42 48 28
– www.amhusar.de – *geschl. Mittwoch* **AYa**
Rest – *(nur Abendessen)* (Tischbestellung ratsam) Karte 30/71 €

♦ Seit 30 Jahren wird dieses rustikal-gemütliche Restaurant von Familie Schmand geführt, die hier internationale Küche mit regionalen Einflüssen bietet.

In Wuppertal-Heckinghausen

Art Fabrik & Hotel

Bockmühle 16 ⊠ 42289 – ℰ (0202) 2 83 70
– www.art-fabrik-hotel.de – *geschl. Weihnachten - Neujahr* **BXa**
150 Zim – †45/299 € ††49/311 €, ⊒ 12 € – 8 Suiten
Rest – *(geschl. Sonntag) (nur Abendessen)* Karte 24/36 €

♦ Dank der Mitwirkung von rund 80 Künstlern ist das einstige Fabrikgebäude heute ein individuelles Hotel mit Art-Café und Kunstgalerie! In der jeweiligen Kategorie kann man sich die (teils recht farbenfrohen) Zimmer aussuchen. Für das spezielle Ambiente im Restaurant waren Werke von Marc Chagall Vorbild.

1345

WUPPERTAL

Blombacher Bach	**BY**	7
Briller Str.	**AY**	13
Cronenberger Str.	**AY**	16
Dahler Str.	**BX**	18
Ehrenhainstr.	**AX**	19
Hans-Böckler-Str.	**AY**	29
Haspeler Str.	**AY**	30
Höhenstr.	**AX**	36
Jägerhofstr.	**AY**	42
Jesinghauser Str.	**BX**	44
Lenneper Str.	**BY**	59
Liebigstr.	**BY**	61
Lönsstr.	**BY**	63
Lüttringhauser Str.	**BY**	64
Märkische Str.	**BX**	67
Marktstr.	**BX**	68
Mörikestr.	**BX**	71
Nützenberger Str.	**AY**	72
Oberer Grifflenberg	**AY**	75
Rauental	**BX**	80
Rauentaler Bergstr.	**BX**	81
Schmiedestr.	**BX**	86
Schönebecker Str.	**BX**	87
Staubenthaler Str.	**BY**	92
Tannenbergstr.	**AY**	95
Varresbecker Str.	**AY**	97
Virchowstr.	**AY**	98
Westkotter Str.	**BX**	102

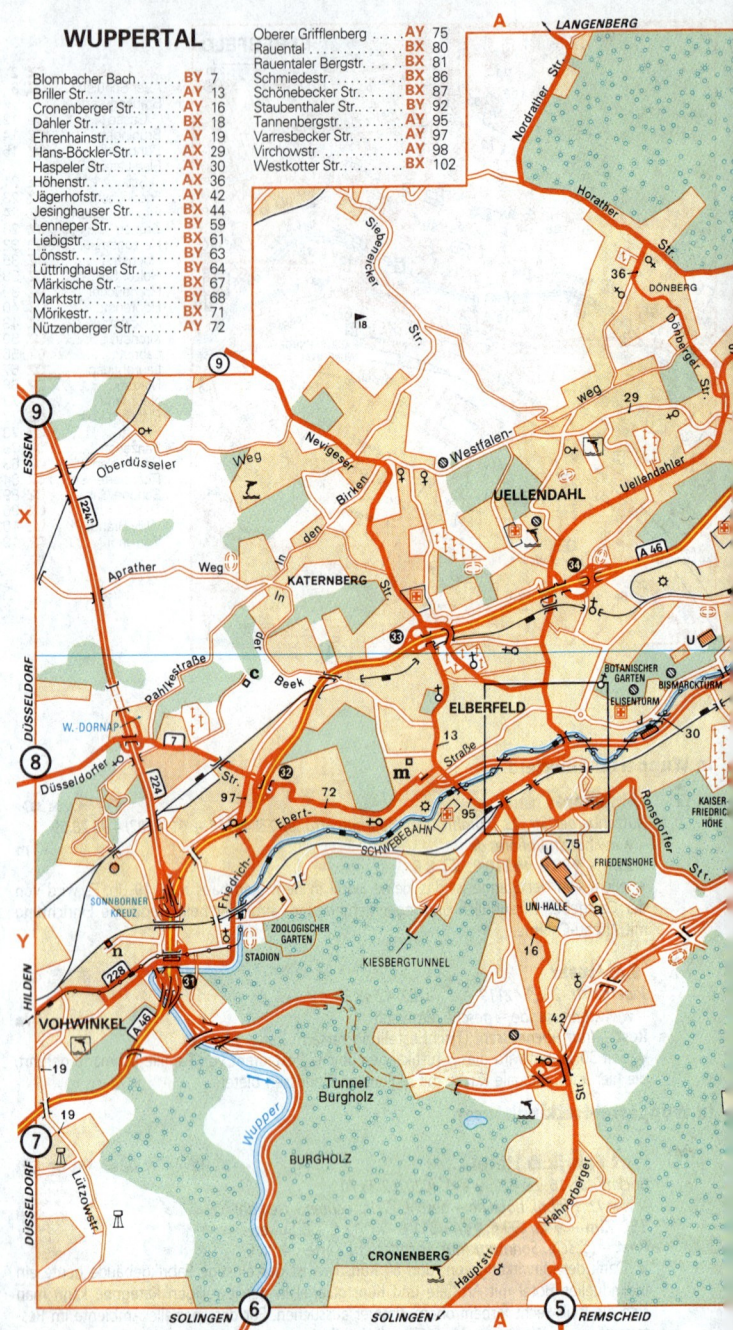

1346

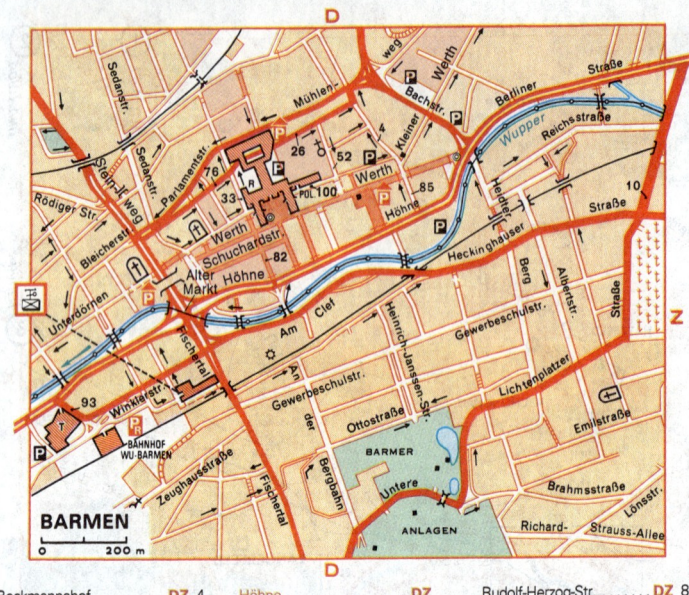

Beckmannshof .... **DZ** 4	Höhne .... **DZ**	Rudolf-Herzog-Str. .... **DZ** 85
Brändströmstr. .... **DZ** 10	Keine Flurstr. .... **DZ** 52	Spinnstr. .... **DZ** 93
Große Flurstr. .... **DZ** 26	Paul-Humburg-Str. .... **DZ** 76	Wegnerstr. .... **DZ** 100
Heubruch .... **DZ** 33	Rolingswerth .... **DZ** 82	Werth .... **DZ**

In Wuppertal-Varresbeck

Waldhotel Eskeshof (mit Gästehaus)
Krummacherstr. 251 ✉ *42115* – ℰ *(0202) 2 71 80*
– *www.eskeshof.de*
86 Zim ⌑ – †86/99 € ††110/136 €   **Rest** – Karte 21/39 €   AYc

♦ Vor allem seine verkehrsgünstige und zentrumsnahe Lage macht das Tagungshotel zu einer gut besuchten Adresse. Die Zimmer sind recht unterschiedlich geschnitten. Restaurant mit rustikaler Note, zu dem auch ein Wintergarten gehört.

In Wuppertal-Vohwinkel

Scarpati mit Zim
Scheffelstr. 41 ✉ *42327* – ℰ *(0202) 78 40 74* – *www.scarpati.de* – geschl. Montag
7 Zim ⌑ – †85 € ††115 € – 1 Suite   AYn
Rest *Trattoria* – siehe Restaurantauswahl
Rest – Menü 35/60 € – Karte 49/71 €

♦ Sowohl die Speisekarte als auch die stilvoll gerahmten Bilder versprühen einen Hauch Italien in dem klassischen Ambiente der hübschen Jugendstilvilla. Gute Weinauswahl. Wohnliche Gästezimmer.

Trattoria – Restaurant Scarpati
Scheffelstr. 41 ✉ *42327* – ℰ *(0202) 78 40 74* – *www.scarpati.de* – geschl. Montag
Rest – Menü 35 € – Karte 33/48 €   AYn

♦ Ansprechende Stoffe in flammenden Rottönen kombiniert mit schönen Stillleben-Lampenschirmen - eine gelungene Einrichtung. Die Trattoria ist eine preiswertere Alternative zum Restaurant Scarpati.

WURZACH, BAD – Baden-Württemberg – **545** – 14 350 Ew – Höhe 654 m   **64** I21
– Moorheilbad

▶ Berlin 681 – Stuttgart 159 – Konstanz 121 – Kempten (Allgäu) 47
🛈 Mühltorstr. 1, ✉ 88410, ℰ (07564) 30 21 50, www.bad-wurzach.de

WURZACH, BAD

Adler (mit Gästehaus)
Schlossstr. 8 ⊠ *88410 –* ℰ *(07564) 9 30 30 – www.hotel-adler-bad-wurzach.de*
18 Zim ⊇ – †55/65 € ††80/95 € – ½ P 18 €
Rest *Adler* – siehe Restaurantauswahl
• Gästebetreuung wird in dem netten Haus der Familie Gut groß geschrieben. Der Gasthof steht in der Ortsmitte und beherbergt sehr gepflegte, helle und geräumige Zimmer.

Adler – Hotel Adler
Schlossstr. 8 ⊠ *88410 –* ℰ *(07564) 9 30 30 – www.hotel-adler-bad-wurzach.de – geschl. 7. - 10. Januar, 2. - 14. August und Montag, Samstagmittag*
Rest – Menü 28 € – Karte 27/44 €
• Freunde einer ehrlichen, schmackhaften schwäbischen Küche sind hier genau richtig! Studieren Sie die liebevoll zusammengestellte Karte von Patron Bernd Gut und bestellen Sie Käsespätzle, Rahmschnitzel, Rostbraten, Tafelspitz,,,!

WUSTRAU-ALTFRIESACK – Brandenburg – 542 – 8 920 Ew – Höhe 40 m — 22 O7
▶ Berlin 81 – Potsdam 74 – Neuruppin 22

Seeschlösschen
Am Schloss 8 (über Am Bollwerk) ⊠ *16818 –* ℰ *(033925) 88 03*
– www.seeschloesschen-wustrau.de – geschl. 27. Dezember - 15. Januar
12 Zim ⊇ – †85/105 € ††125/145 € **Rest** – Karte 24/44 €
• Das hübsche weiße Landhaus unmittelbar am Ruppiner See versprüht südliches Flair. Hell und freundlich sind die mit Terrakottaboden ausgestatteten Zimmer, meist mit Balkon. Im Restaurant mit schöner Seeterrasse setzt sich der mediterrane Stil des Hauses fort.

WUSTROW – Mecklenburg-Vorpommern – 542 – 1 230 Ew – Höhe 6 m – Seebad — 5 N3
▶ Berlin 255 – Schwerin 133 – Rostock 42
🛈 Ernst-Thälmann-Str. 11, ⊠ 18347, ℰ (038220) 2 51, www.ostseebad-wustrow.de

DorintResorts
Strandstr. 46 ⊠ *18347 –* ℰ *(038220) 6 50 – www.dorint.com/wustrow*
97 Zim ⊇ – †127/142 € ††168/228 € – ½ P 30 € – 16 Suiten **Rest** – Karte 22/67 €
• Modernes Hotel mit schönen Zimmern, netter Kinderbetreuung und einem nach den Elementen Feuer, Wasser, Luft und Erde ausgerichteten Spabereich. "Inner-Balance"-Teehaus. Helles, freundliches Restaurant mit Feng-Shui-Wintergarten.

Sonnenhof
Strandstr.33 ⊠ *18347 –* ℰ *(038220) 61 90 – www.sonnenhof-wustrow.de*
14 Zim ⊇ – †50/70 € ††75/110 € **Rest** – Karte 20/33 €
• In dem kleinen Hotel mit regionstypischer Klinker-Fachwerkfassade stehen wohnliche Gästezimmer in frischen Farben zur Verfügung. Rustikales Restaurant mit großem Biergarten. Zum Haus gehört eine eigene Fischräucherei mit Verkauf.

Schimmel's mit Zim
Parkstr. 1 ⊠ *18347 –* ℰ *(038220) 6 65 00 – www.schimmels.de – geschl. März und Donnerstag*
3 Zim – †45/65 € ††50/70 €, ⊇ 6 €
Rest – *(Montag - Samstag nur Abendessen)* (Tischbestellung ratsam) Menü 34/48 € – Karte 32/44 €
• In einem hübschen roten Haus befindet sich das Restaurant der beiden engagierten Gastgeber. Ansprechend ist das neuzeitliche Landhausambiente, schmackhaft die zeitgemäße Regionalküche. Übernachten kann man in schönen ländlich-modernen Zimmern mit individuellen Farbakzenten in Rot, Gelb oder Grün.

XANTEN – Nordrhein-Westfalen – 543 – 21 540 Ew – Höhe 22 m – Erholungsort — 25 B10
▶ Berlin 574 – Düsseldorf 68 – Duisburg 42 – Kleve 26
🛈 Kurfürstenstr. 9, ⊠ 46509, ℰ (02801) 9 83 00, www.xanten.de

Neumaier
Orkstr. 19 ⊠ *46509 –* ℰ *(02801) 7 15 70 – www.hotel-neumaier.de*
16 Zim ⊇ – †62/72 € ††82/92 € – ½ P 20 € **Rest** – Karte 23/43 €
• Relativ ruhig liegt das kleine Hotel wenige Gehminuten vom Marktplatz entfernt. Die Zimmer sind freundlich und individuell - W-Lan gratis. Gleich nebenan: die Metzgerei der Familie. Bürgerliche Küche im rustikalen Restaurant.

1349

XANTEN

In Xanten-Obermörmter Nord-West: 15 km über B 57, nach Marienbaum rechts ab

Landhaus Köpp
Husenweg 147 ⌂ 46509 – ℰ (02804) 16 26 – www.landhaus-koepp.de
– geschl. Januar 3 Wochen und Samstagmittag, Sonntagabend - Montag
Rest – (Tischbestellung erforderlich) Menü 57/95 € – Karte 59/71 €
Spez. Steinbutt mit Orangen-Essig-Aromen. Rehrücken mit Cassis-Rotkohl-Cannelloni. Feinstes von der Birne in Vanilleduft.
♦ Jürgen Köpp bietet in seinem eleganten Restaurant eine schmackhafte und gehaltvolle klassische Küche sowie eine sehr schöne und umfangreiche Auswahl an offenen Weinen.

ZEHNA – Mecklenburg-Vorpommern – **542** – 660 Ew – Höhe 74 m   12 M5
▶ Berlin 184 – Schwerin 64 – Güstrow 10 – Rostock 47

In Zehna-Groß Breesen Süd-Ost: 6 km Richtung Goldberg

Gutshotel Groß Breesen
Dorfstr. 10 ⌂ 18276 – ℰ (038458) 5 00 – www.gutshotel.de
30 Zim – †59 € ††96 € – 5 Suiten   **Rest** – Karte 21/33 €
♦ Vor allem die ruhige Lage macht den Gutshof von 1833 aus. Die Gäste werden hier freundlich betreut, eine Besonderheit ist die Ausstattung mit über 100 000 Büchern. Schöner Garten. Im urigen Gewölbekeller serviert man bürgerliche Küche.

ZEIL AM MAIN – Bayern – **546** – 5 700 Ew – Höhe 230 m   49 J15
▶ Berlin 428 – München 270 – Coburg 70 – Schweinfurt 27

Kolb
Krumer Str. 1 ⌂ 97475 – ℰ (09524) 90 11 – www.hotel-kolb-zeil.de – geschl. Anfang Januar 3 Wochen, Ende August - Anfang September 2 Wochen
18 Zim – †45/60 € ††75/85 €
Rest – (geschl. Mittwochmittag, Donnerstagmittag) Menü 28/36 € – Karte 18/40 €
♦ Das kleine Hotel am Zentrumsrand ist ein engagiert geführter Familienbetrieb, in dem sehr gepflegte, individuell gestaltete Zimmer mit Themenbezug zur Verfügung stehen. Internationale und regionale Küche im Restaurant.

ZEISKAM – Rheinland-Pfalz – **543** – 2 210 Ew – Höhe 123 m   54 E17
▶ Berlin 674 – Mainz 112 – Neustadt an der Weinstraße 25 – Karlsruhe 46

Zeiskamer Mühle
Hauptstr. 87 (Süd: 1,5 km) ⌂ 67378 – ℰ (06347) 9 74 00 – www.zeiskamermuehle.de
38 Zim – †55/99 € ††85/160 €
Rest *Zeiskamer Mühle* – siehe Restaurantauswahl
♦ Eine ehemalige Getreidemühle im Grünen, in der man rustikal und modern kombiniert hat - vor allem die neueren Zimmer sind sehr gelungen (eines mit eigener Sauna). Jedes Jahr ist auf dem Dach ein Storch zu Gast!

Zeiskamer Mühle – Zeiskamer Mühle
Hauptstr. 87 (Süd: 1,5 km) ⌂ 67378 – ℰ (06347) 9 74 00 – www.zeiskamermuehle.de
Rest – (Montag - Freitag nur Abendessen) Menü 25/50 € – Karte 23/63 €
♦ Herzstück der Zeiskamer Mühle ist die charmante Mühlenstube - Holz, wohin man schaut, und der alte Ofen von einst! Draußen die Terrasse mit Blick in die Natur. Das Angebot ändert sich täglich, Appetit machen z. B. gepökelter Kalbskopf oder Kalbsnierchen.

ZEITHAIN – Sachsen – siehe Riesa an der Elbe

ZEITZ – Sachsen-Anhalt – **542** – 32 190 Ew – Höhe 180 m   41 M12
▶ Berlin 214 – Magdeburg 149 – Gera 23
🛈 Altmarkt 16, ⌂ 06712, ℰ (03441) 8 32 91, www.zeitz.de

Maximilian
Braustr. 5a ⌂ 06712 – ℰ (03441) 68 88 00 – www.hotel-maximilian-zeitz.de – geschl. Anfang Januar 2 Wochen
25 Zim – †56/65 € ††65/80 €   **Rest** – (geschl. Dienstag) Karte 18/31 €
♦ Ein sorgsam saniertes Stadthaus gegenüber der alten Kirche, in dem Sie solide und funktional ausgestattete Gästezimmer erwarten. Bürgerliche Küche im Restaurant mit gediegen-rustikalem Touch.

ZELL am HARMERSBACH – Baden-Württemberg – **545** – 8 050 Ew — 54 E19
– Höhe 223 m – Erholungsort
- Berlin 769 – Stuttgart 168 – Karlsruhe 99 – Freudenstadt 43
- Alte Kanzlei, ✉ 77736, ✆ (07835) 63 69 47, www.zell.de
- Zell am Harmersbach - Gröbernhof, Im Gröbern 1, ✆ (07835) 63 49 09

Bräukeller
Fabrikstr. 8 ✉ 77736 – ✆ (07835) 54 88 00 – www.braeukeller-zell.de – geschl. März 2 Wochen und Montag
Rest – Karte 14/44 €
♦ In einem Gewölbekeller von 1768 hat man dieses gemütliche Restaurant eingerichtet, ansprechend die wechselnde Bilderausstellung. Schöne Terrasse an der alten Stadtmauer.

ZELL an der MOSEL – Rheinland-Pfalz – **543** – 4 190 Ew – Höhe 100 m — 46 C15
- Berlin 665 – Mainz 105 – Trier 72 – Cochem 39
- Balduinstr. 44, ✉ 56856, ✆ (06542) 9 62 20, www.zellerland.de

Haus Notenau garni
Notenau 8 ✉ 56856 – ✆ (06542) 50 10 – www.haus-notenau.de
20 Zim – †50 € ††60/65 €
♦ Freundlich leitet Familie Saxler dieses sehr gepflegte Haus, in dem auch wohnliche Appartements bereitstehen. Im Sommer kann man auf der Terrasse frühstücken.

ZELL – Rheinland-Pfalz – siehe Zellertal

ZELLA-MEHLIS – Thüringen – **544** – 11 750 Ew – Höhe 500 m – Erholungsort — 40 J13
- Berlin 346 – Erfurt 55 – Coburg 58 – Suhl 6
- Louis-Anschütz-Str. 28, ✉ 98544, ✆ (03682) 48 28 40, www.tourismus.zella-mehlis.de

Waldmühle
Lubenbachstr. 2 ✉ 98544 – ✆ (03682) 8 98 33 – www.hotel-waldmuehle.de
30 Zim – †53 € ††73 € – ½ P 14 € – 2 Suiten **Rest** – Karte 13/30 €
♦ Am Ortsrand finden Sie dieses sehr gepflegte Hotel, das aus einem Gast- und Logierhaus von 1892 entstanden ist. Wohnlich gestaltete Zimmer und Saunabereich mit Außenwhirlpool. Das Restaurant ist mit viel Holz in ländlichem Stil eingerichtet.

Stadt Suhl
Bahnhofstr. 7 ✉ 98544 – ✆ (03682) 48 23 79 – www.hotel-stadt-suhl.de
10 Zim – †46/49 € ††66/79 € – ½ P 12 €
Rest – *(geschl. Sonntagabend - Montagmittag)* Karte 13/21 €
♦ Das Stadthaus mit der rotbraunen Fassade und dem Schieferdach ist ein kleiner Familienbetrieb, der solide und freundlich eingerichtete Zimmer bietet. Gemütlich sitzt man in der rustikalen Gaststube.

ZELLERTAL – Rheinland-Pfalz – **543** – 1 240 Ew – Höhe 169 m — 47 E16
- Berlin 636 – Mainz 53 – Neustadt an der Weinstraße 53 – Mannheim 44

In Zellertal-Zell

Kollektur
Zeller Hauptstr. 19 ✉ 67308 – ✆ (06355) 95 45 45 – www.hotel-kollektur.de – geschl. 27. Dezember - 18. Januar
15 Zim – †62/69 € ††89/101 €
Rest – *(geschl. Montag) (Dienstag - Freitag nur Abendessen)* Karte 18/36 €
♦ In schöner Lage am Ortsrand bietet Familie Kiefer in einer ehemaligen Kollektur von 1748 sehr wohnliche Gästezimmer, teils mit Talsicht. Auch eine sonnige Liegewiese gehört zum Hotel. Restaurant mit hübscher Terrasse.

ZELTINGEN-RACHTIG – Rheinland-Pfalz – **543** – 2 200 Ew – Höhe 120 m — 46 C15
– Erholungsort
- Berlin 688 – Mainz 121 – Trier 49 – Bernkastel-Kues 8
- Uferallee 13, ✉ 54492, ✆ (06532) 24 04, www.zeltingen-rachtig.de

ZELTINGEN-RACHTIG

Im Ortsteil Zeltingen

St. Stephanus
Uferallee 9 (B 53) – ⊠ 54492 – ℰ (06532) 6 80 – www.hotel-stephanus.de
46 Zim – †55/80 € ††92/140 € – ½ P 19 €
Rest *Saxlers Restaurant* – siehe Restaurantauswahl
◆ An der Mosel liegt das Herrenhaus mit hübscher Bruchsteinfassade a. d. 18. Jh. Wohnliche Zimmer im historischen Haus sowie im angeschlossenen Anbau. Einfaches Angebot im gemütlichen Weinkeller.

Saxlers Restaurant – Hotel St. Stephanus
Uferallee 9 (B 53) – ⊠ 54492 – ℰ (06532) 6 80 – www.hotel-stephanus.de – geschl. Dienstag - Mittwoch
Rest – (außer Saison nur Abendessen) (Tischbestellung ratsam) Menü 43/55 €
– Karte 21/37 €
◆ An der Uferpromenade unweit des alten Marktplatzes kommt man bei Familie Saxler auch bei international ausgerichteter Küche auf seine Kosten. Freundlich und engagiert führen sie ihr Lokal.

ZEMMER – Rheinland-Pfalz – siehe Kordel

ZERBST – Sachsen-Anhalt – **542** – 23 510 Ew – Höhe 55 m   **31** M9
▶ Berlin 133 – Magdeburg 43 – Dessau 30
🛈 Markt 11, ⊠ 39261, ℰ (03923) 76 01 78, www.stadt-zerbst.de

Park-Restaurant Vogelherd
Lindauer Str. 78 (Nord: 2,5 km) ⊠ 39261 – ℰ (03923) 78 04 44 – geschl. 26. Juli
- 9. August und Montag - Dienstag
Rest – Menü 20/49 € – Karte 27/46 €
◆ Idyllisch liegt das einstige Gutshaus im Grünen. Das seit über 100 Jahren familiär geleitete Restaurant bietet saisonale Küche. Hübsche Terrasse bei einem kleinen Teich.

ZETEL – Niedersachsen – **541** – 11 750 Ew – Höhe 6 m   **8** E5
▶ Berlin 477 – Hannover 189 – Bremen 89 – Wilhelmshafen 21

In Zetel-Neuenburg Süd: 4 km

Neuenburger Hof
Am Markt 12 ⊠ 26340 – ℰ (04452) 2 66 – www.hotel-neuenburger-hof.de
16 Zim – †42/45 € ††66/70 €   **Rest** – (geschl. Mittwoch) Karte 16/27 €
◆ Dieser gestandene Landgasthof ist ein sehr gepflegter kleiner Familienbetrieb mit unterschiedlich eingerichteten, zeitgemäßen Zimmern. Im Restaurant bietet man bürgerliche Küche.

ZEUTHEN – Brandenburg – **542** – 10 290 Ew – Höhe 35 m   **23** P8
▶ Berlin 32 – Potsdam 57 – Frankfurt (Oder) 74

Seehotel
Fontaneallee 27 ⊠ 15738 – ℰ (033762) 8 90 – www.seehotel-zeuthen.de
142 Zim – †69/125 € ††99/153 € – ½ P 18 € – 4 Suiten   **Rest** – Karte 29/40 €
◆ Das Hotel mit dem großzügigen Rahmen und der stilvolle Einrichtung schätzen sowohl Tagungsgäste als auch Urlauber - dafür sorgen natürlich auch der Sandbadestrand mit Steg und die schöne Terrasse des klassisch gehaltenen Restaurants.

ZEVEN – Niedersachsen – **541** – 13 380 Ew – Höhe 18 m   **9** H6
▶ Berlin 350 – Hannover 147 – Bremen 58 – Bremerhaven 60

Central
Alte Poststr. 2 ⊠ 27404 – ℰ (04281) 9 39 10 – www.hotelcentral.de
25 Zim – †50/60 € ††75/85 €   **Rest** – Karte 19/28 €
◆ Das familiär geleitete Haus im Ortszentrum verfügt über freundliche, in warmen Tönen gehaltene Gästezimmer. Im Sommer kann man auf der netten kleinen Terrasse frühstücken. Zum Restaurant gehört ein lichter neuzeitlicher Wintergarten.

ZEVEN

- **Landhaus Radler** garni
  Kastanienweg 17 ⌂ 27404 – ℰ (04281) 9 88 20 – www.landhaus-radler.de
  16 Zim – †49/59 € ††69/79 €
  ♦ Das hübsche regionstypische Haus ist ein freundlich geführter kleiner Familienbetrieb mit wohnlichen Zimmern, nettem Frühstücksraum und sehr schönem Garten.

In Gyhum-Sick Süd: 10 km über B 71

- **Niedersachsen-Hof**
  Sick 13 ⌂ 27404 – ℰ (04286) 94 00 – www.niedersachsenhof.de – geschl. 1. - 10. Januar, Anfang August 2 Wochen
  35 Zim – †53/62 € ††76/88 €
  Rest – (geschl. Montagmittag, Freitag) Karte 19/32 €
  ♦ Gepflegte, wohnlich-funktional eingerichtete Zimmer und eine gute Anbindung an die A 1 sprechen für dieses seit mehreren Generationen familiär geleitete Haus. Das Restaurant vereint Modernes mit Traditionellem.

ZIMMERN – Baden-Württemberg – siehe Rottweil

ZINGST – Mecklenburg-Vorpommern – **542** – 3 190 Ew – Höhe 2 m – Seeheilbad **5** N3
▶ Berlin 284 – Schwerin 143 – Rostock 71 – Stralsund 42
🛈 Seestr. 56, ⌂ 18374, ℰ (038232) 51 50, www.zingst.de

- **Steigenberger Strandhotel**
  Seestr. 60 ⌂ 18374 – ℰ (038232) 84 21 00
  – www.strandhotel-zingst.steigenberger.de
  123 Zim ⌑ – †100/210 € ††140/360 € – ½ P 29 € – 6 Suiten
  Rest Nautica – (nur Abendessen) Karte 26/51 €
  ♦ Ein komfortables Hotel im Stil der Bäderarchitektur, dessen schickes modernes Interieur in hellen Naturtönen und klarem Design gehalten ist. Schöner Garten- und Poolbereich. Im Nautica können Sie international speisen.

- **Meerlust**
  Seestr. 72 ⌂ 18374 – ℰ (038232) 88 50 – www.hotelmeerlust.de
  55 Zim (inkl. ½ P.) – †99/149 € ††159/204 € – 8 Suiten
  Rest Meerlust – siehe Restaurantauswahl
  ♦ Mit Engagement umsorgt man den Gast in dem stilvoll-modernen Hotel am Seedeich hinter dem Strand. Schöne, äußerst wohnliche Zimmer und das gute Wellnessangebot überzeugen. Einen Hauch Exklusivität vermitteln die neueren Zimmer in der Lodge.

- **Steigenberger Aparthotel**
  Seestr. 54 ⌂ 18374 – ℰ (038232) 8 50 – www.aparthotel-zingst.steigenberger.de
  92 Zim ⌑ – †70/150 € ††100/230 € – ½ P 21 € **Rest** – Karte 15/41 €
  ♦ Schön liegt das Hotel an der Strandpromenade. Die Gästezimmer sind alle als Appartements angelegt: geräumig, neuzeitlich und mit Küchenzeile ausgestattet. Das Restaurant Trattoria Vongola bietet mediterrane Speisen.

- **Marks**
  Weidenstr. 17 ⌂ 18374 – ℰ (038232) 1 61 40 – www.hotel-marks.de
  25 Zim – †48/75 € ††55/130 € – ½ P 18 € **Rest** – Karte 26/34 €
  ♦ Die ruhige Lage in einem kleinen Wäldchen gleich hinterm Deich sowie wohnliche, freundliche Zimmer (teilweise mit Terrasse) machen das gepflegte Hotel aus. Restaurant im Brasserie-Stil mit netter Terrasse zum Garten.

- **Am Strand**
  Birkenstr. 21 ⌂ 18374 – ℰ (038232) 1 56 00 – www.amstrand.de – geschl. Januar
  19 Zim – †47/70 € ††60/109 € – ½ P 17 €
  Rest – (geschl. Dezember - Januar) (Mitte Oktober - Mitte Mai: Montag - Freitag nur Abendessen, außer an Feiertagen) Karte 14/28 €
  ♦ In einem Wohngebiet, wenige Schritte vom Strand, steht das familiär geleitete Haus. Zimmer teilweise mit Balkon, einige mit getrenntem Wohn- und Schlafbereich. Eigene Strandkörbe. Bürgerliches Restaurant mit frischen Farbakzenten in Rot, Gelb und Blau.

ZINGST

🏠 Meeresrauschen
Seestr. 51 ⊠ 18374 – ℰ (038232) 13 01 – www.hotel-meeresrauschen.eu – geschl. 3. November - 28. Dezember
13 Zim – †50/63 € ††75/98 € – ½ P 13 €
Rest – (geschl. Mittwoch) Karte 15/29 €
♦ Ein familiengeführtes Haus in Achteck-Form. Die Gästezimmer sind zeitlos und funktionell eingerichtet - einige mit separatem Wohnraum. Kunstausstellung.

🏠 Gode Tied garni
Friedenstr. 35 ⊠ 18374 – ℰ (038232) 1 56 39 – www.hotel-gode-tied.eu – geschl. 3. Januar - 31. März
10 Zim – †52/75 € ††70/97 €
♦ In der familiären kleinen Ferienadresse erwarten Sie wohnliche Zimmer, alle mit Kitchenette und Balkon/Terrasse, sowie ein charmanter Frühstücksraum. Fahrradverleih.

XXX Meerlust – Hotel Meerlust
Seestr. 72 ⊠ 18374 – ℰ (038232) 88 50 – www.hotelmeerlust.de
Rest – Karte 36/66 €
♦ Cremefarbene Rattanstühle mit in Pastelltönen bezogenen Polstern, dazu die fein eingedeckten Tische - hier hat man ein Gefühl für Stil bewiesen. Die Küche offeriert ein internationales Speiseangebot.

In Zingst-Sundische Wiese Ost: 10 km

🏠 Schlösschen
Landstr. 19 ⊠ 18374 – ℰ (038232) 81 80 – www.hotelschloesschen.de
15 Zim – †44/94 € ††89/144 € – ½ P 25 €
Rest – (November - Mitte März: Montag - Freitag nur Abendessen) Karte 30/46 €
♦ Das einstige Jagdschloss von 1900 liegt einsam auf einem Waldgrundstück im Nationalpark Vorpommersche Boddenlandschaft. Zimmer, Appartements und Maisonetten im Landhausstil. Restaurant mit Wintergarten und Kaminzimmer, dazu Terrasse und Biergarten. Mittags kleine Karte.

ZINNOWITZ – Mecklenburg-Vorpommern – siehe Usedom (Insel)

ZIRNDORF – Bayern – **546** – 25 850 Ew – Höhe 306 m 50 K16
▶ Berlin 452 – München 175 – Nürnberg 16 – Ansbach 35

Siehe Nürnberg (Umgebungsplan)

🏠 Reubel
Banderbacher Str. 27 ⊠ 90513 – ℰ (0911) 9 60 10 – www.hotel-reubel.de – geschl. 29. Dezember - 11. Januar   AS**c**
24 Zim – †69/135 € ††98/159 €
Rest – (geschl. Sonntagabend - Montagmittag) Karte 24/49 €
♦ Das Hotel ist ein gut geführter Familienbetrieb mit geräumigen, zeitgemäß-funktionalen Zimmern. Die Nähe zum Playmobil-Funpark macht das Haus auch für Familien interessant.

ZITTAU – Sachsen – **544** – 28 640 Ew – Höhe 245 m 44 S12
▶ Berlin 246 – Dresden 99 – Görlitz 34
🛈 Markt 1, ⊠ 02763, ℰ (03583) 75 22 00, www.zittau.de
◉ Zittauer Gebirge ★

🏠 Dreiländereck
Bautzner Str. 9 ⊠ 02763 – ℰ (03583) 55 50 – www.hotel-dle.de
45 Zim – †68 € ††90 €   **Rest** – Karte 15/29 €
♦ Das Haus in verkehrsberuhigter Innenstadtlage diente im 19. Jh. als Konditorei und Kaffeehaus, bevor es zu diesem zeitgemäßen und funktionellen Hotel umgebaut wurde. Unter der schönen historischen Gewölbedecke hat man die Brasserie Triangle eingerichtet.

ZITTAU

In Bertsdorf-Hörnitz West: 4 km Richtung Oppach

Schloßhotel Althörnitz
Zittauer Str. 9, (Hörnitz) ⊠ *02763 –* ℰ *(03583) 55 00*
– www.schlosshotel-althoernitz.de
76 Zim – †67/120 € ††95/145 € – 3 Suiten
Rest – *(nur Abendessen)* Karte 21/39 €
♦ Herzstück des schönen Tagungshotels ist das 1651-54 erbaute Schloss mit seinen zwei Türmen - Historie inklusive! Licht verglaster Frühstücksraum, der Blick Richtung Park mit Teich; hier die Terrasse des gemütlich-gediegenen Restaurants.

ZÖLLNITZ – Thüringen – siehe Jena

ZORGE – Niedersachsen – 541 – 1 120 Ew – Höhe 340 m – Luftkurort   30 J10
▶ Berlin 262 – Hannover 137 – Erfurt 98 – Göttingen 70

Wolfsbach
Hohegeißer Str. 25 ⊠ *37449 –* ℰ *(05586) 8 04 70 – www.hotel-wolfsbach.de – geschl. 3. November - 16. Dezember*
17 Zim – †34/37 € ††60/66 € – ½ P 10 €   **Rest** – *(nur Abendessen für Hausgäste)*
♦ Der Gasthof mit der Fachwerkfassade wird familiär geführt und verfügt über sehr gepflegte Zimmer zu fairen Preisen. Schöne Liegewiese am Haus.

ZORNEDING – Bayern – 546 – 8 850 Ew – Höhe 560 m   66 M20
▶ Berlin 599 – München 24 – Wasserburg am Inn 34

Glasl's Landhotel garni
Münchner Str. 11a ⊠ *85604 –* ℰ *(08106) 24 12 80 – www.glasls-landhotel.de*
– geschl. Weihnachten - Neujahr
54 Zim – †65/125 € ††85/155 €
♦ Das neuzeitliche Landhaus beherbergt freundlich gestaltete Gästezimmer und einen schönen Saunabereich. Die Zimmer im Haupthaus sind etwas größer und komfortabler.

Neuwirt
Münchner Str. 4 ⊠ *85604 –* ℰ *(08106) 2 42 60 – www.hotelneuwirt.de*
36 Zim – †65/120 € ††85/160 €   **Rest** – Karte 24/40 €
♦ Der familiär geführte Gasthof bietet wohnliche Zimmer, ein gutes Frühstück und sympathisch-bayerischen Service. Unterm Dach hat man elegante Deluxe-Zimmer und einen kleinen Saunabereich mit schöner Aussicht. In behaglichem rustikalem Ambiente werden regional-bürgerliche Speisen aufgetischt.

XX Zur Post mit Zim
Anton-Grandauer-Str. 9 ⊠ *85604 –* ℰ *(08106) 2 00 07*
– www.gasthofzurpost-zorneding.de – geschl. 15. - 21. November und Montag - Dienstag
6 Zim – †70/75 € ††80/100 €, ⊇ 12 €   **Rest** – Karte 22/53 €
♦ Vater und Sohn kochen hier regionale und internationale Gerichte, die in den liebenswerten Stuben dieses gestandenen Gasthofs serviert werden. Lauschiger Biergarten unter Kastanien. Zum Übernachten stehen schöne großzügige Zimmer bereit.

ZWEIBRÜCKEN – Rheinland-Pfalz – 543 – 34 110 Ew – Höhe 226 m   46 C17
▶ Berlin 691 – Mainz 139 – Saarbrücken 40 – Pirmasens 25
🛈 Herzogstr. 1, ⊠ 66482, ℰ (06332) 87 14 51, www.zweibruecken.de
🏌18 Rieschweiler-Mühlbach, Hitscherhof, ℰ (06336) 64 42

Rosengarten am Park
Rosengartenstr. 60 ⊠ *66482 –* ℰ *(06332) 97 70 – www.rosengarten-am-park.de*
48 Zim ⊇ – †69/100 € ††110/130 € – 1 Suite   **Rest** – Karte 25/40 €
♦ Hier wohnt man schön am angrenzenden Rosengarten, dem Wahrzeichen der Stadt. Die Zimmer sind zeitgemäß in frischem Grün, Rot oder Beige gehalten, alle mit Holzfußboden. Restaurant mit lichtem Wintergarten und Terrasse sowie Biergarten mit Selbstbedienung.

1355

ZWEIBRÜCKEN

Zum StorchenNest
Landauer Str. 106a ⊠ 66482 – ℰ (06332) 4 94 10 – www.zumstorchennest.de
– geschl. Januar 1 Woche, Juli - August 2 Wochen und Dienstag, Samstagmittag
Rest – Menü 25/39 € – Karte 23/44 €
♦ Man kocht vorwiegend regional, dazu eine gute kleine Auswahl an Pfälzer Weinen. In den eher ländlich gehaltenen Räumen mit schönem Dielenboden setzen dunkle Lederpolster moderne Akzente. Günstiger Mittagstisch.

Außerhalb Ost: 3 km

Landschloss Fasanerie
Fasanerie 1 ⊠ 66482 – ℰ (06332) 97 30 – www.landschloss-fasanerie.de
50 Zim – †118/134 € ††156/196 €
Rest *Landhaus* – siehe Restaurantauswahl
Rest *ESSlibris* – ℰ (06332) 97 32 05 (geschl. über Weihnachten, 31. Dezember - 9. Januar und September - Mai: Montag) Menü 36/75 € – Karte 37/47 €
♦ Vor allem im Sommer, wenn alles blüht, ist der romantische ruhige Park mit Rosengarten und Weiher ein Traum. Am größten sind die Atelierzimmer und die Maisonetten. Wohltuende Massagen und Kosmetik, Jogging- und Wanderwege rund ums Hotel. Das Konzept des ESSlibris ist jung und unkompliziert, die Speisekarte nach Themen sortiert - freies Kombinieren erwünscht!

Landhaus – Hotel Landschloss Fasanerie
Fasanerie 1 ⊠ 66482 – ℰ (06332) 97 32 07 – www.landschloss-fasanerie.de
Rest – (Montag - Samstag ab 15 Uhr geöffnet) Menü 25 € – Karte 24/41 €
♦ Im 18. Jh. wurde das Gebäude als Stallung des Landschlosses genutzt, heute überzeugen hier die sehr nette, gemütliche Atmosphäre sowie schmackhaft und sorgfältig zubereitete regionale Speisen. Sonntags können Sie bereits den Mittagstisch genießen.

ZWENKAU – Sachsen – **542** – 8 780 Ew – Höhe 129 m   **41** N12
▶ Berlin 198 – Dresden 125 – Leipzig 23 – Altenburg 35

Seehof
Zur Harth 1 ⊠ 04442 – ℰ (034203) 57 10 – www.seehof-leipzig.de – geschl. 27. Dezember - Mitte Januar
42 Zim – †71/85 € ††85/96 €
Rest – (geschl. Samstagmittag, Sonntag) Karte 20/50 €
♦ Ein familiengeführtes Hotel mit wohnlicher Atmosphäre. Angenehm licht ist der Frühstücksraum in klarem modernem Stil. Einige Zimmer hat man besonders charmant dekoriert. Im Restaurant sorgen helles Holz und Kachelofen für Gemütlichkeit.

ZWICKAU – Sachsen – **544** – 94 340 Ew – Höhe 267 m   **42** N13
▶ Berlin 263 – Dresden 105 – Chemnitz 42 – Leipzig 80
ADAC Hauptmarkt 3 DZ
🛈 Hauptstr. 6 DZ, ⊠ 08056, ℰ (0375) 2 71 32 44, www.zwickautourist.de
🚗 Zwickau, Reinsdorfer Str. 29, ℰ (0375) 2 04 04 00

Stadtpläne siehe nächste Seiten

Holiday Inn
Kornmarkt 9 ⊠ 08056 – ℰ (0375) 2 79 20 – www.holiday-inn.com/zwickau
127 Zim – †98/118 € ††128/147 € – 3 Suiten   DZs
Rest – Karte 23/29 €
♦ Das Businesshotel liegt in einer verkehrsberuhigten Zone im Zentrum, ist neuzeitlich gestaltet und verfügt über eine gute technische Ausstattung. Das Restaurant nennt sich "No. 9" und kommt geradlinig-modern in Braun daher.

Amedia

Olzmannstr. 57 ⊠ 08060 – ℰ (0375) 2 72 07 70 – www.amediahotels.com
124 Zim – †59/64 € ††69/74 €, ⊇ 10 € – 2 Suiten   AVa
Rest – Karte 24/35 €
♦ Das Hotel ist eine funktionelle Businessadresse etwas außerhalb des Stadtzentrums. Besonderheit: Die Gäste können kostenlos in 48 Länder telefonieren!

ZWICKAU

Bauernweg	**BV** 6	Gochtstr.	**AU** 13	Oskar-Arnold-Str.	**BV** 37
Bockwaer Kohlenstr.	**BV** 7	Heinrich-Braun-Str.	**AV** 16	Pölbitzer-Str.	**BU** 42
Bürgerschachtstr.	**BV** 9	Helmholtzstr.	**BV** 18	Schedewitzer Str.	**BV** 45
Erlmühlenstr.	**BU** 10	Innere Zwickauer Str.	**AV** 21	Scheffelstr.	**BU** 46
Friedrich-Engels-Str.	**BUV** 12	Lerchenweg	**AV** 24	Steinpleiser Str.	**AV** 51
		Muldestr.	**BV** 31	Sternenstr.	**BU** 52
		Olzmannstr.	**AV** 36	Thurmer Str.	**BU** 55

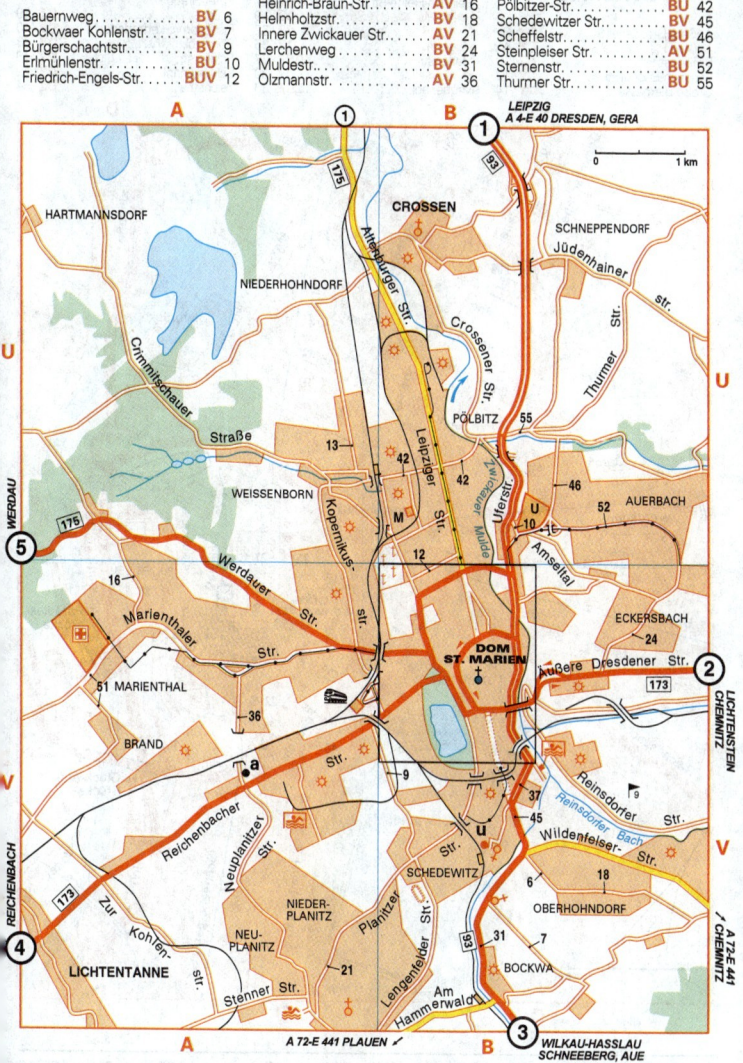

In Zwickau-Schedewitz Süd: 3,5 km

Drei Schwäne
Tonstr. 1, (Zufahrt über Körnerstraße) ✉ 08056
– ☏ (0375) 2 04 76 50
– www.drei-schwaene.de
– geschl. Anfang Januar 1 Woche und Sonntag - Montag
Rest – (nur Abendessen) Karte 31/58 €   BV**u**

♦ Gastgeber in dem Landhaus mit der rosafarbenen Fassade ist ein gebürtiger Elsässer, der im Laufe von über 15 Jahren in Zwickau heimisch geworden ist. Seine Küche hat daher französische, aber auch regionale Elemente.

ZWICKAU

Äußere Dresdener Str.	**DZ** 3
Äußere Plauensche Str.	**CY** 4
Emilienstr.	**CZ** 10
Friedrich-Engels-Str.	**CY** 12
Große Biergasse	**DY** 14
Hauptmarkt	**DZ** 15
Heinrich-Heine-Str.	**CDY** 17
Innere Plauensche Str.	**DZ** 19
Kornmarkt	**DZ** 22
Magazinstr.	**DY** 25
Marienstr.	**DYZ** 27
Münzstr.	**DZ** 30
Neuberinpl.	**DZ** 33
Nicolaistr.	**DZ** 34
Peter-Breuer-Str.	**DZ** 39
Platz der Völkerfreundschaft	**CY** 40
Römerpl.	**CDY** 43
Schillerstr.	**DZ** 48
Schumannpl.	**DY** 49
Teichstr.	**DZ** 54

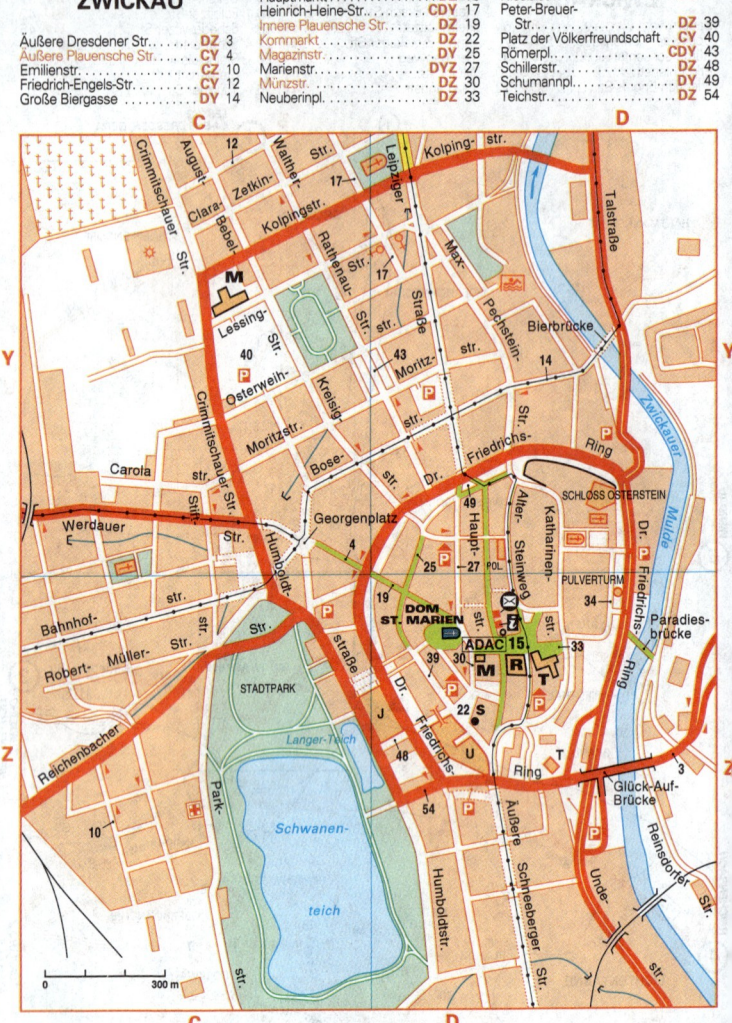

ZWIESEL – Bayern – **546** – 9 830 Ew – Höhe 585 m – Wintersport: 750 m ⚡2 — **59** P18
🏖 – Luftkurort
▶ Berlin 476 – München 179 – Passau 62 – Cham 59
🛈 Stadtplatz 27, ✉ 94227, ℰ (09922) 84 05 23, www.zwiesel-tourismus.de
🏌 Lindberg, Oberzwieselau, ℰ (09922) 8 01 13 26 67

Zur Waldbahn
Bahnhofplatz 2 ✉ *94227* – ℰ *(09922) 85 70* – *www.zurwaldbahn.de* – *geschl. 9. März - 1. April*
25 Zim 🛏 – †55/62 € ††88/96 € – ½ P 19 € **Rest** – Karte 19/33 €
♦ Der erweiterte historische Gasthof gegenüber dem Bahnhof beherbergt wohnliche Zimmer (meist mit Balkon) und einen netten Sauna- und Badebereich. Gepflegter Garten. Gemütlich-rustikal ist das Ambiente im Restaurant.

ZWIESEL

GlasHotel
Hochstr. 45 ⊠ 94227 – ℘ (09922) 85 40 – www.glashotel.de – geschl. 8. November - 20. Dezember
25 Zim ⊔ – †45/75 € ††90/120 € – ½ P 18 € – 1 Suite
Rest – (nur Abendessen für Hausgäste)
• Wohnlich sind sowohl die mit persönlicher Note eingerichteten Zimmer und komfortablen Juniorsuiten als auch der nette Spabereich. Heimische Glasgegenstände dienen im ganzen Haus als Dekor.

Marktstube
Angerstr. 31 ⊠ 94227 – ℘ (09922) 62 85 – www.restaurant-marktstube.de – geschl. 24. Mai - 6. Juni und Dienstag, November: Dienstag, Sonntagabend
Rest – Menü 28 € – Karte 24/35 €
• Die von Familie Horn persönlich geführte Marktstube ist ein gepflegtes, hell gestaltetes Restaurant, in dem man bürgerliche und internationale Speisen bietet.

ZWINGENBERG – Hessen – 543 – 6 740 Ew – Höhe 99 m   47 F16
▶ Berlin 586 – Wiesbaden 61 – Mannheim 43 – Darmstadt 23

Zur Bergstraße garni
Bahnhofstr. 10 ⊠ 64673 – ℘ (06251) 1 78 50 – www.hotel-zur-bergstrasse.de – geschl. 22. Dezember - 6. Januar
21 Zim ⊔ – †77 € ††90 € – 2 Suiten
• Zeitgemäß, funktional und recht großzügig geschnitten sind die Gästezimmer in diesem Hotel. Praktisch ist die Lage nahe Altstadt und Bahnhof.

ZWISCHENAHN, BAD – Niedersachsen – 541 – 27 440 Ew – Höhe 7 m   17 E6
– Moorheilbad
▶ Berlin 453 – Hannover 185 – Bremen 67 – Oldenburg 17
🛈 Auf dem Hohen Ufer 24, ⊠ 26160, ℘ (04403) 6 11 59, www.bad-zwischenahn-touristik.de
🛈 Bad Zwischenahn, Ebereschenstr. 10, ℘ (04403) 6 38 68

Haus am Meer
Auf dem Hohen Ufer 25 ⊠ 26160 – ℘ (04403) 94 00 – www.hausammeer.de
71 Zim ⊔ – †64/109 € ††113/159 € – ½ P 19 € – 1 Suite
Rest Deters – Menü 25/36 € – Karte 26/46 €
• Die Zimmer dieses komfortablen Hotels unmittelbar am Zwischenahner Meer sind mit modernen Möbeln und warmen Farben sehr wohnlich eingerichtet. Ob Tagungsgäste, Urlauber oder Einheimische - besonders gerne genießt man im Sommer die Restaurantterrasse mit Blick aufs Wasser.

Am Badepark
Am Badepark 5 ⊠ 26160 – ℘ (04403) 69 60 – www.hotelambadepark.de
50 Zim ⊔ – †59/85 € ††84/105 € – ½ P 19 € – 5 Suiten   **Rest** – Karte 15/71 €
• Das familienfreundliche Ferienhotel mit Zimmern in mediterranen Tönen liegt neben einem großen Freizeitbad (für Hausgäste kostenfrei) und bietet auch einen Fahrradverleih. Neuzeitlich-gediegenes Restaurant mit netter Terrasse.

Seehotel Fährhaus
Auf dem Hohen Ufer 8 ⊠ 26160 – ℘ (04403) 60 00 – www.seehotel-bad-zwischenahn.de
61 Zim ⊔ – †65/88 € ††99/160 € – ½ P 20 €   **Rest** – Karte 24/40 €
• Die Lage direkt am See macht dieses Hotel mit Bootsanleger interessant. Man verfügt über verschiedene Zimmerkategorien, alle mit Balkon, teilweise auch mit Seeblick. Rund gebautes Restaurant mit großer Fensterfront und Seeterrasse.

NordWest Hotel garni
Zum Rosenteich 14 ⊠ 26160 – ℘ (04403) 92 30 – www.hotel-bad-zwischenahn.de
50 Zim ⊔ – †61/95 € ††89/119 € – 2 Suiten
• Ein zeitgemäßes und gepflegtes Hotel in einem Wohngebiet. Nett sind der helle, freundliche Frühstücksraum mit Terrasse und die kleine Bar mit offenem Kamin.

Antonio Lava
In der Horst 1 ⊠ 26160 – ℘ (04403) 6 49 70 – www.antonio-lava.de
Rest – Karte 35/53 €
• In diesem neuzeitlich-gediegenen Restaurant bietet man italienische Küche mit ansprechendem Antipastibuffet. Freundliches Ambiente und netter Service.

1359

ZWISCHENAHN, BAD

Der Ahrenshof
Oldenburger Straße ⊠ 26160 – ℰ (04403) 47 11 – www.der-ahrenshof.de
Rest – Menü 20/35 € – Karte 27/46 €
• Nahe dem Kurpark finden Sie das gemütliche und charmant-rustikale Ammerländer Bauernhaus von 1688. Die bürgerliche Küche serviert man auch auf der großen Terrasse im Grünen.

In Bad Zwischenahn-Aschhauserfeld Nord-Ost: 4 km Richtung Wiefelstede

Jagdhaus Eiden
Eiden 9 ⊠ 26160 – ℰ (04403) 698 0 00 – www.jagdhaus-eiden.de
72 Zim ⊆ – †70/109 € ††111/162 € – ½ P 20 € – 2 Suiten
Rest *Apicius* **Rest** *Jäger- und Fischerstube* – siehe Restaurantauswahl
• Hochwertig und geschmackvoll sind die Zimmer in dem familiär geführten hübschen Haus in Seenähe. Zum Angebot gehören ein Bootssteg und der attraktive Spa auf 800 qm. Angeschlossenes Kasino.

Amsterdam
Wiefelsteder Str. 18 ⊠ 26160 – ℰ (04403) 93 40 – www.Hotel-Amsterdam.de
40 Zim ⊆ – †79/109 € ††79/109 € – ½ P 18 € **Rest** – Karte 24/41 €
• In dem quadratischen Hotelbau erwarten Sie wohnlich und funktional gestaltete Gästezimmer, die teilweise zum Garten hin liegen. Restaurant mit kleinem internationalem Angebot.

andrea garni
Wiefelsteder Str. 43 ⊠ 26160 – ℰ (04403) 47 41 – www.garni-hotel-andrea.de
14 Zim – †40/55 € ††80/96 €
• Ein sehr gepflegtes kleines Hotel mit individuell eingerichteten Gästezimmern, zum Teil mit Balkon oder Terrasse, sowie einer hübschen Gartenanlage.

Apicius – Hotel Jagdhaus Eiden
Eiden 9 ⊠ 26160 – ℰ (04403) 69 84 16 – www.apicius.de
– geschl. 10. - 28. Januar, 10. - 21. Juli und Sonntag - Dienstagmittag, Donnerstagmittag, Freitagmittag
Rest – (Tischbestellung ratsam) Menü 46/99 € – Karte 62/81 €
Spez. Krosser Bauch und Rücken vom Bentheimer Schwein mit Nussgremolata, Jus, jungen Erbsen und Morcheln. St. Pierre aus dem Sud auf gebackenem Kalbskopf und Brokkolipüree, Rotweinschalotten und Kressesalat. Gebrannte Tarte vom Ammerländer Schafskäse, Waldheidelbeeren, Holundersud und Rahmeis von der Kakaobohne.
• Leicht modernisiert ist die ansonsten recht klassische Küche von Kai Klinkel - und es mangelt ihr nicht an Kraft und Ausdruck. Das Ambiente ist fein, Service und Weinberatung (sehr gute Rotweinauswahl) sind kompetent.

Jäger- und Fischerstube – Hotel Jagdhaus Eiden
Eiden 9 ⊠ 26160 – ℰ (04403) 69 80 00 – www.jagdhaus-eiden.de
Rest – Menü 25/41 € – Karte 28/55 €
• Die Lage des Jagdhauses in einem 10 ha großen Park ist fantastisch! Zu den schönen Räumlichkeiten des Restaurants gehört ein Wintergarten - nicht zu vergessen die herrliche Gartenterrasse.

In Bad Zwischenahn-Aue Nord-Ost: 6 km Richtung Wiefelstede

Klosterhof mit Zim
Dreiberger Str. 65 ⊠ 26160 – ℰ (04403) 91 59 90 – www.klosterhof-aue.de
11 Zim ⊆ – †37/44 € ††63/73 € – ½ P 15 € **Rest** – Karte 19/49 €
• In dem Ammerländer Bauernhaus mit ursprünglichem urigem Charakter bereitet man in der offenen Küche Spezialitäten vom Glühsteingrill und regional-bürgerliche Fischgerichte.

In Bad Zwischenahn-Dreibergen Nord: 7 km Richtung Wiefelstede

Eshramo
Dreiberger Str. 15 ⊠ 26160 – ℰ (04403) 98 41 74 – www.eshramo.de
– geschl. Montag
Rest – (Dienstag - Freitag nur Abendessen) (Tischbestellung ratsam) Menü 42/53 €
– Karte 38/56 €
• Das Restaurant in dem ansprechenden Klinkerhaus ist mit hellen Tönen in mediterranem Stil eingerichtet. In der offenen Küche bereitet man frische internationale Speisen zu.

Ferientermine

Angegeben ist jeweils der erste und letzte Tag der Ferien

School holidays

Date of holidays

Land	Ostern 2012	Sommer 2012	Weihnachten 2012-2013
Baden-Württemberg	02.04. - 13.04.	26.07. - 08.09.	24.12. - 05.01.
Bayern	02.04. - 13.04.	01.08. - 12.09.	24.12. - 05.01.
Berlin	02.04. - 14.04.	26.06. - 03.08.	24.12. - 04.01.
Brandenburg	04.04. - 14.04.	21.06. - 03.08.	24.12. - 04.01.
Bremen	26.03. - 11.04.	23.07. - 31.08.	24.12. - 05.01.
Hamburg	05.03. - 16.03.	21.06. - 01.08.	21.12. - 04.01.
Hessen	02.04. - 14.04.	02.07. - 10.08.	24.12. - 12.01.
Mecklenburg-Vorpommern	02.04. - 11.04.	23.06. - 04.08.	21.12. - 04.01.
Niedersachsen	26.03. - 11.04.	23.07. - 31.08.	24.12. - 05.01.
Nordrhein-Westfalen	02.04. - 14.04.	09.07. - 21.08.	21.12. - 04.01.
Rheinland-Pfalz	29.03. - 13.04.	02.07. - 10.08.	20.12. - 04.01.
Saarland	02.04. - 14.04.	02.07. - 14.08.	24.12. - 05.01.
Sachsen	06.04. - 14.04.	23.07. - 31.08.	22.12. - 02.01.
Sachsen-Anhalt	02.04. - 07.04.	23.07. - 05.09.	19.12. - 04.01.
Schleswig-Holstein	30.03. - 13.04.	25.06. - 04.08.	24.12. - 05.01.
Thüringen	02.04. - 13.04.	23.07. - 31.08.	24.12. - 05.01.

Telefon-Vorwahlnummern international

Wichtig: bei Auslandsgesprächen darf die Null (0) der Ortsnetzkennzahl nicht gewählt werden (außer bei Gesprächen nach Italien).

International Dialling Codes

Note: when making an internationall call, do not dial the first «0» of the city codes (except for calls to Italy).

von \ nach	A	B	CH	CZ	D	DK	E	FIN	F	GB	GR
A Österreich		0032	0041	00420	0049	0045	0034	00358	0033	0044	0030
B Belgien	0043		0041	00420	0049	0045	0034	00358	0033	0044	0030
CH Schweiz	0043	0032		00420	0049	0045	0034	00358	0033	0044	0030
CZ Tschechische Rep.	0043	0032	0041		0049	0045	0034	00358	0033	0044	0030
D Deutschland	0043	0032	0041	00420		0045	0034	00358	0033	0044	0030
DK Dänemark	0043	0032	0041	00420	0049		0034	00358	0033	0044	0030
E Spanien	0043	0032	0041	00420	0049	0045		00358	0033	0044	0030
FIN Finnland	0043	0032	0041	00420	0049	0045	0034		0033	0044	0030
F Frankreich	0043	0032	0041	00420	0049	0045	0034	00358		0044	0030
GB Großbritannien	0043	0032	0041	00420	0049	0045	0034	00358	0033		0030
GR Griechenland	0043	0032	0041	00420	0049	0045	0034	00358	0033	0044	
H Ungarn	0043	0032	0041	00420	0049	0045	0034	00358	0033	0044	0030
I Italien	0043	0032	0041	00420	0049	0045	0034	00358	0033	0044	0030
IRL Irland	0043	0032	0041	00420	0049	0045	0034	00358	0033	0044	0030
J Japan	00143	00132	00141	001420	00149	00145	00134	001358	00133	00144	00130
L Luxemburg	0043	0032	0041	00420	0049	0045	0034	00358	0033	0044	0030
N Norwegen	0043	0032	0041	00420	0049	0045	0034	00358	0033	0044	0030
NL Niederlande	0043	0032	0041	00420	0049	0045	0034	00358	0033	0044	0030
PL Polen	0043	0032	0041	00420	0049	0045	0034	00358	0033	0044	0030
P Portugal	0043	0032	0041	00420	0049	0045	0034	00358	0033	0044	0030
RUS Russ. Föderation	81043	81032	81041	810420	81049	81045	*	810358	81033	81044	*
S Schweden	0043	0032	0041	00420	0049	0045	0034	00358	0033	0044	0030
USA	01143	01132	01141	011420	01149	01145	01134	01358	01133	01144	01130

* Automatische Vorwahl nicht möglich

(H)	(I)	(IRL)	(J)	(L)	(N)	(NL)	(PL)	(P)	(RUS)	(S)	(USA)	
0036	0039	00353	0081	00352	0047	0031	0048	00351	007	0046	001	**A Österreich**
0036	0039	00353	0081	00352	0047	0031	0048	00351	007	0046	001	**B Belgien**
0036	0039	00353	0081	00352	0047	0031	0048	00351	007	0046	001	**CH Schweiz**
0036	0039	00353	0081	00352	0047	0031	0048	00351	007	0046	001	**CZ Tschechische Rep.**
0036	0039	00353	0081	00352	0047	0031	0048	00351	007	0046	001	**D Deutschland**
0036	0039	00353	0081	00352	0047	0031	0048	00351	007	0046	001	**DK Dänemark**
0036	0039	00353	0081	00352	0047	0031	0048	00351	007	0046	001	**E Spanien**
0036	0039	00353	0081	00352	0047	0031	0048	00351	007	0046	001	**FIN Finnland**
0036	0039	00353	0081	00352	0047	0031	0048	00351	007	0046	001	**F Frankreich**
0036	0039	00353	0081	00352	0047	0031	0048	00351	007	0046	001	**GB Großbritannien**
0036	0039	00353	0081	00352	0047	0031	0048	00351	007	0046	001	**GR Griechenland**
	0039	00353	0081	00352	0047	0031	0048	00351	007	0046	001	**H Ungarn**
0036		00353	0081	00352	0047	0031	0048	00351	*	0046	001	**I Italien**
0036	0039		0081	00352	0047	0031	0048	00351	007	0046	001	**IRL Irland**
00136	00139	001353		001352	00147	00131	00148	001351	*	00146	0011	**J Japan**
0036	0039	00353	0081		0047	0031	0048	00351	007	0046	001	**L Luxemburg**
0036	0039	00353	0081	011352		0031	0048	00351	007	0046	001	**N Norwegen**
0036	0039	00353	0081	00352	0047		0048	00351	007	0046	001	**NL Niederlande**
0036	0039	00353	0081	00352	0047	0031		00351	007	0046	001	**PL Polen**
0036	0039	00353	0081	00352	0047	0031	0048		007	0046	001	**P Portugal**
81036	*	*	*	*	*	81031	81048	*		*	*	**RUS Russ. Föderation**
0036	0039	00353	0081	00352	0047	0031	0048	00351	007		001	**S Schweden**
01136	01139	011353	01181	011352	01147	01131	01148	011351	*	01146	–	**USA**

* Direct dialing not possible

Regionalkarten

Regional maps

Entfernungen

In jedem Ortstext finden Sie Entfernungen zu größeren Städten in der Umgebung und nach Berlin.
Die Entfernungen gelten ab Stadtmitte unter Berücksichtigung der günstigsten (nicht kürzesten) Strecke.

Distances

The text of each town includes its distance from its immediate neighbours and from Berlin.
Distances are calculated from centres and along the best roads from a motoring point of view - not necessarily the shortest

Entfernungen zwischen den größeren Städten

Distances between major towns

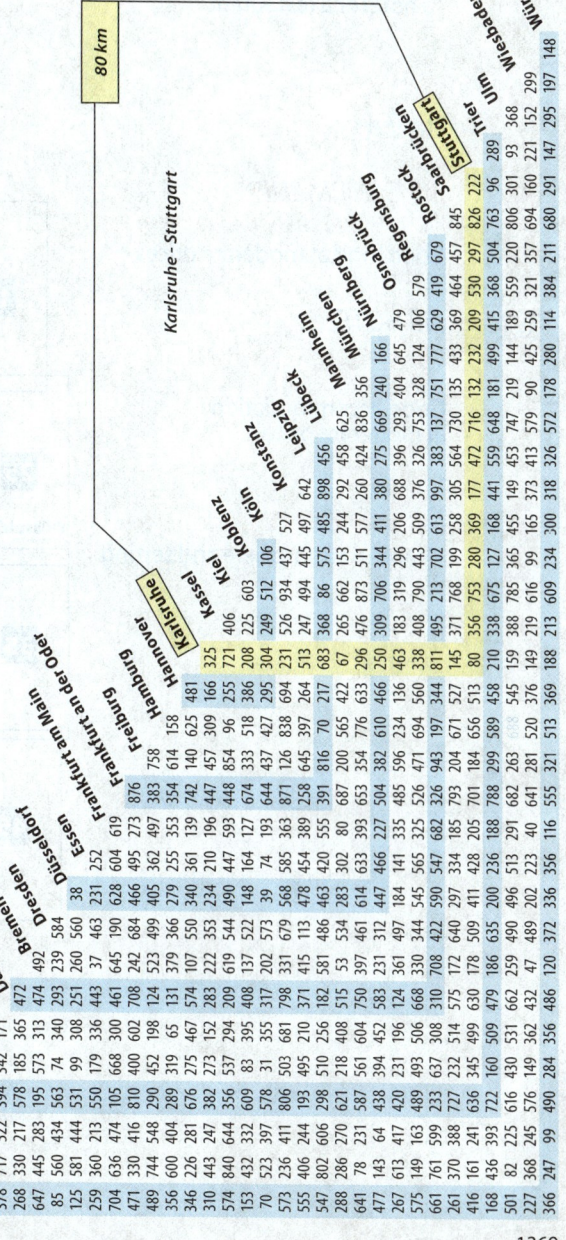

Karlsruhe – Stuttgart: 80 km

1369

Ort mit mindestens
Place with at least

- einem Hotel oder Restaurant
  a hotel or a restaurant

❀ *DIE STERNE*
The stars

😊 *BIB GOURMAND*
Gute Küche zu moderaten Preisen
Good food at moderate prices

🛏️ *BIB HOTEL*
Hier übernachten Sie gut
und preiswert
Good accommodation
at moderate prices

🏠
✍️ Angenehme und ruhige Häuser
✂️   Peaceful atmosphere and setting

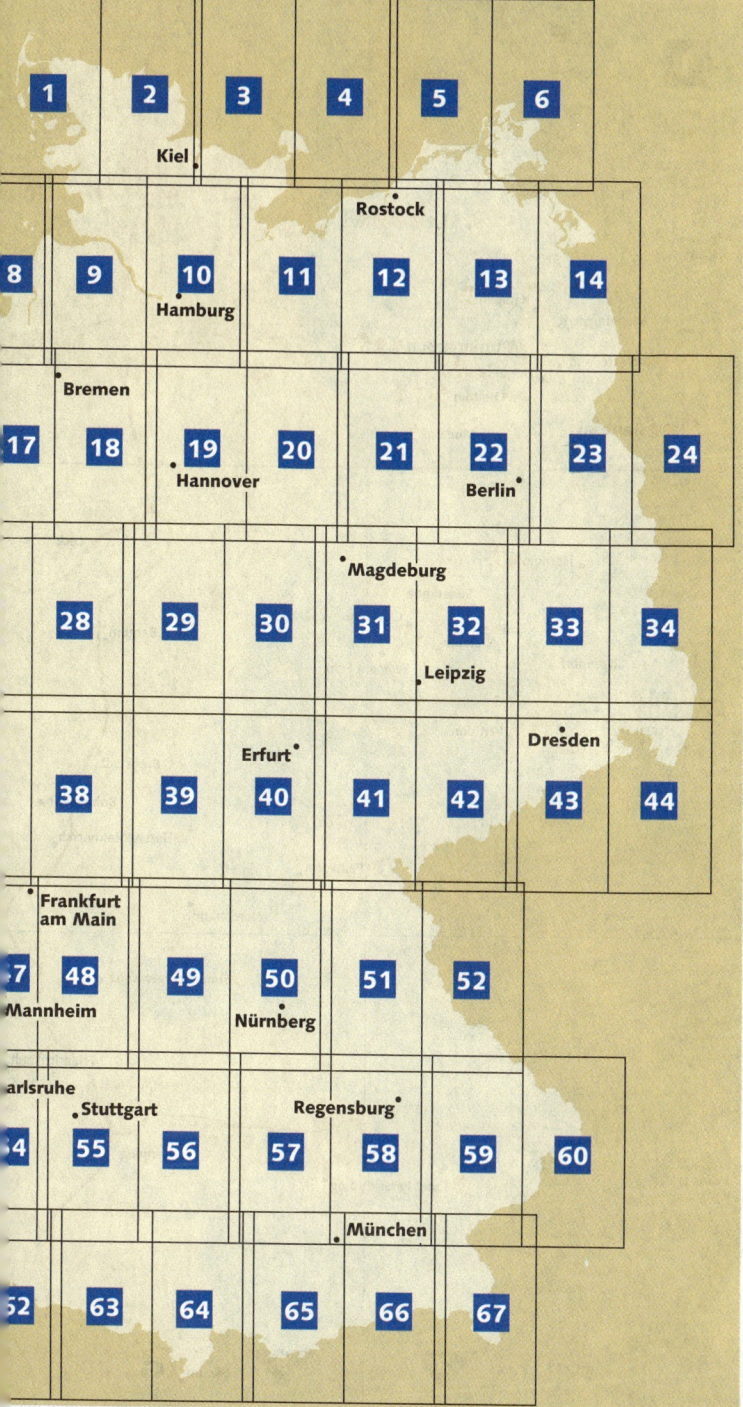

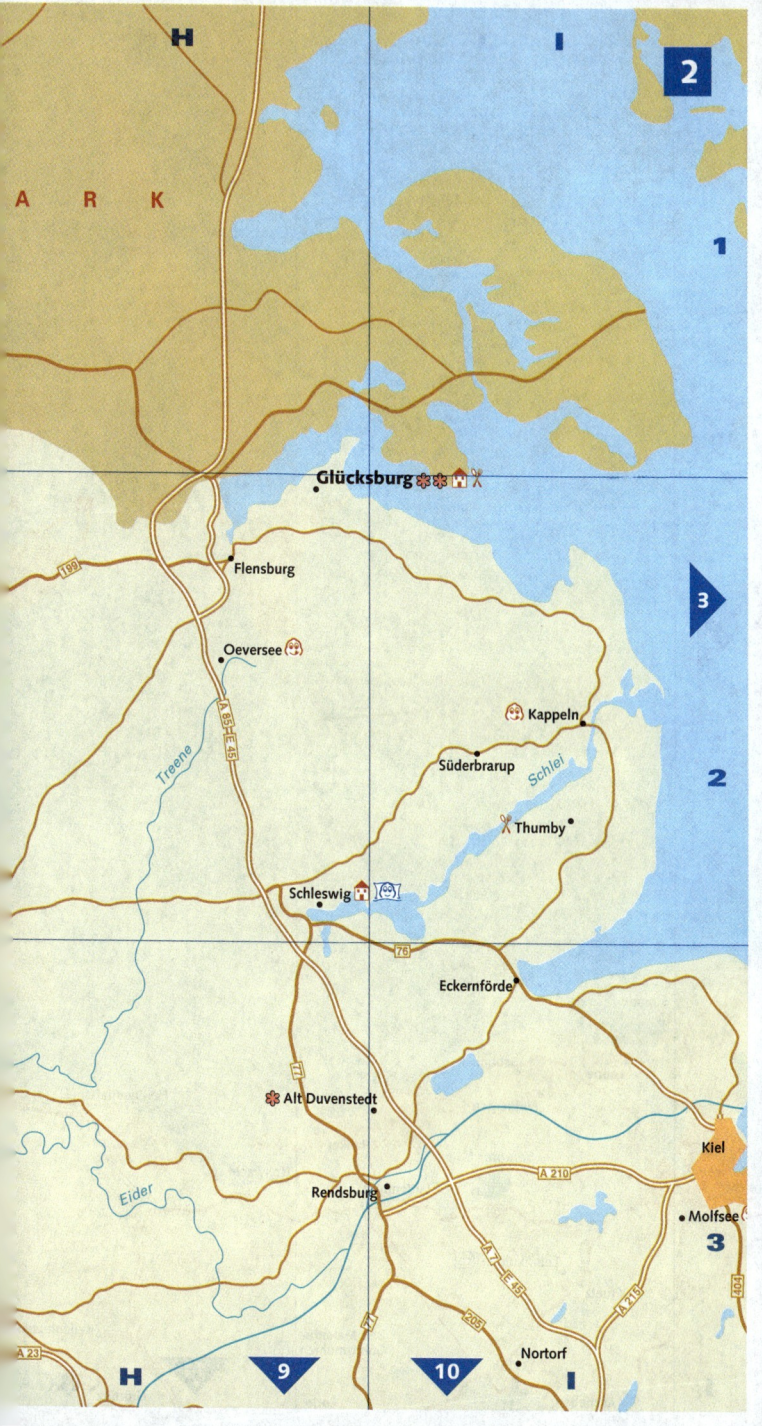

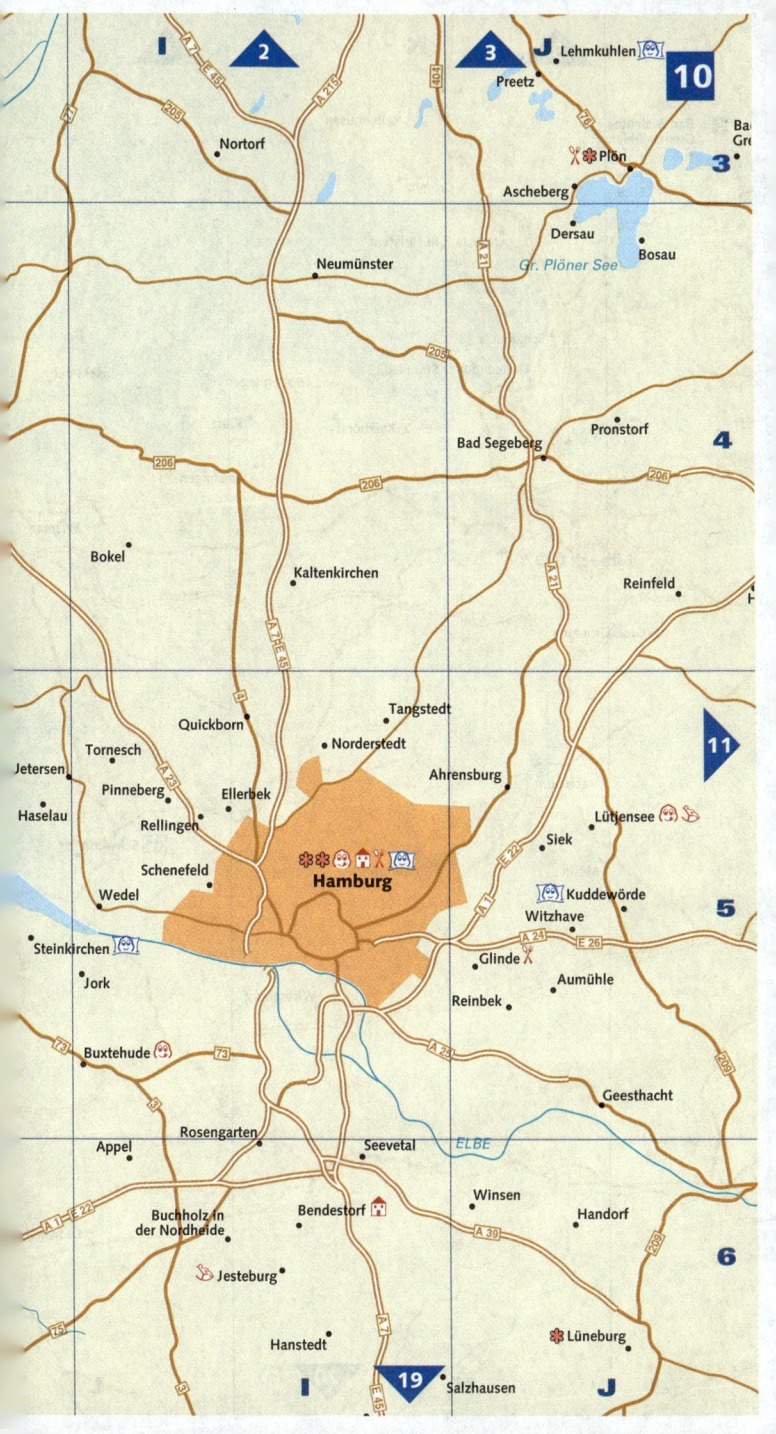

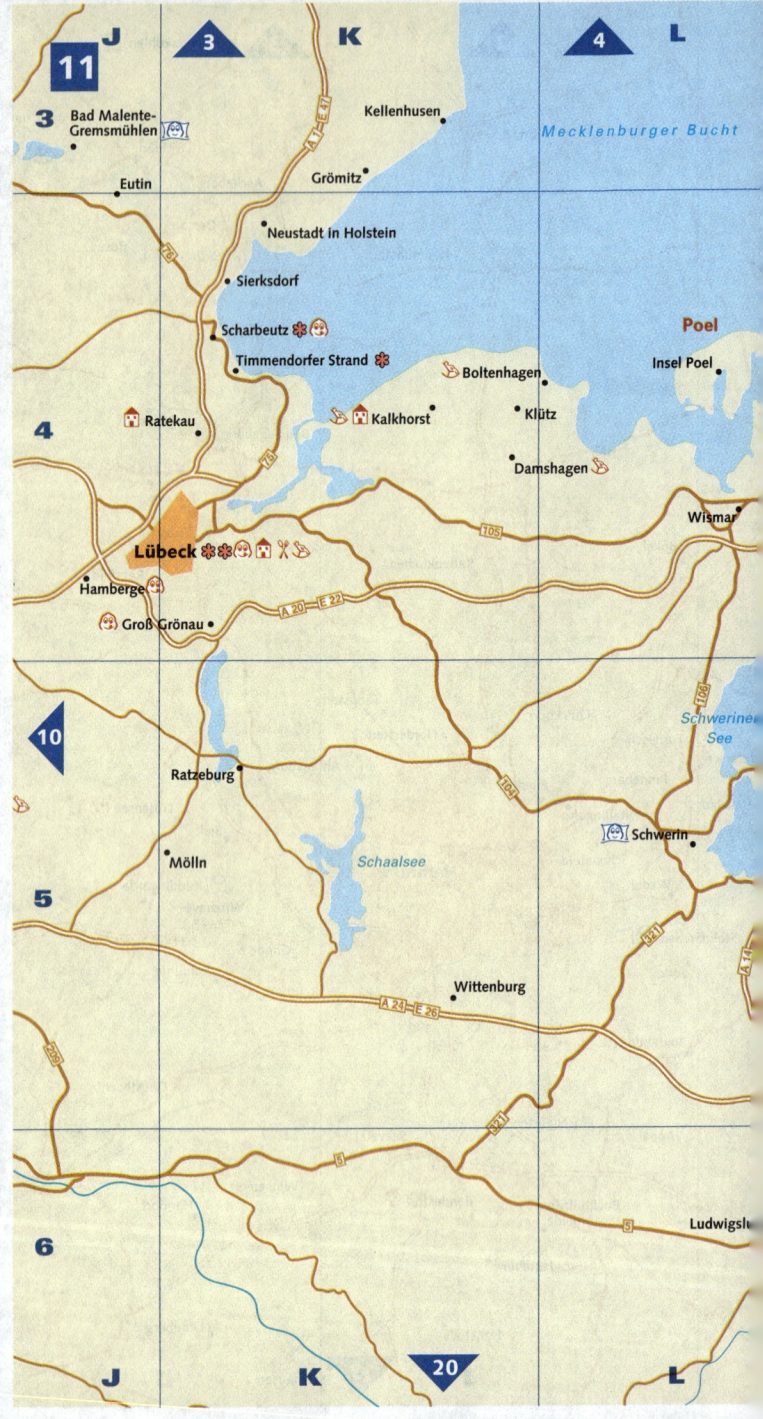

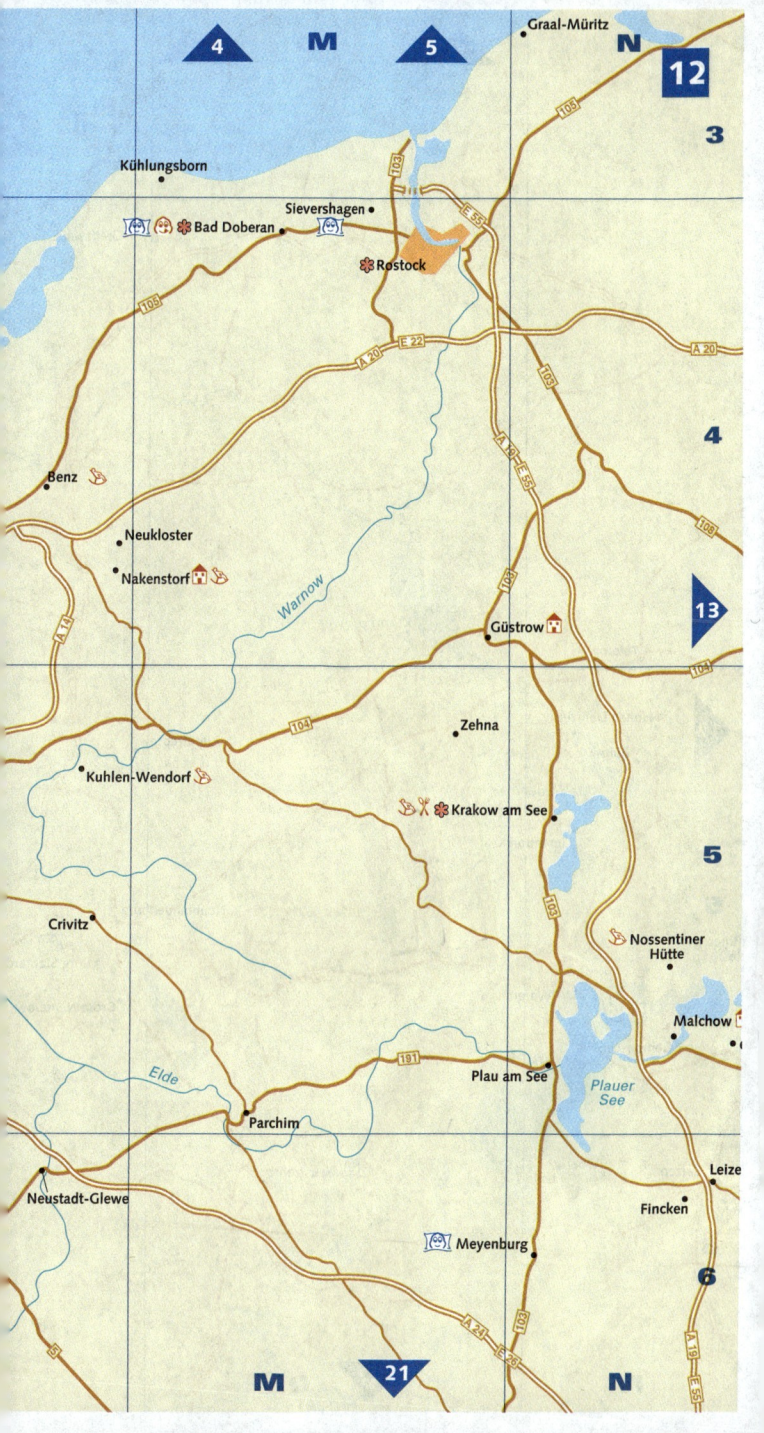

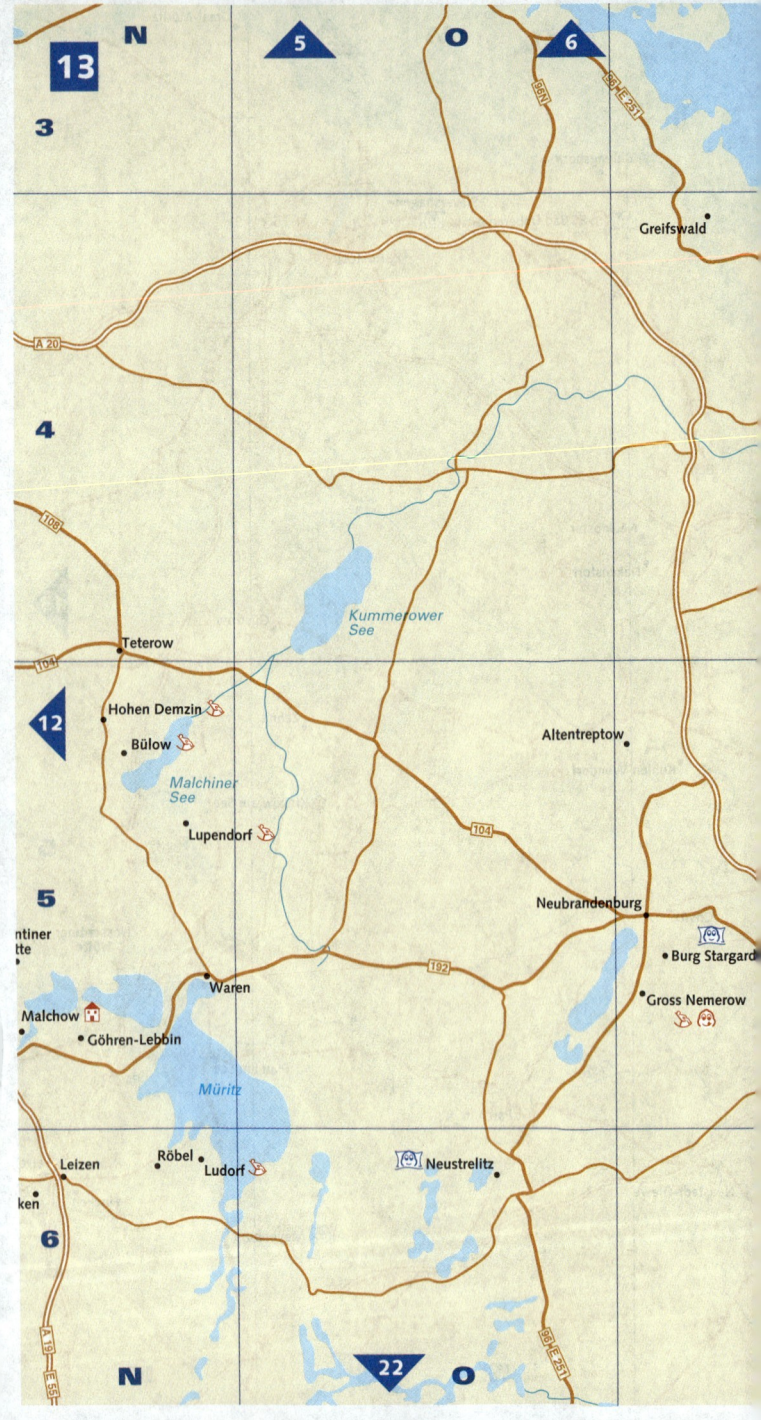

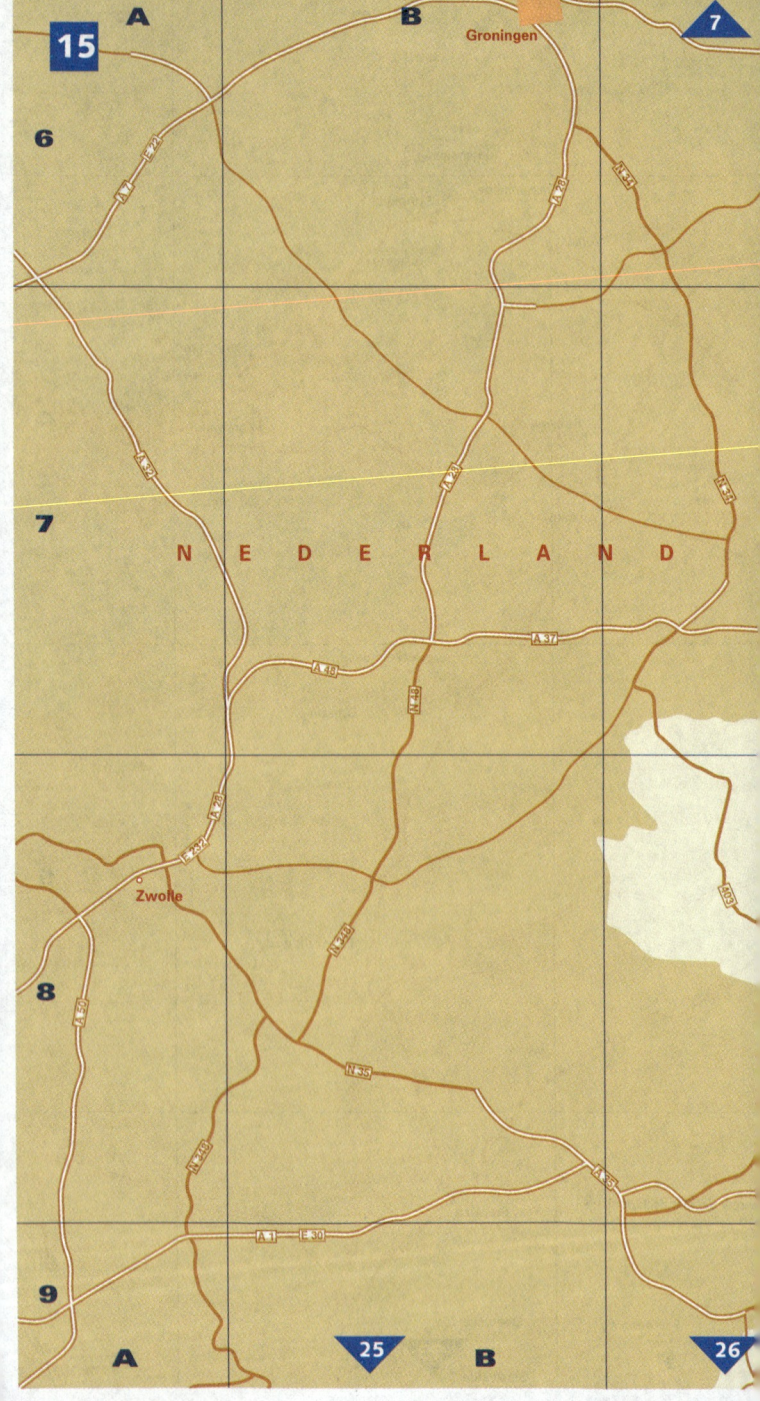

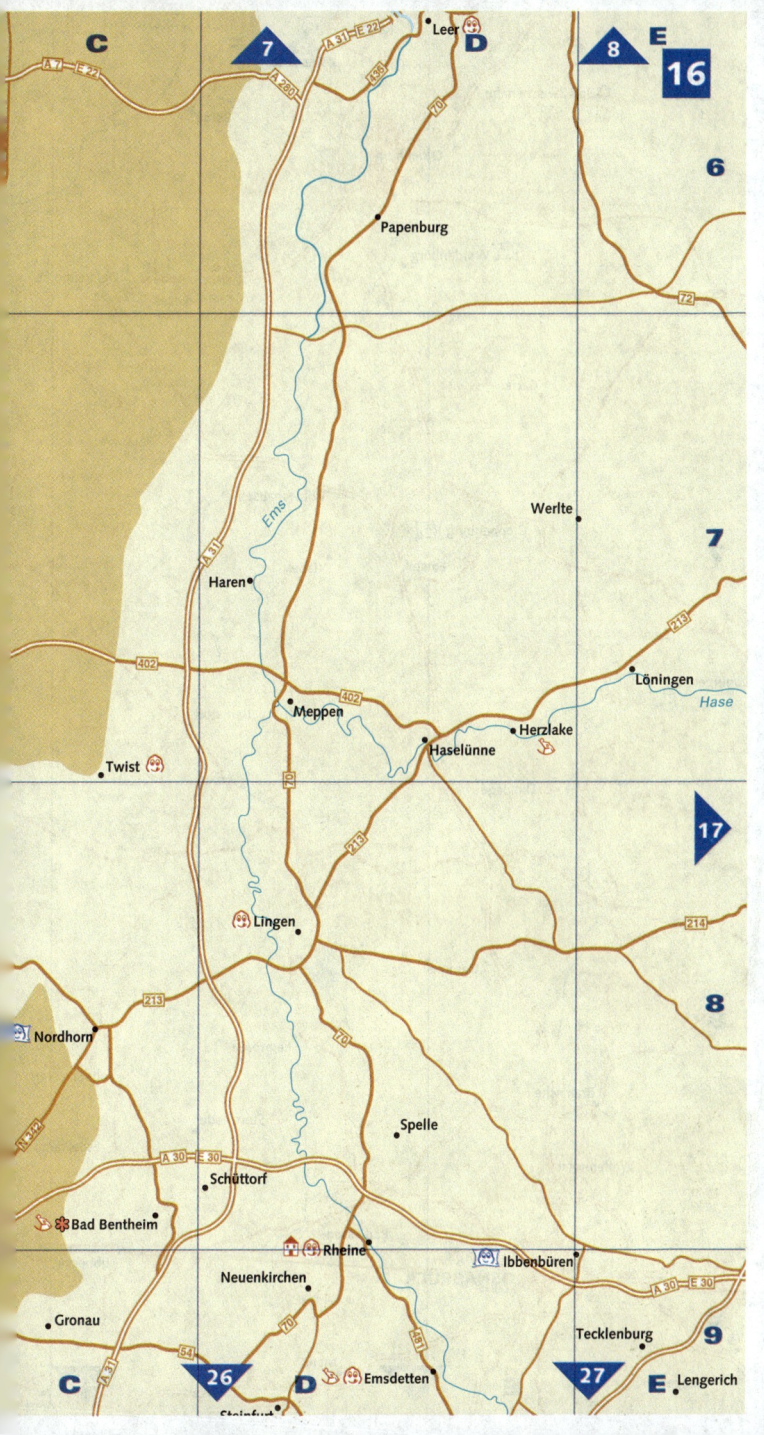

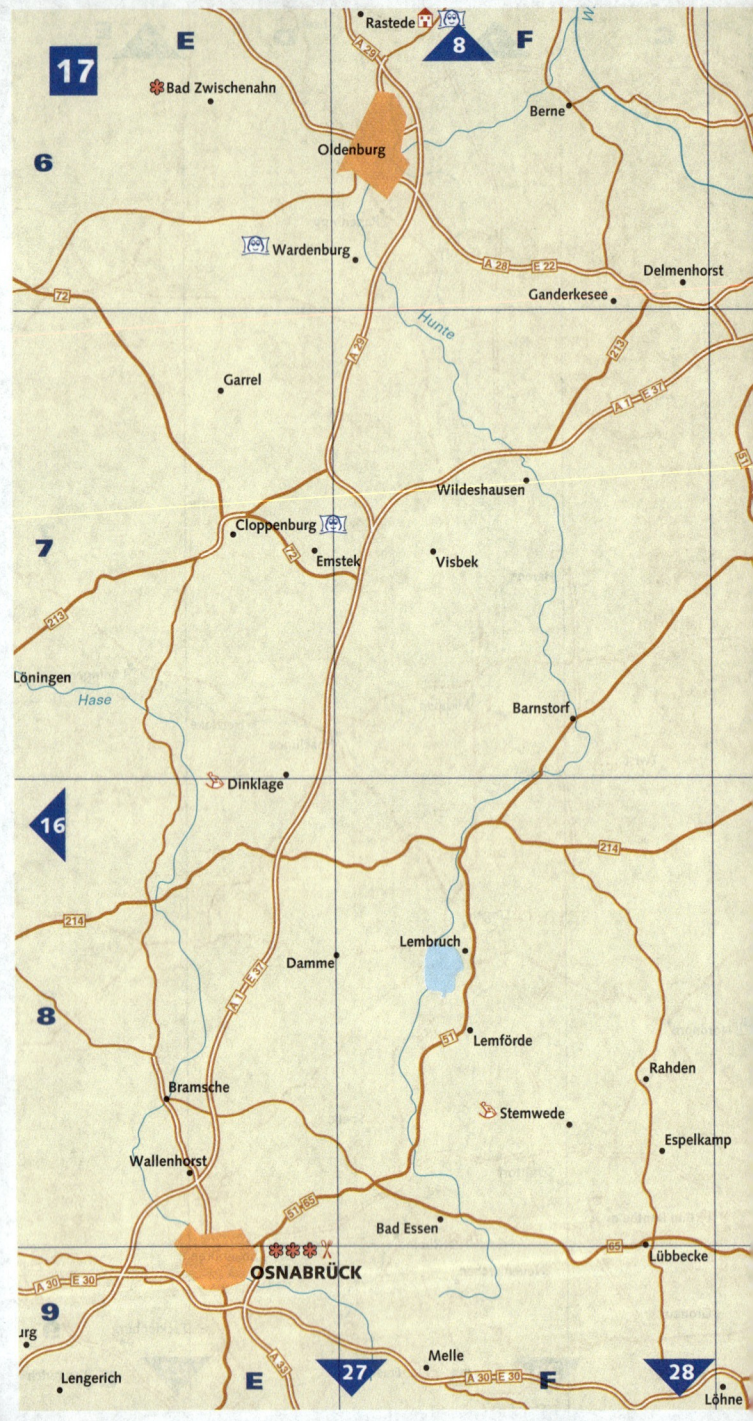

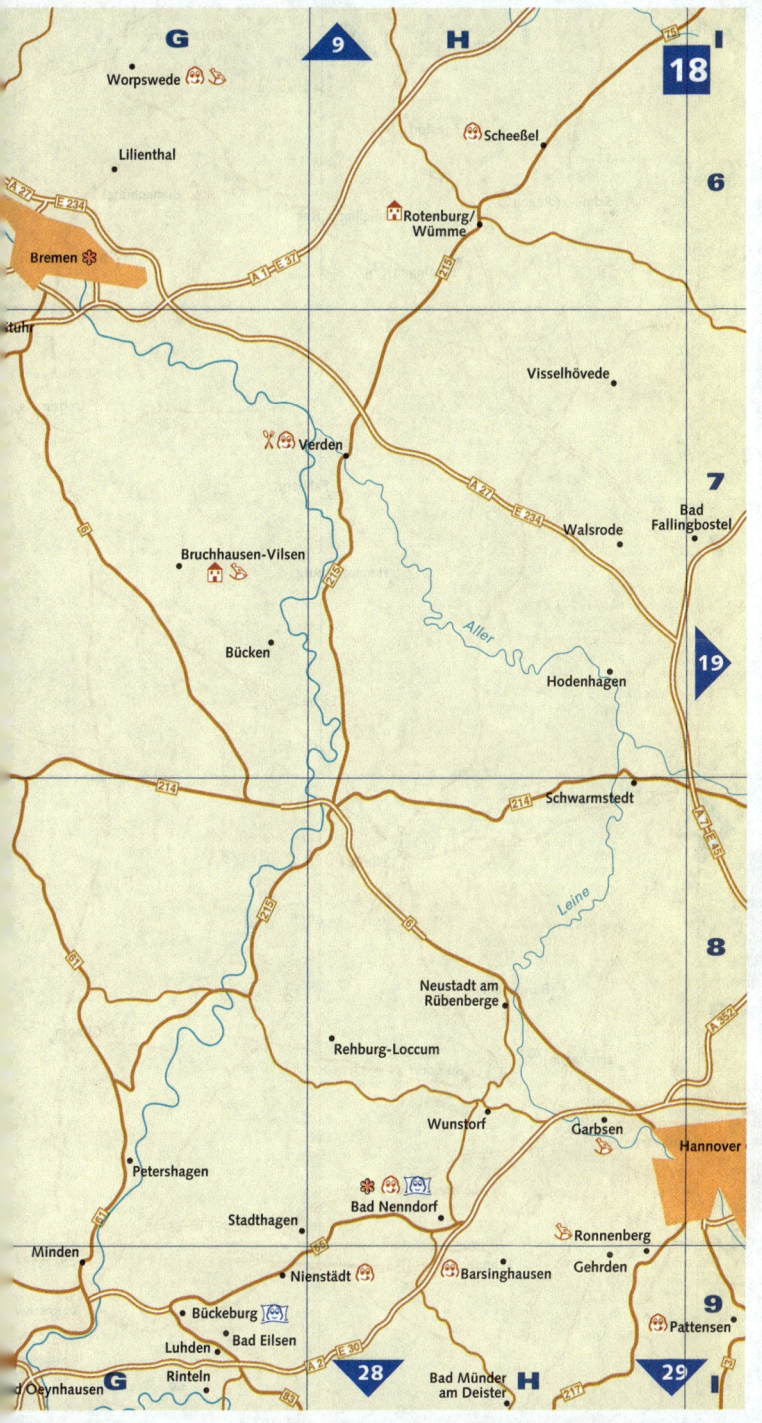

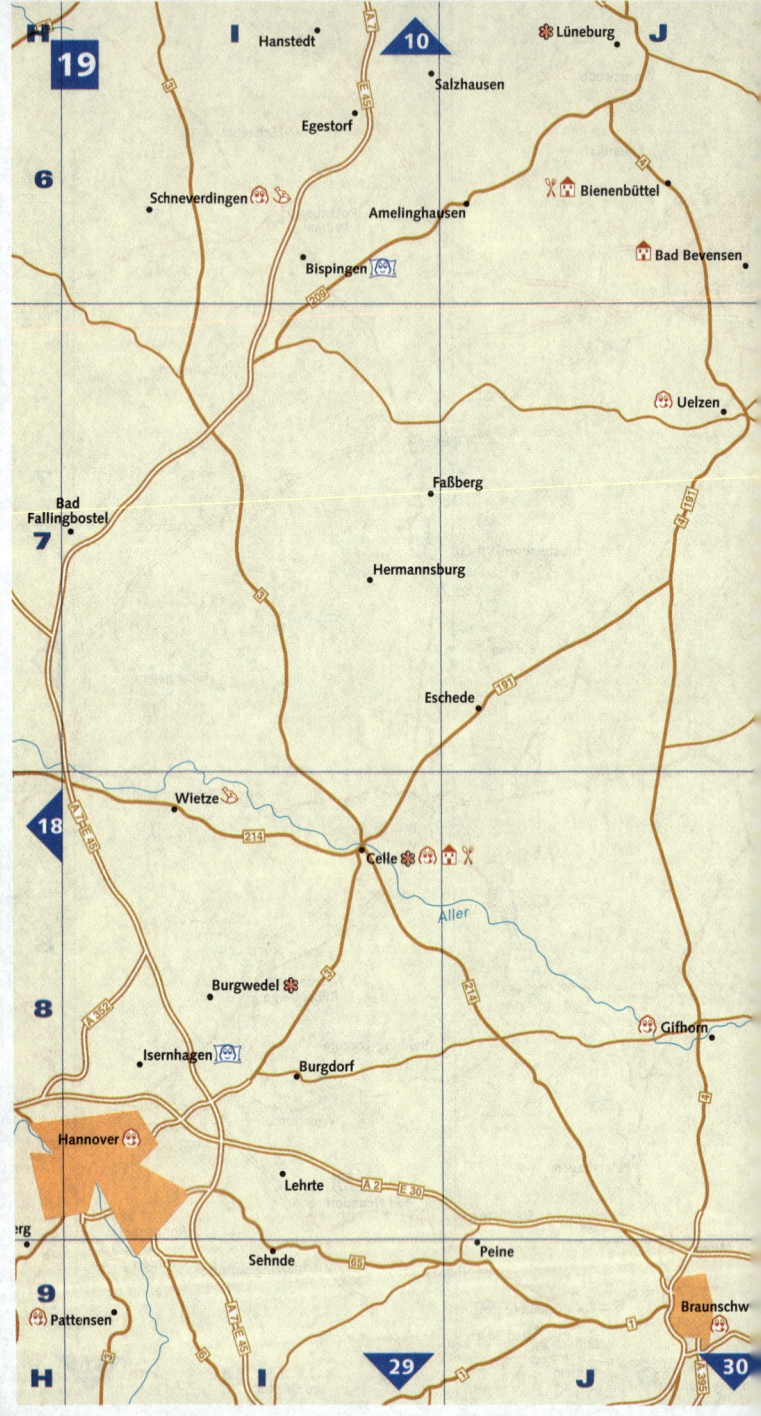

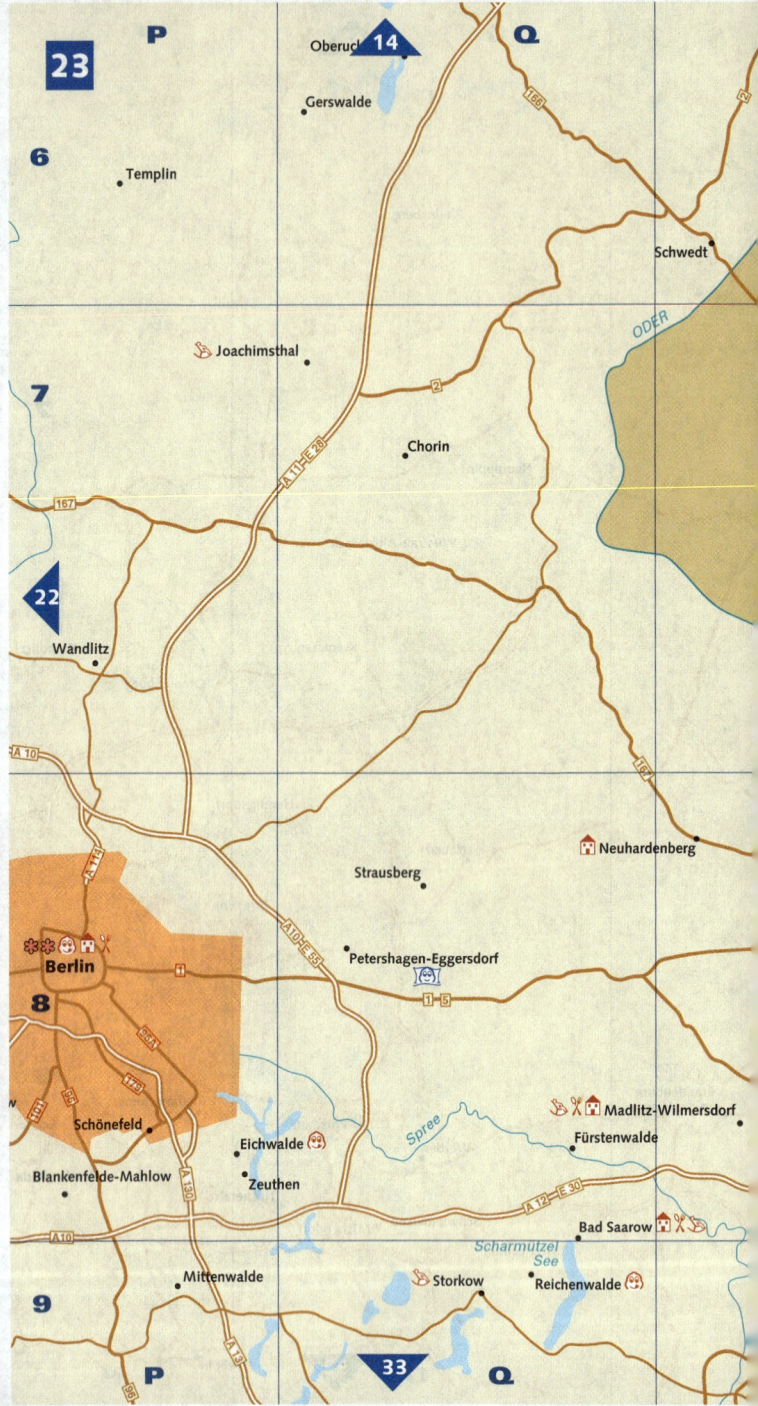

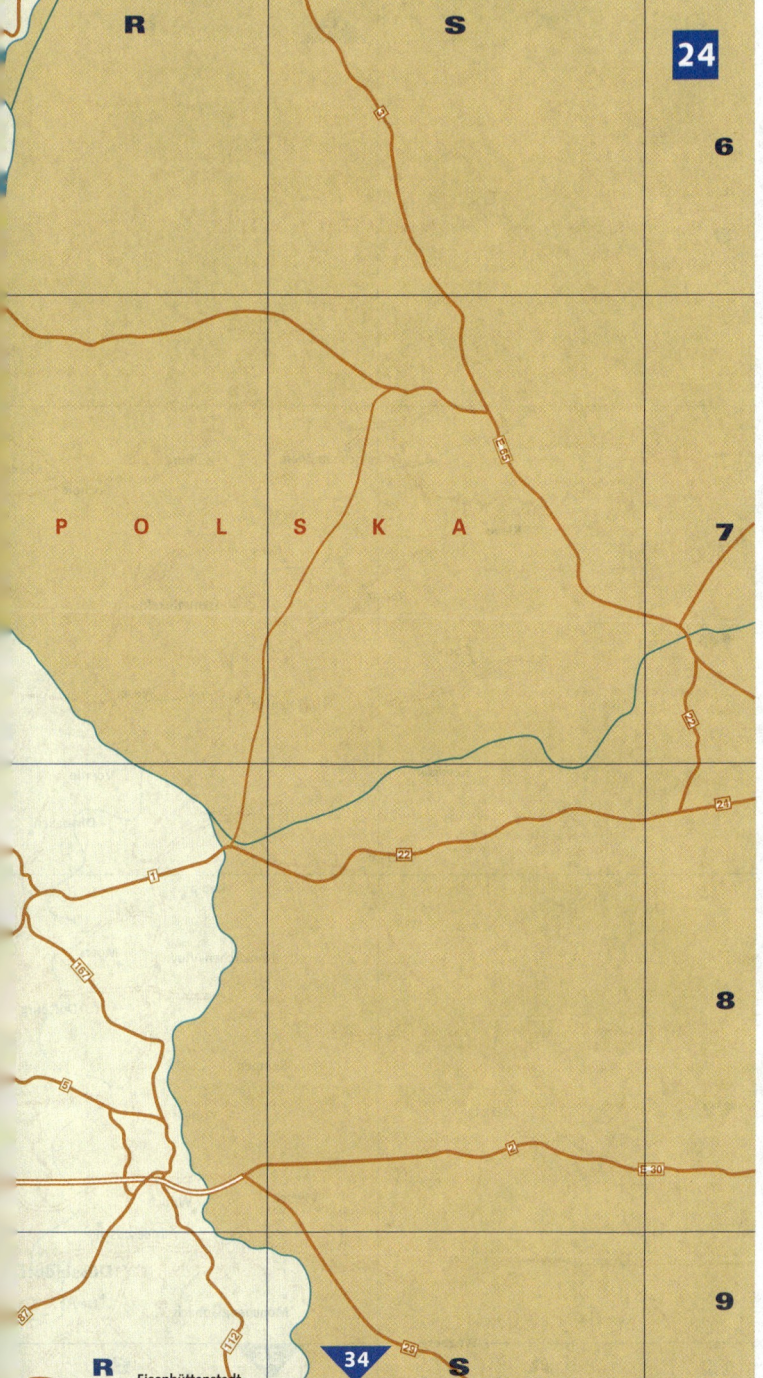

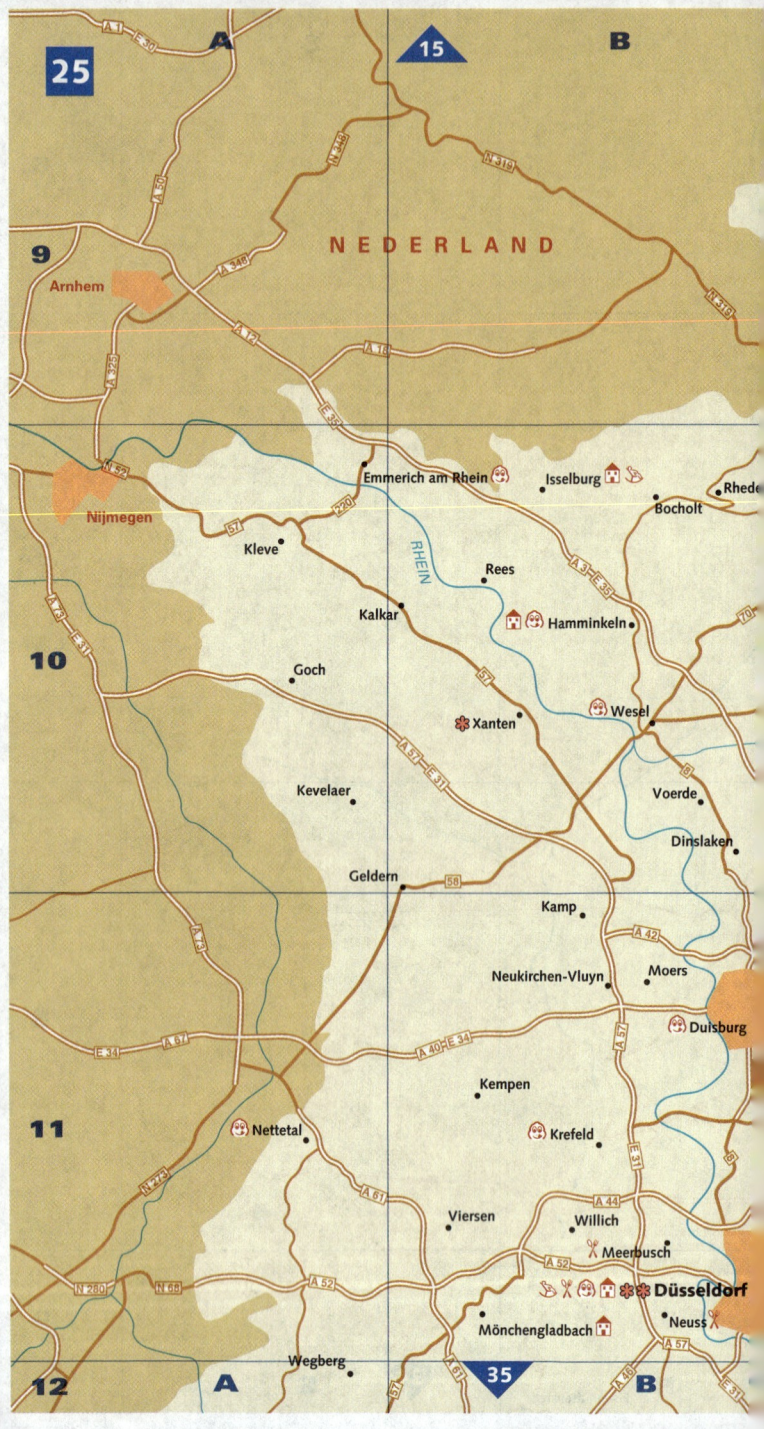

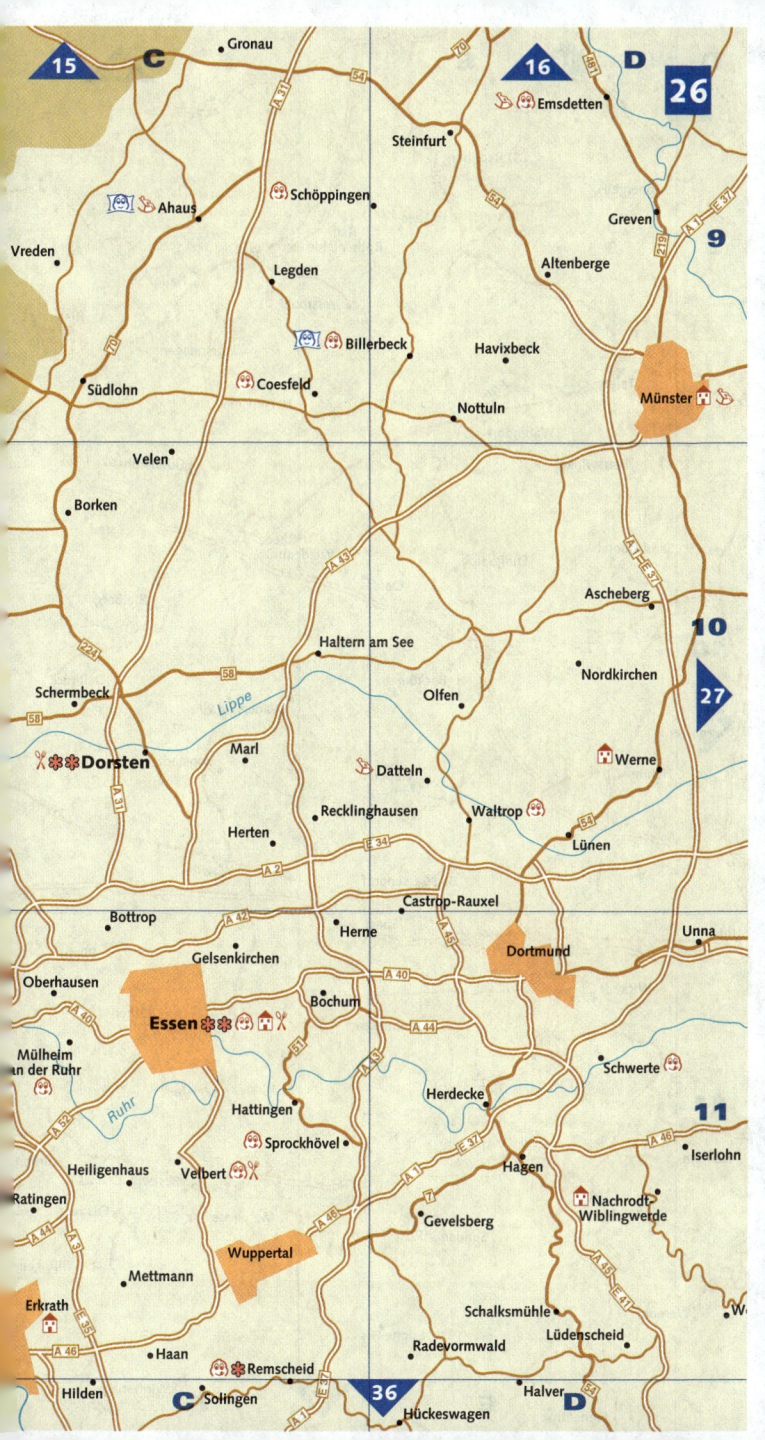

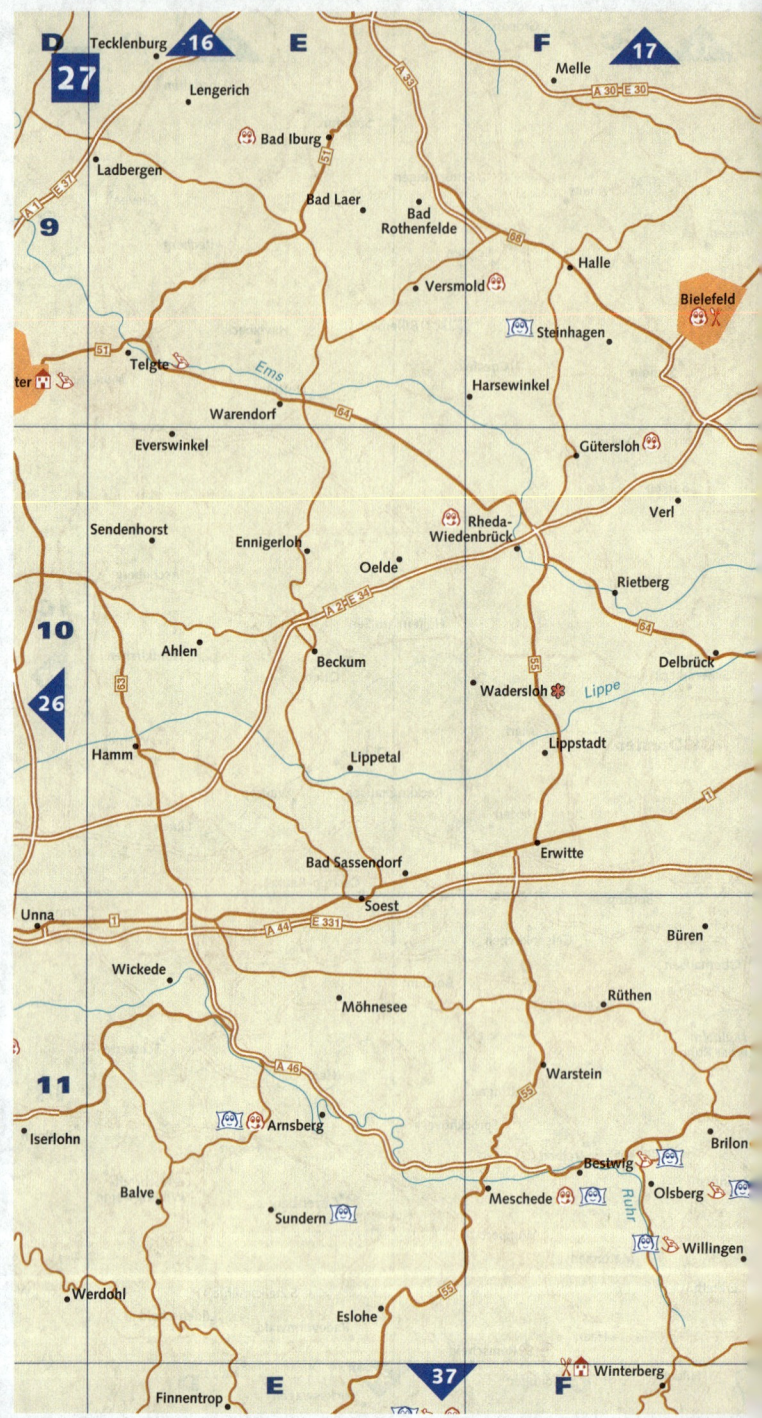

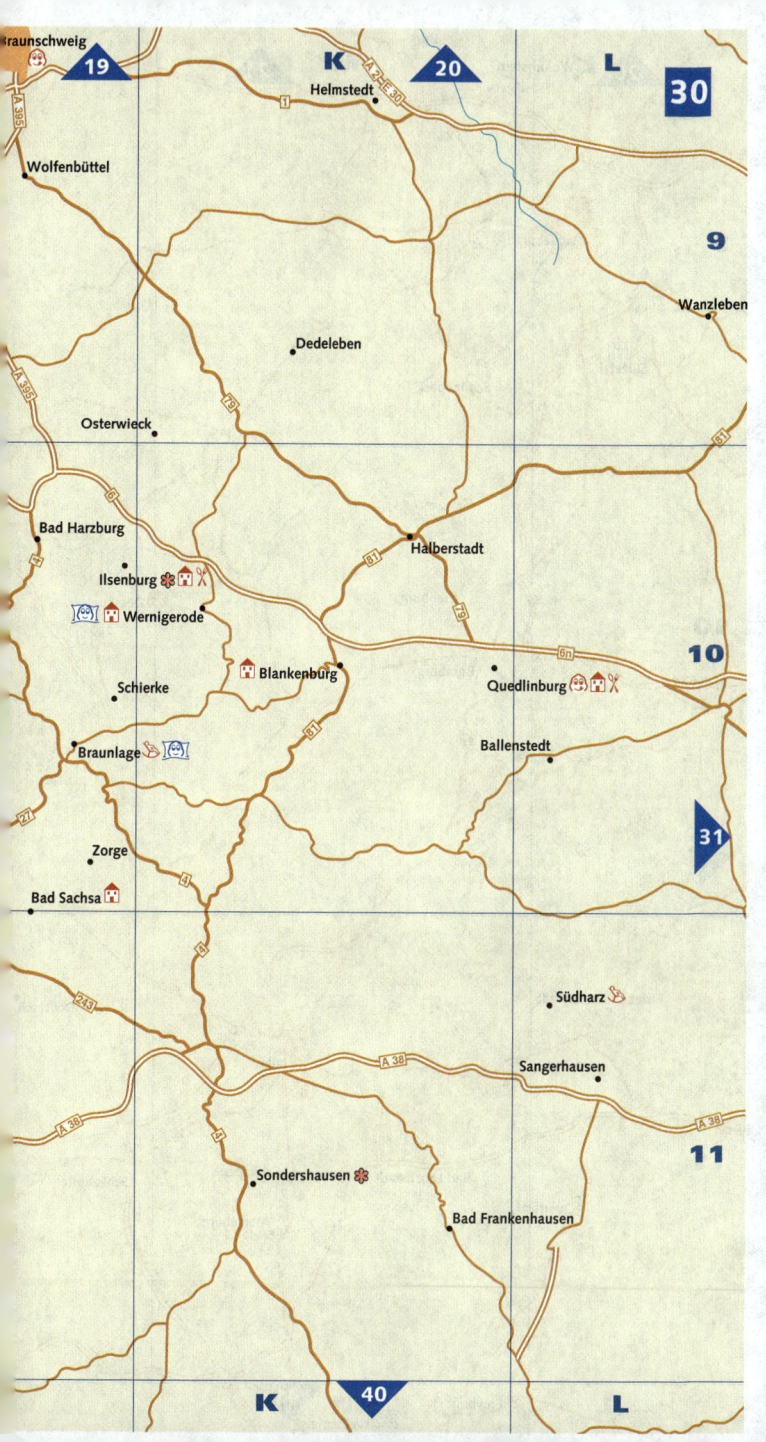

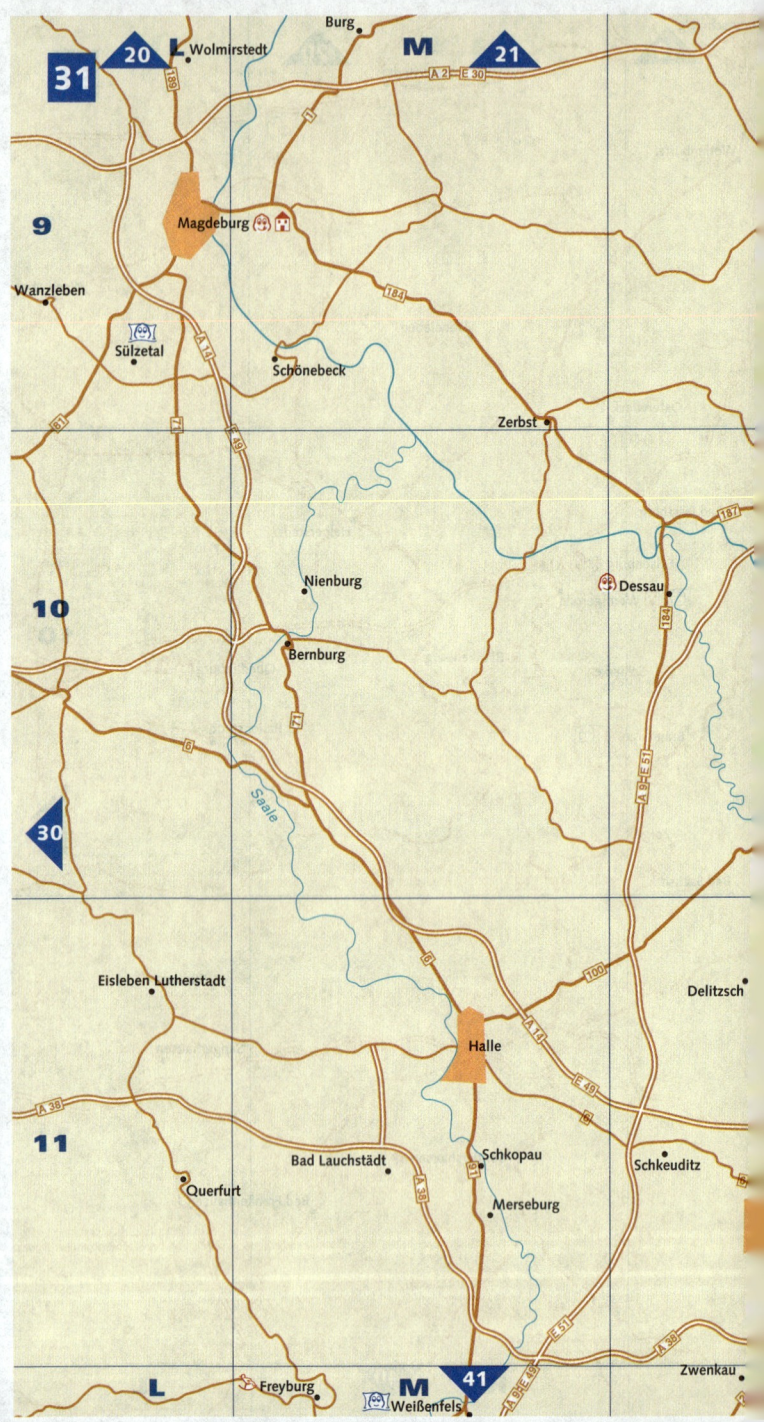

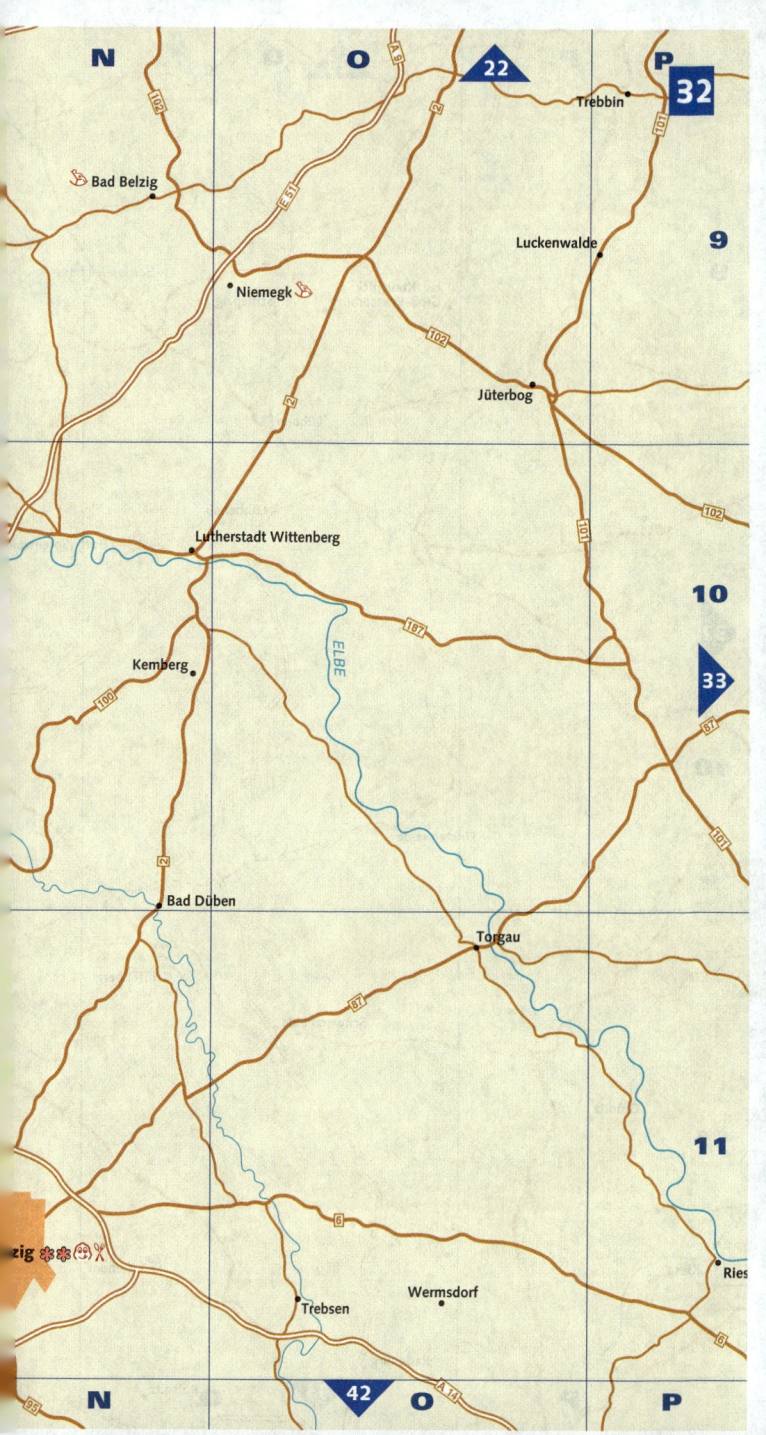

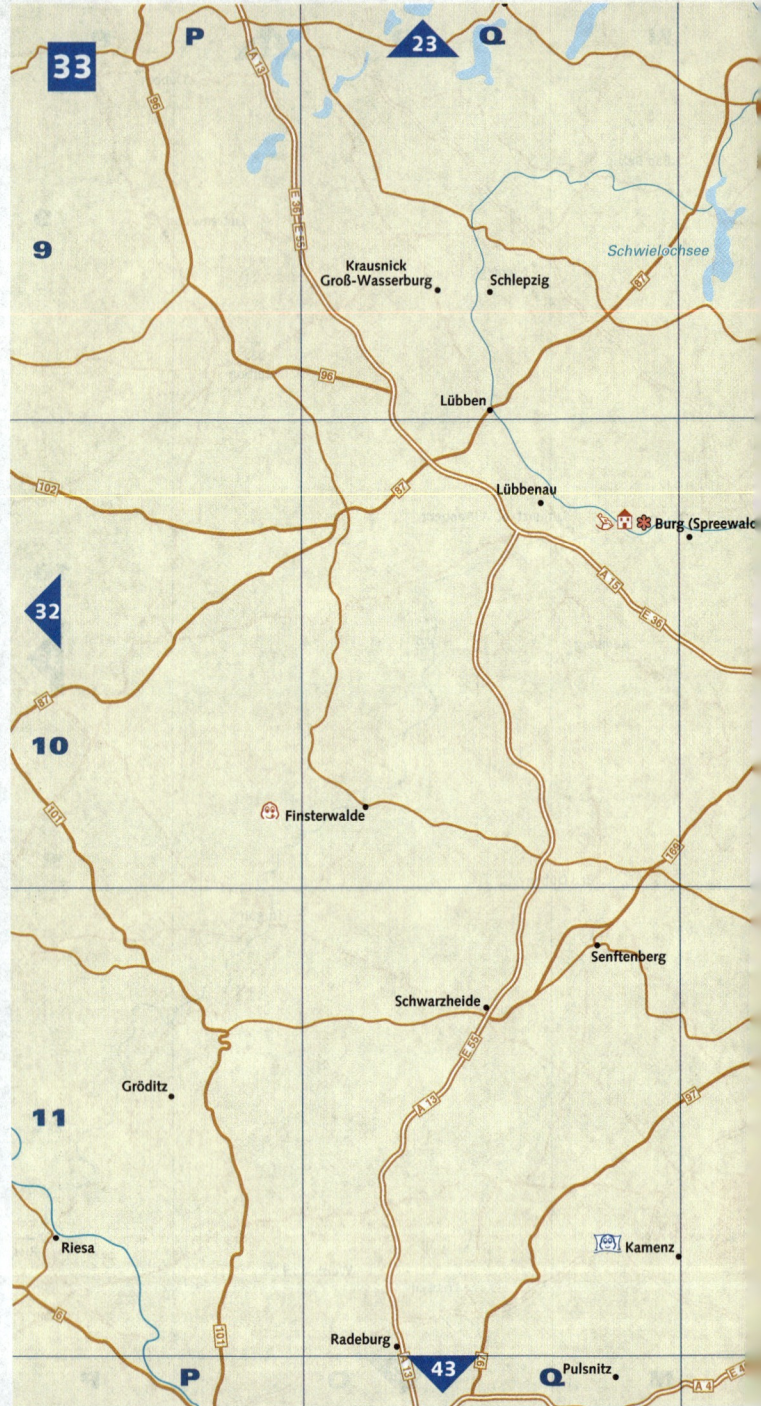

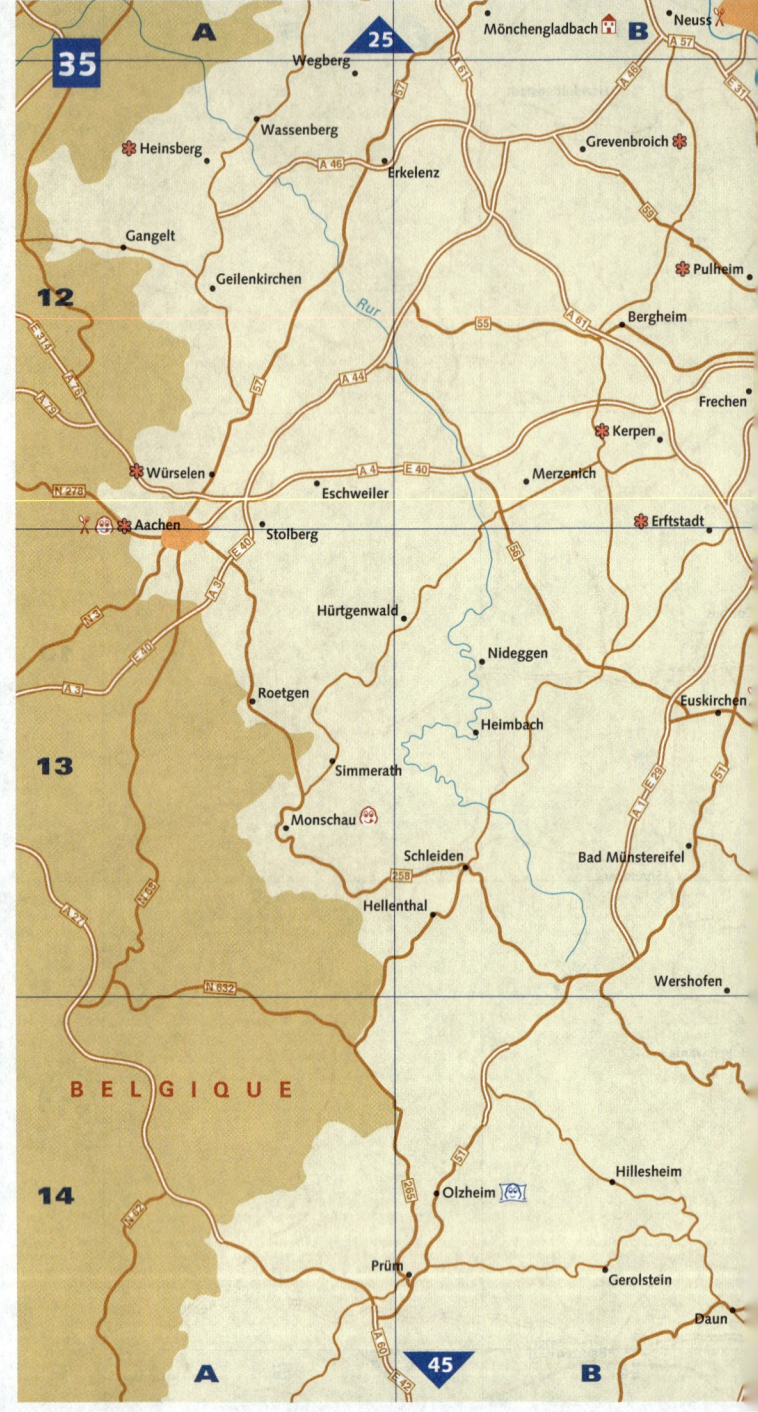

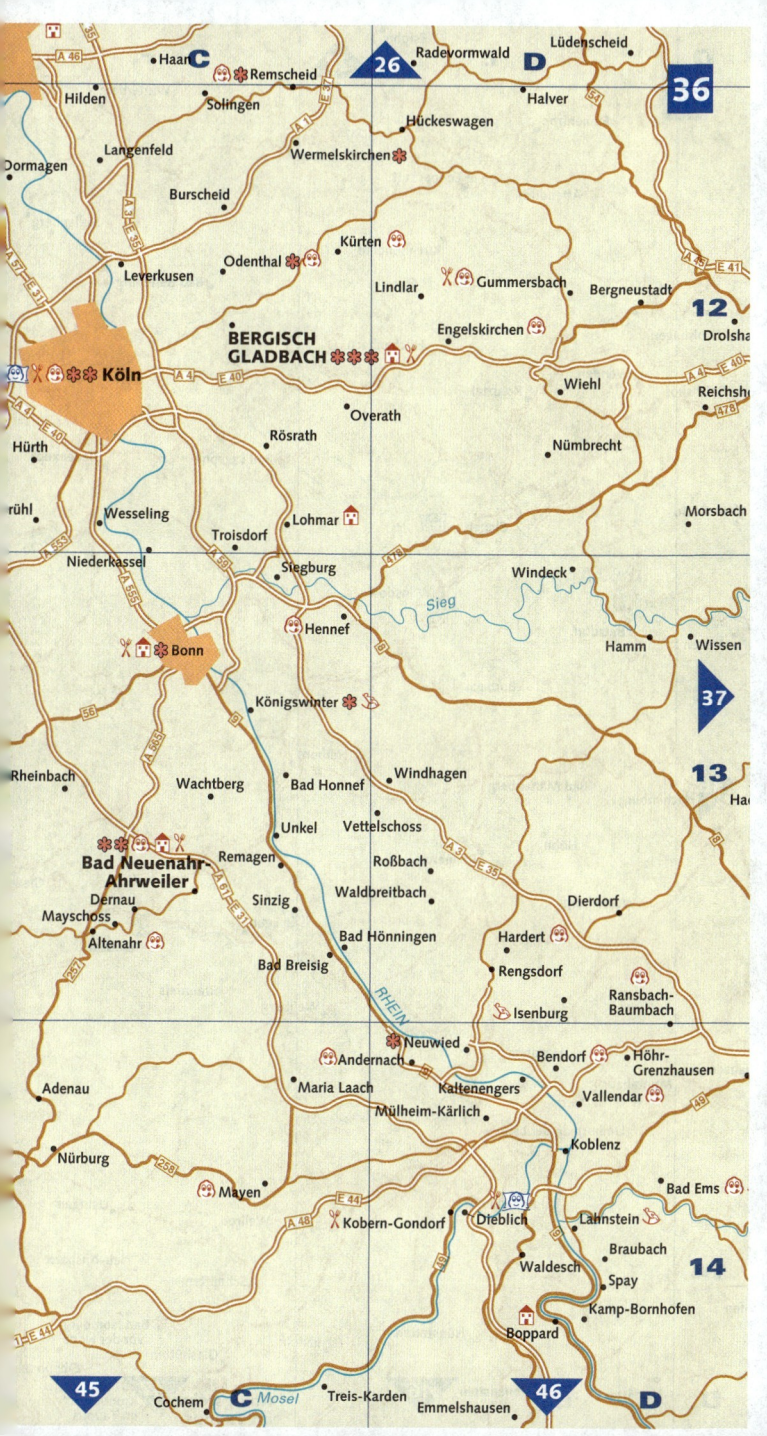

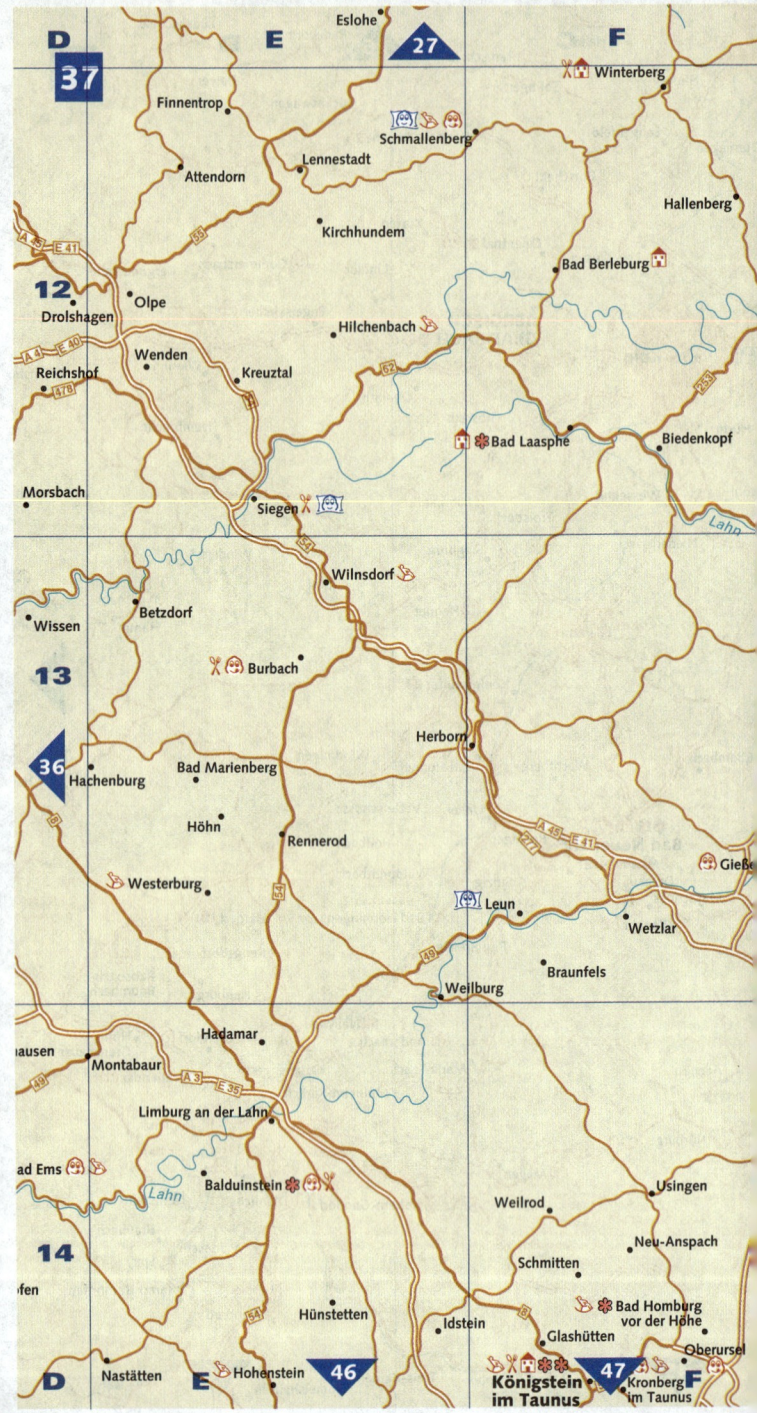

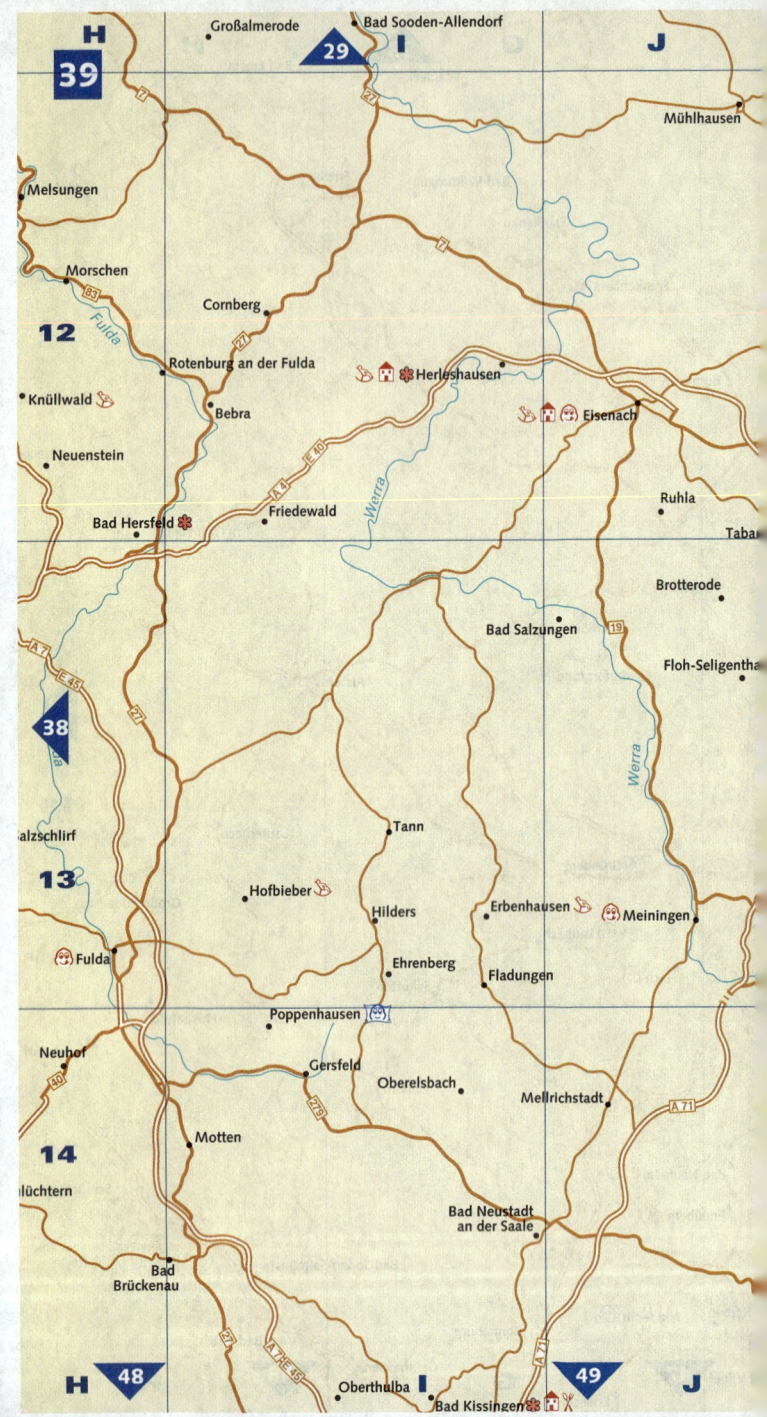

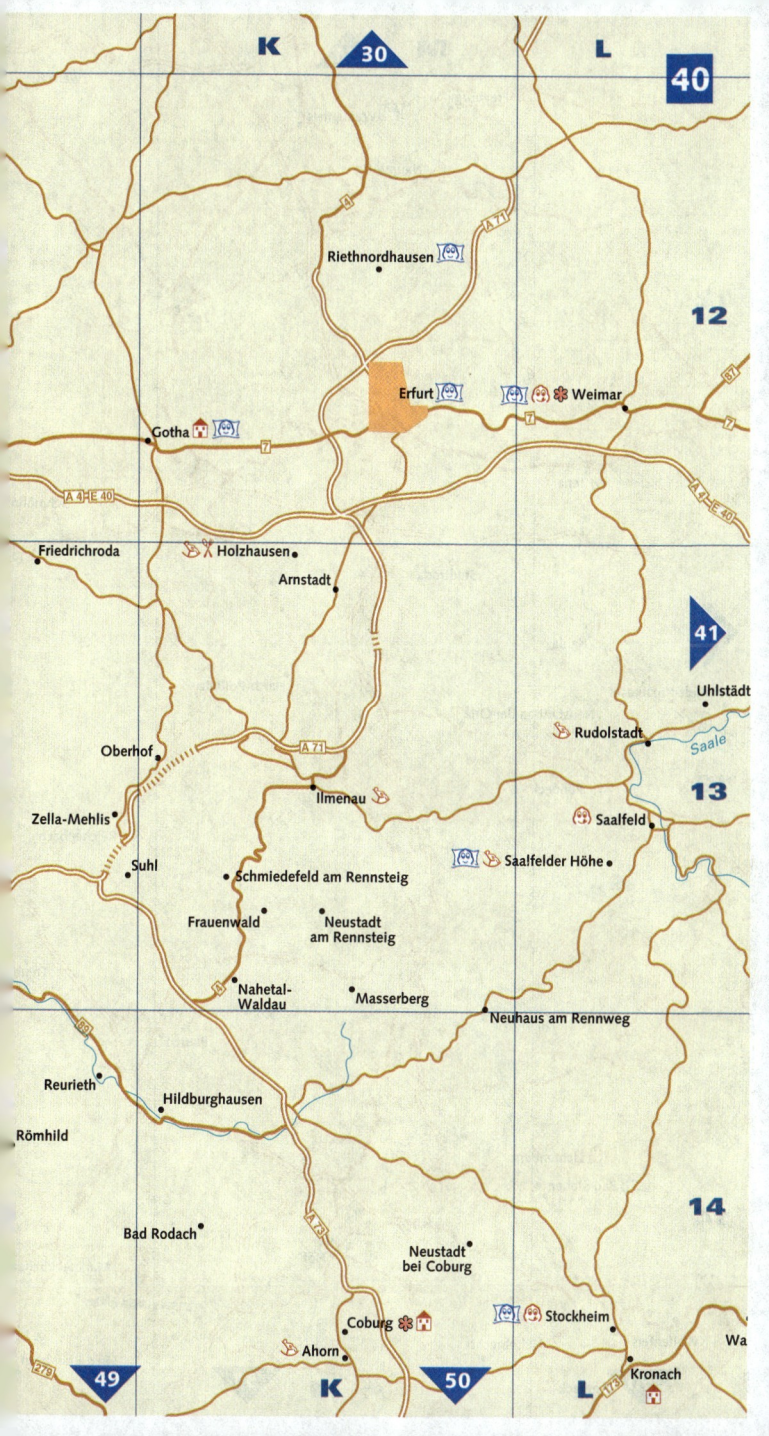

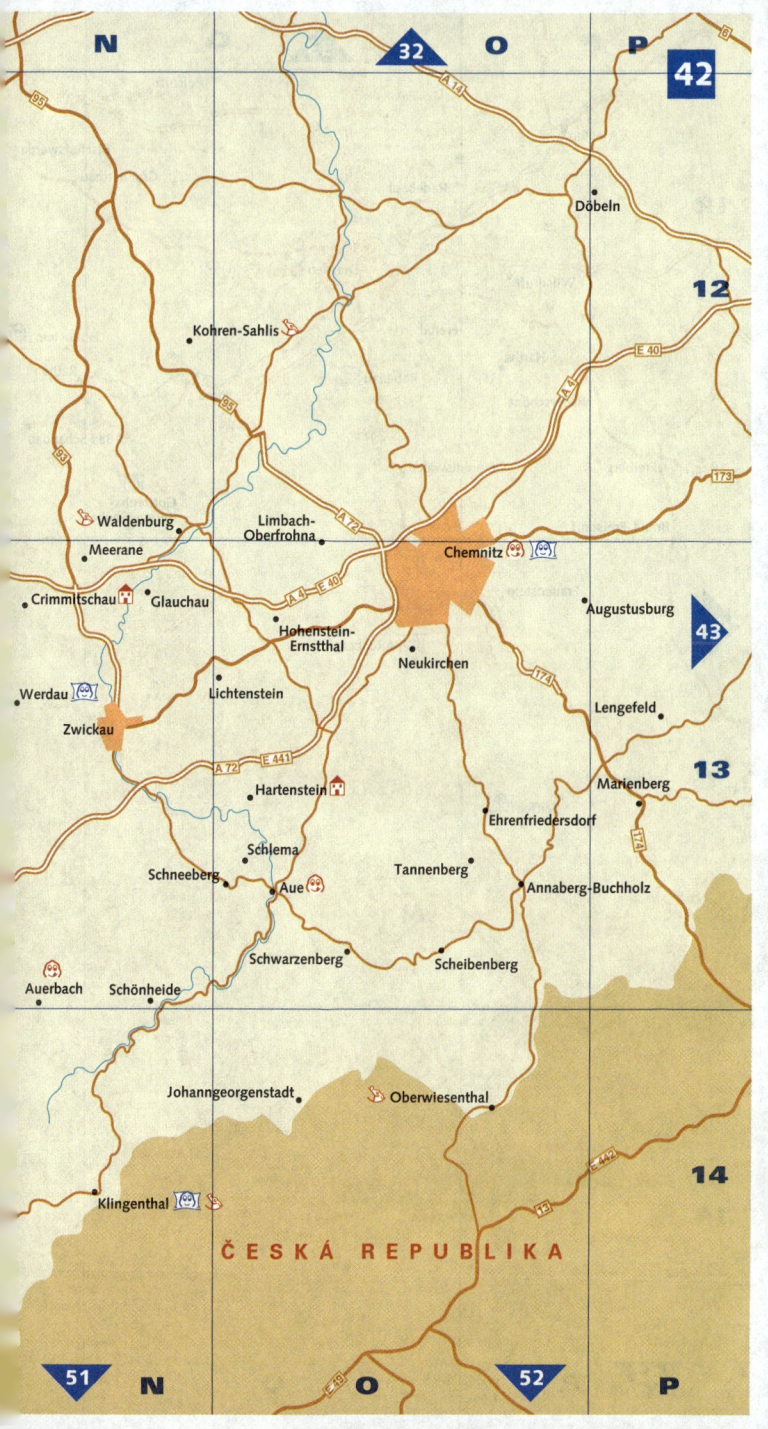

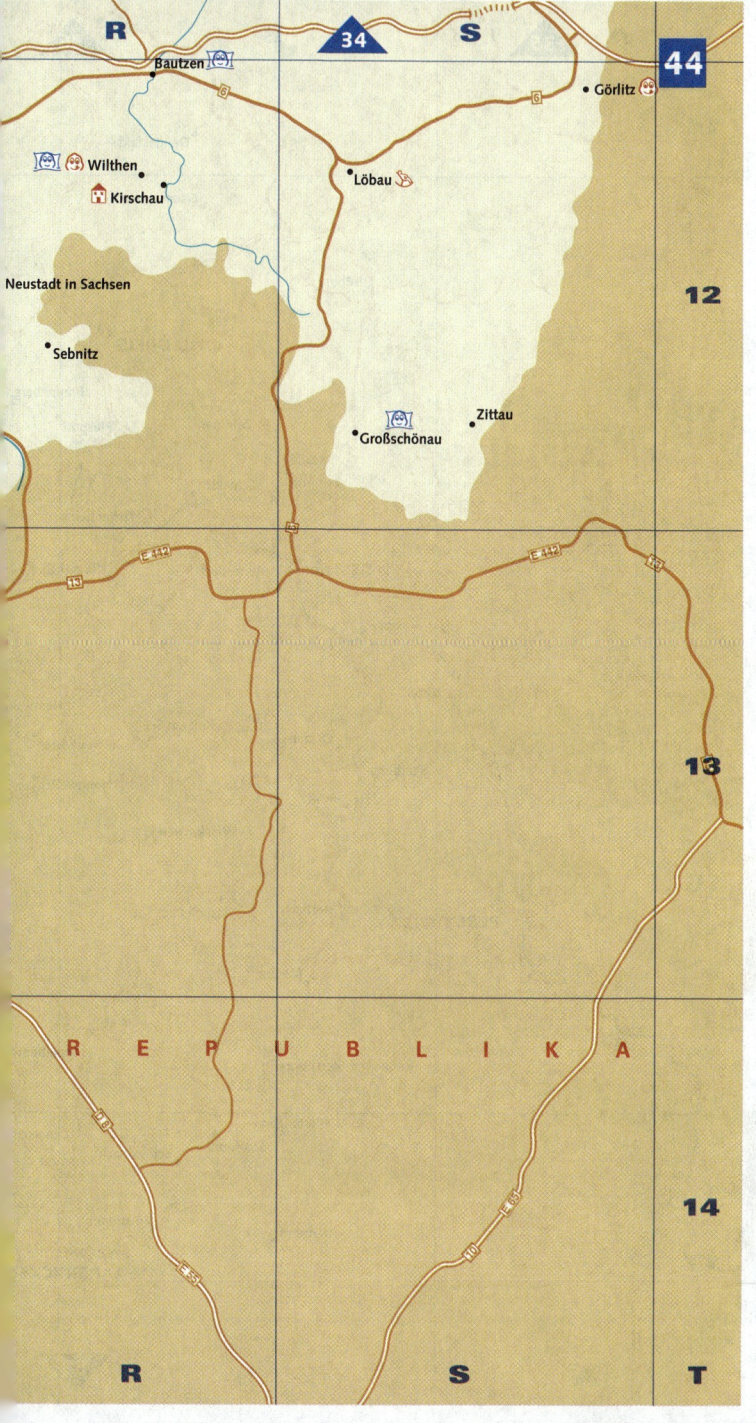

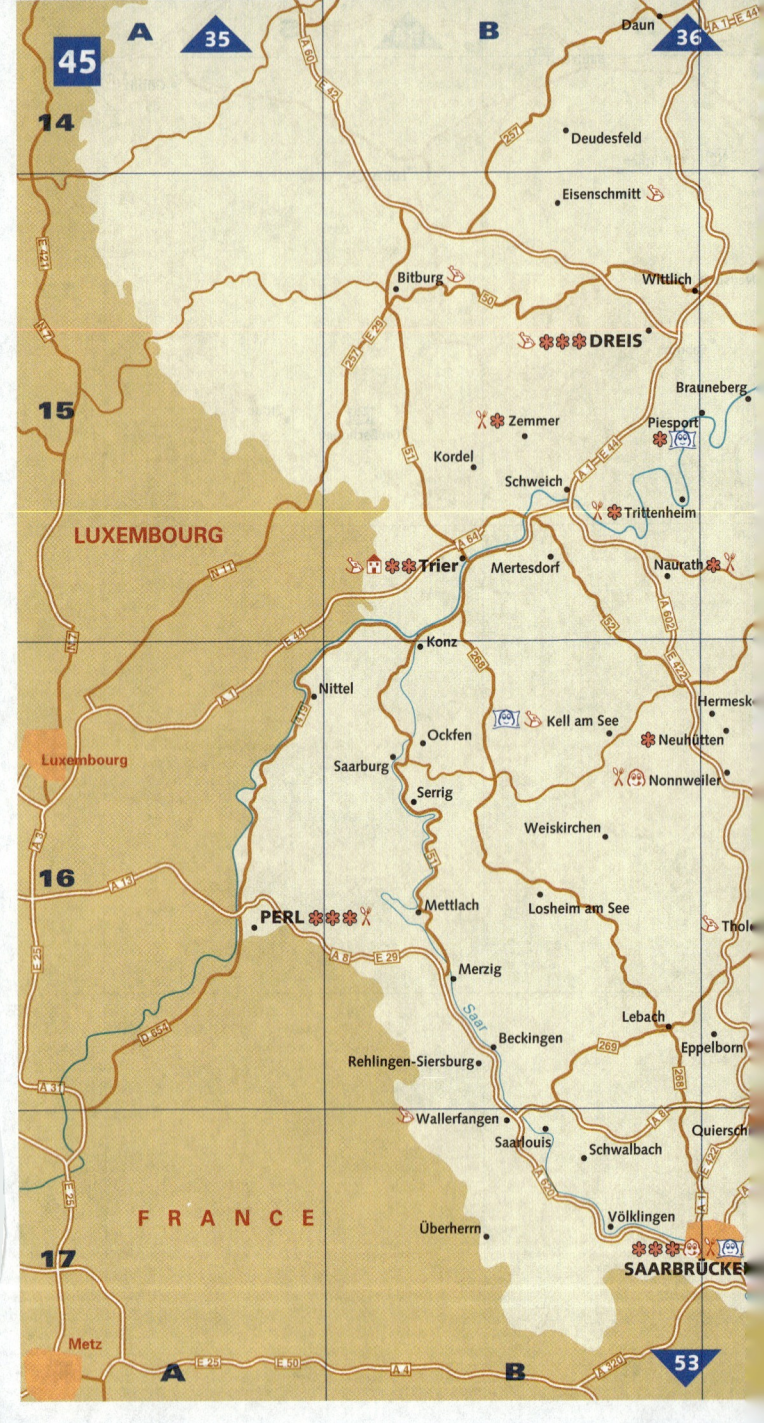

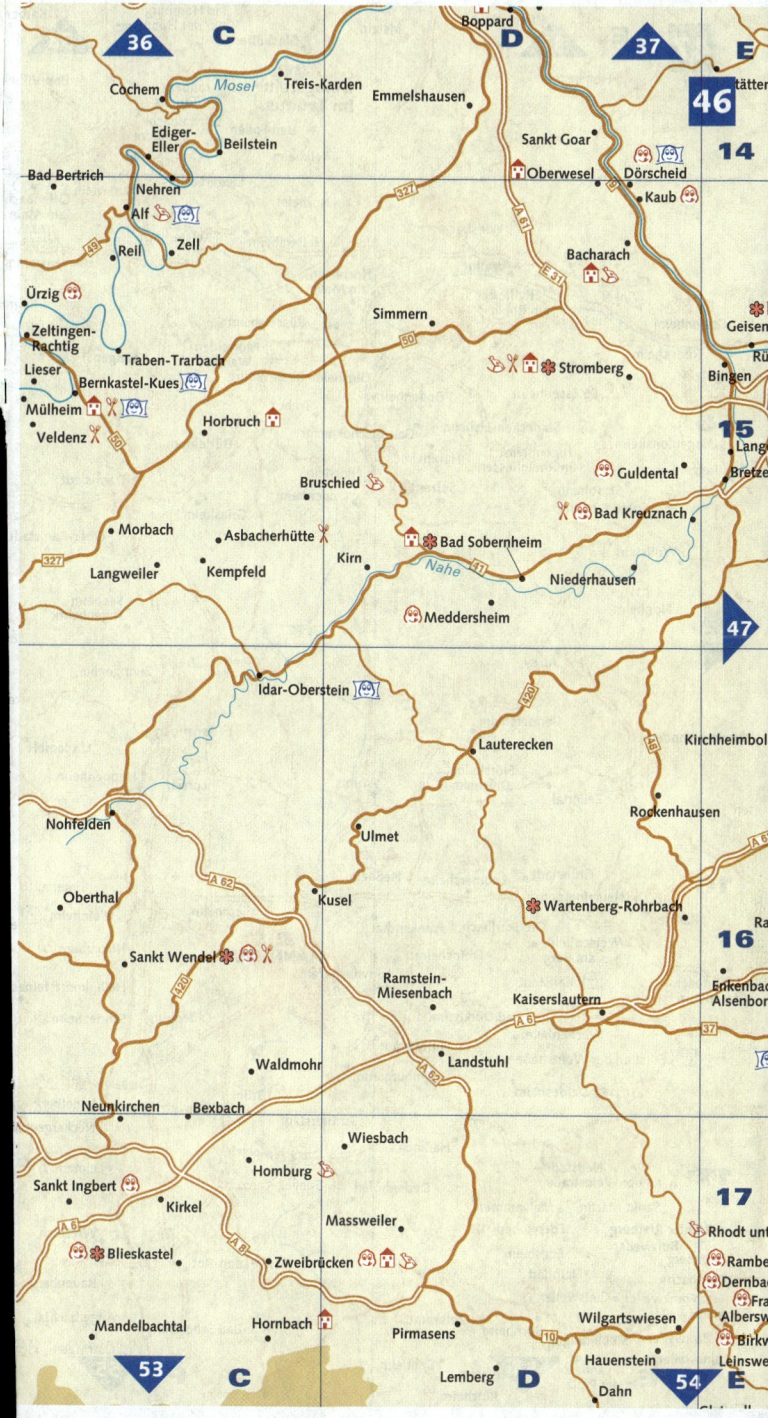

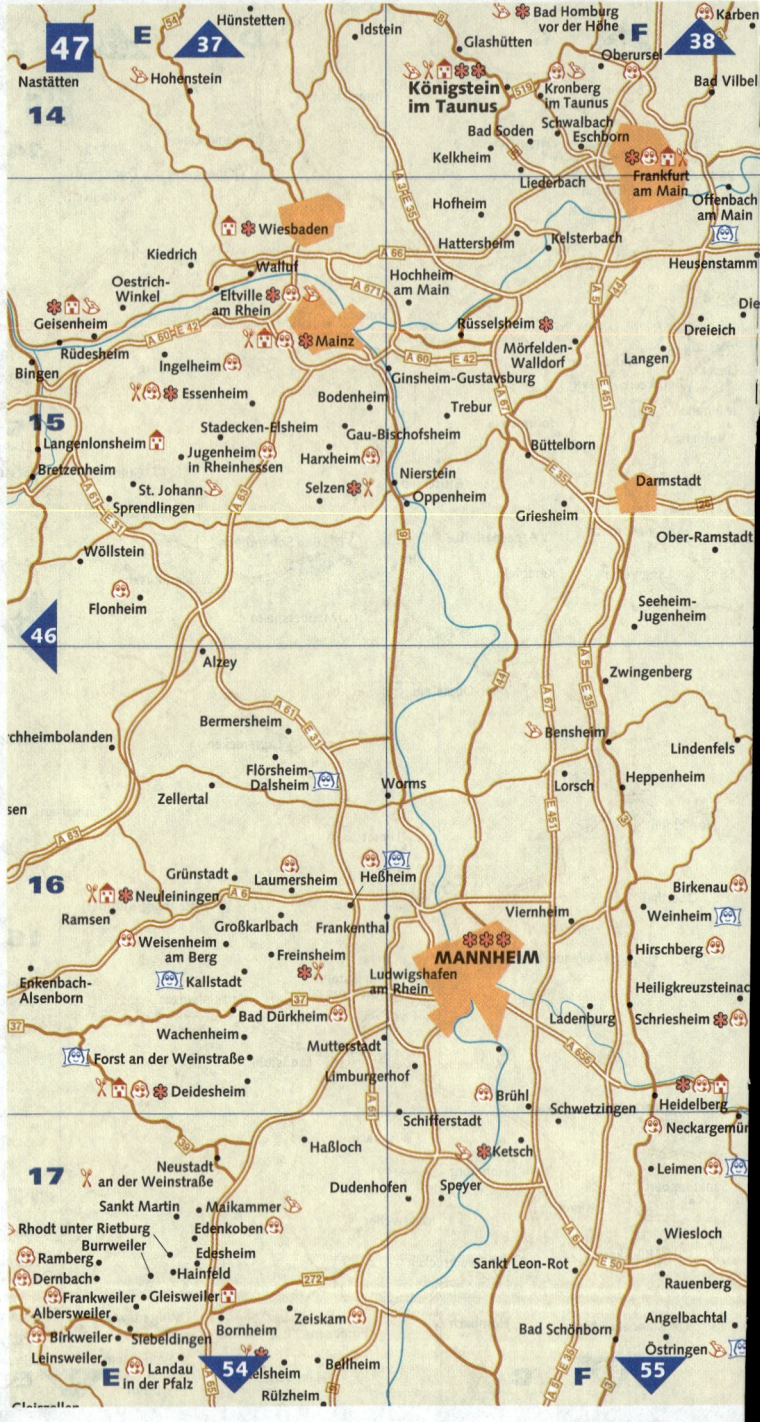

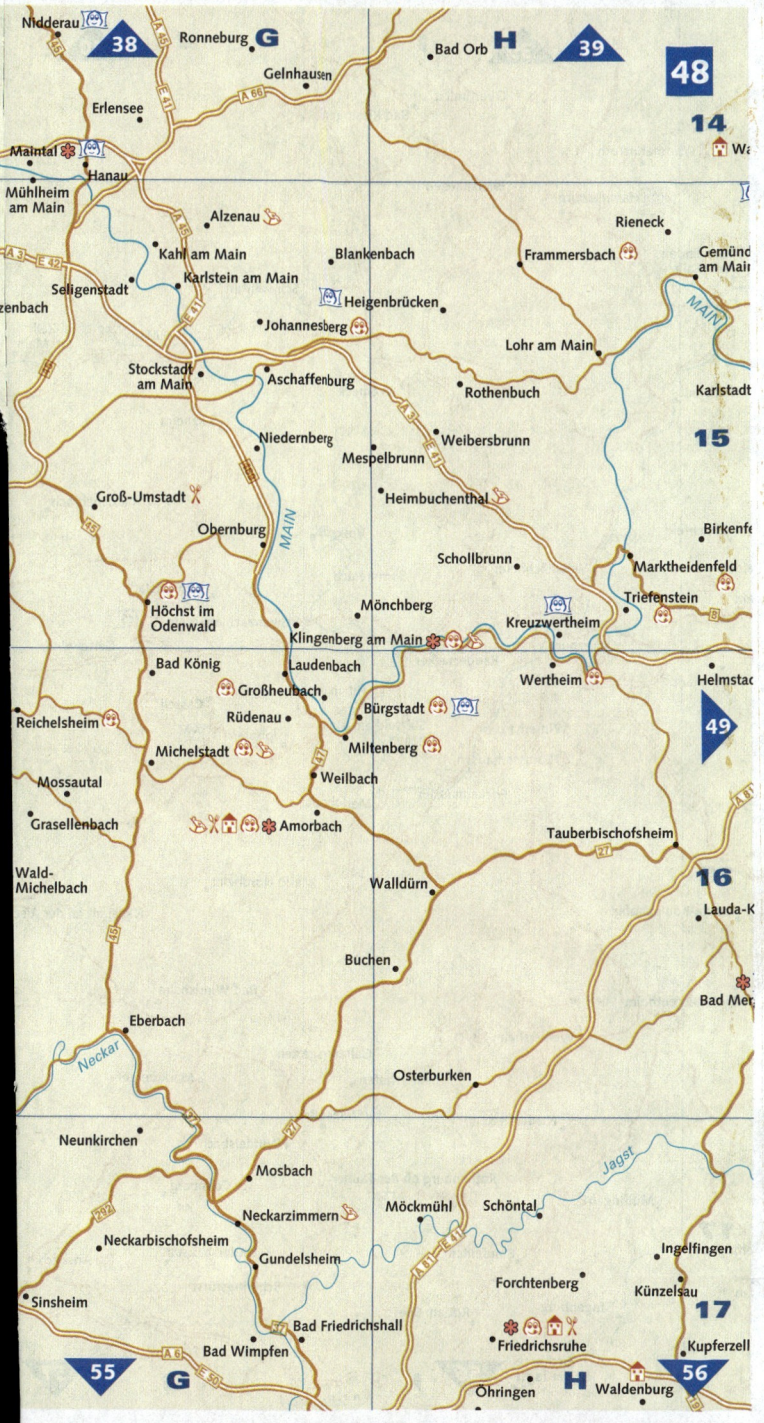

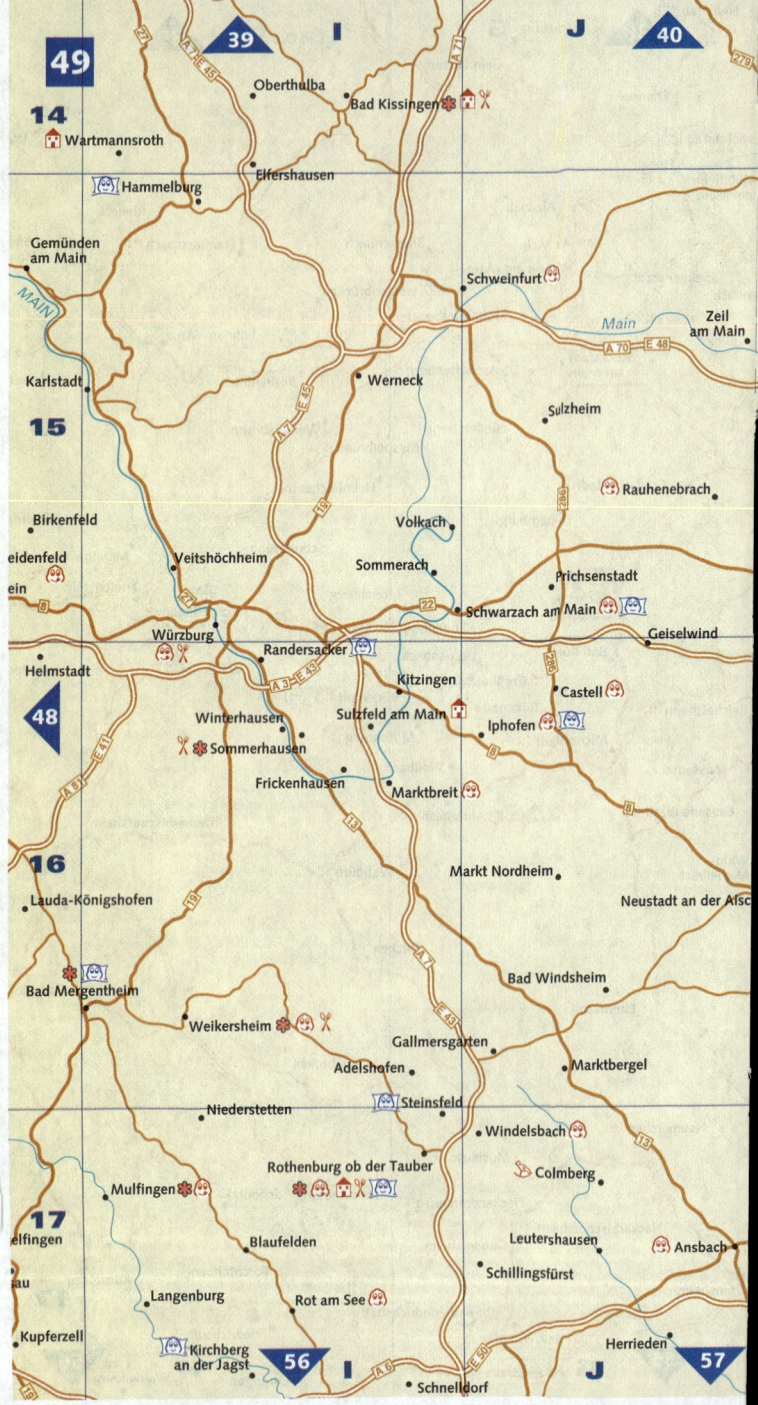

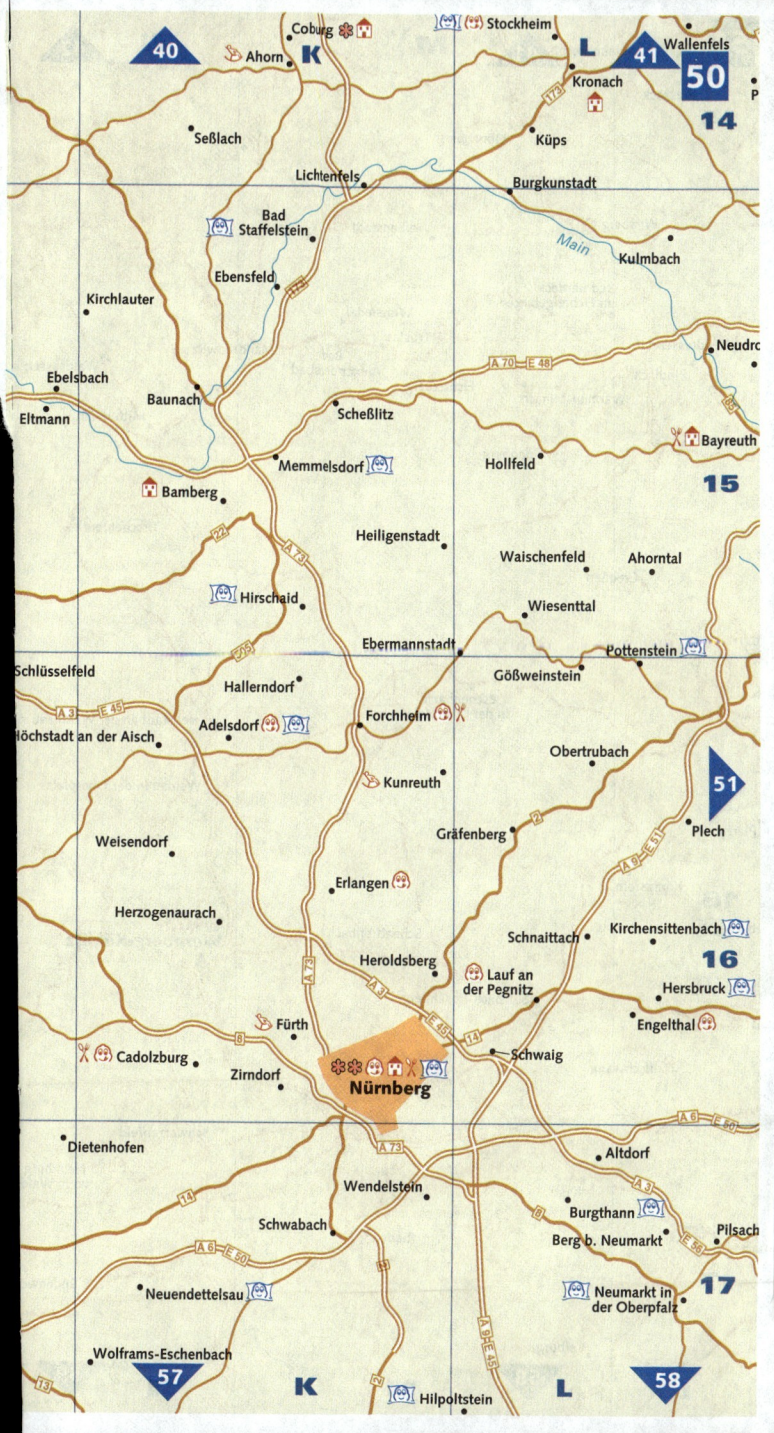

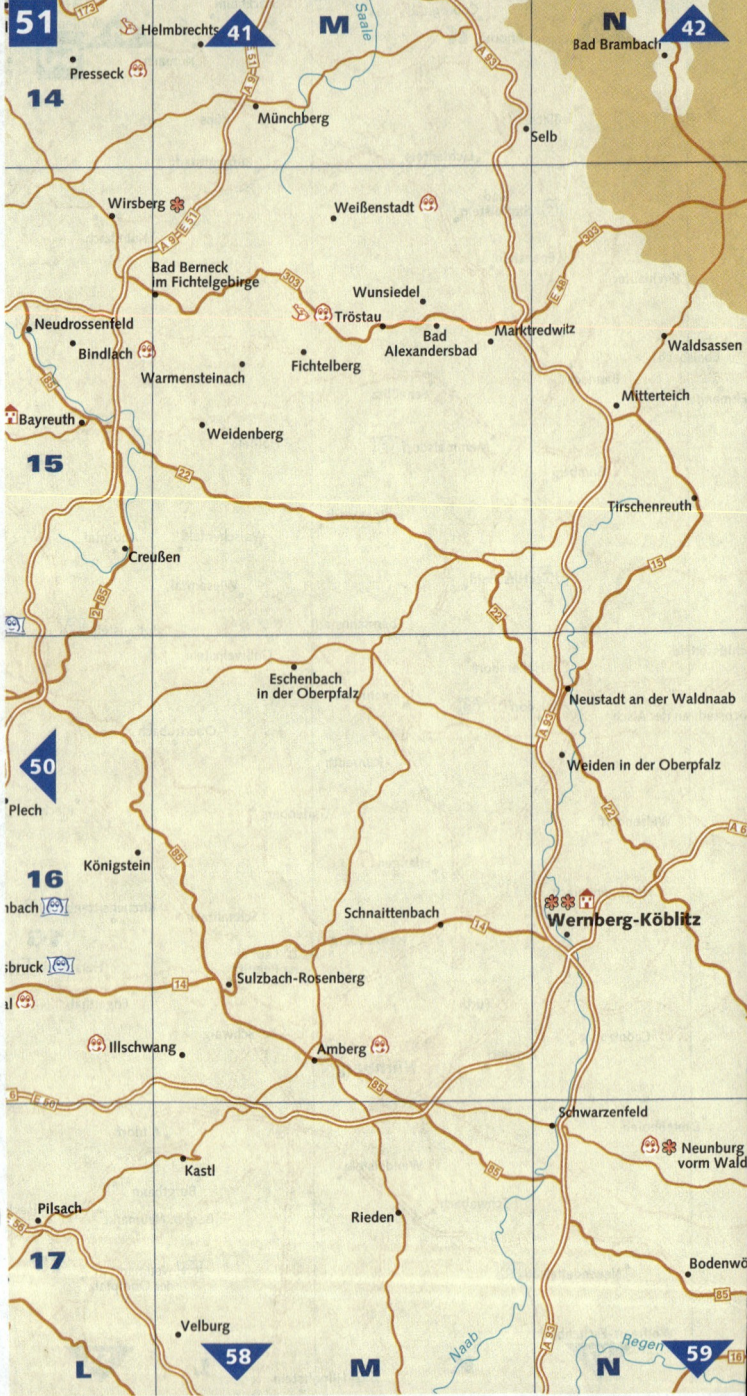

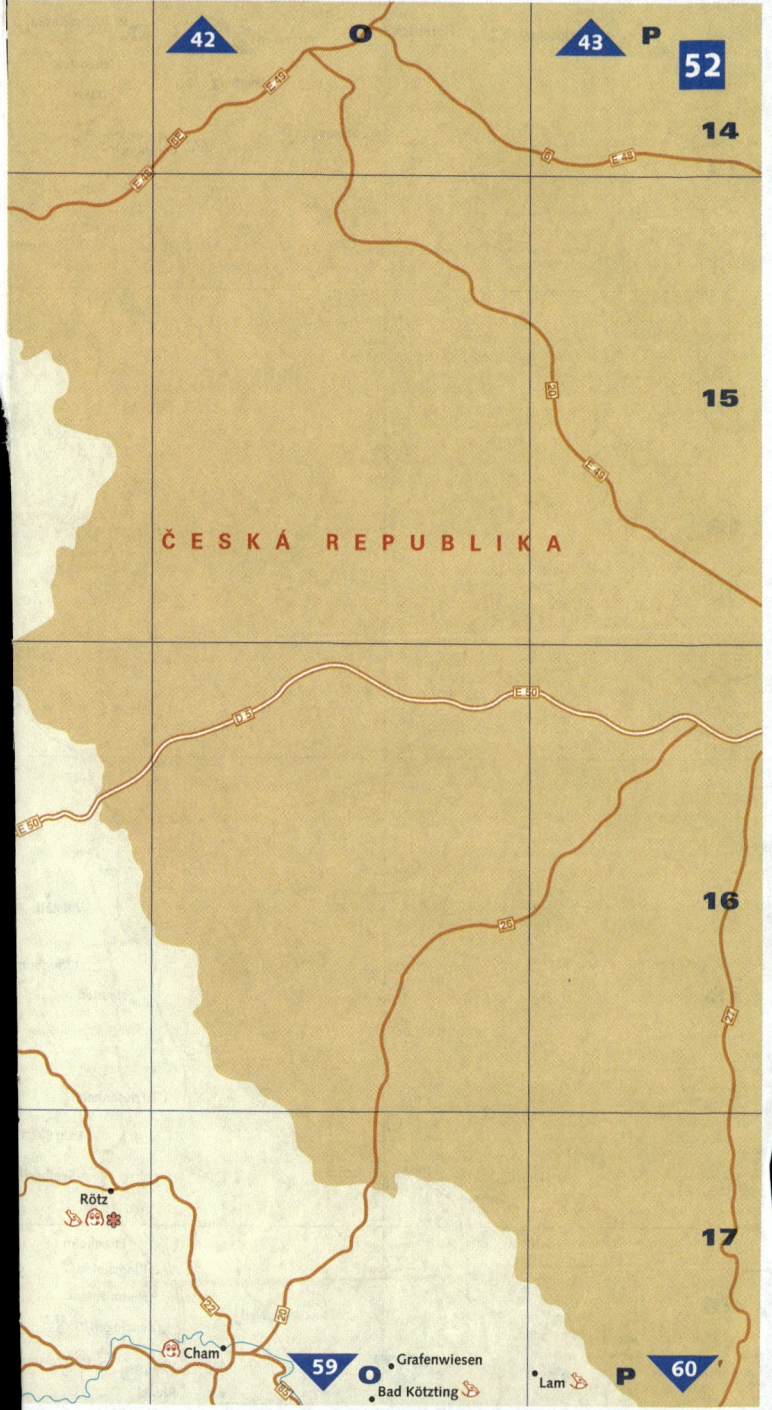

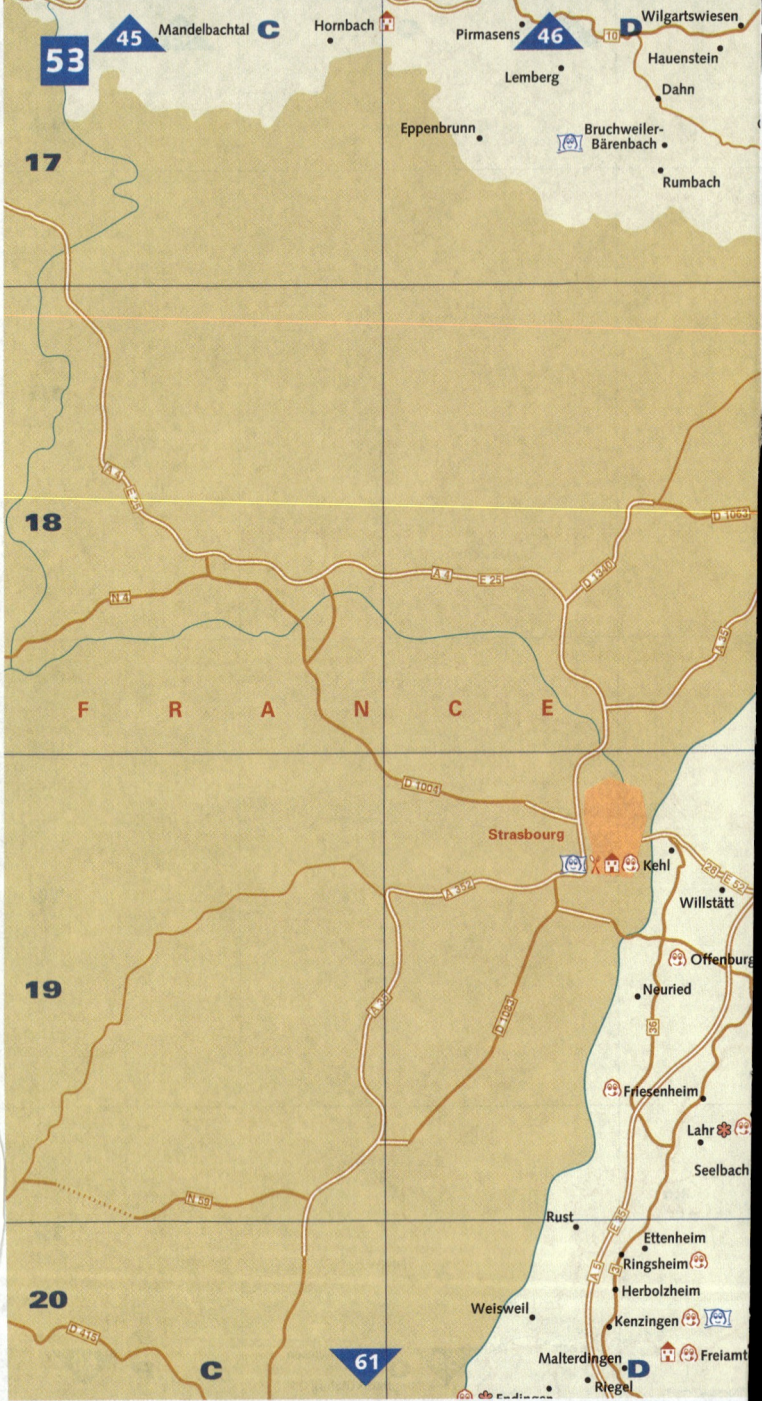

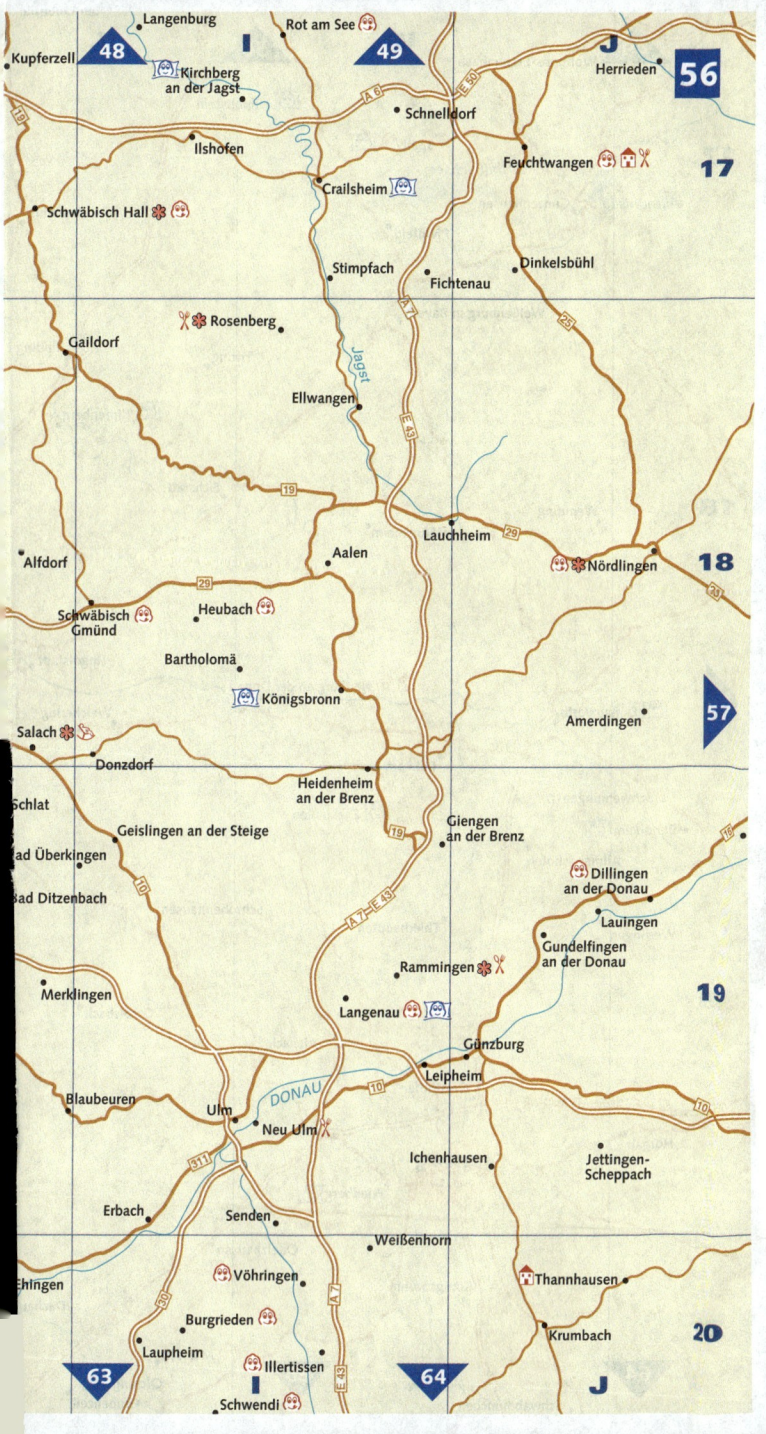

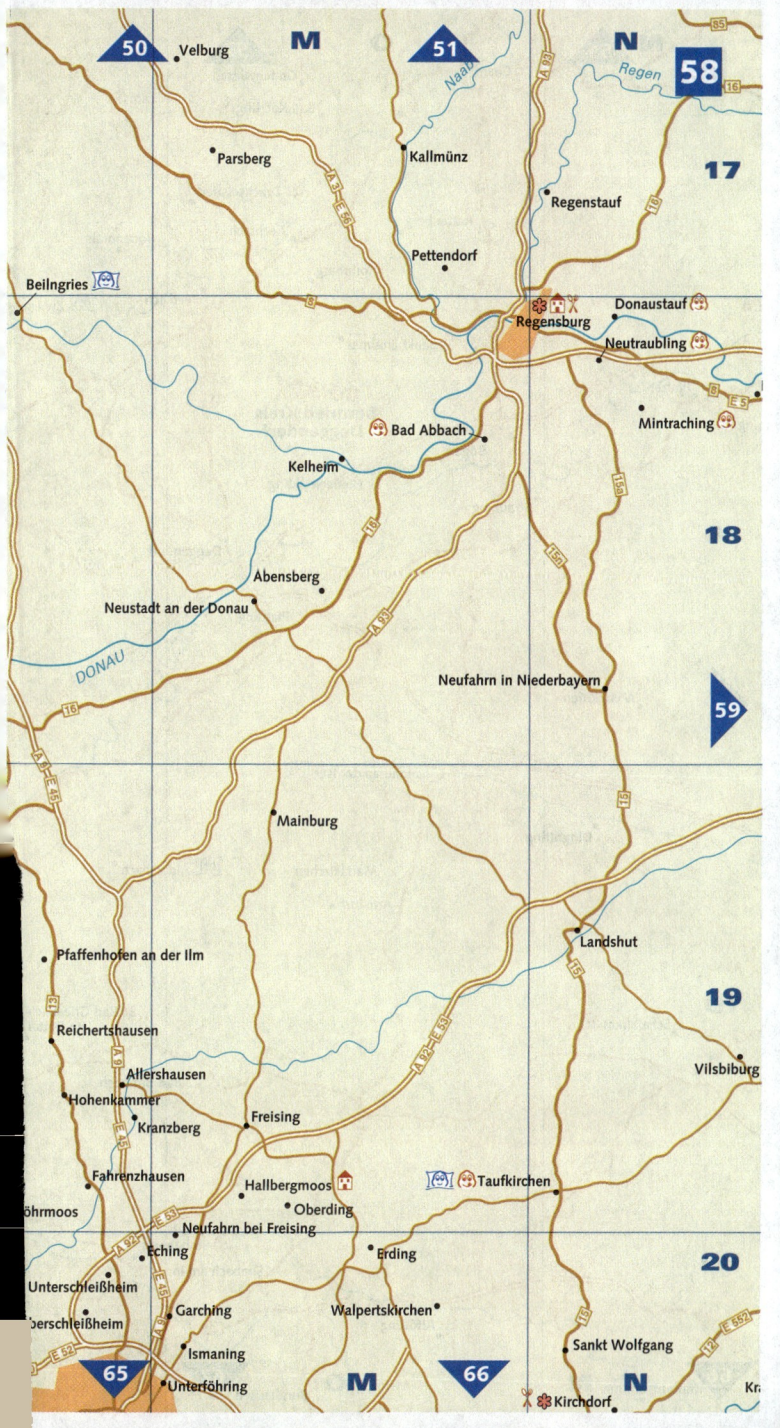

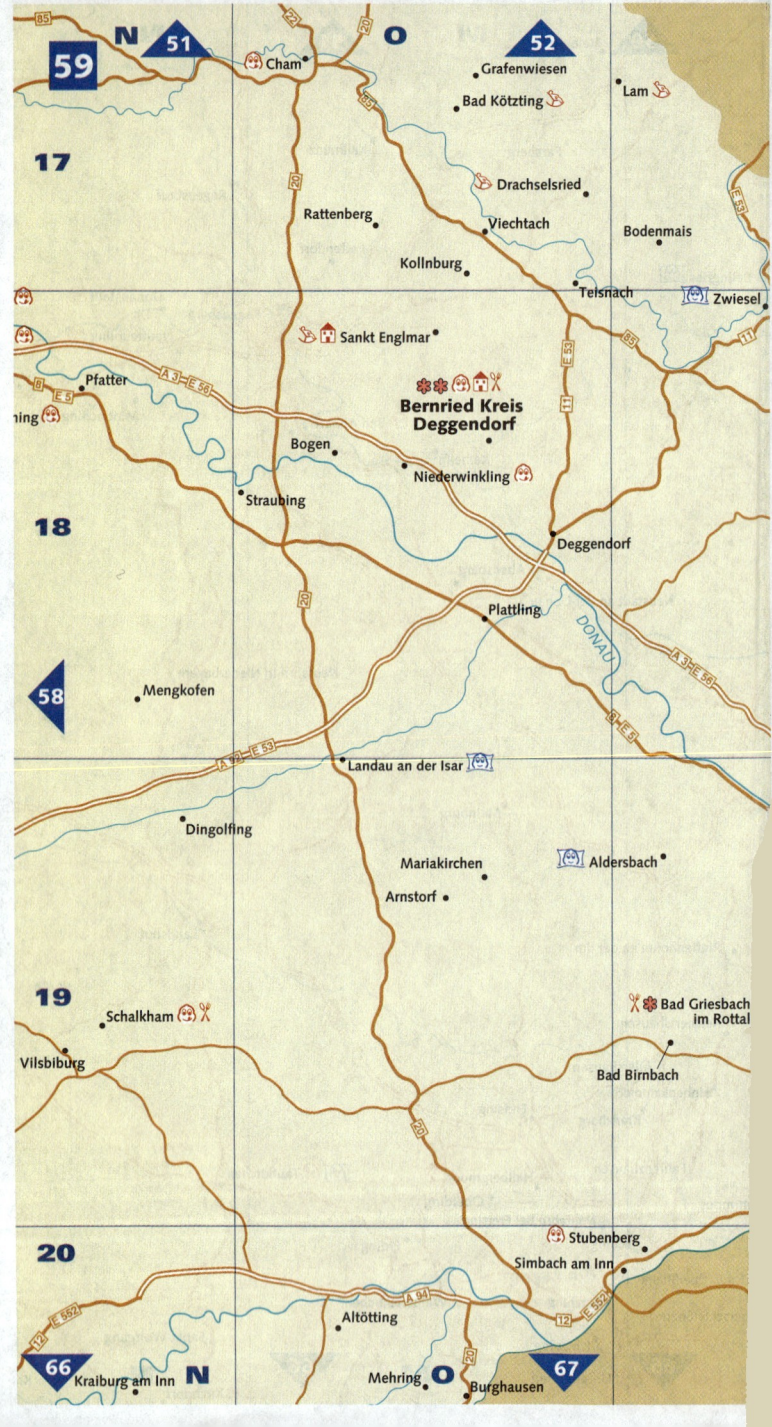

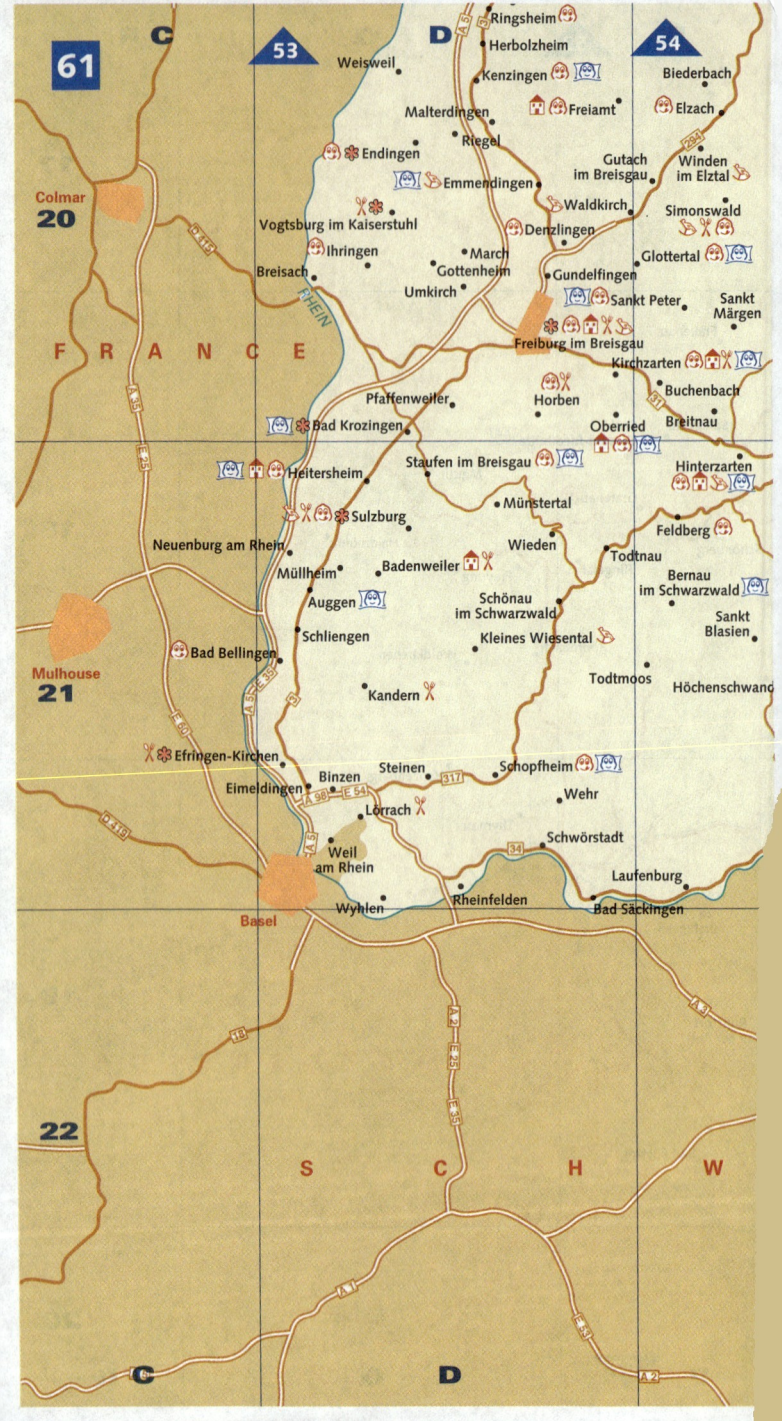

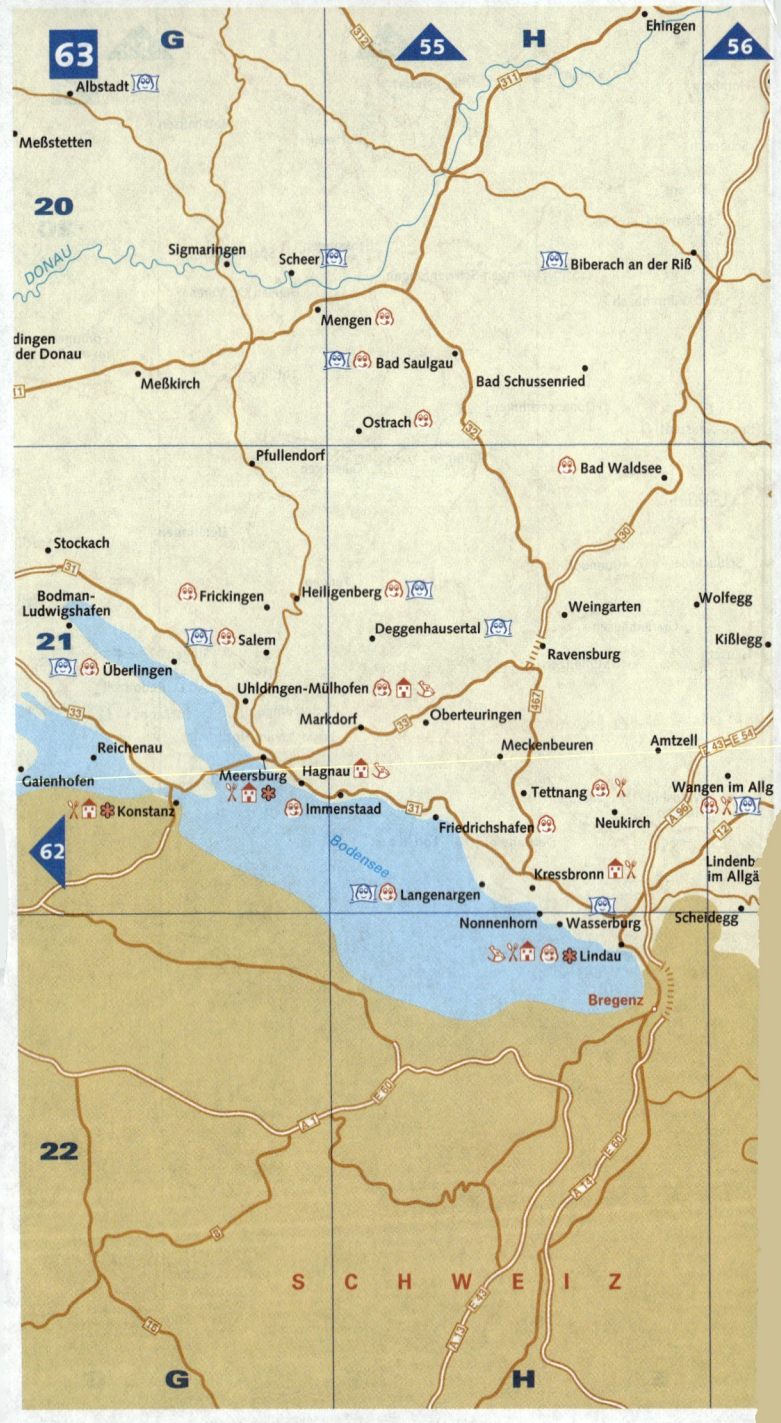

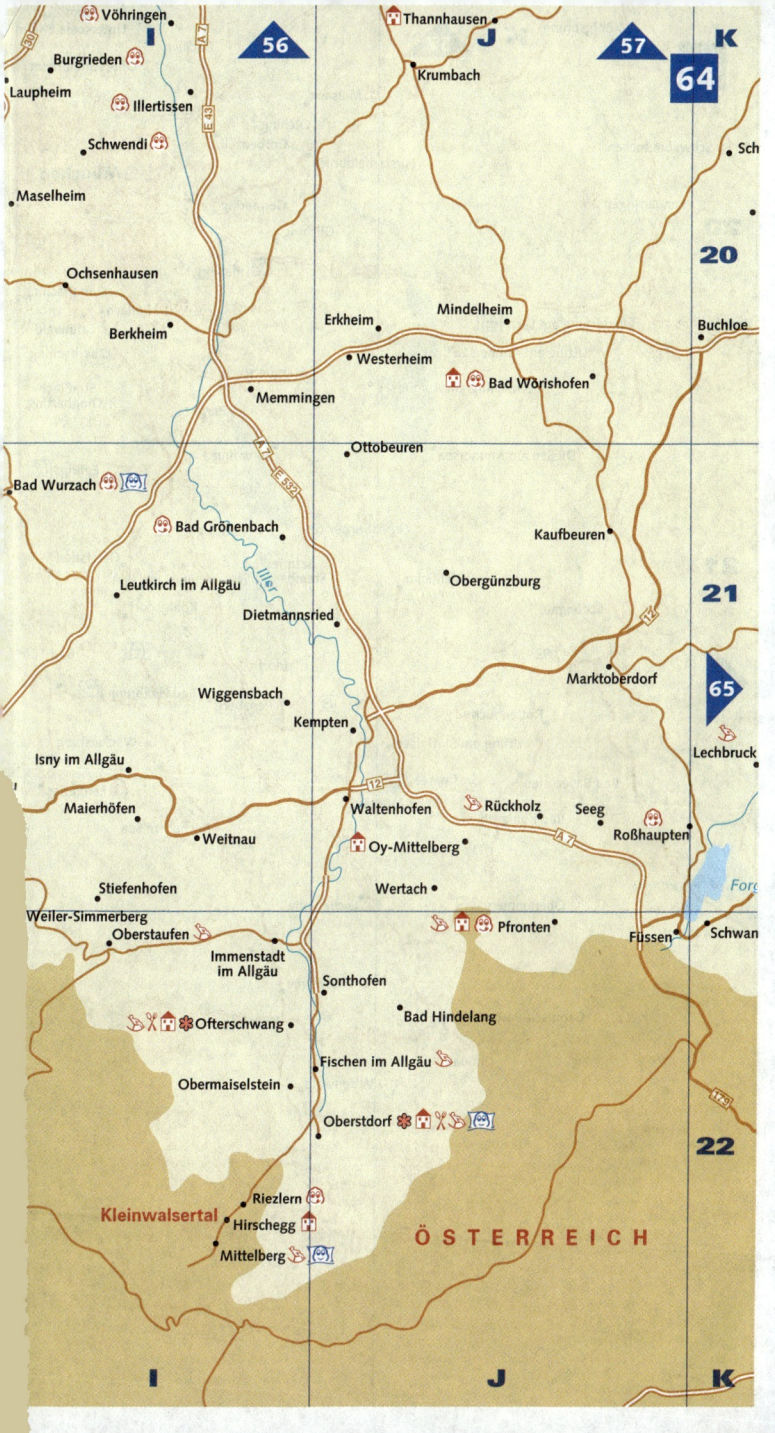